Praxiskommentar

SGB VIII

– Kinder- und Jugendhilfe –

Praxiskommentar
SGB VIII
– Kinder- und Jugendhilfe –

Der Herausgeber:

Prof. Dr. jur. Winfried Möller, Rechtsanwalt, ehem. Hochschule Hannover, Fakultät Diakonie, Gesundheit und Soziales, Professor für Sozial-, Verwaltungs- und Strafrecht

Weitere Autorinnen und Autoren:

Torsten Feddeler, Diplom-Pädagoge, M.A. (organization studies, Universität Hildesheim), Geschäftsführer eines freien Trägers der Jugendhilfe; Fortbildungen für freie und öffentliche Träger

Fabian Fromm, M.A. Soziale Arbeit, Lehrkraft an den Berufsbildenden Schulen des Landkreises Nienburg/Weser mit den Fächern Sozial- und Sonderpädagogik

Ulrike Halm, Rechtsanwältin in Hannover mit Tätigkeitsschwerpunkt im Familien- und Strafrecht

Petra Hartleben-Baildon, Diplom-Sozialarbeiterin/Diplom-Sozialpädagogin, vorm. Dozentin an der Hochschule Hannover für Soziale Arbeit und Jugendhilfe

Silvia Christina Langreder, Sozialarbeiterin/Sozialpädagogin (B.A.), Netzwerkkoordinatorin Frühe Hilfen und Lehrbeauftragte an der Hochschule Hannover mit dem Schwerpunkt Kinderschutz

M. Karl-Heinz Lehmann, Prof. i. R. Ass. jur., Referent für Fortbildungsveranstaltungen von Jugendämtern, freien Trägern der Jugend- und Eingliederungshilfe

Christian Müller, Prof. Dr. jur. i.R. Professor an der Hochschule Hannover für Sozial- und Familienrecht

Christoph Nix, Prof. Dr. jur. Dr. phil., Strafverteidiger und Honorarprofessor für Jugendstrafrecht und Bühnenrecht an der Universität Bremen

Christof Radewagen, Prof. Dr., Diplom-Sozialarbeiter, Professor an der Hochschule Osnabrück für Handlungstheorien und Methoden der Sozialen Arbeit

Janina Schünemann, B.A. Soziale Arbeit; Sozialarbeiterin beim Landkreis Nienburg/Weser, Fachbereich Jugend und Koordinierungsstelle Migration und Teilhabe

Antje Schürmann, Diplom-Sozialarbeiterin/Diplom-Sozialpädagogin (FH), M.A., Dozentin an der Hochschule Hannover für Jugendhilfe

Ulrike Stücker, Dr. jur., Volljuristin, Dozentin, Fachautorin, Referentin für Fortbildungen im Rahmen der Kinder-, Jugend- und Eingliederungshilfe

Ralf Witte, Rechtsanwalt, Justitiar des Diakonischen Werks evangelischer Kirchen in Niedersachsen

Cornelia Zilch, Diplom-Sozialarbeiterin/Diplom-Sozialpädagogin, Assesorin jur.; Dozentin an der Hochschule Hannover für Recht in Sozialen und Gesundheitsberufen

3. aktualisierte Auflage

Reguvis

Bibliografische Information der Deutschen Nationalbibliothek
Die Deutsche Nationalbibliothek verzeichnet diese Publikation in der Deutschen Nationalbibliografie; detaillierte bibliografische Daten sind im Internet über http://dnb.d-nb.de abrufbar.

Reguvis Fachmedien GmbH
Amsterdamer Str. 192
50735 Köln
www.reguvis.de

Beratung und Bestellung:
Tel.: +49 (0) 221 97668-229
Fax: +49 (0) 221 97668-236
E-Mail: familie-betreuung@reguvis.de

Zitiervorschlag:
PK-SGB VIII/Bearbeiter, § … (Gesetz) Rn. …

ISBN (Print): 978-3-8462-1068-0
ISBN (E-Book): 978-3-8462-1069-7

Herstellung: Günter Fabritius
Lektorat: Uschi Schmitz-Justen
Satz: Cicero Computer GmbH, Bonn
Druck und buchbinderische Verarbeitung: Appel & Klinger Druck und Medien GmbH, Schneckenlohe

Printed in Germany

Vorwort zur dritten Auflage

Gut fünf Jahre sind seit dem Erscheinen der zweiten Auflage vergangen. Seitdem sind neben dem voranschreitenden Diskurs und sich fortentwickelnder oder auch nur ändernder Rechtsprechung zahlreiche Gesetzesänderungen zu verzeichnen.

Zu nennen sind insoweit neben kleineren Anpassungen des SGB VIII vor allem das „Gute-KiTa-Gesetz" sowie das Gesetz zur Stärkung von Kindern und Jugendlichen (KJSG), das im Sommer 2021 im zweiten Anlauf die parlamentarischen Hürden nahm. Das mit hohen Erwartungen verabschiedete, mit viel Zustimmung, aber auch Kritik versehene Gesetz bedarf nunmehr der Umsetzung in der Praxis. Hierzu klärende Beiträge sowie Unterstützung der daran beteiligten Akteur_innen leisten, ist ein Anspruch der Neuauflage.

Neben den beiden genannten sind seit der Vorauflage weitere Gesetze verabschiedet worden, die das Kinder- und Jugendhilferecht prägen und verändern werden. So hat das „Gesetz zur Stärkung der Verfahrensrechte von Beschuldigten im Jugendstrafverfahren" vom 9.12.2019 erhebliche Auswirkungen für die Tätigkeit der Jugendgerichtshilfe, obwohl es an deren jugendhilferechtlicher Grundlage in § 52 SGB VIII kein Jota geändert hat.

Erhebliche jugendhilferechtliche Relevanz kommt auch dem „Gesetz zur Reform des Vormundschafts- und Betreuungsrechts" vom 4. Mai 2021 zu. Obwohl es erst am 1. Januar 2023 in Kraft tritt, wurde der Kommentierung der betroffenen Vorschriften, insbesondere der §§ 53 bis 58 SGB VIII, die ab diesem Zeitpunkt geltende Rechtslage zugrunde gelegt.

Schließlich hat der Gesetzgeber der 19. Wahlperiode mit dem „Gesetz zur ganztägigen Förderung von Kindern im Grundschulalter" einen ebenso bemerkenswerten wie für die zur Umsetzung verpflichteten Institutionen herausfordernden Schlusspunkt gesetzt. Der Anspruch auf Förderung in einer Tageseinrichtung ab dem Schuleintritt bis zum Beginn der fünften Klassenstufe tritt zwar erst am 1.8.2026 in Kraft, indes ist bereits jetzt daran zu arbeiten, die notwendigen Voraussetzungen zu schaffen.

Und es scheint, als ließe sich das Diktum, nach dem „Bildung stets mit ihrer Reform zusammenfällt", umstandslos auf die Kinder- und Jugendhilfe übertragen: Die Geschichte des Kinder- und Jugendhilferechts ist die seiner Reform. Hiervon zeugen nicht nur die seit dem Inkrafttreten des SGB VIII im Jahre 1991 erfolgten gut 70 Änderungen des SGB VIII, sondern auch der Blick in die Zukunft. Im Koalitionsvertrag für die Jahre 2021 bis 2025 sind bereits umfängliche Reformen avisiert.

Die zweite Auflage hat eine freundliche Aufnahme erfahren und damit geäußerte Skepsis hinsichtlich des Bedarfs an einer weiteren umfangreichen Kommentierung des Kinder- und Jugendhilferechts widerlegt. Ungeachtet ökonomischer Erwägungen gilt auch im Kinder- und Jugendhilferecht, dass es gar nicht genug Meinungen im Diskurs geben kann. Denn auch hier bestehen ohne Zweifel in Grundsatz- wie in Detailfragen unterschiedliche Auffassungen.

Anders als auf anderen Rechtsgebieten findet gleichwohl eine argumentative Auseinandersetzung mit anderen Positionen viel zu wenig statt. Eine Ausnahme mag insoweit die Diskussion über die strafrechtliche Verantwortlichkeit von Fachkräften in der Jugendhilfe sein. Bezeichnenderweise sind dabei nicht die Adressatinnen der Kinder- und Jugendhilfe, sondern die dort tätigen Fachkräfte betroffen.

Auch in dieser Auflage werden Abweichungen von dem „die Jugendhilfe" durchziehenden Mainstream zu finden sein. Dies kann einer produktiven (Weiter-)Entwicklung des doch oft selbstreferenziellen jugendhilferechtlichen Diskurses nur zuträglich sein.

Nichts von dem, was im Vorwort zur zweiten Auflage mit Blick auf die Funktion eines Kommentars im Allgemeinen und den Anspruch dieses Praxiskommentars im Besonderen gesagt wurde, hat seine Gültigkeit verloren. Weiterhin gilt, dass ein juristischer Kommentar die Aufgabe hat, juristische Fragen zu beantworten, was selbstverständlich die Anwendung juristischer Methoden bei der Auslegung von

Rechtsnormen bedingt. Die Forderung nach Interdisziplinarität und multidisziplinärer Zusammenarbeit kann nicht zum Verzicht auf das methodische Instrumentarium der Rechtswissenschaft führen, weil nur dieses Rationalität und Transparenz des Rechtsanwendungsprozesses garantiert und demokratische Kontrolle ermöglicht.

Rationale und demokratische Rechtsanwendung bedeutet auch – das gilt für alle Akteurinnen und Akteure auf dem Gebiet der Kinder- und Jugendhilfe –, das geltende Recht zu achten und es nicht so umzuinterpretieren, dass es eigenen Vorstellungen entspricht. Soweit notwendig, ist es zu kritisieren, Änderungsbedarf aufzuzeigen und für dessen Realisierung politisch zu agieren.

Ob dieser Praxiskommentar die legitime Erwartung erfüllt, Antworten auf „praktische Fragen" zu geben, können und werden nur seine Nutzerinnen und Nutzer beurteilen. Aber auch ein Praxiskommentar kann und darf sich nicht darauf beschränken, eine vorzufindende Praxis nur nachzuzeichnen. Ebenso wie Rechtsnormen den Anspruch erheben, die Realität zu gestalten und ggf. zu verändern, darf auch ein Praxiskommentar sich nicht damit begnügen, die mitunter zum Fetisch avancierte „Praxis" zu beschreiben und ihre Richtigkeit zu attestieren, sondern muss diese kritisch hinterfragen.

Dass die Kenntnis der einschlägigen Rechtsgrundlagen unabdingbar notwendige Voraussetzung einer verantwortungsvollen und erfolgreichen Arbeit auf dem Gebiet der Kinder- und Jugendhilfe ist, gehört gleichsam zum Gemeingut der Sozialen Arbeit, dem allerdings häufig keine entsprechende Umsetzung folgt. Den Akteurinnen und Akteuren in der sozialarbeiterischen Praxis, aber auch in der Justiz sowie Lehrenden und Studierenden der mit der Materie der Kinder- und Jugendhilfe befassten Disziplinen in den nicht selten komplexen Entscheidungssituationen sichere und schnelle Auskunft und Orientierung zu geben, ist Anspruch auch dieser Auflage.

Den Kommentar durchzieht wie in der Vorauflage keine bis ins Detail abgestimmte einheitliche Meinung. An manchen Stellen wird Dissens zwischen einzelnen Autorinnen und Autoren sichtbar. Was aber erneut alle Autorinnen und Autoren eint, ist die Orientierung an den Bedürfnissen und Interessen der jungen Menschen, denen das Kinder- und Jugendhilferecht zu dienen hat.

Das Werk befindet sich mit dieser Auflage – soweit bereits feststehend oder absehbar – auf dem Gesetzesstand Anfang 2023. Literatur und Rechtsprechung wurden bis Mitte 2022 berücksichtigt. Vereinzelt konnten spätere Veröffentlichungen eingearbeitet werden.

Eine gendergerechte Sprache war allen an diesem Kommentar Beteiligten ein Anliegen. Herausgeber und Verlag haben es indes jeder Autorin und jedem Autor überlassen, dieses Anliegen in ihrer bzw. seiner eigenen Weise umzusetzen.

Mit dieser Auflage begrüßen wir als neue Autorinnen *Silvia Langreder, Ulrike Stücker und Cornelia Zilch*, die in unterschiedlicher Weise dem Kinder- und Jugendhilferecht verbunden sind und ihre jeweiligen Perspektiven einbringen.

Aus dem Kreis der Autorinnen und Autoren ausgeschieden ist *Gerhard Fieseler*. Ihm gilt unser tiefer Dank, weil er nicht nur die Vorauflage mit seinen Kommentierungen bereichert hat, sondern auch Initiator für die Entstehung dieses Kommentarprojekts war.

Herzlicher Dank gebührt den Lektorinnen des Reguvis-Verlags, *Uschi Schmitz-Justen* und *Dorothea Venator*, die auch diese Auflage engagiert betreut und mit verständiger Geduld begleitet haben.

Staufenberg, im August 2022

Winfried Möller

Inhaltsverzeichnis

Verzeichnis der Bearbeiterinnen und Bearbeiter

Kommentierte Vorschriften ohne Gesetzesangabe beziehen sich auf das SGB VIII

Torsten Feddeler

Torsten Feddeler absolvierte eine Ausbildung zum Tischler, studierte Pädagogik mit dem Schwerpunkt Sozialpädagogik an der Universität Hildesheim, Organization Studies an der Universität Hildesheim, ist Kinderschutzfachkraft nach § 8a SGB XII (zertifiziert nach ISA Münster), Video-Home-Trainer® (SPIN Deutschland), Psychodramatischer Gruppenleiter (Moreno Institut), Gesundheitscoach (zertifiziert nach Dr. med. M. Lauterbach, Gesundheitskompetenzzentrum Hannover). Er hatte in den Jahren 2003 bis 2016 verschiedene Lehraufträge an der Fachhochschule Hannover und der Universität Hildesheim, ist seit 2003 schwerpunktmäßig als Geschäftsführer einer Jugendhilfeeinrichtung tätig, ist Autor verschiedener Fachaufsätze und bundesweit als Referent für Methoden der Sozialen Arbeit etc. tätig.

Kommentierte Vorschriften: §§ 5, 41, 41a; zusammen mit Petra Hartleben-Baildon: §§ 27 bis 34, § 36

Fabian Fromm

Fabian Fromm studierte an der Hochschule Hannover Soziale Arbeit. Als M.A. Soziale Arbeit schloss er im Jahre 2015 das Studium ab. Das Thema seiner Masterarbeit lautete „Tätigkeitsfeld und Wirkung von Schulbegleitung". Der staatlich anerkannte Erzieher arbeitete zunächst in unterschiedlichen Einrichtungen der ambulanten und stationären Kinder- und Jugendhilfe und daraufhin im Fachbereich Jugend im Allgemeinen Sozialen Dienst und einer Beratungsstelle mit den Schwerpunkten Erziehungsfragen, individuelle Schwierigkeiten und sexualisierte Gewalt. Seit 2015 ist er als Lehrkraft an einer Berufsbildenden Schule mit den Fächern Sozial- und Sonderpädagogik tätig.

Kommentierte Vorschrift: § 35a

Ulrike Halm

Rechtsanwältin, Fachanwältin für Familienrecht und Mediatorin. Studium der Rechtswissenschaft an der Justus-Liebig-Universität Gießen, seit 1984 Fachanwältin, seit 1998 Mediatorin, seit 2006 Lehrbeauftragte an der Hochschule Hannover, Mitgliedschaften: Deutscher Anwaltsverein, Arbeitsgemeinschaft Familienrecht im Deutschen Anwaltsverein.
Kommentierte Vorschriften: § 50, Anhang zu § 50 – Das familiengerichtliche Verfahren in Kindschaftssachen

Petra Hartleben-Baildon

Diplom-Sozialarbeiterin/Sozialpädagogin Petra Hartleben-Baildon war von 1981 bis 1990 im Jugendamt tätig. Von 1990 bis 2013 war sie als Hochschullehrerin am Fachbereich Soziale Arbeit an der Hochschule Hannover tätig. Schwerpunkte ihrer Tätigkeit waren Beratung, Gruppen- und Gemeinwesenarbeit, Geschichte der Sozialen Arbeit sowie Kinder- und Jugendhilfe. Sie war bis Ende 2016 beratendes Mitglied im Jugendhilfeausschuss der Landeshauptstadt Hannover.

Kommentierte Vorschriften (zusammen mit Torsten Feddeler): §§ 27 bis 34, 36

Silvia Christina Langreder

Silvia Christina Langreder, Sozialarbeiterin/ Sozialpädagogin (B.A.), studierte im Anschluss an ihr an der Leibniz Universität Hannover erfolgreich abgeschlossenes Studium der Religionswissenschaft und Politik (B.A.) von 2014 bis 2017 Soziale Arbeit an der Hochschule für angewandte Wissenschaft und Kunst in Hildesheim. Sie war als Bezirkssozialarbeiterin bei der Landeshauptstadt Hannover tätig und ist seit 2019 Netzwerkkoordinatorin Frühe Hilfen im Fachdienst Kinder und Jugend der Stadt Lehrte.

Als insoweit erfahrene Kinderschutzfachkraft und Fachkraft für systemische Beratung in der Kinder- und Jugendhilfe berät sie pädagogische Fachkräfte in Kinderschutzfällen. Sie hat einen Lehrauftrag an der Hochschule Hannover zum Thema „Spannungsfeld Kinderschutz: Zwischen Prävention und Intervention" inne.

Kommentierte Vorschriften: §§ 9a, Einführung zum KKG, §§ 1, 2, 3, 5 KKG

M. Karl-Heinz Lehmann

Prof. i.R. M. Karl-Heinz Lehmann, Ass. jur., Studium der Rechts- und Staatswissenschaften in Marburg und Heidelberg, jahrzehntelang Hochschullehrer und Strafverteidiger. Nach der Pensionierung bundesweit Referent für Fortbildungsveranstaltungen von Jugendämtern, freien Trägern der Kinder-, Jugend- und Eingliederungshilfe mit den Schwerpunkten Aufsichtspflicht, Haftung und Garantenstellung, Sozialdatenschutz, Krisenmanagement im Worst Case, Mitwirkung im familiengerichtlichen Verfahren sowie Datenschutzberater sozialer Einrichtungen und Fachautor mit zahlreichen Veröffentlichungen in den Bereichen Aufsichtspflicht, Datenschutz, Juristenausbildung und Strafrecht.

Kommentierte Vorschriften: Vorbemerkung zu §§ 61 bis 68, §§ 61 bis 68

Winfried Möller

Winfried Möller, Prof. Dr. jur. i. R., Rechtsanwalt, studierte Rechtswissenschaft an der Justus-Liebig-Universität Gießen, 1981 bis 1984 Mitarbeiter am Lehrstuhl Prof. Dr. Helmut Ridder, 1984 bis 2001 Rechtsanwalt mit Schwerpunkt Asyl- und Ausländerrecht in Gießen. Seit 2001 Professor für Recht an der Evangelischen Fachhochschule, von 2007 bis 2020 Professor an der Hochschule Hannover, Fakultät Diakonie, Gesundheit und Soziales. Mitautor des Nomos-Kommentars zum Ausländerrecht und Autor zahlreicher Veröffentlichungen zum Ausländer- und Flüchtlingsrecht, zum Jugendstrafrecht sowie zum Kinder- und Jugendhilferecht.

Kommentierte Vorschriften: §§ 1 bis 4a, 6, 7, 36a bis 38, 42 bis 42f, 43 bis 49, 52, 69 bis 72a, 75, 76, 85 bis 97c, 106, 107, § 4 KKG

Christian Müller

Christian Müller, Prof. Dr. jur. i. R., studierte nach Abschluss seines Lehramtsstudiums an der Pädagogischen Hochschule Hannover Rechtswissenschaften an der Universität in Hannover. Während seines Studiums war er zunächst wissenschaftlicher Mitarbeiter am Zentrum für Rechtsdidaktik und später am Lehrstuhl für Strafrecht bei Prof. Callies. Nach dem Studium war er von 1981 bis 1983 als Rechtsanwalt und im Anschluss an die Fertigstellung seiner Promotion aus dem Bereich des Familienrechts von 1983 bis 1988 als Richter, die letzten Jahre als Familienrichter tätig. Von November 1988 bis März 2016 war er bis zu seiner Pensionierung Professor an der Hochschule Hannover im Studiengang Soziale Arbeit mit den Schwerpunkten Familien- und Sozialrecht. Er ist Mitautor u.a. des Werkes „Der Rückgriff gegen Angehörige von Sozialleistungsempfängern" (7. Auflage, Baden-Baden 2016) sowie weiterer Aufsätze. Von 2001 bis 2018 war er Mitglied im Redaktionsbeirat der Zeitschrift „Evangelischen Jugendhilfe".

Kommentierte Vorschriften: §§ 17, 18, 51, 52a, 59, 60

Christoph Nix

Prof. Dr. jur. Dr. phil. Christoph Nix war von 1988 bis 2006 Professor an der Evangelischen Fachhochschule Hannover. Er lehrte an den Universitäten in Berlin (Humboldt und UdK), Kassel, Zürich und Bern. Er ist außerdem Professor an der Universität Bremen und war Intendant am Staatstheater in Kassel. Derzeit ist er Intendant der Tiroler Volksschauspiele und Strafverteidiger in der Kanzlei Derdus, Kraemer und Nix in Konstanz. Über 200 Veröffentlichungen zum Straf-, Bühnen- und Jugendrecht.

Kommentierte Vorschriften: §§ 104, 105

Christof M. Radewagen

Prof. Dr. Christof M. Radewagen studierte 1995 bis 1998 Soziale Arbeit an der ehem. Ev. Fachhochschule Hannover; er war von 1998 bis 2014 Fachberater und Familienhelfer im Bereich Kinder- und Jugendhilfe beim VSE e.V. Celle, von 2000 bis 2014 auch Datenschutzbeauftragter der Regionen Niedersachsen/Hamburg des Trägers. Von März 2014 bis September 2014 war er Professor für Kinder- und Jugendhilfe und Schulsozialarbeit an der Hochschule Hannover. Seit dem Wintersemester 2014 ist er Professor für Theorie und Methode Sozialer Arbeit an der Hochschule Osnabrück. Schwerpunkte seiner Tätigkeit sind insbesondere der Schutzauftrag bei Kindeswohlgefährdung, Kinder- und Jugendhilfe, Vertrauensschutz/ Datenschutz. Radewagen ist Autor zahlreicher Aufsätze bzw. Beiträge zum Thema Vertrauensschutz und Kinderschutz und tritt bundesweit als Referent auf Fachveranstaltungen zum Thema Kindeswohlgefährdung, Datenschutz und interdisziplinäre Zusammenarbeit in Krisenfällen in Erscheinung. Er war Teil der Nds. Lügde-Kommission, ist Mitglied im Fachausschuss Jugendhilferecht und Jugendhilfepolitik des AFET e.V. und leitet darüber hinaus das Kinderschutz-Kompetenzzentrum an der Science to Business GmbH der Hochschule Osnabrück.

Kommentierte Vorschriften: §§ 8a, 8b

Antje Schürmann

Antje Schürmann, M.A., Dipl. Sozialarbeiterin/Sozialpädagogin (FH), studierte Sozialwesen an der Evangelischen Fachhochschule Hannover sowie Soziale Arbeit im Master-Studiengang mit den Schwerpunkten Sozialarbeitswissenschaft, Internationale Soziale Arbeit und Forschung in Hildesheim und Hannover. In ihrer Berufstätigkeit als Sozialarbeiterin war sie in der Offenen Jugendarbeit sowie in der Schulsozialarbeit tätig. Seit 2014 lehrt sie als Lehrkraft für besondere Aufgaben Jugendarbeit und Jugendhilfe an der Hochschule Hannover im Studiengang Soziale Arbeit.

Kommentierte Vorschriften: §§ 8, 9, 11 bis 15, 35, 73

Janina Schünemann

Janina Schünemann ist Kinderkrankenschwester und studierte von 2011 bis 2014 Soziale Arbeit (B.A.) an der Hochschule Hannover (Fakultät V – Diakonie, Gesundheit und Soziales – Abteilung Soziale Arbeit; Förderung durch Deutschland-Stipendium). Ihre Bachelorarbeit schrieb sie zum Thema „Das Pflegekind zwischen zwei Familien – Bedeutung und Auswirkungen von Besuchskontakten aus bindungstheoretischer Sicht". Sie arbeitete vier Jahre in einer Einrichtung der stationären Jugendhilfe. Als Sozialarbeiterin im Fachbereich Jugend des Landkreises Nienburg/Weser ist sie seit 2014, zunächst im Fachdienst Familie und Integration und dort für die Vermittlung der Kindertagespflege, tätig. 2016 koordinierte sie zusätzlich die Frühen Hilfen des Landkreises Nienburg/Weser und übernahm kurze Zeit später die Fachberatung der Kindertagespflege. Seit der Rückkehr aus der Elternzeit arbeitet sie aktuell wieder im Integrationsbereich des Landkreises.

Kommentierte Vorschriften (zusammen mit Winfried Möller): §§ 22 bis 26

Ulrike Stücker

Dr. jur. Ulrike Stücker, Volljuristin, studierte in Passau, Münster, Barcelona und Düsseldorf. Als selbstständige Referentin hält sie bundesweit Fortbildungen (in Präsenz oder online) im Rahmen der Kinder-, Jugend- und Eingliederungshilfe für Jugendämter, freie Träger und medizinische Einrichtungen. Schwerpunkte sind dabei Aufsichtspflicht, Garantenstellung und Haftung sowie Sozialdatenschutz einschließlich Schweigepflicht und digitale Medien. Sie ist Fachautorin, lehrt an verschiedenen Hochschulen und war Syndikus-Anwältin eines IT-Unternehmens sowie Vorstandsvorsitzende dieser Aktiengesellschaft.

Kommentierte Vorschriften: §§ 10a, 10b

Ralf Witte

Ralf Witte studierte Rechtswissenschaft an den Universitäten Bielefeld und Osnabrück und absolvierte den Vorbereitungsdienst im OLG-Bezirk Oldenburg. Seit nunmehr 30 Jahren ist er in verschiedenen Funktionen in der Diakonie tätig. Er ist Rechtsanwalt und seit 2001 der Justitiar des Diakonischen Werks evangelischer Kirchen in Niedersachsen e.V. und dessen besonderer Vertreter (§ 30 BGB). Schwerpunkte seiner Tätigkeit sind das Sozialrecht, das Gesellschaftsrecht und das Steuerrecht. Er ist Mitautor des „PflegeV-Kommentars SGB XI", herausgegeben von Anja Möwisch u.a., sowie Autor zu Rechtsthemen der Wohlfahrtspflege.

Kommentierte Vorschriften: §§ 10, 39, 40, Vorbemerkung zu § 53, §§ 53 bis 58a, 74, 74a, 77 bis 78g, § 79 bis 84, Vorbemerkung zu § 98, §§ 98 bis 103

Cornelia Zilch

Cornelia Zilch studierte Sozialwesen an der Ev. Fachhochschule Hannover; sie war in Frauen- und Mädchenprojekten und in der Wohnungslosenhilfe tätig. Studium der Rechtswissenschaft an der Leibniz Universität Hannover. Schwerpunkt der Tätigkeit als Rechtsanwältin im Schaden- und Haftungsrecht und im Familienrecht. Seit 2018 ist sie als Lehrkraft für besondere Aufgaben an der Fakultät V der Hochschule Hannover in den Bereichen Recht für Soziale und Gesundheitsberufe beschäftigt.

Kommentierte Vorschriften:§§ 16, 19, 20, 21

Abkürzungsverzeichnis

1. ÄndG SGB VIII	Erstes Gesetz zur Änderung des Achten Buches Sozialgesetzbuch vom 16.2.1993 (BGBl. I, S. 239)
2. DAVG	Zweites Gesetzes zur Verbesserung der Registrierung und des Datenaustausches zu aufenthalts- und asylrechtlichen Zwecken (Zweites Datenaustauschverbesserungsgesetz – 2. DAVG)
3. AG-KJHG – KJFöG	Drittes Gesetz zur Ausführung des Kinder- und Jugendhilfegesetzes; Gesetz zur Förderung der Jugendarbeit, der Jugendsozialarbeit und des erzieherischen Kinder- und Jugendschutzes – Kinder- und Jugendförderungsgesetz
A.A., a.A.	anderer Ansicht
a.a.O.	am angegebenen Ort
ABl.	Amtsblatt der EU – im Internet verfügbar unter http://new.eur-lex.europa.eu/homepage.html?locale=de
a.E.	am Ende
AdVermiG	Adoptionsvermittlungsgesetz
AE	Aufenthaltserlaubnis
AG	Amtsgericht
AGFAD	Arbeitsgemeinschaft für Forensische Altersdiagnostik der Deutschen Gesellschaft für Rechtsmedizin
AGJ	Arbeitsgemeinschaft für Kinder- und Jugendhilfe („Forum und Netzwerk bundeszentraler Zusammenschlüsse, Organisationen und Institutionen der freien und öffentlichen Jugendhilfe in Deutschland“)
AGKJHG	Ausführungsgesetz zum Kinder- und Jugendhilfegesetz
AGKJHG NRW	Ausführungsgesetz zum Kinder- und Jugendhilfegesetz Nordrhein-Westfalen
AGKJHG S-A	Ausführungsgesetz zum Kinder- und Jugendhilfegesetz Sachsen-Anhalt
AGJF	Arbeitsgemeinschaft Jugendfreizeitstätten Baden-Württemberg
AGSG	(Bayerisches) Gesetz zur Ausführung der Sozialgesetze
AG SGB VIII	Gesetz zur Ausführung des Achten Buchs des Sozialgesetzbuchs (Länder)
AO	Abgabenordnung
ARB 1/80	Assoziationsratsbeschluss 1/80
ARB 3/80	Assoziationsratsbeschluss 3/80
AsylbLG	Asylbewerberleistungsgesetz
AsylG	Asylgesetz
AsylVfG	Asylverfahrensgesetz (seit Asylverfahrensbeschleunigungsgesetz: Asylgesetz)
AufenthG	Aufenthaltsgesetz
AufenthV	Aufenthaltsverordnung

AufnahmeRL	Richtlinie 2013/33/EU des Europäischen Parlaments und des Rates vom 26.6.2013 zur Festlegung von Normen für die Aufnahme von Personen, die internationalen Schutz beantragen (Neufassung), ABl. L 180 v. 29.6.2013, 96
AusreisepflichtG	Gesetz zur besseren Durchsetzung der Ausreisepflicht vom 20. Juli 2017, BGBl. I, S. 2780
AZRG	Gesetz über das Ausländerzentralregister (AZR-Gesetz) vom 2.9.1994 (BGBl. I S. 2265)
BA	Beschlussausfertigung
BAFGW	Bundesarbeitsgemeinschaft der Wohlfahrtspflege
BAFöG	Bundesausbildungsförderungsgesetz
BayKiBiG	Bayerisches Gesetz zur Bildung, Erziehung und Betreuung von Kindern in Kindergärten, anderen Kindertageseinrichtungen und in Tagespflege (Bayerisches Kinderbildungs- und -betreuungsgesetz – BayKiBiG) vom 8. Juli 2005 (GVBl. S. 236)
BayObLG	Bayerisches Oberstes Landesgericht
BayVGH	Bayerischer Verwaltungsgerichtshof
BBG	Bundesbeamtengesetz
BeamtStG	Beamtenstatusgesetz
BeckOK	Beck'scher Online-Kommentar
BeckRS	Beck-Rechtsprechung
BERiD	Bundesverband für die Bildung der Kinder beruflich Reisender
Beschl.	Beschluss
BFDG	Gesetz über den Bundesfreiwilligendienst (Bundesfreiwilligendienstgesetz – BFDG)
BFH	Bundesfinanzhof
BGB	Bürgerliches Gesetzbuch
BGBl.	Bundesgesetzblatt
BGH	Bundesgerichtshof
BGHSt	Entscheidungssammlung des BGH in Strafsachen
BGHZ	Entscheidungssammlung des BHG in Zivilsachen
bke	Bundeskonferenz für Erziehungsberatung
BKiSchG	Bundeskinderschutzgesetz
BKKG	Bundeskindergeldgesetz
BMF	Bundesministerium der Finanzen
BMFSFJ	Bundesministerium für Familien, Senioren, Frauen und Jugend
BpB	Bundeszentrale für politische Bildung
BremKTG	Bremisches Tageseinrichtungs- und Kindertagespflegegesetz
BSG	Bundessozialgericht
BSGE	Entscheidungssammlung des BSG
BT-Drs.	Bundestagsdrucksache (angegeben mit Wahlperiode, Nummer und Seite, z.B. 17/5662, 24)

BTHG	Gesetz zur Stärkung der Teilhabe und Selbstbestimmung von Menschen mit Behinderungen (Bundesteilhabegesetz – BTHG) vom 23.12.2016, BGBl. I S. 3234
BtOG	Betreuungsorganisationsgesetz (Art. 9 des Gesetzes zur Reform des Vormundschafts- und Betreuungsrechts vom 4.5.20221, BGBl. I S. 882)
BVerfG	Bundesverfassungsgericht
BVerfGE	Entscheidungssammlung des BVerfG
BVerwG	Bundesverwaltungsgericht
BVerwGE	Entscheidungssammlung des BVerwG
BzgA	Bundeszentrale für gesundheitliche Aufklärung
BZRG	Bundeszentralregistergesetz
CBCL	Child Behaviour Checklist (Elternfragebogen über das Verhalten von Kindern und Jugendlichen)
DAV	Der Amtsvormund (Zeitschrift)
DBJR	Deutscher Bundesjugendring
DFGT	Deutscher Familiengerichtstag
DiJuF	Deutsches Institut für Jugendhilfe und Familienrecht
djbZ	Zeitschrift des Deutschen Juristinnenbundes, https://www.nomos-elibrary.de/zeitschrift/1866-377X
DJI	Deutsches Jugendinstitut
DÖV	Die öffentliche Verwaltung (Zeitschrift)
DStR	Deutsches Steuerrecht (Zeitschrift)
DStRE	Deutsches Steuerrecht Entscheidungsdienst
Dublin III-VO	Verordnung (EU) Nr. 604/2013 des Europäischen Parlaments und des Rates vom 26. Juni 2013 zur Festlegung der Kriterien und Verfahren zur Bestimmung des Mitgliedstaats, der für die Prüfung eines von einem Drittstaatsangehörigen oder Staatenlosen in einem Mitgliedstaat gestellten Antrags auf internationalen Schutz zuständig ist (ABl. L 180 v. 29.6.2013, 31)
DV	Deutscher Verein für öffentliche und private Fürsorge e.V.
DVBl.	Deutsches Verwaltungsblatt (Zeitschrift)
EFA	Europäisches Fürsorgeabkommen
EGMR	Europäischer Gerichtshof für Menschenrechte
EJ	Evangelische Jugendhilfe (Zeitschrift)
FamFG	Gesetz über das Verfahren in Familiensachen und in den Angelegenheiten der freiwilligen Gerichtsbarkeit
FamG	Familiengericht
FamGKG	Gesetz über Gerichtskosten in Familiensachen
FamRZ	Zeitschrift für das gesamte Familienrecht
FDJ	Freie Deutsche Jugend
FEVS	Fürsorgerechtliche Entscheidungen der Verwaltungs- und Sozialgerichte (Zeitschrift)
FF	Forum Familienrecht (Zeitschrift)
FGG	Gesetz über die Angelegenheiten der freiwilligen Gerichtsbarkeit

FK-SGB VIII	Frankfurter Kommentar zum SGB VIII, siehe im Literaturverzeichnis: Münder/Meysen/Trenczek (Hrsg.)
FöJ	Freiwilliges ökologisches Jahr
FPR	Familie, Partnerschaft, Recht (Zeitschrift)
FsJ	Freiwilliges soziales Jahr
GaFöG	Gesetz zur ganztägigen Förderung von Kindern im Grundschulalter (Ganztagsförderungsgesetz – GaFöG) vom 2.10.2021, BGBl. I S. 4602.
Ggf., ggfs.	gegebenenfalls
GjS	Gesetz über die Verbreitung jugendgefährdender Schriften
GK-AsylverfG	Gemeinschaftskommentar zum Asylverfahrensgesetz; siehe im Literaturverzeichnis: Fritz/Vormeier (Hrsg.)
GK-SGB VIII	Gemeinschaftskommentar zum SGB VIII, siehe im Literaturverzeichnis: Fieseler/Schleicher/Busch/Wabnitz (Hrsg.)
GMBl.	Gemeinsames Ministerialblatt
GVBl.	Gesetzes- und Verordnungsblatt
HessVGH	Hessischer Verwaltungsgerichtshof
HessVwVG	Hessisches Verwaltungsvollstreckungsgesetz
HGO	Hessische Gemeindeordnung
HH	Freie und Hansestadt Hamburg
HKJGB	Hessisches Kinder- und Jugendhilfegesetzbuch
h.M.	herrschende Meinung
HSOG	Hessisches Gesetz über die öffentliche Sicherheit und Ordnung (HSOG)
HV	Hauptverhandlung (im Strafprozess)
HzE	Hilfe zur Erziehung
ICD-10	International Classifikation of Diseases and Related Disorders in der 10. Revision
ISM	Institut für sozialpädagogische Forschung Mainz e.V.
i.d.F.	in der Fassung
InfAuslR	Informationsbrief Ausländerrecht (Zeitschrift)
i.S.d.	im Sinne der/des
i.V.m.	in Verbindung mit
JA	Jugendamt
JAmt	Das Jugendamt (Zeitschrift)
JArbSchG	Gesetz zum Schutz der arbeitenden Jugend
JFDG	Gesetz zur Förderung von Jugendfreiwilligendiensten (Jugendfreiwilligendienstegesetz – JFDG)
JGG	Jugendgerichtsgesetz
JGH	Jugendgerichtshilfe
JHA	Jugendhilfeausschuss
JMStV	Jugendmedienschutz Staatsvertrag
Juleica	Jugendleitercard
jurisPK-SGB VIII	jurisPraxiskommentar SGB VIII; siehe im Literaturverzeichnis: Schleger/Voelzke (Hrsg.)

JuSchG	Jugendschutzgesetz
JWG	Jugendwohlfahrtsgesetz
KErzG	Gesetz über die religiöse Kindererziehung
KG	Kammergericht (Berlin)
KiBiz NRW	Nordrhein-westfälisches Gesetz zur frühen Bildung und Förderung von Kindern (Kinderbildungsgesetz – KiBiz), GV. NRW. 2019, 877
KICK	Gesetz zur Weiterentwicklung der Kinder- und Jugendhilfe (Kinder- und Jugendhilfeweiterentwicklungsgesetz – KICK) vom 8. September 2005, BGBl. I, S. 2729
KiFöG	Gesetz zur Förderung von Kindern unter drei Jahren in Tageseinrichtungen und in Kindertagespflege (Kinderförderungsgesetz – KiFöG) vom 10. Dezember 2008 (BGBl. I, S. 2403)
KifőG M-V	Gesetz zur Einführung der Elternbeitragsfreiheit, zur Stärkung der Elternrechte und zur Novellierung des Kindertagesförderungsgesetzes Mecklenburg-Vorpommern (Kindertagesförderungsgesetz – KiföG M-V) vom 4. September 2019
KindArbSchV	Kinderarbeitsschutzverordnung vom 23. Juni 1998 (BGBl. I, S. 1508)
KinderEhenBekG	Gesetz zur Bekämpfung von Kinderehen vom 17. Juli 2017, BGBl. I, S. 2429
KindPrax	Kindschaftsrechtliche Praxis (Zeitschrift; bis 2005)
KindRG	Kindschaftsrechtsreformgesetz
KiQuTG	Gesetz zur Weiterentwicklung der Qualität und zur Teilhabe in der Kindertagesbetreuung v. 19.12.2018, BGBl. I S. 2696
KiRL	Richtlinie (EU) 2016/800 des Europäischen Parlaments und des Rates vom 11. Mai 2016 über Verfahrensgarantien für Kinder, die Verdächtige oder beschuldigte Personen in Strafverfahren sind", ABl. L 132 v. 21.5.2016, S. 1
KiWoMAG	Gesetz zur Erleichterung familiengerichtlicher Maßnahmen bei Gefährdung des Kindeswohls vom 4.7.2008, BGBl. I S. 1188
KJHG	Gesetz zur Neuordnung des Kinder- und Jugendhilferechts (Kinder- und Jugendhilfegesetz – KJHG)
KJ	Kritische Justiz (Zeitschrift)
KJSG	Gesetz zur Stärkung von Kindern und Jugendlichen (Kinder- und Jugendstärkungsgesetz – KJSG) vom 3. 6.2021, BGBl. I, S. 1444
KJVVG	Gesetz zur Verwaltungsvereinfachung in der Kinder- und Jugendhilfe (Kinder- und Jugendhilfeverwaltungsvereinfachungsgesetz – KJVVG) v. 29.08.2013, BGBl. I S. 3464
KKG	Gesetz zur Kooperation und Information im Kinderschutz vom 22.11.2011 (BGBl. I, S. 2975)
KomDat Jugendhilfe	Kommentierte Daten der Kinder- und Jugendhilfe
KTagStG RP	Kindertagesstättengesetz Rheinland-Pfalz vom 15. März 1991
KVJS	Kommunalverband für Jugend und Soziales Baden-Württemberg
LAG	Landesarbeitsgericht
LG	Landgericht
LJA	Landesjugendamt
LJHA	Landesjugendhilfeausschuss

LPK-SGB I	Lehr- und Praxiskommentar SGB I; siehe im Literaturverzeichnis: Krahmer/Trenk-Hinterberger (Hrsg.)
LPK-SGB VIII	Lehr- und Praxiskommentar SGB VIII; siehe im Literaturverzeichnis: Kunkel, Peter-Christian (Hrsg.)
MüKo	Münchener Kommentar zum Bürgerlichen Gesetzbuch
m.w.N.	mit weiteren Nachweisen
NdsOVG	Niedersächsisches Oberverwaltungsgericht
NdsSOG	Niedersächsisches Gesetz über die öffentliche Sicherheit und Ordnung
NDV	Nachrichtendeinst des Deutschen Vereins für öffentliche und private Fürsorge e.V. (Zeitschrift)
NDV-RD	Rechtsprechungsdienst des Deutschen Vereins für öffentliche und private Fürsorge e.V. (Zeitschrift)
NE	Niederlassungserlaubnis
NJW	Neue juristische Wochenschrift (Zeitschrift)
NJW-RR	NJW-Rechtsprechungs-Report Zivilrecht
NK-AuslR	Nomos-Kommentar Ausländerrecht; siehe im Literaturverzeichnis: Hofmann (Hrsg.)
NKiTaG	Niedersächsisches Gesetz über Kindertagesstätten und Kindertagespflege (NKiTaG) Vom 7. Juli 2021
NPOG	Niedersächsisches Polizei- und Ordnungsbehördengesetz (NPOG) in der Fassung vom 19.1.2005 (Nds.GVBl. 2005, 9), zuletzt geändert durch Gesetz vom 17.12.2019 (Nds. GVBl. S. 428)
NSchG	Niedersächsisches Schulgesetz
NVwZ	Neue Zeitschrift für Verwaltungsrecht
NVwZ-RR	NVwZ-Rechtsprechungsreport Verwaltungsrecht
öAT	Zeitschrift für das öffentliche Arbeits- und Tarifrecht
OLG	Oberlandesgericht
OVG	Oberverwaltungsgericht
OVG LSA	Oberverwaltungsgericht des Landes Sachsen-Anhalt
OVG RP	Oberverwaltungsgericht Rheinland-Pfalz
PGAS	Elterneinschätzungsskala
PKH	Prozesskostenhilfe
RDG	Rechtsdienstleistungsgesetz
RdJB	Recht der Jugend und des Bildungswesens (Zeitschrift)
RegE	Regierungsentwurf
RsDE	Beiträge zum Recht der sozialen Dienste und Einrichtungen (Zeitschrift)
S., s.	siehe/Seite
SächsLJHG	Sächsisches Landesjugendhilfegesetz vom 4. September 2008, SächsGVBl. S. 578
SchKG	Gesetz zur Vermeidung und Bewältigung von Schwangerschaftskonflikten (Schwangerschaftskonfliktgesetz – SchKG) vom 27.07.1992, BGBl. I S. 1398, zuletzt geändert durch Art. 13a des Gesetzes vom 14. Dezember 2019, BGBl. I S. 2789

SGb	Die Sozialgerichtsbarkeit (Zeitschrift)
SGB	Sozialgesetzbuch, angegeben mit der Nummer des jeweiligen Buches, z. B. SGB X
SGB VIII	Sozialgesetzbuch VIII – Kinder- und Jugendhilfe
SGKJ	Süddeutsche Gesellschaft für Kinder- und Jugendmedizin e.V.
SjE	Sammlung jugendrechtlicher Entscheidungen siehe im Literaturverzeichnis: Seipp/Franz/Fuchs (Hrsg.)
SKBBG	Saarländisches Kinderbetreuungs- und -bildungsgesetz vom 18. Juni 2008
SozRAnpG 2020	Gesetz zur Änderung des Neunten und des Zwölften Buches Sozialgesetzbuch und anderer Rechtsvorschriften 30.11.2019, BGBl. I S. 1948
SPFH	Sozialpädagogische Familienhilfe
StaFamG	Gesetz zur zielgenauen Stärkung von Familien und ihren Kindern durch die Neugestaltung des Kinderzuschlags und die Verbesserung der Leistungen für Bildung und Teilhabe (Starke-Familien-Gesetz) vom 29.04.2019 (BGBl. I, 530)
StPO	Strafprozessordnung
StrlSchG	Gesetz zum Schutz vor der schädlichen Wirkung ionisierender Strahlung (Strahlenschutzgesetz – StrlSchG), vom 27.6.2017, BGBl. I S. 1966.
StrlSchV	Verordnung zum Schutz vor der schädlichen Wirkung ionisierender Strahlung (Strahlenschutzverordnung – StrlSchV) vom 29. November 2018, BGBl. I 2034.
StV	Strafverteidiger (Zeitschrift)
TAG	Tagesbetreuungsausbaugesetz vom 27.12.2004, BGBl. I S. 3852
TPJ	Theorie und Praxis der Jugendhilfe (Zeitschrift)
TRF	Teachers Report Form (Lehrerfragebogen über das Verhalten von Kindern und Jugendlichen)
TUP	Theorie und Praxis der Sozialen Arbeit (Zeitschrift)
u.a.	unter anderem/und andere
uj	unsere jugend (Zeitschrift)
UMA	unbegleitete minderjährige Ausländer_innen
UMG	Gesetz zur Verbesserung der Unterbringung, Versorgung und Betreuung ausländischer Kinder und Jugendlicher vom 28.10.2015 (BGBl. I, S. 1802)
umstr.	umstritten
UN-BRK	UN-Behindertenrechtskonvention
UN-KRK	Übereinkommen über die Rechte des Kindes
Urt.	Urteil
VBVG	Gesetz über die Vergütung von Vormündern und Betreuern (Vormünder- und Betreuervergütungsgesetz – VBVG) (Art. 10 des Gesetzes zur Reform des Vormundschafts- und Betreuungsrechts vom 4.5.20221, BGBl. I S. 882)
VerfRStärkG	Gesetz zur Stärkung der Verfahrensrechte von Beschuldigten im Jugendstrafverfahren vom 9.12.2019, BGBl. I S. 2146
VG	Verwaltungsgericht
VGH	Verwaltungsgerichtshof
Vgl., vgl.	vergleiche

VKH	Verfahrenskostenhilfe
VS	Verlag für Sozialwissenschaften
VwGO	Verwaltungsgerichtsordnung
VwVG	Verwaltungsvollstreckungsgesetz
WfbM	Werkstätten für behinderte Menschen
WHO	Welt-Gesundheits-Organisation
w.N.	weitere Nachweise
YGAS	Youth Global Assessment Scale (Jugendlichenskala)
YSR	Youth Self Report (Fragenbogen für Jugendliche)
ZAR	Zeitschrift für Ausländerrecht und Ausländerpolitik
z.B.	zum Beispiel
ZevKR	Zeitschrift für evangelisches Kirchenrecht
ZfF	Zeitschrift für das Fürsorgewesen
ZfJ	Zentralblatt für Jugendrecht (Zeitschrift)
ZFSH/SGB	Zeitschrift für die sozialrechtliche Praxis
ZJJ	Zeitschrift für Jugendkriminalrecht und Jugendhilfe
ZKJ	Zeitschrift für Kindschaftsrecht und Jugendhilfe
ZPO	Zivilprozessordnung

Literatur

Achterfeld, Susanne: Alterseinschätzung bei unbegleiteten minderjährigen Geflüchteten. Praktische Hinweise zum Verfahren und aktuelle Problemstellungen, JAmt 2019, S. 294-298.

Achterfeld, Susanne: Verpflichtung zur Asylantragstellung während der Inobhutnahme – „Neue" Herausforderung für Jugendämter?, JAmt 2017, S. 349-352

AGJF (o.J.): Offene Kinder- und Jugendarbeit. Grundsätze und Leistungen. Online verfügbar unter: https://www.agjf.de/files/cto_layout/Material/PDFs/AGJF-Broschuere-web.pdf (4.1.2022).

AKJ Stat: KJH Report Extra 2021 Autorengruppe Kinder und Jugendhilfestatistik Verlag, Eigenverlag Forschungsverbund DJI/TU Dortmund an der Fakultät 12 der TU Dortmund

Albrecht, Peter-Alexis: Jugendstrafrecht, 3. Auflage, München 2000, C.H. Beck.

Arbeitsgemeinschaft für Kinder- und Jugendhilfe – AGJ (Hrsg.): Gesellschaftlicher Wandel – Neue Herausforderungen für die Kinder- und Jugendhilfe?! Berlin 2014, Eigenverlag.

Arbeitsgemeinschaft für Kinder- und Jugendhilfe – AGJ (Hrsg.): Kinder- und Jugendhilferecht von A–Z. München 2014: C.H. Beck.

Autorengruppe Kinder- und Jugendhilfestatistik: Kinder- und Jugendhilfereport 2018. Eine kennzahlenbasierte Analyse. Opladen/ Berlin/Toronto: Verlag Barbara Budrich. Online verfügbar unter: https://shop.budrich-academic.de/wp-content/uploads/2019/01/9783847413400.pdf?v=3a52f3c22ed6; (4.1.2022).

Arbeitskreis Individualpädagogische Maßnahmen NRW e.V. (Hrsg.): Evaluationsstudie Jugendliche in Individualpädagogischen Maßnahmen. Durchgeführt vom Institut des Rauhen Hauses für Soziale Praxis (isp). Köln 2007. Online verfügbar unter: https://aim-ev.de/sites/default/files/Gesamt-Evaluationsstudie-mit-Cover.pdf (4.1.2022).

Baacke, Dieter: Medienkompetenz als zentrales Operationsfeld von Projekten. In: Baacke, Dieter u.a. (Hrsg.): Handbuch Medienkompetenz. Modelle und Projekte. Bonn 1999, S. 31–35.

Baacke, Dieter u.a. (Hrsg.): Handbuch Medienkompetenz. Modelle und Projekte. Bonn 1999, Bundeszentrale für Politische Bildung.

Bär, Dominik: Kinderrechte im Grundgesetz – Verfassungsrechtliche Symbolpolitik oder Stärkung der Menschenrechte, JAmt 2018, S. 375-380.

Barabas, Friedrich: Jugendrecht und Sexualerziehung. In: Schmidt, Renate-Berenike/Sielert, Uwe (Hrsg.): Handbuch Sexualpädagogik und sexuelle Bildung. 2. Aufl. Weinheim und Basel 2013, Juventa, S. 536–546.

Bareis, Friederike: Verstößt § 36a Abs. 1 SGB VIII gegen die richterliche Unabhängigkeit?, ZJJ 2006, S. 11–15.

Barner-Pöltl, Stefanie: Immer im Dienst? – Strafrechtliche Relevanz von privaten Erkenntnissen bei Mitarbeitern des Jugendamts, JAmt 2011, S. 68 f.

Baumann, Menno: Kinder die Systeme sprengen Band 1: Wenn Jugendliche und Erziehungshilfe aneinander scheitern, 2. Aufl., Hohengehren 2012, Schneider Verlag.

Baumann, Menno: Neue Impulse in der Intensivpädagogik, TPJ 11 (2015), S. 8-26.

Baumann, Menno/Hagen, Björn (Hrsg.): Arbeiten in Sicherheit – Jugendhilfe zwischen Herausforderungen und Mitarbeiterfürsorge, TPJ 31 (2020).

Beher, Karin: Träger der Kinder- und Jugendhilfe. In: Schröer, Wolfgang/Struck, Norbert/Wolff, Mechthild (Hg.): Handbuch Kinder- und Jugendhilfe. 2. Aufl. Weinheim/Basel 2016, Beltz Juventa, S. 702-720.

Beher, Karin/Liebig, Reinhard/Rauschenbach, Thomas (Hrsg.): Strukturwandel des Ehrenamts. Gemeinwohlorientierung im Modernisierungsprozeß. Weinheim/München 2000: Juventa.

Beinkinstadt, Joachim: Umgang mit dem Unterhaltsschuldner. Ein Aufruf zur Neuorientierung. JAmt 2004, S. 513–518.

Bergmann, Jan/Dienelt, Klaus (Hrsg.): Ausländerrecht. 13. Auflage. München 2020, C. H. Beck.

BERiD (Hrsg.): Mobile Schulen als ergänzende Lernorte für Kinder beruflich Reisender in Deutschland. Merkblatt No. 5, Bonn 2015, online verfügbar unter: https://berid.de/wp-1c7ce-content/uploads/2018/10/Merkblatt-5-Mobile-Schulen.pdf (4.1.2022).

Bernzen, Christian: Rechtliche Aspekte der Kooperation von Jugendsozialarbeit und Schule. In: Deutsches Rotes Kreuz (Hrsg.) (2012): Schulsozialarbeit. Aktuelle Beiträge und Reflexionen eines vielschichtigen Theorie- und Praxisfeldes, Berlin 2012, Eigenverlag, S. 18–19.

Betz, Tanja/Gaiser, Wolfgang/Pluto, Liane (Hrsg.): Partizipation von Kindern und Jugendlichen. Forschungsergebnisse, Bewertungen, Handlungsmöglichkeiten. Schwalbach/Ts. 2010, Wochenschau.

Bieritz-Harder, Renate/Conradis, Wolfgang/Thie, Stephan: Sozialgesetzbuch XII Sozialhilfe, 12. Aufl., Baden-Baden 2020, Nomos Verlag.

Biesel, Kay/Messmer, Heinz: Fachaufsicht in der Kinder- und Jugendhilfe – Fragen, Probleme und Voraussetzungen, JAmt 2015, S. 346–349.

Bildungsnetz Circusschule (Hrsg.): Bildungsnetz Circusschule. Hilden. Online verfügbar unter: http://www.schulefuercircuskinder-nrw.de (4.1.2022).

Birnstengel, Petra: Unterhaltsvorschussentbürokratisierungsgesetz: Neuerungen zum 01.07.2013, JAmt 2013, S. 179–181.

Birnstengel, Petra/Katzenstein, Henriette: Beistandschaft oder Beratung, JAmt 2005, S. 230–233.

Bitzan, Maria/Bütow, Birgit: Herausforderungen an die Mädchenarbeit. Überlegungen im Spannungsfeld gendersensibler, diversitätsbewusster Sozialer Arbeit und Neoliberalisierung. In: BAG (2012), Mädchenpolitik. Schriftenreihe zur Mädchenarbeit und Mädchenpolitik, Heft 11, S. 41–53.

Bitzan, Maria/Daigler, Claudia: Eigensinn und Einmischung. Einführung in Grundlagen und Perspektiven parteilicher Mädchenarbeit. Weinheim/München 2001, Juventa.

Bitzan, Maria/Weber, Monika: Geschlechtergerechtigkeit als Aufgabe der Erziehungshilfe. Was hat der § 9 Nr. 3 SGB VIII bewirkt? Versuch einer Bilanz. In: Forum Erziehungshilfen 2011, Heft 3, S. 141–145.

Blandow, Jürgen/Gintze, Ullrich/Hansbauer, Peter: Partizipation als Qualitätsmerkmal in der Heimerziehung. Eine Diskussionsgrundlage. Münster 1999, Votum.

Blandow, Jürgen: Neues Manifest zur Pflegekinderhilfe, PFAD 2010, 45–46 und 50.

Blandow/Küfner: Verwandtenpflege: „Anders als die anderen…" – Die Großeltern- und Verwandtenpflege, in: Handbuch Pflegekinderhilfe in Deutschland 2011, 742–767.

Blandow, Jürgen: Freie (und private) Träger der Jugendhilfe im Pflegekinderbereich, Forum Erziehungshilfen 4/2011, 207–211.

Bock, Stefanie/Puschke, Jens: Heilung gesetzgeberischer Untätigkeit? Überlegungen zur Wirkung der nicht fristgerecht umgesetzten Richtlinie (EU) 2016/800 über Verfahrensgarantien in Strafverfahren für Kinder, die Verdächtige oder beschuldigte Personen in Strafverfahren sind, ZJJ 2019, S. 224-233

Bode, Heidrun/Heßling, Angelika: Jugendsexualität 2015. Die Perspektive der 14- 25-Jährigen. Ergebnisse einer aktuellen repräsentativen Wiederholungsbefragung. Bundeszentrale für gesundheitliche Aufklärung, Köln. Online verfügbar unter Online verfügbar unter: https://www.forschung.sexualaufklaerung.de/fileadmin/fileadmin-forschung/pdf/Jugendendbericht%2001022016%20.pdf (4.1.2022).

Böllert, Karin (Hrsg.): Kompendium Kinder- und Jugendhilfe. Wiesbaden 2018, Springer VS.

Börnicke, Franziska: Öffnung der Offenen Jugendarbeit für Trans*Jugendliche, Deutsche Jugend 2012, S. 427–434.

Braches-Chyrek, Ria/ Mache, Kathrin/ Wölfel, Ingrid (Hrsg.): Kindheit in Pflegefamilien, 2010

Brazelton, Berry., T./; Greenspan, Stanley I.: Die sieben Grundbedürfnisse von Kindern, Weinheim und Basel 2002, Beltz,

Breuer, Karl Hugo: Jugendsozialarbeit nach dem Zweiten Weltkrieg (1945–1965). In: Fülbier, Paul/ Münchmeier, Richard (Hrsg.) (2001): Handbuch Jugendsozialarbeit. Geschichte, Grundlagen, Konzepte, Handlungsfelder, Organisation. Münster: Votum, S. 47–83.

Bringewat, Peter: Schutzauftrag bei Kindeswohlgefährdung (§ 8a SGB VIII) und strafrechtliche Garantenhaftung in der Kinder- und Jugendhilfe, ZKJ 2006, S. 233–242.

Bullinger, Gyde Maria: Rechtliche Möglichkeiten des Bundesgesetzgebers zur Verbesserung der Qualität (Betreuungsschlüssel, Gruppengrößen, Qualifikation des Personals) in Kindertagesstätten. Zusammenfassung. Aus: Deutscher Bundestag Wissenschaftliche Dienste, Fachbereich WD 9: Gesundheit, Familie, Senioren, Frauen und Jugend, Sachstand WD 9 – 3000 – 017/09, Abschluss der Arbeit: 6.2.2009 (Abdruck mit Genehmigung des Deutschen Bundestages). In: Textor, Martin R. (Hrsg.): Das Kita-Handbuch. Online verfügbar unter: http://www.kindergartenpaedagogik.de/2097.html (4.1.2022).

Bundesarbeitsgemeinschaft Elterninitiativen (BAGE) e.V.: Elterninitiativen mit Qualität, 2015. Online verfügbar unter: http://www.bage.de (4.1.2022).

Bundesarbeitsgemeinschaft Jugendhilfe im Strafverfahren: EU-Richtlinie 2016/800 – Veränderungen für die Praxis der Jugendhilfe im Strafverfahren – Eine Einschätzung des Sprecherrates der Bundesarbeitsgemeinschaft Jugendhilfe im Strafverfahren, ZJJ 2020, S. 93-96

Bundesarbeitsgemeinschaft Jugendschutz (Hrsg.): Für einen starken Kinder- und Jugendschutz. Positionspapier, 2015, Online verfügbar unter: http://www.bag-jugendschutz.de/PDF/Positionspapier.pdf (4.1.2022)

Bundesarbeitsgemeinschaft Jugendschutz (o.J.): Mitgliedsorganisationen der Bundesarbeitsgemeinschaft Kinder- und Jugendschutz e.V. Online verfügbar unter: http://www.bag-jugendschutz.de/baj_mitglieder.html (4.1.2022).

BMFSFJ 2017: Bericht über die Lebenssituation junger Menschen und die Leistungen der Kinder- und Jugendhilfe in Deutschland. 15. Kinder- und Jugendbericht. BT Drucksache 18/11050. Berlin. Online verfügbar unter: https://www.bmfsfj.de/blob/115438/d7ed644e1b7fac4f9266191459903c62/15-kinder-und-jugendbericht-bundestagsdrucksache-data.pdf (4.1.2022).

BMFSFJ 2020: Dritter Engagementbericht. Zukunft Zivilgesellschaft: Junges Engagement im digitalen Zeitalter. BT Drucksache 19/19320. Berlin. Online verfügbar unter: https://www.bmfsfj.de/blob/155410/04560e9eb80b450caf3e253bb77c200e/dritter-engagementbericht-data.pdf (4.1.2022).

Bundesministerium für Familie, Senioren, Frauen und Jugend (Hrsg.): Abschlussbericht „Mitreden-Mitgestalten: Die Zukunft der Kinder- und Jugendhilfe. Berlin 2020, online verfügbar unter: https://www.mitreden-mitgestalten.de/sites/default/files/downloads/abschlussbericht-mitreden-mitgestalten-die-zukunft-der-kinder-und-jugendhilfe-data.pdf (4.1.2022).

Bundesministerium für Familie, Senioren, Frauen und Jugend (BMFSFJ) (o.J.): Handbuch Kindertagespflege. Online verfügbar unter: http://www.handbuch-kindertagespflege.de/ (4.1.2022).

Bundesministerium für Familien, Senioren, Frauen und Jugend (2014): Grundsätze zur Durchführung und Weiterentwicklung des Programms 18 im Kinder- und Jugendplan des Bundes (KJP) „Integration junger Menschen mit Migrationshintergrund". Online verfügbar unter: http://78.46.45.52/userfiles/File/JMD_Grundsaetze_Stand_1Mai2014.pdf (29.1.2017).

Bundesministerium für Familien, Senioren, Frauen und Jugend (Hrsg.) (2013): 14. Kinder- und Jugendbericht: Bericht über die Lebenssituation junger Menschen und die Leistungen der Kinder- und Jugendhilfe in Deutschland. Berlin. Online verfügbar unter: https://www.bmfsfj.de/blob/93146/6358c96a697b0c3527195677c61976cd/14-kinder-und-jugendbericht-data.pdf

Bundesministerium für Familien, Senioren, Frauen und Jugend (Hrsg.) (2005): Stärkung familialer Beziehungs- und Erziehungskompetenzen. Kurzfassung eines Gutachtens des Wissenschaftlichen Beirats für Familienfragen beim Bundesministerium für Familien, Senioren, Frauen und Jugend. Berlin. Online verfügbar unter: http://www.bmfsfj.de/RedaktionBMFSFJ/Broschuerenstelle/Pdf-Anlagen/St_C3_A4rkung-familialer-Beziehungs-und-Erziehungskompetenzen,property=pdf,bereich=bmfsfj,sprache=de,rwb=true.pdf (20.07.2020).

Bundesministerium für Familien, Senioren, Frauen und Jugend (Hrsg.) (2010): Hauptbericht des Freiwilligensurveys 2009. Zivilgesellschaft, soziales Kapital und freiwilliges Engagement in Deutschland 1999 – 2004 – 2009. Online verfügbar unter: http://www.bmfsfj.de (20.7.2020).

Bundesministerium für Familien, Senioren, Frauen Jugend (2014): Grundsätze zur Durchführung und Weiterentwicklung des Programms 18 im Kinder- und Jugendplan des Bundes (KJP) „Integration junger Menschen mit Migrationshintergrund". Online verfügbar unter: https://www.bmfsfj.de/blob/121930/2a5010114e7e67d4f68c6f729ac40743/grundsaetze-jugendmigrationsdienste-2018-data.pdf (20.07.2020).

Bundesministerium für Jugend, Familie, Frauen und Gesundheit (Hrsg.) (1990): Achter Jugendbericht. Bericht über Bestrebungen und Leistungen der Jugendhilfe. Bonn 1990, Verlag Deutsches Jugendinstitut.

Bundesnetzwerk Ombudschaft Kinder- und Jugendhilfe (2016): Selbstverständnis. Online verfügbar unter: https://ombudschaft-jugendhilfe.de/wp-content/uploads/BNW-Ombudschaft-Selbstverst%C3%A4ndnis-2016.pdf (22.02.2021).

Bundesnetzwerk Ombudschaft Kinder- und Jugendhilfe (2020): Stellungnahme zum Referentenentwurf eines Gesetzes zur Stärkung von Kindern und Jugendlichen. Berlin. Online verfügbar unter: bundesnetzwerk-ombudschaft-in-der-jugendhilfe-e-v--data.pdf (bmfsfj.de) (22.02.2021).

Bundesnetzwerk Ombudschaft Kinder- und Jugendhilfe (2021): Stellungnahme zum Entwurf eines Gesetzes zur Änderung des Niedersächsischen Gesetzes zur Ausführung des Achten Buchs des Sozialgesetzbuchs und zur Niedersächsischen Kinder- und Jugendkommission (Drs. 18/10078). Berlin. Online verfügbar unter: https://ombudschaft-jugendhilfe.de/wp-content/uploads/BNO_Stellungnahme_Niedersachsen_Ref.Entwurf_2021_11_10.pdf (14.12.2021)

Bundesverband der kommunalen Spitzenverbände (k.A.): Empfehlungen zur Festlegung fachlicher Verfahrensstandards in den Jugendämtern bei Gefährdung des Kindeswohls – mit Unterstützung der Arbeitsgemeinschaft für Kinder- und Jugendhilfe – AGJ – und des Deutschen Vereins für öffentliche und private Fürsorge e.V. DV.

Bundesverband für Kindertagespflege e.V. (2015): Das ändert sich zum Jahresanfang 2016. Online verfügbar unter: http://www.bvktp.de/index.php?article_id=23 (29.1.2017).

Bundesverband katholischer Einrichtungen und Dienste der Erziehungshilfen e.V. (BvkE e.V.) und Evangelischer Erziehungsverband e.V. (EREV e.V.), https://www.projekt-inklusionjetzt.de, vom 12. Mai 2021, Inklusive Infrastrukturen für junge Menschen ermöglichen, https://www.projekt-inklusionjetzt.de/veroeffentlichungen/positionspapiere/positionspapiere?searchterm=positionspapier, abgerufen am 4.1.2022

Bundesfachverband Unbegleitete Minderjährige Flüchtlinge e.V. (Hrsg.): (Alterseinschätzung – – Rechtlicher Rahmen, fachliche Standards und Hinweise für die Praxis, Berlin 2019, auch online verfügbar unter https://b-umf.de/src/wp-content/uploads/2019/07/2019_07_arbeitshilfe_alterseinschaetzung.pdf

Bundesvereinigung der kommunalen Spitzenverbände, Deutscher Städtetag (DST), Köln, Deutscher Landkreistag (DLT), Berlin, Deutscher Städte- und Gemeindebund (DStGB), Berlin, mit Unterstützung der Arbeitsgemeinschaft für Kinder- und Jugendhilfe (AGJ) eV, Berlin, und des Deutschen Vereins für öffentliche und private Fürsorge (DV) eV, Berlin: Empfehlungen zur Festlegung fachlicher Verfahrensstandards in den Jugendämtern bei Gefährdung des Kindeswohls, JAmt 2009; S. 231-238

Bundeszentrale für politische Bildung (Hrsg.) (2016): Zahlen zu Asyl in Deutschland. Online verfügbar unter: http://www.bpb.de/politik/innenpolitik/flucht/218788/zahlen-zu-asyl-in-deutschland (20.7.2020).

Busch, Manfred/Fieseler, Gerhard: Rechtsanspruch volljähriger „Pflegekinder" nach § 41 SGB VIII, ZfJ 2003, 462–467.

Busch, Manfred/ Fieseler, Gerhard: Informationsschutz bei Hinweisen auf eine Kindeswohlgefährdung, Jugendhilfe 2005, S. 107 f.

Coelen, Thomas/Frank, Gusinde (Hrsg.): Was ist Jugendbildung? Positionen. Definitionen. Perspektiven. Weinheim/München 2011, Juventa.

Conen, Marie-Luise/Cecchin, Gianfranco: Wie kann ich Ihnen helfen, mich wieder loszuwerden? Therapie und Beratung mit unmotivierten Klienten und im Zwangskontext. Heidelberg 2020, Carl-Auer-Systeme Verlag.

Corsa, Mike/Dallmann, Florian (Hrsg.) (2012): Kinder schützen. Hinweise und Empfehlungen zur Umsetzung des Bundeskinderschutzgesetzes (BKiSchG) für die evangelische Kinder- und Jugendarbeit. Hannover: Arbeitsgemeinschaft der Evangelischen Jugend in Deutschland (aej).

Cremer, Georg/Fing, Franz: Bundesteilhabegesetz: Stehen wir vor einer ordnungspolitischen Wende? NDV 7/2015, S. 353–357.

Cremer, Hendrik: Das Recht eines unbegleiteten minderjährigen Flüchtlings auf Betreuung und Unterbringung nach Art. 20 der UN-Kinderrechtskonvention, ZJJ 2016, S. 4–9.

Dahm, Sabine: Voraussetzungen und Grenzen familiengerichtlicher Gebote gem. § 1666 Abs. 3 Nr. 1 BGB anhand ausgewählter obergerichtlicher Rechtsprechung, ZKJ 2015, S. 222–227.

Degener, Lea/Kunstreich, Timm/Lutz, Tilmann/Mielich, Sinah/Muhl, Florian/Rosenkötter, Wolfgang, Schwagereck, Jorrit (Hrsg.): Dressur zur Mündigkeit? Über die Verletzung von Kinderrechten in der Heimerziehung, Weinheim Basel 2020, Beltz Juventa

Deinet, Ulrich: Jugendeinrichtungen als Aneignungsräume. In: Deinet, Ulrich (Hrsg.) (2009): Sozialräumliche Jugendarbeit. Grundlagen, Methoden und Praxiskonzepte. 3. Aufl. Wiesbaden 2009, VS, S. 115–131.

Deinet, Ulrich: Sozialräumliche Jugendarbeit und Gemeinwesenarbeit: Schwestern, aber keine Zwillinge!, sozialraum.de Ausgabe 1/2011. Online verfügbar unter: http://www.sozialraum.de/sozialraeumliche-jugendarbeit-und-gemeinwesenarbeit.php (20.7.2020).

Deinet, Ulrich (Hrsg.): Sozialräumliche Jugendarbeit. Grundlagen, Methoden und Praxiskonzepte, 3. Aufl., Wiesbaden 2009, VS.

Deinet, Ulrich/Sturzenhecker, Benedikt (Hrsg.): Handbuch Offene Kinder- und Jugendarbeit. 4. Aufl. Wiesbaden 2013: VS.

Delmas, Nadine/Scherr, Albert (2005): Bildungspotenziale der Jugendarbeit. Ergebnisse einer explorativen empirischen Studie. In: Deutsche Jugend (2005), 53. Jg., Heft 3, S. 105–109.

Deutscher Bundesjugendring (2010): Selbstbestimmt und nicht verzweckt. Ehrenamtliches Engagement junger Menschen, Berlin 2010, online verfügbar unter: https://www.dbjr.de/fileadmin/user_upload/pdf-dateien/Publikationen/Broschueren/DBJR_brosch_engagement_web.pdf (20.7.2020).

Deutscher Bundesjugendring: Jugendverbände sind zu fördern. Rechtsgutachten von Prof. Dr. Dr. h.c. Reinhard Wiesner, Prof. Dr. Christian Bernzen und Melanie Kößler. Berlin. Online verfügbar unter: https://www.dbjr.de/fileadmin/user_upload/pdf-dateien/Publikationen/Broschueren/dbjr_gutachten_web.pdf (20.7.2020).

Deutscher Bundesjugendring: Fördern fordern. Arbeitshilfe für die lokale Förderung der Jugendverbandsarbeit. Berlin 2013. Online verfügbar unter: https://www.dbjr.de/fileadmin/user_upload/pdf-dateien/Publikationen/Broschueren/AH_foerderung_web.pdf (20.7.2020).

Deutscher Bundestag, Wissenschaftliche Dienste: Zur Diskussion über eine Mitteilungsbefugnis im Rahmen des Gesetzes zur Kooperation und Information im Kinderschutz, https://www.bundestag.de/resource/blob/648890/7514b8381ad12ebeaebe8e78bbb5adc4/WD-9-027-19-pdf-data.pdf, 2019 (10.1.2022)

Deutscher Verein für öffentliche und private Fürsorge: Empfehlungen des Deutschen Vereins zur Verwandtenpflege, 2014.

Deutsches Instituts für Jugendhilfe und Familienrecht e.V. (DIJuF): Stellungnahme zum Referentenentwurf eines Gesetzes zur Stärkung von Kindern und Jugendlichen (KJSG). Online verfügbar unter: https://dijuf.de/fileadmin/Redaktion/Hinweise/DIJuF-Stellungnahme_KJSG_2020-10-26.pdf (21.8.2022).

Deutsches Instituts für Jugendhilfe und Familienrecht e.V. (DIJuF): Rechtsgutachten vom 7.11.2014 – J 6.100 Bm Kinderschutzrecht, Verpflichtung von Eltern, im Rahmen von Verfahren nach § 8a SGB VIII Hausbesuche zuzulassen, JAmt 2015, S. 83-87

Deutsches Instituts für Jugendhilfe und Familienrecht e.V. (DIJuF): Stellungnahme zur Anfrage der AGJÄ der Länder Niedersachsen und Bremen v. 15. Februar 2011 Rechtsfragen zur Umsetzung des Niedersächsischen Gesetzes zur Förderung der Gesundheit und Verbesserung des Schutzes von Kindern in Niedersachsen (NFrüherkUG) – Aktenzeichen: J 6.140-1 My/K

Deutsches Instituts für Jugendhilfe und Familienrecht e.V. (DIJuF): Rechtsgutachten vom 27.10.2010 – J 7.23 LS., Übermittlung von Daten eines Bürgers/einer Bürgerin, der/die das Jugendamt über eine Kindeswohlgefährdung informiert hat, aber anonym bleiben möchte gegenüber betroffenen Eltern und Strafverfolgungsbehörden; Umgang mit Wunsch nach Anonymität, JAmt 2010, S. 552-555

Deutsches Instituts für Jugendhilfe und Familienrecht e.V. (DIJuF): Verantwortlich handeln – Schutz und Hilfe bei Kindeswohlgefährdung, Bundesanzeigerverlag, Köln 2004

Deutsches Instituts für Jugendhilfe und Familienrecht e.V. (DIJuF): Rechtsgutachten 15.03.2011, J 6.140 My Rechtsfragen zur Umsetzung des Niedersächsischen Gesetzes zur Förderung der Gesundheit und Verbesserung des Schutzes von Kindern in Niedersachsen (NFrüherkUG). In: Das Jugendamt (JAmt), 8/2011, 395-397

Deutsches Instituts für Jugendhilfe und Familienrecht e.V. (DIJuF): Rechtsgutachten vom 06.05.2020; SN_2020_0331 Gö. Zur Gefährdungseinschätzung im Fachteam im Rahmen des Bereitschaftsdiensts, JAmt 6/2020, S. 301-303

Deutscher Juristinnenbund e.V. (2011): Stellungnahme zum Entwurf eines Gesetzes zur Stärkung eines aktiven Schutzes von Kindern und Jugendlichen (Bundeskinderschutzgesetz – BKiSchG) – BT-Drs. 17/6256. Online verfügbar unter: https://www.dakj.de/wp-content/uploads/2020/10/201026_KJSG_SN_KinderJugendMedizin.pdf (02.02.2021).

Deutscher Verein für öffentliche und private Fürsorge e.V.: Empfehlungen des Deutschen Vereins zur Umsetzung gesetzlicher Änderungen im familiengerichtlichen Verfahren, NDV 2010, S. 206.

Deutscher Verein für öffentliche und private Fürsorge e.V.: Empfehlungen des Deutschen Vereins zur Fortschreibung der Pauschalbeträge in der Vollzeitpflege (§§ 33, 39 SGB VIII) für das Jahr 2016. DV 19/2015.

Deutscher Verein für öffentliche und private Fürsorge: Grundsatzthesen des Deutschen Vereins, NDV 1986, 227

Deutsches Jugendinstitut e.V. (DJI): Modellprojekt Tagesmütter, 2015, online verfügbar unter: http://www.dji.de/?id=1041 (10.2.2017).

Diering, Björn/Timme, Hinnerk/Stähler (Hrsg.): SGB X – Sozialverwaltungsverfahren und Sozialdatenschutz. 5. Auflage, Baden-Baden 2019, Nomos-Verlag.

Deutsches Institut für Jugend und Familienhilfe: Rechtsgutachten vom 7.11.2014 – J 6.100 Bm Kinderschutzrecht, Verpflichtung von Eltern, im Rahmen von Verfahren nach § 8a SGB VIII Hausbesuche zuzulassen, JAmt 2015, S. 83.

Diouani, Meriem: Umgang bei Pflegekindschaft, in: Gisela Zenz (Hrsg.), Traumatische Kindheiten. Beiträge zum Kinderschutz und zur Kinderschutzpolitik aus erziehungswissenschaftlicher und rechtswissenschaftlicher Perspektive, Frankfurt am Main 2004, 11–105.

Dittmann, Aline: Praxis und Kooperation der an familiengerichtlichen Verfahren beteiligten Professionen, ZKJ 2014, S. 180 ff.

Döhring, Linn Katharina: Sozialarbeiter vor Gericht?. Berlin 2018.

Donath, Lisa/Lüttringhaus, Maria/Wengenke, Markus, Wunsch, Susanne: Das Modell der Kollegialen Kurzberatung zur Risiko-/Gefährdungseinschätzung. Jugendhilfe 2018, S. 480-495

Donath, Philipp B./Lemmer, Miriam: „Kinderrechte ausdrücklich ins Grundgesetz" statt „Kinderrechte unsichtbar im Grundgesetz", JAmt 2021, S. 607-612.

Düber, Miriam/Rohrmann, Albrecht/Windisch, Marcus (Hrsg.): Barrierefreie Partizipation. Entwicklungen, Herausforderungen und Lösungsansätze auf dem Weg zu einer neuen Kultur der Beteiligung. Weinheim/Basel 2015, Beltz Juventa.

Düx, Wiebken (2000): Das Ehrenamt in Jugendverbänden,IIn: Beher, Karin/Liebig, Reinhard/ Rauschenbach, Thomas (Hrsg.): Strukturwandel des Ehrenamts. Gemeinwohlorientierung im Modernisierungsprozeß. Weinheim/München: Juventa, S. 99–142.

Eisenberg, Ulrich/Kölbel, Ralf: Jugendgerichtsgesetz, 21. Aufl., München 2020.

Ernst, Rüdiger: Jugendamt, Verfahrensbeistand und Sachverständiger – Heimliche und eigentliche Entscheider im Kindschaftsverfahren?, FF 2020, S. 195 ff.

Eschelbach, Diana: Örtliche Zuständigkeit für die Mitwirkung des Jugendamts in Verfahren nach dem Jugendgerichtsgesetz, ZJJ 2021, S. 143-148.

Faltermeier, Josef: Pflegekinderwesen, in: DV Fachlexikon der sozialen Arbeit, Fachlexikon der sozialen Arbeit, 8. Aufl., Baden-Baden 2017, S. 55–56.

Faltermeier, Josef: Fremdunterbringung – Herkunftseltern als Partner der Öffentlichen Erziehung. In: Knab/Fehrenbacher (Hrsg.), Die vernachlässigten Hoffnungsträger. Beiträge zur Kinder- und Jugendhilfe, Freiburg im Breisgau 2008, S. 233–246.

Fauser, Katrin/Fischer, Arthur/Münchmeier, Richard: Jugendliche als Akteure im Verband. Ergebnisse einer empirischen Untersuchung der Evangelischen Jugend. Opladen/Farmington Hills 2006, Barbara Budrich.

Fegert, Jörg M.: Was ist seelische Behinderung? Anspruchsgrundlage und kooperative Umsetzung von Hilfen nach § 35a KJHG. Münster 2002, Votum.

Feldmann, Cornelia: Sozialdatenschutz in der Jugendgerichtshilfe In: ZJJ (2008), S. 21–28.

Fendrich, Sandra: Junge Volljährige in den erzieherischen Hilfen, Befunde der Kinder- und Jugendhilfestatistik für Nordrhein-Westfalen, Jugendhilfe-aktuell LWL 2, 2015, 16–19.

Fieseler/Schleicher/Busch/Wabnitz (Hrsg.): GK-SGB VIII – Kinder- und Jugendhilferecht, 61. Aktualisierung (zitiert: GK-SGB VIII/Bearbeiter).

Fieseler, Gerhard (2001): Kindschaftsrechtsreform und „Väteraufbruch" – Vom Auftrag der Jugendhilfe sich einzumischen. In: Lehmann, Karl-Heinz (Hrsg.) (2001): Recht sozial: Rechtsfragen der Sozialen Arbeit, 2. Auflage. Hannover: Blumhardt-Verlag, S. 89–111.

Fieseler, Gerhard/Herborth, Reinhard: Recht der Familie und Jugendhilfe. 7. Auflage. Köln 2010: Luchterhand-Verlag.

Fieseler, Gerhard, Wunsch- und Wahlrecht, in Wabnitz, Handwörterbuch Kinder- und Jugendhilferecht SGB VIII-KJHG, Baden-Baden 2004

Fieseler/Hannemann: Gefährdete Kinder – Staatliches Wächteramt versus Elternautonomie? Zur Umsetzung des Art. 6 Abs. 2 Grundgesetz in Rechtsprechung und Jugendhilfepraxis, in: 5. Jahrbuch des Pflegekinderwesens, 145–162.

Fischer, Thomas: Strafgesetzbuch, 68. Aufl., München 2021.

Flemming, Winfried (2009): Das aktive Jugendamt, ZKJ 2009, S. 315–318.

Frese, Désirée/Günther, Christina: Willkommensbesuche für Neugeborene. Konzepte, Erfahrungen und Nutzen. Münster 2013, Waxmann.

Fritz, Roland/Vormeier, Jürgen (Vormals: Brunn/Fritz) (Hrsg.): Gemeinschaftskommentar zum Asylgesetz: Loseblatt. Neuwied: Luchterhand-Verlag (zitiert: GK-AsylG/Bearbeiter).

Frommann, Matthias: Schweigepflicht und Berufsauftrag des Sozialarbeiters, in: Arbeitshilfen des Deutschen Vereins, o.J.

Fthenakis, Wassilios: Die Familie nach der Familie. München 2008, C.H.Beck.

Fülbier, Paul: Quantitative Dimensionen der Jugendberufshilfe. In: Fülbier, Paul/Münchmeier, Richard (Hrsg.) (2001): Handbuch Jugendsozialarbeit. Geschichte, Grundlagen, Konzepte, Handlungsfelder, Organisation. Münster: Votum, S. 486–503.

Fülbier, Paul/Münchmeier, Richard (Hrsg.): Handbuch Jugendsozialarbeit. Geschichte, Grundlagen, Konzepte, Handlungsfelder, Organisation. Münster 2001, Votum.

Gadow, Tina/Peucker, Christian/Pluto, Liane/Santen van, Eric/Seckinger, Mike: Wie geht es der Kinder- und Jugendhilfe? Empirische Befunde und Analysen. Weinheim/Basel 2013, Beltz Juventa.

Gängler, Hans: Jugendverbände und Jugendpolitik. In: Otto, Hans-Uwe/Thiersch, Hans/Treptow, Rainer/Ziegler/Holger (Hrsg.) (2015): Handbuch Soziale Arbeit. Grundlagen der Sozialarbeit und Sozialpädagogik, 5. Aufl., München 2018, Ernst Reinhardt Verlag, S.739-746.

Gallhofer, Bernd: Trauma und Glaubwürdigkeit bei der Begutachtung im Asylverfahren, djbZ 2010, S. 186-188, https://www.nomos-elibrary.de/10.5771/1866-377X-2010-4-186/trauma-und-glaubwuerdigkeit-bei-der-begutachtung-im-asylverfahren-jahrgang-13-2010-heft-4?page=0

Gerber, Christine/Lillig, Susanne: Gemeinsam lernen aus Kinderschutzverläufen. Eine systemorientierte Methode zur Analyse von Kinderschutzfällen aus fünf Fallanalysen, in: NZFH (Hrsg.) Beiträge zur Qualitätssicherung im Kinderschutz 9, Köln 2018

Gehrmann, Christoph, Wunsch- und Wahlrecht des/der Hilfeempfänger/in Fachlexikon der sozialen Arbeit, 990–991

Gerber, Christine/Kindler, Heinz: Kriterien einer qualifizierten Gefährdungseinschätzung, herausgegeben vom Nationalen Zentrum Frühe Hilfen (NZFH), Köln 2021

Glaum, Joachim: Der systematische Aufbau von Kompetenzen einer selbständigen Lebensführung oder Wie viel Verselbständigung verträgt ein 16-jähriger Jugendlicher? Dialog Erziehungshilfe 4/2013, S. 50–55.

Glaum, Joachim: Hilfen für junge Volljährige – Zeit für eine Neuorientierung, JAmt 2015, 538–543

Goerdeler, Jochen: The never ending story: das Verhältnis von Jugendhilfe und Justiz im Jugendstrafrecht. Einige Anmerkungen zur „Steuerungsverantwortung des öffentlichen Jugendhilfeträgers", ZJJ 2006, S. 4–10.

Götte, Stephanie: Information frischgebackener Eltern über Unterstützungsangebote – mit oder ohne Willkommensbesuch (§ 2 KKG), JAmt 2012, S. 7–12.

Goldberg, Brigitta/Radewagen, Christof: Die geplanten Änderungen des § 4 KKG durch das KJSG – ein Bärendienst für den Kinderschutz?!, Das Jugendamt 2020, S. 622-628

Gonzalez Mendez de Vigo, Nerea: Alterseinschätzung – ein Irrgarten ohne Ausweg?, Asylmagazin 2019, S. 206-215.

Gottschalk, Yvonne: Verbleibensanordnung oder teilweiser Sorgerechtsentzug, ZKJ 2014, 238 ff.

Graba, Hans-Ulrich (2011): Abänderbarkeit von Jugendamtsurkunden und Leistungsfähigkeit von Eltern, NJW 2011, S. 1854–1856.

Graf, Sarah/Bovenschen, Ina/Kindler, Heinz: Erwachsene verurteilte Missbrauchstäter in Familien mit Kindern, Praxis der Rechtspsychologie 28 (2), November 2018.

Grandel, Matthias/Stockmann, Roland (Hrsg.): Familienrecht. 2. Aufl. Baden-Baden 2014, Nomos-Verlag.

Gravelmann, Reinhold: Pflegekinderhilfe – das Ende der stiefmütterlichen Behandlung. Facetten der aktuellen Debatten, AFET Bundesverband für Erziehungshilfe e.V.

Grünenwald, Christoph: Zum Zeitpunkt der ersten rechtlichen Wirksamkeit von Verwaltungsakten im SGB X, SGB 2019, S. 472-477.

Grunwald, Klaus/Thiersch, Hans: Lebensweltorientierung. In: Enzyklopädie Erziehungswissenschaft Online, 2014.

Habermann, Bärbel/Tries, Christine: Das neue Kinder- und Jugendhilfegesetz. Ein erster Überblick – Teil 1 bis 3, NDV 1990, S. 205 ff., S. 231 ff., S. 339 ff.

Häbel, Hannelore: Mitwirkungspflichten von Kindern und Jugendlichen – Rechtliche Voraussetzung für Hilfsangebote der Jugendhilfe? Forum Erziehungshilfe 2008, 214 ff.

Hafeneger, Benno: Geschichte der offenen Kinder- und Jugendarbeit seit 1945, in: Deinet, Ulrich/Sturzenhecker, Benedikt (Hrsg.): Handbuch Offene Kinder- und Jugendarbeit. 4. Aufl, Wiesbaden 2013, VS, S. 37–47.

Hammer, Stephan: Anforderungen an familiengerichtliche Entscheidungen im Kinderschutz aus der Sicht der Praxis der Familiengerichte, JAmt 2015. S. 291-294.

Hampel, Christian: § 13 SGB VIII. Die Rechtsgrundlage der Jugendsozialarbeit. Jugendsozialarbeit aktuell, Nr. 93. Köln 2010, Online verfügbar unter: http://www.jugendsozialarbeit.de/media/raw/Jugendsozialarbeit_aktuell_Hampel.pdf (20.7.2020).

Hauck, Karl (Begr.)/Stähr, Axel/Noftz, Wolfgang (Hrsg.): Sozialgesetzbuch (SGB) VIII: Kinder- und Jugendhilfe, Loseblatt, Berlin, Stand Januar 2020, Erich Schmidt Verlag.

Haupt, Stephanie: Schulsozialarbeit. Zusammenfassender Überblick über das Handlungsfeld. In: Deutsches Rotes Kreuz (Hrsg.): Schulsozialarbeit. Aktuelle Beiträge und Reflexionen eines vielschichtigen Theorie- und Praxisfeldes. Berlin 2013, Eigenverlag, S. 20–26.

Heghmanns, Michael: Zur strafrechtlichen Verantwortung im Kinderschutz, JAmt 2018, S. 230 -235.

Heilmann, Stefan: Zu den Auswirkungen der aktuellen Rechtsprechung des Bundesverfassungsgerichts auf die Praxis des Kinderschutzes, FamRZ 2015, Heft 2, S. 92 f.

Heilmann, Stefan (Hrsg.): Praxiskommentar Kindschaftsrecht, 2. Aufl., Köln 2020,Reguvis.

Heilman, Stefan/Lack, Katrin (Hrsg.): Die Rechte des Kindes. Festschrift für Ludwig Salgo zum 70. Geburtstag. Köln 2016: Bundesanzeiger Verlag.

Heinetsberger, Raphael/Helberg, Tania/Schiller, Ulli: „Wären unsere Räume im Jugendamt, würden viele Ratsuchende erst gar nicht kommen." Ein Gespräch mit den Projektkoordinatorinnen der Berliner Beratungs- und Ombudsstelle Jugendhilfe, Forum für Kinder- und Jugendarbeit 2020, S. 18-23.

Heinitz, Stefan: Schutz durch Hilfe – Zur Debatte um Schutzkonzepte in der Kinder- und Jugendhilfe, Forum Erziehungshilfe 2018, S. 245-249-

Heinz, Dirk: Sozialrechtsberatung unter den geltenden Bestimmungen des Rechtsdienstleistungsgesetzes, ZfF 2010, S. 241–248.

Helming/Eschelbach/Spangler/Bovenschen: Einschätzung der Eignung und Vorbereitung von Pflegepersonen, in: Handbuch Pflegekinderhilfe in Deutschland, 398–446

Helming/Bovenschen/Spangler/Köckeritz/Sandmeir: Begleitung und Beratung von Pflegefamilien, in: Handbuch Pflegekinderhilfe in Deutschland, 448–478

Helming/Wiemann/Ris: Die Arbeit mit der Herkunftsfamilie, in: Handbuch Pflegekinderhilfe in Deutschland, 524–559

Herberger, Maximilian/Martinek, Michael/Rüßmann, Helmut/Weth, Stephan (Hrsg.): Juris-Praxiskommentar BGB. 8. Auflage. Saarbrücken 2017, juris.

Hermanns, Manfred: Ursprünge der Jugendsozialarbeit in der Weimarer Republik. In: Fülbier, Paul/ Münchmeier, Richard (Hrsg.): Handbuch Jugendsozialarbeit. Geschichte, Grundlagen, Konzepte, Handlungsfelder, Organisation. Münster 2001: Votum, S. 20–37.

Hillmann-Stadtfeld, Anja: Das Recht der Kindertagespflege: Allgemeinrechtliche, sozialrechtliche und steuerrechtliche Rahmenbedingungen für Tagespflegepersonen. Kronach 2009: Carl Link Verlag.

Hinz, Andreas: Von der Integration zur Inklusion. Terminologisches Spiel oder konzeptionelle Weiterentwicklung? In: Zeitschrift für Heilpädagogik 2002, S. 354–361.

Hoffmann, Birgit: Mitwirkung des Jugendamtes in familiengerichtlichen Verfahren und Leistungen der Jugendhilfe insbesondere bei Sorgerechts- und Umgangsverfahren; FF 2006, S. 127 ff.

Hoffmann, Birgit: Ausgewählte Fragestellungen im familiengerichtlichen Kindesschutzverfahren, ZKJ 2020,45

Hofmann, Rainer M. (Hrsg.): Ausländerrecht. 2. Auflage. Baden-Baden 2016, Nomos-Verlag (zitiert: NK-AuslR/Bearbeiter).

Hollenstein, Erich/Nislony, Frank/Speck, Karsten/Olk, Thomas (Hrsg.): Handbuch der Schulsozialarbeit Band 1, Weinheim und Basel 2017, Beltz Juventa.

Hollweg, Carolyn: Hilfeplangespräche unter Dolmetschbeteiligung. Der Umgang mit Mehrsprachigkeit in der Hilfeplanung. In: Österreichisches Jahrbuch für Soziale Arbeit: Migration und Mobilität, Weinheim 2020, Beltz Juventa.

Homfeldt, Jenny (Hrsg.): § 35a SGB VIII. Chancen sozialpädagogischer Professionalisierung. Baltmannsweiler 2005, Schneider.

Hundt, Marion: Datenschutz in der Kinder- und Jugendhilfe, Regensburg 2019, Walhalla Verlag.

Hundt, Marion: Praxishandbuch Familie und Migrationsrecht, Köln 2020.

Hurrelmann, Klaus/Quenzel, Gudrun: Lebensphase Jugend. Eine Einführung in die sozialwissenschaftliche Jugendforschung. 13. Aufl. Weinheim/Basel 2016, Juventa.

Ilg, Wolfgang/Heinzmann, Gottfried/Cares, Mike (Hrsg.): Jugend zählt : Ergebnisse, Herausforderungen und Perspektiven aus der Statistik 2013 zur Arbeit mit Kindern und Jugendlichen in den Evangelischen Landeskirchen Baden und Württemberg Stuttgart 2014, buch+musik, ejw-service.

Internationale Gesellschaft für erzieherische Hilfen e.V (IGfH): Expertise im Projekt: Was kommt nach der stationären Erziehungshilfe? – Care Leaver in Deutschland, IGfH-Eigenverlag, Frankfurt am Main 2014.

ISS – Institut für Sozialarbeit und Sozialpädagogik e.V. (Hrsg.): Der Allgemeine Soziale Dienst. Aufgaben, Zielgruppen, Standards. München/Basel 2011, Reinhardt.

Jans, Karl-Wilhelm (Begr.)/Happe, Günter/Saurbier, Helmut/Maas, Udo (Hrsg.): Kinder- und Jugendhilferecht, Kommentar, Loseblatt, Stuttgart, Kohlhammer, Stand November 2021

Jeand'Heur, Bernd: Verfassungsrechtliche Schutzgebote zum Wohl des Kindes und staatliche Interventionspflichten aus der Garantienorm des Art. 6 Abs. 2 Satz 2 GG. Berlin 1993.

Jestaedt, Matthias: „Kinderrechte im Grundgesetz" statt „Kinderrechte ins Grundgesetz", JAmt 2021, S. 358-363.

Jestaedt, Matthias: Kindesschutz zwischen Verfassung, Verfassungstext und Verfassungsgericht, JAmt 2021, S. 612-615.

Joecks, Wolfgang/Miebach, Klaus (Hrsg.): Münchener Kommentar zum Strafgesetzbuch, Band 4, 4. Aufl., München 2021, C.H.Beck.

Joos, Julia: Beratung, Unterstützung oder Beistandschaft? Erfahrungsbericht aus dem Landkreis Lörrach und Anmerkungen zum DIJuF- Rechtsgutachten vom 15.12. 2008, JAmt 2009, S. 72 ff., S. 223–225.

Ju:an (Hrsg.): 15 Punkte für eine Willkommensstruktur in Jugendeinrichtungen. Berlin/Hannover 2015, Online verfügbar unter: https://www.amadeu-antonio-stiftung.de/w/files/juan/15-punkte-plan_web.pdf (20.07.2020).

Jung, Hans-Peter (Hrsg.): SGB VIII – Kinder- und Jugendhilfe. Kommentar. 2. Auflage. Freiburg 2009, Haufe lexware.

Kagerbauer, Linda: Hier sind wir! Junge feministische Sozialpädagoginnen und ihre Aufforderung zu einem Dialog der Generationen, Darmstadt 2008, Büchner.

Kahl, Wolfgang/Waldhoff, Christian/Walter, Christian: Bonner Kommentar zum Grundgesetz. Loseblatt, Heidelberg, Stand 2021, C.F.Müller.

Kaiser, Dagmar/Schnitzler, Klaus/Schilling, Roger/Sanders, Anne (Hrsg.): Bürgerliches Gesetzbuch – BGB. Band 4: Familienrecht, 4. Aufl., Baden-Baden 2021, Nomos-Verlag (zitiert: NK-BGB/Bearbeiter).

Katzenstein, Henriette: Gesprächssteuerung im Rahmen der Beistandschaft und Beratung nach § 18 SGB VIII, JAmt 2008, S. 126–133.

Kauermann-Walter, Jacquelinde: Pflegekinderhilfe – Faktoren gelingender Fremdunterbringungsprozesse, in: Knab/Fehrenbacher (Hrsg.), Die vernachlässigten Hoffnungsträger. Beiträge zur Kinder- und Jugendhilfe, 2009

Kemper, Rainer/Schreiber, Klaus (Hrsg.): Familienverfahrensrecht, Handkommentar, 3. Aufl., Baden-Baden 2015, Nomos

Kepert, Jan: Die Altersfeststellung im Kinder- und Jugendhilferecht – Das behördliche Verfahren zur Altersfeststellung im Zusammenhang mit einer (vorläufigen) Inobhutnahme, ZFSH/SGB 2015, S. 636–638.

Kepert, Jan: Datenschutz und Kinderschutz, ZKJ 2020, S. 164.

Kepert, Jan/Dexheimer, Andreas/Feist-Ortmanns, Monika/Kepert, Susanne/Macsenaere, Michael: Praxishandbuch Kinderschutz, Köln 2021, Reguvis.

Keuter, Wolfgang: Begleiteter Umgang – Familienrichter ohne Entscheidungskompetenz?, JAmt 2011, S. 373–376.

Keuter, Wolfgang: Entwicklungen im Statusrecht seit 2014, FamRZ 2015, S. 799–806.

Kieslinger Daniel/Dressel Marc/Haar Ralph (Hrsg.): Systemsprenger*innen Ressourcenorientierte Ansätze zu einer defizitären Begrifflichkeit, Freiburg im Breisgau 2021, Lambertus Verlag.

Kinder- und Jugendhilfe in Deutschland: Präsentationsfolien und Erläuterungen. 1.2.4 Föderativer Aufbau. Online verfügbar unter: http://www.kinder-jugendhilfe.info/wai1/showcontent.asp?ThemaID=5039 (10.2.2017).

Kindhäuser, Urs/Hilgendorf, Eric: Strafgesetzbuch – Lehr- und Praxiskommentar. 9. Auflage. Baden-Baden 2021, Nomos Verlag.

Kindler, Heinz/Gerber, Christine/Lillig, Susanna: Wissenschaftliche Analyse zum Kinderschutzhandeln des Allgemeinen Sozialen Dienstes im Landkreis Breisgau-Hochschwarzwald im Todesfall des Kindes A., file:///C:/Users/Latitude%205480/Documents/AAAPK%20SGB%20VIII/Abschluss bericht_Fall_Alessio_Workshop_Gerber.pdf (4.1.2022).

Kindler, Heinz/Lillig, Susanna/Küfner, Marion: Rückführung von Pflegekindern nach Misshandlung bzw. Vernachlässigung in der Vorgeschichte: Forschungsübersicht zu Entscheidungskriterien, JAmt 2006, 9–17.

Kindler, Heinz/Lillig, Susanne: Was ist unter „gewichtigen Anhaltspunkten" für die Gefährdung eines Kindes zu verstehen? In: IKK Nachrichten 2006: § 8a SGB VIII – Herausforderung bei der Umsetzung, Hefte 1–2, S. 16–19.

Kindler, Heinz/Lillig, Susanne/Blüml, Herbert/Meysen, Thomas/Werner, Annegret (Hrsg.): Handbuch Kindeswohlgefährdung nach § 1666 BGB und Allgemeiner Sozialer Dienst (ASD). München 2006, Deutsches Jugendinstitut (dji).

Kindler/Helming/Meysen/Jurczyk (Hrsg.): Handbuch Pflegekinderhilfe in Deutschland. München 2011, Deutsches Jugendinstitut (DJI) e.V. Online verfügbar unter: http://www.dji.de/fileadmin/user_upload/pkh/DJI_Handbuch_Pflegekinderhilfe.pdf (15.2.2017).

Klamt, Barbara: Aufbruch mit viel frischem Wind. Anforderungen an die Jugendsozialarbeit in der Einwanderungsgesellschaft, in: dreizehn, Heft für Jugendsozialarbeit Nr. 15 2016, S. 4–10.

Klawe, Willy:. Evaluationsstudie. Jugendliche in Individualpädagogischen Maßnahmen. Im Auftrag der AIM Bundesarbeitsgemeinschaft Individualpädagogik e.V., 2007, https://aim-ev.de/sites/default/files/Gesamt-Evaluationsstudie-mit-Cover.pdf (28.07.2020).

Klein, Anne: Altersschätzung bei unbegleiteten minderjährigen Flüchtlingen – Gefährdung des Kindeswohls, KJ 2015, S. 405–420.

Klüsener, Sebastian/Kreyenfeld, Michaela: Geburtenraten – Kitas wichtiger als Kultur. Niedrige Kinderzahlen pro Frau sind kein Phänomen deutscher Lebensart, sondern eher eine Folge mangelnder Angebote zur Kinderbetreuung. Pressemitteilung veröffentlicht durch Max-Planck-Gesellschaft 2013, online verfügbar unter: http://www.demogr.mpg.de/mediacms%5C3040_MPIDR_Kitas_wichtiger_als_Kultur.pdf (10.2.2017).

Knittel, Bernhard: Rechtsweg bei Ablehnung eine Amtstätigkeit der Urkundsperson beim Jugendamt. Zugleich Anmerkung zum Beschluss des LG Wuppertal vom 13. Mai 2005 – 6 T 232/05, JAmt 2005, S. 440–442, S. 470.

Knittel, Bernhard: Vollstreckungsdynamischer Unterhaltstitel im Ausland – Neue Aufgaben für die Urkundspersonen beim Jugendamt, JAmt 2006, S. 477–484.

Knödler, Christoph: Zur Strafbarkeit von Sozialarbeitern und Sozialpädagogen, ZKJ 2019, S. 452 ff,

Kölch/Wolff/Fegert: Teilhabebeeinträchtigung. Möglichkeiten der Standardisierung im Verfahren nach § 35 a SGB VIII, JAmt 2007, S. 1 ff.

Kooperationsverbund Jugendsozialarbeit: Jugendsozialarbeit § 13 SGB VIII als Aufgabe der Jugendhilfe. Informationen zur aktuellen Datenlage, bundesweiten Entwicklungen und fachlichem Hintergrund der Diskussion um die Umsetzung der Jugendsozialarbeit durch die (kommunale) Jugendhilfe. Erstellt von Andrea Pingel. Berlin 2010. Online verfügbar unter: http://www.jugendsozialarbeit.de/media/raw/JSA_als_kommunale_Aufgabe_Jugendhilfe.pdf (28.7.2020).

Kooperationsverbund Jugendsozialarbeit: Schreiben zum Referentenentwurf zur Änderung des SGB VII u.a./Artikel 2 und 7. Online verfügbar unter: http://www.jugendsozialarbeit.de/media/raw/KV_Schreiben_Referentenentwurf_Aenderung_SGB_XII_und_weitere_17072015.pdf (15.2.2017).

Kooperationsverbund Jugendsozialarbeit (Hrsg.): Inklusion in Handlungsfeldern der Jugendsozialarbeit, Beiträge zur Jugendsozialarbeit, Heft. 2, Berlin 2012.

Kooperationsverbund Jugendsozialarbeit: Junge Migranten/-innen und Flüchtlinge nicht zurücklassen. Ausbildung für alle jungen Menschen. Stellungnahme zum Berufsbildungsbericht 2015, Online verfügbar unter https://jugendsozialarbeit.de/media/raw/KV_Stellungnahme_Berufsbildungsbericht_2015.pdf (28.07.2020).

Kooperationsverbund Jugendsozialarbeit: Ansätze und Überlegungen aus Sicht des Kooperationsverbundes Jugendsozialarbeit für eine Reform des SGB VIII. Beitrag zum Dialogforum „Modernisierung der Kinder- und Jugendhilfe". Online verfügbar unter: https://afet-ev.de/aktuell/SGB-VIII-Reform/PDF-SGB-VIII-Reform-2019/Kooperationsverbund-Jugendsozialarbeit_Kommentierung_SGB_VII_Reformbedarf_KV_JSA_2019_02_08.pdf?m=1551349268& (08.07.2020).

Kooperationsverbund Jugendsozialarbeit: Zwischenruf. Impulse für die bevorstehende SGB VIII-Reform aus Sicht der rechtskreisübergreifenden Förderung am Übergang von der Schule in den Beruf. Online verfügbar unter: https://jugendsozialarbeit.de/wp-content/uploads/2020/06/Final_Zwischenruf_SGB_VIII_Reform_rkue_18_06_200.pdf (22.07.2020).

Kopp (Begr.)/Schenke (Hrsg.): Verwaltungsgerichtsordnung: VwGO. Kommentar. 26. Auflage. München 2020, C.H. Beck, zitiert: Kopp/Schenke/*Bearbeiter*.

Krahmer, Utz/Trenk-Hinterberger, Peter: Sozialgesetzbuch I, 4. Aufl., Berlin 2020

Kreft, Dieter: Sport im Rechtsrahmen der Kinder- und Jugendhilfe, ZfJ 2001, S. 327–335.

Kreft, Dieter/Mielenz, Ingrid (Hrsg.): Wörterbuch Soziale Arbeit, Weinheim 2005, Juventa.

Kronseder, Daniel R.: Die Strafbarkeit von Mitarbeitern des Jugendamtes bei häuslicher Kindeswohlbeeinträchtigung. Marburg 2010, Tectum.

Krug, Heinz/Riehle, Eckart: SGB VIII – Kinder- und Jugendhilfe – Kommentar. Loseblattwerk. Köln, Luchterhand Verlag.

Krüger, Heinz-Hermann/Rauschenbach, Thomas (Hrsg.): Einführung in die Arbeitsfelder des Bildungs- und Sozialwesens. 5. Aufl. Opladen/Toronto 2012, Barbara Budrich.

Krumbholz, Monika: Verwandtenpflege: keine Regelfälle, aber klare Regeln, in: JAmt 2013, 307–311.

Küfner, Marion: Sonderpflegestellen, in: AGJ, Kinder- und Jugendhilferecht von A–Z, München 2008, 308–309.

Küfner, Marion: Verwandtenpflege, in: Arbeitsgemeinschaft für Kinder- und Jugendhilfe – AGJ, Kinder- und Jugendhilferecht von A–Z, München 2008, 379–380.

Küfner, Marion: Pflegekinderhilfe in Deutschland, England und den Niederlanden. Einige Anmerkungen zum Weiterdenken und -forschen, np 1/2009, 17–33.

Küfner, Marion: Betont das deutsche Recht die Elternrechte zu sehr? in: Kindler/Henning/Meysen/Jurczyk (Hrsg.): Handbuch Pflegekinderhilfe in Deutschland 2011, 853–826.

Küfner, Marion: Ist es in Deutschland notwendig, auf Dauer angelegte Pflegeverhältnisse stärker zu schützen? in: Handbuch Pflegekinderhilfe in Deutschland 2011, 858–864.

Küfner/Schönecker: Rechtliche Grundlagen und Formen der Vollzeitpflege, in: Handbuch Pflegekinderhilfe in Deutschland 2011, 48–100.

Küfner/Schönecker/Trumpf: Familiengerichtliche Klärung von Konflikten um Pflegekinder, in: Handbuch Pflegekinderhilfe in Deutschland 2011, 668–724.

Kunkel, Peter-Christian: Ist der Sozialdatenschutz gerichtsfest?, in: Lehmann, Recht sozial, 2002, 244

Kunkel, Peter Christian: Was bleibt von § 13 SGB VIII (nach dem KICK) neben SGB II und SGB III? Kehl 2005, online verfügbar unter: http://193.197.34.225/ZHEAF/diskussionspapiere/2005-01.pdf, 2005 (20.7.2020).

Kunkel, Peter Christian: Junge Menschen im „Bermudadreieck" von SGB VIII, SGB III und SGB II, NDV 2007, 397

Kunkel, Peter-Christian: Datenschutz bei Altersfeststellung nach § 42f SGB VIII. In: ZFSH/SGB 2015, S. 638.

Kunkel, Peter-Christian: Datenschutz im Jugendamt, ZKJ 2018, S. 355 ff.

Kunkel, Peter-Christian: Dauerbaustelle Datenschutz in der Jugendhilfe, ZKJ 2020, S. 90 ff.

Kunkel, Peter-Christian/Kepert, Jan/Pattar, Andreas (Hrsg.): Sozialgesetzbuch VIII Kinder- und Jugendhilfe, Lehr- und Praxiskommentar. 7. Auflage, Baden-Baden 2018, Nomos-Verlag (zitiert: LPK-SGB VIII/*Bearbeiter*).

Kunkel, Peter-Christian/Kepert, Jan/Pattar, Andreas (Hrsg.): Sozialgesetzbuch VIII Kinder- und Jugendhilfe, Lehr- und Praxiskommentar. 8. Auflage, Baden-Baden 2022, Nomos-Verlag (zitiert: LPK-SGB VIII/*Bearbeiter*).

Lack, Katrin: Die Rechte unbegleitet in die Bundesrepublik eingereister Minderjähriger, in: Die Rechte des Kindes. Festschrift für Ludwig Salgo zum 70. Geburtstag. Köln 2016, Bundesanzeiger Verlag.

Landesjugendämter Rheinland/Westfalen-Lippe: § 35a SGB VIII Eingliederungshilfe für Kinder und Jugendliche mit einer seelsichen Behinderung. Eine Arbeitshilfe für Jugendämter. Köln/Münster 2020.

Landschaftsverband Westfalen-Lippe, LWL (Hrsg.): Schutzkonzepte in der Hilfeplanung. Eine qualitative Untersuchung zur Funktion und zur Wirkungsweise von Schutzkonzepten im Rahmen ambulanter Erziehungshilfen, 2. Aufl., Münster 2013.

Lange, Mirja/Wehmeyer, Karin: Jugendarbeit im Takt einer beschleunigten Gesellschaft. Veränderte Bedingungen des Heranwachsens als Herausforderung. Weinheim/Basel 2014, Beltz Juventa.

Laubenthal, Klaus/Baier, Helmut/Nestler, Nina: Jugendstrafrecht, 3. Aufl., Heidelberg u.a. 2015, Springer.

Laucht, Manfred et al.: „Risikokinder". Zur Bedeutung biologischer und psychosozialer Risiken für die kindliche Entwicklung in den beiden ersten Lebensjahren. In: Praxis der Kinderpsychologie und Kinderpsychiatrie (1992), Heft 41, S. 274–285.

Laufhütte/Rissing-van Saan/Tiedemann: Strafgesetzbuch, Leipziger Kommentar, 12. Aufl., Berlin 2010, de Gruyter Recht

Lehmann, Karl-Heinz (Hrsg.): Recht sozial. Rechtsfragen der sozialen Arbeit, 2. Aufl., Blumhardt Verlag, Hannover 2001

Lehmann, M. Karl-Heinz: Rechtsfolgen bei Verletzung der Aufsichts- und Garantenpflicht, EJ 2015, S. 199–204.

Lehmann, M. Karl-Heinz/Radewagen, Christof/Schülke,Tina: Aktiver Datenschutz gehört zur Kinder- und Jugendhilfe, EJ 2015, S. 37.

Lehmann, M. Karl-Heinz/Radewagen, Christof/Stücker, Ulrike: Basiswissen Datenschutz. Vertrauen in der Kinder- und Jugendhilfe, Dähre 2018, Schöneworth Verlag,

Lehmann, M. Karl-Heinz/Radewagen, Christof/Stücker, Ulrike: Vertrauensschutz in der Kinder- und Jugendhilfe, Jugendhilfe 2018, S. 429.

Lehmann, M. Karl-Heinz/Stücker, Ulrike: Videokonferenzen und Webinare – nicht ohne Vertrauen und Datenschutz, EJ 2020, S. 192

Lempp, Reinhart: Die seelische Behinderung als Aufgabe der Jugendhilfe. 5. Aufl., Stuttgart 2006, Boorberg.

Lengemann, Martin: Erziehungsstelle, in: Deutscher Verein für öffentliche und private Fürsorge, Fachlexikon der sozialen Arbeit, 8. Aufl., Baden-Baden 2017.

Leven, Ingo/Schneekloth, Ulrich: Freizeit und Internet. Zwischen klassischem <Offline> und neuem Sozialraum. In: Shell Deutschland Holding (Hrsg.) Jugend 2015. Eine pragmatische Generation im Aufbruch. Frankfurt a.M. 2015, Fischer Taschenbuch, S. 111–152.

Lobinger, Karin: Kostentragung und Anordnungskompetenz im Verhältnis von Justiz und Jugendhilfe. Eine Analyse des § 36a Abs. 1 S. 1 2. HS SGB VIII, Baden-Baden 2015, Nomos-Verlag.

Löhnig, Martin: Die Rechte des leiblichen, nicht rechtlichen Vaters im Adoptionsrecht – revisited, FamRZ 2015, S. 9–11.

Lohse, Katharina/Meysen, Thomas: Gesetz zur Bekämpfung von Kinderehen: Rechtliche Behandlung von Minderjährigenehen, JAmt 2017, S. 345-349.

Lohse, Katharina/Rüdiger, Ernst/Katzenstein, Henriette: Profilierung des familiengerichtlichen Kinderschutzverfahrens, JAmt 2019, S. 234 ff.

Lüders, Christian: 25 Jahre § 41 SGB VIII und die jungen Erwachsenen – eine zwiespältige Bilanz, ZKJ 2015, S. 364–368.

Lüttringhaus, Maria/Streich, Angelika: Kindesschutz in der Jugendhilfe, Wie man Auflagen und Aufträge richtig formuliert, Blätter der Wohlfahrtspflege 2007, S. 145–150.

Maas,Udo: Soziale Arbeit und Verwaltungshandeln. Systematische Grundlegung für Studium und Praxis, Soziale Dienste und Verwaltung, Bd. 1, Juventa-Verlag, Weinheim 1992

Maaz, Kai/Neumann, Marko/Baumert, Jürgen (Hrsg.): Herkunft und Bildungserfolg von der frühen Kindheit bis ins Erwachsenenalter. Forschungsstand und Interventionsmöglichkeiten aus interdisziplinärer Perspektive. Wiesbaden 2014: Springer.

Materla, Karl (2012): Vom Umgang mit unklaren Gefährdungslagen. Oder: Nachts sind alle Katzen grau…, JAmt 2012, S. 66–67.

Maykus, Stephan/Schone, Reinhold (Hrsg.): Handbuch Jugendhilfeplanung. Grundlagen, Anforderungen und Perspektiven. 3. Aufl., Wiesbaden 2010, VS.

Menne, Martin: Der Anwalt des Kindes – Entwicklungstendenzen und Perspektiven im Recht der Verfahrenspflegschaft, FamRZ 2005, S. 1035–1040.

Menne, Martin: Zu einigen Aspekten des Verfahrenspflegschaftsrechts: Abgrenzung zur Jugendhilfe – Fallpauschalen, KindPrax 2005, S. 94–96.

Merchel, Joachim (Hrsg.): Handbuch Allgemeiner Sozialdienst (ASD), 3. Aufl., München/Basel 2019, Reinhardt Verlag.

Merchel, Joachim: Fachaufsicht und Qualitätsmanagement in der Kinder- und Jugendhilfe: zwei divergente, doch zueinander in Bezug stehende Steuerungsmodalitäten, JAmt 2015, S. 358-363

Merk, Kurt-Peter: Kinderfreundlichkeit. Das Mandat der Jugendhilfe nach § 1 Abs. 3 Nr. 4 des Kinder- und Jugendhilfegesetzes – Begriff, Verfahren, Vollzugsdefizit (herausgegeben vom MAGS NRW), Düsseldorf 1995.

Meyer, Friedrich-Wilhelm: Aufbau und Kompetenzen einer selbständigen Lebensführung im Rahmen der Hilfen zur Erziehung und der Jugendhilfe für junge Volljährige, in: Jugendhilfe-aktuell LWL 2/2015, 24–25.

Meyer-Goßner, Lutz/Schmitt, Bertram: Strafprozessordnung mit GVG und Nebengesetzen, 64. Aufl., München, 2021, C.H.Beck.

Meysen, Thomas (Hrsg.): Praxiskommentar Familienverfahrensrecht. 2. Auflage, Köln 2014, Bundesanzeiger Verlag.

Meysen, Thomas: Schutz oder Hilfe? Schutz als Hilfe! In: RdJB 2014, S. 502-512.

Meysen, Thomas/Beckmann, Janna: Rechtsanspruch U3: Förderung in Kita und Kindertagespflege. Baden-Baden 2013, Nomos-Verlag.

Meysen, Thomas/Eschelbach, Diana: Das neue Bundeskinderschutzgesetz, Baden-Baden 2012. Nomos-Verlag.

Möller, Winfried: Zulässigkeit eines Hausbesuchs zur Gefährdungseinschätzung im Jugendhilferecht bei Nichtteilnahme an Früherkennungsuntersuchungen, EJ 2011, S. 181–185.

Möller, Winfried: Basiswissen Kinderschutz: Das Bundeskinderschutzgesetz in der Praxis. Hannover 2013, Schöneworth Verlag.

Möller, Winfried: Stellungnahme zu OVG Saarlouis, ZKJ, S. 488 ff.; OVG Nordrhein-Westfalen (27.6.2014); Az. (2014), EJ 2015, S. 130–134.

Möller, Winfried: Das Gesetz zur Stärkung der Verfahrensrechte von Beschuldigten im Jugendstrafverfahren, EJ 2020, S. 99-105 (Teil 1) und S. 197-203 (Teil 2).

Möller, Winfried: Unterlassungsstrafbarkeit von Fachkräften des Jugendamtes. Anmerkungen zum Urteil des Landgerichts Arnsberg vom 7. Januar 2020, EJ 2020, S. 270-275.

Möller, Winfried: Noch einmal: Unterlassungsstrafbarkeit von Fachkräften des Jugendamtes – Fortgang des Verfahrens, EJ 2021, S. 66-68

Möller, Winfried/Schütz, Carsten: Jugendrichterliche Kompetenz versus Steuerungsverantwortung des öffentlichen Jugendhilfeträgers, ZKJ 2007, S. 178–183.

Mörsberger, Thomas: „Geht es da mit rechten Dingen zu?" Hinweise, Einschätzungen und Fragen zur Entwicklung des Kinderschutzes in Deutschland, Fachforum Kinderschutz in Hamburg, Oktober 2014. Online verfügbar unter www.thomas-moersberger.de/downloads/Moersberger_KSZ_HH_Okt2014.pdf (15.2.2017).

Mrozynski, Peter: SGB VIII Kinder- und Jugendhilfe. Kommentar. 5. Auflage. München 2009, C.H. Beck.

Müller, Burkhard/Schmidt, Susanne/Schulz, Marc: Wahrnehmen können. Jugendarbeit und informelle Bildung, Freiburg im Breisgau 2005, Lambertus.

Müller, Christian: Stellungnahme zu BVerfG, FamRZ 2003, 285 ff., EJ 2003, S. 254–256.

Müller, Christian: Stellungnahme zu BGH, ZKJ 2012, 107 ff.; EJ 2012, S. 251–252.

Müller, Christian: Stellungnahme zu OLG Frankfurt. In: ZKJ (2014), 123 ff., EJ 2014, S. 245–246.

Müller, Margareta: Barrierefreie Partizipation in den Einrichtungen der Erziehungshilfe. Die Ombudschaft Jugendhilfe NRW. In: Düber, Miriam/Rohrmann, Albrecht/Windisch, Marcus (Hrsg.): Barrierefreie Partizipation. Entwicklungen, Herausforderungen und Lösungsansätze auf dem Weg zu einer neuen Kultur der Beteiligung. Weinheim/Basel 2015, S. 48–59, Beltz Juventa,

Münchener Kommentar zum Bürgerlichen Gesetzbuch: Band 8, §§ 1589–1921. 6. Auflage. München 2012: C. H. Beck (zitiert: MüKo-BGB/Bearbeiter).

Münder, Johannes: Sprachmittlung als Teil der Leistungen der Kinder- und Jugendhilfe – Rechtsexpertise: http://themennetzwerk-fluechtlingskinder.de/fileadmin/dokumente/drk_sprachmittlung_kijuhilfe_2016.pdf (abgerufen am 4.1.2022).

Münder, Johannes/Trenczek, Thomas: Kinder- und Jugendhilferecht. Eine sozialwissenschaftlich orientierte Darstellung. 8. Aufl., Baden-Baden 2015 Nomos-Verlag.

Münder, Johannes/Schruth, Peter: Zur Rechtsqualität von § 13 Abs. 1 SGB VIII, Zentralblatt für Jugendrecht 2002, S. 125–131.

Münder, Johannes/Wiesner, Reinhard/Meysen, Thomas (Hrsg.): Kinder- und Jugendhilferecht. Handbuch, 2. Aufl., Baden-Baden 2011, Nomos-Verlag.

Münder, Johannes/Meysen, Thomas/Trenczek, Thomas (Hrsg.): Frankfurter Kommentar SGB VIII Kinder- und Jugendhilfe. 7. Auflage. Baden-Baden 2013: Nomos-Verlag (zitiert: FK-SGB VIII/*Bearbeiter*).

Münder, Johannes/Meysen, Thomas/Trenczek, Thomas (Hrsg.): Frankfurter Kommentar SGB VIII Kinder- und Jugendhilfe, 8. Aufl., Baden-Baden 2019, Nomos-Verlag (zitiert: FK-SGB VIII/*Bearbeiter*).

Münstermann, Klaus: Vorzeitige Beendigung/Abbruch von Pflegeverhältnissen: Kriterien an und für Anschlusshilfen, in: Arbeitsgruppe Fachtagungen, 2012, 90–92

Nationales Zentrum Frühe Hilfen (Hrsg.): Kompetenzprofil Netzwerkkoordinatorinnen und Netzwerkkoordinatoren Frühe Hilfen. Köln 2013. Online verfügbar unter: https://www.fruehehilfen.de/fileadmin/user_upload/fruehehilfen.de/pdf/Publikation_NZFH_Kompetenzprofil__Netzwerkkoordinatoren.pdf (02.02.2021).

Nationales Zentrum Frühe Hilfen: Leitbild Frühe Hilfen. Beitrag des NZFH-Beirats. Köln 2014.

Nds. Landesamt für Soziales, Jugend und Familie: Handreichung zum § 35a SGB VIII **2012.**

Nds. Ministerium für Soziales, Gesundheit und Gleichstellung und Niedersächsisches Landesamt für Soziales, Jugend und Familie (Hrsg.): Vertrauensschutz im Kinderschutz, Hannover und Hildesheim 2021.

Neundorf, Kathleen: Die Altersbestimmung bei unbegleiteten Minderjährigen – rechtliche Grundlagen und Debattenüberblick, ZAR 2018, S. 238-246, online unter https://www.zar.nomos.de/file admin/zar/doc/Aufsatz_ZAR_18_07.pdf.

Niepmann, Birgit/Schwamb, Werner: Die Rechtsprechung zur Höhe des Unterhalts. 13. Auflage. München 2016: Beck.

Nix, Christoph: § 3 JGG – eine immer wieder neu vergessene Rechtsvorschrift, ZJJ 2011, S. 416 ff.

Nix, Christoph/Möller, Winfried/Schütz, Carsten: Einführung in das Jugendstrafrecht für die Soziale Arbeit, München 2011, Ernst Reinhardt Verlag.

Nüsken, Dirk: Vom Erfolgs- zum Auslaufmodell? Hilfen für junge Volljährige im Rahmen der Hilfen zur Erziehung: Eine Bestandsaufnahme zehn Jahre nach Einführung des Rechtsanspruchs, JAmt 2006, 1–9

Nüsken, Dirk: Regionale Disparitäten in der Kinder- und Jugendhilfe. Eine empirische Untersuchung zu den Hilfen für junge Volljährige, Münster 2008.

Nüsken, Dirk: Junge Volljährige in den Erziehungshilfen. Grundlagen. Leistungsgewährung und Herausforderungen für die Weiterentwicklung, Forum Erziehungshilfen 2013, S. 10–16.

Nüsken, Dirk: § 41 SGB VIII: Hilfe für junge Volljährige. Nachbetreuung, in: Macsenaere u.a., Handbuch der Hilfen zur Erziehung, Freiburg im Breisgau 2014.

Nüsken, Dirk: 25 Jahre für junge Volljährige: Skizze einer Zwischenbilanz, Dialog Erziehungshilfe 2/2015, S. 60–64.

Nüsken, Dirk: Erwachsen werden ohne öffentliche Verantwortung? Hilfen für junge Volljährige und Care Leaver im Blick, Jugendhilfe-aktuell LWL 2/2015, S. 8–11.

Nüsken, Dirk: (o.J.): Impulse zur Netzwerkarbeit Frühe Hilfen. In: NZFH (Hrsg.) (o.J.): Impulse zur Netzwerkarbeit Frühe Hilfen / 2. Köln. Online verfügbar unter: https://www.fruehehilfen.de/file admin/user_upload/fruehehilfen.de/pdf/NZFH_Impulse_Netzwerk_Dirk_Nuesken_160715.pdf (02.02.2021).

Nüsken/Bellermann: Junge Erwachsene mit Unterstützungsbedarf. Verschollen im sozialstaatlichen Bermudadreieck? in: Sozial Extra 11/12, 2012, S. 18–23.

Oberloskamp, Helga (Hrsg.): Vormundschaft, Pflegschaft und Beistandschaft für Minderjährige. 3. Aufl., München 2010, C.H. Beck.

Oberloskamp, Helga/Balloff, Rainer/Fabian, Thomas: Gutachterliche Stellungnahmen in der sozialen Arbeit, 7. Aufl., München 2001.

Obrecht, Werner: Umrisse einer biopsychosozialen Theorie menschlicher Bedürfnisse, Typoscript Master of Business Administration der Wirtschaftsuniversität Wien, Wien, **2005/1999,** online verfügbar unter: https://www.ib-niedersachsen.de/pages/viewpage.action?pageId=1507494 (30.12.2015).

Ostendorf, Heribert (Hrsg.): Jugendgerichtsgesetz, 11. Aufl., Baden-Baden 2021.

Otto, Hans-Uwe/Thiersch, Hans (Hrsg.): Handbuch Soziale Arbeit. Grundlagen der Sozialarbeit und Sozialpädagogik. 5. Aufl,, München/Basel 2015, Ernst Reinhardt Verlag.

Palandt, Otto (Begr.): Bürgerliches Gesetzbuch. 80. Aufl., München 2021 C.H. Beck (zitiert: Palandt/Bearbeiter).

Papenheim, Heinz-Gert: Zeugnisverweigerungsrechte der Sozialarbeiter und Sozialpädagogen, in: Lehmann, M. Karl-Heinz (Hrsg.), Recht sozial, 2002, 285

Paschke, B.: Jugend(gerichts)hilfe, ZJJ 2010, S. 68 f.

Pehl, Manuel/Knödler, Christoph: Datenschutz und Schweigepflicht in der Sozialen Arbeit, Walhalla Verlag, Regensburg 2020

Permien, Hanna: Erziehung zur Freiheit durch Freiheitsentzug? Zentrale Ergebnisse der DJI-Studie „Effekte freiheitsentziehender Maßnahmen in der Jugendhilfe". München 2010, DJI.

Peter, Eileen/Bogertz, Bernhard: Sexualstraftaten an Kindern – Wer sind die Täter?, NK 2010, S. 45–51.

Pfadenhauer, Björn: Das Wunsch- und Wahlrecht der Kinder- und Jugendhilfe. Entwicklungslinien, rechtliche Grundlegung und institutionelle Bedingungen. Wiesbaden 2011.

Pfeiffer, Joachim: Besserer Schutz von Kindern und Jugendlichen durch ein neues „erweitertes Führungszeugnis", NJW 2010, S. 1109-1110.

Pingel, Andrea: Jugendsozialarbeit, in: Böllert, Karin (Hrsg.): Kompendium Kinder- und Jugendhilfe, Wiesbaden 2018, Springer VS, S. 737-754.

Pink, Lisa/Schmidt, Holger: Der Einfluss der Ganztagsschule auf den Besuch der Offenen Kinder- und Jugendarbeit, deutsche jugend 2015, S. 114–120.

Pluto, Liane: Partizipation in der Kinder- und Jugendhilfe. Empirische Befunde zu einem umfassenden Anspruch. In: Betz, Tanja/Gaiser, Wolfgang/Pluto, Liane (Hrsg.) (2010): Partizipation von Kindern und Jugendlichen. Forschungsergebnisse, Bewertungen, Handlungsmöglichkeiten. Schwalbach/Ts., 2010, S. 195–212, Wochenschau,

Proksch, Roland: Positive Lebensbedingungen gestalten durch Jugendsozialarbeit Ziele, Inhalt und Umfang von Jugendsozialarbeit nach § 13 SGB VIII im Rahmen des Gestaltungsauftrages des SGB VIII, insbesondere des § 1 Abs. 3. In: BAG JAW (Hrsg.) (1999): Jugend Beruf Gesellschaft. Zeitschrift für die Jugendsozialarbeit, Heft 1.

Radewagen, Christof: Die geschlossene Unterbringung in stationären Einrichtungen der Jugendhilfe. Hannover 2009: Linden Druck.

Radewagen/Lehmann:: Datenschutz in der Jugendhilfe. EREV Schriftenreihe, 03/2011.

Radewagen/Lehmann/Schülke: Aktiver Datenschutz gehört zur Kinder-und Jugendhilfe. EJ 2015, 37 ff.

Radewagen, Christof: Geplante Datenweitergabe durch das Jugendamt an Ärzte, Lehrer und andere Berufsgeheimnisträger in § 4 KKG – eine Gefahr für den Kinderschutz?!, JAmt 6/2017, S. 278 ff.

Radewagen, Christof: Zum Datenschutz im § 8a SGB VIII-Verfahren öffentlicher Träger der Kinder- und Jugendhilfe, Dialog Erziehungshilfe 02/2018, S. 20-26

Radewagen, Christof: Schutzauftrag des Jugendamtes gem. §§ 8a, 42 SGB VIII, ZKJ 8/2020, S.

Radewagen, Christof: Anmerkungen zum Elternrecht und zur Elternpflicht, in: EJ 2020, 23295-301

Radewagen, Christof: Vertrauensschutz im Kinderschutz 2. Nds. Ministerium für Soziales, Gesundheit und Gleichstellung

Rätz, Regina/Schröer, Wolfgang/Wolff, Mechthild: Lehrbuch Kinder- und Jugendhilfe. Grundlagen, Handlungsfelder, Strukturen und Perspektiven. 2. Aufl., Weinheim/Basel 2014, Beltz Juventa.

Rauschenbach, Thomas u.a.: Konzeptionelle Grundlagen für einen Nationalen Bildungsbericht. Non-formale und informelle Bildung im Kindes- und Jugendalter. Herausgegeben vom Bundesministerium für Bildung und Forschung. Berlin 2004, online verfügbar unter: https://d-nb.info/971374708/34 (23.07.2020).

Reichmann, Ute: Handbuch Ambulante Einzelbetreuung. Methoden und Organisation einzelfallbezogener Jugendhilfe. Opladen/Berlin/Toronto 2012, Verlag Barbara Budrich.

Richardi u.a.: Münchener Handbuch zum Arbeitsrecht, Band 1: Individualarbeitsrecht, München 2009, C.H. Beck.

Richter, Ingo: Der Staat als Erzieher – Ist eine staatliche Erziehung zur Demokratie möglich? RdJB 4/2015, S. 483 ff.

Richter, Johannes: Die Weichen neu stellen. Ombudschaft für die gesamte Jugendhilfe in Hamburg, Forum für Kinder- und Jugendarbeit 2020, S. 11-17.

Richter, Ronald: Der Kita-Anspruch für Einjährige – Aktuelle Rechtsfragen, NJW 2013, S. 2650–2652.

Riekenbrauk, Klaus: Das Gesetz zur Stärkung der Verfahrensrechte von Beschuldigten im Jugendstrafverfahren und seine datenschutzrechtlichen Implikationen für die Jugendgerichtshilfe/Jugendhilfe im Strafverfahren, ZJJ 2020, S. 50-53.

Rixen, Stephan: Kein Platz trotz Rechtsanspruch? Zum Aufwendungsersatz bei selbst organisierter Kinderbetreuung, NJW 2012, S. 2839–2844.

Rogall, Klaus: Die Verletzung von Privatgeheimnissen, NStZ 1983, S. 1 ff.

Rolfs/Giesen/Kreikebohm/Udsching: Beck'scher Online-Kommentar Sozialrecht, München 2022 (zitiert: BeckOK SozR/*Bearbeiter_in*).

Rose, Lotte: Jugendbildung statt Jugendarbeit? Einwände gegen die Bildungskonjunktur in der Jugendarbeit. In: Coelen, Thomas/Frank, Gusinde (Hrsg.) (2011): Was ist Jugendbildung? Positionen. Definitionen. Perspektiven. Weinheim/München 2011, Juventa, S. 62–69.

Rosenbauer, Nicole: Ombudschaft braucht Unabhängigkeit. Wegmarker und Begründungslinien ombudschaftlicher Initiativen in der Jugendhilfe, in: Forum für Kinder- und Jugendarbeit (1/2020), S. 4-10.

Rudolph, Jürgen: Du bist mein Kind. Die „Cochemer Praxis". Wege zu einem menschlicheren Familienrecht. Berlin 2007, Schwarzkopf & Schwarzkopf.

Rudolph, Sabine: Verarbeitung von Angaben über das Einkommen und Vermögen der potenziell Unterhaltspflichtigen durch die Jugendämter im Rahmen der Beratung und Unterstützung bei der Ausübung der Personensorge nach § 18 SGB VIII, ZfJ 2004, S. 452–458.

Sahle, Rita: Paradigmen der Sozialen Arbeit – Ein Vergleich. In: Mühlum, Albert (Hrsg.): Sozialarbeitswissenschaft – Wissenschaft der Sozialen Arbeit. Freiburg im Breisgau 2004, S. 295–332.

Sahnen, Andreas: Übergänge für Pflegekinder bis zum fünften Lebensjahr von Familiärer Bereitschaftsbetreuung (FBB) in eine geeignete Pflegefamilie gestalten – Qualitätsstandards im Prozess, in: Arbeitsgruppe Fachtagungen, 2012, 93–106

Salgo, Ludwig: Gesetzliche Regelungen und gerichtliche Entscheidungen zum Umgangsrecht, in: 3. Jahrbuch des Pflegekinderwesens, Idstein 2004, 17–49.

Salgo, Ludwig: Verbleib oder Rückkehr ?! – aus jugendhilferechtlicher Sicht, in: 4. Jahrbuch des Pflegekinderwesens, 2007, 43–71.

Salgo, Ludwig: Die Rechtsprechung des Bundesverfassungsgerichts zu Pflegeeltern, in: 5. Jahrbuch des Pflegekinderwesens, Idstein 2009, 213–227.

Salgo, Ludwig u.a. (Hrsg.): Verfahrensbeistandschaft. Ein Handbuch für die Praxis. 4. Aufl., Köln 2014, Bundesanzeiger Verlag.

Salgo, Ludwig: Die „geplante, zeit- und zielgerichtete Intervention" – Pflegekindschaft im Kinder- und Jugendhilferecht (SGB VIII), ZKJ 2015, 357–363

Salgo/Ludwig/Veit, Barbara/Zenz, Gisela: Reformbedarf im Bereich der Dauerpflege, ZKJ 2013, 204–205.

Santen, Eric van /Seckinger, Mike: Kooperation im ASD, in: Merchel, Joachim (Hrsg.) (2019): Handbuch Allgemeiner Sozialer Dienst (ASD), München 2019, Ernst Reinhardt Verlag, S. 359-374.

Santen, Eric van /Seckinger, Mike: Netzwerke und Kooperation im Kinderschutz. In: Böwer, Michael/Kotthaus Jochen (Hrsg.) (2018): Praxisbuch Kinderschutz. Professionelle Herausforderungen bewältigen. Weinheim 2018, Beltz Juventa, S. 298-313.

Sauer, Heidrun: Biografiearbeit für Pflegekinder und mit Pflegekindern, in: Arbeitsgruppe Fachtagungen Jugendhilfe 2012, 31–36.

Schäder, Birgit: Umgangspflegschaft und Umgangsbegleitung – Zwei Rechtsinstitute im Spannungsfeld zwischen Theorie und Praxis, JAmt 2021, S. 2-8

Schaub, Günter (Begr.): Arbeitsrechts-Handbuch. 16. Auflage. München 2015, C.H. Beck.

Schefold, Werner: Hilfeprozesse und Hilfeverfahren. In: Schröer, Wolfgang/Struck, Norbert/Wolff, Mechthild (Hrsg.) (2002): Handbuch Kinder- und Jugendhilfe. Weinheim/München 2002, Juventa, S. 1085–1111.

Schellhorn/Hohm/Scheider (Hrsg.): Sozialgesetzbuch XII, 19. Aufl., München 2015, Luchterhand.

Schellhorn, Walter/Fischer, Lothar/Mann, Horst/Schellhorn, Helmut/Kern, Christoph (Hrsg.): SGB VIII Kinder und Jugendhilfe Kommentar, 5 Aufl., Luchterhand, Köln 2017

Schlauß, Stefan: Grenzüberschreitende Unterbringung von Kindern und Jugendlichen im EU-Ausland durch deutsche Jugendämter, JAmt 2019, S. 494-497.

Schlegel, Rainer/Voelzke, Thomas (Hrsg.): juris PraxisKommentar SGB VIII – Kinder- und Jugendhilfe. (Bandherausgeber: Luthe, Ernst-Wilhelm/Nellissen, Gabriele), 2. Aufl., Saarbrücken 2018, juris (zitiert: jurisPK-SGB VIII/*Bearbeiter_in*).

Schleicher/Winkler/Küppers: Jugend- und Familienrecht, 14. Auflage. München 2014, C.H. Beck.

Schlund, Meinrad: Begleiteter Umgang bei „schwierigen Fallkonstellationen", ZKJ 2015, S. 55–60 (Teil 1), S. 104-108 (Teil 2).

Schmeck, Klaus/Schlüter-Müller, Susanne: Persönlichkeitsstörungen im Jugendalter, Berlin, Heidelberg 2009, Springer.

Schmidt, Christopher: Anordnungen von SGB VIII-Leistungen: Verpflichtung des Jugendamtes durch das Familiengericht, FamRZ 2015, S. 1158–1160.

Schmidt, Holger/Pink, Lisa: Der Einfluss der Ganztagsschule auf den Besuch der Offenen Kinder- und Jugendarbeit, deutsche jugend, 2015, S. 114-120.

Schmidt, Renate-Berenike/Sielert, Uwe (Hrsg.): Handbuch Sexualpädagogik und sexuelle Bildung. 2. Aufl., Weinheim/Basel 2013, Beltz Juventa.

Schmidtchen, Stefan: Kinderpsychotherapie, Stuttgart 1989, Kohlhammer,

Schneekloth, Ulrich/Albert, Mathias: Jugend und Politik. Demokratieverständnis und politisches Interesse im Spannungsfeld von Vielfalt, Toleranz und Populismus. In: Shell Deutschland Holding (Hg): Jugend 2019. Eine Generation meldet sich zu Wort. Weinheim/Basel 2019, Beltz, S. 47-101.

Schneider, Armin/Beckmann, Kathinka/Roth, Daniela : Jugendhilfe: Ausschuss? Ein Gremium zwischen uneingelöstem Versprechen und abgebremsten Möglichkeiten. Opladen/Berlin/Farmington Hills 2011, Barbara Budrich.

Schnock, Brigitte (Deutsches Jugendinstitut e.V.): Eignung von Tagespflegepersonen in der Kindertagespflege, Praxismaterialien für die Jugendämter. Nr. 2. Oktober 2009, online verfügbar unter: http://www.fruehe-chancen.de/fileadmin/. PDF/handreichung_eignung_nr_2.pdf (15.2.2017).

Schone, Reinhold/Tenkhaken, Wolfgang: Kinderschutz in Einrichtungen und Diensten der Jugendhilfe. 2. Aufl., Weinheim/Basel 2015, Beltz Juventa.

Schorn, Gülsen: Anmerkungen zur Rechtsprechung des Europäischen Gerichtshofs für Menschenrechte zu Pflegekindern, in: Jahrbuch des Pflegekinderwesens, Idstein 2009, 229–239

Schrapper, Christian: Sozialpädagogische Diagnostik zwischen Durchblick und Verständigung. In: Heiner, Maya (Hrsg.) (2004), Diagnostik und Diagnosen in der Sozialen Arbeit – Ein Handbuch. Berlin, S. 40 ff.

Schrapper, Christian: Betreuung des Kindes Anna, JAmt 2013, S. 2–16.

Schrapper, Christian: Fachaufsicht und Professionalität – ein kritisches Verhältnis, JAmt 2015, S. 355-358

Schröer, Wolfgang/Struck, Norbert/Wolff, Mechthild (Hrsg.): Handbuch Kinder- und Jugendhilfe. Weinheim/München 2002, Beltz Juventa.

Schruth, Peter: Zur Leistungskonkurrenz zwischen SGB II und § 13 SGB VIII. Expertise im Auftrag der Bundesarbeitsgemeinschaft Jugendaufbauwerk, Magdeburg 2005, online verfügbar unter: http://www.lwl.org/lja-download/pdf/Schruth_Expertise_Leistungskonkurrenz.pdf (28.7.2020).

Schruth, Peter: An der Zeit: Die Reform des Zeugnisverweigerungsrechts für die Soziale Arbeit, ZKJ 2018, 84

Schütze, Bernd (Hrsg.): SGB X – Sozialverwaltungsverfahren und Sozialdatenschutz. Kommentar. 9. Aufl., München 2020, C.H. Beck.

Schwabe, Mathias/Stallmann Martina/Vust, David: Freiraum mir Risiko Niedrigschwellige Erziehungshilfen für sogenannte Systemsprenger, 2. Aufl., Weinheim Basel 2021, Beltz Juventa

Schwarz/Lammert: Die Qual der Wahl: Tageseinrichtung der Kindertagespflege: Der U3-Anspruch als Wahlschuld, ZKJ 2014, S. 360–364.

Seckiner, Mike u.a.: DJI Jugendverbandserhebung. Befunde zu Strukturmerkmalen und Herausforderungen München 2009, online verfügbar unter: http://www.dji.de/fileadmin/user_upload/bibs/64_11664_Jugendverbandserhebung2009.pdf (28.7.2020).

Seifert, Johannes: Vollzeitpflege nach § 33 SGB VIII im Spannungsfeld zur professionellen Pflege nach § 34 SGB VIII, in: 2. Jahrbuch des Pflegekinderwesens, Idstein 2001, 126–133.

Seipp/Franz/Fuchs (Hrsg.): Sammlung jugendrechtlicher Entscheidungen (SjE). Loseblattsammlung. Köln: Luchterhand-Verlag.

Sell, Stefan/Kukula, Nicole: Leistungsorientierte Vergütung in der Kindertagespflege. Von der aktuellen Praxis zu einem zukunftsfähigen Modell?, in: Institut für Bildungs- und Sozialpolitik der Hochschule Koblenz, 2012, online verfügbar unter: http://www.bvktp.de/files/brosch__re.pdf (15.2.2017).

Selmayr, Martin: „Europa wagt die digitale Selbstbehauptung" ZD 2018, S.187

Seltmann, David: Zuständigkeitserhebliche Beendigung oder Unterbrechung einer Jugendhilfeleistung. Anmerkung zu BVerwG 15.12.2016 – 5 C 35.15, JAmt 2017, S. 222-224

Serafin, Marc: Die Trennungs- und Scheidungsberatung bedarf der Weiterentwicklung ihrer Handlungsansätze, ZKJ 2015, S. 141–144.

Shell Deutschland Holding (Hrsg.): Jugend 2015. Eine pragmatische Generation im Aufbruch. Frankfurt a.M. 2015, Fischer Taschenbuch.

Shell Deutschland Holding (Hrsg.): Jugend 2019. Eine Generation meldet sich zu Wort, Weinheim/Basel 2019.

Sieberichs, Wolfgang: Das unbestimmte Geschlecht, FamRZ 2013, S. 1180–1184.

Simonson, Julia/Vogel, Claudia/Tesch-Römer, Clemens (Hrsg.): Freiwilliges Engagement in Deutschland. Der Deutsche Freiwilligensurvey 2014, Berlin 2016, online verfügbar unter: https://www.bmfsfj.de/blob/93916/527470e383da76416d6fd1c17f720a7c/freiwilligensurvey-2014-langfassung-data.pdf (28.07.2020).

Slüter, Ralf: Die „insoweit erfahrene Fachkraft", JAmt 2007, S. 515–520.

Sommerfeld, Michael: Die EU-Richtlinie über Verfahrensgarantien in Strafverfahren für Kinder (= Personen im Alter von unter 18 Jahren, die Verdächtige oder beschuldigte Personen in Strafverfahren sind, und ihre Umsetzung ins deutsche Jugendstrafverfahrensrecht, ZJJ 2018, S. 296-311.

Speck, Karsten/Olk, Thomas/Hollenstein, Erich/Nislony, Frank (Hrsg.): Handbuch der Schulsozialarbeit. Band 2. Weinheim und Basel 2016, Beltz Juventa.

Springer, Astrid: Die schwierige Situation von Pflegekindern und ihren Pflegefamilien gegenüber den leiblichen Eltern – Pflegekinder zwischen Realität und Recht, in: 5. Jahrbuch des Pflegekinderwesens, Idstein 2009, 35–48

Statistisches Bundesamt: Geburtentrends und Familiensituation in Deutschland. 2012. Wiesbaden 2013, online verfügbar unter: https://www.destatis.de/DE/Publikationen/Thematisch/Bevoelkerung/HaushalteMikrozensus/Geburtentrends5122203129004.pdf?__blob=publicationFile (15.2.2017).

Statistisches Bundesamt (Hrsg.): Statistiken der Kinder- und Jugendhilfe. Erzieherische Hilfe, Eingliederungshilfe für seelisch behinderte junge Menschen, Hilfe für junge Volljährige. Wiesbaden. Online verfügbar unter: https://www.destatis.de/DE/Publikationen/Thematisch/Soziales/KinderJugendhilfe/ErzieherischeHilfe5225112137004.pdf;jsessionid=D9F91D5B73F819AA2BA681A6E146BF41.cae3?__blob=publicationFile (15.2.2017).

Statistisches Bundesamt (Hrsg:): Statistiken der Kinder- und Jugendhilfe. Ausgaben und Einnahmen. Wiesbaden. Online verfügbar unter: https://www.destatis.de/DE/Publikationen/Thematisch/Soziales/KinderJugendhilfe/AusgabenEinnahmenJugendhilfe5225501147004.pdf;jsessionid=ABD48707A0FD9370D2EC28FCC596C34F.cae2?__blob=publicationFile (10.2.2017).

Statistisches Bundesamt (Hrsg.): Statistisches Jahrbuch. Deutschland und Internationales. Wiesbaden. Online: https://www.destatis.de/DE/Themen/Querschnitt/Jahrbuch/statistisches-jahrbuch-2019-dl.pdf?__blob=publicationFile. (11.02.2020).

Statistisches Bundesamt (Hrsg.): Statistiken der Kinder- und Jugendhilfe. Ausgaben und Einnahmen. Wiesbaden. Online: https://www.destatis.de/DE/Themen/Gesellschaft-Umwelt/Soziales/Kinderhilfe-Jugendhilfe/Publikationen/Downloads-Kinder-und-Jugendhilfe/ausgaben-einnahmen-jugendhilfe-5225501187004.pdf?__blob=publicationFile (10.07.2020).

Statistisches Bundesamt (Hrsg.): Statistiken der Kinder- und Jugendhilfe. Erzieherische Hilfe, Eingliederungshilfe für seelisch behinderte junge Menschen, Hilfe für junge Volljährige. Online verfügbar unter: https://www.destatis.de/DE/Themen/Gesellschaft-Umwelt/Soziales/Kinderhilfe-Jugendhilfe/Publikationen/Downloads-Kinder-und-Jugendhilfe/erzieherische-hilfe-5225112187004.pdf?__blob=publicationFile (28.07.2020).

Statistisches Bundesamt: Statistiken der Kinder- und Jugendhilfe, Gefährdungseinschätzungen nach § 8a Absatz 1 SGB VIII, destatis, Wiesbaden 2015

Statistisches Bundesamt: Statistiken der Kinder- und Jugendhilfe, Gefährdungseinschätzungen nach § 8a SGB VIII, destatis, Wiesbaden 2016

Statistisches Bundesamt: Statistiken der Kinder- und Jugendhilfe, Gefährdungseinschätzungen nach § 8a SGB VIII, destatis, Wiesbaden 2017

Statistisches Bundesamt: Statistiken der Kinder- und Jugendhilfe, Gefährdungseinschätzungen nach § 8a SGB VIII, destatis, Wiesbaden 2018

Statistisches Bundesamt: Statistiken der Kinder- und Jugendhilfe, Gefährdungseinschätzungen nach § 8a SGB VIII, destatis, Wiesbaden 2019

Statistisches Bundesamt: Statistiken der Kinder- und Jugendhilfe, Gefährdungseinschätzungen nach § 8a SGB VIII, destatis, Wiesbaden 2020

Staub-Bernasconi, Silvia: Soziale Arbeit als Handlungswissenschaft. Systemtheoretische Grundlagen und professionelle Praxis – Ein Lehrbuch, Bern, Stuttgart, Wien 2007, Haupt UTB.

Stauber, Barbara/Walther, Andreas: Junge Erwachsene, in: Schröer/Struck/Wolff (Hrsg.), Handbuch Kinder- und Jugendhilfe 2002, S. 113–143.

Stocker-Preisenberg, Carmen: Datenschutz in der Kindertagespflege, Deutsches Jugendinstitut e.V., München 2020

Stork, Remi (2010): Beteiligungsprozesse in der Jugendhilfeplanung. In: Maykus, Stephan/Schone, Reinhold (Hrsg.) (2010): Handbuch Jugendhilfeplanung. Grundlagen, Anforderungen und Perspektiven. 3. Aufl., Wiesbaden 2010, VS, S. 221–241.

Strobel, Bettina/Liel, Christoph/Kindler, Heinz: Validierung und Evaluation des Kinderschutzbogens – Ergebnisbericht, Deutsches Jugendinstitut München 2008

Sturzenhecker, Benedikt: Jugendarbeit ist keine Prävention. Thesen zu Risiken und Nebenwirkungen der Präventionsorientierung. Sozialmagazin 2000, S. 14–21.

Sturzenhecker, Benedikt: Kinder- und Jugendarbeit ist erfolgreich. In: Forum für Kinder- und Jugendarbeit 2007, Heft 1, S. 18–23.

Sturzenhecker, Benedikt: Die Offene Kinder- und Jugendarbeit als organisierte Anarchie – was folgt daraus? In: Forum für Kinder und Jugendarbeit 2015, 4. Quartal, S. 4–8.

Szylowicki, Alexandra: Rückführungen aus Pflegeverhältnissen, Forum Erziehungshilfen 4/2011, 216–219.

Taprogge-Essaida, Mirjam: Tagespflege-Online. Versicherung. Krankenversicherung. Online verfügbar unter: http://www.tagespflege-online.de/index.php?b=p&k=Versicherung&action=v&file=1&key=670&cont=f (29.1.2017).

Templin, David: Freizeit ohne Kontrollen. Die Jugendzentrumsbewegung in der Bundesrepublik der 1970er Jahre. Göttingen 2015, Wallstein.

Thiersch, Hans: Positionsbestimmungen der Sozialen Arbeit, Weinheim/München 2002, Juventa.

Thiersch, Hans: Soziale Arbeit und Lebensweltorientierung. Konzepte und Kontexte. Gesammelte Aufsätze, Band 1, Weinheim/Basel 2015, Beltz Juventa.

Thiersch, Hans/Grunewald, Klaus: Lebensweltorientierung 2014, in: Thiersch, Hans (2015): Soziale Arbeit und Lebensweltorientierung. Konzepte und Kontexte. Gesammelte Aufsätze. Band 1, Weinheim/Basel 2015, Beltz Juventa, S. 327–363.

Thole, Werner: Kinder und Jugendarbeit. Jugendfreizeitzentren, Jugendbildungsstätten und -kunstschulen, spiel- und freizeitpädagogische Angebote. In: Krüger, Heinz-Hermann/Rauschenbach, Thomas (Hrsg.) (2012): Einführung in die Arbeitsfelder des Bildungs- und Sozialwesens, 5. Aufl., Opladen/Toronto 2012, Barbara Budrich, S. 133–159.

Trenczek, Thomas: Garantenstellung und Fachlichkeit – Anmerkungen zur strafrechtlich aufgezwungenen aber inhaltlich notwendigen Qualitätsdiskussion in der Jugendhilfe, ZfJ 2002, S. 383 – 385

Trenczek, Thomas: Ist § 38 JGG in Teilen verfassungswidrig? Zur Berichts- und Anwesenheitspflicht der Fachkräfte des Jugendamts im jugendstrafrechtlichen Verfahren, ZJJ 2021, S. 240-247.

Veit, Barbara: Das Gesetz zur Verbesserung der Unterbringung, Versorgung und Betreuung ausländischer Kinder und Jugendlicher, FamRZ 2016, S. 93–98.

Wabnitz, Reinhard Joachim: Rechtsansprüche gegenüber Trägern der öffentlichen Kinder- und Jugendhilfe nach dem Achten Buch Sozialgesetzbuch (SGB VIII). Berlin 2005, AGJ.

Wabnitz, Reinhard Joachim: Jugendarbeit, Jugendsozialarbeit, Kinder- und Jugendschutz. In: Münder, Johannes/Wiesner, Reinhard/Meysen, Thomas (Hrsg.): Kinder- und Jugendhilferecht. Handbuch. 2. Aufl., Baden-Baden 2011, Nomos-Verlag, S. 200–210.

Wabnitz, Reinhard Joachim: 25 Jahre SGB VIII. Die Geschichte des Achten Buches Sozialgesetzbuch von 1990 bis 2015, Berlin 2015, AGJ.

Wabnitz, Reinhard Joachim: Kinderrechte, Elternrechte und staatliches Wächteramt. In: Frühe Kindheit, Heft 3/2015, S. 6-11.

Wabnitz, Reinhard/Schleicher, Hans/Fieseler, Gerhard (Hrsg.): GK-SGB VIII – Gemeinschaftskommentar zum SGB VIII, Loseblattsammlung, Köln 2021, Wolters-Kluwer.

Wagenaar, Maike/Hellige,Barbara/Nagel, Rebecca unter Mitarbeit von Dierkes, Mirjam: „Also rühr das jetzt nicht an, sonst werden noch alle schwul" Ergebnisse der Studie zu Bedarfen und Angeboten von lesbischen, schwulen, bisexuellen, trans* und inter* Adressat*innen aus Sicht der Kinder- und Jugendarbeit, Hannover 2019, online: https://f5.hs-hannover.de/fileadmin/HsH/Fakultaet_V/Bilder/Aktuelles/News/HS-Hannover_Broschuere_StudieLGBTI_20191029-Mail.pdf (24.07.2020).

Wallner, Claudia: Feministische Mädchenarbeit. Vom Mythos der Selbstschöpfung und seinen Folgen, Münster 2006, Klemm & Oelschläger.

Wapler, Friederike: Kinderrechte ins Grundgesetz? https://www.dji.de/fileadmin/user_upload/bibs2017/15_KJB_Wapler_b.pdf (12.1.2022).

Wapler, Friederike: Jugendhilfe für Eltern UND Kinder oder für Eltern ODER Kinder? Anmerkungen zur geplanten Reform des Kinder- und Jugendhilferechts, JAmt 2017, S. 162-167.

Weber, Mathias: Hoch strittige Elternschaft: Orientierungen für ein differenziertes und strukturiertes Vorgehen zur Erfassung kindlicher Befindlichkeit, ZKJ 2015, S. 14–22.

Weinbrenner, Lars/Portnjagin, Katharina: Vorlage des erweiterten Führungszeugnisses vor und während der Beschäftigung, öAT 2018, S. 223-226

Weiß, Karin/Stempinski, Susanne/Schumann, Marianne/Keimeleder, Lis: Qualifizierung in der Kindertagespflege. Das DJI-Curriculum „Fortbildung von Tagespflegepersonen". Deutsches Jugendinstitut. München 2008, Klett/Kallmeyer. Online verfügbar unter: https://kita.bildung-rp.de/fileadmin/dateiablage/Themen/Downloads/curriculum_dji.pdf (29.1.2017).

Welti, Felix: Beratung im Recht – am Beispiel der Beratung für und durch behinderte Menschen; Beitrag D41-2016 unter www.reha-recht.de; 18.10.2016, abgerufen am 4.1.2022.

Weyrich, Katharina: Eine umfassende Beratung ist die Grundlage für das Funktionieren des immer komplizierter werdenden sozialen Leistungssystems; Beitrag D17-2019 unter www.reha-recht.de; 11.10.2019, abgerufen am 4.1.2022.

Wiesner, Reinhard: SGB VIII. Kinder- und Jugendhilfe, München 1995, C.H.Beck.

Wiesner, Reinhard: Eingliederungshilfe für seelisch behinderte junge Menschen als Aufgabe der Jugendhilfe, ZfJ 1996, S. 199–201, S. 281.

Wiesner, Reinhard: SGB VIII. Kinder- und Jugendhilfe. 3. Auflage. München 2006, C.H.Beck.

Reinhard Wiesner: Geschlossene Unterbringung – fortschreitende Versachlichung im kämpferischen Diskurs, in: Knab/Fehrenbacher (Hrsg.), Die vernachlässigten Hoffnungsträger. Beiträge zur Kinder- und Jugendhilfe, Freiburg im Breisgau 2009.

Wiesner, Reinhard (Hrsg.): SGB VIII Kinder- und Jugendhilfe. Kommentar. 4. Auflage. München 2011, C.H.Beck.

Wiesner, Reinhard: Hilfen für junge Volljährige. Rechtliche Ausgangsbedingungen, Frankfurt am Main 2013, www.uni-hildesheim.de/careleaver.

Wiesner, Reinhard: Hilfen für junge Volljährige. Rechtliche Ausgangssituation, Expertise im Projekt: Nach der stationären Erziehungshilfe – Care Leaver in Deutschland, Frankfurt am Main 2014, IGfH-Eigenverlag.

Wiesner, Reinhard (Hrsg.): SGB VIII Kinder- und Jugendhilfe, Kommentar, 5. Auflage. München 2015, Beck.

Wiesner, Reinhard: Wer kontrolliert die Jugendämter und die freien Träger?, JAmt 2015, S. 349–355.

Wiesner, Reinhard: Stellungnahme zum Entwurf der Bundesregierung Entwurf eines Gesetzes zur Stärkung von Kindern und Jugendlichen, BT-Drs. 19/26107 sowie BR-Drs. 5/21. Online verfügbar unter: https://www.bundestag.de/resource/blob/822456/83fefd115fe79320e42792d92191d7a2/19-13-116m-data.pdf (02.04.2021).

Wiesner, Reinhard/Wapler, Friederike (Hrsg.): SGB VIII Kinder- und Jugendhilfe, Kommentar, 6. Auflage. München 2022, C.H.Beck.

Willutzki , Siegried: Betreuter Umgang – eine Hilfe für Kinder im Elternstreit. In: Klinkhammer, Monika/Prinz, Susanne (Hrsg.) (2016): Handbuch begleiteter Umgang. Pädagogische, psychologische und rechtliche Aspekte. 3. Auflage. Köln 2016, Bundesanzeiger Verlag, S. 69–86.

Witte, Matthias D.: Jugendliche in intensivpädagogischen Auslandsprojekten. Eine explorative Studie aus biografischer und sozialökologischer Perspektive. Baltmannsweiler 2009, Schneider Verlag Hohengehren.

Wolf, Klaus: Wird das Pflegekinderwesen zur Pflegekinderhilfe? jugendhilfereport 4/2010 LVR, 14–17.

Wolf, Klaus: Übergänge im Erleben von Pflegekindern und Qualitätsstandards, in: Arbeitsgruppe Fachtagungen, 2012, 11–24

Würfel, Walter: Jugendsozialarbeit. Für alle Jugendlichen?, in: Beiträge zur Jugendsozialarbeit Nr. 2. Inklusion in Handlungsfeldern der Jugendsozialarbeit. Herausgegeben vom Kooperationsverbund Jugendsozialarbeit, Berlin 2012, S. 6-11.

Zenz, Gisela: Konflikte um Pflegekinder, in: Salgo/Zenz/Fegert/Bauer/Weber/Zitelmann (Hrsg.), Verfahrensbeistandschaft. Ein Handbuch für die Praxis, 3. Auflage 2014, 352–368.

Zitelmann, Maud: Das Recht auf eine „Annahme als Pflegekind“, ZKJ 2014, 469–472.

SGB VIII

Sozialgesetzbuch (SGB)
– Achtes Buch (VIII) –
Kinder- und Jugendhilfe

in der Fassung der Bekanntmachung 11. September 2012 (BGBl. I S. 2022), zuletzt geändert durch das Gesetz vom 24. Juni 2022 (BGBl. I S. 959)

Erstes Kapitel
Allgemeine Vorschriften

§ 1
Recht auf Erziehung, Elternverantwortung, Jugendhilfe

(1) Jeder junge Mensch hat ein Recht auf Förderung seiner Entwicklung und auf Erziehung zu einer selbstbestimmten, eigenverantwortlichen und gemeinschaftsfähigen Persönlichkeit.

(2) [1]Pflege und Erziehung der Kinder sind das natürliche Recht der Eltern und die zuvörderst ihnen obliegende Pflicht. [2]Über ihre Betätigung wacht die staatliche Gemeinschaft.

(3) Jugendhilfe soll zur Verwirklichung des Rechts nach Absatz 1 insbesondere

1. junge Menschen in ihrer individuellen und sozialen Entwicklung fördern und dazu beitragen, Benachteiligungen zu vermeiden oder abzubauen,

2. jungen Menschen ermöglichen oder erleichtern, entsprechend ihrem Alter und ihrer individuellen Fähigkeiten in allen sie betreffenden Lebensbereichen selbstbestimmt zu interagieren und damit gleichberechtigt am Leben in der Gesellschaft teilhaben zu können,

3. Eltern und andere Erziehungsberechtigte bei der Erziehung beraten und unterstützen,

4. Kinder und Jugendliche vor Gefahren für ihr Wohl schützen,

5. dazu beitragen, positive Lebensbedingungen für junge Menschen und ihre Familien sowie eine kinder- und familienfreundliche Umwelt zu erhalten oder zu schaffen.

Übersicht

A. Allgemeines

1 Im Allgemeinen werden Sozialgesetze durch eine Vorschrift eingeleitet, in der Aufgabe und Zielsetzung des Gesetzes oder der jeweils geregelten Materie benannt und umschrieben werden.[1] Demgegenüber beginnt das SGB VIII ohne Umschweife in § 1 **Abs. 1** mit einem

1 Vgl. etwa § 1 Abs. 1 Satz 1 SGB III: „Die Arbeitsförderung soll dem Entstehen von Arbeitslosigkeit entgegenwirken, die Dauer der Arbeitslosigkeit verkürzen und den Ausgleich von Angebot und Nachfrage auf dem Ausbildungs- und Arbeitsmarkt unterstützen."
§ 1 Satz 1 und 2 SGB XII: „Aufgabe der Sozialhilfe ist es, den Leistungsberechtigten die Führung eines Lebens zu ermöglichen, das der Würde des Menschen entspricht. Die Leistung soll sie so weit wie möglich befähigen, unabhängig von ihr zu leben; darauf haben auch die Leistungsberechtigten nach ihren Kräften hinzuarbeiten."

normativen Paukenschlag: Jeder junge Mensch hat ein Recht auf Förderung seiner Entwicklung und auf Erziehung zu einer selbstbestimmten, eigenverantwortlichen und gemeinschaftsfähigen Persönlichkeit. Dieser hat nach der viel zitierten Gesetzesbegründung die „Funktion einer Generalklausel und Leitnorm", die über den Bereich der öffentlichen Jugendhilfe hinaus für alle Erziehungsträger von Bedeutung sei.[2] Mit dieser Charakterisierung ist freilich, wie sich zeigen wird, interpretatorisch nicht viel gewonnen (vgl. dazu die Erläuterungen zu Abs. 1 unten bei Rn. 3 f.). Ganz so, als bestünde Gefahr, dieser gerate in Vergessenheit, wiederholt **Abs. 2** den Wortlaut von Art. 6 Abs. 2 GG.

Abs. 3 formuliert sodann in einem nicht abschließenden („insbesondere") Katalog die Aufgaben von Jugendhilfe „zur Verwirklichung des Rechts nach Absatz 1".

2 Die Vorschrift blieb bis zum Inkrafttreten des **KJSG** unverändert. Dieses hat **Abs. 3 Nr. 2 eingefügt**.

B. Einzelheiten

I. Abs. 1 – Recht auf Förderung und Erziehung

3 Nach Abs. 1 hat jeder junge Mensch ein Recht auf Förderung seiner Entwicklung und auf Erziehung zu einer selbstbestimmten, eigenverantwortlichen und gemeinschaftsfähigen Persönlichkeit. Der nach dem Wortlaut der Vorschrift nicht fernliegenden Auslegung, dass damit ein durchsetzbarer Rechtsanspruch begründet wird, tritt bereits die Gesetzesbegründung des KJHG entgegen, nach der ein unmittelbarer Anspruch auf ein Tätigwerden der öffentlichen Jugendhilfe aus dieser Bestimmung nicht hergeleitet werden könne. Dass § 1 Abs. 1 SGB VIII **kein subjektives öffentliches Recht** i.S. eines Rechtsanspruchs begründet, **entspricht** auch **der herrschenden Auffassung**.[3] Für eine Qualifizierung der Vorschrift als subjektiv-öffentliches Recht fehle sowohl die hinreichende Konkretisierung des Leistungsinhalts als auch die Bezeichnung des Leistungsverpflichteten.[4] Letzteres Argument ernstgenommen, würde es das gesamte Leistungssystem des SGB VIII zum Einsturz bringen, da etwa auch der unzweifelhaft einen Rechtsanspruch begründende § 27 SGB VIII einen Leistungsverpflichteten nicht benennt. Abgesehen davon enthält § 85 Abs. 1 SGB VIII eine klare Aussage hinsichtlich der Zuständigkeit für die Gewährung von Leistungen und die Erfüllung an-

---

§ 1 Satz 1 SGB IX: „Menschen mit Behinderungen oder von Behinderung bedrohte Menschen erhalten Leistungen nach diesem Buch und den für die Rehabilitationsträger geltenden Leistungsgesetzen, um ihre Selbstbestimmung und ihre volle, wirksame und gleichberechtigte Teilhabe am Leben in der Gesellschaft zu fördern, Benachteiligungen zu vermeiden oder ihnen entgegenzuwirken."
Dass es sich dabei ungeachtet der normativen Qualität keineswegs nur um Gesetzeslyrik handelt, zeigt die Geschichte von § 1 SGB II. Nach dessen Abs. 1 Satz 1 der Ursprungsfassung sollte die Grundsicherung für Arbeitsuchende entsprechend der Ideologie des „Förderns und Forderns" ausschließlich „die Eigenverantwortung von erwerbsfähigen Hilfebedürftigen und Personen, die mit ihnen in einer Bedarfsgemeinschaft leben, stärken und dazu beitragen, dass sie ihren Lebensunterhalt unabhängig von der Grundsicherung aus eigenen Mitteln und Kräften bestreiten können." Dem vom neoliberalen Furor des „Förderns und Forderns" getriebenen Gesetzgeber musste erst durch das BVerfG (Urt. v. 9.2.2010, 1 BvL 1, 3, 4/09) auf die sozialstaatlichen Sprünge geholfen werden, dass auch Arbeitslosen das Recht auf eine menschenwürdige Existenz zusteht, sodass der ursprünglichen Formulierung immerhin ein Abs. 1 vorangestellt wurde, nach dem auch die Grundsicherung für Arbeitsuchende „es Leistungsberechtigten ermöglichen (soll), ein Leben zu führen, das der Würde des Menschen entspricht" (§ 1 SGB II i.d.F durch das Gesetz vom 24.3.2011, BGBl. I, S. 453).

2 Vgl. BT-Drs. 11/5948, 47.

3 Vgl. LPK-SGB VIII/*Kunkel/Kepert*, § 1 Rn. 3; Wiesner/Wapler/*Wapler*, § 1 SGB VIII Rn. 11; differenziert, aber im Ergebnis ablehnend MüKo-BGB/*Tillmanns*, § 1 SGB VIII Rn. 4.

4 Vgl. BT-Drs. 11/5948, 47. Anders als es der Funktion einer Gesetzesbegründung entspricht, legt diese hier also nicht dar, warum eine bestimmte Regelung getroffen wurde und/oder welche Ziele mit dieser verfolgt werden, sondern nimmt eine bestimmte Auslegung der Bestimmung vor.

derer Aufgaben nach diesem Buch: Sachlich zuständig ist der örtliche Träger, soweit nicht der überörtliche Träger sachlich zuständig ist.[5] Hinsichtlich der örtlichen Zuständigkeit lassen die §§ 86 ff. SGB VIII an konfliktträchtiger Kleinteiligkeit nichts zu wünschen übrig. Die fehlende ausdrückliche Bezeichnung eines Leistungsverpflichteten steht also der Annahme eines Rechtsanspruchs nicht entgegen. Ähnliches gilt hinsichtlich der fehlenden Konkretisierung des Leistungsinhalts. Der **Anspruch** richtet sich ggfs. auf **Förderung** und **Erziehung**. Welche Leistungen beansprucht werden können, ist eine Frage des Einzelfalls und des aus diesem resultierenden konkreten Bedarfs.[6] Auch Hilfe zur Erziehung kann in anderen Formen als den in den §§ 28 ff. SGB VIII genannten geleistet werden, ohne dass dadurch der Anspruchscharakter in Frage gestellt würde. Darüber hinaus hat der Gesetzgeber eine Konkretisierung möglicher Leistungsinhalte in Absatz 3 vorgenommen. Sämtliche dort der Jugendhilfe vorgegeben Ziele und Aufträge dienen der „Verwirklichung des Rechts nach Absatz 1".

Unabhängig davon, ob man das in Abs. 1 umschriebene Recht als subjektives öffentliches Recht in Form eines durchsetzbaren Rechtsanspruchs oder als ein für die gesamte Kinder- und Jugendhilfe formuliertes programmatisches Leitbild[7] qualifiziert, ist zu klären, welche Förderung und Erziehung durch die Vorschrift intendiert ist. 4

Mit der Formulierung schließt Abs. 1 an eine grundlegende Entscheidung des BVerfG an, nach der „das Kind des Schutzes und der Hilfe bedarf, um sich zu einer **eigenverantwortlichen Persönlichkeit innerhalb der sozialen Gemeinschaft** zu entwickeln".[8] Das KJSG hat den Entwicklungs- und Erziehungszielen ein weiteres, nämlich das der „selbstbestimmten" Persönlichkeit, hinzugefügt.[9] Die Gesetzesbegründung stellt die Einfügung lediglich fest, schweigt aber zur Begründung, es liegt aber auf der Hand, dass sie mit dem gleichzeitig eingefügten Abs. 3 Nr. 2 korrespondiert (vgl. deshalb unten Rn. 9).

II. Abs. 2 – Wiederholung von Art. 6 Abs. 2 GG

Abs. 2 wiederholt den Wortlaut von Art. 6 Abs. 2 GG. Eine normative Veränderung ist damit nicht verbunden. Weder gewinnt die Vorschrift eine über die aufgrund des Verfassungsrechts ohnehin bestehende hinausgehende Bedeutung, noch bedarf eine Verfassungsnorm der einfachgesetzlichen Wiederholung, um normative Wirkung zu entfalten. Denn bereits nach Art. 1 Abs. 3 GG binden die Grundrechte, zu denen auch Art. 6 Abs. 2 GG gehört, „Gesetzgebung, vollziehende Gewalt und Rechtsprechung als unmittelbar geltendes Recht". Mithin sind das Jugendamt („vollziehende Gewalt") oder Verwaltungs- und Familiengerichte („Rechtsprechung") unmittelbar an Art. 6 Abs. 2 GG gebunden.[10] Umso mehr stellt sich die Frage nach der Bedeutung oder Funktion dieser Wiederholung.[11] Die erschließt sich 5

5 Ebenso MüKo-BGB/*Tillmanns*, § 1 SGB VIII Rn. 4. Anders *Wapler*, JAmt 2017, 162 (163), die unter Verweis auf Abs. 2 in den Eltern die Verpflichteten sieht. Dann müsste man indes in Abs. 1 eine das Verhältnis von Kindern und Eltern regelnde Vorschrift sehen, was bereits deshalb nicht zutreffend ist, weil Abs. 1 das Recht eines jeden „jungen Menschen", also gem. § 7 Abs. 1 Nr. 4 SGB VIII nicht nur der Kinder und Jugendlichen, sondern auch der 18, aber noch nicht 27 Jahre alten Menschen normiert, Personen also, für die Abs. 2 nicht gilt. Noch anders und nicht widerspruchsfrei Kunkel/Kepert, die einerseits den Rechtsanspruchscharakter von Abs. 1 verneinen, sondern ihn für einen Programmsatz halten, andererseits meinen, Abs. 1 sei „elterngerichtet" und gebe „Kindern einen Rechtsanspruch gegen ihre Eltern auf Erziehung"; LPK-SGB VIII/*Kunkel/Kepert*, § 1 Rn. 4.

6 So zu Recht in der Vorauflage *Fieseler*, § 1 Rn. 2.

7 So noch einmal die Gesetzesbegründung zum KJSG, BT-Drs. 19/26107, 71.

8 BVerfG, Beschl. v. 29.7.1968, 1 BvL 20/63, 31/66 und 5/67, BVerfGE 24, 119 (144).

9 Kritisch zur Doppelung von Selbstbestimmung und Eigenverantwortlichkeit in einem früheren Entwurf, da beide dasselbe, nämlich rechtliche Autonomie beschrieben, *Wapler*, JAmt 2017, 162 (165).

10 Gleiches gilt im Übrigen auch nach Art 20 Abs. 3 GG, nach dem vollziehende Gewalt und die Rechtsprechung an Gesetz und Recht gebunden sind.

11 Dies gilt auch hinsichtlich der Wiederholung von Art. 6 Abs. 2 GG in § 1 Abs. 2 KKG.

aus der Gesetzesbegründung, nach der „die Aussage des Absatzes 1 erst im Zusammenhang mit der Wertentscheidung der Verfassung aus Artikel 6 Abs. 2 GG zutreffend interpretiert werden" könne, sodass es zweckmäßig erscheine, den verfassungsrechtlich garantierten Erziehungsvorrang der Eltern an dieser Stelle zu wiederholen und damit die **abgeleitete Erziehungsaufgabe der Jugendhilfe** deutlich zu machen.[12]

Kind i.S.d. Abs. 2 ist gem. § 7 Abs. 2 SGB VIII, wer noch nicht 18 Jahre alt, also **minderjährig** ist.

III. Abs. 3 – Ziele der Jugendhilfe

6 Abs. 3 beschreibt die Ziele der Jugendhilfe nach dem SGB VIII. Bezugspunkt der in den Nr. 1 bis 5 geregelten Aufgaben ist das in Absatz 1 normierte Recht eines jeden jungen Menschen. Dessen Verwirklichung soll die Erfüllung dieser Aufgaben dienen. Der Katalog ist nicht abschließend („insbesondere"). So enthält § 9 SGB VIII weitere wesentliche Grundziele für die Tätigkeit der Jugendhilfe. Ebenso ist § 8 Abs. 1 SGB VIII Ausdruck der Subjektorientierung sowie der Pflicht zur partizipativen Ausgestaltung der öffentlichen Jugendhilfe. Darüber hinaus zeigt der offene Katalog die Offenheit für neue Entwicklungen auf, denen die Jugendhilfe zu begegnen hat.

Konkrete Aufgaben – sei es die Erbringung von Leistungen oder das Treffen von Maßnahmen – lassen sich aus Abs. 3 nicht ableiten. Diese ergeben sich vielmehr aus dem Aufgabenkatalog des § 2 SGB VIII. Allerdings sind die in der Vorschrift genannten Ziele bei der Entscheidung über Leistungen und die Erfüllung anderer Aufgaben sowie bei deren Ausgestaltung stets zu berücksichtigen.

Unter **Jugendhilfe** i.S.d. Abs. 3 ist sowohl die **öffentliche** als auch die **freie Jugendhilfe** zu verstehen. Zwar soll nach § 3 Abs. 1 SGB VIII Jugendhilfe durch die Vielfalt von Trägern unterschiedlicher Wertorientierungen und die Vielfalt von Inhalten, Methoden und Arbeitsformen gekennzeichnet sein, ungeachtet dieser Vielfalt sind alle Akteur_innen der Jugendhilfe durch die Vorschrift zur Verwirklichung der in Abs. 3 normierten Grundziele unmittelbar verpflichtet.

1. Abs. 3 Nr. 1 – Pflicht zur Förderung der Entwicklung und zur Vermeidung oder dem Abbau von Benachteiligung

7 Jugendhilfe soll nach Nr. 1 zunächst junge Menschen in ihrer **individuellen und sozialen Entwicklung fördern**. Junger Mensch ist gem. § 7 Abs. 1 Nr. 4 SGB VIII, wer noch nicht 27 Jahre alt ist.

Leistungen, die ausdrücklich der Förderung der Entwicklung dienen, sind zum einen die Förderung von Kindern nach den §§ 22 ff. SGB VIII, die sowohl die individuelle (Motorik, Kommunikation) als auch die soziale Entwicklung (z. B. Verhalten in Gruppen) in den Blick zu nehmen hat.

Ein zentrales Mittel der Entwicklungsförderung ist die Hilfe zur Erziehung nach den §§ 27 ff. SGB VIII, was in der Anspruchsvoraussetzung des § 27 Abs. 1 SGB VIII deutlich zum Ausdruck kommt, der verlangt, dass „die Hilfe für seine Entwicklung geeignet und notwendig ist".[13]

Der Förderung junger Menschen dienen auch die Angebote der Jugendarbeit nach § 11 SGB VIII.

12 BT-Drs. 11/5948, 47.
13 Grammatisch richtig müsste es „dessen" Entwicklung heißen, da es nicht um die Entwicklung des Personensorgeberechtigten geht.

Darüber hinausgehend soll Jugendhilfe **Benachteiligungen vermeiden** oder **abbauen**. Diesem Ziel dienen zunächst die individuellen Hilfen, neben der Hilfe zur Erziehung die Angebote nach § 35a SGB VIII.

Der Auftrag, Benachteiligungen zu vermeiden oder – soweit bereits vorhanden – abzubauen, ist aber weitergreifend. Zu Recht hat *Fieseler* in der Vorauflage vom **Einmischungsauftrag** der Jugendhilfe gesprochen.[14] Dieser Auftrag stellt die **Gegenthese** zu der in der unseligen Aussage des BVerfG zum Ausdruck kommenden These dar, wonach „die Eltern und deren sozio-ökonomische Verhältnisse grundsätzlich zum Schicksal und Lebensrisiko eines Kindes" gehören.[15]

Die Vorschrift nimmt eine **Konkretisierung** des aus dem **Sozialstaatspostulat** folgenden Auftrags vor, benachteiligende, diskriminierende oder ausschließende gesellschaftliche Verhältnisse nicht tatenlos hinzunehmen, sondern durch staatliche Gegenmaßnahmen weitestgehend zu verhindern, abzubauen oder auszugleichen. Mit Hilfe welcher Instrumentarien der Staat das tut, hängt von den jeweiligen Befunden und deren Ursachen ab. Insoweit wird zu Recht die **Jugendsozialarbeit** nach § 13 SGB VIII (dort ausdrücklich Abs. 1: „zum Ausgleich sozialer Benachteiligungen") genannt.[16] In Frage kommen aber auch Angebote der **Jugendarbeit** nach § 11 SGB VIII, die nach dessen Abs. 1 ebenfalls der Förderung der Entwicklung dienen soll, sowie der **Schulsozialarbeit** nach § 13a SGB VIII. 8

In Betracht kommen ferner die in den §§ 27 ff. SGB VIII genannten sowie ungenannte Formen der **Hilfe zur Erziehung**. Machen Eltern die Entwicklungschancen ihrer Kinder bewusst zunichte oder sind sie außerstande, auch mit Unterstützung diese zu realisieren, kommen auch **sorgerechtliche Entscheidungen** i.S.d. § 1666 BGB, insbesondere dessen Abs. 3, in Frage.

2. Abs. 3 Nr. 2 – Förderung von Selbstbestimmung und Teilhabe

Die durch das KJSG eingefügte Nr. 2 erweitert den Auftrag der Kinder- und Jugendhilfe um 9
den Aspekt der Ermöglichung und Erleichterung der Teilhabe am Leben in der Gesellschaft. Nach der Gesetzesbegründung soll mit dieser „programmatischen Vorgabe" „keine Leistungsausweitung verbunden" sein. Vielmehr werde der Auftrag der Kinder- und Jugendhilfe, zur Verwirklichung des Rechts eines jeden jungen Menschen auf Förderung seiner Entwicklung und auf Erziehung zu einer selbstbestimmten, eigenverantwortlichen und gemeinschaftsfähigen Persönlichkeit beizutragen, konkretisiert.[17]

Die Vorschrift ist nach der Gesetzesbegründung als Auftrag zur Ermöglichung und Unterstützung umfassender Inklusion zu verstehen, der sich keineswegs auf junge Menschen mit einer Beeinträchtigung beschränkt, sondern sich auch auf solche erstreckt, die aufgrund von Kultur, Geschlecht, Nationalität, Herkunft und sozialem Hintergrund von gesellschaftlicher Teilhabe ganz oder teilweise ausgeschlossen oder von einem solchen Ausschluss bedroht sind. Zu Recht wird gleichberechtigte Teilhabe am Leben in der Gesellschaft dabei als Möglichkeit zu einer dem Alter und den individuellen Fähigkeiten entsprechenden selbstbestimmten Interaktion in allen junge Menschen betreffenden Lebensbereichen verstanden. Als dynamischer Prozess verändert sich Teilhabe je nach Alter und individuellen Fähigkeiten des jungen Menschen sowohl in Bezug auf die für diesen relevanten Lebensbereiche als auch im Hinblick auf seine Möglichkeiten der Interaktion und die Art und Weise ihrer Wahrneh-

14 Vorauflage, § 1 Rn. 2; *Fieseler* sieht diesen allerdings unmittelbar als Folge des von ihm bejahten subjektiven Rechts auf Förderung und Erziehung aus § 1 Abs. 1 SGB VIII.

15 BVerfG, Beschl. v. 19.11.2014, 1 BvR 1178/14, bundesverfassungsgericht.de, Rn. 38 m.w.N. aus der Rechtsprechung des Gerichts. Die Entscheidung ist einem Verfahren betreffend die Sorgerechtsentziehung ergangen und nimmt ausschließlich Art. 6 Abs. 2 GG zum Maßstab.

16 LPK-SGB VIII/*Kunkel/Kepert*, § 1 Rn. 15.

17 BT-Drs. 19/26107, 71.

mung. Es ist damit auch Auftrag der Kinder- und Jugendhilfe, dieser Dynamik Rechnung zu tragen (siehe auch die vergleichbare Regelung in § 8 Abs. 1 Satz 1 SGB VIII).

Von besonderer Relevanz für junge Menschen sind insbesondere die Lebensbereiche Familie sowie Lernen und Wissensanwendung, darüber hinaus unter anderem auch die Ausübung von Freizeitaktivitäten sowie politisches, soziales und kulturelles Engagement.[18]

3. Abs. 3 Nr. 3 – Beratung und Unterstützung von Eltern und anderen Erziehungsberechtigten

10 Abs. 3 Nr. 3 schließt an Art. 6 Abs. 1 Satz 1 GG an, nach dem es die zuvörderst den Eltern obliegende Pflicht ist, ihre Kinder zu pflegen und zu erziehen. Mit der Vorschrift wird der Jugendhilfe aufgetragen, erforderlichenfalls **Eltern**, aber auch andere **Erziehungsberechtigte** zu **beraten und zu unterstützen**, um diesen bei der Wahrnehmung ihrer Verantwortung beizustehen und dadurch auch weitergehende Interventionen zu erübrigen. Hierzu stehen vor allem die Leistungen der Hilfe zur Erziehung (insbesondere die Erziehungsberatung, § 28 SGB VIII, sowie die sozialpädagogische Familienhilfe, § 31 SGB VIII) oder die Angebote nach §§ 16 ff. SGB VIII zur Verfügung.

4. Abs. 3 Nr. 4 – Schutz des Kindeswohls

11 Abs. 3 Nr. 4 erklärt den **Schutz von Kindern und Jugendlichen** vor Gefahren für ihr Wohl zu einem Grundziel der Jugendhilfe. Als verfassungsrechtliche Grundlage wird allenthalben Art. 6 Abs. 2 Satz 2 GG genannt, nach dem die staatliche Gemeinschaft über die Betätigung von Pflege und Erziehung der Kinder durch die Eltern wacht („staatliches Wächteramt").[19] Zu Recht hat das BVerfG in einer Entscheidung vom 12.2.2021 eine weitere verfassungsrechtliche Grundlage aktiviert. In der Entscheidung heißt es:

> „Ein Kind hat nach Art. 2 Abs. 1 und Abs. 2 Satz 1 GG in Verbindung mit Art. 6 Abs. 2 Satz 2 GG einen Anspruch auf den Schutz des Staates, wenn die Eltern ihrer Pflege- und Erziehungsverantwortung (Art. 6 Abs. 2 Satz 1 GG) nicht gerecht werden oder wenn sie ihrem Kind den erforderlichen Schutz und die notwendige Hilfe aus anderen Gründen nicht bieten können (…). Das Kind, dem die Grundrechte, insbesondere das Recht auf freie Entfaltung seiner Persönlichkeit (Art. 2 Abs. 1 GG) und das Recht auf Leben und auf körperliche Unversehrtheit (Art. 2 Abs. 2 Satz 1 GG) als eigene Rechte zukommen, steht unter dem besonderen Schutz des Staates (…). Kinder bedürfen des Schutzes und der Hilfe, um sich zu eigenverantwortlichen Persönlichkeiten innerhalb der sozialen Gemeinschaft entwickeln und gesund aufwachsen zu können (vgl. BVerfGE 107, 104 <117>; 121, 69 <92 f.>; 133, 59 <73 Rn. 42>). Das Recht auf freie Entfaltung der Persönlichkeit und das Recht auf Leben und auf körperliche Unversehrtheit verpflichten den Staat, Lebensbedingungen des Kindes zu sichern, die für seine Entwicklung und sein gesundes Aufwachsen erforderlich sind."[20]

Zwar wird auch hier Art. 6 Abs. 2 Satz 2 GG herangezogen („in Verbindung mit…"), tragende Normen sind jedoch Art. 2 Abs. 1 (freie Entfaltung der Persönlichkeit) und Abs. 2 Satz 1 GG (Recht auf Leben und körperliche Unversehrtheit).[21]

Der Schutz des Kindeswohls im SGB VIII nimmt die unterschiedlichen Lebenswelten von Kindern und Jugendlichen (Familie, Pflegefamilie, Einrichtungen sonstige Wohnformen) in den Blick und weist sowohl präventive als auch repressive Instrumente auf.

---

18 Vgl. BT-Drs. 19/26107, 71.

19 Vgl. statt vieler LPK-SGB VIII/*Kunkel/Kepert*, § 1 Rn. 18.

20 BVerfG, Beschl. v. 12.2.2012, 1 BvR 1780/20, bundesverfassungsgericht.de, Rn. 26, = JAmt 2021, 276 ff. = EJ 4/2021, 289 ff. mit Bespr. *Möller*.

21 Ob damit eine Modifikation der elternrechtszentrierten Rechtsprechung verbunden ist, bleibt abzuwarten.

Zentrale Norm für den Schutzauftrag ist **§ 8a SGB VIII**. Darüber hinaus haben zahlreiche Normen Bedeutung für den Kinderschutz. Zu nennen sind insbesondere: § 14 SGB VIII (Erzieherischer Kinder- und Jugendschutz), § 16 SGB VIII (Allgemeine Förderung der Erziehung in der Familie), § 37b SGB VIII (Sicherung der Rechte von Kindern und Jugendlichen in Familienpflege), § 42 SGB VIII (Inobhutnahme), §§ 43 ff. SGB VIII (Schutz von Kindern und Jugendlichen in Familienpflege und in Einrichtungen) sowie § 72a SGB VIII (Tätigkeitsausschluss einschlägig vorbestrafter Personen).

Ob die Zielsetzung des Abs. 3 Nr. 4 erfolgreich implementiert wird, ist allerdings nicht nur eine Frage des vorhandenen Normenmaterials, das – von gewissen Lücken und Inkonsistenzen abgesehen (vgl. dazu etwa die Kommentierungen zu §§ 43 ff. und 72a SGB VIII) – im Wesentlichen ausreichend erscheint, sondern von dessen Anwendung durch die Gerichte und (vor allem) der im Bereich der Jugendhilfe Tätigen abhängig. 12

So sind es nicht zuletzt misslungene Kinderschutzfälle,[22] die die Frage nach der **Wirksamkeit** der zum Schutz des Kindes oder Jugendlichen **ergriffenen Maßnahmen** aufwerfen. Häufig werden in der Folge Experten- oder Enquetekommissionen sowie Untersuchungsausschüsse eingesetzt oder Sachverständigengutachten in Auftrag gegeben, die die Ursachen des Fehlschlagens analysieren sollen.[23] Die auftragsgemäß erarbeiteten Analysen beschränken sich auf strukturelle und organisatorische Fragen sowie solche der personellen Ausstattung, enthalten sich aber regelmäßig selbst dann einer Beurteilung des individuellen Verhaltens der Fachkräfte, wenn insoweit dem Bericht Fehlverhalten großen Ausmaßes entnommen werden kann.[24] Eine Aufarbeitung von Kinderschutzverläufen kann aber nicht vor der Verantwortlichkeit der Fachkräfte Halt machen. Dabei geht es weniger um „Schuldfragen",[25] sondern darum, Verantwortlichkeit zu klären und zu benennen. **„Abwehrphänomene"** (vgl. Fn. 24) sind jedenfalls im Bereich des Kinderschutzes völlig **inakzeptabel**.

5. Abs. 3 Nr. 5 – Beitrag zur Erhaltung oder Schaffung positiver Lebens- und Umweltbedingungen

Die Vorschrift verpflichtet die Jugendhilfe, zur Erhaltung oder Schaffung positiver Lebens- und Umweltbedingungen für junge Menschen und ihre Familien beizutragen. Es handelt sich um einen **politischen Auftrag**, der in keiner Weise an individuelle Bedarfe anknüpft oder solche voraussetzt, vielmehr auf eine Einflussnahme auf die politischen und gesell- 13

22 Vgl. dazu den Überblick bei *Döhring*, Sozialarbeiter vor Gericht?, 18 ff.

23 Vgl. Abschlussbericht der Lügde-Kommission beim Landespräventionsrat Niedersachsen vom 3. Dezember 2020, https://www.luegdekommission-nds.de/html/download.cms?id=11&datei=Abschlussbericht-Luegdekommission.pdf (4.1.2022); Bericht der Enquete-Kommission „Kinderschutz und Kinderrechte weiter stärken: …", vom 19.12.2018, Drucksache 21/16000 der Bürgerschaft der Freien und Hansestand Hamburg;
Abschlussbericht – Untersuchung der Kommunikation zwischen den beteiligten Behörden und Gerichten bei Gefährdung des Kindeswohls sowie der Überwachung der Einhaltung von gerichtlichen Ge- und Verboten aus Anlass des „Staufener Missbrauchsfalls", https://oberlandesgericht-karlsruhe.justiz-bw.de/pb/site/jum2/get/documents/jum1/JuM/OLG%20Karlsruhe/Abschlussbericht%20der%20gemeinsamen%20Arbeitsgruppe%20zum%20Staufener%20Missbrauchsfall.pdf (4.1.2022).
Kindler/Gerber/Lillig, Wissenschaftliche Analyse zum Kinderschutzhandeln des Allgemeinen Sozialen Dienstes im Landkreis Breisgau-Hochschwarzwald im Todesfall des Kindes A., file:///C:/Users/Latitude%205480/Documents/AAAPK%20SGB%20VIII/Abschlussbericht_Fall_Alessio_Workshop_Gerber.pdf (4.1.2022). Einen Überblick über die Kernaussagen von fünf Analysen und deren Ergebnisse geben *Beckmann/Lohse*, JAmt 2019, 490 ff.

24 So zuletzt auch der „Abschlussbericht der Lügde-Kommission" vom 3.12.2020, https://www.luegdekommission-nds.de/html/download.cms?id=11&datei=Abschlussbericht-Luegdekommission.pdf (4.1.2022), 23: „Wenn die Aufarbeitung solcher Fälle aber den Fokus auf Schuldfragen legt, besteht ein hohes Risiko, dass es zu Abwehrphänomenen kommt und sich die Kinderschutzpraxis in der Folge sogar verschlechtert. Dies belegen entsprechende Studien aus dem Ausland. Danach waren erheblich negative Effekte von schuldorientierten Fallanalysen mit einer Spirale der Abwertung und Dequalifizierung der Kinderschutzpraxis zu beobachten."

25 Die zu klären, ist ggfs. Aufgabe eines Strafverfahrens.

schaftlichen Verhältnisse zielt. Handlungsfelder sind insoweit vor allem die **kommunale** Jugend-, Stadtentwicklungs-, Bau, Verkehrs- und Umweltpolitik, die aufgrund ihrer Ortsnähe und (relativen) Überschaubarkeit einer Einflussnahme eher zugänglich ist als Landes- oder Bundespolitik. Der damit verbundene Handlungsauftrag ist durch die genannten Merkmale kaum begrenzt. Der Begriff der „**Lebensbedingungen für junge Menschen und ihre Familien**" umfasst alles zur physischen und sozialen Existenz Erforderliche. Zu nennen sind angemessener und bezahlbarer **Wohnraum**, **Infrastruktur** zur Befriedigung der existenziell notwendigen Bedürfnisse, **Freizeiteinrichtungen** wie Jugendzentren, öffentliche Treffpunkte oder sonstige Begegnungsstätten, Spielplätze, **Sporteinrichtungen** wie Bolzplätze oder Skaterbahnen und Schwimmbäder.

Positive Lebensbedingungen erfordern etwa auch einen funktionierenden und bezahlbaren öffentlichen Nahverkehr, Räume, in denen sich Kinder gefahrlos bewegen und spielen können (autofreie Zonen). Damit wird zugleich zur Erhaltung oder Schaffung einer **kinder- und familienfreundlichen Umwelt** beigetragen. Positive Lebens- sowie kinder- und familienfreundliche Umweltbedingungen sind ohnehin eng miteinander verwoben und in der Umsetzung kaum voneinander zu trennen.

14 Auch handlungstheoretisch enthält die Vorschrift kaum Begrenzungen. Die Umsetzungsmöglichkeiten reichen von formalisierten Beteiligungs- bis zu informellen, punktuellen oder auch spontanen Aktionsformen in den einschlägigen Politikbereichen.

Formalisierte Beteiligungsformen sind in den §§ 80, 81 SGB VIII formuliert. Nach § 80 Abs. 5 SGB VIII sollen etwa die Träger der öffentlichen Jugendhilfe darauf hinwirken, dass örtliche und überörtliche Planungen insgesamt den Bedürfnissen und Interessen der jungen Menschen und ihrer Familien Rechnung tragen. Wichtigstes Organ ist dabei der Jugendhilfe- bzw. Landesjugendhilfeausschuss (§ 71 SGB VIII).

So sind gem. § 1 Abs. 6 Nr. 3 BauGB die sozialen und kulturellen Bedürfnisse der Bevölkerung, insbesondere die Bedürfnisse der Familien, der jungen, alten und behinderten Menschen bei der Bauleitplanung zu berücksichtigen. Gem. § 3 Abs. 1 Satz 2 BauGB sind auch Kinder und Jugendliche Teil der Öffentlichkeit, die gem. dessen Satz 1 frühzeitig über die allgemeinen Ziele und Zwecke der Planung, sich wesentlich unterscheidende Lösungen, die für die Neugestaltung oder Entwicklung eines Gebiets in Betracht kommen, und die voraussichtlichen Auswirkungen der Planung öffentlich zu unterrichten ist. Deshalb ist die Gemeinde gem. § 4 Abs. 2 BauGB verpflichtet, eine Stellungnahme des Jugendhilfeausschusses zu Planentwürfen einzuholen.

Darüber hinaus ist der Jugendhilfeausschuss berechtigt, zu jeder jugendhilfepolitischen Thematik Stellung zu nehmen (vgl. dazu § 71 Rn. 9 f., 12). Die in Nr. 5 angesprochenen Belange sind schließlich sämtlich Gegenstand von **Gemeinwesenarbeit**.

Die öffentliche Jugendhilfe kann die Zielsetzung der Nr. 5 auch dadurch verwirklichen, dass sie mit den **selbstorganisierten Zusammenschlüssen** nach § 4a Abs. 2 und 3 SGB VIII **zusammenarbeitet** und diese **fördert**.

Im Übrigen sind öffentliche und freie Träger durch die Vorschrift aufgefordert, sich – alleine oder durch Organisationen, Interessensverbände oder sonstige Zusammenschlüsse – zu allen darin genannten Aspekten zu äußern, Stellungnahmen zu verfassen oder politische Aktionen durchzuführen.

IV. Kinderrechte ins Grundgesetz? – Zwischenstand der Debatte

15 Als „Leitnorm" ist § 1 SGB VIII geradezu prädestiniert, die Frage der Notwendigkeit oder zumindest der Opportunität einer Verankerung von „Kinderrechten" im Grundgesetz aufzuwerfen. Es kann allerdings nicht Aufgabe dieses Kommentars sein, die Debatte um deren Verankerung in seiner Breite und Tiefe zu referieren, zu systematisieren und zu analysieren. Er kann nicht mehr leisten, als den aktuellen Stand der politischen und juristischen Debatte zu referieren sowie Positionen und Konfliktlinien zu skizzieren.[26]

Nach langjähriger Diskussion hatte die damalige Bundesregierung am 19. Januar 2021 einen Gesetzentwurf zur Ergänzung von Art. 6 Abs. 2 GG mit folgendem Wortlaut beschlossen:

> „[3]Die verfassungsmäßigen Rechte der Kinder einschließlich ihres Rechts auf Entwicklung zu eigenverantwortlichen Persönlichkeiten sind zu achten und zu schützen. [4]Das Wohl des Kindes ist angemessen zu berücksichtigen. [5]Der verfassungsrechtliche Anspruch von Kindern auf rechtliches Gehör ist zu wahren. [6]Die Erstverantwortung der Eltern bleibt unberührt."[27]

Der Gesetzentwurf scheiterte im Juni 2021, da er nicht die Unterstützung für eine zur Änderung des Grundgesetzes notwendigen 2/3-Mehrheit fand.

Im Koalitionsvertrag 2021 zwischen den die Bundesregierung tragenden Parteien wurde (erneut) wie folgt vereinbart, Kinderrechte im Grundgesetz zu verankern:

> „Wir wollen die Kinderrechte ausdrücklich im Grundgesetz verankern und orientieren uns dabei maßgeblich an den Vorgaben der UN-Kinderrechtskonvention. Dafür werden wir einen Gesetzesentwurf vorlegen und zugleich das Monitoring zur Umsetzung der UN-Kinderrechtskonvention ausbauen."[28]

Eine dahingehende Grundgesetzänderung steht also nach wie vor auf der politischen Agenda. Politische Prognosen müssen notgedrungen spekulativ bleiben, jedoch darf dem Projekt – sofern es das kindbezogene Rechteniveau des gescheiterten Regierungsentwurfs nicht *unterschreitet* – das gleiche Schicksal wie dem der großen Koalition in der letzten Legislaturperiode vorausgesagt werden.

Rechtspolitisch dürften im Wesentlichen zwei Gründe einer Kodifizierung von Kinderrechten im Grundgesetz hinderlich sein:

Zum einen die Befürchtung, eine solche könne verfassungsrechtlich determinierte und deshalb einfachgesetzlich nicht mehr oder nur noch eingeschränkt steuer- und beschränkbare materielle sozialrechtliche Leistungsansprüche von Kindern auslösen.

Zum anderen die – ebenso unausgesprochene wie begründete – Annahme, dass mit der Verankerung von Kinderrechten das grundgesetzliche Monopol des Elternrechts gebrochen würde. Eine Formulierung wie die in der Gesetzesbegründung zum KJHG enthaltene, wonach „die Aussage des Absatzes 1 (von § 1 SGB VIII) erst im Zusammenhang mit der Wertentscheidung der Verfassung aus Artikel 6 Abs. 2 GG zutreffend interpretiert werden" könne, sodass es zweckmäßig erscheine, den verfassungsrechtlich garantierten Erziehungsvorrang der Eltern an dieser Stelle zu wiederholen und damit die **abgeleitete Erziehungsaufgabe der Jugendhilfe** deutlich zu machen",[29] würde ihre normative Legitimation verlieren und könnte in dieser Form nicht mehr behauptet werden. Das Elternrecht als archimedischer Punkt, bei Bedarf staatliche Interventionen jeglicher Art, die elterliche Befugnisse beschneiden, auszuhebeln, würde erheblich an Bedeutung und normativer Kraft verlieren.

---

26 Einen Überblick über die bis dahin geführte Debatte gibt *Bär*, JAmt 2018, 375-380, sowie *Wapler*, Kinderrechte ins Grundgesetz? https://www.dji.de/fileadmin/user_upload/bibs2017/15_KJB_Wapler_b.pdf (12.1.2022).

27 BT-Drs. 19/28138, S. 7; zur Kritik des Entwurfs vgl. *Donath/Lemmer*, JAmt 2021, 607 sowie die dort unter Fn. 8 genannten Stimmen.

28 Mehr Fortschritt wagen – Bündnis für Freiheit, Gerechtigkeit und Nachhaltigkeit. Koalitionsvertrag zwischen SPD, Bündnis 90/DIE GRÜNEN und FDP, https://www.bundesregierung.de/resource/blob/974430/1990812/04221173eef9a6720059cc353d759a2b/2021-12-10-koav2021-data.pdf?download=1, S. 98 (Abruf: 18.7.2022).

29 BT-Drs. 11/5948, 47.

Dies gilt es aus der Perspektive der Apologeten weitgehender elterlicher Rechte zu verhindern.

16 Zuletzt hat eine – im Kinder- und Jugendhilferecht eher seltene – Kontroverse die Validität der Forderung nach Aufnahme von Kinderrechten ausgelotet.

Zunächst untersuchte *Jestaedt* unter dem paradigmatischen Titel „'Kinderrechte im Grundgesetz' statt ‚Kinderrechte ins Grundgesetz'"[30] die Notwendigkeit der verfassungsrechtlichen Kodifizierung von Kinderrechten und kommt zu dem Ergebnis, dass angesichts der elaborierten Rechtsprechung des Bundesverfassungsgerichts ein Schutzdefizit nicht konstatiert werden könne, so dass von einer dahingehenden Grundgesetzänderung Abstand zu nehmen sei.[31] Auch eine „symbolische Verfassungsänderung" sei ein „verfassungsgesetzgeberischer Blindflug, der sich auf Gedeih und Verderb den Lotsenkünsten des BVerfG" ausliefere.[32]

Hierauf haben *Donath/Lemmer* erwidert und auf die Notwendigkeit verwiesen, Kinderrechte nicht nur in der Verfassungsrechtsprechung, sondern auch im Verfassungstext identifizierbar zu machen. Nur die Sichtbarmachung von Kinderrechten im Verfassungstext verhindere Umsetzungsdefizite und die mangelnde Berücksichtigung im einfachen Gesetzesrecht.[33]
In seiner Duplik verweist *Jestaedt*[34] noch einmal auf die Wirkmächtigkeit der Verfassungsrechtsprechung, ohne die der bloße Verfassungstext seine Wirkung nicht entfalten könne. Das Verfassungsgericht werde unter-, der Verfassungstext überbewertet.

Angesichts der umfassenden Grundrechtsgeltung (auch) für Kinder sei eine Verfassungsergänzung nicht vonnöten. Zum zweiten stellt *Jestaedt* die Frage und damit zugleich infrage, ob eine Änderung des Grundgesetzes in einer Weise umgesetzt werden könne, „dass nicht in unbeabsichtigter oder doch wenigstens ungewünschter Weise das verfassungsrechtliche Staat-Eltern-Kind-Verhältnis verändert" werde.[35] Insbesondere die letztere Erwägung macht deutlich, dass es den Kritikern einer Aufnahme von Kinderrechten ins Grundgesetz nicht darum geht, Kindern Schutz, Beteiligung und Entwicklungsmöglichkeiten vorzuenthalten. Befürchtet wird vielmehr eine Verschiebung der Gewichte im Staat-Eltern-Kind-Verhältnis zugunsten des Kindes und zulasten von Staat und Eltern. Selbst wenn man nur den in der vergangenen Legislaturperiode gescheiterten Regierungsentwurf zugrunde legt, wäre eine Reduzierung staatlicher Tätigkeit auf ein reines Wächteramt nicht mehr vertretbar. Es bleiben also die oben genannten Gründe, die eine Verfassungsänderung auch in dieser Legislaturperiode zum Scheitern bringen dürften.

30 *Jestaedt*, JAmt 2021, 358 ff.
31 *Jestaedt*, JAmt 2021, 358 (361) und passim.
32 *Jestaedt*, JAmt 2021, 358 (362 f.).
33 *Donath/Lemmer*, JAmt 2021, 607 ff.
34 *Jestaedt*, JAmt 2021, 612 ff.
35 *Jestaedt*, JAmt 2021, 612 und 615.

§ 2
Aufgaben der Jugendhilfe

(1) Die Jugendhilfe umfasst Leistungen und andere Aufgaben zugunsten junger Menschen und Familien.

(2) Leistungen der Jugendhilfe sind:

1. Angebote der Jugendarbeit, der Jugendsozialarbeit und des erzieherischen Kinder- und Jugendschutzes (§§ 11 bis 14),

2. Angebote zur Förderung der Erziehung in der Familie (§§ 16 bis 21),

3. Angebote zur Förderung von Kindern in Tageseinrichtungen und in Tagespflege (§§ 22 bis 25),

4. Hilfe zur Erziehung und ergänzende Leistungen (§§ 27 bis 35, 36, 37, 39, 40),

5. Hilfe für seelisch behinderte Kinder und Jugendliche und ergänzende Leistungen (§§ 35a bis 37, 39, 40),

6. Hilfe für junge Volljährige und Nachbetreuung (§ 41).

(3) Andere Aufgaben der Jugendhilfe sind

1. die Inobhutnahme von Kindern und Jugendlichen (§§ 42 und 41a),

2. die vorläufige Inobhutnahme von ausländischen Kindern und Jugendlichen nach unbegleiteter Einreise (§ 42a),

3. die Erteilung, der Widerruf und die Zurücknahme der Pflegeerlaubnis (§§ 43, 44),

4. die Erteilung, der Widerruf und die Zurücknahme der Erlaubnis für den Betrieb einer Einrichtung sowie die Erteilung nachträglicher Auflagen und die damit verbundenen Aufgaben (§§ 45 bis 47, 48a),

5. die Tätigkeitsuntersagung (§§ 48, 48a),

6. die Mitwirkung in Verfahren vor den Familiengerichten (§ 50),

7. die Beratung und Belehrung in Verfahren zur Annahme als Kind (§ 51),

8. die Mitwirkung in Verfahren nach dem Jugendgerichtsgesetz (§ 52),

9. die Beratung und Unterstützung von Müttern bei Vaterschaftsfeststellung und Geltendmachung von Unterhaltsansprüchen sowie von Pflegern und Vormündern (§§ 52a, 53a[1]),

10. die Erteilung, der Widerruf und die Zurücknahme der Anerkennung als Vormundschaftsverein. (§ 54)[2],

11. Beistandschaft, Pflegschaft und Vormundschaft des Jugendamts (§§ 55 bis 57)[3],

12. Beurkundung (§ 59),

13. die Aufnahme von vollstreckbaren Urkunden (§ 60).

Übersicht Rn.

1 Bis 31.12.2022: 53.

2 Fassung von Abs. 3 Nr. 10 bis 31.12.2022: „10. die Erteilung, der Widerruf und die Zurücknahme der Erlaubnis zur Übernahme von Vereinsvormundschaften (§ 54),".

3 Fassung von Abs. 3 Nr. 11 bis 31.12.2022: „11. Beistandschaft, Amtspflegschaft, Amtsvormundschaft und Gegenvormundschaft des Jugendamts (§§ 55 bis 58),".

A. Allgemeines

1 § 2 SGB VIII nimmt – wie bei verwaltungsrechtlichen Gesetzen nicht unüblich[4] – eine allgemeine Bestimmung der Zielsetzung sowie der Aufgaben der institutionalisierten „Jugendhilfe" im Sinne des SGB VIII vor. Jugendhilfe umfasst unter dem Oberbegriff der Aufgaben gem. **Abs. 1** „Leistungen" sowie „andere Aufgaben".

Abs. 2 enthält sodann den Katalog der **Leistungen** der Jugendhilfe, der zwischen „Angeboten" (Nr. 1 bis 3) und „Hilfen" (Nr. 4 bis 6) unterscheidet.

Abs. 3 listet schließlich in den Nr. 1 bis 13 **„andere Aufgaben"** der Jugendhilfe auf.

Die Vorschrift hat einerseits programmatischen Charakter, nimmt aber insbesondere in den Abs. 2 und 3 normativ verbindliche Unterscheidungen nicht nur zwischen Leistungen und anderen Aufgaben, sondern auch innerhalb des Katalogs der Leistungen zwischen „Angeboten" und „Hilfen" vor.[5]

Bisherige **Änderungen** waren redaktioneller Art und haben anderweitige Veränderungen im SGB VIII nachvollzogen. Zuletzt hat das KJSG in Abs. 2 Nr. 1 Angebote der Schulsozialarbeit (§ 13a SGB VIII) aufgenommen, in Nr. 3 das Wort „Tagespflege" durch „Kindertagespflege" ersetzt sowie in Abs. 2 Nr. 6 die Hilfeform nach § 41a eingefügt.

2 Darüber hinaus kommt § 2 SGB VIII normative Bedeutung dadurch zu, dass andere Vorschriften des Gesetzes an die Begrifflichkeit der Vorschrift anknüpfen.

So werden gem. § 3 Abs. 2 SGB VIII **Leistungen** von Trägern der freien und von solchen der öffentlichen Jugendhilfe erbracht, während die Wahrnehmung **anderer Aufgaben** gem. Abs. 3 Satz 1 den Trägern der öffentlichen Jugendhilfe vorbehalten ist; und nur die Aufgaben nach Maßgabe des Satzes 2 können von freien Trägern wahrgenommen werden (vgl. dazu § 76 SGB VIII).

Auch § 6 SGB VIII differenziert hinsichtlich des örtlichen Geltungsbereichs zwischen Leistungen und anderen Aufgaben. Das gesamte Zweite Kapitel des SGB VIII gilt nur für Leistungen, das Dritte Kapitel nur für andere Aufgaben.

3 Ohne Bedeutung ist § 2 SGB VIII für die Frage des Bestehens oder Nichtbestehens von Rechtsansprüchen. Zwar besteht auf Leistungen regelmäßig ein Rechtsanspruch, aber auch im Bereich der anderen Aufgaben können (ggfs. flankierende) Rechtsansprüche bestehen. Ob und unter welchen Voraussetzungen Ansprüche, sei es im Bereich der Leistungen, sei es im Kontext der Wahrnehmung anderer Aufgaben, bestehen, ist ebenfalls nicht § 2 SGB VIII, sondern ausschließlich den jeweiligen Anspruchsnormen zu entnehmen.

4 Die einzelnen **Leistungen** und **anderen Aufgaben** der Jugendhilfe werden im Rahmen der in den Katalogen der Abs. 2 und 3 in Bezug genommenen Vorschriften des SGB VIII erläutert.

B. Einzelheiten

I. Abs. 1 – Aufgaben der Jugendhilfe

5 Abs. 1 trifft die für das SGB VIII grundlegende **terminologische Festlegung** dahin, dass die Jugendhilfe unter dem in der Überschrift genannten **Oberbegriff „Aufgaben"** **„Leistun-**

4 Vgl. etwa § 1 Abs. 2 SGB II, § 1 SGB XII, § 1 Abs. 1 AufenthG, § 1 Abs. 1 IfSG.
5 So ist § 36a SGB VIII unmittelbar nur auf Hilfen i.S.d. § 2 Abs. 2 Nr. 4 bis 6 SGB VIII, auf Angebote i.S.d. Abs. 2 Nr. 1 bis 3 dagegen allenfalls analog anwendbar; vgl. BVerwG, Urt. v. 26.10.2017, 5 C 19.16, JAmt 2018, 279 (280).

gen" und „**andere Aufgaben**" umfasst. Beide Kategorien werden in den Katalogen der Abs. 2 und 3 konkretisiert.

Darüber hinaus macht Abs. 1 deutlich, dass alle Aufgaben „zugunsten junger Menschen und Familien" wahrzunehmen sind, und benennt damit unabhängig von der jeweiligen Leistungsberechtigung die **Adressatinnen und Adressaten** der Jugendhilfe.

II. Abs. 2 – Leistungen

Die **Leistungen der Jugendhilfe** (Abs. 2) sind **Sozialleistungen** im Sinne der §§ 1 und 11 SGB I. Es ist bei jeder im Gesetz vorgesehenen Leistung gesondert der Verbindlichkeitsgrad festzustellen, wobei nicht die Zuordnung zu dem einen oder anderen Aufgabenkomplex, sondern die Ausgestaltung als Muss-, Soll- oder Kann-Leistung dafür maßgebend ist, ob dem objektiven Recht ein (einklagbarer) subjektiver Leistungsanspruch entspricht. Dabei gebieten die praktische Umsetzung der Grundsatznormen des ersten Kapitels (und dabei insbesondere des § 1 Abs. 1 und Abs. 3 Nr. 1, 3 und 4) und das Gebot der Sicherstellung möglichst weitgehender Verwirklichung der sozialen Rechte (§ 2 Abs. 1 SGB I) die Annahme subjektiver Berechtigungen und die Annahme eines auch bei Kann-Leistungen engen Ermessensspielraumes. Damit findet die Gewährleistungspflicht für die Erfüllung aller Aufgaben nach § 79 Abs. 2 SGB VIII in jeweiligen subjektiven Berechtigungen ihre Entsprechung. 6

III. Abs. 3 – Andere Aufgaben

Ob es sich bei den **anderen Aufgaben** nach Abs. 3 um eine „Restkategorie von Aufgaben unterschiedlichen Zuschnitts, die weit überwiegend zum Traditionsbestand des KJHG gehören und überwiegend Funktionen des staatlichen Wächteramts (Art. 6 Abs. 2 GG) darstellen" handelt,[6] darf angesichts der Aufgaben etwa nach Abs. 3 Nr. 6 bis 8 bezweifelt werden, kann aber dahinstehen. Jedenfalls haben die im Katalog des § 2 Abs. 3 SGB VIII enthaltenen Aufgaben seit Inkrafttreten des SGB VIII eher einen Bedeutungszuwachs denn einen -verlust erfahren. Die Aufzählung ist abschließend. 7

Sie stehen nicht zur Disposition des Einzelnen[7] und sind auch dann „von Amts wegen zu erfüllen"[8], wenn dies mit dem Elternwillen nicht übereinstimmt. Auch für sie gilt das Gebot sozialpädagogischer Fachlichkeit; Weckung der Mitarbeitsbereitschaft und Akzeptanz der Betroffenen gehören dazu. Im Hinblick auf eine qualitativ hochwertige Aufgabenerfüllung kann *Schellhorn/Kern*[9] nicht gefolgt werden, „aus der besonderen Struktur" der „anderen Aufgaben" (aber als einigendes Band fehlt gerade eine solche Struktur) folge, dass für sie das Wunsch- und Wahlrecht (§ 5 SGB VIII) und die Mitwirkungsrechte (z.B. § 8 SGB VIII) „nicht unmittelbar" gelten. 8

Die Träger der öffentlichen Jugendhilfe können – nach Ermessen – Träger der freien Jugendhilfe (lediglich) an der *Durchführung* der Aufgaben nach §§ 42, 42a, 43, 50 bis 52a und 53 Abs. 2 bis 4 SGB VIII beteiligen oder ihnen diese Aufgaben zur Ausführung übertragen (§ 76 Abs. 1 SGB VIII) und bleiben auch dann für die Erfüllung der Aufgaben verantwortlich (§ 76 Abs. 2 SGB VIII). Die Gesamtverantwortung einschließlich der Planungsverantwortung nach § 79 Abs. 1 SGB VIII, die Gewährleistungspflicht nach § 79 Abs. 2 Satz 1 SGB VIII sowie die Ausstattungspflicht nach § 79 Abs. 3 SGB VIII beziehen sich auch auf die anderen Aufgaben 9

6 So Wiesner/Wapler/*Wapler*, § 2 SGB VIII Rn. 13.
7 BT-Drs. 11/5948, 47.
8 So Jans/Happe/Saurbier/*Maas*, § 2 SGB VIII Rn. 10.
9 Schellhorn/Fischer/Mann/*Kern*, § 2 SGB VIII Rn. 30.

nach § 2 Abs. 3. SGB VIII. Sie haben (zum Teil) Dienstleistungscharakter, doch sind sie nicht als Sozialleistungen im Sinne des SGB I anzusehen.[10]

IV. Schlichtes Verwaltungshandeln

10 Gewährt das Jugendamt keine individuelle Hilfe und greift es auch nicht im Rahmen der Wahrnehmung der „anderen Aufgaben" nach §§ 42 ff. SGB VIII in die Rechte Betroffener ein, sondern stellt es allgemeine Förderungsangebote bereit (Beispiel: Durchführung einer Veranstaltung der Jugendarbeit gemäß § 11 SGB VIII), so handelt es sich dabei um **„schlichtes Verwaltungshandeln"** bzw. „schlichtes Handeln",[11] das – ebenso wie die Angebote freier Träger – keine subjektiven Berechtigungen auslösen soll.

V. Verwaltungsverfahren

11 Das **Verwaltungsverfahren** des Trägers der öffentlichen Jugendhilfe ist in § 8 SGB X definiert als „die nach außen wirkende Tätigkeit der Behörde, die auf die Vorbereitung und den Erlass eines Verwaltungsaktes oder auf den Abschluss eines öffentlich-rechtlichen Vertrages gerichtet ist".

Über den **Beginn eines Verwaltungsverfahrens** entscheidet das Jugendamt nach pflichtgemäßem Ermessen (§ 18 Satz 1 SGB X), sofern es nicht aufgrund von Rechtsvorschriften von Amts wegen oder auf Antrag tätig werden muss oder die Behörde nur auf Antrag tätig werden darf und ein Antrag nicht vorliegt (§ 18 Satz 1 SGB X). Soweit die Einleitung eines Verfahrens einen Antrag voraussetzt, ist zu beachten, dass Anträge auf Sozialleistungen stellen und verfolgen (und Sozialleistungen entgegennehmen) kann, wer das fünfzehnte Lebensjahr vollendet hat (§ 36 Abs. 1 Satz 1 SGB I).

12 Die Jugendämter haben gemäß § 16 Abs. 3 SGB I auf klare und sachdienliche **Anträge** mit für die Prüfung des Leistungsbegehrens vollständigen Angaben hinzuwirken. Das Verfahren haben sie derart durchzuführen, dass die Leistungsberechtigten die ihnen zuständigen Leistungen „in zeitgemäßer Weise, umfassend und schnell" erhalten (§ 17 Abs. 1 Nr. 1 SGB I).

Hinzuweisen ist auch auf den durch das KJSG eingefügten § 10a SGB VIII, der die öffentlichen Träger zur Beratung junger Menschen, Mütter, Väter, Personensorge- und Erziehungsberechtigter verpflichtet, auch wenn diese Norm keinen subjektiven Anspruch der Betroffenen begründen soll (vgl. dazu die Erläuterungen zu § 10a SGB VIII). Einen **Beratungsanspruch** begründet allerdings § 14 SGB I.

13 Die Träger der öffentlichen Jugendhilfe haben die Beachtung des Sozialdatenschutzes bei Tätigwerden der freien Jugendhilfe gemäß § 61 Abs. 3 SGB VIII sicherzustellen.

14 Von den (weiteren) Verfahrensvorschriften des SGB X seien hier erwähnt:

- § 12: Heranziehung Beteiligter,
- § 13: Recht der Beteiligten, sich durch einen Bevollmächtigten vertreten oder durch einen Beistand unterstützen zu lassen,
- § 17: Besorgnis der Befangenheit,
- § 20: Untersuchungsgrundsatz: Das Jugendamt ermittelt den Sachverhalt – unter Beachtung des Sozialdatenschutzes – von Amts wegen; Folgen von Verfahrensmängeln in dieser Hinsicht richten sich nach § 42,
- § 21: Beweismittel,

10 Wiesner/Wapler/*Wapler*, § 2 SGB VIII Rn. 3, 13.
11 So *Schellhorn/Wienand*, § 11 Rn. 16.

- § 22: Zeugen- oder Sachverständigenvernehmung durch das Verwaltungsgericht auf Ersuchen,
- § 24: Anhörung Beteiligter; zur Nachholung im Widerspruchsverfahren § 41 SGB X; § 24 Abs. 2 regelt abschließend, wann von einer Anhörung abgesehen werden kann, so Nr. 1, wenn – wie im Falle des § 43 SGB VIII – eine sofortige Entscheidung wegen Gefahr im Verzug oder im öffentlichen Interesse notwendig erscheint,
- § 25: Akteneinsicht durch Beteiligte.

Nach *Schmid-Obkirchner* ist die für das **Verwaltungsverfahren** (§§ 8 ff. SGB X) typische an der Rechtsfigur des Verwaltungsaktes ausgerichtete Unterscheidung von Entscheidungsvorbereitung, Entscheidung und Vollzug für den pädagogischen Aushandlungsprozess „im Grunde nicht brauchbar". Die notwendige Gewähr für die Richtigkeit des Entscheidungsprozesses könne nur durch fachliche Standards, die Beteiligung der Betroffenen und durch institutionelle Garantien erreicht werden. Dazu müsste der Gesetzgeber ein besonderes Verfahrensrecht für die Gewährung von personenbezogenen Dienstleistungen einführen.[12] **15**

Diesem Postulat kann **nicht gefolgt werden**. Die Begrifflichkeiten des „pädagogischen Aushandlungsprozesses", der „fachlichen Standards" und der „Beteiligung der Betroffenen" verbrämen nur allzu oft ein institutionalisiertes Machtgefälle. Insoweit ist der Gesetzgeber selbst als Kronzeuge zu benennen, der in der Gesetzesbegründung für die Einrichtung von Ombudsstellen nach § 9a SGB VIII ausführt:

> „Die Erfahrungen im Alltag der Kinder- und Jugendhilfe zeigen, dass im Kontext der Leistungsgewährung, des fachlichen Handelns und der Kommunikationsprozesse Konflikte zwischen Leistungsträgern und Leistungsberechtigten bzw. -empfängern entstehen. In solchen Situationen können junge Menschen und ihre Familien ihre Rechte aufgrund der bestehenden strukturellen Machtasymmetrie häufig nicht oder nicht umfassend verwirklichen – entweder, weil sie diese Rechte nicht kennen oder sich aus unterschiedlichen Gründen nicht in der Lage sehen, diese anhand der vorhandenen Strukturen des Rechtsstaates einzufordern."[13]

Die Abhilfe kann nur in einem **formalisierten Verfahren** liegen, das die Verwirklichung bestehender Rechtsansprüche und die Gleichbehandlung der Betroffenen sichert. Es sei an das bekannte Diktum von *Rudolf von Ihering* erinnert, nach dem „die Form (...) die geschworene Feindin der Willkür, die Zwillingsschwester der Freiheit" ist.

Das Verfahren ist „einfach und zweckmäßig durchzuführen" (§ 9 Satz 2 SGB X). Dabei ist den Besonderheiten einer an den Grundzielen des § 1 SGB VIII orientierten Kinder- und Jugendhilfe Rechnung zu tragen. Sofern Vorschriften des SGB X dem entgegenstehen sollten, ist § 37 Satz I SGB I zu beachten. (Auch) die Vorschriften über das Verwaltungsverfahren gelten nur, soweit sich aus dem SGB VIII nichts Abweichendes ergibt. Für das Verwaltungsverfahren besteht gem. § 64 Abs. 1 SGB X **Kostenfreiheit**. **16**

---

12 Wiesner/*Schmid-Obkirchner*, 5. Aufl., § 27 SGB VIII Rn. 68 f. A.A. jetzt auch Wiesner/Wapler/*Wapler*, § 27 SGB VIII Rn. 52, die die Notwendigkeit eines kooperativen Entscheidungsprozesses betont.

13 BT-Drs. 19/26107, 75 f.

§ 3
Freie und öffentliche Jugendhilfe

(1) Die Jugendhilfe ist gekennzeichnet durch die Vielfalt von Trägern unterschiedlicher Wertorientierungen und die Vielfalt von Inhalten, Methoden und Arbeitsformen.

(2) Leistungen der Jugendhilfe werden von Trägern der freien Jugendhilfe und von Trägern der öffentlichen Jugendhilfe erbracht. Leistungsverpflichtungen, die durch dieses Buch begründet werden, richten sich an die Träger der öffentlichen Jugendhilfe.

(3) Andere Aufgaben der Jugendhilfe werden von Trägern der öffentlichen Jugendhilfe wahrgenommen. Soweit dies ausdrücklich bestimmt ist, können Träger der freien Jugendhilfe diese Aufgaben wahrnehmen oder mit ihrer Ausführung betraut werden.

Übersicht Rn.

A. Allgemeines

1 Die Vorschrift charakterisiert die Jugendhilfe als ein durch **Pluralität** gekennzeichnetes System (Abs. 1) und weist den Trägern der öffentlichen und freien Jugendhilfe ihre Aufgaben bei der Erbringung von Leistungen (Abs. 2) sowie der Erfüllung anderer Aufgaben (Abs. 3) zu.

Über diesen konkreten Regelungsgehalt hinaus wird die Vorschrift gleichsam als **Grundsatznorm** über Strukturprinzipien der Kinder- und Jugendhilfe und deren „Wesensmerkmal der Pluralität“,[1] aber auch als Grundsatznorm über die Berechtigung, Notwendigkeit und Existenzbedingungen der Träger der freien Jugendhilfe angesehen.

Tatsächlich stellt die Gesetzesbegründung die Existenz der Träger der freien Jugendhilfe als **quasi-naturrechtliche** dar, deren „Tätigkeit nicht auf staatliches Recht, sondern auf religiöse oder humanitäre Grundideen und Überzeugungen, denen sie sich aus eigener Entscheidung verpflichtet fühlt“, gründe. Sie bleibe „daher bei der Wahl der Aufgaben und der Art und Weise ihrer Wahrnehmung frei. Der Unterschied zwischen der Tätigkeit der öffentlichen Jugendhilfe und der Tätigkeit der freien Jugendhilfe liegt daher nicht nur in der unterschiedlich strukturierten Trägerschaft, sondern in dem unterschiedlichen Rechtsgrund für die Aufgabenwahrnehmung.“[2]

Tatsächlich errichtet die Gesetzesbegründung hier – sekundiert von der ihr überwiegend den Boden bereitenden und ihr deshalb (anschließend) auch folgenden Auffassung in der Jugendhilfeliteratur – ein ideologisches Konstrukt, das das gesamte Jugendhilferecht durchzieht. Aufrechterhalten werden kann es dadurch, dass man bei dieser Charakterisierung ersichtlich die Kirchen und deren Wohlfahrtsverbände vor Augen hat und diese dann zum Beweis heranziehen kann.

„Religiöse oder humanitäre Grundideen und Überzeugungen“ als „Rechtsgrund für die Aufgabenwahrnehmung“ anzunehmen, dürfte bei einer (fiktiven) „Freie Jugendhilfe X-Stadt

1 So der Ausschuss für Jugend, Familie, Frauen und Gesundheit, BT-Drs. 11/6748, 80.
2 Vgl. BT-Drs. 11/5948, 48. Ebenso Wiesner/Wapler/*Wapler*, § 3 Rn. 7.

GmbH" deutlich schwerer fallen als bei einem kirchlichen Träger, weil sie eben als Grundlagen der Tätigkeit nicht vorhanden sind.

Gleichwohl dienen diese außerhalb des staatlichen Rechts entspringenden Ideen und Überzeugungen als Blaupause für das in und von der Jugendhilfe entworfene Bild eines idealtypischen „Trägers der freien Jugendhilfe". So heißt es etwa bei *Wapler*: „Die Existenz und Aufgabenstellung nichtstaatlicher Organisationen und Verbände ist Ausfluss der privaten Handlungs- und Vereinigungsfreiheit. Die Tätigkeit nichtstaatlicher Verbände und Organisationen entzieht sich daher einer gesetzlichen Festschreibung." Das bedeute, „dass alle Aussagen des Gesetzes über die Tätigkeit von Trägern der freien JHilfe nur deklaratorischen Charakter haben, soweit sie nicht wie der Erlaubnisvorbehalt nach § 45 der Gefahrenabwehr dienen."[3]

Nicht von ungefähr rücken hier die Träger der freien Jugendhilfe in erstaunlicher Weise an das Elternrecht und die daraus resultierenden Voraussetzungen staatlicher Einflussnahme heran.

Dass ein Gesetz (nur) deklaratorischen Charakter besitzt, bedeutet, dass es nur einen Zustand **beschreibt**, der auch ohne dieses Gesetz bestünde. Damit werden freie Träger und ihre Betätigung als quasi-naturrechtlich begründete Institutionen betrachtet, wodurch es unzulässig ist, deren Tätigkeit gesetzlich zu regeln, dies jedenfalls aber einer besonderen Legitimation bedarf.[4] 2

Das Postulat, von jeglicher staatlicher und damit auch gesetzlicher Einmischung verschont zu bleiben, ist nicht nur der gesamten Rechtsordnung fremd. Es muss seine Grenze spätestens dort finden, wo Vereinigungen staatliche Aufgaben wahrnehmen oder im staatlichen Auftrag handeln, weshalb etwa das Verbot, einschlägig vorbestrafte Personen in der Arbeit mit Kindern und Jugendlichen zu beschäftigen, auch gegenüber einem freien Träger gesetzlich angeordnet werden dürfte und nicht von dessen vereinbarungsförmigem Einverständnis abhängig gemacht werden muss (so aber § 72a Abs. 2 SGB VIII).

Es handelt es sich bei der Vorschrift des § 3 SGB VIII also nicht um eine Zustandsbeschreibung, sondern um eine mit normativer Kraft ausgestattete Regelung, die das Neben- und Miteinander von öffentlicher und freier Jugendhilfe so ausgestaltet, wie sie es eben tut, wie sie es aber auch anders ausgestalten könnte.

Richtig ist, dass die Existenz freier Träger als nichtstaatliche Organisationen und Verbände durch die Vereinigungsfreiheit (Art. 9 GG) und (subsidiär) auch durch die allgemeine Handlungsfreiheit (Art. 2 Abs. 1 GG) geschützt ist. Richtig ist weiterhin, dass solchermaßen gegründete Vereinigungen sich ihre Aufgabenstellung frei wählen dürfen.

Unzutreffend ist indessen, dass diese selbst gewählte Aufgabenstellung durch den Staat in jeglicher Hinsicht akzeptiert werden müsse oder aus der Selbstzuweisung von Aufgaben gar ein Anspruch darauf erwachse, staatlicherseits mit deren Erfüllung betraut und dafür bezahlt, im Übrigen aber in keiner Weise reglementiert zu werden.

---

3 Wiesner/Wapler/*Wapler*, § 3 SGB VIII Rn. 5.

4 Warum eine solche (nur) dann gegeben sein soll, wenn es um „Gefahrenabwehr" geht, bleibt allerdings offen. Auch dies erinnert daran, dass nur das staatliche Wächteramt nach Art. 6 Abs. 2 Satz 2 GG, Eingriffe in das Elternrecht zulässt.

B. Einzelheiten

I. Abs. 1 – Trägervielfalt als Strukturmerkmal der Jugendhilfe

3 Abs. 1 hebt als Strukturprinzip der Kinder- und Jugendhilfe die „Pluralität der Träger der Jugendhilfe" in Bezug auf ihre Inhalte und die für sie typische Arbeitsweise hervor. Dass Jugendhilfe durch die Vielfalt von Trägern gekennzeichnet ist, stellt keine Zustandsbeschreibung dar, vielmehr enthält die Vorschrift an dieser Stelle ein **Pluralismus-Postulat** als Ausdruck der Anerkennung der Vielfalt und der Offenheit auch für andere als die traditionellen Träger.

Pluralität vermag sich in verschiedener Weise zu äußern. Das Gesetz nennt zum einen die „Vielfalt von Trägern unterschiedlicher Wertorientierungen".

Das Postulat ist allerdings zahnlos: Sofern sich keine freien Träger finden, die zur Erfüllung der Aufgaben bereit sind, muss der öffentliche Träger diese wahrnehmen.

Schließlich verhilft allein eine Vielfalt von Trägern dem auf das real vorhandene Angebot beschränkte Wunsch- und Wahlrecht der Leistungsberechtigten und der Beachtung der von den Personensorgeberechtigten bestimmten Grundrichtung der Erziehung (§ 9 Abs. 1 Nr. 1 SGB VIII) zu realer Entfaltung.[5]

II. Abs. 2 – Trägerschaft bei der Erbringung von Leistungen

4 Leistungen der Jugendhilfe werden nach Abs. 2 von **Trägern der freien Jugendhilfe** und von **Trägern der öffentlichen Jugendhilfe** erbracht. Damit wird hier jenseits der konkreten Regelung der Leistungserbringung die grundsätzliche Unterscheidung zwischen Trägern der öffentlichen und Trägern der freien Jugendhilfe begründet.

Die Terminologie „öffentliche und freie Jugendhilfe" war nicht unumstritten. Nach der Gesetzesbegründung ist die seinerzeit von vielen Fachverbänden empfohlene – und nach wie vor in der Praxis gebräuchliche, ja selbstverständliche – Bezeichnung **„öffentliche Träger"** und **„freie Träger"** bewusst nicht gewählt worden, weil die Unterschiede zwischen der Tätigkeit freier und öffentlicher Jugendhilfe nicht nur auf der unterschiedlich begründeten Trägerschaft, sondern in erster Linie auf dem unterschiedlichen Grund der Aufgabenwahrnehmung beruhten: Die öffentliche Jugendhilfe stütze sich auf staatliches Recht, während die freie Jugendhilfe ihre Tätigkeit auf religiöse oder humanistische Grundideen und Überzeugungen gründe.[6] Damit ist bereits die das gesamte Jugendhilferecht durchziehende – **inhaltlich nicht akzeptable** und **juristisch nicht haltbare** – Auffassung angelegt, die Tätigkeit freier Träger dürfe entweder nur mit deren Einverständnis („Vereinbarung"; vgl. §§ 8a Abs. 4, 72a Abs. 2 und 4 SGB VIII) oder überhaupt nicht geregelt werden.

5 Hieraus werden weitere Folgerungen abgeleitet, wie etwa die, die Träger der freien Jugendhilfe fungierten nicht als „Befehlsempfänger" oder als „Erfüllungsgehilfen" des Staates. Sie könnten nicht von staatlicher Seite zur Bereitstellung von Leistungen verpflichtet werden, sondern seien in ihrer Betätigung „frei".[7] Abgesehen davon, dass eine solche Sichtweise die Realität völlig auf den Kopf stellt, in der freie Träger nicht vom Staat dazu gezwungen werden (müssen), sondern aus ökonomischen Gründen ein manifestes eigenes Interesse an der

---

5 So GK-SGB VIII/*Fieseler*, § 5 Rn. 3, 4; Hauck/Noftz/*Neumann*, § 3 SGB VIII Rn. 10.

6 Vgl. BT-Drs. 11/5948, 48. Zu dieser Annahme siehe oben Rn. 1 ff. Zu fragen ist, ob sich diese hehre Beschreibung vor der Realität einer ökonomisierten Kinder- und Jugendhilfe aufrechterhalten lässt oder nicht vielmehr in deren Mühlen buchstäblich zu kleiner Münze zermahlen wird.

7 So BT-Drs. 11/5948, 48.

Ausübung einer solchen Tätigkeit haben,[8] gilt: Auch wenn sich eine Tätigkeit auf religiöse oder humanistische Grundideen und Überzeugungen gründet, steht sie damit nicht außerhalb der Rechtsordnung und damit des Regelungszugriffs des Gesetzgebers. Zur Frage, wer Träger der freien Jugendhilfe sein kann und welche Anforderungen an die organisatorische Verfestigung zu stellen sind, vgl. § 74 SGB VIII Rn. 10 ff.

Bestimmte Träger der freien Jugendhilfe waren bereits durch § 5 Abs. 4 JWG privilegiert, da sie kein „Anerkennungsverfahren" durchlaufen mussten; ihr Kreis wird durch § 75 Abs. 3 SGB VIII verkleinert (vgl. § 75 SGB VIII Rn. 3). Die in der **Bundesarbeitsgemeinschaft** der freien Wohlfahrtspflege zusammengeschlossenen Organisationen Deutscher Caritasverband, Diakonisches Werk, Arbeiterwohlfahrt, Deutscher Paritätischer Wohlfahrtsverband, Deutsches Rotes Kreuz und die Zentralwohlfahrtsstelle der Juden in Deutschland sind **kraft Gesetzes anerkannte Träger** der freien Jugendhilfe. 6

Wer Träger der öffentlichen Jugendhilfe ist, regelt § 69 SGB VIII. 7

III. Abs. 3 – Trägerschaft bei der Wahrnehmung der „anderen Aufgaben"

Abs. 3 Satz 1 verdeutlicht, dass sich der Dualismus von Trägern der öffentlichen und freien Jugendhilfe auf den Bereich der **Leistungen** (§ 2 Abs. 2 SGB VIII) **beschränkt**. Wie immer man die Frage der Priorisierung bei der Erbringung von Leistungen der Jugendhilfe in Abs. 2 beurteilt, so stellt Abs. 3 klar, dass jedenfalls die Wahrnehmung der **anderen Aufgaben** i.S.d. § 2 Abs. 3 SGB VIII grundsätzlich den Trägern der öffentlichen Jugendhilfe vorbehalten ist. Das gilt insbesondere für solche, die mit Eingriffen in die Rechte der Bürgerin/des Bürgers verbunden sind oder sein können wie etwa die (vorläufige) Inobhutnahme. Freie Träger können andere Aufgaben nach § 3 Abs. 3 Satz 2 SGB VIII überhaupt nur wahrnehmen oder mit ihrer Ausführung betraut werden, soweit dies ausdrücklich bestimmt ist. Die dafür notwendige gesetzliche Regelung findet sich in § 76 SGB VIII. Nach dessen Abs. 1 SGB VIII können die öffentlich anerkannten Träger der freien Jugendhilfe an der **Durchführung** der in der Vorschrift genannten Aufgaben **beteiligt** oder es können ihnen diese Aufgaben **zur Ausführung übertragen** werden. Es handelt sich also nicht um eine pauschale Ermächtigung zur Übertragung der Aufgabenwahrnehmung. Aus dieser differenzierten Vorschrift ergibt sich, dass die Aufgabenwahrnehmung durch freie Träger eine vom öffentlichen Träger abgeleitete Form der Beteiligung bzw. Aufgabenübertragung ist, was seinen Ausdruck auch darin findet, dass dieser gem. § 76 Abs. 2 SGB VIII für die Erfüllung der Aufgaben verantwortlich bleibt. Zu Einzelheiten vgl. § 76 Rn. 3 ff. 8

8 An dieser Stelle ist nur darauf zu verweisen, dass gerichtliche Klagen gegen die sozialraumorientierte Vergabe von Jugendhilfeleistungen nicht etwa gegen eine zwangsweise Heranziehung, sondern dagegen gerichtet waren, an diesen nicht teilhaben zu dürfen.

§ 4
Zusammenarbeit der öffentlichen Jugendhilfe mit der freien Jugendhilfe

(1) [1]Die öffentliche Jugendhilfe soll mit der freien Jugendhilfe zum Wohl junger Menschen und ihrer Familien partnerschaftlich zusammenarbeiten. [2]Sie hat dabei die Selbständigkeit der freien Jugendhilfe in Zielsetzung und Durchführung ihrer Aufgaben sowie in der Gestaltung ihrer Organisationsstruktur zu achten.

(2) Soweit geeignete Einrichtungen, Dienste und Veranstaltungen von anerkannten Trägern der freien Jugendhilfe betrieben werden oder rechtzeitig geschaffen werden können, soll die öffentliche Jugendhilfe von eigenen Maßnahmen absehen.

(3) Die öffentliche Jugendhilfe soll die freie Jugendhilfe nach Maßgabe dieses Buches fördern und dabei die Beteiligung von Kindern, Jugendlichen und Eltern stärken.

Übersicht Rn.

A. Allgemeines

1 Die Vorschrift gibt grundsätzliche Rahmenbedingungen für das Verhältnis von öffentlicher und freier Jugendhilfe im Allgemeinen und deren Zusammenarbeit im Besonderen vor.

Um den Wortlaut wurden lange Diskussionen geführt: Die Jugendhilferechtskommission legte im April 1973 einen Diskussionsentwurf vor, der in seinen §§ 14 und 14b genau die Formulierungen enthielt, wie sie jetzt in Abs. 1 („partnerschaftliche Zusammenarbeit") und Abs. 2 („soll" statt „ist") normiert worden sind. Schon nach den damaligen Überlegungen sollte damit der Wortlaut des § 5 Abs. 3 JWG gelockert werden.

2 Die Diskussion rankte sich auch um den Begriff der **Subsidiarität**, der allerdings weder im JWG enthalten war noch in der viel zitierten Entscheidung des Bundesverfassungsgerichts vom 18.07.1967 gebraucht wurde.[1] Hinter dem Begriff der Subsidiarität in der Jugendhilfe verbirgt sich jedoch eine grundsätzliche Diskussion um das Verhältnis von Staat und privaten Einrichtungen. Sie entspringt einem vorkonstitutionellen Verständnis von Staat, der erst dann tätig wird und tätig werden darf, wenn das Regulativ der Privatheit versagt, und steht in zumindest tendenziellen Widerspruch zum Sozialstaatspostulat des Art. 20 Abs. 1 GG.

2a Durch das KJSG wurde Abs. 3 dahin geändert, dass bei der Förderung der freien Jugendhilfe nunmehr die Beteiligung von Kindern, Jugendlichen und Eltern gestärkt werden soll (vgl. dazu Rn. 9 ff.).

B. Einzelheiten

I. Abs. 1 – Verpflichtung zur partnerschaftlichen Zusammenarbeit

3 Abs. 1 **Satz 1** normiert die Soll-Verpflichtung der öffentlichen Träger zur **partnerschaftlichen Zusammenarbeit** mit den Trägern der freien Jugendhilfe. Das Gebot der partner-

1 BVerfGE 22, 180 ff.

schaftlichen Zusammenarbeit erstreckt sich auf alle privat-gemeinnützigen und privat-gewerblichen Träger, aber auch, dies ist dem Abs. 3 zu entnehmen, auf die Selbsthilfeinitiativen, die Leistungen der Kinder- und Jugendhilfe erbringen oder als Fördervereinigungen selbst fördern. Die Vorschrift hat Programmcharakter und begründet **keine subjektiven Rechte** freier Träger. **Satz 2** konkretisiert das Toleranzgebot von § 3 Abs. 1 SGB VIII.

Die Verpflichtung zu partnerschaftlicher Zusammenarbeit impliziert auch, die Autonomie freier Träger zu respektieren. Autonomie bedeutet allerdings nicht, dass sich freie Träger unter Berufung darauf von den inhaltlichen Anforderungen, die das SGB VIII stellt, oder ganz allgemein von der Erfüllung gesetzlicher Vorgaben lossagen könnten. Selbstredend ist der **Gesetzgeber befugt,** auch freien Trägern **Vorgaben** zu machen und Verpflichtungen zu begründen. Dass er dabei an Grundrechte gebunden ist, erscheint ebenso selbstverständlich, wie der Verweis auf die **allgemeine Handlungsfreiheit** nicht jegliche staatliche Intervention unzulässig macht, da diese ihre **Grenze** in der verfassungsmäßigen Rechtsordnung findet. 4

II. Abs. 2 – Funktionsschutz der freien Jugendhilfe?

Abs. 2 gibt den Trägern der öffentlichen Jugendhilfe wiederum im Wege einer Soll-Verpflichtung auf, von eigenen Maßnahmen abzusehen, soweit geeignete Einrichtungen, Dienste und Veranstaltungen von anerkannten Trägern der freien Jugendhilfe bereits betrieben werden oder rechtzeitig geschaffen werden können. Die Vorschrift ist § 5 Abs. 3 JWG nachgebildet und soll dessen Interpretation durch das Bundesverfassungsgericht verdeutlichen. Danach geht es in erster Linie darum, „dass Einrichtungen und Veranstaltungen für die Wohlfahrt der Jugend in einer den jeweiligen örtlichen Gewohnheiten angepassten Weise und unter wirtschaftlich sinnvollem Einsatz öffentlicher und privater Mittel bereitgestellt werden."[2] In der Beschreibung des Verhältnisses von öffentlicher und freier Jugendhilfe in § 4 Abs. 2 SGB VIII drückt sich also zunächst nur eine Funktionsbeschreibung unter Wirtschaftlichkeitsaspekten aus. Die Vorschrift enthält also **keine Funktionssperre** für den Staat und die Kommunen oder einen **Vorrang** der freien Jugendhilfe.[3] 5

Einrichtungen i.S.d. Vorschrift sind alle dauerhaften stationären oder teilstationären Angebote der Kinder- und Jugendhilfe einschließlich der dafür notwendigen sachlichen und personellen Mittel, z.B. also Tageseinrichtungen, Heime oder Beratungsstellen. Als **Dienste** sind organisatorisch funktionsfähige Einheiten zu verstehen, die vor allem aufgrund ihrer personellen Ausstattung in der Lage sind, soziale Dienstleistungen wie etwa Beratung oder ambulante Betreuung zu erbringen, ohne dass dies an bestimmte Gebäude oder sonstige feste Einrichtungen gebunden wäre.[4] Demgegenüber sind **Veranstaltungen** kurzfristig geplante und organisierte einmalige oder in bestimmtem Rhythmus erfolgende Angebote insbesondere nach den §§ 11 bis 16 SGB VIII, wie etwa Jugendfreizeiten, Kinder- und Jugenderholung (vgl. § 11 Abs. 3 SGB VIII) oder Sportangebote. 6

Einrichtungen, Dienste und Veranstaltungen müssen **geeignet** sein und **rechtzeitig** zur Verfügung stehen. In beiden Fällen handelt es sich um gerichtlich voll überprüfbare unbestimmte Rechtsbegriffe.[5] Die **Eignung** muss sowohl in **quantitativer** wie in **qualitativer Hinsicht** gegeben sein. Dies gilt wiederum sowohl für die sachliche wie die personelle Ausstattung. Es muss also etwa in ausreichendem Umfang qualifiziertes Personal zur Verfügung stehen. Darüber hinaus müssen sie aber auch den **inhaltlichen Anforderungen**, die das 7

2 So aber die Gesetzesbegründung BT-Drs. 11/5948, 49 unter Hinweis auf BVerfGE 22, 180, 200 f. Vgl. zur Vorgeschichte und Genese der Vorschrift auch ausführlich FK-SGB VIII/*Münder*, § 4 Rn. 3 ff.
3 So auch FK-SGB VIII/*Münder*, § 4 Rn. 7.
4 In diesem Sinne auch Wiesner/Wapler/*Wapler*, § 4 SGB VIII Rn. 19.
5 Vgl. FK-SGB VIII/*Münder*, § 4 Rn. 16.

SGB VIII an die Angebote der Jugendhilfe stellt, genügen. So müssen sie die Ausübung eines Wunsch- und Wahlrechts (§ 5 SGB VIII) ermöglichen und die Grundsätze der Partizipation (§ 8 SGB VIII) sowie die Grundsätze des § 9 SGB VIII respektieren. Ergänzend kann auf die Kommentierungen der §§ 11 bis 14 SGB VIII verwiesen werden. Schließlich geben die in § 75 Abs. 1 Nr. 1 bis 4 SGB VIII genannten Kriterien Hinweise darauf, wann eine Eignung zu bejahen ist. **Rechtzeitigkeit** ist (nur) gegeben, wenn sie geeignet sind, bestehenden Bedarf zu decken und der Jugendhilfeplanung entsprechende Kapazitäten zur Verfügung zu stellen.

8 Abs. 2 erfasst nach seinem Wortlaut nur Einrichtungen, Dienste und Veranstaltungen **anerkannter** Träger. Insoweit wird allerdings vor dem Hintergrund der genannten Verfassungsrechtsprechung postuliert, bei der Anwendung nicht zwischen anerkannten und sonstigen freien Trägern zu unterscheiden.[6] Dem wird man mit der Maßgabe folgen können, dass ausreichende Anforderungen an die Eignung gestellt werden.

III. Abs. 3 – Förderung der freien Jugendhilfe und Stärkung der Beteiligung

9 Absatz 3 gebietet in der Neufassung durch das KJSG dem Träger der öffentlichen Jugendhilfe zum einen, anerkannte Träger der freien Jugendhilfe zu fördern, und zum anderen, dabei die Beteiligung von Kindern, Jugendlichen und Eltern zu stärken, ohne dass eine Anerkennung als Träger der freien Jugendhilfe gem. § 75 SGB VIII vorliegen muss.

10 Vor dem Hintergrund, dass die Wohlfahrtsverbände selbst Organisationen sind, die bürokratische Strukturen aufweisen und tendenziell eher von Basisferne geprägt sind, bilden Stichworte wie Betroffenennähe, Überschaubarkeit, Selbstgestaltung oder Flexibilität in diesem Zusammenhang wichtige Kategorien. Abs. 3 verpflichtet die öffentliche Jugendhilfe, die verschiedenen Konzepte der Selbsthilfe außerhalb des Machtspektrums der etablierten Wohlfahrtsverbände zu stärken und vor allem neue Entwicklungen zu fördern. Wird die Verpflichtung der Förderung der Selbsthilfe ernst genommen, ist sie ein Beitrag, ein örtlich verankertes plurales Angebot zu haben und dadurch dem Leistungsberechtigten zu ermöglichen, sein ihm zustehendes Wunsch- und Wahlrecht (§§ 5, 36 SGB VIII) zu realisieren.

11 Die durch das KJSG vorgenommene Änderung, nach der bei der Förderung der freien Jugendhilfe die Beteiligung von Kindern, Jugendlichen und Eltern gestärkt werden soll, will die Stellung von Adressatinnen und Adressaten in der Kinder- und Jugendhilfe verbessern, indem das bestehende Erfordernis ihrer Beteiligung an dieser Stelle ausdrücklich betont wird.[7] Der dort aufgehobene Regelungsgehalt zur Selbsthilfe findet sich nunmehr in § 4a Absatz 3 SGB VIII.

Hinsichtlich der Stärkungsmodalitäten und -instrumente macht Abs. 3 keinerlei Vorgaben. In Betracht kommt vor allem die Förderung nach § 74 SGB VIII, um den genannten Grundsätzen Geltung zu verschaffen. Dabei stellt die Stärkung der Beteiligung der Adressat_innen eine zulässige Ermessenserwägung dar.

6 So FK-SGB VIII/*Münder*, § 4 Rn. 15.
7 Vgl. die Gesetzesbegründung BT-Drs. 19/26107, 71.

§ 4a
Selbstorganisierte Zusammenschlüsse zur Selbstvertretung

(1) [1]Selbstorganisierte Zusammenschlüsse nach diesem Buch sind solche, in denen sich nicht in berufsständische Organisationen der Kinder- und Jugendhilfe eingebundene Personen, insbesondere Leistungsberechtigte und Leistungsempfänger nach diesem Buch sowie ehrenamtlich in der Kinder- und Jugendhilfe tätige Personen, nicht nur vorübergehend mit dem Ziel zusammenschließen, Adressatinnen und Adressaten der Kinder- und Jugendhilfe zu unterstützen, zu begleiten und zu fördern, sowie Selbsthilfekontaktstellen. [2]Sie umfassen Selbstvertretungen sowohl innerhalb von Einrichtungen und Institutionen als auch im Rahmen gesellschaftlichen Engagements zur Wahrnehmung eigener Interessen sowie die verschiedenen Formen der Selbsthilfe.

(2) Die öffentliche Jugendhilfe arbeitet mit den selbstorganisierten Zusammenschlüssen zusammen, insbesondere zur Lösung von Problemen im Gemeinwesen oder innerhalb von Einrichtungen zur Beteiligung in diese betreffenden Angelegenheiten, und wirkt auf eine partnerschaftliche Zusammenarbeit mit diesen innerhalb der freien Jugendhilfe hin.

(3) Die öffentliche Jugendhilfe soll die selbstorganisierten Zusammenschlüsse nach Maßgabe dieses Buches anregen und fördern.

Übersicht Rn.

A. Allgemeines

1 Die Vorschrift wurde durch das KJSG neu eingefügt. Sie war in der Gesetz gewordenen Fassung bereits im Entwurf der Bundesregierung enthalten und wurde im Gesetzgebungsverfahren nicht verändert.

Ihr Ziel ist es, dem Leitgedanken inklusiver Strukturen „Nichts über uns ohne uns" jugendhilfespezifisch vollumfänglich Rechnung zu tragen und kindes-, jugend- und elternadäquat umzusetzen. Idealtypisch sollen selbstorganisierte Zusammenschlüsse nicht nur zur Weiterentwicklung des Kinder- und Jugendhilferechts im Interesse der Betroffenen beitragen, sondern die Interessen der Adressatinnen und Adressaten der Kinder- und Jugendhilfe in Selbstvertretung und unabhängig von Haupt- und Ehrenamtlichen, die nicht selbst Leistungsempfänger_innen sind, fördern.[1]

Mit der Schaffung der Vorschrift erkennt der Gesetzgeber an, dass die **Partizipation der Adressatinnen und Adressaten** an den Entscheidungsprozessen der Kinder- und Jugendhilfe noch immer defizitär und förderungsbedürftig ist.

§ 4a SGB VIII weist eine inhaltliche Nähe auf zur Einführung von Ombudsstellen nach § 9a SGB VIII. Beide Vorschriften nehmen zur Kenntnis, dass die Kinder- und Jugendhilfe kein interessen- und konfliktfreier Raum ist, sondern der Vertretung von Interessen und der Lösung von Konflikten bedarf. Dabei reagiert § 9a SGB VIII auf Konflikte zwischen jungen Menschen

1 Vgl. zum Ganzen die Gesetzesbegründung, BT-Drs. 19/26107, 72.

und ihren Familien einerseits sowie den Trägern der öffentlichen oder freien Jugendhilfe „im Zusammenhang mit Aufgaben der Kinder- und Jugendhilfe nach § 2 und deren Wahrnehmung durch die öffentliche und freie Jugendhilfe" und sucht deren Lösung mit der Einrichtung und Tätigkeit von Ombudsstellen.

Demgegenüber nimmt § 4a SGB VIII mit der Regelung selbstorganisierter Zusammenschlüsse die Lösung von Konflikten und die Durchsetzung von Interessen außerhalb der unmittelbaren Leistungsgewährung in den Blick. Das schließt aber nicht aus, dass sich Zusammenschlüsse bilden, um Einfluss auf die Leistungsgewährung oder Förderung insbesondere dort zu nehmen, wo Rechtsansprüche nicht bestehen, sondern die Träger nach Ermessen entscheiden (§§ 11 ff., 74 SGB VIII).

Selbstorganisierte Zusammenschlüsse i.S.d. § 4a SGB VIII sind in zweifacher Weise in die Jugendhilfeorganisation eingebunden: Zum einen sollen selbstorganisierte Zusammenschlüsse nach § 4a SGB VIII gem. § 71 Abs. 2 SGB VIII dem **Jugendhilfeausschuss** als beratende Mitglieder angehören. Zum anderen sollen gem. § 78 Satz 3 SGB VIII selbstorganisierte Zusammenschlüsse an den **Arbeitsgemeinschaften** i.S.d. Vorschrift beteiligt werden.

B. Einzelheiten

I. Absatz 1 – Selbstorganisierte Zusammenschlüsse

1. Abs. 1 Satz 1 – Merkmale selbstorganisierter Zusammenschlüsse

2 Absatz 1 Satz 1 normiert die konstitutiven Merkmale „**selbstorganisierter Zusammenschlüsse**" im Sinne des SGB VIII, das an anderen Stellen daran anknüpft (§§ 71 Abs. 2, 78 SGB VIII).

Eine **Negativabgrenzung** wird hinsichtlich der sich zusammenschließenden Personen vorgenommen: Sie dürfen nicht in **berufsständische Organisationen** der Kinder- und Jugendhilfe eingebunden sein.

Welche Institutionen der Gesetzgeber an dieser Stelle als „berufsständische Organisationen" im Auge hat, lässt sich weder dem Gesetzeswortlaut noch den Gesetzgebungsmaterialien entnehmen, die dazu schweigen. Als solche werden gemeinhin (Standes-)Vertretungen bestimmter Berufe oder Berufsgruppen verstanden, die zudem häufig als öffentlich-rechtliche Körperschaften organisiert sind, etwa Anwalts- und Notarkammern, Ärztekammern, Industrie- und Handels- oder Handwerkskammern. Solche bestehen auf dem Gebiet der Kinder- und Jugendhilfe nicht. Der Gesetzgeber dürfte demgegenüber Organisationen wie die „Arbeitsgemeinschaft für Kinder- und Jugendhilfe (AGJ)" oder die „Bundesarbeitsgemeinschaft Landesjugendämter" im Auge gehabt haben. Ob all diejenigen Arbeitsgemeinschaften/Interessenverbände im Bereich Kinder- und Jugendhilfe einbezogen werden sollen, die etwa der Deutsche Bildungsserver verzeichnet,[2] erscheint dagegen zweifelhaft, da dies zu weitreichenden Ausschlüssen führen würde. Dasselbe gilt für Berufsorganisationen oder Gewerkschaften, in denen in der Kinder- und Jugendhilfe Tätige organisiert sind.

3 Ausgehend vom Wortlaut, nach dem sich Personen zusammenschließen können, die **nicht** in berufsständische Organisationen **eingebunden** sind, lässt sich der Zweck der Vorschrift dahin bestimmen, solche Personen aus den Zusammenschlüssen fernzuhalten, die **professionell** auf den Gebieten tätig und mit den Fragen, Themen, Problemen und Konflikten befasst sind, mit denen sich auch die Zusammenschlüsse befassen. Diese Auslegung wird dadurch bestätigt, dass sich „insbesondere Leistungsberechtigte und Leistungsempfänger so-

2 Vgl. www.bildungsserver.de/Arbeitsgemeinschaften-Interessenverbaende-1646-de.html (2.3.2022).

wie *ehrenamtlich* in der Kinder- und Jugendhilfe tätige Personen" zusammenschließen können und sollen. Die Zusammenschlüsse sollen als Organisationen der Selbstvertretung begründet und aufrechterhalten und vor der Übernahme durch Professionelle aus der institutionellen Kinder- und Jugendhilfe geschützt, in diesem Sinne also „gegnerfrei" gehalten werden.

Nach dieser Zwecksetzung hätte es nahegelegen, eine Abgrenzung zu den Personen vorzunehmen, die in die Träger der öffentlichen sowie der freien Jugendhilfe eingebunden sind. Jugendhilfeträger als „berufsständische Organisationen" zu bezeichnen, würde diesen Begriff überspannen. Deshalb erscheint es gerechtfertigt, im Wege eines Erst-recht-Schlusses bei **Trägern beschäftigte Personen** als Mitglieder selbstorganisierter Zusammenschlüsse auszuschließen.

Positiv werden Leistungsberechtigte und Leistungsempfänger[3] nach dem SGB VIII sowie ehrenamtlich in der Kinder- und Jugendhilfe tätige Personen genannt. Damit wird deutlich, dass es sich bei den Zusammenschlüssen um Selbstvertretungs- und Selbsthilfeorganisationen handelt, die die Interessen ihrer Mitglieder (möglichst) unbeeinflusst von den Institutionen der Jugendhilfe wahrnehmen können sollen. 4

Die Umschreibung des möglichen Personenkreises in Satz 1 ist nicht abschließend, sondern hebt lediglich prominent den Adressatenkreis hervor, auf den die Vorschrift zielt. Potenzielle Mitglieder der Zusammenschlüsse sind auch junge Menschen und Eltern eines Stadtteils oder Quartiers, selbst wenn sie keine Leistungen nach dem SGB VIII erhalten, weil sie ein gemeinsames Interesse etwa an der Schaffung oder Erhaltung von sozialer Infrastruktur, kinder- und jugendfreundlichen Verkehrsverhältnissen oder angemessenem und bezahlbarem Wohnraum haben. Mitglieder können auch solche Personen sein, die etwa über besondere juristische, städtebauliche oder ökonomische Expertise oder Verbindungen in die kommunalen und sonstigen politischen Institutionen hinein („Vernetzung") verfügen. Wollen selbstorganisierte Zusammenschlüsse etwa bei der „Lösung von Problemen im Gemeinwesen" beitragen (Abs. 2), werden sie nicht umhinkommen, sich solcher Expertise zu bedienen.

Als **Ziel** selbstorganisierter Zusammenschlüsse benennt Satz 1, „Adressatinnen und Adressaten der Kinder- und Jugendhilfe zu unterstützen, zu begleiten und zu fördern." Dass hier die Adressatinnen und Adressaten der Kinder- und Jugendhilfe angesprochen werden, erscheint angesichts des Charakters des SGB VIII als Kinder- und Jugendhilfegesetz selbstverständlich. 5

Mit deren **Unterstützung**, **Begleitung** und **Förderung** ist ein Spektrum von Aktivitäten und Tätigkeiten der Zusammenschlüsse eröffnet, dessen ganze Breite sich u.a. aus der Aufgabenstellung der Kinder- und Jugendhilfe nach § 1 Abs. 3 SGB VIII erschließt. Die Tätigkeit kann also ebenso darin bestehen, Leistungsberechtigte zur Antragstellung zum Jugendamt zu begleiten, wie darin, sich bei der Kommune für den Erlass einer baurechtlichen Veränderungssperre einzusetzen, um familienfreundlichen und erschwinglichen Wohnraum zu sichern.

Einschränkungen der Betätigung sind der genannten Zielsetzung kaum zu entnehmen. Das ergibt sich nicht zuletzt aus Satz 2, der die möglichen Betätigungsfelder eröffnet (vgl. dazu sogleich Rn. 8).

Mit Blick auf die zeitliche Dimension spricht Satz 1 davon, dass Zusammenschlüsse „**nicht nur vorübergehend**" angelegt sein dürfen. Dies bedeutet nach der Gesetzesbegründung nicht, dass die Zusammenschlüsse grundsätzlich auf unbestimmte Zeit bzw. auf Dauer angelegt sein müssten. Es kann sich auch um Zusammenschlüsse handeln, die sich befristet im Hinblick auf ein konkretes Ziel oder einen bestimmten Zweck organisiert haben und sich 6

3 Zu diesen Begriffen und ihrer Unterscheidung vgl. § 6 SGB VIII Rn. 5a.

nach dessen Erreichen wieder auflösen. Ein solcher Zusammenschluss kann etwa erfolgen, um die Schaffung eines Jugendzentrums zu fordern und durchzusetzen.

Welche **Organisationsstrukturen** selbstorganisierte Zusammenschlüsse aufweisen müssen, ist dem Gesetz nicht unmittelbar zu entnehmen. Die Gesetzesbegründung meint, in Zusammenschau mit dem Kriterium der Organisation werde mit dem zeitlichen Aspekt jedoch klargestellt, dass sich die Vorschrift weder auf spontane Zusammenkünfte oder Initiativen noch auf Interessengruppen bezieht, die ohne eine festgelegte und nach außen erkennbare Organisation und vereinbarte bzw. abgestimmte Mitverantwortung zu bestimmten Themen im Gemeinwesen agieren.[4] Dem ist bereits im Interesse der Effektivität der Aktivitäten der Zusammenschlüsse grundsätzlich zuzustimmen. Soweit eine „vereinbarte bzw. abgestimmte Mitverantwortung" eingefordert wird, kann dies nicht als Wohlverhaltensklausel dergestalt verstanden werden, dass selbstorganisierte Zusammenschlüsse verpflichtet sind, andere Akteure, insbesondere die Träger der Jugendhilfe bei deren Maßnahmen zu unterstützen oder mit ihnen zu kooperieren.

7 Selbstorganisierte Zusammenschlüsse sind nach Satz 1 a.E. auch „**Selbsthilfekontaktstellen**". Das sind lokale Einrichtungen, die Selbsthilfeaktivitäten durch kostenlose Dienstleistungen unterstützen und stabilisieren. Die wesentlichen Aufgaben einer Selbsthilfekontaktstelle sind die Beratung und Vermittlung von Interessierten, Hilfestellung bei Gründung von neuen Selbsthilfegruppen, technische und organisatorische Unterstützung von bestehenden Gruppen, Öffentlichkeitsarbeit für die Selbsthilfe sowie für bestehende Gruppen sowie Vernetzungsarbeit/Kooperation mit anderen Unterstützungseinrichtungen im Sozial- und Gesundheitswesen.[5] Selbsthilfekontaktstellen sind also in der in der Lage, Betroffene an andere – möglicherweise thematisch und fachlich spezialisierte – Gruppen zu vermitteln.

2. Abs. 1 Satz 2 – Betätigungsfelder

8 Abs. 1 Satz 2 unternimmt eine Kategorisierung selbstorganisierter Zusammenschlüsse. Nunmehr als „Selbstvertretungen" bezeichnet, können sie zum einen innerhalb von **Einrichtungen und Institutionen** agieren. Zu denken ist dabei etwa an Zusammenschlüsse der Bewohnerinnen und Bewohner zum Zweck der Wahrnehmung der eigenen Interessen i.S.d. § 45 Abs. 2 Nr. 4 SGB VIII in Form von **Bewohner_innenvertretungen** oder **Heimräten**. Selbstvertretungen in diesem Sinne sind auch Jugendzentrumsräte als Interessensvertretung in einem Jugendzentrum.

Nahezu unbegrenzt sind die Handlungsfelder selbstorganisierter Zusammenschlüsse im **Rahmen des gesellschaftlichen Engagements**. Beispielhaft zu nennen sind: Umweltinitiativen, Initiativen für Verkehrsberuhigung oder Fahrradwege, Bündnisse zur Schaffung kultureller oder sportlicher Einrichtungen, Zusammenschlüsse gegen Rechtsextremismus und/oder Rassismus oder Unterstützungsgruppen für Geflüchtete.

Ähnliches gilt hinsichtlich verschiedener **Formen der Selbsthilfe**. Insofern sind thematisch keine Grenzen gegeben.[6]

II. Abs. 2 – Aufgaben der öffentlichen Jugendhilfe

9 Der bis zur Unverständlichkeit gedrechselt formulierte und um eine möglichst lückenlose Erfassung aller möglichen Kooperationsformen bemühte Absatz 2 adressiert die öffentliche Jugendhilfe und gibt ihr auf, mit den selbstorganisierten Zusammenschlüssen **zusammen-**

4 BT-Drs. 19/26107, 72.
5 Vgl. www.nakos.de.
6 Vgl. auch zum thematischen Spektrum von Selbsthilfegruppen https://www.nakos.de.

zuarbeiten. Dadurch soll „die Stimme der Betroffenen gestärkt werden".[7] Zusammenarbeit setzt voraus, dass die öffentlichen Träger Kenntnis von der Existenz und den Aktivitäten der Zusammenschlüsse haben. Es obliegt ihnen, aktiv, etwa im Rahmen von Streetwork oder der Gemeinwesenarbeit, auf diese zuzugehen und ihnen eine Zusammenarbeit und bei Bedarf Unterstützung anzubieten, ohne diese zu dominieren oder zu instrumentalisieren.

Die Zusammenarbeit soll nach dem Gesetz insbesondere auf die Lösung von **Problemen im Gemeinwesen** zielen. Damit ist die gesellschaftliche und (kommunal)politische Ebene angesprochen.

Die Zusammenarbeit soll ferner „**innerhalb von Einrichtungen** zur Beteiligung in diese betreffenden Angelegenheiten" stattfinden. Dieser misslungenen Formulierung ist sinnhaft nur zu entnehmen, dass die Zusammenarbeit vor Einrichtungen nicht haltmachen soll. Dass es dabei immer um Angelegenheiten geht, die die selbstorganisierten Zusammenschlüsse betreffen – worum sonst? –, ist geradezu selbstverständlich.

Schließlich soll die öffentliche Jugendhilfe darauf hinwirken, dass die **Träger der freien Jugendhilfe**[8] mit den selbstorganisierten Zusammenschlüssen partnerschaftlich **zusammenarbeiten**. Als Instrumente stehen den Trägern der öffentlichen Jugendhilfe dabei zum einen die **Arbeitsgemeinschaften** nach § 78 SGB VIII zur Verfügung, an denen gem. dessen Satz 2 auch Zusammenschlüsse nach § 4a SGB VIII beteiligt werden sollen. Zum anderen kommt die Aufnahme eines Zusammenarbeitsgebots in **vertragliche Vereinbarungen** nach §§ 78a SGB VIII in Frage. Schließlich bieten alle Ebenen der formellen oder informellen Zusammenarbeit mit freien Trägern Gelegenheit, auf die Zusammenarbeit mit selbstorganisierten Zusammenschlüssen hinzuwirken.

Die Regelungen zur Zusammenarbeit in Abs. 2 sind beispielhaft, aber nicht abschließend. Auch andere Ebenen und Formen der Zusammenarbeit sind denkbar, etwa im Bereich der **Schulsozialarbeit** nach § 13a SGB VIII oder der sonstigen **Leistungsangebote** nach den §§ 11 ff. SGB VIII.

III. Abs. 3 – Fördergebot

Nach Absatz 3 soll die öffentliche Jugendhilfe selbstorganisierte Zusammenschlüsse nach Maßgabe des SGB VIII **anregen** und **fördern**. Die Anregung kann sich sowohl auf eine Initiierung als auch auf eine Anregung der Aktivitäten beziehen. **10**

Bezüglich des Förderauftrags handelt es sich nach der Gesetzesbegründung um die Klarstellung, dass sich der allgemeine Auftrag zur Förderung der freien Jugendhilfe auch auf selbstorganisierte Zusammenschlüsse i.S.d. Abs. 1 bezieht. Hinsichtlich der konkreten Voraussetzungen einer **Förderungsfinanzierung** verweist sie auf § 74 SGB VIII.[9] Dem ist im Grundsatz zu folgen, jedoch ist stets dem Umstand Rechnung zu tragen, dass es sich bei den selbstorganisierten Zusammenschlüssen nicht um etablierte und institutionalisierte Träger handelt und nach der Intention der Vorschrift des § 4a SGB VIII auch nicht handeln soll. Dem intendiert nicht-formellen Charakter der Zusammenschlüsse ist auch bei der finanziellen Förderung Rechnung zu tragen. Das verbietet es etwa, die Förderung von der Erfüllung der Voraussetzung nach § 74 Abs. 1 Satz 1 Nr. 1 SGB VIII abhängig zu machen.

Den selbstorganisierten Zusammenschlüssen ist anzuraten, bei anfallendem finanziellem Bedarf in jedem Fall Förderanträge an den Träger der öffentlichen Jugendhilfe zu stellen.

7 Gesetzesbegründung, BT-Drs. 19/26107, 72.
8 Die Gesetzesbegründung spricht von den „‚etablierten' bzw. ‚klassischen' Trägern der freien Jugendhilfe", BT-Drs. 19/26107, 72.
9 Vgl. BT-Drs. 19/26107, 72.

11 Soweit § 4a SGB VIII der öffentlichen Jugendhilfe Aufgaben zuweist, ist gem. § 85 Abs. 1 SGB VIII der örtliche Träger **sachlich zuständig**. In Ermangelung einer anderen Regelung ist jeder Träger **örtlich zuständig**, in dessen Bereich sich ein Unterstützungsbedarf ergibt.

§ 5
Wunsch- und Wahlrecht

(1) [1]Die Leistungsberechtigten haben das Recht, zwischen Einrichtungen und Diensten verschiedener Träger zu wählen und Wünsche hinsichtlich der Gestaltung der Hilfe zu äußern. [2]Sie sind auf dieses Recht hinzuweisen.

(2) [1]Der Wahl und den Wünschen soll entsprochen werden, sofern dies nicht mit unverhältnismäßigen Mehrkosten verbunden ist. [2]Wünscht der Leistungsberechtigte die Erbringung einer in § 78a genannten Leistung in einer Einrichtung, mit deren Träger keine Vereinbarungen nach § 78b bestehen, so soll der Wahl nur entsprochen werden, wenn die Erbringung der Leistung in dieser Einrichtung im Einzelfall oder nach Maßgabe des Hilfeplans (§ 36) geboten ist.

Übersicht Rn.

A. Bedeutung der Vorschrift

Nach § 33 Satz 2 SGB I soll den Wünschen der Berechtigten oder Verpflichteten für alle Sozialleistungsbereiche dieses Gesetzbuches entsprochen werden, soweit sie angemessen sind. 1

Das **Wunsch- und Wahlrecht** nach § 5 SGB VIII stellt eine Konkretisierung dieser Vorschrift dar. Es ist das gegen den Träger der öffentlichen Jugendhilfe gerichtete **Recht der Leistungsberechtigten**, zwischen Einrichtungen und Diensten freier und öffentlicher Träger zu wählen und Wünsche zu äußern, wie eine Hilfe zu gestalten ist (§ 5 Abs. 1 Satz 1 SGB VIII). Weiterhin müssen natürlich die jeweiligen Kriterien für eine **Leistungsgewährung** erfüllt sein.

Das **Wunsch- und Wahlrecht** ist somit ein wichtiges Steuerungsinstrument im Rahmen einer immer weiter pluralisierten Angebotslandschaft in der Jugendhilfe.

Der öffentliche Träger hat die Leistungsberechtigten auf dieses Recht hinzuweisen (§ 5 Abs. 1 Satz 2 SGB VIII). Dies bedeutet als weitergehende Konsequenz auch, dass die Leistungsberechtigten, um dieses Recht ausüben zu können, umfassend und frühzeitig in die **Planung von Jugendhilfe** einzubeziehen sind.

Das Wunsch- und Wahlrecht ist gegen den Träger der öffentlichen Jugendhilfe gerichtet. Es fundiert das Gebot der **Mitwirkung** der von Kinder- und Jugendhilfe Betroffenen als zentrales Prinzip der Jugendhilfe. (Sozial-)Pädagogische Prozesse sind **partizipativ** zu gestalten. Diese Prämisse wird durch die Änderung des § 36 SGB VIII Abs. 2 für das Arbeitsfeld der **Hilfe zur Erziehung** noch gestärkt und besonders betont. 2

Die Leistungsberechtigten haben damit nicht den Status von Objekten eines staatlichen Handelns, sondern sie erhalten eine „**Subjektrolle**". Diese Haltung gegenüber den Leistungsberechtigten entspricht dem Verfassungsrecht (Art. 1, 2 GG) und ihre **Mitwirkung** wird als **fachliches Gebot** verankert. Wenn Leistungsberechtigte nicht in der Lage sein sollten, ihr Recht auszuüben, so können sie aber oft dazu befähigt werden. Das Jugendamt ist verpflich- 3 tet, sie umfassend und verständlich auf ihr **Wunsch- und Wahlrecht** hinzuweisen (§ 5 Abs. 1 Satz 2 SGB VIII).[1]

Erst wenn der Leistungsberechtigte in verständlicher Weise über alle Einrichtungen und Dienste, die für ihn in Betracht kommen, so informiert wird, dass er eine begründete **Wahl treffen und Wünsche äußern kann**, wie in seinem Einzelfall die Hilfe zu gestalten ist, wird er nicht als Objekt staatlicher Fürsorge behandelt. Nur dann werden sowohl fachliche Anforderungen an die Befähigung des Betroffenen zu aktiver Mitwirkung wie auch gesetzliche Vorgaben der Jugendhilfe eingelöst. So setzt etwa die Berücksichtigung der jeweiligen Bedürfnisse und Eigenarten junger Menschen und ihrer Familien (§ 9 Nr. 2 SGB VIII) bei der Ausgestaltung der Leistung eine auf **Informiertheit gegründete Mitwirkung** voraus.

Die Vorschrift zielt darauf, dass in Verbindung mit einem **festgestellten Bedarf** vor allem die Interessen der Leistungsberechtigten für die Auswahl, Planung und Schaffung von Angeboten strukturierend sind. Nicht gemeint ist allerdings ein **individuelles Recht** auf eine „gewünschte Einrichtung".

Damit ist der Leistungsberechtigte frühzeitig in alle Prozesse zur Leistungsgestaltung, der Planung von Angeboten, der Gestaltung von Einrichtungen und Diensten einzubeziehen. Somit sind die Leistungsberechtigten ein wesentlicher Einflussfaktor auf die **Jugendhilfeplanung**. Diese wird diesem Anspruch jedoch vielfach nicht gerecht oder kann es nicht werden. Nicht immer lässt die personelle Ausstattung der **Jugendhilfeplanung** derart strukturierte und ambitionierte Planungsprozesse zu. Des Weiteren führt eine **unübersichtliche Trägerlandschaft** mit ihren zu Recht sehr ausdifferenzierten und flexibilisierten Angeboten zu einer Informationsflut, die eine sorgfältige Information als Grundlage für eine Entscheidung nicht sehr erleichtert.

4 Ohne eine von der **Gesamtverantwortung** nach § 79 Abs. 1 SGB VIII und der **Gewährleistungsverpflichtung** nach § 79 Abs. 2 Satz 1 SGB VIII umfasste und von § 3 Abs. 1 SGB VIII vorausgesetzte Trägervielfalt vor Ort und ohne das Ernstnehmen der Berechtigten bei der Inanspruchnahme der Leistungen des Gesetzes läuft das Wunsch- und Wahlrecht leer.

B. Einzelheiten

I. Öffentliche Träger als Verpflichtete

5 Durch Gesetz sind ausschließlich die Träger der öffentlichen Jugendhilfe verpflichtet. Sie erbringen diese Leistungen durch eigene Dienste und Einrichtungen oder durch Übernahme der Kosten, die durch die Inanspruchnahme des Angebotes eines freien Trägers entstehen. Dies geschieht entweder durch **Übernahme der Kosten** im **Einzelfall** oder im Rahmen von **Zuwendungen** an den Träger der freien Jugendhilfe. Diese unterschiedlichen Finanzierungsformen dürfen nicht derart zu einer Einschränkung des Wunsch- und Wahlrechtes führen, dass der Träger der öffentlichen Jugendhilfe den Leistungsberechtigten auf den Träger freien Jugendhilfe verweist, den er pauschal fördert. Somit sind Einschränkungen, die durch sozialraumorientierte Projekte und die damit häufig verbundene Nutzung eines exklusiven „Anbieterpools" oder eine Beschränkung, die sich aus dem Abschluss von Leistungs- und Entgeltvereinbarungen nur mit diesen Trägern ergeben würden, klare Grenzen gesetzt.

Für die Auswahl eines Anbieters oder eines Angebotes steht damit immer das gesamte Portfolio von Hilfen und Trägern zur Auswahl. Auch die Organisationsform des Trägers im Sinne eines anerkannten Trägers der Jugendhilfe, gemeinnützig oder privat, schränkt die Verpflich-

1 Wiesner/Wapler/*Wapler*, § 5 SGB VIII Rn. 19; LPK-SGB VIII/Schindler/*Elmauer*, § 5 Rn. 7; Schleicher/*Winkler* 2014, 43: Der bloße Hinweis ist nicht ausreichend.

tung des öffentlichen Trägers im Rahmen des **Wunsch- und Wahlrechtes** nicht ein.[2] Dies setzt aber voraus, dass eine entsprechende vergleichbare Angebots- und Trägervielfalt existiert und Alternativen bestehen.

II. Berücksichtigung der Wünsche und Interessen nicht leistungsberechtigter Kinder und Jugendlicher

Soweit die **Kinder und Jugendlichen** nicht selbst Leistungsberechtigte sind, dies insbesondere bei der **Hilfe zur Erziehung**, ist darauf zu achten, dass deren Wünsche und Interessen gemäß § 8 SGB VIII und § 36 Abs. 1 Satz 1 SGB VIII gewahrt werden. Die Entscheidung des Gesetzgebers, nicht diesen jungen Menschen, sondern ihren Eltern Ansprüche einzuräumen, ändert nichts daran, dass deren Akzeptanz konkreter Hilfe die größte Bedeutung für deren Eignung haben kann. Gehen die **Wünsche der Eltern und der Kinder** auseinander, so ist fachlich begründet zu beurteilen, ob dann die von den Eltern bevorzugte Leistung nach Gestaltung und Trägerschaft überhaupt in Betracht kommt. Ist dies nicht der Fall, so besteht auch kein entsprechendes Wunsch- und Wahlrecht der Eltern.[3] 6

Dies ist umso entscheidender, wenn berücksichtigt wird, dass der Erfolg von notwendigen Hilfen in hohem Maß an den Grad der Partizipation der Betroffenen gekoppelt ist, also letztlich einer guten Umsetzung des **Wunsch- und Wahlrechtes.**

III. Einschränkungen des Wunsch- und Wahlrechts

§ 5 Abs. 2 Satz 1 SGB VIII schränkt das Wunsch- und Wahlrecht aus Kostengründen ein, sofern dies mit „**unverhältnismäßigen Mehrkosten**" verbunden ist. Dies bedeutet zunächst, dass die Kosten an einem Durchschnittswert vergleichbarer Kosten gemessen werden. Das heißt aber nicht, dass diese Kosten nicht überschritten werden dürfen. Der Begriff der Unverhältnismäßigkeit im Sinn von § 5 Abs. 2 Satz 1 SGB VIII ist ein **unbestimmter Rechtsbegriff**, der in vollem Umfang der **verwaltungsgerichtlichen Überprüfung** unterliegt.[4]Dies führte zu den Richtwerten, das „unverhältnismäßige" Mehrkosten von über 75 %, aber nicht in einem Bereich von ca. 20–25 % über dem Durchschnittswert bestehen.[5] 7

Den Wunsch eines Leistungsberechtigten, die Hilfe einer bestimmten Einrichtung zu erhalten, gemäß § 5 Abs. 2 SGB VIII wegen damit verbundener Mehrkosten abzulehnen, setzt hingegen auch voraus, dass eine **Alternative zum Wunsch** des Leistungsberechtigten besteht und ohne Weiteres ersichtlich ist. Die Beantwortung der Frage, ob Mehrkosten unverhältnismäßig sind, hängt nicht so sehr von der ziffernmäßigen Höhe der Mehrkosten als vielmehr davon ab, ob der durch die Erfüllung des Wunsches des Leistungsberechtigten erzielbare Erfolg in einem **vernünftigen Verhältnis** zu dem finanziellen Mehraufwand steht.[6] Dennoch obliegt es immer einer Einschätzung im Einzelfall, ob dieses Verhältnis gewahrt bleibt.

Ein **Kostenvergleich** zwischen zur Ermittlung von unverhältnismäßigen Mehrkosten **zwischen verschiedenen Einrichtungen und Diensten** darf nur bei gleicher Eignung der ge- 8

---

2 Wiesner/Wapler/*Wapler*, § 5 SGB VIII Rn. 8.

3 Vgl. *Mrozynski*, SGB VIII, § 5 Anm. 2a unter Hinweis auf § 31 SGB VIII: „Die Grenze für den Wunsch der Leistungsberechtigten ist dort zu ziehen, wo er dazu führen würde, dass eine im Einzelfall objektiv ungeeignete Hilfeleistung erbracht werden müsste". Hauck/Noftz/*Mainberger*, § 5 Rn. 14: abgelehnt werden kann, was erzieherischen Notwendigkeiten zuwiderläuft.

4 BVerwG, Beschl. v. 18.3.2003, 5 B 14/03, juris.

5 *Wabnitz*, AGJ 2008, 394; vgl. auch GK-SGB VIII/*Fieseler*, § 5 SGB VIII, Rn. 10 und die Rechtsprechungsnachweise dort.

6 Wiesner/Wapler/*Wapler*, § 5 SGB VIII Rn. 16.

wünschten und der vom Träger ins Auge gefassten Leistung angestellt werden. Ist die Eignung nicht gegeben, z.B. dadurch, dass der Leistungsberechtigte die Hilfe nicht akzeptiert, ist sie ineffektiv und damit das genaue Gegenteil eines **wirtschaftlichen Einsatzes** öffentlicher Mittel. **Wirtschaftlichkeit** bemisst sich somit nicht nur an dem Vergleich des Preises von Leistungen. Soweit Kinder und Jugendliche nicht selbst leistungsberechtigt sind wie bei den Hilfen zur Erziehung, sind ihre Wünsche und Interessen im Hinblick auf die nötige Akzeptanz unbedingt zu berücksichtigen.

Für einen Kostenvergleich ist es wesentlich, dass die Kostenstrukturen für die geeigneten und notwendigen Hilfen bekannt sind und nur die Kostenfaktoren verglichen werden, die für die zu vergleichenden Hilfen auch identisch sind. In den Kostenvergleich sind sämtliche Kosten einzubeziehen, die durch die Leistung entstehen. D.h. z.B. in die Kalkulation einfließende Subventionen sind zu berücksichtigen, damit durch sie das **Wunsch- und Wahlrecht** nicht ausgehebelt wird. Dies ist besonders bedeutsam bei einem Vergleich der Kosten zwischen **öffentlichen und freien Trägern**. Gerade im Bereich der Investitionskosten werden diese haushaltstechnisch oft anders verbucht als bei freien Trägern der Jugendhilfe. Für einen reellen Kostenvergleich ist es jedoch zwingend nötig, dass gleich anfallende Kosten berücksichtigt werden. Nur so kann letztlich erreicht werden, dass ausschließlich auf der Basis des jugendhilferechtlichen Dreiecksverhältnisses ermittelte **Leistungsentgelte** in den Vergleich einbezogen werden.

9 Fiskalisches Denken darf nicht ausschlaggebend sein.[7] Das Wunsch- und Wahlrecht ist kein Recht in den **Grenzen des Haushaltsrechts**, sondern zum einen die Voraussetzung dafür, dass das Angebot unterschiedlicher Träger auch genutzt werden kann und ein **plurales Angebot** gewährleistet ist, zum anderen haben die Leistungsberechtigten nur so Einfluss auf die konkrete Durchführung der Hilfe.

Dies ist im Kinder- und Jugendhilferecht von erstrangiger Bedeutung und folgt bereits aus § 1 Abs. 1 und 3 Nr. 1 SGB VIII („in ihrer individuellen und sozialen Entwicklung fördern") für die bei der Entscheidung einzubeziehenden Kinder und Jugendlichen als Leistungsempfänger sowie gemäß § 1 Abs. 2 und 3 SGB VIII für ihre Eltern als Leistungsberechtigte.

Das allgemeine Wunsch- und Wahlrecht fand auch in den Vorschriften zum Hilfeplan in § 36 Abs. 1 Satz 4 SGB VIII seine Entsprechung, wonach der Wahl und den Wünschen der Leistungsberechtigten zu entsprechen ist, sofern sie nicht mit unverhältnismäßigen Mehrkosten verbunden sind. Der Inhalt findet sich nach der **Reform des SGB VIII** durch das **KJSG** nunmehr in § 37c Abs. 3 Satz 2 SGB VIII.

10 Im Bereich **teilstationärer und stationärer Leistungen** (§ 78a SGB VIII) „soll" der Wahl „nur" entsprochen werden, wenn die Erbringung der Leistung im Einzelfall oder nach Maßgabe des Hilfeplanes (§ 36 SGB VIII) „geboten" ist (Abs. 2 Satz 2). Die Formulierung „soll nur" ist irreführend: Was „geboten" ist, ist zu leisten. Gegebenenfalls der Wahl des Leistungsberechtigten nicht zu entsprechen, wäre weder fachlich vertretbar noch rechtens. Nach *Wapler*[8] ist die Vorschrift als **Ausnahmevorschrift** eng auszulegen und darf keinesfalls als Schlupfloch dafür dienen, dass sich Träger von Einrichtungen unter Hinweis auf die Ausübung des Wunsch- und Wahlrechts auf Dauer dem Abschluss von Vereinbarungen nach § 78b SGB VIII entziehen können.

11 Ist die gewünschte **Hilfe** allerdings fachlich **nicht geeignet** oder mit unverhältnismäßigen Mehrkosten verbunden, so findet das Wunsch- und Wahlrecht darin seine Grenzen. Geeignet ist die Leistung, wenn sie den festgestellten Bedarf vollständig decken kann.

---

7 *Schleicher* 2007, 41
8 Wiesner/Wapler/*Wapler*, § 5 SGB VIII Rn. 19.

Bemerkenswert ist das Urteil des VG Münster vom 18.8.2004.[9] Danach beinhaltet das Wunsch- und Wahlrecht auch die Auswahl eines Trägers der freien Jugendhilfe hinsichtlich der Konfession, was eine entsprechende Trägervielfalt voraussetzt.[10]

IV. Mehrkostenvorbehalt des § 36 SGB VIII

Das allgemeine Wunsch- und Wahlrecht findet auch in den Vorschriften zum Hilfeplan in **12**
§ 36 Abs. 1 Satz 4 SGB VIII seine Entsprechung, wonach der Wahl und den Wünschen der Leistungsberechtigten zu entsprechen ist, sofern sie nicht mit unverhältnismäßigen Mehrkosten verbunden sind.

Für einen **Kostenvergleich** ist es wesentlich, dass die Kostenstrukturen für die geeigneten und notwendigen Hilfen bekannt sind und nur die Kostenfaktoren verglichen werden, die für die zu vergleichenden Hilfen auch identisch sind.

In den Kostenvergleich sind sämtliche Kosten einzubeziehen, die durch die Leistung entstehen. D.h. z.B., in die Kalkulation einfließende Subventionen sind zu berücksichtigen, damit durch sie das **Wunsch- und Wahlrecht** nicht ausgehebelt wird. Nur so kann letztlich erreicht werden, dass ausschließlich auf der Basis des jugendhilferechtlichen Dreiecksverhältnisses ermittelte Leistungsentgelte in den Vergleich einbezogen werden.

V. Wahl zwischen vergleichbaren Leistungen

Die Wahlmöglichkeit zwischen verschiedenen Leistungen setzt voraus, dass **vergleichbare** **13**
Leistungen bestehen, die den sozialpädagogischen Bedarf decken können. Dieses ist primär eine fachliche Aufgabe. Bei der Prüfung ist das gesamte Spektrum der Angebote zu berücksichtigen. Eine Einschränkung auf bestimmte Angebote, z.B. durch den Ansatz einer Sozialraumorientierung, ist nicht zulässig (vgl. Rn. 5). Zum Wunsch- und Wahlrecht im Bereich der Förderung in **Tageseinrichtungen und in Kindertagespflege** vgl. § 24 SGB VIII Rn. 55 ff., 86 ff.

Das **Wunsch- und Wahlrecht** ist weiterhin nicht begrenzt auf den Bereich des örtlichen Jugendhilfeträgers. Das Ziel der wohnortnahen Betreuung tritt dann zurück gegenüber dem Wunsch der Erziehungsberechtigten nach einem Angebot mit einem speziellen pädagogischen Profil, der Kontinuität der Hilfe oder einer Unterbringung in einer der Arbeitsstätte nahe liegenden Einrichtung. Auch eine Hilfe nach § 27 ff. SGB VIII ist damit möglich.

So wird auch das elementare Wunsch- und Wahlrecht auch aus Kapazitätsgründen nicht eingeschränkt. Dies wäre rechtswidrig, weil Leistungen nicht deshalb versagt werden dürfen, weil „kein Geld dafür" da sei.

---

9 VG Münster, Beschl. v. 18.8.2004, 9 L 970/04, JAmt 2005, 44–47.
10 Vgl. GK-SGB VIII/*Fieseler*, § 5 Rn. 2 ff.

§ 6
Geltungsbereich

(1) [1]Leistungen nach diesem Buch werden jungen Menschen, Müttern, Vätern und Personensorgeberechtigten von Kindern und Jugendlichen gewährt, die ihren tatsächlichen Aufenthalt im Inland haben. [2]Für die Erfüllung anderer Aufgaben gilt Satz 1 entsprechend. Umgangsberechtigte haben unabhängig von ihrem tatsächlichen Aufenthalt Anspruch auf Beratung und Unterstützung bei der Ausübung des Umgangsrechts, wenn das Kind oder der Jugendliche seinen gewöhnlichen Aufenthalt im Inland hat.

(2) [1]Ausländer können Leistungen nach diesem Buch nur beanspruchen, wenn sie rechtmäßig oder auf Grund einer ausländerrechtlichen Duldung ihren gewöhnlichen Aufenthalt im Inland haben. [2]Absatz 1 Satz 2 bleibt unberührt.

(3) Deutschen können Leistungen nach diesem Buch auch gewährt werden, wenn sie ihren Aufenthalt im Ausland haben und soweit sie nicht Hilfe vom Aufenthaltsland erhalten.

(4) Regelungen des über- und zwischenstaatlichen Rechts bleiben unberührt.

Übersicht Rn.

A. Allgemeines, Struktur der Vorschrift

1 § 6 SGB VIII regelt in einer differenzierten, aber auch verschachtelten und deshalb komplizierten Weise den **persönlichen** und **räumlichen Geltungsbereich** des SGB VIII. Die Vor-

schrift unterscheidet dabei durchgehend zwischen der **Inanspruchnahme von Leistungen** und der **Erfüllung anderer Aufgaben** i.S.d. § 2 Abs. 3 SGB VIII, für die jeweils unterschiedliche Regelungen gelten. Sie begründet selbst keine Leistungsansprüche, vermag aber solche auszuschließen, wenn erforderliche persönliche oder räumliche Voraussetzungen nicht vorliegen, da es sich bei diesen um **eigenständige Tatbestandsvoraussetzungen** für die Gewährung von Leistungen handelt.[1]

§ 6 **Abs. 1** SGB VIII regelt die Leistungserbringung und Aufgabenerfüllung im **Inland** (dazu unten Rn. 2 f.).

Hinsichtlich der Leistungserbringung an nichtdeutsche Staatsangehörige enthält § 6 **Abs. 2** Satz 1 SGB VIII eine einschränkende Sonderregelung (dazu unten Rn. 4 ff.). Für die Erfüllung anderer Aufgaben i.S.d. § 2 Abs. 3 SGB VIII gegenüber diesem Personenkreis verweist § 6 Abs. 2 Satz 1 SGB VIII wiederum auf Abs. 1 Satz 2 („bleibt unberührt"), sodass hierfür gegenüber Abs. 1 und deutschen Staatsangehörigen keine Sonderregelungen gelten (dazu Rn. 25a).

§ 6 **Abs. 3** SGB VIII regelt die Erbringung von Leistungen an deutsche Staatsangehörige, die ihren Aufenthalt im Ausland haben (sog. **Auslandshilfe**; dazu unten Rn. 26). Ob es sich im Einzelfall um eine Leistung im Rahmen der Inlands- oder der Auslandshilfe handelt, ist vor allem für die sachliche und örtliche Zuständigkeit (§§ 85 Abs. 2 Nr. 9, 88 SGB VIII) von Bedeutung (vgl. zur Abgrenzung und zur Frage, welche Person für die Beurteilung maßgeblich ist, unten Rn. 5a).

Erhebliche Bedeutung kommt § 6 **Abs. 4** SGB VIII zu, nach dem **Regelungen des über- und zwischenstaatlichen Rechts** „unberührt" bleiben. Das bedeutet, dass Leistungsausschlüsse oder -einschränkungen nach den Absätzen 1 bis 3 nicht eingreifen, wenn über- oder zwischenstaatliches Recht die uneingeschränkte Geltung des SGB VIII anordnet oder gar weitergehende Ansprüche normiert. Im Ergebnis kommt dieser Rechtsmaterie ein **Geltungsvorrang** gegenüber den Regelungen des SGB VIII zu. Besondere Bedeutung gewinnt dieser Geltungsvorrang naturgemäß gegenüber den einschränkenden Sonderregelungen des Abs. 2.

Hinweis zur Reihenfolge bei der Prüfung von Leistungsansprüchen ausländischer Personen: 1a

- *Steht fest oder ist es offensichtlich, dass die Voraussetzungen des § 6 Abs. 2 Satz 1 (rechtmäßiger oder geduldeter sowie gewöhnlicher Aufenthalt) vorliegen, erübrigt sich ein Aufsuchen und Eingehen auf Regelungen i.S.d. Abs. 4; ausgeschlossen ist es freilich nicht, um den Anspruch insoweit auf einen zweiten Grund zu stellen.*
- *Steht fest oder ist es offensichtlich, dass aufgrund einer Regelung des über- oder zwischenstaatlichen Rechts der aufenthaltsrechtliche Status für den Leistungsanspruch unerheblich ist oder diesem nicht entgegensteht (Beispiel: Gem. Art. 15 Abs. 1 KSÜ wenden die Vertragsstaaten ihr eigenes Recht an, sodass die Leistungsvorschriften der §§ 11 ff. SGB VIII auch dann uneingeschränkt Anwendung finden, wenn die Voraussetzungen des § 6 Abs. 2 nicht vorliegen; Unionsbürger_innen sind in Bezug auf Leistungen der Kinder- und Jugendhilfe aufgrund des allgemeinen Diskriminierungsverbots deutschen Staatsangehörigen gleichgestellt, vgl. Art. 18 Abs. 1 AEUV; Art. 24 RL 2004/38/EG), erübrigt sich eine Prüfung der Voraussetzungen des § 6 Abs. 2 SGB VIII.*

1 Vgl. BVerwG, Urt. v. 12.5.2011, 5 C 4.10, bverwg.de, Rn. 19; Urt. v. 31.5.2018, 5 C 1.17, bverwg.de, Rn. 16.

– *Sind die Anspruchsgrundlagen sowohl nach Abs. 2 als auch nach über- oder zwischenstaatlichem Recht zweifelhaft, sind beide, beginnend mit der naheliegendsten, zu prüfen.*

Als solches über- oder zwischenstaatliches Recht kommen insbesondere europarechtliche Vorschriften sowie bi- oder multilaterale Abkommen der Bundesrepublik mit anderen Staaten in Frage (dazu unten Rn. 27 ff.).

Abs. 1 Satz 3 und Abs. 2 Satz 2 wurden durch das KICK in die Vorschrift eingefügt. Weitere inhaltliche Änderungen sind seit Inkrafttreten nicht erfolgt.

B. Einzelheiten

I. Abs. 1 – Leistungsberechtigte, Adressatinnen und Adressaten anderer Aufgaben, Umgangsberechtigte

2 § 6 Abs. 1 **Satz 1** SGB VIII umschreibt zunächst, anknüpfend an die Begriffsbestimmungen des § 7 SGB VIII, den Personenkreis, dem „Leistungen nach diesem Buch … gewährt" werden. Es handelt sich **nicht** um eine **anspruchsbegründende** Norm. Leistungen der Jugendhilfe können vielmehr nur nach Maßgabe der Vorschriften der §§ 11 ff. SGB VIII beansprucht werden. Dies wird dadurch bestätigt, dass auch der Kreis potenziell Leistungsberechtigter unvollständig beschrieben ist: Erziehungsberechtigte oder Schwangere, denen durchaus Leistungen zustehen können (vgl. etwa § 16 Abs. 1 Satz 2 SGB VIII und § 19 Abs. 1 Satz 3 SGB VIII) werden nicht genannt. Die Gewährung von **Leistungen** (§ 2 Abs. 1 SGB VIII) setzt den **tatsächlichen Aufenthalt der Leistungsberechtigten** in der Bundesrepublik voraus. Den tatsächlichen Aufenthalt hat eine Person dort, wo sie unabhängig von Meldeverhältnissen, Legalität, Zweck oder Dauer des Aufenthalts körperlich anwesend ist. Ein **Wohnsitz oder gewöhnlicher Aufenthalt** wird anders als in Abs. 1 Satz 3 oder Abs. 2 **nicht vorausgesetzt**.[2]

3 Abs. 1 **Satz 2** erstreckt die Regelung des Satzes 1 auf die **Erfüllung anderer Aufgaben** (§ 2 Abs. 2 SGB VIII). Das bedeutet, dass auch die Erfüllung anderer Aufgaben i.S.d. § 2 Abs. 2 SGB VIII gegenüber den in Satz 1 genannten Personen (nur) deren **tatsächlichen Aufenthalt** im Bundesgebiet voraussetzt.

3a Eine **Ausnahme** vom Grundsatz des notwendigen tatsächlichen Aufenthalts enthält der durch das KICK eingefügte Abs. 1 **Satz 3**, nach dem **Umgangsberechtigte** auch dann Anspruch auf Beratung und Unterstützung bei der Ausübung des Umgangsrechts haben, wenn sie sich im **Ausland aufhalten**. Wer umgangsberechtigt ist, richtet sich nach den §§ 1684 ff. BGB: Umgangsberechtigt sind danach das Kind und der nicht mit dem Kind zusammenlebende Elternteil (§ 1684 Abs. 1 BGB). Umgangsberechtigt sind aber auch die Großeltern und Geschwister des Kindes (§ 1685 Abs. 1 BGB) sowie enge Bezugspersonen, bei denen eine sozialfamiliäre Beziehung zu dem Kind besteht (§ 1685 Abs. 2 BGB). Unabhängig vom tatsächlichen Aufenthalt der Umgangsberechtigten besteht der Beratungsanspruch, sofern das Kind oder der Jugendliche seinen gewöhnlichen Aufenthalt im Inland hat. Sofern Umgangsberechtigte sich nicht im Inland aufhalten, muss die Beratung postalisch, telefonisch, per E-Mail oder durch Kommunikation über das Internet erfolgen.

2 Ebenso *Hundt*, Praxishandbuch, S. 161.

II. Abs. 2 – Einschränkungen für Ausländerinnen und Ausländer

Abs. 2 Satz 1 enthält für **Leistungen an Ausländer_innen** eine **zweifache Einschränkung**: Zum einen fordert er einen bestimmten Aufenthaltsstatus, zum anderen können Leistungen nur bei Vorliegen eines gewöhnlichen Aufenthalts beansprucht werden. Abs. 2 **gilt nicht** für die vorläufige oder endgültige **Inobhutnahme**, da es sich dabei nicht um Leistungen, sondern die Erfüllung anderer Aufgaben i.S.d. § 2 Abs. 3 Nr. 1 und 2 SGB VIII handelt.[3] **Ausländer** ist nach § 2 Abs. 1 AufenthG, auf den mangels einer eigenen Begriffsbestimmung durch das SGB VIII zurückgegriffen werden muss, jede_r, der_die nicht Deutsche_r i.S.d. Art. 116 Abs. 1 GG ist. Deutsche_r ist danach, wer die **deutsche Staatsangehörigkeit** besitzt. Deutsche_r i.S. dieser Grundgesetzvorschrift ist aber auch, wer als Flüchtling oder Vertriebener deutscher Volkszugehörigkeit oder als dessen Ehegatte oder Abkömmling in dem Gebiete des Deutschen Reiches nach dem Stande vom 31. Dezember 1937 Aufnahme gefunden hat. Keine Ausländer_innen sind mithin Spätaussiedler_innen und ihre nichtdeutschen Ehegatten oder Abkömmlinge, sofern sie in den Aufnahmebescheid einbezogen und in der Bundesrepublik aufgenommen wurden (vgl. § 4 Abs. 3 BVFG). 4

Voraussetzung eines Leistungsanspruchs ist – soweit es sich nicht um den Sonderfall eines Beratungsanspruchs nach Abs. 1 Satz 3 handelt –, dass ausländische Staatsangehörige **rechtmäßig** oder **aufgrund einer ausländerrechtlichen Duldung** ihren **gewöhnlichen Aufenthalt** im Geltungsbereich des Gesetzes haben. 5

1. Maßgebliche Person

§ 6 Abs. 2 SGB VIII spricht ganz allgemein davon, dass „Ausländer" Leistungen nur unter den genannten einschränkenden Voraussetzungen beanspruchen können. Indes kann nach dem Leistungsrecht des SGB VIII **Leistungsberechtigung** und **Leistungsempfang** in einer Person zusammenfallen, aber auch unterschiedlichen Personen zustehen. So sind nach den §§ 8 Abs. 3, 13 Abs. 3, 24, 35a und 41 SGB VIII die jungen Menschen sowohl Anspruchsinhaber als auch Leistungsempfänger. Dagegen sind hinsichtlich der klassischen Hilfe zur Erziehung gem. §§ 27 ff. SGB VIII die Personensorgeberechtigten leistungsberechtigt, während die Hilfe den Kindern und Jugendlichen zu dienen bestimmt ist. Fallen Anspruchsinhaberschaft und materieller Leistungsempfang auseinander, stellt sich die Frage, in **welcher Person** die Voraussetzungen des Abs. 2 erfüllt sein müssen, damit dessen Einschränkungen Platz greifen.[4] 5a

Im Zuge der Abgrenzung von In- und Auslandshilfe (§ 6 Abs. 1 und 3 SGB VIII) hat das BVerwG entschieden, dass eine Leistung der Jugendhilfe im Ausland im Sinne des § 6 Abs. 3 SGB VIII bei einem Auseinanderfallen von Leistungsberechtigtem und Leistungsempfänger nur dann vorliegt, wenn **beide** im Zeitpunkt der Antragstellung ihren Aufenthalt im Ausland haben.[5] Das Gericht leitet dieses Verständnis aus dem in § 6 Abs. 1 und 3 SGB VIII verwendeten Begriff des „Gewährens" ab, der sowohl die rechtliche Bewilligung als auch die tatsächliche Erbringung der Leistung umfasse, weshalb die Leistungsgewährung im Sinne dieser Vorschriften zwei **Bezugssubjekte** aufweise: Zum einen den **Leistungsberechtigten**, der Inhaber des Rechts auf Gewährung einer Jugendhilfeleistung sei und die Leistung beantragen und diese gegebenenfalls auch gerichtlich geltend machen könne. Zum anderen auf den

3 BVerwG, Urt. v. 24.6.1999, 5 C 24.98, NVwZ 2000, 325.
4 Vgl. dazu *Hundt*, Praxishandbuch, S. 163 f., die die Problematik allerdings auf die Ausländereigenschaft und unterschiedliche Staatsangehörigkeiten innerhalb einer Familie reduziert. Ebenso wie die Staatsangehörigkeit kann aber auch bei einheitlicher Ausländereigenschaft der Aufenthaltsstatus der betroffenen Personen auseinanderfallen.
5 BVerwG, Urt. v. 31.5.2018, 5 C 1.17, bverwg.de, Rn. 20, mit Nachweisen aus der zustimmenden Literatur; in gleichem Sinne bereits BVerwG, Urt. v. 12.5.2011, 5 C 4.10, bverwg.de, Rn 21.

Leistungsempfänger, also denjenigen, der die Leistung erhält und dessen Interesse diese zu dienen bestimmt ist, nämlich das Kind oder der oder die Jugendliche.[6]

Zwar verwendet § 6 Abs. 2 Satz 1 SGB VIII den Begriff der Gewährung nicht, die Vorschrift regelt indes nichts anderes als die (besonderen) Voraussetzungen, unter denen Jugendhilfeleistungen an Ausländer zu gewähren sind („können Leistungen nach diesem Buch nur beanspruchen"). Die vom BVerwG zu Abs. 1 und 3 entwickelten Maßgaben müssen deshalb auch im Anwendungsbereich des Abs. 2 mit dem Ergebnis gelten, dass die Vorschrift eine **Leistung** nur dann **ausschließt**, wenn **weder** der **Leistungsberechtigte noch** der **Leistungsempfänger** deren **Voraussetzungen erfüllen**. Entscheidend ist der **Zeitpunkt der Antragstellung**.[7] Hat dagegen **entweder** der Leistungsberechtigte **oder** der Leistungsempfänger rechtmäßig oder geduldet seinen gewöhnlichen Aufenthalt im Inland, können Leistungen beansprucht werden.

2. Rechtmäßiger Aufenthalt

6 Ausländer_innen bedürfen für einen **rechtmäßigen Aufenthalt** in der Bundesrepublik gemäß § 4 Abs. 1 Satz 1 AufenthG eines **Aufenthaltstitels**, sofern nicht durch Recht der EU oder durch die AufenthV etwas anderes bestimmt ist oder aufgrund des Assoziationsabkommens EWG/Türkei[8] ein Aufenthaltsrecht besteht. Hinsichtlich der Rechtmäßigkeit des Aufenthalts ist also zwischen verschiedenen Gruppen von Ausländer_innen zu differenzieren.

a) Unionsbürger, EWR-Staatsangehörige sowie Schweizer Staatsangehörige und ihre jeweiligen Familienangehörigen

7 **Unionsbürger_innen** – das sind nach Art. 9 Abs. 1 Satz 2 EUV, Art. 20 Abs. 1 AEUV Personen, die die Staatsangehörigkeit eines Mitgliedstaats der Europäischen Union besitzen – und ihre Familienangehörigen genießen Freizügigkeit und benötigen zum rechtmäßigen Aufenthalt im Bundesgebiet keinen Aufenthaltstitel (vgl. §§ 2 ff. FreizügG/EU).[9] Dasselbe gilt für die **Staatsangehörigen der EWR-Staaten** (Island, Liechtenstein, Norwegen), die gemäß § 12 FreizügG/EU Freizügigkeit genießen und keines Aufenthaltstitels bedürfen.[10] **Schweizer Staatsangehörige** unterliegen zwar dem Aufenthaltsgesetz, das insoweit jedoch durch das Freizügigkeitsabkommen EG-Schweiz überlagert wird.[11] Sie benötigen für einen rechtmäßigen Aufenthalt gemäß § 28 AufenthV keinen Aufenthaltstitel.[12]

b) Türkische Staatsangehörige

8 Rechtmäßig ist der **Aufenthalt türkischer Staatsangehöriger**, für die aufgrund des Assoziationsabkommens EWG/Türkei (BGBl. 1964 II, 509) ein Aufenthaltsrecht besteht. Dieses Aufenthaltsrecht ist europarechtlich begründet. Den Betroffenen wird zwar auf Antrag eine Aufenthaltserlaubnis erteilt, diese hat aber lediglich deklaratorischen Charakter (vgl. § 4 Abs. 5 AufenthG). Wegen der Einzelheiten wird auf die **Erläuterungen zu Abs. 4** verwiesen.

6 BVerwG, Urt. v. 12.5.2011, 5 C 4.10, bverwg.de, Rn 21.
7 Im Ergebnis ebenso *Hundt*, Praxishandbuch, S. 163.
8 Abkommen vom 12. September 1963 zur Gründung einer Assoziation zwischen der Europäischen Wirtschaftsgemeinschaft und der Türkei, BGBl. 1964 II, 509.
9 Vgl. NK-AuslR/*Oberhäuser*, § 2 FreizügG/EU, § 2 Rn. 2 ff.
10 Vgl. zu Einzelheiten NK-AuslR/*Geyer*, § 12 FreizügG/EU Rn. 2 ff.
11 Abkommen zwischen der Europäischen Gemeinschaft und ihren Mitgliedstaaten einerseits und der Schweizerischen Eidgenossenschaft andererseits über die Freizügigkeit vom 21.6.1999, in Kraft seit 1.6.2002, ABl. L 114, 6.
12 Vgl. dazu NK-AuslR/*Geyer*, § 12 FreizügG/EU Rn. 4.

c) (Sonstige) Drittstaatsangehörige

aa) Besitz eines Aufenthaltstitels

Sonstige Drittstaatsangehörige, d.h. Personen, die nicht die Staatsangehörigkeit eines EU-Mitgliedstaats besitzen und nicht von den unter a) und b) genannten Regelungen begünstigt sind, benötigen für einen **rechtmäßigen** Aufenthalt **grundsätzlich** einen Aufenthaltstitel (§ 4 Abs. 1 AufenthG). 9

Aufenthaltstitel sind gemäß § 4 Abs. 1 Satz 2 AufenthG

- das Visum im Sinne des § 6 Abs. 1 Nr. 1 und Abs. 3 AufenthG,
- die Aufenthaltserlaubnis (§ 7 AufenthG),
- die Blaue Karte EU (§ 18b Abs. 2 AufenthG),

ICT-Karte (§ 19),

Mobiler-ICT-Karte (§ 19b),

- die Niederlassungserlaubnis (§ 9 AufenthG) sowie
- die Erlaubnis zum Daueraufenthalt-EU (§ 9a AufenthG).

Ob jemand einen Aufenthaltstitel besitzt, um welchen es sich ggfs. handelt und wie lange er gültig ist, lässt sich entweder

- aus dem sog. **elektronischen Aufenthaltstitel** nach § 78 AufenthG oder
- aus der nach § 78a AufenthG angebrachten **Eintragung** im Reisepass oder einem Passersatz (z.B. Reiseausweis für Flüchtlinge; vgl. zu den Passersatzpapieren § 4 AufenthV) oder Ausweisersatz

ersehen.

bb) Sonstige Fälle rechtmäßigen Aufenthalts

Der Aufenthalt von Drittstaatsangehörigen kann unter bestimmten Voraussetzungen auch **ohne Besitz eines Aufenthaltstitels** rechtmäßig sein. 10

Das ist zunächst dann der Fall, wenn der **Fortbestand** eines erloschenen Aufenthaltstitels **gesetzlich fingiert** wird. Beantragt ein Ausländer vor dessen Ablauf die Verlängerung seines Aufenthaltstitels oder die Erteilung eines anderen Aufenthaltstitels, so gilt nach § 81 Abs. 4 Satz 1 AufenthG der bisherige Aufenthaltstitel bis zur Entscheidung der Ausländerbehörde als fortbestehend.[13] Hierüber ist dem Betroffenen gemäß § 81 Abs. 5 AufenthG eine sog. **Fiktionsbescheinigung** auszustellen.

Rechtmäßig ist ein titelloser Aufenthalt dann, wenn die betroffene Person nach den **§§ 15 ff. AufenthV** vom **Erfordernis eines Aufenthaltstitels befreit** ist. Solche Befreiungen gelten etwa für Staatsangehörige der Schweiz (§ 28 AufenthV), für Inhaber_innen bestimmter Ausweise (§§ 18 ff. AufenthV) oder für Kurzaufenthalte, sofern keine Erwerbstätigkeit aufgenommen wird. Vom Erfordernis eines Aufenthaltstitels befreit sind die Staatsangehörigen der in **Anlage II der EG Visa-VO**[14] genannten Staaten für einen Aufenthalt, der insgesamt 90 Tage nicht überschreitet (§ 15 AufenthV). 11

Rechtmäßig ist der Aufenthalt eines Ausländers auch dann, wenn die **Rechtmäßigkeit gesetzlich fingiert** wird. Beantragt ein Ausländer, der aufgrund der in Rn. 11 genannten Umstände vom Erfordernis eines Aufenthaltstitels befreit war, die Erteilung eines Aufenthaltsti- 12

13 Vgl. dazu im einzelnen NK-AuslR/*Hofmann*, § 81 AufenthG Rn. 42 ff.
14 Vom 15.3.2001 (Abl. L 81, 1).

tels oder die Erteilung eines anderen Aufenthaltstitels, so **gilt** sein Aufenthalt nach § 81 Abs. 3 Satz 1 AufenthG bis zur Entscheidung der Ausländerbehörde **als erlaubt**.[15]

13 Einem Ausländer, der **um Asyl nachsucht**, ist gemäß § 55 Abs. 1 Satz 1 AsylG der Aufenthalt im Bundesgebiet zur Durchführung des Asylverfahrens ab Ausstellung des Ankunftsnachweises nach § 63a AsylG oder in den Fällen des § 55 Abs. 1 Satz 3 AsylG mit der Stellung des Asylantrags **gestattet**. Letztere Alternative trifft vor allem auf **unbegleitete minderjährige Flüchtlinge** zu. Da sie sich nach vorläufiger oder endgültiger Inobhutnahme nach den §§ 42, 42a SGB VIII in einer Jugendhilfeeinrichtung aufhalten, haben sie gemäß § 14 Abs. 2 Nr. 2 AsylG einen Asylantrag beim **Bundesamt für Migration und Flüchtlinge (BAMF)** und nicht bei einer Außenstelle des Bundesamtes zu stellen. Dies wird regelmäßig schriftlich erfolgen. Mit Eingang des Antrags beim Bundesamt ist der Asylantrag gestellt und die Aufenthaltsgestattung entsteht. Bei dieser handelt es sich nicht um einen Aufenthaltstitel i.S.d. AufenthG, sondern um ein **gesetzliches Aufenthaltsrecht**, das ebenfalls einen rechtmäßigen Aufenthalt i.S.d. § 6 Abs. 2 SGB VIII vermittelt.[16]

14 Das Bestehen der Aufenthaltsgestattung wird zum einen durch die Bescheinigung über die Meldung als Asylsuchender (**Ankunftsnachweis**) nach § 63a AsylG sowie die **Bescheinigung über die Aufenthaltsgestattung** nach § 63 AsylG dokumentiert. Das Aufenthaltsrecht wird durch beide Dokumente also nur belegt, nicht aber begründet. Die Unterscheidung der beiden Dokumente entspricht der Unterscheidung, die das AsylG zwischen dem „Asylgesuch" und dem „Asylantrag" vornimmt. Ein Asylgesuch kann bei der Grenzbehörde, der Polizei oder der Ausländerbehörde angebracht werden, der Asylantrag ist beim BAMF zu stellen.

3. Ausländerrechtliche Duldung

15 Die **Duldung** ist gesetzlich als **vorübergehende Aussetzung der Abschiebung** definiert (§ 60a AufenthG). Die Ausreisepflicht der Betroffenen wird durch die Erteilung nicht aufgehoben (§ 60a Abs. 3 AufenthG). Über die Aussetzung ist eine **Bescheinigung** auszustellen (§ 60a Abs. 4 AufenthG). Die Vorschriften über die Duldung wurden auch seit Inkrafttreten des Integrationsgesetzes[17] mehrfach geändert. Eingefügt wurden §§ 60b bis 60d AufenthG.[18] Auf diese Weise ist eine nach Erteilungsvoraussetzungen und Geltungsdauer ausdifferenzierte Vielzahl von Duldungsformen, gleichsam als „Schattenaufenthaltstitel", entstanden.

15a Folgende **Duldungsformen** sind zu unterscheiden:

- Eine **Duldung** kann gemäß **§ 60a Abs. 1 AufenthG** zunächst darauf beruhen, dass die oberste Landesbehörde, also das Ministerium (regelmäßig das Innenministerium), aus völkerrechtlichen oder humanitären Gründen oder zur Wahrung politischer Interessen der Bundesrepublik anordnet, dass die Abschiebung von Ausländern aus bestimmten Staaten oder bestimmter Ausländergruppen allgemein oder in bestimmte Staaten ausgesetzt wird (Abschiebungsstopp-Erlasse).

---

15 Vgl. dazu NK-AuslR/*Hofmann*, § 81 AufenthG Rn. 34 ff.

16 Dieses Aufenthaltsrecht wird in § 55 Abs. 1 Satz 1 AsylG als „Aufenthaltsgestattung" definiert und ist von der in § 63 AsylG geregelten „Bescheinigung über die Aufenthaltsgestattung" zu unterscheiden, die im Alltagssprachgebrauch häufig ebenfalls, aber unrichtig als „Aufenthaltsgestattung" bezeichnet wird.

17 Vom 31.7.2016, BGBl. I, S. 1939.

18 Maßgebend waren insoweit das „Gesetz zur besseren Durchsetzung der Ausreisepflicht" vom 20.7.2017, BGBl. I S. 2780; „Gesetz über Duldung bei Ausbildung und Beschäftigung" vom 8.7.2019, BGBl. I S. 1021; das „Zweite Gesetz zur besseren Durchsetzung der Ausreisepflicht" vom 15.8.2019, BGBl. I S. 1294, sowie das „Fachkräfteeinwanderungsgesetz" vom 15.8.2019, BGBl. I S. 1307.

- Die Duldung kann ferner gemäß **§ 60a Abs. 2 Satz 1 AufenthG** darauf beruhen, dass die Abschiebung ausgesetzt wird, weil sie aus tatsächlichen oder rechtlichen Gründen unmöglich ist, dem Ausländer/der Ausländerin aber keine Aufenthaltserlaubnis erteilt werden kann.
- Eine Duldung ist gem. **§ 60a Abs. 2 Satz 2 AufenthG** zu erteilen, wenn die vorübergehende Anwesenheit im Bundesgebiet für ein Strafverfahren wegen eines Verbrechens von der Staatsanwaltschaft oder dem Strafgericht für sachgerecht erachtet wird.
- Weiter kommt eine Duldung gemäß **§ 60a Abs. 2 Satz 3 AufenthG** in Betracht, wenn dringende humanitäre oder persönliche Gründe oder erhebliche öffentliche Interessen die vorübergehende weitere Anwesenheit der Betroffenen erfordern. Unterfälle dieser Duldung sind
  - die **Ausbildungsduldung** gem. § 60c AufenthG sowie
  - (gegenwärtig bis zum 31.12.2023 begrenzt) die **Beschäftigungsduldung** gem. § 60d AufenthG mit einer Geltungsdauer von 30 Monaten oder
  - die **Duldung der Eltern oder eines Elternteils** eines minderjährigen Ausländers, der im Besitz einer Aufenthaltserlaubnis nach § 25a Abs. 1 AufenthG ist, gem. § 60a Abs. 2b AufenthG.

Weiter kommen in Betracht **15b**

- eine Duldung nach § 60a Abs. 2 Satz 4 AufenthG bei Aussetzung der Beurkundung der Vaterschaftsanerkennung,
- die Duldung für die Dauer von einer Woche wegen gescheiterter Zurück- oder Abschiebung gem. § 60 a Abs. 2a AufenthG sowie
- die „Duldung für Personen mit ungeklärter Identität" gem. § 60b AufenthG sowie
- die Duldungsfiktion gem. § 81 Abs. 3 Satz 2 AufenthG bei verspäteter Beantragung der Erteilung eines Aufenthaltstitels.

4. Gewöhnlicher Aufenthalt im Inland

Problematischer ist die weitere Voraussetzung eines Leistungsanspruchs, dass nämlich die betroffene Person ihren **gewöhnlichen Aufenthalt in der Bundesrepublik** hat. Im Zuständigkeitsbereich welches Jugendhilfeträgers oder in welcher politischen Gemeinde dieser Aufenthalt liegt, ist im Kontext des § 6 Abs. 2 SGB VIII unerheblich. Die Vorschrift schließt an die Regelung in § 30 Abs. 3 Satz 2 SGB I an, nach der jemand seinen gewöhnlichen Aufenthalt dort hat, wo er sich unter Umständen aufhält, die erkennen lassen, dass er an diesem Ort oder in diesem Gebiet nicht nur vorübergehend verweilt. **16**

Unabdingbar für die Annahme eines gewöhnlichen Aufenthaltes ist zunächst ein **tatsächlicher Aufenthalt**.[19] Diese Frage wird vor allem im Fall vorübergehender **Auslandsaufenthalte** relevant. Insoweit geht das BSG davon aus, dass ein Auslandsaufenthalt, der die Jahresgrenze nicht überschreitet, den gewöhnlichen Aufenthalt regelmäßig nicht beendet.[20]

Neben dem tatsächlichen Sichaufhalten soll der gewöhnliche Aufenthalt durch **zwei Faktoren**, eine **gewisse Dauer** sowie die **Prognose der Fortsetzung des Verweilens**, bestimmt werden.

Dabei sind die mit dem Aufenthalt verbundenen Umstände des Einzelfalls festzustellen. Im Rahmen der Prognoseentscheidung sind alle für die Beurteilung der künftigen Entwicklung

19 BVerwG, NVwZ 2006, 97 (98).
20 BSG, Urt. v. 28.5.1997, 14/10 RKg 14/94, SozR 3-5870 § 2 Nr. 36 (zum Kindergeldrecht); vgl. dazu auch jurisPK-SGB I/*Pitz*, (Stand August 2018), § 30 SGB I Rn. 47, der in Anlehnung an das EU-Entsendungsrecht für eine Zwei-Jahres-Grenze plädiert.

im Zeitpunkt des Eintreffens am maßgeblichen Ort erkennbaren Umstände zu würdigen und als hypothetische Tatsache festzustellen.[21] Der bloße Wille der Betroffenen, einen dauerhaften Aufenthalt zu begründen oder diesen beizubehalten, ist für die Annahme eines gewöhnlichen Aufenthalts nicht ausreichend.

Die Prognose hat alle mit dem Aufenthalt verbundenen Umstände zu berücksichtigen; dies können subjektive wie objektive, tatsächliche wie rechtliche sein.[22]

Umstritten ist dabei, welche Bedeutung und welches Gewicht dem ausländerrechtlichen Status zukommen. Ein nicht nur vorübergehendes Verweilen i.S.d. § 30 Abs. 3 Satz 2 SGB I setze, so die Rechtsprechung, voraus, dass die Aufenthaltsposition des Ausländers ihm ermögliche, zukunftsoffen „bis auf weiteres" an dem Ort oder in dem Gebiet zu verweilen. Sei die Position hingegen auf Beendigung des Aufenthalts im Inland angelegt, stehe dies der Annahme eines gewöhnlichen Aufenthalts trotz faktisch andauerndem Verbleiben und einem entsprechenden Bleibewillen entgegen; denn der Ausländer habe es dann nicht in der Hand, über die Dauer seines Aufenthalts im Inland frei zu bestimmen.[23] Die Aufenthaltsposition eines Ausländers werde dabei wesentlich durch den Inhalt der von der Ausländerbehörde erteilten Bescheinigungen bestimmt, wie er sich nach der behördlichen Praxis und der gegebenen Rechtslage darstelle. Auf einen bestimmten ausländerrechtlichen Titel komme es hingegen nicht an.[24] Zu den Tatsachen, die bei der Prognose im Rahmen des § 30 Abs. 3 Satz 2 SGB I zu berücksichtigen seien, gehörten auch eventuelle Hindernisse, die der Abschiebung eines Ausländers entgegenstehen. Ein gewöhnlicher Aufenthalt sei damit dann anzunehmen, wenn die jeweiligen Umstände ergäben, dass sich der Ausländer auf unbestimmte Zeit im Bundesgebiet aufhalten dürfe.[25]

16a Diesen Grundsätzen ist mit Einschränkungen zuzustimmen.

Soweit die Rechtsprechung bei der Prognose bezüglich des weiteren Aufenthalts auch auf rechtliche Umstände abstellt, so kann dies nicht bedeuten, dass bereits die Recht- oder Unrechtmäßigkeit des Aufenthalts entscheidend ist. Ihr kommt allerdings insoweit prognostische Bedeutung zu, als sie Aussagen über die künftige Dauer beeinflusst.[26]

Deshalb ist es richtig, dass eine Person, die kraft Gesetzes **zur Ausreise verpflichtet** ist **und** bei der **Ausreise- oder Abschiebungshindernisse nicht bestehen**, einen gewöhnlichen Aufenthalt nicht zu begründen vermag, da sie sich nur vorübergehend in Deutschland aufhält.[27]

Bestehen dagegen Ausreise- oder Abschiebungshindernisse, ist die Annahme eines gewöhnlichen Aufenthalts nicht ausgeschlossen. In diesen Fällen ist gem. §§ 60a ff. AufenthG eine Duldung zu erteilen oder kann zumindest erteilt werden, die für die Aufenthaltsprognose erheblich ist (zu Einzelheiten siehe unten Rn. 18).

Hält sich eine Person mit einem für einen Monat geltenden **Touristenvisum** in Deutschland auf, begründet das zwar einen rechtmäßigen Aufenthalt, es fehlt jedoch an einem gewöhnlichen Aufenthalt, da das Ende des Aufenthalts absehbar ist.

---

21 LSG Baden-Württemberg, Urt. v. 30.7.2020, L 7 R 1807/18, sozialgerichtsbarkeit.de. Dies gilt auch dann, wenn, etwa im Rahmen eines Kostenerstattungsverfahrens, der gewöhnliche Aufenthalt rückblickend zu ermitteln ist, vgl. BSG, Urt. v. 24.3.2015, B 8 SO 20/13 R, juris Rn. 13.

22 Vgl. BSG, Urt. v. 16.6.2015, B 13 R 36/13 R, juris Rn. 25.

23 BSG, Urt. v. 18.2.1998, B 5 RJ 12/97 R, juris Rn. 16.

24 BSG, Urt. v. 18.2.1998, B 5 RJ 12/97 R, juris Rn. 17.

25 BSG, Urt. v. 4.11.1998, B 13 RJ 9/98 R, juris Rn. 40; Urteil v. 16.6.2015, B 13 R 36/13 R, juris Rn. 26; jurisPK-SGB I/*Pitz* (Stand August 2018), § 30 SGB I Rn. 57 f.; zum Ganzen zuletzt LSG Baden-Württemberg, Urt. v. 30.7.2020, L 7 R 1807/18, sozialgerichtsbarkeit.de.

26 Ebenso jurisPK-SGB I/*Pitz*, (Stand August 2018), § 30 SGB I Rn. 57. Die in der Vorauflage bei § 6 SGB VIII Rn. 20 vertretene Auffassung, die Frage der Rechtmäßigkeit sei für die Bestimmung des gewöhnlichen Aufenthalts gänzlich irrelevant, wird insoweit aufgegeben.

27 Ebenso jurisPK-SGB I/*Pitz*, (Stand August 2018), § 30 SGB I Rn. 50.

Problematisch ist es, bei der Bestimmung der Aufenthaltsposition von Ausländer_innen wesentlich auf den Inhalt der von der Ausländerbehörde erteilten Dokumente abzustellen. Ausländerbehördliche Dokumente (Aufenthaltstitel, Duldungsbescheinigungen, Bescheinigungen über die Aufenthaltsgestattung von Asylbewerbern) sind in den meisten Fällen befristet,[28] ohne dass sich daraus prognostisch stets etwas ablesen ließe.

Dagegen ist die Art des erteilten Aufenthaltstitels für die Beurteilung des Aufenthalts von erheblicher Bedeutung (siehe dazu sogleich Rn. 17).

a) Inhaber von Aufenthaltstiteln

17 Dass Inhaber_innen einer (immer unbefristeten; vgl. § 9 Abs. 1 AufenthG) **Niederlassungserlaubnis** oder einer **Erlaubnis zum Daueraufenthalt-EU** ihren gewöhnlichen Aufenthalt in der Bundesrepublik haben, erscheint danach unzweifelhaft und dürfte außer Streit stehen.

Eine solche allgemeine Aussage lässt sich angesichts der Vielzahl der Zwecke, zu denen eine **Aufenthaltserlaubnis (AE)** erteilt werden kann, für deren Inhaber_innen nicht treffen. Diese ist zwar immer befristet (vgl. § 7 Abs. 1 AufenthG), aber grundsätzlich doch auf einen länger dauernden Aufenthalt angelegt, der zudem zukunftsoffen ist, weil die AE regelmäßig verlängert werden muss oder zumindest verlängert werden kann (vgl. § 8 AufenthG). Dies gilt auch für eine AE nach den §§ 24 oder 25 Abs. 3 bis 5 AufenthG. Allerdings ist hier eine Prognose hinsichtlich des weiteren Aufenthalts entsprechend dem Zweck der erteilten AE und deren jeweiliger gesetzlichen Ausgestaltung in den §§ 16 bis 38a AufenthG sowie den tatsächlichen Verhältnissen im Einzelfall anzustellen.

Bei Inhaber_innen eines **Visums** wird man nach der Art des Visums differenzieren müssen. Handelt es sich um ein für die Durchreise oder um ein für kurzfristige Aufenthalte erteiltes **Schengen-Visum,** etwa zu Besuchszwecken (vgl. § 6 Abs. 1 Nr. 1 AufenthG), wird regelmäßig **kein gewöhnlicher Aufenthalt** vorliegen; handelt es sich dagegen um ein **nationales Visum** (vgl. § 6 Abs. 3 AufenthG), ist ein solcher zu bejahen, da es sich um einen für längere Aufenthalte erteilten Aufenthaltstitel handelt, der auf die Verlängerung als AE oder NE zielt. Bei Inhaber_innen einer ICT-Karte (§ 19 AufenthG) oder einer Mobiler-ICT-Karte (§19b AufenthG) wird man angesichts der kurzen Befristung der Aufenthaltstitel einen gewöhnlichen Aufenthalt verneinen müssen.

b) Inhaber einer Duldung

18 (Noch) weniger klar stellt sich der gewöhnliche Aufenthalt von Inhaber_innen einer **Duldung** dar. Dass die ausdrücklich genannte **Duldung** nicht ipso iure einen gewöhnlichen Aufenthalt ausschließt, ergibt sich bereits aus der Systematik der Norm, die andernfalls einen unauflösbaren Widerspruch enthielte: Sie würde einen gewöhnlichen Aufenthalt aufgrund „einer ausländerrechtlichen der Duldung" fordern, die diesen wiederum ausschließt. Mit der Nennung der ausländerrechtlichen Duldung als Alternative zu einem rechtmäßigen Aufenthalt in § 6 Abs. 2 SGB VIII normiert der Gesetzgeber im Gegenteil, dass auch die „vorübergehende Aussetzung der Abschiebung", als die in der Überschrift zu § 60a AufenthG die Duldung definiert wird, Grundlage eines gewöhnlichen Aufenthalts sein kann. Dem steht auch nicht entgegen, dass die Ausreisepflicht eines geduldeten Ausländers gem. § 60a Abs. 3 AufenthG unberührt bleibt, also fortbesteht.

Bereits aufgrund dieser Erwägungen ist einer Auffassung, nach der der Duldungsstatus einen gewöhnlichen Aufenthalt ausschließt,[29] nicht zu folgen.

28 Vgl. etwa § 26 Abs. 1 AufenthG, nach dem sogar Asylberechtigten und anerkannten Flüchtlingen die Aufenthaltserlaubnis zunächst nur befristet erteilt wird.
29 So etwa BSG, Urt. v. 3.12.2009, B 10 EG 6/08 R, openjur.de = BSGE 105, 70.

Die weiter dafür herangezogenen Argumente des BSG vermögen nicht zu überzeugen. Dass die Duldung gem. § 60a Abs. 3 die Ausreisepflicht der geduldeten Person unberührt lässt, war dem Gesetzgeber des SGB VIII selbstverständlich ebenso bekannt wie der Umstand, dass ein geduldeter Aufenthalt ein ausländerrechtlich betrachtet unrechtmäßiger ist. Dass sich die Duldung in dem „zeitlich befristeten Verzicht der Behörde auf die an sich gebotene Durchsetzung der Ausreisepflicht mittels Abschiebung" erschöpfe und nur als „Reaktion auf das Auftreten vorübergehender Abschiebehindernisse in Betracht" komme,[30] entspricht weder den tatsächlichen Verhältnissen noch den der jedenfalls heute geltenden ausländerrechtlichen Rechtslage, die hier allerdings nur angerissen werden kann.[31]

18a Gem. § 60a Abs. 2 Satz 1 AufenthG ist die Abschiebung eines Ausländers auszusetzen, solange die Abschiebung aus tatsächlichen oder rechtlichen Gründen unmöglich ist. Danach ist der Verbleib durchaus als zukunftsoffen anzusehen, da der Wegfall des Abschiebungshindernisses regelmäßig gerade nicht absehbar ist. Dem steht auch nicht entgegen, dass die Duldung häufig nur für Monate oder gar Wochen erteilt wird. Diese Geltungsdauer betrifft die Bescheinigung über die Duldung, besagt aber nichts über die Dauer der Unmöglichkeit der Aufenthaltsbeendigung. Vielmehr belegt die Praxis der sog. **Kettenduldungen**[32], d. h. der über Jahre immer wieder erteilten aufeinander folgenden Duldungen, dass das Rechtsinstitut der Duldung längst seinen „vorübergehenden" Charakter verloren hat.

Ungeachtet dessen hat der Gesetzgeber zwischenzeitlich in den §§ 60a bis 60d AufenthG ein differenziertes System von Duldungen an Betroffene und ihre Familienangehörige geschaffen, das in Teilen den Charakter eines Systems von **Schattenaufenthaltstiteln** angenommen hat. Das gilt insbesondere für die Ausbildungs- (§ 60c AufenthG)[33] sowie die Beschäftigungsduldung (§ 60d AufenthG). So wird die Ausbildungsduldung gem. § 60c Abs. 3 Satz 4 AufenthG von vornherein für die im Ausbildungsvertrag bestimmte Dauer der Berufsausbildung erteilt und nach deren Abschluss gem. § 60c Abs. 6 Satz 2 AufenthG für sechs Monate zum Zweck der Arbeitsplatzsuche verlängert. Die Beschäftigungsduldung wird gem. § 60d Abs. 1 AufenthG in der Regel für 30 Monate erteilt.

Schließlich sieht das AufenthG den Übergang von der Duldung zu einem auf einen Daueraufenthalt ausgerichteten Aufenthaltstitel in den §§ 19d, 25 Abs. 5, 25a, 25b AufenthG ausdrücklich vor, wobei sich § 25 a AufenthG gerade an „jugendliche oder heranwachsende geduldete Ausländer", mithin den Adressat_innenkreis des SGB VIII, richtet.

18b Andererseits gibt es im Arsenal der Duldungsformen durchaus solche, bei denen das Vorliegen eines gewöhnlichen Aufenthalts grundsätzlich zweifelhaft ist und nur aufgrund der Umstände des Einzelfalls bejaht werden kann. Hierzu zählen die oben in Rn. 15b genannten Duldungsfälle.

18c Soweit die **Aussetzung der Abschiebung** nach **§ 60a Abs. 1 AufenthG** (zunächst) für längstens drei Monate ausgesetzt wird („Abschiebestopp"), hängt es im Einzelfall von der betroffenen Personengruppe sowie den Gründen der Aussetzung ab, ob von einem gewöhnlichen Aufenthalt ausgegangen werden kann. Ein solcher dürfte nur zu verneinen sein,

30 So BSG, Urt. v. 3.12.2009, B 10 EG 6/08 R, openjur.de = BSGE 105, 70.

31 Ablehnend zur Position des BSG auch jurisPK-SGB I/*Pitz*, § 30 Rn. 59.

32 Genauer betrachtet, handelt es sich dabei nicht um eine Vielzahl von erteilten Duldungen, sondern um eine solche von Duldungs*bescheinigungen* i.S.d. § 60a Abs. 4 AufenthG, da regelmäßig der Grund für die Unmöglichkeit der Abschiebung derselbe bleibt. Dies zeigt auch, dass es verfehlt ist, bei der Beurteilung der Dauerhaftigkeit eines Aufenthalts auf von der Ausländerbehörde erteilte *Bescheinigungen* abzustellen.

33 Etwa diesem durch das Integrationsgesetz eingeführten Rechtsinstitut, einem Gesetz, das sich zum Ziel gesetzt hat, Menschen, die eine gute Bleibeperspektive haben, „möglichst zügig in unsere Gesellschaft und in den Arbeitsmarkt" zu integrieren (so die Gesetzesbegründung, vgl. BR-Drs. 266/16), den Charakter des Vorübergehenden und absehbar Befristeten zuzuschreiben, erscheint absonderlich.

wenn bereits zum Zeitpunkt der Anordnung des Abschiebestopps wegen des befristeten Anordnungsgrundes dessen Nichtverlängerung definitiv feststeht.

c) Asylbewerberinnen und Asylbewerber

Diskutiert ist auch die Frage des gewöhnlichen Aufenthalts von **Asylbewerber_innen**. 19
Das BSG hatte einen solchen (zwar auf dem Gebiet des Erziehungsgeldes, aber gestützt auf § 30 Abs. 3 Satz 2 SGB I) teilweise mit der Erwägung im Grundsatz verneint, dass Asylbewerber_innenn der Aufenthalt nur zeitlich befristet und nicht über die Dauer des Asylverfahrens hinaus gestattet sei, sodass nicht festgestellt werden könne, dass sie nicht nur vorübergehend in der Bundesrepublik verweilten.[34] Andererseits wurde der gewöhnliche Aufenthalt bereits während des noch andauernden Asylverfahrens dann bejaht, wenn aufgrund ausländerrechtlicher Regelungen feststeht, dass der Aufenthalt auch im Fall einer unanfechtbaren Ablehnung des Asylantrages nicht beendet wird.[35]

Ein entscheidendes systematisches Argument spricht dafür, dass ein gewöhnlicher Aufent- 20
halt von Asylbewerbern in der Bundesrepublik anzunehmen ist. § 86 Abs. 7 SGB VIII regelt die örtliche Zuständigkeit „für Leistungen an Kinder oder Jugendliche, die um Asyl nachsuchen oder einen Asylantrag gestellt haben" (zur Unterscheidung vgl. die Erläuterungen zu § 86 SGB VIII Rn. 28), erfasst also Asylsuchende vom ersten Augenblick an, einem Zeitpunkt, zu dem über den weiteren Verbleib in der Bundesrepublik keinerlei Aussage oder Prognose möglich ist (vgl. §§ 18, 19 AsylG).[36] Würde der Asylbewerberstatus einen gewöhnlichen Aufenthalt ipso iure ausschließen, regelte die Vorschrift die Zuständigkeit für Leistungen, die es gar nicht geben darf, und wäre ohne Sinn.[37] Diese Konsequenz leugnen alle literarischen oder gerichtlichen Äußerungen, die die Anknüpfung der Zuständigkeitsregelung in § 86 Abs. 7 SGB VIII an den tatsächlichen Aufenthalt darin begründet sehen, dass Asylsuchende in der Bundesrepublik (noch) keinen gewöhnlichen Aufenthalt hätten.[38] Wäre dies richtig, stellten sich Zuständigkeitsfragen gar nicht, weil bereits nach § 6 Abs. 2 SGB VIII ein Leistungsanspruch ausgeschlossen wäre. Die Funktion von § 86 Abs. 7 SGB VIII und ihre Anknüpfung an den tatsächlichen Aufenthalt besteht nicht darin, eine (negative) Entscheidung über das Bestehen eines gewöhnlichen Aufenthalts zu treffen, sondern ausschließlich darin, die örtliche Zuständigkeit eines Trägers in **Abgrenzung zu der anderer Träger** zu begründen.

§ 86 Abs. 7 SGB VIII ist nach allem ein signifikanter Beleg dafür, dass auch bei Asylbewerber_innen das Vorliegen eines gewöhnlichen Aufenthalts in der Bundesrepublik zu bejahen ist.[39]

Schließlich sprechen die Zielsetzung des SGB VIII und die Funktion der Kinder- und Jugend- 21
hilfe für eine weite Auslegung des Begriffs des gewöhnlichen Aufenthalts. Diesen widerspräche es, jungen Menschen wegen ihres ungeklärten Aufenthaltsstatus unter Inkaufnahme des möglicherweise unwiederbringlichen Verlusts die notwendigen (Erziehungs-)Hilfen und Fördermöglichkeiten zu versagen.[40]

---

34 BSG, DVBl. 1987, 1123.
35 So BSG, InfAuslR 1988, 112 (113).
36 Vgl. dazu die differenzierende Entscheidung des BVerwG, NVwZ 2006, 97 ff., in der der gewöhnliche Aufenthalt eines Asylbewerbers in der Bundesrepublik in keiner Weise in Frage gestellt wird. Für einen gewöhnlichen Aufenthalt von Asylbewerbern ausdrücklich BVerwG FEVS 51 (2000), 152 (156) unter Hinweis auf die Gesetzesmaterialien.
37 Im gleichen Sinne NK-AuslR/*Keßler*, AufenthG Anhang 1 Rn. 82, m.w.N.
38 Vgl. etwa OVG NW, ZfJ 1998, 467.
39 Man wird zumindest sagen können, dass das SGB VIII insoweit von § 30 Abs. 3 Satz 2 SGB I Abweichendes i.S.d. § 37 Satz 1 SGB I enthält.
40 In gleichem Sinn auch BSG InfAuslR 1999, 510 (512); zur Einbeziehung der Zielsetzung des Leistungsgesetzes vgl. auch jurisPK/*Pitz*-SGB I, § 30 Rn. 56 unter Hinweis auf die Rechtsprechung des BSG zum Schwerbehindertenrecht.

5. Rechtsfolgen

22 Liegen die **Voraussetzungen des Abs. 2** (rechtmäßiger *oder* geduldeter Aufenthalt *und* gewöhnlicher Aufenthalt) in der Person des **Anspruchsberechtigten oder** des **Leistungsempfängers/der Leistungsempfängerin** (vgl. dazu oben Rn. 5a) **vor**, sind, sofern auch die Voraussetzungen der jeweiligen Anspruchsnormen (z. B. der §§ 24, 27 ff., 35a, 41 SGB VIII) vorliegen, Leistungen zu gewähren. Handelt es sich um Ermessensleistungen (z. B. § 13 Abs. 2, 3 SGB VIII), ist über deren Gewährung nach Ermessen zu entscheiden.

6. Ausländerrechtliche Konsequenzen der Inanspruchnahme von Kinder- und Jugendhilfe

23 Nach § 55 Abs. 2 Nr. 7 AufenthG in der bis zum 31.12.2015 geltenden Fassung konnte ein Ausländer **ausgewiesen werden**, wenn er Hilfe zur Erziehung außerhalb der eigenen Familie oder Hilfe für junge Volljährige nach dem SGB VIII erhielt. Durch das NeubestG 2015[41] wurde das **Ausweisungsrecht** mit Wirkung vom 1.1.2016 umfassend **geändert** und auch begrifflich neu gefasst.[42] Die sog. Ermessensausweisung, die auch den Ausweisungsgrund des § 55 Abs. 2 Nr. 7 AufenthG a.F. erfasste, wurde ebenso abgeschafft wie der Begriff des „Ausweisungsgrundes" und durch den des **„Ausweisungsinteresses"** ersetzt.

24 Der Ausweisungsgrund des § 55 Abs. 2 Nr. 7 AufenthG a.F. ist **ersatzlos entfallen**. Mithin ist der **Bezug von Hilfe** zur Erziehung oder anderer Leistungen der Jugendhilfe **ausländerrechtlich unschädlich**. Im Gegenteil wiegt das **Bleibeinteresse** eines oder einer Minderjährigen, der oder die eine Aufenthaltserlaubnis besitzt, gemäß § 55 Abs. 2 Nr. 1 AufenthG gegenüber dem staatlichen Interesse an der Beendigung des Aufenthalts im Wege der Ausweisung besonders schwer. Darüber hinaus wiegt das Bleibeinteresse gemäß § 55 Abs. 2 Nr. 5 AufenthG besonders schwer, wenn die Belange oder das Wohl eines Kindes zu berücksichtigen sind.[43]

25 Ist die Inanspruchnahme von Leistungen der Jugendhilfe danach ausländerrechtlich und insbesondere ausweisungsrechtlich irrelevant, stellt sich die Frage, ob das Jugendamt gemäß § 87 Abs. 2 Satz 1 Nr. 3 AufenthG verpflichtet ist, im Fall der Gewährung von Hilfen die Ausländerbehörde davon zu unterrichten, weil dies einen Ausweisungsgrund darstellte.[44] Eine solche Verpflichtung **besteht nicht** (mehr).

III. Die Erfüllung anderer Aufgaben gegenüber Ausländerinnen und Ausländern

25a Die Einschränkungen des § 6 Abs. 2 Satz 1 SGB VIII gelten nur für Leistungen. Hinsichtlich der anderen Aufgaben der Jugendhilfe i.S.d. § 2 Abs. 3 SGB VIII gilt Abs. 2 Satz 1 nicht, wie sich aus der Verweisung des Abs. 2 Satz 2 auf Abs. 1 Satz 2, der „unberührt bleibt", ergibt. Insoweit ist nur der tatsächliche Aufenthalt der nicht-deutschen Person in der Bundesrepublik maßgebend.[45]

IV. Abs. 3 – Leistungen an Deutsche im Ausland

26 Jugendhilfeleistungen können nach Abs. 3 auch an **Deutsche** erbracht werden, die ihren Aufenthalt **im Ausland** haben (sog. **Auslandshilfe**). Besondere Anforderungen an den

41 Gesetz zur Neubestimmung des Bleiberechts und der Aufenthaltsbeendigung vom 27.7.2015, BGBl. I, S. 1386.
42 Vgl. dazu NK-AuslR/*Cziersky-Reis*, § 53 AufenthG Rn. 6 ff., 16 ff.
43 Vgl. NK-AuslR/*Cziersky-Reis*, § 53 AufenthG Rn. 28, 36.
44 Vgl. zur alten Rechtslage Wiesner/*Elmauer*, § 6 SGB VIII, Rn. 49 ff.
45 Ebenso Wiesner/*Elmauer*, § 6 SGB VIII Rn. 14.

Aufenthalt werden nicht gestellt, insbesondere ist kein gewöhnlicher Aufenthalt im Ausland erforderlich. Es genügt der tatsächliche Aufenthalt.[46]

Bei einem Auseinanderfallen von Leistungsberechtigung und Leistungsempfang (etwa in den Fällen der §§ 27 ff. SGB VIII) liegt eine Leistung der Jugendhilfe im Ausland im Sinne des § 6 Abs. 3 SGB VIII nur dann vor, wenn beide Beteiligte ihren Aufenthalt im Ausland haben (vgl. dazu im Einzelnen oben Rn. 5a m.w.N.). Dies gilt auch dann, wenn die Personensorge bei einem Vormund liegt.[47] Ein Fall des § 6 Abs. 3 SGB VIII liegt also auch dann vor, wenn bei Aufenthalt der Leistungsberechtigten im Ausland die Hilfe in Deutschland erbracht wird oder der Leistungsempfänger/die Leistungsempfängerin gerade zum Zweck der Hilfeerbringung nach Deutschland reist.[48]

Sie werden in dem Umfang („soweit") nicht gewährt, wie die Hilfe des Aufnahmelandes reicht. Diese kann auf Vorschriften des Aufnahmelandes oder des über- oder zwischenstaatlichen Rechts beruhen (vgl. Abs. 4). Voraussetzung des Ausschlusses ist aber, dass vom Aufnahmeland **tatsächlich** Leistungen **gewährt** werden. Das bloße Bestehen eines Anspruchs genügt nicht.

Die Leistung liegt im **Ermessen** des zuständigen Trägers. Sofern die Voraussetzungen des § 6 Abs. 3 SGB VIII sowie der jeweils in Betracht kommenden Leistungsnorm vorliegen, dürfte regelmäßig eine Ermessensreduzierung auf null vorliegen.

Zur sachlichen Zuständigkeit vgl. § 85 Abs. 2 Nr. 9 SGB VIII, zur örtlichen Zuständigkeit § 88 SGB VIII.

V. Abs. 4 – Vorrang über- und zwischenstaatlichen Rechts

Die § 30 Abs. 2 SGB I entsprechende Vorschrift normiert im Ergebnis einen **Vorrang günstigerer Regelungen des über- und zwischenstaatlichen Rechts**. 27

VI. Europarecht

1. Unionsbürger

Unionsbürger_innen sind in Bezug auf Leistungen der Kinder- und Jugendhilfe aufgrund des allgemeinen Diskriminierungsverbots deutschen Staatsangehörigen gleichgestellt. (vgl. Art. 18 Abs. 1 AEUV; Art. 24 RL 2004/38/EG).[49] 28

2. Staatsangehörige der Schweiz

Das Freizügigkeitsabkommen EG-Schweiz enthält in Art. 2 ein umfassendes Diskriminierungsverbot und gewährt in Anhang I Art. 9 Abs. 1, 2 Schweizer Arbeitnehmer_innenn und ihren Familienangehörigen die gleichen sozialen Vergünstigungen wie Inländer_innen. 29

Die Deutsch-Schweizerische Vereinbarung über die Fürsorge für Hilfsbedürftige (BGBl. 1953 II, 32) findet seit 2006 keine Anwendung mehr.

46 Vgl. VG des Saarlandes, Urt. v. 22.8.2008, 11 K 90/07, juris.
47 BVerwG, Urt. v. 31.5.2018, 5 C 1.17, bverwg.de, Rn. 20, mit Nachweisen aus der zustimmenden Literatur; OVG Nds., Urt. v. 20.1.2016, 4 LB 14/13; juris.
48 Vgl. BVerwG, Urt. v. 31.5.2018, 5 C 1.17, bverwg.de und juris.
49 ABl. EU L 158 vom 20.4.2004, 77, auch abgedr. in: ZFSH/SGB 2004, 719.

3. Türkische Staatsangehörige

30 Leistungsrechtliche Bedeutung hat der unmittelbar geltende[50] **ARB 3/80**.[51] Der Beschluss gilt für türkische Arbeitnehmer_innen sowie ihre in einem Mitgliedstaat der EU lebenden Familienangehörigen und Hinterbliebenen (Art. 2 ARB 3/80). Diese haben nach Art. 3 Abs. 1 ARB 3/80 die gleichen Rechte und Pflichten wie die Staatsangehörigen des Mitgliedstaates, hier also die deutschen Staatsangehörigen. Arbeitnehmer_in i.S.d. ARB 3/80 ist nach dessen Art. 3 Buchst. b jede Person, die gegen ein Risiko oder mehrere Risiken, die von dem System der sozialen Sicherheit für Arbeitnehmer erfasst werden, oder im Rahmen eines für alle Einwohner_innen oder die gesamte erwerbstätige Bevölkerung geltenden Systems der sozialen Sicherheit als Arbeitnehmer_in pflicht- oder freiwillig weiterversichert ist (vgl. Art. 1 Buchst. b) i ARB 3/80). Davon erfasst sind also beispielsweise alle gesetzlich Krankenversicherten, aber auch alle Unfall- oder Rentenversicherten.[52] Zu den sachlich von dem Beschluss 3/80 erfassten Leistungen gehören nach Art 4 Abs. 1 Buchst. h „Familienleistungen", zu denen auch die Ansprüche nach dem SGB VIII zu zählen sind.[53]

VII. Sonstiges über- und zwischenstaatliches Recht

Darüber hinaus werden die Leistungsansprüche von Ausländer_innen durch weitere multi- oder bilaterale Abkommen beeinflusst. Zu nennen sind hier:

31 **1.** das **Übereinkommen über die Zuständigkeit, das anzuwendende Recht, die Anerkennung, Vollstreckung und Zusammenarbeit auf dem Gebiet der elterlichen Verantwortung und der Maßnahmen zum Schutz von Kindern (KSÜ)**.[54] Das seit 1.1.2011 in Deutschland geltende Übereinkommen ist gemäß Art. 2 KSÜ auf Kinder von ihrer Geburt bis zur Vollendung des 18. Lebensjahrs anzuwenden.[55]

Das Abkommen gilt gemäß Art 5 Abs. 1 KSÜ für alle Minderjährigen, die ihren **gewöhnlichen Aufenthalt** im Vertragsstaat haben. Dieser Begriff ist nach der Rechtsprechung des BVerwG zum MSA nicht nach § 30 Abs. 3 SGB I, sondern aus Sinn und Zweck des Abkommens – dem effektiven Schutz der Minderjährigen – zu ermitteln. Dabei sei auf den tatsächlichen Mittelpunkt der Lebensführung einer Person abzustellen. Soweit der Aufenthalt nicht von Anfang an auf Dauer angelegt sei, erstarke er jedenfalls nach sechs Monaten regelmäßig zum gewöhnlichen Aufenthalt. Auf keinen Fall stehe der Asylbewerberstatus der Annahme eines gewöhnlichen Aufenthalts entgegen.[56]

Abweichend davon sind für **Flüchtlingskinder** i.w.S. sowie **Kinder**, deren gewöhnlicher Aufenthalt **nicht festgestellt werden kann**, gem. Art. 6 KSÜ der Staat zuständig, in dem sich die Kinder „befinden", also tatsächlich aufhalten.

32 Im Kontext von Art. 6 Abs. 4 SGB VIII von Interesse sind zum einen die Regelung der Zuständigkeit für **Maßnahmen** zum Schutz der Person und des Vermögens des Kindes (Art. 5 bis 14 KSÜ) sowie die Frage des anzuwendenden Rechts (Art. 15 bis 22 KSÜ).

---

50 EuGH InfAuslR 1999, 324 (327).

51 Beschluss Nr. 3/80 des Assoziationsrats EWG/Türkei über die Anwendung der Systeme der sozialen Sicherheit der Mitgliedstaaten der Europäischen Gemeinschaften auf die türkischen Arbeitnehmer und auf deren Familienangehörige vom 19. September 1980, ABl. EG, Nr. 110, 60.

52 Vgl. dazu die ausführliche Entscheidung des EuGH, InfAuslR 1999, 324 ff. („Sürül") sowie NK-AuslR/*Hofmann*, 3.3 ARB 3/80 Rn. 9 ff.

53 Vgl. zum Begriff der Familienleistung EuGH, InfAuslR 1998, 316 (317 f.).

54 Vom 19.10.1996, BGBl. 2009 II, 602, 603.

55 Das KSÜ ersetzt nach seinem Art. 51 das Übereinkommen über die Zuständigkeit der Behörden und das anzuwendende Recht auf dem Gebiet des Schutzes von Minderjährigen (MSA) vom 5.10.1961 (BGBl. 1971 II, 217).

56 Vgl. BVerwG, NVwZ 2000, 325 ff.

Welche Maßnahmen das Übereinkommen umfasst, ergibt sich aus dem nicht abschließenden Katalog des Art. 3 KSÜ, nicht anzuwenden ist das Abkommen auf die in Art. 4 KSÜ genannten Maßnahmen. **Schutzmaßnahmen** i.S.d. KSÜ sind auch Leistungen der öffentlichen Jugendhilfe.

Bei der Ausübung ihrer Zuständigkeit, also auch bei der Implementierung von Maßnahmen durch Erbringung von Jugendhilfeleistungen, wenden die Vertragsstaaten gem. Art. 15 Abs. 1 KSÜ ihr eigenes Recht an. Das bedeutet: Die Leistungsvorschriften der §§ 11 ff. SGB VIII finden auch dann uneingeschränkt Anwendung, wenn die Voraussetzungen des § 6 Abs. 2 nicht vorliegen.

2. Verordnung (EU) 2019/1111 des Rates vom 25. Juni 2019 (sog. Brüssel IIb-VO).[57] **32a**
Sie gilt seit dem 1.8.2022 und stellt in den Mitgliedstaaten der EU[58] unmittelbar geltendes und anwendbares Recht dar. Die Verordnung regelt die Zuständigkeit der Gerichte, die Anerkennung und Vollstreckung gerichtlicher Entscheidungen in Ehe-, Familien- und Kindschaftssachen in den Fällen, in denen die Beteiligten in verschiedenen Mitgliedstaaten der EU leben. Sie ist aber auch anwendbar bei der Erbringung von Hilfen nach dem Vierten Abschnitt des SGB VIII in einem anderen Mitgliedstaat der EU (vgl. § 38 SGB VIII und die dortigen Erläuterungen).

3. das **Europäische Fürsorgeabkommen (EFA)** vom 11.12.1953 (BGBl.1956 II, 563), das **33**
in Art. 1 eine Gleichbehandlung der Angehörigen der Vertragsstaaten mit den eigenen Staatsangehörigen auf dem Gebiet der Fürsorge garantiert. Es begünstigt die Angehörigen der Mitgliedstaaten der Europäischen Union, Islands, Liechtensteins, Norwegens sowie der Türkei. Durch Art. 2 des Zusatzprotokolls wird der Geltungsbereich auf anerkannte Flüchtlinge nach der GFK ausgedehnt.[59]

4. das **Abkommen über die Rechtsstellung der Flüchtlinge** [Genfer Konvention] vom **34**
28.7.1951 (BGBl.1953 II, 559), das in Art. 23 die Gleichbehandlung von Flüchtlingen mit den Angehörigen des Aufnahmestaates auf dem Gebiet der öffentlichen Fürsorge garantiert. Für sie gelten darüber hinaus die Regelungen des EFA.[60]

5. das **Deutsch-Österreichische Abkommen über Fürsorge und Jugendwohlfahrts-** **35**
pflege,[61] das in Art. 2 Abs. 1 österreichischen Staatsangehörigen Leistungen der „Jugendwohlfahrtspflege" wie Deutschen garantiert. Insoweit sind also österreichische Staatsangehörige wie deutsche zu behandeln. Auf das Vorliegen der Voraussetzungen des § 6 Abs. 2 SGB VIII kommt es nicht an.

6. das **Übereinkommen über die Rechte des Kindes** (UN-Kinderrechtskonvention – UN- **36**
KRK).[62] Nach Rücknahme der bis dahin angemeldeten Vorbehalte durch die Bundesregierung im Juli 2010 ist die UN-KRK im deutschen Recht uneingeschränkt anwendbar. Eine zentrale Bestimmung des Übereinkommens ist Art. 3 UN-KRK, nach dem bei allen Maßnahmen, die Kinder betreffen, unabhängig davon, ob sie von öffentlichen oder privaten Einrichtungen der sozialen Fürsorge getroffen werden, das Wohl des Kindes vorrangig zu berücksichtigen

---

57 Verordnung (EU) 2019/1111 des Rates vom 25. Juni 2019 über die Zuständigkeit, die Anerkennung und Vollstreckung von Entscheidungen in Ehesachen und in Verfahren betreffend die elterliche Verantwortung und über internationale Kindesentführungen, ABl. L 178/1 v. 2.7.2019.

58 Sie gilt nicht in Dänemark und ist ihm gegenüber auch nicht anwendbar; vgl. dazu Erwägungsgrund Nr. 96 zur VO.

59 NK-AuslR/*Keßler*, AufenthG Anhang 1 Rn. 5.

60 BVerwG, Urt. v. 18.5.2000, NVwZ 2000, 1414.

61 BGBl. 1969 II S. 2.

62 BGBl. 1992 II S. 122.

ist.[63] **Art. 18 Abs. 2 UN-KRK** verpflichtet die Vertragsstaaten, zur Gewährleistung und Förderung der in dem Übereinkommen festgelegten Rechte die Eltern und den Vormund in angemessener Weise bei der Erfüllung ihrer Aufgabe, das Kind zu erziehen, zu unterstützen und für den Ausbau von Institutionen, Einrichtungen und Diensten für die Betreuung von Kindern zu sorgen. Nach **Art. 20 Abs. 1 UN-KRK** hat ein Kind, das aus seiner familiären Umgebung herausgelöst wird oder dem der Verbleib in dieser Umgebung im eigenen Interesse nicht gestattet werden kann, Anspruch auf den besonderen Schutz und Beistand des Staates.

37 Die ehedem diskutierte Frage, ob die in AufenthG und AsylVfG enthaltene für die **Handlungsfähigkeit** im ausländerrechtlichen bzw. asylrechtlichen Verfahren auf 16 Jahre abgesenkte Altersgrenze mit der in Art. 22 UN-KRK enthaltenen Schutzpflicht vereinbar ist,[64] hat sich durch die Anhebung dieser Altersgrenzen auf das Volljährigkeitsalter durch das Asylverfahrensbeschleunigungsgesetz bzw. das UMG (vgl. §§ 12 Abs. 1 AsylG, 80 Abs. 1 AufenthG) erledigt.

---

63 Art. 3 UN-BRK hat folgenden Wortlaut:
„Artikel 3 – Wohl des Kindes
Bei allen Maßnahmen, die Kinder betreffen, gleichviel ob sie von öffentlichen oder privaten Einrichtungen der sozialen Fürsorge, Gerichten, Verwaltungsbehörden oder Gesetzgebungsorganen getroffen werden, ist das Wohl des Kindes ein Gesichtspunkt, der vorrangig zu berücksichtigen ist.
Die Vertragsstaaten verpflichten sich, dem Kind unter Berücksichtigung der Rechte und Pflichten seiner Eltern, seines Vormunds oder anderer für das Kind gesetzlich verantwortlicher Personen den Schutz und die Fürsorge zu gewährleisten, die zu seinem Wohlergehen notwendig sind; zu diesem Zweck treffen sie alle geeigneten Gesetzgebungs- und Verwaltungsmaßnahmen.
Die Vertragsstaaten stellen sicher, dass die für die Fürsorge für das Kind oder dessen Schutz verantwortlichen Institutionen, Dienste und Einrichtungen den von den zuständigen Behörden festgelegten Normen entsprechen, insbesondere im Bereich der Sicherheit und der Gesundheit sowie hinsichtlich der Zahl und der fachlichen Eignung des Personals und des Bestehens einer ausreichenden Aufsicht."

64 Vgl. dazu nur Wiesner/*Elmauer*, § 6 SGB VIII Rn. 48.

§ 7
Begriffsbestimmungen

(1) Im Sinne dieses Buches ist

1. Kind, wer noch nicht 14 Jahre alt ist, soweit nicht die Absätze 2 bis 4 etwas anderes bestimmen,

2. Jugendlicher, wer 14, aber noch nicht 18 Jahre alt ist,

3. junger Volljähriger, wer 18, aber noch nicht 27 Jahre alt ist,

4. junger Mensch, wer noch nicht 27 Jahre alt ist,

5. Personensorgeberechtigter, wem allein oder gemeinsam mit einer anderen Person nach den Vorschriften des Bürgerlichen Gesetzbuchs die Personensorge zusteht,

6. Erziehungsberechtigter, der Personensorgeberechtigte und jede sonstige Person über 18 Jahre, soweit sie auf Grund einer Vereinbarung mit dem Personensorgeberechtigten nicht nur vorübergehend und nicht nur für einzelne Verrichtungen Aufgaben der Personensorge wahrnimmt.

(2) [1]Kinder, Jugendliche, junge Volljährige und junge Menschen mit Behinderungen im Sinne dieses Buches sind Menschen, die körperliche, seelische, geistige oder Sinnesbeeinträchtigungen haben, die sie in Wechselwirkung mit einstellungs- und umweltbedingten Barrieren an der gleichberechtigten Teilhabe an der Gesellschaft mit hoher Wahrscheinlichkeit länger als sechs Monate hindern können. [2]Eine Beeinträchtigung nach Satz 1 liegt vor, wenn der Körper- und Gesundheitszustand von dem für das Lebensalter typischen Zustand abweicht. [3]Kinder, Jugendliche, junge Volljährige und junge Menschen sind von Behinderung bedroht, wenn eine Beeinträchtigung nach Satz 1 zu erwarten ist.

(3) Kind im Sinne des § 1 Absatz 2 ist, wer noch nicht 18 Jahre alt ist.

(4) Werktage im Sinne der §§ 42a bis 42c sind die Wochentage Montag bis Freitag; ausgenommen sind gesetzliche Feiertage.*

(5) Die Bestimmungen dieses Buches, die sich auf die Annahme als Kind beziehen, gelten nur für Personen, die das 18. Lebensjahr noch nicht vollendet haben.

Übersicht

A. Allgemeines

Die Vorschrift enthält für den **Geltungsbereich des SGB VIII** abschließende und verbindliche **Begriffsbestimmungen**. Die begriffliche Klärung und Abgrenzung ist einerseits erforderlich, weil das Gesetz Ansprüche der Angehörigen verschiedener Altersgruppen sowie die gegenüber diesen zulässigen Eingriffsbefugnisse unterschiedlich ausgestaltet hat. Andererseits sieht die Rechtsordnung eine solche Fülle unterschiedlicher Altersstufen vor,[1] dass ein praktikabler Rückgriff auf andere Vorschriften kaum möglich ist und eine klarstellende und verbindliche Definition sinnvoll erscheint. 1

1 Vgl. etwa §§ 104, 106, 828 BGB, § 1 Abs. 2 JGG, § 36 SGB I.

Durch das **UMG** wurde der jetzige Abs. 4 neu eingefügt, mit dem der Begriff „Werktag" im Sinne der mit dem UMG ebenfalls neu aufgenommenen §§ 42a bis 42c SGB VIII definiert wird.

Das **KJSG** hat einen neuen Absatz 2 geschaffen, der erstmals eine für den Bereich des SGB VIII verbindliche Definition für „Kinder, Jugendliche, junge Volljährige und junge Menschen mit Behinderungen" vornimmt. Eine solche fehlte bisher, obwohl das SGB VIII auch in der Vergangenheit in § 35a SGB VIII bereits die Eingliederungshilfe für seelisch behinderte Kinder und Jugendliche normierte.

Die früheren Absätze 2 bis 4 wurden dadurch zu Absätzen 3 bis 5.

B. Einzelheiten

I. Abs.atz 1 Nr. 1 bis 4 – Allgemeine Begriffsbestimmungen

2 **Abs. 1 Nr. 1 bis 4** nimmt Begriffsbestimmungen vor, die an das Alter der Betroffenen anknüpfen.

Kind im Sinne des SGB VIII ist nach Abs. 1 Nr. 1 grundsätzlich, wer noch nicht 14 Jahre alt, **Jugendlicher** gem. Abs. 1 Nr. 2, wer 14, aber noch nicht 18 Jahre alt ist.

Durch das SGB VIII neu eingeführt wurden die Begriffe **„junger Volljähriger"** und **„junger Mensch"**, die die obere Grenze der Jugendhilfe mit der Vollendung des 27. Lebensjahres ziehen (siehe aber § 11 Abs. 4 SGB VIII). Der Begriff des jungen Menschen umfasst als Sammelbegriff all diejenigen, die noch nicht 27 Jahre alt sind. Nicht aufgenommen hat das SGB VIII die mithin in seinem Geltungsbereich irrelevante, ausschließlich für das Strafrecht gültige Kategorie des **Heranwachsenden**, den § 1 Abs. 2 JGG als Person definiert, die achtzehn, aber noch nicht einundzwanzig Jahre alt ist.

Bei der Feststellung des Alters wird in Anwendung von § 187 Abs. 2 Satz 2 BGB der Tag der Geburt mitgerechnet. 14 bzw. 18 Jahre alt ist eine Person mit Beginn ihres 14. bzw. 18. Geburtstages. Wer also etwa am 8. Februar 2001 geboren wurde, war am 8. Februar 2015 um 0.00 Uhr 14 Jahre alt. Wer am Monatsersten geboren wurde, vollendet sein Lebensjahr mit Ablauf des vorhergehenden Monats. Auf den ersten Blick mag die an das Geburtsdatum anknüpfende Altersfeststellung problemlos erscheinen. Liegen insoweit allerdings keinerlei Urkunden vor, stellt sich die Frage, mit Hilfe welcher Methoden und auf welcher Rechtsgrundlage eine Altersbestimmung vorgenommen werden darf und wie in Fällen verbleibender Zweifel zu verfahren ist. Solche Probleme stellen sich vor allem im Kontext der Inobhutnahme tatsächlich oder vorgeblich minderjähriger Flüchtlinge nach §§ 42a Abs. 1, § 42 Abs. 1 Satz 1 Nr. 3 SGB VIII.[2] Vgl. deshalb zu Einzelheiten und Problemen der Altersbestimmung die Erläuterungen zu dem durch das UMG neu geschaffenen § 42f SGB VIII.

3 In **Abs. 1 Nr. 5** knüpft das SGB VIII hinsichtlich des – etwa für die Geltendmachung von Hilfen zur Erziehung – zentralen Begriffs des **Personensorgeberechtigten** an die Vorschriften des BGB an. Personensorgeberechtigt sind danach zunächst die **Eltern** (§ 1626 Abs. 1 BGB), d.h. die Mutter (§ 1591 BGB) und der Vater (§ 1592 ff. BGB). Sind sie miteinander verheiratet, üben sie gemeinsam die elterliche Sorge aus. Sind sie bei der Geburt nicht miteinander verheiratet, hat die Mutter die elterliche Sorge (§ 1626a Abs. 3 BGB). Erklären in diesem Fall die Eltern, dass sie die Personensorge gemeinsam ausüben wollen (**„Sorgeerklärung"**; § 1626a Abs. 1 Nr. 1 BGB), heiraten sie einander (§ 1626a Abs. 1 Nr. 2 BGB) oder überträgt

2 Vgl. dazu beispielhaft BayVGH, Beschl. v. 23.9.2014, 12 CE 14.1833, 12 C 14.1865, juris = EJ 2015, 305 ff. mit Anm. *Möller*.

ihnen das Familiengericht die elterliche Sorge gemeinsam (§ 1626a Abs. 1 Nr. 3, Abs. 2 BGB), steht ihnen die elterliche Sorge gemeinsam zu.

Im Fall der Adoption steht die Personensorge den **Adoptiveltern** zu (§ 1754 BGB).

Wird das Personensorgerecht vollständig entzogen, ist gem. § 1793 Abs. 1 BGB der bestellte **Vormund** Personensorgeberechtigter. Bei teilweisem Entzug ist der **Ergänzungspfleger** nur in den Angelegenheiten personensorgeberechtigt, für die er bestellt ist (§ 1909 BGB).

Erstmalig gesetzlich definiert wird in **Abs. 1 Nr. 6** der Begriff des **Erziehungsberechtigten**. **4**
Er umfasst neben den Personensorgeberechtigten solche Volljährige, die aufgrund einer **Vereinbarung** mit jenen nicht nur singulär und nicht nur vorübergehend Aufgaben der Personensorge wahrnehmen. Beispiele dafür sind im Haushalt lebende Verwandte oder nichteheliche Lebenspartnerinnen und -partner, denen Erziehungsaufgaben ausdrücklich oder stillschweigend übertragen wurden.

Grundlage einer Erziehungsberechtigung können auch **gesetzliche Regelungen** sein. So hat gem. § 1687b Abs. 1 BGB der Ehegatte eines allein sorgeberechtigten Elternteils, der nicht Elternteil des Kindes ist (**Stiefelternteil**), im Einvernehmen mit dem sorgeberechtigten Elternteil die Befugnis zur Mitentscheidung in Angelegenheiten des täglichen Lebens, bei Gefahr im Verzug gem. § 1687b Abs. 2 BGB sogar das Recht, alleine alle Rechtshandlungen vorzunehmen, die zum Wohl des Kindes notwendig sind (**„kleines Sorgerecht"**).[3] Erziehungsberechtigt kann auch der nicht sorgeberechtigte Elternteil sein (§ 1687a BGB).

Eine Parallelregelung zu § 1687b BGB enthält § 9 Abs. 1 und 2 LPartG für den mit dem sorgeberechtigten Elternteil zusammenlebenden **Lebenspartner**.

Erziehungsberechtigte sind auch die **Pflegepersonen/Pflegeeltern**, denen § 1688 Abs. 1 BGB die Befugnis zur Entscheidung und Vertretung der Personensorgeberechtigten in Angelegenheiten des täglichen Lebens verleiht, sowie die in § 1688 Abs. 4 BGB genannten Personen.

§ 1688 Abs. 2 BGB stellt diejenigen den Pflegepersonen gleich und macht sie damit auch zu Erziehungsberechtigten im Sinne des § 7 Abs. 1 Nr. 6 SGB VIII, die im Rahmen der Hilfe zur Erziehung bzw. Eingliederungshilfe nach den §§ 34, 35 und 35a Abs. 1 Satz 2 Nr. 3 und 4 SGB VIII die Erziehung und Betreuung eines Kindes übernommen haben. Vgl. dazu die dortigen Erläuterungen.

Die Frage der Erziehungsberechtigung ist immer dort relevant, wo das SGB VIII daran bestimmte Ansprüche, Befugnisse oder sonstige Rechtsfolgen knüpft (vgl. etwa §§ 1 Abs. 3 Nr. 2, 8a, 14, 16, 22a, 23, 24, 25, 28, 42, 42a, 43 SGB VIII).[4]

II. Abs. 2 – Junge Menschen mit Behinderungen

Der durch das **KJSG** neu eingefügte Absatz 2 definiert unter Anknüpfung an die Altersgrup- **4a**
pen in Absatz 1 den Begriff der **„Behinderung"** im Sinne des SGB VIII. Davon abgesehen, dass in Satz 1 und 3 jeweils der Begriff des „Menschen" durch die sachbereichsbezogene Differenzierung in „Kinder, Jugendliche, junge Volljährige und junge Menschen" ersetzt wurde, stimmt die Vorschrift vollständig mit der **Definition des § 2 Abs. 1 SGB IX** überein.

3 Wie hier FK-SGB VIII/*Meysen*, § 7 Rn. 4; anders LPK-SGB VIII/*Kunkel*,/*Kepert* § 7 Rn. 3 f., die diesen Personenkreis unter § 7 Abs. 1 Nr. 5 SGB VIII fassen.

4 Unter Umständen können an die Eigenschaft als Erziehungsberechtigte/r auch Zahlungsverpflichtungen wie etwa die Entrichtung von „Elternbeiträgen" an Betreuungseinrichtungen geknüpft sein. Vgl. dazu beispielhaft OVG Nordrhein-Westfalen, Urt. v. 23.06.2020, 21 A 2862/18, juris.

Damit soll zugleich der Behinderungsbegriff der UN-BRK übernommen werden.[5] Es handelt sich um eine insbesondere für die Eingliederungshilfe nach § 35a SGB VIII gegenüber Teil 1 des SGB IX vorrangige Regelung i.S.d. § 7 Abs. 1 SGB IX.

III. Abs. 3 und 5 – Sonderdefinitionen „Kind"

5 Abweichend von den vorgenannten Altersgrenzen ist nach Abs. 3 **Kind i.S.d. § 1 Abs. 2**, wer noch nicht 18 Jahre alt ist. § 1 Abs. 3 wiederholt nämlich Art. 6 Abs. 2 GG, der wiederum nach einhelliger Auffassung als „Kinder" alle Minderjährigen, also diejenigen, die das 18. Lebensjahr noch nicht vollendet haben (vgl. § 2 BGB), schützt. Auch nach der Definition in **Art. 1 KRK** ist Kind jeder Mensch, der das achtzehnte Lebensjahr noch nicht vollendet hat, soweit die Volljährigkeit nach dem auf das Kind anzuwendenden Recht nicht früher eintritt.

Wiederum in **Abweichung** von der 14-Jahres-Grenze in Abs. 1 Nr. 1 erstreckt Abs. 5 die Geltung der die **Adoption** betreffenden Vorschriften des Gesetzes auf alle Minderjährigen.

VI. Abs. 4 – „Werktage"

6 Die besondere Definition des Werktags in Absatz 4 war erforderlich, weil der in den darin genannten Vorschriften mehrfach verwendete Begriff sich nach allgemeinem Sprach- und Rechtsverständnis auf alle Tage erstreckt, an denen das Arbeiten ohne besondere Einschränkungen gesetzlich zulässig ist, er also alle Wochentage von Montag bis einschließlich Samstag umfasst. Für die in den §§ 42a bis 42c SGB VIII normierten Prüf-, Ermittlungs- und Mitteilungspflichten war der Begriff auf die für die Jugendämter maßgeblichen Arbeitstage Montag bis einschließlich Freitag zu beschränken.[6]

---

5 Eine umfassende und abschließende Definition des Behinderungsbegriffs enthält die UN-BRK allerdings nicht. In deren Art. 1 Abs. 2 heißt es: „Zu den Menschen mit Behinderungen zählen Menschen, die langfristige körperliche, seelische, geistige oder Sinnesbeeinträchtigungen haben, welche sie in Wechselwirkung mit verschiedenen Barrieren Speieran der vollen, wirksamen und gleichberechtigten Teilhabe an der Gesellschaft hindern können." Nach Nr. 5 der Präambel wurde die UN-BRK vereinbart „in der Erkenntnis, dass das Verständnis von Behinderung sich ständig weiterentwickelt und dass Behinderung aus der Wechselwirkung zwischen Menschen mit Beeinträchtigungen und einstellungs- und umweltbedingten Barrieren entsteht, die sie an der vollen, wirksamen und gleichberechtigten Teilhabe an der Gesellschaft hindern".

6 Vgl. die Gesetzesbegründung, BT-Drs. 18/6392, 19.

§ 8
Beteiligung von Kindern und Jugendlichen

(1) [1]Kinder und Jugendliche sind entsprechend ihrem Entwicklungsstand an allen sie betreffenden Entscheidungen der öffentlichen Jugendhilfe zu beteiligen. [2]Sie sind in geeigneter Weise auf ihre Rechte im Verwaltungsverfahren sowie im Verfahren vor dem Familiengericht und dem Verwaltungsgericht hinzuweisen.

(2) Kinder und Jugendliche haben das Recht, sich in allen Angelegenheiten der Erziehung und Entwicklung an das Jugendamt zu wenden.

(3) [1]Kinder und Jugendliche haben Anspruch auf Beratung ohne Kenntnis des Personensorgeberechtigten, solange durch die Mitteilung an den Personensorgeberechtigten der Beratungszweck vereitelt würde. [2]§ 36 des Ersten Buches bleibt unberührt. [3]Die Beratung kann auch durch einen Träger der freien Jugendhilfe erbracht werden; § 36a Absatz 2 Satz 1 bis 3 gilt entsprechend.

(4) Beteiligung und Beratung von Kindern und Jugendlichen nach diesem Buch erfolgen in einer für sie verständlichen, nachvollziehbaren und wahrnehmbaren Form.

Übersicht Rn.

A. Allgemeines

1 § 8 SGB VIII sichert Kindern und Jugendlichen das **Recht auf Beteiligung** an allen Entscheidungen der öffentlichen Jugendhilfe zu, die sie betreffen (Abs. 1 Satz 1). Darüber hinaus verpflichtet die Norm den örtlichen Träger der Jugendhilfe, **Minderjährige** auf geeignete Weise **über ihre Rechte** in familiengerichtlichen, verwaltungsgerichtlichen und Verwaltungsverfahren zu **informieren** (Abs. 1 Satz 2). Kinder und Jugendliche verfügen über ein **Initiativrecht**; sie dürfen sich selbst in allen Angelegenheiten der Erziehung und Entwicklung an das Jugendamt wenden (Abs. 2). Ihnen steht **Beratung ohne Kenntnis der Personensorgeberechtigten** zu, wenn durch die Information der Personensorgeberechtigten der Zweck der Beratung zunichtegemacht würde (Abs. 3). Die Beteiligung und Beratung sollen so gestaltet sein, dass sie für die adressierten Kinder und Jugendlichen verständlich, wahrnehmbar und nachvollziehbar sind.

2 Kinder und Jugendliche können keinesfalls als Objekte des Handelns der Kinder- und Jugendhilfe verstanden werden, sondern sind **Träger_innen von Grundrechten** und selbstbestimmte Personen mit einem eigenen Recht auf Entfaltung ihrer Persönlichkeit (Art. 2 GG).[1] Entsprechend wird in § 1 SGB VIII zuvorderst das Recht junger Menschen auf Förderung und Erziehung betont. Obwohl alle Aufgaben der Kinder- und Jugendhilfe die Belange von Kindern und Jugendlichen betreffen, macht das SGB VIII in den meisten Fällen die Sorgeberechtigten zu Leistungsberechtigten. Vor diesem Hintergrund kommt der Beteiligung der

1 BVerfG, Beschl. v. 29.7.1968, 1 BvL 20/63; 1 BvL 31/66; 1 BvL 5/67, BVerfGE 24, 119.

Minderjährigen bei der Gestaltung der Leistungen und der Erfüllung anderer Aufgaben eine besondere Relevanz zu. Diese Vorschrift **stärkt die Position von Kindern und Jugendlichen als Subjekte** im Kinder- und Jugendhilferecht. Damit wird zudem deutlich, dass die Leistungen der Kinder- und Jugendhilfe überwiegend einen Angebotscharakter haben und auf Freiwilligkeit der Inanspruchnahme basieren.

3 Die Beteiligung von Kindern und Jugendlichen wurde mit § 8 SGB VIII im ersten Kapitel des SGB VIII verankert. Damit gilt das Recht auf Beteiligung der Kinder und Jugendlichen **bei der Gewährung aller Leistungen und der Erfüllung aller Aufgaben** nach dem SGB VIII, auch in den Fällen, in denen die Kinder und Jugendlichen selbst nicht leistungsberechtigt sind.[2] Gleichzeitig wird der öffentliche Träger der Jugendhilfe verpflichtet, für eine geeignete Beteiligung von Kindern und Jugendlichen Sorge zu tragen und in diesem Sinne selbst proaktiv tätig zu werden. Die Beteiligung darf nicht erst dann erfolgen, wenn Kinder und Jugendliche sie einfordern.

4 Allerdings werden in einzelnen Vorschriften des Kinder- und Jugendhilferechts **eigene Regelungen zur Beteiligung** getroffen, sei es, dass sie spezifiziert, sei es, dass sie eingeschränkt werden. Dies betrifft § 17 SGB VIII (Beratung in Fragen der **Partnerschaft, Trennung und Scheidung**), § 36 (Mitwirkung **Hilfeplan**), § 42 SGB VIII (**Inobhutnahme** von Kindern und Jugendlichen), § 42a SGB VIII (vorläufige Inobhutnahme), § 42f SGB VIII (behördliche **Altersfeststellung**, der ausdrücklich auf § 8 Abs. 1 SGB VIII verweist), sowie § 55 SGB VIII (Beistandschaft, Amtspflegschaft und **Amtsvormundschaft**).[3] Diese speziellen Regelungen gehen der allgemeinen Vorschrift nach § 8 SGB VIII vor.[4] Sind Kinder und Jugendliche selbst die Leistungsberechtigten (also bei Hilfen nach § 24 SGB VIII oder § 35 SGB VIII), greift darüber hinaus das Wunsch- und Wahlrecht nach § 5 SGB VIII.

5 Auch **junge Volljährige** zählen zur Adressat_innengruppe des Kinder- und Jugendhilferechts. Ihr Rechtsanspruch ergibt sich aus § 41 SGB VIII, weswegen sie in § 8 SGB VIII nicht benannt werden. Ihre Rechte auf Aufklärung, Beratung, Auskunft und Antragsstellung ergeben sich aus den §§ 13 bis 16 SGB I.

6 Das grundsätzliche Recht auf Beteiligung von Kindern und Jugendlichen an Angelegenheiten, die sie betreffen, ist in verschiedenen Rechtsvorschriften formuliert. Die am 5.4.1992 in Deutschland in Kraft getretene **UN-KRK** sichert Kindern und Jugendlichen das Recht zu, sich zu allen Angelegenheiten, die sie betreffen, zu äußern, und verpflichtet die Vertragsstaaten, die Meinungen der Kinder und Jugendlichen angemessen zu berücksichtigen. Dies gilt insbesondere für Gerichts- und Verwaltungsverfahren. § 8 SGB VIII wird als wichtiger Beitrag zur Umsetzung dieser Rechte in der deutschen Rechtspraxis gewertet.[5] Schon im Gesetzentwurf der Bundesregierung wurde dieser Zusammenhang herausgestellt.[6]

Daneben formuliert auch die Grundrechtecharta der EU in Art. 24 das Recht des Kindes, seine Meinung bei allen Angelegenheiten, die es betreffen, seinem Alter und Reifegrad entsprechend berücksichtigt zu wissen. Aus Art. 1 Abs. 1 GG ergibt sich, dass Menschen immer als Subjekte staatlichen Handelns zu verstehen sind und nicht bloß als Objekte. Dies gilt auch für Kinder und Jugendliche.

---

2 OVG Berlin-Brandenburg, Beschl. v. 27.11.2002, 4 B 196/02, JAmt 2004, 38; OLG Stuttgart, Urt. v. 23.7.2003, 4 U 42/03.

3 Vgl. auch die zur Einräumung von Beteiligungsmöglichkeiten verpflichtende Vorschrift des § 45 Abs. 2 Satz 2 Nr. 3 SGB VIII.

4 Vgl. LPK-SGB VIII/*Kepert/Kunkel*, § 8 SGB VIII Rn. 7.

5 Vgl. Schellhorn/Fischer/Mann/*Kern*, § 8 SGB VIII Rn. 10.

6 Vgl. BT-Drs. 11/5948, 51.

Aus anderen Büchern des SGB ergibt sich in Ergänzung Folgendes: 7

Das Wunsch- und Wahlrecht nach § 5 SGB VIII gilt auch für Kinder- und Jugendliche, sofern sie Leistungsberechtigte sind. Jugendliche können es vor allem dann ausüben, wenn sie mit 15 Jahren selbst ihre Ansprüche geltend machen können (§ 36 SGB I).

Das Recht auf **Beteiligung im Verwaltungsverfahren** ergibt sich auch aus § 12 SGB X. Findet **keine Beteiligung** statt, ist der Verwaltungsakt wegen der Fehlerhaftigkeit gegebenenfalls **rechtswidrig**. Allerdings kann dieser Verfahrensfehler nach § 41 Abs. 1 Nr. 3 SGB X durch Nachholen geheilt werden. Unter anderem aus diesen Gründen sollten alle zur Beteiligung zu zählenden Vorgänge in den Akten dokumentiert werden.

In einzelnen **Ausführungsgesetzen zum Kinder- und Jugendhilferecht** ist das Recht auf Beteiligung von Kindern und Jugendlichen **konkretisiert** oder erweitert worden. Nordrhein-Westfalen beispielsweise hat in § 6 3. AG-KJHG – KJFöG festgelegt, dass Kinder und Jugendliche insbesondere auch bei der Wohnumfeld- und Verkehrsplanung, der Planung und Unterhaltung von Spielflächen und der baulichen Gestaltung öffentlicher Einrichtungen angemessen beteiligt werden sollen.

§ 8 Abs. 3 SGB VIII wurde bereits 2012 **durch das Bundeskinderschutzgesetz**[7] **geändert**. 8
Hieß es zuvor noch, dass Kinder und Jugendliche in Not- und Konfliktlagen ohne Kenntnis der Personensorgeberechtigten beraten werden **können**, wurde ihre Position durch das Bundeskinderschutzgesetz gestärkt und ihr **Anspruch** auf eine solche Beratung festgeschrieben (vgl. dazu auch unten Rn. 33). Schon zuvor wurde die Regelung als Anspruchsnorm interpretiert, doch angesichts der Diskussionen am Runden Tisch „Sexueller Kindesmissbrauch" sowie Art. 12 der UN-Kinderrechtskonvention wurde entschieden, dieses rechtlich eindeutig zu definieren.[8] Dazu wurde im Gesetzestext ergänzt, dass § 36 SGB I unberührt bleibt.

Dass das Recht auf Beratung ohne Kenntnis der Personensorgeberechtigte auf Not- und Konfliktfälle begrenzt bliebt, stieß allerdings auf breite Kritik. Mit dem KJSG wurde diese Einschränkung gestrichen.

Die Vorschrift richtet sich zunächst an den Träger der öffentlichen Jugendhilfe nach § 2 9
SGB VIII. Wenn dieser zur Erfüllung seiner Aufgaben **freie Träger der Jugendhilfe** beauftragt, hat er sicherzustellen, dass auch diese den allgemeinen Vorschriften folgen. Wenn sie jedoch eigenständig Aufgaben wahrnehmen, sind sie aufgrund ihrer freieren Stellung nicht an § 8 SGB VIII gebunden.[9]

B. Die Regelungen im Einzelnen

I. Abs. 1 – Pflicht zur Beteiligung und Information

1. Abs. 1 Satz 1 – Grundsatz der Beteiligung

Die öffentliche Jugendhilfe ist verpflichtet, Kinder und Jugendliche an allen Entscheidungen, 10
die sie betreffen, zu beteiligen. Dies gilt selbstverständlich auch für Minderjährige mit Beeinträchtigungen, bspw. nach § 7 Abs. 2 SGB VIII oder nach schulischer Förderdiagnostik. Ob sich aus der Vorschrift ein **subjektiver Rechtsanspruch** der Kinder und Jugendlichen ableiten lässt, ist **umstritten**. *Kunkel/Kepert* vertreten die Auffassung, dass § 8 Abs. 1 SGB VIII ein subjektives öffentliches Recht enthält, das bei Verletzung auch von den Minderjährigen

7 Art. 2 BKiSchG.
8 Vgl. BT-Drs. 17/6256, 20.
9 Vgl. Schellhorn/Fischer/Mann/*Kern*, § 8 SGB VIII Rn. 21 m.w.N.

eingeklagt werden kann, wobei sie von den Personensorgeberechtigten gesetzlich vertreten werden (im Falle widerstreitender Interessen von einem_r Egänzungspfleger_in als Verfahrenspfleger_in, §§ 1796, 1909 BGB).[10] Gestützt wird diese Auffassung durch das Urteil des OLG Stuttgart vom 23.7.2003.[11] *Kern* hingegen ist der Meinung, dass Abs. 1 dieser Vorschrift zwar den öffentlichen Träger zur Beteiligung verpflichtet, daraus jedoch kein subjektiver Anspruch abzuleiten ist.[12] In jedem Fall handelt es sich um einen sehr wesentlichen Grundsatz der Jugendhilfe, dessen Beachtung zum einen maßgeblich zur **Akzeptanz der Maßnahmen bei den Kindern und Jugendlichen** beiträgt, zum anderen elementar für die **Qualität** der Leistungen ist, da sie eine grundlegende Bedingung für das **Fallverstehen** und damit den Erfolg der Hilfen darstellt.[13] Für die Praxis der Kinder- und Jugendhilfe ist die Beteiligung der Adressat_innen nicht nur gesetzlich verankerte Pflicht, sondern auch ein theoretisch begründeter **professioneller Standard**. So ist Partizipation in der Theorie **lebensweltorientierter Sozialer Arbeit**, die für die Praxis der Kinder- und Jugendhilfe von großer Relevanz ist, eines der zentralen Prinzipien. *Thiersch* und *Grunewald* beschreiben die „gemeinschaftliche Gestaltung von Hilfen im Zeichen der Verhandlung" als wesentliches Merkmal von Beteiligung.[14] Dennoch zeigt die Praxisforschung sowohl im Bereich der Jugendhilfeplanung als auch bei den Hilfen für Erziehung einigen **Entwicklungsbedarf**.[15]

11 Abs. 1 der Vorschrift bezieht sich vorwiegend auf **Entscheidungsprozesse**, nicht auf die Entscheidungen selbst. *Kunkel/Kepert* betonen, dass sich aus dieser Vorschrift kein Anspruch auf eine bestimmte Entscheidung ergibt, sondern nur eine Beteiligung an ihr. Die Entscheidung des öffentlichen Jugendhilfeträgers kann auch gegen den Willen eines Kindes ausfallen. Die Beteiligung ermöglicht es allerdings, Einfluss auf den Inhalt einer Entscheidung zu nehmen.[16] Folglich kann sie kein formeller Anhörungsakt sein, vielmehr müssen die **Anliegen und Vorstellungen** der Kinder und Jugendlichen **im Rahmen der Möglichkeiten berücksichtigt werden**.[17]

12 Das Recht auf Beteiligung gilt bezüglich Entscheidungen, die das Kind oder den/die Jugendliche_n betreffen. Dazu sind **regelnde Entscheidungen** im Sinne des § 8 SGB X ebenso zu zählen wie **nicht regelnde Entscheidungen**, beispielsweise zu Hilfeleistungen oder dem Anrufen des FamG. Im Kinder- und Jugendhilferecht sind dies alle Entscheidungen über die Wahrnehmung von Aufgaben nach § 2 Abs. 2 und 3 SGB VIII, ausgenommen jene, die institutioneller (§§ 45 bis 48a SGB VIII, 54 SGB VIII, 74 bis 77 SGB VIII), organisatorischer (§§ 59 SGB VIII, 60 SGB VIII, 98 SGB VIII) oder kostenrechtlicher (§§ 90 bis 95 SGB VIII) Art sind. Zu betonen ist, dass auch Entscheidungen, die nicht für einen Einzelfall getroffen werden, sondern die Jugendhilfe insgesamt betreffen, beispielsweise in der **Jugendhilfeplanung** oder bezüglich sozialräumlich orientierter Maßnahmen, zu den Entscheidungen, an denen Kinder und Jugendliche beteiligt werden müssen, zu zählen sind.[18] So muss der Kinder- und Jugendhilfeausschuss nach § 80 Abs. 1 Nr. 2 SGB VIII dafür Sorge tragen, dass Planungs- und Entscheidungsprozesse beteiligungsorientiert gestaltet werden.[19]

13 Entscheidungen, die auf **anderen gesetzlichen Regelungen** als dem SGB VIII beruhen (beispielsweise dem BGB oder AufenthG) fallen nicht unter diese Norm, selbst wenn sie von

10 Vgl. LPK-SGB VIII/*Kunkel/Kepert*, § 8 Rn. 4.
11 OLG Stuttgart, Urt. v. 23.7.2003, 4 U 42/03.
12 Vgl. Schellhorn/Fischer/Mann/*Kern*, § 8 SGB VIII Rn. 11, m.w.N.
13 Vgl. *Rätz/Schröer/Wolff* 2014, 241.
14 *Thiersch/Grunewald* 2015, 351.
15 Vgl. *Pluto* 2010, 198 bis 202, 206 bis 210.
16 Vgl. LPK-SGB VIII/*Kunkel/Kepert*, § 8 Rn. 2.
17 Vgl. Schellhorn/Fischer/Mann/*Kern*, § 8 SGB VIII Rn. 7.
18 S. zu Modellen und Verfahren der Beteiligung in der Jugendhilfeplanung *Stork* 2010.
19 Vgl. *Rätz/Schröer/Wolff* 2014, 240.

Mitarbeiter_innen der öffentlichen Jugendhilfe, beispielsweise in einer Funktion als Einzelpfleger_in oder Vormund, getroffen werden.[20]

Die Entscheidung, das Kind zu entstehenden **Kosten** nach § 92 Abs. 1 Nr. 1 SGB VIII heranzuziehen, betrifft zwar die Interessen des Kindes, ist aber als ein belastender Verwaltungsakt zu verstehen, sodass die Beteiligung durch Anhörung nach Maßgabe von § 24 SGB X geschieht.[21] Eine weitere **Ausnahme** zu dieser Regelung entsteht, wenn **aus Anlass einer Straftat** gemäß § 12 JGG erzieherische Maßnahmen beschlossen werden.

Die Beteiligung und Information über ihre Rechte sollen dem Entwicklungsstand der Kinder und Jugendlichen entsprechen und auf geeignete Weise erfolgen. Daraus ergibt sich, dass für die Beteiligung und Information **keine Altersgrenze** gilt. Auch Kinder und Jugendliche, die die Tragweite ihrer Entscheidungen nicht gänzlich überblicken können, sind auf geeignete Weise zu beteiligen. Entsprechend ist es notwendig, differenzierte Beteiligungskonzepte zu entwickeln, um allen Adressat_innen in den jeweiligen Hilfekontexten gerecht zu werden. So ist beispielsweise möglich, bei Minderjährigen, die sich selbst nicht artikulieren können, eine Beteiligung über **Interaktionsbeobachtungen** zu sichern.[22] Auch non-verbale Kommunikationsformen, beispielsweise Spielen, Malen oder die Beobachtung von Mimik und Körpersprache, können zum Tragen kommen. Für Kinder und Jugendliche ergibt sich aus der Norm das Recht, sich zu den Entscheidungen, die sie betreffen, zu äußern, **eine Pflicht zur Stellungnahme** lässt sich **indessen nicht ableiten**. 14

Anregungen zur Umsetzung von Beteiligung in der Jugendhilfe

Zur Beteiligung in der stationären Jugendhilfe haben verschiedene Erziehungshilfefachverbände die Initiative „Beteiligung in der Jugendhilfe" ins Leben gerufen. Auf der Seite www.diebeteiligung.de (→ Fachpraxis → Praxismaterial) gibt es neben unterschiedlichen Informationen aus Forschung und Praxis ein großes Angebot an Materialien zur Beteiligung von Kindern und Jugendlichen, die auch außerhalb der stationären Jugendhilfe facettenreiche Anregungen bieten.

Die in Abs. 1 benannte **Hinweispflicht** umfasst die **Pflicht zur Aufklärung** ebenso wie die **Pflicht zur Beratung** und **Auskunft**, sowohl auf ein konkretes einzelnes Verfahren bezogen als auch generell zum Ablauf von Verfahren. Im Wesentlichen entspricht sie den Regelungen der §§ 13 bis 15 SGB I. Der Anspruch auf Aufklärung und Beratung bezieht sich allgemein auf Rechte und Pflichten im Rahmen des Gesetzbuches. Das Recht auf Auskunft erstreckt sich über alle sozialen Angelegenheiten, die Benennung von Leistungsträgern und die Beantwortung aller Sach- und Rechtsfragen, die für Auskunftssuchende von Bedeutung sein können und die die Auskunftsstelle beantworten kann. 15

Für Fragen der Beteiligung von Kindern und Jugendlichen an Entscheidungen der Jugendhilfe sind auch Fragen der **elterlichen Sorge** von Bedeutung. Das Kinder- und Jugendhilferecht schreibt den **Behörden kein eigenständiges Erziehungsrecht** zu, dies liegt gemäß § 1626 BGB bei den Eltern bzw. den Personensorgeberechtigten. In Fällen einer konkreten Gefährdung des Kindeswohls kann und muss das Jugendamt jedoch auch gegen Willen der Eltern tätig werden. Dieses **staatliche Wächteramt** ergibt sich ebenfalls aus Art. 6 Abs. 2 GG (s. zum Wächteramt § 8a SGB VIII Rn. 1). In allen anderen Fällen liegt das Erziehungsrecht bei den Eltern. Deswegen kann die Beteiligung weder ohne noch gegen den Willen der Eltern geschehen, weil sie die **Schnittstelle zur Verwirklichung der Rechte der Kinder** darstellen (siehe aber Abs. 3; dazu unten Rn. 27 ff.).[23] Entsprechend müssen sie auf die Beteili- 16

20 Vgl. LPK-SGB VIII/*Kunkel/Kepert*, § 8 SGB VIII Rn. 8.
21 Vgl. LPK-SGB VIII/*Kunkel/Kepert*, § 8 SGB VIII Rn. 7.
22 Vgl. FK-SGB VIII/*Meysen*, § 8 SGB VIII Rn. 5.
23 Vgl. LPK-SGB VIII/*Kunkel/Kepert*, § 8 Rn. 5, mit Verweis auf juris PK-SGB VIII, Rn. 20.

gung des Kindes hingewiesen werden. Als gesetzliche Vertreter_innen ihrer Kinder kommt ihnen die Aufgabe der Geltendmachung der Rechte der Kinder zu. In Fällen jedoch, in denen **Konflikte zwischen Kindern und Eltern** vorliegen, besteht das Risiko, dass sie ihre Kinder nicht umfänglich über deren Recht aufklären, weswegen diese Aufgabe hier dem Jugendamt zugeschrieben wird.[24] Vor diesem Hintergrund gibt es die Möglichkeit, im Falle eines Interessensgegensatzes zwischen Eltern und Kind die Vertretung des Kindes einem/einer Ergänzungspfleger_in als **Verfahrenspfleger_in** zu übergeben (§ 1796 BGB, § 1909 BGB).

17 Gleichwohl ist das Recht auf Beteiligung eines, das den Kindern selbst zusteht. Aus diesem Grund ist es dem Jugendamt möglich, die **Anhörung der Kinder ohne Beisein der Eltern** vorzunehmen; insbesondere in Konfliktfällen zwischen Eltern und Kindern kann dies angezeigt sein.[25] Aus dieser Norm kann indessen nicht abgeleitet werden, dass die Wünsche und Interessen der Kinder und Jugendlichen stärkeres Gewicht haben als die der Personensorgeberechtigten. In der Praxis können sich für die Fachkräfte daraus Mandats-Konflikte entwickeln.

Aus der Norm ergibt sich für die öffentliche Jugendhilfe auch nicht die Verpflichtung, in jedem Einzelfall die Zustimmung der Personensorgeberechtigten zu überprüfen. Vor allem bei Angeboten der Jugendarbeit im Bereich Bildung und Freizeit wäre eine solche Verpflichtung nicht umzusetzen. So kann bei der Teilnahme an allgemeinen **Freizeitangeboten** die **Zustimmung** der Personensorgeberechtigten **grundsätzlich angenommen werden**.[26]

2. Abs. 1 Satz 2 – Recht auf Informationen zu Verfahren

18 Satz 2 der Norm verpflichtet das Jugendamt, Kinder und Jugendliche über ihre Rechte im **Verwaltungsverfahren** und bei Verfahren vor dem **Familiengericht**, dem **Vormundschaftsgericht** und dem **Verwaltungsgericht** zu informieren. Die Pflicht zur Aufklärung über das Verfahren besteht bei familien- und jugendgerichtlichen Verfahren unabhängig von der Bestellung eines Verfahrensbeistands.[27]

19 Der Begriff Verfahren umfasst Regelungen, die Abläufe in bestimmten Zusammenhängen strukturieren und die damit verbundenen Rechte und Pflichten der Beteiligten konkretisieren. In **Verwaltungsverfahren** der Kinder- und Jugendhilfe bestehen relevante Rechte bei Vorliegen der notwendigen Voraussetzungen vor allem in:

- dem Recht auf Beratung (§ 14 SGB I),
- dem Recht auf Wahrung des Sozialgeheimnisses (§ 35 SGB I),
- der Möglichkeit der eigenen Handlungsfähigkeit und Antragsstellung für ab 15-Jährige (§ 36 SGB I),
- dem Wunsch- und Wahlrecht (§ 5 SGB VIII),
- der Anhörung des Kindes bzw. des/der Jugendlichen (§ 24 SGB X),
- dem Recht auf Akteneinsicht (§ 25 SGB X),
- der Begründung der Entscheidung (§ 35 SGB X) und
- der Rechtsbehelfsbelehrung (§ 36 SGB X).

Im Speziellen gilt für Verwaltungsverfahren, dass sie immer Verwaltungsakte oder Verträge betreffen (§ 8 SGB X). Beteiligt sind Kinder hierbei insbesondere dann, wenn sie nach § 12 SGB X Antragsteller_in bei einem begünstigenden Verwaltungsakt oder Adressat_innen eines belastenden Verwaltungsakts sind. Darüber hinaus kann das Jugendamt Kinder und Ju-

24 Vgl. BT-Drs. 11/5948, 51.
25 Wiesner/Wapler/*Wapler*, § 8 SGB VIII Rn. 33.
26 Vgl. BT-Drs. 11/5948, 50 f.
27 Vgl. FK-SGB VIII/*Meysen*, § 8SGB VIII Rn. 6.

gendliche nach § 12 Abs. 2 SGB X zum Verfahren hinzuziehen, wenn ihre Interessen berührt sind. Damit macht § 8 SGB VIII Kinder nicht generell zu gesetzlich zugezogenen Beteiligten im Sinne von § 12 SGB X.[28] Kinder und Jugendliche sind gemäß § 10 Nr. 1 SGB X im Verwaltungsverfahren beteiligungsfähig.

Rechte, auf die **im verwaltungsgerichtlichen Verfahren** insbesondere hinzuweisen ist, sind: 20

- das Recht auf eine Rechtsbehelfs- bzw. Rechtsmittelbelehrung (§ 58 VwGO),
- die aufschiebende Wirkung eines Widerspruchs oder einer Anfechtungsklage (§ 80 VwGO) oder deren Fehlen sowie
- sich aus konkreten Anlässen ergebende Rechte.

Im **familiengerichtlichen Verfahren** ist insbesondere hinzuweisen auf 21

- das Beschwerderecht (§ 60 FamFG),
- die Möglichkeit der Bestellung eines Verfahrensbeistands (§ 158 FamFG) sowie
- die Anhörungsrechte (§ 159 FamFG).

Für Verfahren vor dem Familiengericht gilt jedoch, dass erst Jugendliche ab Vollendung des 14. Lebensjahres persönlich angehört werden müssen; jüngere Kinder sollen angehört werden, wenn dies aus sachlichen Gründen angezeigt ist (§ 159 Abs. 1 und 2 FamFG, § 175 FamFG). Jüngere Kinder sind demzufolge bloß auf ihre Rechte hinzuweisen.

Es bleibt dennoch zweifelhaft, inwieweit das Verwaltungsverfahrensrecht des SGB als Basis für die **Regelung pädagogischer Prozesse** tauglich ist, ist es doch im Wesentlichen für die Gewährung von Geldleistungen konzipiert und weniger für Dienst- oder Sachleistungen.[29] Auch *Thiersch* und *Grunewald* diskutieren das Problem der strukturellen Asymmetrie und schlussfolgern, dass Partizipation in der Praxis der Sozialen Arbeit den verschiedenen Aufgabenstellungen, Zielgruppen und Arbeitsfeldern angepasst gestaltet werden muss.[30] Angelehnt an das Stufenmodell von *Blandow/Gintzel/Hansbauer* sind folgende **Entscheidungsstrukturen** denkbar:[31] 22

- Kind entscheidet autonom,
- Kind entscheidet, während die Fachkraft ein Anhörungsrecht hat,
- Kind entscheidet, der Fachkraft bleibt ein Vetorecht,
- Fachkraft und Kind entscheiden gemeinsam,
- Fachkraft entscheidet, dem Kind bleibt ein Vetorecht,
- Fachkraft entscheidet, während das Kind ein Anhörungsrecht hat,
- Fachkraft entscheidet autonom.

Vor diesem Hintergrund ist es wichtig zu berücksichtigen, dass Partizipation nicht nur formeller Verfahren bedarf, sondern immer auch ein **kommunikativer und reflexiver Prozess** zwischen Fachkräften, Kindern/Jugendlichen und Eltern ist.[32]

28 Vgl. LPK-SGB VIII/*Kunkel/Kepert*, § 8 SGB VIII Rn. 11.
29 S. dazu auch *Schmid-Obkirchner*, in Münder/Wiesner/Meysen, Handbuch KJHR, Kap. 2.1 Rn. 8.
30 *Thiersch/Grunewald* 2015, 351.
31 Vgl. *Müller* 2015, 51; *Blandow/Gintzel/Hansbauer* 1999, 58.
32 Vgl. *Schefold* 2002, 1095.

Checkliste Hinweispflicht

In Verwaltungsverfahren:
- *Recht auf Beratung (§ 14 SGB I),*
- *Recht auf Wahrung des Sozialgeheimnisses (§ 35 SGB I),*
- *Möglichkeit der eigenen Handlungsfähigkeit und Antragsstellung für ab 15-Jährige (§ 36 SGB I),*
- *Wunsch- und Wahlrecht (§ 5 SGB VIII),*
- *Anhörung des Kindes bzw. des/der Jugendlichen (§ 24 SGB X),*
- *Recht auf Akteneinsicht (§ 25 SGB X),*
- *Begründung der Entscheidung (§ 35 SGB X),*
- *Rechtsbehelfsbelehrung (§ 36 SGB X).*

In verwaltungsgerichtlichen Verfahren:
- *Recht auf eine Rechtsbehelfs- bzw. Rechtsmittelbelehrung (§ 58 VwGO),*
- *aufschiebende Wirkung eines Widerspruchs oder einer Anfechtungsklage (§ 80 VwGO) oder deren Fehlen,*
- *sich aus konkreten Anlässen ergebende Rechte.*

In familiengerichtlichen Verfahren:
- *Beschwerderecht (§ 60 FamFG),*
- *Möglichkeit der Bestellung eines Verfahrensbeistands (§ 158 FamFG),*
- *Anhörungsrechte (§ 159 FamFG).*

II. Abs. 2 – Initiativrecht

23 Absatz 2 der Norm spricht Kindern und Jugendlichen das **Initiativrecht** zu, sich **selbsttätig in allen Angelegenheiten der Erziehung und Entwicklung an das Jugendamt zu wenden**. Dieser Begriff ist bewusst weit gefasst und bezieht sich nicht nur auf die Gefährdungs- oder Konfliktlagen. Ebenso offen sollten sich die Jugendämter den Anliegen der Kinder und Jugendlichen gegenüber zeigen. Die Zuordnung der Anfragen zu einer bestimmten Hilfeform oder Leistungsnorm ist nicht notwendig. Das grenzt diesen Anspruch von der Beratung nach § 10a SGB VIII ab, die sich konkret auf die Wahrnehmung der Rechte nach dem SGB VIII bezieht. Gleichwohl werden sich in der Praxis inhaltliche Überschneidungen in Beratungsgesprächen nach § 8 SGB VIII und § 10a SGB VIII ergeben.[33]

24 Aus dieser Regelung ergibt sich für Kinder und Jugendliche ein **subjektiver, einklagbarer Rechtsanspruch**, mit ihren Anliegen beim Jugendamt gehört zu werden. Daraus erwächst für das Jugendamt die Pflicht, sich mit ihren Anliegen zu befassen und sie sachgerecht zu prüfen.[34] Einer Einwilligung des/der Personensorgeberechtigten bedarf es dafür nicht. Diese müssen entsprechend § 1626 BGB Abs. 2 die wachsende Fähigkeit und das wachsende Bedürfnis des Kindes zu selbstständigem, verantwortungsbewusstem Handeln berücksichtigen. Deren **wachsende Einsichtsfähigkeit und Reife** begrenzt das elterliche Erziehungsrecht.[35] Von den Informationen und den Interessen des/der Minderjährigen (Kindeswohl und

33 Vgl. § 10a SGB VIII Rn. 6.
34 So auch Schellhorn/Fischer/Mann/*Kern*, § 8 SGB VIII Rn. 16; LPK-SGB VIII/*Kunkel/Kepert*, § 8 SGB VIII Rn. 18.
35 Vgl. Schellhorn/Fischer/Mann/*Kern*, § 8 SGB VIII Rn. 6.

Kindeswille) hängt ab, welche Maßnahmen seitens des Jugendamts anknüpfend notwendig sind.[36] Wenden sich Kinder und Jugendliche ohne Kenntnis ihrer gesetzlichen Vertreter_innen an das Jugendamt, machen sie damit Gebrauch von dem in Art. 17 GG festgeschriebenen **Petitionsrecht**, nachdem jede Person (also auch eine minderjährige) das Recht hat, sich schriftlich mit Bitten oder Beschwerden an die zuständigen Stellen zu wenden.[37] Diese Möglichkeit ist auch deswegen unabdingbar, damit der Staat das Wächteramt ausfüllen kann. Um Kinder und Jugendliche in Gefährdungslagen zu schützen, muss das Jugendamt Kenntnis von den potenziell gefährdenden Situationen erhalten. Kinder und Jugendliche selbst sind dabei häufig wichtige Hinweisgeber_innen.

Dennoch begründen die Anfragen von Minderjährigen **keine eigenständigen Befugnisse für das Jugendamt**, selbst tätig zu werden, auch mit Blick auf die Rechte der Eltern als Inhaber_innen des Sorgerechts. Allenfalls dann, wenn sich für das Jugendamt gewichtige Anhaltspunkte für eine Gefährdung ergeben oder eine dringende Gefahr für das Wohl des Kindes/des_der Jugendlichen erkennbar wird, ist es nach § 8a SGB VIII oder § 42 SGB VIII verpflichtet, tätig zu werden. Bei konkreten Gefährdungen ist der Staat zur Wahrnehmung des Wächteramts (Art. 6 Abs. 2 Satz 2 GG) verpflichtet, für den Schutz des Kindes tätig zu werden, gegebenenfalls auch gegen den Willen der Eltern. Aus diesem Grund kommen als **Konsequenzen** der Anfragen für das Jugendamt nur folgende Maßnahmen in Betracht: 25

1. Die Beratung des Kindes oder der/des Jugendlichen nach § 8 Abs. 3 SGB VIII,
2. Die Beratung des Kindes oder der/des Jugendlichen zur Wahrnehmung der eigenen Rechte im Kinder- und Jugendhilferecht nach §10a SGB VIII,
3. Die Information der Sorgeberechtigten über Möglichkeiten der Hilfen zur Erziehung oder anderer Leistungen der Jugendhilfe (§ 8a Abs. 1 SGB VIII),
4. Die Information der Sorgeberechtigten über andere Hilfemöglichkeiten, beispielsweise durch das Gesundheitssystem.[38]

Die Personensorgeberechtigten sind durch das Jugendamt über die Antragsstellung gemäß § 36 Abs. 1 Satz 2 SGB I zu unterrichten und können dann (mit Ausnahme von Maßnahmen auf Grundlage von § 42 SGB VIII oder § 8a SGB VIII) weitere Aktivitäten des Jugendamts unterbinden. Auch hier können die Kinder ihr Initiativrecht weder ohne ihre Eltern noch gegen diese ausüben.[39]

Mit dieser Regelung ist die Hoffnung verbunden, dass die zuständigen Stellen die Sorgen und Anliegen der Kinder und Jugendlichen ernst nehmen und das **Jugendamt** auf diese Weise zu einer **zentralen Anlaufstelle** für Kinder und Jugendliche werden kann.[40] Damit dieses Recht in der Praxis tatsächlich zur Anwendung kommen kann, braucht es kind- und jugendgerechte, niedrigschwellige Kommunikationswege. Infrage kommen dafür beispielsweise telefonische Dienste oder eigene Sprechstunden für junge Menschen im Allgemeinen Sozialen Dienst. Im Sinne der **Inklusion** ist auch auf eine **Reduktion von Barrieren** in der Kontaktaufnahme zum Jugendamt zu achten. Dazu soll auch Abs. 4 der Norm beitragen (siehe dazu auch Rn. 37). 26

III. Abs. 3 – Beratung ohne Kenntnis der Personensorgeberechtigten

Absatz 3 spricht Kindern und Jugendlichen das Recht zu, sich auch **ohne Kenntnis der Personensorgeberechtigten beraten** zu lassen. Die Kinder und Jugendlichen haben ge- 27

36 Vgl. *Wiesner,* in Münder/Wiesner/Meysen 2011, Kap. 2.3 Rn. 15.
37 BVerfG, 22.4.1953, 1 BvR 162/51, BVerfGE 2, 225.
38 Vgl. Wiesner/Wapler/*Wapler*, § 8 SGB VIII Rn. 40.
39 Vgl. unten Rn. 34 sowie LPK-SGB VIII/*Kunkel/Kepert*, § 8 SGB VIII Rn. 17.
40 Vgl. BT-Drs. 11/5948, 51.

mäß § 13 SGB X das Recht, eine vertraute Person zur Unterstützung mitzubringen. In der Vorschrift wird der/die Personensorgeberechtigte und nicht die/der Erziehungsberechtigte genannt, da nur die Personensorgeberechtigten dem Staat gegenüber zur Übernahme von Erziehungsverantwortung verpflichtet sind. Damit beschreibt sie eine Ausnahmeregelung, denn grundsätzlich haben Personensorgeberechtigte das Recht, über die in Inanspruchnahme von Leistungen des Kindes bzw. Jugendliche zu erfahren und zu entscheiden. Dazu sind auch Beratungsleistungen zu zählen. Die Vorschrift begrenzt aber das Elternrecht, dem im Kinder- und Jugendhilferecht insgesamt eine große Relevanz zugesprochen wird. Diese **Einschränkung des elterlichen Rechts** ist mit der Wahrung des Kindeswohls zu begründen. Das elterliche Erziehungsrecht erlaubt nicht, das Kindeswohl zu beschädigen oder zu gefährden. Es wird davon ausgegangen, dass Konfliktlagen zwischen Kindern und Eltern eskalieren können, wenn keine geschützte Beratung angeboten wird und damit schlimmstenfalls das Kindeswohl gefährdet sein kann. Sollten im Anschluss an die Beratung allerdings weitere Maßnahmen zu ergreifen sein, wie bspw. Leistungen oder eine Inobhutnahme, dürfen diese nur mit Kenntnis oder unter Beteiligung der Personensorgeberechtigten ergriffen werden, solange dies den wirksamen Schutz des/der Minderjährigen nicht gefährdet.[41]

28 Bis zum Inkrafttreten des KJSG war die Beratung Minderjähriger durch das Jugendamt ohne Kenntnis der Sorgeberechtigten an das gleichzeitige Bestehen einer Not- und Konfliktlage gebunden. Aus der Praxis wurde gefordert, diese Einschränkung des Beratungsanspruches aufzuheben.[42] Dieser Forderung wurde 2021 Rechnung getragen mit dem Ziel, die Rechte der Kinder und Jugendlichen zu stärken. In der Begründung zum Gesetzesentwurf heißt es, dass Kinder und Jugendliche „nunmehr einen uneingeschränkten Anspruch auf Beratung der Kinder- und Jugendhilfe auch ohne Kenntnis ihrer Personensorgeberechtigten" erhalten.[43] Gänzlich uneingeschränkt ist der Beratungsanspruch ohne Kenntnis der Sorgeberechtigten allerdings nicht. Sie ist weiterhin nur möglich, solange die Information der Personensorgeberechtigten den Beratungszweck vereiteln würde. Die Streichung des Halbsatzes zum Vorliegen einer Not- und Konfliktlage eröffnet nun die uneingeschränkte Aufnahme der Beratung. Die Beratungsbefugnis des Jugendamts besteht dann fort, solange eine Mitteilung an die Personensorgeberechtigten den Beratungszweck vereiteln würde. Ist das nicht (mehr) der Fall, endet, nach dem Wortlaut der Vorschrift der Anspruch auf Beratung ohne Kenntnis der Personensorgeberechtigten. Fraglich ist, ob das Jugendamt dann befugt ist, als freiwillige Leistung weiter zu beraten oder ob dies einen unzulässigen Eingriff in die Rechte der Personensorgeberechtigten darstellen würde (s. dazu auch Rn. 27).

29 Aus § 8 Abs. 3 SGB VIII erwächst eine besondere **Verschwiegenheitsverpflichtung** der betreffenden Fachkraft gegenüber Dritten, vor allem gegenüber den Personensorgeberechtigten.[44] Die Information der Personensorgeberechtigten darf und muss unterbleiben, solange die Unterrichtung den Beratungszweck unterminieren würde. Für Berater_innen ergibt sich gegenüber den Erziehungsberechtigten ein Schweigerecht, sofern eindeutig ist, dass eine Information der Erziehungsberechtigten die Gefahr einer körperlichen oder seelischen Schädigung des Kindes wahrscheinlich macht.

30 Der Beratungserfolg wäre dann gefährdet, wenn davon auszugehen ist, dass die Personensorgeberechtigten bei Kenntnis der Problemlage unangemessen reagieren würden oder ein Zerwürfnis zwischen Eltern und Kind die Folge wäre.[45] Weiterhin können auch innere Konflikte wie beispielsweise Scham oder Loyalitätskonflikte bei Information der Sorgeberechtig-

41 Vgl. BT-Drs. 19/26107, 73.
42 So z.B. die AG Kinder psychisch- und suchtkranker Eltern im Bundesverband für Erziehungshilfe 2020, 9.
43 BT-Drs. 19/26107, 73.
44 Vgl. BVerfGE 59, S. 360, 387 zur Schweigepflicht eines Schülerberaters.
45 S. zur Informationspflicht gegenüber Eltern ausführlich DIJuF-Rechtsgutachten v. 16.5.2003, JAmt2003, 352–353.

ten den Beratungserfolg gefährden. *Meysen* vertritt die Auffassung, dass die Fachkraft mit dem/der Minderjährigen darauf hinarbeiten muss, die Barrieren, die die Einbindung der Personensorgeberechtigten verhindern, abzubauen oder Schutzkonzepte zu erarbeiten, die eine Einbeziehung ermöglichen.[46] Vor diesem Hintergrund wird angenommen, dass die Beratung nach § 8 Abs. 3 SGB VIII üblicherweise nicht mehr als zwei bis drei Sitzungen umfassen kann.[47] Dem ist entgegenzuhalten, dass gemäß der Norm der Anspruch auf Beratung ohne Kenntnis der Personensorgeberechtigten solange besteht, wie deren Information den Beratungszweck vereiteln würde. Dies ist die Maßgabe für das Andauern der Beratung ohne Kenntnis der Sorgeberechtigten, eine weitere Beschränkung darf es dementsprechend nicht geben. Der Umfang der Beratung ist von Einzelfall abhängig.[48] Auch das Ziel der Beratung ist individuell festzulegen und nicht durch die Norm festgelegt, sodass eine Verpflichtung zum Hinwirken auf die Möglichkeit der Einbindung der Personensorgeberechtigten nicht festgestellt werden kann.

Meysen ist der Auffassung, dass eine **Interessenabwägung zwischen dem Schutzinteresse des Kindes und dem Recht der Eltern** auf Information erforderlich sei. Die Beratung ohne deren Kenntnis sei demnach nur zulässig, wenn das Interesse des/der Minderjährigen an der Wahrung der Vertraulichkeit intimer Informationen (nach Art. 2 Abs. 1 GG i.V.m. Art. 1 Abs. 1 GG) das Interesse der Personensorgeberechtigten an der Kenntnis der Beratung des Minderjährigen (Art. 6 Abs. 2 GG) überwiege.[49] Dem ist entgegenzuhalten, dass dem Recht der Eltern schon mit der Beschränkung der Beratung ohne ihre Kenntnis auf Fälle, in denen ihre Information dem Beratungszweck entgegenstünden, Rechnung getragen ist. Kinder und Jugendlichen sollen sich vertrauensvoll an das Jugendamt wenden können, dafür ist es notwendig, sich auf die Verschwiegenheit der Beraterin/des Beraters verlassen zu können. Die für Betroffene nicht leicht zu verstehenden Einschränkungen ihres Anspruchs können eine Hürde für die Ratsuchende darstellen, zumal Jugendberatungsstellen freier Träger eine verlässliche Alternative unter Wahrung der Schweigepflicht bieten. 31

In der Praxis wird regelmäßig erst im Gespräch zu entscheiden sein, ob diese Norm eingreift oder nicht. Anhaltspunkte für eine häusliche Situation, die evtl. auch eine Inobhutnahme oder eine Anrufung des Familiengerichts erforderlich machen, können sich erst im Gespräch zeigen. Damit kann die Entscheidung, inwiefern die **Eltern** zu **informieren** sind, erst auf Grundlage des Beratungsgesprächs getroffen werden und ist damit dem **Anspruch auf Beratung nachgelagert**.[50] 32

Es empfiehlt sich allerdings, die Vorschrift weit auszulegen und die Definitionsmacht darüber, ob es sich um eine solche Lage handelt, den Kindern und Jugendlichen zu überlassen, schon allein, um das Vertrauensverhältnis zum Jugendamt nicht zu beschädigen. Die Auslegung sollte sich an § 1 Abs. 1 und 3 SGB VIII orientieren, um den Lebenswirklichkeiten von Kindern und Jugendlichen gerecht zu werden und ihren Bedürfnissen entsprechen zu können.

Aus der Stellung in den allgemeinen Vorschriften des SGB VIII ergibt sich, dass diese Norm **kein eigenständiges Beratungsangebot** des Jugendamtes erforderlich macht, denn sie ist nicht als Leistung nach § 2 Abs. 2 SGB VIII ausformuliert, sondern bei den allgemeinen Vorschriften platziert. Damit legt sie fest, wie in Beratungen im Rahmen von Leistungen des SGB VIII, beispielsweise nach § 11 Abs. 3 Nr. 6 SGB VIII, zu verfahren ist.[51] Das Jugendamt 33

46 Vgl. FK-SGB VIII/*Meysen*, § 8 SGB VIII Rn. 9 f, in dieser Fassung bezieht sich *Meysen* allerdings noch auf die Fassung der Norm vor Inkrafttreten des KJSG.
47 Vgl. LPK-SGB VIII/*Kunkel/Kepert*, § 8 SGB VIII Rn. 20.
48 So auch Wiesner/Wapler/*Wapler*, § 8 SGB VIII Rn. 45.
49 Vgl. FK-SGB VIII/*Meysen*, §8 SGB VIII Rn. 10; *Meysen* bezieht sich hier allerdings noch auf die Fassung der Norm vor Inkrafttreten des KJSG.
50 Vgl. Wiesner/Wapler/*Wapler*, § 8 SGB VIII Rn. 42.
51 So auch LPK-SGB VIII/*Kunkel/Kepert*, 7. Aufl., § 8 SGB VIII Rn. 25.

muss aber keine eigene Sprechstunde für Minderjährige o.Ä. vorhalten. In jedem Fall ist aber der von einem Kind oder einer oder einem Jugendlichen geltend gemachte Beratungsbedarf („Anspruch") umgehend zu erfüllen.

33a Mit der Änderung der Norm durch das KJSG wurde Abs. 3 Satz 3 eingefügt, nach dem die Beratung auch durch einen Träger der freien Jugendhilfe erbracht werden kann und dafür § 36a Absatz 2 Satz 1 bis 3 entsprechend gilt. Damit wird das Ziel verfolgt, den Zugang zur Beratung zu erweitern und Hürden abzubauen, sodass diese niedrigschwellig und unmittelbar in Anspruch genommen werden kann.[52]

Entsprechend soll der Träger der öffentlichen Jugendhilfe Vereinbarungen mit Leistungserbringern schließen, in denen Voraussetzungen, Ausgestaltung und Kostenübernahme für die Inanspruchnahme niedrigschwelliger Hilfen, hier also der Beratung, geregelt sind. Dafür sind weiter zu beachten:

- der ermittelte Bedarf nach § 80 Abs. 1 Nr. 2 SGB VIII
- die Planungen zur Sicherstellung des bedarfsgerechten Zusammenwirkens der Angebote von Jugendhilfeleistungen in den Lebens- und Wohnbereichen von jungen Menschen und Familien gemäß § 80 Abs. 2 Nr. 3 SGB VIII
- die geplanten Maßnahmen zur Qualitätsgewährleistung der Leistungserbringer entsprechend § 80 Absatz 3 SGB VIII[53]

Auf diese Weise können Kinder und Jugendliche sich auch an Sozialarbeiter_innen in ihrem bekannten Umfeld wenden, bspw. an Schulsozialarbeiter_innen oder Mitarbeiter_innen von Jugendhäusern. Auf Grundlage von § 11 SGB VIII haben freie Träger auch schon vor der Einführung des KJSG Beratung angeboten, sodass damit umfangreiche Erfahrungen vorliegen.

33b Fraglich ist, ob die freien Träger durch den neuen Satz auch an § 8 Abs. 3 S. 1 SGB VIII gebunden werden. Es ist anzunehmen, dass, wenn das Jugendamt einem freien Träger die Beratung nach § 8 SGB VIII *überantwortet*, diese nach Maßgabe von § 8 Abs. 3 S. 1 SGB VIII stattfinden muss. Wenn aber freie Träger auf anderer Grundlage Beratung anbieten wie bspw. Jugendberatung nach § 11 SGB VIII, greifen die Einschränkungen von § 8 SGB VIII nicht. Für ratsuchende Kinder und Jugendliche werden die gesetzliche Grundlage der Beratung und deren praktische Konsequenzen nicht ohne Weiteres ersichtlich sein, sodass Fragen von Schweigepflicht und etwaiger Information der Personensorgeberechtigten zu Beginn der Aufnahme der Beratung verständlich und nachvollziehbar thematisiert werden müssen. In der Praxis kann es durchaus kompliziert werden. Wenn z. B. eine Fachkraft als Mitarbeiter_in des Jugendamtes als Schulsozialarbeiter_in tätig ist und in dieser Funktion ein Angebot der Jugendarbeit nach § 13a SGB VIII in Verbindung mit § 11 SGB VIII macht, in dessen Rahmen sich ein Kind ratsuchend an die Fachkraft wendet, muss für das Handeln der Fachkraft geregelt sein, was die Grundlage des Beratungsgespräches ist.

Der Anspruch der jungen Menschen auf Beratung gilt in jedem Fall weiterhin gegenüber dem öffentlichen Träger der Jugendhilfe, auch wenn Leistungsvereinbarungen mit freien Trägern geschlossen wurden. Sollte ein freier Träger nur ein unzureichendes Beratungsangebot vorhalten, das bspw. für eine Minderjährige nicht zugänglich ist, kann sie ihren Beratungsanspruch dem Jugendamt gegenüber geltend machen.

34 In der Praxis gibt es bereits verschiedene Möglichkeiten der Beratung ohne Information der Personensorgeberechtigten, die vor allem von den freien Trägern der Jugendhilfe angeboten werden. Dazu zählen auch **anonyme Kontaktmöglichkeiten**, beispielsweise die „Nummer gegen Kummer" oder E-Mail- bzw. **Chatberatung**, die für Kinder und Jugendliche eine große Relevanz haben. Diese Angebote, bei denen aufgrund der Anonymität das Einholen

52 Vgl. BT-Drs. 19/26107, S. 73.
53 Vgl. § 80 SGB VIII Rn. 14.

der Einwilligung der Personensorgeberechtigten nicht möglich ist, können von freien Trägern der Jugendhilfe angeboten werden, da diese nicht den Beschränkungen nach § 8 Abs. 3 SGB VIII unterliegen.[54]

Damit Kinder und Jugendliche sich vertrauensvoll mit ihren Sorgen an das Jugendamt wenden können, ist es nötig, dass sie sich auf die **Verschwiegenheit** der Berater_innen verlassen können. Die Vorschriften zur Datenerhebung, Datenspeicherung, Datenübermittlung sowie zum besonderen Vertrauensschutz in der persönlichen und erzieherischen Hilfe der §§ 62 bis 65 SGB VIII finden bei der Beratung nach § 8 SGB VIII Anwendung. Entsprechend sind die **vom Kind oder der/dem Jugendlichen anvertrauten Informationen** nach § 65 SGB VIII **besonders geschützt** und dürfen nur mit seiner/ihrer Einwilligung weitergegeben werden. Dies **schließt** auch die **Eltern** oder andere **Personensorgeberechtigte** mit **ein**. Im Rahmen von **Strafverfahren** dürfen gemäß § 69 Abs. 1 Nr. 2 SGB X in Verbindung mit § 64 Abs. 2 SGB VIII Daten dann übermittelt werden, wenn dadurch der Erfolg der Leistung nicht gefährdet wird. 35

Abs. 3 betont, dass **§ 36 SGB I** von dieser Vorschrift unberührt bleibt. Dieser betrifft die **Handlungsfähigkeit** in Bezug auf Leistungen und Angebote der Sozialgesetzbücher und legt fest, dass Jugendliche nach Vollendung des 15. Lebensjahres Anträge auf Sozialleistungen stellen und verfolgen können und Sozialleistungen entgegennehmen können. Die gesetzlichen Vertreter_innen sollen durch den Leistungsträger über die Antragsstellung und die erbrachten Leistungen informiert werden (Abs. 1). Die Rücknahme von Anträgen, der Verzicht auf Leistungen und die Inanspruchnahme von Darlehen hingegen bedürfen der Zustimmung des/der gesetzlichen Vertreter_in. Diese_r hat zudem das Recht, die Handlungsfähigkeit des/der Jugendlichen durch eine schriftliche Erklärung gegenüber dem Leistungsträger einzuschränken (Abs. 2).[55] 36

IV. Absatz 4 – Verständliche, nachvollziehbare und wahrnehmbare Beteiligung und Beratung

Absatz 4 wurde durch das KJSG geschaffen. Er legt fest, dass sowohl die Beteiligung als auch die Beratung junger Menschen auf eine **für sie** verständliche, nachvollziehbare und wahrnehmbare Weise erfolgen müssen. Ziel ist es, so eine aktive Beteiligung von Kindern und Jugendlichen nach Absatz 1 der Norm ebenso sicherzustellen wie eine adressat_innenorientierte Beratung nach Absatz 3 der Norm.[56] Das DJI wertet die verständliche Information der Kinder und Jugendlichen als eine Voraussetzung für ihre, mit dem Gesetz intendierte, Stärkung.[57] 37

Was konkret unter **verständlich**, **nachvollziehbar** und **wahrnehmbar** zu fassen ist, kann nicht allgemein bestimmt werden, sondern muss jeweils im Einzelfall unter Berücksichtigung des konkreten Bedarfs der/des Adressat_in festgestellt werden. Folglich müssen unterschiedliche, der Situation angepasste Informationsmöglichkeiten geschaffen werden. Dies gilt für die Kommunikation mit Kindern und Jugendlichen mit und ohne Behinderung gleichermaßen. Im Gesetzesentwurf wird gleichwohl betont, dass diese Regelung Art. 21 der UN-BRK Rechnung trägt,[58] der sich u.a. auf den Zugang zu Information bezieht.

Die drei Begriffe benennen unterschiedliche Anforderungen an die Kommunikation, bedingen sich jedoch teils gegenseitig und sind nicht völlig trennscharf voneinander abzugrenzen.

54 Vgl. LPK-SGB VIII/*Kunkel/Kepert*, § 8 SGB VIII Rn. 22; Wiesner/Wapler/*Wapler*, § 8 SGB VIII Rn 49.
55 Vgl. LPK-SGB VIII/*Kunkel/Kepert*, 7. Aufl., § 8 SGB VIII Rn. 27.
56 Vgl. BT-Drs. 19/26107, 74.
57 Vgl. DJI 2020, 3.
58 Vgl. BT-Drs. 19/26107, 74.

Verständlichkeit ist als allgemeine Verstehbarkeit zu beschreiben. Dazu zählt u.a. eine klare Sprache, die bspw. auf unbekannte Fachausdrücke verzichtet oder diese erklärt. Sie muss sich an den Anforderungen der adressierten Person orientieren. Im Sinne der Inklusion ist hier auch auf Gebärdensprache und leichte Sprache zurückzugreifen. Auch Sprachmittlung im Sinne einer adressat_innen- und situationsgerechten Übersetzung (z. B. duch Dolmetscher_innen) kann notwendig sein, um dieses Ziel zu erreichen. Dazu sollte die Unterstützung von Personen geholt werden, die in der Lage sind, den spezifischen Anforderungen der sensiblen Situationen in der Jugendhilfe gerecht zu werden und die auch das Vertrauen der Minderjährigen genießen. Dafür können auch soziale Faktoren wie Geschlecht und Alter von Relevanz sein.

Nachvollziehbarbarkeit ist gleichermaßen auf Prozesse wie auf Inhalte zu beziehen. Mit Blick auf Beratung sind z.B. sowohl die Bedingungen der Beratung (bspw. in Bezug auf die Schweigepflicht der Berater_innen) als auch ihre möglichen Konsequenzen transparent darzulegen – auf eine Art und Weise, die das jeweilige Gegenüber tatsächlich nachvollziehen kann. Bei Partizipationsprozessen ist zu klären, auf welche Art und Weise eine Beteiligung stattfinden kann und wo ggf. ihre Grenzen liegen.

Der Begriff **Wahrnehmbarkeit** ist im Bezug auf die Sinneswahrnehmung zu verstehen. Zur Verwirklichung des inklusiven Zugangs zur Kinder- und Jugendhilfe ist hier bspw. an das <Zwei-Sinne-Prinzip> zu denken. Das Zwei-Sinne-Prinzip bedeutet, dass immer mindestens zwei der drei Sinne Hören, Sehen und Tasten angesprochen werden.[59] So wird bspw. im Notfall sowohl optisch mit Hilfe von Blinklichtern als auch akustisch mit Signaltönen alarmiert, sodass auch Personen, deren Seh- oder Hörsinn beeinträchtigt ist, von der Alarmierung erreicht werden. Das Zwei-Sinne-Prinzip ist auf Gebäude, Einrichtungen und Informationssystem anzuwenden, so müssen zum Beispiel Informationsmaterialien online sowohl als Text-Dateien als auch als Audio-Dateien zur Verfügung gestellt werden.

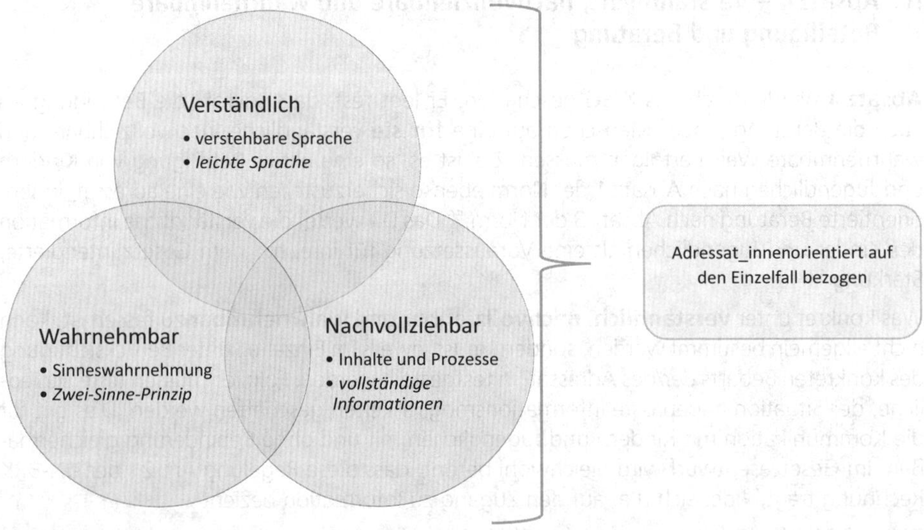

Abb. 1: Kommunikative Anforderungen an Beteiligung und Beratung

59 Vgl. DGUV 2015, 63.

§ 8a
Schutzauftrag bei Kindeswohlgefährdung

(1) [1]Werden dem Jugendamt gewichtige Anhaltspunkte für die Gefährdung des Wohls eines Kindes oder Jugendlichen bekannt, so hat es das Gefährdungsrisiko im Zusammenwirken mehrerer Fachkräfte einzuschätzen. Soweit der wirksame Schutz dieses Kindes oder dieses Jugendlichen nicht in Frage gestellt wird, hat das Jugendamt die Erziehungsberechtigten sowie das Kind oder den Jugendlichen in die Gefährdungseinschätzung einzubeziehen und, sofern dies nach fachlicher Einschätzung erforderlich ist,

1. sich dabei einen unmittelbaren Eindruck von dem Kind und von seiner persönlichen Umgebung zu verschaffen sowie
2. Personen, die gemäß § 4 Absatz 3 des Gesetzes zur Kooperation und Information im Kinderschutz dem Jugendamt Daten übermittelt haben, in geeigneter Weise an der Gefährdungseinschätzung zu beteiligen.

[2]Hält das Jugendamt zur Abwendung der Gefährdung die Gewährung von Hilfen für geeignet und notwendig, so hat es diese den Erziehungsberechtigten anzubieten.

(2) [1]Hält das Jugendamt das Tätigwerden des Familiengerichts für erforderlich, so hat es das Gericht anzurufen; dies gilt auch, wenn die Erziehungsberechtigten nicht bereit oder in der Lage sind, bei der Abschätzung des Gefährdungsrisikos mitzuwirken. [2]Besteht eine dringende Gefahr und kann die Entscheidung des Gerichts nicht abgewartet werden, so ist das Jugendamt verpflichtet, das Kind oder den Jugendlichen in Obhut zu nehmen.

(3) [1]Soweit zur Abwendung der Gefährdung das Tätigwerden anderer Leistungsträger, der Einrichtungen der Gesundheitshilfe oder der Polizei notwendig ist, hat das Jugendamt auf die Inanspruchnahme durch die Erziehungsberechtigten hinzuwirken. [2]Ist ein sofortiges Tätigwerden erforderlich und wirken die Personensorgeberechtigten oder die Erziehungsberechtigten nicht mit, so schaltet das Jugendamt die anderen zur Abwendung der Gefährdung zuständigen Stellen selbst ein.

(4) [1]In Vereinbarungen mit den Trägern von Einrichtungen und Diensten, die Leistungen nach diesem Buch erbringen, ist sicherzustellen, dass

1. deren Fachkräfte bei Bekanntwerden gewichtiger Anhaltspunkte für die Gefährdung eines von ihnen betreuten Kindes oder Jugendlichen eine Gefährdungseinschätzung vornehmen,
2. bei der Gefährdungseinschätzung eine insoweit erfahrene Fachkraft beratend hinzugezogen wird, sowie
3. die Erziehungsberechtigten sowie das Kind oder der Jugendliche in die Gefährdungseinschätzung einbezogen werden, soweit hierdurch der wirksame Schutz des Kindes oder Jugendlichen nicht in Frage gestellt wird.

[2]In den Vereinbarungen sind die Kriterien für die Qualifikation der beratend hinzuzuziehenden insoweit erfahrenen Fachkraft zu regeln, die insbesondere auch den spezifischen Schutzbedürfnissen von Kindern und Jugendlichen mit Behinderungen Rechnung tragen. [3]Daneben ist in die Vereinbarungen insbesondere die Verpflichtung aufzunehmen, dass die Fachkräfte der Träger bei den Erziehungsberechtigten auf die Inanspruchnahme von Hilfen hinwirken, wenn sie diese für erforderlich halten, und das Jugendamt informieren, falls die Gefährdung nicht anders abgewendet werden kann.

(5) [1]In Vereinbarungen mit Kindertagespflegepersonen, die Leistungen nach diesem Buch erbringen, ist sicherzustellen, dass diese bei Bekanntwerden gewichtiger Anhaltspunkte für die Gefährdung eines von ihnen betreuten Kindes eine Gefährdungseinschätzung vornehmen und dabei eine insoweit erfahrene Fachkraft beratend hinzuziehen. [2]Die Erziehungsberechtigten sowie das Kind sind in die Gefährdungseinschätzung einzubeziehen, soweit hierdurch der wirksame Schutz des Kindes nicht in Frage gestellt wird. Absatz 4 Satz 2 und 3 gilt entsprechend.

(6) [1]Werden einem örtlichen Träger gewichtige Anhaltspunkte für die Gefährdung des Wohls eines Kindes oder eines Jugendlichen bekannt, so sind dem für die Gewährung von Leistungen zuständigen örtlichen Träger die Daten mitzuteilen, deren Kenntnis zur Wahrnehmung des Schutzauftrags bei Kindeswohlgefährdung nach § 8a erforderlich ist. [2]Die Mitteilung soll im Rahmen eines Gespräches zwischen den Fachkräften der beiden örtlichen Träger erfolgen, an dem die Personensorgeberechtigten sowie das Kind oder der Jugendliche beteiligt werden sollen, soweit hierdurch der wirksame Schutz des Kindes oder des Jugendlichen nicht in Frage gestellt wird.

Übersicht Rn.

A. Allgemeines

1. Elternrechte/Elternpflichten und Staatliches Wächteramt

Nach Art. 6 Abs. 2 Satz 1 GG sind Eltern nicht nur berechtigt, sondern darüber hinaus auch verpflichtet, ihre Kinder zu pflegen und zu erziehen. Das **Elternrecht** ist also keine Einbahnstraße, mit ihm korrespondiert vielmehr eine **Elternverantwortung**.[1] Diese unterliegt nach Art. 6 Abs. 2 Satz 2 GG dem staatlichen Wächteramt, das je nach Kompetenzbereich dem Bund, den Ländern, Städten, Kreisen, Gemeinden sowie der Legislative, Judikative als auch der Exekutive (und hier vor allem dem Jugendamt) zufällt.[2] Allen staatlichen Stellen ist es gemeinsam, dass sie mit ihrem **Wächteramt** hinter dem Elternrecht zurückstehen.[3] 1

Auch wenn es über § 1 Abs. 1 Satz 1 SGB VIII ein gesellschaftlich weitestgehend konsensfähiges Konzept für die Erziehungs- und Entwicklungsziele von Kindern und Jugendlichen gibt, liegt es allein in der Autonomie der Eltern, zu entscheiden, wie sie ihrer Erziehungsverantwortung nachkommen. Bei der Interpretation und Ausübung ihres Elternrechts haben sie insofern einen weiten Gestaltungsspielraum. In der Konsequenz bedeutet dies, dass auch eine nicht optimale Entwicklung, Versorgung oder Beaufsichtigung der Kinder durch ihre Eltern Vorrang vor einer qualifizierten Fremdbetreuung hat[4] und entsprechend auch (vermeidbare) Nachteile für das Kind in Kauf zu nehmen sind. Es gehört nicht zur Ausübung des staatlichen Wächteramts, „gegen den Willen der Eltern für eine bestmögliche Förderung der Fähigkeiten des Kindes zu sorgen".[5]

Eltern sind die ersten Garanten für die Förderung, Versorgung und den Schutz ihrer Kinder.[6] 2
Der humanistisch geprägte Ansatz aus Art. 6 Abs. 2 GG geht zu Recht davon aus, dass Eltern die am besten geeigneten Beschützer, Unterstützer, Förderer und Vertrauenspersonen sind, die es für ihre Kinder geben kann. Sind sie jedoch nicht bereit bzw. in der Lage, einer sich daraus ableitenden Handlungsverantwortung nachzukommen und führt dies zu einer **Kindeswohlgefährdung**, also einer nachhaltigen Gefahr für das körperliche, geistige oder

1 Vgl. BVerfGE 24, 119 [144].
2 Vgl. Kahl/Waldhoff/Walter/*Jestaedt*, Art 6 GG, Rn. 180 f.
3 Vgl. Kahl/Waldhoff/Walter/*Jestaedt*, Art. 6 GG, Rn. 177, 179.
4 Vgl. Herberger et al./*Poncelet*, § 1666 BGB, Rn. 19.
5 BVerfG, Beschl. v. 24.3.2014, 1 BvR 160/14, Rn. 28.
6 Ebenso *Wiesner*, in Kindler et al. 2006, 1-1.

seelische Wohl ihres Kindes, greift das staatliche Wächteramt.[7] Es markiert insofern die **Interventionsschwelle** in das verfassungsrechtlich geschützte Elternrecht. Voraussetzung ist allerdings, dass eine gegenwärtige, in einem solchen Maße vorhandene Gefahr festgestellt wird, dass bei der weiteren Entwicklung der Dinge eine erhebliche Schädigung des geistigen, seelischen oder leiblichen Wohls des Kindes mit hinreichender Wahrscheinlichkeit zu erwarten ist[8] und die Eltern unwillig und/oder unfähig sind, diese Gefahr abzuwenden.[9] An die Wahrscheinlichkeit des Schadeneintritts sind um so geringere Anforderungen zu stellen, je schwerer der drohende Schaden wiegt.[10] Bei einem nicht auszuschließenden sexuellen Missbrauch mit einer Schadenseintrittswahrscheinlichkeit von unter 50 % kann z.B. bereits eine Kindeswohlgefährdung vorliegen, sodass im Ergebnis ein Eingriff des Staates in das elterliche Sorgerecht zum Schutz des Kindes, der/des Jugendlichen zulässig ist.[11]

2. Kindeswohlgefährdung

3 Kindeswohlgefährdung lässt sich in der Praxis grob in drei Bereiche aufteilen:

1. Eltern (oder andere Erziehungsberechtigte) sind eine gegenwärtige Gefahr für das körperliche, geistige oder seelische Wohl ihres Kindes (sie misshandeln es, setzen es sexualisierter Gewalt aus, versorgen es nicht ausreichend mit Nahrung, pflegen es unzureichend, verweigern ihm den Schulbesuch oder beaufsichtigen es nicht seinem Alter und Entwicklungsstand entsprechend etc.).
2. Eltern (oder andere Erziehungsberechtigte) sind nicht gewillt oder in der Lage, ihr Kind vor Gefahren zu schützen, die von Dritten ausgehen (sie lassen es beispielsweise wissentlich zu, dass der Großvater ihr Kind misshandelt) oder in die sich ihr Kind selbst begibt (es konsumiert z.B. Drogen oder prostituiert sich).
3. Das Kind bzw. die/der Jugendliche gefährdet andere Rechtsgüter (z.B. sie/er begeht Raubzüge, handelt mit Suchtmitteln oder misshandelt andere Kinder/Jugendliche), und die Eltern (oder andere Erziehungsberechtigte) sind nicht gewillt oder in der Lage, entsprechende erzieherische Konsequenzen zu ziehen.[12]

4 Vor dem Hintergrund zahlreicher Fälle[13] von **Kindeswohlgefährdung** und Strafverfahren gegen Mitarbeiter der Kinder- und Jugendhilfe schien es dem Gesetzgeber geboten, den sich aus dem **staatlichen Wächteramt** ableitenden **Schutzauftrag** des Jugendamtes deutlicher zu formulieren.[14] Zum 1.10.2005 wurde deshalb mit dem Kinder- und Jugendhilfeweiterentwicklungsgesetz (KICK) § 8a in das SGB VIII eingefügt. Die Vorschrift formuliert zweierlei: Zum einen unmissverständlich, dass eine zentrale Aufgabe des Jugendamtes darin besteht, Kinder und Jugendliche vor Gefahren für ihr körperliches, geistiges oder seelisches Wohl zu schützen. Zum anderen ist sie aber auch eine Art Handlungsplan oder „To-do-Liste", die vorgibt, wie in Verdachtsfällen von Kindeswohlgefährdung fachlich zu verfahren ist.[15] Der Ablauf in § 8a Abs. 1 und 4 SGB VIII sieht dabei vor, dass gewichtige Anhaltspunkte einer Kindeswohlgefährdung mit mindestens einer weiteren (Kinderschutz-)Fachkraft hinsichtlich des Gefährdungsrisikos für das Kind, die/den Jugendliche/n einzuschätzen sind. Da-

7 Vgl. BVerfG, Beschl. v. 17.2.1982, 1 BvR 188/80, BVerfGE 60, 79 (91).
8 Vgl. BGH FamRZ 1956, 350 = NJW 1956, 1434 und BGH, Beschl. v. 23.11.2016,XII ZB 149/16, BGHZ 213, 107–120.
9 Vgl. Wiesner/Wapler/*Wapler*, § 8a SGB VIII Rn. 13a.
10 Vgl. BGH, 23.11.2016, XII ZB 149/16, a.a.O.
11 Vgl. OLG Karlsruhe, 3.8.2018, 18 UF 91/18, JAmt 2018, 511 ff.; *Graf/Bovenschen/Kindler* (2018), 7 f. mit weiteren Nachweisen und BGH, 6.2.2019, XII ZB 408/18, Rn. 17, juris.
12 Vgl. *Radewagen,* in Hollenstein et al., 2016, 284.
13 Siehe beispielhaft *Fieseler/Herborth,* 2010, 1 ff., die den Fall „Kevin" ausführlich dokumentiert haben.
14 Vgl. BT-Drs. 15/3676, 30.
15 Vgl. LPK-SGB VIII/*Bringewat*, § 8a SGB VIII Rn. 5.

mit greift die Vorschrift auch den **wissenschaftlichen Habitus Sozialer Arbeit** auf, nach dem eine ordnende und theoriegeleitete **Situationsanalyse** immer auch den methodisch geleiteten **Reflexionsrahmen** benötigt, um anschließend in ein methodisch abgesichertes **Handeln** führen zu können. Die Struktur in § 8a Abs. 1 und 4 SGB VIII ist damit ein Spiegelbild fachlichen Handelns Sozialer Arbeit.

Verfahrensablauf gem. § 8a Abs. 1 SGB VIII

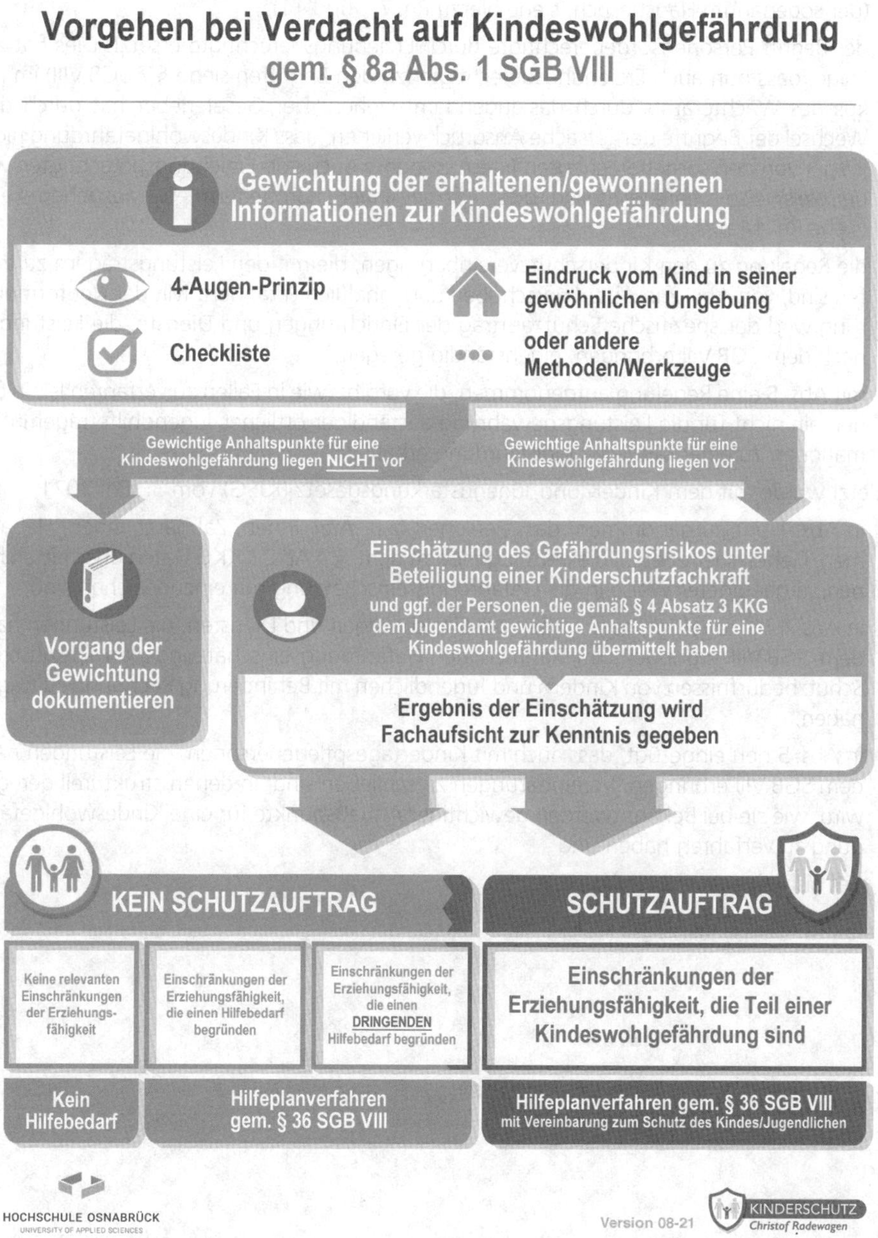

3. Änderungen der Rechtsnorm

5 Bis heute wurde die Vorschrift zweimal überarbeitet. Zunächst wurde mit dem Bundeskinderschutzgesetz (BKiSchG) vom 1.1.2012 u.a.

1. Abs. 1 um die Regelung erweitert, dass sich das Jugendamt im Rahmen der Gefährdungseinschätzung einen unmittelbaren Eindruck von Kindern und seiner persönlichen Umgebung zu verschaffen hat, sofern dies nach fachlicher Einschätzung notwendig ist (der sogenannte Hausbesuch, siehe hierzu Rn. 7 f. und 11),
2. der Begriff Personensorgeberechtigte durch Erziehungsberechtigte ersetzt. Dies hat zur Folge, dass nun auch Erziehungsberechtigte (zu den Begriffen siehe § 7 SGB VIII) im Fokus des Wächteramts durch das Jugendamt stehen. Der Gesetzgeber hat durch den Wechsel der Begriffe der Tatsache Ausdruck verliehen, dass Kindeswohlgefährdung nicht immer von den sorgeberechtigten Eltern, sondern auch von Erziehungsberechtigten wie beispielsweise Stiefelternteilen oder Partner_innen, Großeltern etc. ausgehen kann (siehe Rn. 14a),
3. die Regelung zu den Kinderschutzvereinbarungen, die mit den Leistungsträgern zu treffen sind, von Abs. 2 in Abs. 4 verschoben und inhaltlich verändert. Mit der Neuformulierung wird der spezifische Schutzauftrag der Einrichtungen und Dienste, die Leistungen nach dem SGB VIII erbringen, eigenständig geregelt,[16]
4. mit Abs. 5 eine Regelung aufgenommen, die vorgibt, wie in Fällen zu verfahren ist, in denen ein nicht für die Leistungsgewährung zuständiger örtlicher Jugendhilfeträger Informationen zu einer Kindeswohlgefährdung erhält.

Zuletzt wurde mit dem Kinder- und Jugendstärkungsgesetz (KJSG) vom 3. Juni 2021

1. in Abs. 1 mit aufgenommen, dass Personen (z.B. Ärzt_innen, Zahnärzt_innen, Hebammen, Geburtshelfer etc.), die dem Jugendamt gem. § 4 Abs. 3 KKG Daten übermittelt haben, in geeigneter Weise in die Gefährdungseinschätzung mit einzubeziehen sind,
2. in Abs. 4 hinzugefügt, dass Träger von Einrichtungen und Diensten, die Leistungen nach dem SGB VIII erbringen, im Rahmen der Gefährdungseinschätzung den spezifischen Schutzbedürfnissen von Kindern und Jugendlichen mit Behinderung Rechnung zu tragen haben,
3. in Abs. 5 neu eingefügt, dass auch mit Kindertagespflegepersonen, die Leistungen nach dem SGB VIII erbringen, Vereinbarungen zu schließen sind, in denen strukturell geregelt wird, wie sie bei Bekanntwerden gewichtiger Anhaltspunkte für eine Kindeswohlgefährdung zu verfahren haben und
4. der bisherige Abs. 5 zu Abs. 6.

16 Vgl. BT-Drs. 17/6256, 21.

B. Einzelheiten

I. Absatz 1

1. Schutzauftrag des Jugendamtes

Mit **Jugendamt** spricht die Vorschrift in Abs. 1 konkret den Sozialen Dienst (z.B. **ASD** oder **KSD**) an. Ihm kommt anders als den übrigen Fachdiensten des Jugendamtes eine hilfesteuernde Funktion zu. In der Konsequenz folgt daraus, dass kommunale Einrichtungen und Dienste (z.B. Beratungsstellen, Sozialpädagogische Familienhilfen oder Tagesstätten), die dem Jugendamt organisatorisch zugeordnet sind, nicht aber dem Sozialen Dienst angehören, zwar ebenfalls den Schutzauftrag zu erfüllen haben, im Gegensatz zum Sozialen Dienst dabei aber nicht der Regelung nach Abs. 1, sondern der nach Abs. 4 unterliegen (siehe Rn. 37 ff.).[17] 6

Da es sich bei der Sicherstellung des Schutzauftrages weder um eine Leistung noch um eine andere Aufgabe, sondern um einen allgemeinen Auftrag der Kinder- und Jugendhilfe handelt, ist grundsätzlich das Jugendamt angesprochen, dem die Informationen für eine potenzielle Kindeswohlgefährdung zur Kenntnis gelangt, und zwar unabhängig davon, ob es für eine zu gewährende Leistung zuständig ist.[18]

Die **Kenntnisnahme** beschränkt sich nicht auf konkrete namentliche oder anonyme Meldungen Dritter bzw. persönliche **Informationserhebung** – etwa im Rahmen eines **Hausbesuches** oder einer Sozialraumbegehung. Vielmehr ergibt sich aus der Intention des Gesetzes, dass damit auch solche Hinweise gemeint sind, die „nebenbei" (etwa im Rahmen eines Gespräches mit Leistungsanbietern oder Klienten) mitgeteilt werden oder der Fachkraft des Jugendamtes in sonst einer Art und Weise – auch außerhalb datenschutzrechtlicher Übermittlungsbefugnisse[19] – zur Kenntnis gelangen. Die Kenntnisnahme muss allerdings im dienstlichen Zusammenhang geschehen.[20] „Erfährt ein Amtsträger außerhalb seiner Dienstzeit von der Gefährdung eines Rechtsguts, die seinem Beschützerbereich zuzuordnen ist, bestehen nur ausnahmsweise Handlungspflichten. Auch Amtsträger können sich auf die allgemeinen Persönlichkeitsrechte aus den Art. 1 und 2 GG berufen und haben daher Anspruch auf einen geschützten Bereich privater Beziehungen (Privatsphäre), in dem Dienstpflichten zunächst zurückstehen können. Es hat in dieser Situation eine Interessensabwägung zwischen dem Recht auf Privatleben und der Erfüllung dienstlicher Aufgaben zu erfolgen, die dazu führt, dass in der Rechtsprechung eine Pflicht zum Einschreiten/Tätigwerden bisher nur in Ausnahmefällen angenommen wurde."[21] Bei der Fachkraft unbekannten Kindern, Jugendlichen bzw. Erziehungsberechtigten wird insofern kein Schutzauftrag bei Kindeswohlgefährdung ausgelöst (zur Garantenstellung und -pflicht siehe Rn. 59ff.), sollten ihr gewichtige Anhaltspunkte für eine Kindeswohlgefährdung im privaten Rahmen bekannt werden. Sie ist dann z.B. auch nicht verpflichtet, über die Polizei die Personalien der Betroffenen feststellen zu lassen. Unabhängig davon können sich in solchen Fällen allerdings Handlungsverpflichtungen ergeben, die für alle Bürger_innen gelten, so z.B. aus § 323c StGB – Unterlassene Hilfeleistung. Sind die betroffenen Personen (Minderjährige, Erziehungsberechtigte) hingegen identifizierbar oder der Fachkraft sogar bekannt und handelt es sich bei den gemachten Beobachtungen bzw. erhaltenen Hinweisen um eine wiederkehrende bzw. andauernde massive Kindeswohlgefährdung (z.B. sexualisierte Gewalt oder körperliche Miss- 7

17 Vgl. Wiesner/Wapler/*Wapler*, § 8a SGB VIII Rn. 67 und FK-SGB VIII/*Meysen*, § 8a SGB VIII Rn. 11.
18 Vgl. FK-SGB VIII/*Meysen*, § 8a SGB VIII Rn. 10.
19 Vgl. FK-SGB VIII/*Meysen*, § 8a SGB VIII Rn. 19.
20 Vgl. FK-SGB VIII/*Meysen*, § 8a SGB VIII Rn. 15 m.w.N. und LPK-SGB VIII/*Bringewat*, § 8a SGB VIII Rn. 49.
21 *Barner-Pöltl*, 2011, 68.

handlung), die bedeutende Rechtgüter Minderjähriger berührt (z.B. ihre körperliche Unversehrtheit), ist die Situation ggf. anders zu bewerten. In solchen Fällen kann die außerdienstliche Kenntnisnahme kindeswohlgefährdender Aspekte in die Dienstzeit hineinragen, so dass die Fachkraft die Aufgabe hätte, nach Dienst(wieder)antritt gemäß des in § 8a beschriebenen Verfahrens aktiv zu werden.[22] Alles andere würde einem gelingenden Kinderschutz widersprechen.

8 Nicht jede **Information** ist ein konkreter Hinweis oder eine ernst zu nehmende Vermutung auf eine Kindeswohlgefährdung. Zunächst ist deshalb zu prüfen, ob es sich bei den Informationen um **gewichtige Anhaltspunkte** handelt, also um solche, die nach fachlich fundierter und nachvollziehbarer Bewertung auf eine **Kindeswohlgefährdung** hindeuten bzw. diese wahrscheinlich erscheinen lassen.[23] Würde das Jugendamt allen noch so vagen oder eventuellen Hinweisen bzw. Vermutungen nachgehen, wäre das mit einer Kontrolldichte und -hysterie gleichzusetzen, die der verfassungsrechtlich geschützten **Elternverantwortung** zuwiderlaufen würde.[24] Unabhängig davon ist zumindest zweifelhaft, ob für ein solches Verfahren, genügend personelle und zeitliche Ressourcen in den Jugendämtern zur Verfügung stünden.

Die Kinderschutzpraxis ist selten eindeutig.[25] Dementsprechend zeichnet sich nach einer ersten Informationsgewinnung nur in Ausnahmefällen ein klares Bild ab, ob es sich um gewichtige Anhaltspunkte handelt oder eben nicht. Insofern hat das Jugendamt auch solchen Hinweisen nachzugehen, die zwar substanziell wenig abgesichert, aber dennoch so spezifisch sind, dass sie offensichtlich nicht unbegründet zu sein scheinen.[26] Dafür kann es notwendig sein, unter Einhaltung datenschutzrechtlicher Bestimmungen weitere Informationen einzuholen und das gesamte Paket anschließend einem Gewichtungsprozess zu unterziehen. Die Meldung über eine versäumte Teilnahme an einer **U-Untersuchung** ist für sich alleine allerdings noch kein hinreichender Anhaltspunkt für eine Kindeswohlgefährdung und ein unangekündigter **Hausbesuch** ohne weitere Gefährdungsindikatoren deshalb auch unzulässig.[27] Möglich und angebracht ist in solchen Fällen jedoch, den Eltern ein Beratungsangebot über den Sinn und Zweck von Früherkennungsuntersuchungen für die Entwicklung und Erziehung ihrer Kinder zu unterbreiten. Soll die Beratung im Rahmen eines Hausbesuches erfolgen, setzt dies jedoch voraus, dass die Betroffenen vorab gefragt wurden und damit einverstanden sind.[28] Die Eltern haben das Recht, das Beratungsangebot in ihrer Wohnung oder aber auch insgesamt abzulehnen, ohne dass ihnen daraus Nachteile entstehen.

22 Vgl. *Barner-Pöltl*, 2011, 68 f.
23 Vgl. Wiesner/Wapler/*Wapler*, § 8a SGB VIII Rn. 13c; Schellhorn et al./*Mann*, § 8a SGB VIII Rn. 18 und FK-SGB VIII/*Meysen*, § 8a SGB VIII Rn. 15.
24 Vgl. LPK-SGB VIII/*Bringewat*, § 8a SGB VIII Rn. 39 f.
25 Siehe hierzu auch *Schrapper*, 2013, 11 f.
26 Vgl. *Kindler/Lillig*, 2006a, 18 und Schellhorn et al./*Mann*, § 8a SGB VIII Rn. 18.
27 A.A. VG Köln, Beschl. v. 28. 2.2012, 26 L 203/12, juris.de, mit zustimmender Anmerkung von *Möller*, 2011, 181 ff.
28 Vgl. DIJuF-Rechtsgutachten 15.3.2011, J 6.140 My, in JAmt, 2011, 395 ff. und LPK-SGB VIII/*Bringewat*, § 8a SGB VIII Rn. 36 m.w.N.

2. Gewichtige Anhaltspunkte für eine Kindeswohlgefährdung

Insgesamt lässt sich der unbestimmte Rechtsbegriff „**gewichtige Anhaltspunkte**" nicht allgemein bestimmen und bedarf deshalb der Überprüfung am jeweiligen Einzelfall. Dabei haben sich die Fachkräfte daran zu orientieren, ob es sich um einen konkreten Hinweis von einigem Gewicht auf eine vorliegende Kindeswohlgefährdung handelt, das Kind die/der Jugendliche also hinreichend wahrscheinlich einer Misshandlung oder Vernachlässigung, sexualisierter Gewalt oder anderen Gefahren ausgesetzt ist (zu den Gefährdungsmerkmalen siehe Rn. 14e).[29] Hierfür haben verschiedenste Indikatorenlisten als Orientierungshilfe Einzug in den Arbeitsalltag der Kinder- und Jugendhilfe erhalten. Sie unterscheiden u.a. zwischen den Bereichen „Erscheinungsbild" bzw. „Verhalten des Kindes/Jugendlichen" und „Anhaltspunkten in der Familie" und funktionieren in der Regel nach dem Prinzip einer Checkliste. Wirklich aussagekräftig sind solche Listen allerdings nur dann, wenn sie auf einer transparenten und verlässlichen wissenschaftlichen Grundlage basieren und darüber hinaus in der Praxis erprobt worden sind. Das bedeutet auch, dass sie ohne „**Mittelschichtsblick**" die Auswirkungen unterschiedlicher Gefährdungsindikatoren auf das Kindeswohl beschreiben und dabei inhaltlich trotzdem nicht überfrachtet sind, damit sie anwendbar bleiben. Eine Anforderung, die nur schwer zu erfüllen ist, sodass es nur wenige praktikable Listen gibt. Der validierte und evaluierte Stuttgarter/Düsseldorfer **Kinderschutzbogen** sticht hier als positives Beispiel für eine gelungene Arbeitshilfe hervor.[30] 9

In Kinderschutzbögen z.T. genannte Risikofaktoren wie z. B. „finanzielle oder materielle Notlage der Familie" oder aber auch „psychische Erkrankung der Erziehungsberechtigten" sind wichtige Kategorien, um Gefährdungsdynamiken in den Fallverläufen besser einschätzen zu können. Aus ihnen lassen sich aber nur dann gewichtige Anhaltspunkte ableiten, wenn sie konkret gefährdende Auswirkungen für das körperliche, geistige und/oder seelische Wohl des Kindes oder Jugendlichen haben.[31]

Die Gewichtung der gesammelten Anhaltspunkte für eine Kindeswohlgefährdung kann mit oder ohne eine solche „Checkliste", nach dem Vier-Augen-Prinzip im Rahmen des Falleingangsmanagements bzw. durch eine Fachkraft allein geschehen. Hierzu trifft das Gesetz keine inhaltlichen Vorgaben, was durchaus sinnvoll ist, um in der Praxis der Komplexität von Einzelfällen individuell Rechnung tragen zu können. Grundsätzlich ist es jedoch ratsam, dass die Informationen von mehr als einer Fachkraft zusammengetragen werden, um das Risiko einer einseitigen Wahrnehmung zu reduzieren. Insofern ist es ratsam, Kinderschutzfälle im kollegialen Tandem zu bearbeiten. 9a

Fachkräfte benötigen bei der systematischen Erhebung und Bewertung von **Risikofaktoren** und deren **Wirkmechanismen** auf das Kindeswohl Fachwissen und Werkzeuge, die den häufig komplexen Fallkonstellationen gerecht werden.[32] Darüber hinaus ist der gesamte **Gewichtungsvorgang** fachlich rekonstruierbar zu dokumentieren. Das alles spricht für ein Vorgehen, das sich an konkreten Indikatoren für eine Kindeswohlgefährdung orientiert (siehe ausführlich Rn. 14 ff.). Solche Indikatoren können sich insbesondere aus den nachfolgend genannten Bereichen ableiten: 9b

---

29 Vgl. *Gerber/Kindler*, 2021, 9.
30 Siehe hierzu ausführlich *Strobel/Liel/Kindler*, 2008.
31 Vgl. auch *Kindler/Lillig*, 2006a, 16 f.
32 Vgl. *Gerber/Lillig*, 2018, 90.

1. Dem elterlichen **Erziehungsmodell**[33] (z.B. antiautoritär, autoritär oder autoritativ) und
2. einem sich daraus ableitenden **Verhalten der Erziehungsberechtigten** dem Kind gegenüber (sind sie ihrem Kind gegenüber z.B. wenig liebevoll oder verlässlich unterstützend, keine positiven Bezugspersonen, vermitteln sie keine oder nur unzureichende Normen und Regeln des Zusammenlebens und keine moralische Urteilsfähigkeit, sind ihre Erwartungen nicht dem Alter und Entwicklungsstand des Kindes angemessen).[34]
3. Hinweisen für eine eingeschränkte/fehlende **Erziehungsfähigkeit**[35] der Erziehungsberechtigten – unter Berücksichtigung ihrer Erziehungskompetenzen und evtl. bestehender **Risikofaktoren** (z.B. die materielle, soziale oder familiäre Situation) –, da sie nicht oder nur unzureichend in der Lage sind, die elementaren **Grundbedürfnisse**[36] ihres Kindes zu erfüllen.

Aus einer inhaltlichen Verknüpfung dieser **Anhaltspunkte für eine Kindeswohlgefährdung** und unter Berücksichtigung verfügbarer Kinderschutzressourcen können **Gefährdungssituationen** für die Minderjährigen fachlich beschrieben und **Gefährdungsmerkmale**[37] wie körperlich/emotionale Misshandlung, sexualisierte Gewalt, Vernachlässigung, Autonomiekonflikt oder Elternkonflikte um das Kind (siehe ausführlich Rn. 14e) abgeleitet werden. Zudem lässt sich eine **Prognose** hinsichtlich des **Gefährdungsrisikos** (Schaden für das Kind, die/den Jugendlichen) fachlich rekonstruierbar formulieren.

Gewichtige Anhaltspunkte für eine Kindeswohlgefährdung liegen bereits dann vor, wenn sich eine aus der vorliegenden Situation der/des Minderjährigen und dem Handeln bzw. Nichthandeln der Erziehungsberechtigten ableitende erhebliche Gefährdung für das körperlich, geistige oder seelische Wohl für das Kind, die/den Jugendlichen nicht verlässlich ausschließen lässt, sie also hinreichend wahrscheinlich ist.[38]

33 Vgl. Bundesministerium für Familie, Senioren, Frauen und Jugend, 2005, 11.
34 Vgl. ebenda.
35 Vgl. *Kindler* u.a., 2006, 62–63.
36 Vgl. *Schmidtchen,* 1989, und *Brazelton/Greenspan,* 2002.
37 Vgl. *Schone*, in Schone/Tenhaken, 2015, 25 ff.
38 Vgl. Nds. Lügde-Kommission, 2020, 27 ff.

Für den Gewichtungsprozess **bedeutsame Faktoren, aus denen Indikatoren für eine Kindeswohlgefährdung abgeleitet werden können:**

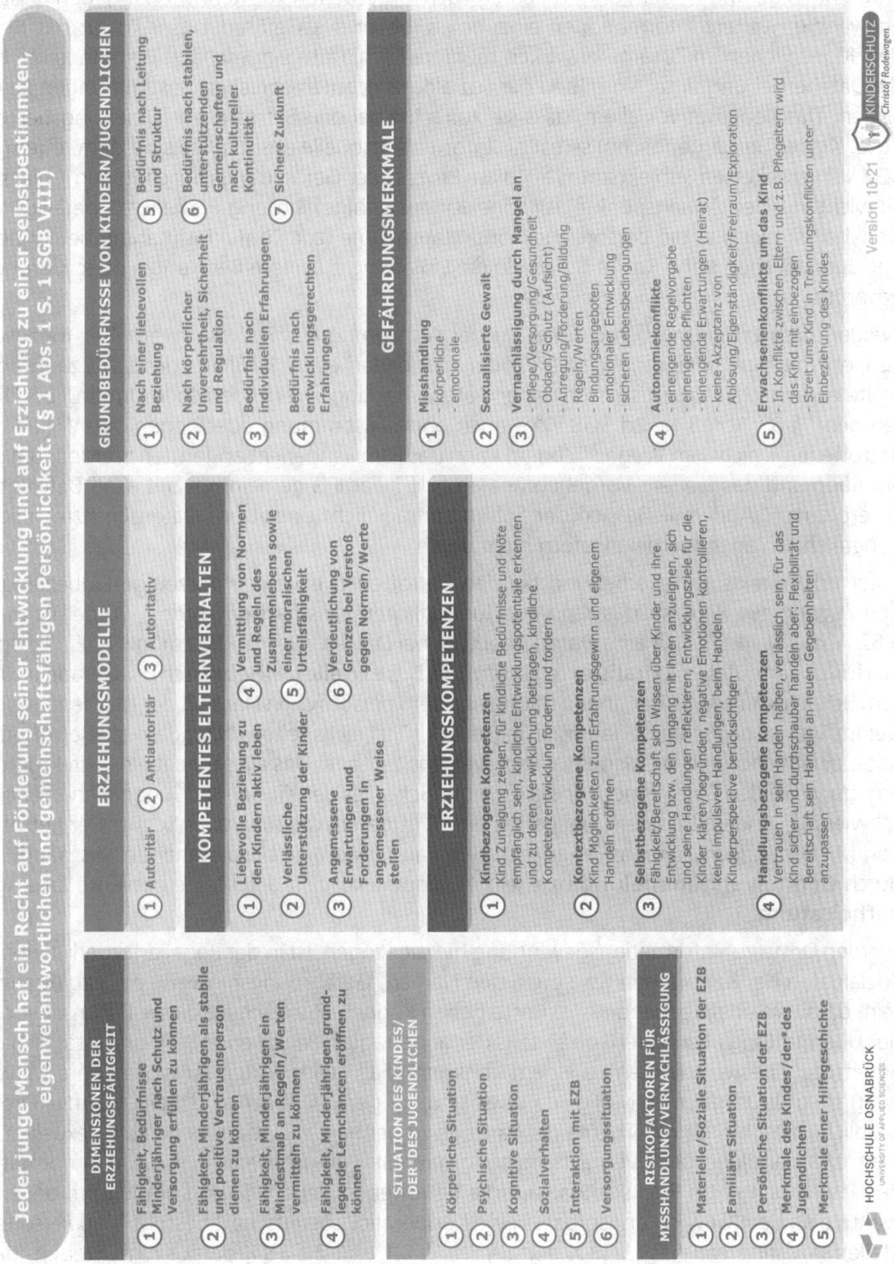

10 Das Vorliegen gewichtiger Anhaltspunkte im konkreten Einzelfall hat die Aktivierung des Schutzauftrages und der Garantenpflicht (siehe Rn. 59ff.) durch die fallverantwortliche Fachkraft zur Folge und ist dem unmittelbaren Fachvorgesetzten zur Kenntnis zu geben.[39] Ist es notwendig, weitere Informationen einzuholen, bevor das Gefährdungsrisiko für das Kind/den Jugendlichen im Zusammenwirken mehrere Fachkräfte eingeschätzt werden kann, hat die Datenerhebung unter Vorgaben der sozialdatenschutzrechtlichen Bestimmungen zu erfolgen. Das bedeutet vor allem, dass sie zunächst bei den Betroffenen (Erziehungsberechtigte, Kinder und Jugendliche) selbst als Informationsquelle ansetzt. Sie sind gem. ihrem im SGB VIII verankerten Subjektstatus auch am Prozess der Gefährdungseinschätzung – hier der Gewichtung der Anhaltspunkte für eine Kindeswohlgefährdung – aktiv zu beteiligen.[40] Denkbar ist hier u.a. die persönliche Kontaktaufnahme (zur Kontaktaufnahme bei Kindern und Jugendlichen siehe Rn. 11 ff.) sowie die Einladung zu einem Beratungs- oder Klärungsgespräch.

10a Weigern sich Erziehungsberechtigte, an der Aufklärung des Risikosachverhaltes mitzuwirken, obwohl ihnen dies möglich wäre, oder aber bedarf es zur Erfüllung des Schutzauftrages weiterer fachlicher Expertise, steht einer Datenerhebung im erforderlichen Umfang bei Dritten gem. § 62 Abs. 3 Nr. 2d SGB VIII – auch ohne Zustimmung oder gegen den Willen der Betroffenen – nichts im Wege.[41] Zudem kann das Familiengericht angerufen werden, um die Situation und das weitere Vorgehen analog § 157 FamFG gemeinsam mit allen Beteiligten zu erörtern.[42] Anders ließe sich der Schutzauftrag nicht umsetzen. Datenschutzrechtliche Bedenken schlagen hierbei insofern nicht durch.

10b Sofern die direkte Datenerhebung bei den Betroffenen bzw. ihre vorzeitige Einbeziehung den Zugang zur Hilfe für das Kind/den Jugendlichen ernsthaft gefährden würde, ist gem. § 62 Abs. 3 Nr. 4 SGB VIII eine Datenerhebung bei Dritten ausdrücklich möglich. Ein Beispiel hierfür ist vermutete **sexualisierte Gewalt (z.B. sexueller Missbrauch)**[43]. Gerade in diesem Bereich kommen Täter_innen häufig aus dem persönlichen Nahfeld der Minderjährigen. Der im System herrschende Tabuisierungsdruck führt nicht selten dazu, dass die Betroffenen unter einem enormen Druck des „Verschweigens" stehen. Das alles macht eine Direktdatenerhebung bei den Betroffenen hinsichtlich des Schutzes der Kinder und Jugendlichen enorm schwierig.[44] Andere Beispiele, bei denen eine Drittdatenerhebung zum Schutz der betroffenen Minderjährigen zunächst angezeigt sein kann, sind eine bevorstehende Misshandlung durch **Genitalverstümmelung** bzw. ein Autonomiekonflikt durch eine geplante **Zwangsverheiratung**.

10c Werden Dritte zur Informationsgewinnung hinzugezogen, ist in der Regel erforderlich, ihnen Sozialdaten der Betroffenen (wie etwa den Namen, Gefährdungshinweise etc.) zu übermitteln, damit sie entsprechende Auskünfte geben können. Zum Schutz dieser Daten ist vor einer Übermittlung abzuklären, ob seitens der angefragten Personen/Stellen grundsätzlich die Bereitschaft besteht, Fragen zu einem konkreten Fall beantworten zu wollen (ihre Mitwirkung ist grundsätzlich freiwillig, darüber sind sie gem. § 82a Abs. 2 SGB X aufzuklären). Möglich ist es, hierfür das Thema der Anfrage zu nennen, z.B., dass es sich um sexuelle Gewalt, Misshandlung oder Vernachlässigung handelt, vorausgesetzt, aus diesen Informationen lassen sich keine Rückschlüsse auf die Betroffenen ziehen. Sofern hinsichtlich der Mitwirkung an dem Gewichtungsprozess eine Kooperationsbereitschaft besteht, sind Personen/Stellen im Sinne von § 78 SGB X gem. § 78 Abs. 1 und 2 SGB X darauf hinzuweisen, dass

---

39 Vgl. Bundesverband der kommunalen Spitzenverbände et al., 2009, 231 ff. und Nds. Lügde-Kommission, 2020, 8 f.
40 Vgl. Wiesner/Wapler/*Wapler*, § 8a SGB VIII Rn. 16 ff.
41 Vgl. LPK-SGB VIII/*Bringewat*, § 8a SGB VIII Rn. 51 und FK-SGB VIII/*Meysen*, § 8a SGB VIII Rn. 31.
42 Vgl. *Völker/Clausius/Wagner*, § 157 FamFG Anm. 3, in Kemper, Schreiber (Hrsg.), 2015.
43 Vgl. BT-Drs. 15/3676, 38.
44 Vgl. *Radewagen*, 2017, 278 ff.

sie alle zum Fall erhaltenen Sozialdaten nur zum Zweck ihrer freiwilligen Mitwirkung an der Gefährdungseinschätzung des Jugendamtes verwenden dürfen.[45] Anschließend ist das Jugendamt gem. § 69 Abs. 1 Nr. 1 SGB VIII befugt, alle zur Einschätzung des Gefährdungsrisikos erforderlichen Sozialdaten zu übermitteln. Das umfasst gem. § 65 Abs. 1 Nr. 4 SGB VIII auch Sozialdaten, die dem besonderen Vertrauensschutz bzw. der strafrechtlichen Schweigepflicht unterliegen.

Die Datenübermittlung hat gem. § 64 Abs. 2 SGB VIII allerdings immer dann zu unterbleiben, wenn dadurch eine zu gewährende Hilfe in Gefahr geraten könnte. Da die Einbeziehung externer Expertise in erster Linie erfolgt, um neben dem bestehenden Schadensrisiko auch geeignete Maßnahmen (inkl. Hilfeangebote) zum Schutz eines Kindes, einer/eines Jugendlichen fachlich fundiert herauszuarbeiten, wird diese Schranke in der Regel nicht greifen. Gleichwohl hat das Jugendamt abzuwägen, welche Konsequenzen die Datenerhebung bei Dritten für den weiteren Fallverlauf haben könnte.

Die Sozialdaten sind gem. § 64 Abs. 2a SGB VIII vor der Übermittlung an eine Fachkraft, die der verantwortlichen Stelle nicht angehört, zu anonymisieren/pseudonymisieren, vorausgesetzt, die Aufgabenerfüllung lässt dies zu. Werden Personen angefragt, denen die Betroffenen persönlich bekannt sind, etwa eine/n Ärzt_in oder Lehrer_in, ist eine Anonymisierung/Pseudonymisierung der Sozialdaten regelmäßig ausgeschlossen. Anders verhält es sich hingegen bei Personen, die aufgrund ihrer Fachexpertise (etwa ein/e Psychiater_in, die/der z.B. Auskünfte zu den Auswirkungen einer schweren psychischen Krankheit auf die Erziehungsfähigkeit geben soll) hinzugezogen werden. Hier ist eine Anonymisierung/Pseudonymisierung der Sozialdaten häufig möglich. Unabhängig davon gilt der Grundsatz der Datenminimierung gem. Art. 5 Abs. 1c DSGVO wonach nur die Sozialdaten übermittelt werden dürfen, die für den Beratungszweck (Einschätzung des Gefährdungsrisikos) erforderlich sind.

3. Hausbesuch

Bestandteil der gesetzlichen Regelung ist seit dem 1.1.2012 auch, sich bei Bedarf einen unmittelbaren Eindruck vom Kind (dies gilt zwar nicht für Jugendliche, kann im Einzelfall aber dennoch notwendig sein!) und seiner persönlichen Umgebung zu verschaffen. 11

Automatismen im Falleingangsmanagement, nach denen jeder **Kinderschutzmeldung** per angekündigtem oder auch unangekündigtem **Hausbesuch** nachzugehen ist, sind durch diese in § 8a Abs. 1 Satz 2 Nr. 1 verankerte Regelung allerdings nicht gedeckt.[46] Wohl aber solche, die auf eine Gefährdung hindeuten und bei denen es nach fachlicher Einschätzung unbedingt notwendig ist, das Kind (die/den Jugendliche_n) persönlich in Augenschein zu nehmen, um weitere Hinweise auf seine konkrete Gefährdungssituation erhalten zu können.[47]

Das spezifische Vorgehen der Fachkräfte orientiert sich an der Individualität jedes Einzelfalls. Grundsätzlich birgt jeder Hausbesuch die Gefahr, dass sich die Betroffenen zurückziehen, da sie sich unter Druck gesetzt und kontrolliert fühlen. Insofern bedarf es der kritisch-fachlichen Reflexion, ob diese Art des Vorgehens im jeweiligen Einzelfall geeignet ist, mit der Familien und ihren Problemen in Kontakt zu kommen bzw. die Gefährdungssituation des Kindes besser einschätzen zu können. In den Abwägungsprozess hat auch mit einzufließen, ob sich ein Hausbesuch erübrigt, da in der Familie z.B. bereits eine Familienhilfe installiert ist, die das Kind und seine persönliche Umgebung regelmäßig in Augenschein nimmt bzw. ob durch dieses Vorgehen ein bestehendes Vertrauensverhältnis Schaden nehmen könnte. Nur wenn

---

45 Vgl. Diering, Timme, Stähler/*Stähler*, § 78 SGB X Rn. 11.

46 Vgl. FK-SGB VIII/*Meysen*, § 8a SGB VIII Rn. 32 und DIJuF-Rechtsgutachten 7.11.2014, J6.100Bm, JAmt, 2015, 83.

47 Vgl. Wiesner/Wapler/*Wapler*, § 8a SGB VIII Rn. 17a, 23a.

es aus fachlicher Sicht des Jugendamtes erforderlich ist, einen Hausbesuch durchzuführen, ist dieses Mittel zu wählen.[48]

Es ist sehr zweifelhaft, ob im Rahmen eines unangekündigten Besuchs eine Atmosphäre geschaffen werden kann, in der sich sowohl die Erziehungsberechtigten als auch die Kinder (Jugendlichen) öffnen und eventuell vorliegende Probleme thematisiert werden können. Von daher ist dieses gesteigerte Instrument äußerst behutsam und nur in begründeten Ausnahmefällen (z.B. Verdacht auf akute Gefährdung) einzusetzen. Vorzuziehen sind also angemeldete Besuche, sofern die konkrete Situation nicht etwas anderes verlangt.

Der Hausbesuch setzt die Bereitschaft der Wohnungsinhaber voraus, dem Jugendamt Zutritt zu gewähren. Erhält man diesen nicht und besteht Gefahr für Leib und Leben des Kindes (der/des Jugendlichen), ist die Polizei einzuschalten.[49]

4. Inaugenscheinnahme eines Kindes bei Dritten

11a Die in Augenscheinnahme eines Kindes (der/des Jugendlichen) muss nicht unbedingt im Haushalt der Familien durchgeführt werden. Es kann vielmehr auch an einem Ort erfolgen, an dem sich das Kind (oder die/der Jugendliche) gerade aufhält. Beispiele hierfür sind u.a. der Sportverein, der Kindergarten, die Schule, aber auch die Tagespflegeperson. Vor allem wenn das Jugendamt von diesen Stellen/Personen Hinweise auf eine Kindeswohlgefährdung erhält, kann es zur Bewertung der Gefährdungssituation im Einzelfall erforderlich sein, das Kind (die/den Jugendliche_n) dort in seinem Alltag zu erleben, um sich ein „ungeschminktes" Bild von seiner körperlichen, psychischen, kognitiven etc. Situation (siehe ausführlich Rn. 14d) machen zu können. Auch besteht ggf. mit Unterstützung der Melder_innen die Möglichkeit, möglichst niederschwellig und einfühlsam mit ihm in Kontakt zu treten, sofern Alter, Entwicklungsstand und emotionaler Zustand des Kindes (der/des Jugendlichen) dem nicht entgegenstehen. Im Einzelfall kann es dabei auch geboten sein, den Besuch des Kindes nicht in Gegenwart bzw. mit Wissen der Erziehungsberechtigten durchzuführen. Dies kann etwa dann der Fall sein, wenn sie nicht erreichbar sind und die Situation ein unmittelbares Handeln des Jugendamtes erfordert. Wenn so vorgegangen wird, ist zu bedenken, dass damit auch ein Eingriff in das Erziehungsrecht der Eltern verbunden ist. Insofern hat ein Besuch der Kinder ohne Einbeziehung ihrer Eltern grundsätzlich die absolute – im Kindeswohl begründete – Ausnahme zu sein.

Werden Kinder (Jugendliche) zur Erfüllung des Schutzauftrages vom Jugendamt ohne Anwesenheit der Erziehungsberechtigten bei Dritten besucht, hat dies zwangsläufig die Übermittlung von Sozialdaten z.B. an Mitarbeiter_innen einer Schule oder eines Kindergartens zur Folge. Zu den übermittelten Sozialdaten zählen u.a. getätigte Äußerungen zum Verhalten des Kindes bzw. seinem Versorgungs- oder Entwicklungszustand, aber auch der Besuch des Kindes (der/des Jugendlichen) an sich. Die Weitergabe der Sozialdaten erfolgt dabei auf Grundlage von § 69 Abs. 1 Ziff. 1 SGB X und hat gem. § 64 Abs. 2 SGB VIII immer dann zu unterbleiben, wenn dadurch eine zu gewährende Hilfe in Frage gestellt wird. Sozialdaten, die dem besonderen Vertrauensschutz gem. § 65 SGB VIII bzw. der strafrechtlichen Schweigepflicht gem. § 203 StGB unterliegen, können gem. § 65 Abs. 1 Nr. 4 SGB VIII im zur Einschätzung des Gefährdungsrisikos erforderlichen Umfang ebenfalls übermittelt werden.

Der erwartete Erkenntnisgewinn eines solchen Vorgehens ist im Vorfeld stets mit den sich ggf. daraus ergebenden Gefahren für den weiteren Hilfeprozess gründlich abzuwägen: Bei Erziehungsberechtigten kann ein sie übergehendes Handeln zu einer Ablehnung des Helfersystems inkl. bestehender bzw. angebotener Unterstützungsleistungen führen, sollten sie davon nachträglich erfahren. Die möglichen Auswirkungen sind aber immer auch aus der

48 Vgl. DIJuF-Rechtsgutachten (2014) 7.11.2014, J6.100Bm, JAmt 2015, 83 f.
49 Vgl. BT-Drs. 17/6256, 21 und und DIJuF-Rechtsgutachten 7.11.2014, J6.100Bm, JAmt, 2015, 83.

Perspektive des Kindes zu bewerten: Wie geht es z.B. einem Kind, wenn es ohne seine primären Bezugspersonen (in der Regel die Eltern) in der Schule oder im Kindergarten vom Jugendamt besucht und befragt wird? Die Folgen können z.B. Ängste und hohe psychische Belastungen sein. Auch kann es das Kind in einen Loyalitätskonflikt seinen Erziehungsberechtigten gegenüber bringen und zur Ablehnung von Hilfeangeboten führen. Der Besuch eines Kindes ohne Einbeziehung der Erziehungsberechtigten hat sich deshalb ausdrücklich auf Fälle zu beschränken, in denen diese nicht erreichbar sind, die Akutsituation jedoch eine unmittelbare Inaugenscheinnahme des Kindes zwingend erforderlich macht, um im Rahmen der Gefahrenabwehr tätig werden zu können.

Für eine Inaugenscheinnahme von bzw. Kontaktaufnahme zu Kindern (bzw. Jugendlichen) bei Dritten bedarf es bei Vorlage gewichtiger Anhaltspunkte für eine Kindeswohlgefährdung – auch mit Verweis auf § 8 Abs. 3 SGB VIII – nicht der Zustimmung der Personensorgeberechtigten. Vorausgesetzt ist jedoch, dass diese Form der Datenerhebung gem. § 62 Abs. 3 Nr. 2 d SGB VIII für die Erfüllung des Schutzauftrages nicht nur geeignet, sondern vielmehr notwendig ist bzw. nach § 62 Abs. 4 SGB VIII eine Datenerhebung unter Einbeziehung der Erziehungsberechtigten die Gefahrensituation für das Kind erhöhen würde. **11b**

Darüber hinaus haben Eltern nur dann einen Anspruch darauf, Informationen zu den Sachverhalten zu erhalten, die einwilligungsfähige Kinder oder Jugendliche während des Besuchs Fachkräften anvertraut haben, wenn dies zur Erfüllung ihres Erziehungsauftrages von Bedeutung ist und die Abhilfe einer Kindeswohlgefährdung dadurch nicht erschwert wird.[50] Ihr Akteneinsichtsrecht gem. § 25 SGB X ist hinsichtlich dieser Sozialdaten eingeschränkt.[51] In diesem Zusammenhang ist auch die strafrechtliche Schweigepflicht gem. § 203 Abs. 1 StGB und der besondere Vertrauensschutz gem. § 65 SGB VIII zu prüfen. Sie entfallen, wenn gewichtige Anhaltspunkte für eine Kindeswohlgefährdung vorliegen. Entsprechende Informationen können dann z.B. gem. § 65 Abs. 1 Nr. 3 SGB VIII an Fachkräfte zur Gefährdungseinschätzung oder gem. § 65 Abs. 1 Nr. 4 SGB VIII zur unmittelbaren Gefahrenabwehr übermittelt werden.

Die besuchten Personen/Stellen im Sinne von § 78 SGB X sind gem. § 78 Abs. 1 und 2 SGB X vorab darauf hinzuweisen, dass sie alle zum Fall erhaltenen Informationen (dazu zählt auch die Tatsache, dass das Kind in ihrer Einrichtung vom Jugendamt besucht worden ist) nur zum Zweck ihrer freiwilligen Mitwirkung an der Erfüllung des Schutzauftrages des Jugendamtes (z.B. der Bewertung, ob es sich bei ihren Beobachtungen um gewichtige Anhaltspunkte für eine Kindeswohlgefährdung handelt) verwenden dürfen.[52] Ist es erforderlich, zur Einschätzung des Gefährdungsrisikos bei ihnen Sozialdaten zu erheben, sind sie zudem vorab gem. § 82a Abs. 2 SGB X darüber aufzuklären, dass ihre Mitwirkung freiwillig ist.

5. Einbeziehung meldender Berufsgeheimnisträger_innen in Gefährdungseinschätzung

Auch wenn das Jugendamt mit dem Familiengericht in einer Art Verantwortungsgemeinschaft[53] zu den Hauptakteuren im Kinderschutz zählt, ist es eine gesamtgesellschaftliche Aufgabe, Kinder und Jugendliche vor Gefahren für ihr Wohl zu schützen. Insbesondere die in § 4 KKG aufgeführten Berufsgeheimnisträger_innen sind hierfür wichtige Kooperationspartner_innen. Das zeigt auch eine seit Jahren stetig steigende Zahl ihrer Gefährdungsmeldungen an die Jugendämter.[54] **11c**

50 Vgl. BVerfG, NJW 1982, 1375 ff. Anders zu beurteilen sind Sachverhalte, die Fachkräften in der elternunabhängigen Beratung gem. § 8 SGB VIII anvertraut werden.

51 Vgl. VGH Baden Württemberg, Beschl. v. 7.4.2020, 12 S 579/20, FamRZ 202, 1193; Diering, Timme, Stähler/*Lang* (2019), § 25 Rn. 14 und FK-SGB VIII/*Hoffmann*, § 65 SGB VIII Rn. 29.

52 Vgl. *Radewagen* 2018, 23.

53 Vgl. OLG Koblenz Beschl. v. 11.6.2012, 2012, 11 UF 266/12, NJW 2012, 3108.

54 Vgl. Statistisches Bundesamt 2018, 2019, 2020, 2021.

11d Mit dem KJSG wurde nun in § 8a Abs. 1 Satz 2 Nr. 2 SGB VIII mit aufgenommen, dass Personen, die dem Jugendamt gem. § 4 Abs. 3 KKG Daten übermittelt haben, in geeigneter Weise in die Gefährdungseinschätzung mit einzubeziehen sind, soweit dies den wirksamen Schutz des Kindes nicht in Frage stellt und nach fachlicher Einschätzung erforderlich ist. Geeignet heißt z.B. als Informationsgeber_innen (siehe Rn. 10a ff.) oder aber auch ihre direkte Teilnahme am Beratungssetting. Die Entscheidungshoheit, was im jeweiligen Einzelfall als geeignet anzusehen ist, liegt bei der fallverantwortlichen Fachkraft des Jugendamtes, die im Falle einer Kindeswohlgefährdung mit Schutzauftrag auch die Garantenstellung mit Garantenpflicht einnimmt (siehe Rn. 59 ff.).

Der Gesetzgeber begründet diese Erweiterung damit, dass die Evaluation des BKiSchG ergeben habe, eine Einbeziehung meldender Berufsgeheimnisträger_innen in den Prozess der Gefährdungseinschätzung sei eine wichtige Maßnahme zur Qualifizierung der Entscheidungsfindung und des weiteren Vorgehens im jeweiligen Einzelfall. Vor diesem Hintergrund habe man mit der neuen Regelung in § 8a Abs. 1 Satz 2 Nr. 2 die Möglichkeit geschaffen, Berufsgeheimnisträger_innen, die auf Grundlage der in § 4 Abs. 3 KKG genannten Befugnis dem Jugendamt Daten übermittelt haben, in das Verfahren der Gefährdungseinschätzung mit einbeziehen zu können.

Ein solches Vorgehen war bereits mit der alten Fassung von § 8a Abs. 1 SGB VIII möglich, erhält nun aber eine explizite gesetzliche Grundlage, die in der Praxis für eine größere Rechtssicherheit sorgen soll.[55]

11e Datenschutzrechtliche Bedenken, externe Fachkräfte in den Schutz von Kindern und Jugendlichen mit einzubeziehen, schlagen nicht durch. Das Jugendamt hat gem. § 62 Abs. 3 Nr. 2d SGB VIII die Befugnis, Sozialdaten ohne Mitwirkung bzw. Wissen der Betroffenen zu erheben, wenn dies zur Erfüllung des Schutzauftrags bei Kindeswohlgefährdung nach § 8a SGB VIII oder für die Gefährdungsabwendung nach § 4 KKG erforderlich ist. Insofern können Berufsgeheimnisträger_innen als Informationsgeber_innen in die Gefährdungseinschätzung mit einbezogen werden. Gleichwohl sind sie gem. § 82a Abs. 2 SGB X vorab darüber aufzuklären, dass ihre Mitwirkung freiwillig ist. Nehmen sie auch direkt am Beratungsprozess teil, werden ihnen dabei Sozialdaten der Betroffenen übermittelt. Das Jugendamt ist hierzu gem. § 69 Abs. 1 Nr. SGB X i.V.m. § 8a Abs. 1 Satz 2 Nr. 2 SGB VIII immer dann befugt, wenn es zu Aufgabenerfüllung erforderlich ist. Der Schutzauftrag bei Kindeswohlgefährdung ist eine zentrale Aufgabe der öffentlichen Kinder- und Jugendhilfe. Erforderlich ist die Teilnahme der Berufsgeheimnisträgerinnen an der Gefährdungseinschätzung z.B. immer dann, wenn ihre Expertise zur Bewertung der Gefährdungssituation inkl. der Prognose zum weiteren Fallverlauf/ Gefährdungsrisiko bzw. der zur Gefahrenabwehr geeigneten Hilfemaßnahmen benötigt wird. Die Entscheidung, ob diese Voraussetzungen erfüllt sind, trifft die fallverantwortliche Fachkraft als Verantwortliche für die Datenweitergabe.

Sofern es zu Einschätzung des Gefährdungsrisikos erforderlich ist, Sozialdaten übermitteln zu müssen, die dem besonderen Vertrauensschutz gem. § 65 SGB VIII bzw. der beruflichen Schweigepflicht gem. § 203 Abs. 1 oder 2 StGB unterliegen, ist dies auch gegenüber Fachkräften, die der verantwortlichen Stelle nicht angehören, gem. § 65 Abs. 1 Nr. 4 SGB VIII befugt zulässig.

11f Gem. § 64 Abs. 2 SGB VIII hat eine Datenübermittlung immer dann zu unterbleiben, wenn dadurch eine zu gewährende Hilfe in Gefahr geraten könnte. Da die Einbeziehung der meldenden Berufsgeheimnisträger_innen in erster Linie erfolgt, um neben dem bestehenden Schadensrisiko auch geeignete Maßnahmen (inkl. Hilfeangebote) zum Schutz eines Kindes, einer/eines Jugendlichen fachlich fundiert herauszuarbeiten, wird diese Schranke in der Regel nicht greifen.

---

55 Vgl. BT-Drs. 19/26107, 74.

Nehmen Personen an dem Prozess zur Gefährdungseinschätzung teil, die der verantwortlichen Stelle nicht angehören, sind die Sozialdaten gem. § 64 Abs. 2a SGB VIII zu anonymisieren/pseudonymisieren, sofern dies den Beratungserfolg nicht in Frage stellt. Die Möglichkeit zur Anonymisierung/Pseudonymisierung der Sozialdaten dürfte hierbei regelmäßig ausgeschlossen sein, da Berufsgeheimnisträger_innen mit einbezogen werden (sollen), die dem Jugendamt gem. § 4 Abs. 3 KKG zu einem konkreten Einzelfall personenbezogene Daten übermittelt haben. Die Betroffenen sind ihnen also entsprechend bekannt. **11g**

Vor einer Einbeziehung in die Gefährdungseinschätzung sind die Berufsgeheimnisträger gem. § 78 Abs. 1 und 2 SGB X vom Jugendamt darauf hinzuweisen, dass sie alle erhaltenen Sozialdaten nur für den Zweck verwenden dürfen, zu dem sie ihnen übermittelt worden sind. In diesem Fall ist das ihre Teilnahme am Einschätzungsprozess. **11h**

Bei der Beratung zur Gefährdungseinschätzung gilt der Grundsatz der Datenminimierung gem. Art. 5 Abs. 1 Nr. c DSGVO. Danach dürfen nur die Sozialdaten verarbeitet werden, die für die Zweckerreichung notwendig sind. Sie müssen also auf das für die Zwecke der Verarbeitung notwendige Maß beschränkt werden. **11i**

6. Einschätzung des Gefährdungsrisikos

Nach der Phase der Informationssammlung hat die fallführende Fachkraft beim Vorliegen gewichtiger Anhaltspunkte für eine Kindeswohlgefährdung das Gefährdungsrisiko im **Zusammenwirken mit mehreren Fachkräften** einzuschätzen; ggf. sind auch Personen zu beteiligen, die dem Jugendamt gem. § 4 Abs. 3 KKG Hinweise auf eine Kindeswohlgefährdung gemeldet haben (siehe Rn. 11c ff.). Dadurch sollen „blinde Flecken" in der Fallbearbeitung vermieden und weiterer Fachverstand ausdrücklich mit einbezogen werden. Die Einschätzung ist als festes Beratungssetting zu organisieren, das in der Durchführung methodisch strukturiert und in Verlauf und Ergebnis nachvollziehbar dokumentiert wird. Um einen fachlichen Austausch überhaupt möglich zu machen, müssen in der Praxis neben einer ausreichenden Ausstattung mit Fachkräften auch hilfreiche Methoden und vor allem notwendige Zeitressourcen zur Verfügung gestellt werden. Andernfalls droht die Einschätzung des **Gefährdungsrisikoss** zu einer bloßen Routine- oder Alibiveranstaltung zu verkommen, die keinen fachlichen Mehrwert hat.[56] **12**

Der Einschätzung des Gefährdungsrisikos im Fachteam kommt im Kinderschutz eine Schlüsselrolle zu. Ihr Zweck besteht insbesondere darin: **12a**

1. Die gewichtigen Anhaltspunkte für eine Kindeswohlgefährdung einer kritischen Reflexion zu unterziehender. Hierfür ist auf Grundlage aller verfügbaren Informationen herauszuarbeiten, ob die Erziehungsfähigkeit der Erziehungsberechtigten soweit eingeschränkt ist, dass eine Kindeswohlgefährdung vorliegt und die fallverantwortliche Fachkraft gegenüber dem Kind bzw. der/dem Jugendlichen einen Schutzauftrag hat.
2. Eine fundierte Prognose hinsichtlich des bestehenden Gefährdungsrisikos sowie
3. geeignete Handlungsschritte zur Gefahrenabwendung herauszuarbeiten.[57]

Zwar spricht die Vorschrift nicht davon, dass an der Gefährdungseinschätzung im Jugendamt eine (im Kinderschutz) **insoweit erfahrene Fachkraft** (siehe Rn. 42) zu beteiligen ist, der Sinn und Zweck des Gesetzes lässt an dieser Stelle allerdings keine andere Interpretation zu. Es geht hier nämlich ausdrücklich um ein inhaltlich abgesichertes Vorgehen bei einem begründeten Verdacht auf Kindeswohlgefährdung. Um analog dem wissenschaftlichen Habitus (siehe Rn. 4) Sozialer Arbeit das Gefährdungsrisiko von Kindern/Jugendlichen differen- **13**

56 Vgl. FK-SGB VIII/*Meysen*, § 8a SGB VIII Rn. 24 und *Gerber/Lillig*, 2018, 90.
57 Vgl. *Radewagen*, 2020, 296 ff.

ziert und theoriegeleitet einschätzen zu können, benötigt man Fachexpertise. Dazu zählt u.a. profundes Wissen:

- zu den Folgen mangelnder Erziehungsfähigkeit und Bedürfnisvernachlässigung,
- zur Wirkung im System bestehender Risikofaktoren für eine Kindeswohlgefährdung insbesondere den spezifischen Schutzbedürfnissen von Kindern und Jugendlichen mit Behinderungen,
- zu unterschiedlichen Merkmalen einer Kindeswohlgefährdung wie Misshandlungen, sexualisierte Gewalt, Autonomiekonflikten, Formen und Folgen von Vernachlässigung sowie Erwachsenenkonflikten um das Kind,
- zu Dynamiken in Familiensystemen
- zur Wirksamkeit von Hilfeformen in Kinderschutzfällen sowie
- zur Evaluation solcher Unterstützungen.[58]

Allein durch ihre Tätigkeit beim Sozialen Dienst verfügen Fachkräfte nicht über solche für die Gefährdungseinschätzung notwendigen Kompetenzen.[59]

Das **Beratungssetting** muss als Mindeststandard aus zwei Fachkräften bestehen, wobei Erfahrungen aus der Praxis zeigen, dass eine Größe von ca. vier Fachkräften sehr zu empfehlen ist.[60] Dabei sind die zuvor aufbereiteten gewichtigen Anhaltspunkte bzw. weitere gewonnene Informationen (zum Gewichtungsvorgang siehe Rn. 9 ff.) einem fachlichen Reflexions- und Bewertungsprozess zu unterziehen. Verantwortlich für die abschließende Einschätzung des Gefährdungspotenzials ist und bleibt die fallführende Fachkraft (siehe zu ihrer Garantenstellung und -pflicht Rn. 59 ff.). Die übrigen Teilnehmer einschließlich der insoweit erfahrenen Fachkraft haben eine **ausschließlich beratende Funktion**. Das Setting ist deshalb so zu gestalten, dass die verantwortliche Fachkraft eine eigenständige und sichere Einschätzung treffen kann. Eine für die Bewertung des Gefährdungspotenzials entscheidende Abstimmung aller Teilnehmer_innen (z.B. nach dem Mehrheitsprinzip) oder aber die Festlegung durch Fachvorgesetzte (zu ihrer Rolle siehe Rn. 19) scheiden deshalb aus. Gleichwohl ist es möglich, dass die beteiligten Fachkräfte innerhalb der Beratung eine eigene Gefährdungseinschätzung vornehmen. Diese hat zwar keine direkten Auswirkungen auf das Beratungsergebnis, hilft der fallverantwortlichen Fachkraft aber, ihre Bewertung der aktuellen Gefährdungslage einer Stimmigkeitsprüfung zu unterziehen und einer vom öffentlichen Träger eingesetzten Fachaufsicht (siehe Rn. 19) in Kinderschutzfällen, das Ergebnis der Beratung inhaltlich besser nachvollziehen zu können, sollte sie am Beratungsprozess nicht direkt beteiligt gewesen sein.

13a Werden Sozialdaten für den Zweck verwendet, zu dem sie befugt erhoben worden sind, unterliegt ihre Weitergabe innerhalb der verantwortlichen Stelle (z.B. dem ASD Team) keinerlei Beschränkungen. Es handelt sich dabei nicht um eine Datenübermittlung an Dritte, sondern gem. § 64 Abs. 1 SGB VIII um eine Datennutzung zur Aufgabenerfüllung. Insofern können alle zur Einschätzung des Gefährdungsrisikos relevanten Sozialdaten an die Beratungsteilnehmer_innen weitergegeben werden, ohne sie vorab anonymisieren/pseudonymisieren zu müssen. Ausgenommen hiervon sind Sozialdaten, die der strafrechtlichen Schweigepflicht nach § 203 Abs. 1 StGB bzw. dem besonderen Vertrauensschutz gem. § 65 SGB VIII unterliegen. Sofern es zur Erfüllung des Beratungszwecks erforderlich ist, auch solche Informationen an die hinzugezogenen Fachkräfte zu übermitteln, kann dies gem. § 65 Abs. 1 Nr. 4 befugt erfolgen.

---

58 Vgl. *Landschaftsverband Westfalen Lippe* 2014, 20 und *Slüter,* 2007, 517 f.
59 Vgl. Schellhorn et al./*Mann*, § 8a SGB VIII Rn. 24 und Wiesner/Wapler/*Wapler*, § 8a SGB VIII Rn. 27.
60 Vgl. auch FK-SGB VIII/*Meysen*, § 8a SGB VIII Rn. 23; *Gerber/Lillig*, 2018, 90 und Nds. Lügde-Kommission, 2020, 7 f.

Ist es erforderlich, dass auch Fachkräfte an der Beratung teilnehmen, die der verantwortlichen Stelle nicht angehören (etwa ein/e meldende Berufsgeheimnisträger_in – siehe Rn. 11d ff.), ist dies unter der Voraussetzung möglich, dass dadurch gem. § 69 Abs. 1 Nr. 1 SGB X i.V.m. § 64 Abs. 2 SGB VIII eine zu gewährende Leistung nicht in Gefahr gerät. Darüber hinaus sind gem. § 64 Abs. 2a SGB VIII alle Sozialdaten vor einer Übermittlung zu anonymisieren/pseudonymisieren, vorausgesetzt, die Aufgabenerfüllung gerät dadurch nicht in Gefahr (siehe Rn. 11c ff.). **13b**

Unter den genannten Bedingungen ist die Datenübermittlung an externe Beratungsteilnehmer_innen im zur Einschätzung des Gefährdungsrisikos notwendigen Umfang gem. § 69 Abs. 1 Nr. 1 möglich. Sofern es zur Erfüllung des Beratungszwecks erforderlich ist, dass dabei auch Sozialdaten übermittelt werden, die dem besonderen Vertrauensschutz nach § 65 SGB VIII bzw. der strafrechtlichen Schweigepflicht nach § 203 StGB unterliegen, kann dies gem. § 65 Abs. 1 Nr. 4 SGB VIII befugt geschehen.

Die hinzugezogenen Personen/Stellen im Sinne von § 78 SGB X sind vom Jugendamt vor der Beratung gem. § 78 Abs. 1 und 2 SGB X darauf hinzuweisen, dass sie alle Sozialdaten nur zu dem Zweck verwenden dürfen, zu dem sie ihnen übermittelt worden sind. In diesem Fall ist das ihre freiwillige Mitwirkung an der Gefährdungseinschätzung. Eine Weitergabe der personenbezogenen Daten – auch an die Betroffenen – ist also unzulässig. Zudem sind sie gem. § 82a Abs. 2 SGB X vorab darüber aufzuklären, dass ihre Mitwirkung an der Gefährdungseinschätzung freiwillig ist.

Unabhängig davon, ob die Beratungsteilnehmer_innen Mitglieder der verantwortlichen Stelle oder externe Fachkräfte sind, gilt auch im Rahmen der Gefährdungseinschätzung der Grundsatz der Datenminimierung gem. Art. 5 Abs. 1c DSGVO. Danach dürfen nur die Sozialdaten in den Beratungsprozess eingebracht werden, die zum Zweck der Aufgabenerfüllung (Schutzauftrag bei Kindeswohlgefährdung) erforderlich sind. **13c**

Für eine fachlich fundierte **Einschätzung des Gefährdungsrisikos** ist es notwendig, dass die fallverantwortliche Fachkraft im Vorfeld der Beratung differenziert herausarbeitet, durch welches konkrete Handeln/Nichthandeln der Erziehungsberechtigten das Kind, die/der Jugendliche offensichtlich in Gefahr zu sein scheint und wie sie das Gefährdungsrisiko bewertet. Hierfür ist es ratsam, analog dem Gewichtungsvorgang (siehe Rn. 9 ff.) eine **Kinderschutzmatrix** zu erstellen, anhand derer die Gefahrensituation des Kindes, der/des Jugendlichen in seiner Kausalität beschrieben wird. Eine solche Matrix sollte folgende Bereiche inhaltlich miteinander verbinden und dabei auch verfügbare Kinderschutzressourcen mit einbeziehen: **14**

1. Erziehungsfähigkeit der Erziehungsberechtigten,
2. für eine Gefährdung bestehende Risikofaktoren,
3. die defizitär erfüllten Grundbedürfnisse des Kindes, der/der Jugendlichen,
4. die aktuelle Gefährdungssituation des jeweiligen Kindes, der/des Jugendlichen und die sich daraus ableitenden
5. Gefährdungsmerkmale[61]
6. Eine sich anschließende fachlich rekonstruierbare Prognose zum Gefährdungsrisiko, sollte sich die Gefährdungslage für das Kind, die/den Jugendlichen nicht ändern bzw. sollten die Erziehungsberechtigten keine zur Gefahrenabwehr erforderlichen Hilfeleistungen annehmen. Hierbei sind auch die Fähigkeit und Bereitschaft der Erziehungsberechtigten zur Kooperation und Verhaltensänderung sowie die im System verfügbare Kinderschutzressourcen mit zu berücksichtigen.

61 Vgl. *Radewagen*, 2020, 295 ff.

Kinderschutzmatrix zur Vorbereitung der Gefährdungseinschätzung:

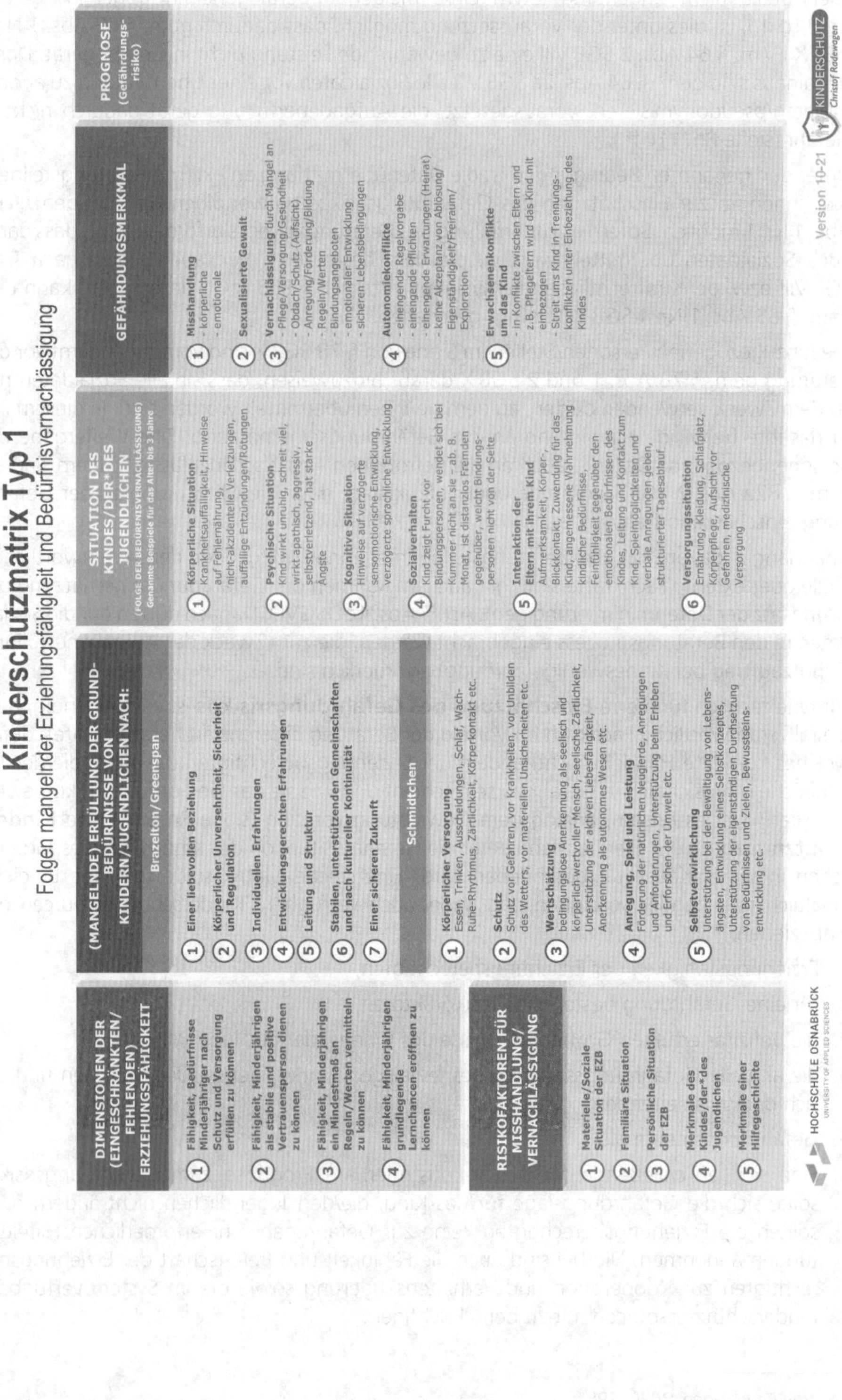

7. Erziehungsfähigkeit

Auch wenn das auf dem Handlungskonzept der Lebensweltorientierung aufbauende SGB VIII eine grundsätzlich ressourcenorientierte Ausrichtung hat, liegt es in Kinderschutzfällen auf der Hand, dass das Erziehungs- bzw. Fürsorgeverhalten in der Kritik steht und zumindest begründete Zweifeln bestehen, ob die Erziehungsberechtigten in der Lage sind, das Kind, die/den Jugendlichen vor Gefahren zu schützen.[62] 14a

Aus Daten des Statistischen Bundesamtes lässt sich ablesen, dass 2019 bei über 56 %[63] aller Fälle, in denen das Jugendamt nach einer Gefährdungseinschätzung zu dem Ergebnis gekommen ist, dass eine Kindeswohlgefährdung bzw. latente Kindeswohlgefährdung vorliegt, die betroffenen Kinder/Jugendlichen mit nur einem alleinerziehenden Elternteil, mit einem Elternteil und dessen Partner_in bzw. mit ihren Großeltern oder sonstigen Personen zusammengelebt haben. Alleinerziehende bilden dabei mit ca. 42% die größte Gruppe. Hier kann und muss wohl davon ausgegangen werden, dass ggf. auch **nicht sorgeberechtigte Personen**, wie z.B. Großeltern, neue Partner_innen oder Geschwister des Elternteils Einfluss auf die Pflege und Erziehung des Kindes, der/des Jugendlichen haben, selbst wenn sie nicht dauerhaft mit diesen in einem Haushalt zusammenleben.

Für einen umfassenden Kinderschutz ist es deshalb erforderlich, neben der Erziehungsfähigkeit sorgeberechtigter Eltern(teile) auch die Dritter nicht sorgeberechtigter Personen in den Fokus der Gefährdungseinschätzung zu rücken.[64]

Bei der Beschreibung der **Erziehungsfähigkeit**, bietet es sich an, einen funktionellen Ansatz[65] zu nutzen, der zwischen folgenden Dimensionen der Erziehungsfähigkeit unterscheidet:

- Die Fähigkeit der Erziehungsberechtigten, das Kind, die Jugendliche/den Jugendlichen zu schützen und zu versorgen.
- Die Fähigkeit der Erziehungsberechtigten, dem Kind, der/dem Jugendlichen als stabile und verlässliche Vertrauensperson zu dienen
- Die Fähigkeit der Erziehungsberechtigten, dem Kind, der/dem Jugendlichen ein Mindestmaß an Regeln und Werten zu vermitteln.
- Die Fähigkeit der Erziehungsberechtigten, dem Kind, der/dem Jugendlichen positive Lernchancen zu eröffnen.

8. Risikofaktoren

Um Gefährdungsrisiken besser einschätzen zu können, die sich aus einer eingeschränkten/fehlenden Erziehungsfähigkeit der Erziehungsberechtigten ergeben können, ist es wichtig, im System bestehende Risikofaktoren mit aufzugreifen. Der Stuttgarter/Düsseldorfer Kinderschutzbogen nennt hierzu als Risikofaktoren für eine Vernachlässigung oder Misshandlung beispielsweise: 14b

- Die materielle bzw. soziale Situation der Erziehungsberechtigten (z.B. keine ausreichende Einkommenssituation, unzureichende Wohnverhältnisse, keine sozialen Ressourcen).
- Die familiäre Situation (z.B. Gewalt unter den Erziehungsberechtigten, mehr als 3 Kinder unter 5 Jahre im Haushalt, konflikthafte Paarbeziehung).

---

62 Vgl. *Gerber/Lillig*, 2018, 54.
63 Vgl. Statistisches Bundesamt, 2021, 7 f.
64 Vgl. *Gerber/Lillig*, 2018, 57.
65 Siehe hierzu ausführlich *Kindler* u.a., 2006, 62–63.

- Die persönliche Situation der Erziehungsberechtigten (z.B. eigene Erfahrungen mit Missbrauch, Misshandlung, Vernachlässigung, schwere psychische Erkrankung, Sucht, Überforderung in der Erziehung).
- Merkmale des Kindes (z.B. erhöhter Pflegebedarf in Folge einer Behinderung oder Erkrankung, hohe Entwicklungsverzögerung).
- Merkmale der Hilfegeschichte (z.B. ernst zu nehmende Gefährdungsmeldung in der Vergangenheit, mangelnde Kooperationsbereitschaft, fehlende Problemeinsicht).[66]

9. Grundbedürfnisse von Kindern/Jugendlichen

14c Defizite in einer bzw. mehreren Dimensionen der Erziehungsfähigkeit und bestehende Risikofaktoren sind auf die konkrete (defizitäre) Grundbedürfniserfüllung der Kinder/Jugendlichen zu übertragen. Hierzu hat die Fachkraft die Kausalität zu beschreiben, die eine möglicherweise eingeschränkte Erziehungsfähigkeit der Erziehungsberechtigten für das Kind, die Jugendliche/den Jugendlichen zur Folge hat/sicher haben könnte. Eine Orientierungshilfe für die zu berücksichtigenden **Grundbedürfnisse** von Kindern und Jugendlichen bieten die Modelle von *Schmidtchen* oder *Brazelton/Greenspan*.

Schmidtchen[67] orientiert sich beim Beschreiben der für eine gesunde geistige, seelische und körperliche Entwicklung von Kindern/Jugendlichen elementaren Grundbedürfnisse u.a. an den Entwicklungsstadien nach *Erikson*[68] und den Grundbedürfnissen nach *Maslow*[69] und leitet daraus folgende „must-haves" für eine gesunde Entwicklung von Kindern und Jugendlichen ab:

- **körperliche Bedürfnisse**:

Essen, Trinken, Ausscheidungen, Schlaf, Wach-Ruhe-Rhythmus, Zärtlichkeit, Körperkontakt etc.

- **Schutzbedürfnisse**:

Schutz vor Gefahren, Krankheiten, vor Unbilden des Wetters, vor materiellen Unsicherheiten etc.

- **Bedürfnisse nach Wertschätzung**:

bedingungslose Anerkennung als seelisch und körperlich wertvoller Mensch, seelische Zärtlichkeit, Unterstützung der aktiven Liebesfähigkeit, Anerkennung als autonomes Wesen etc.

- **Bedürfnisse nach Anregung, Spiel und Leistung**:

Förderung der natürlichen Neugierde, Anregungen und Anforderungen, Unterstützung beim Erleben und Erforschen der Umwelt etc.

- **Bedürfnisse nach Selbstverwirklichung**:

Unterstützung bei der Bewältigung von Lebensängsten, Entwicklung eines Selbstkonzeptes, Unterstützung der eigenständigen Durchsetzung von Bedürfnissen und Zielen, Bewusstseinsentwicklung etc.[70]

Brazelton/Greenspan[71] beschreiben sieben zentrale Grundbedürfnisse von Kindern:

- Bedürfnis nach einer liebevollen Beziehung
- Bedürfnis nach körperlicher Unversehrtheit, Sicherheit und Regulation

66 Vgl. Stuttgarter/Düsseldorfer Kinderschutzbogen, Risikofaktoren und *Strobel/Liel/Kindler*, 2008.
67 Vgl. *Schmidtchen,* 1989.
68 Siehe hierzu *Erikson*, 1957, Kindheit und Gesellschaft sowie *Erikson*, 1966, Identität und Lebenszyklus.
69 Siehe hierzu *Maslow*, 1981, Motivation und Persönlichkeit sowie *Maslow*, 1985, Psychologie des Seins.
70 Vgl. *Schmidtchen*, 1989, 104 ff.
71 Vgl. *Brazelton/Greenspan*, 2002.

- Bedürfnis nach individuellen Erfahrungen
- Bedürfnis nach entwicklungsgerechten Erfahrungen
- Bedürfnis nach Leitung und Struktur
- Bedürfnis nach stabilen, unterstützenden Gemeinschaften und nach kultureller Kontinuität
- Bedürfnis nach einer sicheren Zukunft

Die für das Kind, die Jugendliche/den Jugendlichen bestehenden/hinreichend wahrscheinlich zu erwartenden Auswirkungen einer defizitären Grundbedürfniserfüllung in Folge einer eingeschränkten Erziehungsfähigkeit der Erziehungsberechtigten und bestehender Risikofaktoren sind einzelnen Situationskontexten zuzuordnen. Hierbei ist die für das Kind, die/den Jugendlichen bestehende Gefahrenlage konkret zu beschreiben. Eine Orientierungshilfe bietet der Stuttgarter/Düsseldorfer-Kinderschutzbogen, der zwischen folgende Gefährdungssituationen unterscheidet (Beispiel in Klammern für das Alter 0 bis 3 Jahre): **14d**

- **Körperliche Situation** (Krankheitsauffälligkeit, Hinweise auf Fehlernährung, Hämatome, auffällige Entzündungen/Rötungen)
- **Psychische Situation** (Kind wirkt unruhig, schreit viel, wirkt apathisch, aggressiv, selbstverletzend, hat starke Ängste)
- **Kognitive Situation** (Hinweise auf verzögerte sensomotorische Entwicklung, verzögerte sprachliche Entwicklung)
- **Sozialverhalten** (Kind zeigt Furcht vor Bindungspersonen, wendet sich bei Kummer nicht an sie, ist distanzlos Fremden gegenüber, weicht Bindungspersonen nicht von der Seite)
- **Interaktion des Kindes mit den Erziehungsberechtigten** (Aufmerksamkeit, Körperkontakt, Zuwendung für das Kind, angemessene Wahrnehmung kindlicher Bedürfnisse, Feinfühligkeit gegenüber den emotionalen Bedürfnissen des Kindes, Leitung und Kontakt zum Kind, Spielmöglichkeiten und verbale Anregungen geben, strukturierter Tagesablauf)
- **Versorgungssituation** (Ernährung, Kleidung, Schlafplatz, Körperpflege, Aufsicht vor Gefahren, Schutz vor Missbrauch, Misshandlung, medizinische Versorgung)[72]

10. Gefährdungsmerkmale

Die herausgearbeiteten Gefährdungssituationen inkl. der zu erwartenden Veränderungsdynamik sind anschließend den konkreten Gefährdungsmerkmalen zuzuordnen. **Gefährdungsmerkmale** [73] sind u.a.: **14e**

a) Misshandlung
   - emotionale Misshandlung
   - körperliche Misshandlung

b) Sexualisierte Gewalt[74]

c) Vernachlässigung durch Mangel bei
   - Pflege/Versorgung/Gesundheit
   - Obdach/Schutz (Aufsicht)

---

72 Vgl. Stuttgarter/Düsseldorfer Kinderschutzbogen/Diagnostik und *Strobel/Liel/Kindler,* 2008.

73 Zu den unterschiedlichen Gefährdungsmerkmalen siehe auch *Schone*, in Schone/Tenhaken, 2015, 25 ff., der von Gefährdungslagen spricht.

74 Zur Begrifflichkeit *sexualisierte Gewalt* siehe BT-Drs. 19/23707.

- Anregung/Förderung/Bildung
- Regeln/Werte
- Bindungsangebote
- emotionaler Entwicklung
- sicheren Lebensbedingungen

d) Autonomiekonflikte
- einengende Regelvorgabe
- einengende Pflichten
- einengende Erwartungen (Heirat)
- keine Akzeptanz nach Ablösung/Eigenständigkeit/Freiraum/Exploration

e) Erwachsenenkonflikte um das Kind
- In Konflikte zwischen Eltern und z.B. Pflegeltern wird das Kind mit einbezogen
- Streit ums Kind in Trennungskonflikten unter Einbeziehung des Kindes.

14f In der Praxis kann die Struktur einer **Kinderschutzmatrix** zur Vorbereitung für die Gefährdungseinschätzung wie folgt aussehen (Darstellung erfolgt stark verkürzt auf einen fiktiven Praxisfall):

Weil der alleinerziehende Vater aufgrund seiner eigenen Suchterkrankung (**Risikofaktor**) nur eingeschränkt in der Lage ist, seinen 2-jährigen Sohn zu versorgen und zu schützen (**Erziehungsfähigkeit)**, ist das **Grundbedürfnis** des Kindes nach Versorgung (konkret benennen, was defizitär ist und woran man dies festmacht, z.B. Mangel an Essen, Trinken oder Pflege. Es geht um konkrete Beispiele und Sachverhalte, die belegbar sind) und Schutz (ebenfalls konkret benennen, was defizitär ist und woran man dies festmacht, z.B. Schutz vor der Gefahr des Verhungerns bzw. vor Krankheiten durch mangelnde Pflege. Auch hier geht es um belegbare Sachverhalte) nicht sichergestellt.

Als weiterer **Risikofaktor** kommt der aus einer geistigen und körperlichen Behinderung resultierende erhöhte Versorgungs- und Pflegebedarf des Kindes hinzu.

Die **Gefährdungssituation** des Kindes wird u.a. an seiner körperlichen Situation deutlich (konkret beobachtbare oder mitgeteilte Sachverhalt benennen, z.B. Hinweise auf Mangelernährung: das Kind hat einen BMI von unter 14, auffällige Rötungen und Entzündungen im Windelbereich, schmutzige und wunde Hautfalten, es gibt Meldungen von Dritten wie z.B. Kinderärzt_in, Tagespflegeperson, Frühförder_in, Großeltern über den schlechten Versorgungszustand des Kindes etc.).

Nach Würdigung aller gewichtigen Gefährdungshinweise und unter Einbeziehung verfügbarer Ressourcen des Erziehungsberechtigten ist das Kind einer Vernachlässigung durch einen Mangel an Pflege/Versorgung und Schutz (**Gefährdungsmerkmal**) ausgesetzt, die durch das Nichthandeln des Vaters zu verantworten ist (konkret benennen, was er bezüglich des Schutzes und der Versorgung seines Kindes unterlässt, sodass es infolgedessen zu der beschriebenen Vernachlässigung kommt. Dabei auch Bezug auf seine eingeschränkte/fehlende Erziehungsfähigkeit nehmen).

Abschließend ist die sich aus den einzelnen Punkten der Kinderschutzmatrix ableitende **Prognose** zum **Gefährdungsrisiko** zu benennen. Diese orientiert sich an dem Leitsatz: Was droht dem Kind, der/dem Jugendlichen, sollte sich die Gefährdungssituation nicht ändern bzw. von den Betroffenen keine zur Gefahrenabwehr erforderlichen Hilfen angenommen werden (z.B. psychische und physische Deprivationsfolgen, Defektheilungen, psychosozialer Minderwuchs bis hin zum Tod des Kindes wegen Verhungerns). Hierbei werden ausdrücklich auch die Veränderungsbereitschaft und -fähigkeit der Erziehungsberechtigten sowie alle im

Umfeld des familiären Systems zur Abwendung oder Abklärung einer Kindeswohlgefährdung verfügbaren **Ressourcen** berücksichtigt.

Die **Einschätzung des Gefährdungsrisikos** im Fachteam hat nach einer klar strukturierten Methodik zu erfolgen. Sinn und Zweck einer solchen **Fallbesprechung** bzw. Fallberatung ist es nicht, die fallverantwortliche Fachkraft in ihrer Gefährdungseinschätzung zu bestätigen. Vielmehr geht es darum, alle analog der **Kinderschutzmatrix** aufbereiteten und in den **Beratungsprozess** eingebrachten Informationen einem konstruktiven **Reflexionsprozess** zu unterziehen.[75] Die fallverantwortliche Fachkraft soll dadurch, dem wissenschaftlichen Habitus Sozialer Arbeit entsprechend, in die Lage versetzt werden, ihre eigene Situationsanalyse und Bewertung der gewonnenen Sachverhalte kritisch zu hinterfragen. **15**

Die Handlungsleitlinie der Gefährdungseinschätzung besteht darin,

- eine reflektierte, fachlich begründete und somit rekonstruierbare Überprüfung der in den Beratungsprozesse eingebrachten gewichtigen Anhaltspunkte für eine Kindeswohlgefährdung vorzunehmen,
- ein sich daraus ableitendes Gefährdungsrisiko für das Kind, die/den Jugendlichen einzuschätzen, sowie
- die zur Gefahrenabwehr erforderliche Handlungsschritte zu generieren.

11. Ergebnis der Einschätzung des Gefährdungsrisikos

Für die Einschätzung des Gefährdungsrisikos haben sich in der Praxis unterschiedliche Modelle etabliert.[76] **16**

Analog der o.a. **Kinderschutzmatrix** (siehe Rn. 14 ff.) und einer ggf. bestehenden Garantenpflicht (siehe hierzu Rn. 59 ff.) bietet es sich an, bei der Einschätzung des Gefährdungsrisikos eines Kindes, einer/eines Jugendlichen wie folgt zu unterscheiden:

Entweder:

Es liegt keine Kindeswohlgefährdung und somit für die fallführende Fachkraft auch kein Schutzauftrag mit Verpflichtung zur Intervention vor. In diesem Fall ist eine Binnendifferenzierung vorzunehmen:

a) Es gibt keine relevanten Einschränkungen der Erziehungsfähigkeit und insofern auch keinen Hilfebedarf, bzw.

b) es gibt Einschränkungen der Erziehungsfähigkeit, die einen Hilfebedarf (z.B. HzE) begründen, bzw.

c) es gibt Einschränkungen der Erziehungsfähigkeit, die einen Hilfebedarf (z.B. HzE) dringend begründen.

Oder:

Die Einschränkungen der Erziehungsfähigkeit sind Teil einer **Kindeswohlgefährdung**. Für die fallverantwortliche Fachkraft besteht deshalb im Rahmen ihres **Schutzauftrages** die Pflicht zur Intervention, sofern dies zum Schutz des Kindes/Jugendlichen notwendig ist.[77]

---

75 Vgl. *Gerber/Lillig,* 2018, 90.

76 Siehe u.a. *Gerber/Kindler*, 2021; *Donath/Lüttringhaus/Wegenke/Wunsch*, 2018; *Schone*, in Merchel (Hrsg.), 2012, 148 ff. und Landschaftsverband Westfalen-Lippe 2013, 15 ff.

77 Vgl. *Radewagen*, 2020, 295 ff.

Fallkategorisierung nach Gefährdungseinschätzung durch Sozialen Dienst des Jugendamtes:

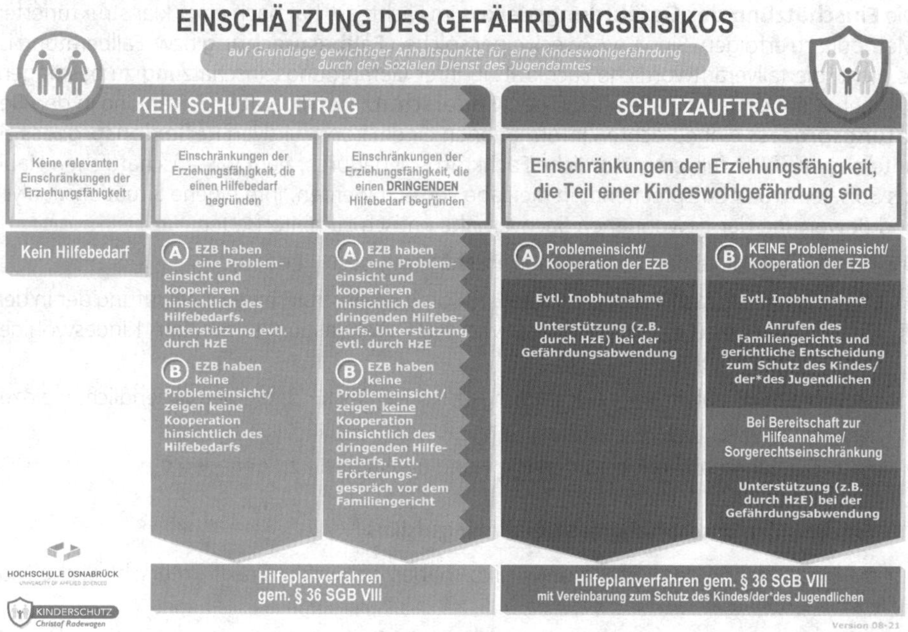

16a Jedes Kind bzw. jede/r Jugendliche verfügt über unterschiedliche **Ressourcen** und eine ganz eigene Beziehung zu den Erziehungsberechtigten. Das gilt auch bei Geschwistern. Insofern gilt es, unabhängig von der gewählten Methodik der Gefährdungseinschätzung, das jeweilige Gefährdungsrisiko, in der sich ein Kind, eine Jugendliche/ein Jugendlicher befindet, differenziert – und zwar orientiert an der individuellen Situation – einzuschätzen.[78] Von Gefährdungseinschätzungen, bei denen mehrere Kinder/Jugendliche gleichzeitig beraten werden, ist im Sinne eines praktikablen Kinderschutzes deshalb abzuraten.

17 Die Einschätzung des Gefährdungsrisikos ist grundsätzlich eine Momentaufnahme auf der Grundlage gegenwärtig verfügbarer Informationen. Insofern kann und muss bei Bekanntwerden weiterer bzw. neuer gewichtiger Anhaltspunkte für eine Kindeswohlgefährdung die Gefährdungseinschätzung wiederholt werden.

17a Der gesamte Beratungsprozess (d.h.: Gewichtung der Anhaltspunkte für eine Kindeswohlgefährdung, Vorbereitung, Verlauf und Ergebnis der Gefährdungseinschätzung) ist inklusive der Teilnehmer_innen (als Nachweis der Beteiligung weiterer Fachkräfte) rekonstruierbar zu protokollieren und zu den Akten zu nehmen.

Als Teil der öffentlichen Verwaltung sind Jugendämter verpflichtet, alle wesentlichen Verfahrenshandlungen und sachbezogene Geschehensabläufe vollständig, nachvollziehbar, objektiv und wahrheitsgemäß zu dokumentieren. Dies beruht auf dem Rechtsstaatsprinzip nach Art. 20 Abs. 3 GG, da nur eine ordnungsgemäße Aktenführung die Rechtskontrolle gesetzmäßigen Verwaltungshandelns durch Gerichte ermöglicht.[79]

Gem. § 63 Abs. 1 SGB VIII sind alle Sozialdaten zu speichern, die zur Aufgabenerfüllung benötigt werden. Zur Erfüllung des Schutzauftrages ist es in der Regel erforderlich, auf eine

78 Vgl. *Schrapper*, 2013, 11 f.
79 Vgl. BVerwG, Beschl. v. 16.3.1988, 1 B 153/87, juris.

breite Datenbasis zurückzugreifen (siehe Rn. 14 ff.). Hierzu zählen auch die Ergebnisse durchgeführter Gefährdungseinschätzungen, selbst wenn diese zu dem Ergebnis geführt haben, dass keine Kindeswohlgefährdung vorliegt. Die Praxis zeigt immer wieder, dass sich zum Teil erst bei Vorlage unterschiedlicher Hinweise ein konkretes Gefährdungsbild zusammensetzt und es dafür auch erforderlich sein kann, Inhalte vorangegangener Beratungen in die Gefährdungseinschätzung mit einzubeziehen.

Es ist ratsam, eine Fachaufsicht[80], etwa eine hierarchisch höher gestellte Stelle oder Person,[81] die ähnlich einer insoweit erfahrenen Fachkraft (Rn. 42) über profundes Wissen zum Thema Kinderschutz verfügt, mit in die Gefährdungseinschätzung einzubeziehen. Erfolgt dies nicht durch direkte Teilnahme am Beratungsprozess, so hat sie das Ergebnis der Einschätzung zumindest zur Kenntnis zu nehmen und dies auf dem Beratungsprotokoll gegenzuzeichnen.[82] Die Aufgabe einer Fachaufsicht sollte in Kinderschutzfällen u.a. darin liegen, die Qualität der Gefährdungseinschätzung – also die Plausibilität des Beratungsergebnisses und seine fachliche Rekonstruierbarkeit – zu überprüfen. Liegt diese nicht vor, sollte gemeinsam mit der fallverantwortlichen Fachkraft eine erneute Gefährdungseinschätzung vorgenommen werden. Gleiches gilt, wenn der Beratung fachliche Fehleinschätzungen/Defizite zu Grunde liegen. Darüber hinaus sollte sie die Einhaltung inhaltlicher und struktureller Standards kontrollieren und bei Verstößen dagegen im Rahmen ihrer organisationsstrukturell verankerten Möglichkeiten intervenieren. **18**

Ist eine direkte Teilnahme der Fachaufsicht an der Gefährdungseinschätzung nicht möglich, empfiehlt es sich, dass alle an der Gefährdungseinschätzung beteiligten Fachkräfte im Verlauf der Beratung eine eigene Einschätzung des Gefährdungsrisikos vornehmen und diese im **Beratungsprotokoll** ebenfalls dokumentiert wird. **19**

Die Fachaufsicht kann so die von der fallführenden Fachkraft getroffene (und letztendlich fallentscheidende) Einschätzung reflektierter bewerten und auf inhaltliche Plausibilität prüfen. Dafür bedarf es allerdings der verpflichtenden Regelung, dass es im Beratungsprozess nicht darum geht, die fallverantwortliche Fachkraft in ihrem **Fallverstehen** bzw. in ihrer Einschätzung des Gefährdungsrisikos zu bestätigen. Vielmehr hat ein **Advocatus Diaboli** handlungsleitend zu sein, bei dem die Beteiligten die vorgestellten Sachverhalte einem kritischen Diskurs zuführen, um **Bestätigungsfehler** zu vermeiden.[83] Andernfalls kann die Fachaufsicht die Plausibilität der im Beratungsprozess getroffene Gefährdungseinschätzung ohne direkte Teilnahme nur eingeschränkt bewerten.

Die Einschätzung des Gefährdungsrisikos durch die Beratungsteilnehmer_innen hat sich zur besseren Vergleichbarkeit an denselben Kategorien zu orientieren, die auch für die fallverantwortliche Fachkraft handlungsleitend sind. Das bedeutet: **19a**

I. Sie haben die Gesamtsituation des Kindes, der/des Jugendlichen einer der nachfolgenden Fallkategorien zuzuordnen:

   Entweder:

   Es liegt keine Kindeswohlgefährdung und somit für die fallverantwortliche Fachkraft auch **kein Schutzauftrag** mit Verpflichtung zur Intervention vor. In diesem Fall ist eine Binnendifferenzierung vorzunehmen:

   a) Es gibt keine relevanten Einschränkungen der Erziehungsfähigkeit und insofern auch keinen Hilfebedarf, bzw.

80 Zur Diskussion um die Fachaufsicht siehe *Merchel*, 2015, 358 ff; *Schrapper*, 2015, 355 ff.; *Biesel/Messmer*, 2015, 346 ff. und Nds. Lügde-Kommission, 2020, 8 f.
81 Vgl. *Merchel*, 2015, 361.
82 Vgl. Bundesverband der kommunalen Spitzenverbände et.al. 2009, 231 ff.; Wiesner/*Wiesner* (4. Aufl.), § 8a SGB VIII Rn. 27 f. und *Biesel/Messmer*, 2015, 346 ff.
83 *Gerber/Lillig*, 2018, 90 f.

b) es gibt Einschränkungen der Erziehungsfähigkeit, die einen Hilfebedarf (z.B. HzE) begründen, bzw.

c) es gibt Einschränkungen der Erziehungsfähigkeit, die einen Hilfebedarf (z.B. HzE) dringend begründen.

Oder:

Die Einschränkungen der Erziehungsfähigkeit sind Teil einer **Kindeswohlgefährdung**. Für die fallverantwortliche Fachkraft besteht deshalb im Rahmen ihres **Schutzauftrages** die Pflicht zur **Intervention**, sofern dies zum Schutz des Kindes/Jugendlichen notwendig ist.

II. Ihre inhaltliche Begründung der Einschätzungen des Gefährdungsrisikos hat sich gem. der **Kinderschutzmatrix** (siehe Rn. 14) aus folgenden Kernelementen zusammenzusetzen:

- Hinweise zur (eingeschränkten/fehlenden) Erziehungsfähigkeit der Erziehungsberechtigten sowie zu den ggf. bestehenden Risikofaktoren und einer daraus entstehenden
- defizitären Erfüllung der Grundbedürfnisse des Kindes, der/des Jugendlichen.
- Der aktuellen (gefährdenden) Situation mit den konkret zu benennenden
- Gefährdungsmerkmalen sowie einer
- fachlichen Prognose zum Gefährdungsrisiko, sollte sich die Lage des Kindes, der/des Jugendlichen nicht ändern bzw. keine zur Gefahrenabwehr erforderliche Hilfe angenommen werden und den zur Gefahrenabwehr erforderlichen Handlungsschritten. Hierbei sind auch im System verfügbare Kinderschutzressourcen sowie die Veränderungsbereitschaft – und -fähigkeit der Erziehungsberechtigten mit zu berücksichtigen.

20 Nach dem Gesetz sind Erziehungsberechtigte und Kinder bzw. Jugendliche in die Gefährdungseinschätzung einzubeziehen, sofern dadurch nicht der wirksame Schutz der Kinder und Jugendlichen in Frage gestellt wird. Das bedeutet allerdings nicht, dass sie an der Einschätzung des Gefährdungsrisikos im **Fachteam** teilnehmen. Diese ist ausschließlich eine kollegiale Beratung unter Fachkräften. Beteiligung heißt hier vor allem, alle notwendigen Informationen und Sachverhalte im Vorfeld bzw. Nachgang der Beratung bei den Betroffenen selbst zu erheben. Eine Datenerhebung bei Dritten ist nur in besonderen Ausnahmen zulässig (siehe Rn. 10 ff.).[84] Die Vorschrift greift damit zentrale Grundsätze einer **subjektorientierten** Sozialen Arbeit mit auf. Danach sind die Betroffenen an allen Hilfeprozessen aktiv zu beteiligen. Ausnahmen hiervon gelten lediglich für Fallverläufe, bei denen ihre Einbeziehung zu einer Verschärfung des Gefährdungspotenzials für die Kinder/Jugendlichen führen würde. Beteiligung heißt auch, dass die Betroffenen in Kinderschutzfällen ausführlich über das Ergebnis der Gefährdungseinschätzung zu informieren sind. Dabei gilt es, sie im Rahmen der allgemeinen Aufklärungs- und Beratungspflicht der Leistungsberechtigten (§§ 13 f. SGB I) bei Hilfebedarf durch ein klares, aber auch sensibles Vorgehen für einen anstehenden Hilfeprozess zu gewinnen.[85]

21 Ein aktiver und (dauerhaft) verlässlicher Kinderschutz setzt an einer partnerschaftlichen Zusammenarbeit mit Erziehungsberechtigten an. Auch wenn Kinder/Jugendliche aufgrund der Gefahrenlage nicht weiter bei Ihnen leben können, gilt es zunächst einmal, sie für den weiteren Hilfeprozess zu gewinnen, indem sie z.B. zustimmen, dass ihr Kind im Rahmen einer Hilfe zur Erziehung stationären untergebracht wird. Den betroffenen Kindern und Jugendlichen

84 Vgl. FK-SGB VIII/*Meysen*, § 8a SGB VIII Rn. 23.
85 Vgl. FK-SGB VIII/*Meysen*, § 8a SGB VIII Rn. 35.

kann es dadurch leichter fallen, solche Hilfeangebote zu akzeptieren. Insofern ist aktive **Elternarbeit** essenzielle Grundlage für einen gelingenden Kinderschutz und kein lästiges Anhängsel von Hilfeleistungen.

12. Vorgehen bei Kindeswohlgefährdung

Vorgehen bei Einschränkungen der Erziehungsfähigkeit, die Teil einer Kindeswohlgefährdung sind: Den Erziehungsberechtigten ist anhand der vorhandenen Sachverhalte zu erläutern, durch welches Handeln/Nichthandeln sie das Kind/den Jugendlichen/die Jugendliche in seiner/ihrer körperlichen, geistigen und/oder seelischen Entwicklung gefährden und was sie ab sofort sicherstellen bzw. unterlassen müssen, um der Gefahr entgegenzuwirken. Eventuell bestehende Sprachbarrieren sind durch das Hinzuziehen von **Dolmetscher_innen** zu beseitigen.[86] Die weitere Zusammenarbeit setzt vor allem die **Problemeinsicht** und **Kooperationsbereitschaft** der Erziehungsberechtigten voraus. Sie sind als Indikatoren einer **Veränderungsbereitschaft** und -fähigkeit das Fundament für einen erfolgreichen Kinderschutz. Liegen sie verlässlich vor, ist gemeinsam mit den Erziehungsberechtigten zu beraten, durch welche konkreten Handlungsschritte sie die Gefährdungsaspekte dauerhaft abwenden können. Zur Unterstützung vorhandener persönlicher, materieller, sozialer und institutioneller Ressourcen im Adressaten-Netzwerk sind ihnen hierfür auch geeignete und vor allem passgenaue Leistungen aus dem offenen Katalog der Kinder- und Jugendhilfe anzubieten. Diesbezüglich hat das Bundesverfassungsgericht klargestellt, dass es keine zeitliche Begrenzung für diese Unterstützung geben kann. Maßgeblich für Gewährung, Umfang und Dauer ist allein ihre Geeignetheit, die Kindeswohlgefährdung abzuwenden.[87] Trotz der Möglichkeit des Installierens verschiedener Hilfemaßnahmen ist in der Hilfeplanung klar festzuhalten, dass in erster Linie die Erziehungsberechtigten für die Sicherstellung des Kindeswohls zuständig und auch verantwortlich sind. Eine Übertragung der Verantwortung auf das Helfersystem „entmündigt" sie nicht nur, es widerspricht auch dem Gedanken der Subjektorientierung der Kinder- und Jugendhilfe und dem grundrechtlich verankerten Elternrecht. 22

13. Vereinbarung zum Schutz des Kindes, der/des Jugendlichen

In den Hilfeplan ist eine spezielle **Vereinbarung zum Schutz des Kindes** bzw. der/des Jugendlichen (**Schutzplan)** zu integrieren. In das Schutzkonzept sind aufzunehmen: 22a

1. Eindeutige und gut verständliche Informationen zu den in der Gefährdungseinschätzung herausgearbeiteten Gefährdungsmerkmalen. Hierfür bietet es sich an, analog der **Kinderschutzmatrix** (siehe Rn. 14) folgende Indikatoren der Kindeswohlgefährdung zu benennen:
   a. Defizite in der Erziehungsfähigkeit, die zu einer
   b. unzureichenden Erfüllung elementarer Grundbedürfnisse führen. Das wird an der
   c. Gefährdungssituation des Kindes, der/des Jugendlichen deutlich.
   d. Die aus der Kombination von defizitärer Erziehungsfähigkeit und Nichterfüllung der Grundbedürfnisse abzuleitenden Gefährdungsmerkmale sowie eine
   e. fachliche Prognose zum Gefährdungsrisiko, die deutlich macht, was dem Kind, der/dem Jugendlichen hinreichend wahrscheinlich droht, sollte die Gefährdung nicht abgewendet werden.

   Beispiel: Ihr 3-jähriges Kind wurde durch ihren Hund wiederholt gebissen und schwer verletzt (**Situation des Kindes**).

---

86 Vgl. Bundesverband der kommunalen Spitzenverbände et al. 2009, 231 ff.
87 Vgl. BVerfG, stattgebender Kammerbeschluss v. 24.3 2014, 1 BvR 160/14, juris.

Ihre Aufgabe als Vater ist es, Ihr Kind vor voraussehbaren und dadurch vermeidbaren Gefahrenquellen zu schützen (**Erziehungsfähigkeitsdimension/Grundbedürfnis des Kindes**).

Dies haben Sie nicht in dem zum Schutz ihres Kindes notwendigen Maße getan (**Gefährdungsmerkmal** der **Vernachlässigung**).

Ihrem Kind drohen im Wiederholungsfall erneute schmerzhafte Verletzungen. Im schlimmsten Fall kann ihr Kind von ihrem Hund totgebissen werden (**Prognose**).

2. Die **Sichtweise** der Erziehungsberechtigten zu der beschriebenen Gefährdungssituation. (Leitsatz: Wie schätzen die Erziehungsberechtigten die Gefährdungssituation ihres Kindes ein?)
3. Die konkrete Gefahr, vor der das Kind durch die Erziehungsberechtigten zu schützen ist. (Leitsatz: Vor folgender Gefahr haben die Erziehungsberechtigten ihr Kind zu schützen? Beispiel: Es ist ihre Aufgabe als Vater, ihr Kind vor dem Hund zu schützen, damit es nicht wieder gebissen oder anders verletzt werden kann.)
4. Gemeinsam zwischen Fachkraft und Erziehungsberechtigten verabredete **Handlungsschritte** zur konkreten Gefahrenabwehr und die dafür vorgesehenen und notwendige **Hilfeformen**, z.B. Hilfe zur Erziehung. Dabei ist es wichtig, den Blick auf die Bedürfnisse des Kindes, der/des Jugendlichen nicht aus den Augen zu verlieren. Leitsatz: Was muss geschehen, um die Gefahr abzuwenden und den Schutz des Kindes, der/des Jugendlichen sicherzustellen? (Beispiel: Als Vater werde ich dafür sorgen, dass der Hund nicht mehr in der Wohnung gehalten wird, einen Maulkorb trägt, wenn ich ihn gemeinsam mit meinem Kind ausführe. Darüber hinaus ist mein Kind nicht unbeaufsichtigt mit dem Hund in Kontakt etc.).
5. Die möglichst gemeinsam mit den Erziehungsberechtigten verabredeten Kontrollen, mit denen anhand fester Indikatoren überprüft werden kann, ob die verabredeten Handlungsschritte einschließlich der Veränderungsbereitschaft und -fähigkeit der Erziehungsberechtigten ausreichen, den Schutz des Kindes, der/des Jugendlichen sicherzustellen. (Beispiel: Mit Hausbesuchen durch die Fachkraft des Jugendamtes wird überprüft, ob der Vater die verabredeten Handlungsschritte umsetzt und das Kind vor dem Hund geschützt ist.).
6. Komplett ist die **Vereinbarung zum Schutz des Kindes**, der/des Jugendlichen[88], wenn auch benannt wird, was zum Schutz des Kindes, der/des Jugendlichen passieren muss (etwa das Anrufen des Familiengerichts oder eine Inobhutnahme), sollten die Erziehungsberechtigten die Gefährdung nicht abwenden wollen oder können bzw. die Zusammenarbeit einstellen, bevor die Gefährdung abgewendet wurde.

88 Zum Schutzkonzept siehe auch *Schone*, in Merchel (Hrsg.), 2012, 149 f.

Kreislauf zur **Vereinbarung zum Schutz des Kindes**, der/des Jugendlichen: 23

14. Vorgehen bei dringendem Hilfebedarf und sich androhender Kindeswohlgefährdung

Vorgehen bei Einschränkungen der Erziehungsfähigkeit, die einen dringenden Hilfebedarf begründen: 24

Bei einer noch nicht eingetretenen, aber perspektivisch drohenden bzw. latenten Kindeswohlgefährdung hat die fallverantwortliche Fachkraft weder einen **Schutzauftrag** noch eine **Garantenpflicht** (siehe Rn. 59 ff.). Insofern ist hier auch kein **Schutzkonzept** notwendig. Da es sich aber um eine zumindest in Teilen defizitäre Situation eines Kindes, einer/eines Jugendlichen handelt, die auf eine eingeschränkte Erziehungsfähigkeit zurückzuführen ist und einen dringenden Hilfebedarf begründet, sind den Betroffenen die Aspekte der aus fachlicher Sicht drohenden Kindeswohlgefährdung (im Rahmen der „normalen" Hilfeplanung) allerdings unbedingt direkt, transparent und vor allem verständlich mitzuteilen. Das kann auch nach der Struktur des Schutzkonzeptes (siehe Rn. 22 f.) erfolgen. Gemeinsam mit den Erziehungsberechtigten ist zu erörtern, ob sie eine verlässliche Problemeinsicht haben und bereit bzw. in der Lage sind, die sich ankündigende Kindeswohlgefährdung mit der dafür notwendigen Unterstützung schon im Vorfeld abzuwenden.

Ohne Kooperationsbereitschaft der Erziehungsberechtigten kommt die Kinder- und Jugendhilfe mit ihren auf Freiwilligkeit basierenden Leistungsangeboten bei der Abwendung einer sich androhenden Kindeswohlgefährdung an ihre Grenzen. Ein wichtiger Baustein für die Sicherstellung des Kindeswohls ist es deshalb, bei den Erziehungsberechtigten ein Problembewusstsein zu wecken und sie für eine aktive Mitarbeit zu gewinnen. Hierfür sind ihnen auch Leistungen der Kinder- und Jugendhilfe anzubieten, wenn diese dafür geeignet und notwendig sind. Für die Annahme der Hilfen ist im Rahmen einer aktiven Elternarbeit intensiv (!) zu werben. 24a

Wirken die Erziehungsberechtigten jedoch bereits bei der Abwendung einer drohenden Kindeswohlgefährdung nicht mit, hat das Jugendamt die Möglichkeit, gem. § 157 FamFG schon vor Eintreten einer Kindeswohlgefährdung das Familiengericht anzurufen und mit der 25

Autorität des Gerichts auf eine Veränderungs- und Mitwirkungsbereitschaft bei den Betroffenen hinzuwirken.

25a **Verfahrensablauf bei Schutzauftrag für Sozialen Dienst des Jugendamtes**:

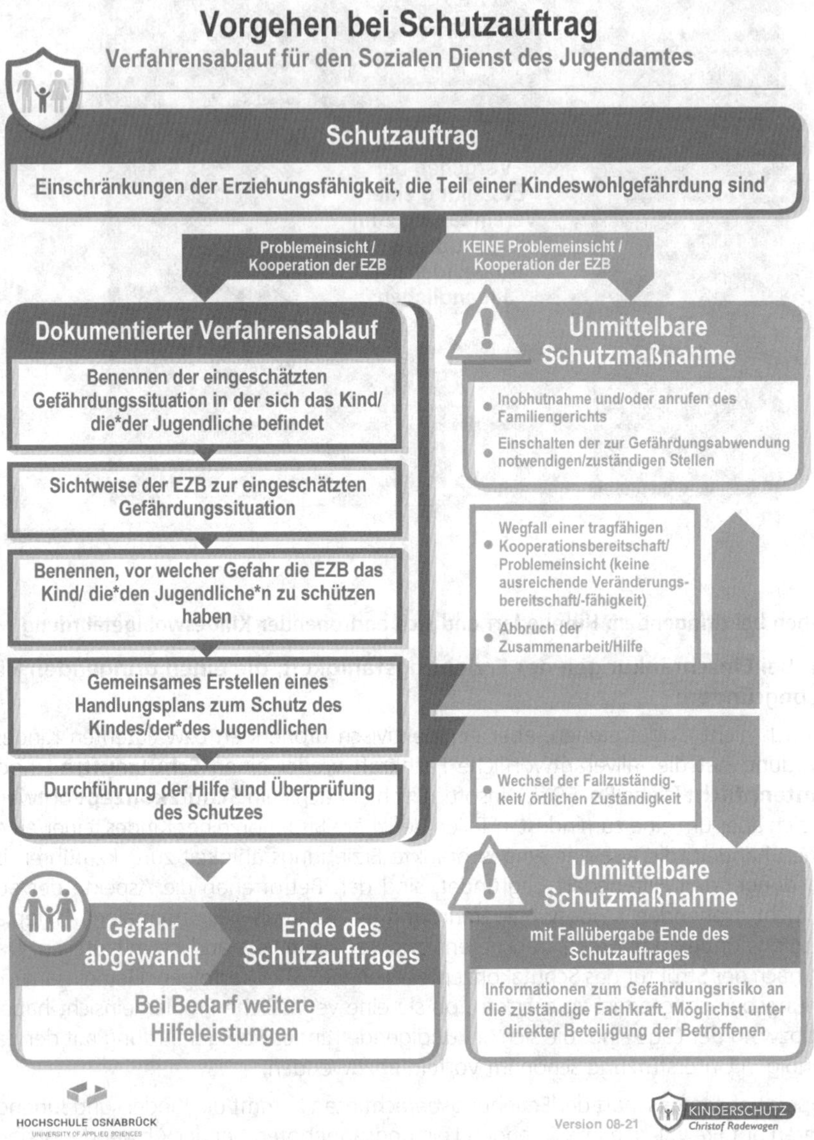

II. Absatz 2

1. Anrufen des Familiengerichts

26 Sind die Erziehungsberechtigten weder problemeinsichtig noch kooperativ, gewillt oder in der Lage, eine durch das Jugendamt im Rahmen einer Gefährdungseinschätzung festgestellte Kindeswohlgefährdung abzuwenden bzw. dafür notwendige Hilfe anzunehmen, hat

es zu überprüfen, ob das **Familiengericht** anzurufen ist. Hält es sein Tätigwerden für erforderlich, ist es dazu nicht nur berechtigt, sondern ausdrücklich verpflichtet. Einen Ermessensspielraum hat es hierbei nicht.[89]

Das Anrufen des Gerichts ist die konsequente Umsetzung des in Art. 6 Abs. 2 Satz 2 GG beschriebenen staatlichen Wächteramtes und dementsprechend kein unzulässiger Eingriff in das verfassungsrechtlich normierte Elternrecht nach Art. 6 Abs. 2 Satz 1 GG. Das Jugendamt wäre ein zahnloser Tiger, könnte es in Fällen eines mangelnden Hilfezugangs nicht auch gegen den Willen der Erziehungsberechtigten vorgehen und beim Familiengericht zur Abwendung der Kindeswohlgefährdung für notwendig gehaltene Maßnahmen anregen.[90] **26a**

Zu beachten ist jedoch, dass das Einschalten des Familiengerichts eine erhebliche **Misstrauensbekundung** gegenüber den Erziehungsberechtigten bedeuten kann, die einer weiteren Zusammenarbeit im Sinne eines effektiven und dauerhaften Kinderschutzes im Wege stehen könnte. Deshalb ist es auch nicht vorschnell in Betracht zu ziehen, sondern es ist vielmehr intensiv um die Mitarbeit der Erziehungsberechtigten zu werben. Insofern ist das Familiengericht auch immer dann nicht hinzuzuziehen, wenn die Erziehungsberechtigten zwar selbst nicht in der Lage sind, eine Kindeswohlgefährdung abzuwenden, allerdings durch eine glaubhafte **Problemeinsicht** und **Kooperationsbereitschaft** eine tragfähige Veränderungsfähigkeit bzw. Veränderungsbereitschaft deutlich zum Ausdruck bringen. Dazu zählt auch, erforderliche Hilfen zur Gefahrenabwendung anzunehmen.[91] Diese können zwar, müssen aber nicht aus dem Katalog der Kinder- und Jugendhilfe kommen. **26b**

Auch wenn Erziehungsberechtigte – trotz Unterstützungsangeboten - keine Veränderungsfähigkeit bzw. Veränderungsbereitschaft entwickeln können/wollen, ist das Anrufen des Familiengerichts immer dann nicht erforderlich, wenn sie einer geeigneten Hilfe zum Schutz ihres Kindes zustimmen. Ziehen sie diese Zustimmung bei Fortbestand der Gefahrensituation zurück bzw. bedarf es zum Schutz ihres Kindes weitergehender Maßnahmen (z.B. stationäre Hilfe zur Erziehung), denen sie ablehnend gegenüberstehen, ist das Familiengericht hingegen unmittelbar hinzuzuziehen. **26c**

Entscheidend für die Beantwortung der Frage, ob das Familiengericht angerufen werden muss oder nicht, ist also, ob die Gefährdung ohne Eingriff in das elterliche Sorgerecht abgewendet werden kann. Ist dies der Fall, da die Erziehungsberechtigten z.B. geeignete Hilfe annehmen, bedarf es nicht der Anrufung des Gerichts.[92]

2. Erörterungstermin

Die in § 1666 Abs. 3 BGB aufgeführten Maßnahmen zum Schutz eines Kindes oder Jugendlichen (z.B. das Gebot, Leistungen der Kinder- und Jugendhilfe oder Gesundheitshilfe anzunehmen), können nur dann vom Familiengericht verhängt werden, wenn die Kindeswohlgefährdung (siehe Rn. 2) bereits eingetreten oder aber hinreichend wahrscheinlich ist.[93] Eine **drohende oder noch unklare Gefahr** reicht ausdrücklich nicht für einen Eingriff in das Elternrecht aus, öffnet dem Jugendamt allerdings die Tür, das Familiengericht für einen gemeinsamen **Erörterungstermin** mit den Erziehungsberechtigten anrufen zu können. Dies ist insbesondere dann ratsam, wenn sie sich weigern, bei der Abklärung einer möglichen (siehe Rn. 10a) bzw. der Abwendung einer sich androhenden Kindeswohlgefährdung (siehe Rn. 25) mitzuwirken. Ein „Nichtmitwirken" äußert sich beispielsweise im Verweigern gemeinsamer Gespräche, bei denen die Sachverhalte besprochen oder erörtert werden sollen. **27**

89 Vgl. FK-SGB VIII/*Meysen*, § 8a SGB VIII Rn. 36; LPK-SGB VIII/*Bringewat*, § 8a SGB VIII Rn. 75, 83 und Wiesner/Wapler/*Wapler*, § 8a SGB VIII Rn. 37.
90 Vgl. FK-SGB VIII/*Meysen*, § 8a SGB VIII Rn. 36.
91 Vgl. Schellhorn et al./*Mann*, § 8a SGB VIII Rn. 31 und LPK-SGB VIII/*Bringewat*, § 8a SGB VIII Rn. 77.
92 Vgl. FK-SGB VIII/*Meysen*, § 8a SGB VIII Rn. 37.
93 Hanseatisches Oberlandesgericht Bremen, Beschl. v. 2.11.2009, 4 UF 83/09, juris.

Bereits in solchen Fällen kann sie das Familiengericht nach § 157 FamFG in die Pflicht nehmen und ihnen den Ernst der Lage bzw. mögliche Konsequenzen ihres (Nicht-)Handelns vor Augen führen. Es soll darauf hinwirken, dass sie mit dem Jugendamt kooperieren und entsprechende Hilfeangebote annehmen.[94] Anders als das Jugendamt kann es dafür das persönliche Erscheinen der Beteiligten (eine alleinige Vertretung der Betroffenen durch ihren Anwalt scheidet aus, sie müssen vor Gericht also auch erscheinen) oder die Begutachtung des Kindes bzw. Jugendlichen im Rahmen seiner Amtsermittlungspflicht gem. § 26 FamFG anordnen und auch gegen Widerstände durchsetzen. Zeigt das Kind z.B. auf eine Misshandlung hindeutende Verletzungsmuster, kann es auch gegen den Willen der Erziehungsberechtigten veranlassen, dass deren Entstehung fachärztlich abgeklärt wird.[95] Dies hat das Jugendamt den Betroffenen deutlich vor Augen zu halten, bevor (!) es das Gericht einschaltet. Auch hier gilt es, die Möglichkeit der Hinzuziehung des Gerichts zu nutzen, um eine Kooperationsbereitschaft und Mitarbeit der Erziehungsberechtigten zu wecken und zu fördern. Von der Erforderlichkeit einer Gerichtsanrufung ist allerdings auszugehen, wenn man im Sinne eines aktiven Kinderschutzes auf der Stelle tritt und alles Werben um Mitwirkung und Kooperation absehbar nicht fruchtet.

3. Kontrollverantwortung des Jugendamtes

28 Für das Jugendamt besteht keine unmittelbare Verpflichtung zum Anrufen des Gerichts, wenn es von Einrichtungen und Diensten gem. § 8a Abs. 4 Satz 2 SGB VIII darüber informiert wird, dass die Betroffenen die Annahme einer verabredeten Hilfe entgegen vorheriger Verabredungen verweigern bzw. eine angenommene Hilfe nicht ausreiche, eine Kindeswohlgefährdung abzuwenden. Aufgabe des Jugendamtes ist es in solchen Fällen, im Rahmen seiner **Kontrollpflichten** zu überprüfen, worin die Ursachen liegen und ob sich diese auch ohne Einschalten des Gerichts beseitigen lassen. Die Nichtannahme einer Hilfe bzw. ihr Nichtausreichen muss nicht automatisch (allein) im Verhalten der Erziehungsberechtigten begründet sein. Vielmehr kann dies beispielsweise auch aus einem Kommunikationsproblem zwischen den Beteiligten resultieren. Für die Praxis bedeutet dies allerdings keine lang anhaltende „Ermittlungsarbeit" durch das Jugendamt. Ratsam ist vielmehr ein gemeinsamer **Klärungstermin** mit den Erziehungsberechtigten und den Helfern. Ergibt dieser, dass die Gründe tatsächlich bei den Erziehungsberechtigten liegen und sind sie auch nach dem Gespräch weder verlässlich kooperativ noch problemeinsichtig, an der Abwendung der Kindeswohlgefährdung aktiv mitzuwirken, ist das Tätigwerden des Familiengerichts in der Regel erforderlich.[96]

29 Adressat der Regelung zum Anrufen des Gerichts gem. Abs. 2 ist allein das Jugendamt. Allerdings können sich auch andere freie und öffentliche Träger von Einrichtungen und Diensten direkt an das Familiengericht wenden und dessen Ermittlungsauftrag von Amts wegen gem. § 26 FamFG auslösen.[97]

4. Stellung des Jugendamtes in Verfahren vor dem Familiengericht

30 Kommt es zu einem familiengerichtlichen Verfahren, hat das Gericht sowohl das Gefährdungspotenzial als auch die Geeignetheit notwendiger Maßnahmen zum Schutz des Kindes/Jugendlichen zu überprüfen.[98] Bei einem gemeinsamen Termin mit allen Beteiligten, der spätestens einen Monat nach Beginn des Verfahrens stattfinden soll, ist das Jugendamt gem.

94 Vgl. BT-Drs. 16/6308, 237 f.; LPK-SGB VIII/*Bringewat*, § 8a SGB VIII Rn. 82 und Wiesner/Wapler/*Wapler*, § 8a SGB VIII Rn. 53 ff.
95 Vgl. FK-SGB VIII/*Meysen*, § 8a SGB VIII Rn. 43 und Schellhorn et al./*Mann*, § 8a SGB VIII Rn. 30.
96 Siehe hierzu LPK-SGB VIII/*Bringewat*, § 8a SGB VIII Rn. 79, der die Notwendigkeit zur Anrufung des Familiengerichts aus der Meldung des Trägers von Einrichtungen und Diensten ableitet.
97 Vgl. LPK-SGB VIII/*Bringewat*, § 8a SGB VIII Rn. 79 und Wiesner/Wapler/*Wapler*, § 8a SGB VIII Rn. 36.
98 Vgl. BVerfG, stattgebender Kammerbeschluss v. 24.3. 2014, 1 BvR 160/14, juris.

§ 155 Abs. 2 FamFG anzuhören. Hierbei hat es dem Gericht gegenüber anhand dokumentierter Sachverhaltsbeschreibungen (also keine Vermutungen!) zu erläutern, worin eine durch das Handeln/Nichthandeln der Erziehungsberechtigten ausgelöste Kindeswohlgefährdung liegt. Eine Orientierungshilfe hierfür bietet die o.a. **Kinderschutzmatrix** (siehe Rn. 14 ff.), nach der folgende Kernelemente des Kinderschutzes inhaltlich miteinander verknüpft werden:

1. Informationen zur eingeschränkten/fehlenden Erziehungsfähigkeit der Erziehungsberechtigten sowie zu den ggf. bestehenden Risikofaktoren und einer daraus entstehenden
2. defizitären Grundbedürfniserfüllung dem Kind, der/dem Jugendlichen gegenüber.
3. Die aktuelle gefährdende Situation, in der sich das Kind, die/der Jugendliche befindet, mit den konkret zu benennenden
4. Gefährdungsmerkmalen (Misshandlung, sexualisierte Gewalt, Vernachlässigung, Autonomiekonflikt und Erwachsenenkonflikte um das Kind) sowie einer
5. fachlichen Prognose zum Gefährdungsrisiko, sollte sich die Situation des Kindes, der/des Jugendlichen nicht verändern bzw. keine zur Gefahrenabwehr erforderliche Hilfe angenommen werden. Hierbei sind auch Informationen zur Fähigkeit und Bereitschaft der Erziehungsberechtigten zur Verhaltensänderung sowie zu den im System verfügbaren Kinderschutzressourcen mit zu berücksichtigen.

Hinzu kommt eine Auflistung aller bisherigen Hilfen, einschließlich der Hilfen, die nicht angenommenen wurden bzw. sich für den Kinderschutz als unzureichend erwiesen haben.

Das Jugendamt bildet zusammen mit dem Familiengericht eine **Verantwortungsgemeinschaft**[99] für den Kinderschutz. Aus dieser Rolle heraus hat es fachspezifisch darzustellen, was die Erziehungsberechtigten künftig konkret sicherzustellen haben, damit die Kindeswohlgefährdung abgewandt werden kann. Eine Orientierung hierfür bietet die Vereinbarung zum Schutz des Kindes, der/des Jugendlichen (siehe Rn. 22 f.). Hierunter fallen auch die dafür von den Erziehungsberechtigten entsprechend umzusetzenden **Maßnahmen** bzw. anzunehmenden **Hilfeangebote**.[100] In Verfahren wegen Kindeswohlgefährdung (§§ 1666 f. BGB) ist das Jugendamt gem. § 162 Abs. 2 Satz 1 FamFG kraft Gesetzes in der Position eines **Verfahrensbeteiligten (Muss-Beteiligter kraft Hinzuziehung)**. Dadurch hat es neben einem vollen **Akteneinsichtsrecht** auch die Möglichkeit, **Sach- und Verfahrensanträge** stellen zu können.[101] Ob zur Abwendung der Kindeswohlgefährdung die Eltern allerdings gem. § 1666 Abs. 3 BGB z.B. das Gebot erhalten, Leistungen der Kinder- und Jugend- bzw. Gesundheitshilfe anzunehmen, ihnen verboten wird, mit dem Kind in Kontakt zu treten oder aber die elterliche Sorge teilweise/vollständig entzogen wird, entscheidet allein das Gericht.[102] Als **Kinderschutzfachbehörde** kann das Jugendamt im Rahmen seiner fachkompetenten Beteiligung im Gerichtsverfahren allerdings Einfluss auf die Entscheidung nehmen und dagegen gem. § 162 Abs. 3 FamFG gegebenenfalls i.V.m. § 57 Nr. 1 FamFG auch Beschwerde einlegen, sollte das Jugendamt diese als ungeeignet bzw. nicht ausreichend ansehen, den Schutz des Kindes/Jugendlichen sicherzustellen.[103]

Für einen funktionierenden Kinderschutz haben Jugendamt und Familiengericht kooperativ zusammenzuarbeiten. Gelingt dies nicht, liegt das letztverantwortliche Entscheidungsrecht beim Gericht.[104]

---

99 Vgl. OLG Koblenz, Beschl. v. 29.5.2012, 11 UF 266/12, NJW, 2012, 3108 ff.
100 Vgl. Wiesner/Wapler/*Wapler*, § 8a SGB VIII Rn. 38, 44 f.
101 Vgl. Wiesner/Wapler/*Wapler*, § 50 SGB VIII Rn. 35.
102 Vgl. LPK-SGB VIII/*Bringewat*, § 8a SGB VIII Rn. 83; Wiesner/Wapler/*Wapler*, § 50 SGB VIII Rn. 63 ff. und FK-SGB VIII/*Meysen*, § 8a SGB VIII Rn. 47 f.
103 Vgl. FK-SGB VIII/*Meysen*, § 8a SGB VIII Rn. 47 f. und *Schmidt*, 2015, 1160.
104 Vgl. OLG Koblenz Beschl. v. 29.5.2012, 11 UF 266/12, juris.

31 Außerhalb verwaltungsgerichtlicher Kontrollverfahren gem. § 113 Abs. 4 VwGO können Gerichte das Jugendamt weder zu irgendeinem Handeln ermächtigen noch verpflichten. Insofern erwachsen aus der Entscheidung des Familiengerichts dem Jugendamt gegenüber auch keinerlei Umsetzungsverpflichtungen. Es ist also weder das Erfüllungs- noch das Ausführungs- oder Hilfsorgan des Familiengerichts und kann durch dieses – anders als in der Rechtsprechung der Familien- und Verwaltungsgerichte[105] zum Teil vertreten – auch nicht verpflichtet werden, eine bestimmte Kinder- und **Jugendhilfeleistung** zu installieren.[106] Hierüber entscheidet es vielmehr nach Bedarf und Geeignetheit innerhalb der **Hilfeplanung** gem. § 36 SGB VIII im Zusammenwirken mit den Personensorgeberechtigten und anderen beteiligten Fachkräften. Handlungsleitend sollte dabei immer sein, möglichst passgenaue – also geeignete – Hilfe zu entwickeln und zu installieren. Insofern sind die Entscheidungen des Familiengerichts mit den möglichen Hilfeformen der Kinder- und Jugendhilfe eng zu verzahnen. Wird den Eltern beispielsweise das Sorgerecht (nicht aber das Umgangsrecht) entzogen und erscheint eine Fremdunterbringung (etwa in einer Erziehungsstelle) des Kindes als unumgänglich, so müssen Familiengericht und Jugendamt im Sinne einer maßgeschneiderten Hilfe eng miteinander kooperieren, damit die Eltern ihrer Pflicht und auch ihrem Recht auf Umgang mit ihrem Kind weiter nachkommen können. Ist es jedoch notwendig, dass neben dem Sorgerecht auch das Umgangsrecht entzogen wird, da die Gefahr (z.B. der sexualisierten Gewalt) von einer umgangsberechtigten Person ausgeht, so muss die zu installierende Hilfeform so gewählt und gestaltet werden, dass ein entsprechender Schutz des Kindes/Jugendlichen möglich ist.[107]

5. Verantwortungsgemeinschaft im Kinderschutz

32 Wenn das Jugendamt das Familiengericht einschaltet, bedeutet das nicht, dass es dadurch Verantwortung an das Gericht abgibt und von seiner wächteramtlichen **Schutzverpflichtung** gegenüber dem Kindeswohl entbunden ist.[108] Jugendamt und Familiengericht werden als Kinderschutz-**Verantwortungsgemeinschaft** vielmehr in jeweils eigener Kompetenz nebeneinander tätig. Der eigenständige Ermittlungsauftrag des Gerichts ist ein wichtiger Beitrag zur Begrenzung staatlicher Gewalt und somit im Sinne einer funktionierenden **Gewaltenteilung** zwischen Exekutive und Judikative unverzichtbar. Insofern hat das Familiengericht die vom Jugendamt vorgenommene Einschätzung des Gefährdungsrisikos ausdrücklich nicht ungeprüft zu übernehmen, sondern sich vielmehr ein eigenes Bild von der Situation zu verschaffen.[109] Im Ergebnis kann dies bedeuten, dass es die Gefährdungslage für das Kind bzw. den Jugendlichen anders einschätzt als das Jugendamt bzw. eine Entscheidung trifft, die der vom Jugendamt angeregten widerspricht.[110] Auch wenn das Jugendamt die Möglichkeit zur **Beschwerde** gegen die Entscheidung hat, können in der Praxis daraus schier unüberbrückbare Hindernisse für einen aktiven Kinderschutz entstehen. Hält das Gericht es z.B. – anders als vom Jugendamt angeregt und vertreten – für nicht erforderlich, den Eltern gem. § 1666 Abs. 3, Nr. 1 BGB aufzugeben, Leistungen der Kinder- und Jugendhilfe in Anspruch zu nehmen, ist der Leidtragende letztendlich das Kind bzw. der Jugendliche. Dem Jugendamt sind dann nämlich ohne freiwillige Zustimmung der Personensorgeberechtigten

---

105 Siehe OLG Koblenz, Beschl. v. 11. 6.2012, 11 UF 266/12, juris; OLG Frankfurt, Beschl. v. 28.11.2012, 1 WF 294/12, juris = ZKJ 2013, 167, und VGH Kassel, Beschl. v. 7.11.2012, 10 B 1973/12, juris = ZKJ 2013, 82-

106 Vgl. GK-SGB VIII/*Gondolf*, § 50 SGB VIII Rn. 16 ff.; Wiesner/Wapler/*Wapler*, § 8a SGB VIII Rn. 51; Wiesner/Wapler/*Wapler*, § 50 SGB VIII Rn. 10 und *Schmidt*, 2015, 1159 mit zahlreichen Nachweisen. Anderer Auffassung hinsichtlich der Anordnungsbefugnis von Jugendrichtern: *Möller/Schütz*, 2007, 178 ff.

107 Vgl. Wiesner/Wapler/*Wapler*, § 8a SGB VIII Rn. 48 f.

108 Vgl. *Dahm*, 2015, 223.

109 Vgl. BVerfG, stattgebender Kammerbeschluss v. 24.3.2014, 1 BvR 160/14, juris.

110 Vgl. LPK-SGB VIII/*Bringewat*, § 8a SGB VIII Rn. 83 und FK-SGB VIII/*Meysen*, § 8a SGB VIII Rn. 47.

für die Installierung einer Hilfe zur Erziehung nach §§ 27 ff. SGB VIII die Hände gebunden. Dass sie diese erhalten, ist allerdings mehr als fraglich, da das „erfolglose" Einschalten des Gerichts nicht selten zum völligen Bruch der Erziehungsberechtigten mit dem Jugendamt führt. In solchen Fällen ist das Familiengericht zu ersuchen, das Geschehen in der Familie gem. § 166 Abs. 3 FamFG für einen gewissen Zeitraum weiterhin zu begleiten und zu überprüfen.[111]

Es ist also in jedem Fall zu vermeiden, dass sich Gericht und Jugendamt als zentrale Fachstellen für den Kinderschutz gegenseitig blockieren. Hierfür ist es u.a. wichtig, dass sich Familienrichter und Jugendamtsmitarbeiter auf regionaler Ebene regelmäßig in bilateralen Kinderschutz-Arbeitskreisen umfassend aus ihrer jeweiligen Rolle und ihrem fachspezifischen „Blick auf das Kindeswohl" heraus austauschen. Auf diese Art und Weise können beide Seiten der Verantwortungsgemeinschaft bereits im Vorfeld von familiengerichtlichen Verfahren voneinander lernen und ihre Kompetenzen besser verzahnen.[112] Der Ansatz des Cochemer Modells[113] sollte hier entsprechend genutzt werden. 33

6. Anzeigepflicht des Jugendamtes

Die **Anrufungspflicht** des Jugendamtes gilt nur gegenüber dem Familien-, nicht jedoch gegenüber dem Strafgericht, der Staatsanwaltschaft oder der Polizei. Gerade in Kinderschutzfällen ist das Jugendamt mit Sachverhalten konfrontiert, die schwere psychische und physische Verletzungen für die betroffenen Kinder und Jugendlichen bedeuten: sexualisierte Gewalt, schwere Körperverletzung oder aber häusliche Gewalt sind nur einige Beispiele. Mitarbeiter öffentlicher, aber auch freier Träger haben in solchen Fällen keine **Strafverfolgungspflicht** (diese ist der Polizei oder Staatsanwaltschaft vorbehalten) und außerhalb der in § 138 StGB genannten Straftatbestände auch keine **Anzeigepflicht**. Der Auftrag der Kinder- und Jugendhilfe liegt hier vielmehr darin, den allgegenwärtigen Wiederholungsgefahren durch geeignete Angebote und Interventionen wirksam zu begegnen. Dies meint vor allem Hilfen, die so gestaltet sind, dass sie dem verständlichen Willen des Kindes bzw. Jugendlichen Rechnung tragen, nicht erneut Opfer zu werden.[114] 34

7. Inobhutnahme

Der Schutzauftrag des Jugendamtes umfasst auch die Möglichkeit der **Inobhutnahme** von Kindern und Jugendlichen. Diese kommt nur dann in Betracht, wenn die Kinder/Jugendlichen darum bitten oder aber unbegleitet in die Bundesrepublik einreisen bzw. eine dringende Gefahr für das Wohl des Kindes/Jugendlichen besteht und die Personensorgeberechtigten ihr nicht widersprechen. Gegen den Willen der Personensorgeberechtigten ist das Jugendamt immer dann zur Inobhutnahme befugt und auch verpflichtet, wenn die Kindeswohlgefährdung so gewichtig ist, dass das vorherige Einholen einer familiengerichtlichen Entscheidung (trotz bestehendem gerichtlichen Bereitschaftsdienst oder der Möglichkeit von familiengerichtlichen Eilentscheidungen) nicht abgewartet werden kann, da die körperliche, geistige und/oder seelische Schädigung des Kindes/Jugendlichen bereits eingetreten oder hinreichend wahrscheinlich ist und ihre Wiederholung bzw. Fortführung sicher droht. Hinsichtlich der Dringlichkeit hat das Jugendamt einen Beurteilungsspielraum, der allerdings anhand entscheidungsrelevanter Sachverhalte gerichtlich nachvollziehbar sein muss.[115] 35

---

111 FK-SGB VIII/*Meysen*, § 8a SGB VIII Rn. 47.
112 Vgl. Wiesner/Wapler/*Wapler*, § 8a SGB VIII Rn. 40 und *Dahm*, 2015, 224.
113 Siehe hierzu ausführlich *Rudolph*, 2007.
114 Ebenso FK-SGB VIII/Meysen, § 8a SGB VIII Rn. 40.
115 Vgl. FK-SGB VIII/*Meysen*, § 8a SGB VIII Rn. 49 und LPK-SGB VIII/*Bringewat*, § 8a SGB VIII Rn. 84 ff.

III. Absatz 3

36 Es entspricht der **Subjektorientierung** des SGB VIII, dass zunächst die Erziehungsberechtigten selbst gehalten sind, zur Abwendung einer Gefährdung andere Sozialleistungsträger (z.B. der Eingliederungshilfe nach dem SGB IX), Einrichtungen der Gesundheitshilfe, z. B. medizinisch-psychiatrische Hilfeleistungen, oder aber die Polizei (mit Ausnahme der in § 138 StGB genannten Kapitalverbrechen haben weder das Jugendamt noch die Erziehungsberechtigten gegenüber den Strafverfolgungsbehörden eine Anzeigepflicht) einzuschalten. Hält das Jugendamt die Hinzuziehung dieser Stellen im Sinne des Kinderschutzes für notwendig, hat es die Erziehungsberechtigten darüber aufzuklären und für deren Inanspruchnahme zu werben. Entscheidend für eine gelungene Zusammenarbeit mit den Erziehungsberechtigten ist eine Begegnung auf Augenhöhe. Sie sind also nicht vorwurfsbeladen als Angeklagte, sondern als Partner im Sinne des aktiven und dauerhaften Kinderschutzes zu behandeln. Wirken sie allerdings nicht mit und hält das Jugendamt das sofortige Tätigwerden (**Gefahr im Verzug**!) einer anderen Stelle für erforderlich, so ist es nicht nur berechtigt, sondern verpflichtet, die Dritthilfe im Rahmen seines Schutzauftrages zu organisieren.[116]

IV. Absatz 4

1. Adressatenkreis der Regelung

37 Damit sich Kinder und Jugendliche zu einer selbstbestimmten, eigenverantwortlichen und gemeinschaftsfähigen Persönlichkeit entwickeln können, haben sie nach § 1 Abs. 1 SGB VIII ein Recht auf Förderung ihrer Entwicklung und Erziehung. Zur Verwirklichung dieses Rechts hat die Kinder- und Jugendhilfe nach § 1 Abs. 3 Nr. 3 SGB VIII Kinder und Jugendliche vor Gefahren für ihr Wohl zu schützen. Auch wenn sich diese programmatische Zielrichtung des SGB VIII an alle richtet, die im Bereich der Kinder- und Jugendhilfe tätig sind, kann das SGB VIII allein öffentlichen Trägern gegenüber seine handlungsverpflichtende Wirkung entfalten. Die Tätigkeit der freien Träger hingegen regelt es nicht und insofern auch nicht ihr Vorgehen in Kinderschutzfällen.[117]

Erbringen freie Träger Leistungen nach dem SGB VIII, erfolgt dies gegenüber den Leistungsberechtigten regelmäßig auf Grundlage privatrechtlicher Verträge zugunsten Dritter bzw. mit der Schutzwirkung zugunsten Dritter. Daraus ergibt sich in Verbindung mit dem in § 1 Abs. 3 Nr. 3 SGB VIII beschriebenen Leitziel, Kinder und Jugendliche vor Gefahren für ihr Wohl zu schützen, eine eigene Schutzverpflichtung zugunsten der von ihnen betreuten Kinder und Jugendlichen.[118] Für die Fachkräfte der freien Träger begründet das zudem eine (strafrechtliche) Garantenstellung (Rn. 65 ff.) mit entsprechenden Sorgfaltspflichten für die von ihnen betreuten Kinder und Jugendlichen.[119]

Die Schutzverpflichtung freier Träger wird durch die in Abs. 4 Satz 1 vorgegebene Vereinbarung weder aufgehoben noch durch einen anderen **Schutzauftrag** ersetzt. Vielmehr stellt die Regelung klar, dass es sich bei dem Schutzauftrag freier Träger um einen unabhängig von dem für das Jugendamt bestehenden handelt, der klaren **Qualitätsstandards** zu unterliegen hat. Würden freie Träger beim Kinderschutz nicht dieselben fachlichen Mindeststandards einhalten müssen, wie sie das Jugendamt zu beachten hat, bestünde die Gefahr, dass der Schutz von Kindern und Jugendlichen nicht zuletzt auch aufgrund des Subsidiaritäts-

116 Vgl. Wiesner/Wapler/*Wapler*, § 8a SGB VIII Rn. 59 f. und FK-SGB VIII/*Meysen*, § 8a SGB VIII Rn. 50 ff.
117 Vgl. FK-SGB VIII/*Meysen*, § 8a Rn. SGB VIII 56 f.; LPK-SGB VIII/*Bringewat*, § 8a SGB VIII Rn. 97 f. und Wiesner/Wapler/*Wapler*, § 8a SGB VIII Rn. 56; a.A. *Möller* 2013, 53 f. (insb. Fn. 76).
118 Vgl. LPK-SGB VIII/*Bringewat*, § 8a SGB VIII Rn. 97 f.
119 Vgl. Wiesner/Wapler/*Wapler*, § 8a SGB VIII Rn. 63.

prinzips mancherorts ins Leere liefe.[120] Es empfiehlt sich, dass – in analoger Anwendung von § 78e SGB VIII – der örtliche Träger, in dessen Zuständigkeitsbereich eine Einrichtung liegt, mit dieser im Vorfeld einer Hilfe eine entsprechende öffentlich-rechtliche Vereinbarung abschließt. Ein unzulässiger Eingriff in ihre **Trägerautonomie** ist damit nicht verbunden.

Zu den Adressat_innen, mit denen Vereinbarungen gem. Abs. 4 abzuschließen sind, zählen alle Einrichtungen und Dienste der freien Jugendhilfe wie Trägervereine oder andere juristische Personen, die Einrichtungen und Dienste im Rechtsverkehr vertreten, sowie regionale Zusammenschlüsse der Wohlfahrtsverbände, denen **Leistungserbringer** angehören bzw. denen sie angegliedert sind, ebenso auch Träger privatgewerblicher Einrichtungen und Dienste. Es ist unerheblich, ob es sich um anerkannte Träger der freien Jugendhilfe handelt oder eben nicht. Sind die Einrichtungen und Dienste in kommunaler Trägerschaft und nicht an das Jugendamt angegliedert, ist auch mit ihnen eine solche Vereinbarung zu schließen. Gleiches gilt für Einrichtungen und Dienste, die zwar dem Jugendamt organisatorisch angehören, aber eine rein leistungserbringende Funktion (z.B. Sozialpädagogische Familienhilfe oder Beratungsstellen) haben, und solche, die in Trägerschaft einer kreisangehörigen Gemeinde ohne eigenes Jugendamt sind.[121]

Keine Vereinbarung ist hingegen mit **Einzelpersonen** abzuschließen, die als Fachkräfte Leistungen nach dem SGB VIII erbringen. Sie sind jedoch im Rahmen der Leistungsvereinbarung in den qualifizierten Ablauf bei gewichtigen Anhaltspunkten auf eine Kindeswohlgefährdung mit einzubinden.[122] Ausgenommen hiervon sind Kindertagespflegepersonen. Mit ihnen sind entsprechende Vereinbarungen über den neu eingefügten Abs. 5 (siehe RN. 53b ff.) abzuschließen.

In der Ausgestaltung der Vereinbarungen hat der öffentliche gegenüber dem freien Träger **38**
kein Obrigkeitsverhältnis und somit auch nicht die Möglichkeit zu diktieren, wie dieser seine Schutzverpflichtung umzusetzen hat. Vielmehr ist ihm die Möglichkeit zur Mitgestaltung der Vereinbarung zu eröffnen und dementsprechend seine fachliche Vorgehensweise beim Vorliegen gewichtiger Anhaltspunkte auf eine Kindeswohlgefährdung vertraglich zwischen den Parteien zu „vereinbaren". Weigert sich ein freier Träger, eine solche Vereinbarung generell abzuschließen, oder lehnt er es ab, unterschiedliche Positionen einem **Clearingverfahren** zu unterziehen, ist zu klären, ob daraus evtl. Rückschlüsse auf seine Eignung gezogen werden müssen, die evtl. auch Auswirkungen auf die **Betriebserlaubnis** bzw. den Vertragsabschluss nach §§ 78a ff. SGB VIII haben könnten.[123]

2. Ausgestaltung der Vereinbarung

In den **Vereinbarungen** sind folgende Eckpunkte zu verabreden: **39**

A) Bei Vorlage gewichtiger Anhaltspunkte für eine Kindeswohlgefährdung für ein von den Einrichtungen/Diensten betreutes Kinder bzw. eine/ein betreute/n Jugendliche_n ist das bestehende Gefährdungsrisiko einzuschätzen.

B) Zu der Gefährdungseinschätzung ist verpflichtend eine insoweit erfahrene Kinderschutzfachkraft beratend hinzuzuziehen.

C) Ergibt der Einschätzungsprozess, dass eine Kindeswohlgefährdung vorliegt, sind – sofern möglich – die Erziehungsberechtigten und die Kinder/Jugendlichen mit einzubeziehen.

120 Vgl. LPK-SGB VIII/*Bringewat*, § 8a SGB VIII Rn. 97 f.

121 Vgl. FK-SGB VIII/*Meysen*, § 8a SGB VIII Rn. 58 ff.; Schellhorn et al./*Mann*, § 8a SGB VIII Rn. 45 ff.; Wiesner/Wapler/*Wapler*, § 8a SGB VIII Rn. 67 und LPK-SGB VIII/*Bringewat*, § 8a SGB VIII Rn. 100, 114 – Letzterer vertritt die Auffassung, dass mit dem Jugendamt zugeordneten leistungserbringenden Einrichtungen und Diensten keine Vereinbarung abzuschließen ist, sich hier aber eine Dienstanweisung zum Ablauf in Kinderschutzfällen analog § 8a Abs. 4 SGB VIII empfiehlt.

122 Vgl. FK-SGB VIII/*Meysen*, § 8a SGB VIII Rn. 59.

123 Vgl. Wiesner/Wapler/*Wapler*, § 8a SGB VIII Rn. 71.

Es ist darauf hinzuwirken, dass die Erziehungsberechtigten eine zur Abwendung der Kindeswohlgefährdung für notwendig erachtete Hilfe in Anspruch nehmen.

D) Das Jugendamt ist immer dann über die Kindeswohlgefährdung zu informieren:

i) Wenn die Erziehungsberechtigten hinsichtlich der Gefährdungssituation problemuneinsichtig sind, keine Veränderungsbereitschaft zeigen bzw. auch mit Unterstützung nicht in der Lage sind, die Kindeswohlgefährdung abzuwenden (unzureichende Veränderungsbereitschaft und -fähigkeit),

ii) wenn die Einrichtungen/Dienste aufgrund fehlender Ressourcen nicht in der Lage sind, ihr Hilfeangebot auf die Gefährdungssituation anzupassen,

iii) wenn die Betroffenen bei einer bestehenden Gefährdung die Hilfe beenden oder aber

iiii) wenn ein Hilfeplangespräch ansteht.

E) Bei unmittelbarer Gefahr für das körperliche, geistige oder seelische Wohl des Kindes bzw. Jugendlichen werden – sofern erforderlich – die Polizei und/oder Stellen der Gesundheitshilfe sowie der Soziale Dienst des Jugendamtes direkt informiert.

3. Gewichtige Anhaltspunkte für eine Kindeswohlgefährdung

40 Die praktische Umsetzung der einzelnen Punkte kann konkret wie folgt aussehen:

A) Die von den Trägern/Diensten eingesetzten Fachkräfte (unabhängig davon, wie deren Anstellungsverhältnis ist, ob sie auf Honorarbasis oder ehrenamtlich tätig sind[124]) haben Hinweise auf eine mögliche Kindeswohlgefährdung fachlich zu überprüfen und dabei zu sondieren, ob es sich um **gewichtige Anhaltspunkte** (siehe Rn. 9 ff.) handelt. Anders als für den Sozialen Dienst des Jugendamtes gilt dies jedoch nur für Kinder und Jugendliche, die von der Einrichtung/dem Dienst direkt betreut oder beraten werden. In einer Kindertagesstätte betrifft es also Kinder, die in dieser angemeldet sind, bei freien Trägern, die Hilfe zur Erziehung leisten, bezieht sich die Regelung auf die in der jeweiligen Hilfeplanung berücksichtigten Kinder und Jugendlichen.

Erste Informationsquelle für das Herausarbeiten gewichtiger Anhaltspunkte für eine Kindeswohlgefährdung sind die betroffenen Erziehungsberechtigten und Kinder/Jugendlichen: Wirken sie hierbei nicht mit, haben die Fachkräfte gem. § 69 Abs. 1 Nr. 1 SGB X i.V.m. § 8a Abs. 4 S. 3 SGB VIII die Befugnis, die entsprechenden personenbezogenen Daten an den Sozialen Dienst des Jugendamtes zu übermitteln, damit dieser tätig werden kann (siehe Rn. 10a). Ist es dabei zum Schutz der/des Minderjährigen erforderlich, auch personenbezogene Daten zu übermitteln, die dem besonderen Vertrauensschutz nach § 65 SGB VIII bzw. der strafrechtlichen Schweigepflicht gem. § 203 StGB unterliegen, kann dies gem. § 65 Abs. 1 Nr. 5 SGB VIII i.V.m § 34 StGB erfolgen.

41 **B)** Ergibt die **Sondierung/Gewichtung**, dass es sich um gewichtige Anhaltspunkte (siehe ausführlich Rn. 9 ff.) für eine Kindeswohlgefährdung handelt, ist der Schutzauftrag durch fallverantwortliche Fachkraft aktiviert (Garantenpflicht, siehe Rn. 59 ff.) und eine Einschätzung des Gefährdungsrisikos vorzunehmen (siehe ausführlich Rn. 12 ff.). Diese hat im Rahmen eines methodisch strukturierten Beratungsprozesses abzulaufen und ist in Verlauf und Ergebnis nachvollziehbar zu dokumentieren. An der Einschätzung des Gefährdungsrisikos ist mindestens eine **insoweit erfahrene Fachkraft** zu beteiligen. Darüber hinaus ist es für einen ausgewogenen Beratungsprozess hilfreich, ca. vier weitere Fachkräfte und eine vom Träger eingesetzte Fachaufsicht[125] hinzuzuziehen.[126]

---

124 Vgl. FK-SGB VIII/*Meysen*, § 8a SGB VIII Rn. 64.

125 Zur Diskussion um die Fachaufsicht siehe *Merchel*, 2015, 358 ff; *Schrapper*, 2015, 355 ff. und *Biesel/Messmer*, 2015, 346 ff.

126 Siehe auch FK-SGB VIII/*Meysen*, § 8a SGB VIII Rn. 23 und Nds. Lügde-Kommission, 2020, 8.

4. Insoweit erfahrene Fachkraft

Ebenso wenig wie Jugendamtsmitarbeiter_innen allein aufgrund ihrer Tätigkeit im Sozialen Dienst (z.B. ASD oder KSD) automatisch als „insoweit erfahrenen Fachkräfte" gelten (siehe Rn. 13), werden auch Mitarbeiter_innen freier Jugendhilfeträger nicht allein durch ihren Einsatz als Sozialpädagogische Familienhilfe, Erziehungsbeistand etc., ihre Profession oder ein spezifisches Zertifikat zu einer solchen **Kinderschutzfachkraft**. Notwendig dafür ist vielmehr, dass sie neben der Erfüllung des Fachkräftegebotes gem. § 72 SGB VIII und der Sicherstellung, dass sie nicht wegen einer in § 72a SGB VIII genannten Straftaten verurteilt worden sind, über einen themenspezifischen Erfahrungs- und Wissensschatz verfügen. Die **Qualifikationsanforderungen** an eine insoweit erfahrene Fachkraft liegen dabei insbesondere in profundem Wissen zu: **42**

- unterschiedlichen Merkmalen einer Kindeswohlgefährdung wie Misshandlungen, sexualisierter Gewalt, Autonomiekonflikten, Formen und Folgen von Vernachlässigung sowie Erwachsenenkonflikten um das Kind,
- den Folgen mangelnder Erziehungsfähigkeit und Bedürfnisvernachlässigung,
- der Wechselbeziehung aus Fähigkeit und Bereitschaft der Erziehungsberechtigten zur Kooperation und Verhaltensänderung und
- der Wirkung im System bestehender Risikofaktoren für eine Kindeswohlgefährdung insbesondere den spezifischen Schutzbedürfnissen von Kindern und Jugendlichen mit Behinderungen.

Darüber hinausgehende notwendige Fach- und Persönlichkeitskompetenzen sind:

- Beratungserfahrungen mit Erziehungsberechtigten und Kinder,
- Wissen um Dynamiken in Familiensystemen und
- die Wirksamkeit von Hilfeformen sowie
- die Evaluation spezifischer Hilfen,
- eine persönliche Belastbarkeit,
- die Fähigkeit zur Wahrung einer professionellen Distanz,
- die Bereitschaft und deren Umsetzung, das eigene Handeln regelmäßigen Selbstreflexionsprozessen zu unterziehen,
- eine sachliche Urteilsfähigkeit,
- Beratungserfahrungen und -kompetenz in Gefährdungseinschätzungen,
- supervisorische Kenntnisse,
- jugendhilfespezifisches Institutionswissen – d.h. Wissen über Hilfeangebote, Hilfepartner und Netzwerke.[127]

In den Vereinbarungen mit den Einrichtungen/Diensten ist entsprechend zu regeln, welche fachliche Qualifikation die insofern erfahrene Fachkraft zu erfüllen hat, um als solche zu gelten. Nicht notwendig ist, dass jede Einrichtung/jeder Dienst seine eigene insoweit erfahrene Fachkraft beschäftigt – vielmehr kann man auch „Externe" zur Beratung hinzuziehen. **43**

Auch wenn freie Jugendhilfeträger keine Leistungsträger im Sinne von § 35 SGB I i.V.m. § 27 Abs. 2 SGB I und insofern auch nicht an die Vorgaben des Sozialgesetzbuches gebunden sind,[128] werden sie durch die Vereinbarung nach § 61 Abs. 3 SGB VIII zu sogenannten abgeleiteten Normadressaten des § 35 SGB I. Dies hat zur Folge, dass sie bei ihren Tätigkeiten

127 Vgl. Landschaftsverband Westfalen Lippe, 2014, 20; GK-SGB VIII/*Fieseler*, § 8a SGB VIII Rn. 42 und *Slüter*, 2007, 517 f.

128 Vgl. LPK-SGB VIII/*Kunkel*, § 61 SGB VIII Rn. 294 f.

auch die datenschutzrechtlichen Vorschriften zur Wahrung des Sozialgeheimnisses analog § 35 SGB I i.V.m. §§ 67 ff. SGB VIII, §§ 61 ff. SGB X zu beachten haben.[129] Einrichtungen und Dienste haben deshalb bei Hinzuziehung externer Fachkräfte zu beachten, dass nicht anvertraute personenbezogene Daten analog § 69 Abs. 1 Nr. 1 i.V.m. § 64 Abs. 2a SGB VIII bzw. personenbezogene Daten, die dem besonderen Vertrauensschutz/der strafrechtlichen Schweigepflicht unterliegen, gem. § 65 Abs. 1 Ziff. 4 SGB VIII i.V.m. § 64 Abs. 2a SGB VIII im Vorfeld der Beratung möglichst zu anonymisieren bzw. pseudonymisieren sind (zum Datenschutz in Beratungssettings siehe: Rn. 13a ff.).

43a Fachkräfte des Sozialen Dienstes des Jugendamtes können (auch wenn sie die genannten **Qualifikationskriterien** erfüllen) für Einrichtungen/Dienste nicht als insoweit erfahrene Fachkraft fungieren. Ließen sich trotz einer Anonymisierung bzw. Pseudonymisierung der personenbezogenen Daten Rückschlüsse auf die Betroffenen ziehen, würde dadurch gem. § 8a Abs. 1 SGB VIII ein eigener Prüfauftrag der hinzugezogenen Jugendamtsfachkraft – mit eventuellen strafrechtlichen Konsequenzen bei Nichthandeln[130] – ausgelöst (siehe Rn. 10 ff. und 51). Dies hätte zur Folge, dass sie auch dann aktiv werden müsste, wenn die Einrichtung/der Dienst die Gefährdung mit eigenen Mitteln und unter aktiver Mitarbeit der Erziehungsberechtigten abwenden könnte. Genau das soll durch die Regelung in Absatz 4 aber verhindert werden, um die Vertrauensbeziehung zwischen den Fachkräften der freien Träger und den Erziehungsberechtigten im Sinne eines effektiven Kinderschutzes nicht unnötig zu gefährden.

5. Einschätzung des Gefährdungsrisikos

44 An der Einschätzung (zum fachlichen Vorgehen bei der Einschätzung des Gefährdungsrisikos siehe ausführlich Rn. 12 ff.) selbst nehmen weder die Erziehungsberechtigten noch die Kinder oder Jugendlichen teil. Vielmehr ist dieses Setting als kollegialer Beratungsprozess zu strukturieren, in dem sich die fallführende Fachkraft Klarheit über die gewichtigen Anhaltspunkte verschaffen soll.

45 Die Verantwortung für die Einschätzung bleibt während des gesamten Prozesses bei der fallführenden Fachkraft. Ihre Einschätzung des Gefährdungsrisikos ist für die weitere Fallbearbeitung entscheidend. Die insoweit erfahrene Fachkraft und evtl. andere am Prozess beteiligte Personen haben eine rein beratende Funktion. Das Setting ist so zu gestalten, dass die verantwortliche Fachkraft eine eigenständige und sichere Einschätzung treffen kann. Der gesamte Beratungsprozess ist in Verlauf und Ergebnis zu dokumentieren.

6. Ergebnis der Einschätzung des Gefährdungsrisikos

45a Als Ergebnis der **Einschätzung des Gefährdungsrisikos** hat die fallverantwortliche Fachkraft die Gesamtsituation des Kindes, der/des Jugendlichen einer der nachfolgenden Fallkategorien zuzuordnen:

Entweder:

Es liegt keine Kindeswohlgefährdung und somit für die fallführende Fachkraft auch **kein Schutzauftrag** mit Verpflichtung zur Intervention vor. In diesem Fall ist eine Binnendifferenzierung vorzunehmen:

a) Bezogen auf die beratenen Gefährdungsmerkmale gibt es auch keine relevanten Einschränkungen der Erziehungsfähigkeit und insofern auch keinen spezifischen Hilfebedarf.

---

129 Vgl. Schellhorn et al./*Mann*, § 61 SGB VIII Rn. 18.
130 Vgl. LG Arnsberg, Urt. v. 7. 1.2020, 3 Ns 101/17, juris.

b) Bezogen auf die beratenen Gefährdungsmerkmale gibt es Einschränkungen der Erziehungsfähigkeit, die einen spezifischen (evtl. über den im Rahmen eines Hilfeplans festgehaltenen) Hilfebedarf begründen.
c) Bezogen auf die beratenen Gefährdungsmerkmale gibt es Einschränkungen der Erziehungsfähigkeit, die einen dringenden (evtl. über den im Rahmen eines Hilfeplans festgehaltenen) Hilfebedarf begründen.

Oder:

Die Einschränkungen der Erziehungsfähigkeit sind Teil einer **Kindeswohlgefährdung**. Für die fallverantwortliche Fachkraft besteht deshalb im Rahmen ihres **Schutzauftrages** die Pflicht zur **Intervention**, sofern dies zum Schutz des Kindes/Jugendlichen notwendig ist.

Übersicht: Fallkategorisierung nach Gefährdungseinschätzung durch Träger von Diensten und Einrichtungen, die Leistungen nach dem SGB VIII erbringen

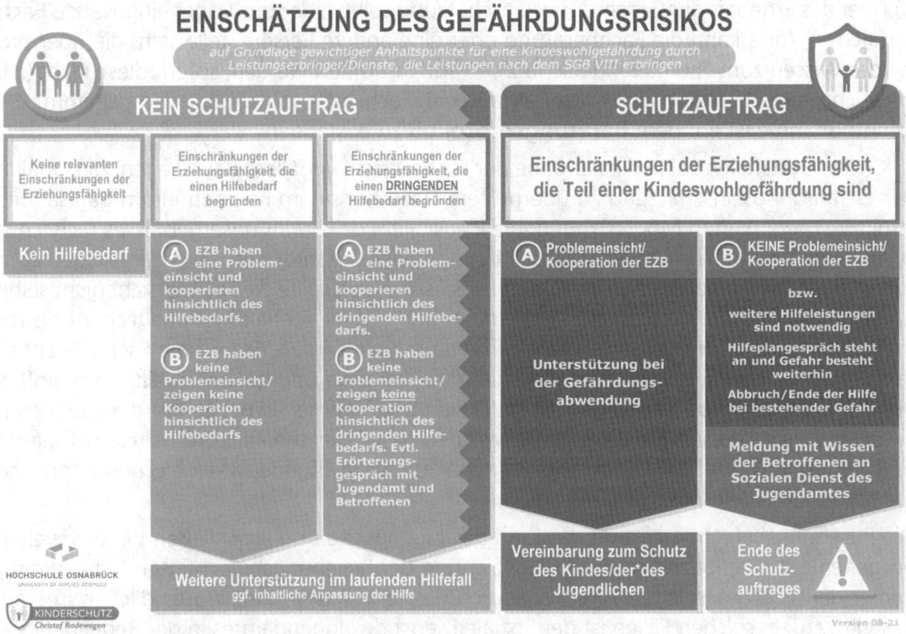

Die inhaltliche Begründung der fallverantwortlichen Fachkraft zur Einschätzung des Gefährdungsrisikos sollte sich analog der **Kinderschutzmatrix** zur Vorbereitung der Gefährdungseinschätzung (siehe Rn. 14 ff.) aus einer Verknüpfung der folgenden Punkte zusammenzusetzen: **45b**

- Hinweise zur (eingeschränkten/fehlenden) **Erziehungsfähigkeit** der Erziehungsberechtigten sowie zu den ggf. bestehenden **Risikofaktoren** und einer sich daraus ableitenden
- (defizitären) Erfüllung der **Grundbedürfnisse** des Kindes, der/des Jugendlichen.
- Der aktuellen **Gefährdungssituation** mit den konkret zu benennenden
- **Gefährdungsmerkmalen** (Misshandlung, sexualisierte Gewalt, Vernachlässigung, Autonomiekonflikt, Erwachsenenkonflikte um das Kind) sowie einer
- fachlichen **Prognose** zum **Gefährdungsrisiko** des Kindes, der/des Jugendlichen, sollte sich ihre/seine Lage nicht ändern bzw. sollten die Betroffenen keine zur Gefahrenabwehr

erforderlichen Hilfeleistungen annehmen sowie den zur Gefahrenabwehr erforderlichen Handlungsschritten. Hierbei werden auch die Fähigkeit und Bereitschaft der Erziehungsberechtigten zur Kooperation und Verhaltensänderung bzw. die im System verfügbare Kinderschutzressourcen berücksichtigt.

45c Damit die fallverantwortliche Fachkraft ihre Einschätzung einer **Stimmigkeitsprüfung** unterziehen kann, empfiehlt es sich, dass alle an der Beratung teilnehmenden Fachkräfte ebenfalls eine Einschätzung des Gefährdungsrisikos vornehmen. Zur besseren Vergleichbarkeit haben sie sich dabei an denselben Kriterien zu orientieren, die auch für die fallverantwortlichen Fachkraft handlungsleitend sind. Zudem bedarf es der verpflichtenden Regelung im **Beratungsteam**, dass es im Rahmen der Gefährdungseinschätzung nicht darum geht, die fallverantwortliche Fachkraft in ihrem **Fallverstehen** bzw. in ihrer Einschätzung des Gefährdungsrisikos zu bestätigen. Vielmehr hat ein **Advocatus Diaboli** handlungsleitend zu sein, bei dem die Beteiligten die vorgestellten Sachverhalte einem kritischen Diskurs zuführen, um Bestätigungsfehler zu vermeiden.[131]

46 **C)** Über das Ergebnis der Gefährdungseinschätzung sollte eine vom Träger eingesetzte **Fachaufsicht**[132] (dies kann die Fachberatung oder eine andere Person/Stelle sein, die über profundes Wissen zum Thema Kinderschutz verfügt) informiert werden, sofern diese nicht (z.B. in gleichzeitiger Funktion als insoweit erfahrenen Fachkraft) an der Beratung teilnimmt. Die Kenntnisnahme ist auf dem **Beratungsprotokoll** zu bestätigen.

In Kinderschutzfällen sollte die Aufgabe der Fachaufsicht vor allem darin liegen, die Qualität der Gefährdungseinschätzung zu überprüfen. Dazu hat sie im Rahmen ihre organisationsstrukturell verankerten Möglichkeiten, die Plausibilität des Beratungsergebnisses fachlich zu kontrollieren (die dokumentierten Einschätzungen des Gefährdungsrisikos der übrigen Beratungsteilnehmer_innen dienen hierfür als Hilfsinstrument, sollte die Fachaufsicht nicht selber an der Gefährdungseinschätzung teilnehmen) und auf die Einhaltung inhaltlicher und formaler Standards in der gesamten Fallbearbeitung hinzuwirken. Sofern die Fachaufsicht direkt an der Gefährdungseinschätzung teilnimmt, kann sie unmittelbar qualitativen Einfluss auf den Beratungsprozess nehmen. Ist sie/er kein/e Teilnehmer_in der Gefährdungseinschätzung, hat sie/er dessen Ergebnis zu überprüfen. Ist dieses inhaltlich nicht rekonstruierbar bzw. liegen ihm fachliche Defizite/Fehleinschätzungen zugrunde, ist eine erneute (ggf. gemeinsame) Risikoeinschätzung ratsam.

Die Erziehungsberechtigten und das Kind/der Jugendliche sind anschließend in das weitere Vorgehen mit einzubeziehen. Eine Einbeziehung der Erziehungsberechtigten hat allerdings immer dann zu unterbleiben, wenn dadurch der Schutz des Kindes/Jugendlichen in Frage gestellt wird. In solchen Fällen ist der Soziale Dienst des Jugendamtes in der Regel direkt zu informieren. Beispiel hierfür ist u.a. vermutete sexualisierte Gewalt gegenüber einem Kind oder einer/einem Jugendlichen (siehe Rn. 10). Die voreilige Einbeziehung der **Erziehungsberechtigten** könnte hier zu einer Verstärkung der Gefahr führen, da die Täter_innen vorwiegend aus dem nahen Umfeld der Kinder und Jugendlichen kommen.[133] Die Nichteinbeziehung hat jedoch die Ausnahme zu sein. Vielmehr sind die Erziehungsberechtigten als Partner_innen im Verfahren und Akteure im Kinderschutz über das eingeschätzte Gefährdungsrisiko zu informieren. Dies kann in ihrer ersten Reaktion zu einer Abwehrhaltung bzw. Ablehnung der Hilfeleistung führen. Aufgabe der Fachkraft ist es in solchen Fällen, eindringlich um eine Mitarbeit zu werben, um so zu versuchen, die Erziehungsberechtigten mit „ins Boot" zu holen. Kooperative und problemeinsichtige Erziehungsberechtigte sind ein zentraler Baustein zu einem lang anhaltenden und effektiven Kinderschutz. Mit der insoweit erfah-

131 *Gerber/Lillig*, 2018, 90 f.
132 Vgl. *Merchel*, 2015, 359 ff. und Nds. Lügde-Kommission, 2020, 7 f.
133 Vgl. *Peter/Bogerts*, 2010, 51.

renen Fachkraft ist deshalb auch zu beraten, wie methodisch vorzugehen ist, um die Erziehungsberechtigten möglichst für eine **Zusammenarbeit** zu gewinnen.

7. Vereinbarungen zum Schutz des Kindes, der/des Jugendlichen

Können die Erziehungsberechtigten in Kinderschutzfällen mit einbezogen werden, sind sie über die Gefährdungsmerkmale und die gewichtigen Anhaltspunkte aufzuklären. Die Fachkraft hat deutlich zu benennen, was die Erziehungsberechtigten künftig unterlassen bzw. sicherstellen müssen, damit die Gefahr abgewendet wird. Hierbei ist es ratsam, analog dem Vorgehen beim Sozialen Dienst des Jugendamtes zu verfahren und eine **Vereinbarung zum Schutz des Kindes/der/des Jugendlichen (Schutzplan)** abzuschließen (siehe ausführlich Rn. 22a). Diese sollte folgende Punkte umfassen: **47**

I. Eindeutige und gut verständliche Informationen zu den in der Gefährdungseinschätzung herausgearbeiteten Gefährdungsmerkmalen. Hierfür bietet es sich an, analog der **Kinderschutzmatrix** (siehe Rn. 14) folgende Indikatoren der Kindeswohlgefährdung zu benennen:
   a. Defizite in der **Erziehungsfähigkeit**, die zu einer
   b. Nichtsicherstellung der Erfüllung elementarer **Grundbedürfnisse** führen. Das wird an der
   c. **Gefährdungssituation** des Kindes, der/des Jugendlichen deutlich.
   d. Die aus der Kombination von defizitärer Erziehungsfähigkeit und Nichterfüllung der Grundbedürfnisse abzuleitenden **Gefährdungsmerkmale** sowie eine
   e. fachliche **Prognose** zum **Gefährdungsrisiko**, die deutlich macht, was dem Kind, der/dem Jugendlichen droht, sollte die Gefährdungssituation nicht abgewandt werden.

II. Die **Sichtweise** der Erziehungsberechtigten zu der beschriebenen Gefährdungssituation.

III. Die konkrete Gefahr, vor der das Kind durch die Erziehungsberechtigten zu schützen ist.

IV. Gemeinsam zwischen Fachkraft und Erziehungsberechtigten verabredete **Handlungsschritte** zur konkreten Gefahrenabwehr einschließlich der dafür von ihnen eingesetzten Ressourcen, z.B. Unterstützung im Rahmen der Hilfe zur Erziehung oder durch Dritte.

V. Die möglichst gemeinsam mit den Erziehungsberechtigten verabredeten **Kontrollen**, mit denen anhand fester Indikatoren überprüft werden kann, ob die verabredeten Handlungsschritte einschließlich der Veränderungsbereitschaft und -fähigkeit der Erziehungsberechtigten ausreichen, um den Schutz des Kindes, der/des Jugendlichen sicherzustellen.

VI. Komplett ist die **Vereinbarung zum Schutz des Kindes**, der/des Jugendlichen[134], wenn auch benannt wird, was zum Schutz des Kindes, der/des Jugendlichen passieren muss (etwas die Information an den Sozialen Dienst des Jugendamtes), sollten die Erziehungsberechtigten die Gefährdung nicht abwenden wollen oder können bzw. die Zusammenarbeit einstellen, bevor die Gefährdung abgewendet wurde.

Die Vereinbarung zum Schutz des Kindes, der/des Jugendlichen ist schriftlich zu fixieren und von der fallführenden Fachkraft sowie den Erziehungsberechtigten zu unterzeichnen. Dies schafft nicht nur Transparenz gegenüber den Betroffenen, sondern hilft auch, das fachliche Vorgehen einem kontinuierlichen Reflexionsprozess – im Sinne eines erfolgreichen Kinderschutzes – unterziehen zu können.

---

134 Zum Schutzkonzept siehe auch *Schone*, in Merchel, 2012, 149 f.

8. Vorgehen bei dringendem Hilfebedarf und sich drohender Kindeswohlgefährdung

47a Bei einer noch nicht eingetretenen, aber drohenden bzw. latenten Kindeswohlgefährdung (**Einschränkungen der Erziehungsfähigkeit, die einen dringenden Hilfebedarf begründen**) hat die fallverantwortliche Fachkraft weder einen Schutzauftrag noch eine **Garantenpflicht** (siehe Rn. 59 ff.). Insofern ist hier auch kein **Schutzkonzept** erforderlich. Da es sich aber um eine zumindest in Teilen defizitäre Situation eines Kindes, einer/eines Jugendlichen handelt, die auf eine eingeschränkte Erziehungsfähigkeit zurückzuführen ist, sind den Betroffenen analog der Struktur des Schutzkonzeptes (mündlich und schriftlich – vor allem aber verständlich) die Aspekte der aus fachlicher Sicht drohenden Kindeswohlgefährdung transparent und verständlich mitzuteilen. Gemeinsam mit den Erziehungsberechtigten ist zu erörtern, ob sie eine verlässliche Problemeinsicht haben und bereit/in der Lage sind, die sich ankündigende Kindeswohlgefährdung mit der notwendigen Unterstützung schon im Vorfeld abzuwenden.

Wirken die Erziehungsberechtigten bei der Abwendung einer sich androhenden Gefährdung nicht mit, haben die Fachkräfte der Einrichtungen/Dienste hinsichtlich nicht anvertrauter personenbezogener Daten gem. § 69 Abs. 1 Nr. 1 SGB X i.V.m. § 8a Abs. 4 S. 3 SGB VIII und bei anvertrauten personenbezogenen Daten nach § 65 Abs. 1 Nr. 5 SGB VIII i.V.m. § 34 StGB die Befugnis, alle zur Erfüllung des Schutzauftrages erforderlichen personenbezogenen Daten an den Sozialen Dienst des Jugendamtes weiterzugeben, damit dieser entsprechend tätig werden kann.[135]

48 **D)** Ist es dem Träger möglich, das bestehende Hilfesetting auf die aktuelle Situation anzupassen und nehmen die Betroffenen die veränderte Hilfe verlässlich an, besteht gem. § 8a Abs. 4 S. 3 SGB VIII zunächst keine Notwendigkeit und auch keine Befugnis, das Jugendamt ohne Einwilligung der Betroffenen über die veränderte Situation zu informieren.

9. Information des Jugendamtes über eine Kindeswohlgefährdung

49 Das Jugendamt ist bei bestehender Kindeswohlgefährdung hingegen immer dann zu informieren:

i) wenn die Gefährdung nicht anders abgewandt werden kann. In der Praxis sind das Fälle, bei denen die Erziehungsberechtigten problemuneinsichtig, nicht kooperativ oder in der Lage sind, die Gefahr abzuwenden. Es fehlt ihnen also an der zum Schutz des Kindes, der/des Jugendlichen notwendigen Veränderungsbereitschaft und -fähigkeit,

ii) wenn der freie Träger nicht über die zum Schutz des Kindes, der/des Jugendlichen erforderlichen fachlichen/zeitlichen Ressourcen verfügt,

iii) wenn die Betroffenen die Hilfe abbrechen, bevor die Gefahr beseitigt ist.

iiii) wenn ein **Hilfeplangespräch** ansteht. Das gilt auch dann, wenn der freie Träger sein Hilfeangebot auf die Gefährdungssituation angepasst hat und die Erziehungsberechtigten kooperativ an der Gefahrenabwehr mitwirken. Das Jugendamt benötigt in diesem Fall Informationen zur veränderten Hilfesituation, um im Rahmen seiner Steuerungsverantwortung für das Hilfeplanverfahren gem. § 36 SGB VIII unter Einbeziehung aller Beteiligten überprüfen zu können, ob das bestehende Hilfeangebot bezogen auf den individuellen Bedarf der Betroffenen weiterhin notwendig und geeignet ist.[136]

50 Auch wenn die Meldung an das Jugendamt mit den Betroffenen nicht verhandelbar ist, sind sie im Sinne eines transparenten Vorgehens darüber vorab zu informieren. Entsprechend ist sie möglichst gemeinsam mit ihnen vorzubereiten, um zur Mitarbeit im weiteren Hilfepro-

---

135 Vgl. Wiesner/Wapler/*Wapler*, § 8a SGB VIII Rn. 82.
136 Vgl. *Mörsberger*, in DIJuF, 2004, 96 f.

zess zu motivieren. In diesem Zusammenhang ist es ratsam, um ihre Zustimmung in die Datenweitergabe zu werben. Verweigern sie diese hingegen, hat die Übermittlung analog § 69 Abs. 1 Nr. 1 SGB i.V.m. § 8a Abs. 4 SGB VIII zu erfolgen. Personenbezogene Daten, die dem besonderen Vertrauensschutz gem. § 65 SGB VIII bzw. der strafrechtlichen Schweigepflicht nach § 203 Abs. 1 StGB unterliegen, sind dann im zur Erfüllung des Schutzauftrages erforderlichen Umfang gem. § 65 Abs. 1 Nr. 5 SGB VIII i.V.m. § 34 StGB ebenfalls zu übermitteln.[137]

Eine Einbeziehung der Betroffenen scheidet immer dann aus, wenn dies zu einer weiteren Gefährdung für das Kind, die/den Jugendlichen führen würde. In diesem Fall ist das Jugendamt direkt zu informieren.

Mit der Weitergabe der Informationen an den Sozialen Dienst des Jugendamtes endet nicht **51**
nur der Schutzauftrag der Einrichtungsfachkraft/Fachkraft des jeweiligen Dienstes; beim Jugendamt wird parallel dazu auch ein eigener Prüfauftrag ausgelöst. § 8a Abs. 1 gilt nämlich unabhängig davon, ob der Soziale Dienst des Jugendamtes die Informationen eigeninitiativ erhebt oder aber direkt von Dritten (z.B. vom freien Träger) informiert wird. Es ist insofern eine irrige Annahme der Einrichtungen und Dienste, man könne das Jugendamt schon einmal vorab über eine (drohende) Kindeswohlgefährdung informieren und dann bilateral vereinbaren, man melde sich, wenn es „schlimmer" werde. Das Jugendamt ist vielmehr verpflichtet, bereits bei ersten Anhaltspunkten auf eine Kindeswohlgefährdung diese dahingehend zu überprüfen, ob es sich um gewichtige Anhaltspunkte handelt. Das schließt auch die Einbeziehung der Erziehungsberechtigten bzw. Kinder und Jugendlichen und eine eigene Gefährdungseinschätzung mit ein.

Unabhängig davon ist eine zum Schutz des Kindes bzw. Jugendlichen nicht notwendige Da- **52**
tenübermittlung an das Jugendamt, für die weder eine sozialrechtliche Befugnis noch die Einwilligung der Betroffenen vorliegt, eine Gefahr für das Vertrauensverhältnis zwischen den Helfer_innen und den Adressat_innen, was in der Konsequenz auch zum Abbruch der Hilfe führen kann. Den betroffenen Kindern und Jugendlichen ist damit wohl am wenigsten geholfen.

E) Besteht **akuter Handlungsbedarf**, der es zur Abwendung der Gefährdung erforderlich **53**
macht, die **Polizei** oder eine Einrichtung der **Gesundheitshilfe** hinzuzuziehen, ist in der Vereinbarung zu regeln, dass die erforderlichen Stellen inkl. dem Jugendamt direkt eingeschaltet werden.[138]

137 Vgl. LPK-SGB VIII/*Bringewat*, § 8a SGB VIII Rn. 110.
138 Vgl. FK-SGB VIII/*Meysen*, § 8a SGB VIII Rn. 62.

53a *Übersicht: Verfahrensablauf bei Schutzauftrag für Träger von Einrichtungen/ Diensten, die Leistungen nach dem SGB VIII erbringen*

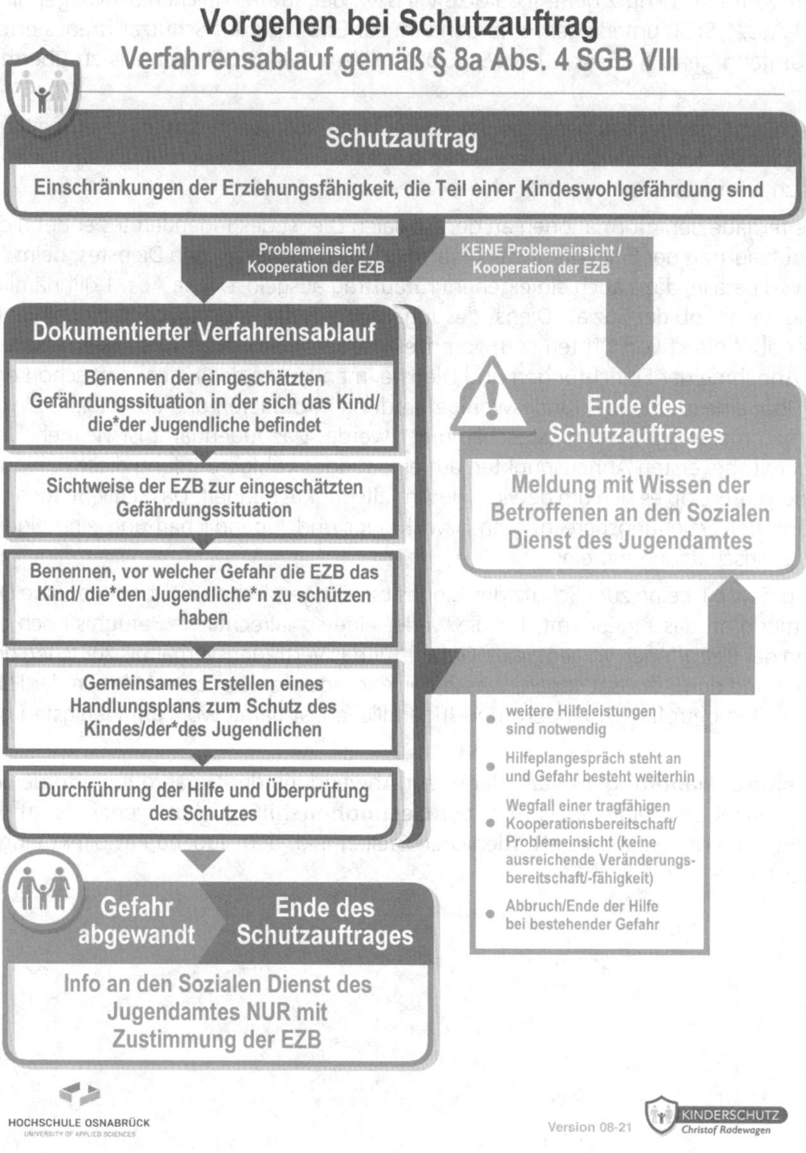

V. Absatz 5

1. Inhalt der Regelung

53b Im Rahmen der Gesetzgebung zum KJSG ist Absatz 5 auf Initiative des Bundesrates in die Vorschrift eingefügt worden. Damit wird klargestellt, dass der öffentliche Träger auch mit Kindertagespflegepersonen eine Vereinbarung zum Schutzauftrag bei Kindeswohlgefährdung zu schließen hat.

Die Regelung orientiert sich an Abs. 4 und dem darin beschriebenen Verfahren. Dieses kann jedoch nicht eins zu eins auf das Handlungsfeld der Kindertagespflege übertragen werden, sondern ist inhaltlich entsprechend anzupassen. Zum einen verfügen Kindertagespflegepersonen, anders als z.B. leistungserbringende Einrichtungen und Dienste, nur in Ausnahmefällen über ein zur Erfüllung des Schutzauftrages erforderliches internes personelles Netzwerk. Bei der Einschätzung des Gefährdungsrisikos sind sie deshalb größtenteils auf die Expertise einer externen insoweit erfahrenen Fachkraft angewiesen. Zum anderen haben sie mit den ihnen zur Verfügung stehenden Ressourcen nur eingeschränkte Möglichkeiten, eigene Hilfeleistungen zur Gefahrenabwehr anbieten zu können. Bei Vorlage eines dringenden Hilfebedarfs bzw. einer Kindeswohlgefährdung ist es deshalb in der Regel zum Schutz des Kindes erforderlich, das Jugendamt zu informieren, sofern die Erziehungsberechtigten dies nicht von sich aus tun bzw. keine anderen Hilfen zur Gefahrenabwehr verfügbar sind und von den Betroffenen verlässlich angenommen werden.

Vor dem Einschalten des Jugendamtes gilt es, bestehende Zugänge zu den Erziehungsberechtigten zu nutzen, um sie für den weiteren Hilfeprozess zu gewinnen. Damit dies gelingen kann, bedarf es eines sensiblen Vorgehens, das auf einer guten Beziehungsebene fußt, ressourcenorientiert ausgerichtet ist und die Betroffenen transparent beteiligt. Entsprechend sind die Erziehungsberechtigten in alle zum Schutz des Kindes erforderlichen Schritte aktiv mit einzubeziehen, vorausgesetzt, seine Gefahrensituation wird dadurch nicht erhöht.

In den **Vereinbarungen** mit Kindertagespflegepersonen zur Erfüllung ihres Schutzauftrages sind folgende Handlungsschritte zu regeln: **53c**

A) Liegen für ein von der Kindertagespflegeperson betreutes Kind gewichtige Anhaltspunkte für eine Kindeswohlgefährdung vor, hat sie das bestehende Gefährdungsrisiko einzuschätzen.

B) Zu der Einschätzung des Gefährdungsrisikos ist eine insoweit erfahrene Fachkraft verpflichtend hinzuzuziehen.

C) Ergibt der Einschätzungsprozess, dass ein dringender Hilfebedarf besteht bzw. eine Kindeswohlgefährdung vorliegt, ist mit den Erziehungsberechtigten zu beraten, wie sie der Gefährdung künftig entgegenwirken können. Dabei ist auch darauf hinzuwirken, dass zur Abwendung der Kindeswohlgefährdung für notwendig erachtete Hilfen in Anspruch genommen werden.

D) Das Jugendamt ist immer dann über einen dringenden Hilfebedarf bzw. die Kindeswohlgefährdung zu informieren, wenn dies zum Schutz des Kindes erforderlich ist. Dabei sind die Erziehungsberechtigten möglichst in die zum Schutz des Kindes erforderlichen Handlungsschritte mit einzubeziehen.

E) Bei einer unmittelbaren Gefahr für das körperliche, geistige oder seelische Wohl des Kindes bzw. Jugendlichen werden die Polizei und/oder Stellen der Gesundheitshilfe sowie der Soziale Dienst des Jugendamtes direkt informiert.

Die praktische Umsetzung der einzelnen Punkte kann konkret wie folgt aussehen: **53d**

A) Liegen für ein durch die Kindertagespflegeperson betreutes Kind Hinweise auf eine Kindeswohlgefährdung vor, hat sie zu überprüfen, ob es sich um **gewichtige Anhaltspunkte** (siehe Rn. 9 ff.) handelt. Hierfür bedarf es profunder Kinderschutzkenntnisse, sodass bereits in dieser Phase der Situationserfassung und -bewertung eine (im Kinderschutz) insoweit erfahrene Fachkraft beratend hinzugezogen werden kann (siehe Rn. 53e). Da der öffentliche Träger seinem Beratungsanspruch gem. § 43 Abs. 4 SGB VIII auch durch ein kontinuierliches Fortbildungsangebot nachkommen kann[139], ist es zudem geboten, den Kindertagespflege-

139 FK-SGB VIII/*Smessaer/Lakies*, § 43 SGB VIII Rn. 29.

personen wiederkehrend entsprechende Kinderschutz-Qualifizierungsangebote zu unterbreiten.

2. Hinzuziehen einer insoweit erfahrenen Fachkraft zur Einschätzung des Gefährdungsrisikos

53e **B)** Ergibt die **Sondierung**, dass gewichtige Anhaltspunkte für eine Kindeswohlgefährdung vorliegen bzw. diese nicht auszuschließen sind, ist verpflichtend eine Einschätzung des Gefährdungsrisikos (siehe ausführlich Rn. 12 ff.) unter Einbeziehung einer **insoweit erfahrenen Fachkraft** vorzunehmen.

In den Vereinbarungen zwischen öffentlichem Jugendhilfeträger und Kindertagespflegeperson ist zu regeln, welche fachlichen Voraussetzungen eine insofern erfahrene Fachkraft zu erfüllen hat, um als solche gelten zu können (siehe Rn. 42).

Nach § 8b Abs. 1 SGB VIII haben auch Kindertagespflegepersonen gegenüber dem öffentlichen Träger Anspruch auf Beratung durch eine insoweit erfahrene Fachkraft (siehe § 8b Rn. 2). Damit sie im konkreten Einzelfall diese möglichst schnell und unkompliziert in Anspruch nehmen können, sollte ihnen das Jugendamt eine regelmäßig aktualisierte Liste mit entsprechend qualifizierten Fachkräften zur Verfügung stellen, auf die bei Bedarf zurückgegriffen werden kann.

Fachkräfte des Sozialen Dienstes des Jugendamtes können für Kindertagespflegepersonen nicht als insoweit erfahrene Fachkraft fungieren. Ließen sich trotz einer Anonymisierung bzw. Pseudonymisierung der personenbezogenen Daten Rückschlüsse auf die Betroffenen ziehen, würde dadurch gem. § 8a Abs. 1 SGB VIII ein eigener Prüfauftrag der hinzugezogenen Jugendamtsfachkraft – mit eventuellen strafrechtlichen Konsequenzen bei Nichthandeln[140] – ausgelöst (siehe Rn. 51). Dies hätte zur Folge, dass sie auch dann aktiv werden müsste, wenn die Gefährdung mit eigenen Mitteln der Kindertagespflegeperson und unter aktiver Mitarbeit der Erziehungsberechtigten abgewendet werden könnte. Genau das soll durch die Regelung in Absatz 5 aber verhindert werden, um die Vertrauensbeziehung zwischen den Kindertagespflegepersonen und den Erziehungsberechtigten im Sinne eines effektiven Kinderschutzes nicht unnötig zu gefährden.

53f An der Einschätzung selbst nehmen die Erziehungsberechtigten nicht teil. Vielmehr ist dieses Setting als fachlicher Beratungsprozess zu strukturieren, in dem sich die Kindertagespflegeperson Klarheit über die **Gefährdungssituation** und das **Gefährdungsrisiko** verschaffen soll.

Die Verantwortung für die Einschätzung bleibt während des gesamten Prozesses bei der Kindertagespflegeperson. Ihre Bewertung des Gefährdungsrisikos ist für das weitere Vorgehen entscheidend. Die insoweit erfahrene Fachkraft und evtl. andere an dem Prozess beteiligte Personen haben eine rein beratende Funktion.

3. Einschätzung des Gefährdungsrisikos

53g Als Ergebnis der **Einschätzung des Gefährdungsrisikos** hat die Kindertagespflegeperson die Gesamtsituation des Kindes einer der nachfolgenden Fallkategorien zuzuordnen:
Entweder:

Es liegt keine Kindeswohlgefährdung und somit für die Kindertagespflegeperson auch **kein Schutzauftrag** mit Verpflichtung zur Intervention vor. In diesem Fall ist eine Binnendifferenzierung vorzunehmen:

140 Vgl. LG Arnsberg, Urt. v. 7.1.2020, 3 Ns 101/17, juris.

d) Bezogen auf die beratenen Gefährdungsmerkmale gibt es auch keine relevanten Einschränkungen der Erziehungsfähigkeit und insofern auch keinen spezifischen Hilfebedarf.

e) Bezogen auf die beratenen Gefährdungsmerkmale gibt es Einschränkungen der Erziehungsfähigkeit, die einen spezifischen Hilfebedarf begründen.

f) Bezogen auf die beratenen Gefährdungsmerkmale gibt es Einschränkungen der Erziehungsfähigkeit, die einen dringenden Hilfebedarf begründen.

Oder:
Die Einschränkungen der Erziehungsfähigkeit sind Teil einer **Kindeswohlgefährdung**. Für die Kindertagespflegeperson besteht deshalb im Rahmen ihres **Schutzauftrages** die Pflicht zur **Intervention**, sofern dies zum Schutz des Kindes erforderlich ist.

Die inhaltliche Begründung zur Einschätzung des Gefährdungsrisikos sollte sich analog der **Kinderschutzmatrix** zur Vorbereitung der Gefährdungseinschätzung (siehe Rn. 14 ff.) an einer Verknüpfung folgender Punkte orientieren: 53h

- Hinweise zur (eingeschränkten/fehlenden) **Erziehungsfähigkeit** der Erziehungsberechtigten sowie zu den ggf. bestehenden **Risikofaktoren** und einer daraus entstehenden
- (defizitären) Erfüllung kindlicher **Grundbedürfnisse**.
- Der aktuellen (gefährdenden) **Situation des Kindes** mit den konkret zu benennenden
- **Gefährdungsmerkmalen** (Misshandlung, sexualisierte Gewalt, Vernachlässigung, Autonomiekonflikt, Erwachsenenkonflikte um das Kind) sowie einer
- fachlichen **Prognose** zum **Gefährdungsrisiko** des Kindes, sollte sich seine Lage nicht ändern bzw. keine zur Gefahrenabwehr erforderliche Hilfe angenommen werden. Hierbei sind die Fähigkeit und Bereitschaft der Erziehungsberechtigten zur Kooperation und Verhaltensänderung sowie die im System verfügbaren Kinderschutzressourcen mit zu berücksichtigen.

Im Rahmen der Gefährdungseinschätzung ist auch herauszuarbeiten, welche Handlungsschritte (z.B. Einbeziehung der Erziehungsberechtigten, Kontaktaufnahme zum Jugendamt etc.) und Unterstützungsangebote seitens der Kindertagespflegeperson erforderlich und geeignet sind, einem dringenden Hilfebedarf bzw. einer Kindeswohlgefährdung begegnen zu können.

4. Einbeziehung der Erziehungsberechtigten

C) Liegt eine Kindeswohlgefährdung vor, sind die Erziehungsberechtigten grundsätzlich in das zum Schutz des Kindes erforderliche weitere Vorgehen mit einzubeziehen. Voraussetzung hierfür ist jedoch, dass sich dadurch die Gefährdung für das Kind nicht erhöht. Andernfalls ist der Soziale Dienst des Jugendamtes direkt zu informieren. Ratsam ist dies u.a. bei vermuteter sexualisierter Gewalt gegenüber einem Kind (siehe Rn. 10b). Gerade hier kommen die Täter_innen vorwiegend aus dem nahen Umfeld eines Kindes, sodass die Einbeziehung der **Erziehungsberechtigten** zu einer Verstärkung der Gefahr führen könnte.[141] 53i

Werden Erziehungsberechtigte mit dem Ergebnis der Gefährdungseinschätzung konfrontiert, kann dies zunächst dazu führen, dass sie sich verschließen bzw. den Kontakt zum Hilfesystem abbrechen. Insbesondere in Kinderschutzfällen gehört es daher zu den Aufgaben der Kindertagespflegeperson, eindringlich um ihre Mitarbeit zu werben. Kooperative und problemeinsichtige Erziehungsberechtigte sind ein wichtiger Baustein für einen lang anhaltenden und vor allem effektiven Kinderschutz. Mit der insoweit erfahrenen Fachkraft ist deshalb

141 Vgl. *Peter/Bogerts*, 2010, 51.

auch zu beraten, wie methodisch vorzugehen ist, um Erziehungsberechtigte möglichst für eine **Zusammenarbeit** zu gewinnen.

Können die Erziehungsberechtigten in Kinderschutzfällen mit einbezogen werden, sind sie über die gewichtigen Anhaltspunkte und das Gefährdungsrisiko ausführlich aufzuklären. Gemeinsam ist mit ihnen zu beraten, wie die Gefährdung abgewandt werden kann. Es ist ferner darauf hinzuwirken, dass die für den Schutz des Kindes für notwendig erachteten Hilfen in Anspruch genommen werden. Sofern es dafür erforderlich ist, das Jugendamt einzuschalten, sind zunächst die Betroffenen zu ermutigen, sich selbst an das Jugendamt zu wenden bzw. der Kindertagespflegeperson die Befugnis zu erteilen, den Erstkontakt herzustellen und ggf. zu begleiten.

53j **D)** Verweigern Erziehungsberechtigte im Falle einer Kindeswohlgefährdung die Zusammenarbeit mit der Kindertagespflegeperson, sind sie nicht gewillt oder in der Lage, die Gefährdung abzuwenden bzw. für notwendig erachte Hilfen in Anspruch zu nehmen, ist das Jugendamt auch gegen ihren Willen zu informieren. Kindertagespflegepersonen haben dann gem. Art. 6 Abs. 1 Buchstabe c DSGVO i.V.m. § 8a Abs. 5 SGB VIII die Befugnis, dem Jugendamt alle zum Schutz eines Kindes erforderlichen personenbezogenen Daten zu übermitteln.[142] Falls dabei Informationen unter die strafrechtliche Schweigepflicht fallen, können diese unter den Voraussetzungen von § 203 Abs. 1 StGB i.V.m. § 34 StGB ebenfalls übermittelt werden.

Auch wenn die Meldung an das Jugendamt mit den Betroffenen nicht verhandelbar ist, sind sie im Sinne eines transparenten Vorgehens darüber vorab zu informieren, vorausgesetzt, dies führt nicht zu einer weiteren Gefährdung für das Kind.

5. Information des Jugendamtes über eine Kindeswohlgefährdung

53k Mit der Weitergabe der Informationen an den Sozialen Dienst des Jugendamtes wird dort ein eigener Prüfauftrag ausgelöst. § 8a Abs. 1 gilt nämlich unabhängig davon, ob der Soziale Dienst des Jugendamtes die Informationen eigeninitiativ erhebt oder aber direkt von Dritten informiert wird. Es ist insofern eine irrige Annahme, man könne den Sozialen Dienst des Jugendamtes schon einmal vorab über eine (drohende) Kindeswohlgefährdung informieren und dann bilateral vereinbaren, man melde sich, wenn es „schlimmer" werde. Das Jugendamt ist vielmehr verpflichtet, bei Hinweisen auf eine Kindeswohlgefährdung zu überprüfen, ob es sich dabei um gewichtige Anhaltspunkte handelt. Das schließt auch die Einbeziehung der Betroffenen und eine eigene Gefährdungseinschätzung mit ein.

Unabhängig davon ist eine zum Schutz des Kindes bzw. Jugendlichen nicht notwendige Datenübermittlung an das Jugendamt eine Gefahr für das Vertrauensverhältnis zwischen der Kindertagespflegeperson und den Erziehungsberechtigten, was in der Konsequenz auch zum Abbruch der Tagesbetreuung führen kann. Den betroffenen Kindern ist damit wohl am wenigsten geholfen.

53l **E)** Besteht **akuter Handlungsbedarf**, der es zur Abwendung der Gefährdung erforderlich macht, die **Polizei** oder eine Einrichtung der **Gesundheitshilfe** hinzuzuziehen, ist in der Vereinbarung zu regeln, dass die erforderlichen Stellen sowie das Jugendamt direkt einzuschalten sind.[143]

142 Vgl. *Stocker-Preisenberg* (2020), 18.
143 Vgl. FK-SGB VIII/*Meysen*, § 8a SGB VIII Rn. 62.

VI. Absatz 6

1. Örtliche Zuständigkeit bei Kindeswohlgefährdung

Die Wahrnehmung des Schutzauftrages nach Abs. 1 unterliegt keiner gesondert geregelten **örtlichen Zuständigkeit**, sodass immer das Jugendamt handlungsverpflichtet ist, dem die gewichtigen Anhaltspunkte für eine Kindeswohlgefährdung (auch zufällig) bekannt werden, ganz gleich, ob nach §§ 86 ff. SGB VIII eine örtliche Zuständigkeit für die Leistungsgewährung besteht oder nicht. **54**

2. Weitergabe von Informationen an den für die Leistungsgewährung zuständigen Träger

Gerade in Fällen, in denen das Jugendamt, dem gewichtige Anhaltspunkte für eine Kindeswohlgefährdung bekannt werden, nicht der für eine Leistungsgewährung (gem. §§ 86 ff. SGB VIII) örtlich zuständige Träger ist, besteht die Gefahr, dass Informationen zur Gefährdungssituation und dem Gefährdungsrisiko verloren gehen und dadurch ein effektiver Schutz der betroffenen Kinder und Jugendlichen verhindert wird.[144] Um dem vorzubeugen, ergeben sich folgende Handlungsverpflichtungen: **55**

1. Werden einem nicht für die Leistungsgewährung zuständigen Jugendamt gewichtige Anhaltspunkte für eine Kindeswohlgefährdung bekannt, so hat es diese dem für die Leistungsgewährung örtlich zuständigen Jugendamt gem. § 69 Abs. 1 Nr. 1 SGB VIII i.V.m. § 8a Abs. 6 SGB VIII mitzuteilen. Der Rahmen der zu übermittelnden Sozialdaten ist einzelfallspezifisch festzulegen. Er wird allerdings dadurch abgesteckt, dass alle gewichtigen Anhaltspunkte für eine Kindeswohlgefährdung, die zur Einschätzung des Gefährdungsrisikos bzw. Abwendung einer Kindeswohlgefährdung von Bedeutung sind, an das zuständige Jugendamt weitergegeben werden müssen. Dies gilt gem. § 65 Abs. 1 S. 1 Nr. 3 SGB VIII auch für solche Sozialdaten, die dem besonderen Vertrauensschutz bzw. der strafrechtlichen Schweigepflicht unterliegen.
2. Gleiches gilt, wenn ein Jugendamt gem. § 87 SGB VIII zwar für eine Inobhutnahme, nicht aber für die weitere Leistungsgewährung zuständig ist und sich aus dem Fallhintergrund der Inobhutnahme gewichtige Anhaltspunkte für eine Kindeswohlgefährdung ergeben, sowie auch dann,
3. wenn es in einem laufenden Kinderschutzfall zu einem Wechsel der örtlichen Zuständigkeit kommt, weil etwa die Betroffenen umziehen.[145]

3. Übergabegespräch

Die Datenübermittlung soll in einem persönlichen **Übergabegespräch** zwischen der fallabgebenden und der fallaufnehmenden Fachkraft stattfinden, sodass eine schriftliche Übermittlung alleine ausscheidet. Zwar kann das Gespräch auch im Rahmen eines Telefonats stattfinden, da daran allerdings auch die Personensorgeberechtigten und Kinder bzw. Jugendlichen teilnehmen sollen, sofern dadurch der wirksame Schutz des Kindes oder Jugendlichen nicht in Frage gestellt wird, scheint es Telefonaten an der Praxistauglichkeit zu fehlen. Auch Videokonferenzen per Zoom, Skype oder Facetime scheiden mit Verweis auf die **Datenschutzrichtlinien** der Anbieter und die Verpflichtung der Jugendämter zur Sicherstellung des Sozialdatenschutzes (u.a. §§ 64, 65 SGB VIII, aber auch § 80 SGB X) aus.[146] Insofern ist das gemeinsame Gespräch aller Beteiligten am „Runden Tisch" die beste Lösung und **56**

144 Vgl. BT-Drs. 17/6256, 21.
145 Vgl. FK-SGB VIII/*Meysen*, § 8a SGB VIII Rn. 78.
146 A.A. FK-SGB VIII/*Meysen*, § 8a SGB VIII Rn. 80 und LPK-SGB VIII/*Bringewat*, § 8a SGB VIII Rn. 128, die beide eine Bildübertragung unkritisch sehen.

auch der sicherste Weg, die Personensorgeberechtigten und ihre Kinder angemessen mit einzubeziehen. Ihre Beteiligung unterstreicht nicht nur den **Subjektstatus** der Personensorgeberechtigten, Kinder und Jugendlichen, der auch in Kinderschutzfällen sicherzustellen ist, sondern ist darüber hinaus auch ein Gebot der Fairness. Nur wenn die Erziehungsberechtigten genaue Kenntnis darüber haben, in welchen Bereichen und Situationen sie ihr Kind einer Gefährdung aussetzen, haben sie die reale Möglichkeit, die Kindeswohlgefährdung abzuwenden. Zudem können sie durch die direkte Teilnahme am Übergabegespräch Sachverhalte kommentieren, die sich ihnen anders darstellen als z.B. der übermittelnden Fachkraft.

57 Um zu vermeiden, dass zentrale Informationen zur Sicherstellung des Kinderschutzes verloren gehen, ist es neben dem persönlichen Übergabegespräch auch notwendig, dass die datenübermittelnde Fachkraft ihre Erkenntnisse um die gewichtigen Gefährdungsindikatoren bzw. das Ergebnis der **Gefährdungseinschätzung** nicht nur mündlich, sondern auch **schriftlich übermittelt.**

58 Mit der Information an das für die Leistungsgewährung zuständige Jugendamt wird dort der Schutzauftrag nach Abs. 1 ausgelöst.[147] Dies hat auch zur Konsequenz, dass die zuständige Fachkraft die gewichtigen Anhaltspunkte einer eigenen Gefährdungseinschätzung unterziehen muss. Dabei kann sie zu einem völlig anderen Ergebnis kommen als die Fachkraft des meldenden Jugendamtes. In solchen Fällen ist für die weitere Fallbearbeitung die Einschätzung des Mitarbeiters aus dem für die Leistungsgewährung „neu" zuständigen Jugendamt maßgeblich.[148]

VII. Schutzauftrag und strafrechtliche Garantenhaftung

59 Nach Art. 6 Abs. 2 Satz 1 GG sind Eltern nicht nur berechtigt, sondern darüber hinaus auch verpflichtet, ihre Kinder zu pflegen und zu erziehen. Das **Elternrecht** ist also keine Einbahnstraße, sondern untrennbar mit einer **Elternverantwortung** verbunden.[149] Die staatliche Gemeinschaft (staatliches Wächteramt) wacht gem. Art. 6 Abs. 2 Satz 2 GG darüber, ob Eltern dieser Verantwortung nachkommen (siehe Rn. 1 ff.). Zu ihr zählt auch die öffentliche Kinder- und Jugendhilfe, wie § 1 Abs. 2 Satz 2 SGB VIII unmissverständlich hervorhebt. Als eine ihrer Zielrichtungen nennt das Kinder- und Jugendhilferecht in § 1 Abs. 3 Nr. 3 SGB VIII insofern auch den Schutz von Kindern und Jugendlichen vor Gefahren für ihr Wohl. Wie dies konkret zu erfolgen hat, regelt für die Jugendämter u.a. § 8a SGB VIII in einer Art „To-do-Liste" und unterstreicht damit noch einmal deutlich erkennbar ihren gesetzlichen **Schutzauftrag**.

1. Garantenstellung aus tatsächlicher Schutzübernahme

60 Fallzuständige Jugendamtsmitarbeiter_innen haben gegenüber Kindern und Jugendlichen, zu denen sie im **Präventionsbereich**[150] (Beratung und Hilfegewährung außerhalb der Erfüllung des Schutzauftrages) oder im **Interventionsbereich** (Erfüllung des Schutzauftrages) in einem Arbeits- bzw. Betreuungskontakt stehen, eine **Garantenstellung aus tatsächlicher Schutzübernahme**: Die (schutzbedürftigen) Kinder und Jugendlichen können darauf ver-

147 Vgl. Schellhorn et al./*Mann*, § 8a SGB VIII Rn. 55 ff.
148 Vgl. LPK-SGB VIII/*Bringewat*, § 8a SGB VIII Rn. 124 f.
149 Vgl. BVerfGE 24, 119 [144].
150 Zur Garantenstellung aus tatsächlicher Schutzübernahme im Präventionsbereich siehe LPK-SGB VIII/*Bringewat*, § 8a SGB VIII Rn. 142. Diese begründet sich für das Jugendamt in der „wächteramtlichen" Verpflichtung, die Pflege und Erziehung der Kinder und Jugendlichen durch vorsorgliche Angebote sicherzustellen, sofern Sorge- bzw. Erziehungsberechtigte ihrer Erziehungsverantwortung nicht nachkommen (können). Eine konkrete strafrechtliche Garantenpflicht ergibt sich hingegen erst, wenn eine Kindeswohlgefährdung nach § 1666 BGB bereits vorliegt. Zustimmend *Kronseder*, 2010, 86 und kritisch hingegen Wiesner/Wapler/*Wapler*, § 8a SGB VIII Rn. 89.

trauen, dass die Fachkräfte – wann immer notwendig – im Gefahrenfall schützend eingreifen (Erfüllung ihrer Garantenpflicht). Da sich diese Garantenstellung vor allem in der bestehenden (Schutz-)Beziehung zu den Minderjährigen begründet, existiert sie nicht gegenüber Kindern und Jugendlichen, zu denen eine Fachkraft keinen Arbeits- bzw. Betreuungskontakt hat.[151]

2. Garantenstellung aus Gesetz

Wird der Fachkraft eines Jugendamtes im dienstlichen Kontext eine objektiv (erkennbare) dringende Gefahr für ein Kind, eine/einen Jugendlichen bekannt und ist damit die Eingriffsschwelle des Staates in das Elternrecht (siehe Rn. 1 ff.) erreicht, tritt sie ihr/ihm gegenüber in eine **Garantenstellung aus Gesetz** .[152] Das gilt unabhängig davon, ob der Fachkraft das Kind, die/der Jugendliche bislang bekannt ist oder nicht. 61

Ist die Gefährdungssituation noch unklar, hat die Fachkraft die Verpflichtung, vorliegende bzw. an sie herangetragene Warnzeichen aufzuklären. Das Unterlassen fachlich gebotenen Handelns zur Sachverhaltsaufklärung kann zur pflichtwidrig herbeigeführten Unkenntnis einer Gefährdungslage und schließlich zum Schaden eines Kindes, einer/eines Jugendlichen führen. Im Ergebnis beseitigt ein solches Verhalten dann auch nicht die gesetzliche Garantenstellung einer Fachkraft. (siehe auch Rn. 64a).[153] 61a

3. Garantenpflichten

Unabhängig davon, ob sich eine **Garantenstellung aus Gesetz** oder **tatsächlicher Schutzübernahme** ergibt, leitet sich aus ihr bei Vorlage gewichtiger Anhaltspunkte für eine Kindeswohlgefährdung eine **Garantenpflicht** zur Abwendung und Verhinderung der Gefahren ab.[154] Hierfür unterliegt die/der zuständige Mitarbeiter_in im Rahmen ihres/seines Schutzauftrages zunächst der Handlungsverpflichtung, das Gefährdungsrisiko entsprechend Abs. 1 mit mindestens einer weiteren **(insoweit erfahrenen) Fachkraft** einzuschätzen. 61b

Ist in **akuten Gefahrensituationen** eine sofortige Intervention (z.B. die Inobhutnahme, Einschalten der Polizei/Gesundheitshilfe) zum Schutz Minderjähriger erforderlich, hat die fallverantwortliche Fachkraft zur fachlichen Qualifikation des Gefährdungsrisikos (siehe Rn. 14 ff.) und dem zur Gefahrenabwehr notwendigen Schutzniveau die Gefährdungseinschätzung unmittelbar nachzuholen und ihr weiteres Handeln – inkl. für notwendig erachteter Schutzmaßnahmen – zur Erfüllung des Schutzauftrages ggf. entsprechend anzupassen.

Ergibt die Gefährdungseinschätzung, dass eine **Kindeswohlgefährdung** (Schutzauftrag mit Interventionspflicht – siehe Rn. 19) vorliegt, hat die fallverantwortliche Fachkraft 62

- gegenüber Kindern und Jugendlichen, zu der sie/er bereits eine Arbeits- und Betreuungsbeziehung hat, sowohl die **Garantenstellung aus tatsächlicher Schutzübernahme** als auch die **Garantenstellung entsprechend dem Gesetz** gem. Art. 6 Abs. 2, Satz 2 GG/§ 1 Abs. 2, Satz 2 SGB VIII i.V.m. §§ 1 Abs. 3 Nr. 3 und § 8a SGB VIII.[155]
- gegenüber Kindern und Jugendlichen, zu der sie/er bislang keine Arbeits- und Betreuungsbeziehung hat, ebenfalls in eine **Garantenstellung aus Gesetz**. Darüber hinaus entsteht für sie/ihn auch eine **Garantenstellung aus tatsächlicher Schutzüber-**

151 Vgl. LPK-SGB VIII/*Bringewat*, § 8a SGB VIII Rn. 138 ff.; ebenso OLG Stuttgart, Beschl. v. 28.5.1998, 1 Ws 78/98, NJW 1998, 3132; *Möller*, 2020, 270 ff.
152 Vgl. LPK-SGB VIII/*Bringewat*, § 8a SGB VIII Rn. 137 und OLG Hamm, Beschl. v. 22.10.2020, 5 RVs 83/20 und 5 Ws 279/20, Rn. 35.
153 Vgl. OLG Hamm, Beschl. v. 22.10.2020, III-5 RVs 83/20, Rn. 21 ff., juris.
154 Vgl. OLG Hamm, Beschl. v. 22.10.2020, III-5 RVs 83/20, Rn. 18, 21, juris; LG Düsseldorf, Urt. v. 27.4.2000, 2 Ss 130/98 = NstZ-RR 2001, 199, 200; DIJUF-Rechtsgutachten vom 6.5.2020; SN_2020_0331 Gö , JAmt, 2020, 301 ff. und *Trenczek*, 2002, 383 ff.
155 Vgl. LPK-SGB VIII/*Bringewat*, § 8a SGB VIII Rn. 136.

nahme, sobald sie/er gegenüber den Erziehungsberechtigten und/oder Kindern bzw. Jugendlichen zu erkennen gibt, dass sie/er ihren/seinen Schutzauftrag bei Kindeswohlgefährdung wahrnimmt und die Kinder und Jugendlichen darauf auch (still) vertrauen können. Das gilt selbst dann, wenn diese dazu aufgrund ihres Alters und ihrer Entwicklung (noch) nicht in der Lage sind, von ihrem Schutzvertrauen bzw. ihrer Schutzerwartung aber aufgrund der spezifischen Gefährdungssituation auszugehen ist. Das Einrücken in die Garantenposition aus tatsächlicher Schutzübernahme erfolgt quasi „automatisch" mit Umsetzung des in Abs. 1 vorgegebenen Handlungsablaufs.[156]

Ergibt die Gefährdungseinschätzung hingegen, dass - trotz zunächst angenommener bzw. vorliegender gewichtiger Anhaltspunkte - eine Kindeswohlgefährdung nicht (mehr) besteht, erlischt für die/den fallzuständige/n Jugendamtsmitarbeiter_in die gesetzliche Garantenstellung und eine sich daraus ableitende Garantenpflicht. Das gilt auch für die Fälle, in denen die Personensorgeberechtigten einer (weiteren oder neuen) Hilfe zur Erziehung zustimmen.[157] In diesem Fall besteht dann allerdings die Garantenstellung aus tatsächlicher Schutzübernahme im Präventionsbereich.

63 Die zur Erfüllung der **Garantenpflicht** notwendigen Schutzmaßnahmen (siehe zum Schutzplan ausführlich Rn. 22a f.) bemessen sich am individuellen **Gefährdungsrisiko**. Dies wird im Rahmen der Gefährdungseinschätzung fachlich rekonstruierbar herausgearbeitet und in der weiteren Fallarbeit kontinuierlich überprüft. Der Dynamik sich verändernder Hilfeprozesse ist dabei Rechnung zu tragen. Bei einem sich verändernden Gefährdungsrisiko sind die Schutzmaßnahmen entsprechend anzupassen.

---

156 Vgl. LPK-SGB VIII/*Bringewat*, § 8a SGB VIII Rn. 140; zustimmend: *Möller,* 2020, 272 und *Möller,* 2021, 68. A. A. *Heghmanns,* 2018, 232 ff., nach dem für die Fachkraft des Jugendamtes eine Garantenstellung erst dann besteht, wenn die in § 8a Abs. 2 SGB VIII aufgeführten Situationen vorliegen:
„1. Es besteht eine (einfache) Gefahr, und die Eltern sind nicht gewillt oder in der Lage, diese Gefahr abzuwenden (§ 8a Abs. 2 S. 2 Halbs. 1 SGB VIII i.V.m. § 1666 BGB);
2. die Eltern können oder wollen an der Gefährdungsabschätzung nicht mitwirken (§ 8a Abs. 2 S. 2 Halbs. 2 SGB VIII);
3. es besteht eine dringende Gefahr (§ 8a Abs. 2 S. 2 SGB VIII)" (*Heghmanns*, 2018, 232).
Weiter geht *Heghmanns* davon aus, dass bei einer Gefahr, die durch eine von den Erziehungsberechtigten angenommene Hilfe abgewendet werden kann, noch keine Garantenstellung für die Fachkraft besteht. Eine solche Auffassung berücksichtigt nicht, dass allein durch eine Hilfeannahme nicht sichergestellt ist, dass sich die Gefahrensituation des Kindes positiv verändert, da Kooperationsbereitschaft (Hilfeannahme) nicht mit Veränderungsbereitschaft und Veränderungsfähigkeit (Abwendung der Gefahr) zu vergleichen/zu verwechseln ist. Siehe hierzu auch *Gerber/Lillig*, 2018, 63, die in einer qualitativen Untersuchung von Kinderschutzverläufen herausgearbeitet haben, dass Eltern z.T. Hilfen akzeptieren und auch Termine verlässlich wahrnehmen, ihr Gefährdungsverhalten aber nicht abzustellen (können). Sind diese bereit, weiterführende Unterstützung zum Schutz des Kindes, der/des Jugendlichen (z.B. das Angebot einer stationären Hilfe) anzunehmen, sind die Voraussetzungen für § 8a Abs. 2 SGB VIII nicht erfüllt. Trotzdem sind sie ggf. nicht in der Lage, die Gefahr durch eigene Verhaltensänderung abzuwenden. Hier besteht insofern eine Garantenstellung aus tatsächlicher Schutzübernahme und Gesetz, mit der (Garanten-)Pflicht, das Kind vor den bestehenden Gefahren zu schützen (Beschützergarant). Ziehen Eltern hingegen ihre Zustimmung zu der zum Schutz ihres Kindes notwendigen (z.B. stationären) Hilfe zurück, wären die Voraussetzungen für § 8a Abs. 2 SGB VIII erfüllt.
Kooperation und Problemeinsicht (als Indikatoren für Veränderungsbereitschaft und -fähigkeit) der Erziehungsberechtigten haben also bei Vorlage einer Kindeswohlgefährdung, die durch ihr Handeln/Nichthandel ausgelöst wird, keine Auswirkungen darauf, ob eine Garantenstellung vorliegt, sondern lediglich auf die zur Umsetzung der zum Schutz des Minderjährigen gebotenen Handlungen (Garantenpflicht) wie z.B. ambulante bzw. stationäre Hilfeangebote, Inobhutnahme oder Anrufen des Familiengerichts. Siehe hierzu auch Rn. 26 ff.

157 Vgl. Wiesner/WaplerWapler, § 8a SGB VIII Rn. 89 f. und LPK-SGB VIII/*Bringewat*, § 8a SGB VIII Rn. 132 ff.

4. Strafbarkeitsvoraussetzung bei Verstoß gegen Garantenpflicht

Unterlässt es die fallführende Fachkraft im Rahmen ihrer **Garantenpflicht**, eine Kindeswohlgefährdung abzuwenden, macht sie sich nur dann strafbar, wenn folgende weitere Voraussetzungen erfüllt worden sind:[158] 64

- Ein konkreter Schaden für das körperliche, geistige und/oder seelische Wohl des Kindes bzw. Jugendlichen ist eingetreten, (das Kind hat z.B. körperliche Misshandlungen durch den Partner der Mutter erlebt).
- Die Fachkraft hat von der konkreten Gefahrenlage eines Kindes, einer/eines Jugendlichen Kenntnis gehabt (es war ihr z.B. durch glaubhafte Hinweise Dritter bekannt, dass der Partner der Mutter das Kind misshandelt und die Mutter unfähig ist, ihr Kind vor den Übergriffen zu schützen) bzw.
- die Fachkraft hat sorgfaltswidrig gehandelt, indem sie trotz gewichtiger Anhaltspunkte für eine Gefährdung das Kind, die/den Jugendliche_n vor den bestehenden Gefahren nicht geschützt hat (sie hat z.B. weder Kontakt zur Mutter noch zum Kind aufgenommen und deshalb das Gefährdungsrisiko des Kindes nicht oder falsch eingeschätzt).
- Sie hat insofern gegen ihre Garantenpflicht verstoßen und demzufolge vorsätzlich oder fahrlässig nichts unternommen hat, die Gefahr abzuwenden.
- Dadurch ist das Kind zu Schaden gekommen (das Kind ist z.B. durch den Partner der Mutter misshandelt worden). Das Nichthandeln/sorgfaltswidrige Handeln der Fachkraft ist also schadensursächlich.
- Gleichzeitig wäre ihr ein Handeln – also ein aktives Abwenden der Gefährdung und somit der eingetretenen Rechtsgutverletzung – möglich und zumutbar gewesen.[159]

Eine Verletzung der Garantenpflicht ist auch anzunehmen, wenn die Unmöglichkeit gebotenen Handels auf einer pflichtwidrig herbeigeführten Unkenntnis der Gefährdungslage durch die fallverantwortliche Fachkraft beruht. Wenn sie also Hinweisen auf eine Kindeswohlgefährdung nicht im gebotenen Maße nachgeht und das Kind, die/der Jugendliche deshalb zu Schaden kommt. Das OLG Hamm führt hierzu aus: „Der Annahme einer vorverlagerten **Pflichtverletzung** eines Jugendamtsmitarbeiters kann auch nicht entgegengehalten werden, dass eine Handlungspflicht eines Jugendamtsmitarbeiters erst bei tatsächlicher Kenntnis von der konkret eingetretenen akuten Kindeswohlgefährdung entstünde. Denn das würde Handlungspflichtigen ermöglichen, durch pflichtwidriges Verhalten seine eigene Garantenstellung zu beseitigen und gerade denjenigen begünstigen, der seine Pflichten im Vorfeld in besonders erheblicher Weise verletzt. Würde man dieser Argumentation folgen, wäre gerade derjenige Jugendamtsmitarbeiter, der alle an ihn herangetragenen Warnzeichen einer Kindeswohlgefährdung in einer von ihm betreuten Familie ignoriert und keinem Hinweis nachgeht, am umfassendsten vor strafrechtlicher Verfolgung geschützt. Dies würde der gesetzlichen Konzeption des § 8a SGB VIII zuwiderlaufen, der den Prozess der Gefährdungseinschätzung als elementaren Baustein im System des Kinderschutzes verankert hat".[160] 64a

5. Garantenstellung/Garantenpflichten von Fachkräften freier Träger

Auch wenn sich die in § 1 Abs. 3 Nr. 3 verankerte programmatische Zielrichtung des SGB VIII, Kinder und Jugendliche vor Gefahren für ihr Wohl zu schützen, an alle richtet, die im Bereich der Kinder- und Jugendhilfe tätig sind, kann das SGB VIII allein öffentlichen Trägern gegenüber seine handlungsverpflichtende Wirkung entfalten. Weder sind freie Träger Normadres- 65

---

158 Siehe hierzu auch *Lehmann*, 2015, 199 ff.
159 Vgl. Wiesner/Wapler/*Wapler*, § 8a SGB VIII Rn. 88 und *Heghmanns*, 2018, 230.
160 OLG Hamm, Beschl. v. 22.10.2020, 5 RVs 83/20, Rn. 22, juris.

saten des SGB VIII noch Teil des staatlichen Wächteramtes.[161] Erbringen sie Leistungen nach dem SGB VIII, erfolgt dies gegenüber den Leistungsberechtigten regelmäßig auf Grundlage privatrechtlicher Verträge zugunsten Dritter bzw. mit der Schutzwirkung zugunsten Dritter. Daraus ergibt sich in Verbindung mit dem in § 1 Abs. 3 Nr. 3 SGB VIII beschriebenen Leitziel eine Schutzverpflichtung den von ihnen betreuten Kindern und Jugendlichen gegenüber.[162] Zudem verpflichtet sie die vertragliche Regelung nach Abs. 4 (Rn. 37 ff.), einen qualitativen Verfahrensablauf beim Vorliegen gewichtiger Anhaltspunkte für eine Kindeswohlgefährdung einzuhalten, was ihren eigenen Schutzauftrag nochmals unmissverständlich hervorhebt.

65a Gegenüber einem von freien Jugendhilfeträgern betreuten Kind oder einer/einem betreuten Jugendlichen tritt die fallzuständige Fachkraft aufgrund der bestehenden (Schutz-)Beziehung in eine **Garantenstellung**[163] **aus tatsächlicher Schutzübernahme**. Aus der **Garantenstellung** leiten sich bei Vorlage gewichtiger Anhaltspunkte für eine Kindeswohlgefährdung eine **Garantenpflicht** zum Schutz des Kindes, der/des Jugendlichen ab.

65b Über die Vereinbarung nach Abs. 4 sind Fachkräfte freier Jugendhilfeträger verpflichtet, bei Vorlage gewichtiger Anhaltspunkte für eine Kindeswohlgefährdung zunächst das Gefährdungsrisiko unter Hinzuziehung einer insoweit erfahrenen Fachkraft einzuschätzen.

Ergibt die **Einschätzung des Gefährdungsrisikos**, dass eine Kindeswohlgefährdung nicht (mehr) vorliegt, erlischt die Garantenpflicht. Die Garantenstellung aus tatsächlicher Schutzübernahme bleibt bei fortgeführter Hilfe zur Erziehung bestehen.

Ergibt die Gefährdungseinschätzung hingegen, dass eine Kindeswohlgefährdung vorliegt, ist dieser im Rahmen des Schutzauftrages und einer bestehenden **Garantenpflicht** aktiv entgegenzuwirken. Die jeweils notwendigen Schutzmaßnahmen orientieren sich dabei an dem im Rahmen der Gefährdungseinschätzung herausgearbeiteten Gefährdungsrisiko. Entsprechend der Dynamik sich verändernder Hilfeprozesse sind sie kontinuierlich anzupassen (zu den Voraussetzungen der Informationsweitergabe über eine Kindeswohlgefährdung an das Jugendamt siehe Rn. 48 ff.).

In Situationen, in denen gewichtige Anhaltspunkte für eine Kindeswohlgefährdung vorliegen, die eine dringende/akute Gefahr des Kindes, der/des Jugendlichen erkennen lassen, kann ein sofortiges Intervenieren zum Schutz der/des Minderjährigen geboten sein. Zur fachlichen Qualifikation des Gefährdungsrisikos (siehe Rn. 14 ff.) und der zur Gefahrenabwehr notwendigen Schutzmaßnahmen ist die Gefährdungseinschätzung im Anschluss an die unmittelbare Schutzhandlung nachzuholen.

Handelt die Fachkraft in Kinderschutzfällen nicht bzw. sorgfaltswidrig (ignoriert sie z.B. gewichtige Anhaltspunkte für eine Kindeswohlgefährdung), kann dies unter den Voraussetzungen, wie sie für die Mitarbeiter_innen des Jugendamtes gelten (siehe Rn. 64 f.), strafbewehrt sein.[164]

66 Neben der Garantenposition „aus tatsächlicher Schutzübernahme" und der daraus im Kinderschutz entstehenden Garantenpflicht können die Fachkräfte freier Träger auch in eine **Garantenstellung aus „Übergabe"** treten. Diese entsteht, wenn sie Garantenpflichten fallverantwortlicher Fachkräfte aus dem Jugendamt bei der Einbeziehung in die Aufgabenerledigung der öffentlichen Kinder- und Jugendhilfe per Delegation „**übergeben**" bekommen. Erbringt die Fachkraft eines freien Trägers z.B. im Rahmen von Hilfe zur Erziehung eine

---

161 Vgl. FK-SGB VIII/*Meysen*, § 8a Rn. SGB VIII 56 f.; SGB VIII/*Bringewat*, § 8a SGB VIII Rn. 97 f.; Wiesner/Wapler/*Wapler*, § 8a SGB VIII Rn. 63; anderer Auffassung: *Möller* 2013, 53 f. (insb. Fn. 76).

162 Vgl. LPK-SGB VIII/*Bringewat*, § 8a SGB VIII Rn. 97 f.

163 Vgl. Wiesner/Wapler/*Wapler*, § 8a SGB VIII Rn. 63.

164 Vgl. Wiesner/Wapler/*Wapler*, § 8a SGB VIII Rn. 88 ff. und LPK-SGB VIII/*Bringewat*, § 8a SGB VIII Rn. 144 ff.

Sozialpädagogische Familienhilfe nach § 31 SGB VIII und liegt in dem konkreten Einzelfall eine vom Jugendamt eingeschätzte Kindeswohlgefährdung vor, „übernimmt" sie quasi Garantenpflichten der zuständigen Fachkraft aus dem Jugendamt zur Umsetzung des Schutzauftrages. Voraussetzung ist jedoch, dass ihr die Gefährdungsaspekte bekannt sind. Dabei tritt sie nicht in die Garantenstellung der pflichtübertragenden Jugendamtsfachkraft ein, sondern als **Sekundärgarant** in eine eigene. Sie ist dann (Beschützer-)Garant in **doppelter Funktion**: aus **tatsächlicher Schutzübernahme** und durch **Übernahme** aus der **Garantenposition** der fallverantwortlichen Jugendamtsfachkraft. Deren Stellung als **Primärgarant** im Kinderschutz bleibt weiterhin bestehen und ist auch nicht delegationsfähig. Die sich aus ihr ableitende Garantenpflicht konkretisiert sich jedoch zu einer **Auswahl- und Kontrollverpflichtung**. **Auswahlverpflichtung** bedeutet: Sie muss für den konkreten Fall die geeignete Hilfeform und dafür einen fachlich geeigneten Träger (orientiert am individuellen Bedarf) einsetzen. **Kontrollverpflichtung** bedeutet, dass sie im Verlauf der Hilfe angemessen zu überprüfen hat, ob diese inhaltlich und auch vom Umfang her geeignet und in der Lage ist, die Kindeswohlgefährdung abzuwenden. An der Verantwortung der fallführenden Fachkraft aus dem Jugendamt, das Kind bzw. die/den Jugendliche_n vor den konkreten Gefahren zu beschützen, hat sich also auch nach Einsetzen des freien Trägers ausdrücklich nichts geändert.

6. Ende der Garantenpflicht

Endet die Fallzuständigkeit einer Fachkraft des Jugendamtes und/oder des freien Trägers, endet auch ihre strafrechtliche Garantenstellung. Sie/er hat dann auch im konkreten Fall keine Garantenpflicht mehr wahrzunehmen. Eine Garantenpflicht entfällt auch, wenn die Kindeswohlgefährdung abgewandt worden ist. In diesem Fall besteht bei fortlaufender Hilfe jedoch weiterhin eine Garantenstellung aus tatsächlicher Schutzübernahme.[165] **67**

Übernimmt die Fachkraft eines freien Trägers, z.B. im Rahmen einer Hilfe zur Erziehung, eine Erziehungsbeistandschaft, ohne dass ihr oder der/dem fallverantwortlichen Mitarbeiter_in des Jugendamtes Anhaltspunkte auf eine Kindeswohlgefährdung bekannt sind, so haben zwar beide eine Garantenstellung aus tatsächlicher Schutzübernahme, allerdings lässt sich daraus keinerlei strafrechtliche Garantenpflicht ableiten.

Werden der Fachkraft des freien Trägers im Rahmen ihrer Tätigkeit gewichtige Anhaltspunkte für eine Kindeswohlgefährdung bekannt, aktiviert dies bei ihr eine Garantenpflicht zum Schutz des Kindes (zum weiteren Verlauf siehe Rn. 65a f.).

Ohne Wissen um die gewichtigen Anhaltspunkte für eine Kindeswohlgefährdung hat die/der fallzuständige Jugendamtsmitarbeiter_in keine strafrechtliche Garantenpflicht. Diese entsteht allerdings, wenn sie/ihn die Fachkraft des freien Trägers über die Sachverhalte (schriftlich, telefonisch oder beiläufig in einem „Tür-und-Angel-Gespräch") informiert und sie/er ihrerseits/seinerseits zu dem fachlich rekonstruierbaren Ergebnis kommt, dass gewichtige Anhaltspunkte für eine Kindeswohlgefährdung vorliegen (siehe Rn. 9 ff. und Rn. 61 ff.). Mit der Datenweitergabe an das Jugendamt endet gleichzeitig die Garantenpflicht der Fachkraft des freien Trägers. Bleibt diese allerdings in der Betreuung „aktiv", läuft die Hilfe zur Erziehung also weiter, hat sie weiterhin die Garantenposition aus tatsächlicher Schutzübernahme inne, aus der erneut eine Garantenpflicht entstehen kann.

165 Vgl. *Bringewat,* 2006, 238 f. und LPK-SGB VIII/*Bringewat*, § 8a SGB VIII Rn. 144 ff. Zu den Möglichkeiten der Kontrolle freier Träger siehe *Wiesner* 2015a, 349 ff.

§ 8b
Fachliche Beratung und Begleitung zum Schutz von Kindern und Jugendlichen

(1) Personen, die beruflich in Kontakt mit Kindern oder Jugendlichen stehen, haben bei der Einschätzung einer Kindeswohlgefährdung im Einzelfall gegenüber dem örtlichen Träger der Jugendhilfe Anspruch auf Beratung durch eine insoweit erfahrene Fachkraft.

(2) Träger von Einrichtungen, in denen sich Kinder oder Jugendliche ganztägig oder für einen Teil des Tages aufhalten oder in denen sie Unterkunft erhalten, und die zuständigen Leistungsträger, haben gegenüber dem überörtlichen Träger der Jugendhilfe Anspruch auf Beratung bei der Entwicklung und Anwendung fachlicher Handlungsleitlinien

1. zur Sicherung des Kindeswohls und zum Schutz vor Gewalt sowie

2. zu Verfahren der Beteiligung von Kindern und Jugendlichen an strukturellen Entscheidungen in der Einrichtung sowie zu Beschwerdeverfahren in persönlichen Angelegenheiten.

(3) Bei der fachlichen Beratung nach Absatz 1 und 2 wird den spezifischen Schutzbedürfnissen von Kindern und Jugendlichen mit Behinderungen Rechnung getragen.

Übersicht Rn.

A. Allgemeines

1 Die Regelung wurde zum 1.1.2012 im Rahmen des **Bundeskinderschutzgesetzes** in das SGB VIII aufgenommen. Sie zielt darauf ab, fachliche Qualitätsstandards für den Kinderschutz in der Praxis fester zu verankern. Abs. 1 sichert Personen, die beruflich mit Kindern und Jugendlichen in Kontakt stehen, im konkreten Einzelfall fachliche Beratung bei der Gefährdungseinschätzung zu und korrespondiert insofern auch mit § 4 Abs. 2 KKG: Der dort den Berufsgeheimnisträger zugesprochene Anspruch auf eine Beratung zur Einschätzung der Kindeswohlgefährdung durch eine insoweit erfahrene Fachkraft wird hier konkret dem Jugendamt in der Umsetzungsverantwortung zugeschrieben. Der Beratungsanspruch geht jedoch weit über diesen Personenkreis hinaus und gilt z.B. auch für Kindertagespflegepersonen, Trainer_innen aus Sportvereinen etc. (siehe Rn. 2).

§ 8b Abs. 2 SGB VIII gibt Trägern von Einrichtungen, in denen sich Kinder und Jugendliche tagsüber aufhalten oder in denen sie eine Unterkunft erhalten, sowie dem zuständigen Leistungsträger einen **Beratungsanspruch** bei der Entwicklung und Anwendung präventiver Kinderschutzleitlinien und -standards.[1]

B. Einzelheiten

I. Absatz 1

1. Berufsgeheimnisträger sowie Haupt- und nebenamtliche Personen

Der Kreis der Anspruchsberechtigten umschließt grundsätzlich alle Personen, die einen beruflichen Kontakt zu Kindern und Jugendlichen haben – also nicht nur die in § 4 KKG genannten Berufsgeheimnisträger_innen. Er ist bewusst weit gefasst, da Kindeswohlgefährdung in vielfältigen Lebensbereichen vorkommt und folglich ein gesamtgesellschaftliches Thema unterschiedlichster Tätigkeitsfelder und Professionen ist. Dem trägt die Vorschrift Rechnung und spricht deshalb haupt- oder nebenamtliche Personen an, die als Übungsleiter_innen in Sportvereinen, als Lehrer_innen, Kindertagespflegepersonen, Hebammen/Geburtshelfer, Ärzt_innen, Psycholog_innen, Krankenpfleger_innen, Mitarbeiter_innen in Kunstschulen, private Musiklehrer_innen etc. tätig sind. Nicht notwendig ist, dass der Kontakt zu Kindern und Jugendlichen den Schwerpunkt der Tätigkeit ausmacht. Insofern hat auch die/der Hausmeister_in einer Schule oder die/der Gesellin bzw. Geselle eines Ausbildungsbetriebes Anspruch auf **Fachberatung** in Kinderschutzfragen. 2

Einziges Kriterium für die Erfüllung des Beratungsanspruchs ist neben dem beruflichen Kontakt zu Kindern und Jugendlichen das Empfangen eines Arbeitsentgeltes, einer Aufwandsentschädigung oder eines Honorars für die jeweilige Tätigkeit. Welche Höhe dieses hat, ist dabei unbedeutend.[2] **Ehrenamtliche** Helfer_innen fallen deshalb in der Regel aus dem Kreis der Anspruchsberechtigten heraus. An dieser Stelle hinkt die Vorschrift im Sinne eines ganzheitlich gesellschaftlich verankerten Kinderschutzes. Den Beratungsanspruch bei Verdacht auf Kindeswohlgefährdung am Empfang von Honorar, Aufwandsentschädigung etc. festzumachen, ergibt keinen inhaltlichen Sinnzusammenhang.

Auch wenn der Gesetzesbegründung zu entnehmen ist, dass sich der **Beratungsanspruch** aus Abs. 1 an Personen außerhalb der Kinder- und Jugendhilfe richten soll, schließt der Wortlaut des Abs. 1 Fachkräfte von Einrichtungen und Diensten, die Leistungen nach dem SGB VIII erbringen, nicht ausdrücklich aus.[3] Da sie in Fragen der Gefährdungseinschätzung allerdings bereits über die Vereinbarung nach § 8a Abs. 4 SGB VIII einen eigenen (durch „ihren" Träger zu organisierenden) Anspruch auf Fachberatung durch eine insoweit erfahrene Fachkraft haben (siehe § 8a SGB VIII Rn. 42), werden sie von ihrem Anspruch nach Abs. 1 in der Praxis aber wohl kaum Gebrauch machen.[4] Anders verhält es sich evtl. mit Einzelpersonen, die für das Jugendamt auf Honorarbasis ohne Trägeranschluss tätig sind und z.B. eine Erziehungsbeistandschaft oder Sozialpädagogische Erziehungshilfe durchführen oder aber Kindertagespflegepersonen.

Während Fachkräfte öffentlicher und freier Jugendhilfeträger über § 8a Abs. 1 SGB VIII bzw. eine Vereinbarung nach § 8a Abs. 4 SGB VIII dazu verpflichtet sind, bei Vorliegen gewichtiger Anhaltspunkte für eine Kindeswohlgefährdung eine insoweit erfahrene Fachkraft zur Einschätzung des Gefährdungsrisikos beratend hinzuzuziehen, können Personen, die mit Min- 3

1 Vgl. BT-Drs. 17/6256, 21 f.
2 Ebenso Wiesner/Wapler/*Wapler*, § 8b SGB VIII Rn. 9 und FK-SGB VIII/*Meysen*, § 8b Rn. 4.
3 Vgl. BT-Drs. 17/ 6256, 22 und Wiesner/Wapler/*Wapler*, § 8b SGB VIII Rn. 6 ff.
4 Vgl. Wiesner/Wapler/*Wapler*, § 8b SGB VIII Rn. 6 ff.

derjährigen außerhalb der Kinder- und Jugendhilfe beruflich in Kontakt stehen, ihren **Beratungsanspruch** nach Abs. 1 bei Bedarf freiwillig einlösen. Verpflichtet sind sie dazu nicht.

2. Datenschutzrechtliche Bestimmungen

4 Datenschutzrechtlich sind bei der Inanspruchnahme der Beratung die jeweiligen bereichsspezifischen Datenschutzgesetze zu beachten, denen die zu beratende Person im Rahmen ihrer Tätigkeit unterliegt. Zwar verlangt Abs. 1 nicht, die Daten vor einer Beratung zu anonymisieren bzw. pseudonymisieren. Dies scheint aber allein schon durch die inhaltliche Verbindung von § 8b SGB VIII und § 4 KKG (gem. § 8b Abs. 1 SGB VIII haben Personen, die beruflich mit Kindern/Jugendlichen in Kontakt stehen, bei der Einschätzung von Kindeswohlgefährdung gegenüber dem Jugendamt Anspruch auf Beratung durch eine insoweit erfahrene Fachkraft – § 4 Abs. 2 Satz 2 KKG wiederum sieht vor, dass Berufsgeheimnisträger vor der Einbeziehung einer vom Jugendamt zu stellenden insoweit erfahrenen Fachkraft zur Einschätzung einer Kindeswohlgefährdung die Daten zu pseudonymisieren haben) und die Datenschutzgrundsätze der Verhältnismäßigkeit und Datensparsamkeit geboten zu sein. Für einen erfolgreichen Beratungsverlauf ist es nämlich in der Regel nicht erforderlich, dass dieser z.B. unter Namensnennung der Betroffenen durchgeführt wird.[5] Ist eine Datenweitergabe zur Aufgabenerfüllung nicht erforderlich, ist sie unzulässig und folglich zu unterlassen.

3. Zuständigkeit für die Erfüllung des Beratungsanspruchs

5 Die Verpflichtung, den Beratungsanspruch zu erfüllen, richtet sich gegen den öffentlichen Träger der Jugendhilfe, also das Jugendamt. Da dieser Sicherstellungsauftrag keinem „speziellen" örtlichen Träger zugewiesen ist, besteht – ähnlich der Regelung in § 8a SGB VIII – auch hier eine **Allgemeinzuständigkeit**, sodass sich die anspruchsberechtigte Person an jedes erreichbare Jugendamt wenden kann, ganz gleich, ob es das ihres Wohn- oder Arbeitsortes oder aber ein völlig fremdes ist, um anonym zu bleiben.[6] Die Zugangsschwelle zu dem Beratungsangebot ist dadurch bewusst niedrig gehalten. Damit es von der Praxis allerdings überhaupt angenommen werden kann, muss es dort bekannt sein. Insofern sind alle Jugendämter gehalten, entsprechende Öffentlichkeitsarbeit zu leisten.

Das Jugendamt muss die Beratung nicht selbst durchführen, sondern vielmehr dessen Umsetzung sicherstellen. Dazu kann es die **insoweit erfahrene Fachkraft** sowohl innerhalb seiner eigenen **Organisationseinheit** anbinden (etwa in einer Beratungsstelle) als auch die Erledigung der Aufgabe auf einen oder mehrere freie Träger übertragen. Nicht möglich ist jedoch, die Fachberatung durch eine/n Mitarbeiter_in des Sozialen Dienstes durchführen zu lassen. Ließen sich während der Beratung nämlich Rückschlüsse auf das betroffene Kind bzw. den Jugendlichen ziehen, würde dies u.U. den Verfahrensablauf der Fachkraft des Sozialen Dienstes nach § 8a Abs. 1 SGB VIII auslösen. In der Konsequenz müsste sie dann klären, ob es sich bei den bekannten Sachverhalten um gewichtige Anhaltspunkte für eine Kindeswohlgefährdung handelt, und wenn ja, eine eigene Einschätzung des Gefährdungsrisikos mit allen daraus folgenden Konsequenzen (ausführlich § 8a SGB VIII Rn. 9 ff.) vornehmen.[7] Die unmittelbare Information des Jugendamtes bei Verdacht auf eine Kindeswohlgefährdung ist allerdings nicht Ziel dieser Vorschrift. Dieses liegt vielmehr in der fachlichen Unterstützung und Begleitung der Rat suchenden Person bei der **Gefährdungseinschätzung**.

---

5 Vgl. Wiesner/Wapler/*Wapler*, § 8b SGB VIII Rn. 19.
6 Ebenso Wiesner/Wapler/*Wapler*, § 8b SGB VIII Rn. 19.
7 Ebenso Wiesner/Wapler/*Wapler*, § 8b SGB VIII Rn. 15.

4. Umfang des Beratungsanspruchs

Der Beratungsanspruch entsteht nicht erst bei Vorliegen gewichtiger Anhaltspunkte (siehe § 8a SGB VIII Rn. 9 ff.) für eine Kindeswohlgefährdung. Ausreichend ist vielmehr, dass die mit dem Kind oder der/dem Jugendlichen in Kontakt stehende Person einen auch nur vagen Verdacht auf eine Kindeswohlgefährdung hat. Mit Hilfe der Fachberatung soll sie ihre Vermutungen oder die wahrgenommenen Sachverhalte reflektiert betrachten, um anschließend bewerten zu können, ob es sich tatsächlich um eine akute oder drohende Kindeswohlgefährdung handelt oder eben nicht. Liegt eine Kindeswohlgefährdung vor, ist es ratsam, dass die zu beratende Person als Ressource für einen aktiven Kinderschutz fungiert. Dafür ist es wichtig, sie über bestehende Hilfsmöglichkeiten und Netzwerke für Kinder, Jugendliche und die Erziehungsberechtigte aufzuklären und gemeinsam mit ihr Handlungsketten zu entwickeln, wie sie mit den Erziehungsberechtigten zum Thema Kindeswohlgefährdung in Kontakt treten und diese ermutigen kann, geeignete Hilfen zur Abwendung der Gefahr in Anspruch zu nehmen. Für den Fall, dass eine freiwillige Hilfeannahme durch die Erziehungsberechtigten ausscheidet oder aber kein direkter Kontakt zu den Erziehungsberechtigten möglich ist, muss sie allerdings – quasi als Plan B – auch konkrete Ansprechpartner im Sozialen Dienst des Jugendamtes kennen, die sie zum Schutz des Kindes oder Jugendlichen über eine bestehende oder sicher drohende Gefährdung informieren kann. Informiert sie das Jugendamt, bedeutet das nicht, dass die Erziehungsberechtigten erfahren, durch wen die Meldung erfolgt ist. 6

5. Eingeschränkte Übermittlung von Melder_innendaten an Betroffene durch das Jugendamt

Geben Jugendamtsmitarbeiter_innen Sozialdaten der Melder_innen an die von der Meldung betroffenen Erziehungsberechtigten weiter, werden sie in Ausübung eines öffentlichen Amtes tätig. Daraus folgt u.a. eine Einstandspflicht des Jugendamtes als öffentlicher Träger innerhalb seiner Amtshaftung gem. § 839 BGB i.V.m. Art. 34 GG. Das gilt unabhängig davon, ob den Melder_innen vorab Vertraulichkeit zugesichert worden ist oder nicht.[8] 7

Grundsätzlich darf das Jugendamt Sozialdaten nur dann übermitteln, wenn es dafür eine ermächtigende Rechtsvorschrift oder aber die Zustimmung der Betroffenen (in diesem Fall der Melder_innen) vorliegen hat.

Das Jugendamt hat die von einer Meldung betroffenen Personen (Erziehungsberechtigte und Minderjährige) gem. Art. 14 DSGVO umfassend darüber zu informieren, wenn Sozialdaten nicht direkt bei ihnen erhoben worden sind. Das Transparenzgebot nach Art. 14 DSGVO umfasst auch Angaben zur Quelle der Information. 7a

Gehen beim Jugendamt Meldungen zu einer Kindeswohlgefährdung ohne sein Zutun ein, stellt dies kein aktives Beschaffen von Sozialdaten und somit auch keine Datenerhebung dar. Dies kann etwa der Fall sein, wenn Hinweise auf eine Kindeswohlgefährdung ohne Aufforderung per E-Mail oder Brief übermittelt werden. Entsprechend besteht hier auch keine Verpflichtung, die von der Meldung betroffenen Personen gem. Art. 14 DSGVO zu informieren.

Etwas anderes hingegen ergibt sich, wenn das Jugendamt bei Entgegennahme oder im Nachgang einer Meldung bei den Hinweisgeber_innen zum konkreten Sachverhalt nachfragt, um weitere bzw. konkretere Informationen zu erhalten. In diesem Fall erhebt das Jugendamt Sozialdaten bei Dritten und hat die Betroffenen gem. Art. 14 DSGVO grundsätzlich darüber zu informieren. Da Erziehungsberechtigte in der Regel nicht „ahnen" können, dass das Jugendamt Daten bei Dritten erhoben hat, ist Art. 14 DS-GVO als „Bringschuld" formuliert. Das bedeutet, das Jugendamt muss die Betroffenen eigeninitiativ informieren und darf

8 Vgl. *Busch/Fieseler*, 2005, 107.

nicht warten, bis diese sich bei ihm melden und nach Auskunft verlangen. Hierfür sieht die DS-GVO gem. Art. 14 Abs. 3 DSGVO eine Frist von maximal einem Monat vor. Der Fristzeitraum läuft ab Erhebung der Daten.

Auch wenn diese Regelung Jugendämter vor organisatorische Herausforderungen stellt, ist sie sowohl aus datenschutzrechtlicher Sicht als auch unter Berücksichtigung ethischer Prinzipien Sozialer Arbeit sehr zu begrüßen: Eine gelingende Hilfe setzt neben einer vertrauensvollen Zusammenarbeit auch auf Transparenz und Partizipation im Helfer_innen-/Adressat_innen-System. Die Regelung der DSGVO trägt diesem Ansatz Rechnung und hilft zu vermeiden, dass sich in den Akten der Adressat_innen Informationen sammeln, von denen die Betroffenen keinerlei Kenntnis haben (können).

7b Ausgesetzt ist die Auskunftspflicht des Jugendamtes nach Art. 14 DS-GVO immer dann, wenn personenbezogene Daten Geheimhaltungspflichten unterliegen und daher vertraulich behandelt werden müssen. § 82a SGB X schränkt die Informationspflicht nach Art 14 DS-GVO u.a. für die Fälle ein, in denen

1. gem. § 82a Abs. 1 Nr. 1 Buchstabe a SGB X durch die Weitergabe der Informationen die ordnungsgemäße Erfüllung der in der Zuständigkeit des öffentlichen Trägers liegenden Aufgaben (z.B. Kinderschutz) gefährdet werden würde bzw.
2. gem. § 82a Abs. 1 Nr. 2 SGB X, wenn die Daten im überwiegenden Interesse Dritter – hier der Melder_innen – geheim zu halten sind.

7c Darüber hinaus sind Jugendämter gem. Art. 15 DS-GVO verpflichtet, Betroffenen auf Anfrage mitzuteilen, ob und ggfs. welche Daten von ihnen gespeichert sind. Das umfasst auch Informationen zur Quelle der Daten, sollten diese bei Dritten erhoben worden sein. Die Informationsweitergabe kann auch durch die in § 25 SGB X geregelte Gewährung von Akteneinsicht erfolgen.[9] Bedingung für ein Akteneinsichtsrecht ist, dass die/der Einsichtsbegehrende Beteiligte_r an einem jugendhilferechtlichen Verwaltungsverfahren ist und sie/er die Kenntnis des Akteninhalts benötigt, um ihre/seine rechtlichen Interessen geltend machen bzw. verteidigen zu können. Ist sie/er hingegen kein/e Beteiligte_r eines laufenden Verwaltungsverfahrens bzw. ist ein solches Verfahren bereits abgeschlossen, hat sie/er nur einen allgemeinen Anspruch auf Akteneinsicht, dessen Gewährung im Ermessen des Jugendamtes steht.

Der Anspruch auf Akteneinsicht stehen unter dem Vorbehalt, dass der Gewährung Geheimhaltungsinteressen Dritter nicht entgegenstehen (§ 25 Abs. 3 SGB X). An dieser Stelle ist also das grundgesetzlich verankerte Recht der Betroffenen auf informationelle Selbstbestimmung, das auch das Recht umfasst, Kenntnis über die gespeicherten Daten zu erlangen, im Rahmen einer Abwägung ins Verhältnis zu entgegenstehenden berechtigten Interessen Dritter zu setzen.[10]

Hinzu kommt, dass das Auskunftsrecht der betroffenen Personen nach Art. 15 DSGVO den in § 83 Abs. 1 SGB X formulierten Einschränkungen unterliegt. Gem. § 83 Abs. 1 Nr. 1 SGB X besteht es immer dann nicht, wenn das Jugendamt seiner Informationspflicht nach Art. 14 DSGVO nicht nachkommen muss, da eine der in § 82a Abs. 1, 4 und 5 genannten Ausnahmen greift.

7d Beim Kinderschutz ist das Jugendamt auf Meldungen aus der Bevölkerung angewiesen. Eine prinzipielle Weitergabe von Daten, die Rückschlüsse auf die Melder_innen zulassen, könnte dazu führen, dass potenzielle Informant_innen ihre Beobachtungen oder Vermutungen zu kindeswohlgefährdenden Situationen erst gar nicht an das Jugendamt weitergeben. In der Konsequenz könnte dies das Leiden von Kindern und Jugendlichen in Problemsituationen verlängern, da das Jugendamt seinen Schutzauftrag mangels Wissen um die Gefahr nicht

9 Vgl. *Radewagen* 2018, 21 f.
10 *DIJuF*, Rechtsgutachten v. 27.10.2010, J 7.23 LS, JAmt 2010, 553.

wahrnehmen kann.[11] Insofern ist bei Kinderschutzmeldungen grundsätzlich von einem hohen Geheimhaltungsinteresse hinsichtlich der Melder_innendaten auszugehen, sodass Daten, die Rückschlüsse auf die meldende Person geben könnten, grundsätzlich nicht an die betroffenen Erziehungsberechtigten weitergegeben werden dürfen.

Insgesamt folgt daraus, dass das Jugendamt bei Entgegennahme einer Gefährdungsmeldung analog § 82a Abs. 1 Nr. 2 SGB X keine Informationspflicht nach Art. 14 DSGVO hat und die von einer Meldung betroffenen Personen gem. § 83 Abs. 1 Nr. 1 SGB X keinen Auskunftsanspruch nach Art. 15 DSGVO geltend machen können. 7e

Etwas anderes kann sich ergeben, wenn Melder_innen wider besseres Wissen in Schädigungsabsicht handelnd oder grob fahrlässig falsche Informationen gegeben haben mit der vorgefassten Absicht, den Ruf der Betroffenen zu schädigen. Liegen hierüber ausreichend Anhaltspunkte vor, besteht ihnen gegenüber kein berechtigtes Geheimhaltungsinteresse.[12] 7f

6. Insoweit erfahrene Fachkraft

Die Beratung hat durch eine **insoweit erfahrene Fachkraft** zu erfolgen. Durch die Tätigkeit im Bereich der Kinder- und Jugendhilfe ist man dies nicht automatisch. Auch macht einen dazu nicht allein ein sogenanntes **Kinderschutzzertifikat**. Vielmehr benötigt man dafür einen spezifischen Wissens- und Erfahrungsschatz (ausführlich dazu § 8a SGB VIII Rn. 42a). Andernfalls liefe die Beratung Gefahr, im Ungewissen und Vagen hängen zu bleiben. Dies würde dann weniger zu einer fachlichen Unterstützung, sondern eher zur Verunsicherung der ratsuchenden Person führen. 8

II. Absatz 2

1. Anspruchsberechtigte Träger

Anspruchsberechtigt sind neben Trägern von erlaubnispflichtigen Einrichtungen der Kinder- und Jugendhilfe gem. § 45 Abs. 1 SGB VIII die der Eingliederungshilfe nach dem SGB IX sowie erlaubnisfreie Einrichtungen nach § 45 Abs. 2 SGB VIII wie Jugendfreizeiteinrichtungen, Jugendbildungseinrichtungen, Jugendherbergen, Schullandheime, Schülerheime, die der Schulaufsicht unterstehen, Einrichtungen, die außerhalb der Kinder- und Jugendhilfe liegende Aufgaben wahrnehmen und unter einer gesetzlichen Aufsicht stehen bzw. im Rahmen des Hotel- und Gaststättengewerbes der Aufnahme von Kindern oder Jugendlichen dienen, sowie Internate für den nichtschulischen Betreuungsbereich. 9

Sie alle haben gegenüber dem für sie örtlich zuständigen Landesjugendamt oder der nach Landesrecht für die Heimaufsicht zuständigen Behörde einen Beratungsanspruch, den sie einlösen können, aber nicht müssen. Hat der Träger mehrere Einrichtungen, für die unterschiedliche überörtliche Träger zuständig sind, kann er sich aussuchen, bei welchem er die Beratung in Anspruch nimmt.[13]

Schulträger hingegen haben keinen Beratungsanspruch[14], da sie nach Art. 7 GG einen eigenen Erziehungsauftrag haben und danach den Schutz ihrer Schüler ausgestalten müssen. Zuständig dafür ist die jeweilige Schulaufsicht.

---

11 Vgl. dazu auch: *DIJuF*, Rechtsgutachten v. 27.10.2010, J 7.23 LS, JAmt 2010, 553.
12 Vgl. *Fieseler, Busch*, 2005, 108.
13 Vgl. Wiesner/Wapler/*Wapler*, § 8b SGB VIII Rn. 28 ff.
14 A.A. FK-SGB VIII/*Meysen*, § 8b Rn. 11.

2. Inhalt des Beratungsanspruchs

10 Inhaltlich sollen die anspruchsberechtigten Träger vor allem bei der **Entwicklung fachlicher Standards** zur Sicherung des Kindeswohls und des präventiven Schutzes der Kinder und Jugendlichen vor Übergriffen und Gewalt in ihrer Einrichtung beratend unterstützt werden. Hierbei geht es um die Entwicklung und Etablierung vielfältiger Konzepte und Leitlinien zur Verhinderung von Übergriffen innerhalb der Einrichtung. Themen können u.a. sein: Wie können geeignete Mitarbeiter_innen ausgewählt werden, wie beugt man Übergriffen sowohl von Mitarbeiter_innen gegenüber Kindern und Jugendlichen als auch unter Kindern und Jugendlichen vor, wie stärkt man Kinder und Jugendliche alters- und entwicklungsangemessen, sich gegen Übergriffe zu wehren, wie schafft man transparente Gruppenstrukturen und Betreuungsformen, um Übergriffen vorzubeugen, wie stärkt und sensibilisiert man Kinder und Jugendliche, sich gegenseitig zu schützen, etc. Ziel der Konzepte ist es vor allem, Kindern und Jugendlichen innerhalb der Einrichtung „gelebte" **Rahmenbedingungen** zu schaffen, die es ihnen ermöglichen, sich zu einer eigenverantwortlichen, selbstbestimmten und gemeinschaftsfähigen Persönlichkeit zu entwickeln. Das trägt auch ihrem natürlichen Wunsch Rechnung, sich in einer Umgebung aufhalten zu können, die frei von Gewalt und Missbrauch ist und in der ihr **Selbstbestimmungs- und Entfaltungsrecht** gewahrt und gefördert wird.

11 Ein weiterer Beratungsanspruch liegt in der Entwicklung und Etablierung von Verfahren zur **Beteiligung** von Kindern und Jugendlichen sowie von **Beschwerdeverfahren**. Beteiligung heißt, die aktive und strukturell verankerte Einbeziehung der Kinder und Jugendlichen in Entscheidungsprozesse der Einrichtung. Beschwerde bedeutet neben dem Schutz der Kinder und Jugendlichen vor Bedrohung und Gewalt auch, Möglichkeiten zu eröffnen, Erlebtes zur Sprache bringen und aufarbeiten zu können. Die Runden Tische zur „Heimerziehung in den 1950er und 1969er Jahren" und zum „Sexuellen Missbrauch in **Abhängigkeits- und Machtverhältnissen** in privaten und öffentlichen Einrichtungen und im familiären Bereich" haben offengelegt, was Kindern und Jugendlichen in Einrichtungen der Kinder- und Jugendhilfe von Betreuern angetan wurde. **Missbrauch** und **Gewalt** waren keine Randerscheinungen, sondern mancherorts System – egal ob in kirchlichen oder nichtkirchlichen Heimen. Die Folge war unendliches Leid, mit dem die Betroffenen während und nach ihrer Zeit im Heim alleine waren und das sie zum Teil bis heute verfolgt. Dem gilt es aktiv entgegenzutreten und Wiederholungsgefahren vorzubeugen. § 45 Abs. 2 Nr. 3 SGB VIII verlangt deshalb von Einrichtungen als Voraussetzung für die Erteilung einer Betriebserlaubnis, geeignete Verfahren zur Beteiligung von Kindern und Jugendlichen anzuwenden sowie Möglichkeiten zur Beschwerde in persönlichen Angelegenheiten zu eröffnen (siehe hierzu ausführlich die Kommentierung zu § 45 SGB VIII).[15] Sie dienen nicht nur dem Schutz des Kindeswohls, sondern auch der Entwicklung zu einer eigenverantwortlichen und selbstbestimmten Persönlichkeit. Verfahren zur Beschwerde und Beteiligung erreichen ihren Zweck allerdings nur dann, wenn sie für die Kinder und Jugendlichen sowohl örtlich als auch dem Alter und Entwicklungsstand entsprechend erreichbar sind. Dabei müssen sie so gestaltet sein, dass sich die Betroffenen überhaupt trauen, sie in Anspruch zu nehmen. Es ist insofern zumindest zweifelhaft, ob ausschließlich einrichtungsinterne Lösungen geeignet sind. Damit die geforderten Verfahren den unterschiedlichen Praxisanforderungen gerecht werden, sollen die Einrichtungs- und Leistungsträger durch den überörtlichen Träger beratende Unterstützung erhalten können. Dazu gehört auch eine kritische Reflexion bereits bestehender Systeme zu dieser Thematik.

---

15 Vgl. Wiesner/Wapler/*Wapler*, § 8b SGB VIII Rn. 22 ff., 33 ff. sowie FK-SGB VIII/*Meysen*, § 8b Rn. 11 f.

III. Absatz 3

Mit der neu eingeführten Regelung in Abs. 3 trägt der Gesetzgeber der Verpflichtung aus Artikel 16 der **UN-Behindertenrechtskonvention** Rechnung. Er stellt damit sicher, „dass sowohl bei der fachlichen Beratung bei Gefährdungseinschätzung von Personen, die beruflich in Kontakt mit Kindern und Jugendlichen stehen (Absatz 1), als auch bei der konzeptionellen Beratung von Einrichtungsträgern über fachliche Handlungsleitlinien zur Sicherung des Kindeswohls und zum Schutz vor Gewalt sowie zu Beteiligungs- und Beschwerdeverfahren (Absatz 2), die spezifischen Schutzbedürfnisse von Kindern und Jugendlichen mit Behinderungen berücksichtigt werden."[16] **12**

16 Vgl. BT-Drs. 19/26017, 75.

§ 9
Grundrichtung der Erziehung, Gleichberechtigung von Mädchen und Jungen

Bei der Ausgestaltung der Leistungen und der Erfüllung der Aufgaben sind

1. **die von den Personensorgeberechtigten bestimmte Grundrichtung der Erziehung sowie die Rechte der Personensorgeberechtigten und des Kindes oder des Jugendlichen bei der Bestimmung der religiösen Erziehung zu beachten,**
2. **die wachsende Fähigkeit und das wachsende Bedürfnis des Kindes oder des Jugendlichen zu selbständigem, verantwortungsbewusstem Handeln sowie die jeweiligen besonderen sozialen und kulturellen Bedürfnisse und Eigenarten junger Menschen und ihrer Familien zu berücksichtigen,**
3. **die unterschiedlichen Lebenslagen von Mädchen, Jungen sowie transidenten, nichtbinären und intergeschlechtlichen jungen Menschen zu berücksichtigen, Benachteiligungen abzubauen und die Gleichberechtigung der Geschlechter zu fördern,**
4. **die gleichberechtigte Teilhabe von jungen Menschen mit und ohne Behinderungen umzusetzen und vorhandene Barrieren abzubauen.**

Übersicht Rn.

A. Allgemeines

1 § 9 SGB VIII hat **programmatischen Charakter für sämtliche Leistungen und Aufgaben** des SGB VIII. Dabei formuliert die Vorschrift keine spezifischen Aufgaben; sie ist bewusst allgemein gehalten und **dennoch verbindlich**. Sie betont das Vorrecht der Eltern oder anderer Personensorgeberechtigter[1] bei der Erziehung und verlangt, die Angebote an der Entwicklung der Kinder und Jugendlichen zu orientieren und dabei soziale, kulturelle und geschlechtsbezogene Spezifika zu berücksichtigen.

Die Norm wurde erstmals 2021 mit dem KJSG geändert. Zielte Nummer 3 vorher noch auf die Gleichberechtigung von Mädchen und Jungen, werden nun alle Geschlechter in den Blick genommen. Darüber hinaus wurde Nummer 4 geschaffen, die die inklusive Gestaltung der Kinder- und Jugendhilfe sicherstellen soll. Damit trägt der geänderte § 9 SGB VIII dazu bei, der Diversität der Gesellschaft im Kinder- und Jugendhilfegesetz Rechnung zu tragen.

2 Eine unmittelbare Verpflichtung ergibt sich gem. § 3 Abs. 2 Satz 2 SGB VIII nur für den Träger der öffentlichen Jugendhilfe. *Wiesner* verdeutlicht, dass daraus für den öffentlichen Träger auch der Auftrag resultiert, im Rahmen der **Gesamtverantwortung** nach § 79 Abs. 2 SGB VIII ein plurales Angebot sicherzustellen.[2] Über entsprechende Leistungsvereinbarungen (§ 78a SGB VIII) und Rahmenverträge werden jedoch auch die freien Träger, die für den größten Teil der Ausführung der Angebote und Leistungen nach SGB VIII verantwortlich sind, an § 9 SGB VIII gebunden. Ein individueller Rechtsanspruch für Einzelpersonen auf spezifische Angebote und Leistungen lässt sich aus dieser Vorschrift nicht ableiten.

1 Vgl. zum Verhältnis Kinder- und Jugendhilfe/Familienerziehung ausführlich *Münder/Trenzcek* 2015, 60–63.
2 Wiesner/Wapler/*Wiesner*, § 9 SGB VIII Rn. 2.

B. Einzelheiten

I. Nr. 1 Grundrichtung der Erziehung, Religion

Nr. 1 bestimmt, dass die **Grundrichtung der Erziehung** von den **Personensorgeberechtigen** entschieden wird. Dies kann als Konkretisierung von Art. 6 Abs. 1 und 2 GG verstanden werden. Schon im Entwurf des KJHG wurde klargestellt, dass sich aus der Inanspruchnahme von Leistungen der Jugendhilfe keine Befugnisse der Jugendhilfe ergeben, Aufgaben der elterlichen Sorge wahrzunehmen.[3] Anders als in der schulischen Erziehung verfügt die Kinder- und Jugendhilfe nicht über ein öffentliches Erziehungsrecht, sondern ist entsprechend § 8 S. 2 SGB I familienergänzend und familienunterstützend zu verstehen. 3

Der Begriff „Grundrichtung der Erziehung" selbst bleibt unbestimmt. *Meysen* vertritt die Auffassung, der Terminus verdeutliche, dass die Fachkräfte ausschließlich bei grundsätzlichen Entscheidungen verpflichtet seien, im Einvernehmen mit den Personensorgeberechtigten zu handeln. Durch Zustimmung zur Hilfe, Anmeldung in einer Kindertageseinrichtung oder außerfamiliäre Unterbringung würden Angelegenheiten der alltäglichen Betreuung und Erziehung auf die Fachkräfte zur Ausübung übertragen.[4] Dennoch steht das Recht zur Personensorge der Eltern vor dem Hilfe- und Bildungsauftrag der Einrichtungen. Damit verpflichtet § 9 SGB VIII (in Übereinstimmung mit den §§ 22a Abs. 2 Nr. 1, 23 Abs. 3 Satz 1, 36 Abs. 1 Satz 1 und Abs. 2 Satz 2, 37 Abs. 1 und Abs. 2, § 43 Abs. 2. Satz 1 Nr. 1 SGB VIII) die Fachkräfte, im Rahmen von **Elternarbeit** den Dialog mit Eltern bzw. Sorgeberechtigten aktiv zu suchen. *Wiesner* erklärt darüber hinaus, dass die Beachtung der Grundrichtung der Erziehung voraussetze, dass die Eltern eine solche formuliert haben, was jedoch zunehmend weniger der Fall sei.[5] 4

Der Verpflichtung, die Grundrichtung der Erziehung der Personensorgeberechtigten zu beachten, können die Fachkräfte der Kinder- und Jugendhilfe nicht folgen, wenn anzunehmen ist, dass diese das **Wohl des Kindes gefährdet**. In diesem Fall können sie jedoch nicht eigenmächtig abweichende Entscheidungen treffen, sondern müssen zunächst den Dialog mit den Personensorgeberechtigten suchen, um auf diese Weise eine Veränderung in deren Haltung und Verhalten herbeizuführen. Bleibt dies ohne Erfolg, müssen sie das FamG anrufen, um eine Entscheidung über die elterliche Sorge herbeizuführen. 5

Der Hervorhebung der **religiösen Erziehung** kommt eine klarstellende Funktion zu. Hier werden sowohl die Rechte der Personensorgeberechtigten als auch die der Kinder und Jugendlichen selbst dezidiert aufgeführt. Gemäß dem Gesetz über die religiöse Kindererziehung (KErzG)

- sind Kinder ab dem vollendeten 10. Lebensjahr bei Konflikten der Sorgeberechtigten über einen Wechsel der weltanschaulichen Erziehung vor dem FamG zu hören (§ 2 Abs. 3 Satz 5 KErzG),
- dürfen Kinder ab dem 12. Lebensjahr nicht mehr gegen ihren Willen in einem anderen religiösen Bekenntnis als bisher erzogen werden (§ 5 Satz 2 KErzG),
- sind Jugendliche ab dem 14. Jahr religionsmündig und haben das Recht, selbst zu entscheiden, ob sie sich einem Bekenntnis anschließen wollen, und, wenn ja, welchem (§ 5 Satz 1 KErzG).

3 BT-Drs. 11/5948, 52.
4 FK-SGB VIII/*Meysen*, § 9 Rn. 3.
5 Wiesner/Wapler/*Wiesner*, § 9 SGB VIII Rn. 9.

Der Vielfalt unterschiedlicher Wertorientierungen und Weltanschauungen wird in der Kinder- und Jugendhilfe durch die **Pluralität** von Trägern entsprochen,[6] die es Personensorgeberechtigten ermöglicht, im Rahmen ihres Wahlrechts Anbieter von Hilfen zu wählen, die in Inhalten, Methoden und Arbeitsformen ihren Vorstellungen entsprechen. Dies steht auch in Verbindung mit dem Wunsch- und Wahlrecht nach § 5 SGB VIII, welches sich allerdings nur auf das tatsächlich vorhandene Angebot bezieht.[7] Vor allem in der Gruppenerziehung ergeben sich in der Praxis jedoch Hindernisse für die Berücksichtigung individueller Elternwünsche. Analog dazu hat das Bundesverfassungsgericht in der Sexualkundeentscheidung von 1977 festgestellt: „In einer pluralistischen Gesellschaft ist es faktisch unmöglich, dass die Schule allen Elternwünschen Rechnung trägt und sie bei der Aufstellung der Erziehungsziele und des Lehrplans sowie bei der Gestaltung des Unterrichts berücksichtigt. (…) Ein mit allen Eltern einer Klasse auf die Persönlichkeit eines jeden Kindes in der Klasse abgestimmtes Zusammenwirken in der Sexualerziehung ist praktisch kaum vorstellbar, sobald der Bereich der schlichten Wissensvermittlung überschritten wird."[8] Hier muss das pädagogische Handeln auf die Gruppe als Ganzes abgestimmt werden.

6 **Konflikte** ergeben sich auch dort, wo Jugendliche Angebote wahrnehmen, die allen Jugendlichen offenstehen (z.B. der Jugendarbeit nach § 11 SGB VIII), oder sie ihr Recht auf Beratung ohne Informationen der Personensorgeberechtigten nach § 8 Abs. 3 SGB VIII in Anspruch nehmen. So bleibt es widersprüchlich, dass beispielsweise Jugendliche ab 14 Jahren frei über ihre Sexualität bestimmen können und sich in diesen Zusammenhängen auch strafbar machen können, gleichzeitig aber nicht selber darüber entscheiden dürfen, ob sie an sexualpädagogischen Angeboten der Jugendhilfe teilnehmen wollen.[9]

II. Nr. 2 Berücksichtigung der Fähigkeiten und Bedürfnisse

7 Nr. 2 fordert, die wachsende Fähigkeit und das wachsende Bedürfnis zu selbstständigem, verantwortungsbewusstem Handeln zu berücksichtigen. Dies entspricht in Formulierung und Inhalt der Forderung an die Eltern, das **wachsende Autonomiebedürfnis** der Kinder in der Erziehung zu berücksichtigen, welche in § 1626 Abs. 2 BGB formuliert ist. Der Begriff „wachsend" verweist auf eine Relation mit dem Alter der Minderjährigen, jedoch kann dies nicht als linearer Zusammenhang verstanden werden. Vielmehr ist die individuelle Situation der jungen Menschen jeweils zu berücksichtigen, die von mehr Faktoren als nur dem Alter abhängt.

8 Darüber hinaus sollen ebenfalls die **sozialen und kulturellen Bedürfnisse und Eigenarten** der jungen Menschen und ihrer Familien berücksichtigt werden. Dies hat Konsequenzen auf allen Ebenen der Kinder- und Jugendhilfe, von der Kinder- und Jugendhilfeplanung bis hin zum einzelnen Beratungsgespräch. Im Entwurf zum KJHG heißt es, dass damit insbesondere „die Besonderheiten ausländischer Kinder und Jugendlicher"[10] sichergestellt werden sollen. Mit Blick auf die pluralistische Gesellschaft insgesamt ist zu betonen, dass soziale und kulturelle Unterschiede nicht unmittelbar mit Nationalitäten einhergehen. Vielmehr muss die Kinder- und Jugendhilfe Vielfalt und Differenz in allen Facetten berücksichtigen und verstärkt Fragen von u.a. Gesundheitsstatus, Behinderung, sexueller Orientierung oder Klasse und Schicht in den Blick nehmen.

---

6 S. dazu auch § 3 Rn. 1, 3.
7 S. dazu § 5 Rn. 13.
8 BVerfGE 47, 46.
9 Vgl. *Barabas* 2013, 544.
10 BT-Drs. 11/5948, 52.

III. Nr. 3 Förderung Gleichberechtigung

Mit Inkrafttreten des KJHG hieß es in Abs. 3 zunächst, dass die unterschiedlichen Lebenslagen von Jungen und Mädchen zu berücksichtigen seien. Dies ist als Konsequenz des 6. Kinder- und Jugendberichts der Bundesregierung (BT-Drs. 10/1007, 1987) zu verstehen, der erstmals systematisch die Lebenslagen von Mädchen untersucht hat. Dabei wurden Problemfelder in Familie und Gesellschaft erkannt und die Herstellung von Chancengleichheit von Jungen und Mädchen als gesamtgesellschaftlicher Auftrag benannt. Er bestätigte die Notwendigkeit „mädchenpolitischer Bestrebungen zur Übergabe gesellschaftlicher und sozialer Verantwortung".[11] *Bitzan* und *Daigler* verweisen darauf, dass die spezifische Leistung des Berichts darin liegt, dass er Mädchen und ihre Lebenslage quer durch alle Arbeitsbereiche der Jugendhilfe in den Blick genommen hat, wohingegen die Jugendhilfe und -forschung bis dahin Mädchen ausblendete.[12] Der Bericht hat damit bestätigt, was Pädagoginnen aus der Mädchenarbeit und feministische Wissenschaftlerinnen seit den 1970er Jahren kritisierten. Sie hatten herausgestellt, dass die seit den 1950er Jahren vermehrt praktizierte Koedukation nicht zur Verbesserung des Zugangs zu adressatinnengerechten Angeboten für Mädchen geführt hat und diese in der Kinder- und Jugendhilfe benachteiligt wurden. Die sich seit den 1970er Jahren entwickelnde **feministische Mädchenarbeit** hat sich mit dieser Vorschrift eine gesetzliche Grundlage erkämpft. 9

Mit dem KJSG wurde dieser Absatz dahingehend verändert, dass nun nicht mehr von der Gleichberechtigung von Mädchen und Jungen die Rede ist, sondern gleichermaßen transidente, nichtbinäre und intergeschlechtliche junge Menschen inkludiert werden.

Nr. 3 betont die Notwendigkeit, die unterschiedlichen Lebenslagen von Mädchen, Jungen sowie transidenten, nichtbinären und intergeschlechtlichen jungen Menschen zu berücksichtigen. Diese Änderung war schon deswegen erforderlich, weil seit der Einführung von § 22 PStG 2013 und der Änderung desselben 2017 gilt, dass bei Kindern, die weder dem weiblichen noch dem männlichen Geschlecht zugeordnet werden können, der Geschlechtseintrag in der Geburtsurkunde offenzulassen ist oder mit der Angabe „divers" in das Geburtenregister eingetragen wird. **Intersexuelle Kinder** werden seitdem auch rechtlich anerkannt. 10

Die Norm bezieht sich neben intergeschlechtlichen auch auf transidente und nicht-binäre junge Menschen.

Transidente junge Menschen sind unter 27-Jährige, deren Geschlechtsidentität nicht mit dem bei der Geburt zugewiesenen Geschlecht übereinstimmt. Daraus ergibt sich, dass eine Person gleichermaßen Mädchen bzw. Junge und gleichzeitig transident sein kann, sodass die Kategorien durchaus miteinander in Verbindung zu bringen sind, auch wenn sie in der Formulierung von § 9 Nr. 3 SGB VIII nebeneinandergestellt werden. Zu beachten ist, dass dieser Begriff nicht synonym mit Transsexualität ist. Als Rechtsbegriff ist Transsexualtiät im TSG verankert. Demnach zählen zu Transsexuellen jene Personen, „die sich auf Grund ihrer transsexuellen Prägung nicht mehr dem in ihrem Geburtseintrag angegebenen, sondern dem anderen Geschlecht als zugehörig empfinde[n] und die seit mindestens drei Jahren unter dem Zwang steh[en], ihren Vorstellungen entsprechend zu leben". Fachverbände üben große Kritik an dem Gesetz. Das Bundesverfassungsgericht hat die bis 2011 geltende, auf dem TSG beruhende Praxis der verpflichtenden Operation zur genitalen Geschlechtsangleichung und zur Herstellung von Unfruchtbarkeit als unvereinbar mit dem Grundgesetz erklärt und außer Kraft gesetzt.[13] So ist es sinnvoll, dass für die Kinder- und Jugendhilfe nicht auf diesen Begriff

11 *Kagerbauer* 2008, 32.
12 Vgl. *Bitzan/Daigler* 2001, 42.
13 BVerfGE 128, 109–137.

zurückgegriffen wird, sondern der weitere soziale Begriff der Transidentität genutzt wird. Rekurriert das TSG noch auf zwei Geschlechter, eröffnet der Begriff transident ein unbegrenztes Spektrum möglicher geschlechtlicher Identifikationen, ohne dafür medizinische Diagnosen o.Ä. heranzuziehen.

Nicht-binäre junge Menschen sind unter 27-Jährige, die sich nicht oder nicht nur weiblich oder männlich identifizieren. Der Begriff nicht-binär wird synonym zu non-binary oder genderqueer verwendet und kann ebenso als Oberbegriff für unterschiedliche Geschlechtsidentitäten wie bspw. agender oder gender-fluid als auch als eigenständiger Identitätsbegriff stehen.

Praxis-Tipp:

Die Fachstelle für queere Bildung Queerformat gibt Materialien zu queerer Bildung in Einrichtungen der Jugendhilfe, bspw. in KITAs oder der Jugendarbeit, heraus, die kostenlos auf der Webseite zum Download bereitstehen. Die Broschüre „Queer-inklusives pädagogisches Handeln – eine Praxishilfe für Jugendeinrichtungen" bietet bspw. Anregungen für die queer-inklusive Gestaltung der pädagogischen Arbeit, abzurufen unter www.queerformat.de → Kinder- und Jugendhilfe → Materialien.

11 Für die Kinder- und Jugendhilfe besteht die Notwendigkeit, entsprechende konzeptionelle Ansätze zu entwickeln und sicherzustellen, dass die Interessen und Bedürfnisse junger Menschen jeden Geschlechts ausreichend Berücksichtigung finden. Bislang fehlt dazu jedoch sowohl eine rechtswissenschaftliche Betrachtung[14] als auch eine pädagogische Konzeption.

Durch die verbindliche Implementierung von Gender-Mainstreaming in der öffentlichen Verwaltung kann die Inanspruchnahme von Hilfen nach Geschlecht ausgewertet werden. Auch die Jugendhilfestatistik erhebt das Merkmal Geschlecht.[15] Bislang werden allerdings junge Menschen mit der Signierung des Geschlechts „ohne Angabe" (nach § 22 Absatz 3 PStG) in der Statistik dem männlichen Geschlecht zugeordnet, sodass es bislang nicht möglich ist, Angebote und Leistungen auf dieser Ebene zu evaluieren[16]. Hier besteht dringender Anpassungsbedarf.

Mit Blick auf die Gleichberechtigung von Mädchen und Jungen ziehen Expertinnen eine gemischte Bilanz und stellen fest, dass die Einführung des § 9 Nr. 3 SGB VIII den Gleichstellungsauftrag als Querschnittsaufgabe der Jugendhilfe nicht flächendeckend sicherstellen konnte.[17] Durch das KJSG werden nun zwar junge Menschen jeden Geschlechts berücksichtigt, weitere Instrumente zur Umsetzung des Ziels wurden allerdings nicht geschaffen, sodass fraglich ist, auf welche Weise die tatsächliche Gleichstellung der Geschlechter in der Jugendhilfe erreicht werden kann.

IV. Teilhabe von jungen Menschen mit und ohne Behinderung

12 Nr. 4 der Norm wurde mit dem KJSG geschaffen. Demnach ist bei der Erbringung von Leistungen und Erfüllung der Aufgaben der Jugendhilfe die gleichberechtigte Teilhabe von jungen Menschen mit und ohne Behinderung zu umzusetzen, vorhandene Barrieren sind abzubauen. Damit nimmt die Erweiterung von § 9 SGB VIII einen zentralen Stellenwert für die **inklusive Gestaltung der Jugendhilfe** ein, die eines der großen Reformziele des KJSG

14 Selbst *Sieberichs* (Sieberichs 2013, 1183 f.), der sich in dem Aufsatz „Das unbestimmte Geschlecht" ausführlich mit den Rechtsfolgen des offenen Personenstandfalls beschäftigt, lässt den Bereich der Kinder- und Jugendhilfe aus.

15 Vgl. dazu § 99 Abs. 1 Nr. 2 Buchst. a.

16 Vgl. Statistisches Bundesamt 2019, 248, 250.

17 So *Häbel* im Interview mit Daigler/Weber 2011, 143.

darstellt.[18] Zwar werden Zugänglichkeit, Nutzbarkeit und Teilhabe für junge Menschen mit Behinderungen durch das KJSG für einzelne Leistungen spezifiziert (bspw. § 8b SGB VIII (Fachliche Beratung und Begleitung zum Schutz von Kindern und Jugendlichen), § 11 SGB VIII (Jugendarbeit), § 22a SGB VIII (Förderungen in Tageseinrichtungen)), doch wird durch § 9 Nr. 4 SGB VIII verbindlich geregelt, dass junge Menschen mit Behinderungen **alle Leistungen der Jugendhilfe** in Anspruch nehmen können müssen. Der Auftrag, Barrieren abzubauen, macht zum einen deutlich, dass das Bestehen von Barrieren anerkannt wird. Zum anderen besagt die Formulierung, dass es sich um einen angestrebten Zielzustand handelt, der nicht am Tag des Inkrafttretens des KJSG zu erreichen ist. Stattdessen ergibt sich daraus ein fortlaufender Auftrag für die Jugendhilfe.

Junge Menschen mit Behinderungen werden für dieses Gesetz laut § 7 Abs. 2 SGB VIII 13
(und analog zu § 2 Abs. 1 SGB IX) verstanden als unter 27-Jährige, „die körperliche, seelische, geistige oder Sinnesbeeinträchtigungen haben, die sie in Wechselwirkung mit einstellungs- und umweltbedingten Barrieren an der gleichberechtigten Teilhabe an der Gesellschaft mit hoher Wahrscheinlichkeit länger als sechs Monate hindern können".

Barrieren können aufgrund physischer, konzeptioneller oder habitueller Bedingungen bestehen. Im großen Spektrum der Leistungen und Aufgaben der Jugendhilfe muss an die Zugänglichkeit von Einrichtungen ebenso gedacht werden wie an eine barrierearme Kommunikation, die bspw. auch leichte Sprache oder Gebärdensprache einschließt. Zu denken ist ebenso an ausreichend Plätze im Jugendwohnen für junge Menschen, die einen Rollstuhl nutzen, wie an barrierefreie Webauftritte der Jugendämter, an ambulante Hilfen zur Erziehung für Gehörlose wie an Angebote der Jugendarbeit für Jugendliche mit Trisomie 21. Die hier aufgeführten Beispiele zeigen die Notwendigkeit, das Bestehen von Barrieren zur gleichberechtigten Teilhabe von jungen Menschen mit Behinderungen für alle Leistungen der Jugendhilfe spezifisch zu untersuchen, um diese dann abzubauen. Dafür braucht es ferner geeignete Qualitätsstandards, wie sie für die Übernahme von Kosten im Bereich der ambulanten Leistungen in § 77 SGB VIII bereits eine Bedingung sind.[19]

Nr. 4 betont die Teilhabe von **jungen Menschen mit und ohne Behinderung**. **Inklusion** 14
wird hier also im umfassenden Sinn und nicht ausschließlich mit Perspektive auf Behinderung verstanden. Im Prinzip ist dies keine inhaltliche Veränderung, auch schon vor der Änderung durch das KJSG richtete sich das SGB VIII an junge Menschen im Allgemeinen. Zwar haben einzelne Normen ihren Kreis der Adressat_innen bzw. Anspruchsberechtigen eingegrenzt, bspw. nach Alter (§ 24 SGB VIII Anspruch auf Förderung in Kindertageseinrichtungen und in Kindertagespflege) oder dem Bedarf an Förderung (§ 27 Hilfen zur Erziehung), Ausschlüsse aufgrund anderer Kriterien als den in den jeweiligen Normen benannten durfte es jedoch auch bislang nicht geben. Doch die Praxis zeigt, dass nur weil ein Angebot formal allen offensteht, nicht tatsächlich alle Kinder und Jugendlichen gleichermaßen angesprochen oder erreicht werden. Zu denken ist bspw. an Jugendliche, die ihren Lebensmittelpunkt auf die Straße verlagert haben oder Kinder, die Deutsch weder verstehen noch sprechen. Für den Bereich der Inobhutnahmen, der hier exemplarisch aufgeführt werden soll, zeigt *Mühlmann*, dass zum einen ein unterschiedlicher Umgang mit geflüchteten Jugendlichen im Vergleich zu Inobhutnahmen aus anderen Gründen besteht, zum anderen auch Geschlechtsunterschiede sichtbar werden, die wohl als Abbild gesellschaftlicher Geschlechterverhältnisse verstanden werden können und gleichzeitig die Notwendigkeit gendersensibler Konzepte aufzeigen.[20]

---

18 Vgl. BT-Drs. 19/26107, 3.
19 S. dazu § 77 Rn. 2c.
20 Vgl. *Mühlmann* 2021, 27.

§ 9a
Ombudsstellen

[1]In den Ländern wird sichergestellt, dass sich junge Menschen und ihre Familien zur Beratung in sowie Vermittlung und Klärung von Konflikten im Zusammenhang mit Aufgaben der Kinder- und Jugendhilfe nach § 2 und deren Wahrnehmung durch die öffentliche und freie Jugendhilfe an eine Ombudsstelle wenden können. [2]Die hierzu dem Bedarf von jungen Menschen und ihren Familien entsprechend errichteten Ombudsstellen arbeiten unabhängig und sind fachlich nicht weisungsgebunden. [3]§ 17 Absatz 1 bis Absatz 2a des Ersten Buches gilt für die Beratung sowie die Vermittlung und Klärung von Konflikten durch die Ombudsstellen entsprechend. [4]Das Nähere regelt das Landesrecht.

Übersicht

A. Allgemeines

1 Die erste Ombudsstelle für die Kinder- und Jugendhilfe war der Berliner Rechtshilfefonds Jugendhilfe e.V. (BRJ), der im Jahr 2002 gegründet wurde. In den folgenden Jahren entstanden weitere Ombudsstellen in den Bundesländern, die sich fast flächendeckend über das gesamte Bundesgebiet erstrecken und zum Teil im **Bundesnetzwerk Ombudschaften** zusammengeschlossen sind. Mit der durch das Bundesministerium für Familie, Senioren, Frauen und Jugend geförderten Bundeskoordinierungsstelle Ombudschaft in der Kinder- und Jugendhilfe existiert seit 2019 erstmals eine fachpolitische Interessenvertretung und bundesweite Ansprechpartnerin für Ombudsstellen und -initiativen in der Kinder- und Jugendhilfe.[1]

2 In den letzten Jahren haben **Beteiligungsrechte und Beschwerdemanagement** in nahezu allen Bereichen der Kinder- und Jugendhilfe an Bedeutung gewonnen. So sind die Träger von Einrichtungen nach dem durch das BKiSchG eingefügten § 45 Abs. 2 Satz 2 Nr. 3 SGB VIII seit dem 01.01.2012 verpflichtet, geeignete Verfahren der Beteiligung und der Beschwerde in persönlichen Angelegenheiten konzeptionell zu beschreiben und umzusetzen. Auch der durch das BKiSchG eingeführte § 8b Abs. 2 Nr. 2 SGB VIII verfolgt das Ziel, Beteiligungsrechte von Kindern und Jugendlichen zu stärken und Beschwerdeverfahren zu implementieren.

3 Im Rahmen des Dialogprozesses „Mitreden – Mitgestalten: Die Zukunft der Kinder und Jugendhilfe", der mit einer Auftaktkonferenz am 6. November 2018 begonnen und mit einer Abschlusskonferenz am 10. Dezember 2019 beendet wurde, wurden in unterschiedlichen Bereichen **Handlungsbedarfe zur Stärkung der Rechte von jungen Menschen und ihren Eltern** identifiziert, die über den Adressatenkreis der jungen Menschen in Einrichtungen und in Familienpflege hinausgehen.[2] Mit der Einführung des § 9a SGB VIII trägt der Gesetzgeber der Erkenntnis Rechnung, dass im Rahmen von Beratungs- und Unterstützungsangeboten der Kinder- und Jugendhilfe eine **strukturelle Machtasymmetrie** zwischen den pro-

1 Vgl. Bundeskoordinierungsstelle: Bundesnetzwerk Ombudschaft in der Jugendhilfe e.V., online verfügbar unter: ombudschaft-jugendhilfe.de Online (6.12.2020).
2 Vgl. BT-Drs. 19/26107, 48–49.

fessionellen Helfern der öffentlichen und freien Jugendhilfe einerseits und den Leistungsberechtigten und -empfängern andererseits besteht, die im Konfliktfall häufig dazu führt, dass Letztere, also junge Menschen und ihre Familien, ihre Rechte nicht oder nicht umfassend verfolgen und durchsetzen. Damit wird die ombudschaftliche Beratung als neues Handlungsfeld der Kinder- und Jugendhilfe erstmalig bundesgesetzlich verankert.

B. Einzelheiten

I. Implementierung und Aufgaben von Ombudsstellen (Satz 1)

Mit **Satz 1** hat sich der Gesetzgeber, das Votum der Arbeitsgruppe „SGB VIII: Mitreden-Mitgestalten"[3] aufgreifend, für die Verankerung einer **objektiv-rechtlichen Verpflichtung** und gegen eine „Kann-Regelung" zur Einführung von Ombudsstellen entschieden und die verbindliche Implementierung von Ombudsstellen in den Ländern normiert, an die sich junge Menschen und ihre Familien zur ombudschaftlichen Beratung und Unterstützung wenden können. 4

Adressatinnen und Adressaten der Ombudsstellen sind junge Menschen und ihre Familien. Wer **junger Mensch** ist, ist in § 7 Abs. 1 Nr. 4 SGB VIII eindeutig geregelt, nämlich jeder Mensch, der noch nicht 27 Jahre alt ist. Nicht geregelt ist hingegen, wer zur Familie der jungen Menschen gehört. Was unter **„ihre Familie"** zu verstehen ist, ist weit auszulegen, sodass hierunter nicht nur die Eltern (unabhängig davon, ob sie sorgeberechtigt sind oder nicht) und Pflegeeltern fallen, sondern auch andere Familienangehörige wie beispielsweise Großeltern, denen durch das SGB VIII und das BGB Rechte eingeräumt sind (z.B. Umgangsrecht gem. § 1685 Abs. 1 BGB, Anspruch auf Beratung und Unterstützung bei der Ausübung des Umgangsrechts gem. § 18 Abs. 3 Satz 3 SGB VIII), deren Durchsetzung und Realisierung wegen der strukturellen Machtasymmetrie erschwert sein kann. Der mögliche Gegenstand ombudschaftlicher Beratung ist zudem nicht auf Hilfen zur Erziehung beschränkt, vielmehr kann Beratung in Konfliktsituationen alle Aufgaben der Kinder- und Jugendhilfe nach § 2 SGB VIII umfassen. 5

Die von den Ländern zu errichtenden Ombudsstellen dienen als Anlaufstelle für junge Menschen und ihre Familien. Diese können sich zur **Beratung sowie Vermittlung und Klärung von Konflikten** im Zusammenhang mit Aufgaben der Kinder- und Jugendhilfe nach § 2 SGB VIII zwar an die Ombudsstellen wenden, es steht ihnen jedoch **kein einklagbarer Rechtsanspruch** auf ombudschaftliche Beratung und Unterstützung zu, da der Gesetzgeber die Länder lediglich zur Errichtung von Ombudsstellen, nicht jedoch zur Schaffung von diesbezüglichen Rechtsansprüchen verpflichtet hat. Dies wird zu Recht kritisiert, da die Etablierung eines Rechtsanspruchs auf Beratung in Konfliktfällen durch Ombudsstellen mit großer Wahrscheinlichkeit eher zu einer tatsächlichen Verringerung struktureller Machtasymmetrien und damit einhergehend zur besseren Realisierung bestehender Rechte junger Menschen und ihrer Familien beigetragen hätte als die bloße Rechtspflicht der Länder, Ombudsstellen zu schaffen. Es ist allerdings zu befürchten, dass die Länder, die „das Nähere" regeln sollen, eher „weiche" Formulierungen bei den Leistungsvoraussetzungen für die Inanspruchnahme der Leistungen der Ombudsstellen wählen werden, weil sich andernfalls der Druck, eine bedarfsgerechte Infrastruktur an Ombudsstellen aufzubauen, erhöht. Da dem Gesetz außerdem nicht entnommen werden kann, bis zu welchem Zeitpunkt Om- 6

3 Vgl. Bundesministerium für Familie, Senioren, Frauen und Jugend (Hrsg.) 2020: Abschlussbericht Mitreden – Mitgestalten: Die Zukunft der Kinder- und Jugendhilfe. Berlin, 29.

budsstellen errichtet werden sollen, erscheint die Befürchtung nicht ganz unberechtigt, dass es bis zum Ausbau noch ein langer Weg ist.

7 Der Gesetzgeber hat es überdies versäumt, eine korrespondierende **Informationspflicht** über die Möglichkeit der ombudschaftlichen Beratung gesetzlich zu normieren. Eine gesetzliche Verpflichtung, über Ombudsstellen zu informieren, ist jedoch unerlässlich, um sicherzustellen, dass die Adressatinnen und Adressaten von der Existenz der Ombudsstellen wissen und sich im Konfliktfall vertrauensvoll an diese wenden.[4] So bleibt zu hoffen, dass die Leistungsberechtigten durch den öffentlichen Jugendhilfeträger oder Träger der freien Kinder- und Jugendhilfe auf die Möglichkeit der Vermittlung durch Ombudsstellen in Konfliktfällen hingewiesen werden. Dies bedarf allerdings einer hohen Reflexionsfähigkeit der Fachkräfte der Kinder- und Jugendhilfe hinsichtlich bestehender Machtasymmetrien zwischen ihnen und ihrem Adressatenkreis und der Bereitschaft, in Konfliktfällen auf unabhängige Vermittlungsinstanzen hinzuweisen. Darüber hinaus sollte in regelmäßigen **einzelfallunabhängigen Austauschtreffen** zwischen Vertreterinnen und Vertretern der Ombudsstelle und Akteuren der Kinder- und Jugendhilfe die *„pädagogische Macht professioneller Helfer"*[5] einer kritischen Reflexion unterzogen werden, um bestehende Machtpositionen zu erkennen.

II. Bedarfsgerechte Infrastruktur und fachliche Weisungsfreiheit (Satz 2)

8 Die Implementierung der Ombudsstellen orientiert sich nach **Satz 2** an dem Bedarf der jungen Menschen und Familien. Der überörtliche öffentliche Jugendhilfeträger steht demzufolge in der Pflicht, die Ombudsstellen in ausreichendem Maße zur Verfügung zu stellen, und trägt die fachpolitische Verantwortung. Die konkrete Ausgestaltung obliegt damit den Ländern, die eine **bedarfsgerechte Infrastruktur** der Ombudsstellen sicherstellen müssen. Die Bedarfsgerechtigkeit bezieht sich dabei sowohl auf den Gesamtbestand als auch auf die jeweilige Ausstattung der Ombudsstellen.[6]

9 Ombudsstellen arbeiten nach **Satz 2 unabhängig und sind fachlich nicht weisungsgebunden**. Ziel ist es, durch eine „fachlich fundierte Parteilichkeit für die Inanspruchnahme individueller Rechte und Rechtsansprüche von jungen Menschen und ihren Personensorgeberechtigten"[7] einen Machtausgleich in der stark asymmetrischen Struktur der Kinder- und Jugendhilfe zu ermöglichen und damit positive Lebensbedingungen für junge Menschen und ihre Familien zu schaffen. Der Gesetzgeber greift in seiner Formulierung den wesentlichen Grundgedanken ombudschaftlicher Beratung auf. Ombudsstellen müssen unabhängig und fachlich weisungsungebunden sein, um ihre Wirkung voll entfalten zu können und zur tatsächlichen Verwirklichung der Rechte von Kindern, Jugendlichen und ihren Familien beizutragen.

10 § 9a SGB VIII enthält leider **keine klaren Vorgaben zu Voraussetzungen für Unabhängigkeit**. Auch wenn Ombudsstellen in der Kinder- und Jugendhilfe häufig durch Privatinitiativen und Vereinsgründungen entstanden sind und die Arbeit vornehmlich von Ehrenamtlichkeit geprägt war, die häufig als „Garant von Unabhängigkeit"[8] angesehen wurde, hat sich im Laufe der Zeit zunehmend die Erkenntnis durchgesetzt, dass im Bereich der Kinder- und Jugendhilfe Ombudsstellen eine längerfristige finanzielle Absicherung benötigen, damit

4 So auch: Deutsches Institut für Jugendhilfe und Familienrecht e.V. (Hrsg.) 2020: Stellungnahme zum Referentenentwurf eines Gesetzes zur Stärkung von Kindern und Jugendlichen (KJSG). Online verfügbar unter: DIJuF-Stellungnahme_KJSG_2020-10-26.pdf (22.2.2021).

5 *Conen/Cecchin* 2020, 37.

6 Vgl. BT-Drs. 19/26107, 76.

7 Bundesnetzwerk Ombudschaft Kinder- und Jugendhilfe (2016): Selbstverständnis. Online verfügbar unter: https://ombudschaft-jugendhilfe.de/wp-content/uploads/BNW-Ombudschaft-Selbstverst%C3%A4ndnis-2016.pdf (30.8.2022).

8 *Richter* 2020, 15.

die nötige **Finanzierung** hauptamtlichen Personals sichergestellt ist.[9] Eine verlässliche Regelfinanzierung zur Absicherung von Unabhängigkeit und qualifizierter Beratung bzw. Koordination der Ombudsstellen durch mindestens eine hauptamtliche Person ist erforderlich, damit Ombudsstellen ihre volle Wirksamkeit entfalten können und Qualitätsstandards sichergestellt werden. Deshalb wäre es wünschenswert gewesen, wenn der Gesetzgeber eine Regelfinanzierung garantiert hätte. Dabei wäre es denkbar gewesen, dass er wie bei der Schaffung der Frühen Hilfen eine Anschubfinanzierung und langfristige Bundesbeteiligung normiert hätte, die analog zu den Frühen Hilfen durch eine Bundesstiftung Ombudschaften umgesetzt hätte werden können. Dass dies nicht geschehen ist, ist bedauerlich und es bleibt abzuwarten, ob die Ombudsstellen, für deren Ausstattung nunmehr die Länder zuständig sind, mit den notwendigen finanziellen Mitteln ausgestattet werden, um wirkungsvolle Arbeit leisten zu können, und nicht durch mangelnde ökonomische Ressourcen in ihrem Aufgabenbereich beschränkt werden.

Die **fachliche Weisungsungebundenheit** bedeutet, dass für die Arbeit in den Ombudsstellen **Aufsichts- und Weisungsbefugnisse** von Jugendamtsleitungen, Leitungskräften der Allgemeinen Sozialen Dienste oder Führungskräften freier Träger **ausgeschlossen** sein müssen, um strukturelle Interessenskonflikte zu vermeiden. Dies lässt sich am besten dadurch verwirklichen, dass im Landesrecht Externalität vorgesehen ist, d.h. eine Organisationsform, die ombudschaftliche Arbeit außerhalb leistungsgewährender öffentlicher oder leistungserbringender freier Träger vorsieht.[10] Sinnvoll erscheint es allerdings, die Einrichtung der Ombudsstellen an den Zuständigkeitsbezirken der Jugendämter zu orientieren, um **niedrigschwellige Zugangswege** für die Adressatinnen und Adressaten zu gewährleisten.[11] Eine direkte Anbindung an den örtlichen Jugendhilfeträger dürfte indes den Sinn der Ombudsstellen konterkarieren, da eine Ombudsstelle nicht dort angesiedelt werden kann, wo sich die Ratsuchenden über die Handlungsweise oder das Verhalten dieser Stelle beschweren möchten.[12] Von daher ist eine strikte räumliche Trennung von Jugendamt und Ombudsstellen dringend angezeigt, da ansonsten viele Ratsuchende gar nicht erst kommen würden.[13] 11

Neben einzelfallbezogener Beratung gehören auch **Öffentlichkeitsarbeit** und das **„Einmischen" in politische Entscheidungen** im Rahmen von Lobbyarbeit für die Interessen der Adressatinnen und Adressaten der Kinder- und Jugendhilfe zu wesentlichen Aufgaben der Ombudsstellen, um strukturelle Machtverhältnisse aufzudecken und abzubauen. Es sollte daher in Erwägung gezogen werden, den Ombudsstellen eine regelmäßige **Berichterstattung in regionalen Jugendhilfeausschüssen und in den Landesjugendhilfeausschüssen** zu ermöglichen, um über die Arbeit und die Beschwerdeinhalte zu informieren. Hierdurch können Schieflagen frühzeitig erkannt und ihnen kann durch politische Entscheidungsprozesse entgegengewirkt werden. 12

III. Barrierefreiheit (Satz 3)

Satz 3 verweist auf § 17 Absatz 1 bis Absatz 2a des Ersten Buches Sozialgesetzbuch (SGB I), wodurch klargestellt wird, dass dem Erfordernis der **Barrierefreiheit** Rechnung zu tragen ist.[14] Es ist demzufolge sicherzustellen, dass 13

---

9 Vgl. *Rosenbauer* 2020, *6.*
10 Vgl. *Rosenbauer* 2020, *5.*
11 So auch BR-Drs. 5/21, 72.
12 Vgl. Bundesnetzwerk Ombudschaft Kinder- und Jugendhilfe 2020: Stellungnahme zum Referentenentwurf eines Gesetzes zur Stärkung von Kindern und Jugendlichen. Berlin. Online verfügbar unter: bundes netzwerk-ombudschaft-in-der-jugendhilfe-e-v--data.pdf (bmfsfj.de) (22.2.2021)
13 *Heinetsberger/Helberg/Schiller* 2020, 18.
14 BT-Drs. 19/26107, 76.

1. Ratsuchende die Beratungsleistung durch die Ombudsstellen in zeitgemäßer Weise, umfassend und zügig erhalten,
2. Ombudsstellen in ausreichendem Maße zur Verfügung stehen,
3. Zugänge zur Beratungsleistung durch die Ombudsstelle möglichst einfach gestaltet sind und keine bürokratischen Hürden überbrückt werden müssen und
4. Ombudsstellen frei von Zugangs- und Kommunikationsbarrieren sind und ihre Tätigkeit in barrierefreien Räumen und Anlagen stattfindet.

Darüber hinaus haben Menschen mit Hörbehinderungen und Menschen mit Sprachbehinderungen das Recht, während der Inanspruchnahme ombudschaftlicher Begleitung in Deutscher Gebärdensprache zu kommunizieren, wodurch ggf. Dolmetscherdienste notwendig werden, die durch die Ombudsstellen kostenlos zur Verfügung gestellt werden müssen.

14 Durch den Verweis auf § 17 Absatz 1 bis Absatz 2a des Ersten Buches Sozialgesetzbuch (SGB I) wird eine gleichberechtigte Teilhabe von Menschen mit und ohne Behinderungen gewährleistet.

IV. Landesrecht (Satz 4)

15 **Landesrechtliche Regelungen**, in denen gem. Satz 4 „das Nähere" geregelt wird, gibt es derzeit noch nicht. Das Land Niedersachsen hat als erstes Bundesland allerdings bereits in einem Entwurf eines Gesetzes zur Änderung des Niedersächsischen Gesetzes zur Ausführung des Achten Buchs des Sozialgesetzbuchs und zur Niedersächsischen Kinder- und Jugendkommission die Vorgaben des Bundesgesetzes zur Implementierung von Ombudsstellen konkretisiert.[15] Für den Aufbau unabhängiger ombudschaftlicher Strukturen in Niedersachsen sind im Gesetzentwurf vier Regionalstellen, orientiert an den ehemaligen Regierungsbezirken, sowie eine überregionale Stelle vorgesehen. Die vorgeschlagene Ombudsstruktur orientiert sich dabei an den fachlichen Standards der Fachöffentlichkeit.[16] Insbesondere das Vorhaben einer Evaluation nach einem Zeitraum von drei Jahren zur Ermittlung unbekannter und ggf. weiterer Bedarfe in dem recht neuen Themenfeld der Sozialen Arbeit ist hierbei ausdrücklich zu begrüßen, weil sie dem Anspruch einer fachlich fundierten Qualitätsentwicklung Rechnung trägt.

Neben einer **verlässlichen Regelfinanzierung**, einer externen und flächendeckenden organisatorischen Anbindung und einem Recht auf regelmäßige Berichterstattung im Jugendhilfeausschuss sowie einer Informationspflicht über das bestehende Angebot der ombudschaftlichen Beratung durch öffentliche und freie Träger der Kinder- und Jugendhilfe sollten in den landesrechtlichen Regelungen auch Bestimmungen über die **Verpflichtungen für Verschwiegenheit** und **Qualifikationen hauptamtlichen und ehrenamtlichen Personals** enthalten sein. Dabei sollte berücksichtigt werden, dass die erforderliche fachlich fundierte Parteilichkeit nur möglich ist, wenn bestimmte **Kompetenzen** wie z.B. sozialpädagogisches Fallverstehen und vertiefte Rechtskenntnisse insbesondere zum SGB VIII und dem Familienrecht vorhanden sind. Ein Tätigkeitsausschluss einschlägig vorbestrafter Personen gem. § 72 a SGB VIII dürfte als selbstverständlich angesehen werden. Um Niedrigschwelligkeit bestmöglich zu verwirklichen, sollte schließlich in den landesrechtlichen Regelungen Kostenfreiheit der Inanspruchnahme von Leistungen der Ombudsstelle normiert sein.

---

15 Niedersächsischer Landtag Drs. 18/10078

16 Vgl. Bundesnetzwerk Ombudschaft Kinder- und Jugendhilfe 2021: Stellungnahme zum Entwurf eines Gesetzes zur Änderung des Niedersächsischen Gesetzes zur Ausführung des Achten Buchs des Sozialgesetzbuchs und zur Niedersächsischen Kinder- und Jugendkommission (Drs. 18/10078). Berlin. Online verfügbar unter: https://ombudschaft-jugendhilfe.de/wp-content/uploads/BNO_Stellungnahme_Niedersachsen_Ref.Entwurf_2021_11_10.pdf (14.2.2022)

§ 10
Verhältnis zu anderen Leistungen und Verpflichtungen[1]

(1) [1]Verpflichtungen anderer, insbesondere der Träger anderer Sozialleistungen und der Schulen, werden durch dieses Buch nicht berührt. [2]Auf Rechtsvorschriften beruhende Leistungen anderer dürfen nicht deshalb versagt werden, weil nach diesem Buch entsprechende Leistungen vorgesehen sind.

(2) [1]Unterhaltspflichtige Personen werden nach Maßgabe der §§ 90 bis 97b an den Kosten für Leistungen und vorläufige Maßnahmen nach diesem Buch beteiligt. [2]Soweit die Zahlung des Kostenbeitrags die Leistungsfähigkeit des Unterhaltspflichtigen mindert oder der Bedarf des jungen Menschen durch Leistungen und vorläufige Maßnahmen nach diesem Buch gedeckt ist, ist dies bei der Berechnung des Unterhalts zu berücksichtigen.

(3) [1]Die Leistungen nach diesem Buch gehen Leistungen nach dem Zweiten Buch vor. [2]Abweichend von Satz 1 gehen Leistungen nach § 3 Absatz 2, den §§ 14 bis 16g, § 19 Absatz 2 in Verbindung mit § 28 Absatz 6 des Zweiten Buches sowie Leistungen nach § 6b Absatz 2 des Bundeskindergeldgesetzes in Verbindung mit § 28 Absatz 6 des Zweiten Buches den Leistungen nach diesem Buch vor.

(4) [1]Die Leistungen nach diesem Buch gehen Leistungen nach dem Neunten und Zwölften Buch vor. [2]Abweichend von Satz 1 gehen Leistungen nach § 27a Absatz 1 in Verbindung mit § 34 Absatz 6 des Zwölften Buches und Leistungen der Eingliederungshilfe nach dem Neunten Buch für junge Menschen, die körperlich oder geistig behindert oder von einer solchen Behinderung bedroht sind, den Leistungen nach diesem Buch vor. [3]Landesrecht kann regeln, dass Leistungen der Frühförderung für Kinder unabhängig von der Art der Behinderung vorrangig von anderen Leistungsträgern gewährt werden.

Übersicht

A. Regelungsgegenstände

Die Vorschrift regelt das **Konkurrenzverhältnis** bei einer Kollision der jugendhilferechtlichen Leistungspflichten nach dem SGB VIII mit Leistungsverpflichtungen anderer. Die Vorschrift ist wegen ihrer sprachlichen Konstruktion von der Allgemeinverständlichkeit, die ein Gesetz wahren sollte, weit entfernt. 1

Als konkurrierende Leistungsverpflichtete sind nach Abs. 1 Satz 1 insbesondere andere Sozialleistungsträger (§§ 18 ff. SGB I) und seit dem „KICK"[2] auch die Schulen ausdrücklich benannt. Abs. 1 Satz 2 verbietet anderen Leistungspflichtigen die Versagung von Leistungen mit der Begründung, dass nach dem SGB VIII entsprechende Leistungen vorgesehen sind. Abs. 2 Satz 1 regelt die Heranziehung Unterhaltspflichtiger zu den Kosten der Jugendhilfe

1 Bis zum 31.12.2027 geltende Fassung. Zu der ab 1. Januar 2028 geltenden Rechtslage vgl. Gesetzestext und Erläuterungen unten bei Rn. 16.
2 Gesetz zur Weiterentwicklung der Kinder- und Jugendhilfe vom 8.9.2005 („KICK"), BGBl. I S. 2729 ff.

durch Verweis auf die §§ 90 bis 97b SGB VIII. Abs. 2 Satz 2 bestimmt die Berücksichtigung des Kostenbeitrags bei der Unterhaltsberechnung. Die Absätze 3 und 4 treffen nähere Regelungen zum Vor- und Nachrangverhältnis der Leistungen nach SGB VIII zu den Leistungen nach SGB II, SGB IX und SGB XII. Das „BTHG"[3] hat die Eingliederungshilfe grundlegend neu geregelt und von einer Fürsorge- zu einer Sozialleistung gemacht, was auch die Norm-Konkurrenzverhältnisse zwischen dem SGB VIII und den Sozialgesetzbüchern IX und XII betrifft: Mit den Regelungen der Absätze 3 und 4 ist der grundsätzliche Vorrang der Leistungen nach dem SGB VIII gegenüber den Leistungen nach dem SGB IX und dem SGB XII festgelegt. Die Ausnahmen von der grundsätzlich vorrangigen Leistungspflicht des Jugendhilfeträgers benennt das Gesetz hier jeweils mit den „abweichend" geltenden Gesetzen. Die Abweichung meint den Nachrang der Jugendhilfeträger-Leistungspflicht.

B. Einzelheiten

I. Abs. 1 – Grundsatz des Vorrangs der Verpflichtungen anderer

1. Allgemeines

2 Die Verpflichtung der anderen zu Leistungen Verpflichteten wird nach **Abs. 1 Satz 1** durch das SGB VIII „nicht berührt". Das heißt, dass sie unangetastet bleiben und den Leistungsverpflichtungen nach dem SGB VIII grundsätzlich vorgehen. Bei den **„anderen Aufgaben"** der Jugendhilfe nach § 2 Abs. 3 SGB VIII kann es keine Leistungspflicht-Konkurrenz Dritter geben, weil es sich dabei nach der Wertung des Gesetzgebers in § 2 SGB VIII um keine Jugendhilfe- (Sozial-)Leistungen handelt und die „anderen Aufgaben" in die alleinige Zuständigkeit der Träger der öffentlichen Jugendhilfe gelegt sind. Der grundsätzliche Vorrang der Leistungsverpflichtungen anderer besteht „insbesondere" bei den im Gesetz ausdrücklich genannten Dritten. Die vorrangig leistungspflichtigen Dritten sind also nicht abschließend aufgezählt, sodass auch Leistungsverpflichtungen hier nicht erwähnter Dritter den Leistungsverpflichtungen nach SGB VIII vorgehen. Weil Leistungs-„Verpflichtungen" vorgehen, ist es dem Träger der öffentlichen Jugendhilfe verwehrt, auf freiwillige Leistungen Dritter zu verweisen. Da „nur" Leistungsverpflichtungen „anderer" den Nachrang der Jugendhilfe-Leistungspflichten auslösen, ist die **Selbsthilfe** nicht vorrangig. Anders als im Sozialhilferecht (§ 2 SGB XII) ist die Jugendhilfeleistung zur Selbsthilfe nicht per se subsidiär.

3 § 10 Abs. 1 SGB VIII trifft keine Regelung dazu, **wer Forderungsinhaber** der Leistungsverpflichtungen anderer sein muss. In dieser Vorschrift geht es nur um den Gegenstand des Forderungsrechts. Die Konkurrenzregelungen greifen deshalb sowohl bei Leistungsverpflichtungen anderer gegenüber dem jugendhilferechtlichen Anspruchsinhaber (bei der Hilfe zur Erziehung gegenüber den Personensorgeberechtigten) als auch bei solchen gegenüber den Leistungsbegünstigten (bei der Hilfe zur Erziehung den Kindern und Jugendlichen).

4 Das an „andere" als die Träger der öffentlichen Jugendhilfe gerichtete Verbot des **Abs. 1 Satz 2**, mit der Begründung Leistungen zu verweigern, dass diese jugendhilferechtlich entsprechend vorgesehen sind, ist nicht auf Pflicht-Leistungen („Muss-" und „Soll-" Leistungen) beschränkt. Auch **Ermessensleistungen** Dritter („Kann"-Leistungen) können mit diesem Argument nicht versagt werden.

5 Nachrangige Leistungspflichten des Jugendhilfeträgers hängen natürlich davon ab, dass sie nach den gesetzlichen Tatbestandsvoraussetzungen wirklich bestehen. Bestehen auch vorrangige Leistungspflichten anderer, darf der nachrangig leistungspflichtige Jugendhilfeträ-

3 Gesetz zur Stärkung der Teilhabe und Selbstbestimmung von Menschen mit Behinderungen (BTHG) vom 23.12.2016, BGBl. I S. 3234 ff.

ger dem Berechtigten die Leistungsgewährung nicht wegen des Nachrangs versagen. Er muss vielmehr vorleisten (§ 43 SGB I) und ist auf die nachträgliche Kostenerstattung (§§ 102 ff. SGB X) verwiesen.[4] Auf die Rechtmäßigkeit einer Leistungsversagung des anderen Sozialleistungsträgers kommt es erst in dem Kostenerstattungsverfahren an, nicht schon bei der Frage, ob der Nachrang im Verhältnis zum Leistungsberechtigten greift. Für das Sozialhilferecht hatte die Rechtsprechung[5] den Nachrang davon abhängig gemacht, dass die Leistungsverpflichtungen Dritter zeitnah realisierbar sind, es sich also um „bereite Mittel" handelt. Für die Jugendhilfe gilt sowohl im Verhältnis zum Leistungsberechtigten als auch zum Sozialhilfeträger, dass der Träger der öffentlichen Jugendhilfe seine Pflichterfüllung nicht mit dem Verweis auf deren Nachrangigkeit versagen darf, und zwar unabhängig davon, ob die Ansprüche gegen den anderen zeitnah realisierbar sind.[6] Auch der Träger der öffentlichen Jugendhilfe ist Rehabilitationsträger nach § 6 Abs. 1 Nr. 6 SGB IX, als solcher muss er über seine Zuständigkeit für die bei ihm beantragten Leistungen zur Teilhabe (nach § 14 Abs. 1 SGB IX) innerhalb von zwei Wochen nach Antragseingang entscheiden. Stellt er fest, dass über seine Leistungspflichten hinausgehende Leistungspflichten anderer Rehabilitationsträger in Betracht kommen, leitet er den Antrag an den nach seiner Auffassung zuständigen Rehabilitationsträger weiter (§ 15 Abs. 1 SGB IX). Hat er bereits Leistungen aus dem „fremden" Zuständigkeitsbereich erbracht, kann er die Kostenerstattung von dem anderen Leistungsträger nicht einseitig durch Verwaltungsakt, sondern bei Verweigerung nur klageweise verfolgen.

Vorrangig sind nur diejenigen Leistungsverpflichtungen Dritter, die dem **gleichen Zweck** dienen wie die entsprechende Jugendhilfeleistung. Die Konkurrenzregelung des § 10 greift nur bei Leistungspflichten, deren **Gegenstand** der entsprechenden Jugendhilfeleistung **gleich**, gleichartig, kongruent oder deckungsgleich ist oder sich mit ihr überschneidet.[7] Hier geht es bspw. um Leistungen der gesetzlichen Krankenversicherung, die denen der jugendhilferechtlichen Krankenhilfe nach § 40 SGB VIII gleich sind, wie etwa die Krankenbehandlung nach § 27 SGB V und Behandlungspflege nach § 37 SGB V. Der Vorrang der gesetzlichen Krankenkassen-Leistungspflicht endet dort, wo deren Leistungskatalog endet. Ist der Bedarf weitergehend, wie etwa bei Fahrtkosten zur Krankenbehandlung, ist der Träger der öffentlichen Jugendhilfe für diesen nicht deckungsgleichen Leistungsteil in der Pflicht. Gleiche Leistungen anderer Sozialversicherungsträger können z.B. auch Leistungen der Arbeitsverwaltung nach dem SGB III sein. Ist das Ausbildungsgeld nach § 104 Abs. 1 Nr. 1 SGB III oder die Berufsausbildungsbeihilfe nach § 59 SGB III beanspruchbar, sind beide Geldleistungen wegen der Zweckgleichheit gegenüber der jugendhilferechtlichen Annexleistung der Sicherstellung des Unterhalts nach § 39 Abs. 1 SGB VIII vorrangig.[8] 6

2. Einzelne vorrangige Leistungs-Verpflichtungen anderer

Vorrangige Sozialleistungen sind insbesondere nach § 40 SGB VIII die Krankenhilfe (Kranken- und Behandlungspflege, Psychotherapie und Rehabilitation) der Krankenkassen nach dem **SGB V** und der gesetzlichen Unfallversicherung nach dem **SGB VII**, hier auch das Verletztengeld sowie die berufliche und soziale Rehabilitation. Die gesetzliche Krankenversicherungspflicht (§ 5 SGB V) als solche geht bereits Leistungspflichten nach dem nach SGB VIII vor[9], sodass ein Jugendhilfeleistungsvorrang erst dann zu erwägen ist, wenn die Pflicht zur ge- 7

4 Nds. OVG, Beschl. v. 17.5.2010, 4 LB 21/09, JAmt 2010, 385.
5 BVerwG, Urt. v. 23.11.1995, 5 C 13.94, BVerwGE 100, 50.
6 BVerwG, Beschl. v. 22.5.2008, 5 B 203.07, JAmt 2008, 438; Nds. OVG, Beschl. v. 17.5.2010, 4 LB 21/09, JAmt 2010, 385.
7 BVerwG, Urt. v. 19.10.2011, 5 C 6.11, DöV 2012, 164; BVerwG, Urt. v. 23.9.1999, 5 C 26/98, FEVS 51, 337.
8 Nds. OVG, Beschl. v. 28.7.2009, 4 PA 250/08, DöV 2009, 871 (zum Ausbildungsgeld).
9 DiJuF, JAmt 2008, 199.

setzlichen Krankenversicherung erfüllt ist. Bei bestehender Krankenversicherungspflicht kann nicht einfach unter Verzicht auf die Krankenkassenmitgliedschaft sofort auf Jugendhilfeleistungen der Krankenhilfe zugegriffen werden. Vorrangige Sozialleistungen sind des Weiteren die Leistungen der gesetzlichen Rentenversicherung (**SGB VI**), insbesondere deren unterhaltssichernde Geldleistungen, nämlich die Halbwaisen- und Waisenrenten. Auch Leistungen nach dem Opferentschädigungsgesetz (**OEG**) sind vorrangig. Diese werden durch Verweis in § 1 Abs. 5 Satz 1 OEG entsprechend dem **BVG** ebenfalls insbesondere im Bereich der Heil- und Krankenbehandlung sowie der medizinischen Rehabilitation erbracht. Die sog. **Erziehungsbeihilfen** nach § 27 BVG gehen den Leistungen zum Unterhalt nach § 39 SGB VIII vor.[10]

Verletztenrenten und Waisenrenten nach dem SGB VI werden bei der Kostenbeteiligung nach § 91 SGB VIII voll als Einkommen angerechnet,[11] Entschädigungen nach dem OEG und Geldrenten nach dem Bundesversorgungsgesetz (BVG) werden hingegen nicht als Einkommen im Sinne von § 93 SGB VIII angerechnet und sind für die Kostenbeteiligung unbeachtlich.

Das **Gesetz zur Regelung des sozialen Entschädigungsrechts** vom 18.12.2019[12] regelt im **SGB XIV** stufenweise bis zum 1.1.2024 die soziale Entschädigung neu. Ab 2024 wird u. a. das bisherige Bundesversorgungsgesetz außer Kraft gesetzt, die vorgenannten Entschädigungen und Renten nach dem SGB IX bleiben dann (weiterhin) als Einkommen nach § 93 Abs. 1 Satz 1 SGB VIII (in der Fassung ab 2024) unberücksichtigt.[13]

Im Zuge des Gesetzes zur Regelung des sozialen Entschädigungsrechts wird mit Wirkung ab dem 1.1.2024[14] im § 10 SGB VIII ein **neuer Abs. 5** in Kraft treten, der folgenden Wortlaut hat: **„Soweit Leistungen zum Lebensunterhalt nach § 39 erbracht werden, gehen sie den Leistungen zum Lebensunterhalt nach § 93 des Vierzehnten Buches vor."** Der Vorrang der Jugendhilfeträger-Leistungen gilt gegenüber den sozialen Entschädigungsleistungen zum Lebensunterhalt nach § 93 **Abs. 2** SGB XIV. Nach der Gesetzesbegründung des SGB XIV-Einführungsgesetzes[15] kommen die Leistungen der sozialen Entschädigung „insoweit nur ergänzend zum Einsatz". Soziale Entschädigungsleistungen der Hilfe zum Lebensunterhalt nach § 93 Abs. 2 SGB XIV für Geschädigte und Waisen werden nur erbracht, soweit sie nicht der Träger der öffentlichen Jugendhilfe als jugendhilferechtliche Unterhaltsleistungen nach § 39 SGB VIII erbringt.

Leistungen im Eingangs- und Berufsbildungsbereich einer Werkstatt für behinderte Menschen (**WfbM**) (nach § 57 SGB IX) liegen insbesondere in der Zuständigkeit der Arbeitsverwaltung (§ 63 Abs. 1 Nr. 1 SGB IX), sie sind gegenüber Jugendhilfeleistungen vorrangig. Im Arbeitsbereich der WfbM (§ 58 SGB IX) sind die Leistungen der öffentlichen Träger der Jugendhilfe nach § 35a SGB VIII zu denen der Arbeitsverwaltung vorrangig (§ 63 Abs. 2 Nr. 3 SGB IX).

8 Die **Schulen** (und die Schulverwaltung) sind in ihren Aufgabenbereichen vorrangig leistungspflichtig. Sie müssen der Lese- und Rechtschreibschwäche (Legasthenie), der Rechenschwäche (Dyskalkulie) sowie der Aufmerksamkeitsminderung (ADS) im „Kernbereich" ihrer pädagogischen Arbeit selbst begegnen.[16] Leistungskonkurrenzen tun sich hier erst dann auf, wenn die betreffende Lernschwäche Unterstützung außerhalb des originären Aufgabenbe-

---

10 VG Freiburg, Beschl. v. 24.7.2001, 8 K 1272/00, JAmt 2001, 600.
11 BSG, Urt. v. 3.12.2002, B 2 U 12/02R, BSGE 90, 172.
12 BGBl. I 2019, 2652 ff.
13 Art. 36 Nr. 4 des Gesetzes zur Regelung des sozialen Entschädigungsrechts vom 18.12.2019, BGBl. I 2019, 2652 ff.
14 Inkrafttretenszeitpunkt nach Art. 60 Abs. 7 des Gesetzes zur Regelung des sozialen Entschädigungsrechts vom 18.12.2019.
15 BT-Drs. 19/13824, 261.
16 BSG, Urt. v. 22.3.2012, B 8 SO 30/10R, BSGE 110, 301.

reichs der jeweiligen Schule erfordert. Das ist in der Förderschule seltener der Fall als in der Regelschule.

Das Jugendamt ist hier entweder über Maßnahmen der Hilfen zur Erziehung (§§ 27 ff. SGB VIII) oder der Eingliederungshilfe (§ 35a SGB VIII) „Ausfallbürge"[17], allerdings ohne Kostenerstattungsansprüche gegen die Schule (nach §§ 102 ff. SGB X). Ob eine Anspruchsüberleitung möglich ist, hängt vom Landesschulrecht ab, das dafür ein entsprechendes subjektives öffentliches Recht erst einmal überhaupt enthalten muss. Zudem ist die Anspruchsüberleitung dabei nicht allgemein akzeptiert.[18] Werden Überleitungen zugelassen, sind sie auf kostenbeitragspflichtige Ansprüche begrenzt (§ 95 SGB VIII). Eine finanzielle Schadloshaltung des Trägers der öffentlichen Jugendhilfe mittels der öffentlich-rechtlichen Geschäftsführung ohne Auftrag (§ 677 BGB analog) ist nicht bereits dadurch ausgeschlossen, dass sie einem Kostenerstattungsanspruch aus dem Katalog des § 105 SGB X unterfiele. Sie ist gleichwohl nicht möglich, weil die dafür vorausgesetzte Besorgung „fremder" Geschäfte oder mindestens der Fremdgeschäftsführungswille fehlt.[19]

Der Vorrang der Leistungs-Verpflichtung der Schulen ist zum Teil landesrechtlich beschränkt. 9
Sieht das Landesrecht keinen Anspruch auf einen (Schul-)**Integrationshelfer** vor, kann insoweit der Eingliederungshilfeanspruch nach § 35a SGB VIII gegen den Jugendhilfeträger durchgreifen. Landesrechtlich setzt das z.T. die Feststellung sonderpädagogischen Förderbedarfs voraus. Erfüllt die Schule den Inklusionsauftrag tatsächlich nicht ausreichend, ist die grundsätzlich vorrangige Hilfeleistung der Schule nicht „bereit" und (nach SGB VIII, SGB IX oder SGB XII) der Jugendhilfeträger hier als grundsätzlich nachrangig zuständiger Träger der Eingliederungshilfe leistungszuständig, ohne sich auf die zeitnahe Realisierbarkeit der Ansprüche gegen die Schule berufen zu können.[20]

Pflegeleistungen nach dem **SGB XI** dienen grundsätzlich nicht den gleichen Zwecken wie Jugendhilfeleistungen. Jugendhilfeleistungen sind bei pflegebedürftigen jungen Menschen dennoch nicht grundsätzlich ausgeschlossen, weil Leistungen nach dem SGB XI nicht gesetzlich in Vorrang gesetzt sind.[21] § 13 Abs. 3 Satz 3 SGB XI bestimmt, dass Leistungen der Eingliederungshilfe für Menschen mit Behinderungen (auch) nach dem SGB VIII im Verhältnis zur Pflegeversicherung nicht nachrangig sind. Leistungspflicht-Überschneidungen zum SGB XI sind ferner beim Pflegegeld denkbar. Letztere greifen aber mangels **Zweckgleichheit** nicht durch.[22]

II. Abs. 2 – Verhältnis von Leistungen nach SGB VIII und Unterhaltspflichten

Die Leistungspflichten nach dem SGB VIII sind unabhängig von **Unterhaltspflichten** Dritter 10
zu erfüllen. Die Regelung der Beteiligung unterhaltspflichtiger Personen nach Maßgabe der §§ 90 bis 97b SGB VIII ist „nur" die Regelung vorrangiger „Verpflichtungen anderer" i.S.v. § 10 Abs. 1 Satz 1 SGB VIII, nämlich der zivilrechtlich Unterhaltspflichtigen dem Grunde nach.[23] Nach **Abs. 2 Satz 1** wird der Nachrang der Jugendhilfeleistungen durch die Konkretisierung deren Kostenbeteiligung (§ 92 SGB VIII) hergestellt. Die Berücksichtigung der jugendhilferechtlichen Kostenbeteiligung nach **Abs. 2 Satz 2** bei der Berechnung des Unterhalts geschieht durch die entsprechende Minderung der unterhaltsrechtlichen Leistungsfä-

17 VGH BW, Beschl. v. 6.12.1999, 2 S 891/98, openJur 2013, 11246; VG Stuttgart, Beschl. v. 16.2.2015, 7 K 5740/14, ZKJ 2015, 206.
18 VG Göttingen, Urt. v. 12.5.2005, 2 A 84/04, JAmt 2005, 584.
19 Vgl. BGH, Urt. v. 8.7.2003, VI ZR 274/02, NJW 2003, 3195 (betr. andere Versicherungen, auch Sozialleistungsträger untereinander).
20 Vgl. *Kepert*, ZKJ 2015, 320 und Fn. 5.
21 GK-SGB VIII/*Busch/Fieseler*, § 10 Rn. 6.
22 Hierzu die Kommentierung zu § 39 SGB VIII Rn. 12.
23 VG Karlsruhe, Urt. v. 3.12.2019, 8 K 7612/18, Landesrecht B.-W.

higkeit des Unterhaltspflichtigen. Wird ein Unterhaltspflichtiger zum Kostenbeitrag für eine stationäre Jugendhilfeleistung herangezogen, bewirkt das zusammen mit der Leistungsgewährung die Deckung des Unterhaltsbedarfs. Der Kostenbeitrag führt nach **Abs. 2 Satz 2 deshalb** dazu, dass eine gegenüber dem unterhaltsberechtigten Empfänger dieser Jugendhilfeleistung vorrangige zivilrechtliche Unterhaltsverpflichtung entfällt.[24]

III. Abs. 3 – Grundsatz des Nachrangs von SGB II-Leistungen

11 Leistungen nach dem SGB VIII sind nach **Abs. 3 Satz 1** gegenüber Leistungen der **Grundsicherung für Arbeitsuchende** nach dem SGB II grundsätzlich vorrangige Sozialleistungen. Das bestimmt (grundsicherungs-)bereichsspezifisch parallel auch § 5 Abs. 1 SGB II.

Die Regel-Ausnahmesystematik des Gesetzestextes von § 10 SGB VIII behindert in Absatz 3 die schnelle Nachvollziehbarkeit der Regelungen: Gilt nach Abs. 1 der grundsätzliche Vorrang der Leistungspflichten **anderer** als der Träger der öffentlichen Jugendhilfe, bestimmt Abs. 3 Satz 1 den grundsätzlichen Vorrang der SGB VIII-Leistungen gegenüber SGB II-Leistungen, also die gegenüber dem Grundsicherungsträger vorrangige Leistungspflicht des öffentlichen Trägers der Jugendhilfe. Das ist eine Ausnahme vom Vorrang der Leistungsverpflichtungen anderer Leistungspflichtiger als des Jugendhilfeträgers. Von dieser Ausnahme wird dann in **Abs. 3 Satz 2** wiederum eine Rückausnahme gemacht. Die in Abs. 3 Satz 2 konkret aufgelisteten speziellen Leistungen nach SGB II sind nämlich – wie in Abs. 1 – gegenüber den Jugendhilfeleistungen vorrangig zu erbringen. Gegenüber Jugendhilfeleistungen vorrangig sind nach der gesetzlichen Auflistung die SGB II-Leistungen der Vermittlung nach § 3 Abs. 2 SGB II schon 15-Jähriger, aber noch nicht 25-Jähriger in Arbeit oder eine Ausbildung, nach §§ 14 bis 16g SGB II die Leistungen der Eingliederung in Arbeit, die (grundsicherungsrechtlich „gesondert zu berücksichtigenden" Bedarfe bzw.) Leistungen für Bildung und Teilhabe nach § 19 Abs. 2 i.V.m. § 28 Abs. 6 SGB II sowie die Leistungen nach § 6b Abs. 2 BKiGG i.V.m. § 28 Abs. 6 SGB II. Diese Leistungen des Grundsicherungsträgers können mit der Jugendsozialarbeit nach § 13 Abs. 2 SGB VIII konkurrieren. Der Kreis der vorrangigen Grundsicherungsleistungen nach dem SGB II ist in § 10 Abs. 3 Satz 2 SGB VIII gesetzlich abschließend aufgelistet. Außerhalb des Arbeitsvermittlungskontextes, nämlich in Fällen, in denen der Ausgleich sozialer Benachteiligungen im Vordergrund steht und die soziale Integration bzw. die Festigung der Lebensverhältnisse das Hilfeziel ist, sind die Maßnahmen der Jugendhilfe nach § 13 Abs. 2 SGB VIII vorrangig.[25]

Die Leistungen des Grundsicherungsträgers für schwer zu erreichende junge Menschen, die das 25. Lebensjahr noch nicht vollendet haben, regelt § 16h SGB II. Diese Bestimmung ist in den Kreis der von Abs. 3 Satz 2 erfassten Leistungen nach dem SGB II, die den Leistungen nach dem SGB VIII vorgehen, nicht aufgenommen. Für sie gilt die in § 10 Abs. 3 Satz 2 SGB VIII enthaltene Rückausnahme deshalb nicht, d.h., hier bleibt es jugendhilferechtlich beim Leistungsvorrang des öffentlichen Trägers der Jugendhilfe. Allerdings können auch insoweit rangentscheidungserhebliche kongruente Leistungen vorliegen. Stellt man auf die Funktion der Leistungen nach § 16h SGB II ab, nämlich auf die Eingliederung in Arbeit, geht es nicht um die allgemeine Förderung des betreffenden Personenkreises mit dem Ziel nicht nur arbeitsweltspezifischer, sondern allgemeiner sozialer Integration. Deckungsgleiche Leistungen sind hier somit immerhin denkbar. Deshalb hat der Gesetzgeber im Grundsicherungsrecht für dieses besondere Leistungsgeschehen bestimmt, dass sich die Agentur für Arbeit und der örtlich zuständige öffentliche Träger der Jugendhilfe abstimmen (§ 16h Abs. 3

24 VGH München, Beschl. v. 25.10.2012, 12 ZB 11.501, NJW 2013, 633 (634).
25 VGH München, Beschl. v. 23.6.2009, 12 ZB 07.2852, openjur 2012, 101182 (R. 10).

SGB II). Diese **Abstimmung** betrifft nicht nur die Leistungsinhalte, sondern auch die Leistungsträgerschaft.

Die Bundesagentur für Arbeit hat vorrangig insbesondere die psychosozialen Begleitmaßnahmen nach § 16a SGB II zu erbringen, welche die Eingliederung in Arbeit flankieren. 12

Die Arbeitsverwaltung bzw. die Optionskommune (§ 6 Abs. 1 Nr. 2 und § 6a SGB II) ist auch bei der Förderung der Berufsausbildung oder der beruflichen Weiterbildung nach dem SGB III vorrangig zur Leistung verpflichtet, z.B. bei der Berufsausbildungsbeihilfe (§ 56 SGB III).

Erwerbsfähige junge Menschen, die länger als sechs Monate stationäre Jugendhilfeleistungen erhalten, weil sie „in einer stationären Einrichtung untergebracht" (§ 7 Abs. 4 Satz 1 SGB II) sind, erhalten Leistungen nach SGB II ausnahmsweise nur dann, wenn sie unter den üblichen Bedingungen des allgemeinen Arbeitsmarkts mindestens 15 Stunden wöchentlich erwerbstätig sind. Auch dann gehen diese SGB II-Leistungen den SGB VIII-Leistungen aber nur vor, wenn sie nicht der allgemeinen sozialen Integration dienen, die der „Kernbereich" der Leistungsträgerschaft der Jugendhilfe ist.

IV. Abs. 4 – Verhältnis zu SGB IX- und SGB XII-Leistungen

Jugendhilferechtliche Leistungsverpflichtungen sind nach **Abs. 4 Satz 1** gegenüber rehabilitationsrechtlichen Leistungen nach dem SGB IX und sozialhilferechtlichen Leistungen nach dem SGB XII grundsätzlich vorrangig. 13

Die Ausnahme von der Ausnahme bilden die in **Abs. 4 Satz 2** genannten gegenüber der Jugendhilfe vorrangigen Leistungen: **Vorrangig** gegenüber den Jugendhilfeleistungen sind zum einen die Mehraufwendungen für die Teilnahme an gemeinschaftlicher Mittagsverpflegung als Leistungen des notwendigen Lebensunterhalts nach § 27a Abs. 1 i.V.m. § 34 Abs. 6 SGB XII.

Vorrangig gegenüber Jugendhilfeleistungen sind nach Abs. 4 Satz 2 zudem die Leistungen der Eingliederungshilfe nach dem SGB IX für junge Menschen, die **körperlich oder geistig behindert** oder von einer solchen Behinderung bedroht sind.

Durch § 54 Abs. 3 SGB XII war ausdrücklich gesetzlich geklärt, dass Eingliederungshilfe des überörtlichen Sozialhilfeträgers auch in **Pflegefamilien** zu gewähren ist.[26] Nach der Streichung von § 54 Abs. 3 SGB XII[27] gilt nach § 80 SGB IX, dass Leistungen zur Betreuung auch in der Pflegefamilie erbracht werden. Davon ist die Eingliederungshilfe in Pflegefamilien (weiterhin) erfasst, wenn auch zusätzlich neben derjenigen für minderjährige auch für volljährige Personen und unabhängig von der Art der Behinderung (körperlich, geistig oder seelisch).

Abs. 4 Satz 2 legt (wie bisher im Verhältnis zur Eingliederungshilfe nach den nun aufgehobenen §§ 53 bis 60 SGB XII) fest, dass die Leistungen der **Eingliederungshilfe** nach den §§ 90 ff. SGB IX für junge Menschen, die körperlich oder geistig behindert oder von einer solchen Behinderung bedroht sind, den Leistungen nach dem SGB VIII vorgehen. Die Eingliederungshilfe für seelisch behinderte oder von einer solchen Behinderung bedrohte Kinder und Jugendliche liegt damit in der Leistungszuständigkeit des öffentlichen Trägers der Jugendhilfe. Der öffentliche Jugendhilfeträger ist darüber hinaus auch dann Leistungspflichtiger („Ausfallbürge"), wenn bei stationärer Versorgung in der Kostenverantwortung des überörtlichen Sozialhilfeträgers keine volle Bedarfsdeckung erreicht wird. Die/der Hilfeberechtigte kann dann die Aufstockung der Leistung vom örtlichen öffentlichen Jugendhilfe-

26 SG Karlsruhe, Urt. v. 30.1.2014, S 1 S. 3007/12, ZKJ 2014, 169 (172).
27 § 54 SGB XII ist durch das BTHG zum Jahresende 2019 gestrichen worden.

träger verlangen.[28] Das BTHG hat auch zu landesrechtlichen Zuständigkeitsänderungen durch BTHG-Umsetzungsgesetze[29] mit unterschiedlichen Regelungen der Länder zur Kostenträgerzuständigkeit geführt. Die Aufstockung von Leistungen anderer Rehabilitationsträger durch den Träger der öffentlichen Jugendhilfe bleibt aber auch nach der zum 1.1.2020 durch das Bundesteilhabegesetz vollzogenen Trennung von Fachleistungs- und Existenzsicherungsleistungen (Eingliederungshilfe/Lebensunterhalt) bestehen. Bei den Eingliederungshilfeleistungen (§ 102 SGB IX), die nicht vom Jugendhilfeträger zu deckende Bedarfe im Zusammenhang mit seelischer Behinderung betreffen, gilt der Leistungs(pflicht)vorrang des landesrechtlich zuständigen Rehabilitationsträgers (bisher des Sozialhilfeträgers).

Ist ein junger Mensch **mehrfach behindert**, also körperlich und/oder geistig und zudem seelisch behindert, bedarf es einer Zuständigkeitsabgrenzung. Diese Abgrenzung der Leistungsverantwortung der verschiedenen Eingliederungshilfeträger fand nach bisherigem Recht nicht nach dem „Schwerpunkt des Bedarfs" statt.[30] Das BTHG hat daran mit der rehabilitationsrechtlichen Integration der Eingliederungshilfe, heraus aus dem Sozialhilferecht des SGB XII, dem Fürsorgerecht, hinein in das Leistungsrecht des SGB IX, nichts geändert. Deshalb geht es bei der Abgrenzung der Leistungsverantwortung für die Eingliederungshilfen nach wie vor nicht nach dem Kriterium des Schwerpunkts des Bedarfs, sondern um die Art der miteinander konkurrierenden Leistungen. Es kommt auf die Leistungsinhalte an.[31] Der Jugendhilfeträger bleibt bei der Leistung von Eingliederungshilfe in seiner Zuständigkeit für die nicht deckungsgleiche **Leistung wegen der seelischen Behinderung**.[32] Seine Verpflichtung zur Erbringung der Leistungen wegen der bestehenden oder drohenden **seelischen Behinderung** junger Menschen nach § 35a (ggf. i.V.m. § 41) besteht fort. Die Leistungskongruenz führt nur im Übrigen zur Rehabilitationsträgerzuständigkeit (bisher Sozialhilfeträgerzuständigkeit).[33]

Komplexleistungen nach § 19 (Mutter-Kind-Einrichtungen) sollen nicht aufgespalten werden. Sie dienen nicht dem gleichen Zweck wie Eingliederungshilfeleistungen.[34]

Bei unsachgemäßem Umgang eines seelisch behinderten Jugendlichen mit den medizinischen Behandlungserfordernissen des diabetes mellitus Typ 1 (**Zuckerkrankheit**) droht nicht zugleich eine körperliche Behinderung, die den Leistungsvorrang des Jugendhilfeträgers entfallen ließe.[35] Sozialpädagogische Maßnahmen bei seelischer Behinderung zur Verhaltensbeeinflussung im Rahmen von § 35a SGB VIII dienen nicht demselben Zweck wie die Eingliederungshilfe bei drohender körperlicher Behinderung, deshalb besteht insoweit keine Leistungsgleichheit, ohne die aber keine Leistungsvorrangentscheidung stattfindet.

Auch sozialpädagogische Maßnahmen einer **Autismus**-Therapie dienen nicht der Verhinderung einer drohenden körperlichen Behinderung wegen diabetes mellitus Typ 1[36], es fehlt die Leistungskongruenz, wenn die Autismustherapie ausschließlich wegen der seelischen Behinderung erfolgt.

Erhält ein mehrfach behindertes Kind mit einer hochgradigen **Hörbehinderung** Eingliederungshilfe-Leistungen wegen körperlicher Behinderung, ist die Leistung von Eingliederungs-

28 Nds. OVG, Urt. v. 27.4.2005, 4 LC 343/04, ZFSH/SGB 2005, 484.
29 Z.B. Gesetz zur Umsetzung des Bundesteilhabegesetzes in Niedersachsen vom 24.10.2019, Nds. GVBl. 18/2019, S. 300 ff.
30 Bay VGH, Urt. v. 5.6.2007, 12 BV 05/218, JAmt 2007, 433.
31 BVerwG, Urt. v. 19.10.2011, 5 C 6.11, DöV 2012, 164; VG Lüneburg, Urt. v. 10.4.2018, 4 A 443/16, Nds. Landesjustizportal.
32 BVerwG, Urt. v. 22.10.2009, 5 C 19.08, BVerwGE 135, 159.
33 VG Saarlouis, Urt. v. 3.7.2017, 3 K 2311/16.
34 Zum bisherigen Recht der §§ 53 ff. SGB XII: BSG, Urt. v. 24.3.2009, S 16 SO 51/05 und B 8 SO 29/07 R, NVwZ-RR 2010, 67; a. A.: BVerwG, Urt. v. 22.10.2009, 5 C 19.08, BVerwGE 135, 159: Leistungspflicht-Vorrang des Sozialhilfeträgers nach § 54 Abs. 4 Satz 2 SGB XII a.F. bei behinderter Mutter.
35 LSG BW, Urt. v. 7.11.2019, L 7 SO 1832/18, Landesrechtsprechung B.-W.
36 VG Saarlouis, Urt. v. 24.4.2017, 3 K 1137/16, juris.

hilfe mittels einer Wohngruppenbetreuung eine vorrangig vom Rehabilitationsträger[37] zu erbringende Leistung, und zwar unabhängig davon, welche Behinderung (die Hörbehinderung oder der infolgedessen eingetretene allgemeine Entwicklungsrückstand) im Vordergrund steht. Für den Vorrang der Eingliederungshilfe (SGB IX) genügt bereits jede Überschneidung der Leistungsbereiche, wenn die Leistungen der Eingliederungshilfe zumindest auch auf eine körperliche oder geistige Behinderung eingehen.[38]

Der Klärung des Vor- und Nachrangverhältnisses geht im Sozialverwaltungsverfahren die Antragstellung und Bescheidung voraus. Hält der angegangene **Träger** der **öffentlichen Jugendhilfe** sich für die Erbringung von Leistungen der **Eingliederungshilfe nicht zuständig**, muss er einen Leistungsantrag binnen zwei Wochen an den von ihm für zuständig gehaltenen Sozialleistungsträger weitergeben, der dadurch zuständig wird (§ 14 Abs. 2 SGB IX) und innerhalb von weiteren drei Wochen entscheiden muss. Bejaht der Jugendhilfeträger seine Zuständigkeit, muss er innerhalb von drei Wochen bescheiden. Dasselbe gilt für eine Entscheidung über eine von Amts wegen zu gewährende Leistung (§ 14 Abs. 3 SGB IX). Sind zur Bedarfsermittlung weitere Schritte mit zeitlichem Aufwand (Gutachteneinholung) erforderlich, kann die Feststellung des Rehabilitationsbedarfs über drei Wochen hinausgehen. Das ist aber selbst bei weitergehendem Aufklärungsbedarf nicht zulässig, wenn dies eine unzumutbare Leistungsverzögerung bewirkt.[39] Nach § 43 SGB I, der durch § 14 SGB IX nicht verdrängt wird, muss die Zuständigkeitsklärung binnen vier Wochen erfolgt sein, sonst ist der zuerst angegangene Sozialleistungsträger (vor-)leistungspflichtig mit Erstattungsansprüchen nach §§ 102 ff. SGB X. 14

V. Landesrechtsvorbehalt zu abweichender Vorrangregelung zur Frühförderung

Leistungen der **Frühförderung** für Kinder (§§ 30, 55 Abs. 2 Nr. 2 SGB IX) können durch Landesrecht unabhängig von der Art der Behinderung in eine andere als § 10 Abs. 4 Satz 1 SGB VIII zugrunde liegende vorrangige Leistungsverpflichtung gebracht werden (**Abs. 4 Satz 3**). Trotz grundsätzlicher Zuständigkeit des Jugendhilfeträgers kann daher landesrechtlich der Sozialhilfeträger generell in die Leistungspflicht kommen, auch wenn der Bedürftige tatsächlich eine seelische Behinderung hat (z.B. § 17 Nds. AG/KJHG). Diesen Weg sind die meisten Bundesländer gegangen. Damit wird eine u.U. auch kostenaufwändige Klärung der Behinderungsart unnötig. 15

VI. Letzte Rechtsentwicklung

Die Neuregelung des § 10 SGB VIII v.a. mit den neuen Absätzen 4 und 5 wird nach Art. 10 Abs. 3 KJSG erst zum 1.1.2028 (!) in Kraft treten. Bis dahin gilt die bisherige Gesetzesfassung fort. Der sog. Dialogprozess „Mitreden-Mitgestalten: Die Zukunft der Kinder- und Jugendhilfe" des BMFSFJ vom November 2018 bis zum Dezember 2019 hatte zum Entwurf des Gesetzes zur Stärkung von Kindern und Jugendlichen (KJSG-E) beigetragen. Mit diesem infolge des Koalitionsvertrags der 19. Legislaturperiode vollzogenen Beteiligungsprozess von Politik, Wissenschaft und Verbänden wurde der Novellierungsbedarf des SGB VIII mit Vertretern von Teilen der beteiligten Fachkreise eruiert. Dabei wurde die langjährige Diskussion um die sog. „Inklusive Lösung" im Sinne der Zuständigkeitsvereinheitlichung beim Träger der öffentli- 16

37 BSG, Urt. v. 4.4.2019, B8 SO 11/17R: „Sozialhilfeträger".
38 VG Lüneburg, Urt. v. 10.4.2018, 4 A 443/16, Nds. Landesjustizportal.
39 Nds. OVG. Beschl. v. 23.7.2003, 12 ME 297/03 (Entscheidungsdatenbank Nds.); Hess. VGH, Beschl. v. 21.9.2004, 10 TG 2293/04 (openJur 2012, 25490).

chen Jugendhilfe vorangebracht. In § 10 SGB VIII hat das KJSG infolgedessen die Erweiterung des Gesetzestextes ab dem 1.1.2028 mit folgendem Wortlaut vorgegeben:

„(4) Die Leistungen nach diesem Buch gehen Leistungen nach dem Neunten Buch vor. Leistungen nach diesem Buch für junge Menschen mit seelischer Behinderung oder einer drohenden seelischen Behinderung werden auch für junge Menschen mit körperlicher oder geistiger Behinderung oder mit einer drohenden körperlichen oder geistigen Behinderung vorrangig vom Träger der öffentlichen Jugendhilfe gewährt. Das Nähere über 1. den leistungsberechtigten Personenkreis, 2. Art und Umfang der Leistung,3. die Kostenbeteiligung und 4. das Verfahren bestimmt ein Bundesgesetz auf Grundlage einer prospektiven Gesetzesevaluation.

(5) Die Leistungen nach diesem Buch gehen Leistungen nach dem Zwölften Buch vor. Abweichend von Satz 1 gehen Leistungen nach § 27a Absatz 1 in Verbindung mit § 34 Abs. 6 des Zwölften Buches den Leistungen nach diesem Buch vor."

Der bisherige Absatz 5 (vgl. oben unter 1.) wird dann Absatz 6.

Diese Gesetzesänderungen wollen – mit verzögertem Geltungsbeginn – die Zuständigkeitsaufspaltung nach der Art der Behinderung aufgeben. Sie realisieren die im o.g. „Dialogprozess" positionierte sog. „Inklusive Lösung" und reagieren auf die unglückliche und wenig praktikable Zuständigkeitsverteilung bei Leistungen der Eingliederungshilfe, die zu zahlreichen gerichtlichen Auseinandersetzungen, letztlich wegen der Kostenträgerschaft, geführt hat. Wegen des gestuften Inkrafttretens des BTHG und des zeitlichen Vorlaufbedarfs ist der Vollzug der „Inklusiven Lösung" mit den Neuregelungen in § 10 SGB VIII erst ab dem 1.1.2028 bestimmt. Der neue § 10 Absatz 4 Satz 2 SGB VIII enthält nach der Gesetzesbegründung des KJSG die „Klarstellung"[40], dass bei mehrfacher Behinderung, auch körperlicher oder geistiger Art, die Leistungen wegen seelischer Behinderung in der Verantwortung des Trägers der öffentlichen Jugendhilfe liegen und vorrangig von diesem erbracht werden. Das bildet die bestehende Rechtslage wirklich nur klarstellend ab. Denn in § 10 Absatz 4 Satz 2 SGB VIII ist ausdrücklich bisher nur von den Leistungen nach „diesem Buch" die Rede, nur diese werden neben denen der anderen Leistungsträger der Eingliederungshilfe auch körperlich und geistig behinderten jungen Menschen bereitgestellt und gewährt. Nach der Gesetzesbegründung ist damit die Zusammenführung der Leistungszuständigkeiten für junge Menschen „verbunden", die mit einer prospektiven Gesetzesevaluation **vorbereitet** werden soll. Diese Evaluation soll zu bundesgesetzlichen Neuregelungen der Zuständigkeiten führen, die bis zum 1.1.2027 vorliegen müssen, wenn die im Interesse der Hilfebedürftigen unbedingt wünschenswerte Zusammenlegung der Zuständigkeiten in der Eingliederungshilfe für junge Menschen in der Hand des Trägers der öffentlichen Jugendhilfe tatsächlich ab 2028 existieren soll.

40 BT-Drs. 19/26107, 76.

§ 10a
Beratung

(1) Zur Wahrnehmung ihrer Rechte nach diesem Buch werden junge Menschen, Mütter, Väter, Personensorge- und Erziehungsberechtigte, die leistungsberechtigt sind oder Leistungen nach § 2 Absatz 2 erhalten sollen, in einer für sie verständlichen, nachvollziehbaren und wahrnehmbaren Form, auf ihren Wunsch auch im Beisein einer Person ihres Vertrauens, beraten.

(2) Die Beratung umfasst insbesondere

1. **die Familiensituation oder die persönliche Situation des jungen Menschen, Bedarfe, vorhandene Ressourcen sowie mögliche Hilfen,**
2. **die Leistungen der Kinder- und Jugendhilfe einschließlich des Zugangs zum Leistungssystem,**
3. **die Leistungen anderer Leistungsträger,**
4. **mögliche Auswirkungen und Folgen einer Hilfe,**
5. **die Verwaltungsabläufe,**
6. **Hinweise auf Leistungsanbieter und andere Hilfemöglichkeiten im Sozialraum und auf Möglichkeiten zur Leistungserbringung,**
7. **Hinweise auf andere Beratungsangebote im Sozialraum.**

Soweit erforderlich, gehört zur Beratung auch Hilfe bei der Antragstellung, bei der Klärung weiterer zuständiger Leistungsträger, bei der Inanspruchnahme von Leistungen sowie bei der Erfüllung von Mitwirkungspflichten.

(3) Bei minderjährigen Leistungsberechtigten nach § 99 des Neunten Buches nimmt der Träger der öffentlichen Jugendhilfe mit Zustimmung des Personensorgeberechtigten am Gesamtplanverfahren nach § 117 Absatz 6 des Neunten Buches beratend teil.

Übersicht Rn.

A. Allgemeines

I. Funktion und Charakter der Norm

1 § 10a SGB VIII gibt jungen Menschen[1] und ihren Familien[2] ein Recht auf umfassende allgemeine Beratung[3] und Unterstützung im **Zugang zum Leistungssystem** nicht nur der Kinder- und Jugendhilfe, sondern darüber hinaus auch zu anderen Leistungsträgern (wie Eingliederungshilfe, gesetzliche Krankenkassen, soziale Pflegeversicherung). Die Vorschrift wurde durch das Kinder- und Jugendstärkungsgesetz (KJSG) am 10.06.2021 eingefügt:[4] Die soziale Teilhabe von Kindern und Jugendlichen mit Hilfebedarf sollte verbessert und Kinder mit und ohne Behinderung sollten mittels eines inklusiven Konzepts gemeinsam gestärkt werden. § 10a Abs. 1 SGBB VIII normiert einen Rechtsanspruch auf Beratung. Zwar mag der Wortlaut der Vorschrift nicht eindeutig sein, auch wenn indikativische Formulierungen in Gesetzestexten grundsätzlich keinen beschreibenden, sondern einen normativen Inhalt haben. Für die Begründung eines Rechtsanspruchs steht jedoch die Gesetzgebungsgeschichte. Während die Gesetzesbegründung von einer „Regelung zur Beratung" spricht, „die den Beratungsanspruch und die Aufklärungspflichten nach §§ 14 und 15 SGB I in Bezug auf den Träger der öffentlichen Jugendhilfe konkretisiert",[5] sieht § 10a SGB VIII nach Auffassung des Bundesrates „einen umfassenden Beratungsanspruch" vor.[6] Dem hat die Bundesregierung in ihrer Stellungnahme nicht widersprochen.[7] Für die Annahme eines Rechtsanspruchs spricht systematisch § 2 Abs. 2 SGB I. Danach sind die nachfolgend geregelten sozialen Rechte bei der Auslegung der Vorschriften des SGB zu beachten und ist sicherzustellen, dass die sozialen Rechte möglichst weitgehend verwirklicht werden. Nach § 8 SGB I haben junge Menschen und Personensorgeberechtigte im Rahmen des SGB ein Recht, Leistungen der öffentlichen Jugendhilfe in Anspruch zu nehmen. Der Verwirklichung dieses Rechts dient auch der Beratungsanspruch nach § 10a SGB VIII. Nur auf diese Weise wird zudem das Versprechen eingelöst, „die Leistungsadressatinnen und -adressaten in der Wahrnehmung ihrer Subjektstellung zu unterstützen und sie in die Lage zu versetzen, eigenverantwortliche Entscheidungen zu treffen und aktiv am Leistungsgeschehen mitzuwirken".[8] Der Träger der öffentlichen Jugendhilfe ist verpflichtet, dafür Sorge zu tragen, dass die qualifizierte Beratung bereitgestellt wird. Die freiwillige Inanspruchnahme durch die Leistungsberechtigten entspricht dem Beteiligungsgedanken. Die detaillierten Anforderungen der ausführlichen, hilfreichen und unterstützenden Beratung nach § 10a SGB VIII könnten in ihrer Fülle Wunschtraum bleiben statt als neue Leitlinie Transparenz und Beteiligung der Adressaten zu vergrößern, wie es für das KJSG gefordert worden war.[9]

2 Die adressatengerechte Aufklärung ist elementare Voraussetzung für Leistungsberechtigte der Kinder- und Jugendhilfe, um aktiv partizipieren zu können. Durch die ausführliche und

---

1 Nach § 7 Abs. 1 Nr. 4 SGB VIII ist junger Mensch, wer noch nicht 27 Jahre alt ist.
2 Begriffsbestimmungen zu Personensorge- und Erziehungsberechtigter siehe § 7 Abs. 1 SGB VIII.
3 Zur Funktion von Beratung im Sozialleistungssystem siehe *Weyrich:* „Eine umfassende Beratung ist die Grundlage für das Funktionieren des immer komplizierter werdenden sozialen Leistungssystems"; Beitrag D17-2019 vom 11.10.2019 unter www.reha-recht.de; Zum Begriff Beratung siehe *Welti*, Beratung im Recht – am Beispiel der Beratung für und durch behinderte Menschen; Beitrag D41-2016 vom 18.10.2016, unter www.reha-recht.de; beide abgerufen am 8.5.2022.
4 Insgesamt zur Einführung und Zielsetzung des § 10a SGB VIII vgl. Entwurf eines Gesetzes zur Stärkung von Kindern und Jugendlichen (Kinder- und Jugendstärkungsgesetz – KJSG), BT-Drs. 19/26107, 77 ff.
5 Vgl. BT-Drs. 19/26107, 77.
6 Vgl. BT-Drs. 19/27481, 9; vgl. auch Wiesner/Wapler/*Wiesner*, SGB VIII § 10a Rn. 7, *Luthe*, ZKJ 2022, 405.
7 Vgl. BT-Drs. 19/27481, 76.
8 So die Gesetzesbegründung, BT-Drs. 19/26107, 77.
9 „Junge Menschen, Eltern und Familien besser beteiligen" war eines der fünf Hauptziele der Reform des SGB VIII, siehe KJSG Entwurf, BT-Drs. 19/26107, 3.

breit gefächerte Beratung zu den Leistungsmöglichkeiten nach dem SGB VIII sowie die **Orientierung** zu den Schnittstellen und Zuständigkeiten anderer Leistungssysteme sollen die Adressaten in die Lage versetzt werden, eigenverantwortliche Entscheidungen zu treffen und ihre Rechte wahrzunehmen. Die Beratung erstreckt sich dabei auch auf die Ausgestaltung, Auswirkung und den Ablauf der Hilfe. Die Leistungsberechtigten werden befähigt, ihre subjektiven Rechte auszuüben und selbstbestimmt[10] am Leistungsgeschehen der Jugendhilfe mitzuwirken. Ob eine allgemeine Beratung auch drohenden Leistungsabbrüchen, vor allem an Schnittstellen verschiedener Träger, entgegenwirken kann, ist fraglich, denn in solchen Konfliktfällen ist eine tragfähige Vertrauensbeziehung gefordert.

Es ist zwingend geboten, **adressatenorientiert**, verständlich und nachvollziehbar auf Augenhöhe zu beraten. 3 Im Zuge der Inklusion bedeutet dies gleichermaßen, den besonderen Bedürfnissen von Menschen mit Behinderungen zu begegnen. **Beratung ist soziale Dienstleistung.** Sie nimmt die Leistungsberechtigten als Subjekte wahr und unterstützt sie, Entscheidungen zum Hilfebedarf selbstbestimmt zu treffen. Durch die Vermittlung der Informationen werden junge Menschen mit und ohne Behinderung bestärkt in der gleichberechtigten Teilhabe am Leben in der Gesellschaft.

Auf die Länder und Gemeinden kommen mit der Umsetzung des KJSG und der Verwirklichung der Inklusion erhebliche jährliche **Kosten** zu.[11] 4 Der Bundesrat verabschiedete mit seiner Zustimmung zum KJSG eine Entschließung, dass die zusätzlichen Kosten nicht vollständig von den Ländern und Kommunen getragen werden können:[12]

> *„(…) Der mit der Reform verbundene hohe fachliche Anspruch kann zudem nur mit gut qualifizierten und motivierten Mitarbeitern_innen in ausreichend ausgestatteten Jugendämtern umgesetzt werden. Solange dies nicht gewährleistet werden kann, wird sich der bereits manifestierte Fachkräftemangel in diesem Bereich aufgrund der Vorgaben der Reform weiter verschärfen."*

Der Paradigmenwechsel zur **inklusiven Infrastruktur** sowie mehr Beteiligung und Schutz 5 der Leistungsberechtigten, schon ausgerufen als „Neue Epoche der Kinder- und Jugendhilfe",[13] bedarf des Engagements, der Innovation und letztlich der gebotenen finanziellen Unterstützung auf jeder Ebene. Die Mammutaufgabe liegt beim öffentlichen Träger. Es muss Zeit und Geld in den Change-Prozess der Organisationsabläufe investiert werden, in die Neuordnung der Schnittstellen zu anderen Beratungsansprüchen und in zusätzliches, besonders **qualifiziertes Personal**. Aber auch neue Wege der Zusammenarbeit durch pragmatische träger- und systemübergreifende Kooperation können helfen, die gestellten Aufgaben zu meistern.[14] Die Politik ist weiter gefordert, für die erforderlichen Ressourcen zur Umsetzung der gesetzlich formulierten Aufgaben zu sorgen. Anderenfalls droht der Schwung des mit breiter Zustimmung begonnenen Reformprozesses zu verebben. Auch an den **Hochschulen** sind neue Ausbildungsangebote für die nächsten Generation der Fachkräfte in einer inklusiven Sozialen Arbeit zu entwickeln und in das Curriculum einzubauen.

Die **Bestimmungen des Sozialdatenschutzes** (§§ 61 ff. SGB VIII) finden Anwendung, namentlich der besondere Vertrauensschutz nach § 65 SGB VIII, wenn bei der Beratung Informationen anvertraut werden. Die örtliche Zuständigkeit richtet sich nach § 86 SGB VIII.

---

10 Siehe das Recht auf Entwicklung zu einer selbstbestimmten Persönlichkeit nach § 1 Abs. 1 SGB VIII.

11 Im Gesetzesentwurf ist insgesamt für alle Änderungen ein zusätzlicher jährlicher Erfüllungsaufwand in Höhe von rund 88,8 Millionen Euro für die Verwaltung genannt, zusätzlich zu einem einmaligen Aufwand in Höhe von rund 60,9 Millionen Euro in den Jahren 2021 bis 2027 (Stufen der Inklusion), BT-Drs. 19/26107, 9.

12 BR-Drs. 319/21.

13 Positionspapier der Modellprojekts „Inklusion jetzt" vom 12. Mai 2021, 1.

14 Positionspapier der Modellprojekts „Inklusion jetzt" vom 12. Mai 2021, 3.

Der dritte Absatz des § 10a regelt inhaltlich eine ganz andere Materie als die beiden vorangegangenen Absätze. Das Jugendamt wird in das **Gesamtplanverfahren** des § 117 Abs. 6 SGB IX einbezogen.

II. Abgrenzung zu anderen Beratungsangeboten

6 Die Beratung nach § 10a SGB VIII verdrängt nicht den allgemeinen Beratungsanspruch nach **§§ 14, 15 SGB I**, sondern konkretisiert ihn inhaltlich für das SGB VIII und konzentriert das Angebot auf die Unterstützung beim Zugang zu den Hilfemöglichkeiten in der Kinder- und Jugendhilfe. Gegenüber dem elternunabhängigen Beratungsanspruch gemäß **§ 8 Abs. 3 SGB VIII** hat die Beratung nach § 10a SGB VIII eine allgemeinere informierende Zielsetzung. Beratung im Sinne des § 10a SGB VIII bewegt sich inhaltlich im Vorfeld zu den konkreten Hilfen und die darauf bezogenen spezifischen Beratungsleistungen, z.B. **§§ 11 Abs. 3, 17, 36 SGB VIII**. Auch systematisch findet sich § 10a SGB VIII daher im ersten Kapitel „Allgemeine Vorschriften" und zählt nicht zu den darauffolgenden „Leistungen der Jugendhilfe" (zweites Kapitel).

Die neuen **Ombudsstellen nach § 9a SGB VIII** beraten und begleiten in spezifischen Fällen von Konfliktsituationen im Rahmen der Leistungserbringung mit dem öffentlichen oder freien Träger der Jugendhilfe. Für diesen speziellen Bereich sollte in der Beratung nach § 10a SGB VIII ein Hinweis auf bzw. eine Weiterverweisung an die Ombudsstellen erfolgen. Gesetzliche Beratungspflichten anderer Sozialleistungsträger bleiben bestehen, z.B. für Träger der Eingliederungshilfe nach dem inhaltlich entsprechenden **§ 106 SGB IX**.[15]

B. Einzelheiten

I. Abs. 1 – Beratung

1. Adressaten

7 Die Beratung gilt für alle Personen, die nach dem SGB VIII leistungsberechtigt sind oder die Leistungen der Jugendhilfe erhalten können, ohne selbst Leistungsberechtigte zu sein (z.B. Kinder und Jugendliche im Rahmen von Hilfe zur Erziehung nach §§ 27 ff. SGB VIII).

Bei der Beratung von jungen Menschen sollten die Eltern grundsätzlich einbezogen werden. Personensorge- und Erziehungsberechtigte müssen über mögliche Auswirkungen, Chancen und Risiken sowie gegebenenfalls erwartete Mitwirkung am Hilfeprozess ausreichend aufgeklärt werden, um ihre Elternverantwortung[16] angemessen wahrzunehmen. Diese Erläuterungen sollten organisatorische und rechtliche Rahmenbedingungen umfassen wie auch entwicklungspsychologische Aspekte.[17] Die Eltern entscheiden in der Regel über die Geltendmachung von Ansprüchen auf Hilfe und damit über das Recht des Kindes auf Förderung der Entwicklung. Der Schlüsselrolle der **Eltern** bei der Erziehung zu einer eigenverantwortlichen und gemeinschaftsfähigen Persönlichkeit muss die Jugendhilfe hinreichend Rechnung tragen.

---

15 Ausführlich zur Abgrenzung von § 10a SGB VIII zu anderen Beratungsangeboten im SGB VIII siehe *Luthe*, S. 403 f.; *Kunkel*, Beratungspflichten des Jugendamts, ZKJ 2022, S. 137 ff.

16 Zum Begriff der „Elternverantwortung" BVerfGE 24, 119 ff., 143.

17 Bundesministerium für Familie, Senioren, Frauen und Jugend, Abschlussbericht „Mitreden - Mitgestalten", 31.

2. Beratende Fachkraft

Die beratenden Fachkräfte benötigen eine weitgehende Expertise zum gesamten Spektrum der öffentlichen Jugendhilfeleistungen sowie der Angebote freier Träger, Hilfen im Sozialraum und Optionen anderer Leistungserbringer, um aus der großen Bandbreite der Möglichkeiten und ihrer Voraussetzungen für Ratsuchende alle relevanten Informationen zur Verfügung stellen zu können. Neben diesem Wissen auf dem sachlich neuesten Stand sind pädagogische, psychologische Fähigkeiten gefragt, um die Bedarfe zu erfassen. Mithin sind von den Beratenden umfassende Kenntnisse, aber auch Erfahrungen erwünscht, um der in § 10a SGB VIII gestellten Aufgabe gerecht zu werden. Nur in seltenen Fällen wird in der Beratungssituation auf eine bestehende verlässliche Vertrauensbeziehung zurückgegriffen werden können, die den Zugang und das Eingehen auf die Ratsuchenden erleichtern würde. 8

Das **umfassend qualifizierte Personal** soll in der Lage sein, flexibel auf die heterogenen Bedarfe junger Menschen mit und ohne Behinderungen eingehen zu können und die Informationsinhalte adressatengerecht anzupassen. Hinzu kommt die zu leistende Unterstützung bei Antragstellung, Zuständigkeitsklärung mit anderen Leistungsträgern oder Hilfe bei Mitwirkungspflichten, die eine detailgenaue Betreuung erfordern können. Die angesprochenen Kompetenzen zu erwerben, wird in den kommenden Jahren eine große **Herausforderung** für die Fachkräfte der Kinder- und Jugendhilfe. Woher kommen diese Fachkräfte, die alle Bedürfnisse befriedigen und allen Ansprüchen gerecht werden sollen? Wer bildet sie aus, wer bildet sie weiter? Für die Träger stellt sich die mühevolle Aufgabe der Rekrutierung, Finanzierung und Weiterbildung der entsprechend fachlich qualifizierten Mitarbeitenden, um die erforderliche Personalausstattung zu erreichen. 9

Bei einer möglichen Falschberatung, unterlassenen oder nicht fristgemäßen Beratung ist eine Haftung nach den Grundsätzen der **Amtshaftung** oder des **sozialrechtlichen Herstellungsanspruches** zu prüfen. Voraussetzung des Herstellungsanspruchs sind Leistungsnachteil oder Schaden bei dem Betroffenen, objektive Pflichtwidrigkeit des Beratenden sowie der ursächliche Zusammenhang zwischen der Beratungspflicht und dem Schadenseintritt. Als ein Institut der richterlichen Rechtsfortbildung ist der sozialrechtliche Herstellungsanspruch dem Anspruch auf Amtshaftung nachrangig.[18]

3. Art der Beratung

Die ergebnisoffene, informierende Beratung kann ein erster Kontakt sein und der Beginn eines Vertrauensverhältnisses zwischen Jugendamt und Adressaten. Im Beratungsgespräch können Bedarfe und Berechtigung ermittelt und geklärt werden. Die Beratung ist **adressatenorientiert** zu erbringen. Dies berücksichtigt eine verständliche und nachvollziehbare Form, damit die Informationen von der ratsuchenden Person individuell wahr- und aufgenommen werden können. 10

Im Gesetzgebungsverfahren zum KJSG hat der Bundesrat die wahrnehmbare Form der Beratung durch die Worte „verständlich" und „nachvollziehbar" ergänzt und führt dazu aus:[19] 11

> *„Bezogen auf die Form ist jedoch anzumerken, dass der Begriff „wahrnehmbar" zu eng ist. „Wahrnehmbar" impliziert die Wahrnehmung von Informationen mittels Sinnesorganen. Im Hinblick auf die Inklusion ist dies beispielsweise für junge Menschen mit Sehbehinderungen zu begrüßen. Die Gesetzesbegründung geht allerdings von „verständlich und nachvollziehbar" aus. Dies ist ein grundsätzlich anderer Sinngehalt. Um die unterschiedlichen Belange aller jungen Menschen zu berücksichtigen, wird daher eine Konkretisierung im Sinne von „verständlich, nachvollziehbar und wahrnehmbar," empfohlen."*

18 Ausführlich zur Haftung bei Beratungsfehlern *Luthe*, Teil 2, S. 454 ff.
19 BT-Drs. 19/27481, 9.

12 In Bezug auf Menschen mit Behinderungen wird damit auch dem Artikel 21 der UN-Behindertenrechtskonvention Rechnung getragen; erfasst wird insbesondere auch die sogenannte „Leichte Sprache". Diese ist eine speziell geregelte einfache Sprache, die das intellektuelle Erfassen erleichtert. Die Entscheidung zur Umsetzung der inklusiven Kinder- und Jugendhilfe bis zum Jahr 2028 bedeutet, die besonderen Bedürfnisse von Kindern mit Behinderungen in allen Abläufen mitzudenken und praktisch zu verankern, um eine Sensibilisierung aller Beteiligten zu erreichen. Das betrifft die Berücksichtigung körperlicher Beeinträchtigungen (vgl. Gebärdensprache) genauso wie kognitive Wahrnehmungshürden. Damit Familien mit einem Kind mit Behinderung und Eltern mit Behinderung den Weg ins Jugendamt finden, bedarf es neben Barrierefreiheit und Niedrigschwelligkeit auch der Verbreitung der Informationen über die „große Lösung" der Inklusion. Um gleichwertige Bedingungen deutschlandweit für das Aufwachsen junger Menschen zu schaffen, sollten Ressourcen und ausgebildetes Personal in allen Bundesländern eine vergleichbare Qualität aufweisen.

13 Beratung muss nicht zwingend von Angesicht zu Angesicht geleistet werden. Auch Angebote über Telefon, E-Mail, Chat oder online über Webseiten, möglicherweise auch anonym, können adressatengerecht sein und den **Zugang erleichtern**.

14 Denkbar ist auch der Auf- oder Ausbau des sogenannten **„Peer-Counseling"** (Beratung von Menschen mit Behinderung durch Menschen mit Behinderung[20], aber auch Eltern mit Kindern mit Behinderungen für Eltern in einer vergleichbaren Situation). Die Beratung erfolgt eher auf Augenhöhe, wenn ein Mensch mit einer Behinderung einer anderen Person mit einer ähnlichen Beeinträchtigung Empfehlungen gibt. Es werden auch eigene Erfahrungen der beratenden Person weitergegeben und insbesondere individuelle Lösungen angestrebt. Peer-Counseling kann professionell oder semiprofessionell angelegt sein. Es fördert Teilhabe auf beiden Seiten des Beratungsgesprächs.

15 ***EXKURS Sprachmittlung***

Sprachmittlung bedeutet, Inhalte adressatengerecht unter besonderer Berücksichtigung der Situation des Adressaten in eine andere Sprache zu übertragen. Sprachliche Pluralisierung und Mehrsprachlichkeit der Leistungsberechtigten ist im Alltag der Kinder- und Jugendhilfe zunehmend präsent und stellt eine spezifische Herausforderung für den Austausch zwischen den Akteuren dar.[21] *Das* ***mehrsprachige Interagieren*** *geht über bloßes Übersetzen oder Dolmetschen hinaus. Statt technisch zu transkribieren (womöglich schlicht mit Google-Übersetzer), berücksichtigt die Sprachmittlung mit einer freieren Übertragung die sozialen Komponenten situations- und adressatengerecht.*

Ob ein ***Anspruch auf eine solche Sprachmittlung*** *und damit vor allem auf die Kostenübernahme besteht, ist gesetzlich durch die SGB-VIII-Reform nicht geklärt. In einer Rechtsexpertise vor der Reform tritt* ***Münder*** *für den Anspruch auf Sprachmittlung nebst Kostenübernahme ein, soweit ein subjektiver Rechtsanspruch, beispielsweise eine Hilfe zur Erziehung, ohne Sprachmittlung nicht in geeigneter Weise erbracht werden kann.*[22] *Dagegen bestand nach einer Stellungnahme des DIJuF*[23] *aus dem Jahre 2017 kein Recht auf die Übernahme der Kosten einer Übersetzung, es sei denn, es handelte sich um einzelne Bereiche der speziellen Leistungserbringung.*

Der Gesetzgeber hat es mit der Reform versäumt, die Materie zu kodifizieren. Auch in den amtlichen Begründungen fehlen entsprechende Hinweise. Einige Leitgedan-

---

20 Vgl. auch § 32 Abs. 3 SGB IX.
21 *Hollweg*, 2021, 118.
22 *Münder*, 2016, 24 ff.
23 DIJuF-Rechtsgutachten JAmt 2017, 290 ff.

ken der Reform (Subjektstellung, Partizipation und Transparenz) gebieten allerdings jetzt die Überwindung der Verständnisbarriere und damit die Begründung eines Rechtsanspruchs auf ***Kostenübernahme*** *von Sprachmittlung. Wie soll in „verständlicher, nachvollziehbarer und wahrnehmbarer Weise" beraten werden, wenn die aufzuklärende Person die Fachkraft sprachlich nicht verstehen kann. Dem Gesetzeswortlaut ist bei der Auslegung der Norm zu folgen. Eine nicht Deutsch sprechende Person muss in einer für sie nachvollziehbaren Weise in einer für sie verständlichen Sprache entweder durch die Beratungskraft selbst oder mit Hilfe eines Dolmetschers beraten werden. Darüber hinaus besteht das praktische Problem, speziell qualifizierte Sprachmittler für den besonders sensiblen Bereich der Kinder- und Jugendhilfe zu finden und zu verpflichten.*

4. Vertrauensperson

Auf ihren Wunsch hin können Ratsuchende eine Person ihres Vertrauens zur Beratung hinzuziehen. Wer dafür benannt wird, entscheiden die Leistungsberechtigten selbst. Durch die Anwesenheit und Expertise einer Vertrauensperson soll den Adressatinnen und -adressaten ein Sicherheitsgefühl vermittelt werden, aber auch gegebenenfalls Hilfe zur besseren Verständigung und Kommunikation ermöglicht werden. 16

II. Abs. 2 – Inhalt der Beratung, Aufgabenkatalog

Die Beratung nach § 10a SGB VIII steht grundsätzlich für alle Fragestellungen zum Zugang zur Kinder- und Jugendhilfe offen und ist entsprechend umfangreich angelegt. Die einzelnen Aufgabenbereiche im Katalog des Absatzes 2 dienen der Orientierung der Beratungsfelder, bilden aber keine abschließende Aufzählung: 17

Als Beispiele zu den Beratungsgegenständen werden ausdrücklich die **Leistungen der Kinder- und Jugendhilfe** einschließlich des **Zugangs zum Leistungssystem** genannt. Es ist über **mögliche Auswirkungen einer Hilfe**, beispielsweise in psychosozialer Weise hinsichtlich entwicklungspsychologischer Prozesse oder Bindungen, sowie über denkbare **Folgen einer Hilfe**, beispielsweise rechtliche Kostentragungs- oder Mitwirkungspflichten, zu unterrichten.

Weiter umfasst die Beratung die **Leistungen anderer Leistungsträger**, z.B. mögliche Ansprüche auf andere Sozialleistungen. Hier ist u.U. bei unterschiedlichen Bedarfen die Vorrangigkeit der Ansprüche nach anderen Gesetzen zu prüfen, zu sichten und den Adressaten verständlich zu erläutern. Dazu kommen jeweilige verschiedenartige **Verwaltungsabläufe**, über die zu informieren ist. Bei der Beratung einer **Familie**, ihrer besonderen Situation, individuellen **Bedarfen** und **vorhandenen Ressourcen** kann die Lage unübersichtlich sein. Bei mehreren unterschiedlichen Verfahren zu unterschiedlichen Ansprüchen wächst die Beratungsaufgabe schnell über die grundsätzlich pro Beratungsfall angenommenen 30 Minuten hinaus.[24] 18

Hinzu kommen geforderte weitere Hinweise zu **Möglichkeiten der Leistungserbringung** und zu Angeboten im jeweiligen **Sozialraum**. Hierzu gehört insbesondere die Information über ergänzende und unabhängige **Beratungsangebote** nach § 32 SGB IX (Ergänzende unabhängige Teilhabeberatung – EUTB®) für den Bereich der Rehabilitation und Teilhabe. Obwohl in der Norm nicht ausdrücklich benannt, sollte sich die Beratung auf den Hinweis 19

24 BT-Drs. 19/27481, 50.

oder die Weiterverweisung an unabhängige Ombudsstellen (§ 9a SGB VIII) erstrecken, wenn ein Konfliktfall mit dem Leistungserbringer vorliegt.

20 Die Leistungsadressatinnen sollen nicht nur theoretisch beraten werden. Damit sie auch zügig und erfolgreich die notwendigen Leistungen erhalten, regelt § 10a Abs. 2 Satz 2 SGB VIII, dass die Beratung, soweit erforderlich, auch die Unterstützung bei der **Antragstellung**, der Klärung **weiterer zuständiger Leistungsträger** sowie bei der **Erfüllung von Mitwirkungspflichten** umfasst.

III. Abs. 3 – Gesamtplanverfahren nach SGB IX bis 2028

21 Der dritte Absatz befasst sich nicht mit dem Beratungsanspruch, sondern mit der Beteiligung des Jugendamts an dem Gesamtplanverfahren. Mithilfe des Gesamtplanverfahrens[25], §§ 117 ff. SGB IX, sollen die notwendigen unterstützenden Leistungen der Eingliederungshilfe ermittelt, geplant, gesteuert und dokumentiert sowie ihre Wirkung regelmäßig überprüft werden. Unter der Bedingung, dass die Personensorgeberechtigten der minderjährigen Eingliederungshilfeberechtigten zustimmen, wird eine **Fachkraft des Jugendamtes** beratend verbindlich am Gesamtplanverfahren (§ 117 Abs. 6 SGB IX) beteiligt. Mit ihrer Expertise zur Stärkung und Entwicklungsförderung junger Menschen nach der Kinder- und Jugendhilfe trägt sie während der Übergangsphase des Stufenmodells zur Umsetzung der inklusiven Lösung bei. Manche Eltern von jungen Menschen mit Behinderung fürchten, dass sie sich bei der inklusiven Kinder- und Jugendhilfe neben den Leistungen zur Teilhabe auch mit den Jugendämtern in Bezug auf Erziehungsfragen auseinandersetzen müssen. Die beteiligte Fachkraft des Jugendamtes kann Vertrauen schaffen und aufklären, dass Erziehungshilfen grundsätzlich nicht gegen den Willen der Eltern erfolgen (Ausnahme: Kindeswohlgefährdung). Nur in „begründeten Ausnahmefällen" wird der Träger der Eingliederungshilfe von der Beteiligung des Jugendamtes absehen können; „insbesondere wenn durch die Teilnahme des zuständigen örtlichen Trägers das Gesamtplanverfahren verzögert würde" (§ 117 Abs. 6 S. 2 SGB IX).

22 Die Beteiligung am Gesamtplanverfahren ist nur für die Dauer der Übergangszeit des Stufenmodells zur inklusiven Lösung vorgesehen. Der Verfahrenslotse nach § 10b SGB VIII soll ab 2024 junge Menschen und ihre Familien im Hinblick auf Leistungen der Eingliederungshilfe im Jugendamt beraten und unterstützen. § 10a Abs. 3 SGB VIII tritt bedingungslos zum 1. Januar 2028 wieder außer Kraft.[26] Bis zu diesem Zeitpunkt soll ein Bundesgesetz verabschiedet sein, das die Inhalte zur gesamten inklusiven Kinder- und Jugendhilfe regelt. Damit wäre die Beteiligung des Jugendamts am Gesamtplanverfahren obsolet. Allerdings bleibt die Unsicherheit, ob das angekündigte Gesetz und mit welchem Inhalt es verabschiedet wird.

§ 10a Abs. 3 SGB VIII ist ein erster Schritt auf den geplanten Stufen hin zu einer inklusiven Kinder- und Jugendhilfe und der **Gesamtzuständigkeit** des SGB VIII ab 2028. Bis dahin ist sicherzustellen, dass den spezifischen Bedarfen von Kindern und Jugendlichen, die sich in vielfältiger Weise von den Bedarfen Erwachsener unterscheiden, im Hinblick auf die Leistungsgewährung der Eingliederungshilfe Rechnung getragen wird.

---

25 Eingeführt durch das Bundesteilhabegesetz (BTHG).
26 Art. 10 Abs. 4 KJSG.

§ 10b
Verfahrenslotse

(1) [1]Junge Menschen, die Leistungen der Eingliederungshilfe wegen einer Behinderung oder wegen einer drohenden Behinderung geltend machen oder bei denen solche Leistungsansprüche in Betracht kommen, sowie ihre Mütter, Väter, Personensorge- und Erziehungsberechtigten haben bei der Antragstellung, Verfolgung und Wahrnehmung dieser Leistungen Anspruch auf Unterstützung und Begleitung durch einen Verfahrenslotsen. [2]Der Verfahrenslotse soll die Leistungsberechtigten bei der Verwirklichung von Ansprüchen auf Leistungen der Eingliederungshilfe unabhängig unterstützen sowie auf die Inanspruchnahme von Rechten hinwirken. [3]Diese Leistung wird durch den örtlichen Träger der öffentlichen Jugendhilfe erbracht.

(2) [1]Der Verfahrenslotse unterstützt den örtlichen Träger der öffentlichen Jugendhilfe bei der Zusammenführung der Leistungen der Eingliederungshilfe für junge Menschen in dessen Zuständigkeit. [2]Hierzu berichtet er gegenüber dem örtlichen Träger der öffentlichen Jugendhilfe halbjährlich insbesondere über Erfahrungen der strukturellen Zusammenarbeit mit anderen Stellen und öffentlichen Einrichtungen, insbesondere mit anderen Rehabilitationsträgern.

Übersicht Rn.

A. Allgemeines

I. Stufenplan zur Inklusion

Die Einsetzung des Verfahrenslotsen durch § 10b SGB VIII tritt erst am 1. Januar 2024 verpflichtend in Kraft, siehe § 107 Abs. 1 Satz 1 Nr. 1 SGB VIII. Zwar ist es auch vor diesem Zeitpunkt möglich, Verfahrenslotsen zu etablieren[1], doch haben junge Menschen mit (drohenden) Behinderungen und ihre Eltern nach § 10b SGB VIII den **rechtlichen Anspruch** auf Unterstützung bei ihren Forderungen an die Eingliederungshilfe nur vom 1. Januar 2024 bis zum 1. Januar 2028. Ein unabhängiger Verfahrenslotse oder -lotsin[2] als verbindlicher Ansprechpartner beim örtlichen Träger der öffentlichen Jugendhilfe leistet Support und begleitet bei der Antragstellung, Verfolgung und Wahrnehmung von Leistungen der Eingliederungshilfe. Außerdem berichtet der Verfahrenslotse seine Erkenntnisse und Erfahrungen über die Zusammenführung der Zuständigkeiten der Leistungen für Kinder und Jugendliche mit Behinderungen unter dem Dach der Kinder- und Jugendhilfe im SGB VIII (Inklusion) an den öffentlichen Träger und trägt damit zur weiteren Entwicklung dieses **Umstellungsprozesses** bei. Die Unterstützung durch den Lotsen stärkt die Subjektstellung der Kinder mit Behinderungen bzw. ihrer Eltern und ermöglicht ihnen mehr Selbstbestimmung durch Information und Teilhabe. 1

1 § 107 Abs. 1 Satz 2 SGB VIII.
2 Im Weiteren wird zur besseren Lesbarkeit dem Gesetzeswortlaut folgend lediglich die männliche Form verwendet. Selbstverständlich sind damit gleichzeitig Verfahrenslotsinnen angesprochen.

2 Für den Prozess der Inklusion hat der Gesetzgeber im **Kinder- und Jugendstärkungsgesetz (KJSG)** eine Übergangszeit von insgesamt sieben Jahren ab dem Jahr 2021 vorgesehen[3], die sich in Phasen im Sinne eines Stufenmodells teilt.[4] Die **erste Phase** beginnt sofort mit Inkrafttreten des KJSG im Juni 2021 und dient im Wesentlichen der **Schnittstellenbereinigung** zwischen Eingliederungs- und Jugendhilfe. Hierzu gehören die Verankerung des Leitgedankens der Inklusion, die Zusammenarbeit verschiedener Sozialleistungsträger auch bei Beratungsleistungen.[5]

3 Die verbindliche Einführung des Verfahrenslotsen am **1. Januar 2024** ist der Eintritt in **Phase zwei**. Spätestens bis dahin sollten die Jugendämter die erforderlichen Voraussetzungen für die Wahrnehmung dieser Aufgabe geschaffen haben.[6] Die **dritte und letzte Phase** hängt von der Verabschiedung eines weiteren Bundesgesetzes ab, das die Einzelheiten der inklusiven Kinder- und Jugendhilfe regelt. Am 1. Januar 2028 schließlich soll die Eingliederungshilfe für Kinder und Jugendliche in das SGB VIII vollständig integriert sein. Der Verfahrenslotse als Schnittstellenberater wäre dann überflüssig und § 10b SGB VIII tritt am 1. Januar 2028 außer Kraft.[7]

4 Es steht den Jugendämtern frei, bereits vor dem Jahr 2024 Verfahrenslotsen zu installieren und einige öffentliche Träger machen sich bereits auf den Weg, in **Modellprojekten**[8] die Inklusion voranzubringen. § 107 Abs. 1 Satz 2 SBG VIII weist ausdrücklich darauf hin, dass die begleitenden wissenschaftlichen Untersuchungen des Bundesministeriums für Familie, Senioren, Frauen und Jugend insbesondere die Erfahrungen von Jugendämtern berücksichtigen, „die bereits vor dem 1. Januar 2024 Verfahrenslotsen entsprechend § 10b SGBG VIII einsetzen". Die Erkenntnisse aus Modellprojekten sollen in die Ausgestaltung des Bundesgesetzes nach § 10 Abs. 3 Satz 4 SGB VIII einfließen, das die Einzelheiten der finalen Umsetzung der **Inklusion** regelt. Außerdem dienen sie bundesweit den öffentlichen Trägern der Jugendhilfe als Orientierung zur Vorbereitung der verbindlichen Einführung des Verfahrenslotsen.[9]

5 Es gibt Überlegungen, den Verfahrenslotsen auch über den 1. Januar 2028 hinaus als **„Case-Manager"** weiterzuführen, wenn sich diese Anlaufstelle im Jugendamt bewährt. Als neuer Ansprechpartner kann sich der Verfahrenslotse für Leistungsberechtigte etablieren, die schon jetzt bei der Eingliederungshilfe nur mit großem Aufwand Hilfen beantragen können, z.B. Pflegeeltern, die ein Kind mit Behinderungen aufgenommen haben, oder Eltern mit Behinderungen.[10]

6 Die dritte und letzte Stufe der Inklusion ist erreicht, wenn **2028** die Zusammenlegung der Leistungen unter dem Dach des SGB VIII erfolgt ist. Der Verfahrenslotse als **Schnittstellenberater** sollte dann überflüssig geworden sein. § 10b SGB VIII tritt allerdings unabhängig von der Verkündung des regelnden Bundesgesetzes am 1.1.2028 außer Kraft.[11] Es klafft somit eine rechtliche Lücke, bis der Gesetzgeber die konkreten Einzelheiten beschließt. Während der **siebenjährigen Übergangszeit**, die manche „zögerlich"[12] andere „ehrgeizig"[13] nennen, entscheiden sich mit der Umsetzung Erfolg und Zukunft der sog. „großen Lösung". Das Deutsche Institut für Jugendhilfe und Familienrecht e.V. (DIJuF) misst dem Verfahrenslot-

3 Vgl. Artikel 10 KJSG.
4 BT-Drs. 19/26107, 79 ff.
5 BT-Drs. 19/26107, 51.
6 BT-Drs. 19/26107, 51.
7 Art. 10 Abs. 4 KJSG.
8 Siehe Modellprojekt „Inklusion jetzt!" des BVkE und EREV, www.projekt-inklusionjetzt.de.
9 BT-Drs. 19/26107, 119.
10 BT-Drs. 19/28870 v. 21.4.2021, 10.
11 Art. 10 Abs. 4 KJSG.
12 EREV-Rundschreiben 06/2021 vom 29.4.2021, 1, https://www.erev.de/media/06._rundschreiben_06-2021_kjsg.pdf, abgerufen am 7.5.2022.
13 Ein Jugendamtsleiter im Gespräch mit der Autorin am 12.5.2021.

sen eine verbindende, stabilisierende Rolle im Stufenplan zu, wenn diese Fachkraft des Jugendamts bereits ab dem Jahr 2021, mit den entsprechenden Kompetenzen ausgestattet, eingesetzt würde, um nach dem 1. Januar 2028 als fallführende Fachkraft weiter zu fungieren.[14]

II. Einführung des Verfahrenslosten

In der Begründung zum **Gesetzentwurf des KJSG** heißt es zur Einführung des Verfahrenslotsen:[15] 7

> *„Junge Menschen mit (drohenden) Behinderungen und ihre Eltern oder Personensorge- und Erziehungsberechtigten stehen einem Sozialleistungssystem gegenüber, das durch eine Vielzahl von Leistungstatbeständen in unterschiedlichen Sozialgesetzen geprägt ist."*

Eine **Zuständigkeitsbestimmung** ist schwierig, wenn sich die Bedarfe des Kindes oder Jugendlichen nicht eindeutig einer bestimmten Behinderung zuordnen lassen oder gleichzeitig auch erzieherische Bedarfe vorliegen[16], z.B. bei einer Abgrenzung von seelischer zu geistiger Beeinträchtigung bei einem IQ unter 70. Eine Orientierung im gegliederten, **komplexen Sozialleistungssystem** stellt daher für Kinder und Jugendliche mit (drohenden) Behinderungen und ihre Familien, die ohnehin im Alltag große Herausforderungen zu bewältigen haben, eine zusätzliche Belastung dar.[17] Bei deren Bewältigung benötigen sie einen verbindlichen Ansprechpartner zur Unterstützung, um ihre Rechte umzusetzen und Zugang zur Leistungsgewährung zu erhalten.

> *„Leistungsberechtigte haben oftmals Schwierigkeiten, im gegliederten Sozialleistungssystem die richtige Behörde zu finden. (…) Ferner stehen auch Akzeptanz- und Vertrauensprobleme sowie Schwellenängste einer wirksamen Vermittlung von Leistungen entgegen."*[18] 8

Dies gilt umso mehr bei Leistungsübergängen zwischen unterschiedlichen Leistungsträgern. Der Gesetzgeber hofft, mit der Etablierung des Verfahrenslotsen zur Begleitung bei der Geltendmachung von Ansprüchen auf Leistungen der Eingliederungshilfe diese Hürden zu überwinden und junge Menschen mit (drohenden) Behinderungen und ihre Familien deutlich zu entlasten:[19]

> *„Der Anspruch auf einen Verfahrenslotsen erweitert den Beratungsanspruch nach § 10a Absatz 1 und Absatz 2 SGB VIII und nimmt auf die fachlichen und verfahrensrechtlichen Herausforderungen aus dem Bereich der Leistungen der Eingliederungshilfe nach dem SGB IX und § 35a SGB VIII besondere Rücksicht. Zugleich wird durch dessen Etablierung die Bedeutung und Verantwortlichkeit des örtlichen Trägers der Jugendhilfe für die Einleitung des Veränderungsprozesses hin zur sogenannten „Inklusiven Lösung" herausgestellt und durch personelle Ressourcen unterstützt."*

Der Verfahrenslotse ist explizit auf die **Perspektive der Bedarfslagen** von Kindern und Jugendlichen mit (drohenden) Behinderungen spezialisiert:[20] Er leitet diese Adressatengruppe auf ihren Wunsch hin durch das gesamte Verfahren, vom Antrag bis zum Abschluss der Leistungsgewährung. 9

14 Stellungnahme des DIJuF vom 26. Oktober 2020 zum Referentenentwurf eines Gesetzes zur Stärkung von Kindern und Jugendlichen (KJSG) vom 5. Oktober 2020, 11, https://dijuf.de/fileadmin/Redaktion/Hinweise/DIJuF-Stellungnahme_KJSG_2020-10-26.pdf, abgerufen am 7.5.2022.
15 BT-Drs. 19/26107, 79 f.
16 BT-Drs. 19/26107, 80.
17 BT-Drs. 19/26107, 80.
18 BT-Drs. 19/26107, 80.
19 BT-Drs. 19/26107, 80.
20 BT-Drs. 19/26107, 80.

III. Perspektiven der Beratung durch den Lotsen

10 Schon mit dem BTHG wurde dem Thema „Beratung und Unterstützung" als Voraussetzung für **selbstbestimmte Teilhabe** größere Beachtung zuteil. Seit dem Jahr 2020 steht leistungsberechtigten Menschen mit Behinderungen der erweiterte Katalog gemäß § 106 SGB IX für umfassende Hilfemöglichkeiten für Antragstellung, Verwaltungsabläufe und Hilfe im Sozialraum zur Verfügung. Es steht in der Verantwortung der Sozialleistungsträger, durch Informationen on- und offline auf den Anspruch auf den Verfahrenslotsen hinzuweisen.

Im Verhältnis zu der seit 2018 normierten „ergänzenden unabhängigen Teilhabeberatung" (EUTB)[21] nach § 32 SGB IX, die eine niedrigschwellige Beratung zu Teilhabeleistungen nach dem SGB IX bietet, erweitert der Anspruch auf den Verfahrenslotsen das Beratungsangebot speziell für Kinder und Jugendliche mit Behinderungen sowie inhaltlich ausgedehnt auf das gesamte Verfahren. Ob der Lotse des Jugendhilfeträgers ebenso neutral wie die EUTB nach § 32 SGB IX agiert, ist fraglich (siehe unter Rn. 15).

11 Die verschiedenen Beratungsangebote in den unterschiedlichen Teilen der Sozialgesetzbücher erfordern für die Umsetzung der Inklusion bei allen Leistungsträgern weitgehende rechtliche Kenntnisse zu den differierenden Hilfen sowie den Verfahren der Leistungen. Hinzu kommen medizinische, kommunikative und psychologische Fähigkeiten für die Berücksichtigung besonderer Bedürfnisse von Menschen mit Behinderungen. Dieses umfassende Wissen und entsprechend **qualifiziertes zusätzliches Personal** ist eine grundlegende Voraussetzung zum Gelingen der Inklusion. Damit die Umsetzung nicht am erheblichen **Finanzbedarf**[22] der Länder und Kommunen scheitert, sind pragmatische Lösungen und eine verstärkte Zusammenarbeit auch durch träger- und **systemübergreifende Kooperationen** vonnöten.[23]

Kommt es bei einer möglichen Falschberatung, unterlassenen oder nicht fristgemäßen Beratung durch den Verfahrenslotsen zu Schäden bei den Ratsuchenden, kann dies zu Haftungsfragen nach den Grundsätzen der **Amtshaftung** oder des **sozialrechtlichen Herstellungsanspruches** führen. Voraussetzung des Herstellungsanspruchs sind Leistungsnachteil oder Schaden bei dem Betroffenen, objektive Pflichtwidrigkeit des Beratenden sowie der ursächliche Zusammenhang zwischen der gesetzlichen Beratungspflicht und dem Schadenseintritt. Als ein Institut der richterlichen Rechtsfortbildung ist der sozialrechtliche Herstellungsanspruch dem Anspruch auf Amtshaftung nachrangig.[24]

B. Einzelheiten

I. Abs. 1 – Anspruch auf Unterstützung und Begleitung

12 Die Aufgaben des Verfahrenslotsen betreffen ausschließlich die Leistungen der Eingliederungshilfe für junge Menschen und ihre Familien. Er leistet mithin keine Unterstützung bei Bedarfen an Leistungen **anderer Sozialleistungsträger** (u.a. Pflegeleistungen nach dem

21 Siehe auch Verordnung zur Weiterführung der Ergänzenden unabhängigen Teilhabeberatung (EUTBV) vom 17.6.2021.

22 Im Gesetzentwurf der Bundesregierung zum KJSG, BT-Drs. 19/27481, 62 heißt es dazu: Zusätzliche Kosten für die Verwaltung im Zusammenhang mit der Umsetzung der Verfahrenslotsen werden einmalig auf insgesamt 58 Millionen Euro für die Jahre 2024 bis 2028 geschätzt. Allerdings fehlen hinreichende Kenntnisse über die absehbaren Kostenentwicklungen. In den nächsten Jahren sollen die erheblichen, finanziellen Auswirkungen für die Länder und Kommunen evaluiert werden.

23 Positionspapier des Modellprojekts „Inklusion jetzt!" (EREV und BVkE) vom 12. Mai 2021.

24 Siehe ausführlich zu den Grundsätzen ordnungsgemäßer Beratung und entsprechender Haftungsrisiken nach Beratung aufgrund von § 10a SGB VIII *Luthe*, Teil 2, ZKJ 2022, 454 ff.

SGB XI, medizinische Rehabilitation der GKV), auch nicht grundsätzlich für Leistungen der Kinder- und Jugendhilfe, es sei denn, die Jugendhilfe stellt bereits entsprechende Hilfen auch für Menschen mit Behinderungen zur Verfügung, z.B. bei seelischen Beeinträchtigungen. Wirksame Förderung von Familien mit einem Kind mit Behinderung würde eine **erweiterte Aufgabenstellung** des Verfahrenslotsen erfordern.[25] Langfristig sollte sich die Tätigkeit des Verfahrenslotsen zur Förderung der Inklusion und Vereinheitlichung auf das gesamte Leistungsrecht des SGB VIII erstrecken.

Anspruchsberechtigt sind junge Menschen mit Behinderungen oder drohenden Behinderungen sowie deren Eltern, Personensorge- und Erziehungsberechtigte. Die Unterstützungsleistungen des Verfahrenslotsen erstrecken sich von der **Beratung** zur Antragstellung über die Inanspruchnahme, **Begleitung** bei der Verfolgung der Ansprüche bis zur **Wahrnehmung** und Verwirklichung. Damit ist der Verfahrenslotse im Idealfall fester, wiederkehrender Ansprechpartner für die Leistungsberechtigten. Voraussetzung für gelingende Aufklärung über die Rechte der Betroffenen ist die Vermittlung der Hilfe in einer **verständlichen Form und Sprache**.[26] 13

Die Unterstützungsleistung des Verfahrenslotsen soll „durch den örtlichen Träger der öffentlichen Jugendhilfe" erbracht werden, § 10b Abs. 1 Satz 3 SGB VIII. Außerdem unterstützt der Verfahrenslotse „den örtlichen Träger der öffentlichen Jugendhilfe bei der Zusammenführung der Leistungen", § 10b Abs. 2 Satz 1 SGB VIII. Freie Träger spielen als Verfahrenslotsen keine Rolle, obwohl auch dies zunächst diskutiert worden war. Im Hinblick auf die große Lösung der Inklusion wird es als sinnvoll erachtet, dass eine **Fachkraft aus dem Jugendamt** die Aufgabe des Lotsen übernimmt, um behinderungsrelevantes Wissen ins Jugendamt zu tragen. 14

Das Wissen über Inhalte, Abläufe, und Arbeitsweisen der Kinder- und Jugendhilfe ist unverzichtbar für die erfolgreiche Unterstützung durch den Verfahrenslotsen. Eine Fachkraft aus dem Jugendamt bringt insoweit das richtige Rüstzeug mit. Auf der anderen Seite werden Kenntnisse aus den weiteren für die Eingliederungshilfe relevanten Bereichen und Leistungsträgern benötigt. In diesem Umfang kann nur ein **kleines Team von Experten** wirklich sachgerecht liefern. Die Mitarbeitenden ergänzen sich in ihrer besonderen Sachkunde, beraten (sich) interdisziplinär und könnten sowohl die einzelnen Klienten als auch den Leistungsträger wirklich strukturübergreifend unterstützen. So wird das Insider-Wissen der Kinder- und Jugendhilfe genutzt, doch gleichzeitig der Horizont weiter gespannt, um tatsächlich in den nächsten Jahren dynamisch die Inklusion mitzugestalten.

Wenn das Jugendamt den Verfahrenslotsen aus den eigenen Reihen benennt und er fachlich weisungsgebunden bleibt, kann die in § 10b Abs. 1 Satz 2 SGB VIII genannte **Unabhängigkeit** des Verfahrenslotsen angezweifelt werden. Bei seiner Tätigkeit wäre der Verfahrenslotse erheblichen Interessenskollisionen ausgesetzt. Das Hinwirken auf die Inanspruchnahme von Rechten (Abs. 1 Satz 2) bedeutet, mit den Leistungsberechtigten auch auf das Ziel hinzuarbeiten, eine Hilfe in Anspruch zu nehmen. Sollte nun der Arbeitgeber des Verfahrenslotsen nicht willens oder in der Lage sein, diese Hilfe zu gewähren, ist der Zwiespalt des Lotsen vorprogrammiert. Wenn bei Unstimmigkeiten die unabhängige Ombudsstelle nach § 9a SGB VIII klären soll, wäre die Unterstützung aus der Hand des Verfahrenslotsen unterbrochen. Da der Gesetzgeber in § 10b Abs. 1 Satz 3 festgelegt hat, dass diese Leistung durch den örtlichen Träger der öffentlichen Jugendhilfe erbracht wird, sollte zumindest eine weitgehende organisatorische Trennung zwischen Verfahrenslotsen und der leistungsgewährenden Kinder- und Jugendhilfe erfolgen. Der Verfahrenslotse darf in seiner Tätigkeit nicht wei- 15

25 Stellungnahme des Bundesverbandes für körper- und mehrfachbehinderte Menschen e.V. zum Regierungsentwurf eines Gesetzes zur Stärkung von Kindern und Jugendlichen vom 2.2.2021, 4, https://bvkm.de/wp-content/uploads/2012/05/20210210_stn_rege_kjsg_bvkm.pdf, abgerufen am 7.5.2022.

26 Vgl. dazu § 10a SGB VIII: Exkurs Sprachmittlung.

sungsgebunden sein, um autonom nach den rechtlichen Voraussetzungen verfahren zu können und nicht selbst Teil möglicher Einschränkungen der Praxis zu sein. Außerdem bringt den Lotsen seine zusätzliche Aufgabe als Berater des Jugendhilfeträgers nach Abs. 2 in eine schwierige Personalunion als Unterstützender sowohl des Antragstellers als auch des Leistungsträgers.

II. Abs. 2 – Strukturelle Zusammenarbeit

16 Zur Unterstützung des **Transformationsprozesses** erstattet der Verfahrenslotse dem örtlichen Träger der Jugendhilfe – etwa gegenüber dem Jugendhilfeausschuss – halbjährlich Bericht und gewährleistet insoweit den Wissenstransfer. Dadurch stärkt der Verfahrenslotse die Zusammenarbeit mit dem Sozialleistungsträger für den **strukturellen Zuständigkeitsübergang**. Die Erfahrungen und Ergebnisse der Arbeit der Verfahrenslotsen sind auch für die gesetzgeberische Weiterentwicklung als Voraussetzung der dritten und letzten Stufe der **großen Lösung der Inklusion** von Wert. Die Lotsen begleiten den Change-Prozess als Schlüsselpersonen der zweiten Stufe auf dem Weg zu gelingender Inklusion.

17 In den Jugendämtern stehen verschiedene Organisationsveränderungen an: Verschmilzt beispielsweise der neue Bereich der Eingliederungshilfe mit dem ASD oder werden getrennte Kategorien gebildet? Mit seiner **Doppelfunktion** – einerseits Begleitung der jungen Menschen mit Behinderungen und ihren Familien, andererseits Unterstützung des öffentlichen Trägers in strukturellen Fragen – spielt der Verfahrenslotse eine entscheidende Rolle in der Weiterentwicklung der Jugendämter. Umso mehr ist auf die exzellente Qualifikation und Erfahrung der Personen zu achten, die diese Position einnehmen.

Zweites Kapitel
Leistungen der Jugendhilfe

Erster Abschnitt
Jugendarbeit, Jugendsozialarbeit, erzieherischer Kinder- und Jugendschutz

§ 11
Jugendarbeit

(1) [1]Jungen Menschen sind die zur Förderung ihrer Entwicklung erforderlichen Angebote der Jugendarbeit zur Verfügung zu stellen. [2]Sie sollen an den Interessen junger Menschen anknüpfen und von ihnen mitbestimmt und mitgestaltet werden, sie zur Selbstbestimmung befähigen und zu gesellschaftlicher Mitverantwortung und zu sozialem Engagement anregen und hinführen. [3]Dabei sollen die Zugänglichkeit und Nutzbarkeit der Angebote für junge Menschen mit Behinderungen sichergestellt werden.

(2) [1]Jugendarbeit wird angeboten von Verbänden, Gruppen und Initiativen der Jugend, von anderen Trägern der Jugendarbeit und den Trägern der öffentlichen Jugendhilfe. [2]Sie umfasst für Mitglieder bestimmte Angebote, die offene Jugendarbeit und gemeinwesenorientierte Angebote.

(3) Zu den Schwerpunkten der Jugendarbeit gehören:

1. **außerschulische Jugendbildung mit allgemeiner, politischer, sozialer, gesundheitlicher, kultureller, naturkundlicher und technischer Bildung,**
2. **Jugendarbeit in Sport, Spiel und Geselligkeit,**
3. **arbeitswelt-, schul- und familienbezogene Jugendarbeit,**
4. **internationale Jugendarbeit,**
5. **Kinder- und Jugenderholung,**
6. **Jugendberatung.**

(4) Angebote der Jugendarbeit können auch Personen, die das 27. Lebensjahr vollendet haben, in angemessenem Umfang einbeziehen.

Übersicht

A. Historie

1 Die Jugendarbeit in Deutschland blickt auf eine lange Tradition zurück, **deren Anfänge zu Beginn des 20. Jahrhunderts** zu verorten sind. Die Aspekte von gemeinschaftlicher Gestaltung und Verantwortung ziehen sich dabei als roter Faden quer durch ihre Geschichte. Vorläufer gab es mit den pietistischen Jünglingsvereinen und katholischen Gesellenvereinen bereits Mitte des 19. Jahrhunderts. Die Gründung des „Wandervogels" (1901) sowie des „Vereins der Lehrlinge und jugendlichen Arbeiter Berlins" (1904) markierten den Beginn der **Jugendbewegungen**. Unterschieden werden müssen hier grundsätzlich die bürgerliche und die Arbeiterjugendbewegung, auch wenn beide sich nahezu ausschließlich an männliche Jugendliche richteten. Diese frühen Formen der Jugendverbandsarbeit wurden bereits durch die **preußischen Jugendpflege-Erlasse** von 1901 und 1911 gefördert, wenn auch dabei die „Wehrertüchtigung" und die „Vaterlandserziehung" im Vordergrund standen.[1] In der **Weimarer Republik** erfolgte dann eine weltanschauliche und politische Ausdifferenzierung der Jugendverbände mit einer damit einhergehenden breiteren Anerkennung ihrer Arbeit. Trotz ihrer unterschiedlichen gesellschaftlichen, politischen und pädagogischen Ziele werden alle Jugendorganisationen dieser Zeit als Ausdruck von Wünschen nach **Selbstorganisation, Emanzipation und Autonomie** gewertet.[2]

Im Nationalsozialismus waren **Hitlerjugend** und **Bund deutscher Mädel** die einzigen öffentlichen Jugendorganisationen, auch wenn sie aufgrund ihrer Zielrichtungen, Methoden und Arbeitsweisen deutlich von den freien Jugendverbänden abzugrenzen sind, die 1933, beginnend mit den politischen, gewerkschaftlichen, jüdischen, bündischen und freien Jugendorganisationen, verboten wurden.

Nach dem Zweiten Weltkrieg wurden in den westlichen Besatzungszonen Vorformen der offenen Jugendarbeit angeregt, beispielsweise im Rahmen sogenannter **German Youth Activities** (GYA). Auch die zuvor verbotenen Verbände nahmen ihre Arbeit nach und nach wieder auf und reaktivierten die Erfahrungen der Weimarer Republik.[3]

Die **Jugendarbeit in der DDR** war von der Idee der sozialistischen Erziehung in den staatlichen Organisationen „Pionierorganisation Ernst Thälmann" und der „Freien Deutschen Jugend" (FDJ) dominiert. Darüber hinaus konnten auch die evangelischen und katholischen Kirchen ihre Jugendarbeit fortsetzen. In den 1970er Jahren entwickelte sich in den offenen Jugendräumen der evangelischen Kirche eine Alternative zur Jugendarbeit der FDJ, die stark von Jugendlichen aus subkulturellen Szenen genutzt wurde. Sie entwickelten sich in den 1980er Jahren verstärkt zu selbstbestimmten Orten, an denen Bands auftraten, Lesungen, Friedenswerkstätten oder Bluesmessen veranstaltet wurden.[4]

2 In den **1970er Jahren** wurden wichtige Weichen für die moderne Jugendarbeit gestellt. Seit Mitte der 1970er Jahre wird in der Jugendarbeit viel mit hauptamtlichen, qualifizierten Mitarbeiter_innen gearbeitet, auch wenn es sich dabei häufig um Teilzeit-Arbeitsverhältnisse

---

1 Vgl. *Rätz/Schröer/Wolff* 2014, 103.
2 So FK-SGB VIII/*Schäfer* (7. Aufl.), § 11 Rn. 1.
3 Vgl. *Thole* 2012, 139.
4 Vgl. *Rätz/Schröer/Wolff* 2014, 103.

handelt. Dies hat zu einer starken **Expansion** und zu einer **Professionalisierung** des Arbeitsfeldes beigetragen.[5]

Unter dem Motto „Selbstverwaltung statt Stadtverwaltung" hat die **Jugendzentrumsbewegung** in den 1970er Jahren, getragen von der Schüler_innen-, Student_innen- und Lehrlingsbewegung, leer stehende Gebäude besetzt und sich auf diese Weise selbstverwaltete Jugendzentren (Autonome Jugendzentren, Unabhängige Jugendzentren) erkämpft, die sich nach der „Kampf-ums-Haus-Phase" teilweise etablieren konnten.[6] Dies hatte auch Auswirkungen auf die Konzepte und die Pädagogik in den Einrichtungen anderer Träger, die unter Druck gerieten, sich stärker an den Jugendlichen zu orientieren. Eines der ältesten noch bestehenden unabhängigen Jugendzentren ist das Unabhängige Jugendzentrum Kornstraße in Hannover.

Schließlich ist hier auf den Einfluss der **Mädchen- und Frauenbewegung** zu verweisen, die in den 1970er Jahren begann, die Kinder- und Jugendhilfe kritisch unter einer Geschlechterperspektive zu analysieren. In diesem Zeitraum entstand das Schlagwort „Jugendarbeit ist Jungenarbeit", weil Mädchen als eigenständige Zielgruppe mit eigenen legitimen Interessen praktisch nicht angesprochen wurden.[7]

Unter dem Eindruck dieser Entwicklungen erschien 1984 der sechste Jugendbericht der Bun- **3**
desregierung, dessen Analysen maßgeblich zur Entwicklung des Kinder- und Jugendhilferechts beitrugen, das 1990 bzw. 1991 (zuerst in den neuen Bundesländern) in Kraft trat.

B. Allgemeines

§ 11 SGB VIII regelt die **Grundlagen der Jugendarbeit** und benennt ihre möglichen **4**
Schwerpunkte und Anbieter_innen. **Absatz 1** definiert Jugendarbeit als **notwendige Aufgabe** der Kinder- und Jugendhilfe, formuliert den **Anspruch auf Partizipation** und definiert die **Ziele** der Jugendarbeit: Junge Menschen zur Selbstbestimmung zu befähigen und zu gesellschaftlicher Mitverantwortung sowie zu sozialem Engagement anzuregen und hinzuführen. Weiterhin ist hier festgeschrieben, dass die Angebote der Jugendarbeit für **junge Menschen mit Behinderung zugänglich und nutzbar** sein sollen. Im Folgenden benennt **Absatz 2** die Anbieter_innen von Angeboten sowie ihre Zielgruppen. **Absatz 3** zählt sodann die Schwerpunkte der Jugendarbeit auf. Abschließend regelt **Absatz 4**, dass auch Personen über 27 Jahren in angemessenen Umfang in die Angebote einbezogen werden können.

Jugendarbeit ist ein **eigenständiges Erfahrungsfeld** für Kinder und Jugendliche, die hier ihre Interessen zum Ausdruck bringen, ihre Freizeit verbringen, sich Kompetenzen aneignen und Bildung und Erziehung erfahren. Ihre Ziele sind im Kern die Unterstützung von **Selbstbestimmung**, gesellschaftlicher **Mitverantwortung** und die Förderung des sozialen **Engagements** junger Menschen. Neben der Schule und der Familie wird Jugendarbeit deswegen als **eigene, zentrale Sozialisationsinstanz** für viele Kinder und Jugendliche gewertet. Konstitutiv für ihre Arbeit sind die Prinzipien der Partizipation und der politischen Bildung.

Die Norm wurde nach der Einführung des KJHG erstmalig mit dem Erste[n] Gesetz zur Ände- **5**
rung des Achten Buches Sozialgesetzbuch (1993) inhaltlich verändert. Angesichts der deutschen Wiedervereinigung wurde der Aufgabenbereich in Abs. 3 Nr. 4, „innerdeutsche Jugendarbeit" gestrichen, die während der Teilung den Austausch zwischen Jugendlichen der BRD und der DDR fördern sollte.

---

5 Vgl. *Thole* 2012, 150 f.
6 Vgl. *Hafeneger* 2021, 101, s. dazu ausführlich *Templin* 2015.
7 S. dazu ausführlich *Wallner* 2006.

Wabnitz sieht diese Konstanz als Ergebnis der **Formulierungsqualität** der Vorschrift, verweist jedoch gleichzeitig darauf, dass es im Sinne der Gesetzgebung war, lediglich objektivrechtliche Leistungsverpflichtungen zu formulieren und die Regelung von Einzelheiten den Ländern zu überlassen.[8] Die Vorschrift gibt eher allgemeine, orientierende Beschreibungen von Aufgaben und Trägern der Jugendarbeit, sodass ihr insgesamt ein **programmatischer Charakter** zukommt. Die Länder können gemäß § 15 SGB VIII die Ansprüche an die und die Angebote der Jugendarbeit konkretisieren.[9]

Die zweite Änderung erfolgte 2021 mit dem Gesetz zur Stärkung von Kindern und Jugendlichen (**KJSG**), das sich u.a. die inklusive Gestaltung der Jugendhilfe zum Ziel gesetzt hat. In diesem Zuge wurde Satz 4 Abs. 1 eingefügt, der die tatsächliche Nutzbarkeit und Zugänglichkeit der Angebote der Jugendarbeit für junge Menschen mit Behinderungen garantieren soll.

6 Jugendarbeit nach § 11 SGB VIII ist gemeinsam mit den §§ 12 bis 15 SGB VIII im ersten Abschnitt der Leistungen der Jugendhilfe (nach § 2 Abs. 2 Nr. 1 SGB VIII) zusammengefasst. Die Leistungen nach § 11 und § 14 SGB VIII richten sich an alle jungen Menschen und können eher als Basis-Angebote verstanden werden, während sich die Jugendsozialarbeit nach § 13 SGB VIII an besonders benachteiligte junge Menschen wendet. Damit bildet die Jugendarbeit einen **eigenständigen, gleichwertigen Teil der Jugendhilfe** neben den anderen Leistungen und Aufgaben des Kinder- und Jugendhilferechts. Die Leistung ist in diesem Fall nicht die Jugendarbeit selbst, sondern die Nutzung ihrer Angebote durch junge Menschen.[10]

Daten zu Angeboten der Jugendarbeit werden gemäß § 98 SGB VIII i.V.m. § 101 SGB III alle zwei Jahre erhoben, allerdings nur zu öffentlich geförderten Angeboten anerkannter freier Träger der Jugendhilfe, sodass ein großer Teil der Jugendarbeit, bspw. in ehrenamtlichen Gruppen oder von kommerziellen Akteur_innen, nicht erfasst wird.[11]

7 Der anhaltende **wirtschaftliche Druck** in den kommunalen Haushalten hat in den 1990er Jahren zum einen zu einem quantitativen Abbau von Angeboten der Jugendarbeit geführt, zum anderen die Jugendarbeit unter Legitimationszwang gestellt. Kritisiert wurden eine mangelnde Reichweite und eine ungenügende Effizienz. Daraufhin wurden verstärkt Maßnahmen zur Überprüfung von **Wirksamkeit, Qualitätsentwicklung und Evaluation** in die Konzepte aufgenommen. In der Folge entstanden darüber hinaus Projekte der Praxisforschung, die zeigen konnten, dass Jugendarbeit empirisch belegbare Lern- und Bildungspotenziale für Kinder und Jugendliche bietet.[12] Dem Anspruch an Messbarkeit der Wirkungen der Jugendarbeit und ihrer Beteiligung an anderen Bereichen der Jugendhilfe wie den Hilfen zur Erziehung oder der Jugendsozialarbeit hält *Sturzenhecker* die Notwendigkeit einer „organisierten Anarchie" entgegen.

> „Wenn solche Bildung dann noch (wie in § 11 SGB VIII vorgegeben) die Entwicklung emanzipatorischer Selbstbestimmung und demokratischer Mitverantwortung ermöglichen soll, wird klar, dass ein pädagogisches Setting verlangt ist, das zwar als ein organisierter Rahmen nutzbar ist, das den Subjekten und ihren Gruppen aber genügend Freiraum lässt, Selbstbestimmung zu erproben und die Gemeinschaft demokratisch mitzugestalten. Wenn man Selbstbestimmung ausüben will, muss es auch etwas geben, das man selbst bestimmen kann. Wenn man Demokratie einüben will, muss man auch Rechte und Gelegenheiten haben, sie wirklich auszuüben."[13]

---

8 Vgl. *Wabnitz* 2015, 265 f.
9 Vgl. zur Übersicht der Landesausführungsgesetze § 15 SGB VIII Rn. 5.
10 Vgl. Wiesner/Wapler/*Struck*/*Schön*, § 11 SGB VIII Rn. 3.
11 Vgl. Autorengruppe Kinder- und Jugendhilfestatistik 2021, 31.
12 *Delmas*/*Scherr* 2005 u. *Müller*/*Schmidt*/*Schulze* 2005.
13 *Sturzenhecker* 2015, 7.

Als **aktuelle Herausforderung** für die Jugendarbeit ist zunächst ihre Positionierung zu **Ganztagsschulen** zu nennen, die zunehmend in Bereiche des Alltags von Schülerinnen und Schüler vordringen, die vormals Domäne der Jugendarbeit waren. Es stellen sich Fragen nach Möglichkeiten und Grenzen der Kooperation sowie dem Umgang mit dem veränderten Zeitbudget von Schüler_innen.[14] 8

Ferner haben die Einschränkungen des öffentlichen Lebens im Zuge der Corona-Pandemie 2020/2021 gezeigt, dass die Jugendarbeit zwar durchaus in der Lage ist, auch kurzfristig digitale Angebote zu schaffen und damit ihre Zielgruppen zu erreichen. Gleichzeitig wurde allerdings auch deutlich, dass die Digitalisierung der Jugendarbeit weitere technische und personelle Ressourcen sowie entsprechende Weiterbildungsangebote für Fachkräfte und Ehrenamtliche erfordert. Zudem ist weiter zu eruieren, welche Medien adressat_innengerecht eingesetzt werden können und gleichzeitig den Datenschutzvorgaben des SGB VIII und der DSGVO entsprechen.[15]

C. Einzelheiten

I. Abs. 1 – Grundlagen der Jugendarbeit

1. Rechtscharakter Norm

Die Formulierung, „jungen Menschen sind die zur Förderung ihrer Entwicklung erforderlichen Angebote zur Verfügung zu stellen", verdeutlicht, dass es sich hierbei um eine **Mussvorschrift** im Sinne einer objektiven Rechtsverpflichtung handelt.[16] Angesprochen ist damit zunächst der öffentliche Träger der Jugendhilfe (§ 3 Abs. 2 SGB VIII), der im Rahmen seiner Gesamtverantwortung (§ 79 SGB VIII) und der Jugendhilfeplanung (§ 80 SGB VIII) für das Vorhandensein entsprechender Angebote Sorge zu tragen hat. 9

Die Formulierung in Abs. 4 „soll … sichergestellt werden" ist zuerst eine **Sollvorschrift**, entsprechend ergibt sich daraus für den öffentlichen Träger der Jugendhilfe eine **objektive Rechtsverpflichtung**, für die Zugänglichkeit und die Nutzbarkeit der Angebote der Jugendarbeit für junge Menschen mit Behinderungen zu sorgen.
Der Begriff „sicherstellen" verweist dann auf eine **Muss-Regelung**; der Zugang und die Nutzbarkeit der Angebote der Jugendarbeit sind jungen Menschen mit Behinderungen regelhaft zu ermöglichen. Dies bedeutet jedoch nicht, dass ausnahmslos alle Angebote der Jugendarbeit für alle jungen Menschen zugänglich und nutzbar sein müssen. Auch Angebote, die nicht allen jungen Menschen mit Behinderungen zugänglich sind, können vorgehalten werden – sofern ihre Durchführung dem Bedarf anderer Zielgruppen der großen Gruppe junger Menschen entspricht, sind derartige Angebote gleichermaßen zulässig und geboten. Sollten aber junge Menschen mit Behinderungen in einer Kommune gar keine Angebote vorfinden, die für sie zugänglich und nutzbar sind **und** ihrem Bedarf entsprechen, wäre dies rechtswidrig.[17]

Dies erfordert eine kontinuierliche Bestandsaufnahme und kann auch dadurch geschehen, dass freie Träger in ihren entsprechenden Aktivitäten gefördert werden. Der öffentliche Träger kann auch eigenständige Angebote vorhalten. In § 79 Abs. 2 S. 2 SGB VIII ist vorgegeben, dass ein angemessener Anteil der Finanzmittel, die für die Jugendhilfe bereitgestellt werden, für die Jugendarbeit zu verwenden ist, ohne dass die Höhe gesetzlich festgeschrie-

14 S. zum Verhältnis von Jugendarbeit und Ganztagsschule *Honisch* 2014.
15 Vgl, Bayerischer Jugendring 2020, 26; *Voigts* 2020, 8, 9.
16 Vgl. FK-SGB VIII/*Schäfer/Weitzmann*, § 11 Rn. 12, 13, m.w.N.
17 S. dazu auch Rn. 11.

ben wäre.[18] Als **angemessener Anteil gelten 15 bis 20 %** der Gelder.[19] Nach § 27 Abs. 1 Nr. 1 SGB I ist die Jugendarbeit eine gleichrangige Sozialleistung neben der Förderung der Erziehung in der Familie, Förderung in Kindertageseinrichtungen und Kindertagespflege und den Hilfen zur Erziehung und nicht etwa von geringerer Relevanz.

Die Bundesarbeitsgemeinschaft Offene Kinder- und Jugendeinrichtungen bemängelt, dass der objektiven Rechtsverpflichtung zum Trotz die Jugendarbeit von den Trägern der öffentlichen Jugendhilfe vielerorts als freiwillige Leistung betrachtet wird und dennoch im Zuge der Neuregelung des SGB VIII keine rechtliche Stärkung von § 11 SGB VIII erfolgt ist.[20] Sie befürchtet ferner, dass sich aufgrund der durch das KJSG neu entstandenen Rechtsansprüche auf Leistungen der Jugendhilfe und der damit verbundenen Mehrkosten für die Kommunen „die aktuelle Schieflage in der Bereitstellung eines ‚angemessenen Anteils' für die Jugendarbeit weiter verstärken wird".[21] Die Autorengruppe Jugendhilfestatistik stellt fest, dass insbesondere einrichtungsbezogene Angebote der Kinder- und Jugendhilfe eine „knappe Ressource"[22] sind: Auf ein Angebot kommen ca. 700 junge Menschen zwischen sechs und 27 Jahren. Davon hatten im Jahr 2019 nur 21,5 % an mindesten fünf Tagen die Woche geöffnet.[23]

10 Was „erforderlich" ist, muss im Rahmen der **Jugendhilfeplanung** ermittelt werden. Art, Anzahl und Inhalte der vorzuhaltenden Angebote der Jugendarbeit richten sich nach dem Bedarf, der im Rahmen der örtlichen Jugendhilfeplanung unter Beteiligung der anerkannten Träger der freien Jugendhilfe gemäß § 80 SGB VIII zu ergründen ist. Auf dieser Grundlage entscheidet der Jugendhilfeausschuss konkret über die Ausgestaltung der Förderung vor Ort. Entsprechend ist es als **rechtswidrig** zu bewerten, wenn keine oder nur **unzureichende Angebote** vorgehalten werden.[24] In einem solchen Fall wäre zu prüfen, ob der öffentliche Träger der Jugendhilfe seiner Gesamtverantwortung nach § 79 SGB VIII nachgekommen ist und die erforderlichen Angebote zur Verfügung gestellt hat. Bei Verstößen kommen aufsichtsrechtliche Maßnahmen in Frage.[25]

11 Ein **subjektiver, einklagbarer Rechtsanspruch** lässt sich jedoch aus § 11 SGB VIII **nicht ableiten**. Der öffentliche Träger muss Angebote der Jugendarbeit zur Verfügung stellen, ein Anspruch auf ein bestimmtes Angebot besteht allerdings nicht. Dafür ist zum einen § 11 Abs. 1 SGB VIII bezüglich resultierender Aufgaben und dem Adressat_innenkreis zu unkonkret gefasst, zum anderen würde dies der Pluralität der Jugendhilfe nach § 3 Abs. 1 SGB VIII entgegenstehen, die den freien und den öffentlichen Trägern der Jugendhilfe die Freiheit einräumt, die Aufgaben der Jugendhilfe zu gestalten.[26] Werden Angebote der Jugendarbeit vorgehalten, besteht allerdings ein Rechtsanspruch auf Teilhabe, der dem Gleichbehandlungsgrundsatz nach Art. 3 Abs. 1 GG entspringt.[27]

11a Mit Abs. 1 S. 3 werden mit der Zugänglichkeit und Nutzbarkeit der Angebote für junge Menschen mit Behinderungen zwei neue, verpflichtende, qualitative Kriterien für die Angebote der Jugendarbeit eingeführt. Gleichwohl leitet sich daraus auch für einzelne junge Menschen mit Behinderungen **kein subjektiver Rechtsanspruch** auf die Zugänglichkeit und Nutzbarkeit eines bestimmten Angebots ab. Maßgeblich ist bei der Beurteilung individueller

18 Vgl. § 79 SGB VIII Rn. 11.
19 Vgl. AGJF o.J., 4.
20 Vgl. BAG OKJE 2021, 1.
21 BAG OKJE 2021, 2.
22 Autorengruppe Kinder- und Jugendhilfestatistik 2021, 34.
23 Vgl. Autorengruppe Kinder- und Jugendhilfestatistik 2021, 34.
24 OVG Schleswig, Urt. v. 23.1.2001, 2 L 51/01, BeckRS 2001, 10189, vgl. *Wabnitz* in: Münder/Wiesner/Meysen 2011, Kap. 3.1 Rn. 3.
25 Vgl. *Münder/Trenczek* 2015, 238.
26 Vgl. LPK-SGB VIII/*Kunkel/Kepert* §11 SGB VIII Rn. 3; Wabnitz 2015, 267.
27 Vgl. LPK-SGB VIII/*Kunkel/Kepert*, §11 SGB VIII Rn. 6.

Fälle das Diskriminierungsverbot[28], welches sowohl eine unmittelbare als auch eine mittelbare Diskriminierung aufgrund einer Behinderung verbietet.

Mit „**Zugänglichkeit**" wird ein Begriff genutzt, dem in der UN-BRK eine zentrale Bedeutung zukommt und der deswegen auch als Maxime unter Art. 3 Buchst. f, den „Allgemeinen Grundsätzen" der Konvention, benannt ist. Sie soll „Menschen mit Behinderungen eine unabhängige Lebensführung und die volle Teilhabe in allen Lebensbereichen" ermöglichen.[29] So ist es im Sinne gesellschaftlicher Inklusion unabdingbar, dass auch die Jugendarbeit für junge Menschen mit Behinderungen zugänglich ist. **11b**

Artikel 9 UN-BRK nennt die materiellen Voraussetzungen für Zugänglichkeit. Er bezieht sich auf

- Gebäude,
- Transportmittel,
- Einrichtungen in Gebäuden und im Freien, wozu auch Schulen, Wohnhäuser, medizinische Einrichtungen und Arbeitsstätten zählen,
- Informations-, Kommunikations- und andere Dienste.

Der Artikel benennt verschiedene konkrete staatlich zu treffende Maßnahmen, darunter

- die Ausstattung öffentlich zugänglicher Gebäude und Einrichtungen mit leicht lesbaren Beschilderungen und solchen in Brailleschrift (Art. 9 Abs. 2 Nr. 4 UN-BRK),
- die Ermöglichung menschlicher und tierischer Hilfe wie bspw. durch professionelle Gebärdendolmetscher_innen (Art. 9 Abs. 2 Nr. 5 UN-BRK),
- die Förderung des Zugangs von Menschen mit Behinderungen zu den neuen Informations- und Kommunikationstechnologien (Art. 9 Abs. 2 Nr. 7 UN-BRK) und
- die Sicherstellung, dass auch private Rechtsträger von öffentlich zugänglichen Einrichtungen und Diensten alle Aspekte der Zugänglichkeit für Menschen mit Behinderungen berücksichtigen (Art. 9 Abs. 2 Nr. 2 UN-BRK).

Zugänglichkeit betrifft den umfänglichen Zugang zur „physischen, sozialen, wirtschaftlichen und kulturellen Umwelt, zu Gesundheit und Bildung sowie zu Information und Kommunikation"[30] und gehört so mit Barrierefreiheit zusammen. Der UN-Fachausschuss für die Rechte von Menschen mit Behinderungen hat sich in der Allgemeinen Bemerkung Nr. 2 ausführlich zur Bedeutung des Begriffs Zugänglichkeit geäußert und betont folgende fünf Dimensionen.[31] **11c**

1. Sowohl Neues als auch Altes ist zu berücksichtigen. Neu Entstehendes muss von vornherein im Sinne des <universellen Designs> für Menschen mit Behinderungen zugänglich sein. Bereits bestehende Barrieren im Zugang zu Objekten oder Dienstleistungen sind schrittweise, in jedem Fall aber kontinuierlich und systematisch zu beseitigen. Diese Verpflichtung wird nicht wegen dadurch entstehender Kosten relativiert oder aufgehoben.
   - Auf die Praxis der Jugendarbeit angewendet bedeutet dies z. B., dass bestehende Jugendhäuser in einer Kommune auf Barrierefreiheit geprüft werden müssen. Besteht

28 Das Diskriminierungsverbot ergibt sich u.a. aus § 1 SGB I, § 33c SGB I und § 1 SGB VIII.
29 Art. 9 Abs. 1 S. 1 UN-BRK.
30 *Welti* 2012, 128.
31 Vgl. Ausschuss für die Rechte von Menschen mit Behinderungen 2014, 3, 4.

diese noch nicht, müssen Maßnahmen ergriffen werden, um sie herzustellen. Werden neue Jugendhäuser errichtet, müssen diese von Anfang an barrierefrei sein.[32]

2. Der Staat ist für die Umsetzung der Zugänglichkeit zuständig, unabhängig von der Trägerschaft oder des Eigentums von Objekten und Dienstleistungen. Gegebenenfalls muss der Staat regulierend tätig werden.
   - Da die Jugendarbeit stark von Jugendverbänden, Wohlfahrtsverbänden und anderen freien Trägern geprägt wird, ist dieser Grundsatz für ihre Gestaltung von besonderer Bedeutung. Die Zugänglichkeit und Nutzbarkeit für junge Menschen mit Behinderungen muss gleichermaßen für die Angebote in öffentlicher Trägerschaft wie auch für die freier Träger hergestellt werden. Für die Umsetzung muss der öffentlichen Träger der Jugendhilfe sorgen, z. B. im Rahmen der Jugendhilfeplanung.
3. Die Zugänglichkeit betrifft alle Lebens- und Politikbereiche. Dabei sind moderne Informations- und Kommunikationstechnologien besonders zu berücksichtigen. Auch der Relevanz von persönlicher Assistenz (durch Menschen oder Tiere) muss Rechnung getragen werden.
   - Die Jugendarbeit muss also als Ganzes für Jugendliche mit Behinderung zugänglich sein, es darf kein Angebotsbereich ausgespart bleiben. Auch Webseiten, Informations- und Kontaktmöglichkeiten sind barrierefrei zu gestalten. Ferner muss es möglich sein, z. B. einen Assistenzhund mitzubringen.
4. Die Zugänglichkeit wird bestimmt von rechtlichen, technischen, finanziellen und personellen Rahmenbedingungen. Dafür muss der Staat entsprechende Standards entwickeln, verbindlich einführen und dafür sorgen, dass sie eingehalten werden. Der Ausschuss betont in diesem Zusammenhang die Steuerung über das Zuwendungs- und Vergaberecht, mit dem sichergestellt werden kann, dass keine öffentlichen Mittel für nicht-zugängliche Einrichtungen oder Dienste verwendet werden.
   - Der kommunale Träger der Jugendarbeit kann die Steuerung u.a. über entsprechende Vorgaben für Zuwendungen vornehmen oder z.B. in Ausschreibungsverfahren Barrierefreiheit zur Bedingung für die Vergabe machen.
5. Zugänglichkeit muss sowohl strukturell als auch einzelfallbezogen hergestellt werden. Die Pflicht, bestehende Barrieren abzubauen, besteht vorbehaltlos und unabhängig vom Einzelfall. Sollten im Einzelfall besondere Maßnahmen notwendig sein, damit eine Person ihre Rechte ebenso ausüben kann wie alle anderen auch, müssen diese vorgenommen werden.
   - Für die Praxis der Jugendarbeit bedeutet dies bspw., dass auch dann, wenn aktuell keine Rollstuhl-Nutzer_innen das Jugendzentrum besuchen, es entsprechend umgebaut werden muss. Sollte ein_e Besucher_in dann weitere Anpassungen der sanitären Anlagen benötigen, um diese nutzen zu können, müssen diese nachgerüstet werden.

11d Weiterhin wird bestimmt, dass die Angebote der Jugendarbeit für junge Menschen mit Behinderung **nutzbar** sein sollen. Der Begriff „nutzbar" wird in § 4 BGG als ein weiteres Ele-

32 Der Begriff „Barrierefreiheit" ist in § 4 BGG wie folgt definiert: „Barrierefrei sind bauliche und sonstige Anlagen, Verkehrsmittel, technische Gebrauchsgegenstände, Systeme der Informationsverarbeitung, akustische und visuelle Informationsquellen und Kommunikationseinrichtungen sowie andere gestaltete Lebensbereiche, wenn sie für Menschen mit Behinderungen in der allgemein üblichen Weise, ohne besondere Erschwernis und grundsätzlich ohne fremde Hilfe auffindbar, zugänglich und nutzbar sind. Hierbei ist die Nutzung behinderungsbedingt notwendiger Hilfsmittel zulässig." Dabei bleibt Barrierefreiheit notwendigerweise ein anzustrebender Idealzustand, der nicht allgemeingültig definiert werden kann. Was für die einen eine Barriere sein ist, kann für die anderen die Nutzung erst ermöglichen, so sind für Menschen, die im Rollstuhl unterwegs sind, bspw. Bordsteine eine Barriere, während diese blinden Menschen Orientierung im Straßenverkehr bieten können.

ment von Barrierefreiheit benannt. Zudem findet er sich in Art. 21 Buchst. c der UN-BRK in Bezug auf den Zugang zu Informationen. Die Nutzung von Angeboten soll in der allgemein üblichen Weise möglich sein, ohne dass besondere Erschwernisse oder Umwege in Kauf genommen werden müssen, wie es bspw. der Fall wäre, wenn nur ein Hinter- oder Nebeneingang mit dem Rollstuhl zu nutzen wäre, nicht aber der Haupteingang. Auch Lösungen, die weitere Hilfe erforderlich machen, weil bspw. notwendige technische Hilfsmittel wie eine hydraulische Rampe nur durch bestimmte Personen zu bedienen sind, sollen vermieden werden.[33]

In der Praxis stellt sich die Frage der Umsetzung der Anforderung, die Angebote der Jugend- **11e** arbeit für junge Menschen mit Behinderungen zugänglich und nutzbar zu machen, die am 9.6.2021mit dem KJSG in Kraft getreten ist, denn noch sind viele Einrichtungen und Angebote der Jugendarbeit weder baulich noch konzeptionell auf die Nutzung durch junge Menschen mit unterschiedlichen Beeinträchtigungen vorbereitet. Die BAG OKJE befürchtet, dass die öffentlichen Träger der Jugendhilfe sich künftig darauf konzentrieren, bestimmte Einrichtungen inklusiv zu gestalten und die dadurch entstehenden Kosten durch die Schließung anderer Angebote der Jugendarbeit zu kompensieren, sodass die Qualität der verbliebenen Angebote zwar steige, aber die Quantität sänke.[34] In diesem Zusammenhang ist auf den sog. Progressionsvorbehalt zu verweisen, der in Art. 4 Abs. 2 der UN BRK verankert ist. Demnach sind die Vertragsstaaten verpflichtet, unter Ausschöpfung ihrer „verfügbaren Mittel … nach und nach die volle Verwirklichung dieser Rechte zu erreichen". Die Jugendarbeit muss also nicht mit Inkrafttreten des KJSG umfänglich inklusiv gestaltet sein, gleichwohl müssen die notwendigen Anstrengungen dafür unternommen werden. Dies beinhaltet auch die Bereitstellung der dafür notwendigen finanziellen und personellen Ressourcen.

Praxistipp:

Aktion Mensch, die Arbeitsgemeinschaft der evangelischen Jugend in Deutschland e.V. und die Diakonie haben gemeinsam eine Broschüre zu Inklusion in der Kinder- und Jugendarbeit herausgegeben. Unter dem Titel „Auftrag Inklusion – Perspektiven für eine neue Offenheit in der Kinder- und Jugendarbeit" findet sich eine inhaltliche Einführung ins Thema nebst Handlungsempfehlungen und Best-Practice-Beispielen, abzurufen unter aktion-mensch.de → inklusion.de → Bildung → Bestellservice.

Auch **für einen einzelnen Träger** oder eine einzelne Einrichtung ist **kein individueller** **12** **Anspruch auf Förderung** in der Vorschrift angelegt. Die (immer begrenzten) Haushaltsmittel muss der öffentliche Träger, sollten mehrere Förderanträge gestellt sein, auf Grundlage eines pflichtgemäßen Ermessens einsetzen.[35] Die/der Antragsstellende hat folglich **Anspruch** darauf, dass sich der öffentliche Träger der Jugendhilfe mit seinem Antrag befasst und diesen nach Ausüben des **pflichtgemäßen Ermessens** bescheidet. Über die Verteilung der Mittel entscheidet der Jugendhilfeausschuss, wobei an der Entscheidungsfindung keine Personen mitwirken dürfen, die aufgrund eigener bzw. verbandlicher Interessen als befangen anzusehen sind.[36]

Obwohl § 11 SGB VIII für den öffentlichen Träger der Jugendhilfe eine Leistungsverpflich- **13** tung beinhaltet, bleibt die **konkrete Ausgestaltung des Angebots weitgehend unbestimmt**. Im Gesetzesentwurf der Bundesregierung zur Neuordnung des Kinder- und Jugendhilferechts (KJHG) wird dies damit begründet, dass das Bundesrecht in diesem Zusammenhang nur Leitlinien erlassen könne, da die konkrete Ausgestaltung von lokalen

33 Vgl. *Ritz*, in: Kossens/von der Heide/Maaß 2015, § 4 BGG Rn. 3a.
34 Vgl. BAG OKJE 2021, 2.
35 Vgl. *Münder/Trenczek* 2015, 238.
36 Vgl. Wiesner/Wapler/*Schön*, § 71 SGB VIII Rn. 12, 13.

Bedingungen und den Zielsetzungen der Träger abhänge. Deswegen kommt hier dem Landesrecht bei der Konkretisierung der Förderbedingungen eine besondere Rolle zu.[37]

2. Charakter und Ziele der Jugendarbeit

14 Jugendarbeit ist geprägt von Autonomie, der Abwesenheit von Leistungsdruck und Konkurrenz sowie der Freiwilligkeit der Teilnahme. § 11 Abs. 1 Satz 2 SGB VIII legt fest, dass die **Angebote an den Interessen junger Menschen anknüpfen** sollen. Entsprechend ist das Feld möglicher Aktivitäten in der Jugendarbeit groß. Grundsätzlich kann alles, was dem Interesse junger Menschen entspricht, auf die eine oder andere Weise zum Gegenstand der Jugendarbeit werden.

15 Die Inhalte der Jugendarbeit können erwiesenermaßen nicht pauschal für die Gruppe der jungen Menschen insgesamt bestimmt werden. Vielmehr muss der konkrete Bedarf im jeweiligen Zuständigkeitsbereich der jeweiligen Einrichtung bestimmt werden bzw. bei den Adressat_innen der einzelnen Einrichtungen oder in der jeweiligen Kommune. Dabei muss der **Vielfalt der Gruppen junger Menschen** entsprochen werden. Anspruch auf ihrer Entwicklung förderliche Angebote haben alle jungen Menschen, unabhängig von ihrem Gesundheitsstatus, ihrer sexuellen Orientierung oder ihrer Herkunft. Entsprechend genügt es nicht, das Angebot mit tatsächlichen Teilnehmer_innen der Jugendarbeit zu gestalten. Stattdessen müssen Angebote so arrangiert werden, dass vielfältige Interessen unterschiedlicher Gruppen von Jugendlichen angesprochen werden.

16 Um an die Interessen junger Menschen anknüpfen zu können, müssen diese bekannt sein. Dies macht die **Partizipation von Kindern und Jugendlichen zum obersten Prinzip der Jugendarbeit**. Kennzeichnend für die Jugendarbeit in all ihren Facetten ist der in Abs. 1 Satz 2 formulierte Grundsatz der Mitwirkung und Mitgestaltung von jungen Menschen. Kinder und Jugendliche sind nicht nur Nutzer_innen oder Leistungsempfänger_innen der Jugendarbeit, sondern auch **aktive Akteur_innen** und Gestalter_innen. Der in § 8 SGB VIII formulierte Grundsatz der Beteiligung in der Kinder- und Jugendhilfe wird hier deutlich erweitert: Nicht nur haben die Jugendlichen ein Wahl- und Mitbestimmungsrecht, sondern auch ein **Recht zur Gestaltung**.

17 Das macht **politische Bildung** zu einer **Querschnittsaufgabe** der Jugendarbeit im Sinne der Erfahrung demokratischer Strukturen in den Organisationen und Einrichtungen sowie durch die Einbindung in das Gemeinwesen, zu dem die Jugendarbeit eine institutionelle Schnittstelle bildet. Hier wird die Aushandlung von Kompromissen, der gewaltfreie Umgang mit Konflikten, die Verteilung von begrenzten Ressourcen und vieles mehr praktiziert. Auf diese Weise trägt Jugendarbeit aktiv zur Verwirklichung der Teilhaberechte von Kindern und Jugendlichen in der Gegenwart und zu einer Erziehung zur Demokratie bei.

18 Um das Recht auf Partizipation in der Praxis umsetzen zu können, benötigt die Kinder- und Jugendarbeit **geeignete Methoden**, um verschiedene Zielgruppen mit ihren unterschiedlichen Fähigkeiten, Erfahrungen und Bedarfen geeignet einbinden zu können. Dazu zählen beispielsweise

- gemeinsame Stadtteilanalysen,
- regelmäßige Zusammenkünfte zum Austausch über Anliegen der jungen Menschen, Aushandeln von Hausregeln, Diskussion und für Entscheidungen über Programm, Anschaffung oder Personalentscheidungen,
- kreative Formen der Beteiligung,
- Projekte wie Zukunftswerkstätten und vieles mehr.

37 Vgl. BT-Drs. 11/5948, 56.

19 Abs. 1 Satz 1 der Norm formuliert die **Ziele**, junge Menschen zur **Selbstbestimmung** zu befähigen, zu gesellschaftlicher **Mitverantwortung** und zu sozialem **Engagement** anzuregen und hinzuführen. Damit sind sie allgemeiner Art und von ihrem Charakter als bildungspolitische und gesellschaftspolitische Leitziele zu verstehen, die sich von einem humanitären Menschenbild ableiten. Sie zielen auf Chancengleichheit, soziale Gerechtigkeit, Teilhabe und gemeinschaftliche Verantwortung. Damit wird das Subjekt in den Fokus gerückt; die Ziele lassen sich nicht auf eine konkrete Verwertbarkeit reduzieren.[38] Neben den in § 11 SGB VIII explizit benannten Zielen sind auch die grundsätzlichen Zielbestimmungen des Kinder- und Jugendhilferechts in der Jugendarbeit zu verwirklichen, darunter bspw. die Gleichberechtigung junger Menschen unterschiedlichen Geschlechts gemäß § 9 Nr. 3 SGB VIII.[39]

20 Das Ziel, junge Menschen zur Selbstbestimmung zu befähigen, spricht den **emanzipativen Auftrag** der Jugendarbeit an. Ein wesentliches Prinzip der Jugendarbeit im Sinne dieser Aufgabe ist die **Aneignung von Räumen** im physikalischen, sozialen und geistigen Sinne. Jugendarbeit stellt entsprechende Räume zur Verfügung, die angeeignet und verändert werden können.[40]

21 Die Ziele der Anregung gesellschaftlicher Mitverantwortung und sozialen Engagements werden in der Jugendarbeit auf allen Ebenen angesprochen, vom Mitspracherecht bei konkreten Fragen der Gestaltung der Angebote bis hin zur vollständigen Selbstorganisation in Jugendverbänden. Junge Menschen selbst sind in der Jugendarbeit **in großem Ausmaß ehrenamtlich bzw. freiwillig engagiert**, teils institutionalisiert in bestimmten Funktionen in Vereinen, teils auf informelle Art.[41]

22 Aus dem ersten Absatz der Vorschrift lassen sich insgesamt für die Jugendarbeit folgende Prinzipien ableiten:[42]

- **Offenheit**

  Das Prinzip Offenheit umfasst drei verschiedene Dimensionen. Erstens stehen die Angebote der Jugendarbeit grundsätzlich allen Kindern und Jugendlichen offen, sie brauchen keine Voraussetzungen zu erfüllen, um teilnehmen zu können. Zweitens besteht Offenheit in Bezug auf die Themen. Alles, was Kinder und Jugendliche einbringen, kann zum Gegenstand der Jugendarbeit werden. Drittens sind auch die Ziele offen formuliert und können erst durch die Beteiligung der Adressat_innen konkretisiert werden.

- **Freiwilligkeit**

  Die Teilnahme an Angeboten der Jugendarbeit ist absolut freiwillig. Kinder und Jugendliche dürfen und müssen entscheiden, womit sie ihre Zeit verbringen und worauf sie sich einlassen wollen. Dafür benötigen sie eine intrinsische Motivation und müssen die Fähigkeit ausbilden, ihre eigenen Bedürfnisse zu erkennen.

- **Partizipation**

  Die Mitgestaltung und Mitbestimmung durch die jungen Menschen selbst ist für die Jugendarbeit konstitutiv. Sie ist ein Element politischer Bildung. Die Kinder und Jugendlichen können Räume, Angebote, Ziele und Methoden mitgestalten.

- **Lebenswelt- und Sozialraumorientierung**

  Lebensweltorientierung meint hier vor allem, dass die Erfahrungen, Perspektiven und Deutungsmuster der Kinder und Jugendlichen wahr- und ernstgenommen werden. Da-

38 Vgl. FK-SGB VIII/*Schäfer/Weitzmann*, § 11 SGB VIII Rn. 16.
39 Vgl. *Schellhorn/Fischer/Mann/Kern*, § 11 SGB VIII Rn. 4.
40 S. zur Raumaneignung ausführlich *Deinet* 2009.
41 Vgl. § 73 SGB VIII Rn. 7 ff.
42 Vgl. AGFJ o.J., 8 bis 10.

für muss die Jugendarbeit sicherstellen, dass diese überhaupt sichtbar und artikuliert werden können.

Sozialraumorientierung bedeutet, dass der Stadtteil in die Arbeit einbezogen wird. Insbesondere die Orte, die Teil der Lebenswelt der Adressat_innen sind, rücken in den Fokus. Darüber hinaus werden auch gemeinsam mit den Kindern und Jugendlichen die Orte und Räume erschlossen, die für sie eine Ressource darstellen können.

- **Geschlechtergerechtigkeit**
  Jugendarbeit berücksichtigt die diversen Lebenslagen von jungen Menschen unterschiedlichen Geschlechts, baut Benachteiligungen ab und fördert die Gleichberechtigung. Die Ausbildung selbstbestimmter Geschlechtsidentitäten wird in koedukativen und in nach Gender strukturierten Schutzräumen unterstützt.

23 Damit ist die Jugendarbeit gefordert, ihre Schwerpunkte, Angebote und Methoden immer wieder den Interessen und Bedarfen junger Menschen anzupassen. Dafür braucht es regelmäßige **Fort- und Weiterbildungen** der Fachkräfte, eine **aktive Beteiligung** der Kinder- und Jugendlichen sowie eine **Evaluation** der Arbeit. Um diesem Anspruch gerecht zu werden, müssen in der Förderung hinreichende Ressourcen zur Verfügung gestellt werden, die es den Mitarbeiter_innen ermöglichen, sich fortzubilden und konzeptionell zu arbeiten.

3. Zielgruppen

24 Die Angebote der Jugendarbeit sollen an die Interessen junger Menschen anknüpfen. Dabei wird gemäß § 7 SGB VIII die Zielgruppe „junge Menschen bis maximal 27 Jahre" festgelegt. Dies hat Konsequenzen für die Förderung von Angeboten, die diese Zielgruppe ansprechen. In angemessenem Umfang dürfen auch Personen über 27 Jahren in die Jugendarbeit einbezogen werden (Abs. 4).

24a Abs. 1 Satz 3 der Norm benennt ferner ausdrücklich junge Menschen mit Behinderungen als Zielgruppe der Jugendarbeit. Deren Angebote sollen für sie prinzipiell zugänglich und nutzbar sein. Sie sollen unter Berücksichtigung ihrer spezifischen Bedarfe „grundsätzlich an den Angeboten der Jugendarbeit partizipieren".[43] Junge Menschen mit Behinderungen im Sinne dieses Gesetzes (und analog zu § 2 Abs. 1 SGB IX) sind gem. § 7 Abs. 2 SGB VIII Personen, die „körperliche, seelische, geistige oder Sinnesbeeinträchtigungen haben, die sie in Wechselwirkung mit einstellungs- und umweltbedingten Barrieren an der gleichberechtigten Teilhabe an der Gesellschaft mit hoher Wahrscheinlichkeit länger als sechs Monate hindern können".[44] Zwar waren auch vor Inkrafttreten des KJSG die Zielgruppen der Jugendarbeit keineswegs auf junge Menschen ohne Behinderungen beschränkt, doch ist eine Stärkung der Inklusion ein explizites Ziel des KJSG,[45] sodass hier die Interessen von jungen Menschen mit Behinderungen nochmals unterstützt werden.

25 Auch wenn der Begriff Jugendarbeit zunächst nahelegt, dass Jugendliche die Zielgruppe bilden, werden in der Praxis insbesondere auch Kinder ab dem Grundschulalter angesprochen, offene Formen der Arbeit wie beispielsweise Spielmobile werden selbst von Kindern im Kindergarten- und Vorschulalter genutzt. In diesem Zusammenhang ist von der „Kinder- und Jugendarbeit" die Rede. Dahinter droht jedoch zu verschwinden, dass es dafür (auch nach Altersgruppen) **differenzierte Konzepte** braucht. Eine besondere Zielgruppe stellen die sog. **Lückekinder** dar, für die eine Hortbetreuung nicht mehr infrage kommt, die für Angebote der klassischen offenen Jugendarbeit aber noch zu jung sind. Dass die Altersgrenze mit 27 Jahren recht weit greift, kann insbesondere auf das freiwillige Engagement in Jugendver-

---

43 BT-Drs. 19/26107, 80.
44 Vgl. § 7 SGB VIII Rn. 4a.
45 Vgl. BT-Drs. 19/26107, 3.

bänden zurückgeführt werden, in denen junge Erwachsene häufig auch nach ihrem 21. Lebensjahr aktiv sind, insbesondere als Ehrenamtliche.

Die Norm macht bei der Auswahl der Adressat_innen keinerlei Einschränkungen, sodass der Anspruch an die Zurverfügungstellung förderlicher Angebote allen Jugendlichen zusteht. 26 Gleichwohl finden sich in der Praxis verschiedene Angebote, die eine **Einschränkung ihrer Zielgruppe** vornehmen und sich z.B. nur an eine bestimmte Altersgruppe oder nur an Jugendliche einer bestimmten sexuellen Orientierung richten. Dies widerspricht der Intention des Gesetzes nicht. Die Norm besagt nicht, dass alle Kinder und Jugendlichen an allen Angeboten der Jugendarbeit teilnehmen können müssen, sondern dass alle ihrem Bedarf entsprechende Angebote vorfinden müssen. Aus diesem Grund ist es sinnvoll, bestimmte Zielgruppen spezifisch anzusprechen. Gerade die Erfahrungen der offenen Jugendarbeit zeigen, dass, nur weil ein Angebot prinzipiell allen Jugendlichen offensteht, keineswegs auch tatsächlich alle davon angesprochen werden. So gelingt es vielen Jugendhäusern nicht, Angebote zu schaffen, mit denen sie auch Mädchen erreichen. Jugendverbände hingegen sprechen vor allem Jugendliche aus der Mittelschicht an.[46] **Auf spezifische Zielgruppen zugeschnittene Konzepte** können dazu beitragen, die Möglichkeiten der Jugendarbeit möglichst allen Jugendlichen zu eröffnen.

Vor diesem Hintergrund muss sich Jugendarbeit mit gesellschaftlichen **Macht-** und **Ungleichheitsverhältnissen** befassen. 27 In Bezug auf die Kategorie Geschlecht beispielsweise ist Sensibilität gefordert. Dazu ist sie auch durch § 9 Abs. 3 SGB VIII (Gleichberechtigung von jungen Menschen) verpflichtet. Dies bedarf eines kritischen Umgangs mit Geschlechterstereotypen, Zuschreibungen und Vorurteilen, sowohl mit Blick auf die Angebote als auch unter Berücksichtigung der eigenen Arbeitsteilung im Team. In diesem Zusammenhang gewinnen neben eigenen nach wie vor unerlässlichen Angeboten für Mädchen in der Praxis auch zunehmend jungenspezifische Angebote an Relevanz. Diese sollten nicht als Konkurrenz, sondern als notwendige und sinnvolle Ergänzung verstanden werden. Damit dies gelingen kann, sind ausreichend Ressourcen und Mittel zur Verfügung zu stellen, sodass die verschiedenen Arbeitsformen nicht in einen Wettbewerb um Gelder treten müssen. Hilfreich ist insoweit ein solidarischer Austausch der Fachkräfte untereinander. Mit der Verabschiedung des KJSG ist nun auch die Berücksichtigung der Interessen und Bedarfe von transidenten, nichtbinären und intergeschlechtlichen jungen Menschen explizit festgeschrieben.[47]

Aktuell stellt sich auch die Frage nach der Ansprache von **jungen Geflüchteten**. Angebote 28 der Jugendarbeit eignen sich aufgrund ihrer Niedrigschwelligkeit und ihrer Verankerung im Gemeinwesen in besonderem Maße, neu zugewanderte junge Menschen einzubinden. Viele der Maßnahmen kommen ohne eine Kostenbeteiligung der Kinder und Jugendlichen aus, auch eine formale Anmeldung ist in vielen Fällen nicht erforderlich, sodass die Zugangsbarrieren denkbar niedrig sind. Darüber hinaus kann davon ausgegangen werden, dass Einrichtungen der Jugendarbeit als Bildungs- und Erziehungseinrichtungen zu verstehen sind. Dafür spricht neben den ihr zugewiesenen Aufgaben auch die Tatsache, dass die Teilnahme an Angeboten der Jugendarbeit auch durch Mittel des Bildungs- und Teilhabepakets finanziert werden kann.[48] Demzufolge entfällt für sie gemäß § 87 Abs. 1 u. 2 AufenthG die Pflicht, den Aufenthalt eines Ausländers/einer Ausländerin ohne einen erforderlichen Aufenthaltstitel zu melden, selbst dann, wenn sie sich in kommunaler Trägerschaft befinden.

46 Vgl. § 12 SGB VIII Rn. 15.
47 S. zu Bedarfen und Angeboten von lesbischen, schwulen, bisexuellen, trans* und inter* Adressat_innen aus Sicht der Kinder- und Jugendarbeit Wagenaar/Hellige/Nagel 2019, passim.
48 § 28 SGB II.

Praxishilfen für die Arbeit mit jungen Geflüchteten

Zur Frage, wie die Ressourcen der Jugendarbeit für die Unterstützung junger Geflüchteter nutzbar gemacht werden können und wie eine Willkommensstruktur in Jugendeinrichtungen etabliert werden kann, hat die Praxisstelle antisemitismus- und rassismuskritische Jugendarbeit einen 15-Punkte-Plan veröffentlicht, der unter www.projekt-ju-an.de (→ Publikationen → 15 Punkte Plan) abgerufen werden kann. Zur Jugendverbandsarbeit mit jungen Geflüchteten hat der Deutsche Bundesjugendring eine Arbeitshilfe veröffentlicht, die unter www.dbjr.de (→ Publikationen) zum Download bereitsteht.

II. Abs. 2 – Anbieter und Angebote

1. Träger der Jugendarbeit

29 So vielfältig wie ihre Zielgruppen sind auch die Träger, die die Jugendarbeit nebeneinander und miteinander gestalten. Träger der Jugendarbeit sind entsprechend dem Absatz 2 der Norm **Verbände, Gruppen, Initiativen der Jugend, andere Träger der Jugendarbeit und der öffentliche Träger der Jugendhilfe**. Insgesamt kommt den freien Trägern der Jugendhilfe, insbesondere den Jugendverbänden, im Bereich der Jugendarbeit eine außerordentlich große Bedeutung zu, weswegen sie hier auch zuerst aufgeführt werden. Zu ihnen gehören insbesondere:

- Die sog. **sechs Spitzenverbände**, die sich in der Bundesarbeitsgemeinschaft der Wohlfahrtspflege (BAGFW) zusammengeschlossen haben. Das sind: Arbeiterwohlfahrt, Caritas, Deutsches Rotes Kreuz, Diakonisches Werk, Paritätischer Wohlfahrtsverband, Zentrale Wohlfahrtsstelle der Juden[49],
- die großen **Jugendverbände**, die sich im Bundesjugendring zusammengeschlossen haben und
- die sog. **Neuen Träger**, deren Gruppe von einer Vielzahl kleiner Träger, lokaler Initiativen und selbstorganisierten Gruppen gebildet wird. Dazu zählen auch die Trägervereine unabhängiger Jugendzentren. Insgesamt erweitert sich das Spektrum der geförderten Träger der Jugendarbeit. So hat der Anteil der anerkannten Jugendverbände an allen geförderten Trägern der Kinder- und Jugendarbeit im Jahr 2000 in Westdeutschland noch 53 % betragen, im Jahr 2013 waren es nur noch 32 %.[50]

30 Die meisten Jugendverbände und Jugendorganisationen vertreten eine spezifische Wertorientierung oder weltanschauliche Ausrichtung. Dies entspricht auch der in § 3 Abs. 1 SGB VIII geforderten Trägervielfalt in der Kinder- und Jugendhilfe. Sie sind in ihren Aktivitäten gemäß § 4 Abs. 3 SGB VIII und § 12 SGB VIII zu fördern. Die Anerkennung als freier Träger nach § 75 SGB VIII ist keine Voraussetzung, um die Arbeit nach § 11 SGB VIII fördern zu können, explizit werden in § 11 Abs. 2 SGB VIII auch Verbände, Gruppen, Initiativen der Jugend und andere Träger als Anbieter aufgezählt. Damit wird an die **Organisationsqualität** der freien Träger in der Jugendarbeit **keine besondere Anforderung** gestellt. Auf diese Weise soll eine Förderung von spontan entwickelten lokalen Initiativen ermöglicht werden.[51] *Schäfer* und *Weitzmann* deuten dies auch als Reaktion auf die sinkende Bereitschaft junger Menschen, sich verbindlich in Vereinen und Verbänden zu organisieren. Zweifel an dieser Entwicklung werfen allerdings Forschungsergebnisse auf, die zeigen, dass der Einsatz im freiwil-

---

49 Vgl. *Beher* 2016, 704–706.
50 Vgl. *Gadow* et al. 2013, 93.
51 Vgl. FK-SGB VIII/*Schäfer*/*Weitzmann*, § 11 SGB VIII Rn. 23.

ligen Engagement bei jungen Menschen nach wie vor groß ist. Die Shell-Jugendstudie 2015 konnte z.B. zeigen, dass junge Menschen zwischen 12 und 25 Jahren zu 37 % oft oder gelegentlich in Vereinen aktiv sind.[52]

Jugendverbände haben insbesondere in den für Mitglieder bestimmten Angeboten einen großen Anteil, als freie Träger der Jugendhilfe betreiben sie allerdings auch Einrichtungen wie Jugendzentren, Spielmobile oder bieten Maßnahmen der Jugenderholung an. Angebote der Jugendarbeit können auch von „**anderen Anbietern**" geschaffen werden. Dazu sind beispielsweise Sportvereine oder Freiwillige Feuerwehren zu zählen, deren Maßnahmen entsprechend dieser Vorschrift zu fördern sind, sofern es sich dabei um Angebote der Jugendarbeit handelt. Häufig handelt es sich dabei um Träger, die nicht auf ein Arbeitsfeld beschränkt sind. 31

Gemäß dem **Subsidiaritätsprinzip** soll der öffentliche Träger der Jugendhilfe nur dann eigene Einrichtungen und Angebote schaffen, wenn dafür kein freier Träger zur Verfügung steht. Das Subsidiaritätsprinzip in der Kinder- und Jugendhilfe gründet sich auf § 3 SGB VIII und § 4 Abs. 2 SGB VIII. § 3 SGB VIII bestimmt, dass die Jugendhilfe durch die Vielfalt von Trägern unterschiedlicher Wertorientierung gekennzeichnet ist. Nach § 4 Abs. 2 SGB VIII soll die öffentliche Jugendhilfe von eigenen Maßnahmen absehen, wenn geeignete Einrichtungen, Dienste und Veranstaltungen von anerkannten freien Trägern der freien Jugendhilfe betrieben bzw. von freien Trägern geschaffen werden können. Diese sollen gemäß § 4 Abs. 3 SGB VIII von der öffentlichen Jugendhilfe dazu angeregt werden. Dies bedeutet jedoch nicht, dass Einrichtungen der öffentlichen Jugendhilfe geschlossen werden müssen, wenn ein freier Träger das Angebot wahrnehmen möchte.[53] Der öffentliche Träger der Jugendhilfe kann durchaus eigene Angebote der Jugendarbeit vorhalten. Er wird auf kommunaler Ebene durch das örtliche Jugendamt, auf Landesebene durch die oberste Landesjugendbehörde repräsentiert.[54] Wie stark er sich in der lokalen Jugendarbeit einbringt, ist von Ort zu Ort unterschiedlich. Auf überregionaler Ebene fördert das BMFSFJ die Tätigkeiten der Jugendarbeit, sofern diese von überregionaler Bedeutung sind und nicht durch ein Land alleine gefördert werden können.[55] Andere Träger der Jugendarbeit sind auch Städte und Gemeinden ohne eigenes Jugendamt.[56] 32

Die **Zusammenarbeit der verschiedenen Träger** der Jugendhilfe ist vielerorts in Kreis- oder Stadtjugendringen organisiert, auf Landesebene auch in Landesjugendringen. Eine Kooperation von freien Trägern und dem öffentlichen Träger der Jugendhilfe, die in § 4 SGB VIII festgeschrieben ist, findet oft auch über das Mittel der **Arbeitsgemeinschaften** nach § 78 SGB VIII statt. Den anerkannten freien Trägern kommt darüber hinaus nach § 80 Abs. 4 SGB VIII das Recht zu, in die Jugendhilfeplanung einbezogen zu werden. Angesichts knapper Kassen in den kommunalen Haushalten besteht jedoch die Gefahr, dass die verschiedenen Träger in einen Wettbewerb um Mittel und Ressourcen treten und so eine Konkurrenzsituation entsteht, die eine konsequente Orientierung an den jungen Menschen und ihren Bedarfen erschwert. 33

2. Angebote der Jugendarbeit

Die Beschreibung der Aufgaben der Jugendarbeit als Angebote verdeutlicht, dass die Teilnahme an diesen **absolut freiwillig** ist. Sie werden von den Adressat_innen ganz überwiegend in ihrer Freizeit genutzt. Keinesfalls können junge Menschen zur Teilnahme verpflichtet werden. Die Zustimmung der Eltern an den allgemeinen Freizeitangeboten darf allgemein 34

52 Vgl. *Schneekloth/Albert* 2019, 101, s. dazu auch § 73 Rn. 9 f.
53 Vgl. *Rätz/Schröer/Wolff* 2014, 228.
54 Vgl. § 82 SGB VIII Rn. 1.
55 Vgl. § 83 SGB VIII Rn. 1 f.
56 Vgl. Wiesner/Wapler/*Struck/Schön*, § 11 SGB VIII Rn. 17.

angenommen werden, ohne ihr Einverständnis im Einzelfall einholen zu müssen.[57] Dies wäre bei Angeboten der Offenen Jugendarbeit häufig auch nicht möglich bzw. würde bestimmte Kinder und Jugendliche von der Nutzung ausschließen. So kann sich die Jugendarbeit unmittelbar an junge Menschen richten.

35 Der Begriff „Angebote" verdeutlicht darüber hinaus, dass es sich dabei um kurzfristige, zeitlich begrenzte Maßnahmen handelt, wohingegen die Begriffe „Einrichtung" und „Dienst" auf Dauer angelegte Maßnahmen bezeichnen.[58] Es handelt sich also nicht um individuelle Dienst-, Sach- oder Geldleistungen, sondern um Veranstaltungen, Maßnahmen oder Dienste und Einrichtungen der Jugendarbeit, die besucht oder in Anspruch genommen werden können.[59]

Als Angebote werden für Mitglieder bestimmte, offene und gemeinwesenorientierte Formen gleichrangig nebeneinander aufgeführt. Sie lassen sich nicht in allen Fällen eindeutig voneinander unterscheiden, so ist beispielsweise die Sozialraumorientierung ein wesentlicher Aspekt der offenen Jugendarbeit, die sich immer auch als Akteurin im Sozialraum versteht.[60]

a) Für Mitglieder bestimmte Angebote

36 Für Mitglieder bestimmte Angebote werden von der verbandlichen Jugendarbeit unterbreitet, nur **Jugendverbände** haben Mitglieder im eigentlichen Sinne.[61] Sie bieten Gruppenstunden, Ferienfreizeiten und andere Aktivitäten für ihre Mitglieder. Insbesondere ihre Ferienfreizeiten richten sich häufig auch an Kinder und Jugendliche, die kein Mitglied im Verband sind, sodass es hier zu einer Mischung unterschiedlicher Gruppen kommt. Viele Kommunen machen es für die Förderung von Maßnahmen der Jugenderholung zur Bedingung, dass diese nicht nur den eigenen Verbandsmitgliedern offenstehen. Die Rechtmäßigkeit solcher Förderrichtlinien ist allerdings fraglich, sieht doch § 11 SGB VIII unmissverständlich an Mitglieder gerichtete Angebote der Jugendarbeit vor.

b) Offene Jugendarbeit

37 Offene Jugendarbeit findet in Jugendzentren, Jugendtreffs, Abenteuerspielplätzen und vergleichbaren Einrichtungen sowie an Orten, an denen Kinder und Jugendliche sich aufhalten, in Form von aufsuchender Arbeit statt. Wichtig ist hierbei vor allem der niedrigschwellige Zugang zum Angebot. Auch haben ihre Angebote, wie beispielsweise die **Offene-Tür-Arbeit**, häufig einen unverbindlichen Charakter. Kinder und Jugendliche dürfen und müssen selbst entscheiden, was sie machen wollen, wann sie kommen und gehen und worauf sie sich einlassen.

c) Gemeinwesenorientierte Jugendarbeit

38 Gemeinwesenorientierte Jugendarbeit bezieht sich auf den **Stadtteil** und damit auf die Lebenswelt der jungen Menschen. Dafür ist es wichtig, sich das Quartier mit Stadtteilanalysen, möglichst unter Beteiligung junger Menschen, zu erschließen. Damit kann gemeinwesenorientierte Jugendarbeit dazu beitragen, dass Jugendliche ihren Bewegungsraum erweitern.

Auch aufsuchende Jugendarbeit (Streetwork) kann als ein Element gemeinwesenorientierter Jugendarbeit verstanden werden, dies hängt vom konkreten Konzept ab. Auf diese Weise können jungen Menschen, die von Jugendverbänden oder festen Einrichtungen nicht er-

57 Vgl. BT-Drs.11/5948, 50 f.
58 Vgl. BT-Drs. 11/5948, 49.
59 Vgl. *Wabnitz*, in: Münder/Wiesner/Meysen 2011, Kap. 3.1 Rn. 2.
60 Vgl. AGJF o.J., 9.
61 S. zur Bestimmung des Begriffs Mitglied § 12 Rn. 14.

reicht werden, Angebote der Jugendarbeit unterbreitet werden, die ja gemäß Abs. 1 der Norm allen jungen Menschen zur Verfügung gestellt werden sollen. In Stadtteilen, in denen es keine eigenständige Gemeinwesenarbeit gibt, übernehmen Jugendeinrichtungen häufig in Teilen deren Funktion.[62] Gemeinwesenorientierte Jugendarbeit beteiligt sich darüber hinaus aktiv an der **Vernetzung** der Kinder- und Jugendeinrichtungen und weiteren relevanten Institutionen im Quartier.

d) Angebotsformen

Durch die kommunale Verankerung der Jugendarbeit ist ihre konkrete Ausgestaltung wesentlich von der Finanzkraft der jeweiligen Gemeinde bzw. Stadt abhängig. Angebote der Jugendarbeit finden u.a. statt in:[63] **39**

- Jugendfreizeiteinrichtungen wie Jugendtreffs, Jugendzentren, Häusern der Jugend u.Ä.,
- selbstverwalteten Jugendräumen wie unabhängigen Jugendzentren,
- Aktiv- oder Bauspielplätzen,
- Stadtteilbauernhöfen und Jugendfarmen,
- aufsuchender Jugendarbeit,
- Jugendinformationszentren,
- Spielmobilen,
- Mehrgenerationenhäusern, Familienzentren und Statteilzentren.

Nicht in allen Formen sind hauptamtliche Mitarbeiter_innen regelmäßig vor Ort oder überhaupt beteiligt.

Auf Grundlage von § 90 Abs. 1 Nr. 1 SGB VIII ist es explizit möglich, junge Menschen bzw. ihre Familien an den **Kosten** für Maßnahmen der Jugendarbeit zu beteiligen. Von dieser Möglichkeit wird insbesondere bei Veranstaltungen mit Übernachtungen wie beispielsweise Ferienfreizeiten, Angeboten mit größerem Materialaufwand wie z.B. Kreativangeboten oder besonderen Projekten Gebrauch gemacht, die meisten Angebote der Jugendarbeit können jedoch **kostenfrei genutzt werden**. Sollten Kosten entstehen, können diese aus Mitteln der Leistungen für Bildung und Teilhabe (**Bildungs- und Teilhabepaket**) finanziert werden. Anspruchsberechtigt sind insbesondere Kinder und Jugendliche bzw. Familien, die Arbeitslosengeld II, Sozialgeld oder Sozialhilfe beziehen oder Minderjährige, deren Eltern den Kinderzuschlag oder Wohngeld erhalten, sowie Familien, die Leistungen nach dem Asylbewerberleistungsgesetz beziehen.[64] **40**

Der Blinden- und Sehbehindertenverband verweist in diesem Zusammenhang auf die Kostenbeteiligung nach Teil 2 SGB IX, die eine tatsächliche Inanspruchnahme der Angebote durch junge Menschen mit Behinderungen verhindern könne. Seines Erachtens ist es erforderlich, „dass die behinderungsbedingt notwendigen Teilhabeleistungen sämtlich einkommens- und vermögensunabhängig erbracht werden."[65]

Durch die Mitbestimmung und Mitgestaltung durch die Kinder und Jugendlichen unterliegen die Angebote der Jugendarbeit einem **dauerhaften Wandel**. Die Themen der Kinder und Jugendlichen werden zu Themen der Jugendarbeit. Vor diesem Hintergrund sind die großen Gestaltungsfreiheiten, die der Jugendarbeit zugestanden werden, zwingend notwendig. **41**

62 Vgl. *Deinet* 2011.
63 S. ausführlich AGJF o.J., 6 bis 8.
64 § 19 Abs. 2 SGB II, § 28 SGB II, § 6b BKGG, § 3 AsylbLG.
65 *DBSV* 2021.

Gleichzeitig werden auch von außen, von **Politik, Forschung und Gesellschaft**, Aufgaben an die Jugendarbeit herangetragen. Sie soll sich beispielsweise um die Jugendliche kümmern, die sich häufig auf öffentlichen Plätzen aufhalten und dort als Störung wahrgenommen werden, sich in Fußball-Fanszenen einbringen oder soll auf verschiedenste Art und Weise präventiv wirken. Dieser Idee von Prävention kann mit Blick auf die Prinzipien der Partizipation und Selbstbestimmung nicht ohne Weiteres zugestimmt werden. In der Jugendarbeit werden beispielhaft Drogen dann zum Thema, wenn dies ein Interesse von Kindern und Jugendlichen ist, nicht wenn es eines der Fachkräfte ist.[66]

III. Abs. 3 – Schwerpunkte der Jugendarbeit

42 Die in Absatz 3 vorgenommene Auflistung der **Schwerpunkte** der Jugendarbeit kann keinesfalls als abschließend verstanden werden. Die Formulierung „zu den Schwerpunkten gehören" bedeutet, dass darüber hinaus weitere oder andere gesetzt werden können. Auch muss ein Träger der Jugendarbeit nicht alle gleichermaßen abbilden. Die hier benannten Schwerpunkte stellen definitiv Handlungsfelder der Jugendarbeit dar, doch auch sie lassen sich **nicht trennscharf voneinander abgrenzen**.

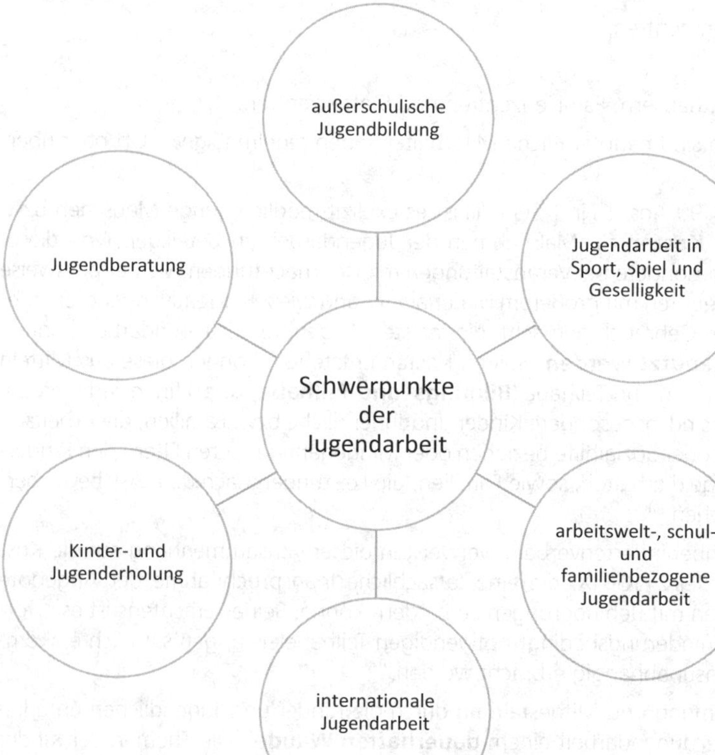

Abb. 1: Schwerpunkte der Jugendarbeit, eigene Darstellung

66 Zur Diskussion desVerhältnisses von Jugendarbeit und Prävention s. Icking/Sturzenhecker 2021 passim.

So kann ein in einem Jugendzentrum durchgeführtes Theaterprojekt beispielsweise sowohl den Bereich der kulturellen Bildung als auch Jugendarbeit in Spiel und Geselligkeit umfassen. Die Offenheit der Formulierung ermöglicht es der Jugendarbeit, aktuell zu bleiben und auf sich verändernde Interessen von Kindern und Jugendlichen sowie auf sich verändernde gesellschaftliche und Umweltbedingungen zu reagieren. So hat der Bereich der **Neuen Medien** in den letzten fünfzehn Jahren immer mehr an Relevanz im Alltag von Kindern und Jugendlichen gewonnen und wurde aus diesem Grund auch verstärkt zum Thema der Jugendarbeit, die zum einen daraus erwachsende Interessen und Bedarfe aufgreifen muss, zum anderen ihre Kommunikationsstrukturen jugendgerecht anpassen muss.

Bei der Auswahl der Schwerpunkte ist unbedingt zu beachten, dass diese entsprechend Abs. 1 der Vorschrift von den jungen Menschen mitbestimmt und mitgestaltet werden. In der Jugendhilfeplanung und bei Entscheidungen über Förderungen ist darauf zu achten, dass die aufgezählten Schwerpunkte berücksichtigt werden.[67] Allerdings ergibt sich daraus **keine Ermessensbindung** für den öffentlichen Träger der Jugendhilfe.[68] Welche Schwerpunkte zu setzen sind, ergibt sich aus der Jugendhilfeplanung nach § 80 SGB VIII. *Wiesner* kritisiert, dass die Aufzählung eine statische Struktur der Jugendarbeit suggeriere, die auf diese Weise eher förderungspolitischen Zwecken als den Interessen junger Menschen diene. Zudem bemängelt er den logisch-systematischen Aufbau der Liste, deren einzelne Elemente ganz unterschiedlichen Bezugspunkten zuzuordnen sind (inhaltlich, methodisch und kontextuell).[69] 43

1. Außerschulische Jugendbildung

Außerschulische Jugendbildung ist darüber zu definieren, dass sie den Maßgaben nach Abs. 1 der Norm entspricht, also an den **Interessen junger Menschen anknüpft** und von ihnen mitbestimmt und mitgestaltet wird und sich nicht an schulischen Bildungsvorgaben orientiert. Die Gesetzgebung erkennt mit dieser Nennung an, dass Bildung außerhalb von Schulen und Ausbildung stattfindet und Jugendarbeit dafür eine wichtige Funktion übernimmt. Außerschulische Jugendbildung findet in offenen, wenig strukturierten Räumen ebenso statt wie in spezifischen Kursen, beispielsweise in Seminaren zum Erwerb der Jugendleitercard (Juleica). Stadtteilbauernhöfe leisten ebenso Bildungsarbeit wie Jugendverbände oder Jugendbildungsstätten. Sie kann aber durchaus in **Schulen als Örtlichkeiten** stattfinden. Angesichts des Ausbaus von Ganztagsschulen wird auch im schulischen Kontext vermehrt über erweiterte Bildungsbegriffe diskutiert. Die Beteiligung von Jugendarbeit in der Kooperation der Jugendhilfe trägt hier zu einer Vermischung unterschiedlicher Bildungssettings bei. Angesichts dessen schlagen *Schäfer/Weitzmann* vor, neben dem Begriff „außerschulisch" den Begriff „außerunterrichtlich" einzuführen, um den Charakter des Angebots präziser zu fassen.[70] Dazu ist jedoch zu bedenken, dass wesentliche Aspekte schulischer Curricula ebenfalls außerhalb von Unterricht platziert sind, beispielsweise bei Klassenfahrten oder Projektarbeiten. 44

Die Aufzählung von allgemeiner, politischer, sozialer, gesundheitlicher, kultureller, naturkundlicher und technischer Bildung greift wesentliche Interessen und Bedarfe von Jugendlichen auf. Auch sie sind in der Praxis nicht ohne Weiteres zu trennen, ein Filmprojekt in einer Schülerinnengruppe zur Umweltverschmutzung würde gleichermaßen die Bereiche Technik, Gesundheit, Naturkunde und Soziales betreffen. Die **Liste kann ebenfalls nicht als abgeschlossen betrachtet werden**, auch wenn sie für nahezu alle Themen Raum bietet. Angesichts der Dringlichkeit, die Fragen von Förderung von medialer Bildung und **Medien-** 45

---

67 Vgl. FK-SGB VIII/*Schäfer/Weitzmann*, § 8 SGB VIII Rn. 26.
68 Vgl. Wiesner/Wapler/*Struck/Schön*, § 11 SGB VIII Rn. 22.
69 Vgl. Wiesner/Wapler/*Struck/Schön*, § 11 SGB VIII Rn. 21.
70 Vgl. FK-SGB VIII/*Schäfer/Weitzmann*, § 8 SGB VIII Rn. 27.

kompetenz in den letzten Jahren erlangt haben, wäre anzudenken, mediale Bildung mit aufzunehmen. Auch **sexuelle Bildung** betrifft Bereiche, die sowohl die Interessen von Jugendlichen als auch gesellschaftliche Zielvorstellungen von Gleichberechtigung der Geschlechter und Diversitätsfreundlichkeit berühren, sodass auch diese unbedingt zu den Schwerpunkten der Jugendbildung zu zählen ist.

46 **Politische Bildung** ist wegen ihres demokratischen, auf Partizipation zielenden Charakters sowohl ein generelles Prinzip der Jugendarbeit als auch ein konkretes Handlungsfeld, beispielsweise in der Prävention von Rechtsextremismus oder rassismuskritischer Bildungsarbeit.

Kulturelle Bildung findet grundsätzlich bei allen Angeboten der Jugendarbeit statt, es gibt jedoch auch spezifische Angebote in Formen von Jugendkunstschulen oder kulturpädagogischen Einrichtungen. Hier gibt es Überschneidungen mit der Förderung von Kunst und Kultur, besonders eine Abgrenzung zu museumspädagogischen oder theaterpädagogischen Leistungen ist häufig nicht eindeutig vorzunehmen, was sich auch in der finanziellen Förderung durch Kultur- oder Jugendämter niederschlägt.[71]

47 Die Jugendarbeit operiert mit einem weiten Bildungsbegriff. *Sturzenhecker* beschreibt **Bildung** als **„selbsttätige Aneignung von Welt und Subjekthaftigkeit im Zusammenhang."**[72]**.** Sie ist damit von Erziehung als dem Bestreben, Werte und Normen zu vermitteln, klar abzugrenzen. Bildung ist immer „eine Eigenleistung des sich bildenden Subjekts".[73] Weiter lässt sie sich in informelle, non-formale und formelle Bildung unterscheiden.

48 **Formelle Bildung**[74] betrifft, bezogen auf Jugendliche, vor allem Schul- und Berufsausbildung und damit verbundene Aspekte wie Hausaufgaben und Referate, Abschlüsse und Qualifikationen. Formelle Lernprozesse vermitteln überprüfbares Wissen und werden meistens mit Bewertungen und Nachweisen über das Gelernte abgeschlossen. Es findet in den meisten Fällen in speziellen, für das Lernen eingerichteten Institutionen statt. Neben der Schule begeben sich Jugendliche auch beispielsweise im Rahmen des Erwerbs der Fahrerlaubnis oder beim Erwerb von Qualifikationen für die Arbeit in Vereinen, bspw. für den Erwerb der Juleica oder eines Übungsleiterscheins, in formelle Bildungsprozesse.

Informelle Bildung umfasst ein deutlich breiteres Feld. Unter diesem Begriff werden alle Vorgänge zusammengefasst, bei denen Personen oder Gruppen etwas lernen. Dieses Lernen muss nicht intentional sein, kann aber gleichwohl bewusst und zielgerichtet geschehen. Beispiele bezogen auf Jugendliche sind u.a. die Lösung von Konflikten, der Umgang mit alkoholischen Getränken oder die Handhabung technischer Geräte. Informelle Bildung geschieht beispielsweise in der Familie, in der Peergroup, bei der Ausübung von Hobbys oder aus Alltagsproblemen heraus, jedoch ohne pädagogische Absicht.[75]

Beide Formen sind im Alltag der Jugendlichen und somit auch in der Praxis der Jugendarbeit relevant. Es besteht keine Hierarchie zwischen ihnen, beide sind notwendig und deswegen im Rahmen der Jugendarbeit zu unterstützen. Auch lassen sie sich nicht in allen Fällen klar voneinander unterscheiden; so können Jugendliche beispielsweise in einem Sportverein bewusst Kampfsport erlernen und gleichzeitig unbewusst den Umgang mit Misserfolgen üben.

Als die für die außerschulische Jugendbildung maßgebliche Kategorie ist die **non-formale Bildung** anzuführen. Sie bezeichnet die „pädagogische Förderung … informeller Prozesse

71 Vgl. FK-SGB VIII, *Schäfer/Weitzmann*, § 8 SGB VIII Rn. 29.
72 *Sturzenhecker* 2021,1228.
73 *Sturzenhecker* 2007, 19.
74 In der Literatur werden die Begriffe „formal" und „non-formal" bzw. „formell" und „informell" häufig synonym verwendet. Richtig ist, dass das Wort „formal" sich auf die äußere Form eines Objekts bezieht, während „formell" Gesetze und Vorschriften betrifft.
75 Vgl. *Müller/Schmidt/Schulz* 2005, 11.

der Selbstbildung"[76] außerhalb formeller Bildungsinstitutionen. Schulsozialarbeit wäre demzufolge nicht unter diesem Begriff zu fassen, da sie in der Institution Schule stattfindet, ein Projekt mit Bildungsabsichten im Jugendtreff hingegen schon. Auch hier ergeben sich wieder Grenzfälle, beispielsweise bei der Hausaufgabenhilfe in der Offenen Arbeit.

Jugendarbeit bietet viele Bildungsgelegenheiten und Chancen zum Aneignen unterschiedlichster Kompetenzen. Dennoch fehlen Instrumente, um Bildungserfolge zu überprüfen. Damit besteht – in Verbindung mit dem sehr offen angelegten Bildungsverständnis – die Gefahr, dass der Bildungsbezug beliebig hergestellt wird.[77] **49**

2. Jugendarbeit in Sport, Spiel und Geselligkeit

Jugendarbeit in „Sport, Spiel und Geselligkeit" greift Interessen junger Menschen auf und betont den **zweckfreien Charakter der Jugendarbeit**. Sie will Räume schaffen, in denen junge Menschen ohne Leistungsdruck oder Konsumzwang ihren Neigungen nachkommen können. Auch gesellschaftliche Ziele sind damit nicht direkt verbunden. Da diese Bereiche für junge Menschen von großer Attraktivität sind, eignen sie sich auch gut als Vorhalteangebote der Jugendarbeit, um junge Menschen anzusprechen. **50**

Geselligkeit ist ein sehr offener Begriff, der zunächst nur das zwanglose Zusammenkommen mit anderen Menschen beschreibt. Insbesondere für Jugendliche ist die Möglichkeit von Treffen mit der Peergroup von Bedeutung. Vor allem Kinder und Jugendliche, die in beengten Wohnverhältnissen leben, können dies meistens nicht zu Hause tun. Allerdings muss sich die freizeitorientierte Jugendarbeit auch gegen den profitorientierten Freizeitmarkt behaupten, der Kinder und Jugendliche schon lange zu seinen festen Abnehmer_innen zählt, beispielsweise in Kinos, Freizeitzentren oder privatwirtschaftlich organisierten Kursangeboten. **51**

Die Bedeutung dieses Aufgabenfeldes der Jugendarbeit darf nicht unterschätzt werden. Der 15. Jugendbericht legt auf Basis des Aid:a II Surveys dar, dass „Freunde treffen, „Leute kennenlernen" und „Freizeit ohne Geld ausgeben" die häufigsten Motive zum Besuch eines Jugendzentrums sind.[78]

Die Formulierung „**Jugendarbeit in Sport**" grenzt Sportangebote der Jugendarbeit von Angeboten von Sportvereinen oder kommerziellen Sportangeboten wie beispielsweise in Fitness-Studios ab. Ihr Ziel ist nicht die Förderung von Leistung oder sportlichem Talent, sondern die Förderung der Entwicklung junger Menschen. Des Weiteren hat Sport in der Jugendarbeit eine integrative Funktion, in der junge Menschen gemeinsam einer selbst gewählten Tätigkeit nachkommen können. Entsprechend steht sie allen jungen Menschen offen, unabhängig von ihrer sportlichen Leistungsfähigkeit. Jugendarbeit setzt insgesamt stärker als Sportvereine auf Straßensportarten wie Skaten oder BMX und greift Trendsportarten wie Parkour auf. **52**

Zwischen Sport, insbesondere dem Vereinssport mit seinen Jugendsparten, und der Jugendarbeit gibt es indessen **relevante Überschneidungen**, nicht in allen Fällen lässt sich eine saubere Abgrenzung vornehmen. So bieten beispielsweise Sportvereine auch Maßnahmen der Jugenderholung in den Ferien an oder beteiligen sich an Projekten politischer Bildung, z.B. gegen Rassismus, die dann auch nach § 11 SGB VIII förderungsfähig sind.[79] Jugendarbeit hingegen greift Sport als Medium auf und beteiligt sich beispielsweise auch an sportlichen Wettbewerben wie Hip-Hop-Contests. In verschiedenen Städten gibt es unter der Leitung von Trägern der Jugendhilfe Jugendsportzentren, die das Angebot der Offenen-Tür-Ar-

---

76 Vgl. *Müller/Schmidt/Schulz* 2005, 11.
77 S. zur kritischen Auseinandersetzung mit Bildung in der Jugendarbeit *Rose* 2011.
78 Vgl. BMFSFJ 2017, 394.
79 S. zu Sport in der Jugendhilfe ausführlich *Neuber* 2021, passim.

beit mit einem Fokus auf Sport und Bewegung spezifizieren, beispielsweise in Hannover und Ingolstadt.

53 **Spiel** ist insbesondere für Kinder, aber auch für Jugendliche ein zentrales Bedürfnis. Die UN-KRK spricht ihnen deswegen in Art. 31 Abs. 1 ein Recht auf Spiel zu. Die Jugendarbeit nach § 11 SGB VIII hat besondere Chancen, zur Verwirklichung dieses Rechts beizutragen. Räume zum Spielen gehören zu den **positiven Lebensbedingungen** nach § 1 Abs. 3 Nr. 5 SGB VIII, die zu schaffen die Jugendhilfe aufgefordert ist.[80] Die Benennung von Spiel in § 11 SGB VIII ist der einzige Hinweis in einem Bundesgesetz, dass Gelegenheiten zum Spielen den Handlungsbereich der Kinder- und Jugendhilfe betreffen. Daraus, in Verbindung mit § 1 Abs. 3 Nr. 5SGB VIII, lässt sich die Legitimation der Jugendarbeit ableiten, bei der Planung und Errichtung von Spielflächen und Spielplätzen mitzuwirken.[81]

3. Schulbezogene, arbeitsweltbezogene und familienbezogene Jugendarbeit

54 Die hier aufgezählten Bereiche sind aus zwei Gründen für die Jugendarbeit relevant. Zum einen stellen sie wesentliche Teilbereiche der Lebenswelten und des Alltags junger Menschen dar. Dadurch liegt es nahe, dass Jugendarbeit diese Bereiche in den Blick nimmt. Zum anderen werden sie hier aufgeführt, weil die Jugendarbeit Kompetenzen für diese Teile des Lebens vermitteln will.

55 Mit dem bundesweiten, politisch unterstützten fortschreitenden Ausbau von Ganztagsschulen gewinnen **schulbezogene Angebote** der Jugendarbeit an Relevanz. Sie will junge Menschen nach Abs. 1 der Vorschrift in ihrer Entwicklung fördern, zur Selbstbestimmung befähigen und zu gesellschaftlicher Mitverantwortung und zu sozialem Engagement anregen. Sie darf deswegen auch nicht als Ergänzung zur Schule oder als Unterstützung schulischer Lerninhalte verstanden werden. In **Kooperationsprojekten** bringt sich Jugendarbeit beispielsweise in der Nachmittagsbetreuung, aber auch in Projekten und Angeboten des sozialen Lernens ein. Diese Projekte kennzeichnen sich durch einen Bezug zur Schule, können aber auch in Räumen der Jugendarbeit stattfinden, wenn beispielsweise Arbeitsgemeinschaften oder Projekte im örtlichen Jugendzentrum stattfinden. Die Kooperation mit Schulen ist für den öffentlichen Träger der Jugendhilfe nach § 81 SGB VIII verpflichtend. Auch freie Träger der Jugendhilfe geraten unter Druck, eine Zusammenarbeit zu fokussieren, da sich mit dem Besuch der Ganztagsschule auch das Zeitbudget der Schüler_innen verändert. *Pink/Schmidt* konnten in einer regional angelegten Studie jedoch zeigen, dass der Besuch einer Ganztagsschule nicht dazu führt, dass Einrichtungen der Offenen Jugendarbeit nicht mehr besucht werden, sondern dies von unterschiedlichen lokalen Begebenheiten abhängig ist.[82]

56 Auch Angebote der **schulischen Sozialarbeit** beziehen sich z.T. auf § 11 SGB VIII. In Formen der institutionalisierten Zusammenarbeit von Schule und Jugendarbeit sind allerdings noch einige Fragen zu ergründen, beispielsweise, inwieweit die Teilnahme an Angeboten der Nachmittagsbetreuung an Schulen der Freiwilligkeit im Sinne der Jugendarbeit entspricht. Wegen der Schulpflicht hat schulbezogene Jugendarbeit jedoch besonderes Potenzial, neue Adressat_innengruppen anzusprechen. Durch den mit dem KJSG eingefügten § 13a SGB VIII „Schulsozialarbeit" wird die Legitimierung schulischer Sozialarbeit über § 11 SGB VIII künftig nicht mehr nötig sein. Die neue Vorschrift bestimmt gleichwohl, dass Angebote der Jugendarbeit zum Spektrum der Schulsozialarbeit gehören, sodass freiwillige, offene sowie durch

---

80 Vgl. § 1 SGB VIII Rn. 13, 14.
81 Wiesner/*Wiesner*, § 11 SGB VIII Rn. 21.
82 Vgl. *Pink/Schmidt* 2015, 119.

Schüler_innen mitbestimmte und gestaltete Angebote weiterhin ihren Platz im Rahmen schulischer Sozialarbeit finden.[83]

Arbeitsweltbezogene Jugendarbeit hilft bei der Suche nach dem passenden Ausbildungsweg oder der passenden Schule, unterstützt bei der Berufswahl und begleitet in die Arbeitswelt. In ihrer Zielsetzung unterscheidet sie sich jedoch wesentlich von der Arbeitsberatung. Unter den Maximen der Jugendarbeit kann es ihr auch keinesfalls darum gehen, Jugendliche den Erfordernissen der modernen Arbeitswelt einseitig anzupassen. 57

In diesem Bereich gibt es thematisch wie methodisch große Überschneidungen mit den Aufgaben der **Jugendsozialarbeit** nach § 13 SGB VIII; sie ist dennoch von ihr abzugrenzen. Einen zentralen Unterschied stellt dar, dass sich die Jugendarbeit nach § 11 SGB VIII voraussetzungslos an alle Jugendlichen richtet, während die Maßnahmen nach § 13 SGB VIII im Wesentlichen Jugendliche mit spezifischen Problemlagen als Adressat_innen ansprechen.[84] Zudem ist arbeitsweltbezogene Jugendarbeit stärker auf das Zusammenspiel von Mensch, Gesellschaft und Arbeit bezogen und nimmt dieses auch durchaus kritisch in den Blick.

Unter dem Begriff **familienbezogene Jugendarbeit** können unterschiedliche Angebote verstanden werden: 58

- Beratung von Kindern und Jugendlichen bei Problemen in der Familie oder in der Vorbereitung von Familiengründung (in Verbindung mit Abs. 3 Nr. 6 der Norm),
- Freizeitangebote, die sich an Kinder und Jugendliche und ihre erwachsenen Bezugspersonen richten, beispielsweise eine Vater-Sohn-Freizeit,
- Gemeinwesenorientierte Angebote zur Verbesserung der Situation von Familien im Stadtteil.

Das Angebot der familienbezogenen Jugendarbeit kann wohl nicht als flächendeckend ausgebaut betrachtet werden. Dennoch bieten Kinder- und Jugendeinrichtungen zunehmend auch Angebote für Familien, z.T. in Form von Freizeitangeboten, aber auch in Kooperation mit den Hilfen zur Erziehung an. Dies ist nicht völlig unproblematisch, weil hier zwei Bereiche der Jugendhilfe zusammenkommen, die sich in ihren Paradigmen und Arbeitsweisen deutlich unterscheiden. So hat Familien- und Elternarbeit in vielen Bereichen der Jugendarbeit bislang nur eine nebensächliche Rolle gespielt, was wohl auch damit zu begründen ist, dass die Jugendarbeit historisch eine Freiraumfunktion übernommen hat, die sich auch in dem Bereitstellen eines Raumes für Kinder und Jugendliche außerhalb ihrer Familie ausdrückte.[85]

4. Internationale Jugendarbeit

Für die **internationale Jugendarbeit** spielen **Jugendwerke**, darunter das Deutsch-Französische Jugendwerk, das Deutsch-Polnische Jugendwerk oder das Deutsch-Israelische Jugendforum sowie Jugendverbände eine besondere Rolle. In der Praxis funktioniert sie insbesondere über Jugenderholungsmaßnahmen im Ausland, organisierte Jugendbegegnungen sowie Austauschprogramme. Bilaterale Zusammenkünfte sind dazu ebenso zu zählen wie Treffen junger Menschen aus mehreren verschiedenen Staaten. 59

Dabei ist zu berücksichtigen, dass internationale Jugendarbeit nicht unbedingt mit Auslandsaufenthalten verbunden ist, sondern auch **internationale Jugendbegegnungen** in Deutschland mit Kindern und Jugendlichen aus anderen Staaten als solche zu verstehen sind. Übergeordnetes Ziel ist es, jungen Menschen Gelegenheiten zum Kennenlernen unterschiedlicher Kulturen zu geben und persönliche Beziehungen zu Kindern und Jugendlichen aus anderen Ländern aufzubauen.

---

83 Vgl. § 13a SGB VIII Rn. 3.
84 Vgl. § 13 SGB VIII Rn. 12 ff.
85 Vgl. *Deinet* 2011.

Gefördert werden in den Kommunen insbesondere internationale Jugendbegegnungen mit ihren jeweiligen Partnerstädten und -gemeinden. Der Bund fördert darüber hinaus aus Mitteln des Bundesjugendplans internationale Jugendbegegnungen, Begegnungen von Fachkräften der Kinder- und Jugendhilfe sowie internationale Workcamps. In der Kinder- und Jugendhilfestatistik nehmen die internationalen Angebote mit 1,9 % nur einen kleinen Teil aller öffentlich geförderten Projekte und Veranstaltungen ein.[86] [87]

5. Kinder- und Jugenderholung

60 Zu Maßnahmen der **Jugenderholung** sind insbesondere **Wochenend- und Ferienfreizeiten** zu zählen. Sie sollen Kindern und Jugendlichen Entspannung vom Alltag bieten. Insbesondere für Kinder aus belasteten Familienverhältnissen ist ein **Ausgleich vom Alltag** geboten, doch gerade Familien, die von Armut oder Arbeitslosigkeit betroffen sind, können sich häufig keinen Erholungsurlaub leisten. Da die Maßnahmen der Jugenderholung nicht profitorientiert durchgeführt werden, sind die Teilnahmebeiträge häufig gering, sie können auch aus Mitteln der Leistungen für Bildung- und Teilhabe bezuschusst werden.[88]

61 Insbesondere in den Schulferien werden auch Maßnahmen der **Stadtranderholung** angeboten, in denen Kinder und Jugendliche in Gruppen über mehrere Tage und Wochen an Angeboten aus dem Bereich, Sport, Kreatives, Spiel, Kunst und vielem mehr teilnehmen können, ohne dafür auswärts übernachten zu müssen.

62 Maßnahmen der Jugenderholung werden in ganz überwiegender Zahl von Jugendverbänden und Jugendorganisationen angeboten. Entsprechend groß ist auch die Beteiligung ehrenamtlicher Mitarbeiter_innen in diesem Bereich. Deren **Engagement** wird in vielen Bundesländern durch Gesetze zur Gewährung von Sonderurlaub unterstützt. Das Land Hessen beispielsweise gewährt eine Freistellung von bis zu 12 bezahlten Tagen **Sonderurlaub** im Jahr.[89] Die Mitarbeiter sollten nach Möglichkeit angemessen geschult sein und über eine Jugendleitercard verfügen. Die Verbände organisieren die Fahrten für ihre Mitglieder, richten sich aber gerade in diesem Bereich auch an Nicht-Mitglieder. Auch andere freie Träger sowie der öffentliche Träger der Jugendhilfe selbst bieten solche Maßnahmen an.

63 Die nach § 11 SGB VIII geförderten Maßnahmen der Jugenderholung richten sich explizit an Kinder und Jugendliche. In acht Bundesländern gibt es darüber hinaus Möglichkeiten, Zuschüsse für den Urlaub mit der ganzen Familie in **gemeinnützigen Familienferienstätten** zu beantragen.[90] Die gesetzliche Grundlage dafür bildet § 16 SGB VIII.[91]

Kuren, Rehabilitationsmaßnahmen oder ähnliche Maßnahmen, die aus **gesundheitlichen Gründen** angezeigt sind, sind allerdings nicht zu Maßnahmen der Jugenderholung zu zählen, sondern beruhen auf Leistungen der Krankenkassen, Rentenkassen oder Sozialämter.

6. Jugendberatung

64 Die besondere Chance von Jugendberatung im Rahmen der Jugendarbeit liegt in der **niedrigschwelligen Erreichbarkeit**, die sie von thematisch spezialisierten Beratungsstellen unterscheidet. Hieraus lässt sich durchaus eine rechtliche Legitimierung für eigenständige Beratungsangebote der Jugendarbeit ableiten, diese haben sich jedoch in der Praxis nicht durchgesetzt. Vielmehr verweist diese Norm auch auf **Beratung als integrativen Bestandteil**

---

86 Vgl. Autorengruppe Kinder- und Jugendhilfestatistik 2021, 34.
87 Vgl. GMBl. 2016, 807.
88 Vgl. § 11 SGB VIII Rn. 40.
89 S. §§ 42 bis 47 HKJGB.
90 Weiterführende Informationen unter www.bag-familienerholung.de.
91 Vgl. § 16 SGB VIII Rn. 15.

jeder Form der Jugendarbeit.[92] Insbesondere in Konfliktlagen mit der Familie wenden sich Kinder und Jugendliche an Erwachsene, denen sie vertrauen, unabhängig vom institutionellen Hintergrund der Beziehung. Entsprechend kann Jugendberatung in allen Einrichtungen und bei allen Angeboten der Jugendarbeit stattfinden, sei es in Formen der Beratung „zwischen Tür und Angel" oder in definierten Beratungssettings. Sie findet darüber hinaus in Form aufsuchender Jugendarbeit statt, um z.B. Kinder und Jugendliche, die auf der Straße leben, anzusprechen. Vor diesem Hintergrund zeigt sich die Bedeutung der adäquaten Qualifikation der Fachkräfte in der Jugendarbeit.

Kinder und Jugendliche können als Einzelpersonen oder auch in ihren Peergroups beraten werden. Die Themen der Jugendberatung sind die Themen, die die Jugendlichen mitbringen, seien es Schulprobleme, Problemlagen zu Hause, Fragen und Anliegen zu Sexualität und Beziehungen, Ausbildung und Beruf, Wohnen, Rechte und Pflichten im Jugendalter und vieles mehr. Eine explizite **Rechtsberatung darf jedoch nicht stattfinden**; sie ist nach dem Rechtsdienstleistungsgesetz vornehmlich Rechtsanwält_innen, Rechtsbeiständen, Steuerberater_innen und Patentanwält_innen vorbehalten. **65**

Die in der Beratung anvertrauten Informationen unterliegen nach § 65 SGB VIII einem besonderen Schutz und dürfen von Mitarbeiter_innen der öffentlichen Jugendhilfe nur bei Vorliegen besonderer Voraussetzungen weitergegeben werden.[93] Staatlich anerkannte Sozialarbeiter_innen unterliegen allerdings auch dann der **Schweigepflicht** nach § 203 Abs. 1 StGB, wenn sie bei einem freien Träger der Jugendhilfe beschäftigt sind. **66**

IV. Abs. 4 – Einbeziehung über 27-Jähriger

Gem. Abs. 4 *können* auch Personen über 27 Jahren in die Arbeit miteinbezogen werden. Dass diese nur in „angemessenem Umfang" in die Jugendarbeit einbezogen werden können, macht deutlich, dass diese Gruppe eher eine Minderheit der Adressat_innengruppen ausmacht. Die über 27-Jährigen treten insbesondere in der Jugendverbandsarbeit noch als ehrenamtliche Mitarbeiter_innen in Erscheinung. Im Wesentlichen will die Jugendarbeit aber **Begegnungs- und Gestaltungsräume für Jugendliche unter Jugendlichen** schaffen, ohne dass das Feld von (jungen) Erwachsenen dominiert würde. Dies ist von Bedeutung, da der Peergroup in der Lebensphase Jugend eine sehr große Relevanz zukommt. Sie ist zentraler Bezugspunkt der Jugendlichen und bietet Orientierung zu der Zeit, in der zunehmend eine Ablösung von den Eltern und anderen erwachsenen Vertrauenspersonen stattfindet. Auch deswegen sind cliquenorientierte Ansätze in der Jugendarbeit weit verbreitet. **67**

92 Vgl. FK-SGB VIII, *Schäfer/Weitzmann*, § 8 Rn. 38.
93 Vgl. § 65 SGB VIII Rn. 1 ff.

§ 12
Förderung der Jugendverbände

(1) Die eigenverantwortliche Tätigkeit der Jugendverbände und Jugendgruppen ist unter Wahrung ihres satzungsgemäßen Eigenlebens nach Maßgabe des § 74 zu fördern.

(2) [1]In Jugendverbänden und Jugendgruppen wird Jugendarbeit von jungen Menschen selbst organisiert, gemeinschaftlich gestaltet und mitverantwortet. [2]Ihre Arbeit ist auf Dauer angelegt und in der Regel auf die eigenen Mitglieder ausgerichtet, sie kann sich aber auch an junge Menschen wenden, die nicht Mitglieder sind. [3]Durch Jugendverbände und ihre Zusammenschlüsse werden Anliegen und Interessen junger Menschen zum Ausdruck gebracht und vertreten.

Übersicht Rn.

A. Allgemeines

1 § 12 SGB VIII verpflichtet den Träger der öffentlichen Jugendhilfe zur Förderung der eigenverantwortlichen Tätigkeit von Jugendgruppen und Jugendverbänden. Weiter definiert die Vorschrift, was in ihrem Sinne unter Jugendverbänden und Jugendgruppen zu verstehen ist. Sie wurde seit Inkrafttreten des SGB VIII nicht verändert.

Die Verpflichtung zur Kooperation der öffentlichen Jugendhilfe mit freien Trägern der Jugendhilfe wird im achten Buch Sozialgesetzbuch ohnehin in verschiedenen Vorschriften benannt (§§ 3, 4, 74 SGB VIII). Dass Jugendverbände in diesem Abschnitt noch einmal explizit hervorgehoben werden, ist mit ihrer besonderen Bedeutung für die Jugendarbeit zu begründen. Als älteste Form der organisierten Jugendarbeit in Deutschland übernehmen sie seit Beginn des 20. Jahrhunderts relevante Aufgaben innerhalb dessen, was heute als freie Jugendhilfe verstanden wird. Sie haben seitdem maßgeblich zu deren Weiterentwicklung beigetragen. Deswegen sind sie als **besondere Träger innerhalb der Jugendhilfe** zu verstehen, vor allem mit Blick auf ihre Leistungen im Bereich der Jugendarbeit nach § 11 SGB VIII. Darüber hinaus entspricht diese Regelung dem in § 3 Abs. 1 SGB VIII festgelegten Grundsatz, dass die Jugendhilfe durch die Vielfalt von Trägern gekennzeichnet ist.[1] Entsprechend darf auch kein Jugendverband grundsätzlich von der Förderung ausgenommen werden.

Mit dieser Regelung wird ebenfalls die in § 4 SGB VIII formulierte Anforderung, die öffentliche Jugendhilfe solle mit der freien Jugendhilfe *partnerschaftlich* zusammenarbeiten (§ 4 Abs. 1 Satz 1 SGB VIII) und dabei die Selbstständigkeit der freien Jugendhilfe in ihrer Zielsetzung, Durchführung ihrer Aufgaben und Gestaltung ihrer Organisationsstruktur achten (§ 4 Abs. 1 Satz 2 SGB VIII), für die Kooperation mit Jugendverbänden nochmals aufgegriffen.[2]

2 Für die Teilnahme an spezifischen Veranstaltungen der Verbände, wie beispielsweise an Ferienfreizeiten oder Ausflügen, erheben die Organisationen üblicherweise Teilnahmebeiträge,

1 Vgl. § 3 SGB VIII Rn. 3.
2 Vgl. § 4 SGB VIII Rn. 3 f.

um **Kosten** wie die für Verpflegung, Übernachtung, Anfahrt etc. zu decken. Mitglieder zahlen darüber hinaus in der Regel einen Mitgliedsbeitrag bei dem Verband, dessen Mitglied sie sind. Beide Arten von Kosten können aus Mitteln der Leistungen für Bildung und Teilhabe (Bildungs- und Teilhabepaket) bezuschusst werden. Seit der Änderung des SGB II durch das StaFamG[3] stehen dafür pauschal 15 € im Monat zur Verfügung. Anspruchsberechtigt sind insbesondere Kinder und Jugendliche, die Arbeitslosengeld II, Sozialgeld oder Sozialhilfe beziehen oder deren Eltern den Kinderzuschlag oder Wohngeld erhalten sowie Familien, die Leistungen nach dem Asylbewerberleistungsgesetz beziehen.[4]

Jugendverbänden gelingt es seit ihrer Entstehung immer wieder, auf den beständigen Wandel gesellschaftlicher Bedingungen und die sich verändernde Lebensphase Jugend konstruktiv zu reagieren. Eine **aktuelle Herausforderung** stellt u.a. der bundesweite Ausbau des Ganztagsschulsystems dar, der relevanten Einfluss auf das Freizeitbudget von Kindern und Jugendlichen hat. Hier stellen sich Fragen von Kooperationsmöglichkeiten und -notwendigkeiten in den Bereichen der Freizeitgestaltung, Betreuung und Bildung. Gleichzeitig werden an Jugendgruppen und -verbände immer wieder Aufgaben herangetragen, zuletzt vor allem die Beteiligung an der gesellschaftlichen Integration junger Geflüchteter. In diesem Zusammenhang ist allerdings auf das Paradigma der Selbstbestimmung der Verbände hinzuweisen, das es nicht erlaubt, Jugendverbände auf ihre gesellschaftliche Funktion zu reduzieren. Sie bringen sich in die Bearbeitung sozialer Problemlagen ein, jedoch aus eigenem Antrieb und aus eigener Verantwortung heraus. Darin liegt ihr besonderes Potenzial.[5] 3

B. Die Vorschrift im Einzelnen

I. Abs. 1 – Die Tätigkeit von Jugendverbänden ist zu fördern

Jugendverbände und Jugendgruppen sind in ihrer Tätigkeit nach Maßgabe von § 74 SGB VIII zu fördern. Das heißt, sie müssen – ebenso wie andere freie Träger der Jugendhilfe auch – die in § 74 SGB VIII aufgeführten Kriterien erfüllen, um eine Förderung zu erhalten.[6] Diese sind maßgeblich: 4

1. Erfüllung der fachlichen Voraussetzungen,
2. Gewährleistung der zweckentsprechenden und wirtschaftlichen Verwendung der Mittel,
3. Verfolgen gemeinnütziger Ziele,
4. Erbringung angemessener Eigenleistung,
5. Gewähr für eine Arbeit, die den Zielen des Grundgesetzes förderlich ist.

Gefördert werden können einzelne Aktivitäten wie Projekte oder Ferienfreizeiten ebenso wie die kontinuierliche Arbeit. Auch die Aus- und Fortbildung der ehrenamtlichen Mitarbeiter_innen ist förderungsfähig und dient der Sicherstellung der Qualität der Arbeit.[7] Die Förderung muss jedoch nicht ausschließlich über finanzielle Zuwendungen erfolgen, sondern kann darüber hinaus das Bereitstellen einer unterstützenden Infrastruktur, z.B. in Form von Sachmitteln, beinhalten.

Bei der Förderung muss das **satzungsgemäße Eigenleben** der Verbände gewahrt bleiben. Die Förderung bzw. Zuschussgewährung darf folglich nicht genutzt werden, um in die inne- 5

3 Vom 29.4.2019, BGBl. I S. 530.
4 § 19 Abs. 2 SGB II, § 28 SGB II, § 34 SGB XII, § 6b BKGG, § 3 Abs. 3 AsylbLG.
5 Vgl. DBJR 2010, 5.
6 Vgl. § 74 SGB VIII Rn. 10 ff.
7 Vgl. § 73 SGB VIII Rn. 3 ff.

ren Angelegenheiten der Verbände einzugreifen.[8] Der Begriff „Satzungsgemäßes Eigenleben" umfasst insbesondere die Organisationsstruktur, die Schwerpunktsetzung, Arbeitsformen und Methoden sowie die Zielsetzung der Arbeit des Verbands. *Schäfer/Weitzmann* verstehen den Hinweis auf die Eigenverantwortlichkeit der Jugendverbände auch als Anforderung an die Unabhängigkeit der Jugendverbände von ihren jeweiligen Erwachsenen-Verbänden, gegenüber denen die Jugendorganisationen ebenfalls frei in der Gestaltung ihrer Arbeit sein sollen.[9]

Dennoch darf die Förderung, auch über die in § 74 SGB VIII benannten Kriterien hinaus, an Bedingungen geknüpft sein, die häufig vom öffentlichen Träger der Jugendhilfe in entsprechenden Förderrichtlinien zu § 12 SGB VIII festgelegt werden. Das Fehlen einer solchen **Förderrichtlinie** entbindet jedoch den öffentlichen Träger nicht von seiner Förderverpflichtung. Auch Förderrichtlinien, die eine so geringe Förderung für Jugendgruppen und Jugendverbände vorsehen, dass damit keine Vielfalt von Gruppen und Verbänden möglich wäre, sodass die Förderung bloß einen symbolischen Charakter hätte, wären unzulässig.[10] Entsprechend empfiehlt sich eine kritische Betrachtung der jeweiligen Richtlinien. Sie dürfen auch nicht den Prinzipien der gemeinschaftlichen Gestaltung und Selbstorganisation (s. Rn. 9) entgegenstehen.

6 Die Norm ist eine **Muss-Vorschrift**, zweifellos ergibt sich aus ihr die Verpflichtung des öffentlichen Trägers der Jugendhilfe zur Förderung von Jugendverbänden und Jugendgruppen. Ob sich daraus auch ein **subjektiver Förderungsanspruch** für den einzelnen Verband ableiten lässt, ist **umstritten**. Es wird überwiegend davon ausgegangen, dass § 12 SGB VIII als Rechtsanspruch dem Grunde nach zu verstehen ist.[11] Entsprechend hat ein Träger der freien Jugendhilfe Anspruch darauf, dass sich der Träger der öffentlichen Jugendhilfe mit seinen Förderungsanträgen befasst und diese bescheidet. Liegen die Förderungsvoraussetzungen für Jugendverbände bzw. Jugendgruppen vor, besteht eine Verpflichtung zur Förderung. Die Höhe der Förderung lässt sich aus der Norm allerdings nicht herleiten, wegen der geringen Regelungsdichte haben Jugendamt und Verwaltung bzgl. Art und Höhe der Förderung große Gestaltungsspielräume.[12] Würden allerdings keine oder völlig unzureichende Mittel für die Jugendverbandsarbeit zur Verfügung gestellt, beispielsweise wegen eines Haushaltsdefizits, wäre dies ein Verstoß gegen die Förderungs- und Gewährleistungsverpflichtungen nach den §§ 12 und 79 Abs. 2 Satz 2 SGB VIII.

7 Die konkrete finanzielle Förderung geschieht auf formalen Antrag beim zuständigen Jugendamt. Förderungsfähige Aktivitäten können zum Beispiel sein:

- Ferienfreizeiten mit Jugendlichen aus der Gemeinde,
- Infoveranstaltungen zur Werbung neuer Ehrenamtlicher,
- Interkulturelle Theaterprojekte,
- Weiterbildungsangebote zum § 8a SGB VIII für ehrenamtliche Mitarbeiter_innen.

Häufig gibt es Förderrichtlinien oder Formulare, die die Antragsstellung erleichtern sollen. Der Antrag verpflichtet den öffentlichen Träger der Jugendhilfe, entsprechend dem Gesetz tätig zu werden. Dies gilt auch dann, wenn eine Aktivität gefördert werden soll, die nicht in den Förderrichtlinien berücksichtigt ist. In diesen Fällen kommt einer stichhaltigen Begründung des Antrags besondere Bedeutung zu.[13]

---

8 Vgl. Wiesner/Wapler/*Schön*, § 12 SGB VIII Rn. 6.
9 Vgl. FK-SGB VIII/*Schäfer/Weitzmann*, § 12 SGB VIII Rn. 3.
10 Vgl. DBJR 2013a, 32.
11 Vgl. *Wabnitz* 2011, 202; LPK-SGB VIII/*Kunkel/Kepert*, § 12 Rn. 2 m.w.N.
12 Vgl. DBJR 2013, 8 f.
13 Vgl. DBJR 2013a, 22.

Hinweise zur Beantragung von Förderung:

Der Deutsche Bundesjugendring (DBJR) hat zur Förderung von Jugendverbänden nach § 12 SGB VIII ein umfangreiches Rechtsgutachten in Auftrag gegeben, das unter dem Titel „Jugendverbände sind zu fördern!" auf der Homepage kostenfrei zum Download angeboten wird.[14] Die zentralen Schlussfolgerungen sind für Jugendgruppen und Jugendverbände in einer Arbeitshilfe mit dem Titel „Fördern Fordern!" erläutert worden, die ebenfalls auf der Seite des DBJR heruntergeladen werden kann und praxisnahe Hinweise, u.a. zur Antragstellung und zum Widerspruch bei ablehnenden Bescheiden, gut verständlich erläutert.[15]

II. Abs. 2 – Begriffsbestimmung Jugendverbände und Jugendgruppen

Der zweite Absatz der Vorschrift **definiert die Begriffe Jugendgruppe und Jugendverband** für dieses Gesetz. Eine Unterscheidung oder Hierarchisierung zwischen beiden Organisationsformen wird nicht vorgenommen. Allgemein gesprochen verfügen Jugendverbände über eine festere Struktur, sowohl auf lokaler Ebene als auch übergeordnet, beispielsweise in ihren Bundesverbänden. Der größte Teil der Jugendverbandsarbeit entfällt auf große Verbände. Jugendgruppen hingegen weisen losere Strukturen auf und wirken häufig eher lokal, sodass sich eine noch größere Vielfalt in ihrer inhaltlichen Ausrichtung und ihren Arbeitsweisen zeigt. Bedeutung erlangt die in dieser Vorschrift vorgenommene Definition an den Stellen, an denen im Gesetz von Jugendverbänden gesprochen wird, z.B. in § 71 Abs. 1 Satz 2 SGB VIII. 8

Folgende **Merkmale** werden als relevante Kriterien zur Anerkennung als Jugendverband oder Jugendgruppe angeführt. In ihnen wird Jugendarbeit von jungen Menschen[16]

- selbst organisiert,
- gemeinschaftlich gestaltet,
- mitverantwortet.

Ihre Arbeit

- ist auf Dauer angelegt,
- richtet sich in erster Linie, aber nicht ausschließlich, an eigene Mitglieder,
- bringt die Interessen und Anliegen junger Menschen zum Ausdruck.

1. Selbstorganisation – Gemeinschaftliche Gestaltung – Mitverantwortung

Die Dimensionen Selbstorganisation, gemeinschaftliche Gestaltung und Mitverantwortung sind eng miteinander verwoben und lassen sich an vielen Stellen nicht eindeutig voneinander abgrenzen. Sie betreffen insgesamt die **demokratische Verfasstheit** der Verbände und Gruppen, die Möglichkeiten der **Beteiligung** der Kinder und Jugendlichen sowie den Bereich des freiwilligen Engagements. Dies entspricht dem in § 11 Abs. 1 SGB VIII für die gesamte Jugendarbeit festgeschriebenen **partizipativen Gestaltungsprinzip**.[17] 9

Der starke Fokus auf der Selbstorganisation und der gemeinschaftlichen Gestaltung der Arbeit in der Gruppe bzw. dem Verband ermöglichen es, demokratische Prinzipien umzuset-

---

14 www.dbjr.de → Publikationen → Rechtsgutachten „Jugendverbände sind zu fördern!".
15 www.dbjr.de → Publikationen → Arbeitshilfe „Fördern fordern!".
16 Junge Menschen im Sinne dieses Gesetzes sind Personen unter 27 Jahren (§ 7 Abs. 1 Nr. 4 SGB VIII).
17 Vgl. FK-SGB VIII/*Schäfer/Weitzmann*, § 12 SGB VIII Rn. 5.

zen. Darüber hinaus stellen diese Maximen sicher, dass Kinder und Jugendliche tatsächlich adressat_innengerecht angesprochen werden.

Die Selbstorganisation in Jugendverbänden beruht wesentlich auf ehrenamtlichem Engagement von Jugendlichen und jungen Erwachsenen innerhalb des Verbands. Sie ist zentrales **Alleinstellungsmerkmal** von Jugendverbänden und Jugendgruppen in der Landschaft der Jugendarbeit. Der DBJR fasst treffend zusammen: „Jugendverbände sind somit nicht Struktur und Organisation für Kinder und Jugendliche, sondern Kinder und Jugendliche selbst bilden die Organisation und die Struktur".[18]

10 Die demokratische Struktur der Organisationen verbindet die Möglichkeit der gemeinschaftlichen Gestaltung mit der notwendigen Handlungsfähigkeit. Kinder und Jugendliche geben sich in ihren Verbänden eigene Satzungen und Leitbilder, entscheiden gemeinsam über Angebote und Aktivitäten und wählen ihre Repräsentant_innen. Häufig ist die Rede davon, junge Menschen würden mit der Übernahme von Verantwortung in Jugendverbänden gesellschaftliche Mitverantwortung und demokratische Verhaltensweisen „erproben". Dem ist entgegenzuhalten, dass die Gestaltung von Angeboten der Jugendarbeit relevant und nicht nur ein „als ob" ist. Jugendverbände und Jugendgruppen sind ein **Teil der Zivilgesellschaft**. Kinder und Jugendliche übernehmen in ihnen individuell und gemeinschaftlich Verantwortung für sich und für andere. Junge Freiwillige erfüllenin Jugendgruppen und Jugendverbänden darüber hinaus reale gesellschaftlich relevante und gemeinnützige Aufgaben. Dies liegt durchaus in ihrem Interesse: Die Gesellschaft mitzugestalten und damit die Welt zu verändern, ist nach „Spaß haben" und „mit anderen Menschen zusammenkommen" das wichtigste Motiv von Freiwilligen für ihr Engagement.[19] Ihre Mitsprachemöglichkeiten im Rahmen ihres Engagements bewerten drei Viertel aller Engagierten (nicht nur in Jugendverbänden) als sehr gut oder eher gut.[20]

11 Zur Frage, in welchem Umfang Jugendliche sich ehrenamtlich oder freiwillig engagieren, gibt es unterschiedliche Befunde. Der Freiwilligensurvey 2014 belegt, dass es einen Anstieg des freiwilligen Engagements bei Jugendlichen und jungen Erwachsenen, insbesondere bei Schüler_innen, gab. Hier wird eine Zunahme von 17 Prozentpunkten in den letzten 15 Jahren festgestellt.[21] Die Shell Jugendstudie 2019 hingegen stellt zwischen 2002 und 2019 einen leicht rückläufigen Anteil der Schüler_innen fest, die sich für soziale/politische Zwecke oder für andere Menschen engagieren. Der Anteil derjenigen, die oft oder gelegentlich in einer Jugendorganisation aktiv sind, ist laut der Shell Jugendstudie von 2002 bis 2019 von 19 % auf 13 % gesunken.[22] Festzuhalten bleibt, dass Kinder und Jugendliche nicht nur Adressat_innen von Jugendverbänden und Jugendgruppen sind, sondern auch **aktive Akteur_innen** in ihnen. Die Organisationen bieten Gelegenheitsstrukturen, die von jungen Menschen selbstständig und eigenverantwortlich genutzt werden können. Sie wählen zwischen Angeboten, nutzen diese in ihrem Sinne und begeben sich als Subjekte in eine Wechselbeziehung mit dem Verband. In diesem Sinne müssen Jugendverbände und Jugendgruppen auch als Koproduzenten von Bildung verstanden und gewürdigt werden.[23]

2. Auf Dauer angelegt

12 **Kennzeichen** von Jugendgruppen und Jugendverbänden ist die auf **Dauer angelegte Arbeit**. Initiativen, die nur kurzfristig ein punktuelles Ziel erreichen wollen, fallen nicht unter diese Norm. Die Förderung nach § 12 SGB VIII setzt nicht die Anerkennung als Träger der

---

18 DBJR 2010, 4.
19 Vgl. *Simonson/Vogel/Tesch-Römer* 2016, 419.
20 Vgl. *Simonson/Vogel/Tesch-Römer* 2016, 513.
21 Vgl. *Simonson/Vogel/Tesch-Römer* 2016, 94.
22 Vgl. Vgl. *Schneekloth/Albert* 2019, 97–101.
23 Vgl. *Rauschenbach* u.a. 2004, 241.

freien Jugendhilfe nach § 75 SGB VIII voraus, diese ist jedoch in der Regel notwendig, wenn nach § 74 Abs. 1 Satz 2 SGB VIII eine auf Dauer angelegte Förderung erfolgen soll.[24]

3. Mitglieder und weitere Kinder und Jugendliche

Wie viele Jugendliche in Jugendverbänden organisiert sind, ist nicht ohne Weiteres zu ermitteln, Zahlen beispielsweise über die Mitglieder der Verbände, die im Bundesjugendring organisiert sind, liegen nicht vor. Nach der formalen Mitgliederzahl sind die größten Jugendverbände der Bund der katholischen Jugend, die Arbeitsgemeinschaft der evangelischen Jugend sowie die Deutsche Sportjugend.[25] Die Zahl der Mitglieder erlaubt jedoch keine Aussage über die Zahl derjenigen Kinder und Jugendlichen, die tatsächlich mit der Arbeit erreicht werden, sodass auch die Verbände nun mehr von Nutzer_innen und Teilnehmer_innen als von Mitgliedern sprechen.[26] Viele Angebote stehen auch Kindern und Jugendlichen offen, die sich nicht als Mitglieder verstehen, insbesondere im Bereich der Jugenderholung und in Angeboten, die in Kooperation mit (Ganztags-)Schulen durchgeführt werden. Hier treten die Verbände als Träger der freien Jugendhilfe mit spezifischer pädagogischer Kompetenz in Erscheinung. *Schäfer* und *Weitzmann* weisen darauf hin, dass der eng zu verstehende Mitgliederbegriff als Bedingung für eine Förderung deswegen umstritten ist.[27] § 12 Abs. 2 verweist explizit darauf, dass sich Jugendverbände auch an junge Menschen richten, die nicht Mitglieder sind. 13

Ohnehin ist der **Begriff Mitglied** nicht ohne Weiteres zu definieren. Bei Jugendverbänden, die sich klassisch in eingetragenen Vereinen organisieren, kann die formelle Mitgliedschaft im Verein zur Definition herangezogen werden. Bei Jugendorganisationen, die auf eine formale Organisierung verzichten, kann auf dieses Merkmal nicht zurückgegriffen werden. Darüber hinaus gibt es regelmäßige Nutzer_innen von Angeboten eines Verbands, die dennoch kein formales Mitglied sind. *Gängler* schlägt die Unterscheidung in Konsument_innen, Stammkund_innen, Mitglieder im engeren Sinn und Ehrenamtliche vor. Konsument_innen sind seinem Verständnis nach Personen, die bestimmte Angebote des Verbands nutzen, diesem jedoch nicht weiter verbunden sind. Stammkund_innen nutzen die Angebote der Organisationen längerfristig und regelmäßig. Mitglieder sind dem Verband/der Organisation enger verbunden als Angehörige der ersten beiden Gruppen, sie zeigen eine stärkere Orientierung an den Werten und Zielen der Organisation und identifizieren sich mit ihr. Aus ihrer Gruppe stammen auch die Ehrenamtlichen, die konkrete Aufgaben und Ämter in der Organisation übernehmen.[28] Die Kinder und Jugendlichen können zwischen diesen Rollen ohne größeren Aufwand wechseln, was eine Erfassung der Zahlen weiter erschwert. 14

Dem Grunde nach richten sich Jugendverbände an alle Jugendlichen, in der Praxis werden jedoch vor allem **Jugendliche** aus der **Mittelschicht** erreicht. Junge Menschen in benachteiligten Lebenssituationen sind noch am ehesten in politisch orientierten Verbänden oder Jugendorganisationen der Hilfs- und Rettungsdienste vertreten.[29] Ebenso sind **junge Menschen mit Migrationshintergrund** in den Verbänden unterrepräsentiert, sowohl als Teilnehmer_innen der Maßnahmen als auch bei der ehrenamtlichen bzw. hauptamtlichen Mitarbeit.[30] Junge Migrant_innen finden sich am ehesten in Verbänden konfessioneller Prägung oder solchen, die sich als interkulturell oder international verstehen.[31] Darüber hinaus sind **junge Menschen mit zugeschriebenen Behinderungen** in Jugendverbänden und Ju- 15

---

24 Vgl. DBJR 2013a, 37.
25 Vgl. BMFSFJ 2013, 320.
26 Vgl. BMFSFJ 2017, 384.
27 Vgl. FK-SGB VIII/*Schäfer/Weitzmann*, § 12 SGB VII Rn. 13.
28 Vgl. *Gängler* 2018, 744.
29 Vgl. BMFSFJ 2013, 320.
30 Vgl. *Seckinger* 2009, 12 f.
31 Vgl. BMFSFJ 2017, 388.

gendorganisationen gleichermaßen unterrepräsentiert.[32] Viele Verbände sind jedoch bemüht, sich für diese Zielgruppen zu öffnen und verfolgen entsprechende Projekte. *Ilg*, *Heinzmann* und *Cares* stellen exemplarisch für den Bereich der evangelischen Landeskirchen Baden und Württemberg fest, dass in 21 Prozent der Jugendgruppen, bei 28 Prozent der offenen Angebote und bei 36 Prozent der Freizeiten und Waldheime Kinder und Jugendliche mit zugeschriebenen Behinderungen teilnehmen.[33]

16 Im Jahr 2006 konnten *Fauser*, *Fischer* und *Münchmeier* in einer repräsentativen Untersuchung feststellen, dass allein die evangelische Jugendarbeit, die nur einen Teil der Jugendverbandslandschaft ausmacht, ca. 10 % aller jungen Menschen zwischen 10 und 20 Jahren in Deutschland erreicht.[34] Im Freiwilligensurvey 2014 wird darüber hinaus hervorgehoben, dass schulischer Erfolgsdruck oder sich ändernde Freizeitaktivitäten sich nicht negativ auf die Bereitschaft zum Engagement junger Menschen auswirken.[35] Der 15. Kinder- und Jugendbericht kommt auf Basis von Daten der Aid:a II Studie zu dem Schluss, dass 67 % aller 12- bis 15-Jährigen in Vereinen und Verbänden aktiv sind, die Mehrheit von ihnen regelmäßig und wöchentlich; werden die Sportvereine herausgerechnet, bleibt ein Anteil von 45 %.[36]

4. Interessen und Anliegen

17 Abs. 2 Satz 3 ist **Zustandsbeschreibung** der Praxis der Jugendverbandsarbeit und Anspruch an ihre Tätigkeit zugleich. Der Ausdruck von Anliegen und Interessen junger Menschen in Jugendverbänden geschieht auf verschiedene Art und Weise. Zum einen bringen Kinder und Jugendliche überall, wo sie zusammentreten, ihre Interessen zum Ausdruck. In Jugendverbänden und Jugendgruppen trägt hierzu insbesondere die Selbstorganisation bei, die eine Auseinandersetzung mit Zielen, Standpunkten und Interessen notwendig macht. Die Interessenvertretung erfolgt hier „nicht nur für Kinder und Jugendliche, sondern auch durch Kinder und Jugendliche und ihre selbstgewählten und gestalteten Strukturen".[37]

18 Zum anderen bedeutet diese Formulierung ein **politisches Mandat** der Jugendverbände und Jugendgruppen. Sie tragen Anliegen und Interessen der Kinder und Jugendlichen in die Öffentlichkeit und nehmen Einfluss auf politische Entscheidungen, beispielsweise indem sie Vertreter_innen in Sozialausschüsse entsenden oder zu berücksichtigende Vorschläge für stimmberechtigte Mitglieder des Jugendhilfeausschusses unterbreiten (vgl. dazu § 71 Abs. 1 Nr. 2 SGB VIII). Den Zusammenschlüssen der Organisationen auf kommunaler, Landes- und Bundesebene kommt für die Jugendpolitik eine besondere Bedeutung zu. Zu nennen ist zunächst die Organisation in Jugendringen auf Stadt-/Kreisebene, im Landesjugendring auf Landesebene und im Bundesjugendring. Darüber hinaus schließen sich Jugendverbände mit inhaltlicher Nähe zusammen (beispielsweise im Ring Deutscher Pfadfinder*innenverbände). Insbesondere die Jugendringe übernehmen eine **Lobbyfunktion** gegenüber Politik, Verwaltung und Öffentlichkeit und gestalten nicht nur die Bedingungen der Jugendarbeit, sondern mischen sich auch darüber hinaus in jugendpolitische Fragen ein. Sie können damit als Interessenvertretung junger Menschen verstanden werden. Dies entspricht dem allgemeinen **Auftrag der Jugendhilfe** nach § 1 Abs. 3 Nr. 4 SGB VIII, **zu positiven Lebensbedingungen** für junge Menschen und ihre Familien sowie zu einer kinder- und familienfreundlichen Umwelt **beizutragen**. Darüber hinaus steht der Bezug auf Interessenvertretung von Jugendlichen in Verbänden und Gruppen in Relation mit der in § 3 SGB VIII benannten Vielfalt von Trägern unterschiedlicher Wertorientierung. So sind Jugendverbände und -gruppen un-

32 Vgl. BMFSFJ 2013, 320.
33 Vgl. *Ilg/Heinzmann/Cares* 2014, 105 ff.
34 Vgl. *Fauser/Fischer/Münchmeier* 2006, 16.
35 Vgl. *Simonson/Vogel/Tesch-Römer* 2016, 117.
36 Vgl. BMFSFJ 2017, 386.
37 DBJR 2010, 4.

terschiedlicher Ausrichtung Teil der pluralistischen Jugendhilfelandschaft. Ohne die Möglichkeit der Interessenvertretung würden die zentralen Merkmale der Arbeit – Selbstorganisation und Mitverantwortung – gegenstandslos.

Im Deutschen Bundesjugendring (DBJR) sind derzeit 52 Mitgliedsorganisationen vertreten, darunter 29 Jugendverbände, 16 Landesjugendringe sowie sieben Anschlussverbände. Damit ist ein Großteil der Jugendverbände in Deutschland im DBJR vertreten, allerdings nicht alle. Die Jugendverbände und Jugendorganisationen umfassen insgesamt ein breites Spektrum an Weltanschauungen und thematischen Ausrichtungen. *Düx* schlägt eine vereinfachte Aufteilung der Organisationen in vier Bereiche vor:[38] 19

1. Fach- und sachbezogene Verbände,
2. Hilfsorganisationen
3. Politische Interessenverbände
4. Konfessionelle Verbände

Dieses lassen sich weiter aufschlüsseln in: 20

- Gewerkschaftliche Jugendorganisationen (z.B. DGB-Jugend),
- Jugendorganisationen von Hilfswerken (z.B. Jugendfeuerwehr, Jugendwerk der Arbeiterwohlfahrt),
- Jugendorganisationen von Parteien,
- Jugendreiseverbände, Jugendaustauschverbände (z.B. Europäischer Freiwilligendienst, Weltwärts),
- Kulturelle Jugendorganisationen (z.B. Bund Deutscher Karneval-Jugend,)
- Migrant_innenjugendselbstorganisationen (z.B. Amaro Drom),
- Pfadfinder_innenverbände (z.B. Verband Christlicher Pfadfinderinnen und Pfadfinder),
- Politische Jugendverbände (z.B. Sozialistische Jugend Deutschlands – Die Falken),
- Religiöse Jugendorganisationen (z. B. Christlicher Verein junger Menschen, Muslimische Jugend in Deutschland),
- Sonstige Jugendorganisationen (z.B. Jugendnetzwerk Lambda),
- Sportjugendverbände (z.B. Deutsche Sportjugend),
- Umwelt- und Naturschutz-Jugendverbände (z. B. BUND-Jugend, Deutscher Jugendbund für Naturbeobachtungen).

Insbesondere auf kommunaler Ebene werden auch Jugendorganisationen, die der in § 12 SGB VIII vorgenommenen Beschreibung nicht vollständig gleichkommen, als Jugendgruppen betrachtet, sofern sie entsprechende Aufgaben übernehmen. Dann ist beispielsweise ihre Beteiligung im Stadtjugendring möglich. Im Gegensatz zu Jugendverbänden sind Jugendorganisationen fest mit ihrer Erwachsenen-Organisation verbunden, z.B. eine Partei-Jugend mit ihrer Mutterpartei. Nach einer Klage der *Linksjugend ['solid]*, der Jugendorganisation der Partei Die Linke, vor dem OVG Berlin-Brandenburg, die im Gegensatz zu anderen Jugendorganisationen von Parteien keine finanzielle Förderung aus Mitteln des Kinder- und Jugendplans des Bundes erhalten hatte, hat das Gericht bemängelt, dass zur Finanzierung der parteilichen Jugendorganisationen der notwendige gesetzliche Rahmen fehle.[39] Als Folge davon wurde die Möglichkeit, die überregionalen Aktivitäten der **Jugendorganisationen der politischen Parteien** auf dem Gebiet der Jugendarbeit durch das BMFSFJ zu fördern, in § 83 Abs. 1 SGB VIII mit aufgenommen.[40] 21

38 *Düx* 2000, 102.
39 OVG Berlin-Brandenburg NVwZ 2012, 1265.
40 Durch das KJVVG mit Wirkung zum 1.1.2014.

22 ***Beispielantrag auf Förderung einer Jugenderholungsmaßnahme***

<Name des Verbands/der Jugendgruppe>

<Name der Ansprechperson>

<Kontaktadresse>

An das zuständige Jugendamt
<Adresse>
Antrag auf Förderung einer Jugenderholungsmaßnahme

Sehr geehrte Damen und Herren, *<Ort, Datum>*

die hiesige Ortsgruppe des Jugendverbands <Name des Verbands> führt in den Sommerferien nächsten Jahres eine Jugenderholungsmaßnahme über 14 Tage in Schweden durch. Beteiligt sein werden 6 ehrenamtliche Leiter_innen zwischen 16 und 20 Jahren sowie voraussichtlich 14 Teilnehmer_innen zwischen 10 und 14 Jahren. Der geplante Programmablauf sowie eine detaillierte Beschreibung des Reiseverlaufs liegen bei.

Zur Förderung dieser Aktivität unseres Verbands beantragen wir entsprechend § 12 SGB VIII in Verbindung mit § 74 SGB VIII einen Zuschuss von 3,00 € pro Tag und Teilnehmer_in, folglich insgesamt

14 Tage × 12 Teilnehmer_innen X 3,00 € = 504 €.

Zur Anschaffung von Gruppenmaterial beantragen wir darüber hinaus

für einen Campingkocher 80 €

für 2 Gruppenzelte 500 €

Der Zuschuss kann auf das Konto <Kontodaten> überwiesen werden.

Bei Rückfragen wenden Sie sich bitte an <Name der Ansprechperson> unter der Nummer <Telefonnummer>.

Mit freundlichen Grüßen

<Beispielperson>

§ 13
Jugendsozialarbeit

(1) Jungen Menschen, die zum Ausgleich sozialer Benachteiligungen oder zur Überwindung individueller Beeinträchtigungen in erhöhtem Maße auf Unterstützung angewiesen sind, sollen im Rahmen der Jugendhilfe sozialpädagogische Hilfen angeboten werden, die ihre schulische und berufliche Ausbildung, Eingliederung in die Arbeitswelt und ihre soziale Integration fördern.

(2) Soweit die Ausbildung dieser jungen Menschen nicht durch Maßnahmen und Programme anderer Träger und Organisationen sichergestellt wird, können geeignete sozialpädagogisch begleitete Ausbildungs- und Beschäftigungsmaßnahmen angeboten werden, die den Fähigkeiten und dem Entwicklungsstand dieser jungen Menschen Rechnung tragen.

(3) [1]Jungen Menschen kann während der Teilnahme an schulischen oder beruflichen Bildungsmaßnahmen oder bei der beruflichen Eingliederung Unterkunft in sozialpädagogisch begleiteten Wohnformen angeboten werden. [2]In diesen Fällen sollen auch der notwendige Unterhalt des jungen Menschen sichergestellt und Krankenhilfe nach Maßgabe des § 40 geleistet werden.

(4) Die Angebote sollen mit den Maßnahmen der Schulverwaltung, der Bundesagentur für Arbeit, der Jobcenter, der Träger betrieblicher und außerbetrieblicher Ausbildung sowie der Träger von Beschäftigungsangeboten abgestimmt werden.

Übersicht

A. Allgemeines

Vorläufer der heutigen Jugendsozialarbeit gab es bereits in der Weimarer Republik als Antwort auf eine weitreichende Ausbildungs- und Berufsnot junger Menschen. Nach dem Zweiten Weltkrieg entwickelten sich die ersten „Jugendnotdienste" und „Jugendgemeinschaftswerke", die sich um die Bedarfe von wohnungslosen und arbeitslosen jungen Menschen bemühten. Nachfolgend entstanden Jugendwohnheime, Jugendsiedlungen, Grundausbildungslehrgänge und weitere berufsfördernde Maßnahmen. Bereits 1949 wurde die Bundesarbeitsgemeinschaft Jugendaufbauwerk gegründet. In den 1980er und 1990er Jahren erlangte die Jugendsozialarbeit angesichts wachsender Ausbildungs- und Berufsnot jun- 1 ger Menschen neue Bedeutung.[1] **Aktuell** muss sie sich insbesondere im **Kontext von Inklusion** weiterentwickeln und mit der Anpassung ihrer Angebote an die **Bedarfe junger Geflüchteter** befassen.

2 § 13 SGB VIII regelt die **Voraussetzungen für die Inanspruchnahme der Hilfe** und benennt unterschiedliche **Anspruchsgrundlagen**. Festgelegt wird, dass jungen Menschen mit einem besonderen Bedarf an Unterstützung spezifische Hilfen mit Blick auf schulische Qualifikation, Berufseinmündung und soziale Integration angeboten werden sollen (**Abs. 1**). Dafür kommen insbesondere ausbildungsunterstützende Maßnahmen und Programme und daneben sozialpädagogisch begleitete Ausbildungs- und Beschäftigungsmaßnahmen infrage (**Abs. 2**). Während der Teilnahme an entsprechenden Maßnahmen kann die Unterkunft in einer sozialpädagogisch begleiteten Wohnform angeboten werden. In diesem Rahmen sollen auch der Unterhalt des jungen Menschen und ggf. Krankenhilfe sichergestellt werden (**Abs. 3**). Zur Abstimmung der Angebote soll mit der Schulverwaltung, der Bundesagentur für Arbeit, den Jobcentern, Ausbildungsträgern und Trägern von Beschäftigungsangeboten kooperiert werden (**Abs. 4**).

Damit ist diese Norm **grundlegende Vorschrift für** die **arbeitsweltbezogene Jugendsozialarbeit** (Abs. 1, 2 u. 4) sowie pädagogisch begleitetes **Jugendwohnen** (Abs. 3). **Jugendsozialarbeit** wird so als eigenständiger Leistungsbereich der Kinder- und Jugendhilfe mit einem spezifischen fachlichen Profil definiert.

3 Die Jugendsozialarbeit soll dazu beitragen, Benachteiligungen abzufedern und Teilhabechancen zu vergrößern. In diesem Sinne kann die Norm als Antwort auf das bestehende Schul- und Berufsausbildungssystem verstanden werden, dem es nicht gelingt, allen jungen Menschen, unabhängig von Faktoren wie Gesundheitsstatus, Geschlecht oder Migrationsgeschichte, die gleichen Bildungschancen zu eröffnen. Seit der Platzierung des Themas **Bildungsbenachteiligung** in der öffentlichen Debatte durch die PISA-Studie 2001 weisen wissenschaftliche Studien immer wieder auf den engen Zusammenhang von sozialer Herkunft und Bildungserfolg in Deutschland hin.[2]

Es ist festzustellen, dass die Bereiche **Schule, Ausbildung, Beschäftigung und Wohnen** für das Gelingen gesellschaftlicher Integration und damit für die Vergrößerung der individuellen und kollektiven Teilhabechancen junger Menschen von großer Bedeutung sind. Deswegen werden sie in § 13 Abs. 1 SGB VIII explizit hervorgehoben. Die gleichzeitige Benennung der **sozialen Integration** als grundsätzliche Aufgabe öffnet das Arbeitsfeld für Bereiche außerhalb der hier aufgezählten. Insbesondere adressiert die Jugendsozialarbeit junge Menschen ohne Schulabschluss, ohne Ausbildungsplatz oder abgeschlossene Ausbildung und ohne Zugang zum Beruf.

B. Einzelheiten

I. Abgrenzungen und Überschneidungen

4 Die Jugendsozialarbeit steht inhaltlich zwischen den offenen Angeboten der Jugendarbeit, die grundsätzlich allen Jugendlichen offenstehen, und den auf einzelne junge Menschen bezogenen erzieherischen Hilfen.[3] Von **Hilfen zur Erziehung** grenzt sie sich vor allem dadurch ab, dass die zu bearbeitenden Schwierigkeiten nicht auf einem erzieherischen Mangel beruhen, sondern die Problemlagen durch gesellschaftliche Bedingungen begründet sind. Liegt

---

1 Vgl. Schellhorn/*Fischer*/Mann/Kern, § 13 SGB VIII Rn. 1.
2 Vgl. zusammenfassend *Maaz/Neumann/Baumert* 2014, passim.
3 *Münder/Trenzcek* 2015, 106.

ein erzieherischer Bedarf oder ein Bedarf zur Förderung der Persönlichkeit vor, besteht ggf. ein Anspruch auf Hilfe zur Erziehung nach § 27 ff. SGB VIII bzw. für junge Volljährige nach § 41 SGB VIII. Eine Abgrenzung ist hier häufig schwierig, in vielen Fällen werden die Voraussetzungen für beide Hilfeformen vorliegen.[4]
Weitere relevante Überschneidungen ergeben sich mit der **arbeitsweltbezogenen Jugendarbeit** nach § 11 Abs. 3 Nr. 3 SGB VIII, die sich im Gegensatz zu den Maßnahmen nach § 13 SGB VIII jedoch ausnahmslos an alle Jugendlichen wendet.

Mit dieser Vorschrift wird – in Verbindung mit § 2 Abs. 2 Nr. 1 SGB VIII – festgelegt, dass die Jugendsozialarbeit ein **autonomer Leistungsbereich** der Kinder- und Jugendhilfe ist. Dieser betrifft allerdings Problemstellungen, die ebenfalls Gegenstand des Zweiten Sozialgesetzbuchs (Grundsicherung für Arbeitssuchende) und des Dritten Sozialgesetzbuchs (Arbeitsförderung) sind, auch wenn die Zielrichtungen und Leistungen der verschiedenen Gesetzbücher sehr unterschiedlich gestaltet sind.[5]

Eine Neujustierung im Verhältnis zu den Leistungen nach dem SGB IX und XII hat das KJSG durch die Neufassung von Abs. 4 und die Einfügung eines Absatzes 5 vorgenommen. Beide Änderungen treten gem. Art. 10 Abs. 3 allerdings erst am 1. Januar 2028 in Kraft und stehen unter dem Vorbehalt eines weiteren Bundesgesetzes nach § 10 Abs. 4 Satz 3 SGB VIII, das bis zum 1. Januar 2027 verkündet sein muss.[6]

1. Abgrenzung zum SGB II

Eine wesentliche Unterscheidung der Maßgaben der beiden Gesetzbücher liegt darin, dass das SGB VIII die allgemeine Förderung junger Menschen zur Aufgabe hat und sie demgemäß ganzheitlich in den Blick nimmt (§ 1 Abs. 1 SGB VIII), während das **SGB II** die **Integration in den Arbeitsmark**t zum Ziel hat und dabei auf den „Grundsatz des Forderns" (§ 2 SGB II) setzt. Entsprechend einseitiger sind Maßnahmen nach dem SGB II gestaltet. Mit Ausnahme von § 16h SGB II, der die Förderung schwer zu erreichender junger Menschen betrifft, richtet sich das SGB II zudem ausschließlich an Personen, die nach § 7 SGB II leistungsberechtigt sind. Dieser Personenkreis ist stärker eingegrenzt als die Zielgruppe des § 13 SGB VIII. Gleichwohl gibt es regelmäßig Überschneidungen der Leistungsberechtigung nach SGB II und der Adressierung nach § 13 SGB VIII, sodass sich die Zielgruppen durchaus überlagern. 5

§ 10 Abs. 3 SGB VIII legt bezüglich dieser Konkurrenz grundsätzlich fest, dass die Leistungen des Achten Buches Sozialgesetzbuch denen des Zweiten Buches Sozialgesetzbuch vorgehen, mit der Ausnahme der Leistungen zur Eingliederung in Arbeit, die den Leistungen der Kinder- und Jugendhilfe vorgehen (§ 3 Abs. 2, §§ 14 bis 16g, § 19 Absatz 2 in Verbindung mit § 28 Absatz 6 des SGB II).[7] In Fällen jedoch, in denen die Leistungen des SGB II zwar vorrangig sind, die zuständigen Leistungsträger ihren Verpflichtungen aber nicht nachkommen, muss der Träger der Jugendhilfe in **Vorleistung** treten; die jungen Menschen dürfen nicht abgewiesen werden.[8] Gemäß §§ 102 ff. SGB X hat in diesem Fall der Träger der Jugendhilfe Anspruch auf Erstattung durch den Träger der Leistungen des SGB II.[9]

4 Vgl. FK-SGB VIII/*Schäfer/Weitzmann*, § 13 Rn. 33.
5 S. dazu ausführlich *Kunkel* 2005.
6 Zu der ab 1. Januar 2028 Fassung von § 10 Abs. 4 und 5 SGB VIII und zum Inhalt der Rechtsänderungen vgl. § 10 Rn. 16.
7 Vgl. § 10 SGB VIII Rn. 11.
8 BVerwG, Urt. v. 23.9.1999, 5 C 26.98, BVerwGE 109, 325.
9 Vgl. § 10 SGB VIII Rn. 5.

2. Abgrenzung zum SGB III

6 Im Verhältnis der Leistungen nach SGB III und SGB VIII legt § 10 Abs. 1 SGB VIII grundsätzlich fest, dass die Leistungen des SGB III vorrangig sind. Leistungen nach dem **SGB III** sind prinzipiell **arbeitsmarktspezifisch**, während Leistungen nach dem SGB VIII **erzieherische Leistungen** darstellen. Auch wenn sie das Ziel der Integration in Ausbildung oder den Arbeitsmarkt verfolgen, sind Leistungen nach § 13 SGB VIII sozialpädagogische Leistungen. Das SGB III hält solche nicht vor. Die Zielgruppe überschneidet sich jedoch in Teilen. Die Beratungsleistungen nach SGB III richten sich grundsätzlich an alle Jugendlichen im Übergang. Förderungsberechtigt sind nach § 52 SGB III junge Menschen nach Erfüllung ihrer Schulpflicht, die eine berufsvorbereitende Bildungsmaßnahme oder berufliche Eingliederungsmaßnahme benötigen, wenn zu erwarten ist, dass sie das Ziel der Maßnahme erreichen. Angebote nach § 13 SGB VIII können hingegen auch von schulpflichtigen jungen Menschen wahrgenommen werden, ohne dass die Aussicht auf Erreichung des Ziels zuvor geprüft wird.

In § 13 Abs. 2 SGB VIII ist zudem festgelegt, dass die sozialpädagogisch begleiteten Maßnahmen nur dann angeboten werden können, wenn Maßnahmen und Programme anderer Träger und Organisationen die Ausbildung der jungen Menschen nicht sicherstellen, was folglich einen grundsätzlichen **Nachrang** dieser Leistungen bedeutet.

7 Aus der Praxis wird berichtet, dass die durch die Jugendhilfe bestimmten Angebote der Jugendsozialarbeit häufig hinter Maßnahmen aus dem Bereich der Arbeitsmarktförderung bzw. der Grundsicherung für Arbeitssuchende zurücktreten, obwohl Angebote der Jugendsozialarbeit definitiv in den Zuständigkeitsbereich des örtlichen Trägers der Jugendhilfe fallen.[10]

II. Rechtscharakter der Norm

8 Die Vorschrift vereint in sich sowohl objektive Rechtsverpflichtungen als auch subjektive Rechtsansprüche. Die Absätze 1 bis 3 enthalten unterschiedliche Rechtsfolgen.

Die in **Abs. 1** benannten sozialpädagogischen Hilfen sind als **Soll-Leistung** zu verstehen. Junge Menschen, die einer der benannten Hilfen bedürfen, sollen sie auch in Anspruch nehmen können. Daraus ist zu folgern, dass vor Ort eine geeignete Struktur zur Verfügung stehen muss. Damit ergibt sich für den öffentlichen Träger der Jugendhilfe eine **objektive Rechtsverpflichtung**, d.h., er muss entsprechende Angebote bereithalten.

Da Abs. 1 eine konkrete Zielgruppe, jedoch keine konkreten Hilfen benennt, wird mehrheitlich davon ausgegangen, dass es sich dabei um einen **Regelrechtsanspruch ohne Ermessen** handelt, auch mit Blick darauf, dass die in Abs. 1 skizzierten Angebote der Überwindung von Krisensituationen dienen. Das bedeutet, dass der öffentliche Träger ggf. begründen muss, warum er keine Leistung erbringt.[11] *Münder und Trenczek* weisen jedoch darauf hin, dass die praktische Bedeutung dieser Kontroverse gering ist. Mit dem Nachrang der Jugendhilfe nach § 10 SGB VIII seien Leistungen der Agentur für Arbeit sowie der Schulverwaltung ohnehin vorrangig, sodass deren Leistungsverpflichtung zuerst zu prüfen sei. Zudem stehe die Jugendsozialarbeit nach § 13 SGB VIII unter dem Landesrechtsvorbehalt nach § 15 SGB VIII.[12]

9 Die in § 13 **Abs. 2** SGB VIII aufgeführten Hilfen, konkret benannt als sozialpädagogisch begleitete Ausbildungs- und Beschäftigungsmaßnahmen, unterliegen hingegen einer **Kann-**

---

10 Vgl. Kooperationsverbund Jugendsozialarbeit 2010, 2.

11 Vgl. FK-SGB VIII/*Schäfer/Weitzmann*, § 13 SGB VIII Rn. 9; Schellhorn/*Fischer*/Mann/Kern , §13 SGB VIII Rn. 19, m.w.N.

12 Vgl. *Münder/Trenczek* 2015, 108.

Regelung. Demzufolge besteht für den öffentlichen Träger der Jugendhilfe diesbezüglich die Verpflichtung zur Ausübung des **pflichtgemäßen Ermessens**. Auf die Ausübung des pflichtgemäßen Ermessens mit Bezug auf die Frage, ob und, wenn ja, welche Hilfe angeboten wird, besteht allerdings ein subjektiver Rechtsanspruch.[13] Entsprechend groß ist der Gestaltungsfreiraum des öffentlichen Trägers, indem neben finanziellen Aspekten auch die Nachrangigkeit der Angebote gegenüber Maßnahmen nach SGB II herangezogen werden können. Dienen diese Leistungen jedoch der Deckung eines Bedarfs in Zusammenhang mit erzieherischen Hilfen nach § 27 Abs. 3 Satz 2 SGB VIII, besteht kein Ermessen.[14]

Auch § 13 **Abs. 3** SGB VIII beschreibt eine **Kann-Regelung**. Folglich besteht nur der An- 10
spruch auf die fehlerfreie Ausübung des Ermessens gegenüber dem Träger der öffentlichen Jugendhilfe. Häufig wird diese Leistung in der Praxis in Verbindung mit Maßnahmen nach § 13 Abs. 1 und 2 SGB VIII erbracht, sie kann aber auch unabhängig davon stehen, beispielsweise dann, wenn junge Menschen ihre Ausbildung an einem anderen Ort als ihrem eigentlichen Wohnort machen. Ob solche Angebote vorgehalten werden, liegt im Ermessen des öffentlichen Trägers. Nur wenn sie angeboten werden, besteht ein Anspruch des/der Einzelnen auf fehlerfreies Ausüben des Ermessens bei der Entscheidung über einen Antrag auf die Gewährung einer Unterkunft.

Wird dem jungen Menschen nach Prüfung der Voraussetzungen die Unterkunft in einer sozialpädagogisch begleiteten Wohnform angeboten, besteht in der Regel ein Rechtsanspruch auf den notwendigen **Unterhalt**, was in der Norm durch die Formulierung „sollen ... geleistet werden" bestimmt wird. Damit wird vermieden, dass der/die Leistungsberechtigte an die Träger der Sozialhilfe verwiesen wird, die der Hilfe nach SGB VIII ohnehin nachrangig ist. Auf Gewährung von **Krankenhilfe** besteht ein Rechtsanspruch, wenn diese nicht durch Versicherungen oder andere Träger, z.B. im Rahmen von Leistungen nach SGB II, sichergestellt wird.[15]

	Rechtscharakter	Subjektiver Anspruch	Zielgruppe
Abs. 1	Soll-Leistung	Soll-Anspruch ohne Ermessen	Junge Menschen mit erhöhtem Unterstützungsbedarf wg. sozialer Benachteiligung oder individueller Beeinträchtigung
Abs. 2	Kann-Leistung	Auf fehlerfreie Ausübung des Ermessens, wenn nicht in Zusammenhang mit HzE	Junge Menschen mit erhöhtem Unterstützungsbedarf wg. sozialer Benachteiligung oder individueller Beeinträchtigung
Abs. 3	Kann-Leistung	Auf fehlerfreie Ausübung des Ermessens, wenn grundsätzlich Angebote vorgehalten werden	Junge Menschen in Bildungsmaßnahmen oder Maßnahmen der beruflichen Eingliederung

Tabelle 1: Übersicht über den Charakter der Leistungen nach § 13 SGB VII

13 Vgl. FK-SGB VIII/*Schäfer*, § 13 Rn. 10.
14 Vgl. *Münder/Trenczek* 2015, 109.
15 Vgl. Schellhorn/*Fischer*/Mann/Kern, § 13 SGB VIII Rn. 21.

III. Zielgruppe (Abs. 1, 2 und 3)

11 Die Angebote der Jugendsozialarbeit stehen **jungen Menschen** offen, d.h. gem. § 7 Abs. 1. Nr. 4 SGB VIII Personen unter 27 Jahren. In der Praxis werden Schüler_innen ab der Sekundarstufe angesprochen, also ab ca. 11 Jahren. Anders als die Jugendarbeit nach § 11 SGB VIII oder der erzieherische Kinder- und Jugendschutz nach § 14 SGB VIII richtet sich die Jugendsozialarbeit nicht an alle jungen Menschen, sondern an diejenigen mit besonderen Schwierigkeiten. **Adressat_innen** der Jugendsozialarbeit sind **die jungen Menschen selbst**. Daraus ergibt sich, dass sie (anders als im Bereich der Hilfen zu Erziehung) auch selbst anspruchsberechtigt sind. Ihre **Teilnahme** an Angeboten der Jugendsozialarbeit ist **freiwillig**. Soweit Anträge zu stellen sind oder zurückgenommen werden sollen, gilt § 36 SGB I. Inwieweit Eltern ihre Kinder zur Teilnahme bestimmen oder diese untersagen können, ist eine Frage der elterlichen Sorge.[16]

12 Für die in Abs. 1 und 2 aufgeführten Maßnahmen müssen die jungen Menschen darüber hinaus weitere Merkmale erfüllen, um die Hilfe in Anspruch nehmen zu können. Sie müssen gemäß § 13 Abs. 1 SGB VIII entweder von sozialer Benachteiligung betroffen sein **oder** eine individuelle Beeinträchtigung aufweisen **und** deswegen in erhöhtem Maße auf Hilfe angewiesen sein oder eine besondere Förderung benötigen. Die Formulierung **„erhöhtes Maß"** verdeutlicht, dass eine durchschnittliche Unterstützung in den hier angesprochenen Bereichen nicht hinreichend wäre. Die Formulierung ist jedoch so unscharf, dass es letztlich immer der Prüfung des Einzelfalls bedarf. Abs. 3 richtet sich an junge Menschen, die an einer schulischen oder beruflichen Bildungsmaßnahme oder einer Maßnahme der beruflichen Eingliederung teilnehmen. Das Betroffen-Sein von sozialer Benachteiligung oder einer individuellen Beeinträchtigung ist hier nicht Voraussetzung.

Anspruchsvoraussetzungen § 13 SGB VIII

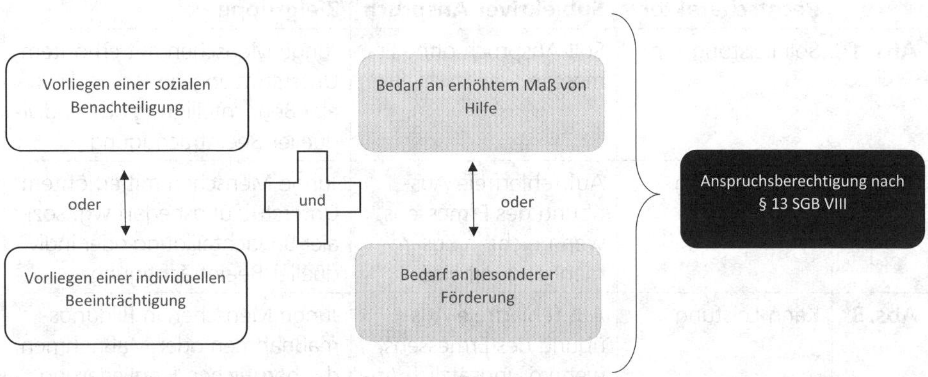

13 **Der Faktor soziale Benachteiligung** bezieht sich u.a. auf unzureichende Rahmenbedingungen in den Bereichen Familie, Schule, Ausbildung und Beruf, insbesondere wenn diese in Zusammenhang mit der ökonomischen Situation, eingeschränkten Bildungszugängen, dem Betroffen-Sein von rassistischer, antiziganistischer, antisemitischer oder sexistischer Diskriminierung stehen.[17] Sie liegt vor, wenn die altersgemäße gesellschaftliche Integration in Fami-

---

16 Nach *Bernzen* (2013, 18) folgt aus der Anspruchsberechtigung, dass sie gestellte Anträge wieder zurücknehmen, keinen Antrag stellen oder die Mitwirkung, beispielsweise bei Maßnahmen schulischer Sozialarbeit, verweigern können.

17 S. auch FK-SGB VIII/*Schäfer/Weitzmann*, § 13 Rn. 16.

lie, Schule, Ausbildung Berufsleben und/oder Umwelt nicht wenigstens durchschnittlich gelungen ist.[18]

Individuelle Beeinträchtigungen hingegen, seien sie physischer, psychischer oder anderer Art, liegen in der Person des jungen Menschen selbst, z.B. durch Verschuldung, Abhängigkeit oder Delinquenz. Hier sind insbesondere Lern- bzw. Leistungsbeeinträchtigungen, -schwächen und -störungen von Bedeutung.

Inwiefern auch der Bereich der **Behinderungen** dazu zu zählen ist, ist umstritten. *Schäfer/Weitzman* benennen Behinderung als eine individuelle Beeinträchtigung,[19] *Bernzen* hingegen vertritt die Auffassung, dass diejenigen jungen Menschen als individuell beeinträchtigt gelten, deren Problemlagen auffällig sind, ohne dass sie das Gewicht einer Behinderung hätten.[20] Durch das KJSG wird eine inklusive Gestaltung der Kinder- und Jugendhilfe forciert, junge Menschen mit Behinderungen werden explizit als ihre Zielgruppe hervorgehoben. Die Leistungen der Kinder- und Jugendhilfe sowie die Eingliederungshilfen für junge Menschen mit Behinderungen sollen unter dem Dach der Jugendhilfe zusammengeführt werden.[21] Zudem verweist § 7 Abs. 2 SGB VIII auf die Wechselwirkungen von körperlichen, geistigen oder Sinnesbeeinträchtigungen mit einstellungs- und umweltbedingten Barrieren. So gehören junge Menschen mit Behinderungen eindeutig zur Zielgruppe von § 13 SGB VIII, unabhängig von der Frage, ob diese als Beeinträchtigungen zu verstehen sind oder nicht.[22]

Mit Blick auf den von der Jugendsozialarbeit angesprochenen Bereich des Übergangs Schule/ 14
Ausbildung/Beruf sind insbesondere junge Menschen ohne Schulabschluss, Absolvent_innen von Berufsvorbereitungsjahren, Absolvent_innen von Maßnahmen der Bundesagentur für Arbeit, junge Menschen mit chronischen Erkrankungen sowie junge Menschen mit Sprachschwierigkeiten und solche, die von Mehrfachdiskriminierung betroffen sind, zu nennen. Aus den Zugangsvoraussetzungen „soziale Benachteiligung" und „individuelle Beeinträchtigung" erwächst allerdings die **Gefahr**, Empfänger_innen von Leistungen nach § 13 SGB VIII einer **Stigmatisierung** auszusetzen und verschiedene Gruppen von Adressat_innen zu homogenisieren (*die* Geflüchteten, *die* von Armut betroffenen Mädchen ...). Dies würde allerdings der Forderung aus § 13 Abs. 2 SGB VIII, den Fähigkeiten und dem Entwicklungsstand der jungen Menschen Rechnung zu tragen, entgegenstehen, sodass hier besondere Aufmerksamkeit geboten ist.

IV. Junge Geflüchtete

Gemäß § 6 Abs. 2 SGB VIII stehen die Leistungen der Kinder- und Jugendhilfe allen jungen 15
Menschen zu, die rechtmäßig oder mit einer Duldung in Deutschland leben. Dementsprechend sind auch junge Geflüchtete als Adressat_innen der Leistungen des § 13 SGB VIII zu verstehen. Aufgrund bürokratischer Hürden, fehlender Deutschkenntnisse und schwieriger Lebensbedingungen werden sie in den meisten Fällen auf ein erhöhtes Maß an Unterstützung angewiesen sein, um eine Schul- oder eine berufliche Ausbildung erfolgreich abzuschließen und einen Beruf ergreifen zu können. Die Jugendberufshilfe, Jugendmigrationsdienste, schulbezogene Angebote und auch das Jugendwohnen müssen ihre Angebote so gestalten, dass sie auch den Bedarfen junger Geflüchteter gerecht werden. Ausdrücklich sind dabei auch **Mädchen und junge Frauen** zu berücksichtigen, die insbesondere bei den

---

18 Vgl. *Münder/Schruth*, ZfJ 2002, 125, 129.
19 Vgl. FK-SGB VIII/*Schäfer/Weitzmann*, § 13 Rn. 17.
20 Vgl. *Bernzen* 2013, 19.
21 Vgl. BT-Drs. 19/28870, 10.
22 Vgl. zur Diskussion von Jugendsozialarbeit und Inklusion auch: Kooperationsverbund Jugendsozialarbeit 2012 passim.

über 16-Jährigen quantitativ eine Minderheit darstellen, weswegen die Gefahr besteht, dass sie als Adressatinnen nicht wahrgenommen werden.[23]

Die bestehenden Strukturen der Jugendsozialarbeit bieten hilfreiche Anknüpfungspunkte und sind geeignet, jungen Geflüchteten passende Hilfen anzubieten. Dafür müssen allerdings die Zugänge mit geeigneten Methoden niedrigschwellig gestaltet werden, beispielsweise durch aufsuchende Sozialarbeit und den Abbau von Sprachbarrieren. Auch die Kooperation mit Gemeinschaftsunterkünften, dezentral organisierten Wohneinheiten sowie den Jugendhilferichtungen gilt es dahingehend zu gestalten.[24] Die Bundesorganisationen der Jugendsozialarbeit treten darüber hinaus dafür ein, dass ausbildungsvorbereitende und ausbildungsunterstützende Maßnahmen allen jungen Menschen, auch **unabhängig von ihrem aufenthaltsrechtlichen Status**, gewährt werden.[25]

16 Insgesamt bezieht sich die Jugendsozialarbeit also vor allem auf Jugendliche, die aus individuellen oder sozialen Gründen von Benachteiligung betroffen sind. Aus diesem Grund kommt ihr neben ihrer Hilfefunktion auch eine **anwaltliche Funktion** für die betroffenen Jugendlichen zu. Es genügt nicht, nur die Jugendlichen selbst in den Blick zu nehmen, vielmehr müssen auch gesellschaftliche Strukturen, die Benachteiligungen hervorbringen, verändert werden.[26] In Verbindung mit § 1 Abs. 3 Nr. 4 SGB VIII kommt der Jugendsozialarbeit in diesem Zusammenhang die Aufgabe zu, zu positiven Lebensbedingungen, hier spezifisch mit Fokus auf soziale Integration, der Jugendlichen beizutragen. Allerdings sind die verschiedenen Faktoren der Benachteiligung, die etwa Jugendarbeitslosigkeit bedingen, so stark von Arbeitsmarkt-, Sozial- und Bildungspolitik wie auch der Wirtschaft bestimmt, dass die Kinder- und Jugendhilfe alleine diese nicht verändern wird.

V. Integrationsbegriff (Abs. 1)

17 Seit sich Deutschland 2009 durch Ratifikation der UN-BRK zur Durchsetzung von Inklusion in Schulen verpflichtet hat, wird diskutiert, wie dies auch in anderen gesellschaftlichen Bereichen verwirklicht werden kann. Dies betrifft auch die Jugendhilfe und damit die Jugendsozialarbeit. In § 13 Abs. 1 SGB VIII wird jedoch explizit von sozialer Integration gesprochen. Der Begriff kann keinesfalls mit dem der Inklusion synonym verwendet werden, verbergen sich doch hinter beiden äußerst unterschiedliche Theorien und Zielvorstellungen.[27]

Um sich auch in der Jugendsozialarbeit einer inklusiven Praxis anzunähern schlägt *Würfel* vor, ihre Angebote an folgenden Kriterien zu messen:[28]

- **Personenorientierung/Personenzentrierung**:
  Die Fördermaßnahmen müssen dem ganzen Menschen gerecht werden, nicht einzelnen Teilbereichen der Persönlichkeit.
- **Bedarfsermittlung**:
  Es muss stärker darauf geachtet werden, welche konkrete Unterstützung oder Hilfe der junge Mensch braucht.

23 Vgl. BpB 2016.
24 Vgl. *Klamt* 2016, 9.
25 Vgl. Kooperationsverbund Jugendsozialarbeit 2015.
26 Vgl. FK-SGB VIII/Schäfer/Weitzmann, § 13 Rn. 2 mit Verweis auf Proksch 2001.
27 Zur Unterscheidung von Integration und Inklusion s. *Hinz* 2002.
28 Vgl. *Würfel* 2012, 10.

- **Lebensweltorientierung**:
  Es ist zu fragen, wie und wo der junge Mensch lebt, wo er seine Zugehörigkeit verortet und in welchem Sozialraum er sich bewegt.
- **Selbstbestimmung**:
  Das Wunsch- und Wahlrecht nimmt im Inklusionskonzept einen besonderen Stellenwert ein.

Diese Kriterien stehen nicht im Widerspruch zu bisherigen Konzepten der Jugendsozialarbeit. Schon jetzt müssen die Maßnahmen den individuellen Entwicklungsstand der jungen Menschen berücksichtigen und an diesem ansetzen. Dennoch sind an einigen Stellen **konzeptionelle Veränderungen** nötig und eine konsequente Umsetzung erforderlich. So ist es u.a. notwendig, sich von einer engen Zielgruppenbestimmung zu lösen und das Individuum konsequent in den Mittelpunkt zu stellen.[29]

VI. Jugendsozialarbeit in der Praxis (Abs. 1, 2 und 3)

Die Vorschrift macht kaum Vorgaben zur konkreten Ausgestaltung der Maßnahmen. Deswegen eröffnen sich vielseitige Möglichkeiten der Förderung. Grundsätzlich stellt Jugendsozialarbeit **niedrigschwellig erreichbare Bildungs-, Beratungs- und Erziehungsangebote** zur Verfügung, die sich an den Lebenswelten der Adressat_innen orientieren. Dabei berücksichtigt die Jugendsozialarbeit vielfältige Lebenslagen wie Gesundheit und Krankheit, Straffälligkeit, Wohnungslosigkeit, Verschuldung u.a.[30] Grundsätzlich können ihre Aktivitäten **ebenso präventiven wie intervenierenden Charakter** haben. Ihre Handlungsfelder sind im Einzelnen: **18**

- Aufsuchende Jugendsozialarbeit/Streetwork,
- Arbeitsweltbezogene Jugendsozialarbeit,
- Jugendmigrationsarbeit,
- Jugendwohnen,
- Schulische Sozialarbeit.

Gemeinsam ist den Hilfen, dass sie sozialpädagogisch flankiert werden. Die **sozialpädagogische Begleitung** macht die Maßnahmen zu Maßnahmen der Jugendhilfe und unterscheidet sie von vergleichbaren Qualifizierungsangeboten nach dem SGB III. Was genau allerdings „sozialpädagogisch" meint, wird im Gesetz nicht festgelegt, auch nicht in Abgrenzung zu „sozialarbeiterisch". Insofern ist davon auszugehen, dass die Begriffe im Kontext des Gesetzes synonym verwendet werden.[31] Daraus abzuleiten ist gleichwohl, dass die Angebote von **sozialpädagogisch qualifizierten Fachkräften** im Sinne von § 72 SGB VIII durchgeführt werden müssen.

Die in **Abs. 1** benannten sozialpädagogischen Hilfen sollen den Zielen der **schulischen und beruflichen Ausbildung**, der **Eingliederung in die Arbeitswelt** sowie der **sozialen Integration** dienen. Dazu zählen beispielhaft Beratungsangebote, Angebote der sozialen Gruppenarbeit, Mädchensozialarbeit u.v.m. Maßnahmen allerdings, die konkret der **Ausbildung** und **Beschäftigung** dienen, unterliegen der Normierung nach **§ 13** Abs. 2 **SGB VIII**. Aufgrund der formulierten Nachrangigkeit dieser Leistungen gegenüber Leistungen der anderen Sozialgesetzbücher gilt, dass diese nur angeboten werden, wenn Maßnahmen anderer Träger wie beispielsweise der Bundesagentur für Arbeit die Ausbildung der jungen Men- **19**

29 Vgl. *Würfel* 2012, 9.
30 Vgl. *Hampel* 2010, 8.
31 Vgl. Schellhorn/*Fischer*/Mann/Kern, § 13 SGB VIII Rn. 14.

schen nicht gewährleisten. Sie müssen den Fähigkeiten und Entwicklungsständen der jeweiligen Adressat_innen entsprechen. Folglich müssen die Konzepte hinreichend Raum für individuelle Förderpläne o.Ä. bieten. Dem sozialpädagogisch begleiteten **Jugendwohnen** ist der **dritte Absatz** gewidmet. Es richtet sich an Teilnehmer_innen von Maßnahmen schulischer bzw. beruflicher Bildung oder beruflicher Eingliederung.

1. Schulische Sozialarbeit

20 Maßnahmen nach § 13 SGB VIII gehören zum Standard-Angebot schulischer Sozialarbeit, insbesondere mit der Perspektive auf den Übergang Schule/Beruf, den Abbau von Benachteiligungen und die Erhöhung von Teilhabechancen. So hat sich Schulsozialarbeit vielfach auf diese Norm gestützt. Durch das KJSG wurde dann § 13a SGB VIII eingefügt, der nunmehr eine eigenständige Rechtsgrundlage für Schulsozialarbeit schafft und sie grundsätzlich als Leistung der Jugendhilfe definiert. Gemäß § 13a SGB VIII gehören Angebote und Leistungen nach § 13 SGB VIII weiterhin zum Repertoire von Schulsozialarbeit, sodass diese weiterhin für die Praxis von Jugendhilfe am Ort Schule von Relevanz bleiben[32].

21 Neben schulischer Sozialarbeit können Hilfen der Jugendsozialarbeit auch in anderen schulbezogenen Angeboten ihren Platz finden, so zum Beispiel in Projekten in Kooperation mit Schulen, Beratungsangeboten, gezielter Lernförderung, Programmen für Schulverweiger_innen außerhalb von Schulen u.v.m.

2. Aufsuchende Jugendsozialarbeit

22 Diese Arbeitsform wird in der Norm nicht explizit benannt, hat aber in der Praxis große Bedeutung. Mit Methoden von **Streetwork** oder mobiler Jugendarbeit sollen auch diejenigen jungen Menschen, die aufgrund spezifischer Notlagen, etwa Wohnungslosigkeit oder Suchterkrankungen, von Institutionen, die aufgrund ihrer Struktur einen höherschwelligen Zugang haben, nur schwer erreicht werden können, Angebote zur Beratung, Bildung und individueller Unterstützung unterbreitet werden. Dafür suchen sozialpädagogische Fachkräfte die jungen Menschen an ihren Treffpunkten auf. Hier machen auch Jugendliche, die auf der Straße leben, keine Grundsicherung beziehen oder über keinen legalen Aufenthaltsstatus verfügen, einen Teil der Adressat_innen aus.[33]

3. Arbeitsweltbezogene Jugendberufshilfe

23 Unter dem Begriff arbeitsweltbezogene Jugendsozialarbeit resp. Jugendberufshilfe werden unterschiedliche sozialpädagogische **Maßnahmen zur Förderung von Ausbildung und Beschäftigung** gefasst, in denen berufliche Kompetenzen erworben werden können. Sie gilt als Kern der Jugendsozialarbeit und vollzieht sich vor allem in Jugendwerkstätten und Produktionsschulen, doch auch Hilfen mit eher präventivem Charakter, die im Vorfeld der beruflichen Integration stattfinden (z.B. Maßnahmen der Berufsorientierung), werden dazu gezählt. Diese können u.a. in geeigneten Beratungsstellen oder schulbezogenen Projekten stattfinden.[34] Sie tragen zum Erwerb von Teilqualifikationen und berufsbezogenen Kompetenzen bei und ermöglichen erste Erfahrungen im Arbeitsleben.

---

32 Vgl. § 13a SGB VIII Rn. 7.
33 Vgl. Kooperationsverbund Jugendsozialarbeit 2010, 35.
34 Überblick über die Maßnahmetypen der Jugendberufshilfe bei *Fülbier* 2001, 487.

4. Jugendmigrationsarbeit

24 Die Jugendmigrationsarbeit wird insbesondere von freien Trägern in **Jugendmigrationsdiensten** geleistet, die sich an junge Menschen mit Migrationshintergrund und deren Eltern wenden. Sie unterstützen, beraten und begleiten junge Menschen mit Migrationshintergrund am Übergang Schule/Ausbildung/Beruf mit Verfahren des Case Managements und sog. individuellen Integrationsförderplänen. Zu ihren Aufgaben gehören vor allem Angebote für neu zugewanderte oder schon länger in Deutschland lebende junge Menschen, die nicht mehr schulpflichtig sind, sowie die Beratung junger Menschen mit Migrationshintergrund, beides in Einzelfallhilfe und Gruppenarbeit. Darüber hinaus bieten sie auch Angebote der Elternarbeit, bringen sich im Gemeinwesen ein und beteiligen sich an der Vernetzung mit anderen Diensten, fördern junge Menschen mit Migrationshintergrund, die sich freiwillig engagieren wollen, und wirken auf die interkulturelle Öffnung von Einrichtungen hin.[35]

5. Jugendwohnen

25 Entsprechend § 13 Abs. 3 Satz 1 SGB VIII kann jungen Menschen für die Dauer der Teilnahme an schulischen oder beruflichen Bildungsmaßnahmen bzw. während der beruflichen Eingliederung eine Unterkunft in **sozialpädagogisch begleiteten Wohnformen** angeboten werden. Darunter fallen die Unterbringung in klassischen Lehrlings- oder Jugendwohnheimen, aber auch Jugendwohngruppen und die Begleitung in Einzelwohnungen sind Möglichkeiten der Unterbringung. In den Unterkünften werden sowohl individuelle Hilfen für das Schul- und Berufsleben vorgehalten als auch darüber hinausgehende Unterstützungsangebote, die für die soziale Integration bedeutsam sind, bspw. in Form von Freizeitmaßnahmen. Die Unterbringung kann erforderlich sein, wenn die Ausbildungsstelle, Bildungsmaßnahme oder Schule so weit vom Wohnort entfernt sind, dass sie nicht mit vertretbarem Aufwand zu erreichen sind. Daneben kann auch eine häusliche Situation, die der beruflichen oder sozialen Integration junger Menschen entgegensteht, die Unterbringung im begleiteten Wohnen erforderlich machen.

Im Jahr 2006 gab es insgesamt 230 Einrichtungen des Jugendwohnens mit ca. 17.000 Plätzen. Nachdem die Zahl der Einrichtungen 2010 auf 210 mit ca. 16.000 Plätzen gesunken ist, ist sie 2016 wieder auf 281 Einrichtungen mit ca. 18.000 Plätzen gestiegen.[36] Zurzeit sind Jugendwohneinrichtungen wegen der Unterbringung junger Geflüchteter und als niedrigschwelliges Angebot für junge Volljährige stark nachgefragt. Vor dem Hintergrund der demografischen Entwicklung, steigender Erwartungen an Mobilität und der Wohnungsnot vor allem in den Ballungsräumen wird von einem steigenden Bedarf ausgegangen.[37] Für die Dauer der Unterkunft sollen die Kosten für die Unterbringung und eine erforderliche Krankenhilfe übernommen werden. Diese decken die Unterbringungskosten, Verpflegungskosten sowie ein Taschengeld.[38] Auf diese Weise muss der junge Mensch nicht an die Sozialhilfe verwiesen werden.[39] Seit Inkrafttreten des „Arbeit-von-morgen-Gesetzes" im April 2020 benennt auch das SGB III in § 61 Abs. 2 sozialpädagogisch begleitete Wohnformen und ermöglicht die Finanzierung der Entgelte für junge Volljährige bis 27 Jahren.

35 Vgl. BMFSFJ 2014.
36 Vgl. Autorengruppe Kinder- und Jugendhilfestatistik 2019, 130.
37 Vgl. *Pingel* 2018, 744.
38 Zur Höhe des Taschengelds siehe § 39 Rn. 6.
39 Schellhorn/*Fischer*/Mann/Kern, § 13 SGB VIII Rn. 18.

VII. Kooperation (Abs. 4)

26 Die Aktivitäten nach § 13 SGB VIII sollen durch den Träger der öffentlichen Jugendhilfe mit Maßnahmen

- der Schulverwaltung,
- der Bundesagentur für Arbeit,
- der Jobcenter,
- von Trägern betrieblicher Ausbildung und
- von Trägern außerbetrieblicher Ausbildung

abgestimmt werden.

Dadurch werden die Angebote der Jugendsozialarbeit nicht isoliert entwickelt, sondern in das Gemeinwesen integriert. Um diese Kooperation zu gewährleisten, sind regelmäßige Treffen in Arbeitsgruppen oder runden Tischen sinnvolle Instrumente. Dafür können auch **Arbeitsgemeinschaften** nach § 78 SGB VIII gegründet werden. Dabei können Probleme erkannt, Lösungen entwickelt und lokale Konzepte erarbeitet werden. Die Abstimmung der verschiedenen Maßnahmen und Angebote ist insbesondere auch sinnvoll, um den Adressat_innen ein ihren Bedarfen angemessenes, vielfältiges Angebot unterbreiten zu können. Dafür braucht es einen von Kooperation geprägten Umgang der beteiligten Personen und Institutionen, in der die jungen Menschen im Mittelpunkt der Bemühungen stehen und nicht ein etwaiges Konkurrenzverhältnis. Der Kooperationsverbund Jugendsozialarbeit sieht die Notwendigkeit rechtskreisübergreifender Kooperationen im Bereich der Jugendsozialarbeit insbesondere im Kontext der „unterschiedlichen Zuständigkeiten der Rechtskreise SGB II, III und VIII".[40]

27 Uneinigkeit besteht über die Frage, ob die Zusammenarbeit genereller Natur sein oder auch im konkreten Einzelfall erfolgen soll. *Kaufmann* vertritt die Auffassung, dass eine Abstimmung im Einzelfall nicht erforderlich ist,[41] während *Proksch* argumentiert, dass eben dies notwendig sei, um dem Sinn und Zweck des § 13 SGB VIII zu entsprechen.[42] Es kann wohl davon ausgegangen werden, dass sorgfältig abgestimmte regionale Konzepte eine Abstimmung in jedem Einzelfall entbehrlich machen und eine Klärung in kritischen Fällen wesentlich vereinfachen.

Bernzen weist allerdings darauf hin, dass die Verpflichtung zur Abstimmung einseitig ist und nur den Jugendhilfeträger betrifft. Insbesondere die Abstimmung mit den Trägern der Schulverwaltung und den ausbildenden Betrieben gestaltet sich häufig schwierig, da diese nicht in das System der Sozialleistungserbringung eingebunden sind.[43]

28 Die Notwendigkeit, Aktivitäten nach § 13 SGB VIII auch mit den Maßnahmen der Jobcenter abzustimmen, wurde durch das KJSG ergänzt. Begründet wird dies mit „der Qualitätsentwicklung in den Jugendberufsagenturen" und der rechtskreisübergreifenden Arbeit. Dabei soll die Aufzählung der kooperierenden Institutionen in § 13 Abs. 4 SGB VIII ohnehin nicht abschließend sein. Der Bundesrat schreibt in seiner Stellungnahme zum Entwurf des KJSG, es sei erforderlich, „dass auf kommunaler Ebene eine verbindliche Planung zu Leistungen und Diensten der Jugendsozialarbeit etabliert wird, die die Bereiche Jugendhilfe, Schule, und den Übergang in Ausbildung und Beschäftigung umfasst."[44]

---

40 Kooperationsverbund Jugendsozialarbeit 2020.
41 Vgl. Wiesner/*Kaufmann*, 1. Aufl., § 13 SGB VIII Rn. 19.
42 Vgl. *Proksch* 1999, 10.
43 Vgl. *Bernzen* 2013, 19.
44 BT-Drs. 19/27481, 9.

VIII. Finanzierung

Zuständig für die Jugendsozialarbeit ist zunächst der **öffentliche Träger** der Jugendhilfe, der demzufolge auch für die Finanzierung Sorge zu tragen hat. In der Praxis werden Angebote der Jugendsozialarbeit jedoch von vielen verschiedenen Stellen (teil-)finanziert. Kosten für Angebote, die in Einheit mit Leistungen nach SGB II und SGB III vorgehalten werden, werden entsprechend von mehreren Trägern gemeinsam in Form einer **Mischfinanzierung** getragen. Für bestimmte Aufgabenbereiche gibt es befristete Projektmittel vom Bund. Andere Projekte werden über den europäischen Sozialfonds finanziert. Der Kooperationsverbund Jugendsozialarbeit wertet diese Vielfalt an Finanzierungskonzepten als Zeichen dafür, dass die kommunale Jugendsozialarbeit als eher schwach wahrgenommen wird und ihren Aufgaben ohne **finanzielle Unterstützung von Bund und Ländern** kaum gerecht wird oder werden kann.[45] Die Kinder- und Jugendhilfestatistik weist aus, dass 2018 insgesamt 660.341.000 € für die Jugendsozialarbeit durch die öffentlichen Träger der Jugendhilfe ausgegeben wurden.[46] 29

Wenn junge Menschen aufgrund des Erreichens einer Altersgrenze nicht mehr anspruchsberechtigt für Hilfen nach dem SGB VIII sind, besteht die Möglichkeit, in Abstimmung mit dem Träger für Grundsicherung für Arbeitssuchende und dem Träger der Sozialhilfe eine Weiterfinanzierung oder Mitfinanzierung sicherzustellen.[47] 30

Gemäß § 91 Abs. 1 Satz 1 SGB VIII können für die Unterkunft in einer sozialpädagogisch begleiteten Wohnform Kostenbeiträge erhoben werden. Dafür können die jungen Menschen selbst (§ 92 SGB VIII Abs. 1 Nr. 1 und 2) sowie ihre Ehegatt_innen, Lebenspartner_innen und Eltern (§ 92 SGB VIII Abs. 1 Nr. 4 und 5) herangezogen werden.[48]

45 Vgl. Kooperationsverbund Jugendsozialarbeit 2010, 11.
46 Vgl. Statistisches Bundesamt 2018, 7.
47 Vgl. Schellhorn/*Fischer*/Mann/Kern, § 13 SGB VIII Rn. 28.
48 Vgl. § 92 SGB VIII Rn. 3 ff.

§ 13a
Schulsozialarbeit

[1]Schulsozialarbeit umfasst sozialpädagogische Angebote nach diesem Abschnitt, die jungen Menschen am Ort Schule zur Verfügung gestellt werden. [2]Die Träger der Schulsozialarbeit arbeiten bei der Erfüllung ihrer Aufgaben mit den Schulen zusammen. [3]Das Nähere über Inhalt und Umfang der Aufgaben der Schulsozialarbeit wird durch Landesrecht geregelt. [4]Dabei kann durch Landesrecht auch bestimmt werden, dass Aufgaben der Schulsozialarbeit durch andere Stellen nach anderen Rechtsvorschriften erbracht werden.

Übersicht Rn.

A. Allgemeines

I. Zur Schulsozialarbeit

1 **Schulische Sozialarbeit** ist seit über 40 Jahren ein Arbeitsfeld der Sozialen Arbeit in Deutschland, das sich in der Praxis besonders stark ausdifferenziert. Abhängig von der Finanzierung der jeweiligen Stelle, den jeweiligen Gesetzen im Bundesland, dem Anstellungsträger, dem Schulkonzept, den örtlichen Bedingungen und anderen Faktoren gestalten sich Aufgabenstellungen, Ressourcen und Konzepte sehr heterogen. Dies ist bereits an der begrifflichen Vielfalt sichtbar, die sich in der Fachliteratur ebenso findet wie in Konzepten der Praxis: Jugendsozialarbeit an Schulen, Schulsozialarbeit, schulbezogene Jugendsozialarbeit, Schulsozialpädagogik und weitere. Eine übergreifende Beschreibung des Arbeitsfeldes ließe sich zusammenfassen als „**Angebote der Sozialen Arbeit, insbesondere der Kinder- und Jugendhilfe, am Ort Schule**".

2 Das Feld ist seit ca. 2004 verstärkt in Bewegung geraten. Der bundesweite **Ausbau von Ganztagsschulangeboten** hat zum einen neue Aufgaben für schulische Sozialarbeit mit sich gebracht, zum anderen auch den Bedarf an pädagogischen Hilfen am Ort Schule sichtbar gemacht. Dadurch, dass Schüler_innen mehr Zeit in der Schule verbringen, treten außerschulische Probleme dort verstärkt zutage. Im Rahmen des sog. **Bildungs- und Teilhabepakets** wurden an vielen Schulen neue Stellen für Schulsozialarbeiter_innen geschaffen, die nach Ablauf des Projektzeitraums z.T. verstetigt werden konnten. Als dritter großer Faktor sei hier das **Inkrafttreten des Bundeskinderschutzgesetzes** am 1.1.2012 benannt, das in Verbindung der §§ 1, 3 und 4 KKG mit § 8a SGB VIII Schulen und Jugendämter zur Absprache verbindlicher Strukturen für die Zusammenarbeit verpflichtet hat, in die regelmäßig auch die Schulsozialarbeit konzeptionell eingebunden wird. Schulische Sozialarbeit ist damit flächendeckend zu einer notwendigen Leistung der Jugendhilfe geworden, sodass Fachver-

bände schon lange eine rechtliche Absicherung von Schulsozialarbeit fordern.[1] Dabei wurde die Frage nach der fachlichen Verortung kontrovers diskutiert. Überwiegend wurde die Auffassung vertreten, Schulsozialarbeit sei eine Aufgabe der Jugendhilfe, andere Positionen sahen die Schulen in der Verantwortung oder plädierten für eine gemeinsame Verantwortung von Jugendhilfe und Schule.[2] Der wachsenden Bedeutung des Arbeitsfeldes wurde mit dem KJSG und der Schaffung von § 13a SGB VIII Rechnung getragen. Auf diese Weise wird anerkannt, dass „Soziale Arbeit an Schulen […] mittlerweile in fast allen Ländern zu einem unverzichtbaren Bestandteil der Jugendhilfe geworden [ist]".[3] Ziel ist es, durch die klarstellende Regelung Rechtssicherheit für die Träger der Jugendhilfe zu schaffen.[4] Dies war auch eine Anregung aus dem Dialogprozess „Mitreden – Mitgestalten: Die Zukunft der Kinder- und Jugendhilfe".[5]

Damit ist **Schulsozialarbeit nun Teil des Regelangebots der Kinder- und Jugendhilfe**. 3
Davor wurde schulische Sozialarbeit überwiegend auf die §§ 11, 13, 14 und 81 SGB VIII gestützt, die auch mit der neuen Norm für die Praxis relevant bleiben. Daneben finden sich in den Ländern „insbesondere Regelungen von minderer Rechtsqualität (Verwaltungsvorschriften, Erlasse, Richtlinien etc.)"[6], welche die Definitionen, Aufgaben, Ziele und Finanzierung schulischer Sozialarbeit außerhalb des SGB VIII regeln.

§ 13a SGB VIII definiert nun Schulsozialarbeit im Sinne dieses Gesetzes als sozialpädagogi- 4
sche Angebote, die jungen Menschen am Ort Schule zur Verfügung gestellt werden (Satz 1). Dazu kooperieren die Träger der Schulsozialarbeit mit den Schulen (Satz 2). Inhalte und Umfang der Schulsozialarbeit regelt das Landesrecht (Satz 3). Es ist auch möglich, dass das Landesrecht die Aufgaben der Schulsozialarbeit auf andere Stellen, die auf anderen Rechtsgrundlagen tätig werden, überträgt (Satz 4). Damit wird auch begrifflich der **Terminus Schulsozialarbeit** festgelegt.

II. Rechtscharakter der Norm

Die Norm legt fest, dass Schulsozialarbeit am Ort Schule stattfindet und Angebote von Ju- 5
gendarbeit, Jugendsozialarbeit und erzieherischem Kinder- und Jugendschutz umfasst. Damit schafft § 13a SGB VIII den rechtlichen Rahmen für Schulsozialarbeit als Leistung der Kinder- und Jugendhilfe.[7] Es ist allerdings nicht festgelegt, dass Schulsozialarbeit angeboten werden *soll* oder *muss*. Es besteht **kein subjektiver Rechtsanspruch** für Schüler_innen oder Personensorgeberechtigte auf Schulsozialarbeit. Der **öffentlichen Träger** der Jugendhilfe hat allerdings nach § 79 SGB VIII eine **Gewährleistungspflicht**, unabhängig davon, ob ein subjektiver Rechtsanspruch besteht. Daraus ergibt sich, dass Schulsozialarbeit „rechtzeitig, ausreichend und plural gemäß dem Wunsch- und Wahlrecht aus § 5 SGB VIII geleistet"[8] werden muss. Schulsozialarbeit ist eine Leistung der Jugendhilfe nach § 2 SGB VIII. Damit ist, gemäß der § 85 SGB VIII, der örtliche Träger der Jugendhilfe sachlich zuständig.

Der öffentliche Träger der Jugendhilfe kann gemäß § 3 Abs. 1 SGB VIII die Leistung Schulso- 6
zialarbeit nach § 13a SGB VIII an einen freien Träger übertragen. Er bleibt allerdings gemäß § 79 Abs. 1 und 2 SGB VIII auch dann dafür verantwortlich, „dass die Schulsozialarbeit dem

1 S. dazu Übersicht bei *Kunkel* 2016, 26 f.
2 S. zusammenfassend Deutscher Verein für öffentliche und private Fürsorge e.V. 2014, 11–14.
3 BT-Drs. 19/27481, 10.
4 Vgl. BT-Drs. 19/27481, 11.
5 Vgl. BMFSFJ 2020a, 68.
6 *Olk/Speck* 2015, 17.
7 Vgl. BT-Drs. 19/28870, 101, 102.
8 Vgl. *Kunkel* 2016, 29.

Gesetz entsprechend erbracht wird".[9] Innerhalb dieses Rahmens kann der freie Träger die Aufgabe dann selbstständig durchführen.[10]

B. Einzelheiten

I. Angebote der Schulsozialarbeit

7 Schulsozialarbeit dient den in § 1 Abs. 3 SGB VIII formulierten Zielen der Kinder- und Jugendhilfe, junge Menschen in ihrer Entwicklung zu fördern, Benachteiligungen zu vermeiden und abzubauen, jungen Menschen zu ermöglichen oder zu erleichtern, entsprechend ihrem Alter und ihrer individuellen Fähigkeiten in allen sie betreffenden Lebensbereichen selbstbestimmt zu interagieren und damit gleichberechtigt am Leben in der Gesellschaft teilhaben zu können, Erziehungsberechtige zu beraten und zu unterstützen, Kinder und Jugendliche vor Gefahren für ihr Wohl zu schützen und zu positiven Lebensbedingungen für junge Menschen und ihre Familien beizutragen. Ungeachtet der vielfältigen Aufgaben und Konzepte der schulischen Sozialarbeit, die sich nach Bundesland, Landkreis/Stadt und einzelner Schule stark unterscheiden, lassen sich ihre **Kernziele** somit wie folgt zusammenfassen:[11]

- Abbau von Benachteiligung, Aufbau von Chancengerechtigkeit,
- Ermöglichung des bestmöglichen Schulabschlusses durch den Abbau von Lernbarrieren,
- Verbesserung von Bildungschancen über Bildungsangebote in Ergänzung zur Schule,
- Hilfe zur schulischen und außerschulischen Lebensbewältigung.

Daraus ergeben sich folgende Schwerpunktaufgaben:

- Einzelhilfe und Beratung in individuellen Problemlagen,
- sozialpädagogische Gruppenarbeit, Projekte und Arbeit mit Schulklassen,
- Innerschulische und außerschulische Vernetzung und Gemeinwesenarbeit,
- offene Angebote für alle Schülerinnen und Schüler.

8 Nach Satz 1 der Norm umfasst Schulsozialarbeit **sozialpädagogische Angebote** nach dem ersten Abschnitt des zweiten Kapitels des SGB VIII (§§ 11–14 SGB VIII – Leistungen der Jugendhilfe). Auf diese Weise integriert sie **Jugendarbeit, Jugendsozialarbeit und erzieherischer Kinder- und Jugendschutz**.

Dass es sich dabei explizit um *sozialpädagogische* Angebote handelt, verweist auf ihre spezifische Qualität, die sich eben aus den jeweiligen sozialpädagogischen Standards ergibt, hier juristisch aber unbestimmt bleibt. Es lässt sich ableiten, dass die Angebote von sozialpädagogischen Fachkräften im Sinne von § 72 SGB VIII verantwortet werden sollen. Ein konkretes Fachkräftegebot für die Schulsozialarbeit bedeutet diese Vorschrift indessen nicht. Werden Schulsozialarbeiter_innen beim Jugendamt beschäftigt, greift das Fachkräftegebot nach § 72 SGB VIII, sind sie hingegen Mitarbeiter_innen von freien Trägern der Jugendhilfe, gilt das Fachkräftegebot nur mittelbar.[12] Innerhalb der Profession wird angesichts des komplexen Aufgabenprofils eine fachliche Qualifikation in Form eines einschlägigen Hochschulabschlusses vorausgesetzt.[13] Unabhängig von ihrer spezifischen Ausbildung oder dem Anstellungsträger gilt für Beschäftigte in der Schulsozialarbeit in jedem Fall der Tätigkeitsausschluss einschlägig vorbestrafter Personen gemäß § 72a Abs. 1, 2, 5 SGB VIII.

9 *Kunkel* 2016, 29.
10 Vgl. *Kunkel* 2016, 29.
11 Vgl. *Haupt* 2013, 22 f.
12 S. dazu § 72 SGB VIII Rn. 1.
13 Vgl. *Olk/Speck* 2015, 25.

1. Angebote der Jugendarbeit

Die Norm regelt, dass **Angebote der Jugendarbeit** zum Leistungsspektrum der Schulsozialarbeit gehören. Diese sind in § 11 SGB VIII geregelt und dadurch charakterisiert, dass sie an den Interessen junger Menschen anknüpfen und von ihnen mitbestimmt und mitgestaltet werden. Sie sollen junge Menschen zur Selbstbestimmung befähigen und zu gesellschaftlicher Mitverantwortung und sozialem Engagement anregen und hinführen. Solche Angebote sind zur Förderung der Entwicklung junger Menschen erforderlich. Sie sollen für junge Menschen mit Behinderungen zugänglich und nutzbar sein. Die Jugendarbeit richtet sich dabei an alle jungen Menschen, es gibt keine grundsätzlichen Einschränkungen im Zugang zu den Angeboten. 9

Das thematische Spektrum der Jugendarbeit ist entsprechend groß, kann doch alles, was für junge Menschen von Interesse ist, zu ihrem Gegenstand werden. Konkrete Schwerpunkte werden in § 11 Abs. 3 SGB VIII genannt, darunter z. B. Jugendberatung, internationale Jugendarbeit und Jugendarbeit in Sport, Spiel und Geselligkeit. Dies eröffnet für die Schulsozialarbeit die Möglichkeit, wesentlichen Themen, die für den schulischen Alltag von Bedeutung sind, Raum zu geben. Insbesondere an Ganztagsschulen haben Angebote der Jugendarbeit eine große Bedeutung. 10

Ein **Spannungsfeld** ergibt sich allerdings zwischen der absoluten **Freiwilligkeit**, die die Jugendarbeit verlangt[14], und der Rolle von Kindern und Jugendlichen als Schüler_innen, die der **Schulpflicht** unterliegen. Hier muss in der Praxis an den Schulen vollständig transparent sein, welche Rahmenbedingungen für Angebote der Schulsozialarbeit gelten. Tatsächlich freiwillige Angebote sind bspw. im Rahmen des Freizeitbereichs in den Pausen, nach Schulschluss oder in Projektform möglich. Ein Angebot der Schulsozialarbeit im Kontext einer Projektwoche, an der die Schüler_innen teilnehmen müssen und nur innerhalb des Programms wählen dürfen, würde das Kriterium der Freiwilligkeit nicht mehr erfüllen. Auch **Beratung** nach § 11 SGB VIII ist in Form von Jugendberatung möglich, die absolut freiwillig sein muss. Es wäre nicht möglich, dass bspw. Lehrkräfte Schüler_innen zur Beratung nach § 11 SGB VIII verpflichten. 11

Mit der Einführung des KJSG wurde in § 11 Abs. 4 SGB VIII explizit festgeschrieben, dass die Angebote der Jugendarbeit gleichfalls für junge Menschen mit Behinderungen nutzbar und zugänglich sein sollen. Im Sinne der fortschreitenden **Inklusion** an Schulen, die sich in den Schulformen und Bundesländern gleichwohl unterschiedlich gestaltet, ist es erforderlich, auch die Angebote der schulischen Sozialarbeit inklusiv zu gestalten, um alle Schüler_innen anzusprechen und zu erreichen. 12

2. Angebote der Jugendsozialarbeit

Vor dem Inkrafttreten des KJSG war Jugendsozialarbeit nach § 13 SGB VIII eine der wesentlichen Rechtsgrundlagen für Schulsozialarbeit. Sie richtet sich mit sozialpädagogischen Hilfen an junge Menschen, die zum **Ausgleich sozialer Benachteiligungen** oder zur **Überwindung individueller Beeinträchtigungen** größere Unterstützung benötigen. Ihre Ziele sind die schulische und berufliche **Ausbildung**, die Eingliederung in **Erwerbsarbeit** sowie die **soziale Integration**. Im Kontext der Schulsozialarbeit können dazu bspw. Aufgaben im Rahmen der Berufsorientierung, im Übergang Schule/Beruf, Projektarbeit und Kooperation mit Fachlehrkräften der entsprechenden Fächer gehören. 13

14 S. dazu § 11 SGB VIII Rn. 34.

3. Angebote des erzieherischen Kinder- und Jugendschutzes

14 Der erzieherische Kinder- und Jugendschutz nach § 14 SGB VIII unterbreitet jungen Menschen Angebote, die sie dazu befähigen, sich besser **vor gefährdenden Einflüssen zu schützen,** und sie in Kritikfähigkeit, Entscheidungsfähigkeit, Eigenverantwortlichkeit und Verantwortung stärken. Auch ihren **Erziehungsberechtigten werden Angebote gemacht**, um sie darin zu unterstützen, Kinder und Jugendliche vor Gefahren zu schützen. Das Themenspektrum reicht dabei von Verkehrssicherheit über sexuelle Bildung bis hin zu Kinder- und Jugendmedienschutz. Die Schulsozialarbeit hält dafür eigene Angebote vor, beteiligt sich an Schulprojekten und bezieht externe Kooperationspartner_innen wie bspw. Fachberatungsstellen mit ein. Da **Prävention** auch in den Aufgabenbereich von Schulen gehört, sind auch Kooperationen mit den entsprechenden Fachlehrkräften möglich. Sie richtet sich überwiegend an die Schüler_innen selbst, kann aber auch die Elternschaft adressieren.

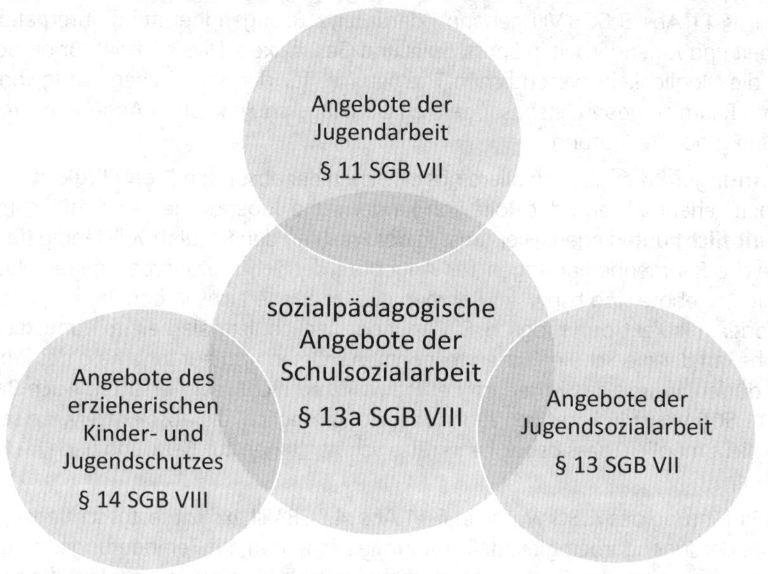

Abb. 1: Sozialpädagogische Angebote der Schulsozialarbeit, eigene Darstellung

15 Der **Kinderschutz** wird durch die Vorschrift nicht zur expliziten Aufgabe der Schulsozialarbeit, er ist es jedoch implizit. Sind Schulsozialarbeiter_innen beim Jugendamt beschäftigt, so müssen sie nach § 8a Abs. 1 SGB VIII tätig werden, wenn ihnen gewichtige Anhaltspunkte für die Gefährdung des Wohls eines Kindes oder einer/eines Jugendlichen bekannt werden.[15]

Staatlich anerkannte Sozialarbeiter_innen, müssen in Fällen von Kindeswohlgefährdung auch als Beschäftigte freier Träger nach § 4 KKG tätig werden[16] und mit dem/der Minderjährigen und den Personensorgeberechtigten die Situation besprechen und, nach Bedarf, auf die Inanspruchnahme von Hilfen hinwirken. Kommt dieses Vorgehen aufgrund der spezifischen Gefährdungssituation nicht infrage oder bleibt es erfolglos, eröffnet das die Befugnis, das Jugendamt zu informieren.

16 Sind Schulsozialarbeiter_innen jedoch als Sozialarbeiter_innen *nicht* staatlich anerkannt oder Angehörige anderer Professionen, etwa der Erziehungswissenschaft, *und* bei einem freien Träger der Jugendhilfe beschäftigt, greifen weder § 8a Abs. 1 SGB VIII noch § 4 KKG.

15 Vgl. § 8a SGB VIII Rn. 6 ff.
16 Vgl. § 4 KKG Rn. 23 ff.

Gemäß § 8a Abs. 4 SGB VIII ist deswegen in Vereinbarungen mit den freien Trägern sicherzustellen, dass die Fachkräfte beim Bekanntwerden gewichtiger Anhaltspunkte für die Gefährdung von Schüler_innen eine Gefährdungseinschätzung vornehmen, dazu eine insoweit erfahrene Fachkraft beratend hinzuziehen und auch die/den Schüler_in selbst sowie die Erziehungsberechtigten einbeziehen, sofern Letzteres den wirksamen Schutz des Kindes/ Jugendlichen nicht infrage stellt. Die Vereinbarungen müssen darüber hinaus u.a. die Verpflichtung enthalten, dass die Fachkräfte bei den Erziehungsberechtigten darauf hinwirken, erforderliche Hilfen in Anspruch zu nehmen, und das Jugendamt informieren, falls eine Gefährdung mit anderen Mitteln nicht abgewendet werden kann.

Viele Jugendämter haben mit den Schulen vor Ort Konzepte zum Vorgehen beim Verdacht auf Kindeswohlgefährdungen abgestimmt, in denen oft auch die Schulsozialarbeit eingebunden ist. Eine weitere mögliche Konstellation ist, dass der/die Schulsozialarbeiter_in **bei entsprechender Qualifikation als insoweit erfahrene Fachkraft** nach § 8b SGB VIII hinzugezogen wird.

Die **Beratung** von Schüler_innen, einzeln oder in Gruppen wie bspw. Cliquen, von Eltern und z. T. auch von Lehrkräften gehört zu den Kernaufgaben von Schulsozialarbeiter_innen[17]. Sie sind an den Schulen niedrigschwellig zu erreichen und gleichzeitig nicht in das schulische Bewertungssystem eingebunden, sodass sie in ihrer Rolle geeignete Vertrauenspersonen für die Ratsuchenden sind. Rechtlichen Grundlagen dafür finden sich für Schulsozialarbeit nach § 13a SGB VIII zunächst in § 11 SGB VIII (Jugendberatung), § 14 SGB VIII (Unterstützung von Personensorgeberechtigen im Kinder- und Jugendschutz) sowie § 16 SGB VIII (Angebote der Beratung in allgemeinen Fragen der Erziehung und Entwicklung junger Menschen). Schulsozialarbeiter_innen, die beim Jugendamt beschäftigt sind, beraten darüber hinaus auch nach § 8 SGB VIII; Beschäftigte freier Träger können dies ebenfalls, wenn zwischen ihnen und dem Jugendamt eine entsprechende Vereinbarung getroffen wurde. Nicht infrage kommt allerdings die Erziehungsberatung nach § 28 SGB VIII, denn diese gehört zu den Hilfen zur Erziehung, sodass sie nur erfolgen kann, wenn die notwendigen Voraussetzungen nach § 27 SGB VIII vorliegen. 17

Ein weiteres Thema für Jugendhilfe an Schulen und damit die Schulsozialarbeit ist **Schulabsentismus**. Hierzu können Schulsozialarbeiter_innen mit den betroffenen Schüler_innen in Kontakt treten, Ursachen für das Verhalten eruieren und gemeinsam mit ihnen an Lösungsmöglichkeiten arbeiten. Wird die Schulpflicht verletzt, kann dies auch Fragen des Kindeswohls berühren, sodass nach § 1666 Abs. 3 Nr. 2 BGB Gebote, für die Einhaltung der Schulpflicht zu sorgen, eine Möglichkeit gerichtlicher Maßnahmen zur Abwendung von Gefahren für ein Kind sind. In diesem Zusammenhang ist es dem Familiengericht möglich, das Jugendamt zum Amtspfleger mit dem Wirkungskreis „Erfüllung der Schulpflicht" für Schulverweiger_innen zu bestellen. Die/der Schulsozialarbeiter_in kann dann mit der Wahrnehmung dieser Aufgabe betraut werden.[18] 18

Satz 1 der Norm bestimmt, dass die Angebote der Schulsozialarbeit **am Ort Schule** zur Verfügung gestellt werden. Dies bedeutet, dass Schulsozialarbeit tatsächlich **an der Schule präsent und erreichbar** sein muss. Angebote für Schüler_innen, die in anderen Institutionen wie bspw. Beratungsstellen oder Jugendtreffs verortet sind, gehören nicht zur Schulsozialarbeit. Gleichzeitig bedeutet die Formulierung **nicht**, dass alle Angebote der Schulsozialarbeit ausschließlich auf dem Schulgelände stattfinden dürfen. Schulsozialarbeit hat nach § 81 SGB VIII mit anderen Akteur_innen des Gemeinwesens zu kooperieren. Im Rahmen dieser Kooperationen können dann bestimmte Angebote auch an anderen Orten als der Schule

17 Vgl. *Spies/Pötter* 2011, 72.
18 Vgl. *Kunkel* 2016, 19.

stattfinden. Auch im Kontext von Projekten, Exkursionen, Klassenfahrten u.a. kann Schulsozialarbeit die Schule verlassen.

19 Die Angebote der Schulsozialarbeit richten sich an junge Menschen, das heißt nach § 7 Abs. 1 Nr. 4 SGB VIII an unter 27-Jährige. Damit sind auch Schüler_innen nach Erreichen der Volljährigkeit Teil der **Zielgruppe**. Im Prinzip ist es nach Satz 1 der Vorschrift auch möglich, junge Menschen anzusprechen, die *noch nicht* oder *nicht mehr* zur Schule gehen. In der Praxis machen Schüler_innen den ganz überwiegenden Teil der Adressat_innen aus, doch in Einzelfällen, bspw. im Kontext von Schulabbrüchen, ist diese Erweiterung der Zielgruppe durchaus sinnvoll. Zur Schüler_innenschaft von Berufsschulen gehören allerdings regelmäßig auch über 27-Jährige, die nach der Vorschrift nicht zur Klientel der Schulsozialarbeit gehören, sodass sie selbst offene Angebote wie bspw. Beratung bei Schwierigkeiten im Ausbildungsbetrieb nicht wahrnehmen dürfen.

20 **Erziehungsberechtigte** sind ebenfalls nicht Teil der hier benannten Zielgruppe von Schulsozialarbeit. Eine Zusammenarbeit mit ihnen ist dennoch möglich, bspw. im Kontext von Angeboten des erzieherischen Kinder- und Jugendschutzes nach § 14 SGB VIII, oder verpflichtend, bspw. bei Gefährdungseinschätzungen nach § 8a SGB VIII. Insbesondere an Grundschulen, jedoch auch an weiterführenden Schulen ist die Kooperation mit Erziehungsberechtigten allerdings gängige Praxis und in vielen Fragen auch fachlich angezeigt, bspw. wenn es um Konflikte in der Schule, die Entwicklung der Kinder oder finanzielle Fragen zur Teilnahme an schulischen Aktivitäten geht. Dieser Teil der schulischen Sozialarbeit ist in der Vorschrift nicht abgebildet, sodass hier eine Unsicherheit entsteht, ob diese Aufgaben tatsächlich nicht mehr wahrgenommen werden können. Hier wäre eine klarere Formulierung wünschenswert gewesen, steht doch die Jugendhilfe immer wieder vor der Herausforderung, Eltern mit ihren Angeboten zu erreichen. Am Ort Schule, der für viele Eltern einen besonderen Stellenwert einnimmt und oft einen Vertrauensvorschuss genießt, liegt dafür ein besonderes Potenzial.

II. Kooperation von Trägern der Schulsozialarbeit mit Schulen

21 **Träger von schulischer Sozialarbeit** sind insbesondere

- die jeweiligen Landesschulbehörden/Schulministerien der Länder (auf Grundlage von landesrechtlichen Regelungen),
- die Kommunen als öffentliche Träger der Jugendhilfe, dort oft das Jugendamt oder das Schulamt,
- freie Träger der Jugendhilfe wie Wohlfahrtsverbände oder Träger von Jugendsozialarbeit,
- andere Träger wie z. B. die Agenturen für Arbeit oder Fördervereine der Schulen.

22 § 13a Satz 2 SGB VIII verpflichtet Träger von Schulsozialarbeit *nach dieser Norm* zur **Kooperation mit Schulen**. Die Pflicht zur Zusammenarbeit von Jugendhilfe mit Schulen und Schulverwaltung aus § 81 Nr. 4 SGB VIII wird damit konkretisiert. Auf diese Weise soll dem Umstand Rechnung getragen werden, dass „veränderte[n] Lebenswelten von Kindern und Jugendlichen und die Veränderungen in den Systemen der Kinder- und Jugendhilfe und der Schule … funktionierende Kooperationsbeziehungen zwischen beiden Systemen“[19] erfordern.

§ 13a SGB VIII kann dabei nur die öffentlichen Träger von Schulsozialarbeit unmittelbar zur Kooperation mit Schulen verpflichten. Für Schulsozialarbeit, die in Trägerschaft freier Jugendhilfeträger angeboten wird, ist eine Zusammenarbeit mit den Schulen zweifellos eben-

19 BT-Drs. 19/28870, 102.

falls sinnvoll, die Pflicht dazu aber besteht nur, wenn dies in entsprechenden Leistungsvereinbarungen festgelegt ist. Auch werden die Schulen selbst durch diese Norm nicht zur Zusammenarbeit mit den Trägern der Schulsozialarbeit verpflichtet, ihre rechtlichen Grundlagen finden sich in den Schulgesetzen der Länder. Alle Länder, mit Ausnahme von Schleswig-Holstein, verpflichten die Schulen in ihren Schulgesetzen zur Kooperation mit der Jugendhilfe.[20] Dabei sind die Vorschriften durchaus unterschiedlich präzise formuliert und beziehen sich auf verschiedene Situationen. So verpflichten bspw. Baden-Württemberg, Bayern, Berlin, Hessen, Rheinland-Pfalz, Mecklenburg-Vorpommern und Thüringen die Schulen zur Information des Jugendamts bei Kindeswohlgefährdung, Baden-Württemberg, Bayern und Thüringen treffen Regelungen zum Vorgehen bei Ordnungsmaßnahmen.[21] Da Schulverwaltungen jedoch nicht in das System der Sozialleistungserbringung eingebunden sind, erweist sich die Abstimmung mit ihnen in der Praxis häufig als schwierig.[22]

Neben der Zusammenarbeit von Trägern der Schulsozialarbeit mit den Schulen sind für die Praxis im Gemeinwesen weitere Kooperationen gemäß § 81 SGB VIII relevant, bspw. mit Einrichtungen des Gesundheitswesens, Beratungsstellen, Stellen der Bundesagentur für Arbeit u.a. Hier kommt der Schulsozialarbeit eine **Scharnierfunktion im Sozialraum** zu.

III. Regelungen im Landesrecht, weitere Rechtsvorschriften

Gemäß Satz 3 der Norm werden Inhalt und Umfang der Aufgaben der Schulsozialarbeit im **Landesrecht** konkretisiert. Diese Regelung deckt sich mit § 15 SGB VIII, der dies für alle Aufgaben und Leistungen nach dem ersten Abschnitt des zweiten Kapitels des SGB VIII (Leistungen der Jugendhilfe) und damit auch für § 13a SGB VIII festlegt. Dass das Landesrecht in § 13a SGB VIII noch einmal explizit hervorgehoben wird, ist auf die Verantwortung der Länder für den Aufgabenbereich Schule im Rahmen des **Föderalismus** zurückzuführen. Für die Länder ergibt sich aus der Formulierung „Das Nähere … wird durch das Landesrecht geregelt" die **Verpflichtung, Regelungen zu treffen**. Diese dürfen sich ausschließlich auf Inhalt und Umfang der Leistung Schulsozialarbeit beziehen.[23] 23

Satz 4 der Vorschrift legt dann fest, dass das Landesrecht Schulsozialarbeit auch durch andere Stellen und nach anderen Rechtsvorschriften regeln kann. Damit lässt die Norm Raum für die bestehenden Strukturen der Bundesländer zur Organisation von Schulsozialarbeit. In einigen Ländern ist Schulsozialarbeit bereits in den Ausführungsgesetzen zum SGB VIII normiert, so z. B. in Berlin (§ 14 AG KJHG) und damit als Aufgabe der Jugendhilfe definiert. In manchen Ländern wird Schulsozialarbeit hingegen im Aufgabenbereich der Schulen verankert, z. B. in Schleswig-Holstein im Schulgesetz (§ 6 Abs. 6 sowie § 121 Abs. 5 SchulG) oder in Niedersachsen im Erlass „Soziale Arbeit in schulischer Verantwortung". Auf diese Weise bleibt es möglich, dass Schulsozialarbeit auch als schulrechtliche Leistung und Aufgabe und nicht als Leistung der Kinder- und Jugendhilfe angeboten wird.[24] Das Für und Wider der unterschiedlichen Verortung wird innerhalb der Profession kontrovers diskutiert.[25] Überwiegend wird die Meinung vertreten, Schulsozialarbeit sei als sozialpädagogische Aufgabe Teil der Jugendhilfe; andere sind der Auffassung, dass das schulische Bildungssystem einen umfassenden Bildungs- und Erziehungsauftrag habe, zu dem auch schulische Sozialarbeit gehöre.[26] 24

---

20 Vgl. *Kunkel* 2016, 19.
21 S. Übersicht bei *Kunkel* 2016, 23.
22 Vgl. *Bernzen* 2013, 19.
23 Vgl. *Kunkel* 2016, 20.
24 Vgl. BT-Drs. 19/27481, 11.
25 Vgl. *Spies/Pötter* 2011, 63 f.
26 S. ausführlich *Olk/Speck* 2015, 26–28.

IV. Finanzierung

25 Für die Finanzierung der Schulsozialarbeit nach § 13a SGB VIII ist der öffentliche Träger der Jugendhilfe im Rahmen seiner Gesamtverantwortung nach § 79 SGB VIII zuständig. Bislang ist diese in den Landesausführungsgesetzen zum SGB VIII jedoch wenig geregelt.[27] Es finden sich teils Regelungen zu § 13 SGB VIII, unter dessen Dach Schulsozialarbeit vor dem Inkrafttreten des KJSG Schulsozialarbeit häufig agierte. Durch § 13a SGB VIII wird es notwendig, dieses neu zu regeln. Es wird befürchtet, dass die Finanzierung von Schulsozialarbeit durch die Kommunen deren Leistungsfähigkeit mehrheitlich überfordert und eine finanzielle Kompensation durch die Länder wird gefordert.[28] In den meisten Landesprogrammen zur Schulsozialarbeit sind bislang „Ko-Finanzierungsmodelle" mit den Kommunen vorgesehen.[29]

26 Für die Situationen an Schulen ist charakteristisch, dass der **Schulträger** zwar **für die sächlichen Kosten** zuständig ist, jedoch **nicht für die Personalkosten** von Beschäftigten, die bei anderen Trägern als dem Schulträger angestellt sind. Dies führt immer wieder zu Konflikten um das Vorhalten und die Ausstattung von Büros in den Schulen für die Sozialarbeiter_innen oder die Übernahme von Sachkosten. In diesem Zusammenhang ist es unerlässlich, diesbezüglich Vereinbarungen zwischen den Anstellungsträgern und den Schulträgern zu treffen, damit Schulsozialarbeit dem Gesetz entsprechend – bspw. unter Einhaltung der Vorschriften zum Datenschutz – geleistet werden kann.

27 Bislang lässt sich die Landschaft der schulischen Sozialarbeit in Deutschland aufgrund der Heterogenität der rechtlichen Grundlagen und Bezüge, Trägerschaften, Finanzierungsmodelle und damit verbundener Aufgaben und Ziele auch als „Flickenteppich" charakterisieren. Der neu geschaffene § 13a SGB VIII schafft nun die Möglichkeit einer Verantwortungsübernahme der öffentlichen Träger der Jugendhilfe, während er gleichzeitig die Optionen bestehender und zukünftiger landesrechtlicher Regelungen, auch unter dem Dach der Schulgesetze, explizit offenlässt. Ob dies mittelfristig dazu führt, dass Schulsozialarbeit kontinuierlich abgesichert wird und bedarfsgerecht und verlässlich an den Schulen installiert wird, muss sich zeigen und hängt auch von den weiteren politischen Entscheidungen der Länder ab.

27 Vgl. *Kunkel* 2016, 22, mit Hinweisen auf die konkreten Regelungen.
28 Vgl. Deutscher Verein für öffentliche und private Fürsorge e.V. 2014, 13 f.
29 Vgl. Zankl 2017, 45.

§ 14
Erzieherischer Kinder- und Jugendschutz

(1) Jungen Menschen und Erziehungsberechtigten sollen Angebote des erzieherischen Kinder- und Jugendschutzes gemacht werden.

(2) Die Maßnahmen sollen

1. junge Menschen befähigen, sich vor gefährdenden Einflüssen zu schützen und sie zu Kritikfähigkeit, Entscheidungsfähigkeit und Eigenverantwortlichkeit sowie zur Verantwortung gegenüber ihren Mitmenschen führen,

2. Eltern und andere Erziehungsberechtigte besser befähigen, Kinder und Jugendliche vor gefährdenden Einflüssen zu schützen.

Übersicht

A. Allgemeines

1 § 14 SGB VIII macht Kinder- und Jugendschutz zu einer pädagogischen Aufgabe, die junge Menschen dazu befähigen soll, sich selbst vor gefährdenden Einflüssen zu schützen. Erziehungsberechtigte sollen in ihrer erzieherischen Kompetenz diesbezüglich gestärkt werden. Es geht folglich nicht darum, Kinder und Jugendliche vor potenziellen Gefährdungen zu bewahren und damit zu riskieren, sie zu bevormunden oder einzuschränken, sondern um einen emanzipatorischen Ansatz.[1] Als programmatische Vorschrift kann der Kinder- und Jugendschutz potenziell Gegenstand aller Bereiche der Kinder- und Jugendhilfe werden und insgesamt als eine ihrer Querschnittsaufgaben verstanden werden. Die Norm wurde seit Inkrafttreten des SGB VIII nicht verändert.

2 Formuliert als **Soll-Vorschrift** werden hier die öffentlichen Träger der Jugendhilfe in die Pflicht genommen, für die Bereitstellung entsprechender Angebote zu sorgen. Dies bedeutet jedoch weder, dass der öffentliche Träger unbedingt selbst entsprechende Maßnahmen durchführen muss, noch, dass er verpflichtet wäre, entsprechende Angebote der freien Träger zu fördern. Stattdessen ist seine Aufgabe, im Rahmen der Jugendhilfeplanung nach § 80 SGBV III, das Vorhandensein von Angeboten des erzieherischen Kinder- und Jugendschutzes in seinem Zuständigkeitsbereich sicherzustellen. *Münder und Trenzcek* sehen hier eine objektive Rechtsverpflichtung des öffentlichen Trägers im Sinne des Gestaltungsauftrags.[2] *Schäfer* verweist darüber hinaus auf die Gewährleistungs- und Bereitstellungspflicht gemäß § 79 SGB VIII; der öffentliche Träger muss nach pflichtgemäßem Ermessen und unter Beachtung des Schutzgedankens entscheiden.[3] Sachlich zuständig ist nach § 85 Abs. 1 SGB VIII der örtliche Träger der öffentlichen Jugendhilfe. Aus der Vorschrift lässt sich **kein individueller Leistungsanspruch** für junge Menschen oder Erziehungsberechtigte ableiten.

1 Vgl. *Rätz/Schröer/Wolff* 2014, 78.
2 *Münder/Trenczek* 2015, 111.
3 FK-SGB VIII/*Schäfer/Weitzmann*, § 14 Rn. 11.

3 Die Formulierung als Angebot bedingt, dass sich aus dieser Norm **keine Pflichten** der jungen Menschen oder der Erziehungsberechtigten zur Teilnahme an entsprechenden Maßnahmen ableiten lassen. Stattdessen handelt es sich um Leistungen, die **freiwillig** in Anspruch genommen werden.

B. Die Vorschrift im Einzelnen

I. Ziele bezogen auf Kinder und Jugendliche (Abs. 2)

4 Abs. 2 Satz 1 nennt folgende Ziele:

- junge Menschen befähigen, sich vor gefährdenden Einflüssen zu schützen,
- junge Menschen zu Kritikfähigkeit, Entscheidungsfähigkeit und Eigenverantwortlichkeit führen,
- junge Menschen zu Verantwortung gegenüber ihren Mitmenschen führen.

Eine inhaltliche Einschränkung der zu berücksichtigenden gefährdenden Einflüsse macht das Gesetz bewusst nicht. In der Praxis sind konkret aufgegriffene **Gefährdungsbereiche** u.a.

- religiöser Fundamentalismus,
- Gesundheit,
- Gewaltanwendung und Gewaltakzeptanz,
- Kindesvernachlässigung,
- Konsum, Umgang mit Geld,
- Medien,
- Rechtsextremismus/Neonazismus,
- religiöse/ideologische Gemeinschaften und Psychogruppen (ugs. Sekten),
- sexualisierte Gewalt gegen Kinder und Jugendliche,
- Sexualität, Verhütung, sexuell übertragbare Krankheiten,
- Sucht.

Es zeigt sich eine heterogene Struktur der aufgegriffenen Themen. Teils werden Zielzustände benannt (Gesundheit), teils zu vermeidende Zustände (Sucht, Gewaltanwendung), teils Gefährder (Rechtsextremismus, Psychogruppen). Ebenso heterogen gestalten sich die Angebote (s. Abschnitt B.III.).

5 Eine grundsätzliche Unterscheidung lässt sich zwischen konkreten Gefährdungen durch **Produkte** (wie Pornografie) oder **Situationen** (wie Gewalt) und **gesellschaftlichen Missständen**, die Kinder und Jugendlichen gefährden (wie Kinderarmut oder Rassismus), treffen. Für welche Themen konkrete Angebote gemacht werden, ist von den spezifischen Bedarfen der jungen Menschen vor Ort, aber auch von politischen sowie gesellschaftlichen Entwicklungen abhängig, die dazu beitragen, dass bestimmte Themen zu bestimmten Zeiten mehr Konjunktur haben als andere. So sind z.B. seit ca. 2012 verstärkt religiös-fundamentalistische Einflüsse auf Jugendliche in den Fokus gerückt.

6 Die Befähigung, sich selbst vor gefährdenden Einflüssen zu schützen, schließt nicht nur ein, über Informationen hinsichtlich potenzieller Gefahren zu verfügen, sondern erfordert auch ein entsprechendes **Selbstwertgefühl** und **Selbstbewusstsein** der jungen Menschen sowie adäquate Handlungskompetenzen. In diesem Sinne sind auch übergreifende Maßnahmen, die der **Persönlichkeitsentwicklung** junger Menschen dienen, als Angebote des erzieherischen Kinder- und Jugendschutzes zu verstehen. Hier ergibt sich eine inhaltliche Nähe zu den Angeboten der Jugendarbeit nach § 11 SGB VIII.

Kritikfähigkeit in diesem Sinne meint die Kompetenz, reflektierend auf vorhandenes Wissen zurückzugreifen. *Baacke* hat dies in Bezug auf Medienkompetenz differenziert beschrieben. Notwendige Elemente von Kritikfähigkeit sind eine Analysefähigkeit (die Hintergrundwissen voraussetzt), eine reflexive Fähigkeit (um das entsprechende Wissen auf die eigene Handlung anwenden zu können) sowie eine ethische Rahmung (um die Fähigkeiten sozialverantwortlich einzusetzen).[4] Im Bereich Kinder- und Jugendschutz geht es hier exemplarisch darum, Medienbotschaften kritisch einschätzen zu können. 7

Entscheidungsfähigkeit beschreibt die Kompetenz, eine bewusste, selbstbestimmte Entscheidung unter Berücksichtigung von Wissen und Werten zu treffen. Dafür müssen verschiedene Alternativen abgewogen und eigene Erfahrungen und Ziele mit den zur Verfügung stehenden Optionen in Verbindung gebracht werden. In Bezug auf erzieherischen Kinder- und Jugendschutz kann dies u.a. bedeuten, in Krisensituationen eine geeignete Bewältigungsstrategie zu wählen.

Der genannte Begriff der **Eigenverantwortlichkeit** bezieht sich auf die Kompetenz, den eigenen Handlungsspielraum verantwortungsbewusst und selbstbestimmt zu nutzen. Dafür ist die Auseinandersetzung mit den eigenen individuellen Werten und Zielen unerlässlich. Gleichzeitig hat der Begriff auch eine soziale Komponente in dem Sinne, dass das freie Handeln auch von gesetzlichen Rahmenbedingungen und sozialen Normen beeinflusst wird. Mit Blick auf den erzieherischen Kinder- und Jugendschutz betrifft dies, neben anderem, den verantwortungsbewussten Umgang mit Alkohol.

Gleichzeitig sollen Kinder und Jugendliche auch zu **verantwortungsvollem Handeln gegenüber ihren Mitmenschen** hingeführt werden. Dazu gehört beispielsweise, die Konsequenzen der eigenen Entscheidungen nicht nur für sich selbst, sondern auch für andere abzuwägen. In der Praxis der pädagogischen Arbeit wären in diesem Zusammenhang beispielhaft Angebote der Erziehung zur Demokratie oder zu konstruktiver Konfliktlösung zu nennen. Deutlich wird, dass die verschiedenen Ziele nicht getrennt voneinander zu verstehen sind, sondern ineinandergreifen. 8

II. Ziele bezogen auf Erziehungsberechtigte (Abs. 2)

Abs. 2 benennt als **Ziel für Eltern** und andere Erziehungsberechtigte eine bessere Befähigung, Kinder und Jugendliche vor gefährdenden Einflüssen zu schützen. Sie sollen in ihrer **Erziehungskompetenz** gestärkt werden. Diese kann, gegliedert in vier Ebenen, wie folgt konkretisiert werden:[5] 9

- **Kindbezogene Kompetenzen** (z.B. für kindliche Bedürfnisse offen sein, kindliche Entwicklungspotenziale erkennen u.a.)
- **Kontextbezogene Kompetenzen** (z.B. entwicklungsanregende Situationen gestalten, negative Entwicklungskontexte identifizieren)
- **Selbstbezogene Kompetenzen** (z.B. Bereitschaft und Fähigkeit, sich Wissen über Entwicklung von Kindern anzueignen, sich eigener Entwicklungsziele für die Kinder bewusst werden o.Ä.)
- **Handlungsbezogene Kompetenzen** (z.B. Glauben an die eigene Selbstwirksamkeit, konsistentes Verhalten o.Ä.)

Entsprechend müssen Maßnahmen des erzieherischen Kinder- und Jugendschutzes, die sich an Erziehungsberechtigte wenden, über reine Informationsveranstaltungen hinausgehen. Wichtig sind auch Gelegenheiten zum Austausch mit anderen Eltern.

---

4 *Baacke* 1999, 34.
5 Vgl. BMFSFJ 2005, 13.

Abb. 1: Erziehungskompetenzen, eigene Darstellung nach BMFSFJ 2005, 13

III. Zielgruppen

10 Abs. 2 nennt als Zielgruppen zum einen **junge Menschen**, zum anderen **Eltern**[6] und andere Erziehungsberechtigte. Angesprochen werden folglich Kinder und Jugendliche, aber auch junge Volljährige: Entsprechend § 7 Abs. 1 Nr. 4 SGB VIII ist junger Mensch, wer noch nicht 27 Jahre alt ist. Dabei gibt es keine Beschränkung auf junge Menschen in besonderen Problemlagen o.Ä., der erzieherische Kinder- und Jugendschutz wendet sich an alle.

11 In der Praxis wurden lange **vor allem Jugendliche** angesprochen. Ein Grund dafür ist, dass die Jugendphase als besonders vulnerable Lebensphase gilt. In der Jugend werden Entscheidungen getroffen und Weichen gestellt, die für die gesamte weitere Entwicklung entscheidend sind. Im Konzept der **Entwicklungsaufgaben** wird davon ausgegangen, dass Jugendliche unterschiedliche Lebensanforderungen bewältigen müssen, um sich auf den Erwachsenenstatus vorzubereiten, darunter schulische und berufliche Qualifikation, Ablösung von den Eltern, Kontakte zu Gleichaltrigen aufnehmen, Aufbau moralischer, ethischer und politischer Orientierungen u.v.m.[7] Können diese nur unzureichend bewältigt werden, besteht die Gefahr, dass problematische Verhaltensweisen entwickelt werden. Diese teilen *Hurrelmann* und *Quenzel* in drei Kategorien:[8]

1. Nach außen gerichtetes Problemverhalten (externalisierend), beispielsweise Gewalt gegen andere Personen,
2. Ausweichendes Problemverhalten (evadierend), beispielsweise Konsum psychoaktiver Substanzen,
3. Nach innen gerichtetes Problemverhalten (internalisierend), beispielsweise psychosomatische Störungen.

Diese drei Bereiche finden sich in den klassischen Themen der Angebote des Jugendschutzes wieder.

---

6 Dass Eltern in Abs. 1 nicht explizit mit aufgeführt werden, in Abs. 2 hingegen schon, führt *Struck* (in Wiesner/Wapler/*Struck*, § 14 SGB VIII Rn. 5) auf ein „redaktionelles Versehen" bei der Gesetzgebung zurück. Das ist zum einen zweifelhaft, weil Eltern regelmäßig auch dem weiten Begriff der Erziehungsberechtigten unterfallen (vgl. dazu § 7 SGB VIII Rn. 4). Zum anderen ist es aber auch unschädlich. Sind Eltern nicht einmal Erziehungs- und deshalb erst recht nicht Personensorgeberechtigte, besteht kein Grund, ihnen Angebote des erzieherischen Kinder- und Jugendschutzes zu machen.

7 *Hurrelmann/Quenzel* 2016, 24.

8 *Hurrelmann/Quenzel* 2016, 230 f.

Gleichzeitig stehen Jugendliche auch verschiedenen Bedrohungen von außen gegenüber. Die Bundeszentrale für gesundheitliche Aufklärung (BzgA) hat in ihrer repräsentativen Studie zur Jugendsexualität zum Beispiel erhoben, dass jedes vierte bis fünfte Mädchen sowie 4 % der Jungen zwischen 14 und 25 Jahren angeben, Opfer von sexueller Gewalt geworden zu sein. Drei Viertel der betroffenen Mädchen haben mit niemandem über das Erlebte gesprochen. Nicht-heterosexuelle Jugendliche sind sogar in einem noch größeren Ausmaß betroffen.[9] Das Beispiel zeigt, dass es nicht reicht, zum Schutz der Kinder und Jugendlichen an ihren Selbstbehauptungsfähigkeiten zu arbeiten, sondern auch Maßnahmen auf struktureller Ebene ergriffen werden müssen.

In den letzten Jahren geraten zunehmend auch Kinder im Kindergarten- und Grundschulalter in den Fokus, u.a. ebenfalls mit Blick auf den Schutz vor sexualisierter Gewalt. Hier kooperieren die Akteur_innen der Kinder- und Jugendhilfe auf vielfältige Weise mit den entsprechenden Institutionen wie Fachberatungsstellen. Auch Elternarbeit hat im Zusammenhang des Schutzes von Kindern eine große Praxisrelevanz. Allerdings fordern auch die Eltern von Jugendlichen zu bestimmten Themen zunehmend Informationen und Unterstützung ein, u.a. in Fragen der Medienerziehung. 12

Teil der Zielgruppe sind gemäß Abs. 2 Eltern und andere Erziehungsberechtigte. Zielrichtung ist auch hier allerdings die Verbesserung des Schutzes der Kinder und Jugendlichen, nicht der Erwachsenen selbst. Sie sollen in ihrer **Erziehungsverantwortung** gestärkt werden. Die Formulierung „besser befähigen" in Abs. 2 Satz 2 erkennt die grundsätzliche Kompetenz von Erziehungsberechtigten an, Kinder und Jugendliche vor Gefahren für ihr Wohl zu schützen, und will diese grundlegende Fähigkeit unterstützen. Hier greift der erzieherische Kinder- und Jugendschutz mit § 16 SGB VIII (Allgemeine Förderung der Erziehung) ineinander.[10] Weitere Erziehungsberechtigte können Pflegepersonen sein, die einen Teil der Erziehungsberechtigung übertragen bekommen, beispielhaft in Angelegenheiten der täglichen Sorge im Rahmen einer Vollzeitpflege (§ 1688 BGB). Auch pädagogische Fachkräfte können als Multiplikator_innen zum Kreis der Adressat_innen gehören. Für sie werden z.B. von den Landesstellen für Jugendschutz entsprechende Fortbildungen angeboten. Um wirksam werden zu können, müssen die Angebote des erzieherischen Kinder- und Jugendschutzes die Heterogenität der Zielgruppen berücksichtigen. Sie sind entsprechend differenziert auszugestalten. Zu berücksichtigende Faktoren sind dabei Alter, Geschlecht, Gesundheitsstatus, Sprachkompetenzen u.Ä. 13

IV. Angebote (Abs. 1)

Absatz 1 Satz 1 benennt explizit den **Angebotscharakter** der Norm. Maßnahmen nach § 14 SGB VIII können also keinen Pflichtcharakter für die Adressat_innen haben, sondern müssen sich vielmehr an ihren Interessen und Bedarfen orientieren, um von ihnen freiwillig wahrgenommen zu werden. Aus diesem Grund ist hier die Mitbestimmung und Beteiligung der jungen Menschen gemäß § 8 SGB VIII von besonderer Bedeutung. 14

Die Vorschrift ist bewusst weit gefasst und nimmt keine Eingrenzung bzgl. der zu thematisierenden Risikobereiche oder Art der erzieherischen Maßnahmen vor. Damit kann mit Bezug auf § 14 SGB VIII eine große Palette an Themen angesprochen werden und flexibel auf sich verändernde Bedarfe reagiert werden. Ebenso offen ist die Bandbreite an Vermittlungsfor-

9 Vgl. *Bode/Heßling* 2015, 196. Insgesamt ist die Frage nach der Prävalenz von sexuellem Missbrauch nur schwer zu beantworten, u.a. wegen des großen Dunkelfelds, unterschiedlicher Definitionen etc., sodass die Ergebnisse unterschiedlicher Studien stark schwanken. Die BzgA fragt hier bspw. ausschließlich nach männlichen Tätern, sodass die Zahlen unter Berücksichtigung der Möglichkeit weiblicher Täterinnenschaft noch etwas höher ausfallen könnten. Siehe dazu ausführlich Jud et al. 2016.

10 Vgl. dazu § 16 SGB VIII Rn. 7, 8.

men und Einflussnahmen auf gefährdendes Verhalten. Die Maßnahmen werden von freien und öffentlichen Trägern der Jugendhilfe durchgeführt.

15 Erzieherischer Kinder- und Jugendschutz findet in **Einrichtungen der Kinder- und Jugendhilfe** statt, wie z.B. in Einrichtungen der Offenen Jugendarbeit oder Familienbildungsstätten. Dafür halten die Fachkräfte vor Ort selbst Angebote bereit oder kooperieren mit Projektpartner_innen, beispielsweise Vertreter_innen der Medizin oder der Psychologie. Auch kooperieren die Institutionen des erzieherischen Kinder- und Jugendschutzes mit Schulen und anderen Einrichtungen, um auf diese Weise eine breite Zielgruppe zu erreichen.

Beide Arbeitsweisen können Teil eines festen Konzepts bzw. Curriculums sein. Alternativ können die Maßnahmen auch anlassbezogen implementiert werden, wenn die jungen Menschen selbst Interesse an einem Thema äußern oder die Fachkräfte einen spezifischen Bedarf wahrnehmen.

Eine weitere Angebotsform stellt **aufsuchende Jugendarbeit** dar. Hierbei suchen die Pädagog_innen Jugendliche an Orten mit Gefährdungspotenzial auf, um ein Angebot zu unterbreiten, etwa Cliquen Jugendlicher, die an öffentlichen Orten Alkohol trinken. Kritisch anzumerken ist hierbei allerdings, dass die Abgrenzung zu ordnungspolitischen Interessen nicht immer eindeutig ist, wenn z.B. Mitarbeiter_innen der Straßensozialarbeit mit dem Ordnungsamt kooperieren.

Die Angebote können verschiedene Ziele verfolgen, darunter

- Information,
- Prävention,
- Aufklärung,
- Sensibilisierung,
- Empowerment.

16 Sie können auf spezifische Risiken ausgerichtet sein oder allgemein die Widerstandsfähigkeit von jungen Menschen fördern, indem z.B. Selbstwertgefühl oder Konfliktfähigkeit gestärkt werden. Sie beziehen Gefährdungsaspekte ebenso mit ein wie Schutzaspekte. Mögliche Formen sind

- Gruppenangebote,
- Projektarbeit,
- Informationsveranstaltungen,
- Beratungsangebote (in direktem Kontakt, online oder telefonisch),
- Fortbildung.

Dabei wird auf verschiedene Methoden der Sozialarbeit zurückgegriffen, infrage kommen z.B. Gesprächsführungstechniken wie die motivierende Gesprächsführung, Angebote mithilfe ästhetischer Kommunikation wie Theater oder bildender Kunst oder auch Peer-Education, in der jugendliche Multiplikator_innen Angebote für andere Jugendliche oder Kinder gestalten.

17 Neben Veranstaltungen, Projekten und anderen Maßnahmen im persönlichen Kontakt können auch **verschriftlichte Informationen** Teil der Angebote des erzieherischen Kinder- und Jugendschutzes sein, u.a. in Form von Broschüren oder Web-Angeboten zu verschiedenen Themen für unterschiedliche Zielgruppen. Grundsätzlich gilt, dass die Angebotsform immer sorgfältig auf die Ziele und Zielgruppe abgestimmt werden muss, um die Adressat_innen tatsächlich zu erreichen. Insbesondere muss die Notwendigkeit, dabei differenzsensibel vorzugehen, betont werden. Um die Gruppe der jungen Menschen in ihrer Vielfalt zu erreichen, ist die Einbeziehung der freien Träger, beispielsweise der Jugendverbände, sehr

sinnvoll.[11] Sie verfügen über geeignete Strategien, ihre Mitglieder und auch weitere junge Menschen adressatengerecht anzusprechen.

Relevante Überschneidungen in den Angeboten gibt es insbesondere mit Jugendarbeit nach § 11 SGB VIII. Der dort formulierte Anspruch, jungen Menschen entwicklungsfördernde Angebote zu unterbreiten, überschneidet sich zweifellos mit der Anforderung nach § 14 SGB VIII, junge Menschen in ihrer Eigenverantwortlichkeit zu fördern. Der Persönlichkeitsförderung in der Jugendarbeit kann insgesamt eine präventive Funktion zugesprochen werden. Auch Maßnahmen der außerschulischen Jugendbildung können ganz explizit dem erzieherischen Kinder- und Jugendschutz dienen. Weitere strukturelle Überschneidungen ergeben sich mit schulischer Sozialarbeit (§ 13a SGB VIII), Jugendsozialarbeit (§ 13 SGB VIII) und der Förderung von Kindern in Tageseinrichtungen und der Kindertagespflege. Die Bundesarbeitsgemeinschaft Kinder- und Jugendschutz betont in diesem Zusammenhang die Bedeutung der Kooperation von Jugendhilfe und Schule und benennt darüber hinaus die Relevanz der Zusammenarbeit mit den erzieherischen Hilfen und der Jugendsozialarbeit für das Erreichen benachteiligter junger Menschen.[12]

C. Einordnung im Jugendschutzsystem

Der Schutz junger Menschen ist implizit in Art. 6 GG enthalten.[13] Damit ist der Kinder- und Jugendschutz in Deutschland eine **staatliche Aufgabe mit Verfassungsrang**. Ebenso garantiert die 1992 von der deutschen Bundesregierung unterzeichnete UN-Kinderrechtskonvention allen Kindern und Jugendlichen in Deutschland den Schutz und die Umsetzung ihrer Rechte. Auch daraus ergibt sich die Notwendigkeit, junge Menschen vor Gefahren für ihr Wohl zu schützen und Eltern in ihrer Erziehungsverantwortung zu unterstützen. § 14 SGB VIII konkretisiert den Kinder- und Jugendschutz für den Bereich der Kinder- und Jugendhilfe. **18**

Der Kinder- und Jugendschutz insgesamt lässt sich in verschiedene Ebenen gliedern:

1. Struktureller Jugendschutz

Hierbei geht es um die Gestaltung der Umwelt und Lebensräume für Kinder, Jugendliche und Familien. In § 1 Abs. 3 Nr. 4 SGB VIII ist auch dieser Bereich als Aufgabe der Kinder- und Jugendhilfe beschrieben. Darüber hinaus betrifft diese Aufgabe weitere politische Bereiche wie Stadt- und Verkehrsplanung oder Umweltschutz. Konkret geht es hier um die anwaltliche Vertretung der Kinder- und Jugendlichen bei öffentlichen und administrativen Entscheidungen.[14] **19**

2. Ordnungsrechtlicher Jugendschutz

Der ordnungsrechtliche Jugendschutz richtet sich vor allem an Erwachsene, Gewerbe und Institutionen. Er wird geregelt durch **20**

- das Jugendschutzgesetz (JuSchG),
- das Gesetz über die Verbreitung jugendgefährdender Schriften (GjS),
- das Gesetz zum Schutz der arbeitenden Jugend/Jugendarbeitsschutzgesetz (JArbSchG),
- den Jugendmedienschutz-Staatsvertrag (JMStV),
- die Kinderarbeitsschutzverordnung (KindArbSchV).

---

11 Vgl. § 3 SGB VIII.
12 Vgl. Bundesarbeitsgemeinschaft Kinder- und Jugendschutz 2015, 2.
13 Vgl. BVerfGE 30, 336.
14 Vgl. *Rätz/Schröer/Wolff* 2014, 80.

Diese Vorschriften zielen auf Kontrolle und Intervention. Zuständig sind in erster Linie (Ordnungs-)Behörden, Polizei sowie Strafverfolgungsorgane, auch in Kooperation mit dem Jugendamt. Für den Jugendmedienschutz-Staatsvertrag sind die zentralen Aufsichtsgremien die Kommission für den Jugendmedienschutz (KJM) sowie die Landesmedienanstalten.

Der Jugendmedienschutz wurde durch das Jugendschutzgesetz 2002 sowie den Jugendmedienschutz-Staatsvertrag 2003 neu geregelt. Im Sommer 2010 sollte der Jugendmedienschutz-Staatsvertrag novelliert werden; insbesondere ging es dabei um Jugendschutz im Internet. Nachdem jedoch der nordrhein-westfälische Landtag wegen verschiedener Kritikpunkte geschlossen gegen die Novellierung gestimmt hat, wurde die Neufassung erneut verhandelt und trat nach Zustimmung der Landesparlamente am 1.10.2016 in Kraft. Grundlage dafür ist Art. 5 des 19. Rundfunkänderungsstaatsvertrags. 2021 wurde ferner das Jugendschutzgesetz reformiert, es bezieht sich nun auch explizit auf den Jugendmedienschutz inklusive des Bereichs des Internets.

3. Erzieherischer Jugendschutz

21 Der erzieherische Kinder- und Jugendschutz wendet sich direkt an junge Menschen und ihre Erziehungsberechtigten. Er verfolgt die pädagogische Aufgabe der Förderung der Kompetenz junger Menschen, sich in potenziell riskanten Lebenssituationen verantwortlich zu verhalten. Zuständig sind die Institutionen der Kinder- und Jugendhilfe.

22 Auf Bundesebene haben sich verschiedene Arbeitsgemeinschaften und Landesstellen des Jugendschutzes mit Wohlfahrtsverbänden und weiteren Mitgliedern zur Bundesarbeitsgemeinschaft Jugendschutz zusammengeschlossen:

Tabelle: Übersicht der Landesinstitutionen in der BAG Jugendschutz[15]

Land	Arbeitsgemeinschaft / Landesstelle
Baden-Württemberg	Aktion Jugendschutz Landesarbeitsstelle Baden-Württemberg
	AGJ Fachverband für Prävention und Rehabilitation in der Erzdiözese Freiburg e.V.
Bayern	Aktion Jugendschutz Landesarbeitsstelle Bayern e.V.
Brandenburg	Aktion Kinder- und Jugendschutz Brandenburg e.V.
Hamburg	Arbeitsgemeinschaft Kinder- und Jugendschutz Hamburg e.V.
Niedersachsen	Landesstelle Jugendschutz Niedersachsen
Nordrhein-Westfalen	Arbeitsgemeinschaft Kinder- und Jugendschutz Landesstelle Nordrhein-Westfalen e.V.
	Evangelischer Arbeitskreis für Kinder- und Jugendschutz NRW
	Katholische Landesarbeitsgemeinschaft Kinder- und Jugendschutz NW e.V.
Sachsen	Aktion Jugendschutz Sachsen e.V. – Landesarbeitsstelle
Sachsen-Anhalt	Servicestelle Kinder- und Jugendschutz Sachsen-Anhalt von fjp>media
Schleswig-Holstein	Aktion Kinder- und Jugendschutz Landesarbeitsstelle Schleswig-Holstein e.V.
Thüringen	Landesarbeitsgemeinschaft Kinder- und Jugendschutz Thüringen e.V.

15 Nach BAG Jugendschutz o.J.

Netzwerkarbeit hat in den letzten Jahren im Bereich des Kinder- und Jugendschutzes insgesamt an Bedeutung gewonnen. So werden zu spezifischen Themen interdisziplinäre Bündnisse geschaffen, in denen unterschiedliche Akteur_innen des Kinder- und Jugendschutzes zusammenarbeiten. Beispielsweise wirken im „Nationalen Zentrum Frühe Hilfen" verschiedene Institutionen und Angebote des Gesundheitswesens, der Frühförderung, der Kinder- und Jugendhilfe und anderer sozialer Dienste zusammen, um die Entwicklung von Kindern und Eltern in Familie und Gesellschaft nachhaltig zu verbessern.[16] 23

16 Siehe ausführlich www.fruehehilfen.de.

§ 15
Landesrechtsvorbehalt

Das Nähere über Inhalt und Umfang der in diesem Abschnitt geregelten Aufgaben und Leistungen regelt das Landesrecht.

1 Mit dieser Vorschrift stellt der Gesetzgeber fest, dass die Länder **das Nähere bzgl. Inhalt und Umfang** der §§ 11 (Jugendarbeit), 12 (Förderung der Jugendverbände) und 13 (Jugendsozialarbeit), 13a (Schulsozialarbeit) und 14 SGB VIII (Erzieherischer Kinder- und Jugendschutz) durch Landesrecht regeln. Sie wurde seit Inkrafttreten des SGB VIII 1990/1991 nicht geändert.

2 Der Bund macht mit dem SGB VIII von seinem **Regelungsrecht im Bereich konkurrierender Gesetzgebung** (Art. 74 GG) Gebrauch: Soweit durch dieses Gesetz keine Regelungen getroffen sind, können die Länder eigene Gesetze erlassen. Dem Landesrecht wird allerdings in diesem Bereich auch seitens des Bundesgesetzgebers eine besondere Bedeutung beigemessen, da er die Relevanz lokaler Zielsetzung und Aktivitäten der Träger der Jugendarbeit anerkennt.[1] *Struck* vertritt die Auffassung, dass dies vor allem eine jugendpolitische Bedeutung hat.[2] Für die Länder ergibt sich aus dieser Vorschrift die **Verpflichtung**, verbindliche Förderungsregelungen, beispielsweise in Form von Ausführungsgesetzen, Richtlinien, Verwaltungsvorschriften oder Erlassen, zu treffen. Die Regelungen müssen nicht zwingend in Form von Gesetzen getroffen werden, auch Erlasse, Verordnungen u.a. fallen unter den Terminus Landesrecht.[3]

3 Alle Bundesländer mit Ausnahme von Bayern, Sachsen und Sachsen-Anhalt haben diesen Landesrechtsvorbehalt in entsprechenden Ausführungsgesetzen umgesetzt. Inhaltlich betreffen die bestehenden Ausführungsgesetze insbesondere die Förderung der Jugendarbeit und Jugendsozialarbeit, sie weichen jedoch in ihrer Ausgestaltung z.T. deutlich voneinander ab.[4]

4 *Schäfer* weist darauf hin, dass es trotz des Pflichtcharakters dieser Vorschrift an Kontinuität in der Förderung und Planungssicherheit für die freien Träger fehlt, deren Hoffnung auf rechtsverbindliche Förderansprüche in Landesausführungsgesetzen sich nicht erfüllt hat.[5] Auch der 14. Kinder- und Jugendbericht der Bundesregierung kommt zu dem Schluss, dass die Länder den ihnen zur Verfügung stehenden Handlungsspielraum nicht hinreichend für Verbesserungen des Kinder- und Jugendhilfegesetzes nutzen.[6]

5 Mit dem KJSG wurde das SGB VIII 2021 umfassend reformiert. Einzelne Änderungen beziehen sich direkt auf das Landesrecht, so § 4 Abs. 6 KKG (Beratung und Übermittlung von Informationen bei Kindeswohlgefährdung), § 9a SGB VIII (Ombudsstellen) und § 13a SGB VIII (Schulsozialarbeit). Es ist also mit entsprechenden Anpassungen in den Landesausführungsgesetzen zu rechnen, sodass diese Tabelle nur eine Momentaufnahme darstellen kann.

---

1 Vgl. BT-Drs. 11/5948, 56.
2 Vgl. Wiesner/Wapler/*Struck*, § 15 SGB VIII Rn. 3.
3 Vgl. FK-SGB VIII/*Schäfer/Weitzmann*, § 15 Rn. 1.
4 Vgl. die Übersicht zu weiteren inhaltlichen Einzelheiten der Ausführungsgesetze bei FK-SGB VIII/*Schäfer*, § 15 Rn 3.
5 So noch *Schäfer* in FK-SGB VIII in der 7. Auflage; vgl. FK-SGB VIII/*Schäfer/Weitzmann*, § 15 Rn 3.
6 BMFSFJ 2013, 262.

Tabelle: Übersicht der Regelungen der Länder

Land	Gesetz	Stand
Baden-Württemberg	Gesetz zur Förderung der außerschulischen Jugendbildung (Jugendbildungsgesetz)	Vom 8.7.1996, zuletzt geändert am 14.4.2015, GBl., 181
	Kinder- und Jugendhilfegesetz für Baden-Württemberg (LKJHG) *Enthält Regelungen zu Jugendarbeit, Jugendsozialarbeit und zum Kinder- und Jugendschutz*	Vom 14.4.2005, zuletzt geändert am 19.3.2020, GBl., 149
Bayern	Keine spezielle Regelung	
Berlin	Gesetz zur Ausführung des Kinder- und Jugendhilfegesetzes und zur Förderung der Beteiligung und Demokratiebildung junger Menschen (AG KJHG) *Enthält Regelungen zu Jugendarbeit, Jugendsozialarbeit und zum Kinder- und Jugendschutz*	Vom 27.4.2001, zuletzt geändert am 12.10.2020, GVBl., 807
Brandenburg	Erstes Gesetz zur Ausführung des Achten Buches Sozialgesetzbuch – Kinder- und Jugendhilfe (AGKJHG) *Enthält Regelungen zu Jugendarbeit und Jugendsozialarbeit*	Vom 26.6.1997, zuletzt geändert am 25.6.2020, GVBl.I/20, 3
Bremen	Bremisches Kinder-, Jugend-, und Familienförderungsgesetz (BremKJFFöG) *Enthält Regelungen zu Jugendarbeit, Jugendsozialarbeit und zum Kinder- und Jugendschutz*	Vom 17.09.1997, zuletzt geändert am 20.10.2020, Brem.GBl., 1172
Hamburg	Hamburgisches Gesetz zur Ausführung des Achten Buches Sozialgesetzbuch – Kinder und Jugendhilfe – (AG SGB VIII) *Enthält Regelungen zu Jugendarbeit, Jugendsozialarbeit und zum Kinder- und Jugendschutz*	Vom 25.6.1997, zuletzt geändert am 3.2. 2021, HmbGVBl., 64
Hessen	Hessisches Kinder- und Jugendhilfegesetzbuch (HKJGB) *Enthält Regelungen zu Jugendarbeit und zum Kinder- und Jugendschutz*	Vom 18.12.2006, zuletzt geändert am 25.6.2020, GVBl., 436
Mecklenburg-Vorpommern	Gesetz zur Förderung und Entwicklung der Kinder- und Jugendarbeit, der Jugendsozialarbeit, des erzieherischen Kinder- und Jugendschutzes, der Freistellung ehrenamtlicher Mitarbeiter und der Fortbildung hauptberuflicher Fachkräfte und Mitarbeiter (Kinder- und Jugendförderungsgesetz – KJfG M-V) *Enthält Regelungen zu Jugendarbeit, Jugendsozialarbeit und zum Kinder- und Jugendschutz*	Vom 7.7.1997, zuletzt geändert am 16.12.2019, GVOBL. M-V, 791, 794

Land	Gesetz	Stand
Niedersachsen	Gesetz zur Förderung der Jugendarbeit (Jugendförderungsgesetz) *Enthält Regelungen zu Jugendarbeit*	Vom 15.7.1981, zuletzt geändert am 16.12.2014, Nds. GVBl., 431
	Niedersächsisches Gesetz zur Ausführung des Achten Buchs des Sozialgesetzbuchs (Nds. AG SGB VIII) *Enthält Regelungen zum Jugendschutz*	Vom 5.2.1993, zuletzt geändert am 20.06.2018, Nds. GVBl., 113
Nordrhein-Westfalen	Gesetz zur Förderung der Jugendarbeit, der Jugendsozialarbeit und des erzieherischen Kinder- und Jugendschutzes – Kinder- und Jugendförderungsgesetz – (3. AG-KJHG – KJFöG) *Enthält Regelungen zur Jugendarbeit, Jugendsozialarbeit und dem Kinder- und Jugendschutz*	Vom 12.10.2004, zuletzt geändert 26.2.2019, GV. NRW., 151
Rheinland-Pfalz	Landesgesetz zur Ausführung des Kinder- und Jugendhilfegesetzes (AGKJHG) *Enthält Regelungen zum Jugendschutz*	Vom 21.12.1993, zuletzt geändert am 3.9.2019, GVBl., 213
	Landesgesetz zur Förderung der Jugendarbeit und Jugendsozialarbeit (Jugendförderungsgesetz) *Enthält Regelungen zur Jugendarbeit und Jugendsozialarbeit*	Vom 21.12.1993
Saarland	Gesetz Nr. 1339 zur Förderung der Kinder- und Jugendarbeit, der Jugendsozialarbeit und des erzieherischen Kinder- und Jugendschutzes (Kinder- und Jugendförderungsgesetz – 2. AG KJHG) *Enthält Regelungen zur Jugendarbeit, Jugendsozialarbeit und dem Kinder- und Jugendschutz*	Vom 1.6.1994; zuletzt geändert durch das Gesetz vom 28. 10.2008, Amtsbl., 2053
Sachsen	Keine gesetzliche Regelung	
Sachsen-Anhalt	Keine gesetzliche Regelung	
Schleswig-Holstein	Erstes Gesetz zur Ausführung des Kinder- und Jugendhilfegesetzes (Jugendförderungsgesetz – JuFöG) *Enthält Regelungen zur Jugendarbeit, Jugendsozialarbeit und dem Kinder- und Jugendschutz*	Vom 5.2.1992, zuletzt geändert am 6.11.2020, GVOBl., 804.
Thüringen	Thüringer Kinder- und Jugendhilfe-Ausführungsgesetz (ThürKJHAG) *Enthält Regelungen zur Jugendarbeit, Jugendsozialarbeit und dem Kinder- und Jugendschutz*	Vom 5. Februar 2009, zuletzt geändert am 30.06.2020, GVBl., 345

Zweiter Abschnitt
Förderung der Erziehung in der Familie

§ 16
Allgemeine Förderung der Erziehung in der Familie

(1) [1]Müttern, Vätern, anderen Erziehungsberechtigten und jungen Menschen sollen Leistungen der allgemeinen Förderung der Erziehung in der Familie angeboten werden. [2]Diese Leistungen sollen Erziehungsberechtigte bei der Wahrnehmung ihrer Erziehungsverantwortung unterstützen und dazu beitragen, dass Familien sich die für ihre jeweilige Erziehungs- und Familiensituation erforderlichen Kenntnisse und Fähigkeiten insbesondere in Fragen von Erziehung, Beziehung und Konfliktbewältigung, von Gesundheit, Bildung, Medienkompetenz, Hauswirtschaft sowie der Vereinbarkeit von Familie und Erwerbstätigkeit aneignen können und in ihren Fähigkeiten zur aktiven Teilhabe und Partizipation gestärkt werden. [3]Sie sollen auch Wege aufzeigen, wie Konfliktsituationen in der Familie gewaltfrei gelöst werden können.

(2) [1]Leistungen zur Förderung der Erziehung in der Familie sind insbesondere

1. Angebote der Familienbildung, die auf Bedürfnisse und Interessen sowie auf Erfahrungen von Familien in unterschiedlichen Lebenslagen und Erziehungssituationen eingehen, die Familien in ihrer Gesundheitskompetenz stärken, die Familie zur Mitarbeit in Erziehungseinrichtungen und in Formen der Selbst- und Nachbarschaftshilfe besser befähigen, zu ihrer Teilhabe beitragen sowie junge Menschen auf Ehe, Partnerschaft und das Zusammenleben mit Kindern vorbereiten,

2. Angebote der Beratung in allgemeinen Fragen der Erziehung und Entwicklung junger Menschen,

3. Angebote der Familienfreizeit und der Familienerholung, insbesondere in belastenden Familiensituationen, die bei Bedarf die erzieherische Betreuung der Kinder einschließen.

[2]Dabei soll die Entwicklung vernetzter, kooperativer, niedrigschwelliger, partizipativer und sozialraumorientierter Angebotsstrukturen unterstützt werden.

(3) Müttern und Vätern sowie schwangeren Frauen und werdenden Vätern sollen Beratung und Hilfe in Fragen der Partnerschaft und des Aufbaus elterlicher Erziehungs- und Beziehungskompetenzen angeboten werden.

(4) Das Nähere über Inhalt und Umfang der Aufgaben regelt das Landesrecht.

(5) (weggefallen)

Übersicht Rn.

A. Allgemeines

1 § 16 SGB VIII begründet die **Verpflichtung** des Trägers der öffentlichen Jugendhilfe, Leistungen der allgemeinen Förderung der Erziehung in der Familie anzubieten.

2 Die Vorschrift wurde **mehrfach geändert**. Im Jahr 2000 wurde durch das Gesetz zur Ächtung der Gewalt in der Erziehung[1] Abs. 1 Satz 3 neu eingefügt. Er stellt die in das SGB VIII hineinwirkende Konsequenz des § 1631 Abs. 2 BGB dar, der Kindern ein Recht auf gewaltfreie Erziehung gibt und körperliche Bestrafungen, seelische Verletzungen und andere entwürdigende Maßnahmen für unzulässig erklärt.

Mit dem BKiSchG wurde 2012 durch Abs. 3 die Beratung für werdende Eltern (als „frühe Hilfen") eingeführt.

Der weggefallene Abs. 5 enthielt bis zum 31.7.2013 die Absichtserklärung des Gesetzgebers, „eine Leistung, beispielsweise ein **Betreuungsgeld**" für solche Eltern einzuführen, die die Betreuung in Kindertagesstätten nicht in Anspruch nehmen. Parallel zur Entstehung des Rechtsanspruchs auf Betreuung der Unterdreijährigen in einer Tagesstätte oder in Tagespflege (vgl. § 24 Abs. 2 SGB VIII) wurde mit Wirkung vom 1.8.2013 in den §§ 4a bis 4d BEEG der Anspruch auf ein Betreuungsgeld normiert und Abs. 5, der eine entsprechende Absichtserklärung enthielt, gestrichen. Das BVerfG hat diese Vorschriften jedoch mit Urteil vom 21.7.2015 für verfassungswidrig erklärt, weil dem Bund insoweit die Gesetzgebungskompetenz fehle.[2]

Durch das Gesetz zur Stärkung der Gesundheitsförderung und der Prävention[3] wurde in Abs. 2 Nr. 1 aufgenommen, Familien in ihrer Gesundheitskompetenz zu stärken.

Das Kinder- und Jugendstärkungsgesetz (KJSG) konkretisiert mit § 16 Abs. 1 Satz 2 Aufgaben und Leistungen der aktuellen Familienförderung. Hervorgehoben ist der Aspekt der Teilhabe und der Partizipation von Familien. Die Intention der Lebenswelt- und Sozialraumorientierung der verpflichtend vorzuhaltenden niedrigschwelligen Leistungen wird nun bekräftigt. Zentrales Ziel der jüngsten Änderung ist die Stärkung der Subjektstellung der Adressat_innen der Kinder- und Jugendhilfe.[4]

B. Einzelheiten

3 § 16 SGB VIII soll den verfassungsrechtlichen Schutzanspruch von Ehe und Familie aus Art 6 Abs. 1 GG umsetzen. Die einfachgesetzlichen Vorgaben aus Art. 19 der UN-Kinderrechtskonvention werden konkretisiert. Die familienunterstützenden Leistungen des § 16 SGB VIII sind allgemein, niedrigschwellig und präventiv. Die Angebote sollen partizipativ und sozialraumorientiert sein.

I. Abs. 1 – Angebote zur Förderung der Erziehung

1. Abs. 1 Satz 1 – Gegenstand der Angebote

4 Die Leistungen des § 16 Abs. 1 SGB VIII richten sich an Mütter, Väter, andere Erziehungsberechtigte (§ 7 Abs. 1 Nr. 6 SGB VIII) sowie junge Menschen (§ 7 Abs. 1 Nr. 4 SGB VIII). Es wird ein weiter Familienbegriff zugrunde gelegt. Damit sind alle Mitglieder des Familienverbandes

1 Vom 2.11.2000, BGBl. I S. 147.
2 BVerfG, 1 BvF 2/13, NJW 2015, 2399 ff.
3 Vom 24.7.2015, BGBl. I S. 1375.
4 Vgl. BT-Drs. 19/26107, 1.

Leistungsadressaten, also auch etwa Großeltern, Lebenspartner_innen,[5] wenngleich die Leistungen des Abs. 1 letztlich alle dem Kind zugutekommen und dem Kindeswohl dienen sollen.

Den Erziehungsberechtigten und jungen Menschen sollen die Leistungen der allgemeinen Förderung und Aktivierung der **Erziehung in der Familie** angeboten werden. Die verschiedenen Formen der Familienarbeit wenden sich also nicht nur an einzelne Familienmitglieder, sondern setzen vielmehr bei der Unterstützung der Familie als Ganzes an und berücksichtigen deren gesamten Lebenszusammenhang.[6] Insoweit wird in Abs. 2 eine Konkretisierung vorgenommen.

Die **Verpflichtung** nach Abs. 1 trifft den **Träger der öffentlichen Jugendhilfe**. Ihm obliegt es, die genannten Angebote in hinreichender Zahl und ausreichendem Umfang zur Verfügung zu stellen. Die Vorschrift benennt mit der aktuellen Änderung durch das KJSG konkret den Auftrag und damit verbundene Leistungen der Familienförderung. Die Verbindlichkeit der Verpflichtung, diese Leistungen vorzuhalten, soll dadurch erhöht werden.[7]

Zwar spricht die Vorschrift davon, dass Leistungen den Empfängern angeboten werden **sollen**, dies bedeutet jedoch nicht, dass die Entscheidung darüber in das Ermessen des Trägers gestellt wäre. Die Angebote sind regelmäßig zur Verfügung zu stellen. Der Träger darf nur in von ihm zu begründenden Ausnahmefällen davon Abstand nehmen. Der öffentliche Träger hat gemäß § 79 Abs. 2 SGB VIII zu gewährleisten, dass die notwendigen Einrichtungen, Dienste und Veranstaltungen zur Verfügung stehen. Er kann seiner Gewährleistungsverantwortung auch durch die **Förderung freier Träger** nach § 74 SGB VIII gerecht werden.

Aus der objektiv-rechtlichen Verpflichtung des Trägers ergibt sich nach ganz überwiegender Auffassung allerdings **kein Rechtsanspruch** auf die genannten Leistungen. Zur Begründung ist zum einen auf das Fehlen ausformulierter Anspruchsvoraussetzungen zu verweisen. Zum anderen macht der Vergleich mit den §§ 17 und 18 SGB VIII diesen Schluss notwendig, in denen ausdrücklich von einem Anspruch auf bestimmte Beratungsleistungen gesprochen wird.[8] **5**

Zwar können nach dem Vorstehenden einzelne Leistungsempfänger nicht die Bereitstellung einzelner Angebote verlangen. Sie haben jedoch **Anspruch auf** gleichberechtigten und diskriminierungsfreien **Zugang** zu den vorhandenen Angeboten und dürfen nicht aus willkürlichen, unsachlichen Gründen ausgeschlossen werden.[9] Insoweit besteht zumindest ein Anspruch auf fehlerfreie Betätigung des Auswahlermessens. Dieses kann ggfs. auf null reduziert sein, sodass nur die Gewährung des Zugangs ermessensfehlerfrei und rechtmäßig ist. **6**

2. Abs. 1 Satz 2 und 3 – Ziele der Förderung

Mit der Reform durch das KJSG konkretisiert Abs. 1 Satz 2 den vormals allgemeinen, defizitorientierten Ansatz zugunsten der Förderung und Verbesserung der Erziehungsverantwortung der Erziehungsberechtigten. Nun werden verschiedene zentrale Kompetenzbereiche der Erziehungsverantwortung und aktuelle Herausforderungen aufgeführt, denen sich Menschen gegenübersehen. Dazu gehören die Themen der Gesundheit, schulische und nichtformale Bildung, Beziehungsgestaltung und Medienkompetenz sowie die eigene Teilhabe und Partizipation. **7**

---

5 Vgl. Wiesner/Wapler/*Struck*, § 16 SGB VIII Rn. 5.
6 Vgl. die Gesetzesbegründung, BT-Drs. 11/5948, 57.
7 Vgl. BT-Drs. 19/26107, 80.
8 Vgl. dazu auch LPK-SGB VIII/*Kunkel/Pattar*, § 16 Rn. 2 m.w.N.; BeckOGK/*Schermaier-Stöckl*, SGB VIII§ 16 Rn. 6 m.w.N.
9 Vgl. OVG Lüneburg, NVwZ-RR 2019, 958 m.w.N.; BayVGH, Urt. v. 5.4.2001, 12 B 96.2358, juris.

Die Familie als Erziehungs- und Sozialisationsinstanz soll durch die Leistungen dabei unterstützt werden, sowohl den an sie herangetragenen gesellschaftlichen Erwartungen als auch den gewandelten familiären Bedingungen, etwa der Vereinbarkeit von Familie und Beruf, gerecht zu werden.[10] Die Förderung vermag jedoch nicht zur Verbesserung der materiellen Situation der Familie beizutragen, die nicht selten Ursache für das ist, was als unzulängliche Erziehungsfähigkeit erscheint.

Durch die einzeln herausgearbeiteten Kompetenzbereiche der Erziehungsverantwortung und Teilhabe werden der Auftrag und die Ziele der anzubietenden Leistungen der Träger der öffentlichen Jugendhilfe konkretisiert und partizipative Prozesse stärker gewichtet.

Familien sollen nicht als Objekt fürsorgender Maßnahmen, sondern als Expert_innen in eigener Sache auf Augenhöhe in den Hilfeprozess einbezogen werden. Dem gesetzlichen Auftrag ist immanent, Menschen in der Wahrnehmung ihrer Subjektstellung zu unterstützen und zur Partizipation zu befähigen.[11]

8 Nach dem im Jahre 2000 durch das „Gesetz zur Ächtung der Gewalt in der Erziehung und zur Änderung des Kindesunterhaltsrechts" in das Gesetz aufgenommenen (vgl. oben Rn. 2) Abs. 1 **Satz 3** sollen die Leistungen nach Satz 1 auch Wege zur gewaltfreien **Lösung** familiärer Konfliktsituationen aufzeigen. Dieses Recht soll, so die Gesetzesbegründung, verdeutlichen, „dass das Kind als Person mit eigener Würde und als Träger von Rechten und Pflichten die Achtung seiner Persönlichkeit auch von den Eltern verlangen kann".[12] Die Leistungen sollen also dazu dienen, das in § 1631 Abs. 2 BGB normierte **Recht des Kindes** auf **gewaltfreie Erziehung** zu verwirklichen. Sie sollen präventiv wirksam werden und Maßnahmen wie Sorgerechtseingriffe oder gar Kriminalisierung verhindern.

Ob dieses Recht des Kindes verwirklicht wird, hängt wesentlich davon ab, ob und in welchem Umfang Leistungen zur Förderung der Erziehungssituation greifen und inwieweit die Eltern und sonstige Erziehungsberechtigte in der Lage sind, im Kontext von Familie und Erziehung nicht auszuschließende Konflikte frei von körperlicher und seelischer Gewalt zu lösen.

Leistungen nach § 16 Abs. 1 Satz 1, 3 SGB VIII sind vor allem Beratungsleistungen, die sowohl allgemein und präventiv als auch für konkrete Konfliktlagen im Einzelfall angeboten werden müssen. Sie überschneiden sich mit anderen Angeboten, setzen aber, anders als etwa der Anspruch nach §§ 27, 28 SGB VIII, kein Erziehungsdefizit und keinen konkreten Hilfebedarf voraus. Die Inanspruchnahme ist auch nicht an bestimmte Themen wie Partnerschaft, Trennung (§ 17 SGB VIII) oder Personensorge und Umgang (§ 18 SGB VIII) geknüpft.

II. Abs. 2 – Regelangebote

9 Abs. 2 hebt beispielhaft Angebote familienunterstützender Leistungen im Sinne des Abs. 1 hervor. Der Katalog ist („insbesondere") nicht abschließend.

1. Abs. 2 Nr. 1 – Familienbildung

10 Im Zentrum der Leistungsbeispiele des Abs. 2 Nr. 1 steht die **Familienbildung und deren Teilhabeförderung**.

Unter den Begriff der Familienbildung lassen sich einerseits „institutionelle" Familienbildung (in Familienbildungsstätten und Volkshochschulen, Jugendamt und Verbänden), „funktio-

---

10 Vgl. BT-Drs. 19/26107, 80.
11 Vgl. BT-Drs. 19/26107, 80; BT-Drs. 19/28870, 102.
12 Vgl. BT-Drs. 14/1247, 5; OLG Celle Beschl. v. 28.11.2017, 19 UF 121/17, BeckRS 2017, 152472.

nelle" Familienbildung (an Einrichtungen der Kinderbetreuung und in den Schulen), „mediale" Familienbildung (in Zeitschriften, Büchern, Fernsehen und Rundfunk und vor allem auch Internet) und andererseits „informelle" Familienbildung durch Erfahrungsaustausch von Eltern untereinander ohne professionellen Hintergrund fassen.[13]

Die Vorschrift der Nr. 1 enthält inhaltliche Anforderungen an die zu implementierenden Angebote. Sie sollen auf Bedürfnisse, Interessen und Erfahrungen von Familien in unterschiedlichen Lebenslagen eingehen, also **lebensweltorientiert** sein. Entsprechend sind Familien frühzeitig in ihrer Gesundheitskompetenz zu stärken[14]. Die Angebote sollen Adressat_innen der Familienbildung zur Mitarbeit in Erziehungseinrichtungen befähigen und Formen der Selbst- und Nachbarschaftshilfe vorhalten. Dabei ist stets an die bei den Betroffenen **vorhandenen Ressourcen anzuknüpfen** diese sind zu mobilisieren. Teilhabe ist demnach auch durch die Angebotsstruktur zu fördern. Insbesondere junge Menschen sind auf das Zusammenleben mit Kindern vorzubereiten.

Unterschiedliche Lebenslagen werden durch eine Vielzahl von Faktoren wie Wohn- und Arbeitsverhältnisse, sozioökonomische Ausstattung oder dadurch bestimmt, ob es sich um eine klassische Kleinfamilie oder einen alleinerziehenden Elternteil handelt. Unterschiedliche Lebenslagen können auch durch **Migration, Flucht** bzw. durch den Gesundheitszustand begründet sein. Auch diese haben die Leistungsangebote zu berücksichtigen.[15]

Schließlich können Angebote thematisch in der Weise differenziert sein, dass sie an bestimmte familiale Phasen, Erziehungssituationen oder Problem- und Krisensituationen (z.B. Partnerschaft, Familiengründung, Trennung und Scheidung, Tod eines Partners/einer Partnerin oder eines Kindes) oder bestimmte Lebensphasen der Kinder (vorgeburtlich, Kleinkind, Schulkind, Einzelkind) anknüpfen. 11

Die Gesundheitskompetenz insbesondere junger Familien soll durch situationsangemessene Angebote der Bildung und Beratung der frühen Förderung gestärkt werden, um Entfaltungsmöglichkeiten der Einzelnen und Leistungsfähigkeit des Gemeinwesens zu fördern.[16] Es sollen Lernprozesse ermöglicht, Bildungs- und Gesundheitsressourcen ausgebaut sowie die Kompetenz der Eltern in ihrem Gesundheitsverhalten und in der Erziehung verbessert werden.

Dabei sollte die Kooperation mit den Krankenkassen angestrebt werden, die das Ziel der Gesundheitsförderung insbesondere mit Leistungen zur Prävention in Lebenswelten nach § 20a SGB V unterstützen.[17]

Die Familienbildung soll junge Menschen auf Ehe, Partnerschaft und das Zusammenleben mit Kindern vorbereiten. Diese Leistungen sollen zu einer gelingenden Partnerschaft beitragen, etwa durch Förderung der Sozialkompetenz und von Konfliktlösungsstrategien. Sie erfüllen auch eine wichtige Funktion im Rahmen des präventiven Kinderschutzes, da Überforderung junger Eltern einen die Gefährdung des Kindeswohls begünstigenden Faktor darstellt.

Die Angebote der Familienbildung sind anlassunabhängig zu machen. Der Zugang setzt nicht voraus, dass die Voraussetzungen für die Gewährung von Hilfe zur Erziehung nach den §§ 27, 28 SGB VIII vorliegen.

Hinsichtlich der **Formen** und **Wege**, in und auf denen die Leistungen angeboten werden, ist die Vorschrift offen. Es sind nach Bedarf vielfältige Formen möglich, die von Elternbriefen, 12

13 Vgl. zu dieser Unterscheidung bereits der dem KJHG unmittelbar vorangegangene 8. Jugendbericht von 1990, BT-Drs. 11/6576, 104.
14 Wiesner/Wapler/*Struck* § 16 SGB VIII Rn. 18.
15 Wiesner/Wapler/*Struck*, § 16 SGB VIII Rn. 30; jurisPK/*Telscher*, § 16 SGB VIII Rn. 60.
16 BT-Drs. 18/4282, 21, 26.
17 BT-Drs. 640/14, 49; vgl. LPK-SGB VIII/*Kunkel/Pattar*, § 16 Rn. 66, Wiesner/Wapler/*Struck*, § 16 SGB VIII Rn. 18.

Informationsbroschüren, über (offene) Beratungs- oder Bildungsangebote, Tages- oder Abendkurse, Themenabende und Seminare, Angebote der Vernetzung, Begleitung bis zur Unterstützung bei Aufbau und Aufrechterhalten von Nachbarschaftshilfe (Müttergruppen, Krabbelgruppen, „Familien helfen Familien", Spielplatzinitiativen etc.) reichen. In jedem Fall müssen Angebote **niedrigschwellig** sein, um nicht bereits durch Anmeldeprozeduren und Zugangsbarrieren bestimmte Gruppen und Schichten wie Eltern von Neugeborenen oder zugewanderte Familien von den Angeboten auszuschließen.[18]

Zudem sollen die Angebote teilhabeorientiert sein, demnach Adressat_innen aufklären, an Hilfeplanung beteiligen und Mitentscheidung in der Gesellschaft fördern.

2. Abs. 2 Nr. 2 – Beratung in Fragen der Erziehung und Entwicklung

13 Als weiteres Angebot zur Förderung der Erziehung in der Familie wird in Abs. 2 Nr. 2 die „Beratung in allgemeinen Fragen der Erziehung und Entwicklung junger Menschen" genannt. Sie erfolgt etwa präventiv, fallbezogen aus einmaligen Gesprächen oder situativ aus Gruppenangeboten und ist von der einzelfallorientierten Erziehungsberatung als Hilfe zur Erziehung nach § 28 SGB VIII zu unterscheiden, da sie nicht deren Voraussetzungen unterliegt. Gleichwohl können sie organisatorisch in den **Erziehungsberatungsstellen** zusammenfallen. Zu unterscheiden ist sie ferner von der **Beratung** in Fragen der **Partnerschaft, Trennung und Scheidung** gemäß § 17 SGB VIII sowie der **Jugendberatung** nach § 11 Abs. 3 Nr. 6 SGB VIII, die sich unmittelbar an die jungen Menschen richtet. Eine trennscharfe Abgrenzung wird sich allerdings nicht immer vornehmen lassen.

Das Angebot nach § 16 Abs. 2 Nr. 2 SGB VIII richtet sich nicht an die ganze Familie, sondern vornehmlich an **Eltern und Erziehungsberechtigte**. Wenn es heißt, dass sie anders als die Beratung nach Nr. 1 **anlassabhängig** sei und einen Beratungsbedarf voraussetze,[19] so mag dies zutreffen, jedoch sind zwei Punkte zu bemerken: Zum einen wird kaum jemand, die oder der *keinen* Beratungsbedarf hat, eine Beratungsstelle aufsuchen, zum anderen kann die Frage, ob ein **Beratungsbedarf** besteht, regelmäßig erst im Rahmen und Verlauf einer Beratung beantwortet werden. Es ist also davon auszugehen, dass ein Beratungsbedarf zunächst einmal immer dann besteht, wenn die betroffenen Leistungsadressaten einen solchen geltend machen.

14 Der mit dem KJSG 2021 eingeführte Satz 2 stellt die Entwicklung vernetzter, kooperativer, niedrigschwelliger, partizipativer und sozialraumorientierter Angebotsstrukturen heraus. Die Angebote orientieren sich demnach sowohl an den aktuellen Anforderungen zur Wahrnehmung der Erziehungsverantwortung als auch am Leitbild der Selbstbestimmung und Partizipation. Insbesondere für Familien, die von sozialer Ausgrenzung bedroht sind, wird ein niedrigschwelliger Zugang als zentral und bedeutend erkannt. Verschiedene Jugendhilfeleistungen im Lebens- und Wohnbereich der jungen Menschen und ihrer Familien sollen auch verstärkt zusammenwirken und dadurch die Qualität der Angebote sicherstellen. Leistungen sollen lebenswelt- und sozialraumorientiert sein. Gemeint ist die Ausrichtung auf einen sozialgeographisch begrenzten Lebensraum und sozialen Mikrokosmos wie einen Stadtteil, ein Quartier oder eine Region, was die Bewohner_innen in Relation zu ihrer Umwelt setzt.[20]

3. Abs. 2 Nr. 3 – Angebote der Familienfreizeit und Familienerholung

15 § 16 Abs. 2 Nr. 3 SGB VIII bezieht **die** gemeinsame Erholung bzw. gemeinsame Freizeiten von Eltern und Kindern zwecks Stärkung der Erziehungskompetenz mit ein. Für die Kinder- und Jugenderholung ist § 11 Abs. 3 Nr. 5 SGB VIII die speziellere Vorschrift.

18 Vgl. *Krüger/Schröder,* JAmt 2020, 7; Wiesner/Wapler/*Struck*, § 16 SGB VIII Rn. 25 f.
19 So LPK-SGB VIII/*Kunkel/Pattar,* § 16 Rn. 7.
20 Vgl. BT-Drs. 19/26107, 84.

Der Begriff des **Bedarfs** der **erzieherischen Betreuung** ist weit auszulegen. Hier ist nicht von einer pädagogischen Indikation auszugehen, sondern von einer praktisch-pragmatischen Notwendigkeit der Unterstützung und Entlastung. Nehmen beispielsweise die Eltern an einem Partnerkonfliktseminar teil oder einem Familienseminar für Straffällige, so ist die Betreuung der teilnehmenden oder zu Hause zu versorgenden Kinder eine Leistung im Sinne des § 16 Abs. 2 Nr. 3 SGB VIII.

Der Vorschlag des Bundesrates, Familienfreizeiten und Familienerholungen vorrangig Familien mit geringem Einkommen anzubieten, wurde von der Bundesregierung ausdrücklich abgelehnt.[21] Dies ist bei der Umsetzung der Angebote in gebührendem Maße zu berücksichtigen.

III. Abs. 3 – Beratung und Hilfe in Fragen der Partnerschaft

Der durch das BKiSchG eingefügte Abs. 3 verpflichtet zu Angeboten der **Beratung und** 16
Hilfe in Fragen der **Partnerschaft** und des Aufbaus **elterlicher Beratungs- und Erziehungskompetenz**.[22] Adressaten der Leistung sind Eltern(teile), schwangere Frauen und werdende Väter. Nicht nur ihre Genese legt nahe, dass die Vorschrift vor allem **präventiven Kinderschutz** intendiert und kein Beratungsangebot nach dem Gesetz zur Vermeidung und Bewältigung von Schwangerschaftskonflikten darstellt. Nicht die Frage einer gelingenden Partnerschaft als solche – diese ist Gegenstand der Beratung nach § 17 SGB VIII –, sondern der gelingenden **Partnerschaft** als Voraussetzung des **Kindeswohls** steht im Vordergrund dieses Leistungsangebots. In der Gesetzesbegründung heißt es dazu:

> „Die Leistungen der allgemeinen Förderung der Erziehung in der Familie haben im Zusammenhang mit der Verbesserung des aktiven Kinderschutzes noch größere Bedeutung erlangt. Das in Absatz 2 genannte Leistungsspektrum deckt einen Teil der Hilfen als allgemeines Angebot ab, die in verschiedenen Modellprojekten als „Frühe Hilfen" zum Einsatz kommen. Diese Hilfen sollen die Erziehungskompetenz der (werdenden) Eltern verbessern und damit einen wesentlichen Beitrag zu einem präventiven Kinderschutz leisten. Durch die Einfügung von Absatz 3 soll zum Ausdruck gebracht werden, dass Hilfen während der Schwangerschaft und in den ersten Lebensjahren des Kindes zum unverzichtbaren Basisangebot jedes Jugendamtes gehören."[23]

Materiell reicht die Norm damit nicht über eine wohlverstandene Auslegung von Abs. 1 hi- 17
naus, jedoch ist gegen die durch das BKiSchG vorgenommene Prononcierung nichts einzuwenden. Hinsichtlich der Form und der Wege der Beratung und Hilfe gilt das oben zu Abs. 1 bei Rn. 12 Gesagte.

Die Vorschrift wird ergänzt durch **§ 2 KKG**, der die Verpflichtung **zur Information werdender Eltern** über mögliche Beratung und Hilfe normiert (siehe hierzu die Kommentierung des § 2 KKG)

IV. Abs. 4 – Landesrechtsvorbehalt

Nach Abs. 4 kann Landesrecht Näheres über „Inhalt und Umfang" der Aufgaben nach § 16 18
SGB VIII regeln. Damit wird auch dem kompetenzrechtlichen Spannungsverhältnis der in Abs. 1 und 2 geregelten Materie Rechnung getragen. Einerseits besteht nach der Rechtsprechung des Bundesverfassungsgerichtes eine Gesetzgebungskompetenz des Bundes auch für

21 Vgl. BT-Drs. 11/6002, 3.
22 Vgl. Wiesner/Wapler/*Struck*, § 16 SGB VIII Rn. 43.
23 BT-Drs. 17/6256, 22.

jugendpflegerische Maßnahmen, weil diese eng mit der öffentlichen Fürsorge in Art. 74 Nr. 7 GG verbunden sind.[24] Andererseits darf aber auch nicht übersehen werden, dass die Angebote des § 16 SGB VIII bereits Berührungspunkte zu dem den Ländern vorbehaltenen Bereich der Bildung aufweisen. Deshalb hat der Bund mit der Bestimmung in § 16 SGB VIII nur einen Rahmen vorgeben wollen, der sich zudem durch eine Reihe von ausfüllungsfähigen Blankettbegriffen („allgemeine Förderung der Erziehung") auszeichnet.[25]

19 Es liegen folgende **landesgesetzliche Regelungen** vor: §§ 20 bis 24a BerlAGKJHG, §§ 28 bis 32 BremKJFFöG, § 20 HessKJGB, §§ 16 bis 19 RhldPfzAGKJHG, §§ 11 bis 17 FamFöG LSA, §§ 29 bis 31 SHJuFöG sowie ThürFamFöSiG. Vgl. auch § 3 Abs. 1 WbG NRW.[26]

V. Kostenbeteiligung

20 Beratungsleistungen nach § 16 Abs. 2 Nr. 2 SGB VIII sind stets **kostenfrei**. Für Leistungen nach § 16 Abs. 2 Nr. 1 und 3 können Kosten- oder Teilnahmebeiträge erhoben werden (§ 90 Abs. 1 Nr. 2 SGB VIII). Nimmt man den unzählige Male formulierten Anspruch der Angebotsorientierung des SGB VIII ernst, muss dies zu einem umfassenden und großzügigen Erlass des Kostenbeitrags oder Übernahme des Teilnahmebeitrags nach § 90 Abs. 2 SGB VIII führen. Zugangsbarriere kann auch ein Kosten- oder Teilnahmebeitrag sein (vgl. zu diesen Begriffen und zu den Voraussetzungen von Erlass oder Übernahme die Erläuterungen zu § 90 Abs. 2 SGB VIII Rn. 2, 13 ff.).

24 BVerfGE 22, 180 (213).
25 Vgl. dazu auch Hauck/Noftz/*Grube*, § 16 SGB VIII Rn. 28.
26 Vgl. BeckOK/*Winkler*, § 16 SGB VIII Rn. 27.

§ 17
Beratung in Fragen der Partnerschaft, Trennung und Scheidung

(1) Mütter und Väter haben im Rahmen der Jugendhilfe Anspruch auf Beratung in Fragen der Partnerschaft, wenn sie für ein Kind oder einen Jugendlichen zu sorgen haben oder tatsächlich sorgen. Die Beratung soll helfen,

1. ein partnerschaftliches Zusammenleben in der Familie aufzubauen,

2. Konflikte und Krisen in der Familie zu bewältigen,

3. im Falle der Trennung oder Scheidung die Bedingungen für eine dem Wohl des Kindes oder Jugendlichen förderliche Wahrnehmung der Elternverantwortung zu schaffen.

(2) Im Falle der Trennung oder Scheidung sind die Eltern unter angemessener Beteiligung des betroffenen Kindes oder Jugendlichen bei der Entwicklung eines einvernehmlichen Konzepts für die Wahrnehmung der elterlichen Sorge und der elterlichen Verantwortung zu unterstützen; dieses Konzept kann auch als Grundlage für einen Vergleich oder eine gerichtliche Entscheidung im familiengerichtlichen Verfahren dienen.

(3) Die Gerichte teilen die Rechtshängigkeit von Scheidungssachen, wenn gemeinschaftliche minderjährige Kinder vorhanden sind, sowie Namen und Anschriften der beteiligte[1] Parteien dem Jugendamt mit, damit dieses die Eltern über das Leistungsangebot der Jugendhilfe nach Absatz 2 unterrichtet.

Übersicht Rn.

1 Redaktionelles Versehen, richtig wohl: „beteiligten".

A. Allgemeines

1 Die Bestimmung dient dem **Schutz der Kinderinteressen im Elternkonflikt**. Dieser Schutz soll nach der Konzeption des Gesetzgebers dadurch verwirklicht werden, dass der Träger der öffentlichen Jugendhilfe ein ausreichendes Beratungsangebot zur Verfügung stellt, durch welches mögliche Belastungen und negative Auswirkungen von Partnerschaftsproblemen sowie Trennung und Scheidung für Kinder und Jugendliche präventiv aufgefangen oder die entsprechenden Risiken zumindest reduziert werden können. Zu diesem Zweck muss der öffentliche Träger der Jugendhilfe gewährleisten (§ 79 Abs. 2 SGB VIII), dass Mütter und Väter bei Partnerschaftskonflikten (Abs. 1 Nr. 1 und 2) und in akuten Trennungs- und Scheidungssituationen (Abs. 1 Nr. 3, Abs. 2) individuelle Beratungsangebote durch Träger der öffentlichen oder freien Jugendhilfe in Anspruch nehmen können.

2 **Ziel der Beratung** ist dabei die Stärkung der elterlichen Kompetenz, insbesondere die Schärfung der Sensibilität dafür, dass Partnerschaftsprobleme (Abs. 1 Nr. 1), Partnerschaftskrisen und -konflikte (Abs. 1 Nr. 2) und die Auflösung der Partnerschaft (Abs. 1 Nr. 3, Abs. 2) nicht auf dem Rücken der Kinder ausgetragen werden dürfen, sondern dass im Interesse der Kinder ein Streit- und Konfliktlösungsverhalten erforderlich ist, bei welchem die Paar- und Elternebene voneinander getrennt sind. Dabei gilt es, das Bewusstsein der Eltern dafür zu schärfen, dass eine von beiden Eltern gemeinsam erarbeitete und akzeptierte Lösung am ehesten die Gewähr dafür bietet, dass die mit der Trennung verbundenen Belastungen für die Kinder möglichst gering sind.

3 Die **wichtigsten Änderungen seit dem Inkrafttreten des SGB VIII** sind 1998 durch das KindRG erfolgt, da hierdurch das ursprüngliche Leistungsangebot, dessen Gewährung im pflichtgemäßen Ermessen des Leistungsträgers lag, in einen (gegebenenfalls einklagbaren) **Rechtsanspruch** umformuliert wurde. Diese Änderung war notwendig geworden, da gleichzeitig § 1671 BGB neu gefasst wurde und die gemeinsame elterliche Sorge als zumindest gleichwertige Alternative neben der Alleinsorge bei Trennung und Scheidung ermöglicht wurde und bei Scheidung nicht mehr von Amts wegen, sondern nur noch auf Antrag eines Elternteils eine gerichtliche Regelung getroffen werden muss. Von daher ist der Gesetzgeber zu Recht davon ausgegangen, dass durch diese Verlagerung der Entscheidungsbefugnis von den Familiengerichten auf die Eltern flankierend die Beratungsangebote ausgebaut werden müssen,[2] und hat neben der Transformation des § 17 SGB VIII in einen Rechtsanspruch auch die Informationspflicht des Familiengerichts über ein anhängiges Scheidungsverfahren mit gemeinsamen Kindern in Abs. 3 eingeführt.

B. Einzelheiten

I. Abs. 1 – Leistungsberechtigter Personenkreis und Leistungsanbieter

4 **Leistungsempfänger** sind die **Eltern**. Ihnen steht ein (gegebenenfalls einklagbarer) Rechtsanspruch auf Beratung zu. Darauf, ob die Eltern miteinander verheiratet sind oder in nichtehelicher Lebensgemeinschaft zusammenleben, kommt es ebenso wenig an wie darauf, ob ein Elternteil allein oder beide Elternteile gemeinsam sorgeberechtigt sind. Die Partnerschaftsberatung (Abs. 1 Nr. 1) und die Partnerschaftskonfliktberatung (Abs. 1 Nr. 2) müssen wegen der Funktion der Norm – Schutz der Kindesinteressen bei Elternkonflikten – auch

2 Vgl. BT-Drs. 13/8511, 64.

dem neuen Ehepartner oder Lebenspartner eines Elternteils (Stiefelternteils) zur Verfügung stehen.[3]

Die Kinder oder Jugendlichen gehören zwar nicht zum leistungsberechtigten Personenkreis. 5
Auch wenn eine **Beteiligung** der betroffenen **Kinder** oder **Jugendlichen** – anders als dies bei Abs. 2 der Fall ist – nicht ausdrücklich vorgesehen ist, so ist ihre Beteiligung gleichwohl über § 8 SGB VIII möglich und sinnvoll.[4] Dies gilt im Hinblick auf § 1671 Abs. 2 Nr. 1 BGB insbesondere für Kinder ab Vollendung des vierzehnten Lebensjahres, da ihrem Willen insofern eine besondere Bedeutung zukommt.

Leistungsanbieter kann der Träger der öffentlichen Jugendhilfe, aber auch ein freier Träger 6
sein (§ 3 Abs. 2 Satz 1, § 2 Abs. 2 Nr. 2 SGB VIII). Der Träger der öffentlichen Jugendhilfe ist aufgrund seiner Gesamt- und Planungsverantwortung (§§ 79, 79a, 80 SGB VIII) verpflichtet, ein ausreichendes Versorgungsangebot bereitzustellen. Im Rahmen des **Wunsch- und Wahlrechts (§ 5 SGB VIII)** steht es den Eltern frei, an welche Beratungsstelle sie sich wenden, wobei ein entsprechender Hinweis hierauf zu Beginn der Beratung angebracht ist.

An die eingesetzten **Fachkräfte** (zum Begriff der Fachkraft siehe § 72 SGB VIII) sind hohe 7
Anforderungen gestellt. Sie benötigen für eine professionelle Beratung neben allgemeinen Beratungs- und Konfliktregelungskompetenzen auch (sozial-)pädagogische und (kinder-) psychologische Kenntnisse[5] sowie rechtliche Grundkenntnisse.

II. Abgrenzung zu anderen Beratungsangeboten

Während sich die in **§ 16 Abs. 2 Nr. 2 SGB VIII** geregelte **Familienberatung** auf generelle 8
Fragen der Erziehung bezieht, geht es bei der Beratung nach § 17 SGB VIII um individuelle Gegebenheiten.

Anders als die in **§ 28 SGB VIII** als Hilfe zur Erziehung (§ 27 SGB VIII) geregelte **Erziehungsberatung** setzt die Beratung nach § 17 SGB VIII keine Erziehungsdefizite voraus. Allerdings dürften in der Mehrzahl der Beratungsfälle nach § 17 SGB VIII, die in einer Erziehungsberatungsstelle erfolgen, zugleich die Voraussetzungen des § 28 SGB VIII vorliegen, sodass davon auszugehen ist, dass eine unterschiedliche Zuordnung der Einzelfälle zu den unterschiedlichen Rechtsgrundlagen nicht sinnvoll ist.[6]

Die Beratung im Rahmen des Abs. 1 umfasst neben psychologischen und pädagogischen As- 9
pekten auch rechtliche Gesichtspunkte, die für eine verantwortliche Elternschaft in Krisensituationen, aber auch in einer Trennungs- und Scheidungssituation von Bedeutung sind. **Rechtsdienstleistungen**, also Tätigkeiten in konkreten fremden Angelegenheiten, die eine rechtliche Prüfung des Einzelfalls erfordern (§ 2 Abs. 1 RDG), sind wegen des Behördenprivilegs des § 8 Abs. 1 Nr. 2 des Rechtsdienstleistungsgesetzes (RDG) durch den Träger der öffentlichen Jugendhilfe im Rahmen seiner Zuständigkeit zumindest dann zulässig, wenn die Rechtsberatung über Trennungs- und Scheidungsfolgen auch einen Bezug zum Kind aufweist. Von daher kann auch eine Beratung über Ehegattenunterhalt und Zugewinnausgleich im Rahmen des § 17 SGB VIII erforderlich und zulässig sein[7] sowie über den Kindesunterhalt (die Befugnis zur Beratung über den Kindesunterhalt und Unterstützung sowie zur Berechnung des Kindesunterhalts ergibt sich auch aus § 18 Abs. 1 SGB VIII), Ehewohnungssachen

3 So die wohl h.M. Siehe hierzu: FK-SGB VIII/*Tammen/Trenczek*, § 17 Rn. 16 m.w.N.; a.A. *Hauck/Noftz/Grube*, § 17 SGB VIII K Rn. 10.

4 So u.a. auch: FK-SGB VIII/*Tammen/Trenczek*, § 17 Rn. 26, 27. Bei sehr zerstrittenen Eltern kann die Einbeziehung von Kindern jedoch aus psychologischer Sicht problematisch sein. Zum Meinungsstand siehe *Weber*, ZKJ 2015, 14 (21).

5 Vgl. FK-SGB VIII/*Tammen/Trenczek*, § 17 Rn. 5.

6 So schon die Empfehlungen des Deutschen Städtetages, ZfF 1995, 496.

7 Vgl. LG Memmingen, DAVorm 1995, 117.

(zur Anhörung des Jugendamtes im familiengerichtlichen Verfahren über Ehewohnungssachen, wenn Kinder im Haushalt der Ehegatten leben, siehe § 205 FamFG)[8] und Gewaltschutzsachen (zur Anhörung des Jugendamts in gerichtlichen Verfahren nach §§ 1 und 2 des Gewaltschutzgesetzes siehe § 213 FamFG).

10 Sofern ein **freier Träger** eine Trennungs- und Scheidungsberatung durchführt, ergeben sich allerdings einige **Beschränkungen der Zulässigkeit der Rechtsberatung** dadurch, dass wegen § 8 Abs. 2, § 6, § 7 RDG eine zur sachgerechten Erbringung der Rechtsdienstleistung erforderliche Ausstattung vorliegen und die Rechtsdienstleistung durch einen Juristen oder unter dessen Anleitung erbracht werden muss.

Die Träger der freien und öffentlichen Jugendhilfe haben jedoch grundsätzlich **keine Befugnis zur gerichtlichen Durchsetzung von Ansprüchen**.[9]

III. Abs. 1 Nr. 1 und 2 – Partnerschafts- und Partnerschaftskonfliktberatung

11 Sowohl die Partnerschaftsberatung nach Nr. 1, deren Ziel der Aufbau eines partnerschaftlichen Zusammenlebens in der Familie ist, als auch die Partnerschaftskonfliktberatung nach Nr. 2, deren Ziel darin besteht, Partnerschaftskonflikte und -krisen zumindest in der Weise zu lösen, dass negative Auswirkungen der Probleme zwischen den Eltern auf die Kinder vermieden oder gemildert werden, haben **präventiven Charakter** und sollen Eskalationen vorbeugen sowie dazu beitragen, dass eine Trennung oder Scheidung vermieden wird. Beide führen in der fachlichen Diskussion ein „Stiefmütterchendasein", da diese hauptsächlich auf die Trennungs- und Scheidungsberatung fokussiert ist. Anders als bei der Trennungs- und Scheidungsberatung nach Abs. 2 hat das Jugendamt keine spezielle Informationspflicht über das Angebot der Partnerschafts- und Partnerschaftskonfliktberatung nach Nr. 1 und 2, da Abs. 3 sich nur auf die Trennungs- und Scheidungsberatung bezieht. Aus den §§ 13, 27 Abs. 1, 37 Satz 1 SGB I kann lediglich eine allgemeine Aufklärungspflicht des Jugendamtes über das Leistungsangebot der Partnerschafts- und Partnerschaftskonfliktberatung nach Nr. 1 und 2 hergeleitet werden.

IV. Abs. 1 Nr. 3 und Abs. 2 – Trennungs- und Scheidungsberatung

1. Unterstützung bei der Entwicklung eines einverständlichen Konzepts

12 Der Träger der Jugendhilfe soll bei Trennung oder Scheidung den Eltern nicht nur durch Beratung helfen, die Bedingungen für eine dem Wohl des Kindes oder Jugendlichen förderliche Wahrnehmung der Elternverantwortung zu schaffen (Abs. 1 Satz 2 Nr. 3), sondern die Eltern auch bei der Entwicklung eines einvernehmlichen Konzepts für die Wahrnehmung der elterlichen Sorge und der elterlichen Verantwortung unterstützen (Abs. 2). **Ziel der Beratung und Unterstützung** ist somit letztlich die Stärkung der elterlichen Kompetenz, damit Eltern trotz des Scheiterns der Paarbeziehung und damit einhergehender Trennung in die Lage versetzt werden, im Hinblick auf das **Kindeswohl** ihrer Elternverantwortung gerecht zu werden, die mit der Trennung oder Scheidung nicht endet. Aus diesem Grund soll auch die **Bindungstoleranz** der Eltern gestärkt oder hergestellt werden, d.h. die Fähigkeit und Bereitschaft, nicht nur Behinderungen von Kontakten des Kindes zum anderen Elternteil zu unterlassen (zur Loyalitätsverpflichtung der Eltern siehe auch § 1684 Abs. 2 BGB), sondern darüber hinaus positive Kontakte des Kindes zum anderen Elternteil zu fördern. Denn nach

8 Zur Abgrenzung zwischen Gewaltschutzverfahren und Verfahren auf Zuweisung der Ehewohnung gem. § 1361b BGB sowie zur Anhörung von Kindern in diesen Verfahren siehe OLG Stuttgart, ZKJ 2015, 159 ff.

9 Zur Prozessvertretung durch Sozialarbeiter s. *Heinz*, ZfF 2010, 241 (247, 248).

den Befunden der Scheidungsforschung wünschen sich Kinder in der Regel bei Trennung ihrer Eltern einen möglichst unbelasteten Zugang zu beiden Elternteilen.[10] Allerdings ist darauf zu achten, dass in der Beratungspraxis die gemeinsame elterliche Sorge nicht als Regelfall ausgegeben wird,[11] da durch das zum 1.7.1998 in Kraft getretene Kindschaftsrechtsreformgesetz vom 16.12.1997 (KindRG)[12] die gemeinsame elterliche Sorge und die Alleinsorge quasi gleichberechtigte Sorgemodelle sind.[13]

Bei der konkreten Ausgestaltung der Beratung und Unterstützung ist der Jugendhilfeträger frei. Neben traditionellen Methoden der Beratung und Unterstützung hat in den letzten Jahren die **Mediation** zunehmend an Bedeutung gewonnen, was auch in der gerichtlichen Hinweispflicht auf die Möglichkeit der Mediation in § 156 Abs. 1 Satz 3 FamFG seinen Niederschlag gefunden hat.[14] 13

2. Gegenstand der Beratung

Auch wenn ein Fortbestehen oder die Herstellung der gemeinsamen elterlichen Verantwortung durch gemeinsame elterliche Sorge nach der Trennung oder Scheidung im Vordergrund der Unterstützungsbemühungen durch den Jugendhilfeträger stehen sollte, kann sich die Beratung auch auf andere Regelungsbereiche beziehen. 14

a) unterschiedliche Möglichkeiten der Inhaberschaft der elterlichen Sorge bei Trennung und Scheidung

Gegenstand der Beratung können die **unterschiedlichen** rechtlichen **Möglichkeiten der** Inhaberschaft der **elterlichen Sorge nach Trennung und Scheidung** sein. Dabei sind zwei Fallkonstellationen zu unterscheiden, nämlich die Beratung und Unterstützung von Eltern mit gemeinsamer elterlicher Sorge und von Eltern, bei denen ein Elternteil die alleinige elterliche Sorge innehat. 15

aa) Beratung und Unterstützung von Eltern mit gemeinsamer elterlicher Sorge

Eltern, denen die gemeinsame elterliche Sorge zusteht, also (noch) verheiratete Eltern, sofern keine Sorgereglung erfolgt ist, unverheiratete Eltern, die eine gemeinsame Sorgeerklärung abgegeben haben (§§ 1626a ff. BGB) oder denen die gemeinsame elterliche Sorge auf Grund einer gerichtlichen Entscheidung gem. § 1626a Abs. 2 BGB übertragen ist, sind zunächst darüber zu informieren, dass die **gemeinsame elterliche Sorge** auch nach Trennung und Scheidung **fortbesteht**, wenn keiner von ihnen ein gerichtliches Verfahren gem. § 1671 BGB einleitet. 16

Für den Fall, dass die Eltern sich **für** die **Beibehaltung der gemeinsamen elterlichen Sorge** entscheiden, muss geklärt werden, bei welchem Elternteil das Kind oder der Jugendliche seinen Lebensmittelpunkt haben soll. Sollten sich die Eltern für das **Wechselmodell,** also eine Umgangsregelung, die im Ergebnis zu einer gleichmäßigen Betreuung des Kindes durch beide Eltern führt, entscheiden,[15] so sollten mit ihnen auch die Vor- und Nachteile dieser Variante ausführlich erörtert werden. Auch sollten sie darüber informiert werden, dass 17

---

10 Vgl. *Fthenakis* 2008, 87.
11 So schon zu Recht: *Fieseler*, in: Lehmann 2002, 104.
12 BGBl. I S. 2942.
13 Vgl. BGH, FamRZ 1999, 1646 ff.; FamRZ 2005, 1167 ff.
14 Zur Notwendigkeit der Weiterentwicklung neuer Handlungskonzepte in der Trennungs- und Scheidungsberatung siehe *Serafin*, ZKJ 2015, 141 ff.
15 Der Gesetzgeber ist verfassungsrechtlich nicht gehalten, eine paritätische Betreuung des Kindes vorzugeben, und es ist nicht zu beanstanden, wenn das Wechselmodell bei hochstrittigen Verhältnissen abgelehnt wird. Siehe hierzu BVerfG, Beschl. v. 22.1.2018, 1 BvR 2616/17, ZKJ 2018, 269 = FamRZ 2018, 593 (Bestätigung von BVerfG, ZKJ 2015, 419 ff. = FamRZ 2015, 1585).

das Wechselmodell zwar auch gegen den Willen eines Elternteils gerichtlich angeordnet werden darf, es aber die Kooperationsfähigkeit und -bereitschaft beider Eltern voraussetzt und bei einem sehr konfliktbelasteten Verhältnis der Eltern in der Regel nicht in Betracht kommt.[16] Die Eltern sollten auch darüber aufgeklärt werden, dass bei der gemeinsamen elterlichen Sorge trotz Trennung oder Scheidung bei **Angelegenheiten des täglichen Lebens** grundsätzlich derjenige Elternteil allein entscheidungsbefugt ist, bei dem sich das Kind aufhält, und dass bei Angelegenheiten, die von **erheblicher Bedeutung für das Kind** sind (z. B. Wahl der Schulform[17] und des Kindergartens[18], die Entscheidung über eine Schutzimpfung des Kindes[19] oder über eine geplante Fernreise in ein politisches Krisengebiet[20] oder in Corona-Zeiten[21], die Bestimmung des Aufenthaltsortes und ggf. die Ummeldung des Hauptwohnsitzes[22], die Bestimmung der Religionszugehörigkeit[23], die Einwilligung in Operationen sowie die Veröffentlichung von Fotos des Kindes in sozialen Netzwerken[24]), gegenseitiges Einvernehmen erforderlich ist (§ 1687 BGB). Dabei empfiehlt es sich, den Eltern gegebenenfalls ein verständliches Hinweisschreiben über typische Angelegenheiten von erheblicher Bedeutung auszuhändigen. Sofern bei gemeinsamer elterlicher Sorge ein Elternteil den anderen Elternteil zur alleinigen Wahrnehmung elterlicher Vertretungsbefugnisse durch Erteilung einer **Vollmacht** autorisiert hat, steht diese Bevollmächtigung einer gerichtlichen Übertragung der Alleinsorge gem. § 1671 Abs. 1 BGB dann nicht entgegen, wenn eine ausreichende Kooperationsfähigkeit und -bereitschaft nicht besteht.[25]

18 Für den Fall, dass die Eltern sich **gegen** die **Beibehaltung der gemeinsamen elterlichen Sorge** entscheiden, sind sie darüber zu beraten, dass **die Aufhebung der gemeinsamen elterlichen Sorge** nur möglich ist, wenn einer von ihnen oder beide beim Familiengericht die Übertragung der elterlichen Sorge oder eines Teils der elterlichen Sorge (z.B. des Aufenthaltsbestimmungsrechts) beantragen (§ 1671 Abs. 1 BGB). Das von den Eltern mit fachlicher Unterstützung des Jugendhilfeträgers entwickelte **einvernehmliche Konzept der Alleinsorge** kann Grundlage für die richterliche Entscheidung über die elterliche Sorge sein. Bei verheirateten Eltern ist das Familiengericht (bei Fehlen des Widerspruchs des 14-jährigen oder älteren Kindes) an die Erklärung der Eltern gebunden (§ 1671 Abs. 1 Satz 1 Nr. 1 BGB), es sei denn, dass das Konzept zu einer Kindeswohlgefährdung i.S.d. § 1666 BGB führt (§ 1671 Abs. 4 BGB).

19 Bei **Scheitern eines Konzepts zur Alleinsorge** ist jeder Elternteil berechtigt, beim Familiengericht einen Antrag zu stellen, dass ihm die Alleinsorge oder ein Teil der elterlichen Sorge übertragen wird. Die Eltern sind in diesem Fall der **streitigen Alleinsorge** darüber zu beraten, dass ein solcher Antrag allerdings nur dann Aussicht auf Erfolg hat, wenn die Aufhebung der gemeinsamen elterlichen Sorge und die Übertragung der elterlichen Sorge auf einen Elternteil dem Kindeswohl am besten entspricht (§ 1671 Abs. 1 Satz 1 Nr. 2 BGB). Die

---

16 Vgl. BGH, JAmt 2017, 192 ff. = NJW 2017, 1815 ff. Zur Anordnung des paritätischen Wechselmodells gegen den Willen der Mutter siehe OLG Stuttgart, FamRZ 2020, 107 ff.

17 Vgl. OLG Brandenburg, FamRZ 2019, 1241 ff.; OLG Frankfurt, FamRZ 2019, 1244 f. (auch zum Verhältnis von § 1628 BGB und § 1671 BGB).

18 Vgl. OLG Hamm, ZKJ 2018, 464 f. (Waldorfkindergarten). Auch die Entscheidung für eine Tagesmutter ist eine Angelegenheit von erheblicher Bedeutung (s. OLG Karlsruhe, Beschl. v. 8.1.2020, 20 UF 169/19, FamRZ 2020, 1380 f.)

19 Vgl. BGH, FamRZ 2017, 1057 ff.

20 Vgl. OLG Köln, FamRZ 2020, 997 f.(Urlaubsreise einer afghanischen Mutter mit ihren Kindern nach Afghanistan); KG FamRZ 2017, 1061 ff. (Reise nach Thailand); OLG Frankfurt, ZKJ 2016, 361 f. (Reise in die Türkei).

21 Vgl. OLG Braunschweig, Beschl. v. 30.7.2020, 2 UF 88/20, FamRZ 2020, 1658 f. (Reise nach Mallorca); OLG Frankfurt/M., Beschl. v. 13.3.2020, 7 UF 17/20, openjur.de.

22 Vgl. OLG Koblenz, FamRZ 2019, 1696 f. (allerdings nur, wenn das Kindesinteresse an einer positiven Entscheidung erhebliches Gewicht hat).

23 Vgl. OLG Karlsruhe, FamRZ 2019, 1697 ff.; OLG Stuttgart, FamRZ 2016, 1379 f.

24 Vgl. OLG Oldenburg, FamRZ 2018, 1517 ff.

25 Vgl. BGH, Beschl. v. 29.4.2020, XII ZB 112/19, FamRZ 2020, 1171 ff.

Beratung sollte sich in diesem Fall auch auf wesentliche Modalitäten des gerichtlichen Sorgerechtsverfahrens erstrecken (siehe Rn. 29 ff.).

bb) Beratung der bislang alleinsorgeberechtigten unverheirateten Mutter und des Kindesvaters

Bei **bisheriger Alleinsorge der unverheirateten Mutter** (§ 1626a Abs. 3 BGB) ist in der Beratung zu klären, ob und gegebenenfalls welche Änderungen bezüglich der Inhaberschaft der elterlichen Sorge in Betracht kommen. 20

Die bei Geburt des Kindes unverheirateten Eltern können gem. § 1626a Abs. 1 Nr. 1 BGB die gemeinsame elterliche Sorge dadurch erlangen, dass sie erklären, dass sie die Sorge gemeinsam übernehmen wollen. Diese **Sorgeerklärungen** können auch nach der Trennung abgegeben werden und bedürfen der öffentlichen Beurkundung (§ 1626d Abs. 1 BGB). Als beurkundende Stelle kommt auch die Urkundsperson des Jugendamtes in Betracht (siehe hierzu Rn. 13, 20 zu § 59 SGB VIII), die gem. § 1626d Abs. 2 BGB die Abgabe von Sorgeerklärungen dem nach § 87c Abs. 6 Satz 2 SGB VIII zuständigen Jugendamt mitzuteilen hat. Zwar dürften die Fälle, in denen nach der Trennung unverheirateter Eltern die gemeinsame elterliche Sorge durch Sorgeerklärungen erworben wird, relativ selten sein. Für die bislang allein sorgeberechtigte Mutter kann die Sorgeerklärung nach Trennung vom Kindesvater jedoch von Vorteil sein, wenn sie befürchten muss, dass der Vater (mit einer gewissen Erfolgsaussicht) die Einleitung eines Verfahren gem. § 1671 Abs. 2 BGB auf Übertragung der alleinigen elterlichen Sorge auf sich für den Fall beabsichtigt, dass sie sich der gemeinsamen elterlichen Sorge durch Sorgeerklärungen widersetzt.

Die Eltern sind auch darüber zu beraten, dass die **Übertragung der Alleinsorge** oder eines Teils davon **auf den Vater** durch das Familiengericht auf Antrag des Vaters gem. § 1671 Abs. 2 Satz 1 BGB in zwei Fallkonstellationen in Betracht kommt, nämlich entweder bei Einverständnis der Mutter und des Kindes ab einem Alter von 14 Jahren, sofern die Übertragung nicht dem Wohl des Kindes widerspricht (§ 1671 Abs. 2 Satz 2 Nr. 1 BGB; negative Kindswohlprüfung), oder in streitigen Fällen, also in den Fällen, in denen die bislang allein sorgeberechtigte Mutter mit der Übertragung auf den Vater nicht einverstanden ist und eine positive Kindeswohlprüfung ergibt, dass die Übertragung auf den Vater dem Wohl des Kindes am besten entspricht (§ 1671 Abs. 2 Satz 2 Nr. 2 BGB). Da in beiden Fällen ein gerichtliches Verfahren erforderlich ist, sollten die Eltern auch über die wesentlichen Modalitäten des gerichtlichen Verfahrens informiert werden. 21

b) Wesentliche Modalitäten des familiengerichtlichen Verfahrens

Sofern die Eltern im Rahmen der Trennungs- und Scheidungsberatung ein **einverständliches Konzept** für die Wahrnehmung der elterlichen Sorge und elterlichen Verantwortung erarbeitet haben, kann dies als **Grundlage für einen Vergleich oder eine gerichtliche Entscheidung** im familiengerichtlichen Verfahren dienen (Abs. 2, 2. HS). 22

Sollte eine Neuregelung der elterlichen Sorge im Fall der Trennung oder Scheidung von einem Elternteil in Betracht gezogen wird, muss die Beratung auch die **wesentlichen Modalitäten des gerichtlichen Verfahrens** umfassen.

So sollten Eltern u.a. darauf hingewiesen werden, dass das Familiengericht gem. § 156 Abs. 1 Satz 1 FamFG auf **Einvernehmen der Beteiligten** hinwirken soll und, wenn dies dem Kindeswohl nicht widerspricht, anordnen kann, dass die Eltern (einzeln oder gemeinsam) an einem **kostenfreien Informationsgespräch über Mediation teilnehmen** (§ 156 Abs. 1 Satz 3 FamFG), dass gegebenenfalls sogar eine **Zwangsberatung** zur Entwicklung eines einverständlichen Sorgerechtskonzepts angeordnet werden kann (§ 156 Abs. 1 Satz 4 FamFG) und dass die grundlose Weigerung eines Elternteils zur Teilnahme an dem Informationsgespräch nach § 156 Abs. 1 Satz 3 FamFG oder der Zwangsberatung gem. § 156 Abs. 1 23

Satz 4 FamFG auch dazu führen kann, dass **Verfahrenskostenhilfe** gem. §§ 76 bis 78 FamFG verweigert werden kann[26] und dem sich Verweigernden die Kosten des Verfahrens ganz auferlegt werden können (§ 81 Abs. 1 Satz 1 Nr. 5 FamFG). Auch sollten die Eltern darauf hingewiesen werden, dass bei einem gerichtlichen Sorgerechtsverfahren gem. § 1671 BGB gegebenenfalls ein Verfahrensbeistand (Anwalt des Kindes) zu bestellen ist (§ 158 Abs. 1, Abs. 2 Nr. 1 FamFG)[27] und dass nicht nur das Jugendamt anzuhören ist (§ 162 FamFG), sondern dass auch ein Kind ab Vollendung des 14. Lebensjahres vom Familiengericht grundsätzlich persönlich angehört werden muss (§ 159 Abs. 1 FamFG), aber auch ein Kind unter 14 Jahren angehört werden soll (§ 159 Abs. 2 FamFG)[28], wenn die Neigungen, Bindungen oder der Wille des Kindes für die Entscheidung von Bedeutung sind, was häufig der Fall sein dürfte. Gerade der Hinweis darauf, dass in der Praxis der Familiengerichte in streitigen Sorgerechtsverfahren oft auch Kinder unter 14 Jahren angehört werden und die Anhörung häufig in Abwesenheit der Eltern durchgeführt wird,[29] kann dazu führen, dass Eltern ihren Entschluss zur Durchführung eines streitigen Sorgerechtsverfahrens überdenken und sich nochmals auf den Versuch der Erarbeitung eines einvernehmlichen Konzepts einigen.

Auch ein Hinweis darauf, dass gem. § 1696 Abs. 1 Satz 1 BGB eine Abänderung der gerichtlichen Entscheidung bei Vorliegen triftiger Gründe möglich ist, kann angebracht sein.[30]

c) Umgangsfragen

24 Sowohl bei gemeinsamer elterlicher Sorge als auch bei Alleinsorge nach Trennung oder Scheidung ist eine Klärung des künftigen Aufenthaltes des Kindes erforderlich. Da zu einem schlüssigen Gesamtkonzept gemeinsamer elterlicher Verantwortung auch die Klärung von Umgangsfragen (§§ 1684 bis 1686 BGB) gehört, müssen diese im Zusammenhang mit der Trennungs- und Scheidungsberatung mit erörtert und einer Lösung zugeführt werden, wobei sich die **schriftliche Fixierung von Regelungen bezüglich des Umgangs** empfiehlt. Auch wenn solche Vereinbarungen keine vollstreckbaren Titel sind, so sollten sie dennoch einen vollstreckungsfähigen Inhalt haben, also konkrete Angaben über Art, Ort und Zeit des Umgangs enthalten (Näheres siehe unter Rn. 35 zu § 18 SGB VIII). Umgangsregelungen sollten auch dann in das Beratungsgeschehen einbezogen werden, wenn sich die Eltern einvernehmlich für das Konzept der Alleinsorge entscheiden. Auch wenn in § 18 Abs. 3 Satz 3 SGB VIII ein spezieller Anspruch auf Beratung und Unterstützung bei der Ausübung des Umgangsrechts normiert ist, wäre es unprofessionell und widersinnig, wenn die Person, die die Trennungs- und Scheidungsberatung durchführt, mit dem Hinweis auf diese Norm eine Einbeziehung von Umgangsfragen ablehnt.

d) Unterhaltsfragen

25 Damit den **verheirateten Eltern** die gesamte Tragweite ihrer etwaigen Entscheidung für die Beibehaltung der gemeinsamen elterlichen Sorge oder das einvernehmliche Konzept einer Alleinsorge (s. Rn. 18) bewusst ist, müssen in die Beratung neben der Klärung des künftigen Aufenthaltes des Kindes oder Jugendlichen gegebenenfalls auch Unterhaltsfragen mit

26 Vgl. OLG Koblenz, FamRZ 2008, 1230 f.
27 Nach BVerfG, ZKJ 2017, 225 ff. ist der Verfahrensbeistand auch befugt, im Namen des Kindes Verfassungsbeschwerde einzulegen.
28 Zur Anhörung des Kindes in Anwesenheit eines Sachverständigen gegen den Willen der allein sorgeberechtigten Mutter siehe OLG Celle, ZKJ 2020, 30.
29 Die Anhörung der Kinder in Abwesenheit der Eltern ist verfassungsrechtlich nicht zu beanstanden. Vgl. BVerfG, ZKJ 2019, 361 ff.
30 Zur Abänderung einer Entscheidung über das Aufenthaltsbestimmungsrechts siehe BGH FamRZ 2020, 252 ff.

einbezogen werden.[31] Unterhaltsberechnungen gehören zwar nicht zum Leistungsspektrum von Abs. 2,[32] sodass die Eltern insoweit (zumindest bezüglich des Kindesunterhalts) auf die Beratung nach § 18 Abs. 1 Nr. 1 SGB VIII (Näheres siehe unter Rn. 6 ff. zu § 18 SGB VIII) verwiesen werden können. Sofern die Eltern das Wechselmodell in Betracht ziehen, ist eine Beratung zu dieser Betreuungsform jedoch nur unter Einbeziehung unterhaltsrechtlicher Aspekte sinnvoll.[33] Aber auch ansonsten sollten **Grundzüge des Unterhalts minderjähriger Kinder**, wie z.B. die Selbstbehaltswerte der Düsseldorfer Tabelle und die Gleichwertigkeit von Bar- und Naturalunterhalt gem. § 1606 Abs. 3 Satz 2 BGB, ebenso besprochen werden (können) wie allgemeine Fragen des **Betreuungsunterhalts gem. § 1570 BGB**, da ansonsten ein „böses" Erwachen die Folge sein könnte, wenn bei Entwicklung eines einvernehmlichen Konzepts zur elterlichen Sorge diese Fragen ausgespart geblieben sind, mit der Folge, dass es zur „Aufkündigung" des ursprünglichen Konsenses kommen kann. Dies gilt auch für **unverheiratete Eltern**, die sich für die Beibehaltung oder Herstellung der gemeinsamen Sorge durch Sorgeerklärung gem. § 1626a Abs. 1 Nr. 1 BGB (s. Rn. 20) entschieden haben, da die Wahl des Lebensmittelpunktes des Kindes oder Jugendlichen Auswirkungen darauf hat, welcher Elternteil barunterhaltspflichtig ist und gegebenenfalls einen Anspruch auf Betreuungsunterhalt gem. § 1615l Abs. 2 Satz 2 BGB hat.

e) Scheidungsvoraussetzungen

Sofern verheiratete Eltern oder ein verheirateter Elternteil sich nach der Trennung und vor Einleitung eines Scheidungsverfahrens an das Jugendamt wenden und um Unterstützung für die Wahrnehmung der elterlichen Sorge und der elterlichen Verantwortung bitten, umfasst eine professionelle Beratung auch die Beantwortung etwaiger Fragen der ratsuchenden Eltern oder eines Elternteils über die Scheidungsvoraussetzungen, insbesondere über die in § 1566 BGB geregelten Vermutungstatbestände für das Scheitern der Ehe (**Trennungsfristen**) und allgemeine Fragen zum **Getrenntleben** (§ 1567 BGB). Auch sollte die für die Beratung zuständige Fachkraft wegen des in § 114 Abs. 1 FamFG normierten **Anwaltszwangs** für Verfahren in Ehesachen, wozu auch Scheidungssachen gehören (§ 121 Nr. 1 FamFG), und Folgesachen, worunter auch die Verfahren zur Übertragung der elterlichen Sorge fallen (§ 137 Abs. 3 FamFG), auf die Notwendigkeit der Beauftragung eines Rechtsanwalts hinweisen. Empfehlungen von bestimmten Anwälten durch die Fachkraft des Jugendamtes sind jedoch problematisch. **26**

f) Sonstige Trennungs- und Scheidungsfolgen

Im Rahmen der Trennungs- und Scheidungsberatung können von den Eltern auch Probleme angesprochen werden (z.B. zum Gewaltschutz oder zur Ehewohnung), deren Lösung insbesondere auch im Interesse der gemeinschaftlichen Kinder wünschenswert ist und dazu beitragen kann, dass das Konfliktpotenzial abgebaut und eine nachhaltige Konfliktlösung erreicht wird. So kann es z.B. angebracht sein, die Eltern darüber zu informieren, dass in Ehewohnungssachen in der Regel eine Anhörung des Jugendamtes erfolgt, wenn Kinder im Haushalt eines Ehegatten leben (§ 205 Abs. 1 Satz 1 FamFG), und in Gewaltschutzsachen ebenfalls eine Pflicht des Familiengerichts besteht, das Jugendamt anzuhören, wenn Kinder im Haushalt leben (§ 213 Abs. 1 Satz 1 FamFG). Auch die rechtliche Klärung sonstiger unmittelbar im Zusammenhang mit der Sorgerechtsregelung stehender Fragen ist im Rahmen von § 17 SGB VIII mitunter erforderlich[34] und verstößt nicht gegen das Rechtsdienstleistungsgesetz (s. Rn. 9, 10). **27**

---

31 So auch FK-SGB VIII/*Tammen/Trenczek*, § 17 Rn. 20 (für den Kindesunterhalt), DIJuF, JAmt 2017, 289 f.
32 So auch LPK-SGB VIII/*Kunkel/Pattar*, § 17 Rn. 8.
33 Vgl. DIJuF, JAmt 2015, 549 (550).
34 So auch LPK-SGB VIII/*Kunkel/Pattar*, § 17 Rn. 8.

V. Mitteilungs-, Hinweis- und Informationspflichten des Jugendamtes und Gerichts

28 Damit die Eltern Kenntnis von den Beratungsangeboten des öffentlichen Trägers der Jugendhilfe erlangen, hat der Gesetzgeber an verschieden Stellen Mitteilungs-, Hinweis- und Informationspflichten normiert.

1. Mitteilungspflicht des Gerichts und Informationspflicht des Jugendamtes (Abs. 3)

Das Familiengericht, das durch die in § 133 Abs. 1 Nr. 1 FamFG normierten Anforderungen an die Scheidungsantragsschrift Kenntnis darüber erlangt, ob gemeinschaftliche minderjährige Kinder vorhanden sind und ob die Eltern eine Regelung über die elterliche Sorge getroffen haben (§ 133 Abs. 1 Nr. 2 FamFG), muss das Jugendamt gem. **Abs. 3** darüber informieren, wenn ein Scheidungsverfahren bezüglich einer Ehe, aus der gemeinschaftliche minderjährige Kinder hervorgegangen sind, rechtshängig ist.

29 Durch diese Mitteilung des Gerichts ist es dem Jugendamt möglich, seiner in Abs. 3 geregelten **Informationspflicht gegenüber den Eltern** über das Leistungsangebot des Abs. 2, also über die Verpflichtung zur Unterstützung der Eltern bei der Entwicklung eines einverständlichen Konzepts für die Wahrnehmung der elterlichen Sorge und der elterlichen Verantwortung, nachzukommen. Die Information über das Leistungsangebot des Abs. 2 geschieht in der Regel durch ein standardisiertes Anschreiben des Jugendamtes an die Eltern und sollte alsbald nach Kenntnis vom Scheidungsverfahren erfolgen. Dabei sollte das Anschreiben an die Eltern in einer Weise gestaltet werden, dass die Eltern auch tatsächlich angeregt werden, das Beratungs- und Unterstützungsangebot – eine Pflicht der Eltern, die Beratung in Anspruch zu nehmen, besteht nicht – in Anspruch zu nehmen.[35] Die Jugendämter sind allerdings bei der **Gestaltung des Informationsschreibens** autonom, sodass leider häufig, vermutlich aus fiskalischen Gründen, der an sich wünschenswerte Hinweis darauf, dass die Beratung kostenfrei ist, fehlt. Von daher wäre zu überlegen, ob im Interesse der durch Trennung und Scheidung ihrer Eltern und besonders unter deren Streit bezüglich der elterlichen Sorge und des Umgangsrechts leidenden Kinder eine vermehrte Inanspruchnahme des Beratungsangebots dadurch erreicht werden kann, dass der Gesetzgeber das Jugendamt verpflichtet, auch über die Kostenfreiheit des Leistungsangebots des Abs. 2 zu informieren.

30 Da zu befürchten ist, dass Eltern häufig zu spät, nämlich erst zu Beginn des Scheidungsverfahrens oder während des Verlaufs anderer familiengerichtlicher Verfahren von den Beratungs- und Unterstützungsangeboten des Trägers der öffentlichen Jugendhilfe erfahren, sollten Jugendämter ihrer **in § 13 SGB I verankerten Aufklärungspflicht** verstärkt nachkommen, damit im Interesse der betroffenen Kinder Beratungsangebote möglichst schon in der konfliktträchtigsten Phase, nämlich zu Beginn der Trennung, wahrgenommen werden. Auch wäre zu überlegen, ob und gegebenenfalls welche weiteren, gegebenenfalls gesetzgeberischen Möglichkeiten es gibt, Eltern rechtzeitig auf die Beratungsangebote hinzuweisen. In diesem Zusammenhang könnte eventuell an eine **anwaltliche Informationspflicht** bei Übernahme eines Trennungs- und Scheidungsmandats über die spezifischen Leistungsangebote des Trägers der öffentlichen Jugendhilfe gedacht werden.

---

35 Nach FK-SGB VIII/*Tammen/Trenczek*, § 17 Rn. 28 sollte in dem Anschreiben für die Annahme des Beratungsangebots z.B. durch den Hinweis auf die Möglichkeit einer telefonischen Kontaktaufnahme geworben werden. Ein Hinweis auf die Kostenfreiheit dürfte jedoch den größten „Werbeeffekt“ haben.

2. Weitere Hinweispflichten des Gerichts

Die unter Rn. 30 angedeuteten Probleme sind allerdings dadurch entschärft, dass eine gerichtliche **Hinweispflicht** gegenüber Eltern auf die Möglichkeiten der Beratung durch die Träger der Jugendhilfe nicht nur in Ehesachen, sondern auch **in Kindschaftssachen**, die die elterliche Sorge bei Trennung und Scheidung, den Aufenthalt des Kindes, das Umgangsrecht oder die Herausgabe des Kindes betreffen, besteht (§ 156 Abs. 1 Satz 1 FamFG), sodass zumindest dann, wenn z.B. ein isoliertes Sorge- oder Umgangsverfahren rechtsanhängig ist, die Eltern Kenntnis von dem Leistungsangebot des Jugendamtes erlangen. **31**

Eine weitere **gerichtliche Hinweispflicht** gegenüber Eltern über bestehende Möglichkeiten der Beratung besteht **in Scheidungsverfahren** im Rahmen des persönlichen Erscheinens und der persönlichen Anhörung der Ehegatten, sofern aus der Ehe gemeinschaftliche minderjährige Kinder hervorgegangen sind (§ 128 Abs. 2 FamFG). Ob diese zusätzliche Hinweispflicht Ausdruck davon ist, dass der Gesetzgeber Zweifel daran hat, dass die Normierung einer Hinweispflicht auf Beratungsmöglichkeiten an nur einer Stelle des Gesetzes zu deren Befolgung ausreicht,[36] erscheint allerdings fraglich, da z.B. die Information an das Jugendamt gem. Abs. 3 am Beginn eines Scheidungsverfahrens erfolgt, wohingegen der Hinweis nach § 128 Abs. 2 FamFG in der Regel während eines späteren Zeitpunktes gegeben wird, da die persönliche Anhörung der Ehegatten häufig erst in einem späten Stadium des Scheidungsverfahrens erfolgt. **32**

VI. Beratung und Mitwirkung im gerichtlichen Verfahren

Wenn die Eltern ein **einvernehmliches Konzept** der Alleinsorge im Rahmen des Leistungsangebotes gem. § 17 Abs. 2 SGB VIII entwickelt haben, dann werden sie in der Regel mit der Weiterleitung dieses Konzepts an das Familiengericht einverstanden sein. Beim einvernehmlichen Konzept über die Beibehaltung der gemeinsamen elterlichen Sorge tauchen schon deshalb in der Regel keine Probleme auf, weil es zu keinem gerichtlichen Verfahren kommt. **33**

Besondere Probleme können sich jedoch insbesondere beim Misslingen der Entwicklung eines einvernehmlichen Konzepts ergeben. Dies hängt damit zusammen, dass gem. § 2 Abs. 3 Nr. 6 SGB VIII zu den anderen Aufgaben der Jugendhilfe auch die **Mitwirkung in Verfahren vor den Familiengerichten** (§ 50 SGB VIII) gehört, sodass insbesondere die spezifischen **datenschutzrechtlichen Bestimmungen** des vierten Kapitels zu beachten sind. Eine **Weitergabe** der in der Beratung **anvertrauten Daten** ist auch an das Familiengericht grundsätzlich nur mit wirksamer Einwilligung des Beratenen gem. § 65 Abs. 1 Satz 1 Nr. 1 (Näheres hierzu unter Rn. zu § 65 SGB VIII), die aus Beweisgründen grundsätzlich schriftlich eingeholt werden sollte, zulässig und gegen dessen Willen gem. § 65 Abs. 1 Nr. 2 (s. hierzu Rn. zu § 65 SGB VIII) nur dann erlaubt, wenn in der Beratung Tatsachen für das Vorliegen einer Gefährdung des Kindeswohls im Sinne des § 1666 BGB bekannt geworden sind und das Jugendamt zur Abwendung der Kindeswohlgefährdung das Tätigwerden des Gerichts für erforderlich hält (§ 8a Abs. 3 SGB VIII). Somit ist der beratenden Fachkraft die Weitergabe der anvertrauten Daten über die Situation des Kindes oder Jugendlichen bei fehlender Einwilligung der Eltern und gegebenenfalls des Kindes oder Jugendlichen in den Fällen, in denen keine Kindeswohlgefährdung besteht, ebenso verwehrt wie die Mitteilung über die Gründe, die zum Scheitern der Erarbeitung eines einvernehmlichen Sorgerechtskonzepts geführt haben.[37] Eine **Aktenaufbewahrung von zehn Jahren** mit Ablauf des Jahres, in dem das letzte Schriftstück zur Akte geschrieben wurde, ist angebracht.[38] **34**

---

36 Vgl. insoweit LPK-SGB VIII/*Kunkel/Pattar*, § 17 Rn. 24.
37 Zu den Einzelheiten siehe auch DV NDV 2010, 206 (212, 213).
38 Vgl. DIJuF, JAmt 2018, 255 ff.

35 Der dem SGB VIII immanente Gegensatz zwischen (freiwilliger) Leistung und (unfreiwilligem) Eingriff und Kontrolle, der sich auch im Konflikt zwischen der Beratungs- und Berichtspflicht des Jugendhilfeträgers widerspiegelt, kann dadurch gelöst werden, dass entweder von vornherein eine **personelle und organisatorische Trennung** erfolgt oder dass vor der Beratung eindeutig offengelegt und von den betroffenen Eltern die entsprechende Einwilligung erteilt wird, dass Ergebnisse der Beratung gegebenenfalls auch weitergeleitet werden dürfen. Auch im letzten Fall sollte jedoch die Möglichkeit vorgesehen sein, im Einzelfall eine Fallabgabe an eine andere Fachkraft zu ermöglichen, wenn ansonsten die notwendige Vertrauensbasis gestört ist. Für einen durch einen Elternteil angestrebten **Sachbearbeiterwechsel** eines Mitarbeiters eines freien Trägers, der ausschließlich im Rahmen der §§ 17, 18, und 50 tätig ist, fehlt es an der nach § § 42 Abs. 2 VwG0 erforderlichen Klagebefugnis.[39]

VII. Zuständigkeit und Kosten

36 Die sachliche Zuständigkeit für die Beratung nach § 17 SGB VIII ergibt sich aus § 85 SGB VIII. Für die örtliche Zuständigkeit ist § 86 SGB VIII maßgeblich. Bei **unterschiedlichen Wohnorten der Eltern** durch Umzug eines Elternteils in den örtlichen Zuständigkeitsbereich eines anderen Jugendamtes nach Anhängigkeit der Scheidungssache muss das zunächst vom Scheidungsverfahren informierte Jugendamt dem anderen Jugendamt die Rechtshängigkeit des Scheidungsverfahrens mitteilen, damit dieses dem Elternteil sein Beratungsangebot unterbreiten kann.

37 Für die Beratung nach § 17 SGB VIII dürfen **keine Kosten** erhoben werden (§§ 90 ff. SGB VIII). Ein Hinweis auf die Kostenfreiheit bei der Information der Eltern gem. Abs. 3 über das Beratungsangebot nach Abs. 2 ist empfehlenswert (s. dazu Rn. 29).

39 Vgl. VG Köln, JAmt 2019, 475 ff.

§ 18
Beratung und Unterstützung bei der Ausübung der Personensorge und des Umgangsrechts

(1) Mütter und Väter, die allein für ein Kind oder einen Jugendlichen zu sorgen haben oder tatsächlich sorgen, haben Anspruch auf Beratung und Unterstützung

1. bei der Ausübung der Personensorge einschließlich der Geltendmachung von Unterhalts- oder Unterhaltsersatzansprüchen des Kindes oder Jugendlichen,

2. bei der Geltendmachung ihrer Unterhaltsansprüche nach § 1615 l des Bürgerlichen Gesetzbuchs.

(2) Mütter und Väter, die mit dem anderen Elternteil nicht verheiratet sind, haben Anspruch auf Beratung über die Abgabe einer Sorgeerklärung und die Möglichkeit der gerichtlichen Übertragung der gemeinsamen elterlichen Sorge.

(3) [1]Kinder und Jugendliche haben Anspruch auf Beratung und Unterstützung bei der Ausübung des Umgangsrechts nach § 1684 Abs. 1 des Bürgerlichen Gesetzbuchs. [2]Sie sollen darin unterstützt werden, dass die Personen, die nach Maßgabe der §§ 1684 und 1685 des Bürgerlichen Gesetzbuchs zum Umgang mit ihnen berechtigt sind, von diesem Recht zu ihrem Wohl Gebrauch machen. [3]Eltern, andere Umgangsberechtigte sowie Personen, in deren Obhut sich das Kind befindet, haben Anspruch auf Beratung und Unterstützung bei der Ausübung des Umgangsrechts. [4]Bei der Befugnis, Auskunft über die persönlichen Verhältnisse des Kindes zu verlangen, bei der Herstellung von Umgangskontakten und bei der Ausführung gerichtlicher oder vereinbarter Umgangsregelungen soll vermittelt und in geeigneten Fällen Hilfestellung geleistet werden.

(4) Ein junger Volljähriger hat bis zur Vollendung des 21. Lebensjahres Anspruch auf Beratung und Unterstützung bei der Geltendmachung von Unterhalts- oder Unterhaltsersatzansprüchen.

Übersicht

A. Allgemeines

1 Die Norm enthält **verschiedene Rechtsansprüche auf Beratung und Unterstützung**. Diese können insbesondere bei Trennung und Scheidung Bedeutung erlangen (zur Trennungs- und Scheidungsberatung siehe § 17 SGB VIII), aber auch bei der Geburt eines nichtehelichen Kindes (zur Beratung unverheirateter Mütter siehe § 52a SGB VIII).

2 **Wesentliche Änderungen seit Inkrafttreten des SGB VIII** sind durch das KindRG, KindUG und BeistandschaftsG im Jahre 1998 erfolgt, wie z.B. die Erweiterungen des Hilfsangebots und der Leistungsberechtigten in Umgangsfragen (Abs. 3) und die in Abs. 2 neu eingeführte Beratung über die Abgabe von Sorgeerklärungen. Durch das Gesetz zur Reform der elterlichen Sorge nicht miteinander verheirateter Eltern vom 19.4.2013, das zum 19.5.2013 in Kraft getreten ist,[1] wurde Abs. 2 dahingehend erweitert, dass ein spezieller Beratungsanspruch für Väter nichtehelicher Kinder über die Möglichkeit der gerichtlichen Übertragung der gemeinsamen elterlichen Sorge normiert wurde. Durch das Gesetz zur Einführung eines familiengerichtlichen Verfahrens für freiheitsentziehende Maßnahmen bei Kindern vom 17.7.2017[2] ist seit dem 1.10.2017 eine familiengerichtliche Genehmigung erforderlich, wenn einem Kind, das sich in einem Krankenhaus, einem Heim oder einer sonstigen Einrichtung aufhält, durch mechanische Vorrichtungen, Medikamente oder auf andere Weise über einen längeren Zeitraum oder regelmäßig in nicht altersgerechter Weise die Freiheit entzogen werden soll (§ 1631b Abs. 2 BGB).

B. Einzelheiten

I. Hilfsangebote für Alleinerziehende bei der Ausübung der Personensorge und in Unterhaltsfragen (Abs. 1)

1. Allgemeines

3 Die bisherigen Absätze 1 und 2 sind durch das Gesetz zur Weiterentwicklung der Kinder- und Jugendhilfe (Kinder- und Jugendhilfeweiterentwicklungsgesetz – KICK)[3] vom 8.9.2005, das zum 1.10.2005 in Kraft getreten ist, in Abs. 1 Nr. 1 und 2 zusammengefasst. Hierzu sah sich der Gesetzgeber veranlasst, um klarzustellen, dass auch der Vater, dem ein Unterhaltsanspruch gem. § 1615l Abs. 4 BGB zustehen kann, einen entsprechenden Anspruch auf Beratung und Unterstützung hat.

4 Zum **leistungsberechtigten Personenkreis** gehören nur Mütter oder Väter (nicht hingegen z.B. Vormünder, Großeltern oder Stiefeltern). Diese haben einen **Rechtsanspruch** auf Beratung und Unterstützung bei der Ausübung der Personensorge und in bestimmten Unterhaltsfragen. Voraussetzung hierfür ist allerdings, dass ihnen entweder die rechtliche Al-

---

1 BGBl. I S. 795.
2 BGBl. I S. 2424.
3 BGBl. I S. 2729.

leinsorge zusteht (z.B. gem. §§ 1626a Abs. 3 , 1671 Abs. 1 Satz 2, 1680 BGB)[4] oder dass sie tatsächlich die alleinige Sorge ausüben, was z.B. dann der Fall sein kann, wenn sich das minderjährige Kind trotz gemeinsamer elterlicher Sorge nach Trennung oder Scheidung überwiegend in der Obhut eines Elternteils aufhält (siehe insofern auch § 1629 Abs. 2 Satz 2 BGB). Sofern die Eltern das **Wechselmodell** praktizieren, gehören beide Eltern gleichwohl zum anspruchsberechtigten Personenkreis, da sie jeweils in der Phase, in der sich das Kind oder der Jugendliche bei ihnen aufhält, die tatsächliche Alleinsorge ausüben.[5] Allerdings darf nach der derzeitigen, insofern unbefriedigenden Rechtslage eine Beratung des Elternteils, der das Wechselmodell lediglich anstrebt, aber weder das alleinige Sorgerecht innehat noch bei gemeinsamer elterlicher Sorge das Kind in seiner Obhut hat, nicht erfolgen.[6]

Die Personensorge umfasst neben den in § 1631 BGB nicht abschließend aufgeführten Bereichen („insbesondere")[7] auch die Geltendmachung von Unterhalt oder Unterhaltsersatzansprüchen minderjähriger Kinder. Zu den Unterhaltsersatzansprüchen gehören u.a. Waisenrenten nach § 48 SGB VI, aber auch Unterhaltsausfallleistungen nach dem UVG sowie Leistungen nach dem BAföG oder SGB II. Da die Entscheidung für oder gegen eine Anfechtung der Vaterschaft eine Angelegenheit der Personensorge ist, ist ein Anspruch auf Beratung und Unterstützung zumindest dann nicht ausgeschlossen, wenn die Mutter mit dem Scheinvater gemeinsam sorgeberechtigt ist, das Kind aber bereits von ihr und dem leiblichen Vater gemeinsam erzogen wird.[8] 5

2. Beratung und Unterstützung im Zusammenhang mit Unterhalts- und Unterhaltsersatzansprüchen minderjähriger Kinder (Abs. 1 Nr. 1)

a) Beratung

Zum Leistungsangebot des Abs. 1 Nr. 1 gehört die **Beratung über die Höhe des Unterhalts minderjähriger Kinder** (§§ 1601 ff. BGB). Zunächst müssen die Eltern darüber aufgeklärt werden, dass grundsätzlich der Elternteil, bei dem das Kind nicht seinen Lebensmittelpunkt hat, barunterhaltspflichtig ist, wohingegen der andere Elternteil seiner Unterhaltsverpflichtung durch Pflege und Erziehung des Kindes nachkommt (§ 1606 Abs. 3 Satz 2 BGB). Beim Wechselmodell kann die Befugnis zur Geltendmachung des Kindesunterhalts einem Elternteil gem. § 1628 BGB übertragen werden.[9] Die Höhe des Unterhalts hängt von verschiedenen Faktoren ab, insbesondere vom Bedarf und der Bedürftigkeit des minderjährigen Kindes, der Leistungsfähigkeit des Unterhaltsschuldners und der Anzahl gleichrangiger Unterhaltsberechtigter. 6

Der **Bedarf** ergibt sich aus der **Düsseldorfer Tabelle**, die zwar keine Gesetzeskraft, in der Rechtsprechung der Oberlandesgerichte jedoch weitgehende Anerkennung gefunden hat. Danach sind für den Bedarf eines minderjährigen Kindes vorrangig das Einkommen des barunterhaltspflichtigen Elternteils und das Alter des Kindes – die Düsseldorfer Tabelle kennt drei Altersgruppen (0 bis 5 Jahre, 6 bis 11 Jahre und 12 bis 17 Jahre) – von entscheidender Bedeutung. Für die **Bedürftigkeit** ist § 1602 BGB maßgeblich. Minderjährige Kinder sind gegenüber anderen Unterhaltsberechtigten insofern privilegiert, als sie den Stamm ihres Ver- 7

4 Eine etwaige Erteilung einer Sorgerechtsvollmacht ändert nichts an der Inhaberschaft der elterlichen Sorge. Siehe hierzu OLG Bremen, JAmt 2018, 42 ff. = FamRZ 2018, 689 ff.

5 Siehe insoweit auch: DIJuF, JAmt 2015, 549.

6 Vgl. DIJuF, FamRZ 2017, 1299 f.

7 Zur Verpflichtung zur Beratung und Unterstützung bei der Namensänderung nach dem NamÄndG s. DIJuF, JAmt 2016, 604 f.

8 Vgl. hierzu DIJuF, JAmt 2019, 572. Das Recht der Mutter auf Anfechtung der Vaterschaft ist nicht von weiteren Voraussetzungen abhängig und kann auch nicht wirksam vertraglich ausgeschlossen werden, s. BGH, Beschl. v. 18.3.2020, XII ZB 321/19.

9 Vgl. BGH JAmt 2017, 197 ff.

mögens nicht verwerten müssen, sondern nur die Erträge aus ihrem Vermögen, also z.B. Zinseinnahmen, auf den Unterhaltsanspruch angerechnet werden (§ 1602 Abs. 2 BGB). Eine unterhaltsrechtliche Privilegierung minderjähriger Kinder ergibt sich schließlich daraus, dass der barunterhaltspflichtige Elternteil, also der Elternteil, bei dem das minderjährige Kind nicht seinen Lebensmittelpunkt hat, besondere Anstrengungen unternehmen muss, um ausreichendes Einkommen zur Bestreitung des Unterhalts zu erzielen,[10] und sich auf seine Leistungsunfähigkeit mit der Folge, keinen Unterhalt zahlen zu müssen, nur dann berufen kann, wenn durch die Zahlung des Unterhalts sein eigener notwendiger Unterhalt gem. § 1603 Abs. 2 BGB gefährdet wäre. Diese Situation wäre dann gegeben, wenn das maßgebliche – z.B. um berufsbedingte Aufwendungen bereinigte – Nettoeinkommen des barunterhaltspflichtigen Elternteils den in der Düsseldorfer Tabelle ausgewiesenen **kleinen Selbstbehalt** von derzeit 1.160,00 Euro unterschreitet oder der Unterhaltsverpflichtete über ein bereinigtes Einkommen aus Nichterwerbstätigkeit verfügt, das geringer ist als 960,00 Euro (Düsseldorfer Tabelle, Stand: 1.1.2022).

8 Da allen minderjährigen Kindern gem. § 1609 Satz 1 Nr. 1 BGB unter mehreren Unterhaltsberechtigten unterhaltsrechtlich der **1. Rang** zukommt, kann sich eine Kürzung des Unterhalts insbesondere dann ergeben, wenn mehrere unterhaltsbedürftige minderjährige Kinder vorhanden sind, unabhängig davon, ob sie aus einer oder mehreren Verbindungen hervorgegangen sind. Häufig ist dann eine sog. **Mangelfallberechnung** vorzunehmen.[11] In diesem Fall erstreckt sich die Pflicht zur Beratung und Unterstützung auch auf etwaige Unterhaltsansprüche gegenüber Großeltern.[12]

9 Der Beratungsanspruch umfasst auch Hinweise auf andere Aufgaben des Jugendhilfeträgers wie z.B. die **Beurkundung** von Unterhaltsansprüchen gem. § 59 Abs. 1 Nr. 3 SGB VIII, die **Titulierungsmöglichkeiten** des § 60 SGB VIII und die Führung einer **Beistandschaft** gem. § 1712 ff. BGB. Das bloße Verweisen auf Rechtsanwälte reicht nicht aus.[13]

b) Unterstützung

10 Aus **Abs. 1 Nr. 1** ergibt sich auch eine **Verpflichtung zur Unterstützung** des o.g. Personenkreises, wobei es sich bei der Unterstützung um eine nach außen gerichtete Tätigkeit handelt. Die genaue Bedeutung dieses Begriffs ist allerdings nach wie vor noch nicht hinreichend geklärt,[14] denn der Gesetzgeber hat es leider versäumt, den Begriff der Unterstützung i.S.d. § 18 Abs. 1 SGB VIII im Rahmen des KICK näher zu präzisieren und klarzustellen, dass zur Sicherung des materiellen Kindeswohls die Unterstützung auch die verzugsbegründende Mahnung und Aufforderung zur Auskunftserteilung umfasst. Dies mag damit zusammenhängen, dass die Anwaltschaft ein objektives Interesse an einer restriktiven Auslegung des Begriffs der Unterstützung hat, damit der Verlust an Mandaten durch professionelle und kostenlose Unterstützung durch die Jugendhilfeträger möglichst gering ausfällt.

11 Zweifelsfrei fallen unter den **Begriff der Unterstützung** Hilfen bei der Formulierung von Mahnschreiben oder Auskunftsersuchen an den Unterhaltsschuldner. Unbestritten ist auch, dass eine gerichtliche Vertretung durch Abs. 1 nicht gedeckt ist, sondern diese vielmehr einer etwaigen Beistandschaft (§§ 52a, 55 SGB VIII; §§ 1712 ff. BGB; § 53a ZPO) vorbehalten ist. Nach wie vor umstritten ist jedoch, ob die **außergerichtliche Vertretung** im Rahmen des

---

10 Zu den Erwerbsobliegenheiten beim Minderjährigenunterhalt siehe BGH, FamRZ 2014, 637 ff.; FamRZ 2011 1851 ff. = NJW 2011, 3577 ff.; BVerfG, FamRZ 2012, 1283 ff.

11 Ein Rechenbeispiel für eine Mangelfallberechnung kann der Anm. C der Düsseldorfer Tabelle entnommen werden.

12 Zum Selbstbehalt gegenüber Großeltern siehe BGH, FamRZ 2007, 375 ff.

13 Vgl. DIJuF, JAmt 2003, 78.

14 Vgl. DIJuF-Gutachten, JAmt 2015, 433. Zur bereits schon vor Inkrafttreten des KICK unklaren Rechtslage s. *Rudolph*, ZfF 2004, 452.

Abs. 1 durch Erteilung einer **Vollmacht** eine zulässige Unterstützung darstellt.[15] Zwar wurde dies unter der Geltung des Rechtsberatungsgesetzes überwiegend verneint[16] und nur vereinzelt die Ansicht vertreten, dass eine Vertretung durch das Jugendamt mit Außenwirkung im Rahmen des Abs. 1 zulässig ist.[17] Seit der Ersetzung des Rechtsberatungsgesetzes durch das **Rechtsdienstleistungsgesetz** zum 1.7.2008 wird jedoch der Begriff „Unterstützung" im Rahmen des Abs. 1 im Hinblick auf § 8 Abs. 1 Nr. 2 RDG zunehmend extensiv ausgelegt, mit der Folge, dass eine außergerichtliche Vertretung inzwischen zu Recht überwiegend als zulässig angesehen wird.[18]

Demnach ist das Jugendamt im Rahmen der Unterstützung nach Abs. 1 Nr. 1 und 2 befugt, den Unterhaltsschuldner zur **Auskunftserteilung** aufzufordern und durch **Mahnung** in Verzug zu setzen. Dabei empfiehlt es sich, die entsprechenden Schreiben sowohl durch die die Sache bearbeitende Person des Jugendamtes als auch vom beauftragenden Elternteil mit dem Zusatz „als gesetzlicher Vertreter" unterschreiben zu lassen.[19] Eine Übermittlung von Einkommensbelegen des das Kind betreuenden Elternteils an den Unterhaltspflichtigen ist ohne Einwilligung des betreuenden Elternteils nicht zulässig, zumal die Beratung oder Unterstützung des Unterhaltspflichtigen nicht zu den Aufgaben des Jugendamtes gehört.[20] 12

Beim Umgang mit dem Unterhaltspflichtigen sollte dabei darauf geachtet werden, dass durch einfühlsame Formulierungen in den Briefen, Mahnschreiben, Gesprächen etc. die Chancen zur einvernehmlichen Unterhaltsfestsetzung nicht unnötig „verbaut" werden.[21] 13

Bei fehlerhafter Beratung oder Unterstützung hat der Beratene u.U. einen **Schadensersatzanspruch**[22] gem. Art. 34 GG i.V.m. § 839 BGB.

Die **Beratungshilfe** nach dem BerHG ist gegenüber der Beratung durch das JA subsidiär.[23]

3. Beratung und Unterstützung bei der Geltendmachung von Unterhaltsansprüchen nach § 1615l BGB (Abs. 1 Nr. 2)

Das Hilfsangebot nach Abs. 1 Nr. 2 umfasst die Beratung und Unterstützung (bezüglich der Unterstützung gelten die Ausführungen unter Rn. 10 ff. sinngemäß) bei der Geltendmachung von **Unterhaltsansprüchen nach § 1615l BGB**. 14

Gegenstand des Beratungsanspruchs der gem. § 1626a Abs. 3 BGB alleinsorgeberechtigten Mutter sind die Unterhaltsansprüche gegenüber dem Vater gem. § 1615l Abs. 1 bis 3 BGB. Diese umfassen den **Ersatz der Schwangerschafts- und Entbindungskosten** (§ 1615l Abs. 1 Satz 2 BGB), der **Krankheitskosten**, die durch die Schwangerschaft oder Entbindung entstanden sind (§ 1615l Abs. 2 Satz 1 BGB), sowie den **Betreuungsunterhalt** (§ 1615l Abs. 2 Satz 2 BGB), der auch dem Vater zustehen kann, wenn er das Kind betreut (§ 1615l Abs. 4 BGB). Durch das UÄndG ist zum 1.1.2008 weitgehend eine Angleichung zwischen dem Betreuungsunterhalt gem. § 1615l Abs. 2 Satz 2 BGB und dem Betreuungsunterhalt bei Ehescheidung gem. § 1570 BGB erfolgt. Eine Verbesserung insbesondere für Mütter nichtehelicher Kinder ist dadurch erreicht worden, dass der ihnen zustehende Betreuungsunterhalt seitdem mit dem gleichen Rang ausgestattet ist wie der Betreuungsunterhalt gem. § 1570 BGB (§ 1609 Satz 1 Nr. 2 BGB). Die **Dauer** des Anspruchs auf Betreuungs- 15

---

15 Vgl. *Birnstengel/Katzenstein*, JAmt 2015, 230 (231).
16 Vgl. *Rudolph*, ZfF 2004, 452; OLG Celle, FamRZ 2004, 63; weitere Nachweise hierzu s.a.: DIJuF-Gutachten, JAmt 2009, 72 und DIJuF-Gutachten, JAmt 2015, 433 ff.
17 Vgl. KG Berlin, FamRZ 2002, 546.
18 Vgl. DIJuF-Gutachten, JAmt 2009, 72; *Joos*, JAmt 2009, 223; Wiesner/*Dürbeck*, § 18 SGB VIII Rn. 2c.
19 So auch: *Joos*, JAmt 2009, 223 (224).
20 Vgl. DIJuF, JAmt 2019, 558 f.
21 So mit überzeugenden Argumenten bereits *Beinkinstadt*, JAmt 2004, 513.
22 Zu etwaigen Haftungsproblemen siehe DIJuF-Gutachten, JAmt 2015, 433 ff.
23 Vgl. AG Leverkusen, JAmt 2003, 544 = FamRZ 2002, 1715.

unterhalt besteht in der Regel für mindestens drei Jahre nach der Geburt des Kindes (§ 1615l Abs. 2 Satz 3 BGB), mit der Folge, dass die Mutter frei entscheiden kann, ob sie während dieser Zeit einer Erwerbstätigkeit nachgehen möchte oder nicht.[24] Eine **Verlängerung** des Anspruchs auf Betreuungsunterhalt aus Billigkeitsgründen ist gem. § 1615l Abs. 2 Satz 4, 5 BGB möglich, wobei nicht nur kindbezogene Gründe,[25] wie z.B. vorhandene oder fehlende Betreuungsmöglichkeiten und die Frage, ob bei einer vollschichtigen Erwerbstätigkeit eine überobligationsmäßige Belastung zu verzeichnen ist, zu berücksichtigen sind,[26] sondern auch elternbezogene Gründe.[27]

16 **Voraussetzung für das Bestehen des Unterhaltsanspruchs** ist in jedem Fall, also nicht nur beim Betreuungsunterhalt, sondern auch beim Anspruch auf Erstattung der Schwangerschafts- und Entbindungskosten sowie beim Krankheitsunterhalt die Bedürftigkeit der Mutter (§ 1602 BGB) und die Leistungsfähigkeit (§ 1603 BGB) des Vaters. Der angemessene Selbstbehalt des gem. § 1615l BGB unterhaltspflichtigen Elternteils beläuft sich nach der Düsseldorfer Tabelle (Stand: 1.1.2022) auf 1.280,00 Euro und auf 1.180,00 Euro, sofern der unterhaltspflichtige Elternteil nicht erwerbstätig ist.

17 Die **Höhe des Unterhaltsanspruchs** ist davon abhängig, welche Einkünfte der Berechtigte ohne die Geburt und die Betreuung des gemeinsamen Kindes hätte. Der Bedarf ist nämlich nicht auf den Zeitpunkt der Geburt festgeschrieben, sondern es kann sich später ein höherer Bedarf ergeben.[28] Die Höhe des Unterhaltsanspruchs ist außerdem begrenzt durch den Halbteilungsgrundsatz.[29]

18 Auch **alleinsorgeberechtigte Väter**, denen gem. § 1615l Abs. 4 BGB ein Anspruch auf Betreuungsunterhalt zusteht, haben seit dem 1.10.2005, nämlich seit Inkrafttreten des Kinder- und Jugendhilfeweiterentwicklungsgesetzes (KICK)[30], einen Beratungsanspruch und Anspruch auf Unterstützung (zur Unterstützung gelten die Ausführungen unter Rn. 10 ff. sinngemäß), der ihnen allerdings auch schon vor Inkrafttreten des KICK im Wege der verfassungskonformen Auslegung im Hinblick auf Art. 3 GG zuerkannt worden war.

II. Hilfsangebote für unverheiratete Eltern zur elterlichen Sorge (Abs. 2)

1. Beratung über die Abgabe einer Sorgeerklärung (Abs.2 Alt.1)

19 Abs. 2 wurde zunächst durch das Kinder- und Jugendhilfeweiterentwicklungsgesetz (KICK)[31] vom 9.9.2005 neu gefasst. Während bis dahin nur Mütter, die mit dem anderen Elternteil nicht verheiratet waren, über § 52a Abs. 1 Nr. 5 SGB VIII einen Anspruch auf Beratung über die Möglichkeit der gemeinsamen elterlichen Sorge hatten, haben **seit 2005 auch Väter einen Rechtsanspruch auf Beratung** über die Abgabe einer Sorgeerklärung. Diese Änderung war erforderlich geworden, da durch das KindRG im Jahre 1998 auch Vätern die Möglichkeit eröffnet wurde, mit Zustimmung der Mutter durch Sorgeerklärungen, die auch vor der Urkundsperson des Jugendamtes abgegeben werden können (siehe Rn. 13 f. zu § 59 SGB VIII), die gemeinsame elterliche Sorge zu erlangen.

---

24 Zur Dauer des Unterhaltsanspruchs siehe die Grundsatzentscheidung des BGH, FamRZ 2008, 1739, 1748 f.
25 Kindbezogene Gründe z.B. bejaht vom OLG München, FamRZ 2012, 558; verneint vom OLG Oldenburg, (FamRZ 2012, 556), wonach eine Verlängerung nicht darauf gestützt werden kann, dass am Wohnort der Mutter keine Ganztagsbetreuung in einer Einrichtung möglich ist.
26 Vgl. BGH, FamRZ 2008, 1739, 1749.
27 Zur Abgrenzung zwischen kindbezogenen und elternbezogenen Gründen s.a. BGH, NJW 2015, 2257 ff.
28 Vgl. BGH, NJW 2015, 2257 ff.
29 Vgl. BGH, FamRZ 2005, 442.
30 Kinder- und Jugendhilfeerweiterungsgesetz (KICK) vom 9.9.2005 (BGBl. I S. 2729).
31 BGBl. I S. 2729.

2. Beratung über die Möglichkeit der gerichtlichen Übertragung der gemeinsamen elterlichen Sorge (Abs.2, Alt. 2)

Eine weitere Änderung des Abs. 2 hat letztlich ihren Grund in der Entscheidung des Europäischen Gerichtshofs für Menschenrechte vom 3.12.2009.[32] Nachdem dieser ausgeführt hatte, dass in Deutschland Väter außerehelich geborener Kinder beim Zugang zur (gemeinsamen) elterlichen Sorge diskriminiert werden, und nachdem das Bundesverfassungsgericht[33] in Abkehr von seiner früheren Entscheidung aus dem Jahre 2003[34] im Anschluss an die Entscheidung des EuGMR die bis dato geltende Rechtslage, wonach der Mutter faktisch ein Vetorecht beim Zugang des Vaters zur elterlichen Sorge eingeräumt war, für verfassungswidrig erklärt hatte, war der Gesetzgeber zum Handeln gezwungen und hat am 31.1.2013 das Gesetz zur Reform der elterlichen Sorge unverheirateter Eltern beschlossen, welches am 19. Mai 2013 in Kraft getreten ist.[35] Danach kann der mit der Mutter des Kindes nicht verheiratete Vater gem. § 1626a Abs. 1 Nr. 3, Abs. 2 BGB nach der Geburt des Kindes jederzeit das Familiengericht mit dem Ziel anrufen, die gemeinsame elterliche Sorge auch gegen den Willen der Kindesmutter zu erhalten. Die Anforderungen an die Bewilligung von Verfahrenskostenhilfe dürfen nicht überspannt werden.[36] Eine **gerichtliche Übertragung der gemeinsamen elterlichen Sorge** oder Teile derselben darf jedoch nur erfolgen, wenn dies dem Kindeswohl nicht widerspricht (§ 1626a Abs. 2 Satz 1 BGB; **negative Kindeswohlprüfung**).[37] Die Verweigerungshaltung eines Elternteils allein rechtfertigt jedoch nicht die Annahme, dass die Übertragung der gemeinsamen elterlichen Sorge dem Kindeswohl widerspricht.[38] In besonders gelagerten Fällen ist eine gerichtliche Entscheidung auch in einem **beschleunigten** und **vereinfachten Verfahren** möglich (§ 155a Abs. 3 FamFG).[39] **20**

Mütter sind gegenüber Vätern insofern bevorzugt, als sie, anders als Väter, durch die in § 52a Abs. 1 SGB VIII normierte **Informationspflicht** unverzüglich nach und u.U. schon vor der Geburt (§ 52a Abs. 2 SGB VIII) Kenntnis von ihrem Beratungsanspruch erlangen, wohingegen es bei Vätern von Zufälligkeiten abhängt, ob sie von ihrem Beratungsanspruch erfahren. Diese Ungleichbehandlung ist im Hinblick auf Art. 3 Abs. 1 Satz 1 GG verfassungsrechtlich problematisch. Deshalb wäre zu überlegen, ob nicht in § 59 SGB VIII im Zusammenhang mit der Anerkennung der Vaterschaft eine Informationspflicht über das Beratungsangebot des § 18 SGB VIII verankert werden sollte. **21**

III. Hilfsangebote beim Umgangsrecht (Abs. 3)

1. Allgemeines

Durch das KindRG wurde für Kinder bis zur Vollendung des 18. Lebensjahres in § 1684 Abs. 1 BGB ein **eigenes Umgangsrecht** mit jedem Elternteil normiert, unabhängig davon, ob das Kind aus einer Ehe hervorgegangen oder außerhalb einer Ehe geboren ist. Außerdem wurde die Bedeutung des Umgangsrechts mit beiden Elternteilen und die Aufrechterhaltung sozialer Kontakte mit anderen Personen, zu denen das Kind enge Bindungen besitzt, unter **22**

32 EuGMR FamRZ 2010, 103 ff. Zu dieser Entscheidung s.a. die Anm. von *Müller* in EJ 2010, 124 f.
33 BVerfG, FamRZ 2010, 1403 ff.
34 Vgl. BVerfG, FamRZ 2003, 285 ff. Zur Kritik an dieser Entscheidung siehe: *Müller*, EJ 2003, 254 ff.
35 BGBl. I S. 795 ff.
36 Vgl. BVerfG, Beschl. v. 13.7.2020, 1 BvR 631/19, FamRZ 2021, 279 ff., wonach die unterbliebene vorherige Einschaltung des Jugendamtes zum Zwecke der Vermittlung der Bewilligung von Verfahrenskostenhilfe nicht in jedem Fall entgegensteht.
37 Zu den Anforderungen an diese Kindeswohlprüfung s. BGH, FamRZ 2016, 1439 ff. = ZKJ 2016, 414 ff.
38 Siehe Fußn. 36.
39 Zu den Anforderungen an dieses Verfahren siehe OLG Frankfurt, ZKJ 2014, 123 ff. Zur Kritik an diesem Verfahren siehe *Müller*, EJ 2014, 245 f. Eine aktuelle Übersicht zur Rechtsprechung der Oberlandesgerichte ist bei *Laak*, FamRZ 2014, 1337 ff. zu finden.

dem Gesichtspunkt des Kindeswohls in § 1626 Abs. 3 BGB besonders hervorgehoben. Da **einverständliche Konfliktlösungen** i.d.R. tragfähiger sind als gerichtliche Entscheidungen, hat der Gesetzgeber im Rahmen der FGG-Reform zum 1.9.2009[40] in § 156 Abs. 1 Satz FamFG dem Familiengericht aufgegeben, in jeder Lage des Verfahrens auf Einvernehmen der Beteiligten hinzuwirken, wenn dies dem Kindeswohl nicht widerspricht, und damit korrespondierend dem Träger der Jugendhilfe die Aufgabe zugewiesen, bei Umgangskonflikten im Interesse der beteiligten Kinder beratend, vermittelnd, schlichtend und unterstützend zu wirken. Da die Beratung und Unterstützung auch eine persönliche und erzieherische Hilfe i.S.v. § 65 Abs. 1 Satz 1 SGB VIII beinhaltet, besteht ein Akteneinsichts- und Auskunftsrecht eines Elternteils über Gesprächsvermerke mit dem anderen Elternteil und dem betroffenen Kind nur bei Einwilligung der Beteiligten.[41]

2. Hilfsangebote für das Kind (Satz 1, 2)

23 Damit das in § 1684 Abs. 1 BGB verankerte Umgangsrecht des Kindes (im Folgenden umfasst der Begriff Kind auch Jugendliche i.S.d. § 7 Abs. 1 Nr. 2 SGB VIII) gegenüber jedem Elternteil möglichst effektiv verwirklicht wird, hat der Gesetzgeber durch das Kindschaftsrechtsreformgesetz (KindRG) vom 16.12.1997[42] für das Kind in Abs. 3 Satz 1 gegenüber dem Jugendamt einen **Rechtsanspruch auf Beratung und Unterstützung** bei der Ausübung des Umgangsrechts normiert.

Gegenstand des Beratungs- und Unterstützungsangebots sind Informationen und Hilfestellungen bei der konkreten Ausgestaltung des Umgangsrechts (z.B.: Häufigkeit und Ort der Besuche, Übernachtungen,[43] Telefonate, Briefe, Modalitäten des Abholens und Zurückbringens, Ferien- und Feiertagsregelungen, gegebenenfalls Kosten). Geschwisterkinder sind berechtigt, ein Umgangsverfahren anzuregen und ab Vollendung des 14. Lebensjahres für ein etwaiges Umgangsverfahren selbst verfahrensfähig.[44] Auch dies kann Gegenstand der Beratung bzw. Unterstützung sein.

24 In bestimmten Fällen muss eine Beratung zwar auch ohne Kenntnis der Personensorgeberechtigten möglich sein (s.a. § 8 Abs. 3 SGB VIII). Dennoch wird im Normalfall eine **Einbeziehung der Eltern** in das Beratungsgespräch erfolgen, wobei das Jugendamt die Eltern gegebenenfalls auf ihre Loyalitätspflicht gem. § 1684 Abs. 2 BGB und ihre Umgangspflicht gem. § 1684 Abs. 1 BGB hinweisen und auf eine gütliche Regelung hinwirken wird. Aus § 1684 Abs. 2 BGB ergibt sich z.B. die Verpflichtung, dafür zu sorgen, dass das Kind über ausreichend Kleidung verfügt und im Besitz von Reisedokumenten sowie den erforderlichen Schulsachen ist.[45] Letztlich hängt es von den Beteiligten ab, ob es ihnen gelingt, eine den Besonderheiten des jeweiligen Einzelfalls Rechnung tragende Lösung zu finden. Der Inhalt des Umgangsrechts kann zwischen den Beteiligten frei ausgehandelt werden, sofern die Grenze der Kindeswohlgefährdung i.S.d. § 1666 BGB nicht überschritten ist.

25 Sofern eine **einverständliche Umgangsregelung** durch Vermittlung des Jugendamtes ohne Einschaltung des Familiengerichts zustande kommt, sollte diese schriftlich festgehalten werden und genaue Angaben über Art, Ort und Zeit des Umgangs enthalten. Dabei sollten die Beteiligten darauf hingewiesen werden, dass eine Vollstreckung aus dieser Vereinbarung zwar nicht möglich ist, dass jedoch bei einem schuldhaften Verstoß gegen die in der Verein-

40 Gesetz zur Reform des Verfahrens in Familiensachen und Angelegenheiten der freiwilligen Gerichtsbarkeit (FGG-Reformgesetz) vom 17.12.2008, BGBl. I S. 2586.
41 Vgl. OVG Münster, ZKJ 2019, 35 ff.
42 BGBl. I S. 2942.
43 Der Ausschluss von Übernachtungen bedarf besonderer Rechtfertigung, s. hierzu OLG Köln, 8.2.2019, 10 UF 189/18, JAmt 2019, 624 m.w.N.
44 Vgl. KG, FamRZ 2017, 899 ff.
45 Vgl. BGH, ZKJ 2019, 303 ff. = FamRZ 2019, 1056 m.w.N.

barung übernommenen Verpflichtungen nicht nur die Gefahr, sich schadensersatzpflichtig zu machen,[46] sondern auch die Möglichkeit besteht, dass es zu einem gerichtlichen Verfahren kommt. Denn beide Elternteile[47] und gegebenenfalls auch das Kind sind berechtigt, jederzeit ein gerichtliches Verfahren vor dem Familiengericht (zu den Modalitäten siehe Rn. 33 ff.) zu betreiben.

Die Unterstützung des Kindes im Hinblick auf das **Umgangsrecht der in Abs. 3 Satz 2 genannten Personen**, wozu die Eltern gem. § 1684 BGB, Großeltern, Geschwister und sonstige Bezugspersonen gem. § 1685 BGB und seit 13.7.2013 gem. § 1686a BGB auch der leibliche, nicht rechtliche Vater, der ein ernsthaftes Interesse an dem Kind gezeigt hat,[48] gehören, kann darin bestehen, dass diesen durch Gespräche verdeutlicht wird, wie das Umgangsrecht zum Wohl des Kindes ausgeübt werden könnte. **26**

Damit die Hilfsangebote nach Satz 1 und 2 für das Kind tatsächlich wahrgenommen werden, ist eine gezielte Informationspolitik und **Öffentlichkeitsarbeit** des Trägers der Jugendhilfe (gegebenenfalls im Zusammenwirken mit Tageseinrichtungen und Schulen) wünschenswert, da ansonsten zu befürchten ist, dass Kinder die Hilfsangebote nicht in Anspruch nehmen. **27**

3. Hilfsangebote für Eltern, andere Umgangsberechtigte und Personen, in deren Obhut sich das Kind befindet (Abs. 3 Satz 3)

Zum **anspruchsberechtigten Personenkreis** gehören die Eltern, andere Umgangsberechtigte und Personen, in deren Obhut sich das Kind befindet. Verheirateten, geschiedenen oder unverheirateten **Eltern** stehen die in Abs. 3 Satz 3 geregelten Ansprüche unabhängig davon zu, ob sie auch Inhaber der elterlichen Sorge sind. **28**

Wer zum Personenkreis **„andere Umgangsberechtigte"** gehört, ist in § 1685 und § 1686a BGB geregelt. Durch das KindRG ist der Kreis der Umgangsberechtigten im Jahre 1998 erweitert worden. Gem. § 1685 BGB haben seitdem z.B. auch Großeltern, Geschwister, Stiefeltern und Pflegeeltern ein Umgangsrecht, allerdings nur unter der Voraussetzung, dass der Umgang dem Wohl des Kindes dient.[49] Auch diesem Personenkreis steht ein Anspruch auf Beratung und Unterstützung zu, ebenso wie seit dem 13.7.2013 (s.a. Rn. 26) dem leiblichen, nicht rechtlichen Vater, der ein ernsthaftes Interesse an dem Kind gezeigt hat, sofern der Umgang dem Kindeswohl dient (§ 1686a Abs. 1 Nr. 1 BGB).[50] Der Umfang des Umgangsrechts des leiblichen, nicht rechtlichen Vaters hat sich an den zu § 1685 BGB entwickelten Maßstäben zu orientieren.[51] **29**

Anspruchsberechtigt sind auch **Personen, in deren Obhut** sich das Kind befindet. Hierzu gehören auch Personen, gegen die sich das Umgangsrecht richtet, also z.B. Pflegeeltern, unabhängig von der Form des Pflegeverhältnisses (zur Vollzeitpflege siehe § 33 SGB VIII). Allerdings können Pflegeeltern auch gem. § 1685 Abs. 2 BGB zum Kreis der anderen Umgangsberechtigten i.S.d. Satzes 1 gehören. **30**

Gegenstand der **Hilfsangebote nach Satz 3**, auf die ein Rechtsanspruch besteht und die vor, während oder nach einem gerichtlichen Umgangsverfahren in Anspruch genommen werden können, sind die **Beratung** und **Unterstützung**. Sofern ein Elternteil die Beratung **31**

---

46 Vgl. BGH, FamRZ 2002, 1099 ff.

47 Nach zutreffender Ansicht des Amtsgericht Reinbek (FamRZ 2015, 1817 f.) ist die Einleitung eines Umgangsverfahrens auch durch den betreuenden Elternteil im eigenen Namen möglich.

48 Vgl. Gesetz zur Stärkung der Rechte des leiblichen, nicht rechtlichen Vaters vom 4.7.2013 (BGBl. I S. 2176); zum Umgangsrecht des biologischen Vaters s.a. OLG Karlsruhe, ZKJ 2015, 426 ff.

49 Der BGH (ZKJ 2017, 463 ff.) verneint zu Recht die Kindeswohldienlichkeit, wenn Eltern und Großeltern sehr zerstritten sind.

50 Zum Umgangsrecht des biologischen Vaters s. BGH, FamRZ 2016, 2082 ff.; OLG Oldenburg, FamRZ 2017. 895 f.

51 Vgl. OLG Frankfurt, FamRZ 2019, 2008 f.

auf Anordnung des Familiengerichts in Anspruch nimmt (§ 156 Abs. 1 Satz 2, 4 FamFG), muss das Jugendamt hierüber eine Bescheinigung ausstellen, damit der Elternteil nicht Gefahr läuft, mit der vollständigen oder teilweisen Auferlegung der Kosten gem. § 81 Abs. 1 Satz 1 Nr. 5 FamFG belastet zu werden. Der Beratungsanspruch umfasst auch Informationen über die **Kosten des Umgangsrechts**. Grundsätzlich muss zwar der Umgangsberechtigte die Kosten, die bei der Ausübung des Umgangsrechts anfallen (z.B. Fahrkosten), tragen und das Kind auf seine Kosten von dem anderen Elternteil abholen sowie nach Beendigung des Umgangs wieder zurückbringen. In besonders gelagerten Ausnahmefällen – z.B. bei weit entfernten Wohnsitzen der Eltern – wird jedoch eine Mitwirkungspflicht des anderen Elternteils angenommen, die z.B. darin bestehen kann, dass der andere Elternteil das Kind zum Flughafen bringen muss.[52] Unter bestimmten Voraussetzungen kann sich der für die Gewährung des Umgangs verpflichtete Elternteil schadensersatzpflichtig machen.[53] Bei beengten finanziellen Verhältnissen kommt u.U. auch die Erhöhung des unterhaltsrechtlichen Selbstbehaltes zur Wahrnehmung des Umgangsrechts in Betracht.[54]

32 Eine wichtige Unterstützung bei der Ausübung des Umgangsrechts kann auch darin bestehen, gegebenenfalls Hilfestellung bei der **„Kostenübernahme" durch den Grundsicherungsträger** nach § 22 Abs. 6 SGB II oder das **Sozialamt** gem. § 27a Abs. 4 SGB XII zu leisten, denn bei Bezug von Arbeitslosengeld II oder Sozialhilfe besteht für den jeweiligen Leistungsträger eine Verpflichtung, die angemessenen Kosten für die Wahrnehmung des Umgangsrechts zu übernehmen.[55] Gegenüber dem Jugendamt besteht jedoch kein Anspruch auf Übernahme der Fahrkosten für die Wahrnehmung des Umgangsrechts.[56]

4. Das gerichtliche Verfahren zur Regelung des Umgangsrechts

33 Kommt es trotz der Vermittlung des Jugendamtes zu keiner Einigung, so kann jeder Elternteil eine familiengerichtliche Entscheidung herbeiführen.[57] Umgangsverfahren sind gem. § 55 FamFG vom Familiengericht vorrangig zu bearbeiten (**Beschleunigungsgebot)**. Auch ohne vorherige Einschaltung des Jugendamtes ist zwar jeder Elternteil berechtigt, das Familiengericht, nicht hingegen das Verwaltungsgericht[58] zur Regelung des Umgangs einzuschalten. In diesem Fall besteht allerdings die Gefahr, dass ihm trotz Vorliegens der wirtschaftlichen Voraussetzungen **Verfahrenskostenhilfe** mit der Begründung versagt wird, er hätte vor Einleitung eines gerichtlichen Verfahrens zunächst eine gütliche Einigung unter Mitwirkung des Jugendamtes versuchen müssen;[59] denn die Rechtsprechung ist zu dieser Frage

52 Vgl. BVerfG, FamRZ 2002, 809.
53 Vgl. KG, FamRZ 2018, 270 ff. (Verweigerung der Herausgabe des Reisepasses). Zur Beteiligung an den Umgangskosten bei Erschwerung des Umgangs durch Schaffung einer erheblichen räumlichen Distanz s. OLG Saarbrücken, ZKJ 2019, 314 f.
54 Vgl. BGH, JAmt 2005, 321.
55 Vgl. BSG, FEVS 58, 289 ff. Zur Frage, wann bei ALG-II-Bezug zur Wahrnehmung des Umgangsrechts ein höherer Unterkunftsbedarf anzuerkennen ist, siehe BSG, Urt. v. 29. 8.2919, B 14 AS 43/18 R. Zu Umgangskosten für ein in den USA lebendes Kind siehe LSG Mainz, ZFSH/SGB 2011, 168 ff.
56 Vgl. OVG Berlin-Brandenburg, ZKJ 2015, 249 = JAmt 2015, 271.
57 Nach EGMR, ZKJ 2019, 459 ff. soll die Ablehnung einer gerichtlichen Entscheidung ausnahmsweise zulässig sein (14-jährige Kind lehnt während des gesamten mehrjährigen Verfahrens eine Umgangsregelung kontinuierlich ab).
58 Vgl. insoweit OVG Bremen, FamRZ 2017, 1936 ff.
59 Zu den verfassungsrechtlichen Anforderungen an die Bewilligung von Verfahrenskostenhilfe bezgl. der Übertragung der elterlichen Sorge gem. § 1626a Abs. 1 Nr. 3 BGB, die m.E. auch für die Bewilligung von Verfahrenskostenhilfe in Umgangsverfahren herangezogen werden können, s. BVerfG, Beschl. v. 15.7.2020, 1 BvR 631/19, FamRZ 1559 ff. Zur Ablehnung von Beratungshilfe nach dem BerHG unter Hinweis auf den Rechtsanspruch auf Beratung durch das Jugendamt s. AG Pforzheim, FamRZ 2019, 49 f. m.w.N.

uneinheitlich.[60] Die insoweit konsensorientierte Rechtsprechung ist problematisch, auch wenn der Gesetzgeber an zahlreichen Stellen zum Ausdruck gebracht hat, dass im Interesse der Kinder eine auf Einigung basierende Regelung grundsätzlich Vorrang vor einer streitigen Entscheidung haben soll. So soll das Familiengericht gem. § 156 Abs. 1 Satz 1 FamFG zwar in jeder Lage des Verfahrens auf ein Einvernehmen der Beteiligten hinwirken, wenn dies dem Kindeswohl nicht widerspricht. Dennoch dürfte die Ablehnung von Verfahrenskostenhilfe wegen Mutwilligkeit zumindest dann verfassungsrechtlich nicht haltbar sein, wenn Bemühungen um einverständliche Regelungen z.B. durch Einschaltung des Jugendamtes fehlgeschlagen oder erkennbar aussichtslos sind[61] oder wenn ein Elternteil nach Aussetzung des frühen Termins gem. § 155 Abs. 2, 4 FamFG – der Termin soll spätestens einen Monat nach Beginn des Verfahrens stattfinden (§ 155 Abs. 2 Satz 2 FamFG) und das Jugendamt ist in diesem Termin anzuhören (§ 155 Abs. 2 Satz 3 FamFG) – einen Beratungstermin zur außergerichtlichen Konfliktbeilegung wahrgenommen hat und das Verfahren nach Scheitern des Einigungsversuchs wieder aufgenommen wird (§ 155 Abs. 4 FamFG).

Das Familiengericht muss gem. § 158 Abs. 1 Satz 1 FamFG dem minderjährigen Kind einen **34** geeigneten **Verfahrensbeistand**[62] bestellen, soweit dies zur Wahrnehmung seiner Interessen erforderlich ist. Wenn ein Ausschluss des Umgangsrechts in Betracht kommt, ist die Bestellung eines Verfahrensbeistandes stets (§ 158 Abs. 2 Nr. 2 FamFG), wenn lediglich eine wesentliche Beschränkung des Umgangsrechts in Betracht kommt, in der Regel erforderlich (§ 158 Abs. 3 Nr. 4 FamFG). Der Verfahrensbeistand darf in seinem Briefkopf die Bezeichnung „Kinder- und Jugendanwalt" verwenden, auch wenn er kein zugelassener Rechtsanwalt ist.[63] Er ist – im Gegensatz zum Jugendamt[64] - befugt, im Namen des Kindes Verfassungsbeschwerde einzulegen.[65]

Das Familiengericht muss gem. § 162 Abs. 1 FamFG das **Jugendamt anhören**. Die grundsätzliche Verpflichtung des Familiengerichts zur **persönlichen Anhörung der Eltern** ergibt sich aus § 160 FamFG. **Kinder**, auch Kinder, die das 14. Lebensjahr noch nicht vollendet haben, **sind** vom Familiengericht **anzuhören** (§ 159 Abs. 1 Satz 1 FamFG). Nur ausnahmsweise kann von der persönlichen Anhörung des Kindes (§ 159 Abs. 3 Satz 1 FamFG) oder der Eltern (§ 160 Abs. 3 FamFG) abgesehen werden. Dies ist in der Endentscheidung zu begründen (§ 159 Abs. 3 Satz 1 FamFG). Die persönliche Anhörung des Kindes erfolgt häufig in Abwesenheit der Eltern. Dies ist verfassungsrechtlich nicht zu beanstanden.[66] Maßstab für die gerichtliche Regelung ist das **Kindeswohl.** Dies gilt auch beim **paritätischen Wechselmodell**, also einer Regelung, die im Ergebnis zu einer gleichmäßigen Betreuung des Kindes durch beide Elternteile führt. Zwar ist eine solche Regelung theoretisch auch gegen den Willen eines Elternteils möglich, aber eher unwahrscheinlich, weil bei einem konfliktbelasteten

---

60 Vgl. OLG Brandenburg, FamRZ 2005, 1914 und OLG Köln, Beschluss v. 17.12.2012, 4 WF 156/12, die davon ausgehen, dass Verfahrenskostenhilfe grds. nur bewilligt werden kann, wenn zuvor Beratung durch das Jugendamt in Anspruch genommen wurde. A.A.: OLG Frankfurt, FamRZ 2017, 1585 f.

61 Vgl. OLG Saarbrücken, Beschl. vom 17.9.2019, 6 WF134/18 (keine Ablehnung der Verfahrenskostenhilfe, wenn der betreuende Elternteil das beteiligte Kind auf anwaltlichen Rat nicht mehr zum Umgangsberechtigten lässt und der Umgangsberechtigte keine vorgerichtliche Streitschlichtung durch das Jugendamt versucht). Siehe auch: OLG Brandenburg, FamRZ, 2015, 1040; OLG Schleswig, FamRZ 2014, 584 f.

62 Zur fachlichen Eignung, den Aufgaben und der Rechtsstellung sowie der Vergütung von Verfahrensbeiständen siehe die durch das Gesetz zur Bekämpfung sexualisierter Gewalt gegen Kinder vom 16. Juni 2021 (BGBl. I S. 1810) zum 1.7.2021 neu eingeführten §§ 158a–158c FamFG.

63 So: OLG Düsseldorf, FamRZ 2015, 694 f.

64 Vgl. BVerfG, Beschl. v. 15.12.2020, 1 BvR 1395/19, FamRZ 2021, 512 ff., wonach das Jugendamt nicht berechtigt ist, Rechte des Kindes auf Grund seines Wächteramtes oder im Wege der Prozessstandschaft geltend zu machen.

65 Vgl. BVerfG, Beschl. v. 3.2.2017, 1 BvR 2569/16, ZKJ 2017, 225 ff.

66 Vgl. BVerfG, ZKJ 2019, 361 ff.

Verhältnis der Eltern die Anordnung des Wechselmodells in der Regel nicht im wohlverstandenen Interesse des Kindes liegt.[67]

35 Sofern die Beteiligten im gerichtlichen Verfahren eine Einigung über den Umgang erzielen, die dem Kindeswohl nicht widerspricht, muss das Familiengericht gem. § 156 Abs. 2 FamFG den Vergleich billigen **(gerichtlich gebilligter Vergleich)**.[68] Dieser stellt, ebenso wie ein gerichtlicher Beschluss, einen **Vollstreckungstitel** dar (§ 86 Abs. 1 Nr. 1, 2 FamFG). Die Vollstreckung aus einem Umgangstitel richtet sich nach §§ 89 ff. FamFG und setzt voraus, dass dieser einen vollstreckungsfähigen Inhalt hat. Deshalb muss der Umgangstitel bestimmte und konkrete Regelungen des Umgangsrechts, insbesondere genaue Angaben über Art, Ort und Zeit des Umgangs enthalten.[69] Die Verhängung von Ordnungsmitteln setzt außerdem eine konkrete Belehrung über die Folgen einer Zuwiderhandlung voraus.[70] Ob im **Umgangsvollstreckungsverfahren** eine persönliche Anhörung der Eltern und des Kindes sowie die Beteiligung des Jugendamtes zwingend erforderlich ist, ist in Rechtsprechung und Literatur umstritten.[71]

36 Als Vollstreckungsmittel kommt das **Ordnungsgeld** und gegebenenfalls **Ersatzordnungshaft** in Betracht.[72] Der bloße Hinweis auf die Coronapandemie rechtfertigt grundsätzlich nicht die eigenmächtige Aussetzung von Umgangskontakten.[73] Der Umgangsverpflichtete trägt die Beweislast für sein fehlendes Vertretenmüssen.[74] Das Ordnungsgeld kann auch dann durch das Familiengericht verhängt werden, wenn der Umgangsberechtigte außerhalb der durch den gerichtlich gebilligten Vergleich oder durch den gerichtlichen Beschluss festgelegten Besuchszeiten Kontakt zu dem Kind aufnimmt.[75] Der Vollstreckung aus einem Umgangsbeschluss, durch den ein Elternteil verpflichtet wurde, seiner Umgangspflicht gegenüber dem Kind nachzukommen, sind jedoch enge Grenzen gesetzt; denn ein erzwungener Umgang mit dem Kind gegen den Willen des Umgangspflichtigen dient in der Regel nicht dem Kindeswohl.[76] Auch gegen das Jugendamt kann im Rahmen eines gerichtlich gebilligten Vergleichs i.S.d. § 156 Abs. 2 FamFG ein Ordnungsgeld festgesetzt werden, wenn es dem Vergleich zugestimmt hat und förmlicher Beteiligter in einem Umgangsverfahren war, was z.B. der Fall ist, wenn es Beschwerdeführer in einem Umgangsverfahren ist.[77] Sofern das **Jugendamt** seine Mitwirkungsbereitschaft zum begleiteten Umgang widerruft, kann aller-

---

67 Vgl. BGH, ZKJ 2017, 100 ff. = FamRZ 2017, 532 ff.

68 Nach BGH, ZKJ 2019, 417 ff. (= FamRZ 2019, 1616 ff.) ist gegen eine gerichtlich gebilligte Umgangsvereinbarung die Beschwerde auch durch den Elternteil statthaft, der der Umgangsregelung zugestimmt hat.

69 Zu den Voraussetzungen der Vollstreckung eines Umgangstitels vgl. BGH, ZKJ 2012, 190 ff. Auch bei flexiblen Arbeitszeiten müssen die Umgangszeiten hinreichend bestimmt sein. Siehe hierzu OLG Rostock, ZKJ 2018, 152 f.

70 Vgl. BGH, ZKJ 2016, 461 f.

71 Verneinend: OLG Karlsruhe, ZKJ 2015, 283 f. m.w.N.

72 Vgl. AG Frankfurt/M, Beschl. v. 16.4.2020, 456 F 5086/20 EAU G OGH 1 (unberechtigte Absage von Umgangskontakten unter Hinweis auf Coronavirus-Pandemie), OLG Saarbrücken, FamRZ 2015, 863 ff. (hartnäckig verweigerte Mitwirkung bei Realisierung eines Umgangstitels). Siehe auch: OLG Schleswig, FamRZ 2015, 1222 f. (Ordnungshaft von 5 Tagen gegen Mutter) und OLG Köln, FamRZ 2015, 1734 f. (pauschaler Verweis auf fehlende Bereitschaft des Kindes zum Umgang rechtfertigt nicht die Aufhebung eines Ordnungsgeldes).

73 Vgl. OLG Braunschweig, Beschl. v. 22.5.2020, 1 UF 51/20, FamRZ 2020, 1372.

74 Vgl. OLG Schleswig, FamRZ 2018, 1946, das bei Erkrankung des Kindes vom Umgangspflichtigen die Vorlage eines aussagekräftigen Attestes für erforderlich hält. Zur Aussetzung eines Ordnungsmittelverfahrens aus wichtigem Grund s. OLG Brandenburg, FamRZ 2018, 927 f.

75 Vgl. KG, ZKJ 2015, 191 ff. = FamRZ 2015, 940 ff. Nach zutreffender Ansicht des OLG Frankfurt, ZKJ 2018, 28 ff. ist eine Vollstreckung allerdings nur zulässig, wenn das Kontaktverbot in die gerichtliche Regelung aufgenommen wurde.

76 Vgl. BVerfG, FamRZ 2008, 845 ff. Siehe auch OLG Hamm, FamRZ 2018, 111 f.

77 Vgl. OLG Frankfurt, ZKJ 2013, 167 ff. Zum Ordnungsgeld gegen das Jugendamt als Amtsvormund im Umgangskonflikt mit einem Pflegekind siehe BGH, JAmt 2014, 230 ff.

dings kein Ordnungsgeld nach § 89 FamFG verhängt werden.[78] Als weiteres Vollstreckungsmittel kommt gegebenenfalls auch unmittelbarer Zwang gegen die Eltern in Betracht (§ 90 Abs. 1 FamFG), nicht jedoch gegen das Kind (§ 90 Abs. 2 FamFG). Sofern sich die Eltern in einem gerichtlich gebilligten Vergleich zur Teilnahme an einer gemeinsamen Elternberatung verpflichtet haben, darf allerdings bei Verstoß gegen diese Verpflichtung kein Ordnungsgeld verhängt werden.[79]

Jeder Elternteil ist berechtigt, ein gerichtliches **Vermittlungsverfahren** zu beantragen, sofern er geltend macht, dass der andere Elternteil die Durchführung einer gerichtlichen Umgangsregelung oder eines gerichtlich gebilligten Vergleichs (nicht ausreichend ist eine vor dem Jugendamt getroffene einverständliche Umgangsregelung) vereitelt oder erschwert (§ 165 Abs. 1 Satz 1 FamFG). Das Erscheinen im Vermittlungsverfahren kann allerdings nicht erzwungen und das Nichterscheinen nicht mit Ordnungsmitteln sanktioniert werden.[80] Auch während eines Vermittlungsverfahrens haben die Eltern einen Rechtsanspruch auf Beratung und Unterstützung durch das Jugendamt. Hiervon erlangen sie dadurch Kenntnis, dass das Familiengericht verpflichtet ist, auf bestehende Beratungsmöglichkeiten durch die Beratungsstellen und -dienste der Träger der Kinder- und Jugendhilfe hinzuweisen (§ 165 Abs. 3 Satz 3 FamFG). Die Beiordnung eines Rechtsanwalts ist im Umgangsvermittlungsverfahren in der Regel nicht erforderlich.[81] **37**

Bei hartnäckiger Vereitelung des Umgangsrechts (**Umgangsboykott**) wird durch die Rechtsprechung mitunter indirekt Zwang durch Kürzung des Unterhalts gem. § 1579 Nr. 6 BGB ausgeübt.[82] Auch eine Schadensersatzpflicht des sorgeberechtigten Elternteils, der eine gerichtliche Umgangsregelung boykottiert, kann in Betracht kommen, wenn dem Umgangsberechtigten z.B. nutzlos aufgewendete Fahrtkosten entstanden sind.[83] Auch ein Schmerzensgeldanspruch kommt u.U. in Betracht.[84] **38**

5. Vermittlung und Hilfestellung in geeigneten Fällen (Abs. 3 Satz 4)

Nach Abs. 3 Satz 4 ist das JA zur **Vermittlung** und in geeigneten Fällen[85] zur Hilfestellung bei Konflikten in bestimmten Angelegenheiten verpflichtet. Zu diesen Angelegenheiten gehören Probleme bei der Realisierung des Auskunftsrechts der Eltern über die persönlichen (nicht wirtschaftlichen) Verhältnisse des Kindes (§§ 1686, 1686a Abs. 1 Nr. 2 BGB), Schwierigkeiten bei der Herstellung von Umgangskontakten (Kontaktanbahnung) sowie Konflikte bei der Ausführung gerichtlicher oder vereinbarter Umgangsregelungen (Durchführung des Umgangs). Das Jugendamt darf die Hilfeleistung nach Abs. 3 Satz 4 nicht unter Berufung auf fehlendes (Fach-)Personal verweigern.[86] **39**

Neben beratenden Gesprächen mit dem Ziel der Vermittlung zwischen den Beteiligten soll das Jugendamt in geeigneten Fällen (hierbei handelt es sich um einen unbestimmten Rechts- **40**

78 Vgl. BGH, Beschl. V. 9.6.2021, XII ZB 513/20, FamRZ 2021, 1622 (Widerruf der Mitwirkungsbereitschaft im Hinblick auf die Corona-Pandemie).
79 Vgl. OLG Frankfurt, ZKJ 2015, 195 f.
80 Vgl. OLG Frankfurt, ZKJ 2017, 982 f.
81 Vgl. OLG Köln, FamRZ 2015, 1921 f. Ausnahmsweise kann jedoch eine Beiordnung geboten sein (vgl. hierzu: OLG Hamm, Beschl. v. 28.4.2020, 2 WF 39/20, openJur 2020, 5723 m.w.N.).
82 Vgl. BGH, FamRZ 2007, 883 ff.
83 Vgl. BGH, FamRZ 2002, 1099 ff. Zu den Voraussetzungen s.a. KG, Beschl. v. 18.5.2020, 13 UF 88/18 (Ersatzanspruch umfasst nicht nur die Kosten des Ersatzfluges des umgangsberechtigten Elternteils, sondern auch die Kosten für Ersatzflug der Ehefrau und deren Kind); OLG Bremen, ZKJ 2018, 103 ff.
84 Bejaht vom LG Essen, FamRZ 2008, 2032 ff., abgelehnt vom OLG Köln, ZKJ 2015, 196 ff., wobei sich die Klage gegen den Umgangspfleger richtete.
85 Zur Geeignetheit des begleiteten Umgangs und des Problems, wenn sich das Jugendamt und das Familiengericht nicht einig sind, ob der begleitete Umgang eine geeignete Hilfestellung ist, s. VG Oldenburg, ZKJ 2017, 287 f.
86 Vgl. OVG Münster, FamRZ 2017, 1935 f.

begriff, über dessen Auslegung im Streitfall das Verwaltungsgericht zu entscheiden hat) auch Hilfestellung z.B. beim Abholen und Zurückbringen des Kindes durch Umgangsbegleitung, Bereitstellen von Räumen etc. anbieten und leisten.

a) Hilfen bei der Auskunft über die persönlichen Verhältnisse des Kindes

41 Das Jugendamt soll in den Fällen, in denen ein auskunftsberechtigter Elternteil von dem anderen Elternteil vergeblich Auskunft über die persönlichen Verhältnisse des Kindes begehrt, vermittelnd tätig werden und in geeigneten Fällen Hilfestellung leisten, die z.B. darin bestehen kann, dass nicht der auskunftspflichtige Elternteil, sondern das Jugendamt, quasi als Mittelsperson, die erbetenen Auskünfte mit Einverständnis des auskunftspflichtigen Elternteils erteilt.

42 Gem. § 1686 BGB steht jedem Elternteil bei berechtigtem Interesse ein **Auskunftsrecht** über die **persönlichen Verhältnisse** des Kindes zu, soweit dies dem Wohl des Kindes nicht widerspricht.[87] Ein berechtigtes Interesse kann insbesondere bei Einschränkung oder Ausschluss des Umgangsrechts (siehe hierzu Rn. 47) vorliegen. Der Auskunftsanspruch kann sich – entgegen dem Wortlaut – auch gegen das zum Ergänzungspfleger bestellte Jugendamt richten.[88]

Gegenstand des Auskunftsanspruchs kann z.B. der Gesundheitszustand, die schulischen Leistungen und sonstige wesentliche Lebensumstände des Kindes sein. Zum Anspruch gehört u.U. auch die Übersendung von Kopien von Schulzeugnissen[89] oder Fotografien des Kindes,[90] nicht jedoch von Belegen über die Einkommens- und Vermögensverhältnisse.[91] Ein Auskunftsanspruch über den Aufenthaltsort von minderjährigen Kindern besteht grds. nicht.[92]

Die **Vollstreckung** einer Verpflichtung zur Auskunftserteilung erfolgt durch Zwangsmittel gem. § 95 Abs. 1 Nr. 3 FamFG, § 888 ZPO.[93]

43 Solange die Vaterschaft eines anderen Mannes besteht, hat auch der **leibliche, nicht rechtliche Vater**, der ein ernsthaftes Interesse an dem Kind gezeigt hat,[94] gem. § 1686a Abs. 1 BGB[95] ein Umgangs- und Auskunftsrecht gegenüber beiden Eltern, soweit dies dem Wohl des Kindes nicht widerspricht.[96] Damit korrespondierend hat er einen Anspruch auf Vermittlung und gegebenenfalls Hilfestellung gegenüber dem Jugendamt. Notwendige Zulassungsvoraussetzung für Anträge nach § 1686a Abs. 1 BGB ist allerdings, dass er eine eidesstattliche Erklärung abgegeben hat, der Mutter des Kindes während der Empfängniszeit beigewohnt zu haben.[97] Zu den besonderen Verfahrensvorschriften nach § 1686a BGB siehe § 167a FamFG.

---

87 So kann das Auskunftsrecht z.B. entfallen, wenn der Vater sein Kind im Säuglingsalter lebensgefährlich verletzt hat (vgl. insoweit OLG Düsseldorf, ZKJ 2020, 25 f.).
88 Vgl. BGH, FamRZ 2017, 1666 ff.
89 Vgl. OLG Hamm, FamRZ 2003, 1583 ff.
90 Vgl. OLG Düsseldorf, ZKJ 2017, 275 ff.
91 Grds. zum Umfang der Informationen s. BGH, JAmt 2017, 307 ff. = ZKJ 2017, 146 ff.
92 Vgl. OVG Schleswig, JAmt 2018, 351 = FamRZ 2018, 831.
93 Vgl. BGH, ZKJ 2017, 232 ff.
94 Vgl. OLG Bremen, FamRZ 2015, 266 ff. = NJW 2015, 259 ff., das ein ernsthaftes Interesse wegen eines sehr langen Zeitraums von sieben Jahren zwischen Kenntnis der möglichen Vaterschaft und Kontaktaufnahme verneint.
95 Diese Bestimmung ist durch das Gesetz zur Stärkung der Rechte des leiblichen, nicht rechtlichen Vaters am 15.7.2013 (BGBl. I S. 2176) in das BGB aufgenommen worden. Hierzu s.a: Kinderrechtekommission des DFGT ZKJ 2012, 351.
96 Zum Umgangsrecht eines privaten Samenspenders s. OLG Frankfurt, FamRZ 2019, 37 ff.
97 Zur verfassungsrechtlich gebotenen Prüfungsreihenfolge vgl. BVerfG, FamRZ 2015, 119 ff. m. Anm. v. *Hilbig-Lugani*, FamRZ 2015, 212.

b) Hilfen bei der Herstellung von Umgangskontakten

Da Eltern und u.U. auch andere Umgangsberechtigte insbesondere in Krisensituationen (z.B. bei Trennung) häufig auf Grund von Ängsten, Befürchtungen oder Verletzungen nicht oder nur eingeschränkt zu einer vernünftigen, am Wohl des Kindes orientierten Kommunikation über die Regelung des Umgangs in der Lage sind, soll die Hilfestellung durch das Jugendamt ihnen insbesondere die Herstellung von Umgangskontakten ohne gerichtliche Entscheidung ermöglichen.[98] Dabei kann die Hilfestellung zunächst einmal nur die Herstellung brieflicher oder telefonischer Kontakte zum Ziel haben, was z.B. dann angezeigt sein kann, wenn es um Erstkontakte mit dem Kind geht oder ein längerer Kontaktabbruch vorliegt. Letztlich besteht auch bei der Herstellung von Umgangskontakten die gesetzliche Zielvorgabe – ebenso wie bei Satz 3[99] –, eine einvernehmliche Lösung herbeizuführen.[100] **44**

c) Hilfen bei der Ausführung gerichtlicher oder vereinbarter Umgangsregelungen

Trotz Vorhandenseins einer Umgangsregelung, sei es in Form einer gerichtlichen Entscheidung, eines gerichtlich gebilligten Vergleichs oder auf Grund einer außergerichtlichen Einigung, kommt es immer wieder zu Schwierigkeiten bei deren Umsetzung, worunter zumeist die betroffenen Kinder zu leiden haben. Das Jugendamt ist verpflichtet, bei Konflikten, die im Zusammenhang mit der Ausführung von Umgangsregelungen auftreten, zu vermitteln und in geeigneten Fällen Hilfestellung zu leisten. Aus der in Satz 4 normierten Leistungsverpflichtung kann der begünstigte Elternteil ein „**subjektives Recht**" ableiten.[101] Die Frage, ob ein geeigneter Fall zur Hilfestellung vorliegt, unterliegt der vollen gerichtlichen Nachprüfung durch die Verwaltungsgerichte, da es sich bei der Eignung eines Falls zur Hilfestellung um einen unbestimmten Rechtsbegriff handelt.[102] **45**

aa) begleiteter Umgang

Eine mögliche Hilfestellung kann der **begleitete Umgang**[103] sein, der teilweise auch als „beschützter" oder „betreuter" Umgang praktiziert wird[104] und u.U. auch als dauerhafte Leistung in Betracht kommt.[105] Begleiteter Umgang bedeutet, dass der Umgang zwischen dem umgangsberechtigten Elternteil und dem Kind oder Jugendlichen nur im Beisein eines Dritten gestattet ist. Der begleitete Umgang kann zwar gegebenenfalls bei Vorliegen der erforderlichen Eignung zur Hilfestellung bei der Ausführung des Umgangsrechts auch ohne gerichtliche oder vereinbarte Umgangsregelung vom Jugendamt beansprucht werden,[106] wobei **Antrags- und Anspruchsberechtigter** i.d.R. die Eltern oder Vormünder sein dürften. Im Normalfall liegt jedoch dem begleiteten Umgang eine gerichtliche Regelung in Form eines gerichtlich gebilligten Vergleichs oder eines Beschlusses zu Grunde. **46**

Bei Anordnung des begleiteten Umgangs müssen Tag, Uhrzeit, Dauer und Ort des Umgangs hinreichend bestimmt sein.[107] Auch die Bezeichnung der Person des Mitwirkungsbereiten darf weder dem Jugendamt überlassen werden noch einer späteren Bestimmung vorbehal- **46a**

98 Vgl. DV-Empfehlungen NDV 1999, 245 ff.
99 Zu Recht wird in LPK SGB VIII/*Kunkel/Pattar*, § 18 Rn. 21 darauf hingewiesen, dass eine trennscharfe Abgrenzung zwischen den Unterstützungshandlungen in den Sätzen 1 bis 4 nicht möglich ist.
100 So auch LPK-SGB VIII/*Kunkel/Pattar*, § 18 Rn. 22, die in diesem Zusammenhang von einer Pflicht des Jugendamtes zur „behördlichen Mediation" sprechen.
101 Vgl. OVG Nordrhein-Westfalen, Beschl. v. 27.6.2014, 12 B 579/14, NJW 2014, 3593, Rn. 11.
102 Vgl. OVG Saarlouis, FamRZ 2014, 1863 f.; OVG Berlin-Brandenburg, JAmt 2012, 483 ff.
103 Zu den in der Praxis vorkommenden Problemen des begleiteten Umgangs und der Abgrenzung zur Umgangspflegschaft siehe *Schäder,* JAmt 2021, 2 ff.
104 Vgl. BMFSJ 2008, 19 ff. Zu den Beratungsstandards beim begleiteten Umgang in schwierigen Fallkonstellationen s. *Schlund*, ZKJ 2015, 55 ff; 104 ff.
105 Vgl. OLG Frankfurt, JAmt 2015, 222 f.
106 Siehe hierzu OVG Saarlouis, ZKJ 2014, 488 ff. = FamRZ 2014, 1862 f.
107 Vgl. BGH, Beschl. v. 1.2.2012, XII ZB 188/11, FamRZ 2012,533 ff.

ten bleiben.[108] Auch beim begleiteten Umgang hat der Umgangsberechtigte kein Recht, dass ihm das Kind gebracht wird.[109]

47 Der **gerichtlich angeordnete begleitete Umgang** stellt eine nicht unerhebliche Einschränkung des Umgangsrechts dar und darf gem. § 1684 Abs. 4 Satz 3 BGB nur angeordnet werden, wenn eine Gefährdung des Kindes bei Ausübung des uneingeschränkten Umgangsrechts nicht ausgeschlossen werden kann, wovon z.B. dann ausgegangen werden kann, wenn der Verdacht des sexuellen Missbrauchs oder die Besorgnis der Kindesentziehung besteht. Begleiteter Umgang kommt auch in Fällen des Erstkontaktes oder eines länger zurückliegenden Kontaktabbruchs sowie damit verbunden Ängsten des Kindes gegenüber einer ihm fremden Person in Betracht. Der gerichtlich angeordnete begleitete Umgang ist gegenüber dem **Umgangsausschluss**,[110] der durch das Gericht gem. § 1684 Abs. 4 Satz 2 BGB nur angeordnet werden darf, wenn andernfalls das Wohl des Kindes gefährdet wäre, wenn also eine gegenwärtige Gefahr in einem solchen Maße besteht, dass sich eine erhebliche weitere Schädigung der weiteren Entwicklung des Kindes mit ziemlicher Sicherheit voraussehen lässt,[111] das mildere Mittel.

48 Das Gericht kann gem. § 1684 Abs. 4 Satz 3 BGB den begleiteten Umgang anordnen, wenn ein **mittwirkungsbereiter Dritter** anwesend ist, wobei Dritter gem. § 1684 Abs. 4 Satz 4 BGB nicht nur Privatpersonen des Vertrauens, sondern auch der Träger der Jugendhilfe oder ein Verein sein kann. Das Familiengericht ist gem. § 26 FamFG gegebenenfalls von Amts wegen verpflichtet, einen mitwirkungsbereiten Dritten zu ermitteln[112] und muss sich vor der Anordnung des begleiteten Umgangs davon überzeugt haben, dass der Dritte zur Mitwirkung bereit ist. Dies gilt nach einhelliger Meinung auch dann, wenn der begleitete Umgang durch das Jugendamt oder einen freien Träger der Jugendhilfe durchgeführt werden soll.[113] Sofern das Jugendamt in einem familiengerichtlichen Verfahren seine Bereitschaft zur Mitwirkung erklärt hat, ist es hieran gebunden. Eine eigenmächtige **Rücknahme der Bereitschaftserklärung**, sei es aus Kostengründen,[114] sei es aus anderen Gründen, ist nicht gestattet, denn der Jugendhilfeträger ist nicht befugt, gerichtliche Umgangsregelungen zu modifizieren oder gar außer Kraft zu setzen.[115] Vielmehr muss das Jugendamt dafür Sorge tragen, dass der Rechtsanspruch auf begleiteten Umgang entweder durch eigenes Personal oder durch freie Träger sichergestellt wird.[116] Sofern das Jugendamt den begleiteten Umgang nicht mehr für sachgerecht hält, steht es ihm allerdings frei, eine Abänderung der gerichtlichen Umgangsregelung zu beantragen.

49 Bei **fehlender Mitwirkungsbereitschaft des Jugendamtes** darf die Anordnung des begleiteten Umgangs durch das Familiengericht nicht erfolgen.[117] Sollte kein mitwirkungsbereiter Dritter vorhanden sein, so sind die Betroffenen nach der derzeitigen unbefriedigenden

---

108 Vgl. OLG Frankfurt, Beschl. v. 10.8.2016, 5 UF 167/16, FamRZ 2016, 1787 f.

109 Vgl. OLG Koblenz, Beschl. v. 30.9.2016, 11 UF 418/16, FamRZ 2017, 301 ff.

110 Zu den Anforderungen an einen befristeten Umgangsausschluss s. EuGHMR, FamRZ 2018, 350 ff. Nur in seltenen Fällen ist ein unbefristeter Umgangsausschluss zulässig, s. EuGHMR, FamRZ 2017, 891 ff.

111 Vgl. BVerfG, FamRZ 2009, 1472 f. Zum befristeten Ausschluss des Umgangs wegen nachgewiesener pädophiler Neigungen siehe OLG Hamm, FamRZ 2015, 1732 ff. Zum Umgangsausschluss bei nicht nachgewiesenem Vorwurf sexuellen Kindesmissbrauchs s. OLG Frankfurt, ZKJ 2018, 317 ff. Zum Umgangsausschluss wegen Weigerung eines zwölfjährigen Kindes bei negativer Beeinflussung durch den anderen Elternteil siehe OLG Stuttgart FamRZ 2015, 1727 ff.

112 Vgl. OLG Frankfurt a.M., Beschl. v. 26.3.2020, 8 WF 45/20, FamRZ 2020, 1117; OLG Schleswig, FamRZ 2015, 1041 ff.

113 Vgl. OVG Saarlouis, FamRZ 2014, 1863 f.

114 Vgl. OLG Frankfurt, ZKJ 2013, 167 ff.

115 Vgl. OVG Nordrhein-Westfalen, Beschl. v. 27.6.2014, 12 B 579/14, Rn. 33, 37, NJW 2014, 3593; a.A. OLG Frankfurt, Beschl. v. 23.6.2020, 5 WF 107/20 (Rücknahme der Mitwirkungsbereitschaft im Hinblick auf die Corona-Pandemie).

116 Vgl. OVG Nordrhein-Westfalen, Beschl. v. 27.6.2014, 12 B 579/14, Rn. 38, NJW 2014, 3593.

117 Vgl. OLG Nürnberg, Beschl. v. 19.7.2016, 7 UF 746/16, FamRZ 2017, 301 (304); OLG Frankfurt, ZKJ 2015, 240 ff. = JAmt 2015, 222 f.; OLG Saarbrücken, ZKJ 2015, 118 ff. = FamRZ 2015, 344 ff.

Gesetzeslage (gegebenenfalls nach Aussetzung des familiengerichtlichen Verfahrens gem. § 21 FamFG) darauf angewiesen,[118] gegebenenfalls die Erklärung der Mitwirkungsbereitschaft durch ein **verwaltungsgerichtliches Verfahren** zu erzwingen. Denn die sich aus Abs. 4 ergebende Verpflichtung des Jugendamtes zur Hilfestellung durch den begleiteten Umgang schließt dessen Pflicht ein, die Mitwirkungsbereitschaft zu begleiteten Umgangskontakten gem. § 1684 Abs. 4 Satz 3 BGB vor dem Familiengericht zu erklären.[119] Es erscheint allerdings fraglich, ob die Betroffenen immer diesen umständlichen Weg wählen werden, sodass die Gefahr nicht auszuschließen ist, dass aus fiskalischen Gründen der begleitende Umgang, der auch der Wahrung von Grundrechten dient (Elternrecht aus Art. 6 Abs. 2 GG, Persönlichkeitsrechte des Kindes aus Art. 2 GG), u.U. unterbleibt[120] und somit faktisch das Jugendamt darüber entscheidet, ob aus dem an sich wünschenswerten begleiteten Umgang ein Umgangsausschluss wird,[121] obwohl dieser Grundrechtseingriff (Ausschluss des Umgangs), der schwerer wiegt als die Einschränkung des Umgangsrechts, den Gerichten vorbehalten sein muss.[122] Von daher ist die Entscheidung des Bundesverfassungsgerichts vom 29.7.2015,[123] wonach die derzeitige Rechtslage der fehlenden Anordnungskompetenz der Familiengerichte gegenüber den Jugendhilfeträgern vertretbar sei und eine „Schutzlücke" für den umgangsberechtigten Elternteil im Hinblick auf die Möglichkeit, die Unterstützung durch das Jugendamt gegebenenfalls im verwaltungsgerichtlichen Verfahren durchzusetzen, nicht bestehe, durchaus problematisch. Deshalb sollte eine der „Absurditäten unseres kindschaftsrechtlichen Systems"[124], nämlich das Nebeneinander von familiengerichtlicher und verwaltungsgerichtlicher Anordnungskompetenz, das nicht im Interesse der davon betroffenen Kinder liegen kann, alsbald durch den Gesetzgeber beseitigt werden.[125]

Sofern ein freier Träger der Jugendhilfe mit der Vorbereitung oder Durchführung des begleiteten Umgangs beauftragt ist, haben dessen Mitarbeiter die **Befugnis zur Weitergabe** der für die Entscheidung über das Umgangsrecht relevanten **persönlichen Daten** an das Familiengericht und brauchen nicht zu befürchten, wegen **Verletzung der Schweigepflicht** strafrechtlich belangt zu werden.[126] Gleiches muss auch für Mitarbeiter des Trägers der öffentlichen Jugendhilfe gelten. **50**

Bei Durchführung des begleiteten Umgangs durch das Jugendamt oder einen freien Träger der Jugendhilfe entstehen den Eltern regelmäßig **keine Kosten**[127], da es sich hierbei nicht um gerichtliche Auslagen, sondern auch dann um eine Leistung des Jugendamtes im Rahmen des Abs. 3 handelt, wenn der begleitete Umgang gerichtlich angeordnet wurde[128] und in § 90 SGB VIII die Inanspruchnahme der Eltern für die Kosten des begleiteten Umgangs **51**

118 Siehe hierzu: OLG Schleswig, FamRZ 2015, 1040 ff, das von einer Mitwirkungspflicht des umgangsberechtigten Elternteils beim Suchen eines mitwirkungsbereiten Dritten ausgeht.
119 Vgl. OVG NRW, Beschl. v. 28.12.2016, 12 B 1336/16; OVG Saarlouis, ZKJ 2014, 488 ff. = FamRZ 2014, 1862 f.
120 In der Entscheidung des OLG Schleswig (FamRZ 2015, 1040 ff.) war das Jugendamt nach 15 begleiteten Umgangskontakten offensichtlich nicht mehr zur Finanzierung weiterer begleiteter Umgangskontakte bereit.
121 Siehe hierzu auch OLG Frankfurt, ZKJ 2015, 240 ff. = JAmt 2015, 222 f., das einen Umgangsausschluss angeordnet hat, weil der begleitete Umgang wegen Fehlens eines mitwirkungsbereiten Dritten nicht möglich war.
122 Diese Gefahr sieht auch *Keuter*, JJAmt, 2011, 373 (376).
123 BVerfG, FamRZ 2015, 1686 f.
124 *Heilmann*, Praxishinweis zu OVG Brandenburg, ZKJ 2014, 365.
125 So auch der Praxishinweis von *Gottschalk*, ZKJ 2014, 492 in seiner Anm. zu OVG Saarlouis, ZKJ 2014, 488 ff.; s.a.: *Möller*, EJ 2015, 130 (134) in seiner Stellungahme zu OVG Saarlouis, ZKJ 2014, 488 ff. und zu OVG Nordrhein-Westfalen, Beschl. v. 27.6.2014, 12 B 579/14, NJW 2014, 3593; generell zur Frage der Anordnungskompetenz des Familiengerichts gegenüber dem Jugendamt siehe *Schmidt*, FamRZ 2015, 158 ff.
126 Vgl. OLG Stuttgart, JAmt 2006, 317 f.
127 Zu den Ausnahmen bei begleitetem Umgang durch einen Umgangspfleger s. Rn. 55.
128 Vgl. *Gottschalk*, Anm. zu OLG Saarbrücken, ZKJ 2015,117 ff. = FamRZ 2015, 344 ff., ZKJ 2015, 121; FK-SGB VIII/*Tammen*, § 18 Rn. 47; a.A. wohl: LPK-SGB VIII/*Kunkel/Pattar*, § 18 Rn. 24.

nicht vorgesehen ist.[129] Sofern das Familiengericht allerdings einen begleiteten Umgang durch einen privaten Dritten anordnet, muss das Jugendamt die Kosten nicht tragen.[130]

bb) Umgangspflegschaft

52 Eine weitere Hilfestellung des Jugendamtes kann auch darin bestehen, dass das Jugendamt als Umgangspfleger fungiert. Die Umgangspflegschaft kann gem. § 1684 Abs. 3 Satz 3 BGB vom Familiengericht angeordnet werden, wenn Eltern dauerhaft oder wiederholt gegen ihre in § 1684 Abs. 2 BGB normierte Loyalitätsverpflichtung verstoßen und den Umgang wesentlich erschweren oder vereiteln **(Umgangsboykott)**.[131] Die Einrichtung einer Umgangspflegschaft ist stets das mildere Mittel gegenüber einer teilweisen Entziehung des Sorgerechts, insbes. des Aufenthalts-oder Umgangsbestimmungsrechts.[132]

Eine **Bestellung des Jugendamtes** zum Umgangspfleger ist jedoch nur ausnahmsweise zulässig, wenn das Familiengericht trotz intensiver Suche keine andere geeignete Person finden konnte.[133] Dabei ist dafür Sorge zu tragen, dass eine Interessenkollision vermieden wird.

53 Zu den **Aufgaben des Umgangspflegers** gehört die Festsetzung der Modalitäten bei der Vorbereitung des Umgangs, der Übergabe und Rückgabe des Kindes, die konkreten Ausgestaltung des Umgangs[134] sowie die Entscheidung über etwaig erforderliche Nachholtermine.[135] Auch die Anwesenheit des Umgangspflegers während des Umgangs kann angeordnet werden.[136] Der Umgangspfleger hat somit faktisch ein zeitlich beschränktes Aufenthaltsbestimmungsrecht. Sofern der Umgangspfleger aufgrund einer ausdrücklichen familiengerichtlichen Anordnung auch bei Durchführung des Umgangs anwesend ist, kann er hierfür eine **Vergütung** beanspruchen.[137]

54 Die Entscheidung über die **Häufigkeit und Dauer der Umgangskontakte** ist jedoch dem **Familiengericht** vorbehalten und muss einen vollstreckungsfähigen Inhalt haben (siehe Rn. 35). Gleiches gilt für die Entscheidung, ob der Umgang begleitet oder unbegleitet stattfinden soll, denn diese Entscheidung ist eine deutlich eingriffsintensivere Maßnahme als die Umgangspflegschaft und darf wegen ihrer strengeren Voraussetzungen nicht auf den Umgangspfleger delegiert werden.[138]

Die Anordnung der Umgangspflegschaft ist **zeitlich zu befristen** (§ 1684 Abs. 3 Satz 5 BGB). Sie kann aber auch erneut angeordnet oder verlängert werden.

55 Für den **Ersatz der Aufwendungen** und die **Vergütung** gilt gem. § 1684 Abs. 3 Satz 6 BGB die für den Verfahrenspfleger maßgebliche Regelung des § 277 FamFG. Die Umgangspflegschaft wird grds. unentgeltlich (§ 1684 Abs. 3 Satz 6 BGB i.V.m. § 277 Abs. 2 Satz 1 FamFG, § 1836 Abs. 1 Satz 1 BGB) und nur ausnahmsweise, bei berufsmäßiger Führung, entgeltlich geführt.[139] Allerdings ist in den letzten Jahren eine Tendenz zu verzeichnen, dass

---

129 Vgl. *Willutzki* in: Klinkhammer/Prinz 2016, 69 (74, 75).

130 Vgl. Wiesner/*Dürbeck*, § 18 SGB VIII Rn. 34.

131 Zum Vorrang der Umgangspflegschaft gegenüber einem teilweisen Sorgerechtsentzug im Fall eines Umgangsboykotts siehe BGH, ZKJ 2012, 107 ff. und die Anm. zu dieser Entscheidung von *Müller*, EJ 2012, 251 f.

132 Vgl. BGH, Beschl. v. 6.7.2016, XII ZB 47/15, ZKJ 2016, 419 ff.

133 Vgl. OLG Brandenburg, FamRZ 2014, 1214 LS; s.a.: *Grandel/Stockmann/Treu*, SWK FamR 2013 Umgangspflegschaft, Rn. 18.

134 Palandt/*Götz*, § 1684 BGB Rn. 35.

135 So zu Recht: OLG Hamm, ZKJ 2014, 393 (394); a.A. Palandt/*Götz*, § 1684 BGB Rn. 35.

136 Vgl. BGH, Beschl. v. 31.10.2018, XII ZB 135/18, ZKJ 2019, 143 ff.; OLG Düsseldorf, Beschl. v. 18.9.2019, 1 UF 118/19, ZKJ 2020, 27 f. m. krit. Anm. von *Dürbeck*.

137 Vgl. BGH, Beschl. v. 31.10.2018, XII ZB 135/18, JAmt 2020, 37 ff. In dieser Entscheidung werden auch die Unterschiede zwischen Umgangspflegschaft und begleitetem Umgang ausführlich aufgezeigt.

138 Vgl. OLG Hamm, ZKJ 2014, 393, 394.

139 Vgl. BGH, Beschl. v. 30.4.2014, XII ZB 190/13. Zur nachträglichen Festsetzung der Vergütung bei berufsmäßiger Umgangspflegschaft siehe BGH, FamRZ 2014, 1283 ff. Zum Umsatzsteuerprivileg bei Umgangspflegschaft s. OLG Rostock, ZKJ 2017, 281 f.

nicht nur immer häufiger berufsmäßige Umgangspfleger bestellt, sondern zugleich auch mit der Begleitung des Umgangs beauftragt werden. Diese **Bündelung des begleiteten Umgangs und der Umgangspflegschaft in einer Person** ist zwar seit der Grundsatzentscheidung des BGH vom 31.10.2018[140] möglich. Sie ist jedoch problematisch, weil hierdurch eine vom Gesetzgeber nicht gewollte Verlagerung der Kosten für den begleiteten Umgang von den Kommunal- in die Länderhaushalte erfolgt. Da der Umgangspfleger auch die durch die Umgangsbegleitung entstehenden Kosten gegenüber der Landeskasse abrechnet, sind diese Kosten nunmehr als Teil der Gerichtskosten gem. § 81 Abs. 1 Satz 1 FamFG i.V.m. KV FamGKG Nr. 2014 grds. den Eltern je zur Hälfte aufzuerlegen. Dadurch wird faktisch die von den Jugendämtern vorzuhaltende kostenlose staatliche Sozialleistung der Umgangsbegleitung zu einem von den Eltern zu tragenden Instrument der Lösung von Umgangskonflikten, weshalb die Entscheidung des BGH zu Recht in die Kritik geraten ist.[141]

IV. Hilfsangebote in Unterhaltsfragen für Volljährige bis zum 21. Lebensjahr (Abs. 4)

Nach Abs. 4 haben junge Volljährige bis zu ihrem 21. Geburtstag einen Anspruch auf Beratung und Unterstützung bei der Geltendmachung von Unterhalts- oder Unterhaltsersatzansprüchen.[142] (Zum Begriff der Beratung und Unterstützung siehe Rn. 10 f.) Die Beratung sollte grds. nicht im Beisein der Eltern oder eines Elternteils erfolgen. 56

Gegenstand der Beratung und Unterstützung ist der Unterhaltsanspruch volljähriger Kinder. Dieser setzt zunächst voraus, dass das volljährige Kind bedürftig ist. **Bedürftigkeit** ist z.B. zu verneinen, wenn das volljährige Kind Vermögen hat, denn es muss, anders als das minderjährige Kind, auch den Stamm seines Vermögens zur Bestreitung seines Lebensunterhalts einsetzen (§ 1602 Abs. 2 BGB).

Nach materiellem Unterhaltsrecht ist zwischen privilegierten Volljährigen und sonstigen Volljährigen zu unterscheiden. 57

Privilegierte Volljährige sind volljährige unverheiratete Kinder zwischen 18 und 21 Jahren, die im Haushalt der Eltern oder eines Elternteils leben und sich in der allgemeinen Schulausbildung befinden (§ 1603 Abs. 2 Satz 2 BGB). Sie haben den gleichen Unterhaltsrang wie minderjährige Kinder (§ 1609 Satz 1 Nr. 1 BGB). Ihnen gegenüber steht den Eltern nur der **notwendige Selbstbehalt** von derzeit 1.160,00/960,00 Euro bei Erwerbstätigkeit/Nichterwerbstätigkeit zu (*Düsseldorfer Tabelle*, Stand: 1.1.2022). Außerdem besteht ihnen gegenüber eine gesteigerte Erwerbsobliegenheit.[143]

Sonstige Volljährige, z.B. Studierende, haben nur einen schwach ausgeprägten Unterhaltsanspruch gegenüber ihren Eltern, was u.a. darin zum Ausdruck kommt, dass sie mit ihrem Unterhaltsanspruch erst an 4. Stelle rangieren (§ 1609 Satz. 1 Nr. 4 BGB) und den unterhaltspflichtigen Eltern der angemessene Selbstbehalt (§ 1603 Abs. 1 BGB), der sich nach *Düsseldorfer Tabelle* (Stand 1.1.2022) auf 1.400,00 Euro beläuft, verbleiben muss. 58

Volljährige Kinder **außerhalb einer Ausbildung** haben gegenüber ihren Eltern, sofern diese leistungsfähig sind, nur dann einen Unterhaltsanspruch, wenn sie ihren eigenen Unterhalt nicht oder nicht in vollem Umfang durch Einkommen aus Erwerbstätigkeit oder aus ihrem Vermögen bestreiten können. Dabei sind an die Bemühungen des volljährigen Kindes, eine Erwerbstätigkeit zu suchen und aufzunehmen, strenge Anforderungen gestellt. Auch sind volljährige Kinder nach Erlangung einer angemessenen Ausbildung selbst dann, wenn 59

140 BGH, Beschl. v. 31.10.2018, XII ZB 135/18, ZKJ 2019, 143 ff.
141 Vgl. *Dürbeck*, ZKJ 2019, 141 ff.
142 Zum Umfang des Beratungsanspruchs s. DIJuF, JAmt 2016, 84 ff.
143 Vgl. BGH, FamRZ 2009, 314 ff.

ihnen diese ganz oder z.T. von den Eltern finanziert wurde, verpflichtet, jede Arbeit, auch berufsfremde Tätigkeiten und Arbeiten unter ihrer gewohnten Lebensstellung, anzunehmen, sodass die Eltern grundsätzlich das „Anstellungsrisiko" nicht zu tragen haben.[144]

60 Der Anspruch auf Beratung und Unterstützung umfasst auch die **Höhe des Unterhaltsanspruchs**. Diese richtet sich insbesondere nach dem Einkommen der Eltern, welche gem. § 1606 Abs. 3 Satz. 1 BGB anteilig nach ihren Einkommens- und Vermögensverhältnissen haften.[145]

61 Sowohl privilegierte als auch sonstige Volljährige haben auch Anspruch auf Beratung und Unterstützung bei Problemen, die sich aus dem **elterlichen Bestimmungsrecht** gem. § 1612 BGB ergeben können.[146] Bei der Frage, ob die Eltern bei der Ausübung des elterlichen Bestimmungsrechts die gebotene Rücksicht auf die Belange des Kindes genommen haben, kann auch auf die Rechtsprechung bis zur Neufassung des § 1612 Abs. 2 BGB durch das Gesetz zur Änderung des Unterhaltsrechts vom 21.12.2007 (UÄndG),[147] das zum 1.1.2008 in Kraft getreten ist, zurückgegriffen werden. Nach wie vor ist es für volljährige Kinder nicht so leicht, gegen den Willen der Naturalunterhalt anbietenden Eltern gerichtlich Barunterhalt zu erstreiten.[148]

62 Da ein etwaiger **Auszug des volljährigen Kindes** aus dem Elternhaus wegen des elterlichen Bestimmungsrechts nicht nur unterhaltsrechtliche Folgen haben, sondern auch im Hinblick auf § 22 Abs. 5 SGB II für den Bezug oder Weiterbezug von Leistungen nach dem SGB II von großer Bedeutung sein kann, sollte die Beratung auch diesen Komplex mit einbeziehen. Dies ist auch durch Abs. 4 gedeckt, sofern man den Begriff der Unterhaltsersatzleistungen extensiv auslegt und hierunter auch Unterhaltsvorschuss- oder -ausfallleistungen nach dem UVG oder BAföG sowie Leistungen nach dem SGB II oder SGB XII fasst.[149]

63 Sowohl für privilegierte als auch für sonstige Volljährige besteht die Möglichkeit der **Beurkundung** ihrer Unterhaltsansprüche gem. § 59 Abs. 1 Nr. 3 SGB VIII.

64 Gegen einen während der Minderjährigkeit nach Maßgabe des § 1612a BGB geschaffenen Vollstreckungstitel kann der Unterhaltsschuldner nicht den Einwand erheben, dass die Minderjährigkeit nicht mehr besteht (§ 244 FamFG), sodass die Vollstreckung hieraus auch nach Eintritt der Volljährigkeit möglich ist. Im Übrigen ist der Unterhaltsverpflichtete jedoch befugt, wegen sonstiger wesentlicher Änderungen eine gerichtliche Abänderung des Ursprungstitels zu beantragen (§§ 238, 240 FamFG), worauf das volljährige Kind gegebenenfalls hinzuweisen ist.

V. Zuständigkeit/Kosten/Aktenaufbewahrung

65 Die **örtliche Zuständigkeit** für die Unterstützung und Beratung im Rahmen des § 18 SGB VIII ergibt sich aus §§ 86 ff. SGB VIII.

Sämtliche Beratungs- und Unterstützungsangebote im Rahmen des § 18 SGB VIII sind **kostenfrei**, da weder über § 90 SGB VIII noch über § 91 SGB VIII Beiträge oder Gebühren für diese Leistungen der öffentlichen Träger der Kinder- und Jugendhilfe festgesetzt bzw. erhoben werden können.

---

144 Vgl. BSG, FamRZ 1985, 1251 ff.

145 Zur Bedeutung des Einkommens und des wechselseitigen Auskunftsanspruchs s. DIJuF, JAmt 2016, 84.

146 Zum elterlichen Bestimmungsrecht siehe OLG Karlsruhe, JAmt 2015, 339 f.

147 BGBl. I S. 3189.

148 Nach OLG Celle (FamRZ 2007, 762) müssen bei tiefgreifenden Differenzen zwischen Eltern und volljährigen Kindern die Interessen der Eltern hinter denen der volljährigen Kinder zurückstehen.

149 Für eine extensive Auslegung des Begriffs der Unterhaltsersatzansprüche: *Wiesner/Dürbeck*, § 18 SGB VIII Rn. 10; *Fischer*, in Schellhorn u.a., SGB VIII § 18,Rn. 18; a.A. LPK-SGB VIII/*Kunkel/Pattar*, § 18 Rn. 9.

Eine **Aktenaufbewahrung** von 10 Jahren mit Ablauf des Jahres, in dem das letzte Schriftstück zu den Akten genommen wurde, ist empfehlenswert.[150]

150 Vgl. DIJuF, JAmt 2018, 255 ff.

§ 19
Gemeinsame Wohnformen für Mütter/Väter und Kinder

(1) [1]Mütter oder Väter, die allein für ein Kind unter sechs Jahren zu sorgen haben oder tatsächlich sorgen, sollen gemeinsam mit dem Kind in einer geeigneten Wohnform betreut werden, wenn und solange sie auf Grund ihrer Persönlichkeitsentwicklung dieser Form der Unterstützung bei der Pflege und Erziehung des Kindes bedürfen. [2]Die Betreuung schließt auch ältere Geschwister ein, sofern die Mutter oder der Vater für sie allein zu sorgen hat. [3]Die Betreuung umfasst Leistungen, die die Bedürfnisse der Mutter oder des Vaters sowie des Kindes und seiner Geschwister gleichermaßen berücksichtigen. [4]Eine schwangere Frau kann auch vor der Geburt des Kindes in der Wohnform betreut werden.

(2) [1]Mit Zustimmung des betreuten Elternteils soll auch der andere Elternteil oder eine Person, die für das Kind tatsächlich sorgt, in die Leistung einbezogen werden, wenn und soweit dies dem Leistungszweck dient. [2]Abweichend von Absatz 1 Satz 1 kann diese Einbeziehung die gemeinsame Betreuung der in Satz 1 genannten Personen mit dem Kind in einer geeigneten Wohnform umfassen, wenn und solange dies zur Erreichung des Leistungszwecks erforderlich ist.

(3) Während dieser Zeit soll darauf hingewirkt werden, dass die Mutter oder der Vater eine schulische oder berufliche Ausbildung beginnt oder fortführt oder eine Berufstätigkeit aufnimmt.

(4) Die Leistung soll auch den notwendigen Unterhalt der betreuten Personen sowie die Krankenhilfe nach Maßgabe des § 40 umfassen.

Übersicht

A. Allgemeines

1 Die durch das 1. ÄndG SGB VIII gründlich und durch das KICK leicht geänderte Norm war bereits in der ursprünglichen Fassung des SGB VIII als Vorschrift über „Vater-/Mutter-Kind-Einrichtungen" enthalten. Mit ihr sollte das seinerzeit bestehende Angebot an Mutter-Kind-Einrichtungen und anderen für diese Problemsituationen geschaffenen Wohnformen wie Außenwohngruppen gesetzlich abgesichert werden.[1]

Durch die gemeinsame Unterbringung mit ihrem Kind sollen **alleinerziehende Mütter und Väter** bei der Pflege und Erziehung unterstützt und ihre Erziehungsfähigkeit verbessert und gestärkt werden. Zugleich sollen sie entlastet und dadurch in die Lage versetzt werden, eine Schul- oder Berufsausbildung zu beginnen oder abzuschließen.[2] Elternteile ohne soziales Umfeld oder ohne die Fähigkeit zu einem selbstständigen Leben mit ihren Kindern sollen in geeigneten Wohnformen eine „familiale Lebensweise" führen und erlernen. Die Begleitung und Unterstützung soll frühzeitig und unterhalb der Schwelle eines erzieherischen Bedarfes und damit der Hilfen zur Erziehung einsetzen. Ziel ist es, die Elternkompetenz zu fördern und

---

1 So die Gesetzesbegründung zum KJHG, BT-Drs. 11/5948, 59.
2 Vgl. MüKo-BGB/*Tillmanns*, § 19 SGB VIII Rn. 1.

eine Fremdunterbringung und damit Trennung des Kindes zu vermeiden, damit das Kind in der eigenen Familie aufwachsen kann.[3]

Die Neufassung des Abs. 2 der Vorschrift durch das KJSG eröffnet die Möglichkeit, den anderen sorgenden Elternteil in die Betreuung und ggf. in die **Unterbringung** in der Wohnform einzubeziehen.

B. Einzelheiten

I. Abs. 1 – Betreuung in geeigneter Wohnform

Leistungsberechtigt nach Abs. 1 sind **Schwangere** sowie **Mütter** und **Väter**, die **allein** für ein **Kind unter sechs** Jahren zu sorgen haben oder tatsächlich sorgen. Mit der Einfügung der zweiten Alternative durch das KICK wurde klargestellt, dass es auf die tatsächliche Sorge, nicht aber das Bestehen eines Personensorgerechts nach BGB i.S.d. § 7 Abs. 1 Nr. 5 SGB VIII ankommt.[4] Eine **Altersgrenze für Mütter und Väter** besteht nicht, sie können bei Beginn der Leistung auch das 27. Lebensjahr bereits vollendet haben. Dagegen darf das **Kind** – bei mehreren Kindern das jüngste Kind – das **sechste Lebensjahr bei Antragstellung noch nicht vollendet** haben.[5] 2

Voraussetzung der Leistung ist, dass die oder der Leistungsberechtigte aufgrund eigener Persönlichkeitsentwicklung der Betreuung in einer geeigneten Wohnform als Unterstützung bei der Pflege und Erziehung des Kindes bedarf. 3

Die **defizitäre Persönlichkeitsentwicklung** muss die Erziehung des Kindes gefährden, mithin für den Hilfebedarf ursächlich sein. Dagegen kommt es auf deren Ursache und Erscheinungsform, die vielfältig sein können, nicht an.

Als solche kommt in Betracht eine **geistige, seelische oder körperliche Überforderung** oder **Beeinträchtigung**, die **Unfähigkeit**, für ein Kind zu sorgen oder eine emotionale Beziehung zu ihm aufzubauen, die wiederum auf selbsterfahrene Bindungsstörungen oder Missbrauch zurückzuführen sein kann, oder eine desolate und (scheinbar) ausweglose berufliche oder Ausbildungssituation. Insgesamt ist die Bedarfssituation durch **fehlende Erziehungskompetenz** und die **Unfähigkeit, die Mutter- oder Vaterrolle** einzunehmen, gekennzeichnet.[6]

Die nach § 19 SGB VIII zu leistende **Hilfe** muss **geeignet und erforderlich** sein, um die Persönlichkeitsentwicklung des alleinerziehenden Elternteils zu fördern. Der Leistungsanspruch setzt indes nicht voraus, dass ein Entwicklungsdefizit behoben und die Mutter oder der Vater durch die intensive Betreuung in die Lage versetzt werden kann, zukünftig ein selbstständiges und eigenverantwortliches Leben mit dem Kind zu führen. Es reicht insoweit aus, dass eine Milderung des Entwicklungsdefizits des Elternteils durch eine intensive Intervention möglich ist.[7] Eine Eignung liegt nicht vor bei außerhalb der Persönlichkeit liegenden Gründen oder wenn die Erziehung gar nicht möglich ist.[8] Die Leistung ist nicht erforderlich, wenn vorrangige Leistungen, etwa gem. § 18 SGB VIII, die Eingliederungshilfe für Erwachsene zur 4

---

3 Vgl. Gesetzesbegründung zum KJSG, BT-Drs. 19/28870, 102.

4 Vgl. auch BeckOKSozR/*Winkler*, § 19 SGB VIII Rn. 4-6.

5 Vgl. BeckOK SozR/*Winkler*, § 19 SGB VIII Rn. 3; MüKo-BGB/*Tillmanns*, § 19 SGB VIII Rn. 2; Wiesner/*Wapler* § 19 SGB VIII Rn. 7; LPK-SGB VIII/*Kunkel/Kepert/Dlugosch*, § 19 Rn. 2; BayVGH, Beschl. v. 29.4.2013, 12 CE 12.2738, juris.

6 Vgl. dazu etwa OVG Lüneburg, Beschl. v. 18.7.2016, 4 ME 163/16, BeckRS 2016, 49065.

7 Ebenso Wiesner/Wapler/*Struck*, § 19 SGB VIII Rn. 9 ff.; OVG Münster, Beschl. v. 2.2.2017, 12 B 119/17, BeckRS 2017, 108269, NdsOVG, Beschl. v. 18.7.2016, 4 ME 163/16, openjur.de.

8 Vgl. VG Würzburg, Urt. v. 12.12.2013, 3 K 13.217, BeckRS 2014, 46292; MüKo-BGB/*Tillmanns*, § 19 SGB VIII Rn. 3 m.w.N.

Teilhabe am Leben in der Gemeinschaft sowie Teilhabeleistungen für Kinder und Jugendliche mit seelischer Behinderung nach § 35 a SGB VIII, den gesamten Bedarf voll decken.[9]

5 Liegen die Voraussetzungen vor, so besteht ein **Rechtsanspruch** auf die Leistung in Form eines Soll-Anspruchs. Die Leistung ist zu gewähren, sofern nicht eine vom Jugendamt darzulegende und in Ausübung fehlerfreien Ermessens zu beweisende atypische Ausnahmesituation gegeben ist, etwa wegen Teilentzug des Sorgerechts.[10] Inhalt der Hilfe ist die **Unterbringung und Betreuung** in einer **geeigneten Wohnform**. Welche Wohnform in diesem Sinne geeignet ist, lässt das Gesetz offen. Entsprechend der Genese der Vorschrift schwebt dem Gesetzgeber wohl das **Mutter-Kind-Heim** als typische Wohnform vor. Es kommen jedoch eine Reihe anderer Wohnformen wie etwa Außenwohngruppen, Wohngemeinschaften oder auch Einzelwohnungen in Betracht. In der Gesetzesbegründung zum KJHG wird dagegen ausdrücklich betont, dass die Norm keine Rechtsgrundlage zur Finanzierung von Frauenhäusern oder familiengerechten Wohnformen für beide Elternteile zusammen mit dem Kind darstelle.[11]

Erforderlich ist in jedem Fall eine **intensive Betreuung** zum Erwerb von Erziehungskompetenz und lebenspraktischen Fähigkeiten nebst zeitweiser Kinderbetreuung zur Kompensation der Erziehungsbeeinträchtigung durch Fachkräfte des Jugendamts oder freier Träger. Diese setzt wiederum die Bereitschaft des alleinerziehenden Elternteils voraus, an der Verbesserung der Situation mitzuarbeiten.

Die Hilfe bei der Anmietung einer Wohnung und gelegentliche Besuche als ambulante Betreuung durch die Fachkräfte stellen keine Leistung i.S.d. § 19 SGB VIII dar.[12]

6 Nach **Satz 2** schließt die Betreuung nach Satz 1 auch ältere Geschwister ein, sofern die Mutter oder der Vater für sie allein zu sorgen hat. Auf das Alter dieser Geschwister kommt es nicht an; Altersgrenze ist erst die Volljährigkeit. Damit soll die Trennung der Geschwister und diejenige der älteren Geschwister von der Mutter oder dem Vater vermieden werden.

7 **Satz 3** wurde mit dem KJSG eingefügt. Er stellt ausdrücklich klar, dass sowohl den Bedürfnissen des Kindes und ggf. seiner Geschwister als auch denen der Mutter oder des Vaters Rechnung getragen werden muss. Für eine wirksame Betreuung sind beide Generationen gleichermaßen in den Blick zu nehmen.

8 Bereits das 1. ÄndG SGB VIII hatte auch Schwangere in den Kreis der Leistungsberechtigten aufgenommen. **Satz 4** trägt dem Umstand Rechnung, dass entwicklungsbeeinträchtigende Konflikt- und Notlagen auch bereits in der Schwangerschaft bestehen können und deren Verlauf sowie die Entwicklung einer emotionalen Beziehung zum Kind beeinflussen. Die Leistung dient darüber hinaus auch dem Schutz des ungeborenen Lebens, indem der Schwangeren eine Perspektive mit ihrem Kind eröffnet wird. Es muss also ein den Voraussetzungen des Satzes 1 entsprechender Hilfebedarf bestehen. Die Hilfe „kann" gewährt werden, sie steht in diesem Fall im **Ermessen** des Jugendamts, jedoch ist bei Vorliegen der Voraussetzungen kaum eine Situation vorstellbar, in der die Ablehnung der Leistung ermessensfehlerfrei wäre. Denkbar wäre allenfalls die völlige Kooperationsverweigerung durch die Schwangere.[13]

---

9 Vgl. zur Abgrenzung umfassend BeckOK SozR/*Winkler* , § 19 SGB VIII, Rn. 10 ff. m. w. N. sowie Wiesner/Wapler/*Struck*, SGB VIII, § 19 Rn. 15, 17.

10 OVG Lüneburg Beschl. v. 9.5.2019, 10 ME 57/19, § 11 ff., BeckRS 2019, 9274; vgl. OVG NRW, Beschl. v. 26.4.2021 12 B 512/21, openjur.de.

11 BT-Drs. 11/5948, 59; vgl. dazu kritisch LPK-SGB VIII/*Kunkel*/*Pattar*/*Dlugosch*, §19 SGB VIII Rn. 27.

12 vgl. DIJuF-Rechtsgutachten v. 20.9.2018, JAmt 2019, 146; Wiesner/*Wapler*, §19 SGB VIII Rn. 9.

13 Gegen eine Änderung der Rechtsfolge LPK-SGB VIII/*Kunkel*/*Kepert*, § 19 Rn. 11, die allerdings wie hier von einer regelmäßig gegebenen Ermessensreduzierung auf null ausgehen.

II. Abs. 2 – Einbeziehung einer weiteren sorgenden Person

Zwecks Förderung der Persönlichkeitsentwicklung und der Erziehungskompetenz kann die Hinzuziehung des anderen Elternteils oder einer Person, die für das Kind tatsächlich sorgt, sinnvoll sein. Dieser Einsicht folgend wurde durch das KJSG Abs. 2 eingefügt. Danach sollen insbesondere Lebenspartner_innen bzw. die sorgende Person einbezogen werden.[14] Der Begriff „sollen" in **Satz 1** bedeutet, dass die Hinzuziehung regelmäßig, also abgesehen von begründeten Ausnahmefällen erfolgt. Vorausgesetzt wird selbstverständlich die Zustimmung des in der Einrichtung betreuten Elternteils. Eine klarstellende Einschränkung von dem Regelangebot nimmt Satz 1 am Ende vor. Danach erfolgt die Einbeziehung in die Leistung nur, sofern dies dem Leistungszweck dient. Zweck der Leistung ist, das sorgende Elternteil darin zu fördern, mit dem Kind selbstständig und eigenverantwortlich leben zu können. Den Vorrang bei der Einschätzung und die alleinige Entscheidung darüber, ob eine Einbeziehung sinnvoll ist, obliegt jedoch dem Jugendamt, nicht der leistungsberechtigten Person. Diese sollte nach diesseitiger Auffassung stets in den Prozess einbezogen werden. 9

Inhalt sowie Art und Umfang der Einbeziehung sind an dem Bedarf im Einzelfall auszurichten. Zu denken ist etwa an Klärung der familiären Beziehung, Partnerschaftsberatung oder Förderung des Kontakts, der Bindung und Anleitung in der gemeinsamen Alltagsbewältigung im Rahmen der Betreuung.

Satz 2 des neu gefassten Abs. 2 ermöglicht anders als dessen Satz 1 nicht nur eine gemeinsame Betreuung, sondern auch die gemeinsame Unterbringung beider Elternteile bzw. sorgender Personen. Dies war bisher nur im Rahmen der Hilfe zur Erziehung möglich. Grund wird regelmäßig die Stabilisierung der Familie und Verbesserung der Erziehungskompetenz sein. Dadurch können lange Trennungen von der anderen sorgenden Person mit ggf. das Kindeswohl beeinträchtigenden Folgen vermieden werden.[15] 10

Vorausgesetzt wird wie in Satz 1 die Zustimmung des betreuten Elternteils. Weiterhin muss eine geeignete Wohnform vorhanden sein; hierauf gibt es keinen Anspruch. Insbesondere setzt Satz 2 die Erforderlichkeit der gemeinsamen Betreuung zur Erreichung des Leistungszwecks der Persönlichkeitsentwicklung voraus. Damit liegt der Begründungsaufwand zugunsten einer gemeinsamen Unterbringung in Hinblick auf den Leistungszweck gemäß Abs. 2 Satz 2 deutlich höher, als dies laut Satz 1 der Fall ist. Zudem handelt es sich anders als bei der Einbeziehung nach Satz 1 nicht um ein Regelanspruch, sondern die Leistung liegt im Ermessen des Jugendamts. Kann der Leistungszweck nicht mehr erzielt werden oder ist die Unterbringung der zweiten sorgenden Person für die Stabilisierung der Familie nicht mehr erforderlich, kommt ein gemeinsames Leben in der Wohnform nicht länger in Betracht. Die Entscheidungsgewalt darüber liegt bei dem Jugendamt, wenngleich üblicherweise ein Einvernehmen darüber hergestellt, dies jedenfalls versucht werden soll.

Beide Alternativen in Abs. 2 lassen offen, ob und ggf. wie lange die sorgende/-n Person/-en im Fall der Trennung vom Kind in der Einrichtung verbleiben darf und inwieweit eine Nachsorge im Fall der Inobhutnahme des Kindes erfolgt. Nach diesseitiger Auffassung sollten die Begleitung im Trennungsprozess und die Entwicklung einer Perspektive nach Leistungsende ebenso in die Leistung einbezogen werden wie die Nachsorge bei Beendigung der Leistung für eine sorgende Person generell.[16]

---

14 Vgl. BT-Drs. 19/28870, 102.
15 Vgl. BT-Drs. 19/28870, 102.
16 Vgl. Stellungnahme der Bundesarbeitsgemeinschaft der freien Wohlfahrtspflege (BAGFW) zum KJSG vom 26.10.2020, 16.

II. Abs. 3 – Schulische oder berufliche Ausbildung

11 Die Vorschrift trägt dem Umstand Rechnung, dass eine defizitäre Persönlichkeitsentwicklung häufig von einer nicht aufgenommenen oder abgebrochenen Schul- oder Berufsausbildung begleitet oder – zumindest auch – verursacht wird. Deshalb soll während der Zeit der Unterkunftsgewährung und Betreuung in der gemeinsamen Wohnform auf die Aufnahme, die Fortsetzung oder den Abschluss einer schulischen oder beruflichen Ausbildung der Mutter oder des Vaters **hingewirkt** werden. Dieses Hinwirken wird vor allem in einer Beratung zur Stärkung der Motivation und des Durchhaltevermögens bestehen, es kann aber auch darin bestehen, bei der Berufswahl oder dem Auffinden eines Ausbildungsplatzes behilflich zu sein oder an schulischen oder betrieblichen Krisengesprächen teilzunehmen.

12 Dass tatsächlich eine Ausbildung aufgenommen, fortgeführt oder abgeschlossen und im Anschluss eine Berufstätigkeit aufgenommen wird, ist **keine Leistungsvoraussetzung**. Scheitern die dahin gehenden Bemühungen, darf die Leistung nicht deshalb abgebrochen werden.

III. Abs.4 – Annexleistungen

13 Die Vorschrift entspricht der Systematik, nach der bei Hilfen außerhalb der eigenen Familie der notwendige Unterhalt sowie Krankenhilfe sicherzustellen sind (§§ 39, 40 SGB VIII). Wenn der Einrichtungsträger die Versorgung übernimmt, ist ein angemessener Barbetrag zur persönlichen Verfügung an die Mutter oder den Vater unmittelbar zu leisten.[17]

IV. Kostentragung und -beteiligung

14 Nach § 91 Abs. 5 SGB VIII hat der Träger der öffentlichen Jugendhilfe die Kosten der Leistung zu tragen. Allerdings werden gemäß § 91 Abs. 1 Nr. 2 SGB VIII Kostenbeiträge erhoben, zu denen junge Volljährige und volljährige Leistungsberechtigte nach § 92 Abs. 1a SGB VIII nicht nur mit ihrem Einkommen, sondern auch mit ihrem Vermögen heranzuziehen sind (vgl. dazu im Einzelnen die Erläuterungen zu § 92 Abs. 1a SGB VIII). Daneben sind Ehegatten, Lebenspartner_innen und die Eltern junger Menschen nach Maßgabe des § 92 SGB VIII zu den Kosten heranzuziehen.

V. Konkurrierende Ansprüche

15 Hilfe für junge Eltern nach § 19 SGB VIII ist vorrangig gegenüber der nach § 27 SGB VIII, wenn die Entwicklung der Elternverantwortung im Vordergrund steht. Kein Vorrang besteht, wenn das Kind bereits in Vollzeitpflege gem. §§ 27, 33 SGB VIII lebt und das Kindeswohl bei einer Familienzusammenführung gefährdet ist.[18] Ein Nebeneinander von Leistungen ist dagegen jedenfalls nicht von vornherein ausgeschlossen, wenn sie an verschiedene Anspruchsberechtigte erfolgen.[19] Zur Konkurrenz mit Ansprüchen aufgrund anderer Vorschriften des SGB VIII oder Vorschriften anderer Bücher des SGB vgl. zusätzlich die Erläuterungen zu § 10 SGB VIII.

17 Im gleichen Sinn Wiesner/Wapler/*Struck*, § 19 SGB VIII Rn. 13.
18 Sächs. OVG, Beschl. v. 11.2.2019, 3 D 81/18, juris.
19 Vgl. jurisPK/*Telscher*, § 19 SGB VIII Rn. 7 ff.

§ 20
Betreuung und Versorgung des Kindes in Notsituationen

(1) Eltern haben einen Anspruch auf Unterstützung bei der Betreuung und Versorgung des im Haushalt lebenden Kindes, wenn

1. ein Elternteil, der für die Betreuung des Kindes überwiegend verantwortlich ist, aus gesundheitlichen oder anderen zwingenden Gründen ausfällt,

2. das Wohl des Kindes nicht anderweitig, insbesondere durch Übernahme der Betreuung durch den anderen Elternteil, gewährleistet werden kann,

3. der familiäre Lebensraum für das Kind erhalten bleiben soll und

4. und Angebote der Förderung des Kindes in Tageseinrichtungen oder in der Kindertagespflege nicht ausreichen.

(2) [1]Unter der Voraussetzung, dass eine Vereinbarung nach Absatz 3 Satz 2 abgeschlossen wurde, können bei der Betreuung und Versorgung des Kindes auch ehrenamtlich tätige Patinnen und Paten zum Einsatz kommen. [2]Die Art und Weise der Unterstützung und der zeitliche Umfang der Betreuung und Versorgung des Kindes sollen sich nach dem Bedarf im Einzelfall richten.

(3) [1]§ 36 a Absatz 2 gilt mit der Maßgabe entsprechend, dass die niedrigschwellige unmittelbare Inanspruchnahme insbesondere zugelassen werden soll, wenn die Hilfe von einer Erziehungsberatungsstelle oder anderen Beratungsdiensten und -einrichtungen nach § 28 zusätzlich angeboten oder vermittelt wird. [2]In den Vereinbarungen entsprechend § 36 a Absatz 2 Satz 2 sollen insbesondere auch die kontinuierliche und flexible Verfügbarkeit der Hilfe sowie die professionelle Anleitung und Begleitung beim Einsatz von ehrenamtlichen Patinnen und Paten sichergestellt werden.

Übersicht Rn.

A. Allgemeines

1 Die mit der Änderung durch das KJSG aktualisierte Vorschrift normiert mit Absatz 1 nunmehr einen strikten Rechtsanspruch auf Betreuung und Versorgung des Kindes. Die Norm wird im 2. Abschnitt der Förderung und Erziehung in der Familie und damit außerhalb der Hilfen zur Erziehung nach § 27 ff. SGB VIII belassen. Der Normgehalt ist neu strukturiert, klarer gegliedert und soll stärker an Bedarfslagen der Leistungsberechtigten angepasst sein. Die Vorschrift soll sich nicht länger an der tradierten Hausfrauenehe und an einem Einverdienerhaushalt orientieren. Hintergrund der Neuregelung ist insbesondere das Ziel der niedrig-

schwelligen Unterstützung von Familien mit einem psychisch- oder suchterkrankten Elternteil bei der Alltagsbewältigung in Notsituationen, in denen die Betreuung des Kindes vorübergehend nicht sichergestellt werden kann.[1]

Die Voraussetzungen des Rechtsanspruchs von Eltern auf Betreuung des im Haushalt lebenden Kindes sind in Abs. 1 in den Nr. 1 bis 4 aufgeführt. Abs. 2 ermöglicht die Betreuung durch ehrenamtliche Hilfe nach Bedarf im Einzelfall. Mit Verweis auf die Vorgaben des Abs. 3 Satz 2 setzt Abs. 2 Satz 1 voraus, dass in den Vereinbarungen der ehrenamtlichen Hilfe deren flexible Gestaltung und eine professionelle Begleitung der Pat_innen enthalten sein sollen.

Der neu hinzugekommene Abs. 3 Satz 1 stellt klar, dass die niedrigschwellige Inanspruchnahme regelmäßig ohne weitere behördliche Prüfung zu ermöglichen ist, sofern die Hilfe über eine nach § 36 a Abs. 2 SGB VIII autorisierte Erziehungs- oder anderen Beratungsstelle oder -einrichtung erfolgt. Satz 2 konkretisiert, dass die Hilfe kontinuierlich und flexibel zur Verfügung stehen muss. Zudem sind die ehrenamtlichen Pat_innen professionell zu beraten und zu begleiten.

Mit der Vorschrift der Notbetreuung soll sichergestellt werden, dass bei krankheitsbedingtem oder auf anderen zwingenden Gründen beruhendem Ausfall der hauptverantwortlichen Person das Kind im familiären Lebensraum verbleiben kann und nicht außerhalb der Familie untergebracht werden muss.[2]

B. Einzelheiten

I. Abs. 1 – Anspruch auf Unterstützung bei Betreuung und Versorgung

1. Voraussetzungen

2 Voraussetzung ist zunächst, dass mindestens ein **Kind**, also ein noch nicht 14 Jahre alter junger Mensch (§ 7 Abs. 1 Nr. 1 SGB VIII), im elterlichen Haushalt betreut wird. Entscheidend ist das **Alter** bei **Beginn der Leistung**.[3]

Die Norm erfasst nach ihrem Wortlaut nur Elternteile. Angesichts der vergleichbaren Notsituation der Betreuungs- und Versorgungslücke wird für eine entsprechende Anwendung auf **Pflegeeltern, ehe- und lebenspartnerschaftsähnlichen Partner_innen, Großeltern und Freund_innen** plädiert.[4]

Umstritten dürfte mit der Neuregelung bleiben, wer in den Fällen des **Ausfalls des faktisch alleinerziehenden Elternteils** leistungsberechtigt ist. Nach einer Auffassung ist das Kind leistungsberechtigt, weil es einen zurückbleibenden Elternteil in der Konstellation nicht gebe.[5] Nach der Gegenmeinung ist das Kind nur Leistungsadressat, leistungsberechtigt seien dagegen seine Eltern, da der Anspruch ohnehin nur bei einer Rückkehrperspektive des ausgefallenen Elternteils oder beider Elternteile bestehe, es also zumindest einen Elternteil gebe. Aus systematischen Gründen wäre es richtig, die Eltern oder den Elternteil als Leistungsberechtigten anzusehen, denn Leistungen des 2. Abschnitts des zweiten Kapitels des SGB VIII richten sich immer an die Eltern oder hier Personensorge- oder Erziehungsberechtigten.[6] Alternativ kommt der Vormund gemäß §§ 1773 ff BGB oder Pfleger nach §§ 1909 ff.

---

1 Vgl. BT-Drs. 19/28870, 103.
2 Vgl. BT-Drs. 11/5948, 59 sowie Wiesner/Wapler/*Struck*, § 20 SGB VIII Rn. 1.
3 MüKo-BGB/*Tillmanns*, § 20 SGB VIII Rn. 2; LPK-SGB VIII/*Kunkel/Kepert*, § 20 Rn. 2; Wiesner/Wapler/*Struck*, § 20 SGB VIII Rn. 6 unter Verweis auf BSG, Urt. v. 3.7.1991, 8b RAr 10/90, juris, zu § 38 SGB V.
4 Wiesner/*Struck*, § 20 SGB VIII Rn. 14; MüKo-BGB/*Tillmanns*, § 20 SGB VIII Rn. 4; BeckOK SozR/*Winkler*, § 20 SGB VIII Rn. 3; jurisPK/*Telscher*, § 20 SGB VIII Rn. 39.
5 MüKo-BGB/Tillmanns, zu § 20 SGB VIII Rn. 7.
6 jurisPK/*Telscher*, § 20 SGB VIII Rn. 80.

BGB in Betracht. Gleichwohl ist der erstgenannten Auffassung der Vorzug zu geben, da sie eine klare Entscheidung beinhaltet und die Leistungsberechtigung nicht vom Bestehen des Anspruchs abhängig macht.

Absatz 1 führt die Kriterien auf, die den Rechtsanspruch der Notbetreuung begründen. Sie sind an den bisherigen Regelungen des § 20 SGB VIII ausgerichtet. Für die Verwirklichung des Rechtsanspruchs müssen die Voraussetzungen des Abs. 1 Nr. 1 bis 4 kumulativ vorliegen.

a) Abs. 1 Nr. 1 – Ausfall des überwiegend betreuenden Elternteils

Die Neuregelung 2021 soll mit Abs. 1 nicht länger die überkommene Konstellation zugrunde legen, dass ein Elternteil die familiäre Versorgung im Haushalt sicherstellt, während der andere Elternteil berufstätig ist.[7] Gleichwohl wird weiterhin an den **Ausfall des für die Betreuung des Kindes überwiegend verantwortlichen Elternteils** angeknüpft (Nr. 1), der nicht anderweitig, insbesondere durch Übernahme der Betreuung durch den anderen Elternteil oder im weiteren familiären Rahmen gewährleistet werden kann (Nr. 2). Damit sind Fälle der annähernd paritätischen Betreuung formal weiterhin nicht erfasst. 3

Sachgerechter, mithin dem Normzweck entsprechend wäre eine Formulierung gewesen, wonach die Leistung schlicht voraussetzt, dass ein Elternteil, der für die Betreuung des Kindes verantwortlich ist, aus gesundheitlichen oder anderen zwingenden Gründen für die Betreuung ausfällt. Während es bei der tradierten Hausfrauenehe nicht schwerfällt, die Mutter als überwiegend betreuende Person zu identifizieren, kann dies angesichts der inzwischen vielfältigen Erwerbstätigkeits- und Betreuungsformen problematisch sein. Das gilt insbesondere dann, wenn beide Elternteile die Kinderbetreuung zu (annähernd) gleichen Teilen übernehmen. Folglich kann der o.g. Normzweck weiterhin nur bei einer großzügigen Anwendung der Vorschrift realisiert werden.

Der Ausfall des verantwortlich betreuenden Elternteils muss laut Nr. 1 auf gesundheitlichen oder anderen zwingenden Gründen beruhen. Unter **gesundheitlichen Gründen** sind Erkrankungen jeglicher Art, physisch und psychisch, auch Entzugs- oder Kuraufenthalte, zu verstehen. **Andere zwingende Gründe** sind solche, die den gesundheitlichen in der Weise vergleichbar sind, dass sie unabwendbar, also nicht freiwillig sind und die Betreuung des Kindes unmöglich machen. Zu nennen sind insoweit Entbindung, notwendige Pflege eines anderen erkrankten Kindes oder dessen Begleitung bei einem Krankenhausaufenthalt. 4

Entsteht eine Betreuungsnotsituation infolge einer **berufsbedingten Abwesenheit** oder solcher wegen Aus- und Fortbildung, ist der Ausfall zwingend, wenn die Abwesenheit nicht durch Vertretung, Jahres- oder Sonderurlaub oder Terminverschiebung verhindert werden kann.[8] Dem kann insoweit gefolgt werden, als eine Freistellung ohne Verdienstausfall möglich ist. Andernfalls kann sie nicht verlangt werden.

Ein berufsbedingter Wechsel, die Trennung der Eltern, ein Wohnungsbetretungs- oder Näherungsverbot nach § 1 f. GewSchG, eine Inhaftierung oder die Abschiebung Drittstaatenangehöriger stellen zwingende Gründe im Sinne der Norm dar, wenn sie **nicht abwendbar** sind. Das dürfte in diesen Fällen in der Regel der Fall sein. Auf die Frage des Verschuldens kommt es nicht an.[9] Der Wunsch des Elternteils, eine Berufsausbildung oder Weiterbildung zu absolvieren, wird, schon weil es sich nicht um eine Notsituation handelt, nicht als zwingender Grund angesehen.[10]

7 Vgl. BT-Drs. 19/28870, 103.
8 BeckOK SozR/*Winkler*, § 20 SGB VIII Rn. 9; LPK-SGB VIII/*Kunkel*/*Kepert*, § 20 Rn. 7; FK-SGB VIII/*Struck*, § 20 Rn. 6.
9 Vgl. BeckOK SozR/*Winkler*, § 20 SGB VIII Rn. 7.
10 Vgl. Wiesner/Wapler/*Struck*, § 20 SGB VIII Rn. 9; jurisPK/*Telscher*, § 20 SGBVIII, Rn. 52 f m.w.N.

Nicht ausreichend ist, dass der zurückbleibende andere Elternteil wegen Unerfahrenheit zur Betreuung, Erziehung und Haushaltsführung nicht in der Lage ist.

5 Ein **Ausfall** liegt immer dann vor, wenn aus einem der vorgenannten Gründe die Wahrnehmung der Betreuung unmöglich oder ganz überwiegend eingeschränkt wird. Dies gilt unabhängig davon, ob der Grund zu einer räumlichen Abwesenheit (z.B. Krankenhausaufenthalt) führt oder nicht.[11] Der betroffene Elternteil fällt also auch dann für die Betreuung aus, wenn er sich im familiären Haushalt aufhält, aber etwa bettlägerig oder aus psychischen Gründen nicht zur Versorgung in der Lage ist.

Die Norm wird darüber hinaus in der Weise einschränkend ausgelegt, dass der Ausfall einen zeitlichen Bezug im Sinne einer **vorübergehenden Unmöglichkeit** der Betreuung haben muss. Ein Anspruch besteht danach dann nicht, wenn der ausfallende Elternteil etwa wegen einer dauerhaften Beeinträchtigung voraussichtlich zur Betreuung nie mehr in der Lage sein wird.[12] Im Todesfall kommen übergangsweise Leistungen in Betracht.

Schließlich muss der zwingende Grund für den Ausfall der Betreuungsleistung des Elternteils **kausal** sein. Das ist dann nicht der Fall, wenn die Betreuung des Kindes auch ohne Vorliegen des zwingenden Grundes nicht von dem Elternteil, sondern von Dritten übernommen würde.

b) Abs. 1 Nr. 2 – Kindeswohl nicht anders gewährleistet

6 Gemäß **Nr. 2** darf das **Wohl des Kindes nicht anderweitig,** insbesondere durch Übernahme der Betreuung durch den anderen Elternteil **gewährleistet sein.** Klargestellt wird, dass die Leistung nicht dazu dient, praktische Hürden in der Versorgung und Betreuung zu überwinden, mithin nicht die Aufrechterhaltung eines funktionierenden Haushalts oder die Versorgung des anderen Elternteils bezweckt, sondern das Kindeswohl aufrechterhalten will.

Infolge des Ausfalls des betreuenden Elternteils aus zwingendem Grund muss das Kindeswohl beeinträchtigt sein. Die Kausalität zwischen Ausfall des Elternteils und der Kindeswohlgefährdung ist etwa nicht gegeben, wenn die Betreuung des Kindes auch ohne Vorliegen des zwingenden Grundes nicht von dem Elternteil, sondern von Dritten übernommen würde. Die Übernahme, insbesondere durch den anderen Elternteil oder andere etwa familiäre Hilfe im weiteren Rahmen, darf in dem Einzelfall zur Versorgung nicht ausreichen.

Nr. 2 soll zum anderen aber auch den Nachrang der Jugendhilfe gegenüber anderen Hilfen herstellen.[13] Dem ist insoweit zu folgen, dass die Hilfe dann nicht erforderlich ist, wenn die Betreuung durch andere Personen sichergestellt ist. Das ist dann der Fall, wenn auf diese anderweitige Betreuung ein Rechtsanspruch gegen einen anderen Leistungsträger oder sonstigen Dritte besteht. Ein solcher Anspruch kann etwa nach § 38 SGB V gegenüber der Krankenkasse bestehen, wenn dadurch die kindeswohlgerechte Betreuung sichergestellt ist. Dagegen kann der Elternteil nicht darauf verwiesen werden, die freiwillige Hilfe durch andere Personen (Verwandte, Nachbarn) zu erbitten.[14]

Eine anderweitige Aufrechterhaltung des Kindeswohls kann etwa eine vorübergehende Unterbringung des Kindes in einer Einrichtung oder einer Kurzzeitpflegestelle nach §§ 27, 33 SGB VIII gewährleistet sein.[15] Das kann der Fall sein, wenn sich keine geeignete Pflegeperson

---

11 Vgl. BT-Drs. 19/28870, 103.

12 Vgl. Wiesner/Wapler/*Struck*, § 20 SGB VIII Rn. 16; OVG Lüneburg, Beschl. v. 13.9.2019, 10 LA 321/18, juris; *Nellissen*, jurisPR-SozR 21/2019 Anm. 6; HessVGH, Urt. v. 20.12.2016, 10 A 1895/15, juris; LSG Nordrhein-Westfalen Urt. v. 23.2.2012, L 9 SO 26/11, BeckRS 2012, 68090.

13 So Wiesner/Wapler/*Struck*, § 20 SGB VIII Rn. 15; BeckOK SozR/*Winkler*, SGB VIII § 20 Rn. 9.

14 jurisPK/*Telscher*, § 20 SGB VIII Rn. 62; einschränkend Wiesner/Wapler/*Struck*, § 20 SGB VIII Rn. 13a.

15 Vgl. Wiesner/Wapler/*Struck*, § 20 SGB VIII Rn. 16 unter Hinweis auf NdsOVG FEVS 48, 79; a.A. SächsOVG, Beschl. 9.9.2010, 1 D 136/10, BeckRS 2010, 53965.

für die Versorgung des Kindes im elterlichen Haushalt findet. Als geeignete und notwendige Hilfe wird im Einzelfall etwa eine sozialpädagogische Familienhilfe nach § 31 SGB VIII anzusehen sein. In beiden Fällen dürfte eine Kindeswohlgefährdung bestehen und damit die Voraussetzungen der §§ 27 ff. SGB VIII vorliegen.

c) Abs. 1 Nr. 3 – Erhalt des familiären Lebensraums

Weiterhin wird für die Einrichtung einer Notbetreuung **gemäß Nr. 3** vorausgesetzt, dass der **familiäre Lebensraum** und das räumliche und soziale Umfeld des Kindes gesichert und erhalten bleiben sollen. Ein hohes Maß an emotionaler Stabilität und Kontinuität bezogen auf den Lebensmittelpunkt, gewachsene Bindungen und Beziehungen zu Familie und Erziehungspersonen sind in den meisten Fällen zentral für die kindeswohlgerechte Entwicklung der jungen Menschen. Entsprechend sind die materielle Grundversorgung, Betreuung, Erziehung und Beaufsichtigung vor Ort in der häuslichen und familiären Gemeinschaft zu gewährleisten. Ermöglicht werden soll ebenfalls der Verbleib im Sozialraum, etwa in nachbarschaftlichen und anderen Bezügen, wenn es dem Kindeswohl zuträglich ist.[16] 7

Die Entscheidung darüber ob der Lebensraum gesichert werden soll, und damit darüber, ob die Hilfeform erforderlich ist, liegt beim Träger der Leistung. Dies sollte zwar regelmäßig der Fall sein, es sind jedoch auch Fälle denkbar, in denen das Jugendamt die Notbetreuung im familiären Lebensraum als nicht erforderlich ablehnt. Abzuwarten bleibt, ob die Verwehrung auch an Kapazitätsengpässen festgemacht wird und inwieweit die Betroffenen zu Beteiligten der Hilfe gemacht werden.

d) Abs. 1 Nr. 4 – Angebote der Förderung in Tageseinrichtungen oder Kindertagespflege nicht ausreichend

Ein Hilfeanspruch besteht nach **Nr. 4** nicht, wenn Angebote der Förderung in **Kindertagesstätten** oder der **Kindertagespflege** ausreichen, um eine das Kindeswohl gewährleistende Betreuung und Versorgung sicherzustellen. Das ist nur dann und in dem zeitlichen Umfang der Fall, in dem diese Angebote tatsächlich bestehen und erreichbar sind. Das kann dazu führen, dass Hilfe nach § 20 SGB VIII jedenfalls als **ergänzende Betreuung geeignet und notwendig** ist, um das Kindeswohl in erforderlichem Ausmaß zu gewährleisten.[17] In den Fällen, in denen der Elternteil, der jedenfalls für einen Teil des Tages, etwa am Abend und über Nacht, die Betreuung und Versorgung übernehmen könnte, nicht vorhanden ist, während der betreuende, etwa alleinerziehende Elternteil ausfällt, können die genannten Angebote niemals vollständig ausreichen. 8

2. Rechtsfolge

Liegt ein Hilfebedarf anhand der vorstehend genannten Voraussetzungen im Einzelfall vor, besteht ein **Rechtsanspruch** auf die Unterstützungsleistung. Er ist nicht länger als Soll-Anspruch ausgestaltet. Atypische Fälle, in denen die Leistung trotz Vorliegens der Voraussetzungen der Nr. 1 bis 4 versagt werden dürften, sind mithin ausgeschlossen.[18] 9

Die Hilfe ist damit **niedrigschwellig** ausgestaltet. Sie knüpft allein an das Vorliegen einer Notsituation an, ohne dass darüber hinaus ein erzieherischer Bedarf bestehen muss, wie es etwa bei der Inanspruchnahme der Hilfen zur Erziehung nach § 27 ff. SGB VIII der Fall ist.

Der Anspruch besteht zunächst in der **Bezahlung der Person**, die die Betreuung und Versorgung des Kindes entsprechend den Erfordernissen des Einzelfalls übernimmt. Dies um-

16 Vgl. BT-Drs. 19/26107, 87.
17 Vgl. BT-Drs. 19/28870, 103.
18 MüKo-BGB/*Tillmanns*, SGB VIII § 20 Rn. 5; vgl. BeckOK SozR/*Winkler*, § 20 Rn. 12.

fasst die Zubereitung von Mahlzeiten, die Erledigung der notwendigen Einkäufe, die Pflege und Beaufsichtigung des Kindes, Hausaufgabenbetreuung und das Spielen mit dem Kind, die Begleitung des Kindes zu notwendigen Arztbesuchen sowie die Reinigung der Wohnung.

II. Abs. 2 – Einsatz Ehrenamtlicher

10 Neben haupt- und nebenamtlichen Fachkräften können nun auch ausweislich Abs. 2 **Satz 1 ehrenamtliche Personen als Pat_innen** eingesetzt werden. Vorausgesetzt wird durch Verweis auf Abs. 3 Satz 2 eine Vereinbarung zwischen dem Träger der öffentlichen Jugendhilfe, hier dem Jugendamt, und dem Erbringenden der Leistung, etwa der Fachberatungsstelle bzw. Erziehungsberatungsstelle. In diesen zugrunde liegenden Vereinbarungen sind die Voraussetzungen und die Ausgestaltung der Leistungserbringung sowie die Übernahme der Kosten zu regeln.

Ziel der Vereinbarung ist es, eine kontinuierliche und flexible Hilfe auch bei dem Einsatz der ehrenamtlichen Pat_innen sicherzustellen. Zudem ist die professionelle Anleitung und Begleitung der ehrenamtlich Tätigen durch die Leistungserbringenden, hier etwa die Beratungseinrichtung, zu gewähren (vgl. § 20 Abs. 3 Satz 2 SGB VIII). Durch die Einbettung in den professionellen Kontext sollen auch bei den ehrenamtlich tätigen Personen wesentliche fachliche Standards und Qualitätsmerkmale zum Tragen kommen.[19] Die Dokumentation und Finanzierung der Begleitung der Pat_innen bei der Notversorgung dürften ein wichtiges Mittel sein, qualifizierte und verlässliche Hilfe zu sichern.

11 Der Gesetzgeber grenzt mit Abs. 2 Satz 2 den Einsatz der Pat_innen soweit ein, dass die Art und Weise der **Unterstützung** dem **individuellen Bedarf im Einzelfall entsprechen** muss. Angesetzt werden soll nicht etwa an den Angeboten der Leistungssysteme, sondern die Maßnahme muss von der einzelnen Lebenssituation her begründet sein. Pat_innen können etwa eingesetzt werden, wenn es sich vorwiegend um alltagspraktische Dinge handelt, wodurch die Notsituation abgewendet werden kann.

Satz 2 stellt ebenfalls klar, dass sich auch der zeitliche Umfang der Betreuung und Versorgung nach den Verhältnissen und dem individuellen Bedarf des Einzelfalls richten soll. Er kann sich auf stundenweise Betreuung des Kindes, etwa außerhalb Kindertageseinrichtung, Schule und Hort, beschränken oder über eine Betreuung für Tag und Nacht erstrecken. Die Dauer der Notsituation ist für die Dauer der Hilfe maßgeblich. Sie darf nur nicht unabsehbar oder unbegrenzt sein.[20] In letzterem Fall wäre der Anspruch auszuschließen.

12 Das Wunsch- und Wahlrecht des § 5 Abs. 1 SGB VIII des an sich für die Betreuung verantwortlichen, nun ausfallenden Elternteil ist bei der Auswahl der Betreuungsperson maßgeblich zu berücksichtigen. Etwas anderes kann gelten, wenn die ehrenamtlich betreuende Person zugunsten einer bezahlten Kraft abgelehnt wird, weil es zu unverhältnismäßigen Mehrkosten gemäß § 5 Abs. 2 SGB VIII führt. Die Auswahl der Betreuungsperson hat sich ebenso an den Belangen des jungen Menschen zu orientieren; deren Position ist zu berücksichtigen.

III. Abs. 3 – Niedrigschwellige Inanspruchnahme und professionelle Begleitung

13 Der mit dem KSJG neu eingeführte Abs. 3 hebt die unmittelbare niedrigschwellige Hilfe hervor. **Satz 1** stellt durch den Verweis auf § 36a Abs. 2 SGB VIII sicher, dass der örtliche Träger

19 Vgl. BT-Drs. 19/26107, 87.
20 OVG Lüneburg, 13.9.2019, 10 LA 321/18, Rn 19 m.w.N.

der öffentlichen Jugendhilfe die Maßnahme der Notbetreuung auch durch Erziehungsberatungsstellen oder andere Beratungsdienste und -einrichtungen nach § 28 SGB VIII umsetzen oder vermitteln lassen soll. Er ist in der Regel verpflichtet, die Kosten für eine Maßnahme nach § 20 SGB VIII zu übernehmen, sobald der Leistungsberechtigte diese über eine der genannten Einrichtungen in Anspruch nimmt. Eine eigene vorherige Prüfung und Bewilligung des Trägers, etwa des Jugendamts, wird nicht länger vorausgesetzt. Die Hilfe ist damit unmittelbarer zugänglich. Die Ausgestaltung des Angebotes ohne Behördengang zum Jugendamt und Antragstellung soll für die Wirksamkeit der Hilfe bedeutsam sein.[21] Entscheidend für die Niedrigschwelligkeit dürfte jedenfalls sein, dass die Hilfe **ohne Vorliegen** eines eigenen **erzieherischen Bedarfes** im Sinne der §§ 27 ff. in Anspruch genommen werden kann (vgl. dazu oben Rn. 6).

Die Anknüpfung der Hilfe der Notbetreuung an die Erziehungsberatungsstelle oder andere Beratungsdienste und -einrichtungen zielt auf eine qualifizierte Bedarfsfeststellung innerhalb einer etablierten Struktur ab.[22] Sie soll auch wohnortnah ermöglicht werden. Nicht ausgeschlossen ist die Inanspruchnahme der Notbetreuung über andere Angebote und Einrichtungen, was sich aus dem Begriff „insbesondere" ergibt. Eine Auffächerung der Hilfe auf verschiedene an den Wohn- und Lebenssituationen der Leistungsempfangenden ausgerichteten Einrichtungen dürfte ebenfalls dazu beitragen, Barrieren der Inanspruchnahme insbesondere für Eltern mit einer psychischen Erkrankung oder Suchterkrankung herabzusetzen.

„Etwa 3 bis 4 Millionen Kinder und Jugendliche leben in einer Familie mit einem psychisch- oder suchterkrankten Elternteil. Nicht jede psychische Erkrankung eines Elternteils führt zwangsläufig zu einer eingeschränkten Erziehungskompetenz und nicht in jedem Fall sind spezifische Unterstützungsmaßnahmen erforderlich. Viele Familien finden geeignete Wege, mit den Belastungen umzugehen und negative Folgen für die Kinder zu vermeiden. Dennoch können Kinder und Jugendliche oft unter den Folgen der psychischen Erkrankung eines Elternteils leiden. Häufig erfahren sie nicht nur unzureichende emotionale Unterstützung und Fürsorge, sondern sind auch elterlichem Verhalten ausgesetzt, das sich kritisch auf ihre Entwicklung auswirken kann."[23]

Die Niedrigschwelligkeit des ambulanten sozialräumlichen Angebots soll Ängste und Vorbehalte gegenüber staatlichen Stellen abbauen und Familien mit psychisch oder suchterkrankten Eltern frühzeitig Unterstützung anbieten. Fraglich ist, ob gerade die Zielgruppe der psychisch- oder suchterkrankten Eltern den Weg in eine Erziehungsberatungsstelle sucht, insbesondere wenn über die Notversorgung hinaus kein erzieherischer Bedarf oder vorheriger Kontakt besteht. Für zahlreiche Familien wird der Intention des Gesetzgebers folgend der Weg in das Hilfesystem nun einfacher ausgestaltet sein.

Abzuwarten bleibt gleichwohl, ob die Norm praktische Relevanz erlangt. Dass Erziehungsberatungsstellen und andere Einrichtungen die Notbetreuung nicht nur vermitteln, sondern selbst anbieten, dürfte eher unwahrscheinlich sein, zumal sie mit ihrem Leistungsspektrum auf eine unmittelbare Betreuung im Haushalt nicht ausgerichtet sind. Der Anteil der Notbetreuungen, die im Sinne des Abs. 2 auf ehrenamtliche Pat_innen übertragbar sein werden, dürfte gleichfalls überschaubar sein.

Satz 2 konkretisiert den Inhalt der Leistungsvereinbarungen zwischen dem öffentlichen Träger und den Leistungserbringern. Danach haben etwa die Beratungseinrichtungen gegenüber dem Jugendamt sicherzustellen, dass die Hilfe durch die angebotene und vermittelte Notbetreuung kontinuierlich und flexibel zur Verfügung steht. Die vermehrte Ausrichtung und Anpassung der Leistung an die schwankende Bedarfslage der Familien entspricht den 14

21 Vgl. BT-Drs. 19/26107, 48.
22 Vgl. BT-Drs. 19/28870, 104; vgl. DIJuF-Rechtsgutachten in JAmt 2021, 629–632.
23 BT-Drs. 19/26107, 42.

Anforderungen der Praxis.[24] Bei der Ausgestaltung der Hilfe hat der Leistungserbringer die Familie auf Augenhöhe aktiv und mitgestaltend in die transparente Planung der Notversorgung durch Ehrenamtliche und in den Schutzprozess einzubeziehen. Bei Bedarf hat er die Familie hierzu zu befähigen. Der Leistungserbringer soll auch mit anderen Jugendhilfeträgern im Lebens- und Wohnbereich der Familie zusammenwirken. Damit wird die Hilfe stärker am Sozialraum der Familien orientiert.

Weiterhin sind die ehrenamtlich eingesetzten Pat_innen professionell anzuleiten und zu begleiten, soweit dies nach Maßgabe des Einzelfalls bedarfsgerecht ist.[25] Dies dürfte allein zur Einhaltung fachlicher Standards und Sicherung der Qualität einer Notbetreuung regelmäßig der Fall sein.

Offen ist nach diesseitiger Auffassung, ob die Intention der Niedrigschwelligkeit und Sozialraumorientierung der Vorschrift weitgehend ins Leere läuft. Die Anzahl der Notbetreuungen durch Ehrenamtliche wird trotz professioneller Begleitung mangels Geeignetheit und zeitlich flexibler Kapazität wegen der Notwendigkeit der Sicherung des eigenen Lebensunterhaltes begrenzt bleiben.

Mit der Neufassung durch das KJSG haben die Leistungserbringer eine Vielzahl an Leistungen vorzuhalten und flexibel zu erbringen. Problematisch wird für die Einrichtungen sein, mit den öffentlichen Trägern eine leistungsgerechte und ausreichende Finanzierung für die geforderte spontane und flexible Hilfevermittlung und Begleitung zu vereinbaren. Die Übertragung der Hilfe an Einrichtungen des Sozialraums wird nur eingeschränkt möglich sein. Der Erfolg des Prozesses der vermehrten Umsetzung des gesetzlichen Anspruchs der Notbetreuung im Sozialraum der Familie bleibt abzuwarten und wird zu dokumentieren sein.

IV. Kostenbeteiligung

15 Die nach § 92 SGB VIII Kostenpflichtigen sind in Fällen voll- oder teilstationärer Leistung heranzuziehen (§ 91 Abs. 1 Nr. 3, Abs. 2 Nr. 1 SGB VIII). Den Umfang der Heranziehung regelt § 94 SGB VIII.

V. Verhältnis zu Leistungen anderer Träger

16 Der Anspruch nach § 20 SGB VIII ist gegenüber Leistungen anderer Sozialleistungsträger nachrangig. Das ergibt sich nicht nur aus § 10 Abs. 1 Satz 1 SGB VIII, sondern auch daraus, dass bei Leistungen anderer Träger, die demselben Zweck dienen, die Unterstützung nach § 20 SGB VIII nicht erforderlich ist.

Als solche kommen Leistungen nach § 38 SGB V, § 42 SGB VII, §§109 Abs.1 Satz 1 SGB III i.V.m. den §§33, 44, 53, 54 SGB IX, § 16 Abs. 1 und 2 Nr. 1 SGB II sowie § 74 SGB IX in Betracht.[26] Gegenüber Leistungen für eine Haushaltshilfe nach § 70 SGB XII ist der Anspruch aus § 20 SGB VIII vorrangig.

Die Nachrangigkeit ergibt sich etwa gegenüber Leistungen nach § 38 SGB V für eine Haushaltshilfe, die jedoch engere Voraussetzungen und eine Begrenzung auf zwei Monate hat. Zum SGB IX gibt es derzeit keine Verschiebungen oder klarere Trennung der Anwendungsbereiche. Zu den Leistungen der Elternassistenz für psychisch kranke Eltern in der Eingliederungshilfe gemäß §§ 78 Abs. 3, 113 SGB IX können Abgrenzungsschwierigkeiten entstehen.

---

24 Stellungnahme der Bundesarbeitsgemeinschaft der Freien Wohlfahrtspflege (BAGFW) zum Entwurf eines KJSG vom 26.10.2020, 18.

25 Vgl. BT-Drs. 19/28870, 104.

26 Vgl. zu weiteren Einzelheiten Wiesner/Wapler/*Struck*, § 20 SGB VIII Rn. 19 ff.; MüKo-BGB/*Tillmanns* SGB VIII § 20 Rn. 8.

Maßgebliches Kriterium wird die voraussichtliche wesentliche Behinderung und die Dauer der Notsituation und der Bedarf sein. Auch ein Hilfebedarf nach § 35a SGB VIII kommt bei Eltern unter 27 Jahren in Betracht.

Zu beachten sind die Gesetzesänderungen zum 01.01.2028, wonach Leistungen für junge Menschen mit Behinderungen künftig vorrangig vom Träger der Jugendhilfe gewährt werden.

§ 21
Unterstützung bei notwendiger Unterbringung zur Erfüllung der Schulpflicht

[1]Können Personensorgeberechtigte wegen des mit ihrer beruflichen Tätigkeit verbundenen ständigen Ortswechsels die Erfüllung der Schulpflicht ihres Kindes oder Jugendlichen nicht sicherstellen und ist deshalb eine anderweitige Unterbringung des Kindes oder des Jugendlichen notwendig, so haben sie Anspruch auf Beratung und Unterstützung. [2]In geeigneten Fällen können die Kosten der Unterbringung in einer für das Kind oder den Jugendlichen geeigneten Wohnform einschließlich des notwendigen Unterhalts sowie die Krankenhilfe übernommen werden. [3]Die Leistung kann über das schulpflichtige Alter hinaus gewährt werden, sofern eine begonnene Schulausbildung noch nicht abgeschlossen ist, längstens aber bis zur Vollendung des 21. Lebensjahres.

Übersicht Rn.

A. Allgemeines

1 § 21 SGB VIII regelt, dass **Eltern** oder andere Personensorgeberechtigte im Sinne des § 7 Abs. 1 Nr. 5 SGB VIII, die aufgrund ihrer beruflichen Tätigkeit **häufig oder ständig ihren Arbeitsort wechseln** müssen, einen **Anspruch auf Beratung und Unterstützung bzgl. der Erfüllung der Schulpflicht** ihrer Kinder haben. Ferner legt die Vorschrift fest, dass in bestimmten Fällen auch eine Unterbringung des Kindes bzw. der/des Jugendlichen inkl. des notwendigen Unterhalts und gegebenenfalls Krankenhilfe in einer geeigneten Wohnform ermöglicht werden kann. Dies muss nicht mit Überschreiten des schulpflichtigen Alters beendet werden, sondern kann bis zum 21. Lebensjahr fortgesetzt werden, wenn eine begonnene Schulausbildung noch nicht abgeschlossen ist. Konkret benannte Leistungen sind Unterstützung und Beratung (Satz 1 u. 3) sowie Übernahme der Kosten für die Unterbringung in einer geeigneten Wohnform (Satz 2 u. 3). Die Leistung ist außerhalb der Hilfen zur Erziehung angesiedelt, weil der Bedarf durch Rahmenbedingungen der Berufstätigkeit entsteht und nicht etwa durch Defizite in der Erziehung oder Auffälligkeiten bei den Kindern und Jugendlichen. Wenn ein über Fragen der Schulpflicht hinausgehender erzieherischer Bedarf besteht, können unter Berücksichtigung der Voraussetzungen nach § 27 SGB VIII Hilfen zur Erziehung in Anspruch genommen werden.

Struck weist darauf hin, dass die praktische Bedeutung der Norm angesichts eines Strukturwandels bei den entsprechenden Berufsgruppen insgesamt als gering einzuschätzen sei.[1] Das System des Schultagebuches, der Stamm- und Stützpunktschulen und der Unterstützung durch Bereichslehrkräfte sind bundesweit 2003 von der Kultusministerkonferenz beschlossene Maßnahmen, die in den jeweiligen Bundesländern umgesetzt werden.[2] **Konzepte mobiler Schulen machen** die Unterbringung in Internaten oder anderen Einrichtungen überflüssig und nicht erforderlich im Sinne der Norm.[3]

1 Vgl. Wiesner/Wapler/*Struck*, § 21 SGB VIII Rn. 3.
2 JurisPK/Telscher, § 21 SGB VIII Rn. 9 m.w.N.
3 Vgl. BERiD 2015, 1.

Wenn Eltern oder andere Personensorgeberechtigte wegen ihres Berufs sehr häufig oder ständig den Ort wechseln, hat dies Auswirkung auf die Erziehungssituation. Insbesondere die Gewährleistung einer **kontinuierlichen Schulbildung** kann unter diesen Umständen massiv erschwert sein. Darüber hinaus können auch weitere mit den Ortswechseln verbundene Schwierigkeiten in der Erziehung entstehen, die einen Bedarf an weitergehender Beratung und Unterstützung begründen. Dies betrifft z.B. die **Berufsgruppen** der Binnenschiffer_innen, Handelsvertreter_innen, Artist_innen, Zirkusunternehmer_innen oder Schausteller_innen[4] Die Personensorgeberechtigten deswegen zur Aufgabe ihres Berufs zu zwingen, würde, auch unter Berücksichtigung des Kindeswohls, eine unbillige Härte darstellen. Unter Ansehung der Geschichte der Diskriminierung und Verfolgung von Teilen dieser Berufsstände wäre eine solche Forderung ebenfalls nicht diskutabel. So hat auch das BVerwG entschieden, dass von keinem der Personensorgeberechtigten verlangt werden kann, die Erwerbstätigkeit aufzugeben, um solche Ortswechsel zu vermeiden.[5] 2

B. Leistungen und Leistungsanspruch

I. Beratung und Unterstützung

Auf **Beratung und Unterstützung** durch das Jugendamt bzgl. der Erfüllung der Schulpflicht haben die Leistungsberechtigten einen **subjektiven Rechtsanspruch** (Satz 1 2. Halbsatz). Um leistungsberechtigt zu sein, müssen drei kausal miteinander verbundene Voraussetzungen erfüllt sein: 3

1. Es müssen berufsbedingt ständige Ortswechsel vorliegen.
2. Auf Grund dieser Ortswechsel muss die Erfüllung der Schulpflicht gefährdet sein.
3. Aus der Gefährdung der Erfüllung der Schulpflicht muss sich die Notwendigkeit ergeben, die Schülerinnen und Schüler in einer geeigneten Unterkunft unterzubringen.

In Fällen, in denen nach Ende der Schulpflicht eine begonnene Schulausbildung zu Ende geführt werden soll, können auch volljährige Schüler_innen selbst bis max. 21 Jahre leistungsberechtigt sein.

Beratung meint die konkrete Beratung der Personensorgeberechtigten bzw. der jungen Volljährigen in Fragen der Erfüllung der Schulpflicht, beispielsweise zur Auswahl einer geeigneten Unterkunft. Unterstützung hingegen kann eine organisatorische Hilfe bei der Unterbringung des jungen Menschen sein.[6] 4

Die **Übernahme der Kosten** für die Unterbringung in einer geeigneten Wohnform hingegen unterliegt wegen der Kann-Formulierung in Satz 2 der Vorschrift dem **Ermessen des Trägers** der öffentlichen Jugendhilfe. Es besteht regelmäßig nur ein Anspruch auf fehlerfreie Ermessensausübung. Auch für die Gewährung von Leistungen für Jugendliche **über das schulpflichtige Alter hinaus** besteht aufgrund der **Kann-Regelung** ein Ermessen des Jugendhilfeträgers. Für über 21-Jährige ist die Leistung dessen ungeachtet ausgeschlossen.

---

4 BT-Drs. 11/5948, 60.

5 BVerwG, Urt. v. 13.6.1991, 5 C 27.88, NJW 1991, 3165.

6 Vgl. LPK-SGB VIII/*Kunkel/Kepert*, § 21 Rn. 4. Anderer Auffassung ist N. Struck, der auch Familienfreizeit- und Familienbildungsmaßnahmen zu den Rechtsfolgen zählt, FK-SGB VIII/*Struck*, § 21 Rn. 3; vgl. JurisPK/Telscher, § 21 SGB VIII Rn. 37.

II. Unterbringung in geeigneter Wohnform

5 Die Unterbringung in einer **geeigneten Wohnform** kann z.B. die Unterkunft in einem Internat oder einem spezifischen Heim für Schiffer-, Zirkus- oder Schaustellerkinder sein, infrage kommen jedoch auch Wohngruppen oder eine familiale Unterbringung. Wegen der besonderen Situation der Schüler_innen wäre eine Unterbringung in einer Einrichtung der Hilfen zur Erziehung nicht zweckmäßig, weswegen spezielle Einrichtungen für Kinder von beruflich Reisenden entstanden sind.[7] Aus diesem Grund sind an die Unterbringungsform auch nicht die Standards anzulegen, die nach § 33 SGB VIII und § 34 SGB VIII an Stellen der Vollzeitpflege oder die Heimerziehung zu stellen sind.

Die Leistungen können in Anspruch genommen werden, sobald die Kinder das **schulpflichtige Alter** erreicht haben oder dieses bevorsteht. Wer schulpflichtig ist, wird durch die Schulgesetze der Länder bestimmt. Die Schulpflicht beginnt, je nach landesgesetzlicher Regelung, zwischen dem fünften und dem siebten Lebensjahr und endet nach neun bis zehn Vollzeitschuljahren. Zum Teil gibt es in den Ländern darüber hinaus auch eine Berufsschulpflicht, die spätestens mit 21 Jahren endet. Des Weiteren finden sich landesrechtliche Regelungen, die für Kinder, deren Deutschkenntnisse nicht für den Unterrichtsbesuch genügen, die Schulpflicht vorziehen, so beispielsweise in Niedersachsen (§ 64 Abs. 3 NSchG).

III. Kosten und Zuständigkeit

6 Die **Kosten für die Unterbringung** in einer geeigneten Wohnform werden vollständig oder teilweise vom öffentlichen Träger der Jugendhilfe übernommen, sofern ein **„geeigneter Fall“** vorliegt. Geeignet ist ein Fall dann, wenn nur die Unterbringung an einem geeigneten Ort die Erfüllung der Schulpflicht garantiert.[8] Auch der Unterhalt nach § 39 SGB VIII sowie Krankenhilfe nach § 40 SGB VIII werden ggf. als Bestandteil dieser Leistung übernommen. So wird der Verweis auf Leistungen der Sozialhilfe vermieden.

Nach § 91 Abs. 1 Nr. 4 SGB VIII werden **Kostenbeiträge** für die Unterbringung im Rahmen dieser Norm erhoben. Dazu sind gemäß § 92 SGB VIII Kinder, Jugendliche, junge Volljährige und gegebenenfalls ihre Ehegatten bzw. Lebenspartner_innen und Elternteile heranzuziehen.

Wer **örtlich zuständig** ist, kann in diesen Fällen nicht immer ohne Weiteres festgestellt werden, da dafür gemäß § 86 SGB VIII der gewöhnliche Aufenthalt ausschlaggebend ist (vgl. dazu § 86 SGB VIII Rn. 10 ff.). Wegen der häufigen Ortswechsel müssen verschiedene Aspekte abgewogen werden, beispielsweise, wo sich die Personensorgeberechtigten zeitlich am meisten aufhalten oder wo der objektive Mittelpunkt ihrer Lebensverhältnisse, festzumachen u.a. an einer festen Wohnung oder einem Grundstück, liegt. Sich nur an der polizeilichen Anmeldung zu orientieren, wäre ungenügend.[9]

IV. Recht auf Bildung

7 In diesem Zusammenhang ist zu berücksichtigen, dass Kindern und Jugendlichen ein durch das UN-Übereinkommen über die Rechte des Kindes ausformuliertes eigenständiges **Recht auf Bildung** (Art. 28 UN-KRK) zusteht, das für Kinder beruflich Reisender bislang nicht als vollständig erfüllt angesehen werden kann. Nach Aussage des *Bildungsnetzwerk Circus-*

---

7 Vgl. BT-Drs. 11/5948, 60.
8 Vgl. LPK-SGB VIII/*Kunkel/Kepert*, § 21 Rn. 5.
9 Vgl. LPK-SGB VIII/*Kunkel/Kepert*, § 21 Rn. 13; jurisPK/*Telscher*, § 21 SGB VIII Rn. 53.

schule sind ca. 15.000 Kinder beruflich Reisender davon betroffen. Für die Umsetzung dieser Rechte in der Praxis engagieren sich auf europäischer Ebene vor allem die Organisation „Ente – European network for Traveller Education", auf deutscher Ebene der „Bundesverband für die Bildung der Kinder beruflich Reisender (BERiD)". Sie nehmen neben dem Schulbesuch selbst auch Fragen von frühkindlicher und beruflicher Bildung in den Blick.

Dritter Abschnitt
Förderung von Kindern in Tageseinrichtungen und in Kindertagespflege

§ 22
Grundsätze der Förderung

(1) [1]Tageseinrichtungen sind Einrichtungen, in denen sich Kinder für einen Teil des Tages oder ganztägig aufhalten und in Gruppen gefördert werden. [2]Kindertagespflege wird von einer geeigneten Kindertagespflegeperson in ihrem Haushalt, im Haushalt des Erziehungsberechtigten oder in anderen geeigneten Räumen geleistet. [3]Nutzen mehrere Kindertagespflegepersonen Räumlichkeiten gemeinsam, ist die vertragliche und pädagogische Zuordnung jedes einzelnen Kindes zu einer bestimmten Kindertagespflegeperson zu gewährleisten. [4]Eine gegenseitige kurzzeitige Vertretung der Kindertagespflegepersonen aus einem gewichtigen Grund steht dem nicht entgegen. [5]Das Nähere über die Abgrenzung von Tageseinrichtungen und Kindertagespflege regelt das Landesrecht.

(2) [1]Tageseinrichtungen für Kinder und Kindertagespflege sollen

1. die Entwicklung des Kindes zu einer selbstbestimmten, eigenverantwortlichen und gemeinschaftsfähigen Persönlichkeit fördern,

2. die Erziehung und Bildung in der Familie unterstützen und ergänzen,

3. den Eltern dabei helfen, Erwerbstätigkeit und Kindererziehung und familiäre Pflege besser miteinander vereinbaren zu können.

[2]Hierzu sollen sie die Erziehungsberechtigten einbeziehen und mit dem Träger der öffentlichen Jugendhilfe und anderen Personen, Diensten oder Einrichtungen, die bei der Leistungserbringung für das Kind tätig werden, zusammenarbeiten. [3]Sofern Kinder mit und ohne Behinderung gemeinsam gefördert werden, arbeiten die Tageseinrichtungen für Kinder und Kindertagespflege und der Träger der öffentlichen Jugendhilfe mit anderen beteiligten Rehabilitationsträgern zusammen.

(3) [1]Der Förderungsauftrag umfasst Erziehung, Bildung und Betreuung des Kindes und bezieht sich auf die soziale, emotionale, körperliche und geistige Entwicklung des Kindes. [2]Er schließt die Vermittlung orientierender Werte und Regeln ein. [3]Die Förderung soll sich am Alter und Entwicklungsstand, den sprachlichen und sonstigen Fähigkeiten, der Lebenssituation sowie den Interessen und Bedürfnissen des einzelnen Kindes orientieren und seine ethnische Herkunft berücksichtigen.

(4) [1]Für die Erfüllung des Förderungsauftrags nach Absatz 3 sollen geeignete Maßnahmen zur Gewährleistung der Qualität der Förderung von Kindern in Tageseinrichtungen und in der Kindertagespflege weiterentwickelt werden. [2]Das Nähere regelt das Landesrecht.

Übersicht Rn.

A. Allgemeines

I. Bedeutung der Norm

§ 22 SGB VIII gibt die allgemeinen Rahmenbedingungen hinsichtlich der Grundsätze der Förderung für Tageseinrichtungen und Kindertagespflege vor, begründet selbst aber keine Rechtsansprüche.[1] In **Abs. 1** der Vorschrift werden die Begriffe „Tageseinrichtungen" und „Kindertagespflege" definiert. Zudem enthält dieser Absatz Vorbehalte für ergänzende und abgrenzende landesrechtliche Regelungen beider Begriffe sowie für eine bedingt erweiternde landesrechtliche Regelung für die Kindertagespflege. In **Abs. 2** werden die Ziele und Aufträge der beiden Angebotsformen einschließlich dem Auftrag zur Kooperation mit Dritten formuliert, die in **Abs. 3** inhaltlich ausgestaltet und konkretisiert werden. **Abs. 4** betrifft die Gewährleistung der Qualität der Förderung von Kindern in Tageseinrichtungen und in der Kindertagespflege. 1

Durch das **TAG** wurde § 22 SGB VIII um den Aspekt der Kindertagespflege erweitert, die dadurch eine Aufwertung erfuhr, und es wurden wesentliche inhaltliche Präzisierungen vorgenommen. Somit regelt die Norm die Grundsätze der Förderung, die für alle Angebotsformen der Tagesbetreuung gelten. Diese stellen die Basis für ein **integriertes Tagesbetreuungssystem** für Kinder dar, in welchem Kindertagespflege und Tageseinrichtungen prospektiv eine noch engere fachliche Zusammenfassung, Vernetzung und Profilierung erfahren sollen. Kindertagespflege soll sich den Kindertagesstätten nähern und sich zu einem gleichrangigen Leistungsangebot entwickeln. Auch die Entwicklung von Mischformen ist zulässig, um schließlich den Leistungsberechtigten im Hinblick auf ihr Wunsch- und Wahlrecht die adäquate Betreuungsform zu ermöglichen.[2] 2

Adressiert ist die Vorschrift an die **Träger der öffentlichen Jugendhilfe**. Für letztere ist die Vorschrift als Träger von Tageseinrichtungen gem. § 3 Abs. 2 Satz 2 SGB VIII verpflichtend. Rechtlich bedeutend ist die Norm für alle Träger, die in Tageseinrichtungen oder in Kindertagespflege Leistungen gem. § 24 i.V.m. § 23 SGB VIII erbringen. Alle anderen Träger von Tageseinrichtungen werden in die hier geregelten Grundsätze der Förderung über § 22a Abs. 5 SGB VIII und Kindertagespflegepersonen über das Eignungskriterium gem. § 23 Abs. 3 SGB VIII nur indirekt mitberücksichtigt. Betreuungsangebote, die privat finanziert werden, müssen sich an den Erlaubnisvorbehalten gem. § 43 SGB VIII für Kindertagespflege und §§ 45 bis 48 SGB VIII für Einrichtungen orientieren.[3] 3

1 Vgl. FK-SGB VIII/*Lakies/Beckmann*, § 22 SGB VIII Rn. 1.
2 Vgl. FK-SGB VIII/*Lakies/Beckmann*, § 22 SGB VIII Rn. 2.
3 Vgl. Wiesner/Wapler/*Schweigler*, § 22 SGB VIII Rn. 2.

4 Mit dem Entschluss, den Kindertagesstättenbereich nicht der Bildungsverantwortung der Länder, sondern weiterhin dem Bereich der öffentlichen Fürsorge zuzuordnen, und sie dort stärker weiterzuentwickeln und auszubauen, wird die grundlegende Förderung der individuellen Persönlichkeitsentwicklung als wesentlicher Bestandteil der Elementarpädagogik hervorgehoben. Dementsprechend steht – zumindest bis zur Einschulung – der Anspruch der Kinder auf Förderung ihrer Entwicklung und auf Erziehung gem. § 1 Abs. 3 SGB VIII, aber auch gem. § 22 Abs. 3 SGB VIII gegenüber den schulischen und gesellschaftlichen Leistungsanforderungen im Vordergrund. Der Anspruch steht im engen Zusammenhang mit der elterlichen Erziehungsverantwortung und der familialen Erziehung. Im Rahmen der Kinder- und Jugendhilfe ist die Förderung der Kinder folglich als Unterstützung und Ergänzung der elterlichen Erziehung normiert worden (vgl. § 1 Abs. 3 Nr. 2 SGB VIII).

5 **Tagesbetreuung** ist eine **Leistung der Kinder- und Jugendhilfe**. Diese steht allen Kindern der betreffenden Altersspanne zu und setzt keinen individualisierten Bedarf voraus. Ausgeschlossen ist damit eine Zuständigkeit z.B. der Gesundheitsämter. Wird in „offenen Ganztagsgrundschulen" eine Betreuung während der festen Öffnungszeiten der Schule angeboten, ist es – je nach dessen Ausgestaltung – ein Angebot der Kinder- und Jugendhilfe oder der Schulverwaltung.[4]

6 Ziel der bundesrechtlichen Vorschrift ist die Sicherstellung der Rechts- und Wirtschaftseinheit und – damit verbunden – die gleichwertigen Lebensverhältnisse in der Bundesrepublik. Außerdem zielt die Norm auf die Entwicklung vergleichbarer Qualitätsstandards in Tageseinrichtungen und in Kindertagespflege sowie auf die Verbesserung der Vereinbarkeit von Beruf und Familie insgesamt.[5]

II. Rechtsänderungen

7 Die Vorschrift wurde mehrfach geändert und ergänzt. Die letzten Änderungen erfolgten durch das sog. **Gute-KiTa-Gesetz**, das Abs. 4 eingefügt hat, sowie das **KJSG**, das in Abs. 1 Vorgaben hinsichtlich der Großtagespflege aufgenommen sowie in Abs. 2 Satz 2 und 3 Kooperationsverpflichtungen normiert hat.

B. Einzelheiten

I. Abs. 1 – Förderung in Tageseinrichtungen und Kindertagespflege

1. Abs. 1 Satz 1 – Legaldefinition der Tageseinrichtung

8 Abs. 1 Satz 1 enthält die **Legaldefinition** des Begriffs der „**Tageseinrichtungen**". Diese Definition war sinnvoll, weil sich im allgemeinen Sprachgebrauch und in den verschiedenen Regionen unterschiedliche Bezeichnungen zur Beschreibung von Einrichtungen, in denen Kinder betreut werden, gebraucht wurden bzw. werden. Mit der Voranstellung der Legaldefinition wird der Anwendungsbereich dieses dritten Abschnitts im SGB VIII klargestellt. Während in der alten Fassung des § 22 SGB VIII die Termini „Kindergarten" und „Hort" Anwendung fanden, wird auf diese Begriffe in der Neufassung durch das TAG verzichtet und der allgemeine, umfassendere und übergreifende Begriff „Tageseinrichtungen" hervorgehoben. Tageseinrichtungen sind neben Horten und Kindergärten auch Spiel- und Lernstuben, Kinderhäuser oder andere Einrichtungen mit Kindergruppen.

4 Vgl. FK-SGB VIII/*Lakies/Beckmann*, § 22 SGB VIII Rn. 3.
5 Vgl. LPK-SGB VIII/*Kaiser*, § 22 SGB VIII Rn. 2.

Im alltäglichen Sprachgebrauch werden mit den Begriffen **Krippe** oder **Krabbelstube** Einrichtungen für Kinder bis zur Vollendung des dritten Lebensjahres gemeint. Unter **Kindergärten** werden hingegen Einrichtungen für Kinder vom vollendeten dritten Lebensjahr bis zum Schuleintritt verstanden. Einrichtungen zur außerschulischen Betreuung bis zum 14. Lebensjahr, überwiegend jedoch im Grundschulalter, werden als **Horte** bezeichnet.[6] 9

Obwohl die genannten Begriffe – insbesondere der Begriff „Krippe" – in vielen Bundesländern eine lange Tradition haben und daher ihre fachpolitische Relevanz behalten, verlieren diese altersbezogenen Einrichtungsformen aufgrund der fachlichen Entwicklung hin zu vermehrt altersheterogenen Gruppen ihre bundespolitische Bedeutung.[7]

Definiert werden Tageseinrichtungen durch ihren **Einrichtungscharakter** sowie durch die Festlegung von Zielgruppen, den zeitlichen Rahmen sowie den Inhalt der angebotenen Leistungen. Sie sind ferner auf eine gewisse Dauer festgelegte Verbindungen zwischen sachlichen und personellen Mitteln, in einem Gebäude, an einem Ort unter der Verantwortung eines Trägers und unter einer bestimmten Zweckbestimmung (etwa die gruppenbezogene Förderung der Kinder), die maßgebend ist. 10

Aus dem Terminus „Einrichtung" geht hervor, dass von einer Tageseinrichtung nicht die Rede sein kann, wenn nur wenige Kinder im privaten Rahmen (oder gar nur ein Kind) betreut werden. In diesen Fällen handelt es sich um Kindertagespflege, u.U. um eine Großtagespflegestelle. Von einer Tageseinrichtung kann hingegen nur gesprochen werden, wenn eine **bestimmte Mindestanzahl** an Betreuungsplätzen sowie eine Organisationsstruktur gegeben sind. 11

Die **Zielgruppe** umfasst **Kinder**. Ein Kind ist gem. § 7 Abs. 1 Nr. 1 SGB VIII eine Person, die noch nicht 14 Jahre alt ist. Keine Tageseinrichtungen sind daher Einrichtungen, die vorrangig für Jugendliche (14 Jahre bis Vollendung 18. Lebensjahr) bestimmt sind (z.B. Hausaufgaben- oder Jugendfreizeitbetreuung). Auch wenn ein Betreuungsbedarf, etwa aufgrund fehlender Ganztagsschulen, vorliegt, sieht das Gesetz keine Betreuung für diesen Altersbereich vor. Hier kommen bei entsprechendem erzieherischem Bedarf die Aufnahme in einer Tagesgruppe gem. § 27 SGB VIII i.V.m. § 32 SGB VIII oder Angebote der Jugendarbeit gem. § 11 SGB VIII in Betracht. Die Aufnahme *eines* 14-jährigen Jugendlichen würde die Zweckbestimmung hingegen nicht ändern. Es ist sogar eine kombinierte Betreuung von Kindern und Jugendlichen in einer Einrichtung möglich. Gem. § 22a Abs. 2 Satz 1 Nr. 2 SGB VIII gilt dies ebenfalls für die Kombination von Kindertageseinrichtungen und den Angeboten der stetig zunehmenden Familienzentren[8], welche die Familienbildung und -beratung zum Ziel haben. Kindertageseinrichtungen im Sinne des § 22 SGB VIII sind in den genannten Fällen jedoch nur die Kindergruppen.[9] 12

Schulkindergärten bestehen in der Praxis ausnahmslos im Schulbereich. Sonderkindergärten für Kinder mit Behinderungen fallen überwiegend in die Zuständigkeit der Sozialhilfe. Trotzdem bestehen in diesen Bereich oft Unklarheiten hinsichtlich der Zuordnung.[10] 13

Die **Förderung in größeren Gruppen** ist für Tageseinrichtungen im Gegensatz zur Kindertagespflege charakteristisch. Neben den altershomogenen, den altersheterogenen und alterserweiterten Kindergruppen entstehen gem. § 22a Abs. 4 SGB VIII vermehrt Integrationsgruppen, also Gruppen von Kindern mit und ohne Behinderung. Über eine obere Grenze der Gruppengröße in Tageseinrichtungen werden hier keine Angaben gemacht.[11] 14

---

6 Vgl. auch die diesbezüglichen Begriffsbestimmungen in § 1 Abs. 2 bis 5 Sächs. Gesetz über Kindertageseinrichtungen vom 15.5.2099, SächsGVBl. 578.
7 Vgl. Wiesner/Wapler/*Schweigler*, § 22 SGB VIII Rn. 3.
8 Vgl. BT-Drs. 17/12200, 307.
9 Vgl. LPK-SGB VIII/*Kaiser*, § 22 SGB VIII Rn. 3 f.
10 Vgl. FK-SGB VIII/*Lakies/Beckmann*, 22 SGB VIII Rn. 4.
11 Vgl. Wiesner/Wapler/*Schweigler*, § 22 SGB VIII Rn. 8.

15 Der **zeitliche Rahmen** und die individuelle Betreuungsdauer eines Kindes sind für die Erfüllung des gesetzlichen Begriffes „Tageseinrichtung" unerheblich. Tageseinrichtungen können halbtags, vormittags und nachmittags mit Schließung in der Mittagszeit oder von morgens bis abends (ganztags) geöffnet haben. Die Öffnungszeiten erstrecken sich typischerweise nicht über Tag und Nacht, sondern **tagsüber auf einen Teil des Tages oder ganztägig**. Einrichtungen, in denen Kinder über Tag und Nacht betreut werden, ohne zwischendurch in das eigene Zuhause heimzukehren, gehören gem. § 34 SGB VIII zur Heimerziehung. In Einzelfällen können Tageseinrichtungen die Förderung auch auf Abend- oder gar Nachtstunden ausweiten. Ebenso wie die Ganztagsbetreuung wird in den letzten Jahren – als Voraussetzung einer Halbtagsbeschäftigung für Alleinerziehende – vermehrt die Fünfstunden-Mindestbetreuung einschließlich einer Mittagsmahlzeit angenommen. Demgegenüber wird eine Betreuung am Vor- und Nachmittag mit Mittagsschließung, welche die Anwesenheit einer Bezugsperson während dieser Zeit voraussetzt, weniger angenommen.

2. Abs. 1 Satz 2 – Legaldefinition der Kindertagespflege

16 Abs. 1 Satz 2 enthält die **Legaldefinition** der **„Kindertagespflege"**. Anders als die Förderung in Tageseinrichtungen wird sie durch eine spezifische, verantwortliche und vertraglich bestimmte Person – der geeigneten Kindertagespflegeperson, überwiegend der sog. Tagesmutter – geleistet. Die Vorschrift unterscheidet **zwei Grundformen** der Kindertagespflege: Zum einen die Kindertagespflege im Privathaushalt der Kindertagespflegeperson, zum anderen die Kindertagespflege im Privathaushalt des Erziehungsberechtigten (also in der Regel der Eltern oder eines Elternteils bzw. im Haushalt der nicht personensorgeberechtigten Pflegeeltern von Kindern in Vollzeitpflege, die nicht personensorgeberechtigt sind).

Obwohl das Gesetz in der Vergangenheit die Betreuung im **Haushalt der Kindertagespflegeperson oder** in dem des oder der **Personensorgeberechtigten** vorschrieb, wurde bereits bisher auch die Betreuung eines Kindes im Haushalt eines anderen Personensorgeberechtigten für möglich gehalten, dessen Kind ebenfalls betreut wird, vorausgesetzt, die Betreuung beider Kinder fand im Haushalt eines der beiden statt.[12] Dies war jedoch nur möglich, wenn dieser Haushalt für das Kind, welches nicht diesem Haushalt angehört, zuvor vom örtlichen Träger der Jugendhilfe überprüft worden ist. Für Kinder, die im Haushalt der Eltern betreut werden, ist hingegen keine Prüfung des Haushalts notwendig. Da der überwiegende Teil der Tagespflegepersonen die Kinder selten im Haushalt der Personensorgeberechtigten betreuen, kommt dieser Ausnahmefall in der Praxis äußerst selten vor.

Die nunmehr gegebene Möglichkeit der Kindertagespflege im **Haushalt** von **Erziehungsberechtigten** und vor allem in **„anderen geeigneten Räumen"** wurde durch eine Ergänzung des Satzes 2 durch das KJSG eröffnet.[13] Die Zulässigkeit der Kindertagespflege in anderen geeigneten Räumen konnte nach der vor dem KJSG geltenden Rechtslage gem. Abs. 1 Satz 4 a.F. nur durch Landesrecht geregelt werden.

Die Zulässigkeit der Tagespflege in anderen geeigneten Räumen ist insbesondere für die **Großtagespflege** (oder auch **Tagesgroßpflegestellen**), welche weder im Haushalt der Personensorgeberechtigten noch der Tagespflegeperson stattfindet, von besonderer Bedeutung (zur Großtagespflege vgl. die Kommentierung unten bei Rn. 21 f.).

Die nunmehr bundesgesetzlich geregelte Befugnis, Kindertagespflege auch in **anderen Räumen** zu gestatten, ist nicht unproblematisch. So ist etwa die Abgrenzung zwischen einer **kleinen Einrichtung** und einer **Großtagespflegestelle** faktisch nicht immer klar, steht Letztere – aus diesem Grund auch **„Kita-light"** genannt – nur aufgrund deren missverständ-

12 Ebenso FK-SGB VIII/*Lakies/Beckmann*, § 22 SGB VIII Rn. 9.

13 Der Regierungsentwurf enthält dazu die rechtstheoretisch interessante Begründung, hierdurch werde einer verbreiteten Praxis (!) in den Ländern bundesgesetzlich (!) Rechnung getragen (!).

licher Behandlung oft zwischen der Kindertagespflege und institutionellen Tageseinrichtungen. Tagesgroßpflegestellen bedürfen der landesrechtlichen Regelung. Einige Bundesländer schließen die Großtagespflege ausdrücklich als Form der Kindertagespflege gem. den §§ 22 ff. SGB VIII aus.[14]

Schon aus dem Terminus „Kindertagespflege" geht hervor, dass es sich wie bei den Tageseinrichtungen um eine Förderung **für einen Teil des Tages** handelt. Der Haushalt der Personensorgeberechtigten sollte dabei immer noch als Lebensmittelpunkt gelten. Auch § 43 SGB VIII (Erlaubnis zur Kindertagespflege) sowie § 44 SGB VIII (Erlaubnis zur Vollzeitpflege) bestätigen die Unterscheidung von Tages- und Vollzeitpflege. Nur Letztere erfolgt regelmäßig über Tag und Nacht, von der sich die Kindertagespflege damit unterscheidet. Eine Betreuung über Nacht soll zunächst nicht mehr als Tagespflege angesehen werden. Dies **bedeutet nicht**, dass Kindertagespflege – im Sinne einer bedarfsgerechten Hilfe im individuellen Bedarfs- und Einzelfall, etwa bei dringender Notwendigkeit wegen Schicht- oder Nachtarbeit, z.B. bei Alleinerziehenden – **nicht in den Abend- und Nachtstunden** ausgeübt werden darf. Problematisch wird es, wenn die Betreuung regelmäßig in den Nachtstunden stattfindet. Kollidieren diesbezüglich die kindlichen Bedürfnisse (z.B. Schutz und regelmäßige Betreuung durch die Eltern) mit denen der Eltern (z.B. hinsichtlich der Erfüllung ihres Berufes bzw. der Erwerbstätigkeit) und geht dies zulasten der Eltern-Kind-Beziehung, muss in jedem Fall im Sinne des Kindes entschieden werden, auch wenn dies mit einem Eingriff in das Elternrecht verbunden ist. Möglich ist dieser jedoch nur, wenn die Grenze zur Kindeswohlgefährdung überschritten ist. In jedem Fall müssen die Eltern diesbezüglich unbedingt intensiv pädagogisch beraten werden, um bei ihnen ein Bewusstsein für die kindlichen Bedürfnisse (nach z.B. Kontinuität) zu schaffen. Sie sollten beim Suchen nach Alternativen unterstützt werden. Dies kann auch bedeuten, dass die Fachberatung Kindertagespflege beim Arbeitgeber eine Änderung der Arbeitszeiten zu bewirken versucht. Die Ausgestaltung, die Regelmäßigkeit, die Präsenz der Eltern sowie die Gesamtdauer der Betreuung in den Nachtstunden sollten bei der Entscheidung, ob Kindertagespflege gefördert wird, unbedingt berücksichtigt werden. Bei einem Kind, welches über Jahre wenige Male im Monat bei einer verlässlichen Tagespflegeperson übernachtet und dessen Eltern sich gut mit dieser abstimmen, stellt die Förderung in Kindertagespflege, auch über die Nachtstunden, beispielsweise kein Problem dar. **17**

Gem. § 43 Abs. 3 SGB VIII dürfen geeignete Tagespflegepersonen bis zu fünf Kinder gleichzeitig betreuen. Diese Höchstzahl wurde mit dem KICK festgesetzt. Um den Begriff von der Tagespflege im Bereich der Altenpflege oder der Pflege von Menschen mit Behinderung abzugrenzen, wird der Begriff „Kindertagespflege" statt „Tagespflege" verwandt.

Tagespflege wird im fachlichen Diskurs insbesondere im Hinblick auf die fachliche Kompetenz von Kindertagespflegepersonen **kritisch betrachtet**. Andere Begriffe wie Familientagesbetreuung haben sich dennoch nicht durchgesetzt, da es dadurch zu Missverständnissen (Betreuung wird durch Familienmitglieder erbracht) kommen könnte und das familiale Setting keine Voraussetzung und damit kein charakteristisches Merkmal mehr für die Kindertagespflege ist. Durch das TAG hat der Gesetzgeber lediglich das Merkmal „Kinder" dem Begriff der „Tagespflege" hinzugefügt. **18**

Findet die Betreuung im Haushalt der Personensorge- oder Erziehungsberechtigten statt, erwarten diese von der der Tagespflegeperson nicht selten die Übernahme von Haushaltstätigkeiten. Vor allem in diesen Fällen ist eine klare Abgrenzung der zu übernehmenden Aufgaben durch die Kindertagespflegeperson sinnvoll. Diesbezüglich sollten unbedingt landesrechtliche Vorschriften oder Empfehlungen bestehen, damit sich Personensorge- oder Erziehungsberechtigte und Tagespflegepersonen in den jeweiligen Betreuungsverträgen da- **19**

14 Vgl. Wiesner/Struck, § 22 SGB VIII Rn. 10a.

rauf beziehen können. Bei dieser Betreuungsform dürfen die Erziehungs- und Personensorgeberechtigten während der Betreuung anwesend sein (z.B. im langwierigen Krankheitsfall oder bei der Betreuung von mehreren Geschwistern bzw. Mehrlingsgeburten).[15]

20 Trotz des umfassenderen Förderungsauftrages, der seit den Änderungen durch das TAG auch für die Kindertagespflege gilt, wird der fachlich-pädagogische Qualitätsunterschied zur Förderung in Kindertageseinrichtungen aufgrund der unterschiedlichen **Grundqualifizierungen** von ErzieherInnen (in den meisten Bundesländern dauert die Ausbildung durchschnittlich drei Jahre und länger; in vielen Bundesländern wird über die Anhebung der Erzieherausbildung in die Hochschulen nachgedacht) und Tagesmüttern (Qualifizierungskurse zur Tagesmutter durch die Jugendämter dauern durchschnittlich etwa 160 Stunden) zunächst bestehen bleiben. Ein Vergleich über die Qualität beider Angebote sollte jedoch über das Qualifizierungsniveau hinausgehen. Gerade für Kinder unter drei Jahren kann die kleine Gruppengröße oder etwa das speziellere Bindungsangebot der einzelnen Tagespflegemutter sehr vorteilhaft sein. In vielen Jugendämtern wird derzeit an einer besseren Qualität der Kindertagespflege (z.B. in Form eines Qualitätshandbuches mit bestimmten Voraussetzungen für die Kindertagespflegepersonen) gearbeitet. Vgl. im Übrigen zu den an Tagespflegepersonen zu stellenden Qualifikations- und Eignungsanforderungen die Erläuterungen zu § 43 SGB VIII Rn. 16 ff.

Trotz der unterschiedlichen qualitativen Voraussetzungen ist die Kindertagespflege mit der vorliegenden Vorschrift – aufgrund von Kosten- und Versorgungsdruck – den Tageseinrichtungen gleichgestellt worden.

Während die Förderung in Kindertageseinrichtungen in allen Bundesländern durch **Kindertagesstättengesetze** in Form von **Ausführungsgesetzen** näher geregelt wird die weiterführende Qualitätsvorgaben enthalten, ist die Kindertagespflege kaum in landesrechtlichen Regelungen festgeschrieben.

Zum **Kinderschutzauftrag** der Kindertagespflegeperson vgl. die Kommentierung zu § 23 Rn. 135 ff.

3. Abs. 1 Satz 3 und 4 – Gemeinsam ausgeübte Kindertagespflege; Großtagespflege

21 Die Förderung von Kindern in einer **Großtagespflegestelle** ist eine Möglichkeit der Kindertagespflege in anderen Räumen, sie enthält aber die gleichen Strukturen wie die Kindertagespflege im Haushalt der Tagespflegeperson bzw. der Personensorgeberechtigten. Es handelt sich also „lediglich" um eine Zusammenarbeit von Kindertagespflegepersonen in anderen Räumen.

Auch für Tagesgroßpflegestellen gilt daher für jede Kindertagespflegeperson grundsätzlich eine **Obergrenze** der „Betreuung von bis zu fünf gleichzeitig anwesenden Kindern" gem. § 43 Abs. 3 Satz 1 SGB VIII, es sei denn, Landesrecht nach § 43 Abs. 3 Satz 3 lässt Abweichungen zu. So kann Landesrecht bestimmen, dass die Erlaubnis zur Betreuung von mehr als fünf gleichzeitig anwesenden – fremden – Kindern erteilt werden kann, vorausgesetzt, die Tagespflegeperson verfügt über eine pädagogische Ausbildung.

Großtagespflege findet überwiegend in durch einen Träger der freien oder öffentlichen Jugendhilfe angemieteten Räumen statt. Durch die Einfügung des Merkmals der vertraglichen und pädagogischen Zuordnung des einzelnen Kindes zu einer bestimmten Kindertagespflegeperson in Abs. 1 **Satz 3** soll ein für die Kindertagespflege typisches Abgrenzungsmerkmal zu Kindertageseinrichtungen festgelegt, zugleich aber auch das besondere Profil der Kindertagespflege als personenbezogene Betreuungsform verdeutlicht und die individuelle Betreu-

15 Vgl. Wiesner/Wapler/*Schweigler*, § 22 SGB VIII Rn. 11.

ung der Tagespflegekinder gewährleistet werden.[16] Um Kindertagespflege handelt es sich nur dann, wenn ein Kind einer bestimmten Kindertagespflegeperson fest und ausschließlich zugeordnet ist. Dass die Betreuung durch eine bestimmte Person im Vordergrund stehe, sei, so die Gesetzesbegründung, nicht ausreichend, da auch in Tageseinrichtungen vorwiegend durch eine Person betreut werde.[17]

Die **kurzzeitige** Übernahme der Betreuung durch eine andere Kindertagespflegeperson ist gem. **Satz 4** nur als gegenseitige **Vertretung** aus einem **wichtigen Grund** zulässig.

Kurzzeitig ist eine Vertretung nach der Gesetzesbegründung dann, wenn sie maximal für die Dauer einer halben täglichen Betreuungszeit geleistet werde. Biete beispielsweise die Kindertagespflegeperson eine ganztägige Betreuung von acht Stunden an, so sei eine Vertretung nur dann kurzzeitig, wenn sie vier Stunden bzw. einen halben Tag nicht überschreite. Ein gewichtiger Grund für solch eine kurzzeitige gegenseitige Vertretung sei nur anzunehmen, wenn die Kindertagespflegeperson aus einem notwendigen Anlass die Aufsicht über die ihr vertraglich und pädagogisch zugeordneten Kinder in den gemeinsam genutzten Räumen nicht ausüben könne. Dies sei beispielsweise dann der Fall, wenn ein medizinischer Notfall bei der Kindertagespflegeperson oder einem der ihr zugeordneten Kinder vorliege, wenn ein Arztbesuch genau in diesem Zeitraum unvermeidbar sei oder sich ein Notfall im familiären Umfeld der Kindertagespflegeperson ereignet habe, beispielsweise, wenn ein eigenes Kind krankheitsbedingt aus der Schule abgeholt werden müsse.[18] Folgt man dieser Begründung, handelt es sich um eine **strenge Regelung**, die auf prima facie naheliegende Fälle der **Urlaubs- oder Krankheitsvertretung** einer Kindertagespflegeperson gerade **nicht anwendbar** ist.

Weniger streng können landesrechtliche Regelungen sein. So normiert § 43 Abs. 2 Satz 2 schl.-holst. KitaG, dass die individuelle Zuordnung durch **Vertretungsregelungen für den Fall des Urlaubs oder der Krankheit der Kindertagespflegeperson** nicht berührt wird.

Wichtig ist die Unterscheidung zwischen Großtagespflege und Tageseinrichtung trotz aller Schwierigkeiten jedoch vor allem hinsichtlich der **Pflegeerlaubnis** der Tagespflegeperson gem. § 43 SGB VIII sowie der **Betriebserlaubnis** einer Einrichtung gem. § 45 SGB VIII und den damit verbundenen Verpflichtungen und Kontrollinstrumenten gem. §§ 45 ff. SGB VIII.[19] Großtagespflegestellen verstehen sich jedoch häufig nicht als Einrichtung. Eine aus diesen Gründen so wichtige empirisch belegte Abgrenzung zwischen den genannten Formen im Hinblick auf deren Betreuungsinhalte oder etwa deren pädagogische Qualität fehlt jedoch bis heute.[20] So besteht zudem die Gefahr, dass die Fachstandards der Tageseinrichtungen durch eine mögliche Zusammenarbeit mit Tagespflegepersonen in gemeinsam angemieteten Räumen – die in dieser Konstellation gem. § 45 SGB VIII als Einrichtung gewertet werden muss – eine weniger wichtige Rolle spielen. 22

4. Abs. 1 Satz 5 – Landesrechtliche Abgrenzungsbefugnis

Satz 5 weist es dem Landesrecht zu, „das Nähere" über die Abgrenzung von Tageseinrichtungen und Kindertagespflege zu regeln. Neben dieser bestehen hinsichtlich der Kindertagespflege nicht weniger als vier weitere Verweisungen auf Landesrecht, nämlich in § 26 Satz 1, § 43 Abs. 3 Satz 3 und Abs. 5 sowie in § 49 SGB VIII. Wenn dem Wortlaut der verschiedenen Ermächtigungen eine Bedeutung zukommen soll, dann eröffnet der vorliegende Satz 5 nur zur landesrechtlichen Abgrenzung zwischen Tageseinrichtung und Tagespflege. 23

16 Vgl. die Gesetzesbegründung, BT-Drs. 19/26107, 80.
17 Vgl. BT-Drs. 19/26107, 80.
18 Vgl. BT-Drs. 19/28870, 104.
19 Vgl. *Gerstein*, ZfJ 2005, 267 f.
20 Vgl. Wiesner/Wapler/*Schweigler*, § 22 SGB VIII Rn. 12.

Nachdem die Höchstzahl der gleichzeitig anwesenden betreuten Kinder in § 43 Abs. 3 Satz 1 SGB VIII bundesgesetzlich festgelegt worden ist, besteht landesrechtliche Regelungsbefugnis insoweit nur nach Maßgabe von § 43 Abs. 3 Satz 3 SGB VIII, nach dem Landesrecht die Erteilung der Erlaubnis zur Betreuung von mehr als fünf gleichzeitig anwesenden, fremden Kindern erteilt werden kann, wenn die Person über eine pädagogische Ausbildung verfügt.

Abgrenzungsmöglichkeit und -bedarf besteht darüber hinaus etwa hinsichtlich einer Begrenzung der von einer Kindertagespflegeperson in einem bestimmten Zeitraum insgesamt betreuten Kinder.[21]

Fehlen landesrechtliche Bestimmungen, gelten die bundesgesetzlichen Regelungen des SGB VIII, zu denen sich landesrechtliche Vorschriften ungeachtet der Beschwörung von „Entwicklungsoffenheit" ohnehin nicht in Widerspruch setzen dürfen.

II. Abs. 2 – Ziele der Förderung und Zusammenarbeit

1. Abs. 2 Satz 1 – Ziele der Förderung

24 Im Gefolge der fach- und gesellschaftspolitischen Diskussionen legt Abs. 2 die Ziele der Förderung von Kindern in Tageseinrichtungen und in Kindertagespflege fest. Die Regelung ist auf § 22a SGB VIII a.F. zurückzuführen, der sich aber nur auf Einrichtungen bezog. Sie wurde im Rahmen des TAG und der Diskussion um eine qualifizierte „frühe Förderung" von Kindern erweitert und konkretisiert.

a) Satz 1 Nr. 1 – Förderung der Entwicklung des Kindes zu einer selbstbestimmten, eigenverantwortlichen und gemeinschaftsfähigen Persönlichkeit

25 Verankert ist die Zielsetzung, die Entwicklung des Kindes zu einer selbstbestimmten, eigenverantwortlichen und gemeinschaftsfähigen Persönlichkeit zu fördern, bereits in § 1 Abs. 1 SGB VIII, da sie allen Aufgaben und Leistungen der Jugendhilfe innewohnt. § 22 Abs. 2 Nr. 1 SGB VIII greift § 1 Abs. 1 SGB VIII erneut auf. Damit ist die Förderung der **Entwicklung des Kindes zu einer selbstbestimmten, eigenverantwortlichen und gemeinschaftsfähigen Persönlichkeit** auch der zentrale und maßgebliche Ausgangspunkt für die Förderung von Kindern in Tageseinrichtungen und in Kindertagespflege. Die Erfüllung des Rechts von Kindern und Jugendlichen auf Förderung ihrer Entwicklung sowie auf Erziehung ist zunächst an das elterliche **Erziehungsrecht** gebunden. Deshalb wurde die Option der ganzheitlichen Entwicklungsförderung mit dem TAG mit der spezifischen Anlehnung der Jugendhilfe an das elterliche Erziehungsrecht in Abs. 2 Nr. 2 gebunden. Die Wiederholung im dritten Abschnitt des SGB VIII sowie die Formulierung des Förderungsauftrages in § 22 Abs. 3 SGB VIII betont das Ziel und den Zweck der Förderung und grenzt diese Form der Betreuung von anderen Formen, die – etwa in Einkaufszentren oder während des Babysittings – nur stundenweise Betreuung anbieten, ohne dass ein besonderer pädagogischer Anspruch besteht, ab. Das Entwicklungsziel der selbstbestimmten Persönlichkeit wurde durch das KJSG eingefügt und

21 Vgl. dazu etwa § 29 Abs. 5 und 7 HKJGB:
„(5) Die Erlaubnis befugt zur Betreuung von bis zu fünf gleichzeitig anwesenden fremden Kindern, wobei im Laufe einer Woche insgesamt nicht mehr als zehn fremde Kinder betreut werden dürfen. Sollen mehr Kinder betreut werden, handelt es sich um eine Tageseinrichtung; für die Betriebserlaubnis gilt § 25 Abs. 4 entsprechend. Die Erlaubnis nach Satz 1 kann im Einzelfall für weniger Kinder erteilt werden.
(7) Nutzen mehrere Tagespflegepersonen Räume gemeinsam, bedarf jede Tagespflegeperson einer gesonderten Erlaubnis. Ist die vertragliche und pädagogische Zuordnung des einzelnen Kindes zu einer bestimmten Tagespflegeperson nicht gewährleistet, handelt es sich um eine Tageseinrichtung; für die Betriebserlaubnis gilt § 25 Abs. 4 entsprechend."
Vgl. weiterhin § 22 KiBiz NRW.

konkretisiert die erweiterte Grundzielbestimmung in § 1 Abs. 1 SGB VIII für den Bereich der Tageseinrichtungen.

b) Satz 1 Nr. 2 – Unterstützung und Ergänzung der Erziehung und Bildung in der Familie

Tageseinrichtungen und Kindertagespflege haben als Teil der Kinder- und Jugendhilfe keinen eigenständigen Erziehungsauftrag, sondern ergänzen und unterstützen die Eltern in ihrer Erziehungsverantwortung gem. Art. 6 Abs. 2 GG. 26

Aus diesem Grund kann – im Gegensatz zur Schulpflicht – keine Kindertagesstättenpflicht auf Basis des SGB VIII normiert werden. Durch das Verb „ergänzen" wird deutlich, dass der Staat davon ausgeht, dass Eltern in der Erfüllung der Erziehungspflicht überfordert sein könnten und daher auf diese staatliche Unterstützung angewiesen sind. Die Auftragsdefinition dieser Norm hat Auswirkungen auf die Zusammenarbeit mit den Eltern: Kindertagespflege und Kindertagespflegepersonen sollen im Sinne der **Erziehungspartnerschaft** kooperieren[22] und sich dabei nicht nur über das Verhalten, die Erziehung und Entwicklung der Kinder austauschen, sondern ihre Erziehungsmethoden und -ziele aufeinander abstimmen, sich gegenseitig ergänzen und unterstützen.

c) Satz 1 Nr. 3 – Hilfe für die Eltern zur besseren Vereinbarkeit von Erwerbstätigkeit, Kindererziehung und familiärer Pflege

Bereits seit Inkrafttreten des SGB VIII verfolgt § 80 Abs. 2 Nr. 4 SGB VIII die bessere **Vereinbarkeit von Beruf und Familie** für die Eltern. § 22 Abs. 2 Nr. 3 verfolgt dieses Ziel erst durch die Veränderungen im Rahmen des TAG[23] und war letztlich der Motor für die Einführung des Rechtsanspruchs auf einen Betreuungsplatz zum 1.8.2013. Vom BVerfG wird die Einführung dieser Vorschrift auf die besondere Schutzpflicht gegenüber der Familie gem. Art. 6 Abs. 1 GG zurückgeführt.[24] 27

Die bessere Vereinbarkeit von Erwerbstätigkeit und Kindererziehung hat aufgrund des gesellschaftlichen Wandels eine immer größer werdende Bedeutung, so bereits der 14. Jugendbericht.[25] Trotz Elternschaft soll beruflich gut ausgebildeten Müttern ebenso wie den Vätern eine Erwerbstätigkeit ermöglicht und damit Dequalifizierungsprozesse verhindert werden.[26] Dies trägt zur Zufriedenheit der Eltern bei und weist auf die enge Verbindung zwischen Eltern- und Kindeswohl hin. Die Erfüllung sowohl elterlicher als auch ökonomischer Interessen und die Anforderungen der Arbeitswelt dürfen jedoch keinesfalls zulasten der Bedürfnisse der Kinder, denen der Rechtsanspruch auf Förderung in Kindertageseinrichtungen oder in Kindertagespflege gem. § 24 SGB VIII zusteht, gehen. Vielmehr müssen gesetzliche Rahmenbedingungen geschaffen werden, die allen genannten Punkten gerecht werden. 28

Mit Inkrafttreten des Rechtsanspruchs auf einen Betreuungsplatz sind alle Kinder ab dem vollendeten 1. Lebensjahr gleichberechtigt. Vorrangige Rechte auf einen Betreuungsplatz durch die kommunalen Träger der Grundsicherung für Arbeitssuchende, etwa von erwerbsfähigen Müttern (§ 10 Abs. 1 Nr. 3 SGB II) oder von minderjährigen und behinderten Kindern (§ 16a Nr. 1 SGB II) im Rahmen der Eingliederungshilfe, sind dadurch gegenstandslos geworden. 29

Der Ausbau an Betreuungsplätzen gewinnt also insbesondere durch den **demographischen Wandel** zunehmend an Bedeutung: In Deutschland sinkt die durchschnittliche Kinderanzahl der Frauenjahrgänge bisher beständig. Das Durchschnittsalter der Frauen bei der 30

22 Vgl. Wiesner/Wapler/*Schweigler*, § 22 SGB VIII Rn. 16; LPK-SGB VIII/*Kaiser*, § 22 SGB VIII Rn. 9.
23 Vgl. LPK-SGB VIII, § 22 SGB VIII Rn. 10.
24 Vgl. BVerfG FamRZ 1999, 285 Rn. 70.
25 Vgl. BT-Drs. 17/12200, 99 ff., 306 ff.
26 Vgl. BT-Drs. 17/12200, 99 ff., 307.

Geburt des ersten Kindes nimmt kontinuierlich zu. Vor allem Akademikerinnen schieben ihren Kinderwunsch oft auf oder realisieren ihn gar nicht mehr. Auch heute gehen Väter viel häufiger ihrer Erwerbstätigkeit nach als Mütter.

31 Mit diesem Absatz wird letztlich deutlich, dass sich das Leistungsangebot von Tageseinrichtungen sowie der Kindertagespflege pädagogisch und organisatorisch nicht nur an den Bedürfnissen der Kinder, sondern auch an denen der Eltern orientieren muss (z.B. Wohnortnähe, flexible Öffnungszeiten).[27]

Durch das **KJSG** wurde die Zielsetzung nach Nr. 3 um den Aspekt der **familiären Pflege** erweitert. Familiäre Pflege ist die Pflege pflegebedürftiger naher Angehöriger im häuslichen Umfeld (vgl. § 2 Abs. 1 Familienpflegezeitgesetz).

2. Abs. 2 Satz 2 und 3 – Beteiligung und Kooperationen

32 Die durch das KJSG eingefügten Sätze 2 und 3 enthalten im Wege der Soll-Verpflichtung ein umfassendes Kooperationsgebot der Tageseinrichtungen und der Kindertagespflege mit anderen an der Bildung, Erziehung und Betreuung der Kinder beteiligten Personen und Institutionen.

Dabei sollte die in **Satz 2** erster Hs. geforderte Einbeziehung der Erziehungsberechtigten geradezu selbstverständlich sein. Die Einbeziehung kann auf institutionalisierter Ebene etwa durch Elternbeiräte in Tageseinrichtungen, aber auch durch regelmäßige oder anlassbezogene Gespräche zwischen Einrichtungsleitung, Erzieher_innen bzw. Kindertagespflegepersonen mit den Erziehungsberechtigten erfolgen.

Hs. 2 enthält ein Kooperationsgebot mit dem öffentlichen Träger sowie anderen Personen, Diensten oder Einrichtungen, die bei der Leistungserbringung für das Kind tätig werden.

Satz 3 verpflichtet die Tageseinrichtungen und die Kindertagespflege sowie den öffentlichen Träger zur Zusammenarbeit mit den jeweiligen Rehabilitationsträgern, sofern Kinder mit und ohne Behinderung gemeinsam gefördert werden.

Ob das mit der Vorschrift verfolgte Ziel einer optimalen Förderung der Kinder erreicht wird, hängt letztlich von der Kooperationsbereitschaft aller Beteiligten ab, die institutionell nicht erzwungen werden kann.

III. Abs. 3 – Konkretisierung und Ausgestaltung des Förderungsauftrages

1. Abs. 3 Satz 1 – Die Trias Erziehung, Bildung und Betreuung bezogen auf die soziale, emotionale, körperliche und geistige Entwicklung des Kindes (Absatz 3 Satz 1)

33 Mit der Trias **Erziehung, Bildung und Betreuung** wird der ganzheitliche und umfassende Auftrag der fachlichen Tätigkeit in Tageseinrichtungen sowie in der Kindertagespflege hervorgehoben.

34 **Erziehung** bedeutet die Förderung zum eigenverantwortlichen Handeln der Kinder sowie ihr soziales Lernen und umfasst die Vermittlung von sozialen, ethischen und religiösen Werten und Normen.[28] **Bildung** ist Wissensvermittlung und die Förderung der ganzheitlichen kindlichen Kompetenzentwicklung einschließlich dem Können, der Erkenntnis sowie der Sprachentwicklung. In Bildungsprozessen sollen die Kinder außerdem dazu befähigt werden, sich mit ihrer sozialen, kulturellen und materiellen Umwelt auseinanderzusetzen. Heute reicht das allein kognitive Verständnis von Bildung nicht aus, weshalb zunehmend soziale und emotionale Aspekte in das Bildungsverständnis mit einbezogen werden. Auch die reine

27 Vgl. FK-SGB VIII/*Lakies/Beckmann*, § 22 SGB VIII Rn. 18.
28 Vgl. LPK-SGB VIII/*Kaiser*, § 22 SGB VIII Rn. 12, Wiesner/Wapler/*Schweigler*, § 22 SGB VIII Rn. 20.

Wissensvermittlung wird um den Aspekt der Vermittlung von lernmethodischen („lernen lernen") und sozialen Kompetenzen erweitert. Die Begriffe Erziehung und Bildung ähneln sich inhaltlich stark und sind weder erziehungs- noch bildungstheoretisch eindeutig voneinander abzugrenzen. Absatz 3 Satz 1 wiederholt bekräftigend die Begriffe „Erziehung" und „Bildung" aus Abs. 2 Nr. 2 als grundlegende Aspekte der Förderung in Tageseinrichtungen und Kindertagespflege und erweitert sie um die „Betreuung".

Betreuung beinhaltet insbesondere das Beaufsichtigen, das Versorgen, die (emotionale) Unterstützung sowie die Sorge für das seelische und körperliche Wohl der Kinder. Der Betreuungsauftrag hat durch die Konzentration auf den Bildungsaspekt in den letzten Jahren einen leicht negativen Beigeschmack erhalten. Insbesondere in Bezug auf die Aufsichtspflicht kommt ihm jedoch weiterhin eine erhebliche Bedeutung für die Sicherheit, die Gesundheit und damit für das Wohl der Kinder in Tageseinrichtungen und in Kindertagespflege zu.[29] **35**

In der Praxis kommt es bei der Gesetzesanwendung auf eine Abgrenzung der einzelnen Elemente der Trias nicht an, da sie keinen unterschiedlichen Rechtsfolgen unterliegen.

Die gängige Bezeichnung „Kindertagesbetreuung" reduziert den eigentlichen Inhalt der Förderung von Kindertageseinrichtung und Kindertagespflege auf den Aspekt der Betreuung. Auch die Kindertagespflege enthält jedoch seit den Änderungen durch das TAG den umfassenden Förderungsauftrag der genannten Trias – und damit verbunden eine fachliche Qualität. Insbesondere die Kindertagespflege, die hinsichtlich ihrer Qualität kritisch beäugt wird (siehe dazu Rn. 18 ff.), erfährt dadurch eine Aufwertung.[30] **36**

Durch das TAG erhielten die einzelnen Elemente der Trias eine andere Reihenfolge als in § 22 Abs. 2 SGB VIII a.F.: Der Erziehungsauftrag rückte von der letzten an die erste Stelle, während der Betreuungsauftrag von der ersten an die letzte Stelle rückte. Der Erziehungsauftrag rückt in den Vordergrund, die bloße Betreuung reicht nicht mehr aus: Dadurch wird das Recht des Kindes auf Erziehung zu einer eigenverantwortlichen und gemeinschaftsfähigen Persönlichkeit gem. § 1 Abs. 1 SGB VIII sowie Abs. 2 des hiesigen Paragraphen noch verstärkt.[31] Trotz der zunehmenden Bedeutung des Bildungsauftrages in der fachlichen Diskussion, so der 14. Jugendbericht,[32] hat der Bundesgesetzgeber im SGB VIII nicht von dessen stärkerer Gewichtung Gebrauch gemacht. Dies liegt in der begrenzten Gesetzgebungskompetenz des Bundes im Bildungsbereich begründet. Er setzt darauf, dass die Bundesländer in den jeweiligen Ausführungsgesetzen zum SGB VIII die stärkere Gewichtung des Bildungsauftrages übernehmen.[33] Es ist demnach Aufgabe der Länder, in Bildungs- und Erziehungsplänen Empfehlungen und Vorhaben (z.B. in Bezug auf die Sprachförderung und -feststellung) zur Bildung in Tageseinrichtungen und in Kindertagespflege vorzulegen (siehe hierzu auch die Kommentierung zu § 26 SGB VIII). **37**

Betont wird der fachliche Ansatz zusätzlich durch die sozialen, emotionalen, körperlichen und geistigen Entwicklungsbereiche, der Förderungsauftrag nimmt – in Anlehnung an die näher ausdifferenzierten Kindertagesstättenausführungsgesetze der einzelnen Bundesländer (vgl. zu diesen § 26 SGB VIII) – folglich Bezug auf die gesamte Entwicklung der Kinder. Damit hebt es sich von dem eher engeren schulischen Erziehungs- und Bildungsverständnis ab.[34] **38**

29 Vgl. LPK-SGB VIII/*Kaiser*, § 22 SGB VIII Rn. 12; BT-Drs. 15/6014, 51 ff.
30 Vgl. Wiesner/Wapler/*Schweigler*, § 22 SGB VIII, Rn. 26.
31 Vgl. FK-SGB VIII/*Lakies/Beckmann*, § 22 SGB VIII Rn. 14.
32 Vgl. BT-Drs. 17/12200, 122 ff., 306 ff.
33 Vgl. BT-Drs. 15/3676, 32.
34 Vgl. Wiesner/Wapler/*Schweigler*, § 22 SGB VIII Rn. 20.

2. Abs. 3 Satz 2 – Vermittlung orientierender Werte und Regeln

39 In Abs. 2 Satz 2 wird die Vermittlung orientierender Werte und Regeln – die eigentlich ohnehin Inhalt des allgemeinen Erziehungsauftrags aus Satz 1 ist – unmissverständlich zum Ausdruck gebracht. Dies verdeutlicht den sozialintegrativen Auftrag von Tageseinrichtungen und Kindertagespflege.[35] In einer multikulturellen und individualisierten Lebenswelt sind orientierende Grundwerte und die Beachtung von Regeln von hoher Bedeutung.

3. Abs. 3 Satz 3 – Orientierung der Förderung

40 Abs. 3 Satz 3 betont das pädagogische Prinzip „vom Kind aus", was bedeutet, jedes Kind in seiner konkreten und individuellen Lebenssituation im **Mittelpunkt des Förderungsauftrags** zu sehen. Die Orientierung an den Interessen und Bedürfnissen (z.B. auch in Bezug auf die Öffnungszeiten und die Ferienzeiten), aber auch an den Fähigkeiten des Kindes fördert die kindliche Neugier sowie die natürliche Leistungsbereitschaft.[36]

41 Insbesondere im Rahmen der derzeitigen hohen Zahl von **Flüchtlingen** gewinnen die Berücksichtigung der ethnischen Herkunft und die damit verbundene frühzeitige und nachhaltige Integration der Kinder zunehmend an Bedeutung. Für Flüchtlings- und Migrant_innenfamilien hat die Förderung von Kindern in Tageseinrichtungen und Kindertagespflege sowie die Unterstützung der Eltern in Bezug auf **Teilhabemöglichkeiten** und **Chancengleichheit** einen besonderen Stellenwert. Dabei geht es nicht nur um die Förderung der Sprache, sondern um die ganzheitliche Integration, den Erwerb von interkulturellen Kompetenzen, das Erkennen von Diskriminierungen und entsprechende Handlungsschritte, um diesen entgegenzuwirken, um Respekt, Akzeptanz und kulturelle Aufgeschlossenheit aller beteiligten Akteure, insbesondere jedoch seitens der ErzieherInnen und Tagesmütter. Für die Kinder ist es wichtig, ihren kulturellen Bezugsrahmen wertgeschätzt zu erleben.

42 Der in Abs. 3 konkret formulierte Förderauftrag kann als Voraussetzung für den in Abs. 2 Nr. 1 geforderten Erziehungsauftrag zu einer eigenverantwortlichen und gemeinschaftsfähigen Persönlichkeit sowie für das erfolgreiche Bestehen in unserer Bildungs- und Leistungsgesellschaft verstanden werden. Auch in diesem Zusammenhang bestehen hohe Anforderungen an die in Tageseinrichtungen und in der Kindertagespflege tätigen Personen; dies setzt hinreichend qualifizierte Kräfte voraus. Um der Ausgestaltung des Förderungsauftrages qualitativ und organisatorisch gerecht werden zu können, müssen entsprechende Rahmenbedingungen geschaffen bzw. weiterentwickelt werden.[37]

IV. Abs. 4 – Gewährleistung der Qualität der Förderung

43 Absatz 4 wurde durch Art. 2 Nr. 1 des sog. **Gute-KiTa-Gesetzes**[38] eingefügt. Art. 1 dieses Gesetzes beinhaltet das KiTa-Qualitäts- und Teilhabeverbesserungsgesetz – KiQuTG.[39]

Die Vorschrift konkretisiert die allgemeine Verpflichtung der Träger der öffentlichen Jugendhilfe nach § 79a SGB VIII für den Bereich der Kindertageseinrichtungen und der Kindertagespflege.[40]

---

35 Vgl. LPK-SGB VIII/*Kaiser*, § 22 SGB VIII Rn. 13.
36 Vgl. LPK-SGB VIII/Kaiser, § 22 SGB VIII Rn. 14.
37 Vgl. LPK-SGB VIII/*Kaiser*, § 22 SGB VIII Rn. 14; FK-SGB VIII/*Lakies/Beckmann*, § 22 SGB VIII Rn. 17; Näheres hierzu auch unter www.kindergartenpaedagogik.de sowie unter www.bildungsserver.de.
38 Gesetz zur Weiterentwicklung der Qualität und zur Teilhabe in der Kindertagesbetreuung vom 19.12.2018, BGBl. I S. 2696, in Kraft getreten am 1.1.2019.
39 Gesetz zur Weiterentwicklung der Qualität und zur Verbesserung der Teilhabe in Tageseinrichtungen und in der Kindertagespflege (KiTa-Qualitäts- und -Teilhabeverbesserungsgesetz – KiQuTG).
40 Vgl. LPK-SGB VIII/Kaiser, § 22 Rn. 16.

Ziel des KiQuTG ist nach dessen § 1 Abs. 1, die Qualität frühkindlicher Bildung, Erziehung und Betreuung in der Kindertagesbetreuung bundesweit weiterzuentwickeln und die Teilhabe in der Kindertagesbetreuung zu verbessern. Dadurch soll ein Beitrag zur Herstellung gleichwertiger Lebensverhältnisse für das Aufwachsen von Kindern im Bundesgebiet und zur besseren Vereinbarkeit von Familie und Beruf geleistet werden.

Zur Weiterentwicklung der Qualität i.S.d. § 22 Abs. 4 SGB VIII benennt § 2 KiQuTG Maßnahmen auf insgesamt zehn Handlungsfeldern sowie Maßnahmen zur Entlastung der Eltern bei den Gebühren für die Kinderbetreuung. Hierfür stellt der Bund in den Jahren 2019 bis 2022 Finanzmittel zur Verfügung (Art. 3 und 4 des Gesetzes zur Weiterentwicklung der Qualität und zur Teilhabe in der Kindertagesbetreuung).

Die Bundesländer sind gem. § 3 KiQuTG verpflichtet, auf der Grundlage einer Analyse ihrer Ausgangslage Handlungs- und Finanzierungskonzepte zur Weiterentwicklung der Qualität und Verbesserung der Teilhabe zu erstellen, die Gegenstand des gem. § 4 KiQuTG von jedem Land mit dem Bund zu schließenden Vertrages sind.[41]

§ 6 Abs. 1 und 2 KiQuTG sieht für die Jahre 2020 bis 2023 ein länderspezifisches sowie länderübergreifendes Monitoring sowie einen jährlichen Monitoringbericht des BMFSJ vor. Die Berichte für die Jahre 2019[42] und 2020[43] liegen vor. Ebenso liegt der von der Bundesregierung zu fertigende Evaluationsbericht der Bundesregierung vom 22.9.2021 vor.[44]

41 Vgl. exemplarisch den zwischen Bund und dem Land Hessen geschlossenen Vertrag, https://www.bmfsfj.de/resource/blob/141632/a9a3cb133d88a68d24a4893a9c385937/gute-kita-vertrag-bund-hessen-data.pdf (12.3.2022).

42 Monitoringbericht 2020 vom 1.12.2020, https://www.bmfsfj.de/resource/blob/163374/d76162ed0273429cb3a5ee53331579f5/20201217-gute-kita-bericht-data.pdf (12.3.2022).

43 Monitoringbericht 2021 vom 22.12.2021 https://www.bmfsfj.de/resource/blob/190854/b87305ff48e8948f3b529af6bea95eec/gute-kita-bericht-2021-data.pdf (12.132022).

44 Evaluationsbericht https://www.bmfsfj.de/resource/blob/185910/39abf1c6fdb62f323d60444713633e4d/erster-evaluationsbericht-der-bundesregierung-zum-gute-kita-gesetz-data.pdf (12.3.2022).

§ 22a
Förderung in Tageseinrichtungen

(1) [1]Die Träger der öffentlichen Jugendhilfe sollen die Qualität der Förderung in ihren Einrichtungen durch geeignete Maßnahmen sicherstellen und weiterentwickeln. [2]Dazu gehören die Entwicklung und der Einsatz einer pädagogischen Konzeption als Grundlage für die Erfüllung des Förderungsauftrags sowie der Einsatz von Instrumenten und Verfahren zur Evaluation der Arbeit in den Einrichtungen.

(2) [1]Die Träger der öffentlichen Jugendhilfe sollen sicherstellen, dass die Fachkräfte in ihren Einrichtungen zusammenarbeiten

1. **mit den Erziehungsberechtigten und Kindertagespflegepersonen zum Wohl der Kinder und zur Sicherung der Kontinuität des Erziehungsprozesses,**
2. **mit anderen kinder- und familienbezogenen Institutionen und Initiativen im Gemeinwesen, insbesondere solchen der Familienbildung und -beratung,**
3. **mit den Schulen, um den Kindern einen guten Übergang in die Schule zu sichern und um die Arbeit mit Schulkindern in Horten und altersgemischten Gruppen zu unterstützen.**

[2]Die Erziehungsberechtigten sind an den Entscheidungen in wesentlichen Angelegenheiten der Erziehung, Bildung und Betreuung zu beteiligen.

(3) [1]Das Angebot soll sich pädagogisch und organisatorisch an den Bedürfnissen der Kinder und ihrer Familien orientieren. [2]Werden Einrichtungen in den Ferienzeiten geschlossen, so hat der Träger der öffentlichen Jugendhilfe für die Kinder, die nicht von den Erziehungsberechtigten betreut werden können, eine anderweitige Betreuungsmöglichkeit sicherzustellen.

(4) [1]Kinder mit Behinderung und Kinder ohne Behinderungen sollen gemeinsam gefördert werden. [2]Die besonderen Bedürfnisse von Kindern mit Behinderungen und von Kindern, die von Behinderung bedroht sind, sind zu berücksichtigen.

(5) Die Träger der öffentlichen Jugendhilfe sollen die Realisierung des Förderungsauftrags nach Maßgabe der Absätze 1 bis 4 in den Einrichtungen anderer Träger durch geeignete Maßnahmen sicherstellen.

Übersicht Rn.

A. Allgemeines

1 Die Vorschrift ist durch das **TAG** in das SGB VIII eingefügt und durch das **KICK** ergänzt worden (Abs. 2 Satz 1 Nr. 2 und 3). Abs. 2 Satz 1 Nr. 1 und Satz 2 sowie Abs. 3 Satz 1 greifen auf,

was bis dahin in § 22 Abs. 2 Satz 2 und Abs. 3 SGB VIII a.F. geregelt war. Durch Abs. 2 Satz 1 Nr. 2 und 3 wurden die **Kooperationsverpflichtungen** um die Zusammenarbeit mit Institutionen im Gemeinwesen sowie mit den Schulen erweitert. Die Norm regelt ergänzend zu § 22 SGB VIII weitere Anforderungen an die Förderung von Kindern in Kindertageseinrichtungen. Sie schreibt den Einsatz von geeigneten Instrumenten zur **Qualitätsentwicklung** sowie weitere Qualitätsfaktoren wie die **Kooperation** mit Erziehungsberechtigten, Kindertagespflegepersonen, anderen familienrelevanten Institutionen und Schulen, die bedürfnisorientierte und organisatorische **Ausrichtung**, die **Ausfallbürgschaft** in Ferienzeiten sowie die **Integration/Inklusion** von Kindern mit Behinderungen in Kindertageseinrichtungen vor. Durch die Kooperation und Vernetzung nicht nur zwischen Eltern und pädagogischen Fachkräften, sondern auch mit anderen Bereichen des Bildungssystems soll eine optimale Förderung der Kindesentwicklung erreicht werden.

Die Verpflichtungen, die aus dieser Vorschrift hervorgehen, präzisieren qualitätsbezogene Gesichtspunkte der Förderung in Kindertageseinrichtungen und richten sich ausschließlich an die örtlichen Träger der öffentlichen Jugendhilfe und damit gem. § 69 Abs. 3 SGB VIII an die Jugendämter. Die Norm bezieht sich zudem ausschließlich auf die **Qualität der Förderung** in Einrichtungen und nicht auf die der Kindertagespflege. Letztere ist in § 23 Abs. 3 SGB VIII geregelt. Damit wird die **Gesamtverantwortung** des Jugendamts hinsichtlich der Förderung konkretisiert. Das Jugendamt muss jedoch gem. Abs. 5 mittels vertraglicher Vereinbarungen sicherstellen, dass die qualitativen Anforderungen des Förderungsauftrages auch in den Einrichtungen anderer Träger umgesetzt werden.[1] 2

Werden die in dieser Norm geregelten Pflichten verletzt, bestehen keine unmittelbaren Rechtsfolgen. Eine Verletzung kann jedoch zu Konsequenzen durch die Kommunalaufsicht führen oder aber sich auf die Finanzierung der Kindertageseinrichtung auswirken. Wird bei Nichtbeachtung von gesetzlichen Vorgaben das **Kindeswohl** gefährdet, darf gem. §§ 45 ff. SGB VIII die Aufsichtsbehörde einschreiten. 3

B. Einzelheiten

I. Abs. 1 – Sicherstellung und Weiterentwicklung der Qualität durch die öffentliche Jugendhilfe

In Abs. 1 Satz 1 werden die Jugendämter dazu verpflichtet, die **Qualität** in den Tageseinrichtungen durch entsprechend geeignete Maßnahmen sicherzustellen und weiterzuentwickeln. Qualität in der Förderung der Kinder in Kindertageseinrichtungen ist von **multiplen Faktoren**, z.B. von der Fachkompetenz der MitarbeiterInnen, der Personalausstattung, der generellen Ausstattung, den angewandten pädagogischen Methoden und letztlich vom Konzept der Einrichtung (s. Abs. 1 Satz 2 Rn. 5 ff.), abhängig. Diese Faktoren sind voneinander abhängig und variabel. Deswegen geht es nicht nur darum, die Qualität des Förderungsangebots in einer vorhandenen Situation sicherzustellen, sondern sie eben auch situationsbedingten Veränderungen und Anforderungen anzupassen oder sie zu erweitern.[2] 4

In der Jugendhilfe ist die Qualität der Leistungsangebote von freien Trägern durch die Leistungs- und Qualitätsvereinbarungen mit der öffentlichen Jugendhilfe ein wesentlicher Aspekt (§§ 78a ff. SGB VIII).

Was macht Qualität aus? Der Gesetzgeber verzichtet in diesem Zusammenhang auf konkrete Qualitätsmaßgaben. Stattdessen schreibt er in **Abs. 1 Satz 2** explizit ein **zu ent-** 5

1 Vgl. Stähr/*Grube*, § 22a SGB VIII Rn. 1; LPK-SGB VIII/*Kaiser*, § 22a SGB VIII Rn. 1.
2 Vgl. LPK-SGB VIII/*Kaiser*, § 22a SGB VIII Rn. 2.

wickelndes und einzusetzendes pädagogisches Konzept sowie den Einsatz von Instrumenten und Verfahren, um die Arbeit in den Kindertageseinrichtungen evaluieren zu können, vor. **Konzept** und **Evaluation** sind unverzichtbare Instrumente für die Qualitätsentwicklung und damit zur qualitativen Erfüllung des Förderauftrags in Kindertageseinrichtungen.

6 Inhalt einer **pädagogischen Konzeption** sind insbesondere die **Leitlinien** sowie die **Ziele, die Zielgruppen, Angaben zu den Räumlichkeiten, dem Personal(schlüssel), der Erzieher-Kind-Relation, den Aufgabenfeldern, der sachlichen Ausstattung, der Organisationsstruktur**. Neben den Darlegungen, wer, was, wie, für wen, mit wem und mit welcher Zielverfolgung in der Kindertageseinrichtung bewirkt, soll im Konzept festgehalten werden, wie die **Qualitätsziele** sowie **Verbesserungsmöglichkeiten und -wege** erreicht werden können. Das Konzept gibt ferner Orientierung für das **interne Handeln** (z.B. Führungsstil der Leitung, Arbeitsbedingungen) sowie für die **externe Darstellung**. Es wird von den Fachkräften unter Einbeziehung der Eltern sowie in Abstimmung mit dem Träger konzipiert. Für die Betriebserlaubnis muss der Träger der Kindertageseinrichtung gem. § 45 Abs. 3 Nr. 1 SGB VIII zusammen mit dem Antrag das Konzept vorlegen, damit geprüft werden kann, ob die Voraussetzungen erfüllt sind. Das Vorliegen der Qualitätskriterien ist also bereits Voraussetzung bei der Vergabe der Betriebserlaubnis gem. § 45 SGB VIII. Gem. § 47 Satz 2 SGB VIII müssen Änderungen der Konzeption der zuständigen Behörde unverzüglich mitgeteilt werden.[3] Auch die „Bildungspläne" der Bundesländer für die Kindertageseinrichtungen sollen bei der Konzeptentwicklung Berücksichtigung finden.[4]

7 Eine **pädagogische Konzeption** bezüglich Erziehung und Bildung setzt entsprechend **qualifizierte Fachkräfte** voraus. Entgegen den Forderungen in § 72 SGB VIII besteht jedoch keine konkrete Verpflichtung, bestimmte Fachkräfte zu beschäftigen. Welche genauen Voraussetzungen bezüglich der Fachlichkeit bestehen, bestimmt das Landesrecht. Überwiegend meint **Fachkraft** in diesem Zusammenhang die Berufsgruppen der SozialarbeiterInnen (Bachelor- oder Masterabschluss), die SozialpädagogInnen (Diplomabschluss), ErzieherInnen, SozialassistentInnen oder KinderpflegerInnen. Die in § 72 SGB VIII geforderte **persönliche Eignung** ist jedoch unbedingt Voraussetzung.[5]

8 Evaluiert werden die Qualität der Konzeption, die Qualität der personellen, strukturellen und sächlichen Rahmenbedingungen, die Personalausstattung bezüglich des allgemeinen Handelns hinsichtlich des Förderungsgedankens insgesamt sowie in Hinsicht auf das Resultat der Arbeit. Gegebenenfalls werden auch Angebote über die Betreuung hinaus (z.B. spezielle Eltern- oder allgemeine Fachberatungsangebote) evaluiert.[6]

In der sog. **NUBBEK-Studie** („Nationale Untersuchung zur Bildung, Betreuung und Erziehung in der frühen Kindheit") wurde 2013 die Qualität der Förderung in Kindertageseinrichtungen umfänglich überprüft. Hier wird zwischen Struktur-, Orientierungs- und Prozessqualität unterschieden.[7]

Auch der 12. Kinder- und Jugendbericht setzt sich sehr differenziert mit dem **Qualitätsmanagement** in Kindertageseinrichtungen auseinander. Der Prozess- und Ergebnisqualität in Kindertageseinrichtungen sollte mehr Beachtung geschenkt werden. Außerdem sollen zu dem einrichtungsinternen Qualitätsmanagement ausgewählte Qualitätsaspekte in die Be-

---

3 Vgl. LPK-SGB VIII/*Kaiser*, § 22a SGB VIII Rn. 3; Stähr/*Grube*, § 22a SGB VIII Rn. 3.

4 Näheres hierzu s. z.B. Bundesarbeitsgemeinschaft der Landesjugendämter „Fachliche Empfehlungen zur Qualität zur Bildung, Erziehung und Betreuung der unter Dreijährigen in Kindertageseinrichtungen und in Kindertagespflege" (beschlossen auf der 107. Arbeitstagung 11/2009) oder „Sicherung der Rechte von Kindern als Qualitätsmerkmal von Kindertageseinrichtungen" (beschlossen auf der 114. Arbeitstagung 04/2013).

5 Vgl. Stähr/*Grube*, § 22a SGB VIII Rn. 5.

6 Vgl. LPK-SGB VIII/Kaiser, § 22a SGB VIII Rn. 4; Näheres zum Evaluationsverfahren ebd.

7 Vgl. Stähr/*Grube*, §22a SGB VIII Rn. 3; Wiesner/Wapler/*Schweigler*, § 22a SGB VIII Rn. 2.

richterstattung des Jugendamts einbezogen werden und überregionale Mindeststandards (z.B. hinsichtlich der Eignung der pädagogischen Fachkräfte oder des Personalschlüssels) geschaffen werden.[8]

Neben der **systematischen Beobachtung** gehört zu einer **Evaluation** auch die **Dokumentation** der Entwicklungs- und Lernprozesse der Kinder. Auf eine diesbezügliche Regelung durch Bundesrecht, welche Inhalt des Referentenentwurfs zum TAG war, hat der Gesetzgeber jedoch aufgrund der Kritik der Bundesländer an der Regelungsdichte verzichtet. Die durch die Dokumentation festgehaltenen Erkenntnisse dürfen nur unter Berücksichtigung des Erziehungsvorrangs der Eltern verwendet werden. Diese müssen der Weitergabe von personenbezogenen Daten, z.B. in Form von Entwicklungsberichten ihrer Kinder, – vorrangig an die Schulen – in jedem Fall zuvor zustimmen. 9

Durch das BKiSchG wurde der vorliegenden bereichsspezifischen Regelung bezüglich Qualitätsentwicklung (Abs. 1) durch § 79a SGB VIII (Qualitätsentwicklung in der Kinder- und Jugendhilfe) eine grundsätzlich geltende Vorschrift hinzugefügt. 10

Näheres über Art und Umfang hinsichtlich der qualitätssteuernden Vorgaben zur Förderung in Kindertageseinrichtungen soll das Landesrecht regeln (s. §§ 26, 49 SGB VIII).

II. Abs. 2 – Kooperationsverpflichtung der Fachkräfte in den Einrichtungen

1. Abs. 2 Satz 1 – Zusammenarbeit mit Erziehungsberechtigten und Tagespflegepersonen

a) Satz 1 Nr. 1 – Mit Erziehungsberechtigten und Kindertagespflegepersonen

Mit den Änderungen der Norm, die durch das KICK erfolgten, wurde die Verpflichtung der Träger der öffentlichen Jugendhilfe, im Rahmen der Betreuung in ihren Kindertageseinrichtungen mit anderen Akteuren zu kooperieren, erweitert.[9] 11

Abs. 2 Nr. 1 bezieht sich auf die **Zusammenarbeit** zwischen den pädagogischen Fachkräften in den Kindertageseinrichtungen, der öffentlichen Jugendhilfe und den Erziehungsberechtigten sowie mit Kindertagespflegepersonen und dabei insbesondere mit denen, die für die ergänzende Betreuung des Kindes zuständig sind. Dabei soll die Kontinuität des Erziehungsprozesses gesichert, d.h., Brüche sollen vermieden und gemeinsame Ziele verfolgt werden. Da nicht nur die Familie, sondern auch die Kindertageseinrichtung als Institution prägend für die Kindesentwicklung sind, sollen sie im Sinne einer Erziehungs- und Bildungspartnerschaft zusammenarbeiten, um so eine optimale Entwicklung zu gewährleisten.

Demzufolge wird hiermit auf die einzelne kindbezogene **Kooperation** Bezug genommen. Daraus lässt sich schlussfolgern, dass der Gesetzgeber und damit gleichzeitig der Träger der Kindertageseinrichtung den pädagogischen Fachkräften ausreichend Zeit und Unterstützung für diese nicht immer einfache Aufgabe der Elternarbeit einräumen will. Es bedarf also entsprechender interner organisatorischer Regelungen, damit die ErzieherInnen als ausführende Kräfte dieser Norm die Verpflichtung erfüllen können. Trotz einer vorliegenden Konzeption entwickeln die Fachkräfte aufgrund nachlassender eindeutiger Ausrichtungen und **Profile der Kindertageseinrichtungen** oft ihre eigenen Ansichten im Hinblick auf die Erziehung. Eltern und andere Erziehungsberechtigte müssen sich dessen bewusst sein und versuchen, damit umzugehen. 12

Beide Parteien sollten konstruktiv unter Berücksichtigung beider Kompetenzen sowie der **zwei unterschiedlichen Lebenswelten der Kinder** zusammenarbeiten. Gegenseitiges Vertrauen, Offenheit, Akzeptanz, Wertschätzung und gegenseitiger Austausch sind die 13

8 Vgl. BT-Drs. 15/6014.
9 Vgl. Stähr/*Grube*, § 22a SGB VIII Rn. 4.

Grundlagen für eine gelingende **Erziehungspartnerschaft** sowie für eine qualitativ hochwertige Arbeit in Kindertageseinrichtungen. Die Erziehungspartnerschaft ist schon aufgrund der vorrangigen **Erziehungsverantwortung** der Eltern wichtig, denn der pädagogische Auftrag in Kindertageseinrichtungen steht im Gegensatz zu dem in Schulen nicht mit einer originären staatlichen **Erziehungsbefugnis** in Verbindung. Aus diesem Grund muss die Zusammenarbeit mit Eltern auch im Hinblick auf andere Kooperationspartner, z.B. die Schulen, und die damit verbundene Weitergabe von Informationen durch die Kindertageseinrichtung (s. Rn. 18 f.), unbedingt durch die pädagogischen Fachkräfte gefördert werden.

14 Die **Kooperationspartner** von Kindertageseinrichtungen sind *nicht* zur Zusammenarbeit verpflichtet. Es bedarf daher etwa landesrechtlicher Regelungen in den Landesschulgesetzen (s. Rn. 21). Für die Eltern ergeben sich die Verpflichtungen häufig stillschweigend oder auch ausdrücklich aus den Betreuungsverträgen der jeweiligen Kindertageseinrichtung.

b) Satz 1 Nr. 2 – Mit kinder- und familienbezogenen Institutionen und Initiativen

15 In Abs. 2 Satz 1 Nr. 2 ist eine Öffnung der Kindertageseinrichtungen zu anderen **kind- und familienbezogenen Institutionen** geregelt. Diese wurde bereits im 8. Jugendbericht[10] sowie im 5. Familienbericht[11] gefordert. Die Norm besteht seit Inkrafttreten des TAG und stellt einen neuen Schwerpunkt im Bereich Kindertageseinrichtungen dar. Sie spielt im Hinblick auf ein zunehmend sozialraumorientiertes, integriertes Angebot und eine kommunale Vernetzung für Familien und ihre Kinder in der Jugendhilfe eine immer wichtigere Rolle. Um die **Handlungs- und Gestaltungsspielräume** der Kinder zu erweitern, ist es zwingend notwendig, Fachkräfte etwa der Jugendarbeit (sowohl der freien als auch der öffentlichen Jugendhilfe) mit einzubeziehen und so auch eine Vernetzung für die Kinder zu bewirken. Kindern und Familien in schwierigen Lebenslagen soll z.B. frühzeitig Kontakt zum ASD oder zu den Erziehungsberatungsstellen der Jugendämter ermöglicht werden. Die Betonung von Einrichtungen der Familienbildung und -beratung als Kooperationspartner deckt sich mit der Entscheidung der Jugendministerkonferenz im Mai 2003, bei der es um den „Stellenwert der Eltern- und Familienbildung" sowie die „Stärkung der Erziehungskompetenz der Eltern" ging.[12]

16 Andere Länder haben in diesem Bereich schon weitaus mehr Erfahrungen. So gibt es beispielsweise in England die sog. **children's centres** oder **early excellence centres**.[13] Unter dem Aspekt der **Ganzheitlichkeit** werden hier die Eltern im Sinne des Abs. 2 Satz 1 Nr. 1 aktiv und gleichberechtigt in die Gemeinschaft und den pädagogischen Alltag der Kindertageseinrichtung einbezogen. Außerdem vollzieht sich eine **hohe Vernetzung** mit den anderen Institutionen im Sinne der hier herangezogenen Vorschrift sowie Abs. 2 Satz 1 Nr. 3.

17 Mit „anderen kinder- und familienbezogenen Institutionen und Initiativen im Gemeinwesen" sind z.B. Familienzentren in Kindertageseinrichtungen bzw. Eltern-Kind-Zentren (siehe dazu § 22 SGB VIII Rn. 14)[14], Mütterzentren, Mehrgenerationenhäuser oder Familienbildungseinrichtungen gemeint.[15]

c) Satz 1 Nr. 3 – Mit Schulen

18 Die Förderung von Kindern in Tageseinrichtungen ist Aufgabe der öffentlichen Jugendhilfe. Bildung und Erziehung in der Schule gehört zur Aufgabe der Schulverwaltung. Durch diese

10 Vgl. BT-Drs. 11/6576, 102.
11 Vgl. BT-Drs. 12/7560, 194.
12 Vgl. LPK-SGB VIII/*Kaiser*, § 22a SGB VIII Rn. 6.
13 Mehr zu „Early Excellence" in Deutschland z.B.: https://early-excellence.de/konzept/ (13.1.2022).
14 S. auch 14. Jugendbericht BT-Drs. 17/12200, 299, 307.
15 Vgl. Wiesner/Wapler/*Schweigler*, § 22a SGB VIII Rn. 12.

zweigeteilte Zuständigkeit wird die kontinuierliche und allumfassende Förderung der Kinder erschwert.[16]

In Abs. 2 Satz 1 Nr. 3 wird im Rahmen der Änderungen durch das TAG die öffentliche Jugendhilfe dazu verpflichtet, mit den Schulen **zusammenzuarbeiten**. So soll ein **gelingenderer Übergang** von der Kindertageseinrichtung in die Schule ermöglicht werden. Bei Schulkindern, die neben der Schule zusätzlich in einer Tageseinrichtung betreut werden, soll durch den öffentlichen Träger der Jugendhilfe außerdem die Zusammenarbeit mit den schulischen Fachkräften sichergestellt werden. So soll eine abgestimmte und – im Hinblick auf das Kind – fördernde und bessere Kooperation beider Betreuungsformen gewährleistet werden.[17]

Die Entscheidung zur Kooperation mit der Schule erfüllt die gemeinsamen Beschlüsse der Jugend- und Kultusministerkonferenz im Jahr 2004, in welchen dieser Übergang aufgegriffen wird: „Gemeinsamer Rahmen der Länder für die frühe Bildung in Kindertageseinrichtungen" sowie „Zusammenarbeit von Jugendhilfe und Schule zur Stärkung und Weiterentwicklung des Gesamtzusammenhangs von Bildung, Erziehung und Betreuung".

Der **Übergang** von der Kindertageseinrichtung „Kindergarten" in die Grundschule gilt als besonders einschneidend für die Kinder. Als besonderes Förderziel gilt dabei die sog. **Schulfähigkeit**. Nicht nur die Kinder stellt der Übergang vor hohe Kompetenzanforderungen. Auch an die Familien sowie an die Institutionen Schule und Kindertageseinrichtung, die maßgeblich am **Übergangsprozess** beteiligt sind, werden hohe Anforderungen hinsichtlich der häufig ganz unterschiedlichen Gestaltung gestellt. Es bestehen verschiedene Modellversuche. Die Ausgestaltung des Übergangs soll als gemeinsame Aufgabe verstanden werden. Sie muss Inhalt gemeinsamer Aus-, Fort- und Weiterbildungsangebote sein, so der 12. Kinder- und Jugendbericht aus dem Jahr 2005.[18] Beim Übergang hat die **Sprachförderung** eine große Bedeutung.[19] 19

Die Sicherstellung der Kontinuität gilt nicht nur für lebensgeschichtlich aufeinanderfolgende Übergänge: Auch die neben der Schule parallel stattfindende Betreuung in Horten sowie in altersgemischten Gruppen findet in dieser Norm besondere Erwähnung. Hieraus lässt sich ableiten, dass der Gesetzgeber insoweit trotz der sich entwickelnden **Ganztagsschulangebote** einen weiteren Bedarf erwartet.[20] Hinsichtlich der Ganztagsschule nimmt die Zusammenarbeit zwischen Kindertageseinrichtungen und Schulen für die gesamte Zeit des Grundschulalters der Kinder eine wichtige Rolle ein. Die Schulkinderbetreuung bzw. das Zusammenspiel von Hort und Schule sollten noch stärker als gemeinsame Aufgabe von Kinder- und Jugendhilfe und Schule verstanden werden. Eine **Schulentwicklungs- und Jugendhilfeplanung** scheint hier unabdingbar, so auch der 14. Jugendbericht.[21] 20

Die **Kooperationsverpflichtung** mit der Schule konkretisiert § 81 Nr. 3 SGB VIII, in dem es um die strukturelle Zusammenarbeit mit anderen Stellen und öffentlichen Einrichtungen geht. Beide Vorschriften sind einzig an die Träger der öffentlichen Jugendhilfe gerichtet. Die (Grund)schulen werden mit diesen Normen nicht zur Kooperation verpflichtet. Deren Verpflichtung hängt von landesrechtlichen Regelungen des Schulrechts ab. Für die Zusammenarbeit mit Schulen gilt als **gesetzesimmanente Schranke** gem. § 81 SGB VIII der „Rahmen ihrer Aufgaben und Befugnisse". Dies gilt z.B. für die Weitergabe von Entwicklungsberichten der Kinder, der die Eltern zuvor zustimmen müssen. Hinsichtlich des Vertrauensverhältnisses zu den Eltern müssen diese – als vorrangige Erziehungsverantwortliche und -berech- 21

16 Vgl. Wiesner/Wapler/*Schweigler*, § 22a SGB VIII Rn. 13.
17 Vgl. Stähr/*Grube*, § 22a SGB VIII, Rn. 4.
18 Vgl. BT-Drs. 15/6014, 224 ff.
19 Vgl. 14. Jugendbericht: BT-Drs. 17/12200, 315.
20 Vgl. LPK-SGB VIII/*Kaiser*, § 22a SGB VIII Rn. 8.
21 Vgl. BT-Drs. 17/12200, 327.

tigte – der Kooperation mit der Schule ebenso wie der Zusammenarbeit mit Tagespflegepersonen unbedingt zustimmen.

2. Abs. 2 Satz 2 – Verpflichtung zur Beteiligung der Erziehungsberechtigten

22 Abs. 2 Satz 2 spricht – im Gegensatz zu Abs. 2 Satz 1 Nr. 1, welcher auf die individuelle Zusammenarbeit von Fachkraft und einzelnen Erziehungsberechtigten Bezug nimmt – die Beteiligung des Kollektivs an.

23 Vor den Änderungen durch das TAG war die **verpflichtende Beteiligung der Erziehungsberechtigten** gem. § 22 Abs. 3 Satz 2 SGB VIII a.F. auf die Entscheidungen in wesentlichen Angelegenheiten der Kindertageseinrichtungen begrenzt. Der **Erziehungsanspruch** der Kindertageseinrichtung leitet sich vom Erziehungsrecht der Eltern gem. Art. 6 Abs. 2 GG ab. Aus diesem Grund ist die Verpflichtung zur Beteiligung der Erziehungsberechtigten an den Entscheidungen in wesentlichen Angelegenheiten der Grundsätze der Förderung der Kinder (Erziehung, Bildung und Betreuung) in der neuen Fassung wesentlich konkreter. Damit sind nicht nur kindbezogene Einzelentscheidungen, sondern ebenso einrichtungsbezogene Entscheidungen (z.B. in Bezug auf die Konzeption) gemeint.

24 Um die Beteiligung der Erziehungsberechtigten regelrecht umsetzen zu können, sollen sich **Elternausschüsse, Elternvertretungen** o.Ä. gründen. Diese verschiedenen Organe der Mitwirkung für die Elternschaft sind in den Landesausführungsgesetzen geregelt, denn die nähere Regelung der vorliegenden Rahmenverpflichtungen bleibt den einzelnen Bundesländern überlassen. In einer Gruppe einer Kindertageseinrichtung befinden sich Kinder von Eltern mit unterschiedlichen Erziehungsvorstellungen. Zusammen mit der Zielsetzung sowie den Erziehungsstilen der einzelnen Fachkräfte ist dadurch die Beachtung des individuellen Erziehungsrechts eingeschränkt. Aus diesem Grund müssen die Interessen der Eltern in dieser kollektiven Form zum Ausdruck gebracht werden, sofern sie nicht auf das einzelne Kind bezogen sind.

25 Der Oberbegriff „**Beteiligung**" meint alle Formen der Mitwirkungen, z.B. die Mitentscheidung, die Anhörung, das Einvernehmen. Die Beteiligung der Eltern sollte unabhängig von landesrechtlichen Regelungen ernst genommen werden.

Die „wesentlichen Angelegenheiten der Erziehung, Bildung Betreuung" umfassen das pädagogische Konzept, die Ausstattung, die Öffnungszeiten, die Festlegung der Elternbeiträge (es sei denn, diese werden durch den Träger festgelegt) sowie die Ausgestaltung der kindlichen Beteiligungs- und Beschwerdemöglichkeiten gem. § 45 Abs. 2 Satz 2 Nr. 3 SGB VIII.

Die Kooperation mit den Erziehungsberechtigten spielt auch für den **Schutzauftrag bei Kindeswohlgefährdung nach § 8a SGB VIII** bzw. **§ 4 KKG** eine nicht unerhebliche Rolle.[22]

III. Abs. 3 – Verpflichtende Orientierung an den Bedürfnissen der Kinder und deren Familien

1. Abs. 3 Satz 1 – Orientierung des Angebots

26 Abs. 3 Satz 1 greift auf, was bereits Inhalt von § 22 Abs. 2 Satz 2 SGB VIII a.F. war. Nach dieser Norm sollen sich Tageseinrichtungen **pädagogisch**, z.B. bezüglich ihrer Ziele, Inhalte, Methoden, Strukturen, und **organisatorisch**, z.B. bezüglich der Öffnungszeiten oder Elternsprechzeiten, an den Bedürfnissen der Kinder *und ihrer* Familien orientieren.

27 Die **kindlichen Bedürfnisse** sind maßgebend für die Gestaltung des Leistungsangebots in Kindertageseinrichtungen und umfassen die physischen, psychischen, emotionalen und so-

22 Vgl. LPK-SGB VIII/*Kaiser*, § 22a SGB VIII Rn. 9.

zialen Bedürfnisse sowie insbesondere die Bedürfnisse nach Selbstwirksamkeit, nach Anregung und Entfaltung eigener individueller Kompetenzen und Fähigkeiten sowie nach Auseinandersetzung mit der kindlichen Umwelt. Dies geschieht vor dem Hintergrund der Lebens- und Erziehungssituation des jeweiligen Kindes. Das Recht und Bedürfnis von Kindern, sich angemessen zu beteiligen, und Möglichkeiten der Beschwerde sind in § 45 Abs. 2 Satz 2 Nr. 3 SGB VIII verankert. Die **familiären Bedürfnisse** meinen insbesondere die Beachtung der Erziehungsvorstellungen und Werte, der kulturellen und sprachlichen Hintergründe und vor allem die beruflich bedingten Zeitressourcen der Erziehungsberechtigten.

Dies stellt die Kindertageseinrichtungen vor praktische Herausforderungen. Sie müssen nicht nur kindgerechte Gruppengrößen und -räume einrichten, sondern sich auch – insbesondere hinsichtlich bedarfsgerechter und flexibler Öffnungszeiten – an den Bedürfnissen und damit an den unterschiedlichen Tagesrhythmen der häufig erwerbstätigen und/oder im Schichtdienst arbeitenden Eltern ausrichten. Insbesondere ein alleinerziehender Elternteil soll die Möglichkeit haben, einer Erwerbstätigkeit nachzugehen. Generell muss beachtet werden, dass die Bedürfnisse von Familien ganz unterschiedlich sind.

Unter Berücksichtigung des **Kindeswohls** darf die Betreuungszeit jedoch nicht über eine 28
– altersgerecht festzulegende – Höchstgrenze hinausgehen. Mit § 24 Abs. 1 Satz 3 sowie Abs. 2 Satz 2 SGB VIII wurde die **Förderungshöchstdauer** von Kindern unter drei Jahren zwar nicht explizit durch Bundesrecht festgelegt, es wurde jedoch normiert, dass sich der Umfang der täglichen Förderung in einer Tageseinrichtung **nach dem individuellen Bedarf** des Kindes und seiner Eltern richten soll. Demgegenüber ist die Schaffung von Ganztagesplätzen für Kinder ab drei Jahren bis zum Schuleintritt (Kindergartenalter) weiterhin von landesrechtlichen Regelungen abhängig. Die Jugendämter werden in § 24 Abs. 3 Satz 2 SGB VIII – und damit durch Bundesrecht – lediglich dazu verpflichtet, auf ein bedarfsgerechtes Angebot an Ganztagsplätzen für diese Altersgruppe hinzuwirken (Hinwirkungspflicht).[23]

Durch die Betonung auf die Orientierung an **den kindlichen und familiären Bedürfnissen** wird deutlich, dass diese gegenüber Einzelinteressen der Erwachsenen (z.B. die Ausübung eines Sportangebots nach Arbeitsende) oder etwa privatwirtschaftlich/betrieblichen Interessen Vorrang haben.

2. Abs. 3 Satz 2 –Sicherstellung der Betreuung in Schließungszeiten

Die Verpflichtung in Abs. 3 Satz 2 wurde durch das TAG neu eingeführt. Danach muss der 29
Träger der öffentlichen Jugendhilfe in Fällen, in denen die Erziehungsberechtigten ihre Kinder während der **Schließung einer Kindertageseinrichtung in den Ferienzeiten** oder aufgrund von Fortbildungszeiten der pädagogischen Fachkräfte nicht selbst betreuen können, für andere Betreuungsmöglichkeiten sorgen. Die Vorschrift bezieht sich auf die in § 22 Abs. 2 Nr. 3 SGB VIII geforderte bessere Vereinbarkeit von Beruf und Familie.

Da es für Kindertageseinrichtungen keine festgelegten Ferienzeiten gibt, meint dieser Begriff die **für das Jahr festgesetzten Schließungszeiten** der jeweiligen Kindertageseinrichtung.

Diese Norm und damit die **Sicherstellung der Betreuung** in diesen Fällen hat hohe prakti- 30
sche Relevanz, denn häufig stimmen die Schließungszeiten der Einrichtung nicht mit den Urlaubszeiten der Erziehungsberechtigten überein, auch wenn diesen grundsätzlich zugemutet werden darf, dass diese ihre **Urlaubszeiten** weitgehend an den Schließungszeiten der Einrichtung ausrichten. Insbesondere für die erwerbstätigen Erziehungsberechtigten, die nicht auf Verwandte oder Bekannte hinsichtlich der Betreuung ihrer Kinder zurückgreifen können, kann dies zu Schwierigkeiten hinsichtlich der Arbeitszeiten und damit zu Belastungen führen.

23 Vgl. Stähr/*Grube*, § 22a SGB VIII Rn. 6; Münder/*Trenczek* 2015, 138, Rn. 326; LPK-SGB VIII/*Kaiser* §22a SGB VIII, Rn. 10; Wiesner/*Struck*, § 22a SGB VIII Rn. 15.

Diese geforderte **Sicherstellung anderweitiger Betreuungsmöglichkeiten** bei Schließung einer Einrichtung in den Ferienzeiten ist für die öffentlichen Träger der Jugendhilfe häufig nicht einfach zu gewährleisten. Sie gehört zu einem bedarfsgerechten Angebot an berufstätige Eltern und besteht unabhängig vom Rechtsanspruch auf Förderung des jeweiligen Kindes in einer Kindestageseinrichtung.

31 Die Träger der öffentlichen Jugendhilfe können mit anderen Trägern sog. **Sicherstellungsvereinbarungen** abschließen. Diese können etwa die Abstimmung von Schließzeiten oder Vereinbarung zu gegenseitigen Kurzaufnahmen von Kindern beinhalten. Andernfalls sind sie diesbezüglich zu eigenen organisatorischen Maßnahmen und Angeboten verpflichtet. Näheres ist landesrechtlich zu regeln.

In diesen Fällen kommt Kindertagespflege in jedem Fall in Betracht. Diese „**Notbetreuung**" muss jedoch nicht zwingend alle normalerweise gültigen Standards und Voraussetzungen zur Förderung von Kindern in Kindertageseinrichtungen und in Kindertagespflege erfüllen. In jedem Fall muss sie jedoch für das Kind fördernd sowie mit dem Kindeswohl vereinbar sein. Letztlich muss sie hinsichtlich der Entfernung für die Eltern und andere Erziehungsberechtigte zumutbar sein.[24]

IV. Abs. 4 – Verpflichtung zur inklusiven Förderung

32 Absatz 4 wurde durch das KJSG umgestaltet. **Satz 1** normiert nunmehr vorbehaltlos, dass Kinder mit **körperlichen, geistigen oder seelischen Behinderungen** in Kindertageseinrichtungen gemeinsam mit Kindern ohne solche Behinderungen gefördert werden sollen. Dahinter steht der in den letzten Jahren zunehmend an Bedeutung gewinnende gesellschaftspolitisch geförderte **Inklusionsgedanke**, dass sich die inklusive Förderung der Kinder auf alle Kinder in vielerlei Hinsicht positiv auswirkt. Bezüglich ihrer Sozialkompetenz lernen sie, andere Kinder nicht auszugrenzen. Die Kinder mit Behinderungen machen positive Erfahrungen, indem sie Teil der Gemeinschaft sind. Die Partizipation von Kindern mit Behinderungen am gesamten Angebot und allen Aktivitäten für Kinder ohne Behinderung entspricht den Grundsätzen der uneingeschränkten Teilhabe von Kindern mit Behinderungen gem. § 4 Abs. 3 SGB IX.

Der nach früherer Rechtslage geltende Vorbehalt , „sofern der Hilfebedarf dies zulässt", wurde gestrichen, da eine solche Einschränkung dem Postulat der Inklusion völlig widersprechen würde. Auch eine inklusive Förderung bedeutet nicht, dass Kinder mit Behinderung oder von solcher bedrohte Kinder keine besonderen Bedürfnisse, etwa eine notwendige Einzelbetreuung bei ihrer Gesundheitsversorgung, hätten. Diesen Bedürfnissen ist nach **Satz 2** Rechnung zu tragen. Das stellt nicht nur besondere Anforderungen an die Ausstattung der Räumlichkeiten (Barrierefreiheit), sondern vor allem an die Ausstattung mit Personal und dessen Qualifikation. Der Auftrag des Abs. 4 ist landesrechtlich zu konkretisieren.[25]

V. Abs. 5 – Sicherstellung des Förderungsauftrags in Einrichtungen anderer Träger

33 In Abs. 5 werden die Träger der öffentlichen Jugendhilfe im Zuge ihrer **Gesamtverantwortung** dazu verpflichtet, die Vorschriften der Absätze 1 bis 4 in den Einrichtungen anderer Träger sicherzustellen. Als probates Mittel kommen zunächst **Sicherstellungsvereinbarungen** mit den freien Trägern in Betracht. Kommen solche nicht zustande oder sind nicht ziel-

24 Vgl. Stähr/*Grube*, § 22a SGB VIII Rn. 8; LPK-SGB VIII/*Kaiser*, §22a SGB VIII Rn. 10; Wiesner/Wapler/*Schweigler*, § 22a SGB VIII Rn. 17 f.
25 Vgl. hinsichtlich des Personals etwa § 28 schl.-holst. KiTaG.

führend, kommen auch entsprechende Bedingungen als Nebenbestimmungen in den sog. Zuwendungsbescheiden als Mittel der Sicherstellung in Frage. Ziel ist die Einbindung der anderen Träger in den programmatischen Auftrag der öffentlichen Jugendhilfe, ohne dabei deren Eigenständigkeit gem. § 4 Abs. 1 Satz 2 SGB VIII zu missachten.[26] Keine Beachtung können dabei allerdings Zielsetzungen eines freien Trägers finden, die den in den Absätzen 1 bis 4 genannten Grundsätzen zuwiderlaufen.

26 Vgl. LPK-SGB VIII/*Kaiser*, § 22a SGB VIII Rn. 13.

§ 23
Förderung in Kindertagespflege

(1) Die Förderung in Kindertagespflege nach Maßgabe von § 24 umfasst die Vermittlung des Kindes zu einer geeigneten Kindertagespflegeperson, soweit diese nicht von der erziehungsberechtigten Person nachgewiesen wird, deren fachliche Beratung, Begleitung und weitere Qualifizierung sowie die Gewährung einer laufenden Geldleistung an die Kindertagespflegeperson.

(2) Die laufende Geldleistung nach Absatz 1 umfasst

1. die Erstattung angemessener Kosten, die der Kindertagespflegeperson für den Sachaufwand entstehen,

2. einen Betrag zur Anerkennung ihrer Förderungsleistung nach Maßgabe von Absatz 2a,

3. die Erstattung nachgewiesener Aufwendungen für Beiträge zu einer angemessenen Unfallversicherung sowie die hälftige Erstattung nachgewiesener Aufwendungen zu einer angemessenen Alterssicherung der Kindertagespflegeperson und

4. die hälftige Erstattung nachgewiesener Aufwendungen zu einer angemessenen Kranken- und Pflegeversicherung.

(2a) [1]Die Höhe der laufenden Geldleistung wird von den Trägern der öffentlichen Jugendhilfe festgelegt, soweit Landesrecht nicht etwas anderes bestimmt. [2]Der Betrag zur Anerkennung der Förderungsleistung der Kindertagespflegeperson ist leistungsgerecht auszugestalten. [3]Dabei sind der zeitliche Umfang der Leistung und die Anzahl sowie der Förderbedarf der betreuten Kinder zu berücksichtigen.

(3) [1]Geeignet im Sinne von Absatz 1 sind Personen, die sich durch ihre Persönlichkeit, Sachkompetenz und Kooperationsbereitschaft mit Erziehungsberechtigten und anderen Kindertagespflegepersonen auszeichnen und über kindgerechte Räumlichkeiten verfügen. [2]Sie sollen über vertiefte Kenntnisse hinsichtlich der Anforderungen der Kindertagespflege verfügen, die sie in qualifizierten Lehrgängen erworben oder in anderer Weise nachgewiesen haben.

(4) [1]Erziehungsberechtigte und Kindertagespflegepersonen haben Anspruch auf Beratung in allen Fragen der Kindertagespflege. [2]Für Ausfallzeiten einer Kindertagespflegeperson ist rechtzeitig eine andere Betreuungsmöglichkeit für das Kind sicherzustellen. [3]Zusammenschlüsse von Kindertagespflegepersonen sollen beraten, unterstützt und gefördert werden.

Übersicht Rn.

A. Allgemeines

I. Bedeutung der Norm

In dieser Norm werden die **Grundlagen der Kindertagespflege** als Leistung der Kinder- und Jugendhilfe im Sinne des § 2 Abs. 2 Nr. 3 SGB VIII geregelt. Durch die Neufassung im Rahmen der Änderungen des Dritten Abschnitts im SGB VIII durch das TAG gehört die Kindertagespflege zu einem in das gesamte Förderangebot integrierten und qualifizierten System der Kindertagesbetreuung, die nicht mehr isoliert von den Kindertagesstätten behandelt wird bzw. werden soll. Dies wird bereits im § 22 SGB VIII deutlich: § 22 Abs. 1 Satz 2 bis 4 SGB VIII definiert den Begriff der Kindertagespflege, in § 22 Abs. 2 SGB VIII werden die Förderungsziele und in § 22 Abs. 3 SGB VIII wird der Förderungsauftrag normiert. 1

Aus § 24 SGB VIII gehen die Leistungsvoraussetzungen hervor, welche in § 23 Abs. 1 SGB VIII („nach Maßgabe des § 24") explizit Erwähnung finden. Im Fokus des Profils der Kindertagespflege stehen die **Bemessung der Geldleistungen** gem. Abs. 2 und 2a sowie die **Eignung der Kindertagespflegeperson** in Abs. 3. In der Praxis wird deutlich, dass die Rahmenbedingungen in der Kindertagespflege regional stark variieren. Dies gilt sowohl für die Vergütung als auch für die Aus- und Weiterbildung von Kindertagespflegepersonen.[1] 2

1 Vgl. 14. Kinder- und Jugendbericht, BT-Drs. 17/12200, 312.

II. Rechtsänderungen

3 § 23 SGB VIII und damit einhergehend auch der Status der Kindertagespflege sind im Rahmen der **Änderungen** des SGB VIII durch das **TAG** völlig neu gefasst worden. Der anfänglichen Regelung in Abs. 3 wurde bereits durch das 1. SGB VIII-ÄndG ein weiterer Satz hinzugefügt.[2] Weitere Regelungen und Ergänzungen zur Kindertagespflege sind im Zuge des KICK vorgenommen worden. Dies betrifft insbesondere den Erlaubnisvorbehalt, die Kostenbeteiligungen der Erziehungsberechtigten sowie die Regelungen zur Unfallversicherung von Kindern in Kindertagespflege.

4 Durch die Änderungen im Rahmen des **KiföG** steht die Gewährung einer **laufenden Geldleistung** explizit der Kindertagespflegeperson zu. Deren Zusammensetzung wurde in Abs. 2 Nr. 4 geändert. Demnach beinhaltet die laufende Geldleistung seither auch die hälftige Erstattung nachgewiesener Aufwendungen zu einer angemessenen Kranken- und Pflegeversicherung. So sollen höhere Einkommensteuern sowie Sozialversicherungsbeiträge ausgeglichen werden. Außerdem erfolgte eine **Konkretisierung der Vergütungshöhe** des Erziehungsaufwandes gem. Abs. 2a Satz 2, wonach die Träger der öffentlichen Jugendhilfe (also die Jugendämter) dazu verpflichtet werden, den Betrag zur Anerkennung der Förderungsleistung der Kindertagespflegeperson – als Teil der laufenden Geldleistung – leistungsgerecht auszugestalten.

5 § 23 Abs. 2 Satz 3 SGB VIII a.F., der die Befugnis für die Träger der öffentlichen Jugendhilfe beinhaltete, über die Geldleistung **unterhaltspflichtiger Kindertagespflegepersonen** (z.B. Großeltern) nach pflichtgemäßem Ermessen zu entscheiden und die Leistung ggf. ganz zu versagen oder sie damit schlechter zu vergüten, wurde im Rahmen des KiföG gestrichen. Eine Differenzierung zwischen unterhaltspflichtigen und nicht unterhaltspflichtigen Kindertagespflegepersonen bzgl. der Höhe der laufenden Geldleistung erschien aufgrund der verstärkten Qualifizierung und der damit verbundenen fachlichen Anforderungen, die an alle Tagespflegepersonen gleichermaßen gestellt werden, nicht mehr sinnvoll.

Der **Begriff** sowie **die verschiedenen Formen der Kindertagespflege** werden nicht mehr – wie nach vorherigem Recht – in § 23 SGB VIII, sondern in § 22 SGB VIII definiert.

6 Das **KJSG** hat die Vorschrift in ihrem Wortlaut ausschließlich **redaktionell geändert** und durchgehend den Begriff der „Tagespflegeperson" durch den der „Kindertagespflegeperson" ersetzt. Dabei handelt es sich lediglich um „Anpassungen an aktuelle Begrifflichkeiten",[3] mit der inhaltliche Veränderungen nicht verbunden sind.

Eine nicht unwesentliche **inhaltliche Änderung** hat die Position der Kindertagespflegeperson und deren Aufgaben allerdings durch die ebenfalls durch das KJSG erfolgte **Einfügung von § 8a Abs. 5 SGB VIII** erfahren, durch die **Kindertagespflegepersonen** ausdrücklich in den **Kinderschutz einbezogen** werden (vgl. dazu die Kommentierung unten bei Rn. 135 ff.).

III. Bedeutung sowie Vor- und Nachteile der Kindertagespflege

1. Das Modellprojekt „Tagesmütter"

7 Im Jahr 1974 entstand in Deutschland das erste Forschungsprojekt zur Betreuungsform der Tagespflege von Kindern. Dieses **Modellprojekt „Tagesmütter"** lief über vier Jahre an elf Standorten in Westdeutschland und hatte zum Ziel, Kindertagespflege erstmalig systematisch aufzubauen, durchzuführen, fachlich zu begleiten und letztlich zu evaluieren. Damit

2 Vgl. BT-Drs. 12/2866, 30; vgl. 12/3711, 41.
3 So die Gesetzesbegründung, vgl. BT-Drs. 19/26107, 96.

bot es schon damals wichtige Ideen zur fachlichen Ausgestaltung sowie zur Bekanntmachung der Kindertagespflege in Deutschland.[4] Außerdem schob das Modellprojekt die Gründung des **„Tagesmütter Bundesverbandes für Kinderbetreuung in Tagespflege e.V."** (heute „Bundesverband für Kindertagespflege e.V.") im Jahr 1978 maßgeblich an.[5] Der Bundesverband ist der einzige **Dachverband** und die Interessenvertretung rund um die Kindertagespflege und verfolgt den bedarfsgerechten und qualifizierten Ausbau der Kindertagespflege im Sinne des SGB VIII als oberstes Ziel.

Anfang der 70er Jahre war die **Fremdbetreuung von Kindern** unter drei Jahren höchst umstritten. Auch die Begründer der **Bindungstheorie** John Bowlby und Mary Ainsworth waren der Meinung, dass sich die Abwesenheit der Mutter und damit die Fremdbetreuung von Kindern in diesem Alter negativ auf die weitere (Bindungs-)Entwicklung der Kinder auswirken. Durch die im Rahmen des Modellprojekts durchgeführten entwicklungspsychologischen Untersuchungen sowie durch die Ergebnisse neuerer Bindungsforschung konnte belegt werden, dass sich Fremdbetreuung und damit Kindertagespflege nicht negativ auf die Kindesentwicklung auswirkt, soweit sie von einer **qualifizierten, fürsorglichen Tagespflegeperson durchgeführt** wird, die so zu einer wichtigen **Bezugsperson** für die Kinder werden kann. Gegenüber der rein mütterlichen Betreuung hat **qualifizierte Kindertagespflege also keine Nachteile**. Das Forschungsprojekt zeigte im Gegenteil: Die Kinder in Kindertagespflege waren gegenüber den Kindern, die stetig von ihren Müttern betreut wurden, weniger sozial gehemmt und weniger ängstlich als die Kinder, die ausschließlich von ihren Müttern betreut wurden.[6] 8

Im **Modellprojekt „Tagesmütter"** wurden mit der Eignungsprüfung, einem Einführungskurs, weiteren Qualifizierungsseminaren, der Praxisbegleitung, einer Fachberatung, einem adäquaten Vertretungssystem, einer Vernetzung der Kindertagespflegepersonen sowie der Übernahme von Sozialversicherungsleistungen schon damals wichtige Punkte genannt, welche die Strukturqualität dieser Betreuungsform äußert positiv beeinflussen. Diese fanden mit der erwähnten Novellierung durch das TAG, das KiföG sowie durch das KICK schließlich Eingang in das SGB VIII. Damit wurde ein bedeutender Schritt getan, um die damals erstmals formulierten **Qualitätsmerkmale** auf die Praxis zu übertragen.[7] 9

2. Die Bedeutung von Kindertagespflege

Die Kindertagespflege soll mit einem Anteil von 30 % (Bundesdurchschnitt) des Platzbedarfes dazu beitragen, die **Betreuungslandschaft** – gerade hinsichtlich des **Rechtsanspruchs** für Kinder unter drei Jahren – weiter auszubauen. Dieses Ziel wurde durch das TAG angeschoben und wird auch vom KiföG weiterhin verfolgt. Damit spielt sie bezüglich des Ausbaus eine zentrale Rolle. Die angegebenen 30 % stellen jedoch keine rechtlich verbindliche Vorgabe, sondern lediglich eine Planungsgröße bzgl. der Kostenplanung der Bundesregierung dar.[8] 10

Der angegebene Anteil von 30 % wurde nicht erreicht, obgleich die seit 2006 geführte bundesweite **Statistik** zur Kindertagesbetreuung zeigt, dass die Anzahl der öffentlich geförderten Tagespflegepersonen (von 30.427 in 2006 auf 42.713 Tagesmütter und 1240 Tagesväter im Jahr 2013) sowie der betreuten Kinder (von 59.829 in 2006 auf 139.669 (davon 68 % der U3) im Jahr 2013) seither stark angestiegen ist. Kinder, die in informellen Settings ohne öffentliche Förderung betreut werden, sind von der Statistik nicht berücksichtigt.[9] 11

4 Vgl. Deutsches Jugendinstitut e.V. (DJI) 2015.
5 Näheres unter: http://www.bvktp.de.
6 Vgl. Deutsches Jugendinstitut e.V. (DJI) 2015.
7 Vgl. Deutsches Jugendinstitut e.V. (DJI) 2015.
8 Vgl. BT-Drs. 16/9299, 21.
9 Vgl. 14. Kinder- und Jugendbericht: BT-Drs. 17/12200, 312.

12 Obwohl Kindertagespflege **für alle Altersgruppen** (eigenständig oder – meist in höheren Altersgruppen der Kinder – ergänzend) in Betracht kommt, bestätigt der hohe Betreuungsanteil der unter Dreijährigen (68 % im Jahr 2013 laut amtlicher Statistik), dass sie für diese Altersgruppe aufgrund ihres **Vorteils hinsichtlich des familiären Settings** und der damit einhergehenden kleinen Gruppengröße als besonders geeignet gilt und angenommen wird. Der Rechtsanspruch für Kinder, die das dritte Jahr vollendet haben, konzentriert sich gem. § 24 Abs. 3 Satz 1 SGB VIII im Gegensatz zu § 24 Abs. 2 Satz 1 SGB VIII auf Tageseinrichtungen. Dies liegt in der zunehmenden Bedeutung der **Interaktion mit anderen Kindern** hinsichtlich ihrer Entwicklung begründet. Kindertagespflege wird dann gem. § 24 Abs. 3 Satz 3 SGB VIII eher ergänzend in Betracht gezogen.[10]

13 **Gesellschaftliche Veränderungen** wie der demographische Wandel und die damit einhergehende sinkende Kinderzahl, der Anstieg Alleinerziehender, eine steigende akzeptierte Müttererwerbsquote, zunehmend flexible Arbeitszeitmodelle, erhöhte Anforderungen an Erziehung, Bildung und Betreuung und damit an die Kindertagespflegepersonen führen dazu, dass die Kindertagespflege nicht nur mit ihren **Vorteilen** (familiäres Setting, kleine Gruppengröße, feste Bezugsperson, intensive Zuwendung und Förderung, Flexibilität), sondern ebenso mit ihren Schwächen bzw. **Nachteilen** und Risiken in den Vordergrund rückt: So stimmen Erziehungsverständnis, der Lebens- und Kommunikationsstil von Tagespflegeperson und Erziehungsberechtigten nicht immer überein. Es ist daher umso wichtiger, dass die Erziehungsberechtigten sich die Tagespflegeperson für ihr Kind etwa durch mehrmalige Hospitation im Vorfeld gut aussuchen. Im Zweifelsfall ist das Betreuungsverhältnis für beide Seiten innerhalb kurzer Fristen kündbar. Dies kann neben fehlenden Vertretungen im Hinblick auf die Kontinuität der Kinder ein Nachteil sein. Überdies birgt der familiäre Rahmen die Gefahr, Risiken und Gefahren für die Kinder nicht rechtzeitig erkennen zu können. Auch eine Kontrolle durch andere pädagogische Fachkräfte hinsichtlich der Kompetenz der Tagespflegeperson ist nicht gegeben.[11]

3. Kindertagespflege als qualifizierte Betreuungsform

14 Kindertagespflege soll als **qualifizierte Betreuungsform** und als **gleichrangige Alternative** – auch hinsichtlich der Vergütung – zur Erziehung, Bildung und Betreuung in Kindertageseinrichtungen, insbesondere für Kinder unter drei Jahren, nicht nur ausgebaut, sondern auch angesehen werden. Dies ist in der Praxis jedoch nicht durchgängig der Fall. Aus diesem Grund muss die Kindertagespflege in vielen Kommunen hinsichtlich ihrer Rahmenbedingungen, ihrer Qualität entsprechend ihrem Angebot und ihrer Nachfrage und damit letztlich sowohl für die potenziellen Tagespflegepersonen als auch für die Eltern und anderen Erziehungsberechtigten **attraktiver gestaltet** werden. Eine noch intensivere **Qualifizierung** der Tagespflegepersonen sowie deren noch nähere **professionelle Begleitung** und Beratung, etwa durch die Fachkraft Kindertagespflege, sind daher unumgänglich. Diesbezüglich wurden im Rahmen des KiföG weitere Maßnahmen festgelegt, auch die Neufassung des § 23 SGB VIII soll ihren Beitrag dazu leisten.[12]

15 Hinter dem **Begriff** der Kindertagespflege verbergen sich sehr **unterschiedliche Betreuungsvariationen** mit fließendem Übergang: Von weitgehend informeller bis hin zu einer öffentlich geregelten, vermittelten und finanzierten Betreuung. Es besteht die Gefahr, dass Betreuungsvariationen in der Vielfalt der Leistungsangebote der Kinder- und Jungenhilfe untergehen. Die hohe Bedeutung eines klaren **Kompetenzprofils** und der damit assoziierten qualitativen Rahmenbedingungen wird mit dem Gesagten unterstrichen.[13]

---

10 Vgl. LPK-SGB VIII/*Kaiser*, § 23 SGB VIII Rn. 6; vgl. Wiesner/Wapler/*Schweigler*, § 23 SGB VIII Rn. 12.
11 Vgl. Wiesner/Wapler/*Schweigler*, § 23 SGB VIII Rn. 13.
12 Vgl. BT-Drs. 16/9299, 14.
13 Vgl. *Kerl-Wienecke/Schoyerer/Schuhegger* 2013, zit. n. Wiesner/Wapler/*Schweigler*, § 23 SGB VIII Rn. 7.

16 In der Praxis sowie im 14. Kinder- und Jugendbericht wird deutlich, dass sich die Kindertagespflege hinsichtlich **ihrer Arbeitsbedingungen, ihrer Qualität sowie hinsichtlich der Vergütung bereits verbessert** hat. Dennoch verdient eine Tagespflegeperson vergleichsweise wenig. In vielen Kommunen lässt ferner die so wichtige Fachberatung der Kindertagespflegepersonen, welche zumeist durch die Träger der öffentlichen Jugendhilfe erbracht wird, zu wünschen übrig. Zudem, so fährt der 14. Kinder- und Jugendbericht fort, sei die Kindertagespflege auf der einen Seite aus fiskalischen Gründen, aber auch aufgrund ihrer **sehr guten pädagogischen Eignung für die Betreuung der unter Dreijährigen** sowie wegen ihrer **hohen Flexibilität** im Hinblick auf die **Betreuung in Randzeiten** von den örtlichen Trägern begehrt. Auf der anderen Seite sei die Kindertagespflege jedoch **kaum planbar** und der monetäre Vorteil würde bei deren besserer Ausgestaltung schwinden. Obendrein würden sich aufgrund des Ausbaus der Betreuungsplätze für die unter Dreijährigen vielerorts die meisten Eltern ohnehin für eine institutionelle Betreuung aussprechen.[14]

17 Im öffentlichen Diskurs ist die **Festanstellung** von Kindertagespflegepersonen immer wieder umstrittenes Thema. Dies kann für die Gewinnung neuer sowie bei der Sicherung bereits tätiger Tagespflegepersonen ein zielführender Ansatz hinsichtlich der Ausgestaltung sein.[15]

IV. Rechtliche Ausgestaltung der Kindertagespflege

18 Wie bei der Betreuung in Kindertagesstätten sollte jedem Betreuungsverhältnis in Kindertagespflege ein **Betreuungsvertrag** zwischen den Personensorgeberechtigten und der Kindertagespflegeperson zugrunde liegen. In der Kindertagespflege handelt es sich dabei um einen **privatrechtlichen Vertrag**, unabhängig davon, ob dieser in mündlicher oder schriftlicher Form geschlossen wurde. Eine schriftliche Fixierung wird jedoch zur Rechtssicherheit ausdrücklich empfohlen.

19 Wichtige **Inhalte des Betreuungsvertrages** sollten insbesondere Hinweise auf das zu betreuende Kind (etwa Nennung von Auffälligkeiten), eine Ermächtigung zur Ausübung von Sorgebefugnissen, die regelmäßigen Betreuungszeiten unter Berücksichtigung etwaiger Änderungen z.B. während der Ferienzeiten, die von der Kindertagespflegeperson zu erbringenden Leistungen (Betreuung und Beschäftigung allgemein, Vorgehen in der Eingewöhnungs- und Abschiedsphase, etwa etwaige Abholungen, Verköstigungen, Ausflüge u.Ä.), das Tagespflegegeld, Regelungen zur Versicherung und Haftung, Urlaubsanspruch der Tagespflegeperson, Vergütung bei Ausfallzeiten des Kindes oder der Tagespflegeperson, Schweigepflichtvereinbarungen, Kündigungsfristen, erforderliche Vollmachten für die Tagespflegeperson, besondere Absprachen und Verhalten bei Krankheit des Kindes sein.[16] Das **Dispositionsrecht** hinsichtlich der Betreuung durch eine Kindertagespflegeperson liegt immer bei den Erziehungs- bzw. Personensorgeberechtigten, nicht beim Jugendamt.[17]

20 Nach Maßgabe des § 24 SGB VIII sowie gem. § 27 Abs. 1 Nr. SGB I i.V.m. § 2 Abs. 2 Nr. 3 SGB VIII wird Kindertagespflege als **Sozialleistung der Kinder- und Jugendhilfe** gewährt. § 23 SGB VIII regelt die Leistungsinhalte der Kindertagespflege.[18] Wird Tagespflege als Leistung der Kinder- und Jugendhilfe gewährt, muss – neben dem privatrechtlichen Betreuungsvertrag – sowohl zwischen dem Jugendamt und Erziehungsberechtigten als auch zwischen

14 Vgl. BT-Drs. 17/12200, 313.
15 Vgl. BMFSFJ 2015.
16 Vgl. *Hillmann-Stadtfeld* 2009, 115 f.
17 Vgl. www.bvktp.de; auf der Homepage des Bundesverbands Kindertagespflege findet sich als Arbeitshilfe eine Vertragsvorlage für Tagesmütter und -väter mit den Eltern.
18 Vgl. FK-SGB VIII/*Lakies/Beckmann*, § 23 SGB VIII Rn. 6.

Jugendamt und Tagespflegeperson ein **öffentlich-rechtlicher Vertrag** vereinbart werden. Man spricht in diesem Zusammenhang von einem **sozialrechtlichen Dreieck**.[19]

21 Vor den Änderungen im Rahmen des TAG musste der Ersatz von Aufwendungen gem. § 23 Abs. 3 SGB VIII a.F. nach pflichtgemäßem Ermessen des Jugendamtes entschieden werden. Im Unterschied zur Förderung in Kindertagesstätten wurde Kindertagespflege bis dato also als privates Betreuungsarrangement der Erziehungsberechtigten verstanden. Eine Zuwendung durch die öffentliche Jugendhilfe war nur bei besonderem (materiellen) Bedarf gegeben. Demnach beschränkte sich die **Rechtsbeziehung zwischen Jugendamt und Tagespflegeperson** in der Regel auf die (teilweise) Kostenübernahme durch das Jugendamt. Mit dem TAG hat der Gesetzgeber jedoch mit § 23 Abs. 1 SGB VIII ein **Sozialleistungsverhältnis** festgeschrieben, welches die Vermittlung des Kindes zu einer geeigneten Tagespflegeperson, deren fachliche Beratung, Begleitung und weitere Qualifizierung sowie letztlich die Gewährung einer laufenden Geldleistung, auf die die Leistungserbringerin einen unmittelbaren Anspruch hat, beinhaltet. Mit § 24 Abs. 2 SGB VIII ist die ihr zugrunde liegende **Rechtsverpflichtung zur Förderung** stufenweise auf einen Rechtsanspruch für alle Kinder ab dem 1. Lebensjahr ausgeweitet worden.

22 Bereits das **Jugendwohlfahrtsgesetz** (JWG) enthielt in § 27 Abs. 1 JWG einen **Erlaubnisvorbehalt** (heute § 43 SGB VIII) für die regelmäßige Betreuung – ganztags oder für einen Teil des Tages – von Kindern außerhalb des Elternhauses. Damit ist dieser älter als die eigentliche Kindertagespflege als Leistung der Kinder- und Jugendhilfe. In der damaligen Vorschrift wurden nahe Verwandte als in Frage kommende **Tagespflegepersonen ausgeschlossen**. Der Erlaubnisvorbehalt war eine Reaktion auf die im 19. Jahrhundert weit gebräuchliche Praxis, Tagespflegekinder als billige Arbeitskräfte in Landwirtschaft und Handwerk auszunutzen. Schon damals wurde die Regelung also zum Schutz der Kinder geschaffen. Überdies ist der Erlaubnisvorbehalt ein wichtiges und zulässiges Eingriffsinstrument in die durch Art. 12 GG grundrechtlich geschützte Berufsfreiheit von Kindertagespflegepersonen.[20]

23 Die **Erlaubnis zur Kindertagespflege** ist in § 43 SGB VIII geregelt. Betreut die Kindertagespflegeperson die Kinder nicht im Haushalt der Eltern, eines Elternteils oder der Erziehungsberechtigten, gilt § 43 SGB VIII als Voraussetzung für die Tätigkeit als Kindertagespflegeperson im Rahmen einer nach den §§ 23, 24 SGB VIII gestatteten Leistung. § 43 Abs. 2 SGB VIII stellt die gleichen Anforderungen an die **Eignung der Pflegeperson** wie § 23 Abs. 3 SGB VIII. Die Finanzierung aus öffentlichen Mitteln wird jedoch nicht durch die **Erteilung der Pflegeerlaubnis** begründet, vielmehr müssen die Maßgaben des § 24 SGB VIII erfüllt sein. Für die Vermittlung und Finanzierung von Tagespflegepersonen als Teil der Leistung nach der vorliegenden Vorschrift hat dies zur Folge, dass das Jugendamt ausschließlich den Personen Kinder vermitteln darf, die eine Erlaubnis im Sinne des § 43 SGB VIII besitzen oder diese während der Vermittlung erhalten. Aufgrund fachpolitischer Forderungen erfuhr der Erlaubnisvorbehalt gem. § 43 SGB VIII im Rahmen des KICK eine Neuordnung. Demnach ist eine **Erlaubnis bereits ab der Betreuung des ersten Kindes** außerhalb des Haushalts des Erziehungsberechtigten erforderlich (§ 43 Abs. 1 Satz 1 SGB VIII). Außerdem befugt die Erlaubnis – seit den Änderungen im Rahmen des KICK – zur Betreuung von **höchstens fünf Kindern**, wird also seither nicht mehr kindbezogen erteilt (§ 43 Abs. 3 Satz 1 SGB VIII).[21]

---

19 Vgl. *Hillmann-Stadtfeld* 2009, 21.
20 Vgl. Wiesner/Wapler/*Schweigler*, § 23 SGB VIII Rn. 16.
21 Vgl. Wiesner/Wapler/*Schweigler*, § 23 SGB VIII Rn. 17.

B. Einzelheiten

I. Abs. 1 – Förderung in Kindertagespflege

1. Förderung „nach Maßgabe von § 24" SGB VIII

Absatz 1 nimmt die **inhaltliche Ausgestaltung** der Leistung „Kindertagespflege" vor. **Ob** und ggfs. **unter welchen Voraussetzungen** die Leistungen für **welche Altersgruppen** bereitzustellen ist oder von diesen beansprucht werden kann, ergibt sich hingegen nicht aus § 23 SGB VIII, sondern wird durch § 24 SGB VIII geregelt („nach Maßgabe von § 24"), auf den Abs. 1 verweist. 24

Danach ergibt sich im Überblick folgendes Bild:

Die **Verpflichtung zur Förderung** von Kindern, die das erste Lebensjahr noch nicht vollendet haben, besteht gem. **§ 24 Abs. 1 SGB VIII** dann, wenn die dort genannten Voraussetzungen vorliegen. Dabei handelt es sich nach herrschender Auffassung lediglich um eine **objektiv-rechtliche Verpflichtung, der kein einklagbarer Rechtsanspruch** entspricht (vgl. dazu im Einzelnen § 24 SGB VIII Rn. 12 f.). Die Förderung kann in Kindertagespflege oder in Kindertageseinrichtungen gleichermaßen in Anspruch genommen werden.
Hat das Kind das erste Lebensjahr vollendet, gilt der **Rechtsanspruch** gem. **§ 24 Abs. 2 SGB VIII** hinsichtlich der frühkindlichen Förderung in einer Tageseinrichtung oder in Kindertagespflege (vgl. dazu im Einzelnen § 24 SGB VIII Rn. 28 ff.). Personensorgeberechtigte haben nur in Bezug auf vorhandene Plätze ein **Wunsch- und Wahlrecht** gem. § 5 SGB VIII.

Gem. § 24 **Abs. 3** Satz 1 SGB VIII hat jedes Kind ab Vollendung des dritten Lebensjahres bis zum Schuleintritt einen **Rechtsanspruch auf Förderung** und damit auf einen Platz in einer **Tageseinrichtung**. Ein **subjektives Recht** auf Förderung in **Kindertagespflege besteht nicht**. Nach § 24 Abs. 3 Satz 3 SGB VIII kann das Kind „nur" bei **besonderem Bedarf oder ergänzend** auch in Kindertagespflege gefördert werden. Diesbezüglich liegt die Entscheidung wiederum im pflichtgemäßen Ermessen des Trägers der öffentlichen Jugendhilfe (vgl. dazu im Einzelnen § 24 Rn. 76 ff.).

Gem. § 24 **Abs. 4** SGB VIII besteht die **objektiv-rechtliche Verpflichtung**, für Kinder im schulpflichtigen Alter ein bedarfsgerechtes Angebot in **Tageseinrichtungen** vorzuhalten. Aufgrund fehlender bundesrechtlicher Konkretisierungen, was „**bedarfsgerecht**" bedeutet, bleibt eine nähere Auslegung dessen dem öffentlichen Jugendhilfeträger überlassen. Auch bei der Altersgruppe der schulpflichtigen Kinder spielt die Kindertagespflege gem. § 24 Abs. 4 Satz 2 i.V.m. Abs. 3 Satz 3 SGB VIII nur eine ergänzende Rolle. Überdies hat die Schule für diese Altersgruppe vorrangige Relevanz (§ 10 Abs. 1 SGB VIII). In der Praxis der Kindertagespflegevermittlung wird deutlich, dass Kindertagespflege für diese Altersgruppe trotz Modellen wie „Verlässliche Ganztagsschule" vermehrt ergänzend in Anspruch genommen wird (vgl. dazu im Einzelnen § 24 Rn. 91 ff.).

Danach wird der **Kindertagespflege** in der Altersgruppe der unter Dreijährigen gem. § 24 Abs. 1 und 2 SGB VIII eine mit den Kindertageseinrichtungen **gleichwertige**, ab dem dritten Lebensjahr gem. § 24 Abs. 3 und 4 SGB VIII eine nur **ergänzende** Bedeutung zugewiesen.

Zur ab dem **1.8.2026** insoweit gelten **Rechtslage** vgl. die Erläuterungen bei § 24 SGB VIII Rn. 100 ff.

2. Inhalt der Leistung

a) Vermittlung zu einer geeigneten Kindertagespflegeperson

25 Wesentlicher Bestandteil der Leistung ist die **Vermittlung** des Kindes zu einer geeigneten Tagespflegeperson. Die Vermittlung ist an die Erziehungsberechtigten gerichtet. Durchgeführt wird sie vom Jugendamt oder durch einen vom Jugendamt gem. § 4 Abs. 2 SGB VIII damit beauftragten Träger. Vermittelt werden **geeignete Tagespflegepersonen**. Die Eignung der Tagespflegeperson wird ausschließlich durch das Jugendamt geprüft. Voraussetzung ist die Erfüllung der Anforderungen des § 23 Abs. 3 i.V.m. § 43 Abs. 3 SGB VIII. Auch die Entscheidung über die Leistungsgewährung obliegt ausschließlich dem Jugendamt. Die **besondere Eignung für das konkrete Kind** und seine Familie ist in Bezug auf die Vermittlung nicht explizit erwähnt. Deren Notwendigkeit ergibt sich jedoch aus § 22 Abs. 2 und 3 sowie § 24 Abs. 1 Satz 3 SGB VIII.[22]

26 Notwendig ist die **aktive Vermittlung** durch das Jugendamt nur dann, wenn die Erziehungsberechtigten selbst keine geeignete Pflegeperson nachweisen können. Auch bei den selbstgesuchten Pflegepersonen ist die **Eignungsfeststellung** Voraussetzung, wenn diese im Rahmen der Leistung durch die öffentliche Jugendhilfe tätig werden will. Ob es sich dabei um dieselbe Eignungsprüfung wie für andere Tagespflegepersonen handelt, soll – so eine Auffassung – der Gesetzesgeber offengelassen haben. Deshalb sollen an die Eignungsprüfung selbstorganisierter Tagespflegepersonen keine „übertriebenen" Forderungen gestellt werden dürfen. Vielmehr liege es in der Autonomie der Eltern, wie sie für das Wohl ihrer Kinder sorgten. Daher sei in der Regel von der Eignung einer von den Erziehungsberechtigten nachgewiesenen Kindertagsepflegeperson auszugehen.[23]

Gegen diese Ansicht sprechen drei Argumente: **Zum einen** ist der Wortlaut nicht so offen wie behauptet. Nach Abs. 1 umfasst die Förderung die Vermittlung des Kindes zu „einer geeigneten Kindertagespflegeperson, soweit *diese* nicht von der erziehungsberechtigten Person nachgewiesen wird". Nachgewiesen werden muss von den Erziehungsberechtigten also nicht irgendeine, sondern *diese*, also die zuvor genannte *geeignete Kindertagespflegeperson*. Das Gesetz macht also hinsichtlich der Eignung der beiden Kindertagespflegepersonen keinen Unterschied. Dies wird durch Abs. 3 Satz 1 bestätigt, nach dem „geeignet im Sinne von Absatz 1" Personen sind, die die nachfolgend genannten Kriterien erfüllen. Auch hier wird nicht zwischen verschiedenen Kindertagespflegepersonen in Abhängigkeit von deren Auswahl unterschieden.

Zum anderen ist die Annahme unterschiedlicher Eignungsanforderungen dann obsolet, wenn – was in der Regel der Fall sein dürfte – die von den Eltern ausgewählte Kindertagespflegeperson nach § 43 SGB VIII der Erlaubnis bedarf. Denn zwischen den Anforderungen an die Eignung nach § 23 SGB VIII einerseits und § 43 SGB VIII andererseits bestehen keine Unterschiede (vgl. die Erläuterungen zu § 43 Rn. 14 ff.).[24]

Schließlich handelt es sich auch dann um eine öffentliche Förderung, also eine staatliche Leistung, wenn die Erziehungsberechtigten die Pflegeperson selbst nachweisen. Die sozialstaatliche Berechtigung und Verpflichtung, Einfluss auf die Eignung einer staatlich finanzierten Kindertagespflegeperson zu nehmen, kann auch durch die elterliche Autonomie nicht suspendiert werden.

---

22 Vgl. LPK-SGB VIII/*Kaiser*, § 23 SGB VIII Rn. 6.
23 Vgl. FK-SGB VIII/*Lakies/Beckmann*, § 23 SGB VIII Rn. 22.
24 A.A. Wiesner/Wapler/*Schweigler*, § 23 SGB VIII Rn. 32, die meint, es müsse künftig (?) noch stärker zwischen den Anforderungen nach § 43 SGB VIII und denen nach § 23 SGB VIII differenziert werden.

In Fällen, in denen die Eignungsvoraussetzungen durch die selbstgesuchte Person nicht erfüllt werden, die Leistungsvoraussetzungen gem. § 24 SGB VIII jedoch vorliegen, ist das Jugendamt zur Vermittlung einer geeigneten Kindertagespflegeperson verpflichtet.[25] 27

Vor dem **Vermittlungsprozess** sollte die **Beratung der Eltern** stehen. Zunächst werden die Situation sowie die individuellen Wünsche und Bedürfnisse der Familie oder der/des Alleinerziehenden erfragt. Ferner wird besprochen, für welchen zeitlichen Rahmen und an welchem Ort und in welcher Form (z.B. eigener Haushalt oder Haushalt der Tagespflegeperson) Kindertagespflege benötigt wird. In jedem Vermittlungsgespräch sollte auf die Rahmenbedingungen sowie auf die **Vor- und Nachteile** der Kindertagespflege eingegangen und rechtliche Aspekte der Kindertagespflege oder die Gewährung von Betreuungskosten durch die öffentliche Jugendhilfe sollten erläutert werden. Vorausgesetzt, es stehen ausreichend **geeignete** Tagespflegepersonen zur Verfügung, trifft die pädagogische Fachkraft eine Vorauswahl der in Frage kommenden Tagespflegepersonen. Alle weiteren Einzelheiten sollten die Erziehungsberechtigten direkt mit der potenziellen Tagespflegeperson klären, um von dieser einen eigenen Eindruck gewinnen zu können. Die besprochenen Aspekte sollen dann im **Betreuungsvertrag** festgehalten werden. Ziel ist in jedem Fall die langfristige Vermittlung des Kindes zu einer geeigneten Tagespflegeperson. 28

b) Fachliche Beratung, Begleitung und weitere Qualifizierung der Tagespflegeperson

Die Förderung in Kindertagespflege ist für die öffentliche Jugendhilfe oder den beauftragten Träger keinesfalls mit der Vermittlung beendet. Ebenso zur Leistung zählen die **fachliche Beratung, Begleitung und weitere Qualifizierung** der Tagespflegepersonen. Das Jugendamt bietet regelmäßige Begleitung bzw. **praxisbegleitende Fachberatung** (bestenfalls durch die Fachberatung Kindertagespflege) z.B. in Form von Einzelgesprächen, kollegialer Beratung, betreuten Treffen oder Fachveranstaltungen für die Kindertagespflegepersonen an. Wichtige Aufgaben der Fachberatung ist die Begleitung der Konzeptentwicklung, die Reflexion des eigenen Handelns der Kindertagespflegepersonen, die Vermittlung von pädagogischem Wissen, die Beratung von Einzelfällen (z.B. bei Konflikten) sowie das Angebot von Fortbildungen und Vernetzungstreffen. 29

In Abs. 4 ist der **Rechtsanspruch auf Beratung** in allen Fragen der Kindertagespflege normiert. Dies gilt nicht nur für die Tagespflegepersonen, sondern ebenso für die Erziehungsberechtigten. Somit kommt der **Fachberatung Kindertagespflege** eine Schlüsselrolle hinsichtlich der Qualitätsentwicklung in der Kindertagespflege zu. Die Fachberatung spielt vor dem Hintergrund der unterschiedlichen Formen und Settings der Kindertagespflege, in der die meisten Tagespflegepersonen diese Tätigkeit alleine durchführen, eine sehr bedeutende Rolle. Verstärkt wird die Bedeutung der in der Beratung tätigen Fachkraft dadurch, dass es sich bei Kindertagespflege zumeist nicht um eine Fachkraft im Sinne des § 72 SGB VIII handelt. Im Gegensatz zu Erzieher_innen in Kindertageseinrichtungen oder Sozialarbeiter_innen im Jugendamt handelt es sich bei der Kindertagespflege noch nicht um eine eigenständige professionelle Berufsgruppe.[26] Die Fachberatung hat die Möglichkeit, durch die Entwicklung **geeigneter Qualitätsstandards** die Praxis deutlich zu verbessern. Darüber hinaus wird in der Praxis deutlich, dass eine qualitativ hochwertige Fachberatung maßgeblich zur Erhöhung der Anzahl der Tagespflegepersonen als auch zu deren langfristigem Verbleib in diesem Tätigkeitsfeld beiträgt.[27] Angesichts dieser Erkenntnisse wird im 14. Kinder- und Jugendbericht die ungenügende Personalausstattung der Fachberatungsstellen für Tagespflegepersonen angemahnt.[28] 30

---

25 Vgl. Schellhorn/*Fischer*/Mann/Kern, § 23 SGB VIII Rn. 24.
26 Vgl. Wiesner/Wapler/*Schweigler*, § 23 SGB VIII Rn. 25 f.
27 Vgl. dazu auch *Pabst/Schoyerer* 2014, zit. n. Wiesner/Wapler/*Schweigler*, § 23 SGB VIII Rn. 27.
28 Vgl. BT-Drs. 17/12200, 313.

Es sollten darüber hinaus regelmäßige **Vernetzungs- oder Austauschtreffen** stattfinden, welche durch die Fachkraft koordiniert werden, damit die Tagespflegepersonen, die im Arbeitsalltag oft auf sich alleine gestellt sind, ihre Erfahrungen untereinander austauschen und Konflikte gemeinsam lösen können.

31 Gerade im Hinblick auf das im TAG und im KICK genannte Ziel, Kindertagespflege als Teil eines **integrierten Gesamtsystems** der Kindertagesbetreuungslandschaft voranzubringen, muss sie mehr sein als die *einzelne* qualifizierte und geeignete Kindertagespflegeperson.[29]

Weitere Ziele der hier normierten Aspekte sind die Erhöhung der fachlich-pädagogischen, sozialen und rechtlichen Kompetenz der Tagespflegepersonen sowie die Unterstützung des in § 22 SGB VIII normierten grundsätzlichen Förderungsauftrages.

c) Gewährung einer laufenden Geldleistung an die Tagespflegeperson

32 Die Tagespflegeperson hat einen **Rechtsanspruch** auf die Gewährung einer **laufenden Geldleistung**. Diese wird als Bestandteil der Förderunginhalte der Kindertagespflege in Abs. 1 ausdrücklich genannt. Die Einzelheiten hinsichtlich Umfang und Bemessung der laufenden Geldleistung werden in Abs. 2 und 2a geregelt.

Aus privatrechtlicher Sicht erbringt die Kindertagespflegeperson mit der Förderung der Kinder eine Dienstleistung. Diese ist den Umständen nach nur gegen eine Vergütung von denjenigen, die sie in Anspruch nehmen, zu erwarten. Dies sind in der Regel die Eltern oder andere Erziehungsberechtigte.

Wird die Kindertagespflege als Sozialleistung vom öffentlichen Träger der Jugendhilfe gewährt, muss dieser auch die Dienstleistung vergüten. Ohne dass der Begriff vom Gesetz gebraucht wird, handelt es sich hier um nichts anderes als einen **Vergütungsanspruch** der Kindertagespflegeperson.[30]

Vor den Änderungen im Rahmen des KICK finanzierte die öffentliche Jugendhilfe Kindertagespflege nur dann, wenn die Erziehungsberechtigten dazu verhindert waren. Heute gleicht die Leistungsgewährung der Kindertagespflege der von Kindertageseinrichtungen: Es wird ein Förderungsbedarf festgestellt, die öffentliche Jugendhilfe bezahlt die gesamten Kosten der Kindertagespflege und zieht daraufhin die Erziehungsberechtigten gem. § 90 Abs. 1 SGB VIII zu einem sozial gestaffelten Kostenbetrag/Eigenanteil heran. Schlussfolgernd erhält die **Kindertagespflegeperson als Inhaberin des Leistungsanspruchs die gesamte Geldleistung vom Jugendamt**.[31]

d) Mindestbetreuungsdauer

33 Im Gegensatz zur Förderung in Kindertageseinrichtungen, bei der die **Betreuungsdauer mindestens** auf den halben Tag ausgerichtet ist, kann Kindertagespflege in ganz **unterschiedlichen Betreuungszeiten** geleistet werden. Die Forderung einer **Mindestbetreuungsdauer** ist jedoch gerade zur adäquaten Erfüllung des Förderungsauftrages gem. § 22 Abs. 2 und 3 SGB VIII sehr sinnvoll. Kinder, die nur gelegentlich oder wenige Stunden in der Woche von einer Person beaufsichtigt werden, bauen keine verlässliche Beziehung oder gar Bindung zu dieser auf. Dem Förderungsanspruch kann damit nicht entsprochen werden.

---

29 Vgl. Wiesner/Wapler/*Schweigler*, § 23 SGB VIII Rn. 25.
30 Vgl. FK-SGB VIII/*Lakies/Beckmann*, § 23 Rn. 25.
31 Vgl. Wiesner/Wapler/*Schweigler*, § 23 SGB VIII Rn. 28.

II. Abs. 2 – Umfang der laufenden Geldleistung

Die Vergütung besteht aus insgesamt **drei Leistungsbestandteilen**: Die Erstattung der Sachaufwendungen in Nr. 1, das eigentliche Entgelt für die Erbringung der Dienstleistung in Nr. 2 sowie den Aufwendungsersatz für Sozialversicherungen und Alterssicherung in Nr. 3 und 4. 34

Die in Nr. 1 und 2 genannten Anteile der **laufenden Geldleistung** bestehen schon länger, wohingegen Nr. 3 erst im Rahmen der Änderungen durch das TAG und Nr. 4 erst im Rahmen des KiföG normiert worden sind. Seit dem KiföG ist ferner der Betrag zur Anerkennung der Förderungsleistung der Kindertagespflegeperson gem. Abs. 2a Satz 2 „leistungsgerecht" auszugestalten. Die vorgenommenen Änderungen tragen zu dem Ziel bei, die **Kindertagespflege als Beruf** anzuerkennen. 35

Wie sich aus Abs. 1 und 2 ergibt, hat **einzig und allein** die Kindertagespflegeperson nach erfolgreicher Vermittlung eines Kindes oder bei Feststellung der Eignung bei Selbstsuche einen **Rechtsanspruch auf die laufende Geldleistung**. Dieser Rechtsanspruch der Kindertagespflegeperson wurde durch das KiföG ausdrücklich betont. Mit dem Ziel der Schaffung von mehr Kindertagespflegeplätzen erhielt die Kindertagespflege mit diesem Rechtsanspruch auf eine laufende Geldleistung – welcher im alten Gesetz fehlte – nicht nur hinsichtlich der Rechtsstellung eine deutliche Anerkennung.[32] 36

Der Rechtsanspruch gilt seit den Änderungen im Rahmen des KiföG – wie für jede andere geeignete Tagespflegeperson – auch für geeignete **unterhaltspflichtige Tagespflegepersonen**. Der bis dahin bestehende Absatz in § 23 Abs. 2 Satz 3 SGB VIII a.F., der die Gewährung einer laufenden Geldleistung an unterhaltspflichtige Personen in das pflichtgemäße Ermessen des Trägers der öffentlichen Jugendhilfe gestellt hatte, wurde ersatzlos gestrichen. Die vorherige restriktive Regelung, die davon ausging, dass bei einer Betreuung durch z.B. die Großmutter (Unterhaltspflicht besteht gem. § 1601 BGB in gerader Linie) die Anerkennung eines Bedarfes Förderung gem. § 23 SGB VIII voraussetzte, dass diese nicht zur unentgeltlichen Betreuung bereit sei und nicht die Unterhaltspflicht gegenüber dem zu betreuenden Kind erfülle, schwächte die Kindertagespflege.[33] 37

Während sich der Begriff „angemessen" in den Formulierungen von Nr. 1, 3 – aufgrund der Einfügung durch das KJSG nunmehr auch hinsichtlich der Unfallversicherung – und 4 finden lässt, fehlt dieser in Nr. 2 seit den Änderungen im Rahmen des KiföG. Stattdessen wird diesbezüglich auf Abs. 2a („nach Maßgabe von Absatz 2a") verwiesen und damit für die Ausgestaltung des Betrages zur Anerkennung der Förderungsleistung **das Kriterium der Leistungsgerechtigkeit** normiert, während bei den anderen Bestandteilen (Nr. 1, 3 und 4) eben diese konkretere Bestimmung fehlt. 38

Das Kriterium der **Angemessenheit** ist ein unbestimmter Rechtsbegriff. Wird die Höhe der Bestandteile nicht durch Landesrecht vorgeschrieben, bedarf die Anwendung des unbestimmten Rechtsbegriffs der Angemessenheit für die Festlegung der Höhe der laufenden Geldleistung samt ihrer drei Bestandteile einer Abwägung – welche letztlich der Überprüfung des Verwaltungsgerichts unterliegt – durch den öffentlichen Jugendhilfeträger. Dabei muss das Ziel des TAG, die Kindertagespflege für die Altersgruppe der unter Dreijährigen attraktiver zu gestalten, unbedingt verfolgt werden. Gleichzeitig geht mit der angemessenen Ausgestaltung der Geldleistung auch eine Pflicht zu deren Dynamisierung einher, welche sich an den Lohn- und Gehaltsentwicklungen sowie der Lebenshaltungskosten orientiert.[34] 39

---

32 Vgl. BT-Drs. 16/9299, 14.

33 Vgl. BVerwG, Urt. v. 12.9.1996, 5 C 37.95, FamRZ 1997, 934; vgl. Schellhorn/*Fischer*/Mann/Kern, SGB VIII, § 23 Rn. 23.

34 Vgl. OVG Münster v. 22.8.2014, 12 A 591/14, BeckRS 2014, 56594 m.w.N.

40 In den Bewilligungsbescheiden des Jugendamtes müssen die in § 23 Abs. 2 Nr. 1 bis 4 SGB VIII genannten Kriterien aufgrund der Überprüfbarkeit der Angemessenheit sowie der Steuerfreiheit der Erstattungsbeiträge (gem. Nr. 3 und 4) einzeln genannt werden.[35]

41 Zudem setzt eine der Vorschrift genügende Festlegung der Höhe der laufenden Geldleistung voraus, dass zwischen den einzelnen Leistungsbestandteilen unterschieden wird und diese jeweils ihrer Höhe nach bestimmt werden, denn die Bestandteile werden teilweise nach unterschiedlichen Merkmalen bemessen. Andernfalls kann nicht mehr nachvollzogen werden, ob der Betrag zur Anerkennung der Förderungsleistung, welcher gem. Abs. 2a leistungsgerecht ausgestaltet werden muss, diesen gesetzlichen Vorschriften entspricht oder ob die Erstattung der Sachaufwendungen im Sinne des Abs. 2 Nr. 2 tatsächlich angemessen ist. Aus der jeweiligen kommunalen Satzung über die Regelung der Geldleistungen muss ferner eindeutig hervorgehen, welche Leistungsbestandteile der laufenden Geldleistung von den in der Satzung festgesetzten Beträgen abgegolten werden; ansonsten wäre sie unzureichend bestimmt.

42 **Monatspauschalen**, welche an den Durchschnitt der täglichen Betreuungszeit der Kinder orientieren, sind unzulässig, da sie den Anforderungen des § 23 Abs. 2 und 2a nicht genügen.[36]

1. Abs. 2 Nr. 1 – Erstattung des Sachaufwands

43 In Abs. 2 Nr. 1 sieht das Gesetz die **Erstattung angemessener Kosten**, welche der Kindertagespflegeperson für den **Sachaufwand** entstehen, vor. Mit dem Sachaufwand sind die Ausgaben, die im Zusammenhang mit der Betreuung der Kinder entstehen, gemeint.

Bei dieser Vorschrift handelt es sich um eine **„Soll-Vorschrift"**. Daraus folgt, dass die Sachaufwendungen erstattet werden müssen, vorausgesetzt sie sind angemessen und verhältnismäßig. Betreut die Tagespflegeperson die Kinder außerhalb ihres Haushalts, sind z.B. Fahrtkosten und Wegezeitentschädigungen dem Grunde nach angemessene Sachaufwendungen. Betreut sie die Kinder hingegen in ihrem Haushalt, handelt es sich z.B. bei Verpflegungskosten, Verbrauchskosten wie z.B. Wasser, Strom, Heizung und Müllgebühren, bei Ausgaben für Pflege- und Hygieneartikel, Ausstattungsgegenstände oder Spielmaterialien um angemessene Sachkosten.

Auch **Kosten für Weiterbildungen** können als Sachaufwand durch den öffentlichen Träger der freien Jugendhilfe erstattet werden.

44 Die Jugendämter können durch verwaltungsinterne Vorschriften festlegen, in welcher Höhe die einzelnen Posten als verhältnismäßig und angemessen gelten. Der jeweilige Kostensatz für Kindertageseinrichtungen kann als Orientierungshilfe dienen. Es müssen jedoch die besonderen Situationen des jeweiligen Kindes Berücksichtigung finden.

45 Aus Gleichbehandlungs-, aber auch aus Vereinfachungsgründen streben die Jugendämter die Festlegung von **Pauschalsätzen** an. Der Sachaufwand gem. Abs. 2 Nr. 1 sowie die Förderungsleistung werden dann mittels eines Gesamtbetrages pauschal prozentual aufgeteilt, eine Differenzierung ist jedoch sinnvoll.[37]

Die Festlegung eines Pauschalsatzes des Sachaufwands ist problematisch, da die **Angemessenheit** jedes Sachaufwandes im Einzelfall zu überprüfen ist. Wird die Angemessenheit bejaht, muss der Sachaufwand prinzipiell in der tatsächlich nachgewiesenen Höhe erstattet werden. Daher kann die Kindertagespflegeperson ihren Anspruch auf **Ersatz der Sachauf-**

---

35 Vgl. FK-SGB VIII/*Lakies/Beckmann*, § 23 SGB VIII Rn. 24.
36 Vgl. OVG Lüneburg, JAmt 2013, 276.
37 Vgl. *Hillmann-Stadtfeld* 2009, 72.

wendungen gegenüber dem Jugendamt auch dann geltend machen, wenn dieser die festgesetzte Pauschale übersteigt. Auch die Neuregelung in Abs. 2a löst dieses Problem nicht.[38]

Aufgrund der geforderten Relativierung durch das Kriterium der **Angemessenheit** ist eine nach Zeitrahmen und ggfs. Aufwendungsbestandteilen differenzierte Pauschalierung und Begrenzung erlaubt. Je vollumfänglich betreutem Kind kann für die Sachaufwendungen ein Pauschalbetrag von 300 Euro, also 3600 im Jahr, als Richtwert angesetzt werden. In diesem Betrag sind die unterschiedlichen Sachaufwendungen je nach Betreuungsform nicht bemessen.[39] 46

2. Abs. 2 Nr. 2 – Anerkennungsbetrag nach Maßgabe von Abs. 2a

In Abs. 2 Nr. 2 sieht das Gesetz die **Erstattung eines angemessenen Betrages zur Anerkennung der Förderungsleistung** für die Kindertagespflegeperson vor. 47

Bei der Ausgestaltung des Betrages zur Anerkennung der Förderungsleistung der Tagespflegeperson sind die durch die Änderungen im Rahmen des KiföG neu normierten Maßstäbe der **Leistungsberechtigung** gem. Abs. 2a Satz 2 zu berücksichtigen.

In der Praxis wird deutlich, dass die Vergütung in der Kindertagespflege überwiegend so gering ist, dass die Kindertagespflegepersonen damit ihr Auskommen nicht hinreichend sichern können. Dennoch hat der Gesetzgeber aus rechtlichen und politischen Gründen auf eine an sich erstrebenswerte bundeseinheitliche Regelung der Stundensätze als Leistungsentgelt verzichtet. So wurde – obwohl der Referentenentwurf des KiföG noch eine „Anlehnung an eine tarifliche Vergütung" vorsah – im Regierungsentwurf eben nur noch von der nun normierten „leistungsgerechten Ausgestaltung des Betrages zur Anerkennung der Förderungsleistung" gesprochen.

Aufgrund der damit verbundenen Kostenbelastung der Kommunen sowie des undifferenzierten Begriffes war der Bundesrat aber auch mit dieser Formulierung nicht einverstanden.[40] Die leistungsgerechte Vergütung ist aufgrund des Ziels, Kindertagespflege hinreichend zu reformieren, jedoch zwingend notwendig, so auch das Gegenargument der Bundesregierung.[41] Der Bundestag willigte jedoch in die im Regierungsentwurf getroffene Formulierung ein bzw. verfasste einen gleichlautenden Gesetzesentwurf[42] und verabschiedete diese änderungslos.[43] 48

Der „**Betrag zur Anerkennung**" ist eine vom Gesetz hervorgebrachte verlegene Bezeichnung des **eigentlichen Entgelts** für die Erbringung der Dienstleistung. Erzieher_innen in Kindertageseinrichtungen bekommen nicht irgendwelche Anerkennungsbeträge, sondern ein Gehalt. Hinsichtlich Anerkennung und Professionalisierung der Kindertagespflege wäre es von Vorteil, wenn die Vergütung als Gegenleistung für das Erbringen der Dienstleistung eben auch tatsächlich als solche benannt werden würde.[44] Da das Gesetz jedoch nicht von einer Gewährung eines Entgelts im Sinne einer vollständigen Vergütung spricht, lässt sich aus der Norm auch **kein Anspruch auf eine Leistungsvergütung** herleiten, welche bei vollumfänglicher Betreuung den Lebensunterhalt der Leistungserbringerin sicherstellt. Das Ziel des Gesetzgebers, Kindertagespflege zu einer anerkannten Vollzeittätigkeit auszubauen, welche angemessen vergütet wird,[45] beinhaltet kein verbindliches Programm. Demgegenüber ist eine Orientierung an der tariflichen Einkommensvergütung der im öffentli- 49

38 Vgl. *Hillmann-Stadtfeld* 2009, 73 ff.
39 Vgl. BT-Drs. 16/9299, 22; vgl. Wiesner/Wapler/*Schweigler*, § 23 SGB VIII Rn. 74.
40 Vgl. BT-Drs. 16/10173, 9.
41 Vgl. BT-Drs. 16/10173, 15.
42 Vgl. BT-Drs. 16/9299, 5.
43 Vgl. BT-Drs. 16/10357, 9.
44 Vgl. FK-SGB VIII/*Lakies/Beckmann*, § 23 SGB VIII Rn. 24.
45 Vgl. Regierungsbegründung BT-Drs. 16/9299, 14.

chen Dienst angestellten ErzieherInnen (Tariftabellen des Sozial- und Erziehungsdienst TVöD) trotz der unterschiedlichen qualitativen Anforderungen aufgrund des Beurteilungsspielraums der Jugendämter durchaus legitim.[46]

50 Da das Gesetz in Abs. 2a eine angemessene Zahlung normiert, ist die Festlegung einer **Pauschale** zur Anerkennung der Förderungsleistung unproblematisch. Solange die Leistungsbestandteile getrennt angewiesen werden, spricht nichts gegen eine zeitbezogene pauschale Vergütung der Förderungsleistung als Teil des Gesamtbetrages, dessen angemessene Höhe durch den freien Träger der Jugendhilfe festgelegt werden darf. Dabei sollte das Ziel der Schaffung einer höheren Qualität und Qualifizierung in der Kindertagespflege durch die Erneuerungen im SGB VIII berücksichtigt werden.[47]

3. Abs. 2 Nr. 3 – Erstattung von Aufwendungen für Unfallversicherung und Alterssicherung

51 Abs. 2 Nr. 3 regelt die Erstattung nachgewiesener Aufwendungen für Beiträge zu einer angemessenen **Unfallversicherung** sowie einer **Alterssicherung**.

Kindertagespflegepersonen sind gem. § 2 Abs. 1 Nr. 1 bzw. Nr. 9 SGB VII sowohl mit privaten Einkünften als auch mit denen aus öffentlichen Mitteln in der gesetzlichen **Unfallversicherung** pflichtversichert. Da diese Beiträge jedoch von der Tagespflegeperson eigenständig getragen werden müssen, richtet sich die **Erstattungspflicht** nach deren Höhe. Der Versicherungsbeitrag zur Unfallversicherung der Kindertagespflegeperson ist mit Erstattung der Geldleistung für das erste Kind abgegolten und muss daher bei weiter zu betreuenden Kindern nicht mehr berücksichtigt werden.

Erstattet werden nach Abs. 2 Nr. 3 die **Aufwendungen für Beiträge** zu einer **angemessenen Unfallversicherung**. Das Attribut „angemessen" wurde durch das KJSG eingefügt,

Damit soll nach der Gesetzesbegründung dem Jugendhilfeträger die Möglichkeit eröffnet werden, auch Beiträge zu einer freiwilligen Höherversicherung, die über die zur gesetzlichen Unfallversicherung hinausgehen, im Einzelfall zu prüfen und ggfs. zu erstatten. Die Höherversicherung dürfte danach im Wesentlichen dann angemessen sein, wenn sie dazu dient, den unfallbedingten Einnahmeausfall aus der Kindertagespflegetätigkeit zu kompensieren und den Lebensstandard der Kindertagespflegeperson insoweit abzusichern. Soweit Versicherungssummen deutlich über den mit der Kindertagespflegetätigkeit erzielten Einnahmen lägen, dürften sie dagegen als unangemessen anzusehen und die Erstattung entsprechend zu reduzieren sein.[48]

Kinder in Kindertagespflege sind gem. § 2 Abs. 1 Nr. 8a SGB VII **gesetzlich unfallversichert**.

52 Nur hälftig erstattet werden die nachgewiesenen Aufwendungen zu einer angemessenen Alterssicherung. Das Kriterium der Angemessenheit bezieht sich sowohl auf die Art der Alterssicherung als auch auf die Höhe der zu erwartenden Leistung. Die Kindertagespflegeperson muss sich dabei nicht auf eine freiwillige Versicherung in der gesetzlichen Rentenversicherung festlegen, eine private Renten- oder Kapitallebensversicherung ist ebenso möglich. In jedem Fall muss die Höhe der Aufwendungen zur Alterssicherung angemessen sein. Dies ist der Fall, wenn sie den Aufwand, den die jeweilige Tagespflegeperson hat, widerspiegeln, wenn eine Kompatibilität mit dem allgemeinen System der Rentenversicherung und eine Vergleichbarkeit mit Tagespflegepersonen, die privat Kinder betreuen und daher rentenversichert sind, gegeben ist.[49]

---

46 Vgl. OVG Münster v. 22.8.2014, 12 A 591/14, BeckRS 2014, 56594.
47 Vgl. *Hillmann-Stadtfeld* 2009, 73.
48 BT-Drs. 19/26107, 81.
49 Vgl. *Hillmann-Stadtfeld* 2009, 78.

Bei **angestellten**, also abhängig beschäftigen **Kindertagespflegepersonen** besteht eine gesetzliche Rentenversicherungspflicht.[50]

4. Abs. 2 Nr. 4 – Erstattung von Aufwendungen für Kranken- und Pflegeversicherung

Die (hälftige) Erstattungspflicht der Aufwendungen für eine angemessene Kranken- und Pflegeversicherung von Kindertagespflegepersonen wurden im Rahmen des KiföG zum 1.1.2009 hinzugefügt. Dadurch näherten sich Kindertagespflegepersonen hinsichtlich ihrer Absicherung Beschäftigten im Angestelltenverhältnis an, der Status der Kindertagespflege wird abermals gestärkt.[51] **53**

Handelt es sich bei der **Kranken- und Pflegeversicherung** um eine freiwillige Versicherung im Rahmen der gesetzlichen Kranken- und Pflegeversicherung, gelten deren Beiträge immer als angemessen im Sinne des Gesetzes. Dabei gelten die tatsächlich nachgewiesenen Aufwendungen aus den öffentlich finanzierten Einkünften der Kindertagespflege als einzige Grundlage für die Erstattungsbeitragshöhe. Nicht erstattet werden höhere Beitrage, die auf andere eigene Einkünften der Kindertagespflegeperson zurückzuführen sind.[52] **54**

Für Tagespflegepersonen, die sich **freiwillig gesetzlich krankenversichern**, muss für die Berechnung des Versicherungsbeitrages klar sein, ob sie die Tätigkeit haupt- oder nebenberuflich durchführen. Die meisten Kindertagespflegepersonen sind nebenberuflich selbstständig und freiwillig gesetzlich versichert. Die **Mindestbemessungsgrundlage** für den Beitrag liegt hier derzeit bei 968,33 Euro (steuerpflichtiges Einkommen). Es gilt ein ermäßigter Beitragssatz von 14 % ohne Krankengeldversicherung. Daraus ergibt sich derzeit ein monatlicher Mindestbeitrag von 135,57 Euro im Monat für die Krankenversicherung von **nebenberuflich selbstständigen Tagespflegepersonen**. **55**

Der **Beitragssatz** für **hauptberuflich selbstständige Tagespflegepersonen** beträgt 14,6 %. Hier beträgt die Mindestbemessungsgrenze 1.096,67 Euro (Stand 2021).

Die **Hälfte der Krankenversicherungsbeiträge** wird vom öffentlichen **Jugendhilfeträger erstattet**. Bei Überschreiten der Mindestbemessungsgrundlage gilt das tatsächliche Einkommen als Berechnungsgrundlage. Krankenkassen können zusätzlich zu den genannten Beiträgen einen Zusatzbeitrag erheben. **56**

Kindertagespflegepersonen, die nicht über ihre/n Ehepartner_in mitversichert sind, müssen zusätzlich zur Krankenversicherung auch eigene Beiträge für die **Pflegeversicherung** entrichten. Der Beitragssatz beträgt 2,35 % (= 22,76 Euro) für Tagespflegepersonen mit eigenen Kindern und 2,6 % (= 25,18 Euro) für kinderlose Tagespflegepersonen (gleiche Berechnungsgrundlage wie für die Krankenversicherung). Gem. Abs. 2 Nr. 4. erstattet der öffentliche Jugendhilfeträger auch hiervon immer **die Hälfte** des Beitrages. **57**

IIa. Abs. 2a – Höhe der laufenden Geldleistung

Absatz 2a wurde im Rahmen der Änderungen durch das KiföG neu eingefügt. Er weist zum einen die Zuständigkeit für die Festlegung der Höhe der laufenden Geldleistung den öffentlichen Trägern der Jugendhilfe zu und macht zum anderen verbindliche Vorgaben zu deren Bestimmung. **58**

50 Vgl. Wiesner/Wapler/*Schweigler*, § 23 SGB VIII Rn. 72.
51 Vgl. Regierungsbegründung BT-Drs. 16/9299, 14 f.
52 Vgl. BT-Drs. 16/10173, 9, 15.

1. Abs. 2a Satz 1 – Die Höhe der laufenden Geldleistung.

59 Abs. 2a Satz 1 bestimmt, dass die **Höhe der laufenden Geldleistung** von den öffentlichen **Jugendhilfeträgern festgelegt** wird, soweit Landesrecht nicht etwas anderes vorschreibt. Da vom Gesetzgeber also nur der Rahmen vorgegeben wird, die genaue Zusammensetzung sowie die Höhe der laufenden Geldleistung jedoch in der Entscheidung des öffentlichen Trägers liegt, ist auch eine Einzelfallentscheidung nicht ausgeschlossen.[53] Im Gegensatz zu den verbindlichen Regelungen durch Satzung ist deshalb in einer kommunalen Richtlinie eine gänzliche und abschließende Erstattungsregelung nicht zwingend notwendig. Desgleichen hat die Tagespflegeperson keinen Anspruch darauf, dass eine Richtlinie die dem Erstattungsbetrag zugrunde liegende Kalkulation beinhaltet. Letztere muss nur in nachzuvollziehender Form existieren und objektiv mit den rechtlichen Vorschriften übereinstimmen. Letztlich gelten die tatsächlichen Aufwendungen (welche?) der Kindertagespflegeperson als Orientierungswert, welche wiederum angemessen sein müssen.[54]

60 Vor den Änderungen durch das KiföG stand die Regelung in § 23 Abs. 2 Satz 2 SGB VIII a.F. Danach ist diese ohne Änderungen als Satz 1 in den neuen Abs. 2a übernommen worden. Dieser besagt, dass die Höhe der laufenden Geldleistung grundsätzlich vom Träger der öffentlichen Jugendhilfe festgelegt wird, soweit Landesrecht nichts anderes bestimmt. Diese Ermächtigung der öffentlichen Träger führt zu ganz **unterschiedlichen Vergütungshöhen** in den einzelnen Städten und Kommunen, welche letztlich vom jeweiligen Jugendhilfeausschuss festgelegt werden.

61 Im 14. Jugendbericht wird deutlich, dass die **regionalen Unterschiede hinsichtlich der laufenden Geldleistung**, also der Vergütung, sehr hoch sind. Der durchschnittliche Bruttoverdienst einer Kindertagespflegeperson beträgt laut erstem KiföG-Evaluationsbericht 3,85 Euro pro Stunde und betreutes Kind (dieser Betrag ist den alten Bundesländern mehr als einen Euro höher als in den neuen). 40 % der befragten Tagespflegepersonen verdienen nach eigener Auskunft monatlich bis zu 400 Euro brutto, 26 % gaben einen monatlichen Bruttoverdienst von bis zu 800 Euro und 14 % einen von 1500 Euro an. Unter Druck des U3-Ausbaus sowie wegen der Forderung der Kindertagespflegepersonen nach angemessener, existenzsichernder Vergütung ist diesbezüglich jedoch einiges in Bewegung. So haben beispielsweise die kommunalen Landesverbände in Baden-Württemberg im Jahr 2012 für eine Erhöhung der laufenden Geldleistung nach dieser Vorschrift plädiert: Demnach sollen Tagespflegepersonen dann mit 5,50 Euro pro Stunde pro Kind bei unter Dreijährigen und mit 4,50 Euro pro Stunde pro Kind bei Kindern ab drei Jahren vergütet werden.[55]

62 Werden Kinder durch nahe Verwandte betreut, bestehen keine gesonderten Regelungen bezüglich der Höhe der laufenden Geldleistung. § 23 Abs. 2 Satz 3 SGB VII a.F. ist im Rahmen des KiföG weggefallen. Somit besteht keine Befugnis mehr, über die Gewährung der laufenden Geldleistung an unterhaltspflichtige Personen (z.B. Großeltern) nach pflichtgemäßem Ermessen zu entscheiden und sie entweder gar nicht oder geringer zu vergüten.

63 Unabhängig von den gegenüber dem öffentlichen Jugendhilfeträger zu entrichtenden **elterlichen Geldbeiträgen** gem. § 90 SGB VIII vereinbaren in der Praxis einige Kindertagespflegepersonen mit den Eltern aufgrund des geringen Betrages zur Anerkennung ihrer Förderungsleistung, also ihrer schlechten Vergütung, **zusätzliche private Zuzahlungen**. Im SGB VIII findet sich keine Vorschrift darüber, **ob sie** von den Personensorgeberechtigten die-

53 Vgl. Hauck/Noftz/*Grube*, SGB VIII, § 23 Rn. 24 m.w.N.

54 Vgl. OVG Münster v. 22.8.2014, 12 A 591/14, BeckRS 2014, 56594.

55 Vgl. BT-Drs. 17/12200, 312. Ältere Zahlen finden sich in der Untersuchung von *Sell/Kukula*, Vergütung in der Kindestagespflege, aus dem Jahre 2013, https://www.bvktp.de/media/sell_und_kukula_verg__tung_der_kindertagespflege_webversion_1.pdf (12.3.2022). Aktuell wird ein Stundenlohn in Abhängigkeit von Qualifikation, Erfahrung und Region zwischen 4 und 8 Euro pro Kind/Stunde angegeben, vgl. www.tagesmütter.com/gehalt-als-tagesmutter/ (12.3.2022).

sen zusätzlichen Beitrag **verlangen dürfen**. Dies liegt daran, dass das Leistungsverhältnis zwischen Kindertagespflegeperson und Personensorgeberechtigten nicht Gegenstand des SGB VIII ist. Außerdem dürfen die Jugendämter – es sei denn, sie haben dafür die rechtliche Ermächtigung – die Leistungsgewährung nicht von Regelungen für die Ausgestaltung des **sozialrechtlichen Dreiecksverhältnisses** abhängig machen, da diese in die grundrechtlich geschützte Privatautonomie des Pflege- bzw. Beratungsvertrages zwischen Eltern und Kindertagespflegeperson eingreifen würden.[56] Bei der in Abs. 2a Satz 2 normierten Verpflichtung, den Betrag zur Anerkennung der Förderungsleistung leistungsgerecht auszugestalten, werden vom Gesetzgeber – neben der aus öffentlichen Mitteln finanzierte Leistung – keine weiteren Kostenbeiträge als die, welche die Erziehungsberechtigten gegenüber dem Jugendhilfeträger gem. § 90 SGB VIII leisten, erwartet. **Private Zuzahlungen** durch die Eltern sind also in der Systematik **„nicht vorgesehen"**.[57]

Eine zwischen Eltern und der Kindertagespflegeperson getroffene Vereinbarung über private Zuzahlungen der Eltern wird allgemein für zulässig erachtet.[58] Dem dagegen erhobenen Einwand, dies führe zu einer Benachteiligung von weniger zahlungskräftigen Kindern und deren Eltern, die zu einr Zuzahlung nicht in der Lage seien, halten Gerichte die Rechtsprechung des Bundesverwaltungsgerichts[59] entgegen, nach der bei der Beurteilung der Erfüllung eines Förderanspruchs die Kosten im allgemeinen und mögliche Mehr-Kosten im besonderen außer Betracht zu bleiben haben, eine mangelnde Leistungsfähigkeit vielmehr im Rahmen eines Verfahrens nach (jetzt) § 90 Abs. 4 SGB VIII zu kompensieren sei. Dieses Argument ist indes nicht tragfähig, wenn gleichzeitig entschieden wird, dass mögliche privatrechtlich begründete Zuzahlungen der Eltern an die Kindertagespflegeperson vom öffentlichen Träger nicht zu erstatten sei und diese deshalb auch im Rahmen des § 90 Abs. 4 SGB VIII keine Berücksichtigung finden können.[60] 64

Landesrecht kann die Vereinbarung von über den Kostenbeitrag hinausgehenden **Zuzahlungen untersagen**.[61]

Das Jugendamt ist dazu berechtigt, in einer (freiwilligen) Abmachung mit der Kindertagespflegeperson festzusetzen, dass diese neben der laufenden Geldleistung durch das Jugendamt keinen Aufschlag von den Erziehungsberechtigten verlangen darf.[62] Zudem kann es davon die Vermittlung abhängig machen. 65

Bevor, etwa durch Landesrecht, weitere Verbote oder Mindestgrenzen von **Zuzahlungen** durch die Erziehungsberechtigten erlassen werden, muss jedoch die zwingend notwendige Erhöhung der laufenden Geldleistung vorrangig diskutiert werden. Nur eine attraktive Kindertagespflege kann adäquat und nachhaltig zum geforderten bedarfsgerechten Ausbau der Betreuungslandschaft beitragen. 66

Bleiben frei 67-92

2. Abs. 2a Satz 2 und 3 – Leistungsgerechte Ausgestaltung des Anerkennungsbetrags

Die Kommentierung zu Abs. 2a Satz 2 befinden sich aufgrund der Verweisung in Abs. 2 Nr. 2 (nach Maßgabe von Abs. 2a) oben unter Rn. 64 ff. 93

---

56 Vgl. OVG Münster v. 22.8.2014, 12 A 591/14, BeckRS 2014, 56594.

57 Vgl. BMFSFJ Handbuch Kindertagespflege 1.4.1.

58 OVG Rheinland-Pfalz, Urt. v. 25.1.2021, 7 A 10771/20, openjur.de; HessVGH, Urt. v. 19.6.2018, 10 A 2590/16, openjur.de.

59 Vgl. BVerwG, Urt. v. 26.10.2017, 5 C 19/16, openjur.de.

60 OVG Rheinland-Pfalz, Urt. v. 25.1.2021, 7 A 10771/20, openjur.de; HessVGH, Urt. v. 19.6.2018, 10 A 2590/16, openjur.de; OVG NW, Urt. v. 22.8.2014,12 A 591/14, BeckRS 2014, 56594.

61 Vgl. § 51 Abs. 1 Satz 3 KiBiZ Nordrhein-Westfalen: „… und soweit die Förderung in Kindertagespflege gemäß § 23 des Achten Buches Sozialgesetzbuch erfolgt, sind mit Ausnahme von möglichen Entgelten für Mahlzeiten weitere Teilnahmebeiträge der Eltern ausgeschlossen."

62 Vgl. DIJuF, JAmt 2013, 388, 512.

94 Mit den Vorschriften in Abs. 2 Nr. 2 i.V.m. Abs. 2a wurde zwar ein engerer bundesrechtlicher Rahmen gesteckt, den Bundesländern sowie der Kinder- und Jugendhilfe bleibt jedoch immer noch genug Spielraum. So können die öffentlichen Jugendhilfeträger Einzelfallentscheidungen vornehmen, welche neben den individuellen Qualifikationen und Tätigkeiten der Kindertagespflegepersonen gem. Abs. 2a Satz 3 den **zeitlichen Umfang** der Leistung sowie die **Anzahl und den Förderbedarf der zu betreuenden Kinder** berücksichtigen.

Wie bei der „leistungsgerechten Ausgestaltung" in Abs. 2 Satz 2 handelt es sich bei der „Berücksichtigung des zeitlichen Umfangs, der Anzahl und des Förderbedarfs" um unbestimmte Rechtsbegriffe, die den Jugendämtern einen **Beurteilungsspielraum** zukommen lassen.

95 In der Praxis erfolgt eine **lineare Festlegung der Beträge zur Anerkennung der Förderungsleistung** anhand der Anzahl der zu betreuenden Kinder. Dadurch wird zwar die objektive Leistungserbringung anhand der Anzahl der zur gleichen Zeit anwesenden Kindern mit einer unterschiedlichen Betreuungsdauer berücksichtigt, der Faktor Arbeitszeit spielt dabei jedoch keinerlei Rolle. So geht eine Kindertagespflegeperson, die ein Kind betreut, genauso lange ihrer Tätigkeit nach wie eine Kindertagespflegeperson, welche fünf Kinder betreut. Während letztgenannter Pflegeperson die Beträge für fünf Kinder zukommen, erhält Zweitgenannte nur ein Fünftel dieses Betrages. Wendet man diese Tatsache auf den in Art. 3 Abs. 1 GG normierten Grundsatz der Gleichbehandlung, welcher besagt, dass alle Menschen vor dem Gesetz gleich sind, dann lässt sie sich nicht rechtfertigen. Um den Lebensunterhalt der Tagespflegeperson weitgehend zu sichern, wird daher ein relativ hoher Sockelbetrag für die Betreuung ab dem ersten Kind gefordert. Gleichzeitig soll mit jedem weiteren zu betreuenden Kind die Höhe der Vergütung abnehmen.[63]

96 Umzusetzen ist dieses Modell in der Praxis jedoch nur mit enormem Personalaufwand. Die Mitarbeiter_innen der wirtschaftlichen Jugendhilfe müssten durch Zu- und Abgänge der Kinder stetig neue Beträge ermitteln. Ferner müsste eine Abstimmung der Höhe der Kostenbeiträge der Personensorgeberechtigten auf die dann sehr unterschiedlichen Entgelte erfolgen. Aus diesem Grund wird eine **stundenbezogene Finanzierung pro Kind** bevorzugt. Damit kann man der unterschiedlichen Anzahl von gleichzeitig zu betreuenden Kindern, einer unterschiedlichen Betreuungsdauer und somit auch der objektiv erbrachten Leistung gerecht werden.[64]

97 Die Betreuung von Kindern mit einem **erhöhten Förderbedarf** muss entsprechend höher vergütet werden. Dies ist bisweilen in der Praxis jedoch nicht der Fall. So bestätigt die Expertise zur leistungsorientierten Vergütung in der Kindertagespflege, dass im Jahr 2012 nur etwa ein Fünftel der befragten Kommunen einen Zuschlag in unterschiedlicher Form sowie abhängig vom Grad der Behinderung des Kindes gewähren.[65]

III. Arbeitsrechtliche Einordnung, Einkommensteuer und Anrechnung auf staatliche Leistungen

1. Kindertagespflege – selbstständige Tätigkeit oder Arbeitsverhältnis?

98 Eine **prinzipielle arbeitsrechtliche Einordnung** als selbstständige oder unselbstständige Tätigkeit ist aufgrund der vielfältigen Formen der Kindertagespflege **unmöglich**.

99 Unterliegt die Tagespflegeperson einer fremden Arbeitsorganisation und damit dem Weisungsrecht, handelt es sich um eine **abhängige Beschäftigung bzw. um eine unselbst-**

63 Vgl. OVG Münster v. 22.8.2014, 12 A 591/14, BeckRS 2014, 5694 m.w.N.
64 Vgl. Diskussionspapier DV NDV 2008, 151 (155 f.).
65 Vgl. *Sell/Kukula* 2012, 11, 28.

ständige Tätigkeit. Soweit dabei der Zurechnungszusammenhang bestehen bleibt, ist unerheblich, wo die Tagespflegeperson ihre Tätigkeit ausübt. Werden die Kinder im Haushalt der Kindertagespflegeperson betreut, liegt entweder eine selbstständige oder eine unselbstständige Tätigkeit vor, unabhängig davon, in welchen Räumlichkeiten die Kindertagespflegeperson die Kinder betreut. In Fällen, in denen sie ausschließlich für die Kinder einer Familie zuständig ist, ist immer von einer Unselbstständigkeit der Tagespflegeperson auszugehen, da diese dann sowohl organisatorisch als auch funktional dem **Haushalt der Erziehungsberechtigten angegliedert** ist.[66]

Übt sie die Tätigkeit im Haushalt der Personensorge- bzw. Erziehungsberechtigten aus, kann in der Regel ebenso von einem abhängigen Beschäftigungsverhältnis ausgegangen werden.[67]

Letzteres kann auch gegenüber einem Träger der freien Jugendhilfe bestehen, von dem die 100
Arbeitszeiten und der Betreuungsort koordiniert werden. Kindertagespflege in anderen Räumen (§ 22 Abs. 1 Satz 4 SGB VIII) kann ebenso als unselbstständige Tätigkeit erfolgen. In diesem Fall können sie über die Kommunen oder bei freien Trägern beschäftigt werden.

Kindertagespflegepersonen können im Rahmen der Großtagespflege keine weiteren Tages- 101
pflegepersonen anstellen, da im geltenden Recht von einer insoweit selbstständigen Tätigkeit ausgegangen wird und das jeweilige zu betreuende Kind der jeweiligen Kindertagespflegeperson persönlich zugeordnet ist.[68]

Eine **selbstständige Tätigkeit** ist immer dann anzunehmen, wenn im Haushalt der Kinder- 102
tagespflegeperson nicht nur ein fremdes, sondern darüber hinaus mehrere fremde oder eigene Kinder gefördert werden, da so die Angliederung an den Haushalt der Personensorgeberechtigten entfällt.[69] Dies gilt ebenfalls, wenn die Kinder gem. § 22 Abs. 1 Satz 4 SGB VIII in anderen Räumen betreut werden.[70]

Auch praktische Gründe sprechen dafür, dass **allein die Tagespflegeperson** – und nicht, 103
wie teilweise gefordert, die Eltern, die dann mit dem Pflegegeld wiederum die Tagespflegeperson vergüten – einen ausdrücklichen Anspruch auf die Gewährung der Geldleistung hat: So hat nur sie einen Anspruch auf Erstattung der nachgewiesenen Aufwendungen für die jeweiligen Versicherungsleistungen gem. § 23 Abs. 2 Nr. 3 und 4 SGB VIII. Bei **Selbstständigkeit** der Tagespflegeperson fallen diese Aufwendungen bei den Erziehungsberechtigten gar nicht an. Stünde der Anspruch den Erziehungsberechtigten zu, wäre es bei der Betreuung mehrerer Kinder zu unterschiedlichen Zeiten erforderlich, die Ansprüche auf die hälftige Erstattung von Alterssicherung und Unfallversicherung entsprechend aufzuteilen, was jedoch praktisch kaum möglich ist.

Arbeiten Kindertagespflegepersonen **nicht selbstständig**, sondern als Angestellte der Er- 104
ziehungsberechtigten, würde das Jugendamt den Arbeitnehmeranteil der Kindertagespflegeperson ersetzen. Gleichzeitig müssten die Personensorgeberechtigten als Arbeitgeber den Arbeitgeberanteil selbst tragen.

2. Einkommensteuerrechtliche Behandlung

Ist die Tagespflegeperson in einem angestellten Verhältnis, unterliegt das entsprechende Ar- 105
beitsentgelt – wie jedes Arbeitsentgelt – gem. § 2 Abs. 1 Nr. 4 EStG der **Einkommensteuerpflicht**.

66 Vgl. BSG NJW 1998, 3141.
67 Vgl. BSG NJW 1998, 3141.
68 Vgl. VG Stuttgart v. 29.10.2014, 7 K 459/13, BeckRS 2014, 58112.
69 Vgl. DIJuF 2006, 52.
70 Vgl. Wiesner/Wapler/*Schweigler*, § 23 SGB VIII Rn. 67.

Ist sie Tagespflegeperson selbstständig tätig, sind die Einkünfte – wie bei jeder anderen freiberuflichen Tätigkeit – gem. § 2 Abs. 1 Nr. 2 EStG sowie § 18 Abs. 1 Nr. 1 EStG ebenso einkommensteuerpflichtig. Dabei spielt keine Rolle, ob die Kindertagespflegeperson ihr Einkommen ausschließlich von privater oder (auch/ausschließlich) aus öffentlichen Mitteln der Jugendhilfe bezieht.

Im Rahmen der Änderungen durch das KiföG wurde § 3 Nr. 9 EStG neu gefasst. Seither sind die vom Jugendamt zu leistenden **Erstattungen** der Unfall-, Renten-, Kranken- und Pflegeversicherungsbeiträge **steuerfrei**.

106 **Steuerpflichtige Einnahmen** einer Kindertagespflegeperson sind solche, die nach Abzug aller Ausgaben verbleiben.

Der Gewinn wird nach § 4 Abs. 3 EStG durch eine sog. Einnahme-Überschussrechnung ermittelt. Dabei werden alle Einnahmen (unabhängig, ob diese aus privaten oder öffentlichen Kassen stammen) den Betriebsausgaben gegengerechnet. Letztere können als tatsächlich ermittelte Kosten oder als Pauschale geltend gemacht werden.

107 **Betriebskosten** können sich z.B. aus

- Nahrungsmitteln, Ausstattungsgegenständen (Mobiliar), Beschäftigungsmaterialien, Fachliteratur, Hygieneartikeln,
- Miete sowie Betriebskosten der für die Betreuung benötigten Räume,
- Telefon- und Internetkosten,
- Fort- und Weiterbildungskosten,
- Beiträgen für weitere nicht steuerfreie Versicherungen, die unmittelbar mit der Kindertagespflegetätigkeit im Zusammenhang stehen und/oder sich aus
- Fahrt- und Freizeitgestaltungskosten zusammensetzen.[71]

108 Pro betreutes Kind und pro Monat darf für durchschnittlich 8 Stunden oder mehr Betreuung pro Tag eine **Betriebskostenpauschale** von 300,00 Euro geltend gemacht werden. Werden die Kinder weniger als 40 Stunden pro Woche betreut, so ist die Pauschale zeitanteilig nach der folgenden Formel zu kürzen: 300,00 Euro × vereinbarte wöchentliche Betreuungszeit (max. 40 Stunden) geteilt durch (8 Stunden × 5 Tage =) 40 Stunden.

109 Die **Betriebskostenpauschale** kann nicht abgezogen werden, wenn die Betreuung im Haushalt der Personensorgeberechtigten oder in unentgeltlich zur Verfügung gestellten Räumen als selbstständige Tätigkeit durchgeführt wird. Die tatsächlichen Aufwendungen müssen einzeln nachgewiesen werden.[72]

110 Liegt das zu **versteuernde Einkommen** unter dem Grundfreibetrag, ist keine Einkommensteuer zu zahlen. Dieser Grundfreibetrag beträgt im Jahr 2022 für Ledige 9.984,– Euro und für Verheiratete bei gemeinsamer Veranlagung zur Einkommensteuer 19.968,– Euro.

111 Selbstständig Tätige sind zur **Einkommenssteuererklärung** verpflichtet, die, sofern kein Steuerberater oder Lohnsteuerhilfeverein beauftragt wird, bis zum 31. Juli des Folgejahres beim zuständigen Finanzamt einzureichen ist.

3. Anrechnung der Einnahmen aus der Kindertagespflege auf staatliche Leistungen

a) Elterngeld

112 Gem. § 15 Abs. 4 BEEG ist während der **Elternzeit** die Ausübung einer Tätigkeit erlaubt, sofern diese im Monatsdurchschnitt nicht mehr als 32 Stunden in der Woche beträgt. Die Ta-

71 Vgl. BMFSFJ Handbuch Kindertagespflege 3.6.2.
72 Vgl. Schreiben des Bundesministeriums der Finanzen (BMF) v. 20.5.2009 (IV C 6 –S 2246/07/10002, BStBl I 2009, 642).

gespflege bildet jedoch eine Ausnahme: Solange nicht mehr als fünf Kinder betreut werden, darf eine elterngeldberechtigte Kindertagespflegeperson auch mehr als 32 Stunden tätig sein. Diese Teilzeitarbeit bedarf ggf. der Zustimmung des Arbeitgebers, welcher dazu berechtigt ist, diese innerhalb von vier Wochen aus dringenden betrieblichen Gründen schriftlich abzulehnen.[73]

Die Höhe des Elterngeldes ist abhängig vom Einkommen, das im Jahr vor der Geburt des Kindes erzielt wurde. Es beträgt mindestens 300,00 Euro, höchstens 1.800,00 Euro pro Monat für 12 bzw. 14 Monate. Auch Eltern, die nicht erwerbstätig waren, haben Anspruch auf Elterngeld. Gem. § 3 Abs. 2 BEEG erfolgt eine Anrechnung von Einnahmen während des Bezugs von **Elterngeld** nur dann, wenn dieses die Grenze von **300,00 Euro** pro Kind (auch bei Mehrlingsgeburten) übersteigt. Auf alles, was über die 300,00 Euro hinaus an Elterngeld gezahlt wird, erfolgt eine **Vollanrechnung** der zu dieser Zeit erzielten Einnahmen durch die Tätigkeit der Kindertagespflege auf das Elterngeld.[74]

b) Arbeitslosengeld I

Bzgl. der Anrechnung von Nebeneinkommen auf das **ALG I** trifft § 155 Abs. 1 SGB III folgende Aussage: „Übt die oder der Arbeitslose während einer Zeit, für die ihr oder ihm **Arbeitslosengeld** zusteht, eine Erwerbstätigkeit im Sinne des § 138 Absatz 3 aus, ist das daraus erzielte Einkommen nach Abzug der Steuern, der Sozialversicherungsbeiträge und der Werbungskosten sowie eines Freibetrags in Höhe von 165 Euro in dem Kalendermonat der Ausübung anzurechnen. Handelt es sich um eine selbständige Tätigkeit, eine Tätigkeit als mithelfende Familienangehörige oder mithelfender Familienangehöriger, sind pauschal 30 Prozent der Betriebseinnahmen als Betriebsausgaben abzusetzen, es sei denn, die oder der Arbeitslose weist höhere Betriebsausgaben nach." Die Beschäftigung darf gem. § 138 Abs. 3 SGB III nicht mehr als 15 Wochenstunden umfassen. Bezieht die Tagespflegeperson Arbeitslosengeld I, darf sie sich demnach monatlich 165 Euro netto hinzuverdienen. Sie muss den Nebenverdienst bei der Arbeitsagentur anzeigen.[75] **113**

c) Arbeitslosengeld II

Einnahmen aus der Tätigkeit Kindertagespflege sind Einkommen i.S.d. § 11 SGB II und deshalb bei der Bewilligung von Leistungen der **Grundsicherung für Arbeitssuchende** (**ALG II**) grundsätzlich zu berücksichtigen. Von diesem Einkommen sind die in § 11b SGB II genannten Beträge abzusetzen. **114**

Gem. § 3 Abs. 2 ALG-II-Verordnung können dabei die Betriebsausgaben, welche einzeln nachzuweisen sind, abgesetzt werden. Um den Nachweis zu vereinfachen, kann eine vom öffentlichen Jugendhilfeträger gewährte Erstattung angemessener Ausgaben für den Sachaufwand berücksichtigt werden. Sind bei der Antragstellung die Betriebseinnahmen nicht bekannt, müssen die voraussichtlichen Einnahmen und Ausgaben **zunächst geschätzt werden**.[76]

73 Vgl. *Hillmann-Stadtfeld* 2009, 81; BMFSFJ Handbuch Kindertagespflege 2.1.1.
74 Vgl. *Hillmann-Stadtfeld* 2009, 81; BMFSFJ Handbuch Kindertagespflege 2.1.1.
75 Vgl. BMFSFJ Handbuch Kindertagespflege 3.9.2.
76 Vgl. BMFSFJ Handbuch Kindertagespflege 3.9.3.

IV. Abs. 3 – Eignung der Kindertagespflegeperson

1. Verhältnis der Vorschrift zu § 43 SGB VIII

115 Absatz 3 enthält die **Kriterien** für die Eignung von Kindertagespflegepersonen, die sowohl für die vom Jugendamt vermittelten als auch für die von den Erziehungsberechtigten nachgewiesenen gelten.

Ungeachtet der unterschiedlichen textlichen Gestaltung ist die Vorschrift mit § 43 Abs. 2 Satz 2 und 3 SGB VIII wortlautidentisch. Bereits deshalb ist sie in derselben Art und Weise auszulegen wie jene.[77]

Die Gegenansicht, die vor allem auf eine Absenkung der in § 43 SGB VIII normierten Voraussetzungen für die Erteilung der Pflegeerlaubnis zielt, überzeugt nicht.

Zentrales Argument ist insoweit die **unterschiedliche Funktion** der beiden Vorschriften: Während § 22 SGB VIII Leistungsvoraussetzungen regele, diene § 43 SGB VIII der Gefahrenabwehr.[78] Hierbei handelt es sich freilich um eine petitio principii: Weil die Vorschriften unterschiedlichen Funktionen dienten, müssten sie unterschiedlich interpretiert werden. Abgesehen davon ist bereits die Qualifikation von § 23 Abs. 3 SGB VIII als reine Leistungsvorschrift zweifelhaft. Die Erziehungsberechtigten haben Anspruch auf Förderung des Kindes durch eine „geeignete Tagespflegeperson". Ob eine Tagespflegeperson geeignet ist, entscheidet das Jugendamt – zumindest auch – mit dem Ziel, Gefahren von dem betreuten Kind abzuwehren. Deshalb können Erziehungsberechtigte auch **nicht auf die Eignung der Kindertagespflegeperson verzichten**.

Wenig tragfähig ist auch das Argument von *Schweigler*, eine Kindertagespflegeperson könne zwar im Sinne des § 23 SGB VIII für die Betreuung eines bestimmten Kindes ungeeignet sein, obwohl sie über eine Erlaubnis für die Betreuung von bis zu fünf Kindern im Sinne des § 43 SGB VIII verfüge.[79] Auch die nach § 43 SGB VIII erteilte Erlaubnis schließt nicht aus, dass sich die Kindertagespflegeperson als für die Betreuung eines der aufgenommenen Kinder ungeeignet erweist.

Schließlich ist eine graduelle Quantifizierung der Eignungskriterien nicht vorstellbar. Wie viel Kooperationsbereitschaft muss etwa nach § 23 Abs. 3 SGB VIII vorhanden sein, um wie viel weniger darf es im Kontext des § 43 SGB VIII sein? (Vgl. ergänzend auch die Erläuterungen zu § 43 bei Rn. 14 ff.).

2. Abs. 3 Satz 1 – Persönlichkeit, Sachkompetenz und Kooperationsbereitschaft

116 Abs. 3 enthält – in Übereinstimmung mit § 43 Abs. 2 Satz 2 und 3 SGB VIII – die an die Eignung der Tagespflegeperson zu stellenden Anforderungen. Kristallisationspunkte sind dabei die **Persönlichkeit**, **Sachkompetenz** und **Kooperationsbereitschaft**. Hinzu kommen vertiefte **Kenntnisse** hinsichtlich der Anforderungen der Kindertagespflege.

117 So sollte die **Persönlichkeit** der Bewerberin von einer positiven Grundhaltung gegenüber dem Kind und seinen Erziehungsberechtigten geprägt sein. Die Person sollte Freude und Interesse an der Betreuung von Kindern haben. Sie sollte zuverlässig und empathisch sein. Sie

---

77 Ebenso LPK-SGB VIII/*Kaiser*, § 23 Rn. 18. A.A. Wiesner/Wapler/*Schweigler*, § 23 SGB VIII Rn. 32.

78 Wiesner/Wapler/*Schweigler*, § 23 SGB VIII Rn. 32; ebenso FK-SGB VIII/*Smessaert/Lakies*, § 43 Rn. 14.

79 Vgl. Wiesner/Wapler/*Schweigler*, § 23 SGB VIII Rn. 32. Nicht nachvollziehbar ist das von *Schweigler* bemühte Argument, die beiden Vorschriften unterschieden sich dadurch, dass § 23 Abs. 3 SGB VIII anders als § 43 SGB VIII auch die Kooperationsbereitschaft („… idR auch eine gewisse …") mit dem Jugendamt verlange. Auch insoweit sind die beiden Vorschriften in der Weise wortlautidentisch, dass beide eine Kooperationsbereitschaft mit dem Jugendamt nicht verlangen. Deshalb verfängt auch der Verweis auf § 22 Abs. 2 Satz 2 SGB VIII nicht, der eben von den Fördergrundsätzen und den Verpflichtungen von Tageseinrichtungen und Kindertagespflege, nicht aber von der Eignung von Personen handelt.

sollte offen und reflektiert, auch im Hinblick auf die Erziehungsstile der Eltern sein. Letztlich sollte sie – neben vielen anderen positiven Eigenschaften – belastbar, kritikfähig, flexibel und strukturiert sein.

Die **Sachkompetenz** beinhaltet das Wissen um die besonderen Kompetenzanforderungen sowie um die Bedürfnisse im Zusammenhang mit der Kindertagespflege sowie die praktische Eignung zur Erziehung, Bildung und Betreuung der Kinder. Das bedeutet, die Tagespflegeperson sollte über Kenntnisse der (Bindungs-)Bedürfnisse der Kinder, die Fähigkeit, Beziehungen aufzubauen und zu halten, Erfahrungen im Umgang mit Kindern verfügen, aber auch über kooperative, administrative oder haushälterische Kompetenzen.

Die **Kooperationsbereitschaft** bezieht sich auf die Bereitschaft zur Zusammenarbeit mit den Erziehungsberechtigten, anderen Kindertagespflegepersonen sowie mit der Fachberatung Kindertagespflege.

Um die Eignung festzustellen, wird – neben dem persönlichen Gespräch und insbesondere, wenn die Kinder im Haushalt der Kindertagespflegeperson betreut werden – ein **Hausbesuch** bei der Tagespflegeperson unter Anwesenheit aller anderen Haushaltsmitglieder bestenfalls durch die Fachkraft Kindertagespflege als unbedingt sinnvoll erachtet, denn in diesem Fall muss auch die Eignung des familiären Umfeldes unbedingt berücksichtigt werden. Dabei sollten z.B. die Persönlichkeit sowie die Erziehungsvorstellungen der – zumeist männlichen – Partner der Tagespflegeperson berücksichtigt werden. Auch die Eigenschaften und Verhaltensweisen der eigenen Kinder der Tagespflegeperson – unabhängig von ihrem Alter – sollte Teil der Eignungsprüfung sein. Ein Hausbesuch wird weder in § 23 noch in § 43 SGB VIII direkt vorgeschrieben und wird in einigen Kommunen ohne jegliche Standards durchgeführt. 118

Kindertagespflegepersonen müssen für die Pflegeerlaubnis seit den Änderungen durch das BKiSchG beim öffentlichen Träger der Jugendhilfe gem. § 72a SGB VIII i.V.m. § 43 Abs. 2 Satz 4 SGB VIII ein aktuelles **erweitertes Führungszeugnis** sowie ein **Gesundheitszeugnis** vorlegen, unabhängig davon, ob diese vom Jugendamt vermittelt oder selbst gesucht wurden. Um die Eignung der Tagespflegefamilie weiter zu erhellen, sollte unter Zustimmung der Familienmitglieder auch von diesen ein Führungszeugnis sowie das Gesundheitszeugnis eingeholt werden. Dies gilt vor allem auch für die Kindertagespflegepersonen, die selbstständig tätig sind und keinem Verein angehören. Ob andere Straftaten außer den in 72a Abs. 1 SGB VIII genannten für die Erlaubnis eine Rolle spielen, muss im individuellen Einzelfall entschieden werden.[80] 119

3. Abs. 3 Satz 1 – Kindgerechte Räumlichkeiten

Unter **kindgerechten Räumen** sind solche zu verstehen, in denen sich die zu betreuenden Kinder wohlfühlen können und in denen sie sich ungefährdet, frei, entspannt und anregungsreich entwickeln können. Beschaffenheit und Größe der Räume geben Hinweise dafür, wie viele Kinder in welcher Altersstufe betreut werden können. Kindgerechte Räume müssen die folgenden Kriterien erfüllen. 120

- Größe der Wohnung (angemessene Zahl von Räumen bzw. Quadratmeterzahl),[81]
- angemessene Ausgestaltung der Räume, entsprechend dem Entwicklungsstand der Kinder,
- saubere, helle, freundliche und atmosphärisch offene Wohnung,

80 Ebenso Wiesner/Wapler/*Schweigler*, § 23 SGB VIII Rn. 34.
81 Einige Jugendämter konkretisieren die Anforderungen an die Raumgröße, fordern etwa einen eigenen Raum für die Tagespflegekinder oder einen eigenen Schlafraum ab zwei zu betreuenden Kindern und/oder eine konkrete Quadratmeterzahl Spielfläche pro Kind.

- Erfüllung der Sicherheitsstandards[82],
- Einhaltung der hygienischen Erfordernisse,
- abgestimmte Tierhaltung,
- genügend Raum zum Spielen und Ausleben des kindlichen Erkundungs- und Bewegungsdrangs,
- ausreichend geeignete Rückzugsmöglichkeiten, z.B. für den Mittagsschlaf oder zur Erledigung der Hausaufgaben,
- rauchfreie Räumlichkeiten,
- dem Alters- und Entwicklungsstand angemessene und entwicklungsfördernde Spielmaterialien.

4. Abs. 3 Satz 2 – Vertiefte Kenntnisse hinsichtlich der Anforderungen in der Kindertagespflege

121 Die genannten Kriterien („persönliche Eignung" und „kindgerechte Räumlichkeiten") in Abs. 3 Satz 1 bestanden in der Praxis bereits vor den Änderungen im Rahmen des TAG als ungeschriebene **Eignungsvoraussetzungen**. Mit dem Kriterium in Abs. 3 Satz 2 hat das TAG einen bedeutenden Anstoß zur Qualifizierung der Kindertagespflege als Teil einer integrierten Betreuungslandschaft geschaffen, denn seither sollen Kindertagespflegepersonen vertiefte Kenntnisse hinsichtlich der Anforderungen der Kindertagespflege nachweisen können. Unter diesen Voraussetzungen kann die Kindertagespflege den an sie gerichteten Förderungsauftrag und den damit verbundenen in § 22 SGB VIII formulierten Ansprüchen entsprechen.

122 Über vertiefte Kenntnisse hinsichtlich der Anforderungen der Kindertagespflege zu verfügen, beinhaltet ein **Fachwissen**, etwa Basiskenntnisse rund um die Themen der Pädagogik (z.B. kindliche Entwicklungs- und Entwicklungsförderungsaspekte, Bindungstheorie), Kooperations- und Kommunikationswissen, Grundkenntnisse der Gesundheitsvor- und -fürsorge oder Rechtsgrundlagen der Kindertagespflege. Dieses Fachwissen sollte die Kindertagespflegeperson in einem **Qualifizierungskurs** erworben haben.

123 In den meisten Jugendämtern beträgt der **Umfang des Qualifizierungskurses** entsprechend dem vom Deutschen Jugendinstitut entwickelten Curriculum „Qualifizierung in der Kindertagespflege" 160 Stunden. Eine Reduzierung dieser Stundenzahl wäre langfristig nicht zielführend.[83] In einigen Städten und Kreisen werden im Blick auf das Ziel der Qualitätssteigerung der Kindertagespflege der Umfang deutlich erhöht und zusätzlich aktuelle Themen wie die „Inklusion" behandelt und Hospitationen bei bereits tätigen Kindertagespflegepersonen angeboten. Im Zuge der derzeitigen erhöhten Zuwanderung von Familien mit Migrationshintergrund sollte das Curriculum unbedingt auch Themen wie „Interkulturelle und -religiöse Kompetenzen" berücksichtigen.

124 Das **Curriculum des DJI** beinhaltet wichtige **Handlungsempfehlungen**, die für die Kindertagespflegepersonen nützlich sind. Es beinhaltet z.B. Informationen über die kindlichen Entwicklungsphasen, legt Möglichkeiten zur Umsetzung des Bildungsauftrages in der Kindertagespflege dar, vermittelt Konfliktlösungsstrategien und Hilfen zur Kooperation mit den Eltern und anderen Tagespflegepersonen. Überdies informiert es über Aspekte der kindlichen Ernährung und Gesundheitsvorsorge sowie über die Rechte und Pflichten von Kindertagespflegepersonen. Haben Kindertagespflegepersonen erfolgreich an der **Grundqualifi-**

---

82 Auf der Internetseite des BMFSFJ „Handbuch Kindertagespflege" befindet sich diesbezüglich eine Sicherheitscheckliste, siehe http://www.handbuch-kindertagespflege.de/1-wegweiser/13-formen-der-kindertagespflege/sicherheits-checkliste/ (13.3.2022).

83 Vgl. *Weiß* 2008, 2 (Vorwort), 2 f.

zierung teilgenommen, bekommen sie vom Bundesverband Kindertagespflege ein Zertifikat. In einigen Bundesländern ist die Grundqualifizierung gem. dem Curriculum des Deutschen Jugendinstituts oder eine ähnliche Qualifizierung gesetzlich normiert.

Bezüglich der Aus- und Weiterbildung der Kindertagespflege ist festzuhalten, dass immer mehr potenzielle Kindertagespflegepersonen die Grundqualifizierung mit den bundesweit gültigen Mindeststandards von **160 Unterrichtseinheiten** absolvieren und damit als qualifiziert gelten. Durch Landesrichtlinien sowie durch das Aktionsprogramm des Bundes hat sich die Qualifikationsstruktur in der Kindertagespflege deutlich verbessert; im Jahr 2011 hatten rund 32 % der Kindertagespflegepersonen eine pädagogische Berufsausbildung abgeschlossen.[84] 125

Die vertieften Kenntnisse können auch auf andere Weise, insbesondere durch eine Ausbildung in einem entsprechenden Beruf, erworben worden sein. Auch eine **langjährige Tätigkeit** in der Kindertagespflege schafft Erfahrungswissen, was anzuerkennen ist, jedoch – entgegen der Meinung vieler Autoren – nicht mit dem durch einen Qualifizierungskurs vermittelten Fachwissen gleichgesetzt werden darf. Zumindest haben diese Kindertagespflegepersonen den Vorteil, dass sie einzusetzen sind, obwohl sie die **Grundqualifizierung** noch nicht erworben haben, diese aber begleitend zur Praxis unbedingt absolvieren sollten,[85] obwohl sich aus dem Gesetz keine strikte Verpflichtung zur Nachqualifizierung herleiten lässt. Aus diesem Grund erfüllen demnach also auch Kindertagespflegepersonen, die ihre Eignung auf andere Weise, also auch durch langjährige Erfahrungen in der Praxis, nachweisen können, die Gesetzesanforderungen. Eine restriktivere Vorschrift wäre mit dem Ziel der Qualitätsverbesserung wünschenswert.[86] 126

V. Abs. 4 – Beratungsanspruch; Sicherstellung der Betreuung; Zusammenschlüsse von Kindertagespflegepersonen

1. Abs. 4 Satz 1 – Beratungsanspruch von Erziehungsberechtigten und Kindertagespflegepersonen

Erziehungsberechtigte (§ 7 Abs. 1 Nr. 6 SGB VIII) sowie **Kindertagespflegepersonen** haben gem. Abs. 4 Satz 1 einen **Rechtsanspruch auf Beratung** in allen Fragen rund um die Kindertagespflege. Dieser ist von dem in Abs. 1 geregelten Beratungsanspruch abzugrenzen, denn in Abs. 4 Satz 1 sind alle Fälle von Kindertagespflege erfasst: diejenigen, die ohne Vermittlung durch den öffentlichen Träger der Jugendhilfe tätig sind, d.h. solche, die privat bzw. selbstorganisiert vermittelt wurden, solche, die ohne Gewährung der laufenden Geldleistung gem. Abs. 2 tätig sind, und schließlich solche, bei denen keine Erlaubnis gem. § 43 SGB VIII besteht. 127

Der Beratungsanspruch entsteht **bereits im Vorfeld** der ausgeübten Tätigkeit und umfasst sowohl pädagogische als auch finanzielle und (haftungs-)rechtliche Aspekte. Mit der Beratung soll Konflikten, die in allen Formen der Kindertagespflege auftreten können, weitestgehend vorgebeugt werden, um etwa abrupte Betreuungsabbrüche zu verhindern, die letztlich zulasten der Kinder gehen. Die Beratung sollte sich auch auf die mit der durch das KJSG erfolgten Einfügung von § 8a Abs. 5 SGB VIII den Kindertagespflegepersonen im Kinderschutz zugewiesenen Aufgaben erstrecken (vgl. dazu unten Rn. 135 ff.).

Zur Erfüllung des Rechtsanspruchs auf Beratung ergibt sich aus Abs. 4 die Verpflichtung des Trägers der öffentlichen Jugendhilfe, ein **geeignetes und ausreichendes Beratungsan-** 128

84 Vgl. BT-Drs. 17/12200, 312; vgl. *Weiß* 2008.
85 Vgl. Wiesner/Wapler/*Schweigler*, § 23 SGB VIII Rn. 36 f.
86 Vgl. Wiesner/Wapler/*Schweigler*, § 23 SGB VIII Rn. 38.

gebot vorzuhalten. Aufgrund der Tatsache, dass der überwiegende Teil der Kindertagespflegepersonen auf sich selbst gestellt ist, ist der Beratungsbedarf besonders hoch. Dieser kann nicht nur durch Einzelfallberatung, sondern ebenso durch geeignete Fort- und Weiterbildungsangebote gedeckt werden. Näheres sollte diesbezüglich unbedingt durch landesrechtliche Ausführungsgesetze gem. § 26 SGB VIII geregelt werden.

129 Damit der Anspruch auf Beratung auch in den Fällen besteht, in denen zwar eine Erlaubnis zu erteilen ist, jedoch keine Leistungen nach § 23 SGB VIII in Anspruch genommen werden, wurde im Rahmen der Änderungen durch das KiFöG ein gleichlautender Beratungsanspruch zusätzlich in § 43 Abs. 4 SGB VIII normiert. Damit wurde eine Regelungslücke in § 23 SGB VIII geschlossen, da der Beratungsanspruch nur für die Personen galt, die Leistungen nach § 23 SGB VIII in Anspruch genommen haben.[87]

130 Nicht erfasst werden somit nur noch die Erziehungsberechtigten, die Kindertagespflege im eigenen Haushalt selbst finanzieren (wollen). Auch ihnen sollte jedoch eine Beratung nicht verwehrt werden, auch wenn ein gesetzlicher Anspruch darauf nicht besteht.[88]

2. Abs. 4 Satz 2 – Sicherstellung anderer Betreuungsmöglichkeiten bei Ausfallzeiten

131 Fällt die Kindertagespflegeperson aus, muss durch den Träger der öffentlichen Jugendhilfe im Rahmen seiner Gesamtverantwortung (§ 79 SGB VIII) rechtzeitig eine andere Betreuungsmöglichkeit sichergestellt werden, weil wie bei der Förderung von Kindern in Kindertageseinrichtungen (gem. § 22a Abs. 3 SGB VIII) auch bei Förderung von Kindern in Kindertagespflege eine Kontinuität herzustellen ist.[89] So soll das Alternativangebot rechtzeitig sichergestellt werden, damit keine Betreuungslücke entsteht. Dies trägt unter anderem auch zu dem in § 22 Abs. 2 Nr. 3 SGB VIII normierten Ziel der Vereinbarkeit von Erwerbstätigkeit und Kindererziehung bei. So sind bei der Bedarfsplanung stets die Ausfallzeiten von Kindertagespflegepersonen angemessen zu berücksichtigen.

132 Unter „**Ausfallzeiten**" sind jene Zeiten zu verstehen, in welchen die Kindertagespflegeperson nicht für die Betreuung der Kinder zur Verfügung steht, gleichgültig aus welchen Gründen (z.B. Krankheit, Urlaub oder sonstige Gründe). Der Gesetzgeber gibt nicht vor, wie diese „andere Betreuungsmöglichkeit" auszusehen hat. Mithin kann es sich um eine Betreuung bei einer anderen Kindertagespflegeperson oder um eine in einer Kindertageseinrichtung handeln.[90]

Unzulässig ist die Übertragung der Verpflichtung auf die Kindertagespflegeperson, bei ihrem eigenen Ausfall aus gewichtigem Grund selbst eine Vertretung zu organisieren.[91]

3. Abs. 4 Satz 3 – Beratung, Unterstützung und Förderung von Zusammenschlüssen von Kindertagespflegepersonen

133 Der **Beratungsauftrag** gegenüber den Tagespflegepersonen wird in Abs. 4 Satz 3 auf deren Zusammenschlüsse ausgedehnt. Aufgrund der Alleinstellung der Tagespflegepersonen ohne institutionellen Rückhalt sind diese unverzichtbar. Wie aus der abweichenden Formulierung hervorgeht, besteht in diesem Fall – im Gegensatz zu Abs. 4 Satz 1 – jedoch kein unmittelbarer Rechtsanspruch. Mit Zusammenschlüssen ist nicht nur der Bundesverband für Kindertagespflege, sondern sind auch auf **lokaler bzw. regionaler Ebene** tätige Gruppierungen gemeint.

---

87 Vgl. BT-Drs. 16/9299, 17.
88 Ebenso Wiesner/Wapler/*Schweigler*, § 23 SGB VIII Rn. 62.
89 Vgl. Schellhorn/*Fischer*/Mann/Kern, § 23 SGB VIII Rn. 29.
90 Vgl. FK-SGB VIII/*Lakies*, § 23 SGB VIII Rn. 41 f.
91 Vgl. OVG Münster v. 22.8.2014, 12 A 591/14, BeckRS 2014, 56594, m.w.N.

Neben die **Beratungspflicht** tritt die **Unterstützungs- und Förderungspflicht**, welche sowohl fachliche und ideelle als auch räumliche und finanzielle Aspekte umfassen soll. Auch Zusammenschlüsse dürfen die fachliche Beratung, Begleitung und weitere Qualifizierung der Kindertagespflegepersonen übernehmen und dafür gem. § 74 Abs. 1 SGB VIII Fördermittel gegenüber dem öffentlichen Träger der Jugendhilfe geltend machen. Die Unterstützung ist insbesondere bedeutsam, wenn die öffentliche Jugendhilfe selbst keine Fachberatung, Supervision o.Ä. für die Kindertagespflegepersonen vorhält. Ist die Förderung auf Dauer angelegt, bedarf es jedoch gem. § 74 Abs. 1 Satz 2 i.V.m. § 75 SGB VIII einer Anerkennung als Träger der freien Jugendhilfe.[92] **134**

VI. Einbeziehung der Kindertagespflegeperson in den Kinderschutz

Ohne insoweit den Wortlaut von § 23 SGB VIII zu ändern, hat das **KJSG** durch Einfügung des Absatzes 5 in § 8a SGB VIII eine nicht unwesentliche **Änderung der Rolle** und der **Aufgaben** einer Kindertagespflegeperson herbeigeführt. **135**

Nach § 8a Abs. 5 Satz 1 SGB VIII hat der Träger der öffentlichen Jugendhilfe in Vereinbarungen mit Kindertagespflegepersonen, die Leistungen nach dem SGB VIII erbringen, sicherzustellen, dass diese bei Bekanntwerden gewichtiger Anhaltspunkte für die Gefährdung eines von ihnen betreuten Kindes eine Gefährdungseinschätzung vornehmen und dabei eine insoweit erfahrene Fachkraft beratend hinzuziehen.

Notwendige Grundlage jeglicher Verpflichtungen der Kindertagespflegeperson ist danach eine abzuschließende Vereinbarung zwischen dem öffentlichen Träger und der Tagespflegeperson.[93] Besteht eine solche nicht, bricht das Schutzgebäude des § 8a Abs. 5 SGB VIII ohne Weiteres zusammen. Allerdings steht dem öffentlichen Träger an dieser Stelle mit der Erlaubnispflichtigkeit der Kindertagespflege nach § 43 SGB VIII ein probates Druckmittel zur Verfügung, um die Kindertagespflegeperson zum Abschluss einer solchen Vereinbarung zu bewegen.

Nach zutreffender Auffassung handelt es bei dieser **Vereinbarung** um einen **öffentlich-rechtlichen Vertrag** i.S.d. § 53 Abs. 1 SGB X,[94] der infolgedessen zu seiner Wirksamkeit gem. § 56 SGB X der **Schriftform** bedarf.

In der Vereinbarung ist nach **Satz 1** sicherzustellen, dass

- die Tagespflegeperson bei Bekanntwerden gewichtiger Anhaltspunkte für die Gefährdung eines von ihnen betreuten Kindes eine Gefährdungseinschätzung vorzunehmen und
- dabei eine insoweit erfahrene Fachkraft beratend hinzuzuziehen hat.

Die Vorschrift ist ersichtlich § 8a Abs. 4 SGB VIII, materiell aber auch § 4 Abs. 1 KKG und hinsichtlich der „gewichtigen Anhaltspunkte" auch § 8a Abs. 1 SGB VIII nachgebildet. Es kann also auf die dortigen Kommentierungen verwiesen werden. „**Sicherzustellen**" bedeutet in diesem Zusammenhang, dass die Kindertagespflegeperson dazu in der Vereinbarung vertraglich zu verpflichten ist.

---

92 Vgl. LPK-SGB VIII/*Kaiser*, § 23 SGB VIII Rn. 29; Schellhorn/*Fischer*/Mann/Kern, § 23 SGB VIII Rn. 28.

93 Weder den Gesetzesmaterialien noch der inzwischen zum KJSG vorliegenden Literatur ist zu entnehmen, welche „Freiheit", „Autonomie" o.Ä. der Kindertagespflegeperson an dieser Stelle einer unmittelbaren gesetzlichen Verpflichtungsregelung entgegenstehen sollte.

94 LPK-SGB VIII/*Bringewat*, § 8a Rn. 116: „öffentlich-rechtliche Verträge sui generis", wobei offen bleibt, worin die Eigenart gegenüber anderen ö.-r. Verträgen bestehen soll.

136 Die **Kritik an der Vorschrift** hat nicht lange auf sich warten lassen.[95] Ihr kann allerdings **nicht gefolgt** werden.

Zunächst ist es zu begrüßen, dass mittels der Vorschrift die **Kindertagespflegepersonen** in den **Kinderschutz einbezogen** werden. Dass sie dadurch, dass sie eine „originär-eigene" Entscheidung der Gefährdungsrisiken vorzunehmen haben, vor für sie kaum lösbare Probleme gestellt würden,[96] trifft nicht zu. Kindertagespflegepersonen sollen gem. § 43 Abs. 2 Satz 2 SGB VIII über vertiefte Kenntnisse hinsichtlich der Anforderungen der Kindertagespflege verfügen, wozu auch die Verpflichtungen nach § 8a Abs. 5 SGB VIII gehören. Dies ist im Verfahren über die Erteilung der Erlaubnis zu prüfen (vgl. dazu die Erläuterungen zu § 43 SGB VIII). Auch wenn sie damit nicht über eine der von Fachkräften des Jugendamtes bestenfalls erworbenen Qualifikationen verfügen, kann nicht behauptet werden, dass Kindertagespflegepersonen auf diese Aufgabe in keiner Weise vorbereitet wären. Schließlich ist darauf zu verweisen, dass Kindertagespflegepersonen die von ihnen betreuten Kinder – nur um diese geht es – kennen und mit ihnen vertraut sind, weil sie, von den Eltern abgesehen, **mehr Zeit mit ihnen verbringen** als jede andere Person und deshalb etwa Veränderungen im Verhalten der Kinder eher und besser wahrnehmen und beurteilen können als andere.

Auch ein kollegialer Austausch mit anderen Kindertagespflegepersonen ist nicht nur – etwa im Rahmen von Zusammenschlüssen i.S.d. § 23 SGB VIII – möglich und erwünscht.[97] Gem. § 43 Abs. 2 Satz 1 Nr. 1 SGB VIII ist die Bereitschaft zur Kooperation mit anderen Kindertagespflegepersonen vielmehr auch ein für die Erteilung der Pflegeerlaubnis vorausgesetztes Eignungsmerkmal.

Des Weiteren ist die in die Sicherstellungsvereinbarung aufzunehmende **obligatorische Hinzuziehung** einer insoweit erfahrenen Fachkraft geeignet, Fehleinschätzungen der Tagespflegeperson zu verhindern. Dass diese Hinzuziehung erst zu erfolgen hat oder gar erfolgen darf, wenn die Gewichtigkeit der Gefährdungsanhaltspunkte bereits feststeht,[98] ist der Vorschrift nicht zu entnehmen. Die Hinzuziehung soll „dabei" erfolgen, **betrifft also den gesamten Einschätzungsprozess**, der sich nicht künstlich in einen der Einschätzung der Gewichtigkeit von Anhaltspunkten und einen solchen des Gefährdungspotenzials aufspalten lässt. Die Tagespflegeperson kann die insoweit erfahrene Fachkraft also bereits bei der Einschätzung des Gewichts der ihr zur Kenntnis gelangten Umstände zur Beratung in Anspruch nehmen.

Schließlich steht auch die Frage der **Kostentragung** der Hinzuziehung der insoweit erfahrenen Fachkraft nicht im Wege, sodass das diesbezügliche Monitum[99] ins Leere geht. Gem. § 8b Abs. 1 SGB VIII haben Personen, die beruflich in Kontakt mit Kindern oder Jugendlichen stehen – um solche handelt es sich bei Kindertagespflegepersonen –, bei der Einschätzung einer Kindeswohlgefährdung im Einzelfall gegenüber dem örtlichen Träger der Jugendhilfe Anspruch auf Beratung durch eine insoweit erfahrene Fachkraft. Der öffentliche Träger hat also ein Beratungsangebot entweder durch eigene oder von ihm beauftragte Fachkräfte vorzuhalten und damit auch dessen Kosten zu tragen.[100]

---

95 Vgl. LPK-SGB VIII/*Bringewat*, § 8a Rn. 120 f., wo sie ganz in der Tradition Kunkelscher Vollmundigkeit als „unausgegoren" und „reformbedürftige Fehlleistung des Reformgesetzgebers" gegeißelt wird.

96 So LPK-SGB VIII/*Bringewat*, § 8a Rn. 120. Solche Kritik ist aus der Einführung von § 4 KKG wohlbekannt. Auch dort sahen sich die in Anspruch genommenen Berufsgeheimnisträger selbst oder Stimmen in der Literatur diese „überfordert".

97 Auch der fehlende kollegiale Austausch ist ein Kritikpunkt bei LPK-SGB VIII/*Bringewat*, § 8a Rn. 120.

98 So LPK-SGB VIII/*Bringewat*, § 8a Rn. 120.

99 Vgl. auch insoweit LPK-SGB VIII/*Bringewat*, § 8a Rn. 120.

100 Schließlich besteht auch kein Raum für Zweifel, ob die Gesetz gewordene Fassung dem „objektivierten Willen des Gesetzgebers" entspricht, wie sie *Bringewat* (LPK-SGB VIII, § 8a Rn. 121) äußert. Derartige Überlegungen wären allenfalls dann angebracht, wenn der von Bundestag und Bundesrat beschlossene Gesetzestext in irgendeiner Weise uneindeutig wäre. Das ist indes nicht der Fall.

Nicht Gegenstand der Sicherstellungsvereinbarung, sondern **unmittelbare gesetzliche Verpflichtung** ist es gem. § 8a Abs. 5 Satz 2 SGB VIII, die Erziehungsberechtigten sowie das Kind in die Gefährdungseinschätzung einzubeziehen, soweit hierdurch der wirksame Schutz des Kindes nicht in Frage gestellt wird. Auch insoweit kann auf die Kommentierungen zu § 8a Abs. 1, 4 SGB VIII sowie § 4 Abs. 1 KKG verwiesen werden. 137

Die enge Verknüpfung von Abs. 5 mit Abs. 4 belegt auch die Verweisung auf dessen Sätze 2 und 3. Diese enthalten weitere zwingende Inhalte der zu schließenden Vereinbarungen, nämlich

- die **Kriterien für die Qualifikation** der beratend hinzuzuziehenden insoweit erfahrenen Fachkraft, die insbesondere auch den spezifischen Schutzbedürfnissen von Kindern und Jugendlichen mit Behinderungen Rechnung zu tragen haben,
- die **Verpflichtung**, dass die Kindertagespflegeperson bei den Erziehungsberechtigten auf die **Inanspruchnahme von Hilfen hinwirken**, wenn sie diese für erforderlich halten, sowie
- die **Verpflichtung**, das **Jugendamt zu informieren**, falls die Gefährdung nicht anders abgewendet werden kann.

Auch insoweit kann auf die Kommentierungen zu § 8a Abs. 4 SGB VIII sowie § 4 Abs. 1 KKG verwiesen werden.

§ 24
Anspruch auf Förderung in Tageseinrichtungen und in Kindertagespflege

(1) [1]Ein Kind, das das erste Lebensjahr noch nicht vollendet hat, ist in einer Einrichtung oder in Kindertagespflege zu fördern, wenn

1. diese Leistung für seine Entwicklung zu einer selbstbestimmten, eigenverantwortlichen und gemeinschaftsfähigen Persönlichkeit geboten ist oder

2. die Erziehungsberechtigten

a) einer Erwerbstätigkeit nachgehen, eine Erwerbstätigkeit aufnehmen oder Arbeit suchend sind,

b) sich in einer beruflichen Bildungsmaßnahme, in der Schulausbildung oder Hochschulausbildung befinden oder

c) Leistungen zur Eingliederung in Arbeit im Sinne des Zweiten Buches erhalten.

[2]Lebt das Kind nur mit einem Erziehungsberechtigten zusammen, so tritt diese Person an die Stelle der Erziehungsberechtigten. [3]Der Umfang der täglichen Förderung richtet sich nach dem individuellen Bedarf.

(2) Ein Kind, das das erste Lebensjahr vollendet hat, hat bis zur Vollendung des dritten Lebensjahres Anspruch auf frühkindliche Förderung in einer Tageseinrichtung oder in Kindertagespflege. Absatz 1 Satz 3 gilt entsprechend.

(3) [1]Ein Kind, das das dritte Lebensjahr vollendet hat, hat bis zum Schuleintritt Anspruch auf Förderung in einer Tageseinrichtung. [2]Die Träger der öffentlichen Jugendhilfe haben darauf hinzuwirken, dass für diese Altersgruppe ein bedarfsgerechtes Angebot an Ganztagsplätzen zur Verfügung steht. [3]Das Kind kann bei besonderem Bedarf oder ergänzend auch in Kindertagespflege gefördert werden.

(4) Für Kinder im schulpflichtigen Alter ist ein bedarfsgerechtes Angebot in Tageseinrichtungen vorzuhalten. Absatz 1 Satz 3 und Absatz 3 Satz 3 gelten entsprechend.

(5) [1]Die Träger der öffentlichen Jugendhilfe oder die von ihnen beauftragten Stellen sind verpflichtet, Eltern oder Elternteile, die Leistungen nach den Absätzen 1 bis 4 in Anspruch nehmen wollen, über das Platzangebot im örtlichen Einzugsbereich und die pädagogische Konzeption der Einrichtungen zu informieren und sie bei der Auswahl zu beraten. [2]Landesrecht kann bestimmen, dass die erziehungsberechtigten Personen den zuständigen Träger der öffentlichen Jugendhilfe oder die beauftragte Stelle innerhalb einer bestimmten Frist vor der beabsichtigten Inanspruchnahme der Leistung in Kenntnis setzen.

(6) Weitergehendes Landesrecht bleibt unberührt.

Übersicht

A. Allgemeines

I. Bedeutung der Norm

Bei § 24 SGB VIII handelt es sich um **die zentrale Anspruchsnorm** für die Förderung von Kindern in Kindertageseinrichtungen sowie in Kindertagespflege. In dieser Vorschrift sind 1 sowohl die **Anspruchsvoraussetzungen** als auch die **Leistungsverpflichtungen** bezüglich der Förderung in Tageseinrichtungen und in Kindertagespflege normiert.

II. Gesetzesänderungen seit Inkrafttreten des SGB VIII

2 Wenige Regelungen des SGB VIII wurden seit dessen Inkrafttreten so häufig geändert wie § 24 SGB VIII. Dies sowie die Ausgestaltung des Rechtsanspruchs auf einen Betreuungsplatz zeigen die zunehmende gesellschaftspolitische Bedeutung der Kindertagesbetreuung und das Interesse des Gesetzgebers an einer etappenweise nachhaltigen Änderung der entsprechenden Rechtsgrundlagen.[1]

Aufgrund einer Entscheidung des BVerfG[2] wurde durch das **Schwangeren- und Familienhilfegesetz** vom 27.7.1992[3] erstmals ein **Rechtsanspruch auf einen Kindergartenplatz** – zunächst nach landesrechtlicher Maßgabe und ab 1.1.1996 auch durch Bundesrecht – in Art. 5 Schwangeren- u. FamilienhilfeG normiert. In dessen Abs. 2 wurden die öffentlichen Jugendhilfeträger zusammen mit den kreisangehörigen Gemeinden zur Schaffung der nötigen Infrastruktur verpflichtet.[4]

Diese Hinwirkungspflicht wurde durch das **1. SGB VIII-Änderungsgesetz** im Rahmen der Gesamtverantwortung gem. § 79 SGB VIII auf die öffentlichen Jugendhilfeträger beschränkt.[5]

3 Durch das **2. SGB VIII-Änderungsgesetz** vom 15.12.1995[6] erfolgte auf Initiative des Bundesrates abermals eine Neufassung der Vorschrift. Die Neuregelung umfasste nur noch die Förderung in Kindertageseinrichtungen. Die Förderung in Kindertagespflege wurde abschließend in § 23 SGB VIII gefasst. Dabei wurde der Rechtsanspruch auf einen Kindergartenplatz aufrechterhalten. In einer Übergangsregelung – welche zu gleicher Zeit mit § 24a SGB VIII eingefügt wurde – war es jedoch bis zum 31.12.1998 möglich, diesen landesrechtlich einzuschränken.[7] Somit wurde eine modifizierte Umsetzung des Rechtsanspruchs auf einen Kindergartenplatz ermöglicht.[8] Der Rechtsanspruch auf einen Kindergartenplatz für Kinder ab Vollendung des dritten Lebensjahres bis zum Schuleintritt galt ab dem 1.1.1999 ohne Einschränkungen. Für Kinder, die jünger als drei Jahre alt waren, sowie Kinder im Schulalter bestand eine Hinwirkungspflicht des öffentlichen Jugendhilfeträgers, ein bedarfsgerechtes Betreuungsangebot zu schaffen, es bestand jedoch kein Rechtsanspruch auf einen Betreuungsplatz.

4 § 24 SGB VIII wurde durch das **TAG** am 27.12.2003[9] nochmals grundlegend geändert. Er sollte nun doch wieder den Zugang zu beiden Betreuungsformen (Kindertageseinrichtungen und Kindertagespflege) normieren. Die Vorhaltepflicht eines bedarfsgerechten Betreuungsangebots für Kinder unter drei Jahren sicherte einen gesetzlich vorgeschriebenen Mindestbedarf. Bei der Begründung des gesetzlich normierten Ziels zur Verbesserung der Betreuungslandschaft bezog sich die Bundesregierung auf eine Entscheidung des Bundesgerichtshofes. Eine Übergangsregelung berechtigte zum abgestuften Ausbau auf das in § 24 SGB VIII vorgeschriebene Versorgungsniveau bis spätestens zum 1.10.2010 (§ 24a SGB VIII).[10]

---

1 Vgl. LPK-SGB VIII/*Kaiser*, § 24 Rn. 1.
2 BVerfG, Urt. v. 28.5.1993, 2 BvF 2/90, 4/92, 5/92 = BVerfGE 88, 203 = NJW 1993, 1751.
3 BGBl. I S. 1398.
4 Vgl. LPK-SGB VIII/*Kaiser*, § 24 Rn. 1; Wiesner/*Struck*, § 24 SGB VIII Rn. 2.
5 BT-Drs. 12/3711, 42.
6 Vgl. BGBl. I S. 1229.
7 Vgl. LPK-SGB VIII/*Kaiser*, § 24 SGB VIII Rn. 1; Wiesner/*Struck*, § 24 SGB VIII Rn. 4.
8 Vgl. Ausschussbericht BT-Drs. 13/3082.
9 Vgl. BGBl. I S. 3852.
10 Vgl. BT-Drs. 15/3676, 21; Wiesner/*Struck*, § 24 SGB VIII Rn. 5.

Durch das **KICK** vom 8.9.2005[11] wurde die bereits im RegEntw zum TAG[12] enthaltene Beratungs- und Informationspflicht des öffentlichen Jugendhilfeträgers als Abs. 4 hinzugefügt. Diese wurde als Verfahrensvorschrift, welcher der Bundesrat zustimmen muss, nach der Aufspaltung des Gesetzes im Bundestag dem zweiten Teil, der dann als KICK verabschiedet wurde, zugeordnet.[13] Gleichzeitig wurde die Gelegenheit genutzt, ein Redaktionsversehen in Abs. 4, der dann zum Abs. 5 wurde, zu beseitigen. 5

Mit dem **KiföG** erfolgten zwei Änderungen des § 24 SGB VIII. Inhaltlich erfolgte eine weitere forcierte Ausgestaltung des mit dem TAG begonnenen Ausbaus der Kindertagesbetreuung der unter Dreijährigen. Die Ziele wurden erhöht und letztlich wurde der Anspruch auf Förderung in Tageseinrichtungen und in der Kindertagespflege unter bestimmten Voraussetzungen gesetzlich normiert. Die erste Änderung bezog sich nur auf Abs. 3 und 4 (Art. 1 Nr. 6 KiföG) und ist gem. Art. 5 Abs. 1 KiföG einen Tag nach der Verkündung am 16.12.2008 in Kraft getreten und galt bis zum 31.7.2013. Durch diese Änderung bekam § 24 SGB VIII die Fassung, die während der Ausbauphase der Kindertagesbetreuung galt. Eine komplette Neufassung des § 24 SGB VIII wurde durch die zweite Änderung im Rahmen des KiföG erzielt (Art. 1 Nr. 7 KiföG). Sie trat gem. Art. 5 Abs. 3 am 1.8.2013 in Kraft. Die Übergangsregelung des § 24a für den stufenweisen Ausbau ist an diesem Tag außer Kraft getreten (Art. 10 Abs. 3 Satz 2 KiföG).[14] 6

Seitdem besteht für alle Kinder ab dem ersten Lebensjahr ein zwingender **Rechtsanspruch für Kinder in Tageseinrichtungen oder in Kindertagespflege**. Liegen bestimmte Voraussetzungen vor, gilt der Rechtsanspruch auch für Kinder, die das erste Lebensjahr noch nicht vollendet haben. Infolgedessen ist die Übergangsregelung des § 24 SGB VIII am 1.8.2013 außer Kraft getreten. Das **KJSG** hat Abs. 1 Satz 1 Nr. 1 um das Ziel der Selbstbestimmung erweitert. 7

Zu den Regelungen das Ganztagsförderungsgesetzes (GaFöG) vgl. Rn. 100 ff.

Die **Gesamtverantwortung** einschließlich der **Planungsverantwortung** gem. § 79 Abs. 1 SGB VIII sowie die Gewährleistungspflicht gem. § 79 Abs. 2 SGB III für die Leistungen des SGB VIII haben die Träger der öffentlichen Jugendhilfe. Für Letztere gilt bezüglich der Leistungserbringung der bedingte Vorrang gem. § 4 Abs. 2 SGB VIII. Für die Planung des Leistungsangebots sind – neben § 24 – auch § 79 SGB VIII (besonders Abs. 2, welcher auf ein ausreichendes Angebot hinweist) sowie § 80 SGB VIII (auch hier insbesondere Abs. 2, welcher u.a. ein möglichst wirksames, vielfältiges und aufeinander abgestimmtes Angebot und eine bessere Vereinbarkeit von Beruf und Familie normiert), zu berücksichtigen. 8

Durch landesrechtliche Bestimmungen kann kreisangehörigen Gemeinden bzw. Gemeindeverbänden die Durchführung von Aufgaben der Förderung von Kindern in Tageseinrichtungen und in Kindertagespflege übertragen werden.[15] 9

III. Rechtsanspruch und Differenzierung nach Altersgruppen

§ 24 SGB VIII normiert den Anspruch auf Förderung in Tageseinrichtungen und in Kindertagespflege in seiner neuesten Fassung – zusammen mit dem Inkrafttreten des Rechtsanspruchs auf frühkindliche Förderung – ab dem 1.8.2013 gem. Art. 1 Nr. 7 KiföG in Abs. 1 bis 4 **systematisch-chronologisch** nach **Altersstufen**. Sowohl für das Förderungsangebot in Kindertageseinrichtungen als auch für das in Kindertagespflege, die seit 1.1.2005 grund- 10

11 Vgl. BGBl. I S. 2403.
12 Vgl BT-Drs. 15/3676.
13 Vgl. BT-Drs. 15/3986.
14 Vgl. Wiesner/Wapler/*Schweigler*, § 24 SGB VIII Rn. 7.
15 Vgl. LPK-SGB VIII/*Kaiser*, § 24 SGB VIII Rn. 1 f.

sätzlich gleichrangig geregelt sind, bestehen bezüglich der Intensität des Anspruchs **Differenzierungen** nach Altersgruppen sowie nach Art der Förderungsleistung:

In **Abs. 1** ist für **Kinder unter einem Jahr** in bestimmten Bedarfslagen die **Vorhaltepflicht** des öffentlichen Jugendhilfeträgers bezüglich eines bedarfsgerechten Betreuungsplatzangebots in Tageseinrichtungen sowie in Kindertagespflege geregelt.

Abs. 2 normiert für **Kinder ab Vollendung des ersten bis zur Vollendung des dritten Lebensjahres** einen **individuellen Rechtsanspruch** auf frühkindliche Förderung von mindestens sechs Stunden täglich in einer Kindertageseinrichtung (meist Krippe) **oder** in Kindertagespflege.

In **Abs. 3** Satz 1 ist für **Kinder ab dem dritten Lebensjahr bis zum Schuleintritt** ein **individueller Rechtsanspruch** von mindestens sechs Stunden täglich in einer **Kindertageseinrichtung** geregelt. Abs. 3 Satz 2 beinhaltet die Hinwirkungspflicht des öffentlichen Jugendhilfeträgers, für diese Altersgruppe ein bedarfsgerechtes Angebot an Ganztagesplätzen oder bei besonderem Bedarf oder ergänzend die Förderung in Kindertagespflege sicherzustellen.

Abs. 4 normiert die **Vorhaltepflicht** des öffentlichen Jugendhilfeträgers bezüglich eines bedarfsgerechten Angebots in Kindertageseinrichtungen (meist Hort) für **Kinder im schulpflichtigen Alter**. Kinder dieser Altersgruppe können gem. Abs. 4 Satz 2 i.V.m. Abs. 3 Satz 3 ergänzend oder bei spezifischen Bedarfslagen ebenso in Kindertagespflege gefördert werden.

Hinsichtlich der unter **Einjährigen** (Abs. 1) und **schulpflichtiger Kinder** (Abs. 4) handelt es sich also um eine **objektive Gewährleistungs- und Vorhaltepflicht** der Jugendämter. Dagegen gilt der individuelle **Rechtsanspruch** auf einen Betreuungsplatz (Abs. 2 und 3) gilt nur für Kinder ab Vollendung des ersten Lebensjahres bis zum Schuleintritt.

Hinsichtlich des persönlichen Geltungsbereichs schließen die Gruppen, die die Absätze 1 bis 4 adressieren, nahtlos aneinander an. Fließend ist die Grenze zwischen Abs. 3 und 4. Da der Schuleintritt von der individuellen Entwicklung eines Kindes abhängig ist („Schulreife"), ist die altersmäßige Obergrenze nicht nach Lebensjahren, sondern durch den tatsächlichen Schuleintritt bestimmt.

Abs. 5 normiert eine **Informations- und Beratungspflicht** der öffentlichen Jugendhilfeträger.

Abs. 6 regelt, dass **weitergehendes Landesrecht** unberührt bleibt.

11 Bei der Kindertagesbetreuung handelt es sich um ein allgemeines Förderungsangebot. Deshalb muss **kein erzieherischer Bedarf** gem. § 27 SGB VIII vorliegen. Hingegen ist es möglich, den Betreuungsplatz über einen Anspruch gem. § 27 SGB VIII sicherzustellen.[16]

B. Einzelheiten

I. Abs. 1 – Förderung von Kindern unter einem Jahr

1. Rechtsnatur der Norm

12 Ob § 24 Abs. 1 SGB VIII lediglich eine objektiv-rechtliche Verpflichtung normiert oder sich aus der Vorschrift bei Vorliegen der genannten Voraussetzungen ein Rechtsanspruch ergibt, war zunächst umstritten. Inzwischen besteht, soweit ersichtlich, **Einigkeit** darüber, dass es sich um eine unter den Voraussetzungen des Satzes 1 Nr. 1 oder 2 bestehende **objektiv-**

16 Vgl. FK-SGB VIII/*Tammen/Trenczek*, § 27 SGB VIII Rn. 14.

rechtliche Verpflichtung gegenüber den durch die Vorschrift Begünstigten handelt, der **kein Rechtsanspruch korrespondiert.**[17] **Danach besteht für Kinder** vor Vollendung des ersten Lebensjahres **eine** Gewährleistungs- und Vorhaltepflicht **des öffentlichen Jugendhilfeträgers, für die in Abs. 1 Satz 1 Nr. 1 oder 2** kind- oder elternbezogene Bedarfslagen **bzw. Kriterien vorliegen.** Es handelt sich also nicht um eine freiwillige Leistung.

Auch wenn ein dahin gehender Konsens zu bestehen scheint, ist die Annahme einer lediglich objektiv-rechtlichen Verpflichtung nicht unzweifelhaft. Zwar spricht die Überschrift des § 24 SGB VIIII einschränkungslos von einem „**Anspruch auf Förderung**", einen Rechtsanspruchscharakter wird man daraus aber nicht ableiten können, da Abs. 4 unstreitig keinen Rechtsanspruch normiert (vgl. dazu die Erläuterungen unten bei Rn. 91 ff.). Allerdings verwendet auch nur diese Vorschrift die Formulierung, dass für Kinder im schulpflichtigen Alter ein „bedarfsgerechtes Angebot … *vorzuhalten*" ist. Demgegenüber handelt es sich bei der Formulierung in Abs. 1 „Ein Kind, das das erste Lebensjahr noch nicht vollendet hat, ist … zu fördern, wenn…" nicht weniger um die klassische Formulierung eines Rechtsanspruchs als diejenige, dass jemand „einen Anspruch auf … hat".[18] Schließlich ist auch die Kombination von detailliert ausformulierten Anspruchsvoraussetzungen („wenn") mit einer Rechtsfolge („ist … zu fördern") als Konditionalprogramm für die Normierung von Rechtsansprüchen typisch. Dass auf die Förderung nach § 24 Abs. 1 SGB VIII ein **Rechtsanspruch** besteht, ist also gut begründbar. Gleichwohl ist angesichts der Einhelligkeit der Gegenmeinung in der Praxis von einer lediglich **objektiv-rechtlichen Verpflichtung auszugehen**. 13

Weitergehende landesrechtliche Regelungen, vor allem die, welche ohne Bedarfskriterien einen unbedingten Rechtsanspruch vorsehen, bleiben allerdings gem. Abs. 6 **unberührt**.

2. Förderung in einer Einrichtung oder in Kindertagespflege (Absatz 1 Satz 1)

Für die sich aus Abs. 1 Satz 1 Nr. 1 und Nr. 2 ergebende Zielgruppe muss der Bedarf an Förderung in einer **Kindertageseinrichtung (in dieser Altersgruppe meist Krippe) oder in Kindertagespflege** vorausgesetzt und ein entsprechendes bedarfsgerechtes (s. Abs. 1 Satz 3) Angebot vorgehalten werden. Kindertageseinrichtungen und Kindertagespflege werden für diese Altersgruppe damit gleichwertig behandelt. Diese Rechtsfolge gleicht derjenigen beim Rechtsanspruch auf frühkindliche Förderung gem. Abs. 2 (s. Rn. 28 ff.).[19] 14

Neben der Anzahl der Betreuungsplätze muss bei der **bedarfsgerechten Vorhaltung** eines Angebots auch die **bedarfsgerechte Ausgestaltung** (z.B. bezüglich der Betreuungszeiten) berücksichtigt werden. Das jeweilige Jugendamt muss also konkrete Bedarfserhebungen durchführen. Dabei ist „**Bedarf**" nicht im Sinne der faktischen Nachfrage zu interpretieren. Vielmehr ist dieser Begriff normativ hinsichtlich der Erfüllung der leistungsspezifischen sowie der allgemeinen Bestimmungen gem. § 79 SGB VIII (Gesamt- und Planungsverantwortung) aufzufassen.[20]

Insgesamt spielt die Kindertagesbetreuung als Leistung der Kinder- und Jugendhilfe eine untergeordnete Rolle. Die Betreuungsquoten blieben in den letzten Jahren dauerhaft niedrig. Aufgrund des Elterngeldes, welches insbesondere im ersten Lebensjahr in Anspruch genom- 15

17 LPK-SGB VIII/*Kaiser*, § 24 Rn. 3; FK-SGB VIII/*Lakies/Beckmann*, § 24 Rn. 25 m.w.N.; Wiesner/*Struck*, § 24 SGB VIII Rn. 7; BVerwG, Urt. v. 23.10.2018, 5 C 15.17, JAmt 2019, 335(337); Urt. v. 26.10.2017, 5 C 19.16, openjur.de = JAmt 2018, 279 (281); so auch bereits die Gesetzesbegründung zu KiFöG, BT-Drs. 16/9299, 3.

18 Vgl. etwa die Formulierung in § 40 Satz 1 SGB VIII: „so ist auch Krankenhilfe zu leisten"; § 43 Abs. 2 Satz 1, § 45 Abs. 2 Satz 1 SGB VIII: „Die Erlaubnis ist zu erteilen, wenn…".

19 Vgl. Wiesner/*Struck*, § 24 SGB VIII Rn. 13.

20 Vgl. LPK-SGB VIII/*Kaiser*, § 24 SGB VIII Rn. 8.

men wird, werden diesbezüglich in den nächsten Jahren keine wesentlichen Veränderungen erwartet.[21]

3. Abs. 1 – Voraussetzungen der Leistungspflicht

16 Voraussetzung für die Gewährung der Leistung ist die Erfüllung eines der in Nr. 1 (kindbezogenen) oder Nr. 2 Buchst. a bis c (elternbezogenen) genannten, sämtlich alternativ nebeneinanderstehenden Kriterien. Durch die Achtung elternbezogener Kriterien bei einer Leistung, die primär dem Kind zusteht, wird die enge Verbindung von Eltern- und Kindeswohl deutlich. Im Falle eines Interessenkonfliktes werden die kindlichen vor den elterlichen Interessen berücksichtigt.[22]

a) Abs. 1 Satz 1 Nr. 1 – Gebotensein der Leistung für die kindliche Entwicklung

17 Bzgl. der **kindbezogenen Kriterien** besteht für **Kinder unter einem Lebensjahr** gem. Abs. 1 Satz 1 Nr. 1 hinsichtlich eines Betreuungsplatzes in einer Tageseinrichtung oder in Kindertagespflege eine **Gewährleistungs- bzw. Vorhaltepflicht** oder aber (je nach Auslegung des Abs. 1, vgl. Rn. 13) ein **Rechtsanspruch auf Förderung**, wenn diese Leistung für ihre **Entwicklung zu einer eigenverantwortlichen und gemeinschaftsfähigen Persönlichkeit** (s. auch § 1 Abs. 1 SGB VIII) geboten ist. Diese Förderungsnotwendigkeit kann dann vorliegen, wenn den Kindern aufgrund mangelnder (Erziehungs-)Kompetenzen, der schlechten sozialen Situation, Überforderung der Erziehungs- bzw. Personensorgeberechtigten oder bei persönlichen Problemen keine hinreichende (Entwicklungs-)Förderung durch die Erziehungsberechtigten zukommt. Der entsprechende Förderbedarf muss immer von Seiten des jeweiligen Kindes beurteilt werden.

18 Die Formulierung in Abs. 1 Satz 1 Nr. 1 nimmt das **allgemeine Erziehungsziel** des § 1 Abs. 1 sowie des § 22 Abs. 2 Nr. 1 SGB VIII auf. Dadurch sind die Voraussetzungen weit gefasst und können prinzipiell auf jedes Kind zutreffen. Ein Förderbedarf im Sinne des § 24 Abs. 1 Nr. 1 SGB VIII kann jedenfalls unabhängig von einer Hilfe zur Erziehung gem. § 27 SGB VIII bestehen, in dem die Voraussetzungen deutlich enger gefasst sind. Dadurch bleibt das Verhältnis zu den anderen Kriterien unklar und die Funktion der Gesetzesformulierung als eigentliches Prüfkriterium für die Gewährung der Leistung bleibt insgesamt wirkungslos.[23]

19 In § 24 SGB VIII a.F., der bis zum 1.8.2013 galt, bezog sich diese Formulierung auf alle Kinder bis zum vollendeten dritten Lebensjahr. Dadurch wollte der Gesetzgeber die Einführung des Rechtsanspruches am 1.8.2013 vorbereiten.[24] Von der neuen Regelung des § 24 Abs. 1 Satz 1 Nr. 1 SGB VIII, welche sich auf Kinder unter einem Jahr beschränkt, wird der Personenkreis der Ein- bis Dreijährigen jedoch nicht umfasst. **Kinder unter einem Lebensjahr** haben besondere Bedürfnisse, sie brauchen insbesondere Kontinuität bei den sie betreuenden Bezugspersonen. Diese gilt es im Hinblick auf das Kindeswohl zu berücksichtigen. Die Betreuung in einer Einrichtung oder bei einer Tagespflegeperson bedarf für Kinder in dieser Altersgruppe im Hinblick auf ihre Persönlichkeitsentwicklung **einer eindeutigen Begründung** und ist wohl in den seltensten Fällen tatsächlich nachzuweisen. In jedem Fall müssen sich Eltern und Betreuungsperson/en bei der Betreuung in dieser Altersphase eng abstimmen. Auch bei den elternbezogenen Kriterien muss dieser Aspekt unbedingt Berücksichtigung finden.[25] Zwar hat sich der Staat bei der Ausgestaltung der Kindertagesbetreuung gegen-

21 Vgl. 14. Kinder- und Jugendbericht BT-Drs. 17/12200, 309.
22 Ebenso Wiesner/Wapler/*Schweigler*, § 24 SGB VIII Rn. 10.
23 Vgl. LPK-SGB VIII/*Kaiser*, § 23 Rn. 4.
24 Vgl. BT-Drs. 16/10357, 10, 32.
25 Vgl. Wiesner/Wapler/*Schweigler*, § 24 SGB VIII Rn. 12.

über diesen neutral zu verhalten[26] und die Pflege und Erziehung ist gem. Art. 6 Abs. 2 GG sowie § 1 Abs. 2 SGB VIII das **natürliche Recht der Eltern**. Das **Kindeswohl**, über welches das Jugendamt gem. Art. 6 Abs. 2 Satz 2 GG zu wachen hat, steht jedoch immer über dem **Elternrecht**, das diesem damit eine innere verfassungsimmanente Schranke setzt. Es gilt daher bei der Ausübung der elterlichen Verantwortung immer als oberstes Abwägungskriterium, das den elterlichen Gestaltungsspielraum eingrenzt.[27]

b) Abs. 1 Satz 1 Nr. 2, Satz 2 – Elternbezogene Kriterien für die Leistungspflicht

Die **elternbezogenen Kriterien** umfassen Fälle, in denen die Personensorge- oder Erziehungsberechtigten aufgrund anderer Verpflichtungen – vor allem aufgrund Erwerbstätigkeit oder Ausbildung – ihr Kind/ihre Kinder nicht selbst betreuen können: Gem. Abs. 1 **Satz 1** Nr. 2 sind dies die unter einem Jahr alten Kinder, deren Erziehungsberechtigte (a) einer Erwerbstätigkeit nachgehen, eine Erwerbstätigkeit aufnehmen, Arbeit suchend sind, (b) sich in einer beruflichen Bildungsmaßnahme oder einer in der (Hoch-)Schulausbildung befinden oder (c) Leistungen zur Eingliederung in Arbeit im Sinne des Zweiten Sozialgesetzbuches erhalten. **20**

Gem. Abs. 1 **Satz 2** treten Alleinerziehende an die Stelle von Erziehungsberechtigten. Für Erstgenannte gilt also Abs. 1 Satz 1 Nr. 2 SGB VIII ebenso wie für gemeinsam erziehende Personen.

Es wird deutlich, dass das Kriterium „**Erwerbstätigkeit**" (Buchstabe a) drei Fallgruppen unterscheidet und damit nicht nur die Erziehungsberechtigten umfasst, die bereits einer Erwerbstätigkeit nachgehen, sondern ebenso solche, die eine Erwerbstätigkeit aufnehmen sowie Arbeit suchend sind. Letztere wurden erst im Rahmen der Änderungen durch das KiföG neu einbezogen. Dadurch tritt die Förderungsverpflichtung nicht erst (wie zuvor) mit dem Zeitpunkt der Arbeitsaufnahme, sondern bereits mit dem Nachweis von Bemühungen, gerichtet auf die Arbeitsaufnahme, ein. Gem. § 10 Abs. 1 Nr. 3 SGB II dürfen Arbeitslose mit Kindern, die das dritte Lebensjahr noch nicht vollendet haben, nicht zur Aufnahme einer Erwerbstätigkeit gezwungen werden. **21**

Auch der Antritt einer **beruflichen Bildungsmaßnahme sowie einer Schul- oder Hochschulausbildung** (Buchstabe b) sind eingeschlossen. Maßgebend für die Förderungsleistung ist das Bestehen oder das Eingehen entsprechender Bindungen der Erziehungsberechtigten. Dieses Kriterium hat in der Praxis eine hohe Relevanz, da junge Mütter häufig ein Interesse an einem möglichst baldigen Abschluss von Studium oder Ausbildung haben. **22**

Unter **Leistungen zur Eingliederung in Arbeit** im Sinne des SGB II (Buchstabe c) sind alle Leistungen gem. §§ 16 bis 16g SGB II zu verstehen.

Der öffentliche Jugendhilfeträger darf die Leistungsgewährung nicht von weiteren Kriterien (z.B. finanziellen oder der Ausbildungsanzahl) abhängig machen. Beiden Eltern sowie dem alleinerziehenden Elternteil soll ermöglicht werden, Beruf und Familie besser miteinander zu vereinbaren. **23**

Ohne die Leistung – also den Betreuungsplatz in einer Kindertageseinrichtung oder in Kindertagespflege – wäre also eine dem Kindeswohl entsprechende Förderung sowie die Förderung zu einer eigenverantwortlichen und gemeinschaftsfähigen Person (gem. Abs. 1 Satz 1 Nr. 1) nicht gewährleistet.

---

26 Vgl. BVerfG FamRZ 1999, 285.
27 Vgl. dazu auch Wiesner/Wapler/*Schweigler*, § 24 SGB VIII Rn. 11.

4. Abs. 1 Satz 3 – Förderumfang nach individuellem Bedarf

24 Der **individuelle Bedarf** ist maßgebend für den **Umfang der täglichen Förderung**, also der täglichen Betreuungszeiten. Dieser kann sich nach Umfang, Art und Dauer unterscheiden und ist auf Grundlage der in Abs. 1 Satz 1 Nr. 1 und 2 genannten Kriterien vom gewährleistungspflichtigen öffentlichen Jugendhilfeträger zu ermitteln. Dazu ist die Erhebung, wie viele Kinder für welche tägliche Dauer einen Betreuungsplatz in einer Kindertageseinrichtung oder in Kindertagespflege benötigen oder wünschen, erforderlich. Er ergibt sich in Nr. 1 aus der Beurteilung der Sozialarbeiter_innen des Jugendamts. Nach Nr. 2 geht er aus den entsprechenden Fakten, z.B. den Arbeitszeiten, dem Stunden- oder Studienplan oder den Zeiten für die Bildungsmaßnahme, hervor.

25 Die Jugendämter müssen demzufolge eine **Bedarfsplanung** (gem. § 80 SGB VIII) aufstellen, um dann – entsprechend dem Bedarf – die benötigten Betreuungsplätze vorhalten zu können. Wird ein solcher Platz durch das Kind bzw. seine Eltern entsprechend ihrem individuellen Bedarf nachgefragt, müssen entsprechende Plätze zur Verfügung stehen. **Bedarfsgerecht** ist ein Angebot nur dann, wenn es geeignet ist, die Nachfrage zu befriedigen. Dabei muss den unterschiedlichen von den Eltern gewünschten Erziehungskompetenzen entsprochen werden. Die örtlichen Jugendämter sind jedoch nicht verpflichtet, allen Eltern bzw. Kindern, die die Voraussetzungen nach Abs. 1 Satz 1 Nr. 1 oder 2 erfüllen, ein Förderangebot vorzuweisen, welches deren individuellen Wünschen entspricht. So gilt in der Rechtsprechung, dass zwischen den Begriffen „**Bedarf**" als objektives Kriterium und **„Bedürfnis"** im Sinne eines subjektiven Wunsches unterschieden werden muss. Der Bedarf ist normativ bestimmbar und beinhaltet nur die Bedürfnisse der Betroffenen, die vereinbar sind mit dem Ziel und dem Zweck der Vorschrift.[28]

26 Der **Förderungsauftrag** des § 22 SGB VIII sowie das **Kindeswohl** sollten als Richtwert für die Auslegung des Begriffs „individueller Bedarf" und damit gleichzeitig für die Beachtungsgrenzen von individuellen Betreuungswünschen unter Berücksichtigung der Leistungspflicht, insbesondere für den zeitlichen Umfang der Betreuung, gelten.

27 Eine wöchentliche **Mindestbetreuungszeit** lässt sich dem SGB VIII nicht entnehmen. Bei Vollzeittätigkeit der Personensorgeberechtigten (ca. acht Stunden Arbeitszeit) ergibt sich unter Berücksichtigung der Pausen- sowie der Fahrtzeiten eine Förderungszeit von neun bis zehn Stunden täglich, bei längeren An- und Abfahrtzeiten sogar noch länger. In einigen landesrechtlichen Regelungen sind Vorgaben bezüglich der **Höchstbetreuungszeit** enthalten, diese sind aber meist nicht speziell an den Bedürfnissen von Kindern unter einem Lebensjahr orientiert, sondern beziehen sich oft pauschal auf alle Kinder bis zum Schuleintritt. Für eine bedürfnis- bzw. kindgerechte Ausgestaltung der Leistung nach Abs. 1 sollten die zeitlichen Grenzen des **Betreuungsumfangs** aufgrund des frühen Alters (unter einem Lebensjahr) unbedingt enger gesteckt werden als bei älteren Kindern.[29]

Ein **individueller Rechtsanspruch** besteht für diese Altersgruppe jedoch auch nicht unter Berücksichtigung des individuellen Bedarfs.

---

28 Vgl. Wiesner/Wapler/*Schweigler*, § 24 SGB VIII Rn. 16; BVerfG NVwZ 2000, 1300.
29 Vgl. Wiesner/Wapler/*Schweigler*, § 24 SGB VIII Rn. 17.

II. Abs. 2 – Rechtsanspruch für Kinder ab dem vollendeten ersten bis zum vollendeten dritten Lebensjahr („Rechtsanspruch U3")

1. Abs. 2 Satz 1 – Inhalt des Rechtsanspruchs U3

a) Rechtsanspruch

Ein Kind hat nach Abs. 2 Satz 1 ab dem **vollendeten ersten** Lebensjahr bis zur **Vollendung des dritten Lebensjahres** einen **individuellen, unbedingten Rechtsanspruch auf Förderung in einer Kindertageseinrichtung oder in Kindertagespflege**. Dies ist im Gegensatz zur Regelung in Abs. 1 **unbestritten** und geht eindeutig aus dem Wortlaut sowie der Intention des Gesetzes hervor. Im Gegensatz zu Abs. 1 setzt der Rechtsanspruch in Abs. 2 keine weiteren Bedingungen voraus. Es spielt beispielsweise keine Rolle, ob das Kind auch durch einen nicht erwerbstätigen Elternteil oder durch einen Großelternteil betreut werden könnte. 28

Neben dem sozialpolitischen Motiv, spezifische **Benachteiligungen zu kompensieren**, soll mit dem Rechtsanspruch vor allem dem **Interesse der Eltern, Beruf und Familie** miteinander zu verbinden, Rechnung getragen werden. 29

Die Aussage, der Anspruch auf Förderung i.S.d. Abs. 2 – in Alltagssprache und politischer Diskussion als „Anspruch auf Betreuung" zusammengefasst – diene auch oder vor allem dem Interesse „der Eltern", Erwerbstätigkeit und Kindererziehung besser miteinander vereinbaren zu können, ist in mehrfacher Hinsicht verkürzend.

Erwerbstätigkeit und Kindererziehung überhaupt miteinander vereinbaren zu können, ist vor allem für Alleinerziehende eine große Herausforderung. Für sie gibt es „die Eltern" im Sinne einer idealtypischen Kleinfamilie nicht. Alleinerziehende sind ganz überwiegend Frauen. *Sie* sind also in erster Linie auf eine funktionierende Betreuung angewiesen.

Ein „Interesse" an der Vereinbarkeit von Erwerbstätigkeit und Kindererziehung zu haben, suggeriert ein Interesse an Selbstverwirklichung durch Erwerbstätigkeit. Dies widerspricht insoweit der sozialen Realität, als viele Betroffene keine Wahl haben, sondern aus Gründen der Existenzsicherung auf Erwerbstätigkeit angewiesen sind.

Es ist aber nicht nur das elterliche Interesse, nicht nur die ökonomische Notwendigkeit, es ist auch der **Staat**, der die Vereinbarkeit von Erwerbstätigkeit und Kindererziehung fordert.

Einer erwerbsfähigen leistungsberechtigten Person ist gem. **§ 10 Abs. 1 SGB II** jede Arbeit zumutbar, es sei denn, dass die Ausübung der Arbeit die Erziehung ihres Kindes oder des Kindes ihrer Partnerin oder ihres Partners gefährden würde (Abs. 1 Nr. 3). Die **Erziehung eines Kindes**, das das dritte Lebensjahr vollendet hat, ist jedoch in der Regel **nicht gefährdet**, soweit die Betreuung in einer Tageseinrichtung oder in Tagespflege im Sinne der Vorschriften des SGB VIII oder auf sonstige Weise sichergestellt ist. Deshalb sollen die zuständigen kommunalen Träger darauf hinwirken, dass erwerbsfähigen Erziehenden vorrangig ein Platz zur Tagesbetreuung des Kindes angeboten wird.

Betreuung dient an dieser Stelle also nicht nur dem Interesse der Erziehungsberechtigten an besserer Vereinbarkeit von Erwerbstätigkeit und Kindererziehung, sondern auch der Durchsetzung staatlicher arbeitsmarktpolitischer und grundsicherungsrechtlicher Forderungen („Fördern und Fordern").

Aus dem Bestehen des Rechtsanspruchs folgt, dass die erforderliche Kapazität an **qualitativ geeigneten Betreuungsplätzen** gegeben sein muss. Für diese hat der öffentliche Jugendhilfeträger einzustehen. Der Einwand, die Kapazität in den vorhandenen Einrichtungen sei 30 ausgeschöpft, ist rechtlich unerheblich.[30] Der Rechtsanspruch besteht unabhängig von der finanziellen Situation in den einzelnen Kommunen.[31]

b) Anspruchsinhalt

31 Der **Anspruch** nach § 24 Abs. 2 Satz 1 SGB VIII ist auf den **Nachweis eines bedarfsgerechten Betreuungsplatzes** gerichtet. Dem subjektiven Recht auf Förderung entspreche die Verpflichtung des öffentlichen Trägers, so das BVerwG, aktiv den Nachweis eines Betreuungsplatzes zu führen.[32]

Der Anspruch ist auf den Nachweis eines bedarfsdeckenden Betreuungsplatzes **in einer Tageseinrichtung** *oder* **in Kindertagespflege** gerichtet. § 24 Abs. 2 Satz 1 SGB VIII begründet danach keinen „echten Alternativanspruch". Vielmehr kann das Kind von dem öffentlichen Träger auf die Inanspruchnahme eines Betreuungsplatzes in der Kindertagespflege verwiesen werden, wenn ein Platz in einer Tageseinrichtung nicht oder nicht rechtzeitig zur Verfügung steht, und umgekehrt.[33] Zur Begründung verweist das Gericht zum einen auf den systematischen Zusammenhang mit der dem Träger gem. § 79 SGB VIII obliegenden Gesamtverantwortung und Gewährleistungspflicht, was sich auf den **Gesamtbedarf** an Betreuungsplätzen beziehe. Auch eine historisch-genetische Betrachtung der Vorschrift führe zu dem Ergebnis, dass der Aufbau einer den Gesamtbedarf übersteigenden Doppelstruktur von Tageseinrichtungen und Kindertagespflege zu keinem Zeitpunkt ins Auge gefasst worden sei.

Zwar gilt auch bei der Förderung nach § 24 Abs. 2 SGB VIII das **Wunsch- und Wahlrecht** des § 5 Abs. 1 SGB VIII, das das Kind bzw. seine Erziehungsberechtigten das Recht verschafft, innerhalb des den Gesamtbedarf deckenden Angebots zu wählen. Dieses Recht besteht indes **nur im Rahmen der vorhandenen Kapazitäten** und beinhaltet keinen Anspruch auf Schaffung neuer Kapazitäten.[34]

Ebenso besteht nach § 24 Abs. 2 Satz 1 SGB VIII **kein** kapazitätsunabhängiges **Recht**, zwischen Förderung in **öffentlicher** oder in **freier** Trägerschaft zu **wählen**. Auch insoweit besteht das durch § 5 Abs. 1 SGB VIII eingeräumte Recht, zwischen Einrichtungen verschiedener Träger zu wählen, nur im Rahmen der vorhandenen Kapazitäten.[35] Kinder und ihre Erziehungsberechtigten müssen sich also ggfs. auch auf Förderung in einer Einrichtung unter anderer als der gewünschten Trägerschaft verweisen lassen.

Schließlich ist die **Höhe des** jeweils zu leistenden **Teilnahmebeitrags** für die Erfüllung des Anspruchs nach § 24 Abs. 2 Satz 1 SGB VIII **ohne Bedeutung**. Es besteht kein Anspruch auf Nachweis einer Betreuung, für die ein in der Höhe begrenzter Beitrag zu leisten ist. Zwar darf die Höhe des Beitrags nicht dazu führen, dass sie für die Erziehungsberechtigten unzumutbar ist und deshalb den Zweck der Vorschrift, jedem Kind eine bestmögliche Betreuung zu gewährleisten, vereitelt. Allerdings ist die Frage der Zumutbarkeit des Teilnahmebeitrags, so das BVerwG, nicht bereits beim Nachweis eines Betreuungsplatzes, sondern in einem Verfahren nach § 90 Abs. 4 SGB VIII zu berücksichtigen.[36] Nach dieser Vorschrift wird Kostenbeitrag auf Antrag erlassen oder auf Antrag ein Teilnahmebeitrag vom Träger der öffentlichen

30 Grundlegend BVerwG, Urt. v. 26.10.2017, 5 C 19.16, Rn. 35, JAmt 2018, 279, online abrufbar unter https://www.bverwg.de/261017U5C19.16.0 (12.3.2022).
31 Vgl. LPK-SGB VIII/*Kaiser*, § 24 SGB VIII Rn. 12.
32 BVerwG, Urt. v. 26.10.2017, 5 C 19.16, Rn. 27 m.w.N. sowie weiteren systematischen und teleologischen Begründungen, a.a.O.
33 BVerwG, Urt. v. 26.10.2017, 5 C 19.16, Rn. 37 ff.
34 BVerwG, Urt. v. 26.10.2017, 5 C 19.16, Rn. 38; LPK-SGB VIII/*Kaiser* Rn. 14.
35 BVerwG, Urt. v. 26.10.2017, 5 C 19.16, Rn. 40.
36 BVerwG, Urt. v. 26.10.2017, 5 C 19.16, Rn. 44 ff. Die Entscheidung rekurriert auf § 90 Abs. 3 SGB VIII a.F., weil sie vor der Umgestaltung von § 90 SGB VIII durch das Gute-KiTa-Gesetz ergangen ist. Einschlägig ist jetzt § 90 Abs. 4 SGB VIII.

Jugendhilfe übernommen, wenn die Belastung durch Kostenbeiträge den Eltern und dem Kind nicht zuzumuten ist. Zugleich enthält sie weiter Maßgaben hinsichtlich der Frage der Zumutbarkeit der Kostenbeiträge. Insoweit wird auf die Kommentierung zu § 90 SGB VIII verwiesen.

Der Nachweis eines Betreuungsangebots muss hinreichend bestimmt sein. Aus ihm muss hervorgehen, ab wann der Betreuungsplatz zur Verfügung steht. Die Angabe, der Platz stehe „frühestens nach den Sommerferien" zur Verfügung, ist zu unbestimmt, um den Anspruch zu erfüllen.[37] **32**

2. Abs. 2 Satz 2 – Umfang des Anspruchs

Der Nachweis eines Betreuungsplatzes erfüllt gem. § 24 Abs. 2 Satz 2 i.V.m. Abs. 1 Satz 3 SGB VIII den Anspruch nach Satz 1 nur dann, wenn er nach seinem Umfang den **„konkret-individuellen Bedarf"** des Kindes und seiner Erziehungsberechtigten **deckt**. Dass nicht nur der Bedarf des Kindes, sondern auch die Verhältnisse der Eltern maßgebend sind, entnimmt das BVerwG zu Recht dem systematischen Zusammenhang mit den Vorschriften der §§ 22 Abs. 2 Nr. 3, 22a Abs. 3 Satz 1, 23 Abs. 4 Satz 2 SGB VIII, denen die Absicht zu entnehmen ist, die Bedürfnisse der Eltern zu berücksichtigen, sowie der Genese der Vorschrift von § 24 SGB VIII, die auf die Verbesserung der Vereinbarkeit von Kindererziehung und Erwerbstätigkeit zielt.[38] **33**

a) Zeitlicher Umfang

Daraus folgt, dass in **zeitlicher Hinsicht** der von den Erziehungsberechtigten definierte Betreuungsbedarf maßgeblich ist. Ihre Grenze findet die zeitliche Definition des Betreuungsbedarfs im Wohl des betreuten Kindes.[39] **34**

Der individuelle Bedarf muss gem. § 24 Abs. 2 Satz 1 und 2 i.V.m. § 22 Abs. 3 Satz 1 SGB VIII immer für den individuellen Einzelfall sowie unter Berücksichtigung des Förderungsauftrages gem. § 22 SGB VIII sowie des Kindeswohls und der kind- und elternbezogenen Bedarfe bestimmt werden. Das „Wie" sowie das „Wie lange" sind also nicht allgemein bestimmbar. Der „individuelle Bedarf" muss als objektives Kriterium vom subjektiven Begriff „Bedürfnis" oder „Wunsch" abgegrenzt werden. Demnach sollen die Wünsche der Personensorgeberechtigten als zentrale Richtschnur gelten[40], gleichwohl sind diesen jedoch hinsichtlich der Erfüllung des Förderungsauftrages und des Kindeswohls Grenzen gesetzt.[41]

Wollen die Personensorge- bzw. die Erziehungsberechtigten einen **individuellen Bedarf** geltend machen, müssen sie objektivierbare Gründe für die hinsichtlich Dauer und/oder Zeitraum von der Halbtagsbetreuung abweichende Betreuungszeit deutlich machen.[42]

Der individuelle Bedarf schließt nicht jeden persönlichen Wunsch der Erziehungsberechtigten ein. Erweitert sich der Betreuungsbedarf beispielsweise, weil Erziehungsberechtigte ihre Freizeitaktivitäten ausüben wollen, und geht dieser individuelle Bedarf über das Regelangebot hinaus, besteht kein Rechtsanspruch.

Ein Betreuungsbedarf über eine **Halbtagsbetreuung** hinaus ist in dieser frühkindlichen und sensiblen Phase nur in Einzelfällen fördernd für das Kindeswohl und nur dann anzuerkennen, wenn die Personensorgeberechtigten aus persönlichen oder aus familiären Gründen **35**

37 So VG Stuttgart, Beschl. v. 2.9.2021, 9 K 3324/21.
38 BVerwG, Urt. v. 26.10.2017, 5 C 19.16, Rn. 42, a.a.O.; weniger plausibel erscheint dagegen die Bezugnahme auf § 23 Abs. 3 Satz 1 SGB VIII.
39 LPK-SGB VIII/*Kaiser*, § 24 Rn. 14.
40 Vgl. Regierungsbegründung BT-Drs. 16/9299, 15.
41 Vgl. Wiesner/Wapler/*Schweigler*, § 24 SGB VIII Rn. 39.
42 Vgl. LPK-SGB VIII/*Kaiser*, § 24 Rn. 16; FK-SGB VIII/*Lakies*, § 24 SGB VIII Rn. 67.

ihre Kinder nicht selbst betreuen können. Eine Anerkennungspflicht hinsichtlich des individuellen Bedarfs besteht, wenn dieser mit einer Ausbildung oder einer beruflichen Tätigkeit zusammenhängt. Auch die Ausübung einer Vollzeittätigkeit zuzüglich der generellen Anfahrtszeiten gilt als individueller Bedarf.[43]

36 Anders als in Abs. 1 sind in Abs. 2 **keine bestimmten Bedarfskriterien** vorausgesetzt. Diese können jedoch als Anhaltspunkte für die Festlegung des zeitlichen Umfangs genutzt werden. Eltern können beispielsweise auch dann eine **Ganztagsbetreuung** für ihre Kinder beanspruchen, wenn sie gar nicht oder nur wenige Stunden erwerbstätig sind oder sein wollen, den Förderbedarf ihres Kindes dennoch in anderen Bereichen nachweisen können.

37 Auch in Abs. 2 finden sich **keine Angaben** zur **Mindestbetreuungszeit**. Als abstrakte Richtschnur gilt das Erreichen der Förderziele gem. §§ 22 ff. SGB VIII. Damit – neben der Betreuung – auch Erziehung und Bildung im Sinne des § 22 SGB VIII umgesetzt werden und wirken können, bedarf es einer geeigneten und zeitlich ausreichenden Ausgestaltung der Beziehung zwischen Kind und Betreuungsperson. Eine abstrakt-allgemeingültige Bestimmung der Mindestbetreuungszeit kann es aufgrund der differenten Faktoren (z.B. der individuellen Bedürfnisse des jeweiligen Kindes oder der Gruppengröße), von denen das Erreichen der Förderungsziele gem. §§ 22 ff. SGB VIII abhängig ist, nicht geben.[44]

38 Gleiches gilt für die Kindertagespflege. Hier liegt die **Mindestbetreuungsgrenze** bei 15 Stunden[45] und damit unter der Untergrenze der Betreuung in Kindertageseinrichtungen, da aufgrund der kontinuierlichen Betreuungsperson und der kleinen Gruppengröße die **Förderungsziele** schneller erreicht werden können.

39 Unter Berücksichtigung des Umfangs der elterlichen Erwerbstätigkeit muss die Betreuung nicht zwingend an allen fünf Werktagen stattfinden. Die Förderziele können durchaus auch dann noch erreicht werden, wenn die Betreuung an zwei bis drei Tagen in der Woche stattfindet, vorausgesetzt, die Fachkräfte in Kindertageseinrichtungen können die Integration dieser Kinder in die Gruppe begleiten. Auch eine gleichmäßige Verteilung der Betreuungszeit auf die Tage, an denen das Kind betreut wird, kann nicht verlangt werden.

40 Für die Ermöglichung eines Zugehörigkeitsgefühls der Kinder zu ihrer Gruppe sowie für den Beziehungsaufbau zu der Betreuungsperson sowie zu den anderen Kindern der Gruppe ist – neben den Mindestbetreuungszeiten – im Setting von Kindertageseinrichtungen oder Großtagespflegestellen die gleichzeitige Anwesenheit von Kindern und Betreuungspersonen notwendig. Dies kann durch das Festlegen von **Kernzeiten** erreicht werden, welche überwiegend am Vormittag installiert werden.

41 Das SGB VIII trifft ebenfalls keine Aussagen zu täglichen oder wöchentlichen **Höchstbetreuungszeiten**. Diesbezüglich Maßstab ist das Kindeswohl unter Berücksichtigung des Alters sowie des Entwicklungsstandes des jeweiligen Kindes, denn letztlich steht der Anspruch dem Kind zu und soll dieses in seiner Entwicklung fördern. Die Betreuung im Haushalt der Eltern im Rahmen von Kindertagespflege ist zeitlich anders zu bewerten als die außerhalb der vertrauten Umgebung. Auch die Anforderungen an die Kinder, die sich dort etwa aus der Gruppengröße ergeben, müssen berücksichtigt werden. In einigen landesrechtlichen Regelungen sind **Höchstbetreuungszeiten** festgesetzt, diese unterscheiden sich jedoch voneinander und berücksichtigen dabei nicht die besonderen Bedürfnisse der unter Dreijährigen.

42 Als regelmäßige anerkannte **Obergrenze** für die Altersgruppe der unter Dreijährigen gilt laut Literatur und Rechtsprechung eine Betreuung von **täglich neun Stunden** bzw. **wö-**

---

43 Vgl. LPK-SGB VIII/*Kaiser*, § 24 Rn. 16.
44 Vgl. Wiesner/Wapler/*Schweigler*, § 24 SGB VIII Rn. 37.
45 Vgl. *Haug-Schnabel* u.a., zit. n. Wiesner/Wapler/*Schweigler*, § 24 SGB VIII Rn. 33.

chentlich 45 Stunden,[46] weshalb auch die Wirtschaft gefordert ist, Betriebskrippen einzurichten sowie familienfreundliche Arbeitszeiten einzuführen. Maßgebend für den Umfang der täglichen Betreuungszeit im Sinne des individuellen Bedarfs ist jedoch immer das einzelne Kind, sein Alter, Entwicklungsstand, die Qualität der Eltern-Kind-Bindungen sowie die konkrete Ausgestaltung der Betreuung. Auch wenn sich daher sowohl bei den **Mindest- als auch bei den Höchstbetreuungszeiten keine pauschalen Obergrenzen** festsetzen lassen, sind dem **Umfang des Rechtsanspruchs** – insbesondere aufgrund des unbedingt zu beachtenden Kindeswohls – dennoch Grenzen gesetzt. Dabei sind die folgenden Grundsätze zu beachten:

- Die Höchstdauer der für das Kind noch förderlichen außerfamiliären Erziehung und Bildung sollte umso kürzer sein, je jünger es ist. 43
- Die Anforderungen an die Qualität und die Bedeutung des Betreuungssettings – insbesondere hinsichtlich der Anwesenheit einer dem Kind gut vertrauen Betreuungsperson – sollten umso größer sein, je länger und/oder flexibler die Betreuung ist.
- Die Integration in eine Gruppe fällt bei einem Mindestumfang Halbtagsbetreuung an mehreren aufeinanderfolgenden Wochentagen umso leichter.
- Die Bindungsqualität zu den primären Bezugspersonen darf nicht gefährdet werden.[47]

Die Förderung von Kindern in Kindertageseinrichtungen oder in Kindertagespflege ist begrifflich **nicht auf bestimmte Tageszeiten beschränkt**, sie umfasst ebenso die Betreuung während des Abends und/oder der Nachtzeit, vorausgesetzt, sie dauert **nicht „über Tag und Nacht" bzw. „rund um die Uhr"** an.[48] Dies wird dann erforderlich sein, wenn die Eltern in den Nacht- oder Randstunden (z.B. aufgrund von Schichtarbeit) erwerbstätig sind. Die Betreuung von Kindern über Nacht erfüllt den Förderungsauftrag gem. §§ 22 ff. SGB VIII jedoch nur, wenn sie nicht lediglich das Bereitstellen einer Übernachtungsmöglichkeit für das Kind, sondern auch regelmäßige Betreuungszeiten davor und danach beinhaltet, die ebenso den Förderungsauftrag i.S. einer regelmäßigen Interaktion zwischen Betreuungsperson und Kind zur Förderung der Kindesentwicklung erfüllen.[49] 44

Einem entsprechenden Bedarf ist unter Berücksichtigung der damit verbundenen Belastung für ein **unter dreijähriges Kind** sowie der Eltern-Kind-Bindung nur dann zuzustimmen, wenn den Personensorgeberechtigten keine andere Erwerbstätigkeit zuzumuten bzw. die Umstellung der Arbeitszeiten unmöglich ist. Ist ein entsprechender Bedarf anzuerkennen, muss die Betreuungsperson sowie der Betreuungsort dem Kind unbedingt vertraut sein.[50] Hier kommt Kindertagespflege primär im Haushalt der Personensorgeberechtigten in Frage.

b) Anforderungen an die Erreichbarkeit der Betreuungsstelle

In **räumlicher Hinsicht** ist ein Betreuungsplatz nachzuweisen, der hinsichtlich seiner örtlichen Lage dem individuellen Bedarf entspricht, d.h. von den Eltern und dem Kind in zumutbarer Weise zu erreichen ist. Ob dies der Fall ist, richtet sich nach den Umständen des konkreten Einzelfalles. Entscheidende Faktoren sind dabei die **Entfernung** des Betreuungsplatzes **zur Wohnung** bzw. der **Arbeitsstätte** der Eltern und der mit dem Bringen bzw. Abholen verbundene zeitliche Aufwand für die Eltern bzw. den primär betreuenden Elternteil.[51] 45

---

46 So auch OVG Münster ZKJ 2013, 423, 425.
47 Vgl. LPK-SGB VIII/*Kaiser*, § 24 SGB VIII Rn. 17; Wiesner/*Struck*, § 24 SGB VIII Rn. 35.
48 Vgl. Wiesner/Wapler/*Schweigler*, § 24 SGB VIII Rn. 38.
49 Vgl. Wiesner/Wapler/*Schweigler*, § 24 SGB VIII Rn. 38.
50 Vgl. Wiesner/Wapler/*Schweigler*, § 24 SGB VIII Rn. 39.
51 BVerwG, Urt. v. 26.10.2017, 5 C 19.16, Rn. 43, a.a.O. unter Hinweis auf OVG NRW, Beschl. v. 14.8.2013, 12 B 793/13, NJW 2013, 3803 (3805).

Ist die nachgewiesene Tageseinrichtung oder Tagespflegestelle **nicht** in **zumutbarer Weise zu erreichen**, ist sie nicht bedarfsgerecht und **erfüllt** den **Rechtsanspruch nicht.**

Aus der **Gesamtverantwortung** des Jugendamtes gem. § 79 i.V.m. § 22 Abs. 3 SGB VIII für ein bedürfnis- und bedarfsgerechtes Angebot begründet sich die Verpflichtung zur Schaffung eines **wohnungs- bzw. wohnortnahen** Angebots. Wohnortnahe Betreuung in einer Tageseinrichtung oder in Kindertagespflege entspricht dem alterstypischen Aktionsradius von Kindern.

46 Gem. § 80 Abs. 2 Nr. 1 SGB VIII sollen Einrichtungen und Dienste – also auch Tageseinrichtungen und Kindertagespflege – so geplant werden, dass Kontakte in der Familie im sozialen Umfeld erhalten und gepflegt werden können. Bereits bestehende Kontakte zu gleichaltrigen Kindern des anspruchsberechtigten Kindes dürfen durch die Betreuung nicht abgebrochen werden müssen.[52] Steht kein **wohnortnaher Platz** zur Verfügung, ist dies jedoch grundsätzlich nicht gewährleistet.[53] In jedem Fall muss die Kindertageseinrichtung vom Wohnsitz des jeweiligen Kindes jedoch in vertretbarer Zeit für das Kind und seine Eltern zu erreichen sein.

Die jeweiligen örtlichen Gegebenheiten müssen berücksichtigt werden. Diese gestalten sich in einer Großstadt insoweit anders als in ländlichen Gebieten mit vielen kleinen Gemeinden. Hier richtet sich der Rechtsanspruch jedoch **nicht zwingend** auf einen Betreuungsplatz in der **eigenen Gemeinde**. Es wird als ausreichend empfunden, wenn der Platz im Gebiet einer in räumlicher Nähe gelegenen Nachbargemeinde angeboten wird[54] oder ein Zubringerdienst vorhanden ist. In sog. Splittersiedlungen wohnende Eltern können nicht mit der Entstehung einer wohnortnahen Kindertageseinrichtung rechnen und müssen sich auf zumutbare Transportwege einstellen.[55] Auch das **Wunsch- und Wahlrecht** gem. § 5 SGB VIII beschränkt sich räumlich nicht auf das zuständige Jugendamt vor Ort.[56]

47 Besteht ein offenkundiger **Bedarf** an zusätzlichen Betreuungsplätzen, ist es den Jugendämtern nicht erlaubt, dauerhaft auf freie Plätze in ortsfremden bzw. -fernen Kindertageseinrichtungen zu verweisen.[57]

48 Viele Landesgesetze sprechen von der sog. „**zumutbaren Entfernung**"[58] oder sehen weitergehende Regelungen vor. In Niedersachsen muss der Anspruch beispielsweise möglichst ortsnah erfüllt werden.[59] Dies ist in der Regel ein Betreuungsplatz in der dem Wohnort des Kindes am nächsten gelegenen Kindertageseinrichtung.[60]

Zu der Frage, wann ein **Weg** zu bzw. von einer Betreuungseinrichtung als **zumutbar** angesehen werden kann, haben sich in der Rechtsprechung und Kommentarliteratur **folgende Maßstäbe** herausgebildet:[61]

In der Regel ist von der nächstgelegenen Einrichtung am Wohnort des Kindes auszugehen. Wünschenswert ist eine fußläufige Erreichbarkeit, allerdings ist es den Kindern und ihren Eltern regelmäßig zumutbar, für den Weg zur Kindertageseinrichtung öffentliche Verkehrsmittel bzw. ihren bereits vorhandenen privaten Pkw zu benutzen. Welche Entfernung zwischen Wohnort und Tagesstätte noch zumutbar ist, lässt sich nicht abstrakt-generell im Wege starrer zeitlicher oder räumlicher Grenzen festlegen, sodass die in der Rechtsprechung für die

---

52 Vgl. LPK-SGB VIII/*Kaiser*, § 24 SGB VIII Rn. 17.
53 Vgl. VG Göttingen NVwZ-RR 1999, 130.
54 Vgl. BayVGH, Beschl. v. 2.12.2003, 7 CE 03.2722; *vgl.* Wiesner/*Struck*, § 24 SGB VIII Rn. 38.
55 Vgl. OVG Saarlouis NDV-RD 1998, 81 f.
56 Vgl. OVG Berlin-Brandenburg 19.4.2001, 4 B 37/01, LKV 2002, 32 f.; FK-SGB VIII/*Lakies*, § 24 SGB VIII Rn. 24.
57 Vgl. OVG SL 16.12.1997, 8 W 6/97, ZfJ 1998, 80.
58 Z.B. § 5 Abs. 4 Satz 1 schl.-holst. KiTaG.
59 Vgl. § 4 Abs. 7 Satz 1 NKiTaG.
60 Vgl. NdsOVG, Beschl. v. 22.12.2008, 4 ME 326/08, NDV-RD 2009, 79; NdsOVG NVwZ-RR 2009, 425.
61 Vgl. VG Cottbus, Beschl. v. 6.10.2021, 8 L 290/21, https://gerichtsentscheidungen.brandenburg.de.

Frage der Wohnortnähe teilweise angenommene Höchstgrenze von 30 bzw. 20 Minuten für einen kombinierten Fuß- und Busweg lediglich ein Richtwert sein kann. Vielmehr ist eine Prüfung der Zumutbarkeit in jedem konkreten Einzelfall unter Berücksichtigung der jeweiligen örtlichen, aber auch Eltern-Kind-bezogenen Umstände erforderlich. So ist einerseits die Zumutbarkeit für das Kind selbst und andererseits auch der Zeitaufwand für den begleitenden Elternteil zu berücksichtigen. Einzubeziehen sind dabei auch die Entfernung zur Arbeitsstätte und der damit verbundene gesamte zeitliche Aufwand für die Eltern bzw. den nach Absprache primär betreuenden Elternteil. Insofern kann nach den Umständen des konkreten Einzelfalls auch ein Betreuungsplatz, der nicht in Wohnortnähe, dafür aber auf dem Weg zur Arbeitsstätte der Eltern bzw. eines Elternteils liegt, zumutbar und damit bedarfsgerecht sein.[62]

Nach Meinung des *VG Schleswig* ist bei der zumutbaren Entfernung auch der Zeitaufwand für den Erziehungsberechtigten, der das Kind in die Tageseinrichtung oder zur Tagespflegemutter begleitet, zu bedenken. Dabei gilt ein kombinierter Fuß- und Busweg von 30 Minuten auch für Erziehungsberechtigte ohne zeitliche Verpflichtungen (z.B. ALG II-Empfänger) als unzumutbar.[63] Teilweise wird die Grenze bereits bei 20 Minuten gezogen.[64] Andere gerichtliche Entscheidungen halten hingegen eine Autofahrt von 5 Minuten bzw. einen Fußweg von 20 bis 25 Minuten für zumutbar.[65] Eine Fahrtzeit von 30 Minuten (zwischen Wohnung und Betreuungsplatz) wird hingegen von *VG München* auch dann noch als zumutbar erachtet, wenn beide Elternteile von der Kindertageseinrichtung zu ihrer Arbeitsstätte weitere 30 Minuten mit öffentlichen Verkehrsmitteln fahren müssen, da diese sich beim Bringen und Holen des Kindes abwechseln können und dadurch der Zeitaufwand auf beide verteilt wird.[66] Die Entfernung zum Arbeitsort der Eltern sowie der damit zusammenhängende gesamte elterliche Zeitaufwand sind also bei der Prüfung der zumutbaren Entfernung zu berücksichtigen. Bestenfalls sollte der Betreuungsplatz zu Fuß zu erreichen sein.[67] Grundsätzlich muss hinsichtlich der zumutbaren Entfernung jedoch die gesamte Situation jedes einzelnen Kindes individuell betrachtet werden.

Nach *VG Göttingen*[68] ist eine längere Entfernung als 30 Minuten pro Weg grundsätzlich **unzumutbar**. Nach *NdsOVG*[69] lässt sich die **Grenze der Zumutbarkeit** der Entfernung zwischen dem Wohnort des Kindes und der Kindertagesstätte nicht abstrakt-generell festlegen. Ohne Besonderheiten des Einzelfalls kann eine Entfernung von 30 Minuten pro Weg noch als zumutbar angesehen werden. Bei der Beurteilung der Zumutbarkeit ist auch die Entfernung zur Arbeitsstätte der Eltern bzw. des Elternteils zu berücksichtigen, wobei allerdings eine besonders lange Fahrzeit zur Arbeitsstätte nicht dazu führen kann, eine – für sich gesehen – wohnortnahe Einrichtung wegen der insgesamt hohen Fahrzeit als unzumutbar anzusehen.

Es fällt auf, dass Gerichtsentscheidungen, die sich mit der Frage der **Wegstrecke** zwischen **Wohnung und Tageseinrichtung** befassen, sämtlich darauf abstellen, ob diese den *Eltern* bzw. dem maßgeblichen Elternteil zumutbar ist. Richtiger Weise stellt sich die **Zumutbarkeitsfrage aber auch hinsichtlich des Kindes**. Denn mit größerer – möglicherweise mit unterschiedlichen Verkehrsmitteln zurückzulegender – Entfernung ist auch ein größerer zeit- **49**

62 OVG NRW, Beschl. v. 14.8.2013, 12 B 793/13 , juris Rn. 17 u. 19; VG München, Urt. v. 18.9.2013, M 18 K 13.2256, juris Rn. 64 ff.; BayVGH, Urt. v. 22.7.2016, 12 BV 15.719, juris Rn. 47 ff.; OVG Berlin-Bbg., Beschl. v. 4.2.2021, 6 S 58/20, juris Rn. 4.

63 Vgl. zum früheren Recht VG Schleswig, Beschl. v. 12.1.2000, 15 B 62/99, ZfJ 2000, 193.

64 Vgl. OVG SL 16.12.1997, 8 W 6/97, ZfJ 1998, 80.

65 Vgl. VG Halle, Beschl. v. 27.9.2010, 7 B 238/10. Openjur.de.

66 Vgl. VG München JAmt 2014, 210.

67 So auch OVG Brandenburg, Beschl. v. 30.12.1996, 4 B 175/96, NVwZ-RR 1997, 555 bis 558.

68 VG Göttingen, Beschl. v. 21.7.2021, 2 B 122/21, openjur.de,

69 NdsOVG, Beschl. 24.7.2019, 10 ME 154/19, openjur.de

licher Aufwand verbunden, diese zu bewältigen. Damit werden nicht nur die Eltern, sondern auch das potenziell noch sehr kleine Kind in ein Zeitkorsett eingespannt, das mit dem kindlichen Lebensrhythmus von Schlaf-, Ruhe und Aktivitätszeit konfligiert. Auch dieser Aspekt ist bei der Beurteilung der Zumutbarkeit eines Angebots zu berücksichtigen.

c) Qualitative Anforderungen

50 Die Bezeichnung „**frühkindliche Förderung**" hebt die besondere Zielsetzung der Förderung für Kinder dieser Altersgruppe hervor. Gleichzeitig wird der Bezug zu den Grundsätzen der Förderung in § 22 SGB VIII geschaffen. Der Rechtsanspruch wird anhand der Wünsche und Bedürfnisse des Kindes bzw. seiner Eltern gem. § 22 Abs. 1 Satz 1 i.V.m. § 22a SGB VIII in Kindertageseinrichtungen sowie gem. § 22 Abs. 1 Satz 2 i.V.m. § 23 SGB VIII in Kindertagespflege erfüllt.[70] Allein **qualitativ geeignete Plätze** in Kindertageseinrichtungen oder in Kindertagespflege sind daher **anspruchserfüllend**.[71]

Auf Ebene des Bundesrechts haben mit Inkrafttreten des **Rechtsanspruchs** auf frühkindliche Förderung keine Änderungen bezüglich der Leistungsqualität stattgefunden. Die Grundsätze und Ziele der Förderung von Kindern in Kindertageseinrichtungen und in Kindertagespflege (§§ 22 ff. SGB VIII) gelten nach wie vor. Das SGB VIII macht keine Vorgaben zu den Qualitätsstandards (z.B. zum Personalschlüssel, Gruppengröße) in Kindertageseinrichtungen.[72] In der Gesetzesbegründung des TAG ist nur allgemein vom pädagogischen Personal die Rede, welches fähig sein müsse, den in §§ 22 und 22a SGB VIII normierten Anforderungen nachzukommen.[73] Die Kindertagespflege hat sich qualitativ entwickelt, es besteht in einigen Aspekten (z.B. hinsichtlich professioneller pädagogischer Begleitung) jedoch noch Ausbaubedarf.

Trotz des Erlasses von Erziehungs- und Bildungsprogrammen weichen die Landesgesetze der einzelnen Bundesländer hinsichtlich der Leistungsqualität der Betreuungslandschaft bzw. der sie bestimmenden Faktoren stark voneinander ab.[74]

3. Anspruchsberechtigte und Leistungsverpflichtete

51 Im Gegensatz zum ansonsten eher „elternlastigen" SGB VIII sind **Anspruchsberechtigte** des Förderungsanspruchs U3 **die Kinder** der genannten Altersgruppe, also ab ihrem ersten Geburtstag bis zu ihrem dritten Geburtstag, gesetzlich vertreten durch die Eltern bzw. die Personensorgeberechtigten (§ 1629 BGB), durch einen Vormund (§ 1793 BGB) oder einen Pfleger (§ 1909 BGB). Ihnen wird ein subjektiv-öffentliches Recht zugestanden, das vor den Verwaltungsgerichten durchsetzbar ist.

52 Der **Rechtsanspruch entsteht** wenn das Kind sein erstes Lebensjahr vollendet hat, also ab dem Tag des ersten Geburtstages. Eine irgendwie geartete Stichtagsregelung besteht nicht. Mithin müssen Kindertageseinrichtungen und Kindertagespflegepersonen ganzjährig „U3"-Kinder aufnehmen.[75]

53 Auch **Kindern mit Behinderung** steht der Rechtsanspruch zu.[76] Denn gem. § 22a Abs. 4 SGB VIII sollen Kinder mit und ohne Behinderung gem. § 22a Abs. 4 SGB VIII gemeinsam gefördert werden. Der in § 22a Abs. 4 Satz 1 a.F. SGB VIII enthaltene Vorbehalt, „sofern der Hilfebedarf das zulässt", wurde durch das KJSG gestrichen. Zu beachten ist, dass für junge Menschen, die geistige oder körperliche Behinderungen haben oder von einer solchen be-

70 Vgl. BT-Drs. 16/9299, 15.
71 Vgl. *Rixen*, NJW 2012, 2839, 2849; FK-SGB VIII/*Lakies/Beckmann*, § 24 SGB VIII Rn. 68.
72 Vgl. Wiesner/Wapler/*Schweigler*, § 24 SGB VIII Rn. 26.
73 Vgl. BT-Drs. 15/3676, 32.
74 Vgl. Wiesner/Wapler/*Schweigler*, § 24 SGB VIII Rn. 27.
75 Vgl. LPK-SGB VIII/*Kaiser*, § 24 SGB VIII Rn. 10.
76 Vgl. LPK-SGB VIII/*Kaiser*, § 24 SGB VIII Rn. 11.

droht sind, gem. § 10 Abs. 4 Satz 2 SGB VIII Leistungen der Eingliederungshilfe nach dem SGB IX den Leistungen nach dem SGB VIII vorgehen. Für seelisch behinderte Kinder (gem. § 35a SGB VIII) gilt der Vorrang nicht.

Anspruchsgegner sind wie bei allen Leistungsverpflichtungen – wenn auch zumeist freie Träger die Kindertageseinrichtungen betreiben – die sachlich (gem. § 85 Abs. 1 SGB VIII) sowie örtlich (gem. § 86 SGB VIII) zuständigen **Träger der öffentlichen Jugendhilfe** (§ 3 Abs. 2 Satz 2 SGB VIII), also die Städte und Landkreise oder nach landesrechtlichen Bestimmungen auch die kreisangehörigen Gemeinden und Städte mit einem eigenen Jugendamt. Der Träger der öffentlichen Jugendhilfe trägt gem. § 79 SGB VIII die Gesamtverantwortung für die Bereitstellung eines bedarfsgerechten Angebots und ist verpflichtet, den Rechtsanspruch auf einen Betreuungsplatz in einer Tageseinrichtung oder in Kindertagespflege zu erfüllen. Der Träger der öffentlichen Jugendhilfe hat gegenüber den nichtstaatlichen (freien) Trägern jedoch **kein Zuweisungsrecht**. Es besteht allerdings die Möglichkeit, mit dem Träger der Einrichtung **Leistungssicherstellungsvereinbarungen** abzuschließen. Die Länder müssen gem. § 82 Abs. 2 SGB VIII auf einen gleichmäßigen Ausbau der Angebote von Kindertageseinrichtungen hinwirken, sie sind also nicht gänzlich verantwortungsfrei. 54

4. Wunsch- und Wahlrecht

Den Leistungsberechtigten steht mit dem Rechtsanspruch einhergehend gem. § 5 SGB VIII grundsätzlich das **Wunsch- und Wahlrecht** zu. Obgleich in § 5 Abs. 2 SGB VIII Einschränkungen genannt werden, haben die Erziehungs- bzw. Personensorgeberechtigten demnach das Recht, sich die Form der Kindertagesbetreuung, in denen ihr Kind betreut wird, auszusuchen. Sie können nicht nur zwischen Kindertageseinrichtung und Kindertagespflege, sondern ebenso zwischen unterschiedlichen Trägern (öffentliche Träger (Kommunen, also Städten oder Gemeinden), freie Träger (gemeinnützige Träger, also Wohlfahrtsverbände, Vereine, Elterninitiativen oder kirchliche Träger) oder privatwirtschaftliche Anbieter (diese werden allerdings nicht öffentlich bezuschusst)) sowie zwischen verschiedenen Kindertagespflegepersonen frei wählen.[77] Das umfasst also sowohl die Wahl zwischen den Leistungsangeboten der unterschiedlichen öffentlichen und freien Träger als auch die inhaltlichen Aspekte, z.B. das pädagogische Konzept, die Erreichbarkeit des Betreuungsangebots oder die religiöse Orientierung.[78] 55

Voraussetzung für das **Wunsch- und Wahlrecht** ist, dass in der ausgewählten Kindertageseinrichtung bzw. bei der gewünschten Tagespflegeperson **tatsächlich Betreuungsplätze zur Verfügung** stehen. Es gewährt keinen Anspruch auf die Schaffung neuer Betreuungsplätze bzw. -angebote. Betreuungsplätze, die in den beiden Förderungsangeboten nicht bereits vorhanden sind, können demnach also nicht über das Wunsch- und Wahlrecht eingefordert werden.[79] 56

Kindertagespflege und Kindertageseinrichtungen sind wie in diesem Absatz auch im Rahmen des Wunsch- und Wahlrechts als **gleichrangige bzw. -wertige Angebote** zu betrachten.[80] 57

Auch bei der pauschalierten Kostenbeteiligung gem. § 90 Abs. 1 Satz 1 Nr. 3 SGB VIII muss das Wunsch- und Wahlrecht zwischen Kindertageseinrichtungen und Kindertagespflege berücksichtigt werden. Hier können für unterschiedliche Leistungen (bezüglich des zeitlichen Umfangs und der tatsächlichen Kosten) unterschiedliche Kostenbeiträge erhoben werden. 58

77 Vgl. LPK-SGB VIII/*Kaiser*, § 24 SGB VIII Rn. 14.
78 Vgl. OVG SH 17.1.2001, 2 L 102/99, NVwZ-RR 2001, 589.
79 Vgl. LPK-SGB VIII/*Kaiser*, § 24 SGB VIII Rn. 14.
80 Siehe auch OVG NRW, Beschl. v. 14.8.2013, 12 B 793/13; vgl. LPK-SGB VIII/*Kaiser*, § 24 SGB VIII Rn. 14.

Die Gleichrangigkeit der Angebote, das Gebot der Belastungsgleichheit (gem. Art. 3 Abs. 1 GG) sowie der Grundsatz der Verhältnismäßigkeit sind dabei zu berücksichtigen.[81]

59 Auch wenn sich die **Vorhaltepflicht** des öffentlichen Jugendhilfeträgers auf ein ortsnahes Angebot bezieht, bedeutet dies nicht, dass Eltern zur Inanspruchnahme einer wohnortnahen Betreuungseinrichtung verpflichtet sind. Sie können für ihr Kind auch einen Betreuungsplatz in einer Kindertageseinrichtung oder (Groß)tagespflegestelle in der Nähe der Arbeitsstätte oder in einer spezialisierten Kindertageseinrichtung, welche eine besondere pädagogische Orientierung verfolgt (z.B. Waldorf-Kindergärten), wählen. Letztere sind meist in Trägerschaft eines gemeinnützigen eingetragenen Vereins, haben einen überörtlichen Einzugsbereich und decken ebenso den örtlichen Bedarf, wenn ein Nachfragebedarf nachzuweisen ist, und müssen daher bei der Jugendhilfeplanung mit dem Ziel einer ortsnahen Versorgung mit Betreuungsplätzen Berücksichtigung finden. Hier kann zumeist zwar nicht das Ziel erreicht werden, bestehende Kontakte im sozialen Umfeld des Kindes gem. § 80 Abs. 1 Nr. 1 SGB VIII aufrechtzuerhalten und zu pflegen, hingegen werden dadurch individuelle Erziehungsvorstellungen berücksichtigt und dem in § 22 Abs. 2 Nr. 3 SGB VIII normierten Ziel, nämlich Vereinbarkeit von Beruf und Familie, Rechnung getragen.[82]

60 Da die (pauschale) **Finanzierung** der Kindertageseinrichtung zumeist ortsbezogen erfolgt und häufig keine Kostenerstattung zwischen Gemeinden oder Kreisen vorgesehen ist, wird eine entsprechende Wahl in der Praxis unzulässigerweise nicht selten erschwert oder verhindert, obwohl die Finanzierungsverpflichtung personenbezogen (der Wohnsitz der Eltern bestimmt also den Zuständigkeitsbereich) und nicht einrichtungsbezogen erfolgen muss. Ausgleichend für die Kosten der Förderung von „gemeindefremden" Kindern muss Landesrecht eine Kostenerstattung zwischen den kommunalen Gebietskörperschaften regeln.[83] Teilweise finden sich in vereinzelten Ländern (komplizierte) Regelungen für einen interkommunalen Kostenausgleich.[84]

61 Es obliegt den Eltern, das zuständige Jugendamt frühzeitig darüber informieren, ob sie ihr Kind außerhalb des Bereichs, für den Jugendamt zuständig ist, betreuen lassen wollen. Hinsichtlich der Planung der Kindertagesbetreuung, welche sich in der Regel auf den örtlichen Einzugsbereich erstreckt, sowie für die Regelung der Finanzierung ist dies jedoch sinnvoll. Das Wunsch- und Wahlrecht gilt hierbei nur für die Alternativen, die geeignet sind, den konkreten Bedarf zu decken. Zu berücksichtigen ist dabei auch die für das Kind **zumutbare Entfernung** vom Wohnort.[85]

62 Gem. § 5 Abs. 2 SGB VIII soll der Wahl und den Wünschen entsprochen werden, sofern dies nicht mit unverhältnismäßigen Mehrkosten verbunden ist.[86] Grundsätzlich ist dem **Wunsch- und Wahlrecht** die Entscheidung des öffentlichen Jugendhilfeträgers über die Leistungsgewährung vorausgesetzt. Außerdem bezieht sich das Wunsch- und Wahlrecht nur auf die Auswahl des Leistungserbringers aus dem Spektrum der Träger sowie gem. § 5 Abs. 1 SGB VIII auf die Wünsche bezüglich der Gestaltung der Hilfe und damit auf die Erbringung der Leistung. Die Entscheidung eines freien Trägers gegen die Aufnahme eines Kindes ist durch den öffentlichen Jugendhilfeträger nicht abänder- oder gar aufhebbar.[87]

63 In vielen Bundesländern beschaffen sich die Eltern die Leistung durch eine unmittelbare „**Anmeldung**" bei einem Kindertagesstätten-Träger – also dem Leistungserbringer – selbst, ohne dass vorher der individuelle Bedarf durch das zuständige Jugendamt festgestellt

81 Vgl. LPK-SGB VIII/*Kaiser*, § 24 SGB VIII Rn. 14.
82 Vgl. NdsOVG, NVwZ-RR 1999, 383; LPK-SGB VIII/*Kaiser*, § 24 SGB VIII Rn. 43.
83 Vgl. Wiesner/*Struck*, § 24 SGB VIII Rn. 47.
84 So z.B. in § 8a KitaG Baden-Württemberg; § 28 HessKJHGB, § 25a KiTaG Schleswig-Holstein.
85 Vgl. Wiesner/Wapler/*Schweigler*, § 24 SGB VIII Rn. 47.
86 Vgl. LPK-SGB VIII/*Kaiser*, § 24 SGB VIII Rn. 14.
87 Vgl. OVG Bremen, Beschl. v. 30.6.2003, 2 B 150/03.

wurde. Ob dies rechtlich zulässig ist, ist umstritten.[88] Die Möglichkeit der **Selbstbeschaffung** einer Leistung des SGB VIII ist seit den Änderungen im Rahmen des **KICK** in § 36a SGB VIII für die individuellen Hilfen gem. § 27 ff. SGB VIII geregelt. Die Vorschrift gilt unmittelbar nur für Hilfen nach dem vierten Abschnitt, zu denen § 24 SGB VIII nach seiner Verortung im dritten Abschnitt nicht gehört.[89] Jedoch ist § 36a SGB VIII nach der Rechtsprechung des BVerwG auf die Förderung nach den §§ 22 ff. SGB VIII analog anzuwenden.[90] Ob man danach gleichwohl nicht von einem Verbot der Selbstbeschaffung ausgehen kann,[91] erscheint zweifelhaft.[92] In der Kindertagespflege ist die Anerkennung der Förderungsleistung durch das zuständige Jugendamt jedenfalls Voraussetzung für die Zahlung der laufenden Geldleistung an die Kindertagespflegeperson.[93]

5. Durchsetzung des Rechtsanspruchs

Der Rechtsanspruch ist auf die Bereitstellung eines konkreten Platzes in einer Kindertageseinrichtung oder in Kindertagespflege gerichtet. Um diesen Anspruch durchzusetzen, ist der **Verwaltungsrechtsweg** gem. § 40 VwGO eröffnet. Die **allgemeine Leistungsklage** auf Bereitstellung eines Betreuungsplatzes gilt dabei als Klagemöglichkeit. Lehnt das Jugendamt mittels eines Verwaltungsaktes den individuellen Bedarf ab, ist diese Entscheidung mittels einer **Verpflichtungsklage** voll gerichtlich überprüfbar.[94] 64

Möglich ist eine Verpflichtungsklage gegen die **Ablehnungsentscheidung** des öffentlichen Jugendhilfeträgers auf Zulassung für eine bestimmte Kindertageseinrichtung bzw. einen Betreuungsplatz bei einer Kindertagespflegeperson. Dies jedoch nur, wenn die Einrichtung vom öffentlichen Jugendhilfeträger selbst betrieben wird. Andernfalls kann nur mittels einer **allgemeinen Leistungsklage** auf die Bereitstellung bzw. den Nachweis eines entsprechenden Betreuungsplatzes geklagt werden.[95] 65

Können die Jugendämter nicht rechtzeitig einen erforderlichen und geeigneten Betreuungsplatz bereitstellen, so können auch die Gerichte keinen zusprechen, wenn keiner vorhanden ist.[96] Indes können die Jugendämter dazu verpflichtet werden, für vorübergehende Zeit die Gruppengröße in den infrage kommenden Tageseinrichtungen zu erweitern. Diese rechtmäßige Überbelegung kann durch eine Ausnahmegenehmigung bei der Aufsichtsbehörde oder durch das Hinwirken bei freien Trägern bewirkt werden.[97] Darüber hinaus kann das Jugendamt mit einer rechtmäßigen Erweiterung der Kindertagespflegeerlaubnis mehr Betreuungsplätze schaffen. Auf entsprechenden Antrag kann das Verwaltungsgericht überdies das Jugendamt binnen einer Frist zur Schaffung eines weiteren Betreuungsplatzes oder zur Zuweisung eines frei werdenden Betreuungsplatzes verpflichten.[98] 66

Gewöhnlich dauert das **Klageverfahren** beim Verwaltungsgericht sehr lange. Um einen effektiven Rechtsschutz zu gewähren, kann eine **einstweilige Anordnung** gem. § 123 VwGO erlassen werden. Dabei müssen das zu sichernde Recht bzw. das zu regelnde Rechtsverhältnis – der Anordnungsanspruch – sowie die besondere Eilbedürftigkeit – der Anordnungsgrund – dargelegt werden.[99] 67

88 Vgl. Wiesner/Wapler/*Schweigler*, § 24 SGB VIII Rn. 49.
89 Vgl. FK-SGB VIII/*Lakies*, § 24 SGB VIII Rn. 30.
90 Vgl. BVerwG, Urt. v. 26.10.2017, 5 C 19.16, bundesverwaltungsgericht.de; BVerwG JAmt 2014, 41.
91 So Wiesner/Wapler/*Schweigler*, § 24 SGB VIII Rn. 49.
92 Vgl. dazu die Kommentierung zu § 36a SGB VIII Rn. 23 ff.
93 Vgl. VGH Mannheim DÖV 2014, 636.
94 Vgl. LPK-SGB VIII/*Kaiser*, § 24 SGB VIII Rn. 20.
95 Vgl. LPK-SGB VIII/*Kaiser*, § 24 Rn. 20.
96 Vgl. *Meysen/Beckmann*, Rn. 390; LPK-SGB VIII/*Kaiser*, § 24 SGB VIII Rn. 21.
97 Vgl. NdsOVG NJW 2003, 1826.
98 Vgl. LPK-SGB VIII/*Kaiser*, § 24 SGB VIII Rn. 21.
99 Vgl. LPK-SGB VIII/*Kaiser*, § 24 SGB VIII Rn. 21.

68 In jedem Fall hat der öffentliche Jugendhilfeträger aufgrund seiner **Gesamtverantwortung** gem. § 79 SGB VIII für die Bereitstellung des Betreuungsplatzes zu sorgen. Die erforderliche Kapazität an qualitativ geeigneten und den Anspruch erfüllenden Betreuungsplätzen muss vorhanden sein, gegebenenfalls muss die Kapazität erweitert werden, müssen also Plätze geschaffen werden. Der Einwand, die Kapazitäten in den vorhandenen Tageseinrichtungen seien ausgeschöpft, ist deshalb rechtlich genauso belanglos wie das Argument der mangelnden finanziellen Ressourcen zur Schaffung neuer Betreuungsplätze. Es besteht ein sog. **primärer Verschaffungsanspruch**, welcher sich aus der Pflicht des öffentlichen Jugendhilfeträgers ergibt, einen Betreuungsplatz zur Verfügung zu stellen sowie – wenn nötig – neue Plätze zu schaffen.[100]

69 In vielen Fällen ist die gerichtliche Durchsetzung des Rechtsanspruches auf Verschaffung eines Betreuungsplatzes – der sog. **Primäranspruch** – zunächst erfolglos. Es geht jedoch bei der begehrten Leistung um ein Dauerschuldverhältnis. Ein späterer Antritt ist daher möglich, denn der Träger der öffentlichen Jugendhilfe bleibt ab Beantragung bis zum vollendeten dritten Lebensjahr des Kindes zur Leistungsgewährung – also zur Schaffung des Betreuungsplatzes – verpflichtet. Auch können die Personensorgeberechtigten, die das Kind vertreten, den Primäranspruch über den beantragten Zeitraum hinaus geltend machen bzw. diesen gerichtlich einklagen.[101]

6. Rechtsfolgen bei Nichterfüllung des Rechtsanspruchs

70 Wird der **Rechtsanspruch** nicht **erfüllt**, treffen die Rechtsfolgen aufgrund seiner **Gesamtverantwortung** den Träger der öffentlichen Jugendhilfe. Ansprüche wegen Nichterfüllung des Anspruchs sind folglich **ausschließlich gegenüber dem örtlichen Träger der öffentlichen Jugendhilfe** geltend zu machen. In Betracht kommen etwa höhere Kosten für die selbstbeschaffte Betreuung oder **Verdienstausfall** wegen selbst übernommener Betreuung.

Als solche Folgeansprüche bei Nichterfüllung des Anspruchs aus § 24 Abs. 2 SGB VIII kommen in Frage:

- Anspruch auf Aufwendungsersatz gem. § 36a Abs. 3 SGB VIII im Falle der Selbstbeschaffung eines Betreuungsplatzes
- Anspruch aus Geschäftsführung ohne Auftrag gem. §§ 683, 670 BGB
- Schadenersatzanspruch aus Amtshaftung gem. § 839 Abs. 1 BGB i.V.m. Art 34 GG.

a) Anspruch auf Aufwendungsersatz gem. § 36a SGB VIII

71 § 36a SGB VIII gewährt einen Anspruch auf Aufwendungsersatz gegen den Träger der öffentlichen Jugendhilfe, wenn die durch diesen zu gewährenden Hilfen vom Leistungsberechtigten selbst beschafft werden.[102] Er tritt als sog. **Sekundäranspruch** an die Stelle des durch den öffentlichen Träger nicht erfüllten **Primäranspruch** auf Verschaffung eines Betreuungsangebots. Zwar ist § 36a SGB VIII unmittelbar nur auf Hilfen i.S.d. § 2 Abs. 2 Nr. 4 bis 6 SGB VIII, nach der Rechtsprechung des BVerwG auf die Förderung in Tageseinrichtungen und der Kindertagespflege entsprechend anzuwenden.[103]

100 Vgl. Nds. OVG, Beschl. v. 24.1.2003, 4 ME 596/02, JAmt 2003, 492 ff.
101 Vgl. LPK-SGB VIII/*Kaiser*, § 24 SGB VIII Rn. 22.
102 Aufwendungen für eine selbstbeschaffte Betreuung entstehen in der Praxis nicht selten allein deshalb nicht, weil Eltern aufgrund der Versorgungsengpässe keine Tageseinrichtung oder Kindertagespflegeperson finden, die sowohl die den Rechtsanspruch ausfüllende Förderung anbietet als auch noch Betreuungskapazitäten vorhält.
103 Vgl. BVerwG, Urt. v. 26.10.2017, 5 C 19.16, Rn. 11 ff., JAmt 2018, 279, online abrufbar unter https://www.bverwg.de/261017U5C19.16.0 (12.3.2022).

Anspruchsberechtigt hinsichtlich des Aufwendungsersatzanspruchs ist nur **das Kind,** das auch Inhaber des primären Betreuungsanspruchs ist.[104] Hinsichtlich der Anspruchsvoraussetzungen wird auf die Kommentierung zu § 36a SGB VIII, Rn. 23 ff., verwiesen.

b) Anspruch aus Geschäftsführung ohne Auftrag gem. §§ 683, 670 BGB

Einen solchen Anspruch hat der **BGH verneint**. Eltern, die ihr Kind selbst betreuten, führten damit kein „(auch) fremdes Geschäft", nämlich des zuständigen Trägers der öffentlichen Jugendhilfe, sondern nähmen eine originär ihnen selbst nach Art. 6 Abs. 2 Satz 1 GG, § 1631 Abs. 1 BGB; obliegende Pflicht wahr.[105] **72**

c) Schadenersatzanspruch aus Amtshaftung gem. § 839 Abs. 1 BGB i.V.m. Art. 34 GG

Ein Amtshaftungsanspruch gem. § 839 Abs. 1 BGB i.V.m. Art. 34 GG wird vom BGH im Grundsatz bejaht. Danach besteht auf Grund des in § 24 Abs. 2 SGB VIII normierten Anspruchs auf Förderung nach § 24 Abs. 2 SGB VIII aufgrund seiner Gesamtverantwortung die **Amtspflicht** des zuständigen öffentlichen Jugendhilfeträgers sicherzustellen, dass jedem Kind im Alter von einem Jahr bis drei Jahren, das einen entsprechenden Bedarf rechtzeitig angemeldet hat, ein Betreuungsplatz in einer Tageseinrichtung oder der Kindertagespflege zur Verfügung steht. Diese Amtspflicht besteht nicht nur im Rahmen der vorhandenen Kapazitäten, sondern führt dazu, erforderlichenfalls eine ausreichende Zahl von Betreuungsplätzen zu schaffen. In der Nichterfüllung des Anspruchs nach § 24 Abs. 2 SGB VIII liegt zugleich eine Amtspflichtverletzung i.S.d. § 839 Abs. 1 BGB.[106] **73**

Diese **Amtspflicht besteht** nicht nur gegenüber dem zu betreuenden Kind, sondern auch **gegenüber** dessen **Eltern**, da die Verpflichtung, einen bedarfsdeckenden Betreuungsplatz zur Verfügung zu stellen, auch dem Schutz ihrer Interessen dient. Denn nach Wortlaut und Zweck besteht der Rechtsanspruch nach § 24 Abs. 2 SGB VIII auch, um die Eltern zu entlasten und die Vereinbarkeit von Kindererziehung und Erwerbstätigkeit zu verbessern.[107]

Ein geltend gemachter **Verdienstausfallschaden** liegt auch im **Schutzbereich der verletzten Amtspflicht**, da der Betreuungsanspruch auch dem Erwerbsinteresse der Eltern dient.[108]

Der Anspruch setzt nach § 839 Abs. 1 BGB ein **Verschulden des Amtsträgers** voraus.

Ein solches wird nach der Rechtsprechung des *BGH* und entgegen Stimmen in der Literatur aufgrund der Nichterfüllung des Betreuungsanspruchs indes nicht (unwiderleglich) vermutet. Dem Geschädigten kommt nach dieser Rechtsprechung jedoch eine Beweiserleichterung zugute, nach der es für den grundsätzlich dem Geschädigten obliegenden Nachweis des Verschuldens des Amtsträgers der Beweis eines Sachverhalts genügt, der nach dem **regelmäßigen Ablauf der Dinge die Folgerung** begründet, dass ein Beamter seine Amtspflicht schuldhaft verletzt hat; auf dieser Grundlage besteht dann zugunsten des Geschädigten in Bezug auf das Verschulden des Amtsträgers ein **Beweis des ersten Anscheins**. Ein solcher Sachverhalt liegt vor, wenn der zuständige Träger der öffentlichen Jugendhilfe seiner unbedingten Gewährleistungspflicht, einen rechtzeitig beantragten Betreuungsplatz zur Verfügung zu stellen, nicht nachkommt. Es ist dann Sache des öffentlichen Trägers, diesen Anscheinsbeweis zu erschüttern, wobei er sich nicht auf allgemeine „finanzielle Engpässe" berufen kann, weil der zuständige Träger der öffentlichen Jugendhilfe nach der gesetzgebe-

104 BVerwG, Urt. v. 26.10.2017, 5 C 19.16, a.a.O.; BGH, Urt. v. 20.10.2016, III ZR 278/15, Rn. 19, BGHZ 212, 303 = JAmt 2017, 83.
105 BGH, Urt. v. 20.10.2016, III ZR 278/15, openjur.de, Rn. 20 = JAmt 2017, 88.
106 BGH, Urt. v. 20.10.2016, III ZR 278/15, openjur.de, Rn. 23 f. m. zahlreichen Nachweisen aus Literatur und Rechtsprechung = JAmt 2017, 88.
107 BGH, Urt. v. 20.10.2016, III ZR 278/15, openjur.de, Rn. 26 ff. mit ausführlicher Begründung und w.N.
108 BGH, Urt. v. 20.10.2016, III ZR 278/15, openjur.de, Rn. 39 ff.

rischen Entscheidung für eine ausreichende Anzahl an Betreuungsplätzen grundsätzlich uneingeschränkt, d.h. ohne Kapazitätsvorbehalt einstehen muss.[109]

Eine **Erschütterung des Anscheinsbeweises** durch den öffentlichen Jugendhilfeträger könnte durch den Nachweis eintreten, dass er die räumlichen Voraussetzungen für mehr Betreuungsplätze geschaffen hat und sich aufgrund des aktuell bestehenden Fachkräftemangels über längere Zeit allerdings vergeblich um geeignete Fachkräfte bemüht hat.[110]

Gelingt eine solche Erschütterung, ist es wiederum **Sache der Geschädigten** ein Verschulden vorzutragen und zu beweisen.

74 Der Amtshaftungsanspruch ist auf Ersatz des durch die Nichterfüllung des Betreuungsanspruch entstandenen Schadens, vor allem also auf den durch die Nichtaufnahme oder Aufgabe einer Erwerbstätigkeit eintretenden **Verdienstausfall** gerichtet. Insoweit trifft die Geschädigten die Beweislast, dass sie eine Erwerbstätigkeit hätten ausüben können, an der sie durch die Notwendigkeit eigener Betreuung gehindert wurden.

Wie bei allen Schadenersatzansprüchen trifft die Geschädigten gem. § 254 BGB. grundsätzlich eine **Schadensminderungspflicht**. Diese beinhaltet auch, sich dauerhaft um eine Betreuungsmöglichkeit zu bemühen. Im Gegensatz zum Anspruch auf den Ersatz von Aufwendungen gem. § 36a Abs. 3 SGB VIII muss diese Betreuung nicht zur Erfüllung des Primäranspruchs geeignet sein. Bei dem Schadenersatz handelt es sich (daher) häufig um die Kostenübernahme für die Inanspruchnahme einer selbstorganisierten Kindertagespflegeperson. Die dafür entstehenden Kosten wären dann der Schaden, wenn die Aufnahme einer Erwerbstätigkeit dadurch ermöglicht wird.[111]

75 Besteht zu einem späteren Zeitpunkt ein **anspruchserfüllendes Platzangebot** durch den öffentlichen Jugendhilfeträger, **endet** der **Sekundäranspruch** auf den Ersatz von Aufwendungen dann, wenn dem Kind ein Wechsel des Betreuungsplatzes zugemutet werden kann. Dies fordert erneut hohe Anpassungsleistungen vom Kind und widerspricht den Bedürfnissen des Kindes nach Kontinuität insbesondere hinsichtlich des Abbruchs seiner Bezugspersonen sowie des Aufbaus einer neuen. Bindungstheoretisch kann dieser Wechsel insbesondere für jüngere Kinder also nicht gutgeheißen werden. Je nach Alter, Entwicklungsstand und der gesamten sozial-emotionalen Situation sollte bei einem Wechsel in eine neue außerfamiliale Betreuungsform immer im Einzelfall entschieden werden. Lässt sich der Wechsel nicht vermeiden, muss der Übergang (Abschieds- und Eingewöhnungsphase) in jedem Fall durch Kooperation von Eltern und Betreuungsperson sorgfältig und gewissenhaft geplant werden.[112]

III. Abs. 3 – Rechtsanspruch auf den Besuch einer Kindertageseinrichtung für Kinder ab dem vollendeten dritten Lebensjahr bis zum Schuleintritt („Rechtsanspruch Ü3")

1. Abs. 3 Satz 1 – Inhalt und Umfang des Rechtsanspruchs Ü3

76 Kinder haben **vom vollendeten dritten Lebensjahr bis zum Schuleintritt** einen **Rechtsanspruch auf den Besuch einer Kindertageseinrichtung**. Wie bei dem Rechtsanspruch gem. Abs. 2 sind für den Anspruch nach Abs. 3 keine weiteren Voraussetzungen zu erfüllen. Es spielt beispielsweise also auch bei dieser Altersgruppe keine Rolle, ob das Kind auch durch einen nicht erwerbstätigen Elternteil oder durch ein Großelternteil betreut werden könnte.

---

109 BGH, Urt. v. 20.10.2016, III ZR 278/15, openjur.de, Rn. 46 f.
110 LPK-SGB VIII/*Kaiser*, § 24 Rn. 28.
111 Vgl. LG Wiesbaden, Urt. v. 19.1.2000, 5 O 182/99, Jugendhilfe 2001, 105; Wiesner/Wapler/*Schweigler*, § 24 SGB VIII Rn. 54.
112 So auch Wiesner/Wapler/*Schweigler*, § 24 SGB VIII Rn. 56.

a) Rechtsanspruch

Anspruchsberechtigte sind Kinder der genannten Altersgruppe, also **ab ihrem dritten Geburtstag bis zum Schuleintritt**, vertreten durch die Personensorgeberechtigten. Ihnen wird ein **subjektiv-öffentliches Recht** zugestanden, welches vor den Verwaltungsgerichten durchsetzbar ist. 77

Der **Rechtsanspruch entsteht**, wenn das Kind sein drittes Lebensjahr vollendet, also am Tag des dritten Geburtstages. Daraus folgt, dass Kindertageseinrichtungen und ergänzend oder bei besonderem Bedarf Kindertagespflegepersonen ganzjährig „Ü3"-Kinder aufnehmen müssen und nicht erst, wenn ein „Kindergartenjahr" beginnt.[113] Eine Stichtagsregelung ist im Gesetz nicht vorgesehen und darf auch nicht praktiziert werden. Das **Ende des Rechtsanspruchs** tritt nicht mit der abstrakten Schulreife, sondern mit dem **tatsächlichen** individuellen **Schuleintritt** ein. Dies ist nicht der abstrakte Beginn des jeweiligen Schuljahres, sondern der **tatsächliche erste Schultag**. Der Schuleintritt kann also durchaus auch nach dem sechsten Lebensjahr erfolgen. Ist das Kind im Alter von sechs Jahren noch nicht schulreif, steht ihm für ein weiteres Jahr der Rechtsanspruch auf einen Betreuungsplatz in einer Tageseinrichtung gem. Abs. 3. zu. Stellt sich nach dem Schuleintritt heraus, dass das Kind wider Erwarten doch noch nicht schulreif ist, lebt der Rechtsanspruch wieder auf.[114]

Die Rechtsnatur des in Abs. 3 genannten Anspruchs als subjektives Recht, der Anspruchsgegner sowie die Leistungsverpflichtung im Rahmen der **Gesamtverantwortung** des öffentlichen Jugendhilfeträgers stimmen mit dem Rechtsanspruch in Abs. 2 überein. Es kann deshalb auf die Ausführungen oben bei Rn. 51 ff. verwiesen werden. 78

Der Anspruch auf Förderung in einer Tageseinrichtung besteht also auch hier nicht nur im Rahmen vorhandener Kapazitäten, sondern verpflichtet den Jugendhilfeträger durch aktives Handeln dazu, eine ausreichende Zahl von Betreuungsplätzen selbst zu schaffen und anzubieten oder durch geeignete Dritte bereitzustellen. Er ist nicht auf den vorhandenen Vorrat an Plätzen begrenzt, sondern - sofern diese Plätze nicht ausreichend sind – auf die Schaffung neuer Plätze und damit letztlich auch auf die Erweiterung der vorhandenen Kapazitäten gerichtet, bis ein dem Bedarf in qualitativer und quantitativer Hinsicht gerecht werdendes Angebot besteht.

Beruft sich der öffentliche Träger auf Kapazitätserschöpfung, hat er nachzuweisen, alles rechtlich und tatsächlich Mögliche zum Nachweis eines bedarfsgerechten Angebots getan zu haben.[115]

b) Inhalt des Rechtsanspruchs: Betreuungsplatz in einer Kindertageseinrichtung

Der Rechtsanspruch gilt seit der Änderung der Regelung im Rahmen des **TAG** nicht mehr für einen Kindergartenplatz, sondern gem. § 22 Abs. 1 Satz 1 SGB VIII für den Besuch in einer Kindertageseinrichtung (zum Begriff der „Tageseinrichtung" siehe die Kommentierung zu § 22 SGB VIII Rn. 8 ff.). Damit wurde der fachlichen Entwicklung (weg von altershomogenen Gruppen bzw. von speziellen Einrichtungen für Kinder ab dem dritten Lebensjahr bis zur Einschulung hin zu eher altersgemischten Gruppen bzw. neuen Einrichtungsformen) entsprochen.[116] Der Anspruch in Abs. 3 zielt – wie in Abs. 4 – also auf die Bereitstellung oder Schaffung eines Betreuungsplatzes in einer Kindertageseinrichtung ab. Kindertagespflege spielt 79

---

113 Vgl. LPK-SGB VIII/*Kaiser*, § 24 SGB VIII Rn. 29 f.; Nds. OVG, Beschl. v. 24.1.2003, 4 ME 596/02, JAmt 2003, 429 ff.

114 Vgl. Wiesner/Wapler/*Schweigler*, § 24 SGB VIII Rn. 58.

115 VGH Ba-Wü, Beschl. v. 13.12.2021, 12 S 3227/21, openjur.de, Rn. 18 f. mit umfangreichen w.N. aus der Rechtsprechung.

116 Vgl. Wiesner/Wapler/*Schweigler*, § 24 SGB VIII Rn. 61.

„nur" eine ergänzende Rolle, soweit kein bedarfsgerechter Betreuungsplatz in einer Kindertageseinrichtung zur Verfügung gestellt werden kann.

Der öffentliche Jugendhilfeträger muss demnach einen Betreuungsplatz in einer eigenen Kindertageseinrichtung oder in der eines anderen Trägers zur Verfügung stellen. Einrichtungen freier Träger können jedoch nur in Anspruch genommen werden, wenn der öffentliche Jugendhilfeträger mit ihnen zuvor entsprechende Vereinbarungen – sog. **Leistungssicherstellungsvereinbarungen** – abgeschlossen hat.

80 Der Anspruch nach Abs. 3 gilt für alle Kinder, also auch für **Kinder mit Behinderungen** und Kindern, die von Behinderung bedroht sind. Der zuvor in § 22a Abs. 4 Satz 1 SGB VIII enthaltene Vorbehalt („sofern der Hilfebedarf dies zulässt") ist durch das KJSG entfallen. Der öffentliche Träger hat also sicherzustellen, dass die Tageseinrichtungen in sachlicher und personeller Hinsicht entsprechend deren Bedürfnissen ausgestattet sind. Kann ein Kind mit Behinderung in einer Regeleinrichtung ungeachtet dieser Verpflichtung dennoch nicht entsprechend seinen Bedürfnissen gefördert werden, so hat das Kind gem. § 35a SGB VIIII bzw. § 53 SGB XII i.V.m. § 55 Abs. 2 Nr. 2 SGB IX Anspruch auf einen Betreuungsplatz in einer Einrichtung, welche seinem spezifischen Bedarf gerecht wird.

c) Zeitlicher Umfang der Förderung

81 Nicht ausdrücklich geregelt ist der zeitliche Umfang der täglichen Förderung. Denn anders als Abs. 2 enthält Abs. 3 keinen Verweis auf Abs. 1 Satz 3, wonach sich der Umfang der täglichen Förderung nach dem individuellen Bedarf richtet. Ein sachlicher Grund für diese Ungleichbehandlung der Gruppe der unter und der über Dreijährigen ist nicht ersichtlich.[117] Zu klären sind in diesem Zusammenhang zwei Fragen, nämlich die nach dem beanspruchbaren täglichen zeitlichen Betreuungsumfang, zum anderen die nach der zeitlichen Lage der Betreuung innerhalb des Tages.

Einigkeit besteht insoweit, dass ein **Anspruch auf ganztägige Förderung**, also einen Ganztagesplatz, **nicht besteht**.[118] Denn bestünde ein solcher Anspruch bereits nach Abs. 3 Satz 1, machte die in Satz 2 normierte Hinwirkungsverpflichtung des öffentlichen Trägers keinen Sinn.[119]

Der zeitliche Umfang der Betreuung, der nach Abs. 3 Satz 1 beansprucht werden kann, ist zwar nach § 26 SGB VIII auch landesrechtlicher Regelung zugänglich, aber primär durch Auslegung der bundesgesetzlichen Vorschrift zu ermitteln, der Landesrecht nicht widersprechen darf, ohne gem. Art. 31 GG durch das Bundesrecht gebrochen zu werden.

Für die Bestimmung des zeitlichen Umfangs ist in besonderer Weise § 22 Abs. 2 Nr. 3 SGB VIII von Bedeutung, nach dem Tageseinrichtungen und Kindertagespflege den Eltern dabei helfen sollen, Erwerbstätigkeit und Kindererziehung besser miteinander vereinbaren zu können. Dieser Zweck setzt vor allem voraus, dass den Eltern – und zwar beiden Elternteilen – eine unter den Anforderungen des Arbeitsmarkts realistisches Zeitfenster für die Ausübung der Erwerbstätigkeit zur Verfügung steht. Vor diesem Hintergrund hält das NdsOVG eine vierstündige Betreuung für nicht ausreichend.

> „Eine lediglich 4-stündige Betreuung mit Regelöffnungszeiten von 8 bis 12 Uhr entspricht jedoch nicht den Anforderungen, die der Arbeitsmarkt an die Beschäftigten stellt, weil sie unter Berücksichtigung der hinzuzurechnenden Wegezeiten vom Kindergarten zur Arbeitsstätte und von dieser zurück zum Kindergarten sowie der Zeit für die Abholung des Kindes noch nicht einmal eine

---

117 Sieht man von fiskalischen Gründen ab, die aber hinsichtlich des Bestehens von Betreuungsansprüchen keine Rolle spielen sollen. Vgl. zur Kritik der Regelung auch LPK-SGB VIII/*Kaiser*, § 24 Rn. 35.

118 LPK-SGB VIII/*Kaiser*, § 24 Rn. 35.

119 NdsOVG, Beschl. v. 15.12.2021, 10 ME 170/21, openjur.de, Rn. 12; OVG Saarland, Beschl. v. 8.10.2020, 2 B 270/20, juris; a. A. VG Stuttgart, Beschl. v. 2.9.2021, 9 K 3324/21, openjur.de: fünf Stunden täglich.

Berufstätigkeit im Umfang der Hälfte der regelmäßigen wöchentlichen Arbeitszeit ermöglicht. Unter Berücksichtigung dieser in den meisten Familien, in denen ein Elternteil in Vollzeit und der andere Elternteil zumindest in Teilzeit arbeitet, sowie insbesondere bei Alleinerziehenden, die sich den Weg zur Kindertagesstätte nicht mit einem Partner teilen können, vorzufindenden Lebensrealität kann keine Rede (mehr) davon sein, dass eine lediglich 4-stündige Betreuung den Eltern dabei hilft, Erwerbstätigkeit und Kindererziehung besser miteinander vereinbaren zu können, wie dies § 22 Abs. 2 Nr. 3 SGB VIII für die Betreuung in Tageseinrichtungen als Zielvorgabe fordert. Nach der im vorliegenden Verfahren nur möglichen summarischen Prüfung hält der Senat daher eine Mindestbetreuungszeit von 6 Stunden an 5 Tagen in der Woche für erforderlich, um dieser bundesrechtlichen Vorgabe zu entsprechen (…), woraus folgt, dass auch der Förderungsanspruch nach § 24 Abs. 3 Satz 1 SGB VIII in diesem Umfang besteht. Eine Differenzierung zwischen berufstätigen und nicht berufstätigen Eltern hat dabei nicht zu erfolgen, da der Absatz 3 des § 24 SGB VIII im Unterschied zu den Absätzen 2 und 4 nicht auf Absatz 1 Satz 3, wonach der Umfang der täglichen Förderung sich nach dem individuellen Bedarf richtet, Bezug nimmt, sondern lediglich bei (über den regelmäßigen Bedarf hinausgehenden) besonderem Bedarf oder ergänzend die Förderung in Kindertagespflege nach § 24 Abs. 3 Satz 2 SGB VIII vorsieht."[120]

Die Öffnungszeiten der Kindertageseinrichtungen sind daher **bedarfsgerecht** – auch im Hinblick auf die Erwerbstätigkeit von Alleinerziehenden – auszugestalten. Öffnungszeiten von 8 bis 12 Uhr widersprechen den Anforderungen des Arbeitsmarktes. Zusammenhängende Betreuungszeiten von mind. sechs Stunden täglich sind daher erforderlich.

Die vorstehenden Ausführungen zum zeitlichen Umfang gelten hinsichtlich der **zeitlichen Lage im Tagesverlauf** entsprechend. Eine Beschränkung auf einen Betreuungsplatz nur am Vor- oder nur am Nachmittag ist nicht anspruchserfüllend. Zu prüfen ist die jeweilige Situation der Betroffenen, aus der sich der Bedarf ergibt. **82**

Aufgrund der **bevorzugten Arbeitszeit am Vormittag** ist der Platz demnach primär vormittags anzubieten. Eine Nachmittagsbetreuung, welche dem Träger der Einrichtung eine Doppelbelegung möglich macht, erfüllt in der Regel den Anspruch nur, wenn diese auch bezüglich der familiären Situation bedarfsgerecht ist (z.B. ein Alleinerziehender will oder muss nachmittags einer Erwerbstätigkeit nachgehen). Ob Anspruchsberechtigte auf einen Platzes in einer Nachmittagsgruppe verwiesen werden können, weil vormittags kein ausreichendes Angebot zur Verfügung stehe,[121] erscheint zweifelhaft. Vielmehr handelt es sich dabei um einen Fall des Abs. 3 Satz 3, wonach ergänzend in Kindertagespflege gefördert werden kann.

Insgesamt wird also deutlich, dass etwa bei Beachtung der Arbeitsfahrtzeiten und/oder der Hol- und Bringzeiten des Kindes von einer durchgehenden Mindestbetreuungszeit **von sechs Stunden** am Tag (inklusive Mittagsessen) auszugehen ist.[122] Das Bereitstellen eines Vormittagsplatzes von vier Stunden erfüllt danach den Rechtsanspruch nicht. Daraus ergibt sich jedoch keine Verpflichtung, das Kind während der gesamten Öffnungszeiten der Kindertageseinrichtung betreuen zu lassen. Die Verständigung auf gemeinsame **Kernzeiten** ist vor dem Hintergrund der Umsetzung eines pädagogischen Konzepts und damit des Förderungsauftrages gem. § 22 SGB VIII jedoch wünschenswert. **83**

Längere Betreuungszeiten, also Zeiten, die die **Mindestbetreuungszeit von sechs Stunden** am Tag übersteigen, sind bei Erforderlichkeit, z.B. aufgrund der familiären Situation, etwa bei besonderem Erziehungsbedarf, Erwerbstätigkeit oder Erwerbssuche bzw. bei Aus- oder Fortbildung der Eltern, zu gewährleisten.[123] **84**

120 NdsOVG, Beschl. v. 15.12.2021, 10 ME 170/21, openjur.de, Rn. 16.
121 Vgl. Wiesner/Wapler/*Schweigler*, § 24 SGB VIII Rn. 64.
122 VG Göttingen, Beschl. v. 21.7.2021, 2 B 122/21, openjur.de.
123 Vgl. z.B. § 1 Abs. 3 Satz 2 BB KitaG.

d) Entfernung vom Wohnort

85 Aufgrund der inhaltlichen Deckung kann hierzu auf die Kommentierung zum Rechtsanspruch für die unter Dreijährigen (U3) (Rn. 45 ff.) verwiesen werden. Aufgrund der Erforderlichkeit einer individuellen Betrachtung muss dabei „nur" das Alter des jeweiligen Kindes (unter oder über drei Jahre) berücksichtigt werden.

e) Wunsch- und Wahlrecht

86 Aufgrund der inhaltlichen Übereinstimmung kann auch insoweit auf die Kommentierung zum Rechtsanspruch U3 mit der Maßgabe verwiesen werden, dass der Rechtsanspruch nach Abs. 3 – im Gegensatz zu Abs. 2 – nur auf den Besuch einer Kindertageseinrichtung gerichtet ist (s. Rn. 55 ff.).

2. Abs. 3 Satz 2 – Hinwirken auf ein bedarfsgerechtes Angebot an Ganztagsplätzen

87 Abs. 3 Satz 2 normiert **keinen individuellen Rechtsanspruch** auf einen Ganztagsplatz. Das örtliche Jugendamt ist lediglich objektiv-rechtlich zur Hinwirkung auf einen für die in Satz 1 genannte Altersgruppe bedarfsgerechten Ausbau an Ganztagsplätzen verpflichtet. Die **objektiv-rechtliche Verpflichtung** korrespondiert mit dem in § 22 Abs. 3 SGB VIII normierten umfassenden Förderungsanspruch und damit dem Ziel der besseren Vereinbarkeit von Beruf und Familie.[124]

Ein „**bedarfsgerechtes Angebot**" im Sinne des Abs. 3 Satz 2 kann für berufstätige Eltern oder einen alleinerziehenden Elternteil auch die Erforderlichkeit eines Ganztagsplatzes bedeuten. Einen individuellen **einklagbaren Rechtsanspruch auf einen Ganztagsbetreuungsplatz** normiert die Vorschrift dennoch auch für diesen Fall **nicht**.[125] Er kann sich allenfalls aus weitergehenden landesrechtlichen Regelungen ergeben.

88 Die **Hinwirkungspflicht** galt wegen ihrer systematischen Stellung in der Kindertagesbetreuung ursprünglich für alle Altersgruppen. Im Rahmen der Änderungen durch das TAG wurde sie jedoch auf die Altersgruppe der Kinder ab der Vollendung des dritten Lebensjahres bis zum Schuleintritt begrenzt. Für die U3-Kinder richtet sich die tägliche Betreuungszeit hingegen nach dem **individuellen Bedarf** (Abs. 1 Satz 3 bzw. Abs. 2 Satz 2). Die Regelung in Abs. 3 sollte bezüglich des täglichen Betreuungsumfangs unbedingt Abs. 2 Satz 2 entsprechen, sich also auch nach dem individuellen Förderungsbedarf richten, damit Kindern mit Vollendung des dritten Lebensjahres ein reibungsloser Übergang in die Kindertagesbetreuung ermöglicht werden kann. Ansonsten muss gegebenenfalls befürchtet werden, dass ein **bedarfsgerechter Umfang der täglichen Förderungszeit** ab Vollendung des dritten Lebensjahres nicht (mehr) zu gewährleisten ist.[126]

89 Ein Leistungsangebot ist dann **bedarfsgerecht**, wenn es geeignet ist, die Nachfrage an Betreuungsplätzen zu befriedigen. Die hierfür notwendige Planung hat sich an den Maximen des § 80 SGB VIII zu orientieren.

3. Abs. 3 Satz 3 – Förderung in Kindertagespflege bei besonderem Bedarf

90 Einen voraussetzungslosen **Anspruch** auf Vermittlung einer **Kindertagespflegeperson** umfasst Abs. 3 **nicht**.[127] Satz 1 bezieht sich ausschließlich auf den Anspruch auf Förderung in einer Kindertageseinrichtung. Abs. 3 Satz 3 regelt darüber hinausgehend, dass Kinder bei

124 Vgl. LPK-SGB VIII/*Kaiser*, § 24 SGB VIII Rn. 36.
125 Vgl. LPK-SGB VIII/*Kaiser*, § 24 SGB VIII Rn. 35;
126 Vgl. Wiesner/Wapler/*Schweigler*, § 24 SGB VIII Rn. 70 f.
127 Vgl. VG Schleswig, Urt. v. 15.5.2006, 15 A 468/04.

Bestehen eines **besonderen Bedarfs** oder **ergänzend** in **Kindertagespflege** gefördert werden können.

Hinsichtlich des Charakters des besonderen Bedarfs nimmt das Gesetz keine Konkretisierung vor.

Der besondere Bedarf kann zum einen im **Alter des zu betreuenden Kindes** begründet sein. Insbesondere jüngere dreijährige Kinder sind in großen Tageseinrichtungen womöglich noch überfordert. Unter Berücksichtigung dieses Aspekts sollte für Kinder, die bis zu ihrem dritten Geburtstag in Kindertagespflege gefördert wurden, auf Wunsch der Eltern ein gleitender bzw. langsamer Übergang oder gar der Verbleib bei der Kindertagespflegeperson bis zur Vollendung des vierten Lebensjahres eingerichtet werden. In diesem Fall liegt ein besonderer Bedarf vor.[128]

Ein besonderer Bedarf kann auch durch **Besonderheiten in der Person des Kindes** hervorgerufen werden. Sie können etwa in einer Erkrankung, dem Entwicklungsstand oder einer eine **Beeinträchtigung des Kindes** liegen, die einen besonderen Bedarf begründen. dem die zur Verfügung stehenden Tageseinrichtungen ungeachtet der Verpflichtung des öffentlichen Trägers nach § 22a Abs. 4 Satz 2 SGB VIII aufgrund ihrer Ausstattung nicht gerecht werden können, aber eine qualifizierte Kindertagespflegeperson zur Verfügung steht. In diesen Fällen kann die Kindertagespflege auch ersatzweise, also alternativ zur Tageseinrichtung, zum Einsatz kommen.

Schließlich kann die Besonderheit im **zeitlichen Umfang** oder in der **zeitlichen Lage des Betreuungsbedarfs** innerhalb des Tages begründet sein.

Insbesondere mit Blick darauf ist eine trennscharfe Abgrenzung zur zweiten Alternative kaum möglich, nach der das Kind **ergänzend** in Kindertagespflege gefördert werden kann. Aus der Formulierung „ergänzend" wird geschlossen, dass Angebote in Kindertageseinrichtungen vorrangig mit Kindern dieser Altersgruppe zu belegen sind.[129] „Ergänzend" bedeutet aber auch, dass eine Förderung in Kindertagespflege in Betracht kommt, wenn Tageseinrichtungen den Bedarf in zeitlicher Hinsicht zu decken nicht in der Lage sind.

IV. Abs. 4 – Vorhaltepflicht eines bedarfsgerechten Angebots für Kinder im schulpflichtigen Alter

1. Objektiv-rechtliche Verpflichtung

Für Kinder dieses Alters besteht – im Gegensatz zu Kindern vom vollendeten ersten Lebens- **91**
jahr bis zum Schuleintritt (Abs. 2 und 3) – unstreitig **kein Rechtsanspruch** auf einen geeigneten Betreuungsplatz in einer Kindertageseinrichtung oder in Kindertagespflege. Während die untere Altersgruppe gem. Abs. 1 konkret definiert ist, enthält Abs. 4 für die obere Altersgruppe nur einen Verweis auf die Dauer der Schulpflicht, welche wiederum von den Ländern definiert wird. Da jedoch als Adressat Kinder benannt werden, ist gem. § 7 Abs. 1 Nr. 1 SGB VIII mit der Vollendung des 14. Lebensjahres die obere Altersgrenze erreicht.[130]

Für den örtlichen öffentlichen Jugendhilfeträger besteht jedoch – wie bei der Altersgruppe **92**
der unter einjährigen Kinder – eine **objektiv-rechtliche Vorhaltepflicht** für ein bedarfsgerechtes Angebot für Kinder im schulpflichtigen Alter, er muss also die entsprechenden Betreuungsplätze zur Verfügung stellen.

---

128 Vgl. Wiesner/Wapler/*Schweigler*, § 24 SGB VIII Rn. 69.
129 Vgl. LPK-SGB VIII/*Kaiser*, § 24 SGB VIII Rn. 36.
130 Vgl. Wiesner/Wapler/*Schweigler*, § 24 SGB VIII Rn. 70.

2. Vorhaltung des bedarfsgerechten Angebots

93 Die Norm verpflichtet den öffentlichen Jugendhilfeträger zur **Vorhaltung eines bedarfsgerechten Angebots in Kindertageseinrichtungen**. Abs. 4 zielt also – ebenso wie Abs. 3 für die Altersgruppe „U3" – auf die Bereitstellung oder Schaffung eines Betreuungsplatzes **in einer Kindertageseinrichtung** ab. Kindertagespflege spielt gem. Abs. 4 Satz 2 i.V.m. Abs. 3 Satz 3 „nur" eine ergänzende Rolle, soweit kein bedarfsgerechter Betreuungsplatz zur Verfügung gestellt werden kann bzw. ein besonderer Bedarf besteht. Der Umfang der täglichen Förderung richtet sich gem. Abs. 4 Satz 2 i.V.m. Abs. 1 Satz 3 zudem nach dem individuellen Bedarf.

94 Wegweisend bestimmt wird der Förderungsbedarf für diese Altersgruppe vom **Ganztagsschulkonzept**, welches durch Landesrecht geregelt wird. Durch den Ausbau der Ganztagsschulen oder die Zuordnung der Horte zum Schulsystem wird die Förderung bzw. Betreuung von Schulkindern durch die Kinder- und Jugendhilfe, der gem. § 10 Abs. 1 SGB VIII nur eine subsidiäre Rolle zukommt, in den letzten Jahren weniger in Anspruch genommen.[131]

95 Die Norm formuliert keine Planungsverpflichtung, setzt aber ein dem Bedarf entsprechendes Angebot voraus. Hier kommen die Grundsätze der Jugendhilfeplanung gem. § 80 SGB VIII zum Tragen, welche wiederum in § 80 Abs. 1 Nr. 2 SGB VIII den öffentlichen Jugendhilfeträger dazu verpflichten, den Bedarf unter Berücksichtigung der Wünsche, Bedürfnisse und Interessen der jungen Menschen sowie der Personensorgeberechtigten für einen mittelfristigen Zeitraum zu ermitteln. In Verbindung mit § 80 SGB VIII sowie § 24 Abs. 2 SGB VIII besteht also seine Verpflichtung darin, den Bedarf für diese Altersgruppe differenziert zu ermitteln, um so die nötigen und geeigneten Betreuungsplätze zur Verfügung stellen zu können.[132] Gem. § 81 Nr. 3 SGB VIII sowie aufgrund des bundesweiten Ausbaus von **Ganztagsschulen** muss dies unbedingt in Kooperation mit der Schulverwaltung geschehen.[133] Auch hier trägt der öffentliche Jugendhilfeträger also wieder die Gesamtverantwortung einschließlich der Planungsverantwortung sowie der Gewährleistungsverantwortung gem. § 79 SGB VIII. Dabei wird der Bedarf nicht unmittelbar durch die Nachfrage ermittelt, sondern ist objektives Kriterium.[134]

V. Abs. 5 – Informations- und Beratungspflichten des Jugendamtes; landesrechtliche Anmeldepflichten

1. Abs. 5 Satz 1 – Pflicht zur Information und Beratung der Erziehungsberechtigten

96 Die öffentlichen Jugendhilfeträger müssen die potenziellen Nutzer, also die Kinder, vertreten durch die Personensorgeberechtigten, über das Platzangebot im örtlichen Einzugsbereich sowie die pädagogische Konzeption der Einrichtungen **informieren und diese bei der Auswahl beraten** bzw. dafür sorgen, dass sie die Informationen von anderen Stellen bekommen. Diese Leistung können nach Vereinbarung mit dem örtlichen Jugendamt auch nicht staatliche Organisationen, Verbände oder privat gewerbliche Dienste erbringen. Nur so können die Eltern von dem vielfältigen und qualifizierten Angebot der Kindertagesbetreuung ihren Bedürfnissen entsprechend profitieren und Gebrauch machen. Dies beinhaltet auch eine Information über die Förderungsmöglichkeiten nach § 22 SGB VIII für die Kinder aus den verschiedenen Altersgruppen. Zu informieren und zu beraten ist auch über bestehende Anmeldefristen (s. dazu unten Rn. 98).

---

131 Vgl. Wiesner/*Struck*, § 24 SGB VIII Rn. 66; zur unterschiedlichen Entwicklung in den einzelnen Ländern, s. 14. Kinder- und Jugendbericht, BT-Drs. 17/12200, 333.
132 Vgl. LPK-SGB VIII/*Kaiser*, § 24 SGB VIII Rn. 39.
133 Vgl. Wiesner/*Struck*, § 24 SGB VIII Rn. 71.
134 Vgl. BVerwGE 110, 320, 324 f.

97 Gegenwärtig besteht ein **dezentrales Beschaffungs- und Vergabeverfahren** bei den Kommunen/Städten bzw. bei den Trägern der Einrichtungen selbst. Dies ist für alle Beteiligten jedoch oft nicht zu überschauen und daher wenig attraktiv. Eine umfassende Information über das Betreuungs(platz)angebot erfordert eine stärkere zentrale Steuerung des Angebots von Betreuungsplätzen. Aktuelle Daten – auch in Bezug auf die Konzeption – müssen dem Jugendamt (bzw. den beauftragten Stellen) zugänglich gemacht werden, was ein entsprechendes Computerprogramm erforderlich macht. Die Pflicht zur Information und Beratung der Eltern bei der Suche nach einem geeigneten Betreuungsplatz für ihr Kind betont die hohe Bedeutung der Berücksichtigung der individuellen Bedürfnisse des Kindes und seiner Familienangehörigen. Dem Träger der öffentlichen Jugendhilfe – als **zentrales Steuerungsorgan** – müssen darüber hinaus zentralen Konzeptdaten und -fakten aller Angebote der Kindertagesbetreuung im jeweiligen Einzugsbereich stetig aktualisiert zur Verfügung stehen. Vereinzelt werden bereits Konzepte, die die Betreuungslandschaft über ein Internetportal transparenter machen, umgesetzt. Gleichzeitig kann die Betreuungsplatzvergabe über eine Online-Anmeldung besser gesteuert werden.[135] Ein solches Instrument ist etwa die **KiTa-Datenbank gem. § 3 schl.-holst. KiTaG**, in der Eltern sowohl über bestehende Angebote in Tageseinrichtungen und der Kindertagespflege informiert werden als auch sie die Möglichkeit haben, ihren Bedarf unverbindlich anzumelden.

2. Abs. 5 Satz 2 – Landesrechtliche Verpflichtung zur rechtzeitigen Anmeldung des Bedarfs Inanspruchnahme der Leistungen

98 Durch landesrechtliche Bestimmungen kann festgelegt werden, dass die Erziehungsberechtigten nicht nur die Einrichtungen bzw. die Kindertagespflegeperson, sondern gleichzeitig auch den örtlichen Träger der öffentlichen Jugendhilfe bzw. die beauftragte Stelle binnen einer festgesetzten **Anmeldefrist** vor der beabsichtigten Inanspruchnahme der Leistung (Abs. 1 bis 4) davon in Kenntnis setzen müssen. Diese Vorschrift ist deshalb sinnvoll, da das Angebot aufgrund genereller Wahlfreiheit nur auf Grundlage der vorherigen Kenntnis der Nutzungsabsichten bzw. der tatsächlichen Nutzung angemessen bewirtschaftet und geplant werden kann. Außerdem bietet dies den Eltern auch eine gewisse Sicherheit für den tatsächlichen Betreuungsbeginn. Vorschriften – wie sie z.B. in § 3 Abs. 2a Satz 1 KitaG Baden-Württemberg zu finden ist – wonach Jugendämter mind. **sechs Monate vor der tatsächlichen Inanspruchnahme des Betreuungsplatzes in Kenntnis** zu setzen sind, können insoweit als angemessene Richtschnur gelten. Sind durch Landesrecht keine diesbezüglichen Bestimmungen geregelt, können die Städte und Kommunen dies auf Basis der Satzungsautonomie gem. Art. 28 Abs. 2 GG **mittels Satzung** festlegen. Bedarf es kurzfristig eines Betreuungsplatzes (etwa bei kurzfristig anzutretender Erwerbstätigkeit der Eltern), besteht eine besondere Eilbedürftigkeit. Benötigen Eltern einen Betreuungsplatz zu ungewöhnlichen Zeiten, müssen sie sich auf längere Vorlaufzeiten bezüglich Prüfung und Schaffung des Betreuungsplatzes einstellen.[136]

VI. Abs. 6 – Weitergehendes Landesrecht

99 Durch Abs. 6 soll verhindert werden, dass § 24 SGB VIII in den Ländern, in denen durch landesrechtliche Bestimmungen bereits eine fortgeschrittene Ausgestaltung von Betreuungsplätzen in Form von Ganztagsbetreuung für die Kinder im Kindergartenalter (Abs. 3) als auch für die unter Dreijährigen bzw. für schulpflichtige Kinder (Abs. 1, 2 und 4) festgelegt wurde (z.B. Rheinland-Pfalz, Thüringen oder Sachsen-Anhalt) oder der Begriff „bedarfsgerecht"

135 Vgl. LPK-SGB VIII/*Kaiser*, § 24 SGB VIII Rn. 40.
136 Vgl. LPK-SGB VIII/*Kaiser*, § 24 SGB VIII Rn. 41.

weiter als in Abs. 4 definiert wird (Sachsen), als Aufhebung dieser weitergehenden landesrechtlichen Bestimmungen fehlinterpretiert wird. Deshalb bleibt weitergehendes Landesrecht durch die Bestimmungen im SGB VIII unberührt. Dadurch wollte der Gesetzgeber vor allem zur Bestandssicherung in den östlichen Bundesländern beitragen.[137] Der Regelungsgehalt der Vorschrift erschöpft sich allerdings nicht in der Absicherung des bei ihrem Inkrafttreten geltenden landesrechtlichen Bestands. Sie stellt auch fest, dass künftige landesrechtliche Regelungen, die in ihrem Gehalt über den Regelungsbestand des § 24 SGB VIII hinausgehen („weitergehen"), indem sie etwa weiterreichende Ansprüche begründen, zulässig sind.

VII. Änderungen durch das Ganztagsförderungsgesetz (GaFöG)

100 Durch das **Ganztagsförderungsgesetz** (GaFöG)[138] wird § 24 Abs. 4 und 5 SGB VIII in zwei Stufen geändert.

1. Neufassung von § 24 Abs. 4 SGB VIII auf der ersten Stufe

101 Mit **Wirkung vom 1.8.2026** erhält Abs. 4 folgende Fassung:

> „[1]Ein Kind, das im Schuljahr 2026/2027 oder in den folgenden Schuljahren die erste Klassenstufe besucht, hat ab dem Schuleintritt bis zum Beginn der fünften Klassenstufe einen Anspruch auf Förderung in einer Tageseinrichtung. [2]Der Anspruch besteht an Werktagen im Umfang von acht Stunden täglich. [3]Der Anspruch des Kindes auf Förderung in Tageseinrichtungen gilt im zeitlichen Umfang des Unterrichts sowie der Angebote der Ganztagsgrundschulen, einschließlich der offenen Ganztagsgrundschulen, als erfüllt. [4]Landesrecht kann eine Schließzeit der Einrichtung im Umfang von bis zu vier Wochen im Jahr während der Schulferien regeln. [5]Über den vom Anspruch umfassten zeitlichen Umfang nach Satz 2 hinaus ist ein bedarfsgerechtes Angebot in Tageseinrichtungen vorzuhalten; dieser Umfang der Förderung richtet sich nach dem individuellen Bedarf. Absatz 3 Satz 3 gilt entsprechend."

a) Anspruchsberechtigte

102 Nach **Abs. 4 Satz 1** hat ein Kind, das im Schuljahr 2026/27 oder in den folgenden Schuljahren die **erste Klassenstufe** besucht, ab dem Schuleintritt bis zum Beginn der fünften Klassenstufe einen **Anspruch auf Förderung** in einer **Tageseinrichtung**. Der Anspruch setzt also erstmals mit dem Schuljahr 2026/2017 für die dann Erstklässler ein und „wächst" mit diesen mit bis zum Beginn der fünften Klassenstufe mit. Dasselbe gilt für alle in späteren Schuljahren eingeschulten Kinder. Ab dem Schuljahr 2029/2030 haben mithin alle Kinder in den Klassenstufen eins bis vier einen im Übrigen **voraussetzungslosen bedarfsunabhängigen Anspruch** auf Förderung. Der Anspruch ist als subjektives öffentliches Recht gerichtlich durchsetzbar.[139]

b) Anspruchsumfang

103 Der Förderanspruch setzt „**ab dem Schuleintritt**" ein, schließt also nahtlos an den bereits jetzt bestehenden Anspruch gem. Abs. 3 Satz 1 „bis zum Schuleintritt" an. Er reicht bis zum Beginn der fünften Klassenstufe und deckt damit unabhängig von der jeweiligen landesrechtlichen Regelung der Schuljahresdauer auch die sich an das vierte Schuljahr anschließenden Ferien ab.[140]

---

137 Vgl. LPK-SGB VIII/*Kaiser*, § 24 SGB VIII Rn. 42.
138 Gesetz zur ganztägigen Förderung von Kindern im Grundschulalter (Ganztagsförderungsgesetz – GaFöG), vom 2.10.2021, BGBl. I S. 4602.
139 Ebenso LPK-SGB VIII/*Kaiser*, § 24 R. 38 a.E.
140 So ausdrücklich die Gegenäußerung der Bundesregierung zum Vorschlag des Bundesrates, den Anspruch nur bis zum Ende der vierten Klassenstufe reichen zu lassen, BT-Drs. 19/30236, 23.

Der Anspruch besteht an Werktagen i.S.d. § 7 Abs. 4 SGB VIII,[141] also montags bis einschließlich freitags, im **Umfang von acht Stunden** täglich. Abs. 4 Satz 3 **fingiert** seine Erfüllung („gilt … als erfüllt") im zeitlichen Umfang des Unterrichts sowie der Angebote der (offenen) Ganztagsgrundschulen. Der **zeitliche Umfang** wird also durch schulische Unterrichts- und Betreuungsangebote **konsumiert**: Soweit die täglichen acht Stunden durch diese Angebote abgedeckt werden, besteht der Anspruch gegenüber dem öffentlichen Jugendhilfeträger nicht (mehr).

Der Anspruch besteht grundsätzlich auch in den Ferien. **Satz 4** räumt allerdings dem **Landesrecht** die Möglichkeit ein, eine **Schließzeit der Einrichtung** im Umfang von bis zu vier Wochen im Jahr zu **regeln**, die zwingend in den Schulferien liegen muss.

Gem. **Satz 5** besteht die objektiv-rechtliche Verpflichtung, über den zeitlichen Umfang von acht Stunden tätlich ein bedarfsgerechtes Angebot vorzuhalten, das nach dem individuellen Bedarf in Anspruch genommen werden kann. Ein Rechtsanspruch besteht insoweit jedoch nicht. Diese Regelung entspricht dem heute geltenden § 24 Abs. 4 SGB VIII. Das gilt auch für die in **Satz 6** angeordnete entsprechende Geltung von Abs. 3 Satz 3, nach dem das Kind kann bei besonderem Bedarf oder ergänzend auch in Kindertagespflege gefördert werden kann. Insoweit kann also auf die Erläuterungen oben zu § 24 Abs. 3 Satz 3 und Abs. 4 bei Rn. 90 ff. verwiesen werden.

Für **Angebote der Ganztagsförderung** gilt, worauf die Gesetzesbegründung hinweist, die **Erlaubnispflicht**, was selbstverständlich ist, solange sie die Voraussetzungen einer Einrichtung gem. § 45a SGB VIII erfüllen. Bedeutung komme hier der Ausnahmeregelung § 45 Abs. 1 Satz 2 Nr. 3 SGB VIII erlangen, wenn eine entsprechende gesetzliche Aufsicht bestehe, wozu insbesondere die Schulaufsicht gehöre.[142] Das kommt bei Kooperationen der Schulen mit Dritten in Betracht, wobei in diesem Fall bereits fraglich ist, ob es sich nicht um Angebote der offenen Ganztagsgrundschule handelt, die gem. Satz 3 keine Ganztagsförderangebote sind. **104**

Virulent wird die Frage der Ausnahmeregelung allenfalls bei **Kooperationen der Kindertageseinrichtungen mit Dritten**, wie zum Beispiel mit Sportvereinen, Musikschulen oder anderen in vergleichbarer Weise geeigneten Kooperationspartnern. Dann greift sie aber ebenfalls nicht ein, weil nicht ersichtlich ist, wie hinsichtlich gemeinsamer Angebote von Tageseinrichtungen und Dritten eine **schulische Aufsicht** bestehen sollte. Insoweit hat der **öffentliche Träger** gem. § 72a SGB VIII entweder unmittelbar oder durch Vereinbarungen nach § 72a Abs. 2 und 4 SGB VIII sicherzustellen, dass keine einschlägig vorbestraften Personen beschäftigt werden.

2. Neufassung von § 24 Abs. 5 SGB VIII auf der ersten Stufe

Mit **Wirkung vom 1.8.2026** wird der heutige Abs. 4 zu Abs. 5 und erhält folgende Fassung: **105**

> „[1]Für Kinder im schulpflichtigen Alter ist ein bedarfsgerechtes Angebot in Tageseinrichtungen vorzuhalten, sofern ein Anspruch nach Absatz 4 nicht besteht. [2]Absatz 1 Satz 3 und Absatz 3 Satz 3 gelten entsprechend."

Die objektiv-rechtliche Verpflichtung zu einem bedarfsgerechten Angebot gilt dann

- für Kinder ab der Klassenstufe fünf sowie
- für Kinder der Klassenstufen zwei bis vier, soweit diese aufgrund des stufenweisen Ausbaus der Ganztagsförderung noch keinen Rechtsanspruch nach Abs. 4 Satz 1 erworben haben.

141 Die Vorschrift wird mit Wirkung vom 1.8.2026 um einen Verweis auf § 24 Abs. 4 SGB VIII erweitert.
142 BT-Drs. 19/29764, 28.

Hinsichtlich Satz 2 kann auf die Erläuterungen oben zu § 24 Abs. 3 Satz 3 und Abs. 4 bei Rn. 90 ff. verwiesen werden.

Der bisherige Abs. 5 wird Abs. 6, wobei der Verweis auf die Abs. 1 bis 5 erstreckt wird; der bisherige Abs. 6 wird Abs. 7.

3. Neufassung von § 24 Abs. 4 Satz 1, Abs. 5 Satz 1 SGB VIII auf der zweiten Stufe

106 Mit **Wirkung vom 1.8.2029** erhält **Abs. 4 Satz 1** folgende Fassung:

> „[1]Ein Kind hat ab Schuleintritt bis zum Beginn der fünften Klassenstufe einen Anspruch auf Förderung in einer Tageseinrichtung."

Mit dem 1.8.2029 ist der stufenweise Ausbau der Ganztagsbetreuung nach dem bis zu diesem Zeitpunkt geltenden Abs. 4 Satz 1 abgeschlossen, so dass **jedes Kind** ab Schuleintritt bis zum Beginn der fünften Klassenstufe einen gerichtlich durchsetzbaren **Rechtsanspruch auf Förderung** in einer Tageseinrichtung hat.

Ab diesem Zeitpunkt lautet **Abs. 5 Satz 1** wie folgt:

> „[1]Für Kinder ab Beginn der fünften Klassenstufe ist ein bedarfsgerechtes Angebot in Tageseinrichtungen vorzuhalten."

Die Vorschrift enthält eine für alle Kinder ab der fünften Klassenstufe geltende objektivrechtliche Verpflichtung zur Vorhaltung eines bedarfsgerechten Angebots. Hinsichtlich des Umfangs der täglichen Förderung sowie die Förderung in Kindertagespflege für diese Gruppe wird auf die Erläuterungen oben zu § 24 Abs. 3 Satz 3 und Abs. 4 bei Rn. 90 ff. verwiesen.

4. Berichtspflicht der Bundesregierung

107 Mit **Wirkung vom 1.1.2023 wird § 24a SGB VIII** eingefügt. Nach dieser Vorschrift hat die Bundesregierung dem Deutschen Bundestag **jährlich** einen **Bericht** über den Ausbaustand der ganztägigen Bildungs- und Betreuungsangebote für Grundschulkinder vorzulegen.

§ 24a
Bericht zum Ausbaustand der ganztägigen Bildungs- und Betreuungsangebote für Grundschulkinder

Die Bundesregierung hat dem Deutschen Bundestag jährlich einen Bericht über den Ausbauzustand der ganztägige Bildungs- und Betreuungsangebote für Grundschulkinder vorzulegen.

Die Vorschrift wird mit Wirkung vom 1.1.2023 durch das Ganztagsförderungsgesetz (GaFöG)[1] in das SGB VIII eingefügt. Sie hat die **Berichtspflicht der Bundesregierung** zum Stand des Ausbaus der Tagesbetreuung für Kinder unter drei Jahren nach dem am 1.8.2013 außer Kraft getretenen § 24a Abs. 5 SGB VIII a.F. zum Vorbild. Diese Berichtspflicht, so die Gesetzesbegründung, habe sich als ein „sinnvolles Instrument erwiesen, um Transparenz zu schaffen und die Rechenschaftslegung im parlamentarischen und öffentlichen Raum" zu ermöglichen.[2] Die Vorschrift bleibt – nach heutigem Gesetzgebungsstand – auch über den 1.8.2029, bis zu dem der stufenweise Ausbau der Ganztagsbetreuung abgeschlossen sein soll, hinaus in Kraft. 1

Nach § 24a SGB VIII hat die Bundesregierung dem Deutschen Bundestag **jährlich einen Bericht** über den Ausbaustand der ganztägigen Bildungs- und Betreuungsangebote für Grundschulkinder, die nach dem GaFöG stufenweise implementiert werden sollen (vgl. dazu die Kommentierung zu § 24 SGB VIII Rn. 100 ff.), vorzulegen. 2

---

1 Gesetz zur ganztägigen Förderung von Kindern im Grundschulalter (Ganztagsförderungsgesetz – GaFöG) vom 2.10.2021, BGBl. I S. 4602.
2 BT-Drs. 19/29764, 29.

§ 25
Unterstützung selbstorganisierter Förderung von Kindern

Mütter, Väter und andere Erziehungsberechtigte, die die Förderung von Kindern selbst organisieren wollen, sollen beraten und unterstützt werden.

Übersicht Rn.

A. Allgemeines

I. Bedeutung der Norm

1 Mit der seit Inkrafttreten des SGB VIII unveränderten Norm reagierte der Gesetzgeber auf die zunehmende Entwicklung **selbstorganisierter Betreuungsformen** für Kinder. Sie verpflichtet die Träger der öffentlichen Jugendhilfe, selbst organisierte Betreuungsformen für Kinder, die durch sog. **Elterninitiativen** – bestehend aus engagierten Müttern, Vätern oder anderen Personen – entstanden sind, zu beraten und zu unterstützen.

Mit der Norm verfolgt der Gesetzgeber das Ziel, **Selbsthilfeinitiativen** von Eltern anzuerkennen, zu stärken sowie fachlich zu beraten und (finanziell) zu unterstützen.

2 In Deutschland bestehen derzeit etwa 7.500 Elterninitiativen mit insgesamt ca. 200.000 betreuten Kindern. Durch **BAGE e.V.** (Bundesarbeitsgemeinschaft Elterninitiativen) werden die Dachverbände von Elterninitiativen bundesweit organisiert. Elterninitiativen betreiben kleine Kindertagesstätten, Horte, Spielstuben, -häuser oder -kreise, Krabbelstuben oder -gruppen, Schulkindergruppen, Mini-Clubs oder ähnliche Einrichtungen, die von Eltern und/oder ErzieherInnen eigenständig verwaltet werden. **Selbstorganisierte Betreuung** kann sich also sehr vielfältig von der Nachbarschaftshilfe über Spielhäuser bis hin zu regelrechten Kindertagesstätten im Sinne der Kindertagesstättengesetze/Ausführungsgesetze der einzelnen Bundesländer darstellen.[1] Sie bestehen in der Regel als **gemeinnützige Vereine**. In diesen sind die Eltern Mitglieder und stellen den Vorstand.[2]

---

1 Siehe die Kommentierung zu § 26 SGB VIII.
2 Vgl. Bundesarbeitsgemeinschaft Elterninitiativen e.V. (BAGE), https://www.bage.de/bundesarbeitsgemeinschaft-elterninitiativen-bage-ev/ (13.3.2022); Stähr/*Grube*, § 25 SGB VIII Rn. 5.

II. Historisches

3 Die Selbsthilfebewegung der selbstorganisierten Betreuungsformen hat ihre Ursprünge in der sog. **„Kinderladenbewegung"**. Ende der 1960er Jahre wurden in Großstädten überwiegend von studentischen oder akademischen Eltern als Reaktion auf die autoritäre Pädagogik der bestehenden etablierten Einrichtungen für Kinderbetreuung alte Ladenräume angemietet, um dort die Kinder antiautoritär bzw. repressionsfrei zu betreuen und zu erziehen. Aus diesem Grund nennt man diese Selbsthilfebewegung auch „Kinderladenbewegung". Diese beeinflusste die frühkindliche Pädagogik nachhaltig.[3]

Daneben gründeten sich in den 1970er und 1980er Jahren in den Städten und mitunter auf dem Land Elterninitiativen – ohne ausdrückliches gesellschaftspolitisches Ziel – bereits aufgrund der schlechten Versorgung im Kinderbetreuungsbereich. Mit einer veränderten Arbeitswelt und einem moderneren Familienbild stieg die Erwerbsquote der Mütter und – damit einhergehend – der Bedarf an Betreuungsplätzen in den westlichen Bundesländern. Hier gibt es besonders viele Betreuungsplätze für Kinder unter drei Jahren durch Elterninitiativen. Letztere reagierten auf diesen Bedarf zügiger als große Träger der Jugendhilfe. Im Hinblick auf den Ausbau der Kindertagesbetreuung für die Altersgruppe der unter Dreijährigen auf der Grundlage des TAG und des KiföG sowie die damit verbundenen Finanzierungsmöglichkeiten sind die alternativen Selbsthilfeinitiativen insbesondere in den alten Bundesländern aktuell sehr bedeutsam. In den neuen Bundesländern gründeten sich Elterninitiativen erst nach 1989. Letzteres steht auch im Zusammenhang mit der Privatisierung kommunaler, staatlicher und betrieblicher Institutionen.

4 Elterninitiativen **decken mittlerweile einen erheblichen Teil des Versorgungsbedarfes** – über den eigenen Bedarf der engagierten Eltern hinaus – ab. Spätestens mit dem **Rechtsanspruch** auf einen Betreuungsplatz zum 1.8.2013 gründeten sich die Elterninitiativen jedenfalls aufgrund des gravierenden Mangels an bestehenden Betreuungsplätzen. Dieser ist nicht ohne die zahlreichen Plätze durch Elterninitiativen realisierbar. Vor allem in Großstädten bieten sie für Eltern auch heute noch die **einzige Möglichkeit, einen Betreuungsplatz zu erhalten**. Können Ansprüche gem. § 24 SGB VIII nicht erfüllt werden, kann die selbstorganisierte Betreuung und Förderung der Kinder eine Alternative bieten. Grube spricht in diesem Zusammenhang von einem „Ausweg"[4]. Elterninitiativen werden heute jedoch als **qualitativ hochwertige, alternative und notwendige Betreuungsform** angesehen; hier werden wichtige Konzepte wie **bilinguale Kindertagesstätten** oder **Waldkitas** oft erfolgreich getestet. Von einem „Ausweg" kann also nicht die Rede sein. Halten die Initiativen Angebote vor, die dem Förderungsanspruch gem. § 24 SGB VIII entsprechen, findet diese Vorschrift – als die speziellere – Anwendung.[5]

§ 25 SGB VIII ist im Zusammenhang mit § 17 Abs. 3 SGB I zu sehen. Zu den dort genannten „gemeinnützigen und freien Einrichtungen und Organisationen" zählen auch die hier gemeinten Elterninitiativen.

Arbeiten in den Elterninitiativen Ehrenamtliche, so tritt zur Beratung und Unterstützung nach § 25 SGB VIII die Förderung nach § 73 SGB VIII hinzu.

5 Letztlich darf die Beratung und Unterstützung den Begünstigten **nicht aufgezwungen** werden, denn nach Art. 6 Abs. 2 Satz 1 GG ist die Pflege und Erziehung das natürliche Recht

3 Vgl. Bundesarbeitsgemeinschaft Elterninitiativen e.V. (BAGE) a.a.O.; Wiesner/Wapler/*Schweigler*, § 25 SGB VIII Rn. 2.
4 Vgl. Stähr/*Grube*, § 25 SGB VIII Rn. 3a.
5 Vgl. Bundesarbeitsgemeinschaft Elterninitiativen e.V. (BAGE) a.a.O.; Stähr/*Grube*, § 25 SGB VIII Rn. 3a.

der Eltern. Wird dieses im Interesse und zum Wohl der Kinder erfüllt, sind staatliche Regelungen grundsätzlich zweitrangig.[6]

B. Einzelheiten

I. Stärkung der Selbsthilfe

6 Mit § 25 SGB VIII wird die allgemeine Verpflichtung gem. § 4 Abs. 3 SGB VIII für den Bereich der Kindertagesbetreuung durch eine differenzierte **Soll-Regelung** konkretisiert. Nach § 4 Abs. 3 SGB VIII soll die öffentliche Jugendhilfe die freie Jugendhilfe nach Maßgabe des SGB VIII fördern und dabei die **unterschiedlichen Formen der Selbsthilfe** stärken. Demnach kann die Regelung durch die Mobilisierung von Selbsthilfekräften bestehende Mangelversorgungen bei der Förderung von Kindern mildern. Abermals verpflichtet § 25 SGB VIII die öffentlichen Jugendhilfeträger nur allgemein.[7] In der Bereitstellung von Betreuungsplätzen durch die **Mit- bzw. Eigenverantwortung der Eltern** – sowohl für den wirtschaftlichen und organisatorischen als auch für den pädagogischen Bereich – wird die nicht unerhebliche bildungspolitische Bedeutung der Selbsthilfeinitiativen erkennbar.

II. Objektiv-rechtliche Soll-Verpflichtung ohne individuellen Rechtsanspruch

7 § 25 SGB VIII geht davon aus, dass Mütter, Väter und andere Erziehungsberechtige dazu berechtigt sind, die Förderung ihrer Kinder selbst zu organisieren. In Form einer Soll-Verpflichtung werden die Träger der öffentlichen Jugendhilfe dazu verpflichtet, diese zu beraten und zu unterstützen. Sie „sollen" beraten und unterstützt werden. Eine Soll-Leistung im Sinne eines individuellen Rechtsanspruchs der einzelnen Initiativen (z.B. in Bezug auf eine finanzielle Förderung in einem bestimmten Umfang oder Zeitpunkt) geht aus dieser Vorschrift nicht hervor. Da die Norm weder Regelungen über nähere Anspruchsvoraussetzungen enthält noch Rechtsfolgen nennt, handelt es sich vielmehr um **eine objektiv-rechtliche Verpflichtung ohne jeglichen Rechtsanspruchscharakter**.[8]

III. Der Kreis der Begünstigten und deren Eigen- bzw. Mitverantwortung

8 Mit dem Begriff „Erziehungsberechtigte" werden alle in Frage kommenden Personen nach § 7 Abs. 1 Nr. 6 SGB VIII erfasst. Somit handelt es sich um eine sehr **weitläufige Beschreibung des Kreises der Begünstigten**. Deren Benennung ist insofern sinnvoll, als auch Mütter und Väter, die das Personensorgerecht nicht innehaben, neben den Erziehungsberechtigten beraten und unterstützt werden dürfen. Die selbstorganisierte Förderung von Kindern gem. § 25 SGB VIII muss sich dementsprechend in erster Linie auf die eigenen, zumindest jedoch auf die von Personensorgeberechtigten anvertrauten Kinder beziehen. Werden ausschließlich fremde Kinder betreut und gefördert, fällt dies nicht unter die „selbstorganisierte Kinderförderung" und damit nicht unter § 25 SGB VIII.[9] Die Einfachheit halber ist hier von Eltern bzw. Elterninitiativen die Rede.

9 Durch ihr ehrenamtliches Engagement tragen die Eltern Verantwortung und haben gleichzeitig **große Einflussmöglichkeiten** auf die Betreuung der Kinder. Die selbstbestimmte

---

6 Vgl. Stähr/*Grube*, § 25 SGB VIII Rn. 1.

7 Vgl. FK-SGB VIII/*Lakies/Beckmann*, § 25 Rn. 3; LPK-SGB VIII/*Kaiser*, § 25 SGB VIII Rn. 2 f.

8 Vgl. Schellhorn/*Fischer*/Mann/Kern, § 25 SGB VIII Rn. 4; LPK-SGB VIII/*Kaiser*, § 25 SGB VIII Rn. 3; FK-SGB VIII/*Lakies/Beckmann*, § 25 Rn. 3.

9 Vgl. Stähr/*Grube*, § 25 SGB VIII Rn. 7.

und eigenverantwortliche Gestaltung der Kinderbetreuung außerhalb der Familie ist das Ziel der Elterninitiativen. In der Eigen- bzw. Mitverantwortung der Eltern liegt die besondere kinderpolitische Bedeutung. Die Elternmitverantwortung gestaltet sich sehr unterschiedlich. Während einige Eltern lediglich als Träger der Einrichtung tätig sind, betreuen andere Eltern die Kinder täglich eigenständig oder aber gemeinsam mit Fachkräften.

IV. Weitere Voraussetzungen

Von der Vorschrift werden solche Mütter, Väter und andere Erziehungsberechtigte erfasst, welche die Förderung von Kindern selbst organisieren *wollen*. Aufgrund der Formulierung „**Förderung von Kindern**" ist eindeutig der Bezug zu § 22 SGB VIII bzw. §§ 22 ff. SGB VIII herzustellen. Die objektiv-rechtliche Beratungs- und Unterstützungsregelung setzt eine Entwicklungsförderung im Sinne der §§ 22 ff. SGB VIII durch die Selbsthilfeinitiativen der Eltern voraus. Nimmt man die Formulierung „**organisieren wollen**" wörtlich, bezieht diese sich ausschließlich auf den Kreis der Begünstigten, die die Förderung von Kindern selbst organisieren *wollen*. Demnach wären ausschließlich Initiativen gemeint, die eine Förderung erst in der Zukunft planen. Folglich wären Initiativen ausgeschlossen, die bereits eine dementsprechende Förderung organisiert haben, also bereits tätig sind. Letztere sollen jedoch – entgegen der wörtlichen Formulierung – ebenso unterstützt und beraten werden, haben also einen ebenso geltenden Beratungs- und Unterstützungsanspruch. Eine eindeutige Regelung ist dem Gesetzesgeber – vermutlich durch ein Redaktionsversehen – entgangen.[10] 10

V. Erlaubnispflicht nach §§ 43 ff. SGB VIII – Elterninitiative als freier Träger der Jugendhilfe?

Es stellt sich die Frage, ob die **selbstorganisierte Förderung** und Betreuung von Kindern einer **Erlaubnis** nach §§ 43 ff. SGB VIII bedarf. Die Erlaubnispflicht nach § 45 SGB VIII hängt davon ab, ob die Elterninitiativen eine **Einrichtung** im Sinne des § 45 SGB VIII betreiben. Dies ist in der Regel nicht der Fall, wenn die Eltern ihre Kinder wechselweise durch einen oder mehrere Elternteile in gemeinsamer Verantwortung betreuen. Somit kann auch § 44 SGB VIII ausgeschlossen werden. Nimmt die selbstorganisierte Betreuung indes den Charakter von Kindertagespflege oder einer Tageseinrichtung an (etwa wenn die Betreuung durch dritte Personen erfolgt, die nicht in den Kreis der Begünstigten fallen), so greifen die Regelungen über die Erlaubnispflichten nach §§ 43 ff. SGB VIII.[11] 11

Hinsichtlich der **Anerkennung der Elterninitiativen als freie Träger der Jugendhilfe** besteht Unklarheit. Während *Lakies/Beckmann*[12] sibyllinisch meinen, „als ergänzende Vorschrift ist § 73 und ggf. § 74 zu beachten", erklärt *Kaiser*, dass „eine Anerkennung nach § 75 SGB VIII (…) nicht generell für die Selbsthilfeinitiativen vorgesehen" sei.[13] Die Bundesarbeitsgemeinschaft Elterninitiativen beschreibt sich selbst als „besondere Trägerform mit besonderen Qualitätsmerkmalen", betont aber, dass die Elterninitiativen auf kommunaler Ebene sowie auf Landesebene den kommunalen, kirchlichen und verbandlichen Trägern gleichgestellt seien.[14] 12

Ob eine Elterninitiative als **freier Träger anerkannt** wird, richtet sich – dies kann unter dem Gesichtspunkt der Gleichbehandlung gar nicht anders sein – nach § 75 Abs. 1 SGB VIII. Hin-

10 Vgl. Schellhorn/*Fischer*/Mann/Kern, § 25 SGB VIII Rn. 5.
11 Vgl. Stähr/*Grube*, § 25 SGB VIII Rn. 6.
12 FK-SGB VIII/*Lakies/Beckmann*, § 25 Rn. 4.
13 Vgl. LPK-SGB VIII/*Kaiser*, § 25 Rn. 5.
14 Vgl. Bundesarbeitsgemeinschaft Elterninitiativen e.V. (BAGE), a.a.O..

sichtlich der Voraussetzungen der Anerkennung wird auf die Kommentierung zu § 75 SGB VIII verwiesen.

Angesichts der mit der Anerkennung verbundenen Vorteile (vgl. auch dazu die Kommentierung bei § 75 Rn. 2) ist allen **Elterninitiativen zu raten**, einen **Antrag auf Anerkennung** zu stellen. Über die Anerkennung entscheidet der Jugendhilfeausschuss.

13 In einzelnen Landesausführungsgesetzen über Kindertageseinrichtungen sind Elterninitiativen als in Frage kommende Träger von Einrichtungen explizit erwähnt (vgl. z.B. § 9 Abs. 1 SächsKitaG[15]). Für die Anwendung von § 25 SGB VIII ist es jedoch ebenso wenig erforderlich, dass die Elterninitiativen eine gesetzmäßige Tageseinrichtung sind oder als freier Träger anerkannt sind. Kann eine Elterninitiative nach landesrechtlichen Bestimmungen indes keine Einrichtung sein, weil sie nicht den **Einrichtungsbegriff** (zum Begriff der Einrichtung vgl. die Kommentierung zu § 45a SGB VIII) erfüllt oder aber gem. Landesrecht nur die Tageseinrichtungen der klassischen freien Träger der Jugendhilfe gefördert werden, ist fraglich, ob dieses mit Bundesrecht (§ 25 SGB VIII) vereinbar ist.

14 § 74 SGB VIII ist für eine längerfristige Förderung der Initiativen nur dann einschlägig, wenn diese als freie Träger der Jugendhilfe anerkannt sind. Dennoch sollen sich selbstorganisierte Betreuungsformen **generell an den Ansprüchen des § 74 SGB VIII orientieren**, obwohl dieser sich im Grunde an die freien Träger im klassischen Sinne richtet. Letzteres hat vor allem Gültigkeit, wenn Elterninitiativen eine beständige Einbeziehung in die Jugendhilfeplanung sowie eine konkrete Finanzierung einfordern. Entwickeln sich Elterninitiativen zu einem klassischen Träger der freien Jugendhilfe, hat § 74 SGB VIII unmittelbare Gültigkeit.

Für eine **kurzfristig angelegte Förderung** gem. § 74 SGB VIII setzen die Förderungsbestimmungen keine Anerkennung als freier Träger der Elterninitiativen voraus.

VI. Inhalt und Umfang der „Beratung“ und „Unterstützung“ – Finanzielle Förderung

15 Inhalt und Umfang der „**Beratung**“ und „**Unterstützung**“ sind im Gesetz nicht beschrieben. „Beratung“ als Dienstleistung (s. dazu § 11 SGB I) meint etwa das Erteilen von Hinweisen und Ratschlägen zur Gründung und dem Betrieb eines Vereins bzw. einer selbstorganisierten Kinderbetreuung oder zur Förderung von Investitions- und Betriebskosten (s. auch § 74a SGB VIII). „Unterstützung“ beinhaltet vor allem eine personelle und sachliche Unterstützung (Dienst- oder Sachleistung), schließt aber eine finanzielle Förderung (Geldleistung) nicht aus. Durch den Landesrechtsvorbehalt in § 26 SGB VIII sind die Länder befugt, diesbezüglich nähere Regelungen zu treffen.[16]

16 Dementsprechend beinhaltet § 25 SGB VIII die gesetzliche Grundlage für eine **finanzielle Förderung**,[17] ohne dass auf § 74 SGB VIII Bezug genommen werden muss. Wird die Leistung der Betreuung und Förderung der Kinder jedoch überwiegend dritten Personen angeboten, die sich nicht selbstinitiativ einbringen, wird aus der Elterninitiative ein klassischer Träger der freien Jugendhilfe, der einer Betriebserlaubnis bedarf und für dessen Förderung § 74 SGB VIII ohnehin gilt.[18]

---

15 Die Vorschrift lautet: „Kindertageseinrichtungen können von Trägern der freien Jugendhilfe, insbesondere auch von Elterninitiativen, privaten Trägern, Betrieben und öffentlichen Einrichtungen sowie von Trägern der öffentlichen Jugendhilfe, Gemeinden und kommunalen Zweckverbänden, betrieben werden.“

16 Vgl. FK-SGB VIII/*Lakies/Beckmann*, § 25 SGB VIII Rn. 4; Schellhorn/*Fischer*/Mann/Kern, SGB VIII, § 25 Rn. 6.

17 Vgl. BT-Drs. 11/5948, 65, 66.

18 Vgl. Schellhorn/*Fischer*/Mann/Kern, § 25 SGB VIII Rn. 6.

Kann der öffentliche Träger der Jugendhilfe den **Rechtsanspruch aus § 24 SGB VIII nicht selbst erfüllen** und nimmt über Vereinbarungen Leistungen von privaten Trägern in Anspruch, so muss er dem privaten Träger – unabhängig von § 25 SGB VIII – die diesbezüglichen **Kosten erstatten**. Dies gilt auch, wenn Eltern als Leistungsberechtigte ihre Kinder über ihr **Wunsch- und Wahlrecht** nach § 5 SGB VIII selbst in der Einrichtung eines privaten Trägers unterbringen.[19] Soweit es um die finanzielle Förderung geht, ist § 25 SGB VIII demnach grundsätzlich lediglich für Leistungen außerhalb von § 24 SGB VIII bedeutsam. 17

VII. Fachstandards

Stellen **selbstorganisierte Formen der Kinderbetreuung** eine Alternative zu den etablierten, institutionellen Tageseinrichtungen der klassischen freien Träger dar, gelten für sie dennoch auch die Vorschriften zum Schutz der Kinder in Tageseinrichtungen gem. § 45 SGB VIII. Ebenso haben die selbstorganisierten Formen der Kinderbetreuung § 72a SGB VIII zu beachten. Eine Förderung durch den Träger der öffentlichen Jugendhilfe kommt nur dann in Betracht, wenn Vereinbarungen nach § 72a Abs. 2 und 4 SGB VIII geschlossen wurden. Gleiches gilt ebenso für die festgelegten **Fachstandards** durch das Landesrecht. Voraussetzung für die Förderung aus öffentlichen Mitteln ist die Erfüllung der Fachstandards. Häufig wird der Erzieher_innenschlüssel kleiner, wenn die Betreuung durch die tägliche Arbeit der Eltern gewährleistet ist.[20] 18

VIII. Nachteile und Konkurrenz zur freien Jugendhilfe

Im Gegensatz zu den klassischen Kindertagesstätten fehlt es den Selbstinitiativen vielfach an administrativem Know-how sowie – aufgrund der wechselnden Elternschaft – an personeller Kontinuität, so die Kritik. Elterninitiativen gelten in der Jugendhilfeplanung als **unsicherer Faktor**. Zudem werden sie von den klassischen Trägern der freien Jugendhilfe häufig als **Konkurrenz** gesehen und erfahren von den Jugendämtern unzureichende Beratung und Unterstützung. 19

Neben den etablierten freien Trägern der Jugendhilfe erfahren die Elterninitiativen Aufwertung und Würdigung durch die vorliegende Regelung. Selbsthilfe- und Bürgerinitiativen wie diese haben eine **große Bedeutung für die Gesellschaft**, sie sollten als Herausforderung und Provokation für die anerkannte traditionelle Jugendhilfe – und nicht als deren Gegensatz – gesehen werden, so der 8. Jugendbericht.[21] Immer wieder wird demgegenüber auf die Gefahr hingewiesen, die eine zu hohe Anerkennung und Förderung der Elterninitiativen für die anderen Träger der freien Jugendhilfe bedeuten könnte.[22] 20

Wahrzunehmen ist eine differenzierte, so der 8. Kinder- und Jugendbericht[23] weiter, und unübersichtliche Entwicklung insbesondere im Bereich der Elterninitiativen, die sich der Kinderbetreuung annehmen. Deren Engagement, welches auf das knappe Angebot auf institutioneller Ebene mit selbstorganisierter Kinderbetreuung reagiert, kann und sollte sich innovativ auf die Jugendhilfe auswirken. Schließlich kann und sollte ihre Arbeit dazu führen, dass Elterninitiativen, Nachbarschaftshilfe und institutionelle Einrichtungen der Jugendhilfe sich gewinnbringend für alle Akteure vernetzen.[24] Auch der 14. Kinder- und Jugendbericht konstatiert, dass im Gefolge der Neuen Sozialen Bewegungen in der Kinder- und Jugendhilfe eine 21

---

19 Vgl. Münder, Jugendhilfe 1997, § 25 SGB VIII Rn. 1.
20 Vgl. Wiesner/Wapler/*Schweigler*, § 25 SGB VIII Rn. 4.
21 Vgl. BT-Drs. 11/6576, 17, 84.
22 Vgl. Stähr/*Grube*, § 25 SGB VIII Rn. 1.
23 Vgl. BT-Drs. 11/6576, 103.
24 Vgl. Stähr/*Grube*, § 25 SGB VIII Rn. 1.

Vielzahl von Projekten, Initiativen und Vereinigungen entstanden sind, die – wie etwa Mütterzentren, Elterninitiativen, Selbsthilfegruppen – als „Grenzgänger" zwischen dem formell hoch organisierten und dem informellen Bereich, zwischen den formal geregelten Strukturen der Erwerbsarbeit und den informellen Strukturen des freiwilligen Engagements sowie zwischen öffentlicher und privater Sphäre angesiedelt sind.[25]

25 BT-Drs. 17/12200.

§ 26
Landesrechtsvorbehalt

[1]Das Nähere über Inhalt und Umfang der in diesem Abschnitt geregelten Aufgaben und Leistungen regelt das Landesrecht. [2]Am 31. Dezember 1990 geltende landesrechtliche Regelungen, die das Kindergartenwesen dem Bildungsbereich zuweisen, bleiben unberührt.

Übersicht Rn.

A. Allgemeines

Die Materie des Kinder- und Jugendhilferechts ist gem. Art. 74 Abs. 1 Nr. 7 GG Gegenstand der konkurrierenden Gesetzgebung.[1] Im Bereich der konkurrierenden Gesetzgebung haben die Länder gem. Art. 72 Abs. 1 GG die Befugnis zur Gesetzgebung nur, solange und soweit der Bund von seiner Gesetzgebungskompetenz keinen Gebrauch gemacht hat. Art. 72 Abs. 2 GG schränkt die Gesetzgebungskompetenz des Bundes dahin ein, dass er das Recht zur Gesetzgebung nur dann hat, wenn und soweit die Herstellung gleichwertiger Lebensverhältnisse im Bundesgebiet oder die Wahrung der Rechts- und Wirtschaftseinheit im gesamtstaatlichen Interesse eine bundesgesetzliche Regelung erforderlich macht. 1

Diese Grundgesetzvorschriften bilden den verfassungsrechtlichen Kompetenzrahmen des SGB VIII.[2]

Mit dem SGB VIII hat der Bundesgesetzgeber von seiner Kompetenz nach Art. 74 Abs. 1 Nr. 7 GG Gebrauch gemacht. Es normiert allerdings lediglich einen bundesrechtlichen Rahmen, innerhalb dessen die Länder den jeweiligen unterschiedlichen Verhältnissen Rechnung tragende Regelungen treffen können. Um deutlich zu machen, dass der Bund in den Vorschriften dieses dritten Abschnitts des SGB VIII nur die Grundsätze der Förderung von Kindern in Tageseinrichtungen und in der Kindertagespflege normiert hat, wurde der hier kommentierte Landesrechtsvorbehalt hinzugefügt. Hinsichtlich der konkurrierenden Gesetzgebung ist dies ein gängiges Mittel der Gesetzgebungstechnik.[3] 2

Der Landesrechtsvorbehalt zugunsten der Länder und deren Gesetzgebung beinhaltet keine Ermächtigung im Sinne des Art. 71 GG.[4]

Landesrechtliche Regelungen bedürfen nicht unbedingt einer ***gesetzlichen*** **Form**; auch Regelungen unterhalb des Landesgesetzes, also **Verordnungen** oder **Satzungen** kommen insoweit in Frage. Nicht ausreichend sind allerdings anderweitige Regelungen wie Runderlasse durch die jeweilige Landesjugendbehörde oder Verwaltungsvorschriften.[5] Denn bei diesen handelt es sich eben nicht um *Recht*, da sie eine lediglich verwaltungsinterne Bindungswirkung entfalten. 3

---

1 BVerfG, Urt. v. 18.7.1967, 2 BvF 3, 4, 5, 6, 7, 8/62 u.a., BVerfGE 22, 180 (203); Beschl. v. 10.3.1998, 1 BvR 178/97, openjur.de, Rn. 114; OVG HH, Beschl. v. 28.1.2020, 4 Bs 193/19, openjur.de, Rn. 17; ganz einhellige Auffassung. Vgl. aus der Literatur zum SGB VIII nur LPK-SGB VIII/*Kaiser*, § 26 Rn. 1.

2 Vgl. Stähr/*Grube*, § 26 SGB VIII Rn. 1; vgl. FK-SGB VIII/*Lakies*, § 26 SGB VIII Rn. 1.

3 Vgl. BVerfGE 35, 65 (73); Stähr/*Grube*, § 26 SGB VIII Rn. 1.

4 Vgl. Stähr/*Grube*, § 26 SGB VIII Rn. 1.

5 Anders noch die Vorauflage, § 22 Rn. 10, unter Verweis auf FK-SGB VIII/*Lakies*, 7. Aufl., § 26 Rn. 2. Diese Auffassung wurde auch dort in der 8. Aufl. aufgegeben.

B. Einzelheiten

I. Bedeutung des Landesrechts in Bezug auf die Förderung von Kindern in Tageseinrichtungen und in Kindertagespflege (Satz 1)

4 § 26 **Satz 1** SGB VIII belegt – wie auch andere Landesrechtsvorbehalte – dass der Bund von seiner Gesetzgebungskompetenz nach Art. 74 Abs. 1 Nr. 7 GG „öffentliche Fürsorge" nicht vollumfänglich Gebrauch gemacht hat, sondern den Ländern die Möglichkeit und das Recht für genauere, konkretisierende, umfassendere Regelungen verbleibt.[6]

5 Der Landesrechtsvorbehalt überlässt dem Landesrecht jedoch nicht nur, „das Nähere" zu regeln, sondern normiert auch, dass sich das Nähere ebenso auf den „Inhalt" und „Umfang" der Aufgaben und Leistungen bezieht. Folglich enthält das Bundesrecht nach eigener Aussage nichts „Näheres", sondern eben nur Rahmenregelungen.[7]

6 Werden (etwa in § 24 SGB VIII) dagegen Rechtsansprüche normiert, können diese nicht durch landesrechtliche Gesetze eingeschränkt werden. Soweit also Inhalt und Umfang durch das SGB VIII bereits vorgeschrieben sind, darf und kann es durch landesrechtliche Regelungen nichts davon Abweichendes bestimmt werden. Das bedeutet, dass sich die Kita-Gesetze der Bundesländer immer am Bundesrecht des SGB VIII orientieren müssen und diesem nicht widersprechen dürfen. Zum Beispiel wäre die Festlegung einer Stichtagsregelung bezüglich des Rechtsanspruchs auf einen Betreuungsplatz durch das Landesrecht ein Verstoß gegen die bundesrechtliche Normierung im § 24 SGB VIII und daher gegenstandslos.

Nach *OVG HH* ist aber eine landesrechtliche Bestimmung zulässig, die in Ausnutzung des Landesrechtsvorbehalts in § 26 SGB VIII den unbestimmten Rechtsbegriff des „individuellen Bedarfs" in § 24 Abs. 1 Satz 3 SGB VIII in einer Weise konkretisiert, die mit den sonstigen Wertungen in § 24 SGB VIII in Einklang steht.[8]

Ein weiteres Beispiel sind die Soll-Bestimmungen in § 23 Abs. 3 und 4 SGB VIII. Hier ist es nicht möglich, dass das Landesrecht diese Bestimmungen in landesrechtliche Kann-Bestimmungen „umwandelt". Gleichzeitig bedeuten diese Soll-Bestimmungen jedoch auch, dass der Bund die Verantwortung dafür trägt, dass die Finanzierungsmittel bereitstehen. Gemäß § 74a SGB VIII hat der Bund es aber den Ländern überlassen, wie diese die Finanzierung von Tageseinrichtungen näher regeln wollen.[9]

7 Aufgrund der Vorschrift sind die Bundesländer **nicht verpflichtet**, dem Landesrechtsvorbehalt nachzukommen. Ob und wie sie die Grundsätze durch Landesrecht normieren, bleibt ihnen überlassen. Dementsprechend besteht eine sehr vielfältige Regelungsdichte der einzelnen Länder. An drei Stellen in diesem Abschnitt des SGB VIII wird explizit benannt, dass das Nähere durch Landesrecht geregelt werden kann, und damit ebenso offengelassen, ob es dies tut: In § 22 Abs. 1 Satz 2 SGB VIII, in § 23 Abs. 2a SGB VIII sowie in § 24 Abs. 5 Satz 2 SGB VIII.

8 Von dem Landesrechtsvorbehalt machen die einzelnen Bundesländer insbesondere in Bezug auf den Bereich der Kindertagesstätten in Form von Kindertagesstättengesetzen, Kinderbetreuungs-, Kinderförderungs-, Kindergesetzen o.Ä. Gebrauch. Demzufolge ist kein anderer Bereich der öffentlichen Kinder- und Jugendhilfe so weitreichend durch landesrechtliche Be-

---

6 Ebenso Wiesner/Wapler/*Schweigler*, § 26 SGB VIII Rn. 1.
7 Vgl. Stähr/*Grube*, § 26 SGB VIII Rn. 3.
8 OVG HH, Beschl. v. 28.1.2020, 4 Bs 193/19, openjur.de.
9 Vgl. Stähr/*Grube*, § 26 SGB VIII Rn. 3; vgl. FK-SGB VIII/*Lakies/Beckmann*, § 26 SGB VIII Rn. 1.

stimmungen näher geregelt und damit konkretisiert worden wie der Bereich der Förderung von Kindern in Tageseinrichtungen und Kindertagespflege.[10]

Die Ermächtigung der Länder bezieht sich auf:

- „die Gewährleistung des Rechtsanspruchs auf frühkindliche Förderung in einer Kindertageseinrichtung oder in Kindertagespflege vom vollendeten (ersten) Lebensjahr bis zur Vollendung des dritten Lebensjahrs nach § 24 Abs. 2 SGB VIII und dessen Ausgestaltung nach §§ 22 und 22a SGB VIII;
- das bedarfsgerechte Angebot von Ganztagsplätzen in Tageseinrichtungen und ergänzend Kindertagespflege nach § 24 Abs. 3 Satz 2 und die entsprechende Ausgestaltung nach §§ 22, 22a und 23 SGB VIII;
- den bedarfsgerechten Ausbau der Plätze in Tageseinrichtungen für Kinder im schulpflichtigen Alter nach § 24 Abs. 4 SGB VIII und deren Ausgestaltung nach §§ 22 und 22a SGB VIII;
- den bedarfsgerechten Ausbau der Infrastruktur für Kindertagespflege nach § 24 Abs. 2 und 3 und dessen Ausgestaltung nach §§ 22 und 23 SGB VIII."[11]

Gegenwärtig haben alle Länder zur näheren Regelung der Inhalte und des Umfangs der in **9**
§§ 22 bis 25 SGB VIII normierten Aufgaben und Leistungen Landesausführungsgesetze verabschiedet.[12]

II. Kindergartenwesen und Bildungsbereich (Satz 2)

Satz 2 bezieht sich auf die seit 1973 bis 2005 geltende besondere Rechtslage in Bayern.[13] **10**
Das damalige bayrische Kindergartengesetz stützte sich nicht auf die Gesetzgebungskompetenz des Bereiches der „öffentlichen Fürsorge" gemäß Art. 74 Abs. 1 Nr. 7 GG, die konkurrierend Bund und Ländern zusteht, sondern zählte das Kindergartenwesen seit dem Inkrafttreten des Bayerischen Kindergartengesetzes im Jahr 1973 zum Bereich des Bildungswesens.[14] Damit überspielte es die grundgesetzliche Kompetenzregelung, die nach dem genannten Artikel des Grundgesetzes eindeutig die Fürsorge und damit auch das Kindergartenwesen dem Bund zuschreibt. Die Vorschrift wird von einigen Autoren für verfassungswidrig gehalten, da durch einfache Gesetzgebung jedenfalls nicht die grundgesetzliche Kompetenzregelung hinsichtlich des Art. 74 Abs. 1 Nr. 7 GG überspielt werden könne.[15]

§ 26 Satz 2 SGB VIII **hat sich** allerdings **erledigt**, da das bis dahin geltende Bayerische Kindergartengesetz (KindergartenG) vom 25.7.1972[16] durch das am 1.8.2005 in Kraft getretene Gesetz zur Bildung, Erziehung und Betreuung von Kindern in Kindergärten, anderen Kindertageseinrichtungen und in Tagespflege (Bayrisches Kinderbildungs- und Betreuungsgesetz = BayKiBiG) abgelöst wurde.[17] Das neue Gesetz umfasst – im Gegensatz zum alten – die Kindertagesbetreuung in Einrichtungen und in Kindertagespflege über alle Altersstufen.

---

10 Vgl. Wiesner/Wapler/*Schweigler*, § 26 SGB VIII Rn. 3; LPK-SGB VIII/*Kaiser*, § 26 SGB VIII Rn. 2.
11 LPK-SGB VIII/ *Kaiser*, § 26 SGB VIII Rn. 2.
12 Ein aktuelles Verzeichnis der Ausführungsgesetze der Länder findet sich unter www.bildungsserver.de/kitagesetze-der-bundeslaender-1899-de.html (11.3.2022).
13 Vgl. Wiesner/Wapler/*Schweigler*, § 26 SGB VIII Rn. 4.
14 Vgl. Entscheidung des Bayerischen Verfassungsgerichtshofs v. 4.11.1976, Vf. 18-VII-73.
15 Vgl. etwa LPK-SGB VIII/*Kaiser*, § 26 Rn. 3 m.w.N.
16 Vgl. GVBl. 1972, 297.
17 Vgl. GVBl. 2005, 236.

Das BayKiBiG sieht sich als Gesetz im Bereich der Kinder- und Jugendhilfe. So heißt es etwa in Art. 6 BayKiBiG, dass der örtliche Träger der Jugendhilfe die Gesamtverantwortung der Planung für die Versorgung von Kitaplätzen in Kindertageseinrichtungen und in Kindertagespflege trägt.

Vierter Abschnitt
Hilfe zur Erziehung, Eingliederungshilfe für seelisch behinderte Kinder und Jugendliche, Hilfe für junge Volljährige

Erster Unterabschnitt
Hilfe zur Erziehung

§ 27
Hilfe zur Erziehung

(1) Ein Personensorgeberechtigter hat bei der Erziehung eines Kindes oder eines Jugendlichen Anspruch auf Hilfe (Hilfe zur Erziehung), wenn eine dem Wohl des Kindes oder des Jugendlichen entsprechende Erziehung nicht gewährleistet ist und die Hilfe für seine Entwicklung geeignet und notwendig ist.

(2) [1]Hilfe zur Erziehung wird insbesondere nach Maßgabe der §§ 28 bis 35 gewährt. Art und Umfang der Hilfe richten sich nach dem erzieherischen Bedarf im Einzelfall; dabei soll das engere soziale Umfeld des Kindes oder des Jugendlichen einbezogen werden. [2]Unterschiedliche Hilfearten können miteinander kombiniert werden, sofern dies dem erzieherischen Bedarf des Kindes oder Jugendlichen im Einzelfall entspricht.

(2a) Ist eine Erziehung des Kindes oder Jugendlichen außerhalb des Hauses erforderlich, so entfällt der Anspruch auf Erziehung dadurch, dass eine andere unterhaltspflichtige Person dazu bereit ist, diese Aufgabe zu übernehmen; die Gewährung von Hilfen zur Erziehung setzt in diesem Fall voraus, dass diese Person bereit und geeignet ist, den Hilfebedarf in Zusammenarbeit mit dem Träger der öffentlichen Jugendhilfe nach Maßgabe der §§ 36 und 37 zu decken.

(3) Hilfe zur Erziehung umfasst insbesondere die Gewährung pädagogischer und damit verbundener therapeutischer Leistungen. Bei Bedarf soll sie, Ausbildungs- und Beschäftigungsmaßnahmen im Sinne des § 13 Abs. 2 einschließen und kann mit anderen Leistungen nach diesem Buch kombiniert werden. Die in der Schule oder Hochschule wegen des erzieherischen Bedarfs erforderliche Anleitung und Begleitung können als Gruppenangebote an Kinder oder Jugendliche gemeinsam erbracht werden, soweit dies dem Bedarf des Kindes oder Jugendlichen im Einzelfall entspricht.

(4) Wird ein Kind oder eine Jugendliche während ihres Aufenthaltes in einer Einrichtung oder einer Pflegefamilie selbst Mutter eines Kindes, so umfasst die Hilfe zur Erziehung auch die Unterstützung bei der Pflege und Erziehung dieses Kindes.

Übersicht Rn.

A. Bedeutung der Rechtsnorm

1 § 27 SGB VIII ist die zentrale Grundnorm für **Hilfe zur Erziehung** und regelt Zugang und Berechtigung zu dieser. Durch die Rechtsnorm ist **Hilfe zur Erziehung** als eigenständige Leistungsgruppe im SGB VIII[1] etabliert.[2] **Ambulante**, **teilstationäre** und **stationäre Hilfen** sind gleichberechtigt nebeneinandergestellt und in den §§ 28 bis 35 SGB VIII nachfolgend beschrieben. Die Reihenfolge der beschriebenen Hilfeformen stellt lediglich eine Sortierung nach der Intensität der Hilfe dar, bedeutet jedoch keine Rangfolge.

2 Entscheidendes Kennzeichen von Hilfe zur Erziehung ist die jeweils individuelle Überprüfung eines **Hilfebedarfes**, die sich an der Situation des Kindes oder Jugendlichen orientiert und damit eine zielgerichtete Durchführung pädagogischer oder gegebenenfalls therapeutischer Leistungen[3] ermöglichen soll.

3 Spezifizierte Hilfeformen finden sich insbesondere in den §§ 28 bis 35 SGB VIII wieder. Die Angebotspalette ist jedoch nicht notwendig auf diese Aufzählung beschränkt. Geöffnet wird diese durch § 27 Abs. 2 SGB VIII. Bestehende Bedarfe der **Hilfeberechtigten** sollen zwar insbesondere nach Maßgabe der §§ 28-35 SGB VIII stattfinden, dennoch bleibt ausdrücklich die Möglichkeit, andere nicht genannte oder zukünftig noch zu entwickelnde Hilfen zu gewähren, sofern sie den in Abs. 1 stehenden Kriterien **geeignet** und **notwendig** entsprechen[4]. Die Kriterien geeignet und notwendig öffnen ferner die Möglichkeit der Gewährung **mehrerer Hilfen gleichzeitig**. Diese bedarfsgerecht zu gestaltende Möglichkeit wird durch den mit dem KJSG in der Reform eingeführten dritten Satz 3 gestärkt, der benennt, dass mehrere Hilfeformen parallel zueinander installiert werden können.

4 Hilfe zur Erziehung ist im Verständnis des SGB VIII als ein **kooperativer Prozess** zu verstehen.[5] Ziel des Prozesses ist die gemeinsame Klärung, Beratung, Planung und Gestaltung einer notwendigen und erforderlichen Hilfe durch Eltern, Jugendliche, Jugendamt und freie Träger der Jugendhilfe. Eine effiziente und partizipativ gestaltete **Hilfeplanung**, die im § 36 SGB VIII geregelt wird, ist dabei eine Grundvoraussetzung für das Gelingen von Hilfe zur Erziehung.

5 Hilfe zur Erziehung ist ein Instrument, Eltern in der Ausübung ihrer Erziehung zu unterstützen und ihre Fähigkeit zur Erziehung zu stärken. Das übergeordnete Ziel ist, **Sozialisationsbedingungen** von Kindern zu verbessern. Insoweit richtet sich die Hilfe im Rahmen einer individuellen Rechtsnorm an die Personensorgeberechtigten. Sie besitzen einen **Rechtsanspruch** auf Hilfe zur Erziehung. Diese ist präventiv ausgerichtet und setzt damit unterhalb der Schwelle des § 1666 BGB an.

6 Im SGB VIII werden **unbestimmte Rechtsbegriffe**[6] in der Konkretisierung der Gewährung einer Hilfe zur Erziehung gewählt. Insbesondere § 27 SGB VIII ist durch die unbestimmten Rechtsbegriffe „**geeignet und notwendig**" geprägt. Sie sind die entscheidenden Kriterien für die Auswahl einer Hilfe und bemessen sich an dem Grundsatz, dass eine Hilfe zur Erziehung geeignet und notwendig sein muss, um die „Problemlage" zu beseitigen.

1 Vgl. Schellhorn/*Fischer*/Mann/Kern, § 27 SGB VIII Rn. 240.
2 Vgl. Schellhorn/*Fischer*/Mann/Kern, § 27 SGB VIII Rn. 240.
3 Wiesner/Wapler/*Wapler*, § 27 SGB VIII Rn. 40
4 FK-SGB VIII/*Tammen*/*Trenczek*, § 27 Rn 20.
5 Wiesner/Wapler/*Wapler*, vor § 27 SGB VIII Rn. 7; LPK-SGB VIII/Kunkel/*Kepert*, § 27 Rn. 13.
6 FK-SGB VIII/ *Tammen*/*Trenczek*, § 27 Rn 56; Wiesner/Wapler/*Wapler*, § 27 SGB VIII Rn. 3.

Die Kriterien „geeignet" und „notwendig" sind als unbestimmte Rechtsbegriffe nicht eindeutig definierbar. Sie sind im jeweiligen **Lebenskontext der Agierenden** zu betrachten und zu interpretieren. Da sowohl Lebenskontexte als auch Interpretationen sehr unterschiedlich und subjektiv eingefärbt sind, ist eine **Nachvollziehbarkeit**, **Messbarkeit** oder **Objektivierung** von Tatbeständen, denen „geeignet und notwendig" zugrunde liegt, sehr erschwert. Die Kriterien für „geeignet und notwendig" müssen immer im Bezug zum Kontext und ihrer Entstehung gesehen werden. Dazu brauchen sie eine Interpretation von Lebensumständen, Situationen, individuellen Aussagen etc., wodurch in der praktischen Ausübung zwangsläufig viele unterschiedliche gleichberechtigt nebeneinanderstehende Auslegungen entstehen Dies impliziert, dass verschiedene **Mitarbeiter in Jugendämtern** bei gleicher Sachlage zu unterschiedlichen Hilfeangeboten kommen. Eine Überprüfung der Kriterien gestaltet sich folgerichtig sowohl in der Theorie als auch in der Praxis als große Herausforderung.[7]

Der Prozess der Gewährung einer Hilfe unterliegt dennoch einer umfassenden **Vollkontrolle** durch die Verwaltungsgerichte.[8] Dem **Jugendamt** steht bei seinen Entscheidungen über die **Notwendigkeit einer Hilfe** somit kein **Beurteilungsspielraum** zu. Die Schwierigkeit für die Verwaltungsgerichte liegt jedoch darin, dass sie fachlich nicht in der Lage sind, über diese pädagogischen Kriterien zu entscheiden. Somit werden zum einen die Prozessabläufe zur Hilfegewährung überprüft, zum anderen werden Gutachter hinzugezogen, die die fachliche Einschätzung der Jugendämter zum Tatbestand der **Gewährleistung** einer dem **Wohl des Kindes** entsprechenden Erziehung überprüfen. Hier wird von dem **prognostischen Charakter** der Einschätzung „geeignet und notwendig" abgewichen. Das Ziel der Hilfe ist „die Gewährleistung einer dem Wohl des Kindes entsprechenden Erziehung".[9] **Diagnosen** beziehen sich in der Regel auf einen Tatbestand der Gegenwart oder Vergangenheit. Sie sind also nicht primär prognostisch. Die gerichtliche Überprüfung umfasst somit nicht die Überprüfung der Prognose für die Zukunft, sondern einer Diagnose auf der Basis gutachterlicher Stellungnahmen die die Gegenwart oder Vergangenheit beschreiben. 7

Anders gestaltet sich die gerichtliche Überprüfung der angewendeten **Auswahlverfahren**. 8
Bei der Auswahl steht die Prognose einer positiven Veränderung durch die Hilfe zum Wohle des Kindes oder Jugendlichen im Vordergrund. Diese Einschätzung ist prognostisch und „heute" nicht überprüfbar. Überprüfbar sind vielmehr Entscheidungsprozesse und deren Entstehungs- und Prozessverläufe. Sie sind Bestandteil von Bewertung und Überprüfung der Verwaltungsgerichte.[10]

Besondere Bedeutung kommt bei der Auswahl geeigneter und notwendiger Hilfeformen dem in den §§ 5 und 36 SGB VIII geregelten Wunsch- und Wahlrecht der Leistungsberechtigten zu. Dieses begrenzt das **Auswahlermessen** des öffentlichen Trägers und ermöglicht wiederum eine verwaltungsgerichtliche Überprüfung der Auswahlprozesse.

Die Durchsetzung des § 27 SGB VIII mit unbestimmten Rechtsbegriffen hat in der Praxis zum einen zu einer Begrenzung von Hilfen geführt, zum anderen eine bunte Landschaft von Hilfen zur Erziehung erzeugt. Aufgrund der in den letzten Jahren stetig gestiegenen kommunalen finanziellen Aufwendungen für Hilfe zur Erziehung ist der **individuelle Rechtsanspruch** wiederholt in Frage gestellt worden. Hilfe zur Erziehung wird vermehrt unter einen Legitimationsanspruch gestellt. Die Wirksamkeit und Nachhaltigkeit der Hilfe im Vergleich zu den eingesetzten finanziellen Mitteln steht im Fokus der Debatten. So wurde in dem 2011 eingebrachten sogenannten A-Länder-Papier der SPD-regierten Länder versucht, den Rechtsanspruch auf Hilfe zur Erziehung zugunsten sozialräumlicher Alternativen aufzuwei- 9

7 *Pothmann/Tabel* 2009, 88 ff.
8 Wiesner/Wapler/*Wapler*, § 27 SGB VIII Rn. 59; FK-SGB VIII/*Tammen/Trenczek*, § 27 Rn 56.
9 Wiesner/Wapler/*Wapler*, § 27 SGB VIII Rn. 61.
10 Wiesner/Wapler/*Wapler*, § 27 SGB VIII Rn. 60; LPK-SGB VIII/Kunkel/*Kepert*, § 27 Rn. 13.

chen.[11] Da es sich jedoch um eine individuelle Hilfe handelt, die sich den jeweiligen Lebenssituationen und -vorstellungen der Familien anpassen und diese integrieren muss, ist es abwegig, den Anspruch allein durch z.B. **sozialräumliche Angebote** erfüllen zu können. Der individuelle Rechtsanspruch ist eine notwendige und unverzichtbare Grundlage, um den ebenfalls individuellen Bedarfen gerecht werden zu können.

10 Das Ziel muss vielmehr lauten, sozialräumliche Strukturen bzw. Ansätze und Einzelfallhilfen zukünftig sinnvoll zu ergänzen und miteinander in Einklang zu bringen. Dies ist eine der kommenden fachlichen Herausforderungen. Diesem Anspruch folgend, sollten auch die zurzeit bestehenden **Finanzierungsmodelle** angepasst werden, damit nicht durch sie eine inhaltliche Weiterentwicklung blockiert wird. D.h., neben der Finanzierung individueller Hilfen, z.B. über feste **Entgeltsätze** und **Fachleistungsstunden,** bedarf es der Entwicklung von finanziell pauschalierten sozialräumlichen Angeboten, die diesem fachlich propagierten und lohnenswerten Ansatz Rechnung tragen.

11 Der bestehende finanzielle Druck, dem Kommunen durch die stetig steigenden Investitionen in den Hilfen zur Erziehung[12] ausgesetzt sind, erzeugt demgegenüber eher die Gefahr, dass Hilfen von Jugendämtern zu spät eingeleitet werden und der eigentliche Auftrag des Gesetzgebers verfehlt wird. Der **präventive Grundgedanke** des SGB VIII ist damit gefährdet.

12 Eine weitere Herausforderung des Systems „Hilfe zur Erziehung" besteht zukünftig mehr darin, immer wieder zu überprüfen, ob die bestehenden Hilfen den heutigen und zukünftigen Bedarfen und Lebenslagen von Familien und jungen Menschen gerecht werden. Die gravierenden Veränderungen der Lebenswelten müssen berücksichtigt und zeitnah eingearbeitet werden. Beispielhaft sei hier die **veränderte Nutzung von Medien** und die daraus resultierenden Bedarfe und Potenziale genannt. Der Geschwindigkeit, mit der in diesem Bereich Veränderungen stattfinden, steht das System der Hilfe bisher ohne geeignete gemeinsame Strategie gegenüber, wenn aus diesen Veränderungen heraus Hilfebedarfe entstehen. Beispielhaft sei hier genannt, dass die Nutzung der jeweils aktuellen Kommunikationswege durch das Helfersystem, wenn überhaupt, nur sporadisch stattfindet. Eine Auseinandersetzung mit den rechtlichen und organisatorischen Notwendigkeiten für die Erschließung dieser **Kommunikationswege** findet auf struktureller Ebene nur punktuell statt. So gibt es z.B. in Jugendämtern kaum Regelungen und Vereinbarungen, die den Mitarbeitern dort einen angemessenen Zugang zu den von Familien und jungen Menschen gerade genutzten Medien ermöglichen. Anwendbarkeit inklusive dem **notwendigen Datenschutz**, z.B. bei der Nutzung sozialer Netzwerke, wird strukturell kaum diskutiert. Damit bleibt ein Teil der Lebenswelt von Familien und jungen Menschen unbekannt und unberücksichtigt. Es fehlt an geeigneten ergänzenden Angeboten für schnelle und **krisenorientierte Online-Beratungen oder Hilfen,** obwohl viele Kinder und Jugendliche hierdurch gut erreichbar und ansprechbar wären. Hinzu kommt, dass die bisherige Struktur der Refinanzierung von Leistungsangeboten diesen Entwicklungen nicht gerecht werden kann und einer Erweiterung bedarf. Denn eine sich nach dem Wohnort der Erziehungsberechtigten richtende kommunale Finanzierung ist an dieser Stelle schwierig. Der Wohnort eines Kindes oder Jugendlichen, das über diese Medien Hilfe erhält, lässt sich in der auch durch Anonymität geprägten webbasierten Arbeit schwer feststellen. Dadurch ist die Zuständigkeit des kommunalen öffentlichen Trägers schwer zu ermitteln und die Übernahme der Kosten bleibt ungeregelt. Inwieweit Hilfen ohne Einbezug dieser Lebenswelt von Kindern und Jugendlichen zukünftig **wirksam und nachhaltig** bleiben können, ist eine offene Frage.

Die Defizite in der Nutzung anderer Kommunikationswege hat auch die Corona-Pandemie offengelegt. Jugendämter waren häufig nicht in der Lage, Video- oder Telefonkonferenzen

---

11 Wiesner/Wapler/*Wapler*, vor § 27 SGB VIII Rn. 4; LPK-SGB VIII/Kunkel/*Kepert*, § 27 Rn. 13.
12 KomDat Jugendhilfe Heft 1/2021, 6-10.

einzusetzen, um Hilfeplankonferenzen, notwendige Arbeitsgemeinschaften o.Ä. kontinuierlich durchzuführen, da die technischen Voraussetzungen nicht vorhanden waren und nicht schnell geschaffen werden konnten.

Nachdem in den vergangenen Jahren die Herausforderung durch den Zuzug Flüchtender, insbesondere **unbegleiteter Minderjähriger**, zunächst erst mal gemeistert wurden, bleiben die dadurch entstandenen vielfältigen neuen Bedarfe im Kontext anderer Kulturen und Sprachen, die Auseinandersetzung mit und Respektierung anderer Lebensentwürfe eine große Aufgabe. Die Weiterentwicklung von Hilfe zur Erziehung für die Bewältigung dieser Aufgabe ist weiterhin notwendig. Bisher gültige Maßstäbe bedürfen kontinuierlich der Überprüfung und die Definition bzw. Feststellung einer ungünstigen Erziehungssituation wird eine noch größere Herausforderung bleiben. Erziehungs- und Integrationsbedarf stellen dabei eine nicht trennbare Aufgabe dar, da das eine nicht ohne das andere gehen wird. **13**

Ein weiteres in den letzten Jahren verstärkt in den Vordergrund tretendes Arbeitsfeld ist die Auseinandersetzung und Arbeit mit sog. **„Systemsprengern"**. Diese Kinder und Jugendlichen führen uns deutlich vor Augen, dass es wohl gelingt, den Bedarf von Kindern und Jugendlichen wahrzunehmen, es hingegen nicht gelingt, adäquate Hilfe zu leisten, **die von diesen auch als Hilfe wahrgenommen wird**. Die Gestaltung von **partizipativen Hilfeplanprozessen**, die die Individualität von Hilfegestaltungen noch mehr in den Vordergrund stellt, wird zuungunsten der im SGB VIII genannten Angebote der §§ 28 bis 35 vermehrt zu einer Herausforderung. Ungewöhnliche Anforderungen benötigen ungewöhnliche Hilfe, die wiederum ungewöhnliche Finanzierung nach sich zieht. Für diese Kinder und Jugendlichen werden viele **hochqualifizierte Pädagogen** benötigt, die gleichzeitig im System aufgrund des bestehenden **Fachkräftemangels** nicht verfügbar sind. Das SGB VIII bietet gerade aufgrund der Struktur des § 27 SGB VIII alle Möglichkeiten, individuelle Gestaltungen zuzulassen. Eine Diskussion um die Entsäulung der Jugendhilfe wird erneut benötigt. **13a**

Die seit 2020 grassierende Corona-Pandemie bedeutet für das System der Hilfe zur Erziehung wieder einen Moment, seine **Systemrelevanz** zu zeigen. Es steht zu erwarten, dass die Pandemie zu Steigerungen der Bedarfe von Hilfe zur Erziehung führen wird. Z. B. durch Schüler, die im Rahmen unausgereifter Heimbeschulungskonzepte und pandemischer Einschränkungen möglicherweise zukünftige **Schulverweigerer** werden. Der Weg aus der Heimbeschulung wird möglicherweise nicht jedem Schüler gelingen. Hinzu kommen Konflikte in den Familien, die aufgrund der schulischen Mehrbelastungen in den Familien verstärkt wurden, vermehrte Gewalt in Familien sowie Problemlagen, die aus der untersuchten Korrelation zwischen Armut und den Auswirkungen der Pandemie entstehen. Diese Faktoren werden Hilfebedarfe vermutlich verstärken. Sich für diese zukünftigen Aufgaben rechtzeitig zu wappnen ist z.B. eine Aufgabe der **Jugendhilfeplanung**, die dafür entsprechend gerüstet werden muss.

B. Voraussetzungen für Hilfe zur Erziehung

I. Abs. 1 – Anspruch auf Hilfe zur Erziehung

§ 27 Abs. 1 SGB VIII normiert einen **Rechtsanspruch** auf Hilfe zur Erziehung. Der Anspruch setzt voraus, dass eine dem Wohl des Kindes oder der/des Jugendlichen entsprechende Erziehung und Förderung nicht gewährleistet ist oder wird.[13] Mit **familienunterstützenden Angeboten**, wie sie in den §§ 11 ff. SGB VIII formuliert sind, kann dieser Rechtsanspruch nicht erfüllt werden. **14**

13 FK-SGB VIII/*Tammen/Trenczek*, § 27 Rn. 5; Wiesner/Wapler/*Wapler*, § 27 SGB VIII Rn. 3.

15 Ergänzend zum Tatbestand der **Beeinträchtigung** von Kindern/Jugendlichen und damit Nichtgewährleistung einer dem Wohl des Kindes entsprechenden Erziehung, der Hilfe zur Erziehung notwendig erscheinen lässt, ist es erforderlich, dass eine entsprechende Hilfe **geeignet und notwendig** ist. Bei **geeignet und notwendig** handelt es sich um unbestimmte Rechtsbegriffe, die der Interpretation bedürfen.[14] Interpretationen unterliegen dabei naturgemäß subjektiven Einschätzungen und Bewertungen. So kann, wie oben schon erwähnt, nicht von einem einheitlichen Interpretationsrahmen und Vorgehen aller Mitarbeiter in Jugendämtern bei gleichen Fallbeschreibungen ausgegangen werden. Dies lässt sich in entsprechenden Untersuchungen von Bewertungen und Empfehlungen in Hilfeplänen nachweisen, die zeigen, dass bei gleich beschriebener Sachlage verschiedenste Einschätzungen des Hilfebedarfes durch unterschiedliche Fachkräfte entstehen.[15] Damit kommt der **Prozessqualität** der Beratung im Team, der professionellen und **belegbaren Informationsgewinnung**, Recherche und Dokumentation eine Schlüsselrolle zu, um eine Beliebigkeit in den Entscheidungen weitgehend zu vermeiden. Unabdingbare Voraussetzung ist dabei ein hohes Maß an Partizipation der Anspruchsberechtigten (vgl. § 36 SGB VIII Rn. 10 ff.).

16 Geeignete und notwendige Hilfe muss darauf zielen, Problemlagen zu beseitigen bzw. die Situation positiv zu beeinflussen. Die **Notwendigkeit einer Hilfe** ergibt sich aus der Einschätzung der Gefährdungssituation des Kindes/Jugendlichen. Ist diese prognostiziert, ergibt sich kein Ermessensspielraum mehr.[16] **Geeignet** ist eine Hilfe dann, wenn durch ihren Einsatz eine Abwendung der Gefährdungslage zu erwarten ist. „Erwarten" heißt eine **Prognose** abgegeben, deren tatsächliches Eintreten ungewiss bleibt.

1. Personensorgeberechtigte als Anspruchsinhaber

17 **Anspruchsberechtigt** sind die Personensorgeberechtigten. Das sind die Eltern, der Vormund oder der Ergänzungspfleger. Diese Anspruchsberechtigten verfügen damit über einen einklagbaren Rechtsanspruch gegenüber dem Träger der öffentlichen Jugendhilfe.[17] Für die Anspruchsberechtigten und die Kinder/Jugendlichen besteht hierbei eine **Mitwirkungspflicht**, die im § 36 SGB VIII formuliert ist. Findet diese Mitwirkung nicht statt, so kann eine Hilfe zur Erziehung kein geeignetes Mittel darstellen, den Tatbestand einer Gefährdung erfolgreich zu beseitigen.

Der Begriff der **Mitwirkung** ist ebenfalls unbestimmt. Er unterliegt der individuellen Einschätzung und bedarf der Interpretation. Bei der Bewertung, ob Anspruchsberechtigte mitwirken oder nicht, besteht faktisch ein erheblicher Spielraum, der von Mitarbeitern der Jugendämter und freien Träger sehr unterschiedlich gefüllt werden muss. Je nach Bewertungsrahmen und Haltung der Mitarbeiter kommen so unterschiedliche Sichtweisen zum Tragen, die den Verlauf einer Hilfe mit beeinflussen. Aus diesem Grund kommt den **Beratungsprozessen der professionellen Helfer**, ihren **Entscheidungsverfahren und Prozessen** sowie der **Dokumentation** eine besondere Bedeutung zu. Eine **partizipative Mitwirkung** der Anspruchsberechtigten gemäß § 36 SGB VIII ist in diesem Rahmen umzusetzen, um die Wahrscheinlichkeit für das Gelingen einer Hilfe zu erhöhen.

Mitwirkung in diesem Sinne umfasst auch, dass den Wünschen der Personensorgeberechtigten gemäß dem **Wunsch- und Wahlrecht** nach § 5 SGB VIII weitgehend und soweit umsetzbar entsprochen wird. Denn dies inkludiert, dass sich die Personensorgeberechtigten informiert haben und auf der Basis dieser Information ihren Willen äußern. Dies bedeutet eine umfassende **Informationspflicht** des öffentlichen Trägers über die Möglichkeiten und die

---

14 *Harnach* 2007, 100.
15 *Pothmann/Tabel* 2009, 88 ff.
16 FK-SGB VIII/*Tammen/Trenczek*, § 27 SGB VIII Rn. 17.
17 *Ollmann*, ZfJ 1995, 40.

Verschiedenartigkeit der Hilfen. Nur wenn diese Informationen in die **Mitwirkung** einfließen, findet **Partizipation** statt. Letztlich kann erst dann prognostisch von allen Beteiligten beurteilt werden, ob eine Hilfe geeignet ist. Eine Vorauswahl der Hilfeform durch den öffentlichen Träger ist somit problematisch, da sie das Wunsch- und Wahlrecht aushebelt.

Die klare Positionierung des SGB VIII für das **Elternrecht** kann jedoch dann kritisch werden, wenn Eltern die Situation ihrer Kinder anders beurteilen, als die Lebenslage der Kinder es erfordert, und eine Gefährdung nicht sehen. Die Soziale Arbeit ist in diesem Rahmen besonders gefordert, die Situation der Kinder und Jugendlichen im Rahmen **sozialpädagogischer Diagnostik** umfassend und nachvollziehbar zu beschreiben, zu erfassen und in den Gesamtkontext der Lebenswelten einzuordnen. Eine klare fachliche Haltung, die Fähigkeit der Anwendung partizipativer Verfahren sowie methodisches Handlungswissen sind dann Voraussetzung für die Aufrechterhaltung von kommunikativen Zugängen zu den Eltern, auch wenn das **Kindeswohl** zwingend erfordern sollte, über die Betroffenen hinweg zu entscheiden, z.B. im Rahmen von **Inobhutnahmen**. **18**

2. Anspruchsvoraussetzungen

a.) Nichtgewährleistung einer dem Wohl des Kindes oder des Jugendlichen entsprechenden Erziehung

Es gibt weder eine gesetzliche Definition des Begriffs Kindeswohl noch ist eindeutig definiert, wann eine dem **Kindeswohl** entsprechende Erziehung nicht gewährleistet ist. Unbestritten ist, dass eine dem Kindeswohl gemäße Erziehung bei vorliegender **Kindeswohlgefährdung nach § 1666 BGB** nicht gewährleistet ist. § 27 SGB VIII interveniert allerdings schon eher und setzt aus präventiven Gründen früher an.[18] Eine Hilfe kann und soll gegebenenfalls installiert werden, bevor eine Schädigung, Gefährdung oder Verwahrlosung eingesetzt hat.[19] Das Kindeswohl umfasst das **körperliche**, **geistige** und **seelische Wohl** des Kindes. Zum Wohl eines Kindes gehört es, z.B. in einer Gruppe mit Gleichaltrigen aufzuwachsen, ausreichende Spiel- und Sportmöglichkeiten zu haben und ergänzend zu den Eltern bei Bedarf pädagogisch betreut zu werden. Ein Kind, ein/e Jugendliche/r ist zum Beispiel in seiner Entwicklung gefährdet und benachteiligt, wenn eine notwendige schulische Förderung nicht geleistet wird. Gefördert werden müssen sowohl Minderbegabte als auch Teil- oder Hochbegabte. Findet diese Förderung nicht statt, kann es zur Ausgrenzung und damit zur Schädigung kommen. Die Chancengleichheit und damit die **Teilhabe am gesellschaftlichen Leben** soll nicht erschwert oder verhindert werden. **19**

Eine neue Dimension in der Prüfung von Zugangsvoraussetzungen für Hilfen zur Erziehung ist sicher in den Folgen der Corona-Pandemie zu sehen. Im **„Home-Office"** ist es sicher noch schwerer möglich, **Kindeswohlgefährdungen** rechtzeitig wahrzunehmen. Kontaktbeschränkungen widersprechen einer sozialen Arbeit, die auf eben diese Kontakte elementar angewiesen ist.

b.) Notwendigkeit der Hilfe

Dem Kind, der/dem Jugendlichen soll **Hilfe zur Erziehung** zugutekommen, wenn Eltern es allein mit den üblichen Unterstützungsmöglichkeiten (§§ 11 ff. SGB VIII) nicht mehr schaffen. **Notwendig** wird die Hilfe z.B. bei Überforderung der Eltern bzw. der/des Alleinerziehenden, bei Erkrankung, sei es physisch, psychisch oder eine Suchterkrankung, bei geistiger Beeinträchtigung oder Behinderung und bei körperlicher Behinderung. In diesen Fällen ist den Kindern und Jugendlichen die Unterstützung zu geben, die sie in einem funktionieren- **20**

18 Vgl. FK-SGB VIII/*Tammen/Trenczek*, § 27 Rn. 7; LPK-SGB VIII/Kunkel/*Kepert*, § 27 Rn. 6.
19 BT-Drs. 11/5948, 68.

den Familiensystem hätten. Es gibt auch **Gründe**, die nicht ursächlich aus dem **familiären Kontext** kommen, z.B. Armut, schlechte Wohnverhältnisse, Krankheit in der Familie, fehlende Ausbildungs- oder Arbeitsplätze etc..

21 **Notwendig** ist eine Hilfe, wenn andere Leistungen der Jugendhilfe und die Eigenhilfe der **Eltern und ihres familiären Netzwerkes** nicht ausreichen, den festgestellten erzieherischen Bedarf zu decken. Mit anderen Leistungen sind die Angebote der **Jugendarbeit**, der **Jugendsozialarbeit** und der **Förderung der Erziehung in der Familie** gemeint: Jugendarbeit (§ 11 SGB VIII), Jugendsozialarbeit (§ 13 SGB VIII), Förderung der Erziehung in der Familie (§§ 16 ff. SGB VIII), Förderung von Kindern in Tageseinrichtungen und Tagespflege (§§ 23 ff. SGB VIII).

c.) Geeignetheit der Hilfe

22 Eine Hilfe ist **geeignet**, wenn zu erwarten ist, dass sie den **erzieherischen Bedarf** des Kindes bzw. der/des Jugendlichen deckt und ihre/seine Entwicklung fördert. Dabei ist immer vom **individuellen Bedarf** und einer auf die Person und Situation **abgestimmte Hilfeleistung** auszugehen. In diesem Fall sind die Spielräume, die Abs. 2 bietet, zu nutzen. Auch nicht aufgeführte Hilfen können **geeignet** sein, den Bedarf zu decken. Die Möglichkeiten, andere geeignete **Hilfeformen und Vorgehensweisen zu entwickeln und maßgeschneidert anzubieten**, werden regional sehr unterschiedlich und oftmals zu wenig genutzt. Vielfach findet eine Begrenzung auf die aufgeführten Hilfen der §§ 28 bis 35 SGB VIII statt. Damit bleiben die Fachkräfte unter den Möglichkeiten, die der Gesetzgeber eröffnet. Die Entwicklung von kreativer, auf den Einzelfall abgestimmter Hilfe bietet die Chance, zielgenau, personenbezogen und lebensweltorientiert, also am Kind/Jugendlichen orientiert, Hilfe anzubieten.

23 Insbesondere entstehen aufgrund der nötigen Integrationsleistungen für die steigende Zahl von Familien mit **Migrationshintergrund** neue Bedarfe, die das Hilfesystem herausfordern. Es werden vermehrt Leistungen benötigt, die aufgrund bisher fehlenden beiderseitigen **Kulturverstehens** sich der daraus ergebenden Bedarfe annehmen. Alternative Vorgehensweisen und Anpassungen von Verfahren sowie der Abbau von Sprachbarrieren kennzeichnen die Herausforderungen. Die Nutzung brachliegender Spielräume wird umso wichtiger. Lebensweltbezug und Partizipation müssen bei der Arbeit mit anderen Kulturkreisen neu justiert und angepasst werden, um weiter professionelles Arbeiten zu gewährleisten.

Dies wird jedoch nicht nur in diesem Zusammenhang deutlich. Auch **„Systemsprenger"** stellen die öffentlichen und freien Träger vor die Aufgabe, Angebote neu zu kreieren oder umzugestalten. Schon der Versuch der Definition der Merkmale eines **„Systemsprengers"**[20] zeigt, dass der Gruppe von Kindern und Jugendlichen mit Standardisierung nicht beizukommen ist. Mit den derzeit vielerorts üblichen **Regelangeboten** der §§ 28 bis 35 SGB VIII scheint diese Zielgruppe nicht ausreichend erreichbar zu sein. Eine erneute Diskussion um Standards in den Hilfen wird benötigt, damit es gelingen kann, eine „**Einrichtungs-Hopping**" dieser nicht nach einfachen Kriteriensammlungen eindeutig beschreibbaren Zielgruppe zu vermeiden.

Einer steigenden Anzahl von Hilfen zur Erziehung mit Kindern und Jugendlichen, die in dieser Zielgruppe zusammengefasst werden, steht ein **Fachkräftemangel** gegenüber, der die schnelle Entwicklung und Umsetzung von alternativen Angeboten verhindert oder zumindest massiv behindert.

20 Vgl. dazu *Baumann*, TPJ 11 (2015), 8–26.

3. Auswahl der Hilfe

Beim Vorliegen entsprechender Voraussetzungen ist als Rechtsfolge nicht eine bestimmte Hilfe durch das Gesetz festgelegt. Kriterium für die Auswahl einer Hilfe ist die **Erwartung einer positiven Veränderung**. Damit spielen die sorgfältige Erfassung/Diagnose der aktuellen Situation und das **Hilfeplanverfahren (§ 36 SGB VIII)** eine wichtige Rolle für die Qualität der weiteren Arbeit. Werden die Grundlagen sorgfältig erfasst, ergibt sich in der Regel daraus eine klare Struktur für die zu leistende Hilfe. Deren Auswahl unterliegt dem Anspruch einer positiven **Wirkungsprognose**. 24

Die sozialpädagogischen Fachkräfte sind insofern gefordert, eine **Analyse der Gesamtsituation** zu erstellen, sich bei den Betroffenen zu informieren, die Problemlagen zu erfassen und zu beschreiben sowie die Ressourcen des Kindes bzw. der/des Jugendlichen mit diesen zusammen zu erkennen. Gleichzeitig ist eine objektive Begleitung und Beratung Voraussetzung. Dies setzt umfassende Kenntnisse über die Lebenszusammenhänge, gesetzlichen Spielräume und mögliche Hilfsangebote voraus. Der/die Sozialarbeiter/in hat dann die Aufgabe, gemeinsam und partizipativ mit den Betroffenen aus den jeweiligen Problemlagen **Lösungsansätze** zu entwickeln und **Zielvereinbarungen** realistisch und überprüfbar festzuhalten. 25

Bei Einrichtung einer Hilfe zu Erziehung muss das **Wunsch- und Wahlrecht** (§§ 5, 36 SGB VIII) berücksichtigt werden. Die **Beteiligung** von Kindern und Jugendlichen muss ebenfalls gewährleistet sein (§ 8 SGB VIII). Damit ist eine Ausrichtung auf partizipative Verfahren erfolgt (mit Ausnahme von Tatbeständen **akuter Kindeswohlgefährdung** nach § 8a SGB VIII, hier setzen die Verfahren im Zweifelsfall erst später ein). Partizipation ist ein wichtiger Baustein für das Gelingen jeder angedachten Hilfe und ein entscheidender **Wirkfaktor** für den Erfolg. Somit wird schon im Hilfeplanverfahren der Grundstein für spätere Wirkungen gelegt. (Inwieweit aktuell eine teilweise digitale oder telefonische Hilfeplanung dem Anspruch von Partizipation gerecht werden kann oder konnte, wird sich in der Zukunft zeigen.) Die neue gesetzliche Betonung der **Möglichkeit der Kombination von Hilfen** wird dabei wahrscheinlich hilfreich sein. 26

II. Abs. 2 – Art und Umfang der Hilfe

Nach Absatz 2 ist die Hilfe zur Erziehung insbesondere nach **Maßgabe der §§ 28 bis 35 SGB VIII** zu gewähren. Die Hilfen sind gleichrangig nebeneinander zu sehen.[21] Die Aufzählung der Hilfeformen in den §§ 28 ff. SGB VIII birgt die Gefahr, diese als gegebene Angebotsliste zu sehen. Demgegenüber steht die Möglichkeit, die Hilfen nach §§ 28 bis 35 SGB VIII zu kombinieren[22] und zu kumulieren. Ebenso wenig handelt es sich um eine **abschließende Regelung** der Hilfearten, wie sich aus dem Wort „insbesondere" ergibt. Weitere und andere Hilfeformen sind möglich. Die Hilfe soll dem Einzelfall gerecht werden. Ein phantasievoller Einsatz anderer Hilfsmöglichkeiten ist gewünscht. Dies wird durch die **Reform des SGB VIII** mit der Einfügung des Absatzes 2 Satz 3, der explizit die **Kombinationsmöglichkeit** von Hilfen benennt, gestärkt. Die Praxis sollte auf das Kind bzw. die/den Jugendliche/n abgestimmt neue Angebote initiieren und vorhandene weiterentwickeln. Die **Lebenswelt** des Kindes bzw. der/des Jugendlichen, ihr/sein engeres Umfeld, Familie, Freunde etc. sollen mit einbezogen werden. Durch die **Orientierung am Einzelfall** soll sichergestellt werden, dass die Hilfe die jeweiligen Besonderheiten berücksichtigt. Die individuelle Situation des Kindes bzw. der/des Jugendlichen steht im Mittelpunkt und ist leitend für die Entwicklung des Hilfeangebots. 27

---

21 Vgl. BT-Drs. 11/5948, 67.
22 Vgl. DIJuF-Rechtsgutachten, JAmt 2002, 118.

28 Im Rahmen der Umsetzung dieses Anspruches sind in den vergangenen Jahren viele **neue Hilfeformen** entstanden, deren Etablierung stellenweise nur schleppend gelingt, vermutlich, da sie nicht explizit im SGB VIII aufgeführt sind. Beispielhaft seien hier genannt: **Video-Home-Training, Marte Meo, Clearing, Familiy Group Conference, aufsuchende Familientherapie** etc. Viele Jugendämter tun sich schwer, diese Hilfen unter **§ 27 Abs. 2** zu gewähren. Sie versuchen sie entsprechenden bestehenden gesetzlichen Regelungen (§§28 bis 35) zuzuordnen oder versuchen, sie unter diese zu subsumieren. Letzteres stellt sich häufig als problematisch für die Erbringer der Leistung heraus, da zum einen notwendige andere **Rahmenbedingungen und Qualifizierungen** der Mitarbeiter bei **Leistungs- und Entgeltvereinbarungen** (§ 77 SGB VIII) als Mehraufwand von dem öffentlichen Träger nicht anerkannt werden. Zum anderen wird die Eigenständigkeit von Leistungsangeboten negiert und damit ein Stück fachlicher Weiterentwicklung strukturell gehemmt. Freie Träger der Jugendhilfe versäumen hingegen häufig, für entsprechende Rahmenbedingungen in den Vereinbarungen zu sorgen. Eine Ursache hierfür ist sicher in dem starken Konkurrenz- und Preisdruck zu sehen, der regional durch eine sehr hohe Anzahl von freien Trägern der Jugendhilfe entstanden ist. Aufgrund des aktuellen hohen Bedarfes an Hilfen, der kontinuierlich steigt, verliert dieser Druck jedoch an Bedeutung. In diesem Rahmen wird es eher gerade schwierig, gute Rahmenbedingungen zu generieren, um generell Mitarbeiter ins Arbeitsfeld zu ziehen und dort zu halten.

29 Die besondere Bedeutung und Aktualität der oben genannten notwendigen Anpassung von Hilfen lässt sich insbesondere an den Bedarfen der sog. **Systemsprenger** ablesen. Diese Kinder und Jugendlichen fallen durch alle Raster der bestehenden Hilfeangebote und das System der Hilfe steht ihnen vielfach hilflos gegenüber. **Kreativität und partizipatives Vorgehen** werden dabei bisher vielfach durch die mangelnde Nutzung der **Spielräume des SGB VIII** und insbesondere des § 27 Abs. 2 SGB VIII behindert. Eine enge Auslegung des § 27 SGB VIII beschränkt die Weiterentwicklung und produziert eher weitere sogenannte Systemsprenger. Gleichwohl ist die **Überprüfbarkeit alternativer Vorgehensweisen** zwingend notwendig, damit Hilfe zur Erziehung als **wirksames Mittel zur Verbesserung von Sozialisationsbedingungen** von Kindern und Jugendlichen in der Öffentlichkeit und Politik wahrgenommen wird. Da sich ihr **Erfolg** bei der Einleitung von Hilfe nicht garantieren, sondern nur prognostizieren lässt, ist ein offensiveres Vorgehen der Verantwortlichen zur Darstellung der professionellen Vorgehensweisen in diesem Arbeitsfeld zwingend notwendig.

30 Vor der Reform des SGB VIII beinhaltete der Absatz 2 Satz 3 die Prämissen, dass die Hilfe in der Regel im Inland zu erbringen ist. Dieser Absatz wurde sicher auch aufgrund der in den letzten Jahren kritischen Diskussion von **Auslandsmaßnahmen** gestrichen und alternativ mit entsprechenden Kriterien versehen. Die Möglichkeit von Auslandsmaßnahmen wurde in dem neu gefassten § 38 SGB VIII mit einigen Konkretisierungen ergänzt. Genauer gefasst wurde, dass, wenn für die **Erreichung des Hilfeplanziels** eine Auslandsmaßnahme für notwendig gehalten wird, für diese Auslandsmaßnahme, in Verbindung mit § 35a SGB VIII, eine Stellungnahme nach § 35a Absatz 1a Satz 1 SGB VIII eingeholt werden soll, die erbringenden Träger allen Regelungen der **Betriebserlaubnispflicht** nach § 45 SGB VIII, dem **Tätigkeitsausschluss** nach § 72 SGB VIII unterliegen und insbesondere die Rechtsvorschriften des jeweiligen Landes entsprechend Berücksichtigung finden. Neu eingefügt wurde weiterhin die Regelung, dass die Hilfeplanung vor Ort stattfinden soll (§ 38 Abs. 3 SGB VIII).

Häufig werden gerade intensive pädagogische Projekte als Phase einer Hilfe zur **Erziehung im Ausland** durchgeführt. Die Möglichkeiten der Einflussnahme und kollegialen Unterstützung gestaltet sich im Ausland schwieriger. Von daher ist die Verpflichtung zu einer vor Ort stattfindenden Hilfeplanung hilfreich. Die sozialpädagogische Fachkraft ist gefordert, mit der/dem Jugendlichen Ziele zu erarbeiten, zu reflektieren und gemeinsam den Transfer des Erlebten und Erfahrenen in den Alltag zu ermöglichen.

Die Verpflichtung zur Einbeziehung des engeren **sozialen Umfeldes** des Kindes bzw. der/des Jugendlichen bezieht sich auf die **Zusammenarbeit** und die **Nutzung** der Ressourcen von Familie, Freundeskreis und der jeweiligen Bezugsgruppen. Die Leistungsberechtigten müssen sich als Subjekt erfahren, das heißt, sie bleiben Handelnde, keine Objekte, über deren Köpfe hinweg entschieden und gehandelt wird. Eine Orientierung an der Lebenswelt von Familien und Jugendlichen ist dabei Voraussetzung. **Lebensweltorientierung** ist kein modernes Schlagwort, sondern muss mit konkreten Inhalten gefüllt werden. Die Lebenswelt eines Menschen ergibt sich aus der Auseinandersetzung des Individuums mit seiner sozialen Welt und der subjektiven Wahrnehmung seiner Umwelt. In der Summe werden die eigenen Erfahrungen durch Sozialisation, kulturelles und persönliches Erleben geprägt sowie durch materielle und soziale Hintergründe geformt. Sie muss im Kontext der Biographie, d.h. der Lebensphase und des Geschlechts, gesehen werden. „Lebensweltorientierte" Soziale Arbeit konkretisiert ihre Aufgabe, soziale Gerechtigkeit in Lebensverhältnissen zu ermöglichen, in Bezug auf Brüche, Krisen und Belastungen heutiger lebensweltlicher Erfahrungen. Sie ist gefordert ebenso an den von Überforderung und Ausgrenzung bedrohten Rändern der Gesellschaft wie in normalen Belastungen heutiger schwieriger Normalität."[23] Die Hilfen sollen lebensweltorientiert ausgewählt werden und in die Erfahrungswelt der Klientel passen. Hilfen müssen verständlich und nachvollziehbar sein und an die Ressourcen zur Selbsthilfe anknüpfen. Dies wird insbesondere durch **partizipative Strukturen** in den Hilfen gewährleistet, da erst durch die **Möglichkeit des Mitentscheidens** die Erfahrung des eigenen Selbst und damit der Weg zu Selbstachtung und Selbstständigkeit geöffnet werden oder bleiben. 31

Bei der Überprüfung der Hilfen auf ihre **Wirksamkeit** kommt der **Hilfeplanung** entscheidende Bedeutung zu. In allen Phasen der Hilfen werden hier die Weichen gestellt, **überprüfbare** und **messbare Kriterien** partizipativ mit den Familien, Kindern und Jugendlichen zu entwickeln, an denen die **erfolgreiche Umsetzung** einer Hilfe gemessen werden kann. Bezüglich der Hilfeplanung besteht angesichts der mannigfaltigen Modifikation von **neuen Hilfen** und der Entwicklung auf dem Fachkräftemarkt ein riesiger Entwicklungsbedarf zur Ausgestaltung der Hilfeplangespräche. Gerade der jetzige enorme Bedarf an neuen sozialpädagogischen Fachkräften, der nur durch junge Sozialpädagogen bedient werden kann, lässt diesen fachlichen Entwicklungsbedarf eher größer werden. Eine gemeinsame **Qualifizierungsoffensive** von Hochschulen, öffentlichen Träger und freien Trägern ist dringend notwendig. Dazu gehört auch, den Mitarbeitern entsprechende finanzielle und zeitliche Ressourcen zu Verfügung zu stellen. 32

Die **Corona-Pandemie** verstärkt das Problem umso mehr. Die Ausbildung von Fachkräften ist durch **Online-Formate** in ihrer Qualität bedroht (aber alternativlos). Das Agieren in Präsenz mit Kindern/Jugendlichen und ihren Eltern ist schwerlich durch zweidimensionale **digitale Ausbildung** zu erlernen. Somit steht zu befürchten, dass Qualität von Art und Umfang der Hilfen sich aufgrund verändernder Fachlichkeit ebenfalls ungünstig für einige Jahre entwickeln werden, da eine Generation von Sozialädagog_innen auf den Markt kommen wird, die allein durch Online-Formate ausgebildet worden ist. Für die Praxis bedeutet die, dass öffentliche und freie Träger erheblich in die Nachqualifizierung von neuen Mitarbeitern investieren müssen, damit Qualität nicht dauerhaft verloren geht.

III. Abs. 2a – Übernahme der Hilfe durch eine andere unterhaltspflichtige Person

In **Abs. 2a** ist festgehalten, dass Hilfe zur Erziehung als **Vollzeitpflege** nicht entfällt, wenn **andere unterhaltspflichtige Personen** diese Aufgabe übernehmen. Die Personen müssen 33

23 Vgl. *Thiersch*, Positionsbestimmung, 35.

bereit und geeignet sein, den Hilfebedarf in Zusammenarbeit mit dem öffentlichen Träger der Jugendhilfe nach Maßgabe der §§ 36 und 37 SGB VIII zu decken.

34 Zur Hilfe zur Erziehung gehört auch die **Vollzeitpflege** (§ 33 SGB VIII). Sie soll entsprechend dem Alter und Entwicklungsstand des Kindes oder der/des Jugendlichen und seinen persönlichen Bindungen sowie den Möglichkeiten der Verbesserung der Erziehungsbedingungen in der Herkunftsfamilie Kindern und Jugendlichen in einer anderen Familie eine zeitlich befristete Erziehungshilfe oder eine auf Dauer angelegte Erziehungsform bieten (§ 33 SGB VIII Satz 1). **Vollzeitpflege** wird nicht nur in Familien durchgeführt, die nicht verwandt sind, sondern es ist jahrzehntelange Praxis, Kinder oder Jugendliche in den Haushalt von **Verwandten** und insbesondere **Großeltern** zu geben. Sie sind in diesem Fall als „andere" Familie zu sehen und gehören nicht zur Herkunftsfamilie.

35 In der Vergangenheit hatten Großeltern nur dann einen Anspruch auf Hilfe zur Erziehung, wenn sie die Betreuung ihres Enkelkindes nicht in Erfüllung der **Unterhaltspflicht** geleistet haben und nicht zur unentgeltlichen Pflege bereit waren.[24] Dies führte zu Anwendungsproblemen. Es musste nicht nur der Hilfebedarf geprüft werden, sondern auch die mangelnde finanzielle Leistungsfähigkeit von Eltern und Großeltern.[25] Finanzielle Abklärung und Abgrenzung zur Sozialhilfe standen der notwendigen Hilfe gegenüber.

36 Für die Gewährung einer Hilfe im Rahmen der **Verwandtenpflege** bleibt somit weiterhin der Grundsatz „**geeignet**" und „**notwendig**" entscheidend. Als weiteres Kriterium kommt hinzu, dass die Pflegepersonen insofern geeignet sein müssen, dass sie die problematische erzieherische Situation langfristig positiv beeinflussen können.

37 Daraus lässt sich im Umkehrschluss jedoch nicht ableiten, dass jede Unterbringung bei einer anderen unterhaltspflichtigen Person eine Hilfe zur Erziehung nach sich zieht. Muss ausschließlich der **finanzielle Bedarf** abgedeckt werden, so kommen die Regelungen des § 27 SGB VIII nicht zur Geltung.

38 Die **Vollzeitpflege** soll im Interesse der im Mittelpunkt stehenden Kinder und Jugendlichen nach Maßgabe des § 27 SGB VIII auch für Großeltern möglich sein. Dies entspricht auch der Fachdiskussion und wird durch den Deutschen Vereins für private Fürsorge vertreten. Die Bereitschaft der Großeltern oder anderer **unterhaltspflichtiger Personen** schließt den Anspruch auf Hilfe zur Erziehung nicht aus. Durch diese Klarstellung wird deutlich, dass die Hilfe im Interesse des Kindes oder der/des Jugendlichen zur Förderung des Individuums und dem erzieherischen Bedarf entsprechend zu installieren ist. Evtl. „günstige" Unterbringungen, die nicht im Interesse der betroffenen Kinder und Jugendlichen sind, kommen nun nicht so schnell in Betracht. Denn so positiv eine Unterbringung bei Verwandten sein kann, gibt es Beispiele, die negative Auswirkungen gezeigt haben. Eine fachliche Prüfung im Interesse des Kindes und der/des Jugendlichen ist unbedingt erforderlich. Wird ein Kind oder ein/eine Jugendlich/e allerdings nur aus wirtschaftlichen und nicht aus erzieherischen Gründen von den Großeltern betreut, kommt die Hilfe für das Kind, die/den Jugendliche/n nach dem SGB XII in Betracht.

IV. Abs. 3 – Pädagogische und therapeutische Leistungen, Ausbildungs- und Beschäftigungsmaßnahmen

39 In Absatz 3 wird herausgestellt, dass Hilfe zur Erziehung insbesondere die **Gewährung pädagogischer** und damit verbundener **therapeutischer Leistungen** umfasst. Dies klärt, dass pädagogische und grundsätzlich auch therapeutische Hilfeleistungen wesentliche Be-

24 Vgl. BVerwG, Urt. v. 12.9.1996, 5 C 31/95.
25 Vgl. DIJuF-Rechtsgutachten, JAmt 2003, 473.

standteile der Hilfe zu Erziehung sind.[26] Die **pädagogischen Angebote** werden nicht einschränkend festgelegt. Sie sind auf Grundlage des Grundgesetzes und der Rechtsprechung so vielseitig wie die Weltanschauungen, die religiösen Bekenntnisse und die anthropologischen Richtungen der Anbietenden und der Antragsstellenden. Die von sozialpädagogischen Fachkräften vorgehaltenen Handlungskonzepte müssen sich auf ihre sinnvolle Umsetzung überprüfen lassen. Der **erzieherische Bedarf** muss nach § 27 Abs. 2 Satz 2 SGB VIII erfüllt werden. Das soziale Umfeld ist einzubeziehen, ebenso die Vorgaben der §§ 1 und 9 SGB VIII. So ist hier auch die geschlechtsspezifische Arbeit mit Mädchen und Jungen angesprochen; sie ist inhaltlich zu füllen.[27]

Die vom Gesetzgeber getroffene Betonung der Verbindung der pädagogischen Leistungen mit damit verbundenen **therapeutischen Leistungen** wird teilweise so interpretiert, dass die therapeutische Leistung nur in Verbindung mit der pädagogischen gesehen werden kann.[28] Mit der Verbindung gibt der Gesetzgeber einen Teil der bestehenden Praxis wieder; es besteht dennoch kein Junktim. Durch den Begriff „insbesondere" wird die Möglichkeit zu alleinigen therapeutischen Leistungen als Hilfe zur Erziehung eröffnet.[29] Die Leistungen müssen allerdings geeignet sein, die dem Kindeswohl entsprechende Erziehung zu fördern. Nach *Häbel*[30] muss es sich dabei nicht zwingend um Sozialtherapie handeln. Im Rahmen der Hilfe zu Erziehung kommen alle Formen der Psychotherapie in Frage, die sowohl innerhalb wie auch außerhalb der Jugendhilfeeinrichtungen erbracht werden können. **Therapeutische Leistungen** sind somit grundsätzlich auch dann Aufgabe der Jugendhilfe, wenn von anderer Seite keine Finanzierung übernommen wird. Diesem Ansatz folgend sind in den vergangenen Jahren verschiedene Konzepte aufsuchender **systemischer Familientherapie** entstanden. Sie schließen eine therapeutische Lücke für Familien, bei denen prognostisch nicht zu erwarten ist, dass sie sich entsprechend Hilfe im Regelsystem holen oder holen können. 40

Nach Maßgabe des Abs. 3 Satz 2 soll die Hilfe bei Bedarf **Ausbildungs- und Beschäftigungsmaßnahmen** im Sinne von § 13 Abs. 2 SGB VIII einschließen. Dies ist durch die **Reform des SGB VIII** noch geschärft worden. Deutlich wird herausgestellt, dass die verschiedenen Hilfearten grundsätzlich mit den Ausbildungs- und Beschäftigungsmaßnahmen (§ 13 Abs. 2 SGB VIII) gekoppelt werden können bzw. selbst Bestandteil der Hilfe sind. Eine Verbindung mit ambulanten, teilstationären und stationären Hilfen ist möglich.[31] Ein/e Jugendliche/r in stationärer Unterbringung kann beispielsweise den Bedarf an einem speziellen Ausbildungsangebot haben, das der individuellen Situation, dem Entwicklungsstand und der realistischen Zukunftsplanung entspricht. Hier ist die Ausbildungsmaßnahme dann Bestandteil der Hilfe zur Erziehung, etwa wenn ein/e Jugendliche/r nach dem Hauptschulabschluss den Wunsch und die Möglichkeit hat, eine **Ausbildung** zu machen, aber weiterhin die **Begleitung und Unterstützung** der Mitarbeiter/innen der Einrichtung benötigt. Gleiches gilt speziell für Mädchen und junge Frauen in stationärer Unterbringung, die leider häufig noch in **frauentypischen Berufen** mit geringer Einkommenserwartung ausgebildet werden. Mit einer solchen Ausbildung sind diese jungen Frauen dann schlecht vermittelbar. Diese geschlechtsspezifische Benachteiligung ist abzubauen (§ 9 Nr. 3 SGB VIII). Die Mädchen und jungen Frauen sind entsprechend ihren individuellen Fähigkeiten zu fördern. Die **Arbeits- und Beschäftigungsmaßnahmen** im Sinne des § 13 Abs. 2 SGB VIII können auch als **selbstständige Hilfe** gewährt werden, wenn die Voraussetzungen des § 27 Abs. 1 SGB VIII 41

26 Vgl. BT-Drs. 1.12.1989, 11/5948,131.
27 Vgl. BT-Drs. 11/5948, 52 ff.
28 Vgl. Schellhorn/Fischer//Mann/Kern, § 27 SGB VIII Rn. 48; LPK-SGB VIII/Kunkel/*Kepert*, § 27 Rn. 35.
29 Vgl. GK-SGB VIII/*Häbel*, § 27 SBG VIII Rn. 40.
30 Vgl. GK-SGB VIII/*Häbel*, § 27 SGB VIII Rn. 41.
31 Vgl. BT-Drs. 11/5948, 131.

erfüllt sind.[32] Wichtig ist, dass diese Maßnahmen **sozialpädagogisch begleitete Maßnahmen** sind, die die Fähigkeiten der Jugendlichen aufgreifen und ihren Entwicklungsstand berücksichtigen. Um soziale Benachteiligung auszugleichen, müssen die Chancen auf dem Arbeitsmarkt verbessert werden. Dies kann etwa mit gezielten Ausbildungs- und Beschäftigungsmaßnahmen geschehen. Sie können die Hilfe sein, die für die Entwicklung der/des Jugendlichen geeignet und notwendig ist.

42 Aktuell ist der Bedarf nach kreativen **Ausbildungs- und Beschäftigungsmaßnahmen** bei vielen jugendlichen **Flüchtlingen** nach wie vor ungebrochen. Der **Hilfe zur Erziehung** kommt die Bedeutung zu, über entsprechende Angebote die Regelsysteme zu unterstützen und Integration zu ermöglichen, indem Hilfen geschaffen werden, die erzieherische Defizite oder durch Flucht erzeugte Traumatisierungen erkennt und bearbeitet und kulturelle Schranken überwindet. Die präventive Ausrichtung des SGB VIII bietet die Chance, frühzeitig in die Kinder, Jugendlichen und Familien zu investieren, um später die möglichen gesamtgesellschaftlichen Fehlentwicklungen minimieren zu helfen.

V. Abs. 4 – Hilfen für minderjährige Mutter und Kind

43 Im Absatz 4 wird der Anspruch auf Hilfe zur Erziehung für den Fall, dass ein Kind oder eine Jugendliche in einer Einrichtung oder einer Pflegefamilie selbst **Mutter** wird, geklärt. Deutlich wird herausgestellt, dass die Hilfe zur Erziehung auch die Unterstützung bei der **Pflege und Erziehung** des Kindes umfasst. Die Anwendung des § 19 SGB VIII[33] berücksichtigt den besonderen eventuell verstärkt auftretenden Bedarf der **jungen Mutter** nach Hilfen zur Erziehung nicht. Im Rahmen von Hilfe zur Erziehung können auch **pädagogische und therapeutische Leistungen** erbracht werden. Das junge Mädchen/die junge Frau darf nicht nur in ihrer Rolle als Mutter gesehen und unterstützt werden, sie hat weiterhin Anspruch auf Hilfe zur Erziehung zur **Förderung der individuellen Entwicklung**. Sie erhält die ihrem Bedarf entsprechende Hilfe und das neugeborene Kind wird in die Leistungen mit einbezogen.

Die Hilfe zur Erziehung ist weiterhin zu erbringen und um die Hilfe bei **Pflege und Erziehung des neugeborenen Kindes** zu erweitern. Hierzu gehört auch die Unterstützung beim Hineinfinden in die neue Rolle. Die junge Mutter muss nun in zweifacher Hinsicht gefördert und unterstützt werden. Denn der Grund für die Einleitung der Hilfe zur Erziehung besteht weiterhin und muss nun um die Hilfe ergänzt werden, die die junge Mutter benötigt. Die Probleme und Schwierigkeiten, die mit der veränderten Situation entstehen, müssen begleitet und bearbeitet werden. Die junge Mutter muss ihre Lebensweise auf das Kind abstimmen und lernen, sich mit dem Kind neu zu orientieren.

VI. Exkurs: Finanzierung

44 Die **Finanzierung** der einzelnen Hilfearten ist durch **Leistungs- und Entgeltvereinbarungen** (§ 77 SGB VIII) geregelt. Für die einzelnen Bundesländer gelten dennoch keine einheitlichen Maßgaben. Viele Details der Finanzierung für stationäre und teilstationäre Hilfen sind durch **länderspezifische Rahmenverträge** geregelt. Dies sorgt für eine einheitliche Regelung zumindest für die jeweiligen Länder. Gleichwohl bestehen zwischen den Ländern Unterschiede in den Rahmenverträgen.

45 Der Bereich der **ambulanten Hilfen,** insbesondere die §§ 30 und 31 SGB VIII, ist meist nicht Bestandteil von Rahmenverträgen. Dies eröffnet den jeweiligen örtlichen Trägern der Ju-

32 Vgl. *Fieseler*, ZfJ 1997, 273.
33 Vgl. Wiesner/Wapler/*Struck*, § 19 SGB VIII Rn. 15 f.

gendhilfe große **Ermessensspielräume** für die Gestaltung von Entgelten im Rahmen von **Fachleistungsstunden**, die sehr unterschiedlich genutzt werden. Die **Gleichrangigkeit der Hilfen** wird durch diese Praxis in Frage gestellt, da so regional im Rahmen ambulanter Hilfen unterschiedliche fachliche und finanzielle Rahmenbedingungen geschaffen werden. Dies führte in der Vergangenheit gerade im Bereich ambulanter Hilfe zur Erziehung regional zu einer **Prekarisierung von Arbeitsverhältnissen**. Viele kleinste private Träger und einzeltätige Sozialpädagogen treten im Markt auf, deren interne Strukturen auf Scheinselbstständigkeit, fehlende Beratungsstrukturen und mangelnde Reflexionsmöglichkeit etc. überprüft werden müssten. Die Überprüfung der **Leistungsangebote** und der damit verbundenen **Leistungsdurchführung** ist eine Aufgabe, für die die öffentlichen Träger in der Regel personell nicht ausreichend ausgestattet sind.

Die den Alltag seit 2020 prägende **Corona-Pandemie** zeigt besonders die **Systemrelevanz** von Hilfe zur Erziehung. Die Funktionalität von ambulanter, stationärer und teilstationärer Hilfe zur Erziehung ist ein wesentlicher Bestandteil der Abfederung der Pandemiefolgen für die Zielgruppe. **Kinderschutz** und **Gesundheitsschutz** sollten nicht in Konkurrenz zueinander stehen. Die Möglichkeit zum Kinderschutz im Rahmen einer **Inobhutnahme** muss in einer entsprechenden Ausnahmesituation zwingend gewährleistet sein. Hilfe zur Erziehung fand zu allen Zeitpunkten der Pandemie statt und hat mit ihren Angeboten viel zu einer Unterstützung der Familien beigetragen. Sei es bei der Wahrnehmung, Bewältigung oder Bearbeitung von innerfamiliären Konflikten, die im Rahmen von Kontaktbeschränkungen auftraten und -treten, oder auch der Unterstützung bei Anforderungen, die durch Schließungen von Schulen und Einrichtungen der Kinderbetreuung in den Familien entstanden sind. Die **prospektiv angelegte Refinanzierung** von freien Trägern der Jugendhilfe konnte die sich aus der Pandemie ableitenden **Mehrkosten** nicht berücksichtigt haben. Die Anerkennung der für die freien Träger bestehenden Mehrkosten durch **Infektions- und Arbeitsschutz** bleibt demgegenüber ein regionales Stückwerk, das nicht durch eine strukturelle Planung gekennzeichnet ist. Wirksame Hilfe zur Erziehung benötigt eine Sicherstellung der Infrastruktur im Rahmen einer funktionierenden Jugendhilfeplanung gemäß § 80 SGB VIII.

§ 28
Erziehungsberatung

[1]Erziehungsberatungsstellen und andere Beratungsdienste und -einrichtungen sollen Kinder, Jugendliche, Eltern und andere Erziehungsberechtigte bei der Klärung und Bewältigung individueller und familienbezogener Probleme und der zugrunde liegenden Faktoren, bei der Lösung von Erziehungsfragen sowie bei Trennung und Scheidung unterstützen. [2]Dabei sollen Fachkräfte verschiedener Fachrichtungen zusammenwirken, die mit unterschiedlichen methodischen Ansätzen vertraut sind.

Übersicht Rn.

A. Einordnung der Erziehungsberatung

1 **Beratung** ist als **Leistung der Jugendhilfe** bereits in § 11 Abs. 3 Nr. 6 SGB VIII, § 16 Abs. 2 Nr. 2 SGB VIII und § 17 SGB VIII beschrieben. Dabei handelt es sich um allgemeine Beratung, während die **Erziehungsberatung** nach § 28 SGB VIII auf besondere Erziehungsprobleme des Einzelnen abzielt. Sie ist auf individuelle und familienbezogene Problemstellungen ausgerichtet.

Auf die Erziehungsberatung besteht unter den Voraussetzungen des § 27 Abs. 1 und 2 SGB VIII ein **Rechtsanspruch**. Anspruchsberechtigt sind nach § 27 Abs. 1 SGB VIII (nur) die Personensorgeberechtigten.

Auch soweit Kinder und Jugendliche gem. § 8 Abs. 3 SGB VIII Anspruch auf Grund einer Not- und Konfliktlage auf **Beratung ohne Kenntnis** des **Personensorgeberechtigten** haben (vgl. dazu die Erläuterungen zu § 8 Rn. 27 f.), handelt es sich um einen eigenen Anspruch und nicht um einen solchen nach §§ 27, 28 SGB VIII.

2 Die Beratung erfolgt **vertraulich**. Es dürfen keine Informationen an Dritte gegeben werden. Die Beratenden dürfen dem Jugendamt gegenüber nur nach ausdrücklichem Einverständnis/ **Schweigepflichtentbindung** Auskünfte erteilen (§ 67b SGB X). Eine Einverständniserklärung ist immer zu befristen, auf den konkreten Einzelfall zu fassen und kann jederzeit widerrufen werden. Dies geschieht unter anderem, um den kausalen Zusammenhang deutlich hervorzuheben.

3 Eine Beteiligung der BeraterIn an **Hilfeplangesprächen** nach § 36 SGB VIII kann bei der Einrichtung einer weiteren Hilfe zur Erziehung sinnvoll sein. Der/die BeraterIn kann Ausführungen zur Situation des Kindes/Jugendlichen machen und in Kenntnis der Situation eigene ergänzende fachliche Einschätzungen abgeben. Dies geschieht auf Wunsch und Interesse des Kindes, der/des Jugendlichen und nur über vorher abgesprochene Bereiche. Rahmenbedingungen des **Datenschutzes** und der Schweigepflichtentbindung sind zwingend zu berücksichtigen.

4 In Abgrenzung zur Beratung in Fragen der Partnerschaft, **Trennung und Scheidung** nach **§ 17 SGB VIII**, die sich in erster Linie an die Eltern richtet, steht in der Erziehungsberatung

das Kind, die/der Jugendliche im Mittelpunkt. Im Falle der Trennung der Eltern unterstützt und begleitet die Erziehungsberatung den jungen Menschen in dieser schwierigen Situation, hilft bei der Orientierung, entlastet bei Schuldgefühlen und versucht, die Kontakte und Beziehungen zu stärken.

Junge Volljährige haben gemäß § 41 Abs. 2 SGB VIII ebenfalls einen **Rechtsanspruch auf Beratung**. 5

Dies gilt gemäß § 41 SGB VIII für junge Volljährige bis zur Vollendung des 21. Lebensjahres und in Ausnahmefällen für einen begrenzten Zeitraum darüber hinaus. Sie sollen durch **Beratung Hilfestellung** zur **Persönlichkeitsentwicklung** erhalten, die ihnen ermöglicht, eigenverantwortlich zu leben und zu handeln.

Minderjährige und junge volljährige Eltern können ebenfalls Erziehungsberatung in Anspruch nehmen. Dies kann im Rahmen von **Frühen Hilfen** geschehen oder als Ergänzung zu diesen. Die jungen Eltern können in der Beratung ihre neue Rolle als Mutter/Vater reflektieren und erfahren Unterstützung bei der Rollenfindung. Sie können in dieser herausfordernden Situation so in ihrer **Persönlichkeitsentwicklung** gestärkt und gefördert bzw. bei einer eigenverantwortlichen Lebensführung begleitet werden. 6

Die **Beratungsdauer** kann variieren. Die Dauer hängt vom Einzelfall ab und wird von der/dem BeraterIn und den zu beratenden Personen verhandelt und geklärt. Dabei kommt es nicht auf die Länge an, sondern auf die Entwicklung, die sichtbar wird. Eine Beratung kann schon nach sechs bis zehn Sitzungen als Orientierungshilfe zum Erfolg führen. Bei aufwendigeren Prozessen kann die Beratung über einen Zeitraum von anderthalb Jahren gehen. Die durchschnittliche Beratungsdauer betrug zum Beispiel 2010 fünf Monate.[1] 7

Es ist zwischen **Beratung und Therapie** hinsichtlich der **Kostenträger** zu differenzieren. Leistungs- und Kostenträger für Therapien ist gemäß dem SGB V vorrangig die gesetzliche Krankenversicherung. Findet allerdings die Therapie im Rahmen der Erziehungsberatung statt bzw. stellt hier eine der vielfältigen Methoden der Beratung dar und ist zudem eingebettet in die umfassende Beratung von Eltern, Familiensystem und Umfeld, fällt sie in das Leistungsspektrum des § 28, wenn es sich um eine Hilfe auf Grundlage des § 11 SGB VIII handelt.[2] 8

B. Einzelheiten

I. Beratung

Beratung beschreibt den Prozess der Problembearbeitung, der gemeinsam mit der beratenden Person, dem/der Symptomträger/in, den Eltern und gegebenenfalls der gesamten Familie bzw. wichtigen Bezugspersonen durchgeführt wird. Die Beratung ist ergebnisoffen. Der/die BeraterIn begleitet den Prozess, unterstützt und gibt Hilfestellung für die Betroffenen bei der eigenständigen Lösung des Problems. Gemeinsam werden die Stärken und **Ressourcen** der Kinder/Jugendlichen herausgearbeitet. Die zu Beratenden sind und bleiben in einer handelnden Rolle. Jede Familie hat ihre eigenen Lösungswege.[3] 9

Zu beraten sind Kinder, Jugendliche, Eltern bzw. andere Erziehungsberechtigte zur Bewältigung **individueller** und **familienbezogener Probleme** sowie der zugrunde liegenden Faktoren. Die Probleme können sehr vielschichtig sein. Zum Beispiel Kontaktschwierigkeiten 10

1 Siehe bvke, Familie und Beratung. Memorandum zur Zukunft, 2012, 18.
2 Wiesner/Wapler/*Wapler*, vor § 28 SGB VIII Rn. 11.
3 Literaturhinweis: *Galuske*, Methoden der Sozialen Arbeit, 2013; *Zwicker-Pelzer*, Beratung in der sozialen Arbeit, 2010.

zu Gleichaltrigen, Schulabsentismus, Angstsymptome, Aggression, Autoaggression, nicht altersgemäßes Verhalten und vieles mehr. Die Beratung bezieht die gesamte Familie beziehungsweise die Lebensgemeinschaft ein. Das kann bedeuten, dass Eltern, Stiefeltern, Lebenspartner und weitere Kinder an dem Beratungsgespräch teilnehmen. Die/der Berater/in klärt je nach Beratungsansatz und der jeweiligen Situation, wer teilnehmen sollte. Entscheidend sind die Analyse der Situation und die klare **Zielvereinbarung** mit allen Beteiligten. Im Rahmen der Beratung sind selbstverständlich die außerfamiliären Einflussfaktoren einzubeziehen. Hierzu gehören z.B. Schule, Peergroup, Nachbarschaft, Hort, Sportverein etc.

11 Die Beratungsgespräche werden vertraulich geführt. MitarbeiterInnen anderer Einrichtungen wie Schule, Jugendamt, Jugendhilfeeinrichtung oder Kindergarten dürfen nur mit Einwilligung der Betroffenen informiert werden. Diese Verpflichtung zur **Verschwiegenheit** ist nicht nur aus Datenschutzgründen (§§ 61 ff. SGB VIII und hier besonders § 65 SGB VIII) erforderlich, sondern ist auch nötig, damit sich zwischen BeraterInnen und Klientel eine tragfähige vertrauensvolle Beziehung entwickeln kann.

II. Auftrag

12 Erziehungsberatungsstellen werden vom Jugendamt und freien Trägern vorgehalten. Die Erziehungsberatungsstellen haben gemäß § 28 Satz 1 den gesetzlichen Auftrag, Kinder, Jugendliche, Eltern und andere Erziehungsberechtigte bei der Klärung und Bewältigung **individueller** und **familienbezogener Probleme** sowie den zugrunde liegenden Faktoren, bei der Lösung von **Erziehungsfragen** und bei **Trennung und Scheidung** zu unterstützen. Die Problemlagen von Kindern und Jugendlichen unterliegen sich stark verändernden **strukturellen Einflussfaktoren**. Kinder und Jugendliche wachsen mehr in sich verändernden Familienstrukturen auf. Einelternfamilien, Patchwork-Familien und Familien mit gleichgeschlechtlichen Eltern gehören mehr und mehr zum Bild von Familie. Es kommt immer häufiger zu neuen Familienkonstellationen und der gelebte Alltag verändert sich. Eltern sind durch notwendige Berufstätigkeit häufiger und länger den Familien fern. Die Zahl der Einzelkinder ist gestiegen. Die Kinder und Jugendlichen werden durch die wirtschaftlichen Verhältnisse verunsichert, leben in Armut, sie müssen sich in einem multikulturellen Alltag orientieren und haben keine klaren Lebens- und Berufsbiographien mehr vor sich. Vor dem Hintergrund, bessere Zukunftschancen für die Kinder zu garantieren, werden an sie erhöhte schulische **Leistungsanforderungen** gestellt. Somit steigen die schulische Belastung, der Stress sowie die Angst vor einer Selektion für die Kinder/Jugendlichen und ihre Bezugspersonen.

13 Weitere zu berücksichtigende Entwicklungen stellen sowohl die **Überbehütung** und **Überversorgung** von Kindern und Jugendlichen als auch die geänderte Nutzung von Medien durch die Kinder/Jugendlichen dar. Mit ersterem Verhalten werden die Kinder in ihrer Entwicklung beeinträchtigt, die Eigenständigkeit wird eingeschränkt. Die Folgen der **Mediennutzung** bzw. die beherrschende Rolle, die z.B. Smartphones mittlerweile im Alltag einnehmen, werden in den Beratungskontexten an Bedeutung zu nehmen.

Die Zukunftsängste von Kindern und Jugendlichen nehmen stellenweise zu, was nicht zuletzt an der Fridays-for-Future-Bewegung abzulesen ist. Gesamtgesellschaftliche Entwicklungen mit einer Bedrohung der Umwelt, mit vermehrten Naturkatastrophen, der gesamtpolitischen Lage und den kriegerischen Auseinandersetzungen führen zu einer erhöhten Verunsicherung.[4]

Reaktionen und **Auffälligkeiten** auf die unterschiedlichen genannten Ursachen und Entwicklungen können sich daher wie folgt zeigen: Aggressivität und Autoaggressivität, Verein-

4 DJI Bulletin 85, 1/2009, 6.

zelung, Geschwisterrivalität, Kontaktschwierigkeiten, Konzentrationsstörung, Schulabsentismus, Teilleistungsstörungen, Schul- und Ausbildungsprobleme, Ess- und Sprachstörungen, Spiel- und Computersucht, Einnässen, Angstzustände, Zukunftsängste, depressive Verhaltensweisen, altersuntypisches Verhalten u.a.

Eindeutig wird in § 28 SGB VIII festgestellt, dass Beratungsstellen und Einrichtungen ein **Beratungsangebot** für Kinder, Jugendliche und Personensorgeberechtigte und andere Erziehungsberechtigte (z.B. Pflege- und Stiefeltern) vorhalten sollen.

Dies setzt voraus, dass diese Stellen mit **Fachkräften** der Sozialen Arbeit besetzt sind, die aufgrund ihrer Ausbildung eine fundierte **Beratungskompetenz** mitbringen.

III. Anforderungen an Beratungsstellen

In § 28 Satz 2 wird festgehalten, dass die Fachkräfte verschiedener Einrichtungen zusammenwirken sollen, die mit unterschiedlichen methodischen Ansätzen vertraut sind. **14**

Dazu ist es erforderlich, **verschiedene Beratungsstellen** mit **unterschiedlichen Beratungsansätzen** vorzuhalten. Zusatzausbildungen wie Familientherapie, Kinder- und Jugendlichen-Psychotherapie sowie andere Verfahren sollten bei den beratenden Fachkräften vorhanden sein und durch regelmäßige **Fort- und Weiterbildung** aktualisiert werden. Die Unterschiedlichkeit wird durch die jeweiligen Konzepte und die MitarbeiterInnenstruktur deutlich. Wenn die vielfältigen Problemlagen von Kindern, Jugendlichen und Personensorgeberechtigten Berücksichtigung finden sollen, muss bei den beratenden Fachkräften außer der erwähnten **Beratungskompetenz** eine Zusammenarbeit im **multiprofessionellen Rahmen** möglich sein. Dies setzt ein Team von qualifizierten Fachkräften (PsychologInnen, SozialarbeiterInnen, MedizinerInnen und TherapeutInnen) voraus. Die Fachkräfte sollten über ein **interkulturelles Wissen** verfügen oder diese Kompetenz durch ihre ethnische Zugehörigkeit reflektiert einbringen. Die fachliche Zusammenstellung der Teams sollte der allgemeinen Zusammensetzung der Bevölkerung Rechnung tragen. Die jeweiligen Träger haben die Aufgabe, ihre Teams nach Möglichkeit dementsprechend zu besetzen oder zu schulen.

Unter Berücksichtigung der individuellen ethnischen und kulturellen Hintergründe der Klientel ist ein Angebot in unterschiedlicher Trägerschaft und mit vielschichtigen Ansätzen zwangsläufig. Die Beratungsangebote von öffentlichen, konfessionellen und freien Trägern entsprechen dem in § 5 SGB VIII zugesicherten Wunsch- und Wahlrecht.

In einer Einwanderungsgesellschaft muss der kulturellen Unterschiedlichkeit und Vielfalt Rechnung getragen werden. Die Beratung muss sich auf mehr Menschen mit **Migrationserfahrung** einstellen. Dies insbesondere aufgrund der erhöhten Zuwanderung durch Flucht in den letzten Jahren. **Interkulturelles Wissen** und ein anderes Zugehen auf die Klienten ist hier dringend erforderlich. Für Familien mit Migrationshintergrund ist in Entsprechung des **14. Kinder- und Jugendberichts und der Stellungnahme der Bundesregierung** eine flächendeckende interkulturelle Öffnung der Beratungsstellen erforderlich.[5]

Die Erziehungsberatungsstellen sind **niedrigschwellig** konzipiert. Dazu ist es erforderlich, dass sie bekannt sind, dezentral liegen, der Besuch leicht gemacht wird und sie ohne formale Erschwernisse genutzt werden können. **15**

Erziehungsberatung kann auch zur **Prävention** durchgeführt werden. Dies geschieht z.B. durch die Beratung von Elterngruppen in Kindertagesstätten, Informationsabende an Schulen, Beratung von MitarbeiterInnen von Einrichtungen etc. **16**

---

5 Vgl. BT-Drs. 17/12200, 304.

17 Eine besondere Form ist die **aufsuchende Beratung**. Die Eltern und Kinder sind in ihrer gewohnten Umgebung, die ihnen Sicherheit geben kann. Sie haben nicht die Herausforderung, die Beratungsstelle zu finden. Problemsituationen, die aus dem gelebten Alltag entstehen, können vor Ort gemeinsam bearbeitet werden. Hier bietet sich der Einsatz von Video-Home-Training als Methode an, bei der über Visualisierung den Beteiligten die wesentlichen Problem- und Lösungskonstellationen in kurzer Zeit deutlich gemacht werden können.[6]

IV. Selbstbeschaffung

18 Die Nutzung der Erziehungsberatungsstelle ist auch ohne vorherige **Beteiligung** des **Jugendamtes** möglich. Dies regelt der § 36a Abs. 2 Satz 1 SGB VIII, in dem es heißt, dass der Träger der öffentlichen Jugendhilfe die niedrigschwellige unmittelbare Inanspruchnahme von ambulanten Hilfen, insbesondere der Erziehungsberatung, zulassen soll.

V. Online-Beratung

19 Als eine auf Kinder und Jugendliche abgestimmte Beratungsform erscheint **Online-Beratung zeitgemäß**, die nicht nur reine **Information** liefert, sondern ein **webbasiertes Online-Beratungsangebot** (z.B. als Videokonferenz) vorhält. Sie ist besonders **niedrigschwellig** und **zielgruppenorientiert**. Die Online-Beratungsangebote können ratsuchenden Jugendlichen Zugang zu Unterstützungsformen aufzeigen[7]. Es ist aber nicht nur die Vorbereitung und Anbahnung, sondern auch der tatsächliche Ersatz der Face-to-Face-Beratung möglich und denkbar. Diese Online-Beratungsstellen sollten immer mit Beratungsstellen vor Ort kooperieren und nicht als Ersatz oder Konkurrenz zu ihnen verstanden werden.[8] Es ist zu gewährleisten, dass die Mailberatung, Foren, Chats und auch Peerberatungen immer von Fachkräften durchgeführt und/oder fachlich betreut werden.

Wie wichtig solche **digitalen Formate** werden können, hat die Corona-Pandemie gezeigt. Aufgrund notwendiger Kontaktbeschränkungen brach regional innerhalb kürzester Zeit eine **Beratungsinfrastruktu**r weg. Ohne Zweifel ist eine Beratung in Präsenz deutlich effizienter, dennoch braucht es Alternativen, wenn diese nicht möglich ist. Welche Folgen die über ein Jahr eingeschränkt mögliche Erziehungsberatung bei den Familien haben wird, ist nicht eindeutig abzusehen. Zu Vermuten ist aber, dass nicht gedeckte Bedarfe bei niedrigschwelligen Angeboten, wie der Erziehungsberatung, zu steigenden Bedarfen im gesamten Rahmen der Hilfe zur Erziehung führen werden.

VI. Kosten

20 Die Beratung der Erziehungsberatungsstellen ist **kostenlos**, da in den §§ 90 ff. SGB VIII keine Kostenbeteiligung vorgesehen ist.

---

6 Vgl. hierzu Spin Deutschland e.V.
7 Vgl. BT-Drs. 17/12200, 305.
8 Siehe bke Erziehungs- und Familienberatung im Internet, Bericht 2014, 3.

§ 29
Soziale Gruppenarbeit

[1]Die Teilnahme an sozialer Gruppenarbeit soll älteren Kindern und Jugendlichen bei der Überwindung von Entwicklungsschwierigkeiten und Verhaltensproblemen helfen. [2]Soziale Gruppenarbeit soll auf der Grundlage eines gruppenpädagogischen Konzepts die Entwicklung älterer Kinder und Jugendlicher durch soziales Lernen in der Gruppe fördern.

Übersicht Rn.

A. Zielsetzung

Die **soziale Gruppenarbeit** ist nachweislich ein effektiver und unverzichtbarer Bestandteil der Hilfe zur Erziehung. Sie hat durch ihre Erfolge in der Förderung junger Menschen mit **Entwicklungs- und Verhaltensproblemen** in den letzten Jahren gezeigt, dass sie ihren festen Platz unter den **ambulanten erzieherischen Hilfen** hat und dieser zu sichern ist.[1] **1**

In **Satz 1** wird das Ziel der sozialen Gruppenarbeit, nämlich älteren Kindern und Jugendlichen bei der Überwindung von **Entwicklungsschwierigkeiten** und **Verhaltensproblemen** zu helfen, festgehalten. Das bedeutet, mit älteren Kindern und Jugendlichen zu arbeiten, die auffällig geworden sind, weil sie entweder nicht **sozial integriert** sind oder kein **alterstypisches Verhalten** zeigen, aus **problematischen Familiensituationen** kommen, zur **Delinquenz** neigen oder dem **Strukturwandel** der Gesellschaft zum Opfer gefallen sind. **2**

In **Satz 2** wird auf das Konzept der Gruppenarbeit und die Förderung des sozialen Lernens in der Gruppe abgehoben. Die Gruppenarbeit ist eine **Methode** der Sozialen Arbeit mit einer langen Tradition. *C. W. Müller*[2] führt ihre Wurzeln für Deutschland auf die Wandervogelbewegung (Gründung 1901) zurück. In den 1930er Jahren etablierte sich die Gruppenarbeit in der amerikanischen Sozialarbeit. In der BRD bekam sie ab den 1950er Jahren eine feste Position. Gruppenarbeit ist eine **anerkannte Methode** der **Sozialen Arbeit**. **3**

1 *Textor*, Handbuch 1992, 145–150.
2 Siehe hierzu die Bände von *C. Wolfgang Müller*.

B. Inhaltliche und methodische Anforderungen

I. Soziale Gruppenarbeit

4 Die ermöglicht der/dem Einzelnen, eine gute **Selbstwahrnehmung** zu entwickeln, **Alltag** zu strukturieren bzw. gut zu gestalten, eigene **Fähigkeiten** wahrzunehmen und zu nutzen sowie sich weitere **soziale Kompetenzen** anzueignen. **Entwicklungsschwierigkeiten** können so bearbeitet und **Verhaltensprobleme** bewältigt werden. Die Soziale Gruppenarbeit schafft im Grundsatz ein anderes Lernumfeld, in dem Kinder und Jugendliche durch positive Erlebnisse und Erfahrungen **Selbstbewusstsein** erlangen, eine bessere **Frustrationstoleranz** erarbeiten und ihre **Konfliktfähigkeit** ausbauen. In der Gruppe werden alternative Handlungsstrategien erarbeitet. Die TeilnehmerInnen lernen nicht nur, sich selbst zu achten, sondern auch andere und damit ihre sozialen Handlungskompetenzen zu erweitern.

Die konkrete Gestaltung der Hilfe hat sich grundsätzlich an den im individuellen **Hilfeplan** (§ 36 SGB VIII) festgelegten Zielen und Methoden auszurichten. Für jede/n Teilnehmer/in ist ein **individueller Betreuungsplan zu entwickeln und fortzuschreiben**. Die Lebenswelt von älteren Kindern und Jugendlichen ist immer mit einzubeziehen, um eine an der Klientel ausgerichtete Arbeit zu gewährleisten.

5 Soziale Gruppenarbeit ist in den unterschiedlichsten Ausprägungen seit Langem in der Jugendhilfe etabliert. Ein Zusammenhang mit der **Jugendarbeit** (§ 11 SGB VIII), der **Jugendberufshilfe** (§ 13 SGB VIII) und dem **erzieherischen Kinder- und Jugendschutz** (§ 14 SGB VIII) ist naheliegend, dennoch unterscheidet sie sich. Soziale Gruppenarbeit heißt individuelle Förderung des Einzelnen in der Gruppe und mit der Gruppe. Das Angebot ist auf die **Zielgruppe** ausgerichtet und von Fachkräften durchzuführen. Die Soziale Gruppe ist eine eigenständige Hilfe mit **gruppenpädagogischen Konzepten**, die je nach Zielgruppe eine individuelle Ausrichtung, ein individuelles Konzept hat.

II. Zielgruppe

6 Die Einschränkung der **Zielgruppe** auf ältere Kinder und Jugendliche ist nach unten nicht präzise zu fassen. *Fieseler*[3] geht in der Regel von 12- bis 14-Jährigen aus und in Einzelfällen auch ab dem Schulalter. *Mrozynski* spricht von einer angenommenen **Altersuntergrenze** von 10 Jahren.[4] Entscheidend sind hier jedoch der Entwicklungsstand des Kindes, seine Auffassungsgabe und seine Fähigkeit, in der Gruppe mitzuarbeiten.

Es ist davon auszugehen, dass der Gesetzgeber mit der Eingrenzung das Ziel verfolgt hat, den Personenkreis auf die potenziell gruppenfähigen Kinder einzugrenzen. Kinder sind allerdings über Spielgruppe, Kindergarten oder Kinderladen, Schule, Hort und Sportverein an das Gruppenleben gewöhnt. Es ist möglich, für Kinder ab dem **schulpflichtigen Alter** (6 Jahre) Soziale Gruppenarbeit anzubieten.

Soziale Gruppenarbeit kann jedoch auch abweichend von der Altersgruppe 12 bis 14 Jahre für **ältere Jugendliche** angeboten werden, wenn sie pädagogisch durch den Gruppenprozess noch erreicht werden können und es für ihr soziales Lernen förderlich und erforderlich ist.

Das gleiche gilt für **junge Erwachsene** gemäß den §§ 27 Abs. 2 Satz 1 und 41 Abs. 2 SGB VIII. Wenn die Indikation gegeben ist und die jungen Menschen für die soziale Gruppen-

---

3 GK-SGB VIII/*Fieseler*, § 29 Rn. 1.
4 *Mrozynski* 2004, 150.

arbeit geeignet sind, können sie die Hilfe nach § 29 SGB VIII beanspruchen. In der Praxis findet dies allerdings nur im Ausnahmefall statt.

Unter entwicklungspsychologischen Gesichtspunkten und der Gruppendynamik ist eine Alterseingrenzung unverzichtbar. Es ist unabhängig vom Alter nicht jedes Kind und jede/r Jugendliche für die soziale Gruppenarbeit geeignet. Wer in eine soziale Gruppe kommt, muss die **Bereitschaft** mitbringen, sich auf die anderen einzulassen, und bereit sein, gemeinsame Regeln umzusetzen. 7

Um den Bedürfnissen der Jugendlichen gerecht zu werden, muss nach § 9 Nr. 3 SGB VIII geprüft werden, ob **Mädchengruppen**, **Jungengruppen** und **gemischte Gruppenangebote** einzurichten sind. 8

Es gibt Kinder und Jugendliche, die sich in geschlechtshomogenen Gruppen besser orientieren können. Andere brauchen wiederum das Lernfeld der geschlechtsheterogenen Gruppe.

Des Weiteren ist darauf zu achten, das Angebot für die Kinder und Jugendlichen in räumlicher Nähe, in ausreichender Zahl und in unterschiedlicher **Trägerschaft** vorzuhalten. Dies ist durch die §§ 5 und 79 Abs. 2 SGB VIII gefordert.

Kann eine Gruppe aus Mangel an TeilnehmerInnen – beispielsweise im ländlichen Raum – nicht gebildet werden, ist eine passende Gruppe in der nächstgelegenen Ortschaft auszuwählen. Für den Transport ist in diesem Falle durch den Träger der öffentlichen Jugendhilfe zu sorgen.

Immer mehr werden soziale Gruppen in der **Zusammenarbeit** mit **Schule** angeboten. Schulen melden bei diesen Angeboten Bedarfe einzelner Schüler oder ganzer Klassenverbände an das jeweilige örtliche Jugendamt. Nach der entsprechenden **Bedarfsprüfung** werden dann entsprechend der Bedarfslage soziale Gruppen an der **Schule** eingerichtet.

III. Betreuungsschlüssel und Qualifikation der Fachkräfte

Der **Betreuungsschlüssel** in den intensiven pädagogischen Kleingruppen richtet sich nach dem Bedarf der TeilnehmerInnen. Eine erhebliche Verhaltensstörung rechtfertigt eine Betreuung im Verhältnis von 1:2. Bei dieser kostenintensiven **Personalausstattung** wird die Gruppe in der Regel nur zwei Mal pro Woche angeboten. Gängige Betreuungsschlüssel sind 1:3 und 1:4. Diese Gruppensitzungen finden dreimal wöchentlich statt.[5] 9

Der **Erfolg** der sozialen Gruppenarbeit hängt zu einem großen Teil von den persönlichen und fachlichen Kompetenzen der MitarbeiterInnen ab. Deshalb sollten in diesem Bereich **SozialarbeiterInnen oder SozialpädagogInnen** mit einer entsprechenden Ausbildung bzw. Gruppenerfahrung arbeiten. Für den Arbeitsbereich werden inzwischen immer mehr **Deeskalations- und Coolnesstrainer** eingesetzt. Gleichzeitig ist heute und wird in Zukunft immer bedeutender, dass sich MitarbeiterInnen mit den **Medien** auskennen, die Kinder und Jugendliche nutzen. Diese mit in die Gruppenarbeit einzubauen und nicht gegen sie zu arbeiten, bietet die Chance, die **Lebenswelten** der Kinder und Jugendlichen konstruktiv zu nutzen.

Die Arbeit bedarf der regelmäßigen Reflexion. Die MitarbeiterInnen müssen sensibel sein für die individuellen Bedürfnisse der Gruppenmitglieder wie für die der ganzen Gruppe und gleichzeitig die methodischen Fähigkeiten besitzen, unter Beachtung dieser Bedürfnisse den **Gruppenprozess** in Richtung des **Gruppenziels** zu steuern. Ferner müssen sie in der Lage sein, die Vielzahl der das Leben der Kinder und Jugendlichen beeinflussenden Faktoren zu erkennen und gegebenenfalls zu beeinflussen. Sie müssen **Distanz** bei größtmöglicher

5 Vgl. VEJ (Verein für Erlebnispädagogik und Jugendsozialarbeit e.V.), Leistungsbeschreibung, 2.

Nähe wahren, um den Hilfecharakter der sozialen Gruppenarbeit zu gewährleisten. Sie sollten zudem über praktische Erfahrung im Umgang mit gefährdeten Kindern und Jugendlichen verfügen, Kenntnisse über **Lebenswelten** haben und **Sozialräume** erschließen können sowie bereit und in der Lage sein, die Arbeitszeiten an den Bedürfnissen der Minderjährigen auszurichten.

10 Im **KollegInnenteam** sollten beide Geschlechter vertreten sein. Für die Urlaubs- und Krankheitsvertretung ist Sorge zu tragen. Die Gruppe braucht Verbindlichkeit, Stabilität und Kontinuität. Diese Kinder und Jugendlichen kennen kaum verlässliche Erwachsene, haben häufig Beziehungsabbrüche erlebt und sind verunsichert.

Für die MitarbeiterInnen muss Geld und Zeit für regelmäßige **Praxisbegleitung und Supervision** sowie Evaluation zur Sicherung der Qualität zur Verfügung gestellt werden.

IV. Ansätze Sozialer Gruppenarbeit

11 Die Breite der Anbieter der Sozialen Gruppenarbeit sichert eine Vielzahl an **unterschiedlichen Ansätzen**. Es gibt kontinuierliche Gruppen über einen **Zeitraum** von maximal zwei Jahren. Die Statistiken weisen jedoch kürzere Zeiträume auf. Für alle jungen Menschen unter 15 Jahren wird eine Gruppenzeit von 12,8 Monaten ermittelt.[6] Andere Gruppen haben einen Projektcharakter und finden in Blockzeiten statt. Diese Projekte enden mit einem gemeinsamen Abschluss. Dieser kann auch als Abschlussfahrt durchgeführt werden. Die Jugendlichen arbeiten dann auf ein **konkretes Ziel** hin, die Fahrt. In Vorbereitung und während der Fahrt kann erlerntes Verhalten umgesetzt und ausprobiert werden.
Die Gruppen können nach einem handlungs-, einem themen- oder einem erlebnisorientierten Ansatz vorgehen, um mit den Kindern und Jugendlichen die individuellen **Probleme/Herausforderungen** zu bearbeiten. Im Alltag einer Gruppe kommt es häufig zu einer Mischform dieser Ansätze bei Fokussierung auf den **handlungsleitenden Ansatz**.

12 In der **handlungsorientierten Gruppenarbeit** geht es darum, durch das Herstellen/Tun gemeinsam zum Ziel zu kommen. Die Fertigung oder Reparatur von Gegenständen wie Fahrrädern, Booten, Spielsachen u.Ä. oder die Produktion von Filmen, Podcasts, Videos und Theaterstücken ist dabei ein Resultat. Die Bearbeitung der **individuellen Problemstellung** bleibt aber das Entscheidende, ohne permanent Thema zu sein. Über das gemeinsame Handeln können zum Beispiel die **soziale Kompetenz** gefördert, die **Frustrationstoleranz** erhöht, das **Selbstbewusstsein** gestärkt werden und vieles mehr.

13 Im Mittelpunkt der **themenorientierten Gruppenarbeit** stehen Inhalte, die aus dem Verhalten der Teilnehmenden, ihren Problematiken oder ihren Fragestellungen resultieren. Diese werden unter anderem in Gesprächen mit Inputs oder auch Interviews bearbeitet.

14 In der **erlebnisorientierten Gruppenarbeit** geht es um das Ausprobieren, das Abenteuer und oft auch um den körperlichen Einsatz. Die **Erlebnispädagogik** ist für Jugendliche mit den unterschiedlichsten Problemlagen ein besonders gut geeigneter Ansatz mit einem weitreichenden Spektrum. Er kann zum Beispiel für **gewaltbereite Jugendliche** ebenso geeignet sein wie für SchulschwänzerInnen, Kinder mit Kontaktschwierigkeiten, Jugendliche ohne Selbstwertgefühl oder Kinder mit einer verschobenen Selbstwahrnehmung. Sie bringt Personen und Gruppen mit allen Implikationen und Konsequenzen zum Handeln, sorgt dabei für eine möglichst hohe Echtheit von Aufgaben und Situationen in einem Umfeld, das experimentierendes Handeln erlaubt, sicher ist und den notwendigen Ernstcharakter besitzt.[7] Ein Transfer in die **Lebenswelt** der einzelnen TeilnehmerInnen ist unverzichtbare Vo-

6 GK-SGB VIII/ *Fieseler*, § 29 Rn. 6a; Wiesner/Wapler/*Wapler*, § 29 SGB VIII Rn. 2.
7 *Hufenus*, Methoden Sozialer Arbeit, 86.

raussetzung der erlebnispädagogischen Arbeit. Die Fachkraft unterstützt die Gruppenmitglieder bei der jeweiligen Übertragung der Erfahrungen und des Erlernten in das individuelle Verhalten.

Erlebnispädagogische Ansätze sind nicht immer gleichbedeutend mit Fahrten und Auslandsaufenthalten. Die **Erlebnispädagogik** findet zunehmend an den Orten und Plätzen der Kinder und Jugendlichen statt. Erlebnispädagogische Projekte im Ausland werden häufig als unnötig und zu teuer angesehen. Ihnen wird der Sinn abgesprochen. Eine pauschale Ablehnung ist genauso falsch wie die unreflektierte Grundannahme, dass sie per se sinnvoll sind. In § 27 Abs. 2 Satz 2 SGB VIII wird immerhin an der Möglichkeit der Erbringung der Hilfeleistung im Ausland im Einzelfall festgehalten. Es ist genau zu überprüfen, welche Indikationen gegeben sind und wie im Interesse des jeweiligen jungen Menschen der beste Ansatz zum vereinbarten Hilfeziel führt. Das erlebnispädagogische Angebot darf nicht zur erneuten Verunsicherung und zu wiederholten Versagenserfahrungen führen. Die Übertragbarkeit in die eigene Lebenswelt ist auch hier vorauszusetzen.

V. Aktuelle Herausforderungen

Das Aufgabenspektrum der Sozialen Gruppenarbeit verändert sich mit den erweiterten Anforderungen an die Jugendhilfe. Sie wird zunehmend zum **Bindeglied** zwischen Jugendhilfe und Schule. Es gibt einen erhöhten **Bedarf an Gruppenangeboten** für Kinder und Jugendliche, die lernen müssen, sich in den Schulalltag zu integrieren. Sie bedürfen der Hinführung zur Schule. Dies geschieht unter anderem durch die Erarbeitung von Gruppen- und Sozialkompetenz, die Bearbeitung des Aggressionspotenzials und der Frustrationsgrenzen sowie durch die Stärkung des Selbstwertgefühls, aber auch die Steigerung der Konzentration ist von sehr großer Bedeutung. Die Schüler und Schülerinnen, die hier Unterstützung benötigen, sind in einem großen Klassenverband häufig überfordert, werden nicht gesehen oder zeigen Auffälligkeiten. **15**

Auch aus diesem Gründen ist ein Zusammenrücken von **Schule** und **Hilfe zur Erziehung** – nicht per se, aber vielfach – hilfreich. Gruppenangebote an Schulen können durch **Deeskalations-, Coolness- oder Medientrainings** präventiv wirken und intensivere Angebote der Hilfe zur Erziehung vermeiden helfen.

Ausgrenzung kann auch aufgrund von **Sprachproblemen und Sprachbarrieren** stattfinden. Es sollten Gruppen gebildet werden, in denen neben dem sozialen Lernen die deutsche Sprache vermittelt wird. Damit sind allerdings keine reinen Sprachkurse gemeint. Dies würde nicht dem Charakter des § 29 SGB VIII entsprechen. Aber da Sprache zum sozialen Lernen gehört, kann es ein Bestandteil der Gruppenarbeit sein. Kinder und Jugendliche lernen in **Peergroups** leichter und besser. Die TeilnehmerInnen werden nicht mit ihren Defiziten wahrgenommen, sondern mit ihren Stärken. Sie werden als ganze Person gesehen, ihre Stärken werden herausgestellt. Sie werden nicht bewertet und benotet, das macht die Soziale Gruppe aus. Soziale Gruppenarbeit wird so zum Instrument der Jugendhilfe bei der **sozialen Integration**, auch auf dem Weg in die Schule. **16**

Soziale Gruppenarbeit ist durch die **Corona-Pandemie** fast gänzlich zum Erliegen gekommen. Angebote, die an Schule verortet waren, mussten aufgrund der Schulschließungen oder der **verschiedenen Beschulungsszenarien** eingestellt werden. Auf einen Schlag ist hier ein Angebot zum Stillstand gekommen, dessen Wirksamkeit sich in dem Kontext Schule entfaltete. In diesem Bereich erfahrene und ausgebildete Kräfte mussten sich neu orientieren und stehen möglicherweise für einen Neustart nicht mehr zur Verfügung. Welche **Folgen** sich mittelfristig, bei einem angenommenen und aus der Pandemie resultierenden erhöhten Bedarf ergeben, bleibt abzuwarten.

VI. Soziale Gruppenarbeit als jugendgerichtliche Weisung

17 Die Teilnahme an der Gruppenarbeit in Form von **sozialen Trainingskursen** kann auch Inhalt einer **Weisung nach § 10 Abs. 1 Satz 3 Nr. 6 JGG** sein. Das Gericht kann diese **Erziehungsmaßregel** allerdings nicht mit **bindender Wirkung** für das Jugendamt anordnen. Das Jugendamt hat den Leistungsanspruch nach § 27 Abs. 2 SGB VIII zu überprüfen und abzuklären, ob die Voraussetzungen des § 29 SGB VIII gegeben sind. Die dem Grunde nach positive Entscheidung des Gerichts berücksichtigt dabei nicht das Antragsrecht der Personensorgeberechtigten und die pädagogische Entscheidung der MitarbeiterInnen der öffentlichen Jugendhilfe. Auch ist die **Kostenübernahme** nicht geklärt. Muss die Justizbehörde zahlen oder der Träger der öffentlichen Jugendhilfe? Da der junge Mensch in den Mittelpunkt zu stellen ist und nicht die **Haushaltssituation**, sollte das Jugendamt im Interesse der Betroffenen handeln. Siehe zu diesen umstrittenen Fragen die Ausführungen zu § 36a SGB VIII Rn. 2 ff.

VII. Anspruch

18 Auf das Gruppenangebot besteht ein **Rechtsanspruch**. Wegen Gruppenauslastung oder knappen finanziellen Mitteln darf die Hilfe daher nicht versagt werden.[8] Ist ein Bedarf gegeben und wird die Hilfe versagt, ist der Anspruch gegebenenfalls durch einen Eilantrag beim zuständigen Verwaltungsgericht durchzusetzen.

VIII. Kosten

19 Die **Kosten** der sozialen Gruppenarbeit trägt die öffentliche Jugendhilfe (§ 90 SGB VIII). Kostenbeiträge werden nicht erhoben. Insbesondere handelt es sich bei der Sozialen Gruppenarbeit nicht um eine teilstationäre Leistung im Sinne des § 91 Abs. 2 Nr. 2 SGB VIII.[9]

8 Siehe *Fieseler*, ZfJ 1995, 194 ff.
9 Ebenso LPK-SGB VIII/*Kunkel/Kepert*, § 91 Rn. 8.

§ 30
Erziehungsbeistand, Betreuungshelfer

Der Erziehungsbeistand und der Betreuungshelfer sollen das Kind oder den Jugendlichen bei der Bewältigung von Entwicklungsproblemen möglichst unter Einbeziehung des sozialen Umfelds unterstützen und unter Erhaltung des Lebensbezugs zur Familie seine Verselbstständigung fördern.

Übersicht

A. Allgemeines

Das Gesetz normiert hier in einem Satz zwei unterschiedliche Rechtsinstitute. Die **Erziehungsbeistandschaft** war im JWG die einzige ausdrücklich geregelte **ambulante erzieherische Hilfe** und in den Anfängen ehrenamtlich angelegt. Zwischenzeitlich hat sie sich zur pädagogisch fundierten Hilfe entwickelt, die fast ausschließlich durch hauptamtliche Fachkräfte in öffentlicher und freier Trägerschaft geleistet wird. Anders als im JWG wird die Erziehungsbeistandschaft nicht mehr förmlich bestellt oder durch das Vormundschafts- bzw. Familiengericht angeordnet. Die Erziehungsbeistandschaft kann als **niedrigschwelliges Hilfeangebot** gesehen werden. Die **Freiwilligkeit** impliziert eine bessere Annahme der Hilfe durch die Betroffenen. Die Kinder und Jugendlichen als Zielgruppe für Erziehungsbeistandschaften erhalten die Möglichkeit, an der Überwindung ihrer individuellen Fragestellungen aktiv mitzuarbeiten. 1

Die Hilfe ist zu gewähren, wenn die **Voraussetzungen** des § 27 Abs. 1 SGB VIII erfüllt sind (vgl. dazu § 27 SGB VIII Rn. 14 ff.). **Anspruchsberechtigt** sind die Eltern oder sonstige Personensorgeberechtigte (Vormund, Pfleger). Die Hilfe richtet sich an ältere Kinder und Jugendliche. Die Eltern sind als **Anspruchsberechtigte** in die Arbeit der Erziehungsbeistände einzubeziehen. Die Zusammenarbeit mit den Eltern ist für eine gelingende Erziehungsbeistandschaft in der Regel sinnvoll. Denn die Eltern sind in vielen Fällen gleichzeitig auch die Anspruchsberechtigten und damit wird ihr Einverständnis für die Einleitung und die Ausgestaltung der Hilfe benötigt (vgl. Rn. 5). 2

Für **junge Erwachsene** ist im § 41 Abs. 2 SGB VIII geregelt, dass sie, bei vorliegenden Anspruchsvoraussetzungen, im Regelfall einen Rechtsanspruch auf eine **Erziehungsbeistandschaft** haben. Der Begriff der Beistandschaft ist allerdings in diesem Kontext irreführend.

Bei beiden Anspruchsvoraussetzungen ist das **Hilfeplanverfahren** nach § 36 Abs. 2 SGB VIII erforderlich. Die Entscheidung über die jeweilige Hilfe ist unter aktiver Einbeziehung der Sorgeberechtigten und des betroffenen jungen Menschen im Zusammenwirken mit den zuständigen Fachkräften des Jugendamtes zu treffen.

Der Begriff der Betreuungshilfe wurde im JGG mit dem Ziel etabliert, den Erziehungs- und Hilfegedanken in der Arbeit mit straffällig gewordenen Jugendlichen zu stärken. **Betreuungshelfer** werden aufgrund § 10 Abs. 1 Satz 3 Nr. 5 JGG als Weisung insbesondere zur Vermeidung von U-Haft gerichtlich angeordnet (vgl. dazu unten Rn. 11). 3

B. Einzelheiten

I. Zielsetzung

4 **Erziehungsbeistand** und **Betreuungshelfer** sollen mit der gleichen pädagogischen Zielrichtung arbeiten. Sie sollen das Kind, den Jugendlichen/die Jugendliche bei der Bewältigung von **Entwicklungsproblemen** unterstützen und seine/ihre **Verselbstständigung** fördern. Die individuelle Unterstützung richtet sich an Personen, die an ihrer familiären oder sozialen Lebenssituation scheitern oder zu scheitern drohen. Die **Problemlagen** können auf der Beziehungsebene, im Sozialverhalten, im nicht dem Alter entsprechendem Verhalten oder Schwierigkeiten in Schule und Ausbildung in Erscheinung treten. Die Unterstützung stellt nicht nur eine Beratungsaufgabe dar. Verhaltensänderungen und Lernprozesse werden auch durch gemeinsames, angeleitetes und begleitendes Handeln initiiert. Dies geschieht bei Aktivitäten und Unternehmungen, die pädagogisch auf den jungen Menschen abgestimmt und mit ihm geplant und durchgeführt werden.

Hierbei kann es sich unter anderem um erlebnispädagogische Angebote, Kinobesuche, gemeinsames Kochen, das gemeinsame Erleben aktueller Medien und vieles mehr handeln. Der Erziehungsbeistand soll unterstützen, dies impliziert, die **Ressourcen** der Kinder/Jugendlichen aufzuspüren und sichtbar zu machen. Sie haben die Möglichkeit, durch die Aktivitäten eine positivere Wahrnehmung ihrer selbst zu entwickeln. In der gemeinsamen Arbeit kann an diese Erfahrungen direkt angeknüpft werden. Der junge Mensch ist **Akteur und Gestalter** seiner Entwicklung. Er hat potenziell ausgleichende, bewältigungsförderliche, kompensatorische Ressourcen, die ein Gegengewicht zu den diagnostizierten Defiziten und Fehlern bieten.[1]

5 Die Bewältigung der **Entwicklungsprobleme** soll unter Einbeziehung des **sozialen Umfeldes**, der Familie, der Peergroup, der Freunde, von Vereinen, der Schule etc. geschehen. Die Kenntnis oder die Bereitschaft des Kennenlernens des Sozialraums (auch des möglicherweise virtuellen) wird bei den Fachkräften ebenso vorausgesetzt wie die Information über und Berücksichtigung der **Lebenswelt** der jungen Menschen. Die lebensweltorientierte Soziale Arbeit agiert in derselben Lebenswelt, um in ihr einen gelingenderen Alltag möglich zu machen.[2] Die Einbeziehung der wichtigen Lebensbereiche der jungen Menschen, auch der virtuellen, ist erforderlich.

Eine der zentralen Aufgaben des Erziehungsbeistandes bleibt die Erhaltung des Lebensbezugs zur Familie. Dies impliziert die Zusammenarbeit mit den Eltern oder anderen sorgeberechtigten Personen. Die **Elternarbeit** ist somit ein fester Bestandteil der Arbeit des Erziehungsbeistandes, das Hauptaugenmerk bleibt aber auf die Arbeit mit den Kindern und Jugendlichen gerichtet. Die Einbeziehung der familiären Situation gehört zum Konzept des sozialarbeiterischen Handelns. Die Eltern können die Arbeit des Erziehungsbeistandes unterstützen, indem sie einbezogen werden. Durch **Beratung und Information** besteht die Option, eine positive Sichtweise auf ihre Kinder zu entwickeln und die Erfolge der Arbeit zu verstärken.

II. Zielgruppe und Dauer

6 Die Arbeit der Erziehungsbeistände hebt auf eine Verselbstständigung ab. Daraus lässt sich ableiten, dass die Zielgruppen **ältere Kinder** und **Jugendliche** sind. Bei älteren Kindern

1 *Nestmann*, Ressourcenarbeit, 78.
2 *Thiersch*, Praxis Lebenswelt, 23.

wird vom Alter zwischen 11 und 12 Jahren ausgegangen. Die Verselbstständigung und Orientierung nach außen ist in diesem Alter eine zentrale **Entwicklungsaufgabe**. Diese Altersphase löst bei der Zielgruppe immer wieder Orientierungskrisen aus und die Kinder und Jugendlichen können auffällig werden. Eltern brauchen dann Unterstützung, da sie das Verhalten ihrer Kinder nicht mehr verstehen oder nicht mehr nachvollziehen können. Die **Auffälligkeiten** der Kinder und Jugendlichen zeigen sich ggf. in aggressivem oder introvertiertem Verhalten, Schulversagen, Leistungsverweigerung, delinquentem Verhalten, intensiver Nutzung virtueller Welten u.Ä.

Bei der **Erziehungsbeistandschaft und Betreuungshilfe** handelt es sich um eine Hilfe, die auf einen **längeren Zeitraum** ausgerichtet ist. Die Zeiten liegen zwischen sechs Monaten und zwei bis drei Jahren. Um eine gute **Beziehungsarbeit** und ausreichende Unterstützung leisten zu können, ist es wichtig, dass dem Bedarf entsprechend ausreichend Zeit für den Erziehungsbeistand zu Verfügung steht. Unter Terminen sind die Treffen der/des Jugendlichen mit dem Erziehungsbeistand gemeint, die lebensweltnah an Orten und Stätten in Bezug zum Erziehungsziel ausgewählt werden. Denkbar ist auch eine Ausrichtung an digitalen Formaten, die in der Lebenswelt der Jugendlichen eine wachsende Bedeutung haben. 7

III. Arbeitsweise

Beispielhaft sind folgende **Unterstützungsmöglichkeiten** zu nennen: Hilfe beim Aufbau verlässlicher und kontinuierlicher Beziehungen, bei der Entwicklung oder Modifikation des Sozialverhaltens, bei der Alltagsbewältigung, der Gestaltung der Eltern-Kind-Beziehung und der Gestaltung des Lernprozesses der Verselbstständigung. Die Unterstützung in den Bereichen Schule, Ausbildung und Beruf sowie die Hilfe beim Erlernen selbstständiger Freizeitgestaltung und der Tagesstrukturierung sind selbstverständlich. Das Erlernen eines Umgangs mit Krisen oder krisenhaften Situationen gehört ebenfalls dazu. Es kann um Hilfestellung bei der Gesundheitsbildung und Gesundheitsvorsorge ebenso gehen wie um Kontakte und Vermittlung an andere Fachdienste. Die Unterstützung kann auch die Hilfestellung bei der Wohnraumbeschaffung und -sicherung sein sowie beim Erlernen einer funktionalen Haushaltsführung oder dem Erlernen des sparsamen Umgangs mit Geld. Sie geht bis zur Unterstützung bei der Beantragung von Sozialleistungen und dem Durchsetzen von Rechtsansprüchen. Der Erziehungsbeistand greift gemeinsam mit dem jungen Menschen alle für ihn (den jungen Menschen) relevanten Themen, Probleme und Schwierigkeiten auf und fördert mit sozialarbeiterischen Interventionen, Methoden und Handlungsansätzen die **Verselbstständigung** der/des Jugendlichen. 8

Der Erziehungsbeistand arbeitet im **sozialen Umfeld** und in den **Lebensbezügen** der jungen Menschen. Dies erfordert ein hohes Maß an **Kooperation** mit anderen Institutionen, sei es Schule, Jugendamt, Verein oder Einzelpersonen, die für den jungen Menschen von Bedeutung sind. Diese Zusammenarbeit ist für die Bewältigung von Entwicklungsproblemen und für die angestrebte Verselbstständigung nötig. Gespräche und der Austausch mit Fachkräften der mit den Klienten vertrauten Institutionen gehören zum Arbeitsalltag. Der **Datenschutz** nach § 65 SGB VIII ist jedoch unbedingt zu beachten. Ohne die ausdrückliche Einwilligung der Betroffenen, d.h. der Kinder und Jugendlichen und der Eltern beziehungsweise der sonstigen Erziehungsberechtigten dürfen keine Daten weitergeben werden. Die Aufklärung der jungen Menschen und der Personensorgeberechtigten sowie die Beteiligung an Arbeitsschritten und die Transparenz ermöglichen unter Wahrung der Rechte eine gute Kooperation im Sinne der Klienten. 9

IV. Erziehungsbeistandschaft nach JGG

10 § 30 SGB VIII macht zwischen dem Erziehungsbeistand und dem Betreuungshelfer keine Unterscheidung. Der Gesetzgeber hat sie mit der Novellierung des § 10 Abs. 1 Satz 3 Nr. 5 JGG gleichgestellt. Der Jugendrichter kann dem Jugendlichen auferlegen, sich der Betreuung und Aufsicht einer bestimmten Person (Betreuungshelfer) zu unterstellen. Die vom Gesetzgeber beabsichtigte Verschmelzung beider Rechtsinstitute[3] ist aus sozialarbeiterischer Sicht problematisch. Zwar mag „**Erziehung**" die gemeinsame Zielsetzung des JGG und des SGB VIII sein, die Unterstellung unter einen Betreuungshelfer steht jedoch im klaren Widerspruch zum Aufbau einer vertrauensvollen Beziehung, den pädagogischen Aushandlungsprozessen und der Akzeptanz des Hilfeangebots, so wie es in der Jugendhilfe geboten ist. Die Beziehungsarbeit ist eine wichtige Grundlage für eine zielgerichtete und erfolgreiche Arbeit.

11 Der/die RichterIn kann gemäß § 12 Nr. 1 JGG dem Jugendlichen nach Anhörung des Jugendamtes auferlegen, eine Erziehungsbeistandschaft in Anspruch zu nehmen.

Pädagogisch ist eine angeordnete Erziehungsbeistandschaft, in der ein Betreuungshelfer eingesetzt wird, als **Widerspruch** zu einer vertrauensvollen Erziehungsarbeit zu sehen. Sie kann dennoch gelingen, ist aber problematisch. Vergleiche hierzu die Ausführungen zu § 36 a SGB VIII Rn. 14 ff.

V. Kosten

12 Die Inanspruchnahme eines Erziehungsbeistandes ist für die Leistungsberechtigten **kostenlos**.

Im Rahmen von jugendstrafrechtlichen Verfahren darf die Arbeit eines Betreuungshelfers nur dann vom öffentlichen Träger der Jugendhilfe refinanziert werden, wenn die Leistungsvoraussetzungen nach § 27 SGB VIII erfüllt sind.

3 BT-Drs. 11/5948, 70.

§ 31
Sozialpädagogische Familienhilfe

[1]Sozialpädagogische Familienhilfe soll durch intensive Betreuung und Begleitung Familien in ihren Erziehungsaufgaben, bei der Bewältigung von Alltagsproblemen, der Lösung von Konflikten und Krisen sowie im Kontakt mit Ämtern und Institutionen unterstützen und Hilfe zur Selbsthilfe geben. [2]Sie ist in der Regel auf längere Dauer angelegt und erfordert die Mitarbeit der Familie.

Übersicht Rn.

A. Allgemein

Die **sozialpädagogische Familienhilfe** (SPFH) entwickelte sich Ende der 1960er Jahre aus 1
der Forderung der Reduzierung der Fremdunterbringungen und der Kritik an der Heimerziehung. Diese Form der intensiven und direkten Betreuung schien vor allem für die Kinder die bessere Alternative zu sein. Ein großer Teil der Familien mit einem Bedarf für **Hilfe zur Erziehung** nahm die Angebote der bestehenden unterstützenden Einrichtungen nicht in Anspruch. Diese Klientel war und ist in der Regel am schwersten von gesellschaftlichen Krisen betroffen. Durch sich schnell verändernden gesellschaftlichen Anforderungen und finanzielle sowie emotionale Notlagen kommt es zur materiellen Ressourcenknappheit, die eine steigende Problembelastung der Familien nach sich zieht. Die Heimerziehung als alleinige Hilfeform wurde den akuten Problembelastungen nicht gerecht.[1] Ausgehend von Westberlin (1969) fand die sozialpädagogische Familienhilfe in den 1980er Jahren ihre Ausbreitung im gesamten Bundesgebiet. Ende 2019 zeigten die bundesweiten Zahlen, dass 2018 in 48.976 Familien eine **Sozialpädagogische Familienhilfen** eingerichtet war. 7.056 dieser Hilfen wurden im Kontext einer **Kindeswohlgefährdung** nach § 8a SGB VIII eingerichtet. Am Stichtag 31.12.2019 betrug die Zahl 50.912, mit 8.028 Hilfen, die im Kontext einer Kindeswohlgefährdung nach § 8a SGB VIII eingerichtet wurden.[2] Das bedeutet eine vierprozentige Steigerung der Fallzahlen.

Neben der **Erziehungsberatung** gem. § 28 SGB VIII, der **Sozialen Gruppenarbeit** gem. 2
§ 29 SGB VIII, dem Erziehungsbeistand/Betreuungspfleger nach § 30 SGB VIII, der Erziehung in einer Tagesgruppe gem. § 32 SGB VIII und der intensiven sozialpädagogischen Einzelbetreuung nach § 35 SGB VIII ist die SPFH eine der **ambulanten Hilfen zur Erziehung**. Sie greift mehr als die anderen Hilfen in die Intimsphäre der Familie ein und kann eine sehr gute intensive Hilfestellung sein, deren Einsatz gut geprüft sein muss. Die Voraussetzungen für die Gewährung finden sich in § 27 Abs. 1 SGB VIII. Die SPFH steht dort gleichrangig neben den anderen Hilfen zur Erziehung.

1 Vgl. *Nielsen/Müller*, Sozialpädagogische Familienhilfe, 1986, 23.
2 *KOMDAT* Dezember 2019 Heft Nr. 3.

B. Einzelheiten

I. Praxis der sozialpädagogischen Familienhilfe

3 Die geforderte **intensive Betreuung** und Begleitung der Familien durch die **SPFH** setzt ein Agieren innerhalb der Familie voraus. Die Hilfe wird beantragt und bei entsprechenden Voraussetzungen bewilligt, wenn die Erziehung zum **Wohl des Kindes** oder der/des Jugendlichen nicht gewährleistet ist (§ 27 Abs. 1 SGB VIII). Dennoch geht es hier nicht nur um die Schwierigkeiten eines einzelnen Kindes bzw. Jugendlichen, sondern um den gesamten Familienverband mit seinen **Bezugssystemen**. Unter dem Begriff **Familie** sind die Eineltternfamilie (Alleinerziehende), unverheiratete Paare, Lebenspartnerschaften, gleichgeschlechtliche Lebenspartnerschaften oder andere familienähnliche Bezugssysteme zu verstehen. Die Definition von Familie, die von einer verwandtschaftlichen Bindung ausgeht und allenfalls die Stieffamilie mit einbezieht, greift heute nicht mehr. Zu viele Kinder leben in Patchwork-Familien, gleichgeschlechtlichen Lebenspartnerschaften und Eineltternfamilien. Eine Familie ist eine Lebensgemeinschaft, in der ein Kind mit mindestens einer Bezugsperson zusammenlebt und von ihr versorgt wird. Die **intensive Betreuung** setzt nicht nur die Nähe zur Familie voraus, sie fordert ebenfalls eine hohe **Flexibilität** und **Variabilität** in der **Zeitstruktur**, die sich nach dem Bedarf der Familien und gegebenenfalls der Kinderzahl richtet. Die SPFH ist auf Verlässlichkeit und Kontinuität ausgerichtet. Sie kann sich über einen **Zeitraum** von einem halben Jahr bis zu zweieinhalb Jahren erstrecken. Sinnvoll sind Kontakte mindestens zweimal wöchentlich, in intensiven Arbeitsphasen auf die Klientel abgestimmt auch häufiger. Dies ist zum Beispiel dann erforderlich, wenn viele Fragestellungen zusammenkommen oder in einer bestimmten Zeit bearbeitet und gelöst werden müssen. Die Intensität der Hilfe lag am Stichtag 31.12.2011 bei mehr als der Hälfte der Jugendämter zwischen 4 und 5,75 Fachleistungsstunden pro Woche.[3]

4 **Konflikte und Krisen** in der Familie können ausgelöst sein

- durch **Trennung, Scheidung**,
- Inhaftierung eines Elternteils oder seine Rückkehr in die Familie,
- die Rückführung eines Kindes in den elterlichen Haushalt,
- Arbeitslosigkeit und materielle Unterversorgung sowie Verschuldung,
- durch psychische oder physische Erkrankung,
- durch die Suchterkrankung eines Elternteils oder eines Familienmitgliedes,
- durch Familienmitglieder mit seelischen oder körperlichen Einschränkungen, die integriert werden sollen,
- durch die Überforderung von Eltern mit einer hohen Anzahl von Kindern,
- durch Kindesmisshandlung und Vernachlässigung in Verbindung mit Schutzvereinbarungen (§ 8a SGB VIII),
- durch Verhaltensauffälligkeit eines Kindes,
- durch gesundheitliche und Ernährungsprobleme oder
- durch Schwierigkeiten in der Haushaltsführung.

Diese dauerhaften **emotionalen und materiellen Belastungen** für die Familie führen zu sozialen Beeinträchtigungen. Kontakte gehen verloren oder werden gestört. Das natürliche Netzwerk der Familie bricht weg. Eine Spirale von Versagen, Überforderung, Auffälligkeit und Isolierung setzt ein. Für den Einsatz einer **SPFH** liegt häufig nicht nur einer der beispiel-

---

3 Siehe *Monitor Hilfen zur Erziehung* 2014, 30.

haft genannten Gründe vor, vielmehr kommt es zu einer Kumulation der verschiedenen Ursachen.

II. Voraussetzungen

Für den Einsatz einer SPFH ist **Voraussetzung**, dass die Familie **zur Mitarbeit bereit** ist, positive Beziehungen innerhalb der Familie bestehen oder eine Entwicklungschance haben und der Wunsch besteht, als Familie zusammenzubleiben. Die Familie lernt mit Hilfe partizipativer Ansätze, ihr Verhalten positiv zu verändern und in Krisen anders zu reagieren. 5

III. Ziele

Die **Ziele** für eine **SPFH** können darin liegen, 6

- die Kommunikation in der Familie zu verbessern,
- zu erreichen, dass die Familie ihre Konflikte lösen lernt,
- die materielle Situation klärt,
- den Umgang mit anderen Institutionen übt,
- ihre Erziehungssituation verbessert,
- Alltagsstrukturen bearbeitet und herstellt,
- Grundversorgung und Pflege der Kinder gewährleistet,
- eine angemessene Erziehungshaltung entwickelt und etabliert sowie
- lernt, mit sozialen, kulturellen und wirtschaftlichen Anforderungen umzugehen.

Die Familien sollen sich aneignen, ihre Haushaltsführung effektiver zu gestalten und ihre **haushaltspraktischen Fähigkeiten** zu erweitern. Es gehört auch dazu, dass die Frustrations- und Toleranzspielräume erweitert werden, die schulische Situation und gegebenenfalls die **Schulverweigerung** zu verändern.

IV. Vorgehensweise

Die SPFH bedeutet eine mittel- bis längerfristige **Betreuung** und **Begleitung** von **Familien**. 7
Eine Grundannahme ist, dass jede Familie eigene positive Potenziale hat. Diese Ressourcen gilt es zu entdecken und zu nutzen. Die in jedem Individuum und jedem System vorhandenen Stärken, Energien und Interessen sind sichtbar zu machen, zu **fördern** und zu **entwickeln**. Die **Selbsthilfepotenziale** sind zu nutzen und die Familie ist zu befähigen, selbstbestimmt und selbstverantwortlich ihr Leben und ihren Alltag zu gestalten. Die Familien erhalten so eine gewünschte **Hilfe zur Selbsthilfe**. Sie sind zu aktivieren und in die jeweiligen Prozesse einzubinden. Dies ist im **Hilfeplanverfahren** nach § 36 SGB VIII deutlich zu klären und zu dokumentieren. Die Ziele, die die Familie und der/die Einzelne erreichen will, sind mit den Betroffenen zu erarbeiten und zu beschreiben. Eine **partizipative und kooperative Gesprächsführung** der sozialpädagogischen Fachkräfte ist hierbei hilfreich und notwendig. Nicht das Problem sollte im Mittelpunkt stehen, sondern die Lösung. Die Lösungswege orientieren sich an den Möglichkeiten, Ressourcen und Erfahrungen der jeweiligen Klientel. Sie sind diejenigen, die entscheiden, welche Lösungsstrategien für sie die richtigen sind. Wichtig ist, die funktionierenden Anteile und Verhaltensweisen zu stärken und sie auszubauen. Die blockierenden, krisenverursachenden Verhaltensweisen und Verhaltensmuster sind so zu bearbeiten, dass sie ihre Brisanz verlieren.

8 Der Ansatz der **SPFH** ist **mehrdimensional**, d.h., sie orientiert sich am gesamten Familiensystem und an dessen sozialem Netzwerk mit seinen Erziehungs-, Beziehungs-, sozialen und materiellen Problemen und Ressourcen. Die SPFH berät nicht nur, sondern klärt durch gemeinsames konkretes praktisches Handeln die Erziehungs- und Beziehungsfragen in und mit der Familie. Sie berät und gibt Anleitung in der Haushaltsführung und im Wirtschaften, beim Umgang mit Geld, unterstützt bei schulischen oder beruflichen Fragen, gibt Hilfestellung bei der Gesundheitspflege, Ernährungsfragen, fördert die Außenkontakte im privaten Bereich und unterstützt und begleitet bei Behördengängen. Sie unterstützt die Aktivierung informeller Netze wie Verwandte, Freunde, KollegInnen und NachbarInnen. Sie beschäftigt sich auch mit einem geänderten Medienverhalten, sowohl bei den Kindern als auch bei den Eltern. Zu den Arbeitsmethoden der SPFH gehören ein regelmäßiger Informationsaustausch und die Abstimmung mit dem Jugendamt sowie Klärungsgespräche mit der Schule und anderen Stellen und Behörden. Dies geschieht unter Information und mit dem Einverständnis der Eltern.[4]

9 Daneben haben sich viele verschiedene **sozialpädagogische Methoden** in der alltäglichen Praxis etabliert. Dazu gehören die Arbeit mit Video, Soziogrammarbeit, Genogrammarbeit, Lebenslinie, lösungsorientierte Gesprächsführung und weitere Methoden der Sozialen Arbeit.

10 Daraus ergibt sich ein hohes **Anforderungsprofil** an die **Fachkräfte**, sodass SPFH immer durch sozialpädagogische Fachkräfte abgedeckt werden soll. Unter sozialpädagogischen Fachkräften sind hier SozialarbeiterInnen/SozialpädagogInnen zu verstehen. Sie sollen über **Methoden-, Beratungskompetenz und Feldkompetenz** verfügen. Sie müssen gute Netzwerkarbeit, Einzelarbeit und Gruppenarbeit leisten. Sie benötigen die Kompetenz, Konflikte und Krisen managen zu können. Zudem ist es notwendig, dass sie über eine gute Beobachtungsgabe verfügen. Die Anforderungen sind der jeweiligen Situation der Familie und ihrer Mitglieder anzupassen und entsprechend zu erweitern.

Unbedingt erforderlich sind ein hohes **Reflexionsniveau** und **Analysefähigkeit**. Bei der Arbeit in und mit der Familie entsteht eine enge professionelle Beziehung. In dieser Arbeit liegt die Gefahr, dass Positionen bzw. Rollen undeutlich werden und die nötige professionelle **Distanz** bzw. **Nähe** nicht aufrechterhalten wird. Aus diesem Grund sind regelmäßige Fallkonferenzen, Reflexionsgespräche, Intervision, Video-Interaktionsbegleitung und Supervision für die SPFH zu verankern. Die **Supervision** und die **kollegiale Beratung** müssen verpflichtend sein, um die professionelle Position im Sinne der Familie zu erhalten und die Fachkräfte zu schützen.

Eine Herausforderung für die Zukunft stellt der **Fachkräftemangel** dar. Bei steigenden Bedarfen für SPFH wird es tendenziell, schwieriger geeignete Fachkräfte mit entsprechenden Kenntnissen und Fähigkeiten zu gewinnen. Hierzu ist es nötig, überregional und in Verbindung mit den Fachhochschulen und Universitäten strategische Überlegungen anzustellen, andere Professionen als Quereinsteiger auszubilden und zu gewinnen.

V. Trägerschaft

11 Die SPFH kann sowohl in der **Trägerschaft** des Jugendamtes als auch in freier Trägerschaft liegen. (Zu berücksichtigen bleibt das **Subsidiaritätsprinzip** § 4 Abs. 3 SGB VIII.) Ihre Finanzierung findet bei freien Trägern der Jugendhilfe in der Regel auf der Grundlage von § 77 SGB VIII statt. Die häufigste Form der Finanzierung findet über **Fachleistungsstunden** statt. Deren Ausgestaltung und Architektur ist in **Entgeltverhandlungen** zwischen dem öffentli-

4 Vgl. § 65 SGB VIII Rn. 1, 8.

chen und dem freien Träger der Jugendhilfe zu gestalten. Dementsprechend existieren viele verschiedene regionale Regelungen. Dies System unterschiedlicher regionaler Vereinbarungen blockiert jedoch die Entwicklung vergleichbarer **regionsübergreifender Standards für SPFH**. So ist eine Vielzahl von Kleinsteinrichtungen oder Einzelunternehmen entstanden, bei denen die Umsetzung **tariflicher Standards** zumindest häufig nicht stattfindet. Entscheidend für einen hohen Standard in der SPFH ist, die Fachkräfte mit festen Arbeitsverträgen abzusichern. Unsichere und ungeklärte **Arbeitsverhältnisse** erschweren und behindern die Arbeit mit den Familien. Wenn die eigene finanzielle Lage einer Fachkraft mit der Arbeit in einer Familie verknüpft ist, kann dies zwangsläufig nur zu unnötig längeren **Laufzeiten** von SPFH führen. Des Weiteren wird der **Fachkräftemangel** zu einem Verteilungskampf um die Fachkräfte führen, der auch mit Angeboten entsprechend guter Arbeitsbedingungen verbunden sein wird.

Aus Sicht der Klientel ist es einfacher, mit der Fachkraft eines freien Trägers in der Familie zusammenzuarbeiten, da sie nicht direkt beim öffentlichen Träger/Jugendamt beschäftigt ist. Die **Kontrollfunktion**[5] erscheint dadurch abgemildert. Die Fachkraft hat durch die intensive Betreuung tiefe Einblicke in die Familie und erlangt damit viele Informationen, die normalerweise nicht bekannt werden. Sie erhält so ein Wissen, das zwingend eines entsprechenden **Datenschutzes** (§§ 65 ff. SGB VIII) bedarf. Vielerorts fehlen gemeinsame Regelungen zum **geschützten E-Mail-Verkehr** oder zur Inanspruchnahme **sozialer Netzwerke** etc. An dieser Stelle bestehen ein akuter Handlungsbedarf und die Notwendigkeit der Sensibilisierung für dieses Thema, sowohl für freie als auch öffentliche Träger der Jugendhilfe. 12

Bestehen während des Einsatzes berechtigte Zweifel an der Sicherheit von Kindern, Jugendlichen oder Eltern, greifen die jeweiligen Vereinbarungen nach **§ 8a SGB VIII**. Kinder und Jugendliche müssen im Rahmen einer SPFH geschützt werden. Sinnvoll ist es, diese **Schutzfunktion** bereits im Hilfeplangespräch § 36 SGB VIII zu verankern. Das bedeutet, dass die Beteiligten von der Fachkraft über deren Verpflichtung zur Verschwiegenheit, aber auch zur Mitteilungspflicht an das Jugendamt informiert werden. Diese Pflicht besteht, wenn der Schutz des Kindes, der/des Jugendlichen nicht gewährleistet wird oder werden kann. 13

VI. Kosten und Zuständigkeit

Der Einsatz einer **SPFH ist für die Familien kostenfrei** (vgl. §§ 90, 91 SGB VIII). Die Zuständigkeit für die Gewährung einer bedarfsgerechten Hilfe liegt bei dem örtlichen Träger der öffentlichen Jugendhilfe (vgl. §§ 86 ff. SGB VIII). 14

VII. Entwicklungen

In den letzten Jahren sind verschiedene **neue ambulante Leistungsangebote** entstanden, die vielfach unter § 31 SGB VIII subsumiert wurden.[6] Dies sind z.B. **Clearings, Familiy Group Conference, Video-Home-Training, aufsuchende Familientherapie, Familienaktivierungsmanagement, Familie im Mittelpunkt** oder Wohnformen, in denen Eltern mit ihren Kindern untergebracht sind und betreut werden. Diese haben vielfach einen klärenden Auftrag z.B. darüber, ob die Familie weiter zusammenleben kann oder will oder welcher konkrete **Hilfebedarf** besteht etc. Damit werden gezielt elementare Fragestellungen des Zusammenlebens mit den Familien und Jugendämtern bearbeitet. Dazu gehören auch **familienentlastende Hilfeformen** wie z.B. **Haushaltsorganisatorisches Training (HOT), pädagogisch orientierte Hauswirtschaftskräfte (POH)** etc., die das Ziel verfol- 15

5 Vgl. Wiesner/Wapler/*Wapler*, § 31 SGB VIII Rn. 18 f.
6 Vgl. Wiesner/*Schmid-Oberkirchner*, 5. Aufl., § 31 SGB VIII Rn. 20a.

gen, die haushaltstechnische Basis für ein Zusammenleben in einer Wohnung zu schaffen oder bei Familien mit vielen Fragestellungen an konkreten Stellen zu entlasten.

16 Die Zusammenfassung dieser Hilfeformen unter dem § 31 SGB VIII ist dann **problematisch**, wenn sie auch namentlich unter SPFH geführt werden. Erfolgreiche Vorgehensweisen und methodische Ansätze in **ausdifferenzierten Leistungsangeboten** verschwinden so unter dem Oberbegriff SPFH, statt sich als eigenständige Hilfeformen unter § 31 SGB VIII zu etablieren. Dadurch wird ein erfolgreicher überregionaler Transfer dieser Angebote erschwert und sie können sich deshalb nicht flächendeckend etablieren, obwohl sie vielfach gute **Evaluationsergebnisse** erzielt haben, die einen weiteren Einsatz sinnvoll erscheinen lassen. Die Kenntnis ihrer Existenz ist mit dem Wissen einzelner MitarbeiterInnen des ASD oder der Jugendämter verbunden. So führten Mitarbeiterwechsel zu einem „Vergessen" dieser Angebote. Freie Träger der Jugendhilfe müssen damit die Wirk- und Vorgehensweisen von Leistungsangeboten beim öffentlichen Träger dauerhaft und wiederholt darstellen, um ein Vergessen zu verhindern. Die in den Jugendämtern archivierten **Leistungsangebote** der freien Träger sind dabei von den einzelnen Mitarbeitern des ASD aufgrund ihrer Umfänglichkeit kaum zu erfassen und zu vergleichen. Eine strukturelle Sicherung von Organisationswissen findet so bei den öffentlichen Trägern nur sporadisch statt. Der **Fachkräftemange**l sorgt im Weiteren dazu, dass diese Problematik aufgrund wachsender Fluktuation der Mitarbeiter strukturell verstärkt wird.

17 Ein weiterer Grund für die schwerfällige Etablierung neuer Vorgehensweisen und Arbeitsansätze ist, dass die notwendigen Rahmenbedingungen für diese speziellen Hilfen vielfach nicht mit den Abrechnungssystemen der SPFH kompatibel sind und eigene kreative Finanzierungsmodelle benötigen.

17a Während der **Corona-Pandemie** hat die SPFH eine tragende Rolle im Kinderschutz wahrgenommen. Mitarbeiter sind unter schwierigen Bedingungen kontinuierlich in Familien gefahren oder haben mithilfe von **Telefon- oder Videokonferenzen** den Kontakt zu den Familien gehalten. Die Mitarbeiter in der SPFH waren vielfach das Bindeglied zu anderen Institutionen, die in dieser Zeit aufgrund institutioneller Vorgaben Kontakte reduzieren mussten. Die **Arbeitsbedingungen** wurden dabei oftmals schwierig und der Abgleich mit den Anforderungen des **Arbeitsschutzes** eine große Herausforderung. Es fehlte lange Zeit an einem überregionalen Blick auf diese Herausforderungen und Regelungen, die das Arbeiten entsprechend den **pandemischen Anforderungen** bundesweit verlässlich gestaltet hätten.

§ 32
Erziehung in einer Tagesgruppe

[1]Hilfe zur Erziehung in einer Tagesgruppe soll die Entwicklung des Kindes oder des Jugendlichen durch soziales Lernen in der Gruppe, Begleitung der schulischen Förderung und Elternarbeit unterstützen und dadurch den Verbleib des Kindes oder des Jugendlichen in seiner Familie sichern. [2]Die Hilfe kann auch in geeigneten Formen der Familienpflege geleistet werden.

Übersicht Rn.

A. Allgemeines

Die **Erziehung in der Tagesgruppe** bildet die Schnittstelle zwischen der **ambulanten** und der **stationären** Jugendhilfe. Sie verbindet die Vorteile von stationären Hilfen mit denen von flexiblen und bedarfsgerechten Angeboten der ambulanten Hilfen, die sich mit ihren pädagogischen, sozialpädagogischen und therapeutischen Ansätzen an der **Lebenswelt** des Kindes/der Jugendlichen orientieren. Sie ist in Abgrenzung zur Unterbringung in Pflegestellen und anderen Tageseinrichtungen erst Ende der 1960er Jahre entstanden. Im SGB VIII ist sie erstmals als Hilfe zur Erziehung aufgenommen worden. Damit fand die in den §§ 5, 6 JWG nicht ausdrücklich genannte Hilfeform, die im Kontext der Binnendifferenzierung der Kinder- und Jugendheime entstanden war, eine Verankerung als Hilfe zur Erziehung. Die Abgrenzung zu den **Tageseinrichtungen** (§ 22 SGB VIII) ist durch den erzieherischen Bedarf gegeben. 1

Die Erziehung in der Tagesgruppe setzt voraus, dass eine dem Wohl des Kindes oder Jugendlichen entsprechende Erziehung nicht gewährleistet ist. Liegen diese Voraussetzungen vor, besteht ein Rechtsanspruch nach § 27 Abs. 1 SGB VIII. Nach *Lambach* handelt es sich um Kinder und Jugendliche, die **Störungen und Auffälligkeiten** im **Verhaltens- und/oder Leistungsbereich** aufweisen, die zumeist auf **Schwächen und Defizite im familiären System** zurückzuführen sind.[1] Im Rahmen der Hilfeplanung (§ 36 SGB VIII) ist für die Erziehung in einer Tagesgruppe erforderlich, klare und operationalisierbare Aufträge aller Beteiligten zu erarbeiten. Sie sind regelmäßig in der täglichen Arbeit und der Hilfeplanung zu überprüfen. Veränderungsprozesse erfordern neue Planung und Zielvereinbarungen.

Im Unterschied zu anderen Tageseinrichtungen, deren **Altersbegrenzung** bei 14 Jahren liegt (§§ 22 und 24 i.V.m. § 7 Abs. 1 SGB VIII) kann die Erziehung in der Tagesgruppe auch Jugendlichen gewährt werden. Eine Hilfe für junge Volljährige wird nicht ausdrücklich vorgesehen, ist aber nach § 41 Abs. 1 SGB VIII möglich, wenn sich dennoch grundsätzlich die Frage stellt, ob ein solches Angebot die richtige Hilfe in der Altersgruppe darstellt. Eine Prüfung des Einzelfalles ist erforderlich. Dies könnte der Fall sein, wenn junge Volljährige noch integriert werden müssen, weil sie sich etwa erst seit kurzer Zeit in der Bundesrepublik 2

1 Vgl. *Lambach* 1994, 72.

Deutschland aufhalten und/oder noch beschult werden müssen. Diese Hilfe für junge Volljährige setzt keine Zusammenarbeit mit den Eltern voraus.[2]

In der Regel liegt das **Aufnahmealter** 6 und 16 Jahren.[3]

B. Ziele

3 Die Tagesgruppenbetreuung soll das Kind/die oder den Jugendliche/n durch **soziales Lernen** in der Gruppe in seiner/ihrer **Entwicklung** unterstützen. Dies ist schon aufgrund der Gruppengröße von sechs bis zwölf Kindern/Jugendlichen deutlich besser möglich als im Hort und ähnlichen Tageseinrichtungen. Der hohe **Betreuungsschlüssel** ermöglicht eine **intensive Beziehungsarbeit** und kann somit die Entwicklung der Kinder und Jugendlichen besser fördern. Auf eine Betreuungsperson kommen drei oder maximal fünf Kinder/Jugendliche.[4] *Thiersch* beschreibt die Tagesgruppen als ein besonders gelungenes Beispiel für die Realisierung **lebensweltorientierter Jugendhilfe**.[5] Die Hilfe setzt beim Kind/Jugendlichen an. Seine/ihre individuellen Stärken und Fähigkeiten stehen im Mittelpunkt. Er/sie lernt in der Gruppe, seine/ihre Position zu finden und in der Interaktion mit den anderen Konflikte und Krisen zu bewältigen. Defizite können gezielt bearbeitet werden. Die **Tagesgruppe** sollte in **räumlicher Nähe zum Wohnort** und **Lebensraum** des Jugendlichen liegen.

4 Ein besonderer Schwerpunkt liegt in der **schulischen Förderung**. Damit ist nicht die reine Hausaufgabenhilfe gemeint, sondern auch und gerade die **Bearbeitung** der **Lern- und Konzentrationshemmnisse**. Das Lernen in der Gruppe bietet die Chance der Stabilisierung und der Förderung für das Erlernen des Alltags. Die Bewältigung der Herausforderungen in Schule, Freizeit und Familie kann gelernt und erprobt werden. Ein begleitendes **Freizeitprogramm** sollte ebenfalls angeboten werden. Die Tagesgruppe beginnt gleich nach der Schule und findet an fünf Tagen in der Woche statt.

5 In Bezug auf die **Dauer** einer Unterbringung in einer Tagesgruppe zeigt sich, dass Veränderungsprozesse Zeit und Kontinuität benötigen. Die durchschnittliche Dauer der Hilfe betrug zum Stichtag 31.12.2013 22 Monate.[6] Es ist darauf zu achten, dass es nicht zu „Abschiebungen" von so genannten schwierigen Kindern/Jugendlichen aus dem Hort kommt. Hier ist es angezeigt, Sorge dafür zu tragen, die Kinder/Jugendlichen vor Ort besonders zu fördern und in den bestehenden Einrichtungen besser zu integrieren. Diese Aufgabe obliegt den MitarbeiterInnen der Einrichtung, gegebenenfalls unterstützt durch Hilfe zur Erziehung nach §§ 27 ff. SGB VIII. Dies ermöglicht den Verbleib in bestehenden sozialen Bezügen.[7]

6 Die Betreuung des Kindes/der Jugendlichen ist im Idealfall so ausgerichtet, dass eine **Fremdunterbringung** vermieden werden kann und ein Verbleib des Kindes in der Familie gesichert wird. Dies setzt eine **intensive Eltern- und Familienarbeit** voraus. Die Eltern werden durch regelmäßige Informationsgespräche, Besuche, Projekte und Feste beteiligt. Sie werden in Erziehungsfragen beraten und es finden Interventionen in akuten **Krisensituationen** statt. Es kommt zu gemeinsamen Trainingskursen für Eltern, Kinder und Bezugspersonen. Die Elternarbeit wird in der Regel von den TagesgruppenmitarbeiterInnen geleistet. Das sozialpädagogische Angebot greift bei innerfamiliären Störungen, sozialen und schulischen Auffälligkeiten. So ergeben sich zwangsläufig inhaltliche Verbindungen zur **SPFH** nach § 31

2 Vgl. Wiesner/Wapler/*Gallep*, § 41 SGB VIII Rn. 27.
3 Siehe Monitor Hilfen zur Erziehung 2014, 68.
4 Vgl. auch FK-SGB VIII/*Struck*, § 32, Rn. 6.
5 Siehe *Thiersch* 1994, 41.
6 Siehe Monitor Hilfen zur Erziehung 2014, 68.
7 Vgl. FK-SGB VIII/*Struck*, § 32 Rn. 11.

SGB VIII, die, wenn erforderlich, zeitgleich stattfindet. Diese Hilfeformen müssen gut miteinander abgestimmt werden. Die MitarbeiterInnen müssen inhaltlich kooperieren.

Eine enge **Zusammenarbeit mit der Schule** wird vorausgesetzt, sie sollte zu den Aufgaben der TagesgruppenmitarbeiterInnen ebenso gehören wie die enge Zusammenarbeit mit anderen Fachdiensten. Dadurch wird ein **ganzheitlicher Betreuungsansatz** gewährleistet. Bei einigen Tagesgruppeneinrichtungen werden diese Aufgaben von einem gruppenübergreifenden Dienst übernommen. Dies soll zur Entlastung der TagesgruppenmitarbeiterInnen führen, birgt aber die Gefahr der gefilterten Fachgespräche und der fehlenden direkten Kommunikation mit den Erziehungsberechtigten. Die Folge ist ein „Reden" über das Kind bzw. die/den Jugendliche/n, anstatt die Betroffenen in den Mittelpunkt zu stellen, zu **beteiligen** und die Fachkraft direkt zu Wort kommen zu lassen. 7

C. Leistungsangebot

Die Tagesgruppe stellt ein **eigenständiges Leistungsangebot** dar. Sie wird organisatorisch allerdings häufig an einen Teilbereich eines freien Trägers angegliedert. Daraus ergibt sich ein logistischer Vorteil, da die fachlichen Ressourcen der Einrichtung gemeinsam genutzt werden können und die Chance auf Methodenvielfalt sich erhöht. Bei den pädagogischen Angeboten in der Tagesgruppe sind Einzelangebote neben den Gruppenangeboten selbstverständlich. Die MitarbeiterInnen sollten SozialpädagogInnen bzw. SozialarbeiterInnen sein. In heilpädagogischen Tagesgruppen sollten zusätzlich HeilpädagogInnen arbeiten. 8

Im Rahmen der Bedarfe für eine Tagesgruppenunterbringung bringen Kinder und Jugendliche verschiedenste Auffälligkeiten und Problemlagen mit. Eine Tagesgruppe birgt aufgrund der Zahl der GruppenteilnehmerInnen die Gefahr, dass sich die Auffälligkeiten potenzieren und dies leicht zu Eskalationen im Arbeitsalltag führt. Hier ist eine hohe **Fachlichkeit** von den MitarbeiterInnen gefordert. In den letzten Jahren besteht eine Tendenz, dass die als Fragestellungen der Kinder/Jugendlichen und ihrer Familien in die Hilfepläne für die Tagesgruppenarbeit eingebrachten Themen komplexer werden. Dies erhöht die **Anforderungen** an die MitarbeiterInnen und bedeutet, dass eine kontinuierliche **Weiterqualifizierung** und **Methodenschulung** zum Arbeitsalltag gehören sollten.

Nach **Satz 2** kann die Hilfe auch in geeigneten Familien als Tagespflege geleistet werden. Dies wird in der Praxis kaum umgesetzt. Bei diesem Angebot handelt es sich eher um die intensive Einzelbetreuung in Familien. 9

D. Kosten und Zuständigkeit

Bei der Unterbringung in einer Tagesgruppe werden die Kinder/Jugendlichen und deren Eltern nach § 91 Abs. 2 Nr. 2 SGB VIII zu den **Kosten** herangezogen. Die Zuständigkeit für die Gewährung einer bedarfsgerechten Hilfe liegt bei dem örtlichen Träger der öffentlichen Jugendhilfe (vgl. §§ 86 ff. SGB VIII). 10

E. Entwicklungen

Tagesgruppen stehen vor der **Herausforderung**, dass durch den Ausbau des **Ganztagsschulsystems** der zeitliche Korridor für eine Betreuung am Nachmittag kleiner und eine Unterbringung in der Tagesgruppe dadurch erschwert wird. Deshalb wird in verschiedenen Projekten versucht, die Systeme **Schule** und **Tagesgruppe** zusammenwachsen zu lassen. Dazu soll Tagesgruppenarbeit in die Räumlichkeiten der Schule verlegt werden. Problematisch an 11 dieser Entwicklung ist, dass Tagesgruppenarbeit allein durch die Örtlichkeiten noch mehr als bisher schon einen schulischen Schwerpunkt erhält. Ob die Kinder und Jugendlichen Schule als gewünschten und geeigneten **Lebensraum** empfinden, ist zu hinterfragen.

Die Corona-Pandemie hat an dieser Stelle gezeigt, dass eine Kopplung von Tagesgruppe an Schule im Rahmen von **Schulschließungen** sich eher als kontraproduktiv für den Auftrag **soziales Lernen** erweist. Tagesgruppen an Schulen mussten den Betrieb einstellen, obwohl der **Erziehungsauftrag** nach § 27 Abs. 1 ohne Einschränkungen weiter Bestand hatte.

Tagesgruppenschließungen im Rahmen der Pandemie, die aufgrund von Landesregelungen zum Infektionsschutz vorgenommen wurden, warfen an sich die Frage nach einer **Priorisierung** von Infektionsschutz und Kinderschutz auf. Diese Problematik ist im öffentlichen Diskurs kaum wahrgenommen worden. Im Alltag der Anbieter von Tagesgruppen und den Jugendämtern mussten die Probleme der Abwägung von Infektions- und Kinderschutz sowie zusätzlich des Arbeitsschutzes der eigenen Mitarbeiter beantwortet werden. Tagesgruppen haben regional den Betrieb umgestellt und die Familien über **Telefon- und Videokonferenzen**, so weit wie es ging, betreut. Dies zum einen, um dem **Kinderschutz** nicht aus dem Auge zu verlieren, zum anderen aber auch, um die eigene wirtschaftliche Existenz durch kontinuierliche Betreuungsleistung nicht zu gefährden.

In den anschließenden unterschiedlichen **Beschulungsszenarien** haben Tagesgruppen regional zugunsten der Betreuung der Kinder und Jugendlichen die Gruppen geteilt und auf eine Vormittags- und Nachmittagsbetreuung flexibel umgestellt. Tagesgruppen haben damit **soziales und schulisches Lernen** weiter ermöglicht und gefördert, obwohl letzteres primär im System **Schule** verortet sein sollte. Erziehung in der Tagesgruppe hat mithilfe dieser Vorgehensweisen regional die Folgen der Corona-Pandemie für Kinder, Jugendliche und ihre Erziehungsberechtigten gemildert, für die ohnehin ein besonderer Bedarf festgestellt worden ist.

12 Eine weitere Entwicklung stellt die Aufweichung des **Fünf-Tage-Zeitrahmens** dar. Eine Tagesgruppe verhindert aufgrund ihrer zeitlichen Struktur, dass Kinder und Jugendliche alltägliche Sport- und Freizeitangebote in Anspruch nehmen können. Dies stellt einen eigentlich unerwünschten Effekt dar, denn gerade in diesen **lebensweltnahen Strukturen** sollen sie langfristig etabliert werden. Aufgrund dessen entwickeln sich Konzepte, die eine tageweise Betreuung ermöglichen. Kritisch ist dabei, dass das Lernen in festen sozialen Gruppen dadurch erschwert wird.

§ 33
Vollzeitpflege

[1]Hilfe zur Erziehung in Vollzeitpflege soll entsprechend dem Alter und Entwicklungsstand des Kindes oder des Jugendlichen und seinen persönlichen Bindungen sowie den Möglichkeiten der Verbesserung der Erziehungsbedingungen in der Herkunftsfamilie Kindern und Jugendlichen in einer anderen Familie eine zeitlich befristete Erziehungshilfe oder eine auf Dauer angelegte Lebensform bieten. [2]Für besonders entwicklungsbeeinträchtigte Kinder und Jugendliche sind geeignete Formen der Familienpflege zu schaffen und auszubauen.

Übersicht Rn.

A. Allgemeines

1 **Vollzeitpflege** ist eine Hilfe zur Erziehung, die Fremdunterbringung bei einer Pflegeperson/Pflegefamilie vorsieht (Satz 1). Sie gehört wie die Heimerziehung zum „klassischen Hilferepertoire der Jugendhilfe"[1] und soll Kindern und Jugendlichen außerhalb ihrer Herkunftsfamilie über Tag und Nacht eine zeitlich befristete Erziehungshilfe oder eine auf Dauer und Jahre angelegte Lebensform bieten.

Als Pflege rund um die Uhr unterscheidet sich die Vollzeitpflege von der **Tagespflege** und hat besonders Bedeutung für Klein- und Vorschulkinder, ältere Kinder und Jugendliche sowie junge Volljährige (§ 41 Abs. 2 SGB VIII), deren Eltern die Versorgung und Erziehung nicht so wahrnehmen können, dass ihr Recht auf **Förderung** im Sinne von § 1 Abs. 1 SGB VIII erfüllt wird, bei denen eine Adoption aber nicht in Betracht kommt. Sie soll gemäß § 41 Abs. 1 SGB VIII auch **jungen Volljährigen** als Hilfe zur **Persönlichkeitsentwicklung** und zu einer **eigenverantwortlichen Lebensführung** gewährt werden, wenn und solange sie aufgrund ihrer individuellen Situation notwendig ist.

Vollzeitpflege ist zum Stichtag 31.12.2019 in 76.334 Erziehungshilfen in Anspruch genommen worden. Im Vergleich dazu kam in 87 036 Fällen **Heimerziehung** zum Tragen. 34.453 Kinder befanden sich in der Vollzeitpflege im Alter von 0 bis 10 Jahren, in der Heimerziehung waren es 14.481. Dies zeigt einen altersmäßigen Schwerpunkt der Vollzeitpflege für Kinder. In der Altersgruppe der älteren Kinder und Jugendlichen von 10 bis 18 Jahren überwiegt wiederum die Inanspruchnahme der Heimerziehung (52.211) gegenüber der Vollzeitpflege (35.263). Bei den Hilfen für die jungen Volljährigen befinden sich 5.618 in der Vollzeitpflege, 20.344 in der Heimerziehung.[2]

B. Einzelheiten

2 Mit „andere Familie" im Sinne des § 33 SGB VIII sind einzelne Pflegepersonen, Pflegefamilien und Verwandte wie Großeltern, Tanten oder Onkel **(Verwandtenpflege)** gemeint. Insbesondere bei der Verwandtenpflege war lange streitig, ob sie darunterfällt. Dies ist aber seit der Verabschiedung des **KICK** durch § 27 Abs. 2a SGB VIII klargestellt. Entscheidend bleibt immer, ob ein erzieherischer Bedarf besteht.

1 So GK-SGB VIII/*Salgo*, § 33 Rn. 1.
2 KomDat Heft 1/21 24. Jg., 6–10.

3 Vollzeitpflege muss wie jede andere Hilfe zur Erziehung **geeignet** und **notwendig** sein, um dem jeweiligen **erzieherischen Bedarf** gerecht werden zu können. Sie ist damit durch den **Hilfeplan** inhaltlich konkret auszugestalten (§ 36 SGB VIII). Darüber hinaus ist die Eignungsprüfung der Pflegestelle für das jeweilige Kind/den Jugendlichen als prozesshaftes Geschehen zu verstehen. In jedem Einzelfall ist die **Passung** zwischen der Pflegestelle und dem jeweiligen Kind/Jugendlichen erneut zu überprüfen. Der Begriff „Pflegestellen" beschränkt sich dabei nicht auf den klassischen **Familienbegriff**, sondern schließt auch Einzelpersonen, unverheiratete Paare, eingetragene Lebensgemeinschaften, gleichgeschlechtliche Lebensgemeinschaften ein, sofern diese eine dem Wohl des Kindes dienende Erziehungsarbeit gewährleisten.

Aus § 37 SGB VIII ergibt sich die Pflicht zur Zusammenarbeit zwischen Personensorgeberechtigten/Eltern, Pflegepersonen und dem Jugendamt. Das Pflegegeld ist in § 39 SGB VIII, die Krankenhilfe in § 40 SGB VIII geregelt. Die sorgerechtlichen Befugnisse der Pflegeperson ergeben sich aus § 1688 BGB oder dem allerdings nicht zwingend schriftlich vorgeschriebenen Pflegevertrag, in dem auch Besuchsregelungen getroffen werden können.

Dort, wo das Kind bei **Pflegeeltern** faktisch **soziale Eltern** gefunden hat und durch eine Herausnahme aus seinem sozialen Bezugsfeld schwer geschädigt werden kann, ist auf elterliches Herausgabeverlangen hin der Verbleib in der Pflegefamilie durch eine entsprechende familiengerichtliche Anordnung gemäß § 1632 Abs. 4 BGB zu sichern.[3] Im Verfahren muss das Familiengericht einen Verfahrensbeistand bestellen (§ 158 FamFG). Maßgeblich handlungsleitend für eine entsprechende Entscheidung zum Wohl des Kindes muss eine **qualifizierte Hilfeplanung** bleiben. Das heißt, von vornherein ist eine unterstützende Arbeit mit den Herkunftseltern zu planen, wenn eine **Rückkehroption** nicht generell ausgeschlossen ist.

4 Für besonders **entwicklungsbeeinträchtigte Kinder und Jugendliche** sind gemäß § 33 Satz 2 SGB VIII geeignete Formen der Familienpflege zu schaffen und auszubauen.[4]

5 *Salgo*[5] resümiert, dass das anspruchsvolle Konzept und die „Philosophie" zur Pflegekindschaft nach 25 Jahren immer noch auf der Höhe der Zeit sind: Die gesetzlichen Grundlagen sind „grundsätzlich nach wie vor aktuell und auf der Höhe der Zeit", doch mangele es an der konsequenten Umsetzung. Es bedarf eines zielgerichteten und geplanten Handelns bei Gefährdung des Kindeswohls in den Fällen, in denen mit ambulanten Hilfen dieser nicht mehr begegnet werden kann. Zudem bedürfe es einer **familiengerichtlichen Absicherung**, die bei Scheitern bzw. bei der Unwahrscheinlichkeit der vom SGB VIII favorisierten Rückkehroption greift. Dies sieht das geltende Familienrecht für eine **„auf Dauer angelegte Lebensform"** bislang nicht vor, wenn alternativ die Adoptionsform nicht realisierbar sei.

Mit *Zitelmanns* Plädoyer für eine „Verstetigung der Pflegekindschaft"[6] ist daher eine gesetzliche Erleichterung einer **Adoption** und Senkung der hohen Hürde des § 1748 BGB zu fordern.[7] Anforderungen an eine Reform gesetzlicher Regelungen sind für Salgo/Veit/Zenz die zivilrechtliche Absicherung der Dauerpflege durch das Familiengericht und die Erweiterung der materiell-rechtlichen Befugnisse der Pflegeperson. Zudem gelte es, die familienverfahrungsrechtliche Stellung der Pflegeeltern zu verbessern.[8]

---

3 *Fieseler/Herborth* 2010, 229 ff.
4 Satz 2, Sonderpflegestellen, vgl. LPK-SGB VIII/*Kunkel/Kepert*, § 33 Rn. 9 f.; Wiesner/Wapler/*Wapler*, § 33 SGB VIII Rn. 74.
5 ZKJ 2015, 357–363.
6 ZKJ 2014, 469–472.
7 FamRZ 2014, 891.
8 ZKJ 2013, 204.

6 Die **Adoptionspflege** fällt nicht unter § 33 SGB VIII, da sie nicht dazu dient, den Eltern Hilfe zur Erziehung zu leisten, sondern die Entstehung eines **Eltern-Kind-Verhältnisses** vorbereiten soll. Auch die **Bereitschaftspflege** ist keine Vollzeitpflege im Sinn des § 33 SGB VIII, sondern eine Form der Kurzzeitpflege, die nicht der Erziehung, sondern als vorläufige Maßnahme, z.B. im Rahmen der **Inobhutnahme**, gemäß § 42 SGB VIII dem Schutz des Kindes dient.

7 Die Vollzeitpflege als Hilfe zur Erziehung ist inhaltlich durch den **Hilfeplan** konkret auszugestalten. Die Pflicht zur Zusammenarbeit zwischen Eltern, Pflegepersonen und dem Jugendamt ergibt sich aus § 37 SGB VIII. Das **Pflegegeld** ist in § 39 SGB VIII, die **Krankenhilfe** in § 40 SGB VIII geregelt. Die sorgerechtlichen Befugnisse der Pflegeperson ergeben sich aus § 1688 BGB oder dem – allerdings nicht zwingend schriftlich – vorgeschriebenen Pflegevertrag, in dem auch Besuchsregelungen getroffen werden können.

8 **Fremd-** und **Verwandtenpflege** sind Formen der Vollzeitpflege. Großeltern benötigen hierbei keine Pflegeerlaubnis.[9] Gegen die Familienpflege bestehen „mitunter generelle Vorbehalte der Fachkräfte".[10] Der Deutsche Verein versteht in seinen Empfehlungen unter Verwandtenpflege die Betreuung von Kindern durch Verwandte oder Verschwägerte bis zum dritten Grad im Sinne des § 44 Abs. 1 Nr. 3 SGB VIII. Die Erfahrung habe gezeigt, dass gerade verwandte Pflegepersonen einer Unterstützung bedürfen, die sich deutlich von der Fremdpflege unterscheide und besondere Inhalte und Formen aufweise.[11]

9 Oftmals sind erzieherischen Defizitsituationen im eigenen Familienkontext verankert.[12] Auf der anderen Seite verfügen Mitglieder der Herkunftsfamilie über Bindungen und ein Familienwissen, das externe Pflegestellen nicht haben können. Es sind auf jeden Fall bei der Entscheidung über die **Notwendigkeit** und **Geeignetheit** der Hilfe dieselben Kriterien heranzuziehen wie bei der Überprüfung von Pflegestellen bei familienfremden Personen.

Zu berücksichtigen ist, dass es sich bei der Entscheidung über die Notwendigkeit und Geeignetheit der Hilfe um das Ergebnis eines **kooperativen pädagogischen Entscheidungsprozesses** unter Mitwirkung mehrerer Fachkräfte handelt, welches nicht den Anspruch objektiver Richtigkeit erhebt, jedoch eine angemessene Lösung zur Bewältigung der festgestellten **Belastungssituation** enthält, die fachlich vertretbar und nachvollziehbar sein muss. Daraus folgt, dass die **verwaltungsgerichtliche Überprüfung** sich darauf zu beschränken hat, ob allgemein gültige fachliche Maßstäbe beachtet wurden, ob keine sachfremden Erwägungen eingeflossen und die Adressaten in umfassender Weise beteiligt worden sind. Dem Jugendamt steht auch hinsichtlich der Geeignetheit der Pflegeperson im Sinne der §§ 27, 33 SGB VIII ein Beurteilungsspielraum zu, der nur eingeschränkt gerichtlich überprüfbar ist.

10 Die **Bereitschaftspflege** ist keine Vollzeitpflege im Sinn von § 33 SGB VIII, sondern eine vorläufige Schutzmaßnahme gemäß §§ 42, 43 SGB VIII. Sie kann Vorstufe zur Vollzeitpflege sein.[13]

11 Sonderformen der Vollzeitpflege für „besonders entwicklungsbeeinträchtigte Kinder" im Sinne von Satz 2 sind **Erziehungsstellen** und sonderpädagogische, sozialpädagogische und auch heilpädagogische Pflegestellen,[14] die meist von freien Trägern betrieben werden und in denen Kinder und Jugendliche mit ihren besonderen Bedürfnissen aufgenommen

9 § 44 Abs. 1 Satz 2 Nr. 3 SGB VIII.

10 Deutscher Verein, 4.

11 Einerseits Erhaltung des sozialen Umfelds, andererseits Verschiebung der Generationen, großer Altersabstand, *Schmid-Obkirchner*, § 33 SGB VIII Rn. 29–32. Ausführlich *Salgo* 2012, Rn. 39: „A-priori-Festlegungen für oder gegen die Verwandtenpflege (sind) nicht angebracht."

12 Wiesner/Wapler/*Wapler*, § 33 SGB VIII Rn. 35.

13 Vgl. Wiesner/Wapler/*Wapler*, § 33 SGB VIII Rn. 80; LPK-SGB VIII/*Kunkel/Kepert* § 33 Rn. 7.

14 *Lengemann*, in Deutscher Verein für öffentliche und private Fürsorge, Fachlexikon der sozialen Arbeit 253 f.

werden, die früher nicht in Familienpflege, sondern in Einrichtungen untergebracht worden wären. Dies wird aber nur dadurch möglich, dass für diese schwierigen Aufgabenfelder Pflegeeltern mit besonderen Qualifikationen gewonnen werden konnten, die dem besonderen Bedarf des Kindes oder Jugendlichen gerecht zu werden imstande sind.[15] Da in Pflegefamilien bzw. Erziehungsstellen die Möglichkeiten zum Aufbau stabiler emotionaler Beziehungen zu Erwachsenen eher als in Einrichtungen gewährleistet sein kann, sind Entwicklungen möglich geworden, die zuvor als unerreichbar galten. Der hohen Anforderungen wegen wird häufig auf Erziehungsstellen zurückgegriffen, bei denen ein Elternteil über eine entsprechende **sozialpädagogische Qualifikation** verfügt. Erziehungsstellen werden dementsprechend auch oft unter § 34 SGB VIII subsumiert, eine klare Abgrenzung gibt es nicht, da Erziehungsstellen nicht unter § 34 SGB VIII genannt werden.

Die Abgrenzung zwischen § 33 und § 34 SGB VIII kann problematisch sein,[16] wobei zu beachten ist, dass Landesrecht dies unterschiedlich definieren kann.

12 Der Europäische Gerichtshof für Menschenrechte (EGMR), das Bundesverfassungsgericht und der Bundesgerichtshof setzten sich sehr kritisch mit der deutschen Praxis auseinander, weil die Gerichte und Jugendämter bei den Hilfen in Vollzeitpflege die Menschenrechte verletzt haben sollen, indem mit der Inpflegegabe die Umgangskontakte ausgeschlossen wurden und die Möglichkeit einer Rückführung nicht ausreichend berücksichtigt worden sei.[17]

15 GK-SGB VIII/*Salgo* § 33, Rn. 40 auch zu den unterschiedlichen Begriffen.
16 *Küfner* 2008, 308; FK-SGB VIII/*Struck*, § 33 Rn. 16.
17 EGMR JAmt 2004, 554.

§ 34
Heimerziehung, sonstige betreute Wohnform

[1]Hilfe zur Erziehung in einer Einrichtung über Tag und Nacht (Heimerziehung) oder in einer sonstigen betreuten Wohnform soll Kinder und Jugendliche durch eine Verbindung von Alltagserleben mit pädagogischen und therapeutischen Angeboten in ihrer Entwicklung fördern. [2]Sie soll entsprechend dem Alter und Entwicklungsstand des Kindes oder des Jugendlichen sowie den Möglichkeiten der Verbesserung der Erziehungsbedingungen in der Herkunftsfamilie

1. **eine Rückkehr in die Familie zu erreichen versuchen oder**
2. **die Erziehung in einer anderen Familie vorbereiten oder**
3. **eine auf längere Zeit angelegte Lebensform bieten und auf ein selbständiges Leben vorbereiten.**

[3]Jugendliche sollen in Fragen der Ausbildung und Beschäftigung sowie der allgemeinen Lebensführung beraten und unterstützt werden.

Übersicht Rn.

A. Allgemeines

1 Die **Erziehung in einer Einrichtung über Tag und Nacht** (Heim) oder in einer sonstigen betreuten Wohnform ist eine (familienersetzende) Form der Hilfe zur Erziehung, die mit der zeitlich befristeten oder auf Dauer angelegten Trennung von der eigenen Familie, dem „Elternhaus", verbunden ist.

Eine **Einrichtung** ist als eine auf eine gewisse Dauer zu einem bestimmten Zweck angelegte Verbindung von sächlichen und persönlichen Mitteln unter der Verantwortung eines Trägers anzusehen, deren Bestand und Charakter vom Wechsel der Personen, die in diesem Rahmen betreut werden, weitgehend unabhängig ist.[1]

Betreuung „über Tag und Nacht" ist der ganztätige Aufenthalt in einer Einrichtung von 0 bis 24 Uhr im Gegensatz zur Erziehung in einer **Tagesgruppe** (§ 32 SGB VIII), die nur während der Tagesstunden erfolgt, oder zum Aufenthalt in einer Übernachtungsstelle für wohnungslose Kinder und Jugendliche, die nur ein Angebot für die Nachtstunden bereithält.

2 Auf die Hilfe besteht unter den Leistungsvoraussetzungen des § 27 Abs. 1 SGB VIII und den Vorgaben des § 27 Abs. 2 bis 4 SGB VIII einerseits ein bei den **Verwaltungsgerichten** einklagbarer Rechtsanspruch der Personensorgeberechtigten bzw. des jungen Volljährigen (§ 34 i.V.m. § 41 SGB VIII), andererseits kann diese Hilfe als familiengerichtliche Maßnahme gemäß § 1666 BGB – unter Entzug des Aufenthaltsbestimmungsrechts und des Rechtes, Hilfe zur Erziehung in Anspruch zu nehmen, mit Übertragung dieser Rechte auf einen Ergänzungspfleger (§ 1909 BGB) – oder als Erziehungsmaßregel nach § 12 Nr. 2 JGG erwirkt werden.

Die Angebote für eine Unterbringung nach § 34 SGB VIII sind in den vergangenen Jahren weiter ausdifferenziert worden. Es gibt im Rahmen der **institutionalisierten Betreuungsformen** u.a. heilpädagogische, therapeutische, familienanaloge Einrichtungen, Kleinsteinrichtungen, Einrichtungen mit und ohne Schichtdienst. Ebenso haben sich unter dem Begriff

---

1 Vgl. zum Begriff der Einrichtung § 45a SGB VIII Rn. 2 ff., zum Begriff der sonstigen betreuten Wohnform § 48a SGB VIII.

„sonstige betreute Wohnformen" verschiedene Angebote entwickelt. Dazu gehören mobile Betreuung, betreutes Wohnen, flexible Betreuung, ausgelagerte Heimplätze etc. Im Jahr 2019 befanden sich 232.737 unter 27-Jährige in den verschiedenen stationären Hilfen. Gegenüber dem Vorjahr (2018: 240.567) sind die stationären Unterbringungen gesunken, was mit dem Abflauen der UMA-Zahlen zu begründen ist.[2]

B. Ziele der Hilfe

3 **Ziele der Hilfe** sind nach dem Gesetz: Rückkehr in die Familie (Satz 2 Nr. 1), Erziehung in einer anderen Familie (Satz 2 Nr. 2), eine auf längere Zeit angelegte Lebensform und Vorbereitung auf ein selbstständiges Leben (Satz 2 Nr. 3).

4 Wie alle Hilfe zur Erziehung muss die Erziehung im Heim oder in einer sonstigen betreuten Wohnform – bei anders nicht zum Wohl des Kindes oder Jugendlichen gewährleisteter Erziehung für seine Entwicklung zu einer eigenverantwortlichen und gemeinschaftsfähigen Persönlichkeit im Sinne des § 1 Abs. 1 SGB VIII – **geeignet** und **notwendig** sein (§ 34 i.V.m. § 27 Abs. 1 SGB VIII). Sie richtet sich nach dem erzieherischen Bedarf im Einzelfall. Danach beurteilt sich auch, auf welches der drei in § 34 Abs. 2 Nr. 1 bis 3 SGB VIII genannten Ziele abzustellen ist. Kann eine **Rückkehr** in die eigene Familie als umsetzbare Möglichkeit in Betracht gezogen werden, so sind die Erziehungsbedingungen in der Herkunftsfamilie durch **Beratung** und **Unterstützung** so weit zu bessern, dass die Familie das Kind oder den Jugendlichen wieder selbst erziehen kann (§ 37 Abs. 1 Satz 2 SGB VIII).

Steht die **Vorbereitung der Erziehung** in einer anderen Familie im Vordergrund, sind entsprechende Anbahnungen und Hilfestellungen für die dafür nötigen Prozesse zu gewähren.

5 Ist es das gemeinsame Ziel, dass die Kinder/Jugendlichen und jungen Erwachsenen eine auf Dauer angelegte Wohnform benötigen, kommt es für einen Erfolg der Intervention auf eine hohe Passgenauigkeit und ein hohes Maß an **Partizipation** bei der Entscheidungsfindung an. Dies wird insbesondere daran sehr deutlich, dass etwa 49,2 % der eingeleiteten Hilfen nach § 34 SGB VIII planmäßig beendet werden.[3] Dem stehen viele Hilfen gegenüber, die aus noch zu untersuchenden Gründen nicht planmäßig beendet werden. Das **Durchschnittsalter** der Kinder/Jugendlichen betrug 2018 14,2 Jahre, die **durchschnittliche Verweildauer** 19 Monate.[4] Auch diese Zahlen belegen, dass die Passung und möglicherweise eine gute Vorbereitung einer Rückkehr oder alternativer Hilfen für den Erfolg von stationärer Hilfe zur Erziehung elementar wichtig sind. Ein 14-Jähriger, der 19 Monate im System stationärer Hilfe zur Erziehung gewesen ist, braucht sicher aufgrund seines Alters weitere Unterstützung nach Beendigung der stationären Hilfe. Somit stellt sich die Frage, was nach dem durchschnittlichen Aufenthalt von 19 Monaten in einer stationären Hilfe zur Erziehung folgt, wie der weitere Bedarf gedeckt wird. Sicher zu vermeiden ist, dass aufgrund einer schlechten Passgenauigkeit der Hilfe ein Drehtüreffekt entsteht, der für die Jugendlichen das Durchlaufen von einer Hilfe nach der anderen bedeutet.

Die entsprechenden Zielsetzungen sind mit den Personensorgeberechtigten, dem Kind/Jugendlichen/jungen Volljährigen und den Fachkräften zwecks konkreter Hilfeentscheidung in verständlicher Sprache zu besprechen und gemäß § 36 Abs. 2 Satz 2 SGB VIII ist ein Hilfeplan

2 Kinder- und Jugendhilfereport Extra 2021, Eine kennzahlenbasierte Kurzanalyse, Autorengruppe Kinder- und Jugendhilfestatistik, Eigenverlag Forschungsverbund DJI/TU Dortmund an der Fakultät 12 der TU Dortmund.

3 Siehe http://www.hzemonitor.akjstat.tu-dortmund.de/steckbriefe-der-hilfearten/heimerziehung-34-sgb-viii (12.3.2022).

4 Siehe www.hzemonitor.akjstat.tu-dortmund.de/steckbriefe-der-hilfearten/heimerziehung-34-sgb-viii (12.3.2022).

zu erstellen. Dabei ist das **Wunsch- und Wahlrecht** zu beachten.[5] Fachlich sind Dezentralisierung, Regionalisierung, Differenzierung zentrale Stichworte der vergangenen Jahre. Stationäre Hilfen unterliegen einer Flexibilisierung[6], um den komplexer werdenden Fragestellungen gerecht zu werden. Das „Alltagserleben" (lebensweltorientierte Hilfe) der Hilfeberechtigten ist mit pädagogischen und – sofern geeignet – therapeutischen Angeboten zu verbinden. Die „Gruppe als sozialer Lernort" kennzeichnet die Heimerziehung.

In den letzten Jahrzehnten hat es an massiver Kritik und Reformvorschlägen zur Heimerziehung nicht gefehlt.[7] Viele Aspekte dieser Kritik sind in die o.g. Ausdifferenzierung der Angebote eingeflossen. 6

Unter **sonstigen betreuten Wohnformen**, sind neben den klassischen Wohngruppen aufgrund der sich wandelnden Bedarfe der Jugendlichen neue Notwendigkeiten entstanden. Dies hat ermöglicht, entsprechend den individuellen Bedarfen eine bessere **Passgenauigkeit** der Hilfen zu erreichen. Zu den Ausdifferenzierungen gehört z. B. Mobile Betreuung, also die Verselbstständigung von Jugendlichen und jungen Erwachsenen in eigenen oder von Trägern angemieteten Wohnungen.

C. Geschlossene Unterbringung

Umstritten ist die Heimerziehung in der Form der **geschlossenen Unterbringung**, d.h. der Unterbringung, die durch besondere Sicherungsmaßnahmen, Eingrenzungs- oder Abschlussvorrichtungen Kinder und Jugendliche daran hindert bzw. es ihnen erschwert, sich unerlaubt aus dem gesicherten Bereich zu entfernen[8]. Nicht zuletzt aufgrund der inzwischen zahlreichen Alternativen[9] ist sie – spezifische, fallbezogene Konstellationen ausgenommen – als pädagogisches Mittel abzulehnen. Nach *Häbel*[10] ist sie weder pädagogisch haltbar noch rechtlich zulässig. *Nonninger* greift ihren Vorschlag auf, ein (ausdrückliches) Recht des Kindes auf Erziehung ohne Freiheitsentziehung zu etablieren.[11] 7

Eine Übersicht über die Positionen Befürworter („Letztes Mittel bei bestimmten Verhaltensweisen und Situationen") und Gegner der geschlossenen Unterbringung („Verzichts- und Bankrotterklärung der Pädagogik") geben *Fieseler/Herborth*.[12] Dort ist auch die Auffassung der Sachverständigenkommission zu finden, die den 11. Kinder- und Jugendbericht erstellt hat. Die Rechtsentwicklung hat gezeigt, wie lange sich das sogenannte **besondere Gewaltverhältnis** gehalten hat, obgleich diese Konstruktion zur Außerkraftsetzung von Grundrechten in bestimmten Situationen seit 1972 unhaltbar ist.[13]

„Das Paradox, durch Freiheitsentzug zur Freiheit erziehen zu wollen, kann nur dann produktiv aufgelöst werden, wenn die Jugendlichen in freiheitsentziehenden Maßnahmen (FM) ihrerseits paradox reagieren und die „Zwangsangebote" quasi „freiwillig" annehmen, FM kann also insbesondere dann positive und z.T. auch dauerhafte Effekte aufweisen, wenn Ju- 8

5 GK-SGB VIII/*Nothacker*, § 36 Rn. 34 ff.
6 GK-SGB VIII/*Häbel*, § 34 Rn. 6.
7 Eingehend dazu *Fieseler/Herborth* 2010, 388 ff. m.w.N. und zu positiven Entwicklungen in der Heimerziehung. Zur geschlossenen Heimerziehung vgl. GK-SGB VIII/*Häbel*, § 34 Rn. 31–34; *Fieseler/Herborth* 2010, 412–416.
8 Vgl. *Degener/Kunstreich/Lutz/Mielich/Muhl/Rosenkötter/Schwagereck* (Hrsg.), Dressur zur Mündigkeit. Über die Verletzung von Kinderrechten in der Heimerziehung.
9 Vgl. dazu *Schwabe/Stallmann/Vust*, Freiraum mit Risiko, Niedrigschwellige Erziehungshilfen für sogenannte Systemsprenger.
10 GK-SGB VIII/*Häbel* § 34 Rn. 24.
11 LPK-SGB VIII/*Nonninger*, 7. Aufl.,§ 34 Rn. 36. Die Kommentierung von *Kepert/Dexheimer* in der 8. Aufl. äußert sich zu dieser Frage nicht.
12 *Fieseler/Herborth* 2010, 413.
13 Vgl. die Entscheidung des Bundesverfassungsgerichts zu den Grundrechten von Strafgefangenen, BVerfGE 33, 1 ff.) sowie *Fieseler*, Rechtsgrundlagen sozialer Arbeit, 59 ff.

gendliche dieses Setting als Hilfe für sich anerkennen und mitgestalten.[14] Voraussetzung für pädagogische Einflussnahme ist also, dass sie es nicht nur als Zwang erfahren, sondern die drastische Grenzsetzung durch den Freiheitsentzug als Chance nutzen lernen, für sich „etwas zu erreichen", dazu müssen sie ihren anfänglichen Widerstand zumindest teilweise aufgeben und das Angebot, sich die Freiheit schrittweise zurückzuerobern, quasi als „Bewährungsprobe" annehmen können."[15] *Permien* kommt zu dem Schluss, dass die Vermutung, unter Zwang könnten sich keine tragfähigen pädagogischen Beziehungen entwickeln, nicht bestätigt werden kann.[16] Teilweise seien die pädagogischen Beziehungen in der FM sogar als besser und belastbarer bewertet worden als in offenen Hilfemaßnahmen.[17] *Permien* sieht „die Risiken des Machtmissbrauchs im Zwangskontext der FM", (daher) sei es unerlässlich, die **Beschwerdemöglichkeiten** für die Jugendlichen auszubauen – und die FM „nicht für Sanktions- oder Sicherheitswünsche der Öffentlichkeit zu missbrauchen". Ein Fazit, das gerade von § 1 SGB VIII her zu unterstreichen ist. Mit der Einführung des § 9a SGB VIII **Ombudsstellen** ist hier durch das KJSG ein wichtiger Baustein durch die Reform etabliert worden. Zu Recht heißt es bei *Permien*[18]: „Das pädagogische Allheilmittel zu erwarten, grenzt jedoch an prometheischen Größenwahn und sollte als unberechtigte Erwartung zurückgewiesen werden."

9 *Wiesner*[19] stellt fest, dass sich die (heftige) Diskussion zur geschlossenen Unterbringung „versachlicht" habe und deutlich geworden sei, dass für die notwendige Beziehungsaufnahme als Voraussetzung von Erziehung der bloße „Einschluss" nicht ausreiche, vielmehr entsprechende Kompetenzen aufseiten der Fachkräfte vorhanden sein müssten.

Es bleibt dennoch die Frage offen, welche Infrastruktur für Kinder und Jugendliche geschaffen und vorgehalten werden muss, die in dem bestehenden Hilfesystem nicht zurechtkommen oder das System nicht mit ihnen. Diese Kinder und Jugendlichen werden vielfach unter dem umstrittenen Terminus „**Systemsprenger**" zusammengefasst. Sie haben oft schon viele stationäre und ambulante Hilfeformen durchlaufen und mussten diese z.B. aufgrund nonkonformen Verhaltens, Sachbeschädigungen, Vandalismus (z.B. auch gegen Nachbarn), Gewalt gegen andere Kinder/Jugendliche oder Mitarbeiter verlassen. Die hier bisher wenig diskutierten Aspekte des Arbeitsschutzes im Zusammenspiel mit dem Schutz der Kinder und Jugendlichen gilt es in Zukunft mehr in den Fokus zu nehmen, da es auch aufgrund des bestehenden **Fachkräftemangels** zunehmend schwerer wird, geeignete Mitarbeiter zu finden und zu halten. Aktuell ist die Frage eines fachlich qualifizierten Umgangs mit der Thematik von herausfordernden Jugendlichen zu lösen und zu bearbeiten, perspektivisch gilt es, stationäre Jugendhilfe in die Lage zu versetzen, Beziehungs- und Hilfeabbrüche zu verhindern, die der Beginn für eine ungünstige Hilfekarriere sind.

10 Für den Bereich der elterlichen Sorge stellt **§ 1631b BGB** klar, dass mit Freiheitsentziehung verbundene Unterbringung der Genehmigung des **Familiengerichts** bedarf, dass sie nur zulässig ist, wenn sie zum Wohl des Kindes, insbesondere zur Abwendung einer erheblichen Selbst- oder Fremdgefährdung, erforderlich ist und der Gefahr nicht auf andere Weise, auch nicht durch andere öffentliche Hilfen begegnet werden kann (Satz 2). Ohne die Genehmigung ist die Unterbringung nur zulässig, wenn mit dem Aufschub Gefahr verbunden ist; die Genehmigung ist gegebenenfalls unverzüglich nachzuholen (Satz 3). Streitig ist, ob ein Antrag der Personensorgeberechtigten erforderlich ist. Einstweilige Anordnungen sind zulässig.[20]

---

14 Wiesner/Wapler/*Wapler*, § 34 SGB VIII Rn. 36.
15 *Permien* 2010, 89.
16 *Permien* 2010, 90.
17 *Permien* 2010, 90.
18 *Permien* 2010, 93.
19 *Wiesner* 2009, 217.
20 OLG Naumburg JAmt 2013, 48–51.

Bei allen genannten Maßnahmen ist der **Verhältnismäßigkeitsgrundsatz** „streng zu beachten".[21]

Bloße **Freiheitsbeschränkungen**, das heißt Maßnahmen, die angesichts des Kindesalters angemessen und üblich sind und im Rahmen der allgemeinen Erziehungs- und Aufsichtspflicht liegen wie begrenzte Ausgangszeiten und Ausgehverbote, sind keine Freiheitsentziehung.[22]

Das Unterbringungsverfahren ist Verfahren in Kindschaftssachen (§ 151 Nr. 6 FamFG) mit persönlicher Anhörung der Minderjährigen (§ 159 FamFG) und der Eltern (§ 160 FamFG), Verfahrensbeistandschaft (§ 158 FamFG) und Anhörung des Jugendamtes (§ 162 FamFG).

Jeder Genehmigungsbeschluss nach § 1631b BGB hat anzugeben, ob die freiheitsentziehende Unterbringung in einer Klinik der **Kinder- und Jugendpsychiatrie** oder in einer Einrichtung der Kinder- und Jugendhilfe genehmigt wird (§ 323 Nr. 1 FamFG), und ist mit einer zeitlichen Befristung zu versehen (§ 323 FamFG). Ohne eine solche Befristung ist der Beschluss rechtswidrig.

Eine Unterbringung endet spätestens mit Ablauf eines Jahres, bei „offensichtlich langer Unterbringungsbedürftigkeit" spätestens mit Ablauf von zwei Jahren, wenn sie nicht vorher verlängert wird (§ 329 Abs. 1 FamFG).[23] Ist danach eine weitere Unterbringung erforderlich, so ist das Genehmigungsverfahren zu wiederholen (§ 329 Abs. 2 Satz 1 FamFG).[24]

Das Recht der Eltern zu einer mit Freiheitsentziehung verbundenen Unterbringung bleibt materiell bestehen, ihre Zulässigkeit ist jedoch von einer richterlichen Entscheidung abhängig. Das Familiengericht ordnet nicht die Unterbringung an, es hat sie nur zu genehmigen. Die Eltern sind deshalb nicht zur Unterbringung verpflichtet, es sei denn, ihre Nichteinholung der erforderlichen Genehmigung oder die Nichtveranlassung der Unterbringung trotz Kindeswohlgefährdung erfüllt die Voraussetzung des § 1666 Abs. 1 BGB. 11

21 *Fink*, in Heilmann 2015, § 1631b Rn. 8.
22 *Fink*, in Heilmann 2015, § 1631b Rn. 4.
23 § 329 Abs. 1 FamFG.
24 Zur verfassungsrechtlichen Zulässigkeit der geschlossenen Unterbringung gemäß § 1631b Satz 2 und Satz 2 vgl. *Radewagen* (2009), 121–128. Er schließt: „Die geschlossene Unterbringung von Kindern und Jugendlichen wird trotz ihrer Differenzen zur Lebensweltorientierung auf Grund der Rechtslage ein Instrument der Jugendhilfelandschaft bleiben." (202).

§ 35
Intensive sozialpädagogische Einzelbetreuung

[1]Intensive sozialpädagogische Einzelbetreuung soll Jugendlichen gewährt werden, die einer intensiven Unterstützung zur sozialen Integration und zu einer eigenverantwortlichen Lebensführung bedürfen. [2]Die Hilfe ist in der Regel auf längere Zeit angelegt und soll den individuellen Bedürfnissen des Jugendlichen Rechnung tragen.

Übersicht

A. Allgemeines

1 § 35 SGB VIII definiert Ziele, Zielgruppe und Rahmenbedingungen der intensiven **sozialpädagogischen Einzelbetreuung**. Sie richtet sich als ambulante oder stationäre Maßnahme vorrangig, aber nicht ausschließlich an Jugendliche und junge Erwachsene, die einer intensiven Unterstützung bedürfen, auch nach Beendigung anderer Hilfemaßnahmen. Als **individualpädagogische Maßnahme** stellt die intensive sozialpädagogische Einzelbetreuung ein in besonderem Maße **individualisiertes und zeitintensives Unterstützungs- und Beziehungsangebot** bereit. Entsprechend ist die Norm so formuliert, dass keine Einschränkungen bzgl. Arbeitsformen oder Methoden gemacht werden. Intensive sozialpädagogische Einzelbetreuung kann weder als Sonderform von ambulanter Hilfe noch als Sonderform von Heimerziehung verstanden werden, sondern verfügt über ein eigenes Profil. Im Entwurf zur Neuordnung des Kinder- und Jugendhilferechts wurde formuliert, dass der Ausbau der intensiven sozialpädagogischen Einzelbetreuung auch dazu beitragen soll, die Unterbringung von älteren Jugendlichen in Heimen oder Psychiatrien zu vermeiden.[1]

Der Anspruch auf Hilfe zur Erziehung in Form der „Intensiven pädagogischen Einzelbetreuung" nach § 35 SGB VIII bedingt, dass die Voraussetzungen des § 27 SGB VIII vorliegen.[2]

B. Intensive sozialpädagogische Einzelbetreuung konkret

I. Zielgruppe

2 **Satz 1** nennt als Zielgruppe explizit **Jugendliche**, entsprechend § 41 Abs. 1 SGB VIII fallen jedoch auch **junge Volljährige** bis zur Vollendung des 21. Lebensjahres unter diese Vorschrift. Weitere erforderliche Merkmale zur Gewährung der Hilfe sind der Bedarf an intensiver Unterstützung zur sozialen Integration und zur eigenverantwortlichen Lebensführung.

3 Im entsprechenden Regierungsentwurf des Gesetzes von 1989 wird die Zielgruppe beschrieben als Jugendliche, die sich anderen Hilfen entziehen und die sich in besonders gefährdeten

1 BT-Drs. 11/5948, 72.
2 Vgl. dazu § 27 Rn. 14 ff.

Lebenssituationen befinden. Als Beispiele für solche gefährdeten Situationen werden das „Punker-, Prostituierten-, Drogen- und Nichtseßhaftenmilieu"[3] aufgeführt. Diese Beschreibung entspricht einer veralteten und stigmatisierenden Defizitorientierung, die den individuellen Situationen und komplexen Problemlagen der Jugendlichen nicht Rechnung trägt und darüber hinaus sie selbst für das Scheitern anderer Hilfen verantwortlich macht. Richtig ist, dass die betroffenen jungen Menschen **problembelastete Krisen** erlebt haben, für deren Bewältigung sie teils auf gefährdende Strategien zurückgegriffen haben, wie beispielsweise einen riskanten Drogenkonsum oder die Verlagerung des Lebensmittelpunktes auf die Straße. Die Biographien der betroffenen jungen Menschen sind häufig durch Beziehungsabbrüche, Vernachlässigung, Gewalt und andere Verletzungen geprägt. Diese belastenden Erfahrungen und ihre diversen Auswirkungen gefährden die soziale Integration der Betroffenen.

Eine Studie der Bundesarbeitsgemeinschaft Individualpädagogische Maßnahmen zeigt, dass sich innerhalb der Zielgruppe vor allem männliche Jugendliche mit folgenden spezifischen Problemen finden:[4] 4

- Erfahrungen mit größerer Zahl vorhergehender höherschwelliger Hilfen,
- hoher Prozentsatz von Schulverweigerer_innen/Schulabbrecher_innen,
- materielle Notlagen, dadurch eingeschränkte Teilhabechancen,
- familiäre Konflikte, Überforderung der Eltern,
- aggressives oder delinquentes Verhalten, auch in Verbindung mit problematischem Alkohol- und Drogenkonsum.

2017 wurden 4.815 Hilfen nach § 35 SGB VIII begonnen. Von denen, die sie in Anspruch genommen haben, waren 71 % männlich und 29 % weiblich.[5] Die intensive sozialpädagogische Einzelbetreuung kann **in Einzelfällen auch für Kinder** unter 14 Jahren eine geeignete Hilfeform sein. Infrage kommen ältere Kindern ab ca. 12 Jahren, sofern bereits eine räumliche Trennung zum Elternhaus besteht und sie sich auf Grund der psychosozialen Entwicklung in Distanz zu ihrer Herkunftsfamilie befinden. Hier zielt die intensive sozialpädagogische Einzelbetreuung primär auf die Schaffung eines Übergangs in eine andere Unterbringungsform (Pflegefamilie, Wohngruppe o.Ä.) ab. Die Jugendhilfestatistik weist die 9- bis 12-Jährigen als jüngste Adressat_innen dieser Hilfe im Jahr 2017 aus.[6] 5

Als Hilfe zur Erziehung kommt die intensive sozialpädagogische Einzelbetreuung auch in Verbindung mit der Eingliederungshilfe für Kinder mit (drohender) seelischen Behinderungen infrage.

Jugendliche, die diese Hilfe in Anspruch nehmen, haben in der Vergangenheit häufig Missbrauchs-, Misshandlungs- und Vernachlässigungserfahrungen mit Erwachsenen machen müssen. Diesem Umstand ist bei der **Ausgestaltung der Hilfe** unbedingt Rechnung zu tragen, beispielsweise durch Gewährleistung einer größtmöglichen Kontinuität und Verlässlichkeit im professionellen Kontakt oder auch durch Berücksichtigung des Geschlechts der Fachkräfte. 6

Die Intensive sozialpädagogische Einzelbetreuung kommt auch als Leistung für **junge Geflüchtete** in Betracht, beispielsweise als Anschlussmaßnahme an die Inobhutnahme durch das Jugendamt. Voraussetzung ist, dass sie ihren rechtmäßigen gewöhnlichen Aufenthalt in Deutschland haben oder sich aufgrund einer Duldung in Deutschland aufhalten.[7] 7

---

3 BT-Drs. 11/5948, 72.
4 Vgl. *Klawe* 2007, 75 f.
5 Vgl. Statistisches Bundesamt 2019, 248.
6 Vgl. Statistisches Bundesamt 2019, 248.
7 Vgl. dazu § 6 SGB VIII Rn. 16 ff.

II. Ziele

8 **Satz 1** definiert die allgemeinen **Ziele** dieser Hilfeform als Unterstützung zur sozialen Integration und eigenverantwortlichen Lebensführung. Die konkreten Ziele der einzelnen Hilfe werden im Hilfeplangespräch nach § 36 SGB VIII vereinbart; ihr Erreichen wird während der Laufzeit der Maßnahme sowie nach deren Beendigung überprüft.

Die benannten Ziele **„soziale Integration" und „eigenverantwortliche Lebensführung"** sind als Idealzustände anzusehen (die im Übrigen auch von anderen Hilfen angestrebt werden), an die mit Maßnahmen der intensiven sozialpädagogischen Einzelbetreuung eine schrittweise Annäherung erfolgen kann. Sie können mehr als Richtziele verstanden werden, die gemeinsam mit den Jugendlichen in konkrete, erreichbare Feinziele übersetzt werden müssen. Dafür sind die Bewältigung von Krisen, die Stabilisierung der Persönlichkeit, die Stärkung spezifischer Kompetenzen sowie die Ermöglichung gesellschaftlicher Teilhabe übergeordnet vonnöten.

9 In der Praxis werden häufig Ziele verfolgt, die sich unter folgenden Kategorien fassen lassen:[8]

- Bewältigung von Konflikten
- Förderung der Beziehungsfähigkeit
- Auseinandersetzung mit Selbst- und Fremdwahrnehmung, Stärkung der Reflexionsfähigkeit
- Stärkung von Selbstvertrauen und Selbstständigkeit
- Vermeidung gesicherter Unterbringung
- Sicherung von Schulbesuch und Ausbildung
- Durchbrechung problematischer Kreisläufe
- Schaffung von Lebensperspektiven (beispielsweise Übergang in Ausbildung oder Arbeit, Vorbereitung auf Wohnen innerhalb oder außerhalb der Herkunftsfamilie etc.)

10 Die Ziele beziehen sich auf einen Zustand nach Beendigung der Maßnahme. Auf diese Zeit ist gezielt vorzubereiten. In vielen Fällen ist es sinnvoll, eine Nachbetreuung zu vereinbaren, um den Transfer des Erreichten in den Alltag zu vereinfachen. Ein Ziel kann auch sein, auf die Nutzung weiterer Hilfen zur Erziehung vorzubereiten und weitere Unterstützungsangebote, beispielsweise durch Beratungsstellen, in Anspruch zu nehmen.

III. Art und Umfang der Hilfe

11 Die intensive sozialpädagogische Einzelbetreuung ist vom Charakter ein **eigenständiges, gleichwertiges Angebot** und keinesfalls nur als eine letzte Option bei Versagen anderer Hilfen zu verstehen, die beispielsweise im Rahmen von Aufenthalten in Heimen, Pflegefamilien oder Psychiatrien stattgefunden haben können. Das vorherige Wahrnehmen anderer Hilfsangebote ist also nicht Voraussetzung für die Gewährung dieser Hilfe. Im Einzelfall kann die intensive sozialpädagogische Einzelbetreuung auch für junge Menschen angezeigt sein, die vorher noch keine anderen Hilfen erhalten haben, etwa, weil andere Hilfeformen nicht geeignet sind, überhaupt mit den Jugendlichen in Kontakt zu treten oder eine tragfähige Beziehung mit ihnen aufzubauen. Dies kann z.B. der Fall sein, wenn der oder die Jugendliche sich in einem Alter, einer Lebensphase oder einer Entwicklungsphase befindet, die eine Eingliederung in eine Pflegefamilie oder Institution nicht zulässt.

8 Vgl. *Klawe* 2007, 31.

12 **Satz 2** benennt die Hilfe als in der Regel **auf längere Zeit angelegt**. Hierbei handelt es sich in der Praxis häufig um Zeiträume, die sich auf **bis zu zwei Jahren** erstrecken. Der letztendliche zeitliche Umfang hängt von Zielen und Verlauf des Hilfeprozesses ab und kann nicht von vornherein festgelegt werden. Mit zunehmender sozialer Integration, Selbstständigkeit und Eigenverantwortung nimmt im Laufe des Prozesses auch die **Intensität der Betreuung** ab. Gegen Ende der Maßnahme kann der Betreuungschlüssel auch auf 1:2 oder 1:3 reduziert werden.[9] Der Betreuungsschlüssel wird von *Struck/Trenczek* als zentrales Abgrenzungskriterium gegenüber anderen Hilfen benannt,[10], kann aber nicht als einziges Kennzeichen herangezogen werden, sondern muss mit adäquaten Konzepten in Zusammenhang betrachtet werden. Um das Merkmal "intensiv" zu erfüllen, wird von mind. 12 Kontaktstunden pro Woche ausgegangen. Häufig sind aber auch Betreuungssituationen vorzufinden, die über mehrere Wochen oder Monate eine **Begleitung rund um die Uhr** vorsehen.

13 Gemäß § 1688 BGB und § 37 Abs. 3 SGB VIII ist die Betreuungsperson befugt, in Angelegenheiten des täglichen Lebens Entscheidungen zu treffen. Dazu gehören auch die Verwaltung des Arbeitsverdienstes des jungen Menschen sowie die Geltendmachung von Ansprüchen des/der Minderjährigen auf Sozialleistungen wie beispielsweise Unterhalts- und Versicherungsleistungen. Der/die Inhaber_in der elterlichen Sorge kann dem allerdings widersprechen. Die pädagogische Arbeit im Rahmen der intensiven sozialpädagogischen Einzelbetreuung kann durch die Doppelfunktion bei gleichzeitiger Vertretung der elterlichen Sorge spürbar erschwert werden.

Nach Satz 2 der Norm soll sich die Hilfe an den individuellen Bedürfnissen des/der Jugendlichen orientieren. Dies bedeutet, dass die persönliche Disposition sowie die eigene Einschätzung des jungen Menschen zu seiner/ihrer Situation zu berücksichtigen sind. Auch in diesem Zusammenhang können sich Konflikte ergeben, wenn die Entscheidungen der Inhaber_innen der elterlichen Sorgen den Bedürfnissen und Wünschen der/des Minderjährigen widersprechen.[11]

14 Die **Ausgestaltung der Hilfemaßnahme** wurde in der Formulierung der Norm bewusst **offengelassen**, um den individuellen Bedarfen der Jugendlichen Rechnung zu tragen, die mit starren Konzepten von Heimen o.Ä. nicht erreicht werden können. Als Maßnahme der Hilfen zur Erziehung muss sie am Einzelfall orientiert sein. Der überwiegende Teil der Hilfen erfolgt in ambulanten Settings, nur ca. 22 % der Maßnahmen erfolgen innerhalb einer Einrichtung.[12] Die Hilfe kann in Form aufsuchender Arbeit, im Lebensumfeld des jungen Menschen oder weit ab davon, auch im Ausland, erbracht werden. Zu berücksichtigen dabei ist, dass gemäß §38 SGB VIII die Hilfe im Regelfall im Inland zu erbringen ist und nur in Einzelfällen Maßnahmen im **Ausland** durchgeführt werden sollen.[13]

2013 wurden knapp 2 % der Maßnahmen außerhalb Deutschlands durchgeführt.[14] Wird die **Hilfe im Ausland** erbracht, soll gemäß § 38 Abs. 2 Nr. 1 SGB VIII in Verbindung mit § 35a Abs. 1a Satz 1 SGB VIII vor der Entscheidung über die Gewährung der Hilfe die Stellungnahme eines/einer entsprechend qualifizierten Arztes/Ärztin oder Psychotherapeut_in eingeholt werden, um gegebenenfalls eine seelische Störung mit Krankheitswert festzustellen.[15]

Zur Frage der Sinnhaftigkeit von Auslandsmaßnahmen gibt es wiederholt kontroverse Debatten in Öffentlichkeit und Wissenschaft, zuletzt, als 2019 einem Projekt in Rumänien Miss-

9 Vgl. Möller/Nix/*Hartleben-Baildon*, § 35 Rn. 5.
10 Vgl. FK-SGB VIII/*Struck/Trenczek*, § 35 Rn. 6.
11 Vgl. dazu im Einzelnen § 9 SGB VIII Rn. 3 ff., 7.
12 Vgl. Statistisches Bundesamt 2018a, 16.
13 S. zu weiteren Bedingungen von Auslandsmaßnahmen § 38 SGB VIII Rn. 3–12.
14 Vgl. Statistisches Bundesamt 2018a, 16.
15 Vgl. § 36 SGB VIII Rn. 19.

handlungen von Jugendlichen vorgeworfen wurden.[16] Der Norddeutsche Rundfunk hat daraufhin eine Befragung niedersächsischer Jugendämter vorgenommen und festgestellt, dass etwa ein Drittel von ihnen Auslandsprojekte grundsätzlich ablehnt.[17] In der „InHAus 2.0"-Studie des BVkE bescheinigen indessen sowohl die Teilnehmer_innen der Maßnahmen selbst als auch die befragten pädagogischen Fachkräfte den durchgeführten individualpädagogischen Hilfen im Ausland „eine hohe Wirksamkeit im Hinblick auf die langfristige Entwicklung der betreuten Klientel".[18] Wie oben dargestellt, sind Auslandsmaßnahmen unter Berücksichtigung von § 38 SGB VIII jedoch prinzipiell Teil des Angebots der Kinder- und Jugendhilfe, sodass entsprechende Anträge geprüft und individuell beschieden werden müssen. Eine pauschale Ablehnung solcher Maßnahmen widerspräche den Grundsätzen des Wunsch- und Wahlrechts nach § 5 SGB VIII.

IV. Praxis und Methodik

15 Das **konkrete Konzept** der Maßnahme wird durch den **Hilfeplan** bestimmt und während der Dauer der Maßnahme fortgeschrieben und angepasst. Dabei sind die enge Abstimmung mit dem jungen Menschen und seine Beteiligung unbedingt erforderlich.[19] Geschlechtsspezifische und kulturelle Aspekte sind zu berücksichtigen, z.B. bei der Frage, Fachkräfte welchen Geschlechts als Betreuungsperson geeignet sind.

16 Das gewählte Setting hängt vom Einzelfall, den vereinbarten Zielen, den Bedarfen und Ressourcen des oder der Jugendlichen bzw. jungen Volljährigen ab. Grundsätzlich ist die Maßnahme an der Lebenswelt des/der Adressat_in zu orientieren und auf ihre/seine Stärken und Ressourcen abzustimmen. Die Arbeit selbst ist vor allem von **gesprächs-, handlungs- oder erlebnisorientierten Inhalten** geprägt. Insbesondere zu Beginn der Hilfe ist es notwendig, eine vertrauensvolle Beziehung aufzubauen, auf deren Basis die weitergehende Arbeit in der intensiven Betreuungssituation aufbauen kann.

17 Die Aufgaben umfassen im Wesentlichen Hilfestellungen bei:[20]

- persönlichen Problemen und Notlagen,
- der Beschaffung und dem Erhalt einer geeigneten Wohnmöglichkeit,
- der Vermittlung einer geeigneten schulischen oder beruflichen Ausbildung bzw. bei der Arbeitsaufnahme,
- der Verwaltung der Ausbildungs- und Arbeitsvergütung und anderer finanzieller Hilfen,
- der Gestaltung der Freizeit.

Reichmann kritisiert, dass sich die Erwartungen, die an die Intensive sozialpädagogische Einzelbetreuung als Alternative zur Heimerziehung gestellt werden, nicht realisieren und es sich in der Praxis eher um eine etwas intensivere Variante der Erziehungsbeistandschaft handelt.[21]

18 **Erlebnispädagogische Ansätze** haben bei der intensiven sozialpädagogischen Einzelbetreuung einen festen Platz und hohen Stellenwert, obwohl diese Projekte in der fachlichen und außerfachlichen Debatte häufig kritisch gesehen und ihnen der pädagogische Nutzen abgesprochen wurde. Dazu zählen beispielsweise Reiseprojekte und Segelangebote. Hierbei sind erlebnisbezogene Aktivitäten Ausgangspunkte für Entwicklungsprozesse. Spezifische

16 Nachzulesen unter: https://www.jugendhilfeportal.de/hze/artikel/niedersachsen-unterbringung-von-jugendlichen-in-rumaenien-muss-aufgeklaert-werden/ (Abruf 24.3.2022)
17 Vgl. Norddeutscher Rundfunk 2019.
18 *Klein/Macsenaere* 2015, 114.
19 Vgl. § 36 SGB VIII Rn. 14–16.
20 Vgl. BT-Drucks 11/5948, 72.
21 Vgl. *Reichmann* 2017, S. 27.

Vorteile dieser Arbeitsform sind, dass sie die Jugendhilfe für junge Menschen, die bereits eine Reihe frustrierender Erfahrungen mit ihr gemacht haben, wieder attraktiv machen kann und über die Erfahrung der Selbstwirksamkeit Kompetenzen entdeckt und weiterentwickelt werden können. Die Alltagsferne kann hier Ressource und Schwäche zugleich sein.[22] Schwieriger kann dadurch beispielsweise die Übertragung der während der Maßnahme erworbenen Kompetenzen in den Alltag sein.

Erlebnispädagogische Maßnahmen im Rahmen des § 35 SGB VIII werden häufig auch in Gruppen mit weiteren jungen Menschen durchgeführt.[23] Dies widerspricht der Anforderung einer Einzelbetreuung nicht, sofern ein entsprechender Betreuungsschlüssel gegeben ist.

In vielen Fällen ist eine **Kooperation mit anderen Fachdiensten** notwendig, um den komplexen Problemlagen der Jugendlichen und jungen Volljährigen adäquat begegnen zu können. Dies können beispielsweise Suchtberatungsstellen, Schuldnerberatungsstellen, therapeutische oder medizinische Angebote o.Ä. sein. Der Aufbau eines entsprechenden unterstützenden Netzwerks kann den Wechsel nach Beendigung der Maßnahme in eine andere Betreuungsform vereinfachen. 19

Bei intensiver sozialpädagogischer Einzelbetreuung handelt es sich häufig um eine zu **Eins-zu-eins-Betreuung**, was sowohl für die Fachkräfte wie auch für die Adressat_innen gewissermaßen eine Ausnahmesituation darstellt. Die Betreuungsform muss dabei auf die individuelle Situation des jungen Menschen abgestimmt sein, was auch eine Erreichbarkeit der betreuenden Person rund um die Uhr bedeuten kann. Bei der Gestaltung der Unterbringung ist darauf zu achten, dass eine spontane Kontaktaufnahme durch die/den Jugendliche_n möglich ist. In dieser intensiven Form der Arbeit muss deutlich sein, dass die Maßnahme einerseits – zumindest für einen begrenzten, jedoch längeren Zeitraum – den Lebensraum der Jugendlichen darstellt, andererseits der Arbeitsplatz der pädagogischen Fachkraft ist. Dies stellt besondere Anforderungen an Transparenz in der Arbeit. Die Arbeit kann wegen der persönlichen Intensität, die eine Abgrenzung in der Arbeitsbeziehung nur schwer möglich macht und emotionale Konflikte begünstigt, für die jungen Menschen und die Betreuungspersonen belastend sein.[24]

Die enge Betreuungssituation, in der die jungen Menschen über einen längeren Zeitraum täglich mit der betreuenden Fachkraft zusammen sind, erzeugt eine besondere Machtsituation bei gleichzeitiger **Machtasymmetrie**, mit der reflektiert und transparent umgegangen werden muss. Hier braucht es ein unabhängiges **Beschwerdemanagement**, dessen Fehlen insbesondere vor dem Hintergrund der Kinderrechtskonvention seitens der Vereinten Nationen immer wieder bemängelt wurde. Auch im 14. Kinder- und Jugendbericht wird eine Öffnung des Zugangs für junge Menschen in der Kinder- und Jugendhilfe zu unabhängigen ombudschaftlichen Beratungs- und Beschwerdestellen gefordert. Die Bundesregierung hat sich dem in ihrer Stellungnahme angeschlossen[25] und mit dem KJSG unter § 9a SGB VIII geregelt, dass junge Menschen und ihre Familien in den Bundesländern Zugang zu **Ombudsstellen** bekommen.[26] 20

In einigen Bundesländern gibt es bereits entsprechende Initiativen und Stellen, die Kinder, Jugendliche und Familien ombudschaftlich unterstützen.[27]

22 Vgl. dazu weiterführend *Klawe* 2007, 5 bis 7.
23 S. dazu auch § 29 SGB VIII Rn. 14.
24 Vgl. Reichmann 2015, 27.
25 Vgl. BMFSFJ 2013, 380, 16.
26 Vgl. § 9a SGB VIII, Rn. 8–12.
27 Übersicht beim Bundesnetzwerk Ombudschaft unter www.ombudschaft-jugendhilfe.de.

Land	Stelle/Initiative
Baden-Württemberg	„Kinder haben Rechte" Reutlingen/Tübingen e.V
Baden-Württemberg	Ombudschaft in der Jugendhilfe Baden-Württemberg
Bayern	Unabhängige Ombudsstelle für die Kinder- und Jugendhilfe in Bayern e.V.
Berlin	Berliner Rechtshilfefonds Jugendhilfe e.V.
Berlin	Berliner Beratungs- und Ombudsstelle Jugendhilfe (BBO Jugendhilfe)
Brandenburg	BOJE e.V.
Bremen	Bremer Beratungsbüro für Erziehungshilfen (BeBeE)
Hessen	Ombudsstelle für Kinder- und Jugendrechte in Hessen e.V.
Niedersachsen	BerNi e.V.
Nordrhein-Westfalen	Ombudschaft Jugendhilfe NRW e.V.
Rheinland-Pfalz	Ombudsstelle Kinder- und Jugendhilfe RLP e.V.
Sachsen	Kinder- und Jugendhilferechtsverein e.V. Dresden
Schleswig-Holstein	Beschwerdestelle für Kinder und Jugendliche bei der Bürgerbeauftragten
Schleswig-Holstein	„Vertrauenshilfe" – Regionalstelle Ombudschaft
Thüringen	„Dein Megafon" – Unabhängige Beratungs- und Ombudsstelle der Jugendhilfe in Thüringen

Tabelle: Übersicht der ombudschaftlichen Unterstützungs- und Beschwerdestellen, Stand: Januar 2022

21 Angesichts der intensiven Betreuungssituation ist eine geregelte Aufsicht über die Hilfe im Rahmen der intensiven sozialpädagogischen Einzelbetreuung im besonderen Maße geboten. Bei Maßnahmen im Ausland sollen deswegen laut § 38 Abs. 3 SGB VIII Überprüfung und Fortschreibung des Hilfeplans am Ort der Leistungserbringung erfolgen, ggf. sollen auch weitere Kontrollen vor Ort stattfinden.[28] Schwierigkeiten ergeben sich bei der Eins-zu-eins-Betreuung auch in Situationen, in der eine Vertretung der Fachkraft, beispielsweise wegen Erkrankung oder Mutterschutz, notwendig wird. Hier ist eine besonders enge Abstimmung mit allen Beteiligten vonnöten.

Diese intensive Arbeitssituation macht auch erforderlich, dass die Fachkräfte **Supervision** in Anspruch nehmen können, um beispielsweise das Nähe/Distanz-Verhältnis während der Maßnahme kritisch zu reflektieren. Des Weiteren braucht es Gelegenheiten zum **kollegialen Austausch** und eine **fachliche Begleitung** der in der Maßnahme tätigen Fachkraft. Voraussetzung, diese Tätigkeit professionell ausüben zu können, ist in der Regel eine sozialpädagogische Qualifikation und eine längere pädagogische Berufserfahrung.

22 Der breiten Öffentlichkeit wurde die intensive sozialpädagogische Einzelbetreuung durch den Film <Systemsprenger> von *Nora Fingerscheidt* bekannt, der im Jahr 2019 veröffentlicht wurde. Der Film erzählt die Leidensgeschichte eines 9-jährigen Mädchens, das aufgrund traumatischer Erfahrungen in der frühen Kindheit als aggressiv und unberechenbar gilt und als sog. Systemsprengerin in wechselnden Pflegefamilien, Psychiatrie und Heimen unterge-

28 Vgl. § 38 Rn. 23–26.

bracht wird. Erst eine dreiwöchige erlebnispädagogische Maßnahme mit Eins-zu-eins-Betreuung ermöglicht einem Pädagogen einen Zugang zum Mädchen, gleichzeitig werden auch Schwierigkeiten des Ansatzes, wie bspw. der drohende Verlust der professionellen Distanz des Pädagogen oder der Transfer der erzielten Fortschritte in die Lebenswelt der Betroffenen, thematisiert.

C. Kosten, Zuständigkeit

Gemäß § 39 SGB VIII ist im Rahmen der Hilfe der notwendige Lebensunterhalt der jungen Menschen sicherzustellen, sofern die Maßnahme außerhalb des Elternhauses stattfindet. Darüber hinaus können weitere Kosten wie etwa Miete bei der Betreuung in einer Wohnung oder Reisekosten anfallen. Zu beachten sind entsprechend § 40 SGB VIII auch Kosten, die gegebenenfalls für Krankenhilfe entstehen. Die Finanzierung erfolgt in Absprache zwischen Leistungserbringer und Kostenträger gemäß der Hilfeplanung nach § 36 SGB VIII und §§ 77 bis 78g SGB VIII. Bei der Betreuung außerhalb des Elternhauses werden entsprechend den §§ 91 bis 94 SGB VIII Kostenbeiträge von dem jungen Menschen und gegebenenfalls dessen Eltern, Ehegatten oder Lebenspartner_in erhoben. **23**

Zuständig für die Vorhaltung des Angebots ist der öffentliche Träger der Jugendhilfe (§ 79 SGB VIII).

Zweiter Unterabschnitt
Eingliederungshilfe für seelisch behinderte Kinder und Jugendliche

§ 35a
Eingliederungshilfe für Kinder und Jugendliche mit seelischer Behinderung oder drohender seelischer Behinderung

(1) [1]Kinder und Jugendliche haben Anspruch auf Eingliederungshilfe, wenn

1. ihre seelische Gesundheit mit hoher Wahrscheinlichkeit länger als sechs Monate von dem für ihr Lebensalter typischen Zustand abweicht und

2. daher ihre Teilhabe am Leben in der Gesellschaft beeinträchtigt ist oder eine solche Beeinträchtigung zu erwarten ist.

[2]Von einer seelischen Behinderung bedroht im Sinne dieser Vorschrift sind Kinder oder Jugendliche, bei denen eine Beeinträchtigung ihrer Teilhabe am Leben in der Gesellschaft nach fachlicher Erkenntnis mit hoher Wahrscheinlichkeit zu erwarten ist. § 27 Abs. 4 gilt entsprechend.

(1a) [1]Hinsichtlich der Abweichung der seelischen Gesundheit nach Abs. 1 Satz 1 Nr. 1 hat der Träger der öffentlichen Jugendhilfe die Stellungnahme

1. eines Arztes für Kinder- und Jugendpsychiatrie und -psychotherapie,

2. eines Kinder- und Jugendpsychotherapeuten

3. eines Arztes oder eines psychologischen Psychotherapeuten, der über besondere Erfahrungen auf dem Gebiet seelischer Störungen bei Kindern und Jugendlichen verfügt,

einzuholen. [2]Die Stellungnahme ist auf der Grundlage der Internationalen Klassifikation der Krankheiten in der vom Deutschen Institut für medizinische Dokumentation und Information herausgegebenen deutschen Fassung zu erstellen. [3]Dabei ist auch darzulegen, ob die Abweichung Krankheitswert hat oder auf einer Krankheit beruht. [4]Enthält die Stellungnahme auch Ausführungen zu Absatz 1 Satz 1 Nummer 2, so sollen diese vom Träger der öffentlichen Jugendhilfe im Rahmen seiner Entscheidung angemessen berücksichtigt werden. [5]Die Hilfe soll nicht von der Person oder dem Dienst oder der Einrichtung der die Person angehört, die die Stellungnahme abgibt, erbracht werden.

(2) Die Hilfe wird nach dem Bedarf im Einzelfall

1. in ambulanter Form,

2. in Tageseinrichtungen für Kinder oder in anderen teilstationären Einrichtungen,

3. durch geeignete Pflegepersonen und

4. in Einrichtungen über Tag und Nacht sowie sonstigen Wohnformen geleistet.

(3) Aufgabe und Ziel der Hilfe, die Bestimmung des Personenkreises sowie Art der Maßnahme richten sich nach Kapitel 6 des Teils 1 des Neunten Buches sowie § 90 und den Kapiteln 3 bis 6 des Teils 2 des Neunten Buches, soweit diese Bestimmungen auf seelisch behinderte oder von einer solchen Behinderung bedrohte Personen Anwendung finden und sich aus diesem Buch nichts anderes ergibt.

(4) [1]Ist gleichzeitig Hilfe zur Erziehung zu leisten, so sollen Einrichtungen, Dienste und Personen in Anspruch genommen werden, die geeignet sind, sowohl die Aufgaben der Eingliederungshilfe zu erfüllen als auch den erzieherischen Bedarf zu decken. [2]Sind heilpädagogische Maßnahmen für Kinder, die noch nicht im schulpflichtigen Alter sind, in Tageseinrichtungen für Kinder zu gewähren und lässt der Hilfebedarf es zu, so sollen Einrichtungen in Anspruch genommen werden, in denen behinderte und nicht behinderte Kinder gemeinsam betreut werden.

Übersicht

A. Allgemeines

1 Die Norm regelt die **Eingliederungshilfe** für Kinder und Jugendliche mit (drohender) seelischer Behinderung als Leistung der Kinder- und Jugendhilfe (§ 2 Abs. 2 Nr. 5). Dabei wurde die bereits im BSHG entwickelte Bezeichnung „Eingliederungshilfe" aus dem SGB XII übernommen. **Abs. 1** legt zunächst den Personenkreis der Leistungsberechtigten fest und definiert darauf die Voraussetzungen, die einen Leistungsanspruch begründen (Nr. 1, 2). Der später hinzugefügte **Abs. 1a** definiert als Verfahrensregelung präzise Anforderungen an die Diagnoseerstellung bzw. die Prognose der Abweichung der seelischen Gesundheit (Abs. 1 Satz 1 Nr. 1). Die folgenden Absätze regeln die Rechtsfolgen, die sich allerdings auf das SGB IX beziehen. **Abs. 2** zählt einzelne Hilfeformen auf (Nr. 1–4), die am Bedarf des Einzelfalls orientiert sein müssen und unterschiedliche Kostenbeteiligungsformen auslösen (§ 91 insb. Abs. 1 Nr. 6, Abs. 2 Nr. 3). **Abs. 3** weist als Verweisungsnorm auf eine Präzisierung von Aufgaben, Zielen und Bestimmungen der Personen und der Hilfeart im SGB IX hin. Aus **Abs. 4** wird deutlich, dass auch Kombinationsleistungen mit den Hilfen zur Erziehung (§§ 27 ff) möglich sind. Demnach wird vom Gesetzgeber keine notwendige Koppelung zwischen Eingliederungshilfe und Hilfen zur Erziehung verlangt. Er hebt außerdem den **Inklusionsgedanken** hervor.

B. Einzelheiten

I. Bedeutung

2 Mit der Einführung des § 35a SGB VIII sind Leistungen für Kinder und Jugendliche aber auch für junge Volljährige (i.V.m. § 41 Abs. 2 und 3) mit seelischer Behinderung Bestandteil der Jugendhilfe geworden. Davor war die Zuständigkeit für junge Menschen mit Behinderung sowie die Abgrenzung zwischen Jugendhilfe und Sozialhilfe lange unklar. Somit gelten die Bestimmungen des SGB IX gleichsam auch für die Träger der öffentlichen Jugendhilfe, die damit gleichsam zum Rehabilitationsträger (§ 6 Abs. 1 Nr. 6 SGB IX) für die Leistungsgruppen der medizinischen Rehabilitation, den Leistungen zur Teilhabe am Arbeitsleben, den Leistungen zur Teilhabe an Bildung und den Leistungen zur sozialen Teilhabe (§ 5 Nr. 1, 2, 4, 5 SGB IX) wurden. Ausgenommen davon sind unterhaltssichernde und ergänzende Leistungen. Neben § 46 SGB IX enthält die Verordnung zur Früherkennung und Frühförderung behinderter und von Behinderung bedrohter Kinder (Frühförderungsverordnung – FrühV) weitere konkrete Vorgaben.

3 Für junge Menschen mit geistiger sowie körperlicher Behinderung war die Sozialhilfe (§ 10 Abs. 4 Satz 2 SGB XII) und ist seit 2020 die Eingliederungshilfe (SGB IX) zuständig. Bereits der 10. Kinder und Jugendbericht empfiehlt im Sinne einer Integration aller Kinder eine „große

Lösung": Die Zuständigkeit des Jugendhilfeträgers für alle Kinder und Jugendlichen gleich welcher Behinderung.[1] (Vgl. Rn. 14).

Die Norm schließt direkt an die Hilfen zur Erziehung (§§ 27ff.) an, bildet jedoch einen eigenen, den dritten Unterabschnitt im 2. Kapitel. Außer der Tatsache, dass hier die jungen Menschen selbst und nicht ihre Personensorgeberechtigten einen Anspruch auf Unterstützung haben, gelten die Vorschriften aus dem 3. Unterabschnitt (§§ 36-40) gleichwohl. 4

Abweichend vom weggefallenen § 53 SGB XII sieht § 35a als Rechtsanspruch keine „wesentliche" Behinderung vor. Mit der Definition des Begriffs der drohenden seelischen Behinderung (vgl. Rn. 50 ff) sollte laut Gesetzesbegründung[2] die Anspruchsschwelle erhöht werden. 5

II. Historie

Ursprünglich war die Eingliederungshilfe im SGB VIII Bestandteil der Hilfen zur Erziehung (§ 27 Abs. 4 a.F. vom 26.6.1990) Mit dem Ersten Gesetz zur Änderung des Achten Buches Sozialgesetzbuch vom 16.2.1993[3] wurde mit der Einfügung des § 35a mit Wirkung vom 1.4.1993 eine eigenständige Hilfeart geschaffen.[4] Damit wurde vom BT-Ausschuss für Frauen und Jugend mit Verweis auf die Stellungnahme des Bundesrats und verschiedene Fachverbände dem Ansinnen der Bundesregierung widersprochen, Fälle der Eingliederungshilfe auf jene zu beschränken, in welchen gleichzeitig eine Hilfe zur Erziehung gewährt werden sollte.[5] Damit wurde deutlich, dass sowohl Hilfe zur Erziehung als auch Eingliederungshilfe gleichzeitig erforderlich sein können. Hierdurch wurde eine getrennte Trägerzuständigkeit zwischen Kindern und Jugendlichen mit und ohne Behinderung jedoch nicht aufgehoben, sondern vielmehr durch eine Trennung zwischen Kindern und Jugendlichen mit seelischer Behinderung einerseits und körperlicher und geistiger Behinderung andererseits ersetzt worden. Die Vorschrift wurde durch das Gesetz zur Reform des Sozialhilferechts vom 23.7.1996[6] mit Wirkung vom 1.8.1996 geändert. Bisher verwies Abs. 1 Satz 3 zwecks Ausgestaltung der Eingliederungshilfe auf die Vorschriften des BSHG. Dieser wurde in einen eigenen Abs. 2 übernommen, womit ohne inhaltliche Veränderung an die geänderten Vorschriften des BSHG angeschlossen wurde. 6

Neu gefasst wurde die Vorschrift mit Wirkung vom 1.7.2001 durch Art. 8 Nr. 1 des Sozialgesetzbuches – Neuntes Buch – (SGB IX) Rehabilitation und Teilhabe behinderter Menschen vom 19.6.2001.[7] Der Behinderungsbegriff aus Abs. 1 wurde an den Begriff aus § 2 Abs. 1 SGB IX angepasst. Der Katalog der Hilfeformen aus Abs. 1 Satz 2 wurde in Abs. 2 aufgeführt. Die Abs. 2 und 3 wurden zu Abs. 3 und 4. Der Verweis auf die Verordnung zu § 47 BSHG wurde gestrichen. 7

Eine Anpassung der neuen Regelungen der Eingliederungshilfe im SGB XII erfolgte durch Art. 7 Nr. 2 des Gesetzes zur Einordnung des Sozialhilferechts in das Sozialgesetzbuch vom 27.12.2003.[8] 8

1 Vgl. BT-Drs. 13/11368, 280; 11. KJBericht, BT-Drs. 14/8181, 229; 13. KJBericht, BT-Drs. 16/12860; 14. KJ-Bericht, BT-Drs. 17/12200, 377.
2 Vgl. BT-Drs. 15/1406, 7.
3 Vgl. BGBl. I S. 239.
4 Vgl. BT-Drs. 12/3711, 39, 40.
5 Vgl. BT-Drs. 12/2866, 42.
6 Vgl. BGBl. I S. 1088.
7 Vgl. BGBl. I S. 1046.
8 Vgl. BGBl. I S. 3022.

9 Eine weitere Änderung trat zum 1.10.2005 in Kraft und erfolgte durch Art. 1 Nr. 13 des Kinder- und Jugendhilfeweiterentwicklungsgesetzes (KICK) vom 8.9.2005.[9] Hier wurde die Definition des Begriffs der seelischen Behinderung in Abs. 1 Satz 1 sinngleich der Definition des Begriffs der drohenden Behinderung Satz 2 gem. § 53 Abs. 2 SGB XII übernommen.[10] Ebenfalls wurde Abs. 1 Satz 3 hinzugefügt, welcher klarstellt, dass § 27 Abs. 4 entsprechend Anwendung findet. Abs. 1a stellt abschließend klar, dass das Tatbestandsmerkmal aus Abs. 1 Nr. 1 von einem Arzt oder Psychotherapeuten festzustellen ist.[11] Dabei soll die Stellungnahme abgebende Person nicht an der Leistungserbringung beteiligt sein, was die Vermeidung von Interessenskonflikten sicherstellen soll. Die Beeinträchtigung der Teilhabe am Leben in der Gesellschaft ist hingegen von den Fachkräften des Jugendamtes zu ermitteln.

10 Am 22.12.2008 ratifizierte Deutschland die UN-Behindertenkonvention[12] mit Auswirkungen auf die Gewährung von Leistungen. Demzufolge wird die Pflicht zur Sicherstellung einer integrativen Beschulung durch Leistungen des SGB VIII gefördert, zumindest bis das Schulsystem sich auf die neuen Anforderungen eingestellt hat.

11 Die Teilhaberechte von Menschen mit (drohender) Behinderung wurden in mehreren Reformen umfassend durch das Gesetz zur Stärkung der Teilhabe und Selbstbestimmung von Menschen mit Behinderung (Bundesteilhabegesetz – BTHG) vom 23.12.2016[13] neu geregelt, wobei das SGB VIII bis auf einige Ausnahmen wegen des parallellaufenden Gesetzgebungsverfahrens zum Kinder- und Jugend Stärkungsgesetz (KJSG) ausgespart wurde. Durch das BTHG wurde der erste Teil des SGB IX zum 1.1.2018 neu gefasst, was u.a. eine neue Definition des Behinderungsbegriffs zur Folge hatte. Behinderungen entstehen nunmehr aus der Wechselwirkung zwischen körperlichen, seelischen, geistigen oder Sinnesbeeinträchtigungen mit einstellungs- und umweltbedingten Barrieren, die eine gleichberechtigte Teilhabe am Leben in der Gesellschaft mit hoher Wahrscheinlichkeit länger als sechs Monate behindern können. Menschen werden also erst durch die „gestörte oder nicht entwickelte Interaktion zwischen dem Individuum und seiner materiellen Umwelt"[14] behindert. Insofern stimmt der Wortlaut des Abs. 1 nicht mehr mit der Definition überein. Durch die Neufassung des § 7 Abs. 2 SGB VIII wird der Behinderungsbegriff für das SGB VIII jedoch konventionskonform formuliert.

12 Nach dem bereits benannten 10. Kinder- und Jugendbericht erklärte die Bundesregierung wiederholt ihre Absicht, alle jungen Menschen (mit seelischer, körperlicher und geistiger Behinderung) in den Regelungsbereich des SGB VIII miteinzubeziehen.[15] Mit dem Inkrafttreten der UN-Behindertenkonvention[16] war diese sog. „große Lösung" (vgl. Rn. 14) dringend geboten.[17] Die Etablierung einer Gesamtzuständigkeit durch ein KJSG scheiterte im Jahre 2017 an der Uneinigkeit zwischen Bund und Ländern, sodass die Nachteile für die Betroffenen bisweilen bestehen blieben. Die Implikationen der UN-Behindertenrechtskonvention weisen über das Konzept der „großen Lösung" hinaus, indem sie eine neue Architektur des Sozialleistungsrechts und anderer Fördersysteme, z.B. auch der Schule, verlangen. Assistenzleitungen der Kinder- und Jugendhilfe für andere Systeme z.B. in Form von Schulbegleitung verlieren damit ihre Legitimation. Auch die Konzeption des SGB IX als Sonderrecht für Behinderte ist zu überprüfen.[18]

---

9 Vgl. BGBl. I S. 2729.
10 Vgl. BT-Drs. 15/3676, 36.
11 Vgl. BT-Drs. 15/3676, 36.
12 Vgl. BGBl. I S. 1419.
13 Vgl. BGBl. I S. 3234.
14 Vgl. BT-Drucks. 18/9522, 192.
15 Vgl. Stellungnahme zum 13. und 14. Kinder- und Jugendbericht BT-Drucks. 16/12860, 22; 17/12200, 17
16 Vgl. BGBl. 2008 II S. 1419 ff.
17 Vgl. GK-SGB VIII/*Nothacker*, § 35a Rn. 7.
18 Vgl. Wiesner/Wapler/*Wiesner*, Vor § 35a Rn. 11b.

Eine weitere Veränderung trat zum 1.1.2020 mit der Streichung der Eingliederungshilfe aus dem 6. Abschnitt des SGB XII (§§ 53 ff. SGB XII) und der Überführung in den 2. Abschnitt des SGB IX in Kraft. Abs. 3 wurde insoweit angepasst, dass bezüglich der Aufgaben und Ziele sowie zur Bestimmung der Leistungsberechtigten Aufgaben auf § 90 SGB IX (Aufgaben), bezüglich der Leistungen die Kapitel 3 bis 6 SGB IX sowie bzgl. der Leistungsform des Persönlichen Budgets auf Kapitel 6 des 1. Teils des SGB IX verwiesen wird. Der Abweichungsvorbehalt bzgl. des SGB VIII bleibt allerdings erhalten.[19] 13

Die jüngste Änderung trat durch Art. 1 Nr. 26 des Kinder- und Jugend Stärkungsgesetzes (KJSG) vom 22.4.2021 mit Wirkung vom 9.6.2021[20] in Kraft. Sie sieht die langerwartete Zusammenführung der Zuständigkeiten für junge Menschen mit und ohne Behinderung im SGB VIII vor.[21] Für den § 35a bedeutet dies, dass die Angabe nun wie folgt gefasst ist: „§ 35a Eingliederungshilfe für Kinder und Jugendliche mit seelischer Behinderung *oder drohender seelischer Behinderung*". In Absatz 1a wurde nach Satz 3 folgender Satz eingefügt: *„Enthält die Stellungnahme auch Ausführungen zu Absatz 1 Nummer 2, so sollen diese vom Träger der öffentlichen Jugendhilfe im Rahmen seiner Entscheidung angemessen berücksichtigt werden."* 14

Des Weiteren enthält das Gesetz das Anliegen, gemäß der Forderung der UN-BRK auf eine inklusive Gesellschaft, ein entsprechend inklusives Sozialleistungssystem zu schaffen, indem es Hilfen „aus einer Hand" für junge Menschen mit und ohne Behinderungen unter dem Dach der Kinder- und Jugendhilfe anbietet. Damit sollen vor allem aber Zuständigkeitsprobleme unterschiedlicher Sozialleistungsträger zugunsten der Leistungsberechtigten überwunden werden. Für den mehrstufigen Umsetzungsprozess ist ein Zeitraum von sieben Jahren vorgesehen. Zunächst sieht dieser Plan u.a. die Verankerung des Leitgedankens der Inklusion in den Aufgabenbereichen der Kinder- und Jugendhilfe vor. Weiterhin soll die inklusive Betreuung von Kindern in Tageseinrichtungen weiterentwickelt sowie Regelungen in folgenden Bereichen getroffen werden:

- Zusammenarbeit der Sozialleistungsträger bei Zuständigkeitswechsel,
- Beratung zu möglichen Leistungen und Orientierungshilfe an den Schnittstellen der Leistungssysteme
- fallbezogene Zusammenarbeit im Gesamt- und Hilfeplanverfahren.

Stufe zwei enthält die Einführung eines „Verfahrenslotsen" (§ 10b SGB VIII) als Begleitung und Unterstützung für die Leistungsberechtigten beim Jugendamt bei der Geltendmachung von Ansprüchen von Leistungen bis zum Jahr 2024. Stufe drei sieht die Übernahme der vorrangigen Zuständigkeit der Jugendhilfe für Leistungen der Eingliederungshilfe, auch für körperlich und geistig behinderte junge Menschen, bis zum Jahr 2028 vor. Voraussetzung sei jedoch die Verkündigung eines Bundesgesetzes, mit konkreten Regelungen zum leistungsberechtigten Personenkreis, zu Art und Umfang der Leistung, zum Verfahrensrecht sowie zur Kostenbeteiligung bis spätestens 1. Januar 2027.[22]

Folgende Tabelle zeigt die Entwicklung der Fallzahlen.[23] Diese lassen sich anhand der Kinder- und Jugendhilfestatistik erst ab 2007 belegen (§ 101 Abs. 1 S. 1 SGB VIII). Neben dem Phänomen, dass die Zahl der neubegonnenen Fälle bis 2019 stetig ansteigt, zeigt sich, dass die Betroffenen zumeist männlich sind. *Von Boetticher/Meysen* weisen ferner auf die „eklatant unterschiedliche Gewährungspraxis" der einzelnen Länder hin.[24] 15

19 Vgl. Änderung durch Art. 9 und 26 Abs. 4 Nr. 3 BTHG i.d.F. durch Art. 27 Nr. 3a BVGuaÄndG, BGBl. 2017 I S. 2572.
20 Vgl. BGBl. I S. 1444.
21 Kritisch zum Prozess der Gesetzesnovelle: *Fuchslocher* 2019, 12–18.
22 Vgl. BT-Drs. 19/28870.
23 Vgl. Statistisches Bundesamt.
24 Vgl. FK-SGB VIII/*von Boetticher/Meysen,* § 35a SGB VIII Rn. 13.

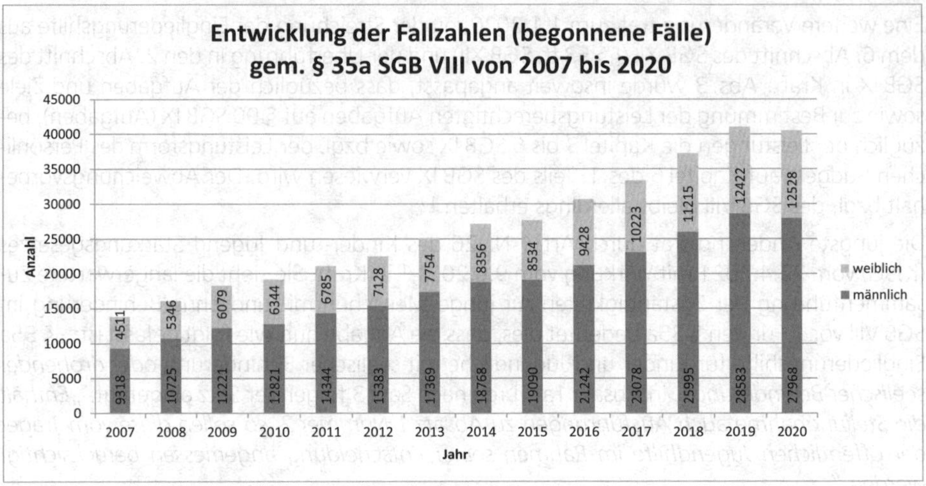

III. Leistungsberechtigte

1. Adressaten der Leistung

16 Diese Form der Eingliederungshilfe richtet sich an Kinder und Jugendliche mit seelischer Behinderung oder die mit hoher Wahrscheinlichkeit von einer solchen Behinderung bedroht sind. Entsprechend endet sie mit dem vollendeten 18. Lebensjahr, kann jedoch als Soll-Leistung als Hilfe für junge Volljährige (§ 41 Abs. 2 SGB VIII) fortgeführt werden, wenn sowohl die Tatbestandsvoraussetzungen des § 35a Abs. 1 SGB VIII als auch die des § 41 Abs. 1 SGB VIII vorliegen.[25] Sie sind an den Anspruchsvoraussetzungen des § 35a SGB VIII zu messen.[26] Dabei muss die Eingliederungshilfe das geeignete und erforderliche Mittel sein, den Entwicklungsrückständen entgegenzuwirken.[27] Im Unterschied zu den Hilfen zur Erziehung (§§ 27 ff. SGB VIII) stehen Eingliederungshilfen nicht den Personensorgeberechtigten, sondern den Kindern und Jugendlichen selbst als eigener, originärer Anspruch zu (Abs. 1).Anders als bei den Hilfen zur Erziehung (vgl. § 27 ff. SGB VIII) tangiert die Eingliederungshilfe das elterliche Erziehungsrecht nicht.[28]

2. Antragsberechtigte

17 Als Berechtigte sind die jungen Menschen Adressaten des Leistungsbescheids (§ 12 Abs. 1 Nr. 2 SGB X). Während bis zum Alter von 14 Jahren die Personensorgeberechtigten (§ 1626 BGB) diesen Anspruch geltend machen können, können die Betroffenen mit Vollendung des 15. Lebensjahres selbst Leistungen der Eingliederungshilfe beantragen und in Anspruch nehmen (§ 36 Abs. 1 SGB I). *Mrozynski* hält dies mit Verweis auf Art. 6 Abs. 2 S. 1 GG für kaum vertretbar, da die Eltern eine seelische Behinderung nicht selbst behandeln können, die Behandlung aber veranlassen müssen. Darum müssten sie auch antragsbefugt sein. Die Norm kehre diesen Sachverhalt um.[29] Diese Auffassung ist vor dem Hintergrund der Förderung der

---

25 Vgl. Schellhorn/*Fischer*/Mann/Kern, § 35a SGB VIII Rn. 5.

26 Vgl. OVG Nordrhein-Westfalen, Beschl. v. 11.3.2014, 12 A 2751/13, JAmt 2014, 214 = SjE W I 12, 325w.

27 Vgl. OVG Nordrhein-Westfalen, Beschl. V. 29.9.2014, 12 E 774/14, juris.

28 Vgl. Schellhorn/*Fischer*/Mann/Kern, § 35a SGB VIII Rn. 4; VGH Baden-Würtemberg, Urt. v. 17.6.1999, 2 S 196/99, DÖV 2000, 83; OVG Thüringen, Beschl. V. 19.4.2002, 3 EO 55/00, JAmt 2003, 34 = FEVS 54, 57 = NDV-RD 2002, 90 =SjE E I 12, 173h; OVG Sachsen, Beschl. v. 29.1.2010, 1 A 143/09, E I 12, 270z.

29 *Mrozynski*, § 35a SGB VIII Rn. 13.

Selbstständigkeit und Entwicklung der Selbstbestimmung der jungen Menschen zumindest kritisch zu diskutieren.

Gleiches gilt für Pflegepersonen (Pflegefamilie) oder Betreuende in Einrichtungen über Tag und Nacht gem. § 34 SGB VIII (§ 1688 BGB). In allen Fällen sind i.d.R. die Personensorgeberechtigten über die Antragstellung zu informieren und können die Handlungsfähigkeit einschränken (§ 36 Abs. 1 S. 1, Abs. 2 SGB I). Zwar kann der junge Mensch nicht autonom über seinen Aufenthalt bestimmen, was bei einer stationären Maßnahme erforderlich wäre. Er kann jedoch gem. § 8 Abs. 2, 3 SGB VIII jederzeit eigenständig an das Jugendamt wenden, um Leistungen anzuregen. Die gesetzlichen Vertreter handeln dann lediglich als Bevollmächtigte (§ 13 SGB X) und dürfen den Antrag zurücknehmen, während ein wirksam gestellter Antrag eines wenigstens 15-jährigen jungen Menschen nur mit Zustimmung der gesetzlichen Vertreter zurückgenommen werden kann (§ 36 Abs. 2 Satz 2 SGB I). Gegen den Willen der gesetzlichen Vertreter kann eine Eingliederungshilfe nur durch gerichtliche Entscheidung eingesetzt werden (§ 8a Abs. 3 SGB VIII). 18

3. Besondere Gruppen von Anspruchsberechtigen

Auch eine minderjährige leistungsberechtigte (werdende) Mutter hat, wenn die Versorgung des Kindes nicht sicherzustellen ist (§ 27ff. SGB VIII), zusätzlichen Anspruch auf Eingliederungshilfe für sich selbst.[30] 19

Einem jungen Volljährigen i.S. von § 41 SGB VIII ist trotz möglicherweise vorliegender seelischen Behinderung Eingliederungshilfe nach § 35a Abs. 1 SGB VIII nicht zu gewähren, wenn die Voraussetzungen von § 35a Abs. 1 Nr. 2 SGB VIII nicht erfüllt sind.[31] Für eine Leistungsgewährung müssen also die Voraussetzungen aus Nr. 1 und 2 erfüllt werden (vgl. Rn. 16). 20

Kinder und Jugendliche, die Leistungen nach dem AsylbLG erhalten sind gem. § 9 AsylbLG von Leistungen der Eingliederungshilfe nicht ausgeschlossen.[32] 21

IV. Anspruchsverpflichteter

Anspruchsverpflichteter ist ausschließlich der Träger der öffentlichen Jugendhilfe, der die Aufgabe i.d.R. an einen freien Träger delegiert. Eine Verpflichtung zur Übernahme der Kosten einer Eingliederungshilfe, die sich der Leistungsberechtigte ohne vorherige Entscheidung durch den öffentlichen Träger beschafft hat, besteht lediglich unter den Voraussetzungen des § 36a Abs. 3 SGB VIII.[33] 22

V. Anspruchsvoraussetzungen

1. Antragstellung

Voraussetzung für die Gewährung von Eingliederungshilfe ist eine vorherige **Antragstellung**, die keiner besonderen Form bedarf, sondern auch durch konkludentes Verhalten zustande kommen kann.[34] 23

30 Vgl. LPK-SGB VIII/*Kepert/Dexheimer*/ § 35a SGB VIII Rn. 8.
31 Vgl. VG Oldenburg, Beschl. v. 2.11.2004, 13 B 3835/04, EuG 59 (2005), S. 508 = ZfE 2006, 92 (LS).
32 Vgl. BayLSG 21.1.2015, L 8 SO 316/14 B ER, JAmt 2015, 106 Rn. 38.
33 Vgl. Schellhorn/*Fischer*/Mann/Kern § 35a SGB VIII Rn. 6.
34 Vgl. BVerwG, Beschl. v. 17.12.2011, 5 B 43/10, JAmt 2011, 274.

2. Bedingungen

24 Zunächst muss als notwendige, aber nicht hinreichende Bedingung eine seelische Störung vorliegen, die für sich allein noch keinen Anspruch begründet. Dies ist dann der Fall, wenn

- die seelische Gesundheit eines Kindes/Jugendlichen
- mit hoher Wahrscheinlichkeit
- länger als 6 Monate
- von dem für das Lebensalter typischen Zustand abweicht.

Dabei ist egal, ob die Abweichung bereits 6 Monate besteht. Zu der seelischen Störung muss als

- kausale Folge
- eine mit hoher Wahrscheinlichkeit zu erwartende
- Beeinträchtigung am Leben in der Gesellschaft

hinzukommen.

3. Seelische Störung

25 Man spricht von einer seelischen Störung (Negativbegriff) (Abs. 1 Satz 1 Nr. 1), wenn die seelische Gesundheit (Positivbegriff) von dem für das Lebensalter typischen Zustand abweicht. Abs. 3 nimmt, wenn auch nicht ausdrücklich Bezug auf § 3 der Verordnung nach § 60 SGB XII Eingliederungshilfe-Verordnung in der Fassung der Bekanntmachung vom 1.2.1975[35], zuletzt geändert durch das Gesetz vom 27.12.2003[36]. Demnach sind seelische Störungen:

- körperlich nicht begründbare Psychosen,
- seelische Störungen als Folge von Krankheiten oder Verletzungen des Gehirns, von Anfallsleiden oder anderen Krankheiten oder körperlichen Beeinträchtigungen,
- Suchtkrankheiten,
- Neurosen und Persönlichkeitsstörungen

Lempp (2005) teilt in seinen Ausführungen die Formen seelischer Behinderung, abweichend von § 3 Eingliederungshilfe-Verordnung, in folgende drei große Gruppen auf:

- die schweren Neurosen (auch Suchterkrankungen und alle psychosomatischen Störungen und sonstige Verhaltensstörungen)
- den Autismus und
- die Psychosen aus dem schizophrenen Formenkreis (auch schwere Persönlichkeitsstörungen/Grenzpsychosen).

Hinzu kommen

- die Grundstörungen und
- die schwere frühkindliche Fehlentwicklung.[37]

26 Die Beurteilung, wann die seelische Gesundheit vom Lebensalter typischen Zustand abweicht bezieht sich auf Normverläufe. Zur Beurteilung, ob Entwicklungsschwierigkeiten sich im Normbereich befinden, reichen die Kategorien soziale, kulturelle, ideale statistische und funktionelle Norm nicht einzeln aus. Vielmehr müssen diese verschiedenen Normbegriffe kombiniert werden. Symptomatiken, die als vorübergehend betrachtet werden können, sind

---

35 Vgl. BGBl. I S. 433.
36 Vgl. BGBl. I S. 3022.
37 Vgl. *Lempp* 2005, 25 f.

z.B. auf veränderte Lebensumstände zurückzuführen, etwa die Geburt eines Geschwisterkindes, Einschulung oder Trennung der Eltern.[38]

4. Stellungnahme

27 Abs. 1a Nr. 1 bis 3 nennt den die Stellungnahme über die Abweichung der seelischen Gesundheit (entsprechend § 2 Abs. 1 SGB IX) abgebenden Personenkreis (entsprechend § 28 Abs. 3 SGB V) Dazu gehören Ärzte für Kinder- und Jugendpsychiatrie und -psychotherapie (Nr. 1), Kinder- und Jugendpsychotherapeuten (Nr. 2) und Ärzte oder psychologische Psychotherapeuten, die über besondere Erfahrungen auf dem Gebiet der seelischen Störungen bei Kindern und Jugendlichen verfügen.

28 Die Stellungnahme ist keine Bedarfsfeststellung über Unterstützungen im Rahmen der Eingliederungshilfe, sondern dient „lediglich" der Bedarfsfeststellung durch das Jugendamt[39]. Das Jugendamt entscheidet dann aufgrund der eigenen Fachkompetenz über Notwendigkeit und Geeignetheit einer Unterstützung,[40] ohne dass insoweit eine fachärztliche oder psychotherapeutische Stellungnahme erforderlich ist.[41] Die fachärztliche Stellungnahme muss jedoch angemessen berücksichtigt werden (präjudizierende Wirkung).[42] Holt das Jugendamt keine Stellungnahme gem. § 35a Abs. 1a SGB VIII ein, begeht es einen Verfahrensfehler, weshalb jedoch nicht die Aufhebung der getroffenen Entscheidung beansprucht werden kann, wenn offensichtlich ist, dass es die Entscheidung in der Sache nicht beeinflusst hat (§ 42 SGB X).[43]

29 „Bei der Beurteilung der Frage, ob bei Kindern oder Jugendlichen eine Beeinträchtigung ihrer Teilhabe am Leben in der Gesellschaft mit hoher Wahrscheinlichkeit zu erwarten und deshalb von einer drohenden seelischen Behinderung auszugehen ist, muss auf eine fachliche Erkenntnis abgestellt werden. Einem fachärztlichen Gutachten kommt dabei ein größeres Gewicht zu als der eigenen Beurteilung des Trägers der öffentlichen Jugendhilfe."[44]

„§ 35a Abs. 1a SGB VIII soll im Interesse des Hilfesuchenden auch vor einer Selbstüberschätzung der Kompetenz der Jugendämter in psychologischen und medizinischen Fragen schützen."[45]

30 „Die altersuntypische Abweichung in der seelischen Gesundheit führt nicht automatisch zu einem Integrationsrisiko. Ob als Folge der altersuntypischen Abweichungen der seelischen Gesundheit auch ein Integrationsrisiko i.S. des § 35a Abs. 1 Nr. 2 SGB VIII besteht oder zu erwarten ist, entscheidet nicht der Arzt, sondern der Jugendhilfeträger im Rahmen eines kooperativen pädagogischen Entscheidungsprozesses, wobei diese Entscheidung nicht den Anspruch objektiver Richtigkeit erhebt, sondern eine angemessene Lösung für die festgestellte Belastungssituation zu enthalten hat, die fachlich vertretbar und nachvollziehbar sein muss."[46]

31 Weiterhin sind die Personen unter Abs. 1a dazu verpflichtet festzustellen, ob die Abweichung Krankheitswert hat oder auf einer Krankheit beruht, um die potentielle Leistungspflicht der Krankenkassen zu prüfen, deren Leistungen gem. § 10 Abs. 1 Vorrang haben. Die

---

38 Vgl. FK-SGB VIII/*von Boetticher/Meysen*, § 35a SGB VIII Rn.29 f; Wiesner/Wapler/*Wiesner*, § 35a Rn. 9.
39 Vgl. BT-Drs. 15/3676, 36.
40 Vgl. OVG Sachsen, Beschl. v. 20.2.2015, 4 A 128/14, juris; OVG Nordrhein-Westfalen, Urt. v. 22.8.2014, 12 A 3019/11, ZKJ 2015, 35 = JAmt 2015, 517 = SjE E I 12, 280o.
41 Vgl. OVG Nordrhein-Westfalen, Beschl. v. 18.7.2013, 12 A 1677/12, SjE E I 12, 270z.
42 Vgl. NdsOVG Lüneburg, Beschl. v. 11.6.2008, 4 ME 184/08, NVwZ-RR 2008, 792 = EuG 62 (2008), 500 = FEVS 60 (2009), 28 = NDV-RD 2009, 49 = SjE E I 12, 266z; OVG Nordrhein-Westfalen, Beschl. v. 29.5.2008, 12 A 3841/06, juris; Bay. VGH, Urt. v. 30.1.2008, 12 B 06.2859, SjE E I 12/270z.
43 Vgl. Schellhorn/*Fischer*/Mann/Kern, § 35a SGB VIII, Rn. 16.
44 Vgl. VGH Baden-Württemberg, Beschl. v. 12.12.2005, 7 S 1887/05, JAmt 2006, 202.
45 Vgl. OVG Münster, Beschl. v. 13.12.2005, 12 B 2051/05.
46 Vgl. VGH München, Beschl. v. 24.4.2006, 12 ZB 05.2429.

Notwendigkeit einer allgemeinen Krankenbehandlung allein ist für die Annahme einer Behinderung nicht ausreichend.

32 Auch wenn die stellungnehmende Person keine Störung feststellt, dennoch eine erzieherische Unterstützung als notwendig betrachtet, sollte sie darauf hinweisen. Bei der Beschreibung der Störung sollte immer explizit auf die Definitionen des ICD-10 (perspektivisch ICD-11) Bezug genommen werden (vgl. Rn 35).[47]

33 Bei den Kosten, die bei der Feststellung der Leistungsvoraussetzungen entstehen handelt es sich nach dem Grundsatz des § 64 SGB X um Verfahrenskosten, die dem Bürger nicht auferlegt werden können.[48] Auftraggeber für die Stellungnahme muss nicht das Jugendamt selbst sein, sondern kann dem Leistungsberechtigten im Rahmen der Mitwirkungspflicht (§ 62 SGB I) überlassen bleiben. Die Kosten tragen die Krankenkassen. Fordert das Jugendamt eine bestimmte Form für die Stellungnahme, kann der Arzt bzw. Psychotherapeut diesen Mehraufwand in Rechnung stellen.[49] Mrozynski argumentiert abweichend davon, dass die Krankenkassen nur in der Pflicht zur Kostenübernahme der Stellungnahme stehen, sofern diese aus Gründen der medizinischen Versorgung erstellt wurde. Eine Erstellung zur Feststellung der Leistungsvoraussetzungen gem. § 35a SGB VIII verpflichte nicht zur Kostenübernahme. Eine bestehende Stellungnahme kann allerdings vom Jugendamt verwendet werden, um zusätzliche Verfahrenskosten zu sparen. Die Eltern zu veranlassen ihrerseits eine Stellungnahme einzuholen ist nicht zulässig, da das Jugendamt gem. § 20 Abs. 1 SGB X von Amtswegen ermittelt.[50] Ebenso besteht keine Mitwirkungspflicht bei der Einholung eines amtsärztlichen Gutachtens seitens der Eltern.[51]

34 Als Soll-Vorschrift ist bestimmt, dass die die Stellungnahme abgebende Person nicht an der Leistungserbringung beteiligt sein darf. Dies soll Interessenskonflikte verhindern. Sofern diese Person beim Träger der öffentlichen Jugendhilfe beschäftigt ist, findet diese Regelung mangels Interessenskollision keine Anwendung.[52]

Die Stellungnahme kann gem. den Grundsätzen des § 25 SGB X von den Leistungsberechtigten eingesehen werden.

5. Katalog seelischer Störungen bei Kindern und Jugendlichen

35 Mit dem Einfügen des Abs. 1a wurde festgelegt, dass die seelische Störung auf der Grundlage der Internationalen Klassifikation der Krankheiten in der, vom Deutschen Institut für medizinische Dokumentation und Information bzw. seit Mai 2020 vom Bundesinstitut für Arzneimittel und Medizinprodukte herausgegeben deutschen Fassung (www.dimdi.de bzw. www.bfarm.de) festzustellen ist. Es handelt sich hierbei um die von der Weltgesundheitsorganisation (WHO) erstellte „International Classifikation of Diseases and Related Disorders" in der 10. Revision (ICD-10). Zum 1. Januar 2022 tritt die ICD-11 in Kraft. Seitdem können die Mitgliedsstaaten Mortalitätsdaten ICD-11 kodiert an die WHO berichten. Nach einer flexiblen Übergangsfrist von 5 Jahren soll die Berichterstattung dann ICD-11 kodiert erfolgen. Bis dahin bleibt die ICD-10 weiterhin gültig.

47 Vgl. Wiesner/Wapler/*Wiesner*, § 35a Rn. 15.
48 *Mrozynski*, § 35a SGB VIII Rn.16.
49 Vgl. Wiesner/Wapler/*Wiesner*, § 35a Rn. 11b.
50 Vgl. *Mrozynski*, § 35a SGB VIII Rn. 16.
51 VGl. OVG LSA 11.4.2013, 4 L 25/13.
52 Vgl. Wiesner/Wapler/*Wiesner*, § 35a Rn. 12.

Zu den typischerweise im Kindes- und Jugendalter auftretenden seelischen Krankheiten zählen:

a) Organische, einschließlich symptomatischer psychischer Störungen (F00-09), darunter 36

- Andere psychische Störungen aufgrund einer Schädigung oder Funktionsstörung des Gehirns oder einer körperlichen Krankheit (F06)
- Persönlichkeits- und Verhaltensstörung aufgrund einer Krankheit, Schädigung oder Funktionsstörung des Gehirns (F07), wie
  - o Postenzephalitisches Syndrom (F07.1)
  - o Organisches Psychosyndrom nach Schädelhirntrauma (F07.2)

Sie entsprechen teilweise körperlichen Behinderungen, weshalb sie dann in Konkurrenz zu Maßnahmen des SGB XII stehen können, wenn die körperlichen Beeinträchtigungen im Sinne einer sekundären Neurotisierung seelische Folgen haben.[53]

b) Psychische und Verhaltensstörungen durch psychotrope Substanzen (Suchtkrankheiten) (F 10-19) 37

Während für die Zeit des Entzugs und der Entgiftung Leistungen des SGB V in Betracht kommen, stellt die Wiedereingliederung solcher Jugendlicher eine Leistung des SGB VIII dar.[54] Als Komorbidität liegt aus kinder- und jugendpsychiatrischer Sicht oftmals eine weitere Störung vor.[55]

c) Schizophrenie, schizotype und wahnhafte Störungen (F20-29), darunter 38

- Schizophrenie (F20)
  - o Paranoide Schizophrenie (F20.0)
  - o Hebephrene Schizophrenie (F20.1)
  - o Katatone Schizophrenie (F20.2)
  - o Schizophrenes Residuum (F20.5)
- Schizotype Störungen (F21)
- Anhaltende wahnhafte Störungen (F22)
- Akute vorübergehende wahnhafte Störungen (F23)
- Induzierte wahnhafte Störung (F24)

Schizophrenien im Kindes- und Jugendalter neigen im Vergleich zu Erkrankungen im Erwachsenenalter eher zur Chronifizierung und haben eine eher ungünstige Prognose.[56]

d) Affektive Störungen (F30-39), darunter 39

- Bipolare affektive Störung (F31)
- Depressive Episode (F32)
- Zyklothymia (F34.0)
- Dysthymia (F34.1)

Affektive Störungen im Kindes- und Jugendalter sind eher selten.[57]

---

53 Vgl. Wiesner/Wapler/*Wiesner*, § 35a Rn. 53.
54 Vgl. dazu auch NdsOVG, Beschl. v. 12.4.2000, 4 L 2906/99, NDV-RD 2000, 296, 72, SjE E I 12, 304; HessVGH, Beschl. v. 9.6.1992, 9 TG 2795/91, FEVS 43, 191 = NVwZ-RR 1993, 145.
55 Vgl. Wiesner/Wapler/*Wiesner*, § 35a Rn. 55a.
56 Vgl. Wiesner/Wapler/*Wiesner*, § 35a Rn. 57–59.
57 Vgl. Wiesner/Wapler/*Wiesner*, § 35a Rn. 60–60c.

40 **e) Neurotische, Belastungs- und somatoforme Störungen (F40-48), darunter**

- Phobische Störungen (F40)
  - o Agoraphobie (F40.0)
  - o Soziale Phobien (F40.1)
- Andere Angststörungen (F41)
  - o Panikstörungen (F41.0)
  - o Generalisierende Angststörung (F41.1)
  - o Angst und depressive Störungen, gemischt (F41.2)
- Zwangsstörungen (F42)
- Reaktionen auf schwere Belastungen und Anpassungsstörungen (F43)
- Dissoziative Störungen (Konversionsstörungen) (F44)
- Somatoforme Störungen (F45) wie
  - o Somatisierungsstörungen (F45.0)
  - o Somatoforme autonome Funktionsstörung (F45.3)

Diese Störungen führen häufig zu einer Teilhabebeeinträchtigung, die eine angemessene Unterstützung notwendig machen.[58] Zu Reaktionen auf schwere Belastungen und Anpassungsstörungen (F43) vgl. VG Aachen.[59]

41 **f) Verhaltensauffälligkeiten mit körperlichen Störungen und Faktoren (F50-59), darunter**

- Essstörungen (F50) wie
  - o Anorexia nervosa (F50.0)
  - o Bulemia nervosa (F50.2)

Die Behandlung dieser Erkrankungen sind Leistungen des SGB V. Dennoch ist für viele Betroffene eine Rückkehr in die Herkunftsfamilie kontraindiziert, so dass nach geeigneten Unterstützungsformen im Rahmen der Eingliederungshilfe gesucht werden muss. Nichtorganische Schlafstörungen (F51) sowie sexuelle Funktionsstörungen (F52) sind keine typischen Störungen im Kindes- und Jugendalter und führen damit i.d.R. nicht zu einer Teilhabebeeinträchtigung.[60]

42 **g) Persönlichkeits- und Verhaltensstörungen (F60-69), darunter**

- Spezifische Persönlichkeitsstörungen (F60), wie
  - o Paranoide Persönlichkeitsstörung (F60.0)
  - o Schizoide Persönlichkeitsstörung (F60.1)
  - o Dissoziale Persönlichkeitsstörung (F60.2)
  - o Emotionale Persönlichkeitsstörung (F60.3)
  - o Histrionische Persönlichkeitsstörung (F60.4)
  - o Anankastische Persönlichkeitsstörung (F60.5)
  - o Ängstlich vermeidende Persönlichkeitsstörung (F60.6)
  - o Abhängige Persönlichkeitsstörung (F60.7)
- Andere und kombinierte Persönlichkeitsstörungen (F61)

---

58 Vgl. Wiesner/Wapler/*Wiesner*, § 35a Rn. 61–67.
59 Vgl. VG Aachen, Urt. v. 9.11.2010, 2 K 2233/08, E 1I 12, 226.
60 Vgl. Wiesner/Wapler/*Wiesner*, § 35a Rn. 68–69.

- Abnorme Gewohnheiten und Störungen der Impulskontrolle (F63), wie
  - Pathologisches Spielen (F63.0)
  - Pathologische Brandstiftung (Pyromanie) (F63.1)
  - Pathologisches Stehlen [Kleptomanie] (F63.2)
  - Trichotillomanie (F63.3)
- Störungen der Geschlechtsidentität (F64)
- Störungen der Sexualpräferenz (F65), wie
  - Exhibitionismus (F65.2)
  - Pädophilie (F65.4)

Persönlichkeitsstörungen sind auf Grund der nicht abgeschlossenen Persönlichkeitsentwicklung von Kindern und Jugendlichen nur schwer zu diagnostizieren (nicht vor dem 16./17. Lebensjahr, es sei denn, die geforderte Mindestzahl der vorgegebenen Kriterien ist erfüllt oder die Verhaltensmuster sind bereits in diesem Alter andauernd, durchgehend und situationsübergreifend)[61] und oftmals zeitlich nicht stabil. Sie gehen mit einer erheblichen Beeinträchtigung psychosozialer Funktionen einher und bilden damit eine drohende seelische Behinderung. Ziel der Unterstützung sollte der Aufbau stabiler sozialer Beziehungen sowie die Aufrechterhaltung/Wiederherstellung psychosozialer Funktionsfähigkeit sein.[62]

h) Entwicklungsstörungen (F80-89) darunter **43**

- Umschriebene Entwicklungsstörungen des Sprechens und der Sprache (F80)
  - Erworbene Aphasie mit Epilepsie (Landau-Kleffner-Syndrom (F80.3)
- Umschriebene Entwicklungsstörungen schulischer Fertigkeiten (oft als Teilleistungsstörungen bezeichnet) (F81), wie
  - Lese-Rechtschreibstörung (Legasthenie) (F81.0)
  - Isolierte Rechtschreibstörung (F81.1)
  - Rechenstörung (Dyskalkulie) (F81.2)
  - Kombinierte Lernstörungen (F81.3)
- Tiefgreifende Entwicklungsstörungen (F84), wie
  - frühkindlicher Autismus (F84.0)
  - Asperger-Syndrom (F84.5)

Sämtliche Entwicklungsstörungen gehören zu den potentiell anspruchsbegründenden psychischen Störungen, wenn sie zu einer Teilhabebeeinträchtigung führen.

Legasthenie ist dem Bereich der geistigen Leistungsstörungen zuzurechnen[63], weshalb es sich hierbei nicht automatisch um eine seelische Störung handelt. Teilleistungsstörungen (F81) können in starker Ausprägung zu einer (drohenden) seelischen Behinderung führen.[64] Bei Legasthenie als seelische Störung ist der Träger der öffentlichen Jugendhilfe bei der Entscheidung über Eingliederungshilfe zu einer angemessenen Schulbildung grundsätzlich an die Feststellung im Übertrittszeugnis der Grundschule gebunden, für welche Schulart der Hilfeempfänger geeignet ist.[65] „Eine drohende Teilhabebeeinträchtigung (§ 35a Abs. 1 S. 2 SGB VIII) wegen Legasthenie kann anzunehmenden sein, wenn aufgrund einer zusätzlichen **44**

61 Vgl. *Schmeck/Schlüter-Müller* (2009), 12.
62 Vgl. Wiesner/Wapler/*Wiesner*, § 35a Rn. 70–75.
63 Vgl. BVerwG Urt. v. 28.9.1995, 5 C 21, 93, FEVS 46. 369 = NDV-RD 1996, 68 = ZFSH/SGB 1996, 430.
64 Vgl. BVerwG FEVS 46, 539.
65 Vgl. HessVGH, Beschl. v. 13.3.2001, 1 TZ 2872/00, NVwZ-RR 2002, 126 = SjE I 12, 261; Bay. VGH, Urt. v. 20.10.2010, 12 B 09.2956, SjE 2007, 1993 = JAmt 2007, 365 = FEVS 58, 477 = SjE E I 12, 270z.

Anpassungsstörung (ICD-10 F43.2) eine negative Prognose zu stellen ist."[66] Hochbegabungen sind keine psychischen Störungen, können jedoch ein (mit)auslösender Faktor sein und sind bei der Hilfeplanung zu berücksichtigen.[67] Die Kompensation spezifischer Lernschwierigkeiten muss, trotz Teilleistungsstörung, die Schule übernehmen (§ 10 Abs. 1 Satz 1).[68] Kinder können von einer seelischen Behinderung bedroht sein, wenn die schulischen Maßnahmen nicht oder zu spät stattfinden bzw. nicht ausreichen. Dann kann das Jugendamt als Ausfallbürge leistungsverpflichtet sein.[69] Eine Teilleistungsstörung stellt nicht allein für sich, sondern nur im Rahmen einer sekundären Neurotisierung z.B. bei totaler Schul- und Leistungsverweigerung, Rückzug aus allen Sozialkontakten eine seelische Störung dar.[70] Es können daher auch therapeutische Maßnahmen indiziert sein.[71] Bloße Schulprobleme oder Schulängste, die die Betroffenen mit anderen Kindern teilen, stellen keine Beeinträchtigung der Teilhabe am Leben in der Gesellschaft dar.[72] Kritisch wird diese Rechtsprechung mit Bezug auf die gesicherte jugendpsychiatrische Auffassung gesehen, dass so den jungen Menschen eine rechtzeitige Hilfe vorenthalten bliebe. Außerdem werde hiermit der Effektierungsgrundsatz des § 2 Abs. 2 SGB I verletzt.[73] Wichtig ist eine fundierte Diagnostik nach den aktuellen Normen. Das Wunsch- und Wahlrecht umfasst auch die Wahl niedergelassener Therapeuten.[74]

Eine Therapie kann eingestellt werden, sobald sie so erfolgreich war, dass die Teilhabebeeinträchtigung nicht mehr besteht.[75]

Der frühkindliche Autismus stellt regelmäßig eine lang andauernde altersuntypische Abweichung der seelischen Gesundheit[76] wie auch der atypische Autismus[77] und der Asperger-Autismus[78] dar. Der frühkindliche Autismus kommt primär einer seelischen Behinderung gleich. Je nach Diagnose kann es zu erheblichen Schwankungen bzgl. der Teilhabebeeinträchtigung und dementsprechend des Hilfebedarfs kommen. Besonders bei den Formen von Autismus zeigt sich das bisherige Dilemma der getrennten Zuständigkeit von Sozialhilfe und Kinder- und Jugendhilfe.[79] „Ist nicht erkennbar, dass beim Betroffenen überhaupt eine Teilhabebeeinträchtigung vorlag/vorliegt bzw. zu erwarten war/ist, so kann es für die Frage, ob ein Anspruch auf Eingliederungshilfe besteht oder nicht, auf das eventuelle Vorliegen einer seelischen Störung i.S.d. § 35a Abs. 1 Satz 1 Nr. 1 SGB VIII nicht mehr ankommen. In diesem Fall besteht zum Zeitpunkt der behördlichen Entscheidung über den Antrag keine Veranlassung

66 Vgl. VG Göttingen 10.7.2007, 2 A 483/05, JAmt 2007, 539.
67 Vgl. VG Minden 5.1.2009, 6 L 548/09, ZFSH/SGB 2010, 577 (LS).
68 Vgl. OVG NRW 16.7.2004, 12 B 1338/04, ZfJ 2004, 463.
69 Vgl. OVG NRW, JAmt 2004, 437; VGH Kassel v. 20.8.2009, 10 A 1874/08, BeckRS 2009, 39771; OVG Münster JAmt 2012, 548.
70 Vgl. HessVGH, Urt. v. 8.9.2005, 10 UE 1647/04, JAmt 2006, 37; OVG RP 26.3.2007, 7 E 10212/07, NJW 2007, 1993 = JAmt 2007, 365; OVG SN 9.6.2009, 1 B 288/09, FEVS 61, 430; VG Göttingen 10.7.2007, 2 A 483/05, JAmt 2007, 539; 6.2.2007 2 A 148/05, JAmt 2007, 157; 26.01.2006, 2 A 161/05, JAmt 2006, 150; VG Sigmaringen 25.1.2005, 4 K 2105/03, JAmt 2005,246; VG Braunschweig 13.10.2005, 3 A 78/05, JAmt 2005; 525; VG Düsseldorf 5.3.2008, 19 K 1659/07, JAmt 2008, 212; OVG Münster v. 28.10.2011, 12 A 1174/11, BeckRS 2012, 45491; OVG Magdeburg v. 11.4.2013, 4 L 25/13 BeckRS 2013, 50659. Kritisch dazu VG Hannover 20.5.2008, 3 A 3648/07, JAmt 2009, 385.
71 Vgl. OVG Bremen v. 26.1.1988, 2 BA 45/84, BecksRS 1988, 31338805.
72 Vgl. OVG Nordrhein-Westfalen, Beschl. v. 20.1.2010, 12 B 1655/09, ZFSH/SGB 2010, 373 = SjE E I 12, 270z; OVG Sachsen-Anhalt, Beschl. v. 22.1.2013, 4 L 1/13, SjE E I 12, 270z.
73 Vgl. *Mrozynsky*, § 35a SGB VIII Rn. 8.
74 Vgl. VG Darmstadt 16.4.2010, 5 K 550/08.DA [3], JAmt 2011, 46.
75 Vgl. NdsOVG v. 4.2.2009, 4 LC 514/07, EuG 2009, 412.
76 Vgl. VG Karlsruhe, Urt. v. 29.4.2003, 2 K 2983/02, SjE E I 12, 263x; OVG Niedersachsen, Beschl. v. 23.2.2006, 12 ME 474/05, JAmt 2011, 594 = SjE E I 12, 256s; VG Minden, Beschl. v. 25.1.2011, 6 L 16/11, SjE E I 12, 259g.
77 Vgl. VGH Baden-Württemberg, Beschl. v. 14.1.2003, 9 S 2199/02, FEVS 54, 213 = ZFSH/SGB 2003, 350 = JAmt 2004, 145 = SjE E I 12, 263n; OVG Nordrhein-Westfalen, Urt. v. 20.2.2002, 12 A 5322/00, JAmt 2002, 304 = ZfJ 2002, 394 = SjE E I 12, 263.
78 Vgl. OVG Nordrhein-Westfalen, Beschl. v. 15.10.2014, 12 B 870/14, juris.
79 Vgl. Wiesner/Wapler/*Wiesner*, § 35a Rn. 85.

zur Einholung einer den Anforderungen des § 35a Abs. 1a SGB VIII entsprechenden (fach-) ärztlichen oder (fach-) therapeutischen Stellungnahme zur Frage des Vorliegens einer seelischen Störung, da das Jugendamt seiner Amtsermittlungspflicht nach § 20 SGB X genügt hat."[80]

i) Verhaltens- und emotionale Störungen mit Beginn in der Kindheit und Jugend (F90-98), darunter **45**

- Hyperkinetische Störungen (F90)
  - o Hyperkinetische Störung des Sozialverhaltens (F90.1)
  - o Sonstige Hyperkinetische Störungen (F90.8)
- Störungen des Sozialverhaltens (F91), wie
  - o Störung des Sozialverhaltens bei vorhandenen sozialen Bindungen (F91.2)
- Kombinierte Störung des Sozialverhaltens und der Emotionen (F92)
- Emotionale Störung mit Trennungsangst des Kindesalters (F93.0)
- Störung sozialer Funktionen mit Beginn in der Kindheit und Jugend (F94), wie
  - o Elektiver Mutismus (F94.0)[81]
  - o Reaktive Bindungsstörung mit Enthemmung (F94.1)
  - o Bindungsstörung des Kindesalters mit Enthemmung (F94.2)
- Ticstörungen (F95)
- Andere Verhaltens- und emotionalen Störungen mit Beginn in der Kindheit und Jugend (F98), wie
  - o Enuresis (Einnässen) (F98.0)
  - o Enkupresis (Einkoten) (F98.1)

Neben einer medikamentösen Behandlung der Symptome bei einer hyperkinetischen Störung können auch beraterische sowie therapeutische Maßnahmen zur Unterstützung in Betracht kommen. Hilfen zur Teilhabe kommen dann in Betracht, wenn medizinische sowie therapeutische Maßnahmen unzureichende Erfolge zeigen und eine Einschränkung des Funktionsniveaus und der Teilhabe vorliegt[82]. Ziel einer Unterstützung bei Störungen des Sozialverhaltens sollte immer die Stabilisierung helfender Beziehungen sein. Die Unterstützung sollte multiprofessionell erfolgen.[83] **46**

Weiterhin hält die ICD-10 Kriterien für Missbrauch, Vernachlässigung und sexuellen Missbrauch (Missbrauch von Personen T74) bereit.[84] **47**

Neben der Klassifikation nach ICD-10 der WHO existiert als Erweiterung in der Kinder- und Jugendpsychiatrie das Multiaxiale Klassifikationsschema psychischer Störungen, die Internationale Klassifikation der Funktionsfähigkeit, Behinderung und Gesundheit. **48**

---

80 Vgl. VG Augsburg, Urt. v. 13.10.2015, Au 3 K 15.874.

81 Zu elektivem Mutismus (F94.0) und Übernahme von Fahrtkosten und Besuch einer Privatschule vgl. OVG Bremen, Urt. v. 23.2.2005, 2 A 437/03.

82 Vgl. OVG Nordrhein-Westfalen, Beschl. v. 2.3.2010, 12 B 105/10, SjE E I 12/266z und Beschl. v. 20.1.2010, 12 B 1655/09, ZFSH/SGB 2010, 373 = SjE E I 12, 270z; Beschl. v. 29.9.2011, 12 B 1040/11, juris; Hess. VGH, Urt. v. 20.8.2009, 10 A 1799/08, NVwZ-RR 2010, 59 = SjE E I 12/270z; Urt. v. 4.5.2010, 10 A 1623/09, juris; VGH Baden-Würtemberg, Urt. v. 24.4.1996, 6 S 827/95, NVwZ-RR 1997, 360 (361).

83 Vgl. Wiesner/Wapler/*Wiesner*, § 35a Rn. 86–99.

84 Vgl. auch Wiesner/Wapler/*Wiesner*, § 35a Rn. 17a.

Achse I:	klinisch-psychiatrische Diagnose (Kapitel 5 ICD-10 F) (Ausnahme: Entwicklungsstörungen/Intelligenzminderung).
Achse II:	umschriebene Entwicklungsstörungen (F80, F81, F82, F83) (F84: auf Achse I)
Achse III:	Intelligenzniveau; sowohl im Bereich der Intelligenzminderung als auch überdurchschnittlicher Intelligenz

IQ-Werte:

über 129:	sehr hohe/weit überdurchschnittliche Intelligenz;
115-129:	hohe/überdurchschnittliche Intelligenz;
85-114:	Normvariante/durchschnittliche Intelligenz;
70-84:	niedrige/unterdurchschnittliche Intelligenz (Grenzdebilität);
50-69:	leichte Intelligenzminderung/intellektuelle Behinderung (F70 Debilität);
35-49:	mittelgradige Intelligenzminderung/intellektuelle Behinderung (F71 Imbezillität);
20-39:	schwere Intelligenzminderung/intellektuelle Behinderung (F72 ausgeprägte Imbezillität);
unter 20:	schwerste Intelligenzminderung (intellektuelle Behinderung (F73 Idiotie);

Achse IV:	körperliche Symptomatik (bzw. andere als psychiatrische Krankheiten aus ICD-10 zur Ausschließung organischer Ursachen)
Achse V:	assoziierte aktuelle abnorme psychosoziale Umstände
Achse VI:	Globalbeurteilung des psychosozialen Funktionsniveaus/Einschätzung des globalen

Schweregrades der psychosozialen Beeinträchtigung nach Pervasivität, Chronizität und Intensität.

Für eine genauere Einschätzung der Teilhabe spielen besonders die Achsen V und VI eine tragende Rolle.

6. Seelische Behinderung

49 Eine Eingliederungshilfe gem. § 35a SGB VIII ist gegenüber der Eingliederungshilfe gem. SGB IX vorrangig. Der Begriff seelische Behinderung, ursprünglich in Anlehnung an § 2 Abs. 1 S. 1 SGB IX formuliert, ist durch die Neufassung des Behinderungsbegriffs durch das BTHG in Übereinstimmung mit der UN-BRK nun als Wechselwirkung zwischen individuellen Beeinträchtigungen und gesellschaftlichen Kontextfaktoren neuformuliert worden. Dieser ist zweigliedrig und wird im Zusammenwirken verschiedener Disziplinen festgestellt. Bisher setzte der Wortlaut des § 35a SGB VIII noch voraus, dass die verminderte Teilhabe kausal aus der Abweichung der seelischen Gesundheit resultiert.[85] Durch die Neufassung des § 7 Abs. 2 SGB VIII ist die Definition der seelischen Behinderung konventionskonform formuliert worden und war zuvor bereits i.S.d. inklusiven Verständnisses des neuen § 2 Abs. 1 S. 1 SGB IX auszulegen.[86]

50 Die Begriffe seelische Behinderung und drohende seelische Behinderung sind im Vergleich zu den Begriffen körperlicher oder geistiger Behinderung noch unbestimmter. Sie beschrei-

85 Vgl. OVG Thüringen, Urt. v. 19.1.2017, 3 KO 656/16, Rn. 37.
86 Vgl. BSG, Urt. v. 22.3.2012, B 8 SO 30/10 R, Rn. 18.

ben erhebliche Schwierigkeiten im Leistungsbereich bzw. in der Bewältigung von Alltagsaufgaben sowie als Folge einer psychischen Erkrankung Schwierigkeiten in den sozialen und kommunikativen Beziehungen. Während für die volle Ausprägung einer seelischen Behinderung die Chronizität eine erhebliche Rolle spielt, ist dieser Begriff für das Kindes- und Jugendalter problematisch. Fegert (2002) merkt dazu an, dass „(…) eine objektive Feststellung eines dermaßen schlecht definierten Behinderungsbegriffs kaum möglich ist."[87]

Für die sozialrechtliche Feststellung einer seelischen Behinderung sind **sowohl medizinische als auch sozialpädagogische Begründungen** relevant. Zunächst wird die ärztliche Diagnose einer seelischen Störung gestellt. Diese diagnostizierte Störung muss ursächlich die Fähigkeit zur Eingliederung in die Gesellschaft beeinträchtigen. Diese Beurteilung erfolgt durch eine sozialpädagogische Begründung (Diagnostik) durch das Jugendamt, welches auch den Hilfeplanungsprozess steuert. Die Einschätzung trifft jedoch nicht das Jugendamt an sich, sondern die dort beschäftigten Fachkräfte. Diese können unterschiedlichen Professionen angehören sowie in ihren persönlichen und fachlichen Kompetenzen variieren. Damit enthält die Begründung auch immer subjektive und professionsabhängige Einflüsse. Eine Kooperation erfordert deshalb Kenntnis der unterschiedlichen Sichtweisen und Handlungslogiken und gegenseitige Kenntnis der fachlichen Begriffe. Für die meisten Autoren sei die seelische Behinderung kein eindeutig objektivierbarer Tatbestand und daher eine Frage der Interpretation.[88] Weiterhin bestehe Einigkeit darüber, dass der Begriff „seelische Behinderung" keine medizinische Diagnose, sondern eine „(…) sozialrechtliche Konstruktion zur Begründung eines Anspruches (…)" sei.[89] 51

Während man rechtlich von seelischer Behinderung im Wortlaut des § 35a SGB VIII spricht, wenn: 52

- die seelische Gesundheit eines Menschen (bei körperlicher Behinderung die körperlichen Funktionen, bei geistiger Behinderung die geistigen Fähigkeiten)
- mit hoher Wahrscheinlichkeit
- länger als 6 Monate
- von dem für das Lebensalter typischen Zustand abweicht
- und daher
- die Teilhabe am Leben in der Gesellschaft beeinträchtigt ist,

spricht man nun gem. § 2 Abs. 1 SGB IX von einer seelischen Behinderung, wenn Menschen:

- die körperliche, seelische, geistige oder Sinnesbeeinträchtigungen haben,
- die sie in Wechselwirkung
- mit einstellungs- und umweltbedingten Barrieren
- an der gleichberechtigten Teilhabe an der Gesellschaft
- mit hoher Wahrscheinlichkeit
- länger als sechs Monate hindern können.

Mit dieser Definition schließt sich der Gesetzgeber der internationalen Diskussion der WHO um den Behinderungsbegriff an.[90]

Die Beweislast trifft grundsätzlich die Antragstellenden.[91]

87 Vgl. *Fegert* 2002, 35.
88 Vgl. *Homfeldt* 2005,15 f.
89 Vgl. *Homfeldt* 2005, 17.
90 Vgl. BT-Drs. 14/5074, 98.
91 Vgl. GK/*Nothacker*, § 35a Rn. 14b.

53 Grundsätzlich konstatiert Lempp (2005), dass unter seelischer Behinderung alle psychischen Störungen im Kindes- und Jugendalter zusammengefasst werden können, die

- sich einerseits als Entwicklungsstörungen gegenüber der geistigen Behinderung abgrenzen lassen und
- als chronische Störung trotz einer laufenden, begleitenden, ärztlichen Behandlung oder auch unabhängig von einer solchen die psychosoziale Entwicklung und Integration des Kindes und Jugendlichen nachdrücklich beinträchtigen.[92]

Homfeldt (2005) kritisiert zurecht an dieser Definition, dass Lempp die individuelle Beschreibung der Beeinträchtigten trotz Unterteilung in die drei Ebenen, wegen der Annahme einer notwendigen Chronizität der seelischen Erkrankung, als sekundär erscheinen lässt und sich mit der schweren Fassbarkeit der individuellen Sicht abfindet. Begründet wird diese Kritik mit der Notwendigkeit der partizipativen Hilfeplangestaltung gem. § 36 SGB VIII also einer individuellen, situationsabhängigen Betrachtung.[93]

Seelische Behinderung ist zudem keine dauerhafte Eigenschaft, sondern als Wechselwirkung zwischen bestimmten Beeinträchtigungen und sozialen Umständen zu verstehen.[94]

Ob eine seelische Störung auch zu einer seelischen Behinderung führt, hängt demnach auch von protektiven Faktoren und Möglichkeiten der Kompensation, z.B. den erzieherischen Kompetenzen der Eltern oder den persönlichen Ressourcen der Kinder und Jugendlichen ab.

54 „Die seelische Behinderung oder drohende seelische Behinderung bei Kindern und Jugendlichen und jungen Volljährigen ist eine durch intensive, auch längerfristige ambulante, teilstationäre und/oder stationäre medizinische, insbesondere durch kinder- und jugendpsychiatrische Behandlung nicht vollständig behebbare Beeinträchtigung des seelischen Befindens, der familiären, sozialen, vorschulischen, schulischen und beruflichen Integration aufgrund einer psychischen Störung von Krankheitswert."[95]

55 Wie diese Einschätzung einer seelischen Behinderung von Seiten des Jugendamtes jedoch geschieht, sei relativ unklar und geschehe in der Praxis oftmals intuitiv und hänge wieder einmal vom Einzelfall ab. Außerdem lasse sich eine seelische Behinderung auch nicht anhand objektiver Faktoren begründen, da je nach Alter des Kindes unterschiedliche Integrationsfaktoren für die Teilhabe an der Gesellschaft eine Rolle spielen würden.[96]

7. Teilhabebeeinträchtigung

56 Zur Begründung einer seelischen Behinderung ist nicht allein das Vorliegen einer psychischen Störung, sondern auch eine (drohende) **Beeinträchtigung der Teilhabe** am Leben in der Gesellschaft notwendiges Tatbestandsmerkmal. Dabei muss die Beeinträchtigung nachhaltig die soziale Funktionsfähigkeit betreffen.[97] Für diese Einschätzung ist die Expertise der Mitarbeitenden des Jugendamtes gefragt.[98] Eine seelische Störung allein genügt noch nicht für die Annahme einer seelischen Behinderung.[99]

92 Vgl. *Lempp* 2005, 25 f.
93 Vgl. *Homfeldt* 2005, 17.
94 Vgl. *Wiesner* 1996, 201.
95 Vgl. *Fegert*, JAmt 2008, 177.
96 Vgl. *Homfeldt* 2005,17.
97 Vgl. BVerwG FEVS 33, 45.
98 Vgl. VGH BY 21.01.2009, 12 CE 08.2731, FEVS 61, 46; OVG NI 11.06.2008, 4 ME 184/08, FEVS 60, 28 = NVwZ-RR 2008, 792 = NDV-RD 2009, 49; VG Braunschweig 13.10.2005, 3 A 78/05, JAmt 2005, 525; VG Hamburg 24.11.2009, 13 K 4032/07, ZFSH/SGB 2010, 577; VG Stuttgart 26.07.2011, 7 K 4112/09; a.A. VGH BW 12.12.2005, 7 S 1887/05, JAmt 2006, 202.
99 Vgl. BVerwG, Urteil vom 26.11.1998, 5 C 38.97, FEVS 49 (1999), 487 = NDV-RD 1999, 71 = DVBl. 1999, 1140.

Besonders die Bereiche Familie/Verwandtschaft, Kindergarten/Schule/Beruf, Freundeskreis/Freizeit sind für die Einschätzung der Teilhabe junger Menschen maßgeblich.[100] Eine Beeinträchtigung besteht bereits dann, wenn sich die Störung in einem der wesentlichen Lebensbereiche auswirkt.[101] Wichtig ist immer eine einzelfallbezogene Bewertung.[102] 57

Der § 35a selbst macht keine Vorgaben, wie die Beurteilung der Teilhabe vom Jugendamt zu erheben ist. Die Beurteilung muss jedoch nachvollziehbar sein. Es gilt der Untersuchungsgrundsatz gem. § 20 SGB X. Da das Jugendamt aber Rehabilitationsträger (vgl. Rn 91) ist, ist es gem. § 12 SGB IX verpflichtet, Maßnahmen zur frühzeitigen Bedarfserkennung durchzuführen und gem. § 13 SGB IX i.V.m. § 26 Abs. 2, Nr. 7 SGB IX Instrumente zur Ermittlung des Rehabilitationsbedarfs einzusetzen. Das Jugendamt hat alle wesentlichen entscheidungserheblichen Tatsachen zu ermitteln und die Teilhabebeeinträchtigung konkret festzustellen.[103] „Die Teilhabebeeinträchtigung nach § 35a Abs. 1 Satz 1 Nr. 2 SGB VIII haben die in § 35a Abs. 1a Nr. 1-3 SGB VIII genannten Fachkräfte nicht zu beurteilen. Vielmehr haben die pädagogischen Fachkräfte des Jugendamtes die unterschiedlichen Informationen aus Elternhaus, Schule, von Ärzten und dgl. zusammenzuführen und auszuwerten und so eine nachvollziehbare Einschätzung der Teilhabebeeinträchtigung vorzunehmen."[104] Die Einschätzung der Teilhabe muss nachvollziehbare und gerichtlich überprüfbare Aussagen treffen. Sie erhebt keinen Anspruch auf objektive Richtigkeit und ist gerichtlich nur eingeschränkt dahin zu überprüfen, ob allgemeingültige fachliche Maßstäbe beachtet worden sind, ob keine sachfremden Erwägungen eingeflossen und die Leistungsadressaten in angemessener Weise beteiligt worden sind.[105] 58

Als fachliche Grundlage für die **Beurteilung der Teilhabe** ist die Internationale Klassifikation der Funktionsfähigkeit, Behinderung und Gesundheit bei Kindern und Jugendlichen (ICF-CY) der WHO nutzbar.[106] 59

Die ICF-CY umfasst vier Schlüsselthemen:

- Kontext der Familie (familiäre Interaktion)
- Entwicklungsverzögerung (im Vergleich mit jungen Menschen im vergleichbaren Alter)
- Partizipation (im familiären Umfeld und bei anderen Bezugspersonen, besonders in den ersten Lebensjahren)
- Lebenswelten (materielle, soziale und einstellungsbezogene Umwelt)

Komponenten der ICF sind:

- Körperfunktionen
- Körperstrukturen
- Schädigungen
- Aktivität
- Partizipation

100 Vgl. VG Düsseldorf 5.3.2008, 19 K 2105/03, JAmt 2008, 212; VG Hannover 20.5.2008, 3 A 3648/07; VG Sigmaringen 25.1.2005, 4 K 2105/03, JAmt 2005, 246; VGH BY 21.1.2009, 12 CE 08.2731, JAmt 2009, 317 = NDV-RD 2009, 129 = FEVS 61 (2010), 46 = BayVBl 2010, 412 = ZFSH/SGB 2010, 578 (LS).

101 Vgl. VG Hannover v. 20.5.2008, 3 A 3648/07, BeckRS 2008, 35820; OVG Thüringen, Beschluss vom 10.6.2009, 3 EO 136/09, ZFSH/SGB 2010, 578 (LS).

102 Vgl. VG Sigmaringen JAmt 2005, 246.

103 Vgl. Bay VGH v. 21.1.2009, 12 CE 08.2731, BeckRS 2010, 50313 und v. 31.1.2008, 12 B 06.2859, BeckRS 2010, 56554.

104 Vgl. VG München, Urt. v. 18.3.2009, M 18 K 08.1026, ZFSH/SGB 2010, 578 (LS).

105 Vgl. VGH München, Beschl. v. 24.6.2009, 12 B 09.602, ZFSH/SGB 2010, 577 (LS).

106 Vgl. ausführlich hierzu auch FK-SGB VIII/*von Boetticher/Meysen*, § 35a SGB VIII Rn. 34–41.

- Beeinträchtigung der Partizipation (Teilhabe)
- Umweltfaktoren

Die ICF-CY teilt die Klassifikation der Aktivitäten und Partizipation/Teilhabe wie folgt ein:

Kapitel 1: Lernen und Wissensanwendung

Kapitel 2: Allgemeine Aufgaben und Anforderungen

Kapitel 3: Kommunikation

Kapitel 4: Mobilität

Kapitel 5: Selbstversorgung

Kapitel 6: Häusliches Leben

Kapitel 7: Interpersonelle Interaktionen und Beziehungen

Kapitel 8: Bedeutende Lebensbereiche

Kapitel 9: Gemeinschafts-, soziales und staatsbürgerliches Leben

60 Da Soziale Arbeit diagnostischen Prozessen gegenüber teilweise verschlossen sei und sie vielmehr auf Subjektorientierung und Partizipation der Adressaten setze, stelle sich die Frage, wie diese Anforderungen mit einer Notwendigkeit von diagnostischen Instrumenten vereinbar seien, wenn Praktiker Sozialer Arbeit sich nicht der Definitionsmacht anderer Professionen unterordnen wollten. Hierin liege auch eine Chance eines Ausbaus der Professionalisierung.[107] In der angegebenen Literatur werden verschiedene Instrumente der sozialpädagogischen Diagnostik (z.B. die Konzepte der „sozialpädagogisch-hermeneutischen Diagnose" nach *Mollenhauer/Uhlendorf* oder die der „pädagogischen Diagnostik" nach *Höpfner/Jöbgen*, siehe dazu auch: www.paedagogische-diagnostik.de) vorgestellt. Diese Ansätze scheinen durchaus auch in anderen Themen gewinnbringend für die Soziale Arbeit in der Kinder- und Jugendhilfe einsetzbar, scheinen sie doch in der Lage, die „(…) Kluft zwischen Praxisanforderungen und anerkannten Konzepten und Methoden (…)"[108] zu schließen und eine „(…) exklusive, professionelle Expertise (…)"[109] zu ermöglichen. Auch zur Relevanz sozialpädagogischer Diagnostik und § 35a SGB VIII sei auf die angegebene Literatur verwiesen, die einen vertiefenden Überblick darlegt.

61 Bei *Fegert* (2002) finden sich im Anhang außerdem unterschiedliche Fragebögen zur Abschätzung des Hilfebedarfs. Die Bundesarbeitsgemeinschaft für Rehabilitation veröffentlichte einen für Kinder und Jugendliche modifizierten Fragenkatalog. Zur Abschätzung einer seelischen Behinderung bzw. einer drohenden seelischen Behinderung: Die PGAS (Elterneinschätzungsskala) nach der SGKJ (Süddeutsche Gesellschaft für Kinder- und Jugendmedizin e.V.), die YGAS (Jugendlichenskala) nach der SGKJ und außerdem die Child Behaviour Checklist (CBCL).[110]

62 Weiterhin finden sich in der aktuellen Debatte noch weitere Instrumente, wie etwa

- die Arbeitshilfe des KVJS (Kommunalverband für Jugend und Soziales) Baden-Württemberg: Feststellung der Teilhabe bzw. Teilhabebeeinträchtigung gem. § 35a SGB VIII,
- ISM (Institut für sozialpädagogische Forschung Mainz e.V.): Diagnosebogen zur Feststellung der Teilhabebeeinträchtigung nach § 35a SGB VIII
- Handreichung zum § 35a SGB VIII[111]

---

107 Vgl. *Homfeldt* 2005, 25.
108 Vgl. *Schrapper* 2004, 40.
109 Vgl. *Schrapper* 2004, 44 ff.
110 Vgl. *Fegert* 2002, 190 ff.
111 Vgl. Nds. Landesamt für Soziales, Jugend und Familie.

- Arbeitshilfe der Landesjugendämter Rheinland und Westfalen-Lippe[112]
- Literatur: *Kölch/Wolff/Fegert*, Teilhabebeeinträchtigung – Möglichkeiten der Standardisierung im Verfahren nach § 35a SGB VIII
- weitere Testpsychologische Fragebogen:
  - o Fragenbogen für Jugendliche – YSR/18-11
  - o Elternfragebogen über das Verhalten von Kindern und Jugendlichen – CBCL/4-18
  - o Lehrerfragebogen über das Verhalten von Kindern und Jugendlichen – TRF

Besonders sei an dieser Stelle noch auf das Pilotprojekt zur „Entwicklung eines Verfahrens zur leistungsbegründeten Einschätzung von (drohenden) Teilhabebeeinträchtigungen durch Fachkräfte der Jugendhilfe" verwiesen, dessen Ziel es war, eine anwendungsorientierte und praxistaugliche Version eines onlinebasierten und standardisierten Instruments zu entwickeln. Dabei werden zur **Feststellung der Teilhabe am gesellschaftlichen Leben** folgende Bereiche betrachtet: 63

- Zu Hause
- KiTa
- Schule
- Ausbildung und Beruf
- Freizeit

sowie

- Ressourcen und Barrieren (Umweltfaktoren.[113]

Lempp (2005) bezieht sich auf *Laucht* (1992) und zählt psychosoziale Risiken auf, die die Entstehung einer seelischen Behinderung begünstigen[114]: 64

- niedriges Bildungsniveau
- beengte Wohnverhältnisse,
- psychische Störungen der Eltern,
- Kriminalität und Herkunft aus zerrütteten familiären Verhältnissen,
- eheliche Disharmonie mit häufigem und langanhaltendem Streit, Trennungen,
- frühe Elternschaft,
- ein-Eltern-Familie,
- unerwünschte Schwangerschaft,
- mangelnde soziale Integration und Unterstützung,
- ausgeprägte chronische Schwierigkeiten (wie z.B. Arbeitslosigkeit und chronische Krankheit),
- mangelnde Bewältigungsfähigkeit

Da der Begriff Teilhabebeeinträchtigung ein **unbestimmter Rechtsbegriff** ist, unterliegt er im Unterschied zur Begrenzten Überprüfbarkeit der nachfolgenden Entscheidung über die geeignete und notwendige Hilfe[115] der vollen gerichtlichen Überprüfung.[116] 65

Sofern eine Beeinträchtigung der Teilhabe noch nicht eingetreten ist, ist eine prognostische Beurteilung nötig, wann bzw. wie wahrscheinlich eine Behinderung eintreten wird. Dabei ist 66

112 Vgl. Landesjugendämter Rheinland/Westfalen-Lippe 2020.
113 Vgl. Klinik für Kinder- und Jugendpsychiatrie/Psychotherapie des Universitätsklinikums Ulm 2019.
114 Vgl. *Laucht* et al. 1992, 274-285.
115 Vgl. BayVGH JAmt 2008, 596.
116 Vgl. VG München ZfSH/SGB 2013, 386; VGH Kassel v. 20.8.2019, 10 A 1874/08, BeckRS 2009, 39771; OVG Bautzen v. 9.6.2009, 1 B 288/09, BeckRS 2009, 35043; OVG Koblenz NJW 2007, 1993.

eine hohe Wahrscheinlichkeit eine von wesentlich mehr als 50%. Schwierig zu beurteilen ist, der für die Prognose betrachtete Zeitrahmen. Um eine eintretende Behinderung zu verhindern, ist der Beginn zeitlich so anzusetzen, dass noch Erfolg versprechende Maßnahmen dagegen eingesetzt werden können.[117]

8. Mehrfachbehinderungen

67 Ist eine eindeutige Einordnung der Ursachen der Entwicklungsverzögerungen, erzieherischen Bedarfen, geistiger oder körperlicher Behinderungen nicht möglich, was häufig der Fall ist, sind die Träger der einzelnen Leistungen gefragt, Absprachen darüber zu treffen, wer vorläufige Leistungen gewährt. Wenn sich später eine andere Zuständigkeit ergibt, kann eine Kostenerstattung vorgenommen werden.[118] So soll eine möglichst frühzeitige Förderung junger Menschen gesichert sein (siehe dazu auch FrühV) Gem. § 10 Abs. 4 Satz 2 SGB VIII ist der Sozialhilfeträger vorrangig zuständig, wenn sowohl eine geistig/körperliche Behinderung als auch eine seelische Behinderung vorliegt. Dabei ist der Schwerpunkt der Behinderung unwesentlich. Sofern der Bedarf durch die Leistung gedeckt wird, sind Leistungen gem. SGB XII vorrangig.

VI. Ziele der Eingliederungshilfe

68 Die **Ziele** der Eingliederungshilfe ergeben sich gem. § 35a Abs. 3 SGB VIII anhand § 90 SGB IX, wonach eine individuelle Lebensführung in Würde ermöglicht und die volle, wirksame und gleichberechtigte Teilhabe am Leben in der Gesellschaft gefördert werden soll. Im Rahmen des in der UN-Behindertenrechtskonvention definierten Inklusionsgedanken zielt eine Eingliederungshilfe neben einer individuellen Förderung auch auf die Veränderung der Umweltbedingungen (vgl. Rn 100). Zunächst soll jedoch einem Eintritt (drohenden) Behinderung möglichst präventiv begegnet werden. Gelingt dies nicht, sollen die Folgen der Behinderung möglichst beseitigt, zumindest abgemildert werden (vgl. § 4 SGB IX. § 10 SGB I).

69 Ferner sollen junge Menschen mit Behinderung zu einer selbstbestimmten Lebensführung befähigt werden. Die Aufgaben und Ziele können gem. § 90 SGB IX auf vier Ebenen gefördert werden:

1. Im Bereich der medizinischen Rehabilitation ist eine Beeinträchtigung abzuwenden, wenigstens eine Verschlimmerung zu verhüten und möglichst unabhängig von Pflege zu sein.
2. Durch Teilhabe am Arbeitsleben ist die Ausübung einer den Interessen und Neigungen des jungen Menschen entsprechende Beschäftigung zu fördern.
3. Die Aufgabe der Teilhabe an Bildung umfasst eine den Fähigkeiten und Leistungen entsprechende Aus- und Weiterbildung für einen Beruf.
4. Auf der Ebene der Sozialen Teilhabe soll die möglichst gleichberechtigte Teilhabe am Leben in der Gemeinschaft ermöglicht werden.

VII. Leistungskatalog

70 Hinsichtlich der **Leistungen der Eingliederungshilfe** sei auf §§ 109-116 IX („Kapitel 3 bis 6 des Teils 2 des Neunten Buches") verwiesen, sowie auf § 42 SGB IX. Dabei bedarf es einer

117 Vgl. BVerwG, Urt. v. 26.11.1998, 5 C 38/97, NDV.RD 1997, 7 = FEVS 49, 487 = ZfS 2000, 146 = SjE E I 12, 251.
118 Vgl. OVG NW 20.2.2002, 12 A 5322/00, JAmt 2002, 304.

eingehenden Prüfung des gesamten Maßnahmenkatalogs auf Eignung für den individuellen Fall. Die Maßnahmen der Eingliederungshilfe schließen sich gegenseitig nicht aus und können unter den gegebenen Umständen kumulativ gewährt werden. Dabei können medizinische wie sozialpädagogische Maßnahmen kombiniert werden.[119]

Weil alle psychischen Störungsbilder und eine Teilhabebeeinträchtigung immer mit der individuellen Entwicklung und dem individuellen Reifeprozess in Wechselwirkung stehen und ein behinderungsbedingter Bedarf nicht immer von einem erzieherischen Bedarf zu trennen und zu unterscheiden ist, muss eine Unterstützung einen **ganzheitlichen Ansatz** vertreten. Eine Ablehnung der Eingliederungshilfe kann sogar gerechtfertigt sein, wenn nicht gleichzeitig eine Problematik im erzieherischen Bereich bearbeitet wird.[120] Zwar ist unstrittig, dass es zwischen den Hilfen zur Erziehung (§§ 27 ff. SGB VIII) und Eingliederungshilfe Schnittmengen gibt. Eine Beliebigkeit der Zuordnung zu einem Bereich ist jedoch unzulässig. Vielmehr hat das Jugendamt im Einzelfall die Aufgabe zu klären, ob der Hilfebedarf eher mit einer seelischen Störung oder mit einer erzieherischen Mangelsituation erklärbar ist.[121] Sind Eingliederungshilfe und erzieherische Hilfen gleichzeitig zu erbringen (Abs. 4), sind die Leistungen in enger Abstimmung und integriert zu erbringen.[122] 71

Eine Erfolgsbezogenheit der Eingliederungshilfe wie im weggefallenen § 53 Abs. 1 Satz 1 SGB XII gibt es jedoch im SGB VIII nicht und ist auch nicht im § 90 SGB IX vorgesehen. 72

Zu den möglichen Leistungen gehören die im Folgenden beschriebenen.[123]

1. Leistungen gem. § 5 SGB IX

a) Leistungen zur medizinischen Rehabilitation (§§ 109, 110 i.V.m. § 42 SGB IX). 73

§ 42 SGB IX zählt die Leistungen der medizinischen Rehabilitation auf. Sie sind vorrangig Leistungen der Krankenkassen, z.B. Behandlungen durch Ärzte, Zahnärzte und Angehörige anderer Heilberufe, Arznei- und Verbandmittel, Heilmittel einschl. therapeutischer Leistungen. Nichtärztliche sozialpädiatrische Leistungen z.B. von sozialpädiatrischen Zentren, ambulanten Frühförderstellen, nicht jedoch integrativer Tagesstätten sind nur dann Leistungen der medizinischen Rehabilitation, wenn sie zur Diagnostik und Aufstellung eines Behandlungsplans notwendig sind und unter ärztlicher Aufsicht stattfinden. Diese Leistungen stehen gem. § 46 Abs. 3 SGB IX in einem engen Funktionszusammenhang mit den heilpädagogischen Maßnahmen gem. § 79 SGB IX, die den Maßnahmen der sozialen Rehabilitation zuzuordnen sind. Sie werden jedoch nur als medizinische Rehabilitation verstanden, wenn sie Nebenleistungen der medizinischen Hauptleistung sind.

Sofern das Jugendamt selbst Leistungen der medizinischen Rehabilitation erbringt, müssen diese gem. § 109 Abs. 2 SGB IX den Leistungen der gesetzlichen Krankenkassen entsprechen (§ 92 SGB V).

b) Leistungen zur Teilhabe am Arbeitsleben gem. § 111 SGB IX

sind Leistungen im Arbeitsbereich anerkannter Werkstätten für behinderte Menschen (§§ 58 i.V.m. § 62 SGB IX), Leistungen anderer Anbieter (§ 60 i.V.m. § 62 SGB IX) und Leistungen bei privaten und öffentlichen Arbeitgebern im Rahmen des Budgets für Arbeit (§ 60 SGB IX). Die Leistungen umfassen auch die Versorgung mit Hilfsmitteln und Arbeitsförderungsgeld gem. § 59 SGB IX. 74

---

119 Vgl. BVerwG JAmt 2007, 260 = ZKJ 2007, 410.
120 Vgl. VGH BY 20.7.2004, 12 CE 04.1285 – JAmt 2005, 362.
121 Vgl. BVerwG 12.7.2005, 5 B 56/05, BeckRS 2008, 28810.
122 Vgl. Wiesner/Wapler/*Wiesner*, § 35a Rn. 35.
123 Vgl. genauer dazu: Wiesner/Wapler/*Wiesner* § 35a Rn. 110–142.

75 Leistungen zur Teilhabe am Arbeitsleben erbringt die Bundesagentur für Arbeit. Flankierend können Leistungen im Arbeitsbereich der Werkstätten nach dem SGB VIII notwendig sein, nicht jedoch Leistungen im Eingangsverfahren und im Berufsbildungsbereich.

c) Leistungen zur Teilhabe an Bildung (§ 112 Abs. 1 SGB IX)

76 sind insbesondere Hilfen zu einer Schulbildung z.B. bei Teilleistungsstörungen wie Schulassistenz/Schulbegleitung sowie Besuch einer Privatschule.[124] Die Abgrenzung zwischen dem Kernbereich der Schule und der Eingliederungshilfe wird kontrovers diskutiert. Der Kernbereich sei laut BSG eng zu ziehen und umfasst „die Vorgabe und Vermittlung von Lerninhalten, somit der Unterricht selbst, seine Inhalte, das pädagogische Konzept der Wissensvermittlung wie auch die Bewertung der Schülerleistungen".[125] Ob dieser Kernbereich ebenfalls für Förderschulen zu bestimmen ist, ist noch nicht von der Rechtsprechung geklärt. Kepert/Dexheimer sehen dieses für nicht sinnvoll an, da die Schule sich so eher ihrer Verantwortung für gelungene schulische Integration entziehen könne.[126] Für die Maßnahme Schulassistenz/Schul- oder Hochschulbegleitung ist gem. § 112 Abs. 4 SGB IX i.V.m. § 104 SGB IX eine Poolbildung, in der mehrere Schülerinnen und Schüler von einer Fachkraft betreut werden, möglich.

77 Zur Schaffung besonderer Einrichtungen verpflichtet der § 35a SGB VIII nicht, da einerseits darüber nicht die Anspruchsnorm entscheidet und zweitens gem. § 4 Abs. 3 SGB IX auch die Beschulung behinderter wie nicht behinderter jungen Menschen zu fördern ist und dabei ähnliche Bedarfe auftreten.[127]

78 Leistungen zur Teilhabe an Bildung sind ferner Hilfen zur schulischen oder hochschulischen Ausbildung für einen Beruf. Hiermit sind Hilfen zum Besuch von Berufsfachschulen, Berufsaufbauschulen, Fachschulen oder höheren Fachschulen sowie Hochschulen oder anderen anerkannten schulischen Ausbildungsstätten gem. § 13 EinglhVO. Diese Hilfen müssen zu vorrangigen Leistungen der Arbeitsagentur abgegrenzt werden[128] bzw. zu denen des Trägers der Grundsicherung für Arbeitssuchende. Sie sollten bewilligt werden, wenn der junge Mensch die Ausbildung anstrebt und ein Misserfolg nicht sicher prognostiziert werden kann.

79 d) Leistungen zur Sozialen Teilhabe (§§ 113 – 116 SGB IX)

sind insbesondere heilpädagogische Leistungen[129] (gem. § 113 Abs. 2 Nr. 3 SGB IX) aber auch Leistungen zur Mobilität (§ 114 SSGB IX), Besuchsbeihilfen (§ 115 SGB IX) und Pauschale Geldleistungen (§ 116 SGB IX). Zu den heilpädagogischen Leistungen gehören z.B. Spiel- und Musiktherapie, Frühförderprogramme, Unterbringung in Sonderkindertageseinrichtungen, integrative Förderung in allgemeinen Kindertageseinrichtungen, heilpädagogische Kindertageseinrichtungen und konduktive Therapie nach *Petö*.[130] Gem. § 79 SGB IX werden diese Leistungen nur für schwerst- und mehrfachbehinderte Vorschulkinder erbracht. Für die anderen Kinder gilt die Prüfung des voraussichtlichen Erfolgs.

---

124 Zum Besuch einer Privatschule: VG Schleswig, ZfJ 2002, S. 439; Zur Notwendigkeit eines Internatsaufenthalts eines Legasthenikers: Hess. VGH, Beschl. v. 13.3.2001, 1 TZ 2872/00, NVwR-RR 2002, 126 = SjE E 1 12, S. 261; Zur Notwendigkeit eines Internatsaufenthalts im Ausland: OVG Niedersachsen, Urt. v. 19.3.2003, 4 LB 111/02m NDV-RD 2003, 81 = JAmt 2003, 486 = ZfJ 2003, 493 = SjE E I 12, S. 262d; Zur Internatsunterbringung bei Aufmerksamkeits- und Hyperaktivitätsdefizits mit Lese- Rechtschreibschwäche: OVG Nordrhein-Westfalen, Beschl. v. 30.01.2004 – 12 B 2392/03, JAmt 2004, 203 = ZfJ 2004, 346 = FEVS 55; 469 = SjE E I 12, S. 262t.

125 BSG 9.12.2016, B 8 SO 8/15 R, juris. Rn. 25.

126 Vgl. LPK-SGB VIII/*Kepert/Dexheimer*, § 35a SGB VIII Rn. 56.

127 Vgl. *Mrozynski*, § 35a SGB VIII Rn. 2.

128 Vgl. VG Koblenz JAmt 2007, 489.

129 Zum Begriff Heilpädagogik: BVerwG v. 11.12.1979, 6 B 122/79 = BeckRS 1979, 31265816 sowie http://dbsh.de/sozialpolitik/handlungsfelder/heilpaedagogik.-html.

130 Dazu: LSG Nds. Bremen 15.10.2012, L 8 SO359/09 B ER, RdLH 2010, 65.

Zu den Leistungen zur Sozialen Teilhabe gehören auch Beihilfen für Besuchsfahrten (§ 113 S. 2 Nr. 9 SGB IX i.V.m. § 115 SGB IX) zur Aufrechterhaltung der Kontakte zu Eltern und Bezugspersonen für junge Menschen. Diese können nach Ermessen übernommen werden. Gem. § 116 SGB IX können Leistungen auch als pauschale Geldleistungen erbracht werden. Auch besteht die Möglichkeit Leistungen gem. den Vorgaben des § 104 SGB IX an mehrere Leistungsberechtigte gleichzeitig zu erbringen.

2. Wahl der Hilfeform nach Bedarf im Einzelfall

a) Keine Differenzierung der sachlichen Zuständigkeit nach Hilfeformen 80

Die Auswahl der geeigneten und notwendigen Maßnahmen richtet sich nach dem Einzelfall. Das SGB VIII unterscheidet nicht, ob Hilfen innerhalb oder außerhalb von Einrichtungen zu gewähren sind und nimmt somit keinen Einfluss auf die Verteilung der Kostenlast.

b) Gewährung der Hilfen in unterschiedlichen Formen (Abs. 2) 81

Hierbei geht es um die Anwendung ergänzender Vorschriften. Die Kataloge der Hilfe sind demnach nicht alternativ, sondern kumulativ zu verstehen. Jede Maßnahme gem. §§ 109-116 SGB IXwird zusätzlich jeweils einer der in Abs. 2 Nr. 1-4 genannten Form zugeordnet.

- Die Vorschriften über die Zusammenarbeit bei Hilfen außerhalb der Familie (§ 37) in Relevanz zu den Nrn. 3 und 4.
- Die Ausübung der Personensorge (§ 1688 BGB) ebenfalls für die Nrn. 3 und 4.
- Krankenhilfe (§ 40) wird nur bei Eingliederungshilfe nach den Nrn. 3 und 4 gewährt.
- Kostenerstattung bei Zuständigkeitswechsel in der Vollzeitpflege (§ 89a) nur bei Eingliederungshilfe nach Nr. 3.
- Heranziehung zu den Kosten (§ 91) bei Eingliederungshilfe nach Nrn. 2 bis 4.

Als weitere Hilfeform kommt das persönliche Budget (i.d.R als Geldleistung gem. § 105 Abs. 4 i.V.m. § 29 SGB IX) in Betracht.[131]

c) Eingliederungshilfe in ambulanter Form (Nr. 1) 82

sind alle Leistungen psychosozialer Dienste, Beratungsstellen sowie psychologische und ärztliche Leistungen in Praxen. Ausgeschlossen sind der Behandlung von Krankheiten dienende Leistungen der Frühförderung, sofern nicht durch Landesrecht anders geregelt (§ 10 Abs. 4 Satz 3).

d) Eingliederungshilfe in Tageseinrichtungen für Kinder oder anderen Teilstationären Einrichtungen (Nr. 2) 83

Diese Maßnahme dient der Gleichbehandlung aller Kinder mit Behinderung (seelisch, körperlich, geistig). Die Betreuung in integrativen/inklusiven Tageseinrichtungen richten sich dann nicht nach den §§ 22 ff, sondern § 35a.

e) Eingliederungshilfe bei geeigneten Pflegepersonen (Nr. 3) 84

als Eingliederungshilfe außerhalb der Herkunftsfamilie kann im Einzelfall durch ambulante und teilstationäre Hilfen ergänzt werden. Der Zusatz „geeignet" verdeutlicht die besonderen Anforderungen an die Pflegepersonen.

131 VG Schleswig, Beschl. v. 5.11.2009, 15 B53/09, SjE E I 12, 255v.

85 f) Eingliederungshilfe in Einrichtungen über Tag und Nacht und in sonstigen Wohnformen (Nr. 4)

verweist in seiner Begrifflichkeit auf § 34 SGB VIII verzichtet jedoch auf den Zusatz „Betreuung". Somit wird die Maßnahme weiter gefasst. Wenn in der Einrichtung auch Menschen gem. SGB XII untergebracht sind, ist eine Prüfung der Geeignetheit für den jungen Menschen erforderlich.

3. Hilfeübergreifende Dienste und Einrichtungen (Abs. 4)

86 Mit dem Zusatz soll ein **ganzheitlicher Ansatz** gewährleistet und ebenso verhindert werden, dass sich durch die systematische Trennung von Hilfen zur Erziehung und Eingliederungshilfe eigenständige Strukturen und Dienste herausbilden, was den Zweck der Eingliederungshilfe unterlaufen würde. Dennoch heißt dies nicht, dass im Einzelfall (z.B. bei bestimmten Störungsbildern) Kinder und Jugendliche auch nicht integrativ/inklusiv betreut werden können. Dies ist vom jeweiligen Einzelfall abhängig zu machen.

87 Heilpädagogische Maßnahmen in Tageseinrichtungen (Abs. 4 Satz 2) enthält den Hinweis, dass einer integrativen/inklusiven Betreuung der Vorzug zu geben ist. Ob dies immer möglich und sinnvoll ist, ist nicht abschließend diskutiert. Derzeit besteht die Gefahr, die besonderen und allgemeinen Bedarfe der unterschiedlichen jungen Menschen, insbesondere mangels ausreichender Ausstattung, nicht hinreichend decken zu können.

88 Eine Übernahme der Kosten für einen Regelkindergarten kann durch die Eingliederungshilfe nicht gewährt werden, selbst wenn dieser besonders geeignet scheint. Auch hier kommt als Hilfeform das persönliche Budget in Betracht (§§ 105 Abs. 4; 29 SGB IX).

4. Weitere (gesetzlich nicht benannte) Maßnahmen

89 Da der Katalog der möglichen Leistungen der medizinischen Rehabilitation (§ 109 Abs. 1 SGB IX), der Teilhabe an Schulbildung (§112 Abs. 1 Nr. 1 SGB IX) und der Sozialen Teilhabe (§ 113 Abs. 2 SGB IX) aufgrund des Gesetzeswortlautes „insbesondere", nicht abschließend ist und somit andere als die in den Kapiteln 3 bis 6 des Teils 2 des SGB IX und der EinglH-VO konkret benannte Maßnahmen rechtlich zulässig sind, kommen in der Leistungsgruppen alle Maßnahmen in Betracht, die geeignet sind, die Aufgaben und Ziele der Eingliederungshilfe zu erfüllen. Hierzu zählen z.B. Einzelfall- und Familienhelfer („Freizeithelfer" i.S.v. § §§ 113 Abs. 3; 78 SGB IX, Fahrdienste und„Schulweghelfer" i.S.v. §etwa § 113 Abs. 2 Nr. 7 SGB IX), familienentlastenden Dienste, Aufnahme und Betreuung in Wohngemeinschaften[132] und Internaten[133] sowie die Kombination von Internat und Legasthenie-Zentrum[134] bzw. stationärer Einrichtung und Ersatzschule[135], Behandlung durch einen Heilpraktiker[136] sowie Mediation bei Konflikten im Zusammenhang mit seelischer Behinderung.[137]

90 „Welche die notwendige und geeignete Hilfe i.S.d. § 35a SGB VIII ist, entscheidet das Jugendamt im Rahmen eines Beurteilungsspielraumes. Ein Anspruch auf eine bestimmte Maßnahme besteht nur dann, wenn allein diese als geeignet und notwendig erscheint. Hierüber entscheiden auch Sachverständige (Psychiater oder Psychotherapeuten) nicht abschließend und verbindlich."[138]

---

132 Vgl. OVG Bremen, FEVS 36, 338.
133 Vgl. VG Arnsberg ZfSH/ SGB 1985, 419.
134 Vgl. VG Arnsberg, Urt. v. 5.5.1998, 11 K 4413/96.
135 Vgl. OVG Sachsen, Beschl. v. 3.4.2009, 1 B 80/09.
136 Vgl. HessVGH ZfSH/SGB 1984, 185, 187.
137 Vgl. genauer dazu: GK-SGB VIII/*Nothacker*, § 35a Rn. 57–62.
138 Vgl. VG München, Urt. v. 6.5.2009, M 18 E 08.6110, ZFSH/SGB 2010, 578 (LS) siehe auch VG Augsburg, Urt. v. 1.9.2009, Au 3 E 09.1117, ZFSH/SGB 2010, 577 (LS).

5. Verfahrensrechtliche Bestimmungen

Wendet das Jugendamt § 35a SGB VIII an, ist es i.S.d. § 6 Abs. 1 Nr. 6 SGB IX Rehabilitationsträger, woraus sich verfahrensrechtliche Besonderheiten ergeben. Dabei finden üblicherweise die §§ 16 SGB I, 8 ff. SGB X Anwendung. Ergänzt werden diese Vorschriften durch den § 14 SGB IX, die nun gegenüber den sonstigen Zuständigkeitsregelungen vorrangig sind. Daraus ergibt sich folgendes Vorgehen[139]: 91

a) Geht ein Antrag auf Teilhabe ein, stellt der Rehabilitationsträger innerhalb von 2 Wochen fest, ob er zuständig ist (§ 14 Abs. 1 S. 1 SGB IX).

b) Ist er nicht zuständig, leitet er den Antrag „unverzüglich", also ohne schuldhaftes Verzögern (§ 121 Abs. 1 S 1 BGB) an den seiner Meinung nach zuständigen Träger weiter (§ 14 Abs. 1 S. 2 SGB IX). Hat der erstangegangene Träger die Zuständigkeit fälschlicherweise erklärt, kann er die Erklärung auch innerhalb der Zwei-Wochen-Frist nicht mehr mit dem Ziel der Weiterleitung revidieren.[140]

c) Wird der Antrag nicht weitergeleitet (oder das Weiterleiten versäumt), ist der „erstangegangene" Rehabilitationsträger vorläufig zuständig.[141]

d) Wird der Antrag weitergeleitet, ist der „zweitangegangene" Träger vorläufig zuständig. Eine zweite Weiterleitung ist nur im Fall der eigenen Unzuständigkeit und des Einvernehmens mit dem seiner Auffassung nach zuständigen Rehabilitationsträger innerhalb laufender Fristen zulässig (§ 14 Abs. 3 SGB IX).

e) Im Rahmen der vorläufigen Zuständigkeit ist es unerheblich, ob der Rehabilitationsträger „an sich" zur Leistung verpflichtet ist. Es besteht eine außen verbindliche neue Zuständigkeit.

f) Unabhängig einer Weiterleitung ist nach 3 Wochen nach Eingang des Antrags der Rehabilitationsbedarf zu klären. Wurde der Antrag weitergeleitet, beginnt die Frist mit Eingang des Antrags beim „zweitangegangenen" Träger. Diese Frist kann sich verlängern, sofern ein medizinisches Gutachten erforderlich ist, um den Antrag zu prüfen. Dies ist im Fall des § 35a SGB VIII mit Bezug auf die notwendige Stellungnahme über die Abweichung der seelischen Gesundheit gem. Abs. 1a immer der Fall, so dass gem. § 14 Abs. 2 S. 3 SGB IX) eine Entscheidung über den Rehabilitationsbedarf innerhalb von 2 Wochen nach Eingang des Gutachtens zu treffen ist. Eine Zeitvorgabe zur Erstellung des Gutachtens gibt es jedoch nicht.

g) Eine Vorleistung ist ausnahmsweise weiterhin möglich (§ 43 SGB I).

h) Die gesetzliche Regelung zur Selbstbeschaffung gem. § 18 SGB IX gelten explizit gem. Abs. 7 nicht für Leistungen der öffentlichen Jugendhilfe.

Die Grundsätze des Vorgehens gelten nicht, wenn Zweifel an der Annahme des Vorliegens einer seelischen Behinderung vorliegen.[142]

Eine Überschreitung der Fristen ist im Sinne der Leistungsberechtigten zwar zu vermeiden, Strukturprinzipien des SGB VIII wie die spezifischen Verfahrensgarantien und Mitwirkungsrechte (§ 36 SGB VIII) können damit jedoch nicht ausgehebelt werden. Auch führt ein Überschreiten der Fristen nicht zur Rechtswidrigkeit bzw. Unwirksamkeit der Entscheidung. Die Leistungsberechtigten sind dabei unter Umständen lediglich befugt eine unaufschiebbare

---

139 Vgl. Schellhorn/*Fischer*/Mann/Kern § 35a SGB VIII Rn. 48–53; *Mrozynski* § 35a SGB VIII Rn. 41–44.
140 Vgl. LSG Brandenburg v. 16.5.2008, L 23 B 26/08 SO ER, BeckRS 2008, 53575.
141 Vgl. Bay. VGH, Beschl. v. 1.12.2003, 12 CE 03.2683; NDV-RD 2004, 113 = RdLH 2005, 19 = FEVS 56, 188 = SjE E I 12, 267 und Beschl. v. 28.6.2005, 12 CE 051287, ZFSH/SGB 2006, 103 = FEVS 57, 162 = E I 12, 322b.
142 Vgl. BVerwG, JAmt 2006, 310.

Leistung selbst zu beschaffen, die dann vom Träger der öffentlichen Jugendhilfe zu erstatten ist (§ 18 Abs. 6 SGB IX).[143]

Wenn Hilfen zur Erziehung für einen jungen Menschen mit körperlicher oder geistiger Behinderung als vorrangig angesehen werden, ist § 14 nicht anzuwenden, da der Träger der öffentlichen Jugendhilfe diese Hilfen nicht als Reha-Träger gewährt.[144]

Ferner ist zu erwähnen, dass jeder Rehabilitationsträger dem Leistungsberechtigten bzgl. des Gutachtens i.d.R. drei möglichst wohnortnahe Sachverständige zur Auswahl benennt[145] (§ 17 SGB IX). Dem Wunsch des Leistungsberechtigten ist Rechnung zu tragen.

VIII. Ergänzende Vorschriften

1. Ausübung der elterlichen Sorgen (§ 1688 BGB)

92 Im Fall einer Eingliederungshilfe im Rahmen des Abs. 2 Nrn. 3 (Eingliederungshilfe durch geeignete Pflegepersonen) und 4 (Eingliederungshilfe in Einrichtungen über Tag und Nacht sowie in geeigneten Wohnformen) sind die Pflege- und Erziehungspersonen subsidiär mit Sorgerechtsbefugnissen ausgestattet (vgl. Rn. 18.

2. Ergänzende Leistungen

93 a) Leistungen zum Unterhalt

Leistungen zum Unterhalt (§ 39 SGB VIII) sind Annexleistungen bei Unterbringung außerhalb der Herkunftsfamilie gem. Abs. 2 Nrn. 2 (Tageseinrichtungen für Kinder oder in anderen teilstationären Einrichtungen), 3 (geeignete Pflegepersonen) sowie 4 (Einrichtungen über Tag und Nacht sowie sonstigen Wohnformen).

94 b) Krankenhilfe

Krankenhilfe wird als Annexleistung der Kinder- und Jugendhilfe als eigener Anspruch des jungen Menschen (§ 40) bei Eingliederungshilfe gem. Abs. 3 der Nrn. 3 (geeignete Pflegeperson) und 4 (Einrichtungen über Tag und Nacht sowie sonstige Wohnformen) gewährt.

95 c) Heranziehung zu den Kosten

Wie bei den Hilfen zur Erziehung findet eine Heranziehung zu den Kosten nur bei teilstationären und stationären Maßnahmen Anwendung (§ 91 Abs. 1 Nr. 6, Abs. 2 Nr. 3 SGB VIII). Ausgenommen bleiben ambulante Maßnahmen wie Beratung und ambulante Einzelfallhilfe. Näheres z.B. zum Personenkreis und Höhe der Kosten regeln die §§ 92 bis 94 SGB VIII.

96 d) Ergänzende unabhängige Beratung

Zur Stärkung der Selbstbestimmung der betroffenen Antragsteller haben diese als niedrigschwelliges Angebot bereits vor der Beantragung konkreter Leistungen Anspruch auf eine ergänzende von den Leistungsträgern und Leistungserbringern unabhängige Beratung (§ 32 SGB IX).

143 Vgl. Wiesner/Wapler/*Wiesner*, Vor § 35a Rn. 25.
144 Vgl. OVG Münster, JAmt 2011, 539.
145 Vgl. VG Göttingen, Urt. v. 26.1.2006, 2 A 161/05, JAmt 2006, 150 = SjE E I 12, 269t.

IX. Seelische Behinderung im Spiegel sozialarbeitswissenschaftlicher Theorien

Hinsichtlich der praktischen Ausgestaltung der Eingliederungshilfe insistieren sowohl das Systemische Paradigma *(Staub-Bernasconi)* als das Paradigma der Lebensweltorientierung *(Thiersch)* vehement auf ein politisches Mandat Sozialer Arbeit.[146] Somit steht neben der Arbeit mit den Adressaten einer Eingliederungshilfe auch die Arbeit an gesellschaftlichen Strukturen. **97**

Das Systemische Paradigma der Sozialarbeitswissenschaft sieht den Grund Soziale Probleme in der Nicht-Befriedigung bio-psycho-sozialer Bedürfnisse.[147] Bezogen auf eine Eingliederungshilfe steht das biopsychosoziale Bedürfnis nach **sozial(kulturell)er Zugehörigkeit durch Teilnahme im Sinn einer Funktion** im Fokus, wenn es um seelische Behinderung als Ausdruck verminderter Teilhabe am gesellschaftlichen Leben geht. Sozialer Arbeit kommt in ihrer Intervention im systemischen Paradigma explizit ein Umgang mit Machtquellen und Machtstrukturen (**Behinderungsmacht**) zu. Dabei ist es das Ziel „(…) behindernde Machtstrukturen, die der Sozialen Arbeit zugänglich sind, womöglich in begrenzende Machtstrukturen umzuwandeln" (**Begrenzungsmacht**) (vgl. *Staub-Bernasconi* 2009, 283). Als Antworten auf Soziale Probleme stehen im systemischen Paradigma die speziellen Handlungstheorien Ressourcenerschließung, Bewusstseinsbildung, Modell-, Identitäts-, Kulturveränderung, Handlungskompetenz-Training und Teilnahmeförderung, Vernetzung, Umgang mit Machtquellen und Machtstrukturen, Kriterien- oder Öffentlichkeitsarbeit sowie Sozialmanagement (vgl. *Staub-Bernasconi* 2009, 272 ff.) zur Verfügung. Speziell im Umgang mit Behinderungsregeln und Behinderungsmacht geht es um Fragen des Zugangs zu den gesellschaftlichen Ressourcen, insbesondere Bildung, Wissen und Ausbildung.[148] **98**

Zwar nennt Staub-Bernasconi als spezielle Handlungstheorie u.a. den Umgang mit Machtquellen und Machtstrukturen. Eine konkrete Arbeit kann jedoch auf der praktischen Ebene gelingender mit den Struktur- und Handlungsmaximen einer lebensweltorientierten Sozialen Arbeit (*Thiersch*) beschrieben werden. Lebensweltorientierte Soziale Arbeit konkretisiert sich nach *Thiersch* in den Struktur- und Handlungsmaximen *Einmischung, Alltagsnähe, Prävention, Regionalisierung/ Dezentralisierung/ Sozialraumorientierung, Integration/Inklusion* und *Partizipation*. Diese Maximen haben auch Eingang in den „Achten Jugendhilfebericht" des Bundesministeriums für Jugend Familie, Frauen und Gesundheit (BJFFG) gefunden.[149] **99**

Einmischung zielt auf die Positionierung der Sozialen Arbeit im Gefüge der gesellschaftlichen sowie sozial- und bildungspolitischen Gegebenheiten und Strukturen, da die Alltagsverhältnisse, in denen Soziale Arbeit agiert gesellschaftlich bedingt sind. **100**

Eine **alltagsnahe** Soziale Arbeit ist nicht nur für ihre Adressatinnen und Adressaten regional erreichbar, sondern sollte auch im Alltag zugänglich sein. Solche Angebote bauen mögliche Barrieren, die den Zugang erschweren könnten, ab, um so zu sogenannten niedrigschwelligen Angeboten zu werden. Weiterhin meint **Alltagsnähe**, dass die Adressatinnen und Adressaten ganzheitlich und situationsbezogen eingebettet in das Netz von individuellen, sozialen politischen und gesellschaftlichen Faktoren betrachtet werden. Ferner setzt eine alltagsnahe Soziale Arbeit an den individuellen subjektiven Handlungs-, Deutungs- und Erlebensmustern der Adressatinnen und Adressaten an und versucht daran anzuknüpfen, indem sie daran ansetzt was diese bereits mitbringen. So orientiert sich alltagsnahe Soziale Arbeit immer an einem „gelingenderen Alltag". **101**

---

146 Für einen Überblick über die Paradigmen der Sozialen Arbeit vgl. *Sahle* 2004.
147 Vgl. *Obrecht* 1999, 50.
148 Vgl. *Staub-Bernasconi* 2009, 385.
149 Vgl. BJFFG 1990, 85-89; Einzelheiten bei *Grunwald/Thiersch* 2014, 19-24.

102 Soziale Arbeit ist **präventiv**, wenn sie sich nicht als reaktiv, also in Reaktion auf bereits vorhandene Problemlagen, sondern als primäre und sekundäre Prävention versteht. Primär präventiv ist eine Soziale Arbeit, wenn sie sich für stabile Verhältnisse verwendet und somit Konflikten und Krisen vorbeugt. Sekundäre Prävention meint, in belastenden Situationen vorbeugend tätig zu werden, damit es nicht zu Krisen kommt. Soziale Arbeit trägt also hier bei der Gestaltung von Lebensräumen, die ein lebenswertes Leben ermöglichen, bei. Weiterhin steht Soziale Arbeit beratend ihren Adressatinnen und Adressaten zur Verfügung.

103 **Dezentralisierung/Regionalisierung/Sozialraumorientierung** meint, dass Soziale Arbeit ihre Unterstützungsangebote einerseits in die bereits vorhandenen örtlichen Angebote und Strukturen einbetten sollte und darüber hinaus auch neue Angebote vor Ort zu entwickeln sind. Einrichtungen Sozialer Arbeit sollen demzufolge regional begrenzt und weniger überregional tätig sein. Dennoch müssen regional verortete Angebote überregional koordiniert werden, um die Stellung der einzelnen Träger nicht zu schwächen.

104 **Integration/Inklusion** zeichnet sich dadurch aus, dass Angebote und Unterstützungen nicht darauf ausgelegt sind, Gruppen zu verdrängen, zu separieren, zu etikettieren und damit zu stigmatisieren. Angebote Sozialer Arbeit sind im Gegenteil auf Teilhabe, auf Integration/Inklusion ausgerichtet. Angebote müssen immer so gestaltet sein, dass auch Kinder und Jugendliche mit besonderen Bedarfen darin ihre Entsprechung finden können.

105 **Partizipation** zielt darauf ab, dass sich Menschen als Subjekte ihres eigenen Lebens erfahren können. Sie sollen durch Teilhabe, Teilnahme und Mitbestimmung, darin unterstützt werden, einen eigenen Einfluss auf ihr Leben wahrzunehmen. Dies muss auf allen formellen und informellen Ebenen gewährleistet sein.

Dritter Unterabschnitt
Gemeinsame Vorschriften für die Hilfe zur Erziehung und die Eingliederungshilfe für seelisch behinderte Kinder und Jugendliche

§ 36
Mitwirkung, Hilfeplan

(1) [1]Der Personensorgeberechtigte und das Kind oder der Jugendliche sind vor der Entscheidung über die Inanspruchnahme einer Hilfe und vor einer notwendigen Änderung von Art und Umfang der Hilfe zu beraten und auf die möglichen Folgen für die Entwicklung des Kindes oder des Jugendlichen hinzuweisen. [2]Es ist sicherzustellen, dass Beratung und Aufklärung nach Satz 1 in einer für den Personensorgeberechtigten und das Kind oder den Jugendlichen verständlichen, nachvollziehbaren und wahrnehmbaren Form erfolgen.

(2) [1]Die Entscheidung über die im Einzelfall angezeigte Hilfeart soll, wenn Hilfe voraussichtlich für längere Zeit zu leisten ist, im Zusammenwirken mehrerer Fachkräfte getroffen werden. [2]Als Grundlage für die Ausgestaltung der Hilfe sollen sie zusammen mit dem Personensorgeberechtigten und dem Kind oder dem Jugendlichen einen Hilfeplan aufstellen, der Feststellungen über den Bedarf, die zu gewährende Art der Hilfe sowie die notwendigen Leistungen enthält; sie sollen regelmäßig prüfen, ob die gewählte Hilfeart weiterhin geeignet und notwendig ist. [3]Hat das Kind oder der Jugendliche ein oder mehrere Geschwister, so soll der Geschwisterbeziehung bei der Aufstellung und Überprüfung des Hilfeplans sowie bei der Durchführung der Hilfe Rechnung getragen werden.

(3) [1]Werden bei der Durchführung der Hilfe andere Personen, Dienste oder Einrichtungen tätig, so sind sie oder deren Mitarbeiterinnen und Mitarbeiter an der Aufstellung des Hilfeplans und seiner Überprüfung zu beteiligen. [2]Soweit dies zur Feststellung des Bedarfs, der zu gewährenden Art der Hilfe oder der notwendigen Leistungen nach Inhalt, Umfang und Dauer erforderlich ist, sollen öffentliche Stellen, insbesondere andere Sozialleistungsträger, Rehabilitationsträger oder die Schule beteiligt werden. [3]Gewährt der Träger der öffentlichen Jugendhilfe Leistungen zur Teilhabe, sind die Vorschriften zum Verfahren bei einer Mehrheit von Rehabilitationsträgern nach dem Neunten Buch zu beachten.

(4) [1]Erscheinen Hilfen nach § 35a erforderlich, so soll bei der Aufstellung und Änderung des Hilfeplans sowie bei der Durchführung der Hilfe die Person, die eine Stellungnahme nach § 35a Absatz 1a abgegeben hat, beteiligt werden. [2]Vor einer Entscheidung über die Gewährung einer Hilfe, die ganz oder teilweise im Ausland erbracht wird, soll zur Feststellung einer seelischen Störung mit Krankheitswert die Stellungnahme einer in § 35a Absatz 1a Satz 1 genannten Person eingeholt werden.

(5) Soweit dies zur Feststellung des Bedarfs, der zu gewährenden Art der Hilfe oder der notwendigen Leistungen nach Inhalt, Umfang und Dauer erforderlich ist und dadurch der Hilfezweck nicht in Frage gestellt wird, sollen Eltern, die nicht personensorgeberechtigt sind, an der Aufstellung des Hilfeplans und seiner Überprüfung beteiligt werden; die Entscheidung, ob, wie und in welchem Umfang deren Beteiligung erfolgt, soll im Zusammenwirken mehrerer Fachkräfte unter Berücksichtigung der Willensäußerung und der Interessen des Kindes oder Jugendlichen sowie der Willensäußerung des Personensorgeberechtigten getroffen werden.

Übersicht Rn.

A. Bedeutung der Rechtsnorm

I. Rechtliche Einordnung

1 § 36 SGB VIII **Mitwirkung** und **Hilfeplan** bezieht sich auf die klassische Hilfe zur Erziehung in den §§ 27 bis 35 SGB VIII, Eingliederungshilfe für Kinder und Jugendliche mit drohender seelischer Behinderung § 35a SGB VIII sowie Hilfe für junge Volljährige § 41 SGB VIII. Er sichert im Abs. 2 die Mitwirkung verschiedener Fachkräfte, die in die Hilfe eingebunden sind, ab. Daraus ergibt sich die rechtliche Grundlage für den Prozess einer **gemeinsamen, partizipativen und qualifizierten Entscheidung** aller Beteiligten. Somit ist § 36 SGB VIII eines der zentralen Elemente der Entscheidungsfindung darüber, ob eine **Hilfe zur Erziehung geeignet und notwendig** ist.[1]

2 Der Hilfeplan stellt **keinen Verwaltungsakt** dar[2] und ist mit **keiner Rechtsfolge** verbunden. Die im Hilfeplan festgehaltenen Regelungen sind inhaltlicher Bestandteil des **Bewilligungsbescheides** und konkretisieren und operationalisieren die Ziele und die inhaltliche Ausgestaltung der Hilfe zur Erziehung. Ein einklagbarer Anspruch auf die festgehaltenen Leistungen ergibt sich daraus jedoch nicht. Wird der Hilfeplan nicht erstellt, ist dies ein Fehler im Verfahren, der die Bewilligung einer **Hilfe zur Erziehung** jedoch nicht in Frage stellt. Dies bedingt, dass nicht den allgemeinen fachlichen Standards entsprechende fehlerhafte oder fehlende Hilfeplanprozesse rechtlich relativ folgenlos bleiben.[3] Vgl. aber zu den Folgen eines fehlerhaften Hilfeplanverfahrens für das Recht der Leistungsberechtigten zur Selbstbeschaffung § 36a Rn. 25 f.

3 In der Einordnung der rechtlichen Bedeutung steht somit im Vordergrund, dass das **Wunsch- und Wahlrecht** und die **Beteiligung** der Leistungsberechtigten konkretisiert werden. Als Nebenbestimmung zum Verwaltungsakt der Hilfegewährung ist der Hilfeplan zudem der zentrale **Steuerungsakt**, der die inhaltlichen Positionen im **sozialrechtlichen Dreiecksverhältnis** konkretisiert. Die Regelungen schaffen die Basis für die Steuerung von individuellen Hilfeprozessen.

4 § 36 SGB VIII unterscheidet sich folgerichtig von vielen Regelungen aus anderen Büchern des SGB. Diese legen die **Mitwirkungspflicht** der Leistungsberechtigten bei der Feststellung und Gewährung von Sozialleistungen fest und nehmen Bezug auf das **Rechtsverhältnis**, das keine dauerhafte und regelmäßige Zusammenarbeit zwischen Leistungsträger und Leistungsberechtigtem zum Erreichen eines Erfolges benötigt. Primär bestehen hier kausale Wenn-Dann-Beziehungen. Die Hilfeplanung im SGB VIII hingegen gewährleistet die bzw. bedarf der kontinuierlichen und prozesshaften Mitgestaltung der Hilfe[4] durch alle Beteiligten,

1 Vgl. Wiesner/Wapler/*Gallep*, § 36 SGB VIII Rn. 1 u. 10.
2 Wiesner/Wapler/*Gallep*, § 36 SGB VIII Rn. 10 u. 79.
3 FK-SGB VIII/*Schönecker*/*Meysen*, § 36 Rn. 654.
4 Wiesner/Wapler/*Gallep*, § 36 SGB VIII Rn. 1 u. 10.

um zu einem Erfolg zu kommen. Diese Form der Zusammenarbeit unterliegt damit eher **nicht kausalen**, sondern **systemischen Prozessen**.

II. Sozialpädagogische Bedeutung

§ 36 SGB VIII stärkt die sozialpädagogische Fachlichkeit, indem das Verfahren zur Gewährung und Durchführung von Hilfe zur Erziehung in Gesetzesform festgelegt ist. Nicht die einseitige Bedarfsfestlegung durch eine gewährende Behörde ist das handlungsleitende Prinzip, sondern die gemeinsame **partizipative Entscheidungsfindung** im Zusammenwirken aller Beteiligten ist notwendig. **Autonomie und Selbstbestimmung** der Familien und Jugendlichen werden respektiert und sind zwingend erforderlich für den Erfolg von Leistungen. Dazu sind die methodischen Mittel sozialpädagogischen Agierens in den dazugehörenden Prozessen zwingend notwendig. Sie sollen die Beteiligung und Mitwirkung der Familien und Jugendlichen ermöglichen, gestalten und moderieren. Hierzu werden als verbindliche Standards die strukturell organisierte kollegiale Beratung, Methodenkenntnisse sowie -anwendung, externe ebenso wie interne Reflexion und Evaluation der Prozessverläufe und Prozessergebnisse benötigt. Angesichts der hohen und weiter steigenden Fallzahlen sowie der Einschränkungen bei zeitlichen und finanziellen Mitteln aufgrund der angespannten finanziellen Lage der Kommunen hinkt die Wirklichkeit dem Gesetzesanspruch deutlich hinterher.[5] Diese Diskrepanz zu überwinden, wird angesichts der zu erwartenden weiteren Steigerung des Bedarfes an Hilfen zur Erziehung durch **unbegleitete minderjährige Ausländer (UMA)** oder Flüchtlingsfamilien eine weitere große Herausforderung für die Zukunft. Zudem bleibt zu bedenken, dass im System strukturelle Widersprüche angelegt sind wie z.B. die grundsätzliche **Asymmetrie** im Verhältnis zwischen Professionellen und Laien im Kontext der Hilfen, die sich durch ein hohes Maß an Partizipation entschärfen, aber nicht beseitigen lässt. 5

B. Hilfeplan als zentrales Element der Hilfesteuerung

Der Hilfeplan stellt für den öffentlichen Träger das zentrale Instrument zur **Steuerung** der Hilfe zur Erziehung dar. Die Pflicht, einen Hilfeplan zu erstellen, liegt ausschließlich beim Leistungsträger und kann nicht von einem freien Träger erfüllt werden. 6

Im Hilfeplan werden alle für die **Hilfe relevanten Aspekte** festgehalten und dokumentiert. Zum einen findet sich dort die **Bedarfsfeststellung** durch den öffentlichen Träger. In den Hilfeplan fließen aber auch die Sichtweisen, Lebenskonzepte und Perspektiven der Leistungsberechtigten ein. Weiterhin werden die Erziehungsplanung sowie Berichte über den Verlauf und die Wirkung der Hilfen ebenso wie ein möglicher weiterer Bedarf aus Sicht der **Leistungserbringer** festgehalten. Auch die Sichtweisen weiterer relevanter Personen oder Institutionsvertreter können in den Hilfeplan mit einfließen. Absprachen, zeitliche Perspektiven und Regelungen zwischen den Beteiligten werden dort fixiert und gleichsam als Kontrakt über die Hilfe vereinbart. 7

Ein wesentlicher Baustein ist dabei, dass die Aufträge der einzelnen Familienmitglieder operationalisiert formuliert und festgehalten werden. Die Formulierung derselben sollte so erfolgen (wörtliche Rede), wie sie von den Betroffenen benannt werden, damit sie sich in ihrem Hilfeplan wiederfinden können. Dies ermöglicht eine Reflexionsschleife über die Ergebnisse durch die Mitarbeiter des ASD, die Leistungserbringer, insbesondere aber auch die Leistungsberechtigten.

5 FK-SGB VIII/*Schönecker/Meysen*, § 36 Rn. 7; Wiesner/Wapler/*Gallep*, § 36 SGB VIII Rn. 32.

Der Hilfeplan stellt somit ein **Qualitätssicherungsinstrument** dar, da durch ihn sichergestellt wird, dass auch bei Personal- oder Zuständigkeitswechsel ein hohes Maß an Kontinuität und Informationsfluss gewahrt bleiben kann.

8 Welche Inhalte genau im Hilfeplan enthalten sind, richtet sich am individuellen Fall aus. Immer wiederkehrende und sinnvolle Inhalte sind:[6]

- Benennen aller Beteiligten und Beteiligungsformen,
- Beschreibung der hilferelevanten Aspekte der Familiensituation und der möglichen unterschiedlichen Sichtweisen von Fachkräften und der einzelnen Beteiligten,
- Konkretisierung und Operationalisierung des Bedarfes aus Sicht der einzelnen Beteiligten,
- Benennung und Darstellung der bisherigen Hilfen,
- Benennung und Vorschläge für geeignete Hilfen aus Sicht aller Einzelperspektiven,
- die konkrete inhaltliche und organisatorische Ausgestaltung und Form der Hilfe/n und ergänzender Leistungsbestandteile, die gewährt werden sollen,
- den konkreten Startzeitpunkt und die geplante Dauer sowie die zeitliche Intensität der Hilfe, Vereinbarungen über Anlässe und Zeitpunkte einer Überprüfung der Hilfe,
- Ziele und konkrete Aufgaben, die mit der Hilfe erreicht werden sollen, sowie
- bei Hilfen außerhalb der Familie: Regelungen zur Zusammenarbeit mit den Eltern, Umgangskontakte und Rückkehroptionen.

9 In welchem Turnus eine **Hilfeplanfortschreibung** stattfindet, ist nicht explizit geregelt. Lediglich eine regelmäßige Überprüfung ist in Abs. 2 Satz 2 gefordert. Für die unterschiedlichen Hilfeformen sind hier sicherlich auch unterschiedliche Überprüfungszeiträume sinnvoll. So ist im Bereich ambulanter Hilfe zur Erziehung eine kürzere Zeitspanne gegeben als im stationären Bereich.

C. Mitwirkung als Beteiligungsprozess

I. Beratungspflicht

10 In Abs. 1 Satz. 1 wird die **Aufklärungs-** und **Beratungspflicht** des Jugendamtes gegenüber Familien, Kindern/Jugendlichen und jungen Volljährigen festgeschrieben. Hierbei handelt es sich um eine „Muss-Vorschrift".[7]

Die Vorschrift über die Beratung der Familien ist durch die Reform des SGB VIII besonders gestärkt worden, indem die Prämissen einer **verständlichen, nachvollziehbaren und wahrnehmbaren Beratungsform** eingefügt wurden. Daraus ergibt sich für alle Beteiligten die Herausforderung, immer wieder zu eruieren, was dies im Einzelfall konkret bedeutet. Es gilt, kontinuierlich vor, während und nach einem Hilfeplangespräch zu überprüfen, ob diesem Anspruch nachgekommen wurde. Eine umfassende Kenntnis von sprachlichen Lebenswelten und der Lebenswelt an sich ist dafür bei den Mitarbeitern der öffentlichen und freien Träger notwendig.

Die Leistungsberechtigten müssen in einer **verständlichen, nachvollziehbaren und wahrnehmbaren Beratungsform** durch das Jugendamt in die Lage versetzt werden, mittels Aufklärung, Beratung und Information über die Inanspruchnahme einer Leistung, die Veränderung einer laufenden Leistung und die möglichen Folgen der Inanspruchnahme ei-

---

6 Vgl. dazu auch FK-SGB VIII/*Schönecker*/*Meysen*, § 36 Rn. 52.
7 Vgl. Schellhorn/Fischer/Mann/*Kern*, § 36 SGB VIII Rn. 8.

ner Leistung selbstbestimmt zu entscheiden. Im professionellen Selbstverständnis der beteiligten Fachkräfte sollte dies einen fachlichen Standard darstellen. Der Begriff „wahrnehmbar" resultiert dabei aus einem **inklusiven Ansatz der Jugendhilfe**. Das bedeutet, dass sie auch den Anforderungen gerecht werden muss, die Menschen mit Beeinträchtigungen an sie stellen. Hilfe zur Erziehung kann nur dann wirksam werden, wenn die Hilfen mit den Leistungsberechtigten und nicht gegen sie geplant werden. Die Anforderungen **verständlich, nachvollziehbar und wahrnehmbar** professionell mit Inhalt zu füllen, ist eine zukünftig zu klärende Aufgabe. Letztlich kann dieser Anspruch nur dann in eine kontinuierliche Reflexionsschleife münden, wenn in den Verfahren zum Hilfeplan entsprechende Rückmeldungen bei den Leistungsberechtigten abgerufen werden. Dies könnte z. B. durch Befragungen bei den Beteiligten zur Qualität der Hilfeplanung erreicht werden. Vgl. zur **Beteiligung und Beratung** von Kindern und Jugendlichen in einer für sie **verständlichen, nachvollziehbaren und wahrnehmbaren** Form die Kommentierung zu § 8 SGB Abs. 4 VIII, Rn. 37.

Damit obliegt dem Jugendamt die Pflicht, den Leistungsberechtigten in einer verständlichen und nachvollziehbaren Weise das Wissen über **entwicklungspsychologische Chancen und Risiken**, über Art und Umfang der Hilfe zur Erziehung sowie über deren Rahmenbedingungen zu vermitteln, bevor der Entscheidungsprozess stattgefunden hat. Um dieser Beratungspflicht gerecht werden zu können, bedarf es eines besonderen professionellen **Vertrauensverhältnisses** zwischen den Mitarbeitern und Mitarbeiterinnen des Jugendamtes und den Leistungsberechtigten. Dies ergibt sich bereits aus der Systematik von Beratung, die nur dann erfolgreich sein kann, wenn das Gegenüber als mündige und souveräne Persönlichkeit betrachtet und geachtet wird. 11

Inhalte einer in diesem Sinne offensiven Beratung sind z.B.:[8] 12

- die verschiedenen Möglichkeiten, Grenzen und Risiken der Leistungsangebote der Hilfen zur Erziehung,
- die möglichen und nicht vorhersehbaren Konsequenzen, die im Verlauf des weiteren Entwicklungsprozesses für die Kinder und Jugendlichen entstehen können, sowie die möglichen Veränderungen, die sich für das gesamte Familiensystem ergeben können und deren Verlauf durch die Beteiligten beobachtet werden muss (z.B. § 1632 Abs. 4 BGB),
- das Wunsch- und Wahlrecht (§ 5 SGB VIII),
- die weitere Ausübung der elterlichen Sorge bei Inanspruchnahme einer Leistung und die Möglichkeiten der Erstellung und Fortschreibung des Hilfeplans (Abs. 2),
- die Verfahren zur Teilhabe/Partizipation (§ 8 SGB VIII),
- die Berücksichtigung des Datenschutzes und die dazugehörigen Verfahren,
- die internen Abläufe in den Jugendämtern zur Informationsgewinnung und Verarbeitung,
- die Mitwirkungspflichten und Rechte (§§ 60 ff. SGB I, § 97a SGB VIII),
- die Kostenbeteiligungen (§§ 91 ff. SGB VIII).

Die vorherige besondere Betonung einer Prüfung von Adoptionsmöglichkeiten bei längerfristig zu leistenden Hilfen außerhalb der eigenen Familie ist ebenso wie die Hinweise auf das Wunsch- und Wahlrecht im Rahmen der Reform entfallen. 13

II. Beteiligung

Kinder, Jugendliche und Personensorgeberechtigte sollen gemeinsam an der Gestaltung und Struktur einer Hilfe arbeiten. Sie haben bei der Entwicklung einer **maßgeschneiderten** 14

8 FK-SGB VIII/*Schönnecker/Meysen*, § 36 Rn. 12.

Hilfe einen Anspruch auf eine **qualifizierte Beteiligung**.[9] Hierbei spielt eine entscheidende Rolle, dass die Verfahren in den Jugendämtern eine partizipative Grundstruktur haben. Leistungsberechtigte sollen in die Lage versetzt werden, eine freie Entscheidung über die Inanspruchnahme, Art und Umfang einer Hilfe sowie deren Fortschreibung zu treffen. Durch die Neuformulierung des Absatzes 5 sollen die nicht mehr sorgeberechtigten Eltern nach Maßgabe der **Willensäußerungen der Kinder und Jugendlichen** sowie im Zusammenwirken aufgrund fachlicher Abwägungen der Fachkräfte in diesem Prozess beteiligt werden.

15 Sozialpädagogische Arbeit benötigt zwingend eine **Mitgestaltung** und **Mitwirkung** der Familien nicht nur bei der Feststellung eines Bedarfs, sondern auch bei der Entscheidung über die Einrichtung und die Form einer Hilfe, die sich individuellen Gegebenheiten anpassen bzw. stellen muss. Veränderungen im familiären Zusammenleben oder individueller Natur sind nur möglich im Zusammenspiel mit den Kompetenzen der Beteiligten und deren Fähigkeiten zur Problembewältigung. Die Leistungsberechtigten sollen eine Plattform erhalten, auf der sie ihre **Kompetenz** und ihre **Kundigkeit** über ihr Leben entscheidend mit einbringen können. Das Arbeiten mit den bisherigen Erfahrungen in Bezug auf Erziehung und Entwicklung sowie die genaue Beschreibung der Veränderungswünsche und Veränderungsbereitschaft sind Voraussetzung für den möglichen Erfolg einer Hilfe.

16 In diesen Rahmen bringen die Fachkräfte ihr Fachwissen, ihre fachliche Erfahrung, ihr aktivierendes Methodenwissen, sozialräumliches Wissen und die Kenntnisse über die Möglichkeiten der vorhandenen Trägerlandschaft mit in den Beratungsprozess ebenso wie in die Hilfe ein. **Diagnostik** ist in diesem Zusammenhang als **ein interaktives Geschehen** zu verstehen, das sich damit grundlegend von dem Bild einer medizinischen Diagnostik unterscheidet. Checklisten und Ankreuzverfahren eignen sich in keiner Weise, diesem Anspruch einer **subjektorientierten Jugendhilfe** gerecht zu werden, da sie sich nicht am individuellen konkreten Fall ausrichten. Gleichzeitig sind sie unter Datenschutzaspekten kritisch zu sehen, da die in diesem Verfahren oftmals umfassende Datenerhebung nicht zielgerichtet stattfindet, sondern sich an standardisierten Verfahren orientiert, ohne für die einzelnen Fragen begründen zu können, wofür die Daten im Einzelnen benötigt und wie sie verwendet werden.[10]

Im Rahmen der Reform des SGB VIII wurde Abs. 3 neu gefasst. Die Regelung einer Beteiligung anderer an der Hilfe beteiligter Einrichtungen und Dienste, die vormals in Abs. 2 Satz 3 stand, wurde in diesem Absatz um andere **Sozialleistungs-, Rehabilitationsträger und Schule** erweitert. Dabei sind vom öffentlichen Jugendhilfeträger die entsprechenden Regelungen des SGB IX, z.B. § 19 ff. SGB IX zu beachten.

1. Spannungsfeld von Selbstbestimmung und Kinder- und Jugendschutz

17 Eine der Kernaufgaben des Jugendamtes ist der **Schutz** der Kinder und Jugendlichen. Fachkräfte im Jugendamt agieren in vielen Situationen in dem Spannungsfeld zwischen Beratung. Unterstützung sowie der Achtung der Lebensentwürfe von Leistungsberechtigten, im Gegensatz zu Kontrolle und Eingriff bei **Kindeswohlgefährdung**. Um die aktive Mitwirkung der Leistungsberechtigten nicht zu beschränken und einzugrenzen, ist es somit notwendig, bei allen Verfahren **Transparenz** sowie Nachvollziehbarkeit von Prozessen und Entscheidungen in den Vordergrund zu stellen. Die fachliche Haltung und die Methodik der Fachkräfte sowie sich daraus ableitende Entscheidungen müssen gegenüber allen Beteiligten offen erörtert werden. Dazu bedarf es einer umfassenden und kontinuierlichen Auseinandersetzung, insbesondere der sozialpädagogischen Fachkräfte, mit ihrer **beruflichen**

9 FK-SGB VIII/*Schönecker/Meysen*, § 36 Rn. 23–29.
10 K-SGB VIII/*Schönecker/Meysen*, § 36 Rn. 24.

Haltung bzw. Rolle und mit den Lebenswelten der Leistungsberechtigten. Dies bleibt aktuell umso bedeutender, als der kontinuierliche Zuzug von Familien aus anderen Kulturkreisen eine Vielzahl anderer Lebensentwürfe mit sich bringt, deren angemessene fachliche Bewertung in Bezug auf Hilfe zur Erziehung auf der Basis der hiesigen Erfahrungen und Lebensstile eine große Herausforderung darstellt. Ebenso stellen die Anforderungen, die sich bei einer kleinen Zahl von Kindern/Jugendlichen zeigen, die als „**Systemsprenger**"[11] bezeichnet werden, immer wieder die Erfordernisse einer fachlich notwendigen Reflexionsschleife in das Zentrum der Arbeit. Die eigene fachliche Haltung und Vorgehensweise in Fachteams muss grundsätzlich und kontinuierlich hinterfragt und auf Sinnhaftigkeit überprüft werden.

2. Eingliederungshilfe nach § 35a SGB VIII

Im Rahmen der Bewilligung und Beteiligung ist in Abs. 4 die Pflicht zur Einbeziehung der **Gutachten** über eine drohende **seelische Behinderung** von Ärzten oder Psychotherapeuten bei der Einleitung einer Hilfe nach § 35a SGB VIII verankert. Die Mitwirkung von Ärzten und Psychotherapeuten an der Hilfeplanung etc. ist nicht verpflichtend und steht ihnen grundsätzlich frei. In der alltäglichen Arbeit ist diese Beteiligung immer wieder schwer sicherzustellen, da u.a. eine Refinanzierung derselben ungeregelt ist. Gelingt diese Beteiligung trotz intensiver Bemühungen nicht, so reicht es, wenn das Jugendamt eine angemessene Gelegenheit hierfür gegeben hat.[12] 18

Die Entscheidungshoheit über die Erforderlichkeit einer Hilfe, ob sie also **geeignet und notwendig ist**, bzw. deren Ausgestaltung bleibt auch bei einer Beteiligung von Ärzten und Psychotherapeuten beim Jugendamt.

3. Auslandsmaßnahmen

Abs. 4 regelt, dass vor der Gewährung einer **Hilfe im Ausland** stets die Stellungnahme eines Arztes oder Psychotherapeuten eingeholt werden soll. Diese Regelung ist den problematischen Verläufen entsprechender Auslandshilfen in der Vergangenheit geschuldet,[13] bei denen eine ausreichende ärztliche oder psychotherapeutische Begleitung nicht gewährleistet war. Ist diese ausreichend geregelt, können Auslandsmaßnahmen stattfinden. 19

Weitere Reglungen zur Zulässigkeit und Umsetzungskriterien von **Auslandsmaßnahmen** finden sich im neu gefassten **§ 38 SGB VIII**.

III. Wunsch und Wahlrecht

In Abs. 1 Satz 4 war das **Wunsch- und Wahlrecht** aus § 5 SGB VIII in der alten Fassung des SGB VIII konkretisiert. Dieser Passus wurde in der Reform zugunsten einer Sicherstellungsverpflichtung in Bezug auf die **Beratungs- und Aufklärungsqualität** gestrichen. 20

Die Personensorgeberechtigten, Kinder und Jugendlichen sollen in einer **verständlichen, nachvollziehbaren und wahrnehmbaren Form beraten und aufgeklärt** werden. Diese Vorgaben schaffen für die Betroffenen letztlich die Grundlage, aufgrund eigener Informiertheit eine selbstbestimmte Entscheidung zu treffen. Damit wird das Wunsch- und Wahlrecht indirekt gestärkt.

Auf der Basis einer guten Beratung und Aufklärung können die Leistungsberechtigten aus verschiedenen Angeboten und unter verschiedenen Anbietern wählen.

---

11 Vgl. *Baumann, Menno* 2012.
12 FK-GB VIII/*Schönecker/Meysen*, § 36 Rn 36.
13 FK-GB VIII *Schönecker/Meysen*, § 36 Rn 56; Wiesner/Wapler/*Gallep*, § 38 SGB VIII Rn. 20 ff.

21 Um diese Beratungsqualität sicherstellen zu können, ist für die Mitarbeiterinnen und Mitarbeiter des Jugendamtes eine umfassende Kenntnis über jedes einzelne Leistungsangebot und jeden Leistungsanbieter erforderlich. Angesichts der starken inhaltlichen Ausdifferenzierung der Hilfen, der Anzahl der Leistungserbringer, der Geschwindigkeit, in der sich neue individuell konzipierte Hilfen entwickeln, und letztlich der steigenden Fallzahlen ist dies kaum möglich. Zumal diese Leistungsangebote nicht unter dem Kriterium der **Verständlichkeit, Nachvollziehbarkeit und Wahrnehmbarkeit** für die Zielgruppe verfasst werden.

Des Weiteren erfordert die Prämisse der Verständlichkeit eine gute Kenntnis der Lebenswelten der Betroffenen. Mit deren Sprache sprechen zu können und Alltagshandlungen im Kontext der individuell gestalteten Lebenskonzepte zu sehen, ist dafür eine Grundvoraussetzung.

In der praktischen Arbeit wird das Wunsch- und Wahlrecht kaum konsequent umgesetzt. Dadurch ist ein entscheidender Baustein von partizipativen Verfahren im Rahmen der Gewährung von Hilfe zur Erziehung stark eingeschränkt (vgl. § 5 SGB VIII Rn. 3).

IV. Familienrat (Synonym: familiy group conference, Verwandtschaftsrat)

22 Als eine Methode, die die Subjektstellung der antragsberechtigten Kinder, Jugendlichen und Erziehungsberechtigen in den Vordergrund stellt, ist der **Familienrat oder familiy group conference** zu sehen. Dies ist eine Hilfeform/Methode, die partizipative Strukturen in den Vordergrund stellt.

Die Entscheidungsfindung im Familienrat gliedert sich in fünf Phasen[14]: Vorbereitungsphase, Informations-/Beratungsphase, Diskussions-/Familienphase, Entscheidungsphase und Überprüfungsphase. Die Familie wird bei dem Verfahren durch eine neutrale Fachkraft oder geschulte Personen unterstützt.

Der Familienrat ermöglicht einer Familie, für ihre individuelle Fragestellung **eigenverantwortlich Lösungen** zu entwickeln und die erfolgversprechenden Inhalte dieser Lösungen zu begründen. Im Gegensatz zu herkömmlichen Vorgehensweisen werden nicht Vorschläge zu Lösungswegen in einem Team von Fachkräften entwickelt, sondern die Familie und von ihr bestimmte hilfreiche Personen, die sowohl aus der Familie als auch aus der Nachbarschaft oder zur aktiven Mitarbeit bereiten Organisationen stammen können, erarbeiten einen individuellen sehr operationalisierten Lösungsweg auf der Basis der eigenen Ressourcen und Erfahrungen. Damit entsteht ein hohes Maß an **Partizipation und Selbstverpflichtung** innerhalb der Gruppenkonferenz.

23 Die **Steuerungsverantwortung** des Jugendamtes für Hilfe zur Erziehung ist in diesem Verfahren nicht gefährdet, wenn im Vorfeld die Anforderung an die Familie durch das Jugendamt transparent und operational formuliert sind. D.h., Mindestanforderungen an den Kinder- und Jugendlichenschutz müssen belegbar sein, konkret im Vorfeld durch die fallführende Fachkraft formuliert werden und die Familie muss diesen ausdrücklich zustimmen. In der Entscheidungsphase ist es dann die Aufgabe der fallführenden Fachkraft zu überprüfen, ob die Mindestanforderungen erfüllt wurden oder nachgebessert werden muss. Eine schlussendliche Zustimmung oder Ablehnung der fallführenden Fachkraft steht jedoch immer am Ende des Prozesses. Eine Ablehnung der Lösungswege soll in dem Verfahren detailliert begründet werden, damit die Grundidee von Partizipation und Nachvollziehbarkeit dadurch erhalten bleibt.

24 Der Familienrat kann so eine zentrale Rolle bei der fachlichen **Weiterentwicklung des Hilfeplanverfahrens** spielen. Er bietet einen echten Dialog auf Augenhöhe und seine Wirk-

14 Wiesner/Wapler/*Gallep*, § 36 SGB VIII Rn. 24a.

samkeit ist evaluiert.[15] Dennoch ist eine Einführung des Verfahrens auf breiter Ebene hierzulande bisher ausgeblieben. Fachkräfte scheinen das Abgeben der Verantwortung an die Leistungsberechtigten eher als Einschränkung ihrer Entscheidungsmöglichkeiten zu betrachten. Die partizipativen und für die Fachkräfte arbeitsentlastenden Elemente dieses fachlichen Vorgehens werden hingegen noch nicht ausreichend wahrgenommen, um eine Initialzündung des Verfahrens zu ermöglichen.

V. Hilfeplanverfahren

Hilfeplanung orientiert sich in ihrem Ablauf an den jeweiligen Erfordernissen des individuellen Falles. Dennoch lässt sich ein idealtypisches Schema darstellen. Dabei ist der Familienrat als ein neues Element von Hilfeplanung hier mitdargestellt.[16] 25

15 Wiesner/Wapler/*Gallep*, § 36 SGB VIII Rn. 24a.
16 FK-SGB VIII/Schöneker/*Meysen*, § 36 Rn. 56.

§ 36a
Steuerungsverantwortung, Selbstbeschaffung

(1) [1]Der Träger der öffentlichen Jugendhilfe trägt die Kosten der Hilfe grundsätzlich nur dann, wenn sie auf der Grundlage seiner Entscheidung nach Maßgabe des Hilfeplans unter Beachtung des Wunsch- und Wahlrechts erbracht wird; dies gilt auch in den Fällen, in denen Eltern durch das Familiengericht oder Jugendliche und junge Volljährige durch den Jugendrichter zur Inanspruchnahme von Hilfen verpflichtet werden. [2]Die Vorschriften über die Heranziehung zu den Kosten der Hilfe bleiben unberührt.

(2) [1]Abweichend von Absatz 1 soll der Träger der öffentlichen Jugendhilfe die niedrigschwellige unmittelbare Inanspruchnahme von ambulanten Hilfen, insbesondere der Erziehungsberatung nach § 28, zulassen; dies gilt auch für die Betreuung und Versorgung des Kindes in Notsituationen nach § 28a, wenn diese Hilfe von einer Erziehungsberatungsstelle oder anderen Beratungsdiensten und -einrichtungen nach § 28 zusätzlich angeboten oder vermittelt wird. [2]Dazu soll der Träger der öffentlichen Jugendhilfe mit den Leistungserbringern Vereinbarungen schließen, in denen die Voraussetzungen und die Ausgestaltung der Leistungserbringung sowie die Übernahme der Kosten geregelt werden. [3]Dabei finden der nach § 80 Absatz 1 Nummer 2 ermittelte Bedarf, die Planungen zur Sicherstellung des bedarfsgerechten Zusammenwirkens der Angebote von Jugendhilfeleistungen in den Lebens- und Wohnbereichen von jungen Menschen und Familien nach § 80 Absatz 2 Nummer 3 sowie die geplanten Maßnahmen zur Qualitätsgewährleistung der Leistungserbringung nach § 80 Absatz 3 Beachtung.

(3) [1]Werden Hilfen abweichend von den Absätzen 1 und 2 vom Leistungsberechtigten selbst beschafft, so ist der Träger der öffentlichen Jugendhilfe zur Übernahme der erforderlichen Aufwendungen nur verpflichtet, wenn

1. **der Leistungsberechtigte den Träger der öffentlichen Jugendhilfe vor der Selbstbeschaffung über den Hilfebedarf in Kenntnis gesetzt hat,**
2. **die Voraussetzungen für die Gewährung der Hilfe vorlagen und**
3. **die Deckung des Bedarfs**
   a) **bis zu einer Entscheidung des Trägers der öffentlichen Jugendhilfe über die Gewährung der Leistung oder**
   b) **bis zu einer Entscheidung über ein Rechtsmittel nach einer zu Unrecht abgelehnten Leistung keinen zeitlichen Aufschub geduldet hat.**

[2]War es dem Leistungsberechtigten unmöglich, den Träger der öffentlichen Jugendhilfe rechtzeitig über den Hilfebedarf in Kenntnis zu setzen, so hat er dies unverzüglich nach Wegfall des Hinderungsgrundes nachzuholen.

Übersicht Rn.

A. Allgemeines

I. Entstehungsgeschichte und Änderung der Vorschrift

Die durch das KICK mit Wirkung vom 1.10.2005 in das SGB VIII eingefügte Vorschrift bezweckt die „Stärkung des Entscheidungsprimats des Jugendamts und Eindämmung der Selbstbeschaffung von Leistungen".[1] Mit ihr wollte der Gesetzgeber auf Klagen der kommunalen Praxis reagieren, wonach die Jugendämter von anderen Institutionen wie Schulen, Psychiatrie oder Arbeitsverwaltung, aber auch von Bürgerinnen und Bürgern als bloße „Zahlstelle" für von dritter Seite angeordnete oder selbst beschaffte Leistungen missbraucht würden. Diese Praxis stehe im Widerspruch zur Systematik des SGB VIII, das dem Jugendamt die Funktion eines Leistungsträgers zuweise, der die Kosten grundsätzlich nur dann trage, wenn er selbst vorab auf der Grundlage des SGB VIII und des dort vorgesehenen Verfahrens über die Eignung und Notwendigkeit der Hilfe entschieden habe. Um diesem Prinzip praktische Geltung zu verschaffen und dem Jugendamt wieder zu seinem Entscheidungsprimat zu verhelfen, erscheine eine klarstellende Regelung im SGB VIII notwendig. Um aber auch künftig bei ambulanten Hilfen wie insbesondere der Erziehungsberatung den niedrigschwelligen Zugang zu erhalten, könne der örtliche Träger in Vereinbarungen mit den betroffenen Diensten, in denen die Voraussetzungen zu regeln seien, die unmittelbare Inanspruchnahme zulassen.[2] Darüber hinaus solle in den von der Rechtsprechung entwickelten Fallgruppen eine Selbstbeschaffung auch weiterhin zulässig sein und im Interesse der Rechtssicherheit und der Rechtsklarheit eine positiv-rechtliche Grundlage erfahren.[3] Die von „der Jugendhilfe" zum Teil emphatisch begrüßte, aber auch sehr kritisch betrachtete[4] Vorschrift wirft eine Reihe von auch verfassungsrechtlichen Problemen auf (vgl. dazu unten Rn. 5) und bereitet in der Anwendungspraxis Schwierigkeiten (dazu unten Rn. 10 ff.). 1

Absatz 2 der Vorschrift wurde zunächst durch das KiföG geändert und durch das KJSG nicht unwesentlich umgestaltet.

1 So die Gesetzesbegründung, BT-Drs. 15/3676, 26.
2 BT-Drs. 15/3676, 36.
3 BT-Drs. 15/3676, 26.
4 Vgl. *Möller/Schütz*, ZKJ 2007, 178 ff.; *Bareis*, ZJJ 2006, 11 ff. sowie die umfassende Untersuchung von *Lobinger* 2015, passim.

II. Anwendungsbereich

2 § 36a SGB VIII ist nach seiner systematischen Stellung im dritten Unterabschnitt (des Vierten Abschnitts) lediglich auf „Hilfe", die der öffentliche Träger auf der Grundlage einer eigenen Entscheidung nach Maßgabe des Hilfeplans unter Beachtung des Wunsch- und Wahlrechts erbringen kann, also auf die Hilfe zur Erziehung i.S.d. §§ 27 ff. SGB VIII und die Eingliederungshilfe für seelisch behinderte Kinder und Jugendliche nach § 35a SGB VIII sowie die Hilfe für junge Volljährige nach § 41 SGB VIII anwendbar. Gleichwohl werden sie auch auf die übrigen Leistungen des Ersten (§§ 11 ff. SGB VIII), des Zweiten (§§ 16 ff. SGB VIII) sowie des Dritten Abschnitts (§§ 22 ff. SGB VIII) entsprechend angewendet, da sie „allgemeingültige Aussagen" enthielten und „ohnehin für das SGB VIII insgesamt Geltung" beanspruchten.[5] Das von ihr zum Ausdruck gebrachte „Rechtsprinzip" soll darüber hinaus aber auch auf alle anderen Leistungen anwendbar sein, bei denen der Hilfebedarf individuell festzustellen und eine darauf bezogene Leistungsentscheidung zu treffen ist, also auch auf die Hilfen nach den §§ 13 Abs. 3, 19 und 41 SGB VIII.[6] Andere Autoren plädieren für eine entsprechende Anwendbarkeit auf alle Hilfen.[7]

Das **BVerwG** hat in mehreren Entscheidungen dargelegt, dass § 36a Abs. 3 SGB VIII nach seinem Wortlaut und seiner systematischen Stellung im Vierten Abschnitt unmittelbar lediglich auf „Hilfen", nicht aber auf sonstige Angebote i.S.d. § 2 Abs. 2 Nr. 1 bis 3 SGB VIII anwendbar, eine **analoge Anwendung** auf die Förderung in Kindertagesstätten oder Kindertagespflege aber geboten und zulässig ist.[8]

3 Ihrem Wortlaut nach handelt es sich bei § 36a Abs. 1 SGB VIII um eine reine **Kostenvorschrift**: Sie regelt, unter welchen Voraussetzungen der Träger der öffentlichen Jugendhilfe die „Kosten der Hilfe" zu tragen hat, nicht aber die materiellen Voraussetzungen eines Hilfeanspruchs. Die Besonderheit der Vorschrift besteht vielmehr darin, dass sie die Kostentragung durch den öffentlichen Träger versagt, ***obwohl*** die **materiellen Hilfevoraussetzungen vorliegen**.[9] Würde sie nur eingreifen, wenn die materiell rechtlichen Voraussetzungen einer Hilfegewährung nicht vorliegen, wäre sie überflüssig, da bei Fehlen der Anspruchsvoraussetzungen ein Hilfeanspruch ipso iure nicht besteht und bereits deshalb keine ersatzfähigen Kosten entstehen können. Dies macht auch die Vorschrift des § 36a Abs. 3 Satz 1 Nr. 2 SGB VIII deutlich, der für die Übernahme der Kosten einer selbstbeschafften Hilfe verlangt, dass die Voraussetzungen für die Gewährung der Hilfe vorlagen.

4 In seiner Bedeutung geht § 36a SGB VIII über die einer Kostenvorschrift[10] allerdings weit hinaus, indem er unter dem Begriff der **Steuerungsverantwortung** das Verhältnis von Jugendamt und Betroffenen, aber auch sonstigen Akteuren und damit die zwischen diesen bestehenden Machtverhältnisse (neu) justiert und zementiert und darüber hinaus klarstellt: Unbeschadet aller hochtrabenden **Partizipationsrhetorik** sind es nicht die Betroffenen, es ist das Jugendamt, das entscheidet.[11] § 36a SGB VIII ist eine **Jugendamts- und Jugendamtsträgerschutzvorschrift**.

---

5 So etwa FK-SGB VIII/*Meysen*, § 36a Rn. 5.
6 So Wiesner/Wapler/*Gallep*, § 36a SGB VIII, Rn. 12; ablehnend insoweit LPK-SGB VIII/*Kunkel/Pattar*, § 36a Rn. 1.
7 Etwa FK-SGB VIII/*Meysen*, § 36a Rn. 5. .
8 Vgl. BVerwG, Urt. v. 26.10.2017, 5 C 19.16, bverwg.de, Rn. 11 ff., insoweit in JAmt 2018, 279 ff. nicht abgedruckt; Urt. v. 12.9.2013, 5 C 35.12, bverwg.de Rn. 24 ff.
9 Das wird in der Literatur überwiegend nicht gesehen oder ignoriert.
10 Um eine Kostenvorschrift handelt es sich vor allem insoweit, als mit ihr Einsparungen im Umfang von ca. 100 Mio. Euro jährlich intendiert waren, so die Gesetzesbegründung BT-Drs. 15/3676.
11 Was freilich geleugnet wird, vgl. FK-SGB VIII/*Meysen*, § 36a Rn. 12.

III. Verfassungsrechtliche Fragen

§ 36a SGB VIII wirft verfassungsrechtliche Fragen auf, die freilich von der jugendhilferechtlichen Literatur miniaturisiert, geleugnet oder nicht zur Kenntnis genommen werden.[12] Allerdings kann hier nicht die gesamte Diskussion um die Verfassungsmäßigkeit der Vorschrift entfaltet werden.[13] Holzschnittartig kann als Ergebnis festgehalten werden: 5

Die Vorschrift **verstößt nicht** gegen die Garantie der **richterlichen Unabhängigkeit** in Art. 97 GG.[14] Dies vor allem deshalb, weil die sog. Steuerungsverantwortung der Jugendhilfe parlamentsgesetzlich normiert und damit in der Lage ist, den Richter zu „unterwerfen". Die Einflussnahme durch das Jugendamt gemäß § 36a Abs. 1 Satz 1 Hs. 2 SGB VIII ist – da gesetzgeberisch angeordnet – grundsätzlich in der Lage, die richterliche Unabhängigkeit grundgesetzkonform einzuschränken.[15]

§ 36a Abs. 1 Satz 1 Hs. 2 SGB VIII ist dagegen mit **Art. 92 GG nicht vereinbar**. Jedenfalls die klassische Strafjustiz sowie die Entscheidung bürgerlich-rechtlicher Streitigkeiten unterfallen dem Rechtsprechungsmonopol des Art. 92 GG.[16] Funktional wird den Richtern die Kompetenz zur „letztverbindlichen, der Rechtskraft fähigen Feststellung und des Ausspruchs dessen, was im konkreten Fall rechtens ist"[17] zugeschrieben. Legt man diese Definition zugrunde, kann § 36a Abs. 1 Satz 1 Hs. 2 SGB VIII mit dem Grundgesetz nicht mehr vereinbart werden. Denn zum einen gehört die Aburteilung von Straftaten (Jugendlicher) zum Kern der Strafjustiz. Selbst wenn es „nur" zu Weisungen oder einer Anordnung von Erziehungshilfen kommt, liegt darin die verbindliche Entscheidung über die staatliche Reaktion der Strafjustiz, etwa in Form eines Verzichts auf die Jugendstrafe.[18] Die Entscheidung gemäß §§ 10, 12 JGG ist daher „Rechtsprechung", die nur durch Richter, nicht aber die Amtsträger eines Jugendamtes getroffen werden darf. Sofern durch § 36a Abs. 1 Satz 1 Hs. 2 SGB VIII einer nichtrichterlichen staatlichen oder kommunalen Behörde das Recht eingeräumt wird, den Inhalt einer richterlichen Entscheidung, die Rechtsprechung im materiellen Sinne darstellt, nämlich die Anordnung einer Weisung gemäß § 10 JGG, durch Verweigerung ihrer Finanzierung letztentscheidend zu bestimmen, verstößt dies gegen Art. 92 GG.[19] § 36a Abs. 1 Satz 1 Hs. 2 SGB VIII kann aber nicht anders interpretiert werden als eine solche exekutive Determinierung eines Rechtsprechungsakts, denn dieser konkretisiert sich zentral in seiner Durchsetzung bzw. Vollstreckung. Sofern also gerade diese Durchsetzung von der Zustimmung einer Behörde abhängig gemacht wird, ist er als solcher infrage gestellt: Ob ein Jugendlicher sich einer Weisung unterziehen muss, soll gemäß § 36a Abs. 1 Satz 1 Hs. 2 SGB VIII durch das Jugendamt bestimmt werden, nicht aber durch einen Richter im Sinne des Art. 92 GG. Dies ist mit dem richterlichen Rechtsprechungsmonopol **unvereinbar** und deshalb **verfassungswidrig**.[20]

---

12 Vgl. insoweit nur Wiesner/Wapler/*Gallep*, § 36a SGB VIII Rn. 6, die das Argument vom unzulässigen Eingriff des Bürgers in die Kompetenzverteilung aufgreift und keine Verletzung der richterlichen Unabhängigkeit sieht, die auch nicht vorliegt. Auf die Frage des Verstoßes gegen Art. 92 GG geht sie indes nicht ein.

13 Zu den verfassungsrechtlichen Problemen und dem Stand der Diskussion in der Literatur vgl. ausführlich *Lobinger* 2015, 327 ff.; vgl. ferner *Bareis*, ZJJ 2006, 11 ff.; *Möller/Schütz*, ZKJ 2007, 178 ff., ZKJ 2007, 282 f.

14 Ebenso LG Tübingen, Beschl. v. 28.3.2018, 3 Qs 14/17, burhoff.de, das allerdings lediglich Art. 97 GG in den Blick nimmt und Art. 92 GG völlig übersieht.

15 Vgl. zu Einzelheiten *Möller/Schütz*, ZKJ 2007, 178 (182).

16 Grundlegend BVerfGE 22, 49 (73 ff., 77 f.).

17 BVerfGE 103, 111 (137), m.w.N.

18 Dies verkennt *Goerdeler*, ZJJ 2006, 4 (8), wenn er die Weisung als aliud zur Strafentscheidung des Jugendrichters ansieht.

19 Ebenso Ostendorf/*Sommerfeld*, JGG, § 38 Rn. 22.

20 *Möller/Schütz*, ZKJ 2007, 178 (183); im Ergebnis ebenso *Lobinger* 2015, 308.

Die Beurteilung der Vorschrift als jedenfalls in Teilen verfassungswidrig entbindet indes nicht davon, sie bis zu einer Feststellung dieser Verfassungswidrigkeit anzuwenden und sich mit ihrer Auslegung auseinanderzusetzen.

B. Einzelheiten

I. Abs. 1 – „Steuerungsverantwortung" – Voraussetzungen der Kostenübernahme durch den öffentlichen Träger

1. Satz 1 Hs. 1

a) Entscheidung des Jugendamts

6 Der Träger der öffentlichen Jugendhilfe – aus der Perspektive der Leistungsberechtigten also das Jugendamt – trägt die Kosten einer Hilfe grundsätzlich nur, wenn diese auf der Grundlage seiner Entscheidung nach Maßgabe des Hilfeplans unter Beachtung des Wunsch- und Wahlrechts nach § 5 SGB VIII erbracht wird.

Bereits das Wort „**grundsätzlich**" ist auslegungsbedürftig. Es kann zum einen auf Abs. 2 und 3 hinweisen, die eine Kostentragung ohne Vorliegen der genannten Voraussetzungen ermöglichen, es kann aber auch bedeuten, dass vom Grundsatz der Nichtübernahme der Kosten auch dann Ausnahmen möglich sind, wenn die Voraussetzungen der Abs. 2 und 3 nicht vorliegen.

7 **Erste Voraussetzung** der Kostentragung des Trägers der öffentlichen Jugendhilfe ist, dass die Hilfe auf der Grundlage seiner Entscheidung erbracht wird. Das setzt naturgemäß voraus, dass das Jugendamt vor dem Einsetzen der Leistung mit der Sache befasst war. Der oder die Leistungsberechtigte ist gehalten, einen **Antrag** auf Bewilligung der begehrten Leistung zu stellen. Virulent wird die Frage der Antragstellung allerdings erst dann, wenn Leistungsberechtigte Ersatz ihrer Aufwendungen für eine selbstbeschaffte Leistung nach Abs. 3 geltend machen. Alle die Form, den Inhalt und Zeitpunkt einer Antragstellung betreffenden Fragen werden deshalb im Rahmen der Erläuterungen zu § 36a Abs. 3 Satz 1 Nr. 1 SGB VIII erörtert. Auf die Kommentierung unten bei Rn. 24 wird verwiesen.

b) Nach Maßgabe des Hilfeplans

8 Die Vorschrift knüpft an den Grundsatz des § 36 SGB VIII an, nach dem über Leistungen nach den §§ 27 ff., 35a, 41 SGB VIII und die geeignete Hilfeart im Zusammenwirken der Fachkräfte des Jugendamts, der Eltern und ihrer Kinder, junger Volljähriger und ggf. sonstiger Beteiligter im Wege der Hilfeplanung zu entscheiden ist. Grundlage der Hilfeerbringung ist der Hilfeplan. Dessen Maßgabe mahnt die vorliegende Vorschrift an, ohne hinsichtlich der Notwendigkeit, des Umfangs und der Tiefe der Hilfeplanung etwas Neues zu normieren. Ob eine Hilfeplanung erforderlich ist und wann eine solche vorliegt, richtet sich auch in den von § 36a SGB VIII erfassten Fällen nach den Vorgaben des § 36 SGB VIII.

c) Unter Beachtung des Wunsch- und Wahlrechts der Leistungsberechtigten

9 Abs. 1 mahnt mit dieser Voraussetzung die **Beachtung des Wunsch- und Wahlrechts** der Leistungsberechtigten an (vgl. dazu die Erläuterungen zu § 36 SGB VIII Rn. 20 f.). Nun könnte man der Auffassung sein, dass es keine höhere Form der Ausübung des Wunsch- und Wahlrechts als die Selbstbeschaffung gebe. Mit ihr nimmt der Leistungsberechtigte ja gerade die von ihm gewünschte und gewählte Leistung entgegen. Die literarischen Äußerungen legen indes nahe, dass es an dieser Stelle vor allem um die **Beachtung der Grenzen**

des Wunsch- und Wahlrechts geht.[21] Legitimer Kern dessen ist es, Leistungsberechtigte vor einer Kostenbelastung infolge der Ablehnung der Leistung wegen Verstoßes gegen den Mehrkostenvorbehalt zu schützen.

2. Satz 1 Hs. 2 1. Alt. – Familiengerichtliche Anordnungen

Abs. 1 Satz 1 Hs. 2 überträgt das für Leistungsberechtigte geltende Verbot der Selbstbeschaffung nach Hs. 1 umstandslos auf **Anordnungen des Familiengerichts** und des **Jugendrichters** – als gebe es zwischen diesen beiden Formen der „Selbstbeschaffung" keinerlei qualitativen Unterschied. Dies als „missglückt" zu bezeichnen,[22] erscheint euphemistisch. 10

Ob das Jugendamt durch familien- oder jugendrichterliche Anordnung zur Gewährung von (bestimmten) Leistungen verpflichtet werden kann, ist umstritten.[23] Die Vertreter/-innen der Ablehnung einer Anordnungskompetenz insistieren darauf, dass die Aufgaben- und Zuständigkeitszuweisung im SGB VIII den Trägern der öffentlichen Jugendhilfe eine gegenüber den Gerichten unabhängige Entscheidung einräume. Allenfalls in Fällen, in denen das Jugendamt eine Leistung ohne sachlichen Grund oder aus anderen als sozialpädagogischen Gründen verweigere, komme eine Anordnungsbefugnis in Betracht, Fälle, denen allerdings kaum praktische Relevanz zukomme.[24] Diese Auffassung dürfte in der jugendhilferechtlichen und jugendamtsnahen Literatur mehrheitlich vertreten werden. 11

Hs. 2 Alt. 1 ist dann unproblematisch, wenn hinsichtlich der zu treffenden Maßnahmen und der Notwendigkeit und der Eignung einer Hilfe **Einvernehmen** zwischen Familiengericht und Jugendamt besteht. Wirksam wird die Vorschrift dann, wenn etwa das Familiengericht entgegen der Einschätzung des Jugendamts den (Teil-)Entzug der elterlichen Sorge für nicht angezeigt, sondern zu gewährende Hilfen für ausreichend hält, die Kindeswohlgefährdung abzuwenden oder zu beseitigen,[25] und ein entsprechendes Gebot nach § 1666 Abs. 3 Nr. 1 BGB ausspricht. Die Verneinung einer Anordnungskompetenz des Familiengerichts impliziert dann die Möglichkeit, dass die vom Familiengericht für notwendig angesehenen Maßnahmen nicht ergriffen werden, die Anordnung also ins Leere geht. 12

Darüber hinaus ist die grundsätzliche Frage aufgeworfen, welcher Inhalt und welche Bedeutung einer Anordnung nach § 1666 Abs. 3 Nr. 1 BGB überhaupt zukommt. Konsequenterweise reduziert *Meysen* hier die Anordnung auf die „Erleichterung" des Schutzauftrags des Jugendamts.

Ein Sonderfall ist die Anordnung begleiteten Umgangs. Insoweit geht die wohl herrschende Auffassung unter Verweis auf § 1684 Abs. 4 Satz 3 BGB davon aus, dass das Jugendamt nicht zur Umgangsbegleitung gezwungen werden kann, das Familiengericht sich vielmehr vor einer Entscheidung zu vergewissern habe, dass ein mitwirkungsbereiter Dritter zur Verfügung steht. Steht ein sonstiger Dritter nicht zur Verfügung und lehnt das Jugendamt eine Umgangsbegleitung ab, kann der **Umgang nicht stattfinden**.[26] Nach OVG NRW kann dem Umgangsberechtigten jedoch ein im Wege der einstweiligen Anordnung durchsetzbarer Anspruch auf Begleitung eines familiengerichtlich angeordneten Umgangs zustehen, dem gegenüber sich das Jugendamt nicht darauf berufen könne, dass die Anordnung des Familien- 13

21 Vgl. etwa FK-SGB VIII/*Meysen*, § 36a Rn. 14 f.
22 So MüKo/*Tillmanns*, § 36a SGB VIII Rn. 2.
23 Vgl. zum Streitstand mit umfangreichen Literaturhinweisen *Lobinger* 2015, 213 ff.
24 Vgl. Wiesner/*Schmid-Obkirchner*, 5. Aufl., § 36a SGB VIII Rn. 22, die auch darauf hinweist, dass sich auch für ausschließlich finanziell motivierte Entscheidungen eine sozialpädagogische Begründung finden lasse. In der 6. Aufl. wird eine Anordnungskompetenz des Familien- oder Jugendgerichts verneint, vgl. Wiesner/Wapler/*Gallep*, § 36a SGB VIII Rn. 20, 27.
25 Vgl. FK-SGB VIII/*Meysen*, § 36a Rn. 18.
26 Vgl. dazu die Entscheidungsdilemmata aus der Perspektive eines Familienrichters, *Keuter*, JAmt 2011, 373.

gerichts nicht sachgerecht sei oder es nicht über ausreichende Kapazitäten verfüge. Ob ein i.S.d. § 18 Abs. 3 Satz 4 SGB VIII geeigneter Fall gegeben sei, unterliege voller gerichtlicher Überprüfung.[27] Es bedarf danach ggf. zweier Gerichtsentscheidungen, um die Umgangsbegleitung durchzusetzen.[28]

3. Satz 1 Hs. 2 2. Alt. – Jugendrichterliche Anordnungen

14 Abs. 1 Hs. 1 erfasst neben den familiengerichtlichen auch **Entscheidungen des Jugendrichters**, durch die Jugendliche oder junge Volljährige zur Inanspruchnahme von Hilfen verpflichtet werden. Auch insoweit ist das Bestehen einer Anordnungskompetenz des Jugendrichters gegenüber dem Jugendamt hochumstritten.[29]

Unter den **Sanktionen** des Jugendstrafrechts kommen **weder Zuchtmittel** (§§ 5 Abs. 2, 13 ff. JGG) **noch die Jugendstrafe** (§§ 5 Abs. 3, 17 f. JGG) als „Hilfe" in diesem Sinne in Betracht. Bei beiden Sanktionsformen steht, wie sich aus § 5 Abs. 2 JGG ergibt, die Ahndung im Vordergrund. Die Frage nach der Erbringung von Hilfeleistungen oder deren Finanzierung stellt sich hier also nicht. Als Hilfen, zu deren Inanspruchnahme der Jugendrichter verpflichten kann, kommen allenfalls **Erziehungsmaßregeln** (§§ 5 Abs. 1, 9 ff. JGG) in Betracht.

a) Verpflichtung zur Inanspruchnahme von Hilfe zur Erziehung (§ 12 JGG)

15 Obwohl das JGG vielfach von Erziehung, erzieherischen Gründen oder Erziehungsmaßregeln spricht, ermächtigt es ausschließlich in § 12 JGG explizit dazu, die Inanspruchnahme von Hilfe anzuordnen. Der Jugendrichter wird in der Vorschrift ermächtigt, die Inanspruchnahme von Erziehungshilfe gegenüber dem Jugendlichen anzuordnen. Durch den Halbsatz wird allerdings klargestellt, dass er eine solche Anordnung nur treffen darf, wenn die von ihm zu prüfenden Voraussetzungen für die genannten Hilfen nach dem SGB VIII vorliegen. Zuvor hat er das Jugendamt anzuhören, das kraft seiner fachlichen Kompetenz in die Lage versetzt wird, gleichsam gutachterlich tätig zu werden.

Ordnet der Richter die Inanspruchnahme von Hilfe zur Erziehung in einer der beiden Formen an, stellt er damit allerdings verbindlich fest, dass deren Voraussetzungen nach §§ 30 oder 34 SGB VIII vorliegen. Die Vorschrift stellt mithin klar, dass es sich bei dieser Hilfe um eine solche im Sinne des SGB VIII und damit um Hilfe im Sinne des § 36a Abs. 1 SGB VIII handelt. Da allerdings § 36a SGB VIII über eine reine Kostenentscheidung hinausgeht, tritt der im Verhältnis zu § 12 JGG bestehende Gegensatz offen zutage. Während § 12 JGG lediglich die **Anhörung des Jugendamtes** fordert, wird in § 36a Abs. 1 Satz 1 Hs. 2 SGB VIII dessen eigenständige positive Entscheidung zur Gewährung der Hilfe verlangt. Dieser Widerspruch lässt sich auf der Ebene des Wortlauts nicht auflösen, da der Begriff der Anhörung durch das 1. ÄndG SGB VIII an die Stelle des zuvor erforderlichen Einvernehmens des Jugendamtes getreten ist, gegen das verfassungsrechtliche Bedenken erhoben worden waren. Jede Auslegung, die den im Übrigen terminologisch feststehenden Begriff der Anhörung in die Nähe eines Einvernehmens rücken würde, setzte sich damit in Widerspruch nicht nur zum Wortlaut der Norm, sondern auch zur Gesetzgebungsgeschichte, aus der sich ergibt, dass § 36a SGB VIII die Vorschrift des § 12 JGG keineswegs verdrängen wollte.[30]

16 § 12 JGG als zwar ältere, aber speziellere Regelung geht damit vor und findet uneingeschränkt Anwendung. § 36a SGB VIII hat danach die bestehende Rechtslage hinsichtlich der in § 12 JGG genannten Hilfen zur Erziehung nicht verändert. Damit ist auch geklärt, dass der

27 OVG NRW, Beschl. v. 27.6.2014, 12 B 579/14; openjur.de = EJ 2015, 130 ff. mit Anm. *Möller*; in gleichem Sinne OVG Saarlouis, Beschl. v. 8.4.2014, 1 B 283/14, ZKJ 2014, 488 ff.
28 Vgl. dazu *Schäder*, JAmt 2021, S. 2 (5 ff.).
29 Vgl. *Lobinger* 2015, 213 ff. mit umfangreichen Literaturnachweisen.
30 Vgl. zur Gesetzgebungsgeschichte ausführlich *Möller/Schütz*, ZKJ 2007, 178 (179 f.).

Träger der öffentlichen Jugendhilfe verpflichtet ist, die nach dieser Vorschrift angeordneten Erziehungshilfen auch auf seine Kosten anzubieten. Denn andernfalls würde der soeben dargelegte Vorrang des § 12 JGG unterlaufen.

Ordnet der Jugendrichter die Inanspruchnahme von Hilfe zur Erziehung in einer der in § 12 JGG genannten Formen an, bleibt für eine (abweichende) Entscheidung des Jugendhilfeträgers somit kein Raum.

b) Weisungen

Im Verhältnis von Jugendstrafrecht und Jugendhilfe stehen seit jeher die Weisungen gemäß § 10 JGG und unter diesen die sogenannten neuen ambulanten Maßnahmen im Zentrum der Diskussion. Ob sie aber überhaupt Hilfen im Sinne des § 36a SGB VIII darstellen, ist keinesfalls eindeutig. Nach § 10 Abs. 1 JGG handelt es sich bei den Weisungen um Gebote oder Verbote, welche die Lebensführung des Jugendlichen regeln und dadurch seine Erziehung fördern und sichern sollen. **17**

Hinsichtlich der Betreuungsweisung konzediert *Ostendorf*,[31] dass es sich um eine erzieherische Hilfe i.S.d. § 30 SGB VIII handelt, und weist auf den Widerspruch hin, dass bei Anwendung von § 36a SGB VIII der Jugendhilfeträger autonom soll entscheiden können, während nach § 38 Abs. 2 Satz 6 JGG die Jugendhilfe expressis verbis zur Betreuung verpflichtet ist, sofern der Richter keine andere Person damit betraut.

Andere Autor_innen gehen demgegenüber selbstverständlich davon aus, dass es sich bei einzelnen Weisungen um die Verpflichtung zur Inanspruchnahme von Hilfe nach dem SGB VIII und damit i.S.d. § 36a SGB VIII handelt. Das gilt insbesondere für die Weisung, bei einer Familie oder in einem Heim zu wohnen (§ 10 Abs. 1 Satz 3 Nr. 2 JGG) als Inanspruchnahme von Vollzeitpflege nach § 33 SGB VIII, von Erziehung in einer Einrichtung über Tag und Nacht oder einer sonstigen Wohnform nach § 34 SGB VIII oder von intensiver Einzelbetreuung nach § 35 SGB VIII, sich der Betreuung und Aufsicht eines Betreuungshelfers zu unterstellen (§ 10 Abs. 1 Satz 3 Nr. 5 JGG) als Inanspruchnahme von Hilfe nach § 30 SGB VIII oder an einem sozialen Trainingskurs teilzunehmen (§ 10 Abs. 1 Satz 3 Nr. 6 JGG) als Teilnahme an sozialer Gruppenarbeit nach § 29 SGB VIII.

Somit stellen sich jedenfalls einzelne der nach dem JGG möglichen Weisungen auch als Hilfen i.S.d § 36a Abs. 1 SGB VIII dar, sodass entsprechende Verpflichtungen durch den Jugendrichter von dieser Vorschrift erfasst werden.[32] **18**

c) Anordnungen nach § 3 Satz 2 JGG

Gem. § 3 Satz 1 JGG ist in jedem gegen einen Jugendlichen geführten Verfahren dessen strafrechtliche Verantwortlichkeit positiv festzustellen. Fehlt die erforderliche Reife, ist das Verfahren einzustellen (§ 170 Abs. 2 StPO bzw. § 47 Abs. Nr. 4 JGG) oder der Angeklagte **19**

31 *Ostendorf*, ZJJ 2004, 294 (295).

32 Nach LG Tübingen, Beschl. v. 28.3.2018, 3 Qs 14/17, burhoff.de, hat der Träger der Jugendhilfe die mit einer Betreuungsweisung verbundenen Kosten jedenfalls dann zu tragen (im entschiedenen Fall: Dolmetscherkosten), wenn die Weisung einem Vorschlag der Jugendgerichtshilfe entspricht. Befürworte die Jugendgerichtshilfe als Sanktion eine von ihr selbst durchzuführende Auflage nach § 10 Abs. 1 JGG, müsse es ihr bzw. dem Jugendamt verwehrt sein, eine Kostentragung unter Berufung auf ein Fehlen formaler Anordnungsvoraussetzungen („auf Grundlage der Entscheidung des Trägers der öffentlichen Jugendhilfe", „nach Maßgabe des Hilfeplans", „unter Beachtung des Wunsch- und Wahlrechts erbracht") abzulehnen. § 36a Abs. 1. Hs. 1 SGB VIII sei hinsichtlich der dort genannten Voraussetzungen jedenfalls insoweit einschränkend auszulegen, als die Initiative der Jugendgerichtshilfe im Rahmen des jugendgerichtlichen Verfahrens gerade zur Verhängung dieser Sanktion der Situation einer „auf der Grundlage der Entscheidung des Trägers der Jugendhilfe" „nach Maßgabe des Hilfeplans" und „unter Beachtung des Wunsch- und Wahlrechts erbrachten" Jugendhilfemaßnahme gleichzustellen sei. Andernfalls würde dem Jugendamt als Träger der Jugendgerichtshilfe ein widersprüchliches Verhalten zugestanden, verbunden mit einer erheblichen Rechtsunsicherheit.

freizusprechen. Zugleich räumt § 3 Satz 2 JGG in diesem Fall dem Richter die Befugnis ein, „zur Erziehung eines Jugendlichen" dieselben Maßnahmen anzuordnen wie das Familiengericht. Welche Maßnahmen das sind, ist im Einzelnen umstritten, jedenfalls wird teilweise auch die Verpflichtung zur Inanspruchnahme von Hilfen nach dem SGB VIII für möglich und zulässig gehalten, sofern deren Voraussetzungen vorliegen, was zu prüfen dem Jugend- oder dem Familienrichter obliege. Auch diese Anordnungen liegen mithin im Regelungsbereich des § 36a Abs. 1 SGB VIII.

20 **§ 31 SGB I**, nach dem Rechte und Pflichten in den Sozialleistungsbereichen des SGB nur begründet, festgestellt, geändert oder aufgehoben werden dürfen, soweit ein Gesetz es vorschreibt oder zulässt, **steht**, anders als vielfach vertreten wird, einer **Anordnungskompetenz des Jugendrichters nicht entgegen**. Denn der Begriff des Gesetzes im Sinne der Vorschrift erfordert keine Regelung im SGB, ihm genügt jede gesetzliche Regelung, also auch das JGG.

4. Satz 2 – Heranziehung zu den Kosten

20a **Abs. 1 Satz 2** betont in verklausulierter Form (die Selbstverständlichkeit), dass die „Steuerungsverantwortung" nicht dazu führen darf, eine Hilfe wegen fehlender Leistungsfähigkeit des Leistungsberechtigten zu versagen.[33]

II. Abs. 2 – Zulässige Selbstbeschaffung

21 Zu Recht weist zuletzt die Gesetzesbegründung des KJSG darauf hin, dass gerade Familien, deren Hilfebedarfen durch frühzeitige präventive Angebote Rechnung getragen werden könnte, Vorbehalte und Ängste gegenüber staatlichen Stellen und bürokratischen Verfahren haben und infolgedessen keinen Zugang zur Hilfe finden. Die Vorhaltung niedrigschwelliger Angebote sei daher für die Leistungsfähigkeit des Hilfesystems des SGB VIII essenziell, um die mögliche Verfestigung von Problemlagen und Notwendigkeit eingriffsintensiverer Hilfen und Maßnahmen zur Sicherung des Kindeswohls zu erübrigen.[34]

Absatz 2 enthält deshalb eine wesentliche Ausnahme von den Grundsätzen des Abs. 1: Abweichend von diesem wird der Träger der öffentlichen Jugendhilfe **verpflichtet**, die **niedrigschwellige unmittelbare Inanspruchnahme** von **ambulanten Hilfen zuzulassen**. Dass die Inanspruchnahme solcher Hilfen niedrigschwellig und unmittelbar möglich sein muss, bedeutet, dass es insoweit weder ein vorgeschaltetes **Antrags- noch ein Bewilligungsverfahren** geben darf. Ein solches Verfahren würde den Sinn und Zweck solcher Hilfeformen vollständig konterkarieren. Ausreichend ist allein die Entscheidung der Hilfebedürftigen für die Inanspruchnahme der Hilfe. Der örtliche Träger der öffentlichen Jugendhilfe ist in diesem Fall abweichend von § 36a Abs. 1 SGB VIII auch dann zur Kostenübernahme ohne seine vorherige Prüfung und Bewilligung verpflichtet, wenn der Leistungsberechtigte diese Leistungen unmittelbar in Anspruch genommen hat. Die Pflicht, die unmittelbare Inanspruchnahme zuzulassen, impliziert die Verpflichtung des öffentlichen Trägers, entsprechende Hilfeangebote in ausreichendem Umfang bereitzustellen.

Die Vorschrift erfasst **alle Formen ambulanter Hilfen** nach den §§ 27 ff., 35a und 41 SGB VIII, **schließt** also umgekehrt **nur stationäre** Hilfeformen aus. Daran ändert auch die Hervorhebung der **Erziehungsberatung** nach § 28 SGB VIII nichts. Sie trägt der prominenten Stellung dieser Form unter den ambulanten Hilfen Rechnung, führt aber nicht im Umkehrschluss zu einer Einschränkung hinsichtlich anderer Formen. Allerdings wird der Benen-

33 Vgl. Wiesner/Wapler/*Gallep*, § 36a SGB VIII Rn. 39.
34 Vgl. BT-Drs. 19/26107, 86 f.

nung der Erziehungsberatung als **Regelbeispiel** eine weitere Bedeutung dahin entnommen, dass damit ein Kriterium für die Auswahl derjenigen Hilfeformen vorgegeben werde, deren unmittelbare Inanspruchnahme durch Vereinbarungen mit den Leistungserbringern grundsätzlich ermöglicht werden soll. Die Verpflichtung zur Zulassung der unmittelbaren Inanspruchnahme beziehe sich demnach regelmäßig auf ambulante Leistungen, die von ihrer Eingriffsintensität her mit der Erziehungsberatung vergleichbar seien. Hilfen, die stark auf die Lebenssphäre einer Familie einwirkten und, wie insbesondere die sozialpädagogische Familienhilfe nach § 31 SGB VIII, in der Regel als intensiv zu bewerten seien, würden deshalb regelmäßig von der Regelung in Absatz 2 nicht erfasst.[35]

Zwar kommt einem Regelbeispiel nicht nur Hervorhebungs-, sondern auch maßstabgebende Funktion zu, dennoch ist die Frage der Niedrigschwelligkeit als entscheidendes Kriterium der Inanspruchnahme aus der **Empfänger-, nicht der Anbieterperspektive** zu beurteilen. Der nachträglichen Einschränkung des zuvor großzügig auf alle ambulanten Hilfen eröffneten Leistungsspektrums sind deshalb Grenzen gesetzt.[36] Angesichts dessen ist auch die sozialpädagogische Familienhilfe jedenfalls in Fällen eines kurzfristig auftretenden und kurzfristigen Hilfebedarfs als von **Abs. 2 erfasst** anzusehen.

Das bedeutet indes nicht, dass der öffentliche Träger ohne Einfluss auf die Inanspruchnahme solcher Hilfen wäre. Das **notwendige Instrumentarium zur Steuerung** („dazu") durch den öffentlichen Träger stellen die nach Abs. 2 Satz 2 mit den **Leistungserbringern** zu schließenden **Leistungsvereinbarungen** dar, in denen neben der Kostentragung die Voraussetzungen und die Ausgestaltung der Leistungserbringung zu regeln sind. Zweck dieser Vereinbarungen ist neben der Kostenregelung, den Wegfall der individuellen Hilfeplanung als dem für die Bedarfsgerechtigkeit und Qualitätssicherung zentralen Instrument zu kompensieren. Da der örtliche Träger nicht im Einzelfall über die Gewährung der Hilfe entscheide, so die Gesetzesbegründung, dienten die Vereinbarungen mit den Leistungserbringern der Wahrnehmung der Steuerungsverantwortung.[37] 22

Das im „ohne Behördengang und Antragstellung"[38] liegende Versprechen des unmittelbaren Zugangs wird auf dem Wege der zu treffenden Vereinbarungen zumindest partiell wieder zurückgenommen. Auch hier gilt also der Grundsatz des Entscheidungsprimats des Jugendamtes.[39] Es entscheidet zwar nicht im Einzelfall, vermag aber den Entscheidungsprozess durch die Gestaltung der Vereinbarungen mehr oder weniger engmaschig steuern.

Entsprechend dieser Steuerungsfunktion müssen die **Vereinbarungen** bestimmte **Mindestinhalte** aufweisen. Insoweit werden genannt:

- die Angebote des Leistungserbringers, die von der unmittelbaren Zulassung umfasst werden;
- die Tatbestandsvoraussetzungen eines Anspruchs auf die zu gewährenden ambulanten Leistungen;
- die Einzelmaßnahmen, die von der Zulassung zur direkten Inanspruchnahme und damit von der zugesagten Kostenübernahme erfasst sind;

35 So Wiesner/Wapler/*Gallep*, § 36a SGB VIII Rn. 39; wie hier LPK-SGB VIII/*Kunkel/Pattar*, § 36a Rn. 11, die dankenswerterweise darauf hinweisen, dass es sich bei § 36a SGB VIII um eine Kostensenkungsvorschrift handelt.

36 Einen anderen Weg der Begrenzung geht entsprechend seiner Grundhaltung, den Entscheidungsprimat des Jugendamtes zu stärken, *Meysen*, der unter Hinweis auf die Stärkung der Steuerungsverantwortung einen „weiten Gestaltungsspielraum" der öffentlichen Träger eröffnet sieht, vgl. FK-SGB VIII/*Meysen*, § 36a Rn. 34.

37 Vgl. BT-Drs. 19/26107, 87.

38 So die Gesetzesbegründung, BT-Drs. 19/26107, 82.

39 So ausdrücklich Wiesner/Wapler/*Gallep*, § 36a SGB VIII Rn. 40.

– die Modalitäten der Kostenübernahme durch den öffentlichen Träger;
– der Zeitpunkt bzw. der Grad der Intensität der Hilfeleistung, bei dem das Jugendamt eingeschaltet werden muss.[40]

Angesichts dieser zu treffenden Regelungen und deren Anwendung kann von einer „niedrigschwelligen unmittelbaren Inanspruchnahme" der Hilfe keine Rede sein. Prosaisch gesprochen, wird die Entscheidung des Jugendamtes durch die des (freien) Leistungserbringers ersetzt, die wiederum durch die Kosten- und Leistungsvereinbarung determiniert ist. Das Jugendamt delegiert die Entscheidung an den freien Träger. Für die Leistungsberechtigten ändert sich also nichts als die Stelle, die über ihre Ansprüche entscheidet.[41]

22a Hinsichtlich der Leistungen nach § 20 Abs. 1 SGB VIII ordnet dessen Abs. 3 zwar die entsprechende Geltung von § 36a Abs. 2 an, normiert aber zugleich Sonderregelungen über die zu schließenden Vereinbarungen.[42]

Zum einen soll die niedrigschwellige unmittelbare Inanspruchnahme der Leistungen i.S.d. § 20 Abs. 1 SGB VIII nach § 20 Abs. 3 Satz 1 „insbesondere" unter den dort genannten Voraussetzungen zugelassen werden.

Zum anderen verpflichtet § 20 Abs. 3 Satz 2 SGB VIII ausdrücklich dazu, in den mit den Trägern der Beratungsstellen zu schließenden Vereinbarungen die „kontinuierliche und flexible Verfügbarkeit" sowie die professionelle Anleitung und Begleitung beim Einsatz von ehrenamtlichen Personen sicherzustellen, deren Einsatz angesichts der „geringeren pädagogischen Intensität" der Hilfe für vertretbar gehalten wird. Zu Einzelheiten vgl. die Kommentierung zu § 20 SGB VIII Rn. 13 ff.

22b Die Vereinbarungen nach Satz 2 sind gem. Satz 3 in die Jugendhilfeplanung nach § 80 SGB VIII einzubetten. Dies soll der Bedarfsgerechtigkeit des Angebots sowie der Sicherung der Qualität und Kontinuität der angebotenen Leistungen dienen.[43]

Wenn allerdings dabei der nach § 80 Abs. 1 Nr. 2 SGB VIII ermittelte Bedarf „Beachtung findet", was nichts anderes bedeutet, als dass er Bedeutung zu finden hat, so wird die Kausalität auf den Kopf gestellt: Bedarfsgerecht ist, was den zuvor im Zuge der Jugendhilfeplanung als Bedarf *ermittelten*, d.h. definierten abdeckt. Nicht der real bestehende, sondern der zuvor im Rahmen der Jugendhilfeplanung definierte Bedarf ist entscheidend. Deshalb ist es richtig, auch in dieser Vorschrift eine Ausprägung der Steuerungsverantwortung, also des Entscheidungsprimats des öffentlichen Trägers zu sehen.

22c Dass es sich entgegen anderslautender Beteuerungen auch im Fall des Abs. 2 um ein Antrags- und Bewilligungsverfahren handelt, ergibt sich schließlich auch aus Abs. 3. Dessen Regelungen gelten auch in den Fällen, in denen Hilfe abweichend von Abs. 2 selbst beschafft wurden. Daraus ergibt sich zunächst, dass auch Hilfeleistungen nach Abs. 2 grundsätzlich selbst beschafft werden können.

Im Widerspruch zu Abs. 2 steht allerdings die Vorschrift des Abs. 3 Satz 1 Nr. 1, nach der der Leistungsberechtigte „den Träger der öffentlichen Jugendhilfe vor der Selbstbeschaffung über den Hilfebedarf" in Kenntnis zu setzen hat, denn Abs. 2 begründet gerade den Anspruch auf niedrigschwellige unmittelbare Hilfe **ohne Einbeziehung des öffentlichen Trä-**

---

40 Vgl. Wiesner/Wapler/*Gallep*, § 36a SGB VIII Rn. 41; vgl. zu diesen Kosten- und Leistungsvereinbarungen auch LPK-SGB VIII/Kunkel/*Pattar*, § 36a Rn. 14.

41 An diesem Befund ändert sich auch durch die Begrifflichkeit nichts, mit der dieser Vorgang belegt wird, sei es die „strukturelle Wahrnehmung der Steuerungsverantwortung" (*Gallep*), sei es eine „gesteuerte Selbstbeschaffung" oder „Fernsteuerung" (*Kunkel/Pattar*).

42 Diese waren im Gesetzentwurf der Bundesregierung noch in § 36a Abs. 2 SGB VIII enthalten, da die Hilfen nach § 20 SGB VIII in diesem Gesetzentwurf nach § 28a SGB VIII-E als Form der Hilfe zur Erziehung enthalten waren. Mit deren Rückverlagerung in § 20 SGB VIII wanderten auch die Sonderregelungen über Vereinbarungen in § 20 SGB VIII zurück.

43 Vgl. nur Wiesner/Wapler/*Gallep*, § 36a SGB VIII Rn. 41c.

gers. Dieser Widerspruch kann nur dadurch aufgelöst werden, dass in den Fällen des Abs. 2 der von den Leistungsberechtigten angegangene Leistungserbringer über den Hilfebedarf in Kenntnis zu setzen ist. Im Übrigen gelten die Ausführungen zu Abs. 3.

III. Abs. 3 – Aufwendungsersatzanspruch bei Selbstbeschaffung

Gem. § 36a Abs. 3 SGB VIII ist der Träger der öffentlichen Jugendhilfe nur unter den in Satz 1 Nr. 1 bis 3 genannten Voraussetzungen verpflichtet, die erforderlichen Aufwendungen für entgegen den Vorgaben der Absätze 1 und 2 selbstbeschafften Hilfen zu übernehmen. Der primäre Leistungsanspruch wandelt sich in diesen Fällen also in einen **Aufwendungsersatzanspruch**.[44] Anspruchsgrundlage ist dann § 36a Abs. 3 i.V.m. der jeweiligen Leistungsnorm, also etwa § 35a Abs. 1 SGB VIII. Das Normprogramm der Vorschrift wurde durch die Entscheidung des BVerwG vom 28.9.2000[45] vorgezeichnet und durch das KICK gleichsam in Gesetzesform gegossen. 23

Der **Aufwendungsersatzanspruch** steht der oder dem jeweils **Leistungsberechtigten** der begehrten, aber nicht erbrachten Leistung, in den häufig streitigen Fällen eines nicht erfüllten Anspruchs nach § 24 Abs. 2 Satz 1 SGB VIII also dem zu betreuenden Kind, nicht dessen Eltern zu.[46] In Fällen der Erstattung von Aufwendungen für selbstbeschaffte Leistungen nach § 35a SGB VIII ist der oder die Minderjährige, bei Leistungen nach § 41 SGB VIII der junge Volljährige, in Fällen der Hilfe zur Erziehung nach §§ 27 ff. sind die Personensorgeberechtigten anspruchsberechtigt. Abs. 3 normiert die **Voraussetzungen**, unter denen der Träger der öffentlichen Jugendhilfe die **Aufwendungen** eines Leistungsberechtigten für abweichend von Abs. 1 und 2 (also verbotenerweise) selbst beschaffte Hilfen **zu übernehmen** hat, weil ein sog. „Systemversagen" vorliegt.[47]

1. Satz 1 – Voraussetzungen des Aufwendungsersatzanspruchs

a) Absatz 3 Satz 1 Nr. 1 – In-Kenntnis-Setzen des öffentlichen Trägers

Der **Aufwendungsersatzanspruch** setzt gemäß **Abs. 3 Satz 1 Nr. 1** zunächst voraus, dass der Leistungsberechtigte den Träger der öffentlichen Jugendhilfe vor der Selbstbeschaffung über den Hilfebedarf **in Kenntnis gesetzt** hat. Dieses In-Kenntnis-Setzen erfordert eine eindeutige Willenserklärung der oder des Hilfeberechtigten über den konkreten Bedarf in Form eines Antrags vor der Selbstbeschaffung der Leistung.[48] Eine besondere Form ist für einen solchen Antrag nicht vorgeschrieben oder einzuhalten.[49] Er kann also schriftlich, mündlich bzw. telefonisch, per E-Mail oder auch durch schlüssiges Verhalten, also etwa die Einreichung von einschlägigen Unterlagen wie Atteste oder Gutachten, aus denen sich der Hilfebedarf ergibt, gestellt werden. Setzt der Leistungsberechtigte den Träger vor der Selbstbeschaffung vom Hilfebedarf in Kenntnis, liegt darin regelmäßig bereits eine Antragstellung. 24

---

44 Das Gesetz spricht in § 36a Abs. 3 SGB VIII von der „Übernahme der erforderlichen Aufwendungen", zu der das Jugendamt verpflichtet ist. Teilweise ist von einem Erstattungsanspruch die Rede. Hier wird im Folgenden der Begriff des Aufwendungsersatzanspruchs verwendet.

45 BVerwG, 5 C 29/99, juris = FEVS 52, 532 = ZfJ 2001, 310.

46 BVerwG, Urt. v. 12.9.2013, 5 C 32.12, bundesverwaltungsgericht.de, Rn. 47; BGH, Urt. v. 20.10.2016, III ZR 278/15, JAmt 2017, 83.

47 Vgl. etwa FK-SGB VIII/*Meysen*, § 36a Rn. 45. „Systemversagen" ist freilich ein großes Wort für die alltägliche, eher systemimmanente kleine Münze der Nichtentscheidung oder verspäteten oder zu Unrecht abgelehnten Bewilligung von Leistungen, als die das „Systemversagen" zu charakterisieren ist, vgl. Wiesner/Wapler/*Gallep*, § 36a SGB VIII Rn. 42.

48 NdsOVG, Beschl. v. 25.11.2020, 10 LA 58/20, rechtsprechung.niedersachsen.de.

49 BVerwG, Beschl. v. 17.2.2011, 5 B 43.10, openjur.de, Rn. 12.

Wird der Antrag bei einem unzuständigen Leistungsträger, bei einer nicht zuständigen Gemeinde oder bei einer deutschen Auslandsvertretung gestellt, ist er gem. § 16 Abs. 2 SGB I von dort unverzüglich an den zuständigen öffentlichen Jugendhilfeträger weiterzuleiten. Er gilt gem. § 16 Abs. 2 Satz 2 SGB I als zu dem Zeitpunkt gestellt, zu dem er bei einer der vorgenannten Stellen eingegangen ist.
Bei unklarer Sachlage ist der Träger nach § 16 Abs. 3 SGB I verpflichtet, auf eine sachdienliche Antragstellung hinzuwirken. Tut er das nicht, kann er sich zu einem späteren Zeitpunkt nicht auf deren Fehlen berufen.

Ein Antrag muss so **rechtzeitig gestellt** werden, dass der Jugendhilfeträger zur pflichtgemäßen Prüfung sowohl der Anspruchsvoraussetzungen als auch möglicher Hilfemaßnahmen in der Lage ist.[50] Nach § 24 Abs. 5 Satz 2 SGB VIII kann Landesrecht bestimmen, dass die Erziehungsberechtigten den zuständigen öffentlichen Träger innerhalb einer bestimmten Frist vor der beabsichtigten Inanspruchnahme der Förderung in einer Tageseinrichtung oder in Kindertagespflege in Kenntnis setzen. Sofern Landesrecht eine bestimmte Frist vorsieht,[51] ist diese auch im Rahmen des § 36a Abs. 3 Satz 1 Nr. 1 SGB VIII für das rechtzeitige In-Kenntnis-Setzen von Bedeutung und bei der Selbstbeschaffung zu beachten.

Darüber, welcher **Zeitraum** dem Jugendamt dafür einzuräumen ist, lässt sich eine allgemeine Aussage kaum treffen. Ein regelmäßig einzuräumender Zeitraum von drei bis vier Monaten[52] ist allerdings zu lang bemessen,[53] bedenkt man, dass es um Hilfen für Kinder und Jugendliche geht, bei denen jede verstrichene Zeit ohne die begehrte Hilfe unwiederbringlich verloren ist.[54] Dass die Hilfe rechtzeitig zu erbringen ist, weil andernfalls der Anspruch unwiederbringlich verloren geht, ist ja gerade die Ratio, die hinter dem Erstattungsanspruch des § 36a Abs. 3 SGB VIII steht. Schließlich bewertet auch der Gesetzgeber grundsätzlich drei Monate als die äußerste der Behörde einzuräumende Entscheidungsfrist, indem er in § 75 Satz 2 VwGO nach deren Ablauf die Untätigkeitsklage für zulässig erklärt.

Wird der Antrag bei einem unzuständigen Leistungsträger gestellt – man bedenke die Zuständigkeitsprobleme bei der Eingliederungshilfe nach § 35a SGB VIII oder nach den §§ 53 ff. SGB XII – sind sie gemäß § 16 Abs. 2 SGB I von diesem unverzüglich an den zuständigen Träger, hier das Jugendamt, weiterzuleiten.

24a Satz 1 Nr. 1 verlangt, dass das In-Kenntnis-Setzen des öffentlichen Trägers **vor der Selbstbeschaffung** zu erfolgen habe. Die auf den ersten Blick eindeutige Regelung lässt indes offen, ab wann von einer Selbstbeschaffung in diesem Sinne auszugehen ist. Als Zeitpunkt in Betracht kommt etwa die Anbahnung der Leistung, ein ggfs. notwendiger Vertragsschluss oder deren tatsächliche Erbringung bzw. Inanspruchnahme. Nach dem Zweck der Vorschrift, die Entscheidungshoheit des öffentlichen Trägers zu sichern, ist eine Selbstbeschaffung dann anzunehmen, wenn die Leistungsberechtigten rechtliche Verbindlichkeiten zur Erbringung der begehrten Leistung, etwa einen Schulvertrag, eingegangen sind, die nicht oder nur unter Inkaufnahme erheblicher rechtlicher und/oder finanzieller Nachteile rückgängig gemacht werden können.

---

50 Vgl. OVG NRW, Beschl. v. 9.10.2020, 12 A 195/18, openjur.de; Urt. v. 16.11.2015, 12 A 1639/14, justiz.nrw.de, Rn. 107 f. m.w.N.
51 Vgl. etwa § 45a bayAGSG.
52 So Sächs. OVG, Urt. v. 23.9.2020, 3 A 975/19, justiz-sachsen.de, Rn. 30. Im Fall einer bereits erfolgten Vorbefassung des Trägers bezüglich einer anderen Hilfe bzw. einem wiederholten Antrag hält das OVG allerdings einen Zeitraum von einem Monat für ausreichend. Einen Zeitraum von wenigen Tagen hält VG Göttingen, Urt. v. 28.11.2019, 2 A 206/17, openjur.de, Rn. 27, für die Bearbeitung eines Antrags auf Bewilligung einer Dyskalkulietherapie für ausreichend.
53 Ebenso OVG NRW, Beschl. v. 9.10.2020, 12 A 195/18, openjur.de, Rn. 28, das andererseits aber auch den in § 14 Abs. 2 Satz 2 bzw. 4 SGB IX genannten Zeitraum von drei Wochen für nicht anwendbar hält.
54 Vgl. als Negativbeispiel auch OVG Berlin-Brandenburg, Urt. v. 21.8.2019, OVG 6 B 4.19, openjur.de, wo der öffentliche Träger mit Billigung des Gerichts ohne jegliche Begründung einen Bearbeitungszeitraum von drei Monaten für die Bewilligung einer LRS-Therapie beanspruchte.

b) Absatz 3 Satz 1 Nr. 2 – Vorliegen der Voraussetzungen der Hilfegewährung

Abs. 3 Satz 1 Nr. 2 enthält die (geradezu selbstverständliche) Anforderung, dass die **Voraussetzungen für die Gewährung der Leistung vorgelegen** haben müssen Die Selbstbeschaffung einer Hilfeleistung, auf die ein (Primär)anspruch nicht bestanden hat, vermag auch keinen Sekundäranspruch auf Aufwendungsersatz auszulösen. 25

In jedem Fall müssen also die **materiellen Anspruchsvoraussetzungen** für die begehrte Hilfe vorgelegen haben. Welche das sind, lässt sich nicht § 36a SGB VIII, sondern nur den jeweiligen Anspruchsnormen, etwa nach §§ 27 ff. oder 35a SGB VIII, entnehmen.
Hat der Jugendhilfeträger eine andere als die von den Leistungsberechtigten begehrte Hilfe bewilligt, stellt sich die Frage, ob dem Aufwendungsersatzanspruch entgegengehalten werden kann, dass dem Jugendhilfeträger bei der Entscheidung über Notwendigkeit und Geeignetheit einer Hilfe ein Beurteilungsspielraum zustehe, sodass gegenüber einer von diesem als „angemessen, fachlich vertretbar und nachvollziehbar" bezeichneten Eingliederungshilfemaßnahme ein Recht zur Selbstbeschaffung einer davon abweichenden Hilfe nicht bestehe.[55]
Dem hat das BVerwG widersprochen. Habe das Jugendamt nicht rechtzeitig oder nicht in einer den an das Hilfeplanverfahren zu stellenden Anforderungen entsprechenden Weise über die begehrte Hilfeleistung entschieden, könnten an dessen Stelle die Betroffenen den sonst der Behörde zustehenden nur begrenzt gerichtlich überprüfbaren Einschätzungsspielraum für sich beanspruchen. Denn in dieser Situation seien sie dazu gezwungen, im Rahmen der Selbstbeschaffung des § 36a Abs. 3 SGB VIII eine eigene Entscheidung über die Geeignetheit und Erforderlichkeit einer Maßnahme zu treffen. Weil nun ihnen die Entscheidung aufgebürdet sei, eine angemessene Lösung für eine Belastungssituation zu treffen, habe dies zur Folge, dass die Verwaltungsgerichte nur das Vorhandensein des jugendhilferechtlichen Bedarfs uneingeschränkt zu prüfen, sich hinsichtlich der Geeignetheit und Erforderlichkeit der selbst beschafften Hilfe aber auf eine fachliche Vertretbarkeitskontrolle aus der ex-ante-Betrachtung der Leistungsberechtigten zu beschranken hätten. Sei die Entscheidung der Berechtigten in diesem Sinne fachlich vertretbar, könne ihr etwa im Nachhinein nicht mit Erfolg entgegnet werden, das Jugendamt habe eine andere Hilfe für geeignet gehalten.[56]

In **zeitlicher Hinsicht** maßgebend ist der Zeitraum, für den Leistungen selbst beschafft wurden. Ist die Hilfe jeweils für bestimmte (aufeinanderfolgende) Zeitabschnitte zu gewähren (etwa für ein Schuljahr) und lagen die materiellen Leistungsvoraussetzungen für einen bestimmten Zeitabschnitt (noch nicht oder nicht mehr) vor, schließt dies das Bestehen des Aufwendungsersatzanspruchs für die übrigen Zeitabschnitte nicht aus. War also die Selbstbeschaffung zunächst etwa wegen fehlender oder verspäteter In-Kenntnis-Setzung des öffentlichen Trägers unzulässig, kann diese in einem späteren Zeitraum zulässig werden und der Aufwendungsersatzanspruch aufleben. Auf eine unzulässige Selbstbeschaffung kann sich das Jugendamt für derartige Zeiträume dann nicht mehr berufen.[57] 25a

c) Absatz 3 Satz 1 Nr. 3 – Unaufschiebbarkeit der Bedarfsdeckung

Abs. 3 Satz 1 Nr. 3 setzt schließlich in zeitlicher Hinsicht voraus, dass die Deckung des Hilfebedarfs keinen Aufschub geduldet hat. Das ist immer dann der Fall, wenn der oder dem Leistungsberechtigten ein **Abwarten bis zur Entscheidung des Trägers** der öffentlichen Ju- 26

55 Vgl. dazu BVerwG, Urt. v. 18.10.2012, 5 C 21.11, bverwg.de. Soweit es in der Entscheidung, Rn. 14, heißt, in Streit stehe allein das Vorliegen der Voraussetzung des § 36a Abs. 3 Satz 1 Nr. 3 SGB VIII, handelt es sich ersichtlich um einen Schreibfehler, da sich aus dem Kontext klar ergibt, dass die Frage unter § 36a Abs. 3 Nr. 2 SGB VIII rubriziert wird.

56 BVerwG, Urt. v. 18.10.2012, bverwg.de, Rn. 34.

57 Vgl. OVG NRW, Urt. v. 16.11.2015, 12 A 1639/14; Beschl. v. 18.12.2013, 12 B 1190/13, juris.

gendhilfe über die Gewährung der Hilfe (Buchst. a) oder im Fall der Ablehnung der Hilfegewährung **bis zur Entscheidung über ein Rechtsmittel** (Buchst. b) **nicht zumutbar** war. Eine Leistung ist dann unaufschiebbar, wenn sie ohne nennenswerten Aufschub erbracht werden muss, weil sie andernfalls gänzlich zu spät käme oder der Leistungserfolg durch eine Verzögerung infrage gestellt würde.[58]

aa) Buchst. a – Bis zu einer Entscheidung des öffentlichen Trägers

26a In den von **Buchst. a** erfassten Fällen ist die Unzumutbarkeit des zeitlichen Aufschubs nur gegeben, wenn alle **formellen** (rechtzeitige Kenntnis des Trägers vom Hilfebedarf, Antrag) und **materiellen** (materielle Anspruchsvoraussetzungen) **Voraussetzungen** der Hilfegewährung **vorliegen**, der Träger der öffentlichen Jugendhilfe aber gleichwohl keine Entscheidung trifft. Soweit zu den materiellen Leistungsvoraussetzungen auch die kooperative Entscheidungsfindung nach § 36 Abs. 2 SGB VIII gerechnet wird, ist es Sache des Trägers, diesen Entscheidungsprozess unverzüglich einzuleiten. Tut er das nicht, kann dem Leistungsberechtigten nicht vorgehalten werden, er habe die Verzögerung zu vertreten.

26b Ein **Sonderproblem** stellt die **Nichterfüllung von Mitwirkungspflichten** dar. Nach dem SächsOVG besteht kein Anspruch auf Erstattung der Kosten für selbstbeschaffte Leistungen, wenn die Sachentscheidung des Jugendhilfeträgers durch fehlende Mitwirkung des Hilfesuchenden verhindert wird.[59] Dabei bleibt die dogmatische Einordnung dieses Ausschlussgrundes unklar, wenn es zum einen heißt, der Leistungsberechtigte dürfe die Leistungserbringung nicht selbst in vorwerfbarer Weise eilbedürftig gemacht haben, was auf einen Ausschluss nach § 36a Abs. 3 Satz 1 Nr. 3 Buchst. a SGB VIII hindeutet. Wenn zum anderen darauf verwiesen wird, das Jugendamt müsse so rechtzeitig über den Hilfebedarf in Kenntnis gesetzt werden, dass es in der Lage sei, in angemessener Zeit eine Entscheidung zu treffen, und der Leistungsberechtigte verpflichtet sei, Zeit nicht ungenutzt verstreichen zu lassen, sondern sich möglichst frühzeitig vor dem Zeitpunkt der erforderlichen Leistungserbringung an das Jugendamt zu wenden, erscheint dies als Frage des Abs. 3 Nr. 1. Dass schließlich eine sofortige Hilfeleistung nur in berechtigten Eilfällen erwartet werden könne und der Leistungsberechtigte seinen Mitwirkungspflichten gemäß §§ 60 ff. SGB I rechtzeitig nachkommen müsse, ist plausibel und zustimmungswürdig, findet so aber kaum eine Verortung in § 36a Abs. 3 SGB VIII.

Die vorstehende Auffassung verdient im Ergebnis Zustimmung. Rechtsdogmatisch **begründet** werden kann sie im Kontext des Abs. 3 **in zweierlei Weise**.

Zum einen mit dem in § 242 BGB wurzelnden Verbot widersprüchlichen Verhaltens. Leistungsberechtigte verhalten sich widersprüchlich und verstoßen damit gegen den auch im öffentlichen Recht anwendbaren **Grundsatz von Treu und Glauben**, wenn sie einerseits eine Leistung begehren, andererseits aber die Feststellung der Leistungsvoraussetzungen durch Nichtmitwirkung verhindern.

Vorzugswürdig ist indes die Begründung, dass die Voraussetzungen für die Gewährung der Hilfe i.S.d. § 36a Abs. 3 Satz 1 Nr. 2 SGB VIII und damit einer zwingenden Voraussetzung des Sekundäranspruchs (noch) nicht vorlagen. Auf diese Weise wird das Bestehen von Mitwirkungspflichten und deren Erfüllung dem Regime der §§ 60 ff. SGB I unterworfen und sowohl die Anforderungen an die Beteiligten wie auch die Folgen der Nichterfüllung werden eindeutig geregelt. Nur dann, wenn die Voraussetzungen der §§ 60 ff. SGB I. vorlagen, können daran für die Leistungsberechtigten im Rahmen des § 36a Abs. 3 SGB VIII negative Konsequenzen geknüpft werden.

58 Vgl. nur FK-SGB VIII/*Meysen*, § 36a Rn. 45.
59 SächsOVG, Urt. v. 23.9.2016, 4 A 114/15, JAmt 2017, 87 (88) m.w.N. = justiz.sachsen.de, Rn. 33.

Welche Mitwirkungspflichten der Leistungsberechtigten bestehen und wie weit diese reichen, lässt sich nur anhand der für den Primäranspruch geltenden Voraussetzungen entscheiden. Die Geltendmachung eines Anspruchs nach § 35a SGB VIII kann etwa voraussetzen, rechtzeitige Begutachtungen durchgeführt zu haben oder Stellungnahmen der Schule und ärztliche Gutachten vorzulegen.

bb) Buchst. b – Bis zu einer Entscheidung über ein Rechtsmittel

Während in den Fällen des Buchst. a der Aufwendungsersatzanspruch an die nicht (rechtzeitig) ergehende Entscheidung des öffentlichen Trägers anknüpft, normiert **Buchst. b** die zeitlichen Voraussetzungen des Sekundäranspruchs für die Fälle, in denen der öffentliche Träger **zwar entschieden**, die Bewilligung der beantragten Hilfeleistung **aber abgelehnt** hat. Während also Buchst. a bis zu einer Entscheidung des öffentlichen Trägers gilt, regelt Buchst. b das Schicksal des Aufwendungsersatzanspruchs nach dessen Entscheidung. 27

Beiden Konstellationen ist gemeinsam, dass die Deckung des Bedarfs keinen zeitlichen Aufschub duldet. Die Deckung des Bedarfs duldet dann keinen Aufschub, wenn der oder dem Leistungsberechtigten ein Abwarten bis zur **Entscheidung über ein Rechtsmittel** nach einer abgelehnten Leistung des öffentlichen Trägers nicht zugemutet werden kann. Insoweit gilt also das zu Buchst. a Gesagte entsprechend.

Während bei Buchst. a Bezugspunkt die Entscheidung des Trägers ist, knüpft Buchst. b an die Entscheidung über ein Rechtsmittel gegen die Ablehnung der Leistung an. Der Aufwendungsersatzanspruch endet oder erlischt also nicht mit der Entscheidung des Trägers.

„**Rechtsmittel**" sind nach tradierter Terminologie Rechtsbehelfe, die auf die Überprüfung einer ergangenen gerichtlichen Entscheidung gerichtet sind. Rechtsmittel i.S.d. VwGO sind Berufung, Revision und Beschwerde.[60] Keine Rechtsmittel in diesem Sinne sind also die verwaltungsgerichtliche Klage oder der Antrag auf Erlass einer einstweiligen Anordnung. Diese Begriffsbedeutung zugrunde gelegt, kann der Vorschrift kaum ein sinnhafter Inhalt gegeben werden, da ein jugendhilferechtlicher Bedarf kaum einmal auf den Zeitpunkt des Ergehens einer zweitinstanzlichen gerichtlichen Entscheidung hinausgeschoben werden kann. Die Betreuung in Kindertagespflege auf die Zeit nach einem Berufungsurteil hinauszuschieben, hieße etwa, den Anspruch untergehen zu lassen, da bis dahin die altersmäßigen Voraussetzungen des Anspruchs nach § 24 Abs. 2 SGB VIII nicht mehr gegeben sind. Darüber hinaus würde die Vorschrift dann den Zeitraum zwischen dem Ergehen der behördlichen Entscheidung und des erstinstanzlichen Urteils (Widerspruchs- und Klageverfahren) überhaupt nicht erfassen, sodass dieser ungeregelt wäre.

Allerdings wird der Begriff des Rechtsmittels im Sprachgebrauch auch auf Rechtsbehelfe angewandt, die nicht Rechtsmittel im vorstehenden Sinne sind.[61] Und auch im Regelungskontext des § 36a Abs. 3 Satz 1 Nr. 3 Buchst. b SGB VIII kann der Begriff des Rechtsmittels nur so verstanden werden, dass er jeglichen Rechtsbehelf meint, der gegen eine Entscheidung des Jugendamtes ergriffen werden kann.

Angesichts der üblichen Dauer des sog. Hauptsacheverfahrens von mindestens mehreren Monaten bis Jahren duldet die Deckung des Bedarfs an Jugendhilfeleistungen regelmäßig keinen Aufschub bis zu einer Entscheidung in diesem Verfahren. Damit richtet sich der Blick auf den vorläufigen Rechtsschutz und die Frage, ob die oder der Leistungsberechtigte verpflichtet ist, Primärrechtsschutz im Wege einer einstweiligen Anordnung nach § 123 VwGO zu beantragen. 27a

---

60 Vgl. Kopp/Schenke/*W.-R. Schenke*, VwGO, Vorb. § 124 Rn. 1.
61 Vgl. Kopp/Schenke/*W.-R. Schenke*, VwGO, § 58 Rn. 4.

Der BayVGH hat die Verpflichtung, solchen **Primärrechtsschutz** in Anspruch zu nehmen, jedenfalls dann verneint, wenn „das Nachsuchen um vorläufigen Rechtsschutz dem Betroffenen zumutbar ist, mit anderen Worten, Abhilfe auch tatsächlich erwartet werden kann".[62] Das BVerwG hat dies im entschiedenen Fall gebilligt, weil es sich bei der Annahme, Abhilfe sei nicht zu erwarten gewesen, um eine revisionsgerichtlich nicht überprüfbare Tatsachenfeststellung handele. Die Frage, ob allgemein im Rahmen des Übernahmeanspruchs nach § 36a Abs. 3 Satz 1 SGB VIII eine vorherige Inanspruchnahme von Eilrechtsschutz geboten sei, hat das Gericht offengelassen.[63] Bereits in einer früheren Entscheidung hatte das BVerwG die Frage der Pflicht zur Inanspruchnahme von Eilrechtsschutz dahingestellt sein lassen, weil die Vorinstanz dies unter Berufung auf irreversibles Landesrecht verneint hatte. Zugleich hatte es ausgeführt, es sei zweifelhaft, ob im Rahmen des Anspruchs auf Aufwendungsersatz nach § 36a Abs. 3 Satz 1 SGB VIII die vorherige Inanspruchnahme von Eilrechtsschutz geboten sei. Im Wortlaut des § 36a Abs. 3 Satz 1 Nr. 3 SGB VIII, der nur verlange, dass die Deckung des Bedarfs durch die selbstbeschaffte Leistung keinen zeitlichen Aufschub geduldet haben darf und der dabei zwischen dem Fall der Bedarfsdeckung bis zu einer Entscheidung des Trägers der öffentlichen Jugendhilfe über die Gewährung der Leistung (Buchst. a) und dem Fall bis zu einer Entscheidung über ein Rechtsmittel nach einer zu Unrecht abgelehnten Leistung (Buchst. b) unterscheide, habe das Erfordernis des Eilrechtsschutzes keinen Ausdruck gefunden.[64] Angesichts der unspezifischen Rede von einer „Entscheidung über ein Rechtsmittel", so muss man allerdings konstatieren, hat auch das Nicht-Erfordernis des Eilrechtsschutzes keinen Ausdruck gefunden. Immerhin kann man dem Gesetz entnehmen, dass die „Entscheidung über ein Rechtsmittel" in zeitlicher Hinsicht irgendeine Bedeutung haben soll, andernfalls Nr. 3 Buchst. b überflüssig wäre oder völlig leerlaufen würde. Dennoch ist als Bilanz der bisher ergangenen Rechtsprechung festzuhalten, dass die **Inanspruchnahme vorläufigen** Primärrechtsschutzes in **keinem Fall verlangt werden kann**, wenn Abhilfe nicht zu erwarten ist. Zudem ist ihr die Tendenz zu entnehmen, dass auch im Übrigen eine Pflicht zur Beantragung vorläufigen Rechtsschutzes nicht besteht.

Angesichts der richtigen Annahme, dass die Deckung eines jugendhilferechtlichen Bedarfs grundsätzlich keinen Aufschub duldet,[65] verbleibt danach für die Vorschrift kaum ein Anwendungsbereich. Es sind kaum Fälle denkbar, in denen der Aufwendungsersatzanspruch an § 36a Abs. 3 Satz 1 Nr. 3 Buchst. b SGB VIII scheitert.

2. Satz 2 – Ausnahme von Satz 1 Nr. 1

28 Die Vorschrift enthält eine **Ausnahme vom Erfordernis des Abs. 3 Satz 1 Nr. 1**: War es dem Leistungsberechtigten unmöglich, den Träger der öffentlichen Jugendhilfe über den Hilfebedarf in Kenntnis zu setzen, so behält er den Anspruch auf Übernahme der erforderlichen Aufwendungen, wenn er die Information des Trägers **nach Wegfall des Hinderungsgrundes** unverzüglich, d.h. ohne schuldhaftes Zögern, nachholt. Die Voraussetzungen der Nr. 2 und 3 müssen auch in diesem Fall gegeben sein. Zu Recht wird darauf hingewiesen, dass kaum Konstellationen denkbar sind, in denen eine kurzfristige Information an das Jugendamt ausgeschlossen wäre.[66]

---

62 BayVGH, Urt. v. 22.7.2016, 12 BV 15.719, https://www.gesetze-bayern.de, Rn. 90. Dass eine Abhilfe nicht erwartet werden konnte, war Spezifika des Einzelfalls geschuldet, die nicht verallgemeinerungsfähig sind.

63 BVerwG, Urt. v. 26.10.2017, 5 C 19.16, bundesverwaltungsgericht.de, Rn. 68.

64 BVerwG, Urt. v. 12.9.2013, 5 C 32.12, bundesverwaltungsgericht.de, Rn. 50 f. m.w.N. auch aus der zivilrechtlichen Rechtsprechung zum Amtshaftungsanspruch. Gegen die Notwendigkeit, vorläufigen Rechtsschutz in Anspruch zu nehmen auch OVG Rheinland-Pfalz, Urt. v. 25.1.2021,7 A 10771/20.

65 So BVerwG, Urt. v. 9.12.2014, 5 C 32.13, bundesverwalttungsgericht.de, Rn. 35.

66 FK-SGB VIII/*Meysen*, § 36a Rn. 53.

3. Anspruchsberechtigte und Anspruchsinhalt

a) Anspruchsberechtigte

Der Anspruch auf **Aufwendungsersatz** steht den Leistungsberechtigten der jeweiligen Jugendhilfeleistung (Personensorgeberechtigte, Kinder/Jugendliche) zu. Die Anspruchsberechtigung hinsichtlich des Primäranspruchs gilt auch für den Anspruch auf Aufwendungsersatz. Deshalb ist der Aufwendungsersatzanspruch wegen Nichterfüllung des Anspruchs nach § 24 Abs. 2 oder 3 SGB VIII stets von dem betroffenen Kind, vertreten durch die Personensorgeberechtigten, geltend zu machen. **29**

b) Anspruchsinhalt

Die Berechtigten sind mittels des **Aufwendungsersatzanspruchs** so zu stellen, wie sie stehen würden, wenn die (selbst beschaffte) Jugendhilfeleistung, auf die ein Anspruch bestand, rechtzeitig bewilligt worden wäre. Der Umfang der nach § 36a Abs. 3 Satz 1 SGB VIII vom öffentlichen Träger zu übernehmenden erforderlichen Aufwendungen entspricht dem Betrag, der bei rechtzeitiger Gewährung der Leistung vom Jugendhilfeträger nach den zugrunde liegenden öffentlich-rechtlichen Bestimmungen zu tragen gewesen wäre.[67] So sind im Fall einer verweigerten Vollzeitpflege nach § 33 SGB VIII nicht nur die in der Zwischenzeit getätigten tatsächlichen Aufwendungen, sondern auch alle vorgesehenen Pauschalen zu leisten. **30**

Der Aufwendungsersatzanspruch nach Abs. 3 umfasst alle Aufwendungen, die der Anspruchsberechtigte bei rechtzeitiger Leistung des Jugendhilfeträgers erspart hätte. Der Sekundäranspruch gewährt also nicht mehr als der Primäranspruch. Nicht erstattet werden Aufwendungen, die auch bei Erfüllung des Primäranspruchs hätten getätigt werden müssen. Das gilt etwa für Kita-Beiträge, die bei Inanspruchnahme eines Betreuungsplatzes angefallen wären.[68] Auf den Mehrkostenvorbehalt nach § 5 Abs. 2 Satz 2 bzw. § 36 Abs. 1 Satz 4 SGB VIII kann sich der Träger nicht berufen. Jedoch trifft den Leistungsberechtigten die Pflicht zu wirtschaftlichem Verhalten.[69] Im Fall der Aufnahme eines Darlehens zur Finanzierung der selbstbeschafften Hilfe beinhaltet der Anspruch auf Aufwendungsersatz auch die zu zahlenden Zinsen.[70]

Wurde im Klageverfahren zunächst die Bewilligung der jugendhilferechtlichen Leistung begehrt, können die Kläger nach erfolgter Selbstbeschaffung ihr Klagebegehren jederzeit umstellen und auf die Gewährung von Aufwendungsersatz richten. In dieser Umstellung liegt keine – im Revisionsverfahren nach § 142 Abs. 1 Satz 1 VwGO unzulässige – Klageänderung. Wird also etwa zunächst die Gewährung von Vollzeitpflege nach § 33 Abs. 1 SGB VIII und Unterhalt im Sinne von § 39 Abs. 1 Satz 1 SGB VIII und sodann Aufwendungsübernahme begehrt, stellt dies keine Klageänderung nach § 173 VwGO i.V.m. § 264 Nr. 3 ZPO dar, weil dasselbe Interesse weiterverfolgt wird.[71] **31**

---

67 BVerwG, Urt. v. 9.12.2014, 5 C 32.13, bundesverwaltungsgericht.de, Rn. 36.
68 BVerwG, Urt. v. 26.10.2017, 5 C 19.16, bundesverwaltungsgericht.de, Rn. 74.
69 Vgl. MüKo/*Tillmanns*, § 36a SGB VIII Rn. 6.
70 FK-SGB VIII/*Meysen*, § 36a Rn. 55.
71 Vgl. BVerwG, Urt. v. 1.3.2012, 5 C 12.11, bundesverwaltungsgericht.de, Rn. 25 = NJW 2012, 2130 = FamRZ 2012, 1566.

§ 36b
Zusammenarbeit beim Zuständigkeitsübergang

(1) [1]Zur Sicherstellung von Kontinuität und Bedarfsgerechtigkeit der Leistungsgewährung sind von den zuständigen öffentlichen Stellen, insbesondere von Sozialleistungsträgern oder Rehabilitationsträgern rechtzeitig im Rahmen des Hilfeplans Vereinbarungen zur Durchführung des Zuständigkeitsübergangs zu treffen. [2]Im Rahmen der Beratungen zum Zuständigkeitsübergang prüfen der Träger der öffentlichen Jugendhilfe und die andere öffentliche Stelle, insbesondere der andere Sozialleistungsträger oder Rehabilitationsträger gemeinsam, welche Leistung nach dem Zuständigkeitsübergang dem Bedarf des jungen Menschen entspricht.

(2) [1]Abweichend von Absatz 1 werden bei einem Zuständigkeitsübergang vom Träger der öffentlichen Jugendhilfe auf einen Träger der Eingliederungshilfe rechtzeitig im Rahmen eines Teilhabeplanverfahrens nach § 19 des Neunten Buches die Voraussetzungen für die Sicherstellung einer nahtlosen und bedarfsgerechten Leistungsgewährung nach dem Zuständigkeitsübergang geklärt. [2]Die Teilhabeplanung ist frühzeitig, in der Regel ein Jahr vor dem voraussichtlichen Zuständigkeitswechsel, vom Träger der Jugendhilfe einzuleiten. [3]Mit Zustimmung des Leistungsberechtigten oder seines Personensorgeberechtigten ist eine Teilhabeplankonferenz nach § 20 des Neunten Buches durchzuführen. [4]Stellt der beteiligte Träger der Eingliederungshilfe fest, dass seine Zuständigkeit sowie die Leistungsberechtigung absehbar gegeben sind, soll er entsprechend § 19 Absatz 5 des Neunten Buches die Teilhabeplanung vom Träger der öffentlichen Jugendhilfe übernehmen. [5]Dies beinhaltet gemäß § 21 des Neunten Buches auch die Durchführung des Verfahrens zur Gesamtplanung nach den §§ 117 bis 122 des Neunten Buches.

Übersicht Rn.

A. Allgemeines

1 Die Vorschrift wurde durch das **KJSG** eingefügt und hat keine Vorgängerin. Sie regelt die Zusammenarbeit des Trägers der öffentlichen Jugendhilfe mit anderen öffentlichen Stellen, insbesondere mit Sozialleistungsträgern oder Rehabilitationsträgern, auf die die Zuständigkeit für den jungen Menschen übergeht. Der Grund für einen Zuständigkeitsübergang kann zum einen im Erreichen der Volljährigkeit, zum anderen aber auch in einer neu erstellten Diagnostik liegen.

Abs. 1 entspricht dem Gesetzentwurf der Bundesregierung, **Abs. 2** hat seine jetzige Fassung nach Anregungen durch den Bundesrat[1] durch die Empfehlung des zuständige 13. Ausschusses gefunden.[2]

1 Vgl. BT-Drs. 19/27481, 17 ff.
2 Vgl. BT-Drs. 19/28870, 35.

B. Einzelheiten

I. Abs. 1 – Zusammenarbeit bei Zuständigkeitsübergang im Allgemeinen

Abs. 1 **Satz 1** formuliert eine allgemeine **Verpflichtung** der zuständigen **öffentlichen Stellen**, im Rahmen des Hilfeplans rechtzeitig Vereinbarungen zur Durchführung des Zuständigkeitsübergangs zu treffen. Unter den öffentlichen Stellen werden („insbesondere") Sozialleistungsträger oder Rehabilitationsträger hervorgehoben. Zweck der Verpflichtung ist es, „**Kontinuität und Bedarfsgerechtigkeit der Leistungsgewährung**" sicherzustellen. Mit der Formulierung dieses Ziels der Zusammenarbeit hat die Vorschrift zum einen programmatischen Charakter. Ihre konkrete normative Wirkung besteht darüber hinaus darin, dass sie die genannten „öffentlichen Stellen" dazu **verpflichtet, sich** bei anstehendem Zuständigkeitsübergang an der Erarbeitung und dem Abschluss von Vereinbarungen zu dessen Gestaltung und Durchführung **zu beteiligen**. Kein Sozialleistungs- oder Rehabilitationsträger darf sich also einem solchen Prozess verweigern.[3] 2

Demgegenüber adressiert Abs. 1 **Satz 2** ausdrücklich den **Träger der öffentlichen Jugendhilfe** und verpflichtet diesen, im Rahmen der Beratungen zum Zuständigkeitsübergang gemeinsam mit dem anderen Sozialleistungs- oder Rehabilitationsträger, auf den die Zuständigkeit übergehen wird, zu prüfen, welche Leistungen künftig dem Bedarf des jungen Menschen entsprechen. Damit sollen Leistungsbrüche vermieden und eine bedarfsgerechte Leistung nach Zuständigkeitsübergang gesichert werden.[4] 3

Andere **Sozialleistungsträger** sind gem. § 12 SGB I die in den §§ 18 bis 29 SGB I, **Rehabilitationsträger** die in § 6 SGB IX genannten Körperschaften, Anstalten und Behörden. Keine Sozialleistungsträger sind die für den Vollzug des AsylbLG zuständigen Behörden, da sie in §§ 18 bis 29 SGB I konsequenterweise nicht genannt werden und das AsylbLG nicht Bestandteil des SGB ist (vgl. § 68 SGB I). Allerdings handelt es sich bei ihnen um öffentliche Stellen i.S.d. Abs. 1. Angesichts des weiten Anwendungsbereichs des AsylbLG (vgl. § 1 AsylbLG), der sich entgegen der Nomenklatur keineswegs auf Asylbewerber beschränkt, ist es richtig, dessen Vollzugsbehörden einzubeziehen, auch wenn angesichts des Abschreckungscharakters dieses Gesetzes von einer Leistung, die „dem Bedarf des jungen Menschen entspricht", kaum die Rede sein kann. 4

Die Zusammenarbeit soll nach Satz 1 **rechtzeitig** vor dem Zuständigkeitswechsel erfolgen, damit im Hilfeplan unter Beteiligung der Leistungsberechtigten bzw. -empfänger und nach Maßgabe der Regelungen zur Aufstellung des Hilfeplans nach § 36 SGB VIII von den zuständigen öffentlichen Stellen rechtzeitig Vereinbarungen zur Durchführung des Übergangs der Zuständigkeit getroffen werden können.[5] Einen konkreten Zeitraum benennt die Vorschrift nicht. Die Zeitvorgabe von einem Jahr in Abs. 2 ist den dort geregelten Besonderheiten geschuldet. Angemessen erscheint ein **Zeitraum von sechs Monaten**, wobei stets den Umständen des Einzelfalls Rechnung zu tragen ist.

Die Vereinbarungen sollen insbesondere den Zeitpunkt des Zuständigkeitsübergangs sowie die Zielsetzungen der Leistungsgewährung für den jungen Menschen beinhalten. Zur Sicherung von Kontinuität und Bedarfsgerechtigkeit gehört auch die Prüfung, mit welchen Leistungen andere öffentliche Stellen, insbesondere Sozialleistungsträger, bedarfsgerecht den Hilfeprozess der Kinder- und Jugendhilfe weiterführen können. **Welche Leistungen** dabei in Betracht kommen, ist allerdings nur insoweit der Vereinbarung zugänglich, als die ande- 5

3 Die Gesetzesbegründung äußert sich zu Charakter und Qualität von Satz 1 nicht, sondern geht unmittelbar auf die Regelungen des Satzes 2 ein; vgl. BT-Drs. 19/26107, 87 f.
4 Vgl. BT-Drs. 19/26107, 88.
5 BT-Drs. 19/26107, 88.

ren **Sozialleistungsträger in eigener Zuständigkeit** nach den für sie maßgeblichen gesetzlichen Regelungen darüber **zu entscheiden** haben. Es kann also ungeachtet deren Bedarfsgerechtigkeit nicht die Erbringung einer Leistung vereinbart werden, die der andere Sozialleistungsträger nach den für ihn geltenden gesetzlichen Vorschriften gar nicht gewähren darf. Die Vereinbarungsfreiheit der beteiligten Sozialleistungsträger hat also – was insbesondere auch den am Hilfeplan beteiligten Leistungsberechtigten bewusst sein sollte und worüber sie aufzuklären sind – ihre Grenzen und ist nicht mit einer Privatautonomie vergleichbar.

Wie detailliert solche Vereinbarungen sind und welche Gegenstände vereinbart werden, hängt letztlich vom gesetzlichen Handlungsspielraum (Stichwort: Ermessen) des zuständig werdenden Leistungsträgers und dessen Bereitschaft, diesen zu nutzen, ab.

II. Abs. 2 – Besonderheiten beim Zuständigkeitsübergang auf einen Träger der Eingliederungshilfe

6 Abweichend von dem in Absatz 1 geregelten wenig formalisierten Verfahren normiert **Abs. 2 Satz 1**, dass bei einem Zuständigkeitsübergang vom Träger der öffentlichen Jugendhilfe auf einen Träger der Eingliederungshilfe rechtzeitig im Rahmen eines Teilhabeplanverfahrens nach § 19 SGB IX die Voraussetzungen für die Sicherstellung einer nahtlosen und bedarfsgerechten Leistungsgewährung nach dem Zuständigkeitsübergang zu klären sind.[6]

Zu initiieren ist die Teilhabeplanung gem. **Abs. 2 Satz 2** vom Träger der öffentlichen Jugendhilfe. Satz 2 schreibt zudem vor, dass die Teilhabeplanung in der Regel **ein Jahr vor** dem voraussichtlichen **Zuständigkeitswechsel** einzuleiten ist. Der im Gesetzentwurf der Bundesregierung ursprünglich vorgesehene Zeitraum von sechs Monaten wurde insbesondere vom Bundesrat für nicht ausreichend gehalten. Sowohl bei einem Zuständigkeitswechsel aufgrund Erreichens der Volljährigkeit als auch bei einem solchen infolge einer veränderten Diagnose sei eine ausreichende Vorbereitung des jungen Menschen und der betroffenen Familien zur Sicherstellung eines nahtlosen Ineinandergreifens der Leistungen erforderlich. Aber auch auf Seiten der Leistungsträger sei eine ausreichende Vorbereitung zur Sicherstellung bedarfsgerechter Leistungen erforderlich.[7] So müsse bei einem Wechsel der Zuständigkeiten häufig auch ein Wechsel der Angebote und Leistungserbringer geprüft werden, etwa, wenn neue altersentsprechende Wohn- oder Betreuungsangebote oder Leistungen zur Teilhabe am Arbeitsleben gesucht würden.[8]

7 **Abs. 2 Satz 3** schreibt verbindlich die Durchführung einer **Teilhabeplankonferenz** nach § 20 SG IX vor. „Das Herzstück des Übergangsverfahrens“, so die in das Gesetz eingeflossene Stellungnahme des Bundesrats, müsse ein **gemeinsames Gespräch des bisherigen und des zukünftigen Leistungserbringers** im Rahmen einer Teilhabeplankonferenz bilden, um im persönlichen Kontakt den aktuellen Bedarf des Leistungsberechtigten zu ermitteln, sich kennenzulernen und Vereinbarungen zum weiteren Vorgehen unter Beteiligung des Leistungsberechtigten zu treffen. Bei der Teilhabeplankonferenz verzahnt sich das Hilfeplanverfahren nach SGB VIII mit den zukünftig anzuwendenden Gesamtplanverfahren nach §§ 117 ff. SGB IX. Es gebe auch bei Minderjährigen im Übergang zur Volljährigkeit keine Begründung, in dieser wichtigen Lebensphase vom Wunsch auf eine Teilhabekonferenz abzuweichen.

8 Alle bisher genannten **Aufgaben** einschließlich der Durchführung der Teilhabeplankonferenz nach § 20 SGB IX sind solche **des öffentlichen Trägers der Jugendhilfe**. Eine Ände-

---

6 Die indikativische Formulierung („werden … geklärt“) ist also – keine Besonderheit der Gesetzgebungstechnik – nicht Zustandsbeschreibung, sondern eine normative Anordnung.

7 Vgl. BT-Drs. 19/28870, 105.

8 BT-Drs. 19/27481, 18.

rung tritt insoweit gem. **Abs. 2 Satz 4** dann ein, wenn der beteiligte Träger der Eingliederungshilfe[9] seine Zuständigkeit und die Leistungsberechtigung der oder des Betroffenen feststellt. Dann soll dieser die Teilhabeplanung vom öffentlichen Träger der Jugendhilfe übernehmen und anschließend auch das Gesamtplanverfahren nach §§ 117 bis 122 SGB IX durchführen. Die Übernahme erfolgt entsprechend § 19 Abs. 5 SGB IX, da hier nicht gleichzeitig zu erbringende, sondern zeitlich aufeinander folgende Leistungen in Rede stehen.

9 Wer Träger der Eingliederungshilfe ist, bestimmen gem. § 94 Abs. 1 SGB IX die Länder. Eine Übersicht findet sich unter https://geteco.de/umsetzung-des-bthg-eingliederungshilfetraeger-in-den-einzelnen-bundeslaendern___.php (27.2.2022).

§ 37
Beratung und Unterstützung der Eltern, Zusammenarbeit bei Hilfen außerhalb der eigenen Familie

(1) [1]Werden Hilfen nach den §§ 32 bis 34 und 35a Absatz 2 Nummer 3 und 4 gewährt, haben die Eltern einen Anspruch auf Beratung und Unterstützung sowie Förderung der Beziehung zu ihrem Kind. [2]Durch Beratung und Unterstützung sollen die Entwicklungs-, Teilhabe- oder Erziehungsbedingungen in der Herkunftsfamilie innerhalb eines im Hinblick auf die Entwicklung des Kindes oder Jugendlichen vertretbaren Zeitraums so weit verbessert werden, dass sie das Kind oder den Jugendlichen wieder selbst erziehen kann. [3]Ist eine nachhaltige Verbesserung der Entwicklungs-, Teilhabe- oder Erziehungsbedingungen in der Herkunftsfamilie innerhalb dieses Zeitraums nicht erreichbar, so dienen die Beratung und Unterstützung der Eltern sowie die Förderung ihrer Beziehung zum Kind der Erarbeitung und Sicherung einer anderen, dem Wohl des Kindes oder Jugendlichen förderlichen und auf Dauer angelegten Lebensperspektive.

(2) [1]Bei den in Absatz 1 Satz 1 genannten Hilfen soll der Träger der öffentlichen Jugendhilfe die Zusammenarbeit der Pflegeperson oder der in der Einrichtung für die Erziehung verantwortlichen Person und der Eltern zum Wohl des Kindes oder Jugendlichen durch geeignete Maßnahmen fördern. [2]Der Träger der öffentlichen Jugendhilfe stellt dies durch eine abgestimmte Wahrnehmung der Aufgaben nach Absatz 1 und § 37a sicher.

(3) [1]Sofern der Inhaber der elterlichen Sorge durch eine Erklärung nach § 1688 Absatz 3 Satz 1 des Bürgerlichen Gesetzbuchs die Entscheidungsbefugnisse der Pflegeperson so weit einschränkt, dass die Einschränkung eine dem Wohl des Kindes oder des Jugendlichen förderliche Entwicklung nicht mehr ermöglicht, sollen die Beteiligten das Jugendamt einschalten. [2]Auch bei sonstigen Meinungsverschiedenheiten zwischen ihnen sollen die Beteiligten das Jugendamt einschalten.

Übersicht Rn.

A. Allgemeines

1 Die durch das KJSG neu strukturierte Vorschrift führt Regelungen von Materien zusammen, die zuvor in verschiedenen Normen enthalten waren oder neu geschaffen wurden. So entspricht **Absatz 1** den Vorgaben des § 37 Abs. 1 a.F. SGB VIII und **Absatz 3** der Vorschrift des § 38 a. F. SGB VIII. Der in **Absatz 2** normierte Förderauftrag wurde neu geschaffen. Weitere in § 37 a.F. SGB VIII enthaltene Materien sind in eigene Vorschriften übernommen worden. Der in § 37 Abs. 2 a.F. SGB VIII normierte Beratungs- und Unterstützungsanspruch der Pflegeperson ist nunmehr in § 37a SGB VIII normiert, Vorgaben betreffend die Hilfeplanung (§ 37 Abs. 2a a.F. SGB VIII) enthält jetzt § 37c SGB VIII. Die in § 37 Abs. 3 a.F. SGB VIII geregelte Prüfungsverpflichtung des Jugendamtes normiert nun, ergänzt um weitere Vorschriften zum Schutz vor Gewalt und zur Sicherung der Rechte des Kindes oder Jugendlichen, § 37b SGB VIII.

2 § 37 SGB VIII steht in einem engen **systematischen Zusammenhang mit § 37c SGB VIII**, der verfahrensrechtliche, aber auch materiellrechtliche Vorgaben für die Planung und Gewährung von Hilfen außerhalb der eigenen Familie enthält. Wegen der Einzelheiten wird auf die dortigen Erläuterungen verwiesen.

B. Einzelheiten

I. Abs. 1 – Beratung und Unterstützung der Eltern

Abs 1 **Satz 1** knüpft – wie die gesamte Vorschrift – an die Gewährung von Hilfe zur Erziehung bzw. Eingliederungshilfe nach den §§ 32 bis 34 und 35a Abs. 2 Nr. 3 und 4 SGB VIII an. Er normiert einen **Anspruch** der **Eltern** auf **Beratung** und **Unterstützung** sowie **Förderung der Beziehung zu ihrem Kind**. 3

Eltern i.S.d. Vorschrift sind die **leiblichen Eltern**, auch wenn sie nicht sorgeberechtigt sind, sowie die **Adoptiveltern**.[1] Der Anspruch richtet sich gegen den Träger der öffentlichen Jugendhilfe, der nach § 86 Abs. 1 bis 6 SGB VIII örtlich zuständig ist. Hinsichtlich der **Zielsetzung** der Beratung und Unterstützung machen die Sätze 2 und 3 verbindliche – alternativ nebeneinanderstehende – Vorgaben. Deutlicher als § 37 Abs. 1 SGB VIII betont § 37c SGB VIII den **prozesshaften Charakter** der Perspektivenklärung

Vorrangiges Ziel der Beratung, Unterstützung und Förderung ist gem. Abs. 1 **Satz 2** die Verbesserung der Bedingungen in der Herkunftsfamilie in einer Weise, dass diese die Erziehung wieder übernehmen, das Kind oder die oder der Jugendliche also in die **Herkunftsfamilie** – die aus dem Kind oder Jugendlichen und den Eltern bzw. einem Elternteil bestehende Lebensgemeinschaft – **zurückkehren** kann. Diese verfassungsrechtlich gebotene primäre Perspektive setzt voraus, dass die Bedingungen, die zur Erforderlichkeit der Hilfe zur Erziehung in Vollzeitpflege oder Eingliederungshilfe durch Pflegepersonen oder Unterbringung in Einrichtungen geführt haben, nachhaltig verbessert werden.[2] Eine bloße Momentaufnahme reicht also nicht aus, die Dauerhaftigkeit der Verbesserung muss prognostizierbar sein. Das Gesetz nennt insoweit die „**Entwicklungs-, Teilhabe- oder Erziehungsbedingungen**". Mit der Unterstützung und Förderung soll intensiv darauf hingearbeitet werden, dass die Eltern das Kind wieder bei sich aufnehmen und erziehen können.[3] 4

Ob die **Bemühungen erfolgreich** sind, hängt neben Qualität und Intensität der Unterstützungsarbeit im Wesentlichen davon ab, ob die **Eltern** mit Unterstützung des Jugendamtes **bereit und in der Lage** sind, Veränderungen dieser Bedingungen herbeizuführen, was zuerst die Übernahme von Verantwortung für die bestehende Situation voraussetzt. Das gilt insbesondere in den Fällen, in denen den Eltern das Sorgerecht entzogen werden musste.

Eine Fremdunterbringung ist stets mit der Trennung des Kindes oder Jugendlichen von den Eltern und der bisherigen Lebenswelt verbunden. Zugleich werden neue Beziehungen insbesondere zu den Pflegepersonen entwickelt. Deshalb setzt das Gesetz den diesbezüglichen Bemühungen eine zeitliche Grenze dahin, dass die Rückkehr „**innerhalb** eines im Hinblick auf die Entwicklung des Kindes oder Jugendlichen **vertretbaren Zeitraums**" möglich sein muss. Dem liegt die Erkenntnis zugrunde, dass mit zunehmender Dauer des Aufenthalts bei der Pflegeperson die Rückkehr in die Herkunftsfamilie nicht zu einer Wiederherstellung einer Beziehung, sondern zum (erneuten) Abbruch einer inzwischen entstandenen Beziehung führen würde. Wie dieser **Zeitraum zu bemessen** ist, hängt also maßgeblich vom kindlichen Zeitempfinden, mithin von den Umständen und der kindlichen Entwicklung im Einzel-

---

1 BeckOK SozR/*Winkler*, § 37 SGB VIII Rn. 4.
2 Vgl. MüKoBGB/*Tillmanns*, § 37 SGB VIII Rn.3.
3 Vgl. Gesetzesbegründung, BT-Drs. 19/26107, S. 89.

fall ab. Bestimmte zeitliche Vorgaben[4] können (und werden) als Indikatoren dienen, vermögen eine einzelfallorientierte Entscheidung aber nicht zu ersetzen.[5]

5 Ist eine **nachhaltige Verbesserung** im vorstehenden Sinne innerhalb dieses Zeitraums **nicht erreichbar**, sind nach Abs. 1 Satz 3 Beratung und Unterstützung der Eltern sowie die Förderung ihrer Beziehung zum Kind auf die **Erarbeitung einer anderen auf Dauer** angelegten, dem Wohl des Kindes förderlichen Lebensperspektive außerhalb der Herkunftsfamilie **zu richten**.[6] Die Gesetzesbegründung betont, dass auch in diesem Fall Beratung und Unterstützung der Eltern zur Wahrnehmung ihrer Elternverantwortung von großer Bedeutung sei. Elternverantwortung bestehe in diesem Fall darin, die Notwendigkeit des dauerhaften Aufwachsens des Kindes in einer anderen Familie oder in einer Einrichtung anzuerkennen, zu akzeptieren und gegebenenfalls sogar konstruktiv – auch über gelingende Umgangskontakte – zu begleiten.[7] Kann dem uneingeschränkt beigepflichtet werden, steht allerdings die Verpflichtung, die Beziehung der Eltern zu ihrem Kind zu fördern in tendenziellem Widerspruch zu der in Satz 3 vorausgesetzten Erkenntnis, dass eine für die Rückkehr in die Herkunftsfamilie hinreichend tragfähige Beziehung gerade nicht erreichbar ist, sowie dem Ziel, **eine andere** auf Dauer angelegte **Lebensperspektive** zu **erarbeiten** und zu **sichern**. Sie ist zudem geeignet, das Kind immer wieder in Loyalitätskonflikte zu stürzen.

6 Der Vorrang der Rückkehroption bedeutet nicht, dass unter allen Umständen zunächst die Wiederaufnahme in die Herkunftsfamilie versucht werden muss und erst bei deren Unmöglichkeit die Erarbeitung einer anderen Lebensperspektive in Frage kommt. Steht nach einem Hilfeplanungsprozess und einer qualifizierten Prognose fest, dass eine Rückkehr in die Herkunftsfamilie zum Scheitern verurteilt ist, darf unmittelbar die Erarbeitung einer anderen Lebensperspektive außerhalb der Herkunftsfamilie angegangenen werden.[8]

7 Scheitert die Entwicklung und Sicherung einer dauerhaften Lebensperspektive des Kindes außerhalb der Herkunftsfamilie und wollen die Eltern das Kind von der Pflegeperson wegnehmen, kommt eine **Dauerverbleibensanordnung** des Familiengerichts nach § 1632 Abs. 4 Satz 2 BGB bei Vorliegen der dort genannten Voraussetzungen in Betracht. Diese kann **von Amts wegen**, etwa auf **Anregung des Jugendamtes**, oder auf **Antrag der Pflegeperson** ergehen.

8 Für eine solche Dauerverbleibensanordnung nach dieser durch das KJSG eingefügten Vorschrift müssen zunächst die für eine einfachen Verbleibensanordnung nach § 1632 Abs. 4 Satz 1 BGB geltenden und darüber hinaus folgende weitere Voraussetzungen vorliegen:

- die Erziehungsverhältnisse bei den Eltern haben sich innerhalb eines im Hinblick auf die Entwicklung des Kindes vertretbaren Zeitraums trotz angebotener geeigneter Beratungs- und Unterstützungsmaßnahmen nicht nachhaltig verbessert (§ 1632 Abs. 4 Satz 2 Nr. 1 BGB),
- eine derartige Verbesserung ist auch zukünftig mit hoher Wahrscheinlichkeit nicht zu erwarten, (§ 1632 Abs. 4 Satz 2 Nr. 1 BGB) und
- die Anordnung ist zum Wohl des Kindes erforderlich (§ 1632 Abs. 4 Satz 2 Nr. 2 BGB).

4 Vgl. die bei Wiesner/Wapler/*Gallep*, § 37 SGB VIII Rn. 23, zitierten Vorgaben – 12 Monate bei einem Kind, das bei Unterbringung bis zu drei Jahre alt, 24 Monate bei einem Kind, das bei Unterbringung über drei Jahre alt war. Vgl. zur Frage des auch im Fall des § 1632 BGB aus kindlicher Perspektive zu beurteilenden Zeitraumes MüKoBGB/*Huber*, § 1632 Rn. 40 f.
5 Wiesner/Wapler/*Gallep*, § 37 SGB VIII Rn. 24.
6 Plastisch dazu *Fieseler* in der Vorauflage § 37 Rn. 5: „Perspektivenwechsel".
7 BT-Drs. 19/26107, 89.
8 MüKoBGB/*Tillmanns*, § 38 SGB VIII Rn. 4.

Sämtliche Voraussetzungen sind vom Familiengericht, soweit erforderlich, etwa hinsichtlich des Angebots von Unterstützungsmaßnahmen und deren Geeignetheit, auch retrospektiv zu prüfen und zu beurteilen.[9]

Erst wenn die Voraussetzungen des § 1632 Abs. 4 Satz 2 Nr. 1 BGB erfüllt sind – also nicht bereits bei deren Prüfung – hat das Familiengericht bei seiner Entscheidung auch das **Bedürfnis des Kindes** nach **kontinuierlichen und stabilen Lebensverhältnissen** zu berücksichtigen. Dieses Bedürfnis kommt also erst dann zum Zug, wenn feststeht, dass sich die Erziehungsverhältnisse bei den Eltern nicht nachhaltig verbessert haben und sich mit hoher Wahrscheinlichkeit auch zukünftig nicht verbessern werden.

Die **Aufhebung** einer Verbleibensanordnung nach § 1632 Abs. 4 BGB, also auch der nach Abs. 4 Satz 2 ist nur unter den Voraussetzungen des § 1696 Abs. 3 BGB möglich. Danach ist sie auf Antrag der Eltern aufzuheben, wenn die Wegnahme des Kindes von der Pflegeperson das Kindeswohl nicht gefährdet. Dass sie dem Wohl des Kindes entspricht oder gar von diesem gefordert wird, – dies zur Klarstellung – ist nicht Voraussetzung.[10]

Neben dem dauerhaften Verbleib in der Pflegestelle ist stets auch zu prüfen, ob eine **Adoption** als Perspektive in Betracht kommt, was § 37c Abs. 2 Satz 3 SGB VIII hervorhebt. Dabei muss die Annahme als Kind nicht zwangsläufig durch die Pflegeperson erfolgen. 9

II. Abs. 2 – Verpflichtung zur Förderung der Zusammenarbeit

Während § 37 Abs. 1 SGB VIII die Eltern und § 37a SGB VIII die Pflegeperson in den Blick nimmt und deren jeweilige Beratung und Unterstützung fordern, weist § 37 Abs. 2 SGB VIII **dem Jugendamt die Aufgabe** zu, die Zusammenarbeit zwischen der Pflegeperson oder verantwortlichen Erziehungsperson in Einrichtungen und den Eltern zu fördern. Angesichts der hohen Anforderungen, die ein Pflegeverhältnis an alle daran Beteiligten stellt, ist es sinnvoll und notwendig, das Jugendamt zu beauftragen, als moderierende Instanz tätig zu werden. Die Zusammenarbeit zu fördern, beinhaltet vielfältige Aspekte, die von der Lösung akuter Konflikte bis zum Organisieren langfristiger Kooperation reichen. Den Fachkräften steht dabei das gesamte methodische Instrumentarium der Sozialen Arbeit zur Verfügung. **Erzwingen** kann das Jugendamt eine Zusammenarbeit von Eltern und Pflege- oder Erziehungspersonen **nicht**. 10

Im Interesse der Transparenz hat das Jugendamt gem. Abs. 2 Satz 2 sicherzustellen, dass die für die Erfüllung der Aufgaben nach Absatz 1 (Beratung und Unterstützung der Eltern) und der nach § 37a SGB VIII (Beratung und Unterstützung der Pflegeperson) zuständigen Stellen die Wahrnehmung ihrer Aufgaben abstimmen, was selbstverständlich erscheint, aber offenbar der gesetzlichen Regelung bedarf.

9 Vgl. zum Hintergrund der Regelung und zu den Voraussetzungen die Gesetzesbegründung zum KJSG, BT-Drs. 1962107, 127 ff.

10 Vgl. dazu BT-Drs. 19/62107, 130 f.

III. Abs. 3 – Vermittlungsaufgabe des Jugendamtes

11 Die durch das KJSG als Absatz 3 in § 37 SGB VIII integrierte Vorschrift entspricht § 38 SGB VIII a.F. Sie knüpft wie dieser an die kindschaftsrechtliche Regelungen des § 1688 BGB[11] an. Dieser räumt der **Pflegeperson** Entscheidungs- und Vertretungsbefugnisse in Angelegenheiten des täglichen Lebens des in Pflege genommenen Kindes oder Jugendlichen bei Fortbestehen des Sorgerechts der Eltern ein.[12] Auf die rechtliche Begründung des Pflegeverhältnisses kommt es dabei ebenso wenig an wie auf das Vorliegen einer Pflegeerlaubnis. **§ 1688 Abs. 1 BGB** erfasst die **Familienpflege** nach § 33 SGB VIII. **§ 1688 Abs. 2** stellt der Pflegeperson i.S.d. Abs. 1 eine Person gleich, die im Rahmen der Hilfe nach den §§ 34, 35, 35a Abs. 2 Nr. 3 und 4 SGB VIII die Erziehung und Betreuung eines Kindes übernommen hat. Damit stehen auch den Betreuerinnen und Betreuern in den Einrichtungen der Hilfe zur Erziehung sowie Pflegepersonen und Betreuerinnen und Betreuern in den Einrichtungen der Eingliederungshilfe die Entscheidungsbefugnis und Vertretungsmacht in den in § 1688 Abs. 1 BGB genannten Angelegenheiten zu. Die **Inhaber der der elterlichen Sorge** bleiben in beiden Fällen des § 1688 Abs. 1 und 2 BGB **vorrangig entscheidungsbefugt**.[13]

Die in § 1688 BGB getroffenen Regelungen bergen deshalb **Konfliktpotential** im Verhältnis **zwischen Eltern** oder sonstigen Inhabern der elterlichen Sorge und **der Pflegeperson**. Solche Konflikte können auch darin begründet liegen, dass die Inhaber der elterlichen Sorge durch entsprechende Erklärungen nach § 1688 Abs. 3 Satz 1 BGB die Entscheidungsbefugnis und Vertretungsmacht der Pflegeperson oder gleichgestellter Personen (erheblich) erheblich einschränken.

12 Werden durch solche Erklärungen der Inhaber der elterlichen Sorge nach § 1688 Abs. 3 Satz 1 BGB die **Entscheidungsbefugnisse** der Pflegeperson **so weit eingeschränkt**, dass eine dies eine dem Wohl des Kindes oder Jugendlichen förderliche Entwicklung nicht mehr ermöglicht, sollen die **Beteiligten** gem. § 37 Abs. 3 **Satz 1** SGB VIII das **Jugendamt einschalten**. Damit wird dem Jugendamt eine **Vermittlerrolle** zugewiesen und eine Vermittlungsaufgabe übertragen.[14]

Der **Vorrang der Entscheidungsbefugnisse** der Inhaber der elterlichen Sorge ermöglicht diesen auch die Abgabe von Erklärungen, die eine dem Kindeswohl entsprechende Entwicklung erschweren oder vereiteln. Auch wenn ein solches Verhalten „theoretisch…nicht denkbar"[15] ist, da sowohl privat organisierte als auch im Rahmen der Hilfe zur Erziehung oder der Eingliederungshilfe entstandene Pflegeverhältnisse nur mit der Zustimmung der Sorge-

11 Die Vorschrift hat folgenden Wortlaut:
§ 1688 Entscheidungsbefugnisse der Pflegeperson
(1) Lebt ein Kind für längere Zeit in Familienpflege, so ist die Pflegeperson berechtigt, in Angelegenheiten des täglichen Lebens zu entscheiden sowie den Inhaber der elterlichen Sorge in solchen Angelegenheiten zu vertreten. Sie ist befugt, den Arbeitsverdienst des Kindes zu verwalten sowie Unterhalts-, Versicherungs-, Versorgungs- und sonstige Sozialleistungen für das Kind geltend zu machen und zu verwalten. § 1629 Abs. 1 Satz 4 gilt entsprechend.
(2) Der Pflegeperson steht eine Person gleich, die im Rahmen der Hilfe nach den §§ 34, 35 und 35a Absatz 2 Nummer 3 und 4 des Achten Buches Sozialgesetzbuch die Erziehung und Betreuung eines Kindes übernommen hat.
(3) Die Absätze 1 und 2 gelten nicht, wenn der Inhaber der elterlichen Sorge etwas anderes erklärt. Das Familiengericht kann die Befugnisse nach den Absätzen 1 und 2 einschränken oder ausschließen, wenn dies zum Wohl des Kindes erforderlich ist.
(4) Für eine Person, bei der sich das Kind auf Grund einer gerichtlichen Entscheidung nach § 1632 Abs. 4 oder § 1682 aufhält, gelten die Absätze 1 und 3 mit der Maßgabe, dass die genannten Befugnisse nur das Familiengericht einschränken oder ausschließen kann.

12 Vgl. zum Normzweck MüKo/*Hennemann*, § 1688 BGB Rn. 1, zu den Befugnissen im Einzelnen Rn. 5 ff. sowie die sonstige BGB-Kommentarliteratur.

13 MüKo/*Hennemann*, § 1688 BGB Rn. 9.

14 Vgl. MüKoBGB/*Tillmanns*, § 38 SGB VIII Rn. 3.

15 Wiesner/Wapler/*Gallep*, § 38 SGB VIII Rn. 76.

rechtsinhaber zustande kommen, sind praktische Konflikte angesichts möglicher innerer Vorbehalte der Eltern gegenüber der Familien- oder institutionellen Pflege, unterschiedlicher Vorstellungen über Erziehungsstile, Konsumentscheidungen oder sonstige alltägliche Angelegenheiten oder unterschiedlicher Interessen hinsichtlich der Perspektive der Betreuung in Familienpflege keineswegs ausgeschlossen. Schließlich verleiht die Einschränkungserklärung den Sorgerechtsinhabern – im Regelfall den Eltern – ein nicht unerhebliches **Machtinstrument**.

In solchen Konfliktfällen sollen die **Beteiligten** das Jugendamt einschalten. Beteiligte in diesem Sinne sind sowohl die **Inhaber der elterlichen Sorge** als auch die **Pflegeperson**. Dem Jugendamt steht in dieser Situation das gesamt Spektrum sozialpädagogischer Methoden und sozialpädagogischen Handelns zur Verfügung, vorrangig die Beratung der Beteiligten oder deren Aufklärung über wechselseitige Rechtspositionen zur Verfügung. **Ziel** der der Vermittlung ist die Auflösung oder zumindest Beilegung des bestehenden Konflikts ohne Eingriffe durch das andernfalls anzurufende Familiengericht. 13

Die Einschaltung des Jugendamtes durch die Beteiligten soll nach § 37 Abs. 3 Satz 2 SGB VIII auch bei sonstigen Meinungsverschiedenheiten unter ihnen erfolgen. Auch in diesen Fällen soll also die Vermittlerrolle des Jugendamtes aktiviert werden. Ursachen für Meinungsverschiedenheiten können in den oben beschriebenen Umständen liegen, ohne dass diese zu Einschränkungserklärungen der Sorgerechtsinhaber geführt haben oder führen müssen.

Während § 1688 Abs. 2 BGB die Regelung des Abs. 1 auf die für die Erziehung und Betreuung verantwortliche Person in den Einrichtungen der Hilfe zur Erziehung und der Eingliederungshilfe erstreckt, ist § 37 Abs. 3 SGB VIII nach seinem Wortlaut in der Anwendung auf Konflikte mit der „Pflegeperson" beschränkt. Angesichts gleicher Konfliktlagen wird de lege ferenda für eine Klarstellung durch den Gesetzgeber und einstweilen für eine analoge Anwendung der Vorschrift auf Betreuungsverhältnisse in Einrichtungen plädiert.[16] Dem ist angesichts der einschränkungslosen Gleichstellung in § 1688 Abs. 2 BGB zuzustimmen. 14

16 So Wiesner/Wapler/*Gallep*, § 37 SGB VIII Rn. 75; dort auch zum historischen Hintergrund der fehlenden Synchronisierung. Für eine analoge Anwendung auch MüKoBGB/*Tillmanns*, § 38 SGB VIII Rn. 4. Auch der KJSG-Gesetzgeber hat trotz der erheblichen Neustrukturierung der §§ 37 ff. SGB VIII keine Änderung vorgenommen, ohne dass insoweit eine bewusste Entscheidung ersichtlich wäre.

§ 37a
Beratung und Unterstützung der Pflegeperson

[1]Die Pflegeperson hat vor der Aufnahme des Kindes oder des Jugendlichen und während der Dauer des Pflegeverhältnisses Anspruch auf Beratung und Unterstützung. [2]Dies gilt auch in den Fällen, in denen für das Kind oder den Jugendlichen weder Hilfe zur Erziehung noch Eingliederungshilfe gewährt wird, und in den Fällen, in denen die Pflegeperson nicht der Erlaubnis zur Vollzeitpflege nach § 44 bedarf. [3]Lebt das Kind oder der Jugendliche bei einer Pflegeperson außerhalb des Bereichs des zuständigen Trägers der öffentlichen Jugendhilfe, so sind ortsnahe Beratung und Unterstützung sicherzustellen. [4]Der zuständige Träger der öffentlichen Jugendhilfe hat die aufgewendeten Kosten einschließlich der Verwaltungskosten auch in den Fällen zu erstatten, in denen die Beratung und Unterstützung im Wege der Amtshilfe geleistet werden. [5]Zusammenschlüsse von Pflegepersonen sollen beraten, unterstützt und gefördert werden.

Übersicht Rn.

A. Allgemeines

1 Die Vorschrift normiert einen verschiedene Pflegeverhältnisse übergreifenden Anspruch der Pflegeperson auf Beratung und Unterstützung (Satz 1 und 2), regelt die dafür gegebenen Zuständigkeiten (Satz 3 und 4) und verpflichtet zur Beratung, Unterstützung und Förderung von Zusammenschlüssen von Pflegepersonen (Satz 5). Sie entspricht § 37 Abs. 2 SGB VIII a.F. **Pflegeperson** ist nach der auch für § 37a SGB VIII geltenden **Legaldefinition** des § 44 Abs. 1 Satz 1 SGB VIII, wer ein Kind oder einen Jugendlichen über Tag und Nacht in seinem Haushalt aufnehmen will.

B. Einzelheiten

I. Satz 1 und 2 – Beratungs- und Unterstützungsanspruch

2 Satz 1 regelt einen **Beratungs- und Unterstützungsanspruch** der Pflegeperson sowohl vor der Aufnahme des Kindes oder Jugendlichen als auch während der gesamten Dauer des Pflegeverhältnisses. Die Pflegeperson kann sich also jederzeit an das Jugendamt wenden, wobei vor Beginn des Pflegeverhältnisses und in dessen Anfangsphase der größte Bedarf bestehen dürfte. Der **Anspruch** richtet sich primär **gegen das Jugendamt,** das sich zu dessen Erfüllung aber auch Dritter, etwa freier Träger, bedienen kann. Umstritten ist, ob der Pflegeperson ein Wunsch- und Wahlrecht zusteht. Dies wird einerseits verneint, weil sie keine Leistungsberechtigte i.S.d. § 5 Abs. 1 SGB VIII sei.[1]

Die Gegenauffassung bejaht ein solches Recht, da der Anspruch auf Beratung ausdrücklich der Pflegeperson und nicht etwa vermittelt über die Personensorgeberechtigten bestehe. Dieser Auffassung ist der Vorzug zu geben. Dafür spricht auch, dass der Anspruch von der

1 So OVG NW, Urt. v. 8.5.2018, 12 A 1434/16, openjur.de.

Pflegeperson geltend zu machen und darüber durch einen an diese zu richtenden Verwaltungsakt zu entscheiden ist.[2]

Der **Anspruch besteht** aufgrund der systematischen Stellung der Vorschrift im Dritten Unterabschnitt „Gemeinsame Vorschriften für die Hilfe zur Erziehung und die Eingliederungshilfe für seelisch behinderte Kinder und Jugendliche" des Vierten Abschnitts zunächst für die Fälle, in denen Hilfe zur Erziehung oder Eingliederungshilfe gewährt wird. Darüber hinaus besteht er gem. Satz 2 *auch*,

- in den Fällen, in denen weder Hilfe zur Erziehung noch Eingliederungshilfe gewährt wird, also ein privat geregeltes Pflegeverhältnis besteht, sowie
- in den Fällen, in denen die Pflegeperson nach § 44 Abs. 1 Satz 2 SGB VIII keiner Erlaubnis zur Vollzeitpflege bedarf.

Dass der Beratungs- und Unterstützungsanspruch *auch* in den beiden vorgenannten Fällen gilt, bedeutet, dass der Vorschrift im Wege des **Erst-recht-Schlusses** zu entnehmen, dass der Beratungsanspruch, wenn er „*auch* in den Fällen", in denen die Pflegeperson der Erlaubnis zur Vollzeitpflege nach § 44 SGB VIII nicht bedarf, er **erst recht in den Fällen** besteht, in denen eine **Erlaubnis nach § 44 SGB VIII erforderlich** ist. 3

II. Satz 3 und 4 – Zuständigkeiten

In den **ersten beiden Jahren** des Bestehens des Pflegeverhältnisses bestimmt sich die Zuständigkeit des örtlichen Trägers nach § 86 Abs. 1 bis 5 SGB VIII, also nicht nach dem gewöhnlichen Aufenthalt der Pflegeperson.[3] Lebt das Kind oder der Jugendliche – von Beginn an oder nach einem Umzug – bei einer Pflegeperson außerhalb des Bereichs des zuständigen Trägers, verpflichtet Satz 3 diesen, eine ortsnahe Beratung und Unterstützung der Pflegeperson sicherzustellen. Dies kann durch eigene Ressourcen erfolgen, das zuständige Jugendamt kann sich aber auch Hilfe eines ortsnahen öffentlichen oder freien Trägers bedienen. Ob der Pflegeperson dabei ein **Wahlrecht zwischen verschiedenen Trägern** zusteht, ist umstritten, in Verfolg des Wunsch- und Wahlrechts aber zu bejahen. 4

Ggfs. kommt ein Amtshilfeersuchen nach §§ 3, 4 Abs. 1 Nr. 5 SGB X in Betracht. Auch in diesem Fall hat der zuständige Träger gem. Satz 4 dem ortsnahen Träger die aufgewendeten Kosten einschließlich der Verwaltungskosten zu erstatten.

Welche Stelle ggf. innerhalb des Jugendamtes die Beratungsaufgabe wahrnimmt, obliegt dessen Organisation. Nahliegend ist es, diese Aufgabe dem **Pflegekinderdienst** zuzuweisen.

III. Satz 5 – Zusammenschlüsse von Pflegepersonen

Satz 5 erweitert die Beratungs- und Unterstützungspflicht nach Satz 1 verbunden mit einer Förderungspflicht auf **Zusammenschlüsse von Pflegepersonen**. Zusammenschlüsse von Pflegepersonen sind angesichts deren Vereinzelung ohne institutionellen Rückhalt von großer Bedeutung. Zusammenschlüsse in diesem Sinne sind nicht nur berufsständische Organisationen wie PFAD Bundesverband der Pflege- und Adoptivfamilien e.V. und dessen Landesverbände, sondern auch Gruppierungen auf lokaler oder regionaler Ebene. Nach der gegenüber Satz 1 abweichenden Formulierung besteht zwar eine Beratungs-, Unterstützungs- und 5

---

2 So Wiesner/Wapler/*Gallep*, § 37a SGB VIII Rn. 10; in diesem Sinne auch LPK-SGB VIII/Berneiser/*Diehl*, § 37a Rn. 4.

3 Danach richtet sich die örtliche Zuständigkeit nach § 86 Abs. 6 SGB VIII, also nach dem gewöhnlichen Aufenthalt der Pflegeperson, so dass sich das Problem der Ortsnähe nicht mehr stellt.

Förderungspflicht des öffentlichen Trägers, aber **keinen** dieser korrespondierenden **Rechtsanspruch** der jeweiligen Zusammenschlüsse.

Sachlich zuständig ist der örtliche Träger der öffentlichen Jugendhilfe, **örtlich** der Träger, in dessen Bereich ein Zusammenschluss seinen Sitz hat oder agiert.

§ 37b
Sicherung der Rechte von Kindern und Jugendlichen in Familienpflege

(1) [1]Das Jugendamt stellt sicher, dass während der Dauer des Pflegeverhältnisses ein nach Maßgabe fachlicher Handlungsleitlinien gemäß § 79a Satz 2 entwickeltes Konzept zur Sicherung der Rechte des Kindes oder des Jugendlichen und zum Schutz vor Gewalt angewandt wird. [2]Hierzu sollen die Pflegeperson sowie das Kind oder der Jugendliche vor der Aufnahme und während der Dauer des Pflegeverhältnisses beraten und an der auf das konkrete Pflegeverhältnis bezogenen Ausgestaltung des Konzepts beteiligt werden.

(2) Das Jugendamt gewährleistet, dass das Kind oder der Jugendliche während der Dauer des Pflegeverhältnisses Möglichkeiten der Beschwerde in persönlichen Angelegenheiten hat und informiert das Kind oder den Jugendlichen hierüber.

(3) [1]Das Jugendamt soll den Erfordernissen des Einzelfalls entsprechend an Ort und Stelle überprüfen, ob eine dem Wohl des Kindes oder des Jugendlichen förderliche Entwicklung bei der Pflegeperson gewährleistet ist. [2]Die Pflegeperson hat das Jugendamt über wichtige Ereignisse zu unterrichten, die das Wohl des Kindes oder des Jugendlichen betreffen.

Übersicht Rn.

A. Allgemeines

1 Die Verpflichtung der staatlichen Gemeinschaft nach Art. 6 Abs. 2 Satz 2 GG zum Schutz von Kindern und Jugendlichen vor Gefahren für ihr Wohl gilt auch in Pflegeverhältnissen. Daneben ist der Staat auch nach Art. 3 Abs. 2 UN-KRK verpflichtet, Kindern den Schutz und die Fürsorge zu gewährleisten, die zu deren Wohlergehen notwendig sind. Mit der Vorschrift des § 37b SGB VIII werden die Schutzpflichten, deren Schwerpunkt bisher eher im institutionellen Bereich der Einrichtungen lag, auch für die Kinder und Jugendlichen konkretisiert, die vorübergehend oder dauerhaft in Familienpflege leben.[1]

B. Einzelheiten

I. Abs. 1 – Anwendung eines Konzepts zur Sicherung der Rechte des Kindes oder Jugendlichen und zum Schutz vor Gewalt

2 Nach Abs. 1 Satz 1 hat das Jugendamt während der gesamten Dauer des Pflegeverhältnisses die Anwendung eines fachlichen Konzepts zur Sicherung der Rechte des Pflegekindes und zu dessen Schutz vor Gewalt sicherzustellen, das entsprechend den Leitlinien des § 79a Satz SGB VIII entwickelt wurde. Zwar verlangt auch § 45 Abs. 2 Satz 2 Nr. 4 ein Konzept zur Siche-

1 Vgl. zu dieser Zielsetzung die Gesetzesbegründung, BT-Drs. 19/26107, S. 89 f.

rung der Rechte von Kindern und Jugendlichen und zum Schutz vor Gewalt, jedoch betont die Gesetzesbegründung, dass für Einrichtungen entwickelte Konzepte angesichts der „ganz anderen organisationalen Konstellationen" nicht ohne weiteres auf die Familienpflege übertragen werden können.[2]

Das nach § 79a SGB VIII ausgearbeitete Konzept ist darüber hinaus nach Satz 2 an das jeweilige spezifische Pflegeverhältnis anzupassen. Die Sicherstellung, die Satz 1 fordert, erfolgt durch **Beratung nicht nur zu Beginn**, sondern während der **gesamten Dauer des Pflegeverhältnisses** sowie durch Beteiligung der Pflegeperson, aber auch des Pflegekindes an der Ausgestaltung des Konzepts für das konkrete Pflegeverhältnis.

II. Abs. 2 – Möglichkeit zur Beschwerde

3 Abs. 2 verpflichtet das Jugendamt zur Gewährleistung von **Beschwerdemöglichkeiten** für ein Kind oder einen Jugendlichen, das bzw. der in einer Pflegefamilie lebt, und zu deren **Information** über die Möglichkeit der Beschwerde. Mit dieser Regelung soll für Kinder und Jugendliche in Familienpflege nachvollzogen was, was im institutionellen Bereich als Anforderung im Betriebserlaubnisverfahren nach § 45 Abs. 2 Nr. 3 SGB VIII bereits gilt. Angesichts des mit einer Beschwerde verbundenen Interessenskonflikts zwischen Pflegekind und Pflegeperson sowie der geringen Zugangsmöglichkeiten des Jugendamtes kann das „Gewährleisten" im Grunde nur darin bestehen, Beschwerdemöglichkeiten selbst zur Verfügung zu stellen oder bei anderen Stellen vorhalten zu lassen. Das Jugendamt muss das Pflegekind durch Nennung konkreter Kontaktdaten informieren, welche Personen oder Stellen diese Möglichkeit für das Kind oder den Jugendlichen im Einzelfall bieten. In Betracht kommen neben einer **Stelle im Jugendamt** selbst **Ombudsstellen** (§ 9a SGB VIII), eine Kontaktperson beim **Pflegekinderdienst** oder eine **Beratungsstelle** bei einem freien Träger. Die Möglichkeit der Beschwerde muss während der gesamten Dauer des Pflegeverhältnisses bestehen. Wechseln hierfür vorgesehene Stellen oder Personen oder deren Kontaktdaten, muss das Jugendamt das Pflegekind unverzüglich darüber in Kenntnis setzen.[3]

Es liegt auf der Hand, dass der Zugang zu einer Beschwerdeinfrastruktur wie auch die zur Beschwerde selbst in erheblichem Maße vom Alter des Kindes oder Jugendlichen abhängig ist. Umso mehr ist es erforderlich, dass sich die Beschwerdestellen jugendgemäßer Kommunikationsformen wie Social Media, Messenger-Dienste oder Email bedienen.[4]

III. Abs. 3 – Überprüfungs- und Unterrichtungspflicht

1. Abs. 3 Satz 1 – Überprüfungspflicht des Jugendamtes

4 Absatz 3 Satz 1 ist wortlautidentisch mit § 37 Abs. 3 Satz 1 SGBVIII a.F.. Er normiert eine Soll-Verpflichtung des Jugendamts zu überprüfen, ob die Pflegeperson eine dem Wohl des Kindes oder Jugendlichen förderliche Erziehung gewährleistet. Sie tritt an die Stelle der Überprüfungspflicht nach § 44 Abs. 3 SGB VIII, da die hier in Rede stehenden Pflegeverhältnisse gem. § 44 Abs. 1 Satz 2 Nr. 1 SGB VIII erlaubnisfrei sind. Die Kontrolle hat an Ort und Stelle, also im Wege eines Hausbesuchs in der in der Wohnung der Pflegeperson zu erfolgen. Ein telefonischer Kontakt oder Gespräche im Amt sind nicht ausreichend. An der Überprüfung sind nicht nur wegen Abs. 2 sowie § 8 Abs. 1 SGB VIII die betroffenen **Kinder** oder **Jugendlichen** zu **beteiligen**, weil sich erst dadurch ein vollständiges Bild ergibt.

2 Vgl. zu den Anforderungen Team „Foster Care 2020", JAmt 2020, S. 234 ff.
3 Vgl. zum Ganzen die Gesetzesbegründung, BT-Drs. 19/26107, S. 90.
4 Vgl. ergänzend die Erläuterungen zu § 45 SGB VIII Rn. 35 ff.

Allgemein wird die Zweckmäßigkeit von Kontrollen in der Pflegestellen kritisch bzw. skeptisch beurteilt, da diese geeignet seien, die Bereitschaft der Pflegepersonen, Hilfe in Anspruch zu nehmen, zu gefährden.[5] Vereinzelt wird sogar in Frage gestellt, dass die Überprüfungspflicht in den hier in Rede stehenden Pflegeverhältnissen gelte. Zwar hätten auch Pflegepersonen nicht erlaubnispflichtiger Pflegestellen nach § 37 Abs. 2 Hs. 2 einen Anspruch auf Beratung und Unterstützung. Ihnen gegenüber greife aber nicht die Überprüfungspflicht gem. § 37 Abs. 3 SGB VIII.[6] Dass diese Auffassung **contra legem** und deshalb abzulehnen ist, bedarf keiner weiteren Begründung, zumal sie die Frage unbeantwortet lässt, in welchen Fällen die gesetzliche Überprüfungspflicht überhaupt eingreifen soll.

Dass die Pflegeperson gem. § 37a SGB VIII Anspruch auf Beratung und Unterstützung hat, 5
schließt die Möglichkeit und grundsätzliche Notwendigkeit der Kontrolle nicht aus. Zu Recht weist die Gesetzesbegründung auf die staatliche Schutzpflicht im Rahmen des Wächteramtes nach Art. 6 Abs. 2 Satz 2 GG hin.[7] Auch wenn zuletzt mit der Verankerung in einer eigenen Norm (vgl. § 37a SGB VIII) die Beratung und Unterstützung in den Vordergrund gerückt sein mag, kann auf das Instrument der präventiven Kontrolle nicht verzichtet werden.

Das gilt insbesondere **vor Beginn des Pflegeverhältnisses**. Unabhängig vom Zustande- 6
kommen und der rechtlichen Grundlage des jeweiligen Pflegeverhältnisses ist das Jugendamt in Wahrnehmung seines Schutzauftrags verpflichtet, vor dessen Beginn die **Eignung der Pflegeperson** und der **Pflegestelle** zu überprüfen. Die Eignungskriterien entsprechen angesichts der Wortlautidentität denen nach § 44 Abs. 3 Satz 1 SGB VIII. Auf die dortigen Erläuterungen (vgl. § 44 Rn. 13 ff.) kann deshalb verwiesen werden. Kommt das Jugendamt seiner Prüfungspflicht nicht nach und das Kind oder die oder der Jugendliche zu Schaden, sind zum einen **Schadenersatzansprüche** nach § 839 BGB i.V.m. Art. 34 GG möglich, zum anderen stellt sich in einem solchen Fall die Frage der **strafrechtlichen Verantwortlichkeit** der verantwortlichen Personen.

Die **Kontrolldichte** wird sich mit zunehmender Dauer des Pflegeverhältnisses insbesondere 7
dann verringern, wenn sich die Pflegeperson kontinuierlich an der Gestaltung des Hilfeprozesses beteiligt und mit Jugendamt und Eltern kooperiert. Vereinzelt wird sogar für eine zeitliche Begrenzung der Überprüfungspflicht bis zur Entstehung einer neuen Eltern-Kind-Bindung plädiert, wofür es allerdings keinerlei normativen Anhaltspunkt gibt.[8] Zu beachten ist vielmehr, dass auch ein (zumindest oberflächlich) von Kooperationsbereitschaft geprägter Hilfeprozess und kontinuierliche Kommunikation unter den Beteiligten Gefährdungen des Pflegekinds in der Pflegefamilie keineswegs eo ipso ausschließt.[9]

Ohnehin besteht die Überprüfungspflicht lediglich nach den **Erfordernissen des Einzel- 8
falls**, ausgeschlossen ist also eine routinemäßige und schematische Kontrolle. Solches Erfordernis kann etwa durch eine Beschwerde des Pflegekindes nach Abs. 2, die Information des Jugendamts von dritter Seite, wesentliche Änderungen im Pflegeverhältnis, die Unterrichtung des Jugendamts über wichtige Ereignisse durch die Pflegeperson selbst nach Abs. 3 Satz 2 oder durch einen Zuständigkeitswechsel infolge Umzugs[10] begründet werden.

Zweck und Gegenstand der Überprüfung ist allerdings anders als es die Gesetzesbegründung und auch die Kommentarliteratur nahelegen, nicht nur das mögliche Vorliegen einer

---

5 So Wiesner/Wapler/*Gallep*, § 37b SGB VIII Rn. 51; ähnlich FK-SGB VIII/*Schönecker*/*Meysen*, § 37 Rn. 39.

6 So Wiesner/*Mörsberger*, 5. Aufl., § 44 SGB VIII Rn. 25b. Die Kommentierung bezieht sich auf § 37 Abs. 3 SGB VIII a.F., der jedoch mit § 37b Abs. 3 SGB VIII wortlautidentisch ist.

7 Vgl. BT-Drs. 19/26107, S. 89 f.

8 Vgl. Wiesner/*Schmid-Obkirchner*, 5. Aufl., § 37 SGB VIII Rn. 52. Für einen Wegfall der Kontrolle erst dann, wenn der Pflegeperson das Sorgerecht übertragen wurde, jetzt Wiesner/Wapler/*Gallep*, § 37b SGB VIII Rn. 23.

9 Vgl. dazu etwa die instruktive Dokumentation und Analyse von *Schrapper*, Die Betreuung des Kindes Anna, JAmt 2013, S. 2 ff.

10 Vgl. MüKo/*Tillmanns*, § 37 SGB VIII Rn. 6: Grundsätzlich „Antrittsbesuch" erforderlich.

Gefährdung des Kindeswohls, sondern (auch) die Frage, ob die Pflegeperson **eine dem Wohl** des Kindes oder des Jugendlichen **förderliche Erziehung** gewährleistet. Dies ruft in Erinnerung, dass es sich bei dem zugrundeliegenden Pflegeverhältnis um eine Hilfe zur Erziehung bzw. Eingliederungshilfe handelt.

9 Abs. 3 Satz 1 normiert zwar eine **Überprüfungsverpflichtung** des Jugendamts, verleiht diesem aber **keine Befugnisse**, insbesondere keine solche zum Betreten der Wohnung. Solche Befugnisse sind allerdings in landesrechtlichen Regelungen zu finden. Vgl. etwa § 32 Abs. 3 BerlAGKJHG; § 13 Abs. 3 HessKJGB; § 25 Abs. 1 AGKJHG-LSA, § 23 SächsLJHG, § 21 Abs. 3 ThürKJHAG, die den Bediensteten des Jugendamtes ein Betretensrecht einräumen.[11]

Verweigert die Pflegeperson die Durchführung einer Überprüfung, kommt seitens des Jugendamtes nur die Anrufung des Familiengerichts oder – in Fällen einer dringenden Gefahr für das Kindeswohl – die Inobhutnahme des Kindes in Betracht (§ 8a Abs. 2 SGB VIII).

2. Abs. 3 Satz 2 – Unterrichtungspflicht der Pflegeperson

10 Die Verpflichtung der Pflegeperson, das Jugendamt über wichtige Ereignisse zu unterrichten, die das Wohl des Kindes oder des Jugendlichen betreffen, entspricht in vollem Umfang der nach § 44 Abs. 4 SGB VIII. **Wichtige Ereignisse** können sowohl in der Sphäre der Pflegeperson als auch in der des Pfleglings liegen. In Betracht kommen insbesondere tatsächlicher **Beginn** und **Ende** der **Pflege**, **Wohnungswechsel**, schwere **Krankheiten** oder Unfälle, **Schulwechsel**, Veränderung in der **Bewohnerzahl**. Eine Konkretisierung durch Landesrecht ist möglich (§ 49 SGB VIII).

11 Von der Berliner Regelung abgesehen, rekurrieren die genannten Vorschriften sämtlich auf die Überprüfung gem. § 44 SGB VIII, nicht aber auf die nach § 37b Abs. 3 SGB VIII. Auf die Frage, ob landesrechtliche Regelungen, die das Betretensrecht nicht vom Vorliegen einer dringenden Gefahr für das Kindeswohl abhängig machen, wegen eines Verstoßes gegen Art. 13 GG verfassungswidrig sind, so Wiesner/Wapler/*Gallep*, § 37 SGB VIII Rn. 55, ist hier nicht zu behandeln.

§ 37c
Ergänzende Bestimmungen zur Hilfeplanung bei Hilfen außerhalb der eigenen Familie

(1) [1]Bei der Aufstellung und Überprüfung des Hilfeplans nach § 36 Absatz 2 Satz 2 ist bei Hilfen außerhalb der eigenen Familie prozesshaft auch die Perspektive der Hilfe zu klären. [2]Der Stand der Perspektivklärung nach Satz 1 ist im Hilfeplan zu dokumentieren.

(2) [1]Maßgeblich bei der Perspektivklärung nach Absatz 1 ist, ob durch Leistungen nach diesem Abschnitt die Entwicklungs-, Teilhabe- oder Erziehungsbedingungen in der Herkunftsfamilie innerhalb eines im Hinblick auf die Entwicklung des Kindes oder Jugendlichen vertretbaren Zeitraums so weit verbessert werden, dass die Herkunftsfamilie das Kind oder den Jugendlichen wieder selbst erziehen, betreuen und fördern kann. [2]Ist eine nachhaltige Verbesserung der Entwicklungs-, Teilhabe- oder Erziehungsbedingungen in der Herkunftsfamilie innerhalb eines im Hinblick auf die Entwicklung des Kindes oder Jugendlichen vertretbaren Zeitraums nicht erreichbar, so soll mit den beteiligten Personen eine andere, dem Wohl des Kindes oder Jugendlichen förderliche und auf Dauer angelegte Lebensperspektive erarbeitet werden. [3]In diesem Fall ist vor und während der Gewährung der Hilfe insbesondere zu prüfen, ob die Annahme als Kind in Betracht kommt.

(3) [1]Bei der Auswahl der Einrichtung oder der Pflegeperson sind der Personensorgeberechtigte und das Kind oder der Jugendliche oder bei Hilfen nach § 41 der junge Volljährige zu beteiligen. [2]Der Wahl und den Wünschen des Leistungsberechtigten ist zu entsprechen, sofern sie nicht mit unverhältnismäßigen Mehrkosten verbunden sind. [3]Wünschen die in Satz 1 genannten Personen die Erbringung einer in § 78a genannten Leistung in einer Einrichtung, mit deren Träger keine Vereinbarungen nach § 78b bestehen, so soll der Wahl nur entsprochen werden, wenn die Erbringung der Leistung in dieser Einrichtung nach Maßgabe des Hilfeplans geboten ist. [4]Bei der Auswahl einer Pflegeperson, die ihren gewöhnlichen Aufenthalt außerhalb des Bereichs des örtlich zuständigen Trägers hat, soll der örtliche Träger der öffentlichen Jugendhilfe beteiligt werden, in dessen Bereich die Pflegeperson ihren gewöhnlichen Aufenthalt hat.

(4) [1]Die Art und Weise der Zusammenarbeit nach § 37 Absatz 2 sowie die damit im Einzelfall verbundenen Ziele sind im Hilfeplan zu dokumentieren. [2]Bei Hilfen nach den §§ 33, 35a Absatz 2 Nummer 3 zählen dazu auch der vereinbarte Umfang der Beratung und Unterstützung der Eltern nach § 37 Absatz 1 und der Pflegeperson nach § 37a Absatz 1 sowie die Höhe der laufenden Leistungen zum Unterhalt des Kindes oder Jugendlichen nach § 39. [3]Bei Hilfen für junge Volljährige nach § 41 gilt dies entsprechend in Bezug auf den vereinbarten Umfang der Beratung und Unterstützung der Pflegeperson sowie die Höhe der laufenden Leistungen zum Unterhalt. [4]Eine Abweichung von den im Hilfeplan gemäß den Sätzen 1 bis 3 getroffenen Feststellungen ist nur bei einer Änderung des Hilfebedarfs und entsprechender Änderung des Hilfeplans auch bei einem Wechsel der örtlichen Zuständigkeit zulässig.

Übersicht Rn.

A. Allgemeines

1 In der durch das KJSG als selbständige neu geschaffenen Vorschrift werden, so die Gesetzesbegründung, zur Verbesserung der Perspektivklärung und einer Kontinuität sichernden Hilfeplanung unter Beachtung des kindlichen Zeitempfindens die hierauf gerichteten Planungsanforderungen, die zuvor in § 36 Abs. 1 und § 37 SGB VIII geregelt waren, in einer Vorschrift zusammengeführt und konkretisiert.[1] Sie enthält sowohl verfahrens- als auch materiellrechtliche **Vorgaben für die Planung und Gewährung** von **Hilfen außerhalb der eigenen Familie**.

§ 37c SGB VIII tritt als lex specialis nur soweit an die Stelle von § 36 SGB VIII als er Regelungen trifft, verdrängt also § 36 SGB VIII nicht vollständig. So gilt der Beratungsanspruch nach § 36 Abs. 1 SGB VIII auch im Kontext des § 37c SGB VIII.

B. Einzelheiten

I. Abs. 1 – Perspektivklärung

2 Abs. 1 **Satz 1 verpflichtet** dazu, bei der Aufstellung und Überprüfung des Hilfeplans i.S.d. § 36 Abs. 2 Satz 2 SGB VIII bei Hilfen außerhalb der eigenen Familie „prozesshaft auch die Perspektive der Hilfe zu klären" und den Stand der **Perspektivklärung** im Hilfeplan zu dokumentieren.

Die Vorschrift richtet sich zwar an alle am Planungsprozess Beteiligten, die Verantwortlichkeit liegt jedoch bei den Fachkräften des Jugendamtes.

Mit Absatz 1 soll klargestellt werden, dass neben den sonstigen Anforderungen nach § 36 SGB VIII die Perspektivklärung ein zentraler Gegenstand der Hilfeplanung ist. Damit werde die Frage nach der Perspektive der Hilfe systematisch in der Hilfeplanung verankert. Die Vorschrift betont den **prozesshaften Charakter der Perspektivklärung** – zeitlich befristete Erziehungshilfe oder auf Dauer angelegte andere Lebensform –, die auch dann von Anfang an Gegenstand der Hilfeplanung sein soll, wenn die Situation unklar, die Interessen der Beteiligten gegenläufig und deren Positionen strittig sind. Um Unklarheiten und Unsicherheiten bei den Beteiligten zu vermeiden und größtmögliche Transparenz des Prozesses zu sichern, verpflichtet **Satz 2** dazu, den jeweiligen Stand der Perspektivklärung im Hilfeplan zu dokumentieren.[2]

II. Abs. 2 – Maßgebliche Kriterien der Perspektivklärung

1. Abs. 2 Satz 1 und 2 – Perspektivklärung

3 Abs. 2 Satz 1 und 2 weist eine weitgehende Parallelität zu § 37 Abs. 1 Satz 2 und 3 SGB VIII auf. Während dort jedoch der Fokus auf der Beratungs-, Unterstützungs- und Förderarbeit mit den Eltern liegt, richtet § 37c Abs. 2 Satz 1 und 2 SGB VIII den Blick auf die im Prozess der Perspektivklärung letztendlich zu treffende Entscheidung. Deshalb gibt er die für die Perspektivklärung maßgeblichen Kriterien vor. Entscheidend ist nach **Satz 1**, ob durch Leistungen nach **diesem Abschnitt** – gemeint ist damit der vierte Abschnitt des zweiten Kapitels, der die **Hilfe zur Erziehung**, **Eingliederungshilfe** für seelisch behinderte Kinder und Jugendliche sowie die **Hilfe für junge Volljährige** umfasst – die **Bedingungen in der Her-**

1 Vgl. BT-Drs. 19/26107, S. 91.
2 Vgl. BT-Drs. 19/26107, S. 91.

kunftsfamilie so weit verbessert werden können, dass diese das Kind oder den Jugendlichen wieder selbst erziehen, betreuen und fördern kann. Wie bereits bei § 37 SGB VIII kommt es auch hier auf eine nach kindlichem Zeitempfinden vertretbaren Zeitraum an. Insoweit kann auf die Erläuterungen bei § 37 SGB VIII Rn. 4 f. verwiesen werden.

Ob eine solche **Verbesserung möglich** ist, hängt von verschiedenen Faktoren ab. Zu nennen sind insoweit die Umstände, die zur Unterbringung in Familienpflege geführt haben, die überhaupt gegebene Möglichkeit , diesen mit den genannten Hilfen nach dem SGB VII zu begegnen sowie vor allem die Bereitschaft und Fähigkeit der Eltern, Verantwortung für die eingetretene Situation zu übernehmen und in Kooperation mit dem Jugendamt an deren Verbesserung zu arbeiten. Dabei ergibt sich auch hier aus Satz 2, dass es nur um eine **nachhaltige Verbesserung** gehen kann, Momentaufnahmen also nicht ausreichend sind. 4

Parallel zur Regelung in § 37 Abs. 1 Satz 3 SGB VIII gibt Abs. 2 Satz 2 vor, eine **andere** dem Wohl des Kindes oder Jugendlichen förderliche und **auf Dauer angelegte Lebensperspektive** außerhalb der Herkunftsfamilie zu erarbeiten, wenn eine nachhaltige Verbesserung der Bedingungen in der Herkunftsfamilie innerhalb eines vertretbaren Zeitraums nicht erreicht werden kann. Auch insoweit kann auf die Erläuterungen zu § 37 SGB VIII bei Rn. 5 ff. verwiesen werden. Als andere Lebensperspektive kommt zum einen der dauerhafte **Verbleib bei der Pflegeperson**, zum anderen eine **Adoption** in Betracht. 5

2. Abs. 2 Satz 3 – Prüfung einer Adoption

Ist eine Rückkehr in die Herkunftsfamilie ausgeschlossen, verpflichtet – in Entsprechung zu der nach früherer Rechtslage in § 36 Abs. 1 Satz 2 SGB VIII enthaltenen Regelung – Abs. 1 Satz 3 den öffentlichen Träger zur Prüfung, ob eine **Adoption** in Betracht kommt. Adoptiveltern können sowohl die Pflegeeltern als auch andere Personen sein. 6

III. Abs. 3 – Beteiligung der Betroffenen; Wunsch- und Wahlrecht

Absatz 3 Satz 1 bis 3 entspricht § 36 Abs. 1 Satz 3 bis 5 a.F. SGB VIII. Nach **Satz 1** sind die Personensorgeberechtigten, das Kind oder die oder Jugendliche bzw. bei Hilfen nach § 41 SGB VIII die oder der junge Volljährige bei der **Auswahl** der **Einrichtung** oder der **Pflegeperson** zu beteiligen. Personensorgeberechtigte sind in erster Linie die Eltern. Wurde ihnen das Personensorgerecht entzogen, ist die Person zu beteiligen, der es übertragen wurde. 7

Eine echte Beteiligung setzt voraus, dass der **Anspruch** der genannten Personen nach dem auch hier geltenden (vgl. dazu oben Rn. 1) **§ 36 Abs. 1 SGB VIII** (ggfs. i.V.m. § 41 Abs. 2 SGB VIII) darauf, vor der Entscheidung über die Inanspruchnahme einer Hilfe beraten und auf die möglichen Folgen für die Entwicklung des Kindes oder des Jugendlichen in einer verständlichen, nachvollziehbaren und wahrnehmbaren Form hingewiesen zu werden, durch die Fachkräfte des Jugendamtes **eingelöst wird**. Nur unter dieser Voraussetzung sind die Betroffenen in der Lage, ihr Beteiligungsrecht aktiv und umfassend wahrzunehmen.

Die **Sätze 2 und 3** formulieren ein bereichsspezifisches **Wunsch- und Wahlrecht**, das als Spezialregelung der allgemeinen Vorschrift des § 5 Abs. 2 SGB VIII vorgeht. Inhaltlich ist die Regelung mit der des § 5 Abs. 2 SGB VIII allerdings mit der Maßgabe identisch, dass nach § 37c Abs. 3 Satz 2 SGB VIII ein strikter Rechtsanspruch besteht („Der Wahl und den Wünschen… ist zu entsprechen"), während § 5 Abs. 2 SGB VIII lediglich eine Soll-Vorschrift ist. Mit dieser Maßgabe kann hinsichtlich des Wunsch- und Wahlrechts sowie dessen Auswirkungen und Grenzen auf die Erläuterungen oben zu § 5 SGB VIII verwiesen werden.

Wird in dem Auswahlprozess nach Abs. 3 Satz 1 bis 3 eine Pflegeperson ausgewählt, die ihren gewöhnlichen Aufenthalt außerhalb des Bereichs des örtlich zuständigen Trägers hat, soll nach **Satz 4** der örtliche Träger der öffentlichen Jugendhilfe beteiligt werden, in dessen 8

Bereich die Pflegeperson ihren gewöhnlichen Aufenthalt hat. Damit soll nach der Gesetzesbegründung sichergestellt werden, dass etwaige Kenntnisse des örtlichen Jugendamtes im Hinblick auf die Eignung der Pflegeperson in die Auswahlentscheidung einbezogen werden können.[3] Neben der inhaltlich inspirierten Begründung der Norm dürfte auch der Umstand eine Rolle gespielt haben, dass dieser örtliche Träger bei Fortbestehen des Pflegeverhältnisses gem. § 86 Abs. 6 SGB VIII nach zwei Jahren für die Hilfeleistung örtlich zuständig wird. Honit soit qui mal y pense…

IV. Abs. 4 – Inhalte und Verbindlichkeit des Hilfeplans

9 Abs. 4 regelt die Essentialia des im Rahmen der Hilfen außerhalb der eigenen Familie zu erstellenden Hilfeplans und normiert dabei eine Reihe zwingend notwendiger und verbindlicher Inhalte.

Sätze 1 und 2 benennen die Inhalte, die bei Hilfen außerhalb der eigenen Familie über die ohnehin nach § 36 Abs. 2 Satz 2 SGB VIII sowie § 37c Abs. 1 Satz 2 SGB VIII („Stand der Perspektivklärung") aufzunehmenden hinaus im Hilfeplan niederzulegen sind.

Sätze 1 und 2 entsprechen im Wesentlichen § 37 Abs. 2a Satz 1 und 2 a.F. SGB VIII. Zu dokumentieren sind

gem. **Satz 1**

- die Art und Weise der Zusammenarbeit des öffentlichen Trägers mit der Pflegeperson oder der in der Einrichtung für die Erziehung verantwortlichen Person und der Eltern (§ 37 Abs. 2 SGB VIII) sowie
- die damit im Einzelfall verbundenen Ziele;

gem. **Satz 2** bei Hilfen nach §§ 33, 35a Abs. 2 Nr. 3 SGB VIII

- der vereinbarte Umfang der Beratung und Unterstützung der Eltern nach § 37 Abs. 1 SGB VIII,
- der vereinbarte Umfang der Beratung und Unterstützung der Pflegeperson nach § 37a Absatz 1 SGB VIII,
- die Höhe der laufenden Leistungen zum Unterhalt des Kindes oder Jugendlichen nach § 39 SGB VIII,

gem. **Satz 3** bei Hilfen für junge Volljährige nach § 41 SGB VIII

- der vereinbarte Umfang der Beratung und Unterstützung der Pflegeperson sowie
- die Höhe der laufenden Leistungen zum Unterhalt des Kindes oder Jugendlichen nach § 39 SGB VIII.

Sprachlich misslungen ist Abs. 4 **Satz 4**. Er lässt eine Abweichung von den im Hilfeplan nach den Sätzen 1 bis 3 getroffenen Feststellungen nur bei einer Änderung des Hilfebedarfs und entsprechender Änderung des Hilfeplans zu. Intendiert soll dies auch bei einem Wechsel der örtlichen Zuständigkeit gelten.[4]

10 Nach der Gesetzesbegründung und der Literatur zu § 37 Abs. 2a SGB VIII a.F. dient die damit festgeschriebene Verbindlichkeit des Hilfeplans dem Interesse und Schutz der Leistungsberechtigten, indem eine einseitige Abweichung seitens des Jugendamts jedenfalls ohne Beteiligung der Betroffenen ausgeschlossen wird, und dies selbst bei einem Wechsel der örtlichen Zuständigkeit des Jugendhilfeträgers gilt. Er ist also nur für den öffentlichen Träger verbind-

3 So BT-Drs. 19/26107, S. 92.

4 Richtigerweise war die Vorschrift mithin so zu formulieren: „Eine Abweichung von den im Hilfeplan gemäß den Sätzen 1 bis 3 getroffenen Feststellungen ist auch bei einem Wechsel der örtlichen Zuständigkeit nur bei einer Änderung des Hilfebedarfs und entsprechender Änderung des Hilfeplans zulässig."

lich, zumal Leistungsberechtigte ohnehin nicht auf die Feststellungen eines Hilfeplans verpflichtet werden können.

Andererseits ist es zum einen in keiner Weise ersichtlich, dass etwa durch verbindliche Festschreibung des Umfangs der Beratung und Unterstützung, sei es der Eltern, sei es der Pflegeperson das Gedeihen des Beratungs- und Unterstützungsprozesses befördert werden sollte. Zum anderen steht die damit angeordnete Festschreibung und deren Verbindlichkeit im eklatanten Widerspruch zu der durch Abs. 1 angeordneten Prozesshaftigkeit der Perspektivklärung.

§ 38
Zulässigkeit von Auslandsmaßnahmen

(1) Hilfen nach diesem Abschnitt sind in der Regel im Inland zu erbringen. Sie dürfen nur dann im Ausland erbracht werden, wenn dies nach Maßgabe der Hilfeplanung zur Erreichung des Hilfezieles im Einzelfall erforderlich ist und die aufenthaltsrechtlichen Vorschriften des aufnehmenden Staates sowie

1. **im Anwendungsbereich der Verordnung (EU) 2019/1111 des Rates vom 25 Juni 2019 über die Zuständigkeit, die Anerkennung und Vollstreckung von Entscheidungen in Ehesachen und in Verfahren betreffend die elterliche Verantwortung und über internationale Kindesentführungen (ABl. L 178 vom 2.7.2019, S. 1) die Voraussetzungen des Artikels 82 oder**
2. **im Anwendungsbereich des Haager Übereinkommens vom 19. Oktober 1996 über die Zuständigkeit, das anzuwendende Recht, die Anerkennung, Vollstreckung und Zusammenarbeit auf dem Gebiet der elterlichen Verantwortung und der Maßnahmen zum Schutz von Kindern die Voraussetzungen des Artikels 33 erfüllt sind.**

(2) Der Träger der öffentlichen Jugendhilfe soll vor der Entscheidung über die Gewährung einer Hilfe, die ganz oder teilweise im Ausland erbracht wird,

1. **zur Feststellung einer seelischen Störung mit Krankheitswert die Stellungnahme einer in § 35a Absatz 1a Satz 1 genannten Person einholen,**
2. **sicherstellen, dass der Leistungserbringer**
   a) **über eine Betriebserlaubnis nach § 45 für eine Einrichtung im Inland verfügt, in der Hilfe zur Erziehung erbracht wird,**
   b) **Gewähr dafür bietet, dass er die Rechtsvorschriften des aufnehmenden Staates einschließlich des Aufenthaltsrechts einhält, insbesondere vor Beginn der Leistungserbringung die in Absatz 1 Satz 2 genannten Maßgaben erfüllt, und mit den Behörden des aufnehmenden Staates sowie den deutschen Vertretungen im Ausland zusammenarbeitet,**
   c) **mit der Erbringung der Hilfen nur Fachkräfte nach § 72 Absatz 1 betraut,**
   d) **über die Qualität der Maßnahme eine Vereinbarung abschließt; dabei sind die fachlichen Handlungsleitlinien des überörtlichen Trägers anzuwenden,**
   e) **Ereignisse oder Entwicklungen, die geeignet sind, das Wohl des Kindes oder Jugendlichen zu beeinträchtigen, dem Träger der öffentlichen Jugendhilfe unverzüglich anzeigt und**
3. **die Eignung der mit der Leistungserbringung zu betrauenden Einrichtung oder Person an Ort und Stelle überprüfen.**

(3) Überprüfung und Fortschreibung des Hilfeplans sollen nach Maßgabe von § 36 Absatz 2 Satz 2 am Ort der Leistungserbringung unter Beteiligung des Kindes oder des Jugendlichen erfolgen. Unabhängig von der Überprüfung und Fortschreibung des Hilfeplans nach Satz 1 soll der Träger der öffentlichen Jugendhilfe nach den Erfordernissen im Einzelfall an Ort und Stelle überprüfen, ob die Anforderungen nach Absatz 2 Nummer 2 Buchstabe b und c sowie Nummer 3 weiter erfüllt sind.

(4) Besteht die Erfüllung der Anforderungen nach Absatz 2 Nummer 2 oder die Eignung der mit der Leistungserbringung betrauten Einrichtung oder Person nicht fort, soll die Leistungserbringung im Ausland unverzüglich beendet werden.

(5) Der Träger der öffentlichen Jugendhilfe hat der erlaubniserteilenden Behörde unverzüglich

1. **den Beginn und das geplante Ende der Leistungserbringung im Ausland unter Angabe von Namen und Anschrift des Leistungserbringers, des Aufenthaltsorts des Kindes oder Jugendlichen sowie der Namen der mit der Erbringung der Hilfe betrauten Fachkräfte,**
2. **Änderungen der in Nummer 1 bezeichneten Angaben sowie**
3. **die bevorstehende Beendigung der Leistungserbringung im Ausland**

zu melden sowie

4. einen Nachweis zur Erfüllung der aufenthaltsrechtlichen Vorschriften des aufnehmenden Staates und im Anwendungsbereich

a) der Verordnung (EU) 2019/1111 zur Erfüllung des Artikels 82,

b) des Haager Übereinkommens vom 19. Oktober 1996 über die Zuständigkeit, das anzuwendende Recht, die Anerkennung, Vollstreckung und Zusammenarbeit auf dem Gebiet der elterlichen Verantwortung und der Maßnahmen zum Schutz von Kindern zur Erfüllung der Maßgaben des Artikels 33

zu übermitteln. Die erlaubniserteilende Behörde wirkt auf die unverzügliche Beendigung der Leistungserbringung im Ausland hin, wenn sich aus den Angaben nach Satz 1 ergibt, dass die an die Leistungserbringung im Ausland gestellten gesetzlichen Anforderungen nicht erfüllt sind.

Übersicht Rn.

A. Allgemeines

Die Gewährung einer ganz oder teilweise im Ausland erbrachten Hilfe war nach dem zuvor geltenden Recht in § 27 Abs. 2 Satz 3 SGB VIII a.F. in der Weise geregelt, dass die Hilfe in der Regel im Inland zu erbringen ist und nur dann im Ausland erbracht werden darf, wenn dies nach Maßgabe der Hilfeplanung zur Erreichung des Hilfeziels im Einzelfall erforderlich ist. Daneben sollte gem. § 36 Abs. 4 SGB VIII a.F. vor einer Entscheidung über die Gewährung einer Hilfe im Ausland die Stellungnahme eines Arztes für Kinder- und Jugendpsychiatrie und -psychotherapie eingeholt werden. Schließlich enthielt § 78b Abs. 2 Satz 2 SGB VIII a.F. Vorgaben für Auslandsmaßnahmen. 1

Nunmehr regelt die durch das **KJSG neu geschaffene** Mammutvorschrift[1] des § 38 SGB VIII die Zulässigkeit von Auslandsmaßnahmen und schränkt dabei deren Zulässigkeit gegenüber der früheren Rechtslage weiter ein.

1 In Umfang und Inhalt bietet die Vorschrift eine geradezu mustergültige Grundlage für einen „pädagogischen Aushandlungsprozess", unter „Beteiligung der Betroffenen" und unter Beachtung „fachlicher Standards". Garniert wird dieser durch die Vorgaben der Verordnung 2019/1111 der EU. Es fällt schwer, die Satire nicht zu schreiben.

2 Hintergrund der Vorschrift ist die Kritik, die Auslandsmaßnahmen in der Vergangenheit aus unterschiedlichen Gründen erfahren haben. Sie machte sich an der mangelnden pädagogischen Konzeptionierung und Kontrolle, der Kostenintensität, aber auch an Auftreten von Delinquenz fest und reichte bis hin zum Vorwurf menschenunwürdiger Verhältnisse in einem rumänischen Projekt.[2]

Hinsichtlich Notwendigkeit und Zielsetzung heißt es in der Gesetzesbegründung:

> „In Umsetzung des Umlaufbeschlusses 1/2016 der Jugend- und Familienministerkonferenz (JFMK) vom 23. Februar 2016 werden in dieser Vorschrift die bisherigen Regelungen zur Zulässigkeit von Auslandsmaßnahmen zusammengeführt, konkretisiert und qualifiziert. Die damit verbundene Verschärfung der Voraussetzungen für die Durchführung von Auslandsmaßnahmen ist erforderlich, da diese intensive Form der stationären Erziehungshilfe bisher nur durch wenige Vorgaben in unterschiedlichen Vorschriften geregelt war. Zahlreiche Fälle der Jugendhilfegewährung im Ausland wiesen deutliche Mängel sowohl in der Vorbereitung als auch in der Durchführung auf und unterlagen keiner ausreichenden Kontrolle durch die öffentlichen Jugendhilfeträger. Mit den neu eingeführten Vorgaben und der Zusammenführung und Konkretisierung bisheriger Anforderungen soll die erforderliche Qualität der die Hilfe erbringenden Träger und der Hilfen selbst sichergestellt werden; die Verantwortung des öffentlichen Jugendhilfeträgers wird gestärkt."[3]

B. Einzelheiten

I. Abs. 1 – Materielle Voraussetzungen von Auslandsmaßnahmen

1. Abs. 1 Satz 1 – Regelfall: Leistungserbringung im Inland

3 Nach Abs. 1 **Satz 1** sind Hilfen „nach diesem Abschnitt" – der umfasst die §§ 27 bis 41a SGB VIII – **in der Regel im Inland** zu erbringen. Es wird also bereits hier ein Regel-Ausnahme-Verhältnis festgeschrieben. Leistungen nach diesem Abschnitt sind die **Hilfe zur Erziehung**, **Eingliederungshilfe** für **seelisch behinderte** Kinder und Jugendliche sowie die **Hilfe für junge Volljährige**. Dass sie in der Regel im Inland zu erbringen sind, bedeutet, dass eine Erbringung im Ausland nur bei Vorliegen besonderer Umstände und Voraussetzungen, die eben ein Abweichen von der Regel erlauben, zulässig ist. Solche normiert Abs. 1 Satz 2.

2. Abs. 1 Satz 2 – Zulässigkeit von Auslandsmaßnahmen

a) Jugendhilferechtliche Voraussetzungen

4 Auslandsmaßnahmen sind überhaupt nur zulässig („Sie dürfen nur dann im Ausland…"), wenn dies nach Maßgabe der Hilfeplanung zur Erreichung des Hilfezieles im Einzelfall erforderlich ist. Hinsichtlich dieser Voraussetzung ist gegenüber der bisherigen Rechtslage (§ 27 Abs. 2 Satz 3 letzter Hs. SGB VIII a.F.) keine Änderung eingetreten. Danach haben die Fachkräfte im Hilfeplan **zu dokumentieren und zu begründen**, warum eine Hilfeerbringung **gerade im Ausland erforderlich** und eine solche im Inland zur Erreichung des Hilfeziels nicht ausreichend ist. In Betracht kommen insoweit insbesondere **intensive einzelpädagogische Maßnahmen** auch zur Vermeidung von geschlossener Unterbringung, die ein vorübergehendes Verlassen der bisherigen Lebenswelt erforderlich machen.

---

2 https://www.fr.de/panorama/systematischen-missbrauch-sicher-nicht-13073303.html (26.10.2019).
3 BT-Drs. 19/26107, S. 92.

b) Erfüllung aufenthaltsrechtlicher Vorschriften

aa) Durch die Leistungsempfänger_innen

Weitere Voraussetzung für die Zulässigkeit einer Auslandsmaßnahme ist die **Erfüllung der aufenthaltsrechtlichen Vorschriften** des aufnehmenden Staates. Aufenthaltsrechtliche Vorschriften sind zunächst durch die **Leistungsempfänger_innen** zu erfüllen. Hier ist danach zu differenzieren, ob es sich bei diesem um einen Mitgliedstaat der EU oder einen Drittstaat und bei den Leistungsempfängern um Unionsbürger oder Drittstaatsangehörige handelt. 5

- Ist **der junge Mensch Unionsbürger** – das ist nach Art. 2 Nr. 1 EG-Freizügigkeits-RL jede Person, die die Staatsangehörigkeit eines Mitgliedstaats der EU besitzt – und soll die **Maßnahme in** einem **Mitgliedstaat** der EU durchgeführt werden, gilt folgendes: 6

  Gem. Art. 6 Abs. 1 EG-Freizügigkeits-RL hat ein Unionsbürger das Recht auf **Aufenthalt** im Hoheitsgebiet eines **anderen Mitgliedstaats** für einen Zeitraum von **bis zu drei Monaten**, wobei er lediglich im Besitz eines gültigen Personalausweises oder Reisepasses sein muss und ansonsten keine weitern Bedingungen zu erfüllen oder Formalitäten zu erledigen braucht. Für einen Zeitraum von **über drei Monaten** hat ein Unionsbürger gem. Art. 7 Abs. 1 Buchst. a das Recht auf Aufenthalt im Hoheitsgebiet eines anderen Mitgliedstaats u. a., wenn er für sich über **ausreichende Existenzmittel** verfügt, so dass er während des Aufenthalts keine Sozialhilfeleistungen des Aufnahmemitgliedstaates in Anspruch nehmen muss, und er über einen umfassenden **Krankenversicherungsschutz** im Aufnahmemitgliedstaat verfügt.

  Da die vorstehenden Voraussetzungen regelmäßig erfüllt sind, ergeben sich für diese Konstellation im aufnehmenden Staat **keine aufenthaltsrechtlichen Probleme**.

- Ist **der junge Mensch Unionsbürger** und soll die **Maßnahme** in einem **Drittstaat** durchgeführt werden, kommt es auf das Aufenthaltsrecht des jeweiligen Aufnahmestaates an. Dabei ist von folgenden Grundsätzen auszugehen: 7

  Grundsätzlich sind ein **Reisepass** oder ein **Passersatz erforderlich**. Welche Passersatzpapiere für Ausländer durch deutsche Behörden ausgestellt werden können, ergibt sich aus § 4 Abs. 1 AufenthV. Darunter befindet sich etwa auch der Reiseausweis für Flüchtlinge nach der GFK, der für anerkannte Flüchtlinge ausgestellt wird.

  Auch wenn mit einer Auslandsmaßnahme i.S.d. § 38 SGB VIII nur ein zeitlich befristeter Aufenthalt angestrebt wird, stellt sich die Frage, ob für die Einreise zu dem in Aussicht genommenen Aufenthalt nach Aufenthaltszweck und -dauer sowie der Staatsangehörigkeit der oder des betroffenen jungen Menschen ein Visum erforderlich, so dass ein solches vor der Einreise bei der Auslandsvertretung des Aufnahmestaates zu beantragen ist.

  Wie die Bundesrepublik (vgl. § 5 AufenthG) verlangen die meisten Staaten als Voraussetzung für die Gewährung eines Aufenthaltsrechts den Nachweis, dass der Lebensunterhalt einschließlich des erforderlichen Krankenversicherungsschutzes gewährleistet ist, so dass im aufnehmenden Staat keine Sozialhilfeleistungen in Anspruch genommen werden müssen.

  Vom **Erfordernis eines Aufenthaltstitels** können Inhaber von Reiseausweisen für Flüchtlinge, also anerkannte Asylberechtigte oder anerkannte Flüchtlinge **befreit** sein (vgl. zur deutschen Rechtslage § 18 AufenthV).

- Ist **der junge Mensch Drittstaatsangehöriger**, genießt er auch in den **Mitgliedstaaten der EU**, sofern er nicht Familienangehöriger (Art. 2 Nr. 2 EG-Freizügigkeits-RL) eines Unionsbürgers ist, keine Freizügigkeit, hat also die für Drittstaatsangehörige geltenden aufenthaltsrechtlichen Vorschriften zu erfüllen. Für einen geplanten Aufenthalt von bis zu 90 Tagen ist die Einreise in einen Mitgliedstaat gem. Art. 6 Schengener Grenzkodex 8 zulässig, wenn der Betroffene über ein gültiges Reisedokument verfügt und über ein Visum verfügen, sofern er, was in den meisten Fällen zutreffen dürfte, über einen Aufenthaltstitel verfügen. Andernfalls ist möglicherweise ein Visum erforderlich.

Ob Drittstaatsangehörige in der EU visumpflichtig sind, ergibt sich aus der Visa-VO 2018.[4] Visumspflichtig sind gem. Art. 3 Visa-VO 2018 die Staatsangehörigen der in deren Anlage I aufgeführten Drittländer.

Ob ein **Drittstaatsangehöriger** in einem anderen Staat, der nicht Mitgliedstaat der EU ist, ein Visum und eine Aufenthaltsgenehmigung benötigt, richtet sich nach dessen Aufenthaltsrecht. Insoweit gelten grundsätzlich die vorstehenden Ausführungen bei Rn. 7.

bb) Durch die Leistungserbringer

9 Für die **Tätigkeit der Leistungserbringer** sowie die aufenthaltsrechtliche Situation der Mitarbeiter in Mitgliedstaaten der **EU** sind die Art. 56 bis 62 AEUV sowie die Dienstleistungsrichtlinie[5] (Richtlinie 2006/123/EG) maßgebend. Es besteht **Dienstleistungsfreiheit** nach Art. 16 ff. der Dienstleistungsrichtlinie. Das bedeutet, dass die Dienstleistung eines Leistungserbringers, der seinen Sitz oder seine Niederlassung in einem Mitgliedstaat der EU hat, seine Dienstleistung in einem anderen Mitgliedstaat genehmigungsfrei erbringen darf, sofern er in diesem Mitgliedstaat keine Niederlassung errichtet.

c) Weitere zwingende Voraussetzungen

10 Nach **Abs. 1 Satz 2 Nr. 1** dürfen Hilfen im Ausland nur dann erbracht werden, wenn die Voraussetzungen des Art. 82 VO (EU) 2019/1111[6] vorliegen. Die VO ist auf alle Mitgliedstaaten

---

4 Verordnung (EU) 2018/1806 des Europäischen Parlaments und des vom 14. November 2018 zur Aufstellung der Liste der Drittländer, deren Staatsangehörige beim Überschreiten der Außengrenzen im Besitz eines Visums sein müssen, sowie der Liste der Drittländer, deren Staatsangehörige von dieser Visumpflicht befreit sind, ABl. 2018, L 303, S. 39.

5 Richtlinie 2006/123/EG des Europäischen Parlaments und des Rates vom 12. Dezember 2006, über Dienstleistungen im Binnenmarkt, ABl. 2006 L 376, S. 36.

6 Verordnung (EU) 2019/1111 des Rates vom 25. Juni 2019 über die Zuständigkeit, die Anerkennung und Vollstreckung von Entscheidungen in Ehesachen und in Verfahren betreffend die elterliche Verantwortung und über internationale Kindesentführungen, ABl. L 178/1 v. 2.7.2019 (sog. Brüssel IIb-VO), im Folgenden VO genannt. Die Verordnung löste die Brüssel IIa-VO ab und gilt ab 1.8.2022. Die Vorschrift hat folgenden Wortlaut:
Artikel 82 Unterbringung eines Kindes in einem anderen Mitgliedstaat
(1) Erwägt ein Gericht oder eine zuständige Behörde die Unterbringung eines Kindes in einem anderen Mitgliedstaat, so holt es/sie vorher die Zustimmung der zuständigen Behörde jenes anderen Mitgliedstaats ein. Zu diesem Zweck übermittelt die Zentrale Behörde des ersuchenden Mitgliedstaats der Zentralen Behörde des ersuchten Mitgliedstaats, in dem das Kind untergebracht werden soll, ein Ersuchen um Zustimmung, das einen Bericht über das Kind und die Gründe für die geplante Unterbringung oder Betreuung, Informationen über jede in Betracht gezogene Finanzierung und alle anderen als relevant erachteten Informationen wie z. B. die voraussichtliche Dauer der Unterbringung enthält.
(2) Absatz 1 gilt nicht, wenn das Kind bei einem Elternteil untergebracht werden soll. Die Mitgliedstaaten können beschließen, dass ihre Zustimmung gemäß Absatz 1 für Unterbringungen in ihrem eigenen Hoheitsgebiet bei bestimmten Kategorien naher Verwandter über die Eltern hinaus nicht erforderlich ist. Jeder Mitgliedstaat teilt der Kommission die entsprechenden Kategorien gemäß Artikel 103 mit.
(3) Die Zentrale Behörde eines anderen Mitgliedstaats kann ein Gericht oder eine zuständige Behörde, die die Unterbringung eines Kindes in Betracht ziehen, über die enge Bindung des Kindes zu diesem Mitgliedstaat informieren. Dadurch werden die nationalen Rechtsvorschriften und Verfahren des Mitgliedstaats, der die Unterbringung in Betracht zieht, nicht berührt.
(4) Dem Ersuchen und etwaigen zusätzlichen Unterlagen nach Absatz 1 wird eine Übersetzung in die Amtssprache des ersuchten Mitgliedstaats oder, wenn es in diesem Mitgliedstaat mehrere Amtssprachen gibt, in die Amtssprache oder eine der Amtssprachen des Ortes, an dem das Ersuchen ausgeführt werden soll, oder in eine andere Sprache, die der ersuchte Mitgliedstaat ausdrücklich akzeptiert, beigefügt. Die Mitgliedstaaten teilen die zugelassenen Sprachen nach Artikel 103 der Kommission mit.
(5) Die Unterbringung nach Absatz 1 wird vom ersuchenden Mitgliedstaat erst angeordnet oder veranlasst, nachdem die zuständige Behörde des ersuchten Mitgliedstaats der Unterbringung zugestimmt hat.

der EU mit Ausnahme Dänemarks anwendbar.[7] Art. 82 VO findet nach dessen Abs. 1 nur dann Anwendung, wenn „ein Gericht oder eine zuständige Behörde die Unterbringung eines Kindes in einem anderen Mitgliedstaat" erwägt.

Nach Art. 82 Abs. 1 VO hat die zuständige Behörde[8] vor der Entscheidung über die Unterbringung in einem anderen Mitgliedstaat die **Zustimmung** der zuständigen Behörde dieses anderen Mitgliedstaates einzuholen. Dies hat gem. Art. 82 Abs. 5 VO zu geschehen, bevor die Unterbringung angeordnet oder veranlasst wird. Ohne Zustimmung ist die Unterbringung im anderen Mitgliedstaat rechtswidrig.[9] In einem bis zur Grenze der Unerfüllbarkeit bürokratisierten Verfahren übermittelt gem. Art. 82 Abs. 1 Satz 2 VO die Zentrale Behörde des ersuchenden Mitgliedstaates der Zentralen Behörde des aufnehmenden das Ersuchen um Zustimmung mit den dort genannten Unterlagen. Zentrale Behörde ist in Deutschland das **Bundesamt für Justiz**. Mit welchen zeitlichen Dimensionen in diesem Zustimmungsverfahren zu rechnen ist, legt Art. 82 Abs. 6 VO nahe, nach dem die Entscheidung über die Erteilung oder Verweigerung der Zustimmung der ersuchenden Zentralen Behörde spätestens drei Monate nach Eingang des Ersuchens übermittelt werden muss, es sei denn, dass dies aufgrund außergewöhnlicher Umstände (!) nicht möglich ist.

Das Jugendamt, das eine Auslandsmaßnahme bewilligen und durchführen möchte, hat angesichts dessen sehr frühzeitig dem Bundesamt für Justiz die Zustimmung des zu ersuchenden Staates vorzulegen. Die Auslandsmaßnahme darf erst dann bewilligt und umgesetzt werden, wenn die Zustimmung des ersuchten Staates vorliegt. 11

Details, insbesondere zu den vorzulegenden Unterlagen und Übersetzungen, enthalten das Merkblatt des Bundesamtes für Justiz „Grenzüberschreitende Unterbringung von Kindern – Unterbringung von Kindern im Ausland durch deutsche Gerichte und Behörden"[10] sowie die jeweiligen „Ländermerkblätter".

Ist die VO (EU) 2019/1111 nicht anwendbar, weil der ersuchte Staat sie wie Dänemark nicht anwendet oder kein Mitgliedstaat der EU ist, ist gem. **Abs. 1 Satz 2 Nr. 2** die Erbringung von Hilfen im Ausland nur zulässig, wenn die Voraussetzungen von Art. 33 des Haager Übereinkommens vom 19. Oktober 1996 über die Zuständigkeit, das anzuwendende Recht, die Anerkennung, Vollstreckung und Zusammenarbeit auf dem Gebiet der elterlichen Verantwortung und der Maßnahmen zum Schutz von Kindern"[11] **(KSÜ)** vorliegen. Die Vorschrift enthält Regelungen, die denen des Art. 82 VO entsprechen. 12

(6) Die Entscheidung über die Erteilung oder Verweigerung der Zustimmung wird der ersuchenden Zentralen Behörde spätestens drei Monate nach Eingang des Ersuchens übermittelt, es sei denn, dass dies aufgrund außergewöhnlicher Umstände nicht möglich ist.

(7) Für das Verfahren zur Einholung der Zustimmung gilt das nationale Recht des ersuchten Mitgliedstaats.

(8) Durch diesen Artikel werden die Zentralen Behörden oder die zuständigen Behörden nicht daran gehindert, Vereinbarungen oder Abmachungen mit den Zentralen Behörden oder den zuständigen Behörden eines oder mehrerer anderer Mitgliedstaaten zu treffen oder beizubehalten, mit denen das Verfahren der Konsultation zur Einholung der Zustimmung in ihren gegenseitigen Beziehungen vereinfacht wird.

7 Vgl. zur Nichtanwendbarkeit der VO für Dänemark Nr. 96 der Erwägungsgründe zur Verordnung.

8 Im Folgenden werden ausschließlich die Handlungsverpflichtungen und -optionen des Jugendamts als der zuständigen Behörde erörtert. Gerichtliche Anordnungen stehen hier nicht in Rede.

9 Vgl. LPK-SGB VIII/*Kepert/Wendelin*, § 38 Rn. 4.

10 Downloadbar unter www.bundesjustizamt.de/DE/Themen/Buergerdienste/HKUE/Unterbringung/Unterbringung_node.html (25.5.2022) sowie die „Handreichung zur grenzüberschreitenden Einzelfallarbeit in der Kinder- und Jugendhilfe" des Deutschen Vereins vom 15. Mai 2018, https://www.issger.de/cms/upload/dv-35-16_handreichung-grenzueberschreitende-einzelfallarbeit.pdf (25.5.2022). Beide Dokumente haben noch den Rechtszustand nach der VO (EG) Nr. 2201/2003 zur Grundlage.

11 BGBl. 2009 II, S. 602.

II. Abs. 2 – Schutz des Kindeswohls bei Auslandsmaßnahmen

13 Abs. 2 erlegt dem Träger der öffentlichen Jugendhilfe vor der Entscheidung über die Gewährung einer Hilfe im Ausland eine Reihe von (Soll-)Verpflichtungen auf, die dem Schutz der jungen Menschen als Empfänger der Hilfeleistung im Ausland dienen. Träger der öffentlichen Jugendhilfe ist an dieser Stelle der für die **Entscheidung über und die Durchführung der Hilfe sachlich und örtlich zuständige örtliche Träger**.

1. Abs. 2 Nr. 1 – Einholung einer ärztlichen Stellungnahme

14 In Übereinstimmung mit der früheren Regelung in § 36 Abs. 4 SGB VIII soll der öffentliche Träger nach **Nr. 1** zur Feststellung einer seelischen Störung mit Krankheitswert die Stellungnahme eines Arztes oder Psychotherapeuten i.S.d. § 35a Abs. 1a Satz 1 SGB VIII einholen. Hintergrund der Vorschrift ist nach der Gesetzesbegründung die bei der Auswertung misslungener intensivpädagogischer Projekte im Ausland gewonnene Erkenntnis, dass vielfach psychisch kranke Jugendliche ohne ausreichende vorhergehende Abklärung ins Ausland verbracht und dort ohne ärztliche Versorgung geblieben seien. Durch die Beteiligung des Arztes oder Psychotherapeuten solle vor Beginn der Maßnahme geklärt werden, ob im Hinblick auf den Gesundheitszustand des Jugendlichen eine intensivpädagogische Maßnahme im Ausland angezeigt sei bzw. verantwortet werden könne. Nach dieser Intention ist es nicht angezeigt, schematisch in jedem Fall einer Leistungserbringung im Ausland eine Stellungnahme i.S.d. Nr. 1 einzuholen, zumal nach dem Wortlaut die Einholung vor jeglicher Leistungserbringung erfolgen soll.

2. Abs. 2 Nr. 2 – Sicherstellungsaufträge

15 Abs. 2 **Nr. 2** formuliert Anforderungen an den Leistungserbringer, deren Erfüllung der Träger der öffentlichen Jugendhilfe sicherzustellen hat.

Nr. 2 Buchst. a bis c enthält Zulässigkeitsvoraussetzungen, die nach bisherigem Recht in § 78b Abs. 2 Satz 2 Nr. 1 bis 3 SGB VIII enthalten und durch das KJSG in § 38 verschoben wurden. Nr. 2 Buchst. d wurde neu aufgenommen. Die Verbindung zu den Leistungs- und Entgeltvereinbarungen wird dadurch hergestellt, dass gem. § 78b Abs. 2 Satz 2 SGB VIII Vereinbarungen über die Erbringung von Auslandsmaßnahmen nur mit solchen Trägern abgeschlossen werden, die die Maßgaben nach § 38 Abs. 2 Nr. 2 Buchstabe a bis d erfüllen.

16 Nach **Nr. 2 Buchst. a** ist sicherzustellen, dass der Leistungserbringer über eine Betriebserlaubnis nach § 45 für eine Einrichtung im Inland verfügt, in der Hilfe zur Erziehung erbracht wird. Damit wird zunächst klargestellt, dass überhaupt nur Inhaber einer Betriebserlaubnis nach $ 45 SGB VIII Leistungserbringer einer Auslandsmaßnahme sein können. Zum anderen wird mit dieser Verknüpfung gleichsam gesetzlich von der durch die Betriebserlaubnis dokumentierten Zuverlässigkeit auf die Qualität der Leistungserbringung im Ausland geschlossen: Wer im Inland über eine Betriebserlaubnis nach § 45 SGB VIII verfüge, von dem könne angenommen werden, dass er auch im Ausland qualitativ gute Leistungen anbiete und erbringe.[12]

---

12 Dass damit, wie die Gesetzesbegründung (vgl. BT-Drs. 19/26107, S. 93) meint, problematische Situationen im Ausland im Rahmen der Hilfeerbringung sich auf die Prüfung, ob die Voraussetzungen für eine Betriebserlaubnis nach § 45 SGB VIII weiterhin vorliegen, auswirken könnten, wäre allenfalls ein Nebenprodukt der Regelung. Es erscheint darüber hinaus angesichts der Ausformulierung der Aufhebungsgründe in § 45 Abs. 7 SGB VIII und der dazu in Literatur und Rechtsprechung entwickelten trägerfreundlichen Dogmatik äußerst unwahrscheinlich, dass einzelne mangelhafte Auslandsmaßnahmen zur Aufhebung der Erlaubnis im Inland führen, zumal die Aufhebungsgründe grundsätzlich einrichtungsbezogen, also auf Auslandsmaßnahmen kaum anwendbar sind und allenfalls die mangelnde Zuverlässigkeit des Trägers Anknüpfungspunkt für eine Aufhebung nach § 45 Abs. 7 Satz 2 i.V.m. Abs. 2 Satz 2 Nr. 1 SGB VIII im Ermessenswege sein könnte.

17 Nach **Nr. 2 Buchst. b** muss der Leistungserbringer die Gewähr dafür bieten, dass er die Rechtsvorschriften des aufnehmenden Staates einhält und mit dessen Behörden sowie den deutschen Auslandsvertretungen kooperiert.

Die Vorschrift hebt die aufenthaltsrechtlichen Vorschriften hervor und misst ihnen dadurch besonderes Gewicht zu, da sie ohnehin vom Begriff der Rechtsvorschriften erfasst sind.

Ob dies der Fall ist, lässt sich im Fall wiederholter Leistungserbringung aufgrund des Verhaltens in der Vergangenheit beurteilen. Bei erstmaliger Erbringung ist eine Prognose erforderlich. Prognosetatsachen sind insoweit die organisatorischen Vorkehrungen des Leistungserbringers, dessen mögliche Einbindung in berufsständische Organisationen und das Vorhandensein von auch administrativ qualifiziertem Personal.

18 **Nr. 2 Buchst. c** verlangt ausnahmslos, dass mit der Erbringung der Hilfen nur Fachkräfte nach § 72 Abs. 1 SGB VIII betraut werden. Das bei § 45 SGB VIII fehlende gesetzliche Fachkräftegebot ist hier also angeordnet.

19 Eine verunklarende Verschachtelung enthält **Nr. 2 Buchst. d**. Danach soll der Träger der öffentlichen Jugendhilfe vor der Entscheidung über die Gewährung einer Hilfe, die ganz oder teilweise im Ausland erbracht wird, sicherstellen, dass der Leistungserbringer über die Qualität der Maßnahme eine Vereinbarung abschließt. Da der öffentliche Träger das Abschließen einer Vereinbarung zwischen einem Leistungserbringer und sich selbst nur dadurch „sicherstellen" kann, dass er sie eben abschließt, hätte die Vorschrift richtiger Weise zu lauten, dass der Träger der öffentlichen Jugendhilfe verpflichtet ist, mit dem Leistungserbringer eine Vereinbarung über die Qualität der Maßnahme abzuschließen. Die zu treffende Vereinbarung ist **vor der Entscheidung** über die Gewährung der Hilfe für die jeweilige Auslandsmaßnahme abzuschließen.

20 Nach **Nr. 2 Buchst. e** ist durch den öffentlichen Träger vor der Entscheidung über die Gewährung einer Hilfe sicherzustellen, dass der Leistungserbringer Ereignisse oder Entwicklungen, die geeignet sind, das Kindeswohl zu beeinträchtigen, unverzüglich anzeigt. Auch hier wäre es ebenso richtig wie nahliegend gewesen, den Leistungserbringer gesetzlich zur unverzüglichen Anzeige zu verpflichten. Insoweit kann grundsätzlich zunächst auf die Parallelvorschrift des § 47 Abs. 1 Satz 1 Nr. 2 SGB VIII verwiesen werden. Darüber hinaus kommen auslandsspezifische Umstände in Betracht wie etwa aufenthaltsrechtliche Probleme, Delinquenz von Teilnehmerinnen oder Teilnehmern, Konflikte mit Behörden des aufnehmenden Staats, Konflikte mit Personen im aufnehmenden Staat, bei Gruppenveranstaltungen schwerwiegende, etwa gewaltförmige Konflikte oder (sexuelle) Übergriffe innerhalb der Gruppe. Die unverzügliche Information versetzt den öffentlichen Träger in die Lage, darauf kurzfristig zu reagieren.

21 Abs. 2 Nr. 2 verpflichtet den öffentlichen Träger zwar dazu, die Erfüllung bestimmter Anforderungen durch den Leistungserbringer sicherzustellen, äußerst sich an dieser Stelle nicht dazu, auf welche Weise der öffentliche Träger diese Sicherstellung umsetzen und ggfs. durchsetzen soll.

Als Instrumente stehen ihm dazu die Vereinbarungen nach § 78b SGB VIII zur Verfügung, nach dessen Abs. 2 Satz 2 Vereinbarungen über die Erbringung von Auslandsmaßnahmen nur mit solchen Trägern abgeschlossen werden dürfen, die die Maßgaben nach § 38 Abs. 2 Nr. 2 Buchst. a bis d erfüllen. Neben diesen allgemeinen Vereinbarungen über die Qualität der konkreten Maßnahme nach Abs. 2 Nr. 2 Buchst. d. Darüber hinaus ist auf die Instrumentarien nach Abs. 3 und 4 zu verweisen (vgl. dazu Rn. 23 ff.).

3. Abs. 2 Nr. 3 – Prospektive Eignungsprüfung vor Ort

22 Nach Abs. 2 Nr. 3 hat der öffentliche Träger vor der Entscheidung über eine Hilfe an **Ort und Stelle** die **Eignung** sowohl der mit der Leistungserbringung zu betrauenden **Einrichtung** als auch der damit zu beauftragenden **Personen** zu **überprüfen** vornimmt. An Ort und Stelle[13] zu prüfen, bedeutet, die Verhältnisse **am Ort der Leistungserbringung im Ausland** in Augenschein und ggfs. durch Gespräche mit Teilnehmenden und Mitarbeiter_innen aufzuklären. Bloße telefonische oder schriftliche Abfragen oder Videokonferenzen sind nicht ausreichend.

Die zu betrauende **Einrichtung** muss über die zur Durchführung der Maßnahme erforderlichen und den Bedürfnissen der Kinder oder Jugendlichen genügenden räumlichen und sächlichen Voraussetzungen erfüllen und das **Kindeswohl** gewährleisten. Nicht recht verständlich ist die Pflicht zur Prüfung der Eignung der mit der Leistungserbringung zu betrauenden Personen. Denn insoweit hat der öffentliche Träger ja bereits gem. Abs. 2 Nr. 2 Buchst. c entsprechend seiner dahingehenden Verpflichtung sichergestellt, dass mit der Erbringung der Hilfen nur Fachkräfte nach § 72 Abs. 1 SGB VIII betraut werden. Vor diesem Hintergrund ist fraglich, was der öffentliche Träger an Ort und Stelle überprüfen soll.

Die Überprüfung nach Abs. 2 Nr. 3 hat vor Entscheidung über die Hilfegewährung zu erfolgen, ist also prospektiver Natur. Eine Überprüfung **während der Durchführung** der Maßnahme erfolgt nach Abs. 3.

III. Abs. 3 – Überprüfung des Hilfeplans; Überprüfung der Anforderungen nach Abs. 2

23 Abs. 3 **Satz 1** ergänzt und akzentuiert die bereits in § 36 Abs. 2 Satz 2 SGB VIII vorgesehene **regelmäßige Überprüfung und Fortschreibung** des Hilfeplans für Auslandsmaßnahmen in mehrfacher Weise. Zum einen hebt er hervor, dass diese grundsätzlich („soll") **am Ort der Leistungserbringung** zu erfolgen haben. Eine Überprüfung und Fortschreibung von Deutschland aus ist nur bei besonderen Umständen zulässig. Solche Umstände können aufgrund der Bekanntheit und Bewährung des konkreten Leistungsanbieters in der Vergangenheit, eine unproblematische Erfüllung der in Abs. 2 genannten Voraussetzungen oder bereits erfolgte Prüfung der jeweiligen Maßnahme sein.

Zum anderen betont Abs. 3 Satz 1 die **Beteiligung des Kindes oder der Jugendlichen**. Der öffentliche Träger wird dabei zu beachten haben, dass diese Beteiligung in einer Art und Weise erfolgt, die eine Beeinflussung durch den Leistungserbringer ausschließt, damit möglichst unverfälschte Erfahrungen und Meinungen in den Überprüfungsprozess einfließen.

24 Unabhängig von der in Satz 1 vorgesehenen Regelmäßigkeit verpflichtet Abs. 3 **Satz 2** den Träger der öffentlichen Jugendhilfe zur **Überprüfung**, ob die Anforderungen nach Abs. 2 Nr. 2 Buchst. b und c sowie Nr. 3 weiter erfüllt sind. Auch diese Prüfung, die ersichtlich dem Schutz des Kindes oder der Jugendlichen dient, hat an Ort und Stelle, also an dem Ort im Ausland zu erfolgen, an dem die Hilfe erbracht wird. Insoweit gilt das oben unter Rn. 22 Gesagte entsprechend.

25 Die Überprüfung hat „nach den **Erfordernissen im Einzelfall**" zu erfolgen. Diesen Begriff verwendet das Gesetz in leicht abweichendem Wortlaut („... Erfordernissen *des* Einzelfalls"), inhaltlich aber identisch in §§ 37b Abs. 3 Satz1, 44 Abs. 3 Satz 1 und 46 Abs. 1 Satz1 SGB VIII.[14]

13 Vgl. die gleichlautende Formulierung in §§ 37b Abs. 3 Satz 1 und 44 Abs. 3 Satz 1 SGB VIII.
14 Vgl. daher auch die Kommentierungen bei § 37b Rn. 6, § 44 Rn. 27 sowie § 46 Rn. 2.

Aus der Formulierung folgt, dass ein auslösendes Moment die Prüfung erforderlich erscheinen lassen muss. Solche Umstände können sich zunächst aus einer **Anzeige** nach Abs. 2 Nr. 2 Buchst. e ergeben. Anlass zur Überprüfung sind in jedem Fall **Beschwerden** oder Mitteilungen der **Kinder oder Jugendlichen**. Darüber hinaus sind Mitteilungen und **Informationen jeglicher Art**, etwa in den Medien, von der Erlaubnisbehörde im Hinblick auf eine erforderliche Prüfung zu bewerten.

Dass auch der seit der letzten vorausgegangenen Prüfung verstrichene Zeitraum allein eine erneute Überprüfung erfordern kann, ergibt sich bereits aus dem Erfordernis der regelmäßigen Prüfung (§ 36 Abs. 2 Satz 2 SGB VIII).

Zu prüfen ist, ob der Leistungserbringer (weiterhin) die Gewähr dafür bietet, dass er die Rechtsvorschriften des aufnehmenden Staates einschließlich des Aufenthaltsrechts einhält, mit den Behörden des aufnehmenden Staates sowie den deutschen Auslandsvertretungen zusammenarbeitet, auch weiterhin nur Fachkräfte nach § 72 Absatz 1 mit der Erbringung der Hilfen betraut und die Eignung der mit der Leistungserbringung betrauten Einrichtung oder Personen fortbesteht.

Auch die Überprüfung nach Abs. 3 Satz 2 hat an Ort und Stelle, also vor Ort im Ausland zu erfolgen. Eine Überprüfung setzt neben der Inaugenscheinnahme der für die Leistungserbringen genutzten Räumlichkeiten voraus, dass der öffentliche Träger Gespräche mit den betrauten Personen und Mitarbeiter_innen sowie mit den vor Ort anwesenden Kindern oder Jugendlichen führt. In Vereinbarungen nach §§ 78b ff. SGB VIII bzw. Abs. 2 Nr. 2 Buchst. d ist sicherzustellen, dass der Leistungserbringer dies ermöglicht bzw. duldet. **Weigert** sich der Leistungserbringer, eine **Überprüfung** zu ermöglichen, ist dies Indiz dafür, dass die zu stellenden Anforderungen nicht mehr erfüllt sind. 26

IV. Abs. 4 – Beendigung der Auslandsmaßnahme

Führt die Überprüfung zu dem Ergebnis oder steht auf andere Weise fest, dass die **Anforderungen** nach Abs. 2 Nr. 2 Buchst. b und c sowie Nr. 3 **nicht länger erfüllt** sind, soll die Leistungserbringung im Ausland gem. Abs. 4 unverzüglich, d. h. ohne schuldhaftes Zögern seitens des öffentlichen Trägers beendet werden. Ein vorgeschaltetes Beratungsszenario, wie es etwa § 45 Abs. 6 Satz 1 SGB VIII regelt, ist nicht vorgesehen.[15] Da es sich um eine Soll-Vorschrift handelt, kann von der unverzüglichen Beendigung in außergewöhnlichen Fällen dann abgesehen werden, wenn das Fortbestehen bzw. die Wiedererfüllung der vorgenannten Anforderungen mit Sicherheit zu erwarten ist. 27

Soweit in getroffenen Vereinbarungen nicht vorgesehen, ist die unverzügliche Beendigung der Maßnahme durch einen **Widerruf** durch den öffentlichen Träger gem. § 671 Abs. 1 BGB analog zulässig. Gegenüber den Leistungsberechtigten ist die Bewilligung der Hilfeleistung gem. § 48 Abs. 1 SGB X aufzuheben.

V. Abs. 5 – Melde- und Übermittlungspflichten des öffentlichen Trägers

Abs. 5 **Satz 1** verpflichtet den Träger der öffentlichen Jugendhilfe, der erlaubniserteilenden Behörde unverzüglich die in Nr. 1 bis 3 genannten **Tatsachen** zu **melden** sowie ihr die in Nr. 4 genannten **Nachweise** zu **übermitteln**. 28

Erlaubniserteilende Behörde ist gem. § 85 Abs. 2 Nr. 6 SGB VIII der **überörtliche Träger** oder die nach Landesrecht bestimmte Behörde, der oder die für die Erteilung der Erlaubnis

15 Kritisch zu dieser strikten Regelung LPK-SGB VII/*Kepert/Wendeli*, § 38 Rn. 12. Eine Abfederung kann indes nur über die Soll-Vorschrift erfolgen.

nach § 45 SGB VIII zuständig ist. Örtlich zuständig ist gem. § 87a Abs. 2 SGB VIII die Behörde, in deren Bereich die erlaubnispflichtige Einrichtung gelegen ist.[16]

Mit der Meldung wird die erlaubniserteilende Behörde über die in Nr. 1 bis 3 genannten Tatsachen in **Kenntnis** und zusammen mit der Übermittlung der in Nr. 4 genannten Nachweise (vgl. zu diesen oben Rn. 5 bis 12) in die Lage versetzt zu prüfen, ob die an die Leistungserbringung im Ausland gestellten gesetzlichen Anforderungen (weiterhin) erfüllt sind oder – sofern dies nicht der Fall ist – Veranlassung besteht, beim örtlichen Träger der öffentlichen Jugendhilfe auf die unverzügliche **Beendigung** der Leistungserbringung im Ausland **hinzuwirken**.[17] Insoweit steht der erlaubniserteilenden Behörde nur der Weg der Beratung offen. Ein **Weisungsrecht** gegenüber dem örtlichen Träger **besteht nicht**.

16 Das erscheint eindeutig, da § 38 Abs. 2 Nr. 2 Buchst. a SGB VIII explizit das Vorliegen einer Betriebserlaubnis fordert. Andere Erlaubnisse sieht § 38 SGB VIII nicht vor, so dass als „erlaubniserteilende Behörde" i.S.d. § 38 Abs. 5 SGB VIII nur die für die Erteilung der Betriebserlaubnis nach § 45 SGB VIII zuständige Behörde in Frage kommt, deren örtliche Zuständigkeit in § 87a Abs. 2 SGB VIII geregelt ist. Gleichwohl wird die Frage der örtlichen Zuständigkeit mit Blick auf den Zweck des § 38 Abs. 5 SGB VIII breit diskutiert. Vgl. etwa Wiesner/Wapler/*Gallep*, § 38 SGB VIII Rn. 37.

17 Darüber hinaus soll die Erlaubnisbehörde nach der Gesetzesbegründung durch die Meldung bzw. Übermittlung auch in die Lage versetzt werden, ob die Voraussetzungen für eine Betriebserlaubnis nach § 45 SGB VIII beim Leistungserbringer weiterhin vorliegen, vgl. BT-Drs. 19/626107, S. 93 f.

§ 39
Leistungen zum Unterhalt des Kindes oder des Jugendlichen

(1) [1]Wird Hilfe nach den §§ 32 bis 35 oder nach § 35a Absatz 2 Nummer 2 bis 4 gewährt, so ist auch der notwendige Unterhalt des Kindes oder Jugendlichen außerhalb des Elternhauses sicherzustellen. [2]Er umfasst die Kosten für den Sachaufwand sowie für die Pflege und Erziehung des Kindes oder Jugendlichen.

(2) [1]Der gesamte regelmäßig wiederkehrende Bedarf soll durch laufende Leistungen gedeckt werden. [2]Sie umfassen außer im Fall des § 32 und des § 35a Absatz 2 Nummer 2 auch einen angemessenen Barbetrag zur persönlichen Verfügung des Kindes oder des Jugendlichen. [3]Die Höhe des Betrages wird in den Fällen der §§ 34, 35, 35a Absatz 2 Nummer 4 von der nach Landesrecht zuständigen Behörde festgesetzt; die Beträge sollen nach Altersgruppen gestaffelt sein. [4]Die laufenden Leistungen im Rahmen der Hilfe in Vollzeitpflege (§ 33) oder bei einer geeigneten Pflegeperson (§ 35a Absatz 2 Nummer 3) sind nach den Absätzen 4 bis 6 zu bemessen.

(3) Einmalige Beihilfen oder Zuschüsse können insbesondere zur Erstausstattung einer Pflegestelle, bei wichtigen persönlichen Anlässen sowie für Urlaubs- und Ferienreisen des Kindes oder des Jugendlichen gewährt werden.

(4) [1]Die laufenden Leistungen sollen auf der Grundlage der tatsächlichen Kosten gewährt werden, sofern sie einen angemessenen Umfang nicht übersteigen. [2]Die laufenden Leistungen umfassen auch die Erstattung nachgewiesener Aufwendungen für Beiträge zu einer Unfallversicherung sowie die hälftige Erstattung nachgewiesener Aufwendungen zu einer angemessenen Alterssicherung der Pflegeperson. [3]Sie sollen in einem monatlichen Pauschalbetrag gewährt werden, soweit nicht nach der Besonderheit des Einzelfalls abweichende Leistungen geboten sind. Ist die Pflegeperson in gerader Linie mit dem Kind oder Jugendlichen verwandt und kann sie diesem unter Berücksichtigung ihrer sonstigen Verpflichtungen und ohne Gefährdung ihres angemessenen Unterhalts Unterhalt gewähren, so kann der Teil des monatlichen Pauschalbetrages, der die Kosten für den Sachaufwand des Kindes oder Jugendlichen betrifft, angemessen gekürzt werden. [4]Wird ein Kind oder ein Jugendlicher im Bereich eines anderen Jugendamts untergebracht, so soll sich die Höhe des zu gewährenden Pauschalbetrages nach den Verhältnissen richten, die am Ort der Pflegestelle gelten.

(5) [1]Die Pauschalbeträge für laufende Leistungen zum Unterhalt sollen von den nach Landesrecht zuständigen Behörden festgesetzt werden. [2]Dabei ist dem altersbedingt unterschiedlichen Unterhaltsbedarf von Kindern und Jugendlichen durch eine Staffelung der Beträge nach Altersgruppen Rechnung zu tragen. [3]Das Nähere regelt Landesrecht.

(6) [1]Wird das Kind oder der Jugendliche im Rahmen des Familienleistungsausgleichs nach § 31 des Einkommensteuergesetzes bei der Pflegeperson berücksichtigt, so ist ein Betrag in Höhe der Hälfte des Betrages, der nach § 66 des Einkommensteuergesetzes für ein erstes Kind zu zahlen ist, auf die laufenden Leistungen anzurechnen. [2]Ist das Kind oder der Jugendliche nicht das älteste Kind in der Pflegefamilie, so ermäßigt sich der Anrechnungsbetrag für dieses Kind oder diesen Jugendlichen auf ein Viertel des Betrages, der für ein erstes Kind zu zahlen ist.

(7) Wird ein Kind oder eine Jugendliche während ihres Aufenthalts in einer Einrichtung oder einer Pflegefamilie selbst Mutter eines Kindes, so ist auch der notwendige Unterhalt dieses Kindes sicherzustellen.

Übersicht Rn.

A. Regelungsinhalt

I. Abs. 1 – Anwendungsbereich

1 Unterhaltsichernde Leistungen des öffentlichen Trägers der Jugendhilfe nach § 39 SGB VIII gewährt das Gesetz ebenso wie die Krankenhilfe nach § 40 SGB VIII nur als unselbstständige Leistungen. Sowohl der Unterhalt als auch die Krankenhilfe können nur im Zusammenhang mit der Erbringung einer der im Gesetz genannten Arten der Hilfen zur Erziehung erbracht werden. Voraussetzung einer jugendhilferechtlichen Unterhaltssicherung ist ebenso wie bei der Krankenhilfe nach § 40 SGB VIII die Gewährung einer sozialpädagogisch ausgerichteten Hilfeleistung. Die Sicherstellung des Unterhalts (wie auch der Krankenhilfe) ist der Hilfegewährung daher nur „angehängt". Der Unterhalt des Kindes oder Jugendlichen ist eine sog. **„Annex-Leistung"** der Jugendhilfe, weil sie primär sozialpädagogische Hilfen geben will und nur sekundär unterhaltssichernd und gesundheitsfürsorgend handeln soll. Der Unterhalt als Annexleistung ist zu gewähren, wenn die Hilfe (teil- oder voll-)**stationär** als Hilfe zur Erziehung nach den §§ 32 bis 35 SGB VIII, Eingliederungshilfe (§ 35a SGB VIII) oder Volljährigenhilfe (§ 41 Abs. 2 SGB VIII) erbracht wird.

Ausgenommen die Vollzeitpflege wird in diesen Leistungsfällen die Unterhaltsleistung grundsätzlich über Leistungsentgeltvereinbarungen mit abgerechnet (§ 78a Abs. 1 Nr. 7 SGB VIII). Die Barbeträge als Teil des Unterhalts sind jedoch nicht in die Entgelte der Leistungsentgeltvereinbarungen integriert. Sie richten sich betraglich nach den landesrechtlichen Festsetzungen, werden praktisch (regelmäßig aufgrund landesrahmenvertraglicher Grundlage) lediglich im Rahmen des sog. Brutto-Abrechnungsprinzips als Durchlaufposten mit verrechnet.

Betreuen die Großeltern ein Enkelkind und decken sie dessen erzieherischen Bedarf freiwillig unentgeltlich, besteht kein Anspruch auf Hilfe zur Erziehung nach den §§ 27 ff. SGB VIII, weil die öffentliche Hilfe dann nicht notwendig ist (§ 27 Abs. 2a SGB VIII). Die sozialpädagogische Primärleistung der Annexleistung Unterhaltssicherung fehlt dann. Dadurch[1] entfällt auch die grundsätzlich nach Abs. 1 bestehende Beanspruchbarkeit der Annexleistung des Unterhalts nach § 39 SGB VIII, die als „Muss"-Leistung ausgeprägt ist („ist … sicherzustellen").

Die jugendhilferechtliche Unterhaltssicherung ist eine der Grundsicherung (SGB II) und der Sozialhilfe (SGB XII) nach § 10 Abs. 3 und 4 Satz 1 SGB VIII vorgängige Leistung. Neben dem

1 OVG Rhld.-Pf., Urt. v. 27.6.2013, 7 A 10040/13 (Justizportal Rhld.-Pf.).

Träger der öffentlichen Jugendhilfe ist deshalb bei Vorliegen der Voraussetzungen der jugendhilferechtlichen Unterhaltssicherstellung kein anderer Sozialleistungsträger zu Unterhaltsleistungen verpflichtet. Das gilt nach Absatz 7 auch für das Kind, das von einer im stationären Leistungsbezug stehenden Hilfeberechtigten geboren wird („Kindeskind"-Unterhalt). Auch dieses erhält den gesamten Unterhalt vom öffentlichen Träger der Jugendhilfe.

Den zivilrechtlichen Unterhaltspflichten kommt im Verhältnis zum jugendhilferechtlichen Unterhalt nach § 39 SGB VIII kein Vorrang zu. Wegen der Bedarfsdeckung durch den jugendhilferechtlichen Unterhalt bleibt in der Regel kein ungedeckter (zivilrechtlicher) Unterhaltsbedarf.[2] Die Unterhaltsverpflichtung besteht und **beginnt** zunächst unabhängig von den wirtschaftlichen Verhältnissen der Hilfeberechtigten. Die **Subsidiarität** der öffentlichen Hilfe wird im Rahmen des sog. „Bruttoprinzips" erst nachträglich über den Kostenbeitrag (§§ 10 Abs. 2 Satz 1, 91 ff. SGB VIII) hergestellt.[3] Erst dabei werden die wirtschaftlichen Verhältnisse (Einkommen und Vermögen) berücksichtigt. Zudem ist die Höhe des Unterhaltsanspruchs nach Abs. 4 Satz 4 bei verwandten Pflegepersonen jugendamtlich angemessen kürzbar. Die jugendhilferechtliche Unterhaltssicherstellungspflicht **endet** mit der Beendigung der Erfüllungspflicht des Hauptanspruchs. Wenn das Kind bzw. der Jugendliche aus der stationären Betreuung außerhalb des Elternhauses ausscheidet, endet auch der jugendhilferechtliche Anspruch auf Unterhaltssicherung. Das ist auch bei der Beendigung des Anspruchs auf Hilfe zur Erziehung nach § 33 SGB VIII mit Eintritt der **Adoptionspflege** der Fall. Diese ist wie die jugendhilferechtliche **Bereitschaftspflege** (nach Abs. 1 Satz 1) keine für die Unterhaltsleistung vorausgesetzte stationäre Form der Hilfe. Die Adoptionspflege ist keine Hilfe zur Erziehung, sondern ein zivilrechtliches Instrument zur Vorbereitung und Herstellung eines Eltern-Kind-Verhältnisses. Auch die Bereitschaftspflege ist keine Hilfe zur Erziehung, sie leistet eine vorläufige Betreuung im Rahmen jugendamtlicher Eingriffsmaßnahmen (etwa einer Inobhutnahme).

Besteht gar kein erzieherischer Bedarf, sodass keine Hilfe zur Erziehung gewährt wird, wird mithin nur wirtschaftliche Hilfe benötigt, nämlich die Kostentragung für die Unterbringung in einer anderen Familie, die nicht Pflegefamilie ist, kann dieser Bedarf nur durch die Sozialhilfe gedeckt werden (§ 28 Abs. 5 SGB XII).[4]

II. Leistungsgegenstand

Der Träger der öffentlichen Jugendhilfe leistet bei den stationären Hilfen „**außerhalb des** 2
Elternhauses" (Abs. 1 Satz 1) auch den Unterhalt für den Leistungsbegünstigten der Hilfe zur Erziehung und der (stationären) Eingliederungshilfe sowie für den Leistungsberechtigten der Volljährigenhilfe. Leistungen *innerhalb* des Elternhauses leistet der öffentliche Träger der Jugendhilfe nicht als Unterhalt. Ist etwa der Vormund zugleich tatsächliche Pflegeperson, handelt es sich ebenso wie in dem Fall, in dem die tatsächliche Pflegeperson Vormund geworden ist, aber um Hilfen *außerhalb* des Elternhauses.

Eine pädagogisch veranlasste **zeitweilige Rückkehr** in das Elternhaus schließt den jugendhilferechtlichen Unterhalt nicht aus. Sie wird bei der Bemessung der Pflegesätze bei stationärer Unterbringung im Rahmen von Leistungsentgeltvereinbarungen nach §§ 78a ff. SGB VIII mindernd angerechnet.

2 OLG Oldenburg, Beschl. v. 17.11.16, 14 UF 53/16, NJW 2017, 1249.
3 BGH, Urt. v. 6.12.2006; 12 ZR 197/04, FamRZ 2007, 377.
4 VG Saarlouis, JAmt 2009, 447.

Fahrtkosten der Eltern zum leistungsbegünstigten Kind in einer Pflegefamilie können die Eltern nicht aus § 39 SGB VIII, sondern gegebenenfalls als Sozialhilfe- oder Grundsicherungsleistung beanspruchen.[5]

Abs. 1 Satz 2 enthält eine eigenständige (spezielle) jugendhilferechtliche **Unterhaltsdefinition**.[6] Der **notwendige Unterhalt** umfasst Kosten für den **Sachaufwand** sowie die Kosten für die Pflege und Erziehung des Kindes oder Jugendlichen (sog. „**Erziehungsbeitrag**"). In den Kostenbereich Sachaufwand fallen z.B. die Aufwendungen für die Lebensbereiche Wohnen, Essen, Kleiden und Persönliches. Der Kostenbereich Pflege und Erziehung entsteht durch den Vollzug persönlicher und erzieherischer Hilfen (§ 11 Satz 2 SGB I), also sozialer Dienstleistungen v.a. pädagogischer Art durch Personen ohne verwandtschaftliche Beziehungen zum Leistungsbegünstigten oder bei Verwandtschaft ohne die Bereitschaft zu unentgeltlicher persönlicher Hilfe.

III. Leistungsberechtigte und Leistungsbegünstigte

3 Leistungsberechtigter (Anspruchsinhaber) des jugendhilferechtlichen Unterhaltsanspruchs ist grundsätzlich nicht das Kind oder der Jugendliche selbst, sondern allein der **Personensorgeberechtigte** (§ 7 Abs. 1 Nr. 5 SGB VIII).[7] In der Volljährigenhilfe (§ 41 Abs. 2 SGB VIII) ist hingegen der junge Mensch selbst und in der Eingliederungshilfe (§ 35a Abs. 1 SGB VIII) das Kind oder der Jugendliche selbst der Leistungsberechtigte. Hier können die Eltern bzw. sonstigen Personensorgeberechtigten nur als (gesetzliche) Vertreter für das Kind bzw. den Jugendlichen/die Jugendliche auftreten.[8]

Der Inhaber des Jugendhilfe-Hauptanspruchs ist zwangsläufig der Inhaber des diesem angegliederten Unterhaltsanspruchs. Das im stationären Leistungsvollzug stehende Kind bzw. der Jugendliche ist grundsätzlich Leistungsbegünstigter des Anspruchs auf Unterhaltssicherung. Dies liegt zum einen daran, dass der Unterhalt nach § 39 Abs. 1 SGB VIII als „wirtschaftliche Hilfe" des Jugendamts nur **Annexleistung** zur Hilfe nach § 27 Abs. 1 SGB VIII ist und damit eben an die Personensorgeberechtigten anknüpft.[9] Zum anderen sind die Pflege und Erziehung der Kinder und Jugendlichen das natürliche Recht der Eltern und die ihnen zuvörderst obliegende Pflicht (Art. 6 Abs. 2 Satz 1 GG, § 1 Abs. 2 Satz 1 SGB VIII). Deshalb ist davon auszugehen, dass Leistungen im Kinder- und Jugendhilferecht, die die Hilfe zur Erziehung ergänzen sollen (§§ 2 Abs. 2 Nr. 4, 27 Abs. 2 Satz 1 SGB VIII), auch ohne ausdrückliche Zuweisung den Personensorgeberechtigten zustehen sollen.[10]

IV. Leistungsabwicklung

4 Sowohl innerhalb als auch außerhalb der leistungsentgeltvertraglich nach den §§ 78a ff. SGB VIII geregelten Leistungsbeziehungen geschieht die Leistungsabwicklung grundsätzlich im **sozialrechtlichen Dreiecksverhältnis**. Der Leistungsberechtigte (grds. der Personensorgeberechtigte) kann die Leistung (Unterhaltssicherung) vom öffentlichen Träger der Jugendhilfe beanspruchen. Dieser gewährt die Leistung, die dem Leistungsbegünstigten (Kind oder Jugendlicher) durch den Einrichtungsträger/die Pflegefamilie/Pflegeperson (Leistungsträger, im SGB VIII heute auch als „Leistungserbringer" bezeichnet) erbracht wird. Ist der

---

5 VG Saarlouis, JAmt 2011, 415.
6 Vgl. Gesetzesbegründung, BT-Drs. 16/9299, 16.
7 Ganz h.M., BVerwG, Urt. v. 12.9.1996, FamRZ 1997, 814; VGH BW, Beschl. v. 16.12.2019, 12 S 2898/18 (Landesjustizportal B-W); Nds. OVG, Beschl. v. 28.2.2011, 4 LC 280/09, DöV 2011, 744.
8 OVG Bautzen, Beschl. v. 29.1.2010, 1 A 143/09 (Landesjustizportal Sachsen).
9 Vgl. BT-Drs. 11/5948, 75; BVerwG, Urt. v. 12.9.1996, FamRZ 1997, 814.
10 VGH München, Beschl. v. 10.5.2012, 12 ZB 11.2136, BeckRS 2012, 51857.

Leistungsträger zugleich der Personensorgeberechtigte, ist die Rechtsbeziehung ausnahmsweise zweiseitig. Einrichtungsträger oder Pflegefamilie/Pflegeperson stehen zum Leistungsberechtigten in einer privat-rechtlichen (Vertrags-)Beziehung und zum öffentlichen Träger der Jugendhilfe in einer öffentlich-rechtlichen (Leistungs-)Beziehung. Regelmäßig geschieht die Leistungsabwicklung in diesem Rechtsverhältnis durch eine „Bruttoabrechnung". Die Leistungen fließen vollständig direkt vom öffentlichen Träger ohne „Zwischen"-Durchlauf etwa des Unterhaltsbetrags (Pflegegelds) beim Jugendhilfe-Leistungsberechtigten (Personensorgeberechtigter) zum Einrichtungsträger bzw. der Pflegefamilie/Pflegeperson. Auch im (privat-rechtlichen) Pflegevertrag zwischen dem Personensorgeberechtigten und der Pflegeperson kann vereinbart werden, dass das Pflegegeld vom Jugendamt direkt der Pflegeperson ausbezahlt wird. Das Pflegegeld kann aber nur vom Personensorgeberechtigten gegenüber dem Jugendamt geltend gemacht werden, die Pflegeperson kann das allenfalls zivilrechtlich bevollmächtigt in dessen Stellvertretung.[11]

B. Leistungsinhalte der jugendhilferechtlichen Unterhaltssicherungspflicht

I. Abs. 2 – Laufende und einmalige Leistungen

Die Unterhaltssicherstellung betrifft den gesamten **regelmäßig wiederkehrenden Bedarf**. Dieser ist durch laufende Leistungen **pauschal** zu decken. Abs. 2 Satz 1 trifft insoweit eine „Soll"-Regelung, um im besonderen Einzelfall davon abweichen zu können. Für die Vollzeitpflege (§ 33 SGB VIII) gibt der Deutsche Verein für öffentliche und private Fürsorge jährlich Empfehlungen für die Bemessung der Pauschalbeträge heraus.[12] 5

Das Kriterium der **Regelmäßigkeit** dient der Abgrenzung von Bedarf, der in „Einmaligkeit" aufkommt. Regelmäßig wiederkehrender Bedarf ist, was Hilfebedürftige generell – auch in unterschiedlicher zeitlicher Abfolge – wiederholt benötigen. Dazu gehören auch zusätzliche Bedarfe aus Kostenforderungen Dritter wie z.B. Kindergartengebühren, Mitgliedsbeiträge im Sportverein oder Internatskosten.[13] **Einmalig** sind Bedarfe, die durch nicht mehrfach vorkommende Anlässe entstehen (z.B. Konfirmation). Leistungen für einmalige Bedarfe sind durch Beihilfen oder Zuschüsse des Jugendamts zu decken. Das „Kann" meint in Abs. 3 nicht das „Ob", sondern das „Wie" der Bedarfsdeckung.

Kosten für **Nachhilfeunterricht**, der nur gelegentlich anfällt, sollen bereits Bestandteil des Unterhalts nach Abs. 2 SGB VIII, also damit abgedeckt sein. Weil es sich um einen Sonderbedarf zur Schließung von individuellen Wissenslücken im Schulunterricht handelt, ist er aber auch bei nicht nur gelegentlichem Bedarf[14] über einmalige Beihilfen und Zuschüsse nach Abs. 3 zu decken.[15]

II. Abs. 2 Satz 2 – Barbetrag

Der angemessene Barbetrag zur persönlichen Verfügung (Abs. 2 Satz 2) ist Teil des Unterhalts. Er wird traditionell als „Taschengeld" bezeichnet. Das Taschengeld steht dem Leis- 6

11 OVG Bautzen, Beschl. v. 29.1.2010, 1 A 143/09 (Landesjustizportal Sachsen); A.A. Nds. OVG, Urt. v. 26.3.1997, 4 L 712/96, FamRZ 1998, 707.
12 DV zuletzt in NDV(13) vom 14.9.2021.
13 VG Köln (BeckRS 2009, 34029); a.A. VG Gelsenkirchen, ZfJ 1993, 558, es bestehen aber landesrechtliche Abweichungsmöglichkeiten.
14 A.A. *Ellmauer* in Oberloskamp (Hrsg.), Vormundschaft, § 20, Rn. 60.
15 Nds. OVG, Urt. v. 28.7.1993, Az. 4 L 4683/92 (Datenbank flsp 336/Nr.2) und BeckRS 2005, 21679.

tungsbegünstigten (Kind oder Jugendlicher) zur freien Verfügung. Ob seine freie Verfügungsbefugnis außerhalb des Elternhauses pädagogisch veranlasst vom Jugendamt oder vom Personensorgeberechtigten entzogen oder beschränkt werden darf, ist umstritten.[16] Das Jugendamt kann das Taschengeld jedenfalls nicht als Mittel der Disziplinierung einsetzen. Wie in sonstigen (familiären) Erziehungsbezügen kann der Personensorgeberechtigte oder die Pflegeperson mit dem Barbetrag (im vollstationären Kontext) aber pädagogisch umgehen, soll der Taschengeldbezug doch helfen, junge Menschen zum wirtschaftlichen Umgang mit nur begrenzt verfügbaren finanziellen Mitteln zu erziehen. Der Personensorgeberechtigte kann mit der Pflegeperson eine Vereinbarung zum Taschengeld treffen, die den Verhältnissen in der Pflegefamilie/bei der Pflegeperson Rechnung trägt.

6a Die Höhe des Taschengelds ist „nach Altersgruppen gestaffelt" zu bestimmen, und zwar nach Abs. 2 Satz 3, 2. Halbsatz durch die nach Landesrecht zuständige Behörde. Diese setzt die Höhe des Barbetrags (nur) in den Fällen der §§ 34, 35, 35a Abs. 2 Nr. 4 SGB VIII gesondert fest. In Niedersachsen geschieht dies z.B. durch ministeriellen Runderlass (des MS).[17] In den Fällen der §§ 33 und 35a Abs. 2 Nr. 3 SGB VIII wird die Höhe des Barbetrags im Rahmen der laufenden Leistungen nach den Absätzen 4 bis 6 vom zuständigen Träger der öffentlichen Jugendhilfe als Teil des Pauschalbetrags festgelegt. Von der jeweils festgelegten Höhe (nach oben) abzuweichen, ist dem Personensorgeberechtigten gestattet, allerdings muss er dafür andere Unterhaltsbestandteile verwenden, erhält dann also keine höheren Barbeträge als festgelegt.

III. Abs. 3 – Einmalige Beihilfen und Zuschüsse

7 Unterhaltsleistungen neben den laufenden Leistungen sind als einmalige Beihilfen und Zuschüsse zu gewähren. Trotz der „Kann"-Formulierung sind sie beanspruchbar, weil diese Formulierung nur mit Beispielen zum „Wie" aufwartet, das „Ob" ist im „Muss"-Leistungsbereich.[18] Im Unterschied zu den laufenden Leistungen, die den regelmäßig wiederkehrenden Bedarf decken, dienen die zusätzlich zu gewährenden einmaligen Beihilfen oder Zuschüsse dem verpflichtend zu deckenden **unregelmäßig wiederkehrenden Bedarf**. Hierunter fallen die Kosten für die Erstausstattung einer Pflegestelle, bei wichtigen persönlichen Anlässen (Erstausstattung als Schulkind, Taufe, die Erstkommunion, die Konfirmation oder vergleichbare Festlichkeiten) sowie für Urlaubs- oder Ferienreisen des Kindes (Reisen mit Jugendverbänden, Kirchengemeinden, Sportvereinen, z.B. Zeltlager, Jugendfreizeit o.Ä., Heim- und Klassenfahrten oder Ferien- und Urlaubsreisen mit den Pflegeeltern). Das Gesetz enthält die „insbesondere"-Benennung von einmaligen Bedarfen, was auf den nicht abgeschlossenen Gegenstandsbereich einmaliger Leistungen hinweist. Die beispielhafte Aufzählung in Abs. 3 macht deutlich, dass es sich um Bedarfe handeln muss, die solche des Leistungsbegünstigten selbst sind. Ihm nur mittelbar zugutekommende Leistungen wie pflegespezifische Seminare für die Pflegepersonen sind keine einmaligen Bedarfe des Leistungsbegünstigten.[19] U.U. sind sie aber über § 37 Abs. 2 Satz 3 SGB VIII refinanzierbar.

---

16 *Mrozynski*, § 39 SGB VIII Rn. 5.
17 Nds. MBl. 46/2019, 1625 und Nds. MBl. 2/2021, 98.
18 So auch LPK-SGB VIII/*Kunkel/Pattar*, § 39 Rn. 17; Wiesner/Wapler/*Wiesner*, § 39 SGB VIII Rn. 31.
19 BayVGH, Urt. v. 5.4.2001, 12 B 962358, juris.

C. Abs. 4 – Bemessung des Unterhalts

I. Abs. 4 Satz 1 – Grundsätze

§ 39 SGB VIII enthält keine bundesgesetzlich einheitliche Regelung zur Unterhaltsbemessung, sondern macht Vorgaben zu deren jeweiligen landesrechtlichen Regelungen. § 39 Absätze 4 bis 6 SGB VIII beziehen sich durchgängig auf die klassische Vollzeitpflege des § 33 SGB VIII und die Hilfe bei einer geeigneten Pflegeperson (§ 35 a Abs. 2 Nr. 3 SGB VIII), sie gelten nicht für professionelle Pflegefamilien, weil diese Leistungsentgeltvereinbarungen nach §§ 78a ff. SGB VIII abschließen. 8

Abs. 4 Satz 1 richtet die Bemessung des Pflegegeldes an den „tatsächlichen Kosten" aus. Das Pflegegeld ist kein nach marktwirtschaftlichen Grundsätzen berechnetes Entgelt für Unterbringung und Betreuung, sondern lediglich Kostenersatz.[20] Die tatsächlichen Kosten sind von den individuellen Verhältnissen der Pflegeperson abhängig. Das verlangt eine Wertung zur eventuell erforderlichen Begrenzung der Höhe des Pflegegeldes bei erhöhtem Lebensstandard der Pflegefamilie, der auch in unteren Gesellschaftsschichten bestehen kann, ohne dass er mit dem tatsächlichen Leistungsvermögen in Einklang stünde. Die praktische Wirksamkeit des gesetzlichen Angemessenheitskriteriums („angemessenen Umfang nicht übersteigen") ist aber als gering einzuschätzen.

II. Abs. 4 Satz 2 – Unfallversicherung und Alterssicherung der Pflegeperson

Beiträge zur **Unfallversicherung der Pflegeperson** sind, soweit „nachgewiesen", vom öffentlichen Träger der Jugendhilfe zu übernehmen (Abs. 4 Satz 2). Maßstab für die Höhe der zu übernehmenden Beiträge können die Beitragssätze der gesetzlichen Unfallversicherung sein. Der Mindestbetrag ist nach den Empfehlungen des Deutschen Vereins für die öffentliche und private Vorsorge e.V.[21] der Beitrag zur gesetzlichen Unfallversicherung als Einzelversicherung (in 2020 157,85 €/ jährl., in 2021 175,78 €/jährl.). Die Unfallversicherungsbeiträge sind auch für professionelle Pflegepersonen zu übernehmen, die in der gesetzlichen Unfallversicherung versicherungspflichtig sind, was bei mehr als sechs Pflegekindern angenommen wird. 9

Von den ihrerseits nachzuweisenden Aufwendungen zu einer **angemessenen Alterssicherung** muss der öffentlichen Träger der Jugendhilfe die Hälfte übernehmen, und zwar bezogen auf das Pflegegeld für jedes einzelne Pflegekind. Der Mindestbetrag ist nach den Empfehlungen des Deutschen Vereins[22] der hälftige Beitrag zur gesetzlichen Rentenversicherung (in 2020 und 2021 42,53 €/ mtl.). Die Aufwendungsübernahme soll Rentennachteile wegen fehlender Erwerbstätigkeit aufgrund der Betreuung von Pflegekindern ausgleichen. Bei kapitalbildenden Lebensversicherungen als Mittel der Alterssicherung kommt es für die hälftige Beitragsübernahme darauf an, dass es sich um eine echte Alterssicherung handelt. Das ist nicht der Fall, wenn die Versicherung vor Renteneintritt fällig oder anderweitig verwertbar ist.[23]

Sowohl die Unfallversicherung als auch die hälftige Übernahme der Beiträge zur Alterssicherung dienen der Erhaltung bzw. Schaffung der erzieherischen Pflegebereitschaft von Perso-

20 OVG Münster, Urt. v. 20.7.2015, 12 A 1693/14; grundlegend die lfd. fortgeschriebenen Empfehlungen des Deutschen Vereins, NDV 2007, 439 ff.
21 Empfehlungen des DV 15/19 (für 2020) und DV 13/20, Sonderdrucke und NDV 2020, 460 (für 2021).
22 Siehe Fn. 21.
23 BVerwG, Urt. 23.2.2010, 5 C 29.08, DöV 2010, 664.

nen, die für hilfebedürftige Kinder und Jugendliche Erziehungsverantwortung ohne Rechtspflicht übernehmen, und zwar bei Pflegeltern jeweils für beide[24] Pflegepersonen.

III. Abs. 4 Satz 3 – Pauschalbeträge

10 Die laufenden Leistungen sind nach Abs. 4 Satz 3 als monatlicher **Pauschalbetrag** zu gewähren, sofern Einzelfallbesonderheiten dem nicht entgegenstehen, die eine Erhöhung erfordern. Das kann z.B. bei einem besonderem medizinischen oder pädagogischen Bedarf des Kindes oder Jugendlichen der Fall sein. Höhere Bedarfe der Pflegepersonen rechtfertigen grundsätzlich keine Abweichung im Einzelfall[25], auch nicht zur Anpassung des monatlichen Pauschalbetrags an einen höheren Lebensstandard in der Pflegefamilie.

Auch die **Erhöhung** des Pauschalbetrags kann als Anspruchsinhaber nur der Personensorgeberechtigte geltend machen, die Pflegeperson ggf. als deren bevollmächtigte Stellvertretung.[26] Die Möglichkeit einer angemessenen **Kürzung** des Pflegegelds ist auf den Sachaufwand bei der Verwandtenpflege, die praktisch am häufigsten die **Großelternpflege** ist, beschränkt (Abs. 4 Satz 4). Die Kürzung steht im Ermessen des Jugendamts. Sie muss eine Einzelfallentscheidung sein, d.h. die konkreten Umstände des jeweiligen Einzelfalls berücksichtigen. Geschieht die Kürzung pauschal, ist sie keine rechtmäßige Ermessensentscheidung über die Kürzung. Ermessensfehler (Ermessensnicht-, Ermessensfehl- und Ermessensmissbrauch) sind verwaltungsgerichtlich überprüfbar. Die Tatsache, dass auf Grund der engen familiären Verbundenheit zwischen Großeltern und ihren Enkelkindern eine freiwillige Übernahme der Pflege erwartet werden kann, lässt den Anspruch der Großeltern auf Übernahme ihrer Aufwendungen entgegen früherer Ansicht nicht entfallen.[27] Eine Kürzung des Pflegegelds kann nur bei dem Großelternteil erfolgen, der Partner des mit den Eltern abgeschlossenen Pflegevertrages ist. Allerdings ist bei dessen Leistungsfähigkeitsprüfung auch das Einkommen seines Ehegatten zu berücksichtigen.[28] Pflegende Großeltern dürfen durch die Kürzung keine Gefährdung ihres eigenen angemessenen Unterhalts erleiden und ihre sonstigen Verpflichtungen müssen berücksichtigt werden. Die „Gefährdung des eigenen Unterhalts" ist wie die „Leistungsfähigkeit" nach § 1603 Abs. 1 BGB auszulegen. Das SGB VIII enthält dafür keine eigenständigen, vom zivilrechtlichen Unterhaltsrecht abweichende Maßstäbe.[29] Wegen der unterhaltsrechtlichen Anknüpfung wird dabei auch das Vermögen des Ehegatten der großelterlichen Pflegeperson, ebenfalls immerhin mit höheren Selbstbehalten berücksichtigt. Mit der Ermittlung der Gefährdung des eigenen Unterhalts korrespondiert eine Auskunftspflicht über die wirtschaftlichen Verhältnisse nach § 97a Abs. 2 Satz 2 SGB VIII. Der bei einer Kürzung i.d.R. zu befürchtende Verlust der großelterlichen (erzieherischen) Pflegebereitschaft wird meist gegen die Kürzung sprechen, auch wenn das Gesetz mit der Beachtung der verwandtschaftlichen Beziehungen bei der Großelternpflege generell eine „Schlechterstellung" von Großeltern akzeptiert.

Für die Höhe des Pauschalbetrags sind nach Abs. 4 Satz 5 bei einem **Ortswechsel** des Kindes oder Jugendlichen die Verhältnisse am neuen Ort der Pflegestelle maßgeblich. Der dortige Pauschalbetrag ist seinerseits abänderbar (ergänzbar, kürzbar und erhöhbar). Treibende Motivation ist in jeder Hinsicht die Wahrung des Fortbestands der Pflegestelle.

---

24 DV-Empfehlungen, zuletzt NDV 2020, 460 (für 2021); a.A. VG Köln, Urt. v. 20.12.2007, 26 K 4302/06, openJur 2011, 53953.
25 BVerwG, Beschl. v. 26.3.1999, 5 B 129/98, juris.
26 A.A. VGH BW, Beschl. v. 16.12.2019, 12 S 2998/18 (Justizportal B W).
27 BVerwG, Urt. v. 9.12.2014, 5 C 32/13, NJW 2015, 2278.
28 BVerwG, Urt. v. 19.5.2016, 5 C 36/15, NJW 2016, 3607.
29 BVerwG, siehe Fn. 28.

IV. Abs. 5 – Festsetzung der Pauschalbeträge

Die Zuständigkeit für die Festsetzung der Pauschalbeträge für die laufenden Leistungen zum Unterhalt liegt bei den nach Landesrecht zuständigen Behörden (Abs. 5 Satz 1), und zwar für die Pauschalbeträge für die Vollzeitpflege (§ 33) oder bei einer geeigneten Pflegeperson (§ 35a Abs. 2 Nr. 3). Wegen der altersbedingten Unterschiede bestimmt das Gesetz eine Staffelung der Beträge. Der Deutsche Verein für die öffentliche und private Vorsorge e.V. gibt jährlich auch Empfehlungen zur Höhe der Pauschalbeträge ab.[30] In Niedersachsen wird die Betragsfestsetzung in Orientierung daran, derzeit unter genauer Übernahme der empfohlenen Beträge, im Erlassweg vom Sozialministerium vorgenommen.[31] Die Höhe der Pauschalbeträge ist seit 2020 (nach DV-Empfehlung gegenüber dem Vorjahr jeweils um 4 € beim Sachaufwand erhöht) die folgende: 11

Alter 0–6 Gesamtaufwand **820 €**, Sachaufwand 571 €, Erziehungsaufwand 249 €,

Alter 6–11 Gesamtaufwand **906 €**, Sachaufwand 657 €, Erziehungsaufwand 249 € und

Alter ab 12 Gesamtaufwand **971 €**, Sachaufwand 722 €, Erziehungsaufwand 249 €.

Die landesrechtlich behördlich getroffenen Regelungen sind für die Jugendämter verbindlich. Es handelt sich zwar um Verwaltungs-Binnenrecht, § 39 Abs. 5 SGB VIII fordert aber für die Festsetzung der Pauschalbeträge *kein* materielles Gesetz, etwa eine Rechtsverordnung.[32] Die nach Landesrecht zuständigen Behörden müssen auch die Staffelung der Beträge nach Altersgruppen vornehmen (Abs. 5 Satz 2). Weil die nach Landesrecht zuständigen Behörden nach dem Regelungssinn des Abs. 5 für die Jugendämter mit dem Ziel der Einheitlichkeit bindende Regelungen treffen sollen, kann diese Zuständigkeit landesrechtlich nicht in die Zuständigkeit der Jugendämter gelegt werden, auch nicht nach Abs. 5 Satz 3 mit dem Verweis auf nähere Regelungen durch das Landesrecht. In Bayern sind gleichwohl die Jugendämter selbst für die Festsetzung der Barbeträge zuständig (Art. 43 Abs. 1 Bay. Gesetz zur Ausführung der Sozialgesetze).

D. Abs. 6 – Anrechnung anderer Leistungen auf das Pflegegeld

I. Kindergeld

Abs. 6 regelt die Anrechnung von **Kindergeld** auf das Pflegegeld. Sie geschieht für das älteste Pflegekind in der Pflegefamilie zur Hälfte, für die jüngeren Pflegekinder jeweils zu einem Viertel (§ 66 EStG). Damit wird eine „Doppel"-Förderung aus öffentlichen Mitteln begrenzt. Sowohl das Pflegegeld als auch die anlassbezogenen Beihilfen und Zuschüsse aus öffentlichen Mitteln sind **steuerfreie Beihilfen** im Sinne des § 3 Nr. 11 EStG.[33] 12

Dass Absatz 6 die Anrechnung von Kindergeld auf die laufenden Unterhaltsleistungen vorsieht, wenn die Pflegeperson das Kindergeld für das Pflegekind erhält, ist sozialpolitisch problematisch, weil Kindergeld nach Einführung des steuerrechtlichen Familienlastenausgleiches keine Sozialleistung mehr ist, sondern eine Steuervergünstigung.

Voraussetzung dafür, dass die Pflegeperson überhaupt Kindergeld erhält, ist, dass es sich um ein **Pflegekind** im Sinne von § 32 Abs. 1 Satz 2 EStG handelt. Dies sind Personen, mit denen der Steuerpflichtige durch ein familienähnliches, auf längere Dauer berechnetes Band verbunden ist, sofern er sie nicht zu Erwerbszwecken in seinen Haushalt aufgenommen hat und

30 Empfehlung des DV 15/19, siehe Fn. 21.
31 Rd.-Erl. des MS v. 29.3.1996 i.d.F.v. 22.10.2019, Nds. MBl. (43) 2019, 1482.
32 Nds. OVG, Urt. v. 10.3.1999, 4 L 2667/98, NVwZ-RR 2000, 30.
33 Vgl. BMF-Erlass, DStR 2007, 2263.

das Obhuts- und Pflegeverhältnis zu den Eltern nicht mehr besteht. Eine erwerbsmäßige Pflege ist erst ab der Aufnahme von **sieben** Kindern anzunehmen oder bei einem erheblich über den Pflegesätzen des zuständigen Jugendamts liegenden Pflegegeld.[34] Hinsichtlich der Dauer ist eine *angedachte* Bindung von mindestens zwei Jahren für die Begründung eines Pflegeverhältnisses im Sinne von § 32 Abs. 1 Nr. 2 EStG notwendig.[35] Eine Gesamtschau des Pflegschaftsverhältnisses erfordert letztlich, dass den Pflegeeltern tatsächlich und emotional eine **Quasi-Elternstellung** zukommt.

II. Sonstige Sozialleistungen

13 Andere Sozialleistungen sind grds. auf den Pauschalbetrag anzurechnen. Beim pflegeversicherungsrechtlichen **Pflegegeld nach § 37 SGB XI** erfolgt aber mangels gesetzlicher Grundlage keine Anrechnung. Diese Sozialversicherungsleistung ist mit dem jugendhilferechtlichen Pflegegeld nicht zweckidentisch.[36] Eine Zweckgleichheit müsste bezogen auf (eine der in § 91 Abs. 1 SGB VIII genannten) Maßnahmen der Jugendhilfe ermittelt werden. Die Maßnahmen der Jugendhilfe einschließlich des Pflegegelds nach § 39 SGB VIII dienen aber nicht dem gleichen Zweck wie das SGB XI-Pflegegeld[37], die „medizinisch-pflegerische" Pflegebereitschaft der Pflegeperson zu bewahren, sodass hier keine durch Anrechnung zu vermeidende Doppelförderung eines gleichen Zwecks entstünde.

Ist die Pflegeperson Leistungsberechtigte der sozialhilferechtlichen Hilfe zum Lebensunterhalt nach § 27 SGB XII oder § 19 SGB II, hat die Anrechnung des Kindergelds auf das Pflegegeld nach § 39 SGB Abs. 6 VIII zur Folge, dass es nicht zusätzlich bei der Hilfe zum Lebensunterhalt anrechenbar ist.[38] In der Grundsicherung besteht eine Sonderregelung zur Anrechnung des Pflegegeldanteils des Erziehungsbeitrags in § 11a Abs. 3 Nr. 1 SGB II, die aber erst bei mehr als zwei Pflegekindern in der Pflegefamilie greift.

Auch mit der Aufwandsentschädigung des Vormunds (§ 1835 a BGB), der zugleich tatsächliche Pflegeperson sein kann, konkurriert das Pflegegeld nach § 39 SGB VIII nicht, weil der unterschiedliche Zweck beider Leistungen eine Anrechnung ausschließt.[39]

E. Abs. 7 – Unterhalt für das „Kindeskind"

14 Erhält ein Kind oder eine Jugendliche Hilfe zur Erziehung nach § 27 SGB VIII in einer **Einrichtung oder einer Pflegefamilie** und wird dort selbst Mutter eines Kindes, so umfasst die Hilfe zur Erziehung gem. § 27 Abs. 4 SGB VIII auch die Unterstützung bei der Pflege und Erziehung dieses Kindes. Sind die Voraussetzungen von § 27 Abs. 4 SGB VIII gegeben, so ist folgerichtig auch der notwendige Unterhalt dieses Kindes sicherzustellen. Er richtet sich nach den Abs. 1 bis 6. Anspruchsinhaber ich auch insoweit der Personensorgeberechtigte, zusätzlicher Leistungsbegünstigter das „Kindeskind".

34 BMF-Erlass, siehe Fn. 33.
35 BFH, DStR 2012, 794; Wiesner/Schmidt-Oberkirchner, SGB VIII, Rn. 44.
36 OVG Rhld-Pf., Urt. v. 7.11.2019, 7 A 11144/19, Rn.19 (Landesjustizportal Rhld.-Pf.).
37 BVerwG, Urt. v. 24.11.2017, 5 C 16.16 – Beendigung der diesbezüglichen obergerichtlichen Divergenzen.
38 Schindler, JAmt 2005, 1 ff.
39 BayObLG, Beschl. v. 7.1.2002, 1 ZB R 36/01, FamRZ 2002, 1222 m.Anm. *Bienwald*.

§ 40
Krankenhilfe

[1]Wird Hilfe nach den §§ 33 bis 35 oder nach § 35a Absatz 2 Nummer 3 oder 4 gewährt, so ist auch Krankenhilfe zu leisten; für den Umfang der Hilfe gelten die §§ 47 bis 52 des Zwölften Buches entsprechend. [2]Krankenhilfe muss den im Einzelfall notwendigen Bedarf in voller Höhe befriedigen. [3]Zuzahlungen und Eigenbeteiligungen sind zu übernehmen. [4]Das Jugendamt kann in geeigneten Fällen die Beiträge für eine freiwillige Krankenversicherung übernehmen, soweit sie angemessen sind.

Übersicht Rn.

A. Satz 1 – Anspruchsgrundlagen

I. Anwendungsbereiche

1. Originärer Anwendungsbereich

1 Nach § 40 SGB VIII ist Krankenhilfe (Satz 1 1. Hs.) bei Gewährung von Hilfe zur Erziehung – jedoch nur – in den Formen der Vollzeitpflege, Heimerziehung bzw. sonstigen betreuten Wohnformen und der intensiven sozialpädagogischen Einzelbetreuung (§§ 33 bis 35 SGB VIII) und bei Gewährung von Eingliederungshilfe (§35 a Abs. 2 Nr. 3 oder 4 SGB VIII) beanspruchbar. Es handelt sich um einen Rechtsanspruch (subjektives öffentliches Recht).

2. Verweisungsnormen

2 Ohne Erwähnung in § 40 SGB VIII ist die Krankenhilfe jeweils als „Soll"-Regelung in sozialpädagogisch begleiteten Wohnformen (§ 13 Abs. 3 S. 2 SGB VIII) und bei gemeinsamen Wohnformen für Mütter/Väter und Kinder (§ 19 Abs. 3 SGB VIII) vorgesehen. Die Gewährung der Krankenhilfe ist sowohl in § 13 SGB VIII als auch § 19 SGB VIII „nach Maßgabe des § 40"

SGB VIII bestimmt. Das hat jeweils die Qualität einer **Rechtsfolgenverweisung**, weil der Rechtsgrund der Leistung dort jeweils eigenständig gelegt ist. Bei tatsächlicher Inanspruchnahme der besonderen Wohnform handelt es sich wegen der räumlichen Selbstständigkeit der Wohnform wie bei den Formen der Hilfe zur Erziehung nach den §§ 33 bis 35 SGB VIII um eine grundsätzlich pflichtige Leistung des öffentlichen Trägers der Jugendhilfe. Seine Krankenhilfe nach Maßgabe des § 40 SGB VIII ist dann nur in atypischen Fällen nicht zu erbringen, dann leistet ggf. meist dieselbe öffentlich-rechtliche Körperschaft als Träger der Sozialhilfe (SGB XII).

Als „Kann"-Regelung ist die Gewährung von Krankenhilfe bei der notwendigen Unterbringung zur Erfüllung der Schulpflicht von Kindern und Jugendlichen gesetzt, deren Personensorgeberechtigte beruflich veranlasste ständige Ortswechsel vornehmen (§ 21 S. 2 SGB VIII). Über die Schulpflichterfüllung hinaus erhält dieser Personenkreis nach Ermessen Krankenhilfe bis zur Vollendung des 21. Lebensjahres (S. 3). Ist die Schulausbildung nach dem Ende der landesschulrechtlich geregelten Schulpflicht noch nicht abgeschlossen, kann auch der junge Volljährige „längstens" bis zur Vollendung des 21. Lebensjahres in einer Wohnform zur Schulausbildung untergebracht sein und in diesem Rahmen Krankenhilfe beanspruchen. Diese tatsächlichen Verhältnisse überschneiden sich in aller Regel nicht mit denen des § 41 Abs. 2 SGB VIII, der jungen Volljährigen (in begründeten Einzelfällen bis zum vollendeten 27. Lebensjahr) ebenfalls Krankenhilfe zugesteht. Denn die Hilfe nach § 41 SGB VIII entsprechend der Hilfe zur Erziehung knüpft an die individuelle Situation des jungen Volljährigen an, dem damit weitere Hilfe für die Persönlichkeitsentwicklung gegeben wird. Die Hilfen nach § 21 SGB VIII knüpfen hingegen an die Sicherstellung der Beschulung und des Schulausbildungsabschlusses an. Krankenhilfe wird bei jungen Volljährigen deshalb zwar inhaltsgleich nach Maßgabe des § 40 SGB VIII, aber entweder auf dem Rechtsgrund des § 21 SGB VIII oder des § 41 SGB VIII geleistet.

Während einer **Inobhutnahme** ist die Krankenhilfe „sicherzustellen" (§ 42 Abs. 2 Satz 3 1. Hs. SGB VIII).

II. Anspruchsinhaber

1. Leistungsberechtigte und Leistungsbegünstigte

3 Die Leistungen der Krankenhilfe sind sog. **Annexleistungen** zu den jeweiligen Hilfeleistungen des öffentlichen Jugendhilfeträgers. Als „Anhang" des originären Anspruchs haben sie keinen anderen Leistungsberechtigten als der Primäranspruch[1], sonst wären sie eigenständig.

Krankenhilfe-Anspruchsinhaber (Leistungsberechtigte) in den von § 40 SGB VIII erfassten Formen der Hilfe zur Erziehung (§§ 33 bis 35 SGB VIII) sind die Personensorgeberechtigten. Leistungsbegünstigte sind die Kinder und Jugendlichen selbst. Sie erlangen hierbei die vom Gesetz bezweckte Gesundheitssicherung und Kostenfreistellung bei der Krankenbehandlung als Begünstigte „nur" mittelbar und sind letztlich auf die Inanspruchnahme der originären Hilfeleistung durch die Personensorgeberechtigten für sie angewiesen. Wird aber Hilfe zur Erziehung in Anspruch genommen, ist die Krankenhilfe nicht gesondert von den Personensorgeberechtigten geltend zu machen, sondern anhängender Teil der genutzten Hilfeleistung. Dasselbe gilt für die Krankenhilfe nach § 21 S. 2 SGB VIII, die ausdrücklich die Personensorgeberechtigten als Leistungsberechtigte ausweist, mithin deren Kinder als Leistungsbegünstigte qualifiziert.

1 A.A. PK-SGB VIII/*Nix/Krötz* in der Vorauflage, Rn. 2.

Die **Krankenhilfe**, die nach § 42 Abs. 2 S. 3 SGB VIII im Rahmen der **Inobhutnahme** sicherzustellen ist, ist Teil der Erfüllung einer sog. anderen Aufgabe der Jugendhilfe (nach § 2 Abs. 3 S. 1) und kein Annex zu einer Jugendhilfe-Leistung. Die Krankenhilfe in der Inobhutnahme ist deshalb rechtssystematisch nicht Leistungs-, sondern Eingriffsbestandteil. Zu gewähren sind diejenigen Hilfen nach § 40 SGB VIII, die inhaltsgleich einer Annex-Leistung zu einer von § 40 SGB VIII erfassten Jugendhilfeleistung (i. S. v. § 2 Abs. 2) beanspruchbar sind.

2. Krankenhilfe für das „Kindeskind"

In den Fällen der **nicht explizit in § 40 SGB VIII geregelten Krankenhilfen** der Jugendsozialarbeit mit Unterkunft in sozialpädagogisch betreuten Wohnformen (§ 13 Abs. 3 SGB VIII) und den gemeinsamen Wohnformen nach § 19 Abs. 3, wenn Jugendliche als Schwangere oder Mutter bzw. Vater die Hilfe in der Eltern-Kind-Einrichtung in Anspruch nehmen, ist hingegen die bzw. der Jugendliche selbst Leistungsberechtigte(r) des originären Hilfeanspruchs und damit nicht nur Leistungsbegünstigte(r), sondern auch selbst Leistungsberechtigte(r) des Annexanspruchs. Das dort geborene oder mit der bzw. dem dort betreuten Jugendhilfe-Leistungsberechtigten lebende **Kind ist selbst** ist eine, der in dieser betreuten Wohnform „betreuten Personen" (§ 19 Abs. 3SGB VIII). Auch das „Kindeskind" ist mithin in die Krankenhilfe nach § 40 SGB VIII als Leistungsbegünstigter (quasi in der zweiten Linie zum auch insoweit leistungsberechtigten Personensorgeberechtigten bzw. Anspruchsinhaber) einbezogen. Einer gewiss transparenzförderlichen und sozialpolitisch auch wünschenswerten ausdrücklichen Einbeziehung der Krankenhilfe für das Kind der/des Leistungsbegünstigen wie in § 39 Abs. 7 SGB VIII für den Unterhalt des „Kindeskindes" bedarf es daher jedenfalls bei einer betreuten Wohnform des § 19 Abs. 3 SGB VIII nicht. Rechtspolitisch sollte die Verweisung auf die Krankenhilfe in § 13 Abs. 3 SGB VIII hingegen ausdrücklich auch auf das „Kindeskind" erstreckt werden, um die bislang in diesen Konstellationen bestehende Beschränkung auf die sozialhilferechtliche Krankenhilfe (§ 48 SGB XII) zu beenden. Z.T. wird die Einbeziehung des in der Einrichtung geborenen Kindes in die Krankenhilfe nach § 40 SGB VIII auf § 27 Abs. 4 SGB VIII gestützt[2], der allerdings auf die Leistung von Hilfe zur Erziehung begrenzt die weiterhin pädagogische und therapeutische Förderung der Mutter als Leistungsbegünstigter realisieren will. Das VG München[3] hat gleichwohl Krankenhilfe für das Kind einer in der Jugendhilfe leistungsbegünstigten Mutter, die sich in einer Mutter-Kind-**Einrichtung des Strafvollzugs** befindet, als Annexleistung der Hilfe zur Erziehung zugesprochen. Dabei hat das VG auf die Offenheit des Katalogs der Hilfen zur Erziehung verwiesen und die (hier Untersuchungshaft-) JVA-Unterbringung als im Gesetz nicht benannte Form der Hilfe zur Erziehung in einer Einrichtung wie nach § 19 SGB VIII ähnlich stationär gewertet, für die in einheitlicher Leistungszuständigkeit des öffentlichen Trägers der Jugendhilfe auch das „Kindeskind" krankenhilfeberechtigt nach § 40 SGB VIII und nicht nach § 48 SGB XII sei.

B. Leistungsgegenstand

I. Hilfe-Umfang nach Sozialhilferecht

Beanspruchbar ist **Krankenhilfe.** Wegen des Verweises auf die §§ 47 bis 52 SGB XII zum Umfang der Hilfe sind darunter zunächst solche Leistungen zu verstehen, mit denen beabsichtigt wird, wie in § 48 SGB XII formuliert, eine Krankheit zu erkennen, zu heilen, ihre Verschlimmerung zu verhüten oder Krankheitsbeschwerden zu lindern (Krankenbehandlung). 4

2 DiJuF, JAmt 2005, 562.
3 VG München, Beschl. v. 7.4.2020, M 18 E 20.1277, openjur 2020, 71709.

Darüber hinaus ist Krankenhilfe nach § 40 SGB VIII auch vorbeugende Gesundheitshilfe (§ 47 SGB XII), Hilfe bei Familienplanung/Empfängnisverhütung (§ 49 SGB XII), bei Schwangerschaft und Mutterschaft (§ 50 SGB XII) und Sterilisation (§ 51 SGB XII).

Die Leistungen der Krankenbehandlung werden in der **Normverweisungskette** von § 40 SGB VIII über § 48 SGB XII „entsprechend dem Dritten Kapitel Fünften Abschnitt Ersten Titel des **Fünften Buches**" konkretisiert. Darin, nämlich den §§ 27 bis 43c SGB V, ist somit das Gesamtprogramm der Krankenbehandlung als Leistungsbestandteil der jugendhilferechtlichen Krankenbehandlung fixiert.

II. Schwangerschaftsabbruch und Psychotherapie

1. Schwangerschaftsabbruch

5 **Schwangerschaftsabbrüche** werden grundsätzlich nicht von der Krankenkasse bezahlt (§ 24 b SGB V). Frauen, die, vom Sozial- oder Jugendhilfeträger finanziert, in Heimen oder gleichartigen Einrichtungen untergebracht sind, bekommen die Kosten eines Schwangerschaftsabbruchs aber von der gesetzlichen Krankenkasse, bei der sie versichert sind oder die sie im Falle fehlender Versicherung auswählen, erstattet (§§ 19, 21 SchwKG). Das Gesetz fingiert in diesen Fällen die (insbesondere wirtschaftliche) Unzumutbarkeit der eigenen Kostentragung.

2. Psychotherapie

6 **Psychotherapie** ist Krankenbehandlung nach § 48 SGB XII i.V.m. § 27 Abs. 1 Nr. 1 SGB V. Sie ist auch bei Gewährung von Hilfe nach § 34 SGB VIII in einer Erziehungsstelle als familienähnlicher Hilfeform als Krankenhilfe beanspruchbar.[4] Werden Maßnahmen der Beschäftigungs-, Kunst-, Gestaltungs- Bewegungs- oder Musiktherapie erbracht oder körperorientierte Verfahren eingesetzt, werden diese regelmäßig Bestandteil der (pädagogischen) Hilfe zur Erziehung selbst sein. Als jugendhilferechtliche Krankenbehandlung, die u. U. über das vom Sozialhilfe- und Krankenversicherungsrecht geprägte Maß hinausgeht, müssten diese grundsätzlich pädagogisch ansetzenden „Therapien" im Einzelfall als zur Krankenhilfe „notwendiger Bedarf" qualifizierbar sein, um gesondert vergütungsfähig zu sein.

Krankenbehandlung wird auch als **stationäre Psychotherapie** erbracht. Sie ist nach § 40 Satz 1 SGB VIII ausdrücklich auch als Annexleistung der stationären Eingliederungshilfe nach § 35 Abs. 2 Nr. 4 SGB VIII vorgesehen. Die Teilnahme an der stationären Psychotherapie beendet daher nicht die Verfügbarkeit eines bestehenden anderweitigen Wohnplatzes im Rahmen der stationären Eingliederungshilfe. Das „Zuhause" eines seelisch behinderten jungen Volljährigen darf ihm eigentlich selbstverständlich – wie auch sonst bei einer gewöhnlichen stationären Kranken(haus)behandlung als Krankenkassenleistung – nicht verloren gehen, selbst wenn die Behandlung über längere Zeit (mehrere Monate) erforderlich ist. Landesrahmenvertragliche Vergütungsregelungen (nach § 78f SGB VIII) bei Abwesenheiten über 2 Monate hinaus können den „Verlust des Zuhause" infolge einer psychiatrischen Behandlung allenfalls dann bewirken, wenn der Wechsel in eine psychiatrische Einrichtung dauerhaft ist. Dann muss anders als im Fall der zeitlich eingrenzbaren Krankenbehandlung der ursprünglich genutzte Heimplatz nicht mehr vorgehalten werden, um eine „Heimkehr" nach der Krankenbehandlung zu ermöglichen.[5]

---

4 Vgl. OVG Rheinland-Pfalz, Urt. v. 7.11.2019, 7 A 11144/19, online abrufbar unter www.landesrecht.rlp.de.ü

5 Vgl. VG Göttingen, Beschl. v. 22.10.2014, 2 B 306/14, JAmt 2015, 50, online abrufbar unter www.rechtsprechung.niedersachsen.de.

C. Sätze 2 und 3 – Bedarfsdeckung

I. Individuelle Bedarfsdeckung (Satz 2)

Die Gesundheitsversorgung ist eng an das Leistungsrecht der gesetzlichen Krankenversicherung gebunden. Die systematische Verschränkung ist in § 52 Abs. 1 S. 1 SGB XII verankert. Sozialhilfeberechtigte sollen in der Gesundheitsversorgung gesetzlich Krankenversicherten möglichst gleichgestellt sein. § 40 Satz 2 SGB VIII bestimmt allerdings für die Jugendhilfe in erfreulicher Klarheit, dass die Krankenhilfe hier den im Einzelfall notwendigen Bedarf in voller Höhe befriedigen muss. Der Hilfe-Umfang ist deshalb nur „entsprechend" den sozialhilferechtlichen Regelungen der Krankenhilfe zu bestimmen und nicht deckungsgleich mit dem Krankenversicherungs-Leistungsumfang. Die Krankenhilfe ist deshalb nicht auf diejenigen Leistungen bzw. die Übernahme derjenigen Kosten beschränkt, die nach dem SGB XII zu übernehmen sind. Dem Urteil des OVG Rheinland-Pfalz[6] zu Art und Umfang der Krankenhilfe für in Obhut genommene **unbegleitet eingereiste minderjährige Ausländer** ist nur insoweit beizupflichten, als es die Beanspruchbarkeit privat-ärztlicher Behandlung und deren Kostenübernahme ablehnt. Dass die Kosten für die Gesundheitsversorgung im Rahmen einer Inobhutnahme „auf die nach dem SGB XII zu übernehmenden Kosten" beschränkt seien, trifft aber nicht zu, weil die entsprechende Anwendung der sozialhilferechtlichen Bestimmungen unter der jugendhilferechtlichen Maxime der vollen Bedarfsdeckung (§ 40 Satz 2 SGB VIII) steht. 7

II. Befriedigung der gesetzlich bestimmten Bedarfsarten

Der **Umfang** der Hilfe ist durch den Verweis auf die §§ 47 bis 52 SGB XII bestimmt. Er richtet sich **nicht** nach dem krankenversicherungsrechtlich geregelten (Mengen-)Maß. Der subjektive Bedarf ist mit der durch den Gesetzgeber objektivierten Bedarfsdeckung eingegrenzt. Mit der Krankenhilfe auch des Jugendhilferechts ist nicht alles zu leisten, was irgendwie hilfreich oder wünschenswert ist, zu decken ist vielmehr derjenige Bedarf, der durch die Normverweisungskette bis in das „Dritte Kapitel Fünfter Abschnitt Erster Titel des Fünften Buches" gesetzlich als zu deckender Bedarf seiner **Art** nach bestimmt ist. Allerdings bestehen in den Krankenhilfen der §§ 48 und 49 SGB XII noch die sozialversicherungsrechtlich anerkannten Bedarfe übersteigende Leistungsinhalte. 8

III. Besondere Bedarfe

Werden **zahnmedizinische Behandlungen** wie kieferorthopädische Maßnahmen, die nicht zum Leistungskatalog der gesetzlichen Krankenversicherung gehören, notwendig, ohne medizinisch erforderlich zu sein, können diese als unterhaltsrechtlicher Bedarf einmaliger Leistungen nach § 39 Abs. 3 SGB VIII zu decken sein.[7] 9

Fahrt- und Begleitkosten etwa zu psychotherapeutischen Behandlungen hat der öffentliche Jugendhilfeträger „aufstockend" dann zu übernehmen, wenn sie nicht zum Leistungsumfang der Krankenversicherung gehören, weil sie dem Gebot der Bedarfsdeckung in voller Höhe unterfallen. Sie sind sog. „ergänzende" oder weitergehende Leistungen der jugendhilferechtlichen Krankenhilfe. Eine (negative) Leistungsakzessorietät dieser ergänzenden Leistungen in der Weise, dass sie wegen der Herausnahme aus dem Leistungskatalog der

6 Urt. v. 6.12.2018, 7 A 10609/18, Rn. 31, online abrufbar unter www.landesrecht.rlp.de.
7 DIJuF, JAmt 2011, 580 ff.

gesetzlichen Krankenversicherung auch aus dem des Jugendhilfeträgers herausgenommen wären, um einen vermeintlichen Wertungswiderspruch zu vermeiden, besteht nicht. Denn § 40 SGB VIII regelt die Krankenhilfe spezifisch und detailliert, wofür kein Anlass bestanden hätte, wenn die Regelungskonzepte anderer Bücher des Sozialgesetzbuchs (etwa des Krankenversicherungsrechts des SGB V) unmittelbar Geltung beanspruchten.[8] Im Gegenteil, der Leistungskatalog der gesetzlichen Krankenversicherung begrenzt den Umfang der jugendhilferechtlichen Krankenhilfe gerade nicht, weil sie den Bedarf im Einzelfall in voller Höhe befriedigen muss (**Satz 2 und Satz 3**).[9]

Das Jugendamt muss nach Satz 3 auch die Kosten nicht verschreibungspflichtiger **Arzneimittel und Dolmetscherkosten** im Zusammenhang mit medizinischen Maßnahmen übernehmen, sofern es sich dabei im Einzelfall um – wenn auch nur mittelbar medizinisch – notwendigen Bedarf handelt. Denn dem Krankenhilfe-Leistungsberechtigten dürfen keine finanziellen Eigenleistungen zur Krankenhilfe verbleiben.

Empfängnisverhütende Mittel sind nach § 25 SGB V bis zum vollendeten 22. Lebensjahr von der Krankenkasse beanspruchbar. Die Verschreibung von Contraceptiva ist in der jugendhilferechtlichen Krankenhilfe aber wegen der gesetzlich (in Satz 2) ausdrücklich bestimmten vollen Bedarfsdeckung im Einzelfall nicht an die sozialversicherungsrechtliche Altersgrenze gebunden.

IV. Keine finanziellen Eigenleistungen in der Krankenhilfe

10 Dem Leistungsberechtigten der jugendhilferechtlichen Krankenhilfe, natürlich auch dem Leistungsbegünstigten dürfen in keiner Höhe finanzielle Eigenleistungen („Zuzahlungen und Eigenbeteiligungen") der Krankenhilfe verbleiben.

Die jugendhilferechtliche Krankenhilfe ist als Hilfeleistung „aus einer Hand"[10] gänzlich ohne finanzielle Eigenleistungen des Leistungsberechtigten oder Leistungsbegünstigten konzipiert. Wo für diese Zuzahlungen (nach § 61 SGB V v.a. für Arzneimittel, Heil- und Hilfsmittel, ambulante Krankenpflege und stationäre Krankenhausbehandlungen) oder Eigenbeteiligungen (etwa beim Zahnersatz nach § 30 SGB V) Kosten anfallen, muss der Träger der öffentlichen Jugendhilfe diese vollständig übernehmen (§ 40 Satz 3 SGB VIII).

D. Anspruchsausschlüsse durch Versicherung in der gesetzlichen Krankenversicherung

I. Leistungspflichten Dritter

11 Leistungspflichten Dritter sind gegenüber denen des öffentlichen Jugendhilfeträgers nach § 10 Abs. 1 **vorrangig**, wenn sie dem gleichen Zweck wie die entsprechende Jugendhilfeleistung dienen und gegenständlich gleich, gleichartig, kongruent, also deckungsgleich oder überschneidend sind.[11] Das ist bei der Krankenhilfe nach dem SGB V der Fall. Wer als Versicherter der gesetzlichen Krankenversicherung Krankenhilfe beanspruchen kann, erhält diese von dort, nicht vom Träger der öffentlichen Jugendhilfe. Die jugendhilferechtliche Krankenhilfe ist auch gegenüber der Leistungspflicht einer privaten Krankenversicherung nach § 10 Abs. 1 SGB VIII nachrangig.

8 Vgl. BVerwG, Urt. v. 22.2.2007, 5 C 32.05, NJW 2007, 1991.
9 S. hierzu Rn. 10.
10 FK-SGB VIII/*Tammen*, § 40 Rn. 1.
11 S. hierzu § 10 SGB VIII Rn. 6 und 7.

Besteht aber keine gesetzliche Krankenversicherungspflicht (etwa nach § 5 Abs. 1 Nr. 13 SGB V), weil ein anderweitiger Anspruch auf Absicherung im Krankheitsfall besteht, greift der Vorrang der Krankenhilfe durch die gesetzliche Krankenversicherung als Träger anderer Sozialleistungen (nach § 10 Abs. 1 Satz 1 SGB VIII) nicht. Das BSG[12] hat die Vorrangigkeit von Sozialversicherungsträger-Leistungen der Krankenhilfe nach dem SGB V mit dem Hauptargument einer doppelten Subsidiarität verneint. Die jugendhilferechtliche Krankenhilfe sei zwar subsidiär, die Pflichtversicherung in der gesetzlichen Krankenversicherung sei aber ihrerseits auch subsidiär. Die jugendhilferechtliche Krankenhilfe würde „die Subsidiarität der Pflichtversicherung nicht einschränken". Dadurch komme die grundsätzliche Nachrangigkeit der Leistungen der Jugendhilfe nach § 10 Abs. 1 SGB VIII nicht zum Zuge. Kostenträger der Krankenhilfe ist deshalb bei fehlender gesetzlicher Krankenversicherungspflicht der Träger der öffentlichen Jugendhilfe. Dessen infolgedessen fortbestehende Kostenbelastung habe der Gesetzgeber gewollt. Das sei im Ergebnis der Bundestags-Ausschussempfehlung zur Einführung der Krankenversicherungspflicht nach § 5 Abs. 1 Nr. 13 SGB V enthalten gewesen.[13] Gegen die Krankenhilfeleistungspflicht der Träger der öffentlichen Jugendhilfe spreche auch nicht die „eher theoretische" jugendhilferechtliche Kostenbeitragsbelastung der Leistungsberechtigten (i.d.R. der Eltern).
Der Nachrang der Krankenhilfe nach Jugendhilferecht wird damit sozialversicherungsrechtlich ausgehebelt, indem die Normenkollision der beiden sozialrechtlichen Nachrangbestimmungen im Wesentlichen mit der lex-posterior-Regel gelöst wird. Die Neuregelung der Pflichtversicherung durch § 5 Abs. 1 Nr. 13 SGB V erfolgte zum 1.4.2007, mithin nach der Inkraftsetzung des § 40 SGB VIII. Dieser Lösungsweg nützt jedoch, wenn auch begrenzt, den Leistungsbegünstigten der jugendhilferechtlichen Krankenhilfe. Denn sie bekommen gegenüber dem SGB V-Leistungsrahmen bestehende „Mehr"-Leistungen entsprechend dem SGB XII. Zudem stehen ihnen damit eventuell noch über diesen SGB XII-Leistungsrahmen hinausgehende Mehrleistungen der jugendhilferechtlichen Krankenhilfe zu, die wegen der ausdrücklichen Anordnung des § 40 Satz 2 SGB VIII zur Befriedigung des „im Einzelfall notwendigen Bedarfs in voller Höhe" erforderlich sind.

Der Träger der öffentlichen Jugendhilfe kann allerdings auf dem Weg einer **Übernahme der Beiträge für eine freiwillige Krankenversicherung** (§ 40 **Satz 4** SGB VIII), auch „eher theoretisch" einen verminderten, d.h. zur GKV deckungsgleichen Leistungsumfang der Krankenhilfe bewirken. Die dafür vorausgesetzten „geeigneten Fälle" werden aber wiederum nur solche sein, die gegenüber den Verpflichtungen der Versicherungsträger weitergehende Leistungen oder das höhere Leistungsvolumen der Hilfeträger (etwa im Hinblick auf empfängnisverhütende Mittel) nicht benötigen.

II. Familienversicherung

Der Regelfall ist die **Familienversicherung** des Jugendlichen oder jungen Volljährigen nach § 10 Abs. 2 SGB V. Sie besteht auch dann fort, wenn der Familienversicherte nicht (mehr) im Haushalt des gesetzlich Krankenversicherten lebt. Die Krankenhilfe nach dem SGB VIII wird daher auch **tatsächlich** meist nur nachrangig gebraucht, nämlich nur dann, wenn die Jugendhilfe über die in § 10 Abs. 2 SGB V sozialversicherungsrechtlich festgelegten Altersgrenzen (betreffend die Ausbildung über das 25. Lebensjahr hinaus, höchstens bis zur Vollendung des 27. Lebensjahrs nach § 40 Abs. 1 S. 1 SGB VIII) weitergewährt wird. 12

12 BSG, Urt. v. 27.1.2010, B 12 KR 2/09, NZS 2010, 627.
13 BT-Drs. 16/31000, 167; 16/4200, 117 und 16/4247, 55.

E. Satz 4 – „Verschiebung" der Leistungszuständigkeit in eine Krankenversicherung

13 Neben der o.g. („eher theoretischen") Möglichkeit der Verschiebung der Krankenhilfeleistungszuständigkeit in die gesetzliche oder private Krankenversicherung durch Beitragsübernahme einer freiwilligen Mitgliedschaft, um das Leistungsvolumen zu mindern, kommt für den öffentlichen Träger diese Zuständigkeitsverschiebung in Betracht, um Kosten zu reduzieren.

Gedacht ist die **Versicherungsbeitragsübernahme** aber vornehmlich dazu, den Fortbestand von Krankenversicherungen zu sichern. „Geeignete Fälle" der Beitragsübernahme sind mithin solche, in denen eine freiwillige Weiterversicherung bestehenden Krankenversicherungsschutz aufrechterhält. Diese Ermessensentscheidung darf auch dadurch motiviert sein, den Verlust der Krankenversicherung als Teil der gesellschaftlichen „Normalität" zu verhindern, wenngleich das „zweischneidig" ist, weil die Krankenversicherung weniger leistet als die Krankenhilfe des öffentlichen Trägers der Jugendhilfe.

Auch die Entscheidung über die **Höhe** der Beitragsübernahme ist an das Angemessenheitskriterium gebunden. Würde sie eine bloße „Teil"-Leistung des Jugendhilfeträgers bewirken, mithin einen Beitrags-Teilverbleib beim Krankenhilfe-Leistungsberechtigten, scheint dies durch die gesetzliche Wortwahl („soweit" und nicht „sofern") gedeckt. Der gesetzlichen Wertung, Krankenhilfe ohne finanzielle Eigenbeteiligung zu gewähren (**Satz 3**), würde das aber widersprechen. Der Sonderfall der jugendhilferechtlichen Krankenhilfe durch Krankenversicherungs-Beitragsübernahme kann deshalb nur dann greifen, wenn nach der Angemessenheitsprüfung keine dem Leistungsberechtigten verbleibende Beitrags*teil*zahlung verbleibt. Die Eröffnung der gesetzlichen Möglichkeit an sich, die Krankenhilfe-Leistungszuständigkeit des öffentlichen Trägers durch Versicherungs-Beitragsübernahme auszugestalten, kann zwar zu einer Minderung des Leistungsvolumens gegenüber der Krankenhilfe-Leistungserbringung nach Satz 1 führen, bewirkt aber „nicht auch noch", dass er deren Finanzierung teilweise dem Krankenhilfeberechtigten überlassen dürfte.

Die Prüfung der Angemessenheit ist eine von Wertungen abhängige Ermessensentscheidung, die sich im PKV-Bereich auf Marktvergleiche und in der GKV auf die Beitragsstaffelung der freiwilligen Versicherung stützen wird. Für einkommenslose Personen liegt der Beitragssatz der freiwilligen Versicherung in der GKV einheitlich aufgrund § 241 SGB V (ohne den vom Jugendamt nicht übernehmbaren Pflegeversicherungsbeitrag) derzeit bei rund 150 € monatlich.

Vierter Unterabschnitt
Hilfe für junge Volljährige

§ 41
Hilfe für junge Volljährige

(1) [1]Junge Volljährige erhalten geeignete und notwendige Hilfe nach diesem Abschnitt, wenn und solange ihre Persönlichkeitsentwicklung eine selbstbestimmte, eigenverantwortliche und selbstständige Lebensführung nicht gewährleistet. [2]Die Hilfe wird in der Regel nur bis zur Vollendung des 21. Lebensjahres gewährt; in begründeten Einzelfällen soll sie für einen begrenzten Zeitraum darüber hinaus fortgesetzt werden. [3]Eine Beendigung der Hilfe schließt die erneute Gewährung oder Fortsetzung einer Hilfe nach Maßgabe der Sätze 1 und 2 nicht aus.

(2) Für die Ausgestaltung der Hilfe gelten § 27 Absatz 3 und 4 sowie die §§ 28 bis 30, 33 bis 36, 39 und 40 entsprechend mit der Maßgabe, dass an die Stelle des Personensorgeberechtigten oder des Kindes oder des Jugendlichen der junge Volljährige tritt.

(3) Soll eine Hilfe nach dieser Vorschrift nicht fortgesetzt oder beendet werden, prüft der Träger der öffentlichen Jugendhilfe ab einem Jahr vor dem hierfür im Hilfeplan vorgesehenen Zeitpunkt, ob im Hinblick auf den Bedarf des jungen Menschen ein Zuständigkeitsübergang auf andere Sozialleistungsträger in Betracht kommt; § 36b SGB VIII gilt entsprechend.

Übersicht Rn.

A. Allgemeines

1 § 41 SGB VIII regelt den Anspruch auf Hilfe für junge Volljährige bis zur Vollendung des 21. Lebensjahres. Die Vorschrift enthält Regelungen für eine **eigenständige Hilfe** für 18–21 Jahre alte junge Volljährige und eine **Fortsetzungshilfe** für über 21-Jährige. Die vormals hier für die gesamte Altersgruppe verortete **Nachbetreuungshilfe** wurde im Rahmen der Reform des SGB VIII im neuen § 41a SGB VIII gesondert geregelt. Die Hilfe setzt nicht voraus, dass im Vorfeld andere Leistungen in Anspruch genommen wurden, und kann damit ab der Volljährigkeit beantragt werden. Ausgangspunkt für die Notwendigkeit des § 41 SGB VIII sind die Erkenntnisse aus entwicklungspsychologischer und jugendsoziologischer Forschung über eine verlängerte Jugendphase,[1] die sich erheblich über das 18. Lebensjahr verlängert hat.

Altersspezifische Anforderungen wie die Ablösung vom Elternhaus, die Entwicklung bzw. Festigung von Selbstständigkeit, der Übergang von Schule und Beruf, die Eingliederung in die Arbeitswelt stellen die jungen Erwachsenen vor erhebliche Anforderungen, die durch einen Rechtsanspruch auf eine sozialpädagogische Hilfe für die Zielgruppe abgemildert werden können.

1 FK-SGB VIII/*Tammen*, § 41 Rn. 1; Wiesner/Wapler/*Gallep*, § 41 SGB VIII Rn. 1a.

B. Einzelheiten

2 Liegt bei einem jungen Volljährigen (§ 7 Abs. 1 Nr. 3 SGB VIII) mit Erreichen des 18. Lebensjahres noch nicht eine den Zielen des § 1 SGB VIII entsprechende Entwicklung vor, ist er also noch keine **eigenverantwortliche** und **gemeinschaftsfähige** und somit **ausgereifte Persönlichkeit**, soll seine Selbstständigkeit durch Sozialleistungen der Träger der öffentlichen Jugendhilfe oder Träger der freien Jugendhilfe erreicht werden.[2] Im Gegensatz zu § 1 SGB VIII wird in § 41 der Begriff „selbständig" verwendet. Da Selbstständigkeit in gewisser Weise eine Gemeinschaftsfähigkeit inkludiert, sollten Hilfen mit dem Ziel einer Gemeinschaftsfähigkeit nicht ausgeschlossen werden. Die Hilfe ist nicht notwendigerweise auf die Vollendung des 21. Lebensjahres begrenzt.[3]

3 **Hilfe für junge Volljährige** als Unterstützung zu einer gelingenden sozialen Integration und der Befähigung bzw. Verwirklichung einer eigenständigen Lebensführung wird der Erkenntnis gerecht, dass Jugend und Adoleszenz als Reife zu einer eigenständigen Persönlichkeit Prozesse sind, die sich kulturgeschichtlich verlangsamt haben.[4] Die schon in der alten Fassung des § 41 SGB VIII vom Gesetzgeber gewollte Unterstützungsmöglichkeit junger Erwachsener wird durch die Vorschrift gestärkt.

Leistungsberechtigt sind die jungen Volljährigen selbst. Sie treten in der Systematik der Hilfe zur Erziehung nach § 27 ff SGB VIII. gemäß Abs. 2 an die Stelle der Personensorgeberechtigten, des Kindes oder des Jugendlichen. Die Neuregelung durch das **KJSG** ersetzt die alte „Soll"-Vorschrift und begründet damit einen – bei Vorliegen der Voraussetzungen – ausnahmefreien **Rechtsanspruch** auf Hilfe. Damit sind auch alle Tendenzen der Vergangenheit, Bewilligungen für junge Volljährige von finanziellen Budgetgrenzen abhängig zu machen, beendet.[5] In der Praxis führten finanzielle Restriktionen bei Hilfen für junge Volljährige in der Vergangenheit eher zu wenigen Gewährungen oder unzulässigen zeitlichen Befristungen, sodass junge Volljährige in vielen Fällen erst durch die Anrufung der Verwaltungsgerichte zu ihrem Recht gekommen sind.[6] Der Rechtsanspruch auf Hilfe zur Erziehung muss jetzt in die Praxis umgesetzt werden. Das erfordert auch, dass die Jugendämter künftig personell so ausgestattet sind, dass sie die aus dem Rechtsanspruch resultierenden Anforderungen bewältigen können..

4 Da es sich bei Abs. 1 Satz 2 um einen **Regelanspruch** handelt, darf bei vorliegenden Kriterien gemäß § 27 SGB VIII eine Hilfe durch den öffentlichen Träger der Jugendhilfe nicht unterbleiben. Für die Bewilligung einer Hilfe für junge Volljährige müssen die **Kriterien des § 27 Abs. 1 SGB VIII** erfüllt sein. Für die **Ausgestaltung der Hilfe** gelten dann die Maßgaben des § 27 Absatz 3 und 4 sowie die §§ 28 bis 30, 33 bis 36, 39 und 40 SGB VIII. Damit ist die Ausgestaltung aber gleichzeitig auch begrenzt auf diese Vorschriften und lässt keine Öffnung für sonstige **bedarfsgerechte Hilfen im Einzelfall** zu.

Hilfe für junge Volljährige wird „in der Regel" nur bis zur Vollendung des **21. Lebensjahres** gewährt, soll aber gemäß § 41 Abs. 1 Satz 2 SGB VIII **„in begründeten Einzelfällen"**, das heißt immer, wenn die Voraussetzungen gegeben sind, darüber hinaus fortgesetzt werden. Damit handelt es sich um die **Weiterführung einer Hilfe**, keine Neugewährung, deren Ausgestaltung jedoch variieren kann.[7]

2 *Wiesner*, in Wabnitz 2004, 117.
3 *Krug/Riehle*, SGB VIII, Rn. 84.
4 Münder/*Wiesner* 2015 § 41 RN 11; GK-SGB VIII/*Nüsken*, § 41 Rn. 1–5.
5 Münder/Trenczek 2015, 184.FK-SGB VIII/*Tammen*, § 24 Rn. 2.
6 *Fieseler/Herborth* 2010, 365 f. mit zahlreichen Nachweisen; FK-SGB VIII/*Tammen*, § 41 Rn. 25.
7 FK-SGB VIII/*Tammen*, § 24 Rn. 99. Wiesner/Wapler/*Gallep*, § 37 SGB VIII Rn. 26.

Ein **begründeter Einzelfall** liegt immer dann vor, wenn ein Abbruch der Hilfe den individuellen Prozess der Persönlichkeitsentwicklung und Verselbstständigung zurückwerfen oder gefährden würde. Dies ist z.B. dann möglich, wenn schulische oder andere Ausbildungen, aber auch pädagogische/therapeutische Prozesse noch nicht abgeschlossen sind und eine Beendigung die Ergebnisse gefährden würde. Hilfe für junge Volljährige ist jedoch nicht auf einen konkreten Entwicklungsabschluss, das möglicherweise „anzustrebende Optimum", gerichtet, sondern bezieht sich auf einen Fortschritt oder Förderung im Entwicklungsprozess.[8]

Hilfe für junge Volljährige ist unabhängig davon zu gewähren, ob bereits zuvor eine Hilfe zur Erziehung geleistet worden ist. Somit können die jungen Erwachsenen bis zum 21. Lebensjahr jederzeit einen Antrag auf Hilfe stellen. Auch die **Rückkehr in das Hilfesystem** ist nach einer Beendigung einer vorherigen Hilfe durch die Neufassung von Abs. 1 Satz 3 regelhaft möglich. Auch diese Änderung stellt die bisherige Praxis in Frage und schafft für die jungen Volljährigen Sicherheit. Denn gerade in dieser Altersgruppe und der Zielgruppe ist der Drang nach „Freiheit und Selbstbestimmtheit" mit dem Erreichen des 18. Lebensjahrs vielfach groß und sorgt für die Beendigung vieler Hilfen, ohne die Gewähr, bei auftretenden Schwierigkeiten wieder Hilfe in Anspruch nehmen zu können.

Gegenüber **Leistungen der Sozialhilfe** sind Hilfen nach § 41 SGB VIII gemäß § 10 Abs. 4 5
Satz 1 SGB VIII vorrangig. Dies gilt auch gegenüber der Hilfe zur Überwindung besonderer sozialer Schwierigkeiten.[9] Die Schwierigkeiten bei der Zuordnung der Leistungsberechtigten zum jeweiligen Hilfesystem[10] wirken sich nachteilig für die leistungsberechtigten Personen, aber auch für die Leistungserbringer und die Leistungsträger aus. So kommt es häufig zur Verweigerung oder Verzögerung von Leistungen und verzögernden Aussagen wie: „Dafür sind wir nicht zuständig".[11]

Abs. 3 greift diese Thematik auf und regelt die **Pflicht** des öffentlichen Trägers, ab einem Jahr nach dem letzten Hilfeplan **zu prüfen**, ob der junge Erwachsene einen weiteren Hilfebedarf in Bezug zu **anderen Sozialleistungsträgern** hat. Diese Pflicht ist bei den anderen Sozialleistungsträgern im SGB II oder SGB IX nicht verankert und schafft damit eine besondere Pflicht für die öffentlichen Träger der Jugendhilfe. Zur Gestaltung des Übergangs ist nur dieser verpflichtet. Das erfordert ein neues rechtkreisübergreifendes Zusammenwirken der verschiedenen ausführenden Akteure. Eine ähnliche Verpflichtung in den anderen Sozialgesetzbüchern wäre hier hilfreich.

C. Careleaver

In den letzten Jahren haben sich Fachdebatten verstärkt mit **Careleavern** auseinanderge- 6
setzt. Dies sind junge Menschen, die einen Teil ihres Lebens in öffentlicher Erziehung verbracht haben und sich im Übergang zu einem eigenständigen Leben befinden. Gerade diese jungen Menschen verfügten daher vielfach über eingeschränkte oder weniger stabile soziale Netzwerke und geringe materielle Ressourcen. Viele von ihnen sind ein Teil der Zielgruppe für die §§ 41 und 41a SGB VIII. Deswegen sind an dieser Stelle ihre Forderungen aufgeführt, von denen einige in der Reform des SBG VIII, z.B. die Einführung des § 9a SGB VIII oder auch die Änderungen der §§ 36, 41 und 41a SGB VIII, aufgegriffen wurden.

Ein Positionspapier der Internationalen Gesellschaft für erzieherische Hilfen e.V (IGfH) und des Instituts für Sozial- und Organisationspädagogik Universität Hildesheim stellt dazu fünf

8 Wiesner 201*Wiesner*, 2015, § 41 SGB VIII RN 23.
9 § 67 Satz 2 SGB XII; dazu LPK-SGB VIII/*Kunkel/Kepert*, § 41 Rn. 28.
10 SGB VIII, SGB XII, SGB II oder SGB III.
11 IGfH 2014, 12.

zentrale Forderungen auf, deren Umsetzung die Lebenssituation der jungen Menschen im Übergang, für die die Gesellschaft eine besondere Verantwortung trägt, nachhaltig verbessern würde.[12]

2016 veröffentlichte das Careleaver Kompetenznetz[13] ergänzend dazu 16 Handlungsempfehlungen:

„1. **Beteiligung von Kindern und Jugendlichen** in Einrichtungen und Pflegefamilien stärken und Kinderrechte vermitteln.
ZIEL: Kinder und Jugendliche lernen frühzeitig, dass sie ihre Jugendhilfemaßnahme mitgestalten können und dass es sich lohnt, sich zu beteiligen. Es ist sichergestellt, dass Kinder und Jugendliche sowohl ihre Rechte als auch die internen und externen Beschwerdemöglichkeiten kennen und sich trauen, diese zu nutzen.

2. Durch **Fort- und Weiterbildungsangebote für Fachkräfte** einen hohen fachlichen Standard beim Verfassen von Trägerberichten/Entwicklungsberichten/Stellungnahmen gewährleisten.
ZIEL: Die inhaltliche Nachvollziehbarkeit der fachlichen Argumentation, z.B. bei der (Weiter-)Beantragung von Hilfen, ist für die MitarbeiterInnen aller Hierarchieebenen, die beim Kostenträger mit der Fallbearbeitung und Hilfegewährung beschäftigt sind, gegeben.

3. Anträge auf die (Weiter-)Bewilligung von Hilfen grundsätzlich schriftlich stellen.
ZIEL: Erhöhte **Rechtssicherheit und juristische Überprüfbarkeit**. Ein schriftlicher Antrag ist ein klar erkennbarer Verwaltungsakt, auf den in einem festgelegten Zeitraum mit einem schriftlichen Bescheid reagiert werden muss. Gegen einen Bescheid kann innerhalb einer Frist Widerspruch eingelegt werden.

4. Junge Menschen mit eigenem Arbeitseinkommen über die Möglichkeit beraten, dass sie einen Antrag auf Befreiung/Reduzierung der 75%-Kostenheranziehung (sog. „Heimkostenbeteiligung") stellen können.
ZIEL: Junge Menschen werden zusätzlich zum Arbeiten motiviert. Ihnen wird während der Jugendhilfezeit das Sparen (z.B. für Kaution, Führerschein, eigene Wohnung) ermöglicht.

5. In den Hilfeplangesprächen auf **realistische Zielvereinbarungen** für alle Beteiligten achten.
ZIEL: Aufträge daraufhin überprüfen, ob sie mit den vorhandenen Ressourcen zu erfüllen sind. Die Überforderung von jungen Menschen durch überfrachtete Hilfepläne vermeiden. Zu viel ehrenamtliche statt finanziert durchgeführte Mehrarbeit von sozialpädagogischen Fachkräften vermeiden.

6. Gute Kontakte zu Wohnungsbaugesellschaften und Hausverwaltungen aufbauen und pflegen.
ZIEL: Careleaver bei der **Wohnungssuche** mit Kontakten und Kooperationsvereinbarungen unterstützen, um ihre schlechte Position auf dem Wohnungsmarkt zu verbessern.

7. Das (politische) Problem der Knappheit bezahlbaren Wohnraums benennen und Veränderung einfordern.
ZIEL: Alternative Ideen von freien Trägern zur Milderung des Wohnproblems nutzen und unterstützen (z.B. Wohnführerschein Jugendhilfe; Forderung der Einführung eines geschützten Marktsegments für Careleaver), ohne die politische Dimension des Wohnungsproblems zu übersehen.

12 Jugendhilfe – und dann? Careleaver haben Rechte! Forderungen an Politik und Fachpraxis).
13 https://www.careleaver-kompetenznetz.de/index.php?article_id=4 (14.7.2022)

8. Careleavern, die junge Geflüchtete sind, das Jugendhilfesystem und ihre Rechte erklären.
ZIEL: Den jungen Geflüchteten Integration und gesellschaftliche Teilhabe ermöglichen. Eine Entlassung in eine Sammelunterkunft ist für Careleaver niemals eine gelungene Verselbstständigung.

9. Zum **Jugendhilfeende klare Vereinbarungen mit den künftigen Kostenträgern** treffen.
ZIEL: Für Careleaver dürfen an den Schnittstellen keine Finanzierungslücken entstehen. Die Nachhaltigkeit der vorher geleisteten Hilfe darf nicht durch einen unsicheren Übergang gefährdet werden.

10. Zum Auszug mit dem jungen Menschen einen Ordner mit den wichtigsten Unterlagen, Kontaktdaten und Anlaufstellen erstellen.
ZIEL: Careleavern in der oft etwas unübersichtlichen Situation des Übergangs Sicherheit und Struktur mit auf den Weg geben.

11. **Willkommenskultur in Konzepten** verankern und leben.
ZIEL: Careleaver, die in Jugendhilfeeinrichtungen und Pflegefamilien gelebt haben, sollten mit der Sicherheit ausziehen können, dass klar ist, an wen sie sich nach dem Jugendhilfeende wenden können, wenn sie Kontakte halten wollen, Gesprächsbedarf haben oder wenn sie in Not sind.

12. Formalisierte Nachsorge gewährleisten.
ZIEL: Schon vor dem Jugendhilfeende vereinbaren, ob und in welcher Weise der Kontakt fortbestehen soll bzw. ob und mit welchen Kontaktdaten Careleaver vom Jugendhilfeträger einbezogen und/oder eingeladen werden wollen. Freie und öffentliche Jugendhilfeträger entwickeln gemeinsam innovative Konzepte, wie diese Nachsorge finanziert werden kann, damit den Fachkräften tatsächlich Zeit und Mittel für Careleaver-Arbeit zur Verfügung stehen, ohne dass diese den gegenwärtig betreuten Jugendlichen entzogen werden müssen.

13. Pflegeeltern nach dem Jugendhilfeende nicht im Regen stehen lassen.
ZIEL: Pflegeeltern, die sich nach dem Ende des Pflegeverhältnisses weiterhin oder erneut um das ehemalige Pflegekind kümmern, tun dies nicht ehrenamtlich, sondern haben einen formal abgesicherten Anspruch auf Beratung und finanzielle Hilfe.

14. Careleaver-Netzwerke unterstützen und nutzen und/oder aufbauen.
ZIEL: Information und Beratung zum Themenbereich Leaving Care und zu gelingenden Übergängen als Careleaver, Fachkraft oder Pflegemutter/-vater nutzen und gemeinsam an der Verbesserung der Übergänge aus der Jugendhilfe in die Verselbstständigung arbeiten. Careleaver-Netzwerktreffen bieten Careleavern die Möglichkeit, andere Careleaver kennenzulernen, sich auszutauschen, zu vernetzen und sich zu engagieren.

15. In Kontakt bleiben: Careleaver und aktuelle/ehemalige MitarbeiterInnen zu Festen und anderen Veranstaltungen einladen
ZIEL: Gewachsene Beziehungen nicht abbrechen, wenn die Jugendhilfe/Zusammenarbeit endet. Nicht nur Careleaver, aktuelle und ehemalige sozialpädagogische Fachkräfte einladen, sondern z.B. auch Hauswirtschaftskräfte und Hausmeister, die für Jugendliche auch wichtige Bezugspersonen geworden sein können.

16. Careleaver-Expertise wertschätzen und einbinden.
ZIEL: Jugendhilfeleistungen nicht über die Köpfe der AdressatInnen hinweg weiterzuentwickeln, sondern Careleaver als „Erfahrungs-ExpertInnen“ wichtig zu nehmen und Careleaver in die Entwicklung neuer Konzepte einzubeziehen.“

Es sei der „restriktiven Auslegung des § 41" entgegenzuwirken, die Lobbyarbeit der Careleaver müsse politisch gefördert werden, bundesweit seien **Ombudsstellen** einzurichten und zu fördern, um das Recht auf Hilfe durchzusetzen. Auf der Ebene der kommunalen Infrastruktur sei ein niedrigschwelliges allgemeines Beratungsangebot für junge Menschen zwischen 16 und 25 Jahren bereitzuhalten. Deren Bildungsorientierung müsse stärker gefördert werden.

§ 41a
Nachbetreuung

(1) Junge Volljährige werden innerhalb eines angemessenen Zeitraums nach Beendigung der Hilfe bei der Verselbständigung im notwendigen Umfang und in einer für sie verständlichen, nachvollziehbaren und wahrnehmbaren Form beraten und unterstützt.

(2) [1]Der angemessene Zeitraum sowie der notwendige Umfang der Beratung und Unterstützung nach Beendigung der Hilfe sollen in dem Hilfeplan nach § 36 Absatz 2 Satz 2, der die Beendigung der Hilfe nach § 41 feststellt, dokumentiert und regelmäßig überprüft werden. [2]Hierzu soll der Träger der öffentlichen Jugendhilfe in regelmäßigen Abständen Kontakt zu dem jungen Volljährigen aufnehmen.

Übersicht Rn.

A. Allgemeines

§ 41a regelt die **Nachbetreuung** für junge Erwachsene nach Beendigung einer Hilfe. Diese war bisher in § 41 Abs. 3 SGB VIII verankert. § 41 Abs. 3 SGB VIII wird durch § 41a SGB VIII ersetzt. Die neue Regelung ist konkreter und verbindlicher als die alte. Nachbetreuung bekommt durch die Herauslösung aus § 41 SGB VIII einen deutlich formulierten eigenen Rahmen. 1

Junge Volljährige werden innerhalb eines angemessenen Zeitraums nach der Beendigung der Hilfe in einer **verständlichen, nachvollziehbaren und wahrnehmbaren Form** beraten und unterstützt. Die jungen Volljährigen werden vom Jugendamt in die Lage versetzt, mittels dieser Aufklärung, Beratung und Information, die primär auf ihre Bedarfe gerichtet ist, selbstbestimmt zu entscheiden. Der Begriff „wahrnehmbar" ist Konsequenz des inklusiven Ansatzes der Jugendhilfe. Es muss also gewährleistet sein, dass auch junge Volljährige mit Beeinträchtigungen entsprechend ihrer Fähigkeiten beteilgt werden und sich beteiligen können.

Im professionellen Selbstverständnis der beteiligten Fachkräfte sollte dies ohnehin einen fachlichen Standard darstellen. Hilfe für junge Volljährige kann nur dann wirksam werden, wenn sie mit den jungen Menschen und nicht gegen sie geplant wird. Die Prämissen **verständlich, nachvollziehbar und wahrnehmbar** professionell mit Inhalt zu füllen, ist auch bisher eine der Grundaufgaben von Hilfe zur Erziehung. Durch die Schwerpunktsetzung im SGB VIII auch an dieser Stelle wird die Notwendigkeit sich damit reflexiv auseinanderzusetzen nochmal gestärkt. Diesem Anspruch gerecht zu werden bedeutet eine kontinuierliche Reflexionsschleifen in den Verfahren zum Hilfeplan zu schaffen. Diese können z.B. über Befragungen der Leistungsberechtigten entsprechende Rückmeldungen ermöglichen. Die Ergebnisse werden dann in entsprechend angepasste Vorgehensweisen übertragen werden. Vgl. zu diesen Begriffen die Kommentierung zu§ 8 Abs. 4 SGB VIII, Rn. 37.

B. Einzelheiten

2 § 41a Abs 1 SGB VIII legt fest, dass **junge Volljährige** nach einer Beendigung einer Hilfe **beraten** und **unterstützt** werden müssen.[1] D.h., an dieser Stelle gibt es keinen Spielraum, sondern junge Erwachsene haben hierauf einen **Rechtsanspruch**[2]. Mit diesem werden auch Forderungen der Careleaver eingelöst, wie sie im Careleaver-Netzwerk formuliert sind (vgl. § 41 Rn. 6). Mit dem Recht auf Unterstützung in Verbindung mit der Rückkehroption aus § 41 Abs 1 Satz 3 SGB VIII wird die Rechtsposition der jungen Volljährigen deutlich gestärkt. § 41a SGB VIII Abs. 2 regelt den Rahmen für die **Beratung und Unterstützung**. Schon am Ende einer Hilfe soll im letzten Hilfeplan geregelt werden, wann und in welcher Form das Jugendamt wieder Kontakt zu den jungen Volljährigen aufnimmt. Dies muss auch unabhängig davon geschehen, ob die Hilfe **regulär** nach Erreichen der Hilfeplanziele **beendet wird oder nicht**. Es ist auch unabhängig davon, ob die jungen Volljährigen einen weiteren Bedarf formulieren oder zunächst aus dem System der Hilfe zur Erziehung aussteigen möchten. Der öffentliche Träger hat den Kontakt zu den jungen Volljährigen eigenständig zu suchen.

3 Die Regelung lässt allerdings offen, was unter „**regelmäßig**" zu verstehen ist. Hier bleibt zu beobachten, ob die bestehenden Personalengpässe und der Fachkräftemangel diesen Rechtsanspruch ins Leere laufen lassen. Schon jetzt sind Jugendämter mit dem stetig wachsenden Aufgabenspektrum vielfach an den Grenzen des Leistbaren. Der Anspruch des § 41a SGB VIII bedeutetet ein weiteres neues Aufgabenfeld für die dortigen Mitarbeiter. Da sie die Kontaktaufnahme zu den jungen Volljährigen aktiv verfolgen müssen, ist zu erwarten, dass dafür erhebliche zeitliche Ressourcen benötigt werden, die sich in den jetzigen **Personalbemessungen** noch nicht wiederfinden können. Es werden somit weitere Fachkräfte benötigt, um diese Aufgabe ernsthaft erfüllen zu können. Da schon jetzt Fachkräfte fehlen, bleibt offen, woher die für diese Aufgabe benötigten Fachkräfte kommen sollen.
Es bleibt eine Aufgabe der Fachöffentlichkeit und insbesondere der Jugendhilfeplanung, die Entwicklung zu beobachten und regional für eine entsprechende Infrastruktur zu sorgen.

---

1 https://www.careleaver.de/wp-content/uploads/2022/04/Kriterien-zur-Verselbstaendigung.pdf; https://www.careleaver.de/wp-content/uploads/2022/04/Handlungsleitfaden%C2%A741a.pdf Zugriff: 26.04.2022 16:22.

2 Wiesner/Wapler/*Gallep*, § 41a SGB VIII Rn. 8.

Drittes Kapitel
Andere Aufgaben der Jugendhilfe

Erster Abschnitt
Vorläufige Maßnahmen zum Schutz von Kindern und Jugendlichen

§ 42
Inobhutnahme von Kindern und Jugendlichen

(1) [1]Das Jugendamt ist berechtigt und verpflichtet, ein Kind oder einen Jugendlichen in seine Obhut zu nehmen, wenn

1. das Kind oder der Jugendliche um Obhut bittet oder

2. eine dringende Gefahr für das Wohl des Kindes oder des Jugendlichen die Inobhutnahme erfordert und

a) die Personensorgeberechtigten nicht widersprechen oder

b) eine familiengerichtliche Entscheidung nicht rechtzeitig eingeholt werden kann oder

3. ein ausländisches Kind oder ein ausländischer Jugendlicher unbegleitet nach Deutschland kommt und sich weder Personensorge- noch Erziehungsberechtigte im Inland aufhalten.

[2]Die Inobhutnahme umfasst die Befugnis, ein Kind oder einen Jugendlichen bei einer geeigneten Person, in einer geeigneten Einrichtung oder in einer sonstigen Wohnform vorläufig unterzubringen; im Fall von Satz 1 Nummer 2 auch ein Kind oder einen Jugendlichen von einer anderen Person wegzunehmen.

(2) [1]Das Jugendamt hat während der Inobhutnahme die Situation, die zur Inobhutnahme geführt hat, zusammen mit dem Kind oder dem Jugendlichen zu klären und Möglichkeiten der Hilfe und Unterstützung aufzuzeigen. [2]Dem Kind oder dem Jugendlichen ist unverzüglich Gelegenheit zu geben, eine Person seines Vertrauens zu benachrichtigen. [3]Das Jugendamt hat während der Inobhutnahme für das Wohl des Kindes oder des Jugendlichen zu sorgen und dabei den notwendigen Unterhalt und die Krankenhilfe sicherzustellen; § 39 Absatz 4 Satz 2 gilt entsprechend. [4]Das Jugendamt ist während der Inobhutnahme berechtigt, alle Rechtshandlungen vorzunehmen, die zum Wohl des Kindes oder Jugendlichen notwendig sind; der mutmaßliche Wille der Personensorge- oder der Erziehungsberechtigten ist dabei angemessen zu berücksichtigen. [5]Im Fall des Absatzes 1 Satz 1 Nummer 3 gehört zu den Rechtshandlungen nach Satz 4, zu denen das Jugendamt verpflichtet ist, insbesondere die unverzügliche Stellung eines Asylantrags für das Kind oder den Jugendlichen in Fällen, in denen Tatsachen die Annahme rechtfertigen, dass das Kind oder der Jugendliche internationalen Schutz im Sinne des § 1 Absatz 1 Nummer 2 des Asylgesetzes benötigt; dabei ist das Kind oder der Jugendliche zu beteiligen.

(3) [1]Das Jugendamt hat im Fall des Absatzes 1 Satz 1 Nummer 1 und 2 die Personensorge- oder Erziehungsberechtigten unverzüglich von der Inobhutnahme zu unterrichten und mit ihnen das Gefährdungsrisiko abzuschätzen. [2]Widersprechen die Personensorge- oder Erziehungsberechtigten der Inobhutnahme, so hat das Jugendamt unverzüglich

1. das Kind oder den Jugendlichen den Personensorge- oder Erziehungsberechtigten zu übergeben, sofern nach der Einschätzung des Jugendamts eine Gefährdung des Kindeswohls nicht besteht oder die Personensorge- oder Erziehungsberechtigten bereit und in der Lage sind, die Gefährdung abzuwenden oder

2. eine Entscheidung des Familiengerichts über die erforderlichen Maßnahmen zum Wohl des Kindes oder des Jugendlichen herbeizuführen.

[3]Sind die Personensorge- oder Erziehungsberechtigten nicht erreichbar, so gilt Satz 2 Nummer 2 entsprechend. [4]Im Fall des Absatzes 1 Satz 1 Nummer 3 ist unverzüglich die Bestellung eines Vormunds

oder Pflegers zu veranlassen. [5]Widersprechen die Personensorgeberechtigten der Inobhutnahme nicht, so ist unverzüglich ein Hilfeplanverfahren zur Gewährung einer Hilfe einzuleiten.

(4) Die Inobhutnahme endet mit

1. der Übergabe des Kindes oder Jugendlichen an die Personensorge- oder Erziehungsberechtigten,

2. der Entscheidung über die Gewährung von Hilfen nach dem Sozialgesetzbuch.

(5) [1]Freiheitsentziehende Maßnahmen im Rahmen der Inobhutnahme sind nur zulässig, wenn und soweit sie erforderlich sind, um eine Gefahr für Leib oder Leben des Kindes oder des Jugendlichen oder eine Gefahr für Leib oder Leben Dritter abzuwenden. [2]Die Freiheitsentziehung ist ohne gerichtliche Entscheidung spätestens mit Ablauf des Tages nach ihrem Beginn zu beenden.

(6) Ist bei der Inobhutnahme die Anwendung unmittelbaren Zwangs erforderlich, so sind die dazu befugten Stellen hinzuzuziehen.

Übersicht Rn.

A. Allgemeines

I. Tatsächliche Relevanz der Inobhutnahme

Nach einer Pressemitteilung des Statistischen Bundesamtes vom 24. Juni 2021 wurden im Jahr **2020** in der Bundesrepublik **insgesamt 45 444 Minderjährige** von den Jugendämtern in Obhut genommen. Das stellte gegenüber 2019 einen Rückgang um 8 % oder rund 4.100 Fälle dar. Dabei erfolgten ca. zwei Drittel (67 %) dieser Inobhutnahmen wegen einer dringenden Kindeswohlgefährdung, 17 % aufgrund einer unbegleiteten Einreise aus dem Ausland und weitere 17 % auf Bitte der betroffenen Minderjährigen. Ein Drittel (33 %) aller 2020 in Obhut genommenen Jungen und Mädchen war jünger als 12 Jahre, jedes zehnte Kind (11 %) sogar jünger als 3 Jahre. 1

Seit dem Jahr 2017 werden Schutzmaßnahmen in der Statistik differenziert nach vorläufigen Inobhutnahmen (§ 42a SGB VIII) und regulären Inobhutnahmen erfasst (§ 42 Absatz 1 Nummer 3 SGB VIII). Die Ergebnisse enthalten daher Doppelzählungen von Minderjährigen, die innerhalb eines Berichtsjahres zunächst vorläufig und später – i.d.R. nach einer Verteilung an ein anderes Jugendamt – regulär in Obhut genommen wurden. Im Jahr 2020 haben die Jugendämter knapp 4 600 vorläufige und rund 3 000 reguläre Inobhutnahmen nach unbegleiteter Einreise durchgeführt.[1]

1 Vgl. zu diesen Angaben Statistisches Bundesamt, https://www.destatis.de/DE/Presse/Pressemitteilungen/2021/06/PD21_295_225.html (15.3.2022). Dort finden sich auch Verlinkungen zu weiteren detaillierten statistischen Angaben. Vgl. zu statistischen Daten der Inobhutnahme ferner *J. Kepert/Feist-Ortmanns/Macsenaere*, in: J. Kepert u.a., Praxishandbuch Kinderschutz, 140 ff.

II. Rechtliche Qualität der Inobhutnahme

2 **Gesetzessystematisch** handelt es sich bei der Inobhutnahme gemäß § 2 Abs. 3 Nr. 1 SGB VIII um eine **andere Aufgabe** der Jugendhilfe. Daran ändert sich auch dadurch nichts, dass mit der Inobhutnahme zahlreiche Sozialleistungen verbunden sind oder verbunden sein können.[2]

3 **Materiell** stellt sie eine **vorläufige, zeitlich begrenzte Krisenintervention** zum **Schutz** von Kindern und Jugendlichen in **Eil- und Notfällen** dar.[3] Sie umfasst eine Reihe von sozialpädagogischen und materiellen **Hilfen**, aber auch **Eingriffsbefugnisse** des Jugendamts sowohl gegenüber den Eltern als auch gegenüber den in Obhut genommenen Kindern und Jugendlichen und ist in diesem Sinne deshalb auch „**Eingriffsverwaltung**". Dem Jugendamt fallen darüber hinaus während der Inobhutnahme **weitere Aufgaben**, etwa die Unterbringung, Versorgung und Betreuung sowie die rechtliche Vertretung der betroffenen Minderjährigen, zu. Zu Recht wird daher gesagt, dass § 42 SGB VIII „Leistungs- und Eingriffsaspekte vereinigt".[4] Die Inobhutnahme ist *eine* Konkretisierung des in Art. 6 Abs. 2 Satz 2 GG normierten und in § 1 Abs. 3 Nr. 3 SGB VIII ausformulierten **Schutzauftrags** der staatlichen Gemeinschaft.

Die Vorschrift steht in systematischem Zusammenhang mit § 8a SGB VIII und insbesondere mit dessen Abs. 2. Nach Abs. 2 Satz 1 hat das Jugendamt das Familiengericht anzurufen, wenn es dessen Tätigwerden für erforderlich hält oder die Erziehungsberechtigten nicht bereit oder in der Lage sind, bei der Abschätzung des Gefährdungsrisikos mitzuwirken. „Besteht eine dringende Gefahr und kann die Entscheidung nicht abgewartet werden", heißt es sodann in Satz 2 weiter, „so ist das Jugendamt verpflichtet, das Kind oder den Jugendlichen in Obhut zu nehmen".

III. Entstehungsgeschichte und Rechtsänderungen

4 Mit § 42 SGB VIII wurde seinerzeit erstmals eine bundeseinheitliche Regelung der zuvor nur landesrechtlich und voneinander abweichend normierten Materie vorgenommen.[5] Die Vorschrift wollte die Tätigkeit von Jugendschutzstellen, Aufnahmeheimen, Kinder- und Jugendnotdiensten und Bereitschaftspflegestellen auf eine hinreichend sichere Rechtsgrundlage stellen und darüber hinaus den sozialpädagogischen Anspruch ihrer Arbeit hervorheben. Die Inobhutnahme von Kindern und Jugendlichen sollte nicht länger als Einschließen, als sicheres Verwahren, sondern als sozialpädagogisches Hilfeangebot im Sinne einer Krisenintervention verstanden werden.[6]

Durch das **KICK** wurden die bis dahin in den §§ 42 und 43 SGB VIII geregelten vorläufigen Maßnahmen zum Schutz von Kindern und Jugendlichen systematisch neu geordnet und in der Vorschrift des § 42 SGB VIII zusammengefasst. Eine geringfügige Änderung erfolgte durch das **BKiSchG**, mit dem Abs. 2 Satz 3 letzter Hs. eingefügt wurde. Eine gleichsam mittelbare Rechtsänderung nahm das **UMG** in zweifacher Weise vor. Zum einen wurde § 42f SGB VIII eingefügt, der nunmehr bundeseinheitlich auch für die Inobhutnahme nach § 42 SGB VIII verbindliche Vorgaben für die Altersfeststellung enthält. Zum anderen hat § 42

---

2 Vgl. BVerwG, Urt. v. 21.10.2015, 5 C 21.14, JAmt 2016, 276; BVerwG, Urt. v. 24.6.1999, 5 C 24.98, NVwZ 2000, 325.
3 So die herrschende, allenfalls in Nuancen abweichende Auffassung. Vgl. etwa Wiesner/Wapler/*Dürbeck*, § 42 SGB VIII Rn. 1; LPK-SGB VIII/*Kepert*, § 42 Rn. 1 f.
4 So Wiesner/Wapler/*Dürbeck*, § 42 SGB VIII Rn. 4, dem zustimmend LPK-SGB VIII/*Kepert*, § 42 Rn. 16.
5 Vgl. dazu die Gesetzesbegründung zum KJHG, BT-Drs. 11/5948, 79.
6 BT-Drs. 11/5948, 79; die ausschließliche Betonung des sozialpädagogischen Anspruchs ist dem Umstand geschuldet, dass Eingriffsbefugnisse nicht in § 41, sondern in § 42 des Entwurfs geregelt waren.

SGB VIII durch die Einführung des Instituts der **vorläufigen Inobhutnahme** als Interventionsmaßnahme einen nicht unerheblichen Bedeutungsverlust erlitten, soweit Inobhutnahmen nach Abs. 1 Satz 1 Nr. 3 in Rede stehen. Die Inobhutnahme nach dieser Vorschrift erfolgt in der Regel als Folgemaßnahme der vorläufigen Inobhutnahme nach §§ 42a ff. SGB VIII.

Das „Gesetz zur besseren Durchsetzung der Ausreisepflicht"[7] hat § 42 Abs. 2 Satz 5 SGB VIII in die Vorschrift eingefügt. Die letzte Änderung erfolgte durch das KJSG, das Abs. 2 und Abs. 3 ergänzt hat.

B. Einzelheiten

I. Abs. 1 – Inobhutnahme

1. Satz 1 – Voraussetzungen

Abs. 1 Satz. 1 normiert die **Voraussetzungen**, bei deren Vorliegen das Jugendamt **berechtigt** und **verpflichtet** ist, ein Kind oder einen Jugendlichen in seine Obhut zu nehmen. Ein wie auch immer geartetes Ermessen ist ihm also nicht eingeräumt. Ebenso wenig besteht hinsichtlich der sogleich zu erläuternden Voraussetzungen der Inobhutnahme ein Beurteilungsspielraum oder Ähnliches. Sie sind in vollem Umfang gerichtlich überprüfbar. Nur Kinder und Jugendliche dürfen in Obhut genommen werden. Bestehen **Zweifel an der Minderjährigkeit**, ist eine Altersfeststellung nach den Vorgaben des durch das UMG eingefügten § 42f SGB VIII durch das Jugendamt vorzunehmen (vgl. die dortigen Erläuterungen). 5

a) Satz 1 Nr. 1 – Inobhutnahme bei Selbstmeldung

Eine Inobhutnahme hat gemäß Nr. 1 zu erfolgen, wenn ein Kind oder eine Jugendliche oder ein Jugendlicher um Obhut bittet. Die (ernsthafte) Bitte eines sog. **Selbstmelders** ist einzige Tatbestandsvoraussetzung für die Verpflichtung des Jugendamtes, die Inobhutnahme vorzunehmen. Schon das in einer solchen Bitte zum Ausdruck kommende **subjektive Schutzbedürfnis** löst die Pflicht der Behörde zum Handeln aus, **ohne dass** es einer **Begründung** der Bitte durch das Kind oder den Jugendlichen oder einer Vorprüfung der Situation durch das Jugendamt **bedarf**. Nur so kann das mit der Regelung verfolgte Ziel, einen effektiven und unkomplizierten Schutz des Kindes oder Jugendlichen in Konfliktsituationen zu gewährleisten, erreicht werden.[8] Erst recht sind weitergehende Prüfungen durch das Jugendamt weder angezeigt noch zulässig. Eine **Gegenansicht** hält eine Prüfung, ob tatsächlich ein subjektives Schutzbedürfnis vorliegt, für notwendig, weil bei anderer Auslegung die Vorschrift sich als das Elternrecht verletzend und damit verfassungswidrig darstelle.[9] Dem ist **nicht zu folgen**. Das in der Bitte zum Ausdruck kommende Schutzbedürfnis ist ausreichende Grundlage für die Inobhutnahme, in deren Verlauf der Schutzbedarf sowie die zu treffenden Maßnahmen geklärt werden. Mit der Pflicht des Jugendamts, den mutmaßlichen Willen der Personensorge- oder der Erziehungsberechtigten angemessen zu berücksichtigen (Abs. 2 Satz 4 letzter Hs.) sowie der Pflicht zu deren unverzüglicher Unterrichtung (Abs. 3 Satz 1) sind ausreichende verfahrensrechtliche Sicherungen vorhanden.[10] 6

Die Bitte i.S.d. Abs. 1 Satz 1 Nr. 1 ist **keine rechtsgeschäftliche Willenserklärung**. Deshalb setzt sie weder die Geschäftsfähigkeit des oder der Minderjährigen voraus noch bedarf

7 Vom 20.7.2017, BGBl. I S. 2780, in Kraft getreten am 29.7.2017.
8 Vgl. OVG Niedersachsen, Beschl. v. 18.9.2009, 4 LA 706/07, FamRZ 2010, 769.
9 LPK-SGB VIII/*Kepert*, § 42 Rn. 20.
10 Im Ergebnis wie hier Wiesner/Wapler/*Dürbeck*, § 42 SGB VIII Rn. 8.

sie der Einwilligung oder nachträglichen Genehmigung durch die Personensorgeberechtigten. Gefordert wird aber die Fähigkeit, einen sog. **natürlichen Willen** zu bilden und zu äußern.[11] Die Bitte um Inobhutnahme kann also auch von Minderjährigen mit einer (ggf. schweren geistigen) Beeinträchtigung geäußert werden.

7 Auch an die Form der Bitte um Schutz dürfen keine überhöhten Ansprüche gestellt werden. Es genügt, wenn sich aus den **mündlichen, schriftlichen oder sonstigen Äußerungen** des Kindes oder Jugendlichen der Wunsch nach Schutzgewährung ergibt oder sich erschließen lässt. Das Schutzbedürfnis kann sich aber auch aus dem **Verhalten** des oder der Minderjährigen, etwa der Weigerung, in den elterlichen Haushalt zurückzukehren, ergeben. Weigern sich die Eltern, das Kind oder die Jugendliche wieder bei sich aufzunehmen, kann dies zu einer Schutzgewährung nach Nr. 1 führen. Je nach den Umständen des Einzelfalls kommt aber auch eine Inobhutnahme nach Nr. 2 in Betracht.

8 Äußern **Eltern oder Elternteile** selbst den **Wunsch** nach Hilfe oder nach Aufnahme des Kindes in eine Einrichtung o.Ä., ist dies kein Anlass für eine Inobhutnahme nach Nr. 1. In Betracht kommt in diesen Fällen aber auf der Grundlage einer entsprechenden Gefährdungseinschätzung eine solche nach Nr. 2.

9 Ebenso wenig liegt ein Fall der Nr. 1 vor, wenn es um die Inobhutnahme **anonym zurückgelassener Säuglinge**, etwa in einer sog. **Babyklappe**[12], oder um die Inobhutnahme nach einer Geburt oder Behandlung im Krankenhaus geht. Hier wird die Inobhutnahme regelmäßig durch das medizinische Personal oder das Jugendamt selbst initiiert. Als Rechtsgrundlage kommt nur Satz 1 Nr. 2 in Betracht.

10 Liegen die Voraussetzungen des Abs. 1 Satz 1 Nr. 1 vor, ist das Jugendamt verpflichtet, das Kind oder den Jugendlichen oder die Jugendliche aufzunehmen. Das gilt auch dann, wenn der oder die Minderjährige sich weigert, seinen oder ihren Namen zu nennen; dann hat die Inobhutnahme anonym zu erfolgen. Es ist dann an den Fachkräften des Jugendamts, eine Vertrauensbeziehung zu dem oder der in Obhut Genommenen aufzubauen, die es diesen ermöglicht, ihre Identität preiszugeben.[13]

Der Minderjährige hat bei Vorliegen der Voraussetzungen einen **Rechtsanspruch** auf die Inobhutnahme. Die Schutzvorschrift des § 42 SGB VIII besteht nicht nur im öffentlichen Interesse, sondern ist auch dazu da, den individuellen Interessen des betroffenen Minderjährigen zu dienen. Der objektiv-rechtlichen Verpflichtung des Jugendamts entspricht ein subjektiv-öffentliches Recht auf Inobhutnahme und den damit verbundenen Schutz.[14]

b) Satz 1 Nr. 2 – Inobhutnahme wegen Kindeswohlgefährdung

11 Abs. 1 Satz 1 Nr. 2 betrifft – so eine gebräuchliche Formulierung[15] – die **Inobhutnahme „zugeführter" Kinder und Jugendlicher**. Diese Begrifflichkeit knüpft an eine Situation an, in der Minderjährige durch Dritte (etwa Polizei, Lehrer_innen, Verwandte, Nachbarn, Ärzte und Ärztinnen, Krankenhäuser) dem Jugendamt zugeführt werden, weil sie schutzlos und/oder nicht versorgt sind oder sich an jugendgefährdenden Orten (Prostitutions-, Drogenmilieu) aufhalten. Relevanter oder zumindest nicht minder relevant – weshalb der Begriff der Inobhutnahme nach Zuführung die von Nr. 2 geregelten Sachverhalte nicht vollständig erfasst – sind aber die Konstellationen, in denen Kinder oder Jugendliche nicht zugeführt, sondern vom Jugendamt **aufgegriffen** werden. Das kann im Rahmen von Streetwork in den oben genannten Gefährdungssituationen, es kann vor allem aber auch im Zuge der **Betreuung**

11 Vgl. Wiesner/Wapler/*Dürbeck*, § 42 SGB VIII Rn. 7.
12 Vgl. dazu das am 1.5.2014 in Kraft getretene Gesetz zum Ausbau der Hilfen für Schwangere und zur Regelung der vertraulichen Geburt vom 28.8.2013, BGBl. I S. 3458.
13 So Wiesner/Wapler/*Dürbeck*, § 42 SGB VIII Rn. 7a.
14 So jetzt auch LPK-SGB VIII/*Kepert*, § 42 Rn. 22 f.
15 Vgl. etwa MüKo/*Tillmanns*, § 42 SGB VIII Rn. 5; Wiesner/Wapler/*Dürbeck*, § 42 SGB VIII Rn. 10.

gefährdeter Kinder oder Jugendlicher in ihrer **Herkunfts-** oder einer **Pflegefamilie** und/oder deren Kontrolle, etwa im Rahmen eines Hausbesuchs, der Fall sein.[16]

Nach Abs. 1 Satz 1 Nr. 2 ist das Jugendamt **zur Inobhutnahme verpflichtet**, wenn 12

- eine dringende Gefahr für das Wohl des Kindes oder Jugendlichen dies erfordert **und**
- die Personensorgeberechtigten nicht widersprechen (Buchst. a) **oder**
- eine familiengerichtliche Entscheidung nicht rechtzeitig eingeholt werden kann (Buchst. b).

aa) Dringende Gefahr für das Kindeswohl

Erste Voraussetzung der Inobhutnahme ist danach eine **dringende Gefahr** für das Kindeswohl. Hinsichtlich der Gefährdung des Kindeswohls sind nach allgemeiner Auffassung die Maßstäbe des § 1666 BGB zugrunde zu legen.[17] Eine **Gefahr** für das Kindeswohl liegt in Übereinstimmung mit allgemeinen gefahrenabwehrrechtlichen Grundsätzen dann vor, wenn im Zeitpunkt der behördlichen Entscheidung im Rahmen der prognostischen Ex-ante-Betrachtung Umstände vorliegen, die bei ungehindertem Ablauf des zu erwartenden Geschehens den Eintritt des Schadens hinreichend wahrscheinlich erscheinen lassen.[18] Dabei sind an den erforderlichen Grad der Wahrscheinlichkeit umso geringere Anforderungen zu stellen, je hochwertiger die betroffenen Schutzgüter sind. Bei hochwertigen Schutzgütern kann daher bereits schon die entfernte Möglichkeit des Schadens für die Bejahung einer Gefahr genügen, was im Rahmen des Jugendhilferechts wegen des betroffenen Kindeswohls regelmäßig der Fall ist.[19] 13

Die Gefahr muss eine gegenwärtige und konkrete sein. Nicht ausreichend sind Umstände, die (nur) typischerweise zu einem Schaden führen, ohne Anknüpfungspunkte im vorliegenden Einzelfall zu haben. Nicht ausreichend ist auch die bloße Möglichkeit des Schadenseintritts.

Nach Nr. 2 setzt die Inobhutnahme allerdings eine **„dringende Gefahr"** voraus, ohne dass dieser Begriff im SGB VIII definiert wird. Auch das Polizei- und sonstige Gefahrenabwehrrecht kennt den Begriff der *dringenden* Gefahr, soweit ersichtlich, nicht; enthalten ist er aber in Art. 13 Abs. 7 GG. Welche Bedeutung dem Adjektiv „dringend" zukommt, ist in Literatur und Rechtsprechung umstritten. Die Aussagen bleiben häufig unscharf. Dass an die Wahrscheinlichkeit des Schadenseintritts aus Gründen der Verhältnismäßigkeit umso geringere Anforderungen zu stellen sind, je größer und folgenschwerer der möglicherweise eintretende Schaden ist,[20] ist kein Spezifikum der „dringenden" Gefahr, sondern ein Charakteristikum jeglicher Gefahrenprognose und der an diese zu stellenden Anforderungen. Auch der

16 Ohne an dieser Stelle eine empirische Fundierung vornehmen zu können, belegen bereits die gerichtlichen Auseinandersetzungen über die Zulässigkeit angeordneter Inobhutnahmen, dass das dominante Gefährdungspotenzial nicht bei sonstigen Dritten, sondern den Personensorge- bzw. Erziehungsberechtigten selbst und/oder deren Partner_innen liegt. Auch im Lockdown der Corona-Pandemie war das Ansteigen *häuslicher* Gewalt gegenüber Kindern und Jugendlichen zu beklagen.

17 Vgl. nur Wiesner/Wapler/*Dürbeck*, § 42 SGB VIII Rn. 11; LPK-SGB VIII/*Kepert*, § 42 Rn. 25, jeweils mit zahlreichen weiteren Nachweisen.

18 Vgl. Wiesner/Wapler/*Dürbeck*, § 42 SGB VIII Rn. 11a.

19 VG Hamburg, Beschl. v. 27.7.2020, 13 E 3104/20; OVG NW, Beschl. v. 31.10.2019, 12 B 448/19, juris; OVG NW, Beschl. v. 22.12.2017, 12 B 1553/17, NJW 2018, 1116; OVG NW, Beschl. v. 18.5.2017, 12 B 528/17, juris; OVG NW, Beschl. v. 13.11.2015, 12 A 1761/14JAmt 2016, 214; VG Stuttgart, Beschl. v. 14.12.2017, 7 K 18365/17, FamRZ 2018, 933; ständige Rechtsprechung des BGH, vgl. nur Beschl. v. 23.11.2016, XII ZB 149/16, ZKJ 2017, 108.

20 So etwa Wiesner/Wapler/*Dürbeck*, SGB VIII, § 42 Rn. 11a m.w.N. Gerade die Rechtsprechung des BGH zu § 1666 BGB ist hierfür ein probates Beispiel, vgl. BGH, Beschl. v. 30.11.2016, XII ZB 149/16, ZKJ 2017, 108, da diese Vorschrift gerade nur den Begriff der Gefahr, nicht aber den der dringenden Gefahr kennt.

grundsätzlich richtige Verweis auf den Gefahrenbegriff des § 1666 BGB führt nicht weiter, zumal dort lediglich von einer „Gefahr" die Rede ist.

Bereits bei Anwendung allgemeiner Auslegungsmethoden liegt auf der Hand, dass eine „dringende" Gefahr gegenüber der einfachen Gefahr eine Steigerung beinhaltet, also ein „Mehr" erfordert. Anders als es der Wortlaut nahelegt, misst die herrschende Auffassung der zeitlichen Dimension keine Bedeutung bei. Zu berücksichtigen seien sowohl das Ausmaß als auch die Wahrscheinlichkeit des zu erwartenden Schadens.[21] Da im Kontext der Inobhutnahme immer hochrangige Rechtsgüter, nämlich die körperliche, geistige und seelische Unversehrtheit von Kindern und Jugendlichen in Rede stehen, ist eine dringende Gefahr dann stets zu bejahen, wenn deren Verletzung unmittelbar und gegenwärtig droht oder bereits eingetreten ist und deshalb **umgehendes Eingreifen geboten** ist.

Die hinsichtlich der Gefahr für das Wohl des Kindes oder Jugendlichen anzustellende Prognose bedarf einer tatsachengestützten **Prognosebasis**. Als Anknüpfungstatsachen kommen insoweit neben den persönlichen und häuslichen Umständen das bisherige Verhalten der Personensorge- oder Erziehungsberechtigten gegenüber dem betroffenen Kind oder Jugendlichen oder anderen Kindern, die Bereitschaft zur Kooperation mit dem Jugendamt[22] oder Nichteinhalten von Absprachen[23] in Betracht.

14 Die dringende Gefahr für das Kindeswohl muss schließlich die **Inobhutnahme erfordern**. Sie ist **erforderlich**, wenn sie das mildeste Mittel zur Erreichung des angestrebten Ziels – hier die Abwendung der Kindeswohlgefährdung – darstellt. Als milderes Mittel kommt grundsätzlich der Verbleib des Kindes in der Obhut der Personensorgeberechtigten bei gleichzeitiger Unterstützung durch vom Jugendamt gewährte und von den Betroffenen angenommene Hilfen oder durch andere Personen aus dem persönlichen Umfeld wie der nicht personensorgeberechtigte Elternteil, Eltern, Geschwister oder sonstige Verwandte der Personensorgeberechtigten in Betracht.[24] Solche Umstände können die Nicht-Erforderlichkeit der Inobhutnahme allerdings nur dann tragen, wenn sie hinreichend verlässlich festgestellt sind. Bloße nicht verifizierbare Erklärungen und Beteuerungen der Sorgeberechtigten, die – nachvollziehbar – abgegeben werden, um die Inobhutnahme abzuwenden, sind **nicht ausreichend**.

bb) Kein Widersprechen der Personensorgeberechtigten

15 Weitere Voraussetzung der Inobhutnahme ist gemäß Abs. 1 Satz 1 Nr. 2 Buchst. a, dass die **Personensorgeberechtigten nicht widersprechen** (zum Rechtscharakter und den Folgen dieses „Widersprechens" vgl. sogleich sowie unten Rn. 40).

Das fehlende Widersprechen ist danach als Tatbestandsvoraussetzung für die Anordnung der Inobhutnahme formuliert. Da die Inobhutnahme zum Zeitpunkt des möglichen Widersprechens noch nicht existent ist, kann die Vorschrift nur dahin verstanden werden, dass die Personensorgeberechtigten der angekündigten oder in Aussicht gestellten Inobhutnahme nicht widersprechen.[25] Im Übrigen sagt das Gesetz auch nicht explizit, wem oder was die Personensorgeberechtigten nicht widersprechen dürfen.

Die Vorschrift fordert ausdrücklich ein **Widersprechen**. Zwar muss nicht der Begriff des Widersprechens oder des Widerspruchs verwendet werden, es muss aber hinreichend deutlich zum Ausdruck kommen, dass die Personensorgeberechtigten mit einer Inobhutnahme nicht

---

21 BeckOK Grundgesetz/*Kluckert/Fink*, 40. Ed. 15.2.2019, GG Art. 13 Rn. 28.
22 HessVGH, Urt. v. 8.9.2020, 10 A 82/19, Rn. 44, JAmt 2021, 43.
23 OVG NW, Beschl. v. 22.12.2017, 12 B 1553/17, NJW 2018, 1116.
24 Vgl. etwa den der Entscheidung des VG Cottbus vom 8.10.2021, 8 L 338/21 juris, zugrundeliegenden Sachverhalt.
25 So das VG München, Urt. v. 25.9.2013, M 18 K 12.1272, juris, das von einer „Vorabinformation" spricht.

einverstanden sind. Die bloße **stillschweigende Hinnahme** und **Duldung** der Inobhutnahme stellt kein solches Widersprechen dar.[26] Dies gilt umso mehr, als das Widersprechen darüber entscheidet, ob das Familiengericht angerufen werden muss.

Geben beide Elternteile, denen die elterliche Sorge gemeinsam zusteht, insoweit **unterschiedliche Erklärungen** ab, liegt kein Widersprechen vor, da es sich bei der Inobhutnahme um eine Angelegenheit von erheblicher Bedeutung handelt und eine Widersprechenserklärung deshalb nur gemeinsam abgegeben werden kann. Eine Entscheidung des Familiengerichts nach § 1628 BGB, mit der die Entscheidung einem Elternteil übertragen wird, herbeizuführen, ist weder Aufgabe des Jugendamtes noch hat es überhaupt die Möglichkeit dazu, da nur ein Elternteil antragsbefugt ist. Die **Inobhutnahme** ist in einem solchen Fall also **zulässig**.[27]

Das Vorstehende gilt auch dann, wenn Elternteile bei gemeinsamer Personensorge getrennt leben oder geschieden sind.

Das **Widersprechen** i.S.d. § 42 Abs. 1 Satz 1 Nr. 2 Buchst. a SGB VIII bedarf **keiner** besonderen **Form**, kann also mündlich oder in Gebärdensprache ebenso wie schriftlich geäußert werden. Es muss auch nicht der Begriff „widersprechen" verwendet werden, vielmehr genügt jede Formulierung, die zum Ausdruck bringt, dass man mit einer Inobhutnahme nicht einverstanden ist.

cc) Rechtzeitige Einholung einer familiengerichtlichen Entscheidung nicht möglich

Widersprechen die Personensorgeberechtigten im vorgenannten Sinne, ist die Inobhutnahme nur unter der Voraussetzung der Nr. 2 Buchst. b zulässig, dass nämlich eine **familiengerichtliche Entscheidung nicht** rechtzeitig **eingeholt** werden kann. **Maßgebend** ist dabei nicht die Anrufung, sondern das **voraussichtliche Ergehen der Entscheidung**. Die hat das Jugendamt zu prüfen und eine dahingehende Prognose anzustellen. Ist danach davon auszugehen, dass diese trotz unverzüglicher Anrufung des Familiengerichts nicht ergehen wird, bevor es zu (weiteren) Verletzungen des Kindeswohls kommt, hat das Jugendamt die Inobhutnahme des Kindes oder der Jugendlichen trotz des Widersprechens der Personensorgeberechtigten vorzunehmen. 16

Gerade dieses Merkmal wird von der Mehrheit der Rechtsprechung unter Sekundieren der Literatur in einer Weise ausgelegt, die geeignet ist, die Bedeutung der Inobhutnahme für den Kinderschutz zu minimieren.

So meint etwa das *OVG Mecklenburg-Vorpommern* ausgehend davon, dass die Inobhutnahme gegenüber familiengerichtlichen Entscheidungen nachrangig sei, die Inobhutnahme komme „nur in besonders gelagerten akuten Gefährdungssituationen in Betracht", die ein Abwarten der Entscheidung des Familiengerichts nicht erlaubten. Da Familiengerichte über einen gerichtlichen Bereitschaftsdienst verfügten und den Erlass einer einstweiligen Anordnung in Verfahren nach §§ 1666, 1666a BGB unverzüglich zu prüfen hätten, müsse vor der Inobhutnahme grundsätzlich versucht werden, eine Entscheidung des Familiengerichts einzuholen.[28] Etwas anderes gelte nur dann, wenn die Gefahr für das Kindeswohl so dringend ist, dass selbst die Kontaktaufnahme mit dem Familiengericht und die Klärung, bis wann mit einer Entscheidung zur rechnen ist, so lange dauert, dass die Gefahr nicht mehr rechtzeitig abgewendet werden könne.[29] Folglich hat das Jugendamt seine Aufmerksamkeit und seine

26 Ebenso LPK-SGB VIII/*Kepert*, § 42 Rn. 31.
27 A.A. ohne Begründung FK-SGB VIII/*Trenczek*, § 42 R. 45.
28 OVG Mecklenburg-Vorpommern, Beschl. v. 26.4.2018, 1 LZ 238/17, Rn. 10, ZKJ 2018, 394, unter Hinweis auf die Rechtsprechung des OVG Berlin-Brandenburg, Beschl. v. 28.3.2017, OVG 6 S 8.17, juris, sowie BayVGH, Beschl. v. 9.1.2017, 12 CS 16.2181, juris.
29 OVG Mecklenburg-Vorpommern, Beschl. v. 26.4.2018, 1 LZ 238/17, Rn. 10, ZKJ 2018, 394.

Bemühungen weniger auf den Schutz des betroffenen Kindes als auf die Kontaktaufnahme mit dem Familiengericht und die Klärung der zeitlichen Entscheidungsperspektive zu richten.

16a Zentraler Topos ist dabei die „**besonders gelagerte akute Gefährdungssituation**", der dem Gesetzeswortlaut fremd ist. Damit wird nicht nur ignoriert, dass die vom Gesetz allein verlangte „dringende Gefahr" bereits geprüft und bejaht wurde, bevor sich die Frage des Vorliegens der Voraussetzungen des Abs. 1 Satz 1 Nr. 2 überhaupt stellt. Die das Gefahrenmoment verkörpernde Tatbestandsvoraussetzung wird auch durch die Attribute „besonders gelagert" und „akut" in seinen Anforderungen begrifflich verschärft und erneut in die Frage der Rechtzeitigkeit der familiengerichtlichen Entscheidung hineingezogen.

Auf dieser Grundlage sieht sich die verwaltungsgerichtliche Rechtsprechung etwa dazu legitimiert, eine Inobhutnahme für unzulässig zu erklären, weil mangels einer solchen „besonders gelagerten akuten Gefahrensituation" eine auch erst Tage später ergangene oder mögliche Entscheidung des Familiengerichts noch als rechtzeitig anzusehen sei.[30]

Angesichts der in den genannten Entscheidungen zum Ausdruck kommenden Neigung der Verwaltungsgerichte, Gefährdungspotenziale und -faktoren zu ignorieren oder zu miniaturisieren, ist den Jugendämtern anzuraten, im Falle einer Inobhutnahme die Umstände, die zu dieser veranlasst haben, genauestens zu dokumentieren.

Nach VG Arnsberg soll trotz festgestellter dringender Gefahr für das Kindeswohl eine Inobhutnahme unzulässig sein, wenn aufgrund familiengerichtlichen Beschlusses eine **Amtspflegschaft** hinsichtlich der Ausübung des Aufenthaltsbestimmungsrechts besteht. In diesem Fall hätte sich das Jugendamt des Beklagten folglich darauf beschränken müssen, bei der Amtspflegerin die Durchführung einer Fremdunterbringung anzuregen. Diese sei nach der maßgeblichen familiengerichtlichen Entscheidung vorrangig berufen gewesen, über den zukünftigen Aufenthalt der Kinder zu entscheiden.[31]

Hinsichtlich der ansonsten behaupteten jederzeitigen Erreichbarkeit und Entscheidungsbereitschaft des Familiengerichts legt ein Beschluss des *OVG Nordrhein-Westfalen* einen gewis-

---

30 Zu den konkreten Ergebnissen dieser Rechtsprechung vgl. etwa VG München, Beschl. v. 21.12.2020, M 18 S 20.6711, ZKJ 2021, 124; VG Augsburg, Urt. v. 7.7.2020, Au 3 K 19.148, FamRZ 2020, 2007. Exemplarisch erscheint insoweit der Beschluss des VG Cottbus vom 8.10.2021, 8 L 338/2, online abrufbar unter https://gerichtsentscheidungen.brandenburg.de/gerichtsentscheidung/19444 (13.3.2022). Er stellt fest, dass eine akute Gefährdungssituation auch dann noch *nicht bestehe*, wenn die Mutter eines hypertrophen Neugeborenen mit einem Geburtsgewicht von 2.600 Gramm mit diesem die Geburtsklinik entgegen ärztlicher Empfehlung noch am Tag der Geburt wieder verlässt, was zwar „tatsächlich als risikovoll zu bewerten" sei, zumal sie für die Nachsorge auch über keine Hebamme verfügt habe und in Wohnverhältnisse zurückkehre, die sich, „namentlich die hygienischen Bedingungen, sicher als ungenügend" darstellten. Dass insoweit eine akute Krisensituation vorlag und das Neugeborene in einem die Inobhutnahme rechtfertigendem Maße gefährdet war, sei jedoch nicht ersichtlich. Weiter heißt es in der Entscheidung: „Soweit das Jugendamt des Antragsgegners bei dem zur Inobhutnahme führenden Hausbesuch am 30. September 2021 einen sehr unhygienischen Zustand der Wohnung festgestellt hat, heißt es in dem entsprechenden Vermerk, dass insbesondere die Küche mit ausschließlich dreckigem Geschirr und einem gefüllten Aschenbecher im Gesamtbild äußerst dreckig und keimig gewesen sei. Abgesehen davon, dass selbst besser organisierte Haushalte in den ersten Tagen nach der Geburt des ersten Kindes regelmäßig Einbußen in puncto Ordnung und Sauberkeit verzeichnen dürften, ist nicht ersichtlich, dass die sicher auch insoweit ganz und gar nicht optimalen Verhältnisse im Haushalt der Antragstellerin eine akute, sich krisenhaft zuspitzende Gefährdung für ihre Tochter darstellten. Insbesondere ist davon auszugehen, dass der Zustand der Küche ein Neugeborenes nicht sonderlich tangiert. Das einzig belastbare Moment in diesem Zusammenhang stellt vielmehr ein Milchfläschchen dar, das direkt neben dem Katzenfutter auf dem Fußboden gestanden habe. Abgesehen davon, dass es leer war und seitens des Jugendamtes keine näheren Feststellungen getroffen wurden, dass es etwa ungereinigt zur weiteren Versorgung des Kindes benutzt würde – die Antragstellerin hat hierzu erklärt, dass es sich um ein Wegwerffläschchen aus dem Krankenhaus gehandelt habe –, rechtfertigt auch dieser Umstand noch keine Inobhutnahme. Gleiches gilt für die vier Katzen der Antragstellerin, deren Futter diese auf dem Fußboden in verschiedenen Häufchen auf Küchenpapier austeilt. Dass die wenige Tage alte Tochter der Antragstellerin hiermit in Berührung kommt oder selbst etwa ungepflegt, schmutzig oder sonst in ihren leiblichen Bedürfnissen unversorgt gewesen sei, ist demgegenüber an keiner Stelle vermerkt."

31 VG Arnsberg, Urt. v. 25.1.2021, 11 K 437/20, juris.

sen Realismus an den Tag[32] und konzediert, dass davon an einem Freitagabend nicht auszugehen sei.[33]

Auch der wiederkehrende Verweis darauf, dass angesichts eines obligatorischen Notdienstes bei den Familiengerichten stets eine schnelle Entscheidung zu erlangen sei, verkennt, dass die Anrufung des Familiengerichts einer sorgfältigen Vorbereitung durch das Jugendamt bedarf, soll dem Gericht eine valide Entscheidungsgrundlage unterbreitet werden, was einige Zeit in Anspruch nimmt. Bis zu einer Entscheidung des Familiengerichts hat das Jugendamt dagegen keinerlei rechtliche Befugnis, auf das Verhalten der Personensorgeberechtigten Einfluss zu nehmen, diese etwa daran zu hindern, sich durch einen Wechsel des Aufenthalts möglichen Schutzmaßnahmen zu entziehen.[34]

Verfassungsrechtlicher Hintergrund der Inobhutnahme und damit auch dieser Recht- 17
sprechung ist die Wirkung des Grundrechts der Eltern aus Art. 6 Abs. 2 Satz 1 GG, in das durch eine Inobhutnahme eingegriffen wird.[35] Dies führt dazu, dass die Verwaltungsgerichte nicht nur äußerst strenge Anforderungen an das Vorliegen einer dringenden Gefahr für das Kindeswohl, der Grundvoraussetzung einer Inobhutnahme nach Abs. 1 Satz 1 Nr. 2, stellen, sondern bei der Feststellung, eine familiengerichtliche Entscheidung habe rechtzeitig eingeholt werden können, sowohl bei der Frage der Erreichbarkeit als auch bei der Prognose des Entscheidungszeitraums des Familiengerichts Großzügigkeit walten lassen.[36]

Mit der Betonung des Eingriffs in das Elternrecht[37] nach Art. 6 Abs. 2 Satz 1 GG gerät allerdings nicht nur der Normzweck, der Schutz der körperlichen, geistigen und seelischen Unversehrtheit des Kindes, völlig aus dem Blick. § 42 Abs. 1 Satz 1 Nr. 2 SGB VIII erscheint vor allem als Norm, die das Elternrecht aus Art. 6 Abs. 2 Satz 1 GG schützt.

Demgegenüber setzt eine Entscheidung des **BVerfG vom 12.2.2021** andere Akzente, wenn es dort heißt: „Ein Kind hat nach Art. 2 Abs. 1 und Abs. 2 Satz 1 GG in Verbindung mit Art. 6 Abs. 2 Satz 2 GG einen Anspruch auf Schutz des Staates."[38] Diese kann nicht ohne Auswirkungen auf die bisher ausschließlich unter dem Gesichtspunkt des Eingriffs in das Elternrecht aus Art. 6 Abs. 2 Satz 1 GG geführte Diskussion bleiben, da sich dieser Eingriff zugleich als

---

32 OVG NW, Beschl. v. 24.8.2020, 12 E 123/19, juris.

33 Welchen Schwierigkeiten sich das Jugendamt bei der Abklärung des familiengerichtlichen Entscheidungszeitraums gegenübersehen kann, ist dem Urteil des HessVGH vom 8.9.2020, 10 A 82/19, JAmt 2021, 43, Rn. 48, zu entnehmen, wo 20 Familienrichter potenziell zuständig waren.

34 Vgl. zu diesen Fragen ebenfalls HessVGH, Urt. v. 8.9.2020, 10 A 82/19, Rn. 49, JAmt 2021, 43.

35 Daran, dass in das Elternrecht eingegriffen wird, kann gar kein Zweifel bestehen, was freilich noch nicht die Unzulässigkeit des Eingriffs indiziert. Aber bereits die begriffliche Aufladung belegt das Vorverständnis der Judikate. So ist in einer Entscheidung des VG Augsburg innerhalb weniger Zeilen mit Bezug auf die Inobhutnahme dreimal von einer möglichen „tiefgreifenden Verletzung ihrer sich aus Art. 6 Abs. 2 und 3 GG ergebenden Grundrechte", der „Schwere des Eingriffs in das durch Art. 6 Abs. 2 Satz 1 GG geschützte Recht" sowie einer „tiefgreifende Verletzung" dieses Rechts die Rede, vgl. Urt. v. 7.7.2020, Au 3 K 19.148, FamRZ 2020, 2007.

36 Vgl. dazu exemplarisch die vielzitierte Entscheidung des BayVGH, Beschl. v. 9.1.2017, 12 CS 16.2181, JAmt 2017, 132. Man stelle sich einmal für einen kurzen Moment vor, das Modell des § 42 Abs. 1 Satz 1 Nr. 2 SGB VIII würde in dem Sinne auf alle Gebiete des Verwaltungsrechts übertragen, dass grundrechtsaffizierende Verwaltungsakte nur dann erlassen werden dürfen, wenn es der Verwaltung nicht gelingt, zuvor ein Gericht anzurufen, das Alternativen zur vorgesehenen Maßnahme prüft und ggfs. ergreift. Das Ergebnis wäre nicht weniger als ein Erliegen jeglicher Staatstätigkeit.

37 Auch insoweit hervorstechend BayVGH, Beschl. v. 9.1.2017, 12 CS 16.2181, JAmt 2017, 132: „Als durch eine rechtswidrige Inobhutnahme möglicherweise verletztes Recht ist hier das verfassungsrechtlich in Art. 6 Abs. 2 GG garantierte Elternrecht in den Blick zu nehmen, dem als Grundrecht eine Abwehrdimension gegen staatliche Eingriffe zukommt. Art. 6 Abs. 2 Satz 1 GG umfasst materiell das Recht der Eltern, Pflege und Erziehung ihres Kindes nach eigenen Vorstellungen zu gestalten. Es beinhaltet die freie Entscheidung über die Pflege, d. h. über die Sorge für das körperliche Wohl, wie auch die freie Gestaltung der Erziehung, d. h. der wertbezogenen Sorge für die seelisch-geistige Entwicklung des Kindes" (Rn. 10). Dieses Recht der Eltern ohne jeglichen Vorbehalt in einer Situation zu beschwören, in der die dringende Gefährdung des Kindeswohls – regelmäßig durch die Eltern verursacht oder von diesen geduldet – zumindest ernsthaft im Raum steht, entbehrt nicht des Zynismus.

38 BVerfG, Beschl. v. 12.2.2021, 1 BvR 1780/20, JAmt 2021, 276 ff.

grundrechtlich fundierte Maßnahme des Staates zum Schutz des Lebens und der körperlichen Unversehrtheit des Kindes darstellt. Haben Kinder nicht nur als Reflex des Elternrechts,[39] sondern als eigenen grundrechtlichen Anspruch auf Schutz, wird sich jede verwaltungs- oder familiengerichtliche Rechtsprechung mit diesem Anspruch und dessen Verhältnis zum Elternrecht auseinandersetzen müssen.

18 **Ohne Berücksichtigung** bleibt in dieser Rechtsprechung darüber hinaus der Umstand, dass Jugendamt und Familiengericht im Kontext der Inobhutnahme Entscheidungen mit unterschiedlicher Eingriffsintensität treffen.

Während sich die – zeitlich eng begrenzten – Handlungsoptionen des Jugendamtes in § 42 Abs. 1 Satz 2, Abs. 2 bis 6 SGB VIII finden und weitgehend aus Verpflichtungen bestehen, ergibt sich das sehr viel eingriffsintensivere Entscheidungsprogramm des Familiengerichts aus §§ 1666, 1666a BGB.

19 Der oben skizzierten Rechtsprechungslinie stehen indes auch **Judikate gegenüber**, die dem **Schutz des Kindeswohls Priorität** beimessen.

So geht der HessVGH davon aus, dass in aller Regel die Verpflichtung bestehe, zunächst zu versuchen, eine familiengerichtliche Entscheidung herbeizuführen. Sei nach Auffassung des Jugendamtes jedoch **nicht sichergestellt**, dass für eine familiengerichtliche Entscheidung **sowie ihre tatsächliche Umsetzung ausreichend Zeit** bestehe, habe es die Berechtigung – und vor allen Dingen auch die Verpflichtung – zur Inobhutnahme wegen dringender Gefahr. Die Einholung einer familiengerichtlichen Entscheidung sei sodann alsbald nachzuholen.[40]

19a Wird ein Kind bei Vorliegen einer dringenden Gefahr für das Kindeswohl gem. § 42 Abs. 1 Nr. 2 Buchst. a SGB VIII in Obhut genommen, weil die Personensorgeberechtigten nicht widersprechen, und ändern diese ihre Auffassung, so kann das Kind (erneut) in Obhut genommen werden, ohne eine einzuholende Entscheidung des Familiengerichts abzuwarten, weil andernfalls das Kind wieder an die Personensorgeberechtigten herausgegeben werden müsste.[41]

dd) Verhältnismäßigkeit der Inobhutnahme

20 Die Rechtmäßigkeit der Inobhutnahme setzt schließlich deren Verhältnismäßigkeit voraus: Sie muss **geeignet**, **erforderlich** und **angemessen** sein.[42] Bei Vorliegen der gesetzlichen Voraussetzungen in § 42 Abs. 1 Satz 1 sowie angesichts der aus § 42 Abs. 2 SGB VIII resultierenden Rechtsfolgen ist die Inobhutnahme stets **geeignet**, eine Gefährdung des Kindeswohls abzuwenden. Die **Erforderlichkeit** der Inobhutnahme ist bereits nach Abs. 1 Satz 1 Nr. 2 Tatbestandsvoraussetzung. Siehe dazu oben Rn. 14. Weitergehende Anforderungen können auch im Rahmen einer Verhältnismäßigkeitsprüfung nicht gestellt werden.

Dass die zur Abwehr einer dringenden Gefahr für das Kindeswohl veranlasste Inobhutnahme eine Maßnahme darstellt, die **außer Verhältnis** zu dem damit verbundenen Eingriff in das Elternrecht steht, ist angesichts des hohen Gewichts, die der körperlichen, geistigen

---

39 Vgl. BVerfG vom 1.4.2008, 1 BvR 1620/04, juris.

40 HessVGH, Urt. v. 8.9.2020, 10 A 82/19, Rn. 43, JAmt 2021, 43. Vgl. auch VG Hamburg, Beschl. v. 27.7.2020, 13 E 3104/20, openjur.de; VG Köln, Beschl. v. 23.8.2019, 26 L 1754/19, FamRZ 2020, 761; VG Stuttgart, Beschluss vom 14.12.2017, 7 K 18365/17, FamRZ v2018, 933.

41 Vgl. OVG NW, Beschl. v. 17.2.2021, 12 E 902/20, juris.

42 *Kirchhoff*, jurisPK-SGB VIII, § 42 Rn. 95, prüft zudem, ob die Inobhutnahme ein legitimes Ziel verfolgt. Diese bei der Prüfung der Verfassungsmäßigkeit von Gesetzen übliche Prüfung ist hier nicht angezeigt. Dass die Inobhutnahme mit dem Schutz des Kindeswohls einen legitimen Zweck verfolgt, steht nicht nur angesichts dessen überragender Bedeutung außer Frage, die Frage ist auch bereits durch den Gesetzgeber entschieden: Bei Vorliegen der gesetzlichen Voraussetzungen verfolgt die Inobhutnahme stets ein legitimes Ziel.

und seelischen Unversehrtheit des Kindes zukommt, sowie angesichts der aus Art. 2 Abs. 2 Satz 1 GG resultierenden staatlichen Schutzpflicht[43] nicht denkbar.

c) Satz 1 Nr. 3 – Inobhutnahme ausländischer unbegleiteter Minderjähriger

Satz 1 Nr. 3 stellte bis zum 1. November 2015 die (einzige) Rechtsgrundlage für die Inobhutnahme ausländischer unbegleiteter Kinder oder Jugendlicher dar. Infolge der durch das UMG vorgenommenen und an diesem Tag in Kraft getretenen Einfügung der §§ 42a ff. SGB VIII hat die Vorschrift einen erheblichen **Bedeutungsverlust** erlitten. **§ 42a SGB VIII** ist gegenüber § 42 Abs. 1 Satz 1 Nr. 3 SGB VIII die **speziellere** und deshalb **vorgehende Norm**: Sobald die unbegleitete Einreise eines ausländischen Kindes oder eines ausländischen Jugendlichen festgestellt wird, ist das Jugendamt gemäß § 42a Abs. 1 SGB VIII berechtigt und verpflichtet, diese vorläufig in Obhut zu nehmen und das in §§ 42a ff. DGB VIII geregelte Verfahren einzuleiten. Hinsichtlich des Begriffs der **unbegleiteten Einreise** wird zunächst auf die Erläuterungen zu § 42a SGB VIII Rn. 7 ff. verwiesen. Sofern man mit der hier vertretenen Auffassung davon ausgeht, dass sie auch Fälle erfasst, in denen Minderjährige **ohne Begleitung zurückgelassen** werden, nachdem sie begleitet in die Bundesrepublik Deutschland eingereist sind, verbleibt für eine Anwendung von § 42 Abs. 1 Nr. 3 SGB VIII neben und/oder anstelle von § 42a SGB VIII kein Raum. 21

Wird die oder der Minderjährige im Verlauf der vorläufigen Inobhutnahme nicht an Personensorge- oder Erziehungsberechtigte übergeben (vgl. dazu § 42a Abs. 6 SGB VIII), folgt die (endgültige) Inobhutnahme nach § 42 Abs. 1 Nr. 3 SGB VIII auf die vorläufige Inobhutnahme. Sie erfolgt, wenn ein Verteilungsverfahren nach § 42b SGB VIII nicht durchgeführt wird, durch das Jugendamt, das die vorläufige Inobhutnahme vorgenommen hat, im Übrigen durch das **Jugendamt**, dem das Kind oder der Jugendliche im Rahmen des Verteilungsverfahrens gemäß § 42b Abs. 3 SGB VIII zugewiesen wird. 22

Hinsichtlich der **Ausländereigenschaft** wird auf die Erläuterungen zu § 42a SGB VIII Rn. 5, hinsichtlich des **Unbegleitetseins** auf die dortigen Rn. 7 ff. verwiesen. Anders als bei § 42a SGB VIII (vgl. dazu dort. Rn. 8) kommt es hier allerdings darauf an, ob sich Personensorge- oder Erziehungsberechtigte im Inland **aufhalten**. Nur wenn das nicht der Fall ist, kommt eine Inobhutnahme nach § 42 Abs. 1 Nr. 3 SGB VIII in Betracht. 23

Auch hinsichtlich der **Eigenschaft als Kind** (§ 7 Abs. 1 Nr. 1 SGB VIII) oder **Jugendlicher** (§ 7 Abs. 1 Nr. 2 SGB VIII) und der dazu ggf. notwendigen **Altersfeststellung** wird auf § 42f SGB VIII und die dortigen Erläuterungen verwiesen. § 42f SGB VIII gilt auch für eine Altersfeststellung im Rahmen der Inobhutnahme nach § 42 Abs. 1 Nr. 3 SGB VIII. 24

Zwar spricht § 42f Abs. 1 SGB VIII nur von der vorläufigen Inobhutnahme gemäß § 42a SGB VIII, jedoch ergibt sich aus § 42f Abs. 3 SGB VIII, dass die Vorschrift auch im Rahmen des § 42 Abs. 1 Nr. 3 SGB VIII Geltung beansprucht. Denn die dortige Regelung, wonach Widerspruch und Anfechtungsklage gegen die Entscheidung des Jugendamts, „aufgrund der Altersfeststellung nach dieser Vorschrift … die Inobhutnahme nach § 42 Abs. 1 Nr. 3 abzulehnen oder zu beenden", keine aufschiebende Wirkung haben, macht nur dann Sinn, wenn die Altersfeststellung nach § 42f SGB VIII auch für die Inobhutnahme nach § 42 Abs. 1 Nr. 3 SGB VIII verbindlich ist.

2. Satz 1 – Rechtsfolgen

Liegt eine der in den Nummern 1 bis 3 genannten Voraussetzungen vor, ist das Jugendamt nicht nur **berechtigt**, sondern auch **verpflichtet**, das Kind oder den Jugendlichen in Obhut 25

43 Vgl. BVerfG, Beschl. v. 12.2.2021, 1 BvR 1780/20, JAmt 2021, 276 ff.

zu nehmen. Ein irgendwie gearteter Beurteilungs- oder Ermessensspielraum steht ihm weder hinsichtlich der Voraussetzungen noch hinsichtlich dieser Rechtsfolgen zu.

3. Satz 2 – Befugnisse des Jugendamts während der Inobhutnahme

26 Abs. 1 Satz 2 normiert die dem Jugendamt infolge und während der Inobhutnahme zustehenden **Befugnisse** hinsichtlich des **tatsächlichen Aufenthalts** der betroffenen Minderjährigen. Danach sind diese bei einer geeigneten Person, in einer geeigneten Einrichtung oder in einer sonstigen Wohnform **unterzubringen** (Hs. 1). Damit steht das „Ob" der Unterbringung nicht zur Disposition oder im Ermessen des Jugendamtes, ein (Auswahl-)Ermessen besteht lediglich hinsichtlich der drei genannten Unterbringungsmodalitäten. Welche dieser Alternativen in Frage kommt, hängt von einer Vielzahl von Faktoren ab. Insoweit sind zu nennen: Das **Alter** des oder der betroffenen Minderjährigen, das Vorhandensein gleichzeitig in Obhut genommener **Geschwister**, die **Ethnie** und **Sprachkenntnisse** der Betroffenen (insbesondere in den Fällen des Abs. 1 Satz 1 Nr. 3), der **Gesundheitszustand**, mögliche **Beeinträchtigungen**, **Ursache und Art der Gefährdung** oder Nähe zum **Wohnort** des Minderjährigen oder seiner Eltern. Auch wenn § 42 SGB VIII eine dem § 42a Abs. 3 Satz 2 Hs. 1 SGB VIII entsprechende Vorschrift nicht enthält, ist das Kind oder der Jugendliche bereits nach § 8 Abs. 1 Satz 1 SGB VIII an der **Entscheidung zu beteiligen**.

27 **„Geeignete Person"** im Sinne der Vorschrift sind vor allem **Bereitschaftspflegestellen**. Aber auch sonstige Personen wie Verwandte oder Freunde oder ein nicht sorgeberechtigter Elternteil kommen in Betracht. Zur Unterbringung **nicht geeignet** sind Personen, die das Wohl des Kindes oder der Jugendlichen gefährden und deshalb eine Ursache für die Inobhutnahme gesetzt haben.[44] Die Unterbringung bei geeigneten Personen kommt insbesondere bei kleinen Kindern in Frage.

Die Unterbringung in einer **Einrichtung** oder einer **sonstigen Wohnform** kommt dagegen eher bei älteren Kindern und Jugendlichen in Betracht. Beispiele dafür sind Kinder- und Jugendschutzstellen, Mädchen- oder Jungenhäuser, (nicht notwendig betreute) Jugendwohngemeinschaften oder sonstige Formen des betreuten Wohnens. Entscheidend sind insoweit stets die Verhältnisse des Einzelfalls sowie Bedürfnisse und das Wohl der in Obhut Genommenen.

28 Satz 2 Hs. 2 verleiht in den Fällen des **Abs. 1 Satz 1 Nr. 2** dem Jugendamt die Befugnis, ein Kind oder einen Jugendlichen von einer „anderen Person" **wegzunehmen**. Die Schutzvorschriften des SGB VIII sahen ursprünglich nur die Befugnis vor, eine Minderjährige von einer anderen Person als den Personensorgeberechtigten oder einer Einrichtung „zu entfernen" (§ 43 Abs. 1 SGB VIII a.F.). Eine Befugnis zur Wegnahme von den Personensorgeberechtigten selbst, die bis dahin völlig fehlte,[45] wurde erst durch das BKiSchG aufgenommen. Diese Befugnis besteht nur unter den Voraussetzungen des Abs. 1 Satz 1 Nr. 2. **Andere Personen** i.S.d. Vorschrift sind jegliche Dritte (also etwa Großeltern oder sonstige Verwandte), insbesondere auch **Pflegeeltern** und die **Personensorgeberechtigten**. Zwar erstreckt sich – anders als in der ursprünglichen Fassung durch das KJHG – die Wegnahmebefugnis auf **andere Personen**, sie besteht aber auch gegenüber den in der alten Fassung einbezogenen Einrichtungen, da mit der Änderung durch das BKiSchG keine Einschränkung, sondern eine Erweiterung der Wegnahmebefugnis intendiert war.[46]

Die Wegnahme kann und wird häufig auch die Anwendung **unmittelbaren Zwangs** erforderlich machen. Insoweit gilt § 42 Abs. 6 SGB VIII (vgl. die dortigen Erläuterungen).

---

44 Falsch deshalb die Entscheidung im Fall OLG Köln ZKJ 2009, 422 f. = EJ 2010, 175 ff. mit abl. Anm. v. *Möller*.

45 Vgl. BT-Drs. 15/3676, 37.

46 Ebenso J. *Kepert*, in: J. Kepert u.a., Praxishandbuch Kinderschutz., 124.

Umgekehrt haben die Personensorgeberechtigten im Fall einer wirksamen Inobhutnahme[47] **keinen Anspruch**, die Herausgabe des Kindes vom Jugendamt zu verlangen. Der Antrag der Eltern oder eines Elternteils an das Familiengericht, die Herausgabe anzuordnen, ist deshalb abzulehnen, weil das Familiengericht nicht über die Rechtmäßigkeit der Inobhutnahme zu entscheiden hat. Liegt eine **wirksame Inobhutnahme** vor, wird das Kind den Eltern nicht widerrechtlich i.S.d. § 1632 Abs. 1 BGB vorenthalten, da § 42 SGB VIII zu einem Eingriff in das Elternrecht befugt.[48]

4. Beteiligung freier Träger

Gemäß § 76 Abs. 1 SGB VIII können die Träger der öffentlichen Jugendhilfe anerkannte Träger der freien Jugendhilfe an der Durchführung ihrer Aufgaben u.a. nach § 42 SGB VIII beteiligen oder ihnen diese Aufgaben zur Ausführung übertragen. Die Beteiligung oder Übertragung ist zunächst institutionell auf **anerkannte Träger** der freien Jugendhilfe und sachlich auf die Durch- bzw. Ausführung der Aufgaben beschränkt. Das bedeutet, dass die **Anordnung der Inobhutnahme dem Jugendamt vorbehalten** ist und niemals übertragen werden kann. Denn diese kann nur durch eine Behörde i.S.d. § 1 Abs. 2 SGB X vorgenommen werden; um Behörden handelt es sich bei Trägern der freien Jugendhilfe nicht. Auch wenn Jugendämter freie Träger an der Durchführung ihrer Aufgaben beteiligen oder ihnen diese zur Ausführung übertragen, bleiben sie nach § 76 Abs. 2 SGB VIII für die Erfüllung der Aufgaben verantwortlich. Als übertragbare Aufgaben kommen etwa die Herrichtung und das Betreiben von Unterkünften sowie die Betreuung der darin untergebrachten Jugendlichen in Frage.[49] 29

II. Abs. 2 – Verpflichtungen und Befugnisse des Jugendamts während der Inobhutnahme

Abs. 2 regelt die **Rechts- und Hilfebeziehungen** zwischen Jugendamt und dem Kind oder Jugendlichen während der Inobhutnahme. 30

1. Satz 1 – Klärung der Situation und der Hilfeangebote

Prominente Aufgabe des Jugendamts während der Inobhutnahme ist gem. Abs. 2 Satz 1 die Aufklärung der oder des Betroffenen über die Maßnahme der Inobhutnahme sowie die **Klärung** der **Situation** und der **Möglichkeiten** der Hilfe und Unterstützung. Durch die Aufklärung ist dem Kind oder Jugendlichen zu vermitteln, warum eine Inobhutnahme erfolgt und welches die nächsten Schritte und Handlungen des Jugendamts sind. Dies stellt angesichts der möglicherweise konfliktbeladenen Situation eine besondere Herausforderung dar. Zugleich ist zusammen mit den Betroffenen die Situation, die zur Inobhutnahme führt, auch im Hinblick auf das weitere Vorgehen, die zur Verfügung stehenden Hilfemöglichkeiten sowie die mögliche Anrufung des Familiengerichts zu klären. Aufklärung gegenüber dem betroffenen Kind oder Jugendlichen setzt voraus, dass diese kognitiv und emotional in der Lage sind, diese zur Kenntnis zu nehmen und zu verarbeiten. 31

Dem dient auch die durch das KJSG eingefügte – im Grunde selbstverständliche – Klarstellung, dass die Aufklärung umfassend und in einer verständlichen, nachvollziehbaren und

---

47 Zur Frage, unter welchen Voraussetzungen eine wirksame Inobhutnahme vorliegt, vgl. unten Rn. 68 ff.
48 Vgl. OLG Frankfurt, Beschl. v. 22.1.2019, 4 WF 145/18, juris.
49 Vgl. zur Beteiligung eines freien Trägers an der Inobhutnahme nach § 42 Abs. 1 Nr. 3 SGB VIII einschränkend OVG Koblenz, Urt. v. 3.3.2016, 7 A 10607/15, JAmt 2016, 216 ff.

wahrnehmbaren Form zu erfolgen hat.[50] Zum Inhalt dieser Verpflichtung vgl. die Erläuterungen zu § 8 sowie § 10a Rn. 10 ff.

2. Satz 2 – Benachrichtigung einer Vertrauensperson

32 Das Kind oder der oder die Jugendliche hat nach erfolgter Inobhutnahme **Anspruch** darauf, unverzüglich eine Person seines oder ihres Vertrauens **zu benachrichtigen**. Wer als solche in Frage kommt, entscheidet allein der oder die Minderjährige. Er oder sie ist nicht verpflichtet, den Namen der Vertrauensperson offenzulegen. Die Benachrichtigung muss vertraulich möglich sein. Das Jugendamt ist nicht berechtigt, die Kontaktaufnahme zu überprüfen oder zu unterbinden. Allenfalls in Ausnahmefällen, in denen der oder die Minderjährige mit gefährdenden Personen oder Milieus (z.B. Drogendealern, Zuhältern) Kontakt aufnehmen möchte, wird das Jugendamt entsprechend dem hinter der Inobhutnahme stehenden Schutzgedanken für befugt gehalten, dieses zu unterbinden. Hinsichtlich der **Form der Benachrichtigung** ist die Vorschrift offen. In Betracht kommen vor allem telefonische oder elektronische (SMS, sog. soziale Netzwerke), aber auch schriftliche Benachrichtigungen.

3. Satz 3 – Sicherstellung des Lebensunterhalts

33 Geradezu selbstverständlich erscheint, dass das Jugendamt nach Satz 3 verpflichtet ist, für das **Wohl des Kindes** oder Jugendlichen zu sorgen und insbesondere dessen notwendigen **Unterhalt** sowie die **Krankenhilfe** sicherzustellen. Der notwendige Unterhalt umfasst alles, was zur Deckung der materiellen Grundbedürfnisse wie Nahrung, Kleidung, Unterkunft, Körperpflege und andere Sachaufwendungen (etwa Schulmaterial) erforderlich ist. Er umfasst auch ein angemessenes Taschengeld (§ 39 Abs. 2 Satz 2 Hs. 2 SGB VIII) sowie die Kosten der Erziehung. Satz 3 letzter Hs. stellt durch Verweis auf § 39 Abs. 4 Satz 2 SGB VIII klar, dass auch Beiträge zu einer Unfallversicherung sowie nachgewiesene Aufwendungen zu einer angemessenen Alterssicherung dazu gehören. **Krankenhilfe** ist nach dem allgemeinen Nachrang der Jugendhilfe nur zu leisten, soweit Krankenversicherungsschutz nicht besteht. Wegen weiterer Einzelheiten wird auf die Kommentierung zu § 39 SGB VIII Rn. 3 ff. **verwiesen**.

4. Satz 4 – Vertretung des Kindes oder Jugendlichen

a) „Notvertretung"

34 Gemäß § 42 Abs. 2 Satz 4 SGB VIII ist das Jugendamt während der Inobhutnahme **berechtigt**, alle **Rechtshandlungen vorzunehmen**, die zum Wohle des Kindes oder des Jugendlichen **erforderlich** sind, also den Minderjährigen zu vertreten, ohne damit zum Personensorgeberechtigten zu werden. Die Vorschrift verleiht dem Jugendamt **öffentlich-rechtlich begründete Kompetenzen**, die das (elterliche) Personensorgerecht für die Dauer der Inobhutnahme überlagern.[51] Dies schließt die **Vertretung des Minderjährigen** mit ein. Die Bezeichnung als „Notvertretung" – ein Begriff, den das Gesetz nicht kennt – kann nicht dazu führen, dass stets nur vorläufige oder aufschiebende Maßnahmen getroffen werden dürfen. Soweit Rechtshandlungen, etwa die Einwilligung in eine ärztliche Behandlungsmaßnahme, erforderlich sind, dürfen sie auch dann vorgenommen werden, wenn sie endgültige oder langfristig wirksame Tatsachen schaffen. Auch wenn die Rechtshandlungen privatrechtliche

50 Entsprechende Verpflichtungen finden sich in §§ 8 Abs. 4, 10a Abs. 1, 36 Abs. 1 Satz 2, 41a Abs. 1 sowie 42 Abs. 3.
51 So Wiesner/Wapler/*Dürbeck*, § 42 SGB VIII Rn. 31 m.w.N.

Wirkung entfalten, handelt es sich um die Erfüllung von Amtspflichten, die bei Verletzung Amtshaftungsansprüche auslösen können.[52]

b) Mutmaßlicher Wille der Personensorge- oder der Erziehungsberechtigten

Satz 4 Hs. 2, wonach bei der Vertretung der mutmaßliche Wille der Personensorge- oder Erziehungsberechtigten angemessen zu berücksichtigen ist, stellt eine der zahlreichen Klauseln dar, mit denen das SGB VIII sich gegen den latenten Vorwurf, in unzulässiger Weise in das Elternrecht einzugreifen, vorbeugend rechtfertigt. **35**

Der mutmaßliche **Wille der Erziehungsberechtigten**, soweit nicht die Eltern davon erfasst werden, kann indes keinerlei verfassungsrechtliche Privilegierung beanspruchen, da sie von Art. 6 GG nicht geschützt werden.

Auch **Eltern** können – dies verdient gegenüber der ubiquitären Elternwillen-Hypertrophie festgestellt zu werden – dann die Berücksichtigung ihres Willens **nicht beanspruchen**, wenn **sie selbst** das Wohl ihrer Kinder **gefährden**. Es ist gerade der Gehalt von Art. 6 Abs. 2 Satz 2 GG, über die Pflege- und Erziehungstätigkeit der Eltern zu wachen und dieser erforderlichenfalls entgegenzutreten.

5. Satz 5 – Stellung eines Asylantrags

a) Allgemeines

Durch das am 29.7.2017 in Kraft getretene **„Gesetz zur besseren Durchsetzung der Ausreisepflicht"**[53] wurde § 42 Abs. 2 Satz 5 in das SGB VIII eingefügt. Die Vorschrift verpflichtet das Jugendamt, für gem. § 42 Abs. 1 Satz 1 Nr. 3 SGB VIII in Obhut genommene unbegleitete ausländische Minderjährige „umgehend von Amts wegen einen Asylantrag zu stellen",[54] wenn internationaler Schutz in Betracht kommt. Folgt man der Gesetzesbegründung, so wird durch die neue Regelung in Bezug auf unbegleitete ausländische Minderjährige klargestellt, dass es sich bei der Asylantragstellung um eine solche Rechtshandlung handelt, die ausschließlich dem Wohl des Kindes oder des Jugendlichen dient, wenn Tatsachen die Annahme rechtfertigen, dass das Kind oder der Jugendliche internationalen Schutz im Sinne des § 1 Absatz 1 Nummer 2 des Asylgesetzes benötigt.[55] Damit wird zugleich suggeriert, es handele sich um eine das Handeln des Jugendamts steuernde Regelung, mit der die Durchsetzung des Kindeswohls effektiviert werden solle.[56] **36**

Gegen eine solche Sichtweise der neuen Vorschrift spricht freilich bereits der Regelungskontext. Ziel des Gesetzes vom 20. Juli 2017 ist, wie bereits seine Bezeichnung nahelegt und die zahlreichen Einzelvorschriften zur Änderung des Aufenthalts- und Asylrechts belegen, durch gesetzgeberische Maßnahmen „zusätzliche Verbesserungen im Bereich der Rückkehr zu erreichen".[57] Auch die in § 42 Abs. 2 Satz 5 SGB VIII eingefügte Regelung dient diesem Zweck, stellt mithin keineswegs einen Fremdkörper dar, der nur „bei Gelegenheit" des neuen Gesetzes aufgenommen worden ist. Dem Gesetzgeber lag also an dieser Stelle **weniger das Wohl** der in Obhut genommenen Kinder und Jugendlichen als die effektive und **beschleu-**

52 Vgl. Wiesner/Wapler/*Dürbeck*, § 42 SGB VIII Rn. 31.
53 Vom 20. Juli 2017, BGBl. I S. 2780.
54 So die Gesetzesbegründung BT-Drs. 18/11546, 24. Mit dieser Formulierung wird bereits vom Gesetzeswortlaut abgewichen, der von „unverzüglich" spricht, ein Begriff, der einen durchaus anderen Inhalt hat als „umgehend".
55 Vgl. BT-Drs. 18/11546, 24.
56 So wurde denn auch prompt erörtert, ob die neue Vorschrift „einen Systembruch (enthält), indem sie konkrete Vorgaben macht, wie die elterliche Sorge zum Wohl des Kindes auszuüben sei", so *Achterfeld*, JAmt 2017, 349.
57 Vgl. BT-Drs. 18/11546, 1. Deshalb lässt sich über die Intention des Gesetzgebers auch nicht „nur spekulieren". So aber *Achterfeld*, JAmt 2017, 349 (350).

nigte Durchsetzung der Ausreisepflicht am Herzen. Die neue Vorschrift steht im **Dienst des Ausländerrechts**, nicht der Kinder- und Jugendhilfe.

36a Ungeachtet dessen kann es selbstverständlich dem Wohl des Kindes oder Jugendlichen dienen, einen Asylantrag zu stellen, um den aufenthaltsrechtlichen Status auch langfristig über den Eintritt der Volljährigkeit hinaus abzusichern. Jedes verantwortungsvoll handelnde Jugendamt wird dies tun. Andererseits darf die Neuregelung **nicht** zu einem **Antragsautomatismus** führen, da an die Ablehnung eines Asylantrags erhebliche negative aufenthaltsrechtliche Konsequenzen geknüpft sein können.[58] Vielmehr bedarf es einer sorgfältigen Prüfung im Einzelfall, ob die oder der Minderjährige asylrechtlichen Schutz nicht nur „**benötigt**", wie es im Gesetz heißt, sondern nach der Entscheidungspraxis des BAMF und der Verwaltungsgerichte **auch erhalten kann** – zwei Dinge, die sich nicht selten gänzlich voneinander **unterscheiden**.

b) Verpflichtung zur Asylantragstellung?

36b Durch die eingefügte Vorschrift wird das Jugendamt verpflichtet, unverzüglich für das Kind oder die oder den Jugendlichen einen **Asylantrag** zu stellen, wenn Tatsachen die Annahme rechtfertigen, dass die oder der Minderjährige internationalen Schutz im Sinne des § 1 Abs. 1 Nr. 2 AsylG benötigt.

An dieser Stelle ergibt sich bereits die erste Unschärfe der Regelung: Mit jedem Asylantrag, den zu stellen sie das Jugendamt verpflichtet, wird gem. § 13 Abs. 2 Satz 1 AsylG „die **Anerkennung als Asylberechtigter** sowie internationaler Schutz im Sinne des § 1 Absatz 1 Nummer 2 beantragt".

Soll entsprechend dem Wortlaut des Abs. 2 Satz 5 tatsächlich nur internationaler Schutz beantragt werden, muss das Jugendamt den **Asylantrag** gem. § 13 Abs. 2 Satz 2 AsylG **beschränken**. Hier ist also bereits eine erste Weichenstellung möglich und eine Entscheidung zu treffen (zu den Entscheidungsparametern siehe unten Rn.36d f.

Hinzu kommt ein Weiteres: Gem. § 13 Abs. 2 Satz 3 AsylG bleibt § 24 Absatz 2 AsylG unberührt. Nach dieser Vorschrift obliegt „nach Stellung eines Asylantrags" dem Bundesamt für Migration und Flüchtlinge (BAMF) „auch die Entscheidung, ob ein **Abschiebungsverbot nach § 60 Absatz 5 oder 7** des Aufenthaltsgesetzes vorliegt". Das Jugendamt kann also im Fall der Stellung eines Asylantrags gar nicht verhindern, dass auch über das Bestehen dieser nationalen Abschiebungsverbote (mit)entschieden wird.

36c **Jugendamt** in diesem Sinne ist das Jugendamt, dem die oder der Minderjährige nach § 42b Abs. 3 SGB VIII zugewiesen wurde oder bei dem sie oder er bei Ausschluss der Verteilung gem. § 42b Abs. 4 SGB VIII verbleibt. **Nicht verpflichtet** wird dadurch das Jugendamt, das die oder den Jugendlichen vorläufig in Obhut genommen hat. Da aber auch dieses Jugendamt gem. § 42a Abs. 3 SGB VIII „während der vorläufigen Inobhutnahme berechtigt und verpflichtet ist, alle Rechtshandlungen vorzunehmen, die zum Wohle des Kindes oder des Jugendlichen notwendig sind", darf auch dieses Jugendamt einen Asylantrag stellen, ohne aber dazu verpflichtet zu sein.

Auch die **Vormundin oder der Vormund**, deren Bestellung gem. § 42 Abs. 3 Satz 4 SGB VIII vom Jugendamt unverzüglich zu veranlassen ist, werden von der Vorschrift bereits deshalb **nicht erfasst**, weil die an Abs. 2 Satz 4 anknüpft und die Stellung eines Asylantrags zu einer der dort genannten Rechtshandlungen erklärt.

---

58 So stellt jeder nach Ablehnung des Asylantrags etwa wegen Veränderung der Sachlage gestellte weitere Asylantrag gem. § 72 AsylG einen Folgeantrag dar, der bereits erhebliche formale Hürden zu überwinden hat, um erfolgreich zu sein. Aufenthaltsrechtlich verhindert § 10 Abs. 3 Satz 1 AufenthG nach abgelehntem Asylantrag die Erteilung bestimmter Aufenthaltstitel, vgl. dazu NK-Ausländerrecht/*Müller*, § 10 AufenthG Rn. 16 ff.

Die Vorschrift betrifft deshalb nur einen **überschaubaren Zeitraum** zwischen Beginn der endgültigen Inobhutnahme und Bestellung eines Vormunds. Berichtet wird, dass nach Inkrafttreten des UMG die Familiengerichte erheblich schneller über die Bestellung eines Vormunds entscheiden, sodass es um einen Zeitraum von Tagen bis wenigen Wochen gehe.[59]

Der Asylantrag ist nach der neuen Vorschrift in Fällen zu stellen, in denen „Tatsachen die Annahme rechtfertigen, dass das Kind oder der Jugendliche internationalen Schutz im Sinne des § 1 Absatz 1 Nummer 2 des Asylgesetzes benötigt". **36d**

Internationaler Schutz wird gewährt in Form

- der Flüchtlingsanerkennung (§§ 3 ff. AsylG) oder
- des subsidiären Schutzes (§ 4 AsylG).[60]

Die Pflicht zur Antragstellung nach § 42 Abs. 2 Satz 5 SGB VIII bezieht sich nur auf den internationalen Schutz in vorgenanntem Sinn. Weitere Anträge **müssen nicht** gestellt werden, sind aber auch **nicht ausgeschlossen**. Möglich sind also

- ein Antrag auf politisches Asyl nach Art. 16a Abs. 1 GG[61] sowie
- ein Antrag auf Zuerkennung von nationalem Abschiebungsschutz nach § 60 Abs. 5 oder 7 AufenthG, soweit über diesen nicht ohnehin zusammen mit dem Asylantrag entschieden wird (vgl. dazu oben Rn. 5).[62]

Auch diese beiden Schutzformen hat das in Obhut nehmende Jugendamt in den Blick zu nehmen, auch wenn eine Verpflichtung zur diesbezüglichen Antragstellung nicht besteht.[63]

Bei der Entscheidung über den zu stellenden Schutzantrag sind nicht nur die (unterschiedlichen) Voraussetzungen der Schutzgewährung, sondern ist auch der im Erfolgsfall jeweils resultierende Aufenthaltsstatus zu berücksichtigen. **36e**

So ist

- einem **Asylberechtigten** gem. §§ 25 Abs. 1, 26 Abs. 1 Satz 2 AufenthG eine Aufenthaltserlaubnis für drei Jahre,
- einem **anerkannten Flüchtling** gem. §§ 25 Abs. 2, 26 Abs. 1 Satz 2 AufenthG eine Aufenthaltserlaubnis für drei Jahre,
- einem **subsidiär Schutzberechtigten** gem. § 25 Abs. 2, 26 Abs. 1 Satz 3 eine Aufenthaltserlaubnis zunächst für ein Jahr, bei Verlängerung für zwei weitere Jahre

zu erteilen.

Besteht ein **Abschiebungsverbot nach § 60 Abs. 5 oder 7 AufenthG,** soll gem. §§ 25 Abs. 3, 26 Abs. 1 Satz 4 für mindestens ein Jahr erteilt werden. Sie wird nicht erteilt, wenn die Ausreise in einen anderen Staat möglich und zumutbar ist oder der Ausländer wiederholt oder gröblich gegen entsprechende Mitwirkungspflichten verstößt.

---

59 Vgl. *Achterfeld*, JAmt 2017, 349 (350).

60 Hinsichtlich der jeweiligen Voraussetzungen muss auf die asylrechtliche Literatur verwiesen werden. Vgl. etwa *Hocks/Leuschner*, Unbegleitete minderjährige Flüchtlinge: Vertretung, Asylverfahren, Aufenthalt. Ein Leitfaden für die Praxis.

61 Auch insoweit muss auf die asylrechtliche Literatur verwiesen werden. Vgl. zu den Voraussetzungen eines Asylanspruchs etwa NK-AuslR/*Möller*, Art. 16a GG Rn. 6 ff.;

62 Vgl. zu den Voraussetzungen des nationalen Abschiebungsschutzes NK-AuslR/*Stiegeler*, § 60 AufenthG Rn. 20 ff., 31 ff.

63 A.A. *Achterfeld*, JAmt 2017, 349 (351). Soweit der Antrag auf Asyl nach Art. 16a Abs. 1 GG in Rede steht, ist dieser ohnehin gem. § 13 AsylG vom Asylantrag umfasst, sofern die Antragstellerin oder der Antragsteller dies nicht ausdrücklich ausschließen. Im Fall der Asylantragstellung entscheidet das BAMF gem. § 24 Abs. 2 AsylG auch ohne ausdrückliche Antragstellung über das Bestehen eines nationalen Abschiebungsverbots. Siehe dazu unten.

c) Prüfpflichten des Jugendamtes

36f Der Entscheidung über eine Asylantragstellung hat – worauf auch die Gesetzesbegründung hinweist – eine sorgfältige Prüfung vorauszugehen.

Diese betrifft zum einen die Frage, „ob die persönliche Situation des unbegleiteten Minderjährigen die Einleitung des Asylverfahrens zulässt".[64] Da das Asylverfahren in jedem Fall mit Belastungen – etwa einer Anhörung beim BAMF oder dem Verwaltungsgericht – verbunden ist, muss zunächst geprüft werden, ob die oder der Betroffene aufgrund seiner physischen und psychischen Verfassung in der Lage ist, diese zu bewältigen. Insbesondere erlittene Verfolgungen, physische und psychische Verletzungen vor und während der Flucht, Traumatisierungen oder die Trennung von Eltern, Geschwistern oder sonstigen Angehörigen können so gravierend sein, dass sie die Beteiligung an einem solchen Verfahren unmöglich machen oder unzumutbar erschweren. Insbesondere Traumatisierungen können darüber hinaus verhindern, dass die Betroffenen sich über das Erfahrene und Erlittene zu offenbaren, was für zur Substantiierung eines erfolgversprechenden Schutzgesuchs aber unabdingbar ist.

Zu prüfen ist weiterhin, ob ein **Asylantrag** überhaupt **Erfolgsaussicht** hat. Deren Beurteilung setzt zum einen Kenntnis der einschlägigen asyl-, asylverfahrens- und aufenthaltsrechtlichen Vorschriften voraus. Da solche beim Jugendamt nicht ohne Weiteres vorhanden sind, stellt sich die Frage nach der Bestellung eines Ergänzungspflegers (§ 1909 BGB) in asyl- und ausländerrechtlichen Angelegenheiten, etwa eines insoweit erfahrenen Rechtsanwalts. Dies hat der BGH allerdings in Bezug auf einen Vormund abgelehnt. Er hält diesen bei fehlender juristischer Sachkunde für verpflichtet, sich seinerseits um Rechtsberatung bzw. anwaltliche Vertretung im gerichtlichen Verfahren zu bemühen.[65] In den hier vorliegenden Fällen des § 42 Abs. 1 Satz 5 SGB VIII dürfte allerdings bereits aufgrund des kurzen in Rede stehenden Zeitrahmens eine solche Bestellung nur ausnahmsweise in Betracht kommen.

Die **Beurteilung der Erfolgsaussicht** eines Asylbegehrens setzt weiterhin Kenntnis der Entscheidungspraxis des BAMF sowie der zuständigen Verwaltungsgerichte voraus. Schließlich sind Kenntnisse der Verhältnisse im jeweiligen Herkunftsland erforderlich, um das individuelle Schicksal der oder des Minderjährigen einordnen und beurteilen zu können

d) Kein Antragsautomatismus

36g Stellt das Jugendamt den mit der Gesetzesänderung intendierten **Asylantrag** nicht, bedeutet dies keineswegs, dass es damit die ihm obliegenden Verpflichtungen verletzt. Bereits der Gesetzeswortlaut steht einer solchen Annahme entgegen. Er verpflichtet zur „unverzüglichen" Antragstellung. Das bedeutet nach der für die gesamte Rechtsordnung übernommenen Legaldefinition des § 121 BGB, dass die Antragstellung **„ohne schuldhaftes Zögern"**, also nicht etwa **sofort** oder **umgehend** zu erfolgen hat. Bereits die Notwendigkeit einer sorgfältigen Prüfung der Antragsvoraussetzung sowie die in Satz 5 letzter Hs. angeordnete Beteiligung der betroffenen Minderjährigen stehen einer sofortigen oder auch nur schleunigen Antragstellung entgegen.

Nicht herangezogen werden kann insoweit der Drei-Tage-Zeitraum, den das BVerwG für die unverzügliche Benachrichtigung des Vormundschafts- bzw. Familiengerichts gem. § 42 Abs. 3 Satz 4 SGB VIII zwecks Bestellung eines Vormunds oder Pflegers angenommen hat, weil dieser regelmäßig keine umfangreichen Ermittlungen voranzugehen haben.[66]

---

64 So BT-Drs. 18/11546, 24.
65 BGH, Urt. v. 29.5.2013, XII ZB 124/12, juris.
66 BVerwG, Urt. v. 24.6.1999, 5 C 24/98, BVerwGE 109, 155, online abrufbar unter https://judicialis.de/Bundesverwaltungsgericht_BVerwG-5-C-24-98_Urteil_24.06.1999.html (14.3.2022); die Entscheidung betont zu Recht, dass dem Jugendamt eine angemessene Zeit zur Prüfung und Entscheidung bleibe, welche sich durch die Sorge um das Wohl des Minderjährigen bestimme.

Wenig tauglich, aber immerhin sachnäher ist auch der Zeitraum von zwei Wochen, der für eine unverzügliche Antragstellung i.S.d. § 26 Abs. 1 Nr. 3 AsylG auf Familienasyl als regelmäßig angemessen angesehen wird. Auch in diesem Kontext wird allerdings darauf hingewiesen, dass im Einzelfall eine längere Frist notwendig sein kann.[67]

Ob ein Hinauszögern der Antragstellung **schuldhaft** ist, hängt immer von den Umständen des Einzelfalls ab. Im Zweifel dürfte eine **(übereilte) Antragstellung** ohne sorgfältige vorgängige Prüfung unter Beteiligung des jungen Menschen **sorgfaltswidrig** sein.

Darüber hinaus besteht die **Verpflichtung nur dann**, wenn das Kind oder die oder der Jugendliche den zu beantragenden internationalen Schutz „benötigt". Dieser Begriff kann nur dahin verstanden werden, dass internationaler Schutz **benötigt wird** und **auch erlangt werden kann**, der Antrag also erfolgversprechend ist. Niemand sollte dem Gesetzgeber an dieser Stelle unterstellen, er habe zur Stellung aussichtsloser Anträge verpflichten wollen.

Da ein Asylantrag, der ohne Erfolgsaussichten ist, zu einer allenfalls kurzfristigen Aufenthaltssicherung führen kann, liegt ein Verzicht auf eine Antragstellung auch im Interesse des Kindeswohls.[68]

Kommt das Jugendamt also nach sorgfältiger Prüfung zu dem Ergebnis, dass mangels Erfolgsaussicht nicht internationaler Schutz, sondern die Feststellung eines nationalen Abschiebungsverbots nach § 60 Abs. 5 oder 7 AufenthG zu beantragen ist,[69] so liegt auch darin kein Verstoß gegen die neue Regelung.

Schließlich kann das Jugendamt auf eine Asylantragstellung **verzichten**, um eine aufenthaltsrechtliche Sicherung des Verbleibs in der Bundesrepublik, etwa durch Beantragung einer Ausbildungsduldung, zu erreichen. Dass der Verzicht auf eine Asylantragstellung nicht nur nicht pflichtwidrig, sondern im Gegenteil dem Kindeswohl dienlich sein kann, ergibt sich mittelbar auch aus der ausländerrechtlichen Vorschrift des § 60a Abs. 6 Satz 3 AufenthG, nach dem die Rücknahme oder der Verzicht auf die Antragstellung duldungsrechtlich unschädlich ist und der Erteilung einer Beschäftigungsduldung an Staatsangehörige eines „sicheren Herkunftsstaates" nicht im Wege steht.[70] **36h**

Eine **sofortige Asylantragstellung** ist **nur dann anzuraten**, wenn unmittelbar drohende Nachteile abzuwenden sind. Das ist etwa der Fall, wenn der Eintritt der Volljährigkeit unmittelbar bevorsteht und die Zuständigkeit für einen danach gestellten Asylantrag nach der Dublin-III-VO bei einem anderen Mitgliedstaat läge. **36i**

Unbeschadet aller vorstehenden Überlegungen bleibt auch ein wirklicher Verstoß gegen die Verpflichtung nach § 42 Abs. 2 Satz 5 SGB VIII – unabhängig von den Gründen – jugendhilferechtlich folgenlos.

e) Beteiligung des betroffenen jungen Menschen

Nach Abs. 2 Satz 5 letzter Hs. ist das **Kind oder die oder der Jugendliche** „dabei" zu **beteiligen**. Die Pflicht zur Beteiligung[71] gilt sowohl für die Entscheidung darüber, ob, ggfs. welcher und zu welchem Zeitpunkt ein (Asyl)Antrag gestellt wird, als auch für das Asylverfahren selbst. Letzteres unterliegt allerdings nicht mehr dem rechtlichen Regime des Kinder- und Jugendhilferechts, sondern dem des Asylgesetzes. **36j**

---

67 Vgl. NK-AuslR/*Schröder*, § 26 AsylG Rn. 15 m.w.N.

68 Vgl. VG Wiesbaden, Urt. v. 21.1.2021, 4 L 3/21.WI, Rn. 30, juris = EJ 2021, 141 ff. mit Anm. *Möller*.

69 Vgl. dazu *Hocks/Leuschner* 2017, 66 ff.

70 Vgl. zu einer solchen Konstellation VG Wiesbaden, Urt. v. 21.1.2021, 4 L 3/21.WI, juris = EJ 2021, 141 ff. mit Anm. *Möller*.

71 Es handelt sich dabei entgegen *Achterfeld*, JAmt 2017, 349 (350) nicht um eine Voraussetzung für das Entstehen der Verpflichtung zur Prüfung der Antragstellung. Eine Antragstellung ohne Beteiligung des jungen Menschen würde zwar der Konzeption der vorläufigen bzw. endgültigen Inobhutnahme und dem Gesetzeswortlaut widersprechen, wäre asylrechtlich gleichwohl in vollem Umfang wirksam.

Beteiligung bedeutet zunächst, die Betroffenen umfassend über ihre aufenthaltsrechtliche Situation und die Handlungsmöglichkeiten und -alternativen aufzuklären. Nur diese Aufklärung über die maßgeblichen Entscheidungskriterien und die Folgen einer unterbleibenden oder „verspäteten" Antragstellung sowie die Konsequenzen eines erfolgreichen oder (ganz oder teilweise) abgelehnten Antrags versetzt diese in die Lage, mögliche eigene Fehlvorstellungen zu überdenken und zu korrigieren, einen eigenen Willen hinsichtlich der zu ergreifenden Maßnahmen zu entwickeln und zusammen mit den Fachkräften des Jugendamts eine qualifizierte und tragfähige Entscheidung zu treffen. Bereits in diesem Stadium ist die **Zuziehung eines qualifizierten Dolmetschers** erforderlich.

Ob ein Schutzantrag gestellt wird, hängt nicht nur von der **physischen und psychischen Verfassung** des jungen Menschen, sondern vor allem von dessen prognostizierbaren Erfolgsaussichten ab. Auch zu deren Beurteilung ist die Beteiligung unabdingbar erforderlich. Regelmäßig kann nur die oder der Betroffene Angaben zu dem von ihr oder ihm erlittenen Schicksal machen. Dieses Schicksal offenzulegen oder überhaupt mitteilbar zu machen, erfordert nicht nur hohe Sensibilität, sondern vor allem auch Zeit. Entgegen einer mitunter in BAMF-Bescheiden verbreiteten Chimäre, wonach es „wirklich Verfolgte" geradezu danach dränge, ihr erlittenes Schicksal zu offenbaren, ist vieles überhaupt erst nach langer Zeit und auf der Grundlage einer Vertrauensbeziehung aussprechbar.

Wenn der Gesetzgeber gleichwohl das Jugendamt verpflichtet, in dem kurzen Zeitraum zwischen endgültiger Inobhutnahme und Bestellung eines Vormunds oder Pflegers[72] einen Asylantrag zu stellen, so ist dies neben dem Gesetzgebungskontext weiterer Beleg dafür, dass ihn weniger die Sorge um das Kindeswohl als die Beschleunigung des Asylverfahrens und der Aufenthaltsbeendigung angetrieben hat.[73]

f) Asylverfahrens- und aufenthaltsrechtliche Fragen

36k Bleibt sie auch jugendhilferechtlich ohne Folgen, könnte eine **unterbliebene Antragstellung** zu einem späteren Zeitpunkt, insbesondere im Falle einer späteren Asylantragstellung, negative asyl(verfahrens)- oder aufenthaltsrechtliche Konsequenzen haben.

Grundsätzlich kann eine verspätete Antragstellung gem. § 30 Abs. 3 Nr. 4 AsylG dazu führen, dass der Asylantrag – sofern er unbegründet ist – als offensichtlich unbegründet abgelehnt wird. Eine solche Tenorierung bringt nicht nur eine erhebliche Verkürzung des Rechtsschutzes mit sich (vgl. § 36 AsylG), sondern sperrt gem. § 10 Abs. 3 Satz 2 AufenthG auch die Erteilung eines Aufenthaltstitels, sofern diese im Ermessen der Ausländerbehörde steht. Die Anwendung von § 30 Abs. 3 Nr. 4 AsylG ist allerdings gem. Art. 25 Abs. 6 VerfahrensRL nur in Ausnahmefällen zulässig.

g) Aufgaben des Jugendamtes im Fall der Asylantragstellung

36l Entschließt sich das Jugendamt im Einvernehmen mit dem Kind oder der oder dem Jugendlichen, einen Asylantrag zu stellen, so unterliegt dieser in vollem Umfang den Vorschriften des AsylG, deren Einhaltung zu beachten ist.

Das bedeutet im Einzelnen:

Der **Asylantrag** ist gem. § 14 Abs. 2 Satz 1 Nr. 2, 3 AsylG **schriftlich** bei der Zentrale des Bundesamtes für Migration und Flüchtlinge in Nürnberg zu stellen. Wird er irrtümlich bei der Ausländerbehörde gestellt, ist diese gem. § 14 Abs. 2 Satz 2 AsylG verpflichtet, den Antrag unverzüglich dem BAMF zuzuleiten.

---

72 *Achterfeld*, JAmt 2017, 349 (350), spricht von einem Zeitraum von wenigen Tagen oder Wochen.

73 Die Gesetzesänderung steht damit ganz in der Tradition der Geschichte des Asylverfahrens in der Bundesrepublik, die eine Geschichte der Beschleunigung ist.

Wird ein **isolierter Antrag auf Feststellung eines Abschiebungsverbots** nach § 60 Abs. 5 oder 7 AufenthG ohne Asylantrag gestellt, ist dafür die **Ausländerbehörde** zuständig,[74] die gem. § 72 Abs. 2 AufenthG nach vorheriger Beteiligung des BAMF entscheidet.

Inhaltlich ist zu klären, ob auch die Asylberechtigung beantragt oder Antrag gem. § 13 Abs. 2 Satz 2 AsylG auf die Zuerkennung internationalen Schutzes beschränkt wird. Nicht zur Disposition des Antragstellers steht, dass das BAMF gem. § 13 Abs. 2 Satz 3 i.V.m. § 24 Abs. 2 AsylG auch entscheidet, ob ein Abschiebungsverbot nach § 60 Abs. 5 oder 7 AufenthG („nationaler Abschiebungsschutz") besteht.

Zu klären ist ferner, ob der Asylantrag nur mit dem Mindestinhalt nach § 13 Abs. 1 AsylG gestellt oder bereits schriftlich vollumfänglich begründet wird, auch mit dem Ziel, eine Anhörung nach §§ 24, 25 AsylG überflüssig zu machen. Die Entscheidung darüber hängt auch davon ab, ob der betroffene junge Mensch bereits in der Lage ist, eine solche Anhörung zu absolvieren.[75]

Wird der Asylantrag bereits in vollem Umfang schriftlich begründet, so macht das eine Anhörung nicht unzulässig. Findet sie statt, besteht die Gefahr, dass die oder der Betroffene darin Angaben macht, die vom schriftlich Vorgetragenen abweichen („widersprüchliches Vorbringen"), oder sie oder er von der anhörenden Person in Widersprüche verwickelt wird oder Ergänzungen in der mündlichen Anhörung als sog. „gesteigertes Vorbringen" und der Vortrag insgesamt als unglaubhaft qualifiziert werden.[76]

In jedem Fall bedarf die Anhörung beim BAMF, die für die Betroffenen eine erhebliche Belastung darstellt, der sorgfältigen Vorbereitung.[77]

Im Asylverfahren besteht eine Reihe von **Mitwirkungspflichten**, für deren Beobachtung und Erfüllung das Jugendamt Sorge zu tragen hat. Die wichtigsten Mitwirkungspflichten enthält § 15 AsylG. Die Nichterfüllung von Mitwirkungspflichten ist vielfach verfahrens- oder materiellrechtlich sanktioniert. Wichtigste Sanktionen sind die **Rücknahmefiktion** wegen Nichtbetreibens des Asylverfahrens gem. § 33 AsylG sowie die Ablehnung eines unbegründeten Asylantrags gem. § 30 Abs. 3 Nr. 5 AsylG als offensichtlich unbegründet.[78] **36m**

Angesichts des kurzen Zeitraums, für den die Verpflichtung des Jugendamtes nach § 42 Abs. 2 Satz 5 SGB VIII besteht, ist eine Entscheidung über den Asylantrag nicht wahrscheinlich, aber auch nicht ausgeschlossen. Wird er abgelehnt, so hat das Jugendamt die Einlegung des gegebenen Rechtsmittels zu prüfen und im Zweifel dieses einzulegen.

Es handelt sich dabei um Streitigkeiten nach dem AsylG, die gem. § 82b AsylG **gerichtskostenfrei** sind.

Wird ein **Vormund oder Pfleger bestellt**, ist das Jugendamt verpflichtet, diesen unter Übergabe aller im Verfahren angefallenen Vorgänge über Verlauf und Stand des Verfahrens umfassend zu **informieren**.

III. Abs. 3 – Weitere Rechtsfolgen der Inobhutnahme

Angesichts der unklaren Regelungen des Abs. 1 Satz 1 Nr. 2 und der scheinbaren Konkurrenz zu Abs. 3 ist zunächst festzustellen, dass Absatz 3 ausschließlich die **Situation nach erfolg-** **37**

74 Vgl. NK-AuslR/*Möller/Stiegeler*, § 60 AufenthG Rn. 47.
75 Vgl. zur Antragstellung und zur Frage einer ausführlichen schriftlichen Begründung *Hocks/Leuschner* 2017, 132 ff.
76 Vgl. auch *Hocks/Leuschner* 2017, 135.
77 Siehe dazu NK-AuslR, 8.4a Merkblatt für Flüchtlinge zur Anhörung beim Bundesamt.
78 Wegen Einzelheiten zum Asylverfahren muss auf asylrechtliche Spezialliteratur verwiesen werden. Von hohem Gebrauchswert sind etwa die Ausführungen von *Hocks/Leuschner* 2017, 130 ff.

ter Inobhutnahme erfasst.[79] Die Vorschrift regelt also die Rechtsfolgen einer angeordneten Inobhutnahme in den Fällen des Abs. 1 Satz 1 Nr. 1 und 2.

1. Satz 1 – Unterrichtung der Personensorge- oder Erziehungsberechtigten und Risikoeinschätzung

38 Im Fall der Inobhutnahme eines Selbstmelders (Abs. 1 Satz 1 Nr. 1) oder wegen Gefährdung des Kindeswohls (Abs. 1 Satz 1 Nr. 2) hat das Jugendamt **unverzüglich** die Personensorge- oder Erziehungsberechtigten „von der Inobhutnahme" zu **unterrichten**, sie über diese Maßnahme aufzuklären und mit ihnen das Gefährdungsrisiko abzuschätzen. Das ist im Fall des Abs. 1 Satz 1 Nr. 1 naheliegend, da die Personensorge- oder Erziehungsberechtigten regelmäßig keine Kenntnis davon haben, dass sich das Kind oder der Jugendliche an das Jugendamt gewandt hat.

Im Fall des Abs. 1 Satz 1 Nr. 2 kommt der Pflicht zur Unterrichtung nur dann eine eigenständige Bedeutung zu, wenn die Personensorge- oder Erziehungsberechtigten vor Anordnung der Inobhutnahme nicht anwesend und nicht erreichbar waren.[80] Zur Frage, wie in einem solchen Fall eine wirksame Inobhutnahme bewirkt werden kann, vgl. unten bei Rn. 69 ff.

Der Unterrichtung kommt vor allem die Funktion zu, das Einverständnis der Eltern zum Verbleib der oder des Minderjährigen in der Obhut des Jugendamtes und einvernehmliche Regelungen für die Zukunft zu erreichen.

Die Unterrichtung hat **unverzüglich**, d.h. ohne schuldhaftes Zögern (§ 121 BGB) zu erfolgen. Dies ist **nicht** gleichbedeutend mit sofort. **Priorität** genießt die Aussprache und Beratung mit dem/der in Obhut genommenen Minderjährigen gemäß Abs. 2, weil sich daraus Folgerungen für die Abschätzung des Gefährdungsrisikos ergeben können. Darüber hinaus muss das Jugendamt ggfs. den Aufenthalt oder Kontaktdaten der Personensorgeberechtigten ermitteln. Scheitern diese Bemühungen, gilt Abs. 3 Satz 3.

Auch gegenüber den Personensorge- und Erziehungsberechtigten gilt, dass die **Aufklärung** über die Inobhutnahme umfassend und in einer **verständlichen, nachvollziehbaren und wahrnehmbaren** Form zu erfolgen hat. Das kann bei Personen, die der deutschen Sprache nicht oder nur in geringem Maße mächtig sind, die Hinzuziehung eines Dolmetschers erforderlich machen. Nicht weniger herausfordernd dürfte allerdings die **Aufklärung über die Inobhutnahme** und deren Bedeutung und Folgen sein.

39 Zugleich mit der Unterrichtung hat das Jugendamt gemäß Satz 1 Hs. 2 mit den Personensorge- oder Erziehungsberechtigten das **Gefährdungsrisiko abzuschätzen**. Aufgrund dieser Abschätzung vermag das Jugendamt darüber zu entscheiden, welche der beiden Alternativen des Satzes 2 es ergreift. Auch wenn die Personensorge- oder Erziehungsberechtigten einzubeziehen sind, bleibt die Einschätzung des Gefährdungsrisikos und die sich daraus ergebenden weiteren Maßnahmen eine **originäre Aufgabe des Jugendamts**. Das ergibt sich nicht zuletzt aus Satz 2 Nr. 1, nach dem die „Einschätzung des Jugendamts" für die Annahme einer Gefährdung bzw. deren Abwendung entscheidend ist.

2. Satz 2 – Widersprechen der Personensorge- oder Erziehungsberechtigten

40 Abs. 3 Satz 2 regelt das weitere Procedere in den Fällen, in denen die nach Satz 1 unterrichteten Personensorge- oder Erziehungsberechtigen der Inobhutnahme widersprechen. Hinsichtlich der an ein Widersprechen zu stellenden Anforderungen gilt das oben zu Abs. 1

---

79 Ebenso jurisPK-SGB VIII/*Kirchhoff*, § 42 Rn. 178.

80 Vgl. jurisPK/*Kirchhoff*, § 42 Rn. 180; anders jetzt Wiesner/Wapler/*Dürbeck*, der darin eine Konkretisierung der Voraussetzungen für die Befugnis zur Inobhutnahme sieht, was mit dem Wortlaut der Vorschrift nicht vereinbar ist.

Satz 1 Nr. 2 Buchst. a Gesagte (vgl. oben Rn. 15) entsprechend. Erforderlich ist also eine eindeutige Erklärung des Inhalts, dass die Betroffenen mit der Inobhutnahme nicht einverstanden sind. Bloßes Schweigen genügt nicht. Auch hier liegt im Fall unterschiedlicher Erklärungen zweier Personensorgeberechtigter kein wirksames Widersprechen vor.[81] Rechtsfolge eines Nicht-Widersprechens in diesem Sinne ist gem. Abs. 3 Satz 5 die Einleitung eines Hilfeplanverfahrens, nicht aber die Anrufung des Familiengerichts. Zur nicht enden wollenden Diskussion über die Frage des **Verhältnisses dieses Widersprechens zu einem Widerspruch** i.S.d. § 69 VwGO vgl. unten Rn. 76.

Widersprechen in diesem Sinne die Personensorge- oder Erziehungsberechtigten der Inobhutnahme, ergeben sich für das Jugendamt **zwei Handlungsoptionen**.

a) Satz 2 Nr. 1 – Übergabe an die Personensorge- oder Erziehungsberechtigten

Besteht nach seiner nach Abs. 2 und Abs. 3 Satz 1 gewonnenen Einschätzung eine **Gefährdung** des Kindeswohls entweder **nicht (mehr)** oder sind die Personensorge- oder Erziehungsberechtigten **bereit** und erforderlichenfalls mit Hilfe und Unterstützung des Jugendamts in der Lage, **die Gefährdung abzuwenden**, hat das Jugendamt nach Satz 2 Nr. 1 das Kind oder den Jugendlichen unverzüglich den Personensorge- oder Erziehungsberechtigten zu übergeben. Obwohl der Gesetzgeber eine entsprechende Unterrichtung unverständlicherweise in Abs. 2 Satz 1 gegenüber den Kindern und Jugendlichen nicht normiert hat, sind auch diese über geeignete Hilfen zu beraten. 41

Die **Übergabe** hat in Absprache mit den Personensorge- oder Erziehungsberechtigten in der Regel im Jugendamt zu erfolgen. Sind die Personensorge- oder Erziehungsberechtigten etwa aus gesundheitlichen Gründen nicht in der Lage, den Minderjährigen abzuholen, kann die Übergabe auch in ihrem Haushalt oder an einem sonstigen Ort erfolgen. Da die Inobhutnahme gemäß Abs. 4 Nr. 1 erst mit der tatsächlichen Übergabe endet, hat das Jugendamt bis dahin in Verfolg der Verpflichtungen nach Abs. 2 Satz 3 und 4 für das Kind oder den Jugendlichen zu sorgen und erforderlichenfalls die notwendigen Rechtshandlungen vorzunehmen.

Zwar hat das Jugendamt die vorstehende Option unverzüglich zu prüfen. Dass die geforderten **Voraussetzungen** im Fall des § 42 Abs. 1 Nr. 2 SGB VIII, dass nämlich eine Gefährdung des Kindeswohls nicht besteht oder die Sorgeberechtigten bereit und in der Lage sind, die Gefährdung abzuwenden, **vorliegen**, ist praktisch schlechterdings **kaum vorstellbar**. 42

Die durch Abs. 3 Nr. 1 erfasste Situation zeichnet sich dann nämlich dadurch aus, dass die Inobhutnahme erfolgt ist, weil eine dringende Gefahr für das Wohl des Kindes oder des Jugendlichen die Inobhutnahme erfordert hat, die Personensorgeberechtigten entweder **nicht widersprochen** haben **oder** im Fall des und Widersprechens eine **Entscheidung des Familiengerichts** zur Sicherung des Kindeswohls zu spät **gekommen** wäre. Sie zeichnet sich ferner dadurch aus, dass die Inobhutnahme nach einer von Amts wegen erfolgten Sachverhaltsaufklärung (vgl. § 20 Abs. 1 SGB X) und einer, festgemacht am Merkmal der Erforderlichkeit, allenthalben geforderten Verhältnismäßigkeit erfolgt ist. Sie zeichnet sich schließlich dadurch aus, dass die Prüfung nach Nr. 1 **unverzüglich** zu erfolgen hat. Warum innerhalb

81 A.A. jurisPK-SGB VIII/Kirchhoff, § 42 Rn. 192, der das Jugendamt für verpflichtet hält, in einem solchen Fall nach § 42 Abs. 3 Satz 2 Nr. 2 SGB VIII eine Entscheidung des Familiengerichts einzuholen. Wegen des „weitgehenden Eingriffs" in das Elternrecht sei die Einschaltung eines unabhängigen Richters in solchen Fällen verfassungsrechtlich geboten. Das übersieht, dass in diesem Fall die Voraussetzungen des Abs. 3 Satz 2 Nr. 2 gerade nicht vorliegen und die Aufgabe, bei widerstreitenden Erklärungen einen unabhängigen Richter einzuschalten, nach § 1628 Satz 1 BGB einem Elternteil, nicht aber dem Jugendamt obliegt.

eines Zeitraums, der allenfalls in Stunden zu bemessen ist[82], die Einschätzung des Jugendamts eine gänzlich andere sein soll, ist nicht erkenn- oder erklärbar.

Anders mag die Situation im Fall der Inobhutnahme eines sog. **Selbstmelders** sein. Hier kann die Einschätzung der Gefährdungslage unter Einbeziehung der Personensorge- oder Erziehungsberechtigten zu einem anderen Ergebnis führen, als dies zum Zeitpunkt der Inobhutnahme der Fall war.

b) Satz 2 Nr. 2 – Herbeiführung einer Entscheidung des Familiengerichts

43 Besteht die Gefährdung des Kindeswohls fort, hat das Jugendamt gemäß Abs. 3 Satz 2 Nr. 2 unverzüglich eine **Entscheidung des Familiengerichts** herbeizuführen. Wenn es in der Literatur heißt, dass die dahingehende Einschätzung des Jugendamts und die Fortdauer der Inobhutnahme bis zum Zeitpunkt der gerichtlichen Entscheidung immer wieder zu überprüfen sei,[83] so ist dies zwar richtig, bedeutet aber nicht, dass es gleichsam eines permanenten Einschätzungsvorgangs bedürfte. Eine **Neueinschätzung** ist immer dann vorzunehmen, wenn in den die Entscheidung zur Anrufung des Familiengerichts tragenden **Umständen Änderungen** eingetreten sind, etwa die gefährdende Person nachweislich nicht mehr im elterlichen Haushalt lebt.

44 Das **Familiengericht** entscheidet **nicht** über die **Rechtmäßigkeit** der vorgenommenen Inobhutnahme, sondern ausschließlich über deren **Fortdauer** sowie über ggf. zu treffende **Maßnahmen**.[84] Da es sich bei der Inobhutnahme um eine vorläufige Schutzmaßnahme handelt, ist im familiengerichtlichen Verfahren über die notwendigen Maßnahmen und Hilfen zu entscheiden, die ihre Beendigung ermöglichen. In Betracht kommen insoweit insbesondere Maßnahmen nach § 1666 Abs. 2 BGB, etwa die Anordnung gegenüber den Personensorge- oder Erziehungsberechtigten, Hilfen in Anspruch zu nehmen, oder der teilweise Entzug der elterlichen Sorge und Übertragung auf einen Pfleger.[85] Zu Recht wird die Ersetzung der Zustimmung der Personensorge- oder Erziehungsberechtigten zur Inobhutnahme nicht als ausreichend angesehen, weil sie rein retrospektiv wäre und keine Perspektive für den weiteren über die Inobhutnahme hinausreichenden Hilfeprozess eröffnen würde.[86]

45 Aus diesem **Entscheidungsprogramm** des Familiengerichts ergeben sich zugleich die das Jugendamt treffenden Obliegenheiten, um eine „Entscheidung des Familiengerichts herbeizuführen". Auch wenn das Familiengericht gemäß § 23 FamFG von Amts wegen die zur Feststellung der entscheidungserheblichen Tatsachen erforderlichen Ermittlungen durchzuführen hat, ist das Jugendamt verpflichtet, die aus seiner Sicht erheblichen Tatsachen im verfahrenseinleitenden Schriftsatz **umfassend und geordnet vorzutragen** und aufzubereiten (vgl. dazu im Einzelnen die Erläuterungen im Anhang zu § 50 SGB VIII). Dies dient nicht nur der Beschleunigung, das Jugendamt verfügt vielmehr zu diesem Zeitpunkt aufgrund der Erörterung des Gefährdungsrisikos mit den betroffenen Minderjährigen sowie mit den Personensorge- oder Erziehungsberechtigten über die besseren Kenntnisse der Sachlage.

46 Das **Familiengericht** ist seinerseits gehalten, **unverzüglich eine Entscheidung** zu treffen.[87] Das Jugendamt kann das Gericht nicht dazu zwingen, kann aber durch ordnungsgemäßen Vortrag dazu beitragen. Umgekehrt sind die Folgen einer verzögerten Entscheidung des Gerichts dem Jugendamt nicht vorwerfbar.

---

82 Solches wird ja gerade gefordert, weil andernfalls die Inobhutnahme rechtswidrig würde. Vgl. jurisPK-SGB VIII/Kirchhoff, § 42 Rn. 188.
83 So etwa Wiesner/Wapler/*Dürbeck*, § 42 SGB VIII Rn. 45, 48a.
84 Vgl. dazu *Trenczek/Meysen*, JAmt 2010, 543 ff. sowie die Erwiderung von *Möller*, JAmt 2011, 126 ff.
85 Vgl. ergänzend Wiesner/Wapler/*Dürbeck*, § 42 SGB VIII Rn. 47; LPK-SGB VIII/*Kepert*, § 42 Rn. 92 ff., jeweils m.w.N.
86 Wiesner/Wapler/*Dürbeck*, § 42 SGB VIII Rn. 46; LPK-SGB VIII/*Kepert*, § 42 Rn. 91.
87 Zu Einzelheiten vgl. Anhang zu § 50 Rn. 6 ff.

3. Satz 3 – Nichterreichbarkeit der Personensorge- oder Erziehungsberechtigten

Die soeben erörterte Pflicht, unverzüglich eine Entscheidung des Familiengerichts herbeizuführen (Satz 2 Nr. 2), gilt gemäß Satz 3 auch dann, wenn die Personensorge- oder Erziehungsberechtigten **nicht erreichbar** sind. Sie sind nicht erreichbar, wenn ihre **Anschrift** nicht aus vorhandenen Akten hervorgeht und auch nicht durch Befragung des Kindes oder Jugendlichen oder eine Auskunft **festgestellt** werden kann **und** eine **tatsächliche Kontaktaufnahme** mit ihnen nicht möglich ist. Ist zwar die Anschrift bekannt, die Person wird aber nicht angetroffen oder sonst erreicht, ist eine Nachricht über die Inobhutnahme und die Einschaltung des Familiengerichts zu hinterlassen. Die vom Familiengericht zu treffenden Maßnahmen hängen davon ab, ob die Personensorge- oder Erziehungsberechtigten im Sinne des § 1674 BGB an der tatsächlichen Ausübung der elterlichen Sorge gehindert sind oder eine Gefährdung des Kindeswohls i.S.d. § 1666 BGB vorliegt.[88] 47

4. Satz 4 – Bestellung eines Vormunds oder Pflegers

Die **Verpflichtung des Jugendamts**, unverzüglich die Bestellung eines Vormunds oder Pflegers zu veranlassen, betrifft **ausschließlich den Fall** der Inobhutnahme von unbegleiteten ausländischen Kindern oder Jugendlichen. Die seit 1. November 2015 geltenden Vorschriften über die der Inobhutnahme nach § 42 Abs. 1 Satz 1 Nr. 3 SGB VIII regelmäßig vorausgehende **vorläufige Inobhutnahme** sehen nur **ausnahmsweise** eine dahin gehende Pflicht des Jugendamts vor. Nur in den Fällen der bis zum 31.12.2016 geltenden **Übergangsregelung** des § 42b Abs. 3 Satz 2 SGB VIII hatte es die Bestellung eines Pflegers oder Vormunds zu veranlassen. Dagegen ist der vorliegende § 42 Abs. 3 Satz 4 SGB VIII im Katalog der entsprechend geltenden Vorschriften über die (endgültige) Inobhutnahme in § 42a Abs. 1 Satz 2 SGB VIII gerade nicht enthalten. Das bedeutet, dass für die aufgrund der Verteilungsentscheidung durch das Bundesverwaltungsamt einem Jugendamt zugewiesenen unbegleiteten ausländischen Minderjährigen ein Vormund oder Pfleger regelmäßig noch nicht bestellt ist. Das ist nach § 42 Abs. 3 Satz 4 SGB VIII durch das aufnehmende Jugendamt unverzüglich durch **Einschaltung des Familiengerichts** zu veranlassen. Die Bestellung selbst ist Aufgabe des Familiengerichts. 48

Erörterungen in der Literatur oder der Rechtsprechung, die sich in der Vergangenheit mit der Frage der Notwendigkeit der Bestellung eines Vormunds oder Pflegers für **über 16-Jährige** wegen deren ausländer- und asylrechtlichen **Handlungsfähigkeit** auseinandersetzten,[89] haben sich durch die Änderung von § 80 AufenthG durch das UMG und von § 12 AsylG durch das Asylverfahrensbeschleunigungsgesetz,[90] nach denen Handlungsfähigkeit erst mit Volljährigkeit, also mit Vollendung des 18. Lebensjahres eintritt, erledigt. 49

Diskutiert wurde die Frage, ob neben dem Jugendamt als Amtsvormund (§ 1791b BGB) oder eines sonstigen Vormunds ein **Rechtsanwalt** als **Ergänzungspfleger** (§ 1909 BGB) oder Mitvormund (§ 1797 Abs. 2 BGB) in ausländer- und asylrechtlichen Angelegenheiten zu bestellen ist oder bestellt werden darf. Der **BGH** hat dies in zwei Entscheidungen[91] verneint und zur Begründung darauf verwiesen, für die Anordnung einer Pflegschaft wegen persönlicher Unzulänglichkeit des Vormunds bestehe grundsätzlich kein Raum. Weiter heißt es: 50

> *„Verfügt der Vormund, dessen generelle Eignung nicht in Frage steht, nicht über die zur sachgerechten Besorgung einzelner Geschäfte des Mündels erforderliche Sachkunde, ist es seine Sache, diesen Mangel an Eignung in eigener Verantwortung durch Inanspruchnahme fachspezifischer Hilfen auszugleichen. Bei fehlender juristischer Sachkunde muss sich der Vormund daher um ge-*

88 Wiesner/Wapler/*Dürbeck*, § 42 SGB VIII Rn. 49.
89 Vgl. dazu Wiesner/Wapler/*Wiesner*, § 42 SGB VIII Rn. 50.
90 Vom 20.10.2015, BGBl. I S. 1722.
91 Vom 29.5.2013, XII ZB 530/11, ZKJ 2013, 413, und XII ZB 124/12, 426, juris.

eignete Rechtsberatung und im gerichtlichen Verfahren um eine anwaltliche Vertretung für seinen Mündel bemühen (...) Komplizierte Rechtsangelegenheiten des Mündels können für einen Vormund nicht nur auf dem Gebiet des Asyl- und Ausländerrechts, sondern in vielfältiger Weise auch auf anderen Rechtsgebieten zu besorgen sein. Es entspricht indessen dem Wesen der Vormundschaft, dass der Vormund seinen Mündel erforderlichenfalls auch bei schwierigen Geschäften oder Geschäftskomplexen zu vertreten hat. Dies schließt es im Falle der Bevollmächtigung eines Rechtsanwaltes notwendigerweise ein, dass der Vormund auf der Grundlage der von dem Rechtsanwalt erteilten Beratung und Belehrung für seinen Mündel Entscheidungen zu treffen und den Bevollmächtigten entsprechend zu instruieren hat. Weder dieser Umstand noch das allgemeine Haftungsrisiko, welches der Vormund bei einer schuldhaften (§ 1833 Abs. 1 Satz 1 BGB) Verletzung seiner Pflicht zur treuen und gewissenhaften Führung der Vormundschaft ausgesetzt ist, können es deshalb rechtfertigen, den Vormund aus seiner Verantwortung für den Mündel zu entlassen (...). Stehen der Inanspruchnahme rechtlichen Beistands die finanziellen Verhältnisse des Mündels entgegen, ist dieser Mangel durch Beratungshilfe (hier: durch Öffentliche Rechtsberatung) und im gerichtlichen Verfahren durch Prozess- bzw. Verfahrenskostenhilfe zu beheben (...). Die Pflegschaft ist dem gegenüber kein Instrument, um einem unbemittelten Kind aus öffentlichen Kassen Sozialleistungen zu gewähren, auf die ein mittelloses Kind ohne Einrichtung einer Pflegschaft keinen Anspruch hätte; dies gilt auch für Sozialleistungen im Bereich der Rechtspflege."[92]

Auch aus der UN-KRK folge nichts anderes. Selbst wenn deren Regelungen das Gebot entnommen werden könne, dass ein mittelloses unbegleitetes Kind neben der Bestellung eines Vormunds im Falle seiner Beteiligung an einem Asylverfahren oder an sonstigen Verwaltungs- und Gerichtsverfahren unentgeltlichen Zugang zu einem Rechtsbeistand erhalten solle, werde dieser Zugang in der Bundesrepublik konventionskonform durch das System der Beratungs- und Prozesskostenhilfe gewährleistet. Insbesondere aus Art. 3 UN-KRK ergebe sich nichts Abweichendes, da das Kindeswohl keinen absoluten Vorrang beanspruchen könne.[93] Die europarechtlich begründete Kritik hat der BGH in einem weiteren Beschluss zurückgewiesen und an seiner Auffassung festgehalten.[94]

51 Festzuhalten ist indes auch an der **Kritik dieser Rechtsprechung**. Nach Art. 25 Abs. 1 Buchst. a Verfahrens-RL haben die Mitgliedstaaten zu gewährleisten, dass ein Vertreter den unbegleiteten Minderjährigen vertritt und unterstützt, damit dieser die Rechte aus dieser Richtlinie in Anspruch nehmen und den sich aus dieser Richtlinie ergebenden Pflichten nachkommen kann. Der Vertreter muss hierfür **in eigener Person** über die erforderliche Fachkenntnis verfügen. Gleiches gilt nach Art. 24 Abs. 1 AufnahmeRL, nach dem der zur Wahrnehmung der Rechte aus der Richtlinie so bald wie möglich zu bestellende Vertreter des unbegleiteten Minderjährigen **entsprechend versiert** sein muss. Schließlich verlangt auch Art. 6 Abs. 2 der Dublin-III-VO, dass ein unbegleiteter Minderjährige in allen Verfahren, die in dieser Verordnung vorgesehen sind, von einem Vertreter vertreten und/oder unterstützt wird und dieser über die entsprechenden Qualifikationen und Fachkenntnisse verfügt, um zu gewährleisteten, dass dem Wohl des Minderjährigen während der nach dieser Verordnung durchgeführten Verfahren Rechnung getragen wird.[95] Alle vorstehend genannten europarechtlichen Vorschriften genießen im Übrigen **Anwendungsvorrang** gegenüber dem nationalen Recht der Mitgliedstaaten.

---

92 BGH, Urt. v. 29.5.2013, XII ZB 124/12, Rn. 21 f. m.w.N., juris.
93 BGH, Urt. v. 29.5.2013, XII ZB 124/12, Rn. 23 ff., juris.
94 BGH, Beschl. v. 4.12.2013, XII ZB 57/13 JAmt 2014, 161.
95 Vgl. dazu auch NK-AuslR/*Bruns*, § 12 AsylG Rn. 19; vgl. dazu ergänzend Wiesner/Wapler/*Dürbeck*, § 42 SGB VIII Rn. 50a.

5. Satz 5 – Verfahren bei Nichtwidersprechen der Personensorgeberechtigten

Widersprechen die Personensorgeberechtigten der Inobhutnahme nicht, ist nach Satz 5 unverzüglich ein Hilfeplanverfahren zur Gewährung einer Hilfe einzuleiten. Im Zuge dessen sind mit den Beteiligten die geeigneten Hilfen abzuklären und tunlichst einvernehmliche Regelungen anzustreben. Die Regelung gilt für alle Formen der Inobhutnahme nach Abs. 1 Satz 1 Nr. 1 bis 3. Vgl. zum Hilfeplanverfahren im Einzelnen die Erläuterungen zu § 36 SGB VIII. 52

IV. Abs. 4 – Beendigung der Inobhutnahme

§ 42 SGB VIII enthält **keine** festgelegte **zeitliche Grenze** für die Dauer einer Inobhutnahme. Diese richtet sich nach den Anforderungen der konkret zu bewältigenden Situation. Abs. 4 normiert ohne zeitliche Mindest- oder Höchstvorgaben die Beendigungstatbestände für die Inobhutnahme. 53

Das ist zum **einen** die **Übergabe** des Kindes oder Jugendlichen an die Personensorge- oder Erziehungsberechtigten (Nr. 1). Eine Übergabe liegt nicht bereits mit der Entscheidung des Jugendamtes nach Abs. 3 Satz 1 Nr. 1, sondern erst mit der **erfolgten tatsächlichen** Übergabe des oder der Minderjährigen in deren Obhut vor. Wo die Übergabe erfolgen soll, ist zwischen den Beteiligten abzustimmen. Das Jugendamt ist nicht verpflichtet, aber auch nicht gehindert, das Kind oder den Jugendlichen in den elterlichen oder einen anderen Haushalt zu bringen. Dies kann auch die Übergabe mit Einverständnis der Personensorge- oder Erziehungsberechtigten an eine andere Person, etwa die Großeltern, sein.[96]

Zweiter Beendigungstatbestand ist die „**Entscheidung über die Gewährung von Hilfen** nach dem Sozialgesetzbuch". Es muss sich also nicht notwendig um Hilfen nach dem SGB VIII handeln. In Betracht kommt insoweit etwa Eingliederungshilfe nach §§ 90 ff. SGB IX. 54

Zu Recht wird gefordert, das vorstehende Merkmal restriktiv dahin auszulegen, dass der Beendigungstatbestand erst dann erfüllt ist, wenn eine **Hilfe** auch tatsächlich **gewährt** wird.[97]

V. Abs. 5 – Freiheitsentziehende Maßnahmen

1. Satz 1 – Zulässigkeit freiheitsentziehender Maßnahmen

Abs. 5 stellt die notwendige förmliche gesetzliche Regelung i.S.d. Art. 104 Abs. 2 Satz 4 GG für den Fall einer Freiheitsentziehung dar. Eine **Freiheitsentziehung** als schwerste Form der Freiheitsbeschränkung ist nur dann gegeben, wenn die tatsächlich und rechtlich an sich gegebene körperliche Bewegungsfreiheit durch staatliche Maßnahmen nach jeder Richtung hin aufgehoben wird.[98] 55

Im Rahmen der Inobhutnahme sind freiheitsentziehende Maßnahmen in diesem Sinne nur zulässig, wenn und soweit sie erforderlich sind, um eine Gefahr für Leib oder Leben des Kindes oder Jugendlichen oder Dritter abzuwenden. Die Vorschrift enthält mehrfache Sicherungen. Zum einen ist eine Freiheitsentziehung **überhaupt nur zulässig**, „wenn" eine Gefahr für Leib oder Leben besteht. Die Gefährdung anderer Rechtsgüter wie Ehre oder Eigentum oder die Gefährdung des Kindeswohls in sonstiger Weise vermag hier anders als nach § 1631b BGB freiheitsentziehende Maßnahmen in keinem Fall zu rechtfertigen. Eine solche

96 Vgl. FK-SGB VIII/Trenczek, § 42 Rn. 52.
97 Vgl. FK-SGB VIII/*Trenczek*, § 42 Rn.51 („Überführung in andere Hilfeform").
98 Vgl. statt vieler BVerfGE 94, 166 (198); BVerfGE 105, 135, 239 (248).

Gefahr für Leib oder Leben ist zu bejahen, wenn der oder die in Obhut genommene Minderjährige **suizidgefährdet** ist oder in ernsthafter Weise Leib oder Leben anderer Personen **bedroht**. Erzieherische Zwecke und Ziele dürfen mit der Freiheitsentziehung nach dieser Vorschrift nicht verfolgt werden.

In diesen Fällen ist die Freiheitsentziehung zulässig, „**soweit**" sie zur Abwendung der Gefahr **erforderlich** ist. Diese Einschränkung hat zunächst eine zeitliche Dimension, d.h., die Freiheitsentziehung ist **zu beenden, sobald** die genannte Gefahr **nicht mehr besteht**. Sie hat aber auch eine sachliche Dimension dergestalt, dass unter den freiheitsentziehenden Maßnahmen nur die zulässig sind, die erforderlich sind, d.h. jene, die am wenigstens in die Freiheit eingreifen. Schließlich bedingt die Erforderlichkeit der Freiheitsentziehung, dass sie nur dann zulässig ist, wenn die Gefahr **nicht** durch **andere Maßnahmen**, etwa eine engmaschige Begleitung und Betreuung, **abgewendet** werden kann (zu den verfahrensrechtlichen Anforderungen vgl. sogleich Rn. 58 ff.).

2. Satz 2 – Freiheitsentziehung und gerichtliche Entscheidung

a) Notwendigkeit gerichtlicher Entscheidung

56 Gemäß **Art. 104 Abs. 2 Satz 1 GG** hat nur der Richter über die Zulässigkeit und Fortdauer einer Freiheitsentziehung zu entscheiden. Die Freiheitsentziehung setzt danach grundsätzlich eine **vorhergehende richterliche Anordnung** voraus.[99] Es handelt sich um die verfahrensrechtliche Absicherung des Freiheitsrechts aus Art. 2 Abs. 2 Satz 2 GG. Nach Art. 104 Abs. 2 Satz 3 GG darf die Polizei aus eigener Machtvollkommenheit niemanden länger als bis zum Ende des Tages nach dem Ergreifen in eigenem Gewahrsam halten. § 42 Abs. 5 Satz 2 SGB VIII konkretisiert diese Vorgabe für den Bereich der Inobhutnahme.[100] Die Vorschrift **begrenzt die Freiheitsentziehung** ohne gerichtliche Entscheidung auf den Ablauf des Tages nach ihrem Beginn. Beginnt eine freiheitsentziehende Maßnahme also etwa am 5. eines Monats um 15.00 Uhr, ist sie spätestens am 6. dieses Monats um 24.00 Uhr zu beenden, sofern keine gerichtliche Entscheidung vorliegt. Diese Vorschrift setzt dem Festhalten einer Person ohne richterliche Entscheidung mit dem Ende des auf das Ergreifen folgenden Tages eine äußerste Grenze,[101] **bedeutet** jedoch **nicht**, dass mit der Beantragung oder dem Ergehen einer gerichtlichen Entscheidung bis zu diesem Zeitpunkt **zugewartet** werden dürfte. Vielmehr ist gemäß Art. 104 Abs. 2 Satz 2 GG bei jeder nicht auf richterlicher Anordnung beruhenden Freiheitsentziehung **unverzüglich eine richterliche Entscheidung herbeizuführen**. Liegt mithin bei Beginn der freiheitsentziehenden Maßnahme noch keine richterliche Entscheidung vor, die die Freiheitsentziehung anordnet oder gestattet, ist diese unverzüglich, d.h. auch hier ohne schuldhaftes Zögern und damit schnellstmöglich, herbeizuführen, da mit der Freiheitsentziehung in die grundrechtlich durch Art. 2 Abs. 2 Satz 2 GG geschützte Freiheit der Person eingegriffen wird.

57 „Unverzüglich" ist dahin auszulegen, dass die richterliche Entscheidung ohne jede Verzögerung, die sich nicht aus sachlichen Gründen rechtfertigen lässt, nachgeholt werden muss. Die fehlende Möglichkeit, einen Richter zu erreichen, wird angesichts der verfassungsrechtlichen Verpflichtung des Staates, der Bedeutung des Richtervorbehalts durch geeignete organisatorische Maßnahmen Rechnung zu tragen, nicht ohne Weiteres als unvermeidbares Hindernis für die unverzügliche Nachholung der richterlichen Entscheidung angesehen.[102]

---

99 Vgl. nur BVerfGE 10, 302 (321); 22, 311 (317).
100 In diesem Sinne auch MüKo/*Tillmanns*, § 42 SGB VIII Rn. 19.
101 BVerfGE 83, 24 (33).
102 Vgl. BVerfGE 103, 142 (151 ff., 156).

b) Inhalt der gerichtlichen Entscheidung und Verfahren

58 **Gegenstand** der gerichtlichen Entscheidung ist zunächst die Zulässigkeit der freiheitsentziehenden Maßnahme. Dabei hat das **Familiengericht** auf der Grundlage der von ihm zu treffenden eigenen Feststellungen in eigener Verantwortung und **ohne Bindung an die Feststellungen** und deren **Bewertung** durch das **Jugendamt** zu prüfen, ob die gesetzlich vorausgesetzte Gefahr für Leib und Leben gegeben und die Freiheitsentziehung erforderlich ist. Danach kann es (bei vorgängiger Entscheidung) die freiheitsentziehende Maßnahme für zulässig erachten oder (bei nachträglicher Entscheidung) genehmigen oder eine solche Entscheidung ablehnen.

59 Über die Frist des Abs. 5 Satz 2 hinaus ist eine Unterbringung nur auf der Grundlage des § 1631b BGB zulässig. Deren Genehmigung erfordert einen Antrag der **Personensorgeberechtigten**. Haben diese der Inobhutnahme widersprochen oder sind sie mit einer Unterbringung nicht einverstanden, kann eine gerichtliche Entscheidung überhaupt nur ergehen, wenn ihr eine Entscheidung des Gerichts nach §§ 1666, 1666a BGB vorausgeht, mit der den Personensorgeberechtigten die **Personensorge** teilweise **entzogen** und auf das Jugendamt als Ergänzungspfleger übertragen wird. Dessen Aufenthaltsbestimmung zur freiheitsentziehenden Unterbringung unterliegt dann der Genehmigung durch das Familiengericht.[103]

60 Die freiheitssichernde Funktion des Art. 2 Abs. 2 Satz 2 GG setzt Maßstäbe auch hinsichtlich des bei der gerichtlichen Entscheidung einzuhaltenden Verfahrens. Danach ist es erforderlich, dass die Entscheidung auf einer hinreichenden richterlichen Sachaufklärung beruht und eine ausreichende tatsächliche Grundlage hat. Im gerichtlichen Verfahren sind die Personensorgeberechtigten und der oder die betroffene Minderjährige **zwingend persönlich anzuhören**, damit sich das Gericht einen persönlichen Eindruck verschaffen kann.[104]

c) Freiheitsentziehung ohne gerichtliche Entscheidung?

61 Ergeht keine fristgerechte **Entscheidung des Familiengerichts**, so ist nach dem **Wortlaut** der Vorschrift die **Freiheitsentziehung zu beenden**. Da die Freiheitsentziehung eine abzuwendende Gefahr für Leib oder Leben des Kindes oder des Jugendlichen oder Dritter voraussetzt, bedeutet ihre Beendigung, dass die Gefahr fortbesteht und sich jederzeit realisieren kann. Angesichts dieses Ergebnisses werden unterschiedliche Wege diskutiert, um in einem solchen Fall eine Gefährdung von Leib und Leben der Minderjährigen zu verhindern. Nach *Dürbeck* kann die Säumigkeit des Jugendamts und/oder des Familiengerichts dem Staat aber nicht das Recht geben oder gar die Pflicht auferlegen, das Kind oder den Jugendlichen einer akuten Gefahr für Leib oder Leben auszusetzen. Bei einer Fortdauer der Gefährdung des Rechtsgutes Leben erscheine deshalb die Fortsetzung der Freiheitsentziehung auch ohne gerichtliche Entscheidung über den Ablauf der Frist hinaus zulässig und im Einzelfall sogar geboten. Diese Berechtigung ergebe sich aus einer Güterabwägung: Die Gefahr für das Leben des Kindes oder des Jugendlichen bzw. eines Dritten wiegt schwerer als die Freiheitsentziehung. Wie nach der Gegenansicht die Herbeiführung einer Gefährdung des Kindes oder des Jugendlichen oberhalb der Schwelle des § 1666 BGB mit deren Freizügigkeit gerechtfertigt werden könne, sei nicht nachvollziehbar.[105] Nach dieser Gegenansicht ist die Freiheitsentziehung über den in § 42 Abs. 5 Satz 2 genannten Zeitraum hinaus ohne gerichtliche Genehmigung unzulässig.[106] Jedes weitere Festhalten, so *Trenczek*, stelle eine strafbare Freiheitsbe-

103 Wiesner/Wapler/*Dürbeck*, § 42 SGB VIII Rn. 65; BVerfG NJW 2007, 3560 (3562).
104 BVerfG NJW 2007, 3560 (3561).
105 Wiesner/Wapler/*Dürbeck*, § 42 SGB VIII Rn. 64 mit zahlreichen Nachweisen aus der Literatur.
106 LPK-SGB VIII/*Kepert*, § 142 Rn. 118; FK-SGB VIII/*Trenczek*, § 42 Rn. 57.

raubung (§ 239 StGB) dar, soweit sie nicht bei andauernder Gefahr für Leib oder Leben durch Nothilfe bzw. Notstandsvorschriften (§§ 32, 34 StGB) gerechtfertigt sei.[107]

62 Die vorstehend referierte Diskussion beruht notwendig auf der Annahme, dass eine auch nachträgliche richterliche Entscheidung innerhalb der Frist des Satzes 2 nicht möglich ist.[108] Bereits diese Grundlage ist nachhaltig infrage zu stellen. Das BVerfG hat in mehreren Entscheidungen die Anforderungen an die Ermöglichung richterlicher Überprüfung formuliert. In der Entscheidung vom 15.5.2002 hat es ausgeführt:

> *„Der Richtervorbehalt dient der verstärkten Sicherung des Grundrechts aus Art. 2 Abs. 2 Satz 2 GG. Alle staatlichen Organe sind verpflichtet, dafür Sorge zu tragen, dass der Richtervorbehalt als Grundrechtssicherung praktisch wirksam wird (vgl. zu Art. 13 Abs. 2 GG BVerfGE 103, 142 [151 ff.]). Für den Staat folgt daraus die verfassungsrechtliche Verpflichtung, die Erreichbarkeit eines zuständigen Richters – jedenfalls zur Tageszeit (vgl. etwa § 188 Abs. 1 ZPO, § 104 Abs. 3 StPO) – zu gewährleisten und ihm auch insoweit eine sachangemessene Wahrnehmung seiner richterlichen Aufgaben zu ermöglichen (vgl. BVerfG, a.a.O., S. 156). (…) Die fehlende Möglichkeit, einen Richter zu erreichen, kann angesichts der verfassungsrechtlichen Verpflichtung des Staates, der Bedeutung des Richtervorbehalts durch geeignete organisatorische Maßnahmen Rechnung zu tragen, nicht ohne Weiteres als unvermeidbares Hindernis für die unverzügliche Nachholung der richterlichen Entscheidung gelten (vgl. BVerfGE 103, 142 [151 ff., 156]).“*[109]

Zugleich hat das Gericht darauf hingewiesen, dass Vorkehrungen für die Erreichbarkeit eines Richters zu treffen und Anstrengungen zu unternehmen sind, einen Richter zu erreichen. Der bloße Hinweis auf den „Dienstschluss“ des zuständigen Amtsgerichts reiche nicht aus, weil es allgemein festgelegte Dienstzeiten für Richter nicht gebe.[110]

63 Angesichts dieser eindeutigen verfassungsrechtlichen Vorgaben wäre es für die Legitimation einer Fristüberschreitung zunächst erforderlich darzulegen, warum Jugendämter und Familiengerichte **nicht in der Lage sein sollten**, eine fristgemäße gerichtliche Entscheidung herbeizuführen bzw. zu treffen. Ein sachlicher Grund dafür ist jedenfalls nicht ersichtlich.

Eine Freiheitsentziehung ohne gerichtliche Entscheidung über die Frist des Satzes 2 hinaus ist daher **rechtswidrig**. Weder vermag eine „Abwägung“ ohne entsprechende gesetzliche Grundlage noch vermögen strafrechtliche Rechtfertigungs- oder Entschuldigungsgründe (§§ 32, 34, 35 StGB) staatliches Handeln zu legitimieren. Allenfalls die konkret handelnden Personen des Jugendamts können sich gegenüber dem strafrechtlichen Vorwurf der Freiheitsentziehung (§ 239 StGB) auf Nothilfe- oder Notstandsvorschriften (§§ 32, 34 StGB) oder einen entschuldigenden Notstand (§ 35 StGB) berufen, sofern die jeweiligen Voraussetzungen vorliegen.

VI. Abs. 6 – Anwendung unmittelbaren Zwangs

64 Nach Abs. 6 sind „die dazu befugten Stellen hinzuziehen“, sofern bei der Inobhutnahme die **Anwendung unmittelbaren Zwangs** erforderlich ist. Die Vorschrift wird dahin verstanden, dass „die Befugnis zur Inobhutnahme, insbesondere zur Wegnahme des Kindes oder Jugendlichen, nicht die Befugnis zur Anwendung unmittelbaren Zwangs, also die Befugnis zur Einwirkung auf Personen oder Sachen durch körperliche Gewalt, z.B. durch Aufbrechen einer Wohnung oder Unterdrückung der Gegenwehr einer Person, bei der sich das Kind oder der Jugendliche aufhält“, beinhalte. Entsprechende Maßnahmen seien „nur auf der Grund-

---

107 FK-SGB VIII/*Trenczek*, § 42 Rn. 57.

108 Sie steht damit in auffälligem Widerspruch zu der die überwiegende Rechtsprechung zu § 42 Abs. 1 Satz 1 Nr. 2 Buchst. b tragenden Annahme, dass das Familiengericht angesichts obligatorischer Notdienste gleichsam immer erreichbar und entscheidungsfähig sei (vgl. oben Rn. 16 ff.).

109 BVerfGE 105, 239 (248 f.).

110 BVerfGE 105, 239 (251).

lage der Vollstreckungsgesetze der Länder durch die Beamten des allgemeinen Polizeivollzugsdiensts zulässig".[111]

Ganz so einfach, wie diese Äußerung suggeriert, ist die Sache freilich nicht, zumal in Abs. 6 nicht von der Polizei, sondern von den zur Anwendung unmittelbaren Zwangs „befugten Stellen" die Rede ist. Bereits der Ansatzpunkt, wonach entsprechende Maßnahmen nur auf der „Grundlage der Vollstreckungsgesetze" durch die „Beamten des allgemeinen Polizeivollzugsdiensts" zulässig seien, ist in dieser Allgemeinheit nicht zutreffend, da **Vollstreckungsbehörde** nach den Vollstreckungsgesetzen der Länder **gerade nicht** die **Polizei** ist, sondern Verwaltungsakte von der Behörde vollstreckt werden, **die den Verwaltungsakt erlassen hat**.[112] Das ist in diesem Fall aber das Jugendamt.[113] Dieses ist also durchaus befugt, einen Schlüsseldienst herbeizurufen, um eine Wohnung öffnen zu lassen. Eine Hinzuziehung der Polizei kommt nur im Wege der Vollzugshilfe und nur dann in Frage, wenn unmittelbarer Zwang anzuwenden ist und die ersuchende Behörde nicht über die hierzu erforderlichen Dienstkräfte verfügt.[114] Es bleibt also dabei, dass die Durchsetzung einer Inobhutnahme eine originäre Aufgabe des Jugendamtes ist.

Der Ruf nach der Polizei jenseits der vollstreckungsrechtlichen Rechtslage ist also zuerst Ausdruck des Bemühens, das Jugendamt vom Odium der Behörde im Allgemeinen und dem einer erforderlichenfalls mit Zwang eingreifenden Behörde zu befreien. Die salvatorische Berufung auf den rechtfertigenden Notstand nach § 34 StGB ist in solchen Fällen weder erforderlich noch hilfreich, da § 34 StGB das Eingreifen des Jugendamts als Behörde verwaltungsrechtlich nicht legitimieren, sondern allenfalls das Handeln der einzelnen Fachkraft strafrechtlich rechtfertigen könnte.

VII. Verfahren und Rechtsschutz

1. Verfahren

a) Inobhutnahme als Verwaltungsakt

Bei der **Inobhutnahme** nach § 42 Abs. 1 Satz 1 SGB VIII handelt es sich nach einhelliger Auffassung um einen **Verwaltungsakt** i.S.d. § 31 Satz 1 SGB X.[115] **Verwaltungsakt** ist **auch** die **Ablehnung** der Inobhutnahme. Daraus folgt: 65

- **Vor Erlass** des Verwaltungsakts sind die **Betroffenen**, also die Personensorgeberechtigten, gemäß **§ 24 Abs. 1 SGB X anzuhören**, da die Inobhutnahme in das Elternrecht nach Art. 6 Abs. 2 Satz 1 GG eingreift. Die **Anhörung** kann und wird bei der Inobhutnahme regelmäßig **mündlich** erfolgen. Die in § 42 Abs. 3 Satz 1 SGB VIII angesprochene Aufklärung stellt bereits deshalb keine Anhörung in diesem Sinne dar, weil sie anderes zum Gegenstand hat und erst nach erfolgter Inobhutnahme erfolgt. 66

---

111 Exemplarisch so zunächst Wiesner/Wapler/*Dürbeck*, § 42 SGB VII Rn. 66, unter Hinweis auf die durch das KICK erfolgte Klarstellung und die Gesetzesbegründung, BT-Drs. 15/3676, 37. Sodann meint *Dürbeck*, Fachkräfte des Jugendamtes würden zu „Dienstkräften einer Ordnungsbehörde", wenn man die Inobhutnahme als „ordnungsrechtliche Aufgabe" ansehe, und damit für deren Vollstreckung zuständig. Diese Auffassung ist zwar im Ergebnis zutreffend, beruht aber auf der unzutreffenden Gegenüberstellung von „ordnungsrechtlicher Aufgabe" und „Anwendung unmittelbaren Zwangs". Letztere stellt lediglich eine Form der Vollstreckung, aber keine eigene Aufgabe dar. Vgl. dazu sogleich.

112 Vgl. beispielhaft § 68 Abs. 1 HessVwVG.

113 Vgl. zur Problematik VG Gelsenkirchen FamRZ 2016, 1709 ff. mit Anm. *Vogel*.

114 So etwa § 51 Abs. 1 NPOG.

115 Vgl. statt vieler Wiesner/Wapler/*Dürbeck*, § 42 SGB VIII Rn. 67; LPK-SGB VIII/*Kepert*, § 42 Rn. 128; BVerwG, Urt. v. 11.7.2013, 5 C 24.12 = BVerwGE 147, 170; Brandenburgisches OLG, Beschl. v. 10.7.2019, 13 UF 121/19, ZKJ 2020, 177.

67 • Der Verwaltungsakt kann nach **§ 33 Abs. 2 Satz 1 SGB X schriftlich, elektronisch, mündlich** oder **in anderer Weise** erlassen werden. Im Rahmen des § 42 SGB VIII kommt vor allem der Erlass in schriftlicher oder mündlicher Form in Frage. Ein mündlicher Verwaltungsakt ist gemäß § 33 Abs. 2 Satz 2 SGB X schriftlich oder elektronisch zu bestätigen, wenn der Betroffene dies unverzüglich verlangt. Das in dieser Vorschrift weiter verlangte **berechtigte Interesse** an der Bestätigung besteht regelmäßig deshalb, weil sie der **Beweissicherung** etwa hinsichtlich des Beginns der Inobhutnahme dient und zur **Geltendmachung von Rechtsbehelfen** erforderlich ist. Aus den genannten Gründen empfiehlt sich auch aus der Perspektive des Jugendamtes, die Inobhutnahme schriftlich anzuordnen bzw. zu bestätigen.

• Wird die Inobhutnahme schriftlich oder elektronisch angeordnet oder schriftlich oder elektronisch bestätigt, so ist sie gemäß **§ 35 Abs. 1 SGB X** mit einer **Begründung** zu versehen, aus der sich die wesentlichen tatsächlichen und rechtlichen Gründe ergeben, die die Behörde zu ihrer Entscheidung bewogen haben.

68 • Gemäß **§ 39 Abs. 1 Satz 1 SGB X** wird der Verwaltungsakt gegenüber demjenigen, für den er bestimmt ist oder der von ihm betroffen wird, in dem **Zeitpunkt wirksam**, in dem er ihm **bekannt gegeben** wird. Die Bekanntgabe regelt § 37 SGB X. Nach dessen Abs. 1 ist der Verwaltungsakt gegenüber dem Betroffenen **bekannt zu geben**, wobei die Bekanntgabe auch gegenüber einem bestellten Bevollmächtigten erfolgen kann. Eine wirksame **Bekanntgabe** ist nur **gegenüber verfahrensfähigen Personen** i.S.d. § 11 SGB X möglich.[116] Das sind gem. § 11 Abs. 1 Nr. 1, 2 SGB X Personen, die nach bürgerlichem Recht geschäftsfähig oder eingeschränkt geschäftsfähig, aber für den Gegenstand des Verfahrens nach bürgerlichem oder öffentlichen Recht als handlungsfähig anerkannt sind.

Sind beide Elternteile oder ist der allein sorgeberechtigte Elternteil geschäftsunfähig oder beschränkt geschäftsfähig, liegen diese Voraussetzungen nicht vor. In diesen Fällen ruht die elterliche Sorge gem. § 1673 BGB. Ist ein Elternteil geschäftsfähig, wird die elterliche Sorge durch ihn alleine ausgeübt, ansonsten bedarf es der Bestellung eines Vormunds oder Pflegers. Soweit die elterliche Sorge beider Elternteile oder des allein sorgeberechtigten Elternteils ruht, ist der Verwaltungsakt gegenüber dem Vormund oder Pfleger bekannt zu geben.

69 Eine **wirksame Bekanntgabe**, die den Anforderungen der §§ 37 Abs. 1 Satz 1, 39 Abs. 1 Satz 1 SGB X genügt, allein gegenüber der oder dem in Obhut zu nehmenden Minderjährigen scheidet aus. Denn diese sind als Minderjährige allenfalls beschränkt geschäftsfähig.

Allerdings wird die Handlungsfähigkeit von Minderjährigen, der das 15. Lebensjahr vollendet haben, auf der Grundlage einer unmittelbaren[117] oder analogen[118] Anwendung § 36 Abs. 1 Satz 1 SGB I bejaht, da es ihnen auf die mit der Inobhutnahme verbundenen jugendhilferechtlichen Vergünstigungen wie Unterbringung, Verpflegung und Betreuung in einer Jugendhilfeeinrichtung ankomme.

Indes kommt es für die Wirksamkeit eines Verwaltungsakts darauf an, dass er demjenigen, der von ihm betroffen wird, bekannt gegeben wird. Von der Inobhutnahme sind aber zumindest auch, wenn nicht primär die **Personensorgeberechtigten betroffen**. Das Problem einer wirksamen Bekanntgabe der Inobhutnahme stellt sich also in noch

116 Vgl. *Waschull*, in Diering u.a. (Hrsg.) SGB X, § 37 Rn. 6.
117 Vgl. etwa OVG NW, Beschl. v. 5.5.2021, 12 B 477/21, JAmt 2021, 535, m.w.N.; OVG Bremen, Beschl. v. 18.11.2015, 2 B 221/15, NVwZ 2016, 1188.
118 LPK-SGB VIII/*Kepert*, § 42 Rn. 127, für die Fälle des § 42 Abs. 1 Satz 1 Nr. 3 sowie des § 42a SGB VIII.

schärferer Form in Fällen, in denen die **Personensorgeberechtigten nicht erreichbar** sind. Dafür werden unterschiedliche Lösungen angeboten:

So wird vertreten, die Inobhutnahme durch die **entsprechende Anwendung polizeirechtlicher** (§ 19 BPolG und die entsprechenden Vorschriften der Länderpolizeigesetze) oder **verwaltungsvollstreckungsrechtlicher Vorschriften** (§ 6 Abs. 2 VwVG und die entsprechenden Vorschriften der Landesverwaltungsvollstreckungsgesetze) ohne vorangehenden Verwaltungsakt unmittelbar durchzuführen.[119] 70

Nach **anderer Auffassung** ergibt sich aus § 42 Abs. 3 Satz 1 SGB VIII, wonach das Jugendamt im Fall des Absatzes 1 Satz 1 Nr. 1 und 2 die Personensorge- oder Erziehungsberechtigten unverzüglich von der Inobhutnahme zu unterrichten hat, dass eine Inobhutnahme auch unabhängig von einer Bekanntgabe gegenüber den gesetzlichen Vertretern des Kindes oder des Jugendlichen durch die faktische Durchführung wirksam erfolgen könne.[120] Andernfalls wäre die Vorschrift über die Information der Personensorge- oder Erziehungsberechtigten nach bereits erfolgter Inobhutnahme überflüssig. Dies stelle eine gegenüber den §§ 37 Abs. 1, 39 Abs. 1 SGB X speziellere und deshalb diesen vorgehende und diese verdrängende Regelung dar.[121]

Tatsächlich muss § 42 Abs. 3 Satz 1 SGB VIII davon ausgehen, dass bereits vor der Unterrichtung der Eltern eine wirksame Inobhutnahme erfolgt ist. Der Regelung, dass das Jugendamt die Personensorge- oder Erziehungsberechtigten unverzüglich „von der Inobhutnahme zu unterrichten hat", kann nur dadurch Sinn verliehen werden, wenn a) die Inobhutnahme bereits wirksam erfolgt und b) die Personensorge- oder Erziehungsberechtigten gleichwohl hiervon noch keine Kenntnis erlangt haben, was nur dann der Fall ist, wenn die Inobhutnahme ihnen gegenüber nicht bekannt gegeben wurde. 71

Auch weitere Regelungen des § 42 Abs. 3 SGB VIII gehen davon aus, dass bereits eine wirksame Inobhutnahme erfolgt ist. So sieht Satz 3 (durch Verweis auf Satz 2 Nr. 2) vor, dass bei Nichterreichbarkeit der Personensorge- oder Erziehungsberechtigten, eine Entscheidung des Familiengerichts herbeizuführen ist. Satz 4 verpflichtet in den Fällen des Abs. 1 Satz 1 Nr. 3 dazu, unverzüglich die Bestellung eines Vormunds oder Pflegers zu veranlassen. Beide Regelungen setzen voraus, dass eine wirksame Inobhutnahme bereits erfolgt ist, obwohl eine Bekanntgabe an die Personensorge- oder Erziehungsberechtigten nicht erfolgen konnte.[122]

Dass diese – in § 42 Abs. 3 SGB VIII nicht einmal ausdrücklich getroffenen, sondern durch Auslegung gewonnenen – schlussfolgernden Aussagen Vorrang vor den Regelungen der §§ 37 Abs. 1 Satz 1, 39 Abs. 1 Satz 1 SGB X beanspruchen können, bedarf allerdings der normativen Begründung.[123] Diese kann sich nur aus § 37 Satz 1 SGB I ergeben, der die Geltung des SGB X für alle Sozialleistungsbereiche, also auch den des SGB VIII, beansprucht, „soweit sich aus den übrigen Büchern nichts Abweichendes ergibt". 72

„Abweichendes" in diesem Sinne kann sich allerdings aus allen inhaltlich abweichenden oder modifizierenden Bestimmungen ergeben, wobei diese nicht als solche benannt sein müssen. Dies gilt unabhängig davon, ob sie bei Inkrafttreten der allgemeinen Regelungen bereits bestanden oder später eingefügt wurden. Ergibt sich aus dem Sinn und Zweck bei Berücksichtigung der zugrunde liegenden Interessenbewertung, dass eine Norm aus dem Besonderen Teil die von ihr erfassten Sachverhalte **eigenständig und ab-**

119 So LPK-SGB VIII/*Kepert*, § 42 SGB VIII Rn. 128.
120 Insoweit besteht eine gewisse Verwandtschaft mit der unmittelbaren Ausführung, jedenfalls, soweit in dieser kein Verwaltungsakt, sondern faktisches Handeln gesehen wird.
121 So jurisPK-SGB VIII/*Kirchhoff*, § 42 SGB VIII Rn. 134; ebenso *Grünenwald*, SGB 2019, 472 (477).
122 Vgl. jurisPK-SGB VIII/Kirchhoff, § 42 SGB VIII Rn. 134.
123 Hierauf geht *Kirchhoff*, jurisPK-SGB VIII, § 42 SGB VIII Rn. 134, nicht ein.

weichend von den allgemeinen Bestimmungen des SGB **regeln will**, so reicht dies aus, um eine Abweichung zu legitimieren.[124]

Bei Anlegung dieser Maßstäbe ist davon auszugehen, dass § 42 SGB VIII hinsichtlich Bekanntgabe und Wirksamkeit der Inobhutnahme eine i.S.v. § 37 Satz 1 SGB I abweichende und deshalb gegenüber den §§ 37 Abs. 1 Satz 1, 39 Abs. 1 Satz 1 SGB X vorrangige Regelung trifft. Kann danach eine Bekanntgabe gegenüber den Personensorge- oder Erziehungsberechtigten nicht erfolgen, weil diese nicht erreichbar sind, wird die Inobhutnahme mit deren faktischer Durchführung wirksam.[125]

Die **Nicht-Erreichbarkeit** ist allerdings nicht nur in einem räumlichen oder kommunikationstechnischen Sinn dergestalt zu verstehen, dass sie – vor allem in den Fällen des Abs. 1 Satz 1 Nr. 3 – sich an einem unbekannten, (jedenfalls schnell) nicht zu ermittelnden oder nicht erreichbaren Ort auf der Erde aufhalten, sondern auch dann zu bejahen, wenn ein Kind oder Jugendlicher in Fällen des § 42 Abs. 1 Satz 1 Nr. 1 SGB VIII um Obhut bittet und diese im Übrigen voraussetzungslos durch das Jugendamt vorzunehmen ist. Dass das Kind oder der oder die Jugendliche die Eltern zutreffend benennt, hebt die Verpflichtung des Jugendamtes zur Inobhutnahme nicht auf. Sie sind erst dann in diesem Sinne erreichbar, wenn sie informiert werden können, ohne dass damit der wirksame Schutz des Kindes oder Jugendlichen in Frage gestellt würde.

73 • Ungeachtet der Aufklärungspflicht nach Abs. 3 Satz 1 **bedarf** ein schriftlicher Bescheid auch dann **keiner Übersetzung** in die Mutter- oder eine andere von den Personensorgeberechtigten verstandenen Sprache, wenn diese der **deutschen Sprache** nicht mächtig sind, da die Amtssprache gemäß § 19 Abs. 1 Satz 1 SGB X deutsch ist. Mündliche Bescheide, Anhörungen oder sonstige Beteiligungen müssen in eine dem Betroffenen verständliche Sprache übersetzt werden.

b) Sachliche und örtliche Zuständigkeit

74 **Sachlich zuständig** für die Inobhutnahme und die Wahrnehmung der damit verbundenen Aufgaben und Befugnisse ist das Jugendamt.

Für die Inobhutnahme ist gemäß § 87 Satz 1 SGB VIII das Jugendamt **örtlich zuständig**, in dessen Bereich sich das Kind oder der Jugendliche vor Beginn der Maßnahme **tatsächlich aufhält**. Davon abweichend richtet sich gemäß § 87 Satz 2 SGB VIII die örtliche Zuständigkeit für die Inobhutnahme eines unbegleiteten ausländischen Kindes oder Jugendlichen nach § 88a Abs. 2 SGB VIII (vgl. dazu jeweils die dortigen Erläuterungen).

2. Rechtsschutz

a) Gegen die Inobhutnahme

75 Nimmt das Jugendamt die Inobhutnahme vor, die in die Rechte der Personensorgeberechtigten eingreift und deshalb als belastender Verwaltungsakt zu qualifizieren ist, kann **dagegen** – soweit landesrechtlich statthaft – **Widerspruch** gemäß §§ 68 ff. VwGO eingelegt und im Fall von dessen Nichtstatthaftigkeit oder Zurückweisung **Anfechtungsklage** beim Verwaltungsgericht erhoben werden. Widerspruch und Anfechtungsklage haben nach § 80 Abs. 1 VwGO **aufschiebende Wirkung** mit der Folge, dass die Inobhutnahme nicht vollzo-

124 Vgl. statt vieler *Krahmer*, in Krahmer/Trenk-Hinterberger, Sozialgesetzbuch I, § 37 Rn. 8 mit zahlreichen weiteren Nachweisen aus Literatur und Rechtsprechung. So hat auch das BVerwG seinerzeit die Nichtanwendbarkeit von § 44 SGB X auf dem Gebiet der Sozialhilfe mit den „Grundsätzen des Sozialhilferechts" begründet.

125 So zutreffend jurisPK-SGB VIII/*Kirchhoff*, § 42 Rn. 134. Beschränkt auf Fälle, bei denen die gesetzlichen Personensorge- oder Erziehungsberechtigten nicht zu erreichen sind, zustimmend *Grünenwald*, SGB 2019, 472 (477). Die in der Vorauflage (Rn. 74) vertretene abweichende Auffassung wird aufgegeben.

gen werden darf. Die oder der in Obhut genommene Minderjährige ist vom Jugendamt an die Personensorgeberechtigten herauszugeben.

Verwirrung[126] stiftet nach wie vor das **Nebeneinander** des Widersprechens der Personensorge- bzw. Erziehungsberechtigten in § 42 Abs. 1 Satz 1 Nr. 2 Buchst. a und Abs. 3 Satz 2 SGB VIII einerseits und des Widerspruchs gem. § 69 VwGO als verwaltungsrechtlicher Rechtsbehelf gegen die Inobhutnahme andererseits sowie die Frage nach dem Verhältnis dieser beiden Erklärungen zueinander. **76**

Zunächst ist zu konstatieren, dass beide Institute weder synonym noch verwechselbar gebraucht werden. Das SGB VIII verwendet ausschließlich den Begriff des „**Widersprechens**", während die VwGO ausschließlich den **Widerspruch** kennt.[127] Aus systematischen Erwägungen kann deshalb dann, wenn im SGB VIII „widersprechen" vorkommt, niemals der Widerspruch i.S.d. § 69 VwGO gemeint sein.[128]

Des Weiteren besteht zwischen beiden Instituten **kein Rangverhältnis** dergestalt, dass „die rechtliche Klärung durch das Familiengericht" vorrangig sei.[129]

Schließlich lösen die jeweiligen Erklärungen gänzlich unterschiedliche Rechtsfolgen aus. Der **Widerspruch** gem. § 69 VwGO gegen die Inobhutnahme bewirkt gem. § 80 Abs. 1 VwGO das Eintreten der **aufschiebenden Wirkung** und stellt damit die primäre Form des verwaltungsrechtlichen Rechtsschutzes dar.

Demgegenüber kann dem „**Widersprechen**" nach § 42 SGB VIII zweierlei Bedeutung zukommen: I.S.d. Abs. 1 Satz 1 Nr. 2 Buchst. a führt es dazu, dass die (angekündigte) Inobhutnahme nur dann zulässig ist, wenn eine familiengerichtliche Entscheidung nicht rechtzeitig ergehen kann (vgl. dazu oben Rn. 16 ff.).

Gem. Abs. 3 Satz 2 führt es dazu, dass entweder das Kind oder der Jugendliche den Personensorge- oder Erziehungsberechtigten zurückzugeben (Nr. 1) oder eine Entscheidung des Familiengerichts herbeizuführen ist (Nr. 2).

Es ist nicht zu leugnen, dass das Nebeneinander der beiden Institute – obwohl terminologisch sauber getrennt – in der Praxis zu Unklarheiten und Unsicherheiten führen kann. Wie etwa ist es zu bewerten, wenn Eltern gegenüber den Vertreter_innen des Jugendamts erklären, „sie wollten auf keinen Fall, dass ihnen das Kind weggenommen wird"? Sie über die möglichen unterschiedlichen Folgen einer solchen Äußerung aufzuklären ist dann Aufgabe

126 Vgl. FK-SGB VIII/*Trenczek*, § 42 Rn. 46 f., der nach wie vor davon ausgeht, dass ein Widerspruch kein solcher i.S.d. VwGO sei und deshalb kein Widerspruchsverfahren nach §§ 68 ff, VwGO in Gang setze. Da der Autor gleichzeitig vertritt, die Entscheidung des Familiengerichts beziehe sich „ausschließlich auf sorgerechtliche Maßnahmen zum Wohl des Kindes … nicht aber auf die Rechtmäßigkeit der IOHN als solcher", würde es an keiner Stelle zu deren Überprüfung kommen können, ein Ergebnis, das mit Art. 19 Abs. 4 GG nicht vereinbar ist. Allerdings meint der Autor wenige Sätze später, es sei „ggf. Sache der Strafjustiz zu prüfen, ob die IOHN rechtmäßig war (vgl. § 235 StGB)". Das ist nicht nur angesichts des Tatbestands des § 235 StGB abwegig, es überrascht auch insoweit, als der Autor im Kontext der Frage der strafrechtlichen Verantwortlichkeit von Fachkräften des Jugendamts eine Entscheidungskompetenz der Strafjustiz entschieden ablehnt und auf einem Entscheidungsprimat der Verwaltungsgerichte insistiert.

127 „Widersprechen" wird ausschließlich in § 91 Abs. 2 VwGO im hier völlig irrelevanten Kontext der Klageänderung benutzt.

128 Auch von *J. Kepert*, in: J. Kepert u. a., Praxishandbuch Kinderschutz, S. werden beide Begriffe synonym verwendet („Wirkungen des Widerspruchs der Erziehungs- bzw. Personensorgeberechtigten"), obwohl er in der Sache zutreffend differenziert.

129 So FK-SGB VIII/*Trenczek*, § 42 Rn. 47.

des Jugendamts.[130] Die Problematik ist der offenbar besonderen Sorge des Gesetzgebers um das Elternrecht geschuldet und deshalb auch nur durch diesen auflösbar.[131]

77 Das Jugendamt kann den Eintritt der aufschiebenden Wirkung dadurch verhindern, dass es gemäß § 80 Abs. 1 Nr. 4 VwGO die **sofortige Vollziehung** der vorläufigen Inobhutnahme im öffentlichen Interesse anordnet. Hiervon wird das Jugendamt stets Gebrauch machen (müssen), da andernfalls die Vollziehbarkeit der Inobhutnahme durch die schlichte mündliche Erklärung eines Widerspruchs, der auch gegenüber den vor Ort anwesenden Vertreter_innen des Jugendamtes („zur Niederschrift", vgl. § 70 Abs. 1 VwGO) erhoben werden kann und von diesen aufzunehmen und von den Betroffenen zu unterzeichnen ist, ohne weitere Begründung verhindert werden kann, was dem Notmaßnahmencharakter der Inobhutnahme völlig zuwiderliefe.

Das besondere **öffentliche Interesse** an der sofortigen Vollziehung ist gem. § 80 Abs. 3 Satz 1 VwGO **schriftlich zu begründen**. Ist die Anordnung einer Inobhutnahme absehbar, kann das Jugendamt deren Anordnung sowie die Anordnung der sofortigen Vollziehung schriftlich vorbereiten, um erforderlichenfalls davon Gebrauch machen zu können.[132] Die Umsetzung der Anforderung der schriftlichen Begründung des besonderen Interesses an der sofortigen Vollziehung dürfte dann auf Schwierigkeiten stoßen, wenn sich die Notwendigkeit einer Inobhutnahme unvorhergesehener Weise, etwa anlässlich eines Hausbesuchs, ergibt. Allerdings sieht Abs. 3 Satz 2 eine Erleichterung dadurch vor, dass es einer besonderen Begründung nicht bedarf, wenn die Behörde bei Gefahr im Verzug, insbesondere bei drohenden Nachteilen für Leib, Leben oder Gesundheit, vorsorglich eine **als solche bezeichnete Notstandsmaßnahme** im öffentlichen Interesse trifft. Allerdings bewegt sich das Jugendamt dabei auf dünnem Eis, da der Charakter der Inobhutnahme als Notstandsmaßnahme von den Verwaltungsgerichten durchaus in Abrede gestellt werden kann.[133] Sofern das Jugendamt die Inobhutnahme als Notstandsmaßnahme anordnet, ist ihm anzuraten, die Anordnung der sofortigen Vollziehung nach erfolgter Inobhutnahme gegenüber den Personensorgeberechtigten umgehend zu begründen.

78 Allerdings dürfen nach der verwaltungsgerichtlichen Rechtsprechung die **an die Begründung** der Vollziehungsanordnung zu stellenden **Anforderungen nicht überspannt werden**. Das Begründungserfordernis soll vorrangig die Behörde mit Blick auf Art. 19 Abs. 4 GG zwingen, sich des Ausnahmecharakters der Vollziehungsanordnung bewusst zu werden und die Frage des Sofortvollzuges besonders sorgfältig zu prüfen. Daneben hat sie die Funktion, den Betroffenen über die für die Behörde maßgeblichen Gründe ihrer Entscheidung zu informieren, ihnen die Entscheidung über die Einlegung eines Rechtsbehelfs zu ermöglichen und in einem möglichen Rechtsschutzverfahren dem Gericht die Erwägungen zur Kenntnis zu bringen.[134]

Das formelle Begründungserfordernis wird danach insbesondere dann verletzt, wenn die Begründung nicht auf den konkreten Fall abstellt, sondern sich in formelhaften Wendungen wie der abstrakten Wiederholung des Textes des § 80 Abs. 2 Satz 1 Nr. 4 VwGO oder der bloßen Wiedergabe der Ermächtigungsnorm des zugrunde liegenden Verwaltungsaktes er-

---

130 Dies gilt auch mit Blick auf die Formbedürftigkeit des Widerspruchs i.S.d. § 69 VwGO. Dieser kann gem. § 70 Abs. 1 Satz 1 (nur) schriftlich, elektronisch oder zur Niederschrift bei der Behörde, nicht aber mündlich oder telefonisch eingelegt werden.

131 Dass die Rechtmäßigkeit eines Verwaltungsakts von der Frage der Erreichbarkeit der Entscheidung eines Gerichts einer anderen Gerichtsbarkeit abhängt, ist jedenfalls eine besondere Pointe der Rechtsstaatlichkeit. Es gilt auch hier das oben in Fn. 31 Gesagte.

132 Vgl. zu einer solchen Vorgehensweise HessVGH, Urt. v. 8.9.2020, 10 A 82/19JAmt 2021, 4.

133 Vgl. etwa VG München, Beschl. v. 21.12.2020, M 18 S 20.6711, Rn. 30, ZKJ 2021, 124, das die Notstandsmaßnahmenqualität einer Inobhutnahme verneint, weil das Jugendamt zwar die Anordnung der Inobhutnahme, nicht aber die Begründung der Sofortvollzugsanordnung vorbereitet hatte.

134 Vgl. Kopp/Schenke/*W. R. Schenke*, VwGO, § 80 Rn. 84; OVG NW, Beschl. v. 27.2 2007, 12 B 72/07, juris Rn. 9 ff.

schöpft, sofern sich das besondere Vollzugsinteresse nicht bereits aus der einzelfallbezogenen Begründung des zu vollziehenden Verwaltungsaktes selbst ergibt. Wenn sich – was bei einer Inobhutnahme häufig der Fall sein dürfte – die Gründe für den Erlass des Verwaltungsakts mit denen für die Anordnung der sofortigen Vollziehung decken, kann aber auch auf die Begründung des zugrunde liegenden Verwaltungsakts Bezug genommen oder die dort bereits genannte Begründung wiederholt werden.[135]

Gegen die Anordnung der sofortigen Vollziehung durch das Jugendamt können die Betroffenen einen Antrag nach § 80 Abs. 5 VwGO an das Verwaltungsgericht mit dem Ziel der **Wiederherstellung** der **aufschiebenden Wirkung** des Widerspruchs oder der Anfechtungsklage stellen (sog. Stopp-Antrag). 79

In einem solchen Verfahren prüft das Gericht zunächst, ob die formellen Voraussetzungen für die Anordnung der sofortigen Vollziehung gegeben sind, und trifft im Übrigen eine eigene Abwägungsentscheidung anhand der in § 80 Abs. 2 Satz 1 Nr. 4 VwGO normierten Kriterien. Hierbei ist das öffentliche Interesse an der sofortigen Vollziehung gegen das Interesse des Antragstellers an der aufschiebenden Wirkung seiner Klage abzuwägen. Bei dieser Abwägung sind die Erfolgsaussichten in der Hauptsache dann von maßgeblicher Bedeutung, wenn nach summarischer Prüfung von der offensichtlichen Rechtmäßigkeit des streitgegenständlichen Verwaltungsakts oder von dessen Rechtswidrigkeit und der Rechtsverletzung des Antragstellers auszugehen ist. Jedenfalls hat das Gericht die Erfolgsaussichten des Rechtsbehelfs bei seiner Entscheidung mit zu berücksichtigen, soweit diese sich bereits übersehen lassen. Sind diese im Zeitpunkt der gerichtlichen Entscheidung vollkommen offen, ist eine reine Interessenabwägung vorzunehmen.[136]

Die Wiederherstellung der aufschiebenden Wirkung durch das Gericht kann gem. § 80 Abs. 5 Satz 4 VwGO mit **Auflagen** versehen werden.[137]

Stellt das Verwaltungsgericht die aufschiebende Wirkung wieder her, darf die Inobhutnahme jedenfalls nicht weiter vollzogen werden. Das in Obhut genommene Kind ist an die Personensorgeberechtigten herauszugeben. Hebt das Gericht die Vollziehungsanordnung allerdings ausschließlich wegen **formeller Fehler** der Vollziehungsanordnung auf, ist das Jugendamt nicht gehindert, unter Korrektur dieses Fehlers die sofortige Vollziehung **erneut anzuordnen**. Hiergegen kann **erneut** ein **Stopp-Antrag** gestellt werden.

Da es sich bei der Inobhutnahme um einen belastenden Verwaltungsakt handelt, der in das Elternrecht gem. Art. 6 Abs. 2 Satz 1 GG eingreift, ist richtige Klageart in der Hauptsache die **Anfechtungsklage** mit dem Ziel, die Inobhutnahme gerichtlich aufheben zu lassen. Da es sich bei der Inobhutnahme jedoch um eine vorläufige Notmaßnahme handelt, ist sie vor Ergehen eines Urteils über die Anfechtungsklage in der Hauptsache regelmäßig beendet, sei es gem. § 42 Abs. 4 SGB VIII, sei es durch Aufhebung der Maßnahme durch das Jugendamt etwa nach einer Entscheidung des Familiengerichts oder aufgrund veränderter Umstände (Wegfall der Gefahrenlage). 80

Das ursprüngliche Ziel der Anfechtungsklage, die Aufhebung der Inobhutnahme, hat sich damit erledigt. Der Kläger/die Klägerin kann allerdings gem. § 113 Abs. 1 Satz 4 VwGO be-

---

135 OVG NW, Beschl. v. 31.10.2019, 12 B 448/19, juris, Rn. 6 ff. m.w.N. aus Literatur und Rechtsprechung, Vgl. Kopp/Schenke/*W. R. Schenke*, VwGO, § 80 Rn. 85

136 So exemplarisch VG Würzburg, Beschl. v. 28.7.2020, W 3 S 20.894, juris, Rn. 50 m.w.N.

137 Vgl. als Beispiel VG Cottbus, Beschl. vom 8.10.2021, 8 L 338/21, juris, online abrufbar unter gerichtsentscheidungen.brandenburg.de, in dem die aufschiebende Wirkung mit der Auflage wiederhergestellt wurde, dass „die Antragstellerin vorläufig bis zu einer Entscheidung des Familiengerichtes weiterhin die ihr mit Bescheid vom 2. August 2021 bewilligte Hilfe zur Erziehung in Form von sozialpädagogischer Familienhilfe gemäß §§ 27, 31 SGB VIII in Anspruch nimmt und an der Maßnahme umfassend mitwirkt."

antragen festzustellen, dass die Inobhutnahme rechtswidrig war, wenn er/sie ein berechtigtes Interesse an dieser Feststellung hat (sog. **Fortsetzungsfeststellungsklage**).

Ein solches **berechtigtes Interesse** wird in der Rechtsprechung ganz **überwiegend bejaht**. Es wird zum einen mit einem ggfs. dann bestehenden Rehabilitationsinteresse begründet, wenn sich die der Inobhutnahme zugrunde liegende Annahme der Kindeswohlgefährdung durch die Personensorgeberechtigten als unzutreffend erweist.[138] Im Zentrum der jeweiligen Entscheidungen steht jedoch die mit einer Inobhutnahme möglicherweise verbundene „tiefgreifende Verletzung ihrer sich aus Art. 6 Abs. 2 und 3 GG ergebenden Grundrechte" der Personensorgeberechtigten.[139]

Zweifel am Bestehen eines berechtigten Feststellungsinteresses wegen einer (möglichen) Verletzung von Art. 6 Abs. 2 Satz 1 GG äußert der HessVGH unter Verweis auf die Kommentarliteratur, in der anders als der Jugendhilferechtsprechung die Auffassung vertreten werde, ein Feststellungsinteresse könne sich nicht allein aus dem Gesichtspunkt ergeben, dass durch einen Verwaltungsakt in ein Grundrecht eingegriffen werde, weil ein solcher Eingriff zumindest in die allgemeine Handlungsfreiheit des Art. 2 Abs. 1 GG nahezu stets gegeben sei und damit das begrenzende Kriterium des Feststellungsinteresses praktisch leerliefe.[140]

b) Gegen eine angekündigte Inobhutnahme

81 Besondere Fragen wirft der **vorbeugende Rechtsschutz** auf. Der zugrunde liegende Sachverhalt ist regelmäßig der, dass das Jugendamt ankündigt, ein Neugeborenes unmittelbar nach der Geburt in Obhut zu nehmen.[141] Rechtsschutzziel der Betroffenen ist es in einer solchen Situation, dem Jugendamt die unmittelbar nach der Geburt beabsichtigte Inobhutnahme des Kindes gem. § 42 Abs. 1 Satz 1 Nr. 2 lit. b) SGB VIII untersagen zu lassen. Erforderlich ist dann die Inanspruchnahme von Eilrechtsschutz, da unmittelbar mit der Geburt vollendete Tatsachen i.S. einer erfolgten Inobhutnahme geschaffen würden.

Problematisch ist bereits die Zulässigkeit. Er wird als Antrag auf Erlass einer sogenannten **Sicherungsanordnung** gemäß § 123 Abs. 1 Satz 1 VwGO für statthaft gehalten, da mit dem Unterlassen der Inobhutnahme die Sicherung des Status quo begehrt werde. Dieser Antrag auf vorbeugenden Rechtsschutz sei entgegen dem Grundprinzip der VwGO, nach dem nachgängiger Rechtsschutz gewährt werde, zulässig, wenn ein besonderes schützenswertes Interesse hieran bestehe und der Verweis auf den nachgängigen Rechtsschutz mit für den Antragsteller unzumutbaren Nachteilen verbunden wäre.[142] Derartige unzumutbare Nachteile seien hier zu befürchten, da das Elternrecht aus Art. 6 Abs. 2 Satz 1 GG in erheblicher Weise betroffen werde. Der Eingriff solle unmittelbar nach der Geburt und damit in einer für die Bindung zwischen Mutter und Kind besonders bedeutsamen Phase erfolgen. Durch die Trennung würden außerdem vollendete Tatsachen geschaffen.[143]

---

138 Vgl. dazu Kopp/Schenke/*W.-R. Schenke*/*R. P. Schenke*, VwGO, § 113 Rn. 142.

139 Vgl. VG Augsburg, Urt. v. 7.7.2020, Au 3 K 19.148, FamRZ 2020, 2007; VG Arnsberg, Urt. v. 25.1.2021, 11 K 436/20, juris.

140 HessVGH, Urt. v. 8.9.2020, 10 A 82/19, Rn. 37, JAmt 2021, 43; der VGH weist dabei auch darauf hin, dass sich die vom Verwaltungsgericht festgestellte (von ihm aber nicht bestätigte) Rechtswidrigkeit der Inobhutnahme auf einen recht kurzen Zeitraum von nur knapp vier Stunden bezogen hat. Er lässt die Frage des Bestehens eines berechtigten Feststellungsinteresses letztlich offen, da die Inobhutnahme rechtmäßig und die Fortsetzungsfeststellungsklage deshalb jedenfalls unbegründet war. Kopp/Schenke/*W.-R. Schenke*/*R. P. Schenke*, VwGO, § 113 Rn. 146 m.w.N.

141 Vgl. VG Hamburg, Beschl. v. 27.7.2020, 13 E 3104/20, openjur.de; VG Köln, Beschl. v. 23.8.2019, 26 L 1754/19, FamRZ 2020, 761; VG Stuttgart, Beschluss vom 14.12.2017, 7 K 18365/17, FamRZ 2018, 933.

142 So VG Hamburg Beschl. v. 27.7.2020, 13 E 3104/20, openjur.de unter Verweis auf BVerwG, Urt. v. 22.10.2014, 6 C 7/13, juris, Rn. 17; ebenso VG Köln, Beschl. v. 23.8.2019, 26 L 1754/19, FamRZ 2020, 761.

143 So VG Hamburg Beschl. v. 27.7.2020, 13 E 3104/20, openjur.de.

Zweifelhaft erscheint, ob ohne vorbeugenden Rechtsschutz vollendete Tatsachen geschaffen würden. Schließlich steht mit der aufschiebenden Wirkung eines Widerspruchs gem. § 80 Abs. 1 Satz 1 VwGO bzw. einem Stopp-Antrag gem. § 80 Abs. 5 VwGO im Fall der Anordnung der sofortigen Vollziehung effektiver Rechtsschutz zur Verfügung, der entweder von Gesetzes wegen eintritt oder über den erforderlichenfalls innerhalb kürzester Zeit entschieden werden kann und muss.[144]

Hält man einen solchen Antrag auf eine einstweilige Anordnung für zulässig, kommt als Anspruchsgrundlage ein **öffentlich-rechtlicher Unterlassungsanspruch** in Betracht, der voraussetzt, dass die begründete Besorgnis eines rechtswidrigen Eingriffs in grundrechtlich geschützte Positionen durch hoheitliches Handeln besteht.[145] Das Gericht hat also zu prüfen, ob die beabsichtigte Inobhutnahme rechtswidrig wäre.

c) Gegen die Ablehnung der Inobhutnahme

aa) wegen Volljährigkeit

Die Notwendigkeit von Rechtsschutz gegen die Ablehnung einer begehrten Inobhutnahme kommt zum einen in Fällen nach § 42 Abs. 1 Satz 1 Nr. 1 SGB VIII, vor allem aber in solchen nach Abs. 1 Satz 1 Nr. 3 in Betracht. Voraussetzungen und Modalitäten des Rechtsschutzes gegen die Ablehnung der Inobhutnahme sind davon abhängig, **aus welchem Grund** das Jugendamt die Inobhutnahme **ablehnt**. Erfolgt die Ablehnung, weil es von der Volljährigkeit der betroffenen Person ausgeht, unterliegt der Rechtsschutz in vollem Umfang dem Regime des § 42f Abs. 3 SGB VIII. Es kann deshalb auf die Erläuterungen zu § 42f SGB VIII verwiesen werden. **82**

bb) aus anderen Gründen

Lehnt das Jugendamt die Inobhutnahme aus anderen Gründen ab, etwa weil es im Fall des Abs. 1 Satz 1 Nr. 1 von einem diesbezüglichen Ermessensspielraum oder im Fall der Nr. 3 vom Aufenthalt eines Personensorge- oder Erziehungsberechtigten ausgeht, gilt Folgendes: Gegen die **Ablehnung der Inobhutnahme** ist, soweit nach Landesrecht statthaft, **Widerspruch** einzulegen. Ob ein Widerspruchsverfahren stattfindet, lässt sich zunächst aus der Rechtsbehelfsbelehrung ersehen, die der Entscheidung des Jugendamts gemäß § 36 SGB X obligatorisch beizufügen ist. **83**

Ist ein Widerspruch landesrechtlich nicht statthaft oder wurde er zurückgewiesen, ist **Klage** beim **Verwaltungsgericht** zu erheben. Da die betroffene Person nicht nur die Ablehnung beseitigt haben will, sondern darüber hinaus die Inobhutnahme und die damit verbundenen Schutzmaßnahmen und Leistungen begehrt, ist die richtige Klageart die auf eine Inobhutnahme gerichtete **Verpflichtungsklage**.

Angesichts der regelmäßigen Dauer eines solchen Hauptsacheverfahrens von mehreren Monaten bis hin zu mehreren Jahren kann **effektiver Rechtsschutz** nur im Wege eines Eilverfahrens erlangt werden. Richtige Rechtsschutzform ist insoweit der Antrag auf **Erlass einer einstweiligen Anordnung** nach § 123 Abs. 1 VwGO. Ziel eines solchen Antrags ist es, das Jugendamt zu verpflichten, die oder den Betroffenen bis zu einer endgültigen Klärung der **84**

144 Tragende Erwägung in der Entscheidung des BVerwG im Urt. v. 22.10.2014, 6 C 7/13, juris, war, dass die Erfassung, gegen die sich der Kläger vorbeugend zur Wehr setzte, heimlich erfolgte und wegen der Heimlichkeit nachträglicher Rechtsschutz gerade unmöglich war, Rn. 18.

145 Vgl. VG Stuttgart, Beschl. v. 14.12.2017, 7 K 18365/17, Rn. 15, FamRZ 2018, 933.

in Streit stehenden Tatsachen im Hauptsacheverfahren in Obhut zu nehmen und in einer Einrichtung der Kinder- und Jugendhilfe unterzubringen.[146]

Der Antrag auf Erlass einer einstweiligen Anordnung könnte beispielhaft wie folgt lauten:

> Es wird beantragt, das Jugendamt in … (oder den dahinterstehenden öffentlichen Träger) im Wege der einstweiligen Anordnung zu verpflichten, die Antragstellerin/den Antragsteller bis zu einer rechtskräftigen Entscheidung im Hauptsacheverfahren in Obhut zu nehmen und in einer geeigneten Kinder- und Jugendhilfeeinrichtung unterzubringen.

In der Begründung des Antrags ist darzulegen, warum die Entscheidung des Jugendamtes unzutreffend ist und/oder auf einer unzutreffenden oder unzureichenden Tatsachengrundlage beruht, sodass ein Anspruch auf vorläufige Inobhutnahme nach § 42a SGB VIII bzw. auf Inobhutnahme nach § 42 Abs. 1 Nr. 3 SGB VIII besteht (sog. Anordnungsanspruch).

Zugleich ist die Eilbedürftigkeit der gerichtlichen Entscheidung (sog. Anordnungsgrund) zu begründen, die regelmäßig gegeben ist, weil eine Entscheidung in der Hauptsache so spät erfolgen würde, dass das Kind oder der Jugendliche ihres Anspruchs auf vorläufige Inobhutnahme für längere Zeit verlustig ginge und eine Inobhutnahme möglicherweise obsolet wäre. Demgegenüber ist die im Eilverfahren grundsätzlich verbotene Vorwegnahme der Hauptsacheentscheidung hier ausnahmsweise im Interesse eines effektiven Rechtsschutzes hinzunehmen, weil andernfalls durch Zeitablauf vollendete Tatsachen geschaffen würden.

VIII. Kosten

85 Die **Kosten der Inobhutnahme** trägt gemäß § 91 Abs. 1 Nr. 7, Abs. 5 SGB VIII der Träger der öffentlichen Jugendhilfe. Gemäß § 91 Abs. 1 Nr. 7 SGB VIII können jedoch von den Minderjährigen und ihren Eltern Kostenbeiträge erhoben werden. Bei der **Inobhutnahme** handelt es sich nach der Rechtsprechung des BVerwG und dem darin entwickelten kostenbeitragsrechtlichen Leistungsbegriff um eine **Leistung über Tag und Nacht** im Sinne von § 94 Abs. 3 Satz 1 SGB VIII.[147]

Das **Widerspruchsverfahren** ist gem. § 64 Abs. 1 SGB X unabhängig von seinem Ausgang **kostenfrei**.

Wird die **Inobhutnahme** nach Ergehen des Widerspruchsbescheids **beendet**, war der Widerspruch nicht erfolgreich i.S.d. § 63 Abs. 1 SGB X, sodass eine Kostenerstattung nach dieser Vorschrift ausscheidet.[148]

Gerichtliche Verfahren betreffend eine Inobhutnahme sind gem. § 188 Satz 2 VwGO in dem Sinne **kostenfrei**, dass Gebühren und Auslagen durch das Gericht nicht erhoben werden. Davon unberührt bleibt die Möglichkeit, Prozesskostenhilfe und die Beiordnung eines zu benennenden Rechtsanwalts zu beantragen.[149]

146 Vgl. als Beispiel für ein solches einstweiliges Anordnungsverfahren die Entscheidung des BayVGH, Beschl. v. 23.9.2014, 12 CE 14.833, 12 C 14.1865, juris = NVwZ-RR 2014, 959 = EJ 2014, 305 ff. mit Anm. Möller.
147 Vgl. BVerwG, Urt. v. 21.10.2015, 5 C 21.14, NJW 2016, 1191.
148 SächsOVG, Beschl. v. 13.7.2021, 3 D 72/20, online abrufbar unter justiz.sachsen.de.
149 Vgl. Kopp/Schenke/*Hug*, VwGO, § 188 Rn. 8 f.

§ 42a
Vorläufige Inobhutnahme von ausländischen Kindern und Jugendlichen nach unbegleiteter Einreise

(1) [1]Das Jugendamt ist berechtigt und verpflichtet, ein ausländisches Kind oder einen ausländischen Jugendlichen vorläufig in Obhut zu nehmen, sobald dessen unbegleitete Einreise nach Deutschland festgestellt wird. [2]Ein ausländisches Kind oder ein ausländischer Jugendlicher ist grundsätzlich dann als unbegleitet zu betrachten, wenn die Einreise nicht in Begleitung eines Personensorgeberechtigten oder Erziehungsberechtigten erfolgt; dies gilt auch, wenn das Kind oder der Jugendliche verheiratet ist. [3]§ 42 Absatz 1 Satz 2, Absatz 2 Satz 2 und 3, Absatz 5 sowie 6 gilt entsprechend.

(2) [1]Das Jugendamt hat während der vorläufigen Inobhutnahme zusammen mit dem Kind oder dem Jugendlichen einzuschätzen,

1. ob das Wohl des Kindes oder des Jugendlichen durch die Durchführung des Verteilungsverfahrens gefährdet würde,
2. ob sich eine mit dem Kind oder dem Jugendlichen verwandte Person im Inland oder im Ausland aufhält,
3. ob das Wohl des Kindes oder des Jugendlichen eine gemeinsame Inobhutnahme mit Geschwistern oder anderen unbegleiteten ausländischen Kindern oder Jugendlichen erfordert und
4. ob der Gesundheitszustand des Kindes oder des Jugendlichen die Durchführung des Verteilungsverfahrens innerhalb von 14 Werktagen nach Beginn der vorläufigen Inobhutnahme ausschließt; hierzu soll eine ärztliche Stellungnahme eingeholt werden.

[2]Auf der Grundlage des Ergebnisses der Einschätzung nach Satz 1 entscheidet das Jugendamt über die Anmeldung des Kindes oder des Jugendlichen zur Verteilung oder den Ausschluss der Verteilung.

(3) [1]Das Jugendamt ist während der vorläufigen Inobhutnahme berechtigt und verpflichtet, alle Rechtshandlungen vorzunehmen, die zum Wohl des Kindes oder des Jugendlichen notwendig sind. [2]Dabei ist das Kind oder der Jugendliche zu beteiligen und der mutmaßliche Wille der Personen- oder der Erziehungsberechtigten angemessen zu berücksichtigen.

(3a) Das Jugendamt hat dafür Sorge zu tragen, dass für die in Absatz 1 genannten Kinder oder Jugendlichen unverzüglich erkennungsdienstliche Maßnahmen nach § 49 Absatz 8 und 9 des Aufenthaltsgesetzes durchgeführt werden, wenn Zweifel über die Identität bestehen.

(4) [1]Das Jugendamt hat der nach Landesrecht für die Verteilung von unbegleiteten ausländischen Kindern und Jugendlichen zuständigen Stelle die vorläufige Inobhutnahme des Kindes oder des Jugendlichen innerhalb von sieben Werktagen nach Beginn der Maßnahme zur Erfüllung der in § 42b genannten Aufgaben mitzuteilen. [2]Zu diesem Zweck sind auch die Ergebnisse der Einschätzung nach Absatz 2 Satz 1 mitzuteilen. [3]Die nach Landesrecht zuständige Stelle hat gegenüber dem Bundesverwaltungsamt innerhalb von drei Werktagen das Kind oder den Jugendlichen zur Verteilung anzumelden oder den Ausschluss der Verteilung anzuzeigen.

(5) Soll das Kind oder der Jugendliche im Rahmen eines Verteilungsverfahrens untergebracht werden, so umfasst die vorläufige Inobhutnahme auch die Pflicht,

1. die Begleitung des Kindes oder des Jugendlichen und dessen Übergabe durch eine insofern geeignete Person an das für die Inobhutnahme nach § 42 Absatz 1 Satz 1 Nummer 3 zuständige Jugendamt sicherzustellen sowie
2. dem für die Inobhutnahme nach § 42 Absatz 1 Satz 1 Nummer 3 zuständigen Jugendamt unverzüglich die personenbezogenen Daten zu übermitteln, die zur Wahrnehmung der Aufgaben nach § 42 erforderlich sind. Hält sich eine mit dem Kind oder dem Jugendlichen verwandte Person im Inland oder im Ausland auf, hat das Jugendamt auf eine Zusammenführung des Kindes oder des Jugendlichen mit dieser Person hinzuwirken, wenn dies dem Kindeswohl entspricht. Das Kind oder der Ju-

gendliche ist an der Übergabe und an der Entscheidung über die Familienzusammenführung angemessen zu beteiligen.

(6) Die vorläufige Inobhutnahme endet mit der Übergabe des Kindes oder des Jugendlichen an die Personensorge- oder Erziehungsberechtigten oder an das aufgrund der Zuweisungsentscheidung der zuständigen Landesbehörde nach § 88a Absatz 2 Satz 1 zuständige Jugendamt oder mit der Anzeige nach Absatz 4 Satz 3 über den Ausschluss des Verteilungsverfahrens nach § 42b Absatz 4.

Übersicht Rn.

A. Allgemeines

Mit dem durch das UMG eingefügten § 42a SGB VIII wurde 2015 das Institut der **vorläufigen Inobhutnahme** neu geschaffen, bei der es sich nach dem gleichzeitig eingefügten § 2 Abs. 3 Nr. 2 SGB VIII um eine **andere Aufgabe** der Jugendhilfe handelt. 1

Da die Voraussetzungen für die Befugnis und Verpflichtung des Jugendamts zur (nicht nur vorläufigen) Inobhutnahme nach § 42 Abs. 1 Satz 1 Nr. 3 SGB VIII zwar nicht wortgleich, aber inhaltlich identisch sind und die von der neuen Vorschrift erfassten Minderjährigen in der Vergangenheit auf der Grundlage des § 42 Abs. 1 Satz 1 Nr. 3 SGB VIII in Obhut genommen wurden, stellt sich die Frage nach dem **Verhältnis** der beiden Vorschriften. Dabei zeigen sowohl eine systematische Betrachtungsweise als auch der vorstehend beschriebene Normzweck, dass das **Verhältnis** der beiden Vorschriften **kein alternatives**, sondern ein solches der **Spezialität** ist: § 42a SGB VIII ist gegenüber § 42 Abs. 1 Satz 1 Nr. 3 SGB VIII die speziellere und deshalb vorgehende Norm. Diese Spezialität gilt auch gegenüber dem § 42 Abs. 1 Satz 1 Nr. 1 und 2 SGB VIII. Ein Kind oder ein Jugendlicher kann sich also einer Verteilung nicht dadurch entziehen, dass er oder sie als Selbstmelder eine Inobhutnahme nach

§ 42 Abs. 1 Satz 1 Nr. 1 SGB VIII beansprucht. Auch im Fall der Selbstmeldung hat das Jugendamt eine vorläufige Inobhutnahme nach § 42a SGB VIII anzuordnen.

Darüber hinaus zeigt nicht nur der Wortlaut („vorläufige"), sondern auch eine systematische Einbeziehung von § 42a Abs. 5 SGB VIII, dass die beiden Vorschriften in einer **zeitlichen Abfolge** stehen: Die Inobhutnahme nach § 42 Abs. 1 Satz 1 Nr. 3 SGB VIII **folgt** der vorläufigen Inobhutnahme gem. § 42a Abs. 1 SGB VIII **nach**.

2 Auch die vorläufige Inobhutnahme umfasst sozialpädagogische und materielle **Hilfen**, aber auch **Eingriffsbefugnisse** des Jugendamts gegenüber den in vorläufige Obhut genommenen Kindern und Jugendlichen.

In diesem Sinne ist sie **Eingriffsverwaltung**. Sie steht in engem systematischem Zusammenhang mit den nachfolgenden Vorschriften der §§ 42b bis 42f SGB VIII und bildet die **Grundlage** des in den §§ 42b bis 42d SGB VIII normierten **Verteilungsverfahrens**, ist von diesem aber zu unterscheiden und zu trennen, was nicht zuletzt in den Rechtsschutzmöglichkeiten zum Ausdruck kommt.

2a Die Vorschrift wurde seit ihrer Entstehung zweimal geändert. Durch Art. 9 des **Gesetzes zur Bekämpfung von Kinderehen**[1] (KinderehenBekG) wurde Abs. 1 Satz 2 in § 42a SGB VIII eingefügt. Die Ergänzung stellt in Übereinstimmung mit der bereits zur vorherigen Rechtslage vertretenen Auffassung klar, dass die Einreise grundsätzlich als unbegleitet anzusehen ist, wenn sie nicht in Begleitung eines Personen- oder Erziehungsberechtigten erfolgt. Darüber hinaus wird im zweiten Halbsatz weiter klargestellt, dass eine unbegleitete Einreise auch dann vorliegt, wenn die oder der Minderjährige sich zwar nicht in Begleitung einer oder eines Personensorge- oder Erziehungsberechtigten befindet, aber verheiratet ist.

Durch das **Zweite Datenaustauschverbesserungsgesetz**[2] wurde die Vorschrift um Absatz 3a erweitert.

B. Einzelheiten

I. Absatz 1 – Befugnis und Verpflichtung zur vorläufigen Inobhutnahme

1. Voraussetzungen der vorläufigen Inobhutnahme

3 Gem. § 42a Abs. 1 Satz 1 SGB VIII ist das **Jugendamt** berechtigt und verpflichtet, ein ausländisches **Kind** oder einen ausländischen **Jugendlichen** vorläufig in Obhut zu nehmen, sobald dessen unbegleitete Einreise nach Deutschland festgestellt wird. Damit ist nicht nur der **persönliche und sachliche Anwendungsbereich** der Vorschrift umschrieben, vielmehr werden auch die Tatbestandsvoraussetzungen benannt, bei deren Vorliegen die Rechtsfolge, das Recht und die Pflicht zur vorläufigen Inobhutnahme, eintritt.

a) Kind oder Jugendliche/r

4 Bei der betroffenen Person muss es sich um ein Kind oder eine oder einen Jugendlichen handeln.

„Kind" ist gem. § 7 Abs. 1 Nr. 1 SGB VIII, wer noch nicht 14 Jahre, **„Jugendlicher"** gem. § 7 Abs. 1 Nr. 2 SGB VIII, wer 14, aber noch nicht 18 Jahre alt ist.[3] So klar diese Regelung ist, so

1 Vom 17.7.2017, BGBl. I S. 2429, in Kraft getreten am 22.7.2017.

2 Zweites Gesetz zur Verbesserung der Registrierung und des Datenaustausches zu aufenthalts- und asylrechtlichen Zwecken (Zweites Datenaustauschverbesserungsgesetz – 2. DAVG) vom 4.8.2019, BGBl. I S. 1131, in Kraft getreten am 9.8.2019.

3 Unerheblich sind Regelungen in ausländischen Rechtsordnungen, nach denen die Kategorien „Kind" oder „Jugendliche" oder die Minderjährigkeit an ein höheres oder niedrigeres Lebensalter geknüpft sind.

zweifelhaft kann im konkreten Einzelfall das Alter der betroffenen Person sein. Insbesondere Geflüchtete verfügen häufig über keine oder nur solche Identitätspapiere, die über das Lebensalter keine verlässliche Auskunft geben. Hinzukommen können offensichtlich fehlerhafte oder widersprüchliche Angaben oder Eintragungen. Schließlich ist den Betroffenen selbst das genaue Lebensalter oft nicht bekannt oder es bestehen Diskrepanzen zwischen den Angaben der Betroffenen und vorliegenden Personaldokumenten.

Ist **unklar**, ob der junge Mensch **noch minder- oder bereits volljährig** ist, hat das Jugendamt diese Frage von Amts wegen (vgl. § 20 Abs. 1 Satz 1 SGB X) zu klären, da nach § 42a Abs. 1 SGB VIII die Minderjährigkeit Voraussetzung für die vorläufige Inobhutnahme ist.

Zu deren Klärung wurde durch das UMG mit § 42f SGB VIII erstmals eine Vorschrift über das behördliche **Verfahren zur Altersfeststellung** geschaffen, nach deren Abs. 1 Satz 1 das Jugendamt „im Rahmen der vorläufigen Inobhutnahme der ausländischen Person gemäß § 42a SGB VIII deren Minderjährigkeit durch Einsichtnahme in deren Ausweispapiere festzustellen oder hilfsweise mittels einer qualifizierten Inaugenscheinnahme einzuschätzen und festzustellen" hat. Die Regelung geht also nach ihrem Wortlaut ersichtlich davon aus, dass die Feststellung bzw. Einschätzung und Feststellung der Minderjährigkeit nach bereits erfolgter vorläufiger Inobhutnahme („im Rahmen der vorläufigen Inobhutnahme") vorgenommen wird. Dieser **Widerspruch** zwischen **§ 42a Abs. 1 Satz 1** SGB VIII einerseits und **§ 42f Abs. 1 Satz 1** SGB VIII andererseits, nach dem die Feststellung der Minderjährigkeit zugleich Voraussetzung und eine der Rechtsfolgen der vorläufigen Inobhutnahme sein soll und der möglicherweise durch die erst im Gesetzgebungsverfahren erfolgte Einfügung von § 42f SGB VIII verursacht wurde, bedarf der Auflösung.

Insoweit werden in der Literatur unterschiedliche Wege und Begründungen angeboten, die im Ergebnis allerdings im Wesentlichen darin übereinstimmen, dass auch bei ungeklärtem Alter eine vorläufige Inobhutnahme zumindest **zu beginnen** ist.[4] **4a**

Inzwischen hat das **BVerwG** Grundsätzliches zur Systematik der §§ 42a ff. SGB VIII und damit auch zum Verhältnis von § 42a zu § 42f SGB VIII entschieden.

Nach Wortlaut und Systematik des Ersten Abschnitts des Dritten Kapitels des SGB VIII setzten sowohl die Inobhutnahme nach § 42 SGB VIII und die vorläufige Inobhutnahme nach § 42a SGB VIII als auch die sich auf das Verteilungsverfahren nach § 42b SGB VIII beziehenden Vorschriften der §§ 42c bis 42e SGB VIII die Minderjährigkeit der betreffenden Person voraus. Von diesem Grundsatz, dass also eine vorläufige Inobhutnahme Volljähriger unzulässig sei, mache lediglich § 42f Abs. 1 Satz 1 SGB VIII insoweit eine Ausnahme, als er die vorläufige Inobhutnahme für Zwecke der Altersbestimmung nicht nur für eindeutig Minderjährige, sondern darüber hinaus auch für solche Personen öffne, bei denen die Minderjährigkeit nicht ohne Weiteres feststehe, aber auch nicht ausgeschlossen werden könne.

Durch die Formulierung, dass die Minderjährigkeit „im Rahmen der vorläufigen Inobhutnahme" festzustellen sei, werde nach der Konzeption des Gesetzes ausschließlich für die Zwecke und Dauer der Altersfeststellung in Kauf genommen, dass unter Umständen auch eine schon volljährige Person vorläufig in Obhut genommen werde. Dies spiegele sich auch im weiteren Wortlaut der Vorschrift wider: Während alle anderen Vorschriften des Ersten Abschnitts des Dritten Kapitels des Achten Buchs Sozialgesetzbuch die Minderjährigkeit voraussetzten, indem sie sich ausdrücklich auf „Kinder und Jugendliche" bezögen, spreche al-

---

4 Vgl. etwa *Hocks/Leuschner*, Unbegleitete minderjährige Flüchtlinge, 39: § 42a Abs. 1 Satz 1 SGB VIII ist „dahingehend zu verstehen, dass die vorläufige Inobhutnahme nur bis zum 18. Geburtstag fortgesetzt werden soll. Für den Beginn (...) ist die Einstufung des Betroffenen als Jugendlicher keine Voraussetzung". Im Ergebnis ebenso Wiesner/Wapler/*Steinbüchel*, § 42a SGB VIII Rn. 3.

lein § 42f Abs. 1 Satz SGB VIII zurückhaltend und eine Volljährigkeit in Kauf nehmend von der „ausländischen Person".[5]

Abgesehen von der Feststellung der Minderjährigkeit gemäß § 42f SGB VIII setzten somit alle anderen Maßnahmen der zuständigen Stellen im Zusammenhang mit der Inobhutnahme nach § 42 SGB VIII, der vorläufigen Inobhutnahme nach § 42a SGB VIII und der Verteilung nach § 42b bis e SGB VIII voraus, dass die Minderjährigkeit des Betreffenden feststehe. Minderjährigkeit sei eine Tatbestandsvoraussetzung, deren Vorliegen positiv festgestellt worden sein müsse, entweder um daran anknüpfende Tatbestandsvoraussetzungen zu erfüllen oder um die in den betreffenden Vorschriften geregelten Rechtsfolgen auszulösen. Demzufolge setze auch der Beginn der Inobhutnahme im Sinne des § 42b Abs. 4 Nr. 4 SGB VIII voraus, dass die Minderjährigkeit feststehe. Zwar könne damit der mit §§ 42a ff. SGB VIII ebenfalls verbundene Zweck einer Verteilung des betreffenden Personenkreises im Bundesgebiet innerhalb recht kurzer Zeiträume möglicherweise nicht vollständig erreicht werden, wenn gegebenenfalls zunächst die verwaltungsgerichtlich inzident überprüfbare Altersbestimmung abgewartet werden müsse. Dies sei aber eine unvermeidbare Folge dessen, dass auch die Verteilung nach Maßgabe der §§ 42b bis e SGB VIII an die Minderjährigkeit der betreffenden Personen anknüpfe und das Gesetz damit selbst den mit ihm verbundenen Beschleunigungseffekt unter diesen Vorbehalt stelle.[6]

4b Wenn auch das Ergebnis der Entscheidung, die es unternimmt, den nur unzureichend aufeinander abgestimmten Vorschriften der §§ 42a ff. SGB VIII eine dogmatische Konsistenz zu verschaffen,[7] für die Praxis Verbindlichkeit beansprucht, so sind doch hinsichtlich dessen Begründung kritische Anmerkungen angebracht.

Das betrifft bereits den Umgang mit der Formulierung des „Beginns der vorläufigen Inobhutnahme". Wenn es insoweit heißt, dieser lasse nur „bei isolierter Betrachtung" das Verständnis zu, dass die Monatsfrist des § 42b Abs. 4 Nr. 4 SGB VIII an jedwede vorläufige Inobhutnahme unabhängig von ihrem Rechtsgrund anknüpfe, dann wird damit der Grundstein des Argumentationsgebäudes gelegt, dass es nämlich verschiedene Arten oder Formen der vorläufigen Inobhutnahme gebe, die sich durch ihren „Rechtsgrund" unterschieden. Für diese Annahme lässt sich freilich im Wortlaut der Vorschriften der §§ 42a bis 42f SGB VIII keinerlei Anhaltspunkt, geschweige denn eine tragfähige Formulierung finden. Dieser kennt nur eine vorläufige Inobhutnahme. Begründet wird die Annahme denn auch mit dem Wortlaut des § 42b Abs. 1 Satz 1 und Abs. 4 SGB VIII, der ausdrücklich von „Kindern und Jugendlichen", also Personen, die minderjährig sind, spreche. Solche, die nicht minderjährig sind, würden nicht verteilt. Damit wird indes ignoriert, dass es sich bei der vorläufigen Inobhutnahme nach § 42a Abs. 1 SGB VIII und der Verteilung nach § 42b SGB VIII um zwei unterschiedliche Verfahren handelt, die zwar materiell miteinander verknüpft, aber voneinander zu unterscheiden und zu trennen sind.

Streitbar ist des Weiteren die Annahme, lediglich § 42f Abs. 1 Satz 1 SGB VIII mache von dem – zunächst einmal zutreffenden – Grundsatz, dass nur Minderjährige vorläufig in Obhut genommen werden dürften, insoweit eine Ausnahme, „als er die vorläufige Inobhutnahme für Zwecke der Altersbestimmung" nicht nur für eindeutig Minderjährige, sondern auch für Personen, bei denen die Minderjährigkeit zweifelhaft sei, öffne. Festgemacht wird das an der Formulierung, dass die Minderjährigkeit „im Rahmen der vorläufigen Inobhutnahme" fest-

5 BVerwG, Urt. v. 26.4.2018, 5 C 11.17, ZKJ 2018, 390 = https://www.bverwg.de/260418U5C11.17.0, Rn. 28 f. Im Zentrum der Entscheidung steht allerdings die Frage des Beginns der Monatsfrist des § 42b Abs. 4 Nr. 4 SGB VIII; siehe dazu unten § 42b Rn. 15.

6 BVerwG, Urt. v. 26.4.2018, 5 C 11.17, a.a.O., Rn. 26 ff.

7 Es darf bezweifelt werden, dass man sich im Gesetzgebungsverfahren über das Verhältnis von § 42f zu § 42a SGB VIII überhaupt Gedanken gemacht hat. Belege dafür lassen sich in den Gesetzesmaterialien (vgl. die Ausschussdrucksache, BT-Drs. 18/6392, 20) jedenfalls nicht finden.

zustellen sei (Rn. 29). Damit knüpft das BVerwG an das oben von ihm angenommene, aber nicht haltbare Fundament der unterschiedlichen rechtsgrund- oder zweckgebundenen vorläufigen Inobhutnahmen an. Demgegenüber ist allerdings festzustellen, dass § 42f SGB VIII überhaupt nichts über die Zulässigkeit einer vorläufigen Inobhutnahme, auch nicht einer solchen ausschließlich für Zwecke der Altersbestimmung sagt, sondern mit der „Im-Rahmen"-Formulierung schlicht an die Existenz einer bereits erfolgten vorläufigen Inobhutnahme anknüpft.

Die Pointe dieser Argumentation ist freilich die Feststellung, bei dieser vorläufigen Inobhutnahme zum Zweck der Altersbestimmung handele es sich „um eine unselbständige Verfahrenshandlung im Sinne von § 44a VwGO" (Rn. 29). Richtig ist, dass sich bei der **Altersbestimmung** um eine unselbständige Verfahrenshandlung handelt. Sofern dies auch für die dieser zugrunde liegende vorläufige Inobhutnahme gelten soll, stellt sich die Frage, wie sich die – jedenfalls bislang – unstreitig als Verwaltungsakt qualifizierte (vgl. dazu unten Rn. 59) vorläufige Inobhutnahme von der als unselbständiger Verfahrenshandlung unterscheiden lassen soll. Die Frage stellt sich umso dringender, als die „vorläufige Inobhutnahme für Zwecke der Altersbestimmung" „nicht nur" und damit aber eben auch „für eindeutig Minderjährige" eröffnet sein soll (Rn. 29). Sie nährt damit die Zweifel, ob es nach den Vorschriften der §§ 42a ff. SGB VIII eine vorläufige Inobhutnahme „zum Zweck der Altersfeststellung" überhaupt geben kann.

Wenig zwingend ist der Hinweis auf den Wortlaut des § 42f SGB VIII. So richtig es ist, dass diese Vorschrift als einzige des ersten Abschnitts des dritten Kapitels von der **„ausländischen Person"** spricht, alle anderen dagegen von „Kindern und Jugendlichen", so sehr ist es naheliegend, dass eine Vorschrift, deren einziger Inhalt das Verfahren zur Feststellung des Alters der Betroffenen ist, dieses auch terminologisch offen halten muss und dessen Ergebnis nicht begrifflich vorwegnehmen darf.

Wenn es schließlich heißt, dass Minderjährigkeit eine Tatbestandsvoraussetzung sei, deren Vorliegen positiv festgestellt worden sein müsse, um entweder daran anknüpfende Tatbestandsvoraussetzungen zu erfüllen oder um die in den betreffenden Vorschriften geregelten Rechtsfolgen auszulösen, so gilt dies auch für andere Tatbestandsvoraussetzungen. Vorläufig in Obhut genommen werden dürfen nur **ausländische** Kinder und Jugendliche, deren **unbegleitete Einreise** festgestellt wird.

Es mag sein, dass die Tatbestandsvoraussetzungen Ausländereigenschaft oder Unbegleitetsein weniger problembehaftet sind als die Minderjährigkeit – nur ihr ist eine eigene Vorschrift gewidmet –, der Feststellung bedürfen beide Merkmale gleichwohl, um Rechtsfolgen auslösen zu können.

Auslöser der Auslegungsprobleme ist zum einen § 42a Abs. 1 SGB VIII, der ohne jede Einschränkung und ohne jeden Vorbehalt die **Minderjährigkeit** als Voraussetzung der vorläufigen Inobhutnahme normiert, zum anderen der mit noch heißerer Nadel als das gesamte UMG gestrickte § 42f SGB VIII, der von der Alterseinschätzung und -feststellung „im Rahmen der vorläufigen Inobhutnahme" spricht. Folgt man der insoweit rigorosen Auffassung des BVerwG, dass eine vorläufige „Inobhutnahme Volljähriger … rechtlich nicht zulässig", sondern „gesetzlich vielmehr ausgeschlossen" ist, kann es vor Feststellung der Minderjährigkeit keinerlei vorläufige Inobhutnahme geben. Konsequent wäre es deshalb, die gesetzliche Formulierung „im Rahmen" als „zur Vorbereitung" auszulegen. **4c**

Diese Auslegung beschwört freilich weitere Probleme und offene Fragen herauf: In welcher Rechtslage befinden sich die Betroffenen, aber auch das Jugendamt in dem Zeitraum, in dem die vorläufige Inobhutnahme (erst) vorbereitet wird?

Wesentliche vor der Verteilung geltende Vorschriften knüpfen an die vorläufige Inobhutnahme an, so etwa § 42a Abs. 2 Satz 1, aber § 42a Abs. 3 SGB VIII, der das Notvertretungsrecht normiert.

Ohne Notvertretungsrecht gibt es indes keinen Vertreter, der i.S.d. § 42f Abs. 2 Satz 1 SGB VIII einen Antrag auf ärztliche Untersuchung stellen kann und vor allem nach Satz 3 letzter Hs. in die ärztliche Untersuchung **einwilligen muss**.

4d Aufzulösen sind die Probleme und Widersprüche nur dadurch, dass die Möglichkeit einer **vorläufigen Inobhutnahme** i.S.d. § 42a Abs. 1 Satz 1 SGB VIII auch für solche Personen eröffnet ist, an deren **Minderjährigkeit Zweifel** bestehen. Hierfür sprechen im Übrigen weitere Argumente.

Zu nennen ist der **Wortlaut des § 42f Abs. 3 SGB VIII**, nach dem Widerspruch und Klage gegen die Entscheidung des Jugendamtes, „aufgrund der Altersfeststellung nach dieser Vorschrift die vorläufige Inobhutnahme nach § 42a SGB VIII oder die Inobhutnahme nach § 42 Abs. 1 Satz 1 Nr. 3 SGB VIII abzulehnen oder zu beenden“, keine aufschiebende Wirkung haben. Die vorläufige Inobhutnahme aufgrund der Altersfeststellung nach § 42f SGB VIII zu beenden, setzt aber **zwingend voraus**, dass zur Zeit der Altersfeststellung eine vorläufige Inobhutnahme **bestanden** hat, die sodann bei festgestellter Volljährigkeit zu beenden ist.[8]

Des Weiteren spricht auch die **Entstehungsgeschichte** dafür, dass das Gesetz die vorläufige Inobhutnahme von Personen, hinsichtlich deren Minderjährigkeit Zweifel bestehen, bis zu deren Beseitigung in Kauf nimmt. Zwar beruht § 42f SGB VIII auf einem Vorschlag des Ausschusses für Familie, Senioren, Frauen und Jugend des Bundestages,[9] dieser beruft sich jedoch auf eine Anregung des Bundesrates, der eine bis dahin im Entwurf der Bundesregierung zum UMG nicht enthaltene Regelungen zur verbindlichen Alterseinschätzung für erforderlich hielt, um Auseinandersetzungen, die im Nachhinein über Altersfragen entstehen könnten, zu vermeiden. Zu deren Umsetzung schlug der Bundesrat die Aufnahme einer Nr. 5 in (den im Übrigen unveränderten) § 42a Abs. 2 Satz 1 SGB VIII mit folgendem Wortlaut vor:

> *„5. ob es sich um einen Minderjährigen handelt. Falls das Alter nicht feststellbar ist, ist insbesondere eine qualifizierte Inaugenscheinnahme ein geeignetes Mittel.“*

Die Altersfeststellung sollte nach dem Willen des Bundesrates „während der vorläufigen Inobhutnahme“, so § 42a Abs. 2 Satz 1 am Anfang SGB VIII, erfolgen, diese also der Altersfeststellung vorausgehen (können).

Schließlich spricht es nicht gegen das vorstehende Normverständnis, dass § 42f Abs. 1 Satz 2 SGB VIII die entsprechende Anwendung von § 42 Abs. 2 Satz 2 SGB VIII anordnet, obwohl dieser nach erfolgter vorläufiger Inobhutnahme bereits über den Verweis in § 42a Abs. 1 Satz 3 SGB VIII entsprechend gilt. Denn zum einen ist es nicht ausgeschlossen, dass eine (unproblematische und deshalb sofortige) Altersfeststellung bereits vor der Anordnung der vorläufigen Inobhutnahme erfolgt.[10] Zum anderen stellt die Altersfeststellung, worauf auch die Ausschussbegründung hinweist,[11] mit ihren Untersuchungsmethoden, den möglichen Folgen, den bestehenden Mitwirkungspflichten und den Folgen der Mitwirkungsverweigerung gegenüber der vorläufigen Inobhutnahme als solcher eine qualitative Besonderheit dar, die den (erneuten) Hinweis auf die Beteiligung der Betroffenen und die Gelegenheit zur Hinzuziehung einer Vertrauensperson rechtfertigt.

Da die „Vorläufigkeit“ der vorläufigen Inobhutnahme auch bei dieser Auslegung in jedem Fall vor der Verteilungsentscheidung beendet wird, treten die vom BVerwG ins Feld geführ-

---

8 Ebenso jurisPK-SGB VIII/*Kirchhoff*, § 42f Rn. 20.
9 Vgl. BT-Drs. 18/6392, 6, 20 f.
10 Darauf stellt *Kirchhoff*, in: jurisPK-SGB VIII, § 42f Rn. 22, ab.
11 Vgl. BT-Drs. 18/6392, 20.

ten Rückabwicklungsprobleme[12] nicht auf, da die betroffene Person in diesem Stadium weder gem. § 42 SGB VIII in Obhut genommen noch Hilfe zur Erziehung gewährt werden kann.

Nach allem ist entsprechend der Intention des Gesetzgebers und dem Zweck der vorläufigen Inobhutnahme **davon auszugehen**, dass ein junger Mensch bereits dann nach § 42a Abs. 1 SGB VIII vorläufig in Obhut zu nehmen ist, **wenn – bei Vorliegen der übrigen Voraussetzungen – die Minderjährigkeit der betroffenen Person noch nicht abschließend geklärt**, **aber** aufgrund der ohne weitere Aufklärungsmaßnahmen vorliegenden Informationen, insbesondere der Angaben der betroffenen Person selbst, jedenfalls **nicht ausgeschlossen** ist.[13] 4e

Damit steht die Rechtslage in Übereinstimmung mit der Rechtsprechung zur Rechtslage vor dem UMG, nach der bei verbleibenden Zweifeln daran, ob es sich bei dem Betroffenen um einen Minderjährigen handelt, er jedenfalls bis zur endgültigen Feststellung des Alters vorläufig in Obhut zu nehmen war.[14]

Zu Fragen der Altersfeststellung vgl. im Einzelnen die Kommentierung zu § 42f SGB VIII.

b) Ausländereigenschaft

Der Begriff des **ausländischen** Kindes oder Jugendlichen ist mit dem in § 42 Abs. 1 Satz 1 Nr. 3 SGB VIII identisch. Nach der auch hier zugrunde zu legenden Begriffsbestimmung des § 2 Abs. 1 AufenthG ist Ausländer, wer nicht Deutscher i.S.d. Art. 116 Abs. 1 GG ist. Abzustellen ist also auf die Staatsangehörigkeit: **Ausländisch** ist, wer **nicht zumindest** (neben einer ausländischen) **auch die deutsche Staatsangehörigkeit** besitzt.[15] Obwohl im Zuge des Gesetzgebungsverfahrens fast ausschließlich im Hinblick auf diese thematisiert, gilt § 42a SGB VIII **nicht nur** für minderjährige **Flüchtlinge**, sondern für **alle** „ausländischen Kinder" und „ausländischen Jugendlichen" (zu Einschränkungen siehe unten Rn. 9). **Erfasst** werden auch Kinder und Jugendliche ausländischer Staatsangehörigkeit, die aufgrund eines Voraufenthalts die deutsche Sprache beherrschen und mit den deutschen Lebensverhältnissen vertraut sind, wenn sie unbegleitet nach Deutschland zurückkehren. Dagegen werden unbegleitete Kinder und Jugendliche deutscher Staatsangehörigkeit selbst dann **nicht** von der Vorschrift **erfasst**, wenn sie erstmalig nach Deutschland kommen. In diesen Fällen kommt allerdings eine Inobhutnahme nach § 42 Abs. 1 Satz 1 Nr. 1 oder 2 SGB VIII in Betracht. 5

„Ausländisch" i.S.d. des § 42a Abs. 1 Satz 1 SGB VIII sind **auch Staatenlose**. Es handelt sich dabei um Personen, die kein Staat auf Grund seines Rechtes als Staatsangehörige ansieht.[16] Sie sind keine Deutschen i.S.d. Art 116 Abs. 1 GG und damit nach deutschem Recht Ausländer.

---

12 Vgl. BVerwG, a.a.O. (s. Fn. 5), Rn. 32.

13 In diesem Sinne auch jurisPK-SGB VIII/*Kirchhoff*, § 42a Rn. 37 sowie § 42f Rn. 21; VG München, Beschl. v. 28.4.2020, M 18 E 20.1548, juris, Rn. 32.

14 BayVGH, Beschl. v. 23.9.2014, 12 CE 14.1833, 12 C 14.1865, juris = JAmt 2014, 233 = EJ 2014, 305 ff. mit Anm. *Möller*; VG München, Beschl. v. 29.12.2014, M 24 S 14.4798, juris; Beschl. v. 17.11.2014, M 18 E 14.4704, ZKJ 2015, 123 ff.

15 In gleichem Sinne jurisPK-SGB VIII/Kirchhoff, § 42a Rn. 38 m.w.N. Demgegenüber sind nach der Definition des § 24a brandenburgischen AGKJHG unbegleitete ausländische Kinder und Jugendliche alle Minderjährigen, „die nicht die deutsche Staatsangehörigkeit oder die eines anderen EU-Staates besitzen". Auch wenn Staatsangehörige anderer EU-Staaten als Unionsbürger einen besonderen Status genießen, sind sie nach geltendem deutschen Ausländerrecht nicht deutsche Staatsangehörige. Auch der Schutzzweck der §§ 42a ff. SGB VIII gebietet es, sie nicht aus dem persönlichen Anwendungsbereich auszuschließen. § 24a des brandenburgischen AGKJHG verstößt insoweit gegen Bundesrecht und wird deshalb gem. Art. 31 GG von diesem gebrochen.

16 Vgl. Art. 1 Abs. 1 des Übereinkommens über die Rechtsstellung der Staatenlosen vom 28.7.1951, BGBl. 1953 II, 559.

c) Einreise

6 Mit dem Begriff der **Einreise** knüpft die Vorschrift an die ausländerrechtlichen Tatbestände des § 13 Abs. 2 AufenthG an. Nach § 13 Abs. 2 Satz 1 AufenthG ist die **Einreise** an einer zugelassenen Grenzübergangsstelle erfolgt, wenn der Ausländer die Grenze überschritten und die Grenzübergangsstelle passiert hat, im Übrigen ist er gem. § 13 Abs. 2 Satz 3 AufenthG dann eingereist, wenn er die Grenze überschritten hat. Die Feststellung einer **unbegleiteten Einreise** kann also bei Passieren der Grenze an einem Grenzübergang oder durch Aufgreifen bei Überschreiten der grünen Grenze, aber auch bei der erstmaligen Selbstmeldung bei einer Ausländer- oder sonstigen Behörde oder dem Jugendamt selbst oder bei einem sonstigen in der Gesetzesbegründung plastisch so genannten „Aufgriff", etwa anlässlich einer Kontrolle, erfolgen.[17] Mit dem Begriff der Einreise setzt die vorläufige Inobhutnahme voraus, dass überhaupt ein Grenzübertritt stattgefunden hat. Dass ein Minderjähriger seine Personensorge- oder Erziehungsberechtigten während seines Aufenthalts in Deutschland, etwa durch deren Ausreise oder Versterben, verliert, genügt deshalb für eine vorläufige Inobhutnahme nicht. In einem solchen Fall kommt eine Inobhutnahme nach § 42 Abs. 1 Satz 1 Nr. 1 oder 2 SGB VIII in Betracht.[18] Andererseits ist aber ein **enger zeitlicher Zusammenhang** mit der Einreise im vorgenannten ausländerrechtlichen Sinne **nicht erforderlich**. Schließlich ist es unerheblich, ob die Einreise erlaubt war und der Aufenthalt im Bundesgebiet rechtmäßig ist.

d) Unbegleitete Einreise (Abs. 1 Satz 2)

7 Eine **unbegleitete** Einreise liegt vor, wenn ein Minderjähriger **ohne volljährige Personensorge- oder Erziehungsberechtigte** eingereist ist.

Hierüber bestand bereits vor Inkrafttreten des Gesetzes zur Bekämpfung von Kinderehen Einigkeit. Es wird durch den mit diesem Gesetz eingefügten § 42a Abs. 1 Satz 2 SGB VIII noch einmal klargestellt, der eine Art Legaldefinition des „Unbegleitetseins" vornimmt.

Personensorge- oder Erziehungsberechtigte sind insbesondere die Eltern bzw. Elternteile oder von diesen beauftragte Personen wie Reisegruppenleiter oder Lehrerinnen. **Sonstige Verwandte** wie volljährige Geschwister, Onkel, Tanten oder Großeltern(teile) haben nur dann Erziehungsberechtigung, wenn sie ihnen von den Personensorgeberechtigten übertragen wurde. **Keine Erziehungsberechtigten** sind Fluchthelfer oder Zufallsbekanntschaften auf der Flucht.[19] Soweit eine Begleitperson vorhanden ist, hat das Jugendamt deren Personensorge- oder Erziehungsberechtigung zu prüfen.[20] Da die Übertragung der Erziehungsberechtigung formlos möglich ist, kann es in der Praxis zu erheblichen Nachweisproblemen kommen. Dem Jugendamt stehen bei der Prüfung die in § 21 Abs. 1 SGB X genannten Beweismittel, also insbesondere Urkunden und Akten, (amtliche) Auskünfte, sowie Angaben von Beteiligten und Zeug_innen zur Verfügung. Kann die Personensorge- oder Erziehungsberechtigung nicht mit hinreichender Sicherheit festgestellt werden – grundlegender Maßstab ist nach der Gesetzesbegründung insoweit stets das Kindeswohl und das Schutzbedürfnis des ausländischen Kindes oder Jugendlichen[21] –, ist die oder der Minderjährige vorläufig in Obhut zu nehmen.

Darauf, ob sich Personensorge- oder Erziehungsberechtigte im Bundesgebiet aufhalten, kommt es dagegen für die Zulässigkeit und Notwendigkeit einer vorläufigen Inobhutnahme

---

17 Ein Rückgriff auf die Fiktion des § 89d Abs. 1 Satz 2 SGB VIII erscheint ausgeschlossen, da diese sich auf den *Tag* der Einreise, also die zeitliche Dimension bezieht, dürfte aber regelmäßig zu gleichen Ergebnissen führen.

18 Vgl. jurisPK-SGB VIII/*Kirchhoff*, § 42a Rn. 36 f.

19 In diesem Sinne auch jurisPK-SGB VIII/*Kirchhoff*, § 42a Rn. 46.

20 Vgl. die Gesetzesbegründung, BT-Drs. 18/12086, 27.

21 BT-Drs. 18/12086, 27.

anders als in § 42 Abs. 1 Satz 1 Nr. 3 SGB VIII nicht an.[22] Entscheidend ist, dass das Kind oder der/die Jugendliche sich nicht in deren Obhut befindet. Eine vorläufige Inobhutnahme darf deshalb auch nicht mit der Begründung abgelehnt werden, dass sich (wahrscheinlich) Personensorge- oder Erziehungsberechtigte irgendwo in der Bundesrepublik aufhalten.[23]

Das Vorstehende gilt gem. Abs. 1 Satz 2 Hs. 2 auch dann, wenn die oder der betroffene **Minderjährige verheiratet** ist. Obwohl sich das aus dem Gesetzeswortlaut nicht ergibt, der ausschließlich auf den Umstand abstellt, verheiratet zu sein, geht das Gesetz dabei stillschweigend davon aus, dass die oder der Minderjährige im Fall der Verheiratung vom Ehegatten begleitet wird. Denn reist eine verheiratete Minderjährige oder ein verheirateter Minderjähriger ohne Begleitung durch Personensorge- oder Erziehungsberechtigte oder einen Ehegatten ein, handelt es sich und handelte es sich bereits vor der Gesetzesänderung dabei ganz selbstverständlich um eine **unbegleitete** Einreise. Umgekehrt bestand kein Regelungsbedarf für die Fälle, in denen eine Minderjährige oder ein Minderjähriger bei der Einreise durch einen Ehemann oder eine Ehefrau begleitet wird, der oder die zugleich personensorgeberechtigt ist. Eine solche Personensorgeberechtigung kann aus dem Recht des Herkunftsstaates oder einer Sorgerechtsvollmacht resultieren.[24] Auch dann handelte es sich unabhängig von der Eheschließung nicht um eine unbegleitete Einreise i.S.d. Abs. 1 Satz 1. 7a

§ 42a Abs. 1 Satz 2 SGB VIII betrifft und regelt also ausschließlich die Fälle, in denen **verheiratete Minderjährige ohne Begleitung** durch Personen- oder Erziehungsberechtigte, aber **in Begleitung** des oder der nicht personensorge- oder erziehungsberechtigten Ehemannes oder Ehefrau einreisen.

Mit dieser Regelung wird klargestellt, dass auch ein verheirateter Minderjähriger als „unbegleitet" anzusehen ist und zur Wahrung des Kindeswohls sofort nach dem Grenzübertritt vorläufig in Obhut genommen werden muss.[25] Dies trage, so die Gesetzesbegründung, einerseits dem Umstand Rechnung, dass insbesondere bei im Ausland geschlossenen Ehen von Minderjährigen deren Alter und Identität sowie die Wirksamkeit der Ehe geprüft werden müssten, andererseits solle dem Schutzbedürfnis der Minderjährigen bereits vor Abschluss dieser Prüfung Rechnung getragen werden.

Dem Tätigwerden des Jugendamtes könne insbesondere nicht entgegengehalten werden, dass eine im Ausland wirksam geschlossene Ehe besteht. Das Jugendamt werde durch die Inobhutnahme in die Lage versetzt zu prüfen, ob das Wohl des Minderjährigen weitere Schutzmaßnahmen erfordere und gegebenenfalls, welche Maßnahmen geboten seien. Hierbei sei vor allem der besonderen Situation und Bedarfslage der vorwiegend weiblichen verheirateten Minderjährigen auch unter Beachtung geschlechtsspezifischer und kultureller Aspekte Rechnung zu tragen. Insbesondere habe das Jugendamt im Einzelfall zu prüfen, ob eine Trennung der Minderjährigen von ihrem Ehegatten zur Abwendung einer Kindeswohlgefährdung erforderlich sei.[26] Mit der Änderung reagierte der Gesetzgeber darauf, dass in der jüngeren Vergangenheit vermehrt minderjährige, teilweise unter 16 Jahre alte bereits verheiratete Flüchtlinge in die Bundesrepublik Deutschland gekommen sind. Vor allem unter dem Gesichtspunkt des Kindeswohls und des Minderjährigenschutzes stellte sich die Frage, wie mit diesen **Kinderehen** umgegangen werden soll.

Ob eine ausländische Person **verheiratet** ist, entscheidet sich grundsätzlich nach dem Recht des Herkunftsstaates. Allerdings bestimmt der ebenfalls durch das Gesetz zur Bekämpfung von Kinderehen eingefügte Art. 13 Abs. 3 EGBGB, dass eine solche Ehe nach deutschem

22 Ebenso Wiesner/Wapler/*Steinbüchel*, § 42a SGB VIII Rn. 6.
23 So auch *Kepert*, ZKJ 2016, 12 (13).
24 Zu den Anforderungen an eine solche Personensorgevollmacht vgl. *Lohse/Meysen*, JAmt 2017, 345 (348).
25 So die Gesetzesbegründung, BT-Drs. 18/12086, 18.
26 Vgl. Gesetzesbegründung, BT-Drs. 18/12086, 27.

Recht **unwirksam**, wenn die oder der Verlobte im Zeitpunkt der Eheschließung das 16. Lebensjahr noch nicht vollendet hatte (Abs. 3 Nr. 1), und **aufhebbar** ist, wenn der Verlobte im Zeitpunkt der Eheschließung das 16., aber nicht das 18. Lebensjahr vollendet hatte (Abs. 3 Nr. 2).

Im Fall der **Nr. 1** handelt es sich um eine von Anfang an **unwirksame Ehe** (auch Nichtehe genannt), die deshalb der Ergänzung des § 42a Abs. 1 Satz 2 SGB VIII gar nicht unterfällt, was nicht bedeutet, dass sie für die Anwendung der §§ 42a ff. SB VIII gänzlich unerheblich wäre (siehe dazu sogleich unter II.). Anwendbar ist die Neuregelung dagegen auf die Fälle des Art. 13 Abs. 3 Nr. 2 EGBGB.[27]

7b Auch **verheiratete** Minderjährige i.S.d § 42a Abs. 1 SGB VIII sind danach **vorläufig in Obhut zu nehmen**. Sie stehen nach der Aufhebung von § 1633 BGB durch das KinderEhenBekG unter voller Personensorge, die nach Maßgabe der §§ 42a Abs. 3, 42 Abs. 2 Satz 3 und 4, SGB VIII bis zur Bestellung eines Vormunds oder einer Vormundin vom Jugendamt wahrzunehmen ist.

Dass die oder der Minderjährige verheiratet ist, stellt zunächst bereits bei der **Einschätzung** nach § 42a Abs. 2 SGB VIII und der Entscheidung über die Anmeldung zur **Verteilung** einen **Belang** dar, der unter dem Gesichtspunkt des Kindeswohls **zu berücksichtigen** ist. Entspricht es dem Kindeswohl und auch dem Wunsch der Eheleute, gemeinsam zu leben, ist dem bei Frage der Verteilung und Zuweisung und der Wahrnehmung des Aufenthaltsbestimmungsrechts dadurch Rechnung zu tragen, dass eine gemeinsame oder nahe Unterbringung in einer Jugendhilfeeinrichtung oder Wohnung ermöglicht wird. Dies gilt dann umso mehr, wenn gemeinsame Kinder vorhanden sind.[28]

Ist ein Ehegatte/eine Ehegattin volljährig und deshalb verpflichtet, in einer Aufnahmeeinrichtung für Asylbewerber zu wohnen, kann sowohl im Verteilungs- und Zuweisungsverfahren nach § 42b SGB VIII als auch bei der Verteilung und Zuweisung nach §§ 50, 51 AsylG auf eine Unterbringung in der Nähe hingewirkt werden. Gelingt dies nicht, ist die Übernahme der Zuständigkeit durch einen ortsnahen Jugendhilfeträger nach § 88a Abs. 2 SGB VIII aus Gründen des Kindeswohls oder humanitären Gründen von vergleichbarem Gewicht anzustreben.

Vorstehende Erwägungen gelten zunächst in Fällen, in denen ein Minderjähriger oder eine Minderjährige **wirksam**, wenn auch **aufhebbar verheiratet** sind.

Sie können nicht ohne weiteres auf Fälle übertragen werden, in denen die geschlossene **Ehe unwirksam** ist, weil die oder der Minderjährige zum Zeitpunkt der Eheschließung das 16. Lebensjahr noch nicht vollendet hatte. Insbesondere scheidet eine gemeinsame Unterbringung aus, wenn die oder der Minderjährige das 14. Lebensjahr noch nicht vollendet hat und sexuelle Kontakte einen Straftatbestand erfüllen. Eine **strafrechtliche Anzeigepflicht** der Fachkräfte des Jugendamtes **besteht** allerdings **nicht**.

8 Erfasst werden nach dem Zweck der Vorschrift auch Minderjährige, die **ohne Begleitung zurückgelassen** werden, nachdem sie begleitet in die Bundesrepublik Deutschland eingereist sind. Denn es kommt nicht entscheidend darauf an, dass die Minderjährigen im Zeitpunkt des Grenzübertritts begleitet waren, sondern während des weiteren Aufenthalts in Deutschland Begleitung erfahren. Nur diese Sichtweise entspricht auch der Begriffsbestimmung in Art. 2 Buchst. e) der AufnahmeRL. Deshalb liegt umgekehrt keine „unbegleitete

---

27 Zu den eherechtlichen Folgen des Gesetzes zur Bekämpfung von Kinderehen vgl. *Lohse/Meißen*, JAmt 2017, 345 ff.

28 In diesem Sinne auch *Lohse/Meysen*, JAmt 2017, 345 (348).

Einreise" vor, wenn das Kind oder der Jugendliche zwar beim Grenzübertritt unbegleitet war, aber vor einem Tätigwerden des Jugendamtes mit seinen Eltern zusammenfindet.[29]

Obwohl nach seiner Genese ersichtlich auf unbegleitete minderjährige Flüchtlinge zugeschnitten, gilt § 42a SGB VIII nach seinem Wortlaut für **alle** unbegleiteten ausländischen Minderjährigen. Gleichwohl gebieten Intention und Zweck der Norm eine **Einschränkung des Anwendungsbereichs** im Wege der teleologischen Reduktion. Grundlage der Regelung ist die Annahme, dass unbegleitete Minderjährige in einem Land, dessen Sprache sie regelmäßig nicht beherrschen und dessen Gesellschaft und Kultur ihnen unbekannt ist, einer zumindest abstrakten Gefährdung ausgesetzt sind, der es zu begegnen gilt. Sofern im Einzelfall eine solche Gefährdung ausgeschlossen ist, besteht für das Jugendamt weder Befugnis noch Verpflichtung zur vorläufigen Inobhutnahme oder gar zu einer sich anschließenden Verteilung. **Beispiele** dafür sind Minderjährige, die im **Einverständnis mit den Eltern** zum **Besuch** von **Verwandten** oder Freunden oder zu **touristischen Zwecken** einreisen und danach wieder zurückkehren wollen und zudem in der Regel über die Geldmittel verfügen, um den Lebensunterhalt einschließlich der Kosten für eine Wohnmöglichkeit zu bestreiten. Diese Fälle liegen außerhalb des Anwendungsbereichs der Vorschrift und dürfen nicht zu einer vorläufigen Inobhutnahme führen.[30] 9

2. Rechtsfolgen

a) Berechtigung und Verpflichtung zur vorläufigen Inobhutnahme

Stellt das **Jugendamt** fest, dass die vorstehenden positiven wie negativen Voraussetzungen vorliegen, ist es nicht nur **berechtigt**, sondern auch **verpflichtet**, das Kind oder den Jugendlichen vorläufig in Obhut zu nehmen. Ein **Ermessensspielraum** besteht insoweit **nicht**. Auch der entgegenstehende Wille der oder des betroffenen Minderjährigen oder Versuche, sich der Inobhutnahme zu entziehen, heben die Verpflichtung zur vorläufigen Inobhutnahme nicht auf.[31] 10

Die vorläufige Inobhutnahme **beginnt** mit ihrer wirksamen Bekanntgabe gegenüber der für die Vertretung des ausländischen Kindes oder des Jugendlichen zuständigen Stelle. (Zu Einzelheiten vgl. unten Rn. 63 ff.). Auch bei der vorläufigen Inobhutnahme handelt es sich um eine vorläufige, zeitlich begrenzte Intervention zum Schutz von Kindern und Jugendlichen. Sie umfasst Eingriffsbefugnisse des Jugendamts sowohl gegenüber den Eltern als auch gegenüber den in Obhut genommenen Kindern und Jugendlichen (vgl. dazu auch oben Rn. 2).

Die Befugnisse und Verpflichtungen des Jugendamts werden zum einen durch die folgenden Vorschriften, zum anderen durch den Verweis in Abs. 1 Satz 3 auf entsprechend anzuwendende Vorschriften über die Inobhutnahme ausgestaltet.

b) Anwendbare Vorschriften über die Inobhutnahme

§ 42a Abs. 1 Satz 3 SGB VIII erklärt bestimmte Vorschriften über die Inobhutnahme nach § 42 SGB VIII für **entsprechend anwendbar**. Es handelt sich dabei um 11

- die **Befugnis** das Kind oder den Jugendlichen bei einer geeigneten Person, in einer geeigneten Einrichtung oder in einer sonstigen Wohnform vorläufig unterzubringen – § 42 Abs. 1 Satz 2 SGB VIII (vgl. Rn. 11a),

29 OVG Berlin-Brandenburg, Beschl. v. 27.5.2020, OVG 11 S 45.19, juris; Beschl. v. 1.4.2020, OVG 3 S 124.19, juris.

30 Im Ergebnis ebenso jurisPK-SGB VIII/*Kirchhoff*, § 42a Rn. 45, der eine vorläufige Inobhutnahme in solchen Fällen für ungeeignet und deshalb unverhältnismäßig hält.

31 Vgl. jurisPK-SGB VIII/*Kirchhoff*, § 42a Rn. 56.

- die **Verpflichtung**, der oder dem Minderjährigen unverzüglich Gelegenheit zu geben, einer Person ihres/seines Vertrauens zu benachrichtigen – § 42 Abs. 2 Satz 2 SGB VIII (vgl. Rn. 11b),
- die **Verpflichtung**, für das Wohl der oder des Minderjährigen zu sorgen und seinen Unterhalt einschließlich Krankenhilfe sicherzustellen – § 42 Abs. 2 Satz 3 SGB VIII (vgl. Rn. 11c),
- die **Befugnis** zur Freiheitsentziehung unter den Voraussetzungen und nach Maßgabe des § 42 Abs. 5 SGB VIII – § 42 Abs. 5 SGB VIII (vgl. Rn. 11d) sowie
- die **Verpflichtung und Befugnis**, die dazu befugten Stellen hinzuzuziehen, sofern bei der Inobhutnahme die Anwendung unmittelbaren Zwangs erforderlich ist – § 42 Abs. 6 SGB VIII (vgl. Rn. 11 e).

11a Der entsprechend geltende § 42 Abs. 1 Satz 2 SGB VIII verleiht die Befugnis, das Kind oder den Jugendlichen in einer der drei alternativ genannten Formen **unterzubringen**. Die somit als Befugnisnorm formulierte Vorschrift hat ersichtlich die Herausnahme der oder des Minderjährigen aus dem elterlichen Haushalt und anderweitige Unterbringung und die damit verbundenen Eingriffe in elterliche Rechte im Blick. Im Rahmen der vorläufigen Inobhutnahme steht allerdings eine (sichere) **Unterbringung überhaupt** im Vordergrund. Die genannte Befugnis ist deshalb nicht weniger als **Verpflichtung des Jugendamts** zu lesen, die betroffenen Minderjährigen verlässlich und ihren Bedürfnissen entsprechend unterzubringen. Hierfür spricht auch, dass nach dem ebenfalls entsprechend geltenden § 42 Abs. 2 Satz 3 SGB VIII das Jugendamt für das Wohl des Kindes oder des Jugendlichen zu sorgen hat, wozu auch die Befriedigung des Grundbedürfnisses nach Wohnen gehört. In welcher der drei genannten Formen eine Minderjährige oder ein Minderjähriger untergebracht wird, hängt neben dem vorhandenen Angebot vor allem vom Alter und den Bedürfnissen im Einzelfall ab. Die Unterbringung bei Pflegepersonen dürfte vor allem für Kinder, die Unterbringung in sonstigen Wohnformen wie betreuten Wohngemeinschaften vor allem für Jugendliche in Frage kommen.[32]

11b Der **Kontakt mit einer Vertrauensperson** ist für vulnerable Kinder und Jugendliche, nach der Einreise und einem regelmäßig erst sehr kurzen Aufenthalt in einem Land, dessen Sprache sie im Regelfall nicht beherrschen und mit dessen Lebensverhältnissen und Verfahrensweisen sie nicht vertraut sind, von elementarer Bedeutung. Dies gilt umso mehr als nicht wenige der Betroffenen durch auf der Flucht erlittene (sexuelle) Gewalt und Menschenrechtsverletzungen jeglicher Art traumatisiert sind.[33] Als solche Personen kommen vor allem Geschwister oder sonstige Verwandte, die nicht personensorge- oder erziehungsberechtigt sind, Ehegatten, Flucht- oder Reisebegleiter_innen oder Freund_innen in Betracht. Wer als Vertrauensperson zu benachrichtigen ist, entscheidet allein die oder der Minderjährige. Zu möglichen Grenzen und weiteren Fragen zur Benachrichtigung vgl. § 42 SGB VIII Rn. 32.

11c Nach § 42 Abs. 2 Satz 3 SGB VIII hat das Jugendamt während der Inobhutnahme für das Wohl des Kindes oder des Jugendlichen zu sorgen und dabei den notwendigen Unterhalt und die Krankenhilfe sicherzustellen. Die Verpflichtung, für das Wohl zu sorgen, ist umfassend und betrifft neben der Deckung der Grundbedürfnisse wie Nahrung, Kleidung, Unterkunft und Körperpflege auch weitere Sachaufwendungen wie Spielzeug oder Schulmaterial sowie ein Taschengeld.[34] Obwohl keine dahingehende ausdrückliche Verweisung vorgenommen wird, besteht Einigkeit darüber, dass auf die Vorschriften der §§ 39 und 40

32 Vgl. ergänzend die Kommentierung zu § 42 Abs. 1 Satz 2 SGB VIII, Rn. 28 ff.
33 Vgl. dazu Bericht der Bundesregierung zur Situation unbegleiteter Minderjähriger vom 5.3.2020, Drucksache 19/17810, 32.
34 Zu den verschiedenen Aspekten des Kindeswohls in der (vorläufigen) Inobhutnahme vgl. auch unten Rn. 18 f.

SGB VIII[35] zurückzugreifen ist.[36] Für die vorläufige Inobhutnahme sind bei der entsprechenden Anwendung der Vorschrift keinerlei Abstriche zu machen.

Freiheitsentziehende Maßnahmen sind im Rahmen der Inobhutnahme gem. § 42 Abs. 5 SGB VIII nur zulässig, um eine Gefahr für Leib oder Leben des oder der Minderjährigen oder Dritter abzuwenden. Das ist in der Regel nicht der Fall, wenn unbegleitete Minderjährige versuchen, sich der vorläufigen Inobhutnahme zu entziehen. Die Gründe dafür können vielfältig sein. Der jüngste Bericht der Bundesregierung zur Situation unbegleiteter Minderjähriger in Deutschland benennt als mögliche Gründe für das Entziehen oder Verschwinden Unbegleiteter die Weiterreise zu Familienangehörigen entweder innerhalb Deutschlands oder im europäischen Ausland, aber auch die Unzufriedenheit mit dem Unterbringungsort und/oder der Verteilentscheidung der Jugendämter. Dabei spiele nach wie vor eine große Rolle, dass unbegleitete Minderjährige in der Regel urbane Gegenden einer ländlichen Unterbringung vorzögen.[37] Eine Freiheitsentziehung kann aber etwa bei akuter und nicht anders abwendbarer **Suizidgefährdung** zulässig sein.[38] **11d**

Die Notwendigkeit zur Anwendung unmittelbaren Zwangs kann sich bei der Inobhutnahme selbst (siehe dazu auch sogleich Rn. 12) sowie bei freiheitsentziehenden Maßnahmen ergeben. Dazu und zu den „befugten Stellen" vgl. § 42 Rn. 64. **11e**

c) Befugnis zur Wegnahme?

Soweit § 42a Abs. 1 Satz 2 SGB VIII die Vorschrift des § 42 Absatz 1 Satz 2 SGB VIII für entsprechend anwendbar erklärt, liegt es nicht auf der Hand, ob auch § 42 Abs. Satz 2 Halbsatz 2 in die Verweisung mit einbezogen ist, nach dem die Inobhutnahme auch die **Befugnis** umfasst, ein Kind oder einen Jugendlichen **von einer anderen Person wegzunehmen**. **12**

Nach dem Wortlaut ist dies der Fall, da § 42a Abs. 1 Satz 2 SGB VIII aus zwei Halbsätzen besteht, mithin auch Halbsatz 2 in die Verweisung einbezogen ist. Hiergegen wendet sich *Kirchhoff* mit der Erwägung, § 42 Abs. 1 Satz 2 SGB VIII erfasse nur den Fall von Satz 1 Nr. 2. Eine abzuwehrende dringende Gefahr für das Wohl eines Kindes oder Jugendlichen liege der vorläufigen Inobhutnahme nicht zugrunde. Zudem dürfe selbst bei einer Inobhutnahme nach § 42 Abs. 1 Nr. 3 SGB VIII das Kind oder der Jugendliche nicht bei einer anderen Person weggenommen werden. Dies müsse erst recht für die vorläufige Inobhutnahme gelten. Werde die oder der Minderjährige von einer nicht sorge- oder erziehungsberechtigten Person (z.B. dem Ehegatten) festgehalten, dürfe das Jugendamt sie nur unter den Voraussetzungen des § 42 Abs. 1 Nr. 2 SGB VIII von dieser Person wegnehmen. Da damit die Gefahr i.S.d. § 42 Abs. 1 Satz 1 Nr. 2 SGB VIII in der Regel beseitigt sei, könne die Minderjährige sodann nach § 42a SGB VIII vorläufig in Obhut genommen werden.[39]

Dieser **Erst-recht-Schluss** ist nur auf den ersten Blick überzeugend: Die Regelung der § 42a ff. SGB VIII beruht auf der Annahme, dass ein unbegleitet eingereistes Kind oder eine solche Jugendliche in einer Weise gefährdet sind, die eine vorläufige Inobhutnahme erforderlich machen. Unbegleitet eingereist sind die Betroffenen dann, wenn sie sich nicht in der Obhut personensorge- oder erziehungsberechtigter Personen befinden. Danach macht es rechtlich keinen Unterschied, ob sich das Kind oder der Jugendliche alleine „auf der Straße" oder bei nicht personensorge- oder erziehungsberechtigten Personen aufhält. Ist Letzteres der Fall, muss das **Jugendamt** auch **befugt** sein, den Minderjährigen **von anderen Personen** **13**

35 Vgl. dazu § 42 SGB VIII Rn. 33 sowie die Kommentierungen zu §§ 39, 40 SGB VIII.

36 Vgl. jurisPK/Kirchhoff, § 42a Rn. 89. Nach OVG Rheinland-Pfalz, Urt. v. 6.12.2018, 7 A 10609/18, juris, ist eine privatärztliche Behandlung und deren Liquidation auch im Jugendhilferecht nicht zulässig.

37 Vgl. BT-Drs. 19/17810, 31. Ausführlicher die Berichte der Bundesregierung gem. § 42e SGB VIII vom 20.9.2018, BT-Drs. 19/4517, 31 ff., sowie vom 15.3.2017, BT-Drs. 18/11540, 57 ff.

38 Vgl. ergänzend die Kommentierung zu § 42 Abs. 5 SGB VIII, Rn. 55 ff.

39 JurisPK-SGB VIII/*Kirchhoff*, § 42a Rn. 61 f.

wegzunehmen, um seiner Verpflichtung zur vorläufigen Inobhutnahme nachzukommen. Die Auffassung von *Kirchhoff* insistiert entgegen der Anordnung in § 42a Abs. 1 Satz 3 SGB VIII nicht auf einer entsprechenden, sondern der unmittelbaren Anwendung von § 42 Abs. 1 Satz 2 SGB VIII und führt in den Fällen, in denen das Kindeswohl während des Aufenthalts bei Dritten nicht gefährdet ist, dazu, dass entgegen der Konzeption der §§ 42 ff. SGB VIII die oder der Minderjährige weder vorläufig noch endgültig in Obhut genommen werden kann. Ihr kann deshalb nicht gefolgt werden.

3. Sonderfragen

a) Beteiligung freier Träger

14 Nach dem durch das UMG insoweit ergänzten § 76 Abs. 1 SGB VIII können die Träger der öffentlichen Jugendhilfe anerkannte Träger der freien Jugendhilfe an der Durchführung ihrer Aufgaben u.a. nach § 42a SGB VIII beteiligen oder ihnen diese Aufgaben zur Ausführung übertragen. Die Beteiligung oder Übertragung ist zunächst institutionell auf **anerkannte Träger** der freien Jugendhilfe und sachlich auf die **Durch- bzw. Ausführung** der Aufgaben beschränkt. Das bedeutet, dass die **Anordnung** der vorläufigen Inobhutnahme dem **Jugendamt vorbehalten** ist und niemals übertragen werden kann.[40] Denn diese kann nur durch eine Behörde i.S.d. § 1 Abs. 2 SGB X vorgenommen werden; um Behörden handelt es sich bei Trägern der freien Jugendhilfe nicht. Auch wenn Jugendämter freie Träger an der Durchführung ihrer Aufgaben beteiligen oder ihnen diese zur Ausführung übertragen, bleiben sie nach § 76 Abs. 2 SGB VIII für die Erfüllung der Aufgaben verantwortlich. Als übertragbare Aufgaben kommen etwa die Herrichtung und das Betreiben von Unterkünften sowie die Betreuung der darin untergebrachten Kinder und Jugendlichen in Frage.

b) Vorläufige Inobhutnahme durch Private oder andere Behörden?

15 Nach dem Vorstehenden ist es selbstverständlich, dass **Privatpersonen** unter keinen Umständen eine vorläufige Inobhutnahme anordnen oder vornehmen können.

16 Um **keine vorläufige Inobhutnahme** i.S.d. § 42a SGB VIII handelt es sich bei der in einzelnen Polizeigesetzen[41] vorgesehenen Befugnis der Polizei, eine minderjährige Person in Obhut zu nehmen, um sie einer erziehungsberechtigten Person oder dem Jugendamt zuzuführen. Sie setzt voraus, dass sich die minderjährige Person der Sorge der erziehungsberechtigten Personen entzogen hat, was in der Konstellation des § 42a Abs. 1 SGB VIII gerade nicht der Fall ist. Nicht ausgeschlossen ist aber, dass die Polizei einen von ihr aufgegriffenen unbegleiteten ausländischen Minderjährigen zum Jugendamt begleitet. Eine Ingewahrsamnahme gegen den Willen der Betroffenen ist polizeirechtlich nur zu deren Schutz gegen eine Gefahr für Leib und Leben zulässig.

II. Absatz 2 – Einschätzung der Situation der Betroffenen und Entscheidung des Jugendamtes

17 Die vorläufige Inobhutnahme umfasst nach Abs. 2 auch die **Verpflichtung** des Jugendamtes, die **Situation** des Kindes oder Jugendlichen umfassend **einzuschätzen** (teilweise auch **„Erstscreening"** genannt). Die Einschätzung hat „zusammen mit dem Kind oder dem Jugendlichen" zu erfolgen, die betroffenen Minderjährigen sind also in den Einschätzungsprozess mit einzubeziehen. Diese Regelung ist nicht nur unter dem Gesichtspunkt der Partizipa-

40 OVG Koblenz JAmt 2016, 216 ff.
41 Vgl. etwa § 18 Abs. 3 NPOG; § 32 Abs. 2 HSOG.

tion, sondern auch deshalb sinnvoll und notwendig, weil in vielen Fällen nur die Betroffenen selbst über die für den Einschätzungsprozess notwendigen Informationen, etwa den Aufenthalt verwandter Personen im In- oder Ausland, verfügen.

Bezugspunkt dieser Einschätzung wie der gesamten vorläufigen Inobhutnahme ist das durchzuführende **Verteilungsverfahren.** Dass die in Abs. 2 Satz 1 Nr. 1 bis 4 genannten Gegenstände die Beurteilungsgrundlage für die Verteilungsentscheidung bilden, ergibt sich auch eindeutig aus § 42a Abs. 2 Satz 2 SGB VIII („auf der Grundlage des Ergebnisses der Einschätzung nach Satz 1 …"). Anliegen des Gesetzes ist es an dieser Stelle, das Kindeswohl sowohl bei der Entscheidung über das „ob" als auch der über das „wie" der Verteilung das **Kindeswohl** zu sichern.

Die Einschätzung „zusammen mit dem Kind oder dem Jugendlichen" vorzunehmen, erfordert, dass die oder der betroffene Minderjährige umfassend über ihre/seine tatsächliche und rechtliche Situation, das Verfahren und den Zweck der Einschätzung sowie das in Rede stehende Verteilungsverfahren sowie die Funktion und die Befugnisse der Beteiligten **umfassend aufzuklären** ist. Nur durch eine solche Aufklärung wird sie/er in die Lage versetzt, als Subjekt am Verteilungsverfahren teilzunehmen. Da die Betroffenen der deutschen Sprache regelmäßig nicht mächtig sind, ist dafür ein **Dolmetscher** für eine von ihnen beherrschte Sprache hinzuzuziehen. **17a**

Die durch § 42a Abs. 2 Satz 1 SGB VIII geforderte Einschätzung setzt voraus, dass das Jugendamt über die dafür notwendigen Informationen verfügt. Damit stellt sich die Frage, welche die **Erkenntnisquellen des Jugendamtes** sind und sein dürfen. **17b**

Da es sich bei den einzuholenden Informationen gem. § 67 Abs. 2 SGB X i.V.m. Art. 4 Nr. 1 DSGVO um personenbezogene Daten handelt, sind sie gem. § 62 Abs. 2 SGB VIII beim Betroffenen zu erheben. Dieser ist gem. Satz 2 der Vorschrift aufzuklären. **Primäre Erkenntnisquelle** sind also die Angaben des Kindes oder der oder des vorläufig in Obhut genommenen Jugendlichen. Sie verfügen hinsichtlich der Einschätzungsgegenstände des § 42a Abs. 2 Satz 1 Nr. 1 bis 4 SGB VIII grundsätzlich über die meisten und besten Informationen, etwa hinsichtlich des Aufenthalts verwandter Personen, hinsichtlich vorhandener Geschwister oder anderer Personen und deren Aufenthalt. Soweit erforderlich und möglich, hat das Jugendamt den Angaben der Betroffenen weiter nachzugehen.

Weitere Erkenntnisquellen sind Angaben anderer vorläufig in Obhut genommener Minderjähriger oder der nach § 42a Abs. 1 Satz 3 i.V.m. § 42 Abs. 2 Satz 2 SGB VIII benachrichtigten Vertrauensperson.

Weiter kann das Jugendamt gem. § 18b AZRG Daten aus dem **Ausländerzentralregister** anfordern.

Liegen Anhaltspunkte für eine Erkrankung der oder des Betroffenen vor, ist eine **ärztliche Untersuchung** durch das Jugendamt zu veranlassen.

Schließlich kann das Jugendamt auf ihm vorliegende **allgemeine Erkenntnisse**, etwa hinsichtlich der Rivalität oder gar Feindseligkeit unterschiedlicher ethnischer oder religiöser Gruppierungen zurückgreifen, die für die Frage einer gemeinsamen Verteilung von Bedeutung sein können.

1. Abs. 2 Satz 1 – Gegenstände der Einschätzung durch das Jugendamt

a) Nr. 1 – Gefährdung des Kindeswohls durch das Verteilungsverfahren?

Einzuschätzen ist nach § 42a Abs. 2 Satz 1 Nr. 1 SGB VIII, ob das **Wohl des Kindes oder des Jugendlichen** durch die Durchführung des Verteilungsverfahrens gefährdet würde. **18**

Mit dieser grundlegenden Verpflichtung trägt der Gesetzgeber nicht nur dem bereits in § 1 Abs. 3 Nr. 1 SGB VIII enthaltenen (und deshalb selbstverständlichen) Auftrag Rechnung, bei allen Maßnahmen das Wohl des Kindes zu schützen, sondern auch den **völker- und europarechtlichen Verpflichtungen** im Umgang mit Minderjährigen.[42]

Solche ergeben sich aus **Art. 3 Abs. 1 UN-KRK**, nach dem „bei allen Maßnahmen, die Kinder[43] betreffen, gleichviel ob sie von öffentlichen oder privaten Einrichtungen der sozialen Fürsorge, Gerichten, Verwaltungsbehörden oder Gesetzgebungsorganen getroffen werden", das Wohl des Kindes ein Gesichtspunkt ist, der „vorrangig zu berücksichtigen ist". Über diese grundlegende allgemeine Regelung hinaus verpflichtet **Art. 22 Abs. 1 UN-KRK** die Vertragsstaaten, geeignete Maßnahmen zu treffen, um sicherzustellen, dass ein Kind, das die Rechtsstellung eines Flüchtlings begehrt oder als solcher angesehen wird, „angemessenen Schutz und humanitäre Hilfe bei der Wahrnehmung der Rechte erhält", die in der KRK oder anderen Menschenrechtskonventionen festgelegt sind.

19 **Europarechtlich** anerkennt die **AufnahmeRL**[44] in **Art. 21**, dass sich unbegleitete Minderjährige[45] in der „speziellen Situation schutzbedürftiger Personen" befinden, und verpflichtet in **Art. 22 Abs. 1** AufnahmeRL die Mitgliedstaaten zu beurteilen, ob der Antragsteller ein solcher mit besonderen Bedürfnissen ist und welcher Art diese Bedürfnisse sind.

In gleichem Sinne wie die UN-KRK verpflichtet **Art. 23 Abs. 1 AufnahmeRL** die Mitgliedstaaten, bei deren Anwendung das Wohl des Kindes vorrangig zu berücksichtigen und „einen der körperlichen, geistigen, seelischen, sittlichen und sozialen Entwicklung des Kindes angemessenen Lebensstandard" zu gewährleisten. Darüber hinaus benennt Art. 23 Abs. 2 AufnahmeRL konkretisierend weitere Kriterien, denen bei der Aufnahme Minderjähriger Rechnung zu tragen ist. Neben der Möglichkeit der Familienzusammenführung (siehe dazu unten Rn. 53 f.) sind dies das **Wohlergehen** und die **soziale Entwicklung** unter Berücksichtigung des biografischen Hintergrundes sowie **Sicherheit und Schutz**, insbesondere dann, wenn es sich um Opfer von Menschenhandel handelt oder handeln könnte. Schließlich ist gem. Art. 23 Abs. 4 AufnahmeRL dafür Sorge zu tragen, dass Minderjährige, die Opfer irgendeiner Form von Missbrauch, Vernachlässigung, Ausbeutung, Folter, grausamer, unmenschlicher oder erniedrigender Behandlung gewesen sind oder unter bewaffneten Konflikten gelitten haben, **Rehabilitationsmaßnahmen** in Anspruch nehmen können und dass im Bedarfsfall eine geeignete **psychologische Betreuung** und eine **qualifizierte Beratung** angeboten wird. Ob eine solche Betreuung und Versorgung am Ort des Zuweisungsjugendamtes zur Verfügung stehen wird, kann allerdings kaum Gegenstand der Einschätzung sein, da in diesem Stadium des Verfahrens weder absehbar ist noch gar feststeht, wohin die oder der Betroffene zugewiesen werden wird.[46]

20 Eine Verteilung ist nach der Gesetzesbegründung ausgeschlossen, wenn die körperliche oder seelische Verfassung des unbegleiteten Minderjährigen seine Transportfähigkeit so stark beeinträchtigt, dass aus der Durchführung des Verteilungsverfahrens erhebliche Risiken einer körperlichen oder psychischen Schädigung resultieren würden.

---

42 Vgl. BT-Drs. 18/5921, 23.

43 „Kind" i.S.d. UN-KRK ist gem. Art. 1 „jeder Mensch, der das achtzehnte Lebensjahr noch nicht vollendet hat, soweit die Volljährigkeit nach dem auf das Kind anzuwendenden Recht nicht früher eintritt".

44 Richtlinie 2013/33/EU des Europäischen Parlaments und des Rates vom 26.6.2013 zur Festlegung von Normen für die Aufnahme von Personen, die internationalen Schutz beantragen (Neufassung), ABl. L 180 v. 29.6.2013, 96.

45 „Minderjährige" sind gem. Art. 2 Buchst. d) und e) AufnahmeRL Drittstaatsangehörige oder Staatenlose unter 18 Jahren, „unbegleitete Minderjährige", die „ohne Begleitung eines für ihn nach dem einzelstaatlichen Recht oder den Gepflogenheiten des betreffenden Mitgliedstaats verantwortlichen Erwachsenen in das Hoheitsgebiet eines Mitgliedstaats einreist, solange er sich nicht tatsächlich in der Obhut eines solchen Erwachsenen befindet."

46 A.A. insoweit *Katzenstein* u.a., JAmt 2015, 530 (532).

Bei der Feststellung des Kindeswohls bzw. seiner möglichen Gefährdung in Abhängigkeit von Alter und Entwicklungsstand des Kindes oder Jugendlichen ist stets dessen **Wille** einzubeziehen.[47] Von einer verteilungsbedingten Gefährdung des Kindeswohls ist danach auszugehen, wenn sich das Kind oder der Jugendliche dem Verfahren vollständig verweigert und aufgrund seines seelischen Zustands zu befürchten ist, dass eine trotz starker Ablehnungshaltung durchgeführte Verteilung mit hoher Wahrscheinlichkeit zu einer (Re-)Traumatisierung führen wird.[48] **20a**

Im Übrigen gelten hinsichtlich der Bestimmung des Kindeswohls i.S.d. § 42a Abs. 2 Satz 1 Nr. 1 SGB VIII und dessen Gefährdung die in §§ 8a SGB VIII enthaltenen Maßstäbe.[49]

Bei dem Begriff des „Wohls des Kindes oder des Jugendlichen" und dessen Gefährdung, hier bei Durchführung des Verteilungsverfahrens, handelt es sich wie im SGB VIII überhaupt um einen gerichtlich voll überprüfbaren unbestimmten Rechtsbegriff (vgl. zum Rechtsschutz gegen im Rahmen des § 42a SGB VIII getroffene Entscheidungen die Erläuterungen unten bei Rn. 71 ff.).[50] **21**

b) Nr. 2 – Möglichkeit der Zusammenführung mit verwandten Personen

Die Einschätzung des Jugendamtes hat sich gem. § 42a Abs. 2 Satz Nr. 2 SGB VIII auch darauf zu erstrecken, ob sich eine mit dem Minderjährigen **verwandte Person im Inland** oder im **Ausland** aufhält. **22**

Verwandte Personen i.S.d. Vorschrift sind die Eltern, Geschwister, Großeltern und Urgroßeltern.

Allerdings handelt es sich bei dieser Aufgabe weniger um eine **Einschätzung** denn um **Ermittlungen** im Sinne einer Sachverhaltsaufklärung, mit denen bereits in dieser frühen Phase des Verfahrens die Möglichkeit der Familienzusammenführung, zu der Art. 23 Abs. 5 AufnahmeRL verpflichtet, festgestellt werden soll.[51] Zwar heißt es in der Gesetzesbegründung, dass insoweit vertiefte Recherchen nicht erforderlich seien – sie dürften innerhalb der zur Verfügung stehenden Zeit von sieben Werktagen (vgl. § 42a Abs. 4 Satz 1 SGB VIII) auch nicht möglich sein –, jedoch verpflichtet Art. 24 Abs. 3 AufnahmeRL die Mitgliedstaaten – erforderlichenfalls mit Unterstützung internationaler oder anderer einschlägig tätiger Organisationen – baldmöglichst nach Eingang eines Antrags auf internationalen Schutz mit der Suche nach Familienangehörigen des unbegleiteten Minderjährigen zu beginnen.

Die Relevanz der zu treffenden Feststellungen ergibt sich zunächst auch hier aus § 42b Abs. 4 Nr. 3 SGB VIII, der die Durchführung eines Verteilungsverfahrens ausschließt, wenn die **Zusammenführung** des Minderjährigen mit einer verwandten Person **kurzfristig erfolgen** kann, zum Beispiel aufgrund der Dublin-III-VO, und dies dem Wohl des Kindes entspricht (vgl. dazu im Einzelnen die Erläuterungen zu § 42b SGB VIII Rn. 13). Die Durchführung des Verteilungsverfahrens kann aber auch deshalb ausgeschlossen sein, weil sich verwandte Personen im Zuständigkeitsbereich des Jugendamts der vorläufigen Inobhutnahme aufhalten. **23**

Darüber hinaus sind die Feststellungen auch dafür erheblich, ob und in welchem Umfang das Jugendamt seiner Aufgabe nach § 42a Abs. 5 Satz 2 SGB VIII, auf eine **Zusammenfüh-**

47 Vgl.BT-Drs. 18/5921, 23.
48 Vgl. BT-Drs. 18/5921, 23.
49 Vgl. dazu die Kommentierung zu § 8a SGB VIII bei Rn. 9 ff., 14a ff.
50 Unklar VG Schwerin, Urt. v. 8.4.2016, 15 A 262/16 As SN, ZKJ 2016, 235, das in einem allerdings asylrechtlichen Verfahren davon ausgeht, dass dem Jugendamt ein weiter „Beurteilungs- und Ermessensspielraum" eingeräumt sei, den das Gericht nicht durch eine eigene Einschätzung und Ausübung des Ermessens beseitigen dürfe. Von einem dem Jugendamt eingeräumten Ermessen im verwaltungsrechtlichen Sinne kann allerdings unter keinem Gesichtspunkt die Rede sein.
51 Vgl. BT-Drs. 18/5921, 23.

rung hinzuwirken, nachzukommen hat (vgl. dazu im Einzelnen die Erläuterungen unten bei Rn. 53 f.).

Schließlich kann die Existenz verwandter Personen die **Zuweisung in ein bestimmtes Bundesland** und/oder an ein bestimmtes Jugendamt erforderlich machen (vgl. dazu § 42b SGB VIII Rn. 6 ff.).

c) Nr. 3 – Gemeinsame Inobhutnahme mit Geschwistern oder anderen unbegleiteten Minderjährigen

24 Das Wohl des Kindes kann die **gemeinsame Inobhutnahme** mit **Geschwistern** oder **anderen unbegleiteten ausländischen Kindern oder Jugendlichen** erforderlich machen, so dass § 42a Abs. 2 Satz 1 Nr. 3 SGB VIII die Einschätzungsverpflichtung des Jugendamtes auch auf diesen Tatsachenkomplex erstreckt. Geschwister sind alle, die einen gemeinsamen Elternteil haben. Darüber hinaus schreibt § 42b Abs. 5 Satz 1 SGB VIII zwingend vor, dass Geschwister nicht getrennt werden dürfen, sofern das Kindeswohl nicht eine Trennung erfordert.

Auch Art. 23 Abs. 5 AufnahmeRL verpflichtet zur gemeinsamen Unterbringung, nach Art. 24 Abs. 2 Satz 3 AufnahmeRL sollen Geschwister möglichst zusammen bleiben, wobei das Wohl des betreffenden Minderjährigen, insbesondere sein Alter und sein Reifegrad, zu berücksichtigen ist.

Abs. 2 Satz 1 Nr. 3 erfasst nur Geschwister, die in Obhut genommen werden können, also nur minderjährige Geschwister. Der Aufenthalt **volljähriger Geschwister** ist im Rahmen von Abs. 2 Satz 1 Nr. 2 zu berücksichtigen.

25 Als **andere unbegleitete ausländische Kinder oder Jugendliche**, die unter dem Gesichtspunkt des Kindeswohls eine gemeinsame Inobhutnahme erfordern, kommen vor allem solche in Betracht, mit denen die Kinder oder Jugendlichen im Herkunftsland in einer Stadt, einem Viertel oder einem Dorf zusammengelebt oder mit denen sie gemeinsam die Schule, Betreuungseinrichtungen, Vereine oder religiöse Einrichtungen besucht haben, die sie kennen, mit denen sie gemeinsame Erfahrungen teilen und zu denen sie ein zumindest rudimentäres Vertrauensverhältnis haben. Noch mehr als das kann das auf einer gemeinsamen Flucht Erlebte und die dabei erfahrene, möglicherweise existenziell notwendige gegenseitige Unterstützung und Hilfe ein weiteres Zusammensein erfordern.[52]

Zwar hat der Gesetzgeber in Nr. 3 ersichtlich die gemeinsame Inobhutnahme mit anderen unbegleiteten Minderjährigen im Blick, kindeswohlrelevante Bindungen können sich aber etwa auch aus der Fluchtgemeinschaft der gemeinsamen Herkunft mit jungen Volljährigen ergeben.[53]

All diesen **Aspekten** ist durch eine **gemeinsame Inobhutnahme Rechnung zu tragen**.

d) Nr. 4 – Gesundheitszustand des Kindes oder Jugendlichen als Verteilungshindernis?

26 Nach § 42a Abs. 2 Satz 1 Nr. 4 SGB VIII hat das Jugendamt schließlich einzuschätzen, ob der Gesundheitszustand des Kindes oder des Jugendlichen die Durchführung des Verteilungsverfahrens innerhalb von 14 Werktagen nach Beginn der vorläufigen Inobhutnahme ausschließt. Nach dem Wortlaut der Vorschrift könnte man meinen, dass an dieser Stelle einzuschätzen ist, ob eine Verteilung wegen der gesundheitlichen Gefährdung des Kindes oder des Jugendlichen ausgeschlossen ist und die Vorschrift damit an § 42b Abs. 4 Nr. 2 SGB VIII anknüpft, nach dem ein Verteilungsverfahren ausgeschlossen ist, wenn der Gesundheitszustand des Kindes oder des Jugendlichen die Durchführung eines Verteilungsverfahrens in-

52 Zur Berücksichtigung von Fluchtgemeinschaften ausdrücklich BT-Drs. 18/5921, 17.
53 VG Hannover, Beschl. v. 14.10.2019, 3 B 4442/19, ZKJ, online abrufbar unter www.rechtsprechung.niedersachsen.de.

nerhalb von 14 Werktagen nach Beginn der vorläufigen Inobhutnahme gemäß § 42a SGB VIII nicht zulässt.

Inhalt und Zweck ist nach der **Gesetzesbegründung** dagegen ein anderer: Danach soll sie verhindern, dass Kinder und Jugendliche mit ansteckenden Krankheiten verteilt und dadurch Dritte gefährdet werden. Der Ausschluss einer gesundheitlichen **Gefährdung** des **Kindes oder Jugendlichen selbst** durch die Verteilung ist Gegenstand der Kindeswohlprüfung nach Abs. 2 Satz 1 Nr. 1.[54] Demgegenüber steht nach der Gesetzesbegründung bei dem Ausschlussgrund § 42b Abs. 4 Nr. 2 SGB VIII die mögliche gesundheitliche Gefährdung des betroffenen Minderjährigen im Vordergrund, wenn es dort heißt, dass eine Verteilung ausgeschlossen sei, wenn der Gesundheitszustand des betreffenden Kindes oder Jugendlichen einer Verteilung innerhalb von 14 Werktagen nach Beginn der vorläufigen Inobhutnahme entgegenstehe. Dabei seien „auch die bei Dritten bestehenden oder entstehenden Gesundheitsgefahren zu beachten".[55] 27

Die sich damit auftuenden Inkonsistenzen und Widersprüche lassen sich nur dadurch auflösen, dass das Jugendamt in jedem Fall verpflichtet ist, den **Gesundheitszustand** des Kindes oder des Jugendlichen sowohl im Hinblick auf deren **eigene Gefährdung** als auch hinsichtlich einer möglichen **Gefährdung Dritter** einzuschätzen. Dabei soll es eine ärztliche Stellungnahme einholen. Die Entscheidungserheblichkeit des Ergebnisses der Einschätzung beurteilt sich nach den in § 42b Abs. 4 SGB VIII geregelten Ausschlussgründen. 28

2. Abs. 2 Satz 2 – Entscheidung des Jugendamtes

Nach § 42a Abs. 2 Satz 2 SGB VIII **entscheidet** das **Jugendamt** auf der Grundlage der Einschätzung nach Abs. 2 Satz 1 über die **Anmeldung** des Kindes oder des Jugendlichen **zur Verteilung** oder den **Ausschluss** der Verteilung. Damit ist bereits durch den eindeutigen Wortlaut der Vorschrift klargestellt, dass die **Entscheidungskompetenz** hinsichtlich der Durchführung des Verteilungsverfahrens allein **beim Jugendamt** liegt. Dies wird durch § 42a Abs. 4 Satz 3 SGB VIII bestätigt, nach dem die nach Landesrecht zuständige Stelle das Kind oder den Jugendlichen gegenüber dem Bundesverwaltungsamt zur Verteilung „anzumelden" oder den Ausschluss der Verteilung „anzuzeigen" hat. Weder „anmelden" noch „anzeigen" bezeichnen eine Entscheidungskompetenz.[56] 29

Wenn es in § 42a Abs. 2 Satz 2 SGB VIII heißt, das Jugendamt entscheide „auf der **Grundlage** des Ergebnisses der Einschätzung nach Satz 1", mag damit einerseits die Bedeutung des Einschätzungsprozesses noch einmal hervorgehoben und die Verteilungsentscheidung als Bezugspunkt des Einschätzungsvorgangs klargestellt werden, es ist aber noch nichts darüber gesagt, nach welchen Kriterien das Jugendamt zu entscheiden hat, anders formuliert, unter welchen Voraussetzungen das Kind oder der Jugendliche zur Entscheidung anzumelden oder die Verteilung auszuschließen ist.[57]

Die (zwingenden) **materiellen Ausschlussgründe** finden sich nicht in § 42a SGB VIII, sondern sind § 42b Abs. 4 und 5 Satz 1 SGB VIII **zu entnehmen.**[58] Daran ändert auch die Tatsache nichts, dass die Ausschlussgründe sich nur teilweise auf die in § 42a Abs. 2 Satz 1 Nr. 1 bis 4 SGB VIII genannten Gegenstände der Einschätzung beziehen und nicht mit diesen iden-

54 BT-Drs. 18/5921, 23.
55 BT-Drs. 18/5921, 26.
56 Vgl. die zutreffenden Erwägungen gegen eine Entscheidungskompetenz der landesrechtlich zuständigen Stelle oder des Bundesverwaltungsamts in jurisPK-SGB VIII/*Kirchhoff*, § 42a Rn. 78 f.
57 Hier ist dem Gesetzgeber vor lauter Einschätzungstrunkenheit offensichtlich der Blick dafür abhandengekommen, dass am Ende eine Entscheidung zu treffen ist und Entscheidungsfindung der Entscheidungskriterien bedarf.
58 Ebenso Wiesner/Wapler/*Loos*, § 42a SGB VIII Rn. 20; LPK-SGB VIII/*Kepert*, § 42a Rn. 10; a.A. jurisPK-SGB VIII/*Kirchhoff*, § 42a Rn. 33.

tisch sind. So werden die Entscheidungskriterien des § 42b Abs. 4 Nr. 3 SGB VIII nur zum Teil von den Ermittlungen nach § 42a Abs. 2 Satz 1 Nr. 2 SGB VIII erfasst, § 42b Abs. 4 Nr. 4 SGB VIII findet wiederum in § 42a Abs. 2 Satz 2 SGB VIII keinerlei Entsprechung.

30 Die **gegenteilige Ansicht**, nach der das Jugendamt „bis zur Entscheidung nach § 42a Abs. 2 Satz 2 SGB VIII" nur § 42 Abs. 2 Satz 1 SGB VIII anzuwenden habe und § 42b Abs. 4 SGB VIII erst dann eingreife, wenn die Landesstelle das Kind oder den Jugendlichen beim Bundesverwaltungsamt zur Verteilung angemeldet habe,[59] **überzeugt nicht**.

31 Allerdings ist dieser Auffassung zunächst zuzugeben, dass die **Platzierung** der Ausschlussgründe in § 42b Abs. 4 und 5 SGB VIII **systematisch verfehlt** ist. Ungeachtet dessen hält *Kirchhoff* zu Recht daran fest, dass sich dadurch an der Entscheidungskompetenz des Jugendamtes nichts ändere,[60] was freilich im Widerspruch zu seiner Auffassung steht, dass mit der Anmeldung zur Verteilung durch die Landesstelle an das Bundesverwaltungsamt das Verteilungsverfahren den Bereich des Landes verlasse. Damit müsse konsequenterweise auch die Entscheidungskompetenz das Land „verlassen", was wiederum nicht der Fall sein soll. Vielmehr müsse das Jugendamt (der vorläufigen Inobhutnahme) „nach der Anmeldung beim Bundesverwaltungsamt den Ausschluss der Verteilung mit § 42b Abs. 4 SGB VIII begründen und nicht mehr mit § 42a Abs. 2 Satz 1 SGB VIII".[61] Unklar bleibt dabei, gegenüber wem und in welchem Verfahren das Jugendamt in diesem Stadium den Ausschluss erneut zu begründen haben soll. Zwar dauert die vorläufige Inobhutnahme auch nach der Entscheidung des Jugendamtes nach § 42a Abs. 2 Satz 2 SGB VIII fort, am Verteilungsverfahren ist das Jugendamt nach dem Konzept des § 42b Abs. 1 und 3 SGB VIII nach der Mitteilung nach § 42a Abs. 4 Satz 1 und 2 SGB VIII indes nicht weiter beteiligt.

32 Dem **Wortlaut** des § 42b SGB VIII lässt sich nicht entnehmen, dass die Ausschlussgründe des § 42b Abs. 4 SGB VIII erst nach erfolgter Anmeldung beim Bundesverwaltungsamt anwendbar sein sollen. Die Vorschrift spricht im Gegenteil vielmehr davon, dass „die Durchführung eines Verteilungsverfahrens … ausgeschlossen" ist, wenn einer der Gründe vorliegt. Über diese Durchführung **entscheidet** aber bereits zu Beginn des Verfahrens nach § 42a Abs. 2 Satz 2 SGB VIII das **Jugendamt.**

In **systematischer Hinsicht** ist von Bedeutung, dass § 42a Abs. 2 Satz 1 SGB VIII zwar die **Gegenstände**, hinsichtlich derer eine Einschätzung vorzunehmen ist, nicht aber die **Kriterien** benennt, nach denen sich die Entscheidung richtet. Diese enthält erst § 42b Abs. 4 SGB VIII. So liegt es zwar nahe, dass die Einschätzung nach § 42a Abs. 1 Satz 2 Nr. 1 SGB VIII, das Wohl des Kindes oder des Jugendlichen würde im Fall der Verteilung gefährdet, nicht ohne Konsequenzen für die Durchführung des Verteilungsverfahrens bleiben kann, angeordnet wird deren Ausschluss aber erst in § 42b Abs. 4 Nr. 1 SGB VIII. Unklar bleibt nach § 42a Abs. 2 Satz 1 Nr. 2 SGB VIII, welche Konsequenzen es für die Durchführung des Verteilungsverfahrens hat, wenn die Einschätzung nach § 42a Abs. 2 Satz 1 Nr. 2 SGB VIII den Aufenthalt einer verwandten Person im In- oder Ausland zutage fördert. Verteilungserheblich wird diese Tatsache erst aufgrund § 42b Abs. 4 Nr. 3 SGB VIII.

Ob das Kindeswohl die **gemeinsame Inobhutnahme** mit Geschwistern oder anderen unbegleiteten Minderjährigen erfordert (§ 42a Abs. 2 Satz 1 Nr. 3 SGB VIII), ist insofern verteilungsrelevant, als eine geforderte gemeinsame Inobhutnahme eine gemeinsame Verteilung oder Nicht-Verteilung voraussetzt, im Fall der Verteilung erlangt dies allerdings erst bei der Zuweisung nach § 42b Abs. 5 Satz 1 SGB VIII Bedeutung.

33 Als **Ergebnis** ist festzuhalten, dass das Jugendamt nach § 42a Abs. 2 Satz 2 SGB VIII auf der **Grundlage der Einschätzung** nach Satz 1 und unter **Anwendung der Ausschluss-**

59 So jurisPK-SGB VIII/*Kirchhoff*, § 42b Rn. 33.
60 Vgl. jurisPK-SGB VIII/*Kirchhoff*, § 42b Rn. 32.
61 Vgl. jurisPK-SGB VIII/*Kirchhoff*, § 42b Rn. 33.

gründe des § 42b Abs. 4 und 5 Satz 1 SGB VIII über die Durchführung eines Verteilungsverfahrens zu **entscheiden** hat.

Die Befugnis und Pflicht zur Entscheidung über die Anmeldung zur oder den Ausschluss der Verteilung hat Konsequenzen für die Sachverhaltsaufklärung durch das Jugendamt: Sie erschöpft sich nicht in der „Einschätzung" nach Abs. 2 Satz 1. Vielmehr ist es – wie grundsätzlich bei jeder verwaltungsrechtlichen Entscheidung – gem. § 20 Abs. 1 Satz 1 SGB X Aufgabe des Jugendamtes, den entscheidungserheblichen Sachverhalt von Amts wegen zu ermitteln. Das Jugendamt hat also nicht nur die Gegenstände des § 42a Abs. 2 Satz 1 Nr. 1 bis 4 SGB VIII „einzuschätzen", sondern vor allem den für die Entscheidung über den Verteilungsausschluss gem. § 42b Abs. 4 SGB VIII oder die verteilungserheblichen Maximen des § 42b Abs. 5 SGB VIII erheblichen Sachverhalt von Amts wegen zu ermitteln.[62] 34

IIa. Ausschluss der Durchführung des Verteilungsverfahrens – § 42b Abs. 4, Abs. 5 Satz 1 SGB VIII)

Trotz ihrer **systematisch falschen Platzierung** sind, wie vorstehend ausgeführt, die Gründe, die eine Durchführung des Verteilungsverfahrens gem. § 42b Abs. 4 und 5 Satz 1 SGB VIII zwingend ausschließen, bei der Entscheidung gem. § 42a Abs. 2 Satz 2 SGB VIII über dessen Durchführung oder dessen Ausschluss durch das Jugendamt anzuwenden. Es ist deshalb geboten, diese Ausschlussgründe bereits an dieser Stelle zu erläutern. 35

1. Abs. 4 Nr. 1 – Ausschluss wegen Gefährdung des Kindeswohls – § 42b Abs. 4 Nr. 1 SGB VIII

Es versteht sich von selbst, dass eine gesetzliche Regelung, die sich auch dem Kindeswohl und dessen Gewährleistung verschrieben hat, eine Maßnahme wie die Verteilung ausschließen muss, wenn sie zur Gefährdung dieses Kindeswohls führen würde. Deshalb ist die Aufnahme dieses Ausschlussgrundes nur folgerichtig und zugleich von zentraler Bedeutung. Er ist mit dem Einschätzungsgegenstand des § 42a Abs. 2 Satz 1 Nr. 1 SGB VIII identisch, so dass auf die obigen Erläuterungen bei Rn. 18 ff. verwiesen werden kann. 35a

2. Abs. 4 Nr. 2 – Ausschluss wegen Erkrankung des Minderjährigen

Die Entscheidung über diesen Ausschlussgrund findet seine Grundlage in der Einschätzung durch das Jugendamt nach § 42a Abs. 2 Satz 2 Nr. 4 SGB VIII. 35b

Nach der Gesetzesbegründung zu § 42a Abs. 2 Satz 2 Nr. 4 SGB VIII – der Wortlaut ist insoweit unergiebig – soll der Grund für den Ausschluss von der Verteilung nach dieser Vorschrift nicht darin liegen, die Gesundheit des unbegleiteten Kindes oder des Jugendlichen zu schützen – dies sei Gegenstand der Einschätzung nach Nr. 1 –, sondern eine gesundheitliche Gefährdung Dritter, etwa durch übertragbare Krankheiten, zu vermeiden.[63] Demgegenüber legt die Gesetzesbegründung zu § 42b Abs. 4 Nr. 2 SGB VIII den Schwerpunkt auf eine mögliche **Gefährdung des Minderjährigen**. Allerdings seien auch die bei Dritten bestehenden oder entstehenden Gesundheitsgefahren zu beachten.[64]

Der **Ausschlussgrund** des § 42b Abs. 4 Nr. 2 SGB VIII liegt vor, wenn der Gesundheitszustand des Kindes oder Jugendlichen die **Durchführung des Verteilungsverfahrens** inner-

62 Die vorstehend aufgezeigten systematischen Probleme der Verteilungsregelung zu beseitigen, ist letztlich Aufgabe des Gesetzgebers, der hierzu offenbar aber keine Veranlassung sieht. Gelegenheit dazu hätte das KJSG geboten, das die Vorschriften der §§ 42a ff. SGB VIII allerdings völlig unberührt lässt.
63 Vgl. BT-Drs. 18/5921, 23; kritisch zu diesem Gesetzeszweck auch Veit, FamRZ 2016, 93 (95 f.).
64 BT-Drs. 18/5921, 26.

halb von 14 Werktagen nicht zulässt, weil dies zu einer **gesundheitlichen Gefährdung** des **Minderjährigen** selbst oder **Dritter** führen würde.

3. Kurzfristig mögliche Zusammenführung mit einer verwandten Person§ – 42b Abs. 4 Nr. 3 SGB VIII –

35c Der Ausschlussgrund nach Abs. 4 Nr. 3 weist eine Verbindung zu § 42a Abs. 2 Satz 2 Nr. 2 SGB VIII auf, der nach dem Aufenthalt einer verwandten Person im In- oder Ausland fragt, geht aber darüber hinaus, indem der Ausschluss der Verteilung voraussetzt, dass die **Zusammenführung** des Kindes oder des Jugendlichen mit einer **verwandten** Person **kurzfristig erfolgen kann** und **dem Wohl** des Kindes **entspricht**. Fragen wirft die Vorschrift in vierfacher Hinsicht auf:

- Wer ist „verwandte Person" in deren Sinne?
- Unter welchen Voraussetzungen kann von einer Zusammenführung gesprochen werden?
- Wann ist die Zusammenführung als „kurzfristig" möglich anzusehen?
- Unter welchen Voraussetzungen entspricht die Zusammenführung dem Wohl des Kindes?

a) Verwandte Person

35d Der Begriff der **verwandten Person** ist hier in demselben Sinne zu verstehen wie in § 42a Abs. 2 Satz 1 Nr. 2 SGB VIII, da die diesbezügliche Einschätzung ja die Tatsachengrundlage für diesen Ausschlussgrund liefern soll. Verwandte Personen sind danach die Eltern, Geschwister, Großeltern und Urgroßeltern.

Art. 2 Buchst. c) 3. Spiegelstrich der AufnahmeRL definiert als Familienangehörige darüber hinaus **Erwachsene**, die „nach dem Recht oder den Gepflogenheiten des betreffenden Mitgliedstaats für den Antragsteller verantwortlich sind, wenn dieser minderjährig und unverheiratet ist". Davon abweichend kommt nach § 42b Abs. 4 Nr. 3 SGB VIII aber nur eine Zusammenführung mit **verwandten Personen** in Betracht. Ist eine solche nicht möglich, ist die Verteilung nicht ausgeschlossen.

b) Zusammenführung

35e Wie die unterschiedlichen Formulierungen in § 42a Abs. 2 Satz 2 Nr. 2 SGB VIII einerseits und § 42b Abs. 4 Nr. 3 SGB VIII andererseits belegen, reicht die bloße Existenz einer verwandten Person nicht aus, um die Verteilung auszuschließen. Es muss vielmehr eine (kurzfristige) **Zusammenführung** erfolgen können. Von einer Zusammenführung kann nur gesprochen werden, wenn die verwandte Person **mit der Aufnahme** der oder des Minderjährigen **einverstanden** ist. Das dürfte bei einer Zusammenführung mit den **Eltern** oder einem **Elternteil** regelmäßig unproblematisch sein, die zudem kraft der elterlichen Sorge hierzu verpflichtet sind. Für sonstige Verwandte muss dies nicht gleichermaßen gelten, zumal sie nicht verpflichtet sind, die minderjährige Person aufzunehmen, zu versorgen und zu betreuen. Die Annahme der Möglichkeit zur Zusammenführung setzt also voraus, dass das Jugendamt die Bereitschaft zur Aufnahme klärt und bejaht.

c) Kurzfristige Zusammenführung

35f Es fällt auf, dass die Vorschrift, die ansonsten mit tagesgenauen Zeitangaben aufwartet, an dieser Stelle mit dem Begriff „kurzfristig" seltsam unbestimmt bleibt. Die Gesetzesbegründung spricht davon, dass die Zusammenführung „innerhalb weniger Tage"[65] möglich sein müsse, was den Anwendungsraum auf den ersten Blick deutlich beschneiden würde.

Unproblematisch dürfte die Kurzfristigkeit bei der Zusammenführung mit Eltern oder anderen verwandten Personen im Inland sein.

Nicht innerhalb weniger Tage möglich ist eine Zusammenführung nach der sog. Dublin-III-VO. Sie setzt zum einen voraus, dass ein **Asylantrag** gestellt wurde,[66] zum anderen macht sie eine **Verständigung mit** dem **Aufnahmestaat** notwendig. Ob es verantwortungsvoll ist, in diesem Verfahrensstadium einen Asylantrag zu stellen, kann an dieser Stelle offenbleiben. Immerhin verpflichtet auch der Gesetzgeber das Jugendamt gem. § 42 Abs. 2 Satz 5 SGB VIII, erst nach erfolgter endgültiger Inobhutnahme die Stellung eines Asylantrags zu prüfen.[67] Da dem Gesetzgeber das Procedere nach der Dublin III-VO aber bekannt war, kann der beispielhaften Nennung der Zusammenführung auf deren Grundlage entnommen werden, dass auch eine solche Zusammenführung noch als „kurzfristig" angesehen werden kann, andernfalls die Vorschrift an einem unauflösbaren Widerspruch litte. Zu Recht wird deshalb angenommen, dass Kurzfristigkeit in diesem Sinne bereits dann zu bejahen ist, wenn im Rahmen des Erstscreenings festgestellt wurde, dass sich aufnahmebereite Familienangehörige i.S.d. Dublin III-VO in einem Mitgliedstaat aufhalten und die oder der Minderjährige mit diesen zusammenleben möchte.[68] Liegen diese Voraussetzungen vor, ist gem. § 42b Abs. 4 Nr. 3 SGB VIII die **Verteilung ausgeschlossen**.

d) Kindeswohl

In **allen** vorstehend genannten Fällen ist die Durchführung des Verteilungsverfahrens nur dann ausgeschlossen, wenn die Zusammenführung mit einer verwandten Person „dem Wohl des Kindes entspricht". Das ist dann nicht der Fall, wenn die Gefahr besteht, dass das Kind Opfer von Menschenhandel, sexueller oder Arbeitsausbeutung, Misshandlung oder sexualisierter Gewalt wird oder etwa eine Zwangsverheiratung droht oder der oder die Minderjährige eine Zusammenführung ablehnt. Die Zusammenführung kann auch dann dem Kindeswohl widersprechen, wenn es sich bei den verwandten Personen ungeachtet der Verwandtschaft um völlig fremde Personen handelt. In jedem Fall kommt der in § 42a Abs. 5 Satz 3 SGB VIII angeordneten angemessenen **Beteiligung des Kindes oder Jugendlichen** an der Entscheidung über die Familienzusammenführung **besondere Bedeutung** zu. **35g**

4. Überschreitung der Monatsfrist – Abs. 4 Nr. 4 SGB VIII

Die Verteilung ist gem. § 42b Abs. 4 Nr. 4 SGB VIII schließlich ausgeschlossen, wenn „die **Durchführung des Verteilungsverfahrens** nicht innerhalb von einem Monat nach Beginn der vorläufigen Inobhutnahme erfolgt". Die Vorschrift bezweckt, das Kind oder den Jugendlichen spätestens nach einem Monat nicht mehr aus den zwischenzeitlich entstandenen Bindungen herauszureißen.[69] Dieser Zweck schließt es von vornherein aus, die Vorschrift dahin auszulegen, dass das Verteilungsverfahren innerhalb eines Monats zu beginnen ist. Richtiger Weise ist sie so zu verstehen, dass die Durchführung des Verteilungsverfahrens innerhalb eines Monats abgeschlossen sein muss. **35h**

Unklar ist allerdings bereits der **Beginn der Monatsfrist**. Nach dem Gesetzeswortlaut ist dies der „Beginn der vorläufigen Inobhutnahme". Diese beginnt mit der Feststellung der un-

65 BT-Drs. 18/5921, 26.
66 Gem. Art. 1 Dublin-III-VO gilt diese für die Bestimmung des für die Prüfung eines Antrags auf internationalen Schutz zuständigen Mitgliedstaats. Dieser internationale Schutz wird in Deutschland gem. § 13 Abs. 2 AsylG mit einem Asylantrag beantragt.
67 Vgl. dazu die Kommentierung zu § 42 SGB VIII.
68 JurisPK-SGB/*Kirchhoff*, § 42b Rn. 37 m.w.N.
69 In gleichem Sinne jurisPK-SGB VIII/*Kirchhoff*, § 42b Rn. 37.

begleiteten Einreise, also dem Aufgreifen oder der Selbstmeldung.[70] Dies würde in nahezu allen Fällen, in denen die Minderjährigkeit der betroffenen Person in Streit steht und Gegenstand eines gerichtlichen Verfahrens ist, dazu führen, dass die Monatsfrist nicht eingehalten werden kann und die Verteilung ausgeschlossen ist.

Dem ist allerdings das **BVerwG** entgegengetreten. Nach seiner Entscheidung vom 26.4.2018[71] beginnt die **Monatsfrist** des § 42b Abs. 4 Nr. 4 SGB VIII in **jedem Fall** erst mit der **Feststellung der Minderjährigkeit**. Dies kann, so wird man die Entscheidung verstehen müssen, der Beginn der vorläufigen Inobhutnahme sein, sofern die Minderjährigkeit bereits zu diesem Zeitpunkt feststeht. Dies kann aber auch erst nach einem verwaltungsgerichtlichen Verfahren, in dem die Altersfeststellung überprüft wird, der Fall sein.

Dieser Fristbeginn kann dazu führen, dass der Zweck der Monatsfrist, das Kind oder den Jugendlichen nicht aus in dieser Zeit gewachsenen und gefestigten Bindungen herauszureißen, durch die erfolgende Verteilung vereitelt wird.[72] Soweit der Fortbestand dieser Bindungen zu einem Kindeswohlbelang erstarkt ist, besteht für das Jugendamt nur die Möglichkeit, die Verteilung wegen des Vorliegens des Ausschlussgrundes nach § 42b Abs. 4 Nr. 1 SGB VIII auszuschließen.[73]

35i Nicht weniger problematisch als der Fristbeginn ist die Frage, wann die „**Durchführung des Verteilungsverfahrens**" erfolgt ist: Bereits mit Bekanntgabe der Zuweisungsentscheidung nach § 42b Abs. 3 Satz 1 SGB VIII oder erst nach Übergabe der oder des Minderjährigen i.S.d. § 42 Abs. 5 Satz 1 Nr. 1 SGB VIII?[74]

Der oben beschriebene Gesetzeszweck gebietet es, erst dann eine „Durchführung des Verteilungsverfahrens" anzunehmen, wenn diese **durch Übergabe** an das für die Inobhutnahme nach § 42 Abs. 1 Satz 1 Nr. 3 SGB VIII zuständig gewordene Jugendamt **abgeschlossen** ist, und nicht etwa bereits die Entscheidung, den Minderjährigen zur Verteilung anzumelden, oder einen anderen Zeitpunkt im Verlauf des Verteilungsverfahrens als erfolgte „Durchführung" zu betrachten.[75]

Demgegenüber kommt es nach Auffassung des **SächsOVG** für die fristwahrende Durchführung des Verteilungsverfahrens i.S.d. Vorschrift ausschließlich auf die **rechtzeitige Zuweisungsentscheidung** der landesrechtlich zuständigen Stelle nach § 42b Abs. 3 Satz 1 SGB VIII an, durch die das Verteilungsverfahren abgeschlossen werde. Unerheblich sei es danach dagegen, ob auch die oder der Minderjährige innerhalb der Monatsfrist am Ort seiner Zuweisung angekommen sei, d. h. eine Übergabe an das für die Inobhutnahme nach § 42 Abs. 1 Satz 1 Nr. 3 SGB VIII zuständig gewordene Jugendamt erfolgt sei.[76] Das Gesetz **unterscheide** zwischen dem **Verteilungsverfahren** nach §§ 42a Abs. 2-6, 42b, 42c SGB VIII, das mit der Zuweisungsentscheidung ende, einerseits und der **vorläufigen Inobhutnahme**

---

70 Vgl. SächsOVG, Urt. v. 19.12.2019, 3 A 719/18, https://www.justiz.sachsen.de, Rn. 17.

71 BVerwG, Urt. v. 26.4.2018, 5 C 11.17, Rn. 26 ff., ZKJ 2018, 390, online abrufbar unter https://www.bverwg.de/260418U5C11.17.0.

72 Dies sei aber, so das BVerwG in der Entscheidung, eine unvermeidbare Folge dessen, dass auch die Verteilung nach Maßgabe der §§ 42b bis e SGB VIII an die Minderjährigkeit der betreffenden Personen anknüpfe und das Gesetz damit selbst den mit ihm verbundenen Beschleunigungseffekt unter diesen Vorbehalt stelle; vgl. dort Rn. 33.

73 Vgl. jurisPK-SGB VIII/*Kirchhoff*, § 42b Rn. 37.2; VG Hannover, Beschl. v. 14.10.2019, 3 B 4442/19, www.rechtsprechung.niedersachsen.de, Rn. 22.

74 Die Frage ist nicht nur theoretischer Natur oder gänzlich irrelevant, da zwischen der Zuweisungsentscheidung und der tatsächlichen Übergabe nach Auskunft der Jugendämter in den einzelnen Bundesländern häufig zwei Wochen oder mehr liegen, vgl. Bericht der Bundesregierung vom 5.3.2020, BT-Drs. 19/17810, 72 ff.

75 Ebenso jurisPK-SGB VIII/*Kirchhoff*, § 42b Rn. 37.

76 So SächsOVG, Urt. v. 19.12.2019, 3 A 719/18, www.justiz.sachsen.de, Rn. 16.

gem. § 42a SGB VIII, die nach § 42a Abs. 6 Satz 1 Alt. 2 SGB VIII mit der Übergabe an das zuständige Jugendamt ende, andererseits.[77]

Letzterer Auffassung ist gegenüber der ausschließlich auf den Regelungszweck abstellenden der Vorzug zu geben. Zwar kann dies, wie empirische Daten belegen, dazu führen, dass die Zeit des tatsächlichen Verbleibs einen Monat (deutlich) überschreitet, jedoch ist es nicht von der Hand zu weisen, dass das Verteilungsverfahren mit Zugang der Zuweisungsentscheidung abgeschlossen ist und die Übergabe gem. § 42a Abs. 6 Alt. 2 SGB VIII die vorläufige Inobhutnahme beendet. Darüber hinaus vermeidet ein Abstellen auf die Zuweisungsentscheidung die Rückabwicklung des Verteilungsverfahrens in den Fällen, in denen die Übergabe nach Ablauf der Monatsfrist (und sei es auch nur um einen Tag) erfolgt.[78]

Für die letztgenannte Konstellation wird die **Frage** diskutiert, welche Folgen sich für die fristgerecht ergangene und damit (jedenfalls ursprünglich) rechtmäßige Zuweisungsentscheidung ergeben, wenn die Übergabe der oder des Minderjährigen erst nach Ablauf der Monatsfrist erfolgt. **35j**

Der auch hier vertretenen Auffassung, die mit dem Erlass der Zuweisungsentscheidung die Durchführung des Verteilungsverfahrens als abgeschlossen betrachtet, bereitet diese Konstellation keine Probleme. Für sie stellt die Übergabe unabhängig von ihrem Zeitpunkt lediglich den Vollzug der Zuweisungsentscheidung dar.[79]

Die Gegenansicht meint, für die getroffene Zuweisungsentscheidung verbleibe nach der eingetretenen Änderung kein Anwendungsbereich mehr, so dass sie sich „auf andere Weise" i.S.d. § 39 Abs. 2 SGB X erledigt habe.[80] Stellt man für die Frage der Einhaltung der Monatsfrist allein auf die Übergabe der oder des Minderjährigen ab, ist dies zutreffend. Es stellt aber kein Argument für die Richtigkeit dieser Prämisse dar, sondern setzt diese voraus und zieht daraus im Fall der aus dieser Sicht verspäteten Übergabe die Konsequenz für das rechtliche Schicksal der Zuweisungsentscheidung.

Wird die Monatsfrist überschritten, hat das Jugendamt die – gesetzlich allerdings nicht geregelte – Verpflichtung, das Verteilungsverfahren auszuschließen und dies auf dem in § 42a Abs. 4 SGB VIII vorgesehenen Weg mitzuteilen.[81] **35k**

Die gem. § 42d Abs. 3 Satz 1 SGB VIII bis zum **31.12.2016** bestehende Möglichkeit, die Monatsfrist unter den dort genannten Voraussetzungen einmalig zu verlängern, hat sich durch **Zeitablauf erledigt**.

5. Weitere Vorgaben für die Verteilung – § 42b Abs. 5 SGB VIII

Abs. 5 enthält weitere Vorgaben zur **Sicherung des Kindeswohls**. Nach Satz 1 dürfen **Geschwister nicht getrennt** werden. Geschwister sind diejenigen, die mindestens einen gemeinsamen Elternteil haben. Eine Ausnahme von dieser ansonsten zwingenden Vorgabe ist nur zulässig, wenn das Kindeswohl eine Trennung erfordert, etwa um Misshandlungen zu verhindern. **35l**

Satz 2 hält darüber hinaus grundsätzlich dazu an, auch nicht verschwisterte unbegleitete ausländische **Kinder oder Jugendliche** nach § 42 SGB VIII im Rahmen der Aufnahmequote **gemeinsam in Obhut zu nehmen**, wenn das Kindeswohl dies erfordert. Er verpflichtet dazu, bestehende, sei es auch erst im Verlaufe einer Flucht entstandene Beziehungen,

77 SächsOVG, Urt. v. 19.12.2019, 3 A 719/18, www.justiz.sachsen.de, Rn. 22.
78 Die auf die Übergabe abstellende Auffassung der Vorauflage (vgl. dort § 42b SGB VIII Rn. 15) wird damit aufgegeben.
79 Vgl. SächsOVG, Urt. v. 19.12.2019, 3 A 719/18, www.justiz.sachsen.de, Rn. 15.
80 So DIJuF-Gutachten, JAmt 2017, 24 (25); jurisPK-SGB VIII/*Kirchhoff*, § 42b Rn. 38.
81 Insoweit ebenso jurisPK-SGB VIII/*Kirchhoff*, § 42b Rn. 33.

Freundschaften oder Schicksalsgemeinschaften nicht im Zuge des Verteilungsverfahrens auseinanderzureißen (vgl. dazu die Erläuterungen oben unter Rn. 24 f.).

Abs. 5 knüpft an § 42a Abs. 2 Satz 1 Nr. 3 SGB VIII an, nach dem die Notwendigkeit einer gemeinsamen Inobhutnahme Gegenstand der Einschätzung durch das Jugendamt im Rahmen der vorläufigen Inobhutnahme ist.

35m **Adressaten der Vorschrift** sind neben dem Jugendamt der vorläufigen Inobhutnahme das **Bundesverwaltungsamt** sowie die nach § 42b Abs. 3 SGB VIII entscheidende **Landesstelle** des aufnehmenden Landes. Das Bundesverwaltungsamt hat durch eine gemeinsame Verteilung, die Landesstelle durch eine gemeinsame Zuweisung die Beachtung der Vorgaben des Abs. 5 sicherzustellen.[82]

36 Fraglich ist, ob das Jugendamt auch dann, wenn keiner der in § 42b Abs. 4 und 5 SGB VIII genannten Gründe vorliegt, die **Verteilung ausschließen** kann. Darf etwa das Jugendamt von einer Verteilung eines befreundeten Jugendlichen absehen, obwohl eine gemeinsame Unterbringung nicht erforderlich ist, aber von den Jugendlichen gewünscht wird? Dagegen scheint § 42a Abs. 6 SGB VIII zu sprechen, nach dessen letzter Alternative die vorläufige Inobhutnahme mit der Anzeige „über den Ausschluss des Verteilungsverfahrens nach § 42b Absatz 4" endet. Andererseits entscheidet das Jugendamt gem. § 42a Abs. 2 Satz 2 „auf der Grundlage des Ergebnisses der Einschätzung nach Satz 1", dessen Nr. 1 bis 4 wiederum nicht identisch mit den Ausschlussgründen des § 42b Abs. 4 Nr. 1 bis 4 SGB VIII sind, was für eine über diese Gründe hinausgehende Entscheidungskompetenz spricht. Schließlich lässt sich auch dem Wortlaut des § 42b Abs. 4 SGB VIII nicht entnehmen, dass die dort genannten Gründe abschließend sein sollen, was etwa durch die Formulierung „ist … *nur dann* ausgeschlossen" hätte zum Ausdruck gebracht werden können.

Auch der Zweck der Regelung spricht nicht gegen den Ausschluss des Verteilungsverfahrens aus anderen als den in § 42b Abs. 4 SGB VIII genannten Gründen. Nach § 42c Abs. 2 Satz 1 SGB VIII wird die Anzahl der im Land verbleibenden unbegleiteten ausländischen Kinder und Jugendlichen auf die Aufnahmequote des Landes angerechnet, wenn die Durchführung des Verteilungsverfahrens ausgeschlossen ist, ohne dass es auf den Grund für den Ausschluss ankäme.

Als **Ergebnis** bleibt festzuhalten, dass das Jugendamt eine **Durchführung des Verteilungsverfahrens ausschließen** kann, auch wenn keiner der in § 42b Abs. 4 oder 5 SGB VIII genannten Gründe vorliegt, der Ausschluss aber nach seiner Einschätzung geboten ist.[83]

In der Praxis dürfte diese Auslegungsfrage ihre Brisanz dadurch verlieren, dass die generalklauselartige **Einbeziehung des Kindeswohls** in § 42b Abs. 4 Nr. 1 SGB VIII dem Jugendamt eine **weite Steuerungsmöglichkeit** eröffnet.

III. Absatz 3 – Vertretung des Kindes oder Jugendlichen

37 Gem. § 42a Abs. 3 SGB VIII ist das Jugendamt während der vorläufigen Inobhutnahme **berechtigt** und **verpflichtet**, alle **Rechtshandlungen vorzunehmen**, die zum Wohle des Kindes oder des Jugendlichen **erforderlich** sind, also den Minderjährigen zu vertreten, ohne damit zum Personensorgeberechtigten zu werden.[84] Damit soll der Notsituation des Kindes

82 Hinsichtlich des Bundesverwaltungsamtes ebenso jurisPK-SGB VIII/*Kirchhoff*, § 42b Rn. 44.

83 Ebenso im Fall des vorgenannten Beispiels Wiesner/*Loos*, § 42a SGB VIII Rn. 25; jurisPK-SGB VIII/*Kirchhoff*, § 42a Rn. 70.

84 Dass dies nicht ebenfalls durch eine Bezugnahme im Rahmen des § 42a Abs. 1 Satz 2 erfolgt ist, mag dem Umstand geschuldet sein, dass dort eine Beteiligung des Minderjährigen nicht vorgesehen ist. Sie ist freilich bereits gem. § 8 Abs. 1 SGB VIII zwingend notwendig. Die Gesetzesbegründung schweigt dazu.

oder Jugendlichen und der eventuellen Notwendigkeit kurzfristiger Maßnahmen zur rechtlichen Aufenthaltssicherung Rechnung getragen werden.[85]

Bei der Vertretung sind das Kind oder der Jugendliche zu beteiligen und der mutmaßliche Wille des Personensorge-[86] oder des Erziehungsberechtigten hat angemessen Berücksichtigung zu finden. Das Kind oder den Jugendlichen zu beteiligen, bedeutet zunächst einmal, sie über die tatsächliche und rechtliche Situation sowie die Vertretung umfassend und in verständlicher Form zu informieren und hinsichtlich aller seine Person betreffenden Fragen und Entscheidungen einzubeziehen.

Ungeachtet dieser Beteiligung ist die Regelung im Gesetzgebungsverfahren kritisiert worden, weil dadurch eine ausreichende Interessensvertretung der oder des Minderjährigen nicht gewährleistet sei. Eine vom Jugendamt unabhängige Vertretung sei gerade in dieser Phase, in der entscheidende Weichenstellungen sowohl im Verteilungsverfahren als auch im Blick auf den weiteren Aufenthalt in der Bundesrepublik vorgenommen würden, unverzichtbar.[87] 38

Entscheidungen von erheblicher Bedeutung sind insbesondere

- Die Entscheidung über die vorläufige Inobhutnahme als solche,
- die Altersfeststellung als Grundlage des gesamten Inobhutnahme- und Verteilungsverfahrens,
- der Ausschluss oder die Durchführung des Verteilungsverfahrens sowie
- die hinsichtlich des weiteren Aufenthalts zu treffenden Maßnahmen, insbesondere die Stellung eines Asylantrags oder anderer aufenthaltsrechtlicher Anträge.

In allen vier Fällen sind **Interessenskollisionen** mit dem Jugendamt keineswegs ausgeschlossen, bei Streit über das anzunehmende Alter und die Durchführung oder den Ausschluss des Verteilungsverfahrens tritt das Jugendamt dem Betroffenen als Gegner gegenüber.

Die Gesetzesbegründung meint insoweit, eine Kollision zwischen den Interessen des Jugendamtes als **Vertretung** des unbegleiteten Minderjährigen und als **Behörde**, die maßgebliche Entscheidungen im Hinblick auf die Altersfeststellung und Verteilung sowie die Durchführung von Maßnahmen und Gewährung von Leistungen für das Kind oder den Jugendlichen zu treffen hat, sei durch entsprechende **organisatorische und personelle Vorkehrungen** zu verhindern.[88] Solches erscheint nicht unmöglich, „entsprechende organisatorische und personelle Vorkehrungen" erfordern aber vor allem personelle Ressourcen. Keine Handhabe bietet insoweit § 181 BGB, der zum einen nur für privatrechtliche Vertretungsverhältnisse, zum anderen nur auf dem Gebiet des Privatrechts gilt. Die Vertretungsbefugnis nach § 42a Abs. 3 SGB VIII beruht aber auf öffentlichem Recht und erstreckt sich, soweit die vorläufige Inobhutnahme und das Verteilungsverfahren in Rede stehen, auf öffentlich-rechtlich geregelte Gegenstände.[89] 39

Die **organisatorischen und personellen Vorkehrungen** können nur darin bestehen, die **Vertretung** der Minderjährigen durch eine Stelle und durch Fachkräfte des Jugendamtes wahrnehmen zu lassen, die von der für die vorläufige **Inobhutnahme** zuständigen Stelle und den dort tätigen Fachkräften **getrennt** sind.

---

85 So die Gesetzesbegründung BT-Drs. 18/5921, 23.

86 Dass das Gesetz an dieser Stelle von „Personenberechtigten" spricht, dürfte ein Redaktionsversehen ohne inhaltliche Bedeutung sein.

87 Vgl. etwa Stellungnahmen des DIJuF, Ausschussdrucksache 18(13)62d, und des BUMF e.V., Ausschussdrucksache 18(13) 62e, abrufbar unter https://www.bundestag.de/bundestag/ausschuesse18/a13/anhoerungen/stellungnahmen_inhalt_2015_10_12/390152 (14.3.2022)

88 Vgl. BT-Drs. 18/5921, 24.

89 Ebenso Veit, FamRZ 2016, 93 (97); a.A. Katzenstein u.a., JAmt 2015, 530 (533).

In gleichem Sinne hat das *OVG Bremen* klarstellende Entscheidungen getroffen: Die in Ausübung des Notvertretungsrechts erklärte Einwilligung einer Fachkraft des Jugendamtes in bestimmte Maßnahmen, etwa in die ärztliche Begutachtung im Rahmen der Altersfeststellung, erfordere eine organisatorische und personelle Trennung innerhalb des Jugendamtes, um eine Kollision zwischen den Interessen des Jugendamtes als Vertretung des unbegleiteten Minderjährigen und als Behörde, die maßgebliche Entscheidungen im Hinblick auf die Altersfeststellung und Verteilung sowie die Durchführung von Maßnahmen und Gewährung von Leistungen für den Jugendlichen zu treffen habe, zu verhindern. Mitarbeiter des für die Alterseinschätzung zuständigen Referats seien demnach daran gehindert, eine Einwilligung nach § 42f Abs. 2 Satz 3 Hs. 2 SGB VIII zu erteilen. Die Aufgaben im Rahmen der Notkompetenz sollten vielmehr von Personen im Jugendamt wahrgenommen werden, die für die Amtsvormundschaft zuständig seien.[90]

40 Darüber hinaus erfordert insbesondere die Einleitung und Durchführung eines Asylverfahrens eine ausländer- und asylrechtliche Kompetenz, von deren Vorhandensein bei den Fachkräften des Jugendamtes Zweifel angebracht sind, ohne dass dies angesichts der Komplexität und Kompliziertheit dieser Rechtsmaterie vorwerfbar wäre.[91]

41 Soweit die AufnRL anwendbar ist, **widerspricht** die Regelung **deren Vorgaben**. Nach deren Art. 24 Abs. 1 haben die Mitgliedstaaten „so bald wie möglich" dafür zu sorgen, dass ein Vertreter bestellt wird, der den unbegleiteten Minderjährigen vertritt und unterstützt, damit dieser die Rechte aus dieser Richtlinie in Anspruch nehmen und den sich aus dieser Richtlinie ergebenden Pflichten nachkommen kann. Der Vertreter muss seine Aufgaben im Einklang mit dem Grundsatz des Kindeswohls gemäß Artikel 23 Absatz 2 AufnRL wahrnehmen und entsprechend versiert sein. Organisationen oder Einzelpersonen, deren Interessen denen des unbegleiteten Minderjährigen zuwiderlaufen oder zuwiderlaufen *könnten*, kommen als Vertreter nicht in Betracht. Die Möglichkeit einer Interessenskollision reicht danach also aus. Im gleichen Sinne fordert **Art. 25 Abs. 1 Buchst. a)** der Richtlinie 2013/32/EU (sog. **Verfahrensrichtlinie**),[92] dass ein Vertreter den unbegleiteten Minderjährigen vertritt und unterstützt, damit dieser die Rechte aus dieser Richtlinie in Anspruch nehmen und den sich aus dieser Richtlinie ergebenden Pflichten nachkommen kann. Der Vertreter muss hierfür über die erforderliche Fachkenntnis verfügen. Auch nach dieser Vorschrift kommen Organisationen oder Personen, deren Interessen mit den Interessen des unbegleiteten Minderjährigen in Konflikt stehen oder stehen *könnten*, als Vertreter nicht in Frage.

42 Diese sog. **Notvertretung durch das Jugendamt** ist auch unter Berücksichtigung der dem Gesetz vorschwebenden kurzen Dauer der vorläufigen Inobhutnahme von nur 14 Tagen nicht akzeptabel. Denn zum einen greift die gesetzliche Ausschlussfrist des § 42b Abs. 4 Nr. 4 SGB VIII für die Verteilung erst nach einem Monat. Zum anderen sind im Regelfall innerhalb von sieben Tagen (§ 42a Abs. 4 Satz 1 und 2 SGB VIII) wichtige Entscheidungen hinsichtlich Altersfeststellung und Zulässigkeit der Verteilung zu treffen. Immerhin verpflichtet die Übergangsregelung des § 42d Abs. 3 Satz 2 SGB VIII für den Fall von deren Verlängerung das Jugendamt dazu, die Bestellung eines Vormunds oder Pflegers zu veranlassen.

---

90 OVG Bremen, Beschl. v. 4.6.2018, 1 B 53/18, https://www.oberverwaltungsgericht.bremen.de, 10 der BA = juris, bestätigt durch OVG Bremen, Beschl. v. 10.5.2019, 1 B 32/19, JAmt 2019, 418. Kritisch zur Vertretung der in Obhut genommenen Person durch eine Stelle des Jugendamts überhaupt DIJuF, JAmt 2020, 384 ff.

91 Vgl. dazu auch § 42 SGB VIII Rn. 50 f.

92 Richtlinie 2013/32/EU des Europäischen Parlaments und des Rates vom 26. Juni 2013 zu gemeinsamen Verfahren für die Zuerkennung und Aberkennung des internationalen Schutzes (Neufassung), ABl. EU vom 29.6.2013, L 180/60.

IIIa. Absatz 3a – Durchführung erkennungsdienstlicher Maßnahmen nach § 49 Abs. 8 und 9 AufenthG

1. Zweck der Regelung

42a Durch Art. 6 des 2. DAVG wurde Absatz 3a in § 42a SGB VIII eingefügt. Mit der neuen Vorschrift wird, woran nach Wortlaut und Regelungskontext kein Zweifel bestehen kann, das Jugendamt (zumindest auch) für ausländerrechtliche und damit jugendhilfeferne Zwecke in Dienst genommen.[93] Demgegenüber behauptet die Gesetzesbegründung, die erkennungsdienstliche Behandlung, zu der die Vorschrift verpflichtet, gehöre „zu einer angemessenen Jugendhilfe", und suggeriert, es handele sich ausschließlich um eine Maßnahme zum Schutz der unbegleiteten Kinder und Jugendlichen, insbesondere als Maßnahme gegen das „Verschwinden" von Unbegleiteten. Das ist allerdings eine Sichtweise, die ausschließlich ordnungsrechtliche Aspekte in den Blick nimmt, die psychosozialen Gründe und Hintergründe des Entweichens und Verschwindens von Jugendlichen aus der (vorläufigen) Inobhutnahme aber völlig ausblendet. Zugleich beklagt die Gesetzesbegründung nämlich die „späte Registrierung" von in Obhut genommenen Minderjährigen im Zuge eines Asyl- oder ausländerbehördlichen Verfahrens.[94] Ein Grund für die verzögerte Registrierung liege darin, dass die unbegleiteten Minderjährigen zu ihrem Schutz unverzüglich von den Jugendämtern in Obhut zu nehmen seien und die für die Registrierung vorrangig jeweils örtlich zuständigen Ausländerbehörden häufig von der Einreise des Betroffenen in das Bundesgebiet zunächst keine Kenntnis erlangten. Die lückenlose Erfassung aller unbegleiteten ausländischen Kinder und Jugendlichen ab Vollendung des sechsten Lebensjahres sei aus Gründen des Minderjährigenschutzes notwendig. Mangels Registrierung von unbegleiteten Minderjährigen habe in der Vergangenheit teils bei einem „Verschwinden" von Jugendlichen aus Jugendhilfeeinrichtungen häufig nicht sicher überprüft werden können, ob die Betreffenden bei einer anderen Jugendhilfeeinrichtung – eventuell unter anderem Namen – untergekommen seien oder das Bundesgebiet zwischenzeitlich wieder verlassen haben. Zudem seien minderjährige Ausländer mangels Kenntnis der hiesigen Gepflogenheiten, der deutschen Sprache und aufgrund ihrer zumeist finanziell angespannten Situation erhöhten Gefahren u. a. auch durch Ausbeutung und Gewalttaten ausgesetzt. Um ihnen rasch Hilfe zuteilwerden lassen zu können, insbesondere sie ihren Erziehungsberechtigten oder der zuständigen Jugendhilfeeinrichtung übergeben zu können, müssten sie nach einem Verschwinden schnell identifizierbar sein.[95]

2. „Zweifel an der Identität"

42b Nach § 42a Abs. 3a SGB VIII hat das Jugendamt dafür Sorge zu tragen, dass für die vorläufig in Obhut genommenen Minderjährigen unverzüglich erkennungsdienstliche Maßnahmen nach § 49 Absatz 8 und 9 des Aufenthaltsgesetzes durchgeführt werden, wenn **Zweifel über die Identität** bestehen. Danach ist es zunächst einmal Sache des Jugendamtes, darüber zu befinden, ob solche Zweifel angebracht sind. Ist das nicht der Fall, etwa weil Personalpapiere oder sonstige Urkunden Auskunft über die Identität geben, entfällt die Verpflichtung a priori. Herr des Verfahrens ist also – jedenfalls in diesem Stadium des Verfahrens – das Jugendamt, nicht die Ausländerbehörde.

Die **Identität einer Person** wird durch die Merkmale bestimmt, die sie von anderen unterscheidet. Insoweit sind vor allem zu nennen Name, Vorname, Geschlecht, Familienstand sowie biometrische Merkmale wie Größe, Haar- und Augenfarbe. Nicht zur Identität i.S.d. Vor-

93 Das wird etwa von *Achterfeld*, JAmt 2017, 349 ff., verkannt.
94 Vgl. BT-Drs. 19/8752, 36 f.
95 Vgl. BT-Drs. 19/8752, 35 f.

schrift gehören das Alter sowie die Staatsangehörigkeit, die von § 49 AufenthG, auf den die Vorschrift verweist, von der Identität unterschieden werden.[96]

Zweifel über die Identität[97] können bestehen, wenn Anhaltspunkte dafür vorliegen, dass die persönlichen Angaben der oder des Betroffenen unrichtig sind. Solche können sich aus der Divergenz der Angaben zu vorliegenden Urkunden (Geburtsurkunde, Ausweispapiere) oder aus der Vorlage ge- oder verfälschter Urkunden ergeben. Zweifel an der Identität können aber auch aus abweichenden oder unauflösbar widersprüchlichen Angaben resultieren. Insoweit ist allerdings Zurückhaltung geboten, da voneinander abweichende Angaben durch Fluchterfahrungen oder Traumatisierung geprägt und beeinflusst sein können. Darüber hinaus sind Konstanz oder Inkonstanz im Aussageverhalten nur eingeschränkt als Wahrheitskriterien brauchbar.[98]

Zweifel über die Identität werden nicht dadurch **begründet**, dass keine Personalpapiere vorgelegt werden (können), weil diese nie vorhanden gewesen oder abhandengekommen seien. Ebenso wenig können Zweifel mit der (angeblichen) Häufung von Identitätstäuschungen begründet werden. Durch diese für die Betroffenen im Übrigen nicht überprüfbare Behauptung werden diese in eine Art Sippenhaft für das tatsächlich oder angebliche Verhalten anderer genommen.

Macht also die oder der Minderjährige unter Berücksichtigung des Vorstehenden konsistente Angaben zu ihrer oder seiner Person sind Zweifel über Identität auch dann nicht angezeigt, wenn sie nicht durch entsprechende Urkunden belegt werden.

Zweifel über die Identität im Sinne dieser Vorschrift können **in keinem Fall** durch Zweifel am **Lebensalter** der Betroffenen begründet werden. Denn zum einen betrachtet die Norm, auf die § 42a Abs.3a SGB VIII verweist, nämlich § 49 AufenthG, selbst das Lebensalter nicht als Teil der Identität, zum anderen dürfen unter systematischen Erwägungen Zweifel am Lebensalter der vorläufig in Obhut genommenen ausländischen Person ausschließlich in dem in § 42f SGB VIII vorgeschriebenen Verfahren überprüft werden, weil dessen Sicherungen und Beteiligungsrechte durch einen Rückgriff auf § 49 Abs. 8 und 9 AufenthG unterlaufen und ausgehebelt würden.

3. Aufgaben des Jugendamtes

42c **Bejaht das Jugendamt Zweifel** an der Identität, so hat es nach der neuen Vorschrift dafür Sorge zu tragen, dass für das vorläufig in Obhut genommene Kind oder den oder die Jugendliche/n „erkennungsdienstliche Maßnahmen nach § 49 Abs. 8 und 9 des Aufenthaltsgesetzes[99] durchgeführt werden". **Sorge zu tragen**, bedeutet mehr als nur die zur Durch-

---

96 Vgl. § 49 Abs. 2 AufenthG: „Jeder Ausländer ist verpflichtet, gegenüber den mit dem Vollzug des Ausländerrechts betrauten Behörden auf Verlangen die erforderlichen Angaben zu seinem Alter, seiner Identität und Staatsangehörigkeit zu machen …"

97 Insoweit meint der Bundesrat in seiner Stellungnahme zum Gesetzentwurf, es müsste im Gesetz näher bestimmt werden, unter welchen Umständen Zweifel an der Identität vorliegen. Vgl. BT-Drs. 19/8752, 98.

98 Vgl. *Bender/Nack*, Tatsachenfeststellung, Bd. I, Rn. 288 ff.

99 Die Vorschrift lautet wie folgt:
„(8) Die Identität eines Ausländers, der in Verbindung mit der unerlaubten Einreise aufgegriffen und nicht zurückgewiesen wird, ist durch erkennungsdienstliche Maßnahmen zu sichern. Nach Satz 1 dürfen nur Lichtbilder und Abdrucke aller zehn Finger aufgenommen werden. Die Identität eines Ausländers, der das sechste Lebensjahr noch nicht vollendet hat, ist unter den Voraussetzungen des Satzes 1 nur durch das Aufnehmen eines Lichtbildes zu sichern.
(9) Die Identität eines Ausländers, der sich ohne erforderlichen Aufenthaltstitel im Bundesgebiet aufhält, ist durch erkennungsdienstliche Maßnahmen zu sichern. Nach Satz 1 dürfen nur Lichtbilder und Abdrucke aller zehn Finger aufgenommen werden. Die Identität eines Ausländers, der das sechste Lebensjahr noch nicht vollendet hat, ist unter den Voraussetzungen des Satzes 1 nur durch das Aufnehmen eines Lichtbildes zu sichern."

führung der Maßnahmen berufenen Stellen (dazu unten Rn. 42e) über die Anwesenheit der Minderjährigen zu informieren.[100] Es hat vielmehr die Betroffenen zu begleiten[101] und bei der Durchführung der erkennungsdienstlichen Maßnahmen anwesend zu sein (vgl. im Einzelnen unten Rn. 42 ff.).

Mit der Begleitung des Kindes oder der oder des Jugendlichen erschöpft sich die Verpflichtung des Jugendamtes. Die Durchführung erkennungsdienstlicher Maßnahmen ist weder dessen Aufgabe noch ist es dazu befugt. Mit der „Zuführung" (oder ggfs. Information; vgl. dazu sogleich) beginnt die Zuständigkeit der zuständigen ausländerrechtlichen Behörden.

Fraglich ist aber, was das Jugendamt zu tun verpflichtet oder befugt ist, wenn die oder der Minderjährige sich weigert, sich erkennungsdienstlichen Maßnahmen zu unterziehen. Da die Verpflichtung, erkennungsdienstliche Maßnahmen zu dulden, keine jugendhilfe-, sondern eine ausländerrechtliche ist, kann auch deren Durchsetzung nur bei den für den Vollzug des Ausländerrechts zuständigen Behörden liegen. Das Jugendamt ist also im Fall der Weigerung darauf beschränkt, diese darüber zu informieren.[102] Das „Sorge tragen" reduziert sich in diesem Fall also auf das bloße Informieren.

Die ausländerrechtlichen Behörden können die Durchführung erkennungsdienstlicher Maßnahmen nach § 82 Abs. 4 Satz 2 AufenthG ggfs. zwangsweise durchsetzen. Die Betroffenen haben gem. § 49 Abs. 10 AufenthG, der auch ohne ausdrückliche Verweisung auf Maßnahmen nach den Abs. 8 und 9 anwendbar ist, die Maßnahmen zu dulden.[103]

4. Erkennungsdienstliche Maßnahmen

Ob und welche erkennungsdienstlichen Maßnahmen zulässig sind, ergibt sich aus § 49 Abs. 8 und 9 AufenthG. Beim Verweis auf diese Vorschrift handelt es sich um eine **Rechtsgrundverweisung**. Das ergibt sich systematisch daraus, dass beide Absätze genannt werden, obwohl die Rechtsfolge in beiden dieselbe ist. Erkennungsdienstliche Maßnahmen sind also nur zulässig, wenn die in einem der beiden Absätze jeweils genannten Voraussetzungen vorliegen. Denn sowohl die Verpflichtung als solche als auch die dafür erforderlichen Voraussetzungen lassen sich ausschließlich dem Ausländerrecht entnehmen. 42d

Allerdings ging man im Gesetzgebungsverfahren davon aus, dass jedenfalls eine von diesen bei ausländischen unbegleiteten Minderjährigen im Regelfall gegeben ist, nämlich

- in **Verbindung mit der unerlaubten Einreise** aufgegriffen worden zu sein, oder
- sich **ohne erforderlichen Aufenthaltstitel** im Bundesgebiet aufzuhalten.

Liegt eine der beiden Voraussetzungen vor, ist die Identität durch erkennungsdienstliche Maßnahmen zu sichern. Hinsichtlich der insoweit zulässigen Maßnahmen unterscheidet

---

Seit dem 1. April 2021 ist die Altersgrenze in beiden Absätzen von der Vollendung des 14. auf die der Vollendung des 6. Lebensjahres herabgesetzt.

100 Der Bundesrat hatte in seiner Stellungnahme zum Entwurf des 2. DAVG noch eine Formulierung vorgeschlagen, die den Jugendämtern ausschließlich eine bloße Informationspflicht gegenüber der Ausländerbehörde auferlegte. Diese ist zwingend notwendig, um zukünftig die frühestmögliche Registrierung in jedem Einzelfall gewährleisten zu können. Die Jugendämter hätten als Erstkontaktbehörde zuerst Kenntnis von der Anwesenheit des Kindes beziehungsweise Jugendlichen und könnten demnach durch Erfüllung ihrer Informationspflicht umgehend das Verfahren für die erkennungsdienstliche Behandlung einleiten. Demgegenüber sei die Formulierung des Entwurfs, die schließlich Gesetz geworden ist, zu weitreichend und beinhalte die Gefahr, dahingehend ausgelegt zu werden, dass die Jugendämter die erkennungsdienstliche Behandlung durchzuführen hätten; vgl. BT-Drs. 19/8752, 98. Die Bundesregierung stimmte diesem Vorschlag nicht zu, da sie „keinen Regelungsbedarf" sehe, ebd. 101.

101 Vgl. BT-Drs. 19/8752, 48.

102 Daran ändert auch die Tatsache nichts, dass Akteur_innen der Jugendhilfe dies als jugendhilfefremd oder -widrig ansehen mögen. Die Mitwirkung des Jugendamtes ist der gesetzlichen Regelung geschuldet.

103 Hinsichtlich der Durchsetzung sowie der dagegen gegebenen Rechtsbehelfe muss auf die ausländerrechtliche Spezialliteratur verwiesen werden. Vgl. etwa NK-AuslR/*Hofmann*, § 82 Rn. 41 ff.

§ 49 Abs. 8 und 9 AufenthG nach dem Alter der Betroffenen: Grundsätzlich dürfen **Lichtbilder** sowie **Abdrucke aller zehn Finger** abgenommen werden. Hat die oder der Betroffene das sechste Lebensjahr noch nicht vollendet, ist nur das Aufnehmen des Lichtbildes zulässig. Hat die betroffene Person das sechste Lebensjahr noch nicht vollendet, ist lediglich das Aufnehmen eines Lichtbildes zulässig. Die durch die Maßnahmen gewonnenen Daten werden im **Ausländerzentralregister gespeichert** (vgl. §§ 2 f. AZRG) und können an die für den Vollzug des Ausländerrechts zuständigen, aber auch an andere Behörden, darunter auch die Jugendämter, übermittelt werden (vgl. §§ 14 ff. AZRG).

Anders als in § 42a Abs. 3 oder in § 42 Abs. 2 Satz 5 SGB VIII ist eine Beteiligung des Kindes oder Jugendlichen in § 49 AufenthG nicht vorgeschrieben oder auch nur vorgesehen. Auch § 42a Abs. 3 SGB VIII ist nicht anwendbar, da es sich bei der Verbringung des oder der Minderjährigen zur erkennungsdienstlichen Behandlung nicht um eine Rechtshandlung i.S.d. Vorschrift handelt.

Die Durchführung der erkennungsdienstlichen Maßnahmen hat nach Abs. 3a **unverzüglich** zu erfolgen. Zwar ist nach der Gesetzesbegründung und dem Zweck der Regelung davon auszugehen, dass dies frühestmöglich geschehen soll, gleichwohl bedeutet unverzüglich auch hier nicht „sofort", sondern ohne schuldhaftes Zögern (§ 121 BGB). So muss dem Jugendamt Zeit verbleiben, sich über die Identität der oder des Betroffenen Klarheit zu verschaffen oder eben Zweifel festzustellen. Darüber hinaus stellt die Durchführung erkennungsdienstlicher Maßnahmen einen Eingriff dar, auf den die Betroffenen vorzubereiten sind und zu dessen Duldung sie physisch und psychisch in der Lage sein müssen.

5. Zuständigkeit für erkennungsdienstlichen Maßnahmen

42e Die Zuständigkeit für die erkennungsdienstlichen Maßnahmen nach § 49 Abs. 8 und 9 AufenthG regelt § 71 Abs. 4 AufenthG. Nach dessen Satz 1 sind für die erforderlichen Maßnahmen die Ausländerbehörden, die Polizeivollzugsbehörden der Länder sowie die Bundespolizei zuständig. Gemäß dem durch das 2. DAVG eingefügten § 49 Abs. 4 Satz 4 AufenthG sind in den Fällen der Absätze 8 und 9 auch die Aufnahmeeinrichtungen im Sinne des § 44 AsylG und die Außenstellen des Bundesamtes für Migration und Flüchtlinge befugt, bei Tätigwerden in Amtshilfe die erkennungsdienstlichen Maßnahmen bei ausländischen Kindern oder Jugendlichen, die unbegleitet in das Bundesgebiet eingereist sind, vorzunehmen. Die Vorschrift soll nach der Gesetzesbegründung dem Umstand Rechnung tragen, dass unbegleitete minderjährige Ausländer häufig in Begleitung nicht personensorgeberechtigter Erwachsener einreisen und deshalb zunächst in Aufnahmeeinrichtungen oder Außenstellen des BAMF ankommen, und eine frühzeitige Registrierung durch ohnehin befasste Behörden sicherstellen.[104]

Bereits der Bundesrat hatte in seiner Stellungnahme zum Gesetzentwurf der Bundesregierung gefordert, dass die erkennungsdienstlichen Maßnahmen in den Fällen des § 71 Abs. 4 Satz AufenthG unter Kindeswohlgesichtspunkten nur erfolgen dürften. wenn die Jugendämter in Wahrnehmung ihrer Aufgaben nach dem Jugendhilferecht zur Inobhutnahme hinzugezogen seien. Dies sei auch im Gesetzestext zu verankern. Die bloße Verankerung in der Gesetzesbegründung der Bundesregierung, wonach die Maßnahmen nur im Beisein des Jugendamtes durchgeführt werden sollten und das Primat der Kinder- und Jugendhilfe nicht berührt werde, reiche für die Anwendung in der täglichen Praxis nicht aus. Die klare Aufgaben- und Zuständigkeitsverteilung solle sich daher direkt in der Rechtsgrundlage wiederfinden.[105] Der 4. Ausschuss schloss sich dem inhaltlich an und schlug die schließlich Gesetz gewordene Formulierung des § 71 Abs. 4 Satz 4 letzter Hs. AufenthG vor, nach dem die Maß-

104 Vgl. BT-Drs. 19/8752, 69.
105 Vgl. BT-Drs. 19/8752, 977.

nahmen „im Beisein des zuvor zur vorläufigen Inobhutnahme verständigten Jugendamtes und in kindgerechter Weise durchgeführt werden" sollen. Die Ergänzung stelle klar, dass die Abnahme von Fingerabdrücken auf kindgerechte Weise, unter voller Achtung der Interessen des Kindes sowie durch Personen zu erfolgen habe, die zur Abnahme von Fingerabdrücken bei Minderjährigen geschult worden seien. Diese Maßnahmen erfolgen nur im Beisein des Jugendamtes. Das Primat der Kinder- und Jugendhilfe werde von der Regelung nicht berührt.[106]

Nach dem Wortlaut des Satzes 4 Hs. 2 sollen die erkennungsdienstlichen Maßnahmen im Beisein des zuvor zur vorläufigen Inobhutnahme verständigten Jugendamtes und in kindgerechter Weise durchgeführt werden. Die ausnahmslos strikte Verpflichtung nach dem Vorschlag des Bundesrates wurde also in eine Soll-Regelung umgewandelt, die Ausnahmen zulässt. Das Gesetz geht also an dieser Stelle von einem Modell aus, in der das Kind oder die oder der Jugendliche zunächst in der Erstaufnahmeeinrichtung oder der Außenstelle des BAMF ankommt und diese zuerst das Jugendamt zwecks vorläufiger Inobhutnahme informieren. **42f**

Richtigerweise hat das in der Einrichtung erschienene Jugendamt die betroffene unbegleitete Person **sofort vorläufig in Obhut** zu nehmen, weil es dazu nach § 42a Abs. 1 Satz 1 SGB VIII verpflichtet ist (zu den dabei einzuhaltenden Förmlichkeiten siehe unten Rn. 59 ff.). Durch die vorläufige Inobhutnahme erlangt das Jugendamt das Notvertretungsrecht nach § 42a Abs. 3 SGB VIII und wird gegenüber der Aufnahmeeinrichtung oder BAMF-Außenstelle zu einem ernstzunehmenden Gegenüber. Nur durch das Notvertretungsrecht des Jugendamtes erlangt auch die unbegleitete Person rechtliche Handlungsfähigkeit, die nämlich Volljährigkeit oder Vertretung voraussetzt (vgl. § 12 AsylG). Ohne die damit verbundenen Befugnisse würde das „Beisein", von der die Vorschrift spricht, zu einer allenfalls mit moralischer Unterstützung ausgestatteten Zuschauerrolle.

Sodann werden in der jeweiligen Einrichtung die erkennungsdienstlichen Maßnahmen nach § 49 Abs. 8 oder 9 AufenthG durchgeführt, sofern dessen Voraussetzungen vorliegen. Diese in kindgerechter Weise durchzuführen, bedeutet auch, dass die Betroffenen in verständlicher Weise über das Procedere und dessen Bedeutung aufgeklärt werden.[107]

§ 71 Abs. 4 Satz 4 letzter Hs. AufenthG gilt nach seinem Wortlaut nicht für die Konstellation des § 42a Abs. 3a SGB VIII, in der die bereits vorläufig in Obhut genommene Person den nach § 71 Abs. 4 Satz 1 AufenthG zuständigen Behörden zwecks Durchführung erkennungsdienstlicher Maßnahmen zugeführt wird. Ist die Vorschrift dann nicht anwendbar? **42g**

Einer Verständigung des Jugendamtes bedarf es in diesen Fällen naturgemäß nicht, es ist indes kein Grund dafür ersichtlich, dass die erkennungsdienstlichen Maßnahmen **nicht** im Beisein des Jugendamtes und **nicht** in kindgerechter Weise zu erfolgen hätten. Da beides durch den **Schutz des Kindeswohls** gefordert wird, kann dessen Wahrung nicht davon abhängen, welche Behörde die Maßnahmen durchführt. Da in der Konstellation des § 42a Abs. 3a SGB VIII die vorläufige Inobhutnahme bereits erfolgt ist, ist die zur Vertretung des betroffenen Kindes oder Jugendlichen berufene Person kraft ihrer Vertreterfunktion ohnehin zur Anwesenheit berechtigt und verpflichtet, alles für das Kindeswohl Erforderliche zu tun. § 71 Abs. 4 Satz 4 letzter Hs. gilt also auch in den Fällen des § 42a Abs. 3a SGB VIII entsprechend.

106 BT-Drs. 19/10705, 13; die bereits in der Gesetzesbegründung enthaltene Feststellung, dass „das Primat der Kinder- und Jugendhilfe nicht berührt" werde, gerät im vorliegenden Kontext eher zum Pfeifen im Walde.

107 A.A. NK-AuslR/*Hofmann*, 3. Aufl., § 71 Rn. 62, der davon ausgeht, dass auch in den Konstellationen des § 71 Abs. 4 Satz 4 AufenthG nach erfolgter vorläufiger Inobhutnahme das weitere Procedere ausschließlich dem Rechtsregime des § 42a Abs. 3a SGB VIII unterliegt und deshalb das Jugendamt erkennungsdienstliche Maßnahmen verhindern kann, sofern es keine Zweifel an der Identität der oder des unbegleiteten Minderjährigen hat.

IV. Absatz 4 – Mitteilungen an Landesstelle und Bundesverwaltungsamt

1. Mitteilung des Jugendamtes an die zuständige Landesstelle

43 Obwohl die Überschrift anderes nahelegt, ist das Verteilungsverfahren nicht nur in § 42b SGB VIII normiert, vielmehr beginnt dessen Regelung bereits mit § 42a Abs. 4 SGB VIII. Danach hat das **Jugendamt innerhalb von sieben Werktagen** (zum Begriff des Werktags vgl. § 7 Abs. 3 SGB VIII) nach Beginn der Maßnahme der **landesrechtlich** für die Verteilung **zuständigen Stelle** die Tatsache der vorläufigen Inobhutnahme als solche (Abs. 4 Satz 1) sowie „auch" die Ergebnisse der Einschätzung nach Abs. 2 Satz 1 (Abs. 4 Satz 2) **mitzuteilen**. Obwohl der Gebrauch des Wortes „auch" nahelegt, es handele sich um etwas Beiläufiges oder Marginales, so ist das, was das Gesetz verunklarend „Ergebnisse der Einschätzung" nennt, nichts anderes als der Kern der Mitteilung, nämlich die **Entscheidung**, ob das Kind oder der Jugendliche am **Verteilungsverfahren teilnehmen soll** oder **nicht**. Denn hierüber **entscheidet** nach der Regelung des § 42a Abs. 2 Satz 2 SGB VIII allein **das Jugendamt**. Gleichwohl ist auch die Mitteilung der vorläufigen Inobhutnahme von Bedeutung, weil die Gesamtzahl der In-Obhut-Genommenen die Basis für die Aufnahmequote nach § 42c SGB VIII bildet.

Das **Überschreiten der Sieben-Werktage-Frist** hat keine unmittelbaren Rechtsfolgen. Erst wenn das Verteilungsverfahren insgesamt nicht binnen eines Monats durchgeführt ist, ist eine Verteilung gem. § 42b Abs. 4 Nr. 4 SGB VIII ausgeschlossen.

2. Mitteilungen der Landesstelle an das Bundesverwaltungsamt

44 Die nach Landesrecht für die **Verteilung zuständige Stelle** hat nach Abs. 4 Satz 3 **binnen drei Werktagen** dem **Bundesverwaltungsamt** das Kind oder den Jugendlichen zur **Verteilung anzumelden** oder den Ausschluss von der Verteilung, also den Verbleib im Zuständigkeitsbereich des Jugendamtes der vorläufigen Inobhutnahme, **anzuzeigen**. Die landesrechtlich zuständige **Verteilungsstelle** trifft an dieser Stelle **keine eigene Entscheidung**, sondern fungiert gleichsam als **Botin**, die die Entscheidung des Jugendamtes und die dieser zugrunde liegenden Erwägungen entgegennimmt und sie an das Bundesverwaltungsamt **übermittelt**.[108]

45 Diskutiert wird, ob und gegebenenfalls **welche Daten** die Landesstelle im Zuge der Anmeldung nach § 42a Abs. 4 Satz 3 SGB VIII an das Bundesverwaltungsamt **mitteilen darf oder muss**. Insoweit wird die Auffassung vertreten, die Landesstelle dürfe mangels einer Rechtsgrundlage keine Daten an das Bundesverwaltungsamt weitergeben.[109] Dieses dürfe aus demselben Grund auch keine solchen an die für die Zuweisung zuständige Landestelle des aufnehmenden Landes weitergeben. Insoweit liege auch keine Regelungslücke vor, weil weder das Bundesverwaltungsamt noch diese Landesstelle solche Daten benötigten.[110]

46 Letzterem ist zunächst zu widersprechen: Sowohl das Bundesverwaltungsamt als auch die Landesstelle des aufnehmenden Landes benötigen nicht nur die für die Identifizierung des oder der Betroffenen notwendigen Daten. Wie könnten sie sonst feststellen, wen sie verteilen?

Auch die Formulierung des § 42b Abs. 3 Satz 2 SGB VIII, wonach maßgeblich für die Zuweisung die spezifischen Schutzbedürfnisse und Bedarfe unbegleiteter ausländischer Minderjähriger sind, sei so allgemein gehalten, dass es dabei um die Schutzbedürfnisse und Bedarfe

108 Ebenso Wiesner/*Loos*, § 42a SGB VIII Rn. 29.
109 So jurisPK-SGB VIII/*Kirchhoff*, § 42a Rn. 114.
110 So jurisPK-SGB VIII/*Kirchhoff*, § 42a Rn. 115. Auch Wiesner/Wapler/*Steinbüchel*, § 42a SGB VIII Rn. 33 hält eine Datenübermittlung der abgebenden Landesstelle an das Bundesverwaltungsamt für unzulässig.

im Allgemeinen, aber nicht um die eines konkreten Kindes gehe.[111] Diese Auslegung ist nicht a priori von der Hand zu weisen, sie würde allerdings die Absicht des Gesetzgebers, unbegleitete Minderjährige **gleichmäßig auf alle Jugendämter** zu verteilen, konterkarieren. Sie würde darüber hinaus, gleichsam durch die Hintertür, die aufgrund der Kritik der Jugendämter im Gesetzgebungsverfahren bewusst aufgegebene Formulierung, dass einem besonders qualifizierten JA zuzuweisen sei, wiederaufleben lassen.

Keine Lösung liegt darin, die Betroffenen auf § 88a Abs. 2 Satz 3 SGB VIII zu verweisen. Die dort eröffnete nachträgliche Zuständigkeitsübernahme aus Gründen des Kindeswohls oder aus sonstigen humanitären Gründen von vergleichbarem Gewicht steht nämlich im Ermessen des übernehmenden Trägers, verschafft also der oder dem Betroffenen keine zwingende Rechtsposition.[112]

Personenbezogene Daten betreffen nach Art. 4 Nr. 1 DSGVO über die Identität des oder der Betroffenen hinaus weitere Angaben zu den persönlichen Umständen. Zwar spricht § 42b Abs. 3 Satz 2 SGB VIII allgemein von „spezifischen Schutzbedürfnissen und Bedarfen unbegleiteter ausländischer Minderjähriger", das schließt aber die Berücksichtigung individueller Belange nicht aus, kann sie im Einzelfall sogar erfordern. Beispiel:

Eine in München vorläufig in Obhut genommene 16-Jährige erklärt im Rahmen der Einschätzung nach § 42a Abs. 1 Satz 1 SGB VIII gegenüber dem Jugendamt München, ihre 12 und 14 Jahre alten Brüder lebten in Saarbrücken. Dies teilt das Jugendamt gem. § 42a Abs. 4 Satz 2 SGB VIII der bayerischen Landesstelle mit, die die Minderjährige gegenüber dem Bundesverwaltungsamt zur Verteilung anmeldet. Da deren Daten weder an das Bundesverwaltungsamt noch an eine Landesstelle weitergegeben wurden, verteilt das Bundesverwaltungsamt aufgrund der Verteilungsmeldung der Landesstelle des Freistaats Bayern die Betroffene an das nächstgelegene Land Sachsen, das die Aufnahmequote noch nicht erfüllt hat. Die dort zuständige Landesstelle weist sie dem Jugendamt Görlitz zu, das für die Aufnahme ausländischer Minderjähriger mit Blick auf Unterbringung und sozialpädagogische Betreuung ausgesprochen gute Bedingungen vorweisen kann.

Das Ergebnis des vorstehenden fiktiven Beispielsfalles ist eine Verteilung, die den Vorgaben des § 42b Abs. 5 SGB VIII widerspricht und deshalb **rechtswidrig** ist.

Das Beispiel belegt zunächst, dass die These, Bundesverwaltungsamt und zuweisende Landesstelle des aufnehmenden Landes benötigten gar keine personenbezogenen Daten der zu verteilenden Minderjährigen, nicht zutreffend ist. Umgekehrt kann man zudem die Frage stellen, wozu das abgebende Jugendamt „seiner" Landesstelle das Ergebnis seiner Einschätzung mitteilen soll, wenn diese weder selbst etwas damit anfangen kann noch sie weitergeben darf.

Die Sinnhaftigkeit einer Datenübermittlung allein macht diese aber noch nicht zulässig, wenn insoweit keine gesetzliche Grundlage besteht. Dass die Unzulässigkeit jeglicher Datenweitergabe an das Bundesverwaltungsamt in Fällen wie dem vorstehenden zu untragbaren Ergebnissen führt, wird auch von *Kirchhoff* gesehen, der sich damit behilft, dass er die Anmeldung zur Verteilung dann mit dem Hinweis „gemeinsame Inobhutnahme von x und y erforderlich" versehen und die Übermittlung dieser Daten jeweils auf §§ 61 Abs. 1, 64 Abs. 1 47

111 Vgl. jurisPK-SGB VIII/*Kirchhoff*, § 42a Rn. 115.

112 Wer einmal in der Praxis versucht hat, eine Behörde entgegen zwingender gesetzlicher Vorschriften über die Zuständigkeit zu deren freiwilliger Übernahme zu veranlassen, kann beredte Auskunft über die Erfolgsaussichten eines solchen Unterfangens geben. Entgegen einer verbreiteten Ansicht handelt es sich auch bei einem Jugendamt nicht (nur) um ein Dorado sozialpädagogischer Fachlichkeit, sondern (auch) um eine Behörde.

SGB VIII i.V.m. § 69 Abs. 1 Nr. 1 SGB X stützen will. Sie sei zudem unproblematisch, weil die gemeinsame Unterbringung von den Kindern und Jugendlichen gewünscht werde und sie deshalb in die Datenweitergabe einwilligen würden.[113]

Wenn in diesem Fall die Datenübermittlung auf die genannten Vorschriften gestützt werden kann, so stellt sich die Frage, warum dies hinsichtlich anderer Daten, die für die Verteilung und Zuweisung von Bedeutung sind, nicht gelten soll. Die **Verwendung der Daten im Verteilungsverfahren** ist nachgerade der **einzige Zweck** ihrer Erhebung im Rahmen der Einschätzung durch das Jugendamt nach § 42a Abs. 2 Satz 1 SGB VIII. Dass die Übermittlung der bei der Einschätzung erhobenen Daten durch das Jugendamt an die übergeordnete Landesstelle nicht nur zulässig, sondern gesetzlich verpflichtend ist, ergibt sich bereits aus § 42a Abs. 4 Satz 1 und 2 SGB VIII. Zwar spricht Satz 3 nur noch davon, dass die Landesstelle die Betroffenen gegenüber dem Bundesverwaltungsamt zur Verteilung „anmeldet". Dass sie dabei auch die für die Verteilung erforderlichen Daten dorthin übermitteln darf, ergibt sich daraus, dass diese nach Satz 1 „zur Erfüllung der in § 42b genannten Aufgaben" mitgeteilt wurden. Die Landesstelle des abgebenden Landes hat aber nach § 42b SGB VIII keinerlei weitere Aufgaben zu erfüllen, sondern ausschließlich das Bundesverwaltungsamt und die Landesstelle des aufnehmenden Landes.

47a Auch in diesem Fall bleibt die **Überschreitung der Frist** des Abs. 4 Satz 1 ohne unmittelbare Rechtsfolgen. Zum Rechtsschutz gegenüber den Handlungen der landesrechtlich für die Verteilung zuständigen Stelle des abgebenden Landes siehe unten Rn. 82.

48 Nach Landesrecht für die Verteilung von unbegleiteten Kindern und Jugendlichen zuständige Stellen sind:

Bayern: Beauftragter des Freistaates Bayern für die Aufnahme und Verteilung ausländischer Flüchtlinge und unerlaubt eingereister Ausländer in der Zentralen Aufnahmeeinrichtung Zirndorf (§ 133a Abs. VO zur Ausführung der Sozialgesetze).

Brandenburg: Landesstelle im Jugendministerium

Hessen: Regierungspräsidium Darmstadt

Niedersachsen: Landesverteilstelle beim Niedersächsischen Landesamt für Soziales, Jugend und Familie

Nordrhein-Westfalen: Überörtlicher Träger der Jugendhilfe (Landesjugendamt) beim Landschaftsverband Rheinland als „Landesstelle für die Verteilung unbegleiteter ausländischer Minderjähriger in Nordrhein-Westfalen" (Landesstelle NRW) (§ 1 Abs. 1 5. AG-KJHG)
Wird landesrechtlich **keine andere Zuständigkeitsregelung** getroffen, ist gem. § 42b Abs. 3 Satz 3 SGB VIII das **Landesjugendamt** für die Verteilung zuständig.

V. Absatz 5 – Weitere Pflichten des Jugendamtes im Rahmen der vorläufigen Inobhutnahme

1. Abs. 5 Satz 1 Nr. 1 – Begleitung und Übergabe

49 Abs. 5 enthält weitere Verpflichtungen des Jugendamtes im Kontext des Verteilungsverfahrens. **Satz 1** erfasst den Fall, in dem das **Kind oder die oder der Jugendliche verteilt** und schließlich einem anderen Jugendamt zugewiesen wird („im Rahmen eines Verteilungsverfahrens untergebracht werden soll").

Dann hat das Jugendamt nach **Abs. 5 Satz 1 Nr. 1** die Pflicht, die **Begleitung** des Minderjährigen und dessen **Übergabe** durch eine **insofern geeignete Person** an das für die endgültige Inobhutnahme zuständige Jugendamt **sicherzustellen**.

113 JurisPK-SGB VIII/*Kirchhoff*, § 42a Rn. 117.

Gegenüber dem Gesetzentwurf der Bundesregierung wurde im Gesetzgebungsverfahren auf Antrag des zuständigen Bundestagsausschusses das Wort „insofern"[114] eingefügt. Damit sollte klargestellt werden, dass die Begleitung des Kindes oder Jugendlichen auch durch eine Person erfolgen kann, die nicht zwingend eine (sozialpädagogische) Fachkraft der Kinder- und Jugendhilfe sein muss. Als geeignete Person kämen beispielsweise auch Ehrenamtliche und Angehörige des Bundesfreiwilligendienstes in Betracht. Im Einvernehmen mit dem für die vorläufige Inobhutnahme zuständigen Jugendamt könne auch das aufnehmende Jugendamt der Zuweisung die **Begleitung** des Kindes oder Jugendlichen übernehmen, diese also abholen.[115] Gegen Letzteres ist auch unter Berücksichtigung des Wortlauts der Vorschrift nichts einzuwenden, da die geforderte Sicherstellung nicht zwingend den Einsatz eigenen Personals fordert.

Weniger zweifelsfrei ist die weitere Auffassung des Ausschusses, Begleitung und Übergabe könnten auch durch Nicht-Fachkräfte erfolgen. Zur Eignung hatte es in der Gesetzesbegründung zur Entwurfsfassung noch geheißen, als geeignete Personen kämen „Fachkräfte des Jugendamtes oder eines freien Trägers der Jugendhilfe" in Betracht.[116] Auch wenn sich der Gesetzgeber mit der Einfügung des „insofern" eine Herabstufung der an die Eignung der Person zu stellenden Anforderungen vorgestellt haben mag, ist diese durch die Wortlautänderung im Gesetz nicht erfolgt. Da sich die Eignung nach ursprünglichem wie nach jetzigem Wortlaut immer auf die konkrete Aufgabe „Begleitung und Übergabe" bezogen hat bzw. bezieht, hat eine Änderung der Anforderungen nicht stattgefunden. **50**

Nach seinem Wortlaut und seiner Stellung ist § 42a Abs. 5 Satz 3 SGB VIII lediglich auf die Übergabe an verwandte Personen, nicht aber auf die an ein anderes Jugendamt anwendbar.[117] Das bedeutet jedoch nicht, dass das Kind oder die oder der Jugendliche nicht an der Übergabe zu beteiligen ist. Das folgt bereits aus § 8 Abs. 1 SGB VIII. Die Betroffenen sind also über die Übergabe, deren Bedeutung und Folgen rechtzeitig zu informieren und aufzuklären, nicht zuletzt, um eine Akzeptanz der Maßnahme zu erreichen.

2. Abs. 5 Satz 1 Nr. 2 – Übermittlung personenbezogener Daten

Darüber hinaus hat das abgebende Jugendamt nach **§ 42a Abs. 5 Satz 1 Nr. 2 SGB VIII** dem aufnehmenden Jugendamt unverzüglich die zur Wahrnehmung der Aufgaben nach § 42 SGB VIII **erforderlichen personenbezogenen Daten zu übermitteln**. Personenbezogene Daten sind neben den Angaben zur Person alle Daten, die das abgebende Jugendamt im Rahmen des Einschätzungsprozesses nach Abs. 2 gewonnen hat und zu denen ggfs. auch die im Rahmen des Verfahrens zur **Altersfeststellung** erhobenen Daten gehören. **51**

Die Verteilung und Zuweisung des Kindes oder Jugendlichen bewirkt einen Wechsel der **örtlichen Zuständigkeit** (vgl. im Einzelnen die Kommentierung zu § 88a SGB VIII). Ist gem. § 88a Abs. 1 SGB VIII zunächst das Jugendamt örtlich zuständig, in dessen Bereich sich der betroffene Jugendliche vor Beginn der vorläufigen Inobhutnahme aufhält, geht sie gem. § 88a Abs. 2 SGB VIII im Fall der Verteilung auf das Jugendamt über, dem das Kind oder der Jugendliche durch die landesrechtlich zuständige Stelle zugewiesen wird. Soweit die Voraussetzungen dafür vorliegen, ist gem. § 86c Abs. 2 Satz 3 SGB VIII die Fallverantwortung zwingend im **Rahmen eines Gesprächs** zu übergeben. Aber auch wenn diese Voraussetzungen nicht vorliegen, empfiehlt es sich dennoch, ein Übergabegespräch zu führen und die wesentlichen Inhalte in einem Gesprächsprotokoll festzuhalten. Auch dies spricht dafür, die Übergabe durch eine Fachkraft des Jugendamts vornehmen zu lassen. **52**

---

114 Sprachlich richtig wäre im Übrigen „insoweit", wie etwa § 8a Abs. 4 Satz 2 SGB VIII zeigt.
115 Vgl. BT-Drs. 18/6392, 19.
116 Vgl. BT-Drs. 18/5921, 24.
117 A.A. JurisPK/*Kirchhoff*, § 42a Rn. 120.

3. Abs. 5 Satz 2 und 3 – Hinwirken auf Zusammenführung mit Verwandten

53 Stellt sich im Rahmen des Erstscreenings heraus, dass sich eine mit dem Kind oder dem Jugendlichen **verwandte Person** im Inland oder im Ausland aufhält, muss das **Jugendamt** auf eine **Zusammenführung** des Kindes oder des Jugendlichen mit dieser Person **hinwirken**, wenn dies dem Kindeswohl entspricht. Darüber, in welcher Weise das geschehen soll, schweigt das Gesetz, und auch in der Begründung heißt es lediglich, das Jugendamt müsse „das Zusammenkommen der Familienmitglieder unterstützen, wenn dies dem Kindeswohl entspricht".[118]

Handelt es sich dabei um die **Eltern oder einen Elternteil** oder sonstige Personensorge- oder Erziehungsberechtigte, besteht die Aufgabe des Jugendamtes darin, eine Zusammenführung, an welchem Ort auch immer, zu befördern oder zu unterstützen und die oder den Minderjährigen im Fall einer erfolgreichen Zusammenführung zu übergeben.

Handelt es sich um **sonstige verwandte Personen**, so ist zu beachten, dass diese zu einer Aufnahme des Kindes oder des Jugendlichen weder ohne Weiteres berechtigt noch dazu verpflichtet sind. Soll eine Zusammenführung außerhalb des eigenen Zuständigkeitsbereichs erfolgen, so ist in jedem Fall das Jugendamt einzuschalten, das für die Gewährung von Hilfe örtlich zuständig würde.

Halten sich die verwandten Personen im Ausland auf, ist ein Hinwirken auf Zusammenführung ohne Beteiligung der Ausländerbehörde und gegebenenfalls des Bundesamtes für Migration und Flüchtlinge sowie der Auslandsvertretung des betroffenen ausländischen Staates kaum möglich.

54 Alle Hinwirkungsbemühungen des Jugendamtes stehen unter dem Vorbehalt, dass eine Zusammenführung dem **Kindeswohl** entspricht. Zu dessen Einschätzung sind die Informationen, die die oder der Minderjährige gibt, und nicht zuletzt dessen Wille von ausschlaggebender Bedeutung. Deshalb ist das **Kind oder der Jugendliche** gem. § 42a Abs. 5 Satz 3 SGB VIII sowohl an der Übergabe an das Jugendamt der Zuweisung als auch – was weitaus wichtiger ist – bereits an der **Entscheidung über die Familienzusammenführung** angemessen **zu beteiligen**. Schließlich sollte das Kind oder die oder der Minderjährige die verwandte Person kennen und sich dazu äußern können, ob es mit dieser zusammengeführt werden möchte.

Droht den betroffenen Minderjährigen eine **gefährdende Behandlung** wie etwa physische oder psychische Vernachlässigung, Misshandlung, Ausbeutung oder Zwangsheirat, ist auf eine **Zusammenführung** nicht nur nicht hinzuwirken, sondern eine solche tunlichst **zu verhindern**.

VI. Absatz 6 – Beendigung der vorläufigen Inobhutnahme

55 Abs. 6 regelt die **Beendigung** der vorläufigen Inobhutnahme und unterscheidet dabei **drei Beendigungstatbestände**. In allen drei Fällen erledigt sich die vorläufige Inobhutnahme auf andere Weise i.S.d. § 39 Abs. 2 SGB X und verliert dadurch ihre Wirksamkeit.

1. Übergabe an die Personensorge- oder Erziehungsberechtigten (Abs. 6 Alt. 1)

56 Die vorläufige Inobhutnahme endet mit der Übergabe des Kindes oder Jugendlichen an die Personensorge- oder Erziehungsberechtigten. Der Beendigungstatbestand entspricht dem des § 42 Abs. 4 Nr. 1 SGB VIII hinsichtlich der Inobhutnahme. Wegen der Voraussetzungen kann deshalb zunächst auf die Erläuterungen zu § 42 SGB VIII Rn. 53 verwiesen werden. Die-

118 BT-Drs. 18/5921, 25.

ser Beendigungstatbestand kommt dann in Betracht, wenn die Recherchen des Jugendamtes nach § 42a Abs. 2 Satz 1 Nr. 2 SGB VIII insofern erfolgreich waren, dass ein Personensorge- oder Erziehungsberechtigter ermittelt werden konnte. Nach dem eindeutigen Wortlaut der Vorschrift genügt also die Übergabe an eine „verwandte Person" i.S.d. Abs. 2 Satz 1 Nr. 2 nicht.

2. Übergabe an das Zuweisungsjugendamt (Abs. 6 Alt. 2)

Zweiter Beendigungstatbestand der vorläufigen Inobhutnahme ist die **Übergabe** an das aufgrund der Zuweisungsentscheidung der zuständigen Landesbehörde nach § 88a Abs. 2 Satz 1 SGB VIII **zuständige Jugendamt**. 57

Soweit sich erst bei der Übergabe an das Zuweisungsjugendamt herausstellt, dass die **Verteilungsentscheidung** des abgebenden Jugendamtes **ersichtlich falsch** ist, etwa weil der oder die Betroffene an einer schwerwiegenden ansteckenden Krankheit leidet, bleibt dem Zuweisungsjugendamt nur die Möglichkeit, beim Bundesverwaltungsamt eine Änderung der Verteilungsentscheidung zu erwirken, die der Zuweisungsentscheidung die Grundlage entzieht und damit zu deren anderweitiger Erledigung i.S.d. § 39 Abs. 2 letzte Alt. SGB X führt.

3. Anzeige über den Ausschluss des Verteilungsverfahrens (Abs. 6 Alt. 3)

Die vorläufige Inobhutnahme endet zum Dritten mit der **Anzeige** nach Abs. 4 Satz 3 über den **Ausschluss des Verteilungsverfahrens** gemäß § 42b Abs. 4 SGB VIII. Nicht bereits die Mitteilung des Jugendamtes nach § 42a Abs. 4 Satz 1, 2 SGB VIII, sondern erst die Anzeige der nach Landesrecht für die Verteilung zuständigen Stelle **an das Bundesverwaltungsamt** beendet also die vorläufige Inobhutnahme (zum Rechtscharakter dieser Mitteilung siehe oben Rn. 44). In diesem Fall verbleibt das Kind oder der Jugendliche im Zuständigkeitsbereich des Jugendamts, wodurch sich die vorläufige Inobhutnahme in eine solche nach § 42 Abs. 1 Nr. 3 SGB VIII umwandelt. 58

C. Verwaltungsverfahren und Rechtsschutz

I. Vorläufige Inobhutnahme

1. Verfahren

a) Vorläufige Inobhutnahme als Verwaltungsakt

Bei der **vorläufigen Inobhutnahme** nach § 42a Abs. 1 Satz 1 SGB VIII handelt es sich um einen **Verwaltungsakt** i.S.d. § 31 Satz 1 SGB X. Diese hinsichtlich der Inobhutnahme nach § 42 Abs. 1 SGB VIII unumstrittene Auffassung[119] gilt auch hier.[120] **Verwaltungsakt** ist **auch** die **Ablehnung** der vorläufigen Inobhutnahme. 59

Allerdings hat das BVerwG in seiner Entscheidung vom 26.4.2018[121] ausdrücklich angenommen, dass es sich bei der **vorläufigen Inobhutnahme für Zwecke der Altersbestimmung** um eine **unselbstständige Verfahrenshandlung** im Sinne von § 44a VwGO handelt. In diesem Fall soll es sich also gerade **nicht** um einen **Verwaltungsakt** handeln,

---

119 Vgl. statt vieler Wiesner/Wapler/*Dürbeck*, § 42 SGB VIII Rn. 67; LPK-SGB VIII/*Röchling*, § 42 Rn. 128; BVerwG, Urt. v. 11.7.2013, 5 C 24.12, BVerwGE 147, 170.

120 Ebenso LPK-SGB VIII/*Kepert*, § 42a Rn. 27; JurisPK-SGB VIII/*Kirchhoff*, § 42a Rn. 58.

121 BVerwG, Urt. v. 26.4.2018, 5 C 11.17, Rn. 26 ff., ZKJ 2018, 390, online abrufbar unter https://www.bverwg.de/260418U5C11.17.0. Siehe dazu oben Rn. 4a ff.

sondern um eine Verfahrenshandlung, die eine Sachentscheidung im Rahmen eines Verwaltungsverfahrens vorbereitet.

Ein Verwaltungsverfahren ist – so § 8 SGB X – die nach außen wirkende Tätigkeit einer Behörde, die auf die Prüfung der Voraussetzungen, die Vorbereitung und den Erlass eines Verwaltungsaktes gerichtet ist. Also solcher kommt nur die – von der als unselbstständiger Verfahrenshandlung zum Zweck der Altersbestimmung zu unterscheidende – **vorläufige Inobhutnahme zum Zweck der Verteilung** in Frage. Eine andere Spezifizierung dieser vorläufigen Inobhutnahme ist nicht ersichtlich. **Diese ist Verwaltungsakt i.S.d. § 31 SGB X.**

60 Aus der Qualifizierung der vorläufigen Inobhutnahme als Verwaltungsakt folgt:

- **Vor Erlass** des Verwaltungsakts sind die **Betroffenen**, also die Minderjährigen, gem. **§ 24 Abs. 1 SGB X anzuhören,** da die Inobhutnahme für sie zwar auch oder gar primär Schutz und Hilfe mit sich bringt, zugleich aber auch mittels der mit ihr verbundenen Befugnisse des Jugendamtes in ihre Rechte eingreift. Von der vorläufigen Inobhutnahme betroffen sind auch die Personensorgeberechtigten, die allerdings – das ist eine der Voraussetzungen für diese Maßnahme – nicht erreichbar sind, sodass von ihrer Anhörung abgesehen werden und diese ggfs. nachgeholt werden muss. Die **Anhörung** kann auch und wird bei der vorläufigen Inobhutnahme regelmäßig **mündlich** erfolgen. Die in § 42a Abs. 3 Satz 2 SGB VIII angesprochene Beteiligung stellt bereits deshalb keine Anhörung in diesem Sinne dar, weil sie anderes zum Gegenstand hat und erst nach vorgenommener („während") vorläufiger Inobhutnahme erfolgt.

61
- Der Verwaltungsakt kann nach **§ 33 Abs. 2 Satz 1 SGB X schriftlich, elektronisch, mündlich** oder **in anderer Weise** erlassen werden. Im Rahmen des § 42a SGB VIII kommt vor allem der Erlass in schriftlicher oder mündlicher Form in Frage. Ein mündlicher Verwaltungsakt ist gem. § 33 Abs. 2 Satz 2 SGB X schriftlich oder elektronisch zu bestätigen, wenn der Betroffene dies unverzüglich verlangt. Das in dieser Vorschrift weiter verlangte **berechtigte Interesse** an der Bestätigung besteht regelmäßig deshalb, weil sie der **Beweissicherung** etwa hinsichtlich des Beginns der vorläufigen Inobhutnahme dient und insbesondere in Fällen der Ablehnung zur **Geltendmachung von Rechtsbehelfen** erforderlich ist. Aus den genannten Gründen empfiehlt sich auch aus der Perspektive des Jugendamtes, die vorläufige Inobhutnahme schriftlich anzuordnen.

62
- Wird die vorläufige Inobhutnahme schriftlich oder elektronisch angeordnet oder schriftlich oder elektronisch bestätigt, so ist sie gem. **§ 35 Abs. 1 SGB X** mit einer **Begründung** zu versehen, aus der sich die wesentlichen tatsächlichen und rechtlichen Gründe ergeben, die die Behörde zu ihrer Entscheidung bewogen haben.

63
- Gem. **§ 39 Abs. 1 Satz 1 SGB X** wird der Verwaltungsakt gegenüber demjenigen, für den er bestimmt ist oder der von ihm betroffen wird, in dem **Zeitpunkt wirksam**, in dem er ihm **bekannt gegeben** wird. Die Bekanntgabe regelt § 37 SGB X. Nach dessen Abs. 1 ist der Verwaltungsakt gegenüber dem Betroffenen **bekannt zu geben**, wobei die Bekanntgabe auch gegenüber einem bestellten Bevollmächtigten erfolgen kann. Eine wirksame **Bekanntgabe** ist nur **gegenüber verfahrensfähigen Personen** i.S.d. § 11 SGB X möglich.[122] Die Betroffenen sind im Fall der vorläufigen Inobhutnahme voraussetzungsgemäß minderjährig und damit gem. § 106 BGB nur beschränkt geschäftsfähig. Sie sind für die vorläufige Inobhutnahme auch nicht durch Vorschriften des bürgerlichen Rechts als geschäftsfähig oder durch Vorschriften des öffentlichen Rechts als handlungsfähig anerkannt, sie weder nach § 11 Abs. 1 Nr. 1 noch nach Nr. 2 SGB X fähig sind, Verfahrenshandlungen vorzunehmen, sondern eines gesetzlichen Vertreters bedürfen.[123]

122 Vgl. *Waschull*, in Diering u.a., SGB X, § 37 Rn. 6.
123 Offengelassen von BVerwG, Urt. v. 11.7.2013, 5 C 24.12, BVerwGE 147, 170.

Für das sich daraus ergebende **Problem einer wirksamen Bekanntgabe** und damit der Wirksamkeit der vorläufigen Inobhutnahme insgesamt werden unterschiedliche Lösungen angeboten:

So wird vertreten, die Inobhutnahme durch die entsprechende Anwendung polizeirechtlicher (§ 19 BPolG und die entsprechenden Vorschriften der Länderpolizeigesetze) oder verwaltungsvollstreckungsrechtlicher Vorschriften (§ 6 Abs. 2 VwVG und die entsprechenden Vorschriften der Landesverwaltungsvollstreckungsgesetze) ohne vorausgehenden Verwaltungsakt unmittelbar durchzuführen.[124] **64**

Nach anderer Auffassung kann angesichts der Verknüpfung der beiden Institute auf die Vorschriften über die Inobhutnahme zurückgegriffen werden: Danach ergebe sich aus einem Umkehrschluss aus § 42 Abs. 3 Satz 1 SGB VIII, wonach das Jugendamt im Fall des Absatzes 1 Satz 1 Nr. 1 und 2 die Personensorge- oder Erziehungsberechtigten unverzüglich von der Inobhutnahme zu unterrichten hat, dass eine Inobhutnahme auch unabhängig von einer Bekanntgabe gegenüber den gesetzlichen Vertretern des Kindes oder des Jugendlichen wirksam erfolgen könne. Andernfalls wäre die Vorschrift über die Information der Personensorge- oder Erziehungsberechtigten nach bereits erfolgter Inobhutnahme überflüssig. Dies stelle eine gegenüber den §§ 37 Abs. 1, 39 Abs. 1 SGB X speziellere und deshalb diesen vorgehende und diese verdrängende Regelung dar.[125] **65**

Auszugehen ist davon, dass die **Bekanntgabe** der vorläufigen Inobhutnahme an den betroffenen ausländischen **Minderjährigen** mangels dessen Handlungsfähigkeit **nicht wirksam** ist.[126] Die Eltern oder andere vertretungsbefugte Personen der unbegleiteten Betroffenen sind voraussetzungsgemäß nicht erreichbar. Eine grundsätzlich in entsprechender Anwendung von § 8 VwZG für möglich gehaltene Heilung des Bekanntgabemangels[127] könnte dadurch eintreten, dass die vorläufige Inobhutnahme nach **Bestellung eines Vormunds oder Pflegers** diesem gegenüber bekannt gemacht wird. Eine solche Bestellung findet aber im Rahmen der vorläufigen Inobhutnahme und des sich anschließenden Verteilungsverfahrens **grundsätzlich nicht** statt. **66**

Als Vertretungsberechtigter kommt aber das Jugendamt in Betracht. Allerdings geht das Gesetz in Abs. 3 („während der vorläufigen Inobhutnahme") ersichtlich davon aus, dass ein Vertretungsrecht des Jugendamtes erst nach erfolgter vorläufiger Inobhutnahme eintritt, eine vorläufige Inobhutnahme also zuvor bereits wirksam erfolgt sein muss.

Deshalb muss auch hier – wie bei § 42 SG VIII – angenommen werden, dass § 42a SGB VIII eine von den Vorschriften der§§ 37 Abs. 1 Satz 1, 39 Abs. 1 Satz 1 SGB X abweichende Regelung trifft. Diese geht gem. § 37 Satz 1 SGB I den vorgenannten Vorschriften des SGB X vor, die nur gelten, soweit sich aus den übrigen Büchern nichts Abweichendes ergibt. **67**

„Abweichendes" in diesem Sinne kann sich allerdings aus allen inhaltlich abweichenden oder modifizierenden Bestimmungen ergeben, wobei diese nicht als solche benannt sein müssen. Dies gilt unabhängig davon, ob sie bei Inkrafttreten der allgemeinen Regelungen bereits bestanden oder später eingefügt wurden. Ergibt sich aus dem Sinn und Zweck bei Berücksichtigung der zugrunde liegenden Interessenbewertung, dass eine Norm aus dem Besonderen Teil die von ihr erfassten Sachverhalte eigenständig und ab-

124 So LPK-SGB VIII/*Kepert*, § 42a S Rn. 28, § 42 Rn. 129.
125 So jurisPK-SGB VIII/*Kirchhoff*, § 42 SGB VIII Rn. 109 mit weiteren Begründungsdetails.
126 A.A. OVG Bremen, Beschl. v. 18.11.2015, 2 B 221/15, 2 PA 223/15, NVwZ 2016, 1188.
127 Vgl. *Waschull*, in Diering u.a., SGB X, § 37 Rn. 21.

weichend von den allgemeinen Bestimmungen des SGB regeln will, so reicht dies aus, um eine Abweichung zu legitimieren.[128]

Bei Anlegung dieser Maßstäbe ist davon auszugehen, dass § 42 SGB VIII hinsichtlich Bekanntgabe und Wirksamkeit der Inobhutnahme eine i.S.v. § 37 Satz 1 SGB I abweichende und deshalb gegenüber den §§ 37 Abs. 1 Satz 1, 39 Abs. 1 Satz 1 SGB X vorrangige Regelung trifft.

Kann danach eine Bekanntgabe gegenüber den Personensorge- oder Erziehungsberechtigten nicht erfolgen, weil diese nicht erreichbar sind, wird die Inobhutnahme mit deren faktischer Durchführung wirksam.[129]

67a Ein besonderes Problem stellt sich in den Fällen, in denen ausländische Minderjährige alleine oder in Begleitung nicht personensorge- oder erziehungsberechtigter Erwachsener in einer asylrechtlichen Erstaufnahmeeinrichtung oder einer Außenstelle des BAMF ankommen, der Erstkontakt also nicht mit dem Jugendamt erfolgt. In diesen Fällen sind von diesen Stellen erkennungsdienstliche Maßnahmen zu veranlassen, die gem. § 71 Abs. 4 Satz 4 AufenthG „im Beisein des **zuvor zur vorläufigen Inobhutnahme** verständigten Jugendamtes" durchgeführt werden sollen. Richtigerweise hat das Jugendamt die vorläufige Inobhutnahme vorzunehmen, bevor erkennungsdienstliche Maßnahmen ergriffen werden (vgl. dazu im Einzelnen oben Rn. 42d ff.). Das bedeutet, dass auch in einem solchen Fall die vorläufige Inobbhutnahme entsprechend der vorgenannten Grundsätze mit der faktischen Vornahme wirksam wird.

68
- Obwohl die Betroffenen regelmäßig der **deutschen Sprache** nicht mächtig sind, ist die **Übersetzung** eines schriftlichen Bescheids in die Mutter- oder einer andere von dem Kind oder Jugendlichen verstandene Sprache **nicht zwingend**, da die Amtssprache gem. § 19 Abs. 1 Satz 1 SGB X deutsch ist. Mündliche Bescheide, Anhörungen oder sonstige Beteiligungen müssen in eine den Betroffenen verständliche Sprache übersetzt werden.

b) Sachliche Zuständigkeit

69 **Sachlich zuständig** für die vorläufige Inobhutnahme und die Wahrnehmung der damit verbundenen Aufgaben und Befugnisse ist das **Jugendamt**.

Für die **Entgegennahme und Weiterleitung** der Mitteilung des Jugendamtes nach Abs. 4 ist die landesrechtlich dazu bestimmte Stelle, bei Fehlen einer entsprechenden Regelung das Landesjugendamt sachlich zuständig (vgl. dazu oben Rn. 48).

c) Örtliche Zuständigkeit

70 **Örtliche zuständig** ist gem. § 88a Abs. 1 SGB VIII das Jugendamt, in dessen Bereich sich das Kind oder der Jugendliche vor Beginn der vorläufigen Inobhutnahme **tatsächlich aufhält**, soweit landesrechtlich keine abweichende Regelung getroffen wird (zu Einzelheiten vgl. § 88a SGB VIII Rn. 2 ff.).

---

128 Vgl. statt vieler *Krahmer*, in Krahmer/Trenk-Hinterberger, Sozialgesetzbuch I, § 37 Rn. 8 mit zahlreichen weiteren Nachweisen aus Literatur und Rechtsprechung. So hat auch das BVerwG seinerzeit die Nichtanwendbarkeit von § 44 SGB X auf dem Gebiet der Sozialhilfe mit den „Grundsätzen des Sozialhilferechts" begründet.

129 So zutreffend jurisPK-SGB VIII/*Kirchhoff*, § 42 Rn. 134. In den Fällen, bei denen die gesetzlichen Personensorge- oder Erziehungsberechtigten nicht zu erreichen sind, zustimmend *Grünenwald*, SGB 2019, 472 (477). Die in der Vorauflage (Rn. 67) vertretene abweichende Auffassung wird aufgegeben. Ergänzend wird auf die Erläuterungen zu § 42 Rn. 71 ff. verwiesen.

2. Rechtsschutz

a) Gegen die vorläufige Inobhutnahme

71 Nimmt das Jugendamt die vorläufige Inobhutnahme vor, kann **dagegen** – soweit landesrechtlich statthaft – **Widerspruch** gem. §§ 68 ff. VwGO eingelegt und im Fall von dessen Nichtstatthaftigkeit oder Zurückweisung **Anfechtungsklage** beim Verwaltungsgericht erhoben werden. Widerspruch und Anfechtungsklage kommt nach § 80 Abs. 1 VwGO **aufschiebende Wirkung** mit der Folge zu, dass die vorläufige Inobhutnahme nicht vollzogen werden darf. Das Jugendamt kann den Eintritt dieser Rechtsfolge dadurch verhindern, dass es gem. § 80 Abs. 1 Nr. 4 VwGO schriftlich die **sofortige Vollziehung** der vorläufigen Inobhutnahme anordnet. Hiergegen können die Betroffenen einen Antrag nach § 80 Abs. 5 VwGO an das Verwaltungsgericht mit dem Ziel der **Wiederherstellung** der **aufschiebenden Wirkung** des Widerspruchs oder der Anfechtungsklage stellen (sog. Stopp-Antrag).
Allerdings dürfte diese Rechtsschutzkonstellation in Fällen der vorläufigen Inobhutnahme selten vorliegen, da die mit ihr verbundene Aufnahme, Betreuung, Unterbringung und Hilfe im Interesse der betroffenen Kinder und Jugendlichen liegt und Personensorgeberechtigte, die sich durch die Inobhutnahme in ihren Rechten verletzt sehen, nicht anwesend sind.

b) Gegen die Ablehnung der vorläufigen Inobhutnahme

aa) aufgrund der Altersfeststellung

72 Voraussetzungen und Modalitäten des Rechtsschutzes gegen die Ablehnung der vorläufigen Inobhutnahme sind davon abhängig, **aus welchem Grund** das Jugendamt die vorläufige Inobhutnahme **ablehnt**. Erfolgt die **Ablehnung**, weil es von der **Volljährigkeit** der betroffenen Person ausgeht, unterliegt der Rechtsschutz in vollem Umfang dem Regime des § 42f Abs. 8 SGB VIII. Es kann deshalb auf die Erläuterungen zu § 42f SGB VIII bei Rn. 49 ff. verwiesen werden.

bb) aus anderen Gründen

73 Lehnt das Jugendamt die vorläufige Inobhutnahme aus anderen Gründen ab, etwa weil es vom Vorhandensein von Begleitungspersonen ausgeht, gilt Folgendes:
Gegen die **Ablehnung der (vorläufigen) Inobhutnahme** ist, soweit nach Landesrecht statthaft, **Widerspruch** einzulegen. Ob ein Widerspruchsverfahren stattfindet, lässt sich zunächst aus der Rechtsbehelfsbelehrung ersehen, die der Entscheidung des Jugendamts gem. § 36 SGB X obligatorisch beizufügen ist.
Ist ein **Widerspruch** landesrechtlich **nicht statthaft** oder wurde er **zurückgewiesen**, ist **Klage** beim **Verwaltungsgericht** zu erheben. Da die betroffene Person nicht nur die Ablehnung beseitigt haben will, sondern darüber hinaus die Inobhutnahme und die damit verbundenen Schutzmaßnahmen und Leistungen begehrt, ist die richtige Klageart die auf eine Inobhutnahme gerichtete **Verpflichtungsklage**.

74 Angesichts der regelmäßigen Dauer eines solchen Hauptsacheverfahrens von mehreren Monaten bis hin zu mehreren Jahren kann **effektiver Rechtsschutz** nur im Wege eines Eilverfahrens erlangt werden. Richtige Rechtsschutzform ist insoweit der Antrag auf **Erlass einer einstweiligen Anordnung** nach § 123 Abs. 1 VwGO. Ziel eines solchen Antrags ist es, das Jugendamt zu verpflichten, die oder den Betroffenen bis zu einer endgültigen Klärung der

in Streit stehenden Tatsachen im Hauptsacheverfahren in Obhut zu nehmen und in einer Einrichtung der Kinder- und Jugendhilfe unterzubringen.[130]

Der Antrag auf Erlass einer einstweiligen Anordnung könnte beispielhaft wie folgt lauten:

Es wird beantragt, das Jugendamt in … (oder den dahinterstehenden öffentlichen Träger) im Wege der einstweiligen Anordnung zu verpflichten, die Antragstellerin/den Antragsteller bis zu einer rechtskräftigen Entscheidung im Hauptsacheverfahrens in Obhut zu nehmen und in einer geeigneten Kinder- und Jugendhilfeeinrichtung unterzubringen.

In der Begründung des Antrags ist darzulegen, warum die Entscheidung des Jugendamtes unzutreffend ist und/oder auf einer unzutreffenden oder unzureichenden Tatsachengrundlage beruht, sodass ein Anspruch auf vorläufige Inobhutnahme nach § 42a SGB VIII bzw. auf Inobhutnahme nach § 42 Abs. 1 Nr. 3 SGB VIII besteht (sog. Anordnungsanspruch).

Zugleich ist die **Eilbedürftigkeit** der gerichtlichen Entscheidung (sog. Anordnungsgrund) zu begründen, die regelmäßig gegeben ist, weil eine Entscheidung in der Hauptsache regelmäßig so spät erfolgen würde, dass das Kind oder der Jugendliche ihres Anspruchs auf vorläufige Inobhutnahme für längere Zeit verlustig ginge und eine Inobhutnahme möglicherweise obsolet wäre. Demgegenüber ist die im Eilverfahren grundsätzlich verbotene Vorwegnahme der Hauptsacheentscheidung hier ausnahmsweise im Interesse eines effektiven Rechtsschutzes hinzunehmen, weil andernfalls durch Zeitablauf vollendete Tatsachen geschaffen würden.

II. Entscheidung des Jugendamtes nach § 42a Abs. 2 Satz 2 SGB VIII

1. Verfahren

75 Auf der Grundlage des Ergebnisses seiner Einschätzung nach § 42a Abs. 2 Satz 1 SGB VIII entscheidet das Jugendamt über die Anmeldung des Kindes oder des Jugendlichen zur Verteilung oder den Ausschluss der Verteilung. Welche Verfahrensregelungen dabei einzuhalten sind, hängt in großem Maße davon ab, ob es sich bei dieser **Entscheidung** um einen Verwaltungsakt i.S.d. § 31 Satz 1 SGB X handelt. Insoweit sind zwei **Konstellationen zu unterscheiden**:

a) Anmeldung des Kindes oder des Jugendlichen zur Verteilung

76 Keine Zweifel bestehen daran, dass die Anmeldung des Kindes oder des Jugendlichen zur Verteilung die Entscheidung einer Behörde, nämlich des Jugendamtes, auf dem Gebiet der Kinder- und Jugendhilfe und damit des öffentlichen Rechts darstellt. Unter den für die Qualität als Verwaltungsakt maßgeblichen Kriterien ist zunächst zweifelhaft, ob mit ihr bereits die **Regelung eines Einzelfalls getroffen** oder eine solche Regelung nur **vorbereitet** wird. Handelte es sich um eine vorbereitende Maßnahme, käme als verbindliche Regelung nur die Zuweisungsentscheidung nach § 42b Abs. 3 Satz 1 SGB VIII in Betracht. Mit dieser weist die nach Landesrecht für die Verteilung von unbegleiteten ausländischen Kindern oder Jugendlichen zuständige Stelle des aufnehmenden Landes einem im Bereich dieses Landes gelegenen Jugendamt zur endgültigen Inobhutnahme nach § 42 Absatz 1 Satz 1 Nummer 3 SGB VIII zu. Indes ist von Bedeutung, dass die Entscheidung des Jugendamtes nicht nur

130 Vgl. als Beispiel für ein solches einstweiliges Anordnungsverfahren die Entscheidung des BayVGH, Beschl. v. 23.9.2014, 12 CE 14.833, 12 C 14.1865, juris = NVwZ-RR 2014, 959 = ej 2014, 305 ff. mit Anm. Möller.

ein Baustein im Entscheidungsprozess der zuweisenden Landesbehörde, sondern **deren Grundlage** ist. Ohne die Entscheidung des Jugendamtes, das Verteilungsverfahren durchzuführen, kann das gesamte Verfahren und damit auch die Zuweisungsentscheidung nicht zustande kommen. Der Regelungscharakter ist der Entscheidung deshalb nicht abzusprechen.

Damit ist die weitere Fragestellung eröffnet, ob die Entscheidung nach § 42a Abs. 2 Satz 2 **77**
SGB VIII auf **unmittelbare Rechtswirkung nach außen** gerichtet ist. Dies ist zu **verneinen**. Nicht nur die gesetzliche Anordnung in § 42a Abs. 4 Satz 1 SGB VIII, die Entscheidung der für die Verteilung zuständigen Stelle, nicht aber dem Betroffenen, mitzuteilen, sondern auch die vom Gesetzgeber, wenn auch in problematischer Weise, so doch differenziert getroffenen Regelungen über den Rechtsschutz im Verlauf des Verteilungsverfahrens (§§ 42b Abs. 7, 42f Abs. 6 SGB VIII; vgl. dazu § 42b SGB VIII Rn. 20 ff.) sprechen dafür, dass der Entscheidung des Jugendamts nach Intention des Gesetzgebers **keine Außenwirkung** zukommen soll.[131]

Entscheidend ist aber ein anderes: Das Gesetz unterscheidet auch begrifflich in den hier relevanten Vorschriften deutlich zwischen **Verteilung** und **Zuweisung** und versteht dabei unter Verteilung den verwaltungsinternen Prozess der Klärung, welches Jugendamt für die Inobhutnahme zuständig sein soll, der die Aufklärung des Sachverhalts, dessen Bewertung und die daraus abzuleitenden Entscheidungen umfasst. Erst wenn dieser Prozess abgeschlossen ist, wird eine Regelung mit Außenwirkung, nämlich die **Zuweisungsentscheidung**, getroffen.

Nach allem handelt es sich jedenfalls bei der **Entscheidung** des Jugendamtes, die oder den **78**
Minderjährigen **zur Verteilung anzumelden, nicht** um einen anfechtbaren **Verwaltungsakt** i.S.d. § 31 SGB X.

Damit bedarf es nicht der Einhaltung der im SGB X für die Vorbereitung, den Erlass und die Bekanntgabe eines Verwaltungsaktes vorgeschriebenen Förmlichkeiten. Allerdings ist das **Kind** oder der **Jugendliche** gem. § 42a Abs. 3 Satz 2 SGB VIII an allen Rechtshandlungen, die zum Wohl des Kindes oder des Jugendlichen notwendig sind und zu denen auch die Entscheidung über die Anmeldung zur Verteilung gehört, **zu beteiligen**. Dies bedeutet, dass die oder der Minderjährige auch daran zu beteiligen sind, sie umfassend hinsichtlich der einschätzungsrelevanten Umstände **zu informieren und anzuhören** sind und die **Entscheidung** in angemessener und verständlicher Weise **bekanntzugeben** und zu **erläutern ist**.

b) Ausschluss der Verteilung

Eine **andere Beurteilung** ist **notwendig**, wenn das Jugendamt entscheidet, eine **Vertei-** **79**
lung auszuschließen. Damit entscheidet es nämlich zugleich, dass das Kind oder der Jugendliche in seinem Bereich verbleibt und untergebracht, mithin nicht mehr nur vorläufig, sondern endgültig gem. § 42 Abs. 1 Satz 1 Nr. 3 SGB VIII in Obhut genommen wird. Zwar erfolgen auch in diesem Fall Mitteilungen an die Landesverteilungsstelle und von dieser an das Bundesverwaltungsamt, eine weitere behördliche Entscheidung ergeht aber nicht mehr. Durch die Entscheidung des Jugendamtes wird also eine verbindliche behördliche Regelung auf dem Gebiet des öffentlichen Rechts getroffen, der unmittelbare Außenwirkung zukommt. Damit liegen alle Voraussetzungen des § 31 Satz 1 SGB X vor. Es handelt sich bei dieser Entscheidung um einen **Verwaltungsakt**.[132] Hinsichtlich des Verfahrens gilt deshalb das oben unter Rn. 60 ff. Gesagte entsprechend.

---

131 Ebenso VG Hannover, Beschl. v. 14.10.2019, 3 B 4442/19, http://www.rechtsprechung.niedersachsen.de, Rn. 12.

132 Das VG Schwerin, Urt. v. 8.4.2016, 15 A 262/16 As SN, ZKJ 2016, 235, geht davon aus, dass dem Jugendamt ein weiter „Beurteilungs- und Ermessensspielraum" eingeräumt sei, den das Gericht nicht durch eine eigene Einschätzung und Ausübung des Ermessens ersetzen dürfe.

2. Rechtsschutz

a) Gegen die Anmeldung zur Verteilung

80 Die den Rechtsschutz betreffende Regelung des § 42b Abs. 7 SGB VIII legt nahe, dass der Gesetzgeber überhaupt nur „Entscheidungen nach dieser Vorschrift", also nach § 42b SGB VIII, nicht aber solche nach § 42a SGB VIII für anfechtbar hält.

Nicht anfechtbar ist allerdings die **Entscheidung** des Jugendamtes, die oder den Minderjährigen **zur Verteilung anzumelden**, da es sich hierbei nicht um einen **Verwaltungsakt** i.S.d. § 31 SGB X (vgl. oben Rn. 76 ff.) handelt.

b) Gegen den Ausschluss der Verteilung

81 Wird die Verteilung durch das Jugendamt ausgeschlossen, handelt es sich nach dem vorstehend unter Rn. 79 Gesagten um einen **Verwaltungsakt**. Ein **Rechtsschutzinteresse** kann aber auch in diesem Fall bestehen, etwa, wenn das Kind oder die/der Jugendliche sich gegen den Verbleib im Bereich des Jugendamtes zur Wehr setzen will, weil es entgegen der Auffassung des Jugendamtes schützenswerte Beziehungen zu anderen zur Verteilung angemeldeten Kindern oder Jugendlichen gibt.

Gegen die Entscheidung des Jugendamtes kann – soweit landesrechtlich statthaft – **Widerspruch** gem. §§ 68 ff. VwGO eingelegt und im Fall von dessen Nichtstatthaftigkeit oder Zurückweisung **Klage** beim Verwaltungsgericht erhoben werden. Da das betroffene Kind oder der betroffene Jugendliche sich nicht (nur) gegen eine Belastung zur Wehr setzt, sondern eine behördliche Maßnahme, nämlich die Anmeldung zur Verteilung erstrebt, ist die bloße Anfechtungsklage nicht die richtige Klageart. Andererseits ist das, was die Betroffenen in dieser Konstellation anstreben, nach der hier vertretenen Auffassung kein Verwaltungsakt, sodass auch die Verpflichtungsklage ausscheidet. **Richtige Klageart** ist vielmehr eine **kombinierte Anfechtungs- und allgemeine Leistungsklage**, mit der die Aufhebung des Verteilungsausschlusses und die Anmeldung zur Verteilung angestrebt werden. Der beim Verwaltungsgericht zu stellende Klageantrag würde beispielhaft wie folgt lauten:

> Es wird beantragt,
> die Entscheidung des Jugendamtes … über den Ausschluss des Klägers/der Klägerin vom Verteilungsverfahren vom … aufzuheben und das Jugendamt zu verurteilen, den Kläger/die Klägerin bei der zuständigen Landesstelle zur Verteilung anzumelden.

III. Mitteilungen der Landesstelle gem. § 42a Abs. 4 Satz 3 SGB VIII

82 **Keinen Verwaltungsaktcharakter** hat nach dem oben unter Rn. 44 Gesagten die **Anmeldung** zur **Verteilung** oder die **Anzeige des Ausschlusses** der Verteilung nach § 42a Abs. 4 Satz 3 SGB VIII, da es sich um die bloße Übermittlung der Entscheidung des Jugendamts handelt. Rechtsschutzfragen können sich allenfalls dann ergeben, wenn die Landesstelle die Entscheidung des Jugendamts nicht an das Bundesverwaltungsamt übermittelt, also untätig bleibt. Da es sich bei der Mitteilung an das Bundesverwaltungsamt um eine Verfahrenshandlung i.S.d. § 44a VwGO handelt, können Rechtsbehelfe nur auf den Erlass einer Endentscheidung, hier also die Zuweisung an ein bestimmtes Jugendamt, gerichtet sein.

IV. Rechtsschutz und Fristen im Verteilungsverfahren

83 Werden im Rahmen der vorläufigen Inobhutnahme, soweit dies nach dem vorstehend Gesagten statthaft und zulässig ist, Rechtsbehelfe gegen Entscheidungen des Jugendamts erhoben, führt dies mit hoher Wahrscheinlichkeit dazu, dass die im Verteilungsverfahren vor-

gesehenen Fristen nicht eingehalten werden können. Soweit die in Werktagen bemessenen Fristen nach § 42a Abs. 4 SGB VIII und § 42b Abs. 1 und 3 SGB VIII in Rede stehen, ist dies unproblematisch, da deren Überschreitung ohne direkte Rechtsfolgen bleibt. Problematisch ist jedoch die Überschreitung der Monatsfrist nach § 42b Abs. 4 Nr. 1 SGB VIII, da sie ohne weitere Voraussetzungen zu einem Ausschluss der Verteilung führt.

Zu einer Überschreitung der Monatsfrist wegen der Dauer der Altersfeststellung nach § 42f SGB VIII und sich ggf. anschließender gerichtlicher Verfahren kann es, das ist vorab festzustellen, nicht kommen, da nach der Rechtsprechung des BVerwG die Frist erst mit der Altersfeststellung zu laufen beginnt.[133] In anderen Fällen ist davon auszugehen, dass der Ablauf der Monatsfrist gehemmt ist, bis über den durch das Kind oder den Jugendlichen eingelegten **Rechtsbehelf** entschieden ist. Die Hemmung führt gem. § 209 BGB dazu, dass die Dauer des Rechtsbehelfsverfahrens nicht in die Monatsfrist eingerechnet wird.

133 Vgl. BVerwG, Urt. v. 26.4.2018, 5 C 11.17, ZKJ 2018, 390 = https://www.bverwg.de/260418U5C11.17.0, Rn. 26.

§ 42b
Verfahren zur Verteilung unbegleiteter ausländischer Kinder und Jugendlicher

(1) [1]Das Bundesverwaltungsamt benennt innerhalb von zwei Werktagen nach Anmeldung eines unbegleiteten ausländischen Kindes oder Jugendlichen zur Verteilung durch die zuständige Landesstelle das zu dessen Aufnahme verpflichtete Land. [2]Maßgebend dafür ist die Aufnahmequote nach § 42c.

(2) [1]Im Rahmen der Aufnahmequote nach § 42c soll vorrangig dasjenige Land benannt werden, in dessen Bereich das Jugendamt liegt, das das Kind oder den Jugendlichen nach § 42a vorläufig in Obhut genommen hat. [2]Hat dieses Land die Aufnahmequote nach § 42c bereits erfüllt, soll das nächstgelegene Land benannt werden.

(3) [1]Die nach Landesrecht für die Verteilung von unbegleiteten ausländischen Kindern oder Jugendlichen zuständige Stelle des nach Absatz 1 benannten Landes weist das Kind oder den Jugendlichen innerhalb von zwei Werktagen einem in seinem Bereich gelegenen Jugendamt zur Inobhutnahme nach § 42 Absatz 1 Satz 1 Nummer 3 zu und teilt dies demjenigen Jugendamt mit, welches das Kind oder den Jugendlichen nach § 42a vorläufig in Obhut genommen hat. [2]Maßgeblich für die Zuweisung sind die spezifischen Schutzbedürfnisse und Bedarfe unbegleiteter ausländischer Minderjähriger. [3]Für die Verteilung von unbegleiteten ausländischen Kindern oder Jugendlichen ist das Landesjugendamt zuständig, es sei denn, dass Landesrecht etwas anderes regelt.

(4) Die Durchführung eines Verteilungsverfahrens ist bei einem unbegleiteten ausländischen Kind oder Jugendlichen ausgeschlossen, wenn

1. dadurch dessen Wohl gefährdet würde,
2. dessen Gesundheitszustand die Durchführung eines Verteilungsverfahrens innerhalb von 14 Werktagen nach Beginn der vorläufigen Inobhutnahme gemäß § 42a nicht zulässt,
3. dessen Zusammenführung mit einer verwandten Person kurzfristig erfolgen kann, zum Beispiel aufgrund der Verordnung (EU) Nr. 604/2013 des Europäischen Parlaments und des Rates vom 26. Juni 2013 zur Festlegung der Kriterien und Verfahren zur Bestimmung des Mitgliedstaats, der für die Prüfung eines von einem Drittstaatsangehörigen oder Staatenlosen in einem Mitgliedstaat gestellten Antrags auf internationalen Schutz zuständig ist (ABl. L 180 vom 29.6.2013, S. 31), und dies dem Wohl des Kindes entspricht oder
4. die Durchführung des Verteilungsverfahrens nicht innerhalb von einem Monat nach Beginn der vorläufigen Inobhutnahme erfolgt.

(5) [1]Geschwister dürfen nicht getrennt werden, es sei denn, dass das Kindeswohl eine Trennung erfordert. [2]Im Übrigen sollen unbegleitete ausländische Kinder oder Jugendliche im Rahmen der Aufnahmequote nach § 42c nach Durchführung des Verteilungsverfahrens gemeinsam nach § 42 in Obhut genommen werden, wenn das Kindeswohl dies erfordert.

(6) [1]Der örtliche Träger stellt durch werktägliche Mitteilungen sicher, dass die nach Landesrecht für die Verteilung von unbegleiteten ausländischen Kindern und Jugendlichen zuständige Stelle jederzeit über die für die Zuweisung nach Absatz 3 erforderlichen Angaben unterrichtet wird. [2]Die nach Landesrecht für die Verteilung von unbegleiteten ausländischen Kindern oder Jugendlichen zuständige Stelle stellt durch werktägliche Mitteilungen sicher, dass das Bundesverwaltungsamt jederzeit über die Angaben unterrichtet wird, die für die Benennung des zur Aufnahme verpflichteten Landes nach Absatz 1 erforderlich sind.

(7) [1]Gegen Entscheidungen nach dieser Vorschrift findet kein Widerspruch statt. [2]Die Klage gegen Entscheidungen nach dieser Vorschrift hat keine aufschiebende Wirkung.

(8) Das Nähere regelt das Landesrecht.

Übersicht Rn.

A. Allgemeines

Der durch das UMG eingefügte § 42b SGB VIII regelt im Wesentlichen die **zweite Phase des Verteilungsverfahrens (Abs. 1 bis 3, 5 und 6)**, die an die Mitteilung der landesrechtlich zuständigen Verteilungsstelle an das Bundesverwaltungsamt nach § 42a Abs. 4 Satz 3 SGB VIII anknüpft. 1

Damit erschöpft sich sein Regelungsgehalt jedoch nicht. Er enthält in **Abs. 4** die für die Entscheidung über die Durchführung des Verteilungsverfahrens maßgeblichen **Ausschlussgründe**, die nach hier vertretener Auffassung bereits durch das Jugendamt bei seiner Entscheidung nach § 42a Abs. 2 Satz 2 SGB VIII anzuwenden sind (vgl. dazu die Erläuterungen bei § 42a SGB VIII Rn. 29 ff., 35 ff.).

Abs. 7 beinhaltet Sonderregelungen für den Rechtsschutz gegen Entscheidungen nach dieser Vorschrift.

Schließlich eröffnet **Abs. 8** die Möglichkeit zu **landesrechtlichen Regelungen**.

Die Übergangsregelung nach § 42d Abs. 3 SGB VIII zur Verlängerung der Monatsfrist des § 42b Absatz 4 Nr. 4 SGB VIII hat sich durch Zeitablauf erledigt.

B. Einzelheiten

I. Abs. 1 – Aufgaben des Bundesverwaltungsamtes

2 Meldet die zuständige Landesstelle gem. § 42a Abs. 4 Satz 3 SGB VIII ein Kind oder einen Jugendlichen zur Verteilung an, hat das **Bundesverwaltungsamt** nach Abs. 1 Satz 1 innerhalb von **zwei Werktagen** das zu dessen Aufnahme **verpflichtete Land** zu **benennen**. Auch hier sind an die Überschreitung der Frist keine unmittelbaren Rechtsfolgen geknüpft, sofern nicht die Monatsfrist des § 42b Abs. 4 Nr. 4 SGB VIII überschritten wird. Für die Bestimmung des zu benennenden Landes ist gem. § 42b Abs. 1 Satz 2 SGB VIII die Aufnahmequote nach § 42c SGB VIII maßgebend.

Adressat der „Benennung" nach Abs. 1 Satz 1 ist, wie sich aus Abs. 3 Satz 1 mittelbar ergibt, die nach Landesrecht für die Verteilung **zuständige Stelle des benannten Landes**. Das Land ist verpflichtet, die Entscheidung des Bundesverwaltungsamtes hinzunehmen.[1] Will es sich dagegen zur Wehr setzen, ist es auf den Rechtsweg verwiesen.

Zur rechtlichen Qualität dieser „Benennung" und zu möglichem **Rechtsschutz** vgl. die Erläuterungen bei Rn. 21 f., 23 f.

II. Abs. 2 – Auswahl des Bundeslandes

3 Die gem. § 42b Abs. 1 Satz 2 SGB VIII maßgebende **Aufnahmequote** nach § 42c SGB VIII **allein** ermöglicht dann noch keine Benennung des zur Aufnahme verpflichteten Landes, wenn mehrere Länder die auf sie entfallende Aufnahmequote noch nicht ausgeschöpft haben.

Für diese Fälle normiert Abs. 2 ein abgestuftes Vorgehen:

Vorrangig soll das **Land** benannt werden, in dessen Bereich das Jugendamt liegt, das den Minderjährigen vorläufig in Obhut genommen hat und in dessen Zuständigkeitsbereich er sich zu diesem Zeitpunkt noch befindet. Damit ist es möglich, dass das Kind oder der Jugendliche in dem Land bleibt, in dem er oder sie sich gerade **aufhält**. Vorrang genießt also die landesinterne Verteilung. Die Vorschrift dient dem Kindeswohl, indem sie versucht, die mit einer Überführung verbundenen Belastungen des Kindes oder Jugendlichen zu minimieren.[2]

4 Die Benennung des Landes des gegenwärtigen Aufenthalts scheidet allerdings dann aus, wenn dieses seine Aufnahmequote nach § 42c SGB VIII bereits erfüllt hat. In diesem Fall soll nach § 42b Abs. 2 Satz 2 SGB VIII das **„nächstgelegene Land"** benannt werden. Davon ausgehend, dass die Ortsveränderung nach der Intention des Gesetzgebers möglichst gering gehalten werden soll, ist nächstgelegen das Bundesland, das dem Jugendamt des gegenwärtigen Aufenthalts des Minderjährigen entfernungsmäßig am nächsten liegt. Das **Kriterium** ist allerdings bereits deshalb wenig aussagekräftig, weil die Zuweisung innerhalb des als aufnahmepflichtig benannten Landes für das Bundesverwaltungsamt nicht steuerbar ist. Ist beispielsweise eine vom Jugendamt der Stadt Kassel vorläufig in Obhut genommener Minderjährige zu verteilen, ist Niedersachsen das nächstgelegene Land. Wird die Minderjährige innerhalb Niedersachsens dann allerdings nach Emden oder Cuxhaven zugewiesen, so ist das weiter entfernt als jeder Ort im weiter entfernten Bundesland Rheinland-Pfalz. Auch vor dem Hintergrund der in § 42b Abs. 3 Satz 2 SGB VIII genannten für die landesinterne Zu-

---

1 So zur vergleichbaren Verteilung von Asylbewerbern BVerwG InfAuslR 1984, 239 (240 f.).

2 So die Gesetzesbegründung BT-Drs. 18/5921, 17 und 25; in gleichem Sinne jurisPK-SGB VIII/*Kirchhoff*, § 42b Rn. 18.

weisung maßgebenden Kriterien darf allerdings der kilometermäßigen Entfernung **keine allzu große Bedeutung** beigemessen werden. Die Verhältnisse am Ort der endgültigen Zuweisung sind für das Wohl des oder der Betroffenen von weitaus größerer Relevanz als die Länge der einmalig dorthin zurückzulegenden Wegstrecke. Sollten dagegen etwa besondere Bindungen in der Nähe des Ortes der vorläufigen Inobhutnahme bestehen, stellt sich eher die Frage, ob eine Verteilung überhaupt zulässig war. Auch als „nächstgelegenes Land" kommt nur ein solches in Frage, das die Aufnahmequote noch nicht erfüllt hat.

III. Abs. 3 – Zuweisung innerhalb des aufnehmenden Bundeslandes

1. Zuweisung durch die zuständige Landesstelle

Abs. 3 Satz 1 regelt den **Fortgang** des Verteilungsverfahrens: Die nach **Landesrecht** des nach Abs. 1 benannten Landes für die Verteilung von unbegleiteten ausländischen Kindern oder Jugendlichen **zuständige Stelle weist** das Kind oder den Jugendlichen innerhalb von **zwei Werktagen** einem in seinem Bereich gelegenen **Jugendamt** zur Inobhutnahme nach § 42 Abs. 1 Satz 1 Nr. 3 SGB VIII **zu**. Zugleich teilt es die Zuweisung dem Jugendamt mit, das den Minderjährigen vorläufig in Obhut genommen hat. Diese Information wird dort benötigt, um die Aufgaben nach § 42a Abs. 5 Satz 1 SGB VIII – Übergabe des Minderjährigen und Übermittlung der personenbezogenen Daten – zu ermöglichen. Ist durch Landesrecht (noch) keine andere zuständige Stelle bestimmt, ist nach Abs. 3 Satz 3 das **Landesjugendamt** zuständig. 5

2. Zuweisungskriterien

Die zuständige Verteilungsstelle des aufnehmenden Landes hat also das Jugendamt, das den Minderjährigen nach § 42 Abs. 1 Satz 1 Nr. 3 SGB VIII in Obhut zu nehmen hat, auszuwählen. In **quantitativer** Hinsicht macht das Gesetz keine Vorgaben. Jedoch soll durch Abs. 6 Satz 1 sichergestellt werden, dass die zuständige Landesstelle u.a. auch über die Aufnahmekapazitäten der jeweiligen örtlichen Träger informiert ist (vgl. dazu im Einzelnen Rn. 18 f.). Einen landesinternen Schlüssel für die Verteilung auf die einzelnen Jugendämter festzulegen, ist ggfs. Sache des jeweiligen Bundeslandes gem. Abs. 8, da das SGB VIII insoweit keine Regelung trifft. 6

Vorgaben in **qualitativer** Hinsicht, die der Gewährleistung des Kindeswohls dienen, enthält Abs. 3 Satz 2. **Maßgebend** sind danach die **spezifischen Schutzbedürfnisse und Bedarfe** unbegleiteter ausländischer Minderjähriger. 7

Bereits aus der allgemeinen Formulierung des Gesetzes an dieser Stelle wird geschlossen, dass **individuelle Umstände** des Kindes oder des Jugendlichen bei der Zuweisung **nicht zu berücksichtigen** seien. Hinzu komme, dass die für deren Berücksichtigung notwendigen Daten der Landesstelle nicht zur Verfügung stünden, da sie nur von Jugendamt zu Jugendamt fließen dürften (vgl. dazu allerdings § 42a SGB VIII Rn. 45 ff.) und der für die Zuweisung zur Verfügung stehende Zeitraum von zwei Werktagen viel zu kurz sei, um sich die notwendigen Informationen zu verschaffen. Die Landesstelle habe deshalb ein Jugendamt auszuwählen, das **allgemein** in der Lage sei, sich angemessen um unbegleitete ausländische Minderjährige zu kümmern.[3]

Dieser **Auffassung** ist nur mit folgenden **Einschränkungen zuzustimmen**: 8

- So ahnungslos, wie es nach der vorstehenden Auffassung erscheinen mag, sind weder die Landesstelle des abgebenden Bundeslandes noch das Bundesverwaltungsamt oder

---

3 So jurisPK-SGB VIII/*Kirchhoff*, § 42b Rn. 28.

die Landesstelle des aufnehmenden Landes. Selbst wenn man davon ausgeht, dass dem Bundesverwaltungsamt keine personenbezogenen Daten mitgeteilt werden dürfen (vgl. zu den dazu vertretenen Auffassungen die Kommentierung zu § 42a SGB VIII Rn. 45 ff.), ist die Anmeldung eines Kindes oder Jugendlichen zur Verteilung ohne Angabe von Daten, die den Minderjährigen identifizieren, nicht möglich.[4] **Machen** selbst diese ohne weitere Aufklärung **bekannten Daten** die **Zuweisung** an ein bestimmtes Jugendamt **erforderlich**, ist diese **vorzunehmen**. Unzulässig ist die Berücksichtigung individueller Umstände nicht.

- Zwingende gesetzliche Vorgaben sind bei Erlass der Zuweisungsentscheidung selbstverständlich einzuhalten, auch wenn sie individuelle Umstände betreffen. Hier sind vor allem die Vorgaben des § 42b Abs. 5 SGB VIII zu nennen, nach denen Geschwister grundsätzlich nicht getrennt werden dürfen und auch nicht verwandte Minderjährige gemeinsam in Obhut genommen werden sollen, wenn das Kindeswohl dies erfordert.

9 Auch soweit individuelle Besonderheiten nicht zu berücksichtigen sind, stellt sich die Frage, was unter den **„spezifischen Schutzbedürfnissen und Bedarfen unbegleiteter ausländischer Minderjähriger"** zu verstehen ist. Hierüber gibt die Gesetzgebungsgeschichte Aufschluss.

Der Gesetzentwurf der BReg hatte noch vorgesehen, dass die Zuweisung an ein für die Unterbringung, Versorgung und Betreuung unbegleiteter ausländischer Minderjähriger **geeignetes Jugendamt** zu erfolgen habe. Maßgeblich für die Eignung des Jugendamtes, so hieß es in der Begründung, sei „insbesondere die Gewährleistung eines den spezifischen Schutzbedürfnissen und Bedarfen unbegleiteter ausländischer Minderjähriger entsprechenden **Angebotes** an **Einrichtungen**, **Diensten**, **Sprachmittlern** und **Veranstaltungen** sowie einer entsprechenden **Qualifikation** der mit der Erfüllung **der** jeweiligen Aufgaben **betrauten Fachkräfte**".[5]

Diese Formulierung wurde zugunsten der Gesetz gewordenen auf Betreiben des Bundesrates,[6] aber auch aufgrund der einhelligen Kritik von Fachverbänden sowie der Jugendämter selbst aufgegeben, die mit empörtem Unterton darauf insistierten, dass es keine Jugendämter erster und zweiter Klasse gebe und jedes Jugendamt in der Lage sei, die Unterbringung, Versorgung und Betreuung unbegleiteter ausländischer Minderjähriger angemessen und qualifiziert zu bewältigen.[7] Ging es also bei der Abänderung keinem der Beteiligten um eine Absenkung der Standards, sind die im Regierungsentwurf enthaltenen Kriterien auch für die Gesetz gewordene Fassung gültig. Auf ihrer Grundlage ist zu beurteilen, ob den Schutzbedürfnissen und Bedarfen der zuzuweisenden Minderjährigen nach ihrem Alter, ihrem Herkunftsland, ihrer Sprache u.ä. Genüge getan ist. In keinem Fall kann ein Jugendamt nunmehr die Zuweisung unter Hinweis auf fehlende Eignung ablehnen.

Die Tatsache, dass idealiter jedes Jugendamt zur Aufnahme in der Lage ist oder sein muss, bedeutet nicht, dass sich nicht – ggfs. landesrechtlich gesteuert (§ 42b Abs. 8 SGB VIII) – bestimmte Schwerpunkte bei den Jugendämtern herausbilden können und bei der Zuweisung Berücksichtigung finden.[8]

---

4 Der „Leitfaden zur Umsetzung des vorläufigen Verfahrens zur Verteilung von unbegleiteten minderjährigen Flüchtlingen in Nordrhein-Westfalen" (https://www.mfkjks.nrw.de > Jugend > Downloads) nennt als die mit der Anmeldung zur Verteilung mitzuteilenden Daten: Name, Alter, Geschlecht, Herkunftsland und Muttersprache sowie zum Zeitpunkt der Meldung offensichtliche individuelle Bedürfnisse des Kindes oder des Jugendlichen.

5 Vgl. BT-Drs. 18/5921, 8.

6 Vgl. BT-Drs. 18/6392, 19.

7 Vgl. die Stellungnahmen zur Ausschussanhörung unter https://www.bundestag.de/bundestag/ausschuesse18/a13/anhoerungen/stellungnahmen_inhalt_2015_10_12/390152 (12.3.2022).

8 Ebenso jurisPK-SGB VIII/*Kirchhoff*, § 42b Rn. 27.

Das Verteilungsverfahren lässt sich zusammengefasst wie folgt darstellen:

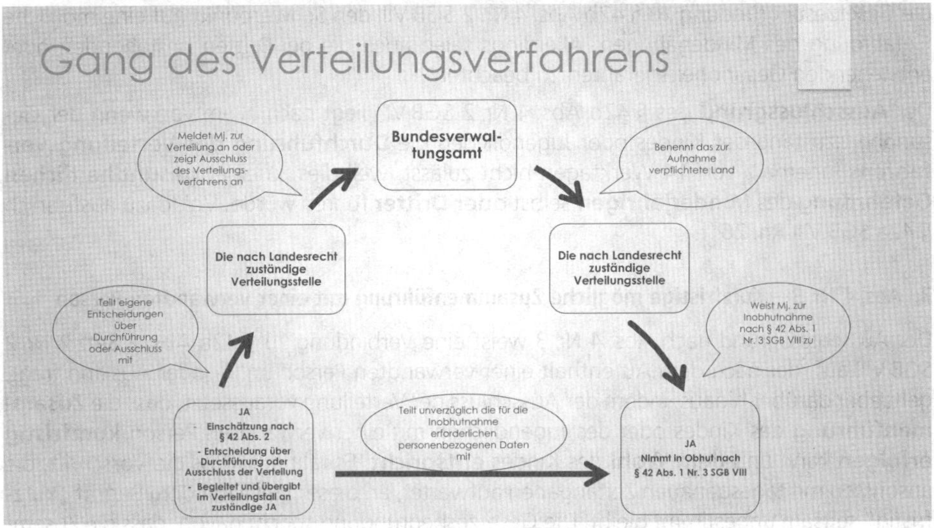

IV. Abs. 4 – Ausschlussgründe

Abs. 4 normiert die **Gründe**, die die Durchführung eines Verteilungsverfahrens bei einem unbegleiteten ausländischen Kind oder Jugendlichen ausnahmslos **ausschließen**. 10

Die Annahme eines Ausschlussgrundes setzt zuallererst die Feststellung der tatsächlichen Grundlagen voraus. Auch wenn die Ausschlussgründe nach § 42b Abs. 4 Nr. 1 bis 4 SGB VIII nicht mit den Gegenständen des § 42a Abs. 2 Satz 1 Nr. 1 bis 4 SGB VIII identisch sind, muss die Tatsachenfeststellung im Rahmen der Einschätzung durch das Jugendamt der vorläufigen Inobhutnahme erfolgen. **Insoweit kann zunächst auf die Erläuterungen zu § 42a Abs. 2 Satz 1 SGB VIII bei Rn. 18 ff. verwiesen werden**. Darüber hinaus gilt zu den einzelnen Ausschlussgründen:

1. Abs. 4 Nr. 1 – Ausschluss wegen Gefährdung des Kindeswohls

Es versteht sich von selbst, dass eine gesetzliche Regelung, die sich auch dem Kindeswohl und dessen Gewährleistung verschrieben hat, eine Maßnahme wie die Verteilung ausschließen muss, wenn sie zur Gefährdung dieses Kindeswohls führen würde. Deshalb ist die Aufnahme dieses Ausschlussgrundes nur folgerichtig. Er ist mit dem Einschätzungsgegenstand des § 42a Abs. 2 Satz 1 Nr. 1 SGB VIII identisch, sodass auf die dortigen Erläuterungen bei Rn. 18 ff. verwiesen werden kann. 11

2. Abs. 4 Nr. 2 – Ausschluss wegen Erkrankung des Minderjährigen

Die Entscheidung über diesen Ausschlussgrund findet seine Grundlage in der Einschätzung durch das Jugendamt nach § 42a Abs. 2 Satz 2 Nr. 4 SGB VIII. 12

Nach der Gesetzesbegründung zu § 42a Abs. 2 Satz 2 Nr. 4 SGB VIII – der Wortlaut ist insoweit unergiebig – soll der Grund für den Ausschluss von der Verteilung nach dieser Vorschrift nicht darin liegen, die Gesundheit des unbegleiteten Kindes oder des Jugendlichen zu schützen – dies sei Gegenstand der Einschätzung nach Nr. 1 –, sondern eine gesundheitliche Gefährdung Dritter, etwa durch übertragbare Krankheiten, zu vermeiden.[9] Demgegenüber legt die Gesetzesbegründung zu § 42b Abs. 4 Nr. 2 SGB VIII den Schwerpunkt auf eine mögliche Gefährdung des Minderjährigen. Allerdings seien auch die bei Dritten bestehenden oder entstehenden Gesundheitsgefahren zu beachten.[10]

Der **Ausschlussgrund** des § 42b Abs. 4 Nr. 2 SGB VIII liegt nach allem vor, wenn der Gesundheitszustand des Kindes oder Jugendlichen die **Durchführung des Verteilungsverfahrens** innerhalb von 14 Werktagen nicht zulässt, weil dies zu einer **gesundheitlichen Gefährdung** des **Minderjährigen** selbst **oder Dritter** führen würde. Vgl. dazu ausführlich § 42a SGB VIII Rn. 26 ff.

3. Abs. 4 Nr. 3 – Kurzfristige mögliche Zusammenführung mit einer verwandten Person

13 Der Ausschlussgrund nach Abs. 4 Nr. 3 weist eine Verbindung zu § 42a Abs. 2 Satz 2 Nr. 2 SGB VIII auf, der nach dem Aufenthalt einer verwandten Person im In- oder Ausland fragt, geht aber darüber hinaus, indem der Ausschluss der Verteilung voraussetzt, dass die **Zusammenführung** des Kindes oder des Jugendlichen mit einer verwandten Person **kurzfristig erfolgen** kann und **dem Wohl** des Kindes **entspricht**. Es fällt auf, dass die Vorschrift, die ansonsten mit tagesgenauen Zeitangaben aufwartet, an dieser Stelle mit dem Begriff „kurzfristig" seltsam unbestimmt bleibt. Die Gesetzesbegründung spricht davon, dass die Zusammenführung „innerhalb weniger Tage"[11] möglich sein muss, was der Vorschrift bereits wenig Anwendungsraum bescheren dürfte.

Unproblematisch ist eine Zusammenführung mit den **Eltern** oder einem **Elternteil**, wenn diese sich im Inland aufhalten und vom Jugendamt umgehend ermittelt werden können. Art. 2 Buchst. c) 3. Spiegelstrich der AufnahmeRL definiert als Familienangehörige darüber hinaus **Erwachsene**, die „nach dem Recht oder den Gepflogenheiten des betreffenden Mitgliedstaats für den Antragsteller verantwortlich sind, wenn dieser minderjährig und unverheiratet ist". Davon abweichend kommt nach § 42b Abs. 4 Nr. 3 SGB VIII aber nur eine Zusammenführung mit **verwandten Personen** in Betracht. Zu Recht ist bereits darauf hingewiesen worden, dass andere als personensorge- oder erziehungsberechtigte Personen, und seien sie auch Verwandte, weder ohne Weiteres berechtigt oder gar verpflichtet sind, das Kind aufzunehmen, zu versorgen und zu betreuen.[12] Schließlich würde die Übergabe an eine „verwandte Person" nach der abschließenden Regelung des § 42a Abs. 6 SGB VIII die vorläufige Inobhutnahme auch nicht automatisch beenden.

Noch problematischer und erst recht **kaum kurzfristig möglich** dürfte eine Zusammenführung nach der sog. Dublin-III-VO sein. Sie setzt zum einen voraus, dass ein **Asylantrag gestellt** wird, zum anderen macht sie eine **Verständigung mit dem Aufnahmestaat** notwendig.

14 Schließlich ist das Vorliegen dieses Ausschlussgrundes nur zu bejahen, wenn die Zusammenführung dem Wohl des Kindes entspricht. Das ist dann nicht der Fall, wenn die Gefahr besteht, dass das Kind Opfer von Misshandlung oder Missbrauch wird, wenn etwa eine Zwangsverheiratung droht oder der oder die Minderjährige eine Zusammenführung ablehnt. Die Zusammenführung kann auch dann dem Kindeswohl widersprechen, wenn es sich bei den verwandten Personen ungeachtet der Verwandtschaft um völlig fremde Personen handelt. In jedem Fall kommt der in § 42a Abs. 5 Satz 3 SGB VIII angeordneten angemessenen **Beteiligung des Kindes oder Jugendlichen** an der Entscheidung über die Familienzusammenführung **besondere Bedeutung** zu.

---

9 Vgl. BT-Drs. 18/5921, 23; kritisch zu diesem Gesetzeszweck auch *Veit*, FamRZ 2016, 93 (95 f.).
10 BT-Drs. 18/5921, 26.
11 BT-Drs. 18/5921, 26.
12 Vgl. jurisPK-SGB VIII/*Kirchhoff*, § 42a Rn. 113.

4. Abs. 4 Nr. 4 – Überschreitung der Monatsfrist

Die Verteilung ist nach § 42b Abs. 4 Nr. 4 SGB VIII schließlich ausgeschlossen, wenn die **Durchführung des Verteilungsverfahrens** nicht innerhalb von einem Monat nach Beginn der vorläufigen Inobhutnahme erfolgt. Die Vorschrift bezweckt, das Kind oder den Jugendlichen spätestens nach einem Monat nicht mehr aus den zwischenzeitlich entstandenen Bindungen herauszureißen.[13] 15

Die **Monatsfrist** beginnt erst mit der Feststellung der Minderjährigkeit.[14] Das bedeutet, dass insbesondere in den Fällen, in denen über die Minderjährigkeit Streit besteht und eine gerichtliche Klärung erforderlich ist, der Aufenthalt der oder des Minderjährigen am Ort der vorläufigen Inobhutnahme erheblich länger als einen Monat dauern kann. Das ist nach der genannten Rechtsprechung des BVerwG aber hinzunehmen.

Zur Frage, wann das Verteilungsverfahren im Sinne der Vorschrift „durchgeführt ist", vgl. § 42a Rn. 35i.

Die gem. § 42d Abs. 3 Satz 1 SGB VIII bis zum 31.12.2016 bestehende Möglichkeit, die Monatsfrist unter den dort genannten Voraussetzungen einmalig zu verlängern, hat sich durch Zeitablauf erledigt.

V. Abs. 5 – Weitere Vorgaben für die Verteilung

Abs. 5 enthält weitere Vorgaben zur Sicherung des **Kindeswohls**. Nach Satz 1 dürfen **Geschwister nicht getrennt** werden. Geschwister sind diejenigen, die mindestens einen gemeinsamen Elternteil haben. Eine Ausnahme von dieser ansonsten zwingenden Vorgabe ist nur zulässig, wenn das Kindeswohl eine Trennung erfordert, etwa um Misshandlungen zu verhindern. 16

Satz 2 hält darüber hinaus grundsätzlich dazu an, auch nicht verschwisterte unbegleitete ausländische **Kinder oder Jugendliche** nach § 42 SGB VIII im Rahmen der Aufnahmequote **gemeinsam in Obhut zu nehmen**, wenn das Kindeswohl dies erfordert. Er verpflichtet dazu, bestehende, sei es auch erst im Verlaufe einer Flucht entstandene Beziehungen, Freundschaften oder Schicksalsgemeinschaften nicht im Zuge des Verteilungsverfahrens auseinanderzureißen (vgl. dazu die Erläuterungen zu § 42a SGB VIII Rn. 24 f.).

Abs. 5 knüpft an § 42a Abs. 2 Satz 1 Nr. 3 SGB VIII an, nach dem die Notwendigkeit einer gemeinsamen Inobhutnahme Gegenstand der Einschätzung durch das Jugendamt im Rahmen der vorläufigen Inobhutnahme ist.

Adressaten der Vorschrift sind neben dem Jugendamt der vorläufigen Inobhutnahme das **Bundesverwaltungsamt** sowie die nach § 42b Abs. 3 SGB VIII entscheidende **Landesstelle** des aufnehmenden Landes. Das Bundesverwaltungsamt hat durch eine gemeinsame Verteilung, die Landesstelle durch eine gemeinsame Zuweisung die Beachtung der Vorgaben des Abs. 5 sicherzustellen.[15] 17

VI. Abs. 6 – Mitteilungspflichten

Abs. 6 Satz 1 enthält Mitteilungspflichten des örtlichen Trägers gegenüber der nach Landesrecht für die Verteilung zuständigen Stelle: Durch werktägliche Mitteilung ist sicherzustellen, dass die Landesstelle jederzeit über die für die Zuweisung nach Absatz 3 erforderlichen An- 18

13 In gleichem Sinne jurisPK-SGB VIII/*Kirchhoff*, § 42b Rn. 37.
14 BVerwG, Urt. v. 26.4.2018, 5 C 11.17, Rn. 26 ff., ZKJ 2018, 390, online abrufbar unter https://www.bverwg.de/260418U5C11.17.0.
15 Hinsichtlich des Bundesverwaltungsamtes ebenso jurisPK-SGB VIII/*Kirchhoff*, § 42b Rn. 42.

gaben unterrichtet ist. Aus dem Wortlaut ergibt sich nicht, wer „örtlicher Träger" im Sinne der Vorschrift ist. In Betracht kommen insoweit das Jugendamt der vorläufigen Inobhutnahme als auch das der Zuweisung nach § 42b Abs. 3 SGB VIII. In der Gesetzesbegründung zu Abs. 6 heißt es dazu wenig aufschlussreich:

> „Absatz 6 verpflichtet den örtlichen Träger der öffentlichen Jugendhilfe sowie die zuständige Landesstelle zur Weitergabe von Daten an die zuständige Landesstelle beziehungsweise das Bundesverwaltungsamt, die zur Umsetzung des in §§ 42b und 42c geregelten Verteilungsverfahrens notwendig sind. Hierzu gehören insbesondere Angaben zur Anzahl der von einem Jugendamt bzw. einem Land nach § 42b oder nach § 42 Absatz 1 Nummer 3 in Obhut genommenen Minderjährigen durch werktägliche Meldung der täglichen Zu- und Abgänge sowie das Ergebnis des Erstscreenings nach § 42b Absatz 2 durch das Jugendamt an die zuständige Landesstelle bzw. durch die zuständige Landesstelle an das Bundesverwaltungsamt."[16]

19 **Adressatin** der werktäglichen Mitteilungen ist die nach Landesrecht zuständige **Stelle** des **aufnehmenden Landes**, denn nur diese nimmt eine Zuweisung nach Abs. 3 vor. Zu den für diese Zuweisung erforderlichen Angaben, die ein örtlicher Träger mitteilen kann, gehört vor allem die Zahl der im Bereich des jeweiligen Jugendamtes verfügbaren Plätze sowie die Zahl der bereits nach § 42 Abs. 1 Satz 1 Nr. 3 SGB VIII in Obhut genommenen unbegleiteten ausländischen Minderjährigen. Darüber hinaus können auch weitere Angaben wie Alter und Herkunft der in Obhut Genommenen zuweisungsrelevant sein, dürften aber kaum werktäglicher Veränderung unterliegen. Dieses Ergebnis wird zunächst durch die Gesetzesbegründung bestätigt. Es hat zur **Konsequenz**, dass „örtlicher Träger" i.S.d. Abs. 6 Satz 1 das Jugendamt ist, das die oder den Minderjährigen zur Inobhutnahme nach § 42 Abs. 1 Satz 1 Nr. 3 SGB VIII aufnimmt.[17]

Andererseits heißt es in der Gesetzesbegründung, dass zu den notwendigen Daten die „täglichen Zu- und Abgänge sowie das Ergebnis des Erstscreenings nach § 42b Absatz 2 (hier ist sicherlich § 42a Abs. 2 SGB VIII gemeint, da § 42b Abs. 2 SGB VIII in keiner Weise ein Erstscreening regelt; W.M.) durch das Jugendamt" gehörten. Jugendamt in diesem Sinne kann bereits deshalb nur das sein, welches die vorläufige Inobhutnahme vorgenommen hat, weil das aufnehmende Jugendamt kein Erstscreening vornimmt.

Die unbestimmt formulierte Vorschrift kann danach nur dahingehend ausgelegt werden, dass es sich bei § 42b Abs. 6 Satz 1 SGB VIII um eine Regelung handelt, die die Informationspflichten **beider örtlichen Träger** gegenüber den jeweils übergeordneten landesrechtlich für die Verteilung zuständigen Stellen umfassend normiert. Dafür spricht auch, dass die landesrechtlich für die Verteilung zuständige Stelle ja eine **Doppelfunktion** innehat: Sie ist einerseits **Anmelde- und Anzeigestelle** i.S.d. § 42a Abs. 4 Satz 2 SGB VIII, zugleich aber auch **Zuweisungsstelle** nach § 42b Abs. 3 Satz 1 SGB VIII.

Das vorstehend Gesagte gilt für die Auslegung von **Abs. 6 Satz 2** entsprechend. Die landesrechtlich für die Verteilung zuständigen Stellen haben das Bundesverwaltungsamt durch werktägliche Mitteilungen hinsichtlich der Angaben zu unterrichten, die für die Benennung des zur Aufnahme verpflichteten Landes nach § 42b Abs. 1 SGB VIII erforderlich sind.

Auf der Seite der zur Verteilung nach § 42a Abs. 4 Satz 2 SGB VIII anmeldenden Landesstelle ist dies das Ergebnis des Erstscreenings.

Auf der Seite der Stelle des aufnehmenden Landes sind das vor allem die aufnahmequotenrelevanten Daten („Zu- und Abgänge").

---

16 BT-Drs. 18/5921, 26.

17 A.A. jurisPK-SGB VIII/*Kirchhoff*, § 42b Rn. 43, der das Jugendamt der vorläufigen Inobhutnahme als örtlichen Träger i.S. dieser Vorschrift ansieht und dessenFunktion vor allem in der Verpflichtung zur „Nachlieferung" nachträglich gewonnener Erkenntnisse dieses Jugendamtes sieht.

Die **Mitteilungspflichten** des § 42b Abs. 6 SGB VIII sind **nicht** an ein **bestimmtes Stadium** des Verteilungsverfahrens **gebunden**.

VII. Abs. 7 – Verfahren und Rechtsschutz

1. „Entscheidungen nach dieser Vorschrift"

Nach § 42b Abs. 7 Satz 1 SGB VIII findet gegen Entscheidungen nach dieser Vorschrift **kein Widerspruch** statt; Klagen gegen Entscheidungen nach dieser Vorschrift haben nach Abs. 7 Satz 2 **keine aufschiebende Wirkung**. 20

Abs. 7 Satz 1 **schließt** damit den **Widerspruch** gegen Entscheidungen nach dieser Vorschrift bundesrechtlich **generell aus**. Der gesetzliche Ausschluss des Widerspruchsverfahrens ist nach § 68 Abs. 1 Satz 2 VwGO jederzeit möglich. **Rechtsschutz** in der Hauptsache kann danach **nur durch** eine **Klage** vor dem Verwaltungsgericht erlangt werden.

Begründet wird der Ausschluss damit, dass angesichts – auch künftig zu erwartender – hoher Einreisezahlen eine dem Kindeswohl entsprechende Unterbringung, Versorgung und Betreuung unbegleiteter Minderjähriger in vielen Fällen nur durch deren Verteilung sichergestellt werden könne. Um einer Überschreitung der Kapazitätsgrenzen in den betreffenden Kommunen und damit dem Risiko einer nicht dem Kindeswohl entsprechenden Unterbringung entgegenzuwirken, müsse grundsätzlich aus Kindeswohlgründen eine reibungslose Durchführung der Verteilung sichergestellt werden.[18]

Auch der durch § 42b Abs. 7 Satz 2 SGB VIII angeordnete Wegfall der **aufschiebenden Wirkung der Klage** gegen Entscheidungen nach dieser Vorschrift ist nach § 80 Abs. 2 Satz 1 Nr. 3 VwGO ebenfalls möglich.

Damit stellt sich zunächst die Frage, welches **„Entscheidungen nach dieser Vorschrift"** sind.

Keine Entscheidungen nach dieser Vorschrift, obwohl im Rahmen des Verteilungsverfahrens zu treffen, sind die auf § 42a SGB VIII gestützte

- Entscheidung des Jugendamtes über die Anmeldung der oder des Minderjährigen zur Verteilung oder deren Ausschluss gem. § 42a Abs. 2 Satz 2 SGB VIII sowie
- die Anmeldung zur Verteilung oder die Anzeige über deren Ausschluss gem. § 42a Abs. 3 Satz 3 SGB VIII.

Auch unter den auf § 42b SGB VIII gestützten Entscheidungen kommen nur solche in Frage, gegen die ein (durch die Norm ausgeschlossener) Widerspruch oder eine Klage überhaupt statthaft sind. Es muss sich bei den Entscheidungen folglich um **Verwaltungsakte i.S.d. § 31 SGB X** handeln, weil nur gegen einen Verwaltungsakt ein Widerspruch (vgl. § 68 VwGO) oder eine Klage (vgl. § 42 Abs. 1 VwGO) erhoben werden kann.[19]

Als Entscheidungen i.S.d. Abs. 7 kommen danach in Betracht:

- Die Benennung des aufnahmeverpflichteten Landes durch das Bundesverwaltungsamt gem. § 42b Abs. 1 Satz 1 SGB VIII (dazu Rn. 21 ff.) sowie
- die Zuweisungsentscheidung der Landesstelle nach § 42b Abs. 3 Satz 1 SGB VIII (dazu Rn. 25).

---

18 So die Gesetzesbegründung BT-Drs. 18/5921, 26. Die in der Gesetzesbegründung noch enthaltene Einbeziehung der Altersfeststellung ist durch die im Laufe des Gesetzgebungsverfahrens erfolgte Aufnahme von § 42f SGB VIII und insbesondere dessen Abs. 3 obsolet geworden.

19 Zwar kennt die VwGO auch die Feststellungs- sowie die allgemeine Leistungsklage, die durch Abs. 7 Satz 2 ausgeschlossene aufschiebende Wirkung kommt gem. § 80 Abs. 1 VwGO nur der gegen einen Verwaltungsakt gerichteten Anfechtungsklage zu.

2. Benennung des aufnahmeverpflichteten Landes durch das Bundesverwaltungsamt nach § 42b Abs. 1 Satz 1 SGB VIII

a) Benennung des aufnahmeverpflichteten Landes durch das Bundesverwaltungsamt

21 Gem. § 42b Abs. 1 Satz 1 SGB VIII benennt das Bundesverwaltungsamt innerhalb von zwei Werktagen nach Anmeldung eines unbegleiteten ausländischen Kindes oder Jugendlichen zur Verteilung durch die zuständige Landesstelle das zu dessen Aufnahme verpflichtete Land. Von der Benennung betroffen sind also sowohl die minderjährige Person als auch das zur Aufnahme verpflichtete Land.

Gleichwohl handelt es sich bei der Auswahl und Benennung des zur Aufnahme verpflichteten Landes durch das Bundesverwaltungsamt **nicht um einen** mit der Klage anfechtbaren **Verwaltungsakt gegenüber** dem betroffenen **Kind** oder **Jugendlichen**.

Das in den §§ 42a bis 42c SGB VIII geregelte Verteilungsverfahren ist strukturell dem für Asylbewerber geltenden Verteilungsverfahren nach den §§ 20 ff. AsylVfG in der bis zum 30.6.1992 geltenden Fassung bzw. den §§ 44 ff. AsylG sowie dem Verteilungsverfahren nach § 15a AufenthG[20] vergleichbar: Eine **Stelle des Bundes** nimmt die **Verteilung** auf ein Bundesland, eine **Stelle dieses Landes** die **Zuweisung** an das Land und innerhalb des Landes vor.

Bereits zu § 22 Abs. 3 AsylVfG a.F. war anerkannt, dass es sich bei der **Verteilung** eines Asylbewerbers auf ein Bundesland durch den Beauftragten der Bundesregierung (in einer dem Bundesverwaltungsamt vergleichbare Rolle) um einen **verwaltungsinternen Vorgang ohne Außenwirkung** jedenfalls gegenüber dem betroffenen Asylbewerber handelt, es insoweit also an dem für das Vorliegen eines Verwaltungsaktes wesentlichen Element der unmittelbaren Rechtswirkung nach außen fehlt.[21] Gleiches gilt hinsichtlich der Bestimmung der Aufnahmeeinrichtung durch die zentrale Verteilungsstelle nach § 46 Abs. 2 Satz 1 AsylG.[22] Schließlich stellt auch die Benennung der zur Aufnahme verpflichteten Aufnahmeeinrichtung durch das BAMF als zentrale Verteilungsstelle gem. § 15a Abs. 3 AufenthG nach ganz überwiegender Auffassung lediglich ein Verwaltungsinternum ohne Außenwirkung dar, da es an einer Festlegung von Rechten oder Pflichten für ein anderes Rechtssubjekt fehlt.[23]

22 Für das **Verteilungsverfahren** nach §§ 42a bis 42c SGB VIII **bedeutet das**:

Zunächst ist es terminologisch irreführend, hier von einer „Zuweisung" zu sprechen. § 42b SGB VIII unterscheidet begrifflich und inhaltlich zwischen **Verteilung** und **Zuweisung**. Die **Benennung** durch das Bundesverwaltungsamt ist Teil der Verteilung.

- Die **Benennung** des zur Aufnahme verpflichteten Bundeslandes durch das Bundesverwaltungsamt nach § 42b Abs. 1 Satz 1 SGB VIII ist jedenfalls **gegenüber** den betroffenen **Minderjährigen kein Verwaltungsakt**, da durch sie keine Regelung mit unmittelbarer Außenwirkung getroffen wird, die Rechte und Pflichten der Minderjährigen verbindlich festlegt. Eine solche erfolgt erst durch die Zuweisung durch die zuständige Landesstelle nach § 42b Abs. 3 Satz 1 SGB VIII (s. dazu sogleich unter Rn. 25). Dagegen trifft das Bundesverwaltungsamt bei der Benennung **gegenüber** dem **aufnehmenden Land** eine Entscheidung mit unmittelbarer Rechtswirkung nach außen, indem es das jeweilige Land zur Aufnahme der betroffenen minderjährigen Person verpflichtet.[24] Insoweit handelt es

---

20 Vgl. dazu NK-AuslR/*Keßler*, § 15a AufenthG Rn 9 ff.

21 Vgl. GK-AsylVfG/*Molitor*, Stand: Mai 1991, § 22 AsylVfG Rn. 22 m.w.N.; HessVGH, Beschl. v. 3.1.1985, InfAuslR 1985, 281 (283).

22 Vgl. VG Berlin, Beschl. 18.4.2011, 20 L 331.10, juria; in: GK-AsylVfG/*Funke-Kaiser*, Stand: Februar 2011, § 46 Rn. 4 m.w.N. auch zur Gegenmeinung.

23 Vgl. Bergmann/Dienelt/*Dienelt*, Ausländerrecht, § 15a AufenthG Rn. 8; OVG NRW, Beschl. v. 4. 9.2014, 18 A 792/14 m.w.N., openjur.de.

24 Ebenso jurisPK-SGB VIII/*Kirchhoff*, § 42b Rn. 15 f. m.w.N.

sich mithin um einen **Verwaltungsakt** gegenüber dem Land, gegen den wegen § 42b Abs. 7 Satz 1 SGB VIII kein Widerspruch stattfindet und eine Klage nach Abs. 7 Satz 2 keine aufschiebende Wirkung hat.[25]

b) Klage gegen die Benennung des zur Aufnahme verpflichteten Landes

aa) Des Kindes oder des Jugendlichen

Eine **Klage des oder der** betroffenen **Minderjährigen** ist **nicht zulässig**, da es sich bei der Benennung ihnen gegenüber mangels Außenwirkung nicht um einen Verwaltungsakt handelt (siehe dazu oben Rn. 21a f.). **23**

bb) Des benannten Landes

Eine gegen seine Benennung durch das Bundesverwaltungsamt gerichtete **Klage des Landes** ist **statthaft**, da es sich um einen an das Land adressierten Verwaltungsakt handelt (siehe dazu oben Rn. 22), hat aber gem. § 42b Abs. 7 Satz 2 SGB VIII keine aufschiebende Wirkung. Das bedeutet, dass das Land ungeachtet einer Klageerhebung zur Aufnahme und landesinternen Zuweisung des Kindes oder Jugendlichen verpflichtet ist. **24**

Eilrechtsschutz kann das Land mit einem Antrag nach § 80 Abs. 5 VwGO, der auf die Anordnung der aufschiebenden Wirkung der Klage gerichtet ist, erlangen.

Sachlich zuständig für eine Klage und den Eilantrag des Landes ist in erster Instanz gem. § 50 Abs. 1 Satz 1 Nr. 1 VwGO das **Bundesverwaltungsgericht**.

c) Zuweisungsentscheidung der Landesstelle nach Abs. 3 Satz 1

Die **Zuweisungsentscheidung** der Landesstelle nach § 42b Abs. 3 Satz 1 SGB VIII stellt **gegenüber** dem ausländischen **Kind oder der Jugendlichen** einen **Verwaltungsakt** dar, weil mit ihr eine verbindliche Regelung mit Außenwirkung darüber getroffen wird, in welches Bundesland und in den Bereich welches Jugendamtes die oder der Minderjährige sich zu begeben und bis zu einer Beendigung der Inobhutnahme nach § 42 Abs. 1 Satz 1 Nr. 3 SGB VIII aufzuhalten hat. **25**

Damit gelten die hinsichtlich der Entscheidung des Jugendamtes über die Verteilung nach § 42a Abs. 2 Satz 1 SGB VIII gemachten Ausführungen über den Erlass und die Bekanntgabe eines Verwaltungsaktes (vgl. dazu ausführlich die Erläuterungen zu § 42a SGB VIII Rn. 60 ff.) auch für die Zuweisungsentscheidung.

Für die **Bekanntgabe der Zuweisungsentscheidung** bedeutet dies, dass sie gegenüber dem Jugendamt, das den betroffenen Minderjährigen vorläufig in Obhut genommen hat und deshalb noch immer dessen Notvertretung wahrnimmt, zu erfolgen hat, soweit nicht zwischenzeitlich ein Vormund oder Pfleger bestellt worden ist. Die „Mitteilung" nach Abs. 3 Satz 1 letzter Halbs. stellt deshalb keine bloße Information, sondern die für deren Wirksamkeit erforderliche (vgl. §§ 37, 39 SGB X) Bekanntgabe der Zuweisungsentscheidung dar.

Zugleich stellt die Zuweisungsentscheidung einen Verwaltungsakt gegenüber dem örtlichen Träger des Aufnahmejugendamtes dar, indem sie diesen verpflichtet, das zugewiesene Kind oder den zugewiesenen Jugendlichen nach § 42 Abs. 1 Satz 1 Nr. 3 SGB VIII in Obhut zu nehmen.[26]

---

25 So jurisPK-SGB VIII/*Kirchhoff*, § 42b Rn. 15; ebenso SächsOVG, Urt. v. 19.12.2019, 3 A 719/18, www.justiz.sachsen.de, Rn. 16.

26 Ebenso SächsOVG, Urt. v. 19.12.2019, 3 A 719/18, www.justiz.sachsen.de, Rn. 13.

d) Klage gegen die Zuweisungsentscheidung nach Abs. 3 Satz 1

aa) Des Kindes oder des Jugendlichen

26 Die **Zuweisungsentscheidung** der Landesstelle nach Abs. 3 Satz 1 stellt gegenüber der oder dem **betroffenen Minderjährigen** einen **Verwaltungsakt** dar (siehe dazu oben Rn. 23). Da ein Widerspruch dagegen nach Abs. 7 Satz 1 nicht stattfindet, ist allein statthafter Rechtsbehelf die **Klage** zum **Verwaltungsgericht**.

Ein **Grund** für den betroffenen **Minderjährigen**, sich gegen die Zuweisungsentscheidung **zur Wehr zu setzen**, kann darin liegen, dass er

- überhaupt nicht verteilt werden, sondern im Zuständigkeitsbereich des Jugendamtes bleiben möchte, das ihn vorläufig in Obhut genommen hat, etwa weil er dort bereits Freunde gefunden hat, oder
- einem anderen Jugendamt im selben oder einem anderen Bundesland zugewiesen werden möchte, etwa weil
  - die Entscheidung die Vorgaben nach § 42b Abs. 5 SGB VIII nicht beachtet und er durch die Zuweisung von Geschwistern oder sonstigen wichtigen vertrauten Personen getrennt wurde oder
  - das Zuweisungsjugendamt keine seinen Schutzbedürfnissen oder Bedarfen Rechnung tragende Unterbringung, Versorgung und Betreuung gewährleisten kann.[27]

Herrscht auch **Einigkeit** darüber, dass Gegenstand der mit der Klage eröffneten gerichtlichen Überprüfung die Zuweisungsentscheidung der Landesstelle des aufnehmenden Bundeslandes gem. § 42b Abs. 3 Satz 1 SGB VIII ist, bestehen offenbar **Differenzen** über die Reichweite dieser Überprüfung und damit der gerichtlichen Entscheidung.

Während das **VG Hannover** die Prüfung auf alle im Zuge des Verteilungsverfahrens ergangenen Entscheidungen erstrecken will,[28] geht das **VG Leipzig** davon aus, dass mit der Anfechtung der landesinternen Zuweisungsentscheidung ausschließlich die Rechtmäßigkeit der Zuweisung an ein Jugendamt des aufnehmenden Landes zur Inobhutnahme nach § 42 Abs. 1 Satz 1 Nr. 3 SGB VIII überprüft werden kann. Für eine Klage mit dem Ziel, eine Verteilung auszuschließen und am Ort der vorläufigen Inobhutnahme zu verbleiben, fehle daher das Rechtsschutzbedürfnis, sodass sie bereits unzulässig sei.[29]

26a **Zutreffend** geht das VG Leipzig zunächst davon aus, dass die zuweisende Landesstelle bei ihrer Entscheidung an die vorangehende Verteilungsentscheidung des Bundesverwaltungsamtes gebunden ist.[30] Weiterhin geht es **zu Recht** und mit zutreffenden Erwägungen davon aus, dass die zuweisende Landesstelle weder verpflichtet noch befugt ist, die Anmeldung zur Verteilung nach § 42a Abs. 2 Satz 2 SGB durch das Jugendamt der vorläufigen Inobhutnahme zu überprüfen.[31]

Nicht gefolgt werden kann allerdings der aus diesen Vorgaben gezogenen Schlussfolgerung, mit der Klage gegen die Zuweisungsentscheidung könne ein Verbleib im Zuständigkeitsbereich des Jugendamtes der vorläufigen Inobhutnahme nicht erreicht, sondern allenfalls eine Neuzuweisung im Zuständigkeitsbereich der beklagten Landesstelle bewirkt werden.[32]

27 Zu Letzterem ebenso *Veit*, FamRZ 2016, 93 (98).
28 VG Hannover, Beschl. v. 14.10.2019, 3 B 4442/19, Rn. 11 ff., ZKJ 2020, 71.
29 VG Leipzig, Urt. v. 18.12.2017, 6 K 1426/17.A, juris, Rn. 17; ebenso bereits Beschl. v. 20.6.2017, 6 L 403/17.A, juris, Rn. 18.
30 VG Leipzig, Urt. v. 18.12.2017, 6 K 1426/17.A, juris, Rn. 17.
31 VG Leipzig, Urt. v. 18.12.2017, 6 K 1426/17.A, juris, Rn. 24.
32 VG Leipzig, Urt. v. 18.12.2017, 6 K 1426/17.A, juris, Rn. 17.

Bei den der Zuweisungsentscheidung vorausgehenden Maßnahmen anderer Behörden (Mitteilung gem. § 42a Abs. 4 Satz 1 SGB VIII durch Jugendamt, Anmeldung zur Verteilung gem. § 42a Abs. 4 Satz 3 SGB VIII durch die Landesstelle, Auswahl und Benennung des zur Aufnahme verpflichteten Landes gem. § 42b Abs. 1 Satz 1 SGB VIII durch das Bundesverwaltungsamt) handelt es sich um vorbereitende Verfahrenshandlungen,[33] die gem. § 44a Satz 1 VwGO nicht selbstständig, sondern nur mit den gegen die Sachentscheidung zulässigen Rechtsbehelfen angegriffen werden können. Das bedeutet hier, dass die genannten Maßnahmen nicht allein, aber eben doch mit der Klage gegen die Zuweisungsentscheidung als abschließender Sachentscheidung einer gerichtlichen Überprüfung zugänglich gemacht werden können.

Mit der **Klage gegen die Zuweisungsentscheidung** kann damit auch die Rechtswidrigkeit der Anmeldung zur Verteilung durch das Jugendamt vor allem wegen des Vorliegens eines Ausschlussgrundes nach § 42b Abs. 4 SGB VIII geltend gemacht werden. Da eine Heilung allein dadurch, dass die Landesstelle des abgebenden Landes sie an das Bundesverwaltungsamt weitergeleitet und dieses die Anmeldung zur Grundlage seiner Verteilungsentscheidung macht, nicht eintritt, führt die Rechtswidrigkeit der Entscheidung des abgebenden Jugendamtes zur Rechtswidrigkeit der abschließenden Sachentscheidung, nämlich der Zuweisungsentscheidung der Landesstelle des aufnehmenden Landes. Da die Ausschlussgründe zumindest auch den Interessen der oder des Minderjährigen zu dienen bestimmt sind, verletzt die rechtswidrige Entscheidung die Klägerin oder den Kläger in ihren/seinen Rechten und ist deshalb gem. § 113 Abs. 1 Satz 1 VwGO aufzuheben.[34]

Für eine Überprüfung der Entscheidung des Jugendamtes der vorläufigen Inobhutnahme, die minderjährige Person zur Verteilung anzumelden, streitet auch die Rechtsschutzgarantie des Art. 19 Abs. 4 GG. Andernfalls würde gegenüber diesem Akt der öffentlichen Gewalt der Rechtsweg gerade nicht eröffnet sein.

(Effektiver) Rechtsschutz wird auch nicht durch den Verweis auf die Möglichkeit der Umverteilung gem. § 88a Abs. 2 Satz 3 SGB VII eröffnet. Abgesehen davon, dass es sich bei der Entscheidung nach dieser Vorschrift um eine Ermessensentscheidung handelt, die zwar gerichtlich überprüfbar ist, während der Ausschluss der Verteilung bei Vorliegen eines Ausschlussgrundes nach § 42b Abs. 4 SGB VIII zwingend ist, stellt ein Antrag auf Umverteilung gerade keinen Rechtsbehelf gegen die Entscheidung zur Verteilung dar, sondern setzt eine wirksame Verteilungs- und Zuweisungsentscheidung, also den Akt, gegen den Rechtsschutz begehrt wird, gerade voraus. Denn nur durch die Zuweisungsentscheidung wird gem. § 88a Abs. 2 Satz 1 SGB VIII die Zuständigkeit des aufnehmenden Jugendamtes begründet.[35] **26b**

Wird die Zuweisungsentscheidung der Landesstelle durch das Gericht aufgehoben, wird keine Zuständigkeit des Jugendamts, an das zugewiesen wurde, begründet. Es verbleibt vielmehr bei der Zuständigkeit des Jugendamts der vorläufigen Inobhutnahme, was ja in den Fällen, in denen der Kläger oder die Klägerin eine Verteilung verhindern will, dem Klagebegehren entspricht. Es trifft also nicht zu, dass der Kläger bei Erfolg der Klage keine Verbesserung seiner Rechtsstellung erlangt.

Welches die **richtige Klageart** ist, hängt vom Klagebegehren ab. **26c**

Möchte die minderjährige Person im Zuständigkeitsbereich des Jugendamtes verbleiben, das sie oder ihn vorläufig in Obhut genommen hat, ist richtige Klageart die **Anfechtungsklage** gegen die Zuweisungsentscheidung.

---

33 Zur Anmeldung durch die Landesstelle vgl. § 42a Rn. 44, zur Benennung durch das Bundesverwaltungsamt oben Rn. 21.
34 Im Ergebnis ebenso VG Hannover, Beschl. v. 14.10.2019, 3 B 4442/19, Rn. 12, ZKJ 2020, 71.
35 Vgl. dazu VG Hannover, Beschl. v. 14.10.2019, 3 B 4442/19, Rn. 15, ZKJ 2020, 71; entgegen dessen Annahme setzt der Zuständigkeitswechsel allerdings keine rechtmäßige, sondern lediglich eine wirksame Zuweisungsentscheidung voraus.

Ein möglicher Klageantrag könnte lauten:

> Es wird beantragt,
>
> die Zuweisungsentscheidung der Landesstelle für die Verteilung … (Bezeichnung der Landesstelle) vom … aufzuheben.

Richtige Klageart ist die **Verpflichtungsklage**, wenn zum einen die Aufhebung der ergangenen Zuweisungsentscheidung, zum anderen die Verpflichtung begehrt wird, an ein anderes Jugendamt zugewiesen zu werden.

Ein möglicher Klageantrag könnte lauten:

> Es wird beantragt,
>
> die Zuweisungsentscheidung der Landesstelle für die Verteilung … (Bezeichnung der Landesstelle) vom … aufzuheben und die Verteilungsstelle zu verpflichten, den Kläger/die Klägerin dem Jugendamt der Stadt …/des Landkreises … zur Inobhutnahme nach § 42 Abs. 1 Satz 1 Nr. 3 SGB VIII zuzuweisen.

27 Dass der als Rechtsbehelf gegen die Zuweisungsentscheidung allein statthaften Klage gem. § 42b Abs. 7 Satz 2 SGB VIII **keine aufschiebende Wirkung** zukommt (siehe dazu oben Rn. 20), hat zur Folge, dass die Betroffenen ungeachtet einer erhobenen Klage der Zuweisungsentscheidung Folge leisten und sich an den Ort der Zuweisung bringen lassen müssen. Aufgrund der langen Verfahrensdauer einer verwaltungsgerichtlichen Klage würde der Rechtsschutz in deren Erfolgsfall zu spät kommen. Es wären zwischenzeitlich vollendete Tatsachen geschaffen worden.

Es ist deshalb im Interesse eines **effektiven Rechtsschutzes** erforderlich und dringend anzuraten, beim Verwaltungsgericht – tunlichst zusammen mit der Klageerhebung – gem. § 80 Abs. 5 VwGO die Anordnung der aufschiebenden Wirkung der erhobenen Klage zu beantragen. Ordnet das Gericht die aufschiebende Wirkung der Klage an, muss die oder der betroffene Minderjährige der Zuweisung bis zu einer rechtskräftigen Entscheidung über die Klage keine Folge leisten, sondern kann im Bereich des Jugendamts der vorläufigen Inobhutnahme bleiben.

Ein solcher Antrag könnte etwa lauten:

> Es wird beantragt,
>
> die aufschiebende Wirkung der Klage vom … gegen die Zuweisungsentscheidung der Landesstelle für die Verteilung … (Bezeichnung der Landesstelle) vom … anzuordnen.

27a Eine **Entscheidung im Eilverfahren** ergeht nach gefestigter Rechtsprechung nach folgenden Maximen: Im Verfahren nach § 80 Abs. 5 VwGO über die Anordnung der aufschiebenden Wirkung hat das Verwaltungsgericht eine eigene Ermessensentscheidung zu treffen. Dabei hat es das öffentliche Interesse an der sofortigen Vollziehung des Bescheids und das Interesse der Antragsteller_in an der aufschiebenden Wirkung abzuwägen. Bei dieser Abwägung sind maßgeblich die Erfolgsaussichten des Klageverfahrens zu berücksichtigen. Ergibt die – wie die Verwaltungsgerichte immer wieder betonen, im Eilverfahren allein mögliche – summarische Prüfung, dass die Klage voraussichtlich erfolglos sein wird, hat das Interesse am Aufschub der Entscheidung regelmäßig zurückzutreten. Erweist sich der angegriffene Bescheid dagegen voraussichtlich als rechtswidrig, besteht kein (öffentliches) Interesse an dessen sofortigem Vollzug.[36] Ein Erfolg setzt also auch im Eilverfahren voraus, dass man in der Antragsbegründung darlegt, dass und warum die ergangene Zuweisungsentscheidung der Landesstelle nach § 42b Abs. 3 Satz 1 SGB VIII rechtswidrig ist.

---

36 Vgl. exemplarisch VG Hannover, Beschl. v. 14.10.2019, 3 B 4442/19, Rn. 8, ZKJ 2020, 71; ebenso VG Leipzig, Beschl. v. 20.6.2017, 6 L 403/17.A, juris, Rn. 15. Das früher gebräuchliche Kriterium der „offensichtlichen" Rechtmäßigkeit oder -widrigkeit musste in dem Maße an Legitimationskraft verlieren, in dem Verwaltungsgerichte der ersten und zweiten Instanz gegensätzliche Entscheidungen hinsichtlich der „Offensichtlichkeit", die ja eine Eindeutigkeit für sich erheischt, getroffen haben.

bb) Des örtlichen Trägers

Möchte der Träger gegen die Zuweisungsentscheidung vorgehen, etwa weil er seine Aufnahmekapazität als überschritten oder die spezifischen Schutzbedürfnisse und Bedarfe i.S.d. § 42b Abs. 3 Satz 2 SGB VIII als nicht gegeben ansieht, muss er gegen die Zuweisungsentscheidung der Landesstelle **Anfechtungsklage** erheben, der ebenfalls nach Abs. 7 Satz 2 keine aufschiebende Wirkung zukommt. Tut er das nicht, wird die Zuweisungsentscheidung ihm gegenüber **bestandskräftig**. Er kann dann nicht mehr zu einem späteren Zeitpunkt seine örtliche Zuständigkeit nach § 88a Abs. 2 Satz 1 SGB VIII unter Verweis auf die (angebliche) Rechtswidrigkeit der Zuweisungsentscheidung in Abrede stellen. **28**

Hinsichtlich der Entscheidungsmaximen des Gerichts gilt das oben unter Rn. 27a Gesagte entsprechend. Die Zuweisungsentscheidung greift jedenfalls nicht in unzulässiger Weise in das kommunale Selbstverwaltungsrecht ein.[37]

VIII. Abs. 8 – Landesrecht

Als „Näheres", das Landesrecht nach dieser Vorschrift regeln könnte, kommt neben der Bestimmung der für die Verteilung zuständigen Stelle vor allem eine Konkretisierung der für die Zuweisung nach § 42b Abs. 3 Satz 1 SGB VIII maßgebenden Kriterien in Betracht.[38] Des Weiteren könnte die Schwerpunktbildung bei einzelnen Jugendämtern oder die Zusammenarbeit von Jugendämtern Gegenstand landesrechtlicher Regelung sein. Dabei darf sich Landesrecht nicht in Widerspruch zu bundesgesetzlichen Regelungen setzen. **29**

37 So zur asylrechtlichen Zuweisung VGH Ba-Wü, Beschl. v. 7.10.1986, A 12 S 618/86, InfAuslR 1987, 95.
38 In diesem Sinne auch jurisPK-SGB VIII/*Kirchhoff*, § 42b Rn. 48.

§ 42c
Aufnahmequote

(1) [1]Die Länder können durch Vereinbarung einen Schlüssel als Grundlage für die Benennung des zur Aufnahme verpflichteten Landes nach § 42b Absatz 1 festlegen. [2]Bis zum Zustandekommen dieser Vereinbarung oder bei deren Wegfall richtet sich die Aufnahmequote für das jeweilige Kalenderjahr nach dem von dem Büro der Gemeinsamen Wissenschaftskonferenz im Bundesanzeiger veröffentlichten Schlüssel, der für das vorangegangene Kalenderjahr entsprechend den Steuereinnahmen und der Bevölkerungszahl der Länder errechnet worden ist (Königsteiner Schlüssel), und nach dem Ausgleich für den Bestand der Anzahl unbegleiteter ausländischer Minderjähriger, denen am 1. November 2015 in den einzelnen Ländern Jugendhilfe gewährt wird. [3]Ein Land kann seiner Aufnahmepflicht eine höhere Quote als die Aufnahmequote nach Satz 1 oder 2 zugrunde legen; dies ist gegenüber dem Bundesverwaltungsamt anzuzeigen.

(2) [1]Ist die Durchführung des Verteilungsverfahrens ausgeschlossen, wird die Anzahl der im Land verbleibenden unbegleiteten ausländischen Kinder und Jugendlichen auf die Aufnahmequote nach Absatz 1 angerechnet. [2]Gleiches gilt, wenn der örtliche Träger eines anderen Landes die Zuständigkeit für die Inobhutnahme eines unbegleiteten ausländischen Kindes oder Jugendlichen von dem nach § 88a Absatz 2 zuständigen örtlichen Träger übernimmt.

(3) Bis zum 1. Mai 2017 wird die Aufnahmepflicht durch einen Abgleich der aktuellen Anzahl unbegleiteter ausländischer Minderjähriger in den Ländern mit der Aufnahmequote nach Absatz 1 werktäglich ermittelt.

Übersicht Rn.

A. Allgemeines

1 Unabdingbare **Voraussetzung** für das **Funktionieren** des durch das UMG eingeführten Verfahrens zur bundesweiten **Verteilung** unbegleiteter ausländischer Minderjähriger ist die Festlegung der Quote, die das jeweilige Bundesland aufzunehmen hat. § 42c SGB VIII hat die Funktion zu bestimmen, wie diese Aufnahmequote zu ermitteln und festzulegen ist (Abs. 1), die Berücksichtigung nicht am Verteilungsverfahren teilnehmender Minderjähriger zu regeln (Abs. 2) und festzulegen, wie der Umfang der Erfüllung der Aufnahmequote festzustellen ist (Abs. 3).

2 Parallelvorschriften zur Aufnahmequote im Rahmen der Verteilung von **erwachsenen** bzw. **begleiteten minderjährigen** Asylbewerbern enthält § 45 AsylG.

B. Einzelheiten

I. Abs. 1 – Aufnahmequote

3 **Abs. 1 Satz 1** überlässt es zunächst den Ländern, einen Schlüssel für die Aufnahmequote zu vereinbaren. Soweit diese – wie bereits zu § 45 AsylG – dazu nicht bereit oder in der Lage sind, greift **Abs. 1 Satz 2** ein, wonach sich die Aufnahmequote bis zum Zustandekommen

einer Vereinbarung nach Satz 1 oder bei deren Wegfall nach dem sog. **Königsteiner Schlüssel** richtet. Die Bezeichnung geht auf das Königsteiner Staatsabkommen der Länder von 1949 zurück, mit dem dieser Schlüssel zur Finanzierung wissenschaftlicher Forschungseinrichtungen eingeführt worden ist. Im Jahr 2020 maßgebend ist der für 2018 errechnete Schlüssel.[1]

Königsteiner Schlüssel für das Jahr 4

	2010 BAnz Nr. 192 v. 18.12.2009, S. 4309	2011 BAnz Nr. 164 v. 27.10.2010, S. 3633	2012 BAnz Nr. 178 v. 25.11.2011, S. 4197	2013 BAnz AT 30.05.2016 B4	2014 BAnz AT 14.11.2013 B8	2015 BAnz AT 10.12.2014 B3	2016 BAnz AT 20.06.2016 B1	2017 BAnz AT 08.03.2018 B5	2018 BAnz AT 06.11.2018 B4	2019 Banz AT 06.05.2021 B8
Baden-Württemberg	12,80360 %	12,81503 %	12,93143 %	13,01101 %	12,97496 %	12,86456 %	12,96662 %	13,01651 %	13,01280 %	13,04061 %
Bayern	15,12261 %	15,19297 %	15,22505 %	15,29334 %	15,33048 %	15,51873 %	15,53327 %	15,55039 %	15,56491 %	15,56072 %
Berlin	5,02713 %	5,03822 %	5,07477 %	5,02487 %	5,04557 %	5,04927 %	5,08324 %	5,09267 %	5,13754 %	5,18995 %
Brandenburg	3,12187 %	3,10452 %	3,07156 %	3,06367 %	3,08092 %	3,06053 %	3,03655 %	3,02571 %	3,01802 %	3,02987 %
Bremen	0,94509 %	0,93119 %	0,93354 %	0,94745 %	0,94097 %	0,95688 %	0,95331 %	0,95115 %	0,96284 %	0,95379 %
Hamburg	2,59469 %	2,54537 %	2,55023 %	2,54426 %	2,52738 %	2,52968 %	2,55752 %	2,55847 %	2,55790 %	2,60343 %
Hessen	7,20546 %	7,22575 %	7,30187 %	7,27613 %	7,31557 %	7,35890 %	7,39885 %	7,36424 %	7,44344 %	7,43709 %
Mecklenburg-Vorpommern	2,10312 %	2,08237 %	2,06015 %	2,05085 %	2,04165 %	2,02906 %	2,01240 %	2,00161 %	1,98419 %	1,98045 %
Niedersachsen	9,33271 %	9,31388 %	9,40134 %	9,36224 %	9,35696 %	9,32104 %	9,33138 %	9,36559 %	9,40993 %	9,39533 %
Nordrhein-Westfalen	21,32127 %	21,44227 %	21,21997 %	21,23502 %	21,24052 %	21,21010 %	21,14424 %	21,14355 %	21,08676 %	21,07592 %
Rheinland-Pfalz	4,81566 %	4,81284 %	4,80847 %	4,80626 %	4,83472 %	4,83710 %	4,83089 %	4,83466 %	4,82459 %	4,81848 %
Saarland	1,23602 %	1,23114 %	1,22715 %	1,22993 %	1,21566 %	1,22173 %	1,21111 %	1,20344 %	1,20197 %	1,19827 %
Sachsen	5,22478 %	5,16869 %	5,14393 %	5,12165 %	5,10067 %	5,08386 %	5,05577 %	5,02467 %	4,99085 %	4,98208 %
Sachsen-Anhalt	2,96790 %	2,92874 %	2,90793 %	2,88678 %	2,85771 %	2,83068 %	2,79941 %	2,77158 %	2,75164 %	2,69612 %
Schleswig-Holstein	3,34533 %	3,37218 %	3,36391 %	3,37760 %	3,38791 %	3,40337 %	3,39074 %	3,41725 %	3,40526 %	3,40578 %
Thüringen	2,83276 %	2,79484 %	2,77870 %	2,76894 %	2,74835 %	2,72451 %	2,69470 %	2,67851 %	2,64736 %	2,63211 %
Zusammen	100,00000 %	100,00000 %	100,00000 %	100,00000 %	100,00000 %	100,00000 %	100,00000 %	100,00000 %	100,00000 %	100,00000 %

Von der sich daraus ergebenden Aufnahmequote ist gem. § 42c Abs. 1 **Satz 2 Hs. 2** SGB VIII 5
die Anzahl der unbegleiteten ausländischen Minderjährigen in Abzug zu bringen, denen am 1. November 2015, dem Tag des Inkrafttretens des UMG, in den einzelnen Ländern Jugendhilfe gewährt wurde, die aber nicht in das erst ab diesem Tag geltende Verteilungsverfahren einbezogen werden können. Erfasst werden sowohl die noch in Obhut Genommenen als auch diejenigen, die Anschlusshilfen erhalten.[2]

Gem. **Abs. 1 Satz 3** kann ein Land seiner Aufnahmepflicht eine **höhere** als die nach Satz 1 und 2 zu errechnende **Quote** zugrunde legen. Dies ist dann dem Bundesverwaltungsamt anzuzeigen, damit dieses gem. § 42b Abs. 1 Satz 1 und 2 SGB VIII eine entsprechend höhere Anzahl auf das Land verteilen kann. Die Quote der übrigen Länder müsste sich dann entsprechend dem Schlüssel reduzieren.

II. Abs. 2 – Anrechnung auf die Aufnahmequote

Der **Zweck des Verteilungsverfahrens**, die mit der Aufnahme von unbegleiteten auslän- 6
dischen Minderjährigen verbundenen Belastungen gleichmäßig auf alle Bundesländer zu verteilen, würde konterkariert, blieben diejenigen Kinder und Jugendlichen, die wegen des Vorliegens eines Ausschlussgrundes nicht verteilt werden können, dabei unberücksichtigt. Zudem bestünde in diesem Fall die Gefahr, dass Jugendämter trotz vorliegender Gefährdung des **Kindeswohls** Minderjährige zur Verteilung anmelden, um eine eigene Überlastung zu vermeiden.[3]

Deshalb ordnet Abs. 2 Satz 1 an, dass die **Zahl** der wegen des Ausschlusses des Verteilungsverfahrens **im Land verbleibenden** unbegleiteten ausländischen Minderjährigen auf die Aufnahmequote nach Abs. 1 **angerechnet** wird. Maßgebend für den Ausschluss des Verteilungsverfahrens ist die Entscheidung des Jugendamtes nach § 42a Abs. 2 Satz 2 SGB VIII.

---

1 Gemeinsame Wissenschaftskonferenz, https://www.gwk-bonn.de/fileadmin/Redaktion/Dokumente/Papers/Koenigsteiner_Schluessel_fuer_2010_-_2019.pdf (10.3.2022).
2 So auch Wiesner/Wapler/*Steinbüchel*, Nachtragskommentierung, § 42c SGB VIII Rn. N4.
3 Dies stellt jurisPK-SGB VIII/*Kirchhoff*, § 42c Rn. 20, in den Vordergrund.

7 **Ebenso** ist gem. § 42c Abs. 2 Satz 2 SGB VIII die **Anzahl** der unbegleiteten ausländischen Kinder und Jugendlichen auf die Quote **anzurechnen, die der örtliche Träger** eines anderen Landes gem. § 88a Abs. 2 Satz 3 SGB VIII aus Gründen des Kindeswohls oder aus sonstigen humanitären Gründen von vergleichbarem Gewicht **übernimmt**, die das Land also an ein anderes abgibt. Diese **Anrechnung** führt zu einer **Erhöhung der Zahl der aufzunehmenden** Minderjährigen.

III. Abs. 3 – Ermittlung der Aufnahmepflicht

8 Für eine 18-monatige Übergangszeit wurde die Aufnahmepflicht durch einen **werktäglichen Abgleich** der Anzahl der sich in den Ländern aufhaltenden unbegleiteten ausländischen Minderjährigen (Bestand) mit der Aufnahmequote nach Absatz 1 ermittelt. **Grundlage** dafür waren die Meldungen von Ab- und Zugängen nach § 42b Abs. 6 SGB VIII. Nach Ablauf der Übergangsfrist am 1. Mai 2017 wird der Bestand nicht mehr auf die Aufnahmequote angerechnet. Die Vorschrift hat sich durch Zeitablauf erledigt. Eine Nachfolgeregelung wurde nicht getroffen.

§ 42d
Übergangsregelung

(1) Kann ein Land die Anzahl von unbegleiteten ausländischen Kindern oder Jugendlichen, die seiner Aufnahmequote nach § 42c entspricht, nicht aufnehmen, so kann es dies gegenüber dem Bundesverwaltungsamt anzeigen.

(2) In diesem Fall reduziert sich für das Land die Aufnahmequote

1. bis zum 1. Dezember 2015 um zwei Drittel sowie

2. bis zum 1. Januar 2016 um ein Drittel.

(3) [1]Bis zum 31. Dezember 2016 kann die Ausschlussfrist nach § 42b Absatz 4 Nummer 4 um einen Monat verlängert werden, wenn die zuständige Landesstelle gegenüber dem Bundesverwaltungsamt anzeigt, dass die Durchführung des Verteilungsverfahrens in Bezug auf einen unbegleiteten ausländischen Minderjährigen nicht innerhalb dieser Frist erfolgen kann. [2]In diesem Fall hat das Jugendamt nach Ablauf eines Monats nach Beginn der vorläufigen Inobhutnahme die Bestellung eines Vormunds oder Pflegers zu veranlassen.

(4) [1]Ab dem 1. August 2016 ist die Geltendmachung des Anspruchs des örtlichen Trägers gegenüber dem nach § 89d Absatz 3 erstattungspflichtigen Land auf Erstattung der Kosten, die vor dem 1. November 2015 entstanden sind, ausgeschlossen. [2]Der Erstattungsanspruch des örtlichen Trägers gegenüber dem nach § 89d Absatz 3 erstattungspflichtigen Land verjährt in einem Jahr; im Übrigen gilt § 113 des Zehnten Buches entsprechend.

(5) [1]Die Geltendmachung des Anspruchs des örtlichen Trägers gegenüber dem nach § 89d Absatz 3 erstattungspflichtigen Land auf Erstattung der Kosten, die nach dem 1. November 2015 entstanden sind, ist ausgeschlossen. [2]Die Erstattung dieser Kosten richtet sich nach § 89d Absatz 1.

Übersicht Rn.

A. Allgemeines

1 Mit der Einführung des Verteilungsverfahrens durch das UMG haben alle Jugendämter unbegleitete ausländische Minderjährige, die ihnen gem. § 42b Abs. 3 Satz 1 SGB VIII zugewiesen werden, aufzunehmen, unterzubringen und ihnen eine deren besonderen Schutzbedürfnissen Rechnung tragende Versorgung und Betreuung zukommen zu lassen sowie dem gegebenenfalls physisch und psychisch stark belasteten Kind oder Jugendlichen Erstversorgung, sozialpädagogische Betreuung und ggf. auch therapeutische Hilfe zu gewähren. Das konnte insbesondere für Länder und Jugendämter, in denen bislang nur sehr wenige unbegleitete ausländische Minderjährige aufgenommen worden sind, eine besondere Herausforderung darstellen. Damit entsprechende Unterbringungsmöglichkeiten ausgebaut bzw. geschaffen und notwendige Kompetenzen erweitert bzw. erworben werden können, beinhaltet die Vorschrift in den Abs. 1 bis 3 **Übergangsregelungen**, die es diesen Ländern ermöglichen, ihre Aufnahmekapazität stufenweise zu erhöhen und die Verfahrensabläufe zu

organisieren.[1] Die Absätze 4 und 5 treffen **Abschlussregelungen** hinsichtlich der **Kostenerstattung**.

B. Einzelheiten

I. Abs. 1 – Überlastungsanzeige des Landes

2 Abs. 1 eröffnet einem Bundesland die Möglichkeit, gegenüber dem Bundesverwaltungsamt anzuzeigen, wenn es die Anzahl unbegleiteter ausländischer Minderjähriger, die seiner Aufnahmequote nach § 42c SGB VIII entspricht, nicht aufnehmen kann. Zwar handelt es sich bei der Frage einer solchen **Anzeige** um eine **Ermessensentscheidung** („… so kann es dies … anzeigen"), jedoch hängt das Vorliegen einer Überlastung von einer Vielzahl von Faktoren ab, da es nicht nur um eine quantitative Erfassung geht. Voraussetzung der Anzeige ist ja, dass das Land zur Aufnahme nicht in der Lage ist, **obwohl** die Aufnahmequote **noch nicht erfüllt** ist. Nicht erst bei der Ermessensausübung, sondern bereits bei der Feststellung des Überlastungstatbestands bedarf es also einer komplexen Beurteilung.

3 Maßstab dieser Beurteilung und Entscheidung muss sein, ob das Land zu einer den Bedürfnissen der betroffenen Minderjährigen genügenden und der Gewährleistung des Kindeswohls gerecht werdenden Art und Weise zur Unterbringung, Versorgung und Betreuung in der Lage ist. Denn die Vorschrift bezweckt nicht, das jeweilige Land von Belastungen und Anstrengungen zu bewahren, sondern die in Obhut zu nehmenden Minderjährigen und deren Wohl zu schützen. Ist dieser Schutz nicht gewährleistet, kann das Anzeigeermessen reduziert sein und sogar zu einer Anzeigepflicht erstarken.[2]

II. Abs. 2 – Reduzierung der Aufnahmequote

4 Abs. 2 normiert für den Fall einer Anzeige nach Abs. 1 eine gestaffelte Reduzierung der Aufnahmequote. Die längstens bis zum 31. Januar 2016 geltende **Regelung** hat sich **durch Zeitablauf erledigt**.

III. Abs. 3 – Verlängerung der Monatsfrist nach § 42b Abs. 4 Nr. 4 SGB VIII

5 Nach **Satz 1** konnte die **Frist** für den **Verteilungsausschluss** nach § 42b Abs. 4 Nr. 4 SGB VIII bis zum 31. Dezember 2016 von einem Monat **auf zwei Monate verlängert** werden. Damit wird – so die Gesetzesbegründung – der Einführung des Verteilungsverfahrens und den damit verbundenen Umstellungen Rechnung getragen.[3] Den Ländern und örtlichen Trägern sollte ein Jahr Zeit gegeben werden, um die Abläufe so zu organisieren, dass die Verteilung innerhalb eines Monats durchgeführt werden kann.
Wurde die Frist entsprechend Satz 1 verlängert, hatte, abweichend von dem Grundsatz, dass dies erst nach der Inobhutnahme nach § 42 SGB VIII zu veranlassen ist, gem. **Satz 2** das Jugendamt nach Ablauf eines Monats nach Beginn der vorläufigen Inobhutnahme für die **Bestellung** eines Vormunds oder Pflegers Sorge zu tragen.[4]

6 Die **Regelung** hat sich **durch Zeitablauf erledigt**.

1 Vgl. BT-Drs. 18/5921, 27.
2 Ebenso jurisPK-SGB VIII/Kirchhoff, § 42d Rn. 9.
3 Vgl. BT-Drs. 18/5921, 28.
4 Wegen Einzelheiten wird auf die Vorauflage verwiesen.

IV. Abs. 4 und 5 – Kostenerstattung

Die Kostenerstattungsregelung in den Absätzen 4 und 5 **knüpft** an die Vorschrift des **§ 89d SGB VIII** an. Nach § 89d Abs. 1 SGB VIII sind die **Kosten**, die ein örtlicher Träger aufwendet, **vom Land zu erstatten**, wenn innerhalb eines Monats nach der Einreise eines jungen Menschen Jugendhilfe gewährt wird und sich die örtliche Zuständigkeit nach dem tatsächlichen Aufenthalt dieser Person oder nach der Zuweisungsentscheidung der zuständigen Landesbehörde richtet. Diese **Voraussetzungen** sind **bei der vorläufigen Inobhutnahme** nach § 42a Abs. 1 SGB VIII regelmäßig **gegeben** (wegen Einzelheiten vgl. die Erläuterungen zu § 89d SGB VIII Rn. 3 ff.). **7**

1. Erstattung von Kosten, die vor dem 1.11.2015 entstanden sind (Abs. 4)

Die Geltendmachung des **Anspruchs** eines örtlichen Trägers **auf Erstattung** von Kosten, die vor dem Inkrafttreten des UMG am 1. November 2015 entstanden sind, durch das nach dem ehemaligen § 89d Abs. 3 SGB VIII erstattungspflichtige Land, ist nach Abs. 4 Satz 1 **seit dem 1. August 2016 ausgeschlossen**. Die Erstattung musste also spätestens am 31. Juli 2016 angemeldet worden sein. Darüber hinaus **verjährte** der Erstattungsanspruch nach § 42d Abs. 4 Satz 2 Hs. 1 SGB VIII abweichend von § 113 Abs. 1 Satz 1 SGB X in **einem Jahr**. Hierauf hat der örtliche Träger zu achten. Dass nach § 42d Abs. 4 Satz 2 Hs. 2 SGB VIII im Übrigen **§ 113 SGB X entsprechend gilt**, bedeutet zum einen, dass die Verjährung mit Ablauf des Kalenderjahres beginnt, in dem der örtliche Träger von der Entscheidung des erstattungspflichtigen Landes über dessen Leistungspflicht Kenntnis erlangt hat. Zum anderen führt die entsprechende Geltung des § 113 SGB X zur sinngemäßen Anwendung der Vorschriften des BGB über Hemmung, die Ablaufhemmung, den Neubeginn und die Wirkung der Verjährung (§§ 204 ff. BGB). **8**

2. Erstattung von Kosten, die nach dem 1.11.2015 entstanden sind (Abs. 5)

Die **Geltendmachung** des Anspruchs des örtlichen Trägers auf Erstattung der **Fallkosten**, die **nach dem 1. November 2015** entstanden sind, richtet sich gem. Abs. 5 Satz 2 ausschließlich nach § 89d Abs. 1 SGB VIII, d.h., sie sind dem örtlichen Träger ausschließlich vom eigenen Land zu erstatten. **9**

§ 42e
Berichtspflicht

Die Bundesregierung hat dem Deutschen Bundestag jährlich einen Bericht über die Situation unbegleiteter ausländischer Minderjähriger in Deutschland vorzulegen.

1 Die durch das UMG eingefügte Vorschrift verpflichtet die Bundesregierung zur **jährlichen Vorlage** eines **Berichts** über die Situation unbegleiteter ausländischer Minderjähriger in Deutschland. In der Gesetzesbegründung[1] heißt es dazu:

> *„Vor dem Hintergrund der großen Bedeutung der Einführung eines Verteilungsverfahrens für den Schutz und die Unterbringung, Versorgung und Betreuung unbegleiteter ausländischer Kinder und Jugendlicher in Deutschland wird die Bundesregierung verpflichtet, dem Deutschen Bundestag jährlich über deren Situation, insbesondere angesichts des Verteilungsverfahrens, zu berichten."*

Danach war die Einführung des Verteilungsverfahrens zwar Anlass zur Einführung der bis dahin nicht bestehenden Berichtspflicht, der Bericht soll sich aber nicht nur auf dieses Verfahren beziehen, sondern die **gesamte Situation** unbegleiteter ausländischer Minderjähriger, also etwa auch hinsichtlich ihrer psychosozialen **Versorgung** und **Betreuung**, ihres **Spracherwerbs** oder ihrer Integration in schulische sowie **berufliche Bildung und Ausbildung**, erfassen. Auch wenn dabei dem Verteilungsverfahren und seinen Auswirkungen auf die Situation und das Wohl der betroffenen Minderjährigen sowie die Arbeit der Jugendämter eine prominente Bedeutung zukommen wird, gehören zur Situation unbegleiteter ausländischer Minderjähriger beispielsweise auch Fragen der **Akzeptanz durch die Mehrheitsgesellschaft** und die Gefährdung durch **rassistisch motivierte Angriffe**.

2 In Erfüllung dieser Verpflichtung hat die Bundesregierung bisher (Stand 1.12.2020) dreimal über die Situation unbegleiteter ausländischer Minderjähriger berichtet.[2]

Die Berichte enthalten umfangreiches Datenmaterial

- zur Umsetzung des UMG,
- zur Fallzahlenentwicklung,
- zur Alters- und Geschlechterverteilung,
- zu Lebenslagen und Bedürfnisse unbegleiteter Minderjähriger,
- zu Angeboten zur Versorgung, Betreuung und Unterstützung von Unbegleiteten Minderjährigen,
- zur asyl- und aufenthaltsrechtlichen Situation unbegleiteter Minderjähriger sowie
- zur Datengrundlage und Methodik,

das sich einer Zusammenfassung entzieht. Es ist deshalb auf die genannten Berichte zu verweisen.[3]

---

1 BT-Drs. 18/5921, 28.

2 „Bericht über die Situation unbegleiteter ausländischer Minderjähriger in Deutschland" vom 15.3.2017, BT-Drs. 18/11540.
„Bericht über die Situation unbegleiteter ausländischer Minderjähriger in Deutschland" vom 20.9.2018, BT-Drs. 19/4517.
„Bericht der Bundesregierung zur Situation unbegleiteter Minderjähriger in Deutschland" vom 5.3.2020, BT-Drs. 19/17810.

3 Einzelne Ergebnisse und Erkenntnisse werden bei den einschlägigen Kommentierungen aufgegriffen.

§ 42f
Behördliches Verfahren zur Altersfeststellung

(1) [1]Das Jugendamt hat im Rahmen der vorläufigen Inobhutnahme der ausländischen Person gemäß § 42a deren Minderjährigkeit durch Einsichtnahme in deren Ausweispapiere festzustellen oder hilfsweise mittels einer qualifizierten Inaugenscheinnahme einzuschätzen und festzustellen. [2]§ 8 Absatz 1 und § 42 Absatz 2 Satz 2 sind entsprechend anzuwenden.

(2) [1]Auf Antrag des Betroffenen oder seines Vertreters oder von Amts wegen hat das Jugendamt in Zweifelsfällen eine ärztliche Untersuchung zur Altersbestimmung zu veranlassen. [2]Ist eine ärztliche Untersuchung durchzuführen, ist die betroffene Person durch das Jugendamt umfassend über die Untersuchungsmethode und über die möglichen Folgen der Altersbestimmung aufzuklären. [3]Ist die ärztliche Untersuchung von Amts wegen durchzuführen, ist die betroffene Person zusätzlich über die Folgen einer Weigerung, sich der ärztlichen Untersuchung zu unterziehen, aufzuklären; die Untersuchung darf nur mit Einwilligung der betroffenen Person und ihres Vertreters durchgeführt werden. [4]Die §§ 60, 62 und 65 bis 67 des Ersten Buches sind entsprechend anzuwenden.

(3) [1]Widerspruch und Klage gegen die Entscheidung des Jugendamts, aufgrund der Altersfeststellung nach dieser Vorschrift die vorläufige Inobhutnahme nach § 42a oder die Inobhutnahme nach § 42 Absatz 1 Satz 1 Nummer 3 abzulehnen oder zu beenden, haben keine aufschiebende Wirkung. [2]Landesrecht kann bestimmen, dass gegen diese Entscheidung Klage ohne Nachprüfung in einem Vorverfahren nach § 68 der Verwaltungsgerichtsordnung erhoben werden kann.

Übersicht

A. Allgemeines

1 § 42f SGB VIII wurde durch das UMG mit Wirkung vom 1.11.2015 in das SGB VIII eingefügt. Der Regierungsentwurf hatte zunächst keine Vorschrift über die Altersfeststellung enthalten.[1] Sowohl der Bundesrat[2] als auch im Gesetzgebungsverfahren angehörte Sachverständige[3] forderten – wenn auch mit unterschiedlichen Intentionen – die Aufnahme einer verbindlichen Regelung zur Altersfeststellung. Die schließlich Gesetz gewordene Fassung geht auf die Beschlussempfehlung des Ausschusses für Familie, Senioren, Frauen und Jugend zurück.[4]

2 Auch die Vorschriften über die vorläufige Inobhutnahme sind nur auf Kinder und Jugendliche anwendbar. Jugendliche sind nach § 7 Abs. 1 Nr. 2 SGB VIII diejenigen, die 14, aber noch nicht 18 Jahre alt sind. Der **Altersfeststellung** kommt also, soweit die Vollendung des 18. Lebensjahres in Rede steht, für deren Anwendbarkeit **entscheidende Bedeutung** zu. Die neue Regelung sollte die in der Vergangenheit in den einzelnen Ländern oder auch regional unterschiedlich praktizierten Verfahren mit hinsichtlich Methoden und Anforderungen an die Qualifikation der Entscheidungspersonen erheblich voneinander abweichenden Standards[5] vereinheitlichen und zudem spätere Auseinandersetzungen über Altersfragen vermeiden.[6]

3 Die Problematik war allerdings nicht neu, gelten doch die Vorschriften des durch das UMG unverändert gebliebenen § 42 SGB VIII ebenfalls nur für Kinder und Jugendliche, sodass eine Altersfeststellung erforderlich sein kann. Deren Notwendigkeit hat sich allerdings auch in der Vergangenheit, wie die zu dieser Problematik ergangenen Gerichtsentscheidungen belegen, vornehmlich bei Inobhutnahmen nach § 42 Abs. 1 Nr. 3 SGB VIII ergeben und zu gerichtlichen Auseinandersetzungen geführt.

Die Problematik der Altersfeststellung ist darüber hinaus **nicht jugendhilfespezifisch**: Auch das **Ausländerrecht** ist von Regelungen durchsetzt, die an ein bestimmtes Lebensalter anknüpfen, und ist darüber hinaus stets an der Feststellung der Identität und damit des Alters der Betroffenen interessiert. Deshalb schreibt § 49 Abs. 3 AufenthG vor, dass bei insoweit bestehenden Zweifeln die zur Feststellung des Lebensalters eines Ausländers „erforderlichen Maßnahmen zu treffen“ sind. Die Notwendigkeit der Altersbestimmung kann sich schließlich im **Strafrecht** ergeben, wo einerseits schuldunfähige („strafunmündige“) Kinder

1 Vgl. BT-Drs. 18/5921, 11.
2 Vgl. BT-Drs. 18/6289, 3.
3 Vgl. die unter https://www.bundestag.de/bundestag/ausschuesse18/a13/anhoerungen/stellungnahmen_inhalt_2015_10_12/390152 (11.1.2022) aufzurufenden Stellungnahmen.
4 Vgl. BT-Drs. 18/6392, 6, 20 f.
5 Vgl. dazu *Riedelsheimer*, in: Dieckhoff 2010, 71 (73).
6 So die Gesetzesbegründung, BT-Drs. 18/5921, 20.

von Jugendlichen, andererseits Jugendliche von Heranwachsenden und diese von Erwachsenen abzugrenzen sind (vgl. zu den strafrechtlichen Altersgrenzen § 19 StGB sowie § 1 Abs. 2 JGG). Dort fordert allerdings der „In dubio-Grundsatz" eine klare Entscheidungsmaxime: Im Zweifelsfall ist von der für die oder den Betroffenen günstigsten Möglichkeit auszugehen.[7]

Die Vorschrift des § 42f SGB VIII lässt eine Struktur des Verfahrens zur Altersfeststellung[8] erkennen, das gem. **Abs. 1** auf der ersten Stufe mit der Einsichtnahme in Ausweispapiere beginnt. Führt diese nicht zu einem Ergebnis, schließt sich daran die Einschätzung mittels einer qualifizierten Inaugenscheinnahme an. In „Zweifelsfällen" sieht **Abs. 2** eine ärztliche Untersuchung zur Altersbestimmung vor, die von Amts wegen oder auf Antrag der betroffenen Person oder ihres Vertreters vorzunehmen ist. 4

Abs. 3 schließt die aufschiebende Wirkung von Widerspruch und Klage gegen die Entscheidung des Jugendamts, aufgrund der Altersfeststellung nach § 42f SGB VIII die vorläufige Inobhutnahme nach § 42a SGB VIII oder die Inobhutnahme nach § 42 Absatz 1 Satz 1 Nummer 3 SGB VIII abzulehnen oder zu beenden, aus.

B. Einzelheiten

I. Absatz 1 – Altersfeststellung durch das Jugendamt

1. Abs. 1 Satz 1 – Einschätzung und Feststellung der Minderjährigkeit

Nach § 42f Abs. 1 Satz 1 SGB VIII hat das Jugendamt im Rahmen der vorläufigen Inobhutnahme einer ausländischen Person gem. § 42a SGB VIII deren **Minderjährigkeit** durch Einsichtnahme in deren Ausweispapiere **festzustellen** oder hilfsweise mittels einer „qualifizierten Inaugenscheinnahme **einzuschätzen und festzustellen**". Danach handelt es sich im Fall des ersten Halbsatzes um eine reine Feststellung, während im Fall des zweiten Absatzes der Feststellung eine Einschätzung vorauszugehen hat. 5

Damit ist das dreistufige Verfahren der Altersfeststellung – Einsichtnahme in Ausweispapiere / qualifizierte Inaugenscheinnahme / ärztliche Untersuchung nach Maßgabe von Abs. 2 – umrissen.

a) Einsichtnahme in Ausweispapiere

Es erscheint naheliegend, dass man sich primär vorliegender **Ausweispapiere** bedient, um das Alter einer Person festzustellen, da deren Zweck ja u.a. darin besteht, das Alter der Inhaber als Bestandteil der Identität zu belegen. Als Personaldokumente kommen neben dem **Reisepass** und **Personalausweis** alle Urkunden in Betracht, die Angaben über das Alter enthalten, also etwa **Geburts- oder sonstige Personenstandsurkunden**, Führerscheine oder sonstige behördliche Verfügungen oder Erlaubnisse. Die Rechtsprechung verlangt insoweit, dass die Urkunden, etwa durch ein Lichtbild, hinreichend verlässlich die Identität zwischen dem Inhaber des Ausweispapiers und der in dem Ausweis bezeichneten Person nachweisen.[9] Dokumente, die mangels Lichtbild oder vergleichbarer Identifikationsmerkmale nicht erkennen lassen, ob der Antragsteller diejenige Person ist, für die in dem Dokument ein 6

7 Vgl. dazu die Kommentierung zu § 52 SGB VIII Rn. 4c f.

8 Der Begriff der Altersfeststellung sieht sich der Kritik u.a. deshalb ausgesetzt, weil Feststellung des Alters mit den durch die Vorschrift zur Verfügung gestellten Mitteln nicht möglich sei, es sich deshalb allenfalls um eine für Zwecke des Inobhutnahmeverfahrens getroffene Festsetzung handeln könne. Ähnliches gilt für den in Abs. 2 gebrauchten Begriff der Altersbestimmung (vgl. dazu unten Rn. 15 ff.).

9 OVG Bremen, Beschl. v. 22.02.2016, 1 B 303/15, juris Rn. 12).

bestimmtes Geburtsdatum bezeugt wird, reichten als zweifelsfreier Beleg für die behauptete Minderjährigkeit nicht aus.[10]

Die Altersfeststellung mittels Einsichtnahme in Ausweispapiere scheidet naturgemäß aus, wenn die oder der Betroffene keine Ausweispapiere vorlegen kann. Auch wenn Zweifel daran bestehen, dass solche nicht vorhanden sind, darf die oder der Betroffene nicht dazu gezwungen werden, (mutmaßlich) vorhandene Dokumente vorzulegen. Auch Durchsuchungsbefugnisse, wie sie etwa § 48 Abs. 3 Satz 2 AufenthG vorsieht (Durchsuchung der Person oder ihrer Sachen), stehen dem Jugendamt nicht zu.

Eine **Altersfeststellung** mittels Ausweispapieren ist auch dann **unmöglich**, wenn nur Dokumente von zweifelhafter Beweiskraft vorhanden sind oder diese gar als Fälschungen angesehen werden.

Allerdings verbieten sich bei der Beurteilung solcher Papiere vorschnelle Urteile oder gar Bewertungs- und Beweisautomatismen. Ein sorgfaltsgemäßes Vorgehen setzt voraus, dass sich das Jugendamt hinreichende Sachkunde hinsichtlich der im Herkunftsstaat gültigen Personalpapiere sowie der Ausstellungsvorschriften und -praxis verschafft. Soweit erforderlich, kann auch eine Auskunft des Auswärtigen Amtes oder eines Sachverständigen eingeholt werden.

▶ *Die Einsichtnahme in sowie die Beurteilung ausländischer Urkunden gehören auf dem Feld des Asylrechts zum Alltag. Inzwischen verfügen deshalb die mit Asylsachen befassten Verwaltungsgerichte meistens über umfangreiche Dokumentationsstellen, die Auskünfte über ausländische Urkunden enthalten. Auch deren Expertise kann durch die Jugendämter in Anspruch genommen werden.*

6a Als **Erkenntnisquelle** für die Beurteilung der Echtheit eines ausländischen Personaldokuments **scheiden Auskünfte** der Botschaft oder von Konsulaten **des Herkunftsstaates** in Deutschland **aus**. Denn bei einer dahingehenden Anfrage müsste die Identität der betroffenen Person gegenüber der Auslandsvertretung offenbart werden. Wird aber der Auslandsvertretung und damit dem Herkunftsstaat der Aufenthalt in Deutschland bekannt, kann das nicht nur bei Geflüchteten zu einer Gefährdung der betroffenen Person selbst im Fall einer Rückkehr und/oder zur Gefährdung im Herkunftsstaat verbliebener Angehöriger führen. Hinzu kommt, dass Beweismittel, die unter Mitwirkung des Herkunftsstaates erlangt werden – und damit bei Geflüchteten des (potenziellen) Verfolgerstaates –, von so zweifelhafter Beweiskraft sind, dass ihre Verwertung ausscheidet.

Soweit Zweifel an der Echtheit eines Dokuments bestehen, ist die betroffene Person mit diesen zu konfrontieren und ihr Gelegenheit zur Stellungnahme und Aufklärung zu geben (vgl. dazu auch Abs. 1 Satz 2; unten bei Rn. 8 ff.).

b) Qualifizierte Inaugenscheinnahme

aa) Voraussetzungen und Essentialia

7 Das Gesetz enthält keine präzise Aussage darüber, unter welchen Voraussetzungen das Jugendamt „hilfsweise" die Minderjährigkeit der vorläufig in Obhut genommenen Person durch eine **qualifizierte Inaugenscheinnahme** einzuschätzen und festzustellen hat. Nach dem **Wortlaut** der Vorschrift kommt eine solche Inaugenscheinnahme nur in Frage, wenn eine Einsichtnahme in **Ausweispapiere** deshalb nicht möglich ist, weil solche **nicht vorlie-**

10 OVG Bremen, Beschl. v. 10.5.2019, 1_B_32_19, openjur.de; BayVGH, Beschl. v. 13.12.2016, 12 CE 16.2333, juris Rn. 37).

gen. Auf eine qualifizierte Inaugenscheinnahme oder eine andere Methode der Altersfestsetzung wird allerdings auch dann zurückgegriffen, wenn zwar Ausweispapiere vorliegen, diese aber als falsch und deshalb nicht beweiskräftig angesehen werden.

Sind **Ausweispapiere nicht vorhanden,** bleibt zunächst nur die **Selbstauskunft** der oder des Betroffenen. Ihr kommt – so Literatur und Rechtsprechung – besondere Bedeutung zu.[11] Die Praxis zeigt indes, dass auch die begriffliche Adelung nicht vor geringer Tragfähigkeit schützt. Bei auch nur geringsten Widersprüchen in der Selbstauskunft oder zwischen dieser und ggfs. früheren Angaben sind sowohl Jugendämter als auch Verwaltungsgerichte sehr schnell bereit, diese in Zweifel zu ziehen oder als bedeutungslos zu qualifizieren.[12]

Die **erste Altersangabe** der Betroffenen entfaltet dann **keine Bindungswirkung** i.S.d. **§ 33a SGB I**, wenn und solange sie nicht durch behördliche Feststellungen bestätigt wird.[13]

Eine **qualifizierte Inaugenscheinnahme** will der Gesetzgeber, wie sich aus der Beschlussempfehlung und dem Bericht des Bundestagsausschusses für Familie, Senioren, Frauen und Jugend ergibt, umfassend verstanden wissen. Das Jugendamt habe sich, so heißt es in der Beschlussempfehlung, bei der Altersfeststellung der Beweismittel zu bedienen, die es nach pflichtgemäßem Ermessen zur Ermittlung des Sachverhalts für erforderlich halte. Maßstab sei dabei das Kindeswohl bzw. das Wohl der betroffenen Person. Die Feststellungen müssen danach unter **Achtung der Menschenwürde** sowie der **körperlichen und seelischen Integrität** erfolgen. Dazu gehört zunächst, dass keinerlei Maßnahmen gegen den Willen der betroffenen Person vorgenommen werden dürfen. 8

Die **Essentialia einer qualifizierten Inaugenscheinnahme** hat das OVG NRW gleichsam in einer Handlungsanleitung wie folgt zusammengefasst: 8a

> „Eine qualifizierte Inaugenscheinnahme erstreckt sich zunächst auf das äußere Erscheinungsbild, das nach nachvollziehbaren Kriterien zu würdigen ist. Darüber hinaus schließt sie – unter Hinzuziehung eines Sprachmittlers – in jedem Fall eine Befragung des Betroffenen ein, in der dieser mit den Zweifeln an seiner eigenen Altersangabe zu konfrontieren und ihm Gelegenheit zu geben ist, diese Zweifel auszuräumen. Die im Gespräch gewonnenen Informationen zum Entwicklungsstand sind im Einzelnen zu bewerten. Maßgeblich ist der Gesamteindruck, der neben dem äußeren Erscheinungsbild insbesondere die Bewertung der im Gespräch gewonnenen Informationen zum Entwicklungsstand umfasst. Gegebenenfalls sind weitere Unterlagen beizuziehen. Das Verfahren ist stets nach dem Vier-Augen-Prinzip von mindestens zwei beruflich erfahrenen Mitarbeitern des Jugendamts durchzuführen. Das Ergebnis dieses Verfahrens ist in nachvollziehbarer und überprüfbarer Weise zu dokumentieren. Insbesondere muss die Gesamtwürdigung in ihren einzelnen Begründungsschritten transparent sein."[14]

Darüber hinaus kann zu einer qualifizierten Inaugenscheinnahme im Sinne der Vorschrift auch gehören, Auskünfte jeder Art einzuholen, Beteiligte anzuhören, Zeugen und Sachverständige zu vernehmen oder die schriftliche oder elektronische Äußerung von Beteiligten, Sachverständigen und Zeugen einzuholen sowie Dokumente, Urkunden und Akten beizuziehen.[15]

---

11 Vgl. Wiesner/Wapler/*Steinbüchel*, § 42f SGB VIII Rn. 5 („Primat der Selbstauskunft"); *Achterfeld*, JAmt 2019, 294 (295); BayVGH, B. v. 5.4.2017, 2 BV 17.185, openjur.de, Rn. 35.

12 Vgl. die Angaben in Fn. 11. Zu den weiteren Konsequenzen dieser Zweifel siehe unten Rn. 16 ff.

13 So mit ausführlicher Begründung OVG Hamburg, Beschl. v. 9.2.2011, 4 Bs 9/11, openJur Rn. 67 unter Heranziehung der Entstehungsgeschichte der Vorschrift.

14 Vgl. OVG NW, Beschl. v. 5.5.2020, 12 B 477/21, openjur.de, Rn. 45; Beschl. v. 9.6.2020, 12 B 638/20, openjur.de, Rn. 35 m.w.N.

15 BT-Drs. 18/6392, 20. *Kunkel*, ZFSH/SGB 2015, 638, hält das für datenschutzrechtlich unzulässig, soweit damit die Übermittlung von Daten an Ausländer- und Aufnahmebehörden verbunden ist. Vgl. zur qualifizierten Inaugenscheinnahme auch *Gonzalez Mendez de Vigo*, Asylmagazin 2019, 206 (210 f.).

bb) Anforderungen an die Fachkräfte des Jugendamtes

9 Sowohl die Durchführung als auch die Bewertung der Ergebnisse der qualifizierten Inaugenscheinnahme stellen an die Qualifikation (Wissen, Können und Haltung) sowie das Handeln der Fachkräfte des Jugendamtes **hohe Anforderungen**.[16] Die qualifizierte Inaugenscheinnahme ist grundsätzlich von zwei hinreichend qualifizierten Fachkräften („Vier-Augen-Prinzip") durchzuführen.

Das gilt zum einen hinsichtlich der rechtlichen Grundlage der Altersfeststellung und der Anforderungen, die durch die jeweils zuständigen (Ober-)Verwaltungsgerichte an deren Durchführung gestellt werden.

Das gilt jedoch in gleichem Maße für den Umgang mit den betroffenen Personen und deren besonderen sprachlichen, biografischen, soziokulturellen und psychosozialen Bedingungen.[17]

So ist bereits bei der Auswahl eines Dolmetschers oder einer Dolmetscherin darauf zu achten, dass diese über eine hohe sprachliche und soziale Kompetenz verfügen und eine störungsfreie Kommunikation mit der betroffenen Person möglich ist.[18] Darüber hinaus wird Gleichgeschlechtlichkeit des Dolmetschers oder der Dolmetscherin für unverzichtbar gehalten.[19]

Weiterhin wird zu Recht gefordert, dass Behörden ausreichendes Wissen über den soziokulturellen, ethnischen und religiösen Hintergrund und die psychische Situation von Flüchtlingen mitbringen und über eine ausreichende humanitäre Einstellung verfügen, die sie befähigt, sich auf die oft stark belastenden Inhalte ohne die Entwicklung einer Abwehr als Selbstschutz einzulassen.[20]

Nicht wenige der Betroffenen haben vor oder während ihrer Flucht **Traumatisierungen** erlitten. Dieser Umstand erfordert nicht nur einen besonders sorgsamen Umgang, sondern auch Kenntnisse darüber, wie sich Traumata auf die Aussagefähigkeit und das Aussageverhalten auswirken.

Zu fordern sind weiterhin Kenntnisse der Beweiswürdigung, etwa der Umgang mit widersprüchlichen Angaben und die daraus zu ziehenden Schlussfolgerungen hinsichtlich der Glaubwürdigkeit der betroffenen Person (vgl. dazu unten Rn. 16 ff.).[21]

10 § 42f Abs. 1 SGB VIII spricht in Satz 1 differenzierend davon, dass das Jugendamt die Minderjährigkeit „**einzuschätzen und festzustellen**" habe. Es kann also die Frage nicht offenlassen, sondern ist verpflichtet, in dieser Hinsicht eine abschließende Entscheidung zu treffen,

16 Vgl. dazu etwa Bundesfachverband Unbegleitete minderjährige Flüchtlinge e.V. (Hrsg.), Alterseinschätzung – – Rechtlicher Rahmen, fachliche Standards und Hinweise für die Praxis, auch online verfügbar unter https://b-umf.de/src/wp-content/uploads/2019/07/2019_07_arbeitshilfe_alterseinschaetzung.pdf (12.1.2022).

17 Die Problematik ist aus dem Bereich des Asylrechts bekannt. So hat dort das BVerfG verlangt zu berücksichtigen, dass „der Asylbewerber sich in einer ihm fremden Umgebung befindet, mit dem Ablauf des deutschen Asylverfahrens nicht vertraut und in aller Regel der deutschen Sprache nicht mächtig ist" (BVerfG, Beschl. v. 8.7.1996, 2 BvR 96/95, InfAuslR 1997, 87 (90). Diese Maßgaben lassen sich ohne Weiteres auf das Altersfeststellungsverfahren übertragen.

18 Dies gilt umso mehr, als nur die in deutscher Sprache gestellten Fragen und die bereits ins Deutsche übertragenen Antworten protokolliert/dokumentiert werden. Die Richtigkeit der Übersetzung kann dagegen von den Mitarbeiter_innen des Jugendamtes mangels sprachlicher Kompetenz nicht geprüft werden.

19 Vgl. *Gallhofer*, djbZ 2010, 186 (188), online verfügbar unter https://www.nomos-elibrary.de/10.5771/1866-377X-2010-4-186/trauma-und-glaubwuerdigkeit-bei-der-begutachtung-im-asylverfahren-jahrgang-13-2010-heft-4?page=0 (11.3.2022).

20 Vgl. *Gallhofer*, djbZ 2010, 186 (188).

21 So hat das VG Gera, Beschl. v. 23.8.2021, 6 E 859/21 Ge, JAmt 2022, 47 (48) erneut darauf hinweisen müssen, dass widersprüchliche Angaben der betroffenen Person keineswegs, wie es das Jugendamt angenommen hatte, dazu führen dürfen, von ihrer Volljährigkeit auszugehen.

da die Minderjährigkeit Tatbestandsvoraussetzung sowohl für die vorläufige wie die endgültige Inobhutnahme ist.[22]

2. Abs. 1 Satz 2 – Beteiligung der betroffenen Person

Abs. 1 Satz 2 erklärt die §§ 8 Abs. 1 und 42 Abs. 2 Satz 2 SGB VIII für entsprechend anwendbar. 11

Nach **§ 8 Abs. 1 SGB VIII** sind Kinder und Jugendliche entsprechend ihrem Entwicklungsstand an allen sie betreffenden Entscheidungen **zu beteiligen**. Das bedeutet, die betroffene Person in das Verfahren einzubeziehen und umfassend über die Altersfeststellung und deren Bedeutung aufzuklären. Dabei ist ein **Dolmetscher oder eine Dolmetscherin** für die Sprache, in der sich der oder die Betroffene verständigt, **heranzuziehen**.

Aufzuklären und zu **belehren** ist insbesondere,

- über das Verfahren der Altersfeststellung im Allgemeinen und deren Bedeutung für die Betroffenen,
- über die ihnen in diesem Verfahren zustehenden Rechte, insbesondere das gem. § 8 Abs. 1 Satz 2 SGB VIII bestehende Recht der oder des Jugendlichen, eine Person ihres/seines Vertrauens zu benachrichtigen,
- darüber, dass eine ärztliche Untersuchung nur mit ihrer Einwilligung und der ihres Vertreters zulässig ist,
- darüber, dass bestimmte Untersuchungsmethoden unzulässig sind,
- über die möglichen Folgen einer Weigerung, sich dem Verfahren und ggfs. einer ärztlichen Untersuchung zu unterziehen,
- über die Rechte, die der betroffenen Person gem. § 42f Abs. 3 SGB VIII im Fall einer für sie negativen Entscheidung des Jugendamts zustehen.

Aufgrund des Verweises auf den entsprechend anwendbaren § 42 Abs. 2 Satz 2 SGB VIII ist der oder dem Jugendlichen[23] unverzüglich **Gelegenheit** zu geben, eine Person ihres/seines Vertrauens zu benachrichtigen. Die Möglichkeit, eine Vertrauensperson hinzuzuziehen, dient der Wahrung der Beteiligungsrechte des Betreffenden unter besonderer Beachtung des Kindeswohls. Die effektive Durchsetzung dieses Rechts verlangt, dass die Betroffenen durch das Jugendamt bereits vor der qualifizierten Inaugenscheinnahme so rechtzeitig über die Möglichkeit, eine Vertrauensperson zu benachrichtigen, informiert werden, dass es ihnen möglich ist, die Vertrauensperson noch im Vorfeld der Inaugenscheinnahme zu benennen und zu kontaktieren. Dieser muss die Anwesenheit bei der qualifizierten Inaugenscheinnahme grundsätzlich gestattet werden.[24] 12

Ist der oder die Jugendliche nicht darüber belehrt worden, eine Person des Vertrauens zu benachrichtigen, handelt es sich um einen **Verfahrensfehler**, über dessen Relevanz für die Rechtmäßigkeit der Altersfeststellung damit indes noch nicht entschieden ist.

Das *OVG Bremen* hält diesen Fehler gem. § 42 Abs. 1 SGB X nur dann für erheblich, wenn **offensichtlich** ist, dass die Verletzung des Verfahrensrechts die Entscheidung in der Sache beeinflusst hat.[25] Es wird also ein hypothetischer Kausalzusammenhang zwischen der nicht

22 Vgl. BVerwG, Urt. v. 26.4.2018, 5 C 11.17, bundesverwaltungsgericht.de, Rn. 30.
23 Da die Fragen und Probleme der Altersfeststellung und -festsetzung allenfalls in Ausnahmefällen Kinder, also gem. § 7 Abs. 1 Nr. 1 SGB VIII Personen, die noch nicht 14 Jahre alt sind, betreffen werden, weil die Trennlinie entlang der Vollendung des 18. Lebensjahres verläuft, werden im Folgenden nur noch Jugendliche als Betroffene benannt.
24 So zutreffend OVG Bremen, Beschl. v. 22.6.2021, 2 B 266/21, online abrufbar unter https://www.oberverwaltungsgericht.bremen.de.
25 OVG Bremen, Beschl. v. 22.6.2021, 2 B 266/21, a.a.O.

erfolgten Belehrung und der getroffenen Entscheidung geprüft. **Entscheidungserheblichkeit** kann der unterbliebenen Belehrung danach nur dann zukommen, **wenn die konkrete Möglichkeit** besteht, dass die angefochtene Entscheidung ohne den Verfahrensmangel **anders ausgefallen wäre**.[26] Dabei gibt das Gericht Hinweise, was insoweit vorzubringen ist: Es genügt nicht der Hinweis darauf, dass die oder der Jugendliche sich bei Anwesenheit einer Vertrauensperson „anders verhalten" hätte. **Darzulegen** ist vielmehr, welche Angaben sie oder er bei deren Anwesenheit so nicht oder anders gemacht oder unterlassen oder an welcher Stelle sie oder er sich anders verhalten hätte.[27]

13 ▶ *Eine qualifizierte Beratung Betroffener setzt immer die Kenntnis der Biografie, der Verfahrensgeschichte und früherer Entscheidungen, seien es solche deutscher oder ausländischer Behörden, die in den Akten des Jugendamtes enthalten sind, voraus. Es ist deshalb dringend anzuraten, bereits vor einer qualifizierten Inaugenscheinnahme i.S.d. § 42f Abs. 1 Satz 1 SGB VIII Akteneinsicht in die Akten des Jugendamtes zu beantragen. Gem. § 25 SGB X besteht ein Anspruch auf Akteneinsicht.*

Vorstehendes ist umso wichtiger, als die Betroffenen die Festschreibung von ihnen getätigter früherer – sich mitunter völlig widersprechender – Angaben in den Akten verschiedener Behörden nicht erfassen oder deren Dauerhaftigkeit völlig unterschätzen.

14 Die betroffene Person zu **beteiligen**, schließt endlich auch ein, sie zu den beabsichtigten Maßnahmen **anzuhören** und ihr Gelegenheit zu geben, Tatsachen und Beweismittel anzugeben, etwa Zeugen zu benennen, die für die Altersfeststellung erheblich sein können. Beabsichtigt das Jugendamt, die vorläufige Inobhutnahme zu beenden, ist die oder der Betroffene gem. § 24 Abs. 1 SGB X **anzuhören**, da diese Entscheidung in deren Rechte eingreift. Eine unterbliebene und nicht wirksam nachgeholte Anhörung (vgl. zur Nachholung § 41 Abs. 1 Nr. 3, Abs. 2 SGB X) macht den Verwaltungsakt gem. § 42 Satz 2 SGB X unabhängig davon rechtswidrig, ob die Unterlassung die Entscheidung in der Sache beeinflusst hat oder nicht.[28]

II. Absatz 2 – Verfahren in Zweifelsfällen

1. Abs. 2 Satz 1 – Ärztliche Untersuchung

15 Absatz 2 Satz 1 verpflichtet das Jugendamt „in **Zweifelsfällen**" eine **ärztliche Untersuchung** zur **Altersbestimmung** zu veranlassen. Sowohl zur Frage, wann von einem Zweifelsfall i.S.d. Vorschrift auszugehen ist, als auch mit Blick auf Zulässigkeit, Umfang, Metho-

---

26 Genauer müsste hier zwischen zwei möglichen Verfahrensfehlern differenziert werden, nämlich der unterbliebenen Belehrung über das Bestehen bestimmter Verfahrensrechte (§ 8 Abs. 1 Satz 2 SGB VIII, hier: Recht zur Benachrichtigung einer Vertrauensperson) sowie der fehlenden Gelegenheit zur Benachrichtigung der Vertrauensperson (§ 42 Abs. 2 Satz 2 SGB VIII). Denkbar ist auch eine Konstellation, in der die oder der Jugendliche zwar über die Möglichkeit der Benachrichtigung belehrt wurde, aber die reale Möglichkeit zur Benachrichtigung nicht bestanden hat.

27 Der pauschale Hinweis, bei Anwesenheit einer Vertrauensperson wäre die Inaugenscheinnahme o.ä. „anders verlaufen" genügt danach also erst recht nicht.

28 OVG Bremen, Beschl. v. 22.6.2021, 2 B 266/21, a.a.O., 12, unterscheidet zwischen der qualifizierten Inaugenscheinnahme unter Beteiligung der Betroffenen nach § 42f Abs. 1 SGB VIII und der Anhörung. Auch wenn beide in der Praxis in der Regel örtlich und zeitlich zusammenfielen, weil die qualifizierte Inaugenscheinnahme eine Befragung des Betroffenen einschließe, in der ihm Gelegenheit zu geben sei, bestehende Zweifel auszuräumen, handele es sich bei Anhörung und qualifizierter Inaugenscheinnahme rechtlich betrachtet um zwei unterschiedliche Verfahrenshandlungen. Werde gegen die Vorschriften über die Inaugenscheinnahme verstoßen, sei zwar die qualifizierte Inaugenscheinnahme fehlerhaft, nicht jedoch die zeitgleich durchgeführte Anhörung im Sinne des § 24 SGB X. Daher liege kein Fall des § 42 Satz 2 SGB X vor.

den und Validität der ärztlichen Untersuchung hat sich eine umfangreiche Kasuistik herausgebildet, zumal auch in der Medizin insoweit keine Einigkeit herrscht. Soweit *Kirchhoff*[29] den Begriff der Altersbestimmung kritisiert, weil es nicht darum gehe und auch nicht gehen könne, das Alter der betroffenen Person zu bestimmen, ist der Kritik zunächst zuzustimmen. Allerdings ist Abs. 2 im systematischen Zusammenhang mit Abs. 1 zu sehen, der ausschließlich davon spricht, die „Minderjährigkeit" der ausländischen Person festzustellen. Auch die nach Einsichtnahme in Ausweispapiere und qualifizierter Inaugenscheinnahme dritte Stufe, die ärztliche Untersuchung, dient ausschließlich diesem Zweck. Es geht also nur um die Feststellung eines **Mindestalters**.

a) Voraussetzungen

aa) Vorliegen eines Zweifelsfalls

Ob in diesem Sinne ein **Zweifelsfall** vorliegt, ist zunächst durch das Jugendamt zu beurteilen und zu entscheiden. Zwar betont die Rechtsprechung völlig zu Recht, dass das Vorliegen eines Zweifelsfalls als unbestimmter Rechtsbegriff ohne Beurteilungsspielraum umfassender **verwaltungsgerichtlicher Kontrolle** unterliege. Eine Einschätzungsprärogative oder ein Beurteilungsspielraum des Jugendamts bestehe nicht.[30] Das bedeutet aber nicht, dass bereits vor einer abschließenden Entscheidung des Jugendamts über die vorläufige Inobhutnahme der oder des Betroffenen eine verwaltungsgerichtliche Prüfung stattfindet, ob ein Zweifelsfall vorliegt. Vielmehr ist damit nur gesagt, dass das Gericht nicht an eine Einschätzung des Jugendamts gebunden ist und ihm deren Überprüfung nicht versagt ist. Bei der **Entscheidung des Jugendamts**, eine **ärztliche Untersuchung** zu veranlassen, handelt es sich vielmehr um eine **behördliche Verfahrenshandlung** die gem. § 44a VwGO, die nur zusammen mit der abschließenden Sachentscheidung gerichtlich angefochten werden kann. 16

Ob es aber zu dieser „umfassenden verwaltungsgerichtlichen Kontrolle" überhaupt kommt, entscheiden – und darin liegen die Pointe und zugleich die Grenze des verwaltungsgerichtlichen Rechtsschutzes – weder das Jugendamt noch das Verwaltungsgericht. Ob es zu einer Überprüfung der objektiven Rechtmäßigkeit einer Verwaltungsentscheidung kommt, das folgt aus Art. 19 Abs. 4 GG, entscheidet vielmehr ausschließlich die Person, die sich dadurch in Rechten verletzt sieht.

Verneint also das Jugendamt nach Einsichtnahme in Ausweispapiere und einer qualifizierten Inaugenscheinnahme das Vorliegen eines Zweifelsfalls, weil es von der Minderjährigkeit der betroffenen Person überzeugt ist, und veranlasst deshalb keine ärztliche Untersuchung, sondern ordnet die vorläufige Inobhutnahme an, wird es mit großer Wahrscheinlichkeit zu einer gerichtlichen Überprüfung nicht kommen, weil die Inobhutnahme in der Regel dem Interesse und Begehren der oder des Betroffenen entspricht.

Zu einer gerichtlichen Überprüfung und damit zu gerichtlichen Aussagen über das Vorliegen eines Zweifelsfalls und die notwendige Durchführung einer ärztlichen Untersuchung kommt es also in Konstellationen, in denen das Jugendamt ohne eine ärztliche Untersuchung die vorläufige Inobhutnahme abgelehnt oder beendet hat.

Ein **Zweifelsfall** kann nur dann vorliegen, wenn weder Ausweispapiere noch die qualifizierte Inaugenscheinnahme zu einer eindeutigen Altersbestimmung geführt haben. Derartige Zweifel bestehen nach der Rechtsprechung des BayVGH immer dann, wenn nicht mit Sicherheit ausgeschlossen werden kann, dass ein fachärztliches Gutachten zu dem Ergebnis 17

29 JurisPK-SGB VIII, § 42f Rn. 36.

30 OVG NRW, Beschl. v. 5.5.2021, 12 B 477/21, JAmt 2021, 535 = EJ 2022, 38 (42) m. Anm. *Möller*; Bay. VGH, Beschl. v. 16.8.2016, 12 CS 16.1550, NVwZ-RR 2017, 238, und v. 5.4.2017, 12 BV 17.185, juris, Rn. 34; jurisPK-SGB VIII/*Kirchhoff*, § 42f SGB VIII, Rn. 39., jeweils m.w.N., allgemeine Auffassung.

der Minderjährigkeit kommen wird. Im Hinblick auf die im Jugendhilfeverfahren entsprechend anwendbare Regelung des Art. 25 Abs. 5 Unterabs. 1 Satz 2 RL 2013/32/EU sei bezüglich des Alters eines Antragstellers zwingend davon auszugehen, dass dieser noch minderjährig ist, solange entsprechende Zweifel nicht ausgeräumt werden könnten und deshalb weiter fortbestünden.[31]

Da eine exakte Bestimmung des Lebensalters weder auf medizinischem, psychologischem, pädagogischem oder anderem Wege möglich sei, alle bekannten Verfahren allenfalls Näherungswerte liefern könnten, manche medizinischen Untersuchungsmethoden zum Teil eine Schwankungsbreite von bis zu fünf Jahren aufwiesen und allgemein von einem so genannten „Graubereich" von ca. ein bis zwei Jahren (über der gesetzlichen Altersgrenze von 18 Jahren) auszugehen sei, könne eine qualifizierte Inaugenscheinnahme durch Mitarbeiter eines Jugendamts gemäß § 42 f Abs. 1 Satz 2 2. Alt. SGB VIII allenfalls dann als zur Altersfeststellung geeignet angesehen werden, wenn es darum gehe, für jedermann ohne Weiteres erkennbare (offensichtliche), gleichsam auf der Hand liegende, über jeden vernünftigen Zweifel erhabene Fälle eindeutiger Volljährigkeit auszuscheiden, in welchen ein Sich-Berufen des Betroffenen auf den Status der Minderjährigkeit selbst vor dem Hintergrund möglicher eigener Unkenntnis vom genauen Geburtsdatum als evident rechtsmissbräuchlich erscheinen müsse.

18 In allen anderen Fällen sei hingegen vom Vorliegen eines **Zweifelsfalls** auszugehen, der entweder auf Antrag des Betroffenen bzw. seines gesetzlichen Vertreters oder aber von Amts wegen durch das Jugendamt zur Veranlassung einer ärztlichen Untersuchung gemäß § 42f Abs. 2 Satz 1 SGB VIII zwinge.

Letzteres gelte namentlich im „Graubereich" von rund ein bis zwei Jahren (über der gesetzlichen Altersgrenze von 18 Jahren). Mindestens in diesem Grenzbereich sei mit Blick auf die in Art. 25 Abs. 5 Unterabs. 1 Satz 2 RL 2013/32/EU enthaltene Zweifelsregel („im Zweifel pro Minderjährigkeit") vom Vorliegen eines Anwendungsfalls des § 42f Abs. 2 Satz 1 SGB VIII auszugehen. Angesichts der erheblichen Schwankungsbreiten medizinischer Untersuchungsmethoden von bis zu fünf Jahren bedürfe es darüber hinaus eines „Sicherheitszuschlages" von weiteren zwei bis drei Jahren, um dem Kindeswohl angemessen Rechnung zu tragen und jeder vermeidbaren Fehlbeurteilung entgegenzuwirken.[32]

Danach kann, wie *Kirchhoff*[33] zutreffend feststellt, das Vorliegen eines Zweifelsfalls nur noch dann verneint werden,

- wenn die Volljährigkeit derart offensichtlich ist, dass niemand bei näherer Befassung mit der Person überhaupt deren Minderjährigkeit in Erwägung ziehen kann,
- nach Alterseinschätzung nach Abs. 1 die betroffene Person einräumt, volljährig zu sein, oder auch das Jugendamt von der Minderjährigkeit ausgeht.

31 So BayVGH, Beschl. v. 18.08.2016, 12 CE 16.1570, ZKJ 2016, 425; BayVGH, Beschl. v. 5.4.2017, 12 BV 17.185, juris; ebenso OVG NRW, Beschl. v. 5.5.2021, 12 B 477/21, juris, Rn. 32, JAmt 2021, 535. Vgl. zur Problematik auch OVG NRW, Beschl. v. 13.11.2015, 12 A 1761/14, JAmt 2016, 214 f.; OVG Bremen, 18.11.2015, 2 B 221/15, 2 PA 223/15, juris; OVG Koblenz, Urt. v. 3.3.2016, 7 A 10607/15, JAmt 2016, 216 ff. = EJ 1/2016. Aus der Rechtsprechung vor Inkrafttreten des UMG vgl. VG Berlin, Beschl. v. 19.2.2009, 35 A 314.08, juris: Eine Altersfestsetzung aufgrund des äußeren Erscheinungsbildes und eines Gesamteindrucks ist nicht zulässig. Diese vermögen eine Altersangabe allenfalls zu erschüttern und machen weitere Ermittlungen notwendig. BGH, Beschl. v. 12.2.2015, V ZB 185/14, JAmt 2015, 395: Eine Altersfeststellung „aufgrund des in der Anhörung gewonnenen persönlichen Eindrucks" ist nicht ausreichend; BGH, Beschl. v. 29.8.2010, V ZB 233/10, NVwZ 2011, 320 Rn. 11: Im Zweifelsfall ist von Minderjährigkeit auszugehen.

32 BayVGH, Beschl. v. 18.08.2016, 12 CE 16.1570, juris, Rn. 39 ff., ZKJ 2016, 425; BayVGH; Beschl. v. 5.4.2017, 12 BV 17.185, juris.

33 JurisPK-SGB VIII, § 42f Rn. 41.

Diese Rechtsprechung stößt auf Kritik. *Kepert/Dexheimer* lehnen sie ab, weil die letztlich zugrunde liegende Anwendbarkeit Art. 25 Abs. 5 Unterabs. 1 Satz 2 RL 2013/32/EU zu Unrecht bejaht werde und danach kaum Anwendungsfälle denkbar seien, in denen ein Zweifelsfall zu verneinen sei. Ein Zweifelsfall liege vielmehr erst dann vor, wenn die zur Verfügung stehenden Erkenntnismittel nicht für eine sichere Überzeugungsbildung hinsichtlich des Alters ausreichten.[34] 19

Zum selben Ergebnis, wenn auch mit anderer Begründung, kommen *Achterfeld* und *González Méndez de Vigo*: Der Gesetzgeber habe ausdrücklich festgelegt, dass auch psychosoziale und sozialpädagogische Aspekte in die Bewertung des Alters einfließen sollten.[35] Die kritisierte Auffassung missachte „die vom Gesetzgeber mitgedachte unterschiedliche Qualität der Erkenntniswerte einer qualifizierten Inaugenscheinnahme durch nicht medizinisch geschulte Fachkräfte und einer von Ärztinnen oder Ärzten durchgeführten Untersuchung". Der Gesetzgeber habe zudem der qualifizierten Inaugenscheinnahme sowie den in diesem Kontext zu berücksichtigenden psychosozialen und sozialpädagogischen Faktoren explizit eine vorrangige Bedeutung gegenüber der medizinischen Untersuchung eingeräumt.[36] Von einem Zweifelsfall sei erst auszugehen, wenn die den Fachkräften des Jugendamtes vorliegenden Erkenntnismittel nicht für eine sichere Überzeugungsbildung hinsichtlich des Alters ausreichten und Zweifel nicht ausgeräumt werden könnten.[37]

Die beiden letztgenannten Auffassungen sind ersichtlich darum bemüht, den sozialpädagogischen **Entscheidungsprimat des Jugendamts zu betonen** und gegenüber Ingerenz aus der Medizin **zu verteidigen**. Denn mit dem Vorliegen eines Zweifelsfalls ist das Jugendamt, sofern die betroffene Person oder deren Vertreter keinen dahin gehenden Antrag stellt, verpflichtet, von Amts wegen eine ärztliche Untersuchung zu veranlassen und damit die Entscheidung über die Minderjährigkeit gleichsam aus der Hand zu geben und in die der Medizin zu legen. 20

Zuzugeben ist dieser Auffassung, dass § 42f Abs. 1 und 2 SGB VIII ein gestuftes Verfahren vorsieht, bei dem zunächst eine qualifizierte Inaugenscheinnahme durchzuführen und erst in Zweifelsfällen eine ärztliche Untersuchung zu veranlassen ist. Über ein quantitatives Verhältnis dieser beiden Verfahrensstufen zueinander ist damit allerdings noch nichts gesagt.

Für einen Primat einer psycho-sozial fundierten Altersbestimmung spricht auch deren Zweck. Dieser besteht nicht darin, ein bestimmtes abstraktes Alter festzusetzen, sondern denjenigen jungen Menschen die erforderliche Unterstützung und den ihnen gebührenden Schutz zukommen zu lassen, die ihrer bedürfen. 21

Kritisch wird gegen eine alleinige Altersbegutachtung durch sozialpädagogische Maßnahmen eingewandt, dass dann zumindest bei überlasteten Jugendämtern die Gefahr bestehe, dass sie häufiger von der Volljährigkeit des begutachteten jungen Menschen ausgehen, um ihrer eigenen Überlastung entgegenzuwirken. Die medizinische Untersuchung dürfe dem jungen Menschen nicht genommen werden, weil sie dessen letzte Chance sei, seine Minderjährigkeit zu beweisen, wenn das Jugendamt von der Volljährigkeit des Betroffenen ausgeht.

Damit ist nicht nur die ökonomisierte Basis sozialarbeiterisch basierter Beurteilung angesprochen. Die in den einschlägigen gerichtlichen Entscheidungen wiedergegebenen Bewertungen und Stellungnahmen der beteiligten Jugendämter stehen häufig nicht nur im Wider-

34 Vgl. LPK-SGB VIII/*Kepert/Dexheimer*, § 42f Rn. 5 unter Berufung auf die Rechtsprechung vornehmlich des OVG Bremen, z.B. Beschl. v. 4.6.2018, 1 B 53/18juris, online abrufbar unter https://www.oberverwaltungsgericht.bremen.de; Beschl. v. 22.2.2016, 1 B 303/15, Asylmagazin 2016, 143 f., online abrufbar unter https://www.asyl.net/rsdb/M23742, sowie des OVG Bln-Bbg, vom 1.4.2016, 6 S 7.16, OVG 6 M 20.16, juris.

35 So *Achterfeld*, JAmt 2019, 294 (297).

36 So *González Méndez de Vigo, Asylmagazin 2019, 206 (211).*

37 *Achterfeld*, JAmt 2019, 294 (297); *González Méndez de Vigo, Asylmagazin 2019, 2206 (211).*

spruch zu basalen Erkenntnissen der Beweiswürdigung, sondern widersprechen den professionstheoretischen Ansprüchen („Menschenrechtsprofession") in eklatanter Weise.[38]

bb) „Widersprüchliche" oder „nicht schlüssige" Selbstauskunft

22 Keine Einigkeit besteht hinsichtlich der Folgen, die Angaben der betroffenen Person zeitigen, die vom Jugendamt als „widersprüchlich", „unschlüssig", oder „inkonsistent" betrachtet werden.

Eine eindeutige Position vertritt in ständiger Rechtsprechung der *BayVGH*. Soweit diese Angaben Zweifeln begegneten, sei eine Alterseinschätzung und -feststellung in Form einer qualifizierten Inaugenscheinnahme, bei fortdauernden Zweifeln eine ärztliche Untersuchung zu veranlassen. Das gelte auch für unterschiedliche Altersangaben, die unterschiedlichste Gründe (Unkenntnis, bisherige Irrelevanz, Verwechslung) haben können und deshalb nicht geeignet seien, die Unglaubwürdigkeit der betroffenen Person zu begründen.[39]

Andere Oberverwaltungsgerichte haben entschieden, dass „pauschale Behauptungen und Ungereimtheiten" in Verbindung mit dem äußeren Erscheinungsbild dazu führen könnten, dass der betroffenen Person die Altersangabe nicht „abgenommen werden" könne.[40]

cc) Zweifelsfall nur nach Auffassung der betroffenen Person oder ihres Vertreters

23 Die vorstehenden Überlegungen gehen davon aus, dass das Jugendamt einen Zweifelsfall annimmt. Denkbar und nicht fernliegend ist aber auch eine **Konstellation**, in der das Jugendamt keinerlei Zweifel an der Volljährigkeit der betroffenen Person hegt, die oder der **Betroffene** aber eine **ärztliche Untersuchung durchsetzen möchte**. Das kann sie oder ihr Vertreter nach dem Wortlaut von Abs. 2 Satz 1 nur *in Zweifelsfällen*.[41] Hier ist allerdings eine teleologische Reduktion dahin vorzunehmen, dass die von Amts wegen bestehende Verpflichtung, eine ärztliche Untersuchung zu veranlassen, nur dann eintritt, wenn das Jugendamt das Vorliegen eines Zweifelsfalls bejaht. Die **betroffene Person und ihr Vertreter** können dagegen **jederzeit** und unabhängig von der Einschätzung des Jugendamtes eine solche Untersuchung **beantragen**. Andernfalls könnte dieses Antragsrecht jederzeit unterlaufen werden, indem das Jugendamt das Vorliegen eines Zweifelsfalls verneint.

b) Rechtsfolge: Ärztliche Untersuchung zur Altersbestimmung

aa) Allgemeines

24 Haben die Maßnahmen nach Abs. 1 – Einsichtnahme in die Ausweispapiere, qualifizierte Inaugenscheinnahme – zu keinem verlässlichen Ergebnis geführt, liegt mithin ein Zweifelsfall vor, hat das Jugendamt eine ärztliche Untersuchung zur Altersbestimmung zu veranlassen.

Die ärztliche Untersuchung kann durch einen **Antrag der betroffenen Person** oder ihres **Vertreters** oder **von Amts wegen** veranlasst werden. Sie ist nach der Gesetzesbegründung „mit den schonendsten und soweit möglich zuverlässigsten Methoden von qualifizierten

---

38 Vgl. etwa den der Entscheidung des VG Gera, Beschl. v. 23.8.2021, 6 E 859/21 Ge, JAmt 2022, 47 ff., zugrunde liegenden Sachverhalt, wo das Jugendamt aus der fehlenden Mitwirkung zur Beibringung von Ausweispapieren (!) auf die Volljährigkeit des Antragstellers geschlossen hatte.

39 Vgl. nur BayVGH, Beschl. v. 5.4.2017, 12 BV 17.185, juris; VG Gera, Beschl. v. 23.8.2021, 6 E 859/21 Ge, JAmt 2022, 47 (48).

40 Vgl. OVG Berlin-Brandenburg, Beschl. v. 8.1.2018, OVG 6 S 40.17, juris; OVG Bremen, Beschl. v. 5.1.2018, 1 B 242/17, juris; OVG Nds. Beschl. v. 22.3.2017, 4 ME 83/17, juris.

41 Ebenso LPK-SGB VIII/*Kepert/Dexheimer*, § 42f Rn. 5. Andernfalls müsste die Vorschrift lauten: „Auf Antrag des Betroffenen oder seines Vertreters oder in Zweifelsfällen von Amts wegen hat das Jugendamt eine ärztliche Untersuchung zur Altersbestimmung zu veranlassen."

medizinischen Fachkräften durchzuführen", was beispielsweise Genitaluntersuchungen ausschließe.[42]

Die **ärztliche Untersuchung** steht wie alle Maßnahmen im Rahmen der vorläufigen Inobhutnahme unter dem Vorbehalt der Nichtbeeinträchtigung des vorrangig zu berücksichtigenden Kindeswohls, wie es Art. 3 Abs. 1 UN-KRK fordert, dem Rechnung zu tragen ist, da es sich bei den betroffenen Personen **zumindest potenziell um Kinder** i.S.d. Abkommens handelt. Dies schließt ein, der besonderen Vulnerabilität der Betroffenen Rechnung zu tragen und zu berücksichtigen, dass körperliche Untersuchungen von nicht in Europa sozialisierten jungen Menschen möglicherweise als sehr viel massiverer Eingriff in Integrität und Intimsphäre wahrgenommen werden. In jedem Fall ist die Untersuchung von einer **Ärztin oder einem Arzt gleichen Geschlechts** wie das der oder des Betroffenen vorzunehmen.

bb) Ärztliche Untersuchungsmethoden

Keine Vorgaben enthält das Gesetz hinsichtlich der bei der Untersuchung anzuwendenden Methoden.[43] 25

In den „Empfehlungen für die Altersdiagnostik bei Jugendlichen und jungen Erwachsenen außerhalb des Strafverfahrens" der Arbeitsgemeinschaft für Forensische Altersdiagnostik der Deutschen Gesellschaft für Rechtsmedizin[44] (AGFAD) heißt es dazu:

> „Da es keine gesetzlichen Normen gibt, empfiehlt die Arbeitsgemeinschaft verbindliche Vorgaben über die anzuwendenden Methoden und deren konkrete Umsetzung als Standard:
>
> – eine körperliche Untersuchung mit Erfassung anthropometrischer Maße (Körperhöhe und -gewicht, Körperbautyp), der sexuellen Reifezeichen[45] sowie möglicher altersrelevanter Entwicklungsstörungen,
>
> – die zahnärztliche Untersuchung mit Erhebung des Zahnstatus und Gebißbefundes, wobei die Anfertigung von Röntgenaufnahmen nicht zulässig ist.
>
> Radiologische Untersuchungsbefunde der Zähne oder des Handskeletts oder weitere radiologische Merkmale der individuellen Reifung dürfen aufgrund der rechtlichen Gegebenheiten nur herangezogen werden, wenn identitätsgesicherte Aufnahmen mit bekanntem Entstehungszeitpunkt bereits vorliegen (…).
>
> Bildgebende Verfahren ohne ionisierende Strahlung wie Magnetresonanztomographie- oder Ultraschall-Untersuchungen des Handskeletts und / oder der Schlüsselbeinepiphysenfugen können aus rechtlicher Sicht angewandt werden, soweit diese Verfahren ihre Zuverlässigkeit erwiesen haben und sie für diese Fragestellung evaluiert sind."

Die **Altersdiagnostik** auch nach Maßgabe der Empfehlungen der AGFAD war und ist der Kritik ausgesetzt.[46] So hat die Zentrale Ethikkommission bei der Bundesärztekammer sich 26

---

42 BT-Drs. 18/6392, 21.

43 Einen sehr guten Überblick über die juristischen und medizinischen Probleme der Altersdiagnostik gibt *Neundorf*, ZAR 2018, 238 ff.; zu den Untersuchungsmethoden insbesondere 243 ff., online verfügbar unter https://www.zar.nomos.de/fileadmin/zar/doc/Aufsatz_ZAR_18_07.pdf (11.3.2022).

44 Online verfügbar unter https://www.dgrm.de/fileadmin/PDF/AG_FAD/empfehlungen_au%C3%9Ferhalb_strafverfahren.pdf (11.3.2022).

45 An dieser Stelle enthalten die Empfehlungen folgende Fußnote: „Hinweis: Bei medizinischen Altersfeststellungen im Auftrag von Jugendämtern auf der Grundlage von § 42 f SGB VIII ist eine Genitalinspektion nicht zulässig." Dieser Aussage ist inhaltlich ohne jeden Vorbehalt zuzustimmen. Sie findet sich im Übrigen in nahezu jeder literarischen Äußerung zu den zulässigen ärztlichen Untersuchungsmethoden wieder (vgl. etwa *Achterfeld*, JAmt 2019, 294 [297]); *González Méndez de Vigo*, Asylmagazin 2019, 206 [213]. Interessant ist die Genese dieser bereits quasi-normativen Aussage. Sie geht auf eine begründungslose Feststellung des zuständigen Bundestagsausschusses zurück, auf dessen Empfehlung § 42f SGB VIII in das Gesetz aufgenommen wurde.

46 Vgl. dazu im Einzelnen *Neundorf*, ZAR 2018, 238 (245), online verfügbar unter https://www.zar.nomos.de/fileadmin/zar/doc/Aufsatz_ZAR_18_07.pdf (11.3.2022); jurisPK-SGB VIII/*Kirchhoff*, § 42f Rn. 46 ff., jeweils m.w.N.

ablehnend zu den von der AGFAD empfohlenen Untersuchungen geäußert und insbesondere empfohlen, auf Röntgenuntersuchungen zu verzichten. Der Deutsche Ärztetag hat in wiederholten Beschlüssen seit 2007 sowohl die Röntgenuntersuchung der Knochen als auch die Computertomographie als zur Altersdiagnostik medizinisch nicht vertretbar bezeichnet. Zentrale Kritikpunkte sind insbesondere

- die fehlende Zuverlässigkeit der getroffenen Altersfeststellungen, insbesondere radiologischer Untersuchungen des Skeletts,[47]
- die mangelnde Berücksichtigung und der nicht abschließend geklärte Einfluss ethnischer Zugehörigkeiten,
- ein Verstoß gegen das Kindeswohlprinzip nach Art. 3 UN-KRK sowie
- die Unzulässigkeit medizinisch nicht indizierter radiologischer Untersuchungen.[48]

Ungeachtet der Kritik hält die obergerichtliche Rechtsprechung Untersuchungen nach Maßgabe der Empfehlungen der AGFAD, insbesondere auch radiologische Untersuchungen, für zulässig und hinreichend tragfähig.[49]

c) Die Bedeutung von Art. 25 Abs. 5 Unterabs. 1 Satz 2 RL 2013/32/EU für die Altersfeststellung

27 Umstritten ist, ob Art. 25 Abs. 5 Unterabs. 1 Satz 2 RL 2013/32/EU (Asylverfahrensrichtlinie)[50] auf die jugendhilferechtliche Altersfeststellung Anwendung findet. Die Vorschrift besagt, dass bei Fortbestehen von Zweifeln bezüglich des Alters auch nach einer ärztlichen Untersuchung davon auszugehen ist, dass die betroffene Person minderjährig ist.

So **lehnt** das *OVG Bremen* in ständiger Rechtsprechung eine unmittelbare oder entsprechende **Anwendung ab**, da die Richtlinie nur für Anträge auf internationalen Schutz (Flüchtlingsanerkennung und/oder subsidiären Schutz) gelte. Selbst wenn seitens der betroffenen Person ein Asylantrag gestellt worden sei, wäre die Gewährung von Jugendhilfe nicht Teil des Asylverfahrens. Beide Verfahren seien hinsichtlich Rechtsgrundlagen und der agierenden Rechtsträger getrennt und bedingten einander nicht. Zudem komme der Altersfeststellung nach § 42f SGB VIII keine Bindungswirkung für andere Verfahren als demjenigen über die Inobhutnahme zu, sodass die Frage, ob die Person in einem Asylverfahren als minderjährig anzusehen wäre, nicht vorweggenommen werde. Jedenfalls solange ein Asylantrag nicht gestellt worden sei, bestehe die vom BayVGH befürchtete Gefahr einer „Spaltung des elementaren Status eines jungen unbegleiteten Flüchtlings" nicht.[51]

---

47 So berichtet *González Méndez de Vigo, Asylmagazin 2019, 206 (212) von einer schwedischen Studie, nach der ein Risiko von etwa 33 % bestehe, dass Minderjährige als Erwachsene, dagegen ein nur siebenprozentiges, als Erwachsener als Kind eingestuft zu werden.*

48 Vgl. dazu unten Rn. 41 ff.

49 OVG Bremen, Beschl. v. 4.6.2018, 1 B 53/18, juris, online abrufbar unter https://www.oberverwaltungsgericht.bremen.de, hält sogar hinsichtlich der Aufklärung über die Untersuchungsmethode gem. § 42f Abs. 2 Satz 2 SGB VIII eine Orientierung an den Empfehlungen der AGFAD für erforderlich.

50 Richtlinie 2013/32/EU des Europäischen Parlaments und des Rates vom 26. Juni 2013 zu gemeinsamen Verfahren für die Zuerkennung und Aberkennung des internationalen Schutzes, ABl. 2013, L 180, 60. Die Vorschrift hat folgenden Wortlaut:
„(5) Die Mitgliedstaaten können im Rahmen der Prüfung eines Antrags auf internationalen Schutz ärztliche Untersuchungen zur Bestimmung des Alters unbegleiteter Minderjähriger durchführen lassen, wenn aufgrund allgemeiner Aussagen oder anderer einschlägiger Hinweise Zweifel bezüglich des Alters des Antragstellers bestehen. Bestehen diese Zweifel bezüglich des Alters des Antragstellers danach fort, so gehen die Mitgliedstaaten davon aus, dass der Antragsteller minderjährig ist."

51 Vgl. zuletzt OVG Bremen, Beschl. v. 22.6.2021, 2 B 166/21, online abrufbar unter https://www.oberverwaltungsgericht.bremen.de/gerichtsentscheidung-en, 9 f. der BA. Zugleich weist das Gericht aber „zur Vermeidung von Missverständnissen" darauf hin, dass diese Ausführungen nicht ausschlössen, dass der in Art. 25 Abs. 5 Unterabsatz 1 Satz 2 RL 2013/32/EU normierte Grundsatz „im Zweifel für die Minderjährigkeit", der in der einschlägigen Entscheidung des BayVGH vom 5.7.2016, 12 CE 16.1186 erörtert worden sei, im jugendhilferechtlichen Altersfeststellungsverfahren auf anderer Rechtsgrundlage als derjenigen einer unmittelbaren Anwendung der Richtlinie gelte, ohne dies zu konkretisieren.

In der Literatur wird eine – unmittelbare oder analoge – Anwendung von Art. 25 Abs. 5 Unterabs. 1 Satz 2 RL 2013/32/EU vor allem von *Kepert/Dexheimer* abgelehnt. Auch sie verweisen darauf, dass die Asylverfahrensrichtlinie nur für den Antrag auf Gewährung von internationalem Schutz gelte. Die Entscheidung über eine vorläufige Inobhutnahme sei keine Entscheidung über die Flüchtlingseigenschaft oder subsidiären Schutz. Eine analoge Anwendung der Richtlinienvorschrift scheitere bereits am Fehlen einer planwidrigen Regelungslücke. Zudem fehle der EU die Kompetenz zur inhaltlichen Regelung des Kinder- und Jugendhilferechts.[52] 28

Eine **unmittelbare bzw. zuletzt entsprechende Anwendung** von Art. 25 Abs. 5 Unterabs. 1 Satz 2 RL 2013/32/EU **vertritt** der *BayVGH*:

Die in Art. 25 Abs. 5 UAbs. 1 Satz 2 der Richtlinie 2013/32/EU enthaltene Zweifelsregel („Im Zweifel pro Minderjährigkeit") müsse nicht nur im eigentlichen Asylverfahren als dem Verfahren zur Gewährung (bzw. Aberkennung) internationalen Schutzes, sondern auch in dem mit dem Asylverfahren unbegleiteter minderjähriger Flüchtlinge untrennbar verbundenen jugendhilferechtlichen Inobhutnahmeverfahren gelten. Die „lediglich formal argumentierende" Auffassung von *Kepert* habe die Spaltung des elementaren Status eines „jungen" unbegleiteten Flüchtlings zur Folge, der zwar für das eigentliche Asylverfahren als Minderjähriger, hinsichtlich des Anspruchs auf eine Inobhutnahme nach Jugendhilferecht hingegen als Erwachsener behandelt werden müsste. Demgegenüber könne der Status eines „jungen" unbegleiteten Flüchtlings – Minderjähriger oder Erwachsener – nur einheitlich bestimmt werden. Müsse der unbegleitete Minderjährige daher im Asylverfahren bei trotz ärztlicher Untersuchung verbleibenden Zweifeln als minderjährig behandelt werden, gelte dies in gleicher Weise auch für das Jugendhilfeverfahren.[53]

Für eine Anwendung der Vorschrift plädiert auch *Kirchhoff*, auch wenn diese sich „nicht direkt auf das Kinder- und Jugendhilferecht" beziehe. Die Geltung des Grundsatzes „im Zweifel pro Minderjährigkeit" ergebe sich u.a. aus der verfassungsrechtlichen Verpflichtung nach Art. 6 Abs. 2 Satz 2 GG, das Wohl von Kindern und Jugendlichen zu schützen. Der nationale Schutz dürfe nicht hinter den internationalen zurückfallen. Im Übrigen schließt er sich der Begründung des BayVGH an.[54]

Eine unmittelbare Anwendung – dann mit dem europarechtlichen Anwendungsvorrang – von Art. 25 Abs. 5 UAbs. 1 Satz 2 der Richtlinie 2013/32/EU, das ist deren Kritikern zu konzedieren, kommt nicht in Betracht, da diese nur dann eintritt, wenn der nationale Gesetzgeber sie nicht fristgerecht in nationales Recht umgesetzt hat, und dann auch nur, soweit die Richtlinie auf die zu regelnde Materie anzuwenden ist. Das ist hier nicht der Fall, da sie gem. deren Art. 3 Abs. 1 nur für Anträge auf internationalen Schutz und für dessen Aberkennung gilt, das Inobhutnahmeverfahren also nicht regelt. 29

Allerdings müssen sich die Vertreter der die Anwendung ablehnenden Auffassung fragen lassen, wie und auf welcher Grundlage entschieden werden soll, wenn auch nach einer ärztlichen Untersuchung Zweifel hinsichtlich der Minderjährigkeit verbleiben. In einem solchen Fall von der Volljährigkeit auszugehen, würde nicht nur die Frage aufwerfen, warum dieser der Vorrang gegenüber der Minderjährigkeit eingeräumt werden soll. Mit gleicher Berechtigung könnte vom Vorrang der Minderjährigkeit ausgegangen werden.

Es bedarf also der **Auslegungs- und Entscheidungskriterien**. Als solches bietet sich zunächst Art. 3 Abs. 1 UN-KRK an. Die Annahme der Volljährigkeit würde auch potenziell Min- 30

52 Vgl. LPK-SGB VIII/*Kepert/Dexheimer*, § 42f Rn. 6.
53 BayVGH, Beschl. v. 5.7.2016, 12 CE 16.1186, openjur.de, Rn 28 = juris, Rn. 22 m.w.N.; ebenso BayVGH, Beschl. v. 5.4.2017, 12 BV 17.185, openjur.de Rn. 39, wo von der „entsprechend anwendbare(n) Regelung des Art. 25 Abs. 5 Unterabs. 1 Satz 2 RL 2013/32/EU gesprochen wird.
54 Vgl. jurisPJ-SGB VIII/*Kirchhoff*, § 42 Rn. 43, 43.1 unter ergänzendem Hinweis auf *Dürbeck*, FamRZ, 2018, 553 (557).

derjährigen den dem Kind gebührenden Schutz unwiederbringlich entziehen und damit gegen Art. 3 Abs. 1 UN-KRK verstoßen, nach dem das Wohl des Kindes ein bei allen Maßnahmen vorrangig[55] zu berücksichtigender Gesichtspunkt ist.[56] Auch wenn die UN-KRK in der Bundesrepublik normhierarchisch nur als einfaches Bundesgesetz gilt, kommt ihr zumindest die Funktion der Auslegungshilfe bei der Auslegung des nationalen Rechts zu. Vorrang des Kindeswohls kann angesichts der Folgen der Annahme von Volljährigkeit – Entlassung aus der Jugendhilfe, Überstellung an die Einrichtungen des Ausländer- und Asylrechts ohne gesetzlichen Vertreter – nur die Annahme der Minderjährigkeit sein.

Darüber hinaus ist auch Art. 25 Abs. 5 UAbs. 1 Satz 2 der Richtlinie 2013/32/EU heranzuziehen.[57] Die Vorschrift ist in Art. 25 der Richtlinie enthalten, der insgesamt den Schutz Minderjähriger bezweckt.

Auch das OVG Bremen konzediert, dass die Regelung des § 42f Abs. 2 SGB VIII erkennbar Art. 25 Abs. 5 **UAbs. 3 Buchst. a) bis c)** der RL 2013/32/EU nachgebildet ist, und zieht Letzteren bei der Auslegung heran.[58] Sieht man allerdings § 42f SGB VIII in Teilen Art. 25 der Richtlinie nachgebildet und deshalb bei der Auslegung heranziehungsfähig, stellt sich die Frage, warum dies hinsichtlich Art. 25 Abs. 5 **UAbs. 1 Satz 2** der Richtlinie 2013/32/EU nicht gelten soll.

Nach allem ist nach einer ärztlichen Untersuchung gem. Art. 3 Abs. 1 UN-KRK, Art. 25 Abs. 5 UAbs. 1 Satz 2 der Richtlinie 2013/32/EU in **Zweifelsfällen von der Minderjährigkeit** der betroffenen Person **auszugehen**.

2. Abs. 2 Satz 2 – Pflicht zur Aufklärung über Untersuchungsmethode und mögliche Folgen der Altersbestimmung

31 Satz 2 verpflichtet das Jugendamt für den Fall der Durchführung einer ärztlichen Untersuchung, die betroffene Person umfassend über die **Untersuchungsmethode** und über die **möglichen Folgen der Altersbestimmung aufzuklären**. Die Aufklärungspflicht besteht unabhängig davon, ob die Untersuchung von Amts wegen oder auf Antrag des Betroffenen oder seines Vertreters stattfindet. Mit der speziellen Regelung zeigt der Gesetzgeber, welche Bedeutung er der Aufklärung über die Untersuchung beimisst. Sie konkretisiert die Informations- und Aufklärungsverpflichtung nach Abs. 1 Satz 2 und beseitigt insoweit geäußerte Zweifel[59] über die Grundlage der Verpflichtung.

Die Pflicht zur Aufklärung soll nicht nur verhindern, dass die betroffene Person zum bloßen Objekt des Verfahrens wird, sie ist auch notwendig, der Person eine fundierte Entscheidung über die Einwilligung nach Satz 3 letzter Hs., aber auch bei der Anwendung der §§ 60, 62 und 65 bis 67 SGB I (dazu unten Rn. 39 ff.) zu ermöglichen. Sie ist deshalb in den Fällen, in denen die ärztliche Untersuchung auf Antrag des Vertreters, also möglicherweise des Jugendamts selbst, oder von Amts wegen erfolgt, von besonderer Bedeutung.

32 **Aufzuklären** ist über die **Untersuchungsmethode**. Dies schließt die Aufklärung über die Unzulässigkeit bestimmter Methoden ein (vgl. dazu unten Rn. 41 ff.). Dass das Gesetz an

---

55 Vorrangig etwa gegenüber dem Interesse, die Unterbringung und Betreuung Minderjähriger nicht durch die Aufnahme potenziell Volljähriger zu überlasten.

56 Auch das OVG Bremen hat bei Ablehnung der Anwendung von Art. 25 Abs. 5 UAbs. 1 Satz 2 der Richtlinie 2013/32/EU darauf hingewiesen, dass der Vorrang der Minderjährigkeit in Zweifelsfällen auf andere Rechtsgrundlagen gestützt werden könne.

57 Dabei handelt es sich entgegen *Kepert/Dexheimer* nicht um eine klassische Analogie, die eine planwidrige Regelungslücke voraussetzt. Ob das Schweigen des Gesetzes dazu, wie in verbleibenden Zweifelsfällen zu verfahren ist, planwidrig, planvoll oder schlicht der Hasenfüßigkeit des Gesetzgebers geschuldet ist, kann deshalb offenbleiben.

58 Vgl. OVG Bremen, Beschl. v. 4.6.2018, 1 B 53/18, juris, S. 11 der BA; online abrufbar unter https://www.oberverwaltungsgericht.bremen.de.

59 So bei LPK-SGB VIII/*Kepert/Dexheimer*, § 42f Rn. 4.

dieser Stelle singularisch von Untersuchungsmethode spricht, ist ungenau, weil verschiedene Methoden zur Verfügung stehen und kumulativ zur Anwendung kommen können. Kommen mehrere in Betracht und zur Anwendung, ist über alle aufzuklären. Dies bereits deshalb, weil die betroffene Person auch nur in bestimmte Untersuchungsmethoden einwilligen, andere dagegen ablehnen kann. Aufzuklären ist deshalb über die in Frage kommenden Methoden und deren Leistungsfähigkeit und Genauigkeit für die Altersbestimmung.

Aufzuklären ist auch über die möglichen **Folgen der Altersbestimmung**. Prominente möglich Folge der Altersbestimmung ist naheliegenderweise die Entscheidung über die Minder- oder Volljährigkeit der betroffenen Person, auch wenn diese deren Angaben widerspricht. Aus dieser Entscheidung resultiert die weitere darüber, ob sie weiter in den Einrichtungen und damit unter der Betreuung und Versorgung der Jugendhilfe verbleiben oder in eine für Erwachsene zuständige Einrichtung, etwa eine Erstaufnahmeeinrichtung nach § 44 AsylG, weitergeleitet wird oder, sofern ein Asylantrag nicht gestellt wird, ein Aufenthaltsrecht nach dem allgemeinen Ausländerrecht des AufenthG beurteilt wird. 33

Die Aufklärung hat vor einer zu erteilenden Einwilligung zu erfolgen. Nur dann kann sie zu einer selbstbestimmten Entscheidung über deren Erteilung beitragen.

Aufklärungsverpflichtet ist das **Jugendamt** und dort die Stelle, die für die vorläufige Inobhutnahme zuständig ist, nicht diejenige, die gem. § 42a Abs. 3 SGB VIII die Vertretung führt.

Unterbleibt die Aufklärung gänzlich oder ist sie lücken- oder bruchstückhaft, indem etwa die Folgen der Altersbestimmung nicht zum Gegenstand gemacht wurden, ergeben sich daraus unmittelbar noch keine Rechtsfolgen. Eine unterlassene oder unvollständige und deshalb **fehlerhafte Aufklärung** führt jedoch mittelbar zur **Unwirksamkeit** einer nach Abs. 2 Satz 3 **erteilten Einwilligung** durch die betroffene Person.[60] Dafür, dass eine umfassende Aufklärung stattgefunden hat, ist das Jugendamt darlegungs- und beweispflichtig. Dieser Pflicht kann das Jugendamt nur durch eine schriftliche, von der Mitarbeiter_in des Jugendamtes, der betroffenen Person sowie ggfs. dem Dolmetscher oder der Dolmetscherin unterzeichneten Dokumentation der Aufklärung, in der der konkrete Inhalt der Aufklärung aufzunehmen ist, nachkommen.[61] Die Pflicht zur Aufklärung entfällt auch nicht dadurch, dass Ärztinnen und Ärzte, standes-, zivil- und/oder strafrechtlich zur Aufklärung der Patient_innen verpflichtet sind und auch tatsächlich aufklären. Die ärztliche Aufklärung vermag also die unterbliebene durch das Jugendamt nicht zu ersetzen und den Mangel nicht zu heilen. 34

3. Abs. 2 Satz 3 – Aufklärung über Folgen einer Verweigerung der Untersuchung; Einwilligungsvorbehalt

Ist die Untersuchung von Amts wegen durchzuführen, hat sich die Aufklärung gem. **Satz 3 erster Hs**. auch auf die Folgen einer Weigerung, sich der ärztlichen Untersuchung zu unterziehen, zu erstrecken. Dabei geht der Gesetzgeber offenbar davon aus, dass es in den Fällen, in denen die Untersuchung auf Antrag des Vertreters erfolgt, nicht zu Weigerungen kommt oder aber der Vertreter die Aufklärung über deren Folgen übernimmt. 35

Aufzuklären ist über die **Folgen einer Weigerung**, sich der ärztlichen Untersuchung zu unterziehen. Diese sind in § 66 SGB I geregelt und in der Aufklärung darzustellen und zu erläutern, also darüber, dass das Jugendamt bei unberechtigter Weigerung, sich der ärztlichen Untersuchung zu unterziehen, die Inobhutnahme ablehnen kann. Aufzuklären ist auch darüber, unter welchen verfahrensrechtlichen Voraussetzungen (vgl. § 66 Abs. 3 SGB I) dies zulässig ist.

60 Deutlich OVG Bremen, Beschl. v. 4.6.2018, 1 B 53/18, juris, S. 7 der BA: „Aus den genannten Aufklärungsmängeln folgt der Einwilligungsmangel.".

61 So zutreffend OVG Bremen, Beschl. v. 4.6.2018, 1 B 53/18, juris, S. 8 der BA.

Bei der durch § 42f Abs. 2 Satz 3 SGB VIII angeordneten Aufklärung handelt es sich entgegen OVG Bremen[62] (noch) nicht um die Einleitung des nach § 66 Abs. 3 SGB I einzuhaltenden Verfahrens. Mit ihr wird *über* das Verfahren aufgeklärt. § 66 Abs. 3 SGB I regelt dagegen Verpflichtungen *innerhalb* des Verfahrens und die darin einzuhaltenden Förmlichkeiten.

Die Aufklärung über die Folgen einer Weigerung, sich der ärztlichen Untersuchung zu unterziehen, schließt auch die **Aufklärung** darüber ein, dass die Untersuchung **nur mit Einwilligung** der betroffenen Person und ihres Vertreters erfolgen darf.

Die Folgen einer Weigerung, über die aufzuklären ist, ergeben sich aus der entsprechenden Anwendung von § 66 SGB I. Es wird deshalb zunächst auf die Erläuterungen unten bei Rn. 45 ff. verwiesen.

Satz 3 letzter Hs. stellt klar, dass die Untersuchung **nur mit doppelter Einwilligung**, nämlich der der betroffenen Person und der des Vertreters erfolgen darf.[63] Eine ggfs. zu vollstreckende Rechtspflicht, sich der Untersuchung zu unterziehen, besteht also nicht. Allerdings hat die betroffene Person im Fall der unberechtigten Weigerung die in § 66 SGB I zu gewärtigen, der nach § 42f Abs. 2 Satz 4 SGB VIII entsprechend anzuwenden ist.

36 Unterbleibt die vorstehend beschriebene Aufklärung gänzlich oder sie ist die mangelhaft, hat dies zunächst die Unwirksamkeit der erteilten Einwilligung zur Folge. Die gleichwohl durchgeführte ärztliche Untersuchung erfolgte danach im Rechtssinne ohne Einwilligung der betroffenen Person. Hieraus folgt die Unverwertbarkeit des erstatteten ärztlichen Gutachtens.

Hierzu hat das *OVG Bremen* überzeugend ausgeführt, dass mit der Einholung eines ärztlichen Gutachtens ohne Einwilligung ein besonders schwerer Verstoß gegen die das Selbstbestimmungsrecht des Betroffenen schützenden Regelungen des § 42 Abs. 2 und 3 SGB VIII vorliege. Die gesetzlich vorgeschriebene Einwilligung der betroffenen Person (wie auch des Vertreters) diene zudem der Sicherung des Kindeswohls. Folgte aus einem solchen Verstoß gegen die genannten Vorschriften nicht ein Beweisverwertungsverbot, liefe der bezweckte Schutz in nicht hinzunehmender Weise leer. Darüber hinaus belege auch Art. 25 Abs. 5 UnterAbs. 3 Buchst. a bis c der RL 2013/32/EU, dem § 42f Abs. 2 SGB VIII ersichtlich nachgebildet sei, dass es sich bei der Einwilligung der betroffenen Person (und des Vertreters) um verfahrensrechtliche Mindeststandards handele.[64] Dem ist **zuzustimmen**.

Vorstehendes gilt auch und erst recht dann, wenn eine **Einwilligung** der betroffenen Person **überhaupt nicht vorliegt**.

37 Gem. § 42f Abs. 2 Satz 3 letzter Hs. ist für die ärztliche Untersuchung nicht nur die **Einwilligung** der betroffenen Person, sondern auch die **des Vertreters** erforderlich. Das vorstehend Gesagte gilt also auch dann, wenn **keine** (wirksame) **Einwilligung des Vertreters** vorliegt. Auch die Einwilligungsbedürftigkeit des Vertreters dient dem Schutz des Kindeswohls, da es sich bei der betroffenen um eine zumindest potenziell minderjährige Person handelt.

Auch die fehlende Einwilligung des Vertreters in die ärztliche Untersuchung führt deshalb zur Unverwertbarkeit des erstellten ärztlichen Gutachtens.

38 **Problematisch kann** allerdings die **Frage** sein, wer in welcher Phase der vorläufigen Inobhutnahme „Vertreter" i.S.d. § 42f Abs. 2 SGB VIII ist.

---

62 Beschl. v. 4.6.2018, 1 B 53/18, juris, S. 9 der BA; online abrufbar unter https://www.oberverwaltungsgericht.bremen.de.

63 Die Normierung des Einwilligungsvorbehalts im Kontext von Aufklärungspflichten ist systematisch verfehlt. Ein Zusammenhang besteht allenfalls dadurch, dass unterbliebene oder mangelhafte Aufklärung Einfluss auf die Wirksamkeit einer erteilten Einwilligung hat.

64 Vgl. OVG Bremen, Beschl. v. 4.6.2018, 1 B 53/18, juris, S. 11 der BA, online abrufbar unter https://www.oberverwaltungsgericht.bremen.de.

Mit der vorläufigen Inobhutnahme, in deren Rahmen die Altersfeststellung erfolgt, tritt gem. § 42a Abs. 3 SGB VIII das sog. Notvertretungsrecht ein. Vertreter ist damit **„das Jugendamt"**. In diesem Fall ist es erforderlich, dass die Vertretung durch eine von der für die Inobhutnahme und Altersfeststellung zuständigen organisatorisch getrennte Stelle des Jugendamtes wahrgenommen und die Einwilligungserklärung nur von dieser abgegeben wird. Andernfalls ist die **Einwilligung unwirksam**.[65]

Sobald für die in Obhut genommene Person ein **Vormund** bestellt ist, endet das Notvertretungsrecht des Jugendamtes. Vertreter i.S.d. Abs. 2 Satz 3 ist ab diesem Zeitpunkt der bestellte Vormund. Wird das Jugendamt als Amtsvormund bestellt, gilt Folgendes:

Gem. § 55 Abs. 2 Satz 1 SGB VIII überträgt das Jugendamt die Ausübung der Aufgabe des Amtsvormunds einzelnen seiner Beamten oder Angestellten. Zwar bleibt das Jugendamt Amtsvormund, dieser wird durch die Übertragung gem. § 55 Abs. 3 Satz 1 SGB VIII gesetzlicher Vertreter des Kindes oder der oder des Jugendlichen. Damit kann grundsätzlich **nur dieser Beamte oder Angestellte wirksam** in die ärztliche Untersuchung **einwilligen**. Denn mit den genannten Vorschriften wäre es unvereinbar, so das OVG Bremen überzeugend, wenn andere Bedienstete beliebig diese Aufgabe übernehmen und im Außenverhältnis rechtswirksame Erklärungen abgeben könnten. Der Beamte oder Angestellte, dem die Aufgabe übertragen wurde, nimmt diese ausschließlich im Interesse des Mündels und in eigener Verantwortung wahr und ist insoweit nicht weisungsgebunden. Mit dieser besonderen Stellung stünde es nicht im Einklang, wenn jeder beliebige Mitarbeiter des Jugendamtes diese Aufgabe übernehmen und Erklärungen abgeben könnte. Lediglich im Fall der Verhinderung kann eine andere als die Person, der die Aufgaben des Amtsvormunds übertragen wurden, vertretungsweise verbindliche Erklärungen abgeben, also auch eine Einwilligung erklären. Diese Vertretung bedarf aber der verbindlichen amtsinternen Vertretungsregelung. Eine lediglich informelle Absprache von Fall zu Fall ist nicht zulässig.[66] Vgl. auch die Kommentierung zu § 55 SGB VIII.

4. Abs. 2 Satz 4 – Anwendung der Mitwirkungsvorschriften

Gem. § 42f Abs. 2 Satz 4 SGB VIII sind die **§§ 60, 62 und 65 bis 67 SGB I entsprechend anwendbar**. Diese lauten wie folgt: 39

§ 60
Angabe von Tatsachen

(1) [1]Wer Sozialleistungen beantragt oder erhält, hat

1. alle Tatsachen anzugeben, die für die Leistung erheblich sind, und auf Verlangen des zuständigen Leistungsträgers der Erteilung der erforderlichen Auskünfte durch Dritte zuzustimmen,

2. Änderungen in den Verhältnissen, die für die Leistung erheblich sind oder über die im Zusammenhang mit der Leistung Erklärungen abgegeben worden sind, unverzüglich mitzuteilen,

3. Beweismittel zu bezeichnen und auf Verlangen des zuständigen Leistungsträgers Beweisurkunden vorzulegen oder ihrer Vorlage zuzustimmen.

[2]Satz 1 gilt entsprechend für denjenigen, der Leistungen zu erstatten hat.

---

65 OVG Bremen, Beschl. v. 6.6.2018, 1 B 53/18, juris, S. 10 der BA, bestätigt durch OVG Bremen, Beschl. v. 10.5.2019, 1 B 32/19, JAmt 2019, 418, online abrufbar unter https://www.oberverwaltungsgericht.bremen.de. Kritisch zur Vertretung der in Obhut genommenen Person durch eine Stelle des Jugendamts überhaupt DIJuF, JAmt 2020, 384 ff.

66 Vgl. OVG Bremen, Beschl. v. 10.5.2019, 1 B 32/19, JAmt 2019, 418, S. 7 der BA, das in einem solchen Fall insbesondere auch die Gefahr der Umgehung der Weisungsfreiheit sieht.

(2) Soweit für die in Absatz 1 Satz 1 Nr. 1 und 2 genannten Angaben Vordrucke vorgesehen sind, sollen diese benutzt werden.

§ 62
Untersuchungen

Wer Sozialleistungen beantragt oder erhält, soll sich auf Verlangen des zuständigen Leistungsträgers ärztlichen und psychologischen Untersuchungsmaßnahmen unterziehen, soweit diese für die Entscheidung über die Leistung erforderlich sind.

§ 65
Grenzen der Mitwirkung

(1) Die Mitwirkungspflichten nach den §§ 60 bis 64 bestehen nicht, soweit

1. ihre Erfüllung nicht in einem angemessenen Verhältnis zu der in Anspruch genommenen Sozialleistung oder ihrer Erstattung steht oder

2. ihre Erfüllung dem Betroffenen aus einem wichtigen Grund nicht zugemutet werden kann oder

3. der Leistungsträger sich durch einen geringeren Aufwand als der Antragsteller oder Leistungsberechtigte die erforderlichen Kenntnisse selbst beschaffen kann.

(2) Behandlungen und Untersuchungen,

1. bei denen im Einzelfall ein Schaden für Leben oder Gesundheit nicht mit hoher Wahrscheinlichkeit ausgeschlossen werden kann,

2. die mit erheblichen Schmerzen verbunden sind oder

3. die einen erheblichen Eingriff in die körperliche Unversehrtheit bedeuten,

können abgelehnt werden.

(3) Angaben, die dem Antragsteller, dem Leistungsberechtigten oder ihnen nahestehende Personen (§ 383 Abs. 1 Nr. 1 bis 3 der Zivilprozeßordnung) die Gefahr zuziehen würde, wegen einer Straftat oder einer Ordnungswidrigkeit verfolgt zu werden, können verweigert werden.

§ 65a
Aufwendungsersatz

(1) [1]Wer einem Verlangen des zuständigen Leistungsträgers nach den §§ 61 oder 62 nachkommt, kann auf Antrag Ersatz seiner notwendigen Auslagen und seines Verdienstausfalls in angemessenem Umfang erhalten. [2]Bei einem Verlangen des zuständigen Leistungsträgers nach § 61 sollen Aufwendungen nur in Härtefällen ersetzt werden.

(2) Absatz 1 gilt auch, wenn der zuständige Leistungsträger ein persönliches Erscheinen oder eine Untersuchung nachträglich als notwendig anerkennt.

§ 66
Folgen fehlender Mitwirkung

(1) [1]Kommt derjenige, der eine Sozialleistung beantragt oder erhält, seinen Mitwirkungspflichten nach den §§ 60 bis 62, 65 nicht nach und wird hierdurch die Aufklärung des Sachverhalts erheblich erschwert, kann der Leistungsträger ohne weitere Ermittlungen die Leistung bis zur Nachholung der Mitwirkung ganz oder teilweise versagen oder entziehen, soweit die Voraussetzungen der Leistung nicht nachgewiesen sind. [2]Dies gilt entsprechend, wenn der Antragsteller oder Leistungsberechtigte in anderer Weise absichtlich die Aufklärung des Sachverhalts erheblich erschwert.

(2) Kommt derjenige, der eine Sozialleistung wegen Pflegebedürftigkeit, wegen Arbeitsunfähigkeit, wegen Gefährdung oder Minderung der Erwerbsfähigkeit, anerkannten Schädigungsfolgen oder wegen Arbeitslosigkeit beantragt oder erhält, seinen Mitwirkungspflichten nach den §§ 62 bis 65 nicht nach und ist unter Würdigung aller Umstände mit Wahrscheinlichkeit anzunehmen, daß deshalb die Fähigkeit zur selbständigen Lebensführung, die Arbeits-, Erwerbs- oder Vermittlungsfähigkeit beeinträchtigt oder nicht verbessert wird, kann der Leistungsträger die Leistung bis zur Nachholung der Mitwirkung ganz oder teilweise versagen oder entziehen.

(3) Sozialleistungen dürfen wegen fehlender Mitwirkung nur versagt oder entzogen werden, nachdem der Leistungsberechtigte auf diese Folge schriftlich hingewiesen worden ist und seiner Mitwirkungspflicht nicht innerhalb einer ihm gesetzten angemessenen Frist nachgekommen ist.

§ 67
Nachholung der Mitwirkung

Wird die Mitwirkung nachgeholt und liegen die Leistungsvoraussetzungen vor, kann der Leistungsträger Sozialleistungen, die er nach § 66 versagt oder entzogen hat, nachträglich ganz oder teilweise erbringen.

Auch wenn § 42f Abs. 2 Satz 4 SGB VIII die entsprechende Geltung ausdrücklich anordnet, hebt dies den Vorbehalt des § 37 Satz 1 SGB I nicht auf, nach dem das Erste Buch für alle Sozialleistungsbereiche gilt, soweit sich aus den übrigen Büchern nichts anderes ergibt. „Anderes" kann sich hier aus § 42f SGB VIII ergeben.

a) §§ 60, 62 SGB I – Angabe von Tatsachen, Untersuchungen

Da auch die vorläufige Inobhutnahme mit Sozialleistungen (§ 11 SGB I) verbunden ist, bestehen die Mitwirkungspflichten nach **§ 60 Abs. 1 SGB I** auch im Verfahren nach § 42f SGB VIII, damit aber ausschließlich hinsichtlich der Altersfeststellung. Allerdings wird die betroffene Person bereits aus eigenem Interesse bereit sein, die zur Feststellung der Minderjährigkeit erforderlichen Tatsachen anzugeben. **40**

Hinsichtlich der in **§ 62 SGB I** normierten Verpflichtung, sich bestimmten ärztlichen Untersuchungsmaßnahmen zu unterziehen, wird die Vorschrift scheinbar durch § 42f Abs. 2 Satz 3 letzter Hs. verdrängt, nach dem eine solche Untersuchung nur mit der Einwilligung der betroffenen Person und ihres Vertreters durchgeführt werden darf. Die Verpflichtung, sich einer ärztlichen Untersuchung zu unterziehen, wird indes dahingehend modifiziert, dass sich die Verpflichtung darauf erstreckt, die Einwilligung zu erteilen und sich der Untersuchung zu unterziehen.

Interessant ist eine Konstellation, in der die betroffene Person ihre Einwilligung zu einer ärztlichen Untersuchung wirksam erteilt, der Vertreter diese aber verweigert und das Jugendamt die vorläufige Inobhutnahme deshalb wegen fehlender Mitwirkung gem. §§ 42f Abs. 2 Satz 4 SGB VIII i.V.m. § 66 Abs. 3 SGB I ablehnt. Es handelt sich dabei um eine eher theoretische Konstellation, da das Jugendamt, sei es als Notvertretung, sei es als Amtsvormund, die Einwilligung in die vom Jugendamt als Inobhutnahmebehörde für notwendig erachtete ärztliche Untersuchung nicht verweigern wird.

Die Verpflichtung, sich Untersuchungen zu unterziehen, besteht nur, „soweit diese für die Entscheidung über die Leistung (hier: die vorläufige Inobhutnahme; W. M.) erforderlich sind". Relevanz enthält diese Vorschrift, wenn an die Verweigerung der ärztlichen Untersuchung für die betroffene Person negative Folgen geknüpft werden. In diesem Fall stellt sich die Frage, ob die verlangte Untersuchung „erforderlich" war.

b) §§ 65, 65a SGB I – Grenzen der Mitwirkungspflichten; Aufwendungsersatz

41 Dabei stellt **§ 65 Abs. 1 SGB I** die Mitwirkungspflicht unter einen umfassenden **Verhältnismäßigkeitsvorbehalt**. Die Pflicht, sich einer Untersuchung nach § 62 SGB I zu unterziehen, besteht danach nicht, soweit diese nicht in einem angemessenen Verhältnis zu der in Anspruch genommenen Sozialleistung, hier also der vorläufigen Inobhutnahme, steht (§ 65 Abs. 1 Nr. 1 SGB I), soweit die Untersuchung dem Betroffenen aus wichtigem Grund nicht zugemutet werden kann (§ 65 Abs. 1 Nr. 2 SGB I) oder das Jugendamt sich durch einen geringeren Aufwand die erforderliche Kenntnis des Alters selbst beschaffen kann (§ 65 Abs. 1 Nr. 3 SGB I).

Die **Unverhältnismäßigkeit** einer Untersuchung i.S.d. **Nr. 1** kann vorliegen, wenn nach den Angaben der betroffenen Person oder in vorliegenden, aber angezweifelten Dokumenten die Inobhutnahme wegen baldiger Vollendung des 18. Lebensjahres ohnehin nur für eine **kurze Zeit** in Betracht kommt. Sie kann darüber hinaus aber auch gegeben sein, wenn der zu betreibende Untersuchungsaufwand in keinem angemessenen Verhältnis zu dem zu erwartenden Ergebnis und dessen Validität steht.

Eine **Unzumutbarkeit** i.S.d. **Nr. 2** kann anzunehmen sein, wenn sie zu einer länger andauernden Beeinträchtigung der Interessen der betroffenen Person, etwa durch eine längere Abwesenheit von der Familie oder von Kindern, führen würde. Dies kommt im Fall der ärztlichen Untersuchung angesichts der beschränkten zur Verfügung stehenden Untersuchungsmethoden kaum in Betracht.

Dem Vorbehalt der **Nr. 3** wird hier bereits dadurch Rechnung getragen, dass eine ärztliche Untersuchung überhaupt nur zulässig ist, wenn die Auswertung und die qualifizierte Inaugenscheinnahme nach Abs. 1 als geringerer Aufwand zu keinem Ergebnis geführt haben.

42 **Untersuchungen** können nach **§ 65 Abs. 2 SGB I** unter den dort genannten Voraussetzungen **abgelehnt** werden. Ein Recht zur Ablehnung besteht, wenn im Einzelfall ein **Schaden** für Leben oder Gesundheit nicht mit hoher Wahrscheinlichkeit ausgeschlossen werden kann (§ 65 Abs. 2 Nr. 1 SGB 1), wenn die Untersuchung mit erheblichen **Schmerzen** verbunden ist (§ 65 Abs. 2 Nr. 2 SGB I) oder einen erheblichen **Eingriff in die körperliche Unversehrtheit** bedeutet (§ 65 Abs. 2 Nr. 3 SGB I).

Welche Untersuchungsmethoden ausgeschlossen, weil mit ihnen ein **Schaden für die Gesundheit** (**Nr. 1**) einhergeht, ist umstritten. In der Vorauflage wurde vertreten, insbesondere durch die praktizierten Röntgenuntersuchungen könne nicht ausgeschlossen werden. **Unzulässig** sei deshalb die **Röntgenuntersuchung** des Handwurzelknochens zum Zweck der Altersbestimmung, da es sich um einen zudem gesundheitsgefährdenden körperlichen Eingriff handele. Auch § 25 Abs. 1 Satz 1 RöntgVO verbiete den Einsatz von Röntgenstrahlen zur Altersbestimmung, da diese eben nicht medizinisch indiziert seien.[67] Nach Außerkrafttreten der RöntgVO am 31.12.2018 hat sich die **materielle Rechtslage** insoweit nicht geändert.[68] Nach § 83 Abs. 1 Nr. 2 StrlSchG darf ionisierende Strahlung außerhalb des Rahmens einer medizinischen Exposition zur Untersuchung einer Person nur in durch Gesetz vorgesehenen oder zugelassenen Fällen angewendet werden. § 42f Abs. 2 SGB VIII sieht eine solche Exposition weder vor noch lässt er sie zu, spricht vielmehr lediglich von einer ärztlichen Untersuchung.

Nach § 83 Abs. 2 StrlSchG muss die Anwendung einen hinreichenden Nutzen erbringen. Gem. Abs. 3 Satz 3 StrlSchG erfordert die Entscheidung über die Anwendung ionisierender Strahlung (sog. rechtfertigende Indikation) bei nichtmedizinischen Anwendungen die Fest-

---

67 Vorauflage, § 42f Rn. 13. Ebenso *Cremer*, ZJJ 2016, 4 (8 f.); *Klein*, KJ 2015, 405 ff. jeweils mit umfangreichen weiteren Nachweisen.
68 Insoweit ebenso jurisPK-SGB VIII/*Kirchhoff*, § 42f Rn. 47.2.

stellung, dass der mit der Untersuchung verbundene Nutzen gegenüber dem Strahlenrisiko überwiegt. Dies ist hier zu verneinen, da auch eine röntgenologische Untersuchung mit einer erheblichen Unsicherheit hinsichtlich des zu bestimmenden Alters verbunden ist.

Dagegen hält *Kirchhoff* Röntgenuntersuchungen mit beachtlichen Argumenten für grundsätzlich zulässig. Soweit durch diese in die körperliche Unversehrtheit eingegriffen werde, könne der Betroffene wirksam darein einwilligen.[69] Darüber verweist er auf Art 22 Abs. 1 i.V.m. Anhang V Nr.5 der RL 2013/59/Euratom, wo die „radiologische Altersbestimmung" ausdrücklich als Anwendungsfall einer Exposition zwecks nicht-medizinischer Bildgebung genannt wird.[70]

Auch in der **Rechtsprechung** wird die Anwendung röntgenologischer Verfahren zum Zweck der Altersbestimmung allgemein **für zulässig** erachtet.[71]

Auch wenn man röntgenologische Verfahren im Hinblick auf die Altersbestimmung grundsätzlich für zulässig hält, ist § 119 Abs. 3 Satz 1 StrlSchV zu beachten, nach dem – ggfs. in Zusammenarbeit mit dem überweisenden Arzt – die verfügbaren Informationen über bisherige medizinische Erkenntnisse heranzuziehen sind, um jede unnötige Exposition zu vermeiden.

Die eine Ablehnung rechtfertigende **Zufügung erheblicher Schmerzen** i.S.d. § 65 Abs. 2 **Nr. 2** SGB I scheint bei einer Untersuchung zum Zweck der Altersbestimmung ausgeschlossen. Allerdings erfasst die Vorschrift auch psychische Beeinträchtigungen.[72] Es ist deshalb auch zu prüfen, ob eine Untersuchung, etwa eine Magnetresonanztomographie (MRT), bei der betroffenen Person zu einer **Retraumatisierung** führen kann. Ist das der Fall, darf sie abgelehnt werden. **43**

Unter **Nr. 3** fallen vor allem **Eingriffe**, die Verletzungen, Entstellungen oder Unfruchtbarkeit zur Folge haben, das Durchdringen der Haut mit einer Hohlnadel zum Zweck der Blutentnahme oder das Eindringen in Körperöffnungen und -höhlen, insbesondere mit Instrumenten.[73] Solche Eingriffe dürften angesichts der in Rede stehenden Untersuchungsmethoden grundsätzlich ausgeschlossen sein. Sofern sie aber im Einzelfall zur Anwendung kommen sollen, kann dies nach § 65 Abs. 2 Nr. 3 SGB I abgelehnt werden. **44**

Schließlich können nach § 65 Abs. 3 SGB I Angaben verweigert werden, die die betroffene Person selbst oder ihr nahestehende Personen i.S.d. § 383 Abs. 1 Nr. 1 bis 3 ZPO (Verlobte, Ehegatten, Verwandte und Verschwägerte) der Gefahr aussetzen, wegen einer Straftat oder einer Ordnungswidrigkeit verfolgt zu werden. Auch hierüber sind die **Betroffenen aufzuklären**. **44a**

§ 65a SGB I regelt den Aufwendungsersatz und ist im Kontext des § 42f SGB VIII ohne Bedeutung. **44b**

c) §§ 66, 67 SG B I – Folgen fehlender Mitwirkung

Kommt die von § 42f SGB VIII betroffene Person ihren „Mitwirkungspflichten nach den §§ 60 bis 62, 65 SGB I nicht nach" und wird hierdurch die Aufklärung des Sachverhalts, nämlich die Altersfeststellung, erheblich erschwert, so kann gem. § 66 Abs. 1 SGB I der Leis- **45**

---

69 Vgl. jurisPK-SGB VIII/*Kirchhoff*, § 42f Rn. 47. Soweit er darauf verweist, dass Betroffene zumindest in den Fällen, in denen das Jugendamt von der Volljährigkeit ausgehe, eher geneigt sein würden, einer Röntgenuntersuchung zuzustimmen, weil es die letzte Chance sei, die Minderjährigkeit festzustellen, nährt er damit allerdings zugleich Zweifeln an der notwendigen Freiwilligkeit der Zustimmung.

70 Vgl. jurisPK-SGB VIII/*Kirchhoff*, § 42f Rn. 47.2. Zu Methodik und Kritik medizinischer Altersbestimmung vgl. allgemein Neundorf, ZAR 2018, 238 (243 ff.).

71 Vgl. OVG Bremen, Beschl. v. 4.6.2018, 1 B 82/18, juris; Beschl. v. 10.5.2019, 1 B 56/19, juris; KG, Urt. v. 13.11.2019, 3 UF 107/19, FamRZ 2020, 842 (845).

72 LPK-SGB I/*Reinhardt*, § 65 Rn. 12.

73 Vgl. LPK-SGB I/*Reinhardt*, § 65 Rn. 13.

tungsträger ohne weitere Ermittlungen die Leistung bis zur Nachholung der Mitwirkung ganz oder **teilweise versagen oder entziehen**, soweit die Voraussetzungen der Leistung nicht nachgewiesen sind.

Voraussetzung einer Versagung der Leistung – hier der vorläufigen Inobhutnahme – ist also die Nichterfüllung der in Bezug genommenen Mitwirkungspflichten. Das bedeutet, dass – infolge der Bezugnahme auf § 62 SGB I – die Verweigerung der ärztlichen Untersuchung überhaupt nur dann zur Ablehnung der vorläufigen Inobhutnahme führen kann, wenn diese erforderlich war. Im Fall der gerichtlichen Überprüfung einer wegen Verweigerung der ärztlichen Untersuchung abgelehnten vorläufigen Inobhutnahme ist danach zu prüfen, ob nicht bereits aufgrund der – validen und dokumentierten – Ergebnisse der qualifizierten Inaugenscheinnahme von der Minderjährigkeit auszugehen war. Ist das der Fall, bleibt die Verweigerung folgenlos. Das Jugendamt ist zur vorläufigen Inobhutnahme zu verpflichten.

Liegt eine der **Voraussetzungen des § 65 SGB I** vor, unter denen die Verpflichtung zur Mitwirkung nicht besteht, wurde diese also **zu Recht verweigert**, besteht ebenfalls **keine Berechtigung**, die vorläufige Inobhutnahme abzulehnen.

46 Kommt die betroffene Person ohne berechtigten Grund ihren Mitwirkungspflichten nicht nach, kann das Jugendamt die vorläufige Inobhutnahme ablehnen. Dabei hat es allerdings in § 66 Abs. 3 SGB I geregelte dreistufige Verfahren einzuhalten. Danach ist

- die betroffene Person **schriftlich** auf diese Folge **hinzuweisen**,
- ihr eine **angemessene Frist** zur Erfüllung der Mitwirkungspflichten zu setzen und
- der Ablauf dieser Frist **abzuwarten**.

47 Liegen diese Voraussetzungen vor, darf dies gleichwohl nicht zu einer automatischen sofortigen Beendigung der (vorläufigen) Inobhutnahme führen. Die Weigerung des Betroffenen allein darf nach der Begründung des Ausschusses für Familie, Senioren, Frauen und Jugend nicht „reflexhaft zur Annahme der Volljährigkeit und dem Verlust aller korrespondierenden Schutzrechte Minderjähriger führen".[74] Das Jugendamt hat vielmehr eine **Ermessensentscheidung** zu treffen, in der die Gründe des Betroffenen, die Mitwirkung zu verweigern, zu würdigen sind.

Dies ergibt sich bereits daraus, dass das Jugendamt zur „Beendigung der (vorläufigen) Inobhutnahme" die dieser entgegenstehende Inobhutnahme-Entscheidung beseitigen muss und dazu einer Ermächtigungsgrundlage bedarf, die nur in **§ 45 SGB X** liegen kann. Nach dessen Abs. 1 *darf* die Behörde einen begünstigenden Verwaltungsakt – um einen solchen handelt es sich bei der Inobhutnahme – zurücknehmen, soweit er rechtswidrig ist. Bei dieser Rücknahme handelt es sich nach ganz einhelliger Auffassung um eine Ermessensentscheidung. Übt das Jugendamt kein Ermessen aus, ist die Beendigung der (vorläufigen) Inobhutnahme bereits deshalb rechtswidrig.[75]

48 Kommt die betroffene Person, auch nach Ablauf der gesetzten Frist, seinen Mitwirkungspflichten nach, kann gem. § 67 SGB I die vorläufige Inobhutnahme anordnen bzw. fortsetzen. Bis zum Vorliegen eines hinsichtlich der Altersbestimmung tragfähigen Ergebnisses ist das der Behörde eingeräumte Ermessen auf Null reduziert, da dies der Schutz des potenziell Minderjährigen fordert.

74 BT-Drs. 18/6392, 21.

75 Ebenso VG Gera, Beschl. v. 23.8.2021, 6 E 859/21, JAmt 2022, 47 (48 f.). Dass die Notwendigkeit einer Ermessensentscheidung aus § 45 Abs. 1 SGB X resultiert und nicht lediglich dem Schutz des jungen Menschen geschuldet ist, wird allerdings selten ausgesprochen.

III. Abs. 3 – Rechtsschutz

1. Ausschluss der aufschiebenden Wirkung

Abs. 3 Satz 1 **schließt** die **aufschiebende Wirkung** von Widerspruch und Klage gegen die Entscheidung des Jugendamts, aufgrund der Altersfeststellung die vorläufige Inobhutnahme nach § 42a SGB VIII oder die Inobhutnahme nach § 42 Abs. 2 Satz 1 Nr. 3 SGB VIII **abzulehnen** oder **zu beenden**, **aus**. 49

Der Ausschluss gilt also nur dann, wenn die **Entscheidung** des Jugendamts **aufgrund** einer **Altersfeststellung** nach § 42f SGB VIII ergeht. Die **Sonderregelung** ist nach der Gesetzesbegründung notwendig, um sicherzustellen, dass in der Kinder- und Jugendhilfe hinreichende Kapazitäten für die Unterbringung, Versorgung und Betreuung von ausländischen Personen zur Verfügung stehen, die als Minderjährige des besonderen Schutzes durch die Kinder- und Jugendhilfe bedürfen und dem Kindeswohl entsprechend unterzubringen, zu versorgen und zu betreuen sind.[76] Der von Gesetzes wegen eintretende Ausschluss der aufschiebenden Wirkung soll also verhindern, dass Plätze in den Einrichtungen der Jugendhilfe durch Personen eingenommen und blockiert werden, die vom Jugendamt als volljährig und deshalb als nicht schutzberechtigt angesehen werden.

Da der Ausschluss der aufschiebenden Wirkung nur dann greift, wenn die Entscheidung des Jugendamtes, die (vorläufige) Inobhutnahme abzulehnen oder zu beenden, auf **fehlender Minderjährigkeit** beruht, geht der Gesetzgeber – nimmt man die vorstehende Begründung ernst – offensichtlich davon aus, dass es eine Ablehnung oder Beendigung aus anderen Gründen, etwa weil das Jugendamt von einer begleiteten Einreise ausgeht, nicht oder nicht in nennenswerter Zahl geben wird. Das mag eine realistische Einschätzung sein, festzuhalten bleibt jedoch, dass in solchen Fällen die aufschiebende Wirkung eines Rechtsbehelfs gem. § 80 Abs. 1 VwGO, also von Gesetzes wegen, eintritt. Will das Jugendamt auch in einem solchen Fall den Eintritt der aufschiebenden Wirkung ausschließen, muss es gem. § 80 Abs. 2 Nr. 4 VwGO die sofortige Vollziehung der Entscheidung anordnen. 50

Ein Ausschluss durch Bundesgesetz ist, wie sich aus § 80 Abs. 2 Nr. 3 VwGO ergibt, grundsätzlich zulässig. Ob die gegebene Begründung geeignet ist, den Primat des Kindeswohls zurückzudrängen, indem die betroffene Person vom Schutz durch die (vorläufige) Inobhutnahme zunächst einmal ausgeschlossen wird, erscheint fraglich. **Konsequenz** der **Ablehnung** oder **Beendigung** einer (vorläufigen) **Inobhutnahme** ist die Unterbringung der Betroffenen in Einrichtungen für Erwachsene, im Fall einer Asylantragstellung also in einer Aufnahmeeinrichtung (§ 44 AsylG) oder einer Gemeinschaftsunterkunft (§ 53 AsylG). Da die Betroffenen folglich als volljährig anzusehen sind, haben sie das Asylverfahren ohne Vertretung durch einen Vormund zu durchlaufen (vgl. § 12 Abs. 1 AsylG). 51

Der Gesetzgeber hatte abzuwägen, ob es in Zweifels- und Streitfällen eher hinnehmbar ist, dass einem Minderjährigen durch Unterbringung in Erwachseneneinrichtungen der ihm zustehende Schutz vorenthalten wird oder ein im Ergebnis Volljähriger die mit der Inobhutnahme verbundenen Schutzmaßnahmen unberechtigt in Anspruch nimmt. Unter dem Gesichtspunkt des Schutzes des Kindeswohls hätte die Abwägung im Sinne der zweiten Alternative auszufallen. Mit dem Ausschluss der aufschiebenden Wirkung **missachtet** der **Gesetzgeber** an dieser Stelle stattdessen ungeachtet allgegenwärtiger Beschwörung den **Vorrang des Kindeswohls**. Hätte er es bei dem Grundsatz des § 80 Abs. 1 VwGO belassen, wonach Widerspruch und Anfechtungsklage aufschiebende Wirkung haben, wäre es dem Jugendamt immer unbenommen geblieben, im Einzelfall nach § 80 Abs. 2 Nr. 4 VwGO die sofortige Vollziehung der Entscheidung anzuordnen und dadurch den Wegfall der aufschie- 52

76 Vgl. BT-Drs. 18/6392, 21.

benden Wirkung herbeizuführen. In diesem Fall hätte freilich das Jugendamt gem. § 80 Abs. 3 Satz 1 VwGO das besondere öffentliche Interesse an der sofortigen Vollziehung schriftlich begründen müssen.

Abs. 3 Satz 2 wiederholt, was gem. § 68 Abs. 1 Satz 2 VwGO ohnehin gilt, und hat daher nur eine klarstellende Funktion. **Landesrecht** kann vorsehen, dass es vor Klageerhebung keiner Durchführung eines Widerspruchsverfahrens bedarf. Dies gilt auch hinsichtlich der hier in Rede stehenden Entscheidungen des Jugendamts.

2. Folgen für den Rechtsschutz

a) Allgemeine Fragen

53 Abs. 3 betrifft den Rechtsschutz gegen zwei mögliche Entscheidungen des Jugendamts: Die **Ablehnung der (vorläufigen) Inobhutnahme** sowie deren **Beendigung**. In beiden Fällen handelt es sich um Verwaltungsakte, gegen die zunächst, soweit nach Landesrecht statthaft, **Widerspruch** einzulegen ist. Ob ein Widerspruchsverfahren stattfindet, hat sich auch aus der Rechtsbehelfsbelehrung zu ergeben, die der Entscheidung des Jugendamts gem. § 36 SGB X obligatorisch beizufügen ist.

Gem. Abs. 3 Satz 1 haben Widerspruch und Klage gegen die Entscheidung des Jugendamts, die (vorläufige) Inobhutnahme „abzulehnen oder zu beenden", keine aufschiebende Wirkung. Da die **aufschiebende Wirkung** lediglich **Eingriffe** in bestehende Rechtspositionen vorläufig **ausschließt**, nicht aber die Rechtsstellung des Betroffenen erweitern kann, kommt sie grundsätzlich bei Verwaltungsakten, die einen Antrag – hier auf (vorläufige) Inobhutnahme – ablehnen, nicht in Betracht bzw. bleibt ohne Bedeutung.[77] Anderes würde nur dann gelten, wenn bereits allein mit der Antragstellung eine günstige Rechtsposition verbunden wäre, die durch die Ablehnung des Antrags beseitigt würde. Das ist hier jedoch nicht der Fall. Die aufschiebende Wirkung greift also überall dort ein, wo in der Hauptsache eine Anfechtungsklage erhoben werden müsste (vgl. § 80 Abs. 1 Satz 1 VwGO: „Widerspruch und Anfechtungsklage haben aufschiebende Wirkung"). Die Regelung des Abs. 3 Satz 1 **greift also (nur) dann**, wenn die **Beendigung** der (vorläufigen) Inobhutnahme mit Widerspruch und/oder Klage **angegriffen** wird.[78] Im Fall der Ablehnung der (vorläufigen) Inobhutnahme muss jedoch Verpflichtungsklage erhoben werden.

b) Fristversäumnis; Wiedereinsetzung in den vorigen Stand

54 Sowohl der Widerspruch als auch die verwaltungsgerichtliche Klage sind **fristgebundene Rechtsbehelfe**. Die Widerspruchs- sowie die Klagefrist betragen jeweils einen Monat nach Bekanntgabe des Verwaltungsakts (§ 70 Abs. 1 Satz 1 VwGO) bzw. nach Zustellung des Widerspruchsbescheids oder, sofern ein solcher nicht ergeht, nach Bekanntgabe des angegriffenen Verwaltungsakts (§ 74 VwGO).

Die Fristgebundenheit eines Rechtsbehelfs impliziert die Möglichkeit der **Fristversäumnis**. Wurde die Widerspruchs- oder Klagefrist versäumt, besteht unter den in § 60 VwGO genannten Voraussetzungen die Möglichkeit der **Wiedereinsetzung in den vorigen Stand**. Wichtigster und zugleich problematischster Teil dieser Voraussetzungen ist, dass die **Versäumung** der Frist **nicht verschuldet** war. Ein Fristversäumnis ist nach der Rechtsprechung dann verschuldet im Sinne des § 60 Abs. 1 VwGO, wenn der Betroffene nicht die Sorgfalt walten lässt, die für einen gewissenhaften, seine Rechte und Pflichten sachgerecht wahr-

---

77 Vgl. dazu nur Kopp/Schenke/*W.-R. Schenke*, VwGO, § 80 Rn. 40.

78 Entgegen *González Méndez de Vigo*, Asylmagazin 2019, 206 (215), *suggeriert* die Vorschrift nicht nur, „grundsätzlich bestünde aufschiebende Wirkung", ohne § 42f Abs. 3 Satz 1 SGB VIII würde diese *tatsächlich eintreten*.

nehmenden Beteiligten geboten und ihm nach den gesamten Umständen zumutbar ist. Wird einem Ausländer ein Bescheid zugestellt, dessen Rechtsmittelbelehrung ihm unverständlich ist, kann er aber seine Bedeutung jedenfalls soweit erfassen, dass es sich um ein amtliches Schriftstück handeln könnte, das eine ihn belastende Verfügung enthält, so können im Rahmen seiner Sorgfaltspflicht zumutbare Anstrengungen verlangt werden, sich innerhalb angemessener Frist Gewissheit über den genauen Inhalt des Schriftstücks zu verschaffen.

Nach *OVG NRW* dürfen die **Anforderungen** sowohl an die Angemessenheit der Frist als auch an das, was ein Betroffener zur Erlangung von Wiedereinsetzung zu tun habe, **nicht überspannt werden**, weil die Verwirklichung des Rechts auf rechtliches Gehör aus Art. 103 Abs. 1 GG von der Gewährung der Wiedereinsetzung abhänge. Im entschiedenen Fall hatte sich der Bescheid über die Beendigung der Inobhutnahme nicht wesentlich von anderen dem Betroffenen übergebenen Schriftstücken unterschieden, sodass er zu weitergehenden Anstrengungen, sich Kenntnis und Klarheit über dessen Inhalt einschließlich der Rechtsbehelfsbelehrung zu verschaffen, nicht verpflichtet gewesen sei. Schließlich verweist das OVG auf § 8 Abs. 1 Satz 2 SGB VIII, nach dem Kinder und Jugendliche in geeigneter Weise auf ihre Rechte im Verwaltungs- sowie gerichtlichen Verfahren hinzuweisen seien. Der Hinweis muss dem Entwicklungsstand des Minderjährigen entsprechend geschehen und könne sich deshalb nicht in der bloßen Nennung der Rechte erschöpfen, sondern bedeute Aufklärung durch Beratung und Auskunft, sodass der Minderjährige seine Rechte effektiv wahrnehmen könne.[79] 54a

Diese Ausführungen des Gerichts gelten erst nach dem durch das KJSG eingefügten § 8 Abs. 4 SGB VIII, gemäß dem die Beteiligung und Beratung von Kindern und Jugendlichen nach diesem Buch in einer für sie verständlichen, nachvollziehbaren und wahrnehmbaren Form zu erfolgen haben. Die Anforderungen auch an die Beratung nach § 8 Abs. 1 Satz 2 SGB VIII wurden damit noch einmal verschärft. Die Jugendamtsmitarbeiter_innen, aber auch andere Beratungspersonen sind also gehalten, die betroffenen Minderjährigen in Fällen wie dem vorliegenden eingehend und verständlich über den Inhalt eines Bescheides, dessen praktische Konsequenzen – hier also die Verbringung in eine Erstaufnahmeeinrichtung für Erwachsene – sowie die möglichen Rechtsbehelfe zu informieren.

c) Verfahrens- und Prozessfähigkeit der betroffenen Person

Sowohl im Widerspruchs- als auch in einem verwaltungsgerichtlichen Verfahren stellt sich die Frage der **Verfahrens**- bzw. **Prozessfähigkeit** der oder des angenommen Minderjährigen, sofern sie ohne Vertreter handeln. 55

Ausländische Staatsangehörige sind zunächst gem. § 11 Abs. 3 SGB X sowie nach § 62 Abs. 4 VwGO, jeweils i.V.m. § 55 ZPO, handlungs- bzw. prozessfähig, wenn sie nach dem **Recht ihres Herkunftsstaates** handlungs- bzw. prozessfähig sind.[80]
Nach **deutschem Recht** sind Minderjährige, die das 7. Lebensjahr vollendet haben, gem. § 106 BGB beschränkt geschäftsfähig, jedoch gem. § 11 Abs. 1 Nr. 2 SGB X handlungsfähig, soweit sie durch Vorschriften des öffentlichen Rechts als solches anerkannt sind. Minderjährige sind gemäß § 36 Abs. 1 Satz 1 SGB I partiell handlungsfähig, da sie nach § 36 Abs. 1 Satz 1 SGB I Anträge auf Sozialleistungen stellen und verfolgen sowie Sozialleistungen entgegennehmen, wenn sie das 15. Lebensjahr vollendet haben. Zwar handelt es sich bei der Inobhutnahme nach § 42 Abs. 1 SGB VIII nach der Rechtsprechung des Bundesverwaltungsgerichts nicht um eine Sozialleistung im Sinne von § 11 SGB I.[81] Die Inobhutnahme verleiht

79 Vgl. OVG NRW, Beschl. v. 5.5.2021, 12 B 477/21, JAmt 2021, 535.
80 Vgl. Kopp/Schenke/*W. R. Schenke*, VwGO, § 62 Rn. 10.
81 Vgl. BVerwG, Urt. v. 11.7.2013, 5 C 24/12, BVerwGE 147, 170.

dem Kind oder Jugendlichen jedoch einen Anspruch darauf, in einer Jugendhilfeeinrichtung aufgenommen, verpflegt und betreut zu werden, sodass insoweit von einer Sozialleistung im Sinne des § 11 SGB I auszugehen ist. Auch wenn es sich bei einer Inobhutnahme nach § 42 Abs. 1 SGB VIII um einen Verwaltungsakt handelt, der auch belastende Wirkungen hat, geht es dem betroffenen Kind oder Jugendlichen vor allem um die mit der Inobhutnahme verbundenen Begünstigungen, die er mit seinem Antrag erhalten möchte.[82] Die Handlungsfähigkeit des gesetzlichen Vertreters wird durch § 36 Abs. 1 Satz 1 SGB I nicht vollständig verdrängt, sondern tritt neben die der Minderjährigen.

Hinsichtlich der **Prozessfähigkeit** gilt Folgendes: Minderjährige sind aufgrund der § 11 Abs. 1 Nr. 2 SGB X entsprechenden Vorschrift des **§ 62 Abs. 1 Nr. 2 VwGO** in eigenen Sachen prozessfähig, soweit sie durch Vorschriften des bürgerlichen oder des öffentlichen Rechts für den Gegenstand des Verfahrens als geschäftsfähig anerkannt sind. Das ist hier nach dem vorstehend Gesagten bei Minderjährigen, die das 15. Lebensjahr vollendet haben, der Fall.

Soweit die Handlungs- oder Prozessfähigkeit der Minderjährigen im vorgenannten Sinne reicht, sind diese auch zur **Bestellung eines Bevollmächtigten**, etwa eines Rechtsanwalts, **befugt**.

d) Gerichtlicher Rechtsschutz gegen die Beendigung der (vorläufigen) Inobhutnahme

56 Gegen die **Beendigung der (vorläufigen) Inobhutnahme** ist, da sie einen belastenden Verwaltungsakt darstellt, der der betroffenen Person die mit dieser verbundenen Schutzmaßnahmen entzieht, **Anfechtungsklage** zu erheben. Da ihr ebenso wie einem ggfs. zuvor einzulegenden Widerspruch nach § 42f Abs. 3 Satz 1 SGB VIII **keine aufschiebende Wirkung** zukommt, verhindert die Klageerhebung nicht, dass die Inobhutnahme mit Wirksamkeit des entsprechenden Bescheides beendet wird und der Betroffene die Jugendhilfeeinrichtung verlassen muss.

57 Will die betroffene Person dies verhindern, muss sie einen Eilantrag (sog. „Stopp-Antrag") an das zuständige Verwaltungsgericht nach § 80 Abs. 5 VwGO mit dem Ziel stellen, die aufschiebende Wirkung des Widerspruchs bzw. der Klage durch das Gericht anordnen zu lassen.[83]

Der Antrag könnte beispielhaft wie folgt lauten:

Muster

> *Es wird beantragt, die aufschiebende Wirkung des Widerspruchs/der Klage gegen den Bescheid des Jugendamts … vom … anzuordnen.*

In der Begründung des Antrags ist wiederum darzulegen, warum die Feststellung der Volljährigkeit durch das Jugendamt unzutreffend ist und/oder auf einer unzutreffenden oder unzureichenden Tatsachengrundlage beruht und deshalb weiterhin von der Minderjährigkeit auszugehen ist, sodass ein Anspruch auf vorläufige Inobhutnahme nach § 42a SGB VIII bzw. auf Inobhutnahme nach § 42 Abs. 1 Nr. 3 SGB VIII fortbesteht.

Das Verwaltungsgericht entscheidet aufgrund einer umfassenden Interessen- und Folgenabwägung. Dabei kommt zunächst der Rechtmäßigkeit der behördlichen Entscheidung, soweit sich diese im summarischen Eilverfahren beurteilen lässt, eine prominente Bedeutung zu. Erweist sie sich als offensichtlich rechtswidrig, ist die aufschiebende Wirkung anzuordnen, da

---

82 Vgl. OVG NRW, Beschl. v. 5.5.2021, 12 B 477/21, juris, Rn. 32, = EJ 2022, 38 (41), insoweit in JAmt 2021, 535 ff. nicht abgedruckt; OVG Bremen, Beschl. v. 18.11.2015, 2 B 221/15, 2 PA 223/15, JAmt 2016, 42 = asyl.net: M23743, https://www.asyl.net/rsdb/M23743 m.w.N.

83 Beispiel für ein solches Eilverfahren ist OVG NRW, Beschl. v. 9.6.2020, 12 B 638/20, juris.

an der Vollziehung eines rechtswidrigen Verwaltungsaktes kein, schon gar kein gesteigertes öffentliches Interesse bestehen kann.

Erscheint die Bewertung der Rechtmäßigkeit offen, ist aufgrund einer Abwägung der beteiligten öffentlichen und privaten Interessen zu entscheiden.[84] Dabei gelten die unten in Bezug auf die einstweilige Anordnung ausgeführten Grundsätze (vgl. Rn. 61).[85]

Gibt das Gericht dem Antrag statt, ist die betroffene Person weiterhin oder erneut bis zu einer Entscheidung in der Hauptsache in Obhut zu nehmen und in einer Jugendhilfeeinrichtung unterzubringen, zu versorgen und zu betreuen.

e) Gerichtlicher Rechtsschutz gegen die Ablehnung der (vorläufigen) Inobhutnahme

Gegen die Ablehnung der (vorläufigen) Inobhutnahme ist Widerspruch einzulegen. Ist ein Widerspruch landesrechtlich nicht statthaft oder wurde er zurückgewiesen, ist gegen die Ablehnung der (vorläufigen) Inobhutnahme **Klage** beim **Verwaltungsgericht** zu erheben. Da die betroffene Person nicht nur die Ablehnung beseitigt haben will, sondern darüber hinaus die Inobhutnahme und die damit verbundenen Schutzmaßnahmen und Leistungen begehrt, ist richtige Klageart die auf eine Inobhutnahme gerichtete **Verpflichtungsklage**. 58

Angesichts der regelmäßigen Dauer eines solchen Hauptsacheverfahrens von mehreren Monaten bis hin zu mehreren Jahren kann **effektiver Rechtsschutz** nur im Wege eines **Eilverfahrens** erlangt werden. Richtige Rechtsschutzform ist insoweit der Antrag auf **Erlass einer einstweiligen Anordnung** nach § 123 Abs. 1 VwGO. Ziel eines solchen Antrags ist es, das Jugendamt zu verpflichten, die oder den Betroffenen bis zu einer endgültigen Klärung des Alters im Hauptsacheverfahren in Obhut zu nehmen und in einer Einrichtung der Kinder- und Jugendhilfe unterzubringen.[86] 59

Der Antrag auf Erlass einer einstweiligen Anordnung könnte beispielhaft wie folgt lauten:

Muster

> *Es wird beantragt, das Jugendamt in … (oder den dahinterstehenden öffentlichen Träger) im Wege der einstweiligen Anordnung zu verpflichten, die Antragstellerin/den Antragsteller bis zur endgültigen Klärung ihres/seines Alters im Rahmen des anhängigen Hauptsacheverfahrens in Obhut zu nehmen und in einer geeigneten Kinder- und Jugendhilfeeinrichtung unterzubringen.*

In der **Begründung des Antrags** ist darzulegen, warum die Feststellung der Volljährigkeit durch das Jugendamt unzutreffend ist und/oder auf einer unzutreffenden oder unzureichenden Tatsachengrundlage beruht und deshalb von der Minderjährigkeit auszugehen ist, sodass ein Anspruch auf vorläufige Inobhutnahme nach § 42a SGB VIII bzw. auf Inobhutnahme nach § 42 Abs. 1 Nr. 3 SGB VIII besteht (sog. **Anordnungsanspruch**). Dabei ist zugrunde zu legen, dass die Frage der Minderjährigkeit der vollumfänglichen gerichtlichen Überprüfung unterliegt. Ein nicht überprüfbarer Beurteilungsspielraum oder eine Einschätzungsprärogative des Jugendamtes bestehen nicht.[87] 60

Zugleich ist die **Eilbedürftigkeit** der gerichtlichen Entscheidung (sog. **Anordnungsgrund**) zu begründen, die regelmäßig gegeben ist, weil eine Entscheidung in der Hauptsache regel-

84 Vgl. als Beispiel VG Gera, Beschl. v. 23.8.2021, 6 E 859/21 Ge, JAmt 2022, 47 (49).

85 Vgl. zu den Entscheidungsmaßstäben des Verwaltungsgerichts in Verfahren nach § 80 Abs. 5 VwGO ausführlich Kopp/*W. R. Schenke*, VwGO, § 80 Rn. 146 ff.

86 Vgl. als Beispiel für ein solches einstweiliges Anordnungsverfahren die Entscheidung des BayVGH, Beschl. v. 23.9.2014, 12 CE 14.833, 12 C 14.1865, juris = NVwZ-RR 2014, 959 = ej 2014, 305 ff. mit Anm. Möller.

87 Vgl. OVG Bremen, Beschl. v. 11.5.2021, 2 B 76/21, https://www.oberverwaltungsgericht.bremen.de, 4.

mäßig so spät erfolgen würde, dass die betroffene Person ihres Anspruchs auf Inobhutnahme für längere Zeit verlustig ginge und eine Inobhutnahme möglicherweise obsolet wäre. Demgegenüber ist die grundsätzlich im Eilverfahren verbotene Vorwegnahme der Hauptsacheentscheidung hier ausnahmsweise im Interesse eines effektiven Rechtsschutzes hinzunehmen, weil andernfalls durch Zeitablauf vollendete Tatsachen geschaffen würden.

61 Ist die Frage des Alters aufgrund der bis dahin getroffenen Feststellungen als unsicher anzusehen, ist im Interesse der Gewährung effektiven Rechtsschutzes aufgrund einer **Folgenabwägung** zu entscheiden: **Gegenüberzustellen sind** die eintretenden Folgen, sollte die einstweilige Anordnung nicht ergehen, sich im Rahmen des Hauptsacheverfahrens aber herausstellen, dass die betroffene Person tatsächlich minderjährig ist, mit denjenigen Folgen, die in dem Fall eintreten, dass die einstweilige Anordnung erlassen wird, im Hauptsacheverfahren sich aber die Volljährigkeit der betroffenen Person ergibt.

Unterbliebe die einstweilige Anordnung im ersten Fall, ginge die betroffene Person des durch § 42f bzw. § 42 Abs. 1 Satz 1 Nr. 3 SGB VIII vermittelten Rechtsanspruchs auf Inobhutnahme und Unterbringung in einer Kinder- und Jugendhilfeeinrichtung für einen nicht unerheblichen Zeitraum, wahrscheinlich für immer verlustig. Gleichzeitig bliebe sie den mit einer unbegleiteten Unterbringung in einer Asylbewerberunterkunft für Erwachsene verbundenen möglichen Gefahren ausgesetzt, denen der Gesetzgeber mit dem Erlass der Inobhutnahmevorschriften gerade begegnen wollte. Darüber hinaus würde die Einleitung geeigneter Fördermaßnahmen verzögert. Demgegenüber stehen die finanziellen Nachteile, die der öffentliche Jugendhilfeträger möglicherweise dadurch erleiden könnte, dass sich im Rahmen des laufenden Feststellungsverfahrens die Volljährigkeit ergibt und sich die bis zur Klärung des Alters zuteil gewordene Inobhutnahme im Nachhinein als überflüssig erweist.

3. Grenzen der Anwendbarkeit von Absatz 3

62 § 42f Abs. 3 SGB VIII findet **keine Anwendung**

- auf Rechtsbehelfe gegen die Ablehnung oder Beendigung einer vorläufigen Inobhutnahme nach § 42a SGB VIII oder einer Inobhutnahme nach § 42 Abs. 1 Satz 1 Nr. 3 SGB VIII aus anderen Gründen als der Altersfeststellung oder
- auf Rechtsbehelfe gegen die Ablehnung oder Beendigung einer Inobhutnahme nach § 42 Abs. 1 Satz 1 Nr. 1 oder 2 SGB VIII sowie
- Rechtsbehelfe der oder des betroffenen Minderjährigen oder der Personensorgeberechtigten gegen eine durch das Jugendamt vorgenommene (vorläufige) Inobhutnahme nach §§ 42, 42a SGB VIII.

IV. Bindungswirkung getroffener Altersfeststellungen

63 Altersfeststellungen werden nicht nur in der Kinder- und Jugendhilfe, sondern auch in anderen Rechtsmaterien, insbesondere beim Vollzug von **Ausländer-, Flüchtlings- und Staatsangehörigkeitsrecht** getroffen. Neben den Vorschriften über die Handlungsfähigkeit (§ 80 AufenthG, § 12 AsylG, § 37 StAG) knüpfen vor allem Vorschriften über die Erteilung eines Aufenthaltstitels (z.B. § 32 AufenthG – Kindernachzug), das Familienasyl und die Familienflüchtlingsanerkennung (§ 26 AsylG) oder die Zulässigkeit ausländerrechtlicher Maßnahmen (z.B. § 49 Abs. 6 AufenthG) an die Volljährigkeit bzw. das (Nicht-)Überschreiten einer bestimmten Altersgrenze an. Deshalb schreibt § 49 Abs. 3 AufenthG vor, dass bei bestehenden Zweifeln über das Lebensalter des Ausländers die zu dessen Feststellung „erforderlichen Maßnahmen zu treffen" sind.[88] Zuständig für diese Maßnahmen sind nach § 71 Abs. 4 Auf-

88 Vgl. dazu im Einzelnen NK-AuslR/*Möller*, § 49 AufenthG Rn. 8 ff., 22 ff.

enthG primär die Ausländerbehörden, ggfs. aber auch die Grenzbehörden. Die Zuständigkeit unterschiedlicher Behörden für Altersfeststellungen, aber auch § 42f SGB VIII selbst wirft die Frage nach der **Bindungswirkung** der durch das Jugendamt getroffenen Altersfestsetzung auf. Hierzu schweigt die Vorschrift. Der Ausschuss für Familie, Senioren, Frauen und Jugend hat eine solche Bindung etwa gegenüber der Ausländerbehörde mit der allerdings sachfremden Begründung abgelehnt, die Altersfeststellung könne andernfalls zum Zweck von Verfahrensverzögerungen missbraucht werden. Danach ist also nicht ausgeschlossen, dass verschiedene Behörden mit unterschiedlichen Altersannahmen arbeiten.

Bindungswirkung entfaltet die getroffene Altersfeststellung nur für das **jeweilige Jugendamt selbst**. Daran gebunden ist etwa die Stelle, die die sog. Notvertretung führt. Eine Bindung anderer Behörden oder Gerichte besteht dagegen nicht.[89] **64**

In umgekehrter Richtung besteht aber auch **keine Bindung** des Jugendamtes an Altersfeststellungen anderer Behörden oder durch Gerichte. Das gilt etwa gegenüber Feststellungen der Ausländer- oder Asylbehörden,[90] aber auch gegenüber der Altersfeststellung eines anderen Jugendamts.[91]

§ 42f Abs. 1 SGB VIII verpflichtet das **Jugendamt**, das Alter der unbegleiteten ausländischen Person festzustellen, und weist diesem damit für das Gebiet der Jugendhilfe die **alleinige Zuständigkeit** zu. Das bedeutet nicht, dass es im Prozess der Einschätzung nicht auf die bei einer ausländerrechtlichen oder gerichtlichen Altersfeststellung gewonnenen Erkenntnisse zurückgreifen dürfte. Stets hat das Jugendamt aber diese eigenständig unter den für das Jugendhilferecht maßgeblichen Kriterien zu bewerten und eine eigenverantwortliche Entscheidung zu treffen.

89 Vgl. OVG Rhld.-Pfalz, Urt. v. 6.12.2018, 7 A 10777/18.OVG, juris, Rn. 29, ZKJ 2022, 72: Keine Bindung des Familiengerichts. Ebenso KG, Beschl. v. 13.11.2019, 3 UF 107/19, openjur.de, Rn. 93; jurisPK-SGB VIII/*Kirchhoff*, § 42 f Rn. 6 m.w.N.

90 Das gilt auch dann, wenn im Zuge erkennungsdienstlicher Maßnahmen nach § 49 Abs. 8 und 9 AufenthG das Jugendamt gem. § 42a Abs. 3a SGB VIII mitgewirkt hat. Vgl. zu dieser Problematik die Erläuterungen zu § 42a Rn. 42a ff.

91 Nach VG Stade, Beschl. v. 13.9.2017, 4 B 2967/17, https://www.asyl.net/fileadmin/user_upload/dokumente/25535.pdf, kann ein Jugendamt zwar eine bereits vorgenommene Altersfeststellung eines anderen Jugendamtes heranziehen. Dies sei allerdings nur insoweit tragfähig, als diese Altersfeststellung nicht zu beanstanden sei, sie also den nach § 42f SGB VIII zu stellenden Anforderungen genüge.

Zweiter Abschnitt
Schutz von Kindern und Jugendlichen in Familienpflege und in Einrichtungen

§ 43
Erlaubnis zur Kindertagespflege

(1) Eine Person, die ein Kind oder mehrere Kinder außerhalb des Haushalts des Erziehungsberechtigten während eines Teils des Tages und mehr als 15 Stunden wöchentlich gegen Entgelt länger als drei Monate betreuen will, bedarf der Erlaubnis.

(2) [1]Die Erlaubnis ist zu erteilen, wenn die Person für die Kindertagespflege geeignet ist. Geeignet im Sinne des Satzes 1 sind Personen, die

1. **sich durch ihre Persönlichkeit, Sachkompetenz und Kooperationsbereitschaft mit Erziehungsberechtigten und anderen Tagespflegepersonen auszeichnen und**
2. **über kindgerechte Räumlichkeiten verfügen.**

[2]Sie sollen über vertiefte Kenntnisse hinsichtlich der Anforderungen der Kindertagespflege verfügen, die sie in qualifizierten Lehrgängen erworben oder in anderer Weise nachgewiesen haben. [3]§ 72a Absatz 1 und 5 gilt entsprechend.

(3) [1]Die Erlaubnis befugt zur Betreuung von bis zu fünf gleichzeitig anwesenden, fremden Kindern. Im Einzelfall kann die Erlaubnis für eine geringere Zahl von Kindern erteilt werden. [2]Landesrecht kann bestimmen, dass die Erlaubnis zur Betreuung von mehr als fünf gleichzeitig anwesenden, fremden Kindern erteilt werden kann, wenn die Person über eine pädagogische Ausbildung verfügt; in der Pflegestelle dürfen nicht mehr Kinder betreut werden als in einer vergleichbaren Gruppe einer Tageseinrichtung. [3]Die Erlaubnis ist auf fünf Jahre befristet. Sie kann mit einer Nebenbestimmung versehen werden. [4]Die Tagespflegeperson hat den Träger der öffentlichen Jugendhilfe über wichtige Ereignisse zu unterrichten, die für die Betreuung des oder der Kinder bedeutsam sind.

(4) Erziehungsberechtigte und Tagespflegepersonen haben Anspruch auf Beratung in allen Fragen der Kindertagespflege.

(5) Das Nähere regelt das Landesrecht.

Übersicht Rn.

A. Allgemeines

§ 43 SGB VIII normiert ein präventives Verbot mit Erlaubnisvorbehalt:[1] Die Ausübung von Kindertagespflege bedarf unter den in § 43 Abs. 1 SGB VIII genannten Voraussetzungen der Erlaubnis. Diese stellt, wie sich nicht zuletzt aus der Überschrift des Zweiten Abschnitts des Dritten Kapitels ergibt, zusammen mit den Vorschriften nach §§ 44 und 45 SGB VIII eine **Regelung zum Schutz** von **Kindern** und **Jugendlichen** in der Familienpflege und in Einrichtungen dar. Die notwendigen und unter unterschiedlichen Voraussetzungen zu erteilenden Erlaubnisse sind **Instrumente der Kontrolle**, woran sich auch dadurch nichts ändert, dass sie präventiv ausgerichtet sind. So sehr es richtig ist, dass sie Beratung und Unterstützung der (Tages-)Pflegepersonen und Einrichtungen nicht zu ersetzen vermögen, so notwendig ist es zugleich, das Instrument der Erlaubnis nicht durch den Verweis auf Beratungs- und Unterstützungsangebote zu verwässern: Eine Erlaubnis ist eine Erlaubnis, keine Beratung oder Unterstützung. 1

Die Vorschrift hat in dem Maße an Bedeutung gewonnen, in dem die Kindertagespflege sich als Alternative zur Förderung anspruchsberechtigter Kinder in Tageseinrichtungen herausgebildet hat. Sie steht im Kontext mit den Vorschriften der §§ 22 ff. SGB VIII, die den Anspruch auf sowie die Grundsätze der Förderung regeln.

1 Ebenso JurisPK-SGB VIII/*Busse*, § 43 Rn. 13.

1a Von erheblicher Bedeutung für die Kindertagespflege ist auch der durch das KJSG eingefügte § 8a Abs. 5 SGB VIII, der die Träger der öffentlichen Jugendhilfe verpflichtet, durch den Abschluss entsprechender Vereinbarungen mit den Tagespflegepersonen sicherzustellen, dass diese bei Bekanntwerden gewichtiger Anhaltspunkte für die Gefährdung eines von ihnen betreuten Kindes eine Gefährdungseinschätzung vornehmen und dabei eine insoweit erfahrene Fachkraft beratend hinzuziehen. Die Erziehungsberechtigten sowie das Kind sind in die Gefährdungseinschätzung einzubeziehen, soweit hierdurch der wirksame Schutz des Kindes nicht in Frage gestellt wird.

Mit der auf eine Forderung des Bundesrates zurückgehenden Vorschrift werden Kindertagespflegepersonen zu dessen Verbesserung in den Kinderschutz einbezogen.[2] So sehr dies zu begrüßen ist, so kritikwürdig bleibt die Umsetzung in Form einer Verlängerung der bereits gegenüber Trägern in Abs. 4 normierten Vereinbarungsideologie auf Tagespflegepersonen. Diese sind zwar etwa gem. § 43 Abs. 3 Satz 6 SGB VIII verpflichtet, den Träger der öffentlichen Jugendhilfe über wichtige Ereignisse zu unterrichten, die für die Betreuung des oder der Kinder bedeutsam sind – die Verpflichtung, bei Bekanntwerden gewichtiger Anhaltspunkte für die Gefährdung eines von ihnen betreuten Kindes eine Gefährdungseinschätzung vorzunehmen und dabei eine insoweit erfahrene Fachkraft beratend hinzuzuziehen, besteht dagegen erst dann, wenn sie Gegenstand einer Vereinbarung mit dem öffentlichen Träger ist, und tritt folglich dann nicht ein, wenn eine solche Vereinbarung nicht geschlossen wurde.[3]

2 § 43 SGB VIII, der in der **ursprünglichen Fassung** des SGB VIII die Befugnis des Jugendamtes zur Herausnahme eines Kindes oder Jugendlichen aus einem Haushalt oder einer Einrichtung normierte, wurde durch das **KICK** inhaltlich völlig verändert. Die in § 43 SGB VIII a.F. enthaltenen Regelungen wurden in § 42 SGB VIII n.F. überführt. Die im Entwurf der Bundesregierung[4] zunächst weggefallene Vorschrift wurde erst in einem späten Stadium des Gesetzgebungsverfahrens mit dem jetzigen Inhalt wieder aufgenommen. Mit ihr wurde die Tagespflege aus § 44 SGB VIII a.F. herausgelöst und der Erlaubnisvorbehalt im Hinblick auf die spezifischen Anforderungen der Tagespflege eigenständig geregelt.[5] Durch das **KiföG** wurden Abs. 1 und 3 umgestaltet sowie die Absätze 4 und 5 neu aufgenommen. Eine weitere Änderung erfolgte durch das **BKiSchG**, das Abs. 2 Satz 4 in die Vorschrift einfügte. Die letzten, allerdings lediglich redaktionellen Änderungen hat das KJSG vorgenommen, indem es in den Abs. 2 Satz 2 Nr. 1, Abs. 3 Satz 6 und Abs. 4 den Begriff der Tagespflegeperson in „Anpassung an aktuelle Begrifflichkeiten"[6] durch den der **Kindertagespflegeperson** ersetzte.

2a Sowohl die (jugendhilferechtliche) Literatur als auch die einschlägige Rechtsprechung gehen davon aus, dass es sich bei den Vorschriften des § 43 SGB VIII um Einschränkungen der **„Berufsfreiheit"** handele und ziehen daraus Folgerungen sowohl hinsichtlich des Anspruchs auf Erteilung als auch der Zulässigkeit der Entziehung der Tagespflegeerlaubnis. Die Annahme einer Einschränkung bzw. eines Eingriffs in die Berufsfreiheit erfolgt überwiegend begründungslos, weil als offenbar selbstverständlich angenommen.[7]

2 So die Bundesratsbegründung, BR-Drs. 5/21.

3 Während hinsichtlich der freien Träger immerhin deren „Autonomie" beschworen wird, schweigen die Äußerungen im Gesetzgebungsverfahren zum KJSG gänzlich zu der Frage, warum man die gewollte Verpflichtung nicht schlicht und einfach als § 43 Abs. 3 Satz 7 SGB VIII in das Gesetz aufgenommen, sondern den Umweg über eine Vereinbarung eingeschlagen hat.

4 Vgl. BT-Drs. 15/3676, 14.

5 So BT-Drs. 15/5616, 10.

6 So die Gesetzesbegründung, BT-Drs. 19/26107, 96.

7 Vgl. etwa FK-SGB VIII/*Smessaert/Lakies*, § 43 Rn. 13: „Da die Kindertagespflegeperson jedoch einen eigenständigen Beruf iSd Art. 12 Abs. 1 GG ausübt und deshalb …"; Rn. 14: „Vor dem Hintergrund, dass § 43 für die Kindertagespflegeperson einen Eingriff in ihre grundrechtlich geschützte Berufsfreiheit (Art. 12 Abs. 1 GG) darstellt, dürfen hier nur …"

Angesichts der geradezu uferlosen Weite, die der Berufsbegriff in der Rechtsprechung und der dieser unisono folgenden Literatur gefunden hat, wonach jede auf Dauer angelegte und auf die Schaffung und Erhaltung der Lebensgrundlage ausgerichteten Tätigkeit „Beruf" sein kann,[8] wird man davon ausgehen müssen, dass es sich bei der Tätigkeit der „Kindertagespflege" um einen Beruf i.S.d. Art. 12 Abs. 1 GG handelt, auch wenn das für die Annahme eines Berufs wichtige Indiz, dass zu seiner Ausübung eine über die Vermittlung der üblichen Branchenkenntnisse hinausgehende Berufsausbildung vorausgeht,[9] mit den Anforderungen, die § 43 Abs. 2 Satz 3, Abs. 3 Satz 3 SGB VIII an die Tagespflegeperson stellt, allenfalls rudimentär vorhanden ist. Allerdings spricht auch die gesetzliche Ausgestaltung der Kindertagespflege in §§ 22, 23 SGB VIII, mit der sie in ihren Anforderungen gleichberechtigt neben die Förderung in Tageseinrichtungen tritt, für die Annahme eines Berufs „Kindertagespflege".[10]

Davon ausgehend, handelt es sich bei § 43 SGB VIII um eine geradezu klassische gesetzliche **Berufsausübungsregelung**, die gem. Art. 12 Abs. 1 Satz 2 GG zulässig ist.[11]

Die Kindertagespflege **ohne erforderliche Erlaubnis** stellt gem. § 104 Abs. 1 Nr. 1 SGB VIII eine **Ordnungswidrigkeit**, bei Vorliegen einer der Voraussetzungen des § 105 Nr. 1 oder 2 SGB VIII eine Straftat dar. 3

B. Einzelheiten

I. Abs. 1 – Erlaubnisvorbehalt

§ 43 Abs. 1 SGB VIII unterwirft die Kindertagespflege der **Erlaubnispflicht**. Danach bedarf eine Person, die ein Kind oder mehrere **Kinder**, also junge Menschen, die noch nicht 14 Jahre alt sind (§ 7 Abs. 1 Nr. 1 SGB VIII), **außerhalb des Haushalts** des oder der Erziehungsberechtigten **während eines Teils des Tages mehr als 15 Stunden wöchentlich** gegen **Entgelt** und **länger als drei Monate betreuen** will, der Erlaubnis. 4

1. Betreuung außerhalb des Haushalts des oder der Erziehungsberechtigten

Die durch das KiFöG aufgenommene Formulierung „außerhalb des Haushalts des Erziehungsberechtigten" stellt gegenüber der ursprünglichen Fassung, nach der die Tagespflege von Kindern „außerhalb ihrer Wohnung" erlaubnispflichtig war, eine Erweiterung und Klarstellung dar. Entscheidend ist damit, dass die Betreuung **außerhalb des Haushalts des Erziehungsberechtigten** stattfindet. Dagegen kommt es nicht (mehr) darauf an, **wo** die Betreuung stattfindet, insbesondere ist nicht mehr wie in der Ursprungsfassung des § 44 SGB VIII a.F. gefordert, dass sie „in der Familie" der Pflegeperson erfolgt. Damit kommt neben der Betreuung im Haushalt der Pflegeperson auch eine solche in Räumen Dritter, z.B. in angemieteten Räumen, in Betracht.[12] Zum Begriff des Erziehungsberechtigten vgl. die Erläuterungen zu § 7 SGB VIII Rn. 4. Keiner Erlaubnis bedarf die Betreuung im Haushalt der Erziehungsberechtigten durch **Tagesmütter**, **Au-pair-Kräfte** oder **Babysitter**. 5

---

8 Vgl. BVerfGE 119, 59 (78).
9 Vgl. BVerfGE 119, 59 (78).
10 Für die Annahme eines durch Art. 12 Abs. 1 GG geschützten Berufs auch VGH Ba-Wü, Urt. v. 12.7.2017, 12 S 102/15, juris, Rn. 31; OVG NRW, Urt. v. 22.8.2014, 12 A 591/14.
11 Vgl. zur Zulässigkeit der gesetzlichen Regelung der Berufsausübung auch § 45 Rn. 13a f.
12 Ebenso Wiesner/Wapler/*Wiesner*, § 43 SGB VIII Rn. 10.

2. Zeitlicher Umfang

6 Die ebenfalls durch das KiFöG eingefügte Voraussetzung, dass die Betreuung „**während eines Teils des Tages**" erfolgen muss, stellt klar, dass in Abgrenzung zur Vollzeitpflege (§ 44 SGB VIII) eine Erlaubnis nach § 43 SGB VIII dann erforderlich ist, wenn das Kind für einen Teil des 24 Stunden umfassenden Tages betreut wird. Die Lage des Betreuungszeitraums innerhalb des Gesamttages ist unerheblich.

7 Mit der Änderung des Abs. 1 durch das KiFöG wurde klargestellt, dass sich die **wöchentliche Mindeststundenzahl** von **15 Stunden** auf die wöchentliche Arbeitszeit der Tagespflegeperson bezieht und damit unabhängig von der Zahl der betreuten Kinder gilt.[13] Maßgeblich ist die projektierte Zahl, eine vorübergehende Unterschreitung der tatsächlichen Mindeststundenzahl lässt die Erlaubnispflicht nicht entfallen.

8 Insgesamt muss die Betreuung auf einen Zeitraum angelegt sein, der **länger als drei Monate** andauert. Auch insoweit kommt es auf die beabsichtigte Betreuungstätigkeit der Pflegeperson an. Maßgeblich ist also nicht die beabsichtigte oder voraussichtliche Betreuung eines bestimmten Kindes. Ist die Betreuungstätigkeit für einen längeren Zeitraum als drei Monate projektiert, besteht von Anfang an Erlaubnispflichtigkeit. Die Vorschrift ist also nicht dahin zu verstehen, dass die Erlaubnispflicht erst bei Überschreiten der Drei-Monats-Grenze eintritt.

3. Gegen Entgelt

9 Schließlich ist nur die Betreuung **gegen Entgelt** erlaubnispflichtig.

Insoweit besteht Einigkeit, dass darunter eine Geld- oder andere geld- oder vermögenswerte Leistung zu verstehen ist.[14] Auf die Höhe des Entgelts kommt es nicht an, auch eine Vergütung mit bloßem Anerkennungscharakter begründet die Entgeltlichkeit. Ohne Bedeutung ist auch, ob für alle betreuten Kinder ein Entgelt geleistet wird. Es genügt, wenn für ein Kind eine Leistung erbracht wird. Entgelt im Sinne der Vorschrift sind auch **die Leistungen**, die der **öffentliche Träger** gem. § 23 SGB VIII erbringt.

10 Umstritten ist dagegen, ob der Begriff des Entgelts nur solche Vergütungen betrifft, die für die „eigentliche" Betreuungstätigkeit erbracht werden,[15] oder unabhängig von ihrer Bezeichnung als Bezahlung, Vergütung, Honorar, Aufwandsentschädigung jegliche Leistungen, also auch Zahlungen für Verpflegung, Spielzeug o.Ä. erfasst, die im Kontext der Betreuung erbracht werden. Letztere Auffassung wird damit begründet, dass der Begriff des Entgelts weit zu verstehen und offen sei und nicht von der Bezeichnung der Leistung abhängig gemacht werden könne. Sowohl zur Verhinderung von Umgehungsmöglichkeiten als auch unter dem Gesichtspunkt der Bußgeld- bzw. Strafbewehrung eines Verstoßes gegen die Erlaubnispflicht sei ein klarer und bestimmter Begriff erforderlich.[16]

11 Unzweifelhaft erscheint, dass die von den jeweils Beteiligten gewählte Nomenklatur nicht über die Qualifikation einer Leistung als Entgelt entscheiden kann. Andernfalls hätten es die (potenziell) der Erlaubnispflicht Unterworfenen in der Hand, über deren (Nicht-)Bestehen zu entscheiden.

Darüber hinaus ist der Begriff der **Entgeltlichkeit** der Rechtsordnung nicht fremd, sondern zeichnet sich durch eine **Verknüpfung** von **Leistung** und **Gegenleistung** aus.[17] Unter An-

---

13 Vgl. BT-Drs. 16/9299, 17.

14 Vgl. FK-SGB VIII/*Smessaert/Lakies*, § 43 Rn. 9; Wiesner/Wapler/*Wiesner*, § 43 SGB VIII Rn. 17.

15 So noch Wiesner/*Mörsberger*, 5. Aufl., § 43 Rn. 20 m.w.N.; aufgegeben von Wiesner/Wapler/*Wiesner*, § 43 SGB VIII Rn. 17.

16 So noch FK-SGB VIII/*Lakies*, 7. Aufl., § 43 Rn. 9, in der 8. Aufl. aufgegeben hinsichtlich Aufwendungsersatz *Smessaert/Lakies*, § 43 Rn. 9.

17 Vgl. Palandt/Heinrichs, Überbl. v. § 311 BGB Rn. 8.

legung dieses Maßstabs liegt eine Betreuung gegen Entgelt dann vor, wenn die Zahlung von Geld oder Gewährung eines geldwerten Vorteils mit der Erbringung der Betreuung als Gegenleistung verknüpft ist. Das ist bei Zahlungen für Verpflegungskosten (Körperpflege (z.B. Windeln), Ernährung) nicht der Fall. Dadurch werden lediglich die der Pflegeperson entstehenden **Kosten ausgeglichen**. Daraus ergibt sich, dass nur die für die Betreuung als solche (nicht aber die für die weiteren, im Übrigen auch ohne Betreuung) entstehenden Kosten als Entgelt anzusehen sind.

Danach ist die Kinderbetreuung im Wege der **Freundschaft oder Nachbarschaftshilfe** erlaubnisfrei, auch wenn Aufwendungen, die die Pflegeperson tätigt, erstattet werden.

4. Rechtsfolge

Liegen die vorstehend genannten Voraussetzungen vor, bedarf die Betreuung der **Erlaubnis**. Sie ist, wie sich aus dem Gesetzeswortlaut („Wer… betreuen will") ergibt, **vor deren Aufnahme** einzuholen. 12

II. Abs. 2 – Erteilungsvoraussetzungen

Nach der durch das KiFöG getroffenen Formulierung ist die **Erlaubnis zu erteilen**, wenn die Person für die Kindertagespflege **geeignet** ist. Bei Vorliegen dieser Voraussetzung besteht also ein **Rechtsanspruch** auf die Erteilung der Erlaubnis. Ein irgendwie geartetes Ermessen steht der Erlaubnisbehörde nicht zu. Bei der „Eignung" handelt es sich um einen unbestimmten Rechtsbegriff, der unter Zugrundelegung der in den Sätzen 2 bis 4 vorgenommenen Konkretisierungen auszulegen und gerichtlich voll überprüfbar ist.[18] Die **Beweislast** für das Vorliegen der Erlaubnisvoraussetzungen liegt **bei** der antragstellenden potenziellen **Tagespflegeperson**. Zwar kennt das Verwaltungsrecht angesichts des geltenden Untersuchungsgrundsatzes (§ 20 SGB X) keine Beweis*führungs*last, jedoch geht die Nichterweislichkeit einer Tatsache zulasten desjenigen Beteiligten, dem diese Tatsache günstig ist. Das ist bei den Erlaubnisvoraussetzungen die Person, die die Erlaubnis begehrt. 13

Die in § 43 Abs. 2 Satz 2 und 3 SGB VIII genannten Eignungsvoraussetzungen sind ungeachtet der unterschiedlichen textlichen Gestaltung mit den in **§ 23 Abs. 3 SGB VIII** genannten **wortlautidentisch**. Gleichwohl sollen nach einer vertretenen Auffassung die Anforderungen in beiden Vorschriften unterschiedlich auszulegen sein: § 23 Abs. 3 SGB VIII enthalte die Voraussetzungen für einen Leistungsanspruch, während § 43 SGB VIII eine „ordnungsrechtliche Eingriffsnorm" sei. Vor dem Hintergrund, dass § 43 SGB VIII einen Eingriff in die durch Art. 12 Abs. 1 GG geschützte Berufsfreiheit der Pflegeperson darstelle, dürften hier nur „Mindeststandards" verlangt werden.[19] 14

Dieser Auffassung ist **nicht zu folgen**. Zunächst ist es **methodisch** irritierend, zwei in einem Gesetz enthaltene, dieselbe Materie – Kindertagespflege durch eine Tagespflegeperson – regelnde wortlautidentische Vorschriften unterschiedlich auszulegen. Entsprächen unterschiedliche Maßstäbe dem Willen des Gesetzgebers, hätte er es durch unterschiedliche Formulierungen zum Ausdruck bringen können und müssen.

18 Vgl. etwa OVG Nordrhein-Westfalen, Beschl. v. 22.11.2012, 12 B 1252/12, juris, Rn. 24.
19 FK-SGB VIII/*Smessaert/Lakies*, § 43 Rn. 14.

Die Aussage, es sei „rechtssystematisch kaum nachvollziehbar"[20], dass beide Normen wortlautgleich – und damit, wie zu zeigen sein wird, inhaltsgleich – formuliert seien, beruht einzig darauf, dass die beiden Vorschriften unterschiedlich etikettiert werden: „Leistungsnorm" versus „ordnungsrechtliche Eingriffsnorm". Löst man die Etikettierung ab, stellt sich heraus, dass beide Vorschriften – § 23 Abs. 3 SGB VIII einerseits, § 43 Abs. 2 SGB V III andererseits – dasselbe regeln, nämlich die an eine Kindertagespflegeperson zu stellenden Qualifikationsanforderungen. Es ist – rechtsdogmatisch betrachtet – in beiden Vorschriften ein und dieselbe Kindertagespflegeperson, sodass es nicht nur nicht „rechtssystematisch kaum nachvollziehbar", sondern nur konsequent ist, dass die Anforderungen identisch sind. Denn dass die Kindertagespflegeperson, auf deren Förderungsleistung nach § 23 Abs. 1 SGB VIII ein Anspruch besteht, dafür auch geeignet ist, wird durch die Erlaubnispflichtigkeit nach § 43 SGB VIII sichergestellt und durch die erteilte Erlaubnis gleichsam zertifiziert.

14a **Rechtsdogmatisch** vermag allerdings der pauschale Verweis auf „die Berufsfreiheit" eine Begründung dafür nicht zu ersetzen, dass nur die Normierung von Mindeststandards verfassungsrechtlich zulässig sei.[21]

Einmal unterstellt, dass im Rahmen des § 43 SGB VIII „**nur Mindeststandards** verlangt werden"[22] dürften, stellt sich die Frage, warum dies bei § 23 SGB VIII anders sein soll und was denn *dort* von einer Tagespflegeperson durch wen verlangt werden darf. Wenn es bei § 43 SGB VIII nur um Mindeststandards gehen, es also durchaus auch ein bisschen weniger Eignung sein darf, führte dies ja dazu, dass nach § 23 SGB VIII ein Anspruch auf „optimale Betreuung" besteht,[23] der allerdings nicht eingelöst werden muss und möglicherweise auch nicht eingelöst werden kann, weil sich die Erlaubnis nach § 43 SGB VIII mit weniger begnügen darf – eine absurde Vorstellung. Zu Recht hat demgegenüber das sächsische OVG ebenso prägnant wie richtig festgestellt: „Entweder ist jemand für die Kindertagespflege geeignet oder er ist es nicht."[24]

Dass die Tagespflegeperson und die an diese zu stellenden Anforderungen in § 23 Abs. 3 SGB VIII und § 43 Abs. 2 SGB VIII identisch sind, zeigt sich auch daran, dass nach § 22 Abs. 2 Nr. 1 und 2 SGB VIII auch die Kindertagespflege die Entwicklung des Kindes zu einer eigenverantwortlichen und gemeinschaftsfähigen Persönlichkeit fördern sowie die Erziehung und Bildung in der Familie unterstützen und ergänzen soll. Der Förderungsauftrag umfasst Erziehung, Bildung und Betreuung des Kindes und bezieht sich auf dessen soziale, emotionale, körperliche und geistige Entwicklung. Folglich gehören zur persönlichen Eignung daher auch Dispositionen und Kompetenzen, die nötig sind, um die Grundsätze der Förderung

---

20 So FK-SGB VIII/*Smessaert/Lakies*, § 43 Rn. 14. Der Begriff der „Mindeststandards" ist bereits der erste Schritt zur auch inhaltlichen Destruktion der an die Eignung zu stellenden Anforderungen. Als Beispiel dafür, wie sich diese Erfindung jeglicher Begründungsnotwendigkeit entledigt und verselbstständigt, kann auf eine Entscheidung des BayVGH verwiesen werden: „Insoweit ist nämlich zu berücksichtigen, dass § 43 Achtes Buch Sozialgesetzbuch (SGB VIII) für die Kindertagespflegeperson einen Eingriff in die grundrechtlich geschützte Berufsfreiheit (Art. 12 Abs. 1 GG) darstellt, weshalb (sic!) bei der Erlaubniserteilung nur Mindeststandards (§ 43 Abs. 2 SGB VIII, hier in der bis zum 31.12.2011 geltenden Fassung) verlangt werden dürfen" (Beschl. v. 18.10.2012, 12 B 12.1048, juris, Rn. 41, ZKJ 2013, 41).

21 So bis zur 5. Aufl. Wiesner/*Mörsberger*, § 43 SGB VIII Rn. 21; jetzt aufgegeben von Wiesner/Wapler/*Wiesner*, § 43 SGB VIII Rn. 19. Die dort vertretene Auffassung, die Versagung der Erlaubnis komme nur bei „positiv feststehender Nichteignung der KiTagespflegeperson in Betracht", ist angesichts des Wortlauts der Vorschrift schlicht falsch.

22 So wiederum FK-SGB VIII/*Smessaert/Lakies*, § 43 Rn. 14.

23 An dieser Stelle wird allerdings stillschweigend die Frage der Eignung der Kindertagespflegeperson verlassen und auf die Betreuung abgestellt. Man mag die dadurch gewährleistete Betreuung für „optimal" halten oder nicht, jedenfalls hat der Gesetzgeber einen Rechtsanspruch auf Tagesförderung durch eine geeignete Kindertagespflegeperson normiert und die für dessen Erfüllung an die Eignung zu stellenden Anforderungen in §§ 23 Abs. 3, 43 Abs. 2 SGB VIII jeweils konkretisiert.

24 SächsOVG, Beschl. v. 27.5.2014, 4 B 48/14, juris, Rn. 16.

nach § 22 Abs. 2 und Abs. 3 SGB VIII erfüllen zu können, und keinesfalls nur die Fähigkeit und Bereitschaft, Gefahren von den betreuten Kindern abzuwenden.[25]

Zu Recht wird darauf hingewiesen, dass die Frage der Geeignetheit auch nicht mit der einer Kindeswohlgefährdung gleichzusetzen ist. Eine Kindeswohlgefährdung liegt dann vor, wenn eine gegenwärtige oder zumindest unmittelbar bevorstehende Gefahr für die Kindesentwicklung abzusehen ist, die bei ihrer Fortdauer eine erhebliche Schädigung des körperlichen, geistigen oder seelischen Wohls des Kindes mit ziemlicher Sicherheit voraussehen lässt; typische Anwendungsfälle sind Kindesmisshandlung, sexuelle Gewalt und Vernachlässigung. Mit Blick auf die bereits dargelegte Zielrichtung des § 43 Abs. 2 SGB VIII, über das Merkmal der Eignung der Tagespflegeperson, Qualitätsstandards zu setzen und eine in jeder Beziehung kindgerechte Pflege der zu betreuenden Kinder sicherzustellen, kann die Eignung einer Tagespflegeperson nicht erst dann verneint werden, wenn im Rahmen der Tagespflege eine Gefahr im soeben umschriebenen Sinne droht.[26]

§ 23 Abs. 3 SGB VIII einerseits sowie § 43 Abs. 2 SGB VIII andererseits einen unterschiedlichen Normgehalt zu unterlegen, erweist sich nach allem als der **Versuch**, durch plakative Zuschreibungen („Leistungsanspruch" vs. „Eingriffsnorm") die **Kontrollfunktion und -dichte** der Erlaubnisnorm des § 43 SGB VIII **zu minimieren**.[27]

Zur Kindertagespflege geeignet sind nach Abs. 2 Personen, die **15**

1. sich durch ihre Persönlichkeit, Sachkompetenz und Kooperationsbereitschaft mit den Erziehungsberechtigten und anderen Tagespflegepersonen auszeichnen (Abs. 2 Satz 2 Nr. 1) und
2. über kindgerechte Räumlichkeiten (Abs. 2 Satz 2 Nr. 2) verfügen.

Sie sollen darüber hinaus über in qualifizierten Lehrgängen erworbene oder in anderer Weise nachgewiesene vertiefte Kenntnisse hinsichtlich der Anforderungen der Kindertagespflege verfügen (Abs. 2 Satz 3) und dürfen nicht rechtskräftig wegen einer der in § 72a SGB VIII genannten Straftaten verurteilt worden sein (Abs. 2 Satz 4).

1. Abs. 2 Satz 2 Nr. 1 – Persönliche und fachliche Eignung

Persönlich und fachlich geeignet sind nach der Konkretisierung durch Abs. 2 Satz 1 Nr. 1 Personen, die sich durch ihre **Persönlichkeit**, **Sachkompetenz** und **Kooperationsbereitschaft mit den Erziehungsberechtigten** und anderen Tagespflegepersonen auszeichnen. Die genannten Eignungskriterien sind nicht trennscharf voneinander abzugrenzen. So setzt etwa Eignung mit Blick auf einschlägige Rechtsnormen sowohl deren Kenntnis (Sachkompetenz) als auch die Bereitschaft zu deren Beachtung (Persönlichkeit) voraus. **16**

a) Persönliche Eignung

Für die Prüfung und Beurteilung der persönlichen Eignung bedarf es – jedenfalls bei der erstmaligen Erteilung der Erlaubnis – einer prognostischen Beurteilung, da Umstände, die häufig die Grundlage für ein auf die Aufhebung der Erlaubnis gerichteten Verfahrens bilden, noch nicht vorliegen. Die Entscheidung ist vielmehr auf der Basis der vorliegenden inneren und äußeren Prognosetatsachen zu treffen. Eine retrospektive Beurteilung ist dagegen erst in Streitigkeiten über die Zulässigkeit einer erfolgten Aufhebung der Kindertagespflegeerlaub- **17**

25 OVG NRW, Beschl. v. 27.6.2011, 12 B 507/11, juris, Rn. 15, 17.
26 Vgl. VG Düsseldorf, Beschl. v. 22.1.2019, 19 L 3530/18, juris, Rn. 21.
27 In gleicher Weise wird bei der Erteilung der Betriebserlaubnis verfahren, vgl. FK-SGB VIII/*Smessaert/Lakies*, § 45 Rn. 26. Rechtspolitisch ist es geradezu bigott, das Kindeswohl als oberstes zu schützendes Rechtsgut im Munde zu führen, um es sodann auf dem Altar der Berufsfreiheit zu opfern.

nis möglich.[28] Die dazu ergangene Rechtsprechung hat zwar eine Reihe typischer Umstände herausgearbeitet (siehe dazu unten Rn. 37 ff.), die die persönliche Eignung ausschließen (z.B. das Überschreiten der erlaubten Zahl betreuter Kinder), die aber bei der Erlaubniserteilung nicht berücksichtigt werden können, weil sie erst nach Aufnahme der Betreuung eintreten oder festgestellt werden.

Zu den für die **persönliche Eignung** erforderlichen **charakterlichen Eigenschaften** gehört unter anderem, dass die Pflegeperson über eine ausreichende psychische Belastbarkeit und Zuverlässigkeit verfügt, um in der Bewältigung auch unerwarteter Situationen flexibel reagieren zu können, sowie ausreichendes Verantwortungsbewusstsein und hinreichende emotionale Stabilität aufweist, damit das Kind und seine Rechte voraussichtlich unter allen Umständen geachtet werden.[29] Daneben umfasst der Begriff der persönlichen Eignung die Voraussetzung, dass in Tagespflege aufgenommene Kinder keinen vermeidbaren, für ihre Entwicklung schädlichen Risiken oder Gefährdungen ausgesetzt sind. Die persönliche Eignung für die Kindertagespflege fehlt dann, wenn ein festgestellter Mangel an persönlicher Integrität und Zuverlässigkeit negative Auswirkungen von nicht unerheblichem Gewicht auf die betreuten Kinder konkret befürchten lässt.[30]

Ferner muss eine Tagespflegeperson ihr **Handeln begründen und reflektieren können** und fähig zum konstruktiven Umgang mit Konflikten und Kritik sein.[31] Diesen Anforderungen muss eine Tagespflegeperson auch im Hinblick auf den vom Kindeswohl umfassten Anspruch auf gewaltfreie Erziehung genügen.[32]

18 Die persönliche Eignung erfordert auch, dass die Kindertagespflegeperson **psychisch und physisch in der Lage** ist, die Kindertagespflege zu erledigen. Zwar schließen Beeinträchtigungen die Erteilung der Erlaubnis nicht aus, jedoch muss die Person in der Lage sein, die besonderen Herausforderungen und Anstrengungen bei der Betreuung von Kindern zu bewältigen.

Eine generelle Altersgrenze ist nicht anzunehmen,[33] jedoch können altersbedingte Zweifel daran, dass sie den Anforderungen, die an die körperliche und psychische Belastbarkeit einer Kindertagespflegeperson gestellt werden, gerecht werden können, eine fehlende Eignung begründen.

18a Immer wieder ist die Streitfrage Gegenstand gerichtlicher Entscheidungen, ob und ggfs. unter welchen Umständen die Überschreitung der erlaubten Zahl der zu betreuenden Kinder die Eignung der Kindertagespflegeperson ausschließt. Dies kann indes nur retrospektiv festgestellt und beurteilt werden und deshalb regelmäßig[34] nur Streitigkeiten über die Zulässig-

---

28 Die ganz überwiegende Zahl der Gerichtsentscheidungen, die sich mit der Frage der persönlichen Eignung der Tagespflegeperson befassen, ist denn auch in Verfahren über die Entziehung der Erlaubnis ergangen. Die Ursache dafür dürfte darin liegen, dass die Erteilung der Erlaubnis entweder unproblematisch erfolgen konnte, das Ergebnis eines Aushandlungsprozesses zwischen Erlaubnisbewerber_in und Erlaubnisbehörde war oder so aussichtslos erschien, dass von einer gerichtlichen Auseinandersetzung Abstand genommen wurde.

29 OVG Niedersachsen, Beschl. v. 9.10.2020, 10 ME 199/20, juris, Rn. 22 m.w.N.

30 Hinsichtlich dieser in zahlreichen Gerichtsentscheidungen anzutreffenden Umschreibung vgl. statt vieler zuletzt OVG Niedersachsen, Beschl. v. 9.10.2020, 10 ME 199/20, a.a.O.

31 SächsOVG, Beschl. v. 27. Mai 2014, 4 B 48/14, juris; SächsOVG, Beschl. v. 8. März 2017, 4 B 12/17, juris, Rn. 6 ff.; OVG NRW, Beschl. v. 21. Juli 2015, 12 B 606/15, juris.

32 VG Aachen, Beschl. v. 3.3.2016, 1 K 2193/14, juris, Online abrufbar unter www.justiz.nrw.de/nrwe/ovgs/vg_aachen/j2016/1_K_2193_14_Urteil_20160303.html, mit zahlreichen Nachweisen aus Literatur und Rechtsprechung; VG Ansbach, Urt. v. 18.11.2010, AN 14 K 08.01743, AN 14 K 09.01205, juris, m.w.N.

33 OVG Bremen, Beschl. v. 17.11.2010, 2 B 256/10, juris, geht davon aus, dass bei Personen, die das Renteneintrittsalter deutlich (im entschiedenen Fall: 10 Jahre) überschritten haben, regelmäßig solche erheblichen Zweifel bestehen.

34 Anders kann es dann sein, wenn die Kindertagespflegeperson nach Beendigung einer Pflegeerlaubnis eine solche erneut beantragt.

keit der Entziehung einer erteilten Pflegeerlaubnis betreffen (vgl. dazu ausführlich unten Rn. 37a).

Berücksichtigung finden müssen ggfs. insoweit allerdings **eigene Kinder** der Tagespflegeperson, die sich ebenfalls in den Betreuungsräumen aufhalten und von dieser betreut und beaufsichtigt werden müssen. Hier kommt es sowohl auf die Zahl als auch das Alter der eigenen Kinder an.

Berücksichtigt werden müssen ggfs. auch die aufgrund einer Erlaubnis zur **Vollzeitpflege** gem. § 44 SGB VIII aufgenommenen **Pflegekinder**, die im Haushalt der Kindertagespflegeperson leben.[35] Dies kann oder muss dazu führen, dass die Erlaubnis nur für eine geringere Zahl von betreuten Kindern erteilt oder gänzlich abgelehnt wird, weil die notwendige Betreuung nicht gewährleistet ist.

Die Frage der persönlichen Eignung betrifft auch Abs. 2 Satz 4, wonach § 72a Abs. 1 und 5 SGB VIII entsprechend gilt. Der Verweis auf § 72a Abs. 1 Satz 1 SGB VIII bedeutet: Wer **rechtskräftig** wegen einer der in § 72a Abs. 1 Satz 1 SGB VIII **genannten Straftaten verurteilt** worden ist, ist als Kindertagespflegeperson **ungeeignet** und darf keine Erlaubnis erhalten. Deshalb hat sich das Jugendamt als Erlaubnisbehörde im Rahmen des Erteilungsverfahrens, aber auch während des bestehenden Pflegeverhältnisses „in regelmäßigen Abständen" ein Führungszeugnis nach § 30 Abs. 5 und § 30a Abs. 1 BZRG vorlegen zu lassen.[36] Hinsichtlich des Vorlageintervalls werden bei § 72a SGB VIII Zeiträume von nicht unter drei und nicht über fünf Jahre genannt. Da Kindertagespflege regelmäßig außerhalb jeglichen öffentlichen Einblicks und jeglicher öffentlicher Kontrolle stattfindet, ist ein Intervall von maximal drei Jahren angemessen. **18b**

§ 43 Abs. 2 Satz 4 SGB VIII verweist auch auf § 72a Abs. 5 SGB VIII. Die dortigen datenschutzrechtlichen Regelungen sind also anzuwenden (vgl. dazu im Einzelnen § 72a Rn. 31 ff.).

Im Überschneidungsbereich der Eignungsmerkmale „Persönlichkeit" und „Sachkompetenz" liegt die deshalb erlaubnisrelevante **Kenntnis** und **Akzeptanz** der für die Ausübung der Kindertagespflege relevanten **Rechtsvorschriften**. **18c**
Hierzu gehören neben den einschlägigen Vorschriften des SGB VIII sowie des KKG und der tagespflegebezogenen landesrechtlichen Regelungen auch solche außerhalb jugendhilferechtlicher Materien etwa im Bereich der Gesundheitsvorsorge (z.B. IfSG). Diese können sowohl die Kindertagespflegeperson selbst als auch die betreuten Kinder betreffen.

Gem. § 33 Nr. 3 IfSG handelt es sich bei der nach § 43 Abs. 1 des SGB VIII erlaubnispflichtigen **Kindertagespflege** um eine **Einrichtung im Sinne des IfSG**. Deshalb müssen – soweit nicht medizinisch kontraindiziert – sowohl die dort tätigen Kindertagespflegepersonen als auch die betreuten Kinder gem. § 20 Abs. 8 Satz 1 Nr. 1 bzw. Nr. 3 IfSG[37] den dort genannten **Impfschutz gegen Masern** aufweisen und gem. § 20 Abs. 9 Satz 1 IfSG vor Beginn ihrer Betreuung oder ihrer Tätigkeit die dort genannten Nachweise vorlegen. Gem. § 20 Abs. 9 Satz 3 IfSG kann die für die Erteilung der Erlaubnis nach § 43 Abs. 1 des SGB VIII zuständige Behörde – hier also das Jugendamt – bestimmen, dass ihr gegenüber **vor Beginn** der Tätigkeit im Rahmen der Kindertagespflege der **Nachweis des bestehenden Impfschutzes** der Kindertagespflegeperson gegen Masern zu erbringen ist. Soweit – was in der Kindertagespflege die Regel darstellt - eine Leitung i.S.d. § 20 Abs. 9 Satz 1 IfSG nicht vorhanden ist, hat das Jugendamt eine solche Bestimmung als Voraussetzung für die Erlaubnis- **18d**

35 Vgl. dazu Schleswig-Holsteinisches OVG, Beschl. v. 21.8.2020, 3 MB 30/20, JAmt 2021, 343.
36 Zum (erweiterten) Führungszeugnis vgl. im Einzelnen § 72a Rn. 7 ff.
37 Vgl. zur Verfassungsmäßigkeit der Vorschrift BVerfG, Beschl. v. 11.5.2020, 1 BvR 470/20, NJW 2020, 1946.

erteilung aufzunehmen. Lehnt die Tagespflegeperson das ab, ist sie ungeeignet und die Erlaubnis ist zu versagen.

Das Jugendamt als Erlaubnisbehörde kann die Erbringung des Nachweises vor Aufnahme der Betreuungstätigkeit als nach § 43 Abs. 3 Satz 4 SGB VIII zulässige **aufschiebende Bedingung**[38] in die Erlaubnis aufnehmen. Wird der Nachweis nicht erbracht, tritt die Rechtsfolge, die Erlaubnis zur Tagespflege, nicht ein.

Die Befugnis des Jugendamtes zur Vornahme der vorgenannten Bestimmung bezieht sich nach dem Wortlaut von § 20 Abs. 9 Satz 3 IfSG („vor Beginn der Tätigkeit im Rahmen der Kindertagespflege") nur auf die Tagespflegeperson. Der **Nachweis die betreuten Kinder** betreffend ist gegenüber der Tagespflegeperson als „Leitung" **vor Beginn ihrer Betreuung** zu erbringen. Da es sich bei den betreuten Personen um Minderjährige handelt, sind gem. § 20 Abs. 13 Satz 1 IfSG die Personensorgeberechtigten verpflichtet, den Nachweis zu erbringen. Lehnt die Kindertagespflegeperson es ab, sich diesen Nachweis vorlegen zu lassen, oder kommt sie ihrer Verpflichtung zur Prüfung nicht nach, belegt dies ebenfalls ihre fehlende Eignung.

19 Der Begriff der persönlichen Eignung umfasst auch die **Eignung des persönlichen Umfelds** der Pflegeperson. Die in Tagespflege aufgenommenen Kinder dürfen keinen vermeidbaren, für ihre Entwicklung schädlichen Risiken oder Gefährdungen ausgesetzt sein. Hierzu zählen auch solche, die zwar nicht unmittelbar von der Pflegeperson selbst oder der sächlichen Ausstattung der zur Tagespflege genutzten Räume, sondern von dritten Personen – wie etwa Familienangehörigen oder Lebensgefährt_innen der Kindertagespflegeperson – ausgehen und ihr deshalb zuzurechnen sind.[39]

Keine Verpflichtung zur Vorlage eines (erweiterten) Führungszeugnisses besteht nach der Vorschrift hinsichtlich **anderer im Haushalt der Tagespflegeperson lebender Personen**.[40]

Angesichts der Relevanz für die Beurteilung der Eignung der Kindertagespflegeperson ist es allerdings zulässig, dass die Behörde im Rahmen der Sachverhaltsaufklärung nach § 20 SGB X die Abgabe einer Erklärung der/des Antragsteller_in über strafrechtliche Ermittlungsverfahren oder Verurteilungen wegen einer der in § 72a Abs. 1 SGB VIII genannten Straftaten verlangt. Liegen solche vor, ist in der Regel von der fehlenden Eignung auszugehen und die Erlaubnis ist abzulehnen.[41] Verweigert die antragstellende Tagespflegeperson insoweit die Mitwirkung an der Sachverhaltsaufklärung, indiziert dies die fehlende Eignung.

Die fehlende Eignung kann in den vorstehenden Fällen auch nicht durch **Nebenbestimmungen** dergestalt kompensiert werden, dass die „gleichzeitige Anwesenheit", „jeglicher Kontakt" oder „die Anwesenheit über Nacht" o.Ä. auszuschließen sei. Solche Auflagen

---

38 Auch wenn der Eintritt des Ereignisses vom Willen der Kindertagespflegeperson abhängt (sog. unechte Bedingung), handelt es sich um eine Bedingung im Sinne des § 32 Abs. 2 Nr. 2 SGB X; vgl. Schütze/*Engelmann*, SGB X, § 32 Rn. 23.

39 BayVGH, Beschl. v. 11.12.2012, 12 CS 12.2406, juris; Niedersächs. OVG, Beschl. v. 22.4.2010, 4 PA 65/10, juris, Rn. 5; VG Aachen, Beschl. v. 15.5.2006, 2 L 193/06, juris, Rn. 23; VG Osnabrück, Beschl. v. 26.11.2009, 4 B 28/09, juris, Rn. 13; VG München, Urt. v. 28.9.2011, M 18 K 11.3325, juris, Rn. 19.

40 A.A. LPK-SGB VIII/*Nonninger*, 7. Aufl., § 43 Rn. 19: Da die persönliche Eignung auch in Frage stehe, wenn die Pflegeperson mit einer Person zusammenlebt, die eines sexuellen Missbrauchs verdächtigt oder überführt wurde, sei von allen weiteren im Haushalt der Pflegeperson lebenden über 15-jährigen Personen ebenfalls ein erweitertes Führungszeugnis einzufordern.

41 § 38 Nr. 1 JuFöG Schl.-Holstein sieht zwingend die Versagung der Pflegeerlaubnis vor, wenn eine dem Haushalt der Tagespflegeperson angehörende Person wegen einer der in § 72a Absatz 1 Satz 1 SGB VIII genannten Straftaten rechtskräftig verurteilt ist.

oder – im Zuge gerichtlicher Verfahren angeordnete Maßgaben – sind nicht nur **völlig realitätsfern**, auch ihre Befolgung ist in keiner Weise kontrollierbar.[42]

b) Sachkompetenz und Kooperationsbereitschaft

Zur Eignung als Kindertagespflegeperson gehört auch die dafür nötige **Sachkompetenz**. 20
Anhaltspunkte dafür, was insbesondere unter der notwendigen Sachkompetenz zu verstehen ist, enthält **Abs. 2 Satz 3**, der in der Ausformung als Sollvorschrift „vertiefte Kenntnisse hinsichtlich der Anforderungen der Kindertagespflege" fordert, worunter entgegen dem missverständlichen Wortlaut nicht nur die bloße Kenntnis der Anforderungen, sondern auch die zu deren Erfüllung und Umsetzung notwendigen Kompetenzen zu verstehen sind. Welche Anforderungen insoweit zu stellen sind, lässt sich durch Einbeziehung der Fördergrundsätze des § 22 Abs. 2 und 3 SGB VIII erschließen,[43] die umzusetzen die Kindertagespflegeperson ja in der Lage sein muss.

Danach soll auch die Kindertagespflege die Entwicklung des Kindes zu einer selbstbestimmten, eigenverantwortlichen und gemeinschaftsfähigen Persönlichkeit fördern, die Erziehung und Bildung in der Familie unterstützen und ergänzen sowie bei der besseren Vereinbarkeit von Erwerbstätigkeit und Kindererziehung durch die Eltern helfen (§ 22 Abs. 2 Nr. 1 bis 3 SGB VIII). Der Förderungsauftrag umfasst Erziehung, Bildung und Betreuung des Kindes und bezieht sich auf die soziale, emotionale, körperliche und geistige Entwicklung des Kindes und schließt die Vermittlung orientierender Werte und Regeln ein. Die Förderung soll sich am Alter und Entwicklungsstand, den sprachlichen und sonstigen Fähigkeiten, der Lebenssituation sowie den Interessen und Bedürfnissen des einzelnen Kindes orientieren und seine ethnische Herkunft berücksichtigen (§ 22 Abs. 3 SGB VIII). Das zur Erfüllung dieses Auftrags erforderliche Wissen und Können sowie die dafür notwendige Haltung sollen die Kindertagespflegepersonen in qualifizierten Lehrgängen erworben oder in anderer Weise nachgewiesen haben. Eine Möglichkeit dazu bietet das vom DJI entwickelte Curriculum „Qualifizierung in der Kindertagespflege".[44]

Darüber hinaus haben Kindertagespflegepersonen jederzeit einen **Beratungsanspruch nach § 43 Abs. 4** SGB VIII.

Satz 2 Nr. 1 fordert als Eignungsvoraussetzung ferner **Kooperationsbereitschaft** mit Erziehungsberechtigten und anderen Tagespflegepersonen. Im Vordergrund steht hier der Kontakt zu den Erziehungsberechtigten. Kooperationsbereitschaft erfordert, diese über die Abläufe der Tagespflege zu informieren und sich für deren Vorschläge und Anliegen offen zu zeigen. Sie fordert weiterhin, die Erziehungsberechtigten über besondere Vorkommnisse wie Verletzungen oder Erkrankungen des Kindes zeitnah und offen zu informieren und auch negative Tatsachen nicht zu verschleiern. Zur Kooperationsbereitschaft gegenüber den Erziehungsberechtigten gehört auch die Verpflichtung zur Kooperation und Transparenz hinsichtlich der vertraglichen Beziehungen und Verpflichtungen.[45] 20a
Kooperationsbereitschaft gegenüber anderen **Tagespflegepersonen** ist insbesondere dort vonnöten, wo mehrere, etwa in einer Großtagespflegestelle, zusammenarbeiten.

Die **Kooperationsbereitschaft gegenüber dem Jugendamt** ist danach **kein** eigenständiges **Eignungskriterium**. Gleichwohl gehört, wie sich nicht zuletzt aus § 43 Abs. 3 Satz 6

42 Vgl. etwa die geradezu rührend anmutende Maßgabe des erstinstanzlichen Beschlusses des VG Stuttgart zu VGH Ba-Wü, Beschl. v. 23.4.2019, 12 S 675/19, NJW 2019, 2715, die „Einhaltung der Auflage … regelmäßig, mindestens 14-tägig (gemeint ist eher 14-täglich), unangekündigt zu kontrollieren".
43 Vgl. auch LPK-SGB VIII/*Nonninger*, § 43 Rn. 17.
44 www.dji.de/fileadmin/user_upload/aktionsprogramm-kindertagespflege/Kriterien_Vergleichbarkeit_DJI_Curriculum.pdf (26.3.2022).
45 OVG Nordrhein-Westfalen, Beschluss vom 13.02.2020, 12 B 1351/19, juris, Rn. 14; ZKJ 2020, 154m. Anm. Wiesner.

SGB VIII ergibt, die Bereitschaft, das Jugendamt über wichtige, für die Kinderbetreuung bedeutsame Ereignisse zu informieren, zu einer sich durch Persönlichkeit und Sachkompetenz i.S.d. § 43 Abs. 2 Satz 2 Nr. 1 SGB VIII auszeichnenden Person. Enthält Landesrecht weitere über § 43 Abs. 3 Satz 6 SGB VIII hinausgehende Verpflichtungen, gehört auch deren Erfüllung zu den Merkmalen einer i.S.d. § 43 SGB VIII geeigneten Kindertagespflegeperson.[46] Ergänzend wird auf die Erläuterungen zu § 23 Abs. 3 SGB VIII Rn. 115 ff. verwiesen.

2. Abs. 2 Satz 2 Nr. 2 Kindgerechte Räumlichkeiten

21 Nach § 43 Abs. 2 Satz 1 Nr. 2 SGB VIII setzt die Eignung weiter voraus, dass die Pflegeperson über **kindgerechte Räumlichkeiten** verfügt. Die Zuordnung der Anforderungen an die Räumlichkeiten zur Eignung der Kindertagespflegeperson belegt den personalen Charakter der Tagespflege. Kindgerechte Räumlichkeiten setzen zunächst deren hinreichende und der Zahl der zu betreuenden Kinder angemessene Größe voraus. Soweit es sich – wie in der ganz überwiegenden Zahl der Fälle – bei den Räumlichkeiten um solche im Haus oder der Wohnung der Kindertagespflegeperson handelt, kommt es auch auf deren Zuschnitt und die tatsächlich für die Tagesbetreuung zur Verfügung stehenden Räume an.[47] Bei der Beurteilung ist auch zu berücksichtigen, ob und ggfs. wie viele eigene Kinder die Tagespflegeperson hat, die sich ebenfalls in den Betreuungsräumen aufhalten und die Zahl nicht erheblich erhöhen können.

Die Räume müssen rauchfrei sein[48] und über eine ausreichende Belichtung und Belüftung sowie ausreichende sanitäre Einrichtungen (kindgerechte Toiletten, Waschgelegenheit) verfügen.[49]

3. Gewährleistung des Kindeswohls als Erlaubnisvoraussetzung?

22 Trotz wiederholter Änderung der Vorschrift hat es der Gesetzgeber versäumt, die – in §§ 44 Abs. 2, 45 Abs. 2 SGB VIII aufgenommene – zentrale Notwendigkeit der **Gewährleistung des Wohls** der aufgenommenen Kinder und Jugendlichen als Erteilungsvoraussetzung in § 43 SGB VIII aufzunehmen. Diese Fehlleistung hat etwa den Bayerischen VGH zu dem Konstrukt veranlasst, der Begriff der persönlichen Eignung umfasse neben den in § 43 Abs. 2 SGB VIII ausdrücklich aufgezählten Anforderungen die weitere – offensichtliche und damit gleichsam **stillschweigend mitgeschriebene** – Voraussetzung, dass in Tagespflege aufgenommene Kinder keinen vermeidbaren, für ihre Entwicklung schädlichen Risiken oder Gefährdungen ausgesetzt seien.[50] Zwar sind „stillschweigend mitgeschriebene", d.h. gerade nicht geschriebene Voraussetzungen immer problematisch, jedoch ist dem Gericht im Ergebnis zuzustimmen.

Das bundesgesetzliche Defizit wird jedenfalls teilweise durch landesrechtliche Regelungen kompensiert. So ist nach § 24 Abs. 2 Satz 1 SächsLJHG die Erlaubnis zur Vollzeitpflege zu versagen, wenn das Wohl des Kindes oder des Jugendlichen in der Pflegestelle nicht gewährleistet ist.[51]

46 So SächsOVG, Beschl. v. 23.10.2017, 4 B 173/17, juris, Rn. 35, JAmt 2018, 52, zur Verpflichtung nach § 25 Abs. 1 SächsLJHG, dem zuständigen Jugendamt die erforderlichen Auskünfte für die Prüfung des Vorliegens oder des Weiterbestehens der Voraussetzungen der Erlaubnis zu erteilen.

47 Abzulehnen deshalb VG Freiburg, Urt. v. 16.12.2016, 4 K 2807/15, juris, Rn. 29 ff., wonach ein ca. 21 qm großes Wohnzimmer für die Betreuung von fünf Kindern hinreichend groß bemessen sein soll, wenn die Kinder nicht ständig gleichzeitig anwesend sind und das ca. 14 qm große Zimmer der Tochter der Pflegeperson, die die achte Schulklasse besucht, mitbenutzen können. Jedenfalls sollen diese räumlichen Verhältnisse nicht eine Beschränkung auf drei gleichzeitig anwesende Kinder rechtfertigen.

48 So ausdrücklich § 29 Abs. 3 HKJGB.

49 Vgl. im Übrigen ergänzend § 23 SGB VIII Rn. 120.

50 BayVGH, Beschl. v. 11.12.2012, 12 CS 12.2406, juris.

51 Ähnlich § 15 Abs. 5 BremKTG; § 18 Abs. 1 Satz 2 KiFöG M-V.

III. Abs. 3 – Inhalt der Erlaubnis und weitere Regelungen

§ 43 Abs. 3 SGB VIII regelt eine Vielzahl höchst **unterschiedlicher Gegenstände**, die vom Inhalt der Erlaubnis (Satz 1 und 2) über landesrechtliche Regelungsbefugnisse (Satz 3), die Befristung der Erlaubnis (Satz 4) sowie der Zulässigkeit von Nebenbestimmungen (Satz 5) bis zu Unterrichtungspflichten der Tagespflegeperson gegenüber dem öffentlichen Träger (Satz 6) reichen. 23

1. Abs. 3 Satz 1 – Inhalt der Erlaubnis

Nach Abs. 3 Satz 1 befugt die Erlaubnis zur Betreuung von **„bis zu fünf gleichzeitig anwesenden, fremden Kindern"**. Mit diesem durch das KiföG neu gefassten Satz wird zum einen die Höchstzahl („… bis zu fünf …") der betreuten Kinder festgelegt, die von der Erlaubnis erfasst wird. Wird also eine hinsichtlich der Zahl der betreuten Kinder nicht eingeschränkte Erlaubnis erteilt, darf die Kindertagespflegeperson maximal fünf Kinder betreuen. Es liegt dann an der Pflegeperson, ob sie diese Zahl ausschöpft oder eine geringere Anzahl Kinder zur Betreuung aufnimmt, etwa weil dies ihrer persönlichen Situation entspricht oder eine geringere Nachfrage besteht.[52] 24

Damit ist zugleich der Streit darüber, ob gegebenenfalls durch eine Betreuungsperson insgesamt auch mehr als fünf Kinder betreut werden dürfen, wenn sie zu anderen Zeiten in der Woche weitere Kinder betreuen will, gesetzlich entschieden: Wenn die Beschränkung auf Kinder sich nur auf gleichzeitig anwesende bezieht, darf die Tagespflegeperson selbstredend mehr als fünf Kinder betreuen, allerdings zu anderen Zeiten. 25

Beispiel

Tagespflegeperson T wird die Erlaubnis zur Betreuung von bis zu fünf gleichzeitig anwesenden Kindern erteilt. T betreut von Montag bis Mittwoch jeweils von 7.00 bis 15.00 Uhr fünf Kinder, Donnerstag und Freitag jeweils von 7.00 bis 16.00 Uhr fünf andere Kinder.

Fraglich ist allenfalls, ob es für die jeweiligen Betreuungen gesonderter Erlaubnisse bedarf. Das ist nicht der Fall. Da die Erlaubnis gerade nicht kind-, sondern pflegepersonenbezogen ist, kann es nicht darauf ankommen, *welches* Kind gerade in Betreuung ist, es kommt ausschließlich auf die Anzahl der gleichzeitig Anwesenden an.

Dass damit eine Erosion des Kinderschutzes verbunden und eine Kontrolle, ob tatsächlich nur fünf Kinder gleichzeitig betreut werden, faktisch unmöglich ist, kann kaum bestritten werden, ist allerdings Ergebnis einer insoweit eindeutigen Entscheidung des Gesetzgebers. Möglichkeiten der Einschränkung hat das Jugendamt allerdings über Abs. 3 Satz 2 oder den Erlass von Nebenbestimmungen nach Abs. 3 Satz 5.

Die **Erlaubnis** bezieht sich nur auf **fremde Kinder**. Das sind alle, die **nicht Abkömmlinge** der Tagespflegeperson oder von dieser **nicht adoptiert** sind. Es kann also durchaus sein, dass mehr als fünf Kinder gleichzeitig anwesend sind und von der Tagespflegeperson betreut werden müssen (zu deren Relevanz für die Erlaubniserteilung vgl. oben Rn. 18a, 21).

52 Die Neufassung hat darüber hinaus die vor dem KiFöG umstrittene Frage, ob sich die Erlaubnis auf fünf Kinder als absolute Höchstzahl oder aber auf fünf gleichzeitig anwesende Kinder erstreckt, dahingehend entschieden, dass sich die höchste Anzahl fünf auf die gleichzeitig anwesenden Kinder bezieht.

§ 43 Abs. 3 SGB VIII enthält keine Begrenzung der Betreuungszeit. Eine solche findet sich in einzelnen landesrechtlichen Regelungen. So begrenzt § 15 Abs. 1 Satz 3 BremKTG[53] die Betreuungszeit auf höchstens 60 Wochenstunden.

2. Abs. 3 Satz 2 – Beschränkung der Zahl der betreuten Kinder

26 Gem. § 43 Abs. 3 Satz 1 SGB VIII befugt die Erlaubnis zur Betreuung von bis zu fünf gleichzeitig anwesenden Kindern. Davon abweichend normiert der durch das KiföG eingefügte Satz 2, dass die Erlaubnis „im Einzelfall" für eine geringere Zahl von Kindern erteilt werden kann. Da die Erlaubniserteilung immer als **Einzelfallentscheidung** ergeht, intendiert die Regelung offensichtlich nicht die Betonung dieser Selbstverständlichkeit,[54] sondern die Konstituierung eines Regel-Ausnahme-Verhältnisses: Die Erlaubnis zur Betreuung von fünf Kindern ist die Regel, die für eine geringere Zahl von Kindern die Ausnahme. Als solche wird sie denn auch prompt verstanden.[55]

Bei der Beantragung und Erteilung der Erlaubnis sind folgende Konstellationen denkbar:

- Die potenzielle Tagespflegeperson beantragt die Pflegeerlaubnis für fünf gleichzeitig anwesende Kinder. Die Prüfung ergibt, dass alle persönlichen, sächlichen und räumlichen Voraussetzungen dafür erfüllt sind: Die Erlaubnis ist gem. § 43 Abs. 2 Satz 1, Abs. 3 Satz 1 SGB VIII zur Betreuung von fünf gleichzeitig anwesenden Kindern[56] zu erteilen.
- Die potenzielle Tagespflegeperson beantragt die Pflegeerlaubnis, ohne die Zahl der zu betreuenden gleichzeitig anwesenden Kinder im Antrag ausdrücklich anzugeben. Die Prüfung ergibt, dass alle persönlichen, sächlichen und räumlichen Voraussetzungen für die Betreuung von fünf gleichzeitig anwesenden Kindern erfüllt sind: Die Erlaubnis ist gem. § 43 Abs. 2 Satz 1, Abs. 3 Satz 1 SGB VIII zur Betreuung von bis zu fünf gleichzeitig anwesenden Kindern zu erteilen.
- Die potenzielle Tagespflegeperson beantragt die Pflegeerlaubnis für bis zu drei gleichzeitig anwesende Kinder. Die Prüfung ergibt, dass alle persönlichen, sächlichen und räumlichen Voraussetzungen dafür erfüllt sind: Die Erlaubnis ist gem. § 43 Abs. 2 Satz 1, Abs. 3 Satz 1 SGB VIII zur Betreuung von bis zu drei gleichzeitig anwesenden Kindern zu erteilen. Eines Rückgriffs auf Abs. 3 Satz 2 bedarf es in diesem Fall ebenso wenig wie einer Ermessensausübung hinsichtlich der Zahl der betreuten Kinder, weil die Tagespflegeperson eine Erlaubnis nur hinsichtlich dreier Kinder begehrt und erhalten hat.
- Die potenzielle Tagespflegeperson beantragt die Pflegeerlaubnis für fünf gleichzeitig anwesende oder eine nicht benannte Zahl gleichzeitig anwesender Kinder. Die Prüfung ergibt, dass die persönlichen, sächlichen oder insbesondere die räumlichen Voraussetzungen nicht für fünf, sondern nur für eine geringere Zahl gleichzeitig anwesende Kinder erfüllt sind, weil es etwa andernfalls zu einer „Überbelegung" der vorhandenen Betreuungsräume kommen würde: Die Erlaubnis ist gem. § 43 Abs. 2 Satz 1, Abs. 3 Satz 2 SGB VIII zur Betreuung einer geringeren Zahl als fünf gleichzeitig anwesende Kinder zu erteilen, wobei die konkrete Höchstzahl entsprechend den Verhältnissen im Einzelfall von der Behörde im Ermessenswege bestimmt wird.

27 Die nähere Betrachtung möglicher Konstellationen ergibt, dass von einem **quantitativen Regel-Ausnahme-Verhältnis keine Rede sein kann**. Die Zahl der zu erlaubenden Betreu-

53 Bremisches Gesetz zur Förderung von Kindern in Tageseinrichtungen und in Tagespflege (Bremisches Tageseinrichtungs- und Kindertagespflegegesetz – BremKTG)

54 In diesem Sinne aber Wiesner/*Mörsberger*, § 43 SGB VIII Rn. 32, der den Sinn der Regelung darin sieht, in der Verwaltungspraxis eine genauere Prüfung des Einzelfalles zu sichern.

55 Vgl. JurisPK-SGB VIII/*Busse*, § 43 Rn. 52; FK-SGB VIII/*Smessaert/Lakies*, § 43 Rn. 23, die sodann missverständlich von einem „besonders begründungsbedürftigen Antrag" sprechen. Ebenso nunmehr auch Wiesner/Wapler/*Wiesner*, § 43 SGB VIII Rn. 37.

56 Oder ggfs. einer landesrechtlich bestimmten größeren Zahl.

ungsplätze folgt nicht einem Regel-Ausnahme-Prinzip, sondern ausschließlich den für die Erteilung der Erlaubnis maßgebenden persönlichen, sächlichen und räumlichen Voraussetzungen. Liegen diese für die von bis zu fünf zu betreuenden Kindern vor, ist die Erlaubnis entsprechend zu erteilen. Lassen die Umstände nur eine geringere Zahl zu betreuender Kinder zu, ist die Zahl in der Erlaubnis entsprechend zu begrenzen. Die Annahme eines Regel-Ausnahme-Verhältnisses würde und müsste dazu führen, dass bereits die bloße Antragstellung ausreichte, um eine Regelerlaubniserteilung für bis zu fünf Kinder auszulösen.

Dass die Beschränkung der Erlaubnis auf eine geringere als die beantragte Anzahl zu betreuender Kinder einer sachlichen Begründung bedarf und nicht willkürlich erfolgen darf, ist eine Selbstverständlichkeit.[57] Eine **Beschränkung** der Erlaubnis kommt insbesondere dann in Betracht, wenn die **vorhandenen Räumlichkeiten** für den gleichzeitigen Aufenthalt von fünf oder auch weniger Kindern **nicht geeignet** sind oder die **Tagespflegeperson** den mit einer höheren Zahl von Kindern steigenden **Anforderungen nicht gerecht werden** kann. Dabei ist auch zu berücksichtigen, ob und gegebenenfalls wie viele eigene Kinder von der Tagespflegeperson gleichzeitig zu betreuen sind.

Der normative Gehalt von § 43 Abs. 3 Satz 2 SGB VIII beschränkt sich letztlich darauf klarzustellen, dass in den Fällen, in denen die beantragte Erlaubnis für die Betreuung bis zu fünf gleichzeitig anwesenden Kindern wegen Fehlens der entsprechenden Voraussetzungen nicht, sondern nur für eine geringere Zahl in Frage kommt, der Antrag nicht nach einem Alles-oder-nichts-Prinzip in Gänze abgelehnt werden darf.[58] Enthalten ist dies indes bereits in Abs. 2 Satz 1, der für die Erlaubnis eine Höchstzahl definiert („... von bis zu fünf ...), die – das ist das Wesen einer Höchstzahl – von der Erlaubnis – vorbehaltlich landesrechtlicher Abweichungen – auch bei allerbesten Betreuungsverhältnissen nicht über-, wohl aber bei unzureichenden Verhältnissen unterschritten werden darf.

Weniger zurückhaltend als § 43 Abs. 3 Satz 2 SGB VIII sind teilweise die landesrechtlichen Regelungen. So heißt es etwa in § 20 Abs. 1 Satz 3 brandenburgisches KitaG sehr klar, die Höchstzahl der Tagespflegeplätze richte sich „nach den Erfordernissen des Kindeswohls, insbesondere nach der Qualifizierung, Eignung und Leistungsfähigkeit der Tagespflegeperson, und nach den für die Kindertagespflege zur Verfügung stehenden Räumlichkeiten".

3. Abs. 3 Satz 3 – Landesrechtliche Erweiterung

Während in der Fassung der Vorschrift durch das KICK nach Abs. 4 a.F. Landesrecht noch die Zahl der zu betreuenden Kinder weiter einschränken konnte, kann nach dem durch das KiföG eingefügten Satz 3 Landesrecht nunmehr bestimmen, dass die Erlaubnis zur Betreuung von mehr als fünf gleichzeitig anwesenden Kindern erteilt werden kann.[59] Damit können landesrechtlich die bundesrechtlich ausgeschlossenen sog. **Großtagespflegestellen**[60] zugelassen werden.[61] (Vgl. dazu auch § 22 Rn. 22). **28**

Die landesrechtliche Erweiterung einer Erlaubnis zur Betreuung von mehr als fünf gleichzeitig anwesenden Kindern ist in zweifacher Weise **begrenzt**:

Zum einen darf eine solche Erlaubnis landesrechtlich nur zugelassen werden, wenn die **Pflegeperson** „über eine pädagogische Ausbildung verfügt". Welche Anforderungen insoweit zu stellen sind, lässt sich dem Gesetz nicht entnehmen. Die Gesetzesbegründung

57 Deren Betonung an dieser Stelle die Vermutung nahelegt, die Hürden für die Festlegung einer geringeren Zahl seien *besonders* hoch.

58 Deutlicher bringt das § 23 Abs. 2 Satz 2 SächsLJHG zum Ausdruck, nach dem die Erlaubnis im Einzelfall „auch für weniger als die beantragte Anzahl der Kinder" erteilt werden kann.

59 Nach der Gesetzesbegründung sollte damit den in verschiedenen Ländern entwickelten Formen der Großtagespflege Rechnung getragen werden, vgl. BT-Drs. 16/9299, 17.

60 Zum Sonderproblem Großtagespflegestellen siehe unten Rn. 33a.

61 Vgl. dazu Niedersächsisches OVG, Beschl. v. 9.8.2013, 4 LA 100/12, juris = DÖV 2013 995 (LS).

spricht davon, dass die Tagespflegeperson über eine „besondere Qualifikation verfügen" müsse, die „deutlich über die Anforderungen nach Absatz 2 hinausgeht".[62] In jedem Fall ist eine anerkannte Ausbildung mit einem formalisierten Abschluss zu fordern, etwa eine solche als Erzieherin oder Erzieher.

Die **zweite Einschränkung** der Zulassung von Großtagespflegestellen liegt in der **Begrenzung der Anzahl der zu betreuenden Kinder**: Es dürfen nicht mehr Kinder betreut werden als in einer vergleichbaren Gruppe einer Tageseinrichtung. Diese Gruppen umfassen je nach Alter üblicherweise zwischen 15 und 25 Kinder und sind damit so groß, dass diese Grenze bei Ausschöpfung nicht geeignet ist, eine qualifizierte Tagespflege zu sichern.[63]

Eine allgemeine landesgesetzliche Beschränkung der Zahl der betreuten gleichzeitig anwesenden Kinder auf weniger als fünf ist nicht mehr zulässig. Anderslautende landesrechtliche Vorschriften[64] werden durch § 43 Abs. 3 Satz 1 bis 3 SGB VIII gebrochen.

Von der möglichen landesrechtlichen Erweiterung der Zahl der gleichzeitig anwesenden Kinder gem. Abs. 3 Satz 3 **zu unterscheiden** sind landesrechtliche Regelungen auf der Basis von § 43 Abs. 5 SGB VIII, die eine Begrenzung der Zahl der **insgesamt** von der Kindertagespflegeperson betreuten Kinder vorsehen (vgl. dazu unten Rn. 33).

4. Abs. 3 Satz 4 – Befristung der Erlaubnis

29 Abs. 3 Satz 4 **befristet** die Erlaubnis gesetzlich auf **fünf Jahre**. Die Frist beginnt mit der Wirksamkeit, gem. § 39 Abs. 1 SGB X, also mit der Bekanntgabe an die Tagespflegeperson. Für die Fristberechnung gelten §§ 187 Abs. 1, 188 BGB. Eine am 15. Mai 2020 zugegangene Erlaubnis verliert ihre Wirksamkeit mit Ablauf des 15. Mai 2025, ohne dass es eines Zutuns des Jugendamtes als Genehmigungsbehörde oder der Tagespflegeperson bedarf. Eine **erneute Erlaubniserteilung** im direkten Anschluss oder nach einer Unterbrechung ist auf entsprechenden Antrag möglich. Sie gibt dem Jugendamt Gelegenheit, das Vorliegen der Erlaubnisvoraussetzungen erneut zu prüfen.

5. Abs. 3 Satz 5 – Nebenbestimmungen

30 Die Erlaubnis kann nach dem durch das KiFöG geschaffenen Abs. 3 Satz 5 mit einer **Nebenbestimmung** versehen werden. Nebenbestimmungen sind gem. § 32 Abs. 2 SGB X die **Befristung**, die **Bedingung**, der **Widerrufsvorbehalt** sowie die **Auflage**.

Da das Gesetz bestimmte Voraussetzungen für die Erteilung fordert, müssen diese im Zeitpunkt der Erteilung positiv gegeben sein. Es ist deshalb **nicht zulässig, die Voraussetzungen** für die Erteilung der Erlaubnis durch Beifügung einer Nebenbestimmung **erst in der Zukunft** sicherzustellen.[65] Die positive Eignungsfeststellung als solche kann durch Nebenbestimmungen über generelle Mindestanforderungen an die Eignung, deren Einhaltung zu Lasten der betroffenen Kinder erst nach Erteilung der Erlaubnis zur Kindertagespflege und nach deren Aufnahme einer Überprüfung zugänglich ist, nämlich nicht ersetzt werden.[66]

Eine Ausnahme von diesem Grundsatz machte das Schl-Holst. OVG hinsichtlich einer Nebenbestimmung, nach der es der Antragstellerin untersagt war, „Kindertagespflegekinder zu

62 BT-Drs. 16/99299, 17.
63 Unklar auch zu diesem Kriterium Wiesner/Wapler/*Wiesner*, § 43 SGB VIII Rn. 39 f.
64 Vgl. etwa § 37 Abs. 2 Satz 1 JuFöG Schl.-Holst.
65 Vgl. OVG NRW, Beschl. v. 21.11.2007, 12 A 4697/06, ZKJ 2008, 258; OVG des Saarlandes, Beschl. v. 30.4.2013, 3 A 194/12, juris; a.A. FK-SGB VIII/*Smessaert/Lakies*, § 45 Rn. 40.
66 OVG NRW, Beschl. v. 2.9.2008, 12 B 1224/08, juris, Rn. 38; OVG NRW, Beschl. v. 27.11.2007, 12 A 4697/06, juris Rn. 50 m.w.N. aus Rechtsprechung und Literatur. Vgl. dazu auch allgemein Schütze/Engelmann, SGB X, § 32 Rn. 14 mit zahlreichen weiteren Nachweisen: „Fehlen wesentliche Voraussetzungen, muss die Behörde einen ablehnenden Bescheid erteilen und der Betroffene später ggf. einen neuen Antrag stellen."

betreuen, sofern drei oder mehr Kinder in Vollzeitpflege gemäß §§ 27, 33 SGB VIII bzw. Bereitschaftspflege gemäß § 42 SGB VIII in ihrem Haushalt aufgenommen werden." Bei dieser aufschiebenden Bedingung habe es die Antragstellerin es selbst in der Hand hat, den Eintritt der Vergünstigung herbeizuführen. Die Erlaubnis zur Kindertagespflege darf mit der Nebenbestimmung versehen werden, dass keine Tagespflegekinder betreut werden dürfen, sofern drei oder mehr Kinder in Vollzeitpflege bzw. Bereitschaftspflege im Haushalt aufgenommen werden.[67]

Zu denken ist insbesondere an einen **Widerrufsvorbehalt**, der zulässig ist, weil § 43 SGB VIII keine spezielle Widerrufsregelung enthält.

Zulässig ist auch eine **Auflage**, mit der die **Unterrichtungspflicht** nach Abs. 3 Satz 6 durch Benennung mitteilungspflichtiger Ereignisse **konkretisiert** wird.

6. Abs. 3 Satz 6 – Unterrichtungspflicht der Tagespflegeperson

Abs. 3 Satz 6 auferlegt der Tagespflegeperson eine **Informationspflicht** gegenüber dem Jugendamt hinsichtlich wichtiger für die Betreuung bedeutsamer Ereignisse. **Wichtige Ereignisse** in diesem Sinne können sowohl in der Sphäre der Pflegeperson als auch in der des betreuten Kindes liegen. 31

Solche sind insbesondere der tatsächliche Beginn und Ende der Pflege, Wohnungswechsel, schwere Krankheiten oder Unfälle eines Kindes oder der Pflegeperson, gewichtige Anhaltspunkte für eine Kindeswohlgefährdung in der Familie des Kindes oder die Veränderung bei der Anzahl der betreuten Kinder.
Eine Konkretisierung der Unterrichtungspflicht durch Landesrecht ist möglich (Abs. 5).

Die **Unterrichtungspflicht** besteht gem. § 37 Abs. 3 Satz 2 SGB VIII auch in den Fällen der **erlaubnisfreien Pflege**.

IV. Abs. 4 – Beratungsanspruch

Abs. 4 normiert einen Anspruch sowohl der Erziehungsberechtigten der betreuten Kinder als auch der Kindertagespflegepersonen auf Beratung in allen Fragen der Kindertagespflege. Der Beratungsanspruch wurde durch das KJSG erweitert. „Um der Zielsetzung eines besseren Kinderschutzes Rechnung zu tragen", soll klargestellt werden, „dass bei Kindertagespflege Gegenstand des Beratungsanspruchs der Erziehungsberechtigten und Kindertagespflegepersonen auch Fragen zur Sicherung des Kindeswohls und zum Schutz vor Gewalt sind".[68] 32

Der Beratungsanspruch ist für Kindertagespflegepersonen von besonderer Bedeutung, da sie nicht institutionell, etwa in einer Einrichtung, eingebunden und deshalb häufig auf sich allein gestellt sind. Der umfassende Anspruch ergänzt den nach § 23 Abs. 4 Satz 1 SGB VIII

67 Schleswig-Holsteinisches OVG, Beschl. v. 21.8.2020, 3 MB 30/20, JAmt 2021, 343. Die Entscheidung betrifft einen Fall, in dem neben den vier (!) leiblichen Kindern, von denen zwei minderjährig und unter 14 Jahre sind, drei (!) Kinder unter 14 Jahre sowie ein 14-jähriger Jugendlicher in Vollzeitpflege lebten. Die mit der genannten Nebenbestimmung versehene Pflegeerlaubnis bezog sich auf bis zu fünf (!) Kinder.

68 So die Gesetzesbegründung, BT-Drs. 19/28870, 105. Damit wurde ein Vorschlag des Bundesrates aufgegriffen, der, ohne das freilich im Wortlaut hinreichend zum Ausdruck zu bringen, klarstellen wollte, dass auch Kindertagespflegepersonen „zur Entwicklung, Anwendung und Überprüfung von Konzepten zum Schutz vor Gewalt als Voraussetzung für die Erteilung einer Erlaubnis zur Kindertagespflege verpflichtet" seien; vgl. BR-Drs. 5/21 (B), 26. Sollte dies wirklich Voraussetzung für die Erteilung der Pflegeerlaubnis sein, wäre es in § 43 Abs. 4 SGB VIII ohnehin systematisch falsch platziert.

bestehenden für die Fälle, in denen eine Erlaubnis zu erteilen ist, aber keine Leistungen nach §§ 23, 24 SGB VIII in Anspruch genommen werden.[69]

Verpflichtungen ergeben sich für Erziehungsberechtigte und insbesondere Kindertagespflegepersonen aus Abs. 4 **nicht**. Verpflichtungen der Kindertagespflegeperson ergeben sich aber aus der nach § 8a Abs. 5 SGB VIII abzuschließenden Vereinbarung.

Der Beratungsanspruch nach Abs. 4 kann durch landesrechtliche Beratungsansprüche ergänzt sein.[70]

V. Abs. 5 – Landesrechtsvorbehalt

33 Abs. 5 eröffnet die Möglichkeit, **Näheres** zur Tagespflegerlaubnis landesrechtlich zu regeln. Hiervon haben alle Bundesländer Gebrauch gemacht.

Näheres in diesem Sinne kann zunächst hinsichtlich des **Erlaubnisverfahrens** geregelt werden, etwa die Antragstellung oder die (Schrift-)Form der Erlaubnis.

In materieller Hinsicht kommen als Gegenstände landesrechtlicher Bestimmung in Betracht:

- Konkretisierung der an die Tagespflegeperson zu stellenden Eignungsanforderungen, etwa durch Normierung der Sicherung des Kindeswohls als Erteilungsvoraussetzung
- die Anforderungen an die Kenntnisse i.S.d. Abs. 2 Satz 3;
- Anforderungen an das (familiäre) Umfeld der Tagespflegeperson,
- die an eine „**pädagogische Ausbildung**" im Sinne des Abs. 3 Satz 3 zu stellenden Anforderungen;
- Festlegung einer **Höchstzahl** der **insgesamt betreuten Kinder**;[71]
- **Konkretisierung** der **Informationsverpflichtung** nach Abs. 3 Satz 6.[72]

Legitimiert durch Abs. 5 sowie § 49 SGB VIII kann Landesrecht letztlich alles die Kindertagespflege Betreffende regeln. Die Grenze landesrechtlicher Regelungsbefugnis verläuft dort, wo bundesrechtlich, insbesondere in § 43 SGB VIII, abschließende Regelungen getroffen werden. Gegen diese darf Landesrecht nicht verstoßen, ansonsten es gem. Art. 31 GG durch das entgegenstehende Bundesrecht gebrochen wird.

Auf diese Weise bringt Landesrecht so manche Regelung, um die sich das SGB VIII herumdrückt, klar zum Ausdruck.

VI. Sonderproblem Großtagespflegestelle

33a **Bundesrechtlich** ist die Betreuung von **mehr als fünf** gleichzeitig anwesenden Kindern gem. § 43 Abs. 3 Satz 1 SGB VIII **nicht zulässig**. Gemäß dessen Satz 3 kann unter Wahrung der dort genannten Voraussetzungen indes landesrechtlich die Betreuung von mehr als fünf gleichzeitig anwesenden Kindern erlaubt werden. Mit dieser Öffnungsklausel soll nach der Gesetzesbegründung den in verschiedenen Ländern entwickelten Formen der **Großtagespflege** Rechnung getragen werden.[73] Der Begriff der Großtagespflege ist also offen und

69 Vgl. Wiesner/Wapler/*Wiesner*, § 43 SGB VIII Rn. 58.
70 Vgl. etwa § 15 Abs. 7 BremKTG.
71 So etwa § 29 Abs. 5 Satz 1 HessKJHGB (insgesamt höchstens zehn Kinder); Art. 9 Abs. 2 Satz 1 BayKiBiG (insgesamt höchstens acht Pflegeverhältnisse); § 22 Abs. 2 Satz 2 KiBiz NW (im Einzelfall Betreuung von maximal acht fremden Kindern).
72 Vgl. etwa § 25 Abs. 1 SächsLJHG mit der Verpflichtung, dem Jugendamt die erforderlichen Auskünfte für die Prüfung des Weiterbestehens der Voraussetzungen der Erlaubnis zu erteilen.
73 Vgl. BT-Drs. 16/9299, 17.

umfasst ganz allgemein Tagespflege, in der mehr als fünf Kinder gleichzeitig betreut werden. Regelmäßig bezeichnet der Begriff der Großtagespflege(stelle) aber vor allem den „Zusammenschluss **von zwei (oder mehr)** Kindertagespflegepersonen in ganz oder teilweise gemeinsam genutzten Räumlichkeiten".[74]

Keine Regelung von Großtagespflege und deren Organisationsformen enthält § 23 Abs. 4 Satz 3 SGB VIII. „Zusammenschlüsse von Tagespflegepersonen" i.S.d. Vorschrift sind ausschließlich Interessensverbände von Kindertagespflegepersonen.

Ob, in welchem Umfang und unter welchen Voraussetzungen solche Großtagespflegestellen **zulässig** sind, regelt ausschließlich das jeweilige **Landesrecht**.

Nach **Art. 9 Abs. 2 BayKiBiG** darf eine Tagespflegeperson im Rahmen der Pflegeerlaubnis nach § 43 Abs. 3 Satz 1 SGB VIII insgesamt höchstens acht Pflegeverhältnisse eingehen. Schließen sich mehrere Tagespflegepersonen zusammen (Großtagespflege) und betreuen diese mehr als acht gleichzeitig anwesende Kinder, muss mindestens eine Tagespflegeperson eine pädagogische Fachkraft sein.

Gem. **§ 20 Abs. 1 brandenbKiTaG** wird die Pflegeerlaubnis nur für bis zu fünf Betreuungsplätzen erteilt. Sollen mehr Kinder betreut werden, bedarf es gem. Abs. 4 einer Betriebserlaubnis nach § 45 SGB VIII.

Nach **§ 29 Abs. 5 Satz 2 i.V.m. § 25 Abs. 4 HKJGB** handelt es sich um eine Tageseinrichtung, wenn mehr als fünf Kinder gleichzeitig betreut werden sollen, für die es einer Betriebserlaubnis nach § 45 SGB VIII bedarf. Nutzen mehrere Tagespflegepersonen Räume gemeinsam, bedarf gem. § 29 Abs. 7 HKJGB jede Tagespflegeperson einer gesonderten Erlaubnis. Um eine nach § 45 SGB VIII erlaubnispflichtige Tageseinrichtung handelt es sich, wenn in diesen Fällen die vertragliche und pädagogische Zuordnung des einzelnen Kindes zu einer bestimmten Tagespflegeperson nicht gewährleistet ist.

Nach **§ 18 Abs. 2 KiföG M-V** ist der Zusammenschluss von zwei Tagespflegepersonen, in „begründeten Ausnahmefällen" auch von mehr als zwei Tagespflegepersonen, in den teilweise gemeinsam genutzten Räumlichkeiten zulässig.

Gemäß **§ 15 Abs. 2 NdsAG SGB VIII** muss mindestens eine Tagespflegeperson eine pädagogische Fachkraft sein, wenn mehr als acht fremde Kinder von mehreren Tagespflegepersonen in Zusammenarbeit betreut werden sollen. Im Fall der gemeinsamen Nutzung von Räumen durch mehrere Tagespflegepersonen zum Zwecke der Betreuung muss die vertragliche und persönliche Zuordnung des einzelnen Kindes zu einer bestimmten Tagespflegeperson gewährleistet sein, andernfalls handelt es sich um eine Tageseinrichtung, für die es ggfs. einer Erlaubnis nach § 45 SGB VIII bedarf.

Nach **§ 22 Abs. 3 KiBiZ NW** können sich Kindertagespflegepersonen in einem Verbund zu einer Großtagespflege zusammenschließen und darin höchstens neun Kinder gleichzeitig und insgesamt durch höchstens drei Kindertagespflegepersonen betreuen, wobei jede einer eigenständigen Erlaubnis zur Kindertagespflege bedarf. Unter bestimmten Voraussetzungen können abweichend davon in der Großtagespflege insgesamt bis zu 15 Betreuungsverträge abgeschlossen werden. Ist die vertragliche und pädagogische Zuordnung des einzelnen Kindes zu einer bestimmten Kindertagespflegeperson nicht gewährleistet oder sollen in der Großtagespflege zehn oder mehr Kinder gleichzeitig betreut werden, handelt es sich um eine nach § 45 SGB VIII erlaubnispflichtige Tageseinrichtung.

---

74 So die Legaldefinition in § 18 Abs. 2 Satz 1 KiföG M-V. Vgl. dazu auch Niedersächsisches Kindertagespflegebüro, https://www.kindertagespflege-nds.de/grosstagespflege-in-goettingen/was-ist-grosstagespflege/ (3.12.2020). Nach VGH Ba-Wü, Urt. v. 12.7.2017, 12 S 102/15, ZKJ 2018, 32, darf, wer Inhaber einer Tagespflegeerlaubnis gemäß § 43 SGB VIII ist, die Betreuung von Kindern in einer Großtagespflegestelle mit abhängig beschäftigten Personen durchführen, die ihrerseits über eine Tagespflegeerlaubnis gemäß § 43 SGB VIII verfügen.

§ 1 Abs. 5 Satz 2 KTagStG RP begrenzt die Zahl der von einer Tagespflegeperson in Kindertagespflege betreuten Kinder auf fünf.

Nach **§ 5 Abs. 5 Satz 4 SKBBG** bedarf, wenn mehrere Tagespflegepersonen Räume gemeinsam nutzen, jede von ihnen einer gesonderten Erlaubnis.

§ 23 Abs. 1 SächsLJHG lässt Großtagespflegestellen auf der Grundlage von § 43 SGB VIII nicht zu. Sollen mehr als fünf Kinder oder Jugendliche in Kindertagespflege aufgenommen werden, findet gem. Abs. 4 § 45 SGB VIII Anwendung.

Gem. **§ 6 Abs. 2 KiFöG Sachsen-Anhalt** darf eine Tagespflegeperson nicht mehr als fünf Kinder betreuen.

Nach **§ 37 Abs. 2 JuFöG SH** ist die Erteilung der Pflegeerlaubnis für mehr als fünf Kinder oder Jugendliche in einer Pflegestelle unzulässig. Im Übrigen findet § 45 SGB VIII Anwendung.

Nach **§ 10 Abs. 1 ThürKigaG** darf eine Tagespflegeperson darf nicht mehr als fünf gleichzeitig anwesende Kinder in Kindertagespflege betreuen.

VII. Aufhebung der Pflegeerlaubnis

34 Anders als §§ 44 Abs. 3 Satz 2, 45 Abs. 7 SGB VIII enthält § 43 SGB VIII keinerlei Regelung über die Aufhebung der einmal erteilten Erlaubnis zur Tagespflege, was schlicht ein gesetzgeberisches Versäumnis darstellt.[75] Sachliche Gründe für den Verzicht auf eine klar konturierte bereichsspezifische Aufhebungsregelung sind nicht ersichtlich. Hingegen führt dieser Verzicht zu unzutreffenden Auffassungen wie der, dass die einmal erteilte Erlaubnis „die Hürde für den Entzug entsprechend hoch" sein lasse, weil bei Erteilung der Erlaubnis die Eignung festgestellt worden sei.[76]

Damit stellt sich die Frage nach der Ermächtigungsgrundlage für eine Aufhebung der Pflegeerlaubnis. Insoweit ist zwischen der Rücknahme, also der Aufhebung einer von Anfang an rechtswidrigen Erlaubnis, dem Widerruf einer zum Zeitpunkt der Erteilung rechtmäßigen Pflegeerlaubnis sowie der Aufhebung nach § 48 SGB X zu unterscheiden.

1. Rücknahme der Erlaubnis

35 Da es sich bei der **Pflegeerlaubnis** gem. der Legaldefinition des § 45 Abs. 1 SGB X um einen **begünstigenden Verwaltungsakt** handelt, kommt als Ermächtigungsgrundlage für eine Rücknahme nur **§ 45 SGB X** in Betracht.

Die Rücknahme setzt zunächst voraus, dass die Erlaubnis von Anfang objektiv rechtswidrig war, also nicht hätte erteilt werden dürfen. Darauf, ob die Beteiligten dies gewusst haben oder welche Vorstellungen sie gehabt haben, kommt es nicht an. Die Ursache dafür kann in der Sachverhaltsfeststellung oder in der Rechtsauslegung oder -anwendung liegen.

---

75 Auch das KJSG, das die Aufhebungsvorschrift des § 45 Abs. 7 SGB VIII um eine Ermessensregelung erweitert, die Aufhebungsvorschriften also im Blick gehabt hat, hat daran nichts geändert.

76 So FK-SGB VIII/*Smessaert/Lakies*, § 43 Rn. 27. Diese Auffassung ist bereits deshalb nicht richtig, weil jegliche Aufhebung einer Erlaubnis denknotwendig voraussetzt, dass diese „einmal erteilt" worden ist. Im Übrigen erfolgt die Aufhebung ggfs. ja nur und gerade deshalb, weil entweder die Eignung von Anfang nicht bestanden hat – aus einer einmal erteilten rechtswidrigen Erlaubnis für den Adressaten jenseits der Regelungen des § 45 SGB X positive Folgen abzuleiten, ist geradezu abwegig – oder aber in den der Erlaubniserteilung zugrunde liegenden Verhältnissen eine wesentliche Änderung eingetreten ist – dann ist für die einmal erteilte Erlaubnis die Grundlage entfallen.

Mängel der Sachverhaltsfeststellung begründen die Rechtswidrigkeit, soweit der Entscheidung ein der Tagespflegeperson als Adressatin der Erlaubnis günstiger Sachverhalt zu Grunde gelegt worden ist, der sich als unzutreffend erweist.[77]

Fehler auf rechtlicher Ebene beruhen auf einer unzutreffenden Auslegung und Anwendung des für die Entscheidung maßgeblichen Rechts, hier also der Erteilungsvoraussetzungen nach § 43 Abs. 2 SGB VIII.

Maßgeblich ist der **Zeitpunkt der Erteilung** der Erlaubnis. Diese wird gem. § 39 Abs. 1 SGB X mit der Bekanntgabe an die Tagespflegeperson wirksam. Die Erteilung der Erlaubnis muss also von Anfang an rechtswidrig gewesen sein.[78]

Die rechtswidrig erteilte Erlaubnis darf nur unter den in § 45 Abs. 2 bis 4 SGB X genannten Bedingungen zurückgenommen werden.[79] Insbesondere sind von der zuständigen Behörde die in § 45 Abs. 3 und 4 SGB X enthaltenen Fristen zu beachten, darunter die wichtige Frist nach Abs. 4 Satz 2 für die Rücknahme innerhalb eines Jahres seit Kenntnis der für diese erheblichen Tatsachen.

Sofern die genannten Voraussetzungen vorliegen, steht die **Rücknahme** im **Ermessen** der Behörde. Macht sie von diesem keinen oder einen ermessensfehlerhaften Gebrauch, ist die Rücknahme rechtswidrig.

2. Widerruf der Erlaubnis

Für einen Widerruf der Tagespflegeerlaubnis kommt als **Ermächtigungsgrundlage** § 47 36
Abs. 1 SGB X in Betracht. Danach darf ein rechtmäßiger begünstigender Verwaltungsakt – um Letzteren handelt es nach der Legaldefinition des § 45 Abs. 1 Satz 1 SGB X bei der Tagespflegeerlaubnis – widerrufen werden, wenn der Widerruf durch Rechtsvorschrift zugelassen ist (**§ 47 Abs. 1 Nr. 1 Alt. 1 SGB X**). Das ist hier weder in § 43 SGB VIII, der keine Widerrufsvorschrift enthält, noch in einer anderen Rechtsnorm erfolgt.

Ein Widerruf ist weiterhin zulässig, wenn er im Verwaltungsakt **vorbehalten** ist (**§ 47 Abs. 1 Nr. 1 Alt. 2 SGB X**).[80] Bei dem **Vorbehalt des Widerrufs** handelt es sich gem. § 32 Abs. 2 Nr. 3 SGB X um eine Nebenbestimmung zum Verwaltungsakt. Da es sich bei der Pflegeerlaubnis um einen Verwaltungsakt handelt, auf den ein Anspruch besteht (vgl. oben Rn. 13), darf sie gem. § 32 Abs. 1 SGB X mit einer Nebenbestimmung nur versehen werden, wenn sie durch Rechtsvorschrift zugelassen ist oder sie sicherstellen soll, dass die gesetzlichen Voraussetzungen des Verwaltungsaktes erfüllt werden.

Bereits die erste Voraussetzung ist erfüllt, da nach § 43 Abs. 3 Satz 5 SGB VIII die Erlaubnis mit einer Nebenbestimmung versehen werden kann. Darüber hinaus kann die einzelne Erlaubnis zur Sicherung des Fortbestands der Erteilungsvoraussetzungen mit einem Vorbehalt des Widerrufs versehen werden.[81]

Ein Widerruf kommt weiterhin nach **§ 47 Abs. 1 Nr. 2 SGB X** in Betracht, wenn eine mit der Erlaubnis verbundene Auflage nicht oder nicht fristgemäß erfüllt wurde.
Auch bei der Auflage handelt es sich gem. § 32 Abs. 2 Nr. 4 SGB X um eine Nebenbestimmung, die gem. § 43 Abs. 3 Satz 5 SGB VIII zulässig ist.

77 Vgl. Schütze/*Schütze*, SGB X, § 45 Rn. 29.
78 Vgl. zum Ganzen von Schütze/*Schütze*, SGB X, § 45 Rn. 28 ff.
79 Insoweit muss auf die Kommentarliteratur zu § 45 SGB X, etwa von Schütze, SGB X, verwiesen werden.
80 Einen Fall, in dem der Widerruf vorbehalten war, betrifft die Entscheidung VG Potsdam, Beschl. v. 22.1.2020, 7 L 11/20, juris, Rn. 20 ff.; ebenso OVG Rheinland-Pfalz, Beschl. v. 11.6.2018, 7 B 10412/18, ZKJ 2018, 323.
81 Vgl. beispielhaft OVG Rheinland-Pfalz, Beschl. v. 11.6.2018, 7 B 10412/18, ZKJ 2018, 323, zum Vorbehalt des Widerrufs für den Fall der Überschreitung der Höchstzahl der gleichzeitig betreuten Kinder.

Liegen die Voraussetzungen für einen Widerruf der Erlaubnis vor, steht dieser im **Ermessen** der Erlaubnisbehörde, hier also des sachlich zuständigen Jugendamtes. Erweist sich eine Betreuungsperson als persönlich nicht mehr geeignet, ist das in § 47 Abs. 1 SGB X eröffnete Ermessen auf null reduziert und die erteilte Erlaubnis zur Kindertagespflege zu widerrufen. In diesem Fall ist der Widerruf auch verhältnismäßig.[82]

3. Aufhebung der Erlaubnis nach § 48 Abs. 1 SGB X

37 Als Ermächtigungsgrundlage für die Aufhebung der Tagespflegeerlaubnis kommt im Regelfall **§ 48 Abs. 1 SGB X** in Betracht.[83] Bei der Erlaubnis handelt es sich um einen **Verwaltungsakt mit Dauerwirkung**, da er nicht nur zu *einem* Zeitpunkt, sondern während der gesamten Dauer von längstens fünf Jahren (§ 43 Abs. 3 Satz 4) seine Wirksamkeit entfaltet.

Die Erlaubnis ist nach § 48 Abs. 1 Satz1 SGB X mit Wirkung für die Zukunft **aufzuheben**, soweit in den tatsächlichen oder rechtlichen Verhältnissen, die bei ihrem Erlass vorgelegen haben, eine **wesentliche Änderung** eintritt. Anders als die Rücknahme nach § 45 SGB X steht die **Aufhebung** nicht im Ermessen der Behörde, sondern hat **zwingend zu erfolgen**. Auch ein **Vertrauensschutz** hinsichtlich der Fortgeltung der Erlaubnis besteht nicht.

Eine Änderung ist dann wesentlich, wenn die veränderten Verhältnisse, hätten sie bereits zu jenem Zeitpunkt vorgelegen, die Erteilung der Pflegeerlaubnis **ausgeschlossen** hätten. **Hauptanwendungsfall** ist der **Wegfall der Eignung** der Pflegeperson für die Kindertagespflege i.S.d. § 43 Abs. 2 SGB VIII.

Insoweit haben sich in der Rechtsprechung einige **typische Fallkonstellationen** herausgebildet.

a) Überschreitung der Höchstzahl der zu betreuenden Kinder

37a Eine dieser typischen Fallkonstellationen, die wiederholt Gegenstand gerichtlicher Entscheidungen war, ist die **Überschreitung der gesetzlichen oder in der Erlaubnis festgesetzten Höchstzahl** der gleichzeitig anwesenden zu betreuenden Kinder, die eine Änderung in den tatsächlichen Verhältnissen darstellt, die die Aufhebung der Erlaubnis notwendig macht.

Danach begründet der in der mehrfachen Überschreitung der Höchstzahl der zu betreuenden Kinder liegende Verstoß gegen § 43 Abs. 3 Satz 1 SGB VIII und gegen die Maßgaben der erteilten Erlaubnis zur Kindertagespflege in der Regel die Unzuverlässigkeit und damit die Ungeeignetheit der Tagespflegeperson, da diese Vorschrift nicht zuletzt dem Schutz der der Tagespflegeperson anvertrauten Kinder dient, indem durch die Beschränkung der Kinderzahl eine ausreichende Betreuung sichergestellt werden soll. Die Aufhebung der Pflegeerlaubnis ist deshalb auch dann verhältnismäßig, wenn kein Kind zu Schaden gekommen ist. Die Aufhebung der Erlaubnis zur Kindertagespflege wegen Unzuverlässigkeit der Tagespflegeperson nach § 48 Abs. 1 Satz 1 SGB X soll schon eine Gefährdung der zu betreuenden Kinder von vornherein ausschließen. Die Feststellung einer konkreten Kindeswohlgefährdung ist für die Aufhebung der Pflegeerlaubnis nicht erforderlich.[84]

---

82 Zu Recht weist das SächsOVG, Beschl. v. 27.5.2014, 4 B 48/14, juris Rn. 16, darauf hin, dass auch eine Ermessensentscheidung jedenfalls dann keine gegenüber der nach § 48 SGB X für die Pflegeperson günstigere Entscheidung ermögliche, wenn deren Eignung nicht mehr gegeben ist, da die Nichteignung der Pflegeperson die Erteilung wie auch den Fortbestand der Pflegeerlaubnis ausschließe. Im gleichen Sinne OVG Rheinland-Pfalz, Beschl. v. 11.6.2018, 7 B 10412/18, juris, Rn. 14, ZKJ 2018, 323; OVG NRW, Beschl. v. 22.11.2012, 12 B 1252/12, juris, Rn. 23.

83 BayVGH, Beschl. v. 11.12.2012, 12 CS 12.2406, juris = EJ 4/2013 mit Anm. *Möller*; VG Aachen, Beschl. v. 3.3.2016; 1 K 2193/14, juris, OVG Niedersachsen, Beschl. v. 9.10.2020, 10 ME 199/20, juris, Rn. 21.

84 VG Lüneburg, Urt. v. 16.4.2018, 4 A 539/16, juris, Rn. 22 ff. Ebenso VG Arnsberg, Beschl. v. 10.10.2013, 11 L 587/13, juris; VG München, Urt. v. 25.4.2012, M 18 K 10.5583, juris.

Nach VG München wird die Eignung einer Tagespflegeperson auch in Frage gestellt, wenn sie **mehr Kinder betreut**, als es der Erlaubnis entspricht.[85]

An der Eignung im vorstehenden Sinne fehlt es, wenn eine Tagespflegeperson ohne Vorliegen eines Notfalls abwesend ist und die **Betreuung einer anderen Person überlässt** oder andere Personen, die über keine Pflegeerlaubnis verfügen, in die Betreuung eingebunden werden.[86]

Ebenso fehlt es an der Eignung, wenn die Pflegeperson **Kleinkinder**, wenn auch nur für kurze Zeit, **alleine lässt**.[87]

Nach **SächsOVG** fehlt es einer Tagespflegeperson an der erforderlichen Zuverlässigkeit und dem notwendigen Verantwortungsbewusstsein, wenn sie die ihr zum Zwecke der Tagespflege außerhalb des Haushalts des Erziehungsberechtigten anvertrauten Kleinkinder in einem Alter von bis zu drei Jahren ohne triftigen Grund allein in einem PKW zurücklässt. Sie verletzt damit in erheblichem Maß ihre Aufsichtspflicht. Insbesondere bei Kleinkindern, die wegen ihres Entwicklungsstands noch nicht in der Lage sind, Gefahrensituationen selbst einschätzen zu können, ist es zu deren Schutz erforderlich, dass Aufsichtspersonen schnell eingreifen können. Zwar lasse nicht jede Aufsichtsverletzung durch eine Pflegeperson für sich genommen schon auf deren Ungeeignetheit schließen. Daher sei auch stets in den Blick zu nehmen, ob die Pflegeperson ihr eigenes Handeln und Verhalten selbstreflektierend kritisch zu betrachten in der Lage ist, eine Aufsichtspflichtverletzung von ihr als solche erkannt wird und sie ggf. bereit ist, das Kindeswohl zukünftig über eigene Belange und Interessen zu stellen.[88]

Nach **OVG Berlin-Brandenburg** vermag auch der durch ärztliche Befundberichte substanziierte Verdacht, bei einem betreuten Kind eine zumindest fahrlässige Körperverletzung verursacht zu haben, den Widerruf der Tagespflegeerlaubnis wegen fehlender Eignung zu rechtfertigen. Die Annahme im Rahmen einer Interessenabwägung, dass das Interesse der Antragstellerin an der Fortführung ihres Berufes als geringwertiger zu beurteilen sei als das besonders hoch zu gewichtende öffentliche Interesse der Tagespflegekinder, von Kindeswohlgefährdungen verschont zu bleiben, werde auch durch den Hinweis der Tagespflegeperson auf den Verlust ihrer Existenzgrundlage nicht in Frage gestellt.[89]

b) Verdacht sexueller Handlungen

Die Gefahr des sexuellen Missbrauchs für die betreuten Kinder kann zum einen von der **Kindertagespflegeperson selbst** ausgehen. **37b**

Nach **VGH Ba-Wü**, besteht in der Person einer Kindertagespflegeperson auf Grund seiner in der Vergangenheit praktizierten **pädophilen Neigungen** ein für die Betreuung von Kindern in der Tagespflege nicht verantwortbares Risiko, das dessen Eignung als Tagespflegeperson gem. § 43 Abs. 2 Satz 1 und 2 SGB VIII ausschließt und eine Rücknahme der Tagespflegerlaubnis nach § 45 Abs. 1, Abs. 2 SGB X eröffnet. Der Begriff der persönlichen Eignung umfasse neben den ausdrücklich im Gesetz aufgezählten Anforderungen die weitere Voraussetzung, dass in der Pflegestelle für die dort aufgenommenen Kinder keine anderen für ihre Entwicklung schädlichen Risiken oder Gefährdungen vorhanden seien. Ein Ausschluss der Eignung könne auch darauf gestützt werden, dass Anhaltspunkte dafür bestehen, dass eine Pflegeperson oder eine in ihrem Haushalt lebende Person das sittliche Wohl des Kindes

85 VG München, Urt. v. 25.4.2012, M 18 K 10.5583, juris.
86 VG Aachen, Beschl. v. 3.3.2016; 1 K 2193/14, juris; SächsOVG, Beschl. v. 23.10.2017, 4 B 173//17, JAmt 2018, 5; OVG Nordrhein-Westfalen, Beschl. v. 22.11.2012, 12 B 1252/12, juris.
87 SächsOVG, Beschl. v. 27.5.2014, 4 B 48/14, juris, Rn. 16; im entschiedenen Fall handelte es sich um Kinder im Alter von ein und zwei Jahren, die für eine halbe Stunde unbeaufsichtigt waren.
88 Sächsisches OVG, Beschl. v. 24.2.2020, 3 B 262/19, https://www.justiz.sachsen.de, Rn. 6 ff.
89 OVG Berlin-Brandenburg, Beschl. v. 25.8.2020, OVG 6 S 34/20juris, Rn. 6 ff.

oder der Jugendlichen gefährden könnte. Dabei könnten u.a. auch pädophile Neigungen, selbst ohne eine Verurteilung, bei der Eignungsprüfung im Rahmen des Erlaubnisverfahrens berücksichtigt werden. Denn die fehlende Verurteilung aufgrund von Straftaten nach § 72a SGB VIII sei nur eine notwendige, aber keine hinreichende Voraussetzung für die persönliche Eignung im Sinne von § 43 Abs. 2 SGB VIII. Die Annahme der fehlenden Eignung einer Betreuungsperson setze für sich genommen keine Anklageerhebung oder gar eine Verurteilung im strafrechtlichen Sinne voraus. Ob eine Kindeswohlgefährdung vorliege, sei eine Frage der prognostischen Wahrscheinlichkeit, bei der nicht der strafrechtliche Grundsatz „Im Zweifel für den Angeklagten", sondern die Formel „Im Zweifel für das (Klein-)Kind" Anwendung finde.[90]

Die **Gefährdung** kann aber auch von **anderen im Haushalt oder im Umfeld** der Kindertagespflegeperson **lebenden Personen** wie Ehepartner_innen, Lebensgefährt_innen, Kindern oder sonstigen Verwandten verursacht werden, die wegen einer der in § 72a SGB VIII genannten Straftaten verurteilt wurden oder insoweit einem erheblichen Verdacht einer Straftat ausgesetzt waren oder sind.[91]

37c Ist das der Fall, **schließt das die Eignung** der Tagespflegeperson i.S.d. § 43 Abs. 1 Satz 1 SGB VIII **aus**. Die fehlende Eignung kann in diesen Fällen auch nicht durch Nebenbestimmungen kompensiert werden. Insoweit stellt sich bereits die Frage der Zulässigkeit nachträglich beigefügter Nebenbestimmungen. § 45 Abs. 4 SGB VIII unterscheidet bezüglich der Betriebserlaubnis klar zwischen der Zulässigkeit von Nebenbestimmungen überhaupt (Satz 1) und der nachträglichen Erteilung von Auflagen (Satz 2). Angesichts der – wenn auch in ihrer Systematik nicht durchschaubaren – differenzierten Nebenbestimmungsregelungen der §§ 43 bis 45 SGB VIII (§ 44 SGB VIII enthält überhaupt keine Regelung betreffend Nebenbestimmungen) kann kaum eine ausfüllungsbedürftige Regelungslücke identifiziert werden. Eine nachträglich beigefügte Nebenbestimmung im Wege der Analogie zu § 45 Abs. 4 Satz 2 SGB VIII verbietet sich deshalb. Ungeachtet dessen sind Nebenbestimmungen ungeeignet, sexuelle Übergriffe auf die betreuten Kinder zu verhindern (vgl. dazu oben Rn. 19).

c) Hygienische Verhältnisse

37d Im Überschneidungsbereich von persönlicher Eignung und dem Vorliegen kindgerechter Räumlichkeiten liegen Fragen der Hygiene in den für die Betreuung genutzten Räumen.

Das **OVG NRW** hat eine fehlende Eignung der Antragstellerin für die Kindertagespflege mit den hygienischen Verhältnissen und der Reaktion der Antragstellerin auf diesbezügliche Vorhaltungen der Behörde begründet. Dabei hat es unter anderem auf die Bereitstellung von Katzenfutter in Näpfen in der Küche der Antragstellerin abgestellt, zu denen auch die Kinder Zugang hatten. Auch wenn darin noch keine Kindeswohlgefährdung zu sehen sei, sei zu berücksichtigen, dass die Eignung einer Tagespflegeperson auch unterhalb der Schwelle der Kindeswohlgefährdung zu verneinen sein könne, da über das Merkmal der Eignung der Tagespflegeperson in § 43 Abs. 2 SGB VIII Qualitätsstandards gesetzt werden sollten und eine in jeder Beziehung kindgerechte Pflege der zu betreuenden Kinder sichergestellt werden solle. In Anbetracht der Keimbelastung von Speichel, insbesondere von Katzenspeichel, den die Tiere bei der Nahrungsaufnahme an den Futternäpfen zurückließen, erscheine ein ungehinderter Zugang der zu pflegenden Kinder zu diesen Näpfen mit den Anforderungen einer kindgerechten Pflege nicht zu vereinbaren.[92]

90 VGH Ba-Wü, Beschl. v. 23.4.2019, 12 S 675/19, NJW 2019, 2715.
91 VGH Ba-Wü, Beschl. v. 23.4.2019, 12 S 675/19, NJW 2019, 2715 m.w.N.
92 OVG NRW, Beschl. v. 11.09.2018, 12 B 503/18, juris, Rn. 4 ff.

d) Sonstige Umstände, die die Eignung der Kindertagespflegeperson in Frage stellen

Nach *OVG NRW* schließt es die Eignung aus, wenn die Tagespflegeperson nicht stets hinreichend sicher die Gefahr ausschließen kann, dass die von ihr betreuten Kinder im Tagespflegehaushalt miterleben müssen, dass der Ehemann der Antragstellerin den eigenen in diesem Haushalt lebenden Söhnen gegenüber Gewalt androht oder sogar anwendet. Schon das Miterleben von Konfliktsituationen, die in eine Gewaltandrohung einmünden, stellt aber für die betroffenen Kinder ein erhebliches Entwicklungsrisiko dar. Denn bei den zu betreuenden Kindern handele es sich regelmäßig noch um Kinder im Vorschulalter, die – gerade in fremder Umgebung – besonders sensibel auf Risiken und Gefährdungen reagierten, Erlebnisse der vorgenannten Art noch nicht hinreichend verarbeiten könnten und insoweit sogar der Gefahr einer Traumatisierung ausgesetzt seien.[93] **37e**

e) Wahl der Ermächtigungsgrundlage durch die Behörde?

Von *BayVGH*[94] wird die Frage diskutiert, ob die Behörde dann, wenn ihr für ein beabsichtigtes Eingreifen mehrere Ermächtigungsgrundlagen zur Verfügung stehen, nur auf diejenige zurückgreifen darf, nach der ihr eine Ermessensentscheidung eröffnet ist. Die Frage stellt sich hinsichtlich der Entziehung der Tagespflegeerlaubnis (nur) dann, wenn der Widerruf im Erlaubnisbescheid vorbehalten wurde, sodass sowohl ein Widerruf der Erlaubnis gem. § 47 Abs. 1 Nr. 1 SGB X, über den nach Ermessen zu entscheiden ist, als auch eine Aufhebung gem. § 48 Abs. 1 Satz 1 SGB X, die bei Vorliegen der Voraussetzungen zwingend zu erfolgen hat, in Betracht kommt. Auf der Ebene des einfachen Gesetzes ist ein solcher Vorrang der Ermessennorm nicht zu begründen. Stellt das Gesetz mehrere Ermächtigungsgrundlagen zur Verfügung, darf die Verwaltung nach ihrer Wahl von jeder Gebrauch machen, sofern deren Voraussetzungen erfüllt sind. Demgegenüber sieht der BayVGH einen Vorrang der Ermessensnorm, „weil andernfalls die aus Gründen des Vertrauensschutzes eng gezogenen Grenzen für die Aufhebung einer solchen Erlaubnis nach § 47 Abs. 1 Nr. 1 SGB X durch eine Anwendung der generell weiteren, weder Ermessen noch Vertrauensschutz vorsehenden Regelung des § 48 Abs. 1 Satz 1 SGB X unterlaufen werden könnten." Wenn hier von „aus Gründen des Vertrauensschutzes eng gezogenen Grenzen" gesprochen wird, sollen damit offenbar verfassungsrechtliche Begrenzungen aktiviert werden. Allerdings wird an dieser Stelle der dem § 47 SGB X durch seine engen Tatbestandsvoraussetzungen und seinen abschließenden Charakter („darf ... nur widerrufen werden, soweit") innewohnende Vertrauensschutz stillschweigend in eine Verpflichtung zur Anwendung dieser Vorschrift umgewandelt. **37f**

Andere Oberverwaltungsgerichte sehen ein Vorrangverhältnis eher kritisch, haben aber – soweit ersichtlich – die Frage vor allem mit dem Argument offengelassen, dass ein Widerruf nach § 47 SGB X kaum zu den für Tagespflegepersonen günstigeren Ergebnissen führen würde. Sei nämlich deren Eignung entfallen, sei weder Raum für eine Ermessensausübung noch für die Berücksichtigung von Vertrauensschutzaspekten. Das in § 47 Abs. 1 SGB X eingeräumte Ermessen sei dann nämlich auf null reduziert und die Erlaubnis zu widerrufen.[95]

93 OVG Nordrhein-Westfalen, Beschluss vom 08.11.2006, 12 B 2077/06, juris.
94 Im vielzitierten Beschl. v. 18.10.2012, 12 B 12.1048, juris, Rn. 38, ZKJ 2013, 41.
95 Vgl. SächsOVG, Beschl. v. 27.5.2014, 4 B 48/14, juris, Rn. 16, ZKJ 2014, 395; Beschl. v. 17.12.2015, 4 A 253/15, juris, Rn. 10; OVG Rhld.-Pfalz, Beschl. v. 11.06.2018, 7 B 10412/18, juris, Rn. 14, ZKJ 2018, 323; OVG NRW, Beschl. v. 22.11.2012, 12 B 1252/12, juris, Rn. 23; ebenso VG Köln, Beschl. v. 2.10.2020, 19 L 1223/19, juris.

4. Aufhebung der Erlaubnis als letztes Mittel?

38 Insbesondere nach der Rechtsprechung des *Bayerischen VGH*[96] stellt der Widerruf der Erlaubnis zur Kindertagespflege aber stets **das letzte Mittel** zur Gewährleistung des Kindeswohls dar. Ein Einschreiten der Behörde komme deshalb nur dann in Betracht, wenn die Pflegeperson nicht bereit oder in der Lage sei, eine (mutmaßliche) Gefährdung abzuwenden. Dieser Rechtsprechung ist insoweit zu folgen, als die **sichere Prognose**, dass die widerrufene Erlaubnis sofort wieder erteilt werden müsste, einen Widerruf unzulässig macht. In allen anderen Fällen ist die Pflegeperson auf die **erneute Beantragung** der Pflegeerlaubnis zu verweisen. In diesem Verfahren kann dann das Vorliegen der notwendigen Voraussetzungen für die Erteilung geprüft werden.

39 Nach der Rechtsprechung des *SächsOVG* kann es dahinstehen, ob es bei Anwendung des § 48 Abs. 1 Satz 1 SGB X im Lichte der Anforderungen des Grundrechts der Berufsfreiheit aus Art. 12 GG einer zusätzlichen Verhältnismäßigkeitsprüfung bedürfe. Für eine solche zusätzliche Verhältnismäßigkeitsprüfung sei jedenfalls dann kein Raum, wenn eine Erlaubnis zur Kindertagespflege wegen mangelnder Eignung aufgehoben werde. Die fehlende Eignung könne nicht durch Auflagen oder erhöhte Kontrollen der Antragsgegnerin kompensiert werden.[97]

40 Nicht gefolgt werden kann der Rechtsprechung insoweit, als es möglich sein soll, den Widerruf durch **Nebenbestimmungen** abzuwenden. Zwar ist in § 43 Abs. 3 Satz 5 SGB VIII ausdrücklich geregelt, dass die Erlaubnis mit einer Nebenbestimmung versehen werden kann. Insoweit ist es aber bereits fraglich, ob eine Nebenbestimmung, etwa eine Auflage, nachträglich erteilt werden kann, da eine § 45 Abs. 4 Satz 2 SGB VIII entsprechende Vorschrift in § 43 SGB VIII gerade fehlt und eine nachträgliche Beifügung von Nebenbestimmungen nur zulässig ist, wenn hierfür eine besondere gesetzliche Grundlage gegeben ist oder dies im Ausgangs-VA durch eine Nebenbestimmung gemäß § 32 Abs. 2 Nr. 3 oder Nr. 5 SGB X vorbehalten worden ist.[98] Aber selbst wenn man mit einer Analogie zu § 45 Abs. 4 Satz 2 SGB VIII arbeiten würde,[99] scheidet die Ersetzung des Widerrufs durch Erteilung einer Nebenbestimmung dann aus, wenn eine Erteilungsvoraussetzung in Rede steht. Da es nicht zulässig ist, wesentliche Erlaubnisvoraussetzungen, etwa die Eignung der Pflegeperson oder die Sicherung des Wohles der betreuten Kinder überhaupt, erst mittels einer Nebenbestimmung herbeizuführen (siehe dazu Rn. 30), kann hinsichtlich der **Beseitigung festgestellter Widerrufsgründe** nichts anderes gelten.

VIII. Untersagung der Tagespflege?

41 Neben Rücknahme, Widerruf sowie Aufhebung wegen veränderter tatsächlicher Verhältnisse gibt es **weitere Gegenstände** und **Konstellationen** im Bereich der Tagespflege, die das **SGB VIII nicht regelt**.

Insoweit sind insbesondere zu nennen:

- Welche Handlungsmöglichkeiten bestehen, wenn erlaubnispflichtige Tagespflege ohne Erlaubnis aufgenommen wird?

---

96 BayVGH, Beschl. v. 18.10.2012, 12 B 12.1048, juris, ZKJ 2013, 41.
97 SächsOVG, Beschl. v. 24.2.2020, 3 B 262/19, juris, Rn. 10.
98 Vgl. Schütze/*Engelmann*, SGB X, § 32 Rn. 49.
99 Angesichts der zahlreichen unterschiedlichen Regelungen und (scheinbaren) Zufälligkeiten in den §§ 43 bis 45a SGB VIII ist es bereits höchst zweifelhaft, von einer planwidrigen und deshalb analogiefähigen Regelungslücke zu sprechen. Für eine analoge Anwendung jetzt Wiesner/Wapler/*Wiesner*, § 43 SGB VIII Rn. 55.

- Welche Befugnisse stehen der Erlaubnisbehörde zu, wenn ungeachtet des Unwirksamwerdens (vgl. § 39 Abs. 2 SGB X) der Pflegeerlaubnis die Tagespflege fortgesetzt wird?

In allen genannten Konstellationen liegt es nahe, die Fortsetzung der Tagespflege zu unterbinden. Probates Mittel ist insoweit eine Verfügung, mit der die Tagespflege untersagt wird. Dazu bedarf es allerdings einer Ermächtigungsgrundlage, die das SGB VIII nicht enthält. Zu denken ist deshalb an landesrechtliche Vorschriften. **42**

So kann nach **Art. 40 BayAGSG** das Jugendamt einer ungeeigneten Person, die nach § 43 Abs. 1 SGB VIII keiner Erlaubnis bedarf oder der die Pflegeerlaubnis wegen eines Versagungsgrundes verweigert werden müsste, untersagen, ein Kind oder einen Jugendlichen bzw. eine Jugendliche in ihrer Familie regelmäßig zu betreuen.[100]

Gem. **§ 22 Abs. 8 KiBiz NRW** hat das Jugendamt die weitere Betreuung der Kinder zu untersagen, wenn Kinder in Kindertagespflege betreut werden, ohne dass die Kindertagespflegeperson über die erforderliche Erlaubnis zur Kindertagespflege verfügt oder im Sinne des § 23 Abs. 3 SGB VIII geeignet ist.

Enthalten auch landesrechtliche Vorschriften keine Befugnis zur Untersagung, kommt nur der Rückgriff auf die Generalklausel des Polizei- und Ordnungsrechts in Frage. Die ohne Erlaubnis oder erlaubniswidrig durchgeführte Tagespflege stellt als Ordnungswidrigkeit (vgl. § 104 Abs. 1 Nr. 1 SGB VIII) einen Verstoß gegen die die Unversehrtheit der gesamten Rechtsordnung umfassende öffentliche Sicherheit dar und ermächtigt damit die zuständigen Behörden, die erforderlichen Maßnahmen zu treffen. Dass allerdings das sich seiner Eingriffsferne rühmende Kinder- und Jugendhilferecht an nicht unerheblicher Stelle auf die polizeiliche (!) Generalklausel zurückgreifen muss, stellt eine Pointe besonderer Art dar.

IX. Zuständigkeit und Verfahren

1. Zuständigkeit

Sachlich zuständig für die Erteilung sowie den Widerruf der Erlaubnis ist gem. § 85 Abs. 1 SGB VIII das **Jugendamt**, **örtlich zuständig** ist das Jugendamt, in dessen Bereich die **Pflegeperson ihren gewöhnlichen Aufenthalt** hat (§ 87a Abs. 1 SGB VIII). **43**

Nach § 76 Abs. 1 SGB VIII kann der Träger der öffentlichen Jugendhilfe anerkannte Träger der freien Jugendhilfe (§ 75 SGB VIII) an der „Durchführung ihrer Aufgaben" u.a. nach dem § 43 SGB VIII „beteiligen oder ihnen diese Aufgaben zur Ausführung übertragen". Es ist selbstverständlich, dass ein **Träger der freien Jugendhilfe niemals** eine **Erlaubnis** nach § 43 SGB VIII **erteilen** kann. Tut er es dennoch, ist das rechtswidrig, da ein Privater, solche sind auch anerkannte Träger der freien Jugendhilfe, keine Erlaubnis erteilen kann. Eine dahin gehende „Beleihung" enthält § 76 Abs. 1 SGB VIII nicht. In Betracht kommt lediglich die Beteiligung an der Aufgabe der Beratung nach Abs. 4.

2. Verfahren

Die Erlaubnis ist beim Jugendamt **zu beantragen**. Anders als § 43 SGB VIII sehen einige landesrechtliche Regelungen[101] für den Antrag ausdrücklich **Schriftform** vor. **44**

Die Antragsunterlagen sind regelmäßig mit der (potenziellen) Kindertagespflegeperson zu erörtern und Unklarheiten zu bereinigen. Erforderlichenfalls ist Gelegenheit zur Konkretisie-

---

100 Vgl. dazu VG München, Beschl. v. 15.5.2020, M 18 S 20.732, juris, Rn. 59 f., für eine nach § 43 SGB VIII erlaubnisfreie Betreuungstätigkeit.

101 Etwa § 37 Abs. 1 Satz 1 schl.-holst. Jugendförderungsgesetz.

rung, Erläuterung und Ergänzung des Antrags zu geben. Ein erweitertes Führungszeugnis nach § 72a Abs. 1 SGB VIII betreffend die Kindertagespflegeperson ist vorzulegen.

Die für die Betreuung vorgesehenen Räumlichkeiten sind im Rahmen eines **Hausbesuchs** durch das Jugendamt in Augenschein zu nehmen, da nur aufgrund eines persönlichen Eindrucks beurteilt werden kann, ob diese geeignet und i.S.d. Abs. 2 Satz 2 Nr. 2 kindgerecht sind.

Auch potenzielle Tagespflegepersonen, die einen Antrag auf Erlaubniserteilung gestellt haben, sind hinsichtlich aller für die Tagespflege relevanten Gegenstände, insbesondere auch hinsichtlich der einzuhaltenden Rechtsvorschriften, zu informieren und zu beraten. Zum Beratungsanspruch von Erziehungsberechtigten und Kindertagespflegepersonen nach § 43 Abs. 4 SGB VIII siehe oben Rn. 32.

Vor einer Ablehnung oder einer Abweichung vom Antrag, insbesondere hinsichtlich der erlaubten Zahl der zu betreuenden Kinder, ist die Pflegeperson zu den entscheidungserheblichen Umständen **anzuhören** (§ 24 Abs. 1 SGB X). Sofern von diesen nicht abgewichen werden soll, kann die Anhörung unterbleiben (§ 24 Abs. 2 Nr. 3 SGB X). Gegenstand der Anhörung sind vor allem die entscheidungserheblichen Tatsachen, was nicht ausschließt, auch rechtliche Argumente vorzubringen. Die für eine Stellungnahme einzuräumende Frist soll im Regelfall zwei Wochen nicht unterschreiten. Ist die Frist zu kurz bemessen oder wurde die/der Erlaubnisinhaber_in nicht angehört, tritt eine Heilung gem. § 41 Abs. 1 Nr. 3 SGB X dann ein, wenn sich die oder der Betroffene gleichwohl umfassend zur Sache geäußert

44a Hinsichtlich der Form der Erlaubnis enthält § 43 SGB VIII keine Regelungen. Einige landesrechtliche Vorschriften[102] sehen **Schriftform** vor. Unbeschadet dessen ist nicht nur aus Gründen der Beweissicherung für alle Beteiligten eine mündliche oder andere nicht-schriftliche Form der Erlaubnis angesichts der Komplexität der zu regelnden Gegenstände kaum vorstellbar und davon dringend abzuraten.

X. Rechtsschutz

1. Hauptsache

a) Gegen die Versagung der Erlaubnis

45 Bei der Pflegeerlaubnis handelt es sich ebenso wie bei deren Ablehnung um einen Verwaltungsakt i.S.d. § 31 Satz 1 SGB X. Gegen die Ablehnung der Erlaubnis ist deshalb – soweit er nicht landesrechtlich ausgeschlossen ist – **Widerspruch** möglich. Ist ein Widerspruch nicht statthaft oder wird er zurückgewiesen, ist gegen die Ablehnung **Klage beim Verwaltungsgericht** zu erheben. Richtige Klageart ist die **Verpflichtungsklage**, da die Tagespflegeperson nicht nur eine Belastung, nämlich die (teilweise) Ablehnung der Erlaubnis, abwehren, sondern eine Begünstigung, die Pflegeerlaubnis, erstreiten will. Die Klage ist gegen den gem. § 85 Abs. 1 SGB VIII sachlich zuständigen öffentlichen Träger der Jugendhilfe zu richten.

102 § 37 Abs. 1 Satz 2 schl.-holst. Jugendförderungsgesetz

Der Klageantrag würde etwa lauten:

Es wird beantragt,
den Bescheid des Jugendamtes (Ablehnung der Pflegeerlaubnis) vom … (ggf.: in Gestalt des Widerspruchsbescheids vom …) aufzuheben und das Jugendamt … zu verpflichten, der Klägerin/dem Kläger eine Erlaubnis gem. § 43 SGB VIII zur Betreuung von bis zu fünf Kindern zu erteilen.

Die für die Entscheidung über die Klage maßgebliche Sach- und Rechtslage ist die der letzten mündlichen Tatsachenverhandlung. Zwischen dem Ablehnungsbescheid und der Urteilsfindung eintretende Veränderungen der Sach- oder Rechtslage sind also zu berücksichtigen.

b) Gegen die teilweise Versagung der Erlaubnis

Wird die Erlaubnis nicht in vollem Umfang abgelehnt, sondern für eine geringere Zahl von **46**
Kindern erteilt als beantragt, ist – soweit statthaft – Widerspruch einzulegen, soweit eine Ablehnung erfolgt ist. Auch hier ist im Fall der Nichtstatthaftigkeit des Widerspruchs oder dessen Zurückweisung Verpflichtungsklage hinsichtlich des abgelehnten Teils zu erheben. Der Klageantrag könnte in diesem Fall lauten:

Es wird beantragt,
den Bescheid des Jugendamtes (teilweise Ablehnung der Pflegeerlaubnis) vom … (ggf.: in Gestalt des Widerspruchsbescheids vom …) aufzuheben, soweit darin die Erteilung einer Erlaubnis zur Tagespflege auf die Betreuung von … gleichzeitig anwesenden Kindern beschränkt wird, und das Jugendamt … zu verpflichten, der Klägerin/dem Kläger die Erlaubnis gem. § 43 SGB VIII zur Betreuung von bis zu fünf gleichzeitig anwesenden Kindern zu erteilen.

Von der Erlaubnis kann in dem Umfang, in dem sie erteilt wurde, auch dann sofort Gebrauch gemacht werden, wenn gegen den ablehnenden Teil mit dem Widerspruch oder gerichtlich vorgegangen wird. Es besteht also nicht die Gefahr, auch die bereits erteilte Erlaubnis zu verlieren.

c) Gegen eine Nebenbestimmung

Der Erlaubnis beigefügte Nebenbestimmungen können – soweit statthaft – mit dem Wider- **47**
spruch und sodann mit der Anfechtungsklage angegriffen werden.[103] Rechtsbehelfe haben mangels einer anderslautenden gesetzlichen Regelung aufschiebende Wirkung. Auch hier kann die Behörde gem. § 80 Abs. 2 Nr. 4 VwGO die sofortige Vollziehung anordnen, sodass die aufschiebende Wirkung entfällt. Die Tagespflegeperson kann sich hiergegen mit einem Antrag nach § 80 Abs. 5 VwGO zur Wehr setzen. Zu Einzelheiten vgl. unten Rn. 51 ff.

d) Gegen Rücknahme, Widerruf oder Aufhebung der Erlaubnis

Bei der Rücknahme, dem Widerruf oder der Aufhebung handelt es sich jeweils um Verwal- **48**
tungsakte i.S.d. § 31 Satz 1 SGB X. Dagegen ist – soweit er nicht landesrechtlich ausgeschlossen ist – **Widerspruch** möglich und vor Erhebung einer Klage erforderlich.

---

103 Schleswig-Holsteinisches OVG, Beschl. v. 21.8.2020, 3 MB 30/20, JAmt 2021, 343; VG Hannover, Beschl. v. 8.1.2018, 3 A 5750/15, juris.

Ist ein Widerspruch nicht statthaft oder wird er zurückgewiesen, ist gegen die Aufhebung **Klage beim Verwaltungsgericht** zu erheben. Richtige Klageart ist die **Anfechtungsklage**, da die Tagespflegeperson sich nur gegen eine Belastung, nämlich die Entziehung der Erlaubnis, wehren und diese beseitigt haben will.

Der Klageantrag würde etwa lauten:

Es wird beantragt,

den Bescheid des Jugendamtes (Rücknahme/Widerruf/Aufhebung der Pflegeerlaubnis) vom … (ggfs.: in Gestalt des Widerspruchsbescheids vom …) aufzuheben.

49 In nahezu allen **gerichtlichen Verfahren** um die Aufhebung von Pflegeerlaubnissen wird – vor allem unter dem Gesichtspunkt der Verhältnismäßigkeit – die Frage thematisiert, ob und gegebenenfalls mit welchem Gewicht eine **Zukunftsprognose** im Hinblick auf die (Wieder-)Herstellung erlaubnisfähiger Verhältnisse, insbesondere also der Eignung der Pflegeperson, anzustellen ist. Sie ist mit der weiteren Frage verknüpft, welcher der für die Beurteilung der Sach- und Rechtslage **maßgebliche Zeitpunkt** ist. Insoweit besteht in der Rechtsprechung soweit ersichtlich Einigkeit, dass auf den Zeitpunkt der **letzten Behördenentscheidung**, also der Widerrufs- oder, falls ein Widerspruchsverfahren stattfindet, der Widerspruchsentscheidung abzustellen ist.[104]

Damit ist allerdings noch nicht ausgeschlossen, dass zu diesem Zeitpunkt eine Prognoseentscheidung zu treffen ist. Allerdings enthält das Gesetz keinerlei Anhaltspunkte dafür, dass die Prognose der Wiederherstellung erlaubnisgemäßer Verhältnisse einem Widerruf entgegenstünde. Es bleibt dem Gesetzgeber unbenommen, solches gesetzlich zu regeln.

Gegenstand der Anfechtungsklage ist die Rechtmäßigkeit des angegriffenen Bescheids. Maßgeblich ist deshalb im Regelfall die Sach- und Rechtslage zum Zeitpunkt der letzten behördlichen Entscheidung, also dem Erlass des Ausgangs- oder des Widerspruchsbescheids.[105]

Abweichend von diesem Grundsatz ist auch bei der Anfechtungsklage auf die Sach- und Rechtslage im Zeitpunkt der letzten mündlichen Verhandlung abzustellen, wenn dies ausdrücklich gesetzlich angeordnet wird.[106] Ein derartiges Abweichen wird aber auch in den Fällen befürwortet, in denen es um den Entzug einer Zulassung oder Erlaubnis geht. Danach ist „eine evidente Wiederherstellung der Zuverlässigkeit der Pflegeperson während des laufenden Gerichtsverfahrens stets zu beachten". Eine Erlaubnis, die sogleich wieder zu erteilen wäre, darf deshalb entsprechend dem auch im öffentlichen Recht Geltung beanspruchenden Grundsatz „dolo agit, qui petit, quod statim redditurus est" nicht entzogen werden.[107]

50 Sowohl bei der Erteilung als auch bei der Entziehung der Pflegeerlaubnis stellt sich die Frage, wen die **Beweislast** hinsichtlich der entscheidungserheblichen Tatsachen trifft. Das ist ganz allgemein der Beteiligte, dem die zu beweisenden Tatsachen günstig sind (vgl. zur Erlaubniserteilung oben Rn. 13).

Da die Voraussetzungen der **Erlaubniserteilung** festgestellt sein müssen und es sich dabei um für die antragstellende Person günstige Tatsachen handelt, trifft sie insoweit die Beweis-

104 Vgl. nur OVG NW, Beschl. v. 26.7.2012, 12 B 815/12, juris, Rn. 5; BayVGH, Beschl. v. 18.10.2012, 12 B 12.1048, juris, ZKJ 2013, 41.

105 OVG NRW, Beschl. v. 26.7.2012, 12 B 815/12, juris, Rn. 5 (fehlende Eignung wegen unterlassener Mitteilung der Anstellung einer weiteren Pflegeperson an das Jugendamt).

106 Vgl. als Beispiel § 77 Abs. 1 AsylG.

107 So BayVGH, Beschl. v. 18.10.2012, 12 B 12.1048, juris, Rn. 44 m.w.N., ZKJ 2013, 41, unter Berufung auf Rechtsprechung des BVerwG und des BGH. Offengelassen von VG München, Beschl. v. 22.3.2018, M 18 S 18.847, juris, Rn. 54, das aber dazu neigt, grundsätzlich auf den Zeitpunkt der gerichtlichen Entscheidung abzustellen.

last. Die Nichterweislichkeit geht also zu Lasten der antragstellenden Person.[108] Dagegen ist die Auffassung von *Smessaert/Lakies*[109] („... kommt die Versagung der Erlaubnis nur bei feststehender Nichteignung der Kindertagespflegeperson in Betracht und muss durch konkret nachweisbare Tatsachen begründet werden. Bloße Zweifel genügen nicht.") bereits im Ansatz verfehlt, da sie fälschlich davon ausgeht, die Behörde müsse die Nichteignung beweisen oder andernfalls die Erlaubnis erteilen. Das ist nach dem Wortlaut des § 43 Abs. 2 SGB VIII – anders als im Fall des § 44 Abs. 2 SGB VII, wo die Behörde die Nichtgewährleistung des Kindeswohls dartun und beweisen muss – ganz eindeutig nicht der Fall.

Anders verhält es sich bei der **Entziehung der Erlaubnis**: Die eine Rücknahme, einen Widerruf oder eine Aufhebung der Erlaubnis rechtfertigenden Tatsachen sind der Behörde günstig. Sie sind **von der Behörde darzutun und zu beweisen**, ihre Nichterweislichkeit geht also zu deren Lasten.

2. Eilrechtsschutz

a) Gegen die (teilweise) Versagung der Erlaubnis

Da ein Klageverfahren wegen der Erteilung einer (uneingeschränkten) Pflegeerlaubnis längere Zeit in Anspruch nimmt, in der die Betreuungstätigkeit nicht ausgeübt werden darf, stellt sich die Frage nach der Möglichkeit eines gerichtlichen **Eilrechtsschutzes.** **51**

Richtige Form des Eilrechtsschutzes ist der Antrag auf Erlass einer einstweiligen Anordnung gem. § 123 Abs. 1 Satz VwGO. Dem Erfolg dieses Antrags steht jedoch im Regelfall der Grundsatz es Verbots der Vorwegnahme der Hauptsacheentscheidung entgegen. Eine solche vorläufige Regelung würde die Entscheidung über die Klage vorwegnehmen, ordnete das Gericht die auch nur vorläufige Erteilung der Pflegeerlaubnis an.[110] Deshalb kann sie allenfalls in Ausnahmefällen ergehen.

Grundsätzlich kann nach OVG Nordrhein-Westfalen unter der Berücksichtigung des aus Art. 19 Abs. 4 GG folgenden Gebots zur Gewährung effektiven Rechtsschutzes aus § 43 Abs. 2 Satz 1 SGB VIII ein auch durch einstweilige Anordnung sicherungsfähiger Anspruch auf Erteilung der Erlaubnis folgen. Einen solchen hat das Gericht jedenfalls dann angenommen, wenn die zuständige Behörde im Verwaltungsverfahren Feststellungen zur persönlichen und fachlichen Eignung der betreffenden Person getroffen habe. Da der Erlass einer einstweiligen Anordnung zu einer jedenfalls zeitweiligen Vorwegnahme der Hauptsache führe, sei es erforderlich, dass die ohne Erlass der einstweiligen Anordnung eintretenden Schäden für die Antragstellerin/den Antragsteller – auch mit Blick auf die kindlichen Interessen – unzumutbar und die Folgen nicht reparabel seien. Zudem müsse die Antragstellerin glaubhaft machen, dass für das Bestehen des Anordnungsanspruchs ein hoher Grad an Wahrscheinlichkeit spreche und gegenläufige öffentliche Interessen nicht überwögen.

Dem Erlass einer einstweiligen Anordnung auf Erteilung der Pflegeerlaubnis kann kaum mit dem Argument entgegengetreten werden, es müsse „der notwendige Prüfvorgang vorgeschaltet sein". Denn ohne eine sog. Vorbefassung der Behörde kann eine einstweilige Anordnung nach § 123 VwGO niemals oder allenfalls in sehr dringenden Ausnahmefällen, die im Kontext der Erlaubniserteilung nach § 43 SGB VIII ausgeschlossen sind, ergehen. Die Not- **51a**

108 Auch die Berufung auf die Entscheidung des BayVGH vom 16.1.2015 verfängt nicht, da sie in einem Verfahren über die Aufhebung, nicht über die Erteilung einer Erlaubnis ergangen ist. Dasselbe gilt für die Entscheidung des VG München, Beschl. v. 15.5.2020, M 18 S 20.732, juris, Rn. 45. Auch diese Eilentscheidung ist in einem Entziehungsverfahren ergangen.

109 FK-SGB VIII/*Smessaert/Lakies*, § 43 Rn. 13.

110 OVG NRW, Beschl. v. 19.5.2017, 12 B 333/17, juris, Rn. 9 ff. Das OVG weist darauf hin, dass damit aber noch keine umfassende abschließende Klärung erfolgt sei. Noch offen gelassen, weil nicht entscheidungserheblich, von OVG NW, Beschl. v. 2.9.2008, 12 B 1224/08, juris.

wendigkeit des Eilrechtsschutzes ergibt sich vielmehr erst, nachdem die Behörde die Erteilung geprüft und abgelehnt hat. Wenn gleichwohl ein „hoher Grad an Wahrscheinlichkeit für das Bestehen des Anordnungsanspruchs" sprechen und gegenläufige öffentliche Interessen nicht überwiegen sollen, müsste sich die Ablehnungsentscheidung der Behörde schon am Rande des Willkürhaften bewegen. Ebenso dürfte es eine absolute Ausnahmeerscheinung sein, dass ohne die einstweilige Anordnung eintretende Schäden unzumutbar und die Folgen nicht reparabel sind.[111]

51b Nach allem muss im **Ergebnis** auch nach der Rechtsprechung des OVG NRW der Erlass einer einstweiligen Anordnung auf Erteilung einer Pflegeerlaubnis eine höchst seltene Ausnahme bleiben.

Der Antrag an das Gericht müsste in diesem Fall lauten:

Es wird beantragt,

den … (öffentlicher Träger) im Wege der einstweiligen Anordnung zu verpflichten, der Antragstellerin/dem Antragsteller vorläufig bis zu einer Entscheidung in der Hauptsache eine Erlaubnis zur Tagespflege gem. § 43 SGB VIII zur Betreuung von bis zu fünf gleichzeitig anwesenden Kindern zu erteilen.

---

b) Gegen die Entziehung der Erlaubnis

52 Widerspruch und Anfechtungsklage haben gem. § 80 Abs. 1 Satz 1 VwGO **aufschiebende Wirkung**. Das bedeutet, dass die Tagespflegeperson ungeachtet des Aufhebungsbescheids zunächst weiterhin von der Erlaubnis Gebrauch machen und die Betreuung im bisherigen Umfang fortsetzen darf. Die Fortsetzung der Betreuungstätigkeit kann das Jugendamt seinerseits dadurch verhindern, dass es nach § 80 Abs. 2 Nr. 4 VwGO die **sofortige Vollziehung** der Aufhebung der Pflegeerlaubnis **anordnet**. Ob dies nur „ausnahmsweise" der Fall sein kann,[112] ist allerdings äußerst zweifelhaft. Es wäre widerspruchsvoll und auch nicht hinnehmbar, wenn das Jugendamt die Erlaubnis wegen fehlender Eignung der Kindertagespflegeperson und/oder einer Gefährdung der betreuten Kinder aufheben und zugleich hinnehmen würde, dass diese Betreuung nach Einlegung von Rechtsbehelfen möglicherweise über Monate oder Jahre fortgesetzt würde.

Bei der Anordnung der sofortigen Vollziehung hat die Behörde zunächst bestimmte Förmlichkeiten zu beachten.

53 Das **besondere Interesse** an der sofortigen Vollziehung der Aufhebung der Erlaubnis ist gem. § 80 Abs. 3 Satz 1 VwGO ist schriftlich zu begründen.[113] Das Gesetz fordert also an dieser Stelle die Darlegung eines **besonderen** öffentlichen Interesses, das es rechtfertigt, den Rechtsschutz der oder des Betroffenen durch den Ausschluss der aufschiebenden Wirkung einzuschränken. Die Begründung der Anordnung muss also darlegen, warum das Interesse an der sofortigen Vollziehung über das jedem Verwaltungsakt innewohnende öffentliche Interesse an seiner Vollziehung hinausgeht.

Insoweit geben vorliegende gerichtliche Beschlüsse Hinweise auf die an die Begründung zu stellenden Anforderungen. Darzulegen ist insbesondere, dass angesichts der im jeweiligen

---

111 Zumal der Antragstellerin ggfs. Amtshaftungsansprüche zustehen würden.
112 So FK-SGB VIII/*Smessaert/Lakies*, § 43 Rn. 33.
113 Zwar bedarf es gem. § 80 Abs. 3 Satz 2 VwGO dieser besonderen Begründung nicht, wenn die Behörde bei Gefahr im Verzug, insbesondere bei drohenden Nachteilen für Leben, Gesundheit oder Eigentum, vorsorglich eine als solche bezeichnete Notstandsmaßnahme im öffentlichen Interesse trifft. Auch sind Umstände denkbar, unter denen die Voraussetzungen dieser Vorschrift gegeben sein könnten. Es ist jedoch davon abzuraten, sich auf diese Norm zu stützen, da das die Gefahr mit sich bringt, dass die sofortige Vollziehung bereits am Formfehler der mangelnden Begründung scheitert.

Einzelfall vorliegenden Umstände das hohe Schutzgut des Kindeswohls der Tagespflegekinder ein sofortiges Eingreifen erforderlich macht und eine auch nur vorläufige Fortsetzung der Kindertagespflege nicht hingenommen werden kann.[114] Ob die Begründung des Sofortvollzugs inhaltlich richtig ist, ob also die Kindertagespflegeperson von der Behörde **zu Recht** als ungeeignet angesehen wurde, ist **keine Frage** der **formellen Rechtmäßigkeit** der Anordnung des Sofortvollzugs, sondern bei der summarischen Beurteilung der Erfolgsaussichten in der Hauptsache (dazu unten Rn. 55 ff.) zu überprüfen.[115]

Ordnet das Jugendamt die sofortige Vollziehung des die Pflegeerlaubnis entziehenden Bescheids an, genügt die Einlegung eines Widerspruchs bzw. die Erhebung der Anfechtungsklage nicht, um die Wirkungen des Bescheides aufzuschieben. Vielmehr bedarf es eines **Antrags gem. § 50 Abs. 5 VwGO** an das Verwaltungsgericht mit dem Ziel, die aufschiebende Wirkung des Rechtsbehelfs wiederherstellen zu lassen (sog. Stopp-Antrag). Der Antrag ist **nicht fristgebunden**, jedoch gebietet bereits das Interesse der Kindertagespflegeperson an einer baldigen Fortsetzung der Betreuungstätigkeit eine unverzügliche Antragstellung. Der Antrag ist tunlichst zu begründen. Dabei hat die Begründung darzulegen, warum die Entziehung aus der Sicht der Kindertagespflegeperson rechtswidrig ist und/oder deren Interesse, bis zu einer endgültigen Entscheidung im Hauptsacheverfahren die Betreuung fortzuführen, das öffentliche Interesse an deren sofortiger Beendigung überwiegt. Die Notwendigkeit und Struktur der Begründung ergibt sich aus den **Entscheidungsmaximen der Verwaltungsgerichte** in einem solchen Eilverfahren. 54

Eine Entscheidung im Eilverfahren ergeht nach gefestigter Rechtsprechung nach folgenden Maximen: Im Verfahren nach § 80 Abs. 5 VwGO über die Anordnung der aufschiebenden Wirkung hat das Verwaltungsgericht eine eigene Ermessens- und Abwägungsentscheidung zu treffen. Dabei hat es das öffentliche Interesse an der sofortigen Vollziehung des Bescheids und dem Interesse der Antragsteller_in an der aufschiebenden Wirkung abzuwägen. Bei dieser Abwägung sind maßgeblich die Erfolgsaussichten des Klageverfahrens zu berücksichtigen. Ergibt die – wie die Verwaltungsgerichte immer wieder betonen, im Eilverfahren allein mögliche – summarische Prüfung, dass die Klage voraussichtlich erfolglos sein wird, hat das Interesse am Aufschub der Entscheidung regelmäßig zurückzutreten. Erweist sich der angegriffene Bescheid dagegen voraussichtlich als rechtswidrig, besteht kein (öffentliches) Interesse an dessen sofortigem Vollzug.[116] 55

Einem Erfolg ist es also auch im Eilverfahren dienlich, dass in der Antragsbegründung dargelegt wird, dass und warum die ergangene Aufhebungsentscheidung nach Auffassung des Antragstellers/der Antragstellerin rechtswidrig ist.

Diese grundlegenden Maximen schließen Nuancierungen und Schwerpunktsetzungen durch einzelne Gerichte nicht aus. Darüber hinaus sind stets die Umstände des Einzelfalls und deren jeweilige Gewichtung von Bedeutung.

So gilt nach *NdsOVG* darüber hinaus: Im Rahmen der Interessenabwägung können auch Erkenntnisse über die Rechtmäßigkeit und die Rechtswidrigkeit des Verwaltungsaktes Bedeutung erlangen. Lässt sich bei der gebotenen summarischen Überprüfung die Rechtswidrigkeit des angefochtenen Bescheides ohne Weiteres feststellen, ist sie also offensichtlich, so ist die aufschiebende Wirkung des Rechtsbehelfs wiederherzustellen bzw. anzuordnen, weil 56

---

114 Vgl. etwa SächsOVG, Beschl. v. 27.5.2014, 4 B 48/14, https://www.justiz.sachsen.de, Rn. 13; OVG Rheinland-Pfalz, Beschl. v. 11.6.2018, 7 B 10412/18, juris, Rn. 15, ZKJ 2018, 323 ff.: „Der Antragsgegner hat mit guten Gründen dargelegt, dass die sofortige Vollziehung des Widerrufs der Pflegeerlaubnis wegen des hohen Schutzguts des Kindeswohls geboten ist. Er hat ferner aufgezeigt, dass das Verhalten der Antragstellerin eine Gefährdung des Wohls der betreuten Kinder mit hoher Wahrscheinlichkeit erwarten lässt."

115 So zu Recht VG München, Beschl. v. 15.5.2020, M 18 S 20.732, juris, Rn. 64.

116 Vgl. exemplarisch VG Hannover, Beschl. v. 14.10.2019, 3 B 4442/19, Rn. 8; ebenso VG Leipzig, Beschl. v. 20.6.2017, 6 L 403/17.A, juris, Rn. 15.

an der sofortigen Vollziehung eines offensichtlich rechtswidrigen Bescheides kein öffentliches Interesse bestehen kann. Erweist sich der angefochtene Bescheid als offensichtlich rechtmäßig, bedarf es in den Fällen, in denen die sofortige Vollziehung im öffentlichen Interesse von der Behörde im Einzelfall angeordnet wurde, noch eines besonderen Interesses an der sofortigen Vollziehung, das mit dem Interesse am Erlass eines Verwaltungsaktes in der Regel nicht identisch ist, sondern vielmehr ein qualitativ anderes Interesse ist. Insbesondere in Fällen der Gefahrenabwehr kann dieses besondere Vollzugsinteresse mit dem Interesse am Erlass des Bescheides selbst jedoch identisch sein. Lässt sich die Rechtmäßigkeit bei summarischer Prüfung nicht eindeutig beurteilen, bedarf es schließlich einer allgemeinen Interessenabwägung im Sinne einer Folgenabwägung. Dabei sind die Folgen gegenüberzustellen, die einerseits eintreten, wenn dem Antrag stattgegeben wird, der Bescheid sich aber später im Hauptsacheverfahren als rechtmäßig erweist, bzw. die andererseits eintreten, wenn der Antrag abgelehnt wird, der Bescheid sich aber später im Hauptsacheverfahren als rechtswidrig erweist.[117]

57 Nach *VGH Ba-Wü* kommt es in Verfahren nach § 80 Abs. 5 VwGO hinsichtlich der sofortigen Vollziehung von Verwaltungsakten bei Anträgen auf Anordnung oder Wiederherstellung der aufschiebenden Wirkung von Rechtsbehelfen grundsätzlich darauf an, wie die Erfolgsaussicht des betreffenden Rechtsbehelfs einzuschätzen ist; je höher die Erfolgsaussicht ist, desto eher überwiegt das private Interesse an der Anordnung oder Wiederherstellung der aufschiebenden Wirkung des Rechtsbehelfs, während umgekehrt die offensichtliche Rechtmäßigkeit einer angefochtenen Verfügung ein Indiz dafür sein kann, dass ein überwiegendes öffentliches Interesse an ihrer Vollziehung besteht. Können die Erfolgsaussichten nicht eindeutig prognostiziert werden, dürfen im Verfahren des fachgerichtlichen Eilrechtsschutzes Entscheidungen aber auch auf eine Folgenabwägung gestützt werden.[118]

Eine instruktive Interessenabwägung enthält ein Beschluss des *VG Köln*. Danach können Umstände, die – wie im Falle des Antragstellers – zu einer Strafanzeige wegen sexuellen Missbrauchs führen, die Eignung einer Kindertagespflegeperson in Frage stellen. Maßgeblich sind dabei die Vorfälle als solche, der bloße Verweis auf ein strafrechtliches Ermittlungsverfahren genügt nicht. Vielmehr ist das tatsächliche Verhalten des Antragstellers zu ermitteln und im Rahmen der Eignung als Tagespflegeperson zu würdigen. Erst eine strafrechtliche Verurteilung und ein damit verbundener Eintrag im erweiterten polizeilichen Führungszeugnis schließt die Eignung einer Tagespflegeperson gemäß § 43 Abs. 2 Satz 3 i.V.m. § 72a SGB VIII aus, ohne dass das Verhalten zu würdigen wäre. Das tatsächliche Vorliegen dieser Voraussetzungen ist ungewiss und nicht im Rahmen der in einem Eilverfahren gebotenen summarischen Prüfung ermittelbar.

Die damit allein vorzunehmende Abwägung der für und gegen die Aussetzung des Sofortvollzugs streitenden Interessen fällt hier zulasten des Antragstellers aus. Das Vollzugsinteresse der Antragsgegnerin überwiegt das Aussetzungsinteresse des Antragstellers. Zentraler Maßstab dieser Interessenabwägung bleibt dabei unabhängig von einer sofortigen Vollziehbarkeit kraft Gesetzes oder auf Grund behördlicher Anordnung, dass der Rechtsschutzanspruch des Betroffenen umso stärker ist und umso weniger zurückstehen darf, je gewichtiger die ihm auferlegte Belastung ist und je mehr die Maßnahmen Unabänderliches bewirken.

58 Ausgehend von diesen Grundsätzen fällt die im vorliegenden Fall vorzunehmende Interessen- und Folgenabwägung zugunsten der Antragsgegnerin aus. Das Interesse der Antragsgegnerin an der Sicherheit der durch den Antragsteller betreuten Kinder vor sexuellen Übergriffen überwiegt das Interesse des Antragstellers an der Ausübung seines Berufs und der

117 OVG Niedersachsen, Beschl. 9.10.2020, 10 ME 199/20, juris, Rn. 12.
118 VGH Ba-Wü, Beschl. v. 23.4.2019, 12 S 675/19, juris.

Sicherung seiner wirtschaftlichen Existenzgrundlage. Kinder haben das Recht auf körperliche Unversehrtheit, Art. 2 Abs. 2 Satz 1 GG. Die Jugendhilfe soll gemäß § 1 Abs. 3 Nr. 3 SGB VIII Kinder und Jugendliche vor Gefahren für ihr Wohl ausdrücklich schützen. Bei der Gewichtung des in Betracht zu ziehenden Nachteils für die durch den Antragsteller betreuten Kinder ist von entscheidender Bedeutung, dass der mögliche sexuelle Missbrauch einen erheblichen Eingriff in die körperliche Unversehrtheit darstellt, der langfristige seelische Traumatisierungen zur Folge haben kann. Solange der Sachverhalt nicht hinreichend aufgeklärt ist, ist bei aufschiebender Wirkung des Widerspruchs nicht auszuschließen, dass die Kinder möglichen sexuellen Handlungen ausgesetzt sind, die zu bleibenden Schäden bei den betroffenen Kindern führen können. Hinter dieser Gefährdung steht das Interesse des Antragstellers zurück.[119]

119 VG Köln, Beschl. v. 27.7.2020, 19 L 1092/20, juris.

§ 44
Erlaubnis zur Vollzeitpflege

(1) [1]Wer ein Kind oder einen Jugendlichen über Tag und Nacht in seinem Haushalt aufnehmen will (Pflegeperson), bedarf der Erlaubnis. [2]Einer Erlaubnis bedarf nicht, wer ein Kind oder einen Jugendlichen

1. **im Rahmen von Hilfe zur Erziehung oder von Eingliederungshilfe für seelisch behinderte Kinder und Jugendliche auf Grund einer Vermittlung durch das Jugendamt,**
2. **als Vormund oder Pfleger im Rahmen seines Wirkungskreises,**
3. **als Verwandter oder Verschwägerter bis zum dritten Grad,**
4. **bis zur Dauer von acht Wochen,**
5. **im Rahmen eines Schüler- oder Jugendaustausches,**
6. **in Adoptionspflege (§ 1744 des Bürgerlichen Gesetzbuchs)**

über Tag und Nacht aufnimmt.

(2) [1]Die Erlaubnis ist zu versagen, wenn das Wohl des Kindes oder des Jugendlichen in der Pflegestelle nicht gewährleistet ist. [2]§ 72a Absatz 1 und 5 gilt entsprechend.

(3) [1]Das Jugendamt soll den Erfordernissen des Einzelfalls entsprechend an Ort und Stelle überprüfen, ob die Voraussetzungen für die Erteilung der Erlaubnis weiter bestehen. [2]Ist das Wohl des Kindes oder des Jugendlichen in der Pflegestelle gefährdet und ist die Pflegeperson nicht bereit oder in der Lage, die Gefährdung abzuwenden, so ist die Erlaubnis zurückzunehmen oder zu widerrufen.

(4) Wer ein Kind oder einen Jugendlichen in erlaubnispflichtige Familienpflege aufgenommen hat, hat das Jugendamt über wichtige Ereignisse zu unterrichten, die das Wohl des Kindes oder des Jugendlichen betreffen.

Übersicht

A. Allgemeines

Die im Zweiten Abschnitt – Schutz von Kindern und Jugendlichen in Familienpflege und Einrichtungen – angesiedelte Vorschrift regelt die Erlaubnispflicht der **Vollzeitpflege**, worunter das Gesetz die **Aufnahme** im Haushalt der Pflegeperson **über Tag und Nacht** versteht. Darin liegt zugleich die **Abgrenzung** zur **Tagespflege**, die sich auf die Betreuung „während eines Teils des Tages" bezieht. Deren Erlaubnis wurde durch das KICK aus der ursprünglichen Vorschrift herausgelöst und in § 43 SGB VIII gesondert und eigenständig geregelt. Die letzte Änderung der Norm erfolgte durch das BKiSchG, durch das Abs. 2 Satz 2 eingefügt wurde. 1

§ 44 SGB VIII gilt für die Unterbringung von Kindern und Jugendlichen bei Pflegepersonen außerhalb der eigenen Familie. Der darin geregelte Erlaubnisvorbehalt dient der Schaffung und Sicherung von Unterbringungsstandards in persönlicher und sachlicher Hinsicht und damit dem Schutz von Kindern und Jugendlichen in Familienpflege. Hauptanwendungsfall der Vorschrift – so könnte man nicht zuletzt aufgrund ihrer Überschrift meinen – ist die **Vollzeitpflege** nach § 33 SGB VIII. Auf diese findet die Norm aufgrund des Befreiungstatbestands des Abs. 1 Satz 2 Nr. 1 aber gerade **keine Anwendung**. Sie gilt also nur für Pflegeverhältnisse, die nicht aufgrund geleisteter Hilfe zur Erziehung bestehen (vgl. dazu unten Rn. 7). 2

Die **Erlaubnis** zur Vollzeitpflege nach § 44 SGB VIII ist – anders als die Erlaubnis nach § 43 SGB VIII – immer auf ein **konkretes** Kind oder einen konkreten Jugendlichen, nicht auf die Pflegeperson **bezogen**. Dessen Wohl ist der Maßstab bei der Entscheidung über die Erteilung der Erlaubnis.[1]

Die Unterkunftsgewährung **ohne erforderliche Erlaubnis** stellt eine **Ordnungswidrigkeit** (§ 104 Abs. 1 Nr. 1 SGB VIII), in qualifizierten Fällen eine **Straftat** dar (§ 105 SGB VIII). 3

B. Einzelheiten

I. Abs. 1 – Erlaubnisvorbehalt und Ausnahmen

1. Abs. 1 – Erlaubnisvorbehalt

Abs. 1 Satz 1 enthält die **Legaldefinition** der **Pflegeperson** und unterstellt deren Betätigung einem **Erlaubnisvorbehalt**. Pflegeperson ist danach, wer ein Kind oder einen Jugendlichen **über Tag und Nacht** in seinem Haushalt aufnehmen will. 4

Eine Erlaubnis ist auch dann erforderlich, wenn nur ein Kind oder Jugendlicher aufgenommen werden soll. Sie wird stets nur für einen bestimmten Pflegling erteilt.

1 Vgl. VG Frankfurt/Main, Urt. v. 7.5.2008, 7 E 3108/07, JAmt 2008, 601.

5 Erlaubnispflichtig ist nur die **Aufnahme** im eigenen Haushalt über Tag und Nacht. Der Begriff der Aufnahme impliziert eine gewisse **Dauerhaftigkeit**. Insoweit enthält das Gesetz zwar keine Zeitangaben, jedoch ergibt ein Umkehrschluss aus Abs. 1 Satz 2 Nr. 4, dass der Gesetzgeber bis zu einer Dauer von acht Wochen jedenfalls nicht von einer erlaubnispflichtigen Aufnahme ausgeht. Das gelegentliche Übernachten eines Pfleglings bei einer im Übrigen nur *Tagespflege*person fällt nicht darunter. Stark eingeschränkt wird der Anwendungsbereich von Satz 1 durch den Ausnahmenkatalog des Satzes 2, der faktisch zu einer gesetzlichen Umkehrung des Regel-Ausnahme-Verhältnisses von Erlaubnispflicht und Erlaubnisfreiheit führt.

6 Die Erlaubnis ist vor Beginn der Aufnahme des Kindes oder Jugendlichen einzuholen. Dies ergibt sich bereits aus dem Wortlaut der Vorschrift („aufnehmen will").

2. Abs. 1 Satz 2 – Ausnahmetatbestände

Einer **Erlaubnis bedarf es** gem. § 44 Abs. 1 Satz 2 SGB VIII **nicht**, sofern einer der in den Nr. 1 bis 6 normierten Ausnahmetatbestände vorliegt. Das bedeutet indes nicht, dass in diesen Fällen das Pflegeverhältnis jeglicher Kontrolle durch das Jugendamt entzogen ist. Auch wenn eine Erlaubnispflicht nicht besteht, ist die Eignung der Pflegeperson anhand der Kriterien des Abs. 2 zu beurteilen.[2] Vgl. dazu im Einzelnen die Erläuterungen zu § 37b SGB VIII.

a) Nr. 1 – Aufnahme aufgrund Vermittlung durch das Jugendamt

7 Insbesondere Nr. 1 führt in zahlreichen Fällen zur **Erlaubnisfreiheit**. Sie schneidet alle Fälle, in denen die Aufnahme im Rahmen von Hilfe zur Erziehung (§§ 27 ff. SGB VIII) oder Eingliederungshilfe für seelisch behinderte Minderjährige (§ 35a SGB VIII) aufgrund einer Vermittlung des Jugendamtes erfolgt, aus der Erlaubnispflicht heraus. In Betracht kommen insoweit die **Vollzeitpflege nach § 33 SGB VIII** sowie die **Unterbringung nach § 35a Abs. 2 Nr. 3 SGB VIII**. Der Gesetzgeber ist davon ausgegangen, dass in den Fällen, in denen Hilfe zur Erziehung geleistet wird, im allgemeinen eine genügend intensive Beziehung zwischen Jugendamt und Pflegefamilie vorhanden ist, die dazu genutzt werden kann, Gefahren für das Kindeswohl bereits im Vorfeld zu begegnen, und dass der Erlaubnisvorbehalt daher keine eigenständige Funktion mehr habe, wenn das Jugendamt das Kind oder den Jugendlichen auf Wunsch des Personensorgeberechtigten im Rahmen der Hilfe zur Erziehung in eine Pflegefamilie vermittele. Das Bedürfnis des Jugendamtes nach Informationen im Rahmen der Aufsicht nach § 44 SGB VIII bestehe im Wesentlichen nur in den Fällen, in denen keine Hilfe zur Erziehung geleistet wird.[3]

Im Übrigen ist nach allgemeiner Auffassung der Begriff der Vermittlung durch das Jugendamt in § 44 Abs. 1 Satz 2 Nr. 1 SGB VIII weit im Sinne einer Einschaltung des Jugendamtes als fachlich verantwortlichem „Mittler" zu verstehen. Auch in den Fällen, in denen das Pflegeverhältnis zunächst ohne Einschaltung des Jugendamtes zustande gekommen ist, übernimmt das Jugendamt mit der Gewährung einer Hilfe zur Erziehung in Form der Vollzeitpflege die fachliche Verantwortung für die Geeignetheit der Pflegeperson in dem konkreten Pflegeverhältnis, so dass auch dann eine Vermittlung der Pflegeperson durch das Jugendamt vorliegt. Daher kann die Entscheidung über die Gewährung der Hilfe nicht von einer vorherigen Erteilung einer Vollzeitpflegeerlaubnis an die gewünschte Pflegeperson abhängig gemacht werden.[4] Vielmehr ist das **Jugendamt** auch in diesen Fällen verpflichtet, im Rahmen seiner Vermittlungstätigkeit die **Eignung der Pflegestellen** eingehend zu **prüfen**. Die ori-

---

2 BVerwG, Urt. v. 9.12.2014, 5 C 32.13, juris, Rn. 14, ZKJ 2015, 167.
3 So die Gesetzesbegründung, BT-Drs. 11/5948, S. 82.
4 Vgl. NiedersächsOVG, Beschl. v. 7.6.2017, 4 LA 281/16, NZFam 2017, S. 805, Rn. 7 m.w. Nachweisen aus der Literatur; online abrufbar unter http://www.rechtsprechung.niedersachsen.de.

ginäre Überprüfungspflicht des Jugendamtes sowie die Pflicht der Pflegeperson zur Unterrichtung des Jugendamtes ergeben sich insoweit aus § 37b Abs. 3 SGB VIII. Überhaupt hat das KJSG den Schutz von Pflegekindern in den §§ 37 bis 38 SGB VIII ausgebaut und verstärkt (vgl. die Erläuterungen dort).

b) Nr. 2 – Aufnahme durch Vormund oder Pfleger

Dass Vormund und Pfleger im Rahmen ihres Wirkungskreises das Personensorgerecht ausüben (§§ 1793 BGB bzw. §§ 1909, 1915 i.V.m. § 1793 BGB), ist für sich genommen noch kein Grund, sie von der Erlaubnispflicht freizustellen.[5] Auch für diese Fälle wird aber davon ausgegangen, dass die Übertragung und **Aufsicht** durch das **Familiengericht** (§ 1837 BGB ggfs. i.V.m. §§ 1666, 1666a BGB) ausreichend ist. Insoweit werden allerdings **zu Recht kritische Einwände** gegen die Effektivität der Kontrolle durch das Familiengericht erhoben. Die tatsächlichen Überprüfungsmöglichkeiten des Gerichts seien naturgemäß sehr gering und Anhaltspunkte für eine Kindeswohlgefährdung würden eher dem Jugendamt bekannt als dem Familiengericht. Das Jugendamt sei aber gerade in diese Pflegeverhältnisse nicht involviert, weil der Ausnahmetatbestand des Abs. 1 Satz 2 Nr. 2 nur dann relevant werde, wenn nicht ohnehin ein Fall jugendamtlicher Vermittlung vorliege.[6] 8

c) Nr. 3 – Aufnahme als Verwandter oder Verschwägerter bis zum dritten Grad

Verwandte und Verschwägerte nach **Nr. 3** sind: Großeltern, Urgroßeltern, Geschwister, Onkel und Tante, Neffe und Nichte sowie die gleichen Verwandten eines Ehegatten (§§ 1589, 1590 BGB). Auch insoweit werden **berechtigte Zweifel** geäußert, ob Verwandtschafts- oder Schwägerschaftsverhältnisse eine **Garantie für verantwortliche Ausübung der Pflichten von Pflegepersonen** bieten,[7] zumal es eine deutliche Überspannung darstellt, etwa bei einer Aufnahme durch den Ehegatten einer Nichte noch von familiären oder gar engen Verwandtschaftsverhältnisseen zu sprechen, die den Verzicht auf ein Erlaubnisverfahren rechtsfertigt. So bleibt nichts als die **Hoffnung**, dass eine offensive **Beratungstätigkeit des Jugendamtes** präventiv möglichen Gefährdungen entgegenwirkt und im Übrigen im Rahmen der Begründung des Pflegeverhältnisses als Hilfe zur Erziehung „im Rahmen der Hilfeplanung die flankierenden Schutzmaßnahmen ergriffen werden können."[8] 9

d) Nr. 4 – Aufnahme für längstens acht Wochen

In den Fällen der **Nr. 4** rechtfertigt die kurze Dauer den Verzicht auf die Erlaubnispflicht. Gedacht ist offenbar an Fälle der **Nachbarschaftshilfe** oder Aufenthalte während der **Schulferien**. Der Befreiungstatbestand greift nur dann ein, wenn kein längerer Aufenthalt geplant ist. Wird die Acht-Wochen-Frist überschritten, ist entweder die Aufnahme unverzüglich zu beenden oder eine Erlaubnis einzuholen. Anderenfalls begeht die aufnehmende Person eine Ordnungswidrigkeit nach § 104 Abs. 1 Nr. 1 SGB VIII. 10

Die Erlaubnispflicht kann nicht dadurch umgangen werden, dass jeweils nach acht Wochen eine kurze Unterbrechung erfolgt, um das Pflegeverhältnis sodann fortzusetzen.

5 Insbesondere ist die Tatsache, dass Vormund und Pfleger das Sorgerecht ausüben, kein Grund für einen Dispens, so aber FK-SGB VIII/*Smessaert/Lakies*, § 44 Rn. 11, sondern eher für eine Erlaubnispflicht.
6 So Wiesner/Wapler/*Wiesner*, § 44 SGB VIII Rn. 14.
7 Vgl. Wiesner/Wapler/*Wiesner*, § 44 SGB VIII Rn. 15.
8 So Wiesner/Wapler/*Wiesner*, § 44 SGB VIII Rn. 15.

e) Nr. 5 – Aufnahme im Rahmen eines Schüler- oder Jugendaustausches

11 In diesen Fällen wird davon ausgegangen, dass die notwendige Aufsicht durch die Schulbehörden sichergestellt ist[9] bzw. durch ein „Zusammenspiel von elterlicher Erziehungsverantwortung, Schule und der von der Familie ausgewählten Austauschorganisation genügend Schutzpotenzial existiert"[10], um den Ausnahmetatbestand zu rechtfertigen. Dies ist richtig und im Interesse der Vermeidung von Überbürokratisierung solcher Veranstaltungen gerechtfertigt.

f) Nr. 6 – Aufnahme in Adoptionspflege

12 Die Erlaubnisfreiheit der Aufnahme in Adoptionspflege wurde ursprünglich durch das 1. ÄndG SGB VIII eingeführt und durch das KICK als Nr. 6 in Abs. 1 übernommen. Auch im Fall der Adoptionspflege rechtfertigt sie sich durch die von den Adoptionsvermittlungsstellen ausgeübte Überwachung.

II. Abs. 2 – Versagung der Erlaubnis

1. Abs. 2 Satz 1 – Versagungsgründe

a) Allgemeines

13 Anders als in § 43 und § 45 SGB VIII normiert das Gesetz nicht die positiven Voraussetzungen, unter denen eine **Erlaubnis** zu erteilen, sondern in Abs. 2 ausschließlich die, bei deren Vorliegen diese **zu versagen** ist. Sie ist zu versagen, wenn das **Wohl** des Kindes oder Jugendlichen in der Pflegestelle **nicht gewährleistet** ist.

Aus dieser negativen Formulierung folgt – insoweit besteht in Literatur und Rechtsprechung Einigkeit[11] –, dass auf die Erteilung der Erlaubnis ein **Rechtsanspruch** besteht, sofern ein Versagungsgrund nicht vorliegt. Ein **Ermessen** der Genehmigungsbehörde besteht bei der Entscheidung über die Erlaubniserteilung also nicht.

14 Zwar definiert das Gesetz in Abs. 1 Satz 1 den Begriff der **Pflegeperson**, dieser scheint aber mit Blick auf die Versagung irrelevant zu sein, da in Abs. 2 ausschließlich auf die **Pflegestelle** abgestellt wird. Nicht zuletzt aufgrund der Legaldefinition in Abs. 1 Satz 1 und, weil sie Erlaubnisnehmerin ist, steht allerdings die Pflegeperson im Zentrum. Von ihr hängt maßgeblich ab, ob das Wohl des Kindes oder Jugendlichen in der Pflegestelle gewährleistet ist.

Angaben darüber, unter welchen Voraussetzungen das Wohl des Kindes oder des Jugendlichen in der Pflegestelle **nicht gewährleistet** ist, enthält das Gesetz – anders als § 45 Abs. 2 SGB VIII hinsichtlich der regelmäßigen Gewährleistung – allerdings nicht.
Ob das Kindeswohl in der Pflegestelle gewährleistet oder nicht gewährleistet ist, hat das Jugendamt vor der Entscheidung über die Erlaubnis von Amts wegen (vgl. § 20 SGB X) zu prüfen.

Nach der Gesetzesbegründung[12] obliegt der **Behörde** die **Beweislast** für das Vorliegen eines **Versagungsgrundes**. Dem ist angesichts dessen, dass nicht die Gewährleistung des Kindeswohls als positive Erteilungsvoraussetzung, sondern dessen Nichtgewährleistung als Versagungsgrund formuliert ist, mit der Folge zuzustimmen, dass dem Jugendamt eine Darlegungslast obliegt: Es muss darlegen, aus welchen Gründen das Wohl des Kindes oder Ju-

---

9 So FK-SGB VIII/*Smessaert/Lakies*, § 44 Rn. 14.
10 So Wiesner/Wapler/*Wiesner*, § 44 SGB VIII Rn. 16a.
11 Vgl. FK-SGB VIII/*Smessaert/Lakies*, § 44 Rn. 16; LPK-SGB VIII/*Nonninger*, § 44 Rn. 26; zurückhaltend insoweit Wiesner/Wapler/*Wiesner*, § 44 SGB VIII Rn. 17.
12 Vgl. BT-Drs. 11/5948, 83; ebenso BayVGH, Urt. v. 9.3.2020, 12 B 19.795, jkuris, Rn. 35, JAmt 2021, 40.

gendlichen in der Pflegestelle nicht gewährleistet ist. Liegen die Voraussetzungen für eine Versagung nicht vor, besteht ein **Rechtsanspruch** der **Pflegeperson** auf die Erteilung. Die **Nichterweislichkeit** der Kindeswohlgefährdung **geht** mithin **zu Lasten der Behörde**.

Die gewählte Gesetzesformulierung führt also nicht dazu, den materiellen Prüfungsmaßstab zu verändern oder gar abzusenken und die Funktion des Jugendamtes auf eine Missbrauchsaufsicht zu reduzieren.[13] Das Kindeswohl muss vielmehr feststellbar positiv gewährleistet sein. Ist das nicht der Fall, ist das Kindeswohl nicht gewährleistet und die Erlaubnis zwingend („ist zu versagen") zu versagen. Maßstab ist also auch in diesem Fall die Gewährleistung des Kindeswohls. Nur so kommt die staatliche Gemeinschaft ihrem Auftrag aus Art. 6 Abs. 2 Satz 2 GG nach. Die gewählte Formulierung hat ausschließlich zur Folge, dass die **Darlegungs- und Beweislast** im Fall der Versagung der Erlaubnis bei der Behörde, also dem Jugendamt liegt. 15

b) Eignung der Pflegeperson

Auch wenn Abs. 2 auf die Gewährleistung durch die „Pflegestelle" abstellt, kommt zentrale Bedeutung der Frage zu, ob die in Abs. 1 definierte Pflegeperson in der Lage ist, das Kindeswohl zu gewährleisten, ob sie also, wie allgemein formuliert wird, **zur Vollzeitpflege geeignet** ist. 16

Darüber hinaus ist im Kontext des § 44 SGB VIII zu prüfen, ob die konkrete **Pflegeperson persönlich geeignet** ist, d.h. dem in Rede stehenden Pflegekind gute Bedingungen für eine körperliche, geistige und seelische Entwicklung bietet. Es muss gewährleistet sein, dass die Pflegeperson sich tatsächlich um den Pflegling kümmert. Sie muss über ausreichende **erzieherische Fähigkeiten**, Verantwortungsbewusstsein und die Fähigkeit zu emotionaler Zuwendung besitzen.

Eine Gefährdung des Kindes oder Jugendlichen durch die Pflegeperson muss auszuschließen sein. Gerade aufgrund der Aufnahme über Tag und Nacht besteht ein gegenüber der Kindertagespflege deutlich erhöhtes Gefährdungspotential. Darüber hinaus zeichnet sich die Vollzeitpflege durch gelockerte, mitunter überhaupt nicht mehr bestehende tatsächliche Einwirkungsmöglichkeiten der Personensorgeberechtigten aus.

Zur Bedeutung **strafrechtlicher Verurteilungen** für die **Eignung** der Pflegeperson vgl. unten bei Rn. 22 ff.

Die **Eignung** der Pflegeperson setzt auch deren **Bereitschaft zur Kooperation** mit dem Jugendamt voraus.[14]

Ebenso muss sichergestellt sein, dass die **religiöse Bekenntnisfreiheit** des Minderjährigen von der Pflegeperson beachtet wird.

Eine **Beeinträchtigung der Pflegeperson** rechtfertigt für sich nicht schlechthin die Versagung der Pflegeerlaubnis.[15] Dies wäre bereits mit Art. 3 Abs. 3 Satz 2 GG nicht vereinbar. 17

Eine **ehemals alkoholabhängige Pflegeperson** ist auch dann nicht stets und ohne Rücksicht auf die Rückfallgefahr im konkreten Fall ungeeignet, wenn das Pflegekind in seiner Herkunftsfamilie Alkoholismus erlebt hat und deshalb Anspruch auf Vollzeitpflege besteht.[16] 18

Die Eignung der Pflegestelle wird nicht nur durch bei der Pflegeperson selbst vorliegende Umstände berührt und gegebenenfalls ausgeschlossen. Der Begriff der **persönlichen Eignung** umfasst neben den vorstehenden die weitere Voraussetzung, dass in Tagespflege aufgenommene Kinder keinen vermeidbaren, für ihre Entwicklung schädlichen Risiken oder Ge- 19

---

13 OVG Lüneburg, FEVS 54 (2003), 130, (135); a.A. *Lakies*, ZfJ 1995, 11.
14 VG Regensburg, Urt. v. 10.11.2015, RO 4 K 15.287, juris.
15 OVG Bremen FEVS 36, 57.
16 OVG Lüneburg, FEVS 54 (2003), 130 (133 f); kritisch dazu DIJuF-Rechtsgutachten, JAmt 2002, 507 f.

fährdungen ausgesetzt sind. Hierzu zählen auch solche, die zwar nicht unmittelbar in der Pflegeperson selbst oder der sächlichen Ausstattung der zur Tagespflege genutzten Wohnung liegen, die aber der **Sphäre der Tagespflegeperson** zuzurechnen sind und eine Gefährdung befürchten lassen.[17] Ein solches Risiko kann etwa ein in der Wohnung mit lebender **Ehemann** oder **Lebensgefährte** der Tagespflegeperson darstellen, der in der Vergangenheit wegen einschlägiger Straftatbestände, namentlich wegen sexuellen Missbrauchs eines Kindes, verurteilt worden ist oder einem erheblichen, auf konkrete Tatsachen und nicht lediglich auf bloße Mutmaßungen gestützten, bislang nicht hinreichend ausgeräumten Verdacht einer solchen Straftat ausgesetzt ist.[18] Zur Frage der Verpflichtung Angehöriger Vorlage eines erweiterten Führungszeugnisses, vgl. die Erläuterungen zu § 43 SGB VIII Rn. 19.

20 Anders als die frühere Fassung spricht das Gesetz in Abs. 1 nicht mehr von der Pflege „in seiner Familie", sondern von „seinem Haushalt". Damit steht bereits aufgrund des Wortlauts fest, dass die Pflegeperson **nicht verheiratet oder Teil einer Familie im Sinne einer Kleinfamilie** sein muss. Sie kann auch unverheiratet sein, in einer nichtehelichen Lebensgemeinschaft oder in einer Lebenspartnerschaft zusammenleben oder alleinstehend sein.

c) Eignung der Räumlichkeiten

21 Da das Gesetz von der **Eignung** der „Pflegestelle" spricht, müssen nicht nur persönliche, sondern auch sächliche Voraussetzungen erfüllt sein. Insbesondere bei der Gewährung von Unterkunft muss geeigneter, d.h. ausreichend großer und gesunder Wohnraum, je nach Alter des Pfleglings auch ein eigenes Zimmer zur Verfügung stehen.

2. Abs. 2 Satz 2 – Entsprechende Geltung von § 72a Absatz 1 und 5

22 Nach Abs. 2 Satz 2 gilt § 72a Abs. 1 und 5 SGB VIII entsprechend. Damit wird eine gesetzliche Spezifizierung der persönlichen Eignung der Pflegeperson mit Blick auf strafrechtliche Verurteilungen vorgenommen. Die entsprechende Geltung von § 72a Abs. 1 bedeutet folgendes:

Einer **Person**, die rechtskräftig wegen einer der in § 72a Abs. 1 Satz 1 SGB VIII genannten Straftaten **verurteilt worden** ist, darf eine **Erlaubnis** nach § 44 SGB VIII **nicht erteilt werden** (vgl. § 72 Abs. 2 Satz 1). Einer wie auch immer gearteten Berücksichtigung und Bewertung der jeweils begangenen Straftat und der Umstände der Begehung bedarf es im Erlaubnisverfahren nicht. Jede rechtskräftige Verurteilung nach einer Katalogtat des § 72a Abs. 1 Satz 1 SGB VIII muss also zur Versagung der Erlaubnis führen.

Zur Aufklärung der Frage, ob eine Verurteilung vorliegt, hat sich die **Erlaubnisbehörde** gem. § 72a Abs. 1 Satz 2 SGB VIII **im Erlaubnisverfahren** sowie in regelmäßigen Abständen von der Pflegeperson ein erweitertes Führungszeugnis vorlegen zu lassen.[19] Wegen Einzelheiten siehe dazu die Erläuterungen zu § 72a SGB VIII Rn. 7 ff.

23 Liegt eine (rechtskräftige) **Verurteilung** der **Pflegeperson** oder einer im Haushalt der Pflegeperson lebenden **anderen Person** wegen einer **anderen**, nicht im Katalog des § 72a Abs. 1 Satz 1 SGB VIII enthaltenen **Straftat** vor, ist die Erlaubnis nicht automatisch zu versa-

---

17 BayVGH, Beschl. v. 18.10.2012, 12 B 12.1048, juris; OVG Lüneburg, Beschl. v. 22.4.2010, 4 PA 65/10, juris, Rn. 5; VG Aachen, Beschl. v. 15.5.2006, 2 L 193/06, juris, Rn. 23; VG Osnabrück, Beschl. v. 26.11.2009, 4 B 28/09, juris, Rn. 13; VG München, Urt. v. 28.9.2011, M 18 K 11.3325, juris, Rn. 19.

18 So im Fall BayVGH, Beschl. v. 18.10.2012, 12 B 12.1048, juris.

19 Es muss also an dieser Stelle nicht „sichergestellt" werden, dass „bei der Vermittlung bzw. Anstellung ein Führungszeugnis nach § 30 Abs. 5 und § 30a Abs. 1 BZRG vorgelegt wurde" – eine Begrifflichkeit, die ersichtlich § 72a Abs. 2 SGB VIII entnommen ist, auf den hier aber gerade nicht verwiesen wird (so aber Wiesner/*Mörsberger*, § 44 SGB VIII Rn. 18b). Ebenso wenig erschöpft sich die Regelung in der Pflicht zur nur einmaligen Prüfung anlässlich der Erlaubniserteilung.

gen, sondern eine das Gefährdungspotential würdigende Entscheidung im Einzelfall zu treffen.[20]

Das Vorstehende gilt auch in den Fällen, in denen **keine Anklageerhebung** oder **Verurteilung** wegen einer Katalogtat nach § 72a Abs. 1 SGB VIII vorliegt. Dann ist im Zweifel allerdings zu Gunsten des Kindeswohls zu entscheiden.[21]

Die angeordnete entsprechende Geltung von § 72a Abs. 5 SGB VIII führt dazu, dass die dortigen Datenschutzregelungen anzuwenden sind. Die Erlaubnisbehörde ist also auf die dort normierten Befugnisse beschränkt und hat die dort geregelten Verpflichtungen (vgl. zu diesen § 72a SGB VIII Rn. 31 ff.). 24

3. Zulässigkeit von Nebenbestimmungen?

Anders als in § 43 Abs. 3 Satz 5 SGB VIII und in § 45 Abs. 4 SGB VIII sind in § 44 SGB VIII **Nebenbestimmungen** zur Erlaubnis nicht erwähnt. Ob es sich dabei um gesetzgeberische Unzulänglichkeit oder Schlampigkeit, die dem SGB VIII ja nicht fremd sind, oder einen bewussten Regelungsverzicht handelt, kann offen bleiben, im Ergebnis bedeutet es jedenfalls, dass auf allgemeine Vorschriften zurückzugreifen ist.[22] Da es sich bei der Erteilung der Erlaubnis um einen gebundenen, d.h. nicht im Ermessen der Behörde stehenden Verwaltungsakt handelt, ist die Beifügung einer Nebenbestimmung mangels besonderer Regelung in § 44 SGB VIII gem. § 32 Abs. 1 SGB X nur zulässig, um die gesetzlichen Voraussetzungen der Erteilung sicherzustellen. Ob das Jugendamt von dieser Möglichkeit – als Alternative zu einer sonst notwendigen Ablehnung der Erlaubnis – Gebrauch macht, steht in seinem Ermessen. Allerdings dürfte die Gewährleistung des Kindeswohls durch **Bedingungen oder Auflagen** nur bei notwendigen **Maßnahmen von geringem Gewicht** in Betracht kommen; ansonsten ist die Ablehnung der Erlaubnis erforderlich. 25

4. Form der Erlaubnis

Eine besondere **Form** sieht das SGBVIII für die Erlaubnis nicht vor. Einige landesrechtliche Regelungen verlangen Schriftform,[23] teilweise auch einen schriftlichen Antrag.[24] 26

▶ *Auch soweit landesrechtlich nicht vorgeschrieben, ist die Schriftform der Erlaubnis in jedem Fall aus Beweisgründen dringend anzuraten. Dies gilt erst recht im Fall der Beifügung von Nebenbestimmungen.*

III. Abs. 3 – Überprüfung und Aufhebung der Erlaubnis

1. Abs. 3 Satz 1 – Überprüfungspflicht

a) Überprüfung bei erlaubnispflichtiger Vollzeitpflege

Abs. 3 normiert im Wege einer Soll-Vorschrift die **Überprüfungspflicht** des Jugendamtes hinsichtlich des Fortbestehens der Voraussetzungen der Erlaubniserteilung. 27

---

20 Vgl. zu einem solchen Fall VG Würzburg, Urt. v. 14.11.2019, W 3 K 18.980, juris.
21 Vgl. dazu VGH Ba-Wü, Beschl. v. 23.4.2019, 12 S 675/19, ZKJ 2019, 315 („in dubio pro infante").
22 Anhaltspunkte dafür, dass aufgrund der Nichtregelung in § 44 SGB VIII der Erlass von Nebenbestimmungen gänzlich ausgeschlossen sein soll, liegen nicht vor. § 32 Abs. 1 Alt. 2 SGB X setzt ja gerade voraus, dass eine spezialgesetzliche Zulassung nicht vorliegt.
23 Etwa § 18 Abs. 1 brandbgAGKJHG, § 23 Abs. 1 sächsLJHG.
24 so z.B. § 22 Abs. 1 AGKJHG-LSA, § 23 Abs. 1 sächsLJHG.

Anlass für eine Überprüfung können **Hinweise** aus der Nachbarschaft, der Kindertagesstätte oder der Schule sein. Auch Mitteilungen der Eltern oder der Minderjährigen selbst können eine Überprüfung erforderlich machen. Eine **regelmäßige Überprüfung** ohne konkreten Anhaltspunkt soll dagegen nicht zulässig sein.[25] **Häufigkeit** und **Intensität** der Überprüfung richten sich nach den Verhältnissen und **Erfordernissen im Einzelfall**. Anhaltspunkte dafür oder Anlass dazu, die Überprüfung auf den Zeitpunkt der Erteilung der Pflegestelle zu beschränken, weil mit der Erlaubnis die Eignung der Pflegestelle festgestellt werde,[26] lassen sich der Vorschrift nicht entnehmen. Der Wortlaut belegt das Gegenteil: Ob die Voraussetzungen für die Erteilung der Erlaubnis „weiter bestehen", kann man naturgemäß erst *nach* der Erteilung überprüfen und feststellen.

Die **Überprüfung** durch das Jugendamt soll „an Ort und Stelle" erfolgen. Damit ist klargestellt, dass sie nicht telefonisch oder durch Gespräche im Amt erfolgen darf, sondern im Wege eines Hausbesuchs in der Pflegestelle durchzuführen ist.[27] An der Überprüfung sind nicht nur wegen § 8 Abs. 1 SGB VIII die betroffenen **Kinder** oder **Jugendlichen** zu **beteiligen**, weil sich erst dadurch ein vollständiges Bild ergibt.

28 Ein zwangsweise durchsetzbares **Zutrittsrecht** zur Wohnung der Pflegeperson ist mit der Überprüfungspflicht **nicht verbunden**.

Allerdings enthält Landesrecht Regelungen, nach denen dem Jugendamt im Rahmen seiner Aufgaben nach § 44 Abs. 3 SGB VIII der Zugang zu dem Kind oder Jugendlichen und der **Zutritt** zu den Räumen, die seinem Aufenthalt dienen, **zu gestatten** ist, wenn Tatsachen bekannt werden, auf Grund deren eine Gefährdung des Wohls des Kindes oder Jugendlichen zu besorgen ist, und das Grundrecht der Unverletzlichkeit der Wohnung (Art. 13 Abs. 1 GG) insoweit eingeschränkt wird (vgl. etwa § 32 Abs. 3 BerlAGKJHG; § 13 Abs. 3 HessKJGB[28]; § 25 Abs. 1 AGKJHG-LSA).

Wird den Bediensteten allerdings der Zutritt wiederholt verweigert, spricht dies für eine Gefährdung des Kindeswohls.

b) Überprüfung in den Fällen des § 44 Abs. 1 Satz 2 SGB VIII – Verhältnis zu § 37b Abs. 3 SGB VIII

29 § 44 Abs. 3 Satz 1 SGB VIII greift nicht, wenn einer der Ausnahmetatbestände des Abs. 1 Satz 2 vorliegt. Denn in diesen Fällen liegt ja gerade **keine Erlaubnis** vor, deren Fortbestand überprüft werden könnte. Allerdings enthält § 37b Abs. 3 Satz 1 SGB VIII eine wortgleiche Soll-Verpflichtung des Jugendamtes, „an Ort und Stelle" zu überprüfen, „ob die Pflegeperson eine dem Wohl des Kindes oder Jugendlichen förderliche Erziehung gewährleistet". Sie gilt für Pflegeverhältnisse i.S.d. § 37 Abs. 1 SGB VIII und damit bei der Gewährung von Hilfen nach §§ 32 bis 34 und § 35a Abs. 2 Nr. 3 und 4 SGB VIII, also in den Fällen, in denen die Vollzeitpflege nach § 44 Abs. 1 Satz 2 Nr. 1 SGB VIII erlaubnisfrei ist. In diesen Fällen besteht also eine **Überprüfungspflicht** des Jugendamtes nach **§ 37b Abs. 3 Satz 1 SGB VIII**.

Dies wird indes in Frage gestellt. Die Verpflichtungen nach § 44 SGB VIII seien ähnlich, die Rechtsfolgen konkreter: Die Konsequenzen beträfen die Erlaubnis. „Aus dem Wortlaut wie der Regelungssystematik ergibt sich aber, dass diese Pflicht nicht besteht, wenn eine Familienpflege im Falle der Ausnahmetatbestände nach § 44 Abs. 1 S. 2 als nicht erlaubnispflichtig

---

25 FK-SGB VIII/*Smessaert/Lakies*, § 44 Rn. 24.
26 So FK-SGB VIII/*Smessaert/Lakies*, § 44 Rn. 23.
27 Ebenso Wiesner/Wapler/*Wiesner*, § 44 SGB VIII Rn. 21.
28 Die Vorschrift lautet:
„(3) Ist eine Gefährdung des Wohls des Kindes oder Jugendlichen in der Pflegestelle zu besorgen, ist den Bediensteten des Jugendamtes der Zutritt zu den Räumen, die dem Aufenthalt des Kindes oder Jugendlichen dienen, zu gestatten. Das Grundrecht der Unverletzlichkeit der Wohnung nach Art. 13 Abs. 1 des Grundgesetzes und Art. 8 der Verfassung des Landes Hessen wird insoweit eingeschränkt."

anzusehen ist.[29] Zwar haben auch Pflegepersonen nicht erlaubnispflichtiger Pflegestellen (…) nach § 37 Abs. 2 Hs. 2 einen Anspruch auf Beratung und Unterstützung. Ihnen gegenüber greift aber nicht die Überprüfungspflicht gem. § 37 Abs. 3."[30] Damit wird allerdings eine dem eindeutigen Wortlaut diametral entgegenstehende Auslegung der Vorschrift vorgenommen, ohne auch nur den Ansatz einer Begründung zu liefern. Die angebliche „Zurückhaltung des Gesetzgebers", nach der sich in diesem Fall staatliche Stellen „nicht über Gebühr in private Verhältnisse einmischen dürfen und sollen", stellt nämlich keine Begründung, sondern eine Folgerung aus der zuvor behaupteten Auslegung dar. Insbesondere schließt das Bestehen eines Beratungs- und Unterstützungsanspruchs nach § 37a Abs. 2 SGB VIII eine Überprüfungspflicht weder logisch noch systematisch aus.[31] Auch die Überprüfung nach § 37b Abs. 3 Satz 1 SGB VIII ist nicht auf den Zeitpunkt der Inpflegenahme beschränkt.

In den **anderen Fällen** der Erlaubnisfreiheit nach Abs. 1 Satz 2 besteht dagegen weder eine Überprüfungspflicht noch ein solches Recht. Die **Möglichkeiten des Jugendamtes** sind auf die **Beratung** und **Unterstützung** nach § 37a Abs. 2 SGB VIII beschränkt. Bei akuter Gefährdung des Kindes oder des Jugendlichen kommt eine **Inobhutnahme** nach § 42 Abs. 1 Satz 1 Nr. 2 SGB VIII in Betracht. 30

Auch die **Überprüfung** der Pflegestelle in Fällen **erlaubnisfreier Vollzeitpflege** kann **landesrechtlich** abweichend **geregelt** werden. So bestimmt § 26 SächsLJHG, dass die Bediensteten oder Beauftragten des Jugendamtes auch in Fällen erlaubnisfreier Pflegeverhältnisse, in denen Hilfe zur Erziehung nach § 32 Satz 2 oder § 33 SGB VIII oder Eingliederungshilfe nach § 35a Abs. 2 Nr. 3 SGB VIII geleistet wird, berechtigt sind, Verbindung mit dem Kind oder dem Jugendlichen aufzunehmen und zum Schutz gefährdeter Kinder oder Jugendlicher die Räume, die ihrem Aufenthalt dienen, zu betreten. 31

2. Abs. 3 Satz 2 – Rücknahme und Widerruf der Erlaubnis

Ist das Wohl des Kindes oder Jugendlichen in der Pflegestelle gefährdet und ist die Pflegeperson nicht bereit oder in der Lage, die Gefährdung abzuwenden, so ist gem. Abs. 3 Satz 2 die Erlaubnis zurückzunehmen oder zu widerrufen. Die Norm enthält damit ein **gestuftes Verfahren**, in dessen erstem Schritt das Jugendamt Bereitschaft und Fähigkeit der Pflegeperson zu prüfen hat, die Gefährdung abzuwenden. Das bedeutet, dass die Pflegeperson zur Beseitigung der Gefährdungssituation anzuhalten und erforderlichenfalls dabei zu unterstützen ist. Dies kann im Wege von Beratungsgesprächen oder dem Angebot von Unterstützungsleistungen geschehen. Sieht sich die Pflegeperson hierauf in der Lage, Abhilfe zu schaffen, sind weitergehende Maßnahmen nicht angezeigt und angesichts des Vorrangcharakters dieser Form der Gefährdungsabwendung auch nicht zulässig. Die von der Pflegeperson zugesagte **Abhilfe** muss allerdings hinreichend **konkret**, **verlässlich** und **wirksam** sein und **unverzüglich umgesetzt** werden. Dies hat das Jugendamt zu überprüfen. Auf inhaltlich und zeitlich vage Zusagen muss und darf sich das Jugendamt nicht einlassen. 32

Sofern die **Pflegeperson nicht bereit oder nicht in der Lage** ist, die Gefährdung abzuwenden, muss in einem zweiten Schritt die Erlaubnis zwingend zurückgenommen oder widerrufen werden. Dabei bezeichnet die **Rücknahme** nach überkommener verwaltungsrechtlicher Terminologie die **Aufhebung** eines **rechtswidrigen**, der **Widerruf** die Aufhe- 33

29 Dies wirft bereits die Frage auf, wann denn, wenn nicht in einem Pflegeverhältnis nach §§ 37 ff. SGB VIII, diese in dessen Regelungskontext normierte Pflicht gelten soll.
30 Wiesner/Wapler/*Wiesner*, § 44 SGB VIII Rn. 25a.
31 Sofern man nicht einer jegliche Kontrolle ausschließenden Beratungsideologie anhängt.

bung eines **rechtmäßigen Verwaltungsaktes**. Ein **Ermessen** des Jugendamtes **besteht** insoweit **nicht**. Satz 2 verdrängt als Spezialregelung die Vorschriften der §§ 44 ff. SGB X.[32]

34 Da der Entzug der Erlaubnis in jedem Fall das letzte Mittel zu sein habe, soll er unter dem Gesichtspunkt der Verhältnismäßigkeit nur dann zulässig sein, wenn andere Maßnahmen nicht ausreichen.[33] Dem ist zwar im Grundsatz beizupflichten, fraglich ist allerdings, welche Anforderungen zu stellen sind, um andere Mittel als ausreichend anzusehen. So hat etwa der BayVGH in der oben genannten Entscheidung[34] betreffend eine Erlaubnis zur Tagespflege deren Aufhebung mit der Maßgabe für rechtswidrig erklärt,

> dass jeder Kontakt des Ehemannes der Antragstellerin mit den von ihr betreuten Kindern ausgeschlossen sei und dies durch geeignete, vom Antragsgegner in regelmäßigen Abständen unangekündigt zu überwachende Maßnahmen (Abwesenheit des Ehemannes während der Pflegezeit, Sicherstellung durch innenverriegelte Türen) gewährleistet werde.

Dass in diesem Fall der Widerruf der Erlaubnis unzulässig sein soll, ist in keiner Weise nachvollziehbar und nicht akzeptabel. Wie soll eine solche Maßgabe in einer Wohnung umgesetzt und vor allem, überprüft werden?[35]

35 Die **Erlaubnis** zur Vollzeitpflege ist auch dann **zu widerrufen**, wenn das gem. § 44 Abs. 2 Satz 2 i.V.m. § 72a Abs. 1 SGB VIII wiederholt vorgelegte erweiterte Führungszeugnis Einträge über Verurteilungen nach den in § 72a Abs. 1 SGB VIII genannten Straftaten enthält. Da ein solcher Eintrag gem. § 72a Abs. 1 SGB VIII einer Erlaubnis zwingend entgegensteht, ist eine anderweitige Abwendung der Gefährdung ausgeschlossen.

36 **Mangels** einer erteilten **Erlaubnis** gibt es in den Fällen des Abs. 1 Satz 2 keine Möglichkeit zu deren Aufhebung. In diesen Fällen besteht weder eine Überprüfungspflicht noch auch nur ein solches Recht des Jugendamtes. § 37b Abs. 3 SGB VIII enthält zwar eine Überprüfungspflicht, jedoch keine Eingriffsermächtigung. Diese Lücke war dem Gesetzgeber – des wortgleichen § 37 Abs. 3 SGB VIII a.F. – jedoch bekannt,[36] so dass keine lückenfüllende Auslegung etwa im Wege der Analogie möglich ist. Das Jugendamt ist auf seine Befugnisse nach § 42 SGB VIII beschränkt. Dass dem Jugendamt in den Fällen der erlaubnisfreien Pflege keine Untersagungsbefugnis zusteht, ist **gesetzgeberisch verfehlt**. Soweit die Begründung auf das Polizeirecht als Ermächtigungsgrundlage verweist, kann dies nur als Armutszeugnis bezeichnet werden: Eine umfangreiche bereichsspezifische Kodifikation verweist in einem für den Kinderschutz zentralen Punkt auf das allgemeine Polizeirecht! Zumindest für den Fall schwerer Verfehlungen der Pflegeperson wäre auch die gesetzliche Möglichkeit einer Tätigkeitsuntersagung entsprechend der für Beschäftigte in einer Einrichtung geltenden Regelung des § 48 SGB VIII erforderlich.

IV. Abs. 4 – Mitteilungspflichten der Pflegeperson

37 Mit der Überprüfungspflicht des Jugendamts korrespondiert die **Pflicht der Pflegeperson**, das **Jugendamt** über alle das Wohl des Pfleglings betreffenden wichtigen Ereignisse zu **unterrichten**. Der Zweck der Vorschrift entspricht dem des Abs. 3 Satz 1.

Wichtige Ereignisse können sowohl in der Sphäre der Pflegeperson als auch in der des Pfleglings liegen. In Betracht kommen insbesondere tatsächlicher **Beginn** und **Ende** der **Pflege**, **Wohnungswechsel**, schwere **Krankheiten** oder Unfälle, **Schulwechsel**, Verän-

32 Vgl. BT-Drucks. 11/5948, 83; *Habermann/Tries*, NDV 1990, 341; Wiesner/Wapler/*Wiesner*, § 44 SGB VIII Rn. 26.
33 FK-SGB VIII/*Smessaert/Lakies*, § 44 Rn. 31.
34 BayVGH, Beschl. v. 18.10.2012, 12 B 12.1048, juris.
35 Zur Kritik der Entscheidung siehe *Möller*, EJ 4/2013, 213 ff.
36 Vgl. *Habermann/Tries*, NDV 1990, 341.

derung in der **Bewohnerzahl**. Eine Konkretisierung durch Landesrecht ist möglich (§ 49 SGB VIII). Die Unterrichtungspflicht besteht auch in den Fällen der erlaubnisfreien Pflege (§ 37b Abs. 3 Satz 2 SGB VIII).

V. Zuständigkeiten und Rechtsschutz

Sachlich zuständig für die Erteilung der Erlaubnis sowie deren Rücknahme oder Widerruf ist das Jugendamt. **Örtlich zuständig** ist das Jugendamt, in dessen Bereich die Pflegeperson ihren gewöhnlichen Aufenthalt hat (§§ 85, 87a Abs. 1 SGB VIII). Nicht ausdrücklich geregelt ist die örtliche Zuständigkeit für die örtliche Prüfung gem. Abs. 3 Satz 1 sowie die Entgegennahme von Unterrichtungen nach Abs. 4. Aufgrund des Sachzusammenhangs ist insoweit eine einheitliche Zuständigkeit anzunehmen. 38

Die dem Jugendamt nach § 44 SGB VIII obliegenden Aufgaben sind hoheitlicher Natur und deshalb **nicht** auf Träger der freien Jugendhilfe **übertragbar** (§ 76 Abs. 1 SGB VIII).

Die Erteilung oder Versagung der Erlaubnis sowie deren Aufhebung sind **Verwaltungsakte** (§ 31 SGB X). Gegen sie kann Rechtsschutz im **Verwaltungsrechtsweg** begehrt werden. Klagebefugt sind sowohl die Personensorgeberechtigten als auch die Pflegeperson. Die Gewährleistung des Kindeswohls in der Pflegestelle ist als unbestimmter Rechtsbegriff gerichtlich voll überprüfbar. 39

Gegen die **Versagung der Erlaubnis** sind – sofern nach Landesrecht statthaft – Widerspruch und **Verpflichtungsklage**, gegen die **Aufhebung** – sofern statthaft – Widerspruch und **Anfechtungsklage** gegeben.

Anders als nach § 45 Abs. 7 Satz 2 SGB VIII haben Widerspruch und Anfechtungsklage gegen die Aufhebung der Erlaubnis **aufschiebende Wirkung**. Ein Grund für diese Differenzierung ist nicht ersichtlich, zumal es in beiden Fällen um die Gewährleistung des Kindeswohls geht.

Besteht ein besonderes öffentliches Interesse an der sofortigen Vollziehung der Aufhebung, kann das Jugendamt diese nach § 80 Abs. 2 Nr. 4 VwG0 anordnen. Das dürfte bei Vorliegen der Eingriffsvoraussetzungen regelmäßig der Fall sein, da die Behörde das Fortdauern der Kindeswohlgefährdung infolge der aufschiebenden Wirkung eines eingelegten Rechtsbehelfs – möglicherweise über einen längeren Zeitraum – kaum hinnehmen kann. Das besondere, also über das jedem Gesetzesvollzug innewohnende hinausgehende Interesse ist von der Behörde schriftlich zu begründen (§ 80 Abs. 3 Satz 1 VwGO). Der Rechtsschutz dagegen richtet sich nach § 80 Abs. 4 und 5 VwGO.[37]

VI. Landesrecht

Die Regelungen des § 44 SGB VIII werden, nicht zuletzt eröffnet durch § 49 SGB VIII, in vielfältiger Weise durch das Landesrecht konkretisiert und ergänzt. Dies betrifft vor allem die Höchstzahl der aufzunehmenden Kinder[38] sowie die Voraussetzungen der Erlaubniserteilung und -aufhebung. 40

37 Vgl. zur Anordnung der sofortigen Vollziehung und zum vorläufigen Rechtsschutz § 43 Rn. 51 ff.
38 Regelmäßig Begrenzung auf fünf; vgl. etwa § 13 Abs. 2 HKJGB.

§ 45
Erlaubnis für den Betrieb einer Einrichtung

(1) [1]Der Träger einer Einrichtung nach § 45a bedarf für den Betrieb der Einrichtung der Erlaubnis. [2]Einer Erlaubnis bedarf nicht, wer

1. eine Jugendfreizeiteinrichtung, eine Jugendbildungseinrichtung, eine Jugendherberge oder ein Schullandheim betreibt,

2. ein Schülerheim betreibt, das landesgesetzlich der Schulaufsicht untersteht,

3. eine Einrichtung betreibt, die außerhalb der Jugendhilfe liegende Aufgaben für Kinder oder Jugendliche wahrnimmt, wenn für sie eine entsprechende gesetzliche Aufsicht besteht oder im Rahmen des Hotel- und Gaststättengewerbes der Aufnahme von Kindern oder Jugendlichen dient.

(2) [1]Die Erlaubnis ist zu erteilen, wenn das Wohl der Kinder und Jugendlichen in der Einrichtung gewährleistet ist.

[2]Dies ist in der Regel anzunehmen, wenn

1. der Träger die für den Betrieb der Einrichtung erforderliche Zuverlässigkeit besitzt,

2. die dem Zweck und der Konzeption der Einrichtung entsprechenden räumlichen, fachlichen, wirtschaftlichen und personellen Voraussetzungen für den Betrieb erfüllt sind und durch den Träger gewährleistet werden,

3. die gesellschaftliche und sprachliche Integration und ein gesundheitsförderliches Lebensumfeld in der Einrichtung unterstützt werden sowie die gesundheitliche Vorsorge und die medizinische Betreuung der Kinder und Jugendlichen nicht erschwert werden sowie

4. zur Sicherung der Rechte und des Wohls von Kindern und Jugendlichen in der Einrichtung die Entwicklung, Anwendung und Überprüfung eines Konzepts zum Schutz vor Gewalt, geeignete Verfahren der Selbstvertretung und Beteiligung sowie der Möglichkeit der Beschwerde in persönlichen Angelegenheiten innerhalb und außerhalb der Einrichtung gewährleistet werden.

[3]Die nach Satz 2 Nummer 1 erforderliche Zuverlässigkeit besitzt ein Träger insbesondere dann nicht, wenn er

1. in der Vergangenheit nachhaltig gegen seine Mitwirkungs- und Meldepflichten nach den §§ 46 und 47 verstoßen hat,

2. Personen entgegen einem behördlichen Beschäftigungsverbot nach § 48 beschäftigt oder

3. wiederholt gegen behördliche Auflagen verstoßen hat.

(3) Zur Prüfung der Voraussetzungen hat der Träger der Einrichtung mit dem Antrag

1. die Konzeption der Einrichtung vorzulegen, die auch Auskunft über Maßnahmen zur Qualitätsentwicklung und -sicherung sowie zur ordnungsgemäßen Buch- und Aktenführung in Bezug auf den Betrieb der Einrichtung gibt, sowie

2. im Hinblick auf die Eignung des Personals nachzuweisen, dass die Vorlage und Prüfung von aufgabenspezifischen Ausbildungsnachweisen sowie von Führungszeugnissen nach § 30 Absatz 5 und § 30a Absatz 1 des Bundeszentralregistergesetzes sichergestellt sind; Führungszeugnisse sind von dem Träger der Einrichtung in regelmäßigen Abständen erneut anzufordern und zu prüfen.

(4) [1]Die Erlaubnis kann mit Nebenbestimmungen versehen werden. [2]Zur Gewährleistung des Wohls der Kinder und der Jugendlichen können nachträgliche Auflagen erteilt werden.

(5) [1]Besteht für eine erlaubnispflichtige Einrichtung eine Aufsicht nach anderen Rechtsvorschriften, so hat die zuständige Behörde ihr Tätigwerden zuvor mit der anderen Behörde abzustimmen. [2]Sie hat den Träger der Einrichtung rechtzeitig auf weitergehende Anforderungen nach anderen Rechtsvorschriften hinzuweisen.

(6) [1]Sind in einer Einrichtung Mängel festgestellt worden, so soll die zuständige Behörde zunächst den Träger der Einrichtung über die Möglichkeiten zur Beseitigung der Mängel beraten. [2]Wenn sich die Be-

seitigung der Mängel auf Entgelte oder Vergütungen nach § 75 des Zwölften Buches auswirken kann, so ist der Träger der Sozialhilfe an der Beratung zu beteiligen, mit dem Vereinbarungen nach dieser Vorschrift bestehen. [3]Werden festgestellte Mängel nicht behoben, so können dem Träger der Einrichtung Auflagen nach Absatz 4 Satz 2 erteilt werden. [4]Wenn sich eine Auflage auf Entgelte oder Vergütungen nach § 75 des Zwölften Buches auswirkt, so entscheidet die zuständige Behörde nach Anhörung des Trägers der Sozialhilfe, mit dem Vereinbarungen nach dieser Vorschrift bestehen, über die Erteilung der Auflage. [5]Die Auflage ist nach Möglichkeit in Übereinstimmung mit Vereinbarungen nach den §§ 75 bis 80 des Zwölften Buches auszugestalten.

(7) [1]Die Erlaubnis ist aufzuheben, wenn das Wohl der Kinder oder der Jugendlichen in der Einrichtung gefährdet und der Träger nicht bereit oder nicht in der Lage ist, die Gefährdung abzuwenden. [2]Sie kann aufgehoben werden, wenn die Voraussetzungen für eine Erteilung nach Absatz 2 nicht oder nicht mehr vorliegen; Absatz 6 Satz 1 und 3 bleibt unberührt. [3]Die Vorschriften zum Widerruf nach § 47 Absatz 1 Nummer 2 und Absatz 3 des Zehnten Buches bleiben unberührt. [4]Widerspruch und Anfechtungsklage gegen die Rücknahme oder den Widerruf der Erlaubnis haben keine aufschiebende Wirkung.

Übersicht

A. Allgemeines

1 § 45 SGB VIII regelt **Erteilung und Fortbestand der Erlaubnis** für den **Betrieb einer Einrichtung**, in der Kinder oder Jugendliche ganztägig oder für einen Teil des Tages betreut werden oder Unterkunft erhalten. Die Vorschrift dient dem **Schutz von Kindern und Jugendlichen in Einrichtungen**. Dieser Zweck und nicht etwa die Sorge um die Rechte der Einrichtungsträger[1] hat im Zentrum der Auslegung und Anwendung der Norm und der Bewältigung von Interessenskollisionen zu stehen. Von den Erlaubnissen nach §§ 43, 44 SGB VIII unterscheidet sich die nach § 45 SGB VIII dadurch, dass sie nicht auf eine bestimmte Pflegeperson oder bestimmte Kinder oder Jugendliche bezogen oder an diese gebunden ist, sondern für den **Betrieb** einer **Einrichtung** unabhängig von konkreten Personen erteilt wird.

2 Die Vorschrift wurde **wiederholt geändert**. Durch das 1. ÄndG SGB VIII wurde Abs. 4 aufgehoben und als § 48a SGB VIII ohne inhaltliche Änderungen verselbstständigt. Das KICK änderte Abs. 1 lediglich redaktionell, in Abs. 2 wurden die Versagungsgründe deutlich modifiziert und durch Regelbeispiele konkretisiert. Eine **Neufassung** der Vorschrift brachte das BKiSchG, das die Voraussetzungen für die Erteilung der Betriebserlaubnis neu geregelt und insbesondere Abs. 2 Nr. 3 als weitere Regelerteilungsvoraussetzung aufgenommen sowie Abs. 3 neu eingefügt hat. Die jüngste Änderung erfolgte durch das KJSG, das die Voraussetzungen für die Erteilung der Betriebserlaubnis geschärft (Abs. 2) und die Gründe für deren Aufhebung präzisiert hat (Abs. 7). Hinsichtlich des Begriffs der Einrichtung wird nunmehr auf die Legaldefinition in § 45a SGB VIII verwiesen.

Auf die Änderungen wird bei der Erläuterung der entsprechenden Vorschriften eingegangen.

2a Die umfangreiche Vorschrift enthält sowohl materiellrechtliche als auch verfahrensrechtliche Regelungen hinsichtlich Erteilung und Fortbestand der Betriebserlaubnis und weist insbesondere hinsichtlich der Erlaubniserteilung eine verschachtelte **Struktur** auf. **Abs. 1** normiert die Erlaubnispflichtigkeit des Betriebs einer Einrichtung und die insoweit geltenden Ausnahmen. **Abs. 2** enthält den Rechtsanspruch auf Erteilung der Betriebserlaubnis und dessen Voraussetzungen, zu deren Prüfung der Träger die in **Abs. 3** genannten Unterlagen vorzulegen hat. **Abs. 4** regelt die Zulässigkeit von Nebenbestimmungen, **Abs. 5** die notwendige Kooperation mit anderen Erlaubnisbehörden. **Abs. 6** regelt das Vorgehen bei Feststellung von Mängeln in einer Einrichtung. Schließlich normiert **Abs. 7** die Voraussetzungen, unter denen die Erlaubnis zurückzunehmen ist oder zurückgenommen werden kann.

1 Vgl. etwa FK-SGB VIII/*Smessaert/Lakies*, § 45 Rn. 26.

B. Einzelheiten

I. Abs. 1 – Erlaubnisvorbehalt und Ausnahmen

1. Abs. 1 Satz 1 – Erlaubnisvorbehalt

Abs. 1 Satz 1 formuliert einen grundsätzlichen **Erlaubnisvorbehalt**: Der Träger einer Einrichtung i.S.d. § 45a SGB VIII bedarf für deren Betrieb einer Erlaubnis. Es handelt sich mithin um ein repressives Verbot mit Erlaubnisvorbehalt. Eine besondere Erlaubnis für die Betreuung der einzelnen Minderjährigen in der Einrichtung ist daneben nicht erforderlich. Hinsichtlich des Begriffs der Einrichtung wird auf die Erläuterungen zu § 45a SGB VIII verwiesen, der eine Legaldefinition der Einrichtung vornimmt. 3

Auch wenn dies im Wortlaut der Vorschrift nicht so deutlich wie in dem der §§ 43 und 44 SGB VIII („betreuen will", „aufnehmen will") zum Ausdruck kommt, muss die Erlaubnis bei Eröffnung der Einrichtung vorliegen, also **vor Aufnahme** des Betriebs **beantragt** und **erteilt** werden. Das entspricht nicht nur dem Zweck der Norm, sondern ergibt sich auch aus §§ 104 Abs. 2 Nr. 2, 105 Nr. 1 SGB VIII, nach denen der Betrieb einer Einrichtung entgegen § 45 Abs. 1 Satz 1 SGB VIII eine Ordnungswidrigkeit, in qualifizierten Fällen eine Straftat darstellt. (vgl. zum Erlaubnisverfahren im Einzelnen die Erläuterungen zu Abs. 3 Rn. 41 ff.).

2. Abs. 1 Satz 2 – Ausnahmen von der Erlaubnispflicht

Von der grundsätzlich bestehenden Erlaubnispflicht enthält **Abs. 1 Satz 2** relevante **Ausnahmeregelungen**. Ausnahmen finden sich auch in außerhalb des Jugendhilferechts angesiedelten Spezialgesetzen (siehe dazu unten Rn. 9 ff.). 4

a) Ausnahmen im Jugendhilferecht

Abs. 1 Satz 2 Nr. 1 nimmt Jugendfreizeiteinrichtungen, Jugendherbergen sowie Schullandheime wegen des regelmäßig nur vorübergehenden Aufenthaltes von der Erlaubnispflicht aus. Ebenfalls erlaubnisfrei ist der Betrieb von Jugendbildungseinrichtungen, obwohl der RegE eine öffentliche Kontrolle für notwendig erachtete. Deshalb sollte er nur dann erlaubnisfrei sein, wenn die Kontrolle anlässlich der Förderung aus öffentlichen Mitteln erfolgt. Diese Einschränkung ist im Gesetzgebungsverfahren auf Initiative des Bundesrates entfallen. 5

Abs. 1 Satz 2 Nr. 2 dispensiert die Betreiber von **Schülerheimen** von der Erlaubnispflicht, sofern diese der landesrechtlichen Schulaufsicht unterstehen. Insoweit ist bereits fraglich, welche Einrichtungen überhaupt als „Schülerheime" zu qualifizieren sind.[2] Zu denken ist zuerst an **Internate**, die aber zumindest nach neuerer Auffassung als erlaubnispflichtig anzusehen sind. Zwar unterliegen Privatschulen der Schulaufsicht, diese ist aber darauf beschränkt, schulische Standards zu gewährleisten. Das Vorliegen einer der nach § 45 SGB VIII entsprechenden Aufsicht ist deshalb zu verneinen.[3] 6

Abs. 1 Satz 2 Nr. 3 befreit in seiner **ersten Alternative** Einrichtungen von der Erlaubnispflicht, die sich außerhalb der Aufgabenwahrnehmung der Jugendhilfe betätigen, sofern für sie eine entsprechende Aufsicht besteht. Die Ausnahmeregelung greift also nur dann ein, wenn eine **gesetzliche Aufsicht** besteht, die demselben Zweck wie § 45 SGB VIII, nämlich 7

2 Bezeichnenderweise fehlen in der Literatur jegliche Angaben dazu, was denn unter einem Schülerheim zu verstehen ist.

3 Von einer Erlaubnispflichtigkeit geht auch OVG Saarland, Beschl. v. 30.4.2013, 3 A 194/12, ganz selbstverständlich aus.

der Gewährleistung des Wohls der untergebrachten bzw. betreuten Minderjährigen, dient (z.B. §§ 30, 51 JArbSchG[4]).

Von der Erlaubnispflicht befreit sind nach Nr. 3 **zweite Alternative** Einrichtungen, die im Rahmen des Hotel- und Gaststättengewerbes der Aufnahme von Kindern und Jugendlichen dienen. Begründet wird dies zum einen mit der gaststättenrechtlichen Aufsicht, zum anderen mit dem jeweils nur relativ kurzen Aufenthalt der Kinder und Jugendlichen. Ob das die Erlaubnisfreiheit rechtfertigt, kann durchaus in Frage gestellt werden, da auch kurzen Aufenthalten ein Gefährdungspotenzial innewohnen kann. Schließlich wird die Erlaubnis nicht hinsichtlich konkreter Kinder oder Jugendlicher, sondern ortsgebunden auf die Einrichtung bezogen erteilt.

8 **Ausgenommen** vom Erlaubnisvorbehalt sollen auch **Jugendarrest- oder -strafanstalten** sein. Begründet wird dies damit, dass sie dem Regime des JGG bzw. der Jugendstrafvollzugsgesetze als den spezielleren und damit vorrangigen gesetzlichen Regelungen unterlägen.[5] Zudem wird angenommen, dass die allgemeine Vollzugsaufsicht als eine „entsprechende gesetzliche Aufsicht" im Sinne des § 45 Abs. 1 Nr. 3 SGB VIII anzusehen sei.[6] Beide Begründungen vermögen die Ausnahme vom Erlaubnisvorbehalt nicht überzeugend zu tragen. Zwar handelt es sich bei den Vollzugsgesetzen um die spezielleren Regelungen, dies allerdings nur hinsichtlich des Vollzugs der verhängten Sanktionen. Das Wohl der Jugendlichen, dem die Erlaubnis nach § 45 SGB VIII dient, nehmen sie aber gar nicht in den Blick. Vielmehr sind sie zum einen der **Sicherheit und Ordnung des Vollzugs**, zum anderen und bestenfalls der **Legalbewährung** als Vollzugsziel verpflichtet.

Unstrittig ist, dass sog. **Mutter-Kind-Einrichtungen** in Justizvollzugsanstalten der Erlaubnispflicht nach § 45 SGB VIII unterliegen, da die dort untergebrachten Kinder nicht dem Vollzugsrecht unterliegen.[7]

b) Spezialgesetzliche Ausnahmeregelungen

9 Außerhalb des SGB VIII gelegene Regelungen enthalten weitere Ausnahmen von der Erlaubnispflichtigkeit von Einrichtungen, in denen Kinder und Jugendliche untergebracht sind. Nach **§ 44 Abs. 3 AsylG** gilt § 45 SGB VIII nicht für Aufnahmeeinrichtungen für Asylbewerber.[8] **Aufnahmeeinrichtung** im Sinne des § 44 Abs. 3 AsylG sind nur solche nach Abs. 1 dieser Vorschrift, also von den Ländern zu schaffende Einrichtungen, in denen sich Asylsuchende und -antragsteller gem. § 47 Abs. 1 Satz 1 bis zu sechs Monaten aufzuhalten.

Abweichend von dieser Frist sind **Ausländer aus einem sicheren Herkunftsstaat** (§ 29a AsylG) gem. § 47 Abs. 1a AsylG verpflichtet, bis zur Entscheidung des Bundesamtes über den Asylantrag und im Falle der Ablehnung des Asylantrags nach § 29a AsylG als offensichtlich unbegründet oder nach § 27a AsylG als unzulässig „bis zur Ausreise oder bis zum Vollzug der Abschiebungsandrohung oder -anordnung in der für ihre Aufnahme zuständigen Aufnahmeeinrichtung zu wohnen", faktisch also bis zur Beendigung ihres Aufenthalts in der Bundesrepublik. Die Einstufung eines Landes als „sicherer Herkunftsstaat" entscheidet also nicht nur über die Erfolgsaussichten eines Asylantrags, sondern auch über den Grad des Schutzes des Kindeswohls.

---

4 Vgl. Wiesner/Wapler/*Wiesner*, § 45 SGB VIII Rn. 49.

5 Ebenso FK-SGB/*Smessaert/Lakies*, § 45 Rn. 23.

6 Jans/Happe/Saurbier/Maas, § 45 SGB VIII Rn. 60.

7 Vgl. Wiesner/Wapler/*Wiesner*, § 45 SGB VIII Rn. 43; FK-SGB VIII/*Smessaert/Lakies*, § 45 Rn. 23.

8 Elemente von Kinderschutz enthält § 44 Abs. 2a AsylG, durch den die Länder verpflichtet werden, geeignete Maßnahmen zu treffen, um in Aufnahmeeinrichtungen den „Schutz von Frauen und schutzbedürftigen Personen zu gewährleisten", sowie § 44 Abs. 3 Satz 2 bis 8 AsylG, der – insoweit mit § 72a Abs. 1 und 5 SGB VIII übereinstimmend – ein Beschäftigungs- und Betrauungsverbot für diejenigen ausspricht, die rechtskräftig wegen einer der genannten Katalogstraftaten verurteilt wurden, sowie die Verpflichtung der Träger von Aufnahmeeinrichtungen enthält, sich ein erweitertes Führungszeugnis vorlegen zu lassen.

Darüber hinaus können die Länder gem. § 47 Abs. 1b AsylG regeln, dass Ausländer_innen abweichend von vorstehenden Fristen verpflichtet sind, bis zur Entscheidung des Bundesamtes über den Asylantrag und im Falle der Ablehnung des Asylantrags als offensichtlich unbegründet oder als unzulässig bis zur Ausreise oder bis zum Vollzug der Abschiebungsandrohung oder -anordnung, längstens jedoch für 24 Monate in einer Aufnahmeeinrichtung zu wohnen.

Keine Aufnahmeeinrichtungen i.S.d. § 44 AsylG sind **Gemeinschaftsunterkünfte** nach § 53 AsylG, in denen Asylbewerber im Anschluss an den Aufenthalt in der Aufnahmeeinrichtung untergebracht werden können. Allerdings ordnet **§ 53 Abs. 3 AsylG** die entsprechende Geltung von § 44 Abs. 2a und 3 AsylVfG an, sodass auch Gemeinschaftsunterkünfte von der Erlaubnispflicht nach § 45 SGB VIII **ausgenommen** sind.

Die Befreiung von der Erlaubnispflicht gilt gem. **§ 8 Abs. 7 BVFG** für Einrichtungen zur Aufnahme von Spätaussiedlern. Schließlich gilt § 45 SGB VIII nach **§ 72 Abs. 5 AufenthG** nicht für bestimmte, von Ausländern bewohnte Einrichtungen: Von der Erlaubnispflicht befreit sind zum einen **Ausreiseeinrichtungen**. Das sind nur die Einrichtungen der Länder gem. § 61 Abs. 2 AufenthG für vollziehbar ausreisepflichtige Ausländer, in denen diese mit mehr oder weniger sanftem Druck zur „freiwilligen" Ausreise bewegt werden sollen. **Befreit** sind zum anderen Einrichtungen, die der **vorübergehenden Unterbringung** von Ausländern dienen, denen aus völkerrechtlichen, humanitären oder politischen Gründen eine Aufenthaltserlaubnis erteilt wird. Solche Ausländer sind alle, denen ein Aufenthaltstitel nach Kapitel 2. Abschnitt 5 des AufenthG erteilt wurde, die sich also rechtmäßig im Bundesgebiet aufhalten. Ist die Unterbringung solcher Personen nicht nur vorübergehend, worunter nur ein Zeitraum von bis zu drei Monaten Dauer verstanden werden kann, entfällt die Befreiung. 10

Mit der Dispensierung der genannten Einrichtungen sind die untergebrachten Minderjährigen nicht völlig schutzlos. Den Behörden obliegen nicht zuletzt aufgrund inter- und supranationalen Rechts Schutzpflichten. So muss nach Art. 19 Abs. 4 der AufnahmeRL das Betreuungspersonal für unbegleitete Minderjährige im Hinblick auf die Bedürfnisse des Minderjährigen adäquat ausgebildet sein; nach Art. 16 Abs. 2 der MassenzustromRL sind Minderjährige (z.B. Kriegs- oder Bürgerkriegsflüchtlinge) in speziellen und geeigneten Einrichtungen unterzubringen. 11

II. Absatz 2 – Erlaubniserteilung

Während Absatz 2 bis dahin als Versagungsvorschrift („Sie ist zu versagen, wenn …") formuliert war, normiert die durch das **BKiSchG** formulierte und durch das KJSG insoweit nicht veränderte Fassung positiv die Voraussetzungen, bei deren Vorliegen in der Regel die Gewährleistung des Kindeswohls in der Einrichtung anzunehmen ist, sodass daraus der **Rechtsanspruch** auf Erteilung der Erlaubnis erwächst. Es sind also durchaus Konstellationen denkbar, bei denen trotz Vorliegens der Voraussetzungen nach Satz 2 Nr. 1 bis 4 die Erlaubnis nicht zu erteilen ist (vgl. dazu unten Rn. 38 f.). Die Neufassung durch das BKiSchG hat die Erteilungsvoraussetzungen nicht nur „weiterentwickelt und konkretisiert"[9], sondern auch Auswirkungen auf die Feststellung der Entscheidungsparameter und die Verteilung der objektiven Beweislast hinsichtlich ihres Vorliegens (siehe dazu Rn. 40 f.). Dies wird von Teilen der Literatur noch immer nicht zur Kenntnis genommen.[10] 12

9 So die Gesetzesbegründung, BT-Drs. 17/6256, 23.

10 Vgl. exemplarisch die Auffassung bei FK-SGB VIII/*Smessaert/Lakies*, § 45 Rn. 26, die dem früheren Wortlaut der Vorschrift verhaftet bleibt und unzutreffend weiterhin davon ausgeht, dass die Darlegungs- und Beweislast hinsichtlich der Erlaubniserteilungsvoraussetzungen bei der Behörde liege.

1. Abs. 2 Satz 1 – Grundvoraussetzung: Gewährleistung des Kindeswohls in der Einrichtung

13 Nach der Grundvoraussetzung des Satzes 1 ist die **Erlaubnis zu erteilen**, wenn das **Wohl** der Kinder und Jugendlichen in der Einrichtung **gewährleistet** ist.

Bei der **Gewährleistung des Kindeswohls** handelt es sich um einen unbestimmten Rechtsbegriff, der der vollen verwaltungsgerichtlichen Überprüfung unterliegt. Der Erlaubnisbehörde kommt ein der gerichtlichen Kontrolle entzogener Beurteilungsspielraum nicht zu. Gleiches gilt hinsichtlich der in § 45 Abs. 2 Satz 2 Nr. 1 bis 4 im Einzelnen normierten Gewährleistungsvoraussetzungen.[11]

Unter welchen Voraussetzungen von der Gewährleistung des Wohls der Kinder und Jugendlichen in der Regel auszugehen ist, wird durch die Voraussetzungen nach **Satz 2 Nr. 1 bis 4 vorgegeben.**

Die Neufassung sei, so eine Kritik, „ebenso unbestimmt wie umfassend und anspruchsvoll", führe aber „zu logischen Problemen": Aus der Nicht-Erfüllung struktureller Grundbedingungen könne eine mangelnde Gewährleistung des Wohls von Kindern oder Jugendlichen gefolgert werden, aus der Erfüllung dieser Grundbedingungen aber nicht die volle Gewährleistung.[12] Diese Kritik verkennt zunächst, dass mögliche Probleme nicht der Umformulierung der Norm durch das BKiSchG geschuldet sind. Diese hat im Gegenteil Klarheit dahingehend geschaffen, dass es an dieser Stelle nicht um die Versagung, sondern um die Erteilung einer Erlaubnis geht, für die bestimmte Voraussetzungen zu erfüllen sind.

Dass deren Vorliegen (zunächst) lediglich im Zeitpunkt der Erteilung festgestellt, aber für die Zukunft nicht garantiert werden können, ist Strukturmerkmal jeglicher Erlaubniserteilung. Allerdings beinhaltet das Merkmal der Gewährleistung (vgl. Abs. 1 Satz 1, Abs. 2 Satz 2 Nr. 2 und 4), dass die geforderten Voraussetzungen nicht nur im Zeitpunkt der Erlaubniserteilung vorliegen, sondern die festgestellten Voraussetzungen den Schluss rechtfertigen, dass dies auch in der Zukunft der Fall ist. Um dies zu überprüfen, stellen die §§ 46, 47 SGB VIII das notwendige Instrumentarium zur Verfügung.

Dass der Gesetzgeber sich dabei notgedrungen auf institutionell-organisatorische Bedingungen beschränken muss, ist naheliegend, da etwa die für die Gewährleistung des Kindeswohls bedeutsame empathische Haltung des Personals nicht gesetzlich angeordnet werden kann.

Wenn aber beklagt wird, dass die **Erfüllung bestimmter Mindestanforderungen** im Vorfeld der Betriebsaufnahme keineswegs hinreichend für die zukünftige umfassende Gewährleistung des Wohls des Kindes oder Jugendlichen im Alltag der Einrichtung sei, diese vielmehr „wesentlich in der Verantwortung des Trägers der Einrichtung, ggf. flankiert durch das (fall-)verantwortliche Jugendamt in der Rolle der Unterstützung der elterlichen Verantwortung für das Kind" liege,[13] kann dies nur als bigott bezeichnet werden.

13a Denn es entspricht ganz herrschender Auffassung, dass bei Erteilung der Betriebserlaubnis dem „Einrichtungsträger stets nur Mindestvoraussetzungen vorgegeben werden" könnten. Aufgabe des Staates sei es daher nicht, optimale Bedingungen der Betreuung zu gewährleisten. Hinsichtlich des Anforderungsprofils sei deshalb nicht das Wünschbare maßgeblich, sondern nur das für die konkrete Einrichtung erforderliche Minimum.[14] Die Begründung erschöpft sich meist in dem Hinweis auf die Berufsfreiheit nach Art. 12 GG („im Lichte der

---

11 BayVGH; Beschl. v. 2.2.2017, 12 CE 17.71, juris = ZKJ 2017, 158, Rn. 33, mit zahlreichen Nachweisen aus der Literatur.

12 So LPK-SGB VIII/*Nonninger/Dexheimer/Kepert*, (7. Aufl.), 45 Rn. 22.

13 LPK-SGB VIII/*Nonninger/Dexheimer/Kepert*, (7. Aufl.) § 45 Rn. 22.

14 So BayVGH, Beschl. v. 2.2.2017, 12 CE 17.71, juris = ZKJ 2017, 158, Rn. 33, mit umfangreichen Nachweisen aus Literatur und Rechtsprechung; FK-SGB VIII/*Smessaert/Lakies*, § 45 Rn. 3; LPK-SGB VIII/*Kepert/Dexheimer*, § 45 Rn. 15. Kritisch dazu MüKo/*Tillmanns*, § 45 Rn. 6.

durch die Berufsfreiheit [Art. 12 GG] geschützten Betätigungsfreiheit der Einrichtungsträger") und wird im Übrigen durch affirmatives gegenseitiges Zitieren ersetzt.[15]

Die Begründungselemente („nur Mindestanforderungen", „nicht Aufgabe des Staates, optimale Bedingungen zu gewährleisten", „nicht das Wünschbare maßgeblich") erinnern in Duktus und Inhalt an die Umschreibung und Einhegung des staatlichen Wächteramtes nach Art. 6 Abs. 2 Satz 2 GG. Der entscheidende Unterschied besteht allerdings darin, dass die staatliche Zurückhaltung in Art. 6 Abs. 2 Satz 2 GG ihren Grund in dem Elternrecht nach Art. 6 Abs. 2 Satz 1 GG findet. Pflege und Erziehung von Kindern und Jugendlichen in Einrichtungen ist indes weder das natürliche Recht von Einrichtungsträgern noch die ihnen grundrechtlich obliegende Pflicht. Dies gilt erst recht vor dem Hintergrund, dass Einrichtungen i.S.d. § 45 SGB VIII auch aus ausschließlich kommerziellen Gründen und mit Erwerbs- und Gewinnerzielungsabsicht betrieben werden können. Nur dann können sich Träger überhaupt auf den Schutz des Art. 12 Abs. 1 GG berufen. Denn Schutzgut des Art. 12 Abs. 1 GG ist sowohl bei natürlichen wie auch bei juristischen Personen ausschließlich die Freiheit, eine Erwerbszwecken dienende Tätigkeit in Form eines wirtschaftlichen Geschäftsbetriebs auszuüben.[16]

Nur unter diesen Voraussetzungen ist also der Betrieb einer Einrichtung durch Art. 12 Abs. 1 GG grundrechtlich geschützt.

Bei der Notwendigkeit einer Erlaubnis und den Voraussetzungen für deren Erteilung handelt es sich indes um **Berufsausübungsregelung** i.S.d. Art. 12 Abs. 1 Satz 2 GG, bei der dem Gesetzgeber ein weiter Handlungsspielraum eingeräumt und er keineswegs auf die Regelung von „Mindestanforderungen" beschränkt ist. Dazu hat das BVerfG bereits im bekannten „Apothekenurteil" ausgeführt:

> „Die Freiheit der Berufsausübung kann im Wege der „Regelung" beschränkt werden, soweit vernünftige Erwägungen des Gemeinwohls es zweckmäßig erscheinen lassen. … Am freiesten ist der Gesetzgeber, wenn er eine reine Ausübungsregelung trifft, die auf die Freiheit der Berufswahl nicht zurückwirkt, vielmehr nur bestimmt, in welcher Art und Weise die Berufsangehörigen ihre Berufstätigkeit im Einzelnen zu gestalten haben. Hier können in weitem Maße Gesichtspunkte der Zweckmäßigkeit zur Geltung kommen; nach ihnen ist zu bemessen, welche Auflagen den Berufsangehörigen gemacht werden müssen, um Nachteile und Gefahren für die Allgemeinheit abzuwehren. Auch der Gedanke der Förderung eines Berufes und damit der Erzielung einer höheren sozialen Gesamtleistung seiner Angehörigen kann schon gewisse die Freiheit der Berufsausübung einengende Vorschriften rechtfertigen. Der Grundrechtsschutz beschränkt sich insoweit auf die Abwehr in sich verfassungswidriger, weil etwa übermäßig belastender und nicht zumutbarer gesetzlicher Auflagen; von diesen Ausnahmen abgesehen, trifft die hier in Frage stehende Beeinträchtigung der Berufsfreiheit den Grundrechtsträger nicht allzu empfindlich, da er bereits im Beruf steht und die Befugnis, ihn auszuüben, nicht berührt wird."[17]

Berufsausübungsregelungen sind danach bereits dann zulässig, „soweit vernünftige Erwägungen des Gemeinwohls es zweckmäßig (!) erscheinen lassen". Der Grundrechtsschutz – hier der Einrichtungsträger – beschränkt sich auf die Abwehr „übermäßig belastender und nicht zumutbarer gesetzlicher Auflagen".

Dass im Zuge der Erlaubniserteilung gestellte Anforderungen an den Träger nicht nur zweckmäßig, sondern erforderlich sind, um das Wohlergehen von Kindern und Jugendlichen in

---

15 Es darf wohl die These gewagt werden, dass keine dieser Stimmen vertreten würde, im Lichte der Berufsfreiheit könne von Ärzt_innen keine optimale, sondern nur eine den Mindestanforderungen genügende Behandlung ihrer Patient_innen verlangt werden, weil nicht das fachlich Wünschbare, sondern nur das im konkreten Einzelfall erforderliche Minimum maßgeblich sein könne.

16 Vgl. BVerfG, Urt. v. 26.2.2020, 2 BvR 2347/15, BVerfGE 153, 182, online abrufbar unter bundesverfassungsgericht.de, Rn. 321, mit weiteren Nachweisen aus der verfassungsgerichtlichen Rechtsprechung.

17 BVerfGE, Urt. v. 11.6.1958, 1 BvR 596/56, BVerfG 7, 377 (405 f.).

Einrichtungen zu gewährleisten, liegt ebenso auf der Hand wie der Umstand, dass Anforderungen an den Träger grundsätzlich auch dann nicht übermäßig belastend oder unzumutbar sind, wenn sie über „Mindestanforderungen" hinausgehen.

Auch wenn an dieser Stelle eine umfassende grundrechtsdogmatische Herleitung nicht vorgenommen werden kann, zeigt sich doch, dass der lapidare Hinweis auf die „Berufsfreiheit" („im Lichte der …") nicht ausreicht, um die erlaubnisregelnden Vorschriften und deren Auslegung zu beschränken.[18]

13b Gleiches gilt hinsichtlich der ohne jegliche Begründung daherkommenden Aussage, es sei nicht Aufgabe des Staates, optimale Bedingungen der Betreuung zu gewährleisten. Mit anderen Worten: Der Staat darf zum Schutz und im Interesse der Einrichtungsträger keine für die Bewohner_innen optimalen Bedingungen fordern. Diese müssen sich mit Mindestanforderungen begnügen.[19] Dass der Staat *nicht* die Aufgabe haben soll, für seine Bürgerinnen und Bürger – solche sind nämlich die in Einrichtungen lebenden Minderjährigen – optimale Bedingungen zu gewährleisten, bedarf allerdings umso mehr der Begründung, als das Sozialstaatspostulat nach Art. 20 Abs. 1 GG den Staat des Grundgesetzes verpflichtet, gesellschaftliche Verhältnisse zum Wohl der Bürgerinnen und Bürger zu gestalten.[20]

Die Forderung, der Staat müsse sich auf die Formulierung von Mindestanforderungen an die Einrichtung begnügen, entspricht der Vorstellung des Nachtwächterstaates, der nur im Notfall eingreift und eingreifen darf. In Konsequenz dessen wird das Kindeswohl auf die Abwesenheit von Gefahr, dessen Gewährleistung auf Gefahrenabwehr reduziert. Dass das Kindeswohl mehrdimensional ist und zahlreiche Facetten aufweist,[21] ergibt sich nicht zuletzt aus § 1 Abs. 1 SGB VIII, wonach jeder junge Mensch ein Recht auf Förderung seiner Entwicklung und auf Erziehung zu einer selbstbestimmten, eigenverantwortlichen und gemeinschaftsfähigen Persönlichkeit hat, sowie aus den Aufgabenzuweisungen an die Jugendhilfe in § 1 Abs. 3 SGB VIII, unter denen der Schutz von Kindern und Jugendlichen vor Gefahren für ihr Wohl nur eine ist. Diese Aufgaben sind auch bei der Einrichtungsaufsicht, die Teil der Jugendhilfe ist, zu erfüllen und bei der Auslegung der Erlaubnisvorschriften zu beachten.

2. Abs. 2 Satz 2 – Die Erteilungsvoraussetzungen im Einzelnen

a) Nr. 1 – Zuverlässigkeit des Trägers

14 Als neue Voraussetzung für die Erteilung der Betriebserlaubnis wird die „**Zuverlässigkeit des Trägers**" in § 45 Abs. 2 Satz 2 Nr. 1 SGB VIII eingeführt. Ob die Zuverlässigkeit des Trägers bereits nach bisher geltendem Recht Erteilungsvoraussetzung war, wurde wohl mehrheitlich verneint.[22] Durch die Ergänzung soll nach der Entwurfsbegründung die Prüfung der Erlaubnis nicht nur einrichtungsbezogen, sondern auch hinsichtlich der Eignung des dahin-

18 Jenseits aller rechtsdogmatischen Überlegungen ist es ebenso frappierend wie erhellend, mit welcher Selbstverständlichkeit Stimmen, die sich stets als dessen Apologeten gerieren, bereit sind, das Kindeswohl im Interesse einer offensichtlich höherrangigen Berufsfreiheit zu opfern sowie die an Einrichtungen zu stellenden Anforderungen auf „Mindestvoraussetzungen" zu reduzieren, und es widerspruchslos hinnehmen, wenn Gerichte judizieren, Aufgabe des Staates sei es nicht (!), optimale Bedingungen der Betreuung zu gewährleisten.

19 Soweit ersichtlich, ist diese Auffassung in der theoretischen Diskussion der Sozialen Arbeit noch nicht hinreichend rezipiert worden. Es ist kaum vorstellbar, dass diese den Vorrang der erwerbsorientierten Berufsfreiheit gegenüber den Postulaten der Sozialen Arbeit akzeptiert.

20 Die sozialstaatliche Dimension staatlichen Handelns ist allerdings im weitgehend zwischen Elternrecht und Wächteramt oszillierenden Kinder- und Jugendhilferecht völlig unterbelichtet.

21 Vgl. in sozialwissenschaftlicher Perspektive etwa nur die Bedürfnispyramide nach Maslow.

22 Vgl. dazu die Vorauflage, § 45 Rn. 41 f. Die dort und auch in der Entwurfsbegründung zitierte dies bejahende Entscheidung des VG des Saarlandes (Urt. vom 11.5.2012, 3 K 231/11, juris) ist, soweit ersichtlich, ein Solitär geblieben.

ter stehenden Trägers erfolgen.[23] Mit der Aufnahme dieses Kriteriums sollen bestehende Schutzlücken geschlossen werden, die dadurch entstanden, dass zwar das Konzept der Einrichtung sowie die persönliche Eignung der Leitung und des Personals, nicht aber die des Trägers selbst bei der Erlaubniserteilung geprüft werden konnten. Daraus resultierenden Gefahren für die untergebrachten Kinder und Jugendlichen habe zwar mit den bestehenden aufsichtsrechtlichen Befugnissen nach Abs. 6 und 7 begegnet werden können, erforderlich sei aber eine stärkere präventive Kontrolle.[24]

Die „**Zuverlässigkeit**" ist prominenter Begriff des Wirtschaftsverwaltungsrechts und Erteilungsvoraussetzung für zahlreiche Erlaubnisse (z. B. im Gewerbe- oder Gaststättenrecht). Nach allgemein anerkannter Definition ist **zuverlässig, wer die Gewähr** dafür bietet, dass er die genehmigte **Tätigkeit ordnungsgemäß ausführen** wird. Die Aufnahme des Tatbestandsmerkmals der Zuverlässigkeit als Erlaubnisvoraussetzung war auch von der Arbeitsgruppe „SGB VIII: Mitreden – Mitgestalten" befürwortet, allerdings eine „jugendhilfespezifische Konkretisierung des Zuverlässigkeitsbegriffs" gefordert worden. Dieser Forderung trägt Abs. 2 Satz 3 Rechnung, der Regeltatbestände formuliert, die die erforderliche Zuverlässigkeit ausschließen.

Abs. 2 Satz 3 nimmt eine gesetzliche Konkretisierung des Begriffs der Zuverlässigkeit vor, indem er **Regelbeispiele** („insbesondere dann nicht") benennt, die diese ausschließen. Dass es sich um Regelbeispiele handelt, bedeutet, dass es weitere Gründe geben kann, aus denen die erforderliche Zuverlässigkeit ausgeschlossen ist. Diese müssen allerdings in ihrem Gewicht den gesetzlich genannten Beispielen entsprechen. 15

Die drei genannten Gründe stehen **alternativ nebeneinander**. Für den Ausschluss der Zuverlässigkeit genügt es also, dass einer von ihnen vorliegt.

Danach besitzt ein Träger die erforderliche Zuverlässigkeit gem. **Satz 3 Nr. 1** dann nicht, wenn er in der Vergangenheit nachhaltig **gegen** seine **Mitwirkungs- und Meldepflichten** nach den §§ 46, 47 SGB VIII **verstoßen** hat. Hinsichtlich Art und Umfang der Mitwirkungs- und Meldepflichten wird auf die Erläuterungen zu §§ 46 und 47 verwiesen. 16

Nicht jeder Verstoß gegen Mitwirkungs- und Meldepflichten beseitigt die Zuverlässigkeit des Trägers, ein solcher muss vielmehr „**nachhaltig**" sein. Die Begründung des Referentenentwurfs vom 2.12.2020 sah es als Gebot der Verhältnismäßigkeit an, dass nicht bereits jeder Verstoß gegen Mitwirkungs- und Meldepflichten sowie gegen behördliche Auflagen zur Vermutung der Unzuverlässigkeit führe. Vielmehr bedürfe es „eines ‚nachhaltigen' bzw. ‚wiederholten' Verstoßes"[25]. Nachhaltig bedeutet im herkömmlichen Sinne, dass etwas sich auf längere Zeit auswirkt, etwas anderes also als „wiederholt", wovon das Gesetz an dieser Stelle gerade nicht spricht. Der Gesetzgeber differenziert, wie ein Blick auf Satz 3 Nr. 3 deutlich macht, durchaus zwischen „nachhaltig" und „wiederholt". Ein wiederholter Verstoß ist also nicht erforderlich, auch ein einmaliger kann die Unzuverlässigkeit begründen. Andererseits ist es kaum vorstellbar, dass Verstöße gegen Mitwirkungs- und Meldepflichten nach §§ 46, 47 SGB VIII sich auf längere Zeit auswirken, da die Behörde die Möglichkeit und auch Verpflichtung hat, solchen Verstößen unmittelbar und kurzfristig zu begegnen. Deshalb ist das Erfordernis der **Nachhaltigkeit dahin zu verstehen**, dass es sich um einen **Verstoß von einigem Gewicht** handeln muss, der den Zweck der Mitwirkungs- und Meldepflichten gefährdet. Diese Auslegung wird auch dem ursprünglich genannten Zweck des Merkmals, die Verhältnismäßigkeit zu wahren, gerecht, indem sie verhindert, dass bereits Bagatellverstöße die Zuverlässigkeit des Trägers ausschließen.

23 Vgl. BT-Drs. 19/26107, 97.
24 So BT-Drs. 19/26107, 97.
25 Entwurf vom 2.12.2020, 106. Im Entwurf der Bundesregierung wird diese Begründung nicht wieder aufgenommen. Dieser verhält sich zum Kriterium der Nachhaltigkeit überhaupt nicht, vgl. BT-Drs. 19/26107, 97.

17 Die erforderliche Zuverlässigkeit ist gem. **Satz 3 Nr. 2** auch dann nicht gegeben, wenn der Träger Personen **entgegen** eines behördlichen **Beschäftigungsverbots** nach § 48 SGB VIII[26] beschäftigt hat.

Voraussetzung für das Vorliegen dieses Grundes ist, dass die von der zuständigen Behörde angeordnete **Tätigkeitsuntersagung** zum Zeitpunkt des Verstoßes **vollziehbar** war. Haben der Träger oder eine davon betroffene Person gegen die Tätigkeitsuntersagung Widerspruch eingelegt oder Klage erhoben, kommt dieser gem. § 80 Abs. 1 VwGO grundsätzlich **aufschiebende Wirkung** zu. Das Beschäftigungsverbot ist also bis zur Entscheidung über eingelegte Rechtsbehelfe nicht vollziehbar und muss nicht befolgt werden. Die in diesem Zeitraum erfolgte Weiterbeschäftigung stellt die Zuverlässigkeit also nicht in Frage.

Anders ist die Situation zu **beurteilen**, wenn die Behörde – was regelmäßig der Fall sein wird (vgl. dazu § 48 SGB VIII Rn. 9) – gem. § 80 Abs. 2 Nr. 4 VwGO die sofortige Vollziehung der Tätigkeitsuntersagung anordnet. In diesem Fall ist die Untersagung ungeachtet eingelegter Rechtsbehelfe vollziehbar und muss solange befolgt werden, bis das Verwaltungsgericht ggfs. auf Antrag die aufschiebende Wirkung angeordnet hat oder die Anordnung endgültig aufgehoben wurde. Ein Verstoß begründet dann gem. Satz 3 Nr. 2 die fehlende Zuverlässigkeit des Trägers.

18 Nach **Satz 3 Nr. 3** fehlt einem Träger die erforderliche Zuverlässigkeit auch dann, wenn er wiederholt gegen behördliche Auflagen verstoßen hat. In diesem Fall ist ein wiederholter, also mindestens zweimaliger Verstoß erforderlich. Da Nr. 3 anders als Nr. 1 auf die Bezeichnung konkreter Vorschriften verzichtet, kommt nicht nur ein Verstoß gegen Auflagen nach § 45 Abs. 4 SGB VIII oder sonstiger Auflagen auf der Grundlage des SGB VIII, sondern gegen jegliche behördlichen Auflagen, also auch solcher der Bau-, Gesundheits- oder Steuerbehörden in Betracht.

19 Die Regelbeispiele des Abs. 2 Satz 3 knüpfen sämtlich (auch) an in der Vergangenheit liegende Sachverhalte an. Mit ihnen korrespondiert § 45 Abs. 7 Satz 2 SGB VIII, nach dem die Betriebserlaubnis auch aufgehoben werden kann, wenn die Voraussetzungen für eine Erteilung *nicht mehr* vorliegen. Satz 3 ist daher auch auf **bestehende Einrichtungen** mit bestandskräftigen Betriebserlaubnissen **anzuwenden**.[27]

20 Regelbeispiele erfüllen mit Blick auf die Gesetzgebungstechnik eine zweifache Funktion. Sie heben zum einen Tatbestände hervor, die dem Gesetzgeber im Kontext der Regelung besonders wichtig erscheinen, etwa weil ihnen ein besonderes Gefährdungspotenzial innewohnt. So liegt es auch hier. Die aufgeführten Regelbeispiele, so die Begründung des Referentenentwurfs vom 2.12.2020, griffen in der Praxis häufig vorkommende Tatbestände auf, die regelmäßig den Schluss zuließen, dass bei ihrem Vorliegen das Kindeswohl in der Einrichtung nicht sichergestellt sei.[28]

---

26 § 48 SGB VIII verwendet den Begriff des Beschäftigungsverbots nicht, sondern spricht von Tätigkeitsuntersagung. Beide Begriffe werden hier synonym verwendet.

27 In der Begründung zum Referentenentwurf, Stand 5.10.2020, heißt es dazu: „Vertrauensschutzaspekte stehen dem nicht entgegen. Soweit im Hinblick auf die Erfüllung des Zuverlässigkeitskriteriums an abgeschlossene Tatbestände aus der Vergangenheit angeknüpft und daran negative Rechtsfolgen geknüpft würden (etwa: Rücknahme der Erlaubnis wegen Verletzung von Meldepflichten in der Vergangenheit), käme es zwar zu einer echten Rückwirkung des Gesetzes. Diese echte Rückwirkung ist nach der Rechtsprechung des Bundesverfassungsgerichtes erlaubt, wenn das Vertrauen des Betroffenen in den Fortbestand des Gesetzes nicht hinreichend schutzwürdig ist und überwiegende Gemeinwohlinteressen die Gesetzesänderung erfordern. Diese Voraussetzungen liegen vor. Ein etwaiges Vertrauen auch als unzuverlässiger Einrichtungsträger weiter Kinder und Jugendliche betreuen zu können, ist nicht geschützt und hat jedenfalls vor dem Kindesschutzinteresse Fall zurückzutreten. Außerdem spricht das überwiegende Gemeinwohlinteresse nach dem wirksamen Schutz der Kinder und Jugendlichen in Einrichtungen für die Gesetzesänderung." Spätere Gesetzesmaterialien verhalten sich zu dieser Frage nicht mehr.

28 Vgl. Referentenentwurf vom 2.12.2020, 106.

Da sie mithin keinen abschließenden Katalog enthalten, sondern weitere Umstände und Konstellationen denkbar sind, die die angeordnete Rechtsfolge (hier: die fehlende Zuverlässigkeit des Trägers) auslösen, markieren Regelbeispiele als zweite Funktion die qualitativen Anforderungen an im Gesetz nicht genannte Umstände, die gegeben sein müssen, um die Rechtsfolge auszulösen.

Als solche Umstände, die die Unzuverlässigkeit des Trägers begründen können, kommen Verstöße gegen vertraglich vereinbarte Verpflichtungen nach § 72a Abs. 2 SGB VIII in Betracht.[29] Verstöße können etwa darin bestehen, dass Träger sich Führungszeugnisse nicht vorlegen lassen oder einschlägig verurteilte Personen beschäftigen, auch ohne dass ein Beschäftigungsverbot nach § 48 SGB VIII angeordnet wurde.

Das **Zuverlässigkeitskriterium** nach Abs. 2 Nr. 1 entfaltet **Rückwirkung** auch auf bestandskräftige Betriebserlaubnisse, indem Abs. 2 Satz 3 SGB VIII explizit an Tatbestände aus der Vergangenheit anknüpft. § 45 Absatz. 7 Satz 2 SGB VIII ermöglicht eine Rücknahme der Erlaubnis, wenn die Erteilungsvoraussetzungen nicht mehr vorliegen. Die in Bezug genommenen Vorschriften des § 45 SGB VIII sind auch auf bestehende Einrichtungen mit bestandskräftigen Betriebserlaubnissen anzuwenden. Vertrauensschutzaspekte sind bei der Ermessensentscheidung nach Absatz 7 Satz 2 zu berücksichtigen.[30]

b) Nr. 2 – Erfüllung und Gewährleistung der räumlichen, fachlichen, wirtschaftlichen und personellen Voraussetzungen

Nach **Abs. 2 Nr. 2** müssen die dem **Zweck** und der **Konzeption** der Einrichtung entsprechenden räumlichen, fachlichen, wirtschaftlichen und personellen Voraussetzungen für den Betrieb erfüllt sein und – so die Ergänzung durch das KJSG – durch den Träger gewährleistet werden. „Zweck" und „Konzeption" der Einrichtung geben also die **Maßstäbe** für die zu stellenden Anforderungen vor. 21

Die Anknüpfung an den Zweck ermöglicht Differenzierungen: Für eine Kindertagesstätte gelten beispielsweise andere Anforderungen als für ein Heim im Sinne des § 34 SGB VIII, für eine Tageseinrichtung auch für Ein- und Zweijährige andere als für einen Hort. Die Zweckanbindung verhindert zudem, dass die Voraussetzungen vom Träger mittels der Konzeption selbst „nach unten geschrieben" werden.

Darüber hinaus enthält Abs. 2 mittelbar zwingende **Mindestanforderungen an die Konzeption**, die vom Träger nicht unterschritten werden dürfen. Wenn bestimmte „räumliche, fachliche, wirtschaftliche und personelle Voraussetzungen" der Konzeption entsprechen sollen, muss sich diese auch zu den insoweit vorhandenen Ressourcen äußern.

aa) Räumliche Voraussetzungen

Zur Erfüllung der räumlichen Voraussetzungen sind folgende Mindestanforderungen zu stellen: 22

- Die Räume müssen den bauordnungsrechtlichen Vorschriften entsprechen,
- sie dürfen keine baulichen oder hygienischen Mängel aufweisen,
- sie müssen ausreichend belichtet und belüftbar sein,
- sie müssen entsprechend dem vorgesehenen Zweck in ausreichender Zahl und Größe vorhanden und ausgestattet sein, wie zum Beispiel Schlafräume und Küchen.

29 So auch die DIJuF-Stellungnahme vom 26.10.2020, https://dijuf.de/fileadmin/Redaktion/Hinweise/DIJuF-Stellungnahme_KJSG_2020-10-26.pdf (13.5.2020). Die Relevanz dieser Anforderungen wird auch durch die Verpflichtung des Trägers nach § 45 Abs. 3 Nr. 2 SGB VIII belegt.

30 BT-Drs. 19/26107, 97.

bb) Fachliche Voraussetzungen

23 **Fachliche Voraussetzungen** betreffen

- die in der Einrichtung vorhandenen pädagogischen und sozialpädagogischen Grundlagen und Konzepte,
- die dafür vorhandenen sächlichen Mittel wie Spiele, Bastelmaterial, Bücher und Zeitschriften sowie sonstige Medien, Sportgeräte,
- vorhandene (Tages-)Strukturen,
- gegebenenfalls die Sicherung einer altersgemäßen Ernährung und Versorgung der Kinder und Jugendlichen,
- eine angemessene Betreuung und Beaufsichtigung der Kinder und Jugendlichen.

cc) Wirtschaftliche Voraussetzungen

24 **Wirtschaftliche Voraussetzungen** sind:

- Der Träger darf nicht insolvent und/oder überschuldet sein[31],
- er muss über eine ausreichende Finanzierung verfügen,
- er muss die Gewähr für eine ordnungsgemäße Wirtschaftsführung bieten.

dd) Personelle Voraussetzungen

25 **Personelle Voraussetzungen** für die Erteilung der Betriebserlaubnis sind:

- Es muss Personal in ausreichender Zahl vorhanden sein,
- die beschäftigten Kräfte müssen ausreichend und aufgabenspezifisch qualifiziert sein, auch wenn das Gesetz in § 45 SGB VIII nicht ausdrücklich von Fachkräften spricht (siehe dazu sogleich),
- die beschäftigten Personen müssen geeignet sein. Die rechtskräftige strafrechtliche Verurteilung wegen einer der in § 72a Abs. 1 SGB VIII genannten Straftaten schließt – wie sich aus Absatz 3 Nr. 2 ergibt – eine Beschäftigung aus. Auch andere strafrechtliche Verurteilungen, zum Beispiel nach § 221 StGB (Aussetzung), von Körperverletzungsdelikten oder Straftaten nach dem BtMG können die Eignung ausschließen. Dies ist im Einzelfall unter Berücksichtigung des Aufgabengebiets zu beurteilen.

26 Welche Anforderungen an die Zahl und **Qualifikation der Betreuungskräfte** zu stellen sind, ist im SGB VIII nicht geregelt. Mittelbar ergibt sich aber aus dem Wortlaut sowie den Materialien zu § 47 SGB VIII, in dem der Begriff „Fachkräfte" durch „Betreuungskräfte" ersetzt wurde, dass es sich jedenfalls nicht ausschließlich um ausgebildete Fachkräfte handeln muss. Insbesondere können aber landesrechtliche Vorschriften Anforderungen hinsichtlich der Zahl und Qualifikation des Personals vorsehen,[32] durch die sicherzustellen ist, dass eine ausreichende Zahl **sozialarbeiterisch oder -pädagogisch ausgebildeter Fachkräfte** vorhanden ist.

Aber auch ohne eine dahin gehende landesrechtliche Regelung kann eine Erlaubnis nur erteilt werden, wenn Fachkräfte vorhanden sind, die eine erzieherische, sozialarbeiterische oder sozialpädagogische Fachausbildung absolviert haben. Hinter dieses Postulat darf nicht zurückgefallen werden. Je nach Art der Einrichtung, wie zum Beispiel in der Unterbringung

31 Vgl. dazu NdsOVG, Beschl. v. 18.6.2012, 4 LA 27/11, juris, online abrufbar unter http://www.rechtsprechung.niedersachsen.de.

32 Vgl. etwa §§ 25 ff. Hessisches Kinder- und Jugendhilfegesetzbuch (HKJGB) vom 18. Dezember 2006 in der ab 1. Januar 2014 geltenden Fassung durch das Kinderförderungsgesetz vom 23. Mai 2013 (GVBl. 2013, 207).

von behinderten Minderjährigen, muss gegebenenfalls auch eine **heilpädagogische oder psychologische Fachausbildung** gefordert werden.

Demgegenüber geht die wohl **herrschende Auffassung** in Literatur und Rechtsprechung davon aus, dass § 45 SGB VIII **kein generelles Fachkräftegebot** normiere. Da dem Einrichtungsträger im Lichte der Berufsfreiheit nur Mindestvoraussetzungen vorgegeben werden könnten,[33] sei es nicht Aufgabe des Staates, optimale Bedingungen der Betreuung zu gewährleisten. Hinsichtlich des Anforderungsprofils sei deshalb „nicht das Wünschbare maßgeblich, sondern nur das für die konkrete Einrichtung erforderliche Minimum".[34] Ob die eingesetzten Kräfte unbeschadet ihrer Ausbildung geeignet sind, lässt sich verbindlich nur auf der Grundlage der im Einzelfall zu erfüllenden Aufgaben, das heißt beispielsweise nach Alter, Geschlecht und Grund für die Betreuung oder Unterbringung der Minderjährigen, sowie nach der Form und Größe der Einrichtung beurteilen. Auch insoweit besteht Raum und Notwendigkeit für eine landesrechtliche Ausfüllung und Konkretisierung.

Die personellen Voraussetzungen sind nicht nur bei mangelnder Qualifikation und fehlender persönlicher Eignung, sondern auch dann nicht erfüllt, wenn der Betreiber den Personalbedarf ausschließlich oder überwiegend durch ehrenamtliche oder solche Kräfte deckt, bei denen aufgrund des Anstellungsverhältnisses (Honorarkräfte, freie Mitarbeiter) keine dauerhafte Beschäftigung gewährleistet ist. Von einer **Gewährleistung** kann nämlich nur dann gesprochen werden, wenn aufgrund der vom Betreiber nachzuweisenden Beschäftigungsverhältnisse eine für die Entwicklung der Minderjährigen unabdingbar notwendige Kontinuität der Erziehung, Bildung, Betreuung und Versorgung erwartet werden kann. 27

c) Nr. 3 – Gesellschaftliche und sprachliche Integration, gesundheitliche Vorsorge und medizinische Betreuung

aa) Gesellschaftliche und sprachliche Integration

Die Annahme der Gewährleistung setzt nach **Nr. 3** voraus, dass in der Einrichtung die **gesellschaftliche und sprachliche Integration nicht erschwert** wird. Diese Voraussetzung war trotz anderer Formulierung auch nach der früheren Rechtslage Erteilungsvoraussetzung. Mit ihr wird die Intention des Bundesrates[35] aufgegriffen sicherzustellen, „dass vor allem islamische und sonstige weltanschauliche Träger von Einrichtungen den Integrationsgedanken wahren". Bei der Auslegung ist allerdings dem Umstand Rechnung zu tragen, dass jener Entwurf, der noch die „Integration in Staat und Gesellschaft" als Leitnorm aufgenommen haben wollte (vgl. BT-Drs. 15/4158, 6), gerade *nicht* Gesetz geworden ist. 28

Nach ihrem Wortlaut („gesellschaftliche und sprachliche Integration") zielt die Vorschrift vor allem auf Einrichtungen, in denen minderjährige Migrantinnen und Migranten betreut werden oder untergebracht sind; es geht also nicht etwa – was unter dem Begriff der gesellschaftlichen Integration nicht ausgeschlossen wäre – um die Integration oder gar Inklusion von Kindern und Jugendlichen mit Behinderung. So wird die Vorschrift tendenziell als Gesetzesbefehl richtig verstanden, das Vertreten weltanschaulicher Positionen zu unterbinden, die sich gegen das Wertesystem des Grundgesetzes richten.[36]

33 Vgl. dazu oben bei Rn. 13 ff.
34 BayVGH, Beschl. v. 2.2.2017, 12 CE 17.71, juris, Rn. 35, ZKJ 2017, 158 mit zahlreichen Nachweisen aus Literatur und Rechtsprechung. Zuletzt OVG Berlin-Brandenburg, Beschl. v. 25.8.2021, 6 S 18/21, juris, das ebenso davon ausgeht, dass eine fachliche Ausbildung als Voraussetzung für die Betreuung Minderjähriger von § 45 SGB VIII grundsätzlich nicht vorgeschrieben ist. Wesentlich sei, dass die eingesetzten Kräfte den Anforderungen der jeweiligen Einrichtung gewachsen seien. Aus der Literatur Schellhorn/Fischer/*Mann*/Kern, SGB VIII, § 45 Rn. 15 Wiesner/Wapler/*Wiesner*, SGB VIII, § 45 Rn. 66 ff.
35 Vgl. BT-Drs. 15/4158, 6.
36 So Wiesner/Wapler/*Wiesner*, § 45 SGB VIII Rn. 71.

Der Bayerische Verwaltungsgerichtshof sah es auf der Grundlage der alten Rechtslage als Erschwerung der gesellschaftlichen Integration an, wenn in einem Kindergarten die Bildungs- und Erziehungsarbeit den Konzepten von „Scientology" folge und „scientologische Techniken und Verfahren" angewandt würden.[37]

Die Vorschrift verlangt allerdings nicht die Förderung von Integration, sondern soll deren Erschwerung verhindern, was ihr bereits einiges an Schärfe nimmt. Im Übrigen sind die grundrechtlichen Freiheiten des Trägers, der Beschäftigten und der Bewohner zu respektieren. Eine Erschwerung der sprachlichen Integration liegt deshalb nicht vor, wenn im Alltag der Einrichtung nicht überwiegend in deutscher Sprache kommuniziert wird, da es dem Staat nicht ansteht, ein gesellschaftliches Sprachmonopol zu errichten und durchzusetzen. Eine Erschwerung der gesellschaftlichen und sprachlichen Integration wäre aber dann gegeben, wenn durch entsprechende Verbote des Trägers der Gebrauch der deutschen Sprache oder der Kontakt zu deutschsprachigen Institutionen untersagt würden.

bb) Gesundheitliche Vorsorge und medizinische Betreuung

29 Weniger problematisch ist die zweite in Nr. 3 genannte Voraussetzung, wonach **die gesundheitliche Vorsorge und medizinische Betreuung** nicht erschwert werden dürfen. Damit kann nur gemeint sein, dass sowohl die gesundheitliche Vorsorge – also etwa die empfohlenen oder obligatorischen Vorsorgeuntersuchungen oder Impfungen, aber auch eine ausreichende und gesunde Ernährung – als auch – im Erkrankungsfall – die notwendige ärztliche und pflegerische Versorgung sichergestellt sein müssen. Darauf deutet auch die Begründung der Beschlussempfehlung des zuständigen Bundestagsausschusses hin, in der von den „existenziellen Grundlagen" die Rede ist.[38]

d) Nr. 4 – Gewaltschutz, Beteiligung und Beschwerdemöglichkeit der Kinder und Jugendlichen

30 Die Erteilungsvoraussetzung des § 45 Abs. 2 Satz 1 Nr. 4 SGB VIII wurde durch das BKiSchG erstmalig (damals als Nr. 3) in das SGB VIII eingefügt. Zum Hintergrund ist in der Gesetzesbegründung ausgeführt:

> *„Als Mindestvoraussetzung neu eingeführt wird der wichtige Aspekt der Partizipation von Kindern und Jugendlichen (Nummer 3). Hiermit wird auch eine Forderung des Abschlussberichts des Runden Tisches „Heimerziehung in den 50er und 60er Jahren" umgesetzt. Der Bericht weist auf die elementare Bedeutung der Beteiligung von Kindern und Jugendlichen hin und fordert Beschwerde- bzw. Partizipationsmöglichkeiten. Verfahren zu installieren und zu implementieren, durch die Kinder und Jugendliche als Experten in eigener Sache dort beteiligt werden, wo sie betroffen sind, muss ein wesentlicher Schritt bei der Entwicklung von Einrichtungskonzeptionen sein, gerade weil eine aktive Beteiligung für die Entwicklung der in der Einrichtung betreuten bzw. untergebrachten Kinder und Jugendlichen von zentraler Bedeutung ist. Die Regelung ist darüber hinaus auch als wichtiger Beitrag zur Umsetzung des Rechts auf Berücksichtigung des Kindeswillens (Artikel 12 der Kinderrechtskonvention)[39] und der Empfehlungen des VN-Ausschusses für die Rechte des Kindes zu verstehen."*[40]

---

37 Ganz eindeutig sind die Aussagen des Bayerischen VGH allerdings nicht; die Entscheidung zur Rücknahme einer Betriebserlaubnis wird wohl auch auf die Ungeeignetheit der betreuenden Fachkräfte gestützt, vgl. BayVGH, JAmt 2009, 392 (394).

38 BT-Drs. 15/5616, 26.

39 Art. 12 UN-KRK hat folgenden Wortlaut:
(1) Die Vertragsstaaten sichern dem Kind, das fähig ist, sich eine eigene Meinung zu bilden, das Recht zu, diese Meinung in allen das Kind berührenden Angelegenheiten frei zu äußern, und berücksichtigen die Meinung des Kindes angemessen und entsprechend seinem Alter und seiner Reife.
(2) Zu diesem Zweck wird dem Kind insbesondere Gelegenheit gegeben, in allen das Kind berührenden Gerichts- oder Verwaltungsverfahren entweder unmittelbar oder durch einen Vertreter oder eine geeignete Stelle im Einklang mit den innerstaatlichen Verfahrensvorschriften gehört zu werden.

40 BT-Drs. 17/6256, 23.

Nach der Gesetzesbegründung soll die durch das KJSG erfolgte Änderung die bisher geltende Regelung ergänzen und präzisieren.[41]

Infolge dessen müssen zur Sicherung der Rechte und des Wohls von Kindern und Jugendlichen in der Einrichtung nunmehr drei Voraussetzungen gewährleistet werden, nämlich

- die **Entwicklung**, **Anwendung** und **Überprüfung** eines Konzepts zum Schutz vor Gewalt,
- geeignete **Verfahren** der **Beteiligung** sowie
- geeignete **Verfahren** der **Möglichkeit der Beschwerde** in persönlichen Angelegenheiten innerhalb und außerhalb der Einrichtung.

Erteilungsvoraussetzung ist danach zum einen, dass zur Sicherung der Rechte und des Wohls von Kindern und Jugendlichen „die Entwicklung, Anwendung und Überprüfung eines Konzepts zum Schutz vor Gewalt durch den Träger „gewährleistet werden" **(Nr. 4 Vorauss. 1)**. Die nach Abs. 3 Nr. 1 vorzulegende Konzeption der Einrichtung muss danach – so die an Abstraktheit kaum zu überbietende Gesetzesbegründung – auch „ein Konzept zum Schutz der Kinder und Jugendlichen vor Gewalt umfassen, das insbesondere auf Zweck, Aufgabenspektrum, fachliches Profil, Größe, Räumlichkeiten und Ausstattung der jeweiligen Einrichtung ausgerichtet ist und darauf bezogene und abgestimmte Standards und Maßnahmen zum Gewaltschutz ausweist". Ferner müsse vorgesehen sein, dass dieses Konzept regelmäßig auf „seine Passgenauigkeit und Wirksamkeit hin überprüft wird".[42] Diesen Parametern eines **Gewaltschutzkonzepts** wird man nicht widersprechen können. Nicht – jedenfalls nicht explizit – genannt wird das **Alter der betreuten Kinder oder Jugendlichen**, das sowohl hinsichtlich der Gewaltpotenziale als auch hinsichtlich der Schutzmaßnahmen von erheblicher Bedeutung ist. 31

Ein Gewaltschutzkonzept muss zunächst einmal die verschiedenen in Betracht kommenden **potentiell gewalttätigen Akteure** in den Blick nehmen: **Gewaltschutz**

- gegenüber Handlungen des **Personals** der Einrichtung sowie
- gegenüber Handlungen der **Mitbewohner_innen**.

Gewaltsames Verhalten seitens des Personals kann Indiz für mangelhafte Eignung, aber auch für Überforderung, etwa wegen zu geringer personeller Ausstattung und daraus resultierender Arbeitsüberlastung, sein. Hier zeigt sich, dass ein Gewaltschutzkonzept Verbindung zu den Anforderungen nach Abs. 2 Nr. 1 aufweist.

Gewaltschutz ist zu einem wesentlichen Teil **Gewaltprävention**. Hierzu hat sich also ein Gewaltschutzkonzept zu verhalten.

Hinsichtlich des **Personals** kann Gewaltprävention etwa die Möglichkeit oder Notwendigkeit von **Supervision und/oder Fortbildung** bedeuten.

Für die betreuten Kinder und Jugendlichen kann Gewaltprävention etwa in Spiel-, Lern- oder Arbeitsgruppen bestehen, in denen nicht-gewaltförmige Konfliktlösungsmöglichkeiten entwickelt und geübt werden.

Gewaltschutz sowohl gegenüber dem Personal als auch gegenüber Mitbewohner_innen erfordert die Möglichkeit, drohende oder erfahrene Gewalt zu **kommunizieren**. Insoweit muss ein Gewaltschutzkonzept interne und externe Personen benennen, an die sich Betroffene vertrauensvoll und angstfrei wenden, Beschwerden anbringen und Hilfe ersuchen können. Hier wird der enge Zusammenhang mit den weiteren Anforderungen nach Abs. 2 Satz 2 Nr. 4 deutlich (vgl. dazu sogleich Rn. 32).

41 Vgl. BT-Drs. 19/26107, 98.
42 BT-Drs. 19/26107, 98.

32 Nicht nur die **Entwicklung** eines Gewaltschutzkonzepts, sondern auch dessen **Anwendung** und **Überprüfung** muss durch den Träger gewährleistet werden.

Das Gewaltschutzkonzept ist als Voraussetzung für die Erteilung der Betriebserlaubnis bereits vor deren Beantragung zu entwickeln und im Rahmen des Erlaubniserteilungsverfahrens von der Erlaubnisbehörde zu prüfen. Zwar spricht das Gesetz davon, dass die *Entwicklung* eines Konzepts durch den Träger *gewährleistet* werden muss. *Gewährleistung* bedeutet jedoch nicht, dass zur Prüfung dieser Erlaubnisvoraussetzung ein Konzept noch nicht vorliegen muss, die Erlaubnisbehörde sich also mit der bloßen Absichtserklärung des Trägers, er werde ein solches Konzept entwickeln, begnügen darf. Das Gewaltschutzkonzept muss Bestandteil der nach Abs. 3 Nr. 1 vorzulegenden Konzeption der Einrichtung sein.

Nicht anders verhält es ich hinsichtlich der Gewährleistung von Anwendung und Überprüfung des Gewaltschutzkonzepts. Zwar können vor Aufnahme des Einrichtungsbetriebs Feststellungen zu dessen tatsächlicher „Anwendung" und „Überprüfung" nicht getroffen werden, indes hat die Erlaubnisbehörde eine Entscheidung über das Vorliegen dieser Erteilungsvoraussetzung zu treffen. Auch die insoweit allein mögliche Feststellung entsprechender Vorkehrungen für die Anwendung und Überprüfung bedarf aber einer Tatsachengrundlage, die in der Konzeption nach Abs. 3 Nr. 1 zu finden sein muss.

Ungeachtet dieser Regelungsdefizite lässt sich die Bedeutung, die der Gesetzgeber der Sicherung der Rechte von Kindern und Jugendlichen in Einrichtungen und ihrem Schutz vor Gewalt beimisst, auch daraus ersehen, dass er die dafür geltenden Qualitätsmerkmale als Bestandteile der von den öffentlichen Trägern weiterzuentwickelnden, anzuwendenden und regelmäßig zu überprüfenden Grundsätze und Maßstäbe in § 79a Satz 2 SGB VIII besonders hervorhebt.

33 Abs. 2 Satz 2 Nr. 4 verlangt zur Sicherung der Rechte und des Wohls von Kindern und Jugendlichen in der Einrichtung als Voraussetzung für die Erteilung der Erlaubnis weiterhin, dass **„geeignete Verfahren der Selbstvertretung und Beteiligung"** gewährleistet werden **(Nr. 4 Vorauss. 2)**. Das in der bisherigen Fassung enthaltene Postulat, dass diese Verfahren „Anwendung finden", ist durch die Umformulierung verloren gegangen. Auch hier gilt allerdings, dass im Fall der Ersterteilung einer Betriebserlaubnis die Anwendung noch nicht festgestellt, sondern deren Gewährleistung in der Zukunft nur prognostiziert werden kann. Deshalb kann es hier nur um die gesicherte **Installierung von Verfahren** gehen. Der **Ort** dafür ist die vorzulegende **Konzeption**, in der ein solches Verfahren also festzulegen ist.

Auch diese Prognose bedarf allerdings der Fundierung durch Prognosetatsachen, die durch vorzulegende Unterlagen zu beweisen sind. Auch insoweit verzichtet jedoch der Gesetzgeber in Abs. 3 darauf, deren Vorlage ausdrücklich anzuordnen (vgl. zu Abs. 3 unten Rn. 41 ff.). Gefordert wird die Anwendung geeigneter Verfahren der

- **Selbstvertretung** und
- **Beteiligung**.

Da § 45 Abs. 2 Nr. 4 SGB VIII für alle erlaubnispflichtigen Einrichtungen in gleicher Weise gilt, liegt es nahe und ist es zulässig, **Differenzierungen** in Abhängigkeit von der Art und Funktion der Einrichtung (etwa Heim oder Kindertagesstätte) sowie der Bewohnerinnen und Bewohner vorzunehmen. Dies wird auch dadurch zum Ausdruck gebracht, dass *geeignete* Verfahren zu schaffen sind.

34 Durch das KJSG neu eingeführt wurde die Verpflichtung zur Implementierung von geeigneten **Verfahren der Selbstvertretung**. Mit Hilfe von Selbstvertretungsinstrumenten soll die selbstorganisierte Wahrnehmung eigener Interessen befördert werden.[43] Zu denken ist etwa

---

43 Vgl. BT-Drs. 19/26107, 98.

an die Einrichtung und Wahl von (Wohn-)Gruppenräten oder -sprecher_innen, die die Interessen der Betroffenen gegenüber Personal, Leitung und Träger der Einrichtung vertreten.

Verfahren sind auch zu installieren hinsichtlich der **Beteiligung der Kinder und Jugendlichen** an Informations-, Diskussions- und Entscheidungsprozessen innerhalb der Einrichtung. Zu sichern ist das Recht, sich zu informieren, sich mitzuteilen, sich zu versammeln und sich untereinander auszutauschen.[44] Verfahren der Selbstvertretung und der Beteiligung lassen sich letztlich nicht trennscharf voneinander unterscheiden, da die Wahrnehmung der eigenen Interessen stets Elemente von beiden enthält.

Zu den materiellen Anforderungen an die einzurichtenden und umzusetzenden Verfahren ist eine Vielzahl von Literatur, Empfehlungen und Handreichungen erschienen, auf die hier verwiesen werden muss.[45]

Durch den Träger zu gewährleisten sind schließlich „geeignete Verfahren … der „**Möglichkeit der Beschwerde** in persönlichen Angelegenheiten **innerhalb und außerhalb** der Einrichtung" (**Nr. 4 Vorauss. 3**). Die gestelzte Formulierung ist dahin zu verstehen, dass es die Möglichkeit der Beschwerde in einem in irgendeiner Weise formalisierten und nachvollziehbaren Verfahren geben muss. 35

Dazu ist es erforderlich, Ansprechpartnerinnen und Ansprechpartner zu benennen, an die sich Kinder oder Jugendliche, der Einrichtung wenden können.[46] Dem Alter und den Fähigkeiten der Kinder und Jugendlichen entsprechend müssen unterschiedliche Wege der Kommunikation (schriftlich, mündlich, digitale Sprachnachrichten) eröffnet werden. Dies gilt insbesondere für Kinder und Jugendliche mit Behinderungen als besonders vulnerable Gruppe auch in Einrichtungen. Ihnen sind erforderlichenfalls die für die Wahrnehmung des Beschwerderechts notwendigen Assistenzen zur Verfügung zu stellen. Das verlangt auch **Art. 7 Abs. 3 UN-BRK**, nach dem die Vertragsstaaten gewährleisten, dass Kinder mit Behinderungen das Recht haben, ihre Meinung in allen sie berührenden Angelegenheiten gleichberechtigt mit anderen Kindern frei zu äußern sowie altersgemäße Hilfe zu erhalten, damit sie dieses Recht verwirklichen können.

Wiewohl zur angestrebten Selbstvertretung der eigenen Interessen und Beteiligung auch gehört, zu einer Beschwerde zu stehen, muss auch die Möglichkeit zu **anonymen Beschwerden** gegeben sein. Das ist erforderlich, um die Niedrigschwelligkeit der Beschwerdemöglichkeit zu erhalten. Zudem ist es möglich, dass Beschwerden – etwa über Mitarbeiterinnen und Mitarbeiter der Einrichtung – aus Angst vor Stigmatisierung oder Sanktionierung unterbleiben und deshalb nicht nur die Nöte der Kinder oder Jugendlichen, sondern auch Missstände in der Einrichtung nicht offenbart werden.

Schließlich müssen die Kinder und Jugendlichen in verständlicher Art und Weise über die Möglichkeit der Beschwerde informiert und ermutigt werden, von den gegeben Möglichkeiten Gebrauch zu machen.

Die Neufassung durch das KJSG stellt – was teilweise bereits hinsichtlich der alten Rechtslage vertreten wurde[47] – nunmehr ausdrücklich klar, dass auch die Möglichkeit der **Beschwerde außerhalb der Einrichtung** vorgesehen sein muss. Damit reagiert der Gesetzgeber auf die Ergebnisse der Evaluation des BKiSchG, nach der zwar eine Vielzahl von Durchführungsbeispielen vorläge, die allerdings sämtlich nur einrichtungsinterne Ansprechpersonen vorgesehen hätten. Ein solches ausschließlich internes Beschwerdesystem führe unter Umständen 36

44 Vgl. *Enders*, uj 2012, 312 (319).
45 Vgl. etwa Abschlussbericht des Runden Tisches Kindesmissbrauch, https://www.bmj.de/SharedDocs/Downloads/DE/Fachinformationen/Abschlussbericht_RTKM.html (14.3.2022) sowie Auszüge aus dem Abschlussbericht des Runden Tisches Heimerziehung bei *Meysen/Eschelbach* 2012, 169 ff.; Zusammenschluss „Beteiligung in der Erziehungshilfe", http://diebeteiligung.de.
46 *Enders*, uj 2012, 312 (319).
47 Vgl. dazu die Vorauflage, § 45 SGB VIII Rn. 38 m.w.N.

dazu, dass Beschwerden keine Wirkung entfalteten, weil benannte Missstände weder nach außen bekannt würden noch ihnen behördlich begegnet werden könne.[48]

Die Klarstellung verpflichtet Träger nunmehr ausdrücklich dazu, externe Beschwerdemöglichkeiten vorzusehen. Dazu gehört neben der Bestellung entsprechender externer Vertrauenspersonen deren Benennung gegenüber den in der Einrichtung lebenden Kinder und Jugendlichen einschließlich der Kontaktmöglichkeiten. Hinsichtlich der Kommunikationsformen und -möglichkeiten gilt das oben zur internen Beschwerde Gesagte entsprechend. In diesem Fall kommt der telefonischen oder digitalen Kontaktaufnahme eine erhebliche Bedeutung zu.

Die Gesetzesbegründung betont, dass der Träger der Einrichtung **nicht verpflichtet** sei, externe Beschwerdemöglichkeiten **zu schaffen**, sondern lediglich den Zugang zu diesen gewährleisten müsse. Dieser Pflicht könne durch die „Schaffung einer niedrigschwellig wahrzunehmenden Möglichkeit, beispielsweise von telefonischen Einzelgesprächen mit dem zuständigen Jugendamt oder einer ähnlich geeigneten Kontaktaufnahme nach außen, entsprochen werden".[49] Dass der Träger keine externe Beschwerdestelle schaffen muss, kann konsentiert werden. Andernfalls ließe sich zudem bereits in Frage stellen, dass es sich bei der vom Träger geschaffenen um eine *externe* Stelle handelt. Will er aber über diese informieren und den Zugang ermöglichen, muss er sich kundig machen, welche Stellen als solche zur Verfügung stehen.

Als **externe Beschwerdestellen** kommen vor allem Beratungsstellen des Jugendamtes oder freier Träger in Betracht. Die öffentlichen Träger sind nach §§ 8 Abs. 3, 10a SGB VIII ohnehin zu einem Beratungsangebot verpflichtet, das nunmehr auch als externe Beschwerdestelle fungieren sollte. In Betracht kommen ferner selbstorganisierte Zusammenschlüsse nach § 4a SGB VIII.

37 Nach der Gesetzesbegründung muss nach der Konzeption die Möglichkeit der Wahrnehmung von Beschwerdemöglichkeiten außerhalb der Einrichtung gewährleistet werden und in dieser von Beginn an vorgesehen sein.[50] Dem ist zuzustimmen, handelt es sich dabei doch um eine Voraussetzung für die Erteilung der Betriebserlaubnis. Die nach Abs. 3 Nr. 1 zur Prüfung der Erteilungsvoraussetzungen vorzulegende Konzeption muss also auch die Möglichkeit der Beschwerde in persönlichen Angelegenheiten an interne und externe Stellen vorsehen und regeln.

3. „In der Regel" – Abweichen von der Regel

38 Liegen die vorstehend genannten Voraussetzungen vor, ist **„in der Regel"** anzunehmen, dass das Wohl von Kindern und Jugendlichen in der Einrichtung gewährleistet und die Erlaubnis zu erteilen ist. Damit stellt sich die Frage, unter welchen Umständen von dieser **Regel abgewichen werden darf** und wann trotz Vorliegens der Voraussetzungen nach Abs. 2 Satz 2 Nr. 1 bis 4 die Erlaubnis versagt werden darf. Insoweit gilt nach anerkannten juristisch-methodischen Grundsätzen: Wenn das Gesetz davon spricht, dass etwas „in der Regel" anzunehmen, zu bescheinigen, zu erteilen, zu versagen oder Ähnliches ist, dann kann/muss von dieser Regel abgewichen werden, wenn derart außergewöhnliche Umstände vorliegen, dass ein Festhalten an ihr den gesetzlichen Zielen zuwiderlaufen würde.[51]

39 Unter Anlegung dieses Maßstabs ist also zu fragen, welche Umstände vorliegen können, die eine Versagung der Betriebserlaubnis notwendig machen, *obwohl* die in § 45 Abs. 2 Satz 2 Nr. 1 bis 4 SGB VIII genannten Voraussetzungen vorliegen. Auch wenn solche Ausnahmefälle

48 Vgl. Gesetzesbegründung, BT-Drs. 19/26107, 98.
49 BT-Drs. 19/26107, 98.
50 Vgl. BT-Drs. 19/26107, 98.
51 Vgl. etwa BVerwG, Beschl. v. 1.9.1994, 1 B 90/94, InfAuslR 1995, 5.

schwer vorstellbar sein mögen, so bleibt festzuhalten, dass ein Abweichen von der Regel des Satzes 2 bei Vorliegen außergewöhnlicher Umstände im Einzelfall zulässig ist. Auch das Abweichen vom Regelfall ist gerichtlich voll überprüfbar. Ein Ermessensspielraum der Genehmigungsbehörde besteht auch insoweit nicht.

In der Kommentarliteratur wird der vom Bayerischen Verwaltungsgerichtshof entschiedene Fall genannt, in dem das Gericht die Rücknahme einer Erlaubnis wegen der Umsetzung scientologischer Lehren und Methoden gebilligt hat.[52] Aber auch in diesem Fall hat das Gericht sich auf die Vorschrift gestützt, die dem heutigen § 45 Abs. 2 Satz 2 Nr. 2 SGB VIII entspricht, sodass nach heutiger Rechtslage bereits die Regelannahmen nicht erfüllt wären.

4. Darlegungs- und Beweislast

Auch wenn die Möglichkeit besteht und wahrgenommen werden sollte, Unklarheiten oder Unvollständigkeiten bei der Antragstellung im Wege der Erörterung zwischen Erlaubnisbehörde und Träger zu klären und zu beseitigen, mögen am Ende aus der Sicht der Behörde und im Falle eines Rechtsstreits des Verwaltungsgerichts Unklarheiten bestehen bleiben, ganz zu schweigen von einem offenen oder versteckten Dissens über das Vorliegen der Voraussetzungen für eine Erlaubniserteilung. In diesen Fällen stellt sich die Frage, wen die **Darlegungs- und Beweislast** für das Vorliegen der Erlaubnisvoraussetzungen trifft, mit anderen Worten, zu welchen Lasten die Nichterweislichkeit von Tatsachen oder nicht auszuräumende **Unklarheiten** und Zweifel gehen. **40**

Insoweit wird – offenbar in Anlehnung an die Negativformulierung der alten Fassung („… ist zu versagen …") – vertreten, die Versagung der Erlaubnis komme „nur bei einer feststehenden Nichteignung der Einrichtung oder des Einrichtungsträgers in Betracht". Es müssten „objektive Anhaltspunkte als Beleg der Versagungsgründe durch die Ermittlungsbehörde angeführt werden – bloße Zweifel oder Verdachtsmomente" genügten nicht.[53]

Die **Auffassung**, die Behörde müsse „objektive Anhaltspunkte als Beleg der Versagensgründe" anführen[54] oder sie trage die Darlegungs- und Beweislast, ist rechtsdogmatisch unhaltbar. Ungeachtet der gem. § 20 SGB X bestehenden Verpflichtung der Behörde, den Sachverhalt von Amts wegen zu erforschen, gilt auch im Sozialrecht der Grundsatz, dass derjenige eine Tatsache darzulegen und zu beweisen hat, dem diese Tatsache günstig ist, und Unklarheiten bzw. die Nichtaufklärbarkeit zu dessen Lasten gehen. Da die Voraussetzungen für die Erteilung der Erlaubnis für den Träger günstige Tatsachen sind, hat er sie darzulegen und zu beweisen.[55] Gelingt das nicht, kann und darf die Erlaubnis nicht erteilt werden. Die **Darlegungs- und Beweislast** für das Vorliegen der Erteilungsvoraussetzungen trifft also den **Träger der Einrichtung**.[56]

---

52 FK-SGB VIII/*Smessaert/Lakies*, § 45 Rn. 28 zu BayVGH, Beschl. v. 17.12.2008, 12 CS 08.1417, JAmt 2009, 392 ff. Zu beachten ist auch, dass die Entscheidung in einem Verfahren über die Aufhebung der Betriebserlaubnis ergangen ist. Da die Erlaubnis vom Träger indes vor Aufnahme des Einrichtungsbetriebs einzuholen ist, kann sich deren Ablehnung nicht auf eine in der Einrichtung geübte Praxis stützen.

53 So FK-SGB VIII/*Smessaert/Lakies*, § 45 Rn. 26.

54 FK-SGB VIII/*Smessaert/Lakies*, § 45 Rn. 26.

55 Da das Verwaltungsrecht keine dem Zivilrecht vergleichbaren Vortrags- und Beweislastregeln kennt, trifft den Träger zwar keine Beweis*führungs*last, aber eine Beweislast im oben dargestellten Sinne. Wie hier im Ergebnis auch *Mörsberger*, JAmt 2011, 561 (562), der allerdings zu Unrecht meint, das BKiSchG habe eine lediglich „eher redaktionell bedeutsame Veränderung" vorgenommen.

56 Ebenso Schellhorn/Fischer*Mann*/Kern, § 45 SGB VIII Rn. 10; für eine materielle Beweislast der Behörde auch Hauck/Noftz/Stähr, SGB VIII, § 45 Rn. 50; BeckOK SozR/*Janda*, § 45 SGB VIII Rn. 37

III. Abs. 3 – Vom Träger vorzulegende Unterlagen

41 Die Genehmigungsbehörde ist nur auf Grundlage eines aufgeklärten Sachverhalts in der Lage, über das Vorliegen der Erlaubnisvoraussetzungen und damit über die Erteilung der Betriebserlaubnis zu entscheiden. Deshalb verpflichtet Absatz 3 den antragstellenden Träger dazu, bestimmte **Unterlagen** vorzulegen. Die Vorschrift wurde durch das KJSG in Nr. 1 um den letzten Halbsatz erweitert.

a) Nr. 1 Konzeption

42 Die mit dem Antrag auf Erteilung der Erlaubnis vorzulegende **Konzeption** ist das zentrale Dokument, das alle erteilungsrelevanten Tatsachen zu enthalten und zu allen in Abs. 2 enthaltenen Voraussetzungen und Aspekten erschöpfend Auskunft zu geben hat. Dies ergibt sich aus ihrem Zweck, nämlich der „Prüfung der Voraussetzungen" zu dienen. Bestehende Unklarheiten oder fehlende Angaben sind auf Anforderung der Erlaubnisbehörde zu bereinigen. Die Konzeption ist also die **Grundlage**, auf der die **Entscheidung** über die Erteilung der Betriebserlaubnis ergeht.

Darüber hinaus schreibt Nr. 1 vor, dass die Konzeption „auch Auskunft über Maßnahmen zur Qualitätsentwicklung und -sicherung" geben soll. Das erscheint zunächst überraschend, da die Unterlagen „zur Prüfung der Voraussetzungen" der Erlaubniserteilung vorzulegen sind, jedoch Maßnahmen zur Qualitätsentwicklung und -sicherung gar nicht zu den Erteilungsvoraussetzungen gehören. Sie könnten allenfalls als Bestandteil der „fachlichen Voraussetzungen" im Sinne des Abs. 2 Satz 1 Nr. 2 angesehen werden. In diese Richtung weist auch die Gesetzesbegründung, in der es hierzu heißt:

> *Künftig wird die Erlaubniserteilung von der Anwendung von Instrumenten zur Qualitätsentwicklung und -sicherung abhängig gemacht (Nummer 1), die abgestimmt auf den Aufenthalt und die Betreuung von Kindern und Jugendlichen im jeweiligen Einrichtungstyp entwickelt werden müssen. Dazu zählen auch Instrumente zur Sicherung der Rechte von Kindern und Jugendlichen in Einrichtungen und ihr Schutz vor Gewalt; insbesondere auch für die Prävention von Machtmissbrauch in Einrichtungen und Diensten sowie für die Intervention bei Verdacht auf Grenzverletzungen. Damit wird eine Forderung des Runden Tisches „Sexueller Kindesmissbrauch" aufgegriffen. Damit die Erlaubnisbehörde diese Faktoren bereits vor Erteilung der Erlaubnis prüfen kann, verlangt die Vorschrift entsprechende Aussagen über Maßnahmen zur Qualitätsentwicklung und -sicherung in der vorzulegenden Konzeption.*[57]

Wesentliches Instrument der Qualitätsentwicklung und -sicherung ist die regelmäßige quantitative und/oder qualitative Evaluation der nach Absatz 2 Satz 2 Nr. 3 einzurichtenden Beteiligungs- und Beschwerdeverfahren.

43 Nach der Ergänzung durch das KJSG hat die Konzeption auch **Auskunft zur ordnungsgemäßen Buch- und Aktenführung** in Bezug auf den Betrieb der Einrichtung zu geben. Die im Gesetzentwurf der Bundesregierung noch enthaltenen detaillierten Verpflichtungen[58] wurden auf Vorschlag des Bundesrates auf die Gesetz gewordene Formulierung reduziert, da bei der Antragstellung lediglich die *Beschreibung* der beabsichtigten Buch- und Aktenführung erwartet werden könne. Die laufende Verpflichtung des Trägers sei in § 47 SGB VIII (vgl. dazu dort Rn. 10 ff.) zu verorten.[59]

57 BT-Drs. 17/6256, 23 f.
58 Vgl. BT-Drs. 19/26107, 25.
59 BR-Drs. 5-21 (B), 30.

b) Nr. 2 Eignung des Personals

Des Weiteren hat der Antragsteller gemäß § 45 Abs. 3 Nr. 2 SGB VIII **nachzuweisen**, dass die **Vorlage und Prüfung** von aufgabenspezifischen Ausbildungsnachweisen sowie von Führungszeugnissen nach § 30 Abs. 5 und § 30a Abs. 1 BZRG **sichergestellt** sind. 44
Hintergrund der gewundenen Formulierung, die prompt Verwirrung ausgelöst hat,[60] ist die Beschlussempfehlung des Ausschusses für Familie, Senioren, Frauen und Jugend im Rahmen des Gesetzgebungsverfahrens und deren Begründung: Da ein Einrichtungsträger in aller Regel zunächst die Erteilung der Betriebserlaubnis abwarte, bevor er Personal beschäftige, werde er zum Zeitpunkt der Antragstellung keinen Nachweis dahingehend erbringen können, dass er die Eignung seines Personals anhand der Vorlage aufgabenspezifischer Ausbildungsnachweise sowie erweiterter Führungszeugnisse geprüft habe. Dies sei ihm grundsätzlich erst nach Betriebsaufnahme möglich. Gleichwohl sei es für die Erlaubniserteilung unabdingbar, dass die Erlaubnisbehörde prüfen könne, ob der Einrichtungsträger die mit Blick auf eine wirksame Gefahrenabwehr vorgegebenen Mindestvoraussetzungen für die Prüfung der Eignung seines (künftigen) Personals erfülle. Mit Absatz 3 Nummer 2 werde klargestellt, dass der Einrichtungsträger zum Zeitpunkt der Antragstellung noch nicht eine bereits erfolgte Vorlage entsprechender Unterlagen nachweisen, sondern mit seinem Konzept eine Vorlage ab Betriebsaufnahme sicherstellen müsse.[61]

Richtig verstanden hat die Vorschrift zum Inhalt, dass der Träger der Einrichtung **bei Antragstellung** (lediglich) nachzuweisen hat, dass die Vorlage und Prüfung

- von aufgabenspezifischen Ausbildungsnachweisen sowie
- erweiterten Führungszeugnissen

sichergestellt sind.

Nach dem Gesetzentwurf der Bundesregierung zum BKiSchG hatte der Träger „einen Nachweis über die Vorlage und Prüfung von aufgabenspezifischen Ausbildungsnachweisen sowie von Führungszeugnissen nach § 30 Absatz 5 und § 30a Absatz 1 des Bundeszentralregistergesetzes zu erbringen".[62] 45
Aus den vorstehend zitierten Gründen wurde von dieser Formulierung Abstand genommen. Mit der im Gesetzgebungsverfahren erfolgten Umformulierung wurde also nicht das verpflichtete Rechtssubjekt, nämlich der Träger, sondern lediglich der Inhalt der Verpflichtung geändert. Da es zum Zeitpunkt der Antragstellung bzw. der Entscheidung über die Erteilung der Betriebserlaubnis – so die der Regelung zugrunde liegende Annahme – „Personal", das Ausbildungsnachweise oder Führungszeugnisse vorlegen könnte, noch nicht gibt, kann vom antragstellenden Träger der Nachweis, dass ihm diese Unterlagen vorgelegt wurden und er sie geprüft hat, nicht verlangt werden. Verlangt werden kann, und dies tut die Vorschrift, dass Vorlage und Prüfung im Fall der Einstellung sichergestellt sind.

Abs. 3 Nr. 2 letzter Hs. ändert an diesem Befund nichts. Er verpflichtet den Träger der Einrichtung, Führungszeugnisse in regelmäßigen Abständen erneut anzufordern und zu prüfen. Die ratio dieser Vorschrift liegt darin, dass hinsichtlich des Inhalts des Führungszeugnisses (anders als bei den Ausbildungsnachweisen) beschäftigungs- und damit erlaubnisrelevante Änderungen eintreten können, die der Träger zu beobachten und ggfs. daraus Konsequenzen zu ziehen hat. Damit wird sichergestellt, dass Anforderung und Prüfung des Führungszeugnisses keine einmaligen Verpflichtungen des Trägers anlässlich der Einstellung darstellen, sondern kontinuierlich in regelmäßigen Abständen zu erfolgen hat.

60 Vgl. dazu FK-SGB VIII/*Smessaert/Lakies*, § 45 Rn. 46 ff.
61 Vgl. BT-Drs. 17/7522, 28.
62 BT-Drs. 17/6256, 10.

Nur diese Auslegung von Abs. 3 Nr. 2 ist mit dem **Wortlaut** der Vorschrift vereinbar. Wäre die Gegenansicht,[63] die von einer Vorlagepflicht des Trägers gegenüber der Erlaubnisbehörde ausgeht, zutreffend, müsste der **Träger** nach Nr. 2 Hs. 1 nachweisen, dass er seine eigene **Verpflichtung** zu Vorlage und Prüfung der genannten Unterlagen **sichergestellt** hat, was ersichtlich keinen Sinn ergibt. Schließlich müsste, wäre diese Gegenansicht richtig, nach dem insoweit eindeutigen Wortlaut des Hs. 1 der Träger nachweisen, dass die **Prüfung** der Unterlagen **durch die Erlaubnisbehörde sichergestellt** ist. Die Prüfung durch die Behörde sicherzustellen, hat aber ein Träger weder die Befugnis noch die Mittel zur Durchsetzung.

Auch das systematische Argument, Abs. 3 beziehe sich auf die Voraussetzungen der Erlaubniserteilung, weshalb es um Befugnisse der Erlaubnisbehörde gegenüber den Trägern gehe, die als Empfänger der Erlaubnis in die Pflicht genommen würden,[64] überzeugt nicht. Denn den Trägern werden nach der hier vertretenen Auffassung zum Zweck der Erlaubniserteilung Verpflichtungen auferlegt, nämlich die nachzuweisen, dass sie sichergestellt haben, dass bei Einstellung von Personal Ausbildungsnachweise und Führungszeugnisse von diesem vorgelegt und von ihm geprüft werden (Hs. 1). Darüber hinaus trifft sie die Verpflichtung, Führungszeugnisse später in regelmäßigen Abständen erneut anzufordern und zu prüfen (Hs. 2).[65]

Im **Ergebnis** ist danach festzuhalten, dass der **Träger einer Einrichtung verpflichtet** ist,

- bei Beantragung der Betriebserlaubnis nachzuweisen, dass die Vorlage von Ausbildungsnachweisen und Führungszeugnissen des Personals sichergestellt ist, sowie
- von den Beschäftigten Führungszeugnisse in regelmäßigen Abständen erneut anzufordern und zu prüfen.

46 Damit stellt sich die Frage, auf welche Weise **sichergestellt werden kann**, **dass** künftig Ausbildungsnachweise und Führungszeugnisse **vorgelegt werden** und wie diese **Sicherstellung** durch den Träger der Einrichtung im Erlaubnisverfahren **nachgewiesen** werden kann.

Von einer Sicherstellung kann nur gesprochen werden, wenn **gegenwärtige Tatsachen** die **prognostische Annahme** rechtfertigen, die Vorlage und Prüfung der genannten Dokumente werde in Zukunft erfolgen. Der Träger kann dies dadurch sicherstellen, dass er eine entsprechende Verpflichtung der Beschäftigten zur erstmaligen und wiederholten Vorlage eines Führungszeugnisses in die künftig zu schließenden **Arbeitsverträge** aufnimmt. Den Nachweis gegenüber der Genehmigungsbehörde könnte er dann durch Vorlage dieser Vertragsentwürfe führen und darüber hinaus verbindlich zusichern, keine Person ohne aufgabenspezifischen Ausbildungsnachweis zu beschäftigen sowie die vorgelegten Führungszeugnisse sorgfältig zu prüfen.[66]

Dies ist allerdings ein sehr unzulänglicher Weg, der zum einen der spät ins Gesetz gekommenen Vorschrift, zum anderen der Tatsache geschuldet ist, dass künftig eintretende Tatsachen nachgewiesen werden sollen, was nicht möglich ist. Der erlaubniserteilenden Behörde bleibt einerseits die Möglichkeit, eine **Erlaubnis unter der Bedingung** zu erteilen, dass **Vorlage und Prüfung** der genannten Unterlagen binnen eines bestimmten Zeitraums zu **erfolgen hat**, oder andererseits die Vorlage und Prüfung durch eine gegebenenfalls **nachträgliche Auflage** zu sichern.

---

63 Vgl. FK-SGB VIII/*Smessaert/Lakies*, § 45 Rn. 46 ff.
64 FK-SGB VIII/*Smessaert/Lakies*, § 45 Rn. 47.
65 Es kann allerdings nicht geleugnet werden, dass die sprachlich richtigere und eindeutigere Formulierung, dass Führungszeugnisse „*durch* den Träger" ... erneut anzufordern und zu prüfen" sind, Auslegungsprobleme vermieden hätte.
66 Vgl. zur Problematik auch § 72a SGB VIII.

Der Begriff der „regelmäßigen Abständen" ist angesichts des identischen Zwecks beider Vorschriften in gleicher Weise wie in § 72a Abs. 1 SGB VIII zu verstehen. Vgl. deshalb dazu § 72a Rn. 11.

IV. Abs. 4 – Nebenbestimmungen zur Erlaubnis

Absatz 4 hat durch das KJSG zwei kleinere sprachliche Modifikationen erfahren, ohne dass damit inhaltliche Änderungen verbunden sind. Zum einen soll durch die Verwendung des Begriffs der Gewährleistung (anstelle von Sicherung) ein „sprachlicher Gleichlauf" mit Abs. 2 Satz 1 erreicht werden, zum anderen soll die Streichung des Wortes „auch" deutlich machen, dass Auflagen von dem Begriff der „Nebenbestimmungen" in Satz 1 umfasst sind und kein selbstständiges rechtliches Element darstellen.[67] 47

Nach Abs. 4 Satz 1 kann die Betriebserlaubnis nämlich mit **Nebenbestimmungen** versehen werden. Nebenbestimmungen sind gemäß § 32 Abs. 2 SGB X **Befristung, Bedingung, Widerrufsvorbehalt** und **Auflage**.

Mit einem **Widerrufsvorbehalt** darf die Erlaubnis allerdings nicht versehen werden, weil sich die Behörde neben den abschließenden Rücknahme- und Widerrufsgründen des Absatzes 7 keinen weiteren Aufhebungsgrund schaffen darf.[68]

Nicht ausgeschlossen sind dagegen eine **Befristung** oder die Erteilung der Betriebserlaubnis unter einer **Bedingung**. Zwar mag es ein Ziel des Erlaubnisvorbehalts sein, größtmögliche Kontinuität der Betreuung der Minderjährigen zu sichern, jedoch steht die Gewährleistung des Wohls derart im Vordergrund, dass zu dessen Sicherung auch auf diese Formen der Nebenbestimmung zurückgegriffen werden kann, zumal dann, wenn andernfalls die Versagung der Erlaubnis die Alternative wäre. Beispiel kann die Befristung wegen einer (zunächst) nur befristeten Existenz der Einrichtung sein. 48

Hauptanwendungsfall einer Nebenbestimmung ist aber die **Auflage** etwa des Inhalts, das **Betreuungspersonal zu schulen** oder regelmäßig **weiterzubilden** oder **Kinder** oder **Jugendliche** unter oder ab einem bestimmten **Alter nicht aufzunehmen**. Als zulässig erachtet wurde eine Auflage, „besondere Vorkommnisse bzw. besondere Ereignisse der Heimaufsicht zu melden, aus denen direkt eine Kindeswohlgefährdung resultiert oder die in eine solche münden können". Die Erteilung einer Auflage ist nicht erst dann zulässig, wenn ohne diese die Betriebserlaubnis zu widerrufen wäre. § 45 Abs. 4 Satz 1 SGB VIII ermöglicht der Behörde vielmehr auch dann, wenn die Erteilungsvoraussetzungen für die Erlaubnis vorliegen, aus Gründen der Gefahrenvorsorge den Betrieb einer Einrichtung zu reglementieren, damit auch zukünftig eine Gefährdung des Wohls der in einer Einrichtung untergebrachten Kinder und Jugendlichen vermieden und etwaigen Gefährdungen effektiv begegnet werden kann.[69] 49

Auch **nachträgliche Auflagen** sind nach Abs. 4 Satz 2 zur Sicherung des Wohls der Minderjährigen zulässig; ein **Vertrauen** auf den Fortbestand der Erlaubnis in der ursprünglich erteilten Form ist **nicht geschützt**. Auflagen dienen zwar letztlich dem Erhalt der Betriebserlaubnis, indem der Widerruf einer erteilten Betriebserlaubnis vermieden wird. Gleichwohl ist, wie sich bereits aus dem unterschiedlichen Wortlaut von § 45 Abs. 4 Satz 2 SGB VIII einer-

67 So die Gesetzesbegründung, BT-Drs. 19/26107, 100. Man kann füglich darüber streiten, ob die Streichung des Wortes „auch" notwendig war, um den gewollten Effekt zu erzielen, oder ob nicht gerade das „auch" klarstellte, dass es sich bei der nachträglichen Auflage eben auch um eine Nebenbestimmung i.S.d. Satzes 1 handelt. Fest steht jedenfalls, dass die Betriebserlaubnis mit einer anfänglichen oder nachträglichen Auflage versehen werden kann, da dies durch eine Rechtsvorschrift, nämlich § 45 Abs. 4 SGB VIII, zugelassen wird.

68 Ebenso Wiesner/Wapler/*Wiesner*, § 45 SGB VIII Rn. 97.

69 Hamburgisches OVG, Beschl. v. 1.7.2014, 4 Bf 212/12.Z, juris, Rn. 21.

seits und Abs. 7 Satz 1 andererseits ergibt, eine nachträgliche Auflage nicht erst dann zulässig, wenn auch die Voraussetzungen für einen Widerruf erfüllt sind, sondern schon im Vorfeld, um bereits den Eintritt einer Gefährdung abzuwenden. Denn während gemäß § 45 Abs. 7 Satz 1 SGB VIII eine Betriebserlaubnis zurückzunehmen oder zu widerrufen ist, wenn das Wohl der Kinder oder Jugendlichen in der Einrichtung konkret gefährdet und der Träger der Einrichtung nicht bereit oder in der Lage ist, die Gefährdung abzuwenden, kann eine nachträgliche Auflage zur Sicherung des Wohls der Kinder und der Jugendlichen in der Einrichtung erlassen werden, ohne dass bereits eine konkrete Gefahr i.S.v. § 45 Abs. 7 Satz 1 SGB VIII vorliegen müsste.[70]

50 Der **Erlass von Nebenbestimmungen** steht im **Ermessen** der Behörde.[71] Bei der Entscheidung ist der Zweck der Ermächtigung – die Sicherstellung des Wohls der Kinder und Jugendlichen – sowie nach § 32 Abs. 2 SGB X zu beachten, dass die Nebenbestimmung dem Zweck der Erlaubnis nicht zuwiderläuft. Umgekehrt ist es nicht zulässig, nicht vorliegende wesentliche Erlaubnisvoraussetzungen, etwa hinreichend qualifiziertes Personal, überhaupt erst mittels Nebenbestimmungen herbeizuführen. Da das Gesetz bestimmte Voraussetzungen für die Erteilung fordert, müssen diese im Zeitpunkt der Erteilung positiv gegeben sein.[72]

V. Abs. 5 – Abstimmung mit anderen aufsichtspflichtigen Behörden

51 Für erlaubnispflichtige Einrichtungen kann neben der nach §§ 45 ff. SGB VIII eine **Aufsicht** und/oder **Genehmigungspflicht** nach **anderen Rechtsvorschriften** bestehen. In Betracht kommen insoweit die Heimgesetze der Länder sowie bau- und gewerbeaufsichtsrechtliche Vorschriften. Da die Aufsicht also nicht bei einer Behörde konzentriert ist, bedarf es gegebenenfalls mehrerer Erlaubnisse unterschiedlicher Behörden. Abs. 5 Satz 1 verpflichtet deshalb die für die Erteilung der Betriebserlaubnis nach § 45 SGB VIII zuständige Behörde, ihr Tätigwerden zuvor mit der oder den andere(n) Behörde(n) abzustimmen, um unnötigen Aufwand und Belastungen des Trägers und Reibungsverluste im Erlaubnisverfahren zu vermeiden.[73] Demselben Zweck dient Abs. 5 Satz 2, nach dem die jugendhilferechtliche Erlaubnisbehörde den Träger rechtzeitig auf weitergehende Anforderungen nach anderen Rechtsvorschriften **hinzuweisen** hat. Der Erlaubnisbehörde kommt also insoweit eine Art Beratungsfunktion zu.

52 In umgekehrter Richtung enthalten landesrechtliche Vorschriften teilweise die Verpflichtung, die nach § 45 SGB VIII zuständige Behörde über „Beanstandungen, die für das Wohl der in der Einrichtung betreuten Kinder und Jugendlichen von Bedeutung sein können, zu unterrichten, falls die festgestellten Mängel nicht innerhalb der gesetzten Frist behoben werden".[74]

70 OVG Hamburg, Beschl. v. 1.7.2014, 4 Bf 212/12.Z, juris.
71 Siehe auch § 32 Abs. 2 SGB X.
72 OVG NRW, Beschl. v. 21.11.2007, 12 A 4697/06, ZKJ 2008, 258; OVG des Saarlandes, Beschl. v. 30.4.2013, 3 A 194/12, juris. A.A. FK-SGB VIII/*Smessaert/Lakies*, § 45 Rn. 40; die dafür gegebene Begründung ist noch ganz der früheren Versagungsstruktur von § 45 SGB VIII verhaftet, die aber durch das BKiSchG beseitigt und durch die geltende Regelung ersetzt wurde. Gründe, „die Erteilung der Betriebserlaubnis zu versagen", gibt es nach der Neufassung eben nicht mehr, und dass ggfs. die Erlaubnis mit Nebenbestimmungen zu erteilen sei, „weil ein Rechtsanspruch auf die Erlaubnis" bestehe, verkehrt die Norm vollständig: Ein „Rechtsanspruch auf die Erlaubnis" besteht dann und nur dann, wenn die Erteilungsvoraussetzungen vollständig erfüllt sind. Ist das nicht der Fall, besteht auch kein Rechtsanspruch, dem mittels Nebenbestimmungen zum Durchbruch verholfen werden müsste oder könnte. Vgl. dazu auch OVG NW, Beschl. v. 27.11.2007, 12 A 4697/06, ZKJ 2008, 258.
73 Vgl. LPK-SGB VIII/*Kepert/Dexheimer* § 45 Rn. 40.
74 So § 22 Abs. 2 AGKJHG Rheinland-Pfalz.

VI. Abs. 6 – Beseitigung festgestellter Mängel

1. Abs. 6 Satz 1 und 3 – Stufenweises Vorgehen

53 Sind in einer Einrichtung – etwa anlässlich einer örtlichen Prüfung nach § 46 SGB VIII oder aufgrund einer Meldung nach § 47 SGB VIII – Mängel festgestellt worden, sieht Abs. 3 ein gestuftes Abhilfeverfahren vor. Auf der **ersten Stufe** soll die zuständige Behörde den Träger über die Möglichkeiten zu deren Abstellung beraten, diese abzustellen **(Satz 1)**. Bleibt die Beratung fruchtlos und werden festgestellte Mängel nicht beseitigt, kann die Behörde auf einer **zweiten Stufe** durch nachträgliche Erteilung von Auflagen versuchen, die zur Beseitigung drohender oder bereits eingetretener Beeinträchtigungen des Minderjährigenwohls notwendigen Maßnahmen herbeizuführen **(Satz 3)**. Durch das KJSG wurde eingefügt, dass Auflagen „nach Absatz 4 Satz 2" erteilt werden könnten. Damit soll klargestellt werden, dass die Auflagenerteilung (nur) mit dem Ziel möglich sei, das Wohl der Kinder und Jugendlichen in der Einrichtung (wieder) zu gewährleisten.[75] Bleiben auch Auflagen erfolglos, kommt auf der **dritten Stufe** nur der Widerruf der Erlaubnis in Frage (vgl. dazu unten Rn. 57 ff.).

54 Die Beratung des Trägers ist als **Soll-Vorschrift** ausgestaltet. Deshalb ist die **Behörde nicht in jedem Fall** zu einem Vorgehen entsprechend dem gesetzlich vorgezeichneten Modell verpflichtet, das letztlich ja nur dem Verhältnismäßigkeitsgrundsatz Geltung verschaffen will. Entscheidender **Maßstab** ist auch hier das **Wohl** der untergebrachten Minderjährigen und Ausmaß und Grad seiner Beeinträchtigung. Ungeeignete Maßnahmen, etwa Beratung trotz feststehender Beratungsresistenz, muss und darf die Behörde nicht ergreifen. Gleiches gilt im Falle eines offenen Dissenses über das Vorliegen von Mängeln. Ein Träger, der das Vorliegen von Mängeln bestreitet, bedarf keiner Beratung. Soweit das Kindeswohl dies erfordert und andere Maßnahmen nicht geeignet erscheinen, kann die Behörde auch unmittelbar zur Aufhebung der Betriebserlaubnis greifen.

2. Abs. 6 Satz 2, 4 und 5 – Beteiligung des Eingliederungs- oder Sozialhilfeträgers

55 Die Sätze 2, 4 und 5 schreiben die Beteiligung des Sozialhilfeträgers in den Fällen vor, in denen zwischen dem Einrichtungs- und dem Sozialhilfeträger Vergütungsvereinbarungen nach § 75 SGB XII bestehen und die Beseitigung von festgestellten Mängeln – sei es durch freiwillige Maßnahmen des Einrichtungsträgers, sei es durch Auflagen – Auswirkungen auf Entgelte oder Vergütungen haben kann. Die Vorschrift soll den Interessen des Sozialhilfeträgers dienen und kostendämpfend wirken.[76]

Satz 2 enthält die Verpflichtung, im Fall der Kostenrelevanz den Träger der Sozialhilfe bereits an der Beratung des Einrichtungsträgers zu beteiligen. Das kann dann der Fall sein, wenn bauliche Maßnahmen oder eine Aufstockung des Personals in Rede stehen.

56 Soll dem Einrichtungsträger eine **Auflage** zwecks Beseitigung vorhandener Mängel erteilt werden, ist nach **Satz 4** der **Sozialhilfeträger**, mit dem eine Vergütungsvereinbarung besteht, **anzuhören**. Ein **Einvernehmen** ist nicht **erforderlich**, der Träger der Sozialhilfe kann also die Erteilung der Auflage nicht verhindern. Allerdings schreibt **Satz 5** vor, dass die Auflage „nach Möglichkeit in Übereinstimmung" mit bestehenden Vereinbarungen „auszugestalten" ist. Die vage Formulierung lässt zwar den Zeck deutlich werden, Mehrkosten tunlichst zu vermeiden. Dies allerdings nur „nach Möglichkeit". Dieser Vorbehalt ermöglicht es der Erlaubnisbehörde, ungeachtet der Zielsetzung der Vorschrift dem Wohl der Kinder und Jugendlichen oberste Priorität einzuräumen, wovon in keinem Fall abgewichen werden

75 Vgl. BT-Drs. 19/26107, 100.
76 Vgl. zu diesem Zweck vorsichtig kritisch LPK-SGB VIII/*Kepert/Dexheimer*, § 45 Rn 41.

sollte. Die Wahrung des Kindeswohls in der Einrichtung genießt **Vorrang** vor den fiskalischen Interessen des Sozialhilfeträgers.

VII. Abs. 7 – Aufhebung der Erlaubnis

57 Abs. 7 wurde durch das KJSG neu gefasst. Er ordnet in **Satz 1** bei Vorliegen der dort genannten Voraussetzungen zwingend („ist aufzuheben") die Aufhebung der Betriebserlaubnis an. **Satz 2** stellt die Aufhebung der Erlaubnis in das Ermessen der Behörde, wenn die Voraussetzungen für deren Erteilung nicht oder nicht mehr vorliegen. **Satz 3** erklärt die allgemeinen Widerrufsvorschriften des § 47 Abs. 1 Nr. 2 und Abs. 3 SGB X für anwendbar. **Satz 4** ordnet schließlich den Ausschluss der aufschiebenden Wirkung von Rechtsbehelfen gegen die Rücknahme oder den Widerruf der Betriebserlaubnis an.

Die Regelungen des Abs. 7 gehen – soweit nicht Satz 3 deren Anwendung eröffnet – den allgemeinen Aufhebungsvorschriften nach den §§ 44 ff. SGB X vor. Mit ihnen soll der Erlaubnisbehörde ein differenziertes bereichsspezifisches Instrumentarium an die Hand gegeben werden, um sowohl konkreten Kindeswohlgefährdungen als auch strukturellen Gefährdungen begegnen zu können.[77]

1. Abs. 7 Satz 1 – Zwingende Aufhebung der Erlaubnis

58 In inhaltlicher Übereinstimmung mit der bisherigen Regelung normiert **Satz 1** zwei Voraussetzungen für die zwingende Aufhebung der Betriebserlaubnis.

Zum einen muss das **Wohl** der Kinder oder der Jugendlichen in der Einrichtung **gefährdet**, zum anderen der **Träger nicht bereit oder nicht in der Lage** sein, die Gefährdung abzuwenden.

Eine **Gefährdung des Kindeswohls** im Sinne von § 45 Abs. 7 Satz 1 SGB VIII liegt vor, wenn auf Grund objektiv feststellbarer Tatsachen eine gegenwärtige oder nahe bevorstehende, nicht unerhebliche Gefahr für das Wohl der Kinder gegeben ist; die Gefahr muss konkret sein, es muss also die hinreichende Wahrscheinlichkeit für einen Schadenseintritt bestehen; unerheblich ist, ob die Gefahr durch ein Verschulden des Einrichtungsträgers verursacht wird. Denn zum einen gibt es dafür im Gesetzeswortlaut keinerlei Anhaltspunkt, zum anderen stellt auch eine unverschuldete Gefährdung des Kindeswohls einen Umstand dar, der nicht tatenlos hingenommen werden kann.

Diese Konkretisierung des Begriffs der Kindeswohlgefährdung erfolgt in Anlehnung an die Rechtsprechung zu § 1666 BGB. Allerdings ist es im Rahmen von § 45 Abs. 7 Satz 1 SGB VIII nicht erforderlich, dass es sich um eine **gegenwärtige Gefahr** handelt. Es genügt, wenn der Eintritt der negativen Auswirkungen bei normalem Verlauf der Dinge für die nächste Zeit zu besorgen ist. Eine Gefährdung des Kindeswohls kann demzufolge bejaht werden, sobald die begründete Besorgnis besteht, dass bei Nichteingreifen das Kindeswohl beeinträchtigt wird. Negative Auswirkungen auf die Kinder sind insbesondere anzunehmen, wenn die in § 45 Abs. 2 Satz 2 Nr. 1 bis 4 SGB VIII genannten Kriterien nicht erfüllt sind. Jedoch ist eine Gefährdung des Kindeswohls nicht immer schon dann anzunehmen, wenn die Voraussetzungen für die Erteilung der Betriebserlaubnis nachträglich entfallen sind, hinzukommen muss im Rahmen von Abs. 7 Satz 1 vielmehr eine konkrete Gefährdung.[78]

Die Aufhebung ist nur dann zulässig, wenn der **Träger** der Einrichtung **zur Abwendung der Gefährdung nicht bereit oder nicht in der Lage** ist. Aus dem Umstand, dass der Trä-

77 So die Gesetzesbegründung, BT-Drs. 19/26107, 100.

78 Schleswig-Holsteinisches OVG, Beschl. v. 12.5.2021, 3 MB 10/19,ZKJ 2021, 281; NdsOVG, Beschl. v. 18.4.2018, 10 ME 73/18, ZKJ 2018, 282.

ger gegen die Aufhebung der Betriebserlaubnis Rechtsbehelfe ergriffen hat, darf auf eine mangelnde Abwendungsbereitschaft nicht geschlossen werden. Denn damit kann sowohl bereits die Annahme einer gegebenen Kindeswohlgefährdung als auch die der fehlenden Abwendungsbereitschaft angegriffen werden. Darüber hinaus handelt es sich dabei um die Wahrnehmung des Grundrechts aus Art. 19 Abs. 4 GG, woraus keine negative Konsequenzen folgen dürfen.

Darauf, ob das Unvermögen des Trägers zur Abwendung der Gefährdung verschuldet ist, kommt es wiederum nicht an. Ob der Träger der Einrichtung bereit und in der Lage ist, vorhandene Mängel abzustellen, wird im Rahmen des nach Abs. 6 durchzuführenden Verfahrens festgestellt. Ist dies endgültig nicht der Fall, muss die Betriebserlaubnis aufgehoben werden.

Liegen beide Voraussetzungen wie von Satz 1 gefordert **kumulativ** vor, ist zwingende Rechtsfolge die Aufhebung der Betriebserlaubnis. Dabei umfasst der Begriff der **Aufhebung** sowohl die Rücknahme als auch den Widerruf. Entsprechend der tradierten Terminologie ist **Rücknahme** die Aufhebung einer von Anfang an rechtswidrigen, **Widerruf** die Aufhebung einer rechtmäßig erteilten Betriebserlaubnis, nachträglich aber rechtswidrig gewordenen Erlaubnis.

Nach dem *Niedersächsischen OVG* ist bei der Beurteilung eines Widerrufs der Betriebserlaubnis die zum Zeitpunkt der Behördenentscheidung geltende Sach- und Rechtslage zugrunde zu legen. Für vor dem 10.6.2021 ergangene Widerrufsentscheidungen ist danach die vor Inkrafttreten der durch das KJSG neu geschaffenen Fassung des § 45 Abs. 7 SGB VIII maßgeblich.[79]

2. Abs. 7 Satz 2 – Aufhebung der Erlaubnis nach Ermessen

Abweichend von der bisherigen Rechtslage sieht Satz 2 die Aufhebung der erteilten Betriebserlaubnis im Ermessenswege vor, wenn die Voraussetzungen für deren Erteilung nach Absatz 2 **nicht oder nicht mehr vorliegen**. Anders als nach Satz 1 ist eine **konkrete Gefährdung** der in der Einrichtung lebenden Kinder und Jugendlichen **nicht erforderlich**. Vielmehr genügt die in der Nichteinhaltung der Erlaubnisvoraussetzungen sich manifestierende **strukturelle Gefährdung.** Hintergrund ist die Erwägung, dass die Behörde einer Einrichtung, in der das Wohl der Kinder und Jugendlichen nicht gewährleistet ist, weshalb eine Betriebserlaubnis nicht erteilt werden könnte, diese auch ohne weitere Voraussetzungen entziehen können muss.[80] Da hier in vollem Umfang an die Erteilungsvoraussetzungen des Abs. 2 angeknüpft wird, kann auf die dortigen Erläuterungen bei Rn. 14 ff. verwiesen werden. **59**

Die Vorschrift greift sowohl dann ein, wenn die Erteilungsvoraussetzungen nicht vorgelegen haben, als auch dann, wenn diese nachträglich entfallen sind. Ist eines davon der Fall, ist als Rechtsfolge im **Ermessenswege über die Aufhebung der Erlaubnis zu entscheiden**. Dass dabei das öffentliche Interesse, zum Schutz des Kindeswohls die Einrichtungstätigkeit zu beenden, und das Interesse des Trägers am Fortbestand der Betriebserlaubnis gegeneinander abzuwägen sind, wie die Gesetzesbegründung betont, ist eine jeder Ermessensausübung innewohnende Selbstverständlichkeit. Im Zuge dessen sind natürlich auch die Um-

79 Vgl. NdsOVG, Beschl. v. 16.7.2021, 10 ME 88/21, juris, Rn. 31.

80 So die Gesetzesbegründung, BT-Drs. 19/26107, 101. Soweit es dort heißt, mit der Neuregelung werde „ein Streitstand beendet", ist dies nur teilweise zutreffend. Die zitierte Entscheidung bezieht sich nämlich auf die alte Rechtslage, die dem jetzigen Abs. 7 Satz 1 entsprach. Nach Abs. 7 Satz 1 n.F. ist nach wie vor eine konkrete Gefährdung erforderlich. Erfolgt ist also nicht die Beendigung eines Streits (nicht: eines Streitstands), sondern die Einführung eines weiteren Aufhebungsgrundes, der auf der Tatbestandsseite geringere Anforderungen stellt, als Rechtsfolge dagegen keine zwingende Aufhebung der Betriebserlaubnis, sondern lediglich eine Ermessensentscheidung vorsieht.

stände zu gewichten, die zu der Annahme geführt haben, dass die Erteilungsvoraussetzungen nicht (mehr) vorliegen.[81] Da die Erlaubnisbehörde allerdings überhaupt erst dann in die Ermessensabwägung eintreten kann, wenn die Voraussetzungen für die Erteilung der Erlaubnis nicht oder nicht mehr vorliegen, können diese Umstände nicht bagatellhaft sein.

Vor einem sofortigen Entzug der Betriebserlaubnis wird der Träger ohnehin durch Abs. 7 Satz 2 letzter Hs. geschützt, der auf Abs. 6 Satz 1 und 3 verweist. Liegen also Mängel vor, ist vor einer Aufhebung der Betriebserlaubnis das dort normierte Programm abzuarbeiten.

3. Abs. 7 Satz 3 – Geltung von § 47 Abs. 1 Nr. 2, Abs. 3. SGB X

60 Da sowohl § 45 Abs. 4 als auch Abs. 6 Satz 3 SGB VIII die Erteilung von Auflagen zulassen, stellt sich die Frage, wie deren Erfüllung umgesetzt werden kann. Da es sich bei der Auflage um einen Verwaltungsakt handelt, könnte dieser im Wege der Verwaltungsvollstreckung durchgesetzt werden.[82] Einen wirksameren Weg der Durchsetzung eröffnet der durch Satz 3 für anwendbar erklärte § 47 Abs. 1 Nr. 2 SGB X.[83] Danach kann ein rechtmäßiger begünstigender Verwaltungsakt – um einen solchen handelt es sich bei der Erlaubnis nach § 45 Abs. 1 SGB VIII – ganz oder teilweise **widerrufen** werden, wenn mit dem Verwaltungsakt eine Auflage verbunden ist und der Begünstigte diese nicht oder nicht innerhalb einer ihm gesetzten Frist erfüllt hat. Der Widerruf steht im **Ermessen** der Behörde.[84] Bei der Entscheidung ist das Gewicht der Auflage sowie die Frage von Bedeutung, ob der Auflage schuldhaft nicht nachgekommen wurde. Bei der Abwägung zu berücksichtigen sind das Interesse am Schutz der Minderjährigen in der Einrichtung gegenüber dem Interesse des Trägers am Fortbestand der Erlaubnis. Sofern die Auflage noch erfüllbar ist, soll Gelegenheit gegeben werden, dies vor einem Widerruf zu tun.[85]

§ 47 Abs. 3 SGB X verweist auf § 44 Abs. 3 SGB X, der die sachliche und örtliche Zuständigkeit für den Widerruf regelt. Zuständig ist bis zur Unanfechtbarkeit die Behörde, die die Erlaubnis erteilt hat, danach die im Zeitpunkt der Entscheidung über den Widerruf zuständige Behörde.

4. Abs. 7 Satz 4 – Ausschluss der aufschiebenden Wirkung von Rechtsbehelfen

61 **Widerspruch** und **Anfechtungsklage** gegen die Rücknahme oder den Widerruf der Erlaubnis haben gemäß Abs. 7 Satz 4 **keine aufschiebende Wirkung**. Trotz eines eingelegten Rechtsbehelfs darf der Betrieb also nicht weitergeführt werden. (Vgl. zu den möglichen Rechtsbehelfen unten Rn. 69 ff., zum Eilrechtsschutz Rn. 70.)

VIII. Weitere aufsichtsrechtliche Maßnahmen

62 Abs. 7 enthält für eine Reihe konfliktträchtiger Konstellationen **keine Regelung**. Rücknahme oder Widerruf der Betriebserlaubnis sind nämlich dann **untaugliche Instrumente** zur Beseitigung kindeswohlgefährdender Zustände,

- wenn eine Einrichtung nach § 45 Abs. 1 Satz 2 SGB VIII **erlaubnisfrei betrieben werden darf** und es deshalb eine aufhebbare Erlaubnis gerade nicht gibt,
- wenn der Träger eine erlaubnispflichtige Einrichtung **ohne Erlaubnis betreibt**,

---

81 Vgl. BT-Drs. 19/26107, 101.
82 Vgl. dazu Schütze/*Schütze*, SGB X, § 32 Rn. 25.
83 Da das SGB VIII keine speziellen Regelungen zur Durchsetzung von Auflagen enthält, wäre die Vorschrift des § 47 Abs. 1 Nr. 2 auch ohne den Verweis in Abs. 7 Satz 3 anwendbar.
84 Vgl. OVG Rhld.-Pfalz, Beschl. v. 29.4.2019, 7 B 10490/19, ZKJ 2019, 278.
85 Vgl. Schütze/*Schütze*, SGB X, § 47 Rn. 9.

- wenn der **Betrieb** einer Einrichtung trotz einer erfolgten Aufhebung der Erlaubnis **fortgesetzt** wird.

In all diesen Fällen kommt als probates Mittel nur eine behördliche Verfügung in Betracht, mit der die Aufnahme oder Fortsetzung des Betriebs der Einrichtung **untersagt** wird. 63
Konsequenterweise enthielt die Übergangsregelung des **Art. 12 Abs. 3 KJHG** die Ermächtigung zur Untersagung des Betriebs einer erlaubnisbedürftigen Einrichtung, für die aber bei Inkrafttreten des KJHG eine Erlaubnis noch nicht erteilt war. Eine solche spezialgesetzliche Untersagungsbefugnis enthält das SGB VIII indes nicht. Das ist ein schwer nachvollziehbares, wohl durch (zumindest bei Einführung des Gesetzes vorhandene) eingriffsaverse Reflexe erklärbares **Versäumnis des Gesetzgebers**.

Damit stellt sich allerdings die Frage nach der Zulässigkeit und der **Rechtsgrundlage** einer solchen Untersagung. In Betracht kommen zunächst **landesrechtliche Regelungen**. So normiert § 21 Abs. 4 AG KJHG NRW, dass das zuständige Landesjugendamt den weiteren Betrieb untersagen kann, wenn eine Einrichtung im Sinne des § 45 SGB VIII ohne die erforderliche Erlaubnis betrieben wird (ebenso Art. 46 bayAGSG; § 25 Abs. 4 AG KJHG Sachsen-Anhalt; § 30 Abs. 5 BerlAGKJHG; § 20 Abs. 5 Satz 1 brandenburgAGKJHG; § 31 Abs. 2 saarlAGKJHG 64
Liegt eine solche landesrechtliche Regelung nicht vor, bleibt nur der Rückgriff auf das allgemeine **Polizei- und Ordnungsrecht der Länder**, um eine Untersagungsverfügung zu erlassen.

IX. Verfahren und Rechtsschutz

1. Zuständigkeit

Sachlich zuständig für die Erfüllung der Aufgaben nach § 45 SGB VIII ist gem. § 85 Abs. 2 Nr. 6 SGB VIII der **überörtliche Träger**, soweit nicht nach § 85 Abs. 4 SGB VIII i.V.m. Landesrecht mittlere oder untere Landesbehörden zuständig sind. **Örtlich zuständig** ist gem. § 87a Abs. 2 SGB VIII der überörtliche Träger oder die landesrechtlich zuständige Behörde, in deren Bereich die **Einrichtung** gelegen ist. Die Aufgaben und Befugnisse nach § 45 SGB VIII sind nicht auf Träger der freien Jugendhilfe übertragbar (§ 76 Abs. 1 SGB VIII). 65

2. Rechtsbehelfe

Gegen die **Versagung** der Betriebserlaubnis ist – sofern landesrechtlich statthaft – der **Widerspruch** sowie die **Verpflichtungsklage** gegeben. Hat die Behörde über einen Antrag auf Erteilung der Erlaubnis ohne zureichenden Grund binnen angemessener Frist nicht entschieden, steht dem Träger gem. § 75 VwGO nach Ablauf von drei Monaten die **Untätigkeitsklage** zu. 66

Dagegen steht dem **Erlass** einer **auf die vorläufige Erteilung einer Betriebserlaubnis gerichteten einstweiligen Anordnung** nach § 123 VwGO grundsätzlich das Verbot der Vorwegnahme der Hauptsache entgegen. Eine solche Vorwegnahme liegt dann vor, wenn die Entscheidung und ihre Folgen aus rechtlichen oder tatsächlichen Gründen nicht mehr rückgängig gemacht werden können.[86] Das ist hier für den Zeitraum bis zu einer Entscheidung in der Hauptsache der Fall. Gleichwohl wird die Verpflichtung zur Erteilung einer vorläufigen Betriebserlaubnis jedenfalls dann für möglich und zur Gewährung effektiven Rechtsschutzes für nötig erachtet, wenn nach summarischer Prüfung ohne weiteren erheblichen Aufklärungsbedarf mit weit überwiegender Wahrscheinlichkeit vom Vorliegen eines

86 Vgl. nur Kopp/Schenke/*W. R. Schenke*, VwGO, § 123 Rn. 14.

Anspruchs auf Erteilung einer Erlaubnis ausgegangen werden kann, das mit einer Vorwegnahme der Hauptsache typischerweise verbundene Fehlentscheidungsrisiko also gering sei. Gerechtfertigt wird das damit, dass ein Erlaubnisantragsteller mit Blick auf die übliche Verfahrensdauer im Hauptsacheverfahren keinen zeitnahen Rechtsschutz erreichen könne. Er werde damit langfristig und nachhaltig in seiner wirtschaftlichen Betätigung beeinträchtigt und durch die ungerechtfertigte Versagung der Erlaubnis zudem in seiner Berufsausübungsfreiheit nach Artikel 12 Abs. 1 GG beeinträchtigt. Diese berufliche Betätigungsmöglichkeit sei für die Dauer der Versagung der begehrten Erlaubnis unwiederbringlich verloren.[87]

67 Gegen den **Widerruf** oder die **Rücknahme** der Erlaubnis als belastende Verwaltungsakte sind **Widerspruch** – soweit statthaft – und **Anfechtungsklage** gegeben. Sie haben gem. Abs. 7 Satz 2 **keine aufschiebende Wirkung**. Das bedeutet, dass trotz des gegen die Aufhebung der Erlaubnis eingelegten Rechtsbehelfs der Betrieb der Einrichtung nicht fortgesetzt werden darf. Der Gesetzgeber bewertet also den Schutz der Minderjährigen höher als den dem Träger zugutekommenden Suspensiveffekt.

Der Betreiber steht die Möglichkeit offen, durch einen **Antrag nach § 80 Abs. 5 VwGO** die aufschiebende Wirkung seines Rechtsbehelfs anordnen zu lassen. Zuständig ist insoweit das Verwaltungsgericht. Ein solcher Antrag hat jedoch nur dann Erfolgsaussicht, wenn die Aufhebung der Erlaubnis offensichtlich rechtswidrig ist. Erscheint die **Bewertung der Rechtmäßigkeit offen**, ist aufgrund einer **Abwägung** der beteiligten privaten und öffentlichen **Interessen**, also des Interesses des Betreibers an der Fortführung der Einrichtung einerseits und des öffentlichen Interesses am Schutz der untergebrachten Minderjährigen andererseits, zu entscheiden. Dabei ist zu berücksichtigen, dass der Gesetzgeber mit dem Ausschluss der aufschiebenden Wirkung von Rechtsbehelfen eine Wertung dahingehend vorgenommen hat, dass dem Schutz der in der Einrichtung lebenden Kinder und Jugendlichen gegenüber dem Interesse des Trägers an der Fortführung des Einrichtungsbetriebs während des Widerspruchs- und Klageverfahrens grundsätzlich Vorrang zukommt.

68 Demgegenüber kommt der selbstständigen **Anfechtung** einer der Erlaubnis beigefügten oder nachträglich erteilten **Auflage** mangels eines gesetzlichen Ausschlusses aufschiebende Wirkung zu. Diesen Wertungswiderspruch des Gesetzes kann die Behörde im Einzelfall durch **Anordnung der sofortigen Vollziehung** nach § 80 Abs. 2 Nr. 4 VwGO kompensieren. Eilrechtsschutz ist in diesem Fall wiederum durch einen Antrag nach § 80 Abs. 5 VwGO möglich.

69 Wird der **Betrieb** einer Einrichtung durch die Behörde **untersagt** (vgl. dazu oben Rn. 62 ff.), kann dies mit **Widerspruch** und **Anfechtungsklage** angegriffen werden. Der Ausschluss der aufschiebenden Wirkung nach Abs. 2 Satz 7 erstreckt sich nicht auf eine solche Untersagungsverfügung. Den Rechtsbehelfen kommt also **aufschiebende Wirkung** zu. Die Behörde kann deren Eintritt nur durch Anordnung der sofortigen Vollziehung nach § 80 Abs. 2 Nr. 4 VwGO verhindern. Auch hiergegen steht dem Betreiber wiederum vorläufiger Rechtsschutz durch einen Antrag nach § 80 Abs. 5 VwGO an das Verwaltungsgericht offen.

70 Der **Betrieb** einer Einrichtung **ohne Erlaubnis** ist eine **Ordnungswidrigkeit** (§ 104 Abs. 1 Nr. 2 SGB VIII), in qualifizierten Fällen eine **Straftat** (§ 105 SGB VIII). **Ohne Erlaubnis** wird die Einrichtung auch betrieben, solange deren Aufhebung zwar mit Rechtsbehelfen angefochten wurde, dem Rechtsbehelf aber keine aufschiebende Wirkung zukommt (Abs. 7 Satz 4).

71 Zu den Rechtsbehelfen gegen Aufsichtsmaßnahmen vgl. ergänzend auch § 43 SGB VIII Rn. 45 ff. sowie § 44 SGB VIII Rn. 38 f.

---

87 So OVG Berlin-Brandenburg, Beschl. v. 25.8.2021, 6 S 18/21, juris, Rn. 23; ähnlich Wiesner/Wapler/*Wiesner*, § 45 SGB VIII Rn. 149, der bei Untätigkeit der Erlaubnisbehörde den Erlass einer einstweiligen Anordnung für möglich hält.

§ 45a
Einrichtung

[1]Eine Einrichtung ist eine auf gewisse Dauer und unter der Verantwortung eines Trägers angelegte förmliche Verbindung ortsgebundener räumlicher, personeller und sachlicher Mittel mit dem Zweck der ganztägigen oder über einen Teil des Tages erfolgenden Betreuung oder Unterkunftsgewährung sowie Beaufsichtigung, Erziehung, Bildung, Ausbildung von Kindern und Jugendlichen außerhalb ihrer Familie. [2]Familienähnliche Betreuungsformen der Unterbringung, bei denen der Bestand der Verbindung nicht unabhängig von bestimmten Kindern und Jugendlichen, den dort tätigen Personen und der Zuordnung bestimmter Kinder und Jugendlicher zu bestimmten dort tätigen Personen ist, sind nur dann Einrichtungen, wenn sie fachlich und organisatorisch in eine betriebserlaubnispflichtige Einrichtung eingebunden sind. [3]Eine fachliche und organisatorische Einbindung der familienähnlichen Betreuungsform liegt insbesondere vor, wenn die betriebserlaubnispflichtige Einrichtung das Konzept, die fachliche Steuerung der Hilfen, die Qualitätssicherung, die Auswahl, Überwachung, Weiterbildung und Vertretung des Personals sowie die Außenvertretung gewährleistet. [4]Landesrecht kann regeln, unter welchen Voraussetzungen auch familienähnliche Betreuungsformen Einrichtungen sind, die nicht fachlich und organisatorisch in eine betriebserlaubnispflichtige Einrichtung eingebunden sind.

Übersicht Rn.

A. Allgemeines

Gemäß § 45 Abs. 1 Satz 1 SGB VIII bedarf der Träger einer Einrichtung nach § 45a SGB VIII für deren Betrieb der Erlaubnis. Ob es sich bei einer Institution, in der Kinder oder Jugendliche außerhalb ihres Elternhauses leben, um eine Einrichtung handelt, ist danach für die Erlaubnispflichtigkeit und damit für die Ausgestaltung des Schutzes der Minderjährigen von entscheidender Bedeutung. Während in der Vergangenheit insbesondere Literatur und Rechtsprechung an einer Begriffsbestimmung gearbeitet haben,[1] wird mit der Einfügung von § 45a SGB VIII, auf den § 45 Abs. 1 Satz 1 SGB VIII unmittelbar verweist, durch das **KJSG** der Begriff der Einrichtung **erstmals** durch das **Gesetz selbst definiert**. Die jetzt geltende Fassung entspricht dem Gesetzentwurf der Bundesregierung zum KJSG vom 25. Januar 2021.[2] Den vom Bundesrat dagegen geäußerten „erheblichen Bedenken"[3] sind weder die Bundesregierung[4] noch der Bundestag gefolgt. Der Bundesrat hat dem KJSG schließlich ungeachtet aller (auch sonstiger) Kritik zugestimmt. 1

Die Vorschrift beinhaltet zum einen eine **Legaldefinition** des Begriffs der **Einrichtung**, der für den Anwendungsbereich des § 45 SGB VIII von entscheidender Bedeutung ist (Satz 1). Zum anderen nimmt sie eine **Einordnung** von **„familienähnlichen Betreuungsformen"** vor, die im Hinblick auf deren Einrichtungsqualität und daraus folgend für deren Erlaubnispflichtigkeit von Bedeutung ist (Satz 2 und 3).

1 Vgl. dazu § 45 SGB VIII Rn. 4 ff. der Vorauflage m.w.N.
2 Vgl. BT-Drs. 19/26107, 25 f.
3 Vgl. dazu BT-Drs. 19/27481, 29 f.
4 Vgl. deren Stellungnahme zum Vorschlag des Bundesrates, BT-Drs. 19/27841, 84 ff.

Die Legaldefinition der Einrichtung durch § 45a SGB VIII ist ungeachtet des betriebenen Aufwands hinsichtlich der Einordnung familienähnlicher Betreuungsformen nicht abschließend. Angesichts der offensichtlich schwierigen und umstrittenen Behandlung der familienähnlichen Betreuungsformen enthält die Vorschrift eine **Öffnungsklausel** für das **Landesrecht**, diese über § 45a Satz 2 und 3 SGB VIII hinausgehend als Einrichtungen zu definieren (Satz 4).

B. Einzelheiten

I. Satz 1 – Begriff der Einrichtung

2 § 45a Satz 1 SGB VIII nimmt allerdings eine abschließende Definition der „Einrichtung" vor, die für die Anwendung von § 45 SGB VIII, aber auch das gesamte übrige SGB VIII, insbesondere §§ 46 bis 48 SGB VIII, verbindlich ist. Rechtsfolge der Qualifikation als Einrichtung ist gem. § 45 Abs. 1 Satz 1 SGB VIII insbesondere die grundsätzliche Erlaubnispflichtigkeit.

In Übereinstimmung mit der geltenden Regelung und den zum Einrichtungsbegriff in der Vergangenheit von Literatur und Rechtsprechung herausgearbeiteten Merkmalen[5] wird in **Satz 1** SGB VIII mit den Kriterien „**gewisse Dauer**" und „**förmliche Verbindung ortsgebundener räumlicher, personeller und sachlicher Mittel**" der institutionelle Charakter von Einrichtungen betont. Die Erziehungsverantwortung wird nicht dauerhaft einer bestimmten, sondern mehreren Personen übertragen, die auch wechseln können, ohne dass sich an der Bewertung des Betreuungsverhältnisses etwas ändern würde. Mit dem Kriterium „außerhalb ihrer Familie" wird unterstrichen, dass mit der Übergabe an diese Institution die Einwirkungsmöglichkeiten der Personensorgeberechtigten verringert wird und das Wohl der Kinder oder Jugendlichen stark von der Einbindung in die Organisation und Struktur der Einrichtung abhängt.

3 Entsprechend der gesetzgeberischen Intention erfasst der Einrichtungsbegriff alle vom Wechsel der Betreuungspersonen unabhängigen Betreuungs- und Unterkunftsformen mit einer organisatorischen und zeitlichen Verfestigung sowie Ortsgebundenheit ohne Rücksicht auf ihre Größe, sofern dort mehrere Minderjährige ganztägig oder für einen Teil des Tages betreut werden oder Unterkunft erhalten.

Das Merkmal der **Ortsgebundenheit** erfordert eine gewisse räumliche Verankerung, regelmäßig in Form eines Gebäudes.

Die Qualifikation als Einrichtung setzt weiter voraus, dass dort Minderjährige **betreut** werden oder **Unterkunft erhalten**. Während die Unterkunftsgewährung auf den tatsächlichen Vorgang der Gewährung von Wohnung abstellt, impliziert der Begriff der Betreuung eine weitergehende Sorge nicht nur um das körperliche, sondern auch das geistige und seelische Wohl. Dabei ist auf das Konzept, nicht auf dessen faktische Umsetzung abzustellen, da andernfalls größtmögliche Betreuungsdefizite zum Dispens von der Erlaubnispflicht und das Konzept des Erlaubnisvorbehalts ad absurdum führen würden.

4 Mit der Benennung der Kriterien „Beaufsichtigung", „Erziehung", „Bildung" und „Ausbildung" wird die Auflistung der **Zwecke** vervollständigt, denen eine Einrichtung dienen kann, und eine Abgrenzung zu Einrichtungen außerhalb des Regelungsbereichs des SGB VIII vorgenommen, bei denen Betreuung und Unterkunft nur untergeordnete Bedeutung haben, wie z.B. Krankenhäuser oder Sporteinrichtungen. Eine Mindestanzahl vorgehaltener oder tatsächlich genutzter Plätze ist kein konstitutives Merkmal der Einrichtung.[6]

---

5 Vgl. OVG NW, Beschl. v. 12.7.2021, 12 A 395/18.

6 Vgl. die Gesetzesbegründung, BT-Drs. 19/26107, 102.

Der Begriff der Einrichtung ist **unabhängig** davon zu bestimmen, wer deren **Träger** ist. Träger können jede natürliche oder juristische Person, Personengemeinschaft des privaten oder öffentlichen Rechts (z.B. Kirchen) oder Kommunen sein.[7]

Problemfälle können selbstorganisierte Kindergruppen oder -läden und Krabbelstuben oder sonstige Eltern-Kind-Gruppen sein. Sie sind jedenfalls dann keine Einrichtungen im Sinne des § 45 SGB VIII, wenn die Betreuung durch die Eltern selbst im Wege der Rotation übernommen wird. Dann mangelt es bereits an einem Träger. Teilweise wird auch darauf abgestellt, dass in diesen Fällen keine Fremdbetreuung oder -erziehung stattfinde, die Einflussmöglichkeit der Eltern also als maßgebliches Kriterium angesehen wird.[8] 5

Damit ist die Frage der Abgrenzung zu Pflegestellen nach §§ 43, 44 SGB VIII aufgeworfen, da auch dort die elterlichen Einwirkungsmöglichkeiten zumindest gelockert sind. Entscheidend ist insoweit, dass §§ 43, 44 SGB VIII auf die (Tages-)Pflegeperson abstellt. Der Bestand der Erlaubnis ist an die Person gebunden. Scheidet diese aus, entfällt auch die Pflegeerlaubnis. Verschiedene Landesgesetze grenzen die Erlaubnis nach § 44 SGB VIII von der nach § 45 SGB VIII mittels der **Zahl der Kinder** ab: Werden mehr als fünf Kinder betreut, ist eine Erlaubnis nach § 45 SGB VIII erforderlich.[9]

Zweifelhaft kann die Qualifizierung von **Eltern-Kind-Einrichtungen** sein. Bei der Unterbringung von (volljährigen) Eltern bzw. Elternteilen mit ihren Kindern in der Einrichtung eines Trägers wird danach differenziert, ob die Verantwortung für die Gewährung von Betreuung und Unterkunft der Kinder und Jugendlichen (noch) im Wesentlichen bei den Eltern bzw. Elternteilen liegt oder (schon) hauptsächlich bei dem Einrichtungsträger.[10] In letzterem Fall liegt eine Lockerung der elterlichen Einwirkungsmöglichkeiten vor, die die Einrichtung zu einer im Sinne des § 45 Abs. 1 Satz 1 SGB VIII erlaubnispflichtigen macht. Werden in einer solchen Einrichtung (auch) minderjährige Schwangere oder Mütter oder Väter aufgenommen, handelt es sich in jedem Fall um eine erlaubnispflichtige Einrichtung.[11] 6

II. Satz 2 und 3 – „Familienähnliche Betreuungsformen der Unterbringung"

§ 45a **Satz 2** SGB VIII unternimmt es, die als „**familienähnliche Betreuungsformen der Unterbringung**" bezeichneten Betreuungsformen in den Einrichtungsbegriff mit dem Ziel zu integrieren, solche Betreuungsformen, die in einem Einrichtungskontext stattfinden, nicht aus dem betriebserlaubnispflichtigen Bereich herausfallen zu lassen.[12] 7

Satz 2 definiert deshalb sog. familienanaloge Betreuungsformen und unterwirft diese nur unter bestimmten weiteren Bedingungen dem Einrichtungsbegriff. Zwar ließe Satz 2 auch eine Auslegung zu, dass er aus unterschiedlichen familienähnlichen Betreuungsformen bestimmte herausschneidet, intendiert ist nach der Gesetzesbegründung aber deren **Definition**: Eine **familienähnliche Betreuungsform** liegt danach dann vor, wenn „der Bestand der Verbindung nicht unabhängig von bestimmten Kindern und Jugendlichen, den dort tätigen Personen und der Zuordnung bestimmter Kinder und Jugendlicher zu bestimmten dort tätigen Personen ist". Eine solche Betreuungsform zeichnet sich also – positiv formuliert – dadurch aus,

7 Ebenso Schellhorn/Fischer/Kern/*Mann*, § 45 SGB VIII Rn. 6.
8 Ähnlich FK-SGB VIII/*Smessaert/Lakies*, § 45 Rn. 17.
9 So § 13 Abs. 2 HKJGB; § 22 Abs. 3 KJHG-LSA; § 16 Abs. 3 AGKJHG NRW.
10 Vgl. dazu OVG LSA, Beschl. v. 29.12.2008, 3 M 254/07, juris.
11 Vgl. OVG LSA, Beschl. v. 3.12.2013, 4 L 41/13, juris, m.w.N. aus der Literatur.
12 Vgl. zu dieser Zielsetzung die Gesetzesbegründung, BT-Drs. 19/26107, 102.

- dass bestimmte Kinder oder Jugendliche betreut werden,
- die tätigen Betreuungspersonen feststehen und
- bestimmte Kinder oder Jugendliche bestimmten Betreuungspersonen zugeordnet sind.

Damit wird zugleich eine **Abgrenzung zu Pflegeltern und Kindertagespflegepersonen** vorgenommen, bei denen die Kinder und Jugendlichen bestimmten Personen zugeordnet sind. Demgegenüber wird in einer Einrichtung die Erziehungsverantwortung nicht dauerhaft einer individuell bestimmbaren Person übertragen, sondern mehreren Personen, die auch wechseln können.

Familienähnliche Betreuungs- und Unterbringungsformen sind nach Satz 2 nur dann Einrichtungen i.S.d. Vorschrift, wenn sie „**fachlich und organisatorisch** in eine betriebserlaubnispflichtige Einrichtung **eingebunden** sind".

8 Eine solche Einbindung der familienähnlichen Betreuungsform liegt nach **Satz 3** „insbesondere" vor, wenn die betriebserlaubnispflichtige Einrichtung „das Konzept, die fachliche Steuerung der Hilfen, die Qualitätssicherung, die Auswahl, Überwachung, Weiterbildung und Vertretung des Personals sowie die Außenvertretung **gewährleistet**".[13]

Hinsichtlich der Ausgestaltung dieser Gewährleistung ist weder dem Gesetzeswortlaut noch der Gesetzesbegründung Näheres zu entnehmen. Letztere spricht unter Bezug auf Vorschläge aus der Praxis eher tautologisch davon, dass die „(übergeordnete) betriebserlaubnispflichtige Einheit die Gewähr für die fachliche und organisatorische Steuerung übernimmt" oder „die fachliche Steuerung der Hilfen, die Qualitätssicherung, das Personalmanagement sowie die Außenvertretung verantwortet".[14]

9 Allerdings ist der Begriff der „Gewährleistung" gerade im Kontext der Einrichtungsaufsicht gebräuchlich (vgl. §§ 44 Abs. 2 Satz 1, 45 Abs. 2 Satz 1, Satz 2 Nr. 2 und 4 SGB VIII). Zuletzt hat das KJSG in § 45 Abs. 2 Satz 2 Nr. 2 SGB VIII eingefügt, dass die dort genannten Erlaubnisvoraussetzungen nicht nur erfüllt sein, sondern durch den Träger gewährleistet werden müssen. Nicht nur nach dem Wortsinn, sondern auch aus systematischen Erwägungen ist deshalb davon auszugehen, dass der Begriff der **Gewährleistung** als – auch in die Zukunft gerichtete – **Sicherstellung** zu verstehen ist. Eine fachliche und organisatorische Einbindung der familienähnlichen Betreuungsform liegt danach dann vor, wenn die Einrichtung das Konzept, die fachliche Steuerung der Hilfen, die Qualitätssicherung, das Personalwesen sowie die Außenvertretung übernimmt und sicherstellt.

Damit fordert Satz 3 für die Annahme einer fachlichen und organisatorischen Einbindung eine sehr **weitgehende Einflussnahme** der Einrichtung auf familienähnliche Betreuungsformen.

Dazu, auf welche Weise und in welcher Form die geforderte Gewährleistung zu erfolgen hat, macht das Gesetz keine Angaben.

10 Denkbar ist zunächst, dass die Gewährleistung und ihre Gegenstände **Inhalt der Konzeption** der Einrichtung i.S.d. § 45 Abs. 2 Satz 2 Nr. 2, Abs. 3 Nr. 1 SGB VIII sind oder werden und die **Nachweise** nach § 45 Abs. 3 Nr. 2 SGB VIII auch hinsichtlich der familienähnlichen Betreuungsform erbracht werden.

Soweit eine gewisse organisatorische Verselbständigung der familienähnlichen Betreuungsform gegeben ist, kommt auch eine Gewährleistung durch eine **vertragliche Vereinbarung**, die der Einrichtung die notwendigen Gestaltungsrechte einräumt, in Betracht.

---

13 Die Gesetzesbegründung spricht von „Einrichtungskontext" und überrascht mit der Erkenntnis, dass die Regelung „familienähnliche Betreuungsformen, die in einem Einrichtungskontext stattfinden, weiterhin dem Einrichtungskontext unterwirft". Vgl. BT-Drs. 19/26107, 102.

14 BT-Drs. 19/26107, 102.

Die von Satz 3 beschriebene „Einbindung“ stellt allerdings nach dem Gesetzeswortlaut, zum Ausdruck kommend in dem Wort „insbesondere“, nur ein sog. Regelbeispiel, aber keine abschließende Regelung dar. Da aber weitere Formen der Einbindung von vergleichbarer Qualität sein müssten, sind solche kaum denkbar.

Konsequenz einer Qualifizierung nach § 45a Satz 2 und 3 SGB VIII als Einrichtung ist gem. § 45 Abs. 1 Satz 1 SGB VIII deren Erlaubnispflichtigkeit. Dies bedeutet, dass die „familienähnliche Betreuungsform“ ebenfalls erlaubnispflichtige Einrichtung ist und damit neben der erlaubnispflichtigen Einrichtung, unter deren Dach sie sich befindet und in die sie ja integriert sein muss, eine Erlaubnis benötigt. Dann stellt sich indes die Frage, was Gegenstand der Überprüfung und Erlaubnis sein soll, wo doch alle wesentlichen Kriterien nach § 45a Satz 3 SGB VIII definitionsgemäß von der übergeordneten Einrichtung „gewährleistet“ werden. Die Intention des Gesetzentwurfs, dass solche Betreuungsformen, die in einem Einrichtungskontext stattfinden, nicht aus dem betriebserlaubnispflichtigen Bereich herausfallen dürften“,[15] spricht gleichwohl für die Notwendigkeit einer eigenständigen Erlaubnis, auch wenn der Wortlaut der Norm insoweit durchaus offen ist. **11**

Satz 2 und 3 greifen allerdings nur dann ein, wenn die betreuten Wohnformen in eine Einrichtung eingebunden sind. Die Anbindung an einen gemeinsamen Träger, der keine Einrichtung betreibt, genügt nach dem insoweit eindeutigen Wortlaut der Vorschrift nicht.[16]

III. Satz 4 – Landesrechtliche Regelungen

Alle vorstehenden Überlegungen werden dann obsolet, wenn Landesrecht, legitimiert durch Satz 4, regelt, dass auch familienähnliche Betreuungsformen, die nicht fachlich und organisatorisch in eine betriebserlaubnispflichtige Einrichtung eingebunden sind, die Voraussetzungen der Sätze 2 und 3 also nicht erfüllen, „Einrichtungen“ sind. In diesem Fall unterliegen diese in vollem Umfang und ohne weitere Voraussetzungen dem Regime der §§ 45 bis 48 SGB VIII, bedürfen also insbesondere der Erlaubnis, unterliegen der Prüfung nach § 46 SGB VIII und müssen die Melde-, Dokumentations- und Aufbewahrungspflichten nach § 47 SGB VIII erfüllen. **12**

Gerade diese landesrechtliche Öffnung ist auf die scharfe Kritik des Bundesrates gestoßen, der – immerhin als Vertretung der Länder – befürchtete, dieser Landesrechtsvorbehalt werde „zu einem nicht erwünschten ‚Flickenteppich‘ auf Bundesebene führen“ und solle deshalb gestrichen werden.[17] Was dem Bundesrat als „Flickenteppich“ erscheint, sah die Bundesregierung in ihrer Gegenäußerung als ein Aufgreifen „vorhandene(r) regionale(r) Unterschiede“ an, mit der „Möglichkeit, diese angemessen zu berücksichtigen“.[18] Wodurch „regionale Unterschiede“ und deren „angemessene Berücksichtigung“ unter dem Gesichtspunkt der Erlaubnispflichtigkeit und des Kinderschutzes legitimiert sein sollen, erschließt sich indes nicht. **13**

15 Gesetzesbegründung, BT-Drs. 19/26107, 102.
16 So treffend VG Bayreuth, Beschl. v. 31.1.2022, B 10 E 21.1315, JAmt 2022, 412.
17 Vgl. BT-Drs. 19/27481, 30.
18 BT-Drs. 19/27481, 85.

§ 46
Prüfung vor Ort und nach Aktenlage

(1) [1]Die zuständige Behörde soll nach den Erfordernissen des Einzelfalls überprüfen, ob die Voraussetzungen für die Erteilung der Erlaubnis weiter bestehen. [2]Häufigkeit, Art und Umfang der Prüfung müssen nach fachlicher Einschätzung im Einzelfall zur Gewährleistung des Schutzes des Wohls der Kinder und Jugendlichen in der Einrichtung geeignet, erforderlich und angemessen sein. [3]Sie soll das Jugendamt und einen zentralen Träger der freien Jugendhilfe, wenn diesem der Träger der Einrichtung angehört, an der Überprüfung beteiligen. [4]Der Träger der Einrichtung hat der zuständigen Behörde insbesondere alle für die Prüfung erforderlichen Unterlagen vorzulegen.

(2) Örtliche Prüfungen können jederzeit unangemeldet erfolgen. Der Träger der Einrichtung soll bei der örtlichen Prüfung mitwirken.

(3) [1]Die von der zuständigen Behörde mit der Überprüfung der Einrichtung beauftragten Personen sind berechtigt, während der Tageszeit

1. die für die Einrichtung benutzten Grundstücke und Räume, soweit diese nicht einem Hausrecht der Bewohner unterliegen, während der Tageszeit zu betreten und dort Prüfungen und Besichtigungen vorzunehmen sowie

2. mit den Beschäftigten und mit den Kindern und Jugendlichen jeweils Gespräche zu führen, wenn die zuständige Behörde

   a) das Einverständnis der Personensorgeberechtigten zu den Gesprächen eingeholt hat und diesen eine Beteiligung an den Gesprächen ermöglicht sowie

   b) den Kindern und Jugendlichen die Hinzuziehung einer von ihnen benannten Vertrauensperson zu Gesprächen ermöglicht und sie auf dieses Recht hingewiesen hat; der Anspruch des Kindes oder Jugendlichen nach § 8 Absatz 3 bleibt unberührt.

[2]Die in Satz 1 Nummer 2 Buchstabe a und b genannten Pflichten bestehen jedoch nicht, wenn durch deren Umsetzung die Sicherung der Rechte und der wirksame Schutz der Kinder und Jugendlichen in der Einrichtung in Frage gestellt würden. [3]Zur Abwehr von Gefahren für das Wohl der Kinder und der Jugendlichen können die Grundstücke und Räume auch außerhalb der in Satz 1 genannten Zeit und auch, wenn diese zugleich einem Hausrecht der Bewohner unterliegen, betreten und Gespräche mit den Beschäftigten sowie den Kindern und Jugendlichen nach Maßgabe von Satz 1 geführt werden. [4]Der Träger der Einrichtung hat die Maßnahmen nach den Sätzen 1 und 2 zu dulden.

Übersicht Rn.

A. Allgemeines

1. Charakter der Vorschrift

Die durch das KJSG grundlegend überarbeitete Vorschrift regelt die **Prüfung** durch die Erlaubnisbehörde als **Mittel der Aufsicht**. Sie bezieht sich nur auf die von § 45 SGB VIII erfassten Einrichtungen sowie auf sonstige betreute Wohnformen im Sinne des § 48a SGB VIII. Inhalt der Vorschrift sind sowohl die Verpflichtung der Erlaubnisbehörde zur Prüfung von Einrichtungen als auch die mit einer solchen Prüfung verbundenen Befugnisse. Dem stehen die Verpflichtungen der Einrichtungsträger gegenüber. 1

Die Neufassung hat ungeachtet einiger Konkretisierungen nicht zu einer Erweiterung der Prüfungsbefugnisse gegenüber der richtig verstandenen Vorschrift alter Fassung geführt, dagegen insbesondere in Absatz 3 einige Restriktionen eingeführt (vgl. dazu unten Rn. 10 ff.).

Darüber hinaus ist es den entsprechenden Interessenvertretern insbesondere in der Arbeitsgruppe „Mitreden-Mitgestalten" offenbar gelungen, entgegen dem wie ein Morgengebet im Munde geführten Bekenntnis zum Kinderschutz sämtliche Prüfungsbefugnisse mit einem Verhältnismäßigkeitsvorbehalt zu versehen, der angesichts dessen Unberechenbarkeit über jeder Prüfung das Damoklesschwert der Unverhältnismäßigkeit und damit Rechtswidrigkeit schweben lässt.[1]

2. Struktur der Vorschrift

Die durch die Neufassung geschaffene **Struktur der Vorschrift** ist kompliziert und wirft die Frage nach dem Verhältnis der einzelnen Absätze zueinander auf. Insbesondere die in der neuen Überschrift zum Ausdruck gebrachte Trennung von „Prüfung vor Ort" und „Prüfung nach Aktenlage", die auch in der Gesetzesbegründung beschworen wird,[2] bildet sich in der Norm keineswegs in einer solchen Klarheit ab. 1a

Mit der Streichung der Worte „an Ort und Stelle" in **Abs. 1 Satz 1** wurde zunächst klargestellt, dass Satz 1 nicht mehr nur die örtliche, sondern die Prüfung von Einrichtungen ganz

1 Auch die Gesetzesbegründung verheddert sich wiederholt in den Fallstricken der Verhältnismäßigkeit, indem sie zuvor getroffene Feststellungen kleinlaut zurücknimmt („gilt nicht uneingeschränkt"). Vgl. BT-Drs. 19/26107, 103.

2 Vgl. BT-Drs. 19/26107, 103.

allgemein betrifft. Ob diese als „Prüfung vor Ort" oder als „Prüfung im schriftlichen Verfahren" stattfindet, entscheidet die Erlaubnisbehörde in Anwendung von **Abs. 1 Satz 2**, nach dem nicht nur über Häufigkeit und Umfang, sondern auch **die Art der Prüfung** nach fachlicher Einschätzung zu entscheiden ist. Auch die Soll-Verpflichtung zur **Beteiligung des Jugendamtes** und des zentralen freien Trägers nach **Abs. 1 Satz 3** betrifft jegliche Prüfung.

Einziger normativer Anhaltspunkt für eine „Prüfung im schriftlichen Verfahren" oder „nach Aktenlage" ist **Abs. 1 Satz 4**. Gäbe es diesen Satz nicht, käme zu Recht niemand auf den Gedanken, es könne eine Prüfung im schriftlichen Verfahren geben. Aber auch Satz 4 enthält allenfalls rudimentäre Regelungen, insbesondere enthält er bereits keinerlei Voraussetzungen für die normierte Vorlageverpflichtung. Es bleibt völlig im Dunkeln, in welchen Fällen der Träger Unterlagen vorzulegen hat. Schließlich deutet auch das Wort „insbesondere" darauf hin, dass es sich bei der Vorlagepflicht um eine besonders hervorgehobene unter mehreren weiteren Verpflichtungen handelt. (vgl. zu Satz 4 im Einzelnen unten Rn. 5 ff.).

Abs. 2 stellt eine spezielle Regelung der Befugnis zur örtlichen Prüfung und der Mitwirkungspflicht des Trägers dar (vgl. im Einzelnen unten Rn. 8 f.).

Abs. 3 regelt differenziert die Befugnisse der von der Erlaubnisbehörde beauftragten Personen anlässlich einer örtlichen Prüfung (Satz 1) sowie der mit diesen korrespondierenden Duldungspflicht des Trägers (Satz 2).

B. Einzelheiten

I. Abs. 1 – Allgemeine Prüfungspflichten und -befugnisse

2 Abs. 1 **Satz 1** verpflichtet die zuständige Behörde, nach den Erfordernissen des Einzelfalls zu überprüfen, ob die Voraussetzungen für die Erteilung der Erlaubnis weiterbestehen.

Gegenstand der Prüfung ist nach dem Gesetzeswortlaut also das **Weiterbestehen** der für die Erteilung der Erlaubnis maßgeblichen Voraussetzungen. Damit ist das Prüfprogramm klar umrissen: Zu prüfen ist, ob die in **§ 45 Abs. 2 SGB VIII** genannten **Erteilungsvoraussetzungen** weiterhin gegeben sind.
Weniger deutlich ist die Vorgabe, dass die Prüfung **nach den Erfordernissen des Einzelfalls** erfolgen soll. Aus der Formulierung folgt, dass es jedenfalls keine Überprüfung „ins Blaue hinein" geben soll, sondern ein auslösendes Moment die Prüfung erforderlich erscheinen lassen muss. Solche Umstände können sich zunächst aus einer Meldung nach § 47 SGB VIII ergeben. Insbesondere angezeigte Ereignisse oder Entwicklungen, die geeignet sind, das Wohl der Kinder und Jugendlichen zu beeinträchtigen (§ 47 Abs. 1 Satz 1 Nr. 2 SGB VIII), oder Änderungen in Trägerschaft, Standort oder Personal und Leitung (§ 47 Abs. 1 Satz 2 SGB VIII) können eine Prüfung erforderlich machen. Anlass zu einer Prüfung kann auch eine Information des örtlichen Trägers nach § 47 Abs. 3 SGB VIII sein.

Darüber hinaus sind Mitteilungen und Informationen jeglicher Art, etwa in den Medien, von der Erlaubnisbehörde im Hinblick auf eine erforderliche Prüfung zu bewerten. Anlass zur Prüfung können ferner Mitteilungen interner oder externer Beschwerdestellen i.S.d. § 45 Abs. 2 Nr. 4 SGB VIII sein. Eine Überprüfung ist regelmäßig angezeigt mit Blick auf die Beseitigung festgestellter Mängel (§ 45 Abs. 6 Satz 1 SGB VIII) oder die Umsetzung erteilter Auflagen (§ 45 Abs. 4, Abs. 6 Satz 3 SGB VIII).

Schließlich kann auch der seit der letzten vorausgegangenen Prüfung verstrichene Zeitraum eine erneute Überprüfung erfordern. Auch dann, wenn keine Anzeigen, Meldungen oder sonstige Informationen vorliegen, ist die Erlaubnisbehörde verpflichtet, in **bestimmten Ab-**

ständen, deren Länge von der Art, Größe und Eigenart der Einrichtung abhängt, zu **überprüfen**.

Dass das **Weiterbestehen** der Erlaubnisvoraussetzungen zu überprüfen ist, bedeutet, dass die Prüfungsverpflichtung und -befugnis nach dieser Vorschrift erst nach Erteilung der Erlaubnis einsetzt, da es vor deren Erteilung nicht um das Weiterbestehen, sondern nur um das **Bestehen** der erheblichen Voraussetzungen gehen kann. Allerdings wird eine örtliche Prüfung auch bereits vor Erlaubniserteilung für zulässig erachtet, um sich vor Ort ein Bild von der Einrichtung zu verschaffen.[3] Dem ist zuzustimmen, jedoch bestehen für eine solche Prüfung weder eine Verpflichtung der Behörde noch die in § 46 SGB VIII ausformulierten Befugnisse. Vielmehr handelt es sich dann um Maßnahmen zur Ermittlung des für die Erlaubniserteilung relevanten Sachverhalts im Sinne von § 20 SGB X.

Mit der Feststellung eines den Erfordernissen des Einzelfalls entsprechenden Anlasses ist aber noch nichts über **Frequenz**, **Art**, **Umfang** und **Intensität** der Prüfung gesagt. Die Funktion, darüber zu entscheiden, hat nunmehr Abs. 1 Satz 2 übernommen.

Satz 2 in seiner neuen Fassung – der bisherige Abs. 1 Satz 2 wurde in Abs. 2 Satz 2 verschoben – normiert einen allgemeinen **Verhältnismäßigkeitsvorbehalt**. 3

Danach müssen „Häufigkeit, Art und Umfang der Prüfung" (...) nach fachlicher Einschätzung im Einzelfall zur Gewährleistung des Schutzes des Wohls der Kinder und Jugendlichen in der Einrichtung geeignet, erforderlich und angemessen sein." Neben dem für staatliches Handeln inzwischen ohnehin generell geltenden Verhältnismäßigkeitspostulat enthält Satz 2 weitere Selbstverständlichkeiten („nach fachlicher Einschätzung" – nach welcher Einschätzung sollte eine Behörde sonst entscheiden; „im Einzelfall" – nichts anderes als die Prüfung „im Einzelfall" ist in § 46 SGB VIII geregelt), die nicht nur überflüssig erscheinen, sondern auch nahelegen, dass entgegen den wortreichen Bekundungen der Gesetzesbegründung das Instrumentarium der Einrichtungsaufsicht eher entschärft denn geschärft werden soll.[4]

Mit den genannten drei Begriffen (geeignet, erforderlich, angemessen) sind die Kriterien benannt, nach denen die Verhältnismäßigkeit einer Maßnahme zu beurteilen ist.

Die Prüfung muss also zunächst **geeignet** sein, den mit ihr verfolgten Zweck zu erfüllen; zur Zweckerreichung ungeeignete Maßnahmen können niemals verhältnismäßig sein. Zweck der Prüfung ist es, den Schutz des Wohls der Kinder und Jugendlichen in der Einrichtung zu gewährleisten. Insoweit ist eine **Prüfung stets geeignet**, das Wohl der Bewohner_innen einer Einrichtung zu gewährleisten, weil sie den Träger zur Aufrechterhaltung oder Herstellung erlaubniskonformer Zustände in der Einrichtung veranlasst.[5] Eine Einschränkung der Prüfungsbefugnis ist diesem Kriterium also nicht zu entnehmen.

Die **Prüfung** muss weiterhin **erforderlich** sein. Das ist sie immer dann, wenn nach fachlicher Einschätzung der Erlaubnisbehörde Gründe dafür vorliegen, dass ohne die Prüfung das Wohl der Kinder oder Jugendlichen in der Einrichtung nicht gewährleistet ist. Das ist etwa der Fall, wenn von der der Erlaubnis zugrunde liegenden Konzeption abgewichen wird, wenn Absprachen nicht eingehalten oder Auflagen nicht erfüllt werden oder bei früheren

---

3 So Wiesner/Wapler/*Wiesner*, § 45 SGB VIII Rn. 116.

4 Dessen Betonung steht deshalb tendenziell im Widerspruch zu der in der Gesetzesbegründung formulierten Zielsetzung des KJSG, angesichts des besonderen Schutzbedürfnisses von Kindern und Jugendlichen in Einrichtungen der Erziehungshilfe und der dort in besonderem Maße bestehenden Risiken, deren Schutz zu konkretisieren und zu schärfen. Die Gesetzesbegründung schweigt zur Einfügung von Satz 2 und gibt insbesondere keinerlei Auskunft darüber, warum dieser eingefügt wurde, zumal er im Beschluss der Jugend- und Familienministerkonferenz vom 23.2.2016, auf den sich die Gesetzesbegründung im Allgemeinen beruft (vgl. BT-Drs. 19/26107, 42), *nicht* enthalten ist.

5 Diese Feststellung würde allenfalls dann in Frage zu stellen sein, wenn die Erlaubnisbehörde sehenden Auges unproblematische Sachverhalte prüfen, problematische dagegen ignorieren und ungeprüft lassen würde.

Prüfungen Mängel festgestellt wurden. Liegen diese Voraussetzungen vor, sind regelmäßig weniger eingriffsintensive Mittel nicht ersichtlich.

Schließlich muss die **Prüfung angemessen** sein, also in einem angemessenen Verhältnis zum angestrebten Zweck stehen. Das zu schützende Kindeswohl ist ein Rechtsgut von so überragender Bedeutung, dass eine Prüfung der Einrichtung allenfalls in Willkürfällen in einem völligen Missverhältnis zu diesem Schutzzweck stehen, und deshalb unangemessen und deshalb unzulässig sein könnte, so dass daruf verzichtet werden müsste. Nach allem ist festzustellen, dass Satz 2 eine gegenüber den Prüfungen der Erlaubnisbehörde abwehrende Wirkung zugedacht worden sein mag, eine reale, die Prüfungsbefugnis einschränkende Wirkung ihm indes kaum zukommt.

4 Abs. 1 **Satz 3** wurde durch das KJSG nicht verändert. Da auch für die **örtliche Prüfung** gemäß § 85 Abs. 2 Nr. 6 SGB VIII der **überörtliche Träger zuständig** ist, normiert **Satz 3** die Beteiligung des ortsnahen örtlichen Jugendamtes sowie des zentralen Trägers der freien Jugendhilfe, dem der Träger der Einrichtung angehört. Letzteres dient der Förderung der Zusammenarbeit und Beratung sowie erforderlichenfalls der effektiven Abstellung festgestellter Mängel. Die Beteiligung macht zwar Terminabstimmungen erforderlich, schließt aber **unangemeldete Kontrollbesuche** nicht aus.[6]

5 Durch das KJSG neu eingefügt wurde Abs. 1 **Satz 4**, der nach der Gesetzesbegründung „die **Mitwirkungspflicht des Trägers** im schriftlichen Verfahren" konkretisieren soll.

Die Normierung einer Pflicht, der zuständigen Behörde „insbesondere alle für die Prüfung erforderlichen Unterlagen vorzulegen", etabliert allerdings **noch kein „schriftliches Verfahren"**. Die in der Gesetzesbegründung enthaltene Behauptung, mit der Neufassung würden „Prüfbefugnisse im schriftlichen Verfahren (…) gesetzlich klargestellt",[7] mag zwar die Vorstellung des Gesetzgebers zum Ausdruck bringen, diese hat allerdings im Gesetzeswortlaut keinen Niederschlag gefunden. Eine gesetzliche „Klarstellung" von Prüfungsbefugnissen würde zuallererst erfordern, dass deren Voraussetzungen geregelt werden. Solches fehlt in Satz 4 ebenso wie die Regelung der Voraussetzungen, unter denen die Vorlagepflicht des Trägers besteht. Schließlich normiert Satz 4 die Verpflichtung des Trägers der Einrichtung, „**insbesondere**" alle erforderlichen Unterlagen vorzulegen. Das Wort ‚insbesondere' markiert nach tradierter Gesetzessprache ein vom Gesetzgeber als besonders relevant hervorgehobenes, aber nicht abschließendes Regelbeispiel. Damit ist bereits schwerlich in Einklang zu bringen, dass es in Abs. 1 Satz 4 ausschließlich um die Einführung eines schriftlichen Prüfungsverfahrens gehe, in dem es dann ja über die Vorlage von Unterlagen hinaus keine weiteren Verpflichtungen des Trägers gäbe.

Bei einer Prüfung i.S.d. Abs. 1 Satz 1 bestehen dagegen neben der hervorgehobenen Pflicht zur Vorlage von Unterlagen Verpflichtungen zur Beantwortung von Nachfragen oder zur mündlichen oder schriftlichen Erläuterung vorgelegter Unterlagen, wie sie etwa auch bei steuerlichen Betriebsprüfungen üblich sind (vgl. § 200 AO).

Schließlich ist zu konstatieren, dass die Annahme eines isolierten, nur in Satz 4 geregelten schriftlichen Prüfungsverfahrens zwar zu einer Verpflichtung des Trägers zur Vorlage von Unterlagen, nicht aber zu einer Verpflichtung der Erlaubnisbehörde, Prüfungen durchzuführen, führen würde. Diese Verpflichtung enthält ausschließlich Abs. 1 Satz 1.

6 Die vorstehenden Überlegungen machen deutlich, dass **Abs. 1 Satz 4 keine selbstständige Regelung (eines schriftlichen Verfahrens)** darstellt. Vielmehr handelt es sich um die Normierung einer Verpflichtung des Trägers im Rahmen einer Prüfung nach Abs. 1 Satz 1. Bei dieser kann es sich um eine örtliche Prüfung oder eine solche im schriftlichen Verfahren handeln. In beiden Fällen besteht die Vorlagepflicht nach Satz 4.

---

6 Ebenso Wiesner/Wapler/*Wiesner*, § 46 SGB VIII Rn. 4a.
7 So BT-Drs. 19/26107, 103.

Die **Erlaubnisbehörde entscheidet** auf der Grundlage von Abs. 1 Satz 2 („Art der Prüfung") darüber, ob sie eine **rein schriftliche oder eine örtliche Prüfung** durchführt.[8] Möglich und häufig wohl auch angezeigt sind auch Mischformen. So ist eine ordnungsgemäße Buch- und Aktenführung, nicht aber die tatsächliche Versorgung der Kinder und Jugendlichen im schriftlichen Verfahren überprüfbar. Eine irgendwie geartete Formenstrenge hinsichtlich der Prüfungsformen ist § 46 SGB VIII ohnehin nicht zu entnehmen.

Der Anwendungsbereich einer reinen Prüfung nach Aktenlage dürfte gering sein, da sich eine mögliche Gefährdung der in einer Einrichtung lebenden Kinder und Jugendlichen, die sich stets aufgrund der tatsächlichen Verhältnisse entscheidet, kaum aufgrund vorgelegter Unterlagen beurteilen lässt.

Hinsichtlich der vorzulegenden „**erforderlichen Unterlagen**" verweist die Gesetzesbegründung auf § 45 Abs. 3 Nr. 3 des Gesetzentwurfs, an dem sich die Behörde orientieren könne.[9] Allerdings wurde diese Vorschrift im Zuge des Gesetzgebungsverfahrens aus dem Entwurf gestrichen. Sie erscheint inhaltlich wieder in § 47 Abs. 2 SGB VIII. Die dort geregelte alle Bereiche des Einrichtungsbetriebs erfassende Dokumentations- und Aufbewahrungspflicht erscheint indes wenig geeignet, die im Rahmen von § 46 Abs. 1 Satz 4 SGB VIII nötige Eingrenzung zu leisten, um die sich vor allem die Gesetzesbegründung – wiederum unter Verhältnismäßigkeitsgesichtspunkten – so sehr bemüht. 7

Entscheidend für die Erforderlichkeit vorzulegender Unterlagen kann nicht ein in welcher Norm auch immer verorteter Katalog von Dokumentationspflichten, sondern nur der Grund der Prüfung sein: **Vorzulegen** sind die **Unterlagen**, die zur **Beurteilung der Umstände** im Hinblick auf den Fortbestand der Erlaubnis **erforderlich** sind, die die Behörde zur Prüfung veranlasst haben. Eine trennscharfe Abgrenzung vorzulegender und unter dem Gesichtspunkt der Verhältnismäßigkeit nicht vorzulegender Unterlagen erscheint ebenso unmöglich wie absurd. Das ganze Elend dieser halbherzigen und lückenhaften Vorschrift wird in der Gesetzesbegründung zum Ausdruck gebracht, wo es heißt: „Regelhafte routinemäßige Gesamtüberprüfungen sind nicht zwingend vorgesehen; umfassende Prüfungen bei Bedarf sind aber nicht ausgeschlossen. Es ist Sache der zuständigen Behörde, diesen Prüfbedarf zu ermitteln, der nicht auf 'Verdachtsfälle' begrenzt ist, sich aber auch und insbesondere bei anlasslosen Prüfungen am Verhältnismäßigkeitsgrundsatz messen lassen muss."[10]

II. Abs. 2 – Örtliche Prüfungen; Mitwirkungspflicht des Trägers

Der durch das KJSG eingefügte Abs. 2 trifft für Prüfungen vor Ort, also in der Einrichtung selbst, eine von Abs. 1 partiell abweichende Spezialregelung. Nach dem neu geschaffenen **Satz 1** können sie **jederzeit unangemeldet** erfolgen. Die Gesetzesbegründung weist darauf hin, dass mit der Neuregelung klargestellt werde, dass nach der Herausnahme aus Abs. 1 für eine rechtmäßige örtliche Prüfung weder ein konkreter Anlass im Sinne eines Verdachtsfalles noch eine Anmeldung erforderlich sei. Mit der Neufassung werde der Streit über die Frage eines Prüfanlasses beendet, der sich aus dem engen sprachlichen Zusammenhang mit dem in Abs. 1 enthaltenen Merkmal „nach den Erfordernissen des Einzelfalls" ergeben habe.[11] Allerdings handelt es sich um mehr als nur die Auflösung eines engen sprachlichen 8

8 Die Gesetzesbegründung, die fälschlicherweise von Satz 3 spricht, nennt die „Zweckmäßigkeit" als Kriterium. Man darf gespannt sein, ob und ggfs. mit welchem Ergebnis es zu Rechtsstreitigkeiten mit der Begründung kommen wird, es habe unter Verhältnismäßigkeitsgesichtspunkten keine örtliche Prüfung, sondern lediglich eine solche nach Aktenlage (oder umgekehrt) stattfinden dürfen.

9 Vgl. BT-Drs. 19/62107, 103.

10 BT-Drs. 19/62107, 103. Nähme man diese wankelmütigen und letztlich nichtssagenden Ausführungen ernst, würde sich die Prüfung weniger auf die Prüfung von Einrichtungen als vielmehr auf die Verhältnismäßigkeit der Prüfung von Einrichtungen erstrecken.

11 BT-Drs. 19/26107, 103.

Zusammenhangs. Soweit die Regelungen des Abs. 2 von diesen abweichen, gehen sie als **spezielle** den Normierungen des Abs. 1 vor.

Das betrifft zum einen, wie die Gesetzesbegründung ausführt, den Anlass der örtlichen Prüfung. Sie ist nicht nur „nach den Erfordernissen des Einzelfalls", sondern „**jederzeit**", also ohne konkreten Anlass zulässig. „Jederzeit" betrifft nicht die Tageszeit der Prüfung. Insoweit bleibt es bei den Vorgaben des Abs. 3 Satz 1, 3.

Zum anderen darf sie auch „**unangemeldet**" erfolgen. Eine Prüfung vor Ort ohne vorgängige Anmeldung kann erforderlich sein, um die im Fall der Ankündigung möglicherweise erfolgende Verschleierung vorhandener Missstände zu verhindern. Unangemeldete Prüfungen sind insbesondere dann angezeigt, um die Beseitigung von Mängeln oder die Umsetzung von Auflagen zu überprüfen.

Nur soweit Abs. 2 **keine spezielle Regelung** trifft, bleibt auch Abs. 1 Satz 2 mit der Folge anwendbar, dass auch die örtliche Prüfung zur Gewährleistung des Schutzes des Wohls der Kinder und Jugendlichen in der Einrichtung verhältnismäßig sein muss. So kann man einer Prüfung nicht entgegenhalten, sie sei nicht erforderlich, weil kein Anlass bestanden habe, da Abs. 2 Satz 1 die jederzeitige, d.h. anlasslose Prüfung ausdrücklich zulässt. Dasselbe gilt hinsichtlich der Nicht-Ankündigung einer Prüfung.

Zum Schutz des Kindeswohls nicht erforderlich kann eine Prüfung aber etwa dann sein, wenn sie nach sehr kurzer Zeit erneut erfolgt, ohne dass in den Verhältnissen irgendeine Änderung eingetreten ist. Anders stellt sich die Situation dar, wenn die Beseitigung von Mängeln oder die Umsetzung von Auflagen zu überprüfen ist. Dann kann auch ein sehr kurzes Intervall zulässig sein.

Die Geeignetheit dürfte allenfalls in Ausnahmefällen in Frage stehen, da die Überprüfung des Fortbestehens erlaubniskonformer Zustände stets zum Schutz des Wohls der in der Einrichtung lebenden Kinder und Jugendlichen geeignet ist.

9 Der durch das KICK geschaffene, nunmehr in Absatz 2 übernommene **Satz 2** begründet eine **Mitwirkungspflicht des Trägers** der Einrichtung. Die Regelung tritt an die Stelle der auf Träger nicht anwendbaren §§ 60 ff. SGB I.[12] Angesichts dieser Funktion kann bei der Auslegung der Vorschrift auf die Ausgestaltung der Mitwirkungspflichten im SGB I, insbesondere hinsichtlich der Abgabe von Erklärungen und der Vorlage von Beweismitteln und Urkunden, zurückgegriffen werden. Atypische Umstände, die ein Abweichen von der Regel der Soll-Verpflichtung angezeigt sein lassen, sind kaum vorstellbar.

Zu den Mitwirkungspflichten gehört gem. Abs. 1 Satz 4 auch die Vorlage aller für die Prüfung erforderlichen Unterlagen.
Zu den Folgen der Verletzung von Mitwirkungspflichten vgl. unten Rn. 27 ff.

III. Abs. 3 – Befugnisse im Rahmen der Überprüfung

10 Absatz 3 normiert einzelne Befugnisse, die der mit der Überprüfung beauftragten Person in dem in Satz 1 geregelten Umfang stets, in dem in Satz 2 genannten Umfang nur im Gefahrenfall zustehen. Es handelt sich um **Betretungs-, Besichtigungs-, Prüfungs- und Gesprächsführungsbefugnisse**, deren Ausübung der Einrichtungsträger nach Satz 4 zu dulden hat. Das Grundrecht nach Art. 13 GG wird insoweit eingeschränkt, wie sich aus dem nach wie vor geltenden Art. 20 KJHG ergibt. Weitergehende Befugnisse bestehen unmittelbar nicht. Die Behörde ist auf die Erteilung von Auflagen oder die Aufhebung der Erlaubnis beschränkt. Daneben bestehen die Befugnisse des örtlichen Trägers nach § 42 SGB VIII weiter.

12 So die Gesetzesbegründung BT-Drs. 15/5616, 27.

1. Abs. 3 Satz 1 – Betretungs-, Besichtigungs-, Prüfungs- und Gesprächsführungsbefugnisse

Nach Abs. 3 **Satz 1 Nr. 1** sind die von der zuständigen Behörde beauftragten Prüfungspersonen befugt, während der Tageszeit die für die Einrichtung benutzten **Grundstücke und Räume** – maßgeblich ist also nicht deren örtliche Lage, sondern die Nutzung – **zu betreten**. 11

Unter der **Tageszeit** wird im Hinblick auf den nicht näher erläuterten „Regelungszweck und den Nutzungszweck der Einrichtung" teilweise die Zeit zwischen 7.00 und 19.00 Uhr,[13] nach anderer Auffassung entsprechend § 104 Abs. 3 StPO im Zeitraum vom 1. April bis 30. September die Zeit zwischen 4.00 und 21.00 Uhr und vom 1. Oktober bis 31. März die zwischen 6.00 und 21.00 Uhr verstanden. In Betracht kommt schließlich in Anlehnung auf das Vollstreckungsrecht der ZPO der Zeitraum zwischen 6.00 und 21.00 Uhr nach § 758a Abs. 4 Satz 2 ZPO. Da die jahreszeitabhängige Sichtweise eher zu Unsicherheit führen würde und die Annahme eines Zeitraums von 7.00 bis 19.00 Uhr schwerlich aus dem Regelungszweck herausdestilliert werden kann, ist der an § 758a Abs. 4 ZPO angelehnten Auffassung, die immerhin noch einen gesetzlichen Anknüpfungspunkt vorzuweisen hat, der Vorzug zu geben und unter **Tageszeit der Zeitraum** von **6.00 bis 21.00 Uhr** zu verstehen.

a) Satz 1 Nr. 1 – Betretungs-, Prüfungs- und Besichtigungsbefugnis

Die Vorschrift ermächtigt zunächst zum **Betreten** der für die Einrichtung benutzten Grundstücke und Räume, soweit diese nicht dem **Hausrecht** der Bewohner unterliegen. Das Gesetz bestätigt in dieser Vorschrift die Existenz eines Hausrechts der Bewohner an den von ihnen bewohnten Räumen. **Bewohner** sind die **Kinder und Jugendlichen**, die in der Einrichtung Unterkunft erhalten. Dieses Hausrecht genießt den vollen zivil- und strafrechtlichen Schutz (vgl. §§ 858 ff. BGB, § 123 StGB). Die Anerkennung eines Hausrechts der Bewohner ist in der Praxis keinesfalls selbstverständlich. Insbesondere enthalten viele Heim- oder Hausordnungen Regelungen, die mit dem Hausrecht unvereinbar sind (z.B. das Verbot, Besuch zu empfangen). 12

Keine Bewohner in diesem Sinne sind die **Beschäftigten**. Soweit sie in der Einrichtung wohnen, handelt es sich bei ihren Wohnungen regelmäßig nicht um Räume, die für die Einrichtung genutzt werden, sodass a priori kein jugenhilferechtliches Betretensrecht besteht. 13

Die Ermächtigung befugt weiter dazu, in der Einrichtung **Prüfungen und Besichtigungen** vorzunehmen. Das Prüfpersonal ist also **berechtigt, alle Räumlichkeiten** in **Augenschein** zu nehmen. 14

Unter der Geltung der alten Rechtslage war umstritten, ob die prüfenden Personen auch befugt sind, Unterlagen des Trägers betreffend die Einrichtung zu prüfen, und dieser – damit korrespondierend – verpflichtet war, diese vorzulegen.[14] Dürfen etwa die Unterlagen über den Wareneinkauf geprüft werden, wenn Beschwerden über Umfang und Qualität der Verpflegung vorliegen? Auch die Neufassung durch das KJSG scheint dazu, jedenfalls in § 46 Abs. 3 SGB VIII, zu schweigen.

Allerdings verpflichtet der durch das KJSG neu eingefügte Abs. 1 Satz 4 den Träger der Einrichtung dazu, alle für die Prüfung erforderlichen Unterlagen vorzulegen. Die Gesetzesbegründung spricht, ganz im Sinne einer strikten Trennung der beiden Prüfungsverfahren, insoweit allerdings von einer Mitwirkungspflicht „bei der Prüfung im schriftlichen Verfahren".

13 So Wiesner/Wapler/*Wiesner*, § 46 SGB VIII Rn. 12 m.w.N.
14 Bejahend die Vorauflage, § 46 Rn. 10; verneinend, weil das Gesetz das nicht vorsehe, FK-SGB VIII/*Smessaert/Lakies*, § 46 Rn. 3.

Es wurde oben (vgl. Rn. 5 f.) bereits ausgeführt, dass die von der Gesetzesbegründung insinuierte strikte Unterscheidung und Trennung von örtlicher Prüfung und Prüfung im schriftlichen Verfahren dem Gesetz nicht zu entnehmen ist. § 46 Abs. 1 Satz 1 SGB VIII spricht allgemein von „Prüfung" über deren Art und Umfang die Erlaubnisbehörde nach Satz 2 zu entscheiden hat. Entscheidet sie sich aufgrund der Umstände und des Prüfungsanlasses, auf eine örtliche Prüfung zu verzichten und eine Prüfung nach Aktenlage durchzuführen, benötigt sie dazu in erster Linie die erforderlichen Unterlagen, weshalb der Träger in Abs. 1 Satz 4 zu deren Vorlage verpflichtet wird. Diese Verpflichtung ist aber keineswegs auf die Prüfung nach Aktenlage beschränkt, auch **bei einer örtlichen Prüfung** kann und wird im Regelfall die Prüfung von **Geschäftsunterlagen erforderlich** sein. Auch dann greift Abs. 1 Satz 4 ein und verpflichtet den Träger zur Vorlage.

15 Dafür, dass auch anlässlich einer örtlichen Prüfung die erforderlichen Unterlagen vom Träger vorzulegen sind, spricht schließlich auch die Entstehungsgeschichte des KJSG. Der Bundesrat forderte in seiner Stellungnahme zum Gesetzentwurf der Bundesregierung die Erweiterung von § 47 SGB VIII um Dokumentations-, Aufbewahrungs- und Nachweispflichten. Zur Begründung verwies er u.a. darauf, dass die vorgeschlagene Regelung „den Umfang der im Rahmen von § 46 Absatz 1 SGB VIII zulässigen Prüfung von Unterlagen vor Ort sowie die Duldungs- und Mitwirkungspflicht" konkretisiere.[15] Die Bundesregierung stimmte dem Gesetz gewordenen Vorschlag ebenso zu[16] wie der 13. Ausschuss, der sich auch die Begründung des Bundesrates (ohne Nennung von § 46 Abs. 1) zu eigen machte.[17] Alle an der Gesetzgebung beteiligten Gesetzgebungsorgane sind also davon ausgegangen, dass die anzufertigenden oder ständig zu führenden Unterlagen bei einer Prüfung vor Ort vom Träger vorzulegen sind.

16 Würde man annehmen, dass eine Verpflichtung zur Vorlage prüfungsrelevanter Unterlagen bei einer Vorortprüfung nicht bestehe, führte dies dazu, dass die Behörde die örtliche Prüfung ggfs. abbrechen müsste, um sich sodann die Unterlagen zum Zweck der Prüfung im schriftlichen Verfahren vorlegen zu lassen. Ein solchermaßen ebenso umständliches, (zeit)aufwendiges, und geradezu aberwitziges Verfahren ist allerdings Wortlaut und Systematik des § 46 SGB VIII nicht zu entnehmen und kann dem Gesetzgeber auch nicht als Ziel unterstellt werden.

Hinzu kommt ein Weiteres: Würde man eine Berechtigung der prüfenden Personen zur Einsicht in Unterlagen und eine damit korrespondierende Verpflichtung des Trägers zu deren Vorlage verneinen, beschränkte sich die Vorortprüfung – von der gesondert geregelten Befugnis zu Einzelgesprächen abgesehen – auf eine reine Inaugenscheinnahme der Grundstücke und Räume. Das würde aber auch dem Wortlaut des Abs. 3 Satz 1 nicht gerecht, der von „Prüfungen und Besichtigungen" spricht, also über die Einnahme des Augenscheins ausdrücklich hinausgeht. Auch im **Kontext der örtlichen Prüfung** haben also die Beauftragten der Erlaubnisbehörde die **Befugnis, die notwendigen Unterlagen einzusehen**.[18]

b) Satz 1 Nr. 2 – Gesprächsführungsbefugnisse

17 Der durch das KJSG erheblich umgestaltete Abs. 1 Satz 1 Nr. 2 ermächtigt weiter dazu, mit den Beschäftigten Gespräche zu führen. Obwohl das Gesetz – anders als noch der KJSG-Entwurf aus dem Jahre 2017, in dem von ‚Einzelgesprächen' die Rede war[19] – nunmehr nur

15 BT-Drs. 19/27481, 32.
16 BT-Drs. 19/27481, 87.
17 Vgl. BT-Drs. 19/28870, 107.
18 Die Gegenansicht, die ein solches Einsichtsrecht verneint, ist nach der Neufassung nicht mehr aufrechtzuerhalten.
19 Vgl. BT-Drs. 18/12230, 16.

noch von ‚Gesprächen' spricht, ist mit der Gesetzesbegründung[20] davon auszugehen, dass eine inhaltliche Änderung nicht beabsichtigt ist. Einzelgespräche führen zu können, bedeutet vor allem, sie in Abwesenheit von Vorgesetzten der Beschäftigten und von Leitungspersonal der Einrichtung bzw. des Trägers zu absolvieren. Nur so lassen sich unbeeinflusste und der Aufklärung dienliche Aussagen und Erkenntnisse gewinnen. Sollte der Träger solche Gespräche zu verhindern suchen, ist dies im Blick auf die Beurteilung der Zuverlässigkeit i.S.d § 45 Abs. 2 Nr. 1 SGB VIII relevant.

Weitaus problematischer ist die **Befugnis** der mit der Überprüfung beauftragten Personen, **mit den Kindern und Jugendlichen** in der Einrichtung **Gespräche** zu führen. Daran, dass solche Einzelgespräche ein wichtiges und notwendiges Instrument der Erlaubnisbehörde zur Beurteilung der tatsächlichen Verhältnisse in der Einrichtung sind, kann überhaupt kein Zweifel bestehen. Dies wird nunmehr gegenüber der bisherigen ebenso ridikülen wie nichtssagenden Formulierung („sich mit den Kindern und Jugendlichen in Verbindung zu setzen") immerhin auch sprachlich zum Ausdruck gebracht. Die Neufassung stellt diese Gespräche unter weitere Voraussetzungen.

aa) Satz 1 Nr. 2 Buchst. a – Einverständnis der Personensorgeberechtigten und Ermöglichung der Beteiligung

Die Befugnis, solche Einzelgespräche zu führen, steht nach Nr. 2 Buchst. a zunächst unter dem **Vorbehalt**, dass die Prüfbehörde das **Einverständnis der Personensorgeberechtigten** zu den Gesprächen **eingeholt** und diesen eine Beteiligung an den Gesprächen **ermöglicht hat**. Nicht zuletzt aufgrund der im Gesetzgebungsverfahren vorgenommenen sprachlichen Änderungen[21] ist davon auszugehen, dass das Einverständnis vorliegen und die Beteiligung eröffnet sein muss, bevor die Gespräche geführt werden („eingeholt hat", ermöglicht hat"). 18

Demgegenüber hatte der Bundesrat die Streichung dieses Vorbehalts gefordert und das wie folgt begründet:

> „Gespräche der Betriebserlaubnis erteilenden Behörde mit Kindern und Jugendlichen im Rahmen der örtlichen Prüfung müssen auch weiterhin zeitnah, informell und vertraulich möglich sein, um frühzeitig und vor Eintritt einer strukturellen Gefahr für das Kindeswohl etwaige Mängel und/oder Missstände zu erkennen. Hierzu bedarf es nicht des Einverständnisses der Personensorgeberechtigten, da das Kind oder der Jugendliche nur Eindrücke aus seiner Umgebung schildern soll. In diesem Zusammenhang müssen gerade spontane Äußerungen von Kindern und Jugendlichen sehr ernst genommen werden. Zudem soll die Möglichkeit erhalten bleiben, Kindeswohlverletzungen aufzudecken, die in Einrichtungen im Einverständnis mit den Personensorgeberechtigten erfolgen. Die vorherige Einholung des Einverständnisses beziehungsweise die mangelnde Klarheit, in welchen Fällen ein Einverständnis entbehrlich ist, würde die Möglichkeit beeinträchtigen, die Kinder und Jugendlichen zu schützen und das präventive Handeln der Betriebserlaubnis erteilenden Behörde erheblich erschweren. Damit würden im Ergebnis – entgegen der gesetzgeberischen Intention – der Schutz und die Beteiligungs- und Beschwerdemöglichkeiten von Kindern und Jugendlichen und die Rechte der aufsichtführenden Stellen geschwächt."[22]

Dieser Stellungnahme des der Neigung zur unzulässigen Beschneidung des Elternrechts völlig unverdächtigen Bundesrats **ist uneingeschränkt zuzustimmen**.

Die Gegenäußerung der Bundesregierung[23] betont, die Pflicht zu Einholung des Einverständnisses der Personensorgeberechtigten respektive der Eltern berücksichtige die verfassungs-

20 Vgl. BT-Drs. 19/26107, 103.
21 Vgl. BT-Drs. 19/28870, 49 f.
22 BT-Drs. 19/27481, 30 f.
23 Vgl. BT-Drs. 19/27481, 86.

rechtlich verbrieften Elternrechte[24] und diene „gleichzeitig dem Kinderschutz". Die Rechte der Personensorgeberechtigten und die Rechte von Kindern und Jugendlichen seien „in der Vergangenheit nicht immer hinreichend in den Blick genommen" worden, deshalb sei die Klarstellung geboten. Die zuständige Behörde könne von den Vorgaben absehen, wenn ansonsten der wirksame Kinderschutz infrage gestellt würde. Die Aufsichtsbehörde werde damit im Hinblick auf die Nichtbeteiligung von Eltern und Nichtbeteiligung von Vertrauenspersonen lediglich einem Begründungszwang unterworfen. „Geheimgespräche" mit Kindern ohne Beteiligung der Personensorgeberechtigten bzw. ohne Beteiligung einer Vertrauensperson seien bereits nach geltendem Recht rechtswidrig, soweit sie nicht dadurch gerechtfertigt werden könnten, dass andernfalls der wirksame Kindesschutz in Frage gestellt werde.[25]

Die sehr pauschale Stellungnahme, mit der der Vorschlag des Bundesrates zurückgewiesen wird, vermittelt den Eindruck, dass es ihr weniger um die Wahrung der Interessen der Kinder und Jugendlichen in der Einrichtung als die der Personensorgeberechtigten geht. Bereits in seiner Stellungnahme zum KJSG-Entwurf 2017 hatte der Bundesrat darauf hingewiesen, dass es bei der örtlichen Prüfung nicht darum gehe, mit den Kindern über ihre familiäre Situation und den Grund für die Heimunterbringung zu sprechen, sondern stichprobenartig darum, wie es ihnen in der Einrichtung ergeht und wie ihr Alltagsleben dort verläuft. Es sei widersinnig, einerseits in § 9a SGB VIII externe Beschwerdemöglichkeiten zu schaffen, die für Kinder immer eine relativ hohe Schwelle darstellten, andererseits aber die niedrigschwellige Möglichkeit, mit der Heimaufsicht direkt ins Gespräch zu kommen, praktisch zu unterbinden."[26]

Einen Widerspruch stellt es darüber hinaus dar, die Befugnisse der Einrichtungsaufsicht u.a. mit der Begründung stärken zu wollen, dass die Wahrnehmung der elterlichen Erziehung in Einrichtungen gelockert sei, um sodann ein wichtiges Instrument der Aufsichtsbehörde dadurch zu schwächen, dass es grundsätzlich an das elterliche Einverständnis geknüpft wird.

Vorstehendes gilt erst recht gegenüber dem Beteiligungsrecht der Personensorgeberechtigten. Hier avanciert die Prüfbehörde, die sachwalterisch die Interessen und Rechte der Kinder oder Jugendlichen gegenüber der Einrichtung wahrnimmt, unversehens zur Gefährderin, der gegenüber die Eltern die Interessen der Minderjährigen zu verteidigen hätten.[27]

Die Neufassung von Abs. 3 führt damit entgegen allen Beteuerungen im Ergebnis zu einer **Schwächung** der aufsichtsrechtlichen Befugnisse und damit **des Kinderschutzes** in Einrichtungen.

19 Die Kritik der Vorschrift ändert nichts daran, dass die Prüfbehörde gem. Abs. 3 Satz 1 Nr. 2 Buchst. a grundsätzlich verpflichtet ist, vor Gesprächen mit den Kindern und Jugendlichen das Einverständnis der Personensorgeberechtigten einzuholen und diesen die Beteiligung an den Gesprächen zu ermöglichen. Die Vorschrift sagt nichts darüber, in welcher **Form** das zu geschehen hat. Der Prüfbehörde stehen damit alle Formen der Kommunikation – schriftlich, mündlich, telefonisch, E-Mail oder Messenger-Dienst – zur Verfügung, um sich mit den El-

24 Damit wird nicht weniger als die Verfassungswidrigkeit der bisherigen Fassung von § 46 SGB VIII behauptet, der ja in Abs. 2 die Befugnis vorsah, sich auch ohne Einverständnis der Eltern mit den Kindern und Jugendlichen in Verbindung zu setzen, was notwendigerweise das Führen von Gesprächen einschloss.

25 Vgl. BT-Drs. 19/27481, 86.

26 BR-Drs. 314/17 (B), 11. Die genannte Widersinnigkeit ist nach dem KJSG nicht nur auf § 9a SGB VIII, sondern auch und vor allem auf § 45 Abs. 2 Nr. 4 SGB VIII zu stützen, der die Beschwerde gegenüber Stellen außerhalb der Einrichtung gewährleistet.

27 Das erscheint umso befremdlicher, als es ja die Personensorgeberechtigten waren, die entweder aus eigener Initiative oder aufgrund eines kindeswohlgefährdenden Verhaltens den Aufenthalt des Kindes oder Jugendlichen in der Einrichtung herbeigeführt haben. Der Arm der Elternrechte ist eben deutlich länger als der der Elternverantwortung.

tern in Verbindung zu setzen. Das ist insbesondere dann von Bedeutung, wenn sich die Notwendigkeit zu Gesprächen und damit des Einverständnisses kurzfristig ergibt.

Dass den Personensorgeberechtigten darüber hinaus die Beteiligung an den Gesprächen zu **ermöglichen ist**, bedeutet nicht, dass eine Beteiligung auch tatsächlich erfolgen muss. Hat die Behörde diese ermöglicht, können Gespräche auch ohne Beteiligung der Eltern stattfinden. Zwar muss die Behörde nicht auf die Terminwünsche von Eltern eingehen, von einer **Ermöglichung** kann jedoch nur dann die Rede sein, wenn deren Teilnahme realistischerweise erwartet werden kann. Da es im Rahmen von Satz 1 um Prüfungen zur Tageszeit geht, ist auch eine Berufstätigkeit der Eltern in Rechnung zu stellen. Bei einem angemessenen zeitlichen Vorlauf muss von Eltern erwartet werden, andere Verpflichtungen zurückzustellen bzw. etwa durch Inanspruchnahme von Urlaub auszuschließen. **Spontane Gespräche** dürften ungeachtet dessen damit jedenfalls **unmöglich gemacht** werden. Darüber hinaus haben es die Personensorgeberechtigten durch das grundsätzlich geforderte Einverständnis in der Hand, Gespräche ohne jegliche Begründung durch dessen Verweigerung zu unterbinden. Die gesetzliche Regelung erscheint als probates gesetzliches Mittel, solche Gespräche zu verhindern.

Den Gesetzesmaterialien ist nicht zu entnehmen, ob sich der Gesetzgeber oder die ihn beratenden Sachverständigen und Interessensvertreter Gedanken über die Praktikabilität der getroffenen Regelung gemacht haben. Man stelle sich vor, die Erlaubnisbehörde beabsichtige die Prüfung einer Einrichtung, in der 25 Kinder und Jugendliche leben. Aufgrund entsprechender Hinweise hält sie Gespräche mit den Bewohner_innen für unabdingbar. Nach § 46 Abs. 3 Satz 1 Nr. 2 Buchst. a SGB VIII ist sie daher verpflichtet, von 25 – angesichts der Sorgerechtsvorschriften des BGB eher von 50 – Personensorgeberechtigten das Einverständnis zur Führung von Gesprächen einzuholen und diesen – also potenziell 50 Personen – die Teilnahme an diesen Gesprächen zu ermöglichen. Alle 50 Personen erklären ihr Einverständnis mit den Gesprächen, insistieren aber auf ihrer Beteiligung. Unter Berücksichtigung aller legitimen Terminwünsche könnten die Gespräche etwa an 19 oder auch 25 verschiedenen Tagen stattfinden … 20

bb) Satz 1 Nr. 2 Buchst. b – Hinzuziehung einer Vertrauensperson

Über Einverständnis und Beteiligung der Personensorgeberechtigten nach Buchst. a hinaus sind Gespräche mit den Kindern und Jugendlichen in der Einrichtung nur zulässig, wenn die Prüfbehörde diesen die **Hinzuziehung einer von ihnen benannten Vertrauensperson ermöglicht** und sie auf dieses Recht hingewiesen hat. Da es um die Hinzuziehung einer von der oder dem Minderjährigen **benannten Vertrauensperson** geht, steht entgegen der gesetzlichen Reihenfolge am Anfang der Hinweis an das Kind oder die oder den Jugendlichen, dass sie oder er eine Vertrauensperson hinzuziehen kann. In welcher Form dieser Hinweis erfolgt, lässt das Gesetz offen. Diese hängt von Alter sowie geistigen und sprachlichen Fähigkeiten der Bewohner_innen ab. Die Prüfbehörde sollte in jedem Fall **dokumentieren**, dass der Hinweis erfolgt ist. 21

Anders als bei den Personensorgeberechtigten nach Buchst. a ist unter Buchst. b die **Prüfbehörde nicht verpflichtet**, die Beteiligung der benannten Vertrauensperson zu ermöglichen. Ihre Verpflichtung beschränkt sich darauf, den Kindern und Jugendlichen **die Hinzuziehung** einer von ihnen benannten Vertrauensperson **zu ermöglichen**. Wünschen sie deren Teilnahme, müssen sie selbst dafür Sorge tragen.

Die **Hinzuziehung zu ermöglichen**, bedeutet zunächst, den Kindern oder Jugendlichen die Möglichkeit der Kontaktaufnahme mit einer Vertrauensperson zu eröffnen. Auch insoweit stehen Minderjährigen alle Kommunikationsformen (schriftlich, mündlich, telefonisch, E-Mail, Messenger-Dienste, Social Media) zur Verfügung. ‚Zu ermöglichen' bedeutet aber auch, ausreichend Zeit zu gewähren, um die Anwesenheit der Vertrauensperson zu organisieren. Weder Prüfbehörde noch Träger dürfen das Recht zur Hinzuziehung einer Vertrauensperson einschränken oder gar vereiteln.

Ebenso wenig sind Prüfbehörde oder der Träger der Einrichtung befugt, Einfluss auf die Auswahl der **Vertrauensperson** zu nehmen oder eine ausgewählte Person abzulehnen. Die Kinder und Jugendlichen sind insoweit völlig autonom.

cc) Satz 1 Nr. 2 Buchst. b letzter Hs. – Geltung von § 8 Abs. 3 SGB VIII

22 Nach Nr. 2 Buchst. b letzter Hs. bleibt der Anspruch nach § 8 Abs. 3 SGB VIII unberührt. Nach jener Vorschrift haben Kinder und Jugendliche Anspruch auf Beratung ohne Kenntnis des Personensorgeberechtigten, solange durch die Mitteilung an den Personensorgeberechtigten der Beratungszweck vereitelt würde. Da Nr. 2 Buchst. b aber nicht von Rechten von Personensorgeberechtigten, sondern von der Hinzuziehung einer Vertrauensperson handelt, ist die Vorschrift systematisch falsch platziert, gehört vielmehr zu Abs. 3 Satz 1 Nr. 2 Buchst. a, der Befugnisse von Personensorgeberechtigten betrifft.

Ungeachtet dessen bedeutet der Halbsatz, dass der in den Allgemeinen Vorschriften des SGB VIII normierte **Anspruch auf Beratung ohne Kenntnis der Personensorgeberechtigten** durch die speziellen Vorschriften der Einrichtungsaufsicht nach § 46 SGB VIII und insbesondere § 46 Abs. 3 SGB VIII **nicht beseitigt oder verdrängt** wird. Unter den dort genannten Voraussetzungen (vgl. dazu die Erläuterungen bei § 8 Rn. 27 ff.) steht der Beratungsanspruch nach § 8 Abs. 3 SGB VIII auch den in Einrichtungen lebenden Kindern und Jugendlichen zu.

c) Abs. 3 Satz 1 Nr. 2 Satz 2 – Ausnahmen

23 Abs. 3 Satz 1 Nr. 2 Satz 2[28] enthält gewichtige **Ausnahmen** von den in Nr. 2 Buchst. a und b normierten Verpflichtungen der Prüfbehörden. Diese bestehen nicht, wenn durch deren Umsetzung die **Sicherung der Rechte** und der **wirksame Schutz** der Kinder und Jugendlichen in der Einrichtung in Frage gestellt würden. Von einer Einbeziehung von Personensorgeberechtigten und der Ermöglichung der Hinzuziehung einer Vertrauensperson ist also abzusehen, wenn die Abwehr von Gefahren für das Wohl der Kinder und Jugendlichen erschwert oder behindert würde. Liegt zum Beispiel der Verdacht eines Missbrauchs- oder Misshandlungsfalls vor und muss davon ausgegangen werden, dass dies seitens der Einrichtungsleitung oder der Mitarbeiterinnen bzw. Mitarbeiter verschleiert oder verharmlost wird, greift die Pflicht zur Einholung des Einverständnisses der Personensorgeberechtigten aufgrund des Risikos nicht, dass auf das betroffene Kind oder den Jugendlichen, aber auch auf die anderen Kinder bzw. Jugendlichen in der Einrichtung Einfluss genommen wird für den Fall, dass eine entsprechende Anhörung des Kindes nicht sofort erfolgt.[29]

Gleiches gilt, wenn die Rechte des Kindes oder Jugendlichen, etwa das Beschwerderecht oder das Recht, eine Vertrauensperson zu benennen, bei Aufschub der Gespräche behindert oder vereitelt würden.

---

28 Die Begründung des 13. Ausschusses bezeichnet diesen Satz als „Abs. 3 Satz 2" (vgl. BT-Drs. 19/29970), was unzutreffend ist. Dieser Satz bezieht sich sowohl nach seinem Inhalt (Satz 1 Nr. 1 enthält keinerlei „Pflichten", sondern ausschließlich Befugnisse der Erlaubnisbehörde) als auch nach seiner textlichen Stellung in BGBl. I S. 1454, *ausschließlich* auf Nr. 2 anwendbar. Auch das Gesetz geht in Abs. 3 Satz 3 davon aus, andernfalls müsste es dort heißen, dass Maßnahmen nach den Sätzen 1 *bis 3* zu dulden sind.

29 So die Begründung des 13. Ausschusses, BT-Drs. 19/28870, 106.

Entscheidende Bedeutung kommt also der **Begründung** der Prüfbehörde dafür zu, Gespräche ohne die Einbeziehung von Personensorgeberechtigten und/oder Vertrauenspersonen zu führen.[30]

2. Abs. 3 Satz 2 – Befugnisse zur Abwehr von Gefahren

Satz 2 enthält für den Fall der **Abwehr von Gefahren für das Wohl der Kinder und Jugendlichen** Befugnisse, die über die nach Satz 1 bestehenden hinausgehen. 24

Zum einen besteht in diesem Fall das **Betretensrecht** auch **außerhalb der Tageszeit**. Zum anderen dürfen Grundstücke und Räume auch dann betreten werden, wenn diese zugleich einem Hausrecht der Bewohner unterliegen. Insoweit ist gegenüber der Vorgängervorschrift keine Änderung eingetreten.

Durch das KJSG **neu** aufgenommen wurde die Ergänzung, dass auch in diesem Fall „Gespräche mit den Beschäftigten sowie den Kindern und Jugendlichen nach Maßgabe von Satz 1 geführt werden dürfen. Dabei handelt es sich insoweit lediglich um eine Klarstellung, da Satz 3 eine Abweichung von Satz 1 nur hinsichtlich des Zeitpunkts des Betretens enthielt und die Betretensbefugnis auch auf Räume erstreckte, die dem Hausrecht der Bewohner_innen unterliegen. Bedeutung gewinnt die Neufassung dadurch, dass mit der normierten Gesprächsbefugnis „nach Maßgabe von Satz 1" sämtliche Kautelen der Nr. 2 Buchst. a und b (Einverständnis und Beteiligung der Eltern, Hinzuziehung von Vertrauenspersonen), aber auch die Ausnahmen nach **Nr. 2 Satz 2** auch in den Gefahrenabwehrfällen des Satzes 3 gelten. Würde es sich bei dem Satz „Die genannten Pflichten … in Frage gestellt würden" um **Abs. 3 Satz 2** handeln, wäre er nicht in die Maßgabe des Satzes 1 einbezogen, sodass auch in Gefahrenabwehrfällen Einverständnis und Beteiligung der Eltern sowie Hinzuziehung einer Vertrauensperson **ausnahmslos** notwendig wären. Das ist nicht der Fall.

Liegt eine Gefahr i.S.d. Abs. 3 Satz 2 vor, zu deren Abwehr es erforderlich ist, auch außerhalb der Tageszeit Grundstücke und auch solche Räume zu betreten, die dem Hausrecht der Bewohner unterliegen, handelt es sich regelmäßig um eine **Gefährdungssituation**, in der **erforderliche Gespräche** mit den Kindern und Jugendlichen in der Einrichtung den **Aufschub**, der mit der Einholung des Einverständnisses und der Beteiligung der Personensorgeberechtigten bzw. der Hinzuziehung einer Vertrauensperson verbunden ist, **nicht dulden**, ohne einen wirksamen Schutz in Frage zu stellen. Die Prüfbehörde hat allerdings die guten Gründe, die gegen die Einbeziehung von Eltern und Vertrauenspersonen sprechen, zu dokumentieren.

Voraussetzung für die weitergehenden Befugnisse nach Satz 2 ist das Bestehen einer Gefahr für das Wohl der Kinder oder Jugendlichen. Eine abzuwehrende **Gefahr** ist in Anlehnung an den polizeirechtlichen Gefahrenbegriff bei Vorliegen einer Sachlage anzunehmen, die bei ungehindertem Ablauf mit Wahrscheinlichkeit zu einem Schaden für das zu schützende Rechtsgut – hier das Kindeswohl – führen würde. Eine Überprüfung ist auch dann rechtmäßig, wenn eine Gefahr **objektiv nicht bestand**, bei einer Betrachtung ex ante aber in vertretbarer Weise angenommen werden durfte. 25

30 Die Bundesregierung wittert die Gefahr einer Umkehr des Regel-/Ausnahmeverhältnisses und weist auf die Notwendigkeit einer „besonderen Begründung im Einzelfall" hin (vgl. BT-Drs. 19/26107, 104). Andererseits versucht sie, den kritischen Einwänden des Bundesrates gegen die Regelung (vgl. oben Rn. 18) dadurch zu begegnen, dass die Erlaubnisbehörde ja von den Vorgaben absehen könne, wenn ansonsten der wirksame Kinderschutz infrage gestellt werde. Die Aufsichtsbehörde werde damit im Hinblick auf die Nichtbeteiligung von Eltern und Nichtbeteiligung von Vertrauenspersonen *lediglich* einem Begründungszwang unterworfen (vgl. BT-Drs. 19/27481, 86). Relevant wird das bei der Auslegung von Abs. 3 Satz 2; dazu sogleich.

3. Abs. 3 Satz 3 – Duldungspflicht des Trägers

26 Satz 3 verpflichtet den Träger und damit auch das für ihn handelnde Personal zur **Duldung** der Maßnahmen nach Satz 1 und 2, stellt also klar, dass diese auch gegen deren Willen durchgeführt werden dürfen.

Zur Durchsetzung der Duldungspflicht vgl. sogleich Rn. 30.

IV. Durchsetzung der Trägerverpflichtungen

1. Verwaltungszwang

27 Nach § 46 SGB VIII treffen den Träger einer Einrichtung folgende **Verpflichtungen**:

- Pflicht zur Vorlage aller für die Prüfung erforderlichen Unterlagen (Abs. 1 Satz 4),
- Pflicht zur Mitwirkung bei der örtlichen Prüfung (Abs. 2 Satz 2) sowie
- Pflicht zur Duldung der Maßnahmen nach Abs. 3 Satz 1 und 2 (Abs. 3 Satz 3).

Damit stellt sich die Frage, in welcher Weise diese Verpflichtungen durch die Erlaubnisbehörde, der gegenüber sie zu erfüllen sind, durchgesetzt werden können. § 46 und überhaupt das SGB VIII enthalten dazu keine Regelungen, sodass auf die allgemeinen Vorschriften zurückgegriffen werden muss. Dabei ist entsprechend dem Inhalt der Verpflichtung zu differenzieren.

a) Pflicht zur Vorlage der erforderlichen Unterlagen

28 Kommt der Träger seiner Verpflichtung zur Vorlage aller für die Prüfung erforderlichen Unterlagen nicht nach, kann die Erlaubnisbehörde deren Vorlage anordnen. In der Anordnung hat die Erlaubnisbehörde zu konkretisieren, welche Unterlagen vorzulegen sind. Sie kann diese Anordnung auch bereits mit der Anordnung der Prüfung als solcher, in der Art und Umfang der Prüfung festgelegt werden, verbinden. Ermächtigungsgrundlage hierfür ist § 46 Abs. 1 SGB VIII, hinsichtlich der Vorlage der Unterlagen dessen Satz 4. In beiden Fällen stellt die Anordnung einen Verwaltungsakt dar, der nach den Vorschriften des VwVG bzw. des entsprechenden landesrechtlichen LVwVG durchzusetzen ist. Die Vollstreckung setzt gem. § 6 Abs. 1 VwVG voraus, dass die Anordnung unanfechtbar ist oder deren sofortige Vollziehung angeordnet wurde. Da die Vorlage der Unterlagen nicht durch einen anderen, sondern nur durch den Träger vorgenommen werden kann (unvertretbare Handlung), kann die Verpflichtung nur mittels eines Zwangsgeldes (§ 11 VwVG) durchgesetzt werden. Zuständig ist gem. § 7 Abs. 1 VwVG die Erlaubnisbehörde als diejenige, die die Anordnung erlassen hat.

b) Pflicht zur Mitwirkung bei der örtlichen Prüfung

29 Insoweit gilt das unter 1. Gesagte entsprechend. In diesem Fall hat die Behörde die von ihr gebotenen Mitwirkungshandlungen festzulegen.

c) Pflicht zur Duldung der Maßnahmen nach Abs. 3 Satz 1 und 2

30 In diesem Fall hat der Träger die Maßnahmen (Betreten, Besichtigung und Prüfung der Grundstücke und Gebäude, Gespräche mit Beschäftigten sowie Kindern und Jugendlichen) zu dulden. Die Duldungspflicht erstreckt sich auch auf Maßnahmen nach Abs. 3 Satz 1 und 2 anlässlich unangemeldeter Kontrollen. Ein aktives Tun wird hier anders als in den vorstehenden Fällen nicht verlangt. Auch in diesem Fall bedarf es zur ggfs. zwangsweisen Durchsetzung der Anordnung zur Duldung, die tunlichst mit der Anordnung der örtlichen Prüfung zu verbinden ist.

Ermächtigungsgrundlage für eine solche Anordnung ist § 46 Abs. 1 Satz 1, Abs. 3 Satz 3 SGB VIII.[31]

Als Zwangsmittel zur Durchsetzung der Anordnung kommt zum einen das **Zwangsgeld** in Betracht. Allerdings kann dieses in einem gestreckten Verfahren zu verhängende Zwangsmittel insbesondere in den Fällen des Satzes 2 gänzlich ungeeignet und deshalb untunlich sein. In diesem Fall kommt auch die Anwendung unmittelbaren Zwangs (§ 12 VwVG) etwa durch Öffnen von Türen in Betracht. Erforderlichenfalls ist die Polizei zum Zweck der Vollzugshilfe beizuziehen. Im Übrigen gilt das unter 1. Gesagte entsprechend.

2. Aufhebung der Betriebserlaubnis

Verstößt ein Träger nachhaltig gegen seine **Mitwirkungspflichten** nach § 46 SGB VIII, 31
liegt darin gem. § 45 Abs. 2 Satz 3 Nr. 1 SGB VIII ein Grund, die nach § 45 Abs. 2 Satz 2 Nr. 1 für die Aufrechterhaltung der Betriebserlaubnis erforderliche **Zuverlässigkeit** in Frage zu stellen. Die Erlaubnisbehörde hat dies zum Anlass zu nehmen, die Zuverlässigkeit des Trägers i.S.d. § 45 Abs. 2 Nr. 1 SGB VIII mit Blick auf den Fortbestand der Betriebserlaubnis zu prüfen und diese ggf. aufzuheben.

V. Folgen der Überprüfung

Welche Folgen die Überprüfung nach sich zieht, hängt von den dabei getroffenen Feststel- 32
lungen ab: **Liegen Mängel vor**, richtet sich das weitere Vorgehen nach deren Art und Umfang. In Betracht kommt primär ein **Vorgehen nach § 45 Abs. 6 SGB VIII** (vgl. dort Rn. 53 ff.). Möglich sind auch **Auflagen** nach § 45 Abs. 4 Satz 2 SGB VIII. Schließlich kommt erforderlichenfalls eine Tätigkeitsuntersagung nach § 48 SGB VIII in Frage. Sofern eine andere Abhilfe nicht möglich ist, ist die **Erlaubnis** nach § 45 Abs. 7 SGB VIII **aufzuheben**.

Liegt eine akute Gefährdung des Wohls der oder eines der in der Einrichtung untergebrachten Kinder oder Jugendlichen vor, ist der örtliche öffentliche Träger gem. § 47 Abs. 3 SGB VIII zu informieren, der diese ggfs. nach § 42 Abs. 1 Satz 1 Nr. 2 SGB VIII in **Obhut zu nehmen** hat.

VI. Rechtsschutzfragen

1. Rechtsschutz des Trägers

Die Prüfung nach § 46 SGB VIII bedarf einer an den Träger adressierten Anordnung durch die 33
Erlaubnisbehörde. In dieser sind Art und Umfang der Prüfung sowie (Duldungs-)Pflichten des Trägers festzulegen. Bei diese handelt es sich um einen Verwaltungsakt, gegen den der Träger – soweit statthaft – mit einem **Widerspruch** sowie der **Anfechtungsklage** vorgehen kann.

Beide Rechtsbehelfe haben gem. § 80 Abs. 1 VwGO **grundsätzlich aufschiebende Wirkung**, da eine § 45 Abs. 7 Satz 4 SGB VIII entsprechende Vorschrift, die die aufschiebende Wirkung von Rechtsbehelfen ausschließt, in § 46 SGB VIII fehlt. Will die Erlaubnisbehörde deren Eintritt verhindern, muss sie gem. § 80 Abs. 2 Satz 1 Nr. 4 VwGO die sofortige Vollziehung der Anordnung anordnen. Dabei hat sie nach § 80 Abs. 3 Satz 1 VwGO das besondere öffentliche Interesse an der sofortigen Vollziehung schriftlich zu begründen.

---

31 In gleichem Sinne zur früheren Fassung von § 46 SGB VIII OVG Sachsen-Anhalt, Beschl. v. 29.12.2008, 3 M 254/07, juris.

Ein solches besonderes öffentliches Interesse ist regelmäßig zu bejahen, da der Schutz der Kinder und Jugendlichen in der Einrichtung, dessen Gewährleistung die Prüfung nach § 46 SGB VIII dient, es verbietet, dass diese durch die Einlegung von Rechtsbehelfen auf lange Zeit hinausgeschoben wird. Das gilt insbesondere für die nach § 46 Abs. 2 Satz 1 SGB VIII jederzeit und unangemeldet zulässige örtliche Prüfung, deren Zweck durch die aufschiebende Wirkung von Rechtsbehelfen vollständig konterkariert würde.[32]

Wurde die aufschiebende Wirkung angeordnet, kann der Träger einen Antrag auf Wiederherstellung der aufschiebenden Wirkung gem. § 80 Abs. 5 VwGO stellen.

2. Rechtsschutz der Kinder und Jugendlichen

34 Zwar normiert § 46 Abs. 3 Satz 1 Nr. 2 Buchst. b das Recht der Kinder und Jugendlichen auf Hinzuziehung einer Vertrauensperson zu Gesprächen mit der Erlaubnisbehörde. Wird dieses – sei es durch die Erlaubnisbehörde, sei es durch den Träger – beeinträchtigt oder verletzt, sind allerdings **keine förmlichen Rechtsbehelfe** gegeben. Die Kinder und Jugendlichen sind auf die interne oder externe Beschwerde bzw. die Beschwerde gegenüber der Ombudsstelle gem. § 9a SGB VIII verwiesen.

3. Rechtsschutz der Personensorgeberechtigten

35 Führt die Erlaubnisbehörde eine Prüfung durch und dabei Gespräche mit den Kindern und Jugendlichen in der Einrichtung, ohne das in § 46 Abs. 3 Satz 1 Nr. 2 geforderte Einverständnis eingeholt und ohne ihnen die Beteiligung daran ermöglicht zu haben, steht den Personensorgeberechtigten die Möglichkeit offen, die Rechtswidrigkeit dieses Vorgehens durch **Klage zum Verwaltungsgericht** feststellen zu lassen. Für diese besteht im Regelfall wegen einer möglichen Wiederholung das notwendige berechtigte Feststellungsinteresse. In einem solchen Verfahren würde auch geprüft und entschieden, ob die Voraussetzungen nach Abs. 3 Nr. 2 Satz 2 vorlagen, sodass eine Pflicht zur Einbeziehung der Personensorgeberechtigten nicht bestand.

32 Dass die aufschiebende Wirkung auch bei der örtlichen Prüfung nach § 46 Abs. 2 Satz 1 SGB VIII nicht gesetzlich ausgeschlossen wurde, stellt deshalb einen nicht nachvollziehbaren Wertungswiderspruch dar.

§ 47
Melde- und Dokumentationspflichten, Aufbewahrung von Unterlagen

(1) [1]Der Träger einer erlaubnispflichtigen Einrichtung hat der zuständigen Behörde unverzüglich

1. **die Betriebsaufnahme unter Angabe von Name und Anschrift des Trägers, Art und Standort der Einrichtung, der Zahl der verfügbaren Plätze sowie der Namen und der beruflichen Ausbildung des Leiters und der Betreuungskräfte,**
2. **Ereignisse oder Entwicklungen, die geeignet sind, das Wohl der Kinder und Jugendlichen zu beeinträchtigen, sowie**
3. **die bevorstehende Schließung der Einrichtung**

anzuzeigen. [2]Änderungen der in Nummer 1 bezeichneten Angaben sowie der Konzeption sind der zuständigen Behörde unverzüglich, die Zahl der belegten Plätze ist jährlich einmal zu melden.

(2) [1]Der Träger einer erlaubnispflichtigen Einrichtung hat den Grundsätzen einer ordnungsgemäßen Buch- und Aktenführung entsprechend Aufzeichnungen über den Betrieb der Einrichtung und deren Ergebnisse anzufertigen sowie eine mindestens fünfjährige Aufbewahrung der einrichtungsbezogenen Aufzeichnungen sicherzustellen. [2]Auf Verlangen der Betriebserlaubnisbehörde hat der Träger der Einrichtung den Nachweis der ordnungsgemäßen Buchführung zu erbringen; dies kann insbesondere durch die Bestätigung eines unabhängigen Steuer-, Wirtschafts- oder Buchprüfers erfolgen. [3]Die Dokumentations- und Aufbewahrungspflicht umfasst auch die Unterlagen zu räumlichen, wirtschaftlichen und personellen Voraussetzungen nach § 45 Absatz 2 Satz 2 Nummer 2 sowie zur Belegung der Einrichtung.

(3) Der Träger der öffentlichen Jugendhilfe, in dessen Zuständigkeitsbereich erlaubnispflichtige Einrichtungen liegen oder der die erlaubnispflichtige Einrichtung mit Kindern und Jugendlichen belegt, und die zu-ständige Behörde haben sich gegenseitig unverzüglich über Ereignisse oder Entwicklungen zu informieren, die geeignet sind, das Wohl der Kinder und Jugendlichen zu beeinträchtigen.

Übersicht Rn.

A. Allgemeines

1 Die Vorschrift ergänzt mit den enthaltenen Melde-, Dokumentations- und Aufbewahrungspflichten das **Instrumentarium des Kinderschutzes** in Einrichtungen. Die Erlaubnisbehörde ist als Externe darauf angewiesen, Zugang zu Informationen der Einrichtung zu erhalten, um ihrer Aufsichts- und Kontrollpflicht nachkommen zu können. Deshalb verpflichtet § 47 SGB VIII den Träger der Einrichtung zur Anzeige potentiell einschreitens- oder erlaubnisrelevanter Tatsachen.

2 § 47 SGB VIII wurde seit dessen Inkrafttreten **wiederholt** nicht nur unerheblich **geändert**.

Durch das **KICK** ersatzlos gestrichen wurden die Abs. 2 und 3 der ursprünglichen Fassung, die die Verpflichtung zur Übermittlung bestimmter Daten der betreuten Kinder sowie die Möglichkeit zur Befreiung im Ermessenswege enthielten. Aufgenommen wurde die Verpflichtung, auch **Änderungen in der Konzeption** unverzüglich zu melden.

Eine **weitere Änderung** erfolgte durch das **BKiSchG**, mit der Satz 1 Nr. 2 der geltenden Fassung eingefügt wurde. Mit der Erweiterung der Meldepflicht soll in Entsprechung zur Regelung des § 44 Abs. 4 SGB VIII die zuständige Behörde in die Lage versetzt werden, auch auf negative Entwicklungsprozesse in der Einrichtung rechtzeitig zu reagieren.[1]

Die **letzte Änderung** erfolgte schließlich durch das **KJSG**, das die Vorschrift um die neuen Absätze 2 und 3 erweitert hat.

Zwar hat das KJSG den Wortlaut von Absatz 1 nicht geändert, die Vorschrift erlangt jedoch dadurch besondere Relevanz, dass der nachhaltige Verstoß gegen die dort normierten **Meldepflichten** gem. § 45 Abs. 2 Satz 3 Nr. 1 SGB VIII die für die Erteilung und Aufrechterhaltung der Betriebserlaubnis gem. § 45 Abs. 2 Satz 2 Nr. 1 SGB VIII vorausgesetzte Zuverlässigkeit des Trägers in Frage stellt.

B. Einzelheiten

I. Abs. 1 – Meldepflichten

1. Abs. 1 Satz 1 – Anzeigepflichtige Gegenstände

3 Nach dem durch das KJSG in seinem Wortlaut nicht veränderten§ 47 Abs. 1 Satz 1 SGB VIII ist der Träger einer **erlaubnispflichtigen Einrichtung** im Sinne des § 45a SGB VIII verpflichtet, der zuständigen Behörde die in den Nr. 1 bis 3 genannten Mitteilungen zu machen. Die Anzeige hat unverzüglich, d.h. ohne schuldhaftes Zögern zu erfolgen.

a) Satz 1 Nr. 1 – Betriebsbezogene Angaben

4 Die **Anzeigepflicht** nach **Satz 1 Nr. 1,** auch als „Erstmeldung" bezeichnet,[2] betrifft betriebsbezogene Angaben und erstreckt sich auf folgende Gegenstände:

- die **Betriebsaufnahme**, also die Tatsache und den Zeitpunkt der tatsächlichen Aufnahme des Einrichtungsbetriebs, insbesondere also die Arbeitsaufnahme durch das Personal und die Aufnahme von Kindern und Jugendlichen. Damit wird die Erlaubnisbehörde davon in Kenntnis gesetzt, dass von der Betriebserlaubnis Gebrauch gemacht wird.
- **Name** und **Anschrift** des **Trägers**; die Angabe dient der Überprüfung der Identität von Inhaber der Betriebserlaubnis und des die Einrichtung betreibenden Trägers.
- **Art** und **Standort der Einrichtung**; auch sie soll die Erlaubnisgemäßheit des Einrichtungsbetriebs gewährleisten.
- Die Angabe der **Zahl der verfügbaren Plätze** soll – im Zusammenhang mit der jährlich einmal zu meldenden Zahl der belegten Plätze – Aufschluss über die Auslastung der Einrichtungen geben und dadurch die regionale Jugendhilfeplanung erleichtern.[3]
- Angaben über **Namen und berufliche Ausbildung** des **Leiters** und der **Betreuungskräfte**, nicht also des Verwaltungs- und Wirtschaftspersonals, der Einrichtung. Die berufliche Ausbildung ist ein wesentliches Eignungskriterium und damit gem. § 45 Abs. 2

1 So die Gesetzesbegründung BT-Drs. 17/6256, 24.
2 Wiesner/Wapler/*Wiesner*, § 47 SGB VIII Rn. 3.
3 Vgl. Wiesner/Wapler/*Wiesner*, § 47 SGB VIII Rn. 6.

Satz 2 Nr. 2 SGB VIII Voraussetzung für die Erteilung und den Fortbestand der Erlaubnis. Die Angaben sind zudem im Fall einer Prüfung nach § 46 SGB VIII sowie eines Einschreitens nach § 48 SGB VIII relevant.

b) Satz 1 Nr. 2 – Meldung kindeswohlschädlicher Ereignisse oder Entwicklungen

Gegenstand der Meldepflicht nach Satz 1 Nr. 2 sind **Ereignisse oder Entwicklungen**, die geeignet sind, das **Wohl** der Kinder oder Jugendlichen zu **beeinträchtigen**. Es handelt sich um eine durch das BKiSchG eingefügte Parallele zu den – freilich im Wortlaut abweichenden – Vorschriften der §§ 43 Abs. 3 Satz 6 und 44 Abs. 4 SGB VIII.[4] Auch wenn sie abstrakter formuliert ist als die in den Nr. 1 und 3 genannten Meldepflichten, besteht bereits deshalb kein Anlass, an dieser Stelle eine „Kompetenzverteilung zwischen Einrichtung und Aufsichtsbehörde"[5] zu diskutieren, weil dem Träger als Erlaubnisnehmer und Verpflichtetem „Kompetenzen" nicht zustehen. 5

Zuzugeben ist allerdings, dass sich der Träger auf den ersten Blick in der Situation befindet, eine Mitwirkungspflicht erfüllen zu müssen, deren notwendiger Inhalt nicht festzustehen, über den vielmehr die Erlaubnisbehörde als Adressatin der Mitteilungen zu entscheiden scheint. Andererseits betreffen diese Mitteilungen ausschließlich die Sphäre des Trägers, über die die Erlaubnisbehörde jedoch Kenntnisse benötigt, um den Schutz der Kinder und Jugendlichen in der Einrichtung gewährleisten zu können.

Auch wenn die Vorschrift notwendigerweise abstrakt formuliert ist, führt das nicht zu für den Träger völlig unkalkulierbaren Verpflichtungen. Das von *Mörsberger* wortreich beschriebene Dilemma besteht weniger in der Unklarheit darüber, ob und in welchem Umfang die Verpflichtung zur Mitteilung besteht, als darin, dass der Träger zu Mitteilungen verpflichtet ist, die für ihn negative Konsequenzen bis hin zur Entziehung der Betriebserlaubnis haben können.

Klarheit herrschen muss allerdings darüber, welche „**Ereignisse oder Entwicklungen**" mitzuteilen sind. Allgemein sind nur solche von der Vorschrift erfasst, die geeignet sind, das Wohl der Kinder oder Jugendlichen zu beeinträchtigen. Damit liegt die Anzeigeschwelle einerseits höher als in den Parallelvorschriften, nach denen bereits Ereignisse mitzuteilen sind, die für die Betreuung „bedeutsam" sind (§ 43 Abs. 3 Satz 6 SGB VIII) bzw. das Wohl „betreffen" (§ 44 Abs. 4 SGB VIII). Andererseits entsteht die Meldepflicht nicht erst, wenn Ereignisse oder Entwicklungen bereits zu einer Beeinträchtigung des Wohls geführt haben, sondern bereits dann, wenn diese zu einer solchen **Beeinträchtigung geeignet sind**. Geeignet in diesem Sinne sind sie, wenn sie bei üblichem Verlauf zu einer Beeinträchtigung führen können, nicht aber zwingend führen müssen. Es handelt sich mithin um einen abstrakten Gefährdungstatbestand. 6

Entscheidender Bezugspunkt ist also das Wohl der Kinder und Jugendlichen in der Einrichtung. Während § 45 Abs. 2 Satz 1 und 2 SGB VIII die Kriterien benennt, die dieses gewährleisten, betrifft § 47 Abs. 1 Satz 1 Nr. 2 diejenigen Umstände, die es beeinträchtigen, zielt also gleichsam auf die negative Kehrseite.

Als solche **Ereignisse oder Entwicklungen** werden in der Literatur **benannt**: Unfälle mit Personenschäden, Aufsichtspflichtverletzungen, entwürdigende Erziehungsmaßnahmen oder Misshandlungen, sexuelle Übergriffe, schwere Gewalttaten zwischen den betreuten Minderjährigen, massive Selbst- oder Fremdverletzungen und Suizide. Auch Strafverfahren gegen Mitarbeiterinnen oder Mitarbeiter der Einrichtung kommen in Betracht, sofern sie für 7

---

4 Man kann diese mit *Mörsberger* (Wiesner/*Mörsberger*, 5. Aufl., § 47 SGB VIII Rn. 7c) „irritierend" finden, verwunderlich sind sie angesichts der bruchstückhaften Gesetzgebungsgeschichte der letzten 15 Jahre nicht.

5 So Wiesner/Wapler/*Wiesner*, § 47 SGB VIII Rn. 7c.

die Beeinträchtigung des Kindeswohls relevant sind.[6] Schließlich kommen auch gravierende bauliche Mängel oder behördliche Maßnahmen anderer Aufsichtsbehörden etwa auf dem Gebiet des Lebensmittelrechts sowie ökonomische Entwicklungen, die den ordnungsgemäßen Betrieb der Einrichtung gefährden, in Frage.

Darüber hinaus kann eine **Konkretisierung** meldepflichtiger Vorkommnisse im Wege einer auf § 45 Abs. 4 SGB VIII gestützten **Auflage** erfolgen. Dies wird durch § 47 Satz 1 Nr. 2 SGB VIII nicht ausgeschlossen.[7]

c) Satz 1 Nr. 3 – Bevorstehende Schließung der Einrichtung

8 Die nach **Satz 1 Nr. 3** pflichtige Anzeige der bevorstehenden Schließung der Einrichtung soll der Aufsichtsbehörde die frühzeitige Möglichkeit eröffnen, für eine anderweitige Unterbringung der betreuten Minderjährigen Sorge zu tragen und die Betriebserlaubnis zu widerrufen.

2. Abs. 1 Satz 2 – Mitteilung von Änderungen

9 Abs. 1 Satz 2 verpflichtet den Träger, jegliche **Änderungen** in den nach Satz 1 Nr. 1 anzuzeigenden Verhältnissen sowie Änderungen der Konzeption der Einrichtung der Erlaubnisbehörde unverzüglich, die Zahl der belegten Plätze jährlich zu melden. Nach ihrem Wortlaut handelt es sich um eine Vorschrift, die (ausschließlich) den Zeitpunkt normiert, zu dem die in Satz 1 vorgesehenen Meldungen vorzunehmen sind. Darin erschöpft sich ihr Regelungsgehalt jedoch nicht. Mit der Festlegung des Zeitpunktes („unverzüglich") wird überhaupt erstmals die Verpflichtung normiert, Änderungen der Konzeption zu melden.

Solche Meldungen versetzen die Aufsichtsbehörde in die Lage, den Fortbestand erlaubnisgemäßer Verhältnisse zu prüfen und erforderlichenfalls nach § 45 Abs. 6 und/oder 7 SGB VIII vorzugehen.

Durch das KICK eingefügt wurde die Verpflichtung zur Meldung auch konzeptioneller Änderungen der Einrichtung. Diese korrespondiert – so die Gesetzesbegründung[8] – mit der Änderung von § 45 SGB VIII, nach der auch die Konzeption der Einrichtung Grundlage der Erlaubniserteilung ist. Zum Begriff der Konzeption vgl. die Erläuterungen zu § 45 Rn. 42 f.

II. Abs. 2 – Aufzeichnungs- und Aufbewahrungspflichten

10 Der Entwurf der Bundesregierung zum KJSG hatte eine **Nachweispflicht** hinsichtlich ordnungsgemäßer Buch- und Aktenführung zunächst als neue Nr. 3 in § 45 Abs. 3 KJSG-E vorgesehen. Sie wurde auf Vorschlag des Bundesrates[9] und Empfehlung des 13. Ausschusses mit verändertem Inhalt in § 47 Abs. 2 SGB VIII aufgenommen. Nach der Gesetz gewordenen Fassung hat zwar die vorzulegende Konzeption gem. § 45 Abs. 3 Nr. 1 SGB VIII auch Auskunft zur ordnungsgemäßen Buch- und Aktenführung in Bezug auf den Betrieb der Einrichtung zu geben,[10] die laufende Verpflichtung zur ordnungsgemäßen Dokumentation und Aufbewahrung wurde dagegen in § 47 SGB VIII aufgenommen. Damit soll auch das aufsichtsrechtliche Instrumentarium der Erlaubnisbehörde gestärkt werden und der Umfang der zulässigen Prüfung von Unterlagen vor Ort sowie die Duldungs- und Mitwirkungspflicht im Rahmen des § 46 SGB VIII sollen konkretisiert werden.[11]

---

6 Wiesner/Wapler/*Wiesner*, § 47 SGB VIII Rn. 7d.
7 OVG Hamburg, Beschl. v. 1.7.2014, 4 Bf 212/12.Z, juris, Rn. 30 ff.
8 Vgl. BT-Drs. 15/5616, 27.
9 Vgl. BR-Drs. 5-21 (B), 33 f.
10 Vgl. dazu die Kommentierung zu § 45 SGB VIII Rn. 43.
11 Vgl. BR-Drs. 5-21 (B), 34; BT-Drs. 19/28870, 107.

Nach Abs. 2 Satz 1 Hs. 1 trifft den Träger einer erlaubnispflichtigen Einrichtung zunächst die Verpflichtung, „den Grundsätzen einer ordnungsgemäßen Buch- und Aktenführung entsprechend **Aufzeichnungen** über den Betrieb der Einrichtung und deren Ergebnisse anzufertigen". Die anzufertigenden Aufzeichnungen müssen den Grundsätzen einer ordnungsgemäßen Buch- und Aktenführung entsprechen. Damit wird auf außerhalb des Kinder- und Jugendhilferechts liegende Vorgaben des Gesellschafts-, Handels- und Steuerrechts verwiesen. Allgemeine Grundsätze enthält insoweit etwa § 145 Abs. 1 AO. Welche Anforderungen im Einzelnen zu stellen sind, hängt mithin von jenen Vorschriften, aber auch der Größe und Organisationsform der jeweiligen Einrichtung ab. Gegenstände der Aufzeichnungen sind zum einen der **laufende Betrieb**, zum anderen die betriebswirtschaftlichen Ergebnisse der Einrichtung. 11

Des Weiteren trifft den Träger der Einrichtung gem. Abs. 2 Satz 1 Hs. 2 die Verpflichtung, eine mindestens **fünfjährige Aufbewahrung** der in Hs. 1 genannten Unterlagen – nur um diese kann es sich bei den „einrichtungsbezogenen Aufzeichnungen" handeln – **sicherzustellen**. Eine solche in die Zukunft gerichtete Sicherstellung setzt voraus, dass der Träger organisatorische und technische Vorkehrungen getroffen hat, die die Prognose zulassen, dass alle Aufzeichnungen für den Zeitraum von mindestens fünf Jahren verfügbar sind.

Spezifisch jugendhilferechtliche Anforderungen an die Dokumentations- und Aufbewahrungspflicht nach Satz 1 formuliert **Abs. 2 Satz 3**. Danach umfasst sie auch die Unterlagen zu **räumlichen, wirtschaftlichen und personellen Voraussetzungen** nach § 45 Abs. 2 Satz 2 Nr. 2 SGB VIII[12] sowie zur **Belegung der Einrichtung**. 12

Diese Aufzeichnungen sollen es ermöglichen zu ermitteln, ob sich Missstände abzeichnen, die sich unmittelbar oder mittelbar auf die Aufrechterhaltung der Kindeswohlgewährleistung in der jeweiligen Einrichtung auswirken. So lässt sich aus Arbeitszeiten und Dienstplänen der Fachkräfteeinsatz nachvollziehen. Aufgrund der Belegungsdokumentation kann nachvollzogen werden, ob die Einrichtung den Vorgaben entsprechend belegt oder aber überbelegt wird. Aus den Unterlagen zu den wirtschaftlichen Voraussetzungen kann im Bedarfsfall abgeleitet werden, ob diese (weiterhin) eine ordnungsgemäße Führung ermöglichen oder dieser aufgrund finanzieller Engpässe, die mit qualitativen Einschnitten in der Leistungserbringung verbunden sein können, entgegenstehen.[13] Aufzeichnungs- und Aufbewahrungspflichten dienen also der Sicherstellung und Überprüfbarkeit des (Fort)Bestehens der Erlaubnisvoraussetzungen.

Abs. 2 **Satz 2** regelt unterschiedliche Gegenstände. Nach **Hs. 1** hat der Träger auf Verlangen der Erlaubnisbehörde den Nachweis einer ordnungsgemäßen Buchführung zu erbringen. 13

Hinsichtlich der Voraussetzungen und Frequenz eines solchen Nachweisverlangens macht das Gesetz an dieser Stelle keine Angaben. Da Satz 2 aber lediglich die Erbringung eines Nachweises der Ordnungsmäßigkeit der Buchführung, nicht aber die Vorlage der Aufzeichnungen selbst regelt, ist die Nachweispflicht untrennbar mit der Vorlagepflicht als solcher verbunden. Diese ist aber nicht in § 47 Abs. 2, sondern in § 46 Abs. 1 SGB VIII normiert.[14] Da Satz 2 auch den Verwaltungsaufwand der Erlaubnisbehörde reduzieren soll,[15] ist davon auszugehen, dass immer dann, wenn die Vorlage der Buchführungsunterlagen verlangt werden kann, dies auch für den Nachweis nach Satz 2 gilt.

Nach Satz 2 **Hs. 2** kann der Nachweis „insbesondere" durch die **Bestätigung** eines unabhängigen Steuer-, Wirtschafts- oder Buchprüfers erfolgen. Ein solches Testat ist also nur eine

12 Vgl. dazu § 45 SGB VIII Rn. 44 ff.
13 Vgl. die Gesetzesbegründung der BReg, BT-Drs. 19/26107, 99.
14 Vgl. dazu die Erläuterungen bei § 46 SGB VIII Rn. 4 ff., 7.
15 Vgl. BT-Drs. 19/28870, 107.

mögliche Form der Bestätigung. Als weitere Bestätigungsformen kommen etwa Testate von genossenschaftlichen oder nicht-genossenschaftlichen Prüfungsverbänden in Frage.

III. Abs. 3 – Informationspflichten der öffentlichen Träger

14 Der durch das KJSG geschaffene Abs. 3 normiert erstmals wechselseitige Informationspflichten des örtlichen sowie des überörtlichen öffentlichen Trägers. Verpflichtet ist zum einen der **örtlichen Träger** der öffentlichen Jugendhilfe,

- in dessen Zuständigkeitsbereich erlaubnispflichtige Einrichtungen liegen oder
- der die erlaubnispflichtige Einrichtung belegt,

gegenüber dem überörtlichen Träger als Erlaubnisbehörde. Er hat diesen über Ereignisse oder Entwicklungen, die geeignet sind, das Wohl der Kinder und Jugendlichen zu beeinträchtigen, unverzüglich zu informieren. Die Formulierung entspricht der des Abs. 1 Nr. 2 und stimmt auch inhaltlich mit diesem überein. Es kann insoweit also auf die Erläuterungen oben bei Rn. 5 ff. verwiesen werden.

Mit dieser Erweiterung von Meldepflichten wird die Möglichkeit der Erlaubnisbehörde gestärkt, Informationen über mögliche kindeswohlgefährdende Ereignisse und Entwicklungen zu erhalten. Sie ist nicht mehr nur allein auf Meldungen des Trägers der Einrichtung angewiesen.

15 Die gleiche Meldepflicht trifft in umgekehrter Richtung auch die Erlaubnisbehörde gegenüber dem örtlichen Träger. Auch dieser Informationsfluss ist sinnvoll, weil der überörtliche Träger gem. § 85 Abs. 2 Nr. 6 SGB VIII zwar für die Wahrnehmung der Aufgaben zum Schutz von Kindern und Jugendlichen in Einrichtungen sachlich zuständig ist. Diese Zuständigkeit erfasst allerdings nur die einrichtungsbezogenen Befugnisse nach den §§ 45 bis 48a SGB VIII, während für Schutzmaßnahmen zugunsten des einzelnen Kindes oder Jugendlichen auch in Einrichtungen (§§ 8, 8a, 9a, 42 SGB VIII) ausschließlich der örtliche Träger sachlich (§ 85 Abs. 1 SGB VIII) und örtlich (§§ 87, 88a SGB VIII) zuständig ist. Zur Wahrnehmung dieser Aufgaben benötigt er aber Informationen, die ihm insbesondere dann, wenn er die Einrichtung nicht selbst belegt, nicht ohne Weiteres zur Verfügung stehen.

Die jeweilige Information hat **unverzüglich**, also ohne schuldhaftes Zögern (§ 121 BGB) zu erfolgen. Die Informationspflicht wird durch die Erlangung von Kenntnissen über Ereignisse oder Entwicklungen, die das Gefährdungspotenzial i.S.d. Vorschrift aufweisen, ausgelöst.

IV. Zuständigkeit; Ahndung von Verstößen

16 Sachlich und örtlich **zuständig** für die Entgegennahme der Meldungen ist gemäß § 85 Abs. 2 Nr. 6, § 87a Abs. 2 SGB VIII der **überörtliche Träger**, regelmäßig also das Landesjugendamt oder eine andere landesrechtlich bestimmte Behörde, in dessen Bereich die Einrichtung gelegen ist.

17 Ein **Verstoß** gegen die Anzeige- und Meldepflichten sowie die Verpflichtung zur Dokumentation und Aufbewahrung nach § 47 SGB VIII stellt gemäß § 104 Abs. 1 Nr. 3 SGB VIII eine bußgeldbewehrte **Ordnungswidrigkeit** dar.

§ 48
Tätigkeitsuntersagung

Die zuständige Behörde kann dem Träger einer erlaubnispflichtigen Einrichtung die weitere Beschäftigung des Leiters, eines Beschäftigten oder sonstigen Mitarbeiters ganz oder für bestimmte Funktionen oder Tätigkeiten untersagen, wenn Tatsachen die Annahme rechtfertigen, dass er die für seine Tätigkeit erforderliche Eignung nicht besitzt.

Übersicht Rn.

A. Allgemeines

Die **Tätigkeitsuntersagung** ist ein weiteres, gegenüber der Aufhebung der Betriebserlaubnis milderes Mittel der Aufsicht über **Einrichtungen**. Sie richtet sich an den Träger und verpflichtet diesen, die untersagte Tätigkeit eines oder einer bestimmten Beschäftigten in der Einrichtung zu beenden. Dazu kann seitens des Trägers eine **Kündigung des Arbeitsverhältnisses** erforderlich sein oder auch eine **Um- oder Versetzung** ausreichen. Für den Beschäftigten führt sie also nicht zu einem allgemeinen Beschäftigungs- oder Berufsverbot. Sie kann selbstständig erlassen oder als Auflage gem. § 45 Abs. 2 Satz 1 SGB VIII mit der Erlaubnis verbunden oder gem. § 45 Abs. 4 Satz 2 SGB VIII nachträglich erteilt werden. Eine selbstständige Tätigkeitsuntersagung kommt insbesondere bei nachträglichem Eintreten oder Bekanntwerden der die Eignung beseitigenden Tatsachen in Betracht. 1

B. Einzelheiten

I. Voraussetzungen der Untersagung

Voraussetzung für eine Tätigkeitsuntersagung ist, dass **Tatsachen** die **Annahme rechtfertigen**, dass der **Betroffene** die für seine Tätigkeit **erforderliche Eignung** nicht besitzt. § 48 SGB VIII knüpft also an die Eignung der betroffenen Person an, obwohl § 45 Abs. 2 Satz 1 SGB VIII seit der Neufassung durch das BKiSchG nicht mehr von „geeigneten Kräften", sondern von „personellen Voraussetzungen" als Erlaubniserteilungsvoraussetzung spricht.[1] Eine inhaltliche Änderung ist damit aber nicht eingetreten. Vgl. dazu die Erläuterungen zu § 45 Rn. 25 ff. 2

Die **Eignung** umfasst sowohl die **fachliche** wie auch die **persönliche** Eignung. Bezugspunkt ist immer die konkrete ausgeübte oder beabsichtigte Tätigkeit. Erforderlich ist das Vorliegen von **Tatsachen**, also der objektiven Feststellung zugänglichen Sachverhalten, die die Annahme der Nichteignung rechtfertigen. Bloße Werturteile Dritter oder Vermutungen reichen nicht aus. Nach dem Wortlaut der Vorschrift bedarf es **keines formellen Beweises** oder – bei einer in Rede stehenden Straftat – gar einer rechtskräftigen Verurteilung, vielmehr 3

1 Von der „Eignung des Personals" ist nur noch in § 45 Abs. 3 Nr. 2 SGB VIII im Hinblick auf vorzulegende Nachweise die Rede.

genügt die aufgrund von Tatsachen gerechtfertigte Annahme. Die an die Gewissheit der Eignungsmängel zu stellenden **Anforderungen** sind also **abgesenkt**. Man mag dies unter rechtsstaatlichen Gesichtspunkten kritisch betrachten, es erscheint allerdings unter dem Gesichtspunkt des vorrangig zu schützenden Wohls der Minderjährigen plausibel. Hätte der Gesetzgeber anderes gewollt, hätte er eine andere Formulierung wählen müssen und können (etwa: „wenn er die für seine Tätigkeit erforderliche Eignung nicht besitzt.“)

4 Die rechtskräftige Verurteilung wegen einer der in § 72a Abs. 1 SGB VIII genannten Straftaten schließt die Eignung für eine Tätigkeit in einer Einrichtung i.S.d. § 45a SGB VIII in jedem Fall aus.

5 Die Tätigkeitsuntersagung kann sich auf alle Beschäftigten einer Einrichtung, also nicht nur auf das pädagogische in der Betreuung tätige Personal beziehen, da auch im Wirtschafts- oder Verwaltungsbereich Beschäftigte das Wohl der Kinder beeinträchtigen können. Ebenso wenig kommt es auf den arbeitsrechtlichen Status oder überhaupt das Vorliegen eines Arbeitsverhältnisses an; auch hinsichtlich **Ehrenamtlicher** kann eine **Tätigkeitsuntersagung** ergehen.

II. Rechtsfolgen

6 Liegen die Tatbestandsvoraussetzungen vor, steht die Entscheidung über die **Untersagung** im **Ermessen** der zuständigen Behörde. Dem Gewicht, das der Gesetzgeber durch die Hervorhebung in § 45 Abs. 2 Satz 2 Nr. 1 SGB VIII den „personellen Voraussetzungen“ und damit der Eignung der Betreuungskräfte als zwingende Voraussetzung für die Erteilung der Erlaubnis gibt, ist bei der vorzunehmenden Abwägung der für und gegen eine Tätigkeitsuntersagung sprechenden Belange Rechnung zu tragen.[2] In die im Rahmen der Ermessensausübung einzustellende Interessenabwägung sind auf Adressatenseite (nur) die Organisationsinteressen des Trägers, nicht aber Belange der betroffenen Beschäftigten einzustellen.[3]

Zu beachten ist aber auch der Grundsatz der **Verhältnismäßigkeit**. Die Untersagung muss geeignet und erforderlich sein und darf in keinem unangemessenen Verhältnis zu der zu beseitigenden Gefährdung oder Beeinträchtigung stehen. Diese Anforderungen dürften bei Vorliegen der Tatbestandsvoraussetzungen allerdings regelmäßig erfüllt sein. In Fällen von psychischer oder physischer Misshandlung oder sexuellem Missbrauch der Minderjährigen etwa ist das Ermessen derart reduziert, dass nur die Untersagung der Tätigkeit als ermessensfehlerfrei angesehen werden kann. Nach **pflichtgemäßem Ermessen** hat die Behörde auch darüber zu entscheiden, ob eine vollständige oder auf bestimmte Funktionen oder Tätigkeiten beschränkte Beschäftigungsuntersagung ergeht. Auch dabei ist der Gewährleistung des Kindeswohls vorrangige Bedeutung beizumessen.

III. Zuständigkeit, Verfahren, Rechtsschutz und Durchsetzung

7 **Zuständig** für die Verfügung einer Tätigkeitsuntersagung ist gem. § 87a Abs. 2 SGB VIII der **überörtliche Träger** oder die nach Landesrecht bestimmte Behörde, in dessen oder deren Bereich die Einrichtung gelegen ist.

8 Bei der Tätigkeitsuntersagung handelt es sich um einen **belastenden Verwaltungsakt**, vor dessen Erlass gem. § 24 Abs. 1 SGB X grundsätzlich eine **Anhörung** durchzuführen ist, sofern nicht gemäß § 24 Abs. 2 Nr. 1 SGB X wegen Gefahr im Verzug davon abgesehen wird.

---

2 Vgl. die eindrückliche Feststellung bei OVG NW, Beschl. v. 27.11.2007, 12 A 4697/06, Rn. 60, ZKJ 2008, 258: „Der Betrieb der Einrichtung steht und fällt mit dem eingesetzten Personal.“

3 Vgl. OVG Saarland, Beschl. v. 8.4.2020, 2 D 65/20, juris, Rn. 9, ZKJ 2020, 230.

Anzuhören ist der Träger als Adressat des Verwaltungsaktes und damit Beteiligter nach § 12 Abs. 1 Nr. 2 SGB X. Gemäß § 12 Abs. 2 Satz 1 SGB X hinzugezogen werden sollte auch die von der Untersagung betroffene Person. Allerdings steht dies im Ermessen der Behörde. Im Fall der Hinzuziehung ist auch sie anzuhören.

Gegen die Tätigkeitsuntersagung sind **Widerspruch** – sofern nach Landesrecht statthaft – und **Anfechtungsklage** gegeben. Sie haben gemäß § 80 Abs. 1 VwGO aufschiebende Wirkung. Da die Voraussetzungen einer Untersagung hinsichtlich des einzelnen Tätigen denen für die Aufhebung der Betriebserlaubnis entsprechen (fehlende Eignung), Rechtsbehelfe gegen deren Rücknahme oder deren Widerruf gem. § 45 Abs. 7 Satz 2 SGB VIII aber keine aufschiebende Wirkung haben, dürfte im Regelfall die **sofortige Vollziehung** der Tätigkeitsuntersagung nach § 80 Abs. 2 Nr. 4 VwGO **anzuordnen** sein. Das besondere öffentliche Interesse an der sofortigen Vollziehung ist in diesem Fall schriftlich zu begründen. Gegen die Vollziehungsanordnung kann gerichtlicher Rechtsschutz nach § 80 Abs. 5 VwGO beantragt werden. Die oder der Betroffene kann beim Verwaltungsgericht beantragen, die aufschiebende Wirkung des Widerspruchs oder der Anfechtungsklage wiederherzustellen. 9

Anfechtungs- und antragsbefugt sind neben dem **Träger** als Adressaten der Untersagungsverfügung auch der **Leiter, Beschäftigte oder sonstige Mitarbeiter**, dessen Tätigkeit untersagt wurde, da mit der Untersagung auch in dessen Rechte eingegriffen wird.[4] Dem oder der Betroffenen steht insbesondere dann ein Rechtsschutzbedürfnis zur Seite, wenn die Tätigkeitsuntersagung Grund für die Kündigung des Beschäftigungsverhältnisses war.[5] 10

Kommt der Träger als Adressat einer vollziehbaren Tätigkeitsuntersagung nicht nach, stellt sich die Frage nach deren **Durchsetzung**. Da die Umsetzung der Tätigkeitsuntersagung rechtsgestaltender Willenserklärungen (Kündigung des Arbeitsverhältnisses, Versetzung op.) bedarf, können diese nicht von der Aufsichtsbehörde im Wege der Ersatzvornahme selbst vorgenommen werden. Richtiges Zwangsmittel ist deshalb ein gegen den Träger zu verhängendes Zwangsgeld nach § 11 VwVG bzw. den entsprechenden Vorschriften der Landesverwaltungsvollstreckungsgesetze. 11

Daneben kommt auch die Aufhebung der Betriebserlaubnis in Frage.[6] Gem. § 45 Abs. 7 Satz 2 SGB VIII kann die Betriebserlaubnis aufgehoben werden, wenn die Voraussetzungen nach dessen Abs. 2 Satz 1 nicht oder nicht mehr vorliegen. Erteilungsvoraussetzung ist gem. Abs. 2 Satz 2 Nr. 1, dass der Träger die für den Betrieb der Einrichtung erforderliche **Zuverlässigkeit** besitzt. Diese Zuverlässigkeit besitzt ein Träger gem. § 45 Abs. 2 Satz 3 Nr. 2 SGB VIII insbesondere dann nicht, wenn er Personen entgegen einem behördlichen Beschäftigungsverbot nach § 48 SGB VIII beschäftigt. In diesem Fall liegt also eine zwingende Erteilungsvoraussetzung nicht mehr vor.

Soweit § 45 Abs. 7 Satz 2 Hs. 2 SGB VIII dessen Abs. 6 Satz 1 und 3 unberührt lässt, vermag das in einem solchen Fall keine Wirkung zu entfalten. Denn mit einer Weiterbeschäftigung der betroffenen Person entgegen einem ausgesprochenen Beschäftigungsverbot dokumentiert der Träger, dass ihm nicht an einer Beratung gelegen ist (§ 45 Abs. 6 Satz 1 SGB VIII). Auch die Erteilung einer Auflage (§ 45 Abs. 6 Satz 3 SGB VIII) scheidet aus, da diese keinen anderen Inhalt als die gerade durchzusetzende Tätigkeitsuntersagung haben könnte.

Bleibt auch dieses fruchtlos, kann die Betriebserlaubnis aufgehoben werden.

---

4 Einhellige Auffassung; vgl. nur Wiesner/Wapler/*Wiesner*, § 48 SGB VIII Rn. 10; OVG Nordrhein-Westfalen, Beschl. v. 17. 11.2014, 12 A 283/13, juris, Rn. 91 m.w.N.; OVG Saarland, Beschl. v. 8.4.2020, 2 D 65/20, juris, Rn. 7, ZKJ 220, 230.

5 OVG Saarland, Beschl. v. 8.4.2020, 2 D 65/20, juris, Rn. 7, ZKJ 220, 230.

6 Vgl. Wiesner/*Mörsberger*, 5. Aufl., § 48 SGB VIII Rn. 11. Wiesner/Wapler/*Wiesner*, § 48 SGB VIII Rn. 11, möchte die Tätigkeitsuntersagung mittels eines Zwangsgeldes durchsetzen. „Andernfalls" komme nur der Widerruf der Betriebserlaubnis in Betracht.

12 Für **unzulässig**, weil durch datenschutzrechtliche Vorschriften nicht gedeckt und zu einem faktischen Berufsverbot führend, werden allgemein sog. **Warnmitteilungen** gehalten, mit denen sich Aufsichtsbehörden über ungeeignete Betreuungskräfte austauschen.[7] Zur Vorlage von Führungszeugnissen als Kontrollinstrument der Aufsichtsbehörde vgl. die Erläuterungen zu § 45 SGB VIII Rn. 44 ff.

7 Vgl. FK-SGB VIII/*Smessaert/Lakies*, § 48 Rn. 7 m.w.N.

§ 48a
Sonstige betreute Wohnform

(1) Für den Betrieb einer sonstigen Wohnform, in der Kinder oder Jugendliche betreut werden oder Unterkunft erhalten, gelten die §§ 45 bis 48 entsprechend.

(2) Ist die sonstige Wohnform organisatorisch mit einer Einrichtung verbunden, so gilt sie als Teil der Einrichtung.

Übersicht Rn.

A. Allgemeines

Die ursprünglich in § 45 Abs. 4 SGB VIII enthaltene Vorschrift wurde durch das 1. ÄndG SGB VIII verselbstständigt, wodurch nicht nur der Erlaubnisvorbehalt, sondern das gesamte Aufsichtsinstrumentarium der §§ 46 bis 48 SGB VIII auf sonstige betreute Wohnformen Anwendung findet. Die seitdem unveränderte Norm enthält einige Ungereimtheiten, die noch eine Steigerung dadurch erfahren haben, dass mit dem KJSG, das § 48a SGBVIIII nicht verändert hat, nunmehr auch der durch dieses Gesetz neu geschaffene § 45a SGB VIII in ihren Anwendungsbereich einbezogen wurde.[1] 1

Unklar erscheint etwa, was die entsprechende Geltung von § 45 SGB VIII bedeutet. Erfüllt ein „Etwas", hier eine Wohnform für Kinder und Jugendliche, dessen Voraussetzungen, handelt es sich also insbesondere um eine Einrichtung i.S.d. nunmehr § 45a SGB VIII, ohne dass einer der Ausnahmetatbestände des § 45 Abs. 1 Satz 2 SGB VIII vorliegt, unterliegt es der Erlaubnispflicht, ohne dass es einer besonderen Vorschrift bedürfte. Oder soll vermittels der Vorschrift auch eine Wohnform, die keine Einrichtung i.S.d. § 45a Satz 1 SGB VIII ist, der Erlaubnispflicht unterworfen werden, womit sich die Frage nach Inhalt und Bedeutung von § 48a Abs. 2 SGB VIII stellte. Schließlich werden durch die entsprechende Geltung von § 45a SGB VIII die Auslegungsprobleme der Sätze 2 und 3 dieser Vorschrift inkorporiert.

Auf diese Fragen wird im Rahmen der nachfolgenden Kommentierung eingegangen.

B. Einzelheiten

I. Abs. 1 – Entsprechende Geltung der §§ 45 bis 48 SGB VIII

Nach Abs. 1 gelten für den Betrieb einer sonstigen Wohnform die §§ 45 bis 48 SGB VIII entsprechend. Voraussetzung der entsprechenden Geltung der Aufsichtsvorschriften ist nach Abs. 1 der Betrieb einer **Wohnform**, in der Kinder oder Jugendliche **betreut** werden oder **Unterkunft erhalten**. Damit scheiden bereits nach dem Wortlaut rein selbstorganisierte Wohnformen aus dem Anwendungsbereich aus, da diese begrifflich nicht „betrieben" werden. Ebenso wenig „erhalten" die etwa in einer Wohngemeinschaft lebenden Jugendlichen Unterkunft oder „werden betreut". Sämtliche genannten Merkmale setzen einen Dritten voraus, der Unterkunft gewährt oder betreut. Dies erschließt sich auch aus dem **Kontext**, 2

1 So zutreffend VG Bayreuth, Beschl. v. 31.1.2022, B 10 E 21.1315, JAmt 2022, 412.

in dem das Gesetz den Begriff der sonstigen Wohnform verwendet. Dort geht es stets um die Gewährung von Hilfe zur Erziehung (§ 34 Satz 1 SGB VIII) oder von Eingliederungshilfe (§ 35a Abs. 2 Nr. 4 SGB VIII) oder um die Unterbringung im Rahmen der (vorläufigen) Inobhutnahme (§§ 42 Abs. Satz 2, 42a Abs. 1 Satz 3 SGB VIII). also um ein Hilfe- oder Obhutsverhältnis.

Dafür spricht schließlich der **Normzweck**. Bei den Vorschriften der §§ 45 bis 48 SGB VIII geht es nicht um den Schutz der Jugendlichen vor sich selbst, sondern vor einem das Kindeswohl beeinträchtigenden Einrichtungs-, hier also Wohnformbetreiber, oder Gefährdungen durch sonstige Dritte.

3 Positiv zeichnet sich die „sonstige betreute Wohnform" dadurch aus, dass die Kinder oder Jugendlichen ungeachtet einer möglichen Selbstorganisation von externen Fachkräften begleitet und unterstützt, eben betreut werden, und die (Letzt-)Verantwortung bei einem Träger oder bei der von ihm beauftragten Fachkraft liegt. Umfang und Intensität der Betreuung richten sich nach Alter, Problemlagen und daraus resultierendem sozialpädagogischem Bedarf.[2]

Beispiele sind, soweit sie nicht Abs. 2 unterfallen, Formen des **ambulant betreuten Wohnens** oder **Wohnungen** und Unterkünfte, in denen **unbegleitete ausländische Minderjährige** im Rahmen der (vorläufigen) Inobhutnahme nach §§ 42, 42a SGB VIII untergebracht sind. Auch betreute Einzelwohnungen fallen unter die Vorschrift.

In den Begriff der sonstigen betreuten Wohnform einbezogen werden auch bestimmte **Formen der Vollzeitpflege**, bei denen private Pflegestellen unter der Verantwortung eines Trägers tätig werden.[3] Indiz dafür soll etwa sein, dass die betreffenden Kinder oder Jugendlichen nicht direkt an die familiäre Pflegestelle, sondern an einen Träger vermittelt werden, unter dessen Dach die Pflegestellen tätig werden und der ggfs. Zahlungen an die Pflegeperson vornimmt.[4]

Nicht zuletzt diese Konstellationen werfen die Frage nach dem Verhältnis von § 48a Abs. 2 SGB VIII zu dem ebenfalls in § 48a SGB VIII inkorporierten § 45a SGB VIII auf (vgl. dazu unten Rn. 6).

4 **Rechtsfolge** der Qualifizierung als **sonstige betreute Wohnform** ist, dass die §§ 45 bis 48 SGB VIII entsprechend gelten. § 48a Abs. 1 SGB VIII erstreckt also die Geltung dieser an den Einrichtungsbegriff anknüpfenden Vorschriften auf die sonstige betreute Wohnform, obwohl diese – deshalb nur entsprechende Anwendung – **keine Einrichtung** i.S.d. § 45a Abs. 1 SGB VIII ist.

Die nur entsprechende Anwendung der genannten Vorschriften soll darüber hinaus bedeuten, dass den Besonderheiten der sonstigen betreuten Wohnform Rechnung zu tragen sei.[5] Bei Erziehungsstellen seien „naturgemäß andere Kriterien anzulegen" als bei selbstorganisierten Wohngemeinschaften mit jugendlichen Bewohnern.[6] Dem ist im Grundsatz zuzustimmen, wirft allerdings die Frage auf, an welcher Stelle welche „anderen Kriterien" anzulegen sein sollen, geht es doch hier um den Schutz der betreuten und untergebrachten Minderjährigen. Dass bei der Erlaubniserteilung und der Aufsicht den Besonderheiten unterschiedlicher Einrichtungen Rechnung zu tragen ist, gilt im Übrigen auch bei unmittelbarer Anwendung der §§ 45 ff. SGB VIII.

---

2 Vgl. Wiesner/Wapler/*Wiesner*, § 48a SGB VIII Rn. 4.
3 Vgl. Wiesner/Wapler/*Wiesner*, § 48a SGB VIII Rn. 5; LPK-SGB VIII/*Kepert/Dexheimer/Nonninger*, § 48a Rn. 3.
4 Vgl. Wiesner/Wapler/*Wiesner*, § 48a SGB VIII Rn. 5 unter Hinweis auf VG Stade, Urt. v. 28.7.2010, 4 A 575/10, juris.
5 BeckOK SozR/*Winkler*, 65. Ed. 1.6.2022, § 48a Rn. 3; Wiesner/Wapler/*Wiesner*, § 48a SGB VIII Rn. 7.
6 Wiesner/Wapler/*Wiesner*, § 48a SGB VIII Rn. 7.

II. Abs. 2 – Sonstige betreute Wohnform als Teil einer Einrichtung

Ob sonstige betreute Wohnformen der Erlaubnispflicht unterliegen, richtet sich gem. Abs. 1 nach den allgemeinen Vorschriften der §§ 45 bis 48 SGB VIII. Ungeachtet dessen fingiert Abs. 2 Wohnformen, die organisatorisch mit einer Einrichtung verbunden sind, als Teil dieser Einrichtung und unterwirft sie damit der unmittelbaren Geltung der für Einrichtungen geltenden Vorschriften, insbesondere also der Erlaubnispflicht. Von einer **unselbstständigen Wohnform** wird ausgegangen, wenn die konzeptionelle, organisatorische und wirtschaftliche Gesamtverantwortung bei der Leitung der Einrichtung liegt.[7] 5

Diese Auslegung der organisatorischen Anbindung erinnert an § 45a Satz 5 SGB VIII, nach dem eine fachliche und organisatorische Einbindung der familienähnlichen Betreuungsform insbesondere dann vorliegt, „wenn die betriebserlaubnispflichtige Einrichtung das Konzept, die fachliche Steuerung der Hilfen, die Qualitätssicherung, die Auswahl, Überwachung, Weiterbildung und Vertretung des Personals sowie die Außenvertretung gewährleistet".

Vor dem Hintergrund dieser Definitionsvorschrift erscheinen die damit gestellten Anforderungen an eine „organisatorische Verbindung" mit der Einrichtung, wie sie in der Literatur vertreten wird, überhöht.

Liegen die Voraussetzungen einer organisatorisch verbundenen Wohnform vor, gilt sie als Teil der Einrichtung und bedarf keiner eigenen Erlaubnis, nimmt vielmehr an deren Erlaubnis teil. Ihr Betrieb wird durch die Erlaubnis der Einrichtung abgedeckt.

Obwohl das KJSG § 48a SGB VIII nicht geändert hat, erstreckt sich die Anordnung **entsprechender Geltung** in Abs. 1 **auch auf** den neu geschaffenen **§ 45a SGB VIII**.[8] Dies gilt auch für § 45a Satz 2 SGB VIII, nach dem „familienähnliche Betreuungsformen der Unterbringung", bei denen der Bestand der Verbindung nicht unabhängig von bestimmten Kindern und Jugendlichen, den dort tätigen Personen und der Zuordnung bestimmter Kinder und Jugendlicher zu bestimmten dort tätigen Personen ist, nur dann Einrichtungen sind, wenn sie fachlich und organisatorisch in eine betriebserlaubnispflichtige Einrichtung eingebunden sind. 6

Als solche Betreuungsformen kommen etwa Erziehungsstellen oder sonstige Formen professionalisierter Vollzeitpflege in Betracht. Sind sie **in** eine **betriebserlaubnispflichtige Einrichtung eingebunden** – wann dies der Fall ist, ergibt sich aus § 45a Satz 3 SGB VIII (vgl. dazu dort Rn. 7 ff.) –, finden sie also im sog. Einrichtungskontext statt, sind sie gem. § 45a Satz 2 „Einrichtungen" mit allen Rechtsfolgen, die die §§ 45 bis 48 SGB VIII vorsehen, insbesondere also der **Notwendigkeit einer eigenständigen Erlaubnis**.

Rechtsfolge einer organisatorischen Einbindung[9] ist dagegen gem. § 48a Abs. 2 SGB VIII, dass sie als Teil der Einrichtung gelten und deshalb **selbst nicht erlaubnispflichtig** sind.

Die Anwendung der beiden Vorschriften führt also zu sich widersprechenden Ergebnissen,[10] ein Widerspruch, der mit den Mitteln juristischer Methodik aufzulösen ist. Danach handelt es sich bei § 45a Satz 2 und 3 SGB VIII um die neuere, bei **§ 48a Abs. 2 SGB VIII dagegen um die speziellere gesetzliche Vorschrift**, da sie ausschließlich sonstige betreute Wohn-

---

7 Vgl. LPK-SGB VIII/*Kepert/Dexheimer*, § 48a Rn. 5.

8 VG Bayreuth, Beschl. v. 31.1.2022, B 10 E 21.1315, JAmt 2022, 412.

9 Die wohl überwiegende Auffassung in der Literatur lädt den Begriff der „organisatorischen" Verbindung in einer Weise auf, in der er sich nicht mehr von der Definition des § 45a Satz 3 SGB VIII unterscheidet. Dass eine *organisatorische* Verbindung voraussetzt, dass die „konzeptionelle, organisatorische und wirtschaftliche Gesamtverantwortung bei der Leitung der Einrichtung" liegt, darf bereits begrifflich füglich bezweifelt werden. Das gilt insbesondere für konzeptionelle Fragen, die zwar organisatorische Voraussetzungen haben, darüber aber weit hinausgehen.

10 Deshalb stellt *Wiesner*, in: Wiesner/Wapler, § 48a SGB VIII Rn. 3, die Frage, welcher Anwendungsbereich künftig noch für § 48a eröffnet werde.

formen betrifft, **die** deshalb der neueren, aber allgemeineren Regelung des § 45a Satz 2 und 3 SGB VIII **vorgeht**.

Soweit also eine sonstige betreute Wohnform die Voraussetzungen des § 48a Abs. 2 SGB VIII erfüllt, wird sie von der **Betriebserlaubnis der Einrichtung erfasst**, als deren Teil sie gilt. Eine eigenständige Erlaubnis ist dann nicht erforderlich.[11]

11 Sofern der Gesetzgeber anderes gewollt hat, was nicht ausgeschlossen erscheint, hätte er das allerdings im Gesetz zum Ausdruck bringen müssen, etwa durch Aufhebung des § 48a Abs. 2 SGB VIII.

§ 49
Landesrechtsvorbehalt

Das Nähere über die in diesem Abschnitt geregelten Aufgaben regelt das Landesrecht.

A. Allgemeines

Auch hinsichtlich der in diesem Abschnitt normierten Aufgaben sind die **Regelungen** des SGB VIII **nicht abschließend**. Durch § 49 SGB VIII wird ausdrücklich klargestellt, dass Raum für landesrechtliche Konkretisierungen besteht, von dem die Länder auch Gebrauch gemacht haben. Neben § 49 SGB VIII eröffnet bereits § 43 Abs. 3 Satz 3, Abs. 5 SGB VIII die Möglichkeit näherer landesrechtlicher Bestimmungen. 1

Eine Öffnung für landesrechtliche Regelungen enthält auch der durch das KJSG eingefügte § 45a Satz 4 SGB VIII hinsichtlich der **Einrichtungsqualität familienähnlicher Betreuungsformen**, die nicht fachlich und organisatorisch in eine betriebserlaubnispflichtige Einrichtung eingebunden sind.

B. Einzelheiten

Die Vorschrift eröffnet dem Landesrecht ein weites Regelungsfeld. Als mögliche und angesichts der – bewusst oder unbewusst – lückenhaften bundesrechtlichen Regelungen sind – ohne Anspruch auf Vollständigkeit – zu nennen:

- Höchstgrenzen bei der Zahl der aufgenommenen Pflegekinder,
- das Fachkräftegebot bei den Trägern der freien Jugendhilfe,
- Prüfungsbefugnisse im Rahmen von § 43 SGB VIII,
- die Betretensbefugnis des Jugendamts im Rahmen der Überprüfung nach § 44 Abs. 3 Satz 1 SGB VIII,
- Beratungsanspruch für Pflegepersonen.

§ 49 SGB VIII verleiht den Ländern allerdings keine Befugnis, Regelungen zu treffen, die zu denen des SGB VIII in Widerspruch stehen.

Eine aktuelle Übersicht über die zu den §§ 43 bis 48a SGB VIII ergangenen landesgesetzlichen Regelungen findet sich unter www.jugendhilfeportal.de (> Info-Pool > Recht) (12.3.2022).

Dritter Abschnitt
Mitwirkung in gerichtlichen Verfahren

§ 50
Mitwirkung in Verfahren vor den Familiengerichten

(1) [1]Das Jugendamt unterstützt das Familiengericht bei allen Maßnahmen, die die Sorge für die Person von Kindern und Jugendlichen betreffen. [2]Es hat in folgenden Verfahren nach dem Gesetz über das Verfahren in Familiensachen und in den Angelegenheiten der freiwilligen Gerichtsbarkeit mitzuwirken:

1. **Kindschaftssachen (§ 162 des Gesetzes über das Verfahren in Familiensachen und in den Angelegenheiten der freiwilligen Gerichtsbarkeit),**
2. **Abstammungssachen (§ 176 des Gesetzes über das Verfahren in Familiensachen und in den Angelegenheiten der freiwilligen Gerichtsbarkeit),**
3. **Adoptionssachen (§ 188 Absatz 2, §§ 189, 194, 195 des Gesetzes über das Verfahren in Familiensachen und in den Angelegenheiten der freiwilligen Gerichtsbarkeit),**
4. **Ehewohnungssachen (§ 204 Absatz 2, § 205 des Gesetzes über das Verfahren in Familiensachen und in den Angelegenheiten der freiwilligen Gerichtsbarkeit) und**
5. **Gewaltschutzsachen (§§ 212, 213 des Gesetzes über das Verfahren in Familiensachen und in den Angelegenheiten der freiwilligen Gerichtsbarkeit).**

(2) [1]Das Jugendamt unterrichtet insbesondere über angebotene und erbrachte Leistungen, bringt erzieherische und soziale Gesichtspunkte zur Entwicklung des Kindes oder des Jugendlichen ein und weist auf weitere Möglichkeiten der Hilfe hin. [2]In Verfahren nach den §§ 1631b, 1632 Absatz 4, den §§ 1666, 1666a und 1682 des Bürgerlichen Gesetzbuchs sowie in Verfahren, die die Abänderung, Verlängerung oder Aufhebung von nach diesen Vorschriften getroffenen Maßnahmen betreffen, legt das Jugendamt dem Familiengericht den Hilfeplan nach § 36 Absatz 2 Satz 2 vor. [3]Dieses Dokument beinhaltet ausschließlich das Ergebnis der Bedarfsfeststellung, die vereinbarte Art der Hilfegewährung einschließlich der hiervon umfassten Leistungen sowie das Ergebnis etwaiger Überprüfungen dieser Feststellungen. [4]In anderen die Person des Kindes betreffenden Kindschaftssachen legt das Jugendamt den Hilfeplan auf Anforderung des Familiengerichts vor. [5]Das Jugendamt informiert das Familiengericht in dem Termin nach § 155 Absatz 2 des Gesetzes über das Verfahren in Familiensachen und in den Angelegenheiten der freiwilligen Gerichtsbarkeit über den Stand des Beratungsprozesses. [6]§ 64 Absatz 2 und § 65 Absatz 1 Satz 1 Nummer 1 und 2 bleiben unberührt.

(3) [1]Das Jugendamt, das in Verfahren zur Übertragung der gemeinsamen Sorge nach § 155a Absatz 4 Satz 1 und § 162 des Gesetzes über das Verfahren in Familiensachen und in den Angelegenheiten der freiwilligen Gerichtsbarkeit angehört wird, teilt

1. **rechtskräftige gerichtliche Entscheidungen, aufgrund derer die Sorge gemäß § 1626a Absatz 2 Satz 1 des Bürgerlichen Gesetzbuchs den Eltern ganz oder zum Teil gemeinsam übertragen wird oder**
2. **rechtskräftige gerichtliche Entscheidungen, die die elterliche Sorge ganz oder zum Teil der Mutter entziehen oder auf den Vater allein übertragen, dem nach § 87c Absatz 6 Satz 2 zuständigen Jugendamt zu den in § 58[1] genannten Zwecken unverzüglich mit. [2]Mitzuteilen sind auch das Geburtsdatum und der Geburtsort des Kindes oder des Jugendlichen sowie der Name, den das Kind oder der Jugendliche zur Zeit der Beurkundung seiner Geburt geführt hat.**

---

1 Bis 31.12.2022: § 58a.

Übersicht

A. Allgemeines

I. Funktion und Änderung der Vorschrift

Das familiengerichtliche Verfahren ist durch das FamFG in der 16. Legislaturperiode vollständig neu geregelt worden, unter anderem mit dem Ziel der Einführung von konfliktvermeidenden und konfliktlösenden Elemente. Hierzu heißt es in der Begründung des Gesetzesentwurfes der Bundesregierung: „Das familiengerichtliche Verfahren ist wie keine andere gerichtliche Auseinandersetzung von emotionalen Konflikten geprägt, die letztlich nicht justiziabel sind, aber einen maßgeblichen Einfluss auf das Streitpotential und die Möglichkeit zur gütlichen Beilegung einer Auseinandersetzung haben. Der Verfahrensgesetzgeber muss ein geeignetes Instrumentarium zum Umgang mit diesen Konflikten haben."[2] **1**
Wichtiger Teil dieses Instrumentariums ist die **jugendamtliche Mitwirkung**,[3] insofern ist ein „aktives Jugendamt" zu fordern.[4]

Die Vorschrift des § 50 SGB VIII regelt diese **Mitwirkung des Jugendamtes in Verfahren vor den Familiengerichten** als Unterstützung bei allen die Person von Kindern und Jugendlichen betreffenden Verfahren durch Unterrichtung insbesondere über angebotene und erbrachte Leistungen, Einbringung erzieherischer und sozialer Gesichtspunkte und Hinweis auf weitere Möglichkeiten der Hilfe.

Damit soll der Sachverstand der Mitarbeiter der sozialpädagogischen Fachbehörde im Allgemeinen sowie mit Blick auf dort bereits „bekannte" junge Menschen und deren Familien in das familiengerichtliche Verfahren eingebracht werden.[5] Nur mit Hilfe des Jugendamtes sind die Gerichte zu einer gründlichen Sachaufklärung und zu einer sachgerechten, den Lebensbedingungen und Bedürfnissen junger Menschen angemessenen Entscheidung in der Lage. Dies gilt besonders für die Beurteilung, was im jeweiligen Einzelfall dem „Wohl des Kindes", dem rechtlichen Schlüsselbegriff in diesem Bereich, entspricht.[6]

Durch das **KJSG** wurde Abs. 2 Satz 2 bis 4, 6 eingefügt sowie Abs. 3 **geändert**.

---

2 BT-Drs. 16/6308, 164.
3 Vgl. FK-SGB VIII/*Trenczeck*, Vor §§ 50–52, Rn. 11 ff.
4 Vgl. dazu *Flemming*, ZKJ 2009, 315 bis 318.
5 *Wabnitz* 2009, 110.
6 *Fieseler/Herborth* 2010, 271 ff.

II. Verhältnis von Jugendamt und Gericht

2 Die Formulierung in der Überschrift und in Abs. 1 Satz 2 soll mit dem Begriff „Mitwirkung" zum Ausdruck bringen, dass das Jugendamt nicht Hilfsorgan des Gerichts ist. Dies war keineswegs immer der Fall. Früher wurden die Mitarbeiter des Jugendamtes als „Helfer des Gerichts, die das in ihrer Funktion erlangte Wissen von Amts wegen weiterzugeben hatten", bezeichnet. Allerdings hatte der BGH schon in seiner Entscheidung vom 21.05.1954 klargestellt, dass mit der vorgeschriebenen Mitwirkung keine Unterordnung des Jugendamtes unter das Vormundschaftsgericht (die Familiengerichte wurden erst als Abteilung des Amtsgerichts im Jahre 1976 eingeführt) verbunden sei.[7]

Die Mitwirkung des Jugendamtes war vor Inkrafttreten des SGB VIII im Jahr 1991 in § 48 JWG geregelt. Mit der Neuformulierung sollte stärker zum Ausdruck kommen, dass das Jugendamt in gerichtlichen Verfahren als Träger eigener Aufgaben tätig wird.[8] Seitdem gehört die Mitwirkung in Verfahren vor dem Familiengericht nach § 50 nach § 2 Abs. 3 Nr. 6 SGB VIII zu den „Anderen Aufgaben" der Jugendhilfe; das Jugendamt wird als fachliche Behörde in Verantwortungsgemeinschaft mit dem Familiengericht betrachtet. Fürsorge-, Schutz- und Überwachungsfunktion stehen dabei im Vordergrund – insbesondere in Kindeswohlgefährdungsverfahren. Durch das im September 2009 eingeführte Gesetz über das Verfahren in Familiensachen und in den Angelegenheiten der freiwilligen Gerichtsbarkeit (FamFG) trat die Veränderung in dem Verhältnis zwischen Jugendamt und Familiengericht noch deutlicher zutage. Beide Institutionen sollen in ihrer jeweiligen Rolle als Verhandlungspartner auf Augenhöhe im Sinne des Kindes oder des Jugendlichen handeln. Der Begriff der „Verantwortungsgemeinschaft"[9] bildet sich immer mehr heraus; er wurde im Zuge der Debatten um eine Verbesserung des Kinderschutzes geprägt und sollte deutlich machen, dass es darauf ankommt, in verschiedenen Rollen dennoch gemeinsam zu handeln und keine/n der Beteiligten aus seiner/ihrer Verantwortung zu entlassen, bis das Ziel erreicht ist.

Der Begriff „**Mitwirken**" bringt zum Ausdruck, dass das Jugendamt inhaltlich an der Entscheidung des Gerichts beteiligt ist. Dies bedeutet nicht verfahrensrechtliche Verantwortungsübernahme, da nach wie vor das Gericht „Herr des Verfahrens" ist, also letztendlich die Entscheidung trifft. Die Entscheidungsfindung beginnt auch nicht erst, wenn der Beschluss abgefasst ist. Die Entscheidunggsfindung beginnt früher und umfasst die Gestaltung des Verfahrens, die Gestaltung der persönlichen Anhörungen, die Gestaltung der Amtsermittlung.

3 Die Hilfen und Verfahren des SGB VIII und die Regelungen und Verfahren des BGB und FamFG entspringen unterschiedlichen Gedankenwelten und sind nicht aufeinander abgestimmt. Die in beiden Institutionen handelnden Personen sprechen unterschiedliche „Sprachen" und haben auch unterschiedliche Verhandlungs- und Entscheidungskulturen. Insbesondere in Kindeswohlgefährdungsverfahren wird deutlich, dass sehr unterschiedliche Aufgaben und Rollen im Hintergrund stehen. Während die Fachkräfte im Jugendamt die Familie meist schon über lange Zeit im Blick haben, bereits mehrfach versucht haben, die Eltern zur Annahme von Hilfen zur Erziehung zu bewegen, sehen die Familiengerichte nur einen Teilausschnitt zu einem Zeitpunkt, an dem sich Probleme zugespitzt und Schädigungen schon eingetreten sind oder konkret zu befürchten sind. Und: Der Familienrichter/die Familienrichterin sieht die Eltern (und bei Kindesanhörungen auch das Kind) nur einmal oder nur wenige Male, die Fachkräfte des Jugendamtes haben die Eltern und die Kinder oftmals über Monate hinweg „begleitet". Der Auftrag des Familiengerichts ist „fallorientiert": Es sind die Fragen

---

7 BGH, Beschl. v. 21.5.1954, FamRZ 1954, 2 ff.
8 *Krug/Uhl*, SGB VIII, § 50 Rn. 12.
9 RegBegr KiWOMaG, BT-Drs. 16/6815, 15; FK-SGB VIII/*Trenczek*, vor §§ 50–52 Rn. 1, § 50 Rn. 2; Wiesner/Wapler/*Wapler*, § 50 SGB VIII Rn. 46.

zu beantworten, ob eine Kindeswohlgefährdung vorliegt und welche Maßnahmen erforderlich, geeignet und verhältnismäßig sind, um die Gefährdung abzuwenden. Den Sozialarbeiter/innen im Jugendamt geht es darum, bei Anrufung des Gerichts durch eine sogenannte §-8a-Meldung oder (seltener) durch einen konkreten Antrag nunmehr mit Hilfe der Justiz (da die Eltern nicht freiwillig die angebotenen und für notwendig erachteten Hilfen angenommen haben) noch eine Perspektive zu schaffen, um langfristige Hilfen durchzusetzen, die dem Kind eine möglichst positive Entwicklung ermöglichen, also dem Kind zu seinem Recht auf Förderung seiner Entwicklung und auf Erziehung zu einer selbstbestimmten, eigenverantwortlichen und gemeinschaftsfähigen Persönlichkeit (§ 1 Abs. 1 SGB VIII) zu verhelfen. Und: Während in den meisten Fällen der/die Richter/in die konkreten Beteiligten nur einmal sieht, d.h. nur einmal mit ihnen konkret beschäftigt ist, sind die Fachkräfte aus dem Jugendamt auch nach Beendigung eines gerichtlichen Verfahrens weiter mit der Familie beschäftigt, da die dann (hoffentlich durchgesetzten Hilfen zur Erziehung) weiterhin fachlich begleitet werden.

Der Gesetzgeber hat das familiengerichtliche Verfahren so angelegt, dass die Tätigkeit des Gerichts und des Jugendamtes (sowie des Verfahrensbeistands) jeweils unabhängig voneinander, – insbesondere ohne Weisungsbefugnis – bestehen, aber dennoch miteinander verschränkt sind. Das gemeinsame Ziel – ein die Grundrechte des Kindes und der Eltern gleichermaßen berücksichtigender und verwirklichender Kinderschutz – wird nur erreicht, wenn Gericht und Jugendamt (sowie Verfahrensbeistand) die ihnen zustehenden Gestaltungsspielräume so nutzen, dass auf allen Seiten Rollenklarheit herrscht[10] und Qualitätsstandards eingehalten werden.[11] Oder anders ausgedrückt: Wenn klar ist, dass alle im kindschaftsrechtlichen Verfahren beteiligten Professionen – also neben dem Gericht und Jugendamt auch der Verfahrensbeistand und der/die Sachverständige ihre vom Gesetzgeber vorgesehenen Rollen und Aufgaben vollständig ausfüllen, kann eine dem gemeinsamen Ziel angemessene Entscheidung getroffen werden.[12] 4

B. Einzelheiten

I. Mitwirkungspflichtige Verfahren

In § 50 Abs. 1 Satz 2 SGB VIII ist im Einzelnen aufgeführt, in welchen familienrechtlichen Verfahren das Familiengericht zu unterstützen ist. Dabei handelt es sich um solche in 5

1. **Kindschaftssachen** (§ 151 FamFG), in denen es um die elterliche Sorge, das Umgangsrecht, das Recht auf Auskunft über die persönlichen Verhältnisse des Kindes, die Kindesherausgabe, die Vormundschaft, die Pflegschaft, die Genehmigung von freiheitsentziehender Unterbringung von Minderjährigen nach den Landesgesetzen über die Unterbringung psychisch Kranker oder die Aufgaben nach dem Jugendgerichtsgesetz geht;
2. **Abstammungssachen** (§ 176 FamFG), also in Verfahren, in denen das Bestehen oder Nichtbestehen eines Eltern-Kind-Verhältnisses festgestellt wird, insbesondere die Wirksamkeit oder Unwirksamkeit einer Anerkennung der Vaterschaft, die Einwilligung in eine genetische Abstammungsuntersuchung und Anordnung oder Duldung einer Probeentnahme, oder wenn es um die Einsichtnahme in ein Abstammungsgutachten oder die Aushändigung einer Abschrift davon oder um Anfechtung der Vaterschaft geht;

10 *Lohse/Ernst/Katzenstein*, JAmt 2019, 234 ff.
11 DIJuF, Situation, Perspektiven und Entwicklungsbedarf verlässlicher Qualitätsstandards und klarer Rollengestaltung im familiengerichtlichen Verfahren im Kinderschutz, Positionspapier, 5.
12 *Ernst*, FF 2020, 195 ff.

3. **Adoptionssachen** (§ 188 ff. FamFG); diese Verfahren beschäftigen sich mit der Annahme als Kind, der Ersetzung der Einwilligung zur Annahme als Kind, der Aufhebung des Annahmeverhältnisses oder der Befreiung von Eheverboten des § 1308 Abs. 1 BGB;
4. **Ehewohnungssachen** (§ 204 Abs. 2 § 305 FamFG); in diesen Verfahren wird die Überlassung der Ehewohnung während des Getrenntlebens der Ehegatten und die Zuweisung der Ehewohnung für die Zeit nach der Scheidung behandelt sowie die Verteilung von Hausratsgegenständen im Falle des Getrenntlebens bzw. der Scheidung der Ehegatten. Das Familiengericht soll das Jugendamt in Ehewohnungssachen dann anhören, wenn Kinder im Haushalt der Eheleute leben;
5. **Gewaltschutzsachen** (§ 212, 213 FamFG), also in Verfahren im Zuge häuslicher Gewalt nach §§ 1 und 2 des Gewaltschutzgesetzes. Auch hier gilt, dass das Familiengericht das Jugendamt anzuhören hat, wenn Kinder im Haushalt leben.

In den vorgenannten Verfahren ist das Jugendamt zur Mitwirkung verpflichtet, dies ergibt sich aus der Formulierung „... hat ... mitzuwirken". Es besteht allerdings für das Jugendamt im Hinblick auf die konkrete Form der Mitwirkung keine irgendwie geartete Weisungskompetenz des Familiengerichts, d.h., das Jugendamt ist nicht einer bestimmten Form der Mitwirkung verpflichtet. Insbesondere im Hinblick auf den frühen ersten Termin (§ 155 Abs. 2 FamFG) liegt der Verzicht auf eine schriftliche Stellungnahme nahe.

Das Jugendamt trifft auch keine Ermittlungspflicht, vielmehr hat das Familiengericht von Amts wegen die zur Feststellung der Tatsachen erforderlichen Daten zu erheben.[13] Auch stehen dem Familiengericht gegenüber dem Jugendamt keine Weisungsrechte und keine Zwangsmittel zur Verfügung, insbesondere kann das Familiengericht kein Zwangsgeld festsetzen, wenn das Jugendamt keine Stellungnahme abgibt.[14]

II. Abs. 2 – Einzelne Mitwirkungspflichten

1. Abs. 2 Satz 1 – Informations- und Hinweispflichtendes Jugendamtes

6 Abs. 2 **konkretisiert Abs. 1** sowohl im Hinblick auf die Unterstützung als auch hinsichtlich der Mitwirkungspflicht. Der Schwerpunkt der Mitwirkungsaufgaben des Jugendamtes liegt – gerade in Umgangs- und Sorgerechtsverfahren – nach den Kindschaftsreformgesetzen nicht mehr auf einer gutachterlichen Äußerung, sondern darauf, das jugendhilferechtliche Beratungs- und Unterstützungsangebot in den gerichtlichen Verfahrensablauf einzubringen und die Inanspruchnahme der Beratungsleistungen anzuraten. In Zusammenarbeit mit dem Familiengericht wirkt das Jugendamt darauf hin, dass die Eltern die außergerichtlichen Beratungs- und Mediationsangebote wahrnehmen, um den konkreten Streit zu schlichten, insbesondere aber die elterliche Kommunikation und Kooperation wiederherzustellen bzw. zu fördern. Grundsätzlich gilt nach § 156 Abs. 1 FamFG, dass das Gericht insbesondere in Sorgerechts- und Umgangsverfahren in jeder Lage des Verfahrens auf ein Einvernehmen der Beteiligten hinzuwirken hat (wenn dies dem Kindeswohl nicht widerspricht). Diese „Schlichtungsfunktion" wirkt sich auch auf die inhaltliche Mitwirkung des Jugendamtes in diesen Verfahren aus. Bei den Jugendämtern und Familienberatungsstellen stellen Konflikte im Zusammenhang von Trennungs-, Umgangs- und Sorgerechtsstreits mit Sicherheit die größte Fallgruppe dar. Inhaltlich geht es sowohl dem Familiengericht als auch dem Jugendamt darum, in diesen Fällen die Bindung zwischen Kindern und Eltern sicherzustellen, den elterlichen Streit zu deeskalieren und die Fähigkeit der Eltern, die Kinder aus ihren Partnerschafts-

13 Wiesner/Wapler/*Wapler*, § 50 SGB VIII Rn. 43.
14 Vgl. OLG Schleswig, FamRZ 1994, 1129.

angelegenheiten herauszuhalten, zu stärken.[15] Ziel ist, dass die Eltern die künftige Gestaltung der elterlichen Sorge und des Umgangs des nichtbetreuenden Elternteils mit den gemeinsamen Kindern wieder in die eigene Hand nehmen können. Hierzu bedarf es eines längerfristigen Beratungsangebots, im Rahmen eines gerichtlichen Verfahrens sind diese Ziele nicht zu erreichen, aber durchaus in die Wege zu leiten und anzubahnen; daher sind auch die Leistungen des Jugendamtes nach § 17 ein wesentlicher Bestandteil des Hilfeauftrages des Jugendamtes.

Ist trotz Beratungs- und anderen Hilfsangeboten der Jugendhilfe kein Einvernehmen der Eltern zu erreichen und demzufolge eine **gerichtliche Entscheidung erforderlich**, unterstützt und berät das Jugendamt das Gericht bei dessen Entscheidung. Dabei legt es prognostisch die erzieherischen und sozialen Gesichtspunkte dar, die für die weitere Entwicklung des Kindes von Bedeutung sind.[16] **Inhalt der gutachterlichen Äußerungen** des Jugendamtes sind generell die emotionalen Beziehungen, eine eventuelle Geschwisterbindung, die Neigungen und Wünsche des Kindes, die Erziehungs- und insbesondere die Förderungsfähigkeit der Bezugspersonen sowie Aspekte des Kontinuitätsprinzips.[17] Überwiegend sollte die gutachterliche Stellungnahme eine wertende Äußerung bzw. Schlussfolgerung enthalten; ein bestimmter Entscheidungsvorschlag wird nicht für erforderlich gehalten.[18] 7

Von besonderer Bedeutung ist die Mitwirkung des Jugendamtes in Kindeswohlgefährdungsverfahren, die meist auch von Jugendämtern im Rahmen von Meldungen nach § 8a SGB VIII eingeleitet werden. Wie im Anhang ausgeführt, kommt dem Jugendamt als sozialpädagogischer Fachbehörde und Leistungsträger etwaiger Hilfemaßnahmen hier die Aufgabe zu, nicht nur den Sachverhalt darzulegen, aus dem sich eine Gefährdung des Kindeswohls ergibt, sondern auch aktiv die Möglichkeiten einer effektiven Gefahrenabwehr aufzuzeigen. Dies geschieht durch die Einschätzung des Hilfebedarfs und die Beurteilung der Geeignetheit und Erforderlichkeit einer Hilfe. Gerade in diesen Verfahren bezieht sich die Unterstützungspflicht des Jugendamtes auch darauf, das Familiengericht über angebotene und erbrachte Leistungen zu informieren. Nur so ist es dem Familiengericht möglich, Maßnahmen anzuordnen, die einerseits der Gefährdung der Kinder entgegenwirken und andererseits auch verhältnismäßig sind.

Da das Jugendamt gem. Abs. 2 Satz 1 „insbesondere" über angebotene und erbrachte Leistungen zu unterrichten hat, handelt es sich nicht um eine abgeschlossene, sondern nur beispielhafte Aufzählung. Das Jugendamt kann auch ganz andere Aspekte einbringen, wenn dies dem Ziel der Mitwirkung entspricht.

2. Abs. 2 Satz 2 bis 4 – Vorlage des Hilfeplans

Nach der Neufassung hat das Jugendamt gem. § 50 Abs. 2 Satz 2 bis 4 SGB VIII in bestimmten Kindschaftssachen nach § 151 FamFG einen vorhandenen Hilfeplan vorzulegen. In kindesschutzrechtlichen Verfahren nach den § 1631b BGB (freiheitsentziehende Unterbringung und freiheitsentziehende Maßnahmen), § 1632 Abs. 4 BGB (Verbleibensanordnung) und besonders in Verfahren nach §§ 1666, 1666a BGB (Kindeswohlgefährdungsverfahren) ist eine generelle Vorlagepflicht vorgesehen. Gleiches gilt für Verfahren, in denen über die Abänderung, Verlängerung oder Aufhebung von Maßnahmen zu entscheiden ist, die nach diesen Vorschriften getroffen wurden (§ 1696 BGB, §§ 166, 167 Abs. 1 Satz 1 i.V.m. § 329 Abs. 2, 8

15 Vgl. hierzu: Handlungsbedarfe für die Bewältigung elterlicher Trennung aus der Sicht der Jugendhilfe, ZKJ 2018, S. 124 ff.
16 Vgl. *Kaufmann*, FamRZ 2001, 7 ff.
17 *Oberloskamp/Balloff/Fabian,* Gutachtliche Stellungnahmen, 65 ff.
18 *Mrozynski*; § 50, Rn. 3; LPK-SGB VIII/*Berneiser/Diehl*, § 50 Rn. 19; insgesamt hierzu lesenswert: *Hoffmann*, Mitwirkung des Jugendamtes…, FF 2006, 127 ff.

330 FamFG). Dies war – allerdings vereinzelt – bereits unter der früheren Rechtslage Praxis zwischen Jugendämtern und Familiengerichten.

9 Die **Neureglung** wurde teilweise **heftig kritisiert**.[19] Zur Begründung wurde hervorgehoben, dass in Hilfeplänen zahlreiche vertrauliche, mitunter intime Aspekte dokumentiert seien, die nicht automatisch für die Gerichte relevant seien. Durch die geplante Vorlagepflicht drohe die in den Hilfeplänen zum Ausdruck kommende Vertrauensbeziehung zwischen Klient/in und Sozialarbeiter/in gefährdet zu werden. Es wurde hervorgehoben, dass das Jugendamt bislang in Fällen des Kinderschutzes eine Berichtspflicht gehabt habe und im Rahmen dieser Berichte alle wesentlichen Punkte erwähnt wurden, es demzufolge einer Vorlage der „sensiblen" Dokumente nicht bedürfe, die Vorlage der Hilfepläne in gerichtlichen Verfahren vielmehr der Verständigung zwischen Jugendamt und Personensorgeberechtigten erheblich auf ungünstige Weise verändern werde. Teilweise wird schon die Neuregelung in § 50 Abs. 2 SGB VIII als „Eintritt in eine doppelte Aktenführung des ASD" gesehen. Diese Ansicht wird dadurch verstärkt, dass es in § 50 Abs. 2 Satz 3 SGB VIII heißt, dass dieses Dokument ausschließlich das Ergebnis der Bedarfsfeststellung, die vereinbarte Art der Hilfegewährung einschließlich der hiervon umfassten Leistungen sowie das Ergebnis etwaiger Überprüfungen dieser Feststellungen beinhaltet. Das Gesetz schreibt damit vor, was im Hilfeplan (nur) schriftlich festzuhalten ist.

Zu berücksichtigen ist allerdings, dass das Bundesverfassungsgericht mehrfach geurteilt hat, dass Gerichte bei Eingriffen in elterliche Grundrechte im Rahmen der Verhältnismäßigkeitsprüfung nicht im Verfahren vorgetragene Einschätzungen des Jugendamtes, etwa hinsichtlich der Bereitschaft bzw. Fähigkeit der Eltern zur Mitarbeit bei der Abwehr vorhandener Gefahren oder zu den Erfolgsaussichten ambulanter Hilfen zur Erziehung, unbesehen übernehmen dürften.[20]

Die Gerichte benötigen daher für ihre Prüfung Grundlagen, die über den reinen Sachvortrag des Jugendamtes hinausgehen. In **manchen Fällen ist es durchaus erforderlich**, anhand der **Auswertung von Hilfeplänen** eingetretene Veränderungen und Entwicklungen zu erörtern und zu bewerten.

10 Das DJI empfahl daher, in § 50 Abs. 2 SGB VIII zu regeln, dass in Verfahren nach §§ 1666, 1666a, 1632 Abs. 4 und 1631b BGB auf Aufforderung des Gerichts der Hilfeplan vorzulegen ist. Eine gesetzliche Regelung bezüglich der Vorlage in familiengerichtlichen Verfahren sei erforderlich, um eine Grundlage für die Vorlage zu schaffen; gleichzeitig sei eine Begrenzung sinnvoll, um negative Auswirkungen auf das Hilfeplanverfahren möglichst zu vermeiden.[21] Es wurde in den Stellungnahmen auch befürchtet, dass die regelhafte Weitergabe der Hilfepläne nicht zu qualifizierteren Stellungnahmen des Jugendamtes führen, sondern im Gegenteil die Fokussierung auf die Hilfepläne bewirken könnte, dass die Fachkräfte ihre in § 50 Abs. 2 SGB VIII konkret beschriebenen Aufgaben weniger sorgfältig wahrnehmen und stattdessen schlicht die Hilfepläne übermitteln könnten.[22] Auch die Internationale Gesellschaft für erzieherische Hilfen (IGFH) lehnte die Neuregelung ab und wies darauf hin, dass Jugendämter in familiengerichtlichen Verfahren einzelfall- und zweckbezogen konkret berichten und nicht zur standardisierten Vorlage von Hilfeplänen verpflichtet werden sollten.[23]

19 Vgl. Stellungnahme der Arbeitsgemeinschaft für Kinder- und Jugendhilfe – AGJ zum KJSG-RefE 2020, https://www.agj.de/positionen (16.1.2022).

20 BVerfG, Beschl. v. 24.3.2014, 1 BvR 10/14, FF 2014, 295; vgl. auch *Hammer*, JAmt 2015, 291–294.

21 Stellungnahme des Deutschen Jugendinstituts zum Referentenentwurf des Kinder- und Jugendstärkungsgesetzes-KJSG, 36 f.

22 *Beckmann/Lohse*, SGB VIII-Reform: Überblick über das Kinder- und Jugendstärkungsgesetz, 3 https://dijuf.de/fileadmin/Redaktion/Hinweise/Beckmann_Lohse_UEberblick_SGB_VIII-Reform_KJSG_Aktualisierung_von_JAmt_2021_178.pdf (13.3.2022).

23 Stellungnahme der IGFH zum Referentenentwurf des BMFSFJ, 8, https://igfh.de/sites/default/files/2020-10/Referentenentwurf_Stellungnahme_IGFH_26102020.pdf (13.3.2022).

Beide Kritikpunkte sind **zu hinterfragen**. Es ist nicht davon auszugehen, dass das Jugendamt aufgrund der Neuregelung davon absieht, seine Meldung nach § 8a SGB VIII (oder einen entsprechenden Antrag wegen Kindeswohlgefährdung) „abzukürzen" und dem Gericht nur noch Kopien der Hilfepläne vorlegt, da nach wie vor zu einer derartigen Anregung auch gehört, Aussagen zur Bereitschaft und Fähigkeit der Eltern, der Kindeswohlgefährdung zu begegnen, zu treffen sowie die seiner fachlichen Meinung die notwendigen und geeigneten familiengerichtlichen Maßnahmen aufzuzeigen und zu empfehlen. 11

In § 50 Abs. 2 Satz 4 findet sich weiterhin die Vorschrift, dass das Jugendamt auch in anderen die Person des Kindes betreffenden Kindschaftssachen den Hilfeplan auf Aufforderung des Gerichts vorzulegen hat. Diese Regelung betrifft alle weiteren in § 151 FamFG genannten Verfahren. Konkret vorstellbar ist allerdings in „normalen" Umgangs- oder Sorgerechtsverfahren eine Anforderung des Gerichts in den wenigsten Fällen, voraussichtlich nur in Verfahren mit hochstrittigen Eltern, wenn dem Gericht bekannt ist oder wird, dass in der Familie Hilfen nach §§ 27 ff. SGB VIII installiert waren oder noch sind. 12

3. Abs. 2 Satz 5 – Informationspflicht des Jugendamtes

§ 50 Abs. 2 Satz 5 SGB VIII bestimmt, dass das **Jugendamt in Kindschaftssachen** nach § 155 FamFG (Vorrang- und Beschleunigungsgebot in Kindschaftssachen, die den Aufenthalt des Kindes, das Umgangsrecht oder die Herausgabe eines Kindes betreffen) das Gericht im Termin über den **Stand des Beratungsprozesses zu informieren hat**. Konkret bedeutet diese Regelung, in gerade begonnenen Kindschaftsverfahren darüber zu unterrichten, wie der Elternkonflikt sich darstellt und ob und inwieweit sich aktuell Eskalierungen ergeben. Zu berücksichtigen ist hier, dass die Mitarbeiter_innen des Jugendamtes auf Grund der Kürze der Zeit meist nur einmal die Möglichkeit hatten, mit den Eltern ein Gespräch zu führen. Auch wenn die Eltern vor Einleitung des gerichtlichen Verfahrens Beratung nach § 17 SGB VIII in Anspruch genommen haben (was meist in einer Beratungsstelle geschieht), kann der/die Mitarbeiter/in des Jugendamtes, der/die im Termin anwesend ist, hierüber nichts Inhaltliches berichten, da die Mitarbeiter/innen in den Beratungsstellen einer Schweigepflicht unterliegen, sondern kann allenfalls mitteilen, dass der Beratungsprozess „läuft" oder „abgeschlossen" ist. 13

4. Abs. 2 Satz 6 – Datenschutzvorbehalt

Klargestellt wurde in der Neuregelung allerdings, dass hierbei die sozialdatenschutzrechtlichen Regelungen nach § 64 Abs. 2 und 65 Abs. 1 Satz 1 Nr. 1 und 2 SGB VIII Beachtung finden müssen. Das bedeutet, dass im Hilfeplan dokumentierte anvertraute Daten grundsätzlich nur mit Einwilligung dessen, der die Daten anvertraut hat, weitergegeben werden dürfen. Bei nicht einwilligungsfähigen Minderjährigen obliegt diese Entscheidung den Personensorgeberechtigten. § 65 Abs. 1 Satz 1 SGB VIII gestattet jedoch eine Ausnahme, wenn das Familiengericht nach § 8 a Abs. 2 Satz 1 SGB VIII angerufen wird und ihm ohne Weitergabe anvertrauter Daten im Hilfeplan eine für die Gewährung von Leistungen notwendige Entscheidung nicht ermöglicht werden kann. Allerdings darf nach § 64 Abs. 2 SGB VIII auch in diesen Fällen eine mittels Vorlage des Hilfeplans erfolgte Übermittlung anvertrauter Daten nicht dazu führen, dass der Erfolg einer zu gewährenden Leistung in Frage gestellt wird. Hier muss seitens des Jugendamtes nach Erfahrungs- und Fachwissen abgewogen werden, ob die Vorlage des Hilfeplans, der anvertraute Daten enthält, erst die bzw. eine Leistungsgewährung ermöglicht oder ob eine Ablehnung des sorgerechtlichen Eingriffs durch das Familiengericht wahrscheinlicher ist und weitere Leistungen voraussichtlich in Frage gestellt würden.[24] Zu befürchten ist, dass die Regelung tatsächlich dazu führen wird, dass „getrennte 14

24 BT-Drs. 19/26107, 105.

Akten" geführt werden. Wie bislang dürfte aber die Schranke des § 65 SGB VIII durch **Einholung einer Einwilligung** überwunden werden. Dies gelingt am besten mit der notwendigen Offenheit im Beratungsgespräch. Der Betroffene ist allerdings gem.§ 60 Abs. 1 S. 1 Nr. 1 SGB I zur Mitwirkung nicht verpflichtet, da die Tätigkeit des Jugendamtes im Rahmen des § 50 SGB VIII keine Sozialleistung i.S.d. § 11 i.V.m. § 27 SGB I darstellt.

III. Abs. 3 – Mitteilungspflichten des am Verfahren beteiligten Jugendamts

15 Hierbei handelt es sich um eine eher formale Aufgabe. Das **Jugendamt** hat, wenn es im **gerichtlichen Verfahren zur Übertragung der gemeinsamen elterlichen Sorge beteiligt** war, die gerichtliche Entscheidung über die Sorgerechtsübertragung dem nach § 87 c Abs. 6 Satz 2 SGB VIII **zuständigen Jugendamt** – dies ist das für den Geburtsort des Kindes oder Jugendlichen zuständige Jugendamt – **mitzuteilen**. Das beim Jugendamt geführte Sorgeregister gibt Auskunft über die Sorgerechtsverhältnisse nicht miteinander verheirateter Elternteile. Hierbei ist zu berücksichtigen, dass das Jugendamt in den entsprechenden Verfahren zur Übertragung der gemeinsamen elterlichen Sorge gem. § 1626a BGB nicht immer beteiligt wird. § 155a Abs. 4 FamFG stellt klar, dass auch ohne Anhörung/Beteiligung des Jugendamtes (im schriftlichen Verfahren, d.h. auch ohne Anhörung der Eltern) entschieden werden kann, wenn der andere Elternteil keine Gründe vorträgt, die der Übertragung der gemeinsamen Sorge entgegenstehen können und auch derartige Gründe sonst nicht zu erkennen sind. In diesen Fällen wird auch vermutet, dass die gemeinsame elterliche Sorge dem Kindeswohl nicht widerspricht.

In den Fällen ohne Beteiligung des Jugendamtes ist das Familiengericht verpflichtet, die entsprechende Mitteilung an das gem. § 87c Abs. 6 Satz 2 SGB VIII zuständige Jugendamt zu machen.

Anhang zu § 50 SGB VIII – Das familiengerichtliche Verfahren in Kindschaftssachen

Übersicht

I. Allgemeines

Das familiengerichtliche Verfahren hat – insbesondere für Fälle möglicher Kindeswohlgefährdung – im Jahre 2009 eine grundlegende Neuausrichtung erfahren: Am 12.7.2009 trat das Gesetz zur Erleichterung familiengerichtlicher Maßnahmen bei Gefährdung des Kindeswohls (KiWoMAG) in Kraft, wenige Monate später, am 1.9.2009, das Gesetz über das Verfahren in Familiensachen und in den Angelegenheiten der freiwilligen Gerichtsbarkeit (FamFG). Das KiWoMAG hat den § 1666 BGB reformiert, insbesondere wurden die Bezüge auf elterliche Schuld für gerichtliche Eingriffe in die elterliche Sorge aus dem Gesetz gestrichen. Maßgeblich ist nunmehr nicht mehr die Frage nach Verursachung einer Kindeswohlgefährdung, sondern allein die Frage, ob eine Kindeswohlgefährdung vorliegt und ob die Eltern bereit und in der Lage sind, diese abzuwenden. Daneben wurden den Familiengerichten durch die Änderung des § 1666 BGB beispielhaft eine Reihe von Möglichkeiten vorgegeben, Maßnahmen anzuordnen, die weit unterhalb eines vollständigen oder teilweisen Sorgerechtsentzugs bleiben. So kann das Familiengericht den Eltern etwa auferlegen, für einen regelmäßigen Schulbesuch des Kindes oder des Jugendlichen zu sorgen oder öffentliche Hilfe wie z.B. Leistungen der Kinder- und Jugendhilfe in Anspruch zu nehmen. Wenn eine solche Maßnahme verhängt wird, hat das Gericht diese in angemessenen Zeitabständen zu überprüfen und kann diese auch – dies eine Neuerung in § 166 Abs. 2 FamFG, die mit dem KJSG eingeführt wurde – von Amts wegen ändern. Auch wenn das Gericht von der Verhängung einer Maßnahme abgesehen hat, soll es seine Entscheidung in einem angemessenen Zeitabstand, in der Regel nach drei Monaten, überprüfen. (§ 166 Abs. 3 FamFG). Daneben beinhaltete bereits das KiWoMAG das Beschleunigungsgebot und das Erörterungsgespräch; beide Verfahrensweisen hat das FamFG aufgegriffen. 1

2 Sämtliche Meldungen des Jugendamtes nach § 8a SGB VIII führen bei den Familiengerichten zur Einleitung eines Verfahrens wegen einer Gefährdung des Kindeswohls und gehören damit in der familienverfahrensrechtlichen Terminologie des FamFG zu den Kindschaftssachen (§ 151 FamFG).

II. Rechtsänderungen

2a Mit dem Gesetz zur Bekämpfung sexualisierter Gewalt gegen Kinder[1] wurden nicht nur Änderungen im Straf-, Strafprozess- und Register-, sondern auch im Gerichtsverfassungs- und Familienrecht beschlossen. Im familiengerichtlichen Verfahren interessieren insbesondere die Änderungen in § 23 GVG n.F. sowie §§ 158, 158 a, 158 b, 158 c und 159 FamFG.

2b In § 23 GVG stellt der Gesetzgeber jetzt „fachliche Eingangsvoraussetzungen" für Familienrichter auf und erstreckt diese auch auf die Richter in den mit Familiensachen befassten Senaten der Oberlandesgerichte. Danach sollen Richter in Familiensachen über belegbare Kenntnisse auf den Gebieten des Familienrechts und der für das Verfahren in Familiensachen notwendigen Teile des Kinder- und Jugendhilferechts sowie über belegbare Grundkenntnisse der Psychologie, insbesondere der Entwicklungspsychologie des Kindes und der Kommunikation mit Kindern, verfügen.

In der Gesetzesbegründung heißt es, dass der staatliche Schutzauftrag in dem grundrechtssensiblen Bereich neben einem funktionierenden Verfahrensrecht auch richterliches Personal, das seiner verantwortungsvollen Aufgabe bestmöglich nachkommen kann, verlange.[2] Durch die Neuregelung besteht damit eine Pflicht, aber auch ein durch eine entsprechende Entlastung und Fortbildungsmöglichkeiten zu gewährleistendes Recht, fehlende Qualifikationen baldmöglichst erwerben zu können. Diese Neuregelung, die am 1.1.2022 in Kraft trat, stellt die Präsidien und Gerichts- bzw. Justizverwaltungen vor große personal-organisatorische Herausforderungen. Es bleibt abzuwarten, wie diese bewältigt werden.

2c Auch in § 158 FamFG tritt eine Neuregelung in Kraft. Die Regelung der Verfahrensbeistandschaft wurde neu strukturiert und in vier Vorschriften aufgeteilt:

§ 158 FamFG n.F.	Bestellung des Verfahrensbeistands
§ 158 a FamFG n.F.	Eignung des Verfahrensbeistands
§ 158 b FamFG n.F.	Aufgaben und Rechtsstellung des Verfahrensbeistands
§ 158 c FamFG n.F.	Vergütung und Kosten

In § 158 Abs. 2 FamFG n.F. heißt es nunmehr, dass die Bestellung eines Verfahrensbeistands **stets** (d.h. zwingend) erforderlich ist, wenn eine teilweise oder vollständige Entziehung der Personensorge nach §§ 1666, 1666 a BGB, der Ausschluss des Umgangsrechts nach § 1684 BGB oder eine Verbleibensanordnung nach § 1632 Abs. 4 oder 1682 BGB in Betracht kommt.

In § 158 Abs. 1 FamFG n.F. heißt es nunmehr, dass dem minderjährigen Kind ein „fachlich und persönlich geeigneter" Verfahrensbeistand zu bestellen ist. Die Eignung des Verfahrensbeistands wird in § 158 a FamFG n.F. – dieser trat am 1.1.2022 in Kraft – näher bezeichnet. Es muss sich danach um eine Person handeln, die Grundkenntnisse auf dem Gebiet des Familienrechts, insbesondere des Kindschaftsrechts, des Verfahrensrechts in Kindschaftssachen und des Kinder- und Jugendhilferechts sowie Kenntnisse der Entwicklungspsychologie des Kindes hat und über kindgerechte Gesprächstechniken verfügt. Diese Kenntnisse und Fähigkeiten sind auf Verlangen des Gerichts nachzuweisen. Der Nachweis kann insbeson-

1 BGBl. 2021 I S. 1810.
2 BT-Drs. 19/23707, 47.

dere über eine sozialpädagogische, pädagogische, juristische oder psychologische Berufsqualifikation sowie eine für die Tätigkeit als Verfahrensbeistand spezifische Zusatzqualifikation erbracht werden. Weitere Bedingung ist, dass der Verfahrensbeistand sich regelmäßig, mindestens alle zwei Jahre, fortzubilden und dies dem Gericht auf Verlangen nachzuweisen hat.

In § 158 a Abs. 2 FamFG n.F. wird die in § 158 Abs. 1 FamFG erwähnte „persönliche" Eignung näher beschrieben. Persönlich geeignet ist danach eine Person, die Gewähr bietet, die Interessen des Kindes gewissenhaft, unvoreingenommen und unabhängig wahrzunehmen. Persönlich ungeeignet ist eine Person stets dann, wenn sie rechtskräftig wegen einer Straftat nach den §§ 171, 174 bis 174 a, 176 bis 178, 180, 180 a, 181 a, 182 bis 184 c, 184 g, 184 i bis 184 k, 201 a Abs. 3, den §§ 225, 232 bis 233 a, 234, 235 oder 236 StGB verurteilt worden ist. Zur Überprüfung der Voraussetzungen soll sich das Gericht ein erweitertes Führungszeugnis von der betreffenden Person (§ 30 a BZRG) vorlegen lassen. **2d**

Gemäß § 158 b Abs. 1 S. 2 FamFG n.F. soll der Verfahrensbeistand nunmehr auch eine schriftliche Stellungnahme erstatten. Hiermit soll insbesondere für ein etwaiges Beschwerdeverfahren oder ein späteres Abänderungs- oder Überprüfungsverfahren nach den §§ 1696 BGB, 166 FamFG die Feststellung und Vertretung der Kindesinteressen durch den Verfahrensbeistand dokumentiert werden. Bislang bestand keine Verpflichtung für die Abgabe einer schriftlichen Stellungnahme, die Angaben des Verfahrensbeistands fanden sich dann im Anhörungsprotokoll (und meist auch in der getroffenen Entscheidung) wieder. Dies hielt allerdings der Gesetzgeber gerade in Bezug auf die vorgenannten Beschwerde-, Abänderungs- und Überprüfungsverfahren für nicht ausreichend und gut geeignet. Allerdings soll auch künftig eine allein mündlich abgegebene Stellungnahme ausnahmsweise möglich sein in Fällen, in denen das Gericht kurzfristig terminiert oder es zu für den Verfahrensbeistand unverschuldeten Schwierigkeiten kommt, rechtzeitig Kontakt zum Kind aufnehmen zu können.

Außerdem wurde mit dem Gesetz zur Bekämpfung sexualisierter Gewalt gegen Kinder auch § 159 FamFG – Anhörung des Kindes – geändert. Ergänzt wurde insbesondere die Pflicht des Gerichts, sich einen persönlichen Eindruck von dem Kind zu verschaffen. Nicht nur die Angaben eines Kindes in seiner persönlichen Anhörung seien ein wichtiger Teil der Sachverhaltsermittlung in Kindschaftssachen, sondern auch der persönliche Eindruck, einschließlich der Beobachtung seines Verhaltens. Auch die Anhörungspflichten wurden erweitert. Bislang wurde nach dem Alter des Kindes differenziert. Kinder über 14 Jahren waren grundsätzlich anzuhören, bei Kindern unter 14 Jahren wurde die Pflicht zur Anhörung davon abhängig gemacht, dass Neigungen, Bindungen oder der Wille des Kindes für die Entscheidung von Bedeutung waren. Nunmehr hat der Gesetzgeber diese Altersgrenze aufgegeben und sieht jetzt eine grundsätzliche und altersunabhängige Pflicht zur persönlichen Anhörung des Kindes vor, wodurch der Rechts- und Subjektstellung des Kindes besser Rechnung getragen werden soll.[3] **2e**

III. Amtsermittlungsgrundsatz

In allen Kindschaftssachen hat das Familiengericht die entscheidungserheblichen **Tatsachen von Amts wegen** zu ermitteln und die zu deren Feststellung erforderlichen Beweise zu erheben, es gilt also der **Amtsermittlungsgrundsatz** (§ 26 FamFG). Dieser beinhaltet in den Verfahren nach § 1666 BGB, dass das Gericht verpflichtet ist, in eigener Verantwortung zu prüfen, ob tatsächlich eine Gefährdung des Kindeswohls vorliegt und wie diese gegebenenfalls abgewendet werden kann. **3**

3 BT-Drs. 19/23707, 25.

Verfahren wegen einer Gefährdung des Kindeswohls beruhen nicht nur auf einer Meldung des Jugendamtes nach § 8a SGB VIII. Sie können auch durch Mitteilung Dritter (z.B. Schule, Verwandte) eingeleitet werden. Das Familiengericht kann auch aus anderen Verfahren Kenntnis einer möglichen Kindeswohlgefährdung erhalten, wie z.B. aus einem Verfahren um das Sorgerecht oder den Umgang, das von einem Elternteil eingeleitet wurde, oder aus einem Strafverfahren durch Mitteilung des Strafgerichts an das Familiengericht (§ 22a FamFG). In Fällen, in denen durch Dritte oder andere Gerichte ein Verfahren nach § 1666 BGB eingeleitet wird, hat das Gericht das Jugendamt gem. § 162 FamFG hinzuzuziehen. Das Jugendamt hat dann die Aufgabe, zur Familie Kontakt aufzunehmen, die Eltern zu motivieren, zu beraten und zu unterstützen, damit diese gegebenenfalls die Gefährdung selbst abwenden und sich eine familiengerichtliche Entscheidung erübrigt.[4] In der Regel liegt dem familiengerichtlichen Verfahren wegen Gefährdung des Kindeswohls jedoch eine Anrufung durch das Jugendamt gem. § 8a Abs. 3 Satz 1 SGB VIII zugrunde. Folgt das Familiengericht einer Anregung des Jugendamts zur Einleitung eines Verfahrens nicht – was selten vorkommt –, so hat es das Jugendamt darüber zu informieren (§ 24 Abs. 2 FamFG).

4 Das Gericht betrachtet die Arbeit des Jugendamts als wichtige Grundlage im Verfahren. Trotz seiner eigenständigen Amtsermittlung ist das Familiengericht darauf angewiesen, vom Jugendamt Informationen und Einschätzungen sowohl zur Gefährdung des Kindeswohls als auch zum Willen und der Fähigkeit der Eltern zu erhalten, die Gefahr abzuwenden.

Der **Bericht des Jugendamtes** bzw. die Meldung nach § 8 a SGB VIII sollte enthalten:

- Informationen zum derzeitigen und gewöhnlichen Aufenthaltsort von Kind und Eltern,
- Angaben zum Sorgerechtsinhaber,
- gegebenenfalls Angaben zu vorangegangenen gerichtlichen Verfahren,
- seit wann die Familie dem Jugendamt bekannt ist,
- wie/warum das Jugendamt auf die Familie aufmerksam wurde,
- ob die Familie bereits Hilfen zur Erziehung in Anspruch genommen hat und, wenn ja, welche und mit welchem Ergebnis; nach der Neuregelung des § 50 Abs. 2 SGB VIII hat das Jugendamt auch den Hilfeplan/die Hilfepläne nach § 36 Abs. 2 S. 2 vorzulegen;
- worin die (drohende) Kindeswohlgefährdung konkret besteht und
- warum Zweifel am Willen/an der Fähigkeit der Sorgeberechtigten, die Gefahr abzuwenden, bestehen.

5 Von diesen **Fakten** sollte deren **Bewertung** getrennt werden, damit das Gericht in die Lage versetzt wird, eine eigene Einschätzung vorzunehmen. Sollten diese Tatsachen dem Gericht seitens des Jugendamtes nicht mitgeteilt werden können, ist der Richter/die Richterin im Rahmen der Amtsermittlung gehalten, selbst Nachforschungen anzustellen, z.B. durch Nachfragen in Kindergarten/Schule, bei Familienhelfern oder anderen Dritten, die Angaben zur Situation des Kindes machen können. Derartige Nachforschungen muss der Richter/die Richterin auch dann anstellen, wenn über den Bericht des Jugendamtes hinaus Aufklärungsbedarf besteht. Hilfreich ist daher, soweit möglich, in dem Bericht auch Angaben zu weiteren derzeit mit der Familie befassten Personen (Name, Erreichbarkeit) zu machen, damit der Richter/die Richterin diese gegebenenfalls zeitnah kontaktieren kann.

Der Bericht bzw. die Meldung nach § 8a SGB VIII sollte auch Auskunft über mögliche, erforderliche und erfolgversprechende Hilfemaßnahmen enthalten.

---

4 Vgl. DIJuF, Situation, Perspektiven und Entwicklungsbedarf verlässlicher Qualitätsstandards und klarer Rollengestaltung im familiengerichtlichen Verfahren im Kinderschutz, Positionspapier, 11.

IV. Vorrang- und Beschleunigungsgebot

Verfahren, deren Anlass eine **Kindeswohlgefährdung** ist oder in denen eine solche eine Rolle spielt, gehören zu denjenigen Kindschaftssachen, die dem **Vorrang- und Beschleunigungsgebot** (§ 155 Abs. 1 FamFG) unterliegen. Dies bedeutet, dass das Gericht das Verfahren vorrangig vor allen anderen zu betreiben hat. Hierdurch soll die Verfahrensdauer verkürzt und dem kindlichen Zeitempfinden Rechnung getragen werden. Für das Gericht bedeutet das Vorrangigkeitsgebot, dass andere Familien- und Familienstreitsachen gegebenenfalls liegen bleiben müssen, wenn eine der in § 155 Abs. 1 FamFG genannten Kindschaftssachen bei Gericht anhängig sind. Das Vorrang- und Beschleunigungsgebot ist während des gesamten Verfahrens zu beachten. 6

Hierzu gehört, dass das Gericht einen **Erörterungstermin** anzuberaumen hat, und zwar spätestens einen Monat nach Beginn des Verfahrens (§ 155 Abs. 2 Satz 2 FamFG).

Für Verfahren nach §§ 1666, 1666a BGB enthält § 157 Abs. 1 FamFG Vorgaben zum Inhalt des mündlichen Erörterungstermins. In diesem Termin soll das Familiengericht mit den Eltern, dem Jugendamt und – in geeigneten Fällen – auch mit dem Kind persönlich besprechen, wie eine mögliche Kindeswohlgefährdung – insbesondere durch öffentliche Hilfen – abgewendet werden kann (§ 157 Abs. 1 FamFG). Die Formulierung „mögliche Gefährdung" in § 157 Abs. 1 FamFG deutet nicht auf eine Vorstufe der Gefährdung hin, sondern beschreibt die Situation in jedem familiengerichtlichen Verfahren nach einer Anrufung des Gerichts, wenn die Gefährdung noch nicht zur Überzeugung des Gerichts feststeht. 7

Das Erörterungsgespräch soll Gelegenheit bieten, die Beteiligten gemeinsam „an einen Tisch" zu bringen, und will bewusst die Schwelle zur Einbindung des Familiengerichts senken. Die Erörterung einer möglichen Kindeswohlgefährdung ist Bestandteil des Konzepts des zivilrechtlichen Kinderschutzes,[5] in dem die Möglichkeiten des Familiengerichts möglichst frühzeitig genutzt werden sollen, um den Entzug der elterlichen Sorge und eine Trennung des Kindes von seinen Eltern abzuwenden oder einen erforderlichen Schutz außerhalb des Elternhauses frühzeitig sicherstellen zu können. Dem Gericht obliegt dann die Aufgabe, im Rahmen seiner Amtsermittlungspflicht die nötigen Sachverhaltsfeststellungen zu treffen und dabei seine Möglichkeiten zu nutzen, hierbei Anordnungen zu treffen. Das Familiengericht hat die Möglichkeit, Beweiserhebungen anzuordnen, die das Jugendamt nicht hat. So kann das Familiengericht das persönliche Erscheinen der Eltern oder die Einholung eines Sachverständigengutachtens (z.B. zur Frage einer möglichen Entwicklungsverzögerung des Kindes) anordnen. Insoweit kommt dem Verfahren – eine mögliche Kindeswohlgefährdung betreffend – eine Klärungsfunktion zu, insbesondere in Fällen, bei denen das Jugendamt keinen Zugang zur Familie findet oder dieser nicht ausreicht, um die Gefährdung abschätzen zu können. Durch die frühzeitige Anrufung des Familiengerichts soll es sich einen Überblick verschaffen können über Möglichkeiten, der potenziellen Gefährdung mit geeigneten sozialpädagogischen, therapeutischen und/oder gesundheitsfördernden Angeboten zu begegnen[6] und dadurch die Inanspruchnahme der vom Jugendamt angebotenen Leistungen seitens der Eltern zu initiieren. „Das Gespräch soll die Eltern stärker in die Pflicht nehmen, sie stärker in den Hilfeprozess einbinden und auf sie einwirken …" Darüber hinaus kommt dem Erörterungstermin Warnfunktion zu. Dies ergibt sich schon aus der Formulierung in § 157 Abs. 1 FamFG, in dem es u.a. heißt, dass das Gericht auch mit den Eltern erörtern soll, welche Folgen die Nichtannahme notwendiger Hilfen haben kann.

Ob das Gericht die Erörterung nach § 157 FamFG im frühen Termin (§ 155 Abs. 2 FamFG) durchführt, d.h., wie und wann das Familiengericht eine Erörterung der Kindeswohlgefähr-

5 Vgl. hierzu *Meysen*, JAmt 2008, 233.
6 Meysen/*Meysen*, § 157 Rn. 11.

dung in sein Verfahren integriert, obliegt seiner Verfahrensleitung im Rahmen des Amtsverfahrens (§ 24 FamFG).

V. Persönliche Anhörung

1. Anhörung der Eltern

8 In Verfahren nach den §§ 1666, 1666a BGB sind die Eltern persönlich anzuhören, d.h., das Gericht ordnet das persönliche Erscheinen der Eltern an (§ 157 Abs. 2 FamFG). Die **Pflicht zur persönlichen Anhörung** besteht unabhängig davon, ob einem Elternteil die elterliche Sorge zusteht oder nicht. Die Beteiligung des nicht sorgeberechtigten Elternteils ist insbesondere dann geboten, wenn ein Entzug der elterlichen Sorge gegenüber einem sorgeberechtigten Elternteil in Betracht kommt und das Familiengericht zu prüfen hat, ob eine Übertragung auf den bisher nicht sorgeberechtigten Elternteil infrage kommt (§ 1680 Abs. 2 und 3 BGB). Die gesetzliche Vorgabe, dass die Anhörung persönlich zu erfolgen hat, bedeutet auch, dass die zur Entscheidung berufene Richterin oder der Richter selbst anhören müssen, dies auch beim OLG in der Beschwerdeinstanz. Das Rechtsmittelgericht, d.h. das OLG, kann von einer erneuten persönlichen Anhörung nur dann absehen, wenn eine solche bereits im ersten Rechtszug vorgenommen wurde und von ihr keine zusätzlichen Erkenntnisse zu erwarten sind (§ 68 Abs. 3 Satz 2 FamFG).

Vorgesehen ist, dass die Eltern im Erörterungstermin gemeinsam angehört werden (§§ 157 Abs. 1, 160 FamFG). Ist ein persönliches Erscheinen beider Elternteile – z.B. wegen vorangegangener Partnerschaftsgewalt – nicht sinnvoll oder mit Gefahren verbunden, so kann das Gericht ausnahmsweise auf das gemeinsame Gespräch verzichten und sich auf die getrennte Anhörung der Eltern beschränken (§ 157 Abs. 2 Satz 2 FamFG).

Eine Anhörung darf nur aus schwerwiegenden Gründen unterbleiben (§ 160 Abs. 3 FamFG). Unterbleibt die Anhörung allein wegen Gefahr im Verzug, ist sie zur Gewährung rechtlichen Gehörs unverzüglich, d.h. so zeitnah wie möglich nachzuholen.

2. Anhörung des Kindes

9 In allen Kindschaftssachen ist die **persönliche Anhörung des Kindes** ausdrücklich vorgesehen. Diese Verpflichtung des Gerichts folgt für Minderjährige, die das 14. Lebensjahr vollendet haben, aus § 159 Abs. 1 FamFG. Es besteht kein Ermessen des Gerichts. Nach § 159 Abs. 2 FamFG sind auch Kinder, die noch nicht das 14. Lebensjahr vollendet haben, persönlich anzuhören, wenn ihre Neigungen, Bindungen oder ihr Wille für die Entscheidung von Bedeutung sind oder wenn eine persönliche Anhörung aus sonstigen Gründen angezeigt ist. § 159 Abs. 3 FamFG stellt klar, dass es sich hier um eine Muss-Vorschrift handelt, von der nur aus schwerwiegenden Gründen abgesehen werden darf. Hat das Kind einen Verfahrensbeistand, soll die Anhörung des Kindes in dessen Anwesenheit erfolgen (§ 159 Abs. 4 FamFG). Das Kind hat ein Informationsrecht über den Gegenstand, den Ablauf und möglichen Ausgang des Verfahrens. Es soll hierüber in geeigneter Weise informiert werden, soweit nicht Nachteile für seine Entwicklung, Erziehung und Gesundheit zu befürchten sind. Gerade in Verfahren gem. §§ 1666, 1666a BGB soll das Gericht (in geeigneten Fällen) auch mit dem Kind erörtern, wie der (möglichen) Kindeswohlgefährdung begegnet werden kann. Gedacht ist dabei insbesondere an Fälle, in denen Eltern ihre Einwirkungsmöglichkeit auf ihr (jugendliches) Kind verloren haben, z.B. bei Drogensucht oder wiederholter Straffälligkeit. In diesen Fällen soll das Erörterungsgespräch gem. § 157 FamFG genutzt werden, mit dem Jugendlichen über mögliche Hilfsangebote und deren Notwendigkeit, Akzeptanz und Erfolgsaussichten zu sprechen und entsprechend auf ihn einzuwirken.

VI. Mitwirkung und Beteiligtenstellung des Jugendamtes

Entscheidende Voraussetzung für eine zielführende Erörterung bei Kindeswohlgefährdung ist die **Mitwirkung des Jugendamts** als sozialpädagogische Fachbehörde und Leistungsträger von etwaigen Hilfsangeboten. In Verfahren nach §§ 1666, 1666a BGB ist das Jugendamt daher von Amts wegen als Beteiligter hinzuzuziehen und zum Termin zu laden (§ 162 Abs. 2 Satz 1 i.V.m. § 7 Abs. 2 Nr. 2 FamFG). Dabei hat das Jugendamt einerseits seine Fachlichkeit zur Einschätzung des Gefährdungspotenzials sowie des Hilfebedarfs, aber auch zur Beurteilung und Entwicklung geeigneter und notwendiger Hilfen einzubringen. Zum anderen soll seine Mitwirkung auch die Gewähr bieten, dass die in dem Gespräch vereinbarten bzw. später angeordneten Jugendhilfeleistungen auch tatsächlich zur Verfügung stehen. 10

Das Kind und die Eltern haben im Verfahren eine **formelle Beteiligtenstellung** inne (§ 7 Abs. 1, Abs. 2 Nr. 1 FamFG). Das Jugendamt wirkt in allen familiengerichtlichen Verfahren, die „die Person des Kindes betreffen", mit (§ 162 Abs. 1 FamFG), in Verfahren nach §§ 1666, 1666a BGB ist das Jugendamt Muss-Beteiligter (§ 162 Abs. 2 Satz 1 FamFG). Darüber hinaus hat das Jugendamt ein sogenanntes „Zugriffsrecht" auf die formelle Beteiligtenstellung und rückt nur auf eigenen Antrag hin in diese ein (§ 162 Abs. 2 Satz 2 FamFG). Die Beteiligtenstellung hat den Vorteil, dass das Jugendamt verlässlich über allen Schriftverkehr, alle Beweisergebnisse und alle Verfahrensschritte informiert wird, zu allen Terminen zu laden ist und formelle Anträge im Verfahren stellen kann. Mit Erlangung der Beteiligtenstellung fällt das Jugendamt allerdings auch unter den Kreis möglicher Adressaten einer Kostenentscheidung des Gerichts, d.h., ihm könnten unter den Voraussetzungen des § 81 Abs. 2 FamFG die Kosten des Verfahrens auferlegt werden. Ist das Jugendamt nicht auf seinen ausdrücklichen Antrag hin formell Beteiligter, können ihm die Kosten des Verfahrens nur auferlegt werden, wenn es das Tätigwerden des Gerichts veranlasst hat und es hierbei grobes Verschulden trifft (§ 81 Abs. 4 FamFG). Grundsätzlich gilt: Wird das Jugendamt im Rahmen seiner Aufgabenstellung tätig und ruft gem. § 8a Abs. 2 SGB VIII das Familiengericht an, so ist eine Kostenauferlegung gegenüber dem Jugendamt gem. § 81 Abs. 2 FamFG trotz Nichtanordnung von sorgerechtlichen Maßnahmen nach § 1666 BGB dann nicht gerechtfertigt, wenn die Gefährdungsanzeige des Jugendamts aus damaliger Sicht (Zeitpunkt der Anrufung) notwendig war.[7] 11

Als nicht formell Beteiligter kann das Jugendamt keine Sachanträge im Verfahren stellen, sondern lediglich Anregungen geben (z.B. kann es anregen, ein Sachverständigengutachten einzuholen). Selbst wenn seitens des Jugendamtes eine derartige Anregung als „Antrag" bezeichnet wird, ist nicht davon auszugehen, dass hiermit auch die formelle Beteiligung beantragt wird. Im Zweifel muss das Gericht klären, ob die Beantragung der Beteiligtenstellung seitens des Jugendamtes beabsichtigt ist.

Unabhängig von der Beteiligtenstellung steht dem Jugendamt nicht nur in den Verfahren nach §§ 1666, 1666a BGB, sondern in allen Verfahren, die die Person des Kindes betreffen, gegen die Entscheidung des Familiengerichts das Rechtsmittel der Beschwerde zu (§ 162 Abs. 3 Satz. 2 FamFG).

VII. Bestellung eines Verfahrensbeistands

Im Verfahren wegen Gefährdung des Kindeswohls ist es stets geboten, einen **Verfahrensbeistand** zu bestellen. Die im Gesetz genannten Regelfälle umfassen sämtliche Verfahren, in denen eine Kindeswohlgefährdung relevant sein kann (§ 158 Abs. 2 FamFG). Der Verfah- 12

7 Zuletzt OLG Frankfurt/Main, JAmt 2015, 568.

rensbeistand stellt im Verfahren die Interessen des Kindes oder Jugendlichen fest und bringt diese in dem Verfahren zur Geltung. Der Verfahrensbeistand ist so früh wie möglich zu bestellen und erlangt mit seiner Bestellung auch den Beteiligtenstatus (§ 158 Abs. 3, Satz 1 und 2 FamFG). Er kann auch gegen die Entscheidung des Familiengerichts im Interesse des Kindes Beschwerde erheben (§ 158 Abs. 4, Satz 5 FamFG). Die Aufgabe des Verfahrensbeistandes zeichnet sich u.a. dadurch aus, dass er dem Kind das Familiengerichtsverfahren, in dem es selbst im Mittelpunkt steht und in dem es um „sein Wohl" geht, verständlich macht. Er sichert während des gesamten Verfahrens den Kontakt zum Kind oder Jugendlichen, ist für diese ansprechbar, begleitet sie zu Anhörungen und steht ihnen während des gesamten Verfahrens beratend zur Seite. Der Verfahrensbestand hat die subjektiven Interessen des Kindes, seine Wünsche und Erwartungen zu erkunden und im Verfahren zu vertreten. Er ist allerdings nicht nur „Sprachrohr" des Kindes, sondern hat auch im Verfahren um eine Kindeswohlgefährdung die subjektiven Interessen des Kindes im Zusammenhang mit seiner Lebenssituation, der konkreten Konfliktlage, seinen Entwicklungsperspektiven und möglichen Gefährdungen einzuordnen und zu verstehen.[8]

Nach § 158 Abs. 4 Satz 3 FamFG ist es grundsätzlich nicht (mehr) Aufgabe des Verfahrensbeistandes, Gespräche mit den Eltern und anderen Bezugspersonen zu führen. Es steht vielmehr im Ermessen des Gerichts, dem Verfahrensbeistand diese Aufgabe zusätzlich zu übertragen. Hier ist allerdings ein großzügiger Maßstab anzulegen, denn es ist meist unmöglich, ohne Gespräche mit den Eltern oder anderen Bezugspersonen das Wohl des konkreten Kindes zu ermitteln.

VIII. Beauftragung von Sachverständigen

13 Wenn im familiengerichtlichen Verfahren besondere Sachkunde zur Aufklärung des Sachverhaltes und vor Vorbereitung der Beschlussfassung nötig ist, kann der Richter/die Richterin mittels eines Beweisbeschlusses eine/n **Sachverständige/n** benennen und mit der Erstellung eines Gutachtens beauftragen (§§ 402 bis 414 ZPO). Wird eine schriftliche Begutachtung angeordnet – was in Verfahren, in denen es um die Herausnahme eines Kindes geht, vielfach notwendig ist – setzt das Gericht dem/der Sachverständigen zugleich eine Frist, innerhalb derer das Gutachten einzureichen ist (§ 163 Abs. 1 FamFG). Damit wird dem Prinzip der beschleunigten Entscheidung mit Blick auf das Sicherheitsbedürfnis und stabile Lebensbedingungen des Kindes entsprochen.

Die Beauftragung zur Erstellung eines Gutachtens durch das Familiengericht erfolgt zu einer konkreten Fragestellung. Diese betrifft in Verfahren nach § 1666, 1666a BGB üblicherweise das Vorliegen und gegebenenfalls die Ursache einer bestehenden Kindeswohlgefährdung, das Ausmaß und die Ursachen von Einschränkungen der elterlichen Erziehungsfähigkeit, die Bereitschaft und Fähigkeit der Sorgeberechtigten zur Abwehr bestehender Gefahren sowie die Eignung von Unterstützungs- und Hilfemaßnahmen bzw. die Erforderlichkeit einer Trennung von Kind und Familie. Es ist auch möglich, dass mittels eines Gutachtens nur Beweis zu einem Teilaspekt der relevanten Tatbestandsmerkmale erhoben wird, z.B. zum Vorliegen einer psychischen Erkrankung bei einem Elternteil als Grundlage zu einer Beurteilung der Erziehungsfähigkeit.

In den letzten Jahren wurde zunehmend die fachliche Kompetenz von Sachverständigen im Familienrecht auf den Prüfstand und die Unabhängigkeit und Neutralität gerichtlicher Sachverständiger in Einzelfällen infrage gestellt. Berichterstattungen wie „Kampf ums Kind: Wenn Gutachten Familien zerstören" (ZDF 2011) traten den kritischen Stimmen, die schon

8 Zu Situation, Perspektiven und Entwicklungsbedarf verlässlicher Qualitätsstandards und klarer Rollengestaltung im familiengerichtlichen Verfahren im Kinderschutz, vgl. Positionspapier DIJuF, 19.

in Internetforen durch betroffene Elternteile laut werden, zur Seite. Es wurden mehrere Studien durchgeführt. Die wohl bekannteste von *Salewski* und *Stürmer* von der Fernuniversität Hagen[9] unterzog 116 Gutachten aus den Jahren 2010 und 2011 von vier Amtsgerichten im Bezirk des OLG Hamm einer Bewertung, und zwar nach vier (bzw. fünf) Prüfkriterien. Das Ergebnis: Lediglich 5 % erfüllten danach alle Kriterien. Diese Untersuchung hat neben der insbesondere in den Medien verstärkt geäußerten Kritik rechtspolitischen Handlungsdruck ausgelöst bzw. verstärkt. So wurde am 11.10.20216 das „Gesetz zur Änderung des Sachverständigenrechts und zur weiteren Änderung des Gesetzes über das Verfahren in Familiensachen und in den Angelegenheiten der freiwilligen Gerichtsbarkeit sowie zur Änderung des Sozialgerichtsgesetzes, der Verwaltungsgerichtsordnung, der Finanzgerichtsordnung und des Gerichtskostengesetzes" verkündet.[10] Wie schon das DIJuF in seinem Hinweis zum Referentenentwurf vom 6.8.2015 dargelegt hat,[11] wurden zentrale Punkte, die zur Qualitätsverbesserung von familiengerichtlichen Gutachten beitragen könnten, durch die Änderungen im Verfahrensrecht nicht angegangen, wie z.B. die Qualität von Beweisbeschlüssen,[12] die Unmöglichkeit, Sachverständige wegen mangelnder Sachkunde abzulehnen,[13] insbesondere aber das Erfordernis einer besonderen fachlichen Qualifikation für Erstellung familiengerichtlicher Gutachten.

Hilfreich für alle Beteiligten in familiengerichtlichen Verfahren, in denen ein Gutachten einzuholen ist, erscheint die Empfehlung einer Arbeitsgruppe von Richterinnen und Richtern des Familiensenats des OLG Celle zu den inhaltlichen Anforderungen an Sachverständigengutachten in Kindschaftssachen (Anhang) sowie die von einer Arbeitsgruppe im Institut für Familienrecht der Wissenschaftlichen Vereinigung für Familienrecht e.V. formulierten Mindestanforderungen an die Qualität von Sachverständigengutachten im Kindschaftsrecht.[14]

IX. Vorläufiger Rechtsschutz

Der **einstweilige Rechtsschutz in Familiensachen** wurde durch das FamFG völlig neu geregelt. Anders als zuvor setzt der Erlass einer einstweiligen Anordnung nicht mehr die Anhängigkeit einer gleichartigen Hauptsache voraus. Hieraus folgt, dass die Durchführung eines Hauptsacheverfahrens überflüssig wird, wenn die Beteiligten die Entscheidung, die das Familiengericht im einstweiligen Anordnungsverfahren getroffen hat, akzeptieren. Das Verfahren auf Erlass einer einstweiligen Anordnung ist auch dann ein selbstständiges Verfahren, wenn gleichzeitig ein Hauptsacheverfahren anhängig ist, das denselben Verfahrensgegenstand betrifft (§ 51 Abs. 3 FamFG). **14**

Auch unabhängig von einer Erörterung nach § 157 Abs. 1 FamFG hat das Familiengericht zur Sicherung eines effektiven Rechtsschutzes in Verfahren wegen Gefährdung des Kindeswohls nach §§ 1666, 1666a BGB stets und unverzüglich den Erlass einer einstweiligen Anordnung zu prüfen (§ 157 Abs. 3 FamFG). Das Gleiche gilt für Fälle, in denen im Erörterungstermin keine zufriedenstellenden Absprachen mit den Eltern getroffen werden können, mit denen einer Kindeswohlgefährdung entgegengewirkt werden kann. Das Familiengericht hat in diesen Fällen regelmäßig von Amts wegen ein Eilverfahren einzuleiten. Dies gilt insbesondere dann, wenn das Jugendamt ein Kind oder einen Jugendlichen in Obhut genommen hat

9 Qualitätsmerkmale der familienpsychologischen Begutachtung – Untersuchungsbericht 2014 (abrufbar unter: www.fernuni-hagen.de/gesundheitspsychologie/forschung/qualitätsstandards-gutachten.shtml).
10 BGBl. I S. 2222.
11 https://dev.dijuf.de/fachliche-hinweisestellungnahme.
12 Vgl. insoweit BVerfG, Beschl. v. 19.11.2014, 1 BvR 1178/14, NZFam 2015, 86.
13 Vgl. OLG Celle, Beschl. v. 25.3.2013, 10 WF 372/12, FamRZ 2013, 1751.
14 FamRZ 2015, 2025 ff.

und das Familiengericht anruft, weil die Eltern der Inobhutnahme widersprechen (§ 42 Abs. 3 Satz 2 Nr. 2 i.V.m. § 8a Abs. 3 Satz 1 SGB VIII).

Da zumindest die psychischen Folgen des mit einer Herausnahme verbundenen Entzugs der elterlichen Sorge oft nicht mehr rückgängig zu machen sind, ist das Gericht verpflichtet, bereits im Eilverfahren alle zur Verfügung stehenden Aufklärungs- und Prüfungspflichten voll auszuschöpfen.[15] Eine Herausnahme sollte nicht erfolgen, wenn der Ausgang des Verfahrens völlig offen ist.[16]

Das Familiengericht kann auch bei Dringlichkeit der Sache eine einstweilige Anordnung ohne mündliche Verhandlung erlassen, § 155 Abs. 2 FamFG findet hier keine Anwendung. Die Anhörung ist dann jedoch umgehend nachzuholen (§§ 159 Abs. 3, 160 Abs. 4, 162 Abs. 1 Satz 1 FamFG).

Die einstweilige Anordnung tritt außer Kraft, wenn eine andere Regelung wirksam wird, in der Regel bei Verkündung der Entscheidung in der Hauptsache.

X. Anwaltliche Vertretung – Beistand

15 In familiengerichtlichen Verfahren nach §§ 1666, 1666a BGB besteht (außer in Verfahren vor dem Bundesgerichtshof) **kein Anwaltszwang**, d.h., die Beteiligten können das Verfahren selbst betreiben. Sie haben jedoch selbstverständlich das Recht, sich durch einen Rechtsanwalt als Bevollmächtigten vertreten zu lassen (§ 10 Abs. 1 und 2 FamFG). Die Beteiligten haben auch die Möglichkeit, im Termin mit einem **Beistand** zu erscheinen (§ 12 FamFG). Möglich wäre hier eine Person, die einen Beteiligten aufgrund eines besonderen Nähe- oder Vertrauensverhältnisses aus freundschaftlicher Verbundenheit unterstützen will. Das Gericht kann diese Person als Beistand zulassen, wenn dies sachdienlich ist und hierfür nach den Umständen des Einzelfalls ein Bedürfnis besteht (§ 12 Satz 3 FamFG). Über die Zulassung entscheidet das Gericht durch unanfechtbaren Beschluss (§ 10 Abs. 3 Satz. 1 FamFG).

XI. Kosten des Verfahrens

16 Ein familiengerichtliches Verfahren verursacht **Kosten**. Wer diese zu tragen hat, entscheidet das Familiengericht, welches in Familiensachen stets über die Auferlegung der Kosten zu entscheiden hat (§ 81 Abs. 1 Satz 3 FamFG). Die Entscheidung erfolgt nach billigem Ermessen. Häufig wird in Verfahren nach §§ 1666, 1666a BGB so entschieden, dass die außergerichtlichen Kosten (Anwaltskosten, Reisekosten etc.) von den beteiligten Elternteilen selbst getragen werden müssen, während die Gerichtskosten einschließlich der Kosten für den Verfahrensbeistand und Gutachter entweder unter den Eltern aufgeteilt oder keinem Beteiligten auferlegt werden, d.h., dass von der Erhebung der Kosten abgesehen wird. Eine Kostenbeteiligung des Kindes kommt nach § 81 Abs. 3 FamFG nicht in Betracht. Auch dem Verfahrensbeistand dürfen keine Kosten auferlegt werden (§ 158 Abs. 8 FamFG).

Der Verfahrenswert in Kindschaftssachen beträgt gem. § 45 FamGKG in der Regel 3.000 €. Ausnahmsweise kann der Wert vom Gericht erhöht oder reduziert werden, was vor allem von dem Umfang und/oder der Schwierigkeit des Einzelfalles abhängig ist (§ 45 Abs. 3 FamGKG). Nach diesem Regelverfahrenswert belaufen sich die reinen Gerichtskosten in einem sorgerechtlichen Verfahren gem. VV 1310 Anlage 1 zum FamGKG auf 0,5, mithin derzeit auf 54 €. Der Verfahrenswert für einstweilige Anordnungsverfahren beträgt in der Regel 1.500 €, somit reduzieren sich die Gerichtskosten auf 35,50 €. Die Kosten für den Verfah-

15 Vgl. BVerfG, Beschl. v. 21.6.2002, 1 BvR 605/02, FamRZ 2002, 1021.
16 Vgl. OLG Karlsruhe, Beschl. v. 10.10.2007, 2 WF 121/07, FamRZ 2008, 633.

rensbeistand und Sachverständigen sind wesentlich höher. Für den Verfahrensbeistand fallen entweder 350 € oder 550 € pro Kind und Instanz an. Die Kosten von Sachverständigen richten sich nach dem Justizvergütungs- und Entschädigungsgesetz (JVEG) und erreichen regelmäßig die Höhe von einigen Tausend Euro.

Die Kostentragung im Beschwerdeverfahren ist davon abhängig, ob das Rechtsmittel Erfolg hatte oder nicht. Ist das Rechtsmittel erfolglos, so soll das Beschwerdegericht die Kosten demjenigen Beteiligten auferlegen, der das Rechtsmittel eingelegt hat (§ 84 FamFG). Bei Erfolg des Rechtsmittels gilt die Regelung des § 81 FamFG, d.h., auch dann erfolgt die Kostenauferlegung nach billigem Ermessen des Gerichts.

XII. Verfahrenskostenhilfe

Auch wer mittellos ist, soll Anträge bei Gericht stellen und sich in einem gerichtlichen Verfahren von einem Verfahrensbevollmächtigten vertreten lassen dürfen. Der Staat muss gewährleisten, dass jede Person in gleicher Weise Zugang zu den Gerichten hat. In den Verfahren nach dem FamFG kommt der Staat dieser Verpflichtung dadurch nach, dass er mittellosen Personen **Verfahrenskostenhilfe** (VKH) bewilligt. Die Regelungen finden sich in den §§ 76 ff. FamFG. § 76 FamFG verweist zunächst auf die Vorschriften der ZPO über die Prozesskostenhilfe, d.h., es gelten die Vorschriften über die persönlichen und wirtschaftlichen Verhältnisse und die Vorschriften über die Erfolgsaussichten und die Mutwilligkeit nach § 114 ZPO. An die Erfolgsaussichten werden in familiengerichtlichen Verfahren nach §§ 1666, 1666a BGB, die von Amts wegen eingeleitet und geführt werden, geringe Anforderungen gestellt. 17

1. Voraussetzungen

Voraussetzung für die Bewilligung von VKH ist, dass der antragstellende Beteiligte nach seinen persönlichen und wirtschaftlichen Verhältnissen die Kosten des Verfahrens nicht, nur zum Teil oder nur in Raten aufbringen kann (§ 76 Abs. 1 FamFG). Für die Verfahrenskosten ist das Einkommen einzusetzen. Sofern eine Rechtsschutzversicherung für das familiengerichtliche Verfahren besteht (was üblicherweise nicht der Fall ist), scheidet die Bewilligung von VKH aus. VKH wird auch nicht bewilligt, wenn der oder die antragstellende Beteiligte einen realisierbaren unterhaltsrechtlichen Anspruch auf Zahlung eines Prozesskostenvorschusses (als Sonderbedarf) nach §§ 1361a Abs. 4, 1610 BGB hat.

Der Antrag auf VKH ist bei dem Gericht zu stellen, bei dem das Verfahren geführt wird. Dem Antrag sind die vollständig ausgefüllte Erklärung über die persönlichen und wirtschaftlichen Verhältnisse sowie sämtliche Belege beizufügen. Das Formular ist bei den Amtsgerichten erhältlich.

Die Entscheidung über die Bewilligung von VKH erfolgt durch Beschluss (§ 15 FamFG). Ein Beschluss, mit dem VKH versagt (oder nur mit Raten bewilligt) wird, ist mit der sofortigen Beschwerde anfechtbar (§§ 567 bis 572, 127 Abs. 2 bis 4 ZPO). Die Rechtsmittelfrist beträgt einen Monat.

2. Beiordnung eines Rechtsanwalts

Hinsichtlich der Beiordnung eines Rechtsanwaltes gilt § 78 FamFG. Da in Kindschaftssachen, auch in Verfahren nach §§ 1666, 1666a, eine Vertretung durch einen Rechtsanwalt nicht vorgeschrieben ist, wird dem Beteiligen auf seinen Antrag ein zur Vertretung bereiter Rechtsanwalt nur dann beigeordnet, wenn wegen der Schwierigkeit der Sach- und Rechtslage die Vertretung durch einen Rechtsanwalt erforderlich ist (§ 78 Abs. 2 FamFG). Der Gesetzgeber geht davon aus, dass die in Abs. 2 geforderte Schwierigkeit der Sach- und Rechtslage ein 18 objektives Kriterium ist und es daher nicht auf die Schwere des Eingriffs für den Beteiligten ankommt.[17] Entgegen der Gesetzesbegründung hat sich allerdings in der Rechtsprechung durchgesetzt, dass die Erforderlichkeit der Beiordnung zu bejahen ist, wenn die tatsächliche oder rechtliche Schwierigkeit des Verfahrens, sein Umfang, seine Dauer oder auch die wirtschaftlichen und persönlichen Auswirkungen der Angelegenheit eine Laienpartei überfordern[18] und daher auch ein bemittelter (also nicht auf VKH angewiesener) Beteiligter vernünftigerweise einen Anwalt beauftragen würde. Des Weiteren hat der Bundesgerichtshof in seiner Entscheidung vom 23.6.2010 in aller Deutlichkeit ausgeführt, dass auch die Rolle eines Beteiligten im familiengerichtlichen Amtsverfahren nicht darauf reduziert werden kann, einerseits Sachanträge zu stellen, um im Folgenden mangels eigener Fähigkeit zur Verfahrensgestaltung Objekt des Verfahrens zu sein. Und: „Als Verfahrenssubjekte mit persönlichen Rechten und Pflichten werden die beteiligten Eltern weder durch den Amtsermittlungsgrundsatz ihrer Mitwirkungs- und Verfahrensförderungsmöglichkeit enthoben, noch durch einen Verfahrensbeistand der betroffenen Kinder ausreichend vertreten. Denn die Eltern verfolgen mit ihren Anträgen auch eigene Rechte von Verfassungsrecht."[19]

XIII. Rechtsmittel

19 Familiengerichtliche Verfahren enden grundsätzlich in der jeweiligen Instanz durch **Beschluss** (§ 38 FamFG), Vergleich (§ 36 FamFG) oder Rücknahme (in Antragsverfahren nach § 22 FamFG). Ein Beschluss in Kindschaftssachen wird mit Bekanntgabe an den Beteiligten, für den er seinem wesentlichen Inhalt nach bestimmt ist, wirksam (§ 40 Abs. 1 FamFG), d.h., es kommt weder auf die Rechtskraft noch die Verkündung an. Damit jeder Beteiligte weiß, wie er sich gegen eine Entscheidung „wehren" kann, wird jeder Beschluss mit einer Rechtsmittelbelehrung versehen. Das **zentrale Rechtsmittel** in Kindschaftssachen ist die **Beschwerde**. Die Beschwerde steht jedem Beteiligten gegen eine ihn beschwerende Endentscheidung zu (§ 59 FamFG). Beschwerdegericht ist in allen Familiensachen das Oberlandesgericht (§ 119 Abs. 1 Nr. 1 a und b GVG).

Ist ein Beschluss in einem **einstweiligen Anordnungsverfahren** ergangen, ist zu unterscheiden: Sofern die einstweilige Anordnung **ohne vorherige mündliche Verhandlung** ergangen ist, gibt es nur die Möglichkeit, einen Antrag auf mündliche Verhandlung zu stellen (§ 54 Abs. 2 FamFG). Sofern die einstweilige Anordnung **aufgrund mündlicher Verhandlung** ergangen ist, ist das Rechtsmittel der Beschwerde möglich (§ 58 Abs. 1 FamFG). Die Beschwerdefrist hier beträgt zwei Wochen (§ 63 Abs. 2 Nr. 1 FamFG). Die Beschwerde ist innerhalb der Frist bei dem Gericht einzulegen, dessen Beschluss angefochten wird (§ 64 Abs. 1 FamFG).

Hat das Familiengericht das Hauptsacheverfahren mit einem Beschluss beendet, ist hier ebenfalls das Rechtsmittel der Beschwerde gegeben; in diesem Falle beträgt die Beschwerdefrist einen Monat (§ 63 Abs. 1 FamFG). Auch die Beschwerde gegen Beschlüsse, die im Hauptsacheverfahren ergangen sind, ist bei dem Gericht einzulegen, dessen Beschluss angefochten wird (§ 64 Abs. 1 FamFG).

Die Beschwerde muss die Bezeichnung des angefochtenen Beschlusses sowie die Erklärung enthalten, dass Beschwerde gegen diese Entscheidung eingelegt wird, und ist von dem Beschwerdeführer persönlich oder seinem Bevollmächtigten zu unterzeichnen (§ 64 Abs. 2 FamFG).

17 So BT-Drs. 16/6308, 214.
18 BVerfG FamRZ 2002, 531; BVerfG, Beschl. v. 6.5.2009, 1 BvR 439/08, juris Rn. 20.
19 Beschl. v. 23.6.2010, XII ZB 232/09, juris Rn. 16.

Eine zwingende Begründungspflicht besteht nicht, denn § 65 Abs. 1 FamFG verlangt lediglich, dass die Beschwerde begründet werden „soll". Von einer Begründung sollte allerdings nicht abgesehen werden.

Das **Beschwerdegericht**, d.h. das Oberlandesgericht, ist eine **zweite Tatsacheninstanz**. Es hat grundsätzlich in der Sache selbst zu entscheiden, d.h., nur in Ausnahmefällen kommt eine Aufhebung der angefochtenen Entscheidung und Zurückweisung des Verfahrens an das erstinstanzliche Gericht in Betracht. Eine Aufhebung der erstinstanzlichen Entscheidung und Zurückverweisung erfolgt z.B. dann, wenn das Verfahren an einem wesentlichen Mangel leidet und eine umfangreiche oder aufwendige Beweiserhebung notwendig ist oder sich die Tatsachenfeststellungen des Amtsgerichts aufgrund einer nicht hinreichenden bzw. nicht ordnungsgemäßen Sachverhaltsaufklärung als fehlerhaft erweist oder die Entscheidung des Amtsgerichts nicht begründet ist.[20] Das Gericht des ersten Rechtszugs, also das Amtsgericht, hat die rechtliche Beurteilung, die das Beschwerdegericht der Aufhebung zugrunde gelegt hat, auch seiner Entscheidung zugrunde zu legen (§ 69 Abs. 1 Satz 4 FamFG).

Die **Beschwerdeentscheidung** ist zu begründen (§ 69 Abs. 2 FamFG). Gegen die Entscheidung des OLG ist ein **weiteres Rechtsmittel** – die **Rechtsbeschwerde** – nur statthaft, wenn diese vom OLG zugelassen worden ist (§ 70 Abs. 1 FamFG). Die Rechtsbeschwerde wird nur dann zugelassen, wenn die Rechtssache grundsätzliche Bedeutung hat oder wenn die Fortbildung des Rechts oder die Sicherung einer einheitlichen Rechtsprechung eine Entscheidung des Rechtsbeschwerdegerichts erfordert (§ 70 Abs. 2 Nr. 1 und 2). Wenn die Rechtsbeschwerde zugelassen ist, ist sie binnen einer Frist von einem Monat nach der schriftlichen Bekanntgabe des Beschlusses durch Einreichen einer Beschwerdeschrift bei dem Rechtsbeschwerdegericht (dem Bundesgerichtshof) einzulegen. Die Einlegung des Rechtsmittels erfordert die Vertretung durch einen beim BGH zugelassenen Rechtsanwalt (§ 10 Abs. 4, § 114 Abs. 2 FamFG).

XIV. Abänderung von Entscheidungen und Vergleichen

Den Entscheidungen des Familiengerichts in Kindschaftssachen liegen häufig prognostische Einschätzungen zugrunde. Da sich nach Rechtskraft der Entscheidung oder nach Abschluss eines gerichtlich gebilligten Vergleichs herausstellen kann, dass die prognostizierte Entwicklung anders verlaufen ist als ursprünglich angenommen und sich die familiären Verhältnisse nicht unerheblich verändert haben, sind gerichtliche **Entscheidungen** und gerichtlich gebilligte **Vergleiche** in Sorge- und Umgangssachen gem. § 1696 Abs. 1 BGB **abänderbar**, wenn dies aus triftigen, das Wohl des Kindes nachhaltig berührenden Gründen angezeigt ist. Nach § 1696 Abs. 2 BGB sind „kindesschutzrechtliche" Maßnahmen aufzuheben, wenn eine Gefahr für das Wohl des Kindes nicht mehr besteht oder die Erforderlichkeit der Maßnahme entfallen ist. Gem. § 166 FamFG hat das Gericht eine länger andauernde kindesschutzrechtliche Maßnahme in „angemessenen Zeitabständen" zu überprüfen. Damit soll gesichert werden, dass die Erforderlichkeit und Verhältnismäßigkeit der familiengerichtlichen Maßnahme als Bestandsvoraussetzung für den Eingriff geachtet wird.[21] Hat das Gericht in einem Verfahren nach §§ 1666, 1666a von einer Maßnahme abgesehen (z.B. weil es entgegen der Einschätzung des Jugendamtes zu dem Ergebnis gekommen ist, dass das Wohl des Kindes (noch) nicht gefährdet ist) trifft das Gericht gem. § 167 Abs. 3 FamFG eine Überprüfungspflicht, und zwar in einem angemessenen Zeitabstand (in der Regel drei Monate). Mit der Überprüfung soll der Gefahr begegnet werden, dass Eltern getroffene Zusagen (wie z.B. regelmäßiger Kindergartenbesuch oder Zusammenarbeit mit dem Jugendamt) 20

20 Vgl. Meysen/*Finke*, § 69 Rn. 5.
21 Vgl. Meysen/*Meysen*, § 166 Rn. 4.

nach einem für sie folgenlosen Verfahren nicht einhalten. Hiermit ist allerdings keine „Dauerkontrolle" der Gerichte über eine Familie vorgesehen oder beabsichtigt. Die Vorschrift verlangt vielmehr nur eine einmalige Überprüfung der Entscheidung. Ob danach noch eine weitere Überwachung stattfinden muss, ist von dem Ergebnis der ersten Überprüfung abhängig. Schon die erste Überprüfung soll jedoch in ganz offensichtlich unbegründeten Fällen unterbleiben, insbesondere dann, wenn auch das Jugendamt keine gerichtlichen Maßnahmen für erforderlich hält.[22] In jedem Fall unberührt bleibt die Befugnis des Jugendamts, das Familiengericht erneut anzurufen, wenn es dies wegen nachteiliger Veränderung der Sachlage für erforderlich hält.

22 Vgl. BT-Drs. 16/6308, 243; *Stößer*, Das neue Verfahren in Kindschaftssachen, FamRZ 2009, 656 ff.

§ 51
Beratung und Belehrung in Verfahren zur Annahme als Kind

(1) [1]Das Jugendamt hat im Verfahren zur Ersetzung der Einwilligung eines Elternteils in die Annahme nach § 1748 Absatz 2 Satz 1 des Bürgerlichen Gesetzbuchs den Elternteil über die Möglichkeit der Ersetzung der Einwilligung zu belehren. [2]Es hat ihn darauf hinzuweisen, dass das Familiengericht die Einwilligung erst nach Ablauf von drei Monaten nach der Belehrung ersetzen darf. [3]Der Belehrung bedarf es nicht, wenn der Elternteil seinen Aufenthaltsort ohne Hinterlassung seiner neuen Anschrift gewechselt hat und der Aufenthaltsort vom Jugendamt während eines Zeitraums von drei Monaten trotz angemessener Nachforschungen nicht ermittelt werden konnte; in diesem Fall beginnt die Frist mit der ersten auf die Belehrung oder auf die Ermittlung des Aufenthaltsorts gerichteten Handlung des Jugendamts. [4]Die Fristen laufen frühestens fünf Monate nach der Geburt des Kindes ab.

(2) [1]Das Jugendamt soll den Elternteil mit der Belehrung nach Absatz 1 über Hilfen beraten, die die Erziehung des Kindes in der eigenen Familie ermöglichen könnten. [2]Einer Beratung bedarf es insbesondere nicht, wenn das Kind seit längerer Zeit bei den Annehmenden in Familienpflege lebt und bei seiner Herausgabe an den Elternteil eine schwere und nachhaltige Schädigung des körperlichen und seelischen Wohlbefindens des Kindes zu erwarten ist. [3]Das Jugendamt hat dem Familiengericht im Verfahren mitzuteilen, welche Leistungen erbracht oder angeboten worden sind oder aus welchem Grund davon abgesehen wurde.

(3) Steht nicht miteinander verheirateten Eltern die elterliche Sorge nicht gemeinsam zu, so hat das Jugendamt den Vater bei der Wahrnehmung seiner Rechte nach § 1747 Absatz 1 und 3 des Bürgerlichen Gesetzbuchs zu beraten.

Übersicht Rn.

A. Allgemeines

1 Die Norm enthält eine **Belehrungs- und Beratungsverpflichtung** des Jugendamtes gegenüber Eltern bei der in §§ 1741 ff. BGB geregelten Adoption minderjähriger Kinder (Abs. 1 und 2), sofern die Einwilligung der Eltern wegen Gleichgültigkeit gem. § 1748 Abs. 2 Satz 1 BGB ersetzt werden soll, sowie eine spezielle Beratungsverpflichtung gegenüber dem nicht sorgeberechtigten Vater eines nichtehelichen Kindes bei der Wahrnehmung seiner Rechte nach § 1747 Abs. 1 und 3 BGB (Abs. 3).

2 **Wesentliche Änderungen seit Inkrafttreten des SGB VIII** sind durch das Kindschaftsrechtsreformgesetz (KindRG)[1] vom 16.12.1997, in Kraft getreten am 1.7.1998, erfolgt, wonach im Zusammenhang mit der Gleichstellung ehelicher und nichtehelicher Kinder auch der Vater in die Fremdadoption einwilligen muss und für den Fall, dass die Mutter alleinsorgeberechtigt ist, die Möglichkeit hat, die Übertragung der Alleinsorge auf sich zu beantragen oder hierauf zu verzichten. Durch das zum 1.9.2009 in Kraft getretene Gesetz zur Reform des Verfahrens in Familiensachen und in Angelegenheiten der freiwilligen Gerichtsbarkeit (FGG-Reformgesetz) vom 17.12. 2008[2] zählen Verfahren in Adoptionssachen nicht mehr zu den Vormundschaftssachen, sondern sind gem. § 111 Nr. 4 FamFG Familiensachen mit besonderen Verfahrensregelungen in §§ 186 bis 199 FamFG, sodass in § 51 SGB VIII der Begriff Vormundschaftsgericht durch den Begriff Familiengericht ersetzt werden musste. Durch das Gesetz zur Reform der elterlichen Sorge nicht miteinander verheirateter Eltern vom 16.4.2013,[3] das zum 19.5.2013 in Kraft getreten ist und durch welches dem Vater u.a. die Möglichkeit eingeräumt wurde, auch gegen den Willen der Kindesmutter die Mitsorge gerichtlich zugesprochen zu bekommen, wurde eine Neufassung von Abs. 1 erforderlich, mit der jedoch keine inhaltlichen Neuerungen verbunden sind.

B. Einzelheiten

I. Belehrungspflicht bei Ersetzung der Einwilligung wegen Gleichgültigkeit (Abs. 1 Satz 1, 2 und 4)

1. Ersetzung der Einwilligung eines Elternteils ohne Belehrungspflicht des Jugendamtes

3 Grundsätzlich kann eine **Adoption nur mit Einwilligung der Eltern** erfolgen (§ 1747 BGB). Die Einwilligung eines Elternteils kann jedoch gem. § 1748 BGB unter bestimmten Voraussetzungen ersetzt werden. Als Elternteil im Adoptionsverfahren kommen in Betracht: die **Mutter**, also die Frau, die das Kind geboren hat (§ 1591 BGB), der **Vater**, also der Mann, der zum Zeitpunkt der Geburt des Kindes mit der Mutter verheiratet war (§ 1592 Nr. 1 BGB), der die Vaterschaft freiwillig anerkannt hat (§ 1592 Nr. 2 BGB) oder dessen Vaterschaft gerichtlich festgestellt wurde (§ 1592 Nr. 3 BGB), und, sofern kein anderer Mann als Vater gem. § 1592 BGB anzusehen ist, auch derjenige Mann (**vermuteter biologischer Vater**), der die Voraussetzungen des § 1600d Abs. 2 Satz 1 BGB glaubhaft gemacht hat (§ 1747 Abs. 1 Satz 2 BGB).[4]

4 In § 1748 BGB sind **verschiedene Tatbestände** geregelt, unter denen die **Ersetzung der Einwilligung** in die Adoption als schwerster Eingriff in das verfassungsrechtlich geschützte

1 BGBl. I S. 2942.
2 BGBl. I S. 2586.
3 BGBl. I S. 795.
4 Zu den Voraussetzungen der Erforderlichkeit der Einwilligung des biologischen Vaters siehe OLG Bamberg, JAmt 2018, 560 f.

Elternrecht (Art. 6 Abs. 2 GG) möglich ist. So kann die Einwilligung eines Elternteils in die Adoption u.a. in folgenden Fällen erfolgen:

- bei **anhaltend gröblicher Vernachlässigung der Pflichten** gegenüber dem Kind (z.B. grobe Misshandlungen,[5] Sittlichkeitsdelikte gegenüber dem Kind[6]),[7] sofern das Unterbleiben der Annahme dem Kind zu unverhältnismäßigem Nachteil gereichen würde (§ 1748 Abs. 1 Satz 1 BGB),
- bei einer zwar nicht anhaltenden, aber **besonders schweren Pflichtverletzung**, wenn das Kind voraussichtlich dauernd nicht mehr der Obhut des Elternteils anvertraut werden kann (§ 1748 Abs. 1 Satz 2 BGB)[8] und
- u.U. bei einer besonders **schweren psychischen Krankheit** (§ 1748 Abs. 3 BGB).

Eine weitere Möglichkeit der Ersetzung der Einwilligung in die Adoption ist dann gegeben, wenn ein Elternteil durch sein Verhalten gezeigt hat, dass ihm das Kind gleichgültig ist, die **Gleichgültigkeit** nicht zugleich eine anhaltende gröbliche Pflichtverletzung ist (§ 1748 Abs. 2 Satz 1 BGB) und wenn das Unterbleiben der Annahme für das Kind einen unverhältnismäßigen Nachteil zur Folge hätte (§ 1748 Abs. 1 Satz 1, 2. HS BGB). **Nur bei Vorliegen dieses Ersetzungstatbestandes** besteht eine **Verpflichtung** des Jugendamtes zur **Beratung** nach Abs. 1 und **Belehrung** nach Abs. 2 gegenüber der Mutter, dem Vater und dem vermuteten biologischen Vater (siehe hierzu Rn. 3), diesem gegenüber allerdings nur, wenn die Mutter Angaben zu ihm macht.[9] 5

2. Ersetzung der Einwilligung und Belehrungspflicht des Jugendamtes bei Gleichgültigkeit

Der Gesetzgeber geht davon aus, dass bei Gleichgültigkeit eines Elternteils, die nicht zugleich eine anhaltend gröbliche Pflichtverletzung darstellt, das gestörte Eltern-Kind-Verhältnis möglicherweise noch „reparabel" ist, also die (Wieder-)herstellung eines tragfähigen Eltern-Kind-Verhältnisses noch im Machtbereich des Elternteils liegt,[10] sodass er dem Jugendamt gem. Abs. 1 Satz 1 die **Pflichtaufgabe** zugewiesen hat, über die Ersetzungsmöglichkeit wegen Gleichgültigkeit zu belehren, um ggf. durch gezielte Hilfsangebote die Erziehung des Kindes in der eigenen Familie zu ermöglichen (Abs. 2 Satz 1). 6

a) Belehrung, Hinweis auf Dreimonatsfrist (Satz 2), Fristbeginn (Satz 4) und Form der Belehrung

Das Jugendamt muss den Elternteil, dessen Einwilligung ersetzt werden soll, zunächst über die Möglichkeit der Ersetzung der Einwilligung belehren, insbesondere darüber, wann das Tatbestandsmerkmal der Gleichgültigkeit (Näheres hierzu siehe unter Rn. 11 bis 13) und des unverhältnismäßigen Nachteils bei Unterbleiben der Adoption (Näheres hierzu unter Rn. 14) erfüllt ist (Satz 1). 7

Nach **Abs. 1 Satz 2** muss die Belehrung auch einen Hinweis darüber enthalten, dass das Familiengericht gem. § 1748 Abs. 2 Satz 1 BGB die Einwilligung erst nach Ablauf von drei Monaten nach der Belehrung ersetzen darf **(Dreimonatsfrist)**. Hierdurch soll dem Elternteil die Gelegenheit eröffnet werden, sein gleichgültiges Verhalten abzustellen und dadurch eine Adoption zu verhindern. Die Belehrung muss vor der Ersetzung der Einwilligung erfolgt sein, kann jedoch auch noch **während des Ersetzungsverfahrens** vorgenommen werden.[11] 8

---

5 Vgl. OLG Köln, FamRZ 2012, 167 ff.
6 Vgl. BayObLG, NJW-RR 1990, 776 ff.
7 Vgl. BVerfG, FamRZ 2002, 535 f.
8 Vgl. BayObLG, NJW-RR 1990. 776 ff. (schwere Körperverletzung); siehe auch: BT-Drs. 7/421, 8 (Tötungsversuch).
9 So auch FK-SGB VIII/*Hoffmann/Trenczek*, § 51 Rn. 20.
10 Vgl. BayObLG, FamRZ 1982, 1129 f.
11 Vgl. BayObLG, FamRZ 1998, 55; so auch Wiesner/*Wapler*, § 51 SGB VIII Rn. 26; LPK-SGB VIII/*Berneiser/Diehl*, § 51 Rn. 30; a.A. wohl FK-SGB VIII/*Hoffmann/Trenczek*, § 51 Rn. 22.

9 Eine bestimmte **Form der Belehrung** ist zwar nicht explizit vorgeschrieben. Dennoch hat das Jugendamt kein Wahlrecht bezüglich der Form.[12] Im Hinblick darauf nämlich, dass behördliche Schreiben mitunter nicht gelesen und/oder verstanden werden und dass die Ersetzung der Einwilligung in die Adoption den stärksten Eingriff in das Elternrecht darstellt, kann von einer ordnungsgemäßen Belehrung nur dann ausgegangen werden, wenn diese mündlich erfolgt ist, es sei denn, der zu dem persönlichen Gespräch geladene Elternteil reagiert hierauf nicht oder bringt unmissverständlich zum Ausdruck, dass er ein persönliches Gespräch und eine Beratung ablehnt,[13] indem er z.B. mitteilt „Stecken Sie sich Ihren Gesprächsvorschlag sonst wo hin! Ende!"[14] Sofern der mit normaler Post zum Gespräch geladene Elternteil nicht reagiert, ist das Jugendamt allerdings befugt, die Belehrung und die nach Abs. 2 erforderliche Beratung schriftlich durchzuführen.[15] Auf jeden Fall sollte aus Beweisgründen der Zeitpunkt und der wesentliche Inhalt der Belehrung **aktenkundig** gemacht werden (Aktenvermerk bei mündlicher Belehrung, Nachweis über förmliche Zustellung bei schriftlicher Belehrung).

10 **Fristbeginn** für die Dreimonatsfrist des Satzes 2 ist **bei bekanntem Aufenthaltsort** des Elternteils (sofern der Aufenthaltsort unbekannt ist, siehe Rn. 17) der Tag, an dem die Belehrung vollständig erfolgt ist.

Fristablauf ist frühestens 5 Monate nach der Geburt des Kindes möglich (**Satz 4**). Auch wenn die Einwilligung in die Adoption gem. § 1747 Abs. 2 Satz 1 BGB erst erteilt werden kann, wenn das Kind acht Wochen alt ist, so darf und sollte im Interesse des Kindes die **Belehrung so früh wie möglich**, also auch vor der Achtwochenfrist erfolgen, sofern hinreichende Anhaltspunkte für ein gleichgültiges Verhalten der Eltern oder eines Elternteils vorliegen.

b) Gleichgültigkeit

11 Ob Gleichgültigkeit vorliegt, muss sich zwar an Hand des objektiven Verhaltens zeigen.[16] Allerdings handelt es sich bei der Gleichgültigkeit auch um eine subjektive Einstellung zum Kind. Gleichgültigkeit ist somit eine von massivem Desinteresse am Kind geprägte subjektive Einstellung zum Kind, die sich im objektiven Verhalten manifestiert, weshalb auch die Motive für das Verhalten ermittelt und berücksichtigt werden müssen. So kann z.B. der **Verzicht auf die Ausübung des Umgangsrechts** als Beleg für Gleichgültigkeit bewertet werden, aber auch als Zeichen von Rücksichtnahme, wenn Umgangskontakte auf Anraten des Jugendamtes im Interesse des Kindes unterbleiben.[17] Gleichgültigkeit liegt auch dann vor, wenn der Vater es an einer persönlichen Zuwendung zum Kind völlig fehlen lässt und z.B. nach der ersten Belehrung gem. § 1748 Abs. 2 BGB begleitete Umgangskontakte mit dem Kind beharrlich ablehnt.[18]

12 Auch die **Weigerung, in die Adoption einzuwilligen**, kann Ausdruck von Gleichgültigkeit sein, wenn sie ausschließlich durch einen „Besitzanspruch" ohne echte Gefühlsbindung zum Kind motiviert ist.[19] Schließlich kann auch der Umstand, dass ein Elternteil nicht auf das Angebot des Jugendamtes für ein persönliches Gespräch im Rahmen eines Verfahrens auf Ersetzung der Einwilligung in die Adoption reagiert, ein deutliches Zeichen von Desinteresse am Kind[20] und damit von Gleichgültigkeit sein.

---

12 Vgl. LPK-SGB VIII/*Berneiser/Diehl*, § 51 Rn. 33; Wiesner/*Wapler*, § 51 SGB VIII Rn. 39.
13 So wohl auch FK-SGB VIII/*HoffmannTrenczek*, § 51 Rn. 26.
14 So geschehen in dem dem BayObLG, FamRZ 1997, 514 ff. zugrunde liegenden Sachverhalt.
15 So auch Wiesner/*Wapler*, § 51 SGB VIII Rn. 39.
16 Vgl. BayObLG, FamRZ 2005, 541 f.
17 Vgl. BayObLG, FamRZ 2005, 541 f.
18 Vgl. OLG Hamm, FamRZ 2017,1064 ff.
19 Vgl. BayObLG, FamRZ 2005, 541 f.
20 Vgl. OLG Saarbrücken, ZKJ 2013, 305 ff.

Auch die beharrliche **Verletzung von Unterhaltsverpflichtungen** kann als Gleichgültigkeit angesehen werden,[21] zumindest dann, wenn noch andere Umstände hinzukommen.[22] 13

c) Unverhältnismäßiger Nachteil bei Unterbleiben der Annahme

Ob das Unterbleiben der Adoption zu einem unverhältnismäßigen Nachteil für das Kind führt, lässt sich nur nach Abwägung des Wohls des Kindes gegenüber den Interessen der die Adoption ablehnenden Eltern entscheiden. So liegt ein unverhältnismäßiger Nachteil dann vor, wenn der mit der Adoption verbundene Vorteil des Kindes ein solches Ausmaß hat, dass ein sich um sein Kind sorgender Elternteil auf die Erhaltung des Verwandtschaftsbandes zum Kind nicht bestehen würde.[23] Selbst das **Fehlen eines gelebten Eltern-Kind-Verhältnisses** rechtfertigt nicht ohne Weiteres die Ersetzung der Einwilligung, da immer auch geklärt werden muss, welche Gründe den Aufbau eines Eltern-Kind-Verhältnisses verhindert haben.[24] Zwar lässt sich die Frage, ob eine Adoption nach entwicklungspsychologischen Erkenntnissen stets einem Aufwachsen des Kindes in einer auf Dauer angelegten Vollzeitpflegestelle ohne Rückkehroption (§ 33 Satz 1 SGB VIII) vorzuziehen ist, nicht eindeutig beantworten.[25] Dennoch lässt sich nicht bestreiten, dass durch eine Adoption in der Regel bessere Voraussetzungen für die Integration eines Kindes in die neue Familie geschaffen werden,[26] wobei auch dem Umstand Rechnung zu tragen ist, wenn das Kind wegen beträchtlicher gesundheitlicher Beeinträchtigungen auf besondere Fürsorge angewiesen ist.[27] Im Rahmen der gem. § 1748 Abs. 2 BGB erforderlichen Interessenabwägung ist insbesondere zu berücksichtigen, dass durch die Adoption ein Dauerpflegeverhältnis rechtlich abgesichert ist.[28] 14

II. Keine Belehrungspflicht bei unbekanntem Aufenthalt (Abs. 1, Satz 3)

Bei **unbekanntem Aufenthalt** eines Elternteils **zu Beginn des Verfahrens** auf Ersetzung der Einwilligung ist das Familiengericht gem. § 26 FamFG zur Ermittlung des Aufenthaltsortes verpflichtet, da es von Amts wegen der Frage nachgehen muss, ob die Einwilligung des Elternteils deswegen entbehrlich ist, weil der Aufenthaltsort dauernd unbekannt ist (§ 1747 Abs. 4 Satz 1 BGB). Die Amtsermittlungspflicht erstreckt sich auch auf den Namen und die Anschrift des vermuteten biologischen Vaters (siehe Rn. 3) bei „privater Samenspende".[29] Wenn die Mutter den Namen des Vaters nicht nennen kann oder will, also bei **Fehlen eines mutmaßlichen Vaters**, sind Zwangsmittel gegen die Mutter zur Benennung potenzieller Väter nicht zulässig.[30] 15

Seit 1.5.2014 gilt der Aufenthalt der Mutter eines gem. § 25 des Schwangerschaftskonfliktgesetzes vertraulich geborenen Kindes so lange als dauernd unbekannt, bis sie gegenüber dem Familiengericht die für den Geburtseintrag ihres Kindes erforderlichen Angaben gemacht hat.

21 Vgl. OLG Saarbrücken, FamRZ 2005, 1586 f.
22 Vgl. FK-SGB VIII/*Hoffmann/Trenczek*, § 51 Rn. 12.
23 Vgl. BGH, NJW 2005, 1781 ff.
24 Vgl. OLG Saarbrücken, ZKJ 2013, 305 ff.
25 Vgl. FK-SGB VIII/*Hoffmann/Trenczek*, § 51 Rn. 16.
26 So auch: BVerfG, FamRZ 2002, 535 ff.
27 Zu diesem Aspekt siehe OLG Hamm, FamRZ 2015, 868 f. und OLG Saarbrücken, ZKJ 2013, 305 ff.
28 Vgl. OLG Hamm, FamRZ 2017, 1064 ff.
29 Nach BGH, FamRZ 2015, 828 ff. = JAmt 2015, 267 ff. muss auch der private Samenspender grundsätzlich vom Adoptionsverfahren gem. § 7 Abs. 4 FamFG benachrichtigt werden, es sei denn, er hat unzweifelhaft auf eine Beteiligung verzichtet.
30 Vgl. BGH, FamRZ 2015, 828, 831.

16 Bei einem **Wechsel des Aufenthaltsortes während des Ersetzungsverfahrens** ohne Hinterlassung seiner neuen Anschrift gehört die **Ermittlung des Aufenthaltsortes** zu den **Aufgaben des Jugendamtes**. Dieses muss umfangreiche Nachforschungen anstellen, z.B. durch Erkundigungen bei staatlichen Stellen wie z.B. den Ordnungs- und Arbeitsämtern, Sozialversicherungsträgern, aber auch durch informelle Befragungen von Personen aus dem privaten Umfeld des Elternteils, wobei sich die datenschutzrechtliche Befugnis hierzu aus §§ 62 Abs. 3 Nr. 1, Abs. 1 Satz 3 SGB VIII i.V.m. § 1748 Abs. 2 Satz 2 BGB ergibt.

17 Nach Abs. 1 **Satz 3** besteht bei **unbekanntem Aufenthaltsort** des Elternteils **keine Belehrungspflicht**, sofern der Aufenthaltsort trotz angemessener Anstrengungen seitens des Jugendamtes nicht innerhalb von drei Monaten ermittelt werden konnte. Die **Frist für die Nachforschungen** beginnt mit der ersten Handlung, die zur Ermittlung des Aufenthaltsortes erfolgt, weshalb diese Handlung (z.B. ein Telefonanruf) aktenkundig gemacht werden sollte. Bei erfolgreicher Ermittlung des Aufenthaltsortes innerhalb von drei Monaten ist der Elternteil zu belehren (zu den Einzelheiten siehe Rn. 6 ff.) mit der Folge, dass die Ersetzung der Einwilligung erst drei Monate nach dieser Belehrung erfolgen darf.

Fristbeginn bei unbekanntem Aufenthalt für die Dreimonatsfrist des Satzes 2 ist der Tag, an dem erstmals Handlungen vorgenommen werden, um den Aufenthaltsort zu ermitteln (Satz 3, 2. Halbsatz).

III. Beratungs- und Informationspflicht des Jugendamtes (Abs. 2)

18 Die Belehrungspflicht des Abs. 1 hat die Funktion, dem Elternteil die Chance zu eröffnen, sein Verhalten zu ändern und dadurch die Adoption abzuwenden. Deshalb sieht Abs. 2 flankierend zur Belehrung die als **Sollvorschrift** ausgestaltete Pflicht des Jugendamtes zur Beratung über mögliche Hilfen vor, die die Erziehung des Kindes in der eigenen Familie ermöglichen könnten. Die Beratung nach Abs. 2 setzt die Belehrung voraus, sodass sie im Verfahren auf Ersetzung der Einwilligung in die Adoption nur durchzuführen ist, wenn ein Fall der Gleichgültigkeit vorliegt.

1. Gegenstand, Ziel und Form der Beratung (Satz 1)

19 **Gegenstand der Beratung** können nicht nur etwaige Leistungen nach dem SGB VIII sein, sondern auch andere Sozialleistungen (z.B. Sozialhilfe nach dem SGB XII, Arbeitslosengeld II und Sozialgeld nach dem SGB II, Wohngeld nach dem WohngeldG und Unterhaltvorschuss nach dem UVG), die geeignet sind, ein Leben des Kindes bei dem nicht mehr gleichgültigen Elternteil zu ermöglichen. Denn das **Ziel der Beratung** ist die Sicherung des Kindeswohls durch Unterstützung der Herkunftsfamilie und die Beseitigung einer etwaigen seelischen oder wirtschaftlichen Notlage, die als Ursache für die Gleichgültigkeit in Betracht kommt.[31]

20 Das Gesetz enthält **keine Formvorschrift** für die Beratung. Die Beratung nach Abs. 2 und die Belehrung nach Abs. 1 können und sollten gleichzeitig in einem persönlichen Gespräch erfolgen. Zu den Ausnahmen von einem persönlichen Gespräch und zum Zeitpunkt der Belehrung gelten die Ausführungen unter Rn. 7 bis 10 sinngemäß.

Die Beratung ist **kostenfrei** (§ 64 SGB X).

2. Entbehrlichkeit der Beratung (Satz 2)

21 Nach Abs. 2 Satz 2 ist eine Beratung insbesondere dann entbehrlich, wenn das Kind seit längerer Zeit bei den Annehmenden in Familienpflege lebt und bei seiner Herausgabe an den

31 Vgl. BT-Drs.11/5948, 88.

Elternteil eine schwere und nachhaltige Schädigung seines körperlichen und seelischen Wohlbefindens zu erwarten ist. Es wäre nämlich sinnlos, so die zutreffende rechtspolitische Begründung für die Entbehrlichkeit der Beratung, wenn in Fällen, in denen das Gericht eine **Verbleibensanordnung** getroffen hat oder treffen könnte,[32] eine Beratung erfolgen würde und bei dem Elternteil hierdurch die Hoffnung auf eine Rückkehr des Kindes genährt würde.

Da sich das Kind im Stadium der Ersetzung der Einwilligung in die Adoption häufig bereits längere Zeit in Familienpflege oder in einem Heim befunden hat und bei Herausnahme und Rückführung des Kindes zum Elternteil häufig eine gravierende Kindeswohlgefährdung im Sinne des § 1632 Abs. 4 BGB vorliegen dürfte mit der Folge, dass durch das Familiengericht eine auch bei Adoptionspflege mögliche Verbleibensanordnung[33] getroffen werden könnte, dürfte die Beratung zumeist entbehrlich sein. In Fällen dieser Art kommen etwaige Hilfsangebote nämlich in der Regel zu spät, zumal zumeist schon vor Beginn des Adoptionsverfahrens verschiedene Hilfsangebote unterbreitet worden sein dürften, die nicht gegriffen haben. Von daher dürfte die Ausnahme des Abs. 2 Satz 2, also die **Entbehrlichkeit der Beratung, in der Praxis eher die Regel** darstellen.[34] 22

3. Informationspflicht des Jugendamtes gegenüber dem Gericht (Satz 3)

Abs. 2 Satz 3 enthält für das Ja eine Mitteilungspflicht an das Familiengericht. Hierdurch soll dem Gericht die Prüfung der Frage, ob Gleichgültigkeit (noch) vorliegt, erleichtert werden. Mitzuteilen sind die Durchführung der Beratung, das Absehen von der Beratung nebst Gründen sowie die vor oder im Zusammenhang mit der Beratung erbrachten Leistungen. Deshalb empfiehlt es sich, einen **Aktenvermerk über** den **Beratungstermin** und die wesentlichen **Beratungsinhalte** zu fertigen. 23

Das Gesetz enthält **keine Formvorschriften** für die Mitteilung. Die Mitteilung kann somit z.B. mündlich (ggf. auch telefonisch)[35] im Rahmen der Anhörung gem. § 194 FamFG oder auch durch schriftlichen Bericht erfolgen.

IV. Beratung des nicht sorgeberechtigten Vaters eines nicht ehelichen Kindes (Abs. 3)

Zur Annahme eines Kindes ist gem. § 1747 Abs. 1 BGB seit Inkrafttreten des Kindschaftsrechtsreformgesetzes (KindRG)[36] zum 1.7.1998 auch die Einwilligung des Vaters, der mit der Mutter nicht verheiratet ist, erforderlich.[37] Abs. 3 enthält zur Sicherung des durch Art. 6 Abs. 2 GG geschützten Elternrechts einen **Rechtsanspruch auf Beratung**[38] für Väter, denen im Rahmen eines Adoptionsverfahrens wegen der erleichterten Möglichkeiten der Ersetzung der Einwilligung in die Adoption nur eine eingeschränkte Elternstellung zukommt. 24

1. Der anspruchsberechtigte Personenkreis

Zum anspruchsberechtigten Personenkreis gehört nur ein Vater im Rechtssinne (**rechtlicher Vater**), dessen Vaterschaft durch freiwillige Anerkennung der Vaterschaft gem. § 1592 Nr. 2 BGB oder durch gerichtliche Feststellung gem. § 1592 Nr. 3 BGB besteht, oder ein Mann, 25

---

32 Vgl. BT-Drs. 11/5948, 89.
33 Vgl. OLG Brandenburg, FamRZ 2000, 1038 f.
34 So auch LPK-SGB VIII/*Berneiser/Diehl*, § 51 Rn. 37, die die Beratung zum Zeitpunkt des Einwilligungsersetzungsverfahrens als „geradezu praxisfremd" bezeichnen.
35 Vgl. FK-SGB VIII/*Hoffmann/Trenczek*, § 51 Rn. 33.
36 BGBl. I S. 2942.
37 Zur Verfassungswidrigkeit der früheren Rechtslage siehe BVerfG, FamRZ 1995, 789 ff.
38 So auch FK-SGB VIII/*Hoffmann/Trenczek*, § 51 Rn. 34.

dessen Vaterschaft vermutet wird (**vermuteter biologischer Vater**), weil er der Mutter, also der Frau, die das Kind geboren hat (§ 1591 BGB), während der Empfängniszeit beigewohnt hat (§ 1600d Abs. 2 Satz 1 BGB) und, sofern kein anderer Mann nach § 1592 BGB als Vater anzusehen ist, die Beiwohnung der Kindesmutter während der Empfängniszeit glaubhaft gemacht hat (§ 1747 Abs. 1 Satz 2 BGB).[39]

26 Auch der **Samenspender** kann Vater im Sinne des § 1747 Abs. 1 Satz 2 BGB sein und damit einen Anspruch auf Beratung haben, wenn er durch eine entsprechende Glaubhaftmachung im Adoptionsverfahren mitwirkt, wobei sein grundrechtlich geschütztes Interesse, die Rechtsstellung als Vater einnehmen zu können, dadurch verfahrensrechtlich zu gewährleisten ist, dass er entsprechend § 7 Abs. 4 FamFG vom Adoptionsverfahren benachrichtigt werden muss.[40]

Nur in den zuvor genannten Konstellationen besteht ein Anspruch auf Beratung, sofern darüber hinaus die Eltern nicht miteinander verheiratet sind und ihnen die gemeinsame elterliche Sorge nicht zusteht.

2. Gegenstand der Beratung

27 Gegenstand der Beratung sind gem. Abs. 3 die sich aus § 1747 Abs. 1 und 3 BGB ergebenden Rechte des Vaters.

a) Die Rechte nach § 1747 Abs. 1 BGB

Die unter Rn. 25, 26 genannten Väter, also auch der vermutete biologische Vater, sind zunächst darüber zu informieren, dass ihnen gem. § 1747 Abs. 1 BGB das **Recht auf Einwilligung in die Adoption** zusteht, obwohl sie nicht Inhaber der elterlichen Sorge sind. Darüber hinaus erstreckt sich die erforderliche Beratung auch auf die **Formvorschriften des § 1750 BGB**, also z.B. darauf, dass die Einwilligung der notariellen Beurkundung bedarf (§ 1750 Abs. 1 Satz 2 BGB). Auch ist der Vater darauf hinzuweisen, dass die Einwilligung in die Adoption unwiderruflich ist und gem. § 1750 Abs. 4 BGB nur dann ihre Kraft verliert, wenn der Adoptionsantrag zurückgenommen, die Adoption versagt (§ 1750 Abs. 5 Satz 1 BGB) oder das Kind nicht innerhalb von drei Jahren seit dem Wirksamwerden der Einwilligung angenommen wird (§ 1750 Abs. 4 Satz 2 BGB).

28 Der Vater ist ferner darüber aufzuklären, dass die **elterliche Sorge der Mutter ruht**, wenn diese in die Adoption eingewilligt hat (§ 1751 Abs. 1 Satz 1 BGB), dass das **Umgangsrecht** nicht ausgeübt werden darf, wenn er in die Adoption einwilligt (§ 1751 Abs. 1 Satz 1, 2.HS BGB), und dass die Annehmenden gem. § 1751 Abs. 4 Satz 1 BGB vorrangig zum **Unterhalt für das Kind** verpflichtet sind, sobald die Eltern in die Adoption eingewilligt haben und sich das Kind in Adoptionspflege befindet.

29 Der Vater ist außerdem über die **Rechtsfolgen der Adoption** zu informieren, nämlich darüber, dass mit Rechtskraft der Adoptionsentscheidung sämtliche Rechte und Pflichten gegenüber dem Kind erlöschen (§ 1754, § 1755 BGB). Hierzu gehören z.B. Unterhaltsansprüche und Unterhaltsverpflichtungen gegenüber dem Kind und erbrechtliche Ansprüche (gesetzliches Erbrecht, Pflichtteilsansprüche). Ob die Adoption allerdings auch zum **Verlust des Umgangsrechts** führt, ist umstritten.[41] Sofern eine sozial-familiäre Beziehung zum Kind besteht, kann über § 1685 Abs. 2 BGB trotz Adoption, die in diesen Fällen zumeist als offene

---

39 Nach Ansicht von *Löhnig* (FamRZ 2015, 9, 10) ist eine Gesetzesänderung dahingehend verfassungsrechtlich geboten, dass die Einwilligung des vermuteten biologischen Vaters auch dann erforderlich ist, wenn ein rechtlicher Vater vorhanden ist.

40 Vgl. BGH, ZKJ 2015, 231 ff. = FamRZ 2015, 828 ff. = JAmt 2015, 267 ff.

41 Zum Meinungsstand siehe NK-BGB/*Dahm*, § 1755 Rn. 6, 7.

Adoption angelegt ist, ein Umgangsrecht fortbestehen.[42] Im Regelfall dürfte jedoch die Adoption zum Erlöschen des Umgangsrechts führen, worüber der Vater aufzuklären ist.

Schließlich ist der Vater auch über die in § 1748 Abs. 4 BGB normierte Möglichkeit der **Ersetzung der Einwilligung in die Adoption** aufzuklären. Nach dieser Bestimmung, die über § 1747 Abs. 1 Satz 2 BGB auch für den vermuteten biologischen Vater gilt (siehe hierzu Rn. 3), ist insofern eine erleichterte Ersetzung der Einwilligung möglich, da es, anderes als bei einer Ersetzung der Einwilligung gem. § 1748 Abs. 1 BGB, auf ein Fehlverhalten bzw. eine Pflichtverletzung oder elterliches Versagen durch Gleichgültigkeit nicht ankommt, sondern nur darauf, ob das Unterbleiben der Annahme für das Kind einen unverhältnismäßigen Nachteil (siehe hierzu auch Rn. 14) zur Folge hat. Durch die Entscheidung des Bundesverfassungsgerichts vom 29.11.2005[43] ist allerdings klargestellt, dass im Rahmen einer verfassungskonformen Auslegung des § 1748 Abs. 4 BGB eine umfassende Abwägung zwischen den Interessen des Kindes und des Vaters vorgenommen werden muss, wobei auch zu prüfen ist, ob ein gelebtes Eltern-Kind-Verhältnis besteht oder bestanden hat und welche Gründe den Vater am Aufbau oder der Aufrechterhaltung einer tragfähigen Beziehung gehindert haben. Im Verfahren über die Ersetzung der Einwilligung in die Adoption ist auch die zur elterlichen Sorge ergangene Rechtsprechung des BVerfG über die **Bedeutung des Kindeswillens** zu berücksichtigen.[44] 30

Mit dem rechtlichen Vater sollte deshalb im Rahmen der Beratung geklärt werden, weshalb er bislang keine elterliche Mitsorge hat und dass die Verweigerung der Einwilligung in die Adoption nur dann angebracht ist, wenn er in Zukunft auf Dauer Verantwortung für das Kind übernehmen will. 31

Mit dem biologischen Vater sollte die Frage thematisiert werden, weshalb er bislang keine Anstrengungen unternommen hat, die rechtliche Vaterschaft zu erlangen, dass er zwar jetzt noch die Möglichkeit hat, ein Vaterschaftsfeststellungsverfahren zu betreiben, dass dies aber nur sinnvoll ist, wenn er in Zukunft auf Dauer Verantwortung für das Kind tragen will, dass ein Vaterschaftsfeststellungsverfahren zum Blockieren der Adoption im Interesse der Kinder nicht gerechtfertigt[45] und dass durch § 1747 Abs. 1 Satz 2 BGB die Möglichkeit einer erleichterten Ersetzung der Einwilligung gem. § 1748 Abs. 4 BGB eröffnet worden ist. 32

b) Die Rechte nach § 1747 Abs. 3 BGB

Gem. **§ 1747 Abs. 3 Nr. 1** BGB ist die Einwilligung des nicht sorgeberechtigten unverheirateten rechtlichen Vaters – anders als die Einwilligung durch die Mutter oder sonstige rechtliche Väter – schon vor der Geburt möglich. Auch wenn § 1747 Abs. 1 Satz 2 BGB keinen Verweis auf diese Regelung enthält, so ist dennoch gleichwohl davon auszugehen, dass auch dem vermuteten biologischen Vater (siehe hierzu Rn. 3) das **Einwilligungsrecht schon vor der Geburt** zusteht, da kein Rechtfertigungsgrund für eine Differenzierung zwischen diesen beiden Vätergruppen ersichtlich ist.[46] Die pränatale Einwilligung wird jedoch unwirksam, wenn der Vater die Mutter vor der Geburt heiratet. In diesem Fall gilt auch für den Vater die Achtwochenfrist des § 1747 Abs. 2 BGB, worauf der Vater hinzuweisen ist. 33

Der mit der Mutter nicht verheiratete, nicht sorgeberechtigte Vater kann auch noch während des Adoptionsverfahrens beim Familiengericht beantragen, dass ihm gem. § 1626a Abs. 2 BGB gemeinsam mit der Mutter die elterliche Sorge übertragen wird. Auch ein Antrag des Vaters, dass ihm bei nicht nur vorübergehender Trennung von der Mutter die elterliche Sorge 34

42 Vgl. OLG Köln, FamRZ 2013, 1150.
43 BVerfG, FamRZ 2006, 94 ff. = NJW 2006, 827 ff.
44 Vgl. KG, FamRZ, 2016, 2019 ff. (Wunsch der 17-jährigen Tochter, von der Pflegefamilie, in der sie seit 15 Jahren lebt, adoptiert zu werden).
45 Wiesner/*Wapler*, § 51 SGB VIII Rn. 52.
46 So auch LPK SGB VIII/*Berneiser/Diehl*, § 51 Rn. 51; Wiesner/*Wapler*, § 51 SGB VIII Rn. 48.

gem. § 1671 Abs. 2 BGB allein übertragen wird, ist noch während des Adoptionsverfahrens möglich. In beiden Fällen sieht **§ 1747 Abs. 3 Nr. 3 BGB** vor, dass die Annahme als Kind erst ausgesprochen werden darf, wenn über den Antrag des Vaters entschieden ist. In diesen beiden Fällen sind also das **Adoptionsverfahren** und auch ein etwaiges **Ersetzungsverfahren auszusetzen**. Sofern dem Antrag des Vaters auf Übertragung der alleinigen elterlichen Sorge oder der gemeinsamen Sorge mit der Mutter stattgegeben wird, ist die erleichterte Ersetzung der Einwilligung in die Adoption gem. § 1748 Abs. 4 BGB nicht mehr möglich und die Adoption unwahrscheinlich, da die Adoption ja von seiner Einwilligung abhängt. Von daher ist der Ansicht von Bohnert, wonach die Beratungspflicht des § 1747 Abs. 3 über die Ermöglichung der Erlangung der elterlichen Sorge letztlich ihren Grund in der erleichterten Ersetzungsmöglichkeit des § 1748 Abs. 4 hat, zuzustimmen.[47] Mit dem Vater sollte deshalb ausführlich erörtert werden, dass bei den entsprechenden Sorgerechtsanträgen für die gerichtliche Entscheidung das Wohl des Kindes im Vordergrund steht, und welche Vorstellungen er darüber hat, wie er zukünftig seiner elterlichen Verantwortung gerecht werden will.

35 Sofern der mit der Mutter nicht verheiratete, nicht sorgeberechtigte Vater an seinem Kind nicht oder nur wenig interessiert ist, eröffnet ihm **§ 1747 Abs. 3 Nr. 2 BGB** die **Möglichkeit des Verzichts auf die Beantragung der elterlichen Sorge**, nämlich der alleinigen elterlichen Sorge gem. § 1671 Abs. 2 BGB oder der gemeinsamen elterlichen Sorge gem. § 1626a Abs. 2 BGB. Aus § 1747 Abs. 3 Nr. 2, 2. Hs. BGB ergibt sich, dass dieser Verzicht zwar öffentlich beurkundet werden muss, die Beurkundung jedoch auch bei jedem Jugendamt (§§ 59 Abs. 1 Nr. 7, 87e SGB VIII) vorgenommen werden kann. Auch hierüber ist der Vater zu informieren. Durch die Möglichkeit des Verzichts auf einen Antrag auf Übertragung der elterlichen Sorge kann das Adoptionsverfahren beschleunigt werden,[48] da in der Regel davon auszugehen ist, dass der auf seinen Vorrang verzichtende Vater auch seine Einwilligung in die Adoption erteilen wird und somit eine etwaige Ersetzung der Einwilligung in die Adoption gem. § 1748 Abs. 4 BGB nicht erforderlich ist.

3. Unbekannter Aufenthalt, Form der Beratung, Kosten,

36 Bei unbekanntem Aufenthalt des Vaters besteht nach h.M. **keine Pflicht** des Jugendamtes **zur Aufenthaltsermittlung**, da Abs. 3 anders als Abs. 2 keine diesbezügliche Regelung enthält. Damit soll, so die h.M., auch die Pflicht des Jugendamtes zur Beratung über die Rechte nach § 1747 Abs. 3. entfallen.[49] Diese Ansicht ist jedoch problematisch. Es ist nämlich nicht nachvollziehbar, warum bei einem geschiedenen Ehegatten, dessen Einwilligung in die Adoption möglicherweise wegen Gleichgültigkeit zu ersetzen ist, das Jugendamt zur Feststellung des Aufenthaltes u.U. Ermittlungen anstellen muss, um seine Beratung nach Abs. 2 durchführen zu können (siehe hierzu Rn. 16, 17), wohingegen bei einem nicht sorgeberechtigten Vater eines nichtehelichen Kindes, der vielleicht den Kontakt zu seinem Kind im Interesse des Kindes auf Anraten von Fachkräften abgebrochen hat (siehe hierzu Rn. 30), das Jugendamt nicht zur Ermittlung seines nach Beginn des Adoptionsverfahrens neuen Aufenthaltsortes verpflichtet sein soll. Hier zeigt sich, dass nach wie vor verheiratete und geschiedene Väter anders behandelt werden als Väter nichtehelicher Kinder. Im Interesse der Kinder, aber auch im Interesse der nichtsorgeberechtigten, unverheirateten Väter sollte deshalb das Jugendamt das Familiengericht bei der Ermittlung des Aufenthaltsortes unterstützen. Auch wäre es angezeigt, wenn der Gesetzgeber im Hinblick auf Art. 3 Abs. 1 GG und Art. 6 GG eine Aufenthaltsermittlungspflicht auch in § 51 Abs. 3 normiert.

---

47 Vgl. *Hauck/Noftz/Bohnert*, § 51 SGB VIII K Rn. 27.
48 Vgl. BT-Drs. 17/11048, 22.
49 So auch LPK-SGB VIII/*Berneiser/Diehl*, § 51 Rn. 54; *Schellhorn/Kern*, § 51 SGB VIII Rn. 24 m.w.N.

Die Beratung nach Abs. 3 sollte in der Regel in einem **persönlichen Gespräch** erfolgen. Die Ausführungen unter Rn. 9 gelten sinngemäß. 37

Die Beratung ist **kostenfrei**.

V. Folgen bei fehlerhafter oder unterbliebener Belehrung und Beratung

Eine **fehlerhafte oder unterbliebene Beratung nach Abs. 2 oder Abs. 3** führt nach wohl überwiegender Meinung nicht zur Unwirksamkeit oder Aufhebbarkeit der Adoption,[50] kann jedoch zu Amtshaftungsansprüchen oder dienstrechtlichen Konsequenzen führen. 38

VI. Zuständigkeit und Übertragung auf anerkannte Träger der freien Jugendhilfe

Die für die **sachliche und örtliche Zuständigkeit** maßgeblichen Bestimmungen sind die §§ 85 Abs. 1, 87b Abs. 1, 86 Abs. 1 bis 4 SGB VIII. Die Beurkundung der Verzichtserklärung gem. § 1747 Abs. 3 Nr. 2 BGB bedarf jedoch nicht der notariellen Beurkundung, sondern kann gem. § 87 e SGB VIII auch bei jedem anderen Jugendamt durch den Urkundsbeamten des Jugendamtes vorgenommen werden (§ 59 Abs. 1 Satz 1 Nr. 7 SGB VIII). 39

Durch § 76 Abs. 1 SGB VIII ist die Möglichkeit eröffnet, dass der Träger der öffentlichen Jugendhilfe **anerkannte Träger der freien Jugendhilfe** an den Aufgaben aus § 51 SGB VIII beteiligt oder ihnen diese Aufgaben überträgt.

50 So auch: FK-SGB VIII/*Hoffmann/Trenzcek*, § 51 Rn. 39.

§ 52
Mitwirkung in Verfahren nach dem Jugendgerichtsgesetz

(1) [1]Das Jugendamt hat nach Maßgabe der §§ 38 und 50 Absatz 3 Satz 2 des Jugendgerichtsgesetzes im Verfahren nach dem Jugendgerichtsgesetz mitzuwirken. [2]Dabei soll das Jugendamt auch mit anderen öffentlichen Einrichtungen und sonstigen Stellen, wenn sich deren Tätigkeit auf die Lebenssituation des Jugendlichen oder jungen Volljährigen auswirkt, zusammenarbeiten, soweit dies zur Erfüllung seiner ihm dabei obliegenden Aufgaben erforderlich ist. [3]Die behördenübergreifende Zusammenarbeit kann im Rahmen von gemeinsamen Konferenzen oder vergleichbaren gemeinsamen Gremien oder in anderen nach fachlicher Einschätzung geeigneten Formen erfolgen.

(2) [1]Das Jugendamt hat frühzeitig zu prüfen, ob für den Jugendlichen oder den jungen Volljährigen Leistungen der Jugendhilfe oder anderer Sozialleistungsträger in Betracht kommen. [2]Ist dies der Fall oder ist eine geeignete Leistung bereits eingeleitet oder gewährt worden, so hat das Jugendamt den Staatsanwalt oder den Richter umgehend davon zu unterrichten, damit geprüft werden kann, ob diese Leistung ein Absehen von der Verfolgung (§ 45 JGG) oder eine Einstellung des Verfahrens (§ 47 JGG) ermöglicht.

(3) Der Mitarbeiter des Jugendamts oder des anerkannten Trägers der freien Jugendhilfe, der nach § 38 Absatz 2 Satz 2 des Jugendgerichtsgesetzes tätig wird, soll den Jugendlichen oder den jungen Volljährigen während des gesamten Verfahrens betreuen.

Übersicht Rn.

A. Allgemeines

I. Charakter und Bedeutung der Vorschrift

1 Die Vorschrift bildet die Grundlage der Mitwirkung im jugendgerichtlichen Strafverfahren und – zusammen mit § 38 JGG – die **normative Schnittstelle** zwischen Jugendhilferecht einerseits und Jugendstrafrecht andererseits. An ihr machen sich weit über ihren Regelungsgehalt hinaus alle Diskussionen und Streitigkeiten über das Verhältnis sowie die unterschiedlichen Traditionen, Paradigmen, Perspektiven, Aufgaben, Zielsetzungen etc. von Jugendhilfe und Jugendstrafrecht im Allgemeinen und darüber hinaus das Verhältnis und die gegenseitigen Befugnisse von „Jugendhilfe" und Jugendgerichtsbarkeit fest.[1] Die Kontroverse reicht bis in die **Begrifflichkeit**, ob es sich denn entsprechend der Terminologie des JGG um „**Jugendgerichtshilfe**"[2] oder „**Jugendhilfe im Strafverfahren**" handelt und ob mit dieser Frage weitergehende inhaltliche Determinierungen verbunden sind.[3]

2 Eng verknüpft damit ist die Frage nach dem Verhältnis von § 52 SGB VIII und den die Tätigkeit der Jugendgerichtshilfe regelnden Vorschriften des JGG, insbesondere also § 38 JGG.

Wie zahlreiche rechtsdogmatische Streitigkeiten werden auch diese Diskussionen durch die **Vorverständnisse** und Interessen der jeweiligen Protagonisten beeinflusst, auch wenn

1 Vgl. dazu die vorzügliche Aufarbeitung der Probleme durch *Lobinger*, Kostentragung, 213 ff., 284 ff. und passim.
2 Zum Begriff der Jugendgerichtshilfe im JGG, auf dessen Klärung man bei dieser Umetikettierung vorsichtshalber verzichtet, vgl. unten Rn. 6a. Inzwischen scheint sich die Bezeichnung „Jugendhilfe im Strafverfahren/Jugendgerichtshilfe" durchzusetzen, vgl. *Riekenbrauk*, ZJJ 2020, 50; *Höynk/Ernst*, ZJJ 2020, 245 (252).
3 Vgl. etwa FK-SGB-VIII/*Trenczek*, § 52 Rn. 4.

diese nicht (immer) offengelegt und Normauslegung durch Bekenntnisse und Ideologien ersetzt werden.[4]

3 Ausgangspunkt der Aufgabenbestimmung muss demgegenüber das vorliegende **Normenmaterial** sein: Gemäß § 2 Abs. 3 Nr. 8 SGB VIII handelt es sich bei der Mitwirkung im Verfahren nach dem Jugendgerichtsgesetz um eine „andere Aufgabe" der Jugendhilfe. § 52 Abs. 1 SGB VIII konkretisiert diese Mitwirkung dahin, dass das Jugendamt nach Maßgabe der §§ 38 und 50 Abs. 3 Satz 2 des JGG im Verfahren nach dem Jugendgerichtsgesetz mitzuwirken hat.

Es handelt sich bei der Mitwirkung im jugendgerichtlichen Verfahren danach nicht um eine „Leistung" i.S.d. § 2 Abs. 2 SGB VIII. Dies schließt freilich nicht aus, dass im Kontext eines Jugendstrafverfahrens Hilfeleistungen nach dem SGB VIII erbracht werden. Der „eigenständige Sozialleistungscharakter des SGB VIII" wird deshalb weder verkannt noch in Frage gestellt.

II. Geschichte und Änderung der Vorschrift

4 § 52 SGB VIII wurde durch das 1. ÄndGSGB VIII **neu gefasst**. Zugleich wurde in § 61 SGB VIII ein neuer Abs. 3 aufgenommen, nach dem für die Erhebung, Verarbeitung und Nutzung personenbezogener Daten durch das Jugendamt bei der Mitwirkung im Jugendstrafverfahren „die Vorschriften des Jugendgerichtsgesetzes" gelten sollten. Diese Vorschrift ging indes ins Leere, da das JGG keine Vorschriften hinsichtlich der Erhebung und Verwendung personenbezogener Daten enthielt. Dieses wurde durch das KICK korrigiert, das den **§ 61 Abs. 3 SGB VIII ersatzlos** aufgehoben hat. Zugleich hat es in den Vorschriftenkatalog des **§ 62 Abs. 3 Nr. 2 Buchst. c** SGB VIII **§ 52 SGB VIII** eingefügt, sodass § 62 SGB VIII auch für die Wahrnehmung der Aufgaben nach § 52 SGB VIII gilt.

4a Obwohl durch dieses Gesetz in seinem **Wortlaut völlig unberührt geblieben**, hat § 52 SGB VIII durch das „Gesetz zur Stärkung der Verfahrensrechte von Beschuldigten im Jugendstrafverfahren"[5] erhebliche **inhaltliche Änderungen** dadurch erfahren, dass die in Bezug genommenen Vorschriften der §§ 38 und 50 JGG durch das genannte Gesetz geändert bzw. umgestaltet wurden. Dieses Gesetz dient der Umsetzung der „Richtlinie (EU) 2016/800 des Europäischen Parlaments und des Rates vom 11. Mai 2016 über Verfahrensgarantien für Kinder, die Verdächtige oder beschuldigte Personen in Strafverfahren sind".[6]

Die **jüngste Änderung** erfolgte durch das **KJSG**[7], das Abs. 1 um die Sätze 2 und 3 sowie die Einbeziehung weiterer Leistungsträger in Abs. 2 erweitert hat.

---

4 Vgl. etwa LPK-SGB VIII/*Riekenbrauk*, § 52 Rn. 12 ff.; FK-SGB VIII/*Trenczek*, § 52 Rn. 3 ff. Demgegenüber werden die strukturell gleichen Fragen und Probleme im Verhältnis von Jugendhilfe- und Familienrecht, von „Jugendhilfe" und Familiengericht nicht mit auch nur annähernd gleicher Heftigkeit und Verbissenheit geführt. Vgl. etwa die Aufgeregtheit bei Wiesner/Wapler/*Wapler*, § 52 SGB VIII Rn. 2 einerseits und die normbezogene Gelassenheit bei § 50 SGB VIII Rn. 1 andererseits. Letzteres mag dem Umstand geschuldet sein, dass man sich dort im selben Boot der „Verantwortungsgemeinschaft" von Jugendamt und Familiengericht (und ggfs. weiteren Akteuren) wähnt, das sich freilich für die betroffenen Kinder und Jugendlichen als löchriger Kahn erweisen kann. Der Literaturausstoß in Sachen „Jugendstrafrecht und Jugendhilfe" ist im Übrigen beträchtlich, wobei die Beträchtlichkeit aber auch hier – um ein Wort von Helmut Ridder aufzugreifen – im umgekehrten Verhältnis zur Beachtlichkeit und diese wieder im umgekehrten Verhältnis zur Beachtetheit steht.

5 Vom 9.12.2019, BGBl. I S. 2146, in Kraft getreten am 17.12.2019 bzw. 1.1.2020. Vgl. dazu den Überblick über die Neuregelungen durch dieses Gesetz von *Möller*, EJ 2020, 99–105 (Teil 1) und 197–203 (Teil 2).

6 ABl. L 132 v. 21.5.2016, 1, im Folgenden KiRL. Vgl. Zu den Anforderungen der KiRL insgesamt und zu deren Konsequenzen für die Umsetzung *Bock/Puschke*, ZJJ 2019, 224 ff.; der Aufsatz wurde vor Verabschiedung des Verfahrensrechtestärkungsgesetzes veröffentlicht.

7 BGBl. I 2021 S. 1444.

III. Bedeutung und Begrifflichkeit der KiRL

Richtlinien als Bestandteil des europäischen Gemeinschaftsrechts richten sich gem. § 288 Abs. 3 AEUV an die Mitgliedstaaten und sind von diesen in nationales Recht umzusetzen, wobei ihnen die Wahl der Form und der Mittel bleibt. Nur soweit die Richtlinie innerhalb der dafür festgesetzten Frist[8] nicht umgesetzt wird oder die Umsetzung defizitär bleibt oder der Richtlinie widerspricht, ist sie unmittelbar anwendbar. Im Übrigen ist immer das nationale Recht auszulegen und anzuwenden.[9] **4b**

Dass das **Verfahrensrechtestärkungsgesetz** die genannte Richtlinie umsetzt, bedeutet allerdings **methodisch**, dass bei Zweifeln in der Auslegung des deutschen Rechts auf diese zurückgegriffen werden kann und bei defizitärer Umsetzung in nationales Recht diese unmittelbare Anwendung findet.[10]

Auf die vorgenommenen Änderungen wird in den einzelnen Erläuterungen unten im Detail eingegangen.

Sowohl die KiRL als auch das zu deren Transformation in deutsches Recht erlassene Verfahrensrechtestärkungsgesetz richten den Focus auf die Jugendlichen sowie deren Erziehungsberechtigte und gesetzlichen Vertreter und ihre jeweiligen Verfahrensrechte. Deren Stärkung ist das primäre Anliegen der Richtlinie und des Umsetzungsgesetzes.

Der Jugend(gerichts)hilfe kommt dabei insoweit eine **dienende Funktion** zu, als ihr Aufgaben zugewiesen und Verpflichtungen auferlegt werden, um die strafverfahrensrechtlichen Positionen der Jugendlichen zu stärken und diese dadurch im Verfahren zu schützen. Deutlich wird das bei der Ausgestaltung der Begutachtung und Berichterstattung durch die Jugendgerichtshilfe und deren Anwesenheit in der Hauptverhandlung.

Es war und ist **nicht Anliegen** der Richtlinie und des Umsetzungsgesetzes, der **Jugendhilfe eigene Rechtspositionen** oder eine größere Autonomie gegenüber der Justiz einzuräumen, als sie ohnehin hatte und hat. Eher wurde eine engere Verzahnung der beiden Systeme vorgenommen.[11]

Die **KiRL** bedient sich wiederholt einer **Begrifflichkeit**, die dem deutschen Jugendstraf- und Jugendhilferecht fremd oder für dieses zumindest ungewöhnlich ist. **4c**

So bezeichnet sie das begünstigte Rechtssubjekt durchgehend als „**Kind**" und meint damit gem. Art. 3 Unterabsatz 1 Nr. 1 KiRL „eine Person im Alter unter achtzehn Jahren", wohingegen das deutsche Jugendstrafrecht zwischen Kindern, Jugendlichen und Heranwachsenden differenziert und nur Jugendliche und Heranwachsende erfasst. Allerdings berührt gem. deren Art. 2 Abs. 5 die KiRL nicht die nationalen Vorschriften zur Bestimmung des Alters der Strafmündigkeit. Da der Gesetzgeber insoweit keine Änderungen vorgenommen hat, **bleibt es** bei dem **bisherigen Rechtszustand**, wonach gem. § 19 StGB schuldunfähig ist, wer bei Begehung der Tat noch nicht 14 Jahre alt ist. Nicht verändert wurden auch die **Altersgrenzen** des § 1 Abs. 2 JGG. Danach ist Jugendlicher, wer zur Zeit der Tat vierzehn, aber noch nicht achtzehn, Heranwachsender, wer zur Zeit der Tat 18, aber noch nicht einundzwanzig Jahre alt ist.

8 Die KiRL war gem. Art. 24 Abs. 1 KiRL bis zum 11.6.2019 umzusetzen. Die Umsetzung durch das Verfahrensrechtestärkungsgesetz erfolgte also verspätet.

9 Vgl. dazu *Bock/Pusch*, ZJJ 2019, 224 (225).

10 Ebenso *Bock/Pusch*, ZJJ 2019, 224 (225).

11 Eine positive Einschätzung der Neuregelungen durch das Verfahrensrechtestärkungsgesetz findet sich mit Blick auf die Jugendgerichtshilfe auch bei *Höynk/Ernst*, ZJJ 2020, 245 (254 f.). Versucht man allerdings, wie es bei einer Reihe von Autor_innen der Fall ist, aus § 52 SGB VIII eine für die Jugendgerichtshilfe größtmögliche Autonomie gegenüber dem Jugendgericht herauszudestillieren, ist die Einschätzung, die neuen Regelungen stärkten „insgesamt die JGH/JuHiS" (ebd., 254), kaum haltbar, da diese in wesentlichen Punkten (Berichterstattung, Anwesenheit in der Hauptverhandlung) die Entscheidungshoheit eingebüßt hat.

Insoweit wird allerdings § 1 JGG neu **durch** einen **Absatz 3 ergänzt**, wonach die für Jugendliche geltenden Verfahrensvorschriften anzuwenden sind, wenn zweifelhaft ist, ob der Beschuldigte zur Zeit der Tat das achtzehnte Lebensjahr vollendet hat. Dieser Zweifelssatz schließt nach der Gesetzesbegründung nicht aus, dass zunächst zulässige und angemessene Untersuchungen zur Beseitigung des Zweifels vorgenommen werden. Dabei werde entsprechend den Vorgaben des Erwägungsgrunds 13 der KiRL[12] eine körperliche Untersuchung im Sinne der §§ 81a, 81b StPO[13] zur **Bestimmung des Alters** zulässig sein, wenn dessen Bestimmung auf andere Weise erheblich weniger Erfolg versprechend oder wesentlich aufwendiger wäre und die körperliche Untersuchung nicht außer Verhältnis zu der Bedeutung der Sache und der zu erwartenden Rechtsfolge stehe.[14] Zu beachten ist in jedem Fall Satz 2 des Erwägungsgrunds 13 der KiRL, nach dem eine medizinische Untersuchung nur als letztes Mittel und unter strikter Achtung der Rechte des Kindes, seiner körperlichen Unversehrbarkeit und der Menschenwürde durchgeführt werden sollte.[15] Auf deren Einhaltung zu achten, ist nicht nur Aufgabe der Erziehungsberechtigten und gesetzlichen Vertreter, sondern auch der **Jugendgerichtshilfe**.

Zwar löst die Vorschrift die bekannten Probleme bei der Altersfeststellung nicht, gibt aber eine **Zweifelsregelung** vor, die sinnvoll erscheint, weil die Anwendung des „In-dubio-Grundsatzes" auf das Verfahrensrecht im Einzelnen umstritten ist und von der Rechtsprechung restriktiv gehandhabt wird.[16]

Da nach **deutschem Recht** stets auf den Zeitpunkt der Tat abgehoben wird, stellen sich die in der Richtlinie geregelten Fragen der Überschreitung von Altersgrenzen bei Einleitung oder während des Verfahrens nicht.

4d § 1 Abs. 3 JGG setzt die Zweifelsregelung des Art. 3 Unterabsatz 2 KiRL lediglich hinsichtlich der Vollendung des achtzehnten Lebensjahres, also der Abgrenzung zwischen Jugendlichen und Heranwachsenden um. Nicht minder bedeutsam ist jedoch mit Blick auf die Schuldunfähigkeitsregelung des § 19 StGB die Frage der **Vollendung des vierzehnten Lebensjahres**. Allerdings gilt die gesamte KiRL nur für das **Verfahrensrecht**,[17] nicht aber das materielle Strafrecht, zu dem die in § 19 StGB geregelte Schuldunfähigkeit des Kindes gehört. Bei Zweifeln an der Vollendung des vierzehnten Lebensjahres kommt danach ohnehin der „In-dubio-pro reo-Grundsatz" zur Anwendung, sodass bei unaufklärbaren Zweifeln von der Nicht-Vollendung des 14. Lebensjahres und damit vorliegender Schuldunfähigkeit auszugehen ist.

4e Dem deutschen Recht fremd ist auch der Begriff des **„Trägers der elterlichen Verantwortung"**. Das ist nach Art. 2 Unterabsatz 1 Nr. 2 KiRL jede Person, die die **elterliche Verantwortung** für ein Kind ausübt. Dabei bezeichnet dieser Begriff gem. Unterabsatz 1 Nr. 3 die gesamten „Rechte und Pflichten betreffend die Person oder das Vermögen eines Kindes, einschließlich des Sorge- und Umgangsrechts, die einer natürlichen oder juristischen Person durch Gerichtsentscheidung, kraft Gesetzes oder durch Vereinbarung übertragen" wurden. Mit dem vom deutschen Gesetzgeber durchgehend verwendeten Begriffspaar „Erziehungs-

---

12 Dieser lautet: „Die Mitgliedstaaten sollten das Alter des Kindes aufgrund von dessen eigenen Aussagen, Überprüfungen des Personenstands des Kindes, dokumentarischen Recherchen, sonstigen Belegen und – wenn solche Belege nicht verfügbar oder nicht aussagekräftig sind – einer medizinischen Untersuchung bestimmen. Eine medizinische Untersuchung sollte als letztes Mittel und unter strikter Achtung der Rechte des Kindes, seiner körperlichen Unversehrbarkeit und der Menschenwürde durchgeführt werden." Erwägungsgründe sind nicht Bestandteil der Richtlinie, sie haben vielmehr den Charakter von Auslegungshilfen.

13 Die genannten Vorschriften lassen erkennungsdienstliche Maßnahmen, körperliche Untersuchungen und in deren Zug auch körperliche Eingriffe wie die Entnahme von Blut oder Körperzellen zu.

14 Vgl. BT-Drs. 19/13837, 48.

15 Vgl. zur Altersfeststellung sowie den dazu zulässigen Methoden der Altersfeststellung die Kommentierung zu § 42f SGB VIII.

16 Vgl. dazu auch *Bock/Puschke*, ZJJ 2019, 224 (226).

17 *Bock/Puschke*, ZJJ 2020, 224 (226), sowie Erwägungsgründe 1 und 2 zur KiRL.

berechtigte und gesetzliche Vertreter" (vgl. etwa §§ 50 Abs. 2, 51 Abs. 2, 67, 67a JGG) wird der KiRL genügt.

B. Einzelheiten

I. § 52 Abs. 1 Satz 1 SGB VIII – Pflicht zur Mitwirkung in Verfahren nach dem JGG und zur Zusammenarbeit mit anderen Stellen

Nach § 52 Abs. 1 hat das **Jugendamt** nach Maßgabe der §§ 38 und 50 Abs. 3 Satz 2 JGG im Verfahren nach Jugendgerichtsgerichtsgesetz **mitzuwirken**.[18] Dass die Mitwirkung „nach Maßgabe" der §§ 38 und 50 Abs. 3 Satz 2 JGG zu erfolgen hat, bedeutet nach tradierten Auslegungsregeln – man mag dies begrüßen oder missbilligen – zunächst einmal, dass §§ 38, 50 JGG bestimmen, in welcher Art und Weise diese Mitwirkung zu erfolgen hat. Diese Vorschriften geben Auskunft über Inhalt und Umfang der dabei zu erfüllenden Aufgaben. Daran kann bei einem seriösen methodischen Vorgehen überhaupt kein Zweifel bestehen.[19] 5

Es ist also der Gesetzgeber selbst, der mit der Inkorporation der §§ 38 und 50 Abs. 3 Satz 2 JGG in § 52 Abs. 1 SGB VIII erstgenannte Vorschriften zu den handlungsleitenden gemacht hat. Das macht es auch unzulässig, Widersprüche zwischen den genannten Vorschriften zu konstruieren, um diese dann in methodisch fragwürdiger Weise aufzulösen.[20] Obwohl sich hier die Gelegenheit bot, hat der Gesetzgeber auch das „Gesetz zur Stärkung der Verfahrensrechte von Beschuldigten im Jugendstrafverfahren" (Verfahrensrechtestärkungsgesetz; vgl. dazu Rn. 4a) nicht zum Anlass genommen, daran eine Änderung oder gar völlige Neujustierung vorzunehmen.[21] Spätestens die Neufassung des § 38 JGG durch das Verfahrensrechtestärkungsgesetz entzieht Konstruktionen, das SGB VIII gehe als das neuere Gesetz dem JGG als dem älteren vor, den methodischen Boden.[22]

II. § 38 JGG

Zentrale Mitwirkungsnorm, auf die § 52 Abs. 1 SGB VIII verweist, ist danach § 38 JGG, ohne den die Tätigkeit der Jugendgerichtshilfe nicht zu erfassen ist. Die Vorschrift wurde durch das VerfRStärkG geändert, ergänzt sowie neu strukturiert und lautet nunmehr wie folgt: 6

§ 38
Jugendgerichtshilfe

(1) Die Jugendgerichtshilfe wird von den Jugendämtern im Zusammenwirken mit den Vereinigungen für Jugendhilfe ausgeübt.

---

18 Vgl. dazu auch *Nix/Möller/Schütz*, Jugendstrafrecht, 2011, 155 ff.

19 Es überraschen daher Versuche nicht, diesen eindeutigen Befund *irgendwie* zu minimieren, um die JGH zu einer jugendhilferechtlichen Veranstaltung reinsten Wassers zu machen. Vgl. etwa FK-SGB VIII/*Trenczek*, § 52 Rn. 10: „Durch den Verweis (‚nach Maßgabe') auf die Regelungen des JGG wird zwar der strafverfahrensrechtliche Bezug (!) hergestellt, damit sind aber die Aufgaben des JA weder abschließend noch vorrangig (?) beschrieben noch der in § 52 normierte Rechtsgrund und Zweck für das Tätigwerden des JA geändert." Dieses Vorverständnis durchzieht und determiniert die gesamte Kommentierung.

20 Vgl. in diesem Sinne beispielhaft FK-SGB VIII/*Trenczek*, § 52 Rn. 2.

21 Nicht einmal eine begriffliche Anpassung hat stattgefunden.

22 Auch die Formulierung, das Jugendamt habe „im Verfahren nach dem Jugendgerichtsgesetz mitzuwirken" kann kaum als die gegenüber den in § 38 JGG detailliert ausformulierten Aufgaben und Befugnissen „speziellere" angesehen werden.

(2) [1]Die Vertreter der Jugendgerichtshilfe bringen die erzieherischen, sozialen und sonstigen im Hinblick auf die Ziele und Aufgaben der Jugendhilfe bedeutsamen Gesichtspunkte im Verfahren vor den Jugendgerichten zur Geltung. [2]Sie unterstützen zu diesem Zweck die beteiligten Behörden durch Erforschung der Persönlichkeit, der Entwicklung und des familiären, sozialen und wirtschaftlichen Hintergrundes des Jugendlichen und äußern sich zu einer möglichen besonderen Schutzbedürftigkeit sowie zu den Maßnahmen, die zu ergreifen sind.

(3) [1]Sobald es im Verfahren von Bedeutung ist, soll über das Ergebnis der Nachforschungen nach Absatz 2 möglichst zeitnah Auskunft gegeben werden. [2]In Haftsachen berichten die Vertreter der Jugendgerichtshilfe beschleunigt über das Ergebnis ihrer Nachforschungen. [3]Bei einer wesentlichen Änderung der nach Absatz 2 bedeutsamen Umstände führen sie nötigenfalls ergänzende Nachforschungen durch und berichten der Jugendstaatsanwaltschaft und nach Erhebung der Anklage auch dem Jugendgericht darüber.

(4) [1]Ein Vertreter der Jugendgerichtshilfe nimmt an der Hauptverhandlung teil, soweit darauf nicht nach Absatz 7 verzichtet wird. [2]Entsandt werden soll die Person, die die Nachforschungen angestellt hat. [3]Erscheint trotz rechtzeitiger Mitteilung nach § 50 Absatz 3 Satz 1 kein Vertreter der Jugendgerichtshilfe in der Hauptverhandlung und ist kein Verzicht nach Absatz 7 erklärt worden, so kann dem Träger der öffentlichen Jugendhilfe auferlegt werden, die dadurch verursachten Kosten zu ersetzen; § 51 Absatz 2 der Strafprozessordnung gilt entsprechend.

(5) [1]Soweit nicht ein Bewährungshelfer dazu berufen ist, wacht die Jugendgerichtshilfe darüber, dass der Jugendliche Weisungen und Auflagen nachkommt. [2]Erhebliche Zuwiderhandlungen teilt sie dem Jugendgericht mit. [3]Im Fall der Unterstellung nach § 10 Absatz 1 Satz 3 Nummer 5 übt sie die Betreuung und Aufsicht aus, wenn das Jugendgericht nicht eine andere Person damit betraut. [4]Während der Bewährungszeit arbeitet sie eng mit dem Bewährungshelfer zusammen. [5]Während des Vollzugs bleibt sie mit dem Jugendlichen in Verbindung und nimmt sich seiner Wiedereingliederung in die Gemeinschaft an.

(6) [1]Im gesamten Verfahren gegen einen Jugendlichen ist die Jugendgerichtshilfe heranzuziehen. [2]Dies soll so früh wie möglich geschehen. [3]Vor der Erteilung von Weisungen (§ 10) sind die Vertreter der Jugendgerichtshilfe stets zu hören; kommt eine Betreuungsweisung in Betracht, sollen sie sich auch dazu äußern, wer als Betreuungshelfer bestellt werden soll.

(7) [1]Das Jugendgericht und im Vorverfahren die Jugendstaatsanwaltschaft können auf die Erfüllung der Anforderungen des Absatzes 3 und auf Antrag der Jugendgerichtshilfe auf die Erfüllung der Anforderungen des Absatzes 4 Satz 1 verzichten, soweit dies auf Grund der Umstände des Falles gerechtfertigt und mit dem Wohl des Jugendlichen vereinbar ist. [2]Der Verzicht ist der Jugendgerichtshilfe und den weiteren am Verfahren Beteiligten möglichst frühzeitig mitzuteilen. [3]Im Vorverfahren kommt ein Verzicht insbesondere in Betracht, wenn zu erwarten ist, dass das Verfahren ohne Erhebung der öffentlichen Klage abgeschlossen wird. [4]Der Verzicht auf die Anwesenheit eines Vertreters der Jugendgerichtshilfe in der Hauptverhandlung kann sich auf Teile der Hauptverhandlung beschränken. [5]Er kann auch während der Hauptverhandlung erklärt werden und bedarf in diesem Fall keines Antrags.

6a Die Vorschrift adressiert **unterschiedliche Akteure** des Jugendstrafverfahrens. Während sich die Absätze 1 bis 5 primär an die Jugendgerichtshilfe richten, sind Normadressaten der Absätze 6 und 7 Staatsanwaltschaft und Jugendgericht.[23]

Zudem verwendet sie – wie das gesamte JGG – den Begriff der Jugendgerichtshilfe mit unterschiedlicher Bedeutung: Während **Absatz 1** darunter **Jugendgerichtshilfe als Aufgabe**, also als **Tätigkeit** versteht, die von den Jugendämtern im Zusammenwirken mit den

23 Vgl. die Gesetzesbegründung, BT-Drs. 19/13837, 48.

Vereinigungen für Jugendhilfe **ausgeübt** wird, meint Jugendgerichtshilfe in den **Absätzen 2 bis 7** (aber auch in §§ 46a, 50 Abs. 3, 70 JGG sowie den weiteren Vorschriften des JGG, in denen sie genannt wird) die **Institution Jugendgerichtshilfe**, die diese Tätigkeit ausübt, also das, was das jeweilige Jugendamt organisatorisch-institutionell als Jugendgerichtshilfe bestimmt.

§ 38 JGG gilt gem. § 107 JGG für **Heranwachsende entsprechend**.

1. § 38 Abs. 1 JGG – Jugendgerichtshilfe

Nach § 38 Abs. 1 JGG wird die Jugendgerichtshilfe von den Jugendämtern im Zusammenwirken mit den Vereinigungen für Jugendhilfe ausgeübt. **6b**

Die Tätigkeit der Jugendgerichtshilfe gehört damit zu den **Pflichtaufgaben** des Jugendamtes. Dem entspricht die Aufgabenzuweisung in § 2 Abs. 3 Nr. 8 SGB VIII. Dem **Jugendamt** obliegt also die Verantwortung für deren ordnungsgemäße Erfüllung. Die Tätigkeit soll „im Zusammenwirken" mit den Vereinigungen für Jugendhilfe – worunter die Träger der freien Jugendhilfe zu verstehen sind – ausgeübt werden. Mit dieser Verpflichtung der Jugendämter zur Zusammenarbeit soll ein Recht der freien Träger auf Mitwirkung korrespondieren.[24] § 76 SGB VIII beschränkt eine Aufgabenübertragung auf anerkannte Träger der freien Jugendhilfe und regelt Art und Umfang der Übertragung (vgl. dazu im Einzelnen § 76 Rn. 3 ff.). Im Fall der Aufgabenübertragung gilt § 52 Abs. 3 SGB VIII auch für die Mitarbeiter_innen der freien Träger.

Traditionell wird die Jugendgerichtshilfe als „Prozessorgan eigener Art", als „Prozesshilfsorgan" oder als „grundsätzlich notwendiger Verfahrensbeteiligter" bezeichnet.[25] Weitergehende Erkenntnisse sind allerdings aus diesem Versuch, die besondere Stellung der JGH begrifflich zu erfassen, nicht zu gewinnen. Aus ihrer Doppelfunktion können **Rollenkonflikte** entstehen, da die Jugendgerichtshilfe einerseits den Beschuldigten Betreuung und Hilfe anzubieten hat, wozu eine Vertrauensbasis erforderlich ist, die Gefahr läuft, durch die Ermittlungs- und Berichtstätigkeit unterminiert oder zerstört zu werden.[26] Allerdings gilt es auch hinsichtlich Letzterer zwischen den gesetzlichen Aufgaben und den in der Praxis vorhandenen bloßen Erwartungen der Justizorgane zu unterscheiden. Diese mögen die **Konfliktfähigkeit** der Vertreter_innen auf eine harte Probe stellen.

2. § 38 Abs. 2 JGG – Ermittlungs- und Entscheidungshilfe

a) Gegenstände

Eine der grundlegenden Aufgaben der Jugendgerichtshilfe – Begutachtung und Berichterstattung – ist nunmehr in § 38 Abs. 2 JGG geregelt, der an die Stelle des § 38 Abs. 2 Satz 1 und 2 JGG a.F. getreten ist. Sachliche Änderungen sind nach der Gesetzesbegründung damit nicht verbunden. Das JGG setzt damit Art. 7 KiRL um, der terminologisch abweichend, aber inhaltsgleich von **Begutachtung** spricht. **7**

Allerdings hat neben einer begrifflichen Modernisierung auch inhaltlich zumindest eine schärfere Akzentuierung insoweit stattgefunden, als die Jugendgerichtshilfe darauf verpflichtet wird, neben erzieherischen und sozialen auch alle sonstigen Gesichtspunkte zur Geltung zu bringen, die im Hinblick auf die Ziele und Aufgaben der Jugendhilfe bedeutsam sind. Hier werden also „Ziele und Aufgaben der Jugendhilfe" ausdrücklich in das Jugendstrafverfahren einbezogen.

---

24 Vgl. Eisenberg/*Kölbel*, JGG, § 38 Rn. 6, 6a m.w.N.
25 Vgl. Eisenberg/*Kölbel*, JGG, § 38 Rn. 28 m.w.N.
26 Vgl. zu Rollenkonflikten und insoweit vorhandenen empirischen Befunden Eisenberg/*Kölbel*, JGG, § 38 Rn. 55 ff.

Auch die Schwerpunkte der **Erforschung und der Berichterstattung** haben mit Blick auf Art. 7 Abs. 2, 4 KiRL[27] in § 38 Abs. 2 Satz 2 JGG eine Zuspitzung erfahren. Sie erstreckt sich zunächst (aber nicht nur) auf den „familiären, sozialen und wirtschaftlichen Hintergrund" der Jugendlichen.

Die Ermittlungs- und Entscheidungshilfe der JGH zielt darauf, die **erzieherischen, sozialen und jugendhilfespezifischen Gesichtspunkte** im Verfahren vor den Jugendgerichten zur Geltung zu bringen sowie die Persönlichkeit der oder des Jugendlichen/Heranwachsenden, seine Entwicklung und ihren/seinen familiären, sozialen und wirtschaftlichen Hintergrund zu erforschen. Hierin liegt die „Unterstützung der beteiligten Behörden", also Polizei, Staatsanwaltschaft und Gericht, von der § 38 Abs. 2 Satz 2 JGG spricht. Inhalt und Umfang dieser Tätigkeit ergeben sich daneben aus § 43 JGG, der auch für die JGH gilt.[28] Zu ermitteln sind danach die Lebens- und Familienverhältnisse, der Werdegang, das bisherige Verhalten des beschuldigten Jugendlichen oder Heranwachsenden sowie alle übrigen der Beurteilung seiner seelischen, geistigen und charakterlichen Eigenart dienenden Umstände. Gegenstand der Aufklärung sind also **nicht** die Frage der **Begehung der Tat** oder einzelne Tatumstände.

Mit dieser Umschreibung der Ermittlungstätigkeit ist die Jugendhilfe gefordert, ihre **sozialpädagogische Kompetenz** in das laufende Verfahren einzubringen, um das aus dieser Perspektive sinnvolle und notwendige Ergebnis herbeizuführen, immer in dem Bewusstsein, dass es sich um ein Strafverfahren handelt.

---

27 Art. 7 KiRL hat folgenden Wortlaut:
Artikel 7
Recht auf individuelle Begutachtung
(1) Die Mitgliedstaaten stellen sicher, dass die besonderen Bedürfnisse von Kindern in Bezug auf Schutz, Erziehung, Ausbildung und soziale Integration berücksichtigt werden.
(2) Zu diesem Zweck werden Kinder, die Verdächtige oder beschuldigte Personen in Strafverfahren sind, einer individuellen Begutachtung unterzogen. Bei der individuellen Begutachtung wird insbesondere der Persönlichkeit und dem Reifegrad des Kindes, dem wirtschaftlichen, sozialen und familiären Hintergrund des Kindes und möglichen spezifischen Schutzbedürftigkeiten des Kindes Rechnung getragen.
(3) Umfang und Genauigkeit der individuellen Begutachtung richten sich nach den Umständen des Einzelfalles, den Maßnahmen, die ergriffen werden können, falls das Kind der zur Last gelegten Straftat für schuldig befunden wird, und danach, ob das Kind in der jüngeren Vergangenheit einer individuellen Begutachtung unterzogen wurde.
(4) Die individuelle Begutachtung dient der Feststellung und der im Einklang mit dem im betroffenen Mitgliedstaat vorgesehenen Verfahren vorzunehmenden Aufzeichnung der Informationen über den individuellen Charakter und die individuellen Umstände des Kindes, die den zuständigen Behörden von Nutzen sein können, wenn sie
a) festlegen, ob spezifische Maßnahmen zugunsten des Kindes ergriffen werden sollten,
b) bewerten, ob vorbeugende Maßnahmen in Bezug auf das Kind angemessen und wirksam sind,
c) im Zusammenhang mit dem Strafverfahren, einschließlich der Verurteilung, eine Entscheidung treffen oder eine Maßnahme ergreifen.
(5) Die individuelle Begutachtung erfolgt in der frühestmöglichen geeigneten Phase des Verfahrens, und, nach Maßgabe des Absatzes 6, vor Anklageerhebung.
(6) Fehlt es an einer individuellen Begutachtung, kann die Anklageschrift dennoch vorgelegt werden, wenn dies dem Kindeswohl dient und die individuelle Begutachtung in jedem Fall zu Beginn der Hauptverhandlungen zur Verfügung steht.
(7) Individuelle Begutachtungen werden unter enger Einbeziehung des Kindes vorgenommen. Sie werden von qualifiziertem Personal und so weit wie möglich im Rahmen eines multidisziplinären Vorgehens sowie, soweit angemessen, unter Einbeziehung des Trägers der elterlichen Verantwortung oder eines anderen geeigneten Erwachsenen gemäß Artikel 5 und Artikel 15 und/oder eines Sachverständigen durchgeführt.
(8) Tritt eine wesentliche Änderung der Elemente ein, die der individuellen Begutachtung zugrunde liegen, so stellen die Mitgliedstaaten sicher, dass die individuelle Begutachtung im Zuge des Strafverfahrens auf den neuesten Stand gebracht wird.
(9) Die Mitgliedstaaten können von der Verpflichtung zur Vornahme einer individuellen Begutachtung abweichen, wenn dies aufgrund der Umstände des Falles gerechtfertigt ist und mit dem Kindeswohl vereinbar ist.

28 Vgl. Eisenberg/*Kölbel*, JGG, § 43 Rn. 16.

Darüber hinaus hat sich die Jugendgerichtshilfe nach der Neuformulierung der Vorschrift auch zu einer möglichen **besonderen Schutzbedürftigkeit** der oder des Beschuldigten sowie zu den zu ergreifenden Maßnahmen zu äußern. Die Gründe für eine Schutzbedürftigkeit können vielfältig sein. Die Gesetzesbegründung versteht darunter solche, die über den durch das geringe Alter und den allgemeinen Entwicklungsstand bedingten Schutzbedarf junger Beschuldigter hinausgehen, und nennt beispielhaft „**Traumatisierungen**, eigene **Opfererfahrungen**, **Gewalterfahrungen oder -risiken** in der Familie oder im sozialen Umfeld, **Retardierungen**, besondere **Einschränkungen des Verständnisses** und der **Auffassungsgabe** sowie **sprachliche Einschränkungen**".[29] Allerdings vermag auch das (möglicherweise nur wenig über der Strafmündigkeitsgrenze von 14 Jahren liegende) geringe Alter eine besondere Schutzbedürftigkeit zu begründen. 7a

Nicht übernommen wurde in § 38 Abs. 2 JGG die Formulierung aus Art. 7 Abs. 2 KiRL, wonach bei der individuellen Begutachtung „dem **Reifegrad des Kindes**" Rechnung zu tragen ist. Allerdings hatte sich, da strafrechtliche Ahndung Verantwortlichkeit voraussetzt, nach richtigem Verständnis die Ermittlungstätigkeit der JGH bereits nach bisherigem Recht auch auf die Umstände zu erstrecken, die eine verlässliche und in Verfahren gegen Jugendliche stets zu treffende Entscheidung über die **strafrechtliche Verantwortlichkeit** der oder des Betroffenen nach § 3 Satz 1 JGG ermöglichen, sodass die deutsche Rechtslage als richtlinienkonform anzusehen oder zumindest einer solchen Auslegung zugänglich ist. Diese in der Praxis ebenso schwer zu handhabende wie häufig mit oberflächlicher Routine und unzutreffenden Ergebnissen angewendete Vorschrift[30] ist eine Domäne der JGH und zugleich eine prominente Herausforderung, da ihre Mitarbeiterinnen und Mitarbeiter aufgrund ihrer Ermittlungstätigkeit und ihrer Ausbildung über die notwendigen Kenntnisse verfügen, zur Frage der Verantwortlichkeit in eigener Kompetenz fundiert Stellung zu nehmen oder – soweit dies nicht möglich ist – gegenüber Staatsanwaltschaft oder Gericht eine entsprechende Begutachtung durch einen Sachverständigen anzuregen. Vergleichbares gilt hinsichtlich der Aufklärung und Bewertung der Umstände, die eine Entscheidung nach § 105 JGG über die **Anwendung von Jugend- oder Erwachsenenstrafrecht** auf Heranwachsende ermöglichen. 8

b) Erkenntnisquellen und Datenerhebung

Welche sind die Erkenntnisquellen, aus denen die JGH die für ihre Tätigkeit erforderlichen Informationen gewinnt? Primäre und wichtigste Quelle ist der beschuldigte Jugendliche selbst. Dem Gespräch mit ihm kommt eine grundlegende Bedeutung nicht nur aus Gründen des Kontakt- und Vertrauensaufbaus zu, es entspricht auch bestehenden rechtlichen Verpflichtungen. Materiell-rechtlich handelt es sich bei den Ermittlungen der JGH nämlich um die **Erhebung von Sozialdaten**, die dem datenschutzrechtlichen Regime des § 62 SGB VIII unterliegt, nach dessen Absatz 2 Satz 1 Sozialdaten grundsätzlich beim Betroffenen zu erheben sind. Darüber hinaus hat der beschuldigte Jugendliche nach Art. 103 Abs. 1 GG Anspruch auf Gewährung rechtlichen Gehörs. Auch aus diesem Grund ist ihm vor Erstellung des JGH-Berichts – in welcher Form auch immer – Gelegenheit zur Äußerung zu geben. Andererseits ist der Beschuldigte zu einem Gespräch mit der JGH gesetzlich nicht verpflichtet. 9

Verweigert der Jugendliche die Kooperation oder erscheinen die von ihm gegebenen Informationen als nicht ausreichend, stellt sich die Frage nach weiteren Erkenntnisquellen und der Befugnis der JGH, diese in Anspruch zu nehmen. 10

Als **mögliche Informationsquellen** benennt § 43 JGG, der auch für die JGH gilt, beispielhaft Erziehungsberechtigte und gesetzliche Vertreter, die Schule und Ausbildende. In Be-

29 Vgl. BT-Drs. 19/13837, 48 f.
30 Vgl. zur früheren Praxis *Albrecht*, Jugendstrafrecht, 99 f.; *Nix*, ZJJ 2011, 416 ff.

tracht kommen darüber hinaus sonstige Angehörige, Freunde; genannt werden auch Personen, die in amtlicher Eigenschaft als Betreuungshelfer oder Erziehungsbeistand Betreuungsfunktionen wahrnehmen.[31]

c) Grenzen der Datenerhebung

11 Allerdings setzt § 62 Abs. 3 SGB VIII der **Datenerhebung** ohne Mitwirkung des Betroffenen, hier also der oder des beschuldigten Jugendlichen, Schranken.

Sie darf nur erfolgen, wenn eine gesetzliche Bestimmung dies vorschreibt oder erlaubt (§ 62 Abs. 3 Nr. 1 SGB VIII). Solche Bestimmungen **liegen** allerdings **nicht vor**, sie sind insbesondere nicht in den §§ 38, 43 JGG zu sehen.[32]

12 **Ohne Mitwirkung des Betroffenen** dürfen die Daten nach § 62 Abs. 3 Nr. 2 Bst. c auch dann erhoben werden, wenn ihre Erhebung beim Betroffenen nicht möglich ist **oder** die jeweilige Aufgabe ihrer Art nach einer Erhebung bei anderen erfordert **und** die Kenntnis der Daten für die Wahrnehmung der Aufgabe nach § 52 SGB VIII erforderlich ist. Ob die Erhebung beim Betroffenen bereits dann im Sinne der **ersten Alternative** unmöglich ist, wenn der Jugendliche die Mitwirkung verweigert, wird ganz überwiegend zu Recht verneint.[33]

13 Regelmäßig liegen dagegen die Voraussetzungen der **zweiten Alternative** vor: Macht der Jugendliche keine Angaben oder sind diese nicht ausreichend, um hinreichende Aussagen zu seiner Persönlichkeit, den Ursachen und Folgen der Delinquenz und zu den zu ergreifenden Maßnahmen treffen zu können, dann erfordert dies die Erhebung bei anderen, weil die Kenntnis der vorgenannten Umstände für die Tätigkeit der JGH regelmäßig erforderlich ist.[34] Demgegenüber hält eine Gegenauffassung die Datenerhebung bei Dritten gegen den Willen des jungen Menschen für grundsätzlich unzulässig, weil die Aufgabenerfüllung nach § 52 SGB VIII es in aller Regel nicht erforderlich mache, die Daten ohne Mitwirkung des Jugendlichen bei Dritten zu erheben.[35] Darauf kommt es indes nach § 62 Abs. 3 Nr. 2 Buchst. c SGB VIII nicht an: Die Vorschrift setzt in der zweiten Alternative lediglich voraus, dass die jeweilige Aufgabe ihrer Art nach eine **Erhebung bei anderen**, nicht aber, dass sie die Erhebung gegen den Willen des betroffenen Jugendlichen erfordert. Diese Auffassung verkennt also, dass § 62 Abs. 3 Nr. 2 Buchst. c SGB VIII zwei selbstständig nebeneinanderstehende Alternativen enthält.

14 Über § 62 SGB VIII hinaus zeigt § 43 JGG weitere **Grenzen der Ermittlungstätigkeit** auf. Da bereits das Stattfinden von Ermittlungen stigmatisierende Wirkung haben und außerhalb des Strafverfahrens liegende und nicht steuerbare Sanktionen (z.B. Bestrafung durch die Eltern, soziale Isolation, Verlust des Ausbildungs- oder Arbeitsplatzes) nach sich ziehen kann, sollen gemäß § 43 Abs. 1 Satz 2 und 3 JGG Erziehungsberechtigte, gesetzliche Vertreter, Schule und Ausbildende nur „soweit möglich" gehört werden. Die Einschränkung ist im Sinne eines „soweit nötig" zu verstehen und hebt besonders prekäre Beispiele aus der Lebenswelt der Beschuldigten hervor, gilt aber für die Befragung anderer Personen wie für eine Begutachtung durch Sachverständige nach § 43 Abs. 2 JGG gleichermaßen. Auch diesen kann stigmatisierende oder sanktionierende Wirkung zukommen, sodass eine restriktive Handhabung angezeigt ist. In Bagatellsachen ist regelmäßig darauf zu verzichten.[36]

15 Mögliche Erkenntnisquelle der JGH sind auch in anderen Verfahren entstandene **Behörden- oder Gerichtsakten**. Insoweit ist jedoch Zurückhaltung geboten, da solche Akten regelmä-

31 So *Laubenthal/Baier/Nestler*, Jugendstrafrecht, Rn. 187.
32 Vgl. dazu und zur Gesetzgebungsgeschichte *Feldmann*, ZJJ 2008, 21.
33 Vgl. zur Begründung und weiteren Nachweisen *Feldmann*, ZJJ 2008, 21.
34 Ebenso *Feldmann*, ZJJ 2008, 21.
35 So FK-SGB VIII/*Trenczek*, § 52 Rn. 27; *Paschke*, ZJJ 2010, 68 (69).
36 Vgl. Ostendorf/*Sommerfeld*, JGG, § 38 Rn. 18.

ßig Problemlagen festschreiben und akkumulieren und ihnen deshalb eine Verfälschungstendenz innewohnt.

d) Belehrungspflichten

Obwohl sie kein Strafverfolgungsorgan ist, sondern häufig als ein **Prozess(hilfe)organ eigener Art** qualifiziert wird,[37] treffen auch die JGH im Zuge ihrer Tätigkeit **Belehrungspflichten**. 16

Zunächst hat die JGH den Beschuldigten auf dessen **Aussageverweigerungsrecht** (§§ 136 Abs. 1 Satz 2, 163a Abs. 3, 4 StPO) hinzuweisen. Unterbleibt dieses, besteht ein Verwertungsverbot.[38] Auch unter sozialrechtlicher Betrachtungsweise trifft die JGH nach § 62 Abs. 2 Satz 2 SGB VIII eine Aufklärungspflicht hinsichtlich Rechtsgrundlage und Zweckbestimmung der Datenerhebung und -verwendung, soweit diese nicht offenkundig sind. Jedenfalls bei erstmaligem Kontakt ist eine solche Offenkundigkeit stets zu verneinen.

Die Befragung von Angehörigen des Beschuldigten, denen ein **Zeugnisverweigerungsrecht** zusteht, fällt unter den Begriff der Vernehmung i.S.d. § 252 StPO, sodass eine Belehrung über dieses Recht stattzufinden hat, bei deren Unterbleiben die Angaben nicht durch den Bericht der JGH in die Hauptverhandlung eingeführt werden dürfen.[39]

Jenseits rechtlicher Verpflichtungen gebietet die Herausbildung und Aufrechterhaltung eines Vertrauensverhältnisses zum Jugendlichen die **Offenlegung** der Funktion, der Möglichkeiten und Grenzen der Jugendgerichtshilfe, also etwa die Aufklärung darüber, dass die JGH **nicht** die Funktion einer **Verteidigung** hat und dass ihr grundsätzlich **kein Zeugnisverweigerungsrecht** zusteht,[40] der JGH-Vertreter also äußerstenfalls gezwungen sein kann, das im Rahmen seiner Tätigkeit Erfahrene in der Hauptverhandlung zu offenbaren. Als Korrekturmöglichkeit wird insoweit auf die notwendige Aussagegenehmigung nach § 54 StPO verwiesen, die versagt werden könne, wenn die Zeugenvernehmung das Funktionieren der auf Vertrauen und Offenheit bauenden Jugendgerichtshilfe in Frage stellen würde.[41] 17

3. § 38 Abs. 3, Abs. 7, § 46a JGG – Berichterstattung durch die JGH

§ 38 JGG a.F. regelte weder die Art und Weise noch – von der Berichterstattung in Haftsachen abgesehen; vgl. § 38 Abs. 2 Satz 3 JGG a.F. – den Zeitpunkt der Berichterstattung über die Ergebnisse der Nachforschungen der JGH, was zu Kontroversen nicht nur hinsichtlich des Inhalts der Berichterstattung, sondern auch der Form führte, in der der Bericht in das Verfahren eingebracht werden darf oder eingebracht werden muss.[42] § 38 JGG schweigt (nach wie vor) hinsichtlich der Art und Weise, in der die JGH die von ihr zu beobachtenden Belange zur Geltung bringt. Naheliegend ist eine schriftliche Stellungnahme in Form eines **JGH-Berichts**, die bereits vor der abschließenden Entscheidung der Staatsanwaltschaft zu den Akten gelangt. Eine Gegenmeinung, die eine ausschließlich mündliche Stellungnahme favorisiert,[43] begründet dies damit, dass im Vorfeld übersandte Berichte der JGH mitunter nur als Diktatvorlage für das richterliche Urteil dienten. Was kann allerdings einer von der fachlichen Richtigkeit ihrer Stellungnahme überzeugten JGH Besseres widerfahren, als dass ihre Stel- 18

37 Vgl. die Nachweise bei Ostendorf/*Sommerfeld*, JGG, § 38 Rn. 7.
38 Ostendorf/*Sommerfeld*, JGG, § 38 Rn. 11 m.w.N.
39 BGH, ZJJ 2005, 75 f.
40 Vgl. Ostendorf/*Sommerfeld*, JGG, § 38 Rn. 12; Eisenberg/*Kölbel*, JGG, § 38 Rn. 43 f.; Wiesner/*Wapler*, § 52 SGB VIII Rn. 27a mit zahlreichen Nachweisen auch zur Gegenmeinung in dieser umstrittenen Frage.
41 So Ostendorf/*Sommerfeld*, JGG, § 38 Rn. 12.
42 Vgl. dazu die Vorauflage, § 52 Rn. 18 ff., 29 ff.
43 FK-SGB VIII/*Trenczek*, § 52 Rn. 33.

lungnahme in das Urteil übernommen wird und damit die Verbindlichkeit einer gerichtlichen Entscheidung erlangt?[44]

§ 38 Abs. 3 JGG regelt nunmehr zumindest deutlicher als bisher die Berichterstattung durch die Jugendgerichtshilfe gegenüber den Organen der Justiz.

a) Zeitpunkt der Berichterstattung

aa) Grundsatz

18a Gem. § 38 Abs. 3 Satz 1 JGG soll über das Ergebnis der Nachforschungen nach Absatz 2 **„möglichst zeitnah"** Auskunft gegeben werden, „sobald es im Verfahren von Bedeutung ist".

Intendiert ist nach der Gesetzesbegründung nicht, dass immer schon zum frühestmöglichen Zeitpunkt ein schriftlicher und dabei auch noch umfassender und vollständiger Bericht vorzulegen ist, vielmehr solle eine „abgestufte Handhabung" entsprechend dem Zweck im jeweiligen Einzelfall und in den jeweiligen Verfahrensabschnitten möglich sein. Ergebnisse sollen nur dann präsentiert und Stellungnahmen dann abgegeben werden, wenn sie im konkreten Verfahren tatsächlich relevant sein können. Hinweise zu Verfahrensschritten, die eine Berichterstattung – in welchem Umfang auch immer – von Nutzen sein können oder erforderlich machen, ergeben sich aus Art. 7 Abs. 4 Buchst. a bis c KiRL.
Eine Zäsur stellt im Jugendstrafverfahren in jedem Fall die Entscheidung über die Erhebung einer Anklage dar. Deshalb sah der Gesetzentwurf der Bundesregierung noch folgende Fassung von § 38 Abs. 3 Satz 1 JGG vor:

> *„Sobald es im Verfahren von Bedeutung ist, soll über das Ergebnis der Nachforschungen nach Absatz 2 so zeitnah wie möglich berichtet werden, nach Maßgabe des § 46a jedenfalls so rechtzeitig, dass es vor einer Entscheidung zur Erhebung der Anklage berücksichtigt werden kann."*

Die Gesetz gewordene Fassung geht auf die Beschlussempfehlung des Ausschusses für Recht und Verbraucherschutz zurück, der sie wie folgt begründet hat:

> *„Durch die Formulierungsänderung soll für die Rechtsanwenderinnen und Rechtsanwender in der Praxis auch im gesetzlichen Regelungstext noch deutlicher gemacht werden, dass vor Anklageerhebung noch nicht generell ein umfassender Bericht verlangt wird, wie er grundsätzlich für die Hauptverhandlung in schriftlicher oder (gegebenenfalls ergänzend) mündlicher Form zu erwarten ist."*[45]

Ob durch die Änderung im Gesetzgebungsverfahren etwas „noch deutlicher gemacht" werden konnte, mag dahingestellt bleiben. Festzuhalten bleibt jedenfalls, dass Art. 7 Abs. 5 KiRL grundsätzlich eine **Berichterstattung vor Anklageerhebung** verlangt. Erlaubte Ausnahmen (Art. 7 Abs. 6 KiRL) werden im deutschen Recht durch §§ 38 Abs. 7, 46a JGG (dazu sogleich) bewältigt.

18b Schließlich kann der Bericht der JGH seine Funktion, wie sie § 52 Abs. 2 Satz 2 SGB VIII voraussetzt, nämlich ggfs. eine Diversion nach § 45 JGG zu ermöglichen, nur dann erfüllen, wenn er der Staatsanwaltschaft vor der Entscheidung über die Anklage zur Kenntnis gebracht wird. Die Verpflichtung zur beschleunigten Berichterstattung in Haftsachen bleibt gem. § 38 Abs. 3 Satz 2 JGG ohnehin unverändert bestehen.

Unter **systematischen Gesichtspunkten** bestätigen auch die in §§ 38 Abs. 7, 46a JGG enthaltenen Ausnahmen die Regel der **Berichterstattung vor Anklageerhebung**. Denn wenn das Gesetz besondere Voraussetzungen für die Fälle regelt, in denen die Anklage vor der Berichterstattung durch die JGH erhoben, der Bericht also danach vorgelegt werden

---

44 Dagegen spricht allerdings die (verbreitete) Attitüde, sich jugendhilferechtlich den Pelz zu waschen, ohne strafrechtlich nass werden zu wollen.

45 BT-Drs. 19/15162, 6 f.

darf, lässt dies nur den Umkehrschluss zu, dass bei Nichtvorliegen dieser Voraussetzungen der Bericht vor der Entscheidung über die Anklage abzugeben ist.[46]

bb) Zeitliche Ausnahmen

Eine Ausnahme vom Grundsatz der Berichterstattung vor Anklageerhebung enthält der neue § 46a JGG. Die Vorschrift erlaubt die Anklageerhebung bereits vor der Berichterstattung durch die JGH unter **zwei Voraussetzungen**: **18c**

Ein solches Vorgehen muss zum einen dem **Wohl des Jugendlichen** dienen.

Dabei hat diese **erste Voraussetzung** vornehmlich den Aspekt der Verfahrensbeschleunigung im Blick. Die Anklageerhebung soll nicht durch ein Zuwarten auf den JGH-Bericht verzögert werden, wenn von diesem keine relevanten und förderlichen Erkenntnisse zu erwarten sind oder die Entscheidung über das „Ob" einer Anklageerhebung nicht vom Inhalt des Berichts abhängt, eine Diversion also unabhängig davon ohnehin nicht in Betracht kommt.

Zum anderen muss zu erwarten sein, dass das **Ergebnis** der Nachforschungen **spätestens zu Beginn der Hauptverhandlung** vorliegt. Diese zweite Voraussetzung macht eine dahingehende Prognose notwendig. Die Sicherheit, von der Art. 7 Abs. 6 KiRL ausgeht („in jedem Fall"), kann dadurch allerdings nicht gewährleistet werden. Der Gesetzgeber versucht, die verbleibende Unsicherheit durch die grundsätzliche Anwesenheitspflicht der JGH in der Hauptverhandlung gem. § 38 Abs. 4 JGG zu kompensieren, sodass ggfs. zumindest eine mündliche Berichterstattung möglich ist.

Nach Anklageerhebung ist gem. § 46a Satz 2 JGG sowohl der Jugendstaatsanwaltschaft als auch dem Jugendgericht zu berichten. Obwohl die Entscheidung über die Anklageerhebung bereits gefallen ist, soll damit auch der Staatsanwaltschaft die Möglichkeit eröffnet werden, den Erkenntnissen des Berichts in ihrem Agieren und insbesondere in ihrer Antragstellung in der Hauptverhandlung hinsichtlich der zu ergreifenden Maßnahmen Rechnung zu tragen.[47]

cc) Aktualisierung des Berichts

Ergeben sich in den Umständen, die Gegenstand des Berichts sind, wesentliche Änderungen, verpflichtet § 38 Abs. 3 Satz 3 JGG die JGH zu ergänzenden Nachforschungen und Berichterstattung gegenüber der Staatsanwaltschaft bzw. nach Anklageerhebung auch gegenüber dem Jugendgericht, also gegenüber beiden Organen. **18d**

Die Pflicht zur frühzeitigen Berichterstattung ist unter **datenschutzrechtlichen Gesichtspunkten** problematisiert worden. Da es für die Datenverarbeitung auf mögliche tatsächliche Veränderungen ankomme, müssten die Daten grundsätzlich dem neuesten Stand der sachlichen und persönlichen Verhältnisse der betroffenen Person entsprechen.[48] Mit der Pflicht zur Gewährleistung der Richtigkeit erhobener personenbezogener Daten gehe deshalb gem. Art. 5 Abs. 1 Buchst. d Hs. 2 DS-GVO die Verpflichtung der Verantwortlichen einher, alle angemessenen Maßnahmen zu treffen, damit im Hinblick auf die Zwecke der Verarbeitung unrichtige oder unvollständige Daten berichtigt, ergänzt oder gelöscht würden. Für die JGH folge daraus die datenschutzrechtliche Verpflichtung, im Fall frühzeitiger Berichterstattung bei Anhaltspunkten für gewichtige Veränderungen weitere Informationen zur Entwicklung der oder des Jugendlichen einzuholen.[49] Dieser **datenschutzrechtlichen Flankierung** der gem. § 38 Abs. 3 Satz 3 JGG bestehenden Pflicht zur Aktualisierung ist zuzustimmen.

46 In diesem Sinne wohl auch *Höynk/Ernst*, ZJJ 2020, 245 (254).
47 Vgl. die Gesetzesbegründung, BT-Drs. 19/13837, 53.
48 Vgl. *Riekenbrauk*, ZJJ 2020, 50.
49 So *Riekenbrauk*, ZJJ 2020, 50 (51).

In welchem Umfang die JGH fortbestehende Richtigkeit der berichteten Daten überprüfen und aktualisieren muss, hängt von den Umständen des Einzelfalls ab. Maßgebende Faktoren sind insoweit der Zeitpunkt der ersten Berichterstattung, das Alter und die Lebensverhältnisse der betroffenen Jugendlichen und die daraus resultierende Entwicklungsdynamik, die Breite und Tiefe der ersten Ermittlungen, aber auch die Schwere des erhobenen Tatvorwurfs. Eine mitlaufende Kontrolle ist jedenfalls nicht erforderlich.

b) Inhalt des Berichts

aa) Ergebnisse der Begutachtung

18e Der Inhalt des von der Jugendgerichtshilfe abzugebenden Berichts ist durch die Aufgabenstellung nach § 38 Abs. 2 Satz 1 JGG sowie die Gegenstände ihrer Erforschung nach § 38 Abs. 2 Satz 2 JGG umrissen. Insoweit kann zunächst auf die Erläuterungen zu § 38 Abs. 2 JGG oben unter Rn. 7 ff. verwiesen werden.

Mit dieser positiven Umschreibung ist zugleich eine negative Abgrenzung vorgenommen. Gegenstand der Erforschungstätigkeit und dem folgend des Berichts ist nicht der strafrechtliche Tatvorwurf.

bb) „Maßnahmevorschlag" der JGH?

19 Nach § 38 Abs. 2 Satz 2 letzer Hs. JGG äußern sich die Vertreter der JGH „zu den Maßnahmen, die zu ergreifen sind". **Maßnahmen** im Sinne dieser Vorschrift sind nicht nur die **Sanktionen des JGG** (Erziehungsmaßregeln, Zuchtmittel und Jugendstrafe), Maßnahme kann **jegliche Reaktion** auf Jugenddelinquenz sein. In Betracht kommen vor allem die Diversion nach §§ 45, 47 JGG sowie Leistungen der Jugendhilfe im Sinne des § 52 Abs. 2 SGB VIII.

Inhalt und Reichweite dieser auch kurz **Maßnahmevorschlag**[50] genannten Äußerung sind umstritten. So heißt es etwa bei *Trenczek*, es sei **nicht** Aufgabe des JA, (jugend-)strafrechtliche **Sanktionen** vorzuschlagen, sondern lediglich, sich zu den zu ergreifenden Maßnahmen **„zu äußern"**. Das bedeute, dass die Fachkräfte des Jugendamts aus sozialpädagogischer Sicht zu den Auswirkungen der (jugend-)strafrechtlichen Entscheidung, insbesondere auf die Entwicklung und die Handlungskompetenz des jungen Menschen, Stellung nehmen, sie schlügen selbst aber grundsätzlich nur solche Interventionen vor, die dem Jugendhilfe- und Erziehungsverständnis des Jugendhilferechts (Hilfebedarf des jungen Menschen) entsprächen und deshalb vom JA initiiert bzw. angeboten werden könnten. Sanktions- und Ahndungsvorschläge – „im Hinblick auf die Unschuldsvermutung (…) skandalös vor der gerichtlichen Feststellung von Täterschaft und strafrechtlicher Verantwortlichkeit" – hätten zu unterbleiben.[51]

20 Selbstverständlich ist es nicht Aufgabe der JGH, Strafeskalation zu betreiben oder auch nur dazu beizutragen. Da Jugendgerichtshilfe aber nun einmal im Kontext eines Strafverfahrens stattfindet, ist es ihre Aufgabe, gegenüber den Strafverfolgungsorganen (StA und Gericht) auch **strafrechtlich Position** zu beziehen und sich nicht in jugendhilferechtliche Räume zurückzuziehen.

---

50 Angesichts der an dieser Stelle entgegen sonstiger Großzügigkeit vorgenommenen Adelung des Gesetzeswortlauts ist in der Tat festzustellen, dass der Begriff des Maßnahme*vorschlags* kein gesetzlicher, sondern ein der Literatur und Praxis entsprungener ist.

51 FK-SGB VIII/*Trenczek*, § 52 Rn. 38; ebenso *Cornel/Trenczek*, Strafrecht und Soziale Arbeit, Rn. 445, wo allerdings Erkenntnis und Argumente durch Selbstgewissheit ersetzt werden, wenn es unter Hinweis auf Ostendorf/*Sommerfeld* heißt, die juristischen Kommentare zum Jugendgerichtsgesetz seien „leider" dazu „nicht so eindeutig, wie es erforderlich wäre, um der Praxis Orientierung zu geben".

Ungeachtet dessen ist die vorstehend referierte Begründung auch nicht frei von Widersprüchen. Es ist schlicht nicht möglich, zu den Auswirkungen einer jugendstrafrechtlichen Entscheidung Stellung zu nehmen, ohne diese zu kennen. Nun kennt niemand vor der Urteilsverkündung die gerichtliche Entscheidung, es ist aber nicht nur möglich, sondern auch notwendig – Staatsanwaltschaft und Verteidigung verfahren in gleicher Weise –, das Gericht von einem eigenen **Entscheidungsvorschlag** zu überzeugen und dessen positive **Auswirkungen** argumentativ darzulegen und erforderlichenfalls die negativen Folgen anderweitiger Alternativen aufzuzeigen. Das sind die Mühen der Ebene, denen sich die Jugendgerichtshilfe zu stellen und zu unterziehen hat.

Auch eine **konkrete Sanktionierung** vorzuschlagen, ist für die JGH **weder** per se **aufgaben- noch funktionswidrig**.[52] Insbesondere steht dem die alleinige Entscheidungsbefugnis des Gerichts nicht entgegen.[53] Inhalt und Ziel eines solchen Vorschlags ist es nicht, sich an die Stelle des Richters zu setzen, sondern auf dessen Entscheidung Einfluss zu nehmen. 21

Soweit es sich um eine Sanktion handelt, kann der Vorschlag immer nur unter der Bedingung einer Feststellung der Schuld des oder der angeklagten Jugendlichen erfolgen. Ein Verstoß gegen die Unschuldsvermutung liegt in einem Maßnahmevorschlag nicht. Wäre es anders – und darin liegt ein weiterer Widerspruch der Gegenposition – dürften auch keine „sozialpädagogischen Gesichtspunkte zur Geltung“[54] gebracht werden, denn worin, wenn nicht in der Verfehlung des oder der Jugendlichen, sollte Anlass und Legitimation für solche bestehen? Soweit die JGH im Übrigen aus tatsächlichen oder rechtlichen Gründen Erhebliches gegen die Schuld des Jugendlichen vorzubringen hat, ist sie nicht nur befugt, sondern auch verpflichtet, dies zu tun.

Abträglich sind indes alltagsbasierte oder Vorschläge „aus dem Bauch heraus“. (Signifikantes Beispiel dafür ist der berühmte „Schuss vor den Bug“.) Ungeachtet der ungeheuren Weite und relativen Unbestimmtheit der jugendstrafrechtlichen Sanktionsmöglichkeiten lassen sich doch Voraussetzungen und Kriterien für die Richtigkeit und Zulässigkeit einer bestimmten Sanktion herausarbeiten, um die die Mitarbeiter_innen der JGH allerdings wissen und auf deren Einhaltung sie insistieren müssen. Dies gilt insbesondere für die Jugendstrafe, die in der Praxis nicht selten ohne genaueres Eingehen auf die Voraussetzungen des § 17 JGG für zulässig erachtet wird, um sodann mit sozialpädagogisch inspirierter Milde deren Vollstreckung zur Bewährung auszusetzen. Dabei drängt sich angesichts der Aufgabe nach § 38 Abs. 2 JGG, die Persönlichkeit der oder des Beschuldigten zu erforschen, eine Stellungnahme insbesondere zum Vorliegen „schädlicher Neigungen“ als Voraussetzung für die Verhängung von Jugendstrafe geradezu auf. Der Rekurs auf einen bestehenden jugendhilferechtlichen Bedarf hilft insoweit nicht weiter. 22

Soweit der Maßnahmevorschlag die **Gewährung von Leistungen** beinhaltet, stellt sich die Frage der **Kostentragung**. Einschlägig ist insoweit § 36a SGB VIII. Es wird deshalb auf die dortigen Erläuterungen (§ 36a Rn. 2 f., 6 ff.) verwiesen. 23

c) Form des Berichts

Die Berichterstattung durch die Jugendgerichtshilfe ist an **keine Form** gebunden. Der Bericht kann schriftlich, elektronisch (etwa per E-Mail) oder mündlich erstattet werden.[55] Die 24

52 Sanktionsaversion erheischt ohne Weiteres Plausibilität dort, wo es um (jugend)typische Bagatellkriminalität geht. Diese dürfte allerdings dort auf eine harte Probe gestellt werden, wo es um das Anzünden von Asylbewerberunterkünften, das Zusammenschlagen von Obdachlosen, Überfälle auf Zeltlager ausgemachter politischer Gegner oder allgemein Tötungsdelikte geht.

53 So aber *Laubenthal/Baier/Nestler*, Jugendstrafrecht, Rn. 198.

54 So *Trenczek*, ZJJ 2010, 249 (258 f.). Warum sollte ein unbescholten lebender Jugendlicher sich von „sozialpädagogischen Gesichtspunkten“ behelligen lassen?

55 Die Gesetzesbegründung hält auch eine telefonische Übermittlung für möglich, vgl. BT-Drs. 19/13837, 49.

völlige Formfreiheit gilt jedenfalls im Vorverfahren. In welcher Form die JGH handelt, muss vom konkreten Verfahrensstadium, in dem berichtet wird, und der zur Verfügung stehenden Zeit abhängig gemacht werden. Das klingt im Wortlaut des § 38 Abs. 3 JGG zumindest an, der in Satz 1 davon spricht, dass „möglichst zeitnah **Auskunft** gegeben werden" soll, was auf eine kurzfristige und möglicherweise nur kurze Stellungahme hindeutet. § 38 Abs. 3 Satz 2 JGG weist in Haftsachen dem Beschleunigungsgrundsatz hohe Priorität zu. **Nicht formfrei** ist die Einführung des Berichts in die Hauptverhandlung (vgl. dazu unten bei Rn. 29 ff.).

d) Verzicht auf die Berichterstattung

25 Während sich §§ 38 Abs. 3, 46a JGG mit dem Hinausschieben der Berichterstattung befassen, lässt § 38 Abs. 7 Satz 1 Alt. 1 JGG den **Verzicht auf** eine **Berichterstattung** durch die JGH („Erfüllung der Anforderungen des Absatzes 3") **insgesamt** zu, „soweit dies aufgrund der Umstände des Falles gerechtfertigt und mit dem Wohl des Jugendlichen vereinbar ist". Zu diesem Verzicht **befugt** sind

- im Vorverfahren die **Jugendstaatsanwaltschaft** und
- nach Anklageerhebung das **Jugendgericht**, ohne an die frühere Entscheidung der Jugendstaatsanwaltschaft gebunden zu sein.

Die Entscheidung, *ob* eine Stellungnahme abgegeben wird, liegt also – dies stellt eine erhebliche Änderung gegenüber der früheren Rechtslage[56] dar – nicht mehr in der Weise bei der Jugendgerichtshilfe, dass diese aus eigener Befugnis von einer Stellungnahme absehen kann, sondern bei den Justizorganen. Zwar sieht § 38 Abs. 7 Satz 1 JGG einen Antrag der JGH auf Verzicht nur hinsichtlich der Teilnahme an der Hauptverhandlung vor, dies schließt jedoch nicht aus, seitens der Jugendgerichtshilfe einen **Verzicht** auf eine Stellungnahme unter Darlegung der dafür maßgeblichen Gründe **anzuregen**. Umgekehrt kann allerdings die Jugendgerichtshilfe **trotz erklärtem Verzicht** Stellung nehmen, wenn sie das nach eigener Einschätzung für geboten oder erforderlich hält.

Die Entscheidung der StA bzw. des Jugendgerichts hat sich an den Topoi „**Umstände des Falles**" sowie „**Vereinbarkeit mit dem Kindeswohl**" zu orientieren. Für das Vorverfahren gibt Absatz 7 Satz 3 ein Regelbeispiel vor: Ein Verzicht auf eine Berichterstattung kommt insbesondere in Betracht, wenn ein Abschluss des Verfahrens ohne Anklageerhebung, also im Wege der Diversion nach § 45 JGG, zu erwarten ist. Darüber hinaus benennt die Gesetzesbegründung als abzuwägende Umstände den **Aufwand eines Berichts** in Relation zu seiner **Bedeutung** und dem zu erwartenden **Erkenntnisgewinn**, die **Verfahrensdauer**, die Schwere des **Tatvorwurfs** sowie Art und Schwere der in Betracht kommenden **Rechtsfolgen**. Schließlich sind die mit den Nachforschungen verbundenen negativen **Folgen für die betroffenen Jugendlichen** zu berücksichtigen.[57]

25a Der **Verzicht** ist gem. § 38 Abs. 7 Satz 2 JGG der JGH und den weiteren Beteiligten am Verfahren **möglichst frühzeitig** mitzuteilen, womit naturgemäß die Verpflichtung zu frühest-

56 Zu der heißt es bei FK-SGB VIII/*Trenczek*, § 52 Rn. 32, noch, StA und JugG könnten „um eine fachliche Stellungnahme bitten": „Ob und ggf. in welcher Weise eine solche Stellungnahme abgegeben wird, entscheiden die Fachkräfte im pflichtgemäßen Ermessen unter Beachtung ihrer fachlichen Standards." Diese Auffassung ist durch die Neufassung des § 38 JGG nicht mehr haltbar.

57 Vgl. BT-Drs. 19/13837, 51. Nicht nachvollziehbar ist die Gesetzesbegründung dort, wo es heißt, der in § 38 Abs. 7 Satz 1 JGG enthaltene Verweis beziehe § 38 Abs. 2 JGG nicht mit ein, weil dieser „die allgemeine Aufgabenstellung der Jugendgerichtshilfe im Jugendstrafverfahren (umschreibe), der sie im Rahmen ihrer jugendhilferechtlichen Vorgaben und fachlichen Standards zu genügen" habe. Aufgaben nach § 38 Abs. 2 JGG sind ganz eindeutig die Begutachtung und Berichterstattung, die ohne die Absätze 3 und 4 ihre Bezugspunkte verlieren. Dass dagegen, wie es in der Gesetzesbegründung weiter heißt, die Aufgaben nach § 52 Abs. 2 und 3 SGB VIII durch einen Verzicht nach § 38 Abs. 7 JGG nicht berührt werden, ist ganz selbstverständlich.

möglicher Entscheidung über einen Verzicht einhergeht. Zweck der Regelung ist es nach der Gesetzesbegründung, der Jugendgerichtshilfe eine sinnvolle Planung ihres Ressourceneinsatzes zu erleichtern. Den weiteren Beteiligten soll mit der Mitteilung die Möglichkeit eröffnet werden, gegen den Verzicht **Gegenvorstellungen** zu erheben.[58] Zum Verzicht auf die Teilnahme an der Hauptverhandlung vgl. unten Rn. 27 ff.

4. § 38 Abs. 3, Abs. 7, § 50 Abs. 3 JGG – Teilnahme und Verzicht auf eine Teilnahme an der Hauptverhandlung

a) Teilnahme/Verzicht auf eine Teilnahme an der Hauptverhandlung

aa) Teilnahme der JGH an der Hauptverhandlung

Grundlegend umgestaltet wurden die Vorschriften zur Teilnahme der JGH an der Hauptverhandlung. Dabei werden die Regelungen des § 38 JGG durch weitere Vorschriften ergänzt. 26

In welchem Maße die JGH zur Teilnahme verpflichtet ist, war nach früherem Recht umstritten, sodass der Neuregelung zumindest klarstellende Funktion zukommt. § 50 Abs. 3 Satz 1 JGG normierte lapidar, dass dem Vertreter der Jugendgerichtshilfe Ort und Zeit der Hauptverhandlung mitzuteilen seien.

Eine Verpflichtung der JGH zur Teilnahme an der Hauptverhandlung bestand nach ganz überwiegender Auffassung nicht.[59] Die Frage der Teilnahme sollte in der alleinigen Entscheidung der JGH liegen. Teilweise wurde eine Anwesenheitspflicht dann angenommen, wenn das Gericht darauf hinwies, dass die Hauptverhandlung ohne sachkundigen Vertreter der Jugendgerichtshilfe nicht stattfinden könne.[60] Erschien dagegen die JGH trotz ergangener Mitteilung in der Hauptverhandlung nicht, konnte eine Revision lediglich wegen Verletzung der Aufklärungspflicht und nur dann Erfolg haben, wenn konkrete Anhaltspunkte die Annahme begründeten, dass die Teilnahme der JGH für den Strafausspruch erhebliche Tatsachen über die Persönlichkeit des Angeklagten erbracht hätte.

§ 38 Abs. 4 Satz 1 JGG normiert nunmehr den **Grundsatz**, nach dem die Jugendgerichtshilfe zur **Teilnahme an der Hauptverhandlung verpflichtet** ist. Dazu sind ihr gem. § 50 Abs. 3 Satz 1 JGG **Ort und Zeit** mitzuteilen. Die Neuregelung hat zudem klarstellend eingefügt, dass die Mitteilung in **angemessener Zeit** vor dem vorgesehenen Termin zu erfolgen hat, damit die JGH entsprechend disponieren kann. Das betrifft nicht nur die Anwesenheit in der Hauptverhandlung, sondern auch (weitere) ergänzende Nachforschungen i.S.d. § 38 Abs. 2, 3 JGG, um ggfs. den Bericht aktualisieren zu können. Dafür kann die Ladungsfrist von einer Woche ausreichend, im Einzelfall aber auch erheblich zu kurz bemessen sein. Sinnvoll ist insoweit eine Verständigung zwischen Gericht und JGH.

bb) Verzicht auf die Teilnahme der JGH an der Hauptverhandlung

Nicht unerhebliche Bedeutung kommt allerdings nach der neuen Rechtslage der in § 38 Abs. 7 Satz 1 Alt. 2 JGG geregelten Ausnahme zu. Danach kann das **Jugendgericht** auf **Antrag der JGH** auf deren **Anwesenheit** in der Hauptverhandlung **verzichten**, „soweit dies auf Grund der Umstände des Falles gerechtfertigt und mit dem Wohl des Jugendlichen vereinbar ist". In Übereinstimmung mit der Gesetzesbegründung[61] kann davon ausgegangen werden, dass die dort genannten Voraussetzungen den fachlichen Kriterien entspricht, nach denen die JGH in der Vergangenheit über ihre Teilnahme entschieden hat. Da die Gründe für 27

58 BT-Drs. 19/13837, 52.
59 Vgl. Vorauflage; § 52 SGB VIII Rn. 28 m.w.N.
60 Ostendorf/*Schady*, JGG, § 50 Rn. 12; OLG Brandenburg, Beschl. v. 15.5.2001, 2 Ss 2/01, dejure.org.
61 Vgl. BT-Drs. 19/13837, 50.

einen Verzicht auf die Teilnahme an der HV denen für den Verzicht auf die Berichterstattung entsprechen, kann auf die Erläuterungen unter Rn. 25 f. verwiesen werden.

Nach der Gesetzesbegründung soll das Jugendgericht bei der Frage des Verzichts nur auf die Belange des Jugendstrafverfahrens einschließlich der Rechtsfolgenentscheidung abstellen. Deshalb solle ein Verzicht nur auf Antrag der Jugendgerichtshilfe erfolgen dürfen. Diese müsse nämlich vor Antragstellung prüfen, ob fachliche Gründe aus dem „originären Verantwortungsbereich der Jugendhilfe" für eine Teilnahme sprächen. Würde eine Verzichtserklärung auch ohne vorgängigen Antrag der JGH möglich sein, bestünde die Gefahr, „dass innerhalb ihrer Behörde Sparvorgaben fachliche Zweckmäßigkeitserwägungen überlagern könnten und in derartigen Fällen generell die Nichtteilnahme erwartet oder sogar grundsätzlich vorgegeben würde".[62] Diese vom Misstrauen gegenüber einem ökonomisierten Jugendamt zeugende Begründung ist zwar nicht konsistent – das entscheidende Jugendgericht darf den Verzicht schließlich nur erklären, wenn dies mit dem Wohl des Jugendlichen vereinbar ist, darf also **nicht nur strafverfahrensrechtliche Belange** im Blick haben; der ökonomisch motivierte Druck kann sich bereits bei der Frage der Antragstellung durch die JGH realisieren –, sie zeigt aber die vom Gesetzgeber mit dem Antragserfordernis verfolgte Zielsetzung auf.

Ist das Jugendgericht der Auffassung, dass die Teilnahme der JGH an der Hauptverhandlung unverzichtbar ist, muss es den Antrag ablehnen. Ein Rechtsbehelf steht der JGH gegen diese Entscheidung nicht zur Verfügung.

27a **Nicht** nur „als **neu betrachtet werden könnte**", wie es in der Gesetzesbegründung euphemistisch heißt, **sondern neu ist** danach, dass über den Verzicht auf die Teilnahme an der Hauptverhandlung **nicht die JGH**, sondern das **Jugendgericht entscheidet**. Die Gesetzesbegründung sieht den Grund dafür darin zu verhindern, dass fachliche Kriterien und Standards hinsichtlich der Teilnahme nicht durch „Aspekte von Sparzwängen und knapper Ressourcen" überlagert werden. Allerdings bemüht sich die Begründung, die praktische Bedeutung der Befreiungsmöglichkeit zu verstärken, indem sie auf die Regelung des § 50 Abs. 3 Satz 3 JGG verweist.[63] Danach kann unter den Voraussetzungen des § 38 Abs. 7 JGG ein schriftlicher Bericht der JGH in der Hauptverhandlung verlesen werden, wenn kein Vertreter der JGH anwesend ist. Dies soll offenbar dem Gericht einen Verzicht auf die Anwesenheit der JGH erleichtern.

Der Verzicht auf die Anwesenheit in der Hauptverhandlung kann sich gem. § 38 Abs. 7 Satz 4 JGG auf Teile der Hauptverhandlung, etwa bestimmte Verhandlungstage, beschränken. Unter Umständen kann die Möglichkeit des Verzichts sich auch erst im Laufe der HV ergeben. Dann eröffnet Satz 5 dem Gericht die Möglichkeit, ihn auch während der Hauptverhandlung zu erklären. Eines Antrags der JGH bedarf es in diesem Fall nicht.

Der Verzicht ist gem. Satz 2 der JGH und den weiteren Verfahrensbeteiligten möglichst frühzeitig mitzuteilen, damit diese sich darauf einstellen und entsprechend disponieren können.

27b Ein **Verzicht** ist jedenfalls dann **ausgeschlossen**, wenn die Anwesenheit der JGH in der Hauptverhandlung gesetzlich zwingend vorgeschrieben ist. Das ist gem. **§ 51 Abs. 6 Satz 4, Abs. 7 JGG** dann der Fall, wenn die Erziehungsberechtigten und gesetzlichen Vertreter von der Hauptverhandlung ausgeschlossen wurden oder nicht erreicht werden konnten und auch keine geeignete Ersatzperson anwesend ist.[64] Dann muss ein für die Betreuung des Jugendlichen in dem Jugendstrafverfahren zuständiger Vertreter der Jugendhilfe anwesend sein.[65] Zu dessen Rechtsstellung vgl. unten Rn. 41 f.

---

62 So BT-Drs. 19/13837, 51 f.
63 Vgl. BT-Drs. 19/13837, 50.
64 Ebenso die Gesetzesbegründung, BT-Drs. 19/13837, 55.
65 Die Vorschrift setzt Art. 15 Abs. 2 KiRL in deutsches Recht um.

Fraglich erscheint indes, wie zu verfahren ist, wenn sich **nach** bereits **erklärtem** Verzicht auf die Anwesenheit (und daraus folgender Abwesenheit) der Jugendgerichtshilfe die **Notwendigkeit der Anwesenheit** nach § 51 Abs. 6 Satz 4, Abs. 7 JGG herausstellt. Das hängt von der **Einordnung** des Verzichts auf die Teilnahme ab, über dessen rechtliche Qualität und dessen Form sich das Gesetz überhaupt nicht und die Gesetzesbegründung allenfalls bruchstückhaft äußert. Mit dem hier geregelten Verzicht sind trotz abweichender Nomenklatur die in anderen Prozessgesetzen (§§ 213c StPO, 73 OWiG) enthaltenen Rechtsinstitute der Beurlaubung eines Angeklagten und seines Verteidigers bzw. im OWi-Verfahren der Entbindung des Betroffenen von der Verpflichtung zum Erscheinen am ehesten vergleichbar. 27c

Die Gesetzesbegründung sieht den Zweck der frühestmöglichen Mitteilung des Verzichts auch darin, die Möglichkeit zur Gegenvorstellung zu eröffnen, was impliziert, dass ein förmlicher Rechtsbehelf, etwa die Beschwerde, nicht gegeben sein soll. Schließlich heißt es, der Verzicht könne unter deren Berücksichtigung oder aufgrund neuer Umstände oder Erkenntnisse zurückgenommen werden, da er nicht in Rechtskraft erwachse.[66]

Unter Berücksichtigung dessen ist davon auszugehen, dass die Staatsanwaltschaft den **Verzicht** jederzeit erklären und das Jugendgericht den Verzicht jederzeit durch entsprechenden Beschluss erklären kann. Der **Verzicht** kann aufgrund veränderter Umstände, etwa durch neue für die Tätigkeit der JGH relevante Erkenntnisse **jederzeit widerrufen** werden.[67]

Der Verzicht auf die Teilnahme der JGH an der Hauptverhandlung **dispensiert** lediglich **von der Pflicht** zur Teilnahme, **suspendiert** aber **nicht** die der JGH zustehenden **Rechte und Befugnisse**. Sie ist also auch im Fall des Verzichts **berechtigt**, an der Hauptverhandlung teilzunehmen und die ihr zustehenden Befugnisse wahrzunehmen.[68] 27d

Unter der früheren Rechtslage war umstritten, ob die Anwesenheit der rechtzeitig informierten Jugendgerichtshilfe in der Hauptverhandlung durch das Gericht erzwungen werden konnte. Dabei wurde als eine Möglichkeit u.a. diskutiert, im Ergebnis aber überwiegend abgelehnt, ihr die durch ihre Abwesenheit entstandenen Kosten aufzuerlegen.[69] Insoweit ist durch das Verfahrensrechtestärkungsgesetz eine Änderung eingetreten. § 38 Abs. 4 Satz 3 JGG stellt nunmehr ein Instrument zur **Sicherstellung der Anwesenheitspflicht** nach Absatz 4 Satz 1 bereit, indem der rechtzeitig informierten ohne Befreiung fernbleibenden **JGH** die dadurch verursachten **Kosten auferlegt** werden können. Allerdings zeigt die Regelung zusammen mit der Gesetzesbegründung, dass es sich eher um die Befriedung potenzieller Kritiker_innen denn um ein ernst gemeintes und zu nehmendes prozessuales Instrument handelt, wenn es dort heißt, „mit der Schaffung dieses – deswegen eher theoretischen – Druckmittels, sollten Zweifel an einer ausreichenden Umsetzung der Richtlinie ausgeräumt sein".[70] Darüber hinaus eröffnet die entsprechende Anwendung von § 51 Abs. 2 StPO, der die Entschuldigung säumiger Zeug_innen regelt, Entschuldigungsmöglichkeiten. 27e

Nicht entschuldigt werden kann eine Säumnis künftig mit fehlenden personellen Ressourcen. Denn die Neuregelung, nach der nicht die JGH, sondern nur das Gericht auf die Teilnahme an der HV verzichten kann, wurde gerade damit begründet, dass die Teilnahme der JGH nicht durch „Aspekte von Sparzwängen und knapper Ressourcen" gesteuert werden soll.[71] 27f

---

66 Vgl. BT-Drs. 19/13837, 52.
67 Auch § 213c Satz 3 StPO lässt den jederzeitigen Widerruf der Abwesenheitserlaubnis zu.
68 Vgl. BT-Drs. 19/13837, 51 f.
69 Vgl. dazu Eisenberg/*Kölbel* JGG, § 50 Rn. 26 m.w.N.
70 BT-Drs. 19/13837, 50.
71 Vgl. BT-Drs. 19/13837, 50. Bereits das OLG Brandenburg, Beschl. v. 15.5.2001, 2 Ss 2/01, dejure.org, hatte den Jugendhilfeträgern ins Stammbuch geschrieben, bei der Frage, wie viele Mitarbeiter die Kreisverwaltung benötige, um die erfahrungsgemäß anfallenden jugendrichterlichen Hauptverhandlungen wahrzunehmen, seien „haushalts- und verwaltungspolitischen Erwägungen bundesrechtliche Grenzen gesetzt".

Bedeutung könnte allerdings der Frage zukommen, ob die entschuldbare Verhinderung der Person, die die Nachforschungen angestellt hat und die ja nach § 38 Abs. 4 Satz 2 JGG, 52 Abs. 3 SGB VIII entsandt werden soll, die Abwesenheit der JGH insgesamt zu entschuldigen vermag. Allerdings sollten Fragen der terminlichen Verhinderung, soweit möglich, bereits im Vorfeld der Terminierung der Hauptverhandlung zwischen Gericht und JGH abgeklärt werden, wie es etwa auch mit der Verteidigung durchaus üblich ist.

Schließlich steht die Auferlegung von Kosten ohnehin im Ermessen des Jugendgerichts („kann"), sodass es sich insgesamt zur Herstellung von Präsenz um ein eher stumpfes Schwert handeln dürfte.

b) Teilnehmende Person

27g Die Vorschrift des § 38 Abs. 4 Satz 1 JGG, nach der „ein Vertreter der Jugendgerichtshilfe" an der Hauptverhandlung teilnimmt, wird durch Satz 2 – in inhaltlicher Übereinstimmung mit dem bisherigen Recht – dahin konkretisiert, dass die Person, die die Nachforschungen angestellt hat, entsandt werden soll. Nachforschungen in diesem Sinne sind die nach Absatz 2.

Die Regelung korrespondiert mit § 52 Abs. 3 SGB VIII, nach dem der Mitarbeiter des Jugendamtes oder des anerkannten freien Trägers, der nach § 38 Abs. 2 Satz 2 JGG tätig geworden ist, den Jugendlichen oder jungen Volljährigen während des gesamten Verfahrens betreuen soll.

Beide Vorschriften bezwecken eine Kontinuität der Begleitung und Betreuung während des gesamten Jugendstrafverfahrens. Damit wird zum einen dem Verlust von verfahrensrelevanten Informationen vorgebeugt. Zum anderen ist die personelle Kontinuität eine Voraussetzung dafür, Vertrauen aufzubauen und Beziehungsbrüche zu den betroffenen Jugendlichen und Heranwachsenden bestmöglich zu verhindern.

c) Allgemeine Befugnisse der Jugendgerichtshilfe in der Hauptverhandlung

27h Auch nach der Neufassung durch das Verfahrensrechtestärkungsgesetz sind die allgemeinen Rechte und Befugnisse der Jugendgerichtshilfe in der Hauptverhandlung bescheiden. **§ 38 JGG** enthält insoweit **keine Aussagen**, solche finden sich lediglich in § 50 Abs. 3 Satz 2 JGG, wo es heißt, dass ihr Vertreter auf Verlangen das Wort erhält. So lapidar die Regelung ist, so wirkmächtig kann sie in der Hand einer aktiven Jugendgerichtshilfe sein, die sich im Bewusstsein, dass eine jugendgerichtliche Hauptverhandlung kein Hilfeplangespräch ist, auf das mitunter durchaus (gegenüber Gericht und/oder Staatsanwaltschaft) auch konfrontative Strafverfahren einlässt.

Die Regelung beinhaltet unstreitig, dass die JGH in der Hauptverhandlung jederzeit **Erklärungen** etwa zur Bewertung von Zeugen- oder Sachverständigenaussagen abgeben kann. Ebenso können jederzeit Erklärungen abgegeben werden, dass und warum eine Diversion sinnvoll oder notwendig ist. Schließlich kann es erforderlich sein, sich (erneut) zur Frage der strafrechtlichen Verantwortlichkeit der oder des Beschuldigten zu äußern, wenn die Hauptverhandlung insoweit neue Erkenntnisse zutage fördert.

Umstritten ist, ob der Jugendgerichtshilfe ein **(Beweis-)Antragsrecht** zusteht. Die überwiegende Auffassung verneint dies.[72] Damit stehen der JGH zwar nicht die aus § 244 StPO folgenden Befugnisse zu, rechtlos ist sie gleichwohl nicht.

Der **Anregung** etwa, weitere **Beweise zu erheben** (Beispiel: Die JGH regt gegenüber dem Gericht die Einholung eines Sachverständigengutachtens zur Frage der strafrechtlichen Verantwortlichkeit i.S.d. § 3 JGG oder der Gleichstellung i.S.d. § 105 Abs. 1 Nr. 1 JGG an), wird

72 Vgl. Eisenberg/*Kölbel*, JGG, § 38 Rn. 41.

sich das Gericht entweder nicht entziehen oder die unter Beweis gestellten Tatsachen der Entscheidung zugrunde legen.

Verneint werden ebenso ein **Fragerecht**, das Recht auf **Akteneinsicht** sowie die Befugnis, **Rechtsmittel** einzulegen.[73] 28

d) Einbringung des Berichts der JGH in der Hauptverhandlung (§ 38 Abs. 2 Satz 2, § 50 Abs. 3 Satz 3 JGG)

Wie ein im Vorfeld erstellter Bericht der JGH in die Hauptversammlung einzuführen ist, regelt das JGG mit einer Ausnahme nicht. 29

Nach der Neuregelung des § 50 Abs. 3 Satz 3 JGG kann ein **schriftlicher Bericht** der JGH in der Hauptverhandlung **verlesen** werden, wenn das Gericht gem. § 38 Abs. 7 Satz 1 JGG rechtmäßig (Antrag der JGH, Vorliegen der Voraussetzungen des § 38 Abs. 7 Satz 1 JGG) auf die Anwesenheit der Jugendgerichtshilfe verzichtet hat. Mit dieser Regelung soll nach der Gesetzesbegründung keine „freie Verlesbarkeit" eröffnet, diese vielmehr nur in den Fällen erlaubt werden, in denen das Jugendgericht zwar einen Bericht und Empfehlungen der Jugendgerichtshilfe für erforderlich hält, aber deren Anwesenheit auch mit Blick auf die Aktualität des Berichts für verzichtbar erachtet. Es handelt sich mithin um eine Ausnahmeregelung, die einen sinnvollen Ressourceneinsatz erlauben soll.[74]

Unzulässig ist die Verlesung, wenn die Jugendgerichtshilfe eigenmächtig der Verhandlung fernbleibt oder wegen fehlender Terminsmitteilung (§ 50 Abs. 3 Satz 1 JGG) abwesend ist. Auch eine ergänzende Verlesung neben dem mündlichen Bericht scheidet aus.[75]

Die Verlesung setzt in faktischer Hinsicht voraus, dass der schriftliche Bericht inhaltlich hinreichend ergiebig ist. Darauf hat die Jugendgerichtshilfe, die den Verzicht auf ihre Anwesenheit beantragt, zu achten.[76]

Wie ist in den Fällen zu verfahren, die nicht der Ausnahmeregelung unterliegen? 29a

Der Bericht der Jugendgerichtshilfe kann nach dem geltenden Mündlichkeitsprinzip grundsätzlich nur dann Grundlage des Urteils sein, wenn er in der Hauptverhandlung mündlich vorgetragen wurde.[77] Eine Verlesung scheidet deshalb – von der vorgenannten Ausnahme abgesehen – aus. Darüber hinaus weisen *Eisenberg/Kölbel* darauf hin, dass die Verwertung des lediglich schriftlich vorliegenden Berichts das Grundrecht der oder des Angeklagten auf rechtliches Gehör verletzt, da ihr/ihm dann lediglich der sich bei den Akten befindliche Bericht allenfalls dann bekannt ist, wenn sie/er einen Verteidiger hat, dem der Bericht im Wege der Akteneinsicht bekannt geworden ist.[78]

Richtig erscheint es deshalb, den Bericht durch **mündlichen Vortrag** der Jugendgerichtshilfe einzuführen, zumal diese einen bereits bei den Akten befindlichen Bericht ohnehin gem. § 38 Abs. 3 Satz 3 JGG auf der Grundlage des Ergebnisses der Hauptverhandlung aktualisieren muss.[79]

---

73 Vgl. Eisenberg/*Kölbel*, JGG, § 38 Rn. 40, 41, 46, jeweils m.w.N.

74 Vgl. BT-Drs. 19/13837, 54. Für einen Ausnahmecharakter der Verlesung auch *Sommerfeld*, ZJJ 2018, 296 (308); *Höynk/Ernst*, ZJJ 2020, 245 (254). Auch methodisch lässt die Regelung nur den Umkehrschluss zu, dass in allen anderen Fällen und bei Nichtvorliegen der genannten Voraussetzungen eine Verlesung nicht statthaft sein soll.

75 So Eisenberg/*Kölbel*, JGG, § 50 Rn. 28.

76 Vgl. auch Eisenberg/*Kölbel*, JGG, § 38 Rn. 74.

77 Vgl. Eisenberg/*Kölbel*, JGG, § 38 Rn. 72.

78 Eisenberg/*Kölbel*, JGG, § 38 Rn. 73.

79 Im gleichen Sinne Ostendorf/*Sommerfeld*, JGG, § 38 Rn. 8, der den Bericht der JGH nicht als ein Beweismittel, sondern als eine Information wie die Ausführungen der Staatsanwaltschaft oder der Verteidigung qualifiziert.

30 Soweit in dem Bericht enthaltene Tatsachen zu beweisen sind, kommt eine Zeugenvernehmung der Auskunftspersonen oder der Vertreter_innen der JGH in Betracht.

Eine **Zeugenvernehmung des JGH-Vertreters**, sei es zum Ermittlungsbericht, sei es zu anderen Beweisthemen, verschärft den Rollenkonflikt, in dem sich die JGH befindet. Dem JGH-Vertreter steht ein **Zeugnisverweigerungsrecht** nur in Ausnahmefällen zu, sodass er im Fall der Vernehmung – vorbehaltlich einer vorliegenden Aussagegenehmigung nach § 54 StPO – zur vollständigen Aussage verpflichtet ist. Eine solche Aussage ist immer geeignet, ein bestehendes Vertrauensverhältnis zu beeinträchtigen oder zu zerstören. Im Interesse einer funktionierenden JGH ist deshalb von solchen Zeugenvernehmungen Abstand zu nehmen.

31 Wurde ein schriftlicher Bericht durch die JGH nicht erstellt, hat diese jedenfalls am Ende der Beweisaufnahme im Rahmen ihres Äußerungsrechts Stellung zu nehmen und einen Vorschlag zu den **für den Fall eines Schuldspruchs** zu ergreifenden Maßnahmen zu unterbreiten oder eine Diversion anzuregen.

e) § 38 Abs. 6 Satz 3 JGG – Stellungnahme zur beabsichtigten Erteilung von Weisungen

32 § 38 Abs. 6 Satz 3 JGG entspricht inhaltlich dem früheren § 38 Abs. 3 Satz 3 JGG. Nach Hs. 2 der Vorschrift sind die Vertreter der Jugendgerichtshilfe vor der **Erteilung von Weisungen** nach § 10 JGG stets zu hören. Zweck der Regelung ist es, die Durchführbarkeit der in Aussicht genommenen Weisungen mittels der Kenntnisse der JGH zu prüfen.[80] Kommt eine Betreuungsweisung nach § 10 Abs. 1 Satz 3 Nr. 5 JGG in Betracht, soll sich gem. § 38 Abs. 6 Satz 3 Hs. 2 JGG die Äußerung auch auf die Person des Betreuungshelfers erstrecken. Die Anhörungspflicht gilt nicht nur im Fall einer Verurteilung, sondern auch bei Erteilung einer Weisung im Rahmen der Diversion (vgl. §§ 45, 47 JGG).

5. Partielle Verfassungswidrigkeit von § 38 JGG?

32a Gegen die gesetzliche Normierung einer unter dem Vorbehalt des Dispenses durch die Staatsanwaltschaft bzw. das Jugendgericht (vgl. § 38 Abs. 7 JGG) stehenden **Verpflichtung der Jugendgerichtshilfe** zur Berichterstattung (§ 38 Abs. 3 JGG) sowie zur Teilnahme an der Hauptverhandlung (§ 38 Abs. 4 JGG) wird neuerdings der Vorwurf der Verfassungswidrigkeit erhoben. „Eine Berichts- und Anwesenheitsregelung, die sich nicht nach den fachlichen Standards des Jugendamts richtet", so die These, „missachtet die verfassungsrechtliche Selbstverwaltungsgarantie der Kommunen (Art. 28 Abs. 2 GG) und widerspricht deshalb der verfassungsrechtlich vorgegebenen Verantwortungsteilung und hätte auf diese Weise nicht eingeführt werden dürfen."[81] Sie wird zusammengefasst wie folgt begründet: Da es sich beim Jugendamt „um eine der kommunalen Selbstverwaltung unterliegende Fachbehörde" handele, müsse „die Entscheidung, in welcher (fachlichen Standards entsprechenden) Weise die für die Ziele und Aufgaben der Jugendhilfe bedeutsamen Gesichtspunkte zur Geltung gebracht werden, von den Fachkräften des Jugendamts verantwortet werden."[82] „Durch den einseitigen Zugriff der Justiz auf die Ressourcen der Kommunen mittels Anordnung und Zwang" – gemeint ist die grundsätzliche Verpflichtung der JGH zur Teilnahme an der Hauptverhandlung – würden „verfassungsrechtliche Grundsätze ausgehebelt" und „systemwidrig in den geschützten Zuständigkeitsbereich der kommunalen Hoheitsträger eingegriffen", was im Hinblick auf die durch Art. 28 Abs. 2 GG geschützten Hoheitsrechte und Ressourcen der kommunalen Selbstverwaltungsträger verfassungsrechtlich unzulässig sei.[83]

---

80 Eisenberg/*Kölbel*, JGG, § 38 Rn. 20.
81 *Trenczek*, ZJJ 2021, 240 (246).
82 So *Trenczek*, ZJJ 2021, 240 (242).
83 *Trenczek*, ZJJ 2021, 240 (244).

Die wortreich, aber verfassungsrechtlich vage („verfassungsrechtliche Grundsätze", „systemwidrig") daherkommende Kritik könnte einen Verstoß gegen Art. 28 Abs. 2 GG nur dann begründen, wenn § 38 Abs. 3 und 4 JGG gegen Art. 84 Abs. 1 Satz 7 GG verstößt. Das ist indes nicht der Fall. **32b**

Allerdings sieht das BVerfG in dieser Norm, die es dem Bund grundsätzlich untersagt, Gemeinden neue Aufgaben zu übertragen, eine Ausgestaltung der Garantie der kommunalen Selbstverwaltung nach Art. 28 Abs. 2 GG. Ein Fall von Aufgabenübertragung liege danach dann vor, wenn ein Bundesgesetz den Kommunen erstmals eine bestimmte (Verwaltungs-)Aufgabe zuweise oder eine „damit funktional äquivalente Erweiterung einer bundesgesetzlich bereits zugewiesenen Aufgabe" vornehme.[84]

Eine erstmalige Zuweisung einer neuen Aufgabe liegt in beiden Fällen des § 38 Abs. 3 und 4 JGG nicht vor. Auch nach zuvor geltendem Recht gehörte die Mitwirkung im Jugendstrafverfahren und – darin eingeschlossen – die Abgabe von Stellungnahmen und die Teilnahme an der Hauptverhandlung zu den Aufgaben der Jugendgerichtshilfe (vgl. § 52 Abs. 1 SGB VIII i.V.m. §§ 38 Abs. 2 Satz 1, 2, und 4, Abs. 3 JGG a.F.). **32c**

Auch eine „funktional äquivalente Erweiterung" dieser Aufgabe ist nicht gegeben. Die durch die Neuregelung der beiden Sachbereiche durch § 38 Abs. 3 und 4 JGG eingetretene Änderung besteht darin, dass *ausdrücklich* eine grundsätzliche Verpflichtung der Jugendgerichtshilfe zur Berichterstattung und zur Teilnahme an der Hauptverhandlung normiert wird, von der Jugendstaatsanwaltschaft bzw. Jugendgericht gem. § 38 Abs. 7 JGG dispensieren können.

Dass darin überhaupt eine Erweiterung der zugewiesenen Aufgabe liegt, muss bereits nachdrücklich in Frage gestellt werden. Denn die Annahme einer Aufgabenerweiterung würde voraussetzen, dass die bisherige Regelung darin bestand, dass die JGH nur „ab und zu" oder „nur in bestimmten (wie auch immer zu definierenden) Fällen" oder gar „nur in der Hälfte aller Fälle" zu einer Mitwirkung verpflichtet gewesen wäre und deshalb auch nur entsprechend eingeschränkte personale und sächliche kommunale Ressourcen vorgehalten werden mussten.[85] Es bedarf keiner weiteren Begründung, dass die örtlichen Träger auch nach alter Rechtslage verpflichtet waren, die verwaltungsmäßigen Ressourcen zum Tätigwerden der JGH für potenziell jeden Fall zur Verfügung zu stellen.

Nimmt man danach überhaupt eine Aufgabenerweiterung an, so handelt es sich jedenfalls nicht um eine, die einer Neuzuweisung funktional äquivalent ist. Eine solche ist nach der Rechtsprechung des BVerfG nur dann anzunehmen, „wenn ihre Maßstäbe, Tatbestandsvoraussetzungen oder Standards so verändert werden, dass damit mehr als unerhebliche Auswirkungen auf die Organisations-, Personal- und Finanzhoheit der Kommunen verbunden sind".[86]

Keines dieser Kriterien ist hier **erfüllt**. Dass nach der Neuregelung nicht (mehr) das Jugendamt, sondern Jugendstaatsanwaltschaft oder Jugendgericht darüber entscheiden, *ob* die Jugendgerichtshilfe eine Stellungnahme im jugendgerichtlichen Verfahren abgibt[87] oder an der Hauptverhandlung teilnimmt – nur dagegen richtet sich die Kritik und die insinuierte Verfassungswidrigkeit der Vorschriften –, hat keinerlei, jedenfalls keine erheblichen Auswirkungen auf die Organisations-, Personal- und Finanzhoheit der Kommunen. **32d**

---

84 Vgl. BVerfG, Beschl. v. 7.7.2020, 2 BvR 696/12, bundesverfassungsgericht.de, Rn. 83.

85 Dass es eine solche *Praxis* geben mag, von der selbst *Trenczek* berichtet (ZJJ 2021, 240 [244]), vermag selbstredend den Normgehalt des § 38 JGG a.F. nicht zu bestimmen.

86 Vgl. BVerfG, Beschl. v. 7.7.2020, 2 BvR 696/12, bundesverfassungsgericht.de, Rn. 86.

87 Soweit *Trenczek* seine bekannte Auffassung, eine schriftliche Stellungnahme sei abzulehnen, auch hier zur Grundlage macht, geht die Kritik bereits deshalb ins Leere, weil § 38 Abs. 3 JGG keine bestimmte Form der Berichterstattung vorschreibt.

Materielle Änderungen des Fachrechts, darauf weist das BVerfG in der genannten Entscheidung ausdrücklich hin,[88] werden im Übrigen vom Durchgriffsverbot des Art. 84 Abs. 1 Satz 7 GG gerade nicht erfasst.

Da nach allem ein **Verstoß gegen Art. 84 Abs. 1 Satz 7 GG** nicht vorliegt, ist auch eine **Verletzung der kommunalen Selbstverwaltungshoheit** nach Art. 28 Abs. 2 GG **nicht feststellbar.**[89]

6. § 38 Abs. 5 Satz 1 und 2 JGG – Überwachung der Erfüllung richterlicher Weisungen und Auflagen

33 Soweit kein Bewährungshelfer damit beauftragt wurde, gehört auch die **Überwachung** der Erfüllung richterlicher Weisungen (§ 10 JGG) und Auflagen (§ 15 JGG) zu den Aufgaben der JGH. Eigenständige Bedeutung erlangt diese dann, wenn die angeordnete Maßnahme, etwa ein soziales Training, nicht bereits vom Jugendamt durchgeführt wird.

Diese Verpflichtung wird vereinzelt negiert oder aber unter Berufung auf ein „Zweckbindungsprizip"[90] für unzulässig oder „systemwidrig" gehalten.[91] Auch dahinter steht der Abwehrreflexe auslösende Verdacht, die Justiz könne sich der Jugendhilfe bemächtigen und diese für „fremde Zwecke" instrumentalisieren.[92] Dem steht der eindeutige Wortlaut des § 38 Abs. 5 Satz 1 JGG entgegen,[93] der nicht unter Berufung auf Prinzipien oder Systeme ausgehebelt werden kann. Konfliktbeladen ist die in § 38 Abs. 2 Satz 6 JGG normierte Verpflichtung, „erhebliche Zuwiderhandlungen" dem Richter mitzuteilen. Dies vor allem deshalb, weil eine solche Mitteilung Sanktionen in Form des sog. **Ungehorsamsarrests** nach sich ziehen kann (§§ 11 Abs. 3, 15 Abs. 3 Satz 2 JGG). Hier sind die Fachkräfte der JGH gefragt, eine Sanktionseskalation zu vermeiden und vor einer Mitteilung alle Hilfemöglichkeiten auszuschöpfen, um die Erfüllung der richterlichen Anordnung zu sichern.

34 Im Rahmen einer Mitteilung, die als **ultima ratio** anzusehen ist und sich bei geringfügigen Verstößen a priori verbietet, ist unbedingt auch auf die Frage des **Verschuldens** einzugehen, da gemäß §§ 11 Abs. 3 Satz 1, 15 Abs. 3 Satz 2, 23 Abs. 1 Satz 4 JGG nur eine **schuldhafte Nichtbefolgung** zur Verhängung von **Ungehorsamsarrest** führen kann. Ist oder wird die Erfüllung einer Weisung oder Auflage (etwa einer Arbeitsweisung durch Aufnahme einer beruflichen Tätigkeit oder Ausbildung, einer Geldzahlung durch den Verlust des Ar-

---

88 Vgl. BVerfG, Beschl. v. 7.7.2020, 2 BvR 696/12, bundesverfassungsgericht.de, Rn. 76.

89 Tatsächlich handelt es sich bei der behaupteten (nur scheinbar mit einem Fragezeichen versehenen) Verfassungswidrigkeit der Berichts- und Teilnahmepflicht nach § 38 Abs. 3 und 4 JGG um eine weitere Variation des bekannten Themas, nämlich der in Anspruch genommenen Autonomie des Jugendamts, auf „Grundlage fachlicher Standards" ohne jegliche rechtliche Determininierung Entscheidungen treffen zu können. Gleiche Argumente werden im Kontext von § 36a SGB VIII oder der Frage der Strafbarkeit von Fachkräften des Jugendamtes wegen Nichteinschreitens bei Kindeswohlgefährdung vorgebracht. Vorliegend unternimmt *Trenczek* den Versuch, diese Entscheidungsfreiheit verfassungsrechtlich zu zementieren. Dabei setzt er fälschlich kommunale Selbstverwaltung mit der Entscheidungsfreiheit des Jugendamtes und damit jeder einzelnen Fachkraft gleich, indem er die „Fachlichkeit" jugendamtlicher Entscheidungen zu einem Verfassungsgebot erklärt. Weder Art. 28 Abs. 2 noch Art. 84 Abs. 1 Satz 7 GG schützen indes eine Entscheidungsfreiheit darüber, bestimmte gesetzliche Aufgaben zu erfüllen oder auch nicht zu erfüllen. Auch das Jugendamt hat die ihm gesetzlich zugewiesenen Aufgaben selbst dann zu erfüllen, wenn dies den selbstdefinierten fachlichen Standards widersprechen sollte. Ungeachtet dessen: Warum die (obligatorische) Teilnahme der JGH an der Hauptverhandlung fachlichen Standards der Jugendhilfe widersprechen sollte, bedarf noch der Begründung, die auch der Beitrag von *Trenczek* nicht liefert.

90 So FK-SGB VIII/*Trenczek*, § 52 Rn. 47.

91 Wiesner/*Schmid-Obkirchner*, 5. Aufl., § 30 SGB VIII Rn. 22.; kritisch auch die Erläuterungen zu § 30 SGB VIII Rn. 10; vgl. zur Problematik auch Wiesner/Wapler/*Wapler*, § 52 SGB VIII Rn. 39 f. Soweit Eisenberg/*Kölbel*, JGG, § 38 Rn. 17, für die Position einer „restriktiven Auslegung", was immer das an dieser Stelle bedeuten mag, in Anspruch genommen wird, ist das nur insoweit zutreffend, als er hinsichtlich der Mitteilung von Zuwiderhandlungen für Zurückhaltung plädiert.

92 Immerhin wird konzediert, dass Überwachung und Kontrolle der Jugendhilfe nicht *gänzlich* fremd ist.

93 Wie hier Ostendorf/*Sommerfeld*, JGG, § 38 Rn. 21.

beits- oder Ausbildungsplatzes) unmöglich oder unzumutbar, hat die JGH auf eine Änderung oder Befreiung durch den Richter hinzuwirken. Eine solche Änderung ist nach §§ 11 Abs. 2, 15 Abs. 3 Satz 1 JGG jederzeit möglich. Es liegt nicht zuletzt an den Kenntnissen, an der Argumentationsfähigkeit und am Geschick der Fachkräfte der Jugendgerichtshilfe, die Sinnhaftigkeit oder Notwendigkeit einer solchen Änderung schlüssig darzulegen und zu begründen. Umgekehrt kann nicht pauschal davon ausgegangen werden, dass die Nichtbefolgung einer Weisung oder Auflage deren Ungeeignetheit indiziert.

7. § 38 Abs. 5 Satz 3 JGG – Betreuung und Aufsicht im Fall einer Betreuungsweisung

Anders als in den zuvor behandelten Fällen beschränkt sich die Tätigkeit des **Betreuungshelfers** nicht auf Überwachung, sondern ist befristete Lebensbegleitung, wenn es nicht aufgrund der zu bewältigenden Fallzahlen verunmöglicht wird. Sie erfordert hohen Einsatz und Frustrationstoleranz. Zugleich tritt in der Rolle des Betreuungshelfers der Konflikt zwischen Hilfe und Kontrolle deutlich zutage. Gleichwohl kann eine Betreuung nur erfolgreich sein, wenn zwischen Betreuungshelfer und Jugendlichem ein Vertrauensverhältnis aufgebaut werden kann. **35**

8. § 38 Abs. 5 Satz 4 – Zusammenarbeit mit dem Bewährungshelfer

Betreuung und **Überwachung** während der Bewährungszeit ist grundsätzlich Sache des Bewährungshelfers. Die vom Gesetz geforderte **Zusammenarbeit** mit diesem muss sich folglich auf die Vermeidung von Doppelbetreuung oder widersprüchlicher Hilfemaßnahmen beschränken. Weitere Formen von Kooperation sind kaum denkbar.[94] **36**

9. § 38 Abs. 5 Satz 5 JGG – Betreuung während des Vollzugs

§ 38 Abs. 2 Satz 9 JGG macht deutlich, dass das „gesamte Verfahren" auch den Vollzug umfasst. Die fortdauernde **Verbindung zu dem Jugendlichen** während des Vollzugs vermag zwar dessen grundsätzlich schädliche Wirkung nicht zu beseitigen, ist aber geeignet, die **Dissozialisierung** abzumildern und damit dem Ziel der Legalbewährung zu dienen. Sie kann ferner der Verstrickung in Subkulturen entgegenwirken. Schließlich gehört es zu den Betreuungsaufgaben, persönliche Krisen der mit dem Vollzug konfrontierten Jugendlichen aufzufangen. **37**

Sich der **Wiedereingliederung** anzunehmen, bedeutet, Hilfestellung bei der Aufrechterhaltung bzw. Knüpfung von Kontakten zur (bisherigen) Lebenswelt des Verurteilten zu leisten und bei der Vorbereitung der Entlassung (z.B. Finden einer Wohnung oder eines Arbeits-/Ausbildungsplatzes; Geltendmachung von Sozialleistungen) behilflich zu sein.

10. § 38 Abs. 6 Satz 1, 2 JGG – Heranziehung der JGH

Als grundlegende Vorschrift an dieser Stelle systematisch deplatziert[95] normiert § 38 Abs. 6 Satz 1 JGG, dass die Jugendgerichtshilfe „im gesamten Verfahren gegen einen Jugendlichen (…) heranzuziehen" sei. Dies soll gem. Satz 2 „so früh wie möglich geschehen". **38**

Satz 1 enthält danach eine Verpflichtung zur Heranziehung der Jugendgerichtshilfe, ohne allerdings das verpflichtete Subjekt zu benennen. Es ist, allgemein gesprochen, die im jeweiligen Stadium **verfahrensführende Stelle**. Sie ergibt sich also erst aus weiteren Vorschriften.

94 Ebenso Böhm/*Feuerhelm*, Einführung, 133.
95 Wie bereits § 38 Abs. 3 Satz 1, 2 JGG a.F.

Gem. § 70 Abs. 1 Satz 1 JGG wird die Jugendgerichtshilfe von der **Einleitung des Verfahrens** informiert. Einleitende Stellen sind die **Staatsanwaltschaft** bzw. die **Polizei**.[96] Obwohl dies auch nach § 38 Abs. 3 Satz 2 JGG a.F. „so früh wie möglich geschehen" sollte, sah sich der Gesetzgeber in Umsetzung von Art. 7 Abs. 5 KiRL („Die Begutachtung erfolgt in der frühestmöglichen geeigneten Phase des Verfahrens") veranlasst,[97] in § 70 Abs. 2 Satz 1 JGG einen konkreten **Zeitpunkt** zu benennen: Danach ist die Jugendgerichtshilfe spätestens zum **Zeitpunkt der Ladung** des Jugendlichen zu seiner **ersten Vernehmung** als Beschuldigter zu **unterrichten**. Damit soll **zum einen** der JGH ausreichend Zeit für die notwendigen Nachforschungen i.S.d. § 38 Abs. 2 JGG zur Verfügung stehen, über deren Ergebnisse gem. § 38 Abs. 3 Satz 1 JGG möglichst zeitnah und nach dem der Vorschrift des § 46a JGG zugrunde liegenden Konzept grundsätzlich vor Anklageerhebung berichtet werden soll.

Zum anderen soll der JGH ausreichend Zeit eingeräumt werden, ihren Aufgaben nach § 52 Abs. 3 SGB VIII (Prüfung, Gewährung, Einleitung von Leistungen der Jugendhilfe) tunlichst vor Anklageerhebung nachzukommen, damit ggfs. eine Diversion nach § 45 JGG möglich wird.

Für die Fälle der Vernehmung als Beschuldigte ohne vorgängige Ladung (sog. Spontanvernehmung) trifft § 70 Abs. 3 Satz 2 eine Regelung dahin, dass die Unterrichtung der JGH spätestens unverzüglich nach der Vernehmung zu erfolgen hat.

Die Benachrichtigung ist in diesen Fällen in der Regel Aufgabe der Polizei.[98]

39 Mit der (rechtzeitigen) Mitteilung von Ort und Zeit der Hauptverhandlung hat das Jugendgericht das seinerseits Erforderliche zur „Heranziehung" getan.[99] Unterbleibt diese Mitteilung, begründet dies eine Revision, da das Urteil auf diesem Verfahrensverstoß beruhen kann und zudem regelmäßig die Aufklärungspflicht nach § 244 Abs. 2 StPO verletzt wird.[100]

Erscheint dagegen die JGH **trotz ergangener Mitteilung** in der Hauptverhandlung nicht, kann eine Revision lediglich wegen Verletzung der Aufklärungspflicht und nur dann Erfolg haben, wenn konkrete Anhaltspunkte die Annahme begründen, dass die Teilnahme der JGH für den Strafausspruch erhebliche Tatsachen über die Persönlichkeit des Angeklagten erbracht hätte.[101]

III. Weitere Aufgaben der JGH

40 Neben dem in § 52 Abs. 1 SGB VIII genannten § 50 Abs. 3 Satz 2 JGG determinieren weitere Vorschriften des JGG die Tätigkeit der JGH.

1. Anwesenheit in der Hauptverhandlung gem. § 51 Abs. 6 Satz 4, Abs. 7 JGG

41 Eine weitere Neuerung hat das Verfahrensrechtestärkungsgesetz hinsichtlich der Anwesenheit einer Vertreterin/eines Vertreters der Jugendgerichtshilfe in der Hauptverhandlung in § 51 JGG gebracht. Die Vorschrift eröffnet in Abs. 2 die Möglichkeit, Erziehungsberechtigte und die gesetzlichen Vertreter unter den dort genannten Voraussetzungen auszuschließen. Wird davon „für einen nicht unerheblichen Teil der Hauptverhandlung" Gebrauch gemacht, so ist gem. § 51 Abs. 6 Satz 1 „einer anderen für den Schutz der Interessen des Jugendlichen

96 Zu den weiteren Mitteilungen an die Jugendgerichtshilfe siehe Nr. 32 der „Anordnung über die Mitteilungen in Strafsachen (MiStra)" vom 1.8.2015.
97 Vgl. BT-Drs. 19/13837, 63.
98 Sowohl deren Belastung als auch die der Jugendgerichtshilfe durch die neuen Vorgaben werden in der Gesetzesbegründung als „nicht unangemessen" angesehen.
99 BGH, Beschl. v. 1.7.2003, 1 StR 207/03, bundesgerichtshof.de.; OLG Brandenburg, Beschl. v. 15.5.2001, 2 Ss 2/01, dejure.org; BayObLG, ZfJ 1995, 280 f.
100 *Eisenberg*, StV 1998, 304 (311) m.w.N.; BGH StV 2001, 172.
101 BGHSt 27, 250 ff.

geeigneten volljährigen Person die Anwesenheit zu gestatten". Insoweit steht der oder dem Jugendlichen ein Vorschlagsrecht zu. Dass der oder dem Jugendlichen gem. Abs. 6 Satz 2 Gelegenheit gegeben werden soll, eine Person seines Vertrauens zu bezeichnen, bedeutet nach der Gesetzesbegründung aber nicht, dass dieser Benennung Folge geleistet werden müsse; entscheidend bleibe vielmehr die Eignung der bezeichneten Person.[102]

Wird **keiner anderen Person die Anwesenheit gestattet**, also seitens der oder des Beschuldigten kein Vorschlag geäußert oder diesem nicht gefolgt und auch keine andere Person ausgewählt, **muss** gem. § 51 Abs. 6 Satz 4 JGG ein für die Betreuung des Jugendlichen im Jugendstrafverfahren zuständiger **Vertreter der Jugendgerichtshilfe anwesend** sein. Die Anwesenheitspflicht dauert an, solange Erziehungsberechtigte oder gesetzliche Vertreter ausgeschlossen sind. Ein Verzicht auf die Anwesenheit ist in diesem Fall ausgeschlossen (siehe dazu oben Rn. 27b).

Welche Befugnisse stehen dem auf dieser Grundlage anwesenden Vertreter der Jugendgerichtshilfe zu? Gem. § 51 Abs. 6 Satz 3 JGG **erhält** die anwesende Ersatzperson in der Hauptverhandlung auf **Verlangen das Wort**. Diese Regelung gilt selbstverständlich auch für den Vertreter der Jugendhilfe. Denn zum einen ist dieser in diesem Fall die „anwesende andere geeignete Person", kann also nicht weniger Rechte haben als etwa eine auf Vorschlag der oder des Beschuldigten benannten Person. Zum anderen ist der Vertreter der JGH ohnehin zur Anwesenheit berechtigt und, soweit kein Verzicht erklärt war, verpflichtet,[103] sodass ihm (auch) gem. § 50 Abs. 3 Satz 2 JGG auf Verlangen das Wort zu erteilen ist. **42**

Weitergehende Rechte, etwa die Rechte der Eltern oder eines Verteidigers, stehen dem Vertreter der Jugendgerichtshilfe nicht zu. Die Gesetzesbegründung verweist darauf, dass es nicht um die „Wahrnehmung", sondern lediglich um den „Schutz" der Interessen gehe, eine Aufgabe, die der Jugendgerichtshilfe als Betreuungsaufgabe gem. § 52 Abs. 3 SGB VIII ohnehin obliege. Da der JGH mithin weder aktive Verfahrensrechte noch rechtsberatende Funktion zukomme, gerate sie auch nicht in einen Rollenkonflikt. Sollte sich die Tätigkeit des JGH-Vertreters als zum Schutz oder der Interessenwahrnehmung der oder des Jugendlichen unzureichend erweisen, könne von Amts wegen die Bestellung eines Beistands oder Pflegers veranlasst werden.[104] [105]

Die Regelung setzt **Art. 15 Abs. 2 Unterabsatz 2 KiRL** um, der sicherstellen will, dass der oder die Jugendliche bei Gerichtsverhandlungen von einer geeigneten erwachsenen Person begleitet wird.

---

102 Vgl. BT-Drs. 19/13837, 54 f.

103 Siehe zum Fall, dass sich die Notwendigkeit der Anwesenheit der JGH gem. § 51 Abs. 6 Satz 4 JGG erst nach bereits erklärtem Verzicht ergibt, oben unter Rn. 27c.

104 Vgl. BT-Drs. 19/13837, 55.

105 Die Regelung wird von *Riekenbrauk*, ZJJ 2020, 50 (52), kritisiert, wobei die Stoßrichtung der Kritik unklar bleibt: Stehen der JGH seiner Meinung nach zu *wenig* Befugnisse zu? Stellt er in Abrede, dass diese Aufgabe der JGH bereits nach § 52 Abs. 3 SGB VIII zustehe, wie es die Gesetzesbegründung behauptet? Wenn das nicht der Fall sein sollte, was ändert sich dadurch, wo sie nunmehr doch in § 51 Abs. 6 Satz 4 JGG normiert ist? Kritisiert er „ein Mehr an Aufgabenwahrnehmung", also Mehrarbeit? Die von ihm schließlich problematisierte Frage, wann denn der Vertreter der Jugendgerichtshilfe „das Wort (…) in der Hauptverhandlung zu verlangen hat", gehört bereits nach § 50 Abs. 3 Satz 2 JGG zum täglichen Brot der Jugendgerichtshilfe. Auch *Sommerfeld*, ZJJ 2018, 296 (308), sieht die Aufgabe im Gesetz bislang schon angelegt und fordert die Jugendgerichtshilfe auf, „Strategien für den Umgang mit diesen (…) jetzt ausdrücklich bestimmten Aufgaben zu entwickeln". Es verbleibt die Frage, ob bei Ausschluss der Erziehungsberechtigten und gesetzlichen Vertreter nicht in jedem Fall ein Beistand oder Pfleger bestellt werden sollte. Eine ausdrückliche gesetzliche Verpflichtung besteht nicht, jedoch kann es ggfs. Aufgabe der Vertreter der JGH sein, eine solche Bestellung anzuregen. Kritisch zu dieser Aufgabe der JGH auch BAG Jugendhilfe im Strafverfahren, ZJJ 2020, 93 (95). *Höynk/Ernst*, ZJJ 2020, 245 (256), halten demgegenüber diese Aufgabenzuweisung für „angemessen und mit der Rolle der JGH/JuHiS vereinbar", „wenn und soweit es nur um Begleitung" gehe. Bei weiteren Unterstützungsbedarfen sei die Bestellung eines Beistands oder Pflegers oder eines Falls der notwendigen Verteidigung nach § 68 Nr. 3 JGG zu prüfen.

2. Anwesenheit bei (sonstigen) Untersuchungshandlungen (§ 67 Abs. 3 JGG)?

43 § 67 Abs. 3 JGG dient der Umsetzung von Art. 15 Abs. 4 KiRL, nach dem Jugendliche das Recht haben, von dem Träger der elterlichen Verantwortung auch während anderer Phasen des Jugendstrafverfahrens als den Gerichtsverhandlungen begleitet zu werden, wenn es dem Kindeswohl dient und die Anwesenheit dieser Person das Strafverfahren nicht beeinträchtigt. Diese Vorgaben der KiRL werden von § 67 Abs. 3 Satz 1 JGG nahezu wörtlich übernommen. Nach einer in Satz 2 enthaltenen Regelvermutung hinsichtlich der Erfüllung der genannten Voraussetzungen normiert § 67 Abs. 3 Satz 3 JGG die Fälle, in denen kein Erziehungsberechtigter und kein gesetzlicher Vertreter anwesend ist: Dann ist einer anderen für den Schutz der Interessen des Jugendlichen geeigneten volljährigen Person, die die in Satz 1 genannten Voraussetzungen erfüllt, die Anwesenheit zu gestatten. In Satz 3 **nicht enthalten** ist eine § 51 Abs. 4 JGG entsprechende Regelung, wonach die/der zuständige Vertreter_in der Jugendgerichtshilfe anstelle einer Ersatzperson in der Hauptverhandlung anwesend sein muss. Damit wird die KiRL nur **unzureichend** in deutsches Recht **umgesetzt**, ein Defizit, das allerdings durch eine **richtlinienkonforme Auslegung** behoben werden kann.

Art. 15 Abs. 4 KiRL verpflichtet die Mitgliedstaaten dazu, die Begleitung durch einen Träger der elterlichen Verantwortung oder einen „anderen geeigneten Erwachsenen gemäß Absatz 2" sicherzustellen. Art. 15 Abs. 2 Unterabsatz 2 Satz 2 KiRL sagt aber ausdrücklich, dass Ersatzperson auch ein Vertreter einer Behörde sein kann.[106] Ist aber die Jugendgerichtshilfe bei Abwesenheit der Erziehungsberechtigten oder eines gesetzlichen Vertreters und einer Ersatzperson zur Teilnahme an der Hauptverhandlung verpflichtet, kann bei richtlinienkonformer Auslegung für die Teilnahme an sonstigen Untersuchungshandlungen nichts anderes gelten.[107] Sie ist also in diesen Fällen **zur Teilnahme verpflichtet**. *Höynk/Ernst* halten die Begleitung durch eine Person der JGH „angesichts der sich schon bisher aus § 52 Abs. 3 SGB VIII ergebenden Pflicht zur Betreuung während des gesamten Verfahrens" für „nicht ausgeschlossen".[108] Indes eröffnet eine auf die Richtlinie gestützte Auslegung des § 67 Abs. 3 JGG eine gegenüber den Strafverfolgungsbehörden weitaus **härtere Rechtsposition**, als sie die allgemeine „Betreuungsvorschrift" des § 52 Abs. 3 SGB VIII zu vermitteln vermag.[109]

3. Unterrichtung an Stelle der Erziehungsberechtigten oder gesetzlichen Vertreter (§ 67a Abs. 4 Satz 3 JGG)

44 § 70a JGG sieht eine umfassende Unterrichtung einer oder eines jugendlichen Beschuldigten insbesondere über ihre/seine verfahrensmäßigen Rechte vor. Die dort genannten Informationen sind gem. § 67a Abs. 1 und 2 JGG auch den Erziehungsberechtigten und gesetzlichen Vertretern zu erteilen. Müssen diese Mitteilungen gem. § 67a Abs. 3 JGG unterbleiben, weil in diesem Fall eine erhebliche Gefährdung des Wohls der/des Jugendlichen zu besorgen wäre, der Untersuchungszweck erheblich gefährdet würde oder die Erziehungsberechtigten und gesetzlichen Vertreter nicht erreicht werden können, ist gem. § 67a Abs. 4 JGG eine

106 Vgl. zur Anwesenheit der JGH in der Hauptverhandlung oben Rn. 41 f.

107 Defizitär ist die Umsetzung der KiRL auch hinsichtlich der Benennung einer Ersatzperson durch die oder den betroffenen Jugendlichen, wie sie Art. 15 Abs. 2 Unterabsatz 1 KiRL ausdrücklich vorsieht.

108 ZJJ 2020, 245 (256).

109 Ein Auftrag zu „umfassender Betreuung" im Jugendstrafverfahren mit daraus resultierenden Berechtigungen ist weder in § 38 JGG noch in § 52 SGB VIII normiert, was angesichts 30 Jahre andauernder Arbeiten am Mosaik des SGB VIII (nicht) überrascht. Einen solchen aus § 52 Abs. 3 SGB VIII zu entnehmen, erscheint methodisch verwegen, geht es der Vorschrift nach Wortlaut und gesetzgeberischer Intention (vgl. BT-Drs. 11/5948, 90) doch ausschließlich darum, „den Mitarbeiter des Jugendamts oder des anerkannten Trägers der freien Jugendhilfe zur Wahrnehmung seiner sozialpädagogischen Betreuungsaufgabe während des gesamten Verfahrens" zu verpflichten, also die Praxis des sog. „Gerichtsgeherwesens" zu unterbinden. Allenfalls kann man davon ausgehen, dass die Vorschrift diesen Betreuungsauftrag stillschweigend voraussetzt.

volljährige Ersatzperson zu unterrichten. Dies kann gem. Abs. 4 Satz 3 auch der für die Betreuung des oder Jugendlichen zuständige Vertreter der Jugendgerichtshilfe sein.

4. Haftentscheidungshilfe – Haftvermeidung (§§ 38 Abs. 3 Satz 2, 72a, 72b JGG)

In **Haftsachen** hat die JGH in inhaltlicher Übereinstimmung mit der früheren Rechtslage gem. § 38 Abs. 3 Satz 2 JGG beschleunigt über das Ergebnis ihrer Nachforschungen zu berichten. Damit korrespondiert die Vorschrift des § 72a JGG, nach dessen Satz 1 bereits der Erlass eines Haftbefehls (§ 115 StPO) der JGH mitgeteilt werden soll und diese **unverzüglich** von dessen Vollstreckung **zu unterrichten** ist. Nur die unverzügliche Unterrichtung der JGH durch die Strafverfolgungsorgane, die umgehende Ermittlungsarbeit der JGH und deren Bericht ermöglichen es, die dabei gewonnenen Kenntnisse und Erkenntnisse in die Haftentscheidung mit dem Ziel einfließen zu lassen, **Untersuchungshaft** zu **vermeiden**. Wird die JGH nicht unverzüglich unterrichtet, steht dies der Aufrechterhaltung eines Haftbefehls nicht entgegen, wenn auszuschließen ist, dass sich eine Verletzung der Unterrichtungspflicht auf die Entscheidung auswirken würde.[110] **45**

Dass auch der Gesetzgeber die Verhängung von Untersuchungshaft gegen Jugendliche als schädlich ansieht, ergibt sich unzweideutig aus § 72 JGG, der gegenüber den Regelungen der StPO weitergehende Voraussetzungen und Sicherungen für die Anordnung von U-Haft normiert.

In diesem Stadium des Verfahrens ist es mithin **Aufgabe der JGH**, alle in der Person der oder des beschuldigten Jugendlichen liegenden Hindernisse für eine U-Haft sowie alle in Betracht kommenden **Alternativen** (vorläufige Anordnungen zur Erziehung oder andere Maßnahmen i.S.d. § 72 Abs. 1 Satz JGG, Gewährung von Leistungen nach dem SGB VIII) **zu eruieren** und gegenüber Staatsanwaltschaft und Haftrichter **vorzubringen**. **46**

§§ 72a und 72b JGG sind gem. § 109 Abs. 1 Satz 1 JGG im Verfahren gegen **Heranwachsende entsprechend anzuwenden**. **47**

5. Antragsrecht gem. § 97 Abs. Abs. 1 Satz 2 JGG

Schließlich steht der Jugendgerichtshilfe gem. § 97 Abs. 1 Satz 2 JGG das Recht zu, für Minderjährige einen **Antrag** auf **Beseitigung des Strafmakels** zu stellen. Diese Befugnis kann sich bei Vorliegen der materiellen Voraussetzungen zu einer Antragspflicht verdichten.[111] **48**

IV. § 52 Abs. 1 Satz 2 und 3 SGB VIII – Zusammenarbeit mit anderen Stellen

Während § 81 SGB VIII die Träger der öffentlichen Jugendhilfe zur strukturellen, also fallübergreifenden Zusammenarbeit mit anderen Stellen und öffentlichen Einrichtungen verpflichtet, regeln die durch das **KJSG** in § 52 Abs. 1 SGB VIII **eingefügten** Sätze 2 und 3 die **fallbezogene Zusammenarbeit** mit anderen öffentlichen Einrichtungen und sonstigen Stellen.[112] Das Jugendamt soll mit ihnen kooperieren, **48a**

- wenn sich deren Tätigkeit auf die Lebenssituation des beschuldigten Jugendlichen oder jungen Volljährigen auswirkt und
- soweit dies zur Erfüllung seiner ihm dabei obliegenden Aufgaben erforderlich ist.

---

110 BGH, Beschl. v. 28.6.2018, AK 24/18 u. AK 25/18, Rn. 13 f., juris.

111 Zu den Voraussetzungen der Beseitigung des Strafmakels, dem Verfahren sowie den registerrechtlichen Folgen vgl. Eisenberg/*Kölbel*, JGG, § 97 Rn. 5 ff., 10 ff.

112 Die damit aus der Perspektive der Jugendstrafjustiz korrespondierende Vorschrift findet sich im ebenfalls durch das KJSG neu geschaffenen § 37a JGG.

Die Vorschrift möchte, so die Gesetzesbegründung, „dem zurückhaltenden Gebrauch in der Umsetzung einer umfassenderen behördenübergreifenden einzelfallbezogenen Zusammenarbeit" entgegenwirken.[113]

Sie entbindet das Jugendamt, wie die Gesetzesbegründung betont,[114] nicht von den für dessen Tätigkeit geltenden Vorschriften über den Schutz von Sozialdaten gem. § 35 SGB I, §§ 67 bis 85a SGB X sowie §§ 61 bis 68 SGB VIII.[115]

48b Eine besondere **einzelfallbezogene Kooperation** soll vor allem dann erforderlich werden, wenn es sich um **Mehrfachauffällige** handelt, es sich um schwere Straftaten handelt oder eine Straftat mit anderen Auffälligkeiten wie zum Beispiel Schulverweigerung, Suchtproblemen oder familiären Problemen vorliege und ein Bedarf an Beratung und Abstimmung mehrerer Stellen im Interesse des betroffenen Jugendlichen bestehe.[116]

Die Umschreibung der Kooperationspartner als „öffentliche Einrichtungen und sonstigen Stellen" ist so allgemein und umfassend, dass (nahezu) jede Institution, sei es eine Behörde oder eine sonstige öffentliche Stelle, sei es eine private Einrichtung oder Organisation, unabhängig von ihrer (Rechts-)Form in Frage kommt. Ausgeschlossen sind allerdings einzelne Personen, die nach allgemeinem Sprachverständnis nicht als „Stelle" zu bezeichnen sind. Die einzige Einschränkung besteht darin, dass sich deren Tätigkeit auf die Lebenssituation der Beschuldigten „auswirkt". Vergegenwärtigt man sich die Situation, in der das Jugendamt die geforderte Zusammenarbeit anstrebt oder aufnimmt, nämlich in einem frühen Stadium des Verfahrens, kann dieses „auswirken" nur als „auswirken können" verstanden werden. Ob es tatsächlich dazu kommt, ist dagegen ungewiss.

48c Unter Anlegung dieser Maßstäbe kommen als Kooperationspartner neben den Strafverfolgungsbehörden (Staatsanwaltschaft und Polizei) und den Jugendgerichten als **öffentliche Einrichtungen** in Betracht: Der **Allgemeine Soziale Dienst** sowie andere Fachstellen des Jugendamtes, **Bewährungshilfe** (oder andere Justizsozialdienste), Behörden, insbesondere andere **Sozialleistungsträger**, **Gesundheitsbehörden**, **Ausländerbehörden**, **Schulen oder Hochschulen**.

Sonstige Einrichtungen können sein: Träger der freien Jugendhilfe, Anbieter von Hilfen oder Maßnahmen nach §§ 28 ff. SGB VIII bzw. § 10 Abs. 2 Satz 3 JGG, Träger von Jugendhilfeeinrichtungen, Ausbildungswerkstätten oder -betriebe, (Sport-)Vereine, Drogenberatungsstellen, Flüchtlingsräte oder sonstige Vereinigungen im Bereich der Unterstützung Geflüchteter (pro asyl, Terre des hommes), Migrant_innenverbände.

Besondere Bedeutung kommt der Wahrung des Sozialdatenschutzes bei der Zusammenarbeit mit Einrichtungen zu, die ihrerseits mit Eingriffsbefugnissen ausgestattet sind, wie Polizei- und Ausländerbehörden.

48d In sachlicher Hinsicht enthält Abs. 1 Satz 2 letzter Hs. eine Einschränkung dahin, dass die Verpflichtung zur Zusammenarbeit nur so weit reicht, wie dies zur Erfüllung der dem Jugendamt „dabei obliegenden Aufgaben erforderlich ist". „Dabei" nimmt auf Abs. 1 Satz 1 Bezug, meint also alle im Rahmen der Mitwirkung im jugendgerichtlichen Verfahren anfallenden Aufgaben. Hinsichtlich derer wird auf die Erläuterungen unter Rn. 5 ff. verwiesen.

48e § 52 Abs. 1 Satz 3 SGB VIII regelt, in welcher Form die durch Satz 2 angeordnete Zusammenarbeit stattfinden soll. Die Regelung hat freilich eher Vorschlagscharakter, wenn es dort heißt, die Zusammenarbeit könne „im Rahmen von gemeinsamen Konferenzen oder vergleichbaren gemeinsamen Gremien oder in anderen nach fachlicher Einschätzung geeigne-

---

113 BT-Drs. 19/26107, 105.
114 Vgl. BT-Drs. 19/26107, 105 f.
115 Zu diesen Vorschriften wird auf die Vorbemerkung zu §§ 61 bis 68 SGB VIII sowie die Kommentierungen zu §§ 61 ff. SGB VIII verwiesen.
116 Vgl. BT-Drs. 19/26107, 106.

ten Formen erfolgen". Auch wenn die Formulierung nahelegt, die Zusammenarbeit solle ‚irgendwie' stattfinden, sind nach der Gesetzesbegründung insbesondere „**Fallkonferenzen"** intendiert, bei denen die verschiedenen beteiligten Stellen, die Jugendlichen und ihre Sorgeberechtigten zu einem formalisierten Treffen zusammenkommen.[117]

Das bedeutet, dass die im konkreten Einzelfall involvierten Akteur_innen sich auf Initiative des Jugendamtes mit den Beschuldigten und ggfs. den Personensorgeberechtigten zusammenfinden, um einen Weg aus der Delinquenz – tunlichst ohne strafrechtliche Sanktion – zu finden.

V. § 52 Abs. 2 Abs. 2 – Leistungen der Jugendhilfe

Während § 52 Abs. 1 Satz 1 SGB VIII auf das JGG und die dort normierten Aufgaben verweist, verpflichtet dessen Absatz 2 das Jugendamt, „frühzeitig", die **Gewährung von Leistungen** der Jugendhilfe oder anderer Sozialleistungsträger zu prüfen. Kommen solche in Betracht oder sind diese bereits eingeleitet oder gewährt worden, hat das Jugendamt die Strafverfolgungsorgane zu informieren, damit diese ihrerseits die Möglichkeit einer Einstellung des Verfahrens prüfen können. **49**

§ 52 Abs. 2 Satz 1 SGB VIII verpflichtet das JA, frühzeitig zu prüfen, ob für den Jugendlichen oder jungen Volljährigen Leistungen der Jugendhilfe oder anderer Sozialleistungsträger in Betracht kommen. „Frühzeitig" kann im Kontext des § 52 SGB VIII nur heißen: Sobald das Jugendamt Kenntnis davon erlangt, dass ein Jugendlicher oder junger Volljähriger einer Straftat beschuldigt wird. Das ist nach § 70 Abs. 2 JGG spätestens zum Zeitpunkt der Ladung der oder des Jugendlichen zu einer ersten Vernehmung als Beschuldigter bzw. unverzüglich nach der Vernehmung der Fall (s. dazu oben Rn. 38). **50**

Leistungen der Jugendhilfe sind zunächst einmal die verschiedenen Formen der **Hilfe zur Erziehung** nach den §§ 27 ff. SGB VIII, in Betracht kommen aber ebenso unbenannte Erziehungshilfen sowie alle übrigen Leistungen der Jugendhilfe, die in § 2 Abs. 2 SGB VIII genannt sind.

Nach der Einfügung durch das KJSG hat das Jugendamt auch zu prüfen, ob Leistungen anderer Sozialleistungsträger in Betracht kommen. Das **Jugendamt** soll hier als **Clearingstelle** tätig werden, um im Interesse des Kindeswohls die mitunter bestehenden Unsicherheiten über Zuständigkeiten und Zugänge zu Sozialleistungen abzuklären.[118] Diese neue Aufgabe stellt damit hohe Anforderungen an die Kenntnisse der an dieser Stelle tätigen Fachkräfte hinsichtlich der verfügbaren Sozialleistungen sowie der für deren Gewährung zuständigen Leistungsträger. Als solche kommen hier vor allem die **Jobcenter**, die **Agenturen für Arbeit**, die **Sozialämter** sowie die **Rehabilitationsträger** nach dem SGB IX in Betracht.

Das Jugendamt hat aber auch dann die Prüfung der nach § 45 Abs. 1 JGG möglichen sanktionslosen Diversion anzuregen, wenn es angesichts des ubiquitären und episodenhaften Charakters von Jugenddelinquenz eine Intervention für nicht erforderlich oder gar kontraproduktiv hält.

Diese Prüfung und die in Abs. 3 angesprochene Betreuung des Jugendlichen oder jungen Volljährigen während des gesamten Verfahrens als eine sozialpädagogische Aufgabe[119] schließen ein, dass Kontakte auch während des Vollzugs von Untersuchungshaft, ggfs. auch Strafhaft aus früherer Verurteilung, geknüpft bzw. aufrechterhalten werden. **51**

117 BT-Drs. 19/26107, 107.
118 So die Gesetzesbegründung, BT-Drs. 19/26107, 107.
119 So die damalige Gesetzesbegründung, BT-Drs. 11/5984, 90.

Die Prüfung, ob für den Jugendlichen oder jungen Volljährigen Leistungen der Jugendhilfe oder anderer Sozialleistungsträger in Betracht kommen, hat zu berücksichtigen, dass der Betreffende zu diesem Zeitpunkt **nur Beschuldigter**, also einer Straftat verdächtig, nicht dagegen rechtskräftig verurteilt ist. Andererseits handelt es sich um ein realitätsverleugnendes Mantra zu behaupten, „leistungsauslösendes Moment" sei der erzieherische Bedarf, „nicht die Straffälligkeit",[120] ganz so, als sei der „Hilfebedarf" dem Nichts entsprungen. Schließlich stellt § 52 Abs. 2 Satz 2 SGB VIII die Konnexität zwischen Jugendhilfeleistung und Jugendstrafverfahren mit großer Eindeutigkeit her.

52 Die angeordnete Prüfung des Jugendamts dient der **Vermeidung von Jugendstrafverfahren** oder – soweit ein solches bereits eingeleitet ist – der alsbaldigen **Diversion**. Die Gesetzesbegründung zum KJHG sah den Zweck der Vorschrift (in seiner ursprünglichen Fassung) in erster Linie darin, freiheitsentziehende Maßnahmen nach dem JGG zu vermeiden. Ein Widerspruch ist hierin nicht zu sehen. Die Begründung verdeutlicht, dass der Gesetzgeber vor allem stationäre Maßnahmen als schärfste Sanktionen des Jugendstrafrechts vermieden sehen wollte. Für eine Beschränkung darauf geben aber die Begründung und erst recht der Gesetzeswortlaut nichts her. Im Gegenteil macht Abs. 2 Satz 2 deutlich, dass der Gesetzgeber in allen Fällen der durch Leistungen der Jugendhilfe ermöglichten **Diversion** den **Vorrang vor der strafrechtlichen Sanktionierung** einräumt: Kommt nämlich eine solche Leistung in Betracht oder ist sie bereits eingeleitet oder gewährt, hat das Jugendamt Staatsanwalt oder Richter davon zu unterrichten, damit diese die Möglichkeit der Diversion aufgrund der Leistung prüfen können. Das Jugendamt ist also verpflichtet, durch Prüfung und Gewährung von Leistungen die **Voraussetzungen für eine Diversion** zu schaffen. Die Entscheidung über das Absehen von Verfolgung oder die Einstellung des Verfahrens liegt nach §§ 45, 47 JGG dagegen beim Staatsanwalt bzw. dem Richter. Dabei stehen diese Vorschriften nicht beziehungslos neben § 52 SGB VIII oder treten gar zu diesem in Widerspruch, vielmehr knüpft § 45 Abs. 2 JGG explizit an die Einleitung oder die bereits erfolgte Durchführung einer „erzieherischen Maßnahme" an, worunter ungeachtet der weniger an Hilfeangebote denn an Anordnungen erinnernden abweichenden Terminologie nichts anderes zu verstehen ist als die „Leistungen der Jugendhilfe", von denen § 52 Abs. 2 SGB VIII spricht.

53 § 52 Abs. 2 SGB VIII regelt die frühzeitige Prüfung und das Anbieten von Leistungen durch das Jugendamt. Die Vorschrift betrifft damit nicht die Inanspruchnahme von Hilfen, zu denen Jugendliche oder junge Volljährige durch das Jugendgericht verpflichtet werden können. Zu diesen und den jugendhilferechtlichen Implikationen vgl. die Kommentierung zu § 36a SGB VIII.

VI. Abs. 3 – Heranziehung der JGH und Kontinuität der Betreuung

54 § 52 Abs. 3 SGB VIII verpflichtet das Jugendamt oder den freien Träger im Wege einer Soll-Vorschrift zur Betreuung des Jugendlichen während des gesamten Verfahrens durch dieselbe, nämlich die Person, die die Nachforschungen nach § 38 Abs. 2 Satz 2 JGG angestellt hat.[121] Die Vorschrift sollte die Praxis der „Gerichtsgeher" beenden, nach der ausschließlich oder überwiegend damit beauftragte Mitarbeiter die Hauptverhandlungstermine wahrnehmen, ohne selbst zuvor Ermittlungen durchgeführt oder auch nur Kontakt zu den Beschuldigten gehabt zu haben.[122] Die Vorschrift korrespondiert mit § 38 Abs. 4 Satz 2 JGG, nach dem die Person in die Hauptverhandlung entsandt werden soll, die die vorangegangenen Nachforschungen angestellt hat.

---

120 So FK-SGB VIII/*Trenczek*, § 52 Rn. 50.
121 Vgl. Beschlussempfehlung und Bericht des Ausschusses für Jugend, Familie, Frauen und Gesundheit (13. Ausschuss) vom 21.3. 1990, BT-Drs. 11/6748, 82.
122 So die Gesetzesbegründung, BT-Drs. 11/5948, 90.

Die Betreuungsaufgabe nach Abs. 3 wird durch weitere Vorschriften konkretisiert. Zu nennen sind hier etwa §§ 51 Abs. 6 Satz 4 (Anwesenheit in der HV bei Ausschluss der Eltern) und 67a Abs. 4 Satz 3, Abs. 6 JGG (Unterrichtung bei Ausschluss oder Abwesenheit der Eltern). 55

VII. Zuständigkeit

Sachlich zuständig ist gemäß § 85 Abs. 1 SGB VIII der örtliche Träger. Die nach dem Gesetz (§ 38 Abs. 1 JGG, § 76 SGB VIII) bei fortbestehender Verantwortlichkeit des öffentlichen Trägers mögliche Beteiligung freier Träger ist in der Praxis von untergeordneter Bedeutung. Die **örtliche Zuständigkeit** regelt § 87b SGB VIII. Auf die dortigen Erläuterungen wird verwiesen. 56

Vierter Abschnitt
Beistandschaft, Pflegschaft und Vormundschaft für Kinder und Jugendliche, Auskunft über Nichtabgabe von Sorgeerklärungen

§ 52a
Beratung und Unterstützung bei Vaterschaftsfeststellung und Geltendmachung von Unterhaltsansprüchen

(1) [1]Das Jugendamt hat unverzüglich nach der Geburt eines Kindes, dessen Eltern nicht miteinander verheiratet sind, der Mutter Beratung und Unterstützung insbesondere bei der Vaterschaftsfeststellung und der Geltendmachung von Unterhaltsansprüchen des Kindes anzubieten. [2]Hierbei hat es hinzuweisen auf

1. die Bedeutung der Vaterschaftsfeststellung,

2. die Möglichkeiten, wie die Vaterschaft festgestellt werden kann, insbesondere bei welchen Stellen die Vaterschaft anerkannt werden kann,

3. die Möglichkeit, die Verpflichtung zur Erfüllung von Unterhaltsansprüchen nach § 59 Absatz 1 Satz 1 Nummer 3 beurkunden zu lassen,

4. die Möglichkeit, eine Beistandschaft zu beantragen, sowie auf die Rechtsfolgen einer solchen Beistandschaft,

5. die Möglichkeit der gemeinsamen elterlichen Sorge.

[3]Das Jugendamt hat der Mutter ein persönliches Gespräch anzubieten. [4]Das Gespräch soll in der Regel in der persönlichen Umgebung der Mutter stattfinden, wenn diese es wünscht.

(2) Das Angebot nach Absatz 1 kann vor der Geburt des Kindes erfolgen, wenn anzunehmen ist, dass seine Eltern bei der Geburt nicht miteinander verheiratet sein werden.

(3) [1]Wurde eine nach § 1592 Nummer 1 oder 2 des Bürgerlichen Gesetzbuchs bestehende Vaterschaft zu einem Kind oder Jugendlichen durch eine gerichtliche Entscheidung beseitigt, so hat das Gericht dem Jugendamt Mitteilung zu machen. [2]Absatz 1 gilt entsprechend.

(4) Das Standesamt hat die Geburt eines Kindes, dessen Eltern nicht miteinander verheiratet sind, unverzüglich dem Jugendamt anzuzeigen.

Übersicht Rn.

A. Allgemeines

In § 52a SGB VIII sind **Rechtsansprüche auf Beratung und Unterstützung** für **Mütter** geregelt, die entweder mit dem Vater nicht verheiratet sind oder mit einer Frau in einer Lebenspartnerschaft nach dem LPartG verpartnert oder mit einer Frau nach dem Gesetz zur Einführung des Rechts auf Eheschließung für Personen gleichen Geschlechts vom 20. Juli 2017[1] verheiratet sind.[2] Da es sich bei den Beratungs- und Unterstützungsangeboten nicht um „Andere Aufgaben der Jugendhilfe" handelt, sondern um „Leistungen der Jugendhilfe", wäre es besser gewesen, § 52a SGB VIII im Zweiten Kapitel zu positionieren und in den Leistungskatalog des § 2 Abs. 2 SGB VIII aufzunehmen. 1

Die Norm, die in der Ursprungsfassung des SGB VIII nicht enthalten war, wurde durch das **Beistandschaftsgesetz vom 4.12.1997**[3] **neu eingefügt** und ist am 1.7.1998 in Kraft getreten. Im Zuge der Ersetzung der gesetzlichen Amtspflegschaft (§§ 1706 bis 1710 BGB a.F.) durch die freiwillige Beistandschaft sah es der Gesetzgeber zu Recht als erforderlich an, umfangreiche Hilfsangebote für unverheiratete Mütter zu normieren. 2

Abs. 4 wurde durch das **Personenstandsrechtsreformgesetz (PStRG)** vom 19.2.2007[4] mit Wirkung zum 1.1.2009 angefügt.

B. Einzelheiten

I. Beratungs- und Unterstützungsangebot / Hinweispflichten (Abs. 1 Satz 1, 2)

1. Informationsschreiben über umfassendes Angebot zur Beratung und Unterstützung (Satz 1)

Zunächst muss das Jugendamt der unverheirateten Mutter unverzüglich (also ohne schuldhaftes Zögern) nach der Geburt von Amts wegen ein **umfassendes Angebot zur Beratung und Unterstützung**, insbesondere bei der Vaterschaftsfeststellung und Geltendmachung von Unterhaltsansprüchen des Kindes, unterbreiten, also hinsichtlich der Gegenstandsbereiche, für die das Jugendamt bis zum 1.7.1998 in den alten Bundesländern als Amtspfleger für das Kind tätig und die elterliche Sorge der Mutter eingeschränkt war. Durch das Wort „insbesondere" ist klargestellt, dass der Beratungs- und Unterstützungsanspruch nicht nur auf die Vaterschaftsfeststellung und Unterhaltsansprüche des Kindes sowie die in Satz 2 näher aufgeführten Bereiche beschränkt ist, sondern auch andere für die Lebenssituation der Mutter relevante Themenkomplexe wie z.B. deren Unterhaltsanspruch gem. § 1615l BGB gegenüber dem Vater, aber auch staatliche Sozialleistungen (Elterngeld, Kindergeld, Wohngeld etc.) umfassen kann. 3

Während bei der ergebnisoffenen **Beratung** im Rahmen des Abs. 1 die Informationsverschaffung und Klärung von Fragen im Vordergrund steht, die für eine eigenverantwortliche Entscheidung der Mutter von Bedeutung sind, handelt es sich bei der **Unterstützung** um eine Hilfestellung mit Außenwirkung, die auch Hilfen bei der Anfertigung von Schreiben an Dritte, nicht jedoch eine gerichtliche Vertretung umfasst (siehe hierzu auch Rn. 11 zu § 18 SGB VIII). 4

1 BGBl. I S. 2787.
2 So wohl auch: LPK-SGB VIII/*Kunkel/Leonhardt/Sievertsen*, § 52a Rn. 1.
3 BGBl. I S. 2942.
4 BGBl. I S. 122.

5 Zwar enthält Abs. 1 keine Regelung bezüglich der **Form** der Unterbreitung des Beratungs- und Unterstützungsangebotes. Dennoch wird die Mutter im Normalfall durch ein entsprechendes **Informationsschreiben** über das Beratungs- und Unterstützungsangebot informiert werden. Das Informationsschreiben sollte möglichst in persönlich gehaltener Form abgefasst sein[5] und muss auch das Angebot zu einem persönlichen Gespräch enthalten (Abs. 1 Satz 3; „hat anzubieten"). Aus dem Informationsschreiben sollte ferner hervorgehen, dass die Beratung kostenlos ist und dass das Beratungsgespräch in der Regel in der persönlichen Umgebung der Mutter stattfindet, wenn diese es wünscht (siehe hierzu auch Rn. 22). Schließlich muss das Schreiben auch Informationen über die in Satz 2 genannten Mindestinhalte der Beratung und Unterstützung enthalten.

6 Da der Mutter die Beratung nicht aufgedrängt, sondern nur angeboten werden soll, ist die **einmalige Übersendung** oder Aushändigung des Informationsschreibens z.B. anlässlich eines Willkommensbesuchs (siehe hierzu Rn. 22) ausreichend,[6], denn die Mutter hat die freie Entscheidungsbefugnis, ob sie das ihr von Amts wegen unterbreitete Angebot annimmt. Deshalb ist es auch folgerichtig, dass **keine Versagung der Verfahrenskostenhilfe** mit der Begründung erfolgen darf, die Mutter habe „mutwillig" gehandelt, weil sie von dem Beratungs- und Unterstützungsangebot des Jugendamtes keinen Gebrauch gemacht habe.[7]

7 **Die Aufbewahrung einer Kopie des Informationsschreibens** für drei Jahre ist im Hinblick auf die für etwaige Schadensersatzansprüche maßgebliche dreijährige Verjährungsfrist des § 195 BGB empfehlenswert.[8]

2. Hinweispflichten des Jugendamtes nach Satz 2

8 In dem Informationsangebot müssen die in **Nr. 1 bis 5 aufgeführten Hinweise** enthalten sein.[9] Dabei empfiehlt es sich, in das Informationsschreiben neben den unter Rn. 3 genannten Informationen lediglich **allgemeine Hinweise** über die Regelungsbereiche der Nr. 1 bis 5 etwa dergestalt aufzunehmen, dass sich das Beratungs- und Unterstützungsangebot insbesondere auf die Möglichkeit der Anerkennung bzw. Feststellung der Vaterschaft, der Beurkundung von Unterhaltsansprüchen des Kindes, die Möglichkeit, eine Beistandschaft zu beantragen, sowie die Möglichkeit der Erlangung der gemeinsamen elterlichen Sorge bezieht, und zusätzlich, wie dies auch von vielen Jugendämtern praktiziert wird, in einem diesem Informationsschreiben **beigefügten Merkblatt** weitere Informationen aufzunehmen. Im Einzelnen sollten sich diese **Zusatzinformationen** auf folgende Themenkomplexe beziehen, die auch bei der Beratung und Unterstützung relevant werden können:

a) Die Bedeutung der Vaterschaftsfeststellung (Nr. 1)

9 Hierzu gehören u.a. Informationen über das aus Art. 2 GG abgeleitete Grundrecht des Kindes auf **Kenntnis der genetischen Abstammung**[10] und das im Regelfall hinter das Grundrecht des Kindes zurückstehende Recht der Mutter auf Wahrung ihrer Intimsphäre.[11] Die Mutter ist auch auf die sich aus § 1 Abs. 3 UVG ergebende Gefahr des Verlustes von Leistungen nach diesem Gesetz hinzuweisen, sofern sie sich weigert, an der Feststellung der Vater-

5 Vgl. *Birnstengel/Katzenstein*, JAmt 2015, 230.
6 So auch DIJuF, JAmt 2002, 175.
7 Vgl. z.B. OLG Rostock, FamRZ 2010, 56 und OLG Karlsruhe, ZKJ 2009, 295 f. m.w.N.
8 Nach LPK-SGB VIII/*Kunkel/Leonhardt/Sievertsen*, § 52a Rn. 6 soll es sich sogar bewährt haben, das Informationsschreiben bis zur Volljährigkeit des Kindes aufzuheben, „da nicht selten ein schriftliches Angebot in Abrede gestellt" werde. Nach DIJuF, JAmt 2004, 238, ist eine Aufbewahrung von einem Jahr empfehlenswert.
9 So auch LPK-SGB VIII/*Kunkel/Leonhardt/Sievertsen*, § 52a Rn. 9 ff.
10 Vgl. BVerfGE 79, 256; BGHZ 82, 173.
11 Zur Abwägung beider Grundrechte siehe BVerfG, ZfF 1997, 330 ff.

schaft oder des Aufenthaltes des anderen Elternteils mitzuwirken.[12] Dabei darf sie jedoch keinesfalls zur Mitwirkung an der Vaterschaftsfeststellung gedrängt werden.

Da zur „Bedeutung der Vaterschaft" insbesondere auch die mit der Feststellung der Vaterschaft verbundenen Rechtsfolgen gehören, muss die Mutter bei entsprechendem Beratungsbedarf gegebenenfalls auch darauf hingewiesen und darüber aufgeklärt werden, dass die **Feststellung der Vaterschaft u.a. notwendige Voraussetzung dafür** ist, 10

- dass beide Eltern **gemeinsam** die **elterliche Sorge** durch **Sorgeerklärungen** erlangen können (§ 1626a Abs. 1 Nr. 1 BGB),
- dass **Unterhaltsansprüche** des Kindes gem. §§ 1601 ff. BGB gegenüber dem Vater, aber u.U. auch des Vaters gegenüber dem Kind (§§ 1601 ff. BGB) sowie Unterhaltsansprüche der Mutter gegenüber dem Vater (§ 1615l BGB) bestehen können,[13]
- dass grundsätzlich ein **Umgangsrecht** des Kindes gegenüber dem Vater, aber auch des Vaters gegenüber dem Kind besteht (§ 1684 Abs. 1 BGB), welches nur ausnahmsweise eingeschränkt oder sogar ausgeschlossen werden kann, und dass auch Großeltern und Geschwister ein Recht auf Umgang haben, wenn dieser dem Wohl des Kindes dient (1685 Abs. 1 BGB),
- dass der **leibliche, nicht rechtliche Vater**, der ein ernsthaftes Interesse an dem Kind gezeigt hat, ein **Recht auf Umgang** mit dem Kind hat, wenn der Umgang dem Kindeswohl dient (§ 1686a Abs. 1 Nr. 1 BGB), und dass ihm ein **Auskunftsrecht** über die persönlichen Verhältnisse des Kindes zusteht, wenn dies dem Wohl des Kindes nicht widerspricht (§ 1686a Abs. 1 Nr. 2 BGB),
- dass grundsätzlich **die Einwilligung** des Vaters erforderlich ist, sofern die Mutter plant, das Kind zur **Adoption** freizugeben (§ 1747 Abs. 1 Satz 1 BGB), und
- dass die Feststellung der Vaterschaft **erbrechtliche Folgen** hat, nämlich die, dass das Kind gesetzlicher Erbe 1. Ordnung (§ 1924 Abs. 1 BGB), der Vater gesetzlicher Erbe 2. Ordnung sein kann (§ 1925 Abs.1 BGB) und dass beide zum Kreis der potenziell Pflichtteilsberechtigten, nämlich das Kind gem. § 2303 Abs. 1 BGB und der Vater gem. § 2301 Abs. 2 BGB, gehören.

b) Die Möglichkeiten zur Feststellung der Vaterschaft (Nr. 2)

Die Feststellung der Vaterschaft kann durch **freiwillige Anerkennung** seitens des Vaters mit Zustimmung der Mutter (§ 1592 Nr. 2 i.V.m. §§ 1594 ff. BGB) erfolgen, und zwar entweder kostenpflichtig beim Standesamt oder Notar oder kostenlos beim Jugendamt. Die Anerkennung ist allerdings nicht wirksam, solange die Vaterschaft eines anderen Mannes besteht (§ 1594 Abs. 2 BGB). 11

Die Feststellung der Vaterschaft ist bei fehlender freiwilliger Anerkennung auch durch **gerichtliche Feststellung** (§ 1592 Nr. 3, § 1600d BGB) möglich.

Über beide Feststellungsvarianten und die Stellen, bei denen die Vaterschaft anerkannt werden kann, ist die Mutter zu informieren. Auch eine Beratung über die Voraussetzungen des Verbots der missbräuchlichen Anerkennung der Vaterschaft gem. § 1597a BGB kann u.U. angebracht sein. (Näheres zu § 1597a BGB siehe unter Rn. 3a zu § 59 SGB VIII.) Ob sich die Hinweis- und Beratungspflicht auch auf die **Unzulässigkeit heimlicher Vaterschafts-** 12

12 Ob auch ein Hinweis darauf erforderlich ist, dass in diesen Fällen auch eine Leistungskürzung im Rahmen des SGB II möglich ist, bleibt abzuwarten, denn die Entscheidung des SG Trier (FamRZ 2015, 2009 f.), die nicht zu Unrecht in den Hinweisen für die Praxis (JAmt 2015, 575) als „Fehlurteil" bezeichnet wird, findet hoffentlich keine Nachahmer.

13 Eine Empfehlung dazu, wie ein entsprechendes Hinweisschreiben gefasst sein könnte, findet sich in DIJuF JAmt 2018, 202 (204).

tests[14] bezieht, ist jedoch fraglich, da diese auf die Beseitigung, nicht auf die Feststellung der Vaterschaft abzielen.

Die Ansicht, wonach das Jugendamt berechtigt ist, das Familiengericht gem. § 8a Abs. 2 SGB VIII anzurufen, wenn die **Mutter sich** trotz Fehlens anerkannter Gründe **weigert, Auskunft über den Vater zu erteilen**,[15] ist jedoch nicht zutreffend, da sie impliziert, dass die Mutter verpflichtet ist, im Rahmen der freiwilligen Beratung die Gründe für ihr Verhalten zu offenbaren, wofür sich im Gesetz jedoch keine ausreichenden Anhaltspunkte finden.[16] Im Übrigen würde der Druck auf die Mutter, Auskunft über den Vater zu erteilen oder die Gründe für die Weigerung mitzuteilen, faktisch dazu führen, dass der Mutter die Mitwirkung an der Vaterschaftsfeststellung aufgezwungen würde.[17]

c) Die Möglichkeit der Beurkundung von Unterhaltspflichten (Nr. 3)

13 Nach Nr. 3 muss auch auf die Möglichkeit hingewiesen werden, **Unterhaltsansprüche von Kindern**, die das 21. Lebensjahr noch nicht vollendet haben, kostenlos vom Jugendamt beurkunden zu lassen und somit u.U. auf einfachem Weg einen Vollstreckungstitel zu erhalten (siehe auch § 60 SGB VIII). Warum allerdings nicht auch ein Hinweis auf die Möglichkeit vorgesehen ist, gem. § 59 Abs. 1 Satz 1 Nr. 4 SGB VIII mit Einverständnis des Vaters **Unterhaltspflichten des Vaters gegenüber der Mutter** gem. § 1615l BGB beurkunden zu lassen und sich auch hierüber unter den Voraussetzungen des § 60 SGB VIII eine vollstreckbare Urkunde zu verschaffen, ist unerfindlich und sollte bei der nächsten Novellierung korrigiert werden. Aus dem Umstand, dass sich das Beratungs- und Unterstützungsangebot nach Abs. 1 Satz 1 „insbesondere" auf die Vaterschaftsfeststellung und Geltendmachung von Unterhaltsansprüchen bezieht, kann jedoch der Rechtsanspruch der Mutter auf Hilfen bei der Geltendmachung von Unterhaltsansprüchen gem. § 1615l BGB abgeleitet werden.[18]

d) Die Möglichkeit der Beantragung einer Beistandschaft und deren Rechtsfolgen (Nr. 4)

14 Zu den Einzelheiten der in §§ 1712 ff. BGB gesetzlich normierten Beistandschaft siehe Rn. 2 ff. zu § 55 SGB VIII.

e) Möglichkeit der gemeinsamen elterlichen Sorge (Nr. 5)

15 Unverheiratete Eltern können die gemeinsame elterliche Sorge gem. § 1626a Abs. 1 BGB dann erlangen, wenn sie übereinstimmende Sorgeerklärungen abgeben, einander heiraten oder soweit ihnen das Familiengericht die elterliche Sorge gem. § 1626a Abs. 1 Nr. 3, Abs. 2 BGB gemeinsam überträgt. Das Jugendamt muss die Mutter über alle **drei Möglichkeiten der Erlangung der elterlichen Sorge** beraten, sodass der Singular in Nr. 5 („Möglichkeit der gemeinsamen elterlichen Sorge") irreführend ist.

16 Mit der Einfügung des Wortes „insbesondere" in Abs. 1 hat der Gesetzgeber die Intention verknüpft, die **Wahrnehmung gemeinsamer elterlicher Verantwortung** durch die Hinweispflicht des Jugendamtes auf die Möglichkeit der gemeinsamen elterlichen Sorge zu fördern.[19] Auch wenn die gemeinsame elterliche Sorge häufig für Kinder die beste Alternative sein dürfte, so darf die Mutter dennoch keinesfalls zu einer gemeinsamen Sorgeerklärung

14 Zu heimlichen Vaterschaftstests siehe BVerfG, FamRZ 2007, 441 ff. und BGH NJW 2005, 497 ff.
15 So LPK-SGB VIII/*Kunkel/Leonhardt/Sievertsen*, § 52a Rn. 12.
16 Das Bundesverfassungsgericht hat, wenn auch in anderem Zusammenhang, nämlich dem Auskunftsrecht des Scheinvaters gegen die Mutter, das Persönlichkeitsrecht der Mutter, geschlechtliche Beziehungen zu anderen Partnern und deren Namen ohne ausreichende eindeutige gesetzliche Regelung nicht offenbaren zu müssen, erneut gestärkt (vgl. BVerfG, ZKJ 2015, 227 ff.).
17 Dies soll jedoch gerade nicht geschehen. Siehe insoweit auch: *Schellhorn,* in Schellhorn/Fischer/Mann/Kern, § 52a SGB VIII Rn. 16.
18 So auch LPK-SGB VIII/*Kunkel/Leonhardt/Sievertsen*, § 52a Rn. 5.
19 Vgl. BT-Drs. 13/8511, 82.

(siehe hierzu Rn. 17) gedrängt werden. Vielmehr muss die **ergebnisoffene Beratung das Ziel haben**, dass die Mutter in die Lage versetzt wird, nach Abwägung des Für und Wider der gemeinsamen elterlichen Sorge eine im Interesse ihres Kindes verantwortliche Entscheidung zu treffen. Deshalb muss die Mutter sowohl über die Voraussetzungen für die Erlangung der gemeinsamen elterlichen Sorge als auch über die Rechtsfolgen und möglichen Konsequenzen, die mit der gemeinsamen elterlichen Sorge verbunden sind, informiert werden.

Bei der Beratung über die **gemeinsame elterliche Sorge durch Sorgeerklärungen**, die nicht gemeinsam abgegeben werden müssen, muss die Mutter auch darüber informiert werden, dass die erforderlichen öffentlichen Beurkundungen (§ 1626d Abs. 1 BGB) kostenpflichtig beim Notar oder kostenfrei beim Jugendamt (§ 59 Abs. 1 Nr. 8 SGB VIII), nicht jedoch beim Standesamt erfolgen können und dass eine Prüfung, ob die gemeinsame elterliche Sorge dem Kindeswohl entspricht, nicht vorgenommen wird. **17**

Eine **gemeinsame elterliche Sorge gegen den Willen der Mutter** ist erst durch das Gesetz zur Reform der elterlichen Sorge nicht miteinander verheirateter Eltern vom 16.4.2013[20] seit dessen Inkrafttreten zum 19.5.2013 möglich. Die Mutter ist insbesondere darüber aufzuklären, dass auf Antrag des Vaters die Übertragung der gemeinsamen elterlichen Sorge oder eines Teils davon möglich ist, wenn dies dem Kindeswohl nicht widerspricht (§ 1626a Abs. 2 Satz 1 BGB)[21], und dass für den Fall, dass sie in einem entsprechenden gerichtlichen Verfahren keine Gründe vorträgt, die der Übertragung der gemeinsamen elterlichen Sorge entgegenstehen können, gem. § 1626a Abs. 2 Satz 2 BGB die Vermutung besteht, dass die gemeinsame elterliche Sorge dem Kindeswohl nicht widerspricht.[22] Auch darüber, dass in diesem Fall ein **beschleunigtes schriftliches familiengerichtliches Verfahren** ohne Anhörung des Jugendamtes und ohne persönliche Anhörung der Eltern stattfinden soll (§ 155a Abs. 3 FamFG),[23] ist die Mutter zu informieren. **18**

Auch die wesentlichen Regelungsbereiche, über die bei Getrenntleben vom Vater und gemeinsamer elterlicher Sorge Einvernehmen hergestellt werden muss, müssen mit der Mutter besprochen werden. Zu den **Angelegenheiten, die von erheblicher Bedeutung für das Kind** im Sinne des § 1687 Abs. 1 Satz 2 BGB sind, gehören u.a. der Aufenthalt des Kindes, die Entscheidung darüber, ob und in welchem Umfang ein Kind geimpft werden soll[24], u.U. die Entscheidung über eine Reise ins außereuropäische Ausland[25], die Entscheidung, ob und gegebenenfalls in welchem religiösen Bekenntnis das Kind erzogen werden soll, die Wahl des Kindergartens und der Schulform sowie etwaig erforderliche Einwilligungen in Operationen. (Näheres siehe unter Rn. 17 zu § 17 SGB VIII). **19**

Da sich alleinerziehende bzw. alleinsorgeberechtigte Mütter häufig auch mit der Frage beschäftigen, wer sich für den Fall ihres Todes um ihr Kind kümmern wird, muss die Beratung, zumindest bei entsprechenden Anfragen seitens der Mutter, auch Informationen über die **elterliche Sorge bei Tod eines Elternteils** umfassen, damit die Mutter zu einer sorgfältigen Abwägung des Für und Wider der gemeinsamen oder alleinigen elterlichen Sorge in die Lage versetzt wird. Die Mutter muss also gegebenenfalls (und darf dies auch, wie dem Wort „insbesondere" in Abs. 1 zu entnehmen ist) darüber aufgeklärt werden, dass bei gemeinsa- **20**

20 BGBl. I S. 795.
21 Die Anforderungen an die Bewilligung von Verfahrenskostenhilfe für einen entsprechenden Antrag des Vaters dürfen nicht überspannt werden. Siehe insoweit BVerfG; Beschl. v. 13.7.2020, 1 BvR 631/19, FamRZ 2020, 1559 ff.
22 Zu den Anforderungen an die **„negative" Kindeswohlprüfung** siehe BGH, FamRZ 2016, 1439 ff. = ZKJ 2016, 414 ff.
23 Zum Vereinfachten Sorgerechtsverfahren gem. § 155a FamFG siehe OLG Frankfurt, ZKJ 2014, 123 ff. und die Anm. hierzu von *Müller*, EJ 2014, 245 f., der für eine Abschaffung dieses Verfahrens plädiert.
24 Vgl. BGH, FamRZ 2017,1057 ff., OLG Frankfurt, ZKJ 2016, 105 ff.
25 Vgl. OLG Frankfurt, ZKJ 2016, 361 f. (Reise in die Türkei).

mer elterlicher Sorge der Vater kraft Gesetzes die elterliche Sorge erhält (§ 1680 Abs. 1 BGB) und für den Fall, dass sie die alleinige elterliche Sorge innehat, das Familiengericht im Falle ihres Todes dem Vater die elterliche Sorge übertragen wird, wenn dies dem Wohl des Kindes nicht widerspricht (§ 1680 Abs. 2 BGB). Auch muss die Mutter gegebenenfalls darüber beraten werden, dass sie zwar durch ein formwirksames Testament, also z.B. eine eigenhändig geschriebene und unterschriebene schriftliche Willenserklärung, für den Fall ihres Todes einen Vormund benennen kann (§§ 1776 Abs. 1, 1777 Abs. 3 BGB), der vom Familiengericht nur ausnahmsweise übergangen werden darf (§ 1778 BGB), dass sie hierdurch aber den Vorrang des Vaters nach § 1680 Abs. 2 BGB nicht „aushebeln" kann, sodass der Vater somit für den Fall, dass die Übertragung der elterlichen Sorge dem Kindeswohl nicht widerspricht, trotz eines Testaments seitens der Mutter die elterliche Sorge erhält.

3. Zuständigkeit und Kosten

21 Das Beratungs- und Unterstützungsangebot des Abs. 1 ist, ebenso wie das vorgeburtliche Hilfsangebot nach Abs. 2 (siehe hierzu Rn. 23), **kostenfrei**.

Die **sachliche Zuständigkeit** ergibt sich aus § 85 Abs. 1 SGB VIII. Die **örtliche Zuständigkeit** richtet sich nach dem gewöhnlichen oder tatsächlichen Aufenthalt der Mutter (§ 87c Abs. 5 Satz. 1 SGB VIII).

II. Angebot eines persönlichen Gesprächs mit und bei der Mutter (Abs. 1 Satz 3, 4)

22 Nach Abs. 1 Satz 3 hat das Jugendamt der Mutter ein **persönliches Gespräch** anzubieten. Dieses Angebot ist zumeist in dem schriftlichen Informationsschreiben nach Satz 1 (siehe Rn. 5) enthalten.

Nach Abs. 1 Satz 4 soll das Gespräch in der Regel in der **persönlichen Umgebung der Mutter** stattfinden, wenn diese es wünscht. Hierauf besteht ein Rechtsanspruch.[26] Leider ist zu befürchten, dass in dem Anschreiben an die Mütter zumeist der Hinweis darauf fehlt, dass das Gespräch in der Regel in der persönlichen Umgebung der Mutter stattfinden soll,[27] wenn diese es wünscht, sodass Mütter häufig von ihrem einklagbaren Rechtsanspruch auf ein Beratungsgespräch in ihrer persönlichen Umgebung keine Kenntnis haben dürften. Das Anliegen des Gesetzgebers, durch Beratungsgespräche in der vertrauten Umgebung der Mutter eine vertrauensvolle Zusammenarbeit mit dem Jugendamt zu ermöglichen, dürfte daher nicht im erforderlichen Umfang verwirklicht werden. Deshalb sollte die bislang wenig genutzte Möglichkeit, die Beratung mit den in vielen Orten praktizierten Willkommensbesuchen zu verbinden, häufiger genutzt werden.[28] Auch von der Umsetzung der zu Recht geforderten Fahrbereitschaft beim Jugendamt zur Verwirklichung des Rechtsanspruchs auf ein persönliches Gespräch in der Umgebung der Mutter, wenn anders die Hausbesuche nicht in angemessenem Zeitaufwand durchgeführt werden können,[29] dürfte die Realität noch weit entfernt sein.

---

26 Vgl. LPK-SGB VIII/*Kunkel/Leonhardt/Sievertsen*, § 52a Rn. 22.

27 So fehlt z.B. ein entsprechender Hinweis auch in dem im DAVorm 1995, 690 abgedruckten Musterschreiben und in dem ansonsten gelungenen Anschreiben des Jugendamtes der Stadt Dortmund, Leitfaden Beratung nach §§ 18 und 52a SGB VIII (Stand 21.3.2007), https://rathaus.dortmund.de/dosys/gremrech2.nsf/0/E92DD802AEA817F7C125744B0051072E/$FILE/Anlagen_09176-07.pdf (15.3.2022).

28 Vgl. hierzu: *Birnstengel/Katzenstein*, JAmt 2015, 230.

29 So die berechtigte Forderung von LPK-SGB VIII/*Kunkel/Leonhardt/Sievertsen*, § 52a Rn. 22.

III. Hilfsangebote vor der Geburt (Abs. 2)

Abs. 2 räumt dem Jugendamt die Möglichkeit ein, die Mutter schon vor der Geburt des Kindes zu beraten und zu unterstützen. Dies ist auch deshalb sinnvoll, weil auch einige der in Abs. 1 genannten Bereiche schon vorgeburtlich geregelt werden können (z.B. die Anerkennung der Vaterschaft gem. § 1594 Abs. 4 BGB, die Sorgeerklärung gem. § 1626b Abs. 2 BGB). Zwar besteht keine Mitteilungspflicht von **Schwangerschaftsberatungsstellen** gegenüber dem Jugendamt,[30] mit entsprechender Einwilligung der Mutter sind diese Stellen jedoch befugt, dem Jugendamt den Namen und die Anschrift der schwangeren Frau mitzuteilen, damit dieses ihr das Angebot nach Abs. 2 unterbreiten kann.[31] Dies kann auch ein Beitrag zum Schutz des ungeborenen Lebens sein. Diesem Zweck dient auch § 4 Abs. 2 SchKG, wonach die Beratungsstellen zur Information über die Leistungsangebote im örtlichen Einzugsbereich und zur Sicherstellung eines umfassenden Beratungsangebots in den Netzwerken nach § 3 KKG mitwirken. 23

Bezüglich der **Zuständigkeit** und **Kosten** für die vorgeburtlichen Hilfsangebote siehe Rn. 21.

IV. Mitteilungspflicht des Gerichts und Hilfen nach erfolgreicher Vaterschaftsanfechtung (Abs. 3)

Abs. 3 Satz 1 enthält eine **Mitteilungspflicht des Gerichts** nach erfolgreicher Vaterschaftsanfechtung. Wenn nämlich die nach § 1592 Nr. 1 oder Nr. 2 BGB bestehende Vaterschaft durch eine Vaterschaftsanfechtungsklage (§ 1600a BGB), für die bestimmte Anfechtungsfristen in § 1600b BGB zu beachten sind, beseitigt wurde, besteht für die Mutter u.U. ein ähnlicher Hilfebedarf wie für die bei und nach der Geburt des Kindes unverheiratete Mutter. Durch die Mitteilungspflicht des Gerichts wird das Jugendamt in die Lage versetzt, der Mutter die erforderliche **kostenlose** Beratung und Unterstützung anzubieten (Abs. 3 Satz 2). Zur Unterbreitung dieses nachträglichen Hilfsangebots ist das Jugendamt verpflichtet. Die Mutter hat in diesem Fall **einen Rechtsanspruch auf Beratung und Unterstützung**. 24

V. Anzeigepflicht des Standesamtes (Abs. 4)

Die ursprünglich in § 21b des Personenstandsgesetzes (PStG) geregelte Anzeigepflicht des Standesamtes wurde durch das Personenstandsrechtsreformgesetz (PStRG) vom 19.2.2007[32] mit Wirkung zum 1.1.2009 in das SGB VIII als Abs. 4 des § 52a aufgenommen, da durch das Personenstandsrechtsreformgesetz Mitteilungspflichten des Standesamtes gegenüber Gerichten und Behörden in den jeweiligen maßgeblichen Einzelgesetzen normiert werden sollten.[33] Inhaltliche Änderungen sind hierdurch nicht erfolgt, denn durch die Anzeigepflicht des Standesamtes, der das Standesamt unverzüglich nachkommen muss, soll nach wie vor sichergestellt werden, dass das Jugendamt von der Geburt eines Kindes, dessen Eltern nicht miteinander verheiratet sind, Kenntnis erlangt, damit es seinerseits der Mutter unverzüglich das Beratungs- und Unterstützungsangebot des Abs. 1 unterbreiten kann. 25

---

30 Vgl. LPK-SGB VIII/*Kunkel/Leonhardt/Kemper*, § 52a Rn. 24.
31 Vgl. FK-SGB VIII/*Hoffmann*, § 52a Rn. 14.
32 BGBl. I S. 122.
33 Vgl. BT-Drs. 16/1831, 58.

Vorbemerkung zu §§ 53 bis 58 SGB VIII

1 Durch das **Gesetz zur Reform des Vormundschafts- und Betreuungsrechts** vom 4. Mai 2021[1] werden auch im SGB VIII,[2] insbesondere im Vierten Abschnitt des Dritten Kapitels Änderungen vorgenommen. Die §§ 53 bis 57 SGB VIII werden völlig neu strukturiert und gefasst. Da durch die Reform das im BGB geregelte Rechtsinstitut der Gegenvormundschaft abgeschafft wird, konnte auch die in § 58 SGB VIII getroffene Regelung über die Tätigkeit des Jugendamts als Gegenvormund entfallen. Das bisher in § 58a SGB VIII geregelte Sorgeregister wird gegenüber dem Rechtszustand nach dem KJSG textlich unverändert in § 58 SGB VIII n.F. normiert.

Das Reformgesetz tritt am **1. Januar 2023 in Kraft**.

2 Die Regelungen der §§ 53 bis 58a SGB VIII in ihrer derzeitigen Fassung sind also am 31.12.2022 auslaufendes Recht. **Angesichts dessen ist nachfolgend das ab 1. Januar 2023 geltende Recht nach den §§ 53 bis 58 SGB VIII kommentiert.** Die bis zum 31.12.2022 geltenden Fassungen werden im Anschluss an die ab 1.1.2023 geltende Fassung im Kursivdruck wiedergegeben.[3]

3 Die wesentliche Änderungsmaxime für das im Kern mehr als hundertzwanzigjährige Rechtsgebiet des Vormundschaftsrechts ist die Stärkung der Subjektrolle der Betroffenen und deren Selbstbestimmtheit. Ziel ist die weitergehende Personalisierung der Vormundschaft. Legislativtechnisch werden die Bestimmungen des geltenden Vormundschaftsrechts zur Vermögenssorge, zu Fürsorge und Aufsicht des Gerichts sowie zum Aufwendungsersatz und zur Vergütung in das Betreuungsrecht des BGB eingefügt und diesem angepasst. Die Erziehungsverantwortung des Vormunds und dessen Verhältnis zur Pflegeperson werden ausdrücklich geregelt, die Rechte der Pflegeperson werden gestärkt. Die verschiedenen Vormundschaftstypen werden zu einem Gesamtsystem zusammengefügt. Berufsvormünder einschließlich des Jugendamts als Amtsvormund werden bei der Bestellung als gleichrangig und nur die ehrenamtlichen Vormünder als vorrangig behandelt. Die vorläufige Vormundschaft sollen Vormundschaftsvereine und Jugendämter bekommen, bis ein geeigneter Vormund „in Ruhe"[4] ausgewählt ist. Vormundschaftsvereine als juristische Personen scheiden als vom Jugendamt vorschlagbare und vom Familiengericht bestellbare Vormünder außerhalb einer vorläufigen Vormundschaft aus.

---

1 BGBl. I S. 882.
2 Vgl. Art. 12 des Reformgesetzes.
3 Im Hinblick auf die Kommentierung der bis zum 21.12.2022 geltenden Fassungen siehe die Vorauflage dieses Kommentars, S. 620 ff.
4 So die Gesetzesbegründung, BT-Drs. 19/24445, 2.

§ 53
Beratung und Unterstützung von Pflegern und Vormündern

(1) Das Jugendamt hat dem Familiengericht Personen vorzuschlagen, die sich im Einzelfall zur Bestellung als Vormund eignen.

(2) [1]Das Jugendamt hat seinen Vorschlag zu begründen. [2]Es hat dem Familiengericht darzulegen,

1. welche Maßnahmen es zur Ermittlung des für den Mündel am besten geeigneten Vormunds unternommen hat und

2. wenn es einen Vormund gemäß § 1774 Absatz 1 Nummer 2 bis 4 des Bürgerlichen Gesetzbuchs vorschlägt, dass eine Person, die geeignet und bereit ist, die Vormundschaft ehrenamtlich zu führen, nicht gefunden werden konnte.

(3) Für die Pflegschaft für Minderjährige gelten die Absätze 1 und 2 entsprechend.

§ 53 SGB VIII in der bis zum 31.12.2022 geltenden Fassung:

§ 53
Beratung und Unterstützung von Pflegern und Vormündern

(1) Das Jugendamt hat dem Familiengericht Personen und Vereine vorzuschlagen, die sich im Einzelfall zum Pfleger oder Vormund eignen.

(2) Pfleger und Vormünder haben Anspruch auf regelmäßige und dem jeweiligen erzieherischen Bedarf des Mündels entsprechende Beratung und Unterstützung.

(3) [1]Das Jugendamt hat darauf zu achten, dass die Vormünder und Pfleger für die Person der Mündel, insbesondere ihre Erziehung und Pflege, Sorge tragen. [2]Es hat beratend darauf hinzuwirken, dass festgestellte Mängel im Einvernehmen mit dem Vormund oder dem Pfleger behoben werden. [3]Soweit eine Behebung der Mängel nicht erfolgt, hat es dies dem Familiengericht mitzuteilen. [4]Es hat dem Familiengericht über das persönliche Ergehen und die Entwicklung eines Mündels Auskunft zu erteilen. [5]Erlangt das Jugendamt Kenntnis von der Gefährdung des Vermögens eines Mündels, so hat es dies dem Familiengericht anzuzeigen.

(4) [1]Für die Gegenvormundschaft gelten die Absätze 1 und 2 entsprechend. [2]Ist ein Verein Vormund, so findet Absatz 3 keine Anwendung.

Übersicht

A. Allgemeines

1 § 53 SGB VIII n.F. ist im Vergleich zu seiner bisherigen Fassung aufgespalten. Er behält die Regelungen zur Mitwirkung des Jugendamts bei der Auswahlentscheidung des Gerichts. In den neuen § 53a VIII werden die Regelungen **zur Beratung und Unterstützung der Vormünder** und Pfleger durch das Jugendamt übernommen. In § 53 SGB VIII wird § 1774 BGB n.F. nachvollzogen, wonach künftig nur noch das Jugendamt und natürliche Personen, auch Vereinsvormünder, zu Vormündern bestellt werden können, Vormundschaftsvereine als solche aber nicht mehr. Das Jugendamt muss seiner Vorschlagspflicht mit Begründung entsprechen und dem Gericht nachvollziehbar machen, welche Maßnahmen es zur Ermittlung des „am besten geeigneten" Vormunds getroffen und warum es ggf. keinen ehrenamtlichen Vormund gefunden hat. Für die Pflegschaft werden diese Regelungen in § 53 Abs. 3 SGB VIII n.F. übernommen.

B. Einzelheiten

I. Abs. 1 – Mitwirkung des Jugendamts bei der Vormunds- und Pflegerauswahl

1. Verhältnis von Jugendamt und Familiengericht

2 Von den verschiedenen **Aufgaben des Jugendamts**, die § 53 SGB VIII vormals enthielt, ist in der Neufassung der Norm nur noch die **Mitwirkung bei der familiengerichtlichen Vormünder- und Pflegerauswahl**, diese nun aber präzisiert, geregelt. Das Jugendamt hat dem Familiengericht[1] geeignete Personen vorzuschlagen. Mit der Gesetzesänderung vom 4.5.2021[2] ist nun ausdrücklich die „Bestellung" als Vormund als Bezugspunkt der Eignung der vorzuschlagenden Personen erwähnt. Der zivilrechtliche Wegfall der Vormundschaftsvereine als Vormünder (§ 1774 BGB n.F.) bewirkt den jugendhilferechtlichen Wegfall der Vormundschaftsvereine aus dem Kreis der vorschlagbaren Personen. Die Pflichten und Befugnisse des Jugendamts, Vormünder und Pfleger (für Minderjährige) zu beraten, sie zu unterstützen und zu überwachen, sind in § 53a SGB VIII, die Sanktionierung von Mängeln in den Mitteilungspflichtkatalog des Jugendamts in § 57 SGB VIII (dort Abs. 3 Satz 2) transferiert worden.

Die Aufgaben des Jugendamts aus den§§ 53, 53a SGB VIII sind seine eigenen, es erledigt sie eigenständig, d.h. weisungsunabhängig vom Familiengericht, das eine Abteilung des Amtsgerichts (§ 23b Abs. 1 GVG) mit grundsätzlich funktioneller Zuständigkeit des Rechtspflegers (§ 3 Nr. 2a RpflG) ist. Dessen bestimmende Rolle bei der Auswahl und Bestellung des Vormunds (§ 1778 BGB, § 168 FamFG) macht das Jugendamt nicht zum untergeordneten „Hilfsorgan" des Familiengerichts, es handelt vielmehr (gleichgeordnet) mitwirkend (Gesetzesüberschrift des§ 53 SGB VIII) bzw. verfahrensrechtlich beteiligt (§ 162 FamFG).

Für hilfebedürftige Volljährige gilt das Betreuungsrecht. Das Jugendamt hat für diesen Personenkreis deshalb im Rahmen seiner vormundschaftsbezogenen Aufgaben keine Funktionen mehr (früher § 54a JWG).

1 Bis 2009 handelte insoweit das „Vormundschaftsgericht".
2 Gesetz zur Reform des Vormundschafts- und Betreuungsrechts vom 4.Mai 2021 (BGBl. IS. 882).

2. Zuständigkeit des Jugendamts

Wahrgenommen werden die Aufgaben im Vormundschaftswesen vom Jugendamt (i.d.R. ASD), ohne dass § 53 SGB VIII (wie § 55 SGB VIII) eine **Aufgabenübertragung** auf einzelne Bedienstete vorsieht. 3

Die allein in der Neufassung des § 53 SGB VIII verbliebene Vorschlagsaufgabe kann das Jugendamt weder auf anerkannte freie Träger der Jugendhilfe übertragen noch diese daran beteiligen. Denn § 76 SGB VIII benennt diese Aufgabe nicht. Die freien Träger können dem Gericht aber Anregungen geben.

Die **örtliche Zuständigkeit** des sachlich zuständigen örtlichen öffentlichen Jugendhilfeträgers (§ 85 Abs. 1 SGB VIII) hängt vom gewöhnlichen Aufenthalt (§ 30 Abs. 3 Satz 2 SGB I) des Pflegers oder Vormunds ab (§ 87d Abs. 1 SGB VIII).

II. Abs. 2 – Vorschlagspflicht, Gegenstand und Reichweite

1. Recht und Pflicht

Das Familiengericht muss vor der Auswahl von Vormündern und Pflegern das **Jugendamt anhören.** Was bisher in § 1779 Abs. 1 BGB a. F. geregelt war ist nun in der Vorschlagspflicht das § 53 Abs. 1 GB VIII abgebildet. Wie bisher[3] muss das Familiengericht vor der Bestellung beim Jugendamt anfragen, ob es geeignete Personen vorschlagen kann. Diese besondere Ausprägung der Anhörung ist Teil des vom Familiengericht gesteuerten Verfahrens und vom Gericht zu veranlassen. Das Jugendamt hat das Recht und die Pflicht aus **Abs. 1**, nach Aufforderung des Familiengerichts im jeweiligen Einzelfall (nicht im Allgemeinen für das Vormundschaftswesen) „zur Bestellung" geeignete (mehrere!) - nur noch natürliche - Personen, aber keine Vormundschaftsvereine mehr, vorzuschlagen. Das Familiengericht hat aus dem novellierten § 53 SGB VIII, der diese Mitwirkung imperativ bestimmt („hat…vorzuschlagen"), das Recht, einen Vorschlag zu verlangen (wie bei Betreuern nach in § 11 Abs. 1 Satz 2 Nr. 2 BtOG). Das Familiengericht ist allerdings nicht an die Vorschläge des Jugendamts gebunden. Benennt das Jugendamt noch keine natürliche Person, etwa weil die erforderlichen Ermittlungen noch nicht abgeschlossen sind und noch keine zur Vormundsbestellung geeignete natürliche Person auswählbar ist, bestellt das Familiengericht für zunächst drei, bei weiterer Erfolglosigkeit der Bestellung des geeigneten Vormunds für höchstens drei weitere Monate einen *vorläufigen* Vormund (§ 1781 Abs. 1 und Abs. 3 BGB n.F.), dieser kann auch das Jugendamt selbst sein. Das Jugendamt ist für das Familiengericht gleichsam die „Reserve"[4], zumal den Träger der öffentlichen Jugendhilfe auch insoweit die Gewährleistungspflicht aus § 79 Abs. 2 Satz 1 Nr. 1 SGB VIII trifft. 4

2. Begründung des Vorschlags und Gewinnung Ehrenamtlicher

Nach § 53 Abs. 2 SGB VIII muss das Jugendamt den **Vorschlag** des zur Bestellung für den Mündel geeigneten Vormunds **begründen**, indem das Jugendamt dem Familiengericht seine Maßnahmen zu dessen Ermittlung darlegt und erklärt, warum ggf. kein Ehrenamtlicher gefunden wurde. 5

Die Sorge, dass ehrenamtliche Vormünder in der Eignung den professionell agierenden Bediensteten der Jugendämter unterlegen sind, dürfte nicht unbegründet sein. Ein Eignungsvergleich der ehrenamtlichen natürlichen Person (§ 1774 Abs. 1 Nr. 1 BGB n.F.) mit Berufsvormündern, Vereinsvormündern und dem Jugendamt selbst (§ 1774 Abs. 1 Nrn. 2,3 und

3 OLG Hamm, Beschl. v. 9.3.2010, II-1 UF 46/10 (Rn. 11), FamRZ 2010, 1684.
4 KG, Beschl. v. 15.6.2010, 17 UF 65/10 (Rn. 13: „Reservepfleger"), FamRZ 2010, 1998

4 BGB n.F.) hat zu unterbleiben, weil die ehrenamtliche Führung einer Vormundschaft der professionellen hauptberuflichen Amtsführung gesetzlich höherwertig eingestuft ist. Denn § 1774 Abs. 1 Nr. 1 BGB n.F. benennt den ehrenamtlichen Vormund gemäß dem gesetzgeberischen Ziel einer Stärkung des personalen Elements an erster Stelle und § 53 Abs. 2 Satz 2 Nr. 2 SGB VIII verpflichtet das Jugendamt ggf. darzulegen, dass kein nach der gesetzlichen Wertung vorzugswürdiger geeigneter Ehrenamtlicher gefunden werden konnte. Die Gesetzesbegründung stellt dagegen darauf ab, dass der Ehrenamtler (nur) dann vorzuziehen sei, wenn er gleich gut geeignet ist wie ein beruflich tätiger Vormund oder das Jugendamt[5], das wäre aber das Ergebnis eines Eignungsvergleichs. Wegen seiner Motivationslage in Hinsicht auf seinen Zeiteinsatz, sein Engagement und seine persönliche Zuwendung zum Mündel wird in der Gesetzesbegründung immerhin konstatiert, dass selbst bei einer Notwendigkeit der Bestellung eines zusätzlichen Pflegers nach § 1776 BGB n.F. die Eignung zu bejahen und der ehrenamtliche dem berufsmäßig tätigen Vormund gegenüber vorzugswürdig sei [6].

Um die Vorschlagsaufgabe erfüllen zu können, die eine Begründung unter Angabe der getroffenen Maßnahmen zur Ermittlung des für den Mündel am besten geeigneten Vormunds und ggf. die Begründung der Erfolglosigkeit seiner Suche nach einer oder einem Ehrenamtlichen einschließt, muss das Jugendamt sich um die **Gewinnung geeigneter Kräfte** bemühen. Schwierig ist das vor allem, weil der ehrenamtliche Vormund seiner Motivation entsprechend keine Vergütung verlangt und auch keinen Vergütungsanspruch hat und bei Mittellosigkeit des Mündels ein Rückgriff auf die Staatskasse ausgeschlossen ist. Weil die Vormundschaft grundsätzlich ehrenamtlich geführt wird (§ 1808 Abs. 1 BGB n.F.) kann der ehrenamtliche Vormund vom Mündel nur Aufwendungsvorschuss oder -ersatz und alternativ die Aufwandspauschale gemäß § 1878 BGB n.F. verlangen. Für die nach § 1808 Abs. 3 Satz 1 BGB n.F. nur ausnahmsweise berufsmäßig geführte Vormundschaft gelten die Bestimmungen des neuen Vormünder- und Betreuervergütungsgesetzes – VBVG.

6 Die Gewinnung Ehrenamtlicher ist in § 53 und § 53a (anders als bei den **Vormundschaftsvereinen** gem. § 54 Abs. 1 Nr. 3 SGB VIII) keine ausdrücklich benannte Aufgabe des Jugendamts. Sie ist aber eine Funktionsbedingung der Vorschlagspflicht und zugleich besondere Ausprägung der Gewährleistungspflicht des öffentlichen Jugendhilfeträgers. § 79 Abs. 2 Satz 1 2. Hs. SGB VIII nennt die rechtzeitige und ausreichende Verfügbarkeit von Pflegern und Vormündern ausdrücklich. Schon mit der Änderung der zivilrechtlichen Regelungen zur Vereinsvormundschaft und zur bestellten Amtsvormundschaft des Jugendamts (§§ 1791a und 1791b BGB a. F.) durch das 2. BtÄndG vom 21.4.2005, war der Vorrang „Ehrenamtlicher" deutlicher gemacht worden. Allerdings bestand dieser Vorrang bislang nur gegenüber der Amtsvormundschaft, sodass Berufs-Vormünder noch bis zum Inkrafttreten der Neuregelung den ehrenamtlichen Vormündern gegenüber nicht nachrangig[7] sind. Der Vorrang der natürlichen Person, die bereit ist, die Vormundschaft ehrenamtlich zu führen, besteht aber nach der Neufassung des § 1779 Abs. 2 BGB ab Anfang 2023 gegenüber allen Berufsvormündern ausdrücklich. Die Subsidiarität (bisher nur) der Amtsvormundschaft bzw. -pflegschaft (§§ 55, 56 SGB VIII) bildet sich nicht tatsächlich ab. Nur etwa 10 bis 20% der Vormundschaften und Pflegschaften werden ehrenamtlich geführt, statistisch wird diese Tatsachenlage nicht einmal erfasst (§ 98 Abs. 1 Nr. 7 SGB VIII).

---

5 BT-DRs. 19/24445, S. 192.
6 BT-Drs. 19/24445, S. 194.
7 Wie hier: MüKo-BGB/*Wagenitz*, § 1791b Rn.2; a.A. LPK-SGB VIII/*Mollik/Opitz*, § 53 Rn. 18.

3. Wegfall der Gegenvormundschaft und Benennung von Gegenvormündern und juristischen Personen

Das Vorschlagsrecht erstreckte sich nach § 53 Abs. 4 SGB VIII a.F. auch auf Gegenvormünder. Weil das Rechtsinstitut der **Gegenvormundschaft** ab 2023 gesetzlich nicht mehr existiert, gibt es dann auch kein Vorschlagsrecht des Jugendamts für Gegenvormünder mehr. 7

§ 1771 Abs. 1 BGB n.F. hat die Einzelvormundschaft bzw. -pflegschaft auf natürliche Personen (und das Jugendamt) beschränkt, juristische Personen kommen für diese Bestellung nicht mehr in Betracht. Vormundschaftsvereine (als solche) mit Anerkennung nach § 54 Abs. 1 SGB VIII kommen nur noch für die neue „vorläufige Vormundschaft" (§ 1781 BGB n.F.) in Betracht. Ob sie hinsichtlich ihrer vorläufigen Amtsübernahme noch als vorschlagsfähig anzusehen sind, ist zweifelhaft[8]. Denn das Jugendamt hat dem Gericht zur Bestellung als Vormund, nicht auch als „vorläufiger" Vormund, geeignete natürliche Personen vorzuschlagen. Bei der Bestellung eines vorläufigen Vormunds (§ 1781 Abs. 1 BGB n.F.) ist deshalb die Eigeninitiative des Familiengerichts gefragt, ohne dass dabei die Mitwirkung des Jugendamts durch die Abgabe eines Vorschlags im Gesetzestext vorgesehen ist. Das Jugendamt kann gleichwohl Vormundschaftsvereine dem Familiengericht für die vorläufige Vormundschaft benennen. Dem Familiengericht wird ein in seinem Bezirk tätiger Vormundschaftsverein jedoch bereits ohne jugendamtlichen Hinweis bekannt sein.

Die frühere Hierarchiefrage nach dem (bisher bestehenden) Vorrang des Vormundschaftsvereins gegenüber dem Amtsvormund und -pfleger,[9] nicht aber gegenüber natürlichen Personen (Primat der Einzelvormundschaft), ist durch die Reform des Vormundschaftsrechts durch das Gesetz vom 4.5.2021 neu beantwortet worden: Das Jugendamt kann zum Vormund bestellt werden, der Vormundschaftsverein nur noch zum vorläufigen Vormund. Bei dieser restlich verbliebenen Bestellbarkeit des Vormundschaftsvereins sollte dessen in der gesellschaftlichen Sphäre verortetes Engagement im Verhältnis zur pflichtigen Leistungserbringung durch die öffentliche Hand der Grund dafür sein, mit der bisherigen Rechtsprechung den Vormundschaftsverein weiterhin als vorrangig anzusehen.

Ist ein Vormund von den Eltern benannt (§ 1782 BGB n.F.) und damit berufen, besteht kein Vorschlagsrecht des Jugendamts. Denn in dieser Situation muss das Familiengericht keinen Vormund auswählen (§ 1778 Abs. 1 BGB). Das Jugendamt kann insoweit gegenüber dem Familiengericht aber Bedenken erheben.

4. Auswahlkriterien und Eignung

Bei der **Auswahl geeigneter Personen** für den Vorschlag legt das Jugendamt dieselben **Kriterien** zugrunde wie das Gericht bei der Bestellung des Vormunds oder Pflegers (§ 1779 Abs. 1 n.F. und § 1784 BGB n.F., § 1915 Abs. 1 BGB). Die auch nach der Vormundschaftsrechtsnovelle 2021 nur mittelbare Bindung an diese Kriterien ergibt sich daraus, dass sonst ein vom Familiengericht nicht akzeptierter – nutzloser – Vorschlag gemacht würde.[10] Bei seiner Auswahl wird das Jugendamt auf eine intern geführte generelle Liste zurückgreifen und die Einzelfall-Eignung prüfen. Die Geeignetheitsfeststellung ist kein Verwaltungsakt, sondern schlichtes Verwaltungshandeln.[11] 8

Das Vorschlagsrecht des Jugendamts entlastet das Familiengericht trotz sehr begrenzter eigener Personalgewinnungsmöglichkeiten nicht von entsprechenden eigenen Maßnah-

8 In der Gesetzesbegründung wird die Vorschlagsfähigkeit von Vormundschaftsvereinen für die Bestellung als Vormund bejaht und sogar als „Verpflichtung" bezeichnet: BT-Drs. 19/24445, S. 195.
9 OLG Frankfurt a.M., Beschl. V. 13.11.1979, 20 W 596/79, FamRZ 1980, 284.
10 So schon *Bienwald*, Vormundschaftsrecht (1992), 21: „Farce"; vgl. auch DIJuF, JAmt 2018, S. 141.
11 DIJuF, JAmt 2018, 141.

men.[12] Nach der Regierungsbegründung zum KJHG[13] wollte der Gesetzgeber das damit zum Ausdruck bringen, dass er vor der Bezeichnung der Vorschlagssubjekte den bestimmten Artikel wegließ. Das hat sich durch das Gesetz zur Reform des Vormundschafts- und Betreuungsrechts vom 4. Mai 2021 nicht geändert. Für vorläufige Vormundschaften, die von den Vormundschaften zivilrechtlich klar unterschieden werden, enthält § 53 Abs. 1 SGB VIII keine ausdrückliche Vorschlagspflicht.

9 Geeignet ist eine Person, die über die **persönliche Eignung** zur Führung des Amts verfügt und die im Einzelfall erforderliche Befähigung mitbringt. § 1779 Abs. 1 Nrn. 1 bis 4 BGB n F. gibt dafür einen erweiterten und präzisierten gesetzlichen Kriterienkatalog vor. Es kommt jetzt ausdrücklich darauf an, dass die in Betracht genommene natürliche Person nach ihren Kenntnissen und Erfahrungen, ihren persönlichen Eigenschaften, ihren persönlichen Verhältnissen und ihrer Vermögenslage sowie ihrer Fähigkeit und Bereitschaft zur Zusammenarbeit mit anderen an der Erziehung des Mündels beteiligten Personen zur Führung der Vormundschaft wie es das Wohl des Mündels erfordert, geeignet ist.

Der **Maßstab für die Eignungsfeststellung** ist mithin das **Mündelwohl**. Die persönliche Eignung wird durch die intellektuellen und charakterlichen Eigenschaften sowie die beruflichen und familiären Belastungen[14] geprägt. Für die Prüfung der Eignung ist beachtlich, ob die Person Erfahrungen mit lebensbestimmenden Faktoren des Mündels bzw. Pfleglings (z.B. Behinderung) hat und mit dessen sozialem Milieu vertraut ist. Ein Strafregisterauszug und eine Auskunft aus dem Schuldnerverzeichnis werden mitberücksichtigt, ebenso natürlich die Ablehnungsgründe des § 1784 BGB n.F. , von denen eine Nähebeziehung der Person zu der Einrichtung, in der der Mündel lebt, praktisch bedeutsam ist. Die Ablehnungsgründe des § 1785 BGB n.F.(z.B. eigene Betreuung mindestens zweier schulpflichtiger Kinder, Alter und Krankheit) werden vernünftigerweise schon vor dem Vorschlag bei der Eignungsfeststellung mitbedacht.

Wird die tatsächliche Pflegeperson zum Vormund, fallen soziale und rechtliche Ersatzelternschaft zusammen[15]. Ihr wird dann etwa das Pflegegeld bei Vollzeitpflege nicht erst aufgrund des Pflegevertrags zuteil, vielmehr steht es ihr dann selbst als Personensorgeberechtigter zu.[16]

10 Vereinsvormünder (natürliche Personen) können als Vormünder bestellt werden, sofern sie Mitarbeiter eines Vormundschaftsvereins sind, der nach § 54 SGB VIII n.F. vom überörtlichen Träger der Jugendhilfe als Vormundschaftsverein anerkannt worden ist (§ 1774 Abs. 1 Nr. 3 BGB n.F.) und sie dort ausschließlich oder teilweise als Vormund tätig sind. Mit der Anerkennung nach § 54 SGB VIII wird nach neuem Recht nur noch die Eignung des Vereins (als solcher) für die Übernahme einer vorläufigen Vormundschaft (§ 1781 BGB n.F.) und die Übernahme einer Beistandschaft (§ 54 Abs. 3 SGB VIII) generell festgestellt.

11 Die jeweils eigenständigen Rechtskreisen zugeordneten Funktionen von Jugendamt und Familiengericht bei der Auswahl Geeigneter bewirken voneinander unabhängige und somit nicht immer gleiche Eignungsbewertungen. Das Jugendamt kann sein Auswahlergebnis (z.B. Dritter statt Verwandter als Vormund) gegenüber der (z.B. umgekehrten) Auswahlentscheidung des Familiengerichts nicht durchsetzen. Es macht „lediglich" einen „Vorschlag", die **Entscheidung** trifft das **Gericht**.

Bestellt das Familiengericht das Jugendamt entgegen dessen Vorschlag selbst zum Vormund (§ 1774 Abs. 1 Nr. 4 BGB n.F.) steht dem Jugendamt dagegen die **Beschwerde** nach § 58

12 OLG Naumburg, 23.11.2004, Beschl. v. 27.10.2004, 8 UF 189/04, FamRZ 2005, 1861.
13 BT-Drs. 11/5948, 90.
14 LPK-SGB VIII/*Mollik/Opitz*, § 53 Rn. 18.
15 Kritisch dazu: *Wolf*, DAV 2000, 286.
16 BVerwG, Urt. v. 12.9.1996, 5 C 31/95, NJW 1997, 2831.

FamFG zu. Seine Bestellbarkeit ist zwar gesetzlich vorgesehen, kann aber rechtsfehlerhaft erfolgen, so dass eine Beeinträchtigung in eigenen Rechten (§ 59 Abs. 1 FamFG) möglich ist. Das Jugendamt hat daher das **Beschwerderecht** gegen die familiengerichtliche Vormundsauswahl zu seinen Lasten.[17]

III. Abs. 3 – Geltungserstreckung auf die Pflegschaft für Minderjährige

Die neue gesetzliche Regelung des § 53 Abs. 1 und Abs. 2 SGB VIII wird durch Absatz 3 in entsprechende Geltung für die **Pflegschaft für Minderjährige** gesetzt. **12**

17 OLG Düsseldorf, Beschl. v.30.1.2019, 3 WF 124/18, ZKJ 2020, 32; *Hammer*, FamRZ 2017, 1904 (1905); KG, Beschl. v.15.06.2010, 17 UF 65/10, FamRZ 2010, 1998; Nach OLG Karlsruhe, Beschl. v.26.6.2013, 18 UF 296/11 ist eine Pflegeperson durch die Vormundsauswahl nicht „in eigenen Rechten" nach § 59 Abs. 1 FamFG betroffen, gleichwohl „ausnahmsweise" beschwerdeberechtigt analog §§ 303 Abs. 2, 335 Abs. 1 Nr. 1 FamFG.

§ 53a
Beratung und Unterstützung von Vormündern und Pflegern

(1) Vormünder haben Anspruch auf regelmäßige und dem jeweiligen erzieherischen Bedarf des Mündels entsprechende Beratung und Unterstützung durch das Jugendamt.

(2) [1]Das Jugendamt hat darauf zu achten, dass die Vormünder für die Person der Mündel, insbesondere ihre Erziehung und Pflege, Sorge tragen. [2]Es hat beratend darauf hinzuwirken, dass festgestellte Mängel im Einvernehmen mit dem Vormund behoben werden.

(3) Ist ein Vormundschaftsverein als vorläufiger Vormund oder ein Vereinsvormund als Vormund bestellt, so ist Absatz 2 nicht anzuwenden.

(4) Für die Pflegschaft für Minderjährige gelten die Absätze 1 bis 3 entsprechend.

§ 53a SGB VIII hat keine Vorgängervorschrift.

Übersicht Rn.

A. Allgemeines

1 Die durch das Gesetz zur Reform des Vormundschafts- und Betreuungsrechts geschaffene Vorschrift hat in dem bis zum 31.12.2022 geltenden Recht keine Vorgängerin. Vielmehr fasst sie zuvor in verschiedenen Vorschriften verstreute Regelungen zusammen. Dabei entspricht Abs. 1 dem § 53 Abs. 2 SGB VIII a.F., während Abs. 2 den bisherigen § 53 Abs. 3 Satz 1 und 2 SGB VIII a.F. übernimmt. Abs. 3 entspricht § 53 Abs. 4 Satz 2 SGB VIII a.F. (vgl. dazu die Erläuterungen bei Rn. 10). Schließlich erstreckt Abs. 4 die Regelungen der Abs. 1 bis 3 auf die Pflegschaft für Minderjährige.

B. Einzelheiten

I. Abs. 1 – Beratung und Unterstützung der Vormünder und Pfleger durch das Jugendamt

2 Die Aufgaben des Jugendamts (seit dem Gesetz zur Reform des Vormundschafts- und Betreuungsrechts vom 4.4.2021[1]) aus § 53a SGB VIII gehören zu den sog. „anderen Aufgaben" (§ 2 Abs. 3 Nr. 9 SGB VIII). Sie konkretisieren das staatliche Wächteramt. Sozialleistungen im Sinne von § 11 SGB I sind sie nicht, weil § 27 SGB I als Sozialleistungen nur (einige) „Leistungen" nach § 2 Abs. 2 SGB VIII aufzählt. Beratung und Unterstützung nach § 53a Abs. 1 SGB VIII n.F. sind aber begrifflich Dienstleistungen. Darauf sind die für sozialrechtliche Leistungsverhältnisse maßgeblichen Vorschriften analog anwendbar.

1 BGBl. I 2021 S. 932.

Die Beratungs-, Unterstützungs- und Überwachungsaufgaben nach § 53a Abs. 1 SGB VIII n.F. können nach § 76 Abs. 1 SGB VIII n.F. in die Übertragung oder Beteiligung anerkannter Träger der freien Jugendhilfe an der Wahrnehmung anderer Aufgaben gelegt werden. Die Verantwortung für die Aufgabenerfüllung verbleibt aber dem öffentlichen Jugendhilfeträger (§ 76 Abs. 2 SGB VIII). Öffentlich-rechtliche Auftragsverhältnisse solcher Art sind i. d. R. mit dem Selbstverständnis freier Träger unvereinbar und bilden deshalb die Ausnahme.

Vormünder, Pfleger und Vereine (nach § 1791a BGB und § 54) haben gegen das Jugendamt ein **subjektiv-öffentliches Recht** auf regelmäßige Beratung und Unterstützung aus **Abs. 1**. Von dieser Berechtigung ist auch ein Berufs-Vormund oder -Pfleger nicht ausgeschlossen [2],selbst wenn diesem wegen seiner beruflichen Qualifikation in rechtlichen, pädagogischen oder wirtschaftlichen Angelegenheiten gegenüber dem Jugendamt „überlegenes" Sachwissen zugetraut wird. 3

Weil das zivilrechtliche Rechtsinstitut der Gegenvormundschaft (§ 1792 BGB a. F.), aufgegeben wurde, enthält § 53a SGB VIII den bisher in § 53 Absatz 4 a. F. enthaltenden Verweis auf die entsprechende Anwendung des Unterstützungs- und Beratungsanspruchs nicht mehr.

Beratung und Unterstützung sind primär individuell zu leisten, im generellen Beratungsmodus werden sie z.B. als Fortbildungsmaßnahmen erbracht. Die Regelmäßigkeit schließt eine Beschränkung auf anlassbezogene oder gar nur einmalige Aktionen aus. Eine vertrauensvolle konstante Kooperation mit Vormündern und Pflegern erfordert die Planung der behördlichen Maßnahmen. Die individuell-konkrete Beratung erreicht ihren Zweck, wenn sie nicht begrenzt, sondern aktiviert, indem sie z.B. weiteres Nachfragen ermöglicht. 4

Zeitlich besteht das Beratungsrecht während der gesamten Dauer der Vormundschaft bzw. Pflegschaft. Inhaltlich betrifft es den „jeweiligen erzieherischen Bedarf", bei dem die Kompetenzen des Jugendamts als sozial-pädagogische Fachbehörde gefragt sind. Diese liegen in den Bereichen der Personensorge, wozu auch die Geltendmachung von Unterhaltsansprüchen gehört. Die rechtliche Beratung (Erteilung von Rechtsauskünften in diesem Jugendamtszuständigkeitsbereich nach § 14 SGB I und **Rechtsberatung** nach § 8 Abs. 1 Nr. 2 RDG) ist daneben ohne Erwähnung in Abs. 2 zu leisten. Sie bildet regelmäßig einen Schwerpunkt, weil dem Vormund bzw. Pfleger rechtliche Entscheidungen obliegen und die tatsächliche Ausübung der Pflege und Erziehung von ihm meist nicht selbst wahrgenommen wird. Gegenstand der Rechtsberatung sind das Jugendhilferecht des SGB VIII, die damit in engem sachlichem Zusammenhang stehenden Rechtsnormen (BGB-Vormundschafts- und -Pflegschaftsrecht) und sonstiges Recht mit unmittelbarem Bezug zum SGB VIII. Zu umfassender Information (wie z.B. eine „Servicestelle" nach § 22 SGB IX) ist das Jugendamt nicht verpflichtet.[3] Weil es nicht die Vermögenssorge des Vormunds bzw. Pflegers überwacht, sondern dies die Aufgabe des Familiengerichts nach § 1802 Abs. 2 BGB n.F. ist, beschränkt sich die wirtschaftliche Beratung im Wesentlichen auf die Frage der Durchsetzung von Unterhaltsansprüchen. Neben dem jugendhilferechtlichen Beratungsanspruch aus Abs. 1 bestehen weitere (sozial- und zivilrechtliche) Beratungsansprüche (z.B. aus § 14 SGB I und gegen das Familiengericht aus § 1802 Abs. 1, Satz 1 BGB n.F. und § 1862 Abs. 2 BGB analog). 5

Für den Vereinsvormund macht grundsätzlich der **Vereinsvorstand** den Beratungs- und Unterstützungsanspruch geltend. Mitarbeitende oder Vereinsmitglieder kann er dazu bevollmächtigen. Die Nicht- oder Schlechterfüllung des Anspruchs sind mit den verwaltungsprozessualen Rechtsbehelfen angreifbar, denn das SGB VIII ist in der sachlichen Zuständigkeit der Verwaltungsgerichte geblieben. Der Ersatz für Schäden aus fehlerhafter Beratung oder Unterstützung richtet sich nach Amtshaftungsrecht (§ 839 Abs. 1 Satz 2 BGB, Art. 34 GG). 6

2 DIJuF JAmt 2008, 266.
3 BSG, Urt. v. 27.7.2004, B 7 SF 1/03R, SGb 2005, 239.

II. Abs. 2 – Überwachung der Sorgeausübung und Behebung von Mängeln

7 Die Überwachung der Ausübung der Personensorge durch den Vormund oder den Pfleger ist in **Abs. 2 Satz 1** als spezielle Form der Unterstützung durch das Jugendamt geregelt. Die Behörde soll selbst in ihrer Überwachungsfunktion nicht repressiv, sondern kooperativ agieren. Von dem „Beob-Achten" des Jugendamts betroffen sind die Bereiche der Personensorge („insbesondere", also nicht nur, sondern vor allem Erziehung und Pflege sowie Unterhalt), die Ausübung der Vermögenssorge überwacht das Jugendamt nicht. Das ist eine Aufgabe des Familiengerichts nach § 1802 Abs. 2 BGB n.F.

8 Die bisherige Mitteilungspflicht des Familiengerichts gegenüber dem Jugendamt über die Anordnung, den Wechsel und die Beendigung von Vormundschaften (§ 1851 Abs. 1 BGB a. F.) ist entfallen. Damit das Jugendamt seine Aufgaben korrekt erfüllen kann, ist auch seine Unterrichtung durch das Familiengericht weiterhin erforderlich. Es ist dabei auf die prozessualen Bekanntgaben des Familiengerichts (insbesondere nach § 168a Abs.2 FamFG n.F.) angewiesen. Beim Aufenthaltswechsel des Mündels ist der Vormund selbst dem Jugendamt des bisherigen Wohnsitzes mitteilungspflichtig (§ 1790 Abs. 5 Satz 1 BGB n.F.). Dieses hat dann die Aufenthaltsverlegung dem Jugendamt des neuen gewöhnlichen Aufenthalts in dessen neuen Bezirk mitzuteilen (**§ 57 Abs. 5 Satz 1 SGB VIII n.F.**).

Die Mitteilungspflichten des Jugendamts v.a. gegenüber dem Familiengericht, aber auch gegenüber anderen Jugendämtern sind nun in § 57 SGB VIII n.F. konzentriert.

9 Das Jugendamt hat gegenüber dem Vormund bzw. Pfleger kein Weisungs- oder Eingriffsrecht. Mitarbeitenden des Jugendamts muss der Vormund oder Pfleger z.B. keinen Zutritt zu seinen Räumen gewähren. Der Vormund übt sein Amt selbstständig privatrechtlich im Mündelinteresse gestaltend aus (§ 1790 BGB n.F.). Sein Amt ist familienrechtlicher Natur, kein öffentlich-rechtliches Amt, wenngleich es einer **Aufgabe öffentlicher Fürsorge** [4] dient. Zweckmäßigkeitsentscheidungen trifft der Vormund eigenständig, aber vom Jugendamt beaufsichtigt. Die Aufsicht des Jugendamts ist nach zweistufig ausgebildet: Stellt es Mängel fest, muss es zunächst mit Beratung darauf hinwirken, sie einvernehmlich zu beheben (**§ 53a Abs. 2 Satz 2 SGB VIII n.F.**). Bei Erfolglosigkeit der Beratung besteht eine Pflicht zur Mitteilung an das Familiengericht (**§ 57 Abs. 3 Satz 2 SGB VIII**). Aus der Sicht des Jugendamts unzweckmäßige Entscheidungen können nicht als Mängel deklariert werden, um der Auffassung des Jugendamts zur Geltung zu verhelfen. Mängel sind nur solche Umstände, die erhebliche objektive (nicht zwingend auch subjektiv vorwerfbare) Pflichtwidrigkeiten erkennen lassen. Diese „Pflichtwidrigkeiten" sind anders als noch in § 1837 Abs. 2 Satz 1 BGB a.F. heute in § 1802 BGB n.F. nicht mehr expressis verbis enthalten. Sie bleiben aber der Maßstab, weil § 1802 Abs. 2 BGB n.F. den Norminhalt des § 1862 Abs. 3 BGB n.F. (mit dem Regelungsgegenstand der Pflichtwidrigkeiten) in entsprechende Geltung setzt. Hierbei geht es konkret um solche Umstände, die das Familiengericht zum Einschreiten berechtigen (z.B. die unbegründete Vereitelung von Umgangsrechten).

III. Abs. 3 – Überwachungsaufgabe des Vormundschaftsvereins

10 Der **Vormundschaftsverein** ist in seinem Bereich **selbst aufsichtsführend**.
Der Vereinsvormund ist von der Aufsicht des Jugendamts nach Abs. 2 durch **Abs. 3** frei. Das Jugendamt hat bei Vereinsvormündern und Vormundschaftsvereinen in der vorläufigen Vormundschaft gegenüber dem Familiengericht keine Mitteilungspflichten über Mängel in der Personensorge (§ 57 Abs. 4 Satz 4 SGB VIII n.F.). Das Jugendamt kann auf ein Fehlverhalten

4 BVerfGE 54, 268.

eines Vereinsvormunds oder eines Vormundschaftsvereins als vorläufiger Vormund nicht mit den Mitteln der Beratung und der Mitteilung an das Familiengericht einwirken.

Der gesetzliche Verzicht auf die jugendamtliche Aufsicht ist in der generellen Überwachung durch den überörtlichen Träger der Jugendhilfe mittels des Anerkennungsverfahrens nach § 54 SGB VIII n.F. begründet. Die „Gewährleistung" der Anerkennungsvoraussetzungen schließt die Überprüfbarkeit und Überwachung der Aufrechterhaltung dieser Voraussetzungen ein.

IV. Abs. 4 – Aufgabenbestand und -verteilung bei Pflegschaften für Minderjährige

Die für Vormünder in § 53a Abs. 1-3 SGB VIII geltenden Rechte und Pflichten gelten nach Abs. 4 entsprechend für die Pflegschaft für Minderjährige (§§ 1809 ff. BGB n.F.). Das Jugendamt hat hier die gleichen Aufgaben (Beratung und Unterstützung – Abs. 1) und Pflichten (Überwachung und Mängelbeseitigung – Abs. 2) wie bei Vormundschaften, aber nicht im Funktionskreis der Vormundschaftsvereine – Abs. 3. Für die Pflegschaft für Minderjährige durch Vereinspfleger oder Vormundschaftsvereine als vorläufige Pfleger bestimmt **Abs. 4** in der n.F. die Ausnahme von der jugendamtlichen Aufsicht durch die Anordnung der entsprechenden Geltung des § 53a Abs. 3 SGB VIII (und § 1813 Abs. 1 BGB n.F.). Des früher notwendigen Erst-recht-Schlusses, dass dann, wenn der Verein als Vormund von der Jugendamtsaufsicht freigestellt ist, dies erst recht für den mit dem engeren Aufgabenkreis des Pflegers betrauten Verein gelten muss [5], bedarf es damit nicht mehr. 11

5 Hauck/Noftz/*Greßmann*, § 53 SGB VIII Rn. 8: analoge Anwendung.

§ 54
Anerkennung als Vormundschaftsverein

(1) Ein rechtsfähiger Verein kann von dem überörtlichen Träger der Jugendhilfe als Vormundschaftsverein anerkannt werden, wenn er gewährleistet, dass

1. er eine ausreichende Zahl von als Pfleger oder Vormund geeigneten Mitarbeitern hat und diese beaufsichtigen, weiterbilden und gegen Schäden, die diese anderen im Rahmen ihrer Tätigkeit zufügen können, angemessen versichern wird,

2. die als Vereinspfleger oder Vereinsvormund bestellten Mitarbeiter höchstens 50 und bei gleichzeitiger Wahrnehmung anderer Aufgaben entsprechend weniger Pflegschaften oder Vormundschaften führen,

3. er sich planmäßig um die Gewinnung von ehrenamtlichen Pflegern und Vormündern bemüht und sie in ihre Aufgaben einführt, fortbildet und berät,

4. er einen Erfahrungsaustausch zwischen den Mitarbeitern ermöglicht.

(2) [1]Die Anerkennung gilt für das jeweilige Land, in dem der Verein seinen Sitz hat. [2]Sie kann auf den Bereich eines überörtlichen Trägers der Jugendhilfe beschränkt werden.

(3) Der nach Absatz 1 anerkannte Vormundschaftsverein kann eine Beistandschaft übernehmen, soweit Landesrecht dies vorsieht.

(4) [1]Das Nähere regelt das Landesrecht. [2]Es kann auch weitere Voraussetzungen für die Erteilung der Anerkennung vorsehen.

(5) Eine bei Ablauf des 31. Dezember 2022 erteilte Erlaubnis zur Übernahme von Vereinsvormundschaften gilt als Anerkennung als Vormundschaftsverein fort.

§ 54 SGB VIII in der bis zum 31.12.2022 geltenden Fassung:

§ 54
Erlaubnis zur Übernahme von Vereinsvormundschaften

(1) [1]Ein rechtsfähiger Verein kann Pflegschaften oder Vormundschaften übernehmen, wenn ihm das Landesjugendamt dazu eine Erlaubnis erteilt hat. [2]Er kann eine Beistandschaft übernehmen, soweit Landesrecht dies vorsieht.

(2) Die Erlaubnis ist zu erteilen, wenn der Verein gewährleistet, dass er

1. eine ausreichende Zahl geeigneter Mitarbeiter hat und diese beaufsichtigen, weiterbilden und gegen Schäden, die diese anderen im Rahmen ihrer Tätigkeit zufügen können, angemessen versichern wird,

2. sich planmäßig um die Gewinnung von Einzelvormündern und Einzelpflegern bemüht und sie in ihre Aufgaben einführt, fortbildet und berät,

3. einen Erfahrungsaustausch zwischen den Mitarbeitern ermöglicht.

(3) [1]Die Erlaubnis gilt für das jeweilige Bundesland, in dem der Verein seinen Sitz hat. [2]Sie kann auf den Bereich eines Landesjugendamts beschränkt werden.

(4) Das Nähere regelt das Landesrecht. Es kann auch weitere Voraussetzungen für die Erteilung der Erlaubnis vorsehen.

Übersicht Rn.

A. Allgemeines

1 Die Vorschrift erfüllt einen gegenüber ihrer Vorgängerin deutlich veränderte Funktion. Sie handelt nicht mehr von der Erlaubnis zur Übernahme von Vereinsvormundschaften, sondern von der **Anerkennung als Vormundschaftsverein**. Damit wird der bisherige § 54 SGB VIII an die Neuregelung des Vereinsvormunds in § 1774 Abs. 1 Nr. 3 BGB angepasst. Eine Anerkennung benötigt nur die juristische Person, der Verein selbst. Mit ihr steht die zivilrechtlich (§ 1774 Abs. 1 Nr. 3 und Abs. 2 Nr. 1 BGB n.F.) erforderliche, bisher ausdrücklich so bezeichnete Eignung (§ 1791a Abs. 1 Nr. Satz 1 BGB a.F.) fest: Ein Mitarbeiter des Vereins kann gem. § 1774 Abs. 1 Nr. 3 BGB zum Vereinsvormund bestellt werden, wenn er dort ausschließlich oder teilweise als Vormund tätig ist. Der anerkannte Vormundschaftsverein selbst kann gem. § 1774 Abs. 2 Nr. 1 zum **vorläufigen Vormund** bestellt werden.

Die **Zuständigkeit** für die Anerkennung liegt ausschließlich bei dem überörtlichen Träger (i.d.R **Landesjugendamt)** am Vereinssitz (sachlich nach § 85 Abs. 2 Nr. 10 SGB VIII und örtlich nach § 87d Abs. 2 SGB VIII).

Eine Übertragung der Anerkennung als Vormundschaftsverein auf Jugendämter ist nicht vorgesehen. Eine Übertragung der Anerkennung als hoheitlicher Akt auf freie Träger scheidet naturgemäß[1] aus. § 54 SGB VIII ist in § 76 Abs. 1 SGB VIII, in dem es um die „zur Ausführung der Aufgaben" des Trägers der öffentlichen Jugendhilfe geht, nicht genannt.

2 Bisher war das Landesjugendamt als Erlaubnisgeber im Gesetz benannt. Jetzt ist nicht mehr die handelnde Behörde (LJA), sondern zutreffender der überörtliche öffentliche Träger selbst als Subjekt der Anerkennungsentscheidung im Gesetz benannt. Das Landesjugendamt ist als Behörde eine Stelle, die Aufgaben der öffentlichen Verwaltung wahrnimmt (§ 1 Abs. 2 SGB X, § 1 Abs. 4 VwVfG). Es ist wie ein Jugendamt auf kommunaler Ebene ein „Amt", das eine Organisationseinheit der jeweils zuständigen öffentlich-rechtlichen Trägerkörperschaft ist. Gewöhnlich handelt verwaltungsorganisationsrechtlich die Körperschaft des öffentlichen Rechts, also die Kommune oder das Land. Nun ist dies auch für die Anerkennung des Vormundschaftsvereins ausdrücklich so festgelegt. Auch bei der Anerkennung des Vormundschaftsvereins handelt jetzt klar die Behörde *für* den überörtlichen Träger der Jugendhilfe, d. h. diejenige Körperschaft des öffentlichen Rechts, der diese Behörde organisatorisch eingegliedert ist. Die verwaltungsorganisationsrechtliche Differenzierung von Trägerkörperschaft und Behörde wird bei der Frage, wer Adressat von Rechtsbehelfen und wer richtiger

1 VG Hannover, Urt. v. 7.12.2017, 3 A 5376/16 (Nds. Landesjustizportal): „unzulässig".

Beklagter im Verwaltungsrechtsstreit ist, virulent. Das ist nach § 78 VwGO der öffentliche Träger selbst, also die Körperschaft des öffentlichen Rechts. Weil diese nun in Abs. 1 benannt ist, bedarf es hier keines Rückgriffs auf die prozessrechtliche Ausnahme des § 78 Abs. 1 Nr. 1 VwGO mehr, der die in der gerichtlichen Praxis eigentlich unzutreffende Benennung der Behörde als Klagegegner gestattet.

B. Einzelheiten

I. Abs. 1 – Voraussetzungen der Anerkennung als Vormundschaftsverein

3 Die Befähigung einer juristischen Person, in „Ersatz-Elternschaft" als vorläufiger Vormund oder Pfleger (rechtswirksam vertretend und haftend) zu handeln und Vereinsvormünder und -pfleger zu beschäftigen, wird einer besonderen Prüfung unterzogen. Zugelassen ist dafür, historisch gewachsen und ausdrücklich im Gesetzestext benannt, nur der (ins Vereinsregister eingetragene) **rechtsfähige Verein** (§§ 21, 55 BGB).

Der bisherige Rechtsanspruch auf Erlaubniserteilung (gebundener Verwaltungsakt) ist zu einer „Kann"-Entscheidung geworden. Es besteht insoweit nur noch ein Anspruch auf ermessensfehlerfreie Entscheidung über die Anerkennung. Deren zwingende Voraussetzungen regelt **Abs. 1 Nr. 1 bis 4**

4 Die Anerkennungs-**Voraussetzungen** entsprechen im Wesentlichen denen bei Betreuungsvereinen (§ 1908f Abs. 1 Nrn. 1, 2, 3 BGB). Die Anerkennung nach § 54 SGB VIII gestattet anders als bisher [2] nicht mehr nur die Führung der nun bloß noch vorläufigen Vormundschaften bzw. Pflegschaften durch den Verein selbst (§ 1774 Abs. Nr. 1 BGB), sondern ist auch Voraussetzung einer Bestellbarkeit eines Vereinsmitarbeiters zum Einzelvormund (Vereinsvormund- § 1774 Abs. 1 Nr. 3 BGB) bzw. Vereinspfleger. Während ein Vereinsbetreuer „trotz" Mitarbeiterschaft im Betreuungsverein als Einzelbetreuer vorrangig bestellt werden kann (§ 1897 Abs. 2 BGB), kann der Vereinsvormund nach neuem Recht nur in Abhängigkeit von der Anerkennung „seines" Vormundschaftsvereins als Vereinsvormund bestellt werden.

Mit der erforderlichen „**Gewährleistung**" der Anerkennungs-Bedingungen (**Abs. 1**) ist dem Vormundschaftsverein vorgeschrieben, dass seine Vereinsaktivitäten im Vormundschafts- und Pflegschaftswesen satzungsfixiert sind und dass der Verein die gesetzlichen Vorgaben des Abs. 1 Satz 1 Nrn. 1.-4. wirtschaftlich dauerhaft aufrechterhalten können muss.

1. Abs. 1 Nr. 1 – Anforderungen an die Mitarbeiter

5 Er muss eine ausreichende Zahl **geeigneter Mitarbeiter** haben. Die Eigenart einer jeden Vormundschaft und Pflegschaft bestimmt die jeweils erforderliche Fachlichkeit. Nr. 1 gibt weder vor, dass die Mitarbeiter hauptberuflich oder gar vollzeitig tätig sein müssen, noch, dass nur Fachkräfte mit bestimmten Ausbildungsabschlüssen einsetzbar wären. Zu einer Fachkraft in diesem Sozialarbeitsfeld kann man sich an Fachhochschulen für Sozialwesen ausbilden oder, aus anderen Berufen kommend, innerhalb seiner Tätigkeit praktisch qualifiziert haben. Hinsichtlich der Erfüllung der Vereins-Querschnittsfunktionen der Einführung; Fortbildung und Beratung (Nr. 3) wird für die Vereins-Anerkennung mindestens eine sozialpädagogische Fachkraft erforderlich sein. Wer das Mündel in einem Heim des Vereins als Erzieher betreut, kann auch dann, wenn er als Vereinsbetreuer tätig ist, nicht mit der Führung der Vormundschaft bzw. Pflegschaft betraut werden (§ 1784 Abs. 2 Nr. 4 BGB n.F.).

---

2 *Bienwald*, FamRZ 2000, 415.

Der Verein muss die Mitarbeiter **beaufsichtigen**, **weiterbilden** und **haftpflichtversichern** (Nr. 1). Die **Weiterbildung** (Vertiefung von Kenntnissen) kann von Dritten geleistet werden. Weil der Verein nach Abs. 1 Nr. 1 (anstelle des Jugendamts) die „**Aufsicht"** über die Mitarbeiter hat, muss er diese natürlich auch **selbst** ausüben. 6

Der als vorläufiger Vormund bestellte Verein als solcher **haftet** dem Mündel **verschärft** nach § 1833 BGB für ein Verschulden seiner Mitarbeiter und Mitglieder, nämlich genauso wie für seine Organe und verfassungsmäßig berufenen Vertreter (§§ 1794 Abs. 1 n.F., 1826 Abs. 3 BGB n.F., 31 BGB). Im Außenverhältnis kann der Verein keine Haftungsentlastung („Exkulpation") durch korrekte Auswahl und Beaufsichtigung des Mitarbeiters oder Mitglieds in der Vereinsvormundsfunktion (§§ 278, 831 BGB) erreichen. Für diejenigen Vereinsvormünder, die ihre Aufgabe als **Mitglieder** ehrenamtlich (zivilrechtlich bedeutet das unentgeltlich oder mit derzeit nicht mehr als 720 € jährlich vergütet) wahrnehmen, besteht ein Anspruch auf Haftungsbefreiung nach § 31b Abs. 2 BGB. Der Haftungsbefreiungsanspruch greift (nur) im Innenverhältnis zum Verein bei persönlicher Inanspruchnahme durch den Mündel. Diese Haftung besteht neben der Haftung des Vereins für seine „Mitarbeiter" etwa wegen unerlaubter Handlung nach § 823 BGB und wird durch § 31 BGB nicht verdrängt. Voraussetzung dafür ist, dass der Mitarbeiter den Schaden lediglich leicht fahrlässig in Ausübung des Vereinsvormundsamts verursacht hat. § 54 SGB VIII unterscheidet anders als der nach § 1774 Abs. 1 Nr. 3 BGB n.F. analog anwendbare § 1826 Abs. 3 BGB n.F. nicht ausdrücklich zwischen Mitgliedern und **Mitarbeitern. Abs. 1 Nr. 1** verpflichtet den Verein, für seine „Mitarbeiter" eine (gesetzliche Pflicht-)**Haftpflichtversicherung** abzuschließen, obwohl sie nicht wie Vereinsbetreuer als Einzelpersonen, sondern als Vereinsvormünder bestellt werden. Die von der Versicherung mit einer „angemessenen" Deckungssumme zu erfassenden Schäden, sind in der Neufassung des Gesetzes ausdrücklich als solche beschrieben, die die Vereinsmitarbeiter anderen im Rahmen ihrer Tätigkeit zufügen können. Damit sind vom notwendig vorzuhaltenden Versicherungsschutz – ohne entsprechend mögliche Erweiterung des Versicherungsschutzes – solche Schäden ausgeschlossen, die Mitarbeiter oder Mitglieder „bei Gelegenheit" schuldhaft verursachen. Vor dem Hintergrund der Haftung des Vereins für alle mit der Wahrnehmung seiner satzungsmäßigen Aufgaben betrauten Personen wird der Verein die Haftpflichtversicherung nicht auf Mitarbeiter auf arbeitsvertraglicher Grundlage beschränken, also auch ehrenamtlich Mitwirkende in den Versicherungsschutz einschließen und dabei den Versicherungsschutz über den für seine Anerkennung gesetzlich notwendigen Rahmen hinaus bewirken.

2. Abs. 1 Nr. 2 – Höchstzahl gleichzeitig geführter Vormundschaften oder Pflegschaften

Durch das Gesetz zur Reform des Vormundschafts- und Betreuungsrechts ist in Abs. 1 Nr. 2 als Pflicht des Vereins betreffend seine Vereinsmitarbeiter eine „**Fallzahlbegrenzung**" („höchstens 50") neu aufgenommen. Sie entspricht der für Amtsvormünder bisher in § 55 Abs. 2 Satz 4 a.F., nun in § 55 Abs. 3 SGB VIII n.F. bestimmten Zahl, deren Angemessenheit bei Vereinsvormündern noch zweifelhafter ist als bei Bediensteten des Jugendamts. Die Vereine werden diese Fallzahl ihrer Mitarbeiter tatsächlich kaum erreichen und aus Qualitätssicherungsgründen auch kaum erreichen wollen, so dass die gesetzliche Fallzahlbegrenzung bei ihnen wohl vorrangig der gesetzlichen Gleichbehandlung mit den Bediensteten der Jugendämter dient. 7

3. Abs. 1 Nr. 3 – Bemühen um die Gewinnung Ehrenamtlicher

Von zentraler Bedeutung für den Verein und seine Anerkennung ist die Gewährleistung planmäßigen Bemühens um die **Gewinnung von ehrenamtlichen Pflegern und Vormündern** und -pflegern, deren Aufgabeneinführung, Fortbildung und Beratung (**Abs. 1 Nr. 3**). Mit dieser Querschnittsaufgabe wird der gesellschaftlichen Mitverantwortung für das 8

Vorhandensein einer ausreichenden Zahl geeigneter Kräfte entsprochen. Die gesellschaftlich nur schwach ausgeprägte Bereitschaft zur Übernahme eines solchen Ehrenamts, das auch – nicht wirklich treffend – als „freiwillige Mitarbeit" bezeichnet wird, macht das **planmäßige Bemühen** tatsächlich zu einem oft wirklich „mühsamen" bzw. kraftraubenden Geschehen. Planvoll ist das Bemühen, wenn es zeitlich und inhaltlich abgestimmt erfolgt [3].

Die organisierte Einzelvormundschaft bzw. -pflegschaft besteht bei der ausschließlichen Funktionszuordnung zum Verein darin, Einzelvormünder und -pfleger in deren Aufgabe einzuführen, sie fortzubilden (Erwerb neuer Kenntnisse) und zu beraten. Dem wird eine sozialarbeiterisch qualifizierte Kraft am ehesten nachkommen können. Der Verein leistet für die Mitglieder und Mitarbeiter die organisatorischen Anteile **neben** seiner Aufgabe eigener Amtsführung.

4. Abs. 1 Nr. 4 – Ermöglichung des Mitarbeiteraustauschs

9 Der in Abs. 1 Nr. 4 vorausgesetzte **Erfahrungsaustausch** der im Verein für Mündel oder Pfleglinge handelnden Personen, zu denen neben den Vereinsmitarbeitern auch nach dem Reformgesetz vom 4.5.2021 **Vereinsmitglieder** zu zählen sind, was sich nach der Vormundschaftsrechtsnovelle zwar nicht mehr aus § 1791a Abs. 3 Satz 2 BGB a.F. ergibt, aber aus § 1826 Abs. 3 BGB n.F., der bei Vormundschaftsvereinen nach § 1794 Abs. 1 Satz 3 BGB n.F. ergänzend analog gilt, folgt. Der erforderliche Erfahrungsaustausch ist bereits dann gewährleistet, wenn die Mitarbeiter und die Mitglieder unter sich regelmäßige organisierte (Team-)Kommunikation haben.

10 Der Verein hat dem überörtlichen Träger der Jugendhilfe die **Voraussetzungen der Anerkennung darzulegen** und gegebenenfalls zu beweisen. Kann er sie nicht aufrechterhalten, kann der überörtliche Träger, der deren Fortbestand überwacht, die Anerkennung nach § 48 SGB X aufheben. Mit der öffentlich-rechtlichen Anerkennung wird auch zivilrechtlich bindend die Eignung des Vereins festgestellt. Das ist wie in anderen Bereichen des Sozialrechts und auch bei Abschluss einer Vereinbarungstrias nach § 78b SGB VIII quasi die „Eröffnung des Marktzugangs ohne Belegungsanspruch", d.h. die tatsächliche Bestellung Mitarbeitender zum Vereinsvormund oder Vereinspfleger oder des Vereins selbst zum vorläufigen Vormund oder vorläufigen Pfleger ist daraus nicht beanspruchbar.

II. Abs. 2 – Räumlicher Geltungsbereich der Anerkennung

11 Die Anerkennung gilt gem. Abs. 2 **Satz 1** grundsätzlich für das gesamte jeweilige Bundesland, in dem der Verein seinen Sitz hat, also auch für den Bereich eines anderen überörtlichen Trägers im selben Bundesland. Der überörtliche Träger der Jugendhilfe kann nach **Satz 2** die Anerkennung aber auch auf den (eigenen) Bereich eines überörtlichen Trägers der Jugendhilfe beschränken. Die dabei berücksichtigten „starren Verwaltungsgrenzen" [4] können den Interessen von Mündeln und Pfleglingen widersprechen. Das Gesetz gibt sie aber vor. Wenn die Erlaubnis auf den Bereich eines überörtlichen Trägers der Jugendhilfe beschränkt ist, gilt sie für Bedürftige aus dessen territorialem Bereich.

12 Die Auffassung, dass die Anerkennung bei einer **Vereinssitzverlegung** in ein anderes Bundesland eo ipso [5] dort fortgelte, weil sie sich auf das jeweilige Bundesland beziehe, geht vom Vereinssitz aus. Das „jeweilige" Bundesland meint aber den territorialen Zuständigkeitsbereich des anerkennenden überörtlichen Trägers der Jugendhilfe. In das Gebiet eines überörtlichen Trägers der Jugendhilfe in einem anderen Bundesland kann es nicht wirksam hinein-

3 FK-SGB VIII/*Münder*, § 54 Rn. 5.
4 *Elmauer*, in: Oberloskamp, Vormundschaft, Pflegschaft und Beistandschaft für Minderjährige, § 14, Rn. 20.
5 Hauck/Noftz/*Greßmann*, § 54 SGB VIII Rn. 9.

wirken. Bei einer Vereinssitzverlegung in ein anderes Bundesland bedarf es eines neuen Anerkennungsverfahrens bei der dort zuständigen Gebietskörperschaft, die aber nicht darin gehindert ist, die Anerkennung des ursprünglich im anderen Bundesland anerkannten Vormundschaftsvereins durch bloße Bestätigung zu erteilen.

III. Abs. 3 – Landesrechtliche Zulassung der Übernahme einer (Vereins-)Beistandschaft

Für die Übernahme von **Vereinsbeistandschaften** enthält Abs: 3 nun inhaltsgleich die bisher in § 54 Abs. 1 Satz 2 SGB VIII a.F. enthaltene Regelung. Sie verweist auf **Landesrecht**, das dafür die Voraussetzungen schaffen muss. Seit Inkrafttreten des BeistandschaftsG am 1.7.1998 gibt es für die Übernahme von Beistandschaften keine Bundeseinheitlichkeit mehr. Ein rechtsfähiger Verein kann eine Vereinsbeistandschaft nach Art. 144 EGBGB nur dann übernehmen, wenn Landesrecht dies vorsieht.[6] In § 85 Abs. 2 Nr. 10 SGB VIII ist eine diesbezügliche sachliche bundesrechtliche Zuständigkeitsregelung nach wie vor nicht enthalten, insoweit ist allein Landesrecht maßgeblich. Die (heutige) Beistandschaft ist „originär" eine Aufgabe des Jugendamts (§§ 1712 ff. BGB). Alleinsorgeberechtigte Elternteile können mit ihr die Hilfe des Jugendamts bei der Vaterschaftsfeststellung und der Geltendmachung von Unterhaltsansprüchen erlangen. Das Jugendamt kann diese Aufgabe an sich auch auf einen Verein übertragen, d.h. die Aufgabe wird dann nicht nur zur Ausführung übertragen (§ 76 SGB VIII), sondern es findet eine Beleihung Privater mit hoheitlichen Befugnissen statt.[7] Das setzt entsprechendes (in Niedersachsen nicht gesetztes) Landesrecht (gemäß Art. 144 EGBGB) voraus. Ferner muss der alleinsorgende Elternteil der Übertragung zustimmen. Ohne die Zustimmung des Vereins (§ 1791a Abs. 1 Satz 2 a. E. BGB), der die Wahrnehmung einer dem öffentlichen Träger zugewiesenen Aufgabe auf Vereinbarkeit mit seinem Selbstverständnis als freier Träger selbst gewählter (also grundsätzlich nicht gesetzlich zugewiesener) Aufgaben prüfen wird, erfolgt keine Übertragung. Die Aufgabenübertragung im partnerschaftlichen Verhältnis von öffentlichem und freiem Träger (§ 4 Abs. 1 Satz 1 SGB VIII) ist nicht einseitig direktiv, sondern nur konsensual möglich. Das Jugendamt behält trotz Übertragung die Gesamtverantwortung.[8] An einer solchen Aufgabenübertragung ist das LJA nicht beteiligt. Für die Übergabe der Aufgabe des Vereinsbeistands ist keine vormundschaftsgerichtliche Bestellung vorgesehen. 13

Nur ein **rechtsfähiger Verein**, der die bundesrechtliche Anerkennung als Vormundschaftsverein nach § 54 Abs. 1 SGB VIII hat, kann nach Landesrecht Beistandschaften übernehmen. Dass die Übernahme von Beistandschaften nur als weitere Aufgabe des Vormundschaftsvereins möglich ist, ergibt sich aus Art. 144 EGBGB n. F. Diese Norm regelt, dass die Landesgesetze bestimmen können, dass das Jugendamt die Beistandschaft mit Zustimmung des Elternteils auf einen rechtsfähigen Verein übertragen kann, dem „dazu" eine Erlaubnis nach § 54 SGB VIII erteilt worden ist. 14

Danach dürfen einem solchen Verein nach Landesrecht Beistandschaften übertragen werden, der nach § 54 SGB VIII anerkannter Vormundschaftsverein ist. Schon im bisherigen Bundesrecht (§ 54 SGB VIII a. F.) war keine Erlaubnis zur Beistandschaftsübernahme vorgesehen, sondern bestimmte sie sich nach Landesrecht. Deshalb können mit dem Pronominaladverb „dazu" in Art. 144 EGBGB n. F. nur die Bedingungen der Anerkennung nach § 54 Abs. 1 SB VIII gemeint sein. Hat der Verein die Anerkennung, kann ihm – bei sinnvollem Normverständ-

6 Art. 49 BayAG/KJHG; § 54 Abs. 3 Berl. AG/KJHG; § 30 Abs. 3 KJHG-Sachsen-Anhalt; § 39 Sächs. LandesjugendhilfeG.

7 LPK-SGB VIII/*Kunkel*/*Leonhardt*/*Sievertsen*, Exkurs vor §§ 52a-58a Rn. 91 und *ders.* in Oberloskamp, Vormundschaft, Pflegschaft und Beistandschaft für Minderjährige, § 19 Rn. 17.

8 OLG Oldenburg, Urt. v. 2.9.1996, Ss 249/96, ZfJ 1997, 55 (56).

nis – landesrechtlich die Übernahme einer Vereinsbeistandschaft in Abhängigkeit von der erteilten Anerkennung gewährt werden.

IV. Abs. 4 – Landesrechtsvorbehalt und Nebenbestimmungen zur Anerkennung, Förderung

15 Nähere Regelungen des Landesrechts können nach Abs. 4 **Satz 1** die hier getroffenen Regelungen des Bundesrechts weiter ausgestalten. Weil Abs. 2 die Erlaubnisvoraussetzungen abschließend aufzählt, ist (nach § 32 Abs. 1 2. Alt. SGB X) aus dem Bundesrecht für Nebenbestimmungen zur Anerkennung kein Raum.

Nach **Satz 2** kann aber das Landesrecht über die weitere Ausgestaltung hinaus bundesrechtlich nicht vorgesehene Erlaubnisvoraussetzungen normieren. Niedersachsen hat wie die meisten anderen Bundesländer diese Gesetzgebungskompetenz nicht genutzt. Weil hier eine Kompetenzzuordnung getroffen ist, kann die landesrechtliche Ausgestaltung oder Erweiterung der Voraussetzungen einer Anerkennung nicht durch untergesetzliches Landesrecht erfolgen. Das hätte eine Verordnungsermächtigung[9] erfordert.

16 Andererseits sind die Länder für die **Vereinsförderung** zuständig und können über die Förderbedingungen (meist in Verwaltungsrichtlinien bzw. ministeriellen Erlassen) den Vereinen Bedingungen stellen, die faktisch die Vorgaben auf untergesetzlicher Ebene erweitern. Vormundschaftsvereinsförderung durch die Länder gibt es aber faktisch kaum noch.[10] Das wird mitursächlich dafür sein, dass „systematische Strategien zur Anwerbung von Einzelvormündern" kaum verfolgt werden.[11] Förderung (nach kommunalen Subventionsrichtlinien) geschieht vereinzelt und nur noch selten durch örtliche öffentliche Träger der Jugendhilfe nach § 74 SGB VIII. Eine Richtlinie des Landkreises Hildesheim über die Gewährung von Zuwendungen zur Förderung von Vormundschaftsvereinen auf öffentlich-rechtlicher Vertragsgrundlage hatte z.B. eine zweijährige Gültigkeitsdauer von 2015 bis 2016, deren Verlängerung jedenfalls nicht veröffentlicht wurde.

V. Abs. 5 – Fortgeltung bestehender Erlaubnisse

17 § 54 Abs. 5 SGB VIII n.F. enthält nach der Gesetzesbegründung[12] eine „**Übergangsregel**". Der Normtext legt die Annahme nahe, dass es um eine Fiktion geht, die darin besteht, dass bis zum Jahresende 2022 erteilte Erlaubnisse nach § 54 SGB VIII a.F. zeitlich unbegrenzt und ohne Anpassungserfordernis als „Anerkennung als Vormundschaftsverein" fortgelten. Diese Fortgeltungsanordnung ist legitim, da die die Voraussetzungen der Erlaubnis zur Übernahme von Vereinsvormundschaften mit Ausnahme der Fallzahlbegrenzungen denen der Anerkennung als Vormundschaftsverein entsprechen.

9 *Jans*, KJHG, Erl. § 54 Art. 1 KJHG, Rn. 22; Hauck/Noftz/*Greßmann*, § 54 SGB VIII Rn. 15.
10 Schleswig-Holstein hatte die Vormundschaftsvereinsförderung (immerhin von 2019 bis 2021) mit dem MS-Erlass vom 16.5.2019 im Portfolio.
11 *Salgo/Zenz*, FamRZ 2009, 1378 (1382) unter Verweis auf *Hansbauer/Mutke/Oelerich*, Vormundschaftsrecht in Deutschland, 99 (132).
12 BT-Drs. 19/24445, S. 400.

§ 55
Beistandschaft, Pflegschaft und Vormundschaft des Jugendamts

(1) Das Jugendamt wird Beistand, Pfleger oder Vormund in den durch das Bürgerliche Gesetzbuch vorgesehenen Fällen (Beistandschaft, Amtspflegschaft, vorläufige Amtspflegschaft, Amtsvormundschaft, vorläufige Amtsvormundschaft).

(2) [1]Das Jugendamt überträgt die Ausübung der Aufgaben des Beistands, des Pflegers oder des Vormunds einzelnen seiner Bediensteten. [2]Bei der Übertragung sind die Grundsätze für die Auswahl durch das Familiengericht zu beachten. [3]Vor der Übertragung der Aufgaben des Pflegers oder des Vormunds hat das Jugendamt das Kind oder den Jugendlichen zur Auswahl des Bediensteten mündlich anzuhören, soweit dies nach Alter und Entwicklungsstand des Kindes oder Jugendlichen möglich ist. [4]Eine ausnahmsweise vor der Übertragung unterbliebene Anhörung ist unverzüglich nachzuholen. [5]Wird das Jugendamt als vorläufiger Pfleger oder vorläufiger Vormund bestellt, so sind die Sätze 2 bis 4 nicht anzuwenden; § 1784 des Bürgerlichen Gesetzbuchs gilt entsprechend.

(3) Ein vollzeitbeschäftigter Bediensteter, der nur mit der Führung von Pflegschaften oder Vormundschaften betraut ist, soll höchstens 50 und bei gleichzeitiger Wahrnehmung anderer Aufgaben entsprechend weniger Pflegschaften oder Vormundschaften führen.

(4) [1]Die Übertragung gehört zu den Angelegenheiten der laufenden Verwaltung. [2]In dem durch die Übertragung umschriebenen Rahmen ist der Bedienstete gesetzlicher Vertreter des Kindes oder Jugendlichen. [3]Er hat den persönlichen Kontakt zu diesem nach Maßgabe des § 1790 Absatz 3 des Bürgerlichen Gesetzbuchs zu halten sowie dessen Pflege und Erziehung nach Maßgabe des § 1790 Absatz 1 und 2 und des § 1795 Absatz 1 des Bürgerlichen Gesetzbuchs persönlich zu fördern und zu gewährleisten.

(5) Die Aufgaben der Pflegschaft und Vormundschaft sind funktionell, organisatorisch und personell von den übrigen Aufgaben des Jugendamts zu trennen.

§ 53 SGB VIII in der bis zum 31.12.2022 geltenden Fassung:

§ 55
Beistandschaft, Amtspflegschaft und Amtsvormundschaft

(1) Das Jugendamt wird Beistand, Pfleger oder Vormund in den durch das Bürgerliche Gesetzbuch vorgesehenen Fällen (Beistandschaft, Amtspflegschaft, Amtsvormundschaft).

(2) [1]Das Jugendamt überträgt die Ausübung der Aufgaben des Beistands, des Amtspflegers oder des Amtsvormunds einzelnen seiner Beamten oder Angestellten. [2]Vor der Übertragung der Aufgaben des Amtspflegers oder des Amtsvormunds soll das Jugendamt das Kind oder den Jugendlichen zur Auswahl des Beamten oder Angestellten mündlich anhören, soweit dies nach Alter und Entwicklungsstand des Kindes oder Jugendlichen möglich ist. [3]Eine ausnahmsweise vor der Übertragung unterbliebene Anhörung ist unverzüglich nachzuholen. [4]Ein vollzeitbeschäftigter Beamter oder Angestellter, der nur mit der Führung von Vormundschaften oder Pflegschaften betraut ist, soll höchstens 50 und bei gleichzeitiger Wahrnehmung anderer Aufgaben entsprechend weniger Vormundschaften oder Pflegschaften führen.

(3) [1]Die Übertragung gehört zu den Angelegenheiten der laufenden Verwaltung. [2]In dem durch die Übertragung umschriebenen Rahmen ist der Beamte oder Angestellte gesetzlicher Vertreter des Kindes oder Jugendlichen. [3]Amtspfleger und Amtsvormund haben den persönlichen Kontakt zu diesem zu halten sowie dessen Pflege und Erziehung nach Maßgabe des § 1793 Absatz 1a und § 1800 des Bürgerlichen Gesetzbuchs persönlich zu fördern und zu gewährleisten.

Übersicht

A. Allgemeines

1 Die durch das Gesetz zur Reform des Vormundschafts- und Betreuungsrechts neu strukturierte Vorschrift ist mit § 55 SGB VIII a.F. teilidentisch und regelt höchst unterschiedliche Gegenstände. Sie verweist hinsichtlich der Entstehung von Beistandschaft, (vorläufiger) Amtspflegschaft sowie (vorläufiger) Amtsvormundschaft des Jugendamtes auf die Vorschriften des BGB (Abs. 1). Sie normiert die Übertragung der Aufgaben auf einzelne Bedienstete (Abs. 2), begrenzt die Zahl der übertragbaren Pflegschaften oder Vormundschaften (Abs. 3) und regelt Pflichten und Befugnisse bei der Ausübung der Pfleger- bzw. Vormundstätigkeit (Abs. 4). Schließlich verpflichtet sie zur funktionellen, organisatorischen und personellen Trennung der Aufgaben der Pflegschaft und Vormundschaft von anderen Aufgabenbereichen des Jugendamtes (Abs. 5).

B. Einzelheiten

I. Abs. 1 – Funktionszuweisung an das Jugendamt

1. Anknüpfung an die Vorschriften des BGB

2 Abs. 1 ist zunächst mit § 55 Abs. 1 SGB VIII a.F. inhaltsgleich, wird jedoch um die neuen Rechtsinstitute der vorläufigen Amtspflegschaft und der vorläufigen Amtsvormundschaft erweitert. Auch er **verweist** hinsichtlich der Frage, ob das Jugendamt Beistand, (vorläufiger) Pfleger oder (vorläufiger) Vormund wird, **auf das BGB**. Nicht der öffentliche Jugendhilfeträ-

ger (§ 69 Abs. 1 SGB VIII), sondern die **Behörde selbst** (Jugendamt) gelangt in die jeweilige Funktion. Sie wird hier als rechtsfähiges Subjekt behandelt. Sie ist der Adressat gerichtlicher Ladungen und Zustellungen, die allerdings auch an den zuständigen Beamten oder Angestellten[1] selbst (als Partei) erfolgen können.[2] Als Geschäft bzw. Angelegenheit der laufenden Verwaltung (§ 55 Abs. 4 Satz 1 und 70 Abs. 2 SGB VIII), wird die Ausübung der Funktion einem Bediensteten ohne Beteiligung des Jugendhilfeausschusses übertragen. Eine Übertragung der Führung der Amtsvormundschaft auf freie Träger (Vormundschaftsvereine) ist unzulässig, weil es sich dabei um keine in § 76 SGB VIII genannte sog. andere Aufgabe im Sinne von § 2 Abs. 3 SGB VIII handelt [3] (vgl. hierzu auch Rn. 5 zu § 77). Der Bedienstete des Jugendamts wird gesetzlicher Vertreter des Kindes (Abs. 4 Satz 2), die Vertretung ist nicht nur Recht, sondern auch Pflicht. Nach (in Niedersachsen nicht bestehendem) Landesrecht können Beistandschaften auch von Vereinen übernommen werden (§ 54 Abs. 3 SGB VIII n.F.) [4].

2. Die drei Funktionsbereiche im Vormundschaftswesen

a) Beistandschaft

Die **Beistandschaft** (§§ 1712 bis 1717 BGB) hat die frühere Amtspflegschaft für nicht-eheliche Kinder ersetzt. Auf die Beistandschaft sind das Pflegschafts- und damit das Vormundschaftsrecht grundsätzlich anwendbar (§§ 1716 Satz 2, 1915 Abs. 1 BGB). Die in § 1712 Abs. 1 Satz 1 BGB abschließend aufgezählten **Aufgaben des Beistands** sind die **Vaterschaftsfeststellung** und die **Geltendmachung von Unterhaltsansprüchen**. Die Anfechtung einer Vaterschaft ist nicht Beistandsaufgabe [5], die Geltendmachung von Unterhaltsvorschuss ebenfalls nicht.[6] Auch die Durchsetzung und die Ausübung des Umgangsrechts (§ 1684 Abs. 1 BGB) gehören nicht zu den Beistandsaufgaben.[7] 3

Die **Beistandschaft** kann der alleinsorgende Elternteil – grundsätzlich nur höchstpersönlich (§ 1713 Abs. 1 Satz 4 BGB) – für das Kind (schriftlich) beantragen (§ 1712 Abs. 1 Satz 1 BGB), die Ausnahme ist die geschäftsunfähige werdende Mutter, § 1713 Abs. 2 Satz 3 BGB). Bei gemeinsamer elterlicher Sorge ist der Elternteil antragsberechtigt, in dessen Obhut sich das Kind (§ 1713 Abs. 1 Satz 2 BGB) befindet. Eine (z.B. vereinbarungsbedingt) regelmäßig wechselnde Obhut seiner gemeinsam sorgeberechtigten Eltern schließt eine Beistandschaft aber aus[8] Antragsberechtigt ist auch der berufene Vormund (§ 1713 Abs. 1 Satz 3 BGB). Die Beistandschaft kann auch schon vorgeburtlich beantragt werden (§ 1713 Abs. 1 Satz 1 BGB).

Der Elternteil, der die Beistandschaft des Jugendamts bewirkt hat, hat diesem gegenüber **keine Weisungsbefugnis**, etwa hinsichtlich des Vorgehens bei der Vaterschaftsfeststellung nur hinsichtlich bestimmter Männer oder Unterhaltsgeltendmachung nur gegen bestimmte Personen oder in bestimmter Höhe.

Die Beistandschaft **tritt ein**, sobald der Antrag dem Jugendamt zugeht (§ 1714 Satz 1 BGB). Die gesetzliche Antragsabhängigkeit gibt den Hinweis auf die Freiwilligkeit einer Beistandschaft. Ebenso wie deren Beginn liegt deren Beendigung in der Hand des Antragstellers (§ 1715 Abs. 1 BGB). Der Antrag muss schriftlich gestellt werden (§ 1712 Abs. 1 Satz 1 BGB). 4

1 Zur Vereinfachung wird das zuständige Personal nachfolgend unabhängig von seinem dienst- bzw. arbeitsrechtlichen Status als „Bedienstete“ benannt.
2 Hess. VGH, DVBl. 2001, 586.
3 VG Hannover, Urt. v. 7.12.2017, 3 A 7356/16 (Nds. Landesjustizportal).
4 Landesrechtliche Regelungen zu Vereinsbeistandschaften aufgrund Art. 144 EGBGB haben Bayern, Berlin, Sachsen-Anhalt und Sachsen, Fundstellen bei § 54, Fn. 1.
5 OLG Nürnberg, FamRZ 2001, 705; OLG Brandenburg, FamRZ 2007, 2095.
6 BGH, FamRZ 1999, 1342.
7 DIJuF, JAmt 2001, 185.
8 OLG München, FamRZ 2003, 248.

Eine Beistandschaft kommt nur für Kinder und Jugendliche mit gewöhnlichem Aufenthalt im Inland zustande (§ 1717 BGB). Die örtliche Zuständigkeit richtet sich nach dem gewöhnlichen Aufenthalt der Mutter (§ 87c Abs. 5 SGB VIII). Auf die Beistandschaft als sog. „andere Aufgabe" (§ 2 Abs. 3 Nr. 9 SGB VIII) sind die Bestimmungen des SGB I (wegen § 27 SGB I) nicht anwendbar. Deshalb besteht hier z.B. das Wunsch- und Wahlrecht nicht. Das SGB X ist jedoch anwendbar (§ 1 Abs. 1 Satz 1 SGB X). Der Beistand wird **nicht** vom Familiengericht beaufsichtigt (§ 1716 Satz 2 BGB). Wegen der „untypischen Funktion" der Beistandschaft als zivilrechtliche gesetzliche Vertretung (§ 55 Abs. 4 Satz 2 SGB VIII) ist der **Sozialdatenschutz** für den Beistand in § 68 Abs. 1 Satz 1 SGB VIII gesondert geregelt.[9]

5 Die **Beistandschaft endet** mit dem entsprechenden Antrag, dem Wegfall der Antragsberechtigung nach § 1713 BGB (§ 1715 BGB) oder dem Tod des Kindes, weil § 1712 BGB ein lebendes Kind bzw. eine Leibesfrucht („nasciturus") voraussetzt (§ 1713 Abs. 2 BGB) [10], weshalb das Jugendamt nach dem Tod des Kindes nicht mehr als Beistand tätig werden kann. Auch für die Beendigung der Beistandschaft liegt die Antragsbefugnis bei dem nach § 1713 Abs. 1 BGB befugten Elternteil oder berufenen Vormund.

Für **Pflichtverletzungen** des Jugendamts als **Beistand** zur Geltendmachung von Unterhaltsansprüchen haftet das Land im Rahmen der Amtshaftung (§ 839 BGB, Art. 34 Satz 1 GG), und zwar für jeden Verstoß gegen das Gebot gewissenhafter und treuer Amtsführung [11]. Die fachkundige Erledigung der Beistandsaufgaben durch einen über die erforderlichen Rechtskenntnisse verfügenden Beschäftigten muss die Behörde durch organisatorische Maßnahmen sicherstellen.[12] Das wird auch mit der in Abs. 5 vorgesehenen Aufgabentrennung bezweckt.

b) Pflegschaft

6 Die **Amtspflegschaft** tritt heute nicht mehr kraft Gesetzes, sondern nur noch durch gerichtliche Anordnung ein. Für die Bestellung eines Pflegers für einen Minderjährigen oder eine Leibesfrucht ist grundsätzlich das Familiengericht zuständig (§ 151 Nr. 5 FamFG). Die Beistandschaft geht der Pflegschaft stets vor, nach § 1716 Satz 2 BGB i.V.m. § 1915 BGB ist auf die Beistandschaft das Recht der Pflegschaft anzuwenden. Der Pfleger ist wie der Vormund gesetzlicher Vertreter, sein Aufgabenbereich setzt bzw. begrenzt aber den „Rahmen" (§ 55 Abs. 4 Satz 2 SGB VIII n.F.) der Vertretung.

7 Familiengerichte veranlassen zunehmend Jugendämter zur Übernahme von **Umgangspflegschaften** (§ 1684 Abs. 3 Satz 3 und 4 BGB), einschließlich der Umgangsbegleitung (§ 1684 Abs. 4 Satz 3 und 4 BGB). Die Bestellung des Jugendamts als Umgangspfleger ist nur ausnahmsweise (als quasi „letzte Reserve" analog § 1773 BGB n.F.) möglich (vgl. hierzu die Kommentierung zu § 18 Rn. 52). Deren Übernahme durch das Jugendamt wird im Fall fehlender vorrangig zu berücksichtigender (§ 1779 Abs. 2 BGB n.F.) geeigneter natürlicher Personen zutreffend für verpflichtend gehalten.[13] Zwar spricht dagegen, dass die Umgangspflegschaft keine Amtspflegschaft i.S.v. § 55 SGB VIII ist. Sie ist auch nicht ausdrücklich im Aufgabenkatalog des Jugendamts (§ 2 Abs. 3 Nr. 11 SGB VIII) benannt und schließlich kein zivilrechtliches Institut zur partiellen Ersetzung der elterlichen Sorge.[14] Die analoge Anwendung der §§ 55, 2 Abs. 2 Nr. 11 SGB VIII ist aber erforderlich, um die gesetzliche Zielvorstellung, einen Pfleger mit der Durchführung des Umgangs zu betrauen trotz Personalnot tat-

9 DIJuF, JAmt 2001, 185.
10 OLG Rostock, FamRZ 2007, 1683.
11 BGH, NJW 2014, 692; MüKo-BGB/*Wagenitz*, § 1833 Rn. 3.
12 BGH, NJW 2014, 692.
13 OLG Brandenburg, Beschl. v. 5. 9. 2013, 3 WF 46/13, NZFam 2014, 476.
14 DIJuF, JAmt 2020, 19 (21).

sächlich zu erreichen.[15] ihn also auch zum „Umgangsbegleiter" zu machen.[16] Die Personenidentität von Umgangspfleger und Umgangsbegleiter bleibt gleichwohl problematisch und die Stützung der Umgangsbegleitung allein auf § 1684 Abs. 3 BGB lässt die auch seitens des Jugendamts nach § 1684 Abs. 4 S. 3 BGB erforderliche Bereitschaft dazu außer Acht.[17]

Das FGG-Reformgesetz (Einführung des FamFG am 17.12.2008) hat den Umgangspfleger gesetzlich etabliert. Zuvor war er richterrechtlich gebildet und den Jugendämtern in die „Zuständigkeit" gelegt worden. Eine im Zuge der Kodifizierung erforderliche Aufgabenerweiterung im SGB VIII wurde im Gesetzgebungsverfahren nicht erörtert und erfolgte auch nicht.[18] Aus dem Bundesrat kam Widerstand gegen die Einführung des Umgangspflegers an sich, der u.a. mit der Personalsituation in den Jugendämtern begründet wurde. Dabei wurde die bis dahin praktizierte Bestellung der Jugendämter angesprochen,[19] aber auch im weiteren Gesetzgebungsverfahren nicht über Regelungsbedarf einer ausdrücklichen Benennung der Umgangspflegschaft als Jugendamtsaufgabe verhandelt. Die Analogiefähigkeit basiert daher auf einer dem Gesetzgeber unbewussten (planwidrigen) Regelungslücke im SGB VIII. Durch die Möglichkeit der Bestellung des Jugendamts zum Pfleger mit der Befugnis zur Bestimmung des Umgangs (§ 1632 Abs. 2 BGB) ist der Regelungsbedarf nicht aufzufangen, weil der Umgangspfleger nur zur Durchführung des Umgangs, ausdrücklich aber nicht zur Bestimmung des Umgangs selbst berechtigt ist. 8

Durch das Gesetz zur Reform des Vormundschafts- und Betreuungsrechts vom 4.5.2021 neu hinzugekommen ist das neue Rechtsinstitut des **„zusätzlichen Pflegers"**, zu dem auch das Jugendamt bestellt werden kann. Es handelt sich nach § 1776 BGB n.F. dabei um einen Pfleger, der familiengerichtlich neben dem ehrenamtlichen Vormund einzelne oder bestimmte Arten von Sorgeangelegenheiten übertragen bekommt. Dieses neue Institut kann dazu beitragen, die ehrenamtliche Vormundschaft zu stärken,[20] weil schwierige Anteile der Sorgeangelegenheiten damit in professionelle Hände gegeben werden können. 9

Der bisher als besondere Gestalt des Ergänzungspflegers erfasste **„Zuwendungspfleger"**, der bei Vermögenszuwendungen an Minderjähriger familiengerichtlich bestellt wird, hat eine besondere gesetzliche Regelung in § 1811 BGB n.F. erfahren. Auch für diese Funktion kommt das Jugendamt als Adressat in Betracht.

Die **Amtspflegschaft** beginnt wie die Vormundschaft mit der Bekanntgabe ihrer Anordnung (durch gerichtlichen Beschluss). Wirksam wird die Bestellung des Jugendamts als Pfleger bzw. Vormund mit der Zustellung der schriftlichen Verfügung des Familiengerichts (§ 168 Abs. 2 Satz 1 FamFG n.F.). Die Amtspflegschaft kommt hauptsächlich als Ergänzungspflegschaft (§ 1809 BGB) wegen tatsächlicher oder rechtlicher Verhinderung der Eltern vor, etwa bei Teilentzug der elterlichen Sorge (§ 1666 Abs. 1 BGB), bei Ausschluss oder Beschränkung der Vertretungsmacht – auch des Vormunds (§§ 1629 Abs. 2, 1795 BGB) – und Aufhebung der gemeinsamen elterlichen Sorge wegen Kindeswohlgefährdung (§ 1671 Abs. 3 BGB). Selten kommt die Amtspflegschaft als Pflegschaft für eine Leibesfrucht (§ 1912 BGB) vor. Die dem Amtspfleger übertragenen Angelegenheiten sowie Angaben über die Be- 10

15 OLG Brandenburg Beschl. v. 5.9.2013, 3 WF 46/13, NzFam 2014, 476: Leerlaufen des Rechtsinstituts der Umgangspflegschaft vermeiden.
16 OLG Düsseldorf, FamRZ 2020, 178! OLG Hamm, FamRZ 2022, 620.
17 *Keuter*, FamRZ 2022, 581 (583 und 584) sieht darin unter Bezugnahme auf *Schäder*, JAmt 2021, 2(4), eine Sprengung der Grenzen richterlicher Rechtsfortbildung.
18 Schon im Regierungsentwurf des FGG-RG in der BT-Drs. 16/6308 (betreffend § 1684 Abs. 3 BGB), 142 und (betreffend das SGB VIII) 158 fehlen Regelungsentwürfe zur Erweiterung des Jugendamts-Aufgabenkatalogs auf die Umgangspflegschaft.
19 BR-Drs. 309/4/07, 106.
20 *Veit*, FamRZ 2021, 1778 mit Verweis auf den insoweit eher zweifelnden *Dürbeck*, FamRZ 2020, 1789, 1792 und ZKJ 2019, 208, 213

schränkungen der Vertretungsmacht nimmt das Familiengericht auch bei der Bestellung des Jugendamts in die Bestellungsurkunde auf (§ 168b Abs. 1 FamFG).

11 Die **Pflegschaft endet** mit Erledigung der Aufgabe oder Wegfall ihres Anlasses. Das Jugendamt kann auch aus der Amtspflegschaft entlassen werden (§§ 1919, 1804 Abs. 1 Nr. 2 BGB n.F.), vor allem, wenn eine geeignete Einzelperson für diese Aufgabe gewonnen wird, was das Jugendamt jährlich zu prüfen hat (§ 57 Abs. 4 Satz 1, Abs. 6 SGB VIII n.F.).

c) Vormundschaft

12 Die **Amtsvormundschaft** kommt als gesetzliche, d.h. kraft Gesetzes, und als bestellte, d.h. kraft gerichtlicher Anordnung entstehende vor. Die gesetzliche Amtsvormundschaft bei Fehlen eines sorgeberechtigten Elternteils bestimmt § 1786 BGB n.F., die gesetzliche Amtsvormundschaft bei vertraulicher Geburt ordnet § 1787 BGB n.F. an.
Wie Private übt auch das Jugendamt in der Funktion des **Amtsvormunds kein öffentlich-rechtliches Amt** aus, sondern erfüllt eine öffentliche Fürsorgeaufgabe mit privatrechtlichen Mitteln. Öffentlich-rechtlich sind nur die Aufgabenzuweisung und die Übertragung der Ausübung auf einzelne Bedienstete (durch § 55 SGB VIII). Diese treffen deshalb bei der Aufgabenerfüllung Amtspflichten nach § 839 BGB [21], grundsätzlich jedoch nur im Verhältnis zum Mündel [22]. Andererseits hat der Bedienstete des Jugendamts teil am Behördenprivileg im Anwaltsprozess, d.h. er kann auch in gerichtlichen Verfahren mit grundsätzlichem Anwaltszwang selbst auftreten, ist prozessual also ohne Anwaltszulassung postulationsfähig (§ 78 Abs. 4 ZPO und § 67 Abs. 4 VwGO).

13 Die Amtsvormundschaft **tritt** vor allem bei der unverheirateten minderjährigen Mutter **ein**, deren elterliche Sorge ruht (§ 1673 Abs. 2 Satz 1 BGB). Sie ist alleinige elterlich Sorgeberechtigte (§ 1626a Abs. 2 BGB), aber nur beschränkt geschäftsfähig, daher bedarf das Kind mit der Geburt eines Vormunds (§§ 1786 Abs. 1, 1673 BGB).

14 Das Jugendamt wird **gesetzlicher Amtsvormund** (§ 1786 Abs. 1 Satz 1 BGB), wenn das Kind seinen gewöhnlichen Aufenthalt im Inland hat. Zu verhindern ist das durch vorgeburtliche Bestellung eines Vormunds (§ 1773 Abs. 2 BGB). In der tatsächlichen Personensorge, wozu auch die Inanspruchnahme von Hilfe zur Erziehung gehört,[23] setzt sich die Mutter gegenüber dem Amtsvormund durch (§ 1673 Abs. 2 Satz 3 BGB), sodass der Amtsvormund ihren Vorrang bei seinen entsprechenden Vertretungshandlungen umsetzen muss. Die gesetzliche Amtsvormundschaft hat das nach § 87c SGB VIII örtlich zuständige Jugendamt. Ist gesetzliche Amtsvormundschaft eingetreten, teilt das Jugendamt sie dem Familiengericht lediglich mit (§ 57 Abs. 1 SGB VIII), es bedarf keiner diesbezüglichen familiengerichtlichen Anordnung. Das Familiengericht erteilt dem Jugendamt in den Fällen des § 1751 Abs. 1 (bei Adoption) und der §§ 1786 und 1787 BGB (Amtsvormundschaften bei Fehlen eines sorgeberechtigten Elternteils und bei vertraulicher Geburt) aber unverzüglich eine lediglich deklaratorische Bescheinigung über den Eintritt der Vormundschaft (§ 168b Abs. 2 FamFG n.F.). Gesetzlicher Amtsvormund wird das Jugendamt auch dann, wenn ein Elternteil in die Adoption eingewilligt hat (§ 1751 Abs. 1 Satz 2 BGB) und der andere Elternteil die elterliche Sorge nicht allein ausübt oder nicht bereits ein Vormund bestellt ist. Ferner greift die gesetzliche Amtsvormundschaft bei erfolgreicher Vaterschaftsanfechtung (§ 1592 Nr. 2 BGB) und Vormundschaftsbedarf wegen fehlender elterlicher Sorge der Mutter (§ 1786 BGB n.F.). Weil die Gegenvormundschaft mit dem Gesetz zur Reform des Vormundschafts- und Betreuungsrechts vom 4. Mai 2021 aufgehoben worden ist, kann das Jugendamt nicht mehr als Gegenvormund bestellt werden.

---

21 OVG NRW, JAmt 2001, 596: weil „als Behörde mit dieser Funktion betraut".
22 BGH FamRZ 1999, 1344.
23 *Ollmann*, JAmt 2003, 573.

Ist das Jugendamt durch Anordnung des Familiengerichts **bestellter Vormund oder vorläufiger Vormund** oder **Pfleger** (nach § 1784 BGB n.F.) hat es anders als der Vormundschaftsverein keine Ablehnungsmöglichkeit (§ 1785 Abs. 3 BGB n.F.). Die Beschwerdebefugnis nach §§ 59 Abs. 3, 162 Abs. 3 Satz 2 FamFG nützt dem Jugendamt faktisch nichts, weil eine ihm gegenüber vorrangig zu bestellende Person bei bzw. wegen der Bestellung des Jugendamts tatsächlich nicht verfügbar gewesen sein wird. Ist der sachlich zuständige örtliche Träger der Jugendhilfe von der Anordnung der Vormundschaft und Bestellung als Vormund nicht benachrichtigt und ihm der familiengerichtliche Beschluss nicht zugestellt worden, hilft ihm die Beschwerde allerdings [24]. Subsidiär wird das Jugendamt vor allem bei Versterben beider Elternteile (§ 1782 BGB n.F.) und bei Sorgerechtsentzug (§§ 1666,1909 BGB) als Pfleger bestellt. 15

Das vom Familiengericht nach § 1774 BGB n.F. als Vormund oder Pfleger bestellte Jugendamt muss nicht das nach § 87c Abs. 3 SGB VIII oder § 88a Abs. 4 SGB VIII örtlich zuständige Jugendamt sein [25]. Sachliche bzw. schwerwiegende Gründe wie die Ortsnähe oder die Sicherung einer kontinuierlichen Aufgabenwahrnehmung können die Bestellung des hiernach örtlich zuständigen Jugendamts aber erfordern. Das elterliche Recht zur Benennung eines Vormunds erstreckt sich nur auf natürliche Personen, nicht auf das Jugendamt und auch nicht auf einen Vormundschaftsverein (§ 1782 Abs. 1 BGB n.F.). 16

3. Sonderfragen

a) „Babykörbchen" und vertrauliche Geburt

Für ein in eine sog. „Babyklappe" (z.B. das **„Babykörbchen"** des kirchlich/diakonischen Beratungs- und Hilfeprojekts für Schwangere in Not „Mirjam" in Hannover) gelegtes Neugeborenes wird die Bestellung des Jugendamts zum Vormund mangels Ermittelbarkeit des Familienstands (§ 1773 Abs. 2 Nr. 3 BGB n.F.) vollzogen. 17

Durch das Gesetz zur Reform des Vormundschafts- und Betreuungsrechts vom 4.5.2021 enthält § 1787 BGB n.F. eine Sonderregelung zur Amtsvormundschaft bei vertraulicher Geburt. Diese ist etwas anderes als die Hineingabe eines Neugeborenen in eine Babyklappe. Bei einer **vertraulichen Geburt** (§ 25 Abs. 1 Satz 1 SchwKG) legt die Schwangere ihre Identität nicht offen. Stattdessen macht sie (nur) der Beratungsstelle vertraulich die nach § 26 Abs. 2 Satz 1 SchwKG erforderlichen Angaben (Vornamen, Familienname, Geburtsdatum und Anschrift, von der Beratungsstelle regelmäßig anhand des Personalausweises überprüft). Der Standesbeamte nimmt (nach § 21 Abs. 2a PStG) nur die Angaben (nach § 21 Abs. 1 Nrn. 1 bis 3) zum von der Schwangeren (nach § 26 Abs. 1 Nr. 2 SchwKG) gewählten Vornamen und den von der zuständigen Verwaltungsbehörde bestimmten Geburtsnamen des Kindes sowie Ort, Tag, Stunde und Minute der Geburt und das Geschlecht des Kindes in das Geburtenregister auf. Die (Schwangerschaftskonflikt-) Beratungsstelle muss dem am Geburtsort zuständigen Jugendamt (nach § 26 Abs. 5 SchwKG) das von der Schwangeren (nach § 26 Abs. 1 Nr. 1 SchwKG) gewählte Pseudonym mitteilen, den voraussichtlichen Geburtstermin und die Einrichtung oder die zur Leistung von Geburtshilfe berechtigte Person, bei der die Anmeldung zur Entbindung erfolgt ist. Das Jugendamt teilt nach der Geburt dem Familiengericht den Eintritt der gesetzlichen Amtsvormundschaft für das Kind (§ 1787 BGB n.F.) mit. Die familiengerichtliche Bescheinigung über den Eintritt der Vormundschaft (nach § 168b Abs. 2 FamFG n.F.) hat lediglich deklaratorische (rechtsbestätigende, nicht rechtsbegründende) Bedeutung. Mit der gesetzlichen Regelung der Amtsvormundschaft bei vertraulicher Geburt 18

24 BGH, FamRZ 2015, 1699.
25 OLG Dresden,, FamRZ 2019, 990, a. A OLG Celle, FamRZ 2018, 1246 und OLG Karlsruhe, FamRZ 2019, 369).

nach § 1787 BGB n.F.) und der gesetzlichen Festlegung des § 1674a BGB n.F. über das Ruhen der elterlichen Sorge für ein vertraulich geborenes Kind, kommt es nicht mehr darauf an, ob die Nichtehelichkeit des Kindes nicht eindeutig feststeht und die Mutter das Sorgerecht wegen Anonymität über längere Zeit nicht ausüben kann, was früher für die Errichtung einer Vormundschaft wesentlich war [26].

b) Minderjährige Flüchtlinge, vorläufige Vertretung und Vormundschaft

19 **Unbegleitet eingereiste minderjährige A** („UMA")nimmt das Jugendamt in seine Obhut, wenn sich kein Personensorgeberechtigter oder Erziehungsberechtigter im Inland aufhält. Das war bisher auf § 42 Abs. 1 Nr. 3 SGB VIII gestützt. Es handelt sich um eine Schutzmaßnahme im Sinne von Art. 9 des Haager Übereinkommens über den Schutz von Kindern vom 19.10.1996 [27]. Das UMG hat in den §§ 42a bis 42e[28] und 88a SGB VIII eine gesetzliche Neuregelung der Inobhutnahme unbegleitet eingereister ausländischer Kinder und Jugendlicher etabliert.[29] Maßgebend für die örtliche Zuständigkeit des Jugendamts bleibt danach grundsätzlich der tatsächliche Aufenthalt des Minderjährigen (§ 88a Abs. 1 SGB VIII). Nach der Zuweisungsentscheidung des für die Verteilung zuständigen Landes, das durch eine vorausgehende Entscheidung des Bundesverwaltungsamts nach § 42b Abs. 1 SGB VIII zur Aufnahme verpflichtet ist, ist das von der Landesverteilstelle bestimmte Jugendamt (§ 42b Abs. 3 Satz 1 SGB VIII) zuständig. Die Verteilung auf Landesebene liegt in der Hand des Landesjugendamts, sofern das Bundesland keine andere Regelung trifft.

20 § 42a Abs. 3 SGB VIII verschafft demjenigen Jugendamt, das die vorläufige Inobhutnahme vornimmt, eine – vorläufige – **öffentlich-rechtliche Kompetenz zur Vertretung** des Minderjährigen, macht es aber nicht zum Personensorgeberechtigten.[30] Möglichst zeitnah muss dann ein Vormund oder Pfleger bestellt werden, wozu in der Gesetzesbegründung ausdrücklich auf Art. 24 Abs. 1 der Richtlinie 2013/33/EU verwiesen wird. Dieser Personensorgeberechtigte hat den asylsuchenden Jugendlichen zu unterstützen und zu vertreten, um das Kindeswohl zu wahren und alle erforderlichen Rechtshandlungen vorzunehmen. Das Zuweisungsjugendamt muss unverzüglich nach der Verteilung die Vormunds- bzw. Pfleger-Bestellung durch das Familiengericht veranlassen. Nach ungenutztem Ablauf der Monatsfrist zur Durchführung des Verteilungsverfahrens (§ 42b Abs. 4 Nr. 4 SGB VIII) liegt die Pflicht zur Veranlassung der familiengerichtlichen Vormunds-Bestellung bei dem Jugendamt, das die vorläufige Inobhutnahme durchgeführt hat. Durch § 88a Abs. 4 SGB VIII wird sichergestellt, dass die örtliche Zuständigkeit für Schutzmaßnahmen und Leistungen sowie die Amtsvormundschaft bzw. Amtspflegschaft gleich ist und die Zuständigkeiten nicht mehr auseinanderfallen können. Faktisch handelte es sich nach der sog. Flüchtlingswelle ab 2015 bei nicht entsprechend angewachsenen Zahlen von Einzelvormündern und Einzelpflegern regelmäßig um die bestellte Amtsvormundschaft nach § 1791b BGB a.F.. Das Zuweisungsjugendamt nach § 42b Abs. 3 Satz 1 SGB VIII wird nach der Gesetzesbegründung von der Landesverteilstelle unter Berücksichtigung besonderer Kompetenzen in der Unterbringung, Versorgung und Betreuung unbegleiteter ausländischer Kinder und Jugendlicher ausgewählt.[31]

21 Die **Vormundschaft** endet kraft Gesetzes mit Wegfall ihrer Begründungsvoraussetzungen (§§ 1806,1773 BGB n.F.), also mit Volljährigkeit, Versterben oder Eintritt der elterlichen Sorge (z.B. durch vormundschaftsgerichtlichen Adoptionsbeschluss). Sie endet auch, wenn ihr Anordnungsanlass entfällt und kein anderer Anlass besteht oder der Amtsvormund ver-

26 LG Hamburg, FPR 2003, 143: Personensorgevollmacht für die Leiterin des Projekts „Findelbaby" in Hamburg.
27 BGBl. II 2009 S. 602 (603).
28 Siehe hierzu die Kommentierung der §§ 42a ff. SGB VIII.
29 BGBl. I 2015 S.1802 ff.; hierzu § 42a Rn. 37.
30 Gesetzesbegründung in BR-Drs. 349/15, 21.
31 BR-DRs. 349/15, 24.

stirbt oder entlassen wird (§ 1804 BGB n.F.), etwa weil ein Einzelvormund bestellt werden kann bzw. ein neuer Vormund nach § 1805 BGB n.F. bestellt werden muss. Die **Bescheinigung** über den Eintritt der Vormundschaft muss das Jugendamt nach Beendigung des Amts dem Vormundschaftsgericht zurückgeben (§ 168b Abs. 3 FamFG n.F.) Für die Bescheinigung über die Adoptionsamtsvormundschaft (§ 1751 Abs. 1 Satz 4 BGB) ist das nicht ausdrücklich vorgesehen, gleichwohl sinnvoll.

Das Jugendamt erhält weder eine **Vergütung** noch eine **Aufwandsentschädigung** und Aufwendungsersatz nur begrenzt bei vermögendem Mündel (§ 6 des Gesetzes über die Vergütung von Vormündern und Betreuern – VBVG[32]). Für die Mehrbelastungen der Zuweisungsjugendämter für unbegleitet eingereiste minderjährige Flüchtlinge hatten die Länder den Kommunen einen finanziellen Ausgleich verschafft. 22

II. Abs. 2 – Rechtsstellung der Jugendamtsmitarbeitenden

1. Übertragung der Ausübung der Aufgaben auf einzelne Bedienstete

Der/die einzelne **Bedienstete** des Jugendamts **selbst** wird mit der Übertragung der Aufgabenausübung nach **Abs. 2 gesetzlicher Vertreter** nach **Abs. 4 Satz 2** des Kindes bzw. Jugendlichen. Das Jugendamt bleibt der Vormund, aber nicht die Behörde, sondern deren Bediensteter wird mit der Übertragung der Aufgaben der gesetzliche Vertreter in Rahmen der Aufgabenübertragung.[33] D.h. nicht das Amt selbst wird der gesetzliche Vertreter des Minderjährigen. Der/die Bedienstete wird nicht Vertreter des beantragenden Elternteils und auch nicht des Jugendamts selbst. Für das Vertreterhandeln haftet der Vertretene. 23

Bei der Übertragung der Ausübung der Aufgaben des Beistands, des Pflegers oder des Vormunds auf einzelne Bedienstete des Jugendamts muss das Jugendamt die Grundsätze für die Auswahl durch das Familiengericht beachten (§ 55 Abs. 2 Satz 2 SGB VIII). Wird das Jugendamt als vorläufiger Pfleger oder vorläufiger Vormund bestellt, gilt das nicht, weil § 55 Abs. 2 Satz 5. 1. Hs. SGB VIII n.F. die Nichtgeltung der vorangehenden Sätze 2-4 bestimmt. In der vorläufigen Funktion soll ein Bediensteter platziert werden können, der gerade den besonderen Anforderungen der Vorläufigkeit gewachsen ist. Die von § 55 Abs. 2 Satz 5 2. Hs. SGB VIII n.F. normierte entsprechende Anwendbarkeit des § 1784 BGB wird einen sehr engen Anwendungsbereich haben, weil wohl kaum ein Bediensteter des Jugendamts im Vormundschaftswesen die Geschäftsunfähigkeit „mitbringt", minderjährig ist, selbst einen Betreuer hat oder (zugleich) in einer Arbeits- oder sonstigen anderen engen Beziehung zu der Einrichtung in der der Mündel lebt, stehen wird. Eine insoweit durchaus in Betracht zu ziehende z. B. ehrenamtliche Zugehörigkeit des Bediensteten zu einem Aufsichtsorgan eines freien Trägers einer Jugendhilfeeinrichtung, in der Mündel lebt, ist nicht als andere enge Beziehung im Sinne § 1784 Abs. 2 Nr. 4 BGB n.F. anzusehen. Das wird erst dann anders zu bewerten sein, wenn der Bedienstete zugleich wirtschaftlich Berechtigter einer solchen (privatgewerblichen) Jugendhilfeeinrichtung ist, selbst wenn er zu deren Träger nicht auch in einer Arbeitsbeziehung steht. Denkbar erscheint für Bedienstete des Jugendamts aus dem Kreis der Ausschlussgründe des § 1784 BGB n.F. sonst wohl nur, dass der Bedienstete von den Eltern des Mündels nach § 1782 BGB n.F. ausgeschlossen worden ist.

---

32 In der Fassung des Artikel 10 des Gesetzes zur Reform des Vormundschafts- und Betreuungsrechts vom 4.5.2021 (BGBl. I S. 882. 925 ff.).

33 Vgl. OVG Bremen, Beschl. v. 10.9.2019, 1 B 32/19 und VG Schwerin, Urt. v. 13.4.2018, 15 A 4249/17 As SN; a. A. die wohl h. M., vgl. VG Freiburg, Urt. v. 16.10.2018, A 5 K 7980/17 (m. w. N. unter Rn. 15), was sich darin auswirkt, dass die Behörde als Vormund die für amtliche Zustellungen als Adressat angesehen wird, nicht deren Bediensteter als gesetzlicher Vertreter.

24 Die Qualifikation des Bediensteten ist durch § 55 SGB VIII nicht bestimmt, insoweit gilt „nur" das Fachkrafterfordernis des § 72 SGB VIII. Notwendig ist eine Doppelqualifikation in Verwaltung und Sozialpädagogik.[34]

Weil das Jugendamt die Ausübung des Amts auf einzelne „seiner" Bediensteten zur persönlichen Wahrnehmung überträgt, ist weder eine Übertragung auf die Mitarbeiterschaft des Jugendamts generell noch eine Übertragung auf Bedienstete anderer Ämter, etwa des Rechtsamts zulässig.[35] Die Wahrnehmung der Amtsgeschäfte kann deshalb nicht durch „irgendeinen" Mitarbeitenden des Jugendamts, je nachdem, wer gerade „da" ist, stattfinden. Sie kann auch nicht durch Mitarbeitende anderer Ämter geschehen, etwa, weil sie in einer konkreten Handlung fundierter agieren könnten als die jeweils zuständigen Mitarbeitenden des Jugendamts. Dass die gesetzliche Vertretung durch den „Rahmen" (**Abs. 4 Satz 2**) begrenzt wird, den die Übertragung umschreibt, eröffnet die Möglichkeit der Übertragung auf **verschiedene Bedienstete** mit unterschiedlichen Aufgabenkreisen. Die gesetzliche Vorgabe, dass das Jugendamt die Aufgaben einzelnen seiner Bediensteten überträgt, bedeutet nicht, dass alle dieser auf einen Mündel bezogenen Aufgaben einer einzigen Person übertragen werden müssen. Die Übertragung an sich muss aber insgesamt vollständig sein, **Abs. 2 Satz 1** lässt keinen Raum dafür, dass ein „Rest" bei der Behörde bliebe. Eine differenzierte personale Zuordnung durch die Jugendamtsleitung wird dann sinnvoll sein, wenn eine innerbehördliche Stärkung von Mitarbeitenden mit partiellen Defiziten nicht möglich ist.

25 Nimmt der Bedienstete des Jugendamts im Rahmen seiner Personensorge für das Mündel Heimerziehung nach § 34 SGB VIII in Anspruch, handelt er als Sorgeberechtigter, der eine wählbare Leistung nutzt. Es handelt sich dabei tatbestandlich **nicht** um eine **behördliche Anordnung** einer Unterbringung in einer Einrichtung i.S.d. § 174a Abs. 1 StGB, weil der Gesetzgeber die Einrichtungen der freiwilligen Erziehungshilfe bewusst nicht in dessen gesetzlichen Schutzbereich einbezogen hat.[36]

26 Der Bedienstete ist auch prozessual als **Beistand** neben dem Elternteil **zusätzlicher** gesetzlicher Vertreter. Der Elternteil hat gegenüber dem Beistand kein Weisungsrecht [37], im **Prozess** schließt die Vertretung des Beistands diejenige des sorgeberechtigten Elternteils sogar aus (§ 53a ZPO). Gleichwohl besteht die Freiwilligkeit der Beistandschaft, weswegen der Elternteil sie durch schriftliches Verlangen beenden oder beschränken kann (§ 1715 Abs. 1 Satz 1 BGB), und zwar ohne Verhinderungsmöglichkeit des Jugendamts. Das zwingt zur **Kooperation**.

2. Begründung der Funktion der Jugendamtsmitarbeitenden

27 Die **Übertragung der Ausübung** ist eine Angelegenheit der laufenden Verwaltung (**Abs. 4 Satz 1**). Die damit erfolgende Zuweisung der Funktion des Beistands, Amtsvormunds oder Amtspflegers oder der jeweiligen vorläufigen Amtsvormundschaft oder Amtspflegschaft erfolgt durch innerbehördlichen Organisationsakt[38] in der Form einer **schriftlichen Einzelverfügung.**[39] Diese dient dem Bediensteten des Jugendamts im Rechtsverkehr als **Nachweis** seiner Vertretungsmacht, weil die Vormundschaftsbescheinigungen an das Jugendamt selbst adressiert sind und diesen Zweck nicht erfüllen können. Die in § 55 Abs. 2 Satz 3 und Satz 4 SGB VIII zusätzlich zu § 8 Abs. 1 Satz 1 SGB VIII normierte **Anhörung** des Kindes oder Jugendlichen und die Pflicht des Amtsvormunds zum persönlichen Kontakt aus § 55 Abs. 3 Satz 2 SGB VIII machen klar, dass die Amtsübertragung durch innerbehördlichen Organisati-

34 *Opitz*, DAV 2001, 319 m.w.N.
35 OLG Frankfurt a. M., DAV 2000, 487.
36 BGH, FamRZ 2015, 1795 (1796).
37 OLG Köln, FamRZ 2002, 50.
38 MüKo-SGB VIII/*Tillmanns*,§ 55, Rn. 9.
39 DIJuF, JAmt 2002, 73 und 2003, 521.

onsakt die **Beteiligung** des Betroffenen erfordert. Es ist also nicht einfach eine Lösung durch Geschäftsverteilungsplan möglich.[40]

Obwohl das Jugendamt (als unselbständige Untergliederung der Gebietskörperschaft hier mit Quasi"-Rechtspersönlichkeit ausgestattet[41]) selbst Vormund wird (Abs. 1), wird mit der Aufgabenübertragung auf den Bediensteten dieser in dem ihm übertragenen Aufgabenbereich („Rahmen") selbst **gesetzlicher Vertreter des Mündels** (Abs. 4 Satz 2). Deshalb können andere Bedienstete des Jugendamts die Vertretung grundsätzlich nicht an seiner statt durch Abgabe von außenwirksamen Erklärungen im insoweit „fremden" Aufgabenbereich wahrnehmen. Der Gesetzeszweck besteht in der persönlichen und individuellen Führung der Vormundschaft und der (begrenzten) Weisungsfreiheit des Bediensteten in dieser Funktion, die durch abweichende Einzelfallentscheidungen etwa der Behördenleitung konterkariert werden können. Um jedoch die Vertretung des Mündels dauerhaft (auch bei Abwesenheit des zuständigen Bediensteten) zu gewährleisten, bedarf es einer verbindlichen amtsinternen Vertretungsregelung, der eine informelle Absprache der Mitarbeitenden des Jugendamts nicht genügt.[42]

3. Begrenzte Weisungsfreiheit der Jugendamtsmitarbeitenden

Das Jugendamt überträgt einzelnen seiner Bediensteten die jeweilige Funktion, nämlich die Aufgaben des Beistands, des Pflegers oder des Vormunds (Abs. 2 Satz 1). Vormünder, Pfleger und Beistände handeln nach Zivilrecht **selbstständig und weisungsunabhängig**. Das Familiengericht kann nicht an deren Stelle handeln und ihnen auch keine Weisungen erteilen, auch dann nicht, wenn sie es selbst beantragen. Das käme etwa in Betracht, wenn der Vormund oder der Pfleger beispielsweise zur Vermeidung seiner Haftung wegen möglicher Pflichtwidrigkeit seines beabsichtigten Tuns die gerichtliche „Vorab"-Klärung der Rechtmäßigkeit wünschen. Denn das Gericht beaufsichtigt sie lediglich auf Pflichtwidrigkeiten (in § 1802 Abs. 2 Satz 1 BGB n.F. jetzt positiv als „Einhaltung der Pflichten" formuliert), seine Beratung (nach § 1802 Abs. 1 BGB n.F.) kann grundsätzlich nicht in eine Weisung münden. § 1802 Abs. 2 Satz 3 BGB n.F. ist die gesetzliche Ausnahme von diesem Grundsatz, er ermöglicht dem Familiengericht (nur) die Weisung („kann dem Vormund…aufgeben") eine (Haftpflicht-) Versicherung für Schäden, die er dem Mündel zufügen kann, einzugehen. Die Weisungsunabhängigkeit vom Familiengericht gilt auch im Verhältnis zum Amtsvormund und Amtspfleger,[43] über den Beistand hat das Familiengericht (nach § 1802 Abs. 2 Satz 1 BGB n.F.) keine Aufsicht. Der **Bedienstete**, der die Vormundschaft im Verhältnis zum Familiengericht weisungsfrei führt, ist **innerdienstlich** aber (nach öffentlichem Dienstrecht) **weisungsgebunden**. 28

Zu diesem **Spannungsverhältnis** weisungsfreier Amtsführung des weisungsgebundenen Bediensteten wird die ganze Bandbreite möglicher Positionen vertreten, nämlich von der Weisungsfreiheit[44] über die begrenzte Weisungsfreiheit bzw. die begrenzte Weisungsabhängigkeit[45] bis zur Weisungsabhängigkeit.[46] Gesamtanalysen dieser seit Langem umstrittenen Frage sind erstellt worden.[47] Die dienstrechtliche Aufsicht wird durch § 55 SGB VIII nicht eingeschränkt, dem Bediensteten ist aber ein **zivilrechtlich geprägtes Amt** zur Führung anvertraut, das eine **eigenverantwortliche Wahrnehmung** erfordert. Die Amtsführung 29

40 *Hoffmann*, FamRZ 2011, 1186.
41 VG Augsburg, Beschl. v. 13.4.2015, Au 3 E 15.251 Rn. 78, openjur 2015/10578.
42 OVG Bremen, Beschl. v. 10.9.2019, 1 B 32/19, JAmt 2019, 418.
43 LG Kempten, DAV 1995, 1065.
44 *Fieseler/Herborth* 2010, 203: „nicht (oder nur begrenzt)" weisungsgebunden.
45 *Opitz*, JAmt 2001, 317; DIJuF, JAmt 2017, 296 (297).
46 *Mrozynski*, SGB VIII, § 55 Rn. 18.
47 *Kunkel*, in Oberloskamp, Vormundschaft, Pflegschaft und Beistandschaft für Minderjährige, § 16 Rn. 71; *ders.* ZKJ 2011, 204 ff. und FamRZ 2015, 901.

kann nur dann gelingen, wenn der Bedienstete zur Verantwortungsübernahme motiviert und seine Selbstständigkeit nicht durch gängelnde Maßnahmen der Jugendamtsleitung (in „Vorgesetztenmentalität") gelähmt wird. Eine dem Kindeswohl verpflichtete Aufgabenwahrnehmung (in „Ersatzelternschaft") mit Beurteilungen und Entscheidung zwischen mehreren Möglichkeiten kann nur frei von inhaltlicher Einflussnahme des Behördenleiters (oder gar des Verwaltungsleiters) gelingen. Der Bedienstete ist bei seinen **Zweckmäßigkeitsentscheidungen** autonom, d.h. behördlich weisungsfrei[48] weil selbst das Familiengericht dabei nicht inhaltlich steuernd eingreifen dürfte.

30 Einerseits darf die Aufgabenerledigung als Dienstgeschäft unter Geltung von Amtspflichten die Eigenverantwortlichkeit der Ausführung nicht hindern. Andererseits wäre jeglicher Ausschluss der Einflussnahme des Behördenleiters mit der Zuordnung der Funktion zur Behörde selbst nicht vereinbar und würde dem Mündel die Möglichkeit fachaufsichtlicher Remonstration nehmen. Deswegen kommt es darauf an, die für die Aufgabenerledigung grundsätzlich erforderliche Weisungsunabhängigkeit **angemessen einzugrenzen**. Wo die Kindesinteressen in der Kollision mit den Behördeninteressen ins Hintertreffen zu geraten drohen, haben sie selbstverständlich Vorrang. Im Einzelfall darf zwar im Vorfeld keine aufsichtliche Weisung, die „sogar" dem Familiengericht grds. versagt ist, erfolgen, sie muss innerbehördlich aber in Reaktion auf Pflichtwidrigkeiten (**Rechtmäßigkeitskontrolle**), möglich sein.

Die konkrete innerbehördliche Einflussmöglichkeit, auch durch die Behördenleitung, hat sich bei unzureichender Aufgabenerledigung insbesondere nach den Erfahrungen der letzten Jahre mit massiven Kindeswohlverletzungen (z.B. Missbrauchsfälle auf dem Campingplatz in Lügde) als nach innen gerichtete notwendige Konsequenz des Schutzauftrags aus § 8a SGB VIII erwiesen. Hier kann und muss der Behördenleiter den Schutz des gefährdeten Kindes notfalls auch durch Weisungen gegenüber dem Bediensteten in der Amtsvormundsposition durchsetzen, etwa mit der Anweisung, notfalls selbst erforderliche Schutzmaßnahmen vorzunehmen bzw. zu veranlassen (z.B. durch Ausübung des Aufenthaltsbestimmungsrechts mit der Folge der Herausnahme eines schutzbedürftigen Kindes aus einer Pflegestelle). Über eine Pflichtwidrigkeitsverhinderung hinausgehende fachliche Weisungen im Einzelfall hätte der Bedienstete nicht zu befolgen, sich aber zu vergewissern, ob sie eine konkludente Rücknahme der Aufgabenübertragung sind. Schadensersatzansprüche wegen Amtspflichtverletzung (Art. 34 GG, § 839 BGB) träfen die Gebietskörperschaft, deren Behörde handelt, selbst. Sie muss diesen (auf Pflichtwidrigkeitsreaktionen) begrenzten Einfluss auf die Aufgabenerledigung der Bediensteten deshalb haben.

Eine generelle Intervention der Behördenleitung ist ihr über die Richtlinienkompetenz eröffnet. Die bindende Vorgabe der Auslegung unbestimmter Rechtsbegriffe zwecks Einheitlichkeit der Aufgabenwahrnehmung kann dabei ebenso nützlich sei, wie Gegenzeichnungspflichten.

III. Abs. 3 – Fallzahlen der Jugendamtsmitarbeitenden

31 Die Übertragung einer zu hohen Fallzahl widerspricht dem Gebot des § 79 Abs. 3 SGB VIII, die Jugendämter ausreichend auszustatten.[49] Dies ist und bleibt auch nach der Neufassung des § 55 in Abs. 3 SGB VIII mit der Begrenzung der Fallzahlen des oder der **vollzeitbeschäftigten allein mit der Führung von Vormundschaften und Pflegschaften betrauten** Bediensteten auf „höchstens 50", Aufgabe der kommunalen Gebietskörperschaft.[50] Die

48 Z.B. BGH, FamRZ 1999,1343; OVG Berlin, NJW 1988,1931; BayObLG, FamRZ 1985,102; *Schlüter/Rießelmann*, FuR 1991,153, *Kunkel*, FamRZ 2015, 901 (903); DIJuF, JAmt 2017, 296 (297).
49 *Wolf*, DAV 2000, 293.
50 So schon MüKoSGB VIII/*Tillmanns*, § 55 Rn. 2.

gleichzeitige Wahrnehmung anderer Aufgaben muss zu entsprechend weniger Pflegschaften oder Vormundschaften des Bediensteten führen. Die Fallzahlbegrenzung durch „Soll"-Bestimmung hat immerhin zur Folge, dass deren **Überschreitung** eine defizitäre Ausstattung des Jugendamts, mithin ein Organisationsverschulden der Jugendamtsleitung,[51] sichtbar macht und strafrechtliche Verantwortung begründen kann.[52]

IV. Abs. 4 – Gesetzliche Vertretung und persönlicher Kontakt

1. Satz 1 – Übertragung als Angelegenheit der laufenden Verwaltung

Einen deplatzierten Fremdkörper stellt Abs. 4 Satz 1 dar, der die Übertragung der Aufgaben des Beistands, Pflegers oder Vormunds auf einzelne Bedienstete des Jugendamtes eine **Angelegenheit der laufenden Verwaltung** darstellt, Das stellt zwar eine begrüßenswerte gesetzliche Klarstellung dar, die systematisch jedoch dort zu verorten wäre, wo diese Übertragung geregelt ist, nämlich in Abs. 2 Satz 1, oder auf einer noch allgemeineren Ebene, auf der die Abgrenzung von Aufgaben der laufenden Verwaltung zu denen des Jugendhilfeausschusses – darum geht es nämlich – vorgenommen wird, nämlich in § 70 Abs. Abs. 2 SGB VIII. 32

2. Abs. 4 Satz 2 – Gesetzliche Vertretung

Nach Abs. 4 Satz 2 ist der **Bedienstete** „in dem durch die Übertragung umschriebenen Rahmen" gesetzlicher Vertreter des Kindes oder Jugendlichen. Der Vormund ist gem. § 1789 Abs. 2 Satz 1 BGB gesetzlicher Vertreter des Mündels, soweit ihm die Vertretung nicht gem. § 1789 Abs. 2 Satz 3 BGB für einzelne Angelegenheiten durch das Familiengericht entzogen wurde. Demgegenüber wird die Pflegschaft gem. § 1809 Abs. 1 Satz 1 BGB nur für solche „Angelegenheiten, an deren Besorgung die Eltern oder der Vormund verhindert sind", eingerichtet. Dies begrenzt danach zugleich auch die Reichweite der gesetzlichen Vertretung. 33

3. Abs. 4 Satz 3 – Persönlicher Kontakt

Der Vormund ist seit dem 6.7.2011 (durch § 1793 Abs. 1a BGB a. F, nun § 1790 Abs. 3 BGB n.F.) verpflichtet, in eigener Person, mit dem Mündel grundsätzlich mindestens einmal monatlich **persönlichen Kontakt** zu halten. § 1795 BGB n.F. bestimmt ergänzend, dass der Vormund die Pflege und Erziehung des Mündels persönlich zu fördern und zu gewährleisten hat, wenn er den Mündel nicht in seinem Haushalt pflegt und erzieht. Der persönliche Kontakt findet grundsätzlich durch den Besuch des Mündels in seiner gewöhnlichen Umgebung statt, ausnahmsweise an einem anderen Ort (§ 1790 Abs. 3 BGB n.F.), wenn dies – durch die Einzelfallumstände – geboten ist. 34

Aus den Erfahrungen massiver Kindeswohlgefährdungen hat der Gesetzgeber die Sicherstellung des persönlichen Kontakts als ein wesentliches Element des **Kinderschutzes** abgeleitet. Die diesbezüglichen Reformerfordernisse im Vormundschaftsrecht[53] wurden mit dem Gesetz zur Änderung des Vormundschafts- und Betreuungsrechts vom 29. Juni 2011[54] weitgehend realisiert und mit dem Gesetz zur Reform des Vormundschafts- und Betreuungsrechts vom 4.5.2021[55] auch dadurch fortgeschrieben, dass § 55 Abs. 4 Satz 2 SGB VIII n.F. die im BGB-Vormundschaftsrecht verankerten Pflichten des Vormunds zum persönlichem Kontakt zum Mündel aus den §§ 1790, 1795 BGB n.F. explizit auf die Bediensteten des Ju-

51 *Hoffmann*, FamRZ 2011, 1185 (1187).
52 *Hoffmann*, ZKJ 2007, 389.
53 Zusammenstellung bei *Salgo/Zenz*, FamRZ 2009, 1378 (1384).
54 BGBl. I S. 1306.
55 BGBl. I S. 882.

gendamts bezieht. Diejenige Fachkraft des Jugendamts, welche die Vormundschaft führt, darf ihre persönlich wahrzunehmende Verantwortung, insbesondere den persönlichen Kontakt zum Mündel, deshalb nicht vollständig an Dritte, etwa ASD-Mitarbeitende oder Pflegeeltern, abgeben [56].

V. Abs. 5 – Trennung der Aufgaben des Jugendamts

35 Abs, 5 schreibt erstmals das **Gebot** der **funktionellen, organisatorischen und personellen Trennung** der Aufgaben der Pflegschaft und Vormundschaft von den Aufgaben der sonstigen Jugendhilfe **gesetzlich** fest.
Damit soll der Amtsvormund in die Lage versetzt werden, die Amtsvormundschaft frei von Amtsinteressen allein im Interesse des Mündels zu führen.[57]

Funktionelle Trennung bedeutet, dass die für die Amtsvormundschaft/-pflegschaft zuständige Stelle des Jugendamtes keine anderen Aufgaben wahrnehmen darf.

Diese Stelle ist in Konsequenz daraus auch **organisatorisch** von anderen zu trennen, so dass es etwa keine gemeinsame Aktenführung geben darf.

Gesetzlich gefordert ist schließlich auch eine **personelle Trennung** der Aufgaben der Amtspflegschaft/-vormundschaft.

36 **Interessenkollisionen** schließen die Vertretung des Mündels aus. So können der Vormund und der Pfleger in Vertretung des Mündels keine Schenkungen machen, die mehr als sog. Anstandsschenkungen sind (§ 1798 Abs. 3 BGB n.F.). Die Behördenleitung wird einem in einer konkreten Interessenkollision stehenden Bediensteten die übertragene vormundschaftsrechtliche Funktion entziehen und so einer nach § 1804 Abs. 1 Nr. 1 BGB n.F. möglichen Entlassung durch das Familiengericht vorbeugen.

Nach *Kaufmann* [58] und *Klinkhardt* [59] erzwang bereits § 16 Abs. 1 Nr. 1 SGB X mit dem Verbot der Mitwirkung an einem Verwaltungsverfahren als Beteiligter die **Trennung der Aufgaben** im Vormundschaftswesen von den übrigen Aufgaben des Jugendsamts, etwa in der Leistungsbewilligung. Denn ein Interessenwiderstreit kann nach den tatsächlichen Gegebenheiten[60] insbesondere bestehen, wenn der Bedienstete für sein Mündel Jugendhilfeleistungen beansprucht.

37 **Keine Interessenskollision** begründet die Anlage von Mündelgeld beim Kreditinstitut der kommunalen Körperschaft, die das Jugendamt trägt, weil sie von § 56 Abs. 3 Satz 2 SGB VIII n.F. gedeckt ist, wenn das Mündelgeld auf einen sog. Anlagekonto i. S. v. § 1842 Abs. 2 BGB n.F. angelegt wird.

VI. Pflichtverletzungen und Aufsicht

38 Gegen **Pflichtwidrigkeiten** des Bediensteten schreitet das Familiengericht gegenüber dem Jugendamt ein (§ 1802 BGB n.F.). Handelt der Bedienstete behördlich außerhalb seines Aufgaben-Übertragungsbereich, ist der Verwaltungsrechtsweg gegeben.[61]

39 Kommunale **Rechnungsprüfungsämter** haben gegenüber den familiengerichtlich beaufsichtigten Jugendämtern keine Aufsichtsbefugnisse.[62] Wo die familiengerichtliche Aufsicht

56 BT-Drs. 17/3617, 8 f.
57 Vgl. Gesetzesbegründung, BT-Drs. 19/24445, 403.
58 DAV 1998, Spalte 489.
59 DAV 2000, Spalte 296.
60 *Mrozynski*, ZfJ 1999, 412.
61 BVerwG, NJW 1988, 2399.
62 *Graumann*, NDV 1989, 374.

fehlt (Beistandschaft), wird ihnen aber die Überprüfung unter haushaltsrechtlichen Gesichtspunkten zustehen.[63] *Kunkel*[64] gesteht den Rechnungsprüfungsämtern auch gegenüber einem Legalvormund haushaltsrechtliche Aufsichtsbefugnisse zu, die aber schnell im Verhältnis zum Realvormund übergriffig werden können. Die **Kommunalaufsicht** kann nicht im individuellen Interesse in Anspruch genommen werden, um eine Weisung an den Dienstvorgesetzten des Jugendamts-Bediensteten, dem die Aufgaben des Amtsvormunds übertragen sind, zu erwirken. Einer Klage eines Bürgers mit dem Ziel einer solchen Verpflichtung fehlte das Rechtsschutzbedürfnis, weil die in § 55 SGB VIII geregelte Aufgabenübertragung als Angelegenheit der laufenden Verwaltung (§ 55 Abs. 4 Satz 1 SGB VIII) nicht zumindest auch dem Schutz von Individualinteressen zu dienen bestimmt ist.[65]

63 DIJuF, JAmt 2001, 415.
64 FamRZ 2015, 901 (903).
65 VG Dessau, FamRZ 2007, 771.

§ 56
Führung der Beistandschaft, der Pflegschaft und der Vormundschaft durch das Jugendamt

(1) Auf die Führung der Beistandschaft, der Pflegschaft und der Vormundschaft durch das Jugendamt sind die Bestimmungen des Bürgerlichen Gesetzbuchs anzuwenden, soweit dieses Gesetz nicht etwas anderes bestimmt.

(2) [1]Gegenüber dem Jugendamt als Pfleger oder Vormund werden § 1835 Absatz 5 und § 1844 jeweils in Verbindung mit § 1798 Absatz 2 des Bürgerlichen Gesetzbuchs nicht angewandt. [2]In den Fällen des § 1848 in Verbindung mit § 1799 Absatz 1 und des § 1795 Absatz 2 Nummer 1 und 2 des Bürgerlichen Gesetzbuchs ist eine Genehmigung des Familiengerichts nicht erforderlich. [3]Landesrecht kann für das Jugendamt als Pfleger oder Vormund weitergehende Ausnahmen nach § 1862 Absatz 4 in Verbindung mit § 1802 Absatz 2 des Bürgerlichen Gesetzbuchs vorsehen.

(3) [1]Mündelgeld kann mit Genehmigung des Familiengerichts auf Sammelkonten des Jugendamts bereitgehalten und angelegt werden, wenn es den Interessen des Mündels dient und sofern die sichere Verwaltung, Trennbarkeit und Rechnungslegung des Geldes einschließlich der Zinsen jederzeit gewährleistet ist; Landesrecht kann bestimmen, dass eine Genehmigung des Familiengerichts nicht erforderlich ist. [2]Die Anlegung von Mündelgeld ist auch bei der Körperschaft zulässig, die das Jugendamt errichtet hat.

§ 56 SGB VIII in der bis zum 31.12.2022 geltenden Fassung:

§ 56
Führung der Beistandschaft, der Amtspflegschaft und der Amtsvormundschaft

(1) Auf die Führung der Beistandschaft, der Amtspflegschaft und der Amtsvormundschaft sind die Bestimmungen des Bürgerlichen Gesetzbuchs anzuwenden, soweit dieses Gesetz nicht etwas anderes bestimmt.

(2) [1]Gegenüber dem Jugendamt als Amtsvormund und Amtspfleger werden die Vorschriften des § 1802 Absatz 3 und des § 1818 des Bürgerlichen Gesetzbuchs nicht angewandt. [2]In den Fällen des § 1803 Absatz 2, des § 1811 und des § 1822 Nummer 6 und 7 des Bürgerlichen Gesetzbuchs ist eine Genehmigung des Familiengerichts nicht erforderlich. [3]Landesrecht kann für das Jugendamt als Amtspfleger oder als Amtsvormund weitergehende Ausnahmen von der Anwendung der Bestimmungen des Bürgerlichen Gesetzbuchs über die Vormundschaft über Minderjährige (§§ 1773 bis 1895) vorsehen, die die Aufsicht des Familiengerichts in vermögensrechtlicher Hinsicht sowie beim Abschluss von Lehr- und Arbeitsverträgen betreffen.

(3) [1]Mündelgeld kann mit Genehmigung des Familiengerichts auf Sammelkonten des Jugendamts bereitgehalten und angelegt werden, wenn es den Interessen des Mündels dient und sofern die sichere Verwaltung, Trennbarkeit und Rechnungslegung des Geldes einschließlich der Zinsen jederzeit gewährleistet ist; Landesrecht kann bestimmen, dass eine Genehmigung des Familiengerichts nicht erforderlich ist. [2]Die Anlegung von Mündelgeld gemäß § 1807 des Bürgerlichen Gesetzbuchs ist auch bei der Körperschaft zulässig, die das Jugendamt errichtet hat.

(4) Das Jugendamt hat in der Regel jährlich zu prüfen, ob im Interesse des Kindes oder des Jugendlichen seine Entlassung als Amtspfleger oder Amtsvormund und die Bestellung einer Einzelperson oder eines Vereins angezeigt ist, und dies dem Familiengericht mitzuteilen.

Übersicht Rn.

A. Allgemeines

Die Vorschrift regelt die Art und Weise, in der das Jugendamt Beistandschaft, Pflegschaft und Vormundschaft zu führen hat. Ausgehend von der grundsätzlichen Anwendbarkeit der einschlägigen Vorschriften des BGB enthalten Abs. 2 und 3 Abweichungen und ermächtigen darüber hinaus zu weitergehenden landesrechtlichen Ausnahmen. 1

B. Einzelheiten

I. Abs. 1 – Generalverweis auf das BGB

Abs. 1 enthält den Grundsatz der **Führung** der Beistandschaft, der Pflegschaft und der Vormundschaft durch das Jugendamt nach Maßgabe des bürgerlichen Rechts. Mit der „Führung" der Vormundschaft ist hier das gesamte Vormundschafts- und Pflegschaftsrecht des BGB gemeint, soweit es nicht einzelne Bestimmungen für unanwendbar auf das Jugendamt als Vormund bzw. Pfleger erklärt oder deren Geltung auf Einzelpersonen beschränkt ist. 2

Das Jugendamt ist nach wie vor (§§ 1801, 1859 Abs. 1 BGB n.F.) von der Pflicht zur **Rechnungslegung** „befreit". Das Mündel kann vom Jugendamt deshalb keine Rechnungslegung verlangen.[1] Das Jugendamt kann vom Mündel eine Vergütung und Aufwendungsersatz nur nach Maßgabe des Vormünder- und Betreuervergütungsgesetzes (VBVG) verlangen (§ 1 Abs. 3 VBVG). Das bedeutet, dass es nach § 6 Abs. 2 VBVG nur Aufwendungsersatz vom vermögenden, d.h. nicht mittellosen Mündel (§ 1880 BGB n.F.) verlangen kann.

Bei **Aufenthaltswechsel** des Mündels wird das bisher örtlich zuständige Jugendamt (§ 87c Abs. 3 SGB VIII) unzuständig. Ob das Familiengericht infolgedessen den bisherigen Vormund entlässt, ist eine Ermessensentscheidung, die neben der öffentlich-rechtlichen Zuständigkeitsregelung das Kindeswohl zu berücksichtigen hat. Die Regelung des Abs. 1: „soweit dieses Gesetz nichts anderes bestimmt", ist nicht als verdrängendes Spezialgesetz („lex specialis") zu verstehen.[2] Denn das würde bei der Entscheidung des Familiengerichts über einen Fortbestand der bisherigen Funktionswahrnehmung das Kindeswohl als Ermessensgesichtspunkt ausschließen. Die sozialrechtliche Zuständigkeitsnorm ist daher – weniger scharf – als eine „Begrenzung des Ermessens"[3] zu beachten. Das lässt sich auch aus § 56 Abs. 2 SGB VIII folgern, der die Anwendung des § 1804 Abs. 1 Nr. 1 BGB n.F (Kindeswohlorientierung) nicht 3

1 OLG Celle, DAV 2001, 302.
2 Anders: OLG Celle, Beschl. v. 6.3.2018, 17 UF 16/18 (Nds. Landesjustizportal).
3 OLG Dresden, Beschl. v. 21.6.2018, 18 WF 475/18, juris, mit Verweis auf OLG Karlsruhe, Beschl. v. 22.12.2016, 5 WF 191/16, FamRZ 2017,812.

ausschließt.[4] Damit kann ein Abweichen von den jugendhilferechtlichen Regeln der örtlichen Zuständigkeit den Personalwechsel vermeiden. Erforderlich dafür ist, dass besondere Gründe vorliegen (wie z.B. eine besondere psychische Disposition des Mündels), die über die gewöhnlichen Unannehmlichkeiten eines Wechsels der Vormundsperson hinausgehen.[5]

II. Abs. 2 – Spezielle Befreiungen des Jugendamts

4 Abs. 2 enthält gegenüber den bereits nach den BGB-Normen bestehenden Befreiungen **weitergehende Befreiungen** des Jugendamts als **Vormund** und **Pfleger – nicht aber als** Beistand – von Beschränkungen des Einzelvormunds bzw. Einzelpflegers.

1. Abs. 2 Satz 1 – Abweichungen in Vermögensangelegenheiten

5 Das Familiengericht kann vom Jugendamt nicht verlangen, dass es die Aufnahme eines bisher unvollständigen Vermögensverzeichnisses betreibt (§ 1835 Abs. 5 i. V. m. § 1798 Abs. 2 BGB n.F. BGB). Es kann ihm gegenüber auch nicht anordnen (§ 1844 i. V. m. § 1798 Abs. 2 BGB n.F.) BGB), dass es Wertgegenstände (z.B. Sparbücher) zu hinterlegen hat.

Weil das frühere familiengerichtliche Genehmigungserfordernis einer Abweichung von mündelgefährdenden Schenker- oder Erblasseranordnungen (§ 1803 Abs. 2 BGB a.F.) nicht mehr besteht, ist die bisherige Befreiung des Jugendamts, also das Recht davon abzuweichen, in der neuen Fassung von § 56 Abs. 2 Satz 1 nicht mehr enthalten.

2. Abs. 2 Satz 2 – Befreiungen von familiengerichtlicher Genehmigung

6 In den Fällen des § 1848 i. V. m § 1799 Abs. 1, also bei Mündelgeldanlagen nicht auf einem „Anlagekonto", d.h. einem Konto mit Eignung zur verzinslichen Anlage (§ 1841 Abs. 2 BGB n.F.) und in den Fällen des § 1795 Abs. 2 Nrn. 1 und 2 BGB n.F., das sind Ausbildungsvertragsabschlüsse Dienst- oder Arbeitsverhältnisse für längere Zeit als ein Jahr, ist das Jugendamt von der Einholung einer familiengerichtlichen Genehmigung befreit.

3. Abs. 2 Satz 3 – Weitergehende Ausnahmen durch Landesrecht

7 Wenn Landesrecht es vorsieht, kann das Jugendamt als Pfleger oder Vormund nach **Abs. 2 Satz 3** aus der **Aufsicht** des Familiengerichts sogar **gänzlich herausgenommen** sein, soweit es um die Einhaltung von Vorschriften in vermögensrechtlicher Hinsicht oder den Abschluss von Ausbildungs-, Dienst- oder Arbeitsverträgen geht.

Bei der Auswahl des Aufenthaltsortes durch das Jugendamt als Vormund besteht keine Bindung an familiengerichtliche Genehmigungserfordernisse, von denen das Gesetz befreien könnte. Das (kommunale) Jugendamt selbst unterliegt dem „staatlichen" Neutralitätsgebot. Die Bediensteten des Jugendamts sind aber nach § 1788 Nr. 4 BGB n.F. zur Rücksichtnahme auf das **religiöse Bekenntnis des Mündels** und seit dem Gesetz vom 4.5.2021 auch des **„kulturellen Hintergrunds"** z.B. bei dessen Aufenthaltsbestimmung bzw. Unterbringung in einer Einrichtung der Jugendhilfe verpflichtet.

---

4 Die Bindung des Familiengerichts an die sozialrechtliche Zuständigkeitsregelung ist hoch umstritten. Vgl. zum Streitstand und zur Frage, ob durch das Vormundschaftsreformgesetz eine gesetzliche Klärung eingetreten ist, § 87c Rn. 12 f. und die dort genannten Nachweise.

5 OLG Dresden, Beschl. v. 12.2.2019, 18 WF 1304/18 , Juris.

III. Abs. 3 – Mündelgeldanlage

Mündelgeld, das der Vormund nicht für Ausgaben des Mündels benötigt (§ 1798 Abs. 2 Satz 1 i. V. m. § 1841 Abs. 1 BGB n.F.) ist „Anlagegeld“, das der Vormund auf einem zur verzinslichen Anlage geeigneten Konto des Mündels bei einem Kreditinstitut anlegen muss. Diese Pflicht trifft auch das Jugendamt als Vormund. Die Erfüllung dieser Pflicht in Zeiten von Minuszinsen ist dadurch eine leistbare Aufgabe geworden, dass das Anlagekonto lediglich das Merkmal einer „Eignung“ zur verzinslichen Anlage aufweisen muss. 8

Das Jugendamt kann das Mündelgeld aus Zweckmäßigkeitsgründen auch auf (sogar eigenen!) **Sammelkonten** anlegen (befristet unverfügbar) und bereithalten (jederzeit verfügbar). Der Zugriff Dritter auf diese Gelder wird wegen der Vollstreckungserschwerungen gegenüber Körperschaften des öffentlichen Rechts damit schwieriger gemacht.[6] Nutzt es Sammelkonten, muss es die Bedingungen „Mündelinteresse“, „sichere Verwaltung“, „Trennbarkeit“, „Rechnungslegung“ und „familiengerichtliche Genehmigung“ erfüllen. Für die Sammelkonteneinbeziehung von Mündelvermögen ist nicht das Interesse an Verwaltungsökonomie maßgebend, sondern das Mündelinteresse. Dieses kann dann bejaht werden, wenn das Sammelkonto für das Mündel vorteilhaft ist, z.B. weil es (mündelbezogen) wirtschaftlicher ist als eine Einzelkontenführung.

Vormünder dürfen Bargeld zur Verfügung durch das Mündel bereithalten (sog. „**Verfügungsgeld**“ nach § 1839 Abs. 2 BGB n.F.). Anders als Amtsvormündern ist Rechtsanwälten als Berufsvormündern auch für diesen Zweck die Führung von Sammel-Anderkonten nach höchstrichterlicher Rechtsprechung nicht gestattet,[7] weil die Notwendigkeit der Trennung von Vermögen verschiedener Betreuter bzw. Mündel die Führung von Sammelkonten ausschließe. Die Übersichtlichkeit und die Nachprüfbarkeit der Bewegung von Fremdgeldern seien jedenfalls beim Sammel-Anderkonto nicht gesichert. 9

Der BGH sieht in § 56 Abs. 3 Satz 1 SGB VIII eine nicht auf Rechtsanwälte als Berufsvormünder übertragbare Ausnahmeregelung für Amtsvormünder. Gegen die Verbotslösung bei Rechtsanwälten hätte sprechen können, dass sie ein privat-rechtliches Amt kraft gerichtlicher „Bestallung“ wahrnehmen. Dieses „Amts-Argument“ nimmt der BGH allerdings als Argument gegen die Übertragbarkeit der öffentlich-rechtlichen Gestattung für Amtsvormünder. Der BGH verweist darauf, dass sogar Notaren – als Träger eines öffentlichen Amtes – die Führung von Sammel-Anderkonten gesetzlich gänzlich untersagt ist (§ 58 Abs. 2 S. 3 BeurkG). Pfändungsschutz zugunsten Betreuter (bzw. von Mündeln) hatte die Vorinstanz in vom BGH nicht beanstandeter Weise bei der Sammel-Anderkonto-Zulassung zugunsten auch anwaltlicher Berufsvormünder als nicht realisierbar angesehen, daher nicht als rechtfertigendes „Mündel-Interesse“ anerkannt.

Die Pflicht zur Einholung der Genehmigung des Familiengerichts für eine Sammelkonteneinbeziehung entfällt, wenn das Landesrecht davon befreit (**Satz 1, 2. HS**). Die Erteilung der **familiengerichtlichen Genehmigung** ist nicht zwingend, das Gericht hat Ermessen.[8] Sie ist ein sog. privatrechtsgestaltender Akt der freiwilligen Gerichtsbarkeit, der sich nach öffentlichem Recht (FamFG) richtet. Die rechtsgeschäftlichen Regeln (§ 184 Abs. 1 BGB) sind darauf allenfalls analog anwendbar. Die Genehmigung kann zwar auch nachträglich erteilt werden, Rechtssicherheit verschafft dem Jugendamt aber die vorherige Erteilung. 10

6 Wiesner/Wapler/*Walther*, § 56 SGB VIII Rn. 17.
7 BGH, Beschl. v. 31.10.2018, XII ZB 300/18, FamRZ 2019, 306 f.
8 BGH, NJW 1986, 2830.

Die **Mündelgeldanlage** nach § 1807 BGB bei der Sparkasse derjenigen Körperschaft, die auch das Jugendamt trägt, lässt **Satz 2** ausdrücklich zu. Damit ist der Grundsatz strikter Trennung von Vormunds- und Mündelvermögen (§ 1805 Satz 2 BGB) gesetzlich durchbrochen.

§ 57
Mitteilungspflichten des Jugendamts

(1) Das Jugendamt hat dem Familiengericht unverzüglich den Eintritt einer Vormundschaft sowie den Wegfall der Voraussetzungen der Vormundschaft mitzuteilen.

(2) [1]Das Jugendamt hat dem Familiengericht vor seiner Bestellung zum Vormund mitzuteilen, welchem seiner Bediensteten es die Aufgaben der Amtsvormundschaft übertragen wird. [2]Wird das Jugendamt zum vorläufigen Vormund bestellt, so hat es dem Familiengericht alsbald, spätestens binnen zwei Wochen nach seiner Bestellung mitzuteilen, welchem Bediensteten die Aufgaben des vorläufigen Vormunds übertragen worden sind.

(3) [1]Das Jugendamt hat dem Familiengericht über das persönliche Ergehen und die Entwicklung eines Mündels Auskunft zu erteilen. [2]Soweit eine Behebung der Mängel in der Personensorge trotz Beratung und Unterstützung nach § 53a Absatz 2 nicht erfolgt, hat es dies dem Familiengericht mitzuteilen. [3]Erlangt das Jugendamt Kenntnis von der Gefährdung des Vermögens eines Mündels, so hat es dies dem Familiengericht mitzuteilen. [4]Ist ein Vormundschaftsverein als vorläufiger Vormund oder ein Vereinsvormund als Vormund bestellt, so sind die Sätze 1 bis 3 nicht anzuwenden.

(4) [1]Das Jugendamt hat in der Regel jährlich zu prüfen, ob im Interesse des Kindes oder des Jugendlichen seine Entlassung als Vormund und die Bestellung einer natürlichen Person, die die Vormundschaft ehrenamtlich führt, angezeigt ist, und dies dem Familiengericht mitzuteilen. [2]Dasselbe gilt, wenn dem Jugendamt sonst Umstände bekannt werden, aus denen sich ergibt, dass die Vormundschaft nunmehr ehrenamtlich geführt werden kann.

(5) [1]Das Jugendamt des bisherigen gewöhnlichen Aufenthalts des Mündels hat dem Jugendamt des neuen gewöhnlichen Aufenthalts eine Verlegung des gewöhnlichen Aufenthalts des Mündels in den Bezirk eines anderen Jugendamts mitzuteilen. [2]Ist ein Vormundschaftsverein als vorläufiger Vormund oder ein Vereinsvormund als Vormund bestellt, so ist Satz 1 nicht anzuwenden.

(6) Für die Pflegschaft für Minderjährige gelten die Absätze 1 bis 5 entsprechend."

§ 57 SGB VIII in der bis zum 31.12.2022 geltenden Fassung:

§ 57
Mitteilungspflichten des Jugendamts

Das Jugendamt hat dem Familiengericht unverzüglich den Eintritt einer Vormundschaft mitzuteilen.

Übersicht Rn.

A. Allgemeines

1 Die durch das Gesetz zur Reform des Vormundschafts- und Betreuungsrechts völlig neu formulierte und erweiterte Vorschrift normiert die Mitteilungspflichten des Jugendamtes gegenüber dem Familiengericht (Abs. 1 bis 4) sowie bestimmter Jugendämter untereinander (Abs. 5) und fasst dazu bisher verstreute Regelungen zusammen. Die auf die Vormundschaft bezogenen Vorschriften der Abs. 1 bis 5 gelten gem. Abs. 6 für die Pflegschaft für Minderjährige entsprechend.

B. Einzelheiten

I. Abs. 1 – Mitteilung der Amtsvormundschaft und des Wegfalls ihrer Voraussetzungen

1. Mitteilungspflichten des Jugendamts

2 Die Vorschrift regelt einheitlich und zusammengefasst Kommunikationserfordernisse auf Seiten des Jugendamts. Das Jugendamt musste dem Familiengericht nach § 57 SGB VIII a.F. nur den **„Eintritt"** der **gesetzlichen Amtsvormundschaft** nach § 1791c BGB a.F. **mitteilen.** Mit der Neufassung der Norm durch das Vormundschafts- und Betreuungsrechtsänderungsgesetz vom 4.5.2021 ist diese Mitteilungspflicht in § 57 Abs. 1 SGB VIII n.F. auf den **„Wegfall" der Voraussetzungen** der Vormundschaft erweitert worden.
Die gesetzliche Amtsvormundschaft besteht bei Minderjährigkeit der Mutter in den Fällen der §§ 1786 und 1787 BGB n.F.. Bei einer vertraulichen Geburt (§ 25 Abs. 1 SchwKG) entsteht die Amtsvormundschaft nach § 1787 BGB n.F. kraft Gesetzes mit der Geburt des Kindes. Damit setzt die Mitteilungspflicht des Jugendamts ein, die sich an das Familiengericht richtet und den Eintritt der Amtsvormundschaft betrifft. Dieser Mitteilung geht die Mitteilung über die bevorstehende Geburt durch die Beratungsstelle an das Jugendamt voraus. Die Person oder der Leiter der Einrichtung, die Geburtshilfe geleistet hat, hat die Meldepflicht gegenüber dem Standesamt (§ 20 PStG). Das Standesamt teilt die Geburt dem Familiengericht mit. Die Mitteilung des Jugendamts bewirkt, dass das Familiengericht die (deklaratorische) Bescheinigung über den Eintritt der Amtsvormundschaft (nach § 168b Abs. 2 FamFG n.F.) ausstellt, mit der die Vertretungsmacht im Rechtsverkehr nachweisbar ist.

Von bestellten Amtsvormundschaften hat das Gericht eigene Kenntnis. Gesetzliche Amtspflegschaften gibt es nicht mehr. Für die gerichtlich bestellte Pflegschaft für Minderjährige – in einzelnen Aufgabenbereichen der Personensorge - gelten nach § 57 Abs. 6 SGB VIII n.F. die Absätze 1 bis 5 entsprechend. bei Beistandschaften hat das Familiengericht keine Aufsicht.

3 Einer **Mitteilung** des Jugendamts an das Familiengericht bedarf es ferner dann nicht, wenn das Gericht von der gesetzlichen Amtsvormundschaft bereits sonst eigene Kenntnis hat. Das ist bei der Adoptionsamtsvormundschaft (§ 1751 Abs. 1 Satz 2 BGB) der Fall, weil das Gericht selbst Empfänger der Einwilligungserklärungen (§ 1750 Abs. 1 Satz 1 BGB) ist.

Die Mitteilungen nach § 57 SGB VIII betreffen unabhängig von deren Staatsangehörigkeit alle Kinder mit gewöhnlichem Aufenthalt im örtlichen Zuständigkeitsbereich desjenigen Jugendhilfeträgers, der das mitteilungspflichtige Jugendamt errichtet hat.

2. Ablauf der Mitteilung

4 Das Jugendamt hat die ihm durch § 57 SGB VIII n. F auferlegten Mitteilungen gegenüber dem Familiengericht zu machen, in dessen Bezirk das Kind seinen gewöhnlichen Aufenthalt hat (§ 152 Abs. 2 FamFG).

Die Mitteilung des Jugendamts an das Familiengericht dient der zügigen Ermöglichung der familiengerichtlichen Aufsicht über die Tätigkeit des Jugendamts als Vormund in der Personensorge (nach § 1802 Abs. 2 Satz 1 BGB). Sie muss „**unverzüglich**", also ohne schuldhaftes Zögern (§ 121 Abs. 1 Satz 1 BGB), geschehen. D.h., dem Jugendamt steht für seine Mitteilung eine Überlegungsfrist für die Prüfung der eigenen Zuständigkeit und des gesetzlichen Eintritts der Amtsvormundschaft zu, es muss seine Mitteilung deshalb nicht „sofort" mit Eintritt der gesetzlichen Amtsvormundschaft leisten. Der Mitteilung des Jugendamts **folgt die familiengerichtliche Bescheinigung** über den Eintritt der Amtsvormundschaft des Jugendamts (§ 168b Abs. 2 FamFG)

5 **Vorausgegangen** ist der Mitteilung des Jugendamts eine **Mitteilung des Standesamts** (an das für seinen Sitz zuständige) Jugendamt über die Geburt eines Kindes, dessen Eltern nicht miteinander verheiratet sind (§ 52a Abs. 4 SGB VIII i. V. m. § 68 Abs. 1 Satz 1 PStG, § 57 Abs. 1 Nr. 5 PStV). Diese Mitteilung des Standesamts versetzt das Jugendamt in die Lage, der Mutter sein Beratungs- und Unterstützungsangebot (§ 52a SGB VIII) nahezubringen und die Entstehung der Amtsvormundschaft zu prüfen (Vormundschaft bei minderjähriger nicht verheirateter Mutter nach § § 1673, 1675 BGB und §§ 1773, 1786 BGB n.F.). Bei erfolgreicher Vaterschaftsanfechtung bedarf das Kind eines Vormunds, wenn die Mutter nicht voll geschäftsfähig ist. In diesem Fall geht eine Mitteilung des Familiengerichts an das Jugendamt (§ 52a Abs. 3 Satz 1 SGB VIII).

Die Mitteilungspflichten des Familiengerichts gegenüber dem Jugendamt sind im Übrigen justizverwaltungsrechtlich mit untergesetzlicher Qualität durch eine Anordnung des BMJ in den „Mitteilungen in Zivilsachen – MiZi[1]", dort insbesondere in der Nr. XIII, 9 festgelegt.

II. Abs. 2 – Mitteilung der Person des ausgewählten Bediensteten des Jugendamts

6 Das Jugendamt wählt nach § 55 Abs. 2 SGB VII n.F. für die Amtsvormundschaft Bedienstete aus, denen es die Aufgaben(wahrnehmung) überträgt. Das Jugendamt muss dem Familiengericht die Auswahl der Person des/der Bediensteten nach dem Gesetz „**vor**" der „Bestellung", gemeint ist insoweit wohl bei der Amtsvormundschaft die „Übertragung" der Aufgabe, mitteilen. Wird das Jugendamt zum vorläufigen Jugendamt bestellt (§ 1781 BGB), muss es dem Familiengericht diese Mitteilung zum ausgewählten Bediensteten „**alsbald**" machen. Das Gesetz selbst bestimmt hier ausdrücklich, dass damit ein Maximalzeitraum von **zwei Wochen „nach**" der Bestellung gemeint ist (§ 57 Abs. 2 Satz 2 SGB VIII n.F.). Damit wird sichergestellt, dass auch in dieser Zeit der vorläufigen Vormundschaft des Jugendamts eine bestimmte natürliche Person Mündelverantwortung trägt.[2] Mit der klaren gesetzlichen Bestimmung des Zeitraums werden Streitfragen über das Verständnis einer „alsbaldigen" Mitteilung, die im Zivilprozessrecht durch eine höchstrichterliche Entscheidung gelöst wurden mussten,[3] vermieden.

1 Vom 29. April 1998 (BAnz. Nr. 138a S. 10705), letzte Änderung vom 9. August 2021 (BAnz AT 16.09.2021 B3).
2 Gesetzesbegründung, BT-Drs.19/24445, 402.
3 BGH, Urt. v. 5.2.2009, BGHZ 179, 329: 14 Tage.

III. Abs. 3 – Auskunft über das persönliche Ergehen des Mündels und „Mängel"-Mitteilungen

7 Die Pflicht des Jugendamts zur Auskunftserteilung über das persönliche Ergehen des Mündels aus § 57 Abs. 3 Satz 1 SGB VIII n.F. besteht mangels einer solchen Begrenzung nicht nur bei gerichtlicher Anforderung. Diese Mitteilung hat das Jugendamt dem Familiengericht eigeninitiativ, aber nicht anlasslos zu machen. § 57 Abs. 3 Satz 1 SGB VIII n.F. statuiert keine regelmäßig wiederkehrende Berichtspflicht des Jugendamts über das persönliches Ergehen und die Entwicklung des Mündels. Die hier gesetzte Mitteilungspflicht steht vielmehr im Zusammenhang mit einer gescheiterten einvernehmlichen Mängelbehebung eines Vormunds, den das Jugendamt beraten und unterstützt hat. Dabei ist das Jugendamt nicht als Amtsvormund betroffen, sodass es hier nicht um eine vom Gericht auch periodisch wiederkehrend einforderbare Berichterstattung (nach §1802 Abs. 2 Satz 2 i. V. m. § 1864 Abs. 1 1839 BGB) geht, die sich auch auf die persönlichen Verhältnisse des Mündels bezieht.

8 Erlangt das Jugendamt von einer **Vermögensgefährdung** Kenntnis, muss es dies dem Familiengericht eigeninitiativ nach § 53 Abs. 3 Satz 2 SGB VIII n.F. anzeigen. Diese Mitteilungspflicht erfordert positive Kenntnis, bloße unsichere Annahmen genügen nicht. Das Jugendamt ist im Bereich der Vermögenssorge nicht Fachbehörde. Deshalb ist bei der Ausübung der Vermögenssorge das Familiengericht allein aufsichtsführend.

Das Jugendamt muss dem Familiengericht Auskunft über das **persönliche Ergehen des Mündels und dessen Entwicklung** geben. Mitzuteilen sind auch die trotz Belehrung und Unterstützung nach § 52a Abs. 2 Satz 2 SGB VIII n.F. nicht behobenen Mängel in der Personensorge sowie Vermögensgefährdungen des Mündels. Diese Pflichten waren inhaltlich bislang in § 53 Absatz 2 Sätze 2 bis 5 SGB vIII a.F. niedergelegt.

9 Weil der Vormundschaftsverein und der Vereinsvormund nicht unter der Aufsicht des Jugendamts stehen, bezieht das Gesetz sie in § 57 Abs. 3 Satz 4 SGB VII n.F. nicht durch die Anordnung entsprechender Anwendung in die Mitteilungspflichten (des Jugendamts) nach § 57 Abs. 3 Sätze 1 bis 3 SGB VIII n.F. ein.

IV. Abs. 4 – Jährliche Überprüfung der „Privatisierbarkeit" der übertragenen vormundschaftsrechtlichen Funktion

10 Die in § 57 Abs. 4 Satz 1 SGB VIII n.F. vorgeschriebene **jährliche Überprüfung** durch das Jugendamt, ob die Bestellung einer natürlichen Person angezeigt ist, die die Vormundschaft ehrenamtlich führt, war bisher in § 56 Abs. 4 SGB VIII a.F. geregelt, darin noch bezogen auf Einzelpersonen oder einen Vormundschaftsverein. Diese Überprüfungsverpflichtung des Jugendamts soll dem tatsächlichen Regelfall einer Amtsvormundschaft bzw. -pflegschaft abhelfen und deren rechtlicher Subsidiarität zur Geltung verhelfen. Die Überprüfung betrifft die Frage, ob das Jugendamt entlassen werden kann, weil eine natürliche Person (ein Verein kann nicht mehr Vormund, sondern nur noch vorläufiger Vormund werden) bereitsteht (§ 57 Abs. 3 Satz 1 SGB VIII n.F.) oder zu dem Zweck künftig („nunmehr") ehrenamtliche Führung der Vormundschaft dem Jugendamt „sonst Umstände bekannt werden".

Diese Regelung dient der Verwirklichung des **Vorrangs natürlicher Personen**, die die Vormundschaft ehrenamtlich führen. Das Gesetz zur Reform des Vormundschafts- und Betreuungsrechts regelt die „Typen von Vormündern", es will die bisherigen Bestimmungen der §§ 1773, 1774 BGB a.F. aber „nahezu" unverändert lassen.[4]

4 So die Gesetzesbegründung in BT-Drs. 19/24445, S. 186.

Deshalb ist davon auszugehen, dass der Vorrang des ehrenamtlichen Einzelvormunds und des Vereinsvormunds gegenüber dem Amtsvormund (bzw. Amtspfleger) nach § 1804 Abs. 1 Nr. 2 BGB n.F. (bisher nach §§ 1791b und 1887 Abs. 1 BGB a.F.)[5] jugendhilferechtlich inzident normiert ist.

Einen Vorrang des Berufsvormunds vor der Amtsvormund enthält das BGB nicht. Auch in § 57 Abs. 4 Satz 1 SGB VIII ist kein Rangverhältnis von Berufs-(Einzel-)Vormund und Amtsvormund normiert, sodass von deren Gleichrang auszugehen ist.[6]

Die **Entlassung des Jugendamts** als Vormund zugunsten eines Vormundschaftsvereins kommt nach neuem Vormundschaftsrecht nicht mehr in Betracht, weil der Vormundschaftsverein nur noch vorläufiger Vormund werden kann. § 1804 Abs. 1 Nr. 2 BGB n.F. (§ 1887 Abs. 1 BGB a.F.) muss deshalb nicht mehr (korrigierend) so ausgelegt werden, dass auch der Verein „eine andere geeignete Person" sein kann.[7] Ersatz kann nach neuem Recht aber der Vereinsvormund als natürliche Person sein. 11

Selbst wenn eine natürliche Person als Einzelvormund zur Verfügung steht, ist eine familiengerichtliche Nicht-Auswahl und Nicht-Bestellung des ehrenamtlichen Vormunds durch das Familiengericht angezeigt, wenn nur im Jugendamt die im konkreten „Einzelfall" erforderlichen spezifischen Kenntnisse und Fähigkeiten vorhanden sind. Die gegenüber den Pflegeeltern bessere Eignung desjenigen Jugendamtsbediensteten, dem die Ausübung der Aufgaben übertragen ist, Besuchskontakte zwischen Mündel und leiblichen Eltern zu arrangieren, genügt aber nicht, die Pflegeeltern aus dem Vormundsamt „fernzuhalten".[8] Steht ein Einzelvormund zur Verfügung, hat das Jugendamt dem Familiengericht unaufgefordert – von Amts wegen[9] – Mitteilung zu machen. Die Mitteilungspflicht besteht auch dann, wenn das Jugendamt seine **Entlassung** nicht für angezeigt hält, u.U. um sich nicht selbst „arbeitslos" zu machen. Praktisch kam sogar die Auslagerung der tatsächlichen Wahrnehmung des Vormundschaftswesens aus dem Jugendamt auf Externe vor.[10] Die Entlassung richtet sich nach § 1804 BGB n.F. und ist mit der Beschwerde (nach §§ 59 Abs. 3, 162 Abs. 3 Satz 2 FamFG) angreifbar, wenn sie gegen den Willen des Jugendamts erfolgt.

V. Abs. 5 – Mitteilung der Verlegung des gewöhnlichen Aufenthalts des Mündels

Die Verlegung des gewöhnlichen Aufenthalts des Mündels hat der Vormund (nach § 1790 Abs. 5 BGB n.F.) dem Jugendamt des bisherigen gewöhnlichen Aufenthalts mitzuteilen. § 57 Abs. 5 SGB VIII n.F. überführt die darauf folgende Mitteilungspflicht des Jugendamts des bisherigen gewöhnlichen Aufenthalts des Mündels aus dem bisherigen Regelungsstandort des § 1851 Abs. 2 BGB a.F. aus dem Zivilrecht ins öffentliche Recht des SGB VIII. Nun hat das Jugendamt des bisherigen gewöhnlichen Aufenthalts nach § 57 Abs. 5 SGB VIII n.F. dem Jugendamt des neuen gewöhnlichen Aufenthalts die Verlegung des gewöhnlichen Aufenthalts mitzuteilen. Damit soll das neu zuständige Jugendamt in die Lage versetzt werden, die „neuen" eigenen Zuständigkeiten sofort zu erkennen und seine Beratungs- und Kontrollpflichten wahrzunehmen. 12

Für den Vormundschaftsverein als vorläufigen Vormund und den Vereinsvormund gilt diese jugendhilferechtliche Pflicht wegen § 57 Abs. 5 Satz 2 SGB VIII n.F. nicht. Den Vereinsvor-

5 OLG Rostock, Beschl. v. 25.4.2016, 11 UF 159/15, ZKJ 2016, 365, betreffend die Eignung „sozialer Eltern" als Vormund nach § 56 Abs. 4 SGB VIII a.F.
6 OLG Celle, Beschl. v. 14.1.2016, 12 UFH 2/16, NJW-RR 2016, 839.
7 Erman/*Saar*, § 1887 BGB Rn. 3; DIJuF, JAmt 2007, 257 (258); OLG Celle, JAmt 2010, 257.
8 LG Flensburg, FamRZ 2001, 445.
9 FK-SGB VIII/*Hoffmann*, § 56, Rn. 9.
10 *Klösters*, JAmt 2002, 445.

mund und den Vormundschaftsverein treffen aber die Mitteilungspflicht zur Verlegung des gewöhnlichen Aufenthalts gegenüber dem bisherigen Jugendamt aus § 1790 Abs. 5 BGB n.F.

13 Für den **Wechsel des gewöhnlichen Aufenthalts des Mündels** ins Ausland benötigt der Vormund künftig die **Genehmigung des Familiengerichts** (§ 1795 Abs. 2 Nr. 3 BGB n.F.). Davon wird zwar nicht die Abschiebung, aber auch der nur vorübergehende[11] Wechsel des gewöhnlichen Aufenthalts erfasst (etwa für intensivpädagogische sozialpädagogische Einzelbetreuungen im Ausland). Der vorübergehende Wechsel des gewöhnlichen Aufenthalts führt anders als der dauerhafte Wechsel, jedenfalls nach Art. 24 Abs. 2 EGBGB n.F. grundsätzlich nicht dazu, dass das deutsche Recht für das Vormundschaftsverhältnis unanwendbar wird. Für Maßnahmen, die im Inland in Bezug auf ein Fürsorgeverhältnis angeordnet werden und die Ausübung dieses Fürsorgeverhältnisses gilt danach grundsätzlich das deutsche Recht.

VI. Abs. 6 – Mitteilungspflichten des Jugendamts bei der Pflegschaft für Minderjährige

14 Für die Pflegschaft für Minderjährige gelten nach Abs. 6 die Bestimmungen des § 57 Abs. 1 bis Absatz 5 SGB VII entsprechend. Eine gesetzliche Amtspflegschaft gibt es nicht mehr. Die familiengerichtlich bestellte Amtsvormundschaft kann in einzelnen Bereichen der elterlichen Sorge angeordnet werden (Ergänzungspfleger nach § 1909 Abs. 1 Satz 1 BGB), insoweit scheidet eine Mitteilungspflicht analog Absatz 1 jedoch aus, weil das Familiengericht die damit zu vermittelnde Kenntnis bereits hat. Die Miteilungen über die jeweils eingesetzten Bediensteten (Abs. 2), das persönliche Ergehen und die Entwicklung des Pfleglings sowie „Mängel"-Anzeigen (Abs. 3), die „Privatisierbarkeit" der Pflegschaft (Abs. 4) und die Verlegung des gewöhnlichen Aufenthalts (Abs.5) sind auch bei der bestellten Amtspflegschaft geboten.

---

11 *Dürbeck*, FamRZ 2020, 1794 (unter Bezugnahme auf die Gesetzesbegründung, zuletzt in BT-Drs. 19/24445, 207).

§ 58
Auskunft über Alleinsorge aus dem Sorgeregister

(1) [1]Zum Zwecke der Erteilung der Bescheinigung nach Absatz 2 wird für Kinder nicht miteinander verheirateter Eltern bei dem nach § 87c Absatz 6 Satz 2 zuständigen Jugendamt ein Sorgeregister geführt. [2]In das Sorgeregister erfolgt jeweils eine Eintragung, wenn

1. **Sorgeerklärungen nach § 1626a Absatz 1 Nummer 1 des Bürgerlichen Gesetzbuchs abgegeben werden oder**
2. **aufgrund einer gerichtlichen Entscheidung die elterliche Sorge den Eltern ganz oder zum Teil gemeinsam übertragen wird.**

[3]Das Sorgeregister enthält auch Eintragungen, wenn Sorgeerklärungen nach Artikel 224 § 2 Absatz 3 des Einführungsgesetzes zum Bürgerlichen Gesetzbuche in der bis zum 19. Mai 2013 geltenden Fassung ersetzt wurden.

(2) [1]Liegen keine Eintragungen im Sorgeregister vor, so erhält die mit dem Vater des Kindes nicht verheiratete Mutter auf Antrag hierüber eine Bescheinigung von dem nach § 87c Absatz 6 Satz 1 zuständigen Jugendamt. [2]Die Mutter hat dafür Geburtsdatum und Geburtsort des Kindes oder des Jugendlichen anzugeben sowie den Namen, den das Kind oder der Jugendliche zur Zeit der Beurkundung seiner Geburt geführt hat. [3]Bezieht sich die gerichtliche Entscheidung nach Absatz 1 Satz 2 Nummer 2 oder Nummer 3 nur auf Teile der elterlichen Sorge, so erhält die mit dem Vater des Kindes nicht verheiratete Mutter auf Antrag eine schriftliche Auskunft darüber, dass Eintragungen nur in Bezug auf die durch die Entscheidung betroffenen Teile der elterlichen Sorge vorliegen. [4]Satz 2 gilt entsprechend.

§ 58 SGB VIII in der bis zum 31.12.2022 geltenden Fassung:

§ 58
Gegenvormundschaft des Jugendamts

Für die Tätigkeit des Jugendamts als Amtsvormund gelten die §§ 55 und 56 entsprechend.

Hinweis: § 58a SGB VIII wird ab 1.1.2023 zu § 58 SGB VIII (siehe oben), der in Überschrift und Text wortgleich ist.

Übersicht Rn.

A. Allgemeines

1 § 58 SGB VIII n.F. normiert die Einrichtung eines **Sorgeregisters**, die darin vorzunehmenden Eintragungen (Abs. 1) sowie die aus dem Register zu erteilenden **schriftlichen Auskünfte** (Abs. 2).

B. Einzelheiten

I. Abs. 1 – Das Register über Sorgeerklärungen beim Jugendamt

1. Pflicht zum Führen des Sorgeregisters; zuständiges Jugendamt

2 Abs. 1 Satz1 verpflichtet das zuständige Jugendamt, für Kinder nicht miteinander verheirateter Eltern ein **Sorgeregister** zu führen. Alleiniger Zweck des Registers ist es, die Erteilung einer schriftlichen Auskunft an die mit dem Kindsvater nicht verheiratete Mutter nach Abs. 2 zu ermöglichen. Diese erhält ggfs. die Auskunft, dass Sorgeerklärungen nicht vorliegen, und kann damit ihre gem. § 1626a Abs. 3 BGB bestehende alleinige Inhaberschaft der elterlichen Sorge gegenüber Dritten wie Behörden und Gerichten, aber auch privaten Dritten wie Banken oder Versicherungen nachweisen.[1]

Örtlich zuständig für die Registerführung ist das Jugendamt des Geburtsorts des Kindes (§ 87c Abs. 6 Satz 2 SGB VIII). Für die Auskunft aus dem Sorgeregister örtlich zuständig ist das Jugendamt, in dessen Bereich die Mutter ihren gewöhnlichen Aufenthalt hat, (§ 87c Abs. 6 Satz 1 SGB VIII)

2. Eintragungen in das Sorgeregister

a) Zweck der Eintragung

3 Die im Katalog des Abs. 1 Satz 2 Nr. 1 bis 3 enthaltenen Eintragungen sind erforderlich, wenn das Sorgeregister seinen Zweck erfüllen und der Sach- und Rechtslage entsprechende Auskünfte ermöglichen soll. Sie erfassen deshalb die familienrechtlichen Tatbestände des § 1626a Abs. 1 Nr. 1 und 3 BGB, die eine gemeinsame elterliche Sorge begründet haben (§ 58 Abs. 1 Satz 2 Nr. 1 und 2 SGB VIII), sowie gerichtliche Entscheidungen, die eine bestehende gemeinsame elterliche Sorge ganz oder teilweise entziehen (§ 58 Abs. 1 Satz 2 Nr. 3 SGB VIII).

b) Gegenstände der Eintragung

4 Eingetragen werden in das Sorgeregister nach **Abs. 1 Satz 2 Nr. 1** Erklärungen nicht miteinander verheirateter Eltern über die gemeinsame Sorge (§ 1626a Abs. 1 Nr. 1 BGB). Nach **Abs. 1 Satz 2 Nr. 2** sind rechtskräftige gerichtliche Entscheidungen einzutragen, die eine vollständige oder teilweise **Übertragung der gemeinsamen elterlichen Sorge** zum Inhalt haben.

Das Sorgeregister enthält seit dem KJSG vom 3.6.2021 nach **Abs. 1 Satz 2 Nr. 3** auch Eintragungen über die gänzliche oder teilweise gerichtliche Entziehung der elterlichen Sorge der Mutter und der Übertragung der Sorge allein auf den Vater. Das Jugendamt darf nur solche ihm mitgeteilte Sorgeerklärungen nicht eintragen, die offenkundig unwirksam sind.

1 Vgl. Wiesner/Wapler/*Walther*, § 58a SGB VIII Rn. 1

§ 50 Abs. 3 SGB VIII ermöglicht (nach § 87c Abs. 6 Satz 2 SGB VIII n.F.) die Eintragungen des registerführenden Jugendamts dadurch, dass eine Mitteilungspflicht des Jugendamts, das an den zugrundeliegenden familiengerichtlichen Verfahren beteiligt ist oder darin angehört wird (§ 155a Abs. 4 Satz 1 und § 162 FamFG) besteht. Weil diese Mitteilungspflicht und die Eintragung der betreffenden Tatsachen **rechtskräftige** gerichtliche Entscheidungen betreffen, genügt die bloße Weitergabe der gerichtlichen Entscheidung ohne Rechtskraftvermerk den Anforderungen der Mitteilungspflicht nicht. Notfalls muss das registerführende Jugendamt ein gerichtliches **Rechtskraftzeugnis** nach § 46 FamFG einholen.[2]

Die in § 58a Abs. 1 Satz 3 SGB VIII a.F. genannte Übergangsvorschrift des Art. 224 § 2 Abs. 3 EGBGB galt seit 2013 nicht mehr und war obsolet geworden. Sie betraf Altfälle der familiengerichtlichen Ersetzung einer Sorgeerklärung. Diese Regelung ist durch das KJSG gestrichen worden. Alle davon betroffenen Kinder sind inzwischen volljährig. 5

3. Mitteilungen zur Eintragung im Sorgeregister

a) Mitteilende Stellen und Personen

Mitteilungen machen neben dem **angehörten** oder beteiligten Jugendamt nach § 50 Abs. 3 SGB VIII die gemeinsame Sorgeerklärungen beurkundende Stelle nach § 1626d BGB, nämlich der Notar (§ 20 Abs. 1, Satz 1 BNotO) oder die **Urkundsperson beim Jugendamt** (§ 59 Abs. 1 Nr. 8 SGB VIII), Standesbeamte sind insoweit nicht beurkundungsberechtigt. Zu Mitteilungen ist auch dasjenige Gericht verpflichtet, das über die Übertragung der gemeinsamen elterlichen Sorge entscheidet (§ 155a Abs. 3 Satz 2 FamFG) oder die Niederschrift der Abgabe von Sorgeerklärungen (nach § 1626d Abs. 2 BGB i. V. m. § 155a Abs. 5 FamFG) vornimmt. Die Anordnung des BMJ über Mitteilungen in Zivilsachen („MiZi")[3] normiert diese gerichtliche Mitteilungspflicht gegenüber dem Jugendamt justizverwaltungsrechtlich. 6

Die beurkundenden Stellen sind verpflichtet, dem Jugendamt am Geburtsort des Kindes (§ 87c Abs. 6 Satz 2 SGB VIII) die Abgabe dieser Erklärungen unter Angabe von Geburtsdatum, Geburtsort und Name des Kindes bei der Beurkundung der Geburt unverzüglich mitzuteilen (§ 1626d Abs. 2 BGB). Dadurch wird dem auskunftspflichtigen Jugendamt seine Aufgabenerledigung aus § 58 SGB VIII ermöglicht. 7

Von der **Mutter** verlangt **Abs. 2 Satz 2** eine inhaltsgleiche **Mitwirkungshandlung**. Das Jugendamt kann hierbei von ihr die Vorlage einer Geburtsurkunde oder eines Ausweises des Kindes verlangen.[4] Bei Wohnsitzwechsel muss das auskunftspflichtige Jugendamt beim Jugendamt des Geburtsorts rückfragen, das auf dieses Ersuchen mitteilen muss, ob ihm die Erklärungen bzw. deren Ersetzung vorliegen (§ 87c Abs. 6 Satz 3 SGB VIII).

b) „Beweiswert" der schriftlichen Auskunft

Das Jugendamt erlangt die ihm gegenüber abzugebenden Mitteilungen allerdings ohne dadurch den aktuellen Sachstand der Sorgeerklärungen **sicher** erfassen zu können. Denn schon direkt nach der Mitteilung oder danach können sich Veränderungen ergeben haben, z.B. eine gerichtliche Entziehung der elterlichen Sorge oder nachfolgende gemeinsame Sorgeerklärungen. Mit der durch das KJSG bewirkten Erfassung der Tatbestände des Abs. 1 Satz 2 Nr. 3, nämlich der Sorgerechtsentziehungen der Mutter und der Sorgeübertragungen allein auf den Vater, bleiben diejenigen Entscheidungen, die bereits vor dieser am 10.6.2021 in Kraft getretenen Gesetzesänderung getroffen wurden, im Sorgeregister unberücksichtigt. 8

---

2 Wiesner/Wapler/*Walther*, § 58a SGB VIII, Rn. 26.
3 Vom 29. April 1998 (BAnz. Nr. 138a S. 10705), letzte Änderung vom 9. August 2021 (BAnz AT 16.09.2021 B3).
4 DIJuF, JAmt 2003, 186.

Die von § 58 SGB VIII n.F. bezweckte Rechtssicherheit[5] über den Bestand (öffentlich zu beurkundender) Sorgeerklärungen war und ist deshalb nicht „hundertprozentig", was den Gesetzgebungsorganen jedoch schon zu Beginn der Setzung von § 58a SGB VIII a.F. bewusst war[6]. Es ist aber kein besseres Nachweisinstrument über die elterliche Sorge der nicht dem Vater des Kindes verheirateten Mutter ersichtlich, mithin auch mit dem KJSG nicht etablierbar gewesen. Das Sorgeregister ist kein allgemeines Register mit öffentlichem Glauben.[7]

II. Abs. 2 – Anspruch auf die schriftliche Auskunft

1. Rechtsanspruch

9 Das Jugendamt wird **durch Abs. 2 Satz 1** verpflichtet, Müttern auf deren Antrag die **schriftliche Auskunft** über die Nichtabgabe von Sorgeerklärungen (nach § 1626a Abs. 1 Nr. 1 BGB) , die bisher „Bescheinigung" hieß ") und als **Negativattest**[8] bezeichnet wird, zu erteilen. Die Staatsangehörigkeit der Mutter ist unerheblich. Auf die Erteilung besteht ein **Anspruch**. Der Rechtsanspruch besteht gegenüber dem Jugendamt am gewöhnlichen Aufenthalt der Mutter (§ 87c Abs. 1, Abs. 6 Satz 1). Hat etwa das Familiengericht dem Vater die alleinige elterliche Sorge übertragen (§ 1672 BGB), dient der familiengerichtliche Beschluss ihm als Nachweis. § 58 Abs. 2 SGB VIII n.F. gibt ihm keinen Anspruch auf eine entsprechende „Bescheinigung". Väter und andere Personen haben das subjektive öffentliche Recht gegen das Jugendamt aus § 58 Abs. 2 SGB VIII n.F. nicht, sie können aber über den „Umweg" des Art. 15 DS-GVO, § 83 SGB X Auskunft über die sie betreffenden Daten verlangen.[9]

10 Die schriftliche Auskunft an die Mutter ist bei einem Teilentzug auf diejenigen Teile der elterlichen Sorge der Mutter beschränkt, die (fort-)bestehen. Das mitteilende Jugendamt teilt dem registerführenden Jugendamt aber auch diejenigen Bereiche mit, in denen der Mutter die elterliche Sorge entzogen worden ist (§ 87c Abs. 6Satz 4 SGB VIII n.F.).

2. Mutter mit ausländischer Staatsangehörigkeit

11 Stellt eine **Mutter mit ausländischer Staatsangehörigkeit** den Auskunftsantrag, kann die Nachforschung beim Jugendamt des Geburtsorts (im Ausland) unmöglich oder ergebnislos sein. Dann wird die „für Jugend zuständige Senatsverwaltung in Berlin"[10] (§§ 87c Abs. 6 Satz 3, 88 Abs. 1 Satz 2 SGB VIII: „Land Berlin"), mithin das dortige Landesjugendamt eingeschaltet.

3. Neubezeichnung der Bescheinigung als „schriftliche Auskunft"

12 Die Bescheinigung heißt seit dem KJSG „**schriftliche Auskunft**". Die gebührenfreie Auskunft dient der Mutter im Rechtsverkehr z.B. mit Behörden und Banken als Nachweisdokument. Sie wird v.a. für den Nachweis der alleinigen Vertretungsmacht in gerichtlichen Verfahren betreffend den Minderjährigen benötigt. Eine Mutter hat die alleinige elterliche Sorge (§ 1626a Abs. 2 BGB), wenn sie nicht mit dem Vater des Kindes die gemeinsame elterliche Sorge begründet (durch jeweils deckungsgleiche einseitige rechtsgestaltende Willenserklärungen) oder ihn geheiratet hat.

13 Mit der Umbenennung der „Bescheinigung" in „schriftliche Auskunft" wird der Gehalt des sog. Negativattests sprachlich präziser erfasst, wohl auch eine modernere Formulierung ge-

5 LSG Niedersachsen-Bremen, Beschl. v. 30.4.2013, L 2 EG 2/13 (Portal Sozialgerichtsbarkeit BRD 160993).
6 BT-Drs. 13/4899; S.163 f.
7 *Knittel*, JAmt 2021, S. 376 (377).
8 OLG Düsseldorf, Beschl. v. 22.2.2008, II-8 UF 267/07, FamRZ 2008, 1552.
9 Wiesner/Wapler/*Walther*, § 58a SGB VIII Rn. 11; *Knittel*, JAmt 2021, S.376 (377)
10 Anordnung des BMJ über Mitteilungen in Zivilsachen, BAnz., Nr. XIII, 9 (3)

wählt. Allerdings könnte die neue Benennung der Bescheinigung auch bereits einen geringeren Wahrheitsgehalt und eine geringere Verbindlichkeit der Auskunft nahelegen. Eine „Bescheinigung" hat grundsätzlich eine u.U. urkundliche Beweisfunktion über die jugendamtlich rechtsfeststellend bestätigte Vertretungsmacht. Eine bloße Auskunft erfolgt auch nicht ohne Weiteres aufgrund einer Rechtsprüfung, sondern berücksichtigt nur eine überprüfte Tatsachenlage.

Die Gesetzesbegründung des KJSG[11] bezieht sich – dazu in gewissem Widerspruch – gleichwohl darauf, dass die schriftliche Auskunft schon nach geltendem Recht aufgrund rechtskräftiger Gerichtsentscheidung den Eltern nicht gemeinsam zusteht, was doch eine (rechtliche) Prüfung erfordert und nicht bloße Tatsachenfeststellung ist. Die gerichtliche Feststellung auch des teilweisen Fehlens der gemeinsamen elterlichen Sorge wird von § 58 Abs. 1 Satz 2 Nr. 2 SGB VIII n.F. erfasst, die vollständige oder teilweise Entziehung der elterlichen Sorge der Mutter oder deren Übertragung allein auf den Vater hat § 58 Abs. 1 Satz 2 Nr. 3 SGB VIII n.F. zu Gegenständen der Eintragung in das Sorgeregister gemacht. Die schriftliche Auskunft auf Antrag der nicht mit dem Vater des Kindes verheirateten Mutter soll also künftig zum Ausdruck bringen, dass nur Teile – und ggf. welche Teile – der elterlichen Sorge durch eine gerichtliche Entscheidung betroffen sind. Jedenfalls damit ist die sprachlich auf das bloß „negative Attest" begrenzte schriftliche Auskunft nur darüber, dass keine die Alleinsorge der Mutter betreffenden Einschränkungen bestehen, beseitigt[12]. Diese Gesetzesänderungen sollen nach ihrer Begründung[13] den Beweiswert der schriftlichen Auskunft im Rechtsverkehr erhöhen. 14

Sachlich angemessen ist es, wenn die schriftliche Auskunft die Bestätigung der Alleinsorge der Mutter, die diesen Nachweis im Rechtsverkehr braucht, **ausdrücklich** enthält.[14]

§ 58a
(weggefallen)

11 BT-Drs. 19/26107, 107.
12 Die Gesetzesbegründung (Regierungsentwurf, Stand 25.1.2021) stellt bereits darauf ab, dass schon bisher nicht nur die (negative) Tatsache des Nichtvorliegens abgegebener Sorgeerklärungen Gegenstand der Auskunft gewesen sei.
13 Ebd.
14 GK-SGB VIII/*Schleicher*, § 58a Rn. 3.

Fünfter Abschnitt
Beurkundung, vollstreckbare Urkunden

§ 59
Beurkundung

(1) [1]Die Urkundsperson beim Jugendamt ist befugt,

1. **die Erklärung, durch die die Vaterschaft anerkannt oder die Anerkennung widerrufen wird, die Zustimmungserklärung der Mutter sowie die etwa erforderliche Zustimmung des Mannes, der im Zeitpunkt der Geburt mit der Mutter verheiratet ist, des Kindes, des Jugendlichen oder eines gesetzlichen Vertreters zu einer solchen Erklärung (Erklärungen über die Anerkennung der Vaterschaft) zu beurkunden,**
2. **die Erklärung, durch die die Mutterschaft anerkannt wird, sowie die etwa erforderliche Zustimmung des gesetzlichen Vertreters der Mutter zu beurkunden (§ 44 Absatz 2 des Personenstandsgesetzes),**
3. **die Verpflichtung zur Erfüllung von Unterhaltsansprüchen eines Abkömmlings oder seines gesetzlichen Rechtsnachfolgers zu beurkunden, sofern der Abkömmling zum Zeitpunkt der Beurkundung das 21. Lebensjahr noch nicht vollendet hat,**
4. **die Verpflichtung zur Erfüllung von Ansprüchen auf Unterhalt (§ 1615l des Bürgerlichen Gesetzbuchs), auch des gesetzlichen Rechtsnachfolgers, zu beurkunden,**
5. **die Bereiterklärung der Adoptionsbewerber zur Annahme eines ihnen zur internationalen Adoption vorgeschlagenen Kindes (§ 7 Absatz 1 des Adoptionsübereinkommens-Ausführungsgesetzes) zu beurkunden,**
6. **den Widerruf der Einwilligung des Kindes in die Annahme als Kind (§ 1746 Absatz 2 des Bürgerlichen Gesetzbuchs) zu beurkunden,**
7. **die Erklärung, durch die der Vater auf die Übertragung der Sorge verzichtet (§ 1747 Absatz 3 Nummer 2 des Bürgerlichen Gesetzbuchs), zu beurkunden,**
8. **die Sorgeerklärungen (§ 1626a Absatz 1 Nummer 1 des Bürgerlichen Gesetzbuchs) sowie die etwa erforderliche Zustimmung des gesetzlichen Vertreters eines beschränkt geschäftsfähigen Elternteils (§ 1626c Absatz 2 des Bürgerlichen Gesetzbuchs) zu beurkunden,**
9. **eine Erklärung des auf Unterhalt in Anspruch genommenen Elternteils nach § 252 des Gesetzes über das Verfahren in Familiensachen und in den Angelegenheiten der freiwilligen Gerichtsbarkeit aufzunehmen; §°129a der Zivilprozessordnung gilt entsprechend.**

[2]Die Zuständigkeit der Notare, anderer Urkundspersonen oder sonstiger Stellen für öffentliche Beurkundungen bleibt unberührt.

(2) Die Urkundsperson soll eine Beurkundung nicht vornehmen, wenn ihr in der betreffenden Angelegenheit die Vertretung eines Beteiligten obliegt.

(3) [1]Das Jugendamt hat geeignete Beamte und Angestellte zur Wahrnehmung der Aufgaben nach Absatz 1 zu ermächtigen. [2]Die Länder können Näheres hinsichtlich der fachlichen Anforderungen an diese Personen regeln.

Übersicht

A. Allgemeines

Abs. 1 enthält mit den Nrn. 1 bis 9 einen **abschließenden Katalog von Erklärungen**, zu deren Beurkundung bzw. Aufnahme (Nr. 9) die Urkundsperson beim Jugendamt befugt ist. Hierbei handelt es sich um Erklärungen aus dem Bereich des Abstammungsrechts (Nr. 1, 2), des Unterhaltsrechts (Nr. 3, 4, 9), des Adoptionsrechts (Nr. 5 bis 7) und der elterlichen Sorge (Nr. 8). Die Beurkundung gehört zu den anderen Aufgaben der Jugendhilfe (siehe § 2 Abs. 3 Nr. 12 SGB VIII). Durch die Beurkundung wird bezeugt, dass vor der beurkundenden Stelle eine bestimmte Erklärung abgegeben worden ist. 1

Die wichtigsten Änderungen seit dem Inkrafttreten des SGB VIII sind **durch** das KindRG 1998 erfolgt, nämlich der Wegfall von Beglaubigungstatbeständen, die Einführung der Beurkundung von Sorgeerklärungen unverheirateter Eltern (Absatz 1 Satz 1 Nr. 8) und die Änderung des Abs. 1 Satz 1 Nr. 7 zwecks Anpassung an die geänderte materielle Rechtslage. Weitere wichtige Änderungen sind durch das Gesetz zur Regelung von Rechtsfragen auf dem Gebiet der internationalen Adoption und zur Weiterentwicklung des Adoptionsvermittlungsrechts vom 5.11.2001[1] (Einführung eines neuen Beurkundungstatbestandes für die Bereiterklärung zur internationalen Adoption, Nr. 5), das Gesetz zur weiteren Verbesserung von Kinderrechten (KindRVerbG) vom 9.4.2002[2] (Erweiterung des Beurkundungskatalogs der Nr. 1 um den Widerruf der Vaterschaftsanerkennung und der Nr. 8 um die Beurkundung der Zustimmung des gesetzlichen Vertreters zu einer Sorgeerklärung), das Unterhaltsvorschussentbürokratisierungsgesetz vom 3.5.2013[3] (Erweiterung der Beurkundung von Unterhaltsansprüchen auch für Rechtsnachfolger in Nr. 3 und 4) und das Gesetz zur besseren Durchsetzung der Ausreisepflicht vom 28.7.2017[4] (diese Änderung ist für die Beurkundung der Anerkennung der Vaterschaft in Nr. 1 von Bedeutung) vorgenommen worden. 2

B. Einzelheiten

I. Der Katalog der Erklärungen (Abs. 1 Nr. 1 bis 9)

1. Anerkennung der Vaterschaft (Nr. 1)

Die Anerkennung der Vaterschaft (Nr. 1) und die gem. § 1595 Abs. 1 BGB erforderliche Zustimmung der Mutter sind grds. auch dann zu beurkunden, wenn der Urkundsbeamte sich 3

1 BGBl. I S. 2950.
2 BGBl. I S. 1239.
3 BGBl. I S. 1108.
4 BGBl. I S. 2780.

sicher ist, dass der Anerkennende nicht der leibliche Vater ist (zu den Ausnahmen siehe sogleich Rn. 3a). Bei Geburt eines Kindes **nach Anhängigkeit eines Scheidungsverfahrens** ist der Urkundsbeamte befugt, neben der Erklärung des Dritten, die gem. § 1599 Abs. 2 Satz 1 BGB spätestens bis zum Ablauf des Jahres nach Rechtskraft des Scheidungsurteils abgegeben sein muss, und der Zustimmung der Mutter auch die gem. § 1599 Abs. 2 Satz 2 BGB erforderliche Zustimmung des Mannes zu beurkunden, der im Zeitpunkt der Geburt mit der Mutter verheiratet ist, wobei für diese Zustimmung keine Frist vorgegeben ist.[5] Die Beurkundungsbefugnis erstreckt sich auch auf gegebenenfalls gem. § 1596 BGB erforderliche Erklärungen des Kindes oder des gesetzlichen Vertreters der Mutter bei fehlender oder beschränkter Geschäftsfähigkeit.[6] Der Urkundsbeamte des Jugendamtes ist allerdings grundsätzlich nicht nur berechtigt, sondern sogar verpflichtet, die Beurkundung abzulehnen, wenn noch eine anderweitige Vaterschaft besteht (zu den Ausnahmen s. § 1599 Abs. 2 BGB).

3a Sofern konkrete Anhaltspunkte dafür bestehen, dass die Anerkennung der Vaterschaft oder die Zustimmung der Mutter gezielt zum Zweck der Erlangung des Aufenthaltsrechts erfolgen, ist die Urkundsperson gem. § 1597a Abs. 2 Satz 1 BGB verpflichtet, die nach § 85a AufenthG zuständige Behörde zu informieren und die Beurkundung auszusetzen. Keine rechtsmissbräuchliche Vaterschaftsanerkennung liegt vor, bei persönlichen Beziehungen zwischen Vater und Kind, d.h. wenn sie auch der Begründung, Fortsetzung oder Vertiefung einer Eltern-Kind-Beziehung dient.[7] Nach Aussetzung der Beurkundung und Übergabe für das weitere Verfahren an die Ausländerbehörde ist die Urkundsperson nicht berechtigt, von der Aussetzung Abstand zu nehmen, und von daher gehindert, eine wirksame Beurkundung der Vaterschaftsanerkennung vorzunehmen.[8] Konkrete Anhaltspunkte für eine **missbräuchliche Anerkennung der Vaterschaft** sind insbes. bei Vorliegen einer der in § 1597a Abs. 2 Satz 2 BGB genannten Fallkonstellationen gegeben. Eine allgemeine Pflicht, nach konkreten Anhaltspunkten zu forschen, besteht zwar nicht. Da die Frage, ob der Anerkennende, die Mutter oder das Kind vollziehbar ausreisepflichtig sind (§ 1597a Abs. 2 Satz 2 Nr. 1 BGB) oder ob sie einen Asylantrag gestellt haben, obwohl sie Staatsangehörige eines gem. § 29a AsylG sicheren Herkunftsstaates sind (§ 1597a Abs. 2 Satz 2 Nr. 2 BGB), ohne größeren Aufwand geklärt werden kann, dürfte diesbezüglich eine Ermittlungspflicht der Urkundsperson bestehen.[9]

2. Die Erklärung über die Anerkennung der Mutterschaft (Nr. 2)

4 Die Erklärung über die **Anerkennung der Mutterschaft** ist zwar nach deutschem Recht nicht möglich, da gem. § 1591 BGB Mutter eines Kindes immer die Frau ist, die es geboren hat. Gleichwohl ist die Möglichkeit der Beurkundung der Erklärung über die Anerkennung der Mutterschaft eröffnet, da in einigen Ländern (z.B. Frankreich, Italien) die Anerkennung der Mutterschaft möglich ist.

3. Unterhaltsansprüche eines Abkömmlings unter 21 Jahren (Nr. 3)

5 Die Beurkundung der Verpflichtung zur Erfüllung von Unterhaltsansprüchen eines Abkömmlings unter 21 Jahren oder seines gesetzlichen Rechtsnachfolgers (Nr. 3) eröffnet die Möglichkeit, einen Vollstreckungstitel zu schaffen, sofern sich der Schuldner in der Urkunde zugleich der sofortigen Zwangsvollstreckung unterworfen hat (§ 60 Satz 2 SGB VIII). Tituliert

5 Vgl. OLG Köln, JAmt, 2011, 32 ff.
6 Zur Beurkundung der Anerkennung der Vaterschaft zu einem Kind einer minderjährigen Mutter, deren Vater unter rechtlicher Betreuung steht, siehe DIJuF, JAmt 2016, 432 f.
7 Vgl. BVerwG, Beschl. v. 24.6.2021, 1 C 30/20, FamRZ 2021, 1625 ff.
8 Vgl. OVG Berlin-Brandenburg, Beschl. v. 26.11.2019, OVG 11 S 68.19, FamRZ 2020, 508 ff.
9 So auch: FK-SGB VIII/*Hoffmann*, 59 Rn. 13.

werden können somit Unterhaltsansprüche minderjähriger Kinder und die teilweise anderen Berechnungsmodalitäten und gesetzlichen Bestimmungen unterliegenden Unterhaltsansprüche volljähriger Kinder (z.B. andere Selbstbehaltswerte bei nicht privilegierten Volljährigen, anteilige Haftung der Eltern für den Unterhalt nach den beiderseitigen Erwerbs- und Vermögensverhältnissen gem. § 1606 Abs. 3 Satz 1 BGB), sofern diese noch nicht das 21. Lebensjahr vollendet haben.

Auch zur Beurkundung von **Unterhaltsansprüchen des Rechtsnachfolgers** minderjähriger Kinder oder volljähriger Abkömmlinge unter 21 Jahren ist der Urkundsbeamte befugt. 6
Als gesetzliche Rechtsnachfolger kommen nicht nur das Land über § 7 Abs. 1 UVG, sondern auch die Kommune, nämlich das Jobcenter, über § 33 Abs. 1 SGB II und das Sozialamt über § 94 Abs. 1 SGB XII in Betracht.[10]

Nach einer Grundsatzentscheidung des BGH vom 4.5.2011[11] setzt die vom Unterhaltsbe- 7
rechtigten begehrte **Abänderung** einer einseitig erstellten Jugendamtsurkunde keine Änderung der ihr zugrunde liegenden Umstände voraus, mit der Folge, dass der Unterhaltsberechtigte ohne Bindung an die vorliegende Urkunde einen höheren Unterhalt verlangen kann. Bei einem Abänderungsbegehren durch den Unterhaltspflichtigen hingegen ist im Hinblick darauf, dass die einseitig erstellte Jugendamtsurkunde regelmäßig ein Schuldanerkenntnis gem. § 781 BGB beinhaltet, die Bindungswirkung dieses Schuldanerkenntnisses zu beachten, mit der Folge, dass sich der Unterhaltsschuldner von seiner Unterhaltsverpflichtung nur ganz oder teilweise lösen kann, wenn eine nachträgliche Änderung der tatsächlichen Umstände oder der Rechts- und Gesetzeslage vorliegt, die sich auf die Höhe seiner Unterhaltspflicht auswirkt. Schon aus diesem Grund empfiehlt es sich, in die Urkunde die **Informationen zur Geschäftsgrundlage** (z.B. die zugrunde liegenden Einkünfte) aufzunehmen. Eine Abänderung einer gerichtlichen Entscheidung durch eine Jugendamtsurkunde ist zwar nicht möglich. Bei Einverständnis der Beteiligten besteht jedoch die Möglichkeit, eine gerichtliche Unterhaltsentscheidung faktisch dadurch zu ersetzen, dass der Unterhaltspflichtige mit der Erstellung einer neuen Jugendamtsurkunde einen Vollstreckungstitel schafft und der Unterhaltsberechtigte auf die Rechte aus der gerichtlichen Unterhaltsentscheidung verzichtet.[12] Ist in dem abzuändernden Unterhaltstitel der Minderjährigenunterhalt geregelt, so hat das volljährig gewordene Kind als Abänderungsantragsgegner die Beweislast für seine fortbestehende Bedürftigkeit und die auf den jeweiligen Elternteil entfallenden Haftungsanteile.[13]

Der Urkundsbeamte hat **keine Befugnis** zur Beurkundung von **Unterhaltsvereinbarun-** 8
gen und ist auch nicht zur Unterschriftsbeglaubigung von Schriftstücken befugt, die ihm vorgelegt werden.[14] Auch ein **Unterhaltsverzicht** – ein Verzicht auf Unterhalt für die Zukunft ist ohnehin gem. § 1614 BGB unwirksam – darf von dem Urkundsbeamten nicht beurkundet werden.[15]

4. Unterhaltsansprüche unverheirateter Eltern (Nr. 4)

Nach Nr. 4 können Unterhaltsansprüche unverheirateter Eltern nach § 1615l BGB (zum An- 9
spruch auf Beratung hierüber siehe auch Rn. 14 ff. zu § 18 SGB VIII) und deren Rechtsnachfolger (z.B. wegen eines gesetzlichen Forderungsübergangs gem. § 33 SGB II) ebenfalls be-

10 Ein Formulierungsvorschlag bei Rechtsnachfolge ist in DIJuF, JAmt 2013, 184 (185) abgedruckt.
11 BGH, FamRZ 2011, 1041 ff.
12 Vgl. BGH, JAmt 2017, 152 (153).
13 Vgl. BGH, JAmt 2017, 152 (155).
14 Vgl. DIJuF, JAmt 2015, 79 f.
15 Vgl. insoweit DIJuF, JAmt 2015, 303 f. mit einem Formulierungsvorschlag für einen nach den Regeln des FamFG erforderlichen Beschlusses, wenn der Vater trotz eines unwirksamen Unterhaltsverzichts auf der Aufnahme einer Abänderung einer bestehenden Jugendamtsurkunde auf 0 Euro besteht.

urkundet und über § 60 Abs. 1 Satz 1 SGB VIII tituliert werden. Der Anspruch auf Betreuungsunterhalt besteht in der Regel für die Dauer von drei Jahren nach der Geburt des Kindes (§ 1615l Abs. 2 Satz. 3 BGB). Bei einer Verkürzung oder Verlängerung des Unterhaltsanspruchs empfiehlt es sich, die hierfür maßgeblichen Gründe in die Urkunde mit aufzunehmen. Dies gilt auch für die sonstigen wesentlichen Umstände, die **Geschäftsgrundlage der Unterhaltsverpflichtung** sind (z.B. die Einkommens- und Vermögensverhältnisse), da die Ausführungen des BGH[16] zur Abänderung von Jugendamtsurkunden bezüglich des Kindesunterhalts auch für den Unterhalt unverheirateter Eltern nach § 1615l BGB gelten.

5. Adoption eines ausländischen Kindes (Nr. 5)

10 Durch die Bereiterklärung zur Adoption eines ausländischen Kindes (Nr. 5) nach Prüfung, ob die Adoptionsbewerber grundsätzlich zur Adoption eines ausländischen Kindes geeignet sind, wird die Einreise des Kindes nach Deutschland ermöglicht, da die Adoptionsbewerber durch diese Erklärung ihre Bereitschaft bekunden, sämtliche entstehenden Kosten wie z.B. Reisekosten (gegebenenfalls auch Rückreisekosten, falls es nicht zur beabsichtigten Adoption kommt) oder Krankenversicherungskosten zu übernehmen. **Zuständig für die Beurkundung der Bereiterklärung** ist der Urkundsbeamte des Jugendamtes, an dem die Adoptionsbewerber ihren Wohnsitz haben (§ 7 Abs. 1 Satz 1 AdÜbAG). Aus der Bereiterklärung können die Adoptionsbewerber keine Ansprüche darauf ableiten, dass das Familiengericht gem. § 1752 Abs. 1 BGB nach der Adoptionspflege gem. § 1744 BGB auf Grund des dann durch notariell beurkundeten Adoptionsantrages (§ 1752 Abs. 2 Satz 2 BGB) die Adoption ausspricht.

6. Widerruf der Einwilligung des Kindes in die Kindesannahme (Nr. 6)

11 Der Widerruf der Einwilligung des Kindes in die Annahme als Kind (Nr. 6) als Gegenstand der Beurkundung kommt dann in Betracht, wenn nach erfolgter Einwilligung des nicht geschäftsunfähigen Kindes, das das 14. Lebensjahr vollendet und das 18. Lebensjahr noch nicht vollendet hat (§ 1746 Abs. 1. Satz 1 BGB), und Zustimmung des gesetzlichen Vertreters (§ 1746 Abs. 1 Satz 2 BGB) das nicht geschäftsunfähige Kind im Alter von 14 bis unter 18 Jahren von seinem Recht gem. § 1746 Abs. 2 BGB Gebrauch macht, durch Widerruf der Einwilligung gegenüber dem Familiengericht, der der öffentlichen Beurkundung bedarf und für den die Zustimmung des gesetzlichen Vertreters nicht erforderlich ist, die **Adoption zu verhindern**.

7. Verzichtserklärung des Vaters des nichtehelichen Kindes (Nr. 7)

12 **Die Verzichtserklärung** des Vaters des nichtehelichen Kindes auf Übertragung der elterlichen Sorge (Nr. 7), die gem. § 1747 Abs. 3 Nr. 2 BGB öffentlich beurkundet werden muss, **erleichtert das Adoptionsverfahren**, weil bei Vorliegen einer Verzichtserklärung feststeht, dass ein (u.U. langwieriges) Verfahren auf Übertragung der elterlichen Sorge gem. § 1626a Abs. 2 BGB oder § 1671 Abs. 2 BGB nicht betrieben werden wird. Sofern der Vater nämlich ein Verfahren auf Übertragung der elterlichen Sorge gem. § 1626a Abs. 2 BGB oder § 1672 Abs. 2 BGB betreibt, darf die Annahme erst ausgesprochen werden, nachdem über den Antrag es Vaters entschieden worden ist (§ 1747 Abs. 3 Nr. 3 BGB). Zur Beratungspflicht des Jugendamts über die Möglichkeit der Verzichtserklärung siehe § 51 SGB VIII Rn. 35.

16 BGH, FamRZ 2011, 1041 ff.

8. Beurkundung der Sorgeerklärung (Nr. 8)

Die Beurkundung der Sorgeerklärung (Nr. 8), die gem. § 1626b Abs. 2 BGB auch schon vor der Geburt des Kindes abgegeben werden kann, ist nur dann möglich, wenn die Vaterschaft, sei es durch gerichtliche Feststellung gem. § 1600d BGB i.V.m. § 184 FamFG oder durch freiwillige Anerkennung der Vaterschaft gem. §§ 1594 ff BGB, feststeht. Da durch die Sorgeerklärung das Sorgerecht in dem Umfang, in dem es zuvor der Mutter zustand, nunmehr Mutter und Vater gemeinsam zusteht und eine Änderung dieser Rechtslage nicht durch einseitige Erklärung, sondern nur durch gerichtliche Entscheidung (z.B. über § 1671 Abs. 1 BGB) möglich ist, hat die Urkundsperson **besondere Belehrungspflichten**.[17] Die Bindung an die Sorgeerklärung und die entsprechende Belehrung der Mütter über die Unmöglichkeit der einseitigen Änderung dürfte einer der Gründe dafür sein, dass Sorgeerklärungen in geringerem Umfang abgegeben werden, als dies bei ihrer Einführung durch das KindRG erwartet wurde. (Zur Möglichkeit der gemeinsamen Sorge gegen den Willen der Kindesmutter siehe § 1626a Abs. 2 BGB.) 13

Auch ein **Elternteil**, der **unter Betreuung** nach §§ 1896 ff. BGB steht, kann wirksam eine Sorgeerklärung abgeben, sofern die Urkundsperson nach entsprechender sorgfältiger Prüfung die Geschäftsfähigkeit bejaht.[18] 14

Die Aufnahme eines **Vaterschaftsanerkenntnisses und** einer **gemeinsamen Sorgeerklärung** in **einer Urkunde** kann problematisch sein, wenn die Urkunde Dritten bekannt gegeben wird.[19]

9. Einwendungen im vereinfachten Verfahren (Nr. 9)

In Nr. 9 ist die **Protokollierung von Einwendungen** im vereinfachten Verfahren zur Festsetzung des Unterhalts geregelt. Der Unterhaltsschuldner kann gem. § 252 FamFG in diesem Verfahren verschiedene Einwendungen geltend machen, manche Einwendungen, wie z.B. den Einwand eingeschränkter Leistungsfähigkeit, allerdings nur, wenn er zugleich erklärt, inwieweit er zur Unterhaltsleistung bereit ist (§ 252 Abs. 2 FamFG), und Auskunft über seine Einkommens- und Vermögensverhältnisse in Form eines vollständig ausgefüllten Formulars erteilt sowie geeignete Belege beifügt (§ 252 Abs. 2 Satz 3 FamFG). 15

Wegen der **Monatsfrist** zur Geltendmachung der Einwendungen (§ 251 Abs. 1 Satz 2 Nr. 3 FamFG) empfiehlt sich gegebenenfalls die Übermittlung per Fax. 16

Durch den Verweis auf 129a ZPO wird klargestellt, dass die Urkundsperson verpflichtet ist, die Erklärung unverzüglich an das zuständige Gericht zu übersenden oder nach entsprechender Belehrung dem Unterhaltsschuldner die Übermittlung der Erklärung an das Gericht zu überlassen (§ 129a Abs. 2 ZPO).

II. Ausschluss der Urkundsperson (Abs. 2)

Die Urkundsperson ist zur **Neutralität** verpflichtet. Um Interessenkollisionen zu vermeiden, soll die Urkundsperson nach Abs. 2 eine Beurkundung dann nicht vornehmen, wenn ihr in der betreffenden Angelegenheit die Vertretung eines Beteiligten obliegt. Dies ist z.B. der Fall, wenn die Urkundsperson gem. § 55 Abs. 2 SGB VIII die Aufgaben eines Beistandes, Amtspflegers oder Amtsvormundes wahrnimmt. Trotz eines Verstoßes gegen diese Sollvorschrift bleibt die Urkunde jedoch gültig. 17

17 Vgl. LPK-SGB VIII/*Mauthe*, § 59 Rn. 43.
18 Vgl. DIJuF, JAmt 2012, 81 ff.
19 Vgl. DIJuF JAmt, 2003, 69.

18 Da die Vorschriften des Beurkundungsgesetzes auch für die öffentliche Beurkundung durch die Urkundsperson des Jugendamtes gelten (§ 1 Abs. 2 BeurkG), ergibt sich für bestimmte weitere Fallkonstellationen die zwingende Notwendigkeit der **Nichtvornahme einer Beurkundung**. Hierzu gehören gem. § 6 BeurkG z.B. Beurkundungen, an denen nahe Angehörige (z.B. Ehegatten, Lebenspartner, Verwandte in gerader Linie) beteiligt sind, und Beurkundungen zugunsten nahestehender in § 7 Abs. 1 BeurkG aufgeführter Personen.

19 Grundsätzlich sind auch die **Mitwirkungsverbote** des § 3 BeurkG (z.B. Mitwirkungsverbot, wenn es um Angelegenheiten des Ehegatten, Lebenspartners oder naher Verwandter handelt) zu beachten. Allerdings gilt dies nicht für das Mitwirkungsverbot des § 3 Abs. 1 Nr. 7 BeurkG, da im Hinblick darauf, dass ein Mitarbeiter des Jugendamtes häufig nicht nur als Urkundsbeamter, sondern auch in anderer Funktion (z.B. als Beistand) für ein Kind oder einen Jugendlichen tätig war, ansonsten die Gefahr besteht, dass die Urkundstätigkeit des Jugendamtes in erheblichem Maße eingeschränkt ist oder gar zum Erliegen kommt.[20]

III. Geeignete Urkundsperson (Abs. 3)

20 Urkundsperson kann nur ein Beamter oder Angestellter des jeweiligen Jugendamtes sein. Die Bestellung erfolgt durch den Leiter des Jugendamts. Dieser hat jedoch **keine Weisungsbefugnis** gegenüber der Urkundsperson. Er kann die Bestellung aber jederzeit zurücknehmen. Mehrere kleinere Jugendämter können auch eine gemeinsame Urkundsperson bestellen (§ 69 Abs. 4 SGB VIII).

21 Nach **Abs. 3 Satz 2** muss die Urkundsperson die erforderliche **Eignung** besitzen, die durch Landesrecht festgelegt werden kann. Von dieser Ermächtigung haben nur wenige Bundesländer Gebrauch gemacht. Nach § 21 Abs. 2 AG SGB VIII HH muss die Urkundsperson über die für die Erfüllung der Aufgaben notwendigen Kenntnisse im Beurkundungsrecht, des deutschen Familienrechts sowie des deutschen internationalen Privatrechts verfügen. Als Urkundsperson kommen nach § 21 Abs. 1 AG SGB VIII HH nicht nur Personen mit der Befähigung zum höheren oder gehobenen Verwaltungsdienst in Betracht, sondern auch staatlich anerkannte Sozialpädagoginnen und Sozialpädagogen sowie Sozialarbeiterinnen und Sozialarbeiter, die wie Personen, die die Befähigung zum gehobenen Sozialdienst besitzen, eingruppiert sind.

IV. Beurkundungsverfahren/Kosten

22 Gem. § 1 Abs. 2 BeurkG richtet sich das von der Urkundsperson des Jugendamts zu beachtende Verfahren nach dem BeurkG. Dabei spielen insbesondere die **Prüfungs- und Belehrungspflicht** (§ 17 BeurkG) eine zentrale Rolle. Die Urkundsperson hat insbesondere die Pflicht zur Erforschung des Willens der Beteiligten, zur umfassenden Sachverhaltsklärung und zur Belehrung über die rechtliche Tragweite der beabsichtigten Erklärungen. Die Belehrungen müssen durch die Urkundsperson persönlich erfolgen und die kognitiven Fähigkeiten der Beteiligten berücksichtigen. Die Niederschrift muss in Gegenwart der Urkundsperson, nicht notwendig durch die Urkundsperson selbst, den Beteiligten **vorgelesen** werden. Das Ablesen vom Bildschirm reicht nicht aus.[21] Außerdem muss die Niederschrift von den Beteiligten und der Urkundsperson eigenhändig unterschrieben sein (§ 13 Abs. 1 Satz 1, Abs. 3 Satz 1 BeurkG).

23 Die Urkundsperson hat grundsätzlich **keine Befugnis**, die **Beurkundung abzulehnen** (zur Aussetzung der Beurkundung s. Rn. 3a). So muss z.B. die Beurkundung der Anerkennung

---

20 Vgl. LPK-SGB VIII/*Mauthe*, § 59 Rn. 63; Wiesner/*Dürbeck*, § 59 SGB VIII Rn. 18.
21 Vgl. OLG Brandenburg, DNotZ, 2012, 525 ff.

der Vaterschaft auch dann erfolgen, wenn offensichtlich ist, dass der Anerkennende nicht der Vater ist. Auch bei fehlenden gültigen Ausweispapieren eines Flüchtlings oder Asylbewerbers darf die Urkundsperson die Beurkundung nicht ablehnen, sollte allerdings gem. § 10 Abs. 2 Satz 2 BeurkG in der Niederschrift vermerken, dass der oder die Beteiligte die Beurkundung ausdrücklich verlangt hat und welche Feststellungen zur Identifizierung des oder der Beteiligten getroffen worden sind.[22] Bei Zweifeln an der Geschäftsfähigkeit muss die Beurkundung vorgenommen werden. Allerdings sollte ein entsprechender Vermerk über die Zweifel in die Urkunde aufgenommen werden. Eine Ablehnung der Beurkundung ist jedoch erforderlich, wenn die Urkundsperson überzeugt ist, dass ein Beteiligter geschäftsunfähig ist.[23] Die Urkundsperson darf die Beurkundung des Unterhalts nicht mit der Begründung ablehnen, die Höhe des Unterhalts, den der Unterhaltsverpflichtete titulieren zu lassen bereit ist, sei zu gering. Die Urkundsperson hat diesbezüglich keine sachliche Prüfungskompetenz.[24] Sofern einer Mutter im familiengerichtlichen Verfahren über die elterliche Sorge (§ 1626a Abs. 2 BGB) durch das Gericht geraten wird, die Beurkundung der Sorgeerklärung durch das Jugendamt vornehmen zu lassen, sollte sie von der Urkundsperson des Jugendamtes darauf hingewiesen werden, dass das Kostenrisiko bei einer weiteren Durchführung des gerichtlichen Verfahrens relativ gering ist. Sollte die Mutter gleichwohl erklären, dass sie die Beurkundung der Sorgeerklärung wünscht, obwohl sie eigentlich die Beibehaltung der Alleinsorge favorisiert, so wäre die Urkundsperson dennoch verpflichtet, die Beurkundung vorzunehmen, und dürfte die Beurkundung nicht mit der unzutreffenden Begründung, in diesem Fall läge kein freier Wille vor, ablehnen.[25]

Eine **Ablehnungsbefugnis** besteht jedoch, wenn feststeht, dass eine beteiligte Person z.B. einen gefälschten Reisepass als Identitätsnachweis vorlegt.[26]

Bei Ablehnung der Beurkundung ist der **Rechtsweg zu den ordentlichen Gerichten** eröffnet, denn die Urkundsperson übt ebenso wie der Notar eine Amtstätigkeit aus, sodass es legitim erscheint, den Rechtsgedanken des § 15 BNotO auf die Tätigkeit der Urkundsperson beim Jugendamt anzuwenden.[27] **24**

Bei Verstoß gegen die Prüfungs- und Belehrungspflicht des § 17 BeurkG bestehen u.U. **Schadensersatzansprüche wegen Amtspflichtverletzung**. Dies gilt auch bei unberechtigter Ablehnung der Beurkundung.[28] **25**

Die Urkunden können nur in **deutscher Sprache** errichtet werden (§ 1 Abs. 2, 5 Abs. 1 BeurkG), sodass bei mangelnden Sprachkenntnissen grds. die Hinzuziehung eines Dolmetschers erforderlich ist (§ 16 Abs. 3 BeurkG).[29]

Das **Einscannen** öffentlicher Urkunden ohne Beweisverlust durch eine öffentliche Stelle, also auch durch die Urkundsperson des Jugendamtes, ist durch den mit dem Gesetz zur Förderung des elektronischen Rechtsverkehrs mit den Gerichten vom 10.10.2013 eingeführten § 371b ZPO zulässig, sofern der Scan „nach dem Stand der Technik" durchgeführt worden ist.[30] Trotz der hierdurch erweiterten Möglichkeit der elektronischen Aktenführung muss die **26**

22 Siehe hierzu auch DIJuF, JAmt 2017, 177 f.
23 Vgl. DIJuF, JAmt 2019, 73 (74).
24 Vgl. KG, FamRZ 2016, 1893 ff.
25 Zu den Einzelheiten siehe DIJuF, JAmt 2013, 510 f.
26 Vgl. DIJuF, JAmt 2019, 499.
27 So die wohl h.M. , siehe hierzu: *Knittel*, JAmt 2005, 440 m.w.N.; LPK-SGB VIII/*Mathe*, Rn. 80; a.A. Wiesner/*Dürbeck*, § 59 SGB VIII Rn. 10; LG Wuppertal, JAmt 2005, 470 f.: Verwaltungsrechtsweg.
28 Vgl. LG Hamburg, ZfJ 1994, 245 f.
29 Zur Kostenfreiheit bei notwendiger Hinzuziehung eines Dolmetschers siehe DIJuF, JAmt 2002, 451; zur Beurkundung beim Jugendamt ohne Hinzuziehung eines Dolmetschers siehe auch DIJuF, JAmt 2018, 313 ff.
30 Zu den Einzelheiten siehe DIJuF, JAmt 2015, 139 ff.

Originalniederschrift weiterhin nach den Vorschriften des BeurkG aufbewahrt werden (§ 45 BeurkG).

27 Seit Inkrafttreten des Kindesunterhaltsgesetzes (KindUG) zum 1. 7. 1998 hat die Urkundsperson zwar keine umfassende Beglaubigungsbefugnis mehr. So ist sie z.B. nicht mehr berechtigt, Zeugnisse zu beglaubigen Sie hat jedoch insofern eine **eingeschränkte Beglaubigungsbefugnis**, als sie Beglaubigungen von Niederschriften, die sie selbst vorgenommen hat, weiterhin vornehmen darf.

Für die Erteilung von **Ausfertigungen** – eine zahlenmäßige Begrenzung der Ausfertigungen ist im Gesetz nicht vorgesehen – ist jede Urkundsperson des Jugendamtes, das die Urkunde erstellt hat, befugt. Die Ausfertigung ersetzt die Originalniederschrift im Rechtsverkehr (§ 47 BeurkG).

28 Für die Beurkundungen und Beglaubigungen entstehen für die Betroffenen **keine Kosten**. Auch die Erstellung von Ausfertigungen und beglaubigten Abschriften ist kostenfrei (§ 64 Abs. 1 Satz 3 Nr. 2 SGB X), es sei denn, das Bundesland, in dem die Beurkundung vorgenommen wird, hat von der durch das KICK[31] in § 97c SGB VIII eingeräumten Befugnis Gebrauch gemacht, abweichend von § 64 SGB X Gebühren für Beurkundungen des Jugendamtes festzusetzen. (Näheres hierzu siehe unter § 97c SGB VIII). Sofern dies nicht der Fall ist, haben somit minderjährige Kinder, volljährige Kinder bis zur Vollendung des 21. Lebensjahres und unverheiratete Eltern (zum Anspruch auf Beratung dieses Personenkreises siehe § 18 SGB VIII) die Möglichkeit der kostenlosen Titulierung von Unterhaltsansprüchen (Jugendamtsurkunden und Vollstreckungstitel, siehe § 60 SGB VIII). Hierauf sollten sie durch den ASD und Rechtsanwälte hingewiesen werden.

29 **Informationen über die Möglichkeit der kostenlosen Beurkundung** durch das Jugendamt dürften die Beteiligten vor allem durch die in verschiedenen Zusammenhängen vorgesehenen Beratungen erhalten (z.B. §§ 17, 18 Abs. 1 SGB VIII über Unterhalt, § 51 SGBVIII im Adoptionsverfahren, § 52a SGB VIII Beratung der unverheirateten Mutter).

Die **örtliche Zuständigkeit** der Urkundsperson ist in § 87e SGB VIII geregelt. **Sachlich zuständig** ist der nach Abs. 3 Satz 1 zur Beurkundungstätigkeit ermächtigte Beamte oder Angestellte des Jugendamtes.

V. Mitteilungspflichten/Verschwiegenheitspflicht

30 Nach Beurkundung der für die Anerkennung der Vaterschaft und Mutterschaft erforderlichen Erklärungen hat die Urkundsperson die **Pflicht zur Übersendung von beglaubigten Abschriften** z.B. gegenüber dem Vater, der Mutter, dem Kind und dem Standesbeamten gem. § 1597 Abs. 2 BGB.

31 Alleinsorgeberechtigte unverheiratete Mütter haben mitunter im Rechtsverkehr deshalb Probleme, weil von ihnen der Nachweis verlangt wird, dass sie allein sorgeberechtigt sind. Deshalb wird gem. § 58a Abs. 1 Satz 1 SGB VIII in dem für den Geburtsort des Kindes zuständigen Jugendamt (§ 87c Abs. 6 Satz 2 SGB VIII) ein **Sorgerechtsregister** geführt. In dieses werden u.a. Sorgeerklärungen, die nach § 1626a Abs. 1 Nr. 1 BGB abgegeben worden sind, und gerichtliche Entscheidungen gem. § 1626a Abs. 2 Satz 1 BGB, auf Grund deren den unverheirateten Eltern die elterliche Sorge oder ein Teil der elterlichen Sorge gemeinsam übertragen worden ist, eingetragen (§ 58a Abs. 1 Satz 2 SGB VIII).

31 Vom 8.9.2005, BGBl. I S. 2729.

Sofern keine Eintragungen im Sorgerechtsregister vorliegen, erhält die Mutter hierüber gem. § 58a Abs. 2 Satz 2 SGB VIII eine **Negativbescheinigung** durch das nach § 87c Abs. 6 Satz 1 SGB VIII örtlich zuständige Jugendamt.[32]

Da gem. § 87e SGB VIII für sämtliche Beurkundungen nach § 59 SGB VIII und damit auch für die Beurkundung von Sorgeerklärungen jedes Jugendamt örtlich zuständig ist, haben die beurkundenden Stellen, also z.B. der Notar oder der Urkundsbeamte des Jugendamtes, in dessen Bereich das Kind nicht geboren, aber die Sorgeerklärung abgegeben wurde, gem. § 1626d Abs. 2 BGB eine **Mitteilungspflicht** gegenüber dem nach § 87c Abs. 6 Satz 2 SGB VIII zuständigen Jugendamt, damit dieses in die Lage versetzt wird, ein korrektes Sorgerechtsregister zu führen. **32**

Zwar ist die Frage der **Verschwiegenheitspflicht gegenüber Dritten** noch nicht abschließend geklärt.[33] Da die Urkundsperson des Jugendamtes jedoch ebenso wie der Notar eine Amtstätigkeit ausübt (siehe hierzu auch Rn. 24), ist von einer Schweigepflicht gegenüber jedermann auszugehen. Es ist nämlich nicht nachvollziehbar, wieso ein Notar z.B. für den Fall, dass er die Beurkundung der Anerkennung einer Vaterschaft durch einen sich „illegal" in Deutschland aufhaltenden Ausländer vornimmt, gegenüber der Ausländerbehörde zur Verschwiegenheit verpflichtet ist und gem. § 53 Abs. 1 Nr. 3 StPO ein **Zeugnisverweigerungsrecht** hat, wohingegen dem Urkundsbeamten des Jugendamtes gegebenenfalls die Rolle eines Erfüllungsgehilfen der Ausländerbehörde zukommen soll. Dies wäre durch nichts zu rechtfertigen, sodass es wünschenswert wäre, wenn der Gesetzgeber sich dazu entschließen könnte, auch dem Urkundsbeamten des Jugendamtes ein Zeugnisverweigerungsrecht einzuräumen. **33**

32 Zu Formulierungsvorschlägen für eine Negativbescheinigung siehe DIJuF, JAmt 2017, 64 ff.
33 So auch LPK-SGB VIII/*Mauthe*, § 59 Rn. 83 unter Hinweis auf DIJuF, JAmt 2009, 18 ff.

§ 60
Vollstreckbare Urkunden

[1]Aus Urkunden, die eine Verpflichtung nach § 59 Abs. 1 Satz 1 Nr. 3 oder 4 zum Gegenstand haben und die von einem Beamten oder Angestellten des Jugendamts innerhalb der Grenzen seiner Amtsbefugnisse in der vorgeschriebenen Form aufgenommen worden sind, findet die Zwangsvollstreckung statt, wenn die Erklärung die Zahlung einer bestimmten Geldsumme betrifft und der Schuldner sich in der Urkunde der sofortigen Zwangsvollstreckung unterworfen hat. [2]Die Zustellung kann auch dadurch vollzogen werden, dass der Beamte oder Angestellte dem Schuldner eine beglaubigte Abschrift der Urkunde aushändigt; § 173 Satz 2 und 3 der Zivilprozessordnung gilt entsprechend. [3]Auf die Zwangsvollstreckung sind die Vorschriften, die für die Zwangsvollstreckung aus gerichtlichen Urkunden nach § 794 Abs. 1 Nr. 5 der Zivilprozessordnung gelten, mit folgenden Maßgaben anzuwenden:

1. **Die vollstreckbare Ausfertigung sowie die Bestätigungen nach § 1079 der Zivilprozessordnung werden von den Beamten oder Angestellten des Jugendamts erteilt, denen die Beurkundung der Verpflichtungserklärung übertragen ist. Das Gleiche gilt für die Bezifferung einer Verpflichtungserklärung nach § 790 der Zivilprozessordnung.**
2. **Über Einwendungen, die die Zulässigkeit der Vollstreckungsklausel oder die Zulässigkeit der Bezifferung nach § 790 der Zivilprozessordnung betreffen, über die Erteilung einer weiteren vollstreckbaren Ausfertigung sowie über Anträge nach § 1081 der Zivilprozessordnung entscheidet das für das Jugendamt zuständige Amtsgericht.**

Übersicht Rn.

A. Allgemeines

1 Die Bereitschaftserklärung von Unterhaltsschuldnern zur Zahlung bestimmter Unterhaltsbeträge oder auch bisherige freiwillige Unterhaltszahlungen schützen die Unterhaltsberechtigten nicht davor, dass der Unterhaltsverpflichtete es sich anders überlegt und die Unterhaltszahlungen reduziert oder einstellt. Wirksamen Schutz hiervor bieten lediglich **Vollstreckungstitel**, die es ermöglichen, beim Ausbleiben der Unterhaltszahlungen Ansprüche zwangsweise durchzusetzen. § 60 SGB VIII eröffnet für einen bestimmten Kreis von Unterhaltsberechtigten die Möglichkeit der Errichtung von Vollstreckungstiteln in Form von vollstreckbaren Urkunden.

2 Die **wichtigste Änderung seit In-Kraft-Treten des SGB VIII** ist durch das EG-Vollstreckungs-Durchführungsgesetz vom 18.8.2005[1] erfolgt, wodurch die Zwangsvollstreckung im Ausland auch für Urkunden des Jugendamtes erleichtert wurde.

1 BGBl. I S. 2477.

B. Einzelheiten

I. Vollstreckbare Jugendamtsurkunden (Satz 1)

Das Jugendamt ist befugt, Urkunden anzufertigen, die eine Unterhaltsverpflichtung gegenüber Kindern bis zur Vollendung des 21. Lebensjahres oder gegenüber einem unverheirateten Elternteil zum Gegenstand haben (§ 59 Abs. 1 Satz 1 Nr. 3, 4 SGB VIII). Nach Satz 1 findet aus diesen Urkunden (Jugendamtsurkunden) die Zwangsvollstreckung statt, wenn die Erklärung die Zahlung einer bestimmten Geldsumme betrifft und der Schuldner sich in der Urkunde der **sofortigen Zwangsvollstreckung unterworfen** hat. In diesem Fall stellen die Urkunden nämlich einen Vollstreckungstitel dar. 3

Die Urkunden müssen in der **vorgeschriebenen Form**, also unter Beachtung der Formvorschriften der §§ 6 bis 26 BeurkG, und von dem zuständigen und hierzu befugten Beamten oder Angestellten des Jugendamtes aufgenommen werden (siehe hierzu Rn. 20, 21 zu § 59 SGB VIII). Während die Urschrift der Urkunde beim Jugendamt verbleibt (§ 45 BeurkG), erhalten die Beteiligten beglaubigte Abschriften (§ 51 BeurkG). 4

II. Zustellung durch Aushändigung der Urkunde (Satz 2)

Die Zwangsvollstreckung ist nur zulässig, wenn die Urkunde mit einer Vollstreckungsklausel versehen und eine beglaubigte Abschrift der vollstreckbaren Ausfertigung zugestellt worden ist (§ 750 ZPO). Die Zustellung eines Vollstreckungstitels erfolgt in der Regel dadurch, dass der Vollstreckungsgläubiger den Gerichtsvollzieher mit der Zustellung beauftragt (§§ 166 ff. ZPO). Durch Satz 2 ist klargestellt, dass die Zustellung abweichend hiervon auch in der Weise erfolgen kann, dass die Urkundsperson dem Schuldner eine beglaubigte Abschrift der Urkunde übergibt. Diese **vereinfachte Form der Zustellung**, die möglicherweise nicht allen Rechtspflegern und Rechtspflegerinnen bekannt ist,[2] bietet sich z.B. im Zusammenhang mit der Anerkennung der Vaterschaft und Aufnahme einer vollstreckbaren Unterhaltsverpflichtung gegenüber dem Kind und/oder der Kindesmutter an und wird in der Weise vollzogen, dass die Urkundsperson dem Schuldner eine beglaubigte Abschrift aushändigt, auf der ausgehändigten Abschrift den Zeitpunkt der Aushändigung vermerkt und diesen Vermerk unterschreibt, wodurch die Zustellungsurkunde ersetzt wird (§ 173 Satz 2 und 3 ZPO). Allerdings muss der Schuldner mit dieser Form der Zustellung einverstanden sein.[3] 5

III. Grundsätzliche Anwendbarkeit der Vollstreckungsvorschriften der ZPO (Satz 3)

Satz 3 verweist zunächst darauf, dass grundsätzlich die Vorschriften, die für die Zwangsvollstreckung aus gerichtlichen Urkunden nach § 794 Abs. 1 Nr. 5 ZPO gelten, entsprechend anzuwenden sind. Somit gelten die allgemeinen Vollstreckungsvoraussetzungen der §§ 724 bis 793 ZPO entsprechend, soweit sich nicht aus §§ 795a bis 800 ZPO etwas anderes ergibt. Voraussetzung dafür, dass aus der Jugendamtsurkunde die Zwangsvollstreckung betrieben werden kann, ist demzufolge, dass diese, wie andere Vollstreckungstitel auch, mit einer **Vollstreckungsklausel** (§§ 724, 725 ZPO) versehen und, sofern nicht von der besonderen Zustellungsmöglichkeit nach Satz 2 Gebrauch gemacht wurde, die **Zustellung** einer beglaubigten Abschrift der vollstreckbaren Ausfertigung erfolgt ist. 6

2 Siehe hierzu Gutachten des DIJuF, JAmt 2015, 141 ff.
3 So auch LPK-SGB VIII/*Mauthe*, § 60 Rn. 9.

7 Die **Zuständigkeit** für die Erteilung der Vollstreckungsklausel sowie für die Erteilung weiterer vollstreckbarer Ausfertigungen ergibt sich aus **Satz 3 Nr. 1**. Danach ist die Urkundsperson, die die Beurkundung der Verpflichtungserklärung vorgenommen hat, oder eine andere Urkundsperson des Jugendamtes zuständig. Die Erteilung einer **Rechtsnachfolgeklausel** gem. § 727 ZPO i.V.m. Satz 3 kann von der Urkundsperson bei gem. § 33 SGB II übergeleiteten Unterhaltsansprüchen auch dann vorgenommen werden, wenn der Leistungsträger rechtswidrig die erforderliche Vergleichsberechnung unterlassen hat.[4] Die Rechtsnachfolgeklausel könnte z.B. folgenden Wortlaut haben: „Vorstehende (erste, zweite, …) Ausfertigung wird hiermit dem … als Rechtsnachfolger des Gläubigers zum Zwecke der Zwangsvollstreckung erteilt.“[5]

8 Über **Einwendungen**, die die Zulässigkeit der Vollstreckungsklausel betreffen (§ 732 ZPO), oder über die Erteilung einer weiteren vollstreckbaren Ausfertigung entscheidet das Amtsgericht, in dessen Bezirk das Jugendamt seinen Sitz hat (**Satz 3 Nr. 2**).[6] Dies gilt auch bei der Vollstreckung aus der Jugendamtsurkunde im **Ausland**, bei welcher die §§ 1079 ff. ZPO und § 245 FamFG zu beachten sind.[7]

9 Aus § 244 FamFG ergibt sich, dass die **Volljährigkeit kein zulässiger Einwand** gegen eine Vollstreckung aus einer Jugendamtsurkunde über den Kindesunterhalt Minderjähriger ist.

Sofern die Einwendungen den in der Urkunde selbst festgestellten Anspruch betreffen, ist die **Klage beim Prozessgericht** des 1. Rechtszuges zu erheben (§ 767 Abs. 1 ZPO).

IV. Abänderbarkeit/Kosten

10 Die **Abänderung** von Jugendamtsurkunden durch ein gerichtliches Verfahren ist in § 239 FamFG geregelt. Der Umfang der Abänderung einer Jugendamtsurkunde richtet sich nach den Vorschriften des bürgerlichen Rechts (§ 239 Abs. 2 FamFG). Zu den Grenzen der Abänderbarkeit von Jugendamtsurkunden siehe § 59 SGB VIII Rn. 7.[8]

11 Für die Beurkundung der Unterwerfung unter die sofortige Zwangsvollstreckung nach Satz 1 und die Zustellung nach Satz 2[9] sowie die Erteilung von Ausfertigungen und beglaubigten Abschriften dürfen **keine Kosten** erhoben werden. Dieser Service des Jugendamts ist gem. § 64 Abs. 1 SGB X gebühren- und auslagenfrei.

---

4 Vgl. DIJuF, JAmt 2005, 190.
5 DIJuF, JAmt 2012, 473.
6 Zur Rechtslage bezüglich der umstrittenen Rechtsfrage, welche Rechtsbehelfe gegen mögliche Entscheidungen des Amtsgerichts eröffnet sind, siehe DIJuF, JAmt 2012, 644 f.
7 Siehe hierzu *Knittel*, JAmt 2006, 477 ff.
8 Siehe hierzu auch: *Graba*, NJW 2011, 1854 ff.
9 So auch: GK-SGB VIII/*Fieseler*, § 60 Rn. 4. A.A: FK-SGB VIII/*Hoffmann*, § 60 Rn. 5, die die Gebührenbefreiung mit der Begründung ablehnt, die Zustellung sei ein Teil der Zwangsvollstreckung. Unklar bleibt dabei allerdings, welche Kosten dadurch entstehen, dass die Urkundsperson dem Schuldner eine beglaubigte Abschrift übergibt, sodass die diesbezügliche Kontroverse eher akademischer Natur sein dürfte.

Viertes Kapitel
Schutz von Sozialdaten

Vorbemerkung zu §§ 61 bis 68 SGB VIII

Übersicht Rn.

I. Stellenwert des Datenschutzes für die Arbeit sozialpädagogischer Fachkräfte in der Kinder- und Jugendhilfe

Datenschutz ist Vertrauensschutz. Kinder, Jugendliche und Eltern (im Datenschutzrecht: betroffene Personen) zählen im Umgang mit sozialpädagogischen Fachkräften darauf, dass ihre anvertrauten persönlichen Daten, z.B. Erziehungsprobleme oder intime Lebensverhältnisse, respektvoll und vertraulich behandelt werden. Vertrauen ist ein Fundament sozialpädagogischer Arbeit. Die Wahrung der Persönlichkeitsrechte der betroffenen Personen und die Achtung ihrer Selbstbestimmung tragen wesentlich zum Erfolg der Kinder- und Jugendhilfe bei. Das ist den Fachkräften in Jugendämtern und bei freien Trägern bewusst. Gleichwohl ist die praktische Umsetzung des Datenschutzes von Unsicherheiten geprägt. Eine Ursache liegt in der mangelnden Bereitschaft, sich im Gesetz zu orientieren. Im Rahmen einer Untersuchung zur Praxis und Kooperation der an familiengerichtlichen Verfahren beteiligten Personen kritisierte die Mehrheit der befragten Familienrichter bei Mitarbeitern des Allgemeinen Sozialdienstes u.a. ihre „defizitären rechtlichen Kenntnisse."[1] Im Hinblick auf Schweigepflicht und Sozialdatenschutz gilt das nicht nur für Sozialpädagoginnen im Jugendamt, sondern auch für Sozialarbeiter, Erzieherinnen, Heilpädagogen und andere in der Kinder- und Jugendarbeit tätige Fachkräfte freier Träger.[2] Allerdings sind mangelnde Kenntnisse oder unzureichende Anwendung der Normen des Sozialdatenschutzes nicht allein den Fachkräften der Kinder- und Jugendhilfe anzurechnen: Die Ausbildung an Fachschulen, Hochschulen und Universitäten für die einschlägigen Berufe widmet sich selten oder vielfach nur am Rande der Bedeutung des Persönlichkeitsschutzes für den Datenschutz. Die nötige Kenntnis für eine sichere Handhabung des Datenschutzes wird außerdem dadurch erschwert, dass die einschlägigen Vorschriften in unterschiedlichen Gesetzen geregelt sind. Auch Justiz- und Polizeibehörden, Schulen, Kostenträger und Rechtsanwälte vermitteln durch unzulässige Anfragen vielfach den Schein der Rechtmäßigkeit des Eingriffs in die Daten der Betroffenen. Allerdings löste das Inkrafttreten der Datenschutz-Grundverordnung 1

1 So *Dittmann,* ZKJ 2014, 180.
2 Fast 90 % der Teilnehmer entsprechender Fortbildungsveranstaltungen des Verfassers bei freien oder öffentlichen Trägern räumen regelmäßig ein, aus Unkenntnis gegen einschlägige datenschutz- oder strafrechtliche Vorschriften verstoßen zu haben und sich noch nie mit den Bestimmungen der §§ 61 bis 68 SGB VIII beschäftigt zu haben.

(DS-GVO) am 25.05.2018 als unmittelbar geltendes Recht verschiedene Handlungspflichten auch in der Kinder- und Jugendhilfe aus, sodass das Thema jetzt größere Resonanz hat. Datenschutz zu praktizieren, spiegelt eine fachlich-ethische Haltung sozialpädagogischer Fachkräfte: Transparenz, Aufklärung der betroffenen Personen, Achtung von Selbstbestimmung und Persönlichkeitsrechten sind Grundlagen der Fachlichkeit Sozialer Arbeit[3].

II. Quellen und Grundbegriffe des Datenschutzrechts

2 Datenschutz wird in unterschiedlichen Bereichen wirksam: Geschützt werden Persönlichkeitsrechte bei der Datenerhebung, bei der Speicherung und Verarbeitung sowie das Recht auf Privatsphäre oder auf informationelle Selbstbestimmung. Diese Bereiche sind durch Digitalisierung und Vernetzung und auch durch die Macht ihrer Betreiber seit Jahren gefährdet. Wenn auch das Datenschutzrecht insgesamt als unübersichtlich gilt, weil sich es sich um eine Materie handelt, die in einer Reihe verschiedener Gesetze geregelt ist, so ist es durch das Grundrecht der informationellen Selbstbestimmung verfassungsrechtlich garantiert. Es gilt, die Rechte zu kennen und wahrzunehmen.

Soziale Arbeit soll die Betroffenen dazu befähigen, in freier Entscheidung ihr Leben zu gestalten. Dafür sind Würde, Wertschätzung und Vertrauen unbedingte Voraussetzungen. Aus den Artikeln 1 und 2 des Grundgesetzes – Achtung der Menschenwürde und des Rechts auf freie Entfaltung der Persönlichkeit – wird das informationelle Selbstbestimmungsrecht jedes Menschen hergeleitet:

Art. 1 GG
(Menschenwürde, Menschenrechte, Grundrechtsbindung)

(1) Die Würde des Menschen ist unantastbar. Sie zu achten und zu schützen ist Verpflichtung aller staatlichen Gewalt.

(2) Das Deutsche Volk bekennt sich darum zu unverletzlichen und unveräußerlichen Menschenrechten als Grundlage jeder menschlichen Gemeinschaft, des Friedens und der Gerechtigkeit in der Welt.

(3) Die nachfolgenden Grundrechte binden Gesetzgebung, vollziehende Gewalt und Rechtsprechung als unmittelbar geltendes Recht

Aus Art. 1 Abs. 3 GG folgt, dass alle staatliche Gewalt, auch mittelbare Staatsgewalten wie Kommunen und ihre Jugendämter, an die Grundrechte als unmittelbar geltendes Recht gebunden sind.

Art. 2 GG
(Freie Entfaltung der Persönlichkeit; Recht auf Leben und körperliche Unversehrtheit; Freiheit der Person)

(1) Jeder hat das Recht auf die freie Entfaltung seiner Persönlichkeit, soweit er nicht die Rechte anderer verletzt und nicht gegen die verfassungsmäßige Ordnung oder das Sittengesetz verstößt.

(2) Jeder hat das Recht auf Leben und körperliche Unversehrtheit. Die Freiheit der Person ist unverletzlich. In diese Rechte darf nur auf Grund eines Gesetzes eingegriffen werden.

3 So auch *Hundt,* Datenschutz in der Kinder- und Jugendhilfe, 22.

Durch das **Grundrecht auf informationelle Selbstbestimmung** kann jedes Kind, jeder Jugendliche oder jeder Erwachsene, jeder In- oder Ausländer selbst darüber verfügen, wann, bei welcher Gelegenheit und wem sie ihre Daten anvertrauen. Dieses Recht ist das Fundament des Datenschutzes. Die verfassungsrechtlichen Grundlagen hat das **Bundesverfassungsgericht** in seinem Urteil (BVerfGE 65,1 ff. 15.12.1983, 1 BvR 209/83) zum Volkszählungsgesetz in folgenden Leitsätzen zusammengefasst:

1. **Unter den Bedingungen der modernen Datenverarbeitung wird der Schutz des einzelnen gegen unbegrenzte Erhebungen, Speicherung, Verwendung und Weitergabe seiner persönlichen Daten von dem allgemeinen Persönlichkeitsrecht des Art. 2 Abs. 1 i.V. mit Art. 1 Abs. 1 GG umfasst. Das Grundrecht gewährleistet insoweit die Befugnis des einzelnen, grundsätzlich selbst über die Preisgabe und Verwendung seiner persönlichen Daten zu bestimmen.**
2. **Einschränkungen dieses Rechts auf „informationelle Selbstbestimmung" sind nur im überwiegenden Allgemeininteresse zulässig. Sie bedürfen einer verfassungsgemäßen gesetzlichen Grundlage, die dem rechtsstaatlichen Gebot der Normenklarheit entsprechen muss. Bei seinen Regelungen hat der Gesetzgeber ferner den Grundsatz der Verhältnismäßigkeit zu beachten; auch hat er organisatorische und verfahrensrechtliche Vorkehrungen zu treffen, welche der Gefahr einer Verletzung des Persönlichkeitsrechts entgegenwirken.**
3. a) **Bei den verfassungsrechtlichen Anforderungen an derartige Einschränkungen ist zu unterscheiden zwischen personenbezogenen Daten, die in individualisierter, nicht anonymer Form erhoben und verarbeitet werden, und solchen, die für statistische Zwecke bestimmt sind.**

   b) **Bei der Datenerhebung für statistische Zwecke kann eine enge und konkrete Zweckbindung der Daten nicht verlangt werden. Der Informationserhebung und -verarbeitung müssen aber innerhalb des Informationssystems zum Ausgleich entsprechende Schranken gegenüberstehen.**
4. **Das Erhebungsprogramm des Volkszählungsgesetzes 1983 (§§ 2 Nr. 1 bis 7, 3 bis 5) führt nicht zu einer mit der Würde des Menschen unvereinbaren Registrierung und Katalogisierung der Persönlichkeit; es entspricht auch den Geboten der Normenklarheit und der Verhältnismäßigkeit. Indessen bedarf es zur Sicherung des Rechts auf informationelle Selbstbestimmung ergänzender verfahrensrechtlicher Vorkehrungen für Durchführung und Organisation der Datenerhebung.**
5. **Die in § 9 Abs. 1 bis 3 VolkszählungsG 1983 vorgesehenen Übermittelungsregelungen (unter anderem Melderegisterabgleich) verstoßen gegen das allgemeine Persönlichkeitsrecht. Die Weitergabe zu wissenschaftlichen Zwecken (§ 9 IV VolkszählungsG 1983) ist mit dem Grundgesetz vereinbar.**

Verarbeiten, also erheben, nutzen, speichern, verwenden oder übermitteln staatliche Behörden persönliche Daten von Kindern, Jugendlichen oder Familien, greifen sie in deren Grundrechte ein. Ein solcher Eingriff ist jedoch nur dann statthaft, wenn die betroffene Person einwilligt oder wenn der Eingriff aufgrund eines Gesetzes erfolgt, das im Voraus die Voraussetzungen und den möglichen Umfang des Eingriffs schildert. Die Fachkräfte der Jugendhilfe sollten sich stets bewusst sein, dass der Satz einer betroffenen Person: „Meine Daten gehören mir und deshalb kann nur ich allein darüber verfügen", zumindest im Leistungsbereich zu akzeptieren ist.

Das **Bundesverfassungsgericht** hat bereits vor und auch nach dem Volkszählungsurteil den Schutz der Privatsphäre gestärkt. So hat es in seinem Beschluss vom 24.5.1977 zur Beschlagnahme von Klientenakten einer Suchtberatungsstelle auf Veranlassung der Staatsan- 3 waltschaft festgestellt: „Den Klienten der Beratungsstelle, zu denen auch die Beschwerdeführer … zählen, steht das Grundrecht auf Achtung ihrer Intim- und Privatsphäre zu (Art. 2 Abs. 1 i.V.m. Art. 1 Abs. 1 GG). Die Klientenakten der Beratungsstelle mit den Aufzeichnungen des Beraters über Gespräche, Tests, therapeutische Maßnahmen und den eigenen schriftlichen Äußerungen des Ratsuchenden betreffen zwar nicht die unantastbare Intimsphäre, wohl aber den privaten Bereich des Klienten. Sie nehmen damit – ähnlich wie ärztliche Karteikarten (Krankenblätter) – teil an dem Schutz, den das Grundrecht aus Art. 2 Abs. 1 i.V.m. Art. 1 Abs. 1 GG dem Einzelnen vor dem Zugriff der öffentlichen Gewalt gewährt."[4]

Im Rahmen der Überprüfung der Verfassungsmäßigkeit des „Großen Lauschangriffs" betonte das Bundesverfassungsgericht in seinem Urteil vom 3.3.2004: „Der Schutz des Kernbereichs privater Lebensgestaltung umfasst auch die Kommunikation mit anderen Personen des besonderen Vertrauens wie Bekannten, Freunden und Berufsgeheimnisträgern."[5]

Aufgrund der Gefährdungen durch die moderne Informationstechnik betonte das BVerfG später auch das „Grundrecht auf Gewährleistung der Vertraulichkeit und Integrität informationstechnischer Systeme."[6]

Für alle Mitgliedsstaaten der Europäischen Union ist die **Datenschutz-Grundverordnung** (DS-GVO) seit 25.05.2018 unmittelbar anzuwendendes Recht. Bisheriges nationales Recht, das zur Verordnung in Widerspruch stand, musste dem Anwendungsvorrang der DS-GVO weichen. Allerdings begrenzen Spezialierungsklauseln[7] in einigen Vorschriften der DS-GVO den Spielraum europäischen Rechts. Danach können nämlich Mitgliedstaaten einzelne Bestimmungen durch nationale Rechtsvorschriften „genauer festlegen" bzw. „spezifizieren. Die Anpassung deutschen Rechts führte zunächst zur Änderung verschiedener Gesetze (z.B. des Bundesdatenschutzgesetzes) und umfassend weiter durch das **Zweite Datenschutz-Anpassungs- und Umsetzungsgesetz EU** (2. DSAnpUG-EU) vom 25.11.2019 zur Änderung von über 150 Gesetzen.[8] Dadurch wurde u.a. die erforderliche Begriffsanpassung z.B. vom SGB VIII zur DS-GVO umgesetzt.

Die DS-GVO schützt gem. Art. 1 Abs. 2 DSG-VO die Grundrechte und Grundfreiheiten natürlicher Personen und insbesondere deren Recht auf Schutz personenbezogener Daten. Sie findet nach Art. 2 Abs. 2 c DSG-VO aber keine Anwendung auf die Verarbeitung personenbezogener Daten zur Ausübung ausschließlich persönlicher oder familiärer Tätigkeiten.

Die im Kapitel II der DSG-VO enthaltenen Grundsätze sind für alle Vorschriften der DSG-VO verbindlich. Der Verstoß gegen einen dieser Grundsätze kann durch Verhängung von Bußgeld sanktioniert werden, Art. 83. Die **allgemeinen Grundsätze für die Verarbeitung personenbezogener Daten** sind im 5 DS-GVO beschrieben; sie werden durch Erwägungsgründe zur DS-GVO ergänzt und erläutert. Die 173 Erwägungsgründe (ErwGr) der DS-GVO sind wichtige Orientierungshilfen für deren Auslegung.[9] Wenn auch Struktur und Prinzipien des bisherige Datenschutzrechts mit der DS-GVO weitgehend unverändert bleiben[10], begegnen wir in den Grundsätzen des Art. 5 DS-GVO neuen Begriffen:

---

4 BVerfGE 44, 343 ff.

5 BVerfGE 109, 279 ff.

6 BVerfGE 120, 274.

7 Überwiegend findet sich in der Fachliteratur dafür der Begriff Öffnungsklauseln. Dazu verweist *Selmayr* (Generalsekretär der EU und Mitherausgeber der Zeitschrift für Datenschutz – ZD) , ZD 2018, 187, auf die europarechtliche Terminologie, wonach der Begriff Öffnungsklausel der DSG-VO unbekannt sei.

8 *Kunkel*, Dauerbaustelle Datenschutz in der Jugendhilfe, ZKJ 2020, 90, fasst die neueste Entwicklung des Datenschutzrechts zusammen und betont, dass die DS-GVO und die nationalen Datenschutzgesetze seit 25.5.2018 immer im Zusammenhang angewendet werden müssen; siehe auch *Kunkel*, Fragen und Antworten zum Sozialdatenschutz in der Kinder- und Jugendhilfe – Teil 1, ZKJ 2022, 85 ff.

9 *Hundt*, 27.

10 *Diering/Timme/Stähler*, Sozialgesetzbuch X, vor §§ 67–85a Rn. 10.

Personenbezogene Daten müssen danach

a) auf **rechtmäßige Weise, nach Treu und Glauben** und in einer für die betroffene Person **nachvollziehbaren Weise** verarbeitet werden, Art. 5 Abs. 1 a) DS-GVO. Die Verarbeitung ist nur rechtmäßig, wenn sie mit **Einwilligung** der betroffenen Person oder aufgrund einer zulässigen **Rechtsgrundlage** erfolgt (ErwGr 40). Nachvollziehbar, dem **Grundsatz der Transparenz** entsprechend, ist die Verarbeitung dann, wenn die Informationen darüber leicht zugänglich sind und verständlich in klarer, einfacher Sprache und Form übermittelt werden (ErwGr 39, 58, insbesondere Kinder betreffend ErwGr 58 Satz 4);

b) für festgelegte, eindeutige und legitime Zwecke erhoben werden und dürfen nicht mit einer diesen Zwecken nicht zu vereinbarenden Weise weiterverarbeitet werden („**Zweckbindung**"), Art. 5 Abs. 1 b) DS-GVO;

c) dem Zweck angemessen und erheblich sein und auf das für den Zweck der Verarbeitung notwendige Maß beschränkt werden („**Datenminimierung**"), Art. 5 Abs. 1 c) DS-GVO;

d) sachlich richtig und erforderlichenfalls auf dem neuesten Stand sein; es sind alle angemessenen Maßnahmen zu treffen, damit personenbezogene Daten, die im Hinblick auf die Zwecke ihrer Verarbeitung unrichtig sind, unverzüglich gelöscht oder berichtigt werden („**Richtigkeit**"), Art. 5 Abs. 1 d) DS-GVO;

e) in einer Form gespeichert werden, die die Identifizierung der betroffenen Personen nur so lange ermöglicht, wie es für die Zwecke, für die sie verarbeitet werden, erforderlich ist; personenbezogene Daten dürfen länger gespeichert werden, soweit die personenbezogenen Daten vorbehaltlich der Durchführung geeigneter technischer und organisatorischer Maßnahmen, die von dieser Verordnung zum Schutz der Rechte und Freiheiten der betroffenen Person gefordert werden, ausschließlich für im öffentlichen Interesse liegende Archivzwecke oder für wissenschaftliche und historische Forschungszwecke oder für statistische Zwecke gemäß Art. 89 Absatz 1 verarbeitet werden („**Speicherbegrenzung**"), Art. 5 Abs. 1 e) DS-GVO;

f) in einer Weise verarbeitet werden, die eine angemessene Sicherheit der personenbezogenen Daten gewährleistet, einschließlich Schutz vor unbefugter oder unrechtmäßiger Verarbeitung und vor unbeabsichtigtem Verlust, unbeabsichtigter Zerstörung oder unbeabsichtigter Schädigung durch geeignete technische und organisatorische Maßnahmen („**Integrität und Vertraulichkeit**"), Art. 5 Abs. 1 f) DSG-VO;

Der Verantwortliche ist für die Einhaltung des Absatzes 1 verantwortlich und muss dessen Einhaltung nachweisen können („**Rechenschaftspflicht**"), Art. 1 Abs. 2 DSG-VO.

Diese in Art. 5 DSG-VO formulierten allgemeinen Grundsätze zur Verarbeitung personenbezogener Daten verpflichten den Verantwortlichen, wie zum Beispiel den Geschäftsführer eines freien Trägers, sicherzustellen, dass personenbezogene Daten grundsätzlich entsprechend verarbeitet werden. Neben dieser **Nachweispflicht** trifft den Verantwortlichen auch nach Art. 30 DS-GVO die Pflicht, ein **Verzeichnis aller Verarbeitungstätigkeiten** zu führen.

Der Sozialdatenschutz wird für die Sozialleistungsträger und die in diesem Bereich arbeitenden Leistungserbringer im Sozialgesetzbuch geregelt. Werden freien Trägern der Jugendhilfe Sozialdaten von einem Leistungserbringer im Sinne von § 12 SGB I in Verbindung mit den §§ 18 bis 29 SGB I oder von einer Stelle gemäß § 35 Abs. 1 Satz 4 SGB I übermittelt, begründet dieser Vorgang gemäß § 78 SGB X beziehungsweise § 61 SGB VIII eine Bindung an den Sozialdatenschutz öffentlicher Träger. Das gilt auch, soweit kirchliche freie Träger entsprechend beauftragt werden. 4

Das **Sozialgeheimnis des § 35 SGB** ist die Basis des deutschen Sozialdatenschutzes. Danach hat jeder einen Anspruch darauf, dass die ihn betreffenden Sozialdaten nicht unbefugt verarbeitet werden. Die Norm wird durch den Hinweis auf die Bestimmungen des Zweiten 5

Kapitels des Zehnten Buches ergänzt und erweitert. Durch § 67 SGB X werden zunächst Begriffe des Sozialdatenschutzes festgelegt und erläutert. Die §§ 67 a bis 78 SGB X bestimmen die allgemeinen Voraussetzungen für die Zulässigkeit von Erhebung und Verwendung von Sozialdaten durch Sozialleistungsträger, §§ 79 und 80 SGB X regeln besondere Datenverarbeitungsarten. In den §§ 81 bis 85 a SGB X sind die Rechte der betroffenen Personen, z.B. zur Anrufung von Datenschutzbeauftragten, Auskunftsrecht und Recht auf Löschung sowie die Rechtsfolgen bei Verstößen gegen die Datenschutzbestimmungen enthalten. Diese Normen des SGB X werden durch bereichsspezifische Regelungen anderer Bücher des SGB ergänzt. Für die Kinder- und Jugendhilfe gelten insoweit die §§ 61 bis 68 SGB VIII. Trotz der grundsätzlich verbindlichen unmittelbaren Geltung der DS-GVO konnten nämlich aufgrund der in ihr enthaltenen Spezialisierungsklauseln („Öffnungsklauseln"[11]) nationale Regelungen getroffen werden. Solche Klauseln sind für die Wahrnehmung von Aufgaben nach dem SGB genutzt worden (§ 35 SGB I und §§ 67 ff. SGB X), sodass bei der Prüfung datenschutzrechtlicher Sachverhalte zunächst festzustellen ist, ob der deutsche Gesetzgeber eine der Klauseln angewandt hat. Nur dann ist zunächst deutsches Recht anzuwenden.

§ 35 SGB I
Sozialgeheimnis

(1) Jeder hat Anspruch darauf, dass die ihn betreffenden Sozialdaten (§ 67 Absatz 2 Zehntes Buch) von den Leistungsträgern nicht unbefugt verarbeitet werden (Sozialgeheimnis). Die Wahrung des Sozialgeheimnisses umfasst die Verpflichtung, auch innerhalb des Leistungsträgers sicherzustellen, dass die Sozialdaten nur Befugten zugänglich sind oder nur an diese weitergegeben werden. Sozialdaten der Beschäftigten und ihrer Angehörigen dürfen Personen, die Personalentscheidungen treffen oder daran mitwirken können, weder zugänglich sein noch von Zugriffsberechtigten weitergegeben werden. Der Anspruch richtet sich auch gegen die Verbände der Leistungsträger, die Arbeitsgemeinschaften der Leistungsträger und ihrer Verbände, die Datenstelle der Rentenversicherung, die in diesem Gesetzbuch genannten öffentlich-rechtlichen Vereinigungen, Integrationsfachdienste, die Künstlersozialkasse, die Deutsche Post AG, soweit sie mit der Berechnung oder Auszahlung von Sozialleistungen betraut ist, die Behörden der Zollverwaltung, soweit sie Aufgaben nach § 2 des Schwarzarbeitsbekämpfungsgesetzes und § 66 des Zehnten Buches durchführen, die Versicherungsämter und Gemeindebehörden sowie die anerkannten Adoptionsvermittlungsstellen (§ 2 Absatz 2 des Adoptionsvermittlungsgesetzes), soweit sie Aufgaben nach diesem Gesetzbuch wahrnehmen, und die Stellen, die Aufgaben nach § 67c Absatz 3 des Zehnten Buches wahrnehmen. Die Beschäftigten haben auch nach Beendigung ihrer Tätigkeit bei den genannten Stellen das Sozialgeheimnis zu wahren.

(2) Die Vorschriften des Zweiten Kapitels des Zehnten Buches und der übrigen Bücher des Sozialgesetzbuches regeln die Verarbeitung von Sozialdaten abschließend, soweit nicht die Verordnung (EU) 2016/679 des Europäischen Parlaments und des Rates vom 27. April 2016 zum Schutz natürlicher Personen bei der Verarbeitung personenbezogener Daten, zum freien Datenverkehr und zur Aufhebung der Richtlinie 95/46/EG (Datenschutz-Grundverordnung) (ABl. L 119 vom 4.5.2016, S. 1; L 314 vom 22.11.2016, S. 72; L 127 vom 23.5.2018, S. 2) in der jeweils geltenden Fassung unmittelbar gilt. Für die Verarbeitungen von Sozialdaten im Rahmen von nicht in den Anwendungsbereich der Verordnung (EU) 2016/679 fallenden Tätigkeiten finden die Verordnung (EU) 2016/679 und dieses Gesetz entsprechende Anwendung, soweit nicht in diesem oder einem anderen Gesetz Abweichendes geregelt ist.

---

11 So FK-SGB VIII/*Hoffmann*, vor Kap. 4, Rn. 4; *Hundt*, 28, *Kunkel*, ebenda, entgegen *Selmayr*, FN 7.

(2a) Die Verpflichtung zur Wahrung gesetzlicher Geheimhaltungspflichten oder von Berufs- oder besonderen Amtsgeheimnissen, die nicht auf gesetzlichen Vorschriften beruhen, bleibt unberührt.

(3) Soweit eine Übermittlung von Sozialdaten nicht zulässig ist, besteht keine Auskunftspflicht, keine Zeugnispflicht und keine Pflicht zur Vorlegung oder Auslieferung von Schriftstücken, nicht automatisierten Dateisystemen und automatisiert verarbeiteten Sozialdaten.

(4) Betriebs- und Geschäftsgeheimnisse stehen Sozialdaten gleich.

(5) Sozialdaten Verstorbener dürfen nach Maßgabe des Zweiten Kapitels des Zehnten Buches verarbeitet werden. Sie dürfen außerdem verarbeitet werden, wenn schutzwürdige Interessen des Verstorbenen oder seiner Angehörigen dadurch nicht beeinträchtigt werden können.

(6) Die Absätze 1 bis 5 finden neben den in Absatz 1 genannten Stellen auch Anwendung auf solche Verantwortliche oder deren Auftragsverarbeiter,

1. die Sozialdaten im Inland verarbeiten, sofern die Verarbeitung nicht im Rahmen einer Niederlassung in einem anderen Mitgliedstaat der Europäischen Union oder in einem anderen Vertragsstaat des Abkommens über den Europäischen Wirtschaftsraum erfolgt, oder

2. die Sozialdaten im Rahmen der Tätigkeiten einer inländischen Niederlassung verarbeiten.

Sofern die Absätze 1 bis 5 nicht gemäß Satz 1 anzuwenden sind, gelten für den Verantwortlichen oder dessen Auftragsverarbeiter nur die §§ 81 bis 81c des Zehnten Buches.

(7) Bei der Verarbeitung zu Zwecken gemäß Artikel 2 der Verordnung (EU) 2016/679 stehen die Vertragsstaaten des Abkommens über den Europäischen Wirtschaftsraum und die Schweiz den Mitgliedstaaten der Europäischen Union gleich. Andere Staaten gelten insoweit als Drittstaaten.

Diese Regelungen zum Sozialdatenschutz gehen anderen Regelungen zum Datenschutz wie z.B. dem Bundesdatenschutzgesetz, dem entsprechenden Landesdatenschutzgesetz oder auch den Informationsfreiheitsgesetzen vor. **6**

Sozialdaten sind personenbezogene Daten, die von einer in § 35 SGB 1 genannten Stelle im Hinblick auf ihre Aufgaben nach diesem Gesetzbuch verarbeitet werden (vgl. § 67 Abs. 2 Satz 1 SGB X). Dazu zählen Daten von Empfängern sozialer Leistungen oder von Versicherten der Sozialversicherung, aber auch von deren Familienmitgliedern, von Angehörigen, von Arbeitgebern, von Ärzten oder von anderen Leistungserbringern. Im Einzelnen sind das u.a. Name, Alter, Anschrift, Inanspruchnahme von Hilfe oder Sozialleistungen öffentlicher oder privater Stellen, Beruf und Nationalität, Gesundheitszustand, Religion, Drogenkonsum, Wünsche, Geheimnisse, Werte, Vereinsmitgliedschaften, politische Ausrichtung, Schulabschluss, Passfoto oder auch eine Schriftprobe. **7**

Demnach ist der Begriff Sozialdatum umfassend: So fallen alle Kenntnisse, die der öffentliche Leistungsträger aus dem privaten Bereich des Betroffenen erfährt, unter das Sozialgeheimnis.

Aus dem Anspruch jedes Bürgers bei der Inanspruchnahme von Sozialleistungen durch den jeweiligen Sozialleistungsträger (z.B. das Jugendamt) auf lediglich befugte Datenverarbeitung folgt die Verpflichtung des jeweiligen Sozialleistungsträgers, das **Sozialgeheimnis** zu wahren. Diese Verpflichtung gilt nicht nur für den Datenfluss vom Sozialleistungsträger an Dritte, sondern auch für den innerhalb der jeweiligen Behörde. In beiden Fällen ist sicherzustellen, dass Sozialdaten nur dann verarbeitet werden dürfen, wenn dafür eine gesetzliche Grundlage existiert oder aber die Zustimmung des Betroffenen vorliegt. **8**

Das Sozialgeheimnis und die sich daraus ergebenden Verpflichtungen gelten zunächst ausschließlich für den öffentlichen Träger. Für den Bereich der Jugendhilfe könnte dies bedeuten, dass immer dann, wenn **freie Jugendhilfeträger** als Hilfeerbringer in Anspruch ge- **9** nommen werden, die datenschutzrechtlichen Standards und somit die Rechte der Betroffenen gemindert wären. Um das zu verhindern, wurde in § 61 Abs. 3 SGB VIII festgeschrieben, dass der öffentliche Jugendhilfeträger verpflichtet ist, bei der Inanspruchnahme freier Jugendhilfeträger sicherzustellen, dass diese den Schutz der Daten entsprechend den Richtlinien der öffentlichen Träger gewährleisten.

Der öffentliche Träger ist demnach gegenüber den Betroffenen verpflichtet, den freien Träger während der Inanspruchnahme seiner Einrichtungen und Dienste dazu anzuhalten, die Sozialdaten der Betroffenen nach denselben Kriterien zu erheben, zu verarbeiten und zu nutzen, die für die öffentliche Jugendhilfe maßgeblich sind.

9a Zur Einhaltung des Sozialdatenschutzes ist es unerlässlich, dass sich Fachkräfte der Jugendhilfe mit der Zulässigkeit Verarbeitung von Sozialdaten beschäftigen (§ 35 Abs. 2 SGB I) und vor einer Weitergabe oder Information von Sozialdaten ihre **Übermittlungsbefugnis** prüfen. Soweit eine Übermittlung nämlich nicht zulässig ist, besteht keine Auskunftspflicht, keine Zeugnispflicht und keine Pflicht zur Vorlegung oder Auslieferung von Schriftstücken, nicht automatisierten Dateien und automatisiert erhobenen, verarbeiteten oder genutzten Sozialdaten (§ 35 Abs. 3 SGB I). Die Übermittlungsbefugnisse selbst ergeben sich aus den Bestimmungen der §§ 67 ff. SGB X. Insofern besteht eine umfassende Schweigepflicht sowie ein Zeugnisverweigerungsrecht für eine Fachkraft in der Jugendhilfe. Ausnahmen: Einwilligung des Betroffenen oder Übermittlungsbefugnis aufgrund eines Gesetzes.

10 **Ausgewählte Übermittlungsbefugnisse und Einschränkungen im Überblick:**

Übermittlungsbefugnisse und Einschränkungen im SGB X	
Amtshilfe, § 68	Berechtigt sind: Behörden (auch Polizei) und Gerichte mit Einschränkungen; Prüfung schutzwürdiger Interessen des Betroffenen oder Ersuchen älter als 6 Monate; falls Befugnis, dann Übermittlung nur harter Daten.[12]
für die Erfüllung sozialer Aufgaben, § 69	Berechtigt: eigener oder fremder Leistungsträger zur Erfüllung sozialer Aufgaben; zur Durchführung von Gerichtsverfahren
für die Durchführung des Arbeitsschutzes, § 70	Berechtigt: staatliche Stellen – Bedeutung im Jugendarbeitsschutz
für die Erfüllung besonderer gesetzliche Pflichten und Mitteilungsbefugnisse, § 71	Berechtigt: staatliche Stellen zur Erfüllung besonderer gesetzlicher Mitteilungspflichten, z.B. bei geplanten Straftaten (138 StGB), nach dem Infektionsschutzgesetz u.a.; Ausländerbehörden
Für den Schutz der inneren und äußeren Sicherheit, § 72	Berechtigt: Verfassungsschutz, Bundeskriminalamt. Militärischer Abschirmdienst, Übermittlung nur harter Daten
für die Durchführung eines Strafverfahrens, § 73	Berechtigt: nur Gericht aufgrund richterlicher Anordnung mit Beschränkung auf Verbrechen (§ 12 Abs. 1 StGB) und sonstige Straftaten von erheblicher Bedeutung.

12 Harte Daten sind Name, Vorname, Geburtsdatum und -ort, Adresse, jetziger Aufenthalt und Anschrift des Arbeitgebers.

Übermittlungsbefugnisse und Einschränkungen im SGB X	
bei Verletzung von Unterhaltspflichten und beim Versorgungsausgleich, § 74	Berechtigt: Gericht, Gerichtsvollzieher zur Durchsetzung berechtigter Unterhaltsansprüche und des Versorgungsausgleichs
zur Durchsetzung öffentlich-rechtlicher Ansprüche und im Vollstreckungsverfahren, § 74 a	Bei Ansprüchen von mindestens 500 Euro dürfen die harten Daten übermittelt werden. Einschränkung bei schutzwürdigem Interesse der betroffenen Person oder Ersuchen älter als 6 Monate.
von Sozialdaten für die Forschung u. Planung, § 75	Berechtigt: nur nach vorheriger Genehmigung für wissenschaftliche Forschung und Planung öffentlicher Leistungen u.a. Universitäten, Fachhochschulen
Einschränkung der Übermittlungsbefugnis bei besonders schutzwürdigen persönlichen Daten, § 76	Neben den schon in den Bestimmungen der §§ 68 bis 75 bestehenden Einschränkungen der Übermittlungsbefugnisse regelt § 76, dass diese Übermittlungsbefugnisse außer Kraft gesetzt sind, wenn dem Leistungsträger Sozialdaten von einer Person zugänglich gemacht werden, die nach § 203 Abs. 1 und 4 StGB schweigepflichtig ist. Zur rechtmäßigen Übermittlung gehört jetzt die Befugnis nach § 203 StGB als Rechtfertigungsgrund (also Einwilligung, gesetzliche Mitteilungspflicht oder Notstand nach § 34 StGB).
Einschränkung durch Zweckbindung oder Geheimhaltungspflicht eines Dritten, § 78	Die von einem Leitungsträger übermittelten Sozialdaten darf der Empfänger nur zu dem Zweck verwenden, zu dem sie ihm befugt übermittelt worden sind. Ausnahmen: Gefahrenabwehr, Strafverfolgung und -vollstreckung. Empfänger von Sozialdaten darf sie nicht unbefugt offenbaren; er muss sie als Sozialgeheimnis schützen. Gilt auch für freie Träger und Privatpersonen.

Jugendamtsmitarbeiter oder die einer Jugendhilfeeinrichtung haben zu prüfen, ob sie einem Auskunftsverlangen der Staatsanwaltschaft, der Polizei, einer Behörde oder Privatperson entsprechen können und dürfen. Über das Ermittlungsersuchen entscheidet der Leiter der Stelle, sein allgemeiner Stellvertreter oder ein besonders bevollmächtigter Bediensteter wie z.B. ein Datenschutzbeauftragter. Eine unzulässige Übermittlung kann zu Schadenersatzansprüchen und Ordnungswidrigkeits- oder Strafverfahren führen. Deshalb sind die in den §§ 68 bis 77 SGB X enthaltenen Übermittlungsbefugnisse sorgfältig daraufhin zu prüfen, ob und in welchem Umfang eine Übermittlung von Daten zulässig ist. Darüber hinaus gelten zusätzlich die Regeln des strengeren Datenschutzes der §§ 61 bis 65 SGB VIII sowie die Befugnisse zum Datenabgleich mit anderen Leistungsträgern nach § 52 SGB II und § 118 SGB XII. 11

Werden von einer öffentlichen Stelle (z.B. dem Jugendamt) Daten an eine nicht öffentliche Stelle (z.B. einen freien Träger) übermittelt, sind nach § 78 Abs. 2 SGB X die dort beschäftigten Personen, die die Daten verarbeiten oder nutzen, von der öffentlichen Stelle vor der Datenübermittlung, spätestens bei der Übermittlung selbst auf die Einhaltung der Pflicht zur Geheimhaltung sowie der Zweckbindung hinzuweisen.

Fachbegriffe des Datenschutzrechts finden sich nur dann im SGB X, wenn Begriffe nicht in der DSGVO enthalten sind (so die Erläuterung zu Sozialdaten in § 67 Abs. 2 SGB X oder der nicht-öffentlichen Stellen, § 67 Abs. 5 SGB X). Deshalb ist die Orientierung in der DS-GVO selbst unerlässlich. Nachfolgend eine Auswahl praxisrelevanter Begriffe: 12

Akten und Dateien: Als Akte wird jede nicht als Datei zu qualifizierende Unterlage bezeichnet; das gilt auch für Bild- und Tonträger. Bei Dateien werden automatisierte (a) und nichtautomatisierte (b) unterschieden. Unter a) wird eine Sammlung von Sozialdaten verstanden, die durch automatisierte Verfahren in bestimmter Weise ausgewertet werden kann. Zu b) gehört jede sonstige Sammlung von Sozialdaten, die gleichartig aufgebaut ist und nach bestimmten Merkmalen geordnet, umgeordnet und ausgewertet werden kann, Art. 4 Nr. 6 DS-GVO.

Anonymisieren ist das Verändern personenbezogener Daten in der Art, dass die Einzelangaben über persönliche oder sachliche Verhältnisse nicht mehr oder nur mit einem unverhältnismäßig großen Aufwand an Zeit, Kosten und Arbeitskraft einer betroffenen Person zugeordnet werden können. Für anonymisierte Daten scheidet die Anwendung der Grundsätze des Datenschutzrechts aus. Anonymisieren zählt als Königsweg bei Fallbesprechungen bei Kooperationen.

Aufsichtsbehörde ist eine von einem Mitgliedsstaat eingerichtete unabhängige staatliche Stelle, Art. 4 Nr. 21 DS-GVO. Im Bereich der Jugendhilfe können sich Betroffene, die nach ihrer Ansicht bei der Verarbeitung von Sozialdaten in ihren Rechten verletzt sind, an die jeweilige für den Landesdatenschutz zuständige Behörde wenden, § 81 Abs. 1 Nr. 2 SGB X.

Auftragsverarbeiter ist eine natürliche oder juristische Person, Behörde, Einrichtung oder andere Stelle, die personenbezogene Daten im Auftrag des Verantwortlichen bearbeitet, Art. 4 Nr. 8 DS-GVO.

Automatisierte Verarbeitung bedeutet die Verarbeitung personenbezogener Daten unter Einsatz von Datenverarbeitungsanlagen, zum Beispiel eines Computers.

Bestimmte oder bestimmbare Person: Eine Einzelangabe über eine bestimmte oder bestimmbare Person liegt dann vor, wenn sie einer natürlichen Person (Betroffener) zugeordnet werden kann. Das wäre z.B. der Fall, wenn eine Fachkraft am Telefon zwar ohne Namensnennung dem Mitarbeiter einer Krankenkasse gegenüber Angaben über eine Familie macht, die dieser ohne Weiteres einer bestimmten Familie zuordnen kann, Art. 4 Nr. 1 DS-GVO.

Besondere Kategorien personenbezogener Daten sind Angaben über rassische und ethnische Herkunft, politische Meinungen, religiöse und weltanschauliche Überzeugungen oder über die Gewerkschaftszugehörigkeit, Gesundheit oder Sexualleben, Art. 9 DS-GVO. Soweit Daten Betroffener einschlägig sind, verdienen sie als sensible Daten besonderen Schutz.

Betroffene Personen sind natürliche oder juristische Personen, um deren Daten es geht, aber auch Personen, die Daten übermitteln, aber nicht Mitarbeiter von Leistungsträgern.

Dateisystem ist jede strukturierte Sammlung personenbezogener Daten, die nach bestimmten Kriterien zugänglich sind, Art. 4 Nr. 6 DSG-VO.

Dritte sind natürliche oder juristische Personen und Stellen außerhalb der verantwortlichen Stelle, z.B. des Jugendamtes oder freien Trägers. Dritte sind nicht die betroffene Person sowie diejenigen Personen und Stellen, die im Geltungsbereich des Datenschutzgesetzes personenbezogene Daten im Auftrag verarbeiten, Art. 4 Nr. 10 DSG-VO.

Einschränkung der Verarbeitung ist die Markierung gespeicherter personenbezogener Daten mit dem Ziel, ihre künftige Verarbeitung einzuschränken, Art. 4 Nr. 3 DS-GVO.

Einwilligung der betroffenen Person ist jede freiwillig für den bestimmten Fall, in informierter Weise und unmissverständlich abgegebene Willensbekundung in Form einer Erklärung oder einer sonstigen eindeutigen bestätigenden Handlung, mit der die betroffene Person zu verstehen gibt, dass sie mit der Verarbeitung der sie betreffenden personenbezogenen Daten einverstanden ist, Art. 4 Nr. 11 DSG-VO.

Einzelangaben über persönliche oder sachliche Verhältnisse: Nur diese unterliegen dem Sozialgeheimnis. Das sind zum Beispiel: objektive Merkmale wie Name, Anschrift, Telefonnummer, Geburtsdatum, Geschlecht, Familienstand, Zahl der Kinder, Arbeitgeber, Einkommen, Bankverbindung, Ausbildung, Titel, Vorstrafen usw.; aber auch Meinungen und Wertungen des Betroffenen oder Dritter über den Betroffenen wie Vermerke, psychosoziale Diagnosen und Prognosen, ärztliche und andere Gutachten.

Empfänger ist jede natürliche oder juristische Person oder Stelle, die personenbezogene Daten erhält. Ausnahme: Bestimmte Behörden, Art. 4 Nr. 9 DSG-VO.

Ersterhebungsgrundsatz: Danach sind Daten gemäß § 67 a Abs. 2 Satz 1 SGB X in der Regel ausschließlich bei dem Betroffenen zu erheben.

Löschen bedeutet, gespeicherte personenbezogene Daten unkenntlich zu machen.

Mobile personenbezogene Speicher- und Bearbeitungsmedien sind Datenträger, auf denen personenbezogene Daten über die Speicherung hinaus durch die ausgebende oder eine andere Stelle automatisiert verarbeitet werden können und bei denen der Betroffene diese Verarbeitung nur durch den Gebrauch des Mediums beeinflussen kann. Gerade der Einsatz mobiler Rechner und Datenträger ist wegen der geringen Datensicherheit und der verminderten Möglichkeit des Datenschutzes problematisch.

Nicht automatisierte Datei ist jede nicht automatisierte, also nicht am Computer erfolgte Sammlung personenbezogener Daten, die gleichartig aufgebaut und nach bestimmten Merkmalen zugänglich ist und ausgewertet werden kann. Dazu zählt in erster Linie die Datensammlung in Akten.

Personenbezogene Daten sind Einzelangaben über persönliche oder sachliche Verhältnisse einer bestimmten oder bestimmbaren natürlichen Person (betroffene Person) oder sachliche Verhältnisse einer bestimmten oder bestimmbaren natürlichen Person. Dazu gehören u.a. Name, Alter, Anschrift, Inanspruchnahme von Hilfe oder Sozialleistungen öffentlicher oder privater Stellen, Beruf, Nationalität, Gesundheitszustand, Religion, Drogenkonsum, Wünsche, Geheimnisse, Werte, Vereinsmitgliedschaften, politische Ausrichtung, Schulabschluss, Passfoto oder Schriftprobe.

Pseudonymisieren ist das Ersetzen des Namens und anderer Identifikationsmerkmale durch ein Kennzeichen zu dem Zweck, die Bestimmung der betroffenen Person auszuschließen oder wesentlich zu erschweren, Art. 4 Nr. 5 DS-GVO.

Sozialgeheimnis: Jeder hat Anspruch darauf, dass die ihn betreffenden Sozialdaten (§ 67 Abs. 1 SGB X) von den Leistungsträgern nicht unbefugt erhoben, verarbeitet oder genutzt werden.

Sozialdaten sind personenbezogene Daten, die von einer in § 35 SGB 1 genannten Stelle im Hinblick auf ihre Aufgaben nach diesem Gesetzbuch verarbeitet werden (vgl. § 67 Abs. 2 Satz 1 SGB X). So fallen alle Kenntnisse, die der öffentliche Leistungsträger aus dem privaten Bereich des Betroffenen erfährt, unter das Sozialgeheimnis, d.h., die Daten dürfen nicht unbefugt erhoben, verarbeitet oder genutzt werden (vgl. § 35 Abs. 1 Satz 1 SGB I). Das gilt unabhängig davon, ob dem jeweiligen Sozialdatum etwas Diskriminierendes anhaftet oder es als diskriminierend empfunden werden könnte.

Sozialdatenschutz: Jeder Bürger hat einen Anspruch darauf, dass seine Daten bei der Inanspruchnahme von Sozialleistungen durch den jeweiligen Sozialleistungsträger (z.B. das Jugendamt) nicht unbefugt erhoben, verarbeitet oder genutzt werden. Das bedeutet, der Sozialleistungsträger ist dazu verpflichtet, das sogenannte Sozialgeheimnis zu wahren. Dieses ist in § 35 SGB I verankert und gilt nicht nur für den Datenfluss vom Sozialleistungsträger an Dritte, sondern auch für den Datenfluss innerhalb der jeweiligen Behörde. In beiden Fällen ist sicherzustellen, dass Sozialdaten nur dann verarbeitet werden dürfen, wenn es dafür eine gesetzliche Grundlage oder aber die Zustimmung des Betroffenen gibt.

Das **Sozialgeheimnis**, also der Anspruch eines jeden, dass die ihn betreffenden Sozialdaten von den Leistungsträgern nicht unbefugt erhoben, verarbeitet oder genutzt werden, gilt zunächst ausschließlich für den öffentlichen Träger. Allerdings ist der öffentliche Jugendhilfeträger gemäß § 61 Abs. 3 SGB VIII bei Inanspruchnahme freier Jugendhilfeträger verpflichtet sicherzustellen, dass diese den Schutz der Sozialdaten in entsprechender Weise gewährleisten.

Sperren bedeutet Kennzeichnen gespeicherter personenbezogener Daten, um ihre weitere Verarbeitung oder Nutzung einzuschränken, das kann z.B. durch einen schriftlichen Aktenvermerk oder aber durch eine Zugangsbeschränkung auf Dateien erfolgen.

Übermitteln ist das Bekanntgeben von gespeicherten oder durch Datenverarbeitung gewonnenen personenbezogenen Daten an Dritte in der Weise, dass entweder die Daten an Dritte weitergegeben werden oder Dritte zur Einsicht oder zum Abruf bereitgehaltene Daten einsehen oder abrufen.

Verändern ist inhaltliches Umgestalten gespeicherter personenbezogener Daten.

Verantwortlicher ist eine natürliche oder juristische Person oder Stelle, die allein oder gemeinsam mit anderen über die Zwecke und Mittel der Verarbeitung personenbezogener Daten entscheidet,

Verarbeiten bedeutet Speichern, Verändern, Übermitteln, Sperren und Löschen personenbezogener Daten. Mit diesem Begriff werden also unterschiedliche Vorgänge der Datenverarbeitung erfasst, Art. 4 Nr. 2 DSG-VO, sodass er als „Oberbegriff zahlreicher Datenverarbeitungsvorgänge"[13] gilt.

Verletzung des Schutzes personenbezogener Daten ist eine Verletzung der Sicherheit, die zur Vernichtung, zum Verlust oder zur Veränderung, ob unbeabsichtigt oder unrechtmäßig, oder zur unbefugten Offenlegung von beziehungsweise zum unbefugten Zugang zu personenbezogenen Daten führt, die übermittelt, gespeichert oder auf sonstige Weise verarbeitet wurden, Art. 4 Nr. 12 DS-GVO.

III. Datenschutzbeauftragte

13 Der Datenschutz gilt als das schwierigste und umstrittenste Rechtsgebiet der sozialen Arbeit. Aber gerade auf diesem Gebiet sind Fachkräfte bei der Prüfung, ob ihr eigenes Handeln sozialdatenschutzrechtlichen Anforderungen entspricht, oft auf sich allein gestellt. Um die Aufgaben des Datenschutzes sachgerecht erledigen zu können, sind ihnen Datenschutzbeauftragte zur Seite zu stellen. Geschieht das nicht, sind sie zu ermuntern, die nach den Gesetzen mögliche Unterstützung ihrer Arbeit im Datenschutz bei ihren Anstellungsträgern auch unter Mithilfe der Personalvertretung, des Betriebsrates oder der Mitarbeitervertretung dann einzufordern, wenn sich die Leitung nicht nur den Anforderungen der Gesetze, sondern auch ihrer Fürsorgepflicht gegenüber den Mitarbeitern entziehen sollte.

Die Beauftragung eines Datenschutzbeauftragten war schon vor dem neuen Datenschutzrecht ausnahmslos dann Pflicht, wenn besonders sensible Daten wie Gesundheitsdaten erhoben, verarbeitet werden. Die Verarbeitung solcher Daten ist in Einrichtungen der Kinder- und Jugendhilfe die Regel.

Trotz eines bei Nichtbestellung schon seit Jahrzehnten drohenden Bußgelds bis zu 50.000 Euro sind diesem Gesetzesauftrag viele Einrichtungen nicht nachgekommen. Das ist nicht nur ein Verstoß gegen geltendes Recht, sondern auch eine organisatorische Missachtung zentraler ethischer Prinzipien. Der Schutz der Persönlichkeitssphäre aller Betroffenen ist

13 *Hundt,* 40.

ein hohes Gut, das bei inhaltlichen und organisatorischen Arbeitsabläufen stets zu beachten ist. Interessierte Mitarbeiter für die Aufgabe als Datenschutzbeauftragter lassen sich durchaus finden. Sie sind dann für die Tätigkeit als Datenschutzbeauftragte mit einer gewissen Stundenzahl von ihren eigentlichen beruflichen Aufgaben freizustellen.

Auch nach dem neuen Datenschutzrecht müssen Einrichtungen und Auftragsverarbeiter immer dann einen Datenschutzbeauftragten (Art. 37 DS-GVO, § 38 BDSG) benennen, wenn ihre Kerntätigkeit bzw. die des Auftragsverarbeiters u.a. eines der folgende Merkmale aufweist:

a) Verarbeitungsvorgänge, die nach Art, Umfang und/oder Zweck eine systematische Überwachung erfordern oder
b) Verarbeitung besonders sensibler Daten nach Art. 9 DS-GVO (§§ 22, 24, 27 und 28 BDSG) und Art. 10 DSG-VO bzw. wenn
c) die verarbeiteten Daten gem. § 38 BDSG einer Datenschutz-Folgeabschätzung analog Art. 35 DSG-VO unterliegen.

Der Datenschutzbeauftragte muss entsprechend beruflich und fachlich qualifiziert sein bzw. im Aufbau diese Qualifikation erwerben. Hilfreich für die Etablierung eines gelebten Datenschutzkonzeptes sind betriebliche Datenschutzbeauftragte, weil sie oft nicht nur einen besseren Zugang zur Belegschaft haben und auch mit den Arbeitsabläufen vertrauter sind, als externe Datenschutzbeauftragte. Für Externe ist es aufgrund ihrer meist geringen Präsenz in einer Einrichtung eher schwer, das für ihre Arbeit notwendige Vertrauen der Mitarbeiter/innen zu erwerben. Neuerdings ist es einer Einrichtung, die mehrere Gesellschaften hat, möglich, einen gemeinsamen Beauftragten für alle Betriebe benennen zu können, wenn der Datenschutzbeauftragte von jeder Niederlassung aus leicht erreichbar ist (Art. 37 Abs. 2 DS-GVO, § 38 BDSG). Denkbar ist also auch, dass mehrere Einrichtungen einen gemeinsamen Datenschutzbeauftragten bestellen und so die Kosten minimieren. Die Benennung, Aufgaben und Stellung eines Datenschutzbeauftragten werden in Art. 37 DS-GVO (§ 38 BDSG), Art. 38 DS-GVO (analog § 6 BDSG) und Art. 39 DS-GVO (analog § 7 BDSG) näher beschrieben: 14

1. Ein Datenschutzbeauftragter ist frühzeitig einzubinden, fachlich weisungsfrei und berichtet unmittelbar der höchsten Managementebene des Verantwortlichen oder Auftragsverarbeiters. Die Einrichtungsleitung hat ihn zu unterstützen und die erforderlichen Ressourcen zur Verfügung zu stellen. Wegen der Erfüllung seiner Aufgaben darf er nicht benachteiligt werden.
2. Sie/er unterrichtet und berät die Verantwortlichen, die Beschäftigten oder betroffenen Personen der Einrichtung.
3. Ein Datenschutzbeauftragter kann in der Einrichtung zusätzlich andere Aufgaben und Pflichten, die keinen Interessenkonflikt bedingen, wahrnehmen.
4. Er/sie überwacht die Einhaltung der rechtlichen Regelungen sowie die Strategien des Verantwortlichen bzw. Auftragsverarbeiters einschließlich der Zuweisung von Zuständigkeiten und sorgt für die Sensibilisierung sowie Schulung der relevanten Mitarbeiter.
5. Ein Datenschutzbeauftragter ist Ansprechpartner für Betroffene und arbeitet mit der Aufsichtsbehörde zusammen.
6. Sie/er ist zur Geheimhaltung verpflichtet und darf ohne wichtigen Grund weder gekündigt noch abberufen werden.

IV. Sozialdatenschutz durch das Strafrecht

§ 203 StGB
Verletzung von Privatgeheimnissen

(1) Wer unbefugt ein fremdes Geheimnis, namentlich ein zum persönlichen Lebensbereich gehörendes Geheimnis oder ein Betriebs- oder Geschäftsgeheimnis, offenbart, das ihm als

1. Arzt, Zahnarzt, Tierarzt, Apotheker oder Angehörigen eines anderen Heilberufs, der für die Berufsausübung oder die Führung der Berufsbezeichnung eine staatlich geregelte Ausbildung erfordert,

2. Berufspsychologen mit staatlich anerkannter wissenschaftlicher Abschlußprüfung,

3. (ab 1.8.2022) Rechtsanwalt, Kammerrechtsbeistand, Patentanwalt, Notar, Verteidiger in einem gesetzlich geordneten Verfahren, Wirtschaftsprüfer, vereidigtem Buchprüfer, Steuerberater, Steuerbevollmächtigten,

3a. (ab 1.8.2022) Organ oder Mitglied eines Organs einer Wirtschaftsprüfungs-, Buchprüfungs- oder einer Berufsausübungsgesellschaft von Steuerberatern und Steuerbevollmächtigten, einer Berufsausübungsgesellschaft von Rechtsanwälten oder europäischen niedergelassenen Rechtsanwälten oder einer Berufsausübungsgesellschaft von Patentanwälten oder niedergelassenen europäischen Patentanwälten im Zusammenhang mit der Beratung und Vertretung der Wirtschaftsprüfungs-, Buchprüfungs- oder Berufsausübungsgesellschaft im Bereich der Wirtschaftsprüfung, Buchprüfung oder Hilfeleistung in Steuersachen oder ihrer rechtsanwaltlichen oder patentanwaltlichen Tätigkeit,

4. Ehe-, Familien-, Erziehungs- oder Jugendberater sowie Berater für Suchtfragen in einer Beratungsstelle, die von einer Behörde oder Körperschaft, Anstalt oder Stiftung des öffentlichen Rechts anerkannt ist,

5. Mitglied oder Beauftragten einer anerkannten Beratungsstelle nach den §§ 3 und 8 des Schwangerschaftskonfliktgesetzes,

6. staatlich anerkanntem Sozialarbeiter oder staatlich anerkanntem Sozialpädagogen oder

7. Angehörigen eines Unternehmens der privaten Kranken-, Unfall- oder Lebensversicherung oder einer privatärztlichen, steuerberaterlichen oder anwaltlichen Verrechnungsstelle

anvertraut worden oder sonst bekanntgeworden ist, wird mit Freiheitsstrafe bis zu einem Jahr oder mit Geldstrafe bestraft.

(2) Ebenso wird bestraft, wer unbefugt ein fremdes Geheimnis, namentlich ein zum persönlichen Lebensbereich gehörendes Geheimnis oder ein Betriebs- oder Geschäftsgeheimnis, offenbart, das ihm als

1. Amtsträger oder Europäischer Amtsträger,

2. für den öffentlichen Dienst besonders Verpflichteten,

3. Person, die Aufgaben oder Befugnisse nach dem Personalvertretungsrecht wahrnimmt,

4. Mitglied eines für ein Gesetzgebungsorgan des Bundes oder eines Landes tätigen Untersuchungsausschusses, sonstigen Ausschusses oder Rates, das nicht selbst Mitglied des Gesetzgebungsorgans ist, oder als Hilfskraft eines solchen Ausschusses oder Rates,

5. öffentlich bestelltem Sachverständigen, der auf die gewissenhafte Erfüllung seiner Obliegenheiten auf Grund eines Gesetzes förmlich verpflichtet worden ist, oder

6. Person, die auf die gewissenhafte Erfüllung ihrer Geheimhaltungspflicht bei der Durchführung wissenschaftlicher Forschungsvorhaben auf Grund eines Gesetzes förmlich verpflichtet worden ist,

anvertraut worden oder sonst bekanntgeworden ist. Einem Geheimnis im Sinne des Satzes 1 stehen Einzelangaben über persönliche oder sachliche Verhältnisse eines anderen gleich, die für Aufgaben der öffentlichen Verwaltung erfaßt worden sind; Satz 1 ist jedoch nicht anzuwenden, soweit solche Einzelangaben anderen Behörden oder sonstigen Stellen für Aufgaben der öffentlichen Verwaltung bekanntgegeben werden und das Gesetz dies nicht untersagt.

(2a) (weggefallen)

(3) Kein Offenbaren im Sinne dieser Vorschrift liegt vor, wenn die in den Absätzen 1 und 2 genannten Personen Geheimnisse den bei ihnen berufsmäßig tätigen Gehilfen oder den bei ihnen zur Vorbereitung auf den Beruf tätigen Personen zugänglich machen. Die in den Absätzen 1 und 2 Genannten dürfen fremde Geheimnisse gegenüber sonstigen Personen offenbaren, die an ihrer beruflichen oder dienstlichen Tätigkeit mitwirken, soweit dies für die Inanspruchnahme der Tätigkeit der sonstigen mitwirkenden Personen erforderlich ist; das Gleiche gilt für sonstige mitwirkende Personen, wenn diese sich weiterer Personen bedienen, die an der beruflichen oder dienstlichen Tätigkeit der in den Absätzen 1 und 2 Genannten mitwirken.

(4) Mit Freiheitsstrafe bis zu einem Jahr oder mit Geldstrafe wird bestraft, wer unbefugt ein fremdes Geheimnis offenbart, das ihm bei der Ausübung oder bei Gelegenheit seiner Tätigkeit als mitwirkende Person oder als bei den in den Absätzen 1 und 2 genannten Personen tätiger Datenschutzbeauftragter bekannt geworden ist. Ebenso wird bestraft, wer

1. **als in den Absätzen 1 und 2 genannte Person nicht dafür Sorge getragen hat, dass eine sonstige mitwirkende Person, die unbefugt ein fremdes, ihr bei der Ausübung oder bei Gelegenheit ihrer Tätigkeit bekannt gewordenes Geheimnis offenbart, zur Geheimhaltung verpflichtet wurde; dies gilt nicht für sonstige mitwirkende Personen, die selbst eine in den Absätzen 1 oder 2 genannte Person sind,**
2. **als im Absatz 3 genannte mitwirkende Person sich einer weiteren mitwirkenden Person, die unbefugt ein fremdes, ihr bei der Ausübung oder bei Gelegenheit ihrer Tätigkeit bekannt gewordenes Geheimnis offenbart, bedient und nicht dafür Sorge getragen hat, dass diese zur Geheimhaltung verpflichtet wurde; dies gilt nicht für sonstige mitwirkende Personen, die selbst eine in den Absätzen 1 oder 2 genannte Person sind, oder**
3. **nach dem Tod der nach Satz 1 oder nach den Absätzen 1 oder 2 verpflichteten Person ein fremdes Geheimnis unbefugt offenbart, das er von dem Verstorbenen erfahren oder aus dessen Nachlass erlangt hat.**

(5) Die Absätze 1 bis 4 sind auch anzuwenden, wenn der Täter das fremde Geheimnis nach dem Tod des Betroffenen unbefugt offenbart.

(6) Handelt der Täter gegen Entgelt oder in der Absicht, sich oder einen anderen zu bereichern oder einen anderen zu schädigen, so ist die Strafe Freiheitsstrafe bis zu zwei Jahren oder Geldstrafe.

Unabhängig davon, dass § 65 SGB VIII (Besonderer Vertrauensschutz in der persönlichen und erzieherischen Hilfe) die Verschwiegenheitspflicht in der Kinder- und Jugendhilfepraxis umfassend regelt, kommt dem strafrechtlichen Schutz der Privatsphäre durch § 203 StGB schon durch die mögliche Rechtsfolge eines Verstoßes gegen die **Schweigepflicht** – Geldstrafe oder Freiheitsstrafe bis zu einem Jahr – eine Bedeutung zu, die der davon betroffenen Berufsgruppe der staatlich anerkannten Sozialarbeiter/Sozialpädagogen (§ 203 Abs. 1 Nr. 6 StGB), den Ehe-, Familien-, Erziehungs- oder Jugendberatern oder Beratern in Suchtfragen einer staatlich anerkannten Beratungsstelle (§ 203 Abs. 1 Nr. 4 StGB) oder den Mitarbeitern des Jugendamtes als Amtsträgern (§ 203 Abs. 2 StGB) oft so nicht bewusst ist. **15**

16 Die Verletzung von Privatgeheimnissen spielt zwar in der Strafverfolgungsstatistik weniger als eine Nebenrolle[14], jedoch wird die Dunkelziffer als erheblich angesehen und „die Tätigkeitsberichte der Datenschutzbeauftragten sind eine Fundgrube für evidente – und zumeist nicht geahndete – Verstöße gegen § 203 StGB".[15] Der Grund für die geringe Verurteilungsquote kann darauf zurückzuführen sein, dass den betroffenen Kindern, Jugendlichen und Familien die Vorschrift kaum bekannt ist, sie bei Verstößen keinen Wert auf Ahndung legen (die Verfolgung tritt nur auf Strafantrag des Betroffenen ein), oder auch darin, dass in dem Bereich von der **Einstellung** eines Verfahrens gemäß § 153 StPO oder § 153 a StPO eher Gebrauch gemacht wird.

Seit der Reform des Strafgesetzbuches (StGB) durch das Einführungsgesetz vom 2. März 1974 sind seit 1. Januar 1975 staatlich anerkannte Sozialarbeiter oder staatlich anerkannte Sozialpädagogen wegen Verletzung von Privatgeheimnissen gemäß § 203 Abs. 1 Nr. 6 StGB mit Freiheitsstrafe bis zu einem Jahr oder mit Geldstrafe strafbar, wenn sie unbefugt ein fremdes Geheimnis, namentlich ein zum persönlichen Lebensbereich gehörendes Geheimnis oder ein Betriebs- oder Geschäftsgeheimnis, offenbaren, das ihnen in dieser Eigenschaft, also nicht privat, anvertraut oder sonst bekannt geworden ist. Sie gehören damit zu den **Berufsgeheimnisträgern** des § 203 Abs. 1 StGB (u.a. Ärzte, Psychologen, Rechtsanwälte).

Soweit sie als **Amtsträger oder für den öffentlichen Dienst besonders Verpflichtete** tätig sind, gilt nach § 203 Abs. 2 StGB dasselbe, wobei einem Geheimnis auch Einzelangaben über persönliche oder sachliche Verhältnisse eines anderen gleichstehen, die für Aufgaben der öffentlichen Verwaltung erfasst werden, es sein denn, dass solche Einzelangaben ohne gesetzliches Verbot anderen Behörden oder sonstigen Stellen für Aufgaben der öffentlichen Verwaltung ohne gesetzliches Verbot bekannt gegeben werden.

Sozialarbeiter und Sozialpädagogen ohne staatliche Anerkennung können, soweit sie in einer der folgenden Einrichtungen in den dort beschriebenen Funktionen beschäftigt sein sollten, nach § 203 Abs. 1 Nr. 4 oder 5 StGB strafbar sein: Dabei handelt es sich um **Ehe-, Familien-, Erziehungs- oder Jugendberater** sowie **Berater für Suchtfragen** in einer Beratungsstelle, die von einer Behörde oder Körperschaft, Anstalt oder Stiftung des öffentlichen Rechts anerkannt ist, oder um Mitglieder oder Beauftragte einer anerkannten Beratungsstelle nach den §§ 3 und 8 des Schwangerschaftskonfliktgesetzes. Die Tat wird nur auf Antrag verfolgt, es sei denn, dass die Strafverfolgungsbehörde das öffentliche Interesse an der Strafverfolgung bejaht, § 205 Abs. 1 StGB.

Erläuterung der Strafnorm:

17 **Geschütztes Rechtsgut**: Die Strafandrohung soll den persönlichen Lebens- und Geheimbereich derjenigen vor Verletzung u.a. durch Sozialarbeiter oder Sozialpädagogen schützen, die sich ihnen anvertraut haben. Gleichzeitig soll durch die Vorschrift auch das allgemeine Vertrauen in die Verschwiegenheit von u.a. Sozialarbeitern und Sozialpädagogen geschützt werden. Ohne dieses Vertrauen könnten diese ihre im Interesse der Allgemeinheit liegenden Aufgaben nicht oder nur unvollständig erfüllen. Dabei geht es nicht um die Sicherung der ungestörten Berufsausübung, sondern um die Wahrnehmung des allgemeinen Persönlichkeitsrechts der Klienten (Art. 2 Abs. 1 in Verbindung mit Art. 1 Ab. 1 GG), das auch das verfassungsrechtlich gesicherte Recht auf informationelle Selbstbestimmung einschließt, grundsätzlich selbst zu entscheiden, wann und innerhalb welcher Grenzen persönliche Lebenssachverhalte offenbart werden dürfen.

18 **Tatbestand:** § 203 StGB enthält mit den Absätzen 1 und 2 zwei Tatbestandsvarianten mit Qualifizierung gem. Abs. 6. Die Offenbarung von Geheimnissen durch Angehörige bestimmter Berufsgruppen (Berufsgeheimnisträger) betrifft Abs. 1. Abs. 2 erfasst die Offenba-

14 So auch *Smessaert*, DIJuF-Themengutachten – 1156, Kap. 2.
15 *Rogall*, NStZ 1983, 1, Fn. 8.

rung durch Amtsträger und Personen mit vergleichbarem Pflichtenkreis. Abs. 4 Satz 1 erweitert diesen Täterkreis um jeweils mitwirkende Personen und Beauftragte für den Datenschutz. Abs. 5 regelt den Geheimnisschutz über den Tod des Betroffenen hinaus.

Verpflichtete Personen sind neben anderen Berufsgeheimnisträgern wie Ärzten, Anwälten, Psychologen oder Steuerberatern nach § 203 Abs. 1 Nr. 6 StGB staatlich anerkannte Sozialarbeiter und Sozialpädagogen. Die Anerkennung setzt ein abgeschlossenes Hoch- oder Fachhochschulstudium voraus. Die Vorschrift gilt nicht für staatlich anerkannte Erzieher, Jugendpfleger oder Kindergärtnerinnen. Dieser Personenkreis kann allerdings nach § 203 Abs. 1 Nr. 4 oder 5 oder Abs. 2 StGB verpflichtet und insoweit auch der Strafbarkeit bei einem Regelverstoß unterworfen sein. Die Erweiterung des Täterkreises auf **Amtsträger** und für den öffentlichen Dienst besonders Verpflichtete bedeutet konkret, dass Sozialarbeiter oder Sozialpädagogen ohne staatliche Anerkennung, die nach deutschem Recht eine bestimmte Funktion haben (Amtsträger im Sinne von § 11 Abs. 1 Nr. 2 StGB), also insbesondere Beamte, oder die, die für den öffentlichen Dienst besonders verpflichtet sind (§ 11 Abs. 1 Nr. 4 StGB), ebenfalls zum Schutz des Privatgeheimnisses verpflichtet und bei einem Verstoß den Rechtsfolgen des § 203 Abs. 2 StGB unterworfen sind. So können auch Angehörige der Berufsgruppen der Erzieher, Diplompädagogen, Soziologen, Logopäden, Heilerziehungspfleger und Heilpädagogen wegen ihrer Zugehörigkeit zum öffentlichen Dienst der beruflichen Verschwiegenheitspflicht unterliegen. 19

Die Strafbarkeit einer Sozialpädagogin, also eine Berufsgeheimnisträgerin, die gleichzeitig als Beschäftigte im Jugendamt Amtsträgerin ist, ist danach zu beurteilen, in welcher ihrer Funktionen sie das Geheimnis erfährt. Geschieht das z.B. als Fachkraft des ASD im Kinderschutz, ist § 203 Abs. StGB mit den sozialdatenschutzrechtlichen Bestimmungen (§ 35 SGB I, §§ 61 ff SGB VIII, §§ 67 ff SGB X) anzuwenden. Damit ist die Weitergabe innerhalb einer Behörde im Rahmen des Arbeitsauflaufs ohne Schweigepflichtverletzung möglich. Wird das Geheimnis jedoch beratender, therapeutischer Tätigkeit mit überwiegend eigenverantwortlicher Vertrauenstätigkeit anvertraut oder bekannt, folgt die Strafbarkeit aus den engeren Grenzen des § 203 Abs. 1 StGB.[16]

Strafbar sind nach § 203 Abs. 3 StGB auch die berufsmäßigen Gehilfen dieses Personenkreises sowie der staatlich anerkannten Sozialarbeiter oder staatlich anerkannten Sozialpädagogen und die Personen, die bei ihnen zur Vorbereitung auf den Beruf tätig sind.

Berufsmäßige Gehilfen sind in dem Kreis der Schweigepflichtigen alle, die berufsmäßig für die anerkannten Sozialarbeiter und Sozialpädagogen unterstützend tätig werden, § 203 Abs. 3 Satz 1 StGB. Das sind z.B. Aushilfskräfte, Boten, Büro-, Schreib- und Verwaltungskräfte, Sachbearbeiter oder im Bundesfreiwilligendienst Tätige, nicht aber Reinigungspersonal. Für ehrenamtlich Beschäftigte ist für die Gehilfeneigenschaft in diesem Sinne entscheidend, ob die Tätigkeit dieser Berufshelfer notwendig mit der Teilhabe am Geheimnis verbunden ist. Ein Anstellungsverhältnis ist nicht Bedingung. Als „zur Berufsvorbereitung tätig" gelten Auszubildende, Studenten und Praktikanten, wenn sie bei einer der schweigepflichtigen Personen in Ausbildung sind. Unerheblich dabei ist es, ob sie sich dabei auf den Beruf des schweigepflichtigen Ausbilders vorbereiten; es genügt, dass sie bei diesem ein Praktikum oder eine Ausbildung absolvieren. § 203 Abs. 3 Satz 2 StGB erlaubt die Offenbarung eines Geheimnisses auch gegenüber mitwirkenden Personen im engeren Sinne: 20

Mitwirkende Personen sind durch das Gesetz zur Neuregelung des Schutzes von Geheimnissen bei der Mitwirkung Dritter an der Berufsausübung schweigepflichtiger Personen vom 29.06.2017 nunmehr nach § 203 Abs. 4 StGB auch selbst der Schweigepflicht unterworfen. Mitwirkende Personen unterscheiden sich von den berufsmäßig tätigen Gehilfen dadurch,

16 *Smessart*, DIjuF-Themengutachten – 1156, Kap. 5 mit weiteren Fundstellen; ausführlich zum Datenschutz und zur Schweigepflicht in der Sozialen Arbeit, *Pehl/Knödler.*

dass sie zwar an der beruflichen oder dienstlichen Tätigkeit der schweigepflichtigen Person mitwirken und so in diese Tätigkeit in irgendeiner Weise eingebunden sind oder Beiträge leisten, ohne allerdings unmittelbar in die Sphäre des Berufsgeheimnisträgers eingegliedert zu sein.[17] Dennoch muss die Mitwirkung unmittelbar mit der beruflichen Tätigkeit des Schweigepflichtigen zusammenhängen. Mitwirkende können demnach sein:

- Informationsdienstleister, die extern Daten speichern,
- Buchführer und Steuerberater,
- Betreiber informationstechnischer Anlagen,
- Aktenvernichter,
- Anbieter von IT-Fernwartungsdiensten und Cloud-Computing.

So können nun auch ohne Einwilligung des Hilfesuchenden Patienten- oder Mandantendaten weitergegeben werden. Dem Schutz beruflich anvertrauter Geheimnisse wird dadurch entsprochen, dass nun im neuen § 203 Abs. 4 StGB die Tatbestände zusammengefasst werden, wonach sich andere Personen als die Berufsgeheimnisträger selbst wegen Verletzung des Privatgeheimnisses strafbar machen können. Außerdem kann der Berufsgeheimnisträger sich seinerseits strafbar machen, wenn

- der Berufsgeheimnisträger die mitwirkenden Personen nicht zur Geheimhaltung verpflichtet hat,
- die mitwirkende Person weitere mitwirkende Personen beauftragt und diese nicht zur Geheimhaltung verpflichtet hat.

Daraus folgt, dass die beim Berufsgeheimnisträger beschäftigten Personen in schriftlicher Form zur Verschwiegenheit zu verpflichten, über die strafrechtlichen Folgen einer Pflichtverletzung zu belehren und insoweit zu überwachen sind.

Die Gesetzesänderung von 2017 bewirkt zudem, dass auch solche Fachkräfte bei Trägern der freien Jugendhilfe, die nicht Berufsgeheimnisträger sind, aber vom öffentlichen Jugendhilfeträger mit der Durchführung von Jugendhilfemaßnahmen beauftragt werden – z. B. Erzieherinnen –, der Schweigepflicht des § 203 StGB unterliegen.[18]

21 **Fremdes Geheimnis**: Geheimnis im Sinne von § 203 StGB ist eine Tatsache, die den persönlichen Lebens- und Geheimbereich eines anderen Menschen betrifft und nicht schon einem unbestimmten Personenkreis bekannt ist. Dabei kann eine Tatsache immer noch als geheim gelten, wenn sie in einem größeren Personenkreis verbreitet ist, sofern dieser durch besondere Merkmale begrenzt ist. Was erst einer Bestätigung bedarf, ist noch geheim. Ist eine Tatsache nur als Gerücht bekannt, ist sie noch als geheim anzusehen. Derjenige, der aber sichere Kenntnis von dieser Tatsache hat und diese nun bekanntmacht, offenbart ein Geheimnis. Kein Geheimnis sind in einer öffentlichen Gerichtsverhandlung erörterte Tatsachen. Ist eine Tatsache einer ungewissen Vielzahl von Personen bekannt oder ohne Schwierigkeiten zugänglich, hat sie den behüteten Bereich der Individualsphäre verlassen. Zu den geheim zuhaltenden Tatsachen können z.B. schon gehören: Name, Vorname, Adresse, Telefon- und Faxanschluss, Alter, Beruf, Familienstand, Krankheiten, Probleme, Verhaltensweisen, Konsum legaler wie illegaler Drogen, Charaktereigenschaften, aber auch Meinungen, Wertungen, Diagnosen und Prognosen. Als Geheimnis gilt z.B. die Tatsache, dass ein Sozialarbeiter/Sozialpädagoge in einer Erziehungsberatungsstelle eine bestimmte Telefonnummer gewählt hat, dass jemand das Jugendamt aufgesucht hat, dass bestimmte Kinder Erziehungsdefizite haben. Dazu gehören auch die Verhaltensweisen von Kindern und Jugendlichen in einer Gruppe (Kindergarten, Hort, Schule), der Zustand einer bei einem Hausbesuch besichtigten

17 *Hundt*, 181.
18 *Hundt*, 182.

Wohnung, die Kontaktaufnahme mit der Fachkraft (die Bürger sollen Sozialleistungen in Anspruch nehmen können, ohne befürchten zu müssen, dass diese – von ihnen möglicherweise als diskriminierend empfundene – Tatsache bekannt wird) oder ein persönliches Hobby.

Dabei kommt es darauf an, ob die zu schützende Information wahr ist. Falsche Informationen, Lügen, sind nicht schützenswert, weil ihnen bei Übermittlung des Geheimnisses gerade der notwendige Vertrauensakt, der im Anvertrauen eines Geheimnisses liegt, fehlt. Von notwendiger „Vertrauenspartnerschaft" kann dann keine Rede sein, wenn der Hilfesuchende offensichtlich lügt und diese Lüge noch als Geheimnis geschützt sehen will. Tritt allerdings die Lüge nicht erkennbar hervor, muss es trotzdem beim Geheimnisschutz bleiben, weil die Strafbarkeit des Geheimnisbruches nicht von dem Zufall einer solchen Entdeckung abhängig gemacht werden darf.

Beim Betroffenen werden **Geheimhaltungswille** und **ein schutzwürdiges Interesse** am Geheimnis vorausgesetzt. Meist wird er den Willen, das Geheimnis möge gewahrt werden, auch äußern. Der Geheimhaltungswille bedarf keiner ausdrücklichen Erklärung; es genügt, wenn er vorhanden ist. Bloße Geheimniskrämerei über Belanglosigkeiten wie beispielsweise die vertrauliche Mitteilung des Betroffenen, dass er Gelb als Farbe mehr als Rot liebe, ist nicht schutzwürdig. Der Schutzzweck des § 203 StGB verlangt, nicht nur eine als „vernünftig" nachvollziehbare Bewertung des Betroffenen, sondern auch „rein persönliche, von anderen nicht geteilte Auffassungen anzuerkennen".[19] Auf welche Weise, ob verbal oder nonverbal die Information erteilt wird, ist unerheblich.

Ein Geheimnis liegt von vornherein nicht vor, wenn der Betroffene Tatsachen an die Fachkraft der Jugendhilfe mitteilt und dabei zu erkennen gibt, dass die Informationen beliebig weitergegeben werden können.[20]

Anvertraut oder sonst bekannt geworden: Nur das Geheimnis, das dem Sozialarbeiter 22
in dessen beruflicher Eigenschaft und Funktion, also nicht als Privatmann, entweder anvertraut oder sonst bekannt geworden ist, wird durch § 203 StGB geschützt. **Anvertrauen** bedeutete in diesem Zusammenhang das Einweihen in ein Geheimnis mit der Erwartung, die Mitteilung werde vertraulich behandelt und keinem Dritten zur Kenntnis gebracht. Dabei kommt es nicht darauf an, ob die Mitteilung im Zusammenhang mit einer erbetenen Hilfeleistung steht. Für den Hilfesuchenden ist es nicht immer deutlich, in welcher Funktion ihm der Sozialarbeiter oder Sozialpädagoge, mit dem er das Gespräch sucht, gegenübertritt. Die Einordnung eines berichtspflichtigen Mitarbeiters der Jugendhilfe in Strafsachen als vertrauenswürdiger persönlicher Berater darf nicht zulasten eines unerfahrenen Jugendlichen gehen. Zur Konfliktvermeidung sollten Sozialarbeiter/Sozialpädagogen deshalb vor Gesprächsbeginn ihre Funktion erläutern und Anstellungsträger in der Sozialen Arbeit die strikte Rollentrennung organisatorisch sichern. Sofern die Information dem Sozialarbeiter ausschließlich zu einer persönlichen Hilfeleistung erteilt wird, für die absolute Verschwiegenheit selbstverständlich ist (Drogen-, Ehe- und Lebensberatungsstellen usw.) oder vom Sozialarbeiter Verschwiegenheit zugesichert wird, ist davon auszugehen, dass ein Geheimnis anvertraut worden ist. Dagegen sind Informationen, die eindeutig und für den Mitteilenden erkennbar an andere Personen, z.B. zur weiteren Fallbearbeitung, weitergegeben werden, nicht anvertraut.[21] Die Merkmale der Eindeutigkeit und Erkennbarkeit sind aus der Sicht des Betroffenen zu beurteilen und berühren nicht die Entscheidungsebene, ob überhaupt ein Geheimnis anvertraut wird. Käme es im Übrigen auf die Beurteilung des Sozialarbeiters zur

19 *Rogall*, NStZ 1983, 1.

20 Im Ganzen zum Schutz des Privatgeheimnisses *Schünemann*, § 203 StGB, in Laufhütte/Rissing-van Saan/Tiedemann, Strafgesetzbuch, Leipziger Kommentar.

21 *Schünemann*, a.a.O., Rn 25, so auch *Cierniak/Niehaus*, § 203 StGB, Rn. 115,116. Ausführlich zur sozialdatenschutzrechtlichen Organisationseinheit, *Kepert*, 182.

Eindeutigkeit und Erkennbarkeit an, könnte die Bitte des Betroffenen, eine soeben im Gespräch mitgeteilte Tatsache vertraulich zu behandeln, immer zu spät kommen. Damit aber würde dem Charakter eines vertrauensvollen Gesprächs von Beginn an die Grundlage entzogen. Ist dem Sozialarbeiter unklar, ob eine Tatsache als Geheimnis anvertraut wurde, soll er den Betroffenen befragen, ob und in welchem Umfang die Informationen an wen weitergegeben werden dürfen.[22] Eine Tatsache ist „sonst bekannt geworden" und auch als Geheimnis geschützt, wenn der Sozialarbeiter sie zwar kraft seiner Berufsausübung[23], aber nicht vom Betroffenen selbst erfährt.

23 **Offenbart**: *Schünemann*[24] geht im **Behördenverkehr** zu Recht davon aus, dass die sachgerechte Verwendung von Tatsachen innerhalb der Behörde durch die funktionell zuständigen Mitarbeiter kein Geheimnisverrat ist. Denn gerade das entspricht dem Zweck, den der Bürger mit Überlassen seiner Daten verfolgt. Die Weitergabe an funktionell unzuständige ebenfalls schweigepflichtige Mitarbeiter ist dann jedoch unbefugtes Offenbaren und damit ein Geheimnisverrat. Ein Geheimnis wird danach offenbar, wenn es die Funktionseinheit verlässt. Maßstab für sachgerechte Verarbeitung ist dann nicht die Organisationseinheit selbst, sondern eben der Austausch von Informationen unter Mitarbeitern einer Funktionseinheit. „Der normale Geschäftsgang innerhalb eines Amtes …, die Mitwirkung verschiedener Amtsträger vom Leiter bis zum Schreibdienst, die Erfüllung von Berichtspflichten im hierarchischen Behördenaufbau sowie die gegenseitige Unterrichtung gleichgeordneter Funktionsträger innerhalb des Amtes sind nicht in den Kategorien des § 203 StGB zu messen. Diese gesetzlich festgelegte Grenze vermögen Wünsche des Bürgers nach besonderer Vertraulichkeit und entsprechende Zusagen nicht mit strafrechtlicher Wirkung zu verschieben"[25]. Nach herrschender Meinung sollen diese Grundsätze dann nicht gelten, wenn ein Amtsträger zugleich die Voraussetzungen des § 203 Abs. 1 StGB erfüllt, also auch Berufsgeheimnisträger – Sozialarbeiter – ist; diese Vorschrift habe gegenüber Abs. 2 Vorrang, sodass dann Sozialpädagogen auch innerhalb der Behörde grundsätzlich schweigen müssten. Das – wie auch eine unterschiedliche Behandlung der Schweigepflicht von Sozialarbeitern freier und öffentlicher Träger – ist abzulehnen. Dafür gibt es – auch unter dem Blickwinkel der Betroffenen – keinen sachlich gerechtfertigten Grund. Für diese sind die Teams bei freien wie bei öffentlichen Trägern Funktionseinheiten, von denen sie wissen und erwarten, dass sie sich zur Bewältigung der übertragenen Aufgaben untereinander jeweils ohne besondere Schweigepflichtentbindung austauschen. Es gehört zur Eigenheit solcher Teams, dass deren Mitglieder regelmäßig nicht nur einem bestimmten Aufgabenkreis zuzuordnen sind, sondern meist im abgestimmten Miteinander, auch in Urlaubs- und Krankheitsvertretung, die Hilfesuchenden betreuen.

Insofern unterscheiden sich die Teams in der Kinder- und Jugendhilfe nicht von Funktionsteams der Krankenhäuser (HNO, Urologie etc.), in denen der Datenaustausch der Mitarbeiter innerhalb einer Funktionseinheit nicht von der Einwilligung der Patienten abhängig gemacht wird.

22 So auch die Grundsatzthesen des Deutschen Vereins, NDV 1986, 227.

23 Der 2. Strafsenat des BGH wertete die Wahrnehmung einer Nachtschwester bei der Aufnahme eines Patienten, der eine Schussverletzung hatte, über dessen Fahrzeug und Begleitung als nicht etwa nur bei Gelegenheit ihrer Berufsausübung, sondern als unmittelbar mit ihrer Berufsausübung verbunden, BGHSt 33, 150.

24 *Schünemann,* a.a.O., Rn. 44.

25 *Schünemann*, ebenda.

Exkurs: Teamarbeit 24

Sozialarbeiter/Sozialpädagoginnen haben in der Praxis oft Schwierigkeiten, die nach dem Strafgesetzbuch gebotene Schweigepflicht ebenfalls schweigepflichtigen Kollegen/Kolleginnen gegenüber einzuhalten. So beichten Praktiker in Fortbildungen zum Datenschutz immer wieder Verstöße gegen § 203 StGB. Wie diese Berufsgeheimnisträger trotz des engen Informationsgeflechts bei Teamarbeit der Schweigepflicht gerecht werden können, wird im Folgenden erläutert:

Innerhalb einer Funktionseinheit, einer sachlich zuständigen Behörde wie z.B. dem Jugendamt oder aber einem zuständigen freien Jugendhilfeträger, können alle im Betreuungsverlauf zu erledigenden Aufgaben von jeweils sachlich zuständigen Bediensteten dieser Funktionseinheit in gegenseitiger Abstimmung erledigt werden, ohne dass dies ein Geheimnisverrat ist. Denn die dafür notwendigen Daten sind gerade zur sachgerechten Erledigung der Aufgaben vom Betroffenen selbst überlassen worden.

***Beispiel 1:** Familie Müller erhält für den 15-jährigen Sohn Martin Hilfe zur Erziehung in Form einer Erziehungsbeistandschaft. Die Hilfe wird vom freien Träger X, also einer Funktionseinheit, geleistet.*

Innerhalb des freien Trägers können sich die sachlich zuständigen Mitarbeiter wegen der notwendigen Daten, die zur Betreuung und Abrechnung der Hilfe erforderlich sind, austauschen. Das aber nur dann, wenn es

- *die Mitarbeiter sind, die tatsächlich die Betreuung durchführen, oder*
- *Mitarbeiter, die die Fachaufsicht über die geleistete Hilfe haben, oder*
- *solche, die für die Verwaltung des Hilfefalles zuständig sind.*

In diesem Sinne ist der KSD/ASD einschließlich der wirtschaftlichen Jugendhilfe als Funktionseinheit anzusehen. Über diesen Kreis der Wissenden hinaus darf die Information aber nicht weitergegeben werden; demnach also auch nicht an die Mitarbeiter einer Funktionseinheit, die keine sachliche Beziehung zum konkreten Fall haben (z.B. Mitarbeiter anderer Teams bzw. anderer Funktionseinheiten). Grundsätzlich gilt trotzdem, dass die gesetzliche Schweigepflicht auch unter ebenfalls schweigepflichtigen Kolleginnen gilt und eine Weitergabe der Daten insofern einer Offenbarungsbefugnis bedarf.

***Beispiel 2:** Martin wird vom Träger X betreut. Die konkrete Betreuung leistet der zuständige Sozialarbeiter Schneider. Die Tatsache, dass Martin betreut wird, welche Inhalte im Hilfeplan stehen und welche Handlungsschritte der Sozialarbeiter zur Erreichung der Ziele verfolgt, ist innerhalb seiner Funktionseinheit unter den sachlich zuständigen Kollegen, seinem Team, kein Geheimnis. Erfährt der Sozialarbeiter Schneider aber innerhalb des Betreuungssettings von Martin ein Geheimnis (also Informationen, die Martin Herrn Schneider im Vertrauen mitteilt), darf er dieses nicht ohne Rechtsgrundlage bzw. Einwilligung vom Martin an seine ebenfalls schweigepflichtigen Kollegen in der Funktionseinheit weitergeben. Dabei wird von Martin nicht verlangt, dass er ein Geheimnis selbst als solches kennzeichnet, vielmehr ist von Herrn Schneider fachlich zu verlangen, dass er aus der Beratungssituation erkennt: Das ist eine Information, die nur mir anvertraut wurde. Für die Dokumentation seines Handelns bedeutet dies, dass solche mitgeteilten Geheimnisse nicht in die allgemeine Falldokumentation aufzunehmen sind. Vielmehr sind sie in einem gesonderten Teil der Akte abzuspeichern. Dieser Teil darf nur von der fallführenden Fachkraft einzusehen sein.*

Das bedeutet: Ein Hilfeempfänger (Kind, Jugendlicher, Familie) muss sich darauf verlassen können, dass vertraulich mitgeteilte Informationen nicht ohne seine Zustimmung oder eine gesetzliche Genehmigung im Hilfesystem weitergegeben werden. Das gilt auch für Beratungs- und Supervisionsrunden und bei Fallbesprechungen. Ist die Möglichkeit einer solchen Geheimhaltung nicht gewährleistet („In unserer Einrichtung gibt es keine Geheimnisse!" oder „Was einem Mitarbeiter mitgeteilt wird, sollen alle Kollegen wissen!"), haben sich die Mitarbeiter einer Einrichtung um eine der wichtigsten Arbeitsgrundlagen in der Kinder- und Jugendarbeit, nämlich das Vertrauen der ihnen Anvertrauten, gebracht. Ein Verstoß gegen den Grundsatz, als Berufsgeheimnisträger die Privatgeheimnisse der Patienten, Klienten, Mandaten usw. zu schützen, ist nach § 203 StGB strafbar.[26]

Unter „Offenbaren" wird die Mitteilung des Geheimnisses an einen anderen, dem es noch nicht bekannt ist, verstanden. Dabei muss die Tatsache in einer Weise mitgeteilt werden, dass die Zuordnung auf eine oder mehrere bestimmte Personen erfolgen kann. Besteht keine Offenbarungsbefugnis, sind sie unzulässig. Das ist auch dann der Fall, wenn die Weitergabe eines anvertrauten Sachverhalts ohne Offenbarungsbefugnis an eine ebenfalls schweigepflichtige Kollegin erfolgt. Typische Fälle des Offenbarens sind Auskunftserteilung, Gewähren von Akteneinsicht, Veröffentlichung, aber auch das bloße Herumliegenlassen von Akten. Aber auch eine Negativauskunft wie die eines Polizeibeamten, dass in einer polizeilichen Datensammlung keine Einträge vorhanden sind, kann eine Verletzung des Dienstgeheimnisses sein.[27]

25 **Unbefugt handelt nicht**, wer zur Geheimnisoffenbarung durch allgemeine Rechtfertigungsgründe wie einer Einwilligung oder durch besondere Gesetzesnormen berechtigt oder verpflichtet ist.

Einwilligung: Erteilt der Betroffene vor der Weitergabe anvertrauter Geheimnisse seine Zustimmung, so ist das Offenbaren zulässig. Nachträgliches Zustimmen beseitigt die Rechtswidrigkeit jedoch nicht. Die Einwilligung ist jedoch nur wirksam, wenn der Betroffene über die Bedeutung und Tragweite der Einwilligung aufgeklärt ist. Darüber hinaus ist für die Wirksamkeit einer Einwilligung die Einsichts- und Urteilsfähigkeit des Betroffenen ausschlaggebend. Damit steht auch Kindern und Jugendlichen das Recht zur Einwilligung zu, soweit es sich um höchstpersönliche Rechtsgüter (wie Freiheit, körperliche Unversehrtheit) handelt. Ist jedoch anzunehmen, dass sie die Folgen ihrer Entscheidung noch nicht übersehen können, oder handelt es sich um andere Angelegenheiten, bedarf es zur Einwilligung weiterhin der Billigung durch die gesetzlichen Vertreter. Pauschale Einwilligungserklärungen, Blanko-Einwilligungen und auf zukünftige ungewisse Ereignisse bezogene Einwilligungen sind unzulässig und nichtig. Im Gegensatz zur Formerfordernis der Einwilligungserklärung im Rahmen des Sozialdatenschutzes ist die **Schriftform nicht vorgeschrieben**. Zu Beweiszwecken empfiehlt es sich, die Einwilligung schriftlich zu erbitten. Um sich nicht dem Verdacht auszusetzen, der Betroffene sei über Inhalt und Tragweite seiner Einwilligung nur unzureichend aufgeklärt, sollte die Einwilligung auf einen Einzelfall oder einen Sachverhaltskomplex beschränkt werden. Die Erklärung erlischt, wenn der Anlass wegfällt. Die Einwilligungserklärung zeitlich zu befristen, fördert die Transparenz des Umgangs mit den Daten. Sollte der der Erklärung zugrunde liegende Sachverhalt innerhalb des angenommenen zeitlichen Rahmens noch nicht abgearbeitet sein, kann dasselbe Formular zur Verlängerung mit einem neuen Datum und der billigenden Unterschrift des Betroffenen versehen werden.

26 *Lehmann/Radewagen/Schülke*, EJ 2015, 37.
27 BGH, Urt. v. 23.3.2001, 2 StR 488/00, NJW 2001, 2032.

Das folgende **Muster einer Einwilligungserklärung** enthält die nötigen inhaltlichen Anforderungen. Die Erklärung ist so abzufassen, dass deutlich und unmissverständlich erkennbar ist, welche Daten zur Erfüllung welcher Aufgaben bei welcher Stelle bei wem erhoben oder weitergegeben werden sollen. Auch der Sachverhalt ist so konkret wie möglich gekennzeichnet. Die Gerichte erkennen Einwilligungserklärungen, die lediglich pauschal „für alle Fälle" schon einmal erbeten und abgegeben wurde, nicht an. Die Einwilligung beruht auf Freiwilligkeit; sie ist schriftlich und vor der Weitergabe zu erklären Der Erklärende muss vorher über der Tragweite seiner Erklärung und darüber, welche Nachteile bei Nichtabgabe entstehen können, aufgeklärt werden. Eine solche Einwilligung können auch Minderjährige, falls sie Inhalt und Tragweite der Erklärung verstehen, in höchstpersönlichen Angelegenheiten abgeben. 26

Muster: Entbindung von der Schweigepflicht (§ 203 StGB)

Hiermit entbinde ich … [Name],

Frau/Herrn … [Name, Geburtsdatum, Adresse] … von der Erziehungsstelle … in …

von ihrer/seiner Schweigepflicht gegenüber …

☐ *Fachberaterin [Name] und der zuständigen Sachbearbeiterin im Jugendamt ….*

☐ *der zuständigen Ärztin des Gesundheitsamtes …*

☐ *dem zuständigen Lehrer der Schule …*

Die Entbindung von der Schweigepflicht dient folgenden Zweck

und bezieht sich im Einzelnen auf folgende personenbezogenen Daten bzw. Unterlagen:

Die Entbindung von der Schweigepflicht gilt längstens bis … [Datum]

Frau/Herr … [Name] hat mich darauf hingewiesen, dass ich diese Erklärung jederzeit – auch ohne Angabe von Gründen – für die Zukunft widerrufen kann.

, den … [Datum] *… [Name]*

Die Figur der **stillschweigenden oder konkludenten (schlüssigen) Einwilligung** soll die Praxis entlasten. Darunter wird die schon beschriebene Situation verstanden, dass für den Betroffenen die Weitergabe einer Information an Dritte eindeutig und erkennbar sein soll und er sich, weil er dem nicht widerspricht, damit stillschweigend oder konkludent einverstanden erklärt. Eine solche schweigende Zustimmung kann im Bereich der Sozialen Arbeit ebenso wenig als Einwilligung gewertet werden wie im Umgang von Ärzten mit Patientendaten.[28] Um in der Praxis durch den Kunstgriff einer konkludenten Einwilligung[29] die Zusammenarbeit der Fachkräfte zu fördern, ist es nach Fromman ein praktisch vielfach verbreitetes, rechtlich freilich äußerst problematisches Verfahren, einer unbefugten Offenbarung dadurch den Makel der Rechtswidrigkeit nehmen zu wollen.[30] Demgegenüber ist das Beschränken auf die Weitergabe von Daten innerhalb einer Funktionseinheit für den Betroffenen übersichtlicher und transparent und wahrt gleichzeitig sein informationelles Selbstbestimmungsrecht. Von der konkludenten ist die **mutmaßliche Einwilligung** zu unterscheiden. Bei dieser Konstruktion wird davon ausgegangen, dass Berufsgeheimnisträger dann zum Offenba- 27

28 Z.B. lässt sich die Weitergabe von Patientendaten an privatärztliche Verrechnungsstellen nicht auf das Vorliegen einer stillschweigenden, konkludenten Einwilligung oder auf das Vorliegen einer mutmaßlichen Einwilligung stützen; Ärzte dürfen die Daten von Patienten nur mit deren ausdrücklicher Einwilligung an externe Rechenzentren oder an Praxisübernehmer weitergeben, so Fischer, StGB, 2021, § 203 Rn. 67, mit weiteren Nachweisen.

29 So *Proksch*, a.a.O., 175.

30 *Fromman*, 1985, 178.

ren einer Tatsache befugt sind, wenn der Betroffene nicht erreichbar oder aufgrund seines Zustandes nicht in der Lage ist, ausdrücklich einzuwilligen, und er dabei in dessen vermutetem Interesse handelt.[31]

28 **Gesetzliche Mitteilungspflichten**: Hinsichtlich **anvertrauter, bereits vollendeter Straftaten** sind staatlich anerkannte Sozialarbeiter und Sozialpädagogen zur **Verschwiegenheit verpflichtet**. Dabei ist es gleichgültig, ob es sich um einen Diebstahl, eine Körperverletzung oder einen Raub handelt. In Bezug auf **geplante Straftaten** (§ 138 StGB), deren Ausführung einer Fachkraft anvertraut wird, besteht die **Pflicht zur Offenbarung durch Anzeige** solcher geplanter schwerer Straftaten; Sozialarbeiter/Sozialpädagogen sind in solchen Fällen wie fast alle Bürger zur Anzeige gegenüber dem potenziellen Opfer oder der Behörde, also Staatsanwaltschaft oder der Polizei, verpflichtet. Dabei besteht die Verpflichtung zur Anzeige jedoch nur hinsichtlich bestimmter erheblicher geplanter Straftaten wie Kapitalverbrechen und gemeingefährlicher Straftaten. Straftaten, die in Arbeitsfeldern der Sozialarbeit eher von Bedeutung sind wie solche gegen die sexuelle Selbstbestimmung (§§ 174 ff. StGB), gegen das Betäubungsmittelgesetz (§§ 29 ff. BtMG), aber auch Diebstahl (§ 242 StGB), Verletzung der Unterhaltspflicht (§ 170 StGB), Verletzung der Fürsorge- oder Erziehungspflicht (§ 171 StGB), Körperverletzung (§§ 223 ff. StGB), Entziehung Minderjähriger (§ 235 StGB), Hausfriedensbruch (§ 123 StGB), Sachbeschädigung (§ 303 StGB), Betrug (§ 263 StGB) sind auch dann, wenn ihre Ausführung ernsthaft geplant wird, nicht anzeigepflichtig. Strafverfolgung ist im Übrigen Sache der staatlichen Strafverfolgungsbehörden und nicht die der Sozialarbeit.

§ 138 StGB
Nichtanzeige geplanter Straftaten

(1) Wer von dem Vorhaben oder der Ausführung

1. **(weggefallen)**
2. **eines Hochverrats in den Fällen der §§ 81 bis 83 Abs. 1,**
3. **eines Landesverrats oder einer Gefährdung der äußeren Sicherheit in den Fällen der §§ 94 bis 96, 97a oder 100,**
4. **einer Geld- oder Wertpapierfälschung in den Fällen der §§ 146, 151, 152 oder einer Fälschung von Zahlungskarten mit Garantiefunktion und Vordrucken für Euroschecks in den Fällen des § 152b Abs. 1 bis 3,**
5. **eines Mordes (§ 211) oder Totschlags (§ 212) oder eines Völkermordes (§ 6 des Völkerstrafgesetzbuches) oder eines Verbrechens gegen die Menschlichkeit (§ 7 des Völkerstrafgesetzbuches) oder eines Kriegsverbrechens (§§ 8, 9, 10, 11 oder 12 des Völkerstrafgesetzbuches) oder eines Verbrechens der Aggression (§ 13 des Völkerstrafgesetzbuches),**
6. **einer Straftat gegen die persönliche Freiheit in den Fällen des § 232 Absatz 3 Satz 2, des § 232a Absatz 3, 4 oder 5, des § 232b Absatz 3 oder 4, des § 233a Absatz 3 oder 4, jeweils soweit es sich um Verbrechen handelt, der §§ 234, 234a, 239a oder 239b,**
7. **eines Raubes oder einer räuberischen Erpressung (§§ 249 bis 251 oder 255) oder**
8. **einer gemeingefährlichen Straftat in den Fällen der §§ 306 bis 306c oder 307 Abs. 1 bis 3, des § 308 Abs. 1 bis 4, des § 309 Abs. 1 bis 5, der §§ 310, 313, 314 oder 315 Abs. 3, des § 315b Abs. 3 oder der §§ 316a oder 316c**

zu einer Zeit, zu der die Ausführung oder der Erfolg noch abgewendet werden kann, glaubhaft erfährt und es unterläßt, der Behörde oder dem Bedrohten rechtzeitig Anzeige zu machen, wird mit Freiheitsstrafe bis zu fünf Jahren oder mit Geldstrafe bestraft.

31 So auch *Proksch*, a.a.O., 174.

(2) Ebenso wird bestraft, wer

1. **von der Ausführung einer Straftat nach § 89a oder**
2. **von dem Vorhaben oder der Ausführung einer Straftat nach § 129a, auch in Verbindung mit § 129b Abs. 1 Satz 1 und 2,**

zu einer Zeit, zu der die Ausführung noch abgewendet werden kann, glaubhaft erfährt und es unterlässt, der Behörde unverzüglich Anzeige zu erstatten. § 129b Abs. 1 Satz 3 bis 5 gilt im Fall der Nummer 2 entsprechend.

(3) Wer die Anzeige leichtfertig unterläßt, obwohl er von dem Vorhaben oder der Ausführung der rechtswidrigen Tat glaubhaft erfahren hat, wird mit Freiheitsstrafe bis zu einem Jahr oder mit Geldstrafe bestraft.

Gesetzliche Offenbarungspflichten folgen aus dem **Infektionsschutzgesetz** (IfSG) vom 20.7.2000, aus SGB X (§§ 98, 100 ff.); gesetzliche Berichtspflichten folgen auch etwa aus § 35 Abs. 4 BtMG bei **Therapieabbruch** oder aus der **allgemeinen Zeugnispflicht vor Gericht**, die für Sozialarbeiter und Sozialpädagogen im öffentlichen Dienst durch das Erfordernis einer Aussagegenehmigung des Dienstvorgesetzten eingeschränkt sein kann.[32] **29**

Offenbarungspflichten können jedoch auch dann bestehen, wenn Sozialarbeiter oder Sozialpädagoginnen als Beschützer- oder Überwachungsgaranten im Sinne von § 13 StGB mit bestimmten Obhuts- oder Sicherungspflichten aufgrund ihrer **Garantenpflicht** eine Gefahr abwenden müssen.[33] **30**

§ 13 StGB
Begehen durch Unterlassen

(1) Wer es unterlässt, einen Erfolg abzuwenden, der zum Tatbestand eines Strafgesetzes gehört, ist nach diesem Gesetz nur dann strafbar, wenn er rechtlich dafür einzustehen hat, dass der Erfolg nicht eintritt, und wenn das Unterlassen der Verwirklichung des gesetzlichen Tatbestandes durch ein Tun entspricht.

(2) Die Strafe kann nach § 49 Abs. 1 gemildert werden.

Als **Offenbarungsbefugnis** gilt der rechtfertigende Notstand (§ 34 StGB): Wenn nämlich in einer gegenwärtigen, nicht anders abwendbaren Gefahr für Leben, Leib, Freiheit, Ehre, Eigentum oder ein anderes Rechtsgut eine Tatsache offenbart wird, um die Gefahr von sich oder einem anderen abzuwenden. Der Täter handelt dann nicht rechtswidrig, wenn bei Abwägung der widerstreitenden Interessen, namentlich der betroffenen Rechtsgüter und des Grades der ihnen drohenden Gefahren, das geschützte Interesse das beeinträchtigte wesentlich überwiegt. Dies gilt jedoch nur, soweit die Tat ein angemessenes Mittel ist, die Gefahr abzuwenden. **31**

Sozialarbeiter und Sozialpädagogen sollten sich bei der **Güterabwägung** des hohen Gutes der Schweigepflicht und der Tatsache bewusst sein, dass nach einem Vertrauensbruch regelmäßig jeder Zusammenarbeit mit dem Betroffenen die Grundlage entzogen ist. Der Geheimnisbruch muss tatsächlich das angemessene Mittel zur Abwendung der konkreten Gefahr sein. Ausnahmsweise wird die Offenbarungsbefugnis zur -pflicht, nämlich dann, wenn in der Konstellation des § 323 c StGB (unterlassene Hilfeleistung) ein Individualrechtsgut in

32 Zum Zeugnisverweigerungsrecht im Einzelnen siehe *Papenheim*, Zeugnisverweigerungsrechte der Sozialarbeiter und Sozialpädagogen, in Lehmann, Recht sozial, 2002, 285 ff. und ausführlich GK-SGB VIII/*Kunkel*, 2020, § 61 Rn. 54, der ein relatives Zeugnisverweigerungsrecht aus § 35 Abs. 3 SGB I ableitet.

33 Ausführliche Falldarstellungen siehe *Kronseder*, 2010, 55 ff.

konkreter erheblicher Gefahr ist. So ist die anvertraute Selbstmordabsicht[34] einer Drogenabhängigen zur Abwendung des Selbstmords zu offenbaren.

§ 34 StGB
Rechtfertigender Notstand

[1]Wer in einer gegenwärtigen, nicht anders abwendbaren Gefahr für Leben, Leib, Freiheit, Ehre, Eigentum oder ein anderes Rechtsgut eine Tat begeht, um die Gefahr von sich oder einem anderen abzuwenden, handelt nicht rechtswidrig, wenn bei Abwägung der widerstreitenden Interessen, namentlich der betroffenen Rechtsgüter und des Grades der ihnen drohenden Gefahren, das geschützte Interesse das beeinträchtigte wesentlich überwiegt. [2]Dies gilt jedoch nur, soweit die Tat ein angemessenes Mittel ist, die Gefahr abzuwenden.

32 **Zeugnispflicht im Strafprozess trotz Schweigepflicht nach § 203 StGB**: Der als Zeuge geladene Sozialpädagoge ist nach der Strafprozessordnung zur Aussage verpflichtet. Obwohl Sozialpädagogen/Sozialarbeiterinnen nach § 203 StGB schweigepflichtig sind, hat ihnen der Gesetzgeber das den anderen Berufsgeheimnisträgern zugestandene **Zeugnisverweigerungsrecht** versagt. Damit besteht im Strafverfahren für diese Berufsgeheimnisträger grundsätzlich (Ausnahmen: § 53 Abs. 1 Nr. 3a und 3b StPO) die Pflicht zur Zeugenaussage. Diese unbefriedigende Situation war bereits Gegenstand von Verfahren vor dem Bundesverfassungsgericht mit allerdings negativem Ausgang.[35] Zugebilligt nur im Einzelfall und unter ganz besonders strengen Voraussetzungen wurde eine Begrenzung des Zeugniszwangs – unmittelbar aus der Verfassung hergeleitet – eingeräumt. Jedoch besteht im Strafverfahren über die Vorschriften des Sozialdatenschutzes die wenig bekannte Möglichkeit, bei Straftaten, die weder von erheblicher Bedeutung noch Verbrechen sind, das Zeugnis zu verweigern (§ 35 Abs. 3 SGB I in Verbindung mit § 73 SGB X).[36] Schließlich eröffnet sich weiter im öffentlichen oder kirchlichen Dienst die Möglichkeit, über die Verweigerung der Aussagegenehmigung durch den Dienstvorgesetzten zur Zeugnisverweigerung zu kommen, § 54 StPO.

33 **Zeugnisverweigerung im Zivilverfahren**: Im Gegensatz zur strafrechtlichen Regelung besteht im Zivilverfahren – auch im Familiengerichtsverfahren – gemäß § 383 Abs. 1 Nr. 6 in Verbindung mit § 386 ZPO für Sozialarbeiter und andere Mitarbeiter wie Erzieher und Pädagogen, die zur Verschwiegenheit verpflichtet sind, das Recht zur Zeugnisverweigerung. Da die Zivilprozessordnung auch im Arbeits-, Sozial- und Verwaltungsgerichtsverfahren gilt, kann auch vor diesen Gerichten das Zeugnis verweigert werden.

§ 383 ZPO
Zeugnisverweigerung aus persönlichen Gründen

(1) Zur Verweigerung des Zeugnisses sind berechtigt:

1. der Verlobte einer Partei;

2. der Ehegatte einer Partei, auch wenn die Ehe nicht mehr besteht;

2a. der Lebenspartner einer Partei, auch wenn die Lebenspartnerschaft nicht mehr besteht;

---

34 Zu der durch einen Selbstmordversuch verursachten Gefahrenlage vgl. *Fischer*, StGB, 2021, § 323c Rn. 5.

35 Informativ: Bundesverfassungsgericht, Beschl. 19.7.1972, 2 BvL 7/71, NJW 1972, 2241, und 1.5.1988, 2 BvR 367/88, NJW 1988, 2945.

36 Die damit verbundenen Rechtsfragen noch nicht höchstrichterlich entschieden. Zur Information über die Zeugnisverweigerung siehe *Papenheim* 2008, 114 ff. sowie *Papenheim* in: *Lehmann*, Recht sozial, 2002, 285 ff.

3. diejenigen, die mit einer Partei in gerader Linie verwandt oder verschwägert, in der Seitenlinie bis zum dritten Grad verwandt oder bis zum zweiten Grad verschwägert sind oder waren;

4. Geistliche in Ansehung desjenigen, was ihnen bei der Ausübung der Seelsorge anvertraut ist;

5. Personen, die bei der Vorbereitung, Herstellung oder Verbreitung von periodischen Druckwerken oder Rundfunksendungen berufsmäßig mitwirken oder mitgewirkt haben, über die Person des Verfassers, Einsenders oder Gewährsmanns von Beiträgen und Unterlagen sowie über die ihnen im Hinblick auf ihre Tätigkeit gemachten Mitteilungen, soweit es sich um Beiträge, Unterlagen und Mitteilungen für den redaktionellen Teil handelt;

6. Personen, denen kraft ihres Amtes, Standes oder Gewerbes Tatsachen anvertraut sind, deren Geheimhaltung durch ihre Natur oder durch gesetzliche Vorschrift geboten ist, in Betreff der Tatsachen, auf welche die Verpflichtung zur Verschwiegenheit sich bezieht.

(2) Die unter Nummern 1 bis 3 bezeichneten Personen sind vor der Vernehmung über ihr Recht zur Verweigerung des Zeugnisses zu belehren.

(3) Die Vernehmung der unter Nummern 4 bis 6 bezeichneten Personen ist, auch wenn das Zeugnis nicht verweigert wird, auf Tatsachen nicht zu richten, in Ansehung welcher erhellt, dass ohne Verletzung der Verpflichtung zur Verschwiegenheit ein Zeugnis nicht abgelegt werden kann.

§ 386 ZPO
Erklärung der Zeugnisverweigerung

(1) Der Zeuge, der das Zeugnis verweigert, hat vor dem zu seiner Vernehmung bestimmten Termin schriftlich oder zum Protokoll der Geschäftsstelle oder in diesem Termin die Tatsachen, auf die er die Weigerung gründet, anzugeben und glaubhaft zu machen.

(2) Zur Glaubhaftmachung genügt in den Fällen des § 383 Nr. 4, 6 die mit Berufung auf einen geleisteten Diensteid abgegebene Versicherung.

(3) Hat der Zeuge seine Weigerung schriftlich oder zum Protokoll der Geschäftsstelle erklärt, so ist er nicht verpflichtet, in dem zu seiner Vernehmung bestimmten Termin zu erscheinen.

(4) Von dem Eingang einer Erklärung des Zeugen oder von der Aufnahme einer solchen zum Protokoll hat die Geschäftsstelle die Parteien zu benachrichtigen.

Verhältnis des Schutzes von Privatgeheimnissen zur innerdienstlichen Schweigepflicht und zum Sozialgeheimnis: Der strafrechtliche Schutz von Privatgeheimnissen geht der arbeits- oder dienstrechtlich gebotenen Aufklärung des Arbeitgebers/Dienstherrn über alle dienstlich bedeutsamen Sachverhalte vor. Der Arbeitgeber ist kraft seiner Fürsorgepflicht gehalten, alles zu unterlassen, was den Arbeitnehmer in Konflikt mit seiner Geheimhaltungspflicht bringen kann.[37] 34

Ist der Mitarbeiter im öffentlichen Dienst gleichzeitig staatlich anerkannter Sozialarbeiter oder Sozialpädagoge, soll für ihn nur § 203 Abs. 1 StGB gelten, „weil sich der Bürger ihm gerade als einem Angehörigen dieser Berufsgruppe anvertraut hat."[38] Konsequenz dieser Zuordnung ist eine unterschiedliche Offenbarungsbefugnis: Der Sozialarbeiter/Sozialpädagoge benötigt zur Weitergabe eines anvertrauten Geheimnisses eine Offenbarungsbefugnis nach dem StGB, während dem Amtsträger oder für den im öffentlichen Dienst besonders

37 BAG, Urt. v. 13.1.1987, BAGE 54, 67 = NDV 1987, 333.
38 GK-SGB VIII/*Kunkel*, vor § 61 Rn. 13.

Verpflichteten lediglich eine sozialrechtliche Übermittlungsbefugnis nach den §§ 68 bis 75 SGB X genügt. Diese stellt dann seine strafrechtliche Offenbarungsbefugnis dar.[39] Der aus § 65 SGB VIII folgende besondere Vertrauensschutz bewirkt wiederum, dass der Mitarbeiter der öffentlichen Jugendhilfe bei der Offenbarung eines anvertrauten Geheimnisses der strafrechtlichen Offenbarungsbefugnis bedarf, um sie zur sozialrechtlichen Rechtfertigung werden zu lassen.

So wie es auf der Seite der Sozialarbeiter wichtig ist, das Recht auf informationelle Selbstbestimmung der Betroffenen ernst zu nehmen und zu beachten, so ist auf Dienst- oder Arbeitgeberseite das Anliegen zu unterstützen. Konflikte in diesem Bereich können z.B. durch Trennung der Aktenführung, rechtzeitige Vertretungs- und Nachfolgeregelung und gemeinsame Fortbildungen entschärft werden.

35 Der **persönliche Lebens- und Geheimbereich** wird durch weitere Strafnormen geschützt: **Verletzung der Vertraulichkeit des Wortes**: Jeder Mensch kann selbst entscheiden, ob seine Worte für die Öffentlichkeit, für einen von ihm gewählten Kreis von Personen oder nur für seinen unmittelbaren Gesprächspartner bestimmt sein sollen. Deshalb ist es nach § 201 StGB die unbefugte Aufnahme des nicht öffentlich gesprochenen Wortes oder die Verwendung einer solchen Aufnahme mit Freiheitsstrafe bis zu drei Jahren oder Geldstrafe bedroht.

§ 201 StGB
Verletzung der Vertraulichkeit des Wortes

(1) Mit Freiheitsstrafe bis zu drei Jahren oder mit Geldstrafe wird bestraft, wer unbefugt

1. **das nichtöffentlich gesprochene Wort eines anderen auf einen Tonträger aufnimmt oder**
2. **eine so hergestellte Aufnahme gebraucht oder einem Dritten zugänglich macht.**

(2) 1Ebenso wird bestraft, wer unbefugt

1. **das nicht zu seiner Kenntnis bestimmte nichtöffentlich gesprochene Wort eines anderen mit einem Abhörgerät abhört oder**
2. **das nach Absatz 1 Nr. 1 aufgenommene oder nach Absatz 2 Nr. 1 abgehörte nichtöffentlich gesprochene Wort eines anderen im Wortlaut oder seinem wesentlichen Inhalt nach öffentlich mitteilt.**

Die Tat nach Satz 1 Nr. 2 ist nur strafbar, wenn die öffentliche Mitteilung geeignet ist, berechtigte Interessen eines anderen zu beeinträchtigen. 3Sie ist nicht rechtswidrig, wenn die öffentliche Mitteilung zur Wahrnehmung überragender öffentlicher Interessen gemacht wird.

(3) Mit Freiheitsstrafe bis zu fünf Jahren oder mit Geldstrafe wird bestraft, wer als Amtsträger oder als für den öffentlichen Dienst besonders Verpflichteter die Vertraulichkeit des Wortes verletzt (Absätze 1 und 2).

(4) Der Versuch ist strafbar.

(5) 1Die Tonträger und Abhörgeräte, die der Täter oder Teilnehmer verwendet hat, können eingezogen werden. 2§ 74a ist anzuwenden.

Danach ist es strafbar, ein Beratungsgespräch ohne Einwilligung des Klienten auf einen Tonträger aufzunehmen oder ein mit Einwilligung des Betroffenen aufgenommenes Gespräch unbefugt weiterzugeben. Das gilt auch für die Supervision. Das bloße Mithören nicht selbst am Telefongespräch Beteiligter von Gesprächen ohne Einwilligung der Gesprächspartner ist nicht strafbar, bedarf aber als Eingriff in das informationelle Selbstbestimmungsrecht einer Einwilligung.

39 Ausführlich dazu *Kunkel* , in Lehmann, 2002, 244 ff.

Verletzung des höchstpersönlichen Lebensbereichs durch Bildaufnahmen sowie Verletzung des Rechts am eigenen Bild: Wer sich in einer Wohnung, Arbeits- oder Gruppenräumen aufhält, geht davon aus, dass er nur mit seiner Einwilligung fotografiert oder gefilmt wird. Zum Schutz dieser Privatsphäre wird die Verletzung dieses höchstpersönlichen Bereichs mit Freiheitsstrafe bis zu einem Jahr oder mit Geldstrafe geahndet. 36

§ 201a StGB
Verletzung des höchstpersönlichen Lebensbereichs durch Bildaufnahmen

(1) Mit Freiheitsstrafe bis zu zwei Jahren oder mit Geldstrafe wird bestraft, wer

1. **von einer anderen Person, die sich in einer Wohnung oder einem gegen Einblick besonders geschützten Raum befindet, unbefugt eine Bildaufnahme herstellt oder überträgt und dadurch den höchstpersönlichen Lebensbereich der abgebildeten Person verletzt,**
2. **eine Bildaufnahme, die die Hilflosigkeit einer anderen Person zur Schau stellt, unbefugt herstellt oder überträgt und dadurch den höchstpersönlichen Lebensbereich der abgebildeten Person verletzt,**
3. **eine durch eine Tat nach den Nummern 1 oder 2 hergestellte Bildaufnahme gebraucht oder einer dritten Person zugänglich macht oder**
4. **eine befugt hergestellte Bildaufnahme der in den Nummern 1 oder 2 bezeichneten Art wissentlich unbefugt einer dritten Person zugänglich macht und dadurch den höchstpersönlichen Lebensbereich der abgebildeten Person verletzt.**

(2) Ebenso wird bestraft, wer unbefugt von einer anderen Person eine Bildaufnahme, die geeignet ist, dem Ansehen der abgebildeten Person erheblich zu schaden, einer dritten Person zugänglich macht.

(3) Mit Freiheitsstrafe bis zu zwei Jahren oder mit Geldstrafe wird bestraft, wer eine Bildaufnahme, die die Nacktheit einer anderen Person unter achtzehn Jahren zum Gegenstand hat,

1. **herstellt oder anbietet, um sie einer dritten Person gegen Entgelt zu verschaffen, oder**
2. **sich oder einer dritten Person gegen Entgelt verschafft.**

(4) Absatz 1 Nummer 2, auch in Verbindung mit Absatz 1 Nummer 3 oder Nummer 4, Absatz 2 und 3 gelten nicht für Handlungen, die in Wahrnehmung überwiegender berechtigter Interessen erfolgen, namentlich der Kunst oder der Wissenschaft, der Forschung oder der Lehre, der Berichterstattung über Vorgänge des Zeitgeschehens oder der Geschichte oder ähnlichen Zwecken dienen.

(5) Die Bildträger sowie Bildaufnahmegeräte oder andere technische Mittel, die der Täter oder Teilnehmer verwendet hat, können eingezogen werden. § 74a ist anzuwenden.

Das **Recht am eigenen Bild** wird durch Vorschriften des Kunsturhebergesetzes (KunstUrhG) geschützt. Öffentliches Zurschaustellen liegt bereits dann vor, wenn Fotos von betreuten Kindern im öffentlich zugänglichen Bereich einer Kindertagesstätte sichtbar sind. Unter Verbreiten wird insbesondere die Wiedergabe von Fotos auf Flyern, in der Presse oder im Internet verstanden. In diesen Fällen bedarf es der Einwilligung durch die abgebildete Person. Ist diese minderjährig, ist außerdem die schriftliche Einwilligung der Erziehungsberechtigten einzuholen. Es versteht sich von selbst, dass eine pauschale Einwilligung ohne Kenntnis des Fotos oder Videos, das verbreitet werden soll, das Recht am eigenen Bild des Abgebildeten missachtet und auf Antrag gemäß § 33 KunstUrhG strafrechtlich verfolgt wird. Das gilt auch dann, wenn an sich nach § 23 KunstUrhG ohne Einwilligung zulässige Fotos von Versammlungen oder Sommerfesten in anderem Zusammenhang ohne Bezug auf diese Veranstaltungen verbreitet werden. 37

38 ***Muster: Einwilligung zur Veröffentlichung von Fotos mit oder ohne Namen***

Die Kinder- und Jugendhilfeeinrichtung XXXXX (genaue Bezeichnung des Unternehmens) beabsichtigt, beim Tag der offenen Tür Fotos von

Namen und Adresse des Kindes / Jugendlichen

Die Fotos sollen in der örtlichen Presse (XY-Zeitung, am ….) zur Werbung für unsere Einrichtung veröffentlicht werden. Wir weisen darauf hin, dass viele Personen die Fotos ansehen und auch kopieren können.

Mit Ihrer Unterschrift erklären gleichzeitig, dass Sie mit Ihren Kindern die Veröffentlichung der Fotos besprochen haben. Sie sind damit einverstanden, dass die

☐ *Fotos*

☐ *mit Namensangabe*

☐ *ohne Namensangabe*

bis auf Widerruf im

☐ *zu Werbezwecken honorarfrei veröffentlicht*

werden dürfen.

Ort, Datum, *Unterschrift Kind/Jugendlicher*	*Ort, Datum,* *Unterschrift gesetzlicher Vertreter*

Ohne Einwilligung ist die Verbreitung eines Fotos gemäß § 23 Abs. 1 Nr. 2 KunstUrhG erlaubt, wenn es lediglich das Gebäude einer Einrichtung zeigt und sich davor zufällig Personen aufhalten.

§ 22 KunstUrhG

Bildnisse dürfen nur mit Einwilligung des Abgebildeten verbreitet oder öffentlich zur Schau gestellt werden. Die Einwilligung gilt im Zweifel als erteilt, wenn der Abgebildete dafür, dass er sich abbilden ließ, eine Entlohnung erhielt. Nach dem Tode des Abgebildeten bedarf es bis zum Ablaufe von 10 Jahren der Einwilligung der Angehörigen des Abgebildeten. Angehörige im Sinne dieses Gesetzes sind der überlebende Ehegatte oder Lebenspartner und die Kinder des Abgebildeten und, wenn weder ein Ehegatte oder Lebenspartner noch Kinder vorhanden sind, die Eltern des Abgebildeten.

§ 23 KunstUrhG

(1) Ohne die nach § 22 erforderliche Einwilligung dürfen verbreitet und zur Schau gestellt werden:

1. **Bildnisse aus dem Bereiche der Zeitgeschichte;**
2. **Bilder, auf denen die Personen nur als Beiwerk neben einer Landschaft oder sonstigen Örtlichkeit erscheinen;**
3. **Bilder von Versammlungen, Aufzügen und ähnlichen Vorgängen, an denen die dargestellten Personen teilgenommen haben;**
4. **Bildnisse, die nicht auf Bestellung angefertigt sind, sofern die Verbreitung oder Schaustellung einem höheren Interesse der Kunst dient.**

(2) Die Befugnis erstreckt sich jedoch nicht auf eine Verbreitung und Schaustellung, durch die ein berechtigtes Interesse des Abgebildeten oder, falls dieser verstorben ist, seiner Angehörigen verletzt wird.

§ 33 KunstUrhG

(1) Mit Freiheitsstrafe bis zu einem Jahr oder mit Geldstrafe wird bestraft, wer entgegen den §§ 22, 23 ein Bildnis verbreitet oder öffentlich zur Schau stellt.

(2) Die Tat wird nur auf Antrag verfolgt.

Verletzung des Briefgeheimnisses: Alle verschlossenen Mitteilungen, Dokumente, Fotos, Tagebücher, Zeichnungen fallen unter das Briefgeheimnis. Dabei ist es gleichgültig, ob die Unterlagen in einem verschlossenen Umschlag oder einem verschlossenen Behältnis wie einem Safe bewahrt sind. 39

§ 202 StGB
Verletzung des Briefgeheimnisses

(1) Wer unbefugt

1. einen verschlossenen Brief oder ein anderes verschlossenes Schriftstück, die nicht zu seiner Kenntnis bestimmt sind, öffnet oder

2. sich vom Inhalt eines solchen Schriftstücks ohne Öffnung des Verschlusses unter Anwendung technischer Mittel Kenntnis verschafft,

wird mit Freiheitsstrafe bis zu einem Jahr oder mit Geldstrafe bestraft, wenn die Tat nicht in § 206 mit Strafe bedroht ist.

(2) Ebenso wird bestraft, wer sich unbefugt vom Inhalt eines Schriftstücks, das nicht zu seiner Kenntnis bestimmt und durch ein verschlossenes Behältnis gegen Kenntnisnahme besonders gesichert ist, Kenntnis verschafft, nachdem er dazu das Behältnis geöffnet hat.

(3) Einem Schriftstück im Sinne der Absätze 1 und 2 steht eine Abbildung gleich.

Ausspähen und Verändern von Daten: Nach § 202 a StGB wäre es z.B. strafbar, in einer Einrichtung durch Passwörter oder Verschlüsselungen im Sinne des Abs. 2 des § 202 a StGB geschützte Daten auszuspähen. Das rechtswidrige Löschen, Unterdrücken oder Unbrauchbarmachen von Daten wird nach § 303 a StGB strafbar. 40

§ 202 a StGB
Ausspähen von Daten

(1) Wer unbefugt sich oder einem anderen Zugang zu Daten, die nicht für ihn bestimmt und die gegen unberechtigten Zugang besonders gesichert sind, unter Überwindung der Zugangssicherung verschafft, wird mit Freiheitsstrafe bis zu drei Jahren oder mit Geldstrafe bestraft.

(2) Daten im Sinne des Absatzes 1 sind nur solche, die elektronisch, magnetisch oder sonst nicht unmittelbar wahrnehmbar gespeichert sind oder übermittelt werden.

§ 303 a StGB
Datenveränderung

(1) Wer rechtswidrig Daten (§ 202 a Abs. 2) löscht, unterdrückt, unbrauchbar macht oder verändert, wird mit Freiheitsstrafe bis zu zwei Jahren oder mit Geldstrafe bestraft.

(2) Der Versuch ist strafbar.

(3) Für die Vorbereitung einer Straftat nach Absatz 1 gilt § 202 c entsprechend.

V. Sozialdatenschutz durch zivilrechtliche Normen

41 Werden Leistungen der Kinder- und Jugendhilfe durch Vertrag mit einer Kindertagesstätte, durch einen Erziehungsstellenvertrag oder durch einen Heimvertrag zivilrechtlich erbracht, gelten neben den Regelungen der Sozialgesetzbücher I, VIII und X auch zivilrechtliche Schutzpflichten. So versteht es sich ohne ausdrückliche Aufnahme in solche Vertragsurkunden, dass im Rahmen solcher Betreuungsverträge nicht nur Leib und Leben der Anvertrauten zu schützen sind, sondern auch deren Persönlichkeitsrechte. Wird dagegen schuldhaft verstoßen, haftet regelmäßig der Träger der Einrichtung gemäß § 278 BGB auch für seine Fachkräfte.

VI. Einwilligung/Entbindung von der Schweigepflicht

42 Vor einer Datenweitergabe ist zunächst zu prüfen, ob diese zur Erfüllung der eigenen Aufgabe wirklich erforderlich ist. Ist dies der Fall, wird für die Datenweitergabe entweder ein Gesetz, welches die Datenweitergabe erlaubt, benötigt oder aber eine Einwilligung des Betroffenen, § 67a SGB X. Die Einwilligung ist damit eine gleichrangige und gleichwertige Alternative zu einer gesetzlichen Befugnis, Daten erheben, verarbeiten und nutzen zu dürfen, wobei die Datenweitergabe unter das Verarbeiten von Daten fällt. Für eine rechtsgültige, also im Zweifelsfall gerichtsfeste Einwilligung sind folgende Punkte zu beachten:

43 **Die Einwilligung** ist von der betroffenen Person (also der Person, die einem die Daten anvertraut hat, die weitergegeben werden sollen) **grundsätzlich vor der Datenweitergabe** einzuholen. Dabei stellt sich in der Praxis immer wieder die Frage, ob auch Kinder und Jugendliche – und wenn ja, ab welchem Alter – eine Einwilligung unterschreiben dürfen. Um dies beantworten zu können, ist es wichtig zu beachten, dass eine Einwilligung mit einer geschäftsähnlichen Erklärung vergleichbar ist. Das bedeutet, dass sie zu ihrer Wirksamkeit weder der Geschäftsfähigkeit noch der Strafmündigkeit oder der verwaltungsverfahrensrechtlichen Handlungsfähigkeit der einwilligenden Person bedarf. Allein maßgeblich für ihre Gültigkeit ist die Urteils- und Einsichtsfähigkeit der einwilligenden Person. Diese liegt immer dann vor, wenn sie die Tragweite und Bedeutung ihrer Entscheidung beurteilen kann. Insofern können Kinder und Jugendliche – und zwar auch ohne Zustimmung bzw. Einbeziehung der Personensorgeberechtigten – eine wirksame Einwilligung abgeben. Voraussetzung ist jedoch, dass sie die erforderliche Einsichts- und Urteilsfähigkeit besitzen, um die Reichweite ihrer Entscheidung erfassen und beurteilen zu können.

Damit die Auswirkungen einer Einwilligung von einer Person überhaupt beurteilt werden können, ist diese ausführlich, objektiv und mit genügend Zeit über die Erforderlichkeit und den Zweck der Datenweitergabe bzw. die Folgen einer eventuellen Verweigerung aufzuklären. Denn nur dann, wenn die betroffene Person ausführlich das Für und Wider der Datenweitergabe abwägen kann, kann sie eine tragfähige freie Entscheidung treffen und ihre Einwilligung geben oder verweigern. Um die Folgen einer Einwilligung realistisch einschätzen zu können, hat die Einwilligung sich ausschließlich auf den konkreten Einzelfall und nicht auf abstrakte, zukünftige, ungewisse Ereignisse zu beziehen. Dafür muss sie in verständlicher Form die Art der Information, die Stelle bzw. Person, an die Daten übermittelt werden sollen, sowie den Zweck bzw. die Erforderlichkeit der Datenweitergabe benennen. Das gilt besonders dann, wenn Kinder um ihre Einwilligung gebeten werden. Gegen eine unkonkrete und abstrakte Einwilligung spricht sich auch der Deutsche Verein für öffentliche und private Fürsorge e.V. in seinen Hinweisen zur Datenübermittlung bei Beratungsleistungen aus. Danach ist eine unkonkrete und abstrakte bzw. eine auf unspezifische und konstruierte Sachverhalte ausgerichtete Übermittlungsbefugnis unwirksam, da sie dem Betroffenen nicht die Möglichkeit gibt, selbst zu bestimmen, welche Daten zu welchem Zweck an Dritte übermittelt werden müssen.[40] Der Deutsche Verein argumentiert:

> *„Dieses […] folgt aus dem tragenden, nicht zur Disposition des Betroffenen gestellten Grundsatz des Datenschutzrechts, nach dem der Betroffene zur freien Entscheidung über die Einwilligung tatsächlich die Möglichkeit haben muss, selbst darüber zu befinden, ob und unter welchen Bedingungen die sich auf seine Person beziehenden Angaben benutzt werden dürfen. Eine Generalübermittlungsbefugnis wäre auch fachlich kontraproduktiv, weil sie mit dem Verdacht behaftet sein kann, die Beraterperson sei ein „Vorposten" des Leistungsträgers. Dies kann die Vertraulichkeit in starkem Maße beeinträchtigen, die erforderlich ist, um im Rahmen der Beratungsbeziehung die persönlichen Schwierigkeiten zu überwinden, die der Eingliederung des Leistungsberechtigten im Wege stehen.*
>
> *Erforderlich ist eine möglichst konkrete, auf den Einzelfall zugeschnittene Einwilligung, die Bezug nimmt auf die konkreten Beratungsleistungen und ihren Gegenstand und die darin relevanten Vorgänge und damit das informationelle Selbstbestimmungsrecht des Leistungsberechtigten achtet."*

Zu den **formalen Erforderlichkeiten** gehört, dass die Einwilligung grundsätzlich schriftlich gegeben werden muss, sofern die gegebenen Umstände nicht eine andere Form erfordern. Außerdem ist sie immer dann, wenn sie zusammen mit anderen Erklärungen erteilt wird, in ihrem äußeren Erscheinungsbild deutlich hervorzuheben, § 67b SGB X. Jeder Betroffene hat die Einwilligung selbst zu unterzeichnen. Ist er dazu nicht in der Lage, weil er z.B. weder schreiben noch lesen kann, so ist ein Zeuge hinzuzuziehen, der die Erklärung gegenzeichnet. Zwar wird die wirksame Einwilligung durch Zeitablauf nicht ungültig, es ist jedoch anzuraten, sie regelmäßig zu erneuern, da sich die innere Einstellung des Betroffenen geändert haben könnte. Das gilt insbesondere immer dann, wenn von Kindern oder Jugendlichen eine Einwilligung eingeholt wird. Eine solche Verlängerung der Einverständniserklärung kann beispielsweise durch erneute Unterschrift mit neuer Datumsangabe erfolgen. Die Einwilligung verliert ihre Wirksamkeit unmittelbar dann, wenn sie der Betroffene widerruft. Hierfür genügt es, wenn erkennbar ist, dass die Einwilligung nicht mehr gelten soll. Das bedeutet, wenn der Betroffene verbal, gestikulierend oder schriftlich deutlich macht, dass er der Datenweitergabe nicht weiter zustimmt. Die Einwilligung erlischt spätestens dann, wenn ihr Anlass nicht mehr besteht. 44

Eine gegebene wirksame Einwilligung bindet den Betroffenen. Angefochten werden kann sie von dem Berechtigten für die Vergangenheit nur nach den allgemeinen Regeln des Bürgerlichen Gesetzbuches (§§ 119,120,123 BGB), etwa bei Irrtum (§ 119 BGB) oder arglistiger Täuschung (§ 123 BGB). 45

13 Punkte-Plan zum Erstellen einer wirksamen Einwilligung:

1. **Die Datenerhebung, -verarbeitung oder -nutzung ist zur Aufgabenerfüllung erforderlich.**
2. **Die Einwilligung wird als vorangegangene Zustimmung eingeholt.**
3. **Es erfolgt eine ausführliche und objektive Aufklärung der betroffenen Person über die Erforderlichkeit und den Zweck der vorgesehenen Datenerhebung, -verarbeitung oder -nutzung.**
4. **Die Einwilligung bezieht sich auf den konkreten Einzelfall.**
5. **Die Einwilligung bezeichnet in verständlicher Form die Art der Information, die Stelle bzw. Person und den Zweck/die Erforderlichkeit der Datenerhebung, -verarbeitung oder -nutzung.**

40 Vgl. Deutscher Verein für öffentliche und private Fürsorge e.V.: Hinweise des Deutschen Vereins zur Datenübermittlung bei Beratungsleistungen (SGB II und SGB XII), März 2011, 14.

6. **Die Einwilligung wird vor der betroffenen Person eingeholt.**
7. **Die betroffene Person kann die Tragweite und Bedeutung ihrer Entscheidung beurteilen.**
8. **Die betroffene Person trifft ihre freie Entscheidung (für oder gegen die Einwilligung) nach dem Abwägen des Für und Wider bei einer sachlichen Beurteilung der in Betracht kommenden Aspekte.**
9. **Die Einwilligung erfolgt schriftlich, elektronisch oder mündlich.**[41]
10. **Wird die Einwilligungserklärung zusammen mit anderen Erklärungen schriftlich erteilt, so ist sie in ihrem äußeren Erscheinungsbild deutlich hervorzuheben.**
11. **Die Einwilligung ist durch die betroffene Person eigenständig durch Namenszug zu unterschrieben. Bei elektronischer Erteilung sind § 36a SGB I sowie die Anforderungen an die Sicherheit der Verarbeitung nach Art. 32 und Art. 5 Abs. 1 e und f DSG-VO zu beachten.**
12. **Ist die einwilligende Person nicht in der Lage, die Einwilligung selbst zu unterschreiben, kann ein Zeuge hinzugezogen werden, der die Erklärung gegenzeichnet.**
13. **Die Einwilligung verliert ihre Gültigkeit, wenn sie die betroffene Person erkennbar widerruft oder ihr Anlass wegfällt.**

VII. Akteninhalt, Aktenführung, Aufbewahrungsfristen, Akteneinsicht

46 Als **Akteninhalt** sind nur Informationen und Material aufzunehmen, die für die Beratung oder Behandlung unbedingt notwendig sind. Informations- und Datensammlung auf Vorrat ist unzulässig. Ein Fall ist – gleichgültig, nach welchem System eine Akte geführt wird – so aussagekräftig zu dokumentieren, dass die Fachkraft oder ihre Vertretung den aktuellen Sachstand vor Augen hat oder nachvollziehen kann. So dient der Akteninhalt als sachgerechte Dokumentation als „Erinnerungsstütze, Ordnungshilfe und Beweismittel."[42] Die **Aktenführung** soll auch aus dem Gesichtspunkt des Datenschutzes die Trennung von Akten in je eine Beratungs- und eine Leistungsakte vornehmen.

Enthalten Akten unrichtige personenbezogene Daten, haben betroffene Personen eine Berichtigungsanspruch, Art. 15 DS-GVO. Dabei ist zu beachten, dass es eines Antrags dann nicht bedarf, wenn erreicht werden soll, dass die Akten aktuell sind. Dafür hat der Verantwortliche von Amts wegen zu sorgen.

Nach Art. 17 Abs. 1 DS-GVO Beratungs-, Behandlungs- oder Betreuungsabschluss sind die nicht mehr benötigten Daten zu löschen. „Das Recht auf Vergessenwerden" wird u.a. durch **Aufbewahrungsfristen** oder dadurch eingeschränkt, dass Löschen aufgrund der besonderen Art der Speicherung nicht oder nur mit unverhältnismäßig hohem Aufwand möglich ist, § 84 SGB X. Unmittelbar nach Ende der Arbeit mit dem Betroffenen ist die Akte daraufhin zu überprüfen, ob diesem noch Unterlagen auszuhändigen sind. Danach sind Akten, soweit sie personenbezogene Daten enthalten, bis zur Vernichtung so aufzubewahren, dass nur Berechtigte Zugang haben. Die Dauer der Aufbewahrungsfristen sind unterschiedlich geregelt. So gilt für Buchungsunterlagen, die Steuererklärungen betreffen, eine Frist von zehn Jahren. Sofern Leistungen von der öffentlichen Hand beglichen werden, wird empfohlen, sich bei der finanzierenden Stelle nach der erforderlichen Aufbewahrungsfrist zu erkundigen. Solange diese Fristen laufen, tritt statt Löschung eine Einschränkung der Verarbeitung, § 84 Abs. 1 und 4 SGB X. Sozialleistungsansprüche verjähren gemäß § 45 Abs. 1 SGB I in 4 Jahren nach Ablauf des Jahres, in dem sie entstanden sind. So ist es unter diesem Gesichtspunkt zu

41 Siehe Erwägungsgrund 32 DS-GVO.
42 So *Hundt*, 66.

erwägen, die Akten nach Ablauf von 5 Jahren zu vernichten, um im Falle eines Rückforderungsanspruchs noch die nötigen Unterlagen verfügbar zu haben.

Die **Aktenvernichtung** ist sorgfältig zu handhaben. Es ist sicherzustellen, dass Unbefugte bei der Vernichtung keinen Zugriff auf Daten haben. Aktenvernichtungsunternehmen erteilen über die Vernichtung nach Datenschutzrichtlinien ein Zertifikat.

Jeder Betroffene hat das Recht, **Auskunft** über die zu seiner Person gespeicherten Daten zu erhalten (§ 83 SGB X). Darüber hinaus gewährt § 25 Abs. 2 SGB X ein **Akteneinsichtsrecht**.[43]

43 48 Ausführlich siehe *Hundt,* 102 ff.

VIII. Leitfaden für die Praxis im Sozialdatenschutz

47

Mauer des Vertrauens

Schweigepflicht in der Kinder- und Jugendhilfe

Der gesetzliche Vertrauensschutz (§ 203 StGB, § 35 SGB I, §§ 61 ff. SGB VIII und 67 ff. SGB X) untersagt die Datenweiter-gabe ohne Befugnis. Die Mauer zeigt schematisch verkürzt typische Anfragen und die mögliche datenschutzrechtliche Reaktion von Fachkräften der Kinder- und Jugendhilfe. Erläuterung zu den Pfeilen 1 bis 12 folgen nach der Grafik.

1. **Team**
   a) Datenaustausch innerhalb des Fachteams (Funktionsteam) ✓
   b) anvertraute Geheimnisse, § 65 SGB VIII ✗
2. **Externe Supervision** ✗
3. **Bei Einwilligung der Betroffenen** ✓
4. **Weitergabe von Daten betroffener Minderjähriger an die Eltern (umstritten)**
   a) ohne Einwilligung ✗
   b) aber bei nachhaltigem Eingriff in das Erziehungsrecht, Art. 6 GG ✓
5. **Recht auf Auskunft und Akteneinsicht der Betroffenen, §§ 25, 83 SGB X**
   a) grundsätzlich möglich ✓
   b) aber Ablehnungsmöglichkeiten nach §§ 25, 83 SGB X ✗
6. **Informationsanfragen von Nachbarn, Schule etc.** ✗
7. **Polizei, Staatsanwaltschaft, Gericht**
   a) bei Übermittlungsbefugnis nach § 68 SGB X ✓
   b) bei richterlicher Anordnung nach § 73 SGB X ✓
   c) Anzeigepflicht geplanter Straftaten, § 138 StGB ✓
   d) ohne Übermittlungsbefugnis ✗
8. **Wahrnehmung berechtigter Interessen** ✓
9. **Meldepflichtige Krankheiten, IfSG** ✓
10. **Aussage vor Gerichten (außer Strafverfahren), Zeugnisverweigerung nach § 383 ZPO** ✗
11. **Aussage in Strafverfahren**
   a) grundsätzlich kein Zeugnisverweigerungsrecht ✓
   b) Verweigerung der Aussagegenehmigung durch den Dienstherren ✗
   c) eingeschränkte Übermittlungsbefugnis nach § 35 Abs. 3 SGB I, § 73 SGB X ✗
12. **Bei Kindeswohlgefährdung, vgl. §§ 8a, 65 SGB VIII**
   a) Datenweitergabe an das Gericht ✓
   b) Einbeziehung anderer Leistungsträger/Gesundheitshilfe/Polizei ✓
   c) Weitergabe an zuständigen örtlichen Träger ✓
   d) Risikoeinschätzung im Fachteam (Funktionsteam) ✓
   e) Rechtfertigender Notstand, § 34 StGB ✓
   f) Risikoeinschätzung im Beisein externer Fachkräfte ✗

Legende: ✓ = Datenweitergabe erlaubt ✗ = Datenweitergabe untersagt, aber anonymisiert möglich

Erläuterungen zur Mauer des Vertrauens

1. **Team:** Grundsätzlich sind staatlich anerkannte Sozialpädagogen/Sozialarbeiterinnen gemäß § 203 Abs. 1 Ziff. 6 StGB als Berufsgeheimnisträger gesetzlich zum Schweigen verpflichtet. Das gilt gemäß § 203 Abs. 2 StGB auch für Fachkräfte des Jugendamtes als Angehörige des öffentlichen Dienstes – selbst dann, wenn sie nicht Sozialpädagogen, sondern z.B. Erzieherinnen sind. Der Bruch der Schweigepflicht ist nach § 203 StGB strafbar. Die Rechtsfolgen sind Geldstrafe oder Freiheitsstrafe bis zu einem Jahr. Die Tat wird nur auf Antrag verfolgt, es sei denn, dass die Strafverfolgungsbehörde das öffentliche Interesse an der Strafverfolgung bejaht, § 205 Abs. 1 StGB.
   a) **Ausnahme: Datenaustausch innerhalb des Fachteams**: Obwohl das Schweigegebot grundsätzlich auch gegenüber Berufskollegen gilt, ist der Datenaustausch innerhalb des Fachteams als einer Funktionseinheit dann möglich, wenn Hilfesuchende vorab über die praktizierte Datenweitergabe innerhalb des Teams informiert werden.
   b) **Ausnahme von der Ausnahme: Anvertraute Geheimnisse, § 65 SGB VIII:** Wird innerhalb eines Fachteams, einer Funktionseinheit, einem Teammitglied ein Geheimnis, das nur für ihn selbst bestimmt ist, anvertraut, gilt wieder § 65 SGB VIII als besonderer Vertrauensschutz und damit auch § 203 StGB.
2. **Externe Supervision:** Datenweitergabe innerhalb der Supervision darf nur anonymisiert erfolgen. Geschieht das nicht, ist kein Datenaustausch erlaubt. **Ausnahme:** Einwilligung betroffener Personen.
3. **Einwilligung betroffener Personen:** Daten dürfen aufgrund einer Einwilligung der betroffenen Person weitergegeben und verarbeitet werden. Nach den Anforderungen von Art. 4 Ziff. 11 DSG-VO ist die Einwilligung eine freiwillige, für einen bestimmten Fall, in informierter Weise unmissverständliche Willensbekundung in Form einer Erklärung oder einer sonstigen eindeutig bestätigenden Handlung, mit der die betroffene Person zu verstehen gibt, dass sie mit der Verarbeitung der sie betreffenden personenbezogenen Daten einverstanden ist. Bei direkten Angeboten von Diensten der Informationsgesellschaft ist die Einwilligung eines Jugendlichen selbst rechtmäßig, wenn er das 16. Lebensjahr vollendet hat. Andere Einwilligungen können Kinder und Jugendliche in Deutschland auch unter 16 Jahren unterschreiben, wenn sie den Inhalt und die Auswirkungen verstehen.
4. **Weitergabe von Daten betroffener Minderjähriger an die Eltern (umstritten):** Art. 6 GG geht mit der Formulierung „Pflege und Erziehung sind das natürliche Recht der Eltern" davon aus, dass Eltern die Interessen ihrer Kinder am besten wahrnehmen. Deshalb gehen Maßnahmen, die Eltern bei der Erziehung unterstützen, Eingriffen in das Erziehungsrecht vor. Umstritten ist dabei, in welchen Fällen die von Kindern oder Jugendlichen gewünschte Geheimhaltung Eltern gegenüber möglich ist.
   a) **ohne Einwilligung:** Ohne die Einwilligung des Minderjährigen sollte grundsätzlich die Schweigepflicht auch gegenüber den Eltern gewahrt werden. Die Möglichkeit eines Schweigerechts gegenüber Eltern bei Beratung von Kindern oder Jugendlichen in Not- oder Konfliktfällen nach § 8 Abs. 3 SGB VIII kann eine entscheidende Hilfe für Betroffene sein und Vertrauen für weitere pädagogische Arbeit wecken.
   b) **bei nachhaltigem Eingriff in das Erziehungsrecht, Art. 6 GG:** Allerdings kann es fachlich und rechtlich geboten sein, Eltern trotz fehlender Einwilligung zu unterrichten, wenn das Erziehungsrecht nachhaltig betroffen ist (Beispiel: Schwangerschaft einer Minderjährigen).
5. **Recht auf Auskunft und Akteneinsicht, §§ 25, 83 SGB X:** Neben dem generellen Recht auf Auskunft gemäß § 15 SGB I sind die Befugnisse im SGB X geregelt. Dahinter steht auch das Gebot der Transparenz aus der DS-GVO.
   a) **grundsätzlich möglich:** Sofern jemand an einem laufenden Verwaltungsverfahren beteiligt ist, ist die Einsicht in diese Akten zu gestatten, § 25 SGB X. Ansprüche auf Auskunft und Akteneinsicht bestehen nach § 83 SGB X und dem Informationsfreiheitsgesetz.
   b) **Ablehnungsmöglichkeiten:** Bestehen gesetzliche Geheimhaltungsvorschriften, scheidet Akteneinsicht aus, § 25 Abs. 3 SGB X. Eine nach 83 Abs. 3 SGB X erteilte Auskunftsverweigerung ist zu dokumentieren.

6. **Informationsanfragen von Nachbarn, Schule etc.:** Dritte haben grundsätzlich kein Recht auf Auskunft. Datenschutz und Schweigepflicht gehen dem Informationsbedürfnis vor. Legen z.B. Lehrer die Einwilligungserklärung einer betroffenen Person vor, ist zu prüfen, ob sich diese auch auf die Fachkraft der Kinder- und Jugendhilfe erstreckt.
7. **Polizei, Staatsanwaltschaft, Gericht:** Die in § 35 Abs. 3 SGB I aufgeführten Übermittlungsbefugnisse sind für öffentliche Leistungsträger im Rahmen der (dann wieder möglichen) Amtshilfe Übermittlungspflichten. Über § 61 SGB VIII bestehen auch für freie Träger Übermittlungsbefugnisse.
   a) **Übermittlungsbefugnis nach § 68 SGB X:** Unter den engen Voraussetzungen dieser Vorschrift dürfen lediglich wenige personenbezogene Daten wie Name und Adresse etc. weitergegeben werden. Die Befugnis zur Weitergabe ist außerdem personenbezogen (Leiter der ersuchten Stelle, Stellvertreter oder besonders Beauftragter, z.B. Datenschutzbeauftragter).
   b) **richterliche Anordnung nach § 73 SGB X:** Übermittlung von Sozialdaten für die Durchführung eines Strafverfahrens bedürfen der Anordnung eines Richters. Polizei und Staatsanwaltschaft können eine richterliche Anordnung beantragen. Bei Verbrechen wie Raub, Mord, Vergewaltigung (Straftaten mit der Androhung einer Mindestfreiheitstrafe gemäß § 12 StGB) oder Straftaten von erheblicher Bedeutung sind alle Sozialdaten zu übermitteln. Im Falle von Vergehen wie Diebstahl, Betrug oder Urkundenfälschung beschränkt sich die Übermittlungsbefugnis auf Namen, Geburtsdatum, Geburtsort, jetzige und frühere Anschriften des Betroffenen und der seines Arbeitgebers.
   c) **Anzeigepflicht geplanter Straftaten, § 138 StGB:** Anvertraute, geplante Straftaten sind anzeigepflichtig. Der anvertraute Sachverhalt muss offenbart werden. **Doch Achtung:** Das gilt nur hinsichtlich bestimmter geplanter schwerer Straftaten wie Mord, Totschlag, Menschenhandel und Freiheitsberaubung, nicht aber im Falle von Betrug, Diebstahl, Körperverletzung, Vergewaltigung oder Vergehen gegen das Betäubungsmittelgesetz.
   d) **ohne Übermittlungsbefugnis:** Sozialpädagogen anvertraute, aber schon geschehene Straftaten sind nicht anzeigepflichtig. Im Gegenteil: In diesem Fall wäre eine Strafanzeige durch den Sozialarbeiter im Regelfall ein strafbarer Bruch der Schweigepflicht.
8. **Wahrnehmung berechtigter Interessen:** Zur Verteidigung eigener Rechte oder zur Wahrnehmung persönlicher berechtigter Interessen sind Äußerungen auch dann nicht strafbar, wenn sie etwas Anvertrautes offenbaren und damit die Schweigepflicht durchbrechen, § 193 StGB (Beispiel: Die Leiterin eines Jugendamtes kann sich gegen Presseberichte, sie unternehme nichts, um gefährdeten Kindern in einer Familie zu helfen, nach einer Güter- und Pflichtenabwägung durch eine Gegendarstellung, die auch personenbezogene Daten enthält, wehren.)
9. **Meldepflichtige Krankheiten, IfSG:** Bei dem Verdacht auf bestimmte Krankheiten bestehen nach dem Infektionsschutzgesetz (IfSG) Meldepflichten für die Leiter von Einrichtungen gem. § 8 Abs. 1 Ziff. 7 in Verbindung mit § 36 Abs. 1 und 33 Ziff. 4 des Gesetzes. Meldepflichtige Krankheiten und Krankheitserreger sind in §§ 6 und 7 IfSG benannt. – Weitere Meldepflichten sind in der Abgabenordnung und anderen Vorschriften enthalten.[44]
10. **Aussage vor Gerichten (außer Strafverfahren), Zeugnisverweigerungsrecht nach § 383 ZPO:** Sozialpädagogen, Erzieher oder Heilpädagogen haben – soweit zur Geheimhaltung Tatsachen anvertraut wurden – in Zivilprozessen und anderen Gerichtsverfahren mit Ausnahme von Strafverfahren ein Zeugnisverweigerungsrecht (so auch § 46 ArbGG, § 29 FamFG, § 118 SGG, 98 VwGO). Soweit sie bei öffentlichen oder kirchlichen Trägern beschäftigt sind, ist die Aussage ohne Genehmigung des Dienstherrn immer unzulässig. Erteilt der Dienstherr die Aussagegenehmigung, darf eine Aussage trotzdem erst nach Entbindung von der Schweigepflicht durch den Betroffenen erfolgen.
11. **Aussage im Strafverfahren**
   a) **grundsätzlich kein Zeugnisverweigerungsrecht:** Ein als Zeugin geladene Sozialpädagogin ist nach der Strafprozessordnung zur Aussage verpflichtet. Obwohl Sozialpädagogen/Sozialarbeiterinnen nach § 203 StGB schweigepflichtig sind, hat ihnen der Gesetzgeber nicht wie ande-

44 Dazu ausführlich *Winkler* , 255 ff.

ren Berufsgeheimnisträgern ein Zeugnisverweigerungsrecht zugestanden. Sie haben grundsätzlich die Pflicht zur Zeugenaussage im Strafverfahren. Diese unbefriedigende Situation war bereits Gegenstand von Verfahren vor dem Bundesverfassungsgericht mit allerdings negativem Ausgang.[45] Nur im Einzelfall und unter ganz besonders strengen Voraussetzungen wurde eine Begrenzung des Zeugniszwangs – unmittelbar aus der Verfassung hergeleitet – eingeräumt.

b) **bei Verweigerung der Aussagegenehmigung durch den Dienstherrn:** Beschäftigte im öffentlichen Dienst benötigen in der Regel für die Aussage vor Gericht eine Aussagegenehmigung ihres Dienstherrn. Nach § 54 StPO gelten diese Vorschriften auch im Strafverfahren. Ohne eine solche Aussagegenehmigung ist keine Aussage im Strafverfahren zu leisten.

c) **eingeschränkte Übermittlungsbefugnis nach § 35 Abs. 3 SGB I, § 73 SGB X:** Im Strafverfahren kann danach bei Straftaten, die weder von erheblicher Bedeutung noch Verbrechen sind, das Zeugnis verweigert werden.

12. **Bei Kindeswohlgefährdung, vgl. §§ 8a, 65 SGB VIII zur Abwendung der Gefährdung:** Alle Mitarbeitenden in der öffentlichen Kinder- und Jugendhilfe (und über § 61 Abs. 3 SGB VIII entsprechend die freie Jugendhilfe), denen Sozialdaten zum Zweck persönlicher oder erzieherischer Hilfen anvertraut worden, sind gemäß § 65 SGB VIII schweigepflichtig. Im Rahmen ihrer Arbeit sind sie zur Datenweitergabe nach Einwilligung des Betroffenen oder unter den Voraussetzungen des § 203 StGB befugt. Darüber hinaus sind sie zur Offenbarung von Sozialdaten wie folgt berechtigt:

a) **Datenweitergabe an das Gericht:** Pflicht zur Anrufung des Familiengerichts durch das Jugendamt, wenn nach seiner Einschätzung die Gefährdung des Kindeswohls durch Hilfen nicht abzuwenden ist oder die Sorgeberechtigten weder bereit noch in der Lage sind, bei der Abwendung des Gefährdungsrisikos mitzuwirken.

b) **Einbeziehung anderer Leistungsträger/Gesundheitshilfe/Polizei:** Ist die Abwendung der Kindeswohlgefährdung durch andere Leistungsträger, durch Einrichtungen der Gesundheitshilfe oder durch die Polizei erforderlich, hat das Jugendamt auf die Inanspruchnahme durch die Personensorgeberechtigten hinzuwirken. Wirken die Sorgeberechtigten nicht mit, schaltet das Jugendamt die betreffenden Stellen unter Verwendung der erforderlichen Daten selbst ein.

c) **Weitergabe an den zuständigen örtlichen Träger, z.B. bei Zuständigkeitswechsel:** Bei Anhaltspunkten für eine Kindewohlgefährdung ist die Datenweitergabe an die Fachkräfte, die neu zuständig werden, gerechtfertigt (Fallzuständigkeit oder die örtliche Zuständigkeit wechselt, § 65 Abs. 1 Ziff. 3 SGB VIII).

d) **Risikoeinschätzung im Fachteam:** Datenweitergabe an mehrere geeignete Fachkräfte ist zur Gefährdungseinschätzung unabdingbar, § 8a SGB VIII.

e) **Risikoeinschätzung im Beisein externer Fachkräfte:** Wirken bei der Gefährdungseinschätzung externe Fachkräfte mit, sind die erforderlichen Daten zu anonymisieren oder zu pseudonymisieren.

f) **Rechtfertigender Notstand, § 34 StGB:** Die Mauer der Schweigepflicht ist aber auch dann durchlässig, wenn Rechtfertigungsgründe die Offenbarung, den Bruch der Schweigepflicht gestatten. In einem solchen Falle ist nach § 34 StGB eine sorgfältige Güterabwägung vorzunehmen. Sollte ein Jugendamt auf die Meldung einer Kindeswohlgefährdung durch den freien Träger nicht reagieren, kann es geboten sein, unter Anwendung des § 34 StGB Polizei oder Familiengericht zur Gefahrenabwendung direkt zu informieren.

45 Bundesverfassungsgericht, Beschl. v. 19.7.1972 (2 BvL 7/71), NJW 1972, 2214 und v. 2.1.2007 (2 BvR 26/07).

§ 61
Anwendungsbereich

(1) [1]Für den Schutz von Sozialdaten bei ihrer Verarbeitung in der Jugendhilfe gelten § 35 des Ersten Buches, §§ 67 bis 85a des Zehnten Buches sowie die nachfolgenden Vorschriften. [2]Sie gelten für alle Stellen des Trägers der öffentlichen Jugendhilfe, soweit sie Aufgaben nach diesem Buch wahrnehmen. [3]Für die Wahrnehmung von Aufgaben nach diesem Buch durch kreisangehörige Gemeinden und Gemeindeverbände, die nicht örtliche Träger sind, gelten die Sätze 1 und 2 entsprechend.

(2) Für den Schutz von Sozialdaten bei ihrer Verarbeitung im Rahmen der Tätigkeit des Jugendamts als Amtspfleger, Amtsvormund und Beistand gilt nur § 68.

(3) Werden Einrichtungen und Dienste der Träger der freien Jugendhilfe in Anspruch genommen, so ist sicherzustellen, dass der Schutz der personenbezogenen Daten bei der Verarbeitung in entsprechender Weise gewährleistet ist.

Übersicht Rn.

***Hinweis:** Als Überblick empfiehlt sich der „Leitfaden für die Praxis im Sozialdatenschutz" mit ausgewählten Beispielen, siehe Vorbemerkung zu § 61 SGB VIII, Randnummer 47.*

A. Allgemeines

1 § 61 SGB VIII nennt die speziellen Datenschutzbestimmungen für die Kinder- und Jugendhilfe. Nach **Abs. 1** gelten für alle **Träger der öffentlichen Kinder- und Jugendhilfe**, soweit sie Aufgaben nach dem SGB VIII oder einem Ausführungsgesetz wahrnehmen, die §§ 61 bis 68 SGB VIII und § 35 SGB I sowie die §§ 67 bis 85 SGB X. Das bedeutet, dass nicht etwa diese bereichsspezifischen Bestimmungen des SGB VIII allein gelten, sondern dass diese Normen als Ergänzung der anderen genannten Vorschriften zu verstehen sind. Sozialdaten in den Bereichen Amtspflegschaft und Amtsvormundschaft, Beistandschaft und (bis 31.12.2022)[1] Gegenvormund werden nach **Abs. 2** ausschließlich durch § 68 SGB VIII geschützt. Schließlich enthält **Abs. 3** die Verpflichtung des Trägers der öffentlichen Jugendhilfe, bei Inanspruchnahme von Einrichtungen und Diensten der freien Jugendhilfe sicherzustellen, dass der Schutz der personenbezogenen Daten bei der Erhebung und Verwendung in entsprechender Weise gewährleistet ist. Diese ausdrückliche Regelung war notwendig, weil der Sozialdatenschutz nach SGB I, SGB VIII und SGB X für die Leistungserbringung der **freien Träger** nicht unmittelbar gilt.

Die Regelungen des § 61 ff. SGB VIII kommen nur zur Anwendung, wenn Aufgaben nach dem SGB VIII wahrgenommen werden. So kommen über den Leistungsbereich hinaus auch die anderen Aufgaben nach § 2 SGB VIII in Betracht. Für die Wahrnehmung von Aufgaben nach diesem Buch durch kreisangehörige Gemeinden und Gemeindeverbände, die nicht örtliche Träger sind, gelten die Sätze 1 und 2 entsprechend. Soweit privat – also ohne Zusam-

1 Die Rechtsfigur des Gegenvormunds entfällt mit Wirkung zum 1.1.2023 gemäß dem Gesetz zur Reform des Vormundschafts- und Betreuungsrechts vom 4.5.2021 (BGBl. I S. 822); siehe auch § 68 Rn. 12.

menhang mit der dienstlichen Tätigkeit – Informationen erlangt werden, kommen die Datenschutzvorschriften des SGB VIII nicht zur Anwendung.

Durch das 2. DSAnPUG-EU wurden die Begriffe „Erhebung und Verwendung" der alten Fassung des § 61 SGB VIII durch den Oberbegriff **„Verarbeitung"** ersetzt. Diese Anpassung beruht auf Art. 4 Nr. 2 DS-GVO, wonach unter Verarbeitung personenbezogener Daten jeder „mit oder ohne Hilfe automatisierter Verfahren ausgeführter Vorgang … wie das Erheben, das Erfassen, die Organisation, das Ordnen, die Speicherung, die Anpassung oder Veränderung, das Auslesen, das Abfragen, die Verwendung, das Offenlegen durch Übermittlung, Verbreitung oder eine andere Form der Bereitstellung, den Abgleich oder die Verknüpfung, die Einschränkung, das Löschen oder die Vernichtung" umfasst wird. 2

Obwohl nach der DS-GVO die personenbezogenen Daten Verstorbener nicht geschützt sind[2], können die Mitgliedsstaaten „Vorschriften für die Verarbeitung personenbezogener Daten Verstorbener vorsehen"[3]. Davon hat Deutschland Gebrauch gemacht, sodass nach § 35 Abs. 5 SGB I die Sozialdaten Verstorbener nach Maßgabe des Zweiten Kapitels des SGB X verarbeitet werden dürfen.

Die Regelung zum Schutz der Sozialdaten bei ihrer Erhebung und Verwendung im Rahmen der Tätigkeit des Jugendamts als Amtspfleger, Amtsvormund, Beistand und (bis 31.12.2022)[4] Gegenvormund ergibt sich aus der Sonderrolle der Fachkräfte in diesen Funktionen als gesetzliche oder bestellte Vertreter, deren Aufgaben primär nicht in Hilfeleistungen bestehen. 3

B. Sozialdatenschutz durch Träger der freien Jugendhilfe

Die Träger der freien Jugendhilfe sind durch die Bestimmungen des Sozialdatenschutzes nach dem SGB VIII, des SGB I und SGB X sowie durch die Vorschriften der DSG-VO **nicht unmittelbar verpflichtet**. Für sie sind direkt die Bestimmungen des Bundesdatenschutzgesetzes und der Landesdatenschutzgesetze anwendbar. **Kirchliche und privatrechtlich organisierte kirchliche Stellen** unterliegen dem „Datenschutzgesetz der Evangelischen Kirche in Deutschland" (DSG-EKD) oder der „Anordnung über den kirchlichen Datenschutz – KDO – in den Diözesen". **Soweit Einrichtungen und Dienste der freien Träger in Anspruch genommen werden, müssen deren Bedienstete aber den Datenschutz wie Fachkräfte der öffentlichen Träger sicherstellen**.[5] Der bloße Verweis eines Trägers der freien Jugendhilfe auf die eigenen umfangreichen Datenschutzbestimmungen genügt nicht. Vielmehr bedarf es konkreter Maßnahmen, um den Datenschutz des freien Trägers „in entsprechender Weise" sicherzustellen, sodass etwa Festlegungen in **Verträgen, in Zusicherungen oder auch Selbstverpflichtungen** mit genauen Beschreibungen in Datenschutzkonzepten und Verarbeitungsverzeichnissen in Frage kommen. Durch die Verpflichtung des öffentlichen Trägers zur Sicherstellung des entsprechenden Datenschutzes der freien Träger soll im Ergebnis erreicht werden, dass das Schutzniveau beider Träger gleich ist. Der Schutz bezieht sich aber nicht nur auf die Daten, die dem freien Träger vom öffentlichen Träger übermittelt werden, sondern auch auf solche, die der freie Träger selbst erhebt. Der Datenschutz des freien Trägers ist auch gegenüber dem öffentlichen Träger zu wahren. Datenübermittlung darf nur im Rahmen der Übermittlungs-befugnisse erfolgen. 4

2 ErwGr. 27 DS-GVO.
3 ErwGr. 27 DS-GVO, Satz 2.
4 Die Rechtsfigur des Gegenvormunds entfällt mit Wirkung zum 1.1.2023 gemäß dem Gesetz zur Reform des Vormundschafts- und Betreuungsrechts vom 4.5.2021 (BGBl. I S. 822); siehe auch § 68 Rn. 12.
5 Vgl. Nds. Ministerium für Soziales, Gesundheit und Gleichstellung, Landesamt für Soziales, Jugend und Familie [Hrsg.] (2021), S. 49 ff.

C. Verlängerung des Sozialdatenschutzes

5 Daten, die einem Träger der freien Jugendhilfe von einem Träger der öffentlichen Jugendhilfe übermittelt werden, dürfen nur für den Zweck genutzt werden, der Grundlage der Übermittlung war (Zweckbindung). Die Verlängerung des Sozialdatenschutzes beruht auf **§ 78 Abs. 1 SGB X**. Darüber hinaus folgt aus der Neufassung dieser Bestimmung, dass eine Übermittlung von Sozialdaten an eine nicht-öffentliche Stelle auf deren Ersuchen hin nur zulässig ist, wenn diese sich gegenüber der ermittelnden Stelle verpflichtet hat, die Daten nur für den Zweck zu verarbeiten, zu dem sie übermittelt werden. Damit ist vor der Datenübermittlung eine Verpflichtungserklärung einzuholen. Auf die Pflichten nach § 78 Abs. 1 SGB X haben die Träger der öffentlichen Jugendhilfe nach § 78 Abs. 2 SGB X hinzuweisen.

Indem ein Träger der freien Jugendhilfe dieselben Schutzpflichten wie der übersendende Träger öffentlicher Jugendhilfe zu übernehmen hat, wird der Datenschutz verlängert; er wird zum abgeleiteten Normadressaten des Sozialgeheimnisses.[6]

6 LPK-SGB VIII/*Kunkel*, § 61 Rn. 230.

§ 62
Datenerhebung

(1) Sozialdaten dürfen nur erhoben werden, soweit ihre Kenntnis zur Erfüllung der jeweiligen Aufgabe erforderlich ist.

(2) [1]Sozialdaten sind bei der betroffenen Person zu erheben. [2]Sie ist über die Rechtsgrundlage der Erhebung sowie die Zweckbestimmungen der Verarbeitung aufzuklären, soweit diese nicht offenkundig sind.

(3) Ohne Mitwirkung der betroffenen Person dürfen Sozialdaten nur erhoben werden, wenn

1. eine gesetzliche Bestimmung dies vorschreibt oder erlaubt oder

2. ihre Erhebung bei der betroffenen Person nicht möglich ist oder die jeweilige Aufgabe ihrer Art nach eine Erhebung bei anderen erfordert, die Kenntnis der Daten aber erforderlich ist für

a) die Feststellung der Voraussetzungen oder für die Erfüllung einer Leistung nach diesem Buch oder

b) die Feststellung der Voraussetzungen für die Erstattung einer Leistung nach § 50 des Zehnten Buches oder

c) die Wahrnehmung einer Aufgabe nach den §§ 42 bis 48a und nach § 52 oder

d) die Erfüllung des Schutzauftrags bei Kindeswohlgefährdung nach § 8a oder die Gefährdungsabwendung nach § 4 des Gesetzes zur Kooperation und Information im Kinderschutz oder

3. die Erhebung bei der betroffenen Person einen unverhältnismäßigen Aufwand erfordern würde und keine Anhaltspunkte dafür bestehen, dass schutzwürdige Interessen der betroffenen Person beeinträchtigt werden oder

4. die Erhebung bei der betroffenen Person den Zugang zur Hilfe ernsthaft gefährden würde.

(4) [1]Ist die betroffene Person nicht zugleich Leistungsberechtigter oder sonst an der Leistung beteiligt, so dürfen die Daten auch beim Leistungsberechtigten oder einer anderen Person, die sonst an der Leistung beteiligt ist, erhoben werden, wenn die Kenntnis der Daten für die Gewährung einer Leistung nach diesem Buch notwendig ist. [2]Satz 1 gilt bei der Erfüllung anderer Aufgaben im Sinne des § 2 Absatz 3 entsprechend.

Übersicht Rn.

***Hinweis:** Als Überblick empfiehlt sich der „Leitfaden für die Praxis im Sozialdatenschutz" mit ausgewählten Beispielen, siehe Vorbemerkung zu § 61 SGB VIII, Randnummer 47.*

A. Allgemeines

1 Unter **Datenerhebung** ist das **Beschaffen von Daten über die betroffene Person** zu verstehen. Daten, die zufällig erlangt worden sind, gelten ebenso als nicht erhoben wie Mitteilungen, die ein Betroffener ohne Aufforderung eigeninitiativ macht. Das gilt auch für Daten, die Dritte (Hinweisgeber) melden. § 62 Abs. 1 SGB VIII betont für die Datenerhebung den **Grundsatz der Erforderlichkeit** und in Abs. 2 den **Grundsatz der Datenerhebung bei der betroffenen Person**. § 62 Abs. 3 SGB VIII regelt die Fälle, die eine **Datenerhebung ohne Mitwirkung des Betroffenen** erlauben. Neu eingefügt ist in den Abs. 3 d) als weitere Alternative die Erhebung von Sozialdaten zur Gefährdungsabwendung nach § 4 KKG. Soweit Daten von **Personen** erhoben werden sollen, **die nicht zugleich Leistungsberechtigte** sind, dürfen diese Daten nach § 62 Abs. 4 SGB VIII auch beim Leistungsberechtigten oder anderen Personen, die an der Leistung beteiligt sind, erhoben werden, wenn die Kenntnis der Daten für die Gewährung einer Leistung nach dem SGB VIII notwendig ist.

1a Während § 62 SGB VIII die Erhebung von Sozialdaten in der Kinder- und Jugendhilfe regelt, gilt der in Formulierung und Regelungsumfang etwas abweichende § 67a SGB X als allgemeine Normierung der Datenerhebung. Das Verhältnis beider Vorschriften ist in der Literatur umstritten.[1]

B. Einzelheiten

I. Abs. 1 – Grundsatz der Erforderlichkeit der Datenerhebung

2 § 62 Abs. 1 SGB VIII erlaubt die Erhebung von Sozialdaten, soweit ihre Kenntnis zur Erfüllung der jeweiligen Aufgabe erforderlich ist. Die Datenerhebung hat sich damit an der Aufgabenerfüllung zu orientieren, muss also den **Grundsatz der Zweckbindung** beachten. Die Fachkräfte der Kinder- und Jugendhilfe müssen also im Blick haben, dass die Datenerhebung der Erfüllung einer bestimmten **Einzelaufgabe** dient und nicht etwa der Sammlung von Daten „für alle Fälle". **Vorratsdatensammlung** ist untersagt. Die Erforderlichkeit der erhobenen Daten für die Aufgabenerfüllung im Einzelfall bestimmt gleichzeitig auch den Umfang der zu erhebenden Daten, die von einer betroffenen Person für die Leistungsgewährung benötigt werden. Dieser obliegen, **Mitwirkungspflichten zur Datenher- und -weitergabe**, denen sie sich, wenn sie Leistungen erhalten möchte, nicht entziehen kann.

3 **Datenerhebung** kann als das an einem bestimmten Zweck orientierte systematische Erfassen erforderlicher Informationen für den Einzelfall beschrieben werden. Im Rahmen dieses prozesshaften Vorgangs ist immer wieder zu prüfen, ob einerseits alle erforderlichen Daten ermittelt, andererseits alle anderen Daten unbeachtet geblieben oder gelöscht sind. *Walther*[2] weist zu Recht darauf hin, dass Daten, die zur Leistungsgewährung erforderlich sind (z.B. im Rahmen des sozialpädagogischen Fallverstehens für ein Genogramm), eine erforderliche Datenerhebung sein können. Daten sind in unmittelbarem zeitlichem Zusammenhang mit der zu erledigenden Aufgabe zu erheben, um so aktuellen Anforderungen gerecht werden zu können. Im Falle unzulässiger Datenerhebung erstreckt sich das **Verwertungsverbot** solcher Daten auch auf deren Speicherung, Nutzung und Übermittlung; die betroffene Person kann nach Art. 17 Abs. 1 DS-GVO die unverzügliche Löschung verlangen.

---

1 Siehe Übersicht bei *Hoffmann,* FK-SGB VIII, § 62 Rn. 3 sowie *Kunkel,* GK-SGB VIII § 62 Rn. 1.
2 Wiesner/*Walther*, § 62 SGB VIII Rn. 8.

II. Abs. 2 – Datenerhebung beim Betroffenen und Aufklärung

§ 62 Abs. 2 Satz 1 SGB VIII enthält den **Grundsatz der Datenerhebung bei der betroffenen Person.** Diese soll selbst entscheiden können, welche persönlichen Lebenssachverhalte sie preisgibt. Deshalb ist sie **vor Beginn** der Datenerhebung über deren Rechtsgrundlage sowie über den Erhebungs- und Verwendungszweck aufzuklären, soweit dieser nicht offenkundig ist (§ 62 Abs. 2 Satz 2 SGB VIII). **Betroffene Person** ist gem. § 67 Abs. 1 Satz 1 SGB X eine bestimmte oder bestimmbare Person, auf die sich die Einzelangaben über persönliche und sachliche Verhältnisse beziehen. Für den Datenschutz versteht sich von selbst, dass betroffene Personen in diesem Sinne nur solche sind, die geschützt werden sollen und deren Rechte betroffen sind. Damit scheiden für diesen Begriff die Mitarbeiter des Jugendamtes oder freier Träger aus. Von einer betroffenen Person selbst (Fachkräfte des Jugendamtes bezeichnen sie oft auch als **Adressaten**) erfahren die Mitarbeiter in der Kinder- und Jugendhilfe Informationen, die sie allein betreffen, aber auch **Angaben über Dritte** wie Ehe- oder Lebenspartner, Kinder, Eltern, Freunde. Deren Daten sind dann ohne deren Mitwirkung erlangt und dürften nur unter den Voraussetzungen des § 62 Abs. 3 SGB VIII erhoben werden. Eine solche Auslegung des § 62 Abs. 2 SGB VIII zur Datenerhebung bei betroffenen Personen führt jedoch in diesem Zusammenhang zu weit. Da die Daten derjenigen geschützt werden sollen, die Partner des Hilfeprozesses sind, erstreckt sich die Anwendung des § 62 Abs. 2 SGB VIII auch auf diese, wenn die Informationen durch eine betroffene Person mitgeteilt werden. 4

Die **Aufklärungspflicht** verlangt Unterrichtung des Betroffenen über die Rechtsgrundlage der Erhebung und über den Verwendungszweck, aber nur dann, wenn darüber keine Offenkundigkeit besteht. Hat die Fachkraft der Kinder- und Jugendhilfe den Eindruck, dass die Vorstellungen des Klienten von der begehrten Leistung oder von der von ihm erwarteten Mitwirkung unklar sind, ist Aufklärung erforderlich, sonst nicht. 4a

Allerdings müssen Verantwortliche bei der Erhebung von Daten die **Informationspflichten** der Art. 13 und 14 DS-GVO erfüllen. Werden die Daten bei der betroffenen Person erhoben, gilt Art. 13 DS-GVO. Wenn die Daten nicht bei der betroffenen Person, sondern bei Dritten erhoben werden, entsteht eine Informationspflicht nach Art. 14 DS-GVO. Die jeweils gebotenen wesentlichen Informationen unterscheiden sich wie folgt minimal: 4b

Erforderliche Angaben zur Erfüllung der Informationspflichten nach Art. 13 und 14 DS-GVO		
Informationspflichten bei Direkterhebung, Art. 13 DS-GVO	Informationspflichten bei Dritterhebung, Art. 14 DS-GVO	Übereinstimmung
Namen und Kontaktdaten des Verantwortlichen und des Vertreters	Namen und Kontaktdaten des Verantwortlichen und des Vertreters	ja
Kontaktdaten des Datenschutzbeauftragten	Kontaktdaten des Datenschutzbeauftragten	ja
Zweck der Datenverarbeitung und deren Rechtsgrundlage	Zweck der Datenverarbeitung und deren Rechtsgrundlage	ja
Angabe von berechtigten Interessen des Verantwortlichen bei Verarbeitung nach Art. 6 Abs. 1 f.	Angabe von berechtigten Interessen des Verantwortlichen bei Verarbeitung nach Art. 6 Abs. 1 f.	ja

Erforderliche Angaben zur Erfüllung der Informationspflichten nach Art. 13 und 14 DS-GVO		
Informationspflichten bei Direkterhebung, Art. 13 DS-GVO	Informationspflichten bei Dritterhebung, Art. 14 DS-GVO	Übereinstimmung
Empfänger oder Kategorien von Empfängern der personenbezogenen Daten	Empfänger oder Kategorien von Empfängern der personenbezogenen Daten	ja
Speicherdauer oder Kriterien für Festlegung der Dauer	Speicherdauer oder Kriterien für Festlegung der Dauer	ja
Listung der Betroffenenrechte (Auskunft, Berichtigung, Löschung, Einschränkung der Verarbeitung oder eines Widerspruchsrechts gegen die Verarbeitung sowie des Rechts auf Datenübertragung)	Listung der Betroffenenrechte (Auskunft, Berichtigung, Löschung, Einschränkung der Verarbeitung oder eines Widerspruchsrechts gegen die Verarbeitung sowie des Rechts auf Datenübertragung)	ja
Hinweis auf Widerrufsrecht bei Einwilligung	Hinweis auf Widerrufsrecht bei Einwilligung	ja
Beschwerderecht und Aufsichtsbehörde	Beschwerderecht und Aufsichtsbehörde	ja
Hinweis auf Verpflichtung zur Bereitstellung von Daten und Folgen bei Nichtbereitstellung		nein
	Quelle der personenbezogenen Daten; stammen sie aus öffentlich zugänglichen Quellen?	nein

Übersicht: Erforderliche Angaben zur Erfüllung der Informationspflichten nach Art. 13 und 14 DS-GVO

Diese Informationspflichten schränken Art. 13 Abs, 4 und Art. 14 Abs. 5 DSGVO für den Fall wieder ein, dass die betroffene Person bereits über die Informationen verfügt. Bei der Dritterhebung gilt das nach Art. 14 Abs. 5 b) DSGVO auch für die Fälle, dass sich die Erteilung solcher Informationen als unmöglich erweist oder einen unverhältnismäßigen Aufwand erfordert. Einzelheiten dazu sind aus den Vorschriften der §§ 82 ff. SGB X ersichtlich.

5 Exkurs Entwicklungsberichte

Regelmäßig verlangen öffentliche Jugendhilfeträger von freien Jugendhilfeträgern ausführliche **Entwicklungsberichte**[3] (Heim- oder Erziehungsberichte) über die von ihnen betreuten Kinder und Jugendlichen. Der Hessische Landesdatenschutzbeauftragte (HDSB) hat bereits 1990 auf die Berichtspraxis in seinem 19. Tätigkeitsbericht (für das Jahr 1989) hingewiesen. Er bemängelt die Ausführlichkeit der Berichte und fordert eine erhebliche Reduzierung der Angaben, ohne sich jedoch mit der gesamten Berichtspraxis kritisch auseinanderzusetzen und deren Unrechtmäßigkeit zu rügen. Auch *Maas* sieht in dem Erstellen und Übermitteln

3 Zu Entwicklungs- und Tätigkeitsberichten ausführlich *Lehmann/Radewagen/Stücker,* S. 72 ff.

von Entwicklungsberichten einen legitimen Weg, das Jugendamt als Kostenträger einer Hilfe über den Verlauf und das erreichte Ergebnis der Hilfe regelmäßig zu informieren[4]. Der öffentliche Träger soll durch die Berichte in die Lage versetzt werden, entscheiden zu können, ob die gewählte Hilfe weiterhin geeignet und notwendig ist. *Kunkel* hält die Berichte datenschutzrechtlich für zulässig, falls sie sich auf die erforderlichen Daten (die zumindest mit stillschweigender Einwilligung des Betroffenen übermittelt würden) beschränken, nämlich auf die, die das Jugendamt zur Subsumtion unter die Tatbestandsmerkmale des § 27 SGB VIII benötigt, wenn es Hilfe zur Erziehung leistet[5].

Es scheint so, als hätten auch viele Jugendämter nicht mitbekommen, dass sich mit Ablösung des Jugendwohlfahrtsgesetzes nicht nur der Titel, sondern auch der Inhalt für die Kinder- und Jugendhilfe geändert hat: Die Entwicklungsberichte schreiben lediglich eine überkommene Übung fort, die jedoch spätestens mit dem Inkrafttreten des SGB VIII im Jahr 1990/1991 weder eine inhaltliche noch eine rechtliche Basis hat. Zu Zeiten des JWG waren Heimberichte für die Informationsbeschaffung oft üblich und notwendig, weil es damals keine turnusmäßigen Hilfeplangespräche, in denen der Fortbestand der Hilfe geprüft wird, gab. Berichte zur Heimerziehung aus der Zeit 1950 bis 1980 offenbaren, dass manche Kinder und Jugendliche jahrelang in Heimen ohne Kontakt zum Jugendamt untergebracht waren. Seit der Einführung des SGB VIII sind aufgrund der in § 36 SGB VIII normierten Regelung zum Hilfeplanverfahren Entwicklungsberichte entbehrlich; die Anforderung solcher Berichte widerspricht der Intention des SGB VIII und kollidiert mit dem Datenschutz:

Die Anforderungen an den Inhalt solcher Entwicklungsberichte folgen regelmäßig einem einseitig geprägten Expertenhandeln, das die Betroffenen in der Hilfegestaltung zu Objekten degradiert, anstatt sie als Experten in eigener Sache an den sie betreffenden Entscheidungen aktiv zu beteiligen, wie es ihre Subjektstatur nach dem SGB VIII verlangt. Fachkräfte entscheiden, was gut und richtig für den Betroffenen ist, anstatt dies mit ihm auszuhandeln. Sie wollen für ihre Hilfeplanung wissen, wie sich die Kinder und Jugendlichen „so entwickeln". Auch wenn die Fachkräfte der freien Träger die Entwicklungsberichte den Betroffenen zur Kenntnis geben oder durch Unterschrift der Betroffenen zu legitimieren glauben, fehlt es doch regelmäßig an einer **vor Anforderung** des Berichts erbetenen Einwilligung des Betroffenen für die Erhebung bei Dritten.

Die berichtenden Sozialarbeiter und Sozialpädagogen verstoßen zumindest dann, wenn sie die Betroffenen nicht einbeziehen und über ihre Rechte informieren, gegen die berufliche Schweigepflicht gem. § 203 Abs. 1 Nr. 5 StGB und gegen einschlägige Regelungen des Sozialdatenschutzes, die für die Jugendhilfe im SGB I, SGB VIII und SGB X verbindlich formuliert sind. So dürfen nach dem Grundsatz der Erforderlichkeit Sozialdaten nur dann erhoben, verarbeitet oder genutzt werden, wenn das zur Aufgabenerfüllung des Leistungsträgers unbedingt erforderlich ist. Dabei steht jede Datenverarbeitung unter dem Erlaubnisvorbehalt: Sie ist grundsätzlich verboten, es sei denn, der Betroffene willigt in die Datenverarbeitung ein oder sie wird durch ein Gesetz legitimiert. Darüber hinaus sind die erforderlichen Daten gemäß dem Ersterhebungsgrundsatz bei den Betroffenen zu erheben. Ausnahmen von dieser Regel werden in § 62 SGB VIII eng begrenzt.

Der **Grundsatz der Erforderlichkeit** verbietet eine Vorratsdatenspeicherung und unterstreicht die Unzulässigkeit von Entwicklungsberichten, weil diese in der Regel mehr Daten enthalten, als zur Erfüllung einer Aufgabe benötigt werden. Denn für den freien Träger, der im Auftrag des Jugendamtes entsprechende Berichte erstellt oder erstellen soll, ist im Grunde nicht einschätzbar, welche Daten der öffentliche Träger zur Erfüllung seiner jeweili-

4 *Maas,* 1992, 61.
5 Wabnitz/*Kunkel,* GK-SGB VIII, § 61 Rn. 288.

gen Aufgabe unbedingt benötigt. So ist nicht auszuschließen, dass er mehr Daten als notwendig übermittelt.

Grundsätzlich haben freie Träger für Entwicklungsberichte also mangels Rechtsgrundlage weder eine Erhebungs- noch eine Übermittlungsbefugnis. Dies gilt selbst dann, wenn der Betroffene einwilligte. Denn die Übersendung von Entwicklungsberichten ist nicht notwendig, damit der öffentliche Träger seine Aufgaben erfüllen kann. Vielmehr hat das Jugendamt nach Möglichkeiten zu suchen, die erforderlichen Daten bei den Betroffenen selbst zu erheben, wie es § 62 Abs. 2 Satz 1 SGB VIII bzw. § 67a Abs. 2 Satz 1 SGB X verlangen. Die turnusmäßig stattfindenden Hilfeplangespräche sind dafür der geeignete Ort: Dem Selbstbestimmungsrecht der Betroffenen wird durch den bei längeren Hilfen obligatorisch aufzustellenden Hilfeplan gem. § 36 Abs. 2 Satz 2 SGB VIII in geeigneter Weise entsprochen. Da der öffentliche Träger innerhalb seiner Rechtsaufsicht das Vorliegen der Voraussetzungen für die Hilfegewährung regelmäßig im Rahmen eines solchen Hilfeplans zu überprüfen hat, stellt diese Form der Datenerhebung für ihn auch keinen unverhältnismäßigen Mehraufwand dar. An der Hilfeplanung wiederum sind sowohl die Personensorgeberechtigten als auch die Kinder und Jugendlichen bzw. jungen Volljährigen sowie weitere Personen, sofern sie bei der Durchführung der Hilfe tätig werden, zu beteiligen.

Im Zuge der Hilfeplanung dürfen gemäß dem **Grundsatz der Erforderlichkeit** nur solche Daten erhoben werden, die zur Planung und Gewährung der Hilfe unbedingt erforderlich sind. Das gebietet auch der Grundsatz der Datenminimierung nach Art. 5 Abs. 1 c). Hilfeplanung ist auf eine konkrete Sozialleistung ausgerichtet. Es ist nicht erforderlich, anamnestische und diagnostische Instrumentarien der psychosozialen Persönlichkeitserfassung einzusetzen. Das gilt auch für Entwicklungsberichte, die sich nicht auf die Hilfeplananforderungen beziehen. Diagnostikmodelle verleiten in der Jugendhilfe zu methodischen und strukturellen Denk- und Vorgehensweisen, die mit dem Recht auf informelle Selbstbestimmung der Betroffenen unvereinbar sind. Hilfepläne sind keine Gutachten und Entwicklungsberichte keine Grundlagen für die Fortschreibung von Hilfeplänen. Das folgt nicht nur aus dem Wortlaut des § 36 SGB VIII, sondern auch aus der Tatsache, dass es hierbei regelmäßig um die Nutzung von Sozialdaten geht, die nur zulässig ist, wenn dies zur Erfüllung der Aufgaben nach dem Sozialgesetzbuch unbedingt erforderlich ist. Die Erforderlichkeit liegt aber nur dann vor, wenn und soweit der vom Gesetz her zu bestimmende Zweck nicht durch andere Art und Weise erfüllt werden kann. Um aber entscheiden zu können, ob eine Hilfe Erfolg hat und deshalb fortgesetzt werden soll, oder um einen Hilfeplan zu erstellen, bedarf es keiner ausführlichen Entwicklungsberichte, weshalb sie auch durch die Hilfeplanung nicht legitimiert werden. Diese ist vielmehr auf das notwendige Maß an Daten zu reduzieren und vor allem zielorientiert und messbar aufzubauen.

Auf die Bitte des Datenschutzbeauftragten eines freien Trägers in Niedersachsen hat das Niedersächsische Ministerium für Soziales, Frauen, Familie und Gesundheit mit Schreiben vom 12. Juli 2006 zur Erhebung von Entwicklungsberichten wie folgt Stellung genommen (AZ: 301.2-05 419/1):

„Jugendämter dürfen Sozialdaten – und damit auch die in den Entwicklungsberichten hinterfragten Einzelangaben – erheben, soweit ihre Kenntnis für die Erfüllung ihrer Aufgabe erforderlich ist (§ 62 Abs. 1 SGB VIII). Die Erhebung darüber hinausgehender Daten ist unzulässig. Nach § 62 Abs. 2 SGB VIII sind diese Daten unmittelbar bei den Betroffenen zu erheben. Auch wenn im Einzelfall nicht auszuschließen ist, dass einer der Ausnahmetatbestände des § 62 Abs. 3 SGB VIII gelten kann, widerspricht es mir, hier pauschal solche Ausnahmen vorauszusetzen. Entsprechend halte ich eine regelmäßige und ausnahmslose Anforderung von Entwicklungsberichten in Fällen

- der stationären Unterbringung
- von Erziehungsbeistandschaften oder
- Sozialpädagogischer Familienhilfe

für nicht zu rechtfertigen.

In begründeten Einzelfällen mag sich allerdings eine abweichende Beurteilung der Rechtslage anbieten.

Unabhängig von meiner rechtlichen Bewertung ist auch nicht ersichtlich, aus welchen Gründen die für erforderlich gehaltenen Daten nicht bei den regelmäßig stattfindenden Hilfeplangesprächen unmittelbar bei den an diesen Gesprächen teilnehmenden Betroffenen – und damit gesetzeskonform – erfragt werden können.

Schwerwiegender als diese grundlegenden Bedenken stellt sich für mich eine andere Problematik dar. Gerade in den aufgezählten Hilfeleistungen wird es regelmäßig vorkommen, dass Daten, die erlangt werden können, als anvertraut im Sinne des § 65 SGB VIII gelten müssen. Auch wenn die Datenschutzvorschriften des SGB VIII unmittelbar nur für die öffentlichen Träger gelten, ist nach § 61 SGB Abs. 3 VIII sicherzustellen, dass der Schutz von Sozialdaten auch bei der Inanspruchnahme von freien Trägern der Kinder- und Jugendhilfe in entsprechender Weise gewährleistet ist. Weiterhin darf nicht außer Acht gelassen werden, dass unabhängig von der Anwendbarkeit von § 65 SGB VIII, § 203 StGB auch für bei freien Trägern der Kinder- und Jugendhilfe Beschäftigte volle Gültigkeit besitzt, soweit sie den genannten Berufsgruppen angehören. Es ist nicht vertretbar, dass hier Mitarbeiterinnen und Mitarbeiter eines freien Trägers quasi genötigt werden, ihre Verschwiegenheitspflicht durch Erstatten eines Entwicklungsberichts zu brechen.

[…]

Die Arbeitsgemeinschaft der Jugendämter der Länder Niedersachsen/ Bremen erhalten von mir eine Durchschrift dieses Schreibens."

Die Stellungnahme einiger Jugendämter offenbart offensichtliche Unkenntnis datenschutzrechtlicher Grundlagen. Der Eingriff in die Grundrechte der Betroffenen lässt sich weder durch Kooperationsverträge noch durch Schlagworte wie „Kinderschutz geht vor Datenschutz" rechtfertigen. Dass es aber möglich ist, Entwicklungsberichte kritisch zu überdenken und daraus Konsequenzen zu ziehen, wird in verschiedenen Regionen Deutschlands praktiziert. So heißt es z.B. in den Hinweisen des Landesjugendamtes Brandenburg

> „Die zum Teil noch gängige Praxis mündlicher oder schriftlicher Berichterstattung (Entwicklungsberichte o.ä.) wird durch die Verfahrensregel der Fortschreibung des Hilfeplanes abgelöst."

Ähnliches ist in der Arbeitshilfe der Gesprächsrunde der Jugendhilfeeinrichtungen und Jugendämter der Region Franken formuliert:

> „5. Verhältnis zum Entwicklungsbericht
>
> Das Hilfeplangespräch bzw. seine Fortschreibungen werden den Entwicklungsbericht in seiner bisherigen Form nach und nach ablösen. Das bedeutet nicht, dass Jugendämter künftig keinen Zugang mehr zu Informationen über die Entwicklung eines Kindes bzw. Jugendlichen außerhalb der Fortschreibung des Hilfeplans erhalten. Auf entsprechende Anfrage werden die Jugendhilfeeinrichtungen der Region Franken auch weiterhin Stellung zu konkreten Fragen der Entwicklung des jungen Menschen nehmen, wenn nicht ohnedies eine Fortschreibung des Hilfeplanes vorzunehmen ist. Über die Form der Informationsweitergabe (persönlich, telefonisch, schriftlich) verständigen sich die Beteiligten im Einzelfall, wobei selbstverständlich die Datenschutzregelungen zu beachten sind."

Auch wenn Entwicklungsberichte in der überkommenen und beanstandeten Form abzulehnen sind, haben die Träger der freien Jugendhilfe – unabhängig von Vereinbarungen nach § 8a SGB VIII – die Pflicht zur Dokumentation ihrer Tätigkeiten. Diese Pflicht folgt aus dem 6

Auftragsverhältnis mit rechtlichen Konsequenzen für den freien Träger wegen dessen Beweislast, die übertragenen Aufgaben sachgerecht und hinreichend erfüllt zu haben. Darüber hinaus wäre es mit dem haushaltsrechtlichen Grundsatz einer wirtschaftlichen und sparsamen Mittelverwendung nicht vereinbar, wenn der öffentliche Jugendhilfeträger verpflichtet wäre, die Kosten der vom freien Jugendhilfeträger erbrachten Leistungen ohne jede Prüfmöglichkeit zu übernehmen.

7 Der öffentliche Träger hat deshalb ausdrücklich Anspruch auf einen **Tätigkeitsbericht**[6] des freien Trägers. Dieser bezieht sich auf die durch den Träger in der Hilfe tatsächlich oder zusätzlich erbrachten oder auch unterlassenen Leistungen. Die zur Erreichung der im Hilfeplan verabredeten Leistungen, die Ziele und Aufgaben, das fachliche Vorgehen inklusive der handlungsleitenden Theorien, die eingesetzten Methoden sowie das Betreuungssetting sind zu beschreiben und dem Jugendamt mitzuteilen. Eventuelles Fehlverhalten eines Helfers ist zu vermerken. **Bei Tätigkeitsberichten beschreibt der freie Träger sich und seine in der Hilfe erbrachten Leistungen**. Er gibt dem öffentlichen Träger und auch den Betroffenen Einblick in seine Arbeit. Im Idealfall bespricht er deshalb den Bericht zuvor mit den Betroffenen und lässt ihn gegenzeichnen. Tätigkeitsberichte machen die Arbeit transparent. Der öffentliche Träger kann durch solche Berichte qualifiziert nachprüfen, ob der gewählte Träger und die verabredete Maßnahme geeignet sind, die Betroffenen bei ihrer Zielerreichung idealtypisch zu unterstützen, ob also die gewährten Mittel bestmöglich eingesetzt werden. Der Einsatz von Tätigkeitsberichten steigert die Qualität der Hilfen und setzt den öffentlichen Träger in die Lage, eben diese Qualität der Arbeit eines freien Trägers anhand der im Einzelfall erbrachten Leistungen zu beurteilen. Diese oder ähnliche Tätigkeitsberichte werden schon seit einiger Zeit von einer Reihe von Jugendämtern wie z.B. Hannover oder München statt der Entwicklungsberichte eingesetzt. Entwicklungsberichte dagegen sind Rückschritte in die Fürsorgeerziehung und entsprechen weder der Intention des SGB VIII noch dem Datenschutz.

8 ***Muster eines Tätigkeitsberichts ((Muster siehe Vorauflage Seite 701))***

Trägerbericht zur Hilfeplanvorbereitung

Bericht von:	*(letzter Bericht vom:)*
Az:	*ASD-/ KSD-Fachkraft:*

Betroffene Person:

Betreuungsbeginn:	*Rechtsgrundlage:*	*Stundenumfang/Woche:*

Teil A: Trägerbericht

Zielvereinbarungen vom:

Ziel 1

Ziel 2

etc.

Betreuungsbedingungen:

Trägerbeschreibung (bei Erstbericht in Form einer kurzen Konzeption)

Beschreiben, ob es gravierende Veränderungen zu der mit dem öffentlichen Träger verabredeten Leistungsbeschreibung gibt.

6 *Radewagen* betont ausdrücklich, dass der freie Träger das Jugendamt über den Hilfeverlauf zu informieren hat, S. 61.

Beschreiben, welche Fachkraft die Hilfe federführend begleitet hat (Name und Berufsbezeichnung), ob und wenn ja durch wen vertreten wurde.

Beschreiben, ob alle vereinbarten Stunden geleistet werden konnten oder Hindernisse bestanden, weil evtl. anderweitigen Verpflichtungen Vorrang eingeräumt werden musste.

Teamleistungen (z.B. Vertretungen) angeben.

Welche Trägerangebote gibt es, die die Betroffenen nutzen (z.B. Hausaufgabenhilfe, Mütterfrühstück, Nachbarschaftstreff)?

Wurden interne/externe Stellen (z.B. Fachberatung/Rechtshilfe/Datenschutz) hinzugezogen?

Erbrachte Leistungen mit Bezug auf die vereinbarten Ziele:

Ausführlich das fachliche Vorgehen in der Hilfe erläutern. Dabei ist anzugeben, welche theoretischen Grundlagen handlungsleitend in der Hilfegestaltung waren, welche Methoden und Settings angewandt wurden.

Einbeziehung von Kommunikationspartnern/Kontakten angeben (Schule, Ausbildungsbetrieb, Jugendtreff etc.)

Nicht erbrachte Leistungen:

Kurzbeschreibung der verabredeten, aber nicht erbrachten Leistungen

Zusätzlich erbrachte Leistungen:

Leistungen für die betroffene Person

Angebote des Trägers

Besonderheiten:

wie Fehlverhalten, Mängel

Weitere Hilfebedarf aus Sicht des Trägers:

Welche Aufgaben und Leistungen sind weiterhin (und von wem) erforderlich?

Nächster Bericht folgt bis:

Datum

Teil B: Bericht der betroffenen Person:

Verlauf der Hilfe aus deren Sicht:

Bezogen auf die Ziele beschreibt diese, wie sie die Hilfe erfahren hat, was sie als hilfreich oder auch als problematisch empfand. Dabei bezieht sie sich auch auf die vom Träger gemachten Berichtsangaben. Sie kann sie kommentieren, ergänzen, aber auch kritisieren und berichtigen.

Weiterer Hilfebedarf aus Sicht der betroffenen Person:

Im Einzelnen ausführen, welche Ziele diese für den weiteren Hilfeverlauf hat und welche Unterstützung sie zur Umsetzung benötigt.

Teil C: Beantwortung konkreter Fragen des öffentlichen Trägers

An dieser Stelle können sowohl der freie Jugendhilfeträger als auch die betroffene Person auf

konkrete Fragen des öffentlichen Trägers zu Hilfeverlauf Auskunft geben und damit die Vorbereitung des Hilfeplangesprächs unterstützen:

Die Fragen des Jugendamtes sind vorab zu übermitteln.

Die Fragen beziehen sich auf die konkrete Hilfe und sind nicht pauschal formuliert.

Bei den Fragen ist der Zweck der Datenerhebung (also der Grund, weshalb die Beantwortung

der Fragen für die weitere Hilfeplanung von Bedeutung ist) durch den öffentlichen Jugendhilfe-träger anzugeben.

Die Unterzeichner sind mit der Übersendung des o.a. Berichts an das Jugendamt der

Stadt XY und der Speicherung der Daten einverstanden.

Datum/Unterschriften:	*Trägervertreter*	*Betroffene Person*

III. Abs. 3 – Datenerhebung ohne Mitwirkung des Betroffenen

9 Werden Daten eines Betroffenen ohne seine Mitwirkung, gegen seinen Willen oder sogar ohne seine Kenntnis erhoben, ist sein informationelles Selbstbestimmungsrecht beeinträchtigt: Er kann nicht selbst entscheiden, welche Daten verwendet oder zur Geltung gebracht werden; ihm fehlt auch die Möglichkeit, fehlerhafte Feststellungen sofort zu berichtigen. Zur Eindämmung dieser Situation lassen § 62 Abs. 3 und 4 SGB VIII **nur eng begrenzte Ausnahmen vom Grundsatz der Datenerhebung beim Betroffenen** zu. Die in Nr. 1 bis 4 des Abs. 3 und in Abs. 4 der Vorschrift genannten Beschränkungen schützen also Betroffene vor unerlaubter Datenerhebung durch Fachkräfte der Kinder- und Jugendhilfe.

10 Um die Handlungsfähigkeit der Behörde zu Gunsten oder auch Ungunsten des Betroffenen zu erhalten, muss sie einem rechtlich begründeten Erfordernis zur Sachverhaltsaufklärung nachkommen können, selbst wenn die Datenerhebung beim Betroffenen nicht möglich ist oder die jeweilige Aufgabe ihrer Art nach eine Erhebung bei anderen erfordert. So berücksichtigt § 62 SGB VIII Situationen, in denen das Grundrecht auf informationelle Selbstbestimmung zu Gunsten höherrangiger Rechtsgüter weichen muss. § 62 Abs. 3 SGB VIII unterscheidet **vier Hauptfallgruppen**, in denen die Datenerhebung ohne Mitwirkung des Betroffenen gestattet ist. Dabei ist unter Mitwirkung im datenschutzrechtlichen Sinne Einwilligung zu verstehen. Die vier Fallgruppen im Überblick:

1. Ein Gesetz schreibt die Erhebung ohne Mitwirkung vor oder erlaubt sie.
2. Die Erhebung beim Betroffenen selbst ist nicht möglich oder die jeweilige Aufgabe erfordert ihrer Art nach eine Erhebung bei anderen, wobei die Kenntnis der Daten aber für besondere Fälle erforderlich ist.
3. Die Erhebung beim Betroffenen würde einen unverhältnismäßigen Aufwand erfordern und es bestehen keine Anhaltspunkte dafür, dass schutzwürdige Interessen des Betroffenen beeinträchtigt werden.
4. Die Erhebung bei dem Betroffenen würde den Zugang zur Hilfe ernsthaft gefährden.

11 **Zu 1**: Gesetzliche Vorschrift in diesem Sinne ist z.B. die Pflicht des Arbeitgebers zur Auskunft gem. § 97a Abs. 4 SGB VIII. Im Übrigen soll diese Vorschrift mögliche Konstellationen außerhalb des SGB VIII erfassen. Gesetze wie §§ 8a, 50, 51, 52 SGB VIII scheiden hier aus, weil sie weder die Erhebung ohne Mitwirkung erlauben oder vorschreiben. Für sie gelten aber im Rahmen des § 62 SGB VIII andere Erlaubnistatbestände.

Zu 2: Die Datenerhebung beim Betroffenen kann deshalb nicht möglich sein, weil dieser nicht erreichbar, nicht in der Lage oder nicht willens ist, seiner Mitwirkungspflicht nachzukommen. Das Jugendamt hat nach § 66 SGB I in den Fällen, in denen der Betroffene, der Leistungen in Anspruch nehmen will, aber seiner Mitwirkungspflicht gem. § 60 Abs. 1 Nr. 1 SGB I nicht nachkommt, die Möglichkeit der Leistungsverweigerung. Es kann aber auch die erforderlichen Daten bei Dritten erheben, wenn diese Daten gem. **§ 62 Abs. 3 Nr. 2a**

SGB VIII erforderlich sind für die Feststellung der Voraussetzungen oder für die Erfüllung einer Leistung nach dem SGB VIII (Eltern lehnen nötige Leistungen für ihr Kind ab). Auch im Falle der Erstattung zu Unrecht erbrachter Leistungen (§ 50 SGB X) ist nach **§ 62 Abs. 3 Nr. 2b SGB VIII** die Datenerhebung bei Dritten erlaubt. Auch die Jugendhilfe in Strafsachen kann nach **§ 62 Abs. 3 Nr. 2c SGB VIII** ohne Mitwirkung des Betroffenen Daten erheben; das gilt auch für die Wahrnehmung von Aufgaben nach §§ 42 bis 48a SGB VIII. **§ 62 Abs. 3 Nr. 2d SGB VIII** gestattet schließlich die Datenerhebung bei Dritten zur Erfüllung des gesamten Schutzauftrages bei Kindeswohlgefährdung nach § 8a SGB VIII sowie nach der Gesetzesänderung vom Juni 2021 auch für die Fälle einer **Gefährdungsabwendung nach § 4 KKG** (siehe § 8a Rn. 11b und 11e).

Zu 3: Bei diesem Tatbestand ist nicht allein auf den unverhältnismäßigen Aufwand abzustellen, sondern auch das schutzwürdige Interesse zu berücksichtigen. Um dieses zu erkunden, kann sich eine Fachkraft nicht auf bloße Vermutungen stützen, sondern hat sorgfältig abzuwägen.

Zu 4: Diese Variante der Erhebung von Sozialdaten ohne Mitwirkung des Betroffenen soll den Schutzauftrag nach § 8a SGB VIII, Fälle der Kindeswohlgefährdung oder Konflikte im Familienbereich erfassen, also Fälle, die nur dann sachgerecht bearbeitet werden können, wenn sich das sofortige Einbeziehen des Betroffenen verbietet, weil sich dann die Situation für das zu schützende Kind oder den Jugendlichen in Gefahr verschärfen könnte (siehe § 8a Rn. 11b).

IV. Abs. 4 – Datenerhebung bei Dritten

Nach § 62 Abs. 4 SGB VIII dürfen Daten beim Leistungsberechtigten (z.B. einem Erziehungsberechtigten) oder dem Leistungsbegünstigten (z.B. einem Jugendlichen) erhoben werden, wenn diese nicht betroffen sind. Damit wird die Datenerhebung bei Dritten erleichtert, wenn solche Daten für die Gewährung von Leistungen für die Jugendhilfe notwendig sind. Betroffene sind über die Datenerhebung grundsätzlich zu informieren, denn § 62 Abs. 2 Satz 2 SGB VIII wird durch § 62 Abs. 4 SGB VIII nicht eingeschränkt. 12

§ 63
Datenspeicherung

(1) Sozialdaten dürfen gespeichert werden, soweit dies für die Erfüllung der jeweiligen Aufgabe erforderlich ist.

(2) [1]Daten, die zur Erfüllung unterschiedlicher Aufgaben der öffentlichen Jugendhilfe erhoben worden sind, dürfen nur zusammengeführt werden, wenn und solange dies wegen eines unmittelbaren Sachzusammenhangs erforderlich ist. [2]Daten, die zu Leistungszwecken im Sinne des § 2 Absatz 2 und Daten, die für andere Aufgaben im Sinne des § 2 Absatz 3 erhoben worden sind, dürfen nur zusammengeführt werden, soweit dies zur Erfüllung der jeweiligen Aufgabe erforderlich ist.

Übersicht Rn.

Hinweis: *Als Überblick empfiehlt sich der „Leitfaden für die Praxis im Sozialdatenschutz" mit ausgewählten Beispielen, siehe Vorbemerkung zu § 61 SGB VIII, Randnummer 47.*

A. Allgemeines

1 **Speicherung** von Sozialdaten ist ein Verarbeitungsvorgang, der Daten aufbewahrt, um sie möglicherweise später weiterzuverarbeiten. Vor jeder Datenspeicherung müssen die Fachkräfte der Jugendhilfe wie auch schon bei der Datenerhebung nach § 62 SGB VIII prüfen, ob die Datenverarbeitung erforderlich ist. Weil die Speicherung nur für die – wie es im Abs. 1 von § 63 SGB VIII heißt – jeweilige Aufgabe erfolgen darf, ist sie dann auch nur für die Daten zulässig, die für diesen Zweck erhoben worden. Das gilt ebenso für Daten, die anderweitig bekannt geworden sind. Können die Fachkräfte ihre Aufgaben auch ohne die Speicherung gerade dieser Daten erfüllen, muss die Datenspeicherung unterbleiben. Denn nach § 63 Abs. 1 SGB VIII darf nur das gespeichert werden, was für die Erfüllung der jeweiligen Aufgabe erforderlich ist. Ausnahmsweise kommt eine Speicherung für andere Zwecke in Betracht, wenn sie nach anderen Vorschriften dieses Gesetzbuches erforderlich sind und damit eine entsprechende Befugnis gegeben ist (§§ 67a ff. SGB X). Werden die Daten für Disziplinarmaßnahmen, Aufsicht und Kontrolle, zur Rechnungs- oder Organisationsprüfung gespeichert, so liegt keine Zweckänderung vor (§ 67c Abs. 3 Satz 1 SGB X). Im Übrigen scheidet Vorratsdatenspeicherung aus, weil die Vorschrift eine Speicherung im konkreten Einzelfall meint. Sofern Daten rechtswidrig erhoben wurden, ist auch ihre Speicherung rechtswidrig, sodass eine davon betroffene Person insoweit einen Löschungsanspruch hat.

2 Das Gesetz unterscheidet im Übrigen nicht die Form der Speicherung; erfasst sind Papierform (Akten) und elektronische Form (Computer) gleichermaßen. Die Vorschrift gilt für jedwede Daten auf Medien, die personenbezogene Daten aufnehmen können, z.B. E-Mails, Filme, Formulare, Fotos, Fragebögen, Karteikarten. Ist die Speicherung nicht erforderlich, wird diese auch durch Einwilligung des Betroffenen nicht zulässig.[1]

Die Einwilligung einer betroffenen Person ist für die Datenspeicherung nicht erforderlich. Selbst für sensible Daten bedarf es nach § 67b Abs. 1 Satz 2 SGB X keiner Einwilligung. Das Verarbeitungsverbot für sensible Daten aus Art. 9 Abs. 1 DSGVO wird durch Art. 9 Abs. 2 b

1 So auch Wabnitz/*Kunkel*, GK-SGB VIII, § 63 Rn. 4; a.A. FK-SGB VIII/*Hoffmann*, § 63 RN 9.

und h DSGVO für die Bereiche des Gesundheits- und des Sozialrechts aufgehoben (Verbot mit Erlaubnisvorbehalt).

3 Nach § 63 Abs. 2 SGB VIII sind Daten, die zur Erfüllung **unterschiedlicher Aufgaben** der Jugendhilfe erhoben wurden, getrennt zu halten. Das Zusammenführen – also damit gleichzeitige Datenübermittlung und Datennutzung – sowie das gemeinsame Aufbewahren solcher Daten ist nur erlaubt, wenn das wegen eines unmittelbaren Sachzusammenhanges erforderlich ist. Ein solcher Zusammenhang wird dann angenommen, wenn zeitlich und sachlich die Hilfe für eine Person (z.B. bei unterschiedlichen gesetzlichen Leistungen) oder mehrere Personen (mehrere Kinder einer Familie) die Verknüpfung der Vorgänge gebietet. Als Mindeststandard sieht § 63 Abs. 2 Satz 2 SGB VIII die Trennung von Leistungsakten (§ 2 Abs. 2 SGB VIII) und Akten zu anderen Aufgaben (§ 2 Abs. 3 SGB VIII) an. Das bedeutet, dass grundsätzlich Sozialleistungsakten getrennt von Akten zu führen sind, die beispielsweise die Inobhutnahme von Kindern und Jugendlichen, Erteilung, Widerruf und Zurücknahme der Pflegeerlaubnis, die Mitwirkung im familiengerichtlichen Verfahren oder in Verfahren nach dem Jugendgerichtsgesetz oder die Beistandschaft, Amtspflegschaft, Amtsvormundschaft betreffen. Diese dürfen aber auch, soweit das zur Erfüllung der jeweiligen Aufgabe erforderlich ist, zusammengeführt werden. Im Hinblick auf das Akteneinsichtsrecht von Betroffenen erweist sich die Trennung von Akten auch als sinnvolle Vorkehrung.

B. Einzelheiten und Beispiele

4 Die Vorgaben des § 63 Abs. 2 SGB VIII treffen in der Praxis regelmäßig nur den öffentlichen Jugendhilfeträger, denn dort können Daten aus den verschiedenen Aufgabenstellungen wie Beratung, Hilfe zur Erziehung, Mitwirkung im familiengerichtlichen Verfahren usw. zusammenkommen. Dennoch können Akten, die zur Mitwirkung im familiengerichtlichen Verfahren (§ 50 SGB VIII) angelegt worden sind, mit Akten aus der Trennungs- und Scheidungsberatung verbunden werden, wenn das zur sachgerechten Beurteilung durch das Familiengericht erforderlich ist. Das gilt ebenso für Vorgänge, die die Jugendhilfe im Strafverfahren betreffen, wenn im Jugendgerichtsverfahren im Rahmen von § 38 JGG zur Beurteilung einer weiteren Einwirkung auf den Jugendlichen die laufende Erziehungshilfe zu erörtern ist.

5 Im Kinderschutz – so Radewagen[2] – ist es einer Fachkraft möglich, Sozialdaten, die sie zur Erfüllung **unterschiedlicher Aufgaben** erhoben hat, gem. § 63 Abs. 2 SGB VIII immer dann zusammenzuführen, wenn dies zur Erfüllung des Schutzauftrages von Bedeutung ist. Zum Beispiel dürfen Sozialdaten der Inobhutnahme gem. § 42 SGB VIII und der Gefährdungseinschätzung gem. § 8a SGB VIII mit Sozialdaten der Hilfe zur Erziehung nach §§ 27 ff. SGB VIII in einer Akte verbunden werden, weil die Gewährung einer Hilfe zur Erziehung die Inobhutnahme in der Regel abschließt und dabei auf die Informationen der Gefährdungseinschätzung für die Erstellung eines passenden Schutzkonzeptes zurückzugreifen ist.

6 Zur praktischen Umsetzung der Aktenorganisation und Aktenführung haben die meisten Jugendämter Arbeitsanweisungen oder Empfehlungen verabschiedet. So z.B. liegt die weiterhin aktuelle 3. überarbeitete und erweiterte Auflage „Aktenführung und Methodisches Arbeiten in den Sozialen Diensten" (2004) vom Jugendamt der Stadt Essen auch als Datei zum Download bereit. Solche Akten können den unterschiedlichsten Sachgebieten zugeordnet sein, nämlich als:

---

2 Vgl. Nds. Ministerium für Soziales, Gesundheit und Gleichstellung, Landesamt für Soziales, Jugend und Familie [Hrsg.] (2021), S. 12 ff.

Der lose Vorgang
Die Arbeitsplatzakte
Die Verfahrensakte I (Verwaltungsverfahren)
Die Verfahrensakte II (familien- und vormundschaftsgerichtliches Verfahren)
Die Verfahrensakte III (Jugendstrafverfahren)
Die kombinierte Akte
Die Stadtteilakte
Die Heimakte

Angesichts der Vielfalt der verschiedenen sachlich gebotenen Aktenformen und der in den jeweiligen Jugendämtern unterschiedlichen Anweisungen zur Aktenführung wird für eine praktikable Aktenführung und Gliederungsvorschläge solcher Akten auf die örtlichen Gegebenheiten verwiesen.[3]

3 Zur Aktenführung und Dokumentation als Bestandteil der Fachlichkeit ausführlich Wiesner/*Walter*, SGB VIII § 63 Rn 4 ff.

§ 64
Datenübermittlung und -nutzung

(1) Sozialdaten dürfen zu dem Zweck übermittelt oder genutzt werden, zu dem sie erhoben worden sind.

(2) Eine Übermittlung für die Erfüllung von Aufgaben nach § 69 des Zehnten Buches ist abweichend von Absatz 1 nur zulässig, soweit dadurch der Erfolg einer zu gewährenden Leistung nicht in Frage gestellt wird.

(2a) Vor einer Übermittlung an eine Fachkraft, die der verantwortlichen Stelle nicht angehört, sind die Sozialdaten zu anonymisieren oder zu pseudonymisieren, soweit die Aufgabenerfüllung dies zulässt.

(2b) [1]Abweichend von Absatz 1 dürfen Sozialdaten übermittelt und genutzt werden, soweit dies für die Durchführung bestimmter wissenschaftlicher Vorhaben zur Erforschung möglicher politisch motivierter Adoptionsvermittlung in der DDR erforderlich ist, ohne dass es einer Anonymisierung oder Pseudonymisierung bedarf. [2]Die personenbezogenen Daten sind zu anonymisieren, sobald dies nach dem Forschungszweck möglich ist. [3]Vom Adoptionsverfahren betroffene Personen dürfen nicht kontaktiert werden.

(3) Sozialdaten dürfen beim Träger der öffentlichen Jugendhilfe zum Zwecke der Planung im Sinne des § 80 gespeichert oder genutzt werden; sie sind unverzüglich zu anonymisieren.

(4) Erhält ein Träger der öffentlichen Jugendhilfe nach Maßgabe des § 4 Absatz 3 des Gesetzes zur Kooperation und Information im Kinderschutz Informationen und Daten, soll er gegenüber der meldenden Person ausschließlich mitteilen, ob sich die von ihr gemeldeten gewichtigen Anhaltspunkte für die Gefährdung des Wohls des Kindes oder Jugendlichen bestätigt und ob das Jugendamt zur Abwendung der Gefährdung tätig geworden ist und noch tätig ist.

Übersicht Rn.

***Hinweis:** Als Überblick empfiehlt sich der „Leitfaden für die Praxis im Sozialdatenschutz" mit ausgewählten Beispielen, siehe Vorbemerkung zu § 61 SGB VIII, Randnummer 47.*

A. Allgemeines

Mit § 64 Abs. 1 wird im SGB VIII einer der wichtigsten Grundsätze des Datenschutzrechts – die **Zweckbindung** – festgeschrieben. Danach ist jeder Umgang mit personenbezogenen Daten nur dann erlaubt, wenn dieser zu einem bestimmten vorher festgelegten Zweck erforderlich ist. Die Datenerhebung für noch nicht konkret bestimmte zukünftige Zwecke (**Vorratsdatenspeicherung**) ist unzulässig. Der Zweck wird durch die jeweilige Fachaufgabe bestimmt. Werden Daten zweckentfremdet, wird das **informationelle Selbstbestimmungsrecht** des Betroffenen verletzt. Eine verantwortliche Stelle hat sich nach außen wie nach innen an strikte Zweckbindung – von der Datenerhebung an über die Datenspeicherung bis hin zur Datenverarbeitung, insbesondere auch bei Datenweitergabe – zu halten. Dabei 1 kommt es nicht darauf an, ob die Daten von einer betroffenen Person aufgrund freiwilliger Mitwirkung oder wegen deren Auskunftspflicht erhoben wurden. Sollen nämlich Daten für einen anderen Zweck übermittelt werden, ist das nur erlaubt, wenn ein Gesetz das gestattet oder die betroffene Person schriftlich eingewilligt hat. Die gesetzlichen Übermittlungsbefugnisse enthält das 2. Kapitel des SGB X (Schutz von Sozialdaten). Daten, die nicht erhoben, aber anderweitig bekannt geworden sind, dürfen gem. § 67c Abs. 1 Satz 2 SGB X nur für die Zwecke geändert oder genutzt werden, für die sie gespeichert worden sind.

2 Soweit die Datenübermittlung nach § 69 SGB X für die Erfüllung sozialer Aufgaben (ohne Einwilligung des Betroffenen) zulässig ist, wird diese Übermittlungsbefugnis jedoch durch § **64 Abs. 2** für den Bereich der Kinder- und Jugendhilfe eingeschränkt. In jedem Einzelfall der an sich nach § 69 SGB X zulässigen Datenweitergabe ist zu prüfen, ob dadurch der Erfolg einer zu gewährenden Leistung nicht in Frage gestellt wird. Der auf den Art. 20, 28 GG beruhende **Grundsatz der Verhältnismäßigkeit** bedeutet hier, dass selbst dann, wenn eine Übermittlungsbefugnis von Daten vorliegt, zu prüfen ist, ob diese Übermittlung erforderlich, geeignet und angemessen ist. Dass eine Übermittlung für die Erfüllung von Aufgaben nach § 69 des Zehnten Buches **abweichend von Satz 1** nur zulässig ist, soweit dadurch der Erfolg einer zu gewährenden Leistung nicht in Frage gestellt wird, bedeutet im Sinne des Grundsatzes der Verhältnismäßigkeit: **Jede Übermittlung, die nach § 69 SGB X befugt wäre, ist nach § 64 Abs. 2 SGB VIII unbefugt, wenn sie eine Jugendhilfeleistung gefährdet**[1]. Inwieweit das der Fall ist, hat die zuständige Fachkraft des Jugendamtes einzuschätzen.

3 Nach § **64 Abs. 2a SGB VIII** sind vor der Weiterleitung von Sozialdaten an externe Fachkräfte etwa zur Risikoeinschätzung bei Kindeswohlgefährdung die Daten zu **anonymisieren** oder zu **pseudonymisieren**. Sind Daten anonymisiert, sind sie nicht mehr personenbezogen und unterliegen nicht der Datenschutzgesetzgebung. Es handelt sich dabei um Daten, die so bearbeitet und verändert wurden, dass sie nicht oder nur noch mit einem unverhältnismäßigen Aufwand an Arbeitskraft, Kosten und Zeit wiederhergestellt werden können. Beim Pseudonymisieren werden die Stammdaten einer Person (Name, Adresse, Geschlecht, Geburtsdatum u.a.) entweder durch einen Begriff (Pseudonym) oder durch eine Ziffer ersetzt. Auch so ist das Erkennen einer Person wesentlich erschwert oder gar ausgeschlossen. Auf solche Daten sind allerdings die Datenschutzgesetze anwendbar.

Durch Einfügen des § 64 Abs. 2b SGB VIII werden die Befugnisse zur Verarbeitung von Sozialdaten erweitert. Danach dürfen Sozialdaten abweichend von Absatz 1 übermittelt und genutzt werden, soweit dies für die Durchführung bestimmter wissenschaftlicher Vorhaben zur Erforschung möglicher politisch motivierter **Adoptionsvermittlung** in der DDR erforderlich ist, ohne dass es einer Anonymisierung oder Pseudonymisierung bedarf. Die personenbezogenen Daten sind zu anonymisieren, sobald dies nach dem Forschungszweck möglich ist. Vom Adoptionsverfahren betroffene Personen dürfen nicht kontaktiert werden. Für die tägliche Arbeit der Fachkräfte des Jugendamts mit Kindern und Jugendlichen und deren Familien hat diese Erweiterung keine praktische Bedeutung.[2] Das ausdrückliche Verbot, vom Adoptionsverfahren betroffene Personen zu kontaktieren, dient dem Schutz dieses Personenkreises und beruht auf dem Offenbarungs- und Ausforschungsverbot des § 1758 BGB.

4 § 64 Abs. 3 SGB VIII gestattet Trägern der öffentlichen Jugendhilfe, Sozialdaten für die Jugendhilfeplanung nach § 80 zu speichern und zu nutzen. Allerdings sind diese Daten unverzüglich zu anonymisieren. Ist das nicht möglich, sind die Daten so nicht verwendbar.

4a § 64 Abs. 4 SGB VIII soll im Ergebnis Kinder und Jugendliche durch mehr Kooperation der relevanten verantwortlichen Akteure besser schützen. Der Gesetzgeber geht von einer Stär-

1 So Wabnitz/*Kunkel,* GK-SGB VIII, § 64 Rn. 3; ähnlich FK-SGB VIII/*Hoffmann*, § 64 Rn 11.
2 Nähere Informationen enthält die BT-Drs. 19/28870, 108 ff.

kung der Verantwortungsgemeinschaft im Kinderschutz aus, wenn Berufsgeheimnisträgerinnen und Berufsgeheimnisträger, die im Rahmen der Befugnis des § 4 KKG das Jugendamt wegen gewichtiger Anhaltspunkte für eine Kindeswohlgefährdung informiert haben, vom Jugendamt eine **Rückmeldung** darüber erhalten, ob sich die Gefährdung bestätigt hat und ob das Jugendamt zur Abwendung der Gefährdung tätig geworden ist und noch tätig ist. Bedenken zum Umgang der Praxis mit dieser neuen Vorschrift siehe Rn. 12.

B. Einzelheiten und Beispiele

I. Absatz 1

Innerhalb des Jugendamtes ist die Datenweitergabe grundsätzlich nur innerhalb einer verantwortlichen Stelle erlaubt. Da die verschiedenen Abteilungen des Jugendamtes nach dem jeweiligen Geschäftsverteilungsplan für ihre eigenen Aufgaben Daten erheben, verarbeiten und nutzen, sind sie auch datenschutzrechtlich dafür selbst verantwortlich. In diesem Sinne sind die Fachkräfte, die innerhalb des Jugendamtes notwendigerweise in einen Hilfeprozess eingebunden sind (**Funktionsteam**), als verantwortliche Stelle anzusehen. Das schließt die wirtschaftliche Jugendhilfe ein (Einschränkungen nach § 65 SGB VIII und § 76 SGB X beachten). Die Weitergabe von Daten zur Wahrnehmung der Rechts- und Fachaufsicht ist ebenfalls zulässig. Das gilt aber nicht für besonders geschützte Daten, also Informationen, die einem Teammitglied persönlich anvertraut werden. Diese dürfen nur aufgrund einer Einwilligung des Betroffenen oder, soweit gesetzlich bestimmte Offenbarungs- oder Übermittlungsbefugnisse bestehen, auch im Team weitergegeben werden. Sollen Daten über die genannten Beispiele hinaus an eine andere verantwortliche Stelle des Jugendamtes übermittelt werden, bedarf es ebenso einer Übermittlungsbefugnis wie bei der Übermittlung an Dritte. 5

II. Absatz 2

Der Vorbehalt der Leistungsgefährdung ist nur in Verbindung mit § 69 SGB X und nicht bei Vorliegen anderer Übermittlungsbefugnisse zu beachten. Ob wegen Gefährdung des Leistungserfolgs eine an sich nach § 69 SGB X zulässige Datenübermittlung unterlassen werden muss, bedarf im Einzelfall einer Einschätzung durch die zuständige Fachkraft des Jugendamtes. 6

Beispiele: Nach § 35 Abs. 3 SGB I besteht keine Auskunftspflicht, keine Zeugnispflicht, keine Pflicht zur Vorlegung oder Auslieferung von Schriftstücken, Akten oder Dateien, wenn keine Übermittlungsbefugnis vorliegt. Amtshilfe ist demnach nur aufgrund einer gesetzlichen Befugnis zulässig. So ist nach § 69 Abs. 1 Nr. 1 die Datenübermittlung an eine andere verantwortliche Stelle im Jugendamt oder einen anderen Sozialleistungsträger zulässig, wenn die Daten von einer empfangenden Stelle im Sinne von § 35 SGB I benötigt werden, um eine gesetzliche Aufgabe zu erfüllen. Hier sind wiederum die Schranken der §§ 65 SGB VIII und 76 SGB X sowie 64 Abs. 2 SGB VIII zu beachten. Das gilt für die Datenweitergabe vom ASD/KSD z.B. an die Jugendhilfe im Strafverfahren, an das Jobcenter oder den Pflegekinderdienst, an das Familiengericht im Rahmen der Mitwirkung im familiengerichtlichen Verfahren (§ 50 SGB VIII), an das Jugendgericht in Umsetzung der Mitwirkung im jugendgerichtlichen Verfahren (§ 52 SGB VIII) oder an Träger der freien Jugendhilfe, sofern diese Leistungen der Kinder- und Jugendhilfe erbringen. Demnach dürfen Informationen aus einem Beratungsgespräch bei Trennung und Scheidung nach § 17 SGB VIII nicht ohne Einwilligung der Betroffenen in das familiengerichtliche Verfahren im Rahmen der Mitwirkung des Jugendamtes eingebracht werden.

7 Rechtsgrundlage für die Datenübermittlung zur Erfüllung von Aufgaben der Polizeibehörden, der Staatsanwaltschaften, Gerichte und der Behörden der Gefahrenabwehr ist § 68 SBG X. Über die Auskunft bei einem solchen **Amtshilfeersuchen** hat allein der Leiter der ersuchten Stelle (Leiter des Jugendamts), sein Stellvertreter oder ein besonders bevollmächtigter Bediensteter (z.B. **Datenschutzbeauftragter**) zu entscheiden. Keine Auskunftspflicht besteht, wenn das Ersuchen länger als sechs Monate zurückliegt, wenn ein schutzwürdiges Interesse des Betroffenen durch die Auskunft beeinträchtigt würde oder sich die ersuchende Stelle die Daten auf andere Weise beschaffen kann. Das schutzwürdige Interesse ist verletzt, wenn die Unterbringung in einer psychiatrischen Anstalt oder das Verbüßen einer Freiheitsstrafe mitzuteilen wären, aber auch dann, wenn im Einzelfall die Anschrift eines Jugendlichen in einer Einrichtung bekannt zu geben wäre, der sich dort aufhält, um eine Perspektive zu erarbeiten (Resozialisierungsinteresse).

8 § 71 Abs. 2 SGB X gestattet weitreichende Amtshilfe für Ausländerbehörden durch Übermittlungsbefugnisse. Allerdings entsteht durch § 87 Abs. 2 AufenthG für das Jugendamt im dort näher bestimmten Fall keine Mitteilungspflicht, soweit dadurch die Erfüllung der eigenen Aufgaben gefährdet würde. Durch § 73 SGB X wird für strafrechtliche Ermittlungsverfahren bis zum Abschluss des Strafverfahrens Amtshilfe in Strafsachen möglich. Diese Vorschrift erlaubt nach Abs. 1 die Übermittlung aller Sozialdaten zur Durchführung eines Strafverfahrens wegen eines Verbrechens (§ 12 StGB) oder wegen einer Straftat von erheblicher Bedeutung (darunter ist beispielsweise ein Vergehen, dessen Unrechtsgehalt einem Verbrechen entspricht, zu verstehen). Nach Abs. 2 ist die Übermittlung von bestimmten Sozialdaten (§ 72 Abs. 1 Satz 2 SGB X) auch wegen anderer Straftaten (also bei allen anderen Vergehen wie z.B. Diebstahl oder Körperverletzung) zulässig. In diesen Fällen dürfen jedoch nur Name, Vorname, frühere Namen, Geburtsdatum und -ort, Angaben über die derzeitige oder frühere Anschrift des Betroffenen oder über den Namen und die Anschriften eines früheren oder derzeitigen Arbeitgebers gemacht werden.

Grundlage für die Zulässigkeit einer Übermittlung ist jeweils eine richterliche Anordnung. Dieser dürfen allerdings nicht die Regeln des besonderen Vertrauensschutzes des § 65 SGB VIII entgegenstehen. Für den Fall unzulässiger Datenübermittlung wird dem Empfänger solcher Daten durch § 78 SGB X mittelbar ein Verwertungsverbot auferlegt. Außerdem sind solche Daten gem. § 84 Abs. 2 und 3 SGB X zu löschen.

Von der Übermittlungsbefugnis des § 73 SGB X ist die Anzeigepflicht gem. § 138 StGB zu unterscheiden. Um andere vor bestimmten Straftaten schützen zu können, hat jeder Bürger – auch schweigepflichtige Berufsgeheimnisträger –, falls er vom Vorhaben oder der geplanten Ausführung solcher Straftaten glaubhaft **zu einer Zeit erfährt, zu der die Ausführung oder der Erfolg noch abgewendet werden können,** die Pflicht, davon der Behörde oder dem Bedrohten Anzeige zu machen. Solche Straftaten sind Mord, Totschlag, Menschenhandel, Raub, Freiheitsberaubung, gemeingefährliche Straftaten wie Brandstiftung, Eingriffe in den Straßenverkehr. In § 138 StGB sind jedoch die meisten Straftaten nicht erfasst. Deshalb sind sie auch nicht anzeigepflichtig, wenn sie im Planungsstadium anvertraut werden. Das sind beispielsweise sexueller Missbrauch, Diebstahl, Körperverletzung, Betrug und Sachbeschädigung. Daraus, dass hinsichtlich bestimmter geplanter Straftaten eine Anzeigepflicht besteht, folgt als Umkehrschluss: Bereits begangene Straftaten sind nicht anzeigepflichtig mit der Folge, dass sich auch darauf die Schweigepflicht des Berufsgeheimnisträgers oder für den öffentlichen Dienst Verpflichteten erstreckt.

9 Für den Fall, dass Amtshilfe nach 73 Abs. 1 SGB X nicht zulässig ist, weil die dort genannten Voraussetzungen nicht erfüllt sind, eröffnet sich auch im Strafverfahren für die Fachkräfte von Jugendämtern und freien Trägern die Möglichkeit, ein Zeugnisverweigerungsrecht geltend zu machen. Ist nämlich gem. § 35 Abs. 3 SGB I die Übermittlung von Sozialdaten (§ 67 Abs. 1 SGB X) nicht zulässig, besteht keine Auskunftspflicht, keine Zeugnispflicht und keine

Pflicht zur Vorlegung oder Auslieferung von Schriftstücken, nicht automatisierten Dateien und automatisiert erhobenen, verarbeiteten oder genutzten Sozialdaten. Auch wenn nach § 35 Abs. 3 SGB I der Sozialleistungsträger und nicht die einzelne Fachkraft Adressat dieser Vorschrift ist, so folgt daraus dennoch ein persönliches Zeugnisverweigerungsrecht, weil umgekehrt eine Zeugnispflicht auch nur für natürliche Personen besteht. Von diesem Sonderfall abgesehen gilt, dass im Strafverfahren nach § 53 Abs. 1 StPO nur bestimmte Berufsgruppen und deren Hilfspersonen gem. § 53a StPO ein Zeugnisverweigerungsrecht haben. Obwohl staatlich anerkannte Sozialarbeiter/Sozialpädagogen nach § 203 Abs. 1 Nr. 6 StGB schweigepflichtig sind, wird ihnen nach § 53 StPO kein Zeugnisverweigerungsrecht eingeräumt (Ausnahmen: Mitglieder oder Beauftragte einer anerkannten Beratungsstelle des Schwangerschaftskonfliktgesetzes nach § 53 Abs. 1 Nr. 3a StPO oder Berater für Fragen der Betäubungsmittelabhängigkeit einer staatlich anerkannten Drogenberatung nach § 53 Abs. 1 Nr. 3b StPO). Das betrifft im Ergebnis insbesondere die bei freien Trägern ohne kirchliche Bindung beschäftigten Sozialarbeiter/Sozialpädagogen, denn die bei öffentlichen Trägern tätigen Fachkräfte, denen zwar auch kein persönliches Zeugnisverweigerungsrecht zusteht, können darauf vertrauen, dass der Dienstherr die Aussagegenehmigung verweigert, wenn keine Übermittlungsbefugnis besteht. Die Aussagegenehmigung des Dienstherrn hat das Gericht, nicht die als Zeuge benannte Fachkraft einzuholen (§ 54 StPO). Für den Fall, dass die Übermittlung von Sozialdaten nach § 73 SGB X unzulässig sein sollte, darf der Zugriff auf die Akten dann nicht durch Anordnung der Beschlagnahme umgangen werden. Gegen die richterliche Anordnung hat das Jugendamt das Recht der Beschwerde gem. § 304 StPO, wobei die Aussetzung der Vollziehung nach § 310 StPO gesondert zu beantragen ist. Kommt die Behörde einem berechtigten Ersuchen nicht nach, ist die Beschlagnahme gem. § 94 ff. StPO unter Beachtung des Verhältnismäßigkeitsgrundsatzes möglich.

Im Zivilverfahren hat jede Fachkraft gem. § 383 Abs. 1 Nr. 6 ZPO ein **Zeugnisverweigerungsrecht**, wenn ihr kraft ihres Amtes, Standes oder Gewerbes Tatsachen anvertraut worden sind, deren Geheimhaltung durch ihre Natur oder gesetzliche Vorschrift geboten sind. Bei der Geltendmachung ist § 386 ZPO zu beachten. Durch § 98 VwGO gilt das auch für Verfahren beim Verwaltungsgericht, durch § 118 SGG für solche beim Sozialgericht und aufgrund vom § 29 FamFG auch im familiengerichtlichen Verfahren. Zur Aussagegenehmigung des Dienstherrn gilt dasselbe wie beim Strafverfahren. **10**

III. Absatz 3

Träger der öffentlichen Jugendhilfe dürfen Sozialdaten zu Planungszwecken im Sinne von § 80 SGB VIII (Jugendhilfeplanung) speichern oder nutzen. Die in diesem Rahmen nötigen umfangreichen Datenerhebungen müssen regelmäßig Fachkräfte, die Bedienstete des öffentlichen Jugendhilfeträgers sind, vornehmen. Für die Planung ist der Personenbezug der Daten meist nicht erforderlich, sodass sie unverzüglich zu anonymisieren sind. **11**

IV. Absatz 4

Von der **Rückmeldung des Jugendamtes** nach § 64 Abs. 4 SGB VIII sind zunächst die Daten auszunehmen, die dem besonderen Vertrauensschutz gem. § 65 SGB VIII bzw. der strafrechtlichen Schweigepflicht gem. § 203 StGB unterliegen. Vor einer Rückmeldung hat das Jugendamt intern deren Auswirkungen auf den Erfolg einer zu gewährenden Leistung zu bewerten. Kommt es zu dem Ergebnis, dass infolge der Informationsübermittlung an die Berufsgeheimnisträger z.B. eine geplante oder schon laufende Hilfe zur Erziehung durch die Erziehungsberechtigten abgelehnt oder abgebrochen werden könnte, hat es seinen Ermessensspielraum zu nutzen und die Rückmeldung zum Schutz der Hilfeleistung nicht zu ge- **12** ben.[3] Aber trotzdem ist es in solchen Fällen möglich, den Eingang einer Gefährdungsmeldung zu bestätigen und über den üblichen Ablauf des jugendamtsinternen Verfahrens bei Verdacht auf Kindeswohlgefährdung zu informieren und auch Ansprechpartner für weitere Gefährdungshinweise zu benennen.

Aus Gründen der Transparenz und damit Wahrung der Vertrauensgrundlage sind die von einer Meldung betroffenen Personen vor der anstehenden Rückmeldung an die Berufsgeheimnisträger auf die beabsichtigte Rückmeldung hinzuweisen, sofern dadurch nicht der wirksame Schutz des Kindes oder Jugendlichen in Frage gestellt wird. Dabei ist auch zu berücksichtigen, dass durch Informationen der betroffenen Personen Rückschlüsse auf die Identität der Melder möglich sein könnten. Deshalb müssten die Einwilligung der Berufsgeheimnisträger oder eine sozialrechtliche Befugnis vorliegen. Weiter ist zu beachten, dass Familien selbst in Fällen, bei denen durch eine entsprechende Mitteilung keine zusätzliche Gefährdungssituation für Minderjährige ausgelöst wird, nur dann informiert werden dürfen, wenn die Melder der Weitergabe ihrer Sozialdaten vorab zugestimmt haben. Es empfiehlt sich, die Zustimmung bei Entgegennahme einer Kinderschutzmeldung anzuregen.

3 So *Goldberg/Radewagen*, JAmt 2020, S. 627.

§ 65
Besonderer Vertrauensschutz in der persönlichen und erzieherischen Hilfe

(1) [1]Sozialdaten, die dem Mitarbeiter eines Trägers der öffentlichen Jugendhilfe zum Zwecke persönlicher und erzieherischer Hilfe anvertraut worden sind, dürfen von diesem nur weitergegeben werden

1. mit der Einwilligung dessen, der die Daten anvertraut hat, oder
2. dem Familiengericht zur Erfüllung der Aufgaben nach § 8a Absatz 2, wenn angesichts einer Gefährdung des Wohls eines Kindes oder eines Jugendlichen ohne diese Mitteilung eine für die Gewährung von Leistungen notwendige gerichtliche Entscheidung nicht ermöglicht werden könnte, oder
3. dem Mitarbeiter, der auf Grund eines Wechsels der Fallzuständigkeit im Jugendamt oder eines Wechsels der örtlichen Zuständigkeit für die Gewährung oder Erbringung der Leistung verantwortlich ist, wenn Anhaltspunkte für eine Gefährdung des Kindeswohls gegeben sind und die Daten für eine Abschätzung des Gefährdungsrisikos notwendig sind, oder
4. an die Fachkräfte, die zum Zwecke der Abschätzung des Gefährdungsrisikos nach § 8a hinzugezogen werden; § 64 Absatz 2a bleibt unberührt, oder
5. unter den Voraussetzungen, unter denen eine der in § 203 Absatz 1 oder 3 des Strafgesetzbuchs genannten Personen dazu befugt wäre oder
6. wenn dies für die Durchführung bestimmter wissenschaftlicher Vorhaben zur Erforschung möglicher politisch motivierter Adoptionsvermittlung in der DDR erforderlich ist. Vom Adoptionsverfahren betroffene Personen dürfen nicht kontaktiert werden; § 64 Absatz 2b Satz 1 und 2 gilt entsprechend.

[2]Der Empfänger darf die Sozialdaten nur zu dem Zweck weitergeben oder übermitteln, zu dem er sie befugt erhalten hat.

(2) § 35 Absatz 3 des Ersten Buches gilt auch, soweit ein behördeninternes Weitergabeverbot nach Absatz 1 besteht.

Übersicht

***Hinweis:** Als Überblick empfiehlt sich der „Leitfaden für die Praxis im Sozialdatenschutz" mit ausgewählten Beispielen, siehe Vorbemerkung zu § 61 SGB VIII, Randnummer 47.*

A. Allgemeines

Eltern, Kinder und Jugendliche, die sich rat- oder hilfesuchend ans Jugendamt wenden, gestatten den Fachkräften oft tiefe Einblicke in intimste Angelegenheiten: Sie berichten z.B. von Krankheiten Gefühlen, Ängsten und Hoffnungen, offenbaren Wünsche oder geben räumlichen Zugang in ihre persönlichsten Bereiche. Lebensweltorientierte Soziale Arbeit, bedarf zur Gestaltung einer an den individuellen Bedürfnissen und Fähigkeiten der Kinder, Jugendlichen und Familien orientierten Hilfe insbesondere der tragfähigen Vertrauensbeziehung zwischen den betroffenen Personen und Helfern. Diese kann aber nur dann entstehen, wenn die Helfer taktvoll und gegenüber Dritten verschwiegen sind. Die betroffenen Perso- 1 nen dürfen und müssen erwarten können, dass Fachkräfte der Jugendhilfe, denen sie sich anvertrauen, Informationen nur dann weitergeben, wenn sie das den Fachkräften erlauben oder eine Rechtsgrundlage diese dazu befugt. Der **Vertrauensschutz** ist durch § 65 SGB VIII ein Qualitätsmerkmal der Jugendhilfe. Normadressat ist nicht etwa nur die verantwortliche Stelle, sondern jede Fachkraft des Trägers der öffentlichen Kinder- und Jugendhilfe, wobei der Tätigkeitsbereich, die spezielle Profession oder gegenwärtige Funktion unerheblich sind. Sämtliche Fachkräfte der öffentlichen Jugendhilfe dürfen somit ihnen anvertraute Daten weder an Personen innerhalb noch an Personen außerhalb des eigenen öffentlichen Jugendhilfeträgers ohne gesetzliche Grundlage oder Einwilligung der betroffenen Person weitergeben.

Grundsätzlich sind alle Daten, die zur persönlichen oder erzieherischen Hilfe Mitarbeitern der öffentlichen Jugendhilfe anvertraut worden sind, vor der Weitergabe ohne Einwilligung des Anvertrauenden geschützt. Der Begriff „anvertrauen" ist lebenspraktisch zu interpretieren: Es geht nicht nur um das gesprochene oder geschriebene hilfebezogene Wort, sondern auch um Informationen, die im Alltag aufgrund einer bestehenden oder sich aufbauenden Vertrauensbeziehung auch so „nebenbei" mitgeteilt werden. Die Begleitung zu einem Facharzt oder Therapeuten, der Zustand einer Wohnung beim Hausbesuch, die offen herumliegenden Briefe auf dem Küchentisch, alle diese Tatsachen und Wahrnehmungen sind ebenso vom Datenschutz erfasst wie das vertrauliche Gespräch. Dabei muss die betroffene Person die Mitarbeiter des Jugendamtes nicht ausdrücklich darauf hinweisen, dass die erhaltenen Informationen vertraulich zu behandeln sind. Vielmehr hat die Fachkraft aus der speziellen Situation heraus selbst zu erkennen und abzuleiten, ob ihr die Informationen deshalb bekannt geworden sind, weil der Betroffene ihr vertraut. Ist dies der Fall, fallen die Daten unter den besonderen Vertrauensschutz. Im Zweifelsfall ist von der Fachkraft zu verlangen, dass sie sich bei der betroffenen Person erkundigt, ob die ihr zur Kenntnis gelangten Informationen vertraulich zu behandeln sind. Entgegen der Regelung in § 203 StGB unterliegen „in sonstiger Weise bekanntgewordene" Daten nicht dem Vertrauensschutz des § 65 SGB VIII. So ist die zufällige Wahrnehmung des Luxusautos des Betroffenen vom Fenster des Dienstzimmers aus kein Sachverhalt, der anvertraut wurde, mit der Folge, auch ohne Einwilligung des Betroffenen diese Wahrnehmung z. B. zur Verwertung bei der Berechnung eines Kostenbeitrages weitergeben zu können.

2 Anvertraut sind Sozialdaten also dann, wenn die betroffene Person bei der Mitteilung von Daten im Rahmen des Hilfeprozesses gegenüber der Fachkraft des Jugendamtes davon ausgeht, dass diese Daten nicht an Dritte, also auch nicht an andere Mitarbeiter des Jugendamtes, weitergegeben werden. Der Betroffene kann allerdings tatsächlich nur von der Verschwiegenheit der Fachkraft ausgehen, wenn ihm von dieser die Schutzpflicht des § 65 SGB VIII erläutert wird. Das schafft Transparenz und legt somit den Grundstein für eine vertrauensvolle Zusammenarbeit. Dabei ist die betroffene Person auch darüber aufzuklären, dass Daten, die für die Leistungsgewährung erforderlich sind, bis hin zur wirtschaftlichen Jugendhilfe weitergegeben werden. Ist sie damit nicht einverstanden, wirkt sie also nicht im gebotenen Umfang mit, sind ihr Leistungen verwehrt. Soweit Daten im Rahmen der Mitwirkung im familiengerichtlichen Verfahren oder durch die Jugendhilfe in Strafsachen mitzuteilen sind, handelt es sich nicht um anvertraute Daten.

3 Der besondere Vertrauensschutz gilt nicht nur gegenüber externen Dritten, sondern auch gegenüber den ebenfalls dem besonderen Vertrauensschutz oder der **strafrechtlichen Schweigepflicht** unterliegenden Kollegen und Vorgesetzten. Hinsichtlich anvertrauter Daten sind Supervisionen oder Fallberatungen deshalb unabhängig vom gewählten Setting nur mit Zustimmung des Betroffenen bzw. alternativ mit anonymisierten bzw. pseudonymisierten Daten erlaubt. Liegt die Zustimmung des Betroffenen nicht vor oder ist eine erfolgreiche Anonymisierung/Pseudonymisierung der Daten nicht möglich, muss die Supervision/Bera-

tung in einem Rahmen stattfinden, der die Persönlichkeitsrechte der betroffenen Person wahrt. Die Beratung im eigenen Team scheidet in solchen Fällen also aus.

Sofern Daten im geschilderten Sinne nicht anvertraut werden, ist der Austausch dieser Daten innerhalb eines Funktionsteams erlaubt. Ein Gebot der Transparenz verlangt jedoch, dass der Betroffene von der Fachkraft im Erstgespräch über den Austausch von Informationen und dessen Umfang aufgeklärt wird, wobei für den Austausch seine ausdrückliche Zustimmung nicht erforderlich ist. 4

Um den besonderen Vertrauensschutz in der praktischen Arbeit sicherstellen zu können, muss auch die Aktenführung der Jugendämter speziellen Organisationsanforderungen genügen. Über die Falldokumentation kann ein Mitarbeiter des Jugendamtes im Idealfall belegen, dass er im konkreten Einzelfall unter Berücksichtigung handlungsleitender Theorien methodisch abgesichert und nachvollziehbar gehandelt hat. Darüber hinaus dient sie u.a. der Arbeitsplanung, als Orientierungshilfe bei Zuständigkeitswechseln, als Gedächtnisstütze; sie ist auch eine Voraussetzung dafür, eigenes fachliches Handeln einem kritischen Reflexionsprozess zur Verfügung stellen zu können. Hinsichtlich der zur persönlichen oder erzieherischen Hilfe anvertrauten Sozialdaten gilt es allerdings zu beachten, dass solche Informationen nicht ungeschützt in der Leistungs- bzw. Betreuungsakte dokumentiert werden dürfen. Vertretungen oder aber auch Vorgesetzte hätten bei Aktenbearbeitung anderenfalls direkten Zugriff darauf, was einer unbefugten Datenweitergabe entspräche. Um dem vorzubeugen, ist die Aktendokumentation so zu gestalten, dass Daten, die dem besonderen Vertrauensschutz unterliegen, innerhalb der Akte gesondert (etwa in einem Extraregister) aufbewahrt werden. Per Dienstanweisung wäre zu regeln, dass Unbefugte (denen die Daten nicht anvertraut wurden) auf diesen Teil der Akte keinen Zugriff haben. Im Bereich der elektronischen Dokumentation lässt sich der Schutz dieser Daten durch eine personifizierte Rechtevergabe auf einzelne Dateiordner bzw. Dokumente herstellen. 5

Anders als § 203 Abs. 1 StGB richtet sich § 65 Abs. 1 SGB VIII nicht an bestimmte Berufsgruppen als **Berufsgeheimnisträger**, sondern an alle Mitarbeiter der öffentlichen Jugendhilfe, denen sich betroffene Personen anvertrauen. Es kommt also nicht darauf an, wer fachlicher Gesprächspartner – Sozialpädagogin, Erzieher, Psychologe oder andere Fachkräfte – der betroffenen Person ist. § 65 folgt damit dem modernen Ansatz von Datenschutz: Er stellt nicht mehr auf die berufliche Ausbildung, sondern auf die Funktion einer Fachkraft in Bezug zur Vertrauensstellung gegenüber einem Adressaten ab. Das genau ist die Situation, die auf den Arbeitsalltag der Jugendhilfe zutrifft. Im Übrigen beschränkt sich das Fachkräftegebot des § 72 SGB VIII nicht auf spezifische Berufsgruppen. Damit sind alle Mitarbeiter eines Jugendamtes im Rahmen ihrer Funktion den Angehörigen einer Berufsgruppe des § 203 Abs. 1 oder Abs. 4 StGB im Hinblick auf die **Schweigepflicht** gleichgestellt, ohne dass diejenigen, die nicht gleichzeitig Berufsgeheimnisträger wie z.B. die Sozialarbeiter/Sozialpädagogen sind, strafrechtlich zur Verantwortung gezogen werden könnten. Im Hinblick auf die Praxis und die Stellung aller im öffentlichen Dienst beschäftigten Mitarbeiter des Jugendamtes und der daraus resultierenden Verpflichtung gem. § 203 Abs. 2 StGB sind die meisten Erörterungen und Auseinandersetzungen der Kommentatoren zur Stellung der Fachkräfte im Jugendamt im Rahmen des § 65 SGB VIII eher akademischer Natur. 6

Insgesamt sind Sozialdaten, die im Rahmen personaler Dienstleistung anvertraut worden sind, gemeint. Die Begrifflichkeit bezieht sich hierbei auf § 11 Satz 2 SGB I, der bei Dienstleistungen zwischen Sach- und Geldleistungen sowie solchen zur persönlichen oder erzieherischen Hilfe differenziert. Daten, die zur Erfüllung einer Sach- oder Geldleistung erhoben werden, unterliegen damit nicht dem besonderen Vertrauensschutz. Die Zuordnung zu Kategorie a oder b ist wegen möglicher Überschneidungen mitunter schwierig, dennoch ist genau zu klären, zu welchem Zweck die Daten mitgeteilt wurden. Maßgebliches Kriterium sind dafür die in §§ 60 ff. SGB I genannten Mitwirkungspflichten. Darüber sind die Betroffenen 7 im Vorfeld aktiv aufzuklären. Nicht unter den Schutz des § 65 SGB VIII mangels Vertraulichkeit fallen auch Daten, die einer Fachkraft durch Dritte bekannt werden.

B. Weitergabebefugnisse gem. § 65 Abs. 1 Nr. 1 bis 5 SGB VIII

8 Um dem Schutzauftrag gegenüber Kindern und Jugendlichen (staatliches Wächteramt) gerecht werden zu können, sind – abgesehen von der Einwilligung und von der Durchführung bestimmter wissenschaftlicher Vorhaben – durch die Ausnahmen des § 65 Abs. 1 Nr. 2 bis 5 SGB VIII die Regeln des Vertrauensschutzes durchbrochen.

Einwilligung (Nr. 1): Anvertraute Daten dürfen bei Einwilligung durch die betroffene anvertrauende Person weitergegeben oder übermittelt werden. Betreffen die anvertrauten Daten Dritte, bedarf es nicht deren, sondern seiner eigenen Einwilligung. Voraussetzungen für die Rechtswirksamkeit einer Einwilligung sind Aufklärung über Inhalt und Tragweite der Erklärung (also keine Pauschalisierung) und Einsichtsfähigkeit (zur Beurteilung ist bei Minderjährigen auf deren individuellen Entwicklungsstand abzustellen). Die Einwilligung im Rahmen des § 65 SGB VIII kann mündlich (formlos) erfolgen. Die Schriftform ist zulässig; sie sollte dort gewählt werden, wo es etwa auf die Weitergabe besonders sensibler Daten wie Gutachten ankommt oder wo die Bekundungen des Betroffenen mündlich unklar sind. Eine mutmaßliche Einwilligung genügt keinesfalls.

9 **Anrufung des Familiengerichts bei Gefährdung des Wohls eines Kindes zur Ermöglichung der Hilfe (Nr. 2):** Die Weitergabe oder Übermittlung von Sozialdaten ohne Einwilligung des Betroffenen ist dann erlaubt, wenn bei einer Gefährdung des Wohls eines Kindes oder Jugendlichen ohne die Mitteilung die für die Gewährung der Leistung notwendige gerichtliche Entscheidung des Familiengerichts nicht ermöglicht werden könnte (siehe § 8a Rn. 15 ff.). Die Weitergabe nur zur Bekanntgabe der Gefährdung allein genügt nicht, vielmehr bedarf es einer konkreten Hilfeplanung, die umgesetzt werden soll. Kann eine erforderliche gerichtliche Entscheidung auch ohne Datenweitergabe durch das Jugendamt getroffen werden, besteht keine Befugnis zur Weitergabe anvertrauter Daten.[1]

10 **Weitergabe- oder Übermittlungsbefugnis bei Wechsel der Fallzuständigkeit im Jugendamt oder der örtlichen Zuständigkeit (Nr. 3):** Bei Anhaltspunkten für eine Kindeswohlgefährdung und bei Notwendigkeit der Daten zur Abschätzung des Gefährdungsrisikos dürfen die erforderlichen Daten ohne Einwilligung der betroffenen Person an den dann zuständigen Mitarbeiter weitergegeben werden. Im Falle einer konkreten Gefahr gebietet die **Garantenpflicht** (siehe dazu§ 8a Rn. 30 ff.) die Datenweitergabe zur Abwendung der Gefahr.

11 **Weitergabe- oder Übermittlungsbefugnis an Fachkräfte zur Einschätzung des Gefährdungsrisikos (Nr. 4):** Für die nach § 8a SGB VIII erforderliche Risikoeinschätzung durch Hinzuziehung einer insoweit erfahrenen Fachkraft oder durch das Zusammenwirken mehrerer Fachkräfte dürfen Sozialdaten ohne Einwilligung des Betroffenen weitergegeben werden. Zunächst ist dabei unter Anwendung des § 64 Abs. 2a SGB VIII zu prüfen, ob die Einschätzung auch durch anonymisierte oder pseudonymisierte Datenübermittlung erreicht werden kann.

12 **Weitergabe- oder Übermittlungsbefugnis unter den Voraussetzungen des § 203 Abs. 1 und 4 StGB (Nr. 5):** Diese Regelung soll die Datenweitergabe unter den besonderen Umständen der überkommenen Offenbarungsbefugnisse des § 203 StGB ermöglichen: Dabei handelt es sich um die Anzeigepflicht bei geplanten schweren Straftaten (§ 138 StGB), um Meldepflichten nach dem Infektionsschutzgesetz oder um Wahrnehmung berechtigter

1 So Wiesner/*Walther*, § 65 SGB VIII Rn. 21.

Interessen des Schweigepflichtigen, der sich zum Beispiel gegen eine Verleumdung oder Stalking-Attacken durch den Betroffenen nur zur Wehr setzen kann, wenn er den Sachverhalt unter Bruch der Schweigepflicht offenbart.

Weitergabe- oder Übermittlungsbefugnis zur Durchführung bestimmter wissenschaftlicher Vorhaben (Nr. 6): Zur Erforschung möglicher politisch motivierter Adoptionsvermittlung in der DDR und – wie es in der entsprechenden Gesetzesvorlage heisst[2] – um damit zur weiteren Aufarbeitung von DDR-Unrecht auch insoweit eine Aktenübermittlung zu ermöglichen, dürfen Jugendamtsmitarbeiter, deren Unterlagen zum Zwecke der persönlichen und erzieherischen Hilfe anvertraute Sozialdaten mit Bezug auf Erziehungshilfe-, Heim- oder Vormundschaftsakten der DDR-Jugendhilfe enthalten, weitergegeben oder übermittelt werden. Diese Ausnahme vom Weitergabeverbot des § 65 gilt nur, wenn die Weitergabe oder Übermittlung solcher Daten für die Durchführung bestimmter wissenschaftlicher Vorhaben zur Erforschung möglicher politisch motivierter Adoptionsvermittlung in der DDR erforderlich ist. 13

Die betroffenen Adoptierten, Adoptiv- und Herkunftsfamilien dürfen nicht kontaktiert werden. Das Kontaktverbot gilt unabhängig davon, welche staatliche oder staatlich beauftragte Stelle die Adoption vermittelte oder anordnete. Mit Satz 2 ist – abweichend von den Voraussetzungen in § 75 Absatz 1 des SGB X – ausgeschlossen, dass die Einwilligung der Betroffenen zur Datenübermittlung eingeholt wird. Da den Wissenschaftlerinnen und Wissenschaftlern Klarnamen im Rahmen des Forschungsvorhabens grundsätzlich bekannt sein dürfen, soweit dies für die Durchführung des Forschungsvorhabens erforderlich ist, erfolgt die Weitergabe oder Übermittlung, erforderlichenfalls ohne Anonymisierung oder Pseudonymisierung.

Durch den ausdrücklichen Verweis auf § 64 Absatz 2b Satz 2 wird klargestellt, dass die personenbezogenen Daten zu anonymisieren sind, sobald dies nach dem Forschungszweck möglich ist. Bis dahin sind die Merkmale, mit denen Einzelangaben über persönliche oder sachliche Verhältnisse einer bestimmten oder bestimmbaren Person zugeordnet werden können, gesondert zu speichern. Sie dürfen mit den Einzelangaben nur zusammengeführt werden, soweit der Forschungszweck dies erfordert. Personenbezogene Daten dürfen nicht veröffentlicht werden.

Der Empfänger weitergegebener Daten darf diese gem. **Satz 2** nur zu dem Zweck weitergeben, zu dem er sie befugt erhalten hat. Diese Vorschrift verlängert den Schutz von Daten auf dessen Empfänger. Er wird dadurch verpflichtet, auch einen weiteren Empfänger darauf hinzuweisen, dass dieser die Daten auch nur dann zu diesem Zweck weitergeben oder übermitteln darf. 14

C. Besonderer Vertrauensschutz bei behördeninternem Weitergabeverbot gem. § 65 Abs. 2 SGB VIII

Durch den Verweis auf § 35 Abs. 3 SGB I ergibt sich, dass das Jugendamt weder Auskunfts-, Zeugnis- oder Aktenvorlagepflichten gegenüber anderen Behörden nachkommen muss, wenn keine Weitergabebefugnis gem. § 65 Abs. 1 Nr. 1 bis 5 SGB VIII eingeräumt ist. Eine Beschlagnahme der so geschützten Daten scheidet dann ebenfalls aus. 15

2 BT-Drs. 19/28870, 109 ff.

§ 66
(weggefallen)

§ 67
(weggefallen)

§ 68
Sozialdaten im Bereich der Beistandschaft, der Amtspflegschaft und der Amtsvormundschaft

(1) [1]Der Beamte oder Angestellte, dem die Ausübung der Beistandschaft, Amtspflegschaft oder Amtsvormundschaft übertragen ist, darf Sozialdaten nur verarbeiten, soweit dies zur Erfüllung seiner Aufgaben erforderlich ist. [2]Die Nutzung dieser Sozialdaten zum Zwecke der Aufsicht, Kontrolle oder Rechnungsprüfung durch die dafür zuständigen Stellen sowie die Übermittlung an diese ist im Hinblick auf den Einzelfall zulässig. [3]Die Informationspflichten nach Artikel 13 und 14 der Verordnung (EU) 2016/679 des Europäischen Parlaments und des Rates vom 27. April 2016 zum Schutz natürlicher Personen bei der Verarbeitung personenbezogener Daten, zum freien Datenverkehr und zur Aufhebung der Richtlinie 95/46/EG (Datenschutz-Grundverordnung) (ABl. L 119 vom 4.5.2016, S. 1; L 314 vom 22.11.2016, S. 72; L 127 vom 23.5.2018, S. 2) in der jeweils geltenden Fassung bestehen nur, soweit die Erteilung der Informationen

1. mit der Wahrung der Interessen der minderjährigen Person vereinbar ist und
2. nicht die Erfüllung der Aufgaben gefährdet, die in der Zuständigkeit des Beistands, des Amtspflegers oder des Amtsvormundes liegen.

(2) § 84 des Zehnten Buches gilt entsprechend.

(3) [1]Das Recht auf Auskunft der betroffenen Person gemäß Artikel 15 der Verordnung (EU) 2016/679 besteht nicht, soweit die betroffene Person nach Absatz 1 Satz 3 nicht zu informieren ist oder durch die Auskunftserteilung berechtigte Interessen Dritter beeinträchtigt würden. [2]Einer Person, die unter Beistandschaft, Amtspflegschaft oder Amtsvormundschaft gestanden und ihr 18. Lebensjahr noch nicht vollendet hat, kann Auskunft erteilt werden, soweit sie die erforderliche Einsichts- und Urteilsfähigkeit besitzt und die Auskunftserteilung nicht nach Satz 1 ausgeschlossen ist. [3]Nach Beendigung einer Beistandschaft hat darüber hinaus der Elternteil, der die Beistandschaft beantragt hat, einen Anspruch auf Kenntnis der gespeicherten Daten, solange der junge Mensch minderjährig ist, der Elternteil antragsberechtigt ist und die Auskunftserteilung nicht nach Satz 1 ausgeschlossen ist.

(4) Personen oder Stellen, an die Sozialdaten übermittelt worden sind, dürfen diese nur zu dem Zweck speichern und nutzen, zu dem sie ihnen nach Absatz 1 befugt übermittelt worden sind.

***(5) Für die Tätigkeit des Jugendamts als Gegenvormund gelten die Absätze 1 bis 4 entsprechend.*[1]**

Übersicht Rn.

***Hinweis:** Als Überblick empfiehlt sich der „Leitfaden für die Praxis im Sozialdatenschutz" mit ausgewählten Beispielen, siehe Vorbemerkung zu § 61 SGB VIII, Randnummer 47.*

1 § 68 Abs. 5 entfällt mit Wirkung zum 1.1.2023 gemäß Art. 12 Nr. 2 des Gesetzes vom 24.6.2022 (BGBl. I S. 959), siehe auch unten Rn. 12.

A. Bedeutung der Sonderregelung

1 Abs. 1 beschreibt die **abschließende Sonderregelung** für das Verarbeiten von Sozialdaten durch einen Beistand, Amtspfleger oder Amtsvormund, dem das Jugendamt die gesetzliche Vertretung eines Minderjährigen übertragen hat (§ 55 Abs. 2 SGB VIII). Nach § 61 Abs. 2 SGB VIII sind andere datenschutzrechtliche Regelungen nicht anwendbar. Diese nach der DSGVO zulässigen bereichsspezifischen Regelungen für den Datenschutz basieren auf der Tatsache, dass die benannten Fachkräfte gesetzliche oder bestellte Vertreter sind, in dieser Funktion aber mehr datenschutzrechtlicher Gestaltungsfreiheit bedürfen als den direkten Hilfe- oder Sozialleistungsbereichen zugestanden wird. So sind die §§ 61 (mit Ausnahme des Verweises auf die Sonderregelung) bis 65 SGB VIII und §§ 67 bis 89 SGB X (mit Ausnahme des § 82 SGB X) nicht anwendbar. Als Konsequenz dieser Regelung sind auch die Übermittlungsbefugnisse des SGB X hinfällig, sodass z.B. die Polizei auf der Grundlage des § 68 SGB X keine Daten erhalten kann, die Ausländerbehörde keine Auskünfte nach § 71 SGB X bekommt und die Justiz keinen Zugriff auf Akten gem. § 73 SGB X hat. Die Sonderregelung kann aber nur dort zur Anwendung kommen, wo die Fachkräfte tatsächlich in der Funktion als Beistand, Amtspfleger oder Amtsvormund tätig werden, nicht, wenn sie in anderer Weise in dem Bereich der Beistandschaft, der Amtspflegschaft oder der Amtsvormundschaft wirken; insoweit gelten weiter die Vorschriften der DSGVO. Mit dem 2. DSAnpUG-EU vom 20.11.2019 wurden nicht nur die bisher in § 68 SGB VIII verwendeten Begriffe „erheben und verwenden" der Terminologie der DSGVO durch die umfassendere Bezeichnung „verarbeiten" angepasst, sondern auch weitere bereichsspezifische Änderungen und Klarstellungen dieser Vorschrift vorgenommen.

B. Einzelheiten

I. Befugnisse des Beistands, Amtspflegers und Amtsvormunds (§ 68 Abs. 1 Satz 1 SGB VIII) und Einschränkung der Informationspflichten (§ 68 Abs. 1 Satz 3 SGB VIII)

2 Die **Datenverarbeitung** muss für die Erfüllung einer eigenen Aufgabe in einem konkreten Einzelfall erforderlich sein. Die wahrzunehmenden Aufgaben ergeben sich im weiteren Sinne aus dem, was im Interesse des Kindes oder Jugendlichen erforderlich ist; konkret sind das jeweils die aus der elterlichen Sorge herzuleitenden Pflichten und Rechte. So bestimmt sich für Mitarbeiter des Jugendamtes als Beistände, Amtspfleger oder Amtsvormünder die Erforderlichkeit daran, ob sie ihre eigenen Aufgaben nach § 56 SGB VIII ohne Kenntnis oder Verwendung der Daten nicht oder nur unvollständig führen könnten. Besteht an der Verarbeitung ein Interesse des Mündels (und bei der Beistandschaft auch ein Interesse der Eltern), ist diese erforderlich. Die Erhebung von Daten beim Betroffenen selbst hat aufgrund des informationellen Selbstbestimmungsrechts (Art. 1 und 2 GG) Vorrang. Wirkt der Betroffene nicht mit oder ist die Datenerhebung beim Betroffenen objektiv nicht möglich, kann die Fachkraft allerdings ohne die Einschränkungen des § 62 Abs. 3 und 4 SGB VIII Daten bei Dritten erheben.

Zulässig nach § 68 SGB VIII ist auch eine Datenerhebung des Amtsbeistands, Amtspflegers oder Amtsvormunds beim ASD, wenn Daten über ein betreutes Kind erbeten werden. Umgekehrt wird die Weitergabe dieser Daten vom ASD an diesen Personenkreis nicht als Datenübermittlung betrachtet, weil sie im Grunde an den Betroffenen selbst erfolgt, der nur gesetzlich vertreten wird. Beim Unterhaltsverpflichteten eines Mündels kann eine Datenerhebung seiner Einkommensverhältnisse erforderlich sein, wenn der Schuldner mangelnde

Leistungsfähigkeit geltend macht. Werden dem Beistand, Pfleger oder Vormund gewichtige Anhaltspunkte für eine Kindeswohlgefährdung bekannt, hat damit gleichzeitig das Jugendamt Kenntnis (§ 8a Abs. 1 SGB VIII), weshalb das 8a-Verfahren in Gang gesetzt wird. Der Beistand ist befugt, diese Daten dem ASD mitzuteilen, der Amtsvormund ist dazu als strafrechtlicher Garant auch verpflichtet, ebenso der Amtspfleger, soweit er das Personensorgerecht hat.

Die **Weitergabe** von Daten unterliegt auch der Beschränkung der Erforderlichkeit. Sie ist nur zulässig, wenn sie zur Erfüllung einer konkreten Aufgabe notwendig ist. Dabei ist die Fachkraft nicht an den Erhebungszweck wie sonst in § 64 Abs. 1 SGB VIII gebunden. 3

Satz 3 in § 68 Abs. 1 SGB VIII schränkt die Informationspflichten nach Art. 13 und 14 DSGVO ein. Fachkräfte im Sinne von § 68 SGB VIII müssen bei Informationen die Interessen des Kindes oder Jugendlichen wahren und gleichzeitig die Erfüllung ihrer Aufgaben nicht gefährden. Damit haben Beistände, Amtspfleger und Amtsvormund jeweils die Interessen des Kindes oder Jugendlichen und die Anforderungen an ihre eigene Aufgabenerfüllung abzuwägen, in Einklang zu bringen oder auch in der einen oder anderen Richtung zu entscheiden. 4

II. Nutzung von Sozialdaten (§ 68 Abs. 1 Satz 2 SGB VIII)

Datenübermittlung zum Zwecke der Aufsicht, Kontrolle oder Rechnungsprüfung durch die dafür zuständige Stelle ist nur im Hinblick auf den Einzelfall zulässig. Die Daten müssen also für einen konkreten Vorgang wie eine Beschwerde über den Amtsvormund benötigt werden. Wird lediglich eine Routinekontrolle angeordnet, entfällt die Zulässigkeit der Datenerhebung. 5

III. Löschung und Sperrung der Daten (§ 68 Abs. 2 SGB VIII)

In Abs. 2 wird durch die Hinweise auf § 84 SGB X klargestellt, dass für die Beistandschaft, die Amtspflegschaft und die Amtsvormundschaft bei **Datenlöschung** und -sperrung die gleichen Pflichten gelten, die in der Jugendhilfe von den anderen Fachkräften einzuhalten sind (anders als bei Datenerhebung und Datenverarbeitung). Das bedeutet, dass Sozialdaten grundsätzlich zu löschen sind, wenn ihre Speicherung unzulässig ist und wenn ihre Kenntnis für die verantwortliche Stelle zur rechtmäßigen Erfüllung der in ihrer Zuständigkeit liegenden Aufgaben nicht mehr erforderlich ist, jedoch kein Grund zu der Annahme besteht, dass dadurch **schutzwürdige Interessen des Betroffenen** beeinträchtigt werden (§ 84 Abs. 3 SGB X). Sofern aus der Sicht des Betroffenen ein berechtigtes Interesse an der weiteren Datenspeicherung besteht, ist von dessen schutzwürdigem Interesse auszugehen. Angesichts der besonderen Aufgaben der Beistände, Vormünder und Pfleger wird sich also die Löschungspflicht und der -zeitpunkt insbesondere auch am Interesse eines betroffenen Mündels orientieren, sich über das zu unterrichten, was im Laufe seiner Entwicklung von den Amtspersonen zu Recht oder Unrecht veranlasst wurde. 6

Vielfach werden Akten mehr als 10 Jahre, oft 30 Jahre aufbewahrt. Neben den Löschungsfristen des SGB X sind gesetzliche **Aufbewahrungsfristen**[2] zu beachten. Die Justizbehörden sehen für ihre vormundschaftsgerichtlichen Akten eine Aufbewahrungszeit von fünf Jahren nach Volljährigkeit des Mündels vor. Für die Akten der Amtsvormundschaft und Amtspflegschaft werden zehn Jahren nach Volljährigkeit des ehemaligen Mündels empfoh- 7

2 Grundsätzlich zu Aufbewahrungsfristen auch unter Berücksichtigung des Bedürfnisses misshandelter Heimkinder aufgrund der Heimerziehung in den 50er und 60er Jahren, Empfehlung des Runden Tisches Heimerziehung zur Akteneinsicht durch ehemalige Heimkinder.

len. Gemessen an der Verjährungsfrist von drei Jahren für Schadenersatzansprüche (§ 195 BGB) reichen für Beistandsakten drei Jahre nach Beendigung der Beistandschaft.

8 An die Stelle einer Löschung tritt gem. § 84 Abs. 3 SGB X eine **Sperrung** der Daten. Diesen Weg können Amtspflegschaft und Amtsvormundschaft insbesondere im Interesse des früheren Mündels gehen, wenn sie annehmen, dass anderenfalls dessen schutzwürdiges Interesse beeinträchtigt würde. Sperrung bedeutet, dass Schriftstücke, Akten und andere Datenträger so gekennzeichnet und aufbewahrt werden, dass diese nicht allgemein zugänglich sind und eine Öffnung nur in besonderen Fällen (Einwilligung des Betroffenen oder konkrete Kindeswohlgefährdung) möglich ist.

IV. Auskunftsrechte (Abs. 3)

9 Art. 15 DSGVO gewährt jeder Person hinsichtlich der sie betreffenden personenbezogenen Daten ein **Recht auf Auskunft**. Art. 68 Abs. 3 SGB VIII schränkt dieses Recht ein. Das gilt in Satz 1 zunächst für Personen, soweit diese nicht nach Abs. 1 Satz 3 zu informieren sind, oder die Fälle, wenn durch die Auskunftserteilung berechtigte Interessen Dritter beeinträchtigt würden. Aber auch Minderjährige, deren Beistandschaft, Amtspflegschaft oder Amtsvormundschaft beendet ist, können Auskunft erhalten, wenn keine berechtigten Interessen Dritter entgegenstehen und der Minderjährige die erforderliche Einsichts- und Urteilsfähigkeit besitzt. Ob die Einsichts- und Urteilsfähigkeit vorliegt, kann nur aufgrund der konkreten Daten und nur bezogen auf den Minderjährigen selbst beurteilt werden. Liegt teilweise Einsichtsfähigkeit vor, kann auch insoweit beschränkte Akteneinsicht gewährt werden. Die Einsichtsfähigkeit bezieht sich auf das Verständnis des gelesenen Akteninhalts, die Urteilsfähigkeit auf Fähigkeit, das Gelesene richtig einordnen zu können. Allgemein wird davon ausgegangen, dass erst nach Vollendung des 7. Lebensjahres die entsprechenden Fähigkeiten entwickelt und damit vorhanden sind.

10 Nach Beendigung der Beistandschaft wird dem Elternteil, der diese beantragt hatte, ein Anspruch auf Kenntnis der gespeicherten Daten gewährt. Der Anspruch erlischt mit Eintritt der Volljährigkeit oder dem Erlöschen des Antragsrechts des Elternteils. Allerdings gelten auch hier.

V. Zweckbindung nach Übermittlung (Abs. 4)

11 Jede Person oder Stelle, an die Sozialdaten übermittelt worden sind, ist an den Zweck gebunden, der Anlass der Übermittlung des Amtsbeistands, Amtspflegers oder Amtsvormunds war. Das trifft auf Stellen des Jugendamtes selbst wie auch Gerichte zu. Bei unbefugter Übermittlung besteht für die empfangende Stelle ein Verwertungsverbot.

VI. Entsprechende Anwendung für Gegenvormundschaft (Abs. 5)

12 Für die Tätigkeit eines Jugendamtsmitarbeiters als **Gegenvormund** gelten (bis zum 31.12.2022) die Regelungen des § 68 in den Absätzen 1 bis 4 SGB X im Rahmen seines Kontrollauftrages des Vormunds ebenso. Somit ist auch innerhalb der Behörde der Sozialdatenschutz durch strikte Trennung und Abschottung von Daten zwischen Vormund und Gegenvormund zu gewährleisten. Mangels praktischer Bedeutung entfällt zum 1.1.2023 die Rechtsfigur der Gegenvormundschaft, dementsprechend entfällt § 68 Absatz 5 mit Wirkung zum 1.1.2023.[3]

3 Art. 12 Nr. 2 des Gesetzes vom 24.6.2022 (BGBl. I S. 959).

Fünftes Kapitel
Träger der Jugendhilfe, Zusammenarbeit, Gesamtverantwortung

Erster Abschnitt
Träger der öffentlichen Jugendhilfe

§ 69
Träger der öffentlichen Jugendhilfe, Jugendämter, Landesjugendämter

(1) Die Träger der öffentlichen Jugendhilfe werden durch Landesrecht bestimmt.

(2) (weggefallen)

(3) Für die Wahrnehmung der Aufgaben nach diesem Buch errichtet jeder örtliche Träger ein Jugendamt, jeder überörtliche Träger ein Landesjugendamt.

(4) Mehrere örtliche Träger und mehrere überörtliche Träger können, auch wenn sie verschiedenen Ländern angehören, zur Durchführung einzelner Aufgaben gemeinsame Einrichtungen und Dienste errichten.

Übersicht Rn.

A. Allgemeines

Die ursprünglich umfangreiche Vorschrift wurde durch das KiFöG zu einem kompetenzrechtlichen Torso dezimiert. Abs. 1 wurde zu einer Verweisungsvorschrift auf Landesrecht, die Abs. 2 sowie 5 und 6 wurden aufgehoben. Abs. 3 und 4 blieben unverändert. Die grundlegende Änderung der Vorschrift ist der sog. **Föderalismusreform** geschuldet, durch die Art. 84 Abs. 1 Satz 7 GG in das Grundgesetz aufgenommen wurde, der es verbietet, Gemeinden und Gemeindeverbänden Aufgaben durch Bundesgesetz zu übertragen.[1] 1

In der Gesetzesbegründung heißt es dazu:

> *„Die Vorschrift nimmt den bundesgesetzlichen Durchgriff auf die kommunale Ebene, wie er in der Bestimmung der örtlichen Träger zum Ausdruck kam (§ 69 Abs. 1 Satz 2 a.F.), zurück. Damit wird ein zentrales Anliegen der Föderalismusreform umgesetzt. Die Bestimmung der örtlichen wie der überörtlichen Träger ist damit Aufgabe der Länder. Weisen die Länder die Aufgaben den Gemeinden und Gemeindeverbänden zu, so entscheidet das jeweilige Landesverfassungsrecht darüber, welche Kostendeckungspflichten ggf. im Verhältnis zwischen Land und Kommune entstehen."*[2]

1 Zu den Änderungen des § 69 SGB VIII und zum Einfluss der Föderalismusreform auf die Regelungen im Bereich der Kinder- und Jugendhilfe vgl. im Einzelnen LPK-SGB VIII/*Kunkel/Kepert*, § 69 Rn. 5; Wiesner/Wapler/*Schön*, § 69 SGB VIII Rn. 5 bis 15.

2 BT-Drs. 16/9299, 37.

B. Einzelheiten

I. Abs. 1 – Träger der öffentlichen Jugendhilfe

2 Abs. 1 weist die Entscheidung und Regelung darüber, wer **Träger der öffentlichen Jugendhilfe** ist, in vollem Umfang dem **Landesrecht** zu. Die Länder können nunmehr entscheiden, wen sie zu Trägern der öffentlichen Jugendhilfe machen. Landesrecht kann danach Landkreise und kreisfreie Städte, aber auch kreisangehörige Gemeinden zu öffentlichen Trägern bestimmen. Zwar ist mit dem Wegfall von Abs. 2 auch die Regelung entfallen, dass kreisangehörige Gemeinden (nur dann) zu örtlichen Trägern bestimmt werden können, wenn ihre Leistungsfähigkeit zur Erfüllung der Aufgaben nach dem SGB VIII gewährleistet ist, jedoch gilt dieses Kriterium in der Sache weiter und sollte Maßgabe diesbezüglicher landesrechtlicher Regelungen sein. Die Träger nehmen die Aufgaben der Jugendhilfe als Selbstverwaltungsaufgabe wahr. Sie unterliegen damit ausschließlich einer **Rechtsaufsicht**.

II. Abs. 3 – Zweistufige Trägerstruktur

3 Die Vorschrift schreibt die **zweistufige Trägerstruktur** fest. Die Unterscheidung zwischen örtlichen und überörtlichen Trägern ist wegen der Zuweisung der sachlichen Zuständigkeit in § 85 SGB VIII erforderlich. Konnte bereits in der Vergangenheit Landesrecht bestimmen, wer überörtlicher Träger ist, gilt dies nach der Änderung durch das KiFöG auch hinsichtlich der örtlichen Träger.

Abs. 3 verpflichtet jeden örtlichen Träger zur Errichtung eines Jugendamts, jeden überörtlichen Träger zur Errichtung eines Landesjugendamts. Die Landesjugendämter können kommunal oder staatlich organisiert sein. Im letzten Fall handelt es sich um **staatliche Verwaltung**.[3]

Eine Übersicht über die bestehenden Landesjugendämter und ihre Organisationsform findet sich auf der Homepage der Arbeitsgemeinschaft der Landesjugendämter unter www.bagljae.de/ (> Landesjugendämter > Kontakte).

III. Abs. 4 – Errichtung gemeinsamer Einrichtungen und Dienste

4 Sowohl örtliche als auch überörtliche Träger können, selbst wenn sie verschiedenen Ländern angehören, **gemeinsame Einrichtungen und Dienste** errichten. Die Vorschrift ermächtigt **nicht zur Errichtung gemeinsamer Jugendämter oder Landesjugendämter**, vielmehr ist der Zusammenschluss auf die Durchführung einzelner Aufgaben beschränkt. Damit soll die Erledigung hochspezialisierter Aufgaben bei geringen Fallzahlen sowohl in finanzieller als auch in personeller Hinsicht erleichtert werden.[4] Beispiele sind die Errichtung einer gemeinsamen oder einer zentralen Adoptionsvermittlungsstelle nach § 2 Abs. 1 Satz 3 und 4 AdVermiG. Die stets zitierte und in diesem Zusammenhang auch wichtigste Entscheidung des Bundesverfassungsgerichts vom 18.7.1967[5] hat die Verpflichtung der Träger der öffentlichen Jugendhilfe zur Errichtung von Jugendämtern ausdrücklich als verfassungskonform bezeichnet.

3 Vgl. zum Ganzen Wiesner/*Wiesner*, § 69 SGB VIII Rn. 19 f.
4 Wiesner/*Wiesner*, § 69 SGB VIII Rn. 47.
5 BVerfGE 22, 180.

§70
Organisation des Jugendamts und des Landesjugendamts

(1) Die Aufgaben des Jugendamts werden durch den Jugendhilfeausschuss und durch die Verwaltung des Jugendamts wahrgenommen.

(2) Die Geschäfte der laufenden Verwaltung im Bereich der öffentlichen Jugendhilfe werden vom Leiter der Verwaltung der Gebietskörperschaft oder in seinem Auftrag vom Leiter der Verwaltung des Jugendamts im Rahmen der Satzung und der Beschlüsse der Vertretungskörperschaft und des Jugendhilfeausschusses geführt.

(3) [1]Die Aufgaben des Landesjugendamts werden durch den Landesjugendhilfeausschuss und durch die Verwaltung des Landesjugendamts im Rahmen der Satzung und der dem Landesjugendamt zur Verfügung gestellten Mittel wahrgenommen. [2]Die Geschäfte der laufenden Verwaltung werden von dem Leiter der Verwaltung des Landesjugendamts im Rahmen der Satzung und der Beschlüsse des Landesjugendhilfeausschusses geführt.

Übersicht Rn.

A. Allgemeines

Die Vorschrift regelt die jeweilige **Organisationsstruktur** von Jugendamt und Landesjugendamt in Form **zweigliedriger Behörden**, bestehend aus Jugendhilfeausschuss und Verwaltung. Die Stadtstaaten können gemäß Art. 22 KJHG[1] von den Vorgaben abweichen. Infolge der Föderalismusreform dürfen nach Art. 84 Abs. 1 GG allerdings auch die übrigen Länder abweichende Regelungen hinsichtlich der Behördenstruktur schaffen.[2] 1

B. Einzelheiten

I. Abs. 1 – Aufgabenwahrnehmung

Abs. 1 schreibt die **Zweigliedrigkeit** der Organisation des Jugendamts fest. Seine Aufgaben werden durch den **Jugendhilfeausschuss** sowie die **Verwaltung** des Jugendamts 2

1 Die Vorschrift hat folgenden Wortlaut:
Art. 22 Stadtstaatenklausel
Die Länder Berlin, Bremen und Hamburg können zur Anpassung an ihren besonderen Verwaltungsaufbau abweichen von den Vorschriften dieses Gesetzes über
1. die Träger der öffentlichen Jugendhilfe und ihre Zuständigkeiten,
2. die Errichtung von Jugendämtern und
3. die Bildung, Zusammensetzung und die Befugnisse von Jugendhilfe- und Landesjugendhilfeausschüssen;
dabei haben sie für eine angemessene Beteiligung der anerkannten Träger der freien Jugendhilfe zu sorgen.

2 Vgl. Wiesner/Wapler/*Schön*, §70 SGB VIII Rn. 2, 7.

wahrgenommen. Das, was den **Leistungsberechtigten** und Leistungsempfängern der Kinder- und Jugendhilfe **gegenübertritt**, ist in der Begrifflichkeit des § 70 SGB VIII die Verwaltung des Jugendamts. Die Zweigliedrigkeit des Jugendamts (und dementsprechend des Landesjugendamts, vgl. Abs. 3) stellt einen Versuch der **Demokratisierung** dieser Institution dar. Durch die Kompetenzverteilung an den Jugendhilfeausschuss (für die Setzung von Rahmenbedingungen, Beschlüsse in Grundsätzen der Jugendhilfe- und Jugendpolitik) und an die Administration, vertreten durch den Leiter der Verwaltung oder aufgrund Delegation durch den Leiter oder die Leiterin des Jugendamts, ist die strukturelle Voraussetzung für eine gegenseitige demokratische Kontrolle eröffnet.[3]

II. Abs. 2 – Jugendhilfeausschuss und Verwaltung des Jugendamts

1. Aufgabenverteilung zwischen Jugendhilfeausschuss und Verwaltung des Jugendamts

3 Eine Regelung der **Aufgabenverteilung** und des Verhältnisses von Jugendhilfeausschuss und Jugendamtsverwaltung lässt sich der Vorschrift des Abs. 2 allenfalls mittelbar und auch nicht abschließend entnehmen. Da die Geschäfte der laufenden Verwaltung im Bereich der öffentlichen Jugendhilfe im Rahmen u.a. der Beschlüsse des **Jugendhilfeausschusses** geführt werden, muss es sich bei diesem um ein der Verwaltung **übergeordnetes Gremium** handeln.[4] Darüber hinaus spricht auch § 71 Abs. 2 SGB VIII, wonach sich der Jugendhilfeausschuss „mit allen Angelegenheiten der Jugendhilfe" befasst, und Abs. 3, nach dem er Beschlussrecht in Angelegenheiten der Jugendhilfe hat, für eine Überordnung (vgl. jeweils die dortigen Erläuterungen). Danach wird davon ausgegangen, dass der Jugendhilfeausschuss sich nicht nur mit allen Angelegenheiten der Jugendhilfe befassen darf, sondern befugt ist, (auch) Angelegenheiten der laufenden Verwaltung an sich zu ziehen und die Verwaltung durch eigene Entscheidungen zu binden.[5] In der Praxis beschränkt sich der nur in Intervallen von mehreren Wochen tagende Jugendhilfeausschuss freilich auf die Entscheidung von jugendhilfepolitischen Grundsatz- und Steuerungsfragen. Dies entspricht auch dem gesetzlichen Modell, das in Abs. 2 ausdrücklich davon spricht, dass die Beschlüsse des Jugendhilfeausschusses einen „Rahmen" für die Geschäfte der laufenden Verwaltung vorgeben.[6]

2. Geschäfte der laufenden Verwaltung

4 Nach dem Vorstehenden kommt dem **Begriff der Geschäfte der „laufenden Verwaltung" keine negative Funktion** im Sinne einer Kompetenzabgrenzung gegenüber dem Jugendhilfeausschuss oder einer Ausschließung desselben zu. Danach hat der Jugendhilfeausschuss Zugriff auf alle Angelegenheiten der Jugendhilfe, mögen sie nun unter den Begriff der Geschäfte der laufenden Verwaltung zu subsumieren sein oder nicht.

Ihm kommt allerdings eine **Funktion** in der Weise zu, dass er einerseits die Zuständigkeit für alle Entscheidungen, die nicht zu den Geschäften der laufenden Verwaltung gehören, dem Jugendhilfeausschuss vorbehält – der Jugendhilfeausschuss kann Angelegenheiten der laufenden Verwaltung, die Verwaltung des Jugendamts aber nicht Befugnisse des Jugendhilfeausschusses übernehmen –, andererseits die Verantwortlichkeit des Leiters der Verwaltung bzw. der Verwaltung des Jugendamts für die Erfüllung der Aufgaben begründet.

5 Geschäfte der laufenden Verwaltung sind diejenigen, deren Erledigung eine (politische) Entscheidung der Lenkungsorgane nicht oder nicht mehr erfordert, weil sie bereits gesetzlich

---

3 Zur Kritik an der Regelung der Zweigliedrigkeit des Jugendamts durch Bundesgesetz vgl. Wiesner/*Wiesner*, § 70 SGB VIII Rn. 7 f. und die dortigen Nachweise.

4 Ebenso Wiesner/Wapler/*Schön*, § 70 SGB VIII Rn. 10 m.w.N.

5 Vgl. Wiesner/Wapler/*Schön*, § 70 SGB VIII Rn. 10.

6 Zur Rechtsnatur des Jugendhilfeausschusses vgl. die Erläuterungen zu § 71 SGB VIII Rn. 6.

vorbestimmt ist, weil eine grundsätzliche Vorentscheidung des Lenkungsorgans bereits vorliegt oder weil eine sachgerechte Entscheidung innerhalb des vom Gesetz oder von Vorentscheidungen gelassenen Beurteilungs- oder Ermessensspielraums von Verwaltungsfachleuten selbstständig getroffen werden kann. Nicht entscheidend sind die Häufigkeit gleichartiger Geschäfte oder die Höhe der aufzuwendenden Mittel.[7]

Die Führung der Geschäfte der laufenden Verwaltung ist zum einen an den **Rahmen** der **Satzung** und die **Beschlüsse der Vertretungskörperschaft** gebunden. Vertretungskörperschaft ist das Vertretungsorgan der jeweiligen kommunalen Gebietskörperschaft, also je nach landesrechtlicher Begrifflichkeit die Gemeindevertretung, die Stadtverordnetenversammlung, der Rat oder der Kreistag. Sie ist ferner an die **Beschlüsse des Jugendhilfeausschusses** gebunden, der seinerseits, wie sich aus § 71 Abs. 3 SGB VIII ergibt, nur im Rahmen der von der Vertretungskörperschaft bereitgestellten Mittel, der von ihr erlassenen Satzung sowie ihrer Beschlüsse entscheiden kann.

Nicht zu den Geschäften der laufenden Verwaltung gehört die Förderung der freien Träger[8] oder die Erstellung der Vorschlagsliste für Jugendschöffen nach § 35 JGG. Hingegen ist die Bestellung eines Urkundsbeamten nach § 59 Abs. 3 SGB VIII oder die Übertragung der Ausübung der Beistandschaft, Amtspflegschaft oder Amtsvormundschaft auf Beamte und Angestellte des Jugendamts ein Geschäft der laufenden Verwaltung.

III. Abs. 3 – Landesjugendhilfeausschuss und Verwaltung des Landesjugendamts

Abs. 3 regelt die **Aufgabenerfüllung des** ebenfalls zweigliedrig organisierten **Landesjugendamtes** parallel zu den nach Abs. 2 für das Jugendamt geltenden Prinzipien. Danach werden die Geschäfte der laufenden Verwaltung durch den Leiter oder die Leiterin der Verwaltung des Landesjugendamts geführt. Er hat sich dabei an die Vorgaben der Satzung und an die Beschlüsse des Landesjugendhilfeausschusses zu halten. Handelt es sich um ein kommunales Jugendamt, unterliegt es nur der staatlichen Rechtsaufsicht, während ein staatliches Landesjugendamt unter der Rechts- und Fachaufsicht des zuständigen Ministeriums steht.[9] 6

Hinsichtlich des **Innenverhältnisses** zwischen Landesjugendhilfeausschuss und Verwaltung des Landesjugendamts gilt das oben zum Jugendamt Gesagte entsprechend. Auch der **Landesjugendhilfeausschuss** ist der Verwaltung übergeordnet.

7 Vgl. Schellhorn/Fischer/Mann/*Kern*, § 70 SGB VIII Rn. 7; Wiesner/Wapler/*Schön*, § 70 SGB VIII Rn. 12.
8 OVG Münster, FEVS 47, 394; VGH Ba-Wü, FEVS 36, 135.
9 Vgl. Wiesner/Wapler/*Schön*, § 70 SGB VIII Rn. 19.

§ 71
Jugendhilfeausschuss, Landesjugendhilfeausschuss

(1) Dem Jugendhilfeausschuss gehören als stimmberechtigte Mitglieder an

1. mit drei Fünfteln des Anteils der Stimmen Mitglieder der Vertretungskörperschaft des Trägers der öffentlichen Jugendhilfe oder von ihr gewählte Frauen und Männer, die in der Jugendhilfe erfahren sind,

2. mit zwei Fünfteln des Anteils der Stimmen Frauen und Männer, die auf Vorschlag der im Bereich des öffentlichen Trägers wirkenden und anerkannten Träger der freien Jugendhilfe von der Vertretungskörperschaft gewählt werden; Vorschläge der Jugendverbände und der Wohlfahrtsverbände sind angemessen zu berücksichtigen.

(2) Dem Jugendhilfeausschuss sollen als beratende Mitglieder selbstorganisierte Zusammenschlüsse nach § 4a angehören.

(3) Der Jugendhilfeausschuss befasst sich mit allen Angelegenheiten der Jugendhilfe, insbesondere mit

1. der Erörterung aktueller Problemlagen junger Menschen und ihrer Familien sowie mit Anregungen und Vorschlägen für die Weiterentwicklung der Jugendhilfe,

2. der Jugendhilfeplanung und

3. der Förderung der freien Jugendhilfe.

(4) [1]Er hat Beschlussrecht in Angelegenheiten der Jugendhilfe im Rahmen der von der Vertretungskörperschaft bereitgestellten Mittel, der von ihr erlassenen Satzung und der von ihr gefassten Beschlüsse. [2]Er soll vor jeder Beschlussfassung der Vertretungskörperschaft in Fragen der Jugendhilfe und vor der Berufung eines Leiters des Jugendamts gehört werden und hat das Recht, an die Vertretungskörperschaft Anträge zu stellen. [3]Er tritt nach Bedarf zusammen und ist auf Antrag von mindestens einem Fünftel der Stimmberechtigten einzuberufen. [4]Seine Sitzungen sind öffentlich, soweit nicht das Wohl der Allgemeinheit, berechtigte Interessen einzelner Personen oder schutzbedürftiger Gruppen entgegenstehen.

(5) [1]Dem Landesjugendhilfeausschuss gehören mit zwei Fünfteln des Anteils der Stimmen Frauen und Männer an, die auf Vorschlag der im Bereich des Landesjugendamts wirkenden und anerkannten Träger der freien Jugendhilfe von der obersten Landesjugendbehörde zu berufen sind. [2]Die übrigen Mitglieder werden durch Landesrecht bestimmt. Absatz 2 gilt entsprechend.

(6) [1]Das Nähere regelt das Landesrecht. [2]Es regelt die Zugehörigkeit weiterer beratender Mitglieder zum Jugendhilfeausschuss. [3]Es kann bestimmen, dass der Leiter der Verwaltung der Gebietskörperschaft oder der Leiter der Verwaltung des Jugendamts nach Absatz 1 Nummer 1 stimmberechtigt ist.

Übersicht Rn.

A. Allgemeines

Die Vorschrift stellt in der Konsequenz der zweigliedrigen Organisation die bundeseinheitliche Regelung der Zusammensetzung sowie der Rechtsverhältnisse und Befugnisse des Jugendhilfeausschusses dar. Hinsichtlich des Landesjugendhilfeausschusses bleibt die Regelung bruchstückhaft. Die Regelung seiner Rechtsverhältnisse ist im Wesentlichen dem Landesrecht anheimgegeben. 1

Durch das KJSG wurde Abs. 2 eingefügt, was eine geänderte Absatznummierung zur Folge hat.

B. Einzelheiten

I. Abs. 1 – Zusammensetzung des Jugendhilfeausschusses

1. Stimmberechtigte Mitglieder

Abs. 1 normiert die **Zusammensetzung** des Jugendhilfeausschusses. Soweit Mitglieder nach Nr. 1 und Nr. 2 zu wählen sind, ist **Wahlorgan** in beiden Fällen die Vertretungskörperschaft. 2

Ihm gehören als **stimmberechtigte** Mitglieder nach **Abs. 1 Nr. 1** mit **3/5 des Anteils** der Stimmen Mitglieder des Vertretungsorgans des jeweiligen Trägers der öffentlichen Jugendhilfe, also der Gemeindevertretung, des Rats, des Kreistags etc., oder von diesem Gremium gewählte Frauen und Männer an, die in der Jugendhilfe erfahren sind. Die Alternative ist nicht dahingehend zu verstehen, dass dem Ausschuss entweder (nur) Mitglieder des Vertretungsorgans oder (nur) gewählte Externe angehören dürfen.[1] Die Regelung soll vielmehr eine Mischung ermöglichen, deren konkrete Zusammensetzung in der Entscheidung des Vertretungsorgans liegt. Mit der ausdrücklichen Benennung von **Frauen** und **Männern** wird eine unter Gendergesichtspunkten ausgewogene Zusammensetzung der externen Mitglieder angestrebt.[2] Die zu wählenden Mitglieder sollen **in der Jugendhilfe erfahren** sein. Diese Erfahrung kann aus beruflicher oder ehrenamtlicher Tätigkeit resultieren. Ein rechtlich

1 Ebenso Wiesner/Wapler/*Schön*, § 71 SGB VIII Rn. 3: Ein Ausschuss ohne Mitglieder des Vertretungsorgans wäre „politisch handlungsunfähig".

2 Nach § 3 Abs. 2 NdsAG SGB VIII sollen die Hälfte der stimmberechtigten und der stellvertretenden Mitglieder Frauen sein.

valides Kriterium stellt dies nicht dar, da es ohnehin bei den in der Vertretungskörperschaft vertretenen Parteien und Gruppierungen liegt, wen sie zur Wahl vorschlagen.

3 Weiter gehören dem Ausschuss nach **Abs. 1 Nr. 2** mit **2/5** des Anteils der Stimmen Frauen und Männer an, die auf **Vorschlag** der im Bereich des öffentlichen Trägers wirkenden anerkannten Träger der freien Jugendhilfe von der Vertretungskörperschaft gewählt werden. Vorschlagsberechtigt sind also **nur anerkannte Träger** der freien Jugendhilfe.[3] Zu ihnen können auch Selbsthilfegruppen, örtliche Initiativen und Organisationen, die nicht in das klassische Trägerspektrum einzuordnen sind, gehören.[4] Neben der Anerkennung als Träger der freien Jugendhilfe (vgl. § 75 SGB VIII und die dortigen Erläuterungen) enthält die Vorschrift als weitere Maßgabe, dass Vorschläge der Jugendverbände (vgl. § 12 SGB VIII) und der Wohlfahrtsverbände (vgl. § 75 Abs. 3 SGB VIII) „angemessen zu berücksichtigen" sind. Angemessen ist die Berücksichtigung, wenn sie der quantitativen und qualitativen Bedeutung der Verbände in der örtlichen Jugendhilfe entspricht. Aber auch diese Vorgabe ist **nicht justiziabel** und in die politische Entscheidung der Vertretungskörperschaft gestellt.

In welchem Verfahren die internen und externen Mitglieder des Jugendhilfeausschusses von der Vertretungskörperschaft gewählt oder bestimmt werden, regelt das SGB VIII nicht. Diesbezügliche Vorschriften finden sich in den Ausführungs- und/oder Kommunalgesetzen der Länder oder den Satzungen der kommunalen Körperschaften.[5]

2. Zahl und Wählbarkeit der Mitglieder

4 Die **Zahl der Mitglieder** des Jugendhilfeausschusses ist **im SGB VIII nicht geregelt**; die Ausführungsgesetze der Länder können aber die Zahl der Mitglieder bestimmen oder die Festlegung in die Zuständigkeit der Vertretungskörperschaft verweisen und Quotierungen vorschreiben.[6]

5 **Landesrecht** (vgl. Abs. 6 Satz 1) kann weitergehende Voraussetzungen für die Mitgliedschaft im Jugendhilfeausschuss normieren. Für jedes Mitglied ist ein stellvertretendes Mitglied vorzusehen. So regelt § 6 Abs. 3 HKJHGB, dass die Mitglieder und stellvertretenden Mitglieder das 18. Lebensjahr vollendet haben und im Gebiet des örtlichen öffentlichen Trägers wohnen oder in diesem Gebiet Aufgaben der Jugendhilfe wahrnehmen müssen. Wird dem Leiter der Verwaltung der Gebietskörperschaft oder dem Leiter der Verwaltung des Jugendamts gemäß Abs. 5 Satz 3 Stimmrecht verliehen, so ist diese Person auf die Quote der stimmberechtigten Mitglieder nach Nr. 1 anzurechnen.[7]

Die von den Trägern der freien Jugendhilfe vorgeschlagenen Mitglieder müssen nicht bei diesen tätig sein.

3. Rechtsstatus des Jugendhilfeausschusses und Rechtsstellung der Mitglieder

6 Der Jugendhilfeausschuss ist kein Ausschuss der Vertretungskörperschaft. Dies bereits deshalb nicht, weil ihm nach Abs. 1 Nr. 1 externe Mitglieder angehören können und mit den Mitgliedern nach Abs. 1 Nr. 2 zwangsläufig angehören müssen. Er ist vielmehr als **Aus-**

---

3 Kritisch dazu Wiesner/Wapler/*Schön*, § 71 SGB VIII Rn. 5; vgl. zur Kritik an der gesetzlichen Regelung auch FK-SGB VIII/*Schäfer/Weitzmann*, § 71 Rn. 7 f.

4 BT-Drs. 11/5948, 96.

5 Vgl. dazu etwa den Beschluss des SächsOVG vom 26.1.2021, 4 B 421/20, juris, online abrufbar unter justiz-sachsen.de, in dem die einschlägigen Bestimmungen wiedergegeben werden. Ferner VG Ansbach, Beschl. v. 15.1.2021, AN 4 E 20.02678, juris.

6 Vgl. etwa § 3 Abs. 1 NdsAG SGB VIII: „Die Vertretungskörperschaft legt für die Dauer der Wahlperiode fest, ob dem Jugendhilfeausschuss zehn oder fünfzehn stimmberechtigte Mitglieder angehören. Die Besetzung des Jugendhilfeausschusses mit stimmberechtigten Mitgliedern einschließlich ihrer Vertreter erfolgt nach § 71 Abs. 1 SGB VIII. Dabei soll von den nach § 71 Abs. 1 Nr. 2 SGB VIII zu wählenden Mitgliedern die Hälfte von Trägern der Jugendarbeit vorgeschlagen worden sein."

7 Wiesner/Wapler/*Schön*, § 71 SGB VIII Rn. 15.

schuss eigener Art anzusehen.[8] Nach dem BVerwG stellt er sich „als bundesrechtlich konstituiertes Kommunalorgan dar, das den sog. beschließenden Ausschüssen des Kommunalrechts ähnelt, aber die Besonderheit aufweist, daß es nur teilweise die politischen Mehrheitsverhältnisse der Vertretungskörperschaft widerspiegelt und im Übrigen von Vertretern der freien Jugendhilfe und sachverständigen Bürgern besetzt wird". Obwohl damit der Sache nach kommunales Verfassungs-, Organisations- und Verfahrensrecht, für das die Länder gesetzgebungsbefugt sind, durch den Bundesgesetzgeber geregelt werde, sei dies als sachbezogen und für die Gewährleistung eines wirksamen Gesetzesvollzugs notwendige Annexregelungen, die der Bund im Rahmen seiner Gesetzgebungszuständigkeit zur materiellen Regelung der öffentlichen Fürsorge gemäß Art. 84 Abs. 1 GG treffen könne, zu akzeptieren.[9] Hinsichtlich der **Rechtsstellung** der **Mitglieder** und ihrer mitgliedschaftlichen Rechte wird in Landesgesetzen auf andere kommunale Gremien verwiesen. Nach *Schön* soll ihr Status dem von Ausschussmitgliedern der Vertretungskörperschaft entsprechen.[10] Gem. § 7 NdsAG SGB VIII üben die Mitglieder des Jugendhilfeausschusses ihre Tätigkeit im Rahmen des Gesetzes nach ihrer freien, nur durch die Rücksicht auf das Gemeinwohl geleiteten Überzeugung aus und sind an Aufträge und Weisungen nicht gebunden.

Für den Fall einer **Interessenkollision** sind die Mitglieder in entsprechender Anwendung der kommunalverfassungsrechtlichen Vorschriften von den Beratungen und Entscheidungen ausgeschlossen (vgl. etwa § 25 HGO).

II. Abs. 2 – Beratende Mitglieder des Jugendhilfeausschusses

Mit dem durch das KJSG eingefügten Abs. 2 wurde erstmals bundesrechtlich die Mitgliedschaft **beratender Mitglieder** im Jugendhilfeausschuss geregelt. **7**

Die Vorschrift ist insoweit unsauber formuliert, als nicht die selbstorganisierten Zusammenschlüsse nach § 4a SGB VIII, sondern deren Vertreter dem JHA als beratende Mitglieder angehören sollen. Ungeachtet dessen bringt sie die Bedeutung zum Ausdruck, die der Bundesgesetzgeber den selbstorganisierten Zusammenschlüssen mit dieser hinsichtlich beratender Mitglieder singulären Regelung beimisst.

Darüber hinaus verbleibt es bei der Regelung des Abs. 6 Satz 2, der hinsichtlich der Zugehörigkeit weiterer beratender Mitglieder (über Abs. 2 hinaus) auf das Landesrecht verweist. Das gilt sowohl hinsichtlich der Zahl beratender Mitglieder, der Voraussetzungen der Mitgliedschaft oder solcher beratenden Mitglieder, die kraft ihrer Funktion oder ihres innegehabten Amtes (etwa kommunale Jugendpfleger/-innen) dem Jugendhilfeausschuss angehören (vgl. etwa § 4 NdsAG SGB VIII).

III. Abs. 3 – Aufgaben des Jugendhilfeausschusses

Abs. 2 normiert ein umfassendes **Behandlungs- und Beratungsrecht** des Jugendhilfeausschusses. Die in den Nrn. 1 bis 3 genannten Gegenstände sind lediglich vom Gesetzgeber als besonders relevant hervorgehobene Beispiele. Die Aufzählung ist also nicht abschließend („insbesondere"). Weitere Beratungsgegenstände kann der Jugendhilfeausschuss jederzeit auf seine Agenda setzen. **8**

---

8 Ebenso Schellhorn/Fischer/Mann/*Kern*, § 71 SGB VIII Rn. 17 m.w.N.

9 Vgl. BVerwG, Urt. v. 15.12.1994, NVwZ-RR 1995, 587 (588) unter Hinweis auf die Entscheidung des BVerfG, BVerfGE 22, 180 (211).

10 Wiesner/Wapler/*Schön*, § 71 SGB VIII Rn. 11.

Schwerpunkte der Beratung sind danach:

1. Erörterung aktueller Problemlagen

9 Die Erörterung aktueller Problemlagen junger Menschen und ihrer Familien sowie die Befassung mit Anregungen und Vorschlägen für die Weiterentwicklung der Jugendhilfe wird als eine Generalklausel betrachtet, die der Querschnittsaufgabe der Jugendhilfe nach § 1 Abs. 1 Nr. 4 SGB VIII entspricht.[11] Insbesondere mit der Erörterung aktueller Problemlagen nimmt der Jugendhilfeausschuss eine anwaltliche Funktion zugunsten junger Menschen und ihrer Familien wahr und bringt deren Interessen gegenüber kommunalen Entscheidungsträgern ein. Deren Handeln und Entscheiden greift in vielfältiger Weise in die Lebensweisen der genannten Betroffenen ein. Zu nennen sind etwa die städtebauliche Entwicklung sowie die Verkehrs- und Bauplanung. Die Entscheidung darüber, ob bestimmte Fragestellungen oder Politikbereiche Kinder, Jugendliche und deren Familien betreffen und deren Erörterung ist grundsätzlich Sache des Jugendhilfeausschusses. Einen Numerus clausus der Themenstellungen gibt es insoweit nicht.

2. Jugendhilfeplanung

10 Sie stellt das zentrale Instrument kommunaler Steuerung der Jugendhilfe dar. Auch wenn die Beschlussfassung bei der kommunalen Vertretungskörperschaft liegt, ist es nicht Aufgabe der laufenden Verwaltung, sondern des Jugendhilfeausschusses, sich daran zu beteiligen. Deshalb sollte sich die Befassung auf alle Gegenstände der Jugendhilfeplanung nach § 80 SGB VIII erstrecken. Das gilt erst recht nach der Erweiterung der Planungsgegenstände durch das KJSG (vgl. dazu die Erläuterungen zu § 80 SGB VIII).

3. Förderung der freien Jugendhilfe

11 Sie betrifft nicht nur die Förderung im Sinne des § 74 SGB VIII, sondern alle Fragen der Zusammenarbeit mit den Trägern der freien Jugendhilfe und ist deshalb mit der Jugendhilfeplanung eng verknüpft. Deshalb verpflichtet § 80 Abs. 3 SGB VIII den Jugendhilfeausschuss, die freien Träger rechtzeitig anzuhören.

4. Weitere Aufgaben des Jugendhilfeausschusses

11a Dem Jugendhilfeausschuss obliegen weitere, in § 71 SGB VIII nicht ausdrücklich genannte Aufgaben.

Dazu gehören:

Die Entscheidung über **Zuschüsse** an und sonstige Unterstützung für **freie Träger.**

Die Entscheidung über die **Anerkennung als Träger der freien Jugendhilfe** gem. § 75 SGB VIII.

Auch **außerhalb des SGB VIII** können **Aufgaben** des Jugendhilfeausschusses normiert sein.

Gem. § 35 JGG hat der Jugendhilfeausschuss die **Jugendschöffen** vorzuschlagen.

Gem. § 3 § Abs. 1 Satz 2 BauGB sind auch Kinder und Jugendliche Teil der an der **Bauleitplanung** zu beteiligenden Öffentlichkeit. Soweit deren Belange durch die Planung berührt werden, ist der Jugendhilfeausschuss gem. § 4 BauGB an dieser zu beteiligen.

11 Schellhorn/Fischer/Mann/*Kern*, § 71 SGB VIII Rn. 15; FK-SGB VIII/*Schäfer/Weitzmann*, § 71 Rn. 8.

IV. Abs. 4 – Beschlussrecht und Verfahren des Jugendhilfeausschusses

1. Abs. 4 Satz 1 – Beschlussrecht

Abs. 4 verleiht dem Jugendhilfeausschuss ein **Beschlussrecht** in Angelegenheiten der Jugendhilfe. Bereits aus der von Abs. 3 („…befasst sich mit allen Angelegenheiten der Jugendhilfe…") abweichenden Formulierung wird geschlossen, dass der dem Beschlussrecht zugängliche Aufgabenbereich kleiner ist oder doch zumindest sein kann als der in § 71 Abs. 2 SGB VIII umschriebene.[12] Darüber hinaus liegt aber eine Einschränkung jedenfalls in den von Satz 1 gezogenen Grenzen. Danach besteht das Beschlussrecht nur im Rahmen 12

– der von der Vertretungskörperschaft bereitgestellten Mittel,
– der von ihr erlassenen Satzung sowie
– der von ihr gefassten Beschlüsse.

„Beschlussrecht" i.S.d. Abs. 4 Satz 1 bedeutet dabei nicht die Befugnis, überhaupt Beschlüsse zu fassen, sondern ein (Letzt- oder Allein-)Entscheidungsrecht in bestimmten Angelegenheiten zu haben und andere Akteure, insbesondere also die Verwaltung des Jugendamts oder die Vertretungskörperschaft, zu binden.[13] Das Recht des Jugendhilfeausschusses, im Rahmen der Befassung nach Abs. 3 zum **Zweck der Meinungsäußerung oder Stellungnahme** Beschlüsse zu fassen, die seine Auffassung manifestieren, wird dagegen durch die vorstehend genannten **Einschränkungen nicht berührt**. Als Kollegialorgan kann er sich gar nicht anders als durch das Fassen von Beschlüssen mit den Angelegenheiten der Jugendhilfe befassen, soll sich das Befassen nicht in einem „Einmal-darüber-Reden" erschöpfen.

Dass sich der Jugendhilfeausschuss als kommunales Gremium an die **Satzungen** der Gemeinde halten muss, erscheint dabei als Selbstverständlichkeit, das muss sogar die Vertretungskörperschaft selbst, solange sie die jeweilige Satzung nicht wirksam geändert hat. „Satzung" i.S.d. Vorschrift sind sowohl die Hauptsatzung als auch die Jugendamtssatzung. Die Bindung an den Rahmen der **bereitgestellten Mittel** sowie der Beschlüsse der Vertretungskörperschaft macht dagegen deutlich, dass diese als demokratisch legitimierte Vertretung der Bürgerschaft der Gemeinde dem Jugendhilfeausschuss übergeordnet ist. Die Vertretungskörperschaft als Inhaberin der Haushaltshoheit entscheidet über die Verwendung der kommunalen Geldmittel. Diesen Rahmen darf der Jugendhilfeausschuss nicht überschreiten. 13

Umstritten ist der Komplex der Bindung des Jugendhilfeausschusses an die von der Vertretungskörperschaft gefassten Beschlüsse und insbesondere die unter dem Begriff der **Bestandsfestigkeit** diskutierte Frage, ob der Vertretungskörperschaft ein Letztentscheidungsrecht dergestalt zusteht, dass sie auch Beschlüsse des Jugendhilfeausschusses ändern kann. Nach dem Wortlaut des Abs. 4 Satz 1 gilt die Bindung des Jugendhilfeausschusses für **jedwede Beschlüsse** der Vertretungskörperschaft, sofern sie den Tätigkeitsbereich des Jugendhilfeausschusses berühren. Insoweit wird aber etwa gefordert, dass dem Jugendhilfeausschuss ein Entscheidungsbereich von substanziellem Gewicht verbleiben müsse.[14] 14

Schön verneint ein solches Letztentscheidungsrecht der Vertretungskörperschaft und geht von einem bestandsfesten Beschlussrecht des Jugendhilfeausschusses unter Verweis auf die dreistufige Aufgaben- und Kompetenzabgrenzung aus, die der Selbstverwaltungskörperschaft das Recht zum Satzungserlass, zur Mittelbereitstellung und zu Grundsatzbeschlüssen

12 So BVerwG, Urt. v. 15.12.1994, NVwZ-RR 1995, 587 (588); Wiesner/*Wiesner*, § 71 SGB VIII Rn. 23.
13 Zum Verhältnis der Beschlussfassung des Jugendhilfeausschusses zu der der Vertretungskörperschaft vgl. unten Rn 14 f.
14 Wiesner/Wapler/*Schön*, § 71 SGB VIII Rn. 27.

im Jugendhilfebereich zuerkenne und eine eigene fachliche Beschlusskompetenz des Jugendhilfeausschusses in allen Jugendhilfefragen einräume.[15]

14a Eine Klärung des Verhältnisses von Jugendhilfeausschuss und Vertretungskörperschaft im Allgemeinen und des Beschlussrechts nach § 71 Abs. 4 SGB VIII im Besonderen ist für die Praxis durch die **Grundsatzentscheidung des BVerwG** vom 4.2.2016 erfolgt.[16]
Danach verleiht das Beschlussrecht des Jugendhilfeausschusses kein allumfassendes, schrankenloses und fertig ausgeformtes Alleinentscheidungsrecht in Jugendhilfeangelegenheiten, sondern erfährt seine konkrete Gestalt erst im Zusammenspiel der bundesgesetzlichen Regelung mit dem Kommunalverfassungsrecht der Länder. Angesichts der besonderen demokratischen Rolle, die die Vertretungskörperschaft als die unmittelbar vom Volk legitimierte zentrale Instanz der kommunalen Gebietskörperschaft hat und die ihr die Kompetenz-Kompetenz zuweist, **gehen Beschlüsse** der **Vertretungskörperschaft** in Fragen der Jugendhilfe im Grundsatz **dem Beschlussrecht des Jugendhilfeausschusses vor**. § 71 Abs. 4 Satz 1 SGB VIII schränkt diesen Vorrang im Interesse effektiver Jugendarbeit dahin ein, dass er dem Beschlussrecht eine „Bestandsgarantie" verleiht, die den Jugendhilfeausschuss (nur) vor einer „substanziellen Aushöhlung" seines Beschlussrechts in Angelegenheiten der Jugendhilfe schützt. Es ist dann nicht verletzt, wenn dem Jugendhilfeausschuss Aufgaben von substanziellem Gewicht verbleiben.[17]

Die Prüfung, ob eine Entscheidung der Vertretungskörperschaft das Beschlussrecht des Jugendhilfeausschusses in **quantitativer oder qualitativer Hinsicht** substanziell aushöhlt, so das Gericht weiter, sei „zu beziehen auf die von dem Beschlussrecht erfassten Bereiche seiner Befassungskompetenz, wie sie insbesondere in § 71 Abs. 2 SGB VIII[18] aufgeführt" seien, wobei auf „den im konkreten Fall betroffenen Bereich abzustellen" sei.

Danach scheidet aus **quantitativer Sicht** eine Beeinträchtigung des Beschlussrechts aus, wenn dem Jugendhilfeausschuss in dem maßgeblichen Bereich noch so viele Aufgaben verbleiben, dass von einer substanziellen Aushöhlung nicht gesprochen werden kann.[19]

In **qualitativer Hinsicht** wird das Beschlussrecht substanziell ausgehöhlt, wenn ein den maßgeblichen Bereich **prägendes Merkmal** angetastet wird. Die insoweit vorzunehmende Abgrenzung zwischen dem Beschlussrecht der politischen Vertretungskörperschaft in Fragen der Jugendhilfe und demjenigen des Jugendhilfeausschusses kann nach der Entscheidung insbesondere **nicht** mit Kategorien des **jugendhilferechtlichen Fachgehalts** einer bestimmten Fragestellung vorgenommen werden. Dies gilt gleichermaßen für Anleihen bei den **Grundsätzen der Rahmengesetzgebung** und für Rückgriffe auf die für den Schutz verfassungsrechtlich verbürgter Institute und institutioneller Garantien entwickelte **Kernbereichslehre** sowie die dem Grundrechtsschutz dienende **Wesensgehaltsgarantie**. Zu den prägenden Merkmalen gehört auch nicht, dass ausschließlich der Jugendhilfeausschuss Einzelfallentscheidungen in Jugendhilfeangelegenheiten treffen darf.

---

15 Wiesner/Wapler/*Schön*, § 71 SGB VIII Rn. 26 mit Nachweisen zum Streitstand; eine Änderungsbefugnis der Vertretungskörperschaft bejaht Schellhorn/Fischer/Mann/*Kern*, § 71 SGB VIII Rn. 17.

16 BVerwG, Urt. v. 4.2.2016, 5 C 12.15, BVerwGE 154, 144, online abrufbar unter https://www.bverwg.de/040216U5C12.15.0. Die Entscheidung bezieht sich auf den vor dem KJSG geltenden § 71 Abs. 3 SGB VIII, der nunmehr unverändert als Abs. 4 weiter gilt.

17 BVerwG, Urt. v. 4.2.2016, 5 C 12.15, Rn. 10, a.a.O.

18 Jetzt § 71 Abs. 3 SGB VIII.

19 Diesem Kriterium kann ein tautologischer Charakter kaum abgesprochen werden. Aus der konkreten Entscheidung, die die Aufhebung einer einzelnen Förderentscheidung des JHA durch die Vertretungskörperschaft zum Gegenstand hatte, wird deutlich, dass die Abgrenzungsleistung quantitativer Kriterien gering sein dürfte, wenn es heißt, die Weisung führe nicht dazu, dass dem JHA in dem „betroffenen Bereich der Förderung der freien Jugendhilfe (§ 71 Abs. 2 Nr. 3 SGB VIII 2011) Aufgaben in einem Umfang entzogen wurden, dass von einer substanziellen Aushöhlung hätte gesprochen werden können. Die Weisung ließ insbesondere die Befugnis des Klägers unberührt, über die Förderung anderer Träger der freien Jugendhilfe im Rahmen der allgemeinen Vorgaben unbeschränkt zu befinden."

Dagegen spricht insbesondere, dass – wie aufgezeigt – das Beschlussrecht die besondere demokratische Rolle der unmittelbar vom Volk legitimierten Vertretungskörperschaft und die dieser zugewiesenen Kompetenz-Kompetenz zu wahren hat. Der daraus folgende grundsätzliche Vorrang von Beschlüssen der Vertretungskörperschaft in Jugendhilfeangelegenheiten erfasst auch insoweit getroffene Einzelfallentscheidungen. Die Vertretungskörperschaft ist in Fragen der Jugendhilfe nicht darauf beschränkt, Grundsatz- oder Rahmenbeschlüsse zu fassen. Mithin läuft eine von der **Vertretungskörperschaft getroffene Entscheidung** im Einzelfall nur dann dem Beschlussrecht des Jugendhilfeausschusses zuwider, wenn sie dieses substanziell aushöhlt. Der Umstand, dass die Vertretungskörperschaft in einer Angelegenheit der Jugendhilfe eine Einzelfallentscheidung trifft, verletzt also noch nicht eo ipso § 71 Abs. 4 Satz 1 SGB VIII.[20]

2. Abs. 4 Satz 2 – Anhörungs- und Antragsrecht

Satz 2 Hs. 1 stärkt die Stellung des Jugendhilfeausschusses dadurch, dass er vor jeder Beschlussfassung der Vertretungskörperschaft in Fragen der Jugendhilfe und vor der Berufung eines Leiters oder einer Leiterin **angehört** werden soll. Die Pflicht zur Anhörung besteht auch dann, wenn die Vertretungskörperschaft Beschlüsse des JHA aufzuheben oder abzuändern beabsichtigt. **15**

Die Soll-Verpflichtung mag hinsichtlich der Anhörung in Sachfragen dadurch gerechtfertigt sein, dass angesichts der größeren Sitzungsintervalle des Jugendhilfeausschusses eine Entscheidung ohne vorgängige Anhörung notwendig sein kann. Hinsichtlich der Berufung der Jugendamtsleitung sind Gründe, von der Verpflichtung zur Anhörung abzuweichen, kaum denkbar.

Wird der Jugendhilfeausschuss entgegen § 71 Abs. 3 Satz 2 SGB VIII nicht angehört, führt dies ohne Weiteres zur Rechtswidrigkeit des ohne Anhörung ergangenen Beschlusses der Vertretungskörperschaft, ohne dass es auf eine irgendwie geartete Kausalität ankäme.

Hs. 2 verleiht dem Jugendhilfeausschuss das Recht, **Anträge an die Vertretungskörperschaft** zu stellen. Dies ist deshalb von Bedeutung, weil die Beschlussfassung der Vertretungskörperschaft den Handlungsspielraum des Jugendhilfeausschusses nicht unwesentlich beeinflusst (vgl. Abs. 1 Satz 1). Mittels des Antragsrechts kann darüber hinaus die Vertretungskörperschaft veranlasst, erforderlichenfalls auch gezwungen werden, sich mit bestimmten Themen und Fragen zu befassen. **16**

3. Abs. 4 Satz 3 – Zusammentreten

Der Gesetzgeber hat darauf verzichtet, eine **Mindestzahl** von Sitzungen des Jugendhilfeausschusses festzulegen. Maßgabe für das Zusammentreten des Ausschusses ist zum einen ein Beratungs- und Entscheidungsbedarf. Dieser wird letztlich von der oder dem Vorsitzenden des Ausschusses festgestellt. Notwendiges Korrektiv und Sicherung von Minderheitenrechten ist deshalb die Regelung der zweiten Alternative, nach der der Jugendhilfeausschuss auf Antrag von **mindestens einem Fünftel** der Stimmberechtigten einzuberufen ist. **17**

4. Abs. 4 Satz 4 – Öffentlichkeit

Der unter dem Gesichtspunkt demokratischer Kontrolle relevante **Grundsatz der Öffentlichkeit** von Gremiensitzungen ist in Satz 4 in drei Fällen durchbrochen. Das Wohl der Allgemeinheit und die Interessen einzelner Personen oder schutzbedürftiger Gruppen können den Ausschluss der Öffentlichkeit rechtfertigen. Das kann etwa der Fall sein, wenn persönli- **18**

20 Vgl. BVerwG, Urt. v. 4.2.2016, 5 C 12.15, juris, Rn. 13 ff., online abrufbar unter https://www.bverwg.de/040216U5C12.15.0.

che Verhältnisse der als Leiter des Jugendamts zu berufenden Person im Rahmen der Anhörung nach Abs. 4 Satz 2 zu erörtern sind. Die Beratung und Entscheidung, ob in nicht-öffentlicher Sitzung verhandelt werden soll, hat durch den Ausschuss in nicht-öffentlicher Sitzung zu erfolgen.

V. Abs. 5 – Landesjugendhilfeausschuss

19 Die Verhältnisse des **Landesjugendhilfeausschusses** sind in Abs. 4 nur äußerst rudimentär geregelt. Vorgeschrieben wird parallel zur Regelung in § 71 Abs. 1 Nr. 2 SGB VIII zum einen, dass ihm mit zwei Fünftel des Anteils der Stimmen Frauen und Männer angehören, die auf Vorschlag der im Bereich des Landesjugendamts wirkenden und anerkannten Träger der freien Jugendhilfe von der obersten Landesjugendhilfebehörde zu berufen sind. Darüber hinaus gilt Abs. 2 gemäß Abs. 5 Satz 3 entsprechend. Alle weiteren Regelungen werden nach Abs. 5 Satz 2 sowie Abs. 6 an das Landesrecht verwiesen.

VI. Abs. 6 – Landesrecht

20 Nach der Generalverweisung des Satzes 1 regelt das Nähere Landesrecht. Es regelt nach Satz 2 insbesondere die Zugehörigkeit *weiterer* beratender Mitglieder zum Jugendhilfeausschuss (vgl. dazu oben Rn. 7). Die Einfügung des Wortes „weiterer" durch das KJSG trägt dem Umstand Rechnung, dass nach dem ebenfalls neu eingefügten Abs. 2 selbstorganisierte Zusammenschlüsse nach § 4a SGB VIII bereits bundesrechtlich dem Jugendhilfeausschuss als beratende Mitglieder angehören sollen. Schließlich kann Landesrecht nach Satz 3 bestimmen, dass entweder der Leiter der Verwaltung der Gebietskörperschaft oder der Leiter der Verwaltung des Jugendamts – nicht aber beide – **stimmberechtigte** Mitglieder des Jugendhilfeausschusses nach Abs. 1 Nr. 1 sind, also auf die Quote der Mitglieder der Vertretungskörperschaft angerechnet werden. Landesrechtlich zu regeln ist auch die Dauer der **Amtsperiode** des Jugendhilfeausschusses, die regelmäßig der der Vertretungskörperschaft entspricht.

VII. Rechtsschutz des Jugendhilfeausschusses und seiner Mitglieder

1. Rechtsschutzmöglichkeiten des Jugendhilfeausschusses

a) Kommunalverfassungsstreitverfahren

21 Wird der Jugendhilfeausschuss von der Vertretungskörperschaft in einem seiner in den §§ 70, 71 SGB VIII normierten Rechte verletzt, kann er dagegen den Rechtsweg beschreiten. Zuständig sind gemäß § 40 Abs. 1 VwGO die **Verwaltungsgerichte**. Es handelt sich dabei um ein Kommunalverfassungsstreitverfahren zwischen kommunalen Organen.[21] **Richtige Klageart** ist die auf die Feststellung der Rechtswidrigkeit oder Unwirksamkeit einer bestimmten Maßnahme oder eines bestimmten Beschlusses gerichtete **Feststellungsklage**.[22] Der Jugendhilfeausschuss ist in entsprechender Anwendung von § 61 Nr. 2 VwGO beteiligtenfähig und wird durch seinen Vorsitzenden vertreten.

21 Vgl. BVerwG, Urt. v. 15.12.1994, NVwZ-RR 1995, 587.
22 Vgl. BVerwG, Urt. v. 4.2.2016, 5 C 12.15, BVerwGE 154, 144, online abrufbar unter https://www.bverwg.de/040216U5C12.15.0 =.

b) Normenkontrolle

Soweit der Jugendhilfeausschuss durch den Erlass einer Satzung in seinen Beteiligungsrechten verletzt wird, steht ihm die **Normenkontrolle** nach § 47 VwGO zur Verfügung, die auf Feststellung der Unwirksamkeit der Satzung zu richten ist. Eine Satzung kann sowohl aus inhaltlichen Gründen als auch wegen ihres fehlerhaften Zustandekommens unwirksam sein. **22**

2. Rechtsschutzmöglichkeiten einzelner Ausschussmitglieder

Wird ein Mitglied durch den Jugendhilfeausschuss in seinen Mitwirkungsrechten, etwa durch einen zu Unrecht erfolgten Ausschluss von der Beratung und Entscheidung wegen Befangenheit, in seinen Mitwirkungsrechten verletzt, so steht ihm ebenfalls der Rechtsweg zum Verwaltungsgericht offen. Auch hier ist die Feststellungsklage die richtige Klageart. **23**

Wird der Jugendhilfeausschuss durch die Vertretungskörperschaft in seinen Beteiligungsrechten verletzt, so steht nicht nur dem Ausschuss selbst, sondern auch dem Ausschussmitglied die Möglichkeit zur Erhebung einer Feststellungsklage offen. Dies unabhängig davon, ob auch der Ausschuss selbst gerichtlich vorgeht. Denn die Mitglieder haben als Organwalter ein Recht auf Mitwirkung an den dem Jugendhilfeausschuss zugewiesenen Beratungs- und Entscheidungsprozessen.

3. Kosten des Verfahrens

Die **Kosten des Verfahrens** sind in allen Fällen und unabhängig vom Ausgang des Verfahrens von der Kommune zu tragen, da die Kläger oder Antragsteller nicht als Privatpersonen, sondern als kommunale Organe bzw. Organwalter um Rechtsschutz nachsuchen. **24**

§ 72
Mitarbeiter, Fortbildung

(1) Die Träger der öffentlichen Jugendhilfe sollen bei den Jugendämtern und Landesjugendämtern hauptberuflich nur Personen beschäftigen, die sich für die jeweilige Aufgabe nach ihrer Persönlichkeit eignen und eine dieser Aufgabe entsprechende Ausbildung erhalten haben (Fachkräfte) oder auf Grund besonderer Erfahrungen in der sozialen Arbeit in der Lage sind, die Aufgabe zu erfüllen. Soweit die jeweilige Aufgabe dies erfordert, sind mit ihrer Wahrnehmung nur Fachkräfte oder Fachkräfte mit entsprechender Zusatzausbildung zu betrauen. Fachkräfte verschiedener Fachrichtungen sollen zusammenwirken, soweit die jeweilige Aufgabe dies erfordert.

(2) Leitende Funktionen des Jugendamts oder des Landesjugendamts sollen in der Regel nur Fachkräften übertragen werden.

(3) Die Träger der öffentlichen Jugendhilfe haben Fortbildung und Praxisberatung der Mitarbeiter des Jugendamts und des Landesjugendamts sicherzustellen.

Übersicht Rn.

A. Allgemeines

1 Die seit dem Inkrafttreten des SGB VIII unverändert gebliebene Vorschrift formuliert grundlegende Anforderungen an die Qualifikation der bei den Jugendämtern und Landesjugendämtern hauptberuflich tätigen Personen.[1] Sie geht von der Erkenntnis aus, dass eine erfolgreiche Arbeit auf dem Gebiet der Kinder- und Jugendhilfe in entscheidendem Maß von dieser Qualifikation abhängt. § 72 SGB VIII enthält eine objektiv-rechtliche Verpflichtung, subjektive Rechte können aus ihr nicht hergeleitet werden.

Sie **verpflichtet** nach ihrem Wortlaut nur die **Träger** der **öffentlichen Jugendhilfe**. Sein „Bestimmungskern" werde lediglich mittelbar bei der Förderung der Arbeit freier Träger über § 74 Abs. 1 Nr. 1 SGB VIII sowie im Zuge der Anerkennung als Träger der freien Jugendhilfe gemäß § 75 Abs. 1 Nr. 3 SGB VIII wirksam.[2] Darüber hinaus können Anforderungen an die Qualifikation der bei freien Trägern beschäftigten oder sonst auf dem Gebiet der Jugendhilfe tätigen Personen im Wege

- der Erlaubniserteilung nach den §§ 43 Abs. 2, 45 SGB VIII,
- der Tätigkeitsuntersagung nach § 48 SGB VIII oder
- der Vereinbarungen über Leistungsangebote, Entgelte und Qualitätsentwicklung sowie
- der Vereinbarungen mit den Trägern von Einrichtungen und Diensten nach § 8a Abs. 4 SGB VIII

1 Zur Kritik der Vorschrift vgl. Wiesner/Wapler/*Wiesner*, § 72 Rn. 1 f.
2 FK-SGB VIII/*Schindler/Smessaert*, § 72 Rn. 2.

zur Geltung gebracht werden. Lediglich dort, wo keine Vereinbarungen geschlossen wurden und keine Erlaubnisvorbehalte bestehen, ist der Träger der freien Jugendhilfe auch in seiner Personalauswahl frei.

Allerdings betont die **trägerfreundliche Rechtsprechung** insbesondere des bayerischen VGH – und der ihm nolens volens folgenden bayerischen Verwaltungsgerichte[3] – wiederholt, dass sich aus § 45 SGB VIII kein Fachkräftegebot in Einrichtungen ableiten lasse und deshalb nicht zur Erlaubnisvoraussetzung gemacht werden dürfe. Begründet wird das mit der bekannten „Mindestvoraussetzungs-Rechtsprechung", nach der bei Erteilung der Betriebs-, Kindertagespflege- oder Vollzeitpflegeerlaubnis nur Mindestanforderungen verlangt werden dürften.[4] 2

§ 72 SGB VIII steht in einem engen sachlichen Zusammenhang mit § 79 Abs. 3 SGB VIII, wonach die Träger der öffentlichen Jugendhilfe für eine ausreichende Ausstattung der Jugendämter und Landesjugendämter einschließlich einer dem Bedarf entsprechenden Zahl von Fachkräften zu sorgen haben, sowie der Verpflichtung zur Qualitätsentwicklung nach § 79a SGB VIII. Sie wird durch § 72a SGB VIII ergänzt, der Anforderungen an die Eignung hauptamtlich, nebenamtlich oder ehrenamtlich tätiger Personen unter dem Gesichtspunkt strafrechtlicher Verurteilungen formuliert. Auch insoweit besteht die Möglichkeit der Verlängerung der Anforderungen auf bei freien Trägern tätige Personen durch die nach § 72a Abs. 2 und 4 SGB VIII abzuschließenden Vereinbarungen. 3

B. Einzelheiten

I. Abs. 1 – Fachkräftegebot

1. Satz 1 – Qualifikationsanforderungen

Die Verpflichtung nach Abs. 1 Satz 1 betrifft nur die bei den Jugendämtern und Landesjugendämtern hauptberuflich beschäftigten Personen. Sie knüpft mit dem Begriff der Beschäftigung an die Definition des § 7 Abs. 1 SGB IV an, wonach darunter die nichtselbstständige Arbeit insbesondere in einem Arbeitsverhältnis zu verstehen ist, die durch eine Tätigkeit nach Weisungen und eine Eingliederung in die Arbeitsorganisation des Weisungsgebers indiziert wird. Dabei wird zwischen **Fachkräften und anderen beschäftigten Personen unterschieden**. 4

a) Fachkräfte

Nach der Legaldefinition des Satzes 1 sind **Fachkräfte** Personen, die sich für die jeweilige Aufgabe nach ihrer Persönlichkeit eignen und eine dieser Aufgabe entsprechende Ausbildung erhalten haben. Das Gesetz nennt an erster Stelle die persönliche Eignung. Dazu heißt es in der Gesetzesbegründung, dass angesichts der großen Verantwortung, die alle in der Jugendhilfe Tätigen für die Entwicklung junger Menschen trügen, neben der fachlichen Qualifikation die persönliche Eignung unabdingbare Voraussetzung sei.[5] Auch wenn die persönliche Eignung ein nur schwer objektivierbares Kriterium sein mag und ihre Bewertung eine subjektive Entscheidung des jeweiligen Beurteilers darstellt,[6] sind die als Elemente die- 5

---

3 Vgl. etwa VG München, Urt. v. 20.3.2019, M 27 K 17.37053, juris.

4 Vgl. dazu exemplarisch die vielzitierte Entscheidung des BayVGH, Beschl. v. 2.2.2017, 12 CE 17.71, ZKJ 2017, 158, mit zahlreichen Nachweisen aus der Rechtsprechung und Literatur. Insbesondere die dort genannte Literatur (Wiesner, FK-SGB VIII) hat also keinen Grund zum Lamento über eine Aufweichung des Fachräftestandards.

5 BT-Drs. 11/5948, 97.

6 So Wiesner/Wapler/*Wiesner*, § 72 SGB VIII Rn. 6.

ser Eignung genannten Eigenschaften (Glaubwürdigkeit, Empathie, Verantwortlichkeit, Engagement, Belastbarkeit und Offenheit) im Umgang mit den Hilfe suchenden Personen für den Aufbau einer helfenden Beziehung[7] und die Erfüllung der sonstigen Aufgaben der Jugendhilfe unverzichtbar. Darüber hinaus sind eine (ethische fundierte) Haltung, aber auch Kritik- und Konfliktfähigkeit zu nennen. Die persönliche Eignung setzt darüber hinaus das Nichtvorliegen rechtskräftiger strafrechtlicher Verurteilungen nach den einschlägigen Straftatbeständen des § 72a SGBVIII voraus.

6 Als **zweites Qualifikationsmerkmal** nennt Satz 1 die der jeweiligen Aufgabe entsprechende Ausbildung. Damit ist klargestellt, dass die Ausbildung aufgabenbezogen zu beurteilen ist und es *die* Ausbildung für die Tätigkeit in der Jugendhilfe nicht gibt.[8] Als solche sind vor allem und nicht abschließend die fachlichen Qualifikationen als SozialarbeiterIn, SozialpädagogIn, ErzieherIn, PsychologIn, HeilpädadgogIn, TheaterpädagogIn, MotopädagogIn, LogopädIn, Diplom- und FörderschulpädagogIn, PsychotherpeutIn und PsychagogIn anzusehen. Soweit eher planerische oder rechtliche Aufgaben in Rede stehen, kommt auch die Qualifikation als Diplom-Verwaltungswirt_in oder Jurist_in in Betracht.[9]

b) Sonstige beschäftige Personen – „Nicht-Fachkräfte"

7 Neben Fachkräften können die Träger der öffentlichen Jugendhilfe nach Satz 1 Hs. 2 auch Personen beschäftigen, die aufgrund besonderer Erfahrung in der Sozialen Arbeit in der Lage sind, die jeweilige Aufgabe zu erfüllen. Dabei bildet die **besondere Erfahrung** das **Äquivalent zur Ausbildung** der Fachkräfte, auf die persönliche Eignung kann nicht verzichtet und diese auch nicht ersetzt werden. Allgemein wird die Beschäftigung einer Fachkraft als Regelfall, die Beschäftigung von sonstigen Personen mit besonderer Erfahrung als begründungspflichtige Ausnahme angesehen.[10] Als solche Personen mit besonderer Erfahrung werden etwa auch **ehemalige AdressatInnen** genannt, die über eine entsprechende besondere Befähigung verfügen. Insgesamt muss aber eine Vergleichbarkeit mit der Ausbildung der Fachkräfte gegeben sein.

2. Abs. 1 Satz 2 und 3–Vorbehaltene Aufgaben und interdisziplinäre Zusammenarbeit

8 Aufgaben, auf die sich **Satz 2** bezieht, dürfen nur von **Fachkräften** oder Fachkräften mit einer Zusatzausbildung, nicht aber von Personen mit besonderer Erfahrung in der Sozialen Arbeit übernommen werden. Damit werden die Qualifikationsanforderungen verschärft. Die Vorschrift konkretisiert den Fachkräftevorbehalt nicht. Es ist also Aufgabe des Trägers, den verschiedenen Tätigkeiten Qualifikationsanforderungen beizugeben. Als Aufgaben i.S.d. Satzes 2 werden inzwischen alle Kernaufgaben des Jugendamts angesehen, also die Tätigkeit im Allgemeinen Sozialen Dienst und den speziellen sozialen Diensten, wie etwa dem Pflegekinderdienst oder der Adoptionsvermittlung.[11]

9 **Satz 3** verlangt das Zusammenwirken von Fachkräften verschiedener Fachrichtungen, soweit die jeweilige Aufgabe dies erfordert. Dies soll nach der Gesetzesbegründung einer einseitigen Fixierung bzw. der Beschränkung auf bestimmte Therapieformen vorbeugen und die Entwicklung neuer Erkenntnisse und Methoden offenhalten.[12] Dies kann etwa bei der

---

7 So Wiesner/Wapler/*Wiesner*, § 72 SGB VIII Rn. 5.
8 Vgl. dazu auch Schellhorn/Fischer/Mann/*Kern*, § 72 SGB VIII Rn. 5.
9 Zu tarifvertraglichen Fragen und Einordnung vgl. FK-SGB VIII/*Schindler/Smessaert*, § 72 Rn. 7 ff.
10 Vgl. FK-SGB VIII/*Schindler/Smessaert*, § 72 Rn. 3 sieht die Beschäftigung aufgrund besonderer Erfahrung gar als eine Art Übergangsregelung bei Inkrafttreten des Gesetzes an, der mittlerweile „ein immer geringerer Anwendungsbereich" zukomme, womit sie die Aussage in der 7. Auflage des FK-SGB VIII relativieren, dass der Vorschrift kein Anwendungsbereich mehr verbleibe.
11 FK-SGB VIII/*Schindler/Smessaert*, § 72 Rn. 19.
12 Vgl. BT-Drs. 11/5948, 97.

Einschätzung des Gefährdungsrisikos im Zusammenwirken mehrerer Fachkräfte nach § 8a Abs. 1 SGB VIII oder der Entscheidung über Hilfen nach § 35a SGB VIII der Fall sein.

II. Abs. 2 – Übertragung leitender Funktionen

Die Vorschrift enthält einen doppelten Ausnahmevorbehalt („sollen", „in der Regel"). Sie gilt nicht nur für die Leitung der Verwaltung des Jugendamts oder des Landesjugendamts, sondern für alle Organisationsebenen. Leitende Funktionen sind nach der Gesetzesbegründung solche, mit denen die Fachaufsicht über mehrere Fachkräfte verbunden ist.[13] In Betracht kommen also Abteilungen und Unterabteilungen sowie Fachdienste oder -bereiche. 10

IV. Abs. 3 – Fortbildung und Praxisberatung

Die Träger der Jugendhilfe sind verpflichtet, die fachlichen Qualifikationen ihrer Mitarbeiter zu erhalten und weiterzuentwickeln. Deshalb verpflichtet sie Abs. 3, Fortbildung und Praxisberatung sicherzustellen. Diese Selbstverständlichkeit, die nunmehr normiert wird, setzt ebenso Formen von Supervision durch unabhängige Supervisoren voraus. Fortbildung kann entweder als hauseigene Fortbildung in regelmäßigen Abständen stattfinden. Sachlich zuständig ist gemäß § 85 Abs. 2 Nr. 8 SGB VIII der überörtliche Träger, jedoch kann die Aufgabe gemäß § 85 Abs. 3 SGB VIII für den örtlichen Bereich auch durch den örtlichen Träger wahrgenommen werden. Fortbildung kann den Mitarbeiterinnen und Mitarbeitern auf Veranlassung des Trägers auch durch Dritte außer Haus nahegebracht werden. Dass diese die Fortbildungs- und Praxisberatungsangebote auch wahrnehmen, kann eine arbeitsrechtliche Verpflichtung sein, sollte unter dem Gesichtspunkt der Professionalität aber auch selbstverständlich sein. Dies gilt insbesondere im Fall grundlegenderer Rechtsänderungen. Kommt ein Träger der Verpflichtung nach Abs. 3 nicht nach und ermöglicht nachweisbar keine regelmäßigen Fortbildungen, kann das Fachkräfte gegenüber dem Vorwurf der Verletzung fachlicher Standards exkulpieren.[14] Umgekehrt kann die Nichtteilnahme an Fortbildungen den Vorwurf sorgfaltswidrigen Verhaltens begründen oder verstärken. 11

13 Vgl. BT-Drs. 11/5948, 97.
14 FK-SGB VIII/*Schindler*/*Smessaert*, § 72 Rn. 28.

§ 72a
Tätigkeitsausschluss einschlägig vorbestrafter Personen

(1) [1]Die Träger der öffentlichen Jugendhilfe dürfen für die Wahrnehmung der Aufgaben in der Kinder- und Jugendhilfe keine Person beschäftigen oder vermitteln, die rechtskräftig wegen einer Straftat nach den §§ 171, 174 bis 174c, 176 bis 180a, 181a, 182 bis 184g, 184i, 184j, 184k 201a Abs. 3, den §§ 225, 232 bis 233a, 234, 235 oder 236 des Strafgesetzbuchs verurteilt worden ist. [2]Zu diesem Zweck sollen sie sich bei der Einstellung oder Vermittlung und in regelmäßigen Abständen von den betroffenen Personen ein Führungszeugnis nach § 30 Absatz 5 und § 30a Absatz 1 des Bundeszentralregistergesetzes vorlegen lassen.

(2) Die Träger der öffentlichen Jugendhilfe sollen durch Vereinbarungen mit den Trägern der freien Jugendhilfe *sowie mit Vereinen im Sinne des § 54* sicherstellen, dass diese keine Person, die wegen einer Straftat nach Absatz 1 Satz 1 rechtskräftig verurteilt worden ist, *hauptamtlich* beschäftigen.[1]

(3) [1]Die Träger der öffentlichen Jugendhilfe sollen sicherstellen, dass unter ihrer Verantwortung keine neben- oder ehrenamtlich tätige Person, die wegen einer Straftat nach Absatz 1 Satz 1 rechtskräftig verurteilt worden ist, in Wahrnehmung von Aufgaben der Kinder- und Jugendhilfe Kinder oder Jugendliche beaufsichtigt, betreut, erzieht oder ausbildet oder einen vergleichbaren Kontakt hat. [2]Hierzu sollen die Träger der öffentlichen Jugendhilfe über die Tätigkeiten entscheiden, die von den in Satz 1 genannten Personen auf Grund von Art, Intensität und Dauer des Kontakts dieser Personen mit Kindern und Jugendlichen nur nach Einsichtnahme in das Führungszeugnis nach Absatz 1 Satz 2 wahrgenommen werden dürfen.

(4) [1]Die Träger der öffentlichen Jugendhilfe sollen durch Vereinbarungen mit den Trägern der freien Jugendhilfe sowie mit Vereinen im Sinne des § 54 sicherstellen, dass unter deren Verantwortung keine neben- oder ehrenamtlich tätige Person, die wegen einer Straftat nach Absatz 1 Satz 1 rechtskräftig verurteilt worden ist, in Wahrnehmung von Aufgaben der Kinder- und Jugendhilfe Kinder oder Jugendliche beaufsichtigt, betreut, erzieht oder ausbildet oder einen vergleichbaren Kontakt hat. [2]Hierzu sollen die Träger der öffentlichen Jugendhilfe mit den Trägern der freien Jugendhilfe Vereinbarungen über die Tätigkeiten schließen, die von den in Satz 1 genannten Personen auf Grund von Art, Intensität und Dauer des Kontakts dieser Personen mit Kindern und Jugendlichen nur nach Einsichtnahme in das Führungszeugnis nach Absatz 1 Satz 2 wahrgenommen werden dürfen.

(5) [1]Die Träger der öffentlichen und freien Jugendhilfe dürfen von den nach den Absätzen 3 und 4 eingesehenen Daten nur folgende Daten erheben und speichern:

1. den Umstand der Einsichtnahme,

2. das Datum des Führungszeugnisses und

3. die Information, ob die das Führungszeugnis betreffende Person wegen einer Straftat nach Absatz 1 Satz 1 rechtskräftig verurteilt worden ist.

[2]Die Träger der öffentlichen und freien Jugendhilfe dürfen die gespeicherten Daten nur verarbeiten, soweit dies erforderlich ist, um die Eignung einer Person für die Tätigkeit, die Anlass zu der Einsichtnahme in das Führungszeugnis gewesen ist, zu prüfen. [3]Die Daten sind vor dem Zugriff Unbefugter zu schützen. Sie sind unverzüglich zu löschen, wenn im Anschluss an die Einsichtnahme keine Tätigkeit nach Absatz 3 Satz 2 oder Absatz 4 Satz 2 wahrgenommen wird. [4]Andernfalls sind die Daten spätestens sechs Monate nach der Beendigung einer solchen Tätigkeit zu löschen.

1 Text in kursiv gilt ab 1.1.2023.

Übersicht

A. Allgemeines

1 Die in ihrer ursprünglichen Fassung durch das KICK in das SGB VIII eingefügte Vorschrift erhielt ihre jetzige Struktur durch das BuKiSchG. Zur Beseitigung bei dessen Evaluation zutage getretener Schwierigkeiten insbesondere hinsichtlich datenschutzrechtlicher Fragen in der praktischen Umsetzung[2] wurde Abs. 5 durch das KJSG neu gefasst. Weitere Änderungen, zuletzt durch das Gesetz zur Bekämpfung sexualisierter Gewalt gegen Kinder,[3] haben den Katalog der Straftaten in Abs. 1 Satz 1 an die Schaffung neuer Straftatbestände im StGB angepasst. Durch das Vormundschafts- und Betreuungsrechtsreformgesetz wird Abs. 2 mit Wirkung vom 1.1.2023 geändert.

2 § 72a SGB VIII formuliert Anforderungen an die **persönliche Eignung** der im Bereich der **Kinder- und Jugendhilfe tätigen Personen** mit dem Ziel, über die Vorlage von erweiterten Führungszeugnissen „einschlägig vorbestrafte und damit ungeeignete Personen im Bereich der Kinder- und Jugendhilfe von der Beaufsichtigung, Betreuung, Erziehung oder Ausbildung von Kindern und Jugendlichen auszuschließen".[4] So umfangreich und kompliziert die Regelung geraten ist, bleibt sie dennoch ein Torso, der zahlreiche Fragen ungeregelt lässt. Immerhin dokumentieren Einfügung und Änderungen der Vorschrift – insbesondere auch mit der gleichzeitig erfolgten Einfügung von § 8a SGB VIII und dessen Änderungen – einen Wandel hinsichtlich der Bewertung der Notwendigkeit der **gesetzlichen Regelung und Steuerung** des Kinderschutzes.

B. Einzelheiten

I. Abs. 1 – Beschäftigungs- und Vermittlungsverbot

1. Abs. 1 Satz 1 – Erfasste Personen

a) Allgemeines

3 Ein Träger der öffentlichen Jugendhilfe darf für die **Wahrnehmung der Aufgaben in der Kinder- und Jugendhilfe** keine Person beschäftigen oder vermitteln, die rechtskräftig wegen einer der in Abs. 1 genannten Straftaten verurteilt worden ist.

Erfasst sind folgende Straftatbestände

- *§ 171 Verletzung der Fürsorge- oder Erziehungspflicht*
- *§ 174 Sexueller Missbrauch von Schutzbefohlenen*
- *§ 174a Sexueller Missbrauch von Gefangenen, behördlich Verwahrten oder Kranken und Hilfsbedürftigen in Einrichtungen*
- *§ 174b Sexueller Missbrauch unter Ausnutzung einer Amtsstellung*
- *§ 174c Sexueller Missbrauch unter Ausnutzung eines Beratungs-, Behandlungs- oder Betreuungsverhältnisses*
- *§ 176 Sexueller Missbrauch von Kindern*
- *§ 176a Schwerer sexueller Missbrauch von Kindern*
- *§ 176b Sexueller Missbrauch von Kindern mit Todesfolge*

2 So die Gesetzesbegründung, BT-Drs. 19/26107, 108.
3 Vom 16.6.2021, BGBl. I S. 1810.
4 So die Begründung des BKiSchG, BT-Drs. 17/6256, 24.

§ 177 Sexuelle Nötigung; Vergewaltigung

§ 178 Sexuelle Nötigung und Vergewaltigung mit Todesfolge

§ 179 Sexueller Missbrauch widerstandsunfähiger Personen

§ 180 Förderung sexueller Handlungen Minderjähriger

§ 180a Ausbeutung von Prostituierten

§ 181a Zuhälterei

§ 182 Sexueller Missbrauch von Jugendlichen

§ 183 Exhibitionistische Handlungen

§ 183a Erregung öffentlichen Ärgernisses

§ 184 Verbreitung pornographischer Schriften

§ 184a Verbreitung gewalt- oder tierpornographischer Schriften

§ 184b Verbreitung, Erwerb und Besitz kinderpornographischer Schriften

§ 184c Verbreitung, Erwerb und Besitz jugendpornographischer Schriften

§ 184d Verbreitung pornographischer Darbietungen durch Rundfunk, Medien- oder Teledienste

§ 184e Ausübung der verbotenen Prostitution

§ 184f Jugendgefährdende Prostitution

§ 184g Jugendgefährdende Prostitution

§ 184i Sexuelle Belästigung

§ 184j Straftaten aus Gruppen

§ 184k Verletzung des Intimbereichs durch Bildaufnahmen

§ 184l Inverkehrbringen, Erwerb und Besitz von Sexpuppen mit kindlichem Erscheinungsbild

§ 201a Abs. 3 Verletzung des höchstpersönlichen Lebensbereichs und von Persönlichkeitsrechten durch Bildaufnahmen

§ 225 Misshandlung von Schutzbefohlenen

§ 232 Menschenhandel zum Zweck der sexuellen Ausbeutung

§ 233 Menschenhandel zum Zweck der Ausbeutung der Arbeitskraft

§ 233a Förderung des Menschenhandels

§ 234 Menschenraub

§ 235 Entziehung Minderjähriger

§ 236 Kinderhandel

Absatz 1 normiert demnach ein für **Träger der öffentlichen Jugendhilfe** geltendes **Beschäftigungs- und Vermittlungsverbot** hinsichtlich aller Personen, die nach einer oder mehreren der genannten Strafvorschriften rechtskräftig verurteilt wurden. Die Einleitung eines **Ermittlungsverfahrens** oder die Erhebung einer **Anklage reichen nicht** aus. Ist solches bekannt, kommt jedoch eine fehlende Eignung nach § 72 Abs. 1 SGB VIII in Betracht. 4

In allen Fällen ist es erforderlich, dass es sich bei der Tätigkeit um die **Wahrnehmung von Aufgaben in der Kinder- und Jugendhilfe** handelt.

Damit knüpft die Vorschrift an § 2 SGB VIII an. Der Begriff erfasst mithin zum einen alle Leistungen i.S.d. § 2 Abs. 2 SGB VIII, zum anderen aber die Wahrnehmung anderer Aufgaben nach § 2 Abs. 3 SGB VIII. Das Beschäftigungs- und Vermittlungsverbot greift also etwa im Bereich der Erbringung von Hilfe zur Erziehung und der Tätigkeit in Tageseinrichtungen und der Tagespflege ebenso ein wie bei Angeboten der offenen Jugendhilfe und der Schulsozialarbeit. Es gilt aber auch dort, wo Aufgaben des Kinderschutzes oder sonstige Aufgaben nach § 2 Abs. 3 SGB VIII wahrgenommen werden. Das ist nicht nur bei (sozial)pädagogischer Arbeit in direktem Kontakt zu Minderjährigen der Fall, sondern auch bei der Wahrnehmung von Verwaltungs- und Organisationsaufgaben auf der Grundlage des SGB VIII.[5] Eine Differenzierung im Hinblick auf die konkrete Tätigkeit im Einzelfall nimmt die Vorschrift also nicht vor.

b) Beschäftigung

5 **Beschäftigung** ist die **nichtselbstständige Arbeit**, insbesondere in einem Arbeitsverhältnis, also gegen Entgelt. Anhaltspunkte für das Vorliegen einer Beschäftigung sind die Weisungsgebundenheit und die Eingebundenheit in die Arbeitsorganisation des Weisungsgebers (so § 7 Abs. 1 SGB IV). Eine mehrheitliche Auffassung geht davon aus, dass nur hauptberuflich Tätige, nicht aber neben- oder ehrenamtlich tätige Personen von der Vorschrift erfasst werden.[6] Eine andere Ansicht will auch die letztgenannten Personen in den Geltungsbereich einbeziehen.[7]

Richtig ist zunächst, dass das Beschäftigungsverbot weder für ehrenamtlich Tätige noch für Selbstständige gilt, da beide nicht in einem Beschäftigungsverhältnis im oben genannten Sinne stehen. Unklar bleibt, was eine „**nebenamtlich tätige Person**" ist; die Gesetzesbegründung schweigt dazu. Genannt werden in der Literatur insoweit Honorarkräfte oder Aushilfskräfte, die nur punktuell herangezogen werden. Nicht als nebenamtlich, sondern als hauptamtlich Tätige sind dagegen Personen anzusehen, die in einem Teilzeitbeschäftigungsverhältnis stehen. Nicht der Umfang der Tätigkeit, sondern deren Qualifizierung als „Beschäftigung" ist entscheidend. Soll also eine Person – in welchem Umfang auch immer – beschäftigt werden, gilt für sie § 72a Abs. 1 SGB VIII.

Angesichts der klar abgegrenzten Regelung für neben- und ehrenamtlich Tätige in den Absätzen 3 und 4 muss man im Umkehrschluss daraus folgern, dass **nebenamtlich** Tätige **nicht** den Regelungen der **Absätze 1 und 2** unterfallen.

c) Vermittlung

6 Nicht ohne Weiteres klar ist der Begriff der **Vermittlung**. Durch das Jugendamt vermittelt werden alle Personen, die von ihm **ausgewählt** und gegenüber Dritten **benannt** werden. Hier kommen Tages- und Vollzeitpflegepersonen in Betracht, was durch Einbeziehung bei der Erlaubniserteilung bestätigt wird (vgl. §§ 43 Abs. 2 Satz 4, 44 Abs. 2 Satz 2 SGB VIII).

2. Vorlage eines erweiterten Führungszeugnisses

7 Um das Beschäftigungs- und Vermittlungsverbot umzusetzen und zu effektivieren, verpflichtet Absatz 1 Satz 2 den öffentlichen Träger, sich bei der Einstellung oder Vermittlung und in

---

5 Ebenso FK-SGB VIII/*Schindler/Smessaert*, § 72a Rn. 7.
6 Vgl. etwa Wiesner/Wapler/*Wiesner*, § 72a SGB VIII Rn. 17; FK-SGB VIII/*Schindler/Smessaert*, § 72a Rn. 5.
7 Vgl. LPK-SGB VIII/Kepert/*Nonninger*, § 72a Rn. 4.

regelmäßigen Abständen von der betroffenen Person ein **erweitertes Führungszeugnis** nach §§ 30 Abs. 5, 30a Abs. 1 BZRG[8] vorlegen zu lassen.[9]

a) Erteilung des erweiterten Führungszeugnisses

Die materiellen **Erteilungsvoraussetzungen** des erweiterten Führungszeugnisses sind in § 30a Abs. 1, die formalen Voraussetzungen in Abs. 2 BZRG geregelt. 8

Die Erteilung erfolgt hier nach **§ 30a Abs. 1 Nr. 1 BZRG**, da sie in § 72a Abs. 1 Satz 2 SGB VIII unter Bezugnahme auf diese Vorschrift vorgesehen ist.

Hinsichtlich der formalen Voraussetzungen gilt zunächst gem. Abs. 2 Satz 2 § 30 BZRG entsprechend. Das bedeutet, dass der **Antrag** auf Erteilung von der betroffenen Person persönlich oder mit amtlich oder öffentlich beglaubigter Unterschrift schriftlich bei der **Meldebehörde** zu stellen ist (§ 30 Abs. 2 BZRG). Darüber hinaus hat sie gem. Abs. 2 Satz 1 eine schriftliche Aufforderung der Stelle vorzulegen, die das erweiterte Führungszeugnis verlangt, in der diese bestätigt, dass die Voraussetzungen des § 30a Abs. 1 BZRG vorliegen.

Nicht gefolgt werden kann der Kritik, dass § 72a SGB VIII nicht zwischen der Vorlage des erweiterten Führungszeugnisses gegenüber einem öffentlichen und einem freien Träger differenziere, sodass es als Behördenführungszeugnis ausnahmslos der Behörde direkt zu übermitteln sei. Da dies jedoch offensichtlich nicht beabsichtigt gewesen sei, müsse hier von einer „Ungenauigkeit des Gesetzestextes" ausgegangen werden.[10]

Diese Kritik berücksichtigt zunächst nicht, dass § 72a SGB VIII eine Pflicht freier Träger, sich von hauptamtlich Beschäftigten oder Bewerbern ein erweitertes Führungszeugnis vorlegen zu lassen (und damit deren Pflicht, ein solches vorzulegen) gar nicht vorsieht (vgl. dazu unten Rn. 20 f.). Sie kann allenfalls durch eine Vereinbarung mit dem freien Träger begründet werden. Weder besteht also eine gesetzliche Pflicht zur Vorlage und damit zur Beantragung eines Behördenführungszeugnisses, noch ist das Führungszeugnis im Fall des § 72a Abs. 2 SGB VIII einer Behörde vorzulegen. Das Führungszeugnis wird also in diesem Fall nicht, wie es § 30 Abs. 5 BZRG voraussetzt, „zur Vorlage bei einer Behörde beantragt". Vielmehr ist davon auszugehen, dass das erweiterte Führungszeugnis durch die betroffene Person auch für sich beantragt werden und sodann dem Anstellungsträger vorgelegt werden kann.[11] Dafür, dass sich das erweiterte Führungszeugnis der Kategorisierung als „privates" oder Behördenführungszeugnis entzieht, spricht auch dessen Inhalt.

---

8 § 30a BZRG lautet wie folgt:

§ 30a Antrag auf ein erweitertes Führungszeugnis

(1) Einer Person wird auf Antrag ein erweitertes Führungszeugnis erteilt,

1. wenn die Erteilung in gesetzlichen Bestimmungen unter Bezugnahme auf diese Vorschrift vorgesehen ist oder
2. wenn dieses Führungszeugnis benötigt wird für
   a) die Prüfung der persönlichen Eignung nach § 72a des Achten Buches Sozialgesetzbuch – Kinder- und Jugendhilfe –,
   b) eine sonstige berufliche oder ehrenamtliche Beaufsichtigung, Betreuung, Erziehung oder Ausbildung Minderjähriger oder
   c) eine Tätigkeit, die in einer Buchstabe b vergleichbaren Weise geeignet ist, Kontakt zu Minderjährigen aufzunehmen.

(2) Wer einen Antrag auf Erteilung eines erweiterten Führungszeugnisses stellt, hat eine schriftliche Aufforderung vorzulegen, in der die Person, die das erweiterte Führungszeugnis vom Antragsteller verlangt, bestätigt, dass die Voraussetzungen nach Absatz 1 vorliegen. Im Übrigen gilt § 30 entsprechend.

9 Das erweiterte Führungszeugnis wurde mit Wirkung vom 1. April 2010 durch das 5. Gesetz zur Änderung des BZRG vom 16. Juli 2009, BGBl. I, 1952, eingeführt.

10 So FK-SGB VIII/*Schindler/Smessaert*, § 72a Rn. 27. Unklar bleibt allerdings, welche Konsequenzen aus diesem Befund folgen sollen.

11 Ebenso Pfeiffer, NJW 2010, 1109 (1110).

b) Inhalt des erweiterten Führungszeugnisses

9 Das erweiterte Führungszeugnis unterscheidet sich in zweifacher Weise von einem regulären Führungszeugnis. Zum einen ist der Adressatenkreis, für den es ausgestellt werden kann, durch § 30a Abs. 1 BZRG eingeschränkt, zum andern ist der in das Zeugnis aufzunehmende Inhalt erweitert.

In ein Führungszeugnis werden die im Bundeszentralregister vermerkten Eintragungen mit **Ausnahme** der in § 30 Abs. 2 BZRG genannten Entscheidungen aufgenommen. In einer **Rückausnahme** davon werden gem. § 30 Abs. 1 Satz 2 BZRG **alle Verurteilungen** wegen Straftaten nach den §§ 174 bis 180 oder 182 StGB ohne Berücksichtigung der Ausnahmen des Abs. 2 Nr. 3 bis 9 aufgenommen. Diese Verurteilungen werden mithin in jedes Führungszeugnis aufgenommen. Darüber hinaus werden in das erweiterte Führungszeugnis – und darin liegt der wesentliche Unterschied zum (regulären) Führungszeugnis – gem. § 32 Abs. 5 BZRG alle Verurteilungen wegen einer der dort genannten Straftaten auch dann aufgenommen, wenn sie nach Abs. 2 Nr. 3 bis 9 auszunehmen wären. Dabei entsprechen die beiden Straftatenkataloge des § 32 Abs. 1 Satz 2 und des § 32 Abs. 5 BZRG dem des § 72a Abs. 1 Satz 1 SGB VIII. Das erweiterte Führungszeugnis gibt also vollständige Auskunft darüber, ob eine rechtskräftige Verurteilung wegen einer der in § 72a Abs. 1 Satz 1 SGB VIII genannten Straftaten vorliegt.

c) Vorlagepflicht der betroffenen Bewerber_innen oder Beschäftigten?

10 § 72a Abs. 1 normiert zwar die Pflicht öffentlicher Träger, sich ein erweitertes Führungszeugnis vorlegen zu lassen, schweigt aber – nicht überraschend – zur Frage, ob Bewerber_innen für eine Beschäftigung oder bereits Beschäftigte verpflichtet sind, dem Träger als Arbeitgeber ein solches auch vorzulegen. Deren Klärung hat auch Auswirkungen auf die Frage der Vorlagepflicht von (hauptamtlichen) Beschäftigten gegenüber freien Trägern, die in § 72a Abs. 2 SGB VIII noch weniger geregelt wird. Diese Fragen werden deshalb im Zusammenhang unten bei Rn. 20 f. behandelt.

11 Da nur **rechtskräftige** gerichtliche **Entscheidungen** in das Zentralregister eingetragen werden, besitzt auch das erweiterte Führungszeugnis hinsichtlich schwebender Verfahren oder noch nicht rechtskräftiger Verurteilungen und erst recht hinsichtlich gar nicht bekannt gewordener Straftaten keine Aussagekraft, weshalb Zweifel an der Eignung von § 72a SGB VIII geäußert werden, das Tätigwerden von Personen etwa mit pädophilen Neigungen oder sonst einschlägiger Delinquenz zu verhindern. Auch wenn die Vorlage eines erweiterten Führungszeugnisses keine völlige Sicherheit mit sich bringt und die Zweifel nicht völlig von der Hand zu weisen sind, bleibt doch der Effekt, **einschlägige strafrechtliche Verurteilungen** aufdecken zu können und den Kenntnisstand dadurch zu aktualisieren, dass das Jugendamt auch verpflichtet wird, das Verlangen nach Vorlage des Führungszeugnisses „in regelmäßigen Abständen" zu wiederholen. Hinsichtlich der Zeitabstände enthalten das Gesetz oder die Gesetzesmaterialien keine Angaben oder Anhaltspunkte. Vereinzelt werden solche von **nicht unter drei und nicht über fünf Jahren** genannt[12], andere plädieren für eine konkrete Betrachtungsweise in Abhängigkeit von der Art der Tätigkeit und der bisherigen Beschäftigungsdauer.[13] Ein Zeitraum von **fünf Jahren** erscheint dabei **unangemessen lang**, soll das erweiterte Führungszeugnis ein effektives Mittel des Kinderschutzes darstellen.

12 So FK-SGB VIII/*Schindler/Smessaert*, § 72a Rn. 12.
13 So Wiesner/Wapler/*Wiesner*, § 72a SGB VIII Rn. 24.

II. Abs. 2 – Beschäftigung von Hauptamtlichen durch freie Träger

1. Vereinbarungen über ein Beschäftigungsverbot

a) Allgemeine Fragen

Soweit sich das Programm des § 72a SGB VIII auf freie Träger erstreckt, geht auch hier, wie bereits bei § 8a SGB VIII, der Gesetzgeber nicht den einfachen Weg, das Beschäftigungsverbot des Abs. 1 auch für die Träger der freien Jugendhilfe gesetzlich zu normieren,[14] sondern verpflichtet in Abs. 2 die Träger der öffentlichen Jugendhilfe im Wege einer Soll-Vorschrift, durch Vereinbarungen mit den freien Trägern sicherzustellen, dass diese keine wegen einer Straftat nach Abs. 1 Satz 1 rechtskräftig verurteilte Personen beschäftigen. Das an dieser Stelle darüber hinaus bemühte Argument, die Gesetzgebungskompetenz für den Bereich der öffentlichen Fürsorge biete keine Möglichkeit, auf das individuelle Arbeitsverhältnis bei freien Trägern Einfluss zu nehmen, ist ersichtlich falsch.[15] Soweit man nicht eine Annexkompetenz zu Art. 74 Abs. 1 Nr. 7 GG annimmt, besteht eine Gesetzgebungskompetenz jedenfalls nach Art. 74 Abs. 1 Nr. 12 GG, nach dem sich die konkurrierende Gesetzgebung auf das Gebiet des Arbeitsrechts erstreckt. Das Vereinbarungskonstrukt führt nicht erst bei seiner Umsetzung, sondern bereits bei der gesetzlichen Regelung zu Brüchen: Einerseits ist durch die Vereinbarungen sicherzustellen, dass keine einschlägig rechtskräftig verurteilte Person beschäftigt wird. Die für öffentliche Träger geltende Einschränkung des Abs. 1 Satz 1 („für die Wahrnehmung der Aufgaben in der Kinder- und Jugendhilfe") gilt hier also nach dem Wortlaut der Vorschrift nicht. Andererseits schweigt das Gesetz zur Frage, auf welche Weise dieses Beschäftigungsverbot sicherzustellen ist, völlig. Eine Verpflichtung des freien Trägers, sich ein erweitertes Führungszeugnis vorlegen zu lassen, muss nach dem Wortlaut der Vorschrift jedenfalls nicht Gegenstand der Vereinbarung sein. Allerdings sind die Beteiligten nicht gehindert, eine solche Verpflichtung in die Vereinbarung aufzunehmen (vgl. Nr. 2 der Mustervereinbarung bei Rn. 16). 12

Das ist umso inkonsistenter und widersprüchlicher, als nach Abs. 4 hinsichtlich neben- oder ehrenamtlich tätiger Personen deren Tätigkeit nicht nur eingegrenzt („in Wahrnehmung von Aufgaben der Kinder- und Jugendhilfe Kinder oder Jugendliche beaufsichtigt, betreut, erzieht oder ausbildet oder einen vergleichbaren Kontakt hat"), sondern gem. dessen Satz 2 sogar unter den Vorbehalt einer Vereinbarung gestellt wird, die die Tätigkeiten definiert, die „auf Grund von Art, Intensität und Dauer des Kontakts dieser Personen mit Kindern und Jugendlichen nur nach Einsichtnahme in das Führungszeugnis nach Absatz 1 Satz 2 wahrgenommen werden dürfen". Diese Regelung geht also immerhin davon aus, dass der freie Träger bei neben- und ehrenamtlich Tätigen, anders als bei hauptamtlich Beschäftigten, Einsicht in das erweiterte Führungszeugnis nehmen muss, freilich auch hier, ohne zu sagen, wie er in dessen Besitz kommen soll.

Die Verpflichtungen, die dem öffentlichen Träger von Gesetzes wegen obliegen, entstehen nach dieser Konstruktion für die freien Träger erst durch den Abschluss der **Vereinbarung**. Sie ist also insoweit **konstitutiv**. Dabei ist zwischen Vereinbarungen nach Abs. 2 und solchen nach Abs. 4 zu unterscheiden, auch wenn sie in der Praxis regelmäßig in einer Vereinbarung zusammengefasst werden.[16] 13

---

14 Im Grunde könnte die gesetzliche Regelung zur Beschäftigung durch freie Träger ganz einfach sein. Der Gesetzgeber hätte in Absatz 2 lediglich zu formulieren brauchen: „Absatz 1 gilt für die Beschäftigung von Personen durch freie Träger entsprechend." Oder noch einfacher in Abs. 1 Satz 1: „Die Träger der öffentlichen und der freien Jugendhilfe dürfen für die Wahrnehmung …"

15 So Wiesner/Wapler/*Wiesner*, § 72a SGB VIII Rn. 27.

16 Im Internet lassen sich zahlreiche Empfehlungen, Hinweise, Muster etc. finden, die bei der Aushandlung und Formulierung von Vereinbarungen hilfreich sein können.

b) Form der Vereinbarung

14 Bei den in § 72a SGB VIII genannten Vereinbarungen handelt es sich um öffentlich-rechtliche Verträge im Sinne der §§ 53 ff. SGB X. Denn mit ihnen wird zwischen dem öffentlichen und dem freien Träger ein Rechtsverhältnis auf dem Gebiet des SGB VIII, also des öffentlichen Rechts, begründet (vgl. zur Definition des öffentlich-rechtlichen Vertrags § 53 Abs. 1 SGB X). Sie sind, da eine andere Form nicht vorgeschrieben ist, gemäß § 56 SGB X **schriftlich** zu schließen. **Schriftform** bedeutet gem. § 61 SGB X i.V.m. § 126 Abs. 2 BGB, dass die Vertragsurkunde von beiden Parteien unterzeichnet werden muss. Wird die Schriftform nicht eingehalten, sind sie gem. § 61 SGB X i.V.m. § 125 BGB **nichtig**. Ungeachtet dessen empfiehlt sich die Schriftform bereits deshalb, um für alle Beteiligten Klarheit, Rechtssicherheit und Beweiskräftigkeit zu schaffen. Die Vereinbarungen müssen von den jeweiligen vertretungs- und zeichnungsbefugten Organen oder Personen unterzeichnet werden.

2. Gegenstand der Vereinbarung

15 Die Vereinbarung muss das **Verbot** enthalten, im Sinne des Abs. 1 einschlägig **vorbestrafte Personen** zu **beschäftigen**. Denn man kann einschlägig bestrafte Personen beschäftigen oder nicht beschäftigen, ein Drittes gibt es nicht.

Nach seinem Wortlaut geht Abs. 2 weiter als Abs. 1, der ein Beschäftigungsverbot für einschlägig vorbestrafte Personen nur „für die Wahrnehmung der Aufgaben in der Kinder- und Jugendhilfe" normiert. Diese Einschränkung enthält Abs. 2 nicht. Die Vereinbarungen sollen nach dem Wortlaut jegliche Beschäftigte erfassen, also etwa auch Beschäftigte, die ausschließlich Aufgaben in der Erwachsenenbildung wahrnehmen.

Zur Vermeidung einer sachlich nicht gerechtfertigten Ungleichbehandlung der Träger und deren Beschäftigten sollte die Einschränkung des Abs. 1 auch für die Vereinbarungen nach Abs. 2 gelten.

Darüber hinaus können Vereinbarungen **Regelungen** darüber enthalten, wie dieses Beschäftigungsverbot **umgesetzt** werden kann, welche Folgen an eine (unentdeckt) verbotswidrige Beschäftigung geknüpft werden sollen und Ähnliches.

Eine **Garantie** des Inhalts, dass das Beschäftigungsverbot vom freien Träger in jedem Fall umgesetzt wird, **übernimmt der öffentliche Träger** mit dem Abschluss einer solchen Vereinbarung **nicht**. Diese kann er mangels Durchgriffsmöglichkeiten auch nicht durchsetzen. Ihm obliegt es lediglich, sich im Wege der Vereinbarung die Zusicherung einzuholen, dass das Beschäftigungsverbot beachtet wird, und diesem dienende Modalitäten festzuschreiben.

3. (Möglicher) Inhalt einer Vereinbarung nach § 72 Abs. 2 SGB VIII im Einzelnen

16 Nachstehend ist das Muster einer „Trägervereinbarung nach § 72a SGB VIII"[17] (im Folgenden „Mustervereinbarung" genannt) aus Schleswig-Holstein abgedruckt, an dem Fragen des Inhalts einer Vereinbarung exemplarisch dargestellt werden können.

Trägervereinbarung nach § 72a SGB VIII
Zwischen dem Landesjugendamt Schleswig-Holstein
als überörtlichem Träger der öffentlichen Jugendhilfe
vertreten durch

17 https://www.schleswig-holstein.de/DE/Fachinhalte/K/kinderschutz/mustervereinbarungen.html (3.5.2022).

und dem/der (nachfolgend Träger)

vertreten durch

wird in dem gemeinsamen Interesse, den Schutz von Kindern und Jugendlichen durch die ausschließliche Beschäftigung (dies gilt für haupt- wie auch für neben- oder ehrenamtlich Tätige) persönlich geeigneter Personen im Sinne des § 72a SGB VIII zu gewährleisten, die folgende Vereinbarung[18] *geschlossen:*

1. *Der Träger beschäftigt insbesondere keine Personen im Sinne des § 72 Abs. 1 Satz 1 SGB VIII, die wegen einer in § 72a Abs. 1 Satz 1 SGB VIII aufgeführten Straftat (vgl. Anlage 1) rechtskräftig verurteilt worden sind (persönliche Eignung). Dieses gilt gleichermaßen für Personen, die im Rahmen eines regulären Freiwilligendienstes beschäftigt werden. In den entsprechenden Arbeitsverträgen regelt der Träger, dass eine diesbezügliche rechtskräftige Verurteilung eine Kündigung oder die Versetzung in ein Arbeitsfeld außerhalb der Kinder- und Jugendhilfe zur Folge hat.*
2. *Der Träger verpflichtet sich gemäß § 72a Abs. 2, von allen neu einzustellenden Personen im Sinne des § 72 Abs. 1 Satz 1 SGB VIII, die regelmäßig und unmittelbar in Kontakt zu Kindern und Jugendlichen stehen, die Vorlage eines erweiterten Führungszeugnisses nach § 30a Bundeszentralregistergesetz zu verlangen. Es darf nicht älter als drei Monate sein.*
3. *Der Träger verpflichtet sich darüber hinaus, von diesen Personen (außer Freiwilligendienst) die regelmäßige Vorlage eines Führungszeugnisses im Abstand von fünf Jahren zu verlangen.*
4. *Bei bereits bestehenden Beschäftigungsverhältnissen ist die Vorlage des erweiterten Führungszeugnisses spätestens zwei Jahre nach Abschluss dieser Vereinbarung von dem Beschäftigten zu verlangen. Für den Übergangszeitraum wird empfohlen, vom Beschäftigten eine Ehrenerklärung (vgl. Anlage 2) unterzeichnen zu lassen.*
5. *Der Träger trägt gemäß § 72a Abs. 4 SGB VIII dafür Sorge, dass unter seiner Verantwortung keine neben- oder ehrenamtlich tätige Person, die wegen einer Straftat nach § 72a Abs. 1 Satz 1 SGB VIII (vgl. Anlage 1) rechtskräftig verurteilt worden ist, in Wahrnehmung von Aufgaben der Kinder- und Jugendhilfe Kinder oder Jugendliche beaufsichtigt, betreut, erzieht oder ausbildet oder einen vergleichbaren Kontakt hat.*
6. *Durch eine verantwortungsbewusste Auswahl der haupt-, neben- oder ehrenamtlich tätigen Personen, geeignete Maßnahmen der Sensibilisierung, der Prävention und Qualifizierung (z.B. Juleica Aus- und Fortbildung) und die Schaffung struktureller Rahmenbedingungen trifft der Träger Vorsorge, dass das Kindeswohl geschützt wird und Übergriffe auf betreute junge Menschen verhindert werden. Im Zuge der Aufarbeitung von Verdachtsfällen oder Übergriffen ist die Einschaltung von Strafverfolgungsbehörden zeitnah zu prüfen.*
7. *Von neben- oder ehrenamtlich tätigen Personen verlangt der Träger immer dann Einsichtnahme in ein erweitertes Führungszeugnis, wenn die im Rahmen der Aufgabenwahrnehmung entstehenden Kontakte nach Art, Intensität und Dauer (qualifizierte Kontakte) dieses erfordern. Als Orientierung hierfür werden die folgenden Tätigkeiten definiert: verantwortliche Leitung einer mehrtägigen Veranstaltung der Jugendarbeit; regelmäßige, verantwortliche/alleinige Durch-*

18 Falls zwischen den Parteien bereits Vereinbarungen gem. § 77 bzw. §§ 78a ff. SGB VIII existieren, kann nachfolgender Text als „Zusatzvereinbarung" hinzugefügt werden.

führung von Kinder- oder Jugendgruppenarbeit; Tätigkeiten, die die Entstehung eines besonderen Nähe- oder Vertrauensverhältnisses erwarten lassen (z.B. Einzelfallhilfe oder Beratung).

8. *Bei neben- oder ehrenamtlich tätigen Personen kann auf die Vorlage eines Führungszeugnisses verzichtet werden, wenn mindestens eines der folgenden Kriterien erfüllt ist: Sie selbst sind minderjährig; die Aktivitäten richten sich ausschließlich an Volljährige; es handelt sich um offene Gruppenarbeit ohne verbindlichen Charakter (soweit nicht Nr. 7 entgegensteht) oder um spontane, ungeplante Aktivitäten; die Aktivitäten werden durch ein kollegiales Team gestaltet oder finden im Rahmen reiner Selbstorganisation Gleichaltriger statt.*
9. *Weitergehende Regelungen nach eigenem Entschluss des Trägers bleiben unberührt.*
10. *Der Träger verpflichtet sich, die in § 72a Abs. 5 SGB VIII getroffenen Bestimmungen zur Einsichtnahme, Speicherung, Nutzung und Löschung der durch die Führungszeugnisse gewonnenen Erkenntnisse zu beachten.*
11. *Unabhängig von der Frist aus Ziffer 3 dieser Vereinbarung soll der Träger bei konkreten Anhaltspunkten für eine Verurteilung wegen einer in § 72a Abs. 1 Satz 1 SGB VIII genannten Straftat die Vorlage eines aktuellen Führungszeugnisses fordern.*
12. *Diese Vereinbarung gilt bis zum Abschluss einer neuen Vereinbarung nach § 72a SGB VIII oder einer entsprechenden Folgevorschrift, soweit die Fortgeltung nicht ausdrücklich vereinbart oder die Vereinbarung einvernehmlich von beiden Parteien aufgehoben wird.*

Datum: *Datum:*

Unterschrift (Träger) *Unterschrift (LJA)*

17 Vereinbarungen nach § 72a Abs. 2 SGB VIIII bezwecken primär sicherzustellen, dass der freie Träger keine wegen einer Straftat nach Abs. 1 Satz 1 rechtskräftig verurteilte Person beschäftigt. Eine dahin gehende (Selbst-)Verpflichtung des freien Trägers ist also der erste Inhalt einer Vereinbarung.

Einzubeziehen sind nach dem oben Gesagten **hauptamtlich Beschäftigte**, unabhängig vom konkreten zeitlichen Umfang ihrer Tätigkeit. Darunter fallen nicht nur Fachkräfte im Sinne des § 72 Abs. 1 SGB VIII, sondern jegliche Personen, die vom freien Träger für die Wahrnehmung von Aufgaben in der Kinder- und Jugendhilfe beschäftigt werden.

18 **Richtig** ist es, wie in der Mustervereinbarung (Nr. 1) geschehen, die **im Rahmen** eines regulären **Freiwilligendienstes Beschäftigten** einzubeziehen. In Betracht kommen insoweit die Jugendfreiwilligendienste nach dem Jugendfreiwilligendienstegesetz (FSJ und FÖJ) sowie der Dienst nach dem Gesetz über den Bundesfreiwilligendienst, zumal beide Gesetze Einrichtungen der Kinder- und Jugendhilfe einschließlich der Einrichtungen für außerschulische Jugendbildung und für Jugendarbeit ausdrücklich als Einsatzbereiche nennen (§ 3 JFDG, § 3 Abs. 1 BFDG).

19 Die in **Nr. 1 der Mustervereinbarung** enthaltene Klausel („In den entsprechenden Arbeitsverträgen regelt der Träger, dass eine diesbezügliche rechtskräftige Verurteilung eine Kündigung oder die Versetzung in ein Arbeitsfeld außerhalb der Kinder- und Jugendhilfe zur Folge hat.") oder ähnliche Klauseln zielen auf die Gestaltung der vom freien Träger abzuschließenden **Arbeitsverträge** und **arbeitsrechtlichen Konsequenzen** einer rechtskräftigen einschlägigen Verurteilung. Allerdings ist hier nur eine von mannigfachen arbeitsrechtlichen Fragen, die § 72a SGB VIII aufwirft, angesprochen und geregelt. Die Vorschrift selbst gibt auf

diese Fragen keinerlei Antworten (zu den arbeitsrechtlichen Folgen aus § 72a SGB VIII siehe unten Rn. 34 ff.).

4. Vorlage eines erweiterten Führungszeugnisses gegenüber dem freien Träger?

So **umfänglich** § 72a SGB VIII geraten ist, so **lückenhaft** bleibt er doch. Abs. 2 begründet zwar die Verpflichtung des öffentlichen Trägers, ein Beschäftigungsverbot für einschlägig vorbestrafte Personen durch freie Träger zu vereinbaren, zur Frage der Vorlage eines Führungszeugnisses schweigt er dagegen – anders als Absatz 1 – gänzlich. **20**

Hieraus könnte man den Schluss ziehen, freie Träger müssten oder dürften sich gar von den Einzustellenden oder Beschäftigten ein solches Führungszeugnis nicht vorlegen lassen, oder noch viel grundsätzlicher, die Vorlage eines erweiterten Führungszeugnisses könne gar nicht Gegenstand von Vereinbarungen zwischen öffentlichem und freiem Träger sein.

Die Nichtbeschäftigung einschlägig verurteilter Personen durch Träger der freien Jugendhilfe „sicherzustellen" bedeutet, nicht nur eine entsprechende Verpflichtung, sondern auch effektive Umsetzungsmechanismen zu vereinbaren. Zur Feststellung von Verurteilungen ist aber die Einsichtnahme in das Führungszeugnis das (einzig) probate Mittel. Eine **Vereinbarung** nach § 72a Abs. 2 SGB VIII, die den gesetzlichen Auftrag einlösen soll, muss deshalb die **Verpflichtung** des freien Trägers enthalten, sich bei der Einstellung und in regelmäßigen Abständen ein **erweitertes Führungszeugnis vorlegen zu lassen**.[19]

Wird die Pflicht, sich ein erweitertes Führungszeugnis vorlegen zu lassen, nicht in die Vereinbarung aufgenommen, macht sich der öffentliche Träger gem. Art 34 GG i.V.m. § 839 BGB schadenersatzpflichtig, wenn ein Kind oder Jugendlicher durch eine ohne Einsichtnahme in das Führungszeugnis beschäftigte Person zu Schaden kommt.

Nach § 823 Abs. 1 BGB schadenersatzpflichtig macht sich ggfs. ein freier Träger, der eine Person ohne Einsichtnahme in das erweiterte Führungszeugnis beschäftigt. Das gilt, wenn dies entgegen einer vertraglichen Verpflichtung gegenüber dem öffentlichen Träger geschieht. Es gilt aber auch dann, wenn eine entsprechende Verpflichtung nicht vereinbart wurde, weil es sorgfaltswidrig ist, von einer Nichtverurteilung auszugehen, ohne das zu dessen Überprüfung prominent zur Verfügung stehende Mittel in Anspruch zu nehmen.

Die **Nrn. 2 bis 4 der Mustervereinbarung** regeln angesichts des Schweigens des Gesetzes notwendigerweise die Vorlage eines erweiterten Führungszeugnisses durch neu einzustellende oder bereits beschäftigte Personen. Damit wird klargestellt, dass auch bei freien Trägern die **Vorlage des erweiterten Führungszeugnisses** das prominente Mittel ist, das hier vertraglich vereinbarte Beschäftigungsverbot einschlägig vorbestrafter Personen umzusetzen. Solche Klauseln sind – ungeachtet ihrer Ausgestaltung im Detail – notwendig, weil das Gesetz eben in § 72a Abs. 2 SGB VIII zur Frage der Vorlage eines erweiterten Führungszeugnisses gänzlich schweigt. **21**

Die Klauseln, insbesondere die **Verpflichtung**, „von allen neu einzustellenden Personen, die in regelmäßigem Kontakt zu Kindern und Jugendlichen stehen, die Vorlage eines erweiterten Führungszeugnisses zu verlangen", das nicht älter als drei Monate sein darf, ist **angemessen** und zweckmäßig. Allerdings nimmt die Mustervereinbarung hier eine Einschränkung hinsichtlich des Personenkreises vor, die § 72a Abs. 1 SGB VIII so nicht kennt: Das dort geregelte Beschäftigungsverbot und die damit korrespondierende Pflicht, sich ein erweitertes Führungszeugnis vorlegen zu lassen, gilt für alle Personen, die „für die Wahrnehmung der Aufgaben in der Kinder- und Jugendhilfe" beschäftigt werden. Sie gilt also nicht nur für Personen, die „in regelmäßigem Kontakt zu Kindern und Jugendlichen stehen". Für diese Einschränkung ist ein sachlicher Grund nicht ersichtlich. Im Gegenteil: Dient die Verpflich-

19 In gleichem Sinne auch LPK-SGB VIII/*Kepert/Nonninger*, § 72a Rn. 15 („zu empfehlen").

tung für alle „für die Wahrnehmung von Aufgaben in der Kinder und Jugendhilfe" tätigen Personen dem Schutz der davon betroffenen Kinder und Jugendlichen im Tätigkeitsfeld des öffentlichen Trägers, so ist nicht einzusehen, warum dieser Schutz nicht in gleichem Maße Kindern und Jugendlichen angedeihen soll, die sich unter der Ägide eines freien Trägers befinden. Solcherlei Einschränkungen sind nur in § 72a Abs. 4 SGB VIII für Neben- und Ehrenamtliche vorgesehen und ausschließlich Gründen der Verwaltungsökonomie geschuldet.

Der für die wiederholte Vorlage eines Führungszeugnisses vorgesehene **Abstand von fünf Jahren** erscheint selbst als äußerste Grenze **unangemessen lang**, soll das Instrument nicht seinen Zweck verfehlen. Da die Dienste maximal 24 Monate dauern, entfällt bei einem Abstand von fünf Jahren für die im Rahmen der Freiwilligendienste Beschäftigten die wiederholte Vorlage des Führungszeugnisses.

22 Fraglich ist, was für die im Zeitpunkt des Abschlusses einer Vereinbarung bereits beschäftigten Personen gilt. Insoweit schlägt die Mustervereinbarung eine Frist von maximal zwei Jahren nach Abschluss der Vereinbarung vor, innerhalb deren ein erweitertes Führungszeugnis vorzulegen ist. Diese Frist ist sehr lang bemessen, wofür Gründe nicht ersichtlich sind. Für die Übergangszeit wird die Abgabe einer „**Ehrenerklärung**" durch den Beschäftigten empfohlen (vgl. Nr. 4 der Mustervereinbarung).

Muster einer Ehrenerklärung[20]

Für die Kinder- und Jugendhilfe sind vertrauensvolle Beziehungen und der verantwortungsbewusste Umgang miteinander konstitutiv. Dass diese Prinzipien gelebt werden, stellt primär eine Anforderung für die Betreuungspersonen in ihrer Vorbildfunktion für junge Menschen dar.

Ein Vertrauens- und Näheverhältnis von Kindern und Jugendlichen zu ihren Betreuungspersonen darf niemals zu ihrem Schaden ausgenutzt werden. Diese Feststellungen finden meine uneingeschränkte Anerkennung und sind maßgebend für diese Erklärung:

1. *Ich bestätige, dass ich nicht wegen einer in § 72a Abs. 1 SGB VIII genannten Straftat verurteilt worden bin, auch ist kein diesbezügliches Verfahren gegen mich anhängig. Ich verpflichte mich, meinen Arbeitgeber umgehend zu informieren, sobald ein derartiges Verfahren gegen mich eröffnet werden sollte.*
2. *Ich verpflichte mich, die Rechte junger Menschen ungeachtet ihrer Identitätsmerkmale zu achten und keinerlei Grenzverletzung gegenüber mir anvertrauten Kindern und Jugendlichen zu begehen. Insbesondere respektiere ich sensibel deren Intimsphäre, persönliche Schamgrenze und Distanzbedürfnis und nehme keine sexuelle Beziehung zu ihnen auf.*
3. *Im Rahmen meiner Aufgabenwahrnehmung werde ich Kinder und Jugendliche vor jeglicher Gefahr, insbesondere vor Formen von Missbrauch und Gewalt, schützen.*
4. *Ich selbst verzichte auf abwertendes Verhalten und unterbinde jegliche Form diskriminierenden, erniedrigenden und schädigenden Verhaltens dritter Personen.*
5. *Grenzverletzungen durch andere Betreuungspersonen werden von mir bewusst registriert, in geeigneter Weise thematisiert und keinesfalls vertuscht. Im Bedarfsfall wird zur Konfliktlösung die in meinem Verband bestimmte Ansprechperson informiert.*

20 https://www.schleswig-holstein.de/DE/Fachinhalte/K/kinderschutz/mustervereinbarungen.html (3.5.2022).

6. *Mir ist bekannt, dass unwahre Angaben (Ziffer 1) oder ein Verstoß gegen diese Bestimmungen zu einem Ausschluss aus dem Verband und der Beendigung meines Beschäftigungsverhältnisses führen und ggf. außerdem strafrechtliche Konsequenzen nach sich ziehen werden.*

Durch meine Unterschrift verpflichte ich mich zur Einhaltung der Bestimmungen dieser Ehrenerklärung.

Ort, Datum ……………………………

……………………………

Unterschrift

5. Ab. 1.1.2023 geltende Änderungen von Abs. 2

Durch das Gesetz zur Reform des Vormundschafts- und Betreuungsrechts[21] wird Abs. 2 mit Wirkung vom 1. Januar 2023 dahingehend geändert, dass Vereinbarungen auch mit Vormundschaftsvereinen i.S.d. § 54 SGB VIII in der ab diesem Zeitpunkt geltenden Fassung abgeschlossen werden sollen. Damit soll, so die Gesetzesbegründung, der Träger der öffentlichen Jugendhilfe die Eignung der Bediensteten sicherstellen. Die bis dahin nur für neben- oder ehrenamtlich tätige Personen geltende Regelung in § 72a Absatz 4 Satz 1 SGB VIII wird dann in § 72a Absatz 2 SGB VIII auf hauptamtlich Tätige erstreckt. Wenn schon für den Ehren- oder Nebenamtler eine Vereinbarung notwendig sei, dann gelte dies erst recht für den Hauptamtler.[22] **22a**

III. Abs. 3 – Neben- und ehrenamtlich Tätige unter der Verantwortung öffentlicher Träger

Die **Tätigkeit** von **Neben- und Ehrenamtlichen** ist in den durch das BKiSchG in § 72a SGB VIII neu eingefügten Absätzen 3 und 4 geregelt. Die Struktur der gesetzlichen Regelung weist eine Parallele zur Regelung der Verhältnisse der hauptamtlich Tätigen in den Absätzen 1 und 2 auf: **Abs. 3** befasst sich mit der Tätigkeit von Neben- und Ehrenamtlichen unter der Verantwortung der öffentlichen Träger. **23**

Nicht ohne Weiteres klar ist, wann eine Person „**unter der Verantwortung**" des **öffentlichen Trägers** tätig wird. In der Kommentarliteratur heißt es, das Merkmal solle eine „ausufernde Anwendung" verhindern. Der Träger solle nicht für etwas einstehen müssen, was „außerhalb des Verantwortungsbereichs von Leitung" liege. Es müsse sich um einen „geplanten und durch interne Vorgaben regulierten beziehungsweise gesteuerten Einsatz Ehrenamtlicher" handeln.[23] Nach der Gesetzesbegründung fallen darunter beispielsweise Aushilfen für Kinderbetreuung in Kindertageseinrichtungen in öffentlicher Trägerschaft, die im Hinblick auf Regelmäßigkeit und Dauer vergleichbar einer hauptberuflich beschäftigten Person zum Einsatz kommen.[24] Diese Angleichung an hauptberuflich Beschäftigte entwertet die Definition allerdings erheblich. Ehrenamtliche dürften jedenfalls hinsichtlich der Dauer der Tätigkeit kaum an hauptberuflich Beschäftigte heranreichen, Nebenamtliche sind bei Erfüllung dieser Kriterien dann eher als hauptberuflich Beschäftigte anzusehen.

„In Wahrnehmung von Aufgaben der Kinder- und Jugendhilfe" handelt die Person auch hier nicht nur bei (sozial-)pädagogischer Arbeit in direktem Kontakt zu Minderjährigen, sondern auch bei der Wahrnehmung von Verwaltungs- und Organisationsaufgaben auf der Grund-

21 Vom 4.5.2021, BGBl. I S. 882.
22 Vgl. BT-Drs. 19/24445, 405.
23 FK-SGB VIII/*Schindler/Smessaert*, § 72a Rn. 15.
24 BT-Drs. 17/6256, 26.

lage des SGB VIII. Das Merkmal verliert seine Abgrenzungsbedeutung allerdings dadurch, dass weitere Voraussetzungen gegeben sein müssen: Es soll sichergestellt werden, dass keine einschlägig wegen einer Straftat nach Absatz 1 verurteilte Person „Kinder oder Jugendliche **beaufsichtigt**, **betreut**, **erzieht** oder **ausbildet** oder einen **vergleichbaren Kontakt** hat".

24 Kinder oder Jugendliche **beaufsichtigt**, wer die (regelmäßig von den Erziehungsberechtigten) übernommene Aufsichtspflicht gegenüber Kinder oder Jugendlichen wahrzunehmen hat.

Beispiel:

Übernahme der Aufsichtspflicht im Rahmen einer Kinder- oder Jugendfreizeit durch ehrenamtliche Personen.

Damit verbunden sein kann auch die **Betreuung**, bei der der Schwerpunkt eher in der Anleitung und Beschäftigung mit den Kindern oder Jugendlichen liegt.

Der Begriff der **Erziehung** impliziert eine pädagogische Zielsetzung. Erziehung beinhaltet die Vermittlung von Werten oder das Lernen von sozialen Normen.

Demgegenüber liegt dem Begriff der **Ausbildung** eine eher berufsorientierte Zielsetzung zugrunde.

Über die genannten vier Kriterien hinaus enthält das Gesetz ein weiteres, dem eine Art **Auffangfunktion** zukommt: Für einschlägig vorbestrafte Personen sollen auch solche Tätigkeiten ausgeschlossen sein, bei denen ein mit den vorgenannten Tätigkeiten **„vergleichbarer Kontakt"** mit Kindern und Jugendlichen besteht. Insoweit wird zu Recht angenommen, dass das dann der Fall ist, wenn zwischen der neben- oder ehrenamtlich tätigen Person und den Kindern oder Jugendlichen ein Abhängigkeitsverhältnis besteht, das für erstere eine Machtposition oder ein Abhängigkeitsverhältnis begründet.

Insgesamt lassen sich die genannten Tätigkeiten **nicht trennscharf** voneinander **abgrenzen**, sondern können sich im Einzelfall mehr oder weniger stark überlappen.

So wird die Gruppenleitung einer Jugendfreizeit sowohl beaufsichtigend und betreuend als auch erzieherisch tätig. Die Tätigkeit im Rahmen von berufsvorbereitenden Maßnahmen in der Jugendsozialarbeit (§ 13 SGB VIII) hat sowohl erzieherische als auch Ausbildungsfunktion.

25 Während hauptamtlich Tätige nach Abs. 1 ausdrücklich und unabhängig von der konkreten Tätigkeit ein erweitertes Führungszeugnis vorzulegen haben, gilt für neben- und ehrenamtlich Tätige nach § 72a Abs. 3 Satz 2 SGB VIII eine weitere Einschränkung: Der **öffentliche Träger entscheidet** darüber, **welche Tätigkeiten nach „Art, Intensität und Dauer des Kontakts** dieser Personen mit Kindern und Jugendlichen" so beschaffen sind, dass sie nur **nach Einsichtnahme** in das erweiterte Führungszeugnis wahrgenommen werden dürfen.[25]

25 Die komplizierte Regelung geht auf einen Kompromiss über die Notwendigkeit der Vorlage von erweiterten Führungszeugnissen zurück. Die zunächst geplante generelle Vorlage- und Einsichtnahmepflicht stieß auf Kritik, da sie einerseits mit erheblichem Aufwand verbunden, andererseits geeignet sei, Interessierte von einer neben- oder ehrenamtlichen Tätigkeit abzuschrecken. Die zum Gesetz gewordene Regelung legt den Umfang der Einsichtnahmepflicht nunmehr in die Hände der örtlichen Träger der öffentlichen Jugendhilfe.

Die insoweit herausgearbeiteten an eine Tätigkeit anzulegenden Kriterien stellen darauf ab, ob

- diese Tätigkeiten ein Abhängigkeits- oder Machtverhältnis begründen bzw. beinhalten,
- sie die Herausbildung eines Nähe- oder Vertrauensverhältnisses ermöglichen oder erwarten lassen,
- sie sich eher durch Einzel(fall)arbeit oder Beratung als durch öffentliche, durch Adressat_innen und Kolleg_innen kontrollierbare und kontrollierte Prozesse auszeichnen,
- sie in einem ausgedehnten zeitlichen Rahmen, etwa über Tag und Nacht, oder wiederholt ausgeübt wird.[26]

Sind diese Kriterien nach der Festlegung des öffentlichen Trägers für eine bestimmte Tätigkeit erfüllt, ist die neben- oder ehrenamtliche Person verpflichtet, ein erweitertes Führungszeugnis vorzulegen. Anders wird sich die geforderte Einsichtnahme nicht bewerkstelligen lassen. Lehnt sie das ab, schließt das jegliche Tätigkeit aus.

IV. Abs. 4 – Neben- und ehrenamtlich Tätige unter der Verantwortung freier Träger

1. Allgemeine Fragen

26 Auch hier hat der Gesetzgeber nicht den ebenso einfachen wie effektiven Weg gewählt, die für den öffentlichen Träger geltende – ohnehin bereits umständliche – Regelung des § 72a Abs. 3 SGB VIII auf freie Träger zu erstrecken, sondern den Kinderschutz insoweit Vereinbarungen anheimgegeben, die der öffentliche mit den freien Trägern und Vereinen nach § 54 SGB VIII abschließen soll.

Hinsichtlich der Form, der Rechtsqualität, dem Zustandekommen und der Zuständigkeit für den Abschluss der Vereinbarung gilt zunächst das unter Rn. 12 ff. zu den Vereinbarungen nach Abs. 2 Gesagte entsprechend.

2. Inhalt der Vereinbarung nach § 72a Abs. 4 SGB VIII

27 Die Vereinbarung nach Abs. 4 hat **sicherzustellen**, dass **keine** wegen einer **Straftat** nach § 72a Abs. 1 SGB VIII **rechtskräftig verurteilte** Person bei einem freien Träger neben- oder ehrenamtlich in Wahrnehmung von Aufgaben der Kinder- und Jugendhilfe Kinder oder Jugendliche beaufsichtigt, betreut, erzieht oder ausbildet oder einen vergleichbaren Kontakt hat (zu diesen Begriffen vgl. oben Rn. 31 f.). Eine dahingehende (Selbst-)Verpflichtung des freien Trägers ist dementsprechend primärer Inhalt der Vereinbarung (vgl. oben **Nr. 5 der Mustervereinbarung**).

28 Zweiter prominenter Inhalt einer Vereinbarung ist die Verpflichtung des freien Trägers, sich von neben- und ehrenamtlich tätigen Personen ein erweitertes **Führungszeugnis** zur Einsichtnahme **vorlegen zu lassen**. In Parallelität zur Regelung in Abs. 3 Satz 2 soll die Vorlagepflicht nicht für alle Personen, die in der in Abs. 4 Satz 1 beschriebenen Art und Weise tätig werden, gelten, sondern nur für diejenigen, deren Tätigkeit nach „**Art, Intensität und Dauer des Kontakts**" mit den Minderjährigen nur nach Einsichtnahme in das Führungszeugnis wahrgenommen werden darf. Welche Tätigkeiten das sind bzw. welche Personen davon betroffen sind, muss Gegenstand der Vereinbarung sein. Zu den Voraussetzungen einer solchen Tätigkeit vgl. oben Rn. 25).

29 **Nr. 7 der Mustervereinbarung** (Rn. 16) konkretisiert die Tätigkeiten wie folgt: Verantwortliche Leitung einer mehrtägigen Veranstaltung der Jugendarbeit; regelmäßige, verantwortli-

26 Vgl. LPK-SGB VIII/Kepert/*Nonninger*, § 72a Rn.10.

che/alleinige Durchführung von Kinder- oder Jugendgruppenarbeit; Tätigkeiten, die die Entstehung eines besonderen Nähe- oder Vertrauensverhältnisses erwarten lassen wie zum Beispiel Einzelfallhilfe oder Beratung. Dies erscheint als Minimalregelung ebenso praktikabel und ausreichend wie die unter **Nr. 8** geregelten Ausnahmen.

Zulässig und sinnvoll ist auch die in **Nr. 9** enthaltene Klausel, nach der der freie Träger aus eigenem Entschluss weitergehende Regelungen treffen und Tätigkeiten festlegen kann, bei denen er die Vorlage eines erweiterten Führungszeugnisses verlangt.

3. Verpflichtung des freien Trägers zum Abschluss einer Vereinbarung?

30 Vereinbarungen – üblicherweise Verträge genannt – sind sogenannte zweiseitige Rechtsgeschäfte, Rechtsgeschäfte also, die ein Zusammenwirken und einen Konsens der Vertragsparteien erfordern. Was aber gilt, wenn sich ein freier Träger am Abschluss einer solchen „Vereinbarung" gänzlich uninteressiert zeigt?

Während sich die Verpflichtung des öffentlichen Trägers, Vereinbarungen mit den freien Trägern abzuschließen, unmittelbar aus dem Gesetz ergibt (§ 72a Abs. 2, 4 SGB VIII), lässt sich das von den freien Trägern so nicht sagen. Das vom Gesetzgeber installierte Vereinbarungssystem funktioniert danach nur dann, wenn seitens der freien Träger die Bereitschaft besteht, sich zu vereinbaren. Besteht diese nicht oder kommt es aus anderen Gründen nicht zu einer Vereinbarung, geht das Schutzkonzept der Abs. 2 und 4 ins Leere. Im Interesse des Kinderschutzes werden verantwortungsvoll handelnde Träger sich dem Abschluss solcher Vereinbarungen und der Zusammenarbeit mit den öffentlichen Trägern allerdings nicht verweigern.

Darüber hinaus gibt es eine Reihe von Mechanismen, die freie Träger zumindest mittelbar verpflichten, Vereinbarungen nach § 72a Abs. 2 und 4 SGB VIII zu schließen.

So haben die **Träger von Einrichtungen gem. § 45 Abs. 3 Nr. 2** SGB VIII mit dem Antrag auf Betriebserlaubnis im Hinblick auf die Eignung des Personals nachzuweisen, dass die Vorlage und Prüfung von Führungszeugnissen nach § 30 Abs. 5 und § 30a Abs. 1 BZRG sichergestellt sind. Anders als durch eine Vereinbarung nach § 72a Abs. 2 und 4 SGB VIII ist dieser Sicherstellungsnachweis nicht zu führen.[27]

Bedeutung gewinnen kann der Abschluss der genannten Vereinbarungen darüber hinaus bei

- der Förderung der freien Jugendhilfe nach § 74 Abs. 1 Satz 1 Nr. 1 SGB VIII,
- der Anerkennung als Träger der freien Jugendhilfe (§ 75 Abs. 1 Nr. 3 SGB VIII) sowie
- dem Abschluss von Leistungs- und Qualitätsentwicklungsvereinbarungen (§ 78 Abs. 1 SGB VIII).

Gerade Letzteres macht deutlich, welch absurde und von vielfältigen interpretatorischen Zwischenschritten befrachtete Umwege der Kinderschutz nehmen muss, um freie Träger zum Abschluss von entsprechenden Vereinbarungen zu bewegen, Umwege, die durch einen Satz des Gesetzgebers überflüssig würden, der die freien Träger – so man der Vereinbarungsideologie folgt – zum Abschluss verpflichtet.

Alle Anerkennungs-, Förderungs- oder Qualitätsentwicklungsmechanismen versagen zudem dort, wo Träger diesen keine Bedeutung beimessen. Zu Recht wurde darauf hingewie-

27 Dagegen raten *Schindler/Smessaert* (FK-SGB VIII, § 72a Rn. 34) örtlichen Trägern davon ab, mit Trägern von erlaubnispflichtigen Einrichtungen Vereinbarungen nach § 72a Abs. 2 SGB VIII abzuschließen, Dies bringe angesichts der Prüfung durch den überörtlichen Träger einen unnötigen bürokratischen Aufwand mit sich. Diese Auffassung verkennt zum einen, dass nach § 45 Abs. 3 Nr. 2 SGB VIII nicht erweiterte Führungszeugnisse *vorzulegen* sind, sondern *nachzuweisen* ist, dass deren Vorlage und Prüfung *sichergestellt* ist. Zum anderen setzt sich in ihr das falsche Verständnis von § 45 Abs. 3 Nr. 2 SGB VIII fort (vgl. dazu die Kommentierung bei § 45 Rn. 49).

sen, dass man keine Zulassung oder Erlaubnis benötigt, um Kinder- oder Jugendarbeit anzubieten, und folglich auch weder unmittelbar noch mittelbar gezwungen werden kann, mit dem Jugendamt Vereinbarungen abzuschließen.[28]

Ungeachtet des Vorstehenden liegt die Initiative zur Aushandlung und zum Abschluss von Vereinbarungen beim öffentlichen Träger, da er gesetzlich dazu verpflichtet ist. Zu den Folgen einer fehlenden Vereinbarung vgl. unten Rn. 48.

V. Abs. 5 – Datenschutz

Der durch das KJSG geänderte § 72a Abs. 5 SGB VIII enthält hinsichtlich der „nach den Ab- 31
sätzen 3 und 4 eingesehenen Daten" spezifische **datenschutzrechtliche Regelungen**, die in ihrem sachlichen Geltungsbereich als spezielle anderen datenschutzrechtlichen Regelungen des SGB VIII, insbesondere § 63 SGB VIII, **vorgehen** und diese verdrängen. Die Vorschrift verpflichtet auch freie Träger unmittelbar. Dies wird für bemerkenswert gehalten,[29] ist nach hier vertretener Auffassung aber völlig unproblematisch.[30]

Danach dürfen gem. Abs. 5 **Satz 1** von den eingesehenen nur folgende **Daten erhoben** und **gespeichert** werden:

- der Umstand der Einsichtnahme,
- das Datum des Führungszeugnisses sowie
- die Information, ob die betreffende Person wegen einer der in Abs. 1 Satz 1 genannten Straftaten rechtskräftig verurteilt wurde.

Alle anderen anlässlich der Einsichtnahme in das Führungszeugnis gewonnenen **Daten**, so 32
der zwingende Umkehrschluss, dürfen **nicht erhoben** und demzufolge auch nicht gespeichert werden. „Erheben" ist das Beschaffen von Daten über den Betroffenen.[31]

Da es ein selektives Führungszeugnis, das nur Verurteilungen wegen einer der Katalogtaten des § 72a Abs. 1 SGB VIII enthält, aber nicht gibt, sind mit der Vorlage und Einsichtnahme auch alle anderen im Führungszeugnis enthaltenen Daten, insbesondere gegebenenfalls vorliegende anderweitige strafrechtliche Verurteilungen, zwangsläufig ebenfalls „erhoben".[32] Die Vorschrift lässt sich deshalb sinnvoll nur dahin verstehen, dass eine **Verwertung** aller **weiteren** als der genannten **Daten unzulässig** ist.

Beispiel:

Wird etwa durch Einsichtnahme in das Führungszeugnis bekannt, dass ein Bewerber nach keiner der Straftaten des § 72a Abs. 1 SGB VIII, aber wegen schweren Diebstahls (§§ 242, 243 StGB) und Gefährdung des Straßenverkehrs (§ 315c StGB) verurteilt wurde, darf dies weder gespeichert noch in anderer Weise verarbeitet werden und nicht in die Einstellungsentscheidung oder in Entscheidungen im Rahmen eines bestehenden Arbeitsverhältnisses einfließen.

Ob dies realistisch ist, darf bezweifelt werden.

Hinsichtlich der in den Nrn. 1 bis 3 genannten Daten hat die Änderung durch das KJSG insoweit eine Erweiterung der Befugnis bewirkt, als die Daten nicht nur erhoben, sondern auch

28 Vgl. *Corsa/Dallmann* 2012, 66.
29 Vgl. FK-SGB-VIII/*Schindler/Smessaert*, § 72a Rn. 37.
30 Zweifel hegen insoweit *Weber/Wocken*, JAmt 2012, 62.
31 Vgl. oben § 62 SGB VIII Rn. 1.
32 Zu Recht bemerken deshalb *Meysen/Eschelbach*, Bundeskinderschutzgesetz, 2012, 149, die Regelung verlange Unmögliches.

gespeichert werden dürfen. „Speichern“ bezeichnet einen Verarbeitungsvorgang, der Daten aufbewahrt, um sie möglicherweise später weiterzuverarbeiten.[33]

33 Eine nicht unwesentliche Änderung hat auch Abs. 5 **Satz 2** durch das KJSG erfahren. Im Unterschied zur bisherigen Regelung dürfen die öffentlichen und freien Träger die nach Satz 1 erhobenen und gespeicherten Daten nur **verarbeiten**, um die Eignung der Person für die Tätigkeit, die Anlass zur Einsichtnahme in das Führungszeugnis war, **zu prüfen**. Diese Änderung bedeutet eine Erweiterung der Befugnisse, da die gespeicherten Daten auch dann zu verarbeiten sind, wenn diese Einsichtnahme nicht zu einem Ausschluss der Person, die das erweiterte Führungszeugnis betrifft, geführt hat. Entgegen der Annahme in der Gesetzesbegründung[34] gilt dies nicht nur für die Tatsache der Einsichtnahme in das erweiterte Führungszeugnis, sondern alle unter Nr. 1 bis 3 genannten Daten. Eine Beschränkung auf das Datum nach Nr. 1 ist dem Gesetz nicht zu entnehmen.

Eine **Verarbeitung von Daten** bezeichnet nach der Legaldefinition des Art. 4 Nr. 2 DSGVO jede „mit oder ohne Hilfe automatisierter Verfahren ausgeführten Vorgang oder jede solche Vorgangsreihe im Zusammenhang mit personenbezogenen Daten wie das Erheben, das Erfassen, die Organisation, das Ordnen, die Speicherung, die Anpassung oder Veränderung, das Auslesen, das Abfragen, die Verwendung, die Offenlegung durch Übermittlung, Verbreitung oder eine andere Form der Bereitstellung, den Abgleich oder die Verknüpfung, die Einschränkung, das Löschen oder die Vernichtung“.

Die erhobenen Daten sind selbstverständlich vor dem **Zugriff Unbefugter** zu **schützen** und unverzüglich **zu löschen**, wenn im Anschluss keine kindeswohlrelevante neben- oder ehrenamtliche Tätigkeit nach Abs. 3 oder 4 wahrgenommen wird. In jedem Fall sind die Daten **sechs Monate** nach der **Beendigung** einer solchen Tätigkeit zu **löschen**. Die Ausdehnung der Löschungsfrist von ursprünglich drei Monaten soll neben- und ehrenamtlich Tätigen eine vorübergehende Unterbrechung und anschließend voraussetzungslose Wiederaufnahme der Tätigkeit ermöglichen.[35]

VI. Arbeitsrechtliche Bedeutung des § 72a SGB VIII

34 § 72a SGB VIII verpflichtet die öffentlichen und freien Träger unmittelbar oder auf dem Umweg über abzuschließende Vereinbarungen, keine einschlägig vorbestraften Personen zu beschäftigen (Hauptamtliche) oder tätig werden zu lassen (Neben- und Ehrenamtliche). Zu diesem Zweck sollen diese sich von hauptamtlich Beschäftigten sowie neben- oder ehrenamtlich Tätigen ein erweitertes Führungszeugnis vorlegen lassen.

Sollte dieser Pflicht der Träger indes keine Pflicht der hauptamtlich Beschäftigten sowie neben- oder ehrenamtlich Tätigen zur Vorlage eines solchen Zeugnisses korrespondieren, liefe das gesamte Schutzkonzept ins Leere. Entscheidend ist also, ob die angesprochenen Gruppen zur Vorlage von erweiterten Führungszeugnissen verpflichtet sind oder werden können.

1. Hauptamtlich bei einem öffentlichen Träger Beschäftigte

a) Anbahnung und Zustandekommen des Beschäftigungsverhältnisses

35 Bereits durch die **Aufnahme von Vertragsverhandlungen** – ausreichend ist insoweit, dass eine Bewerberin oder ein Bewerber zu einem Vorstellungsgespräch eingeladen wird – entsteht gem. § 311 Abs. 2 Nr. 1 BGB ein gesetzliches Schuldverhältnis, aus dem nach § 241

---

33 Vgl. § 63 SGB VIII Rn. 1.
34 Vgl. BT-Drs. 19/26107, 108.
35 So die Gesetzesbegründung, BT-Drs. 19/26107, 108.

Abs. 2 BGB wechselseitige Aufklärungs-, Mitwirkungs-, Obhuts- und Rücksichtnahmepflichten resultieren, deren Verletzung Schadensersatzansprüche nach sich ziehen kann.[36] Im Rahmen dessen obliegen Arbeitnehmerinnen und Arbeitnehmer **Offenbarungspflichten**, die auch Qualifikation und Eignung betreffen können. Von sich aus müssen sie allerdings nur auf solche Tatsachen hinweisen, deren Mitteilung der Arbeitgeber nach Treu und Glauben erwarten darf, also Umstände, die nach dem Kenntnisstand der Bewerberin oder des Bewerbers zum Zeitpunkt der Vertragsanbahnung die Erfüllung der arbeitsvertraglichen Leistungspflicht unmöglich machen oder sonst für den in Betracht kommenden Arbeitsplatz von ausschlaggebender Bedeutung sind. Bewerberinnen und Bewerber müssen generell keine Umstände offenlegen, nach denen der Arbeitgeber nicht fragen dürfte.[37]

Aus § 72a Abs. 1 und 2 SGB VIII ergibt sich ohne Weiteres, dass **rechtskräftig** wegen einer der dort genannten Straftaten **verurteilte Bewerberinnen und Bewerber** für eine hauptamtliche Tätigkeit bei einem öffentlichen oder freien Träger der Jugendhilfe **ungeeignet** sind. Die Verurteilung macht also die Erfüllung der aus dieser Tätigkeit resultierenden Leistungsverpflichtungen unmöglich. Deshalb sind die über den Gegenstand ihrer künftigen Tätigkeit ja informierten Bewerberinnen und Bewerber im Rahmen der ihnen obliegenden Aufklärungspflichten **gehalten**, eine solche Verurteilung **von sich aus mitzuteilen**.

Umgekehrt ist der **Arbeitgeber berechtigt**, Bewerberinnen und Bewerber nach **Vorstrafen zu fragen**, wenn diese wesentliche und entscheidende berufliche Anforderungen an den zu besetzenden Arbeitsplatz betreffen.[38] Auch insoweit ergibt sich aus § 72a SGB VIII, dass Vorstrafen wegen der dort genannten Delikte für die Tätigkeit wesentlich und entscheidend sind und deshalb Gegenstand der Nachfrage sein dürfen.

§ 72a SGB VIII geht indes darüber noch hinaus, indem er nicht nur entsprechende Fragen für **36**
zulässig hält, sondern die Träger als Arbeitgeber verpflichtet, sich „bei der Einstellung" ein erweitertes Führungszeugnis vorlegen zu lassen. Da es gesetzlich vorgesehen ist, ist dies auch **zulässig**.

Weigert sich die Bewerberin oder der Bewerber **endgültig**, ein solches Führungszeugnis **vorzulegen**, ist der Arbeitgeber **verpflichtet**, die Einstellung **abzulehnen**.

Zwar spricht § 72a SGB VIII lediglich davon, dass sich die Träger ein erweitertes Führungszeugnis **vorlegen** lassen **„sollen"**. Das ist nicht bedeutungsgleich mit vorlegen lassen „müssen". Indes sind kaum Fälle vorstellbar, in denen sich der Zweck der Vorlagepflicht, zum Schutz der Kinder und Jugendlichen nur Personen einzustellen, die nicht einschlägig vorbestraft sind, mit vergleichbarer Sicherheit verfolgen lässt. **Ausnahmefälle** sind deshalb **kaum denkbar**.[39] Träger sollten deshalb, auch, um möglichen Gleichbehandlungsproblemen aus dem Wege zu gehen, die Vorlage des erweiterten Führungszeugnisses in jedem Fall verlangen.

Denkbar ist aber auch, dass das erweiterte **Führungszeugnis** bei Anbahnung des Beschäftigungsverhältnisses oder bei Vertragsschluss **noch nicht vorliegt**, obwohl die Bewerberin oder der Bewerber zur Vorlage bereit ist und ein solches beantragt hat. In solchen Fällen ist es aus Sicht des Trägers erforderlich, eine **auflösende Bedingung** zu vereinbaren, nach der der Vertrag erlischt, wenn nicht binnen einer bestimmten Frist ein die Unbedenklichkeit bescheinigendes Führungszeugnis vorgelegt wird. Wird kein Führungszeugnis vorgelegt oder enthält es einschlägige Eintragungen, ist der Vertrag aufgelöst, ohne dass es einer Kündigung oder sonstiger Erklärungen seitens des Arbeitgebers bedürfte.[40]

36 Vgl. *Linck*, in: Schaub, Arbeitsrechtshandbuch, 184.
37 *Linck*, in Schaub, Arbeitsrechtshandbuch, 186; *Richardi/Buchner*, in Richardi u.a., Münchener Handbuch, Band 1, 2009, § 31 Rn. 18 f.
38 *Linck*, in Schaub, Arbeitsrechtshandbuch, 194.
39 Ebenso *Weber/Wocken*, JAmt 2012, 62 (63).
40 Vgl. *Weber/Wocken*, JAmt 2012, 62 (64).

Praxishinweis:

Da einerseits grundsätzlich niemand gezwungen ist, mit einem oder einer anderen ein Arbeitsverhältnis zu begründen, man sich andererseits, wie oben ausgeführt, auch bei dessen Anbahnung nicht im rechtsfreien Raum bewegt, die Verletzung bestehender Pflichten auch in diesem Stadium bereits Schadensersatzansprüche auszulösen geeignet ist, empfiehlt es sich dringend, vor der Vorlage eines negativen erweiterten Führungszeugnisses keinerlei unbedingte Einstellungszusagen oder Ähnliches zu machen. Die Ablehnung der Begründung eines Arbeitsverhältnisses als solche begründet niemals Schadensersatzansprüche, sofern sie nicht gegen ein Diskriminierungsverbot verstößt.

b) Bestehende Beschäftigungsverhältnisse

aa) Vorlagepflicht

37 Die wohl **überwiegende Auffassung in Literatur und Rechtsprechung** bejaht eine Pflicht zur erstmaligen oder wiederholten Vorlage eines erweiterten Führungszeugnisses als arbeitsvertragliche Nebenpflicht nach § 241 Abs. 2 BGB.[41] Da es den Vertragsparteien obliege, die im Zusammenhang mit dem Arbeitsverhältnis stehenden Interessen der anderen Vertragspartei unter Berücksichtigung der Grundsätze von Treu und Glauben zu wahren, könne der Arbeitgeber ein berechtigtes Interesse an der Vorlage eines erweiterten Führungszeugnisses haben, wenn sich daraus Antworten auf Fragen ergeben, die im Zusammenhang mit dem bestehenden Arbeitsverhältnis stehen und die sich der Arbeitgeber nicht auf andere zumutbare Art und Weise beschaffen kann. Hierbei seien jedoch das Informationsinteresse des Arbeitgebers und das Schutzinteresse des Arbeitnehmers bezogen auf seine persönlichen Daten gegeneinander abzuwägen.[42] Ein **überwiegendes Interesse** des **Arbeitgebers** an der **Vorlage** bestehe danach jedenfalls dann, wenn die Voraussetzungen des § 30a BZRG vorlägen.[43] Dies ist nach § 30a Abs.1 Nr. 1 BZRG immer der Fall, wenn die Erteilung des erweiterten Führungszeugnis unter Bezugnahme auf diese Vorschrift vorgesehen ist, im Übrigen nur dann, wenn eine berufliche Tätigkeit i.S.d. § 30a Abs. 1 Nr. 2 Buchst. a oder b BZRG in Rede steht.[44]

41 Vgl. *Weinbrenner/Portnjagin*, öAT 2018, S. 223 (225); *Weber/Wocken*, JAmt 2012, 62 (63) m.w.N.; FK-SGB VIII/*Schindler/Smessaert*, § 72a Rn. 40; LAG Hamm, Urt. v. 26.1.2018, 10 Sa 1122/17, NZA-RR 2018, 460 (462 f.) = ZKJ 2018, 240; Urt. v. 25.4.2014, 10 Sa 1718/13, juris Rn. 69; LAG Nürnberg, Urt. v. 11.7.2017, 7 Sa 454/16, BeckRS 2017, 139708; *Reichold*, in Richardi u.a., Münchener Handbuch, § 47 Rn. 12 ff.; *Linck*, in Schaub, Arbeitsrechtshandbuch, 514 f.

42 Vgl. statt vieler *Weinbrenner/Portnjagin*, öAT 2018, S. 223 (224); LAG Hamm, Urt. v. 26.1.2018, 10 Sa 1122/17, NZA-RR 2018, 460 (462 f.).

43 So LAG Hamm, Urt. v. 26.1.2018, 10 Sa 1122/17, NZA-RR 2018, 460 (462 f.) = ZKJ 2018, 240; Urt. v. 25.4.2014, 10 Sa 1718/13, juris Rn. 69; *Joussen*, NZA 2012, 776 (778).

44 *Weinbrenner/Portnjagin*, öAT 2018, S. 223 (224); LAG Hamm, Urt. v. 26.1.2018, 10 Sa 1122/17, NZA-RR 2018, 460 (462 f.) = ZKJ 2018, 240. In Anwendung dieser Grundsätze hat das LAG Hamm einen Anspruch des Arbeitgebers auf Vorlage eines erweiterten Führungszeugnisses verneint, weil kein Fall des § 30a Abs. 1 Nr. 1 oder Nr. 2 Buchst. a BZRG vorliege und der Kläger in diesem Verfahren auch keine Tätigkeit nach Nr. 2 Buchst. b dieser Vorschrift ausübe. Die Kritik, die Entscheidung berücksichtige nicht, dass bezogen auf hauptamtlich Beschäftigte § 72a SGB VIII nicht hinsichtlich der Art, Intensität oder Dauer des Kontakts mit Mj. differenziere und es für die Vorlagepflicht bei diesen gar nicht auf die konkrete Tätigkeit des Arbeitnehmers für den freien Träger ankomme (so FK-SGBVIII/*Schindler/Smessaert*, § 72a Rn. 40 Fn. 61), ist unberechtigt. Da es sich bei dem Kläger um den Beschäftigten eines freien Trägers handelte und § 72a Abs. 2 SGB VIII zur Frage der Vorlage eines erweiterten Führungszeugnisses völlig schweigt, konnte das LAG Hamm nur auf § 30a Abs. 1 Nr. 2 BZRG abstellen, dessen Voraussetzungen es verneint hat. Die Kritik müsste sich also gegen den Gesetzgeber richten, der auch an dieser kinderschutzrelevanten Stelle eine defizitäre Regelung getroffen und diese seit 2012 nicht korrigiert hat. Kritisch anzumerken ist allenfalls, dass das LAG Hamm auf die in der Entscheidung genannte, aber

Da § 72a Abs. 1 Satz 2 SGB VIII für hauptamtlich **Beschäftigte öffentlicher Träger** auf § 30a BZRG verweist, ist nach dieser Auffassung ein berechtigtes Interesse des Arbeitgebers an der Vorlage des erweiterten Führungszeugnisses gegeben, sodass ein Anspruch auf dessen Vorlage gem. § 241 Abs. 2 BGB besteht. Ungeachtet dessen ist es dringend anzuraten, die Pflicht zur Vorlage und die Intervalle, in denen ein erweitertes Führungszeugnis vorzulegen ist, im **Arbeitsvertrag** ausdrücklich zu **regeln**, um diesbezügliche Auseinandersetzungen zu vermeiden.[45]

Einer mit Unsicherheiten befrachteten Abwägung der Arbeitnehmer/Arbeitgeberinteressen bedarf es in den Fällen nicht, in denen gesetzlich eine eindeutige Regelung getroffen ist. Die im Rahmen von § 72a SGB VIII eindeutigste – oder einzige eindeutige – Regelung trifft dessen Abs. 1. Er normiert in Satz 1 ein Beschäftigungs- und Vermittlungsverbot des öffentlichen Trägers für einschlägig vorbestrafte Personen und verpflichtet diesen, sich bei Einstellung und Vermittlung sowie förderhin ein erweitertes Führungszeugnis vorlegen zu lassen. Hieraus wird auch die Pflicht des/der einzelnen Beschäftigten abgeleitet, dem Träger als Arbeitgeber ein solches vorzulegen.[46] Dem ist im Ergebnis zuzustimmen, allerdings handelt § 72a Abs. 1 Satz 2 SGB VIII nach seinem Wortlaut ausschließlich von der Pflicht öffentlicher Träger, nicht aber von denen ihrer Beschäftigten. **38**

Die Vorschrift verpflichtet die öffentlichen Träger, sich zu bestimmten Zeitpunkten von den hauptamtlich Beschäftigten ein erweitertes Führungszeugnis vorlegen zu lassen. Diese Pflicht ist erst dann erfüllt, wenn dem Träger das Führungszeugnis tatsächlich vorliegt. Mit der Vereinbarung einer Vorlagepflicht im Arbeitsvertrag ist sie dagegen noch nicht erfüllt.

Hätte der Träger als Arbeitgeber keine rechtlich gesicherte Möglichkeit, die Vorlage zu verlangen, würde Abs. 1 Satz 2 eine Verpflichtung normieren, deren Erfüllung außerhalb der Macht des Trägers stünde, im Zweifel von ihm also nicht erfüllt werden könnte. Da aber nicht davon ausgegangen werden kann, dass der Gesetzgeber dem öffentlichen Träger eine Verpflichtung auferlegen wollte, die dieser gar nicht erfüllen kann, führt diese Überlegung dazu, dass der Verpflichtung des Trägers, sich ein erweitertes Führungszeugnis vorlegen zu lassen, ein **Anspruch gegen den Beschäftigten auf dessen Vorlage** entspricht.

bb) Einholung des erweiterten Führungszeugnisses

Das erweiterte Führungszeugnis ist gemäß § 30 Abs. 2 BZRG von der oder dem Beschäftigten bei der Meldebehörde zu beantragen. Dabei ist eine schriftliche Aufforderung vorzulegen, in der die Person, die das erweiterte Führungszeugnis verlangt, bestätigt, dass die Voraussetzungen für dessen Ausstellung vorliegen (§ 30a Abs. 2 BZRG). In den hier behandelten Fällen ist gemäß § 30a Abs. 1 Nr. 1 BZRG zu bestätigen, dass das Zeugnis für die Prüfung der persönlichen Eignung nach § 72a SGB VIII ausgestellt wird. **39**

Muster eines Bestätigungsschreibens nach § 30a Abs. 2 BZRG

Name
des Trägers *Datum*

Einwohnermeldeamt
Stadt/Gemeinde
…

inhaltlich nicht wiedergegebene Vereinbarung nach § 72a Abs. 2 SGB VIII in den Entscheidungsgründen in keiner Weise eingeht.

45 Ebenso *Weinbrenner/Portnjagin,* öAT 2018, S. 223 (225).
46 Vgl. *Weinbrenner/Portnjagin,* öAT 2018, S. 223 (224).

Erteilung eines erweiterten Führungszeugnisses nach § 30a BZRG an Frau/Herrn …

Sehr geehrte Damen und Herren,

wir bestätigen, dass Frau/Herr … verpflichtet ist, zur Prüfung ihrer/seiner persönlichen Eignung nach § 72a SGB VIII uns ein erweitertes Führungszeugnis nach § 30a BZRG vorzulegen.

Mit freundlichen Grüßen

(Unterschrift)

Leiterin/Geschäftsführer/Vorsitzende

c) Verweigerung der Vorlage und deren Folgen

40 **Weigert** sich die oder der Beschäftigte, ein erweitertes Führungszeugnis vorzulegen, kann der Arbeitgeber das Arbeitsverhältnis letztendlich **verhaltensbedingt kündigen**.[47] Da die Kündigung nicht die Sanktionierung der Weigerung, sondern die Aufhebung der weiteren Verletzung arbeitsvertraglicher Pflichten bezweckt, ist regelmäßig eine **Abmahnung** erforderlich. Verweigert die oder der Beschäftigte endgültig die Vorlage, ist eine Kündigung auch ohne Abmahnung möglich.

d) Folgen eines einschlägigen Eintrags im Führungszeugnis

41 Von der **Kündigung** wegen Nicht-Vorlage des Führungszeugnisses ist eine solche **wegen** Vorliegens einer **Straftat nach § 72a Abs. 1 SGB VIII** zu unterscheiden.

Legt eine hauptamtlich beschäftigte Person ein erweitertes **Führungszeugnis** vor, das einen im Sinne des § 72a Abs. 1 SGB VIII **einschlägigen Eintrag enthält**, führt dies – von der oben erwähnten Vertragsgestaltung der auflösenden Bedingung abgesehen – nicht zur automatischen Beendigung des Arbeitsverhältnisses. Vielmehr kann und muss der Träger das **Arbeitsverhältnis** durch außerordentliche oder – regelmäßig – ordentliche **Kündigung beenden**, sofern nicht eine Beschäftigung außerhalb der Kinder- und Jugendhilfe möglich ist. Dabei sind bestehende allgemeine Kündigungsschutz- und Verfahrensvorschriften wie beispielsweise die Beteiligung des Betriebs- oder Personalrats einzuhalten. In jedem Fall ist die betroffene Person zu suspendieren bzw. außerhalb der Kinder- und Jugendhilfe zu beschäftigen.[48]

e) Kosten des erweiterten Führungszeugnisses

42 Fraglich und durch § 72a SGB VIII **nicht geregelt** ist, **wer** die **Kosten** eines erweiterten Führungszeugnisses – diese betragen gegenwärtig 13 Euro – **zu tragen hat**.

Soweit Kosten für die Einholung anfallen, ist **zu unterscheiden**:

Im Rahmen des **Bewerbungsverfahrens** handelt es sich um Bewerbungsunterlagen, mittels derer die Bewerberin oder der Bewerber seine Eignung für die Tätigkeit im Arbeitsfeld der Kinder- und Jugendhilfe belegt. Insoweit besteht kein Erstattungsanspruch gegen den (potenziellen) Arbeitgeber.[49]

Hinsichtlich der **Kosten** für die **wiederkehrende Vorlage** des Führungszeugnisses hat zunächst eine **arbeitsvertragliche Abrede** Vorrang.[50]

47 Vgl. Weber/Wocken, JAmt 2012, 62 (64).
48 FK-SGB-VIII/*Schindler/Smessaert*, § 72a Rn. 41.
49 Allgemeine Auffassung; vgl. FK-SGB-VIII/*Schindler/Smessaert*, § 72a Rn. 44; *Weber/Wocken*, JAmt 2012, 62 (65), jeweils m.w.N; *Weinbrenner/Portnjagin*, öAT 2018, S. 223 (226).
50 A.A. insoweit FK-SGB-VIII/*Schindler/Smessaert*, § 72a Rn. 44.

Besteht eine solche nicht, wird jedenfalls im Ergebnis ein **Aufwendungsersatzanspruch** der **Beschäftigten** nach § 670 BGB bejaht, da mit der Vorlage (auch) die Verpflichtung des Arbeitgebers nach § 72a Abs. 1, 2 SGB VIII erfüllt werde.[51] Soweit eine Beschäftigte oder ein Beschäftigter mit der Vorlage den bestehenden Verdacht einer einschlägigen Straftat widerlegen wolle, wird wiederum eine Kostentragung der oder des Beschäftigten vertreten, da die Vorlage in seinem überwiegenden Interesse erfolge.[52]

2. Hauptamtlich bei einem freien Träger Beschäftigte

a) Vorlagepflicht

Unterschiede zu den hauptamtlich bei einem öffentlichen Träger Beschäftigten ergeben sich daraus, dass § 72a Abs. 2 SGB VIII **kein gesetzliches Beschäftigungsverbot**, sondern lediglich die Pflicht der öffentlichen Träger enthält, ein solches Verbot für Personen, die rechtskräftig nach einer Straftat nach Absatz 1 Satz 1 rechtskräftig verurteilt wurden, **sicherzustellen**. **43**

Daraus folgt nach dem oben unter Rn. 35 ff. Gesagten zunächst, dass es keinen gesetzlichen Anspruch des freien Trägers auf Vorlage des erweiterten Führungszeugnisses geben kann.[53] Ein solcher Anspruch kann sich aber zum einen aus dem **Arbeitsvertrag** ergeben.

Er kann sich zum anderen aus § 241 Abs. 2 BGB als **arbeitsvertragliche Nebenpflicht** ergeben. Eine danach vorzunehmende Abwägung ergibt dann ein überwiegendes Interesse an der Vorlage, wenn ein Fall des § 30a Abs. 1 BZRG vorliegt, wobei Abs. 1 Nr. 1 a priori ausscheidet. Ein Anspruch besteht nach Abs. 1 Nr. 2 nur dann, wenn das Führungszeugnis benötigt wird für eine berufliche oder ehrenamtliche Beaufsichtigung, Betreuung, Erziehung oder Ausbildung Minderjähriger (Buchst. a) oder eine Tätigkeit, die in einer vergleichbaren Weise geeignet ist, Kontakt zu Minderjährigen aufzunehmen (Buchst. b).[54]

b) Weitere Fragen

Hinsichtlich der Verweigerung der Vorlage und deren Folgen, insbesondere der Folgen eines einschlägigen Eintrags im Führungszeugnis sowie der Kosten des erweiterten Führungszeugnisses, gilt das zu den bei öffentlichen Trägern hauptamtlich Beschäftigten Ausgeführte entsprechend.

3. Neben- und Ehrenamtliche

Der Pflicht zur Vorlage eines erweiterten Führungszeugnisses sind die dem Regime des § 72a Abs. 3 und 4 SGB VIII unterliegenden neben- oder ehrenamtlich tätigen Personen von vornherein nur unterworfen, soweit sie Tätigkeiten ausüben, die nach der Entscheidung des öffentlichen Trägers (Absatz 3) oder der zwischen diesem und dem freien Träger geschlossenen Vereinbarung (Absatz 4) nur nach Einsichtnahme in dieses Zeugnis ausgeübt werden dürfen. **44**

Im Grundsatz gelten die vorstehenden hauptamtlich Beschäftigte betreffenden Ausführungen entsprechend. Insoweit haben die Träger darauf zu achten, dass Neben- und Ehrenamt- **45**

---

51 FK-SGB-VIII/*Schindler/Smessaert*, § 72a Rn. 44; *Weber/Wocken*, JAmt 2012, 62 (65); LAG Hessen, Urt. vom 21.4.2015, 15 Sa 1062/14, juris.
52 *Weber/Wocken*, JAmt 2012, 62 (65 f.).
53 Ebenso LAG Hamm, Urt. v. 26.1.2018, 10 Sa 1122/17, NZA-RR 2018, 460 (462 f.) = ZKJ 2018, 240.
54 Das LAG Hamm hat dieses Programm konsequent abgearbeitet und ist zu dem Ergebnis gekommen, dass ein Anspruch auf Vorlage des erweiterten Führungszeugnisses nicht besteht, da keine der genannten Voraussetzungen des § 30a BZRG erfüllt seien. § 30a BZRG, der im Interesse einer Begrenzung regelt, unter welchen Voraussetzungen ein erweitertes Führungszeugnis erteilt werden *darf*, mutiert auf diesem Wege zu einer Anspruchsnorm, die darüber entscheidet, wann ein solches vorgelegt werden *muss*.

liche erst **nach Vorlage** eines erweiterten Führungszeugnisses ohne einschlägige Eintragungen ihre **Tätigkeit aufnehmen** und in den vorgesehenen Intervallen erneut ein solches Zeugnis vorlegen.

Im Fall der **Weigerung** oder der **Vorlage** eines Führungszeugnisses mit **einschlägigem Eintrag** ist die Tätigkeit umgehend zu beenden. Da es sich bei der Tätigkeit nicht um eine solche im Rahmen eines Arbeitsverhältnisses handelt, sind Fristen nicht zu wahren.

Hinsichtlich der **Kosten des Führungszeugnisses** wird vertreten, dass diese in jedem Fall vom Träger zu erstatten sind, da die gesamte neben- oder ehrenamtliche Tätigkeit in seinem überwiegenden Interesse liege.[55] Dem ist zuzustimmen.

VII. Folgen der Nichtvorlage des erweiterten Führungszeugnisses für die Träger

46 Es ist nicht ausgeschlossen, dass sich öffentliche **Träger** entgegen ihrer Verpflichtung nach § 72a Abs. 1 oder Abs. 3 SGB VIII oder freie Träger oder Vereine entgegen einer nach § 72a Abs. 2 oder 4 SGB VIII vereinbarten Verpflichtung bei der Einstellung bzw. bei Beginn oder während einer neben- oder ehrenamtlichen Verpflichtung **kein erweitertes Führungszeugnis vorlegen lassen**. Hinsichtlich der sich daraus ergebenden rechtlichen Folgen für den Träger, zu denen das SGB VIII schweigt, sind folgende Konstellationen zu unterscheiden:

1. Öffentliche Träger

47 *Tabelle 1*

	zivilrechtliche Folgen	**strafrechtliche Folgen**	**sonstige Rechtsfolgen**
bei der betroffenen Mitarbeiterin oder dem betroffenen Mitarbeiter liegt keine einschlägige strafrechtliche Verurteilung vor	keine	keine	arbeitsrechtliche Konsequenzen (Abmahnung) bei der für die Einsichtnahme verantwortlichen Person möglich
bei der betroffenen Mitarbeiterin oder dem betroffenen Mitarbeiter liegt eine einschlägige strafrechtliche Verurteilung vor, die im Führungszeugnis aufgenommen worden wäre – ein materieller oder immaterieller Schaden ist eingetreten	Schadenersatzanspruch des Kindes oder Jugendlichen gegen den Träger gem. § 839 BGB i.V.m. Art. 34 GG	mögliche Strafbarkeit der beim Träger für die Einsichtnahme verantwortlichen Person gem. § 171 StGB oder als Beschützergarant/in wegen Unterlassens gem. § 13 StGB i.V.m. dem jeweiligen Erfolgsdelikt	arbeitsrechtliche Konsequenzen (Abmahnung) bei der für die Einsichtnahme verantwortlichen Person möglich

55 *Weber/Wocken*, JAmt 2012, 62 (66).

	zivilrechtliche Folgen	strafrechtliche Folgen	sonstige Rechtsfolgen
bei der betroffenen Mitarbeiterin oder dem betroffenen Mitarbeiter liegt eine einschlägige strafrechtliche Verurteilung vor, die – etwa aufgrund ihrer zeitlichen Lage – im Führungszeugnis nicht aufgenommen worden wäre	kein Schadenersatzanspruch wegen Nichtvorlage des Führungszeugnisses, da auch bei Vorlage der Schaden nicht verhindert worden wäre, die Nichtvorlage für sich also für den Schaden nicht kausal war	keine, da der Eintritt des strafrechtlichen Erfolgs unvermeidbar war	arbeitsrechtliche Konsequenzen (Abmahnung) bei der für die Einsichtnahme verantwortlichen Person möglich

2. Freie Träger und Vereine nach § 54 SGB VIII

Tabelle 2 47a

	zivilrechtliche Folgen	strafrechtliche Folgen	sonstige Rechtsfolgen
bei der betroffenen Mitarbeiterin oder dem betroffenen Mitarbeiter liegt keine einschlägige strafrechtliche Verurteilung vor	keine	keine	kann bei der Entscheidung über den Abschluss einer Leistungs- und Entgeltvereinbarung nach §§ 78a ff. SGB VIII Berücksichtigung finden ------- arbeitsrechtliche Konsequenzen (Abmahnung) bei der für die Einsichtnahme verantwortlichen Person möglich

	zivilrechtliche Folgen	**strafrechtliche Folgen**	**sonstige Rechtsfolgen**
bei der betroffenen Mitarbeiterin oder dem betroffenen Mitarbeiter liegt eine einschlägige strafrechtliche Verurteilung vor, die im Führungszeugnis aufgenommen worden wäre – ein materieller oder immaterieller Schaden ist eingetreten	Schadenersatzanspruch des Kindes oder Jugendlichen gegen den Träger gem. § 278 BGB i.V.m. mit einem privatrechtlichen Vertrag zwischen Nutzer und Träger bzw. §§ 823, 831 BGB	mögliche Strafbarkeit der beim Träger/Verein für die Einsichtnahme verantwortlichen Person gem. § 171 StGB oder als Beschützergarant/in wegen Unterlassens gem. § 13 StGB i.V.m. dem jeweiligen Erfolgsdelikt	kann bei der Entscheidung über den Abschluss einer Leistungs- und Entgeltvereinbarung nach §§ 78a ff. SGB VIII Berücksichtigung finden ------- arbeitsrechtliche Konsequenzen (Abmahnung) bei der für die Einsichtnahme verantwortlichen Person möglich
bei der betroffenen Mitarbeiterin oder dem betroffenen Mitarbeiter liegt eine einschlägige strafrechtliche Verurteilung vor, die – etwa aufgrund ihrer zeitlichen Lage – jedoch nicht ins Führungszeugnis aufgenommen worden wäre – ein materieller oder immaterieller Schaden ist eingetreten	kein Schadenersatzanspruch wegen Nichtvorlage des Führungszeugnisses, da auch bei Vorlage der Schaden nicht verhindert worden wäre, die Nichtvorlage für sich also für den Schaden nicht kausal war	keine, da der Eintritt des strafrechtlichen Erfolgs unvermeidbar war	kann bei der Entscheidung über den Abschluss einer Leistungs- und Entgeltvereinbarung nach §§ 78a ff. SGB VIII Berücksichtigung finden ------- arbeitsrechtliche Konsequenzen (Abmahnung) bei der für die Einsichtnahme verantwortlichen Person möglich

VIII. Fehlende Vereinbarung

48 Das vom SGB VIII verfolgte Konzept der „**Sicherstellung durch Vereinbarung**" muss in Kauf nehmen, dass – aus welchen Gründen auch immer – eine Vereinbarung entgegen der Verpflichtung nach § 72a Abs. 2 und 4 SGB VIII **nicht geschlossen** wird.

Auch in diesem Fall ist es dem freien Träger als Arbeitgeber grundsätzlich nicht verwehrt, die Vorlage eines erweiterten Führungszeugnisses zu verlangen und eine Bestätigung nach § 30a Abs. 2 Satz 1 BZRG auszustellen.

In Betracht kommt zum einen dessen Erteilung nach § 30a Abs. 1 Nr. 1 BZRG. Allerdings findet sich in § 72a Abs. 2 SGB VIII überhaupt keine, in dessen Abs. 4 eine nur sehr vermittelte Bezugnahme auf § 30a BZRG. Die Erteilung eines erweiterten Führungszeugnisses kann jedoch auf der Grundlage von § 30a Abs. 1 Nr. 2 Buchst. a oder b BZRG verlangt werden, da der betroffene Personenkreis beruflich oder ehrenamtlich Minderjährige zu beaufsichtigen, betreuen, erziehen oder auszubilden hat (Buchst. a) oder seine Tätigkeit zumindest in vergleichbarer Weise geeignet ist, Kontakt mit Minderjährigen aufzunehmen (Buchst. b). Jugendhilferechtlich erzwingen lässt sich ein solches Verlangen freilich erst recht nicht. Diese Schutzlücken zu schließen ist Aufgabe des Gesetzgebers, der zwar einen ständig erweiterten und intensivierten Schutz des Kindeswohls behauptet,[56] aber der Rede von der angeblichen Autonomie der freien Träger folgt und deshalb die notwendigen Regelungen unterlässt. Zu arbeitsrechtlichen Fragen vgl. oben Rn. 34 ff.

56 Vgl. nur jüngst die Begründung zum KJSG, BT-DRs. 19/26107, 42 f.

Zweiter Abschnitt
Zusammenarbeit mit der freien Jugendhilfe, ehrenamtliche Tätigkeit

§ 73
Ehrenamtliche Tätigkeit

In der Jugendhilfe ehrenamtlich tätige Personen sollen bei ihrer Tätigkeit angeleitet, beraten und unterstützt werden.

Übersicht

A. Allgemeines

1 In der Jugendhilfe insgesamt, insbesondere im Bereich der Jugendarbeit, ist die **Mitwirkung von Ehrenamtlichen** quantitativ wie qualitativ **von großer Bedeutung**, vor allem bei freien Trägern wie Jugend- und Wohlfahrtsverbänden. Diesem Umstand trägt der § 73 SGB VIII Rechnung, indem er die Unterstützung und Beratung der Ehrenamtlichen als **Soll-Vorschrift** formuliert. Dabei lässt das Gesetz offen, durch wen und auf welche Weise die Unterstützung, Beratung und Anleitung erfolgen soll.

2 § 73 SGB VIII beinhaltet eine **Pflicht zur Förderung** ehrenamtlicher Tätigkeit durch den öffentlichen Träger der Jugendhilfe, allerdings ergibt sich hieraus **kein individueller Rechtsanspruch** auf bestimmte Leistungen für die ehrenamtlich tätige Person. Würde der öffentliche Träger dieser Aufgabe jedoch gar nicht oder bloß in einem minimalen Umfang nachkommen, bedeutete dies einen Rechtsverstoß, der ein Tätigwerden der Rechtsaufsichtsbehörden initiieren würde.[1]

Die Regelungen des § 72a Abs,1, 3 und 4 SGB VIII (Tätigkeitsausschluss einschlägig vorbestrafter Personen) gelten auch für Ehrenamtliche in der Jugendhilfe.[2]

B. Praxis

3 Die Erfüllung der Leistung durch die öffentlichen Träger erfolgt über zwei Wege: Zum einen halten die **Kommunen und Länder eigene Beratungs- und Kontaktstellen** vor, zum anderen fördern sie entsprechende **Aktivitäten der freien Träger** finanziell. Gemäß § 74 Abs. 6 SGB VIII sollen anerkannte Träger der Jugendhilfe in der Förderung auch Mittel für die Fortbildung der ehrenamtlichen Mitarbeiter_innen erhalten.[3] Dazu gehört beispielsweise die Tätigkeit von Bildungsreferent_innen in Jugendverbänden. Auch die (finanzielle) Förderung der Aus- und Weiterbildung der Ehrenamtlichen durch die Länder und Kommunen ist Teil dieser Leistung. Hierzu wurden auf Empfehlung der Enquete-Kommission <Zukunft des bürgerschaftlichen Engagements> eigene Förderprogramme entwickelt.[4] Auch **Freiwilligen-**

1 S. hierzu ausführlich FK-SGB VIII/*Münder*, vor Kap. 2 Rn. 4 bis 6.
2 S. zu Einzelheiten § 72a Rn. 23–30.
3 Vgl. die Erläuterungen zu § 74 Rn. 10 f.
4 Vgl. BT-Drs. 14/8900, 142 ff.

agenturen und vergleichbare Organisationen bieten z.T. Aus- und Fortbildungsprogramme für Freiwillige an. Zur Zielgruppe gehören Jugendliche und Erwachsene gleichermaßen.

Die im § 73 SGB VIII genannten Begriffe Anleitung, Beratung und Unterstützung überschneiden sich und lassen sich nicht völlig trennscharf voneinander abgrenzen. Die Vielzahl der Möglichkeiten freiwilligen Engagements in der Jugendhilfe schafft auch einen differenzierten Bedarf an Unterstützung. **Anleitung** bedeutet in diesem Zusammenhang die Motivation sowie Hinführung zum Engagement selbst, das Zurverfügungstellen notwendiger Informationen sowie bei Bedarf eine Einarbeitung, sofern Aufgaben innerhalb eines definierten Rahmens übernommen werden. Der Begriff **Beratung** beschreibt eine fachliche Begleitung der Ehrenamtlichen bei der Erfüllung ihrer Aufgaben. **Unterstützung** ist ein allgemeiner Begriff, der jedwede Form der Förderung ehrenamtlicher Tätigkeit umfasst.[5] 4

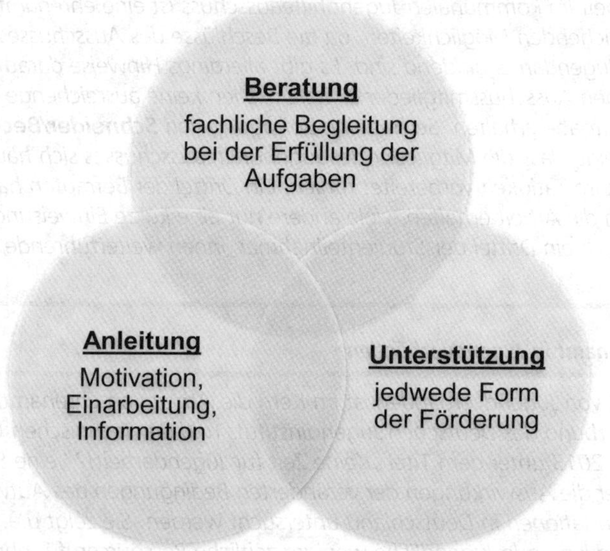

Abbildung 1: Beratung, Anleitung und Unterstützung von Ehrenamtliche (eigene Darstellung angelehnt an FK-SGB VIII/von Boetticher/Münder, § 73 Rn. 5)

Einige Länder haben in ihren Ausführungsgesetzen zum SGB VIII weitere Regelungen zur Konkretisierung der Unterstützung aufgenommen. Entsprechende Maßnahmen sind beispielsweise die Gewährung von Sonderurlaub für Zwecke des ehrenamtlichen Engagements, Abschluss von Versicherungen für Ehrenamtliche u.Ä.[6] Zur Stärkung des Ehrenamts kooperieren die Länder, beispielsweise auf Ebene der Jugendministerkonferenz oder in der Arbeitsgemeinschaft der Obersten Landesjugendbehörden. Ein Ergebnis dieser Kooperation war etwa die Einführung der **Jugendleitercard** (Juleica) im Jahr 1998. Dabei handelt es sich um einen Ausweis für ehrenamtliche Mitarbeiter_innen in der Jugendarbeit. Für den Erwerb der Juleica muss eine Schulung absolviert werden, die bestimmten Standards[7] genügt.[8] Sie dient u.a. der Legitimation der Inhaber_innen gegenüber offiziellen Stellen, um Beratung und Unterstützung in Anspruch nehmen zu können. 5

5 Vgl. FK-SGB VIII/*von Boetticher/Münder*, § 73 Rn. 5.
6 Vgl. die Tabelle im Anhang zu § 15 SGB VIII.
7 Nachzulesen unter http://www.juleica.de/?id=600 (26.1.2022).
8 S. dazu Beschluss der Jugendministerkonferenz von 2009, nachzulesen unter https://jfmk.de → Beschlüsse → 2009 → Anlage zu TOP 4.7 Weiterentwicklung JULEICA.

6 Das Gesetz stellt keine weiteren Anforderungen an die Tätigkeiten der ehrenamtlich tätigen Personen, die angeleitet, beraten und unterstützt werden sollen. Somit betrifft die Regelung ebenso kontinuierliches wie projektbezogenes Engagement, Tätigkeiten bei freien Trägern oder auch in Formen von Selbsthilfe. In allen Bereichen der Kinder- und Jugendhilfe sind Ehrenamtliche tätig. Insbesondere die Jugendarbeit wird in großem Umfang von Freiwilligen[9] getragen, was dem in § 11 SGB VIII formulierten Anspruch, sie solle von jungen Menschen mitbestimmt und mitgestaltet werden, entspricht.[10] Die konkrete Ausgestaltung der Unterstützung hängt von den jeweiligen Bedingungen vor Ort ab. Exemplarisch sollen hier zwei unterschiedliche Tätigkeitsfelder Ehrenamtlicher in der Jugendhilfe aufgegriffen werden.

Beispiel I: Ehrenamt in Jugendhilfeausschüssen

Die Mitarbeit im kommunalen Jugendhilfeausschuss ist eine ehrenamtliche Aufgabe mit weitreichenden Möglichkeiten, da die Beschlüsse des Ausschusses für die Verwaltung des Jugendamts bindend sind. Es gibt allerdings Hinweise darauf, dass die ehrenamtlichen Ausschussmitglieder in vielen Fällen keine ausreichende Unterstützung für ihre Aufgabe erhalten. So hat eine Befragung von **Schneider/Beckmann/Roth** *2010 gezeigt, dass die Mitglieder des Jugendhilfeausschusses sich häufig nicht genügend auf ihre Tätigkeit vorbereitet fühlen. Ein Drittel der Befragten hat gar keine Einführung in die Arbeit erhalten, viele andere nur eine kurze Einweisung. Entsprechend wünscht sich ein Drittel der Studienteilnehmer_innen weiterführende Fortbildungsangebote.*[11]

Beispiel II: Ehrenamt in Jugendverbänden

Die Arbeit von Jugendverbänden ist im Kern die Arbeit von Ehrenamtlichen. Ein Forschungsverbund des Deutschen Jugendinstituts und der Technischen Universität Dortmund hat 2013 unter dem Titel „Keine Zeit für Jugendarbeit!?" eine Studie veröffentlicht, in der die Auswirkungen der veränderten Bedingungen des Aufwachsens auf Jugendorganisationen in Deutschland untersucht werden. Sie zeigt u.a., dass aus Sicht der Jugendverbände Jugendliche weniger zeitliche Ressourcen für ehrenamtliches Engagement zur Verfügung haben und sich weniger kontinuierlich, langfristig und verbindlich engagieren. Zurückgeführt wird dies auf die zeitliche Verdichtung der Jugendphase. Aus Sicht der Ehrenamtlichen ist festzustellen, dass das Engagement für sie einen hohen Stellenwert einnimmt und sie es grundsätzlich gut mit ihren anderen Lebensbereichen vereinbaren können, sie sich jedoch auch häufiger durch ihre Tätigkeit im Verband gestresst fühlen.[12] *Ferner zeigt sich, dass Jugendorganisationen, die hauptberufliche Mitarbeiter_innen haben, eher auf die veränderten Zeitstrukturen reagieren können als rein ehrenamtlich getragene Organisationen, denen dafür die Ressourcen, Zeit und Kraft fehlen.*[13] *Dies bestätigt den Befund aus der Jugendverbandserhebung des Deutschen Jugendinstituts von 2008, die nachweist, dass in Verbänden, in denen es eine Unterstützung durch hauptamtliche Mitarbeiter_innen gibt, die Zahl der Ehrenamtlichen signifikant größer ist als in Verbänden ohne Hauptamtliche (im Durchschnitt 131 zu 60) und in ihnen ebenfalls signifikant mehr Aktivitäten stattfinden. Die Autor_innen der Studie führen dies darauf zurück, dass Hauptamtliche*

9 Über das Freiwillige Soziale Jahr oder den Bundesfreiwilligendienst finden sich in allen Bereichen der Jugendhilfe freiwillige Mitarbeiter_innen, die allerdings eigenen Vorschriften nach dem Bundesfreiwilligendienstgesetz bzw. Jugendfreiwilligendienstegesetz unterliegen.
10 Vgl. dazu § 11 Rn. 14 ff.
11 Vgl. *Schneider/Beckmann/Roth* 2011, 55.
12 Vgl. *Lange/Wehmeyer* 2014, 183.
13 Vgl. *Lange/Wehmeyer* 2014, 185, 186.

Gelegenheitsstrukturen für Engagement Jugendlicher schaffen. Zudem würden sie Jugendliche von eher unattraktiven Aufgaben im Rahmen von Verwaltung oder bei der Beschaffung von Geldmitteln entlasten.[14] *Zu berücksichtigen ist darüber hinaus, dass größere Verbände oftmals mehr finanzielle Ressourcen für die Beschäftigung von hauptamtlichen Mitarbeiter_innen haben als kleinere.*

C. Ehrenamt in der Jugendhilfe

7 Für freiwilliges Engagement existiert eine Vielzahl von Begriffen, die teils synonym verwendet werden, jedoch unterschiedliche Konnotationen aufweisen. Als Oberbegriffe fungieren bürgerschaftliches oder zivilgesellschaftliches Engagement, weitere Begriffe sind Freiwilligenarbeit, Ehrenamt und Volunteering. Allen Begriffen gemein ist, dass darunter eine von Einzelpersonen oder Gruppen **freiwillig und unentgeltlich** geleistete Tätigkeit verstanden wird. Das Merkmal „unentgeltlich" gilt auch dann als erfüllt, wenn für die Arbeit eine Aufwandsentschädigung bezahlt wird, sofern diese nicht mit Art und Höhe der Vergütung verglichen werden kann, die für eine vergleichbare Tätigkeit an Arbeitnehmer_innen gezahlt würde. Ehrenamtlicher Tätigkeit liegt kein Dienstvertrag zugrunde, stattdessen handelt es sich um das Ausführen eines Auftrags.[15] In der Praxis ist die Trennung zwischen Ehrenamtlichen und Honorarkräften allerdings nicht immer mit Bestimmtheit möglich, wenn beispielsweise besonders engagierte Ehrenamtliche auf Minijob-Basis angestellt werden oder Honorarkräfte ehrenamtliche Funktion in der Selbstverwaltung einer Organisation übernehmen.

8 Abgrenzungsschwierigkeiten gibt es in Bezug zur **Selbsthilfe**. Vor allem die Arbeit in selbstorganisierten Gruppen berührt hier einen Grenzbereich, beispielsweise, wenn Jugendliche sich in Peer-Groups zusammenfinden, um gemeinsam ihre Interessen zu vertreten. Diese Formen der Selbstorganisation haben in der Jugendhilfe eine wichtige Bedeutung, weswegen sie beispielsweise in § 11 SGB VIII explizit als Träger der Jugendarbeit mit aufgeführt werden.[16] Ihre Unabhängigkeit von etablierten Trägerstrukturen bietet besonderes Potenzial. Entsprechend bedeutsam ist es, dass auch denjenigen, die sich in selbstorganisierten Initiativen engagieren, entsprechende Beratungs- und Unterstützungsangebote unterbreitet werden. Das Engagement von Jugendlichen in Jugendorganisationen und ähnlichen Vereinen zeigt darüber hinaus, dass die Grenze zwischen ehrenamtlichen Mitarbeiter_innen und Adressat_innen in diesem Bereich fließend sein kann.

9 Zu dem Komplex Ehrenamt und Freiwilligenarbeit gibt es eine Vielzahl von Studien aus unterschiedlichsten Perspektiven, die ehrenamtliche Tätigkeit sowohl quantitativ als auch qualitativ beforschen. Zu nennen sind dabei beispielsweise die Freiwilligensurveys als Teil der Sozialberichterstattung des Bundes, der Bericht der Enquete-Kommission <Zukunft des bürgerschaftlichen Engagements> oder die Shell-Jugendstudien. Entsprechend den unterschiedlichen Methodiken und Definitionen liefern die Forschungen vielfältige Ergebnisse. Alle zeigen jedoch, dass die **Bereitschaft zum freiwilligen Engagement** ungebrochen hoch ist, insbesondere bei jungen Menschen, die in großer Zahl auch in der Jugendhilfe engagiert sind. Die Shell-Studie 2019 hat gezeigt, dass junge Menschen zwischen 12 und 25 Jahren zu 37 % oft oder gelegentlich in Vereinen aktiv sind. Weitere relevante Engagement-Felder in Bezug auf Jugendarbeit sind Projektgruppen, Kirchengemeinden oder Jugendorganisationen. Im Vergleich der letzten 17 Jahre stellen die Autorinnen und Autoren der Studie

---

14 Vgl. *Seckinger* u.a.2009, 35, 36.
15 Vgl. FK-SGB VIII/*Schindler/Smessaert*, § 72a Rn. 12.
16 Vgl. dazu § 11 Rn. 29 ff.

eine rückläufige Tendenz fest, betonen aber, dass es keine Hinweise darauf gibt, dass sich Jugendliche substanziell aus der gesellschaftlichen Verantwortung zurückziehen würden.[17]

10 In der Fachdebatte wird zunehmend befürchtet bzw. beklagt, dass das Engagement junger Menschen sich vor allem auf Projekte bezieht und eine langfristige Verbindlichkeit aus unterschiedlichen Gründen, insbesondere wegen des Ausbaus der Ganztagsschulen sowie der Verkürzung von Schul- und Studienzeiten, nicht mehr gegeben sei.[18] Diesbezügliche Forschungsarbeiten zeichnen ein differenziertes Bild. Die Studie der evangelischen Jugendarbeit beispielsweise zeigt auf, dass auch die kontinuierliche Arbeit wie die Leitung regelmäßiger Gruppentreffen nach wie vor einen großen Stellenwert hat.[19].Die in Beispiel II (Rn. 6) zitierte Studie der Technischen Universität Dortmund und des Deutschen Jugendinstituts bestätigt, dass die Verdichtung der Jugendphase Auswirkungen auf den Umfang und die Kontinuität der Arbeit von Ehrenamtlichen hat. Sie benennt zudem weiteren Forschungsbedarf, so zum Beispiel zur Frage, welche Rolle auch Nebenjobs in diesen Veränderungen einnehmen oder zur differenzierteren Betrachtung einzelner Gruppen, bspw. der Studierenden.[20] Mit Perspektive auf die praktische Umsetzung von§ 73 SGB VIII ist zu fragen, welche Beratung, Begleitung und Unterstützung Ehrenamtliche angesichts der skizzierten Veränderungen im Engagement in der Kinder- und Jugendhilfe brauchen und wie die Unterstützungsangebote ausgestaltet sein müssen, damit sie bspw. trotz der Verdichtungen in der Lebensphase Jugend von den Ehrenamtlichen wahrgenommen werden können. Der dritte Engagement-Bericht des BMFSFJ, der sich mit der Zukunft der Zivilgesellschaft befasst und für den u.a. eine Befragung von jungen Menschen zwischen 14 und 27 Jahren vorgenommen wurde, legt den Schwerpunkt auf die Digitalisierung. Es wird festgestellt, dass digitales Engagement bisherige Formen des Engagements ergänzt und nicht etwa ersetzt. Das Engagement wird von über 40 % der Befragten ganz oder teilweise mittels digitaler Medien ausgeübt; ca. 25 % finden den Einstieg in das zivilgesellschaftliche Engagement über das Internet. Themen wie Hatespeech und Datenschutz werden zum Gegenstand von ehrenamtlichen Aktivitäten. Die Autor_innen des Berichts schlagen aufgrund dieser Befunde u.a. vor, niedrigschwellige digitale Beteiligungsmöglichkeiten zu fördern und pädagogische Fachkräfte in der Jugendarbeit entsprechend fortzubilden.[21]

17 Vgl. Shell Deutschland Holding 2019, 97–101.
18 S. dazu ausführlich *Lange/Wehmeyer* 2014.
19 Vgl. *Fauser* u.a, 2006, 13–29.
20 Vgl. *Lange/Wehmeyer* 2014, 192.
21 Vgl. BMFSFJ 2020, 47, 73, 145.

§ 74
Förderung der freien Jugendhilfe

(1) [1]Die Träger der öffentlichen Jugendhilfe sollen die freiwillige Tätigkeit auf dem Gebiet der Jugendhilfe anregen; sie sollen sie fördern, wenn der jeweilige Träger

1. **die fachlichen Voraussetzungen für die geplante Maßnahme erfüllt und die Beachtung der Grundsätze und Maßstäbe der Qualitätsentwicklung und Qualitätssicherung nach § 79a gewährleistet,**
2. **die Gewähr für eine zweckentsprechende und wirtschaftliche Verwendung der Mittel bietet,**
3. **gemeinnützige Ziele verfolgt,**
4. **eine angemessene Eigenleistung erbringt und**
5. **die Gewähr für eine den Zielen des Grundgesetzes förderliche Arbeit bietet.**

[2]Eine auf Dauer angelegte Förderung setzt in der Regel die Anerkennung als Träger der freien Jugendhilfe nach § 75 voraus.

(2) [1]Soweit von der freien Jugendhilfe Einrichtungen, Dienste und Veranstaltungen geschaffen werden, um die Gewährung von Leistungen nach diesem Buch zu ermöglichen, kann die Förderung von der Bereitschaft abhängig gemacht werden, diese Einrichtungen, Dienste und Veranstaltungen nach Maßgabe der Jugendhilfeplanung und unter Beachtung der in § 9 genannten Grundsätze anzubieten. [2]§ 4 Abs. 1 bleibt unberührt.

(3) [1]Über die Art und Höhe der Förderung entscheidet der Träger der öffentlichen Jugendhilfe im Rahmen der verfügbaren Haushaltsmittel nach pflichtgemäßem Ermessen. [2]Entsprechendes gilt, wenn mehrere Antragsteller die Förderungsvoraussetzungen erfüllen und die von ihnen vorgesehenen Maßnahmen gleich geeignet sind, zur Befriedigung des Bedarfs jedoch nur eine Maßnahme notwendig ist. [3]Bei der Bemessung der Eigenleistung sind die unterschiedliche Finanzkraft und die sonstigen Verhältnisse zu berücksichtigen.

(4) Bei sonst gleich geeigneten Maßnahmen soll solchen der Vorzug gegeben werden, die stärker an den Interessen der Betroffenen orientiert sind und ihre Einflussnahme auf die Ausgestaltung der Maßnahme gewährleisten.

(5) [1]Bei der Förderung gleichartiger Maßnahmen mehrerer Träger sind unter Berücksichtigung ihrer Eigenleistungen gleiche Grundsätze und Maßstäbe anzulegen. [2]Werden gleichartige Maßnahmen von der freien und der öffentlichen Jugendhilfe durchgeführt, so sind bei der Förderung die Grundsätze und Maßstäbe anzuwenden, die für die Finanzierung der Maßnahmen der öffentlichen Jugendhilfe gelten.

(6) Die Förderung von anerkannten Trägern der Jugendhilfe soll auch Mittel für die Fortbildung der haupt-, neben- und ehrenamtlichen Mitarbeiter sowie im Bereich der Jugendarbeit Mittel für die Errichtung und Unterhaltung von Jugendfreizeit- und Jugendbildungsstätten einschließen.

Übersicht

A. Regelungsgegenstand

1 Die Vorschrift trifft Regelungen zur Verwirklichung der Pflicht der öffentlichen Jugendhilfe aus § 4 Abs. 3 SGB VIII, die freie Jugendhilfe zu **fördern**. Sie enthält die gesetzliche (Ermächtigungs-) Grundlage für die Förderung der Kinder- und Jugendhilfe freier Träger. Die grundsätzliche Förderpflicht nach § 74 SGB VIII beruht auf der Entscheidung des Gesetzgebers für die Pluralität der Jugendhilfe (§ 3 Abs. 1 SGB VIII) und trägt dem allgemeinen jugendhilferechtlichen Gebot der Förderung (§ 4 Abs. 3 SGB VIII) Rechnung.[1] Die Förderung soll nicht nur anerkannten Trägern der freien Jugendhilfe (nach § 75 SGB VIII) zuteil werden, sondern dient der Anregung jeglicher freiwilliger Tätigkeit auf dem Gebiet der Jugendhilfe. Erst bei einer auf Dauer angelegten Förderung ist nach Abs. 1 Satz 2 die Anerkennung des Trägers nach § 75 SGB VIII – aber auch nur „in der Regel" – die Voraussetzung einer Förderung. Die Anerkennung ist auch dort nicht Voraussetzung der Förderung, sondern verbessert nur die Förderfähigkeit.[2]

2 Im JWG war die Förderung ab 1961 generell an die Anerkennung des Trägers gebunden (§ 5 Abs. 4 i.V.m. § 9 Abs. 1 JWG). Der Gesetzgeber des KJHG wollte die Förderung auch anderen als den traditionellen Trägern öffnen und Modellprojekte unterstützbar machen.[3]

B. Abs. 1 – Rechtliche Maßgaben für die Förderung

I. Jugendhilferechtliche Maßgaben

3 Die **Förderung** nach § 74 SGB VIII muss das Pluralitätsgebot des § 3 Abs. 1 SGB VIII und dessen weitere Ausformung durch das Wunsch- und Wahlrecht der Leistungsberechtigten (§ 5 Abs. 1 SGB VIII) verwirklichen sowie die Gesamtverantwortung und Gewährleistungspflicht nach (§ 79 SGB VIII i.V.m. § 80 SGB VIII) erfüllen. Das gilt wie bei landesrechtlicher Finanzierung von Tageseinrichtungen für Kinder nach § 74a SGB VIII[4] auch bei Förderungen nach § 74 SGB VIII. Bei der Förderungsfinanzierung nach § 74 Abs. 5 SGB VIII besteht aber eine besondere bundesrechtliche Ausprägung des Gleichheitsgrundsatzes.

II. Haushaltsrechtliche Maßgaben

4 „**Förderung**" ist, soweit sie nicht nur ideeller, sondern finanzieller Art ist, (Sozial-) Subventionierung im Sinne des Haushaltsrechts. Das **Haushaltsrecht** des Bundes und der Länder re-

1 BVerwG, Urt. v. 25.9.2017, 5 C 13/16, DöV 2018, 339.
2 OVG Thüringen, Urt. v. 19.10.2004, 2 KO 385/03, Rn. 61, ZfSH/SGB 2006, 665.
3 BT.-Drs. 11/5948, 97 f.
4 BVerwG, Urt. v. 21.1.2010, 5 CN 1.09, unter 3.1.1., BVerwG-Rechtsprechung (Portal).

gelt Zuwendungen in den §§ 23 und 44 BHO bzw. LHO und formt es detailliert durch Verwaltungsvorschriften (VV-BHO bzw. VV-LHO) aus. Förderung ist die teilweise Finanzierung (Subvention) einer „geplanten Maßnahme". Haushaltsrechtliche Zuwendungsarten sind die Projektförderung oder institutionelle Förderung. Die zuwendungsrechtlichen Instrumente sind die Anteils-, Fehlbedarfs- oder Festbetragsfinanzierung. Die Förderung wird einseitig durch Verwaltungsakt gewährt oder zuwendungsvertraglich vereinbart. Die zuwendungsvertragliche Regelung zur Förderung in Analogie zu § 77 SGB VIII scheidet aber regelmäßig aus, weil im Subventionsregime kein Leistungsaustausch stattfindet. Eine Vergütungsvereinbarung analog § 77 SGB VIII als „Motivator" für Leistungen der freien Jugendhilfe im Einzelfall ist unüblich. Wird dieser Weg gewählt, besteht die Förderung i.S.v. § 74 SGB VIII dabei in der Schaffung geeigneter Bedingungen für Leistungen der freien Jugendhilfe. Die Vergütungsvereinbarung bleibt aber auch in dieser Situation zwar eine Vergütungsvereinbarung für bestimmte Leistungen wie etwa die Führung von Vormundschaften. Sie ist aber ein Mittel, Leistungen zu erschließen, und wird nicht zu einer vertraglichen Regelung der Förderung.[5]

C. Förderung in der Systematik des SGB VIII

5 Die **Förderungsfinanzierung**, d.h. die Gewährung von Zuschüssen, kommt nur dort zum Zuge, wo keine vereinbarten Kostenübernahmen nach § 77 SGB VIII oder landesrechtliche Finanzierungen von Tageseinrichtungen für Kinder im Sinne von § 74a SGB VIII vollzogen werden. Eine landesrechtliche Förderung/Finanzierung von Kindertageseinrichtungen schließt die Anwendung von § 74 SGB VIII aus, sodass ein ergänzender landesrechtlicher Finanzierungsanspruch freier Träger gegen den örtlichen Träger der öffentlichen Jugendhilfe ausscheidet.[6]

In der Einrichtungsfinanzierung durch Leistungsentgelte nach §§ 78a ff. SGB VIII hat die zusätzliche Förderung (Mischfinanzierung) dagegen Platz, weil sie auf die Entgelte anzurechnen ist (§ 78c Abs. 2 Satz 3 SGB VIII). Das Gesetz schließt dort auch für öffentliche Träger eine Förderung nach § 74 SGB VIII mit ein.[7]

D. Subventionsbeteiligte und Subventionsgegenstand

I. Fördernder und Förderbegünstigte

6 Die Förderungsentscheidung trifft für den örtlich zuständigen Jugendhilfeträger der **Jugendhilfeausschuss** (§ 71 Abs. 2 Nr. 3 SGB VIII), der die im Haushalt der Gebietskörperschaft dafür bereitgestellten Mittel vergibt. Er tut dies grundsätzlich territorial begrenzt auf Maßnahmen in seinem örtlichen Zuständigkeitsbereich. Aktiv förderberechtigt sind auch die überörtlichen Jugendhilfeträger (über die Landesjugendhilfeausschüsse) sowie die Länder und der Bund jeweils als solche (§§ 82, 83 SGB VIII).

7 **Förderungsbegünstigte** können alle Organisationen sein, die in der Kinder- und Jugendhilfe aktiv sind. Rechtlich verselbstständigte Träger der öffentlichen Jugendhilfe, etwa kommunale Eigengesellschaften des Privatrechts, sind nicht ausdrücklich als Subventionsemp-

5 A.A. VG Mainz, Urt. v. 10.8.2017, 1 K 1419/16.MZ , juris, ohne nähere Betrachtung im Nichtzulassungsbeschluss des OVG Rheinland-Pfalz, Beschl. v. 12.1.2018, 7 A 11652/17 , juris.
6 BVerwG, Beschl. v. 28.5.2014, 5 B 4.14 (PortalBVerwG-Rechtsprechung).
7 Hierzu die Kommentierung zu § 78c, Rn. 7 f.

fänger ausgeschlossen. Sie werden von der Rechtsprechung aber nicht einbezogen[8]. Das berücksichtigt, dass die öffentliche Hand sich nicht durch die Nutzung der Rechtsformen des Privatrechts zu einem aus der gesellschaftlichen Sphäre kommenden Träger machen („umetikettieren") kann, der freiwillig in der Jugendhilfe tätig ist. Ein unzutreffend als „freier Träger" nach § 75 SGB VIII qualifiziertes öffentliches Unternehmen im vollständigen Eigentum der öffentlichen Hand oder bei gemischt-wirtschaftlicher Aufstellung unter Beherrschung durch die öffentliche Hand ist in seinen Aktivitäten auch in der Jugendhilfe Adressat der Grundrechtsbindung[9]. Ein solcher „Teil" der öffentlichen Jugendhilfe ist nicht nach § 74 SGB VIII förderfähig, gefördert werden soll durch die öffentliche Hand die ihr „fremde" Aufgabenerledigung.

8 Bei den Förderungsberechtigten ist durch § 74 SGB VIII keine Eingrenzung in der Weise vorgegeben, dass es sich bei ihnen um juristische Personen handeln müsste. Es können z.B. auch Gesellschaften bürgerlichen Rechts sein, die mancherorts als „Arbeitsgemeinschaften" firmieren, ohne solche nach § 78 SGB VIII zu sein, etwa weil der öffentliche Träger daran nicht beteiligt ist. Den Gesellschaften bürgerlichen Rechts (§§ 705 ff. BGB) ist heute[10] immerhin bei Teilnahme am Rechtsverkehr als Außengesellschaft partielle Rechtsfähigkeit zu eigen, ohne allerdings juristische Person, d.h. im Rechtsverkehr voll handlungsfähiges Rechtssubjekt, zu sein.

II. Förderungsgegenstand

9 **Förderungsgegenstand** sind „geplante Maßnahmen". Deshalb ist die Finanzierung nach § 74 SGB VIII nicht subjekt-, sondern objektbezogen[11].

E. Abs. 2 – Voraussetzungen der Förderfähigkeit

10 Die zu fördernden bzw. geförderten Träger müssen die **Kriterien** des Abs. 1 Satz 1 Nr. 1 bis 5 erfüllen.

Nr. 1 verlangt die Erfüllung der **fachlichen Voraussetzungen** „für die geplante **Maßnahme**". Geplante Maßnahme ist auch eine Maßnahme, die ein weiteres Mal (neu) aufgelegt wird[12]. Mit der hier gebotenen Fachlichkeit ist insbesondere die Sicherstellung von Jugendhilfe-Qualitätsstandards (§ 79a SGB VIII) und deren Beachtung durch den Einsatz von Fachkräften (§ 72 SGB VIII) gemeint. Fachkräfte sind nicht nur professionell durch Ausbildungsabschluss formal nachgewiesen befähigte Personen, sondern auch solche, die sich nach ihrer Persönlichkeit, insbesondere durch entsprechende Lebenserfahrung, für die betreffende Maßnahme als geeignet erweisen. Bei dem hier gesetzten Förderkriterium wird deutlich, dass § 74 SGB VIII die Förderung „freiwilliger Tätigkeit" in „Maßnahmen" betrifft. Förderungsgegenstand ist hier das organisierte Hilfehandeln und nicht der Träger als Organisator des Tuns.

11 Durch Art. 2 Nr. 19 BKiSchG ist das in Nr. 1 enthaltene Förderkriterium um die Vorgabe erweitert worden, dass der Träger die Beachtung der **Grundsätze und Maßstäbe der Qualitätsentwicklung und Qualitätssicherung** nach § 79a SGB VIII gewährleisten muss. Soweit § 79 Satz 2 SGB VIII auf die Qualitätsmerkmale für die Sicherung der Rechte von Kindern und Jugendlichen „in Einrichtungen" Bezug nimmt, werden für die Förderbarkeit nach

8 OVG Thüringen, Urt. v. 19.10.2004, 2 KO 385/03, Rn. 63, DöV 2006, 40.
9 BVerfG, Urt. v. 22.2.2011, 1 BvR 699/06, BVerfGE 188, 226 ff.
10 Seit BGH, Urt. v. 29.1.2002, II ZR 331/00, NJW 2001, 1056.
11 *Meysen* (Hrsg.), Recht der Finanzierung von Leistungen der Kinder- und Jugendhilfe, 2014, 22.
12 VGH BW, Urt. v. 11.1.2007, 12 S 2472/06, openJur 2012, 65611.

§ 74 SGB VIII, mithin vor allem ambulante „Maßnahmen", Regeln für Einrichtungen in Geltung gesetzt. Dabei ist zuvörderst an das Qualitätsmerkmal fachlicher Beratung zum Kinderschutz nach § 8b Abs. 2 SGB VIII zu denken, die dadurch auch bei den ambulanten Maßnahmen gewährleistet sein muss.

Nr. 2 bestimmt, dass der jeweilige Träger die Gewähr für **eine zweckentsprechende und wirtschaftliche Verwendung** der (Subventions-)Mittel bieten muss. Diese Gewähr fehlt, wenn Unzuverlässigkeit offenbar geworden ist.[13] Ohne solche Anhaltspunkte ist die Gewähr bei einer kaufmännischen Buchführung grundsätzlich gegeben, die nach einer Wirtschaftsplanung handelt und ordnungsgemäß abrechnet. 12

Nr. 3 eröffnet nur solchen Trägern Förderungen, die **gemeinnützige Ziele** verfolgen. Damit erscheinen gewerbliche Dienstleister auf den ersten Blick ausgeschlossen. Ob ein Träger gemeinnützige Ziele verfolgt, stellt verbindlich das Finanzamt fest, und zwar durch Freistellungsbescheid nach § 60a AO. Weil das Gesetz hier aber keine finanzamtlich attestierte Gemeinnützigkeit des Trägers als Fördervoraussetzung bestimmt, ist umstritten, ob die vom Träger (z.B. durch seine Satzung) belegte Absicht der Verfolgung gemeinnütziger Ziele genügt oder diese auch finanzamtlich bescheinigt sein muss. An dem Erfordernis einer finanzamtlichen Bescheidung bestehen Zweifel, weil der Gesetzgeber den Gemeinnützigkeitsbegriff nicht im Sinne des Steuerrechts (§ 52 AO) verstanden wissen wollte[14], sodass die h.M. in der Literatur hier zu Recht keinen Freistellungsbescheid für notwendig erachtet[15]. 13

Nr. 4 macht die Förderbarkeit des Trägers davon abhängig, dass dieser eine angemessene **Eigenleistung** erbringt. Förderung ist Teil-Finanzierung, weil der Geförderte eigene Mittel in die zu fördernde Maßnahme einbringen muss. Es ist deshalb keine Voll-Finanzierung begründbar. Die Angemessenheit ist von den jeweiligen Einzelfallumständen abhängig, die der öffentliche Jugendhilfeträger vor allem am Maßstab der „Finanzkraft" des freien Trägers beurteilen muss. Er hat daneben auch „die sonstigen Verhältnisse" zu berücksichtigen. Geringe Finanzkraft des Trägers (z.B. einer Jugendinitiative) darf ihn von der vollen Begünstigung einer Subventionierung durch eine überhöhte Einforderung von Eigenmitteleinsatz aber genauso wenig ausschließen wie eine höhere Finanzkraft des Trägers (z.B. einer Evangelischen Landeskirche, die als Körperschaft des öffentlichen Rechts mit eigener Steuerhoheit ausgestattet ist). Unterschiedlich hoher Eigenmitteleinsatz eines Begünstigten in Abhängigkeit vom jeweiligen Leistungsvermögen wird als zulässig und in der Rspr. z.T. sogar als geboten angesehen.[16] Es kann nicht nur die finanzielle, sondern auch die personelle (z.B. auch ehrenamtliche) und sächliche Eigenleistung (z.B. Räume und Materialien) beigesteuert werden. 14

Nr. 5 verlangt die Gewähr des Trägers, eine den **Zielen des Grundgesetzes** förderliche Arbeit zu leisten. Religiös motiviert arbeitende Stellen, die fundamentalistisch positioniert die Ablösung der Demokratie durch eine gottesstaatliche Ordnung propagieren, sind ein Extrembeispiel für die grundgesetzwidrige Zielverfolgung, mit denen sich deren Träger anderen staatlichen Maßnahmen (z.B. Vereinsverboten) aussetzen, sich aber insbesondere aus dem Kreis der förderfähigen freien Träger absentieren. Eine kritische Haltung des Trägers zu einzelnen Aspekten der demokratischen Grundordnung, beispielsweise zur mittelbaren Demokratie bei einer über das Grundgesetz hinausgehenden Befürwortung weitergehender plebiszitärer Elemente kann aber nicht als den Zielen des Grundgesetzes zuwiderlaufend eingestuft werden. Freie Jugendhilfe ist in ihrer Vielgestaltigkeit zu fördern, entscheidend ist in Hinsicht auf die Förderung der Ziele des Grundgesetzes, dass sie die freiheitlich-demokrati- 15

13 OVG NW, Urt. v. 16.9.1992, 24 B 1859/92, FEVS 43, 164.
14 BT-Drs. 11/6478 und 11/6830.
15 Vgl. Hauck/Noftz/*Grube*, SGB VIII, § 74, Rn. 24.
16 VG Düsseldorf, Urt. v. 29.8.2018, 24 K 9389/17, Rspr.-Datenbank NRWE; Nds. OVG, Beschl. v. 9.7.2010, 4 ME 306/09, Rn. 7, DöV 2010, 868.

sche Grundordnung[17], insbesondere die in den Grundrechten niedergelegten Werte und die Regelung des änderungsfesten Verfassungsbestands (Art. 79 Abs. 3 GG) achtet.

16 **Dauerhafte Förderung** ist nach **Abs. 1 Nr. 6** in der Regel von einer Anerkennung als freier Träger der Jugendhilfe (nach § 75 SGB VIII) abhängig. Dauerhaft ist bereits, was sich über einen längeren Zeitraum erstreckt. Das Merkmal ist ein zeitliches, sodass unter eine Fördermittelaufbringung des Zuwendungsgebers über einen längeren Zeitraum jedenfalls auch eine zeitlich veranschlagte (befristete) Projektförderung und nicht nur eine institutionelle Förderung zu fassen ist. „Dauerhaften" Modellprojekten von Trägern ohne Anerkennung als freier Träger nach § 75 SGB VIII kann gleichwohl Förderung gewährt werden, weil das Gesetz die Anerkennung als freier Träger nur „in der Regel" voraussetzt.

F. Förderung und Jugendhilfeplanung

17 **Absatz 2** erweitert die an den Träger gestellten Erwartungen dadurch, dass seine Förderung davon abhängig gemacht werden kann, dass er bereit ist, seine Einrichtungen, Dienste und Veranstaltungen **in die Jugendhilfeplanung einzubringen**. Ist die Gewährung von Leistungen nach dem SGB VIII das Ziel der Schaffung von Einrichtungen, Diensten und Veranstaltungen, für die Förderung begehrt wird, kann schon die Förderung der Schaffung dieser Strukturen an weitere Voraussetzungen geknüpft werden. Seine Förderentscheidung kann der öffentliche Träger zudem davon abhängig machen, dass der freie Träger in seinen Angeboten insbesondere die elterliche Grundrichtung der Erziehung, die wachsende Verselbstständigung der jungen Menschen und die geschlechtergerechte Ausrichtung berücksichtigt.

18 Ob die **Versagung einer Förderung trotz Einbindung in die Jugendhilfeplanung** nach § 80 SGB VIII ermessensfehlerhaft ist, ist noch immer umstritten. Ohne eine Jugendhilfeplanung zum Umgang mit unzureichenden Haushaltsmitteln ist nach Ansicht des OVG Rheinland-Pfalz[18] die **Auswahlentscheidung** über den bzw. die zu fördernden freien Träger ermessensfehlerhaft. Das „Rasenmäher-Prinzip" belastet die freien Träger, es kann dem öffentlichen Träger nicht als Ersatz für unterbliebene Strategieentscheidungen in einer „jugendhilfepolitischen Konzeption"[19] bzw. einem „hinreichenden jugendhilferechtlichen Maßnahmekonzept"[20] zum Umgang mit fehlenden Haushaltsmitteln dienen. Eine Ermessensreduzierung auf Null mit dem Effekt der Beanspruchbarkeit der Förderung bzw. ihrer Fortsetzung kann sich daraus ergeben, dass die Maßnahme nach der Bedarfsplanung notwendig ist[21].

19 Für die höchstrichterliche Rechtsprechung folgt daraus, dass eine Maßnahme in den Jugendhilfeplan aufgenommen ist, jedenfalls **kein Anspruch auf Förderung** [22], wenn die (für eine Förderung nach § 74 Abs. 3 SGB VIII) verfügbaren Haushaltsmittel nicht für alle im Plan vorgesehenen Maßnahmen ausreichen. Die Ermessensentscheidung nach § 74 Abs. 3 SGB VIII ist insoweit vom Planungsprozess und -ergebnis nach § 80 SGB VIII „entkoppelt"[23]

17 BVerfGE 5, 85 (140).
18 OVG RP, Urt. v. 4.9.1997, 12 A 10610/97, FEVS 48, 208.
19 OVG RP, Urt. v. 4.9.1997, 12 A 10610/97, FEVS 48, 208.
20 BVerwGE 134, 206.
21 Nds OVG FEVS 48, 213.
22 BVerwG, Urt. v. 17.7.2009, 5 C 25.08 und 5 C 28.08 unter 4.4 b, BVerwGE 134, 206.
23 BVerwG, Urt. v. 17.7.2009, 5 C 25.08 und 5 C 28.08.

G. Abs. 3 – Förderungsanspruch und Fortbestand der Förderung

I. Förderungsanspruch dem Grunde nach

Absatz 3 bildet die für die ihr nachfolgende weitere Rechtssetzung zum Verhältnis von öffentlichen und freien Trägern grundlegende Rechtsprechung des Bundesverfassungsgerichts[24] in ihren Maßgaben insbesondere für die Jugendhilfe-Förderpolitik ab. Der Gesetzgeber hat diese Rechtsprechung ausdrücklich zur Gesetzesbegründung gemacht[25]. Die Förderung hängt von einer **Ermessensentscheidung** ab, für welche die verfügbaren Haushaltsmittel den Rahmen vorgeben. Die Erfüllung der Förderungspflicht ist deshalb nicht beanspruchbar. Das ist auch so, wenn es um die Fortsetzung einer bisher geförderten Maßnahme geht[26].Die höchstrichterliche Rechtsprechung[27] nimmt[28] einen Rechtsanspruch dem Grunde nach an. Sie belässt die Entscheidung über die Höhe, die „null" betragen kann, aber dem Ermessen des Jugendhilfeausschusses. Die differierenden Rechtsauffassungen zur Beanspruchbarkeit der Förderung einer in den Jugendhilfeplan aufgenommenen Maßnahme führen nicht zu unterschiedlichen Ergebnissen[29]. 20

Der „Rahmen der verfügbaren Haushaltsmittel" nach **Abs. 3 Satz 1** ist nach der Grundsatzentscheidung des Bundesverwaltungsgerichts 2009[30] für die Auswahl zwischen mehreren Antragstellern vorgegeben. Diese Rahmenvorgabe wirkt nicht bereits vorher, indem fehlende Haushaltsmittel die Begründung für ein Unterlassen der Förderung sein dürften, mithin den vom Bundesverwaltungsgericht angenommenen Förderungsanspruch dem Grunde nach bereits ausschlössen. 21

Die gesetzliche Ermessensermächtigung des Abs. 3 Satz 1 bezweckt grundsätzlich, dass derjenige Zweck, dem die Förderpflicht dient, auch bei der Entscheidung über die Art und Höhe der Förderung durchwirkt. Allerdings kann die Ermessensausübung auch andere in der Rechtsordnung zum Ausdruck kommende Zwecke, die dem (hier) primären (Jugendhilfe-)Zweck nicht widerstreiten, berücksichtigen. Ein solcher Zweck kann z.B. die sog. „Antriebsfunkton" der schwerbehindertenrechtlichen Ausgleichsabgabe (nach § 77 Abs. 1 S. 1 SGB IX) sein. Der Zuwendungsgeber handelt aber auch nicht ermessensfehlerhaft, wenn er die Ausgleichsabgabe nicht in die Förderung nach § 74 SGB VIII einbezieht[31].

Eine Subventionierung darf vom Bedarf abhängig gemacht werden, der sich aus der Jugendhilfeplanung ergibt (hierzu Rn. 17). Mit dem Bedarfskriterium darf jedoch die Selbstständigkeit der freien Jugendhilfe in ihrer Zielsetzung und Aufgabendurchführung sowie in der Gestaltung ihrer Organisationsstruktur (§ 4 Abs. 1 S. 2 SGB VIII) nicht unterlaufen werden. Denn die öffentliche Jugendhilfe soll die freie Jugendhilfe „nach Maßgabe dieses Buches" fördern.

II. Kein Vertrauensschutz auf Fortbestand der Förderung

Das Vertrauen auf den Fortbestand der Förderung ist grundsätzlich nicht geschützt.[32] Geförderte freie Träger können deshalb grundsätzlich nur für den bewilligten Förderzeitraum pla- 22

---

24 BVerfGE 22, 180 (207 f.).
25 BT-Drs. 11/5948, 98.
26 BVerwG NJW 2006, 3450.
27 BVerwGE 134, 206.
28 Wie GK-SGB VIII/*Wabnitz*, § 74 Rn. 40 ff.
29 FK-SGB VIII/*von Boetticher/Münder*, § 74 Rn. 19.
30 BVerwGE 134, 206.
31 BVerwG, U. v. 28.9.2017, 5 C 13.16.
32 OVG NW, Beschl. v. 26.9.2003, 12 B 1727/03, JAmt 2004, 43.

nen und müssen Arbeitsverhältnisse daran mit Befristungen ausrichten. Schutzwürdiges Vertrauen kann aber immerhin zu einer Ermessensausübung in der Weise verpflichten, die Förderung in einem angemessenen Übergangszeitraum auslaufen zu lassen. Hat der öffentliche Träger aber das Auslaufen rechtzeitig angekündigt, sodass der Förderbegünstigte sich darauf (zum Jahresablauf) einstellen konnte, ist selbst bei einer Bestandsgefährdung des Trägers durch den Subventionsverlust keine übergangsweise Fortsetzung der Förderung geboten[33].

III. Gerichtliche Kontrolle

23 Die Ermessensentscheidung des öffentlichen Trägers über die Förderungshöhe „null" ist im Verwaltungsrechtsweg (§ 40 VwGO) überprüfbar. In Eilfällen wird einstweiliger Rechtsschutz (§ 123 VwGO) genutzt. Ist durch Verwaltungsakt entschieden worden, geht dem regelmäßig mit der Verpflichtungsklage (ggf. der Bescheidungsklage) angestrengten gerichtlichen Haupt-Verfahren ein Widerspruchsverfahren (§§ 68 ff. VwGO) voran, es sei denn, dieses ist nach Landesrecht (z.B. in Niedersachsen) abgeschafft. Dann geht die streitige Sache direkt, d.h. ohne die Möglichkeit der Entscheidungsüberprüfung unter Recht- und Zweckmäßigkeitsgesichtspunkten durch die erlassende Behörde, zum Verwaltungsgericht. Richtiger Beklagter ist der öffentliche Träger der Jugendhilfe. Die verwaltungsgerichtliche Überprüfung der Ermessensentscheidung des Jugendhilfeausschusses (§ 71 Abs. 2 Nr. 3 SGB VIII), die vom Jugendamt als Geschäft der laufenden Verwaltung vollzogen wird, erfolgt auf Ermessensfehler (Ermessensnichtgebrauch, Ermessensfehlgebrauch und Ermessensmissbrauch).

H. Abs. 4 – Auswahl unter Bewerbern

I. Betroffenennähe

24 **Absatz 4** sieht für die Entscheidung über die Förderung bei sonst gleich geeigneten Maßnahmen vor, dass derjenigen Maßnahme der Vorzug zu geben ist, die stärker an den **Betroffeneninteressen** orientiert ist und den Betroffenen Einfluss auf die Gestaltung der Maßnahme gibt. Dass damit der organisierten Selbsthilfe nur außerhalb der traditionellen Träger der Vorzug gebührte, wäre ein in der Gesetzesbegründung ausdrücklich aufgegriffenes Fehlverständnis[34].

II. Wettbewerbsrechtliche Auswahl und Gleichbehandlungsgrundsatz

25 Ein vergaberechtliches Vorgehen nach den novellierten §§ 97 ff. GWB, das unter den Stichworten der „**Sozialraumorientierung**" und des „**Sozialraumbudgets**" mancherorts in unzulässiger Weise allgemein praktiziert wurde, ist nur außerhalb des sozialrechtlichen Dreiecksverhältnisses europarechtskonform.[35] Die Auswahl des förderbegünstigten Trägers muss dann auch den wettbewerbsrechtlichen Maßgaben genügen, um die durch Art. 12 Abs. 1 GG verbürgte Berufsausübungsfreiheit zu wahren.

26 Nach **Absatz 5** sind bei der Förderung gleichartiger Maßnahmen mehrerer Träger gleiche Grundsätze und Maßstäbe anzulegen. Weder im Verhältnis der freien Träger unter sich noch in Konkurrenz zu öffentlichen Trägern darf eine willkürliche Ungleichbehandlung gesche-

---

33 Nds. OVG, Beschl. v. 17.5.2005, 12 ME 93/05, Rn. 7, 8, FEVS 57, 10.
34 BT-Drs. 11/5948, 98.
35 Hierzu die Kommentierung zu § 78b SGB VIII, Rn. 2 f.

hen. Die „**Gleichartigkeit**" der Maßnahmen fehlt schon dann, wenn sie auf unterschiedliche Zuwendungsarten gestützt sind (Projektförderung oder institutionelle Förderung), aber auch, wenn sie unterschiedliche Rechtsgrundlagen haben, d.h., wenn es um unterschiedliche Leistungsarten (nach § 2 Abs. 2 SGB VIII) geht oder der jeweilige Normverpflichtungsgrad (Muss-, Soll- oder Kann-Bestimmung) unterschiedlich ist.

Das in **Absatz 5 S. 2** enthaltene Gebot der Gleichbehandlung von Aufwendungen freier und öffentlicher Träger verbietet nicht den Erlass von Richtlinien im Rahmen der gleichmäßigen Ermessensausübung mit Höchstgrenzen für Sachkosten. Aus diesem Gebot ist auch nicht herleitbar, dass die Förderung immer dann zu gewähren sei, wenn die jeweilige Maßnahme bei Durchführung durch einen Träger der öffentlichen Jugendhilfe Kosten in gleicher Höhe ausgelöst hätte.[36] Die Vorschrift will vielmehr die Maßnahmen des freien Trägers mit dem gleichen Ausstattungsniveau und gleicher Entlohnung wie beim öffentlichen Träger ermöglichen. Dass im Einzelfall freie und öffentliche Träger tatsächlich ein gleiches Angebot von Maßnahmen vorhalten, ist nicht notwendig. Ohne besondere Anhaltspunkte ist der Zuwendungsgeber nicht gehalten, die fiktiven Kosten eines öffentlichen Trägers der Jugendhilfe zu ermitteln.

Eine Förderung von Maßnahmen öffentlicher Träger, die diese als „freiwillige Tätigkeiten" entfalten, ist über § 74 SGB VIII nicht möglich, weil es hier um die Förderung der freien Jugendhilfe geht (s.o. Rn. 7). Deren Maßnahmen sollen nach denselben Grundsätzen und Maßgaben gefördert werden, die für die Finanzierung der gleichartigen Maßnahmen der öffentlichen Jugendhilfe gelten. Letztere werden vom Jugendhilfeträger auf der Grundlage gesetzlicher Verpflichtungen finanziert, für sie ist nach § 74 SGB VIII keine Förderung vorgesehen[37],wenngleich die Praxis der öffentlichen Jugendhilfe „**Quersubventionierungen**" nach wie vor kennt.

I. Änderungen der Fördermittelhöhe

Mittelkürzungen unterliegen denselben Vorgaben der Gleichbehandlung des **Abs. 5** 27
Satz 1, der ein Willkürverbot enthält. Vor Mittelkürzungen im Bereich der freien Träger muss der öffentliche Träger nicht im eigenen Bereich kürzen[38]. **Mittelerhöhungen** können zur Gleichbehandlung mit öffentlichen Trägern nach Abs. 5 Satz 2 verlangt werden, wenn sich die Entlohnung des Personals des öffentlichen Trägers durch Tariflohnsteigerungen gegenüber der Entlohnung des Personals des freien Trägers verbessert. Das gilt selbst dann, wenn der öffentliche Träger keine gleichartige Maßnahme vorhält, weil Abs. 5 Satz 1 nach der Rechtsprechung des Bundesverwaltungsgerichts[39] „standard-sichernde Funktion" hat. Das haushaltsrechtliche **Besserstellungsverbot** greift bei nach oben abweichenden Tarifen der freien Träger jedenfalls nicht, wenn diese durch Tarifverträge oder allgemeine Arbeitsbedingungen gesetzt sind, sonst hätte der öffentlichen Träger eine haushaltsrechtlich hergeleitete „Korrektur"-Befugnis über kollektivarbeitsrechtlich vorgegebene Standards in der Hand, wodurch die Koalitionsfreiheit des Art. 9 Abs. 3 GG ausgehebelt würde. Das Haushaltsrecht hat auch insoweit keine „anspruchsvernichtende Wirkung"[40].

36 Sächs. OVG, Beschl. v. 20.12.2016, 4 A 220/15, Rn. 7 (Portal Justiz Sachsen Entsch.-Slg. Sozialrecht).
37 OVG Thüringen, Urt. v. 19.10.2004, 2 KO 385/03, Rn. 63, DöV 2006, 40.
38 Nds.OVG Jugendhilfe 2000, 46 ff.
39 BVerwGE 134, 206.
40 BVerwGE 134, 206, zum zuwendungsrechtlichen Besserstellungsverbot: BayVGH RsDE 44, 87 ff.

J. Förderziel der Bewahrung fachlicher Kompetenz

28 Bei anerkannten Trägern der Jugendhilfe soll die Förderung auch der **Aufrechterhaltung der Fachlichkeit des Personals** dienen. **Absatz 6** bestimmt als Soll-Vorschrift die Pflicht, bei der Förderung Mittel für die Fortbildung aller Mitarbeitendengruppen (haupt-, neben- und ehrenamtliches Personal) einzubeziehen. Besondere förderpolitische Beachtung gibt diese Regelung zudem den Jugendfreizeit- und Jugendbildungsstätten. Deren ausdrückliche Erwähnung bei den förderungswürdigen bzw. bei der Errichtung und Unterhaltung förderbedürftigen Angeboten macht deutlich, dass der Gesetzgeber für dieses wohl schnell aus dem Blickfeld geratende Betätigungsfeld der Jugendarbeit eine Vernachlässigung bei der Förderung befürchtet hat.

§ 74a
Finanzierung von Tageseinrichtungen für Kinder

[1]Die Finanzierung von Tageseinrichtungen regelt das Landesrecht. [2]Dabei können alle Träger von Einrichtungen, die die rechtlichen und fachlichen Voraussetzungen für den Betrieb der Einrichtung erfüllen, gefördert werden. [3]Die Erhebung von Teilnahmebeiträgen nach § 90 bleibt unberührt.

Übersicht Rn.

A. Systematische Einordnung, Entstehungsgeschichte

Die Vorschrift wurde mit den heutigen Sätzen 1 und 3 durch das Tagesbetreuungsausbaugesetz (TAG) vom 27.12.2004[1] mit Wirkung vom 1.1.2005 gesetzt. Die Regeln der Förderung freier Träger nach § 77 SGB VIII und das Einrichtungsfinanzierungsrecht der §§ 78a ff. SGB VIII sind für die Finanzierung bzw. Förderung (als öffentliche Teilfinanzierung) der Kindertagesstätten nicht in Geltung gesetzt worden, weil die gewachsenen Strukturen in den Ländern respektiert[2] und die Finanzierungsbeteiligung der v.a. kirchlichen Träger von Kindertagesstätten erhalten bleiben sollten. Satz 2 ist mit dem Kinderförderungsgesetz vom 10.12.2008[3] eingefügt worden und ist seit dem 16.12.2008 in Kraft. **1**

Nach § 26 SGB VIII gilt für die Förderung von Kindern in Kindertageseinrichtungen und in Kindertagespflege (§§ 22 ff. SGB VIII) der **Landesrechtsvorbehalt**. Mit § 74a SGB VIII hat der Bund seine konkurrierende Gesetzgebungszuständigkeit nach Art. 74 Abs. 1 Nr. 7 GG („öffentliche Fürsorge") gemäß Art. 72 Abs. 1 GG wahrgenommen. Die *öffentliche* Finanzierung von Tageseinrichtungen für Kinder regelt danach allein das Landesrecht. Für die Erhebung von *privaten* „Teilnahmebeiträgen" gilt das Bundesrecht der „Kostenbeiträge" nach § 90 SGB VIII. Beispielsweise sei hierzu ergänzend auf das Nds.KiTaG[4] hingewiesen, das die KiTa-Förderung im Personalbereich als (20-Prozent-, bei Krippen 56-Prozent-) Finanzhilfe und im Investitionskostenbereich als haushaltsabhängige Zuwendung (§§ 16 ff. Nds.KiTaG) regelt. **2**

B. Regelungsinhalt

Sind landesrechtlich keine Finanzierungsbesonderheiten geregelt, greift die Förderungsregelung des § 74 SGB VIII. Das Bundesverwaltungsgericht[5] hat festgestellt, dass dann, wenn das Land eine Finanzierungsregelung getroffen hat, Kindertagesstättenträger keine Förderungsansprüche aus § 74 SGB VIII herleiten können. Die landesrechtliche Regelung verdrängt die Anwendung der förderungsrechtlichen Bestimmung des § 74 SGB VIII gänzlich. Das ist auch dann der Fall, wenn die landesrechtliche Regelung **Lücken** enthält oder in Einzelaspekten mit höherrangigem Recht unvereinbar sein könnte.[6] § 74a SGB VIII ist nach Auffassung des Bundesverwaltungsgerichts kein Prüfungsmaßstab für das Landesrecht. Das Landesrecht muss auch nicht dem Gebot der Förderungsgleichheit nach § 74 Abs.5 SGB VIII entsprechen. **3**

1 BGBl. I S. 3852 (3854).
2 BT-Drs. 15/3676, 39.
3 BGBl. I S. 2403 (2406).
4 Nds. GVBl. 2002, S. 57 i. d. F. vom 22.6.2018 (voris)
5 BVerwG, Urt. v. 21.1.2010, 5 CN 1.09, openJur 2011, 90335.
6 VG Düsseldorf, Urt. v. 29.8.2018, 24 K 9389/17, Rn. 49 (Portal NRW-Justiz).

Es muss sich aber am **allgemeinen Gleichheitssatz** des Art. 3 Abs. 1 GG messen lassen. Dabei sind das Pluralitätsgebot des § 3 Abs. 1 SGB VIII und dessen weitere Ausformung durch das Wunsch- und Wahlrecht der Leistungsberechtigten (§ 5 Abs. 1 SGB VIII) sowie die Gewährleistungspflicht nach § 79 Abs. 2 SGB VIII i.V.m. § 80 SGB VIII auch für die landesrechtliche Förderungsentscheidung maßgeblich.

4 **Satz 2** hält die Förderung solcher nicht gemeinnütziger Kindertagesstättenträger nach Landesrecht offen, welche die rechtlichen und fachlichen Voraussetzungen für den Einrichtungsbetrieb erfüllen. Damit ist bundesrechtlich klargestellt, dass (nur) geeignete privat-gewerbliche Träger nach Landesrecht förderbar sind.

5 **Satz 3** verweist zu den hier noch Teilnehmerbeiträge genannten Kostenbeiträgen nach § 90 SGB VIII auf die Geltung des Bundesrechts.

§ 75
Anerkennung als Träger der freien Jugendhilfe

(1) Als Träger der freien Jugendhilfe können juristische Personen und Personenvereinigungen anerkannt werden, wenn sie

1. auf dem Gebiet der Jugendhilfe im Sinne des § 1 tätig sind,

2. gemeinnützige Ziele verfolgen,

3. auf Grund der fachlichen und personellen Voraussetzungen erwarten lassen, dass sie einen nichtunwesentlichen Beitrag zur Erfüllung der Aufgaben der Jugendhilfe zu leisten imstande sind, und

4. die Gewähr für eine den Zielen des Grundgesetzes förderliche Arbeit bieten.

(2) Einen Anspruch auf Anerkennung als Träger der freien Jugendhilfe hat unter den Voraussetzungen des Absatzes 1, wer auf dem Gebiet der Jugendhilfe mindestens drei Jahre tätig gewesen ist.

(3) Die Kirchen und Religionsgemeinschaften des öffentlichen Rechts sowie die auf Bundesebene zusammengeschlossenen Verbände der freien Wohlfahrtspflege sind anerkannte Träger der freien Jugendhilfe.

Übersicht Rn.

A. Allgemeines

Die Vorschrift regelt die Anerkennung von juristischen Personen und Personenvereinigungen „als Träger der freien Jugendhilfe". Entgegen einem ersten Anschein normiert sie allerdings nicht, unter welchen Voraussetzungen die genannten Subjekte überhaupt Träger der freien Jugendhilfe sein können oder dass – im Umkehrschluss – die Tätigkeit als Träger der freien Jugendhilfe ohne diese Anerkennung unzulässig ist. Als Träger der Freien Jugendhilfe tätig zu werden, steht vielmehr jeder natürlichen oder juristischen Person oder Personenvereinigung vorbehaltlich erforderlicher Erlaubnisse (vgl. §§ 43 ff. SGB VIII) frei. 1

Die **Bedeutung der Anerkennung** i.S.d. § 75 SGB VIII liegt vielmehr darin, dass mit dieser eine Reihe von **Rechtsfolgen** und insbesondere **Privilegierungen** verbunden sind. Als solche sind zu nennen: 2

- Absehensgebot an den öffentlichen Träger gegenüber geeigneten Einrichtungen, Diensten und Veranstaltungen anerkannter Träger der freien Jugendhilfe (§ 4 Abs. 2 SGB VIII);
- Anerkennung ist in der Regel Voraussetzung einer auf Dauer angelegten Förderung (§ 74 Abs. 1 Satz 2 SGB VIII);
- Nur anerkannte Träger können an der Wahrnehmung anderer Aufgaben beteiligt werden (§ 76 Abs. 1 SGB VIII);

- Anerkannte Träger sind grundsätzlich in Arbeitsgemeinschaften nach § 78 SGB VIII vertreten;
- Anerkannte Träger der freien Jugendhilfe sind vom öffentlichen Träger in allen Phasen der Jugendhilfeplanung frühzeitig zu beteiligen (§ 80 Abs. 4 SGB VIII);
- Anerkannte Träger haben das Recht, der Vertretungskörperschaft Mitglieder des Jugendhilfeausschusses (§ 71 Abs. 1 Nr. 2 SGB VIII) bzw. der obersten Landesjugendbehörde Mitglieder des Landesjugendhilfeausschusses (§ 71 Abs. 5 SGB VIII) vorzuschlagen;
- Anerkannten Trägern ist es erlaubt, im Rahmen ihres Aufgaben- und Zuständigkeitsbereichs Rechtsdienstleistungen zu erbringen (§ 8 Abs. 1 Nr. 5 Rechtsdienstleistungsgesetz).

Darüber hinaus können mit der Anerkennung als Träger der freien Jugendhilfe weitere **landesrechtlich begründete Privilegierungen** verbunden sein. So ist den bei anerkannten Trägern ehrenamtlich tätigen Personen, die in einem Dienst-, Arbeits-, Ausbildungsverhältnis oder arbeitnehmerähnlichen Verhältnis stehen und das 16. Lebensjahr vollendet haben, nach § 1 Abs. 1, 3 Nr. 1 des baden-württembergischen Gesetzes zur Stärkung des Ehrenamtes in der Jugendarbeit[1] **Freistellung für eine Tätigkeit** i.S.d. § 1 Abs. 1 und 2 dieses Gesetzes zu gewähren.

B. Einzelheiten

I. Abs. 1 – Anerkennungsvoraussetzungen

3 Abs. 1 normiert die Voraussetzungen der Anerkennung. Anerkannt werden können zunächst ausschließlich juristische Personen (z.B. eingetragene Vereine, Gesellschaften mit beschränkter Haftung [GmbH], eingetragene Genossenschaften) und Personenvereinigungen (z.B. Gesellschaften bürgerlichen Rechts, §§ 705 ff. BGB). Die Anerkennung natürlicher Einzelpersonen ist ausgeschlossen.

1. Abs. 1 Nr. 1 – Tätigkeit auf dem Gebiet der Jugendhilfe

4 Erste Anerkennungsvoraussetzung ist eine **Betätigung des Trägers auf dem Gebiet der Jugendhilfe**, wobei diese ausdrücklich im Sinne des § 1 SGB VIII verstanden wird. Dies bedeutet aber nicht, dass alle Aufgaben der Jugendhilfe von der Tätigkeit des Trägers abgedeckt sein müssen. Es genügt, wenn ein bestimmtes Segment oder bestimmte Aufgaben im Betätigungsspektrum des Trägers liegen (z.B. das Betreiben von Kindertagesstätten oder Kinderläden, Beratung und Betreuung junger Wohnungsloser, Angebote von Jugendfreizeiten oder Jugendbildungsmaßnahmen; Unterbringung und Betreuung unbegleiteter ausländischer Minderjähriger). Ob eine juristische Person oder Vereinigung auf dem Gebiet der Jugendhilfe tätig ist, lässt sich zum einen aus vorhandenen Gesellschaftsverträgen, Satzungen, Konzepten oder sonstigen Verschriftlichungen des Daseinszwecks, zum anderen – dies gilt insbesondere in den Fällen des Absatzes 2 – anhand der darzulegenden und zu belegenden tatsächlichen Praxis ersehen.

2. Abs. 1 Nr. 2 – Verfolgung gemeinnütziger Ziele

5 Nach Nr. 2 setzt die Anerkennung die **Verfolgung gemeinnütziger Ziele** voraus. Bereits nach dem Wortlaut der Norm wird damit nicht die steuerrechtliche Anerkennung der Ge-

1 Vom 20.11.2007, GBl. S. 530.

meinnützigkeit des Trägers i.S.d. §§ 51 ff. AO verlangt.[2] Liegt diese allerdings vor, ist auch vom Vorliegen der Voraussetzung nach Nr. 2 auszugehen.

Der Begriff der Verfolgung gemeinnütziger Ziele entspricht inhaltlich dem in § 74 Abs. 1 Satz 1 Nr. 3 SGB VIII.[3] Danach kann zwar nicht die Vorlage eines finanzamtlichen Feststellungsbescheids verlangt werden, inhaltlich ist jedoch keine Abweichung von den steuerrechtlichen Anforderungen gegeben. Damit liegt die Voraussetzung der Nr. 2 nicht vor, wenn der Träger nach seinen vertraglichen oder satzungsmäßigen Grundlagen gewerbsmäßig mit der Absicht agiert, privatnützige Gewinne zu erzielen.[4]

3. Abs. 1 Nr. 3 – Fachliche und personelle Voraussetzungen zur Sicherung eines nicht unwesentlichen Beitrags in der Jugendhilfe

Die Vorschrift fordert hinreichende fachliche und personelle Voraussetzungen zur Umsetzung der selbstgestellten Aufgaben und selbstgesetzten Ziele. Da freie Träger nicht verpflichtet sind, bestimmte Leistungen zu erbringen oder Aufgaben zu erfüllen oder gar das gesamte Spektrum der Jugendhilfe abzudecken, sind die fachlichen und personellen Voraussetzungen stets mit Blick auf diese Ziele zu beurteilen. Grundlage der Beurteilung ist das von dem Träger vorzulegende Konzept, das valide Aussagen zu den fachlichen und personellen Gegebenheiten und deren Finanzierung enthalten muss.[5] 6

Beurteilungsmaßstäbe hinsichtlich der Qualifikation und Eignung des Personals sind den §§ 72, 72a SGB VIII zu entnehmen. Hinsichtlich der fachlichen Voraussetzungen können die Anforderungen des § 74 Abs. 1 SGB VIII herangezogen werden, soweit die dort genannten Anforderungen nicht ohnehin bereits nach § 75 Abs. 1 SGB VIII zu erfüllen sind. Denn es wäre widersprüchlich, einen Träger mit der Folge anzuerkennen, dass für ihn die Möglichkeit dauerhafter Förderung eröffnet wird, der nicht einmal die Voraussetzung einer Förderung im Einzelfall erfüllt.

Die fachlichen und personellen Voraussetzungen müssen erwarten lassen, die selbst formulierten Aufgaben zu erfüllen. Diese müssen ihrerseits einen **„nicht unwesentlichen Beitrag** zur Erfüllung der Aufgaben der Jugendhilfe" leisten. Damit ist ein sowohl **quantitativer wie qualitativer Mindeststandard** benannt, wobei „nicht unwesentlich" einen geringeren Grad als „wesentlich" beschreibt. 7

Auch für einen nicht unwesentlichen Beitrag reicht es indes nicht aus, etwa Leistungsangebote nur vereinzelt, unregelmäßig und für eine sehr geringe Zahl von Teilnehmer_innen zu machen.

Dabei kann ein quantitativ geringerer Beitrag durch dessen qualitative Bedeutung für die Erfüllung der Aufgaben der Jugendhilfe kompensiert werden. So können etwa, worauf die Literatur immer wieder hinweist, Angebote für Asylbewerberkinder in Gemeinschaftsunterkünften, die Unterbringung und Betreuung unbegleiteter ausländischer Minderjähriger, die Begleitung traumatisierter Jugendlicher[6] oder Angebote für Straßenkinder oder -jugendliche, obwohl nur für einen vergleichsweise kleinen Kreis von Adressat_innen gedacht, qualitativ, etwa aufgrund der Qualifikation und Erfahrung der beschäftigten Personen, vor allem aber aufgrund ihrer gesamtgesellschaftlichen Funktion so bedeutsam sein, dass von einem nicht unwesentlichen Beitrag ausgegangen werden muss. Man wird diese Anforderung abstrakt nicht genauer beschreiben können.

---

2 Ebenso die Gesetzesbegründung, BT-Drs. 11/6748, 82.
3 So mit ausführlicher und überzeugender Begründung OVG Hamburg, Urt. v. 22.4.2008, 4 Bf 104/06, juris, Rn. 33 ff., das auch die Verfassungs- oder Europarechtswidrigkeit verneint.
4 OVG Hamburg, Urt. v. 22.4.2008, 4 Bf 104/06, juris, Rn. 33 ff.; vgl. auch LPK-SGB VIII/*Schindler/Elmauer*, § 75 Rn. 8.
5 Vgl. zum Ganzen auch Wiesner/Wapler/*Wiesner*, § 75 SGB VIII Rn. 11.
6 Vgl. LPK-SGB VIII/*Schindler/Elmauer*, § 75 Rn. 13.

4. Abs. 1 Nr. 4 – Gewähr für eine den Zielen des Grundgesetzes förderliche Arbeit

8 Recht euphemistisch wurde Abs. 1 Nr. 4 in der Vorauflage von *Fieseler* als „eine nicht unproblematische Bestimmung" bezeichnet.[7] Eine Vorschrift voller „Spannungsverhältnisse", „Konflikte", Abwägungs- und Rechtfertigungsnotwendigkeiten.

Zentraler Topos sind die „**Ziele des Grundgesetzes**". Diese werden teilweise in der „Verwirklichung einer freiheitlich demokratischen Grundordnung im Sinne der Rechtsprechung des BVerfG" gesehen.[8]

Unterzieht man sich der Aufgabe, die Ziele einer tendenziell offenen Verfassung zu bestimmen – gemeint sein dürften eher die Grundsätze oder Prinzipien des Grundgesetzes –, gehören dazu zunächst sicherlich jene, die von den Verfasser_innen des Grundgesetzes als besonders relevant und deshalb jeglicher Änderung entzogen normiert wurden, nämlich die in Art. 79 Abs. 3 GG genannten, von denen den in den Artikeln 1 und 20 niedergelegten Grundsätzen für die Arbeit auf dem Gebiet der Jugendhilfe die größte Bedeutung zukommt. Diese Grundsätze sind:

- Achtung und Schutz der Menschenwürde,
- Verwirklichung der Menschenrechte,
- Bindung an die Grundrechte,
- Demokratie und republikanische Staatsform,
- Sozialstaatlichkeit.

9 Damit ist klargestellt, dass Träger, die nach ihrer **rassistischen oder völkischen Ideologie** die Gleichwertigkeit aller Menschen in Frage stellen, nicht als Träger der freien Jugendhilfe anerkannt werden dürfen. Dasselbe gilt für Träger, die die **Demokratie in Frage stellen** oder gar aktiv bekämpfen oder etwa eine religiös begründete oder gesteuerte Staatsform propagieren.

Positiv muss ein Träger die Gewähr für eine den Zielen des Grundgesetzes förderliche Arbeit bieten. Das bedeutet, dass er die genannten Grundsätze nicht nur zur Kenntnis nimmt, sondern in der Arbeit mit den Adressat_innen auf deren Verwirklichung hinarbeitet.

Jegliche Vorgaben hinsichtlich der inhaltlichen Arbeit können in **Konflikt mit der** kollektiven oder individuellen durch Art. 5 Abs. 1 GG garantierten **Meinungsfreiheit** geraten. Allerdings wird man § 75 Abs. 1 Nr. 4 SGB VIII abstrakt als allgemeines Gesetz i.S.d. Art. 5 Abs. 2 GG ansehen können, das jedoch in seiner konkreten Anwendung dann zu einem besonderen werden kann, wenn die Anerkennung unter Verweis auf Meinungen, die mit Abs. 1 Nr. 4 unvereinbar seien, versagt wird.[9] Zwar kann man den Eingriffscharakter einer an bestimmte Meinungen anknüpfenden Versagung der Anerkennung nicht verneinen. Ein Eingriff kann jedoch zum Schutz verfassungsrechtlich valider Rechtsgüter wie einer grundgesetzgemäßen öffentlich geförderten Jugendhilfe gerechtfertigt sein, wobei dem Gewicht

7 § 76 Rn. 6.

8 LPK-SGB VIII/*Kunkel/Kepert*, § 74 Rn. 14, die sodann die Grundsätze des BVerfG aus dem Urteil im SRP-Verbotsverfahren vom 23.10.1952, 1 BvB 1/51, BVerfGE 2, 1 (12 f.) zitieren „als eine Ordnung (…), die unter Ausschluß jeglicher Gewalt- und Willkürherrschaft eine rechtsstaatliche Herrschaftsordnung auf der Grundlage der Selbstbestimmung des Volkes nach dem Willen der jeweiligen Mehrheit und der Freiheit und Gleichheit darstellt. Zu den grundlegenden Prinzipien dieser Ordnung sind mindestens zu rechnen: die Achtung vor den im Grundgesetz konkretisierten Menschenrechten, vor allem vor dem Recht der Persönlichkeit auf Leben und freie Entfaltung, die Volkssouveränität, die Gewaltenteilung, die Verantwortlichkeit der Regierung, die Gesetzmäßigkeit der Verwaltung, die Unabhängigkeit der Gerichte, das Mehrparteienprinzip und die Chancengleichheit für alle politischen Parteien mit dem Recht auf verfassungsmäßige Bildung und Ausübung einer Opposition."

9 In Kalamitäten müssten insbesondere Autoren kommen, die einerseits eine gar „grundgesetzlich garantierte" Autonomie freier Träger (so LPK-SGB VIII/*Schindler/Elmauer*, § 75 Rn. 15) vertreten, sich aber genötigt sehen, in diese recht umstandslos einzugreifen.

der Meinungsfreiheit als einem für die Demokratie schlechthin konstitutiven Grundrecht angemessen Rechnung zu tragen ist.[10] Dem steht allerdings das durch die Schranke des Jugendschutzes in Art. 5 Abs. 2 GG hervorgehobene verfassungsrechtliche Interesse an einem effektiven Jugendschutz gegenüber.[11]

Eine klare Linie hat das BVerfG hinsichtlich der Billigung, Verherrlichung oder Rechtfertigung nationalsozialistischen Gewalt- und Willkürherrschaft (vgl. § 130 Abs. 4 StGB) gezogen. Angesichts der Singularität dieses sich „allgemeinen Kategorien entziehenden Unrechts und des Schreckens, die die nationalsozialistische Herrschaft über Europa und weite Teile der Welt gebracht" habe, sei „Art. 5 Abs. 1 und 2 GG für Bestimmungen, die der propagandistischen Gutheißung des nationalsozialistischen Regimes in den Jahren zwischen 1933 und 1945 Grenzen setzen, eine Ausnahme vom Verbot des Sonderrechts für meinungsbezogene Gesetze immanent". Von „dem Erfordernis der Allgemeinheit meinungsbeschränkender Gesetze gemäß Art. 5 Abs. 2 GG" sei deshalb „eine Ausnahme anzuerkennen für Vorschriften, die auf die Verhinderung einer propagandistischen Affirmation der nationalsozialistischen Gewalt- und Willkürherrschaft zwischen den Jahren 1933 und 1945 zielen".[12]

II. Abs. 2 – Anerkennungsanspruch

Absatz 2 knüpft an die Voraussetzungen des Absatzes 1 an. Werden diese erfüllt und ist der Träger darüber hinaus **mindestens drei Jahre** auf dem Gebiet der Jugendhilfe tätig gewesen, erstarkt die Entscheidung nach Ermessen in Abs. 1 zu einem **Rechtsanspruch auf Anerkennung** als Träger der freien Jugendhilfe. Die dreijährige Karenzzeit wurde im Gesetzgebungsverfahren insbesondere im Hinblick auf die Anerkennung für das Vorschlagsrecht zum Jugendhilfeausschuss sowie die Beteiligung an der Jugendhilfeplanung für sachgerecht gehalten.[13] Eine Förderung durch den öffentlichen Träger oder sonstige Kooperation in dieser Zeit wird nicht gefordert. 10

III. Abs. 3 – Gesetzliche Anerkennung

Die **Kirchen** und die **Religionsgemeinschaften des öffentlichen Rechts** sowie die auf Bundesebene zusammengeschlossenen **Verbände der freien Wohlfahrtspflege** sind kraft Gesetzes anerkannt, sodass eine Verwaltungsentscheidung nach Abs. 1 oder 2 nicht erforderlich ist. 11

Kirchen in diesem Sinne sind die katholische Kirche und ihre Diözesen sowie die evangelischen Landeskirchen und ggfs. deren Zusammenschlüsse.[14] Sie sind von Gesetzes wegen Körperschaften des öffentlichen Rechts (Art. 140 GG i.V.m. Art. 137 Abs. 5 WRV).

Andere Religionsgemeinschaften erlangen einen öffentlich-rechtlichen Status durch Verleihung (Art. 140 GG i.V.m. Art. 137 Abs. 5 Satz 2 WRV). Das Verfahren ist landesrechtlich geregelt.

---

10 Vgl. BVerfG, Beschl. v. 10.10.1995, 1 BvR 1476, 1980/91 und 102, 221/92, BVerfGE 93, 266 (294 f.);
11 Vgl. dazu BVerfG, Beschl. v. 23.3.1971, 1 BvL 25/61 und 3/62, BVerfGE 30, 336 (348).
12 BVerfG, Beschl. v. 4.11.2009, 1 BvR 2150/08, BVerfGE 124, 300 (327 f.). In dem Beschluss heißt es weiter: „Das Grundgesetz kann weithin geradezu als Gegenentwurf zu dem Totalitarismus des nationalsozialistischen Regimes gedeutet werden und ist von seinem Aufbau bis in viele Details hin darauf ausgerichtet, aus den geschichtlichen Erfahrungen zu lernen und eine Wiederholung solchen Unrechts ein für alle Mal auszuschließen." Damit wird ebenfalls ein „Ziel" i.S.d. § 75 Abs. 1 Nr. 4 SGB VIII formuliert.
13 Vgl. BT-Drs. 11/6748, 82.
14 Vgl. Wiesner/Wapler/*Wiesner*, § 75 SGB VIII Rn. 17.

12 Von Gesetzes wegen als Träger der freien Jugendhilfe anerkannt sind auch die auf Bundesebene zusammengeschlossenen **Verbände der freien Wohlfahrtspflege**. Im Hinblick auf die gesetzliche Rechtsfolge der Anerkennung dieser Verbände kraft Gesetzes wird angenommen, dass der Gesetzgeber nur einen bestimmten Kreis von Verbänden vor Augen hatte und die Regelung in Anbetracht der fachlichen Qualifikation und Tradition dieser Verbände treffen wollte. Eine andere, inhaltlich offene Interpretation würde alle sich künftig bildenden bundesweiten Zusammenschlüsse von Verbänden der freien Wohlfahrtspflege gegenüber Verbänden mit nur regionalem Wirkungsbereich, die einer Anerkennung bedürfen, ohne hinreichenden sachlichen Grund privilegieren und damit dem Regelungszweck des § 75 SGB VIII zuwiderlaufen.[15] Auf Bundesebene zusammengeschlossene Verbände der freien Wohlfahrtspflege i.S. dieser Vorschrift sind deshalb nur **Arbeiterwohlfahrt**, **Deutscher Caritas-Verband**, **Deutscher Paritätischer Wohlfahrtsverband**, **Deutsches Rotes Kreuz**, **Diakonisches Werk** sowie die **Zentralwohlfahrtsstelle der Juden in Deutschland**.[16]

Die Anerkennung kraft Gesetzes bezieht sich nur auf solche Verbände der freien Wohlfahrtspflege, die auf Bundesebene zusammengeschlossen sind, und erfasst nicht Träger der freien Wohlfahrtspflege, die auf örtlicher oder auf Landesebene tätig und in dieser Eigenschaft Mitglied eines Spitzenverbands auf Bundesebene sind. Deshalb sind Untergliederungen oder Mitgliedsverbände der auf Bundesebene zusammengeschlossenen Verbände der freien Wohlfahrtspflege nicht kraft Gesetzes anerkannt. Ob damit auch deren Untergliederungen auf Orts-, Kreis- und Landesebene bereits durch Bundesgesetz von der Anerkennung mit umfasst sind, ist strittig, aber angesichts des Gesetzeswortlauts abzulehnen. Die auf Bundesebene zusammengeschlossenen Jugendverbände sind wegen ihrer starken Fluktuation nicht einbezogen.[17] Eine gesetzliche Anerkennung durch Landesrecht ist jedoch nicht ausgeschlossen.

IV. Verwaltungsverfahren und Rechtsschutz

13 Die Regelung des **Anerkennungsverfahrens** und die Bestimmung der Stellen, die diese Anerkennung aussprechen und widerrufen, sind den Ländern vorbehalten.

Die Anerkennung erfolgt auf Antrag. Im Anerkennungsverfahren wird zunächst geprüft, ob die Voraussetzungen des § 75 **Abs. 1** SGB VIII vorliegen. Bei diesen handelt es sich um unbestimmte Rechtsbegriffe, die gerichtlich voll überprüfbar sind. Liegen die Voraussetzungen vor, steht die Anerkennung im Fall des Absatzes 1 nach dem Wortlaut der Vorschrift im Ermessen der zuständigen Stelle. Es besteht (lediglich) ein Anspruch auf ermessensfehlerfreie Entscheidung. Maßgebliche **Ermessenserwägungen** sind seitens des antragstellenden Trägers dessen Interesse an der Anerkennung, seitens des entscheidenden öffentlichen Trägers neben dem Grundsatz der Gleichbehandlung dessen Gesamtverantwortung für die Erfüllung der Aufgaben nach dem SGB VIII gem. § 79 Abs. 1 SGB VIII.

In den Fällen des **Abs. 2** besteht ein Rechtsanspruch auf Anerkennung.

Die **Darlegungs- und Beweislast** für das Vorliegen der Anerkennungsvoraussetzungen trifft nach beweisrechtlichen Grundsätzen den **antragstellenden Träger**, da es sich dabei um ihm günstige Tatsachen handelt.

Zuständig für die Entscheidung ist der **Jugendhilfeausschuss** gem. § 70 Abs. 1 bzw. Abs. 3 SGB VIII, da es sich bei ihr nicht um ein Geschäft der laufenden Verwaltung handelt.[18]

---

15 So Wiesner/Wapler/*Wiesner*, § 75 SGB VIII Rn. 18.
16 Vgl. die Gesetzesbegründung zum KJHG, BT-Drs. 11/5948, 99.
17 So die Gesetzesbegründung, BT-Drs. 11/5948, 99.
18 Ebenso LPK-SGB VIII/*Schindler/Elmauer*, § 75 Rn. 25.

Gegen Entscheidungen der Jugendhilfeausschüsse, die der Umsetzung durch Einzelfallregelungen in Form von Verwaltungsakten seitens der Verwaltung der Jugendämter bedürfen, kann, soweit statthaft, Widerspruch eingelegt und im Fall von dessen Nichtstatthaftigkeit oder Zurückweisung Klage vor dem Verwaltungsgericht erhoben werden, die auf die Verpflichtung der Behörde zur Anerkennung gerichtet ist.

Entfällt eine Anerkennungsvoraussetzung, ist die Anerkennung gem. § 48 SGB X aufzuheben. Soweit die Anerkennungsvoraussetzungen von Anfang an nicht vorgelegen haben, kann sie nach Maßgabe des § 45 SGB X zurückgenommen werden.

§ 76
Beteiligung anerkannter Träger der freien Jugendhilfe an der Wahrnehmung anderer Aufgaben

(1) Die Träger der öffentlichen Jugendhilfe können anerkannte Träger der freien Jugendhilfe an der Durchführung ihrer Aufgaben nach den §§ 42, 42a, 43, 50 bis 52a und 53a[1] beteiligen oder ihnen diese Aufgaben zur Ausführung übertragen.

(2) Die Träger der öffentlichen Jugendhilfe bleiben für die Erfüllung der Aufgaben verantwortlich.

Übersicht Rn.

A. Allgemeines

1 Nach § 3 Abs. 3 Satz 2 SGB VIII können Träger der freien Jugendhilfe „andere Aufgaben" der Jugendhilfe wahrnehmen oder mit deren Ausführung betraut werden, soweit dies ausdrücklich bestimmt ist. Eine solche **korrespondierende Bestimmung** enthält § 76 SGB VIII, der die Beteiligungsmöglichkeit von vornherein auf **anerkannte** freie Träger begrenzt.

Demgegenüber ist die Regelung des § 4 Abs. 2 SGB VIII bereits angesichts deren hoheitlichen Charakters auf die Erfüllung der Aufgaben i.S.d. § 2 Abs. 3 SGB VIII nicht anwendbar.

2 § 76 SGB VIII wurde zunächst durch das KICK dahin geändert, dass nach der Integration der Wegnahmebefugnis des Jugendamtes nach § 43 SGB VIII a.F. in den § 42 SGB VIII die Vorschrift aus dem Katalog der beteiligungsfähigen oder übertragbaren Aufgaben gestrichen wurde. Durch das KiFöG wurde § 43 SGB VIII mit seinem neuen Inhalt – Erlaubnis zur Kindertagespflege – wieder aufgenommen, sodass nunmehr anerkannte freie Träger auch an der Durchführung dieser Aufgabe beteiligt werden können oder diese Aufgabe ihnen zur Ausführung übertragen werden darf. Die jüngste Änderung erfolgte durch das UMG, mit dem die vorläufige Inobhutnahme nach § 42a SGB VIII als mitwirkungsfähige Aufgabe aufgenommen wurde. Das KJSG hat § 76 SGB VIII nicht geändert.

1 Bis 31.12.2022: „53 Absatz 2 bis 4."

B. Einzelheiten

I. Abs. 1 – Mitwirkung anerkannter freier Träger an der Erfüllung anderer Aufgaben

1. Mitwirkungsfähige Aufgaben

Die Träger der öffentlichen Jugendhilfe können **anerkannte Träger** der freien Jugendhilfe an der Durchführung bestimmter **Aufgaben**, nämlich 3

- der Inobhutnahme (§ 42 SGB VIII),
- der vorläufigen Inobhutnahme (§ 42a SGB VIII),
- der Erlaubnis zur Kindertagespflege (§ 43 SGB VIII),
- der Mitwirkung in gerichtlichen Verfahren (§§ 50 bis 52 SGB VIII),
- der Beratung und Unterstützung bei Vaterschaftsfeststellung und Geltendmachung von Unterhaltsansprüchen (§ 52a SGB VIII) sowie
- der Beratung und Unterstützung von Pflegern und Vormündern (§ 53 SGB VIII)

beteiligen oder ihnen diese Aufgaben zur Ausführung übertragen.

Die **Aufzählung** der beteiligungsfähigen oder übertragbaren Aufgaben ist **abschließend**. 4
An der Durchführung weiterer Aufgaben dürfen freie Träger weder beteiligt noch dürfen sie ihnen zur Ausführung übertragen werden. Eine Beteiligung oder Übertragung kann zudem nur gegenüber **anerkannten Trägern** i.S.d. § 75 SGB VIII erfolgen.

2. Rechtsnatur und Form von Beteiligung und Übertragung

Ob der öffentliche Träger einen freien Träger an der Durchführung von Aufgaben beteiligt 5
oder ihm diese zur Ausführung überträgt, steht in seinem **Ermessen**. Da dieser nicht zur Mitwirkung verpflichtet werden kann, setzt sie das **Einverständnis des freien Trägers** voraus.

§ 76 SGB VIII stellt **keine gesetzliche Ermächtigung** dar, sei es im **Einzelfall**, sei es für eine 6
Vielzahl von Fällen durch eine sog. **Allgemeinverfügung** hoheitliche Befugnisse des Jugendamtes auf freie Träger zu übertragen und diese damit zu sog. „**Beliehenen**" zu machen.[2] Freie Träger können also **keine Verwaltungsakte** erlassen.

Dass auf der Grundlage des § 76 SGB VIII keine Kompetenzübertragung stattfinden kann, wird im Übrigen bereits durch den Wortlaut des Abs. 1 nahegelegt: Der freie Träger wird nicht an den genannten Aufgaben, sondern an deren „**Ausführung**" beteiligt; ihm werden nicht die Aufgaben, sondern diese Aufgaben „zur Ausführung" übertragen.

Nach einem DIJuF-Rechtsgutachten vom 23.10.2010[3] zu einer Anfrage eines Jugendamtes, 7
das sämtliche **Aufgaben** des ASD **nach § 8a SGB VIII auf freie Träger** delegiert hatte, ist eine Übertragung der Aufgaben des ASD auf freie Träger nur im Hinblick auf die leistungserbringenden Aufgaben unproblematisch möglich. Andere Aufgaben können nur in dem von § 76 SGB VIII abgesteckten Rahmen und auch nur hinsichtlich der Teile übertragen werden, die nicht mit der Ausübung staatlicher Hoheitsbefugnisse verbunden sind. Demzufolge sind auch die Aufgaben nach § 8a Abs. 1 und 3 SGB VIII aufgrund der mit ihnen verbundenen

2 So bereits die Gesetzesbegründung zum KJHG, BT-Drs. 11/5948, S. 99 f.; vgl. auch Wiesner/Wapler/*Wiesner*, § 76 SGB VIII Rn. 11; OVG Koblenz, Urt. v. 3.3.2016, 7 A 10607/15, JAmt 2016, 216 ff.

3 JAmt 2010, 430 (431).

Eingriffs- und Kontrollbefugnisse vom Gesetzgeber ausschließlich der Verantwortung des Jugendamtes zugewiesen und **einer Delegation** auf freie Träger **entzogen**.[4]

8 Für Beteiligung und Übertragung kommt vor allem die **Form** eines **(öffentlich-rechtlichen) Vertrags** in Betracht, in dem Art, Umfang und Modalitäten geregelt werden. Durch ihn entsteht ein öffentlich-rechtliches Auftragsverhältnis eigener Art.[5] Anders als bei der Inanspruchnahme zur Leistungsgewährung im Einzelfall, wodurch kein Auftragsverhältnis zwischen dem Träger der öffentlichen und freien Jugendhilfe begründet wird, nehmen anerkannte Träger der freien Jugendhilfe, die nach Maßgabe von § 76 SGB VIII tätig werden, Aufgaben des Staates wahr und sind damit als Erfüllungsgehilfe des Staates tätig.[6] Die sachgerechte Durchführung der Aufgaben und die zweckentsprechende Verwendung der Mittel müssen gewährleistet sein. Die in § 4 Abs. 1 SGB VIII garantierte Eigenständigkeit der freien Träger besteht nur bei der Erbringung von Sozialleistungen, nicht bei der Erfüllung anderer Aufgaben.[7]

3. Die beteiligungsfähigen Aufgaben im Einzelnen

a) Inobhutnahme und vorläufige Inobhutnahme (§§ 42, 42a SGB VIII)

9 Aus dem Vorstehenden ergibt sich ohne Weiteres, dass **freien Trägern** in **keinem Fall** die **Entscheidung** über die **Inobhutnahme** oder die vorläufige Inobhutnahme übertragen werden kann. Diese ist in jedem Fall dem Jugendamt vorbehalten. Dasselbe gilt für die nunmehr gesetzlich geregelte **Altersfestsetzung** gem. § 42f SGB VIII.[8] Das gilt auch für von freien Trägern betriebene Anlauf-, Clearing- oder Aufnahmestellen. **Ausgeschlossen** ist auch die Übertragung der **Entscheidung über freiheitsentziehende Maßnahmen** (§ 42 Abs. 5 SGB VIII).

10 Die Beteiligung oder Ausführung von Aufgaben im Rahmen der (vorläufigen) Inobhutnahme beschränkt sich in diesem Sachbereich zum einen auf das **Betreiben** von **Einrichtungen zur Unterbringung**, die **Betreuung** sowie **Beratung** und **Unterstützung** der dort Untergebrachten. Zum anderen ist die Ausführung von Aufgaben im Bereich der Begleitung nach § 42a Abs. 5 Satz 1 Nr. 1 SGB VIII oder der Zusammenführung nach § 42a Abs. 5 Satz 2 SGB VIII denkbar.

b) Erlaubnis zur Kindertagespflege (§ 43 SGB VIII)

11 **Nicht übertragen werden** kann freien Trägern die Entscheidung über die **Erteilung der Erlaubnis** zur **Kindertagespflege**. Diese durch Verwaltungsakt zu treffende Entscheidung ist originär hoheitliches Handeln und deshalb dem Träger der öffentlichen Jugendhilfe vorbehalten. Beteiligung und Übertragung sind möglich bei der **Qualifizierung** von Tagespflegepersonen i.S.d. § 43 Abs. 1 Satz 3 SGB VIII oder der **Beratung in Fragen der Kindertagespflege**, um den Beratungsanspruch nach § 43 Abs. 4 SGB VIII zu erfüllen.

c) Mitwirkung in gerichtlichen Verfahren (§§ 50 bis 52 SGB VIII)

12 Dass es sich bereits in der auf den öffentlichen Träger zugeschnittenen Form der §§ 50 bis 52 SGB VIII um Mitwirkungs- und nicht um Entscheidungsrechte und -pflichten handelt, spricht für die Beteiligung bzw. Übertragbarkeit der damit verbundenen Aufgaben. Der Trä-

---

4 Dass verantwortliche Beteiligte eines Jugendamtes allen Ernstes eine solche Anfrage an das DIJuF richten, wirft ein erhellendes Licht auf den Stand des Kinderschutzes sowie Kenntnisse und Haltung seiner Akteur_innen.

5 So BT-Drs. 11/5948, 99.

6 Wiesner/Wapler/*Wiesner*, § 76 SGB VIII Rn. 6.

7 Vgl. *Mrozynski*, § 76 SGB VIII Rn. 5.

8 OVG Koblenz, Urt. v. 3.3.2016, 7 A 10607/15, JAmt 2016, 216 ff. = EJ 2/2016 mit Anm. *Möller*.

ger der öffentlichen Jugendhilfe hat bei seiner Entscheidung darüber gleichwohl die Bedeutung der Aufgaben für die Beteiligten zu beachten und seine verbleibende Verantwortlichkeit nach § 76 Abs. 2 SGB VIII wahrzunehmen.

d) Beratung und Unterstützung bei Vaterschaftsfeststellung und Geltendmachung von Unterhaltsansprüchen (§ 52a SGB VIII) sowie von Pflegern und Vormündern (§ 53a SGB VIII)

Gegen eine Beteiligung oder Übertragung bestehen in diesem Bereich grundsätzlich keine Bedenken. **13**

II. Abs. 2 – Verbleibende Verantwortlichkeit des öffentlichen Trägers

Für die **Erfüllung** der Aufgaben **bleiben** die Träger der öffentlichen Jugendhilfe **verantwortlich** (Abs. 2). Sie sind nach § 79 SGB VIII verpflichtet, dafür zu sorgen, dass ausreichend Einrichtungen, Dienste und Veranstaltungen zur Erfüllung der Aufgaben zur Verfügung stehen. Die Verantwortlichkeit nach Abs. 2 bezieht sich auch auf die Erfüllung der einzelnen Aufgabe,[9] sodass die Betroffenen, für die der freie Träger an der Durchführung der anderen Aufgaben beteiligt ist, sich jederzeit an den öffentlichen Träger wenden und grundsätzlich verlangen können, dass dieser die Aufgabe selbst durchführt. Für ihre Ansprüche sind deshalb die Verwaltungsgerichte zuständig. Das heißt, der freie Träger handelt als Beteiligter bei der Durchführung der Aufgabe nur im Auftrag, er tritt nicht an die Stelle des öffentlichen Trägers, er erhält nicht dessen Kompetenzen. **14**

III. Zuständigkeit

Die Beteiligung an der Durchführung und die Übertragung zur Ausführung sind vom **Jugendhilfeausschuss** zu beschließen. Sie sind **kein Geschäft der laufenden Verwaltung** im Sinne des § 70 Abs. 2 SGB VIII. **15**

9 LPK-SGB VIII/*Schindler/Elmauer*, § 76 Rn. 13.

§ 77
Vereinbarungen über Kostenübernahme und Qualitätsentwicklung bei ambulanten Leistungen

(1) [1]Werden Einrichtungen und Dienste der Träger der freien Jugendhilfe in Anspruch genommen, so sind Vereinbarungen über die Höhe der Kosten der Inanspruchnahme sowie über Inhalt, Umfang und Qualität der Leistung, über Grundsätze und Maßstäbe für die Bewertung der Qualität der Leistung und über geeignete Maßnahmen zu ihrer Gewährleistung zwischen der öffentlichen und der freien Jugendhilfe anzustreben. [2]Zu den Grundsätzen und Maßstäben für die Bewertung der Qualität der Leistung nach Satz 1 zählen auch Qualitätsmerkmale für die inklusive Ausrichtung der Aufgabenwahrnehmung und die Berücksichtigung der spezifischen Bedürfnisse von jungen Menschen mit Behinderungen. [3]Das Nähere regelt das Landesrecht. Die §§ 78a bis 78g bleiben unberührt.

(2) Wird eine Leistung nach § 37 Absatz 1 oder § 37a erbracht, so ist der Träger der öffentlichen Jugendhilfe zur Übernahme der Kosten der Inanspruchnahme nur verpflichtet, wenn mit den Leistungserbringern Vereinbarungen über Inhalt, Umfang und Qualität der Leistung, über Grundsätze und Maßstäbe für die Bewertung der Qualität der Leistung sowie über geeignete Maßnahmen zu ihrer Gewährleistung geschlossen worden sind; § 78e gilt entsprechend.

Übersicht Rn.

A. Regelungsgegenstand

I. Zielvorgabe Kostenvereinbarung

1 Die Regelung gibt eine **Zielrichtung** vor. Sie wird als „Rahmenregelung" bezeichnet.[1] Wenn Jugendhilfeleistungen freier Träger in Anspruch genommen werden, sollen dafür **Kostenvereinbarungen** zwischen dem öffentlichen und dem freien Träger der Jugendhilfe angestrebt werden. Der öffentliche Träger der Jugendhilfe muss sich das Zustandekommen einer Kostenvereinbarung zum Ziel setzen, er darf daran nicht interesselos sein. Mit der Vereinbarung wird dem Träger der öffentlichen Jugendhilfe Sicherheit darüber verschafft, in welcher Größenordnung er bei der Leistungserbringung durch freie Träger als Kostenträger der nach § 3 Abs. 2 Satz 2 SGB VIII nur von ihm beanspruchbaren Leistungen einzutreten hat. Dem Träger der freien Jugendhilfe wird eine verlässliche Refinanzierungsgrundlage bei Inanspruchnahme der von ihm vorgehaltenen und wahrgenommenen Leistungen gegeben. Das ist nach dem Partnerschafts-Modell der Zusammenarbeit von öffentlichem und freiem Träger

1 VG Oldenburg, Urt. v. 15.2.2005, 13 A 1148/03 (Landesjustizportal Niedersachsen).

(§ 4 Abs. 1 Satz 1 SGB VIII) eine auf gleicher Augenhöhe auszuhandelnde vertragliche Regelung, die in der Vergangenheit vor allem sozialhilferechtlich als „Pflegesatzvereinbarung" bezeichnet wurde.

II. Vertragspartner

Vertragspartner von Kostenvereinbarungen nach § 77 SGB VIII sind bzw. werden **Träger der freien Jugendhilfe**, **nicht nur** anerkannte freie Träger, die finanzamtlich (über **einen Bescheid nach § 60a AO**) als gemeinnützig anerkannt sein müssen, wenn sie nicht kraft Gesetzes gemeinnützig sind (Kirchen). Auch die gewerbliche Jugendhilfe gehört deshalb zum Kreis potenzieller Vertragspartner.[2] 2

Das Land Berlin hat z.B. (in § 49 AG/KJHG) nähere Regelungen getroffen, die u.a. bereits Bedarfsgesichtspunkte enthalten. Bremen, Hamburg und Niedersachsen und Hessen haben z.B. nichts „Näheres" zur Anwendung des 77 SGB VIII durch Landesrecht (aufgrund § 69 SGB VIII in ihren Landesausführungsgesetzen zum KJHG) geregelt.

III. Gegenstände der Vereinbarungen

1. Kosten

Für die **Ausgestaltung der Kostenvereinbarung** gab § 77 SGB VIII bisher, anders als **§ 36a** Abs. 2 Satz 2 SGB VIII, der seinerseits eine Aufforderung an den Kostenträger enthält, mit „Leistungserbringern" Vereinbarungen über **Leistungen und Kosten** abzuschließen, keine Kriterien vor. § 77 SGB VIII bezog sich bis zum KJSG seinem Wortlaut nach nur auf Vereinbarungen „über die Höhe der Kosten". Die Kosten sind noch immer ein entscheidender Vertragsgegenstand, aber nicht mehr der nach dem Gesetzeswortlaut einzige. Die „Höhe der Kosten" fungiert aber auf Seiten des öffentlichen Trägers der Jugendhilfe nicht als Kriterium für oder gegen den Abschluss einer Kosten- (Leistungs-)Vereinbarung nach § 77 SGB VIII. Die Freiheiten der Beteiligten sind hier im Hinblick auf die Finanzierung der ambulanten bzw. offenen sozialen Leistungen jedenfalls nicht jugendhilferechtlich, wenn auch haushaltsrechtlich für den öffentlichen Träger eingeschränkt. Das unterscheidet die Vereinbarungen nach § 77 SGB VIII auch von Vertragsabschlüssen unter dem Vergaberechtsregime, bei denen letztlich der Preis für die vom Auftraggeber bestimmten Leistungen entscheidet. 2a

2. Leistungen

Da Kosten für die Leistungen der Einrichtungen und Dienste entstehen, war in der Vereinbarungspraxis die ausdrückliche Einbeziehung der Leistungen hinsichtlich deren Inhalten, Quantität und Qualität in die Kostenvereinbarungen praktisch der Regelfall. Der Gesetzeswortlaut hatte das schon bisher nicht verboten[3] .Die Entscheidung für einen Leistungsträger nach der Höhe der Kosten fällt bei der Ausübung des Wunsch- und Wahlrechts[4] durch einen Leistungsberechtigten. Die „Zulassung zur Marktteilnahme" enthält nicht bereits das Gesetz, insoweit liegt § 77 SGB VIII eine andere Konzeption zugrunde als dem Leistungsfinanzierungsrecht der §§ 78a ff. SGB VIII. Für Leistungen im Regelungsbereich des § 77 SGB VIII wird die Marktteilnahme erst durch die „Vereinbarung" selbst eröffnet. Seit der Gesetzesänderung durch das KJSG betrifft diese Vereinbarung ausdrücklich nicht mehr nur die „Kos- 2b

2 Offen gelassen von VG Oldenburg, Urt. v. 15.2.2005, 13 A 1148/03, juris, online abrufbar unter www.rechtsprechung.niedersachsen.de.
3 VG Münster, Urt. v. 18.8.2004, 9 L 970/04, juris, Rn. 36, JAmt 2005, 44.
4 Vgl. OVG NRW, Beschl. v. 18.3.2000, 12 B 1931/04, juris, Rn. 14, ZfJ 2005, 484.

ten", sondern auch „Inhalt, Umfang und Qualität der Leistung" sowie die „Grundsätze und Maßstäbe für die Bewertung der Qualität der Leistung und … geeignete Maßnahmen zu ihrer Gewährleistung".

3. Qualitätsmerkmale

2c Die Ergänzung des § 77 Abs. 1 Satz 1 SGB VIII durch das KJSG hat die Vereinbarungen über ambulante Hilfen und Angebote der offenen sozialen Arbeit in das Qualitätsentwicklungsregime einbezogen, indem die Vereinbarungen auch über „Inhalt, Umfang und Qualität der Leistung, über Grundsätze und Maßstäbe für die Bewertung der Qualität der Leistung und über geeignete Maßnahmen zu ihrer Gewährleistung" geschlossen werden. Mit der Einbeziehung der Qualitätsmerkmale für die inklusive Ausrichtung der Aufgabenwahrnehmung und die Berücksichtigung der „spezifischen Bedürfnisse von jungen Menschen mit Behinderungen" hat die inklusive Ausrichtung auf behinderte Menschen das ihr gebührende Gewicht erhalten. Beunruhigend aus der Sicht der freien Träger der Jugendhilfe ist allerdings, dass die örtlichen Träger der öffentlichen Jugendhilfe mit diesen Änderungen des Gesetzes nach deren Begründung ausdrücklich eine Steuerungs- und Inhaltsdefinitionsmacht über die betreffenden Leistungen erhalten und deren Einhaltung überprüfen können sollen. Die bisherige Grundausrichtung der Norm auf die Finanzierungssicherheit für den freien Träger als Vertragspartner gerät auf diese Weise ins Hintertreffen. Freie Träger mussten ihre Leistungsangebote mit dem öffentlichen Träger bisher ohne eine Vertrags-Kriterien-Bestimmung in § 77 SGB VIII aushandeln. Die aus der Sicht des öffentlichen Trägers definierten und an den von ihm festgelegten Bedarfen ausgerichteten Leistungen stehen aber in der Gefahr, die Freiheit der freien Träger zu eigener Aufgabenbestimmungs- und erfüllungsmacht, letztlich die Inhaltsvielfalt nach § 3 Abs. 1 SGB VIII, auszuhöhlen.

4. Vereinbarungen über Pflegekinderdienste

2d Ohne Vereinbarungen nach § 77 SGB VIII mit den seit dem KJSG erforderlichen ausdrücklichen Regelungen über „Inhalt, Umfang und Qualität der Leistung" und deren Qualitäts-„Bewertung" sowie „geeignete Maßnahmen zu ihrer Gewährleistung" nach § 77 Abs. 2 SGB VIII n.F. gibt es bei frei-trägerschaftlichen Pflegekinderdiensten (nach § 37 Abs. 1 oder und 37a SGB VIII) keine Pflicht zur Kostenübernahme des öffentlichen Trägers mehr. Damit solle greifbar werden, was beide Vertragspartner „voneinander erwarten können und dürfen"[5]. Auch diese Neuregelung stellt nicht das vertraglich zu begründende Forderungsrecht des „Leistungserbringers" in den Vordergrund, sondern betont die Beanspruchbarkeit bestimmter Leistungen durch den öffentlichen „Kostenträger". Dessen Recht, die von ihm definierte Leistung zu verlangen, ordnet das Gesetz damit dem Refinanzierungsinteresse des freien Trägers über.

2e Für die örtliche Zuständigkeit ist bei Pflegekinderdiensten § 78e SGB VIII als entsprechend anzuwendende Regelung ins Gesetz aufgenommen worden. Das legt die Zuständigkeit desjenigen örtlichen öffentlichen Trägers fest, in dessen Bereich das ambulante Angebot nach § 37 Abs. 1 oder § 37a SGB VIII vorgehalten wird. Die mit diesem örtlichen öffentlichen Träger geschlossenen Vereinbarungen nach § 77 SGB VIII sind infolgedessen analog § 78e SGB VIII und wären dann für andere örtliche Träger der öffentlichen Jugendhilfe bindend.

5 BT-Drs. 19/26107, 109.

IV. Kostenermittlung und Leistungsorte

Die Kosten der **Inanspruchnahme** der Leistungen des freien Trägers werden von diesem nach betriebswirtschaftlicher Ermittlung beziffert. Sie können z.B. in **Tagessätzen** oder **Fachleistungsstundensätzen**, aber auch Pauschalen in sog. Gesamtvereinbarungen gefasst werden. Mit der Benennung der **Einrichtungen und Dienste** als institutionelle Orte der Leistungserbringung für die Vertragsgegenstände der Kostenvereinbarung wird diese nicht sachlich eingeschränkt, vielmehr umfassend beschrieben. Sie erfasst die Orte voll- oder teilstationärer (Einrichtungen) und ambulanter Leistungserbringung (Dienste). Unter den hier im Gesetz verwendeten Begriff der Dienste fallen auch die Beratungsstellen, die sozialarbeiterisch „offene" Angebote vorhalten.

B. Fortbestand der Nichtbeanspruchbarkeit von Kostenvereinbarungen

Das Jugendwohlfahrtsgesetz als **Normvorgänger** des SGB VIII enthielt (in § 84 Abs. 1 JWG) 3
eine inhalts- und weitgehend wortgleiche Regelung. Diese stellte, ebenso wie heute § 77 SGB VIII, **keine Anspruchsgrundlage** bereit. Ein Rechtsanspruch auf Abschluss einer Kosten(-erstattungs-)Vereinbarung bestand damals wie heute nicht. Den öffentlichen Träger trifft aus § 77 SGB VIII anders als bei § 78a SGB VIII kein Kontrahierungszwang. Ein zum Vertragsabschluss auffordernder freier Träger hat gegen den öffentlichen Träger nur den Anspruch auf ermessensfehlerfreie Entscheidung über den Abschluss[6]. In dieses subjektive öffentliche Recht würde mit der Durchführung eines Vergabeverfahrens nach der Vergabeverordnung (VgV) für öffentliche Aufträge aufgrund der §§ 98 ff. GWB rechtswidrig eingegriffen[7]. Der freie Träger muss ein konkretes Vertragsangebot vorlegen. Der öffentliche Träger muss über das Angebot und eventuelle Abweichungen davon nach Ermessen entscheiden. Verzögerungen bei dieser Entscheidungsfindung sind nur mit den gesetzlich zugestandenen allgemeinen verwaltungsverfahrensrechtlichen und verwaltungsprozessualen Mitteln angreifbar. Verfügbar ist daraus grds. nur der Rechtsbehelf der Beschwerde. Unbearbeitete Anträge auf Erlass von Verwaltungsakten oder unbearbeitete Widersprüche, die zur Untätigkeitsklage (nach § 75 VwGO) berechtigen, erfordern ein fehlendes behördliches Verhalten zu einem Verwaltungsakt. Die Entscheidung über den Abschluss eines Vertrags ist aber in aller Regel kein Verwaltungsakt, sodass hierfür die verwaltungsprozessuale Untätigkeitsklage nicht zur Verfügung steht. Einer anzustrebenden vertraglichen Kooperation sind selbstredend weder die Verzögerung noch verwaltungsprozessuale Schritte dagegen dienlich. Ermessensfehler bei der Ablehnung eines Vertragsabschlusses, bei dem kein Kontrahierungszwang der Behörde besteht, kann der freie Träger praktisch keiner verwaltungsgerichtlichen Überprüfung zuführen. Mit der Ablehnung des Vertragsschlusses findet die gewünschte Kooperation zwar nicht statt, eine streitige Auseinandersetzung kann aber über den aktuellen Vorgang hinauswirken.

C. Rechtsnatur der Kostenvereinbarung

Weil die Kostenvereinbarung nach § 77 SGB VIII ein **öffentlich-rechtlicher Vertrag** ist, ist 4
sie an eine Formvorgabe geknüpft. Sie kann nicht mündlich, sondern wirksam nur **schriftlich** getroffen werden (§ 56 SGB X). **Vergaberecht** wirkt auf die Vereinbarungen nach § 77

6 BVerwG, NDV 1994, 197.
7 VG Münster, Urt. v. 18.8.2004, 9 L 970/04; JAmt 2005, 44.

SGB VIII nicht ein, soweit die Rechtsbeziehungen im sozialrechtlichen Dreiecksverhältnis[8] aus der behördlichen Leistungsbeschaffung nach den Regeln der §§ 97 ff. GWB europarechtskonform herausgehalten werden. (Näheres hierzu unter § 78b SGB VIII, Rn. 2 f.) Das sozialrechtliche Dreiecksverhältnis wird nicht nur von den Grundsätzen des Marktes und des freien Wettbewerbs bestimmt[9]. Es ist durch die Trägervielfalt und Trägerautonomie, die unterschiedliche Werteorientierung und das Wunsch- und Wahlrecht geprägt. Außerhalb der jugendhilferechtlichen Rechtsbeziehungen im sozialrechtlichen Dreiecksverhältnis, etwa in zweiseitigen Leistungsaustauschverträgen (bloßen Beschaffungsverträgen), sind Vereinbarungen nach § 77 SGB VIII allenfalls dann als Ergebnis eines Vergabeverfahrens denkbar, wenn der Schwellenwert für Sozialdienstleistungen in Höhe von 750.000 € überschritten wird.

D. Systematische Einordnung

5 Das Normverhältnis des § 77 SGB VIII zu den **§§ 78a ff.** SGB VIII ist dasjenige von allgemeinem (§ 77 SGB VIII) und vorgehendem speziellen (§§ 78 ff. SGB VIII) Gesetz. Die anzustrebende Vereinbarung soll die Einigung über die Kostentragung solcher vom freien Träger erbrachten Jugendhilfeleistungen bewirken, die nicht nach den engen Inhaltsvorgaben der §§ 78a ff. SGB VIII abzuschließen sind. Weil diese Regelungen ausdrücklich unberührt bleiben, sind vom „Auffang"-Vereinbarungsregime des § 77 SGB VIII nur diejenigen Leistungen aus dem Leistungskatalog des § 2 Abs. 2 erfasst, die **nicht** in den **Anwendungsbereich** des § 78a Abs. 1 SGB VIII einbezogen oder durch landesrechtliche Reglung nach § 78a Abs. 2 dem Einrichtungsfinanzierungsrecht der §§ 78a ff. SGB VIII unterstellt worden sind.

Vereinbarungen zur Übernahme von Amtsvormundschaften sind ebensowenig Vereinbarungen nach § 77 SGB VIII[10] wie Vereinbarungen zur Unterstützung der Bereitschaft freier Träger, **Vormundschaften** zu übernehmen. Amtsvormundschaften (§ 55 SGB VIII) sind sog. „andere Aufgaben" des Jugendamts (§ 2 Abs. 3 SGB VIII), aber keine im Katalog des § 76 SGB VIII enthaltene zur Ausführung übertragbare Aufgaben. Amtsvormundschaften und Vormundschaften, die auch von Trägern der freien Jugendhilfe übernommen werden, sind keine Leistungen der Jugendhilfe (nach § 2 Abs. 2 SGB VIII).[11] Es handelt sich bei der Vormundschaft vielmehr um ein privatrechtliches Amt innerhalb eines familienrechtlichen Instituts, dessen Führung vom Jugendamt überwacht wird (§ 53 SGB VIII). Unmittelbar nach dem hohen Anstieg der Zahlen immigrierender Flüchtlinge 2015 stieg der Bedarf an Vormundschaften für unbegleitet eingereiste minderjährige Flüchtlinge an. Jugendämter konnten den Bedarf nicht mehr mit Amtsvormundschaften decken und vereinbarten z.T. die „Kostentragung" bei „Übertragung der Amtsvormundschaft" auf einen Vormundschaftsverein, was zur kritisierten Einordnung der Finanzierung in § 77 SGB VIII führte. Zutreffend ist die Wertung solcher Vereinbarungen von Pauschal-Finanzierungsbeträgen für die Führung von Vormundschaften durch Vereine als zuwendungsvertraglich begründete finanzielle Förderung nach § 74 SGB VIII. Dann richtet sich die Finanzierung nach Zuwendungsrecht und nicht nach Leistungsentgeltrecht. Weil Vormundschaften freier Träger weder Jugendhilfeleistun-

---

8 Instruktiv zum sozialrechtlichen Dreiecksverhältnis z.B. VGH München, Beschl. v. 19.6.2018, 12 C 18.317 online abrufbar unter www.gesetze-bayern.de.

9 VG Münster, Urt. v. 18.8.2004, 9 L 970/04, juris, Rn. 28, JAmt 2005, 44.

10 A.A. VG Mainz, Urt. v. 10.8.2017, 1 K 1419/16.MZ, juris, abrufbar über www.landesrecht.rlp.de, das eine Vergütungsvereinbarung „zumindest" analog § 77 SGB VIII für möglich hält, um die Vormundschaftsübernahme durch einen Vormundschaftsverein zu veranlassen.

11 Nach Auffassung des OLG Celle, Beschl. v. 5.3.2018, 17 UF 16/18, juris, Rn. 9, online abrufbar unter www.rechtsprechung.niedersachsen.de, gehört auch die gesetzlich durch § 1791b BGB vorgesehene Übernahme einer bestellten Vormundschaft (§ 55 Abs. 1 SGB VIII) unter Wahrung der Regelungen über die örtliche Zuständigkeit zu den „Leistungen der Jugendhilfe".

gen noch Aufgabe der Jugendhilfe i.S.d. § 2 SGB VIII sind, sind sie auch nicht Jugendhilfe i.S.d. § 89d Abs. 1 Satz 1 Nr. 1 SGB VIII. Es handelt es sich jedoch um eine Betätigung „auf dem Gebiet der Jugendhilfe" (nach § 74 Abs. 1 Satz 1 1. Hs. SGB VIII). Zuwendungen des öffentlichen Trägers im Rahmen der Gesamtverantwortung nach § 79 Abs. 2 Nr. 1 SGB VIII dienen deshalb der Förderung der Jugendhilfe „im weiteren Sinne"[12].

In das Vereinbarungsregime des § 77 SGB VIII fallen vor allem die **ambulanten Hilfen** und Beratungsangebote der **offenen** (insbesondere Jugend-)**Sozialarbeit**. Dazu gehören die Beratung aufgrund einer Not- und Konfliktlage ohne Kenntnis der Personensorgeberechtigten (§ 8 Abs. 3 SGB VIII), Angebote der Erziehungsberatung (§ 16 Abs. 2 Nr. 2 SGB VIII und § 36a Abs. 2 SGB VIII), die Partnerschaftsberatung von Personensorgeberechtigten (§ 17 Abs. 1 SGB VIII) und die Beratung vor allem nach der Trennung der Personensorgeberechtigten nach § 18 Abs. 1 SGB VIII. Für nicht beanspruchbare Leistungen kommt die Förderung „freiwilliger" Leistungen nach § 74 SGB VIII durch Träger der öffentlichen Jugendhilfe in Betracht.

Bei einer „**Selbstbeschaffung**" ambulanter Hilfen nach § 36a SGB VIII (insbesondere der Erziehungsberatung) ist der Wille des Gesetzes, dass der öffentliche Jugendhilfeträger die niedrigschwellige Inanspruchnahme dieser Hilfen zulassen soll. Damit wird eine generelle Bewilligung, die an einen unbestimmten Nutzerkreis gerichtet ist, d.h. nicht nur die auf einen einzelnen Leistungsberechtigten bezogene individuelle Kostenübernahmezusage, als genügend gewertet, um in dem insofern offenen Dreiecksverhältnis die Kostenerstattung zu bewirken. In § 36a SGB VIII sind die Voraussetzungen und die Ausgestaltung der Leistungserbringung ausdrücklich als Vertragsinhalte vorgegeben. Der Sach-Bereich (ambulante Hilfen für Kinder und Jugendliche), der von den Vereinbarungen nach § 36a Abs. 2 Satz 2 SGB VIII erfasst wird, überschneidet sich partiell mit demjenigen, der von § 77 SGB VIII erfasst wird. § 36a Abs. 2 Satz 2 SGB VIII ist insoweit lex specialis zu § 77 SGB VIII. Über die Inhaltskonkretionen des § 36a Abs. 2 Satz 2 SGB VIII hinaus sind die Regelungsgegenstände seit dem KJSG auch in § 77 SGB VIII enthalten. Für jeden Vertrag nach § 77 SGB VIII ist die Regelung der „essentialia negotii" (Leistung, Preis und Qualität) seit dem KJSG gesetzlich vorgegeben. 6

Vom Zuwendungsregime des **§ 74 SGB VIII** unterscheidet sich die Kostenvereinbarung nach § 77 SGB VIII dadurch, dass die abgeschlossene Kostenvereinbarung die Refinanzierung von tatsächlich in Anspruch genommenen Jugendhilfeleistungen nach Maßgabe der Vereinbarung beanspruchbar macht. „Förderungen" (Subventionen) der freien Jugendhilfe werden hingegen (einseitig von der öffentlichen Hand) gewährt und sind regelmäßig nicht als vertragliche Ansprüche ausgebildet. 7

Für die Finanzierung von Tageseinrichtungen für Kinder ist bundesgesetzlich durch **§ 74a SGB VIII** die landesgesetzliche Regelungshoheit respektiert. 8

12 So VG Hannover, Urt. v. 7.12.2017, 3 A 7356/16, juris, Rn. 39, online abrufbar unter www.rechtsprechung.niedersachsen.de.

§ 78
Arbeitsgemeinschaften

[1]Die Träger der öffentlichen Jugendhilfe sollen die Bildung von Arbeitsgemeinschaften anstreben, in denen neben ihnen die anerkannten Träger der freien Jugendhilfe sowie die Träger geförderter Maßnahmen vertreten sind. [2]In den Arbeitsgemeinschaften soll darauf hingewirkt werden, dass die geplanten Maßnahmen aufeinander abgestimmt werden und sich gegenseitig ergänzen und in den Lebens- und Wohnbereichen von jungen Menschen und Familien ihren Bedürfnissen, Wünschen und Interessen entsprechend zusammenwirken. [3]Dabei sollen selbstorganisierte Zusammenschlüsse nach § 4a beteiligt werden.

Übersicht Rn.

A. Arbeitsgemeinschaften als Kommunikationsinstrumente

1 Die **partnerschaftliche Zusammenarbeit** von **öffentlicher und freier Jugendhilfe** (§ 4 Abs. 1 Satz 1 SGB VIII) findet in § 78 SGB VIII eine Konkretisierung. Die Norm regelt ein formalisiertes Kooperationsinstrument. Die sozialrechtliche Arbeitsgemeinschaft ist hier für das Kinder- und Jugendhilferecht bereichsspezifisch ausgestaltet. Sie ist hier nicht als Organisationsform für gemeinschaftliche Trägerschaften, die mancherorts unter der Bezeichnung „Arbeitsgemeinschaft" privatrechtlich als Gesellschaft des bürgerlichen Rechts (§§ 705 ff. BGB) ausgestaltet ist, sondern als **Kommunikationsplattform** ausgeformt. Das öffentliche Recht gibt den Arbeitsgemeinschaften auch in § 78 SGB VIII keine Rechtsfähigkeit. Sie dienen der Abstimmung und gegenseitigen Ergänzung geplanter Maßnahmen.

B. Aufgaben und Beteiligte

I. Aufgaben der Arbeitsgemeinschaften

2 Die Arbeitsgemeinschaften können z.B. themen-, sozialraum- oder projektbezogene **Aufgaben** wahrnehmen. Das Kinder- und Jugendstärkungsgesetz (KJSG) hat eine Zielvorgabe für die Handlungsausrichtung der Arbeitsgemeinschaften getroffen, indem es Satz 2 um einen Satzteil mit folgendem Inhalt ergänzt hat: „…und in den Lebens- und Wohnbereichen von jungen Menschen und Familien ihren Bedürfnissen, Wünschen und Interessen entsprechend zusammenwirken." Zudem ist ein weiterer Satz angefügt worden: „Dabei sollen selbstorganisierte Zusammenschlüsse nach § 4a SGB VIII beteiligt werden." Mit dem neuen Satzteil von Satz 2 wird das Handeln der Arbeitsgemeinschaften als Kooperationsinstrument der „Anbieter" ausdrücklich erweitert auf das Zusammenwirken im Interesse der Gesamtsituation der Bedürftigen. Das betont die – selbstverständliche – Ausrichtung auch der Beteiligten der Arbeitsgemeinschaften des § 78 SGB VIII auf die Klientel der Jugendhilfeleistungen. Die Ergänzung des Gesetzes an dieser Stelle würde aber missverstanden, wenn die Koordination bisher als auf die Interessen der Leistungsträger ausgerichtet angesehen würde. Die „Selbstvertretung" nach § 4a SGB VIII will v.a. die organisierte Selbsthilfe durch Selbsthil-

fegruppen und Selbsthilfekontaktstellen als Akteure der Jugendhilfe gesetzlich erfassen. Infolgedessen soll auch deren Beteiligung an den Arbeitsgemeinschaften gesetzlich durch den vorgesehenen neuen Satz 3 ausdrücklich sichergestellt werden.

II. Beteiligte der Arbeitsgemeinschaften

Beteiligt sind nach der gesetzlichen Regelung an den Arbeitsgemeinschaften auf der Leistungsträgerseite nur die nach § 75 SGB VIII anerkannten freien Träger der Jugendhilfe und die Träger geförderter Maßnahmen. **Privat-gewerbliche** Anbieter sind in dieses altruistisch sortierte Leistungsträger-Feld **grundsätzlich nicht** einbezogen. Da sie mangels steuerlicher Gemeinnützigkeit keine finanzamtliche Feststellung der Gemeinnützigkeit nach § 60a AO bekommen, müssen sie ihre als solche gemeinnützigen Ziele, „etwa die Förderung der Jugendhilfe", dem öffentlichen Träger der Jugendhilfe belegen, um ausnahmsweise als Träger der freien Jugendhilfe nach § 75 GB VIII anerkannt zu werden. Der gemeinnützige Zweck der Förderung der Jugendhilfe (§ 52 Abs. 2 Satz 1 Nr. 4 AO) kann auch privatnützig, nämlich mit Gewinnerzielungsabsicht verfolgt werden. Das entspricht wohl dem Willen des Gesetzgebers,[1] der für die Anerkennung als freier Träger der Jugendhilfe keinen finanzamtlichen Freistellungsbescheid erwartet[2] und damit die altruistische Ausrichtung des Trägers nicht für erforderlich hält. Das ist „unrund", aber im Zuge der **Ökonomisierung des Sozialbereichs** in den zurückliegenden beiden Jahrzehnten auch im SGB VIII quasi genetisch angelegt. Als „Träger geförderter Maßnahmen" sind privat-gewerbliche Träger an Arbeitsgemeinschaften auch dann beteiligt, wenn sie als Träger von Tageseinrichtungen für Kinder landesrechtlich (§ 74a Satz 2 SGB VIII) öffentlich gefördert sind. Privat-gewerbliche Leistungserbringer als Träger öffentlich geförderter Maßnahmen (nach § 74 SGB VIII) sind in den Arbeitsgemeinschaften mit dabei, wenn sie Subventionen erhalten, die keine den steuerrechtlich gemeinnützigen Trägern (etwa durch landesgesetzliche Spezialgesetze) vorbehaltene (finanzielle) Förderungen sind. 3

Die **Einbeziehung** der privat-gewerblichen Leistungserbringer in die Arbeitsgemeinschaften ist – trotz ihrer Nichterwähnung im Gesetz – über Beschlüsse des Jugendhilfeausschusses bzw. Landesjugendhilfeausschusses machbar.[3] Eine „selbstverwaltende" Erweiterung der Arbeitsgemeinschaft durch Aufnahme privat-gewerblicher Leistungserbringer als Beteiligte mit ständigem Gaststatus vollzieht die Veränderungen der sog. „Subsidiarität" auch an dieser Stelle nach. Die Veränderungen der „Subsidiarität", d.h. vorrangig gesellschaftlicher statt staatlicher bzw. kommunaler Aufgabenerledigung, gingen zu Lasten des früheren bedingten Vorrangs der frei-gemeinnützigen Träger. Die Ökonomisierung des Sozialen hat die privat-gewerblichen Träger, die sich nicht dem Gemeinwohl verpflichtet haben, bei der Erledigung von Aufgaben im Jugendhilfebereich mit den frei-gemeinnützigen Trägern auf gleicher Stufe „bedingt vorrangig" gegenüber den öffentlichen Trägern gemacht. Auch die Öffnung des Einrichtungsfinanzierungsrechts für privat-gewerbliche Leistungserbringer spricht für die **Selbsterweiterung** des Kreises der an der Arbeitsgemeinschaft kraft Gesetzes Beteiligungsfähigen. Die „Selbstverwaltung" der Arbeitsgemeinschaft erfordert einen Konsensakt ihrer „geborenen Mitglieder". Die Erweiterung kann nicht durch einseitige Verfügung des öffentlichen Trägers geschehen, weil dieser darauf verwiesen ist, die Arbeitsgemeinschaft mit den im Gesetz genannten Beteiligten anzustreben. Treffen die Beteiligten der Arbeitsgemeinschaft **Absprachen**, sind die dazu getroffenen Beschlüsse unter der Voraussetzung, dass dabei ein Rechtsbindungswille bestand, vertraglicher Natur. Gegenüber den öffentlichen Trägern können deren Aufsichtsbehörden gegebenenfalls dagegen einschreiten.

---

1 BT-Drs. 11/6478 und 11/6830.
2 Hierzu auch die Kommentierung von § 74 Rn. 14.
3 FK-SGB VIII/*von Boetticher/Münder*, § 78 Rn. 5, 6.

4 **Überregional** arbeiten die Träger der Jugendhilfe zum Beispiel im 1880 gegründeten Deutschen Verein für öffentliche und private Fürsorge e.V. (DV) und im seit 1949 bestehenden Vorstand der Arbeitsgemeinschaft für Kinder und Jugendhilfe e.V. (AGJ) zusammen.

C. Gestaltungsaufgabe des öffentlichen Trägers

5 Die Träger der öffentlichen Jugendhilfe trifft mit der in § 78 SGB VIII fixierten „Soll"-Regelung eine **objektiv-rechtliche Pflicht**, die Kooperation „anzustreben". Die freien Träger müssen von den öffentlichen für eine Zusammenarbeit in diesem Rahmen gewonnen werden, eine Rechtspflicht dazu trifft die freien Träger nicht. Auch für die – im gesellschaftlichen, aber oft auch in deren eigenem Interesse liegende – Einbindung der freien Träger ist das organisatorische Geschick der Jugendämter gefordert. Im Zuge ihrer Selbstverwaltung (s.o. Rn. 3) wird die Arbeitsgemeinschaft als dauerhafte Kommunikationsplattform ihre Verhältnisse in einer Geschäftsordnung[4] regeln.

6 Für die Beteiligung der freien Träger an der **Jugendhilfeplanung** (§ 80 Abs. 3 Satz 1 SGB VIII) bietet die in der Arbeitsgemeinschaft nach Satz 2 verortete „Abstimmung" die strukturelle Basis. Das an die öffentlichen Träger gerichtete Zusammenarbeitsgebot des § 81 SGB VIII kann sich in der dauernden oder anlassabhängigen Mitwirkung von Repräsentanten oder Fachkräften der von § 81 SGB VIII erfassten Kooperationspartner (insbesondere Schulen, Aus- und Weiterbildungsstellen, Gesundheits- und Arbeitsverwaltung, Sozialleistungsträger, Gewerbeaufsicht, Polizei- und Ordnungsbehörden, Justizvollzugsbehörden, Bildungsstätten für Fachkräfte) ausprägen.

4 *Frings*, JWohl 1996, 240, hat hierfür ein Muster veröffentlicht.

Dritter Abschnitt
Vereinbarungen über Leistungsangebote, Entgelte und Qualitätsentwicklung

§ 78a
Anwendungsbereich

(1) Die Regelungen der §§ 78b bis 78g gelten für die Erbringung von

1. Leistungen für Betreuung und Unterkunft in einer sozialpädagogisch begleiteten Wohnform (§ 13 Absatz 3),

2. Leistungen in gemeinsamen Wohnformen für Mütter/Väter und Kinder (§ 19),

3. Leistungen zur Unterstützung bei notwendiger Unterbringung des Kindes oder Jugendlichen zur Erfüllung der Schulpflicht (§ 21 Satz 2),

4. Hilfe zur Erziehung

a) in einer Tagesgruppe (§ 32),

b) in einem Heim oder einer sonstigen betreuten Wohnform (§ 34) sowie

c) in intensiver sozialpädagogischer Einzelbetreuung (§ 35), sofern sie außerhalb der eigenen Familie erfolgt,

d) in sonstiger teilstationärer oder stationärer Form (§ 27),

5. Eingliederungshilfe für seelisch behinderte Kinder und Jugendliche in

a) anderen teilstationären Einrichtungen (§ 35a Absatz 2 Nummer 2 Alternative 2),

b) Einrichtungen über Tag und Nacht sowie sonstigen Wohnformen (§ 35a Absatz 2 Nummer 4),

6. Hilfe für junge Volljährige (§ 41), sofern diese den in den Nummern 4 und 5 genannten Leistungen entspricht, sowie

7. Leistungen zum Unterhalt (§ 39), sofern diese im Zusammenhang mit Leistungen nach den Nummern 4 bis 6 gewährt werden; § 39 Absatz 2 Satz 3 bleibt unberührt.

(2) Landesrecht kann bestimmen, dass die §§ 78b bis 78g auch für andere Leistungen nach diesem Buch sowie für vorläufige Maßnahmen zum Schutz von Kindern und Jugendlichen (§§ 42, 42a) gelten.

Übersicht

A. Abs. 1 – Prospektives Leistungsentgeltsystem

1 Mit den §§ 78a f. SGB VIII ist das **Leistungsfinanzierungsrecht** der Jugendhilfe nach dem Vorbild der Sozialhilfe (heute: §§ 75 ff. SGB XII) vom Selbstkostendeckungsprinzip zum Prinzip der prospektiven Leistungsentgelte umgestellt worden. Die jugendhilferechtliche Regelung ist eigenständig, um den **Besonderheiten der Jugendhilfe** Rechnung zu tragen.[1] Wo etwa gegenüber dem Sozialhilferecht Lücken bestehen, hat der Gesetzgeber diese bewusst belassen, sodass sie nicht im Wege von Analogieschlüssen zum Sozialhilferecht gefüllt werden dürfen. Leistungsentgeltvereinbarungen werden für einen zukünftigen Zeitraum abgeschlossen (§ 78d Abs. 1 Satz 1 SGB VIII). Der Gesetzgeber erwartete von der Prospektivität

1 BT-Drs. 13/10330, 16.

(im Anschluss an die vorangegangene gesetzliche Kostendeckelung in § 77 a.F. SGB VIII) eine Eindämmung der sog. „Kostenexplosion" sozialer Leistungen und auch mehr Transparenz und Effizienz des Einsatzes öffentlicher Mittel.[2]

2 Das Leistungsentgeltrecht erfasst alle Jugendhilfeeinrichtungen, auch privat-gewerbliche und öffentliche.[3] Sein gesetzlicher Standort, nicht direkt im Anschluss an § 77 SGB VIII, der im 2. Abschnitt („Zusammenarbeit mit der *freien* Jugendhilfe …") steht, ist darauf zurückzuführen.

3 Dass auch die öffentlichen Träger in das Vereinbarungsregime einbezogen sind[4],führt zu Insichgeschäften, macht aber deutlich, dass für sie z.B. das Wirtschaftlichkeitsgebot genauso wie für freie Träger gilt, wenn sie auf der Leistungsträgerseite stehen.

B. Verhältnis zu Kostenvereinbarungen nach § 77 SGB VIII

4 § 78a SGB VIII schränkt den Anwendungsbereich von § 77 SGB VIII ein, der als Grundnorm des jugendhilferechtlichen Leistungsentgeltrechts bestimmt, dass für alle von Einrichtungen und Diensten erbrachten Leistungen **Kostenvereinbarungen** „anzustreben" sind. Die beiden Vorschriften stehen im Verhältnis von lex generalis und lex specialis zueinander. Anders als nach § 77 SGB VIII ist nach §§ 78a ff. SGB VIII schon die (grundsätzlich stationäre) Leistungserbringung als solche davon abhängig, dass eine Vereinbarung des Jugendhilfeträgers mit der Einrichtung oder deren Verband geschlossen wurde.

5 Das Leistungsentgeltrecht etabliert eine **Angebotssteuerung**, es ermöglicht dem öffentlichen Träger **keine Bedarfssteuerung**. Auf Bedarfssteuerungselemente würde zurückgegriffen, folgte man der Rechtsprechung des Bundesverwaltungsgerichts[5], dass die als nicht erreichbar prognostizierte Kapazitätsauslastung den Abschluss der Vereinbarungstrias verhindern dürfe.

6 Eine gesetzliche Pflicht zur Entgeltübernahme gegenüber dem Leistungsberechtigten besteht nur bei (unter den in § 78b SGB VIII genannten Voraussetzungen) beanspruchbarem[6] Abschluss der Vereinbarungstrias nach § 78b Abs. 1 SGB VIII. Das bewirkt eine tatsächliche Einschränkung des Wunsch- und Wahlrechts des Leistungsberechtigten (§ 5 SGB VIII).

C. Abs. 2 – Anwendungsbereich des Leistungsfinanzierungsrechts

7 Für die Vorschriften zur Übernahme von Leistungsentgelten und die Lösung von Konflikten, die damit in Zusammenhang stehen (§§ 78b bis 78g SGB VIII), bestimmt § 78a SGB VIII den (ausschließlichen) **Anwendungsbereich**. Diesen legt **Abs. 1** zwingend (nur) für die hier im Einzelnen genannten Jugendhilfeleistungen (der Nrn. 1 bis 6) fest, deren gemeinsames Merkmal die (voll- oder teil-)**stationäre Erbringung** ist. Sozialpädagogische Pflege- und Erziehungsstellen (§§ 32 Satz 2, 33 Satz 2 SGB VIII) weisen dieses Merkmal nicht auf, weil ihnen eine Familien-, keine Institutionsintegration zu eigen ist. Mit der Einfügung von Abs. 1 Nr. 4d durch das KICK vom 8.9.2005 ist der Anwendungsbereich abgerundet worden. Für ambulante Leistungserbringungen bleibt es bei Kostenvereinbarungen nach § 77 SGB VIII. Die Leistungen in Kindertagesstätten sind in Abs. 1 nicht enthalten, weil die Länder an deren

---

2 BT-Drs. 13/10330, 17.
3 BT-Drs. 13/10330, 18.
4 A.A. Hauck/Noftz/*Banafsche*, § 78a SGB VIII Rn. 3.
5 BVerwG, Urt. v. 30.9.1993, 5 C 41/91, BVerwGE 94, 207.
6 S. Kommentierung zu § 78b SGB VIII, Rn. 3.

hergebrachter Zuwendungsfinanzierung (§ 74 SGB VIII) festhalten wollten, ist damit doch eine Aufbringung von Eigenanteilen der freien Träger verbunden.

Abs. 1 Nr. 7 nimmt Unterhaltsleistungen in den Anwendungsbereich mit auf. Für die in Abs. 1 bis 3 genannten Leistungen fehlt hier eine (weitere) Einbeziehung, weil diese schon in den dort genannten Vorschriften geschieht.

Das Vereinbarungs-„Korsett" der §§ 78b ff. SGB VIII kann nach Abs. 2 durch **Landesrecht** auf andere Jugendhilfe-Sozialleistungen und die Inobhutnahme ausgedehnt werden, aber nicht eklektisch, sondern nur umfassend. Gegen eine landesrechtliche Ausdehnbarkeit auf *ambulante* Leistungen sprechen der bundesrechtliche Regelungsgegenstand stationärer Leistungserbringung und das Erfordernis landesrechtlicher „Komplett"-Übernahme. Sollen nur Teile übernommen werden, kann das nur im Rahmen einer Kostenvereinbarung nach § 77 geschehen. 8

Für die Familienpflege (§ 33 SGB VIII), die Erziehungsbeistandschaft (§ 30 SGB VIII) und die sozialpädagogische Familienhilfe (§ 31 SGB VIII) fehlt die landesrechtliche Erstreckbarkeit, weil die vertragliche Vereinbarung der Leistungsentgeltübernahme (§§ 78b ff. SGB VIII) bei Leistungserbringung in einer Einrichtung vorgesehen ist. Tageseinrichtungen für Kinder sind einbeziehbar. Der Gesetzgeber hat die Vollzeitpflege (§ 33 SGB VIII) in SGB-VIII-Änderungsgesetzen bewusst nicht in den Anwendungsbereich des § 78a SGB VIII einbezogen. § 78b SGB VIII ist deshalb auf die Finanzierung der Vollzeitpflege ebenso wenig analog anwendbar wie auf andere Jugendhilfeleistungen aus dem Katalog des § 78a Abs. 1 SGB VIII.[7] Die Ausweitung des Anwendungsbereichs über diesen Katalog hinaus ist vielmehr allein von einer landesrechtlichen Einbeziehung abhängig. Abs. 1 Nr. 7 lässt von den Leistungen zum Lebensunterhalt den landesbehördlich festgelegten Barbetrag nach § 39 Abs. 2 Satz 3 SGB VIII (Taschengeld) „unberührt", deshalb kann auch Landesrecht dafür nicht die Geltung des Vereinbarungsregimes der §§ 78a ff. SGB VIII bestimmen.[8]

Für Jugendhilfeleistungen in Einrichtungen und Diensten, die weder nach Abs. 1 bundesgesetzlich direkt noch über **Abs. 2** nach Landesrecht dem Leistungsentgeltrecht der §§ 78a ff. SGB VIII unterstellt sind, bleiben Kostenvereinbarungen nach § 77 SGB VIII, die aber nur freie Träger der Jugendhilfe erfassen. Im Übrigen kommt nur die Zuwendungsfinanzierung (Förderung nach § 74 SGB VIII) in Betracht. Für die Möglichkeit einer Verbindung der Leistungsentgeltfinanzierung im Vereinbarungsregime mit der Zuwendungsfinanzierung durch die öffentliche Hand („Mischfinanzierung") spricht die Anrechnungspflicht nach § 78c Abs. 2 Satz 3 SGB VIII.[9] 9

Durch das **KJSG** ist in Absatz 2 die Möglichkeit der landesrechtlichen Erstreckung des Vereinbarungsregimes auch auf die vorläufige Inobhutnahme nach § 42a SGB VIII vorgesehen worden.

7 OVG NRW, Urt. v. 8.5.2018, 12 A 1434/16, ZKJ 2018, 396; VG Oldenburg, Beschl. v. 29.2.2016, 13 B 2205/15, juris, Rn. 66, JAmt 2017, 323.
8 A.A. Hauck/Noftz/*Banafsche*, § 78a SGB VIII Rn. 13.
9 *Jung/von Renesse*, SGB VIII, § 78a Rn. 9.

§ 78b
Voraussetzungen für die Übernahme des Leistungsentgelts

(1) Wird die Leistung ganz oder teilweise in einer Einrichtung erbracht, so ist der Träger der öffentlichen Jugendhilfe zur Übernahme des Entgelts gegenüber dem Leistungsberechtigten verpflichtet, wenn mit dem Träger der Einrichtung oder seinem Verband Vereinbarungen über

1. Inhalt, Umfang und Qualität der Leistungsangebote (Leistungsvereinbarung),

2. differenzierte Entgelte für die Leistungsangebote und die betriebsnotwendigen Investitionen (Entgeltvereinbarung) und

3. Grundsätze und Maßstäbe für die Bewertung der Qualität der Leistungsangebote sowie über geeignete Maßnahmen zu ihrer Gewährleistung (Qualitätsentwicklungsvereinbarung)

abgeschlossen worden sind; dazu zählen auch die Qualitätsmerkmale nach § 79a Satz 2.

(2) [1]Die Vereinbarungen sind mit den Trägern abzuschließen, die unter Berücksichtigung der Grundsätze der Leistungsfähigkeit, Wirtschaftlichkeit und Sparsamkeit zur Erbringung der Leistung geeignet sind. [2]Vereinbarungen über die Erbringung von Auslandsmaßnahmen dürfen nur mit solchen Trägern abgeschlossen werden, die die Maßgaben nach § 38 Absatz 2 Nummer 2 Buchstabe a bis d erfüllen.

1. anerkannte Träger der Jugendhilfe oder Träger einer erlaubnispflichtigen Einrichtung im Inland sind, in der Hilfe zur Erziehung erbracht wird,

2. mit der Erbringung solcher Hilfen nur Fachkräfte im Sinne des § 72 Absatz 1 betrauen und

3. die Gewähr dafür bieten, dass sie die Rechtsvorschriften des Aufenthaltslandes einhalten und mit den Behörden des Aufenthaltslandes sowie den deutschen Vertretungen im Ausland zusammenarbeiten.

(3) Ist eine der Vereinbarungen nach Absatz 1 nicht abgeschlossen, so ist der Träger der öffentlichen Jugendhilfe zur Übernahme des Leistungsentgelts nur verpflichtet, wenn dies insbesondere nach Maßgabe der Hilfeplanung (§ 36) im Einzelfall geboten ist.

Übersicht Rn.

A. Rechtsnatur der Leistungsentgeltvereinbarungen

Die Vorschrift ist als Regelungsstandort der Rechte und Pflichten der Träger die Zentralnorm des Rechts der Einrichtungsfinanzierung im SGB VIII. Vereinbarungen nach § 78b sind (koordinationsrechtliche) **öffentlich-rechtliche Verträge** im Sinne von § 53 SGB X[1]. Das Schriftlichkeitsgebot schließt ein konkludentes Zustandekommen aus. Die Entscheidung über den Abschluss trifft der Jugendhilfeausschuss (s. Rn. 4 zu § 78e SGB VIII). 1

B. Keine Anwendung des Vergaberechts

Weil das **Vereinbarungsregime** im sozialrechtlichen Dreiecksverhältnis vom Subsidiaritätsprinzip geprägt ist und die öffentliche Hand Jugendhilfeleistungen grundsätzlich nicht bei freien Trägern „einkauft", d.h. keine haushaltsrechtliche (§ 55 BHO/LHO) oder wettbewerbsrechtliche (§§ 97 ff. GWB) Beschaffung von Dienstleistungen vorliegt, findet das **Vergaberecht** auf die Leistungsbeziehungen im sozialrechtlichen Dreiecksverhältnis keine Anwendung.[2] Die Vergabe ist ein **öffentlicher Auftrag**, mit dem die öffentliche Hand die entgeltliche Leistungsbeschaffung nach einer Auswahlentscheidung unter konkurrierenden Leistungsanbietern bewerkstelligt. Würde Vergaberecht im sozialrechtlichen Dreiecksverhältnis zur Anwendung gebracht, erhielte der preisgünstigste Anbieter den Zuschlag, er allein würde die vom öffentlichen Träger ausgeschriebene, d.h. nur durch diesen inhaltlich bestimmte Leistung nach dessen Vorgaben erbringen. Mit der Trägerautonomie, dem Gebot der partnerschaftlichen Zusammenarbeit (§ 4 Abs. 1 SGB VIII) und der **Kontrahierungspflicht** (in § 78b SGB VIII) mit jedem geeigneten Jugendhilfe-Einrichtungsträger ist das unvereinbar. Die Personenorientierung und selbstbestimmte Teilhabe der Berechtigten würde durch eine solche „paternalistische" behördliche Auswahl des für sie „richtigen Leistungserbringers" der Fürsorge verloren gehen. Die Leistungsberechtigten würden zu Objekten der Fürsorge[3].Die Rollenzuweisung als „Leistungserbringer", vergleichbar einem „Hoflieferanten", die im SGB VIII wie auch in anderen Sozialgesetzen mit grundsätzlicher Beibehaltung der historisch gewachsenen und nach wie vor legitimen Sonderrolle der Freien Wohlfahrtspflege schon einige Zeit eingenistet ist, wird deren verfassungsrechtlich fundierter „Staats"-Freiheit ohnehin nicht gerecht. 2

Bedarfssteuerungsbemühungen der Kostenträger in sozialrechtlichen Dreiecksbeziehungen mit vergaberechtlichen Instrumenten sind auch **europarechtlich** nicht gestützt worden. In den sozialrechtlichen Dreiecksbeziehungen der Wohlfahrtspflege wird das Vergaberecht auch künftig nicht greifen. Nach der Vergaberichtlinie 2014/24/EU ist allen geeigneten Dienstleistern der Marktzugang grundsätzlich eröffnet. Deren Art. 1 i.V.m. deren Erwägungsgrund 4 lässt den Mitgliedsstaaten die Freiheit, Sozialleistungen aus dem System der öffentlichen Auftragsvergabe mit behördlicher Auswahlentscheidung herauszuhalten. Das mit dem GWB in Deutschland umgesetzte modifizierte europäische Vergaberecht hat nach dem Vergaberechtsmodernisierungsgesetz[4] nur solche Sozialleistungen erfasst, die nach der EU-mitgliedsstaatlichen (deutschen) Rechtskultur nicht durch Rechtsbeziehungen nach dem sozialrechtlichen Subsidiaritätsgrundsatz, sondern von einer behördlichen Beschaffung geprägt sind. In der Begründung zu § 130 GWB-E[5] wird ausdrücklich auf die Vergaberichtlinie 3

1 BGHZ 116, 339; BVerwGE 94, 202.
2 Zur sog „Sozialraumorientierung" z.B. VG Berlin ZfJ 2005, 118; OVG Berlin, Beschl. v. 4.4.2006, 6 S 415.04, juris; VG Osnabrück, Beschl. v. 13.11.2009, 4b 13/09, juris; OVG Nds., Beschl. v. 9.7.2010, 4 ME 306/09, JAmt 2011, 102; *Neumann*, RsDE 2003, 33.
3 *Cremer/Fink*, NDV 2015, 353 (357).
4 BT-Drs. 18/6281.
5 BT-Drs. 18/6281, 111.

Bezug genommen, wonach „die Zulassung von Dienstleistungserbringern im sozialhilferechtlichen Dreiecksverhältnis" vom Vergaberecht nicht erfasst wird. Innerstaatlich vergaberechtlich (bei Überschreitung des Schwellenwerts von 750.000 € für soziale Dienstleistungen) vom vereinfachten Vergabeverfahren erfasst sind z.B. Dienste, die etwa die Arbeitsverwaltung von Leistungserbringern „einkauft" (Arbeitsförderungsmaßnahmen nach SGB II und SGB III). Im Kinder- und Jugendhilferecht kann die behördliche Beschaffungskultur nur bei solchen Leistungen durchwirken, die keine sozialrechtliche Zulassung durch „Versorgungsvertrag" zur Erfüllung von Rechtsansprüchen der Leistungsberechtigten voraussetzen. Auch die Konzessionierung nach der Konzessionsrichtlinie 2014/23/EU hängt von einer Leistungserbringer-Auswahlentscheidung der öffentlichen Hand und davon ab, dass der öffentliche Träger das wirtschaftliche Risiko behält. Eine solche behördliche Selektivmaßnahme ist in sozialrechtlichen Dreiecksverhältnissen auch im Kinder- und Jugendhilferecht gerade nicht gegeben. Im Vertragsrecht der Vereinbarungstrias des § 78b SGB VIII entsteht der Vergütungsanspruch des Leistungsträgers erst nach der Leistungsauswahl durch den Berechtigten, womit erst der Leistungsträger sein (volles) wirtschaftliches Risiko verliert[6].

C. Rechtsansprüche aus den Vertragsbeziehungen

I. Leistungsberechtigte

4 **Abs. 1** ist die zentrale Bestimmung des Leistungsentgeltrechts, weil sie **Leistungsberechtigten** gegen den Träger der öffentlichen Jugendhilfe einen Rechtsanspruch auf Entgeltübernahme gewährt. Er erfasst grundsätzlich Leistungen, die, selbst wenn das nur „teilweise" geschieht, **in einer Einrichtung**, mit der die Vereinbarungstrias nach den Nrn. 1 bis 3 abgeschlossen ist (oder nach § 78d Abs. 2 Satz 4 SGB VIII fortgilt), erbracht werden. Abs. 3 enthält die Ausnahme von diesem Grundsatz.

II. Einrichtungsträger

5 Der **Einrichtungsträger** kann aus Abs. 1 die Entgeltübernahme nicht beanspruchen. Er benötigt dafür nach der Entscheidung des Leistungsberechtigten für sein Leistungsangebot eine Kosten(übernahme)zusage des öffentlichen Trägers[7]. Diese wird im Allgemeinen als (kumulative) Schuldübernahme (§ 414 BGB) zugunsten des Leistungsberechtigten qualifiziert[8], der im – durch § 78b SGB VIII bestätigten[9] – sozialrechtlichen Dreiecksverhältnis zum Einrichtungsträger in einer rein zivilrechtlichen, auch konkludent begründbaren Vertragsbeziehung über stationäre Jugendhilfeleistungen steht. Das Einrichtungsfinanzierungsrecht regelt diese Vertragsbeziehung nicht. Es regelt vielmehr die Voraussetzungen der Übernahme des Leistungsentgelts im Verhältnis des öffentlichen Jugendhilfeträgers zum Einrichtungsträger (Anspruch aus koordinationsrechtlichem öffentlich-rechtlichem Vertrag). Die Vereinbarungen nach §§ 78a ff. SGB VIII regeln nicht die Beschaffung von Dienstleistungen gegen Entgelt, sondern klären die Bedingungen für die Leistungsabwicklung im sozialrechtlichen Dreiecksverhältnis im Einzelfall.[10]. Ohne Abtretung des Entgeltübernahmeanspruchs vom

6 Zum Maßstab des Betriebsrisikos: OVG Hamburg, Beschl. v. 8.7.2008, 1 Verg 1/08, VergabeR 2009, 97.
7 Z.B. VGH München, Beschl. v. 19.6.2018, 12 C 18.313, NJW 2018, 2976: „Schuldbeitritt".
8 OLG München, Endurt. v. 5.12.2019.
9 *Stähr/Hilke*, ZfJ 1999, 159.
10 VGH München, Beschl. v. 19.6.2018, 12 C 18.313, NJW 2018, 2976.

Leistungsberechtigten an den Leistungsträger[11] kann der Leistungsträger das Entgelt mangels Aktivlegitimation prozessual nicht durchsetzen.

III. Vereinbarungen zwischen Jugendamt und Einrichtungsträger

Durch die Inbezugnahme der Landesrahmenverträge nach § 78f SGB VIII, die regelmäßig ein Beitrittsverfahren für die Träger stationärer Jugendhilfeleistungen vorsehen, besteht in den örtlichen Vereinbarungen nur noch ein begrenzter Regelungsbedarf. Meist findet sich die Vereinbarungstrias in einer Urkunde. Die Verträge schließt der Einrichtungsträger mit dem Jugendamt, möglich ist auch, dass sein **Verband** dies für ihn tut. 6

„Einrichtung" ist ein in einer besonderen Organisationsform unter verantwortlicher Leitung zusammengefasster Bestand an persönlichen und sächlichen Mitteln, der auf eine gewisse Dauer angelegt ist und für einen größeren wechselnden Personenkreis bestimmt ist[12]. Nach § 45a SGB VIII ist die Einrichtung wie folgt legaldefiniert: „Eine Einrichtung ist eine auf gewisse Dauer angelegte förmliche Verbindung ortsgebundener räumlicher, personeller und sachlicher Mittel mit dem Zweck der ganztägigen oder über einen Teil des Tages erfolgten Unterkunftsgewährung sowie Betreuung, Beaufsichtigung, Erziehung, Bildung, Ausbildung von Kindern und Jugendlichen außerhalb ihrer Familie." „Familienähnliche Betreuungsformen" sind nach § 45a Satz 2 SGB VIII als Einrichtungen qualifiziert, wenn sie „fachlich und organisatorisch in eine betriebserlaubnispflichtige Einrichtung eingebunden sind". Auch mit dieser Gesetzesänderung durch das KJSG ist durch die Unterbringung eines Kindes bei einer „Pflegemutter" der Grenzbereich zu einer (stationären) Heimerziehung nach § 34 SGB VIII nur dann überschritten, wenn das Kind nicht an die betreuende Person selbst vermittelt worden ist.[13] Eine Leistungsentgeltübernahme in der Vollzeitpflege nach § 33 SGB VIII kommt in Sonderfällen in Betracht. Das ist denkbar bei der Deckung des Leistungsanspruchs auf Unterhalt und Sachaufwand aus § 39 SGB VIII, wenn mit einer faktischen Pflegeperson ein Pflegevertrag geschlossen wurde, für den es keiner Erlaubnis nach § 44 SGB VIII bedurfte. Die Refinanzierung ist auch unter den Voraussetzungen der öffentlich-rechtlichen Geschäftsführung ohne Auftrag (§ 683 BGB analog) als Aufwendungsersatzanspruch denkbar, wenn die Pflegeperson die Betreuung des Kindes als (fremdes) Geschäft des Jugendamts mit Fremdgeschäftsführungswillen führt.[14] 7

Wenn die Leistung nur teilweise in einer Einrichtung, also auch ambulant außerhalb derselben erbracht wird, gilt das Vereinbarungsregime, jedoch nur für die stationär erbrachten Leistungen. **„Erbracht"** wird die Leistung erst dann, wenn der öffentliche Träger die Einrichtung „belegt", d.h. die Inanspruchnahme dem Leistungsberechtigten gegenüber bewilligt hat.

D. Abs. 1 – Die Vereinbarungstrias

I. Leistungsvereinbarung

Über die **Leistungsvereinbarung – Nr. 1 –**, d.h. die Vereinbarung von Inhalt, Umfang und Qualität der Leistungsangebote, die zunächst der Einrichtungsträger beschreibt, definiert 8

11 BVerwG, Urt. v. 27.5.1993, 5 C 41/90, DVBl. 1993, 1268.

12 BVerwG NDV 1994, 431; das KJSG hat die jugendhilferechtliche Definition des Einrichtungsbegriffs in § 45a SGB VIII verankert.

13 Insoweit zum bisher geltenden Recht: VG Potsdam, Urt. v. 25.8.2020, 7 K 2354/18, juris, online abrufbar unter https://gerichtsentscheidungen.brandenburg.de/gerichtsentscheidung/1356.

14 VG Potsdam, s. Fn. 12.

der öffentliche Träger die zu vergütende Leistung mit. Damit soll ihm die Wahrnehmung seiner Gesamtverantwortung (§ 79 SGB VIII) ermöglicht werden. Mit dem freien Träger, der in der Bestimmung seines Leistungsangebots aber autonom ist, wird über diese Vereinbarung festgelegt, worin die Schnittmenge mit der gesetzlich bestimmten Leistungspflicht des öffentlichen Trägers liegt. Für die hier zu treffenden Vereinbarungen ist der Individualrechtsanspruch des Leistungsberechtigten der Maßstab, er darf im Vertragsweg nicht verkürzt werden. Die Erfüllung der vereinbarten Leistungserbringung, etwa mit dem vereinbarten Personaleinsatz des Leistungsträgers, kann der Kostenträger nicht aus § 78b SGB VIII verlangen. Auf Unregelmäßigkeiten oder Schlechtleistungen kann der Kostenträger nur sozialrechtlich reagieren. Ihm stehen „nur" ein eventuell landesrahmenvertraglich nach § 78f SGB VIII vereinbartes Prüfungsrecht und eine Leistungsentgeltvertragskündigung (und ggf. eine Anpassung nach § 59 SGB X) zur Verfügung. Flankierend kann er die Einhaltung der vereinbarten Standards als Qualitätskontrolle im Hilfeplanverfahren nach § 36 SGB VIII überprüfen. Denn im Rahmen des sozialrechtlichen Dreiecksverhältnisses wird allein durch den Abschluss von Vereinbarungen nach §§ 78a ff. SGB VIII kein Schuldverhältnis begründet. Das geschieht vielmehr erst durch den Schuldbeitritt des Kostenträgers zum Heim- bzw. Betreuungsvertrag des Leistungsberechtigten mit dem Leistungsträger. Weil der Schuldbeitritt die Rechtsnatur der Forderung, auf die er sich bezieht, teilt[15], gelten materiell-rechtlich die Bestimmungen des BGB[16]. Weil das zivilrechtliche Dienstleistungsrecht keine Gewährleistungsansprüche wie z.B. den Rücktritt oder die Minderung kennt, kann der öffentliche Träger der Jugendhilfe als Kostenträger damit weder die Schlechtleistung „sanktionieren" noch Auskunftsansprüche über eine unzureichende Personalausstattung begründen, weil ohne einen solchen Gewährleistungsanspruch regelmäßig keine zivilrechtliche Nebenverpflichtung (zur Auskunft etwa über die Personalausstattung) bestehen kann[17].

II. Entgeltvereinbarung

9 Die **Entgeltvereinbarung – Nr. 2** – erfasst differenziert die Entgelte für die beschriebenen Leistungen (in Gegenüberstellung von Leistung und Entgelt) sowie die betriebsnotwendigen Investitionen. **Investitionen** sind die Beschaffung, Instandhaltung und Instandsetzung der Anlagegüter sowie die Aufwendungen für deren Nutzung (Miete, Pacht, Zinsen, Abschreibungen). Die Vereinbarung bestimmt, welche Beträge für den konkreten Einrichtungsbetrieb notwendig („**betriebsnotwendig**") sind, ohne den Qualitätsstandard der Leistungserbringung zu beeinträchtigen. Zur Erhaltung der jugendhilfespezifischen individuellen Leistungserbringung ist die analoge Anwendung der sozialhilferechtlichen (§ 76 Abs. 2 SGB XII) Standardisierung und Pauschalierung verwehrt. Kinder- und Jugendhilfeleistungen sind umsatzsteuerbefreit nach § 4 Nr. 25 UStG.

III. Qualitätsentwicklungsvereinbarung

10 Für die **Qualitätsentwicklungsvereinbarung – Nr. 3** – ist hervorhebungsbedürftig, dass das Gesetz zur Leistungserbringung eine konsensuale Qualitätskontrolle vorgibt, die auf der Selbstevaluation des Einrichtungsträgers beruht (z.B. § 10 i. V. m. Anlage 4 des Nds. Landesrahmenvertrags nach § 78f SGB VIII vom 1.6.2012) und dialogischen Charakter hat[18]. Eine einseitige behördliche Überwachung ist nur im Rahmen der Heimaufsicht (§§ 45, 46 SGB VIII), und zwar nur anlassabhängig möglich. Eine § 75 Abs. 3 Satz 3 SGB XII (einseitiges

15 BGH, Urt. v. 31.3.2016, III ZR 267/15, NJW 2016, 2734.
16 BGH, Urt. v. 7.5.2015, III ZR 304/14, NJW 2015, 3782.
17 OLG München, Urt. v. 5.12.2019, 32 U 2067/19, BeckRS 2019, 31194.
18 *Merchel*, RdJB 2004, 375.

behördliches Prüfrecht) entsprechende Bestimmung fehlt. Nach der Gesetzesbegründung heißt es hier nicht Qualitätssicherung, weil sozialpädagogisches Handeln nicht auf feststehenden Standards fußt und entwicklungsoffen sein muss[19], insbesondere die Leistungserbringung entscheidend auch von der Mitwirkungsbereitschaft des Leistungsberechtigten bzw. Leistungsbegünstigten abhängt[20]. Für die Vereinbarung der „Grundsätze und Maßstäbe", mit denen die Qualität der Leistungsangebote bewertet und deren Gewährleistung bewirkt werden soll, wird auf die (nicht allgemein akzeptierten) Instrumente des Qualitätsmanagements, das nach Struktur-, Prozess- und Ergebnisqualität differenziert, zurückgegriffen. Das war und ist nicht allgemein akzeptiert, weil es die Gefahr einer „mechanistischen" Sichtweise birgt[21]. Nur für die Leistungs- und die Entgeltvereinbarung enthält in § 78c SGB VIII Inhaltsvorgaben (s. dortige Anm.).

Das Kinder- und Jugendstärkungsgesetz hat den Gesetzestext in § 78b Abs. 1 Nr. 3 a.E. mit folgendem Wortlaut erweitert: „... dazu zählen auch die Qualitätsmerkmale nach § 79a Satz 2." „Zentraler Gegenstand"[22] der Qualitätsentwicklungsvereinbarungen werden neben dem Kinderschutz dann künftig ausdrücklich die inklusive Ausrichtung der Aufgabenwahrnehmung und die Berücksichtigung der Bedürfnisse von jungen Menschen mit Behinderungen.

E. Rechtsanspruch auf Vertragsabschluss (Marktzugang)

Abs. 2 Satz 1 bestimmt, dass die drei Vereinbarungen mit (allen) geeigneten Trägern abzuschließen sind. Die indikativische Formulierung und die Gesetzesbegründung machen deutlich, dass auf die zum Vertragsabschluss führende Willenserklärung des öffentlichen Trägers ein **Rechtsanspruch** besteht, nicht nur ein Anspruch auf eine ermessensfehlerfreie Entscheidung darüber[23]. Die Vorschrift enthält zugunsten der Einrichtungsträger ein subjektives öffentliches Recht, weil sie zumindest auch deren Interessen zu dienen bestimmt ist und § 78g Abs. 2 SGB VIII (anders als § 77 Abs. 1 Satz 2 SGB XII) das Schiedsstellenverfahren auch für die Leistungsvereinbarung eröffnet. Der Rechtsanspruch steht auch gewerblichen und öffentlichen Einrichtungsträgern zu. 11

F. Abs. 2 – Geeignetheit und Feststellung der Geeignetheit

I. Geeignetheit des Trägers

Entscheidend ist, dass der Träger „geeignet" ist, ob Bedarf an seinen Leistungen besteht, ist für den Vereinbarungsabschluss unbeachtlich. Nur wenn Nachfrage besteht, wird es aber zu einer Belegung kommen. Das wirtschaftliche Risiko verbleibt dem Einrichtungsträger. Auf die Belegung durch den öffentlichen Träger hat er keinen Anspruch. Er darf jedoch auch nicht willkürlich in der Belegungspraxis außen vor bleiben. Ihn trifft ein Aufnahmezwang nur innerhalb der vertraglichen Verpflichtung nach § 78c Abs. 1 Satz 2 SGB VIII. Ohne Betriebserlaubnis (§ 45 SGB VIII) kann von einem Träger nicht angenommen werden, er sei **„geeignet"**[24]. 12

19 BT-Drs. 13/10330, 17 f.
20 BT-Drs. 13/10330, 17 re. Sp.: „schwer fassbare subjektive Faktoren".
21 *Stähr*, RdJB 2000, 168 m.w.N.
22 S. BT-Drs. 19/26107, 110.
23 Wiesner/Wapler/*Schön*, § 78b SGB VIII Rn. 24.
24 BT-Drs. 13/8941, 13.

II. Maßstäbe der Geeignetheit

13 Der öffentliche Träger prüft die Geeignetheit (gerichtlich voll überprüfbarer unbestimmter Rechtsbegriff) des Einrichtungsträgers unter Berücksichtigung der **Grundsätze** der Leistungsfähigkeit, Wirtschaftlichkeit und Sparsamkeit. Nach der Rechtsprechung des Bundesverwaltungsgerichts[25] meint **Leistungsfähigkeit** die Möglichkeit, die der Einrichtung gestellte Aufgabe angesichts der vorhandenen personellen und sächlichen Mittel und ihrer organisatorischen Entfaltungsbedingungen optimal erfüllen zu können. Die Leistungsfähigkeit kann verneint werden, wenn schon aufgrund der unzureichenden Kapitalausstattung eines Trägers erkennbar ist, dass seine Existenzfähigkeit fraglich ist[26]. Mit **Wirtschaftlichkeit** ist eine günstige Zweck-Mittel-Relation im Sinne eines angemessenen und ausgewogenen Verhältnisses zwischen den angebotenen Leistungen und den hierfür geforderten Entgelten gemeint. **Sparsamkeit** ist die Vermeidung unnötiger Kosten durch Begrenzung des Mitteleinsatzes auf das notwendige Maß. Beide letztgenannten Begriffe entstammen dem öffentlichen Haushaltsrecht, das zum schonenden Einsatz öffentlicher Mittel verpflichtet. Das im sozialhilferechtlichen Leistungsentgeltrecht geltende „Maß des Notwendigen" ist hier nicht ausdrücklich formuliert.

III. (Interner und externer) Vergleich?

14 Die Wirtschaftlichkeit bemisst sich im Sozialhilferecht und Pflegeversicherungsrecht nach einem **internen und externen Vergleich**[27]. Das bedeutet, dass die Kalkulation des Einrichtungsträgers auf wirtschaftliche und sparsame Betriebsführung überprüft wird und die Entgelte anderer Einrichtungen für vergleichbare Leistungen mit ihr verglichen werden. Das Bundessozialgericht sieht in seiner Dogmatik zum externen Vergleich die Kontrolle der Plausibilität der Kostenansätze vor. Das BSG, das gerichtsverfassungsrechtlich (§ 51 SGG, § 40 VwGO) keine sachliche Zuständigkeit für das SGB VIII hat, wertet Vergütungen als leistungsgerecht, wenn der Einrichtungsträger die zugrunde gelegten voraussichtlichen Gestehungskosten nachvollziehbar („plausibel") dargelegt hat und diese im Vergleich mit den Vergütungen anderer Einrichtungen wirtschaftlich sind. Ein SGB-XI-Einrichtungsträger wird vom Kostenträger zwei Prüfungsschritten unterzogen. In einem ersten Prüfungsschritt prüft dieser die Plausibilität des Kostenansatzes, der sich im Rahmen der „marktüblichen Vergütung" bewegen muss. Im Pflegeversicherungsrecht (§ 85 Abs. 3 Satz 3 SGB XI) sind dafür enge Verfahrensregularien getroffen worden. Dort sind neben der Darlegung der Gestehungskosten Unterlagen vorzulegen und Auskünfte zu erteilen. § 78c Abs. 2 SGB VIII enthält solche Vorgaben nicht.

15 In einem zweiten Prüfungsschritt folgt nach der BSG-Rechtsprechung der Vergütungsvergleich mit anderen Einrichtungsträgern. Der „Billigste" ist mit seinem Kostenansatz per se als leistungsgerecht einzustufen. Liegt der bewertete Kostenansatz im unteren Drittel der Vergleichseinrichtungen, wird der Einrichtungsträger vom Kostenträger nicht weiter zur Rechtfertigung der „Plausibilität" seiner Kalkulation gezwungen. Bei Vergütungsforderungen, die über denen des unteren Drittels der Vergleichseinrichtungen liegen, muss der Einrichtungsträger die wirtschaftliche Angemessenheit im Einzelnen begründen. Über fast ein Jahrzehnt, nämlich bis zur Rechtsprechungskorrektur des BSG zum „externen Vergleich"[28], kam es dabei auch nicht auf die **Tariftreue** des Leistungsträgers an. Erst mit der Rechtsprechungskorrektur wurde die Einhaltung von Tarifbindungen und die Zahlung ortsüblicher Ge-

25 BVerwGE 108, 59 f. zum Sozialhilferecht.
26 Vgl. BVerwGE 94, 202 (206 f.).
27 BVerwGE 108, 55; OVG Lüneburg, NDV-RD 2000, 33; BSGE 87, 189.
28 Entscheidungen vom 29.1.2009; B 3 P 6/08 R, B 3 P 8/07 R und B 3 P 9/07 R.

hälter „immer als wirtschaftlich angemessen zu werten" begriffen. Die „Vergleichs"-Rechtsprechung stellte darauf ab, dass es nach der Ablösung des Selbstkostendeckungsprinzips nicht allein auf die Gestehungskosten ankommen kann. Die Wirtschaftlichkeit, die zum „Maßhalten" zwingt, darf aber nicht in der Weise verstanden werden, dass Leistungsentgelte im Personalkostenbereich unabhängig von den zwischen Arbeitgeber- und Arbeitgeberverbänden ausgehandelten Tarifen (Tarifverträge oder allgemeine Arbeitsbedingungen im Dritten Weg) bewertet werden dürften. Andernfalls würde einem ruinösen Lohnkostenwettbewerb („Dumpinglöhne"), wie er im Pflegeversicherungsrecht durch die Kriterien des externen Vergleichs bis zur Rechtsprechungskorrektur bewirkt wurde, Vorschub geleistet. Der SGB-VIII-Gesetzgeber hatte die Einrichtungsfinanzierung in der Kinder- und Jugendhilfe, mitmotiviert durch eine „Dämpfung der Kostenentwicklung"[29], neu geregelt. Er ließ dabei aber einengende Regelungen aus benachbarten Sozialrechtsbereichen weg, weil er die spezifischen Anforderungen der Kinder- und Jugendhilfe, mithin die Besonderheit der Jugendhilfe als pädagogisch geprägtes Verhältnis persönlicher Beziehung, als gegenüber den Grundelementen der Entgeltfinanzierung aus dem Bereich der Sozialhilfe zu bewahrendes Gut bewertete.[30] Vor diesem Hintergrund kommt keine schlichte Übernahme der im Sozialhilferecht und Pflegeversicherungsrecht entwickelten Ideologie des „externen Vergleichs" in Betracht.[31] Die funktionierende jugendhilferechtliche Leistungsbeziehung darf nicht durch ein ungezähmtes Preis-Primat gefährdet werden. Das haben z.B. die **Landesrahmenvertragspartner** in Niedersachsen durch die Vereinbarung der Achtung arbeitsvertraglicher und tarifrechtlicher (!) Bindungen bei der Personalkostenermittlung (Anlage 8, 1.1 Absatz 2 Niedersächsischer Landesrahmenvertrag nach § 78f SGB VIII) beherzigt, ohne dabei erforderliche Vergleichskriterien zur Wirtschaftlichkeit unberücksichtigt zu lassen. Für den Bereich der Pflegeversicherung hat das LSG Niedersachsen-Bremen[32] entschieden, dass die Schiedsstelle Aufklärungspflichten im Kontext der Plausibilisierung der prospektiv kalkulierten Kosten hat und Pflegesätze nicht frei oder unter Rückgriff auf vom Gesetz nicht vorgesehene Anpassungsfaktoren wie einen „mittleren Wert tarifgebundener Einrichtungen" festlegen darf. Sogar im originären Geltungsbereich des von der Sozialgerichtsbarkeit praktizierten Wirtschaftlichkeits-Instruments des „externen Vergleichs" sind der Schiedsstelle damit Grenzen einer Kostenreduzierung auferlegt, die in der Verpflichtung zur Achtung der Tarifverträge gründen.

G. Geeignetheit bei der Erbringung von Hilfen zur Erziehung im Ausland

Mit **Abs. 2 Satz 2** waren (durch das KICK) die Kriterien für Vereinbarungen über Hilfen zur Erziehung, die im **Ausland** erbracht werden, geregelt. Das sind vor allem erlebnispädagogische Angebote, die nach §§ 27, 35 SGB VIII gewährt werden. Hier fehlte bisher jegliche Einwirkung des öffentlichen Trägers auf die Leistungserbringung im Ausland. Der im Ausland leistende Träger musste bisher ein anerkannter Jugendhilfeträger oder Träger einer erlaubnispflichtigen Einrichtung sein (Nr. 1), er muss gewährleisten, im Ausland legal (vor allem mit Fachkräften) zu handeln (Nr. 2) und mit ausländischen Behörden sowie den deutschen Auslandsvertretungen zu kooperieren (Nr. 3). Durch das KJSG (2021) ist die Regelung zu einer 16

29 BT-Drs. 13/10330, 16 f.
30 BT-Drs. 13/10330, 16 li. Sp.
31 Das VG Schwerin, Urt. v. 8.5.2019, 6 A 2207/17 SN, online abrufbar unter www.landesrecht-mv.de/bsmv/document/MWRE190002166, hat dagegen der Schiedsstelle nach § 78g SGB VIII im Hinblick auf die höchstrichterliche Rspr. zum Sozialhilferecht zugestanden, die Leistungsgerechtigkeit des Entgelts nach dem sog. externen Vergleich zu bemessen.
32 LSG Nds.-Bremen, Urteile vom 28.5.2020, L 12/15P 18/18 KL und L 12/15 P 21/18 KL.

solchen über Vereinbarungen über die Erbringung von „Auslandsmaßnahmen" geworden, die auf die Abschlusskriterien in § 38 Abs. 2 Nr. 2 SGB VIII verweist. Zu den bisherigen an den „Leistungserbringer" gestellten Kriterien des Vertragsabschlusses sind dadurch ausdrücklich die „Betriebserlaubnis" nach § 45 SGB VIII im Inland hinzugekommen, die Vereinbarungseinbeziehung der „Qualität der Maßnahme" und der unverzüglichen „Anzeige" kindeswohlbeeinträchtigender Ereignisse und Entwicklungen. Letzteres soll dem Träger der öffentlichen Jugendhilfe eine frühzeitige Reaktion auf den Wegfall der Leistungsvoraussetzungen oder Gefährdungslagen ermöglichen.[33]

H. Abs. 3 – Kostenübernahme im Einzelfall bei fehlender Vertragsbindung

17 **Abs. 3** ermöglicht als eng auszulegende Ausnahmevorschrift, nicht als vermeintlicher „Ausweg" aus der Vereinbarungstrias, die Entgeltübernahme bei Leistungserbringung in einer Einrichtung, zu der keine Vertragsbeziehung nach Abs. 1 besteht. Die Entgelthöhe ist dabei (anders als in § 75 Abs. 4 Satz 3 SGB XII) gesetzlich nicht ausdrücklich begrenzt. Voraussetzung für die Übernahmepflicht ist, dass die Finanzierung im Einzelfall geboten ist. Ein gesetzlich genanntes, nicht das einzige Kriterium („insbesondere") zur Feststellung eines solchen Einzelfallgebots ist der Hilfeplan nach § 36 SGB VIII, ein anderes der sonst nicht zu befriedigende Bedarf (Alleinanbieter). Abs. 3 korrespondiert mit § 5 Abs. 2 Satz 2 SGB VIII. (Dort stehen allerdings der „Einzelfall" und der „Hilfeplan" alternativ nebeneinander.) Allein der Wunsch des Leistungsberechtigten nach Leistungserbringung in einer nicht nach Abs. 1 vertragsgebundenen Einrichtung bewirkt kein solches Einzelfallgebot, die Unzumutbarkeit des Einrichtungswechsels (Auszug aus der nicht vertraglich verbundenen Einrichtung) hingegen schon.[34]

33 BT-Drs. 19/26107, 93.
34 OVG Lüneburg, Urt. v. 19.3.2003, 4 LB 111/02, JAmt 2003, 486.

§ 78c
Inhalt der Leistungs- und Entgeltvereinbarungen

(1) [1]Die Leistungsvereinbarung muss die wesentlichen Leistungsmerkmale, insbesondere

1. Art, Ziel und Qualität des Leistungsangebots,

2. den in der Einrichtung zu betreuenden Personenkreis,

3. die erforderliche sächliche und personelle Ausstattung,

4. die Qualifikation des Personals sowie

5. die betriebsnotwendigen Anlagen der Einrichtung

festlegen. [2]In die Vereinbarung ist aufzunehmen, unter welchen Voraussetzungen der Träger der Einrichtung sich zur Erbringung von Leistungen verpflichtet. [3]Der Träger muss gewährleisten, dass die Leistungsangebote zur Erbringung von Leistungen nach § 78a Absatz 1 geeignet sowie ausreichend, zweckmäßig und wirtschaftlich sind.

(2) [1]Die Entgelte müssen leistungsgerecht sein. Grundlage der Entgeltvereinbarung sind die in der Leistungs- und der Qualitätsentwicklungsvereinbarung festgelegten Leistungs- und Qualitätsmerkmale. [2]Eine Erhöhung der Vergütung für Investitionen kann nur dann verlangt werden, wenn der zuständige Träger der öffentlichen Jugendhilfe der Investitionsmaßnahme vorher zugestimmt hat. [3]Förderungen aus öffentlichen Mitteln sind anzurechnen.

Übersicht Rn.

A. Regelungsgehalt

Die Vorschrift enthält Inhaltsvorgaben für die Leistungs- und die Entgeltvereinbarungen, jedoch nicht für die Qualitätsentwicklungsvereinbarungen. Konkretisierungen gehören in die Landesrahmenverträge (§ 78f SGB VIII). 1

B. Abs. 1 – Vorgaben für die Vertragsinhalte

Abs. 1 Satz 1 nennt die wesentlichen **Leistungsmerkmale** nicht abschließend („insbesondere"). Anders als das sozialhilferechtliche Vorbild (§ 76 SGB XII), das nach Grund- und Maßnahmepauschalen differenziert und Hilfebedarfsgruppen und Leistungstypen kennt, ist im jugendhilferechtlichen Einrichtungsfinanzierungsrecht keine Typisierung der Leistungen mit entsprechender Entgelt-Pauschalierung vorgesehen. Das **Leistungsangebot – Nr. 1** – kann, basierend auf Rahmenvertragsvorgaben, einrichtungsbezogen konkretisiert mit Benennung der Qualitätsstandards beschrieben werden. Die Beschreibung des zu betreuenden **Personenkreises – Nr. 2** – besteht in der nach Alter und Geschlecht abzugrenzenden Zielgruppe, nicht in (stigmatisierenden) Defizitbeschreibungen bestimmter Gruppen Jugendlicher. 2

Dass Leistung und Entgelt nicht von Einrichtungsspezifika, sondern vom jugendhilferechtlich anerkannten Bedarf des Leistungsberechtigten her bestimmt sein sollen,[1] der mit dem Hilfe- 3

1 *Mrozynski*, SGB VIII, § 78c Rn. 4.

planverfahren individuell bestimmt wird, darf nicht zu der Annahme führen, Einrichtungsspezifika seien nicht auf spezifischen Bedarf ausgerichtet. Die Vielgestaltigkeit der Leistungsangebote lässt **einrichtungsübergreifend** bestimmbare Leistungsentgelte nicht zu. Einer schematischen Gleichbehandlung, weil „alle Einrichtungen nach dem geltenden Arbeitsrecht wirtschaften"[2], stehen schon die unterschiedlichen Arbeitsrechtsordnungen und unterschiedlich ausgehandelten Tarife bzw. allg. Arbeitsbedingungen (im kirchlichen Arbeitsrecht) der verschiedenen Träger entgegen. Die vom Bundessozialgericht[3] verlangte Reduzierung eines vergleichsweise hohen Personalaufwands auf Einrichtungsebene (ungesagt durch Entlassung älterer Mitarbeiter und solcher mit mehreren Unterhaltspflichten) berücksichtigt die Tarifgebundenheit als Qualitätsmerkmal nicht[4] und zwingt auf kollektivarbeitsrechtlicher Ebene zu veränderten Tarifstrukturen. Zur Erhaltung der Wettbewerbsfähigkeit ist das aber kein dem tarifgebundenen Einrichtungsträger verfügbares, zudem kein kurzfristig zielführendes Mittel.

4 Die sächliche und personelle **Ausstattung – Nr. 3** – bestimmt sich fachlich nach der jeweiligen Aufgabe. Die Ausstattung mit qualifiziertem Personal – **Nr. 4** – richtet sich an § 72 SGB VIII aus, der für die jeweilige Aufgabe die erforderliche persönliche Eignung und fachliche Befähigung verlangt, ohne formale Qualifikationen vorzugeben. Die vertragliche Festlegung der **betriebsnotwendigen Anlagen** der Einrichtung – Nr. 5 - bewirkt eine Verständigung darüber, was zur Leistungserbringung an materieller (vor allem Gebäude- und Betriebs-)Substanz gebraucht wird. Die Trägerautonomie wird insoweit durch das Kostenbegrenzungsinteresse der öffentlichen Hand beschränkt. „**Betriebsnotwendig**" ist eine Anlage oder Investition, ohne die das konkrete Jugendhilfe-Sozialleistungsangebot fachlich nicht realisierbar ist.

C. Vertragliche Leistungspflicht

5 Die vertragliche Leistungserbringungs**pflicht** aufgrund **Abs. 1 Satz 2** benötigt der öffentliche Träger, um seiner Gewährleistungspflicht (§ 79 SGB VIII) zu genügen. Der Einrichtungsträger wird sie von der Voraussetzung abhängig machen, dass der öffentliche Träger sich zur Kostenübernahme verpflichtet. Der öffentliche Träger muss die vertragliche Leistungsverpflichtung des Einrichtungsträgers von dessen Gewährleistung abhängig machen, die Leistungen ausreichend, zweckmäßig und wirtschaftlich zu erbringen. **Ausreichend** ist ein Leistungsangebot, das den Leistungsanspruch qualitativ und quantitativ zu befriedigen vermag. **Zweckmäßig** und **wirtschaftlich** ist, was im Interesse der Schonung öffentlicher Mittel maßvoll ist, d.h., dass Leistung und Gegenleistung in einem angemessenen Verhältnis stehen. Weder das „spartanische" noch das „luxuriöse" Leistungsangebot erfüllen diese Merkmale. Wenn sich das Leistungsangebot im laufenden Vereinbarungszeitraum verschlechtert, kann der öffentliche Träger (nach § 59 SGB X) Anpassung verlangen oder die (außerordentliche) Kündigung erklären. Er bleibt dem Leistungsberechtigten voll anspruchsverpflichtet. Unwirtschaftliche Ausgaben kann der Kostenträger überprüfen und beanstanden.[5]

---

2 BSG, SsE, IVP6, 631g.
3 BSG, SsE, IVP6, 631g.
4 *Riege*, ZfS 2001, 270.
5 VG Schwerin, Urt. v. 8.5.2019, 6 A 2207/17 SN, juris, m.w.N., online abrufbar unter https://www.landesrecht-mv.de/bsmv/document/MWRE190002166.

D. Abs. 2 – Leistungsgerechtes Entgelt

Leistungsgerecht (**Abs. 2 Satz 1**) ist nur ein auskömmliches, d.h. kostendeckendes **Entgelt**. Das ist nicht mit der nach der Gesetzesbegründung[6] „abgelösten" Selbstkostendeckung identisch. Die im vorangegangenen Wirtschaftszeitraum entstandenen und dem öffentlichen Träger (in dem Marktmodell eigentlich wesensfremd) transparent dargelegten Selbstkosten sind aber die Basis für die Neuvereinbarung, soweit sie den Grundsätzen der Wirtschaftlichkeit und Sparsamkeit entsprechend zustande gekommen und zur Erhaltung der Leistungsfähigkeit des Einrichtungsträgers erforderlich sind. Dem Einrichtungsträger kann keine Leistungserbringung zu Entgelten unter seinen Gestehungskosten zugemutet werden.[7] Der Leistungsanspruch richtet sich gegen den öffentlichen Träger (§ 3 Abs. 2 Satz 2 SGB VIII) und es handelt sich um Entgeltfinanzierung, nicht um Förderung, die regelmäßig in lediglich anteiliger Kostentragung besteht. 6

Nach **Abs. 3 Satz 2** müssen die Leistungs- und Qualitätsmerkmale aus diesen beiden Vertragsbestandteilen der Entgeltvereinbarung zugrunde liegen.

E. Investitionen als Entgeltbestandteil

Der Einrichtungsträger ist in seiner Investitionstätigkeit autonom. Seine **Investitionsmaßnahmen** wirken sich aber nur dann vergütungserhöhend aus, wenn der Träger der öffentlichen Jugendhilfe ihnen vorher zugestimmt hat (**Abs. 2 Satz 3**). Deshalb muss der Einrichtungsträger vor deren Realisierung die Einwilligung desjenigen öffentlichen Trägers einholen, in dessen Bereich (Gebiet) die Einrichtung gelegen ist (§ 78e Abs. 1 Satz 1 SGB VIII), um das betriebswirtschaftlich unvertretbare Risiko zu vermeiden, bessere Qualität zu unverändertem Entgelt zu erbringen. Das gesetzliche „Vorher"-Erfordernis betrifft die Zustimmung zur Investitionsmaßnahme, nicht das Verlangen einer erhöhten Vergütung. Denn der Gesetzeszweck besteht darin, dass der Leistungsträger den Kostenträger im Rahmen der Refinanzierung nicht vor vollendete Tatsachen stellen darf. Dass die Zustimmung noch nach der Investitionsmaßnahme und lediglich vor dem Verlangen der Vergütungserhöhung möglich sei[8], ist mit dem Wortlaut der Norm deshalb schwerlich zu rechtfertigen, denn die zu vermeidende vollendete Tatsache wäre schon geschaffen und die Refinanzierung könnte dann nur noch (mit i.d.R negativer Öffentlichkeitswirkung für den Kostenträger) abgelehnt werden. 7

Ob der Erwerb eines Grundstücks als Investitionsmaßnahme im Sinne von Abs. 2 Satz 3 gewertet werden kann, ist zweifelhaft. Bejahendenfalls kann bereits die räumliche Ausdehnung eines Leistungsträgers als entgelthöhende Maßnahme wirken. Das SGB VIII definiert Investitionen nicht. Deshalb wird z.T. auf den in § 82 Abs. 3 SGB XI enthaltenden Begriff der „Investitionsaufwendungen" zurückgegriffen, der den Grundstückserwerb (ausdrücklich nach § 82 Abs. 2 Nr. 2 SGB XI) nicht mit einschließt.[9]

Gewerbliche Träger dürfen (und müssen zur Existenzsicherung) einen kalkulatorischen **Gewinn** in das Entgelt einstellen[10]. Der Gewinn an sich ist aber als Betriebsgeheimnis geschützt.[11] Wird dem öffentlichen Träger ein Rationalisierungsgewinn bekannt, darf er ihn nicht im neuen Vereinbarungszeitraum abschöpfen, weil er den erfolgreich wirtschaftenden

6 BT-Drs. 13/10030, 17.
7 BVerwGE 108, 54.
8 BSG, Urt. v. 23.7.2014, B 8 SO 3/13 R, NVwZ-RR 2015, 740 zu § 76 Abs. 2 Satz 4 SGB XII.
9 VG Minden, Urt. v. 17.8.2018, 6 K 2848/17, juris, m.w.N., online abrufbar unter http://www.justiz.nrw.de/nrwe/ovgs/vg_minden/j2018/6_K_2848_17_Urteil_20180817.html.
10 BVerwGE 108, 61.
11 *Plantholz/Rochon*, RsDE 2000, 44 f.

Träger sonst benachteiligen und demotivieren würde. Die Zustimmung kann nicht mit Bedarfsgesichtspunkten verweigert werden. Das Zustimmungsverfahren wird sinnvollerweise landesrahmenvertraglich geregelt (§ 78f SGB VIII).

8 Die durch **Abs. 2 Satz 4** gesetzte Pflicht zur **Anrechnung** von Förderungen aus öffentlichen Mitteln, die nicht nur freie Träger nach § 74 SGB VIII erhalten, sondern tatsächlich auch Einrichtungen der öffentlichen Hand aus Haushaltsmitteln („Quersubventionierung"), soll die Systemsteuerung durch das Vereinbarungsregime sicherstellen.

§ 78d
Vereinbarungszeitraum

(1) [1]Die Vereinbarungen nach § 78b Absatz 1 sind für einen zukünftigen Zeitraum (Vereinbarungszeitraum) abzuschließen. [2]Nachträgliche Ausgleiche sind nicht zulässig.

(2) [1]Die Vereinbarungen treten zu dem darin bestimmten Zeitpunkt in Kraft. [2]Wird ein Zeitpunkt nicht bestimmt, so werden die Vereinbarungen mit dem Tage ihres Abschlusses wirksam. [3]Eine Vereinbarung, die vor diesen Zeitpunkt zurückwirkt, ist nicht zulässig; dies gilt nicht für Vereinbarungen vor der Schiedsstelle für die Zeit ab Eingang des Antrags bei der Schiedsstelle. [4]Nach Ablauf des Vereinbarungszeitraums gelten die vereinbarten Vergütungen bis zum Inkrafttreten neuer Vereinbarungen weiter.

(3) [1]Bei unvorhersehbaren wesentlichen Veränderungen der Annahmen, die der Entgeltvereinbarung zugrunde lagen, sind die Entgelte auf Verlangen einer Vertragspartei für den laufenden Vereinbarungszeitraum neu zu verhandeln. [2]Die Absätze 1 und 2 gelten entsprechend.

(4) Vereinbarungen über die Erbringung von Leistungen nach § 78a Absatz 1, die vor dem 1. Januar 1999 abgeschlossen worden sind, gelten bis zum Inkrafttreten neuer Vereinbarungen weiter.

Übersicht Rn.

A. Abs. 1 – Vereinbarungszeitraum

Abs. 1 legt für die Vereinbarungstrias des § 78b Abs. 1 Nr. 1 bis 3 SGB VIII den Vereinbarungszeitraum als zukünftigen fest. Eine bestimmte **Laufzeit** gibt die Vorschrift nicht vor, sondern überlässt sie den Vertragspartnern. Der Vereinbarungszeitraum schafft Planungssicherheit, trägt aber auch die mit einer Vorausschau verbundenen betriebswirtschaftlichen Risiken in sich. Als Laufzeit wird meist das Geschäftsjahr des Einrichtungsträgers, mithin im Allgemeinen das Kalenderjahr oder der Haushaltszeitraum (u.U. doppelter Haushaltszeitraum) des öffentlichen Trägers vereinbart. Es sind aber auch andere Zeiträume vereinbar, auch unterschiedliche Befristungen der drei Vereinbarungen. Der (zulässige) Verzicht auf eine Laufzeitvereinbarung wird für den Leistungsträger jedenfalls bei der Entgeltvereinbarung aus wirtschaftlichen Gründen (Kostensteigerungen) nicht vertretbar sein. Der Kostenträger wird sich auf eine unbestimmte Geltungsdauer auch bei Aufnahme einer Klausel zur zeitabschnittsweisen Preisanpassung in die Vergütungsvereinbarung nicht ohne Weiteres einlassen, weil er sich die mit der Neuvereinbarung nach Ablauf des jeweils vereinbarten Zeitraums periodisch wiederkehrende Preisüberprüfung offenhalten wird. 1

In Abs. 1 wird der Grundsatz prospektiver Leistungsentgelte normiert, der die frühere meist erst nachträgliche (endgültige) Abrechnung von Pflegesätzen nach dem **Selbstkostendeckungsprinzip** ersetzt hat. Mit dem ausdrücklichen Verbot nachträglicher Ausgleiche, das dem Einrichtungsträger Defizite im Rahmen seines Unternehmerrisikos belässt, ist zugleich geregelt, dass ihm durch erfolgreiches Wirtschaften entstandene Gewinne nicht wieder genommen werden dürfen. 2

B. Abs. 2 – Laufzeitbeginn und Weitergeltung

I. Laufzeitbeginn

3 **Abs. 2** verbietet im gesetzgeberisch verfolgten „Kostendämpfungs"-Interesse rückwirkende Vereinbarungen (oder Rückdatierungen). Die Vereinbarung gilt in Ermangelung einer ausdrücklichen Vereinbarung des **Laufzeitbeginns** mit dem Tag ihres Abschlusses, also dem Vollzug der Unterzeichnung durch beide Vertragsparteien (**Abs. 2 Satz 2**).

Von einer Rückwirkung ausgenommen sind Vereinbarungen (Vergleiche) vor der Schiedsstelle. Bei Letzteren ist der (zurückliegende) Zeitpunkt des Antragseingangs bei der Schiedsstelle maßgebend, wenn kein anderer bestimmt wird. Bei Entscheidungen der Schiedsstelle bestimmt diese darin den Zeitpunkt des Inkrafttretens (§ 78g Abs. 3 Satz 1 SGB VIII), der aber nicht vor dem Zeitpunkt des Antragseingangs liegen darf, was sich aus der gesetzlichen Bestimmung „für die Zeit ab Eingang des Antrags" ergibt.

II. Weitergeltung

4 **Abs. 2 Satz 4** bestimmt die **Weitergeltung** nur (!) der vereinbarten Vergütungen über den Vereinbarungszeitraum hinaus, womit hier (wie in § 76 Abs. 2 Satz 1 SGB XII) das Leistungsentgelt insgesamt gemeint ist. Durch Anrufung der Schiedsstelle frühestens sechs Wochen nach erfolgloser schriftlicher Aufforderung zur Neuvereinbarung wird diese **Interimsphase** aber beendet. Mit der Vereinbarung vorläufiger Abschlagszahlungen kann die gesetzlich angeordnete Weitergeltung nicht außer Kraft gesetzt werden[1]. Eine analoge Anwendung der Weitergeltungsregelung auf andere Entgeltvereinbarungen, etwa mit Erziehungsstellen mit Betriebserlaubnis nach § 45 SGB VIII, die nicht dem Einrichtungsfinanzierungsregime des § 78a SGB VIII unterstehen, oder individuelle Vergütungsvereinbarungen mit erlaubnisfreien Vollzeitpflegestellen nach § 44 Abs. 1 Nr. 1 SGB VIII kommt nicht in Betracht. Die Weitergeltungsbestimmung des Abs. 2 Satz 4 beruht darauf, dass mit dem Abschluss der Vereinbarungstrias des § 78b SGB VIII die Leistungsfähigkeit des Leistungsträgers und die Preiswürdigkeit der Leistung festgestellt sind. Wo das nicht der Fall ist, kann keine über den Vereinbarungszeitraum hinausgehende Weitergeltung einer (individuell vereinbarten) Vergütung Raum greifen[2].

5 Zahlt der Kostenträger das Leistungsentgelt nach Abs. 2 Satz 4 „auf gesetzlicher Grundlage" weiter, kann dieser Umstand etwa wegen mangelnder Verwaltungs-„Kohärenz" nicht verhindern, dass die staatliche Verwaltung durch eine andere Behörde zugleich ordnungsrechtliche Schritte wegen Verstoßes gegen arbeitszeitgesetzliche Vorgaben ergreift. Die Weiterzahlung des Entgelts nach Abs. 2 Satz 4 für zuvor mit dem Jugendhilfeträger nach § 78b SGB VIII vereinbarte Jugendhilfeleistungen mit Betreuung „rund um die Uhr", die arbeitszeitrechtlich beanstandbar sind (etwa Jugendhilfe in Wohngruppen mit alternierender Betreuung, sog. „Berliner WaB-Gruppen"), schützt den Leistungsträger nicht vor **ordnungsrechtlichen Schritten**[3].

1 BayVGH, Urt. v. 23.3.2005, 12 B 01.1916, sozialrecht aktuell 2007, 66.
2 VG Würzburg, Urt. v. 17.12.2009, W 3 K 09.740, juris.
3 VG Berlin, Urt. v. 24.3.2015, 14 K 184.14, Rn. 62, OVG Berlin-Brandenburg, Urt. v. 29.11.2017, OVG 1 B 19.15, online abrufbar unter https://gerichtsentscheidungen.brandenburg.de/gerichtsentscheidung/3018, und BVerwG, Urt. v. 8.5.2019, 8 C 3.18, NVwZ 2020, 404.

C. Abs. 3 – Anspruch auf Neuvereinbarung bei Wegfall der Geschäftsgrundlage

Abs. 3 regelt die **Neuverhandlung** vor Ablauf des Vereinbarungszeitraums, die aber auch keine Rückwirkung hat. Er enthält eine zum Recht des öffentlich-rechtlichen Vertrags des Sozialverwaltungsverfahrensrechts spezielle, § 59 SGB X jedoch nur in seinem Regelungsbereich verdrängende Normierung des **Wegfalls der Geschäftsgrundlage**. Auch für die Neuvereinbarung gelten die Absätze 1 und 2 (prospektiver Zeitraum, grundsätzliches Rückwirkungsverbot), Abs. 3 ohnehin, weil auch bei der neuen Entgeltvereinbarung die Geschäftsgrundlage wegfallen kann. Weil auch die Neuvereinbarung rückwirkende **Tariferhöhungen** nicht erfasst, werden solche in die Vereinbarungen nach § 78b Abs. 1 SGB VIII vernünftigerweise sogleich mit aufgenommen. Für die Definition der **unvorhersehbaren wesentlichen Änderungen der Annahmen**, die der Vereinbarung zugrunde lagen, wird sozialrechtlich modifiziert auf die in § 313 BGB getroffenen Wertungen zurückgegriffen werden können. Zugrunde liegende Annahmen sind nur solche, die nicht selbst Vertragsinhalt geworden sind, sondern seine Grundlage waren. Wären sie bei Vertragsabschluss bekannt gewesen, müssen sie dergestalt sein, dass sie den Vertragsabschluss überhaupt oder in seinem vollzogenen Inhalt verhindert hätten. Vorhersehbare Änderungen wie Tariferhöhungen[4] oder etwa unterschätzter Instandhaltungsaufwand und sonstiger Aufwand oder sonstige unrealistische einseitige Erwartungen[5] bewirken kein Recht, einseitig Neuverhandlungen zu verlangen. Unwesentlich sind jedenfalls „Verteuerungen" (z.B. der Tarife), deren Größenordnung solchen in der Vergangenheit entspricht. Wesentlich sind jedenfalls solche (unvorhersehbaren) Veränderungen der Vertragsgrundlage, die für den Einrichtungsträger **existenzgefährdend** sind. 6

D. Kündigung

Für die nach § 59 Abs. 1 Satz 1 SGB X mögliche Kündigung wegen nicht möglicher oder nicht zumutbarer Anpassung gilt das Schriftformerfordernis des § 59 Abs. 1 SGB X. Das Recht der Behörde aus § 59 Abs. 1 Satz 2 SGB X zur Kündigung des Vertrags, um schwere Nachteile für das Gemeinwohl zu verhüten oder zu beseitigen, ist im jugendhilferechtlichen Einrichtungsfinanzierungsrecht eine nur theoretische einseitige Gestaltungsmöglichkeit. Ein außerordentliches **Kündigungsrecht** wegen grober Pflichtverletzungen (wie in § 78 SGB XII) ist im jugendhilferechtlichen Leistungsentgeltrecht **nicht** ausdrücklich enthalten. Nach § 61 Satz 2 SGB X ist aber § 314 BGB, der die außerordentliche Kündigung von Dauerschuldverhältnissen regelt, entsprechend anwendbar. 7

4 A.A. Igl, TUP 1994, 293.
5 BGH NJW 1989, 2820 (Aufnahme eines Geschäftskontakts rechtfertigt nicht die Erwartung, ohne Einverständnis Werbung zuzuleiten).

E. Abs. 4 – Altverträge

8 **Abs. 4** ist wegen Zeitablaufs weitgehend obsolet geworden. Wo vor der seit dem 1.1.1999 wirksamen Änderung des Einrichtungsfinanzierungsrechts (durch Art. 4 Abs. 3 des 2. SGB XI-ÄndG vom 29.05.1998) getroffene Altvereinbarungen noch gelten, was bei der wirtschaftlichen Entwicklung seitdem einem betriebswirtschaftlich verantwortlich handelnden Einrichtungsträger heute keine auskömmliche Vergütung seiner Leistungen mehr verschaffen kann, bleibt (auch für den öffentlichen Träger) eine „Bereinigung" durch die Anrufung der Schiedsstelle.

§ 78e
Örtliche Zuständigkeit für den Abschluss von Vereinbarungen

(1) [1]Soweit Landesrecht nicht etwas anderes bestimmt, ist für den Abschluss von Vereinbarungen nach § 78b Absatz 1 der örtliche Träger der Jugendhilfe zuständig, in dessen Bereich die Einrichtung gelegen ist. [2]Die von diesem Träger abgeschlossenen Vereinbarungen sind für alle örtlichen Träger bindend.

(2) Werden in der Einrichtung Leistungen erbracht, für deren Gewährung überwiegend ein anderer örtlicher Träger zuständig ist, so hat der nach Absatz 1 zuständige Träger diesen Träger zu hören.

(3) [1]Die kommunalen Spitzenverbände auf Landesebene und die Verbände der Träger der freien Jugendhilfe sowie die Vereinigungen sonstiger Leistungserbringer im jeweiligen Land können regionale oder landesweite Kommissionen bilden. [2]Die Kommissionen können im Auftrag der Mitglieder der in Satz 1 genannten Verbände und Vereinigungen Vereinbarungen nach § 78b Absatz 1 schließen. [3]Landesrecht kann die Beteiligung der für die Wahrnehmung der Aufgaben nach § 85 Absatz 2 Nummer 5 und 6 zuständigen Behörde vorsehen.

Übersicht Rn.

A. Abs. 1 – Örtliche Zuständigkeit für den Vertragsabschluss

Vorbehaltlich abweichenden Landesrechts ist nach **Abs. 1 Satz 1** derjenige öffentliche Jugendhilfeträger für den Vereinbarungsabschluss **örtlich** und sachlich zuständig, in dessen Bereich die Einrichtung liegt. Das ist der Ort innerhalb des **Territoriums** der Gebietskörperschaft, an dem die stationären Leitungen erbracht werden. Das Gesetz stellt auf diesen Ort des Leistungsgeschehens ab. Die Zuständigkeit zum Vereinbarungsabschluss richtet sich deshalb nach dem räumlichen Standort der Einrichtung. Weil es dem Gesetzeszweck nach um die Vertragsgestaltungshoheit des territorial betroffenen öffentlichen Trägers geht, können nicht die Organisationsstrukturen des Einrichtungsträgers für die Bestimmung der örtlichen Zuständigkeit maßgebend sein. Zwar sind auch dezentral organisierte Einheiten als Teil einer Einrichtungsgesamtheit anzusehen.[1] Neben organisatorisch und funktionell selbstständigen Teileinrichtungen einer Einrichtung mit Hauptbetriebsstätte an anderem Ort[2] sind wegen der Ausrichtung der Vertragsabschlusszuständigkeit des Trägers der öffentlichen Jugendhilfe auf die räumliche Lage der Betriebsstätte auch (organisatorisch unselbstständige) Dependancen eines Einrichtungsträgers als „Einrichtung" im Sinne dieser Vorschrift zu begreifen,[3] wenn in ihnen das tatsächliche Leistungsgeschehen vollzogen wird. Für die Vertragsabschlusszuständigkeit kommt es mithin nicht auf die Kriterien der (organisatorischen) Selbstständigkeit einer Einrichtung – wie eine eigenständige Kompetenz in Personal- und Wirtschaftsfragen sowie arbeitsrechtliche Direktionsbefugnisse[4] – an. 1

1 BVerwG, Urt. v. 24.8.2017, 5 C 1/16, BVerwGE 159,314, ohne genaue Festlegung der Kriterien einer autonomen Einrichtung.
2 *Jung/von Renesse*, SGB VIII, § 78e Rn. 3.
3 Die Zuständigkeitsfrage bei dezentralen Einheiten betrifft auch die Erteilung der Betriebserlaubnis nach § 87a Abs. 2 SGB VIII.
4 Zusammenstellung der Merkmale einer selbstständigen Einrichtung bei *Gerlach*, NDV 2019,365 unter Bezug auf die die Entscheidungen der Nds. Schiedsstelle nach § 78g SGB VIII vom 17.5.2019, SV 25.26/18 und 27/18.

Durch das Kinder- und Jugendstärkungsgesetzes ist in § 45a SGB VIII eine Legaldefinition der „Einrichtung" aufgenommen worden. Darin werden für „familienähnliche Formen der Unterbringung von Kindern und Jugendlichen" Kriterien festgelegt, anhand derer sich deren „Einrichtungs"-Charakter ausnahmsweise ergeben soll. Deren fachliche und organisatorische Einbindung in eine Einrichtung wird „insbesondere" davon abhängig gemacht, dass für diese (quasi aus einer Zentrale ausgelagerten) familienähnlichen Betreuungsformen (deren Zentrale als) „die betriebserlaubnispflichtige Einrichtung das Konzept, die fachliche Steuerung der Hilfen, die Qualitätssicherung, Auswahl, Überwachung, Weiterbildung und Vertretung des Personals sowie die Außenvertretung gewährleistet."

2 Abweichende landesrechtliche Regelungen sind ermöglicht, um etwa besonderen Belegungssituationen einzelner Einrichtungen gerecht werden zu können. Die sachliche Zuständigkeit kann aber durch Landesrecht nicht anders geregelt werden.[5] Der Landesrechtsvorbehalt ist bislang ungenutzt geblieben.

B. Abs. 2 – Schutz der Einrichtungsorte

3 Die vom zuständigen örtlichen öffentlichen Träger abgeschlossenen Vereinbarungen sind **für alle** anderen örtlichen Träger (bundesweit) **bindend** (**Abs. 1 Satz 2**), ohne dass dies landesrechtlich abweichend regelbar ist. Dem territorial externen „Beleger" einer Jugendhilfeeinrichtung wird durch gesetzliche Anordnung der Geltung vertraglicher Regelungen zwischen Dritten unterstellt. Diese Konstruktion ist der sog. „Rechtsvereinbarung"[6] als besonderer verwaltungsrechtlicher Rechtsquelle ähnlich, weil sie eine kooperative Gestaltung mit „Wirkung für Dritte" beinhaltet. Die Einbeziehung Dritter ist hier aber anders als bei den Rechtsvereinbarungen nicht ein von den Parteien festlegbarer Vertragsinhalt, sondern Inhalt der gesetzlichen Anordnung. Die Einbeziehung nicht am Vertragsschluss Beteiligter trägt der Grundannahme des Gesetzgebers Rechnung, dass die örtlich handelnden Akteure die sachgerechte vertragliche Lösung zustande bekommen (Kooperationsprinzip). Deren Verhandlungsergebnisse bringt das Gesetz (Abs. 1 Satz 2) selbst, und zwar nicht allgemein (normersetzend), sondern **partiell** für nicht am Vertragsschluss, aber **am örtlichen Leistungsgeschehen beteiligte externe Träger der** öffentlichen Jugendhilfe in Geltung. Darin unterscheidet sich die Geltungserstreckung etwa auch von der Allgemeinverbindlichkeitserklärung kollektivarbeitsrechtlicher Verträge (§ 5 Tarifvertragsgesetz – TVG). Letztere ist ein Rechtssetzungsakt eigener Art. Er bewirkt die Geltung des Kollektivvertrags für bis dahin nicht an den Tarif Gebundene nach Antragstellung grundsätzlich beim zuständigen Bundesministerium für Arbeit und Sozialordnung und dessen Entscheidung insbesondere am Maßstab des öffentlichen Interesses. Diese Entscheidung hat der Gesetzgeber bei der jugendhilferechtlichen Geltungserstreckung bereits selbst getroffen.

4 Bei landesrechtlicher Erweiterung auf ambulante Leistungsangebote (§ 78a Abs. 2 SGB VIII) gilt § 78e SGB VIII entsprechend. **Funktional** ist der Vertragsabschluss dem Jugendhilfeausschuss zugewiesen (§ 71 Abs. 3 SGB VIII), weil es sich dabei nicht um ein Geschäft der laufenden Verwaltung handelt.[7] Der Jugendhilfeausschuss kann die Verwaltung aber zum Abschluss ermächtigen.

5 FK-SGB VIII/*Schindler/Münder* § 78e Rn. 1.
6 *Wolf/Bachof*, Verwaltungsrecht Bd. 1, § 25 XI Rn. 67.
7 *Merchel*, NDV 1998, 386; *Baltz*, NDV 1999, 26.

C. Anhörung des Hauptbelegers

Ein (bloßes) **Anhörungsrecht**, kein Mitentscheidungsrecht, hat nach Abs. 2 derjenige örtliche Träger, der die jeweilige Einrichtung „überwiegend" belegt. Welcher das ist, wird jeweils vor Vereinbarungsabschluss nur unter Zuhilfenahme der Belegungsübersicht des Einrichtungsträgers für den abgelaufenen Vereinbarungszeitraum ermittelt werden können. Daraus ergibt sich, welcher öffentliche Träger die meisten Plätze belegt hat, wer also relativ, nicht zwingend absolut **Hauptbeleger** ist. Die Landesrahmenverträge definieren z.T. den Begriff des Hauptbelegers. Nach § 2 Abs. 1 Satz 3 Nds. LRV ist „Hauptbeleger" der örtliche Träger der Jugendhilfe, der im letzten Kalenderjahr die meisten Platztage, die auf das jeweilige Leistungsangebot entfallen, in Anspruch genommen hat. Damit seine Belange beim Abschluss der Vereinbarungen Einfluss haben, muss der vereinbarungsschließende öffentliche Träger den Hauptbeleger **anhören**. Bleiben seine Belange nach der Anhörung unberücksichtigt, hat er dagegen allerdings keine Rechtsbehelfe. 5

D. Abs. 3 – Beauftragung von Kommissionen

Der Vereinbarungsabschluss kann nach **Abs. 3** funktional sowohl auf Kostenträger- als auch auf Leistungsträgerseite in die landesverbandliche oder eine regionale Ebene gelegt werden. Dann verhandeln Delegierte der kommunalen Spitzenverbände und der Verbände der gemeinnützigen und der gewerblichen Träger. Für die von diesen gebildeten **Kommissionen**, deren Mitglieder (aufgrund notfalls nachweisbarer Vollmachten) für ihre Mitglieder („im Auftrag") die Vereinbarungen abschließen, kann nach Landesrecht die Beteiligung der Landesjugendämter vorgeschrieben werden. Ein Schiedsstellenverfahren (§ 78g Abs. 2 SGB VIII) wird bei Tätigkeit einer Kommission nur durch Entziehung des „Auftrags" erreichbar sein. 6

§ 78f
Rahmenverträge

[1]Die kommunalen Spitzenverbände auf Landesebene schließen mit den Verbänden der Träger der freien Jugendhilfe und den Vereinigungen sonstiger Leistungserbringer auf Landesebene Rahmenverträge über den Inhalt der Vereinbarungen nach § 78b Absatz 1. [2]Die für die Wahrnehmung der Aufgaben nach § 85 Absatz 2 Nummer 5 und 6 zuständigen Behörden sind zu beteiligen.

Übersicht Rn.

A. Entwicklung von Landesrahmenverträgen

1 Landesrahmenverträge haben sich aus der Sozialleistungspraxis heraus entwickelt. Zwischen den Sozialhilfeträgern auf Landesebene und der Landesarbeitsgemeinschaft der Freien Wohlfahrtspflege in Niedersachsen (andernorts auch „Liga" genannt) wurde z.B. eine sog. Pflegesatzrahmenvereinbarung[1] geschlossen. Nach Übergangsvereinbarungen wurde sie vom Landesrahmenvertrag nach § 93d Abs. 2 BSHG, der sozialversicherungsrechtliche „Ahnen" hat, abgelöst. Dessen beide Teile galten als Rahmenvertrag i.S.v. § 79 SGB XII fort.[2] § 78f SGB VIII enthält die Regelung der jugendhilferechtlichen Variante des Landesrahmenvertrags, die aber bei Weitem nicht so differenziert ist wie ihr heutiges sozialhilferechtliches Pendant in § 80 SGB XII. Das Jugendhilferecht enthält demgegenüber zudem keine Vorschrift über die Vereinbarung von Bundesempfehlungen der Verbände für die **Inhalte** der Landesrahmenverträge.

B. Rechtsnatur und Rechtswirkung von Landesrahmenverträgen

I. Vertragspartner

2 Partner dieser öffentlich-rechtlichen Verträge (§ 53 SGB X) sind die jeweiligen Spitzenverbände. „Vereinigungen sonstiger Leistungserbringer" sind die Verbände privat-gewerblicher Anbieter. Nicht „auf Landesebene" ist ein (Einrichtungsträger-)Verband tätig, wenn er sich (nach seiner Satzung) nur regional betätigt. Die in Satz 2 genannten zu beteiligenden „Behörden" sind in der Regel die Landesjugendämter. Sie sollen gesetzlich abgesicherten Einfluss behalten, haben aber – wie die Hauptbeleger bei den örtlichen Vereinbarungen nach § 78e SGB VIII – keine rechtlichen Durchsetzungsmöglichkeiten.

---

1 Dazu *Witte*, NDV 1994, 254.
2 A.A. VG Hannover, Urt. v. 28.3.2006, 3 A 541/03, juris, www.rechtsprechung.niedersachsen.de – weil nur die ganz überwiegende Mehrheit, aber nicht alle Verbände unterzeichnet hatten.

II. Verbindlichkeit

3 Die Verträge sind **nicht allgemeinverbindlich**, also nicht, wie das z.B. das pflegeversicherungsrechtliche Pendant in § 75 Abs. 1 Satz 4 SGB XI bestimmt, kraft Gesetzes für die beteiligten Pflegekassen und zugelassenen Einrichtungen „unmittelbar verbindlich". Sie haben deshalb keinen normsetzenden Charakter[3]. Es sind zum einen nicht alle Träger verbandlich integriert und der Vertragsschluss nicht von der Mitwirkung aller Verbände auf Landesebene abhängig. Zum anderen enthält § 78f SGB VIII trotz der indikativischen Formulierung („schließen") keinen Kontrahierungszwang. Andererseits entfalten Landesrahmenverträge faktische Wirkungen, weil die öffentlichen Träger verfassungsrechtlich (Art. 3 GG) ohne sachlichen Grund rahmenvertragsgebundene und -ungebundene Träger nicht ungleich behandeln dürfen. Regelmäßig werden die Rahmenverträge auf Einrichtungsebene durch (widerruflichen) **Beitritt** oder einzelvertragliche Inbezugnahme wirksam. Sie bezwecken, für Regelungsgegenstände der Vereinbarungstrias nach § 78b Abs. 1 SGB VIII im Interesse der Herstellung von Einheitlichkeit und Vergleichbarkeit einen „Rahmen" bereitzustellen, damit auf örtlicher Trägerebene nur noch die jeweiligen Besonderheiten vereinbart werden müssen. Dabei sind in den örtlichen Vereinbarungen nach Beitritt oder Inbezugnahme Abweichungen vom Rahmenvertrag grundsätzlich möglich, wo dieser einer dispositiven Gestaltung nicht entgegensteht. Mit der gesetzlichen Vorgabe der potenziellen Vertragsparteien überantwortet der Bundesgesetzgeber den Spitzenverbänden ein hohes Maß an innerverbandlicher Gestaltungs-, Meinungs- und Willensbildungskraft, um die Beitrittsbereitschaft der Verbandsmitglieder zum Rahmenvertrag zu erreichen. Im Streitfall kann die Schiedsstelle mit dem Landesrahmenvertrag auf ein Vertragswerk zurückgreifen, das eine konsensuale Gestaltung enthält, die nach Regelungsumfang und Regelungstiefe dasjenige,was auf örtlicher Ebene zu erreichen ist, zwangsläufig übertrifft.

II. Vertragsschluss und Kommissionen

4 Anders als in § 78e SGB VIII sind für den Landesrahmenvertragsabschluss in § 78f SGB VIII keine **Kommissionen** vorgesehen. Praktisch war und ist die Vorbereitung der Landesrahmenverträge durch Kommissionen üblich, die von den Verbänden gebildet werden. Unterzeichnet werden die Landesrahmenverträge aber dann von den Repräsentanten der Verbände selbst. Kommissionen sind in Landesrahmenverträgen selbst vorgesehen, um die Weiterentwicklung und Auslegung des Landesrahmenvertrags zu befördern (z.B. § 15 Nds. LRV[4]).

III. Vertragsinhalte

5 Die weitgehend normkonkretisierenden **Inhalte** der Rahmenverträge sind die Benennung der Parteien, der vertragserfassten (auch einrichtungsindividuellen) Leistungen, deren Beschreibung, die Zusammensetzung der Entgelte sowie der Kalkulationsgrundsätze zur Sach- und Personalkostenberechnung einschließlich der Berechnung auf Fachleistungsstundenbasis, die Zahlungsmodalitäten und die Grundlagen der Qualitätsentwicklung.

---

3 A.A. *Pöld-Krämer/Fahlbusch*, RsDE 46, 20, zu § 79 SGB X.
4 Abrufbar über die website des Nds. Landesamts für Soziales, Jugend und Familie.

§ 78g
Schiedsstelle

(1) [1]In den Ländern sind Schiedsstellen für Streit- und Konfliktfälle einzurichten. [2]Sie sind mit einem unparteiischen Vorsitzenden und mit einer gleichen Zahl von Vertretern der Träger der öffentlichen Jugendhilfe sowie von Vertretern der Träger der Einrichtungen zu besetzen. [3]Der Zeitaufwand der Mitglieder ist zu entschädigen, bare Auslagen sind zu erstatten. [4]Für die Inanspruchnahme der Schiedsstellen können Gebühren erhoben werden.

(2) [1]Kommt eine Vereinbarung nach § 78b Absatz 1 innerhalb von sechs Wochen nicht zustande, nachdem eine Partei schriftlich zu Verhandlungen aufgefordert hat, so entscheidet die Schiedsstelle auf Antrag einer Partei unverzüglich über die Gegenstände, über die keine Einigung erreicht werden konnte. [2]Gegen die Entscheidung ist der Rechtsweg zu den Verwaltungsgerichten gegeben. [3]Die Klage richtet sich gegen eine der beiden Vertragsparteien, nicht gegen die Schiedsstelle. [4]Einer Nachprüfung der Entscheidung in einem Vorverfahren bedarf es nicht.

(3) [1]Entscheidungen der Schiedsstelle treten zu dem darin bestimmten Zeitpunkt in Kraft. [2]Wird ein Zeitpunkt für das Inkrafttreten nicht bestimmt, so werden die Festsetzungen der Schiedsstelle mit dem Tag wirksam, an dem der Antrag bei der Schiedsstelle eingegangen ist. [3]Die Festsetzung einer Vergütung, die vor diesen Zeitpunkt zurückwirkt, ist nicht zulässig. [4]Im Übrigen gilt § 78d Absatz 2 Satz 4 und Absatz 3 entsprechend.

(4) Die Landesregierungen werden ermächtigt, durch Rechtsverordnung das Nähere zu bestimmen über

1. die Errichtung der Schiedsstellen,

2. die Zahl, die Bestellung, die Amtsdauer und die Amtsführung ihrer Mitglieder,

3. die Erstattung der baren Auslagen und die Entschädigung für ihren Zeitaufwand,

4. die Geschäftsführung, das Verfahren, die Erhebung und die Höhe der Gebühren sowie die Verteilung der Kosten und

5. die Rechtsaufsicht.

Übersicht Rn.

A. Abs. 1 – Funktion und Rechtsnatur der Schiedsstelle

I. Funktion

Die Schiedsstelle hat nach **Abs. 1** als Instrument der außergerichtlichen Streit- und Konfliktlösung sozialversicherungsrechtliche Vorbilder. Sie ist keine Behörde[1], sondern **vertragsgestaltende Schlichtungsstelle** (wie schon z.B. die frühere durch Pflegesatzrahmenvereinbarung geschaffene niedersächsische Pflegesatzkommission[2]). Dass sie (staatliche) Aufgaben der öffentlichen Verwaltung wahrnähme, wäre die Voraussetzung dafür, sie funktional als Behörde einzustufen. Die Schiedsstellen werden aber nicht von den Ländern, sondern „in" den Ländern eingerichtet. Zudem besteht ihre Aufgabe darin, Vertragsstreitigkeiten zu befrieden. Sie handeln dabei zwar mit Außenwirkung aufgrund öffentlich-rechtlicher Bestimmungen, aber weder durch Verwaltungsakt noch durch öffentlich-rechtlichen Vertrag noch durch Realakt. Die Funktion der Schiedsstelle besteht nicht in der Erledigung von Verwaltungsaufgaben der öffentlichen Hand. Ihre Schiedsfunktion im vorgerichtlichen Bereich dient den Vereinbarungspartnern des § 78b aus dem kommunalen und dem gesellschaftlichen Raum. Sie hat eine eher mediative als judikative Funktion.[3] Weil sie keine Gerichtsinstanz ist,[4] hat sie sich kompromisssuchend zu betätigen und muss sie sich in ihrer Schiedsaktivität nicht zwingend an die prozessualen Beweisregeln (etwa zum Sachverständigenbeweis) halten. 1

II. Rechtsnatur

Die **Rechtsnatur** der Schiedsstelle und des Schiedsspruchs ist wegen der Zwischenstellung der Schiedsstelle zwischen vertragsgestalterischem und hoheitlichem Wirken noch immer umstritten. Nach einer Entscheidung des Bundesverwaltungsgerichts in 2002[5] sah sich die h.M. in ihrer Qualifizierung als „Behörde" bestätigt. Das Bundesverwaltungsgericht hatte die Streitfrage aber nicht entschieden, sondern die Schiedsstelle als „hoheitliches Vertragshilfeorgan" qualifiziert.[6] Das Schiedsstellenverfahren und der Geltungsanspruch der Schiedsstellenentscheidung beruhen nach dieser Rechtsprechung auf staatlicher Setzung und nicht auf Vertragsautonomie. 2

B. Abs. 2 – Schiedsstellenentscheidungen und Rechtsweg

I. Entscheidungen

Die Schiedsstelle entscheidet in Streit- und Konfliktfällen des Einrichtungsfinanzierungsrechts der §§ 78a und 78b SGB VIII, in denen die Vereinbarungspartner keine Einigung erreicht haben. Über **Rahmenverträge** nach § 78f SGB VIII oder Kostenvereinbarungen nach 3

1 *Stähr*, RdJB 2000, 172; *Busch*, ZfJ 2000, 385, 430; *Gottlieb*, NDV 2001, 259; *Wabnitz*, ZfJ 2001, 38; differenzierend: *Becker*, SGB 2003, 667.
2 Dazu *R. Witte*, NDV 1994, 257; zur aktuellen Rechtslage: *von Boetticher/Tammen*, RsDE 2003, 59.
3 LPK-SGB VIII/*Gottlieb*, § 78g Rn. 20.
4 VG Münster, Urt. v. 18.8.2020, 6 K 6218/17, Rn. 37, online abrufbar unter https://www.justiz.nrw.de/nrwe/ovgs/vg_muenster/j2020/6_K_6218_17_Urteil_20200818.html: „Schiedsstelle keine Gerichtsinstanz".
5 Zum Sozialhilferecht: BVerwGE 116, 78.
6 Dazu *Armborst*, NDV 1998, 191.

§ 77 SGB VIII kann die Schiedsstelle nicht entscheiden. Landesrahmenvertragsinhalte können nur inzident Gegenstand der Schiedsstellenentscheidung sein.

II. Rechtsweg gegen Entscheidungen der Schiedsstelle

4 Gegen die **Entscheidung der Schiedsstelle**, die als Beschluss ergeht, kann ohne ein Vorverfahren im **Verwaltungsrechtsweg** vorgegangen werden, weil es um öffentlich-rechtliche Verträge geht. Statthafte Klageart ist infolgedessen die allgemeine Leistungsklage[7] auf Festsetzung des streitigen Vertragsinhalts[8]. Der Klageantrag lautet auf Abgabe der Annahmeerklärung zum unterbreiteten Vertragsangebot. Der Vertrag wird mit Rechtskraft des Urteils gültig (§ 167 Abs. 1 VwGO, § 894 Abs. 1 Satz 1 ZPO). Das Bundesverwaltungsgericht geht im Sozialhilferecht dagegen von der Rechtsnatur der Schiedsstellenentscheidung als **vertragsgestaltender Verwaltungsakt** aus.[9] Es hält deshalb eine „isolierte" Anfechtungsklage für statthaft. Aus dem Ausschluss des Vorverfahrens (§ 68 VwGO) leitet es ab, der Gesetzgeber sei davon ausgegangen, die Schiedsstellenentscheidung stelle einen Verwaltungsakt dar.[10] Dem ist entgegenzuhalten, dass diese Wertung der Funktion der Schiedsstelle als Schlichter innerhalb des **Vereinbarungsregimes** nicht gerecht wird. Die Schlichtung ist der Vertragssphäre zuzuordnen[11] (das Vertragshilfekonzept ist auch unter Rechtsschutzgesichtspunkten überzeugender)[12]. Eine vermittelnde Lösung will mit dem Verständnis als „Zwangs-Schlichtung" harmonisieren.[13]

5 Wird der Schiedsspruch gerichtlicher Überprüfung zugeführt, bleibt es zunächst bei der Vertragslage, die vor dem Schiedsspruch bestand, weil der Schiedsspruch als vertragliche Vereinbarung erst dann verbindlich wird, wenn die Parteien ihn akzeptieren, d.h. das Verwaltungsgericht nicht anrufen.[14] Das ist eine im Vertragsregime verortete faktisch aufschiebende Wirkung. Das Bundesverwaltungsgericht[15] bejaht unter Berufung auf den Willen des Gesetzgebers die aufschiebende Wirkung der Klage nach § 80 VwGO, die durch rechtskräftige Gerichtsentscheidung beendet wird, weil es einen vertragsgestaltenden Verwaltungsakt annimmt. Die aufschiebende Wirkung kann allerdings die gesetzlich bezweckte Beschleunigung bei der Festsetzung der Leistungsentgelte behindern.[16]

6 Verwaltungsgerichtliche **Streitigkeiten über Verträge** nach § 78b Abs. 1 SGB VIII können wegen der in Abs. 2 Satz 1 angeordneten Entscheidungszuständigkeit der Schiedsstelle nicht ohne vorangegangene Schiedsstellenentscheidung vor dem Verwaltungsgericht ausgetragen werden. Die Schiedsstellenentscheidung ist dafür eine Sachentscheidungsvoraussetzung. **Klagegegner** ist nach der klaren Regelung im Jugendhilferecht nicht die Schiedsstelle, sondern die jeweils andere Vertragspartei, weil die Entscheidung der Schiedsstelle kein Verwaltungsakt ist.[17] Das Verwaltungsgericht muss die aus ihrer Funktion der Vertragshilfe

---

7 Hauck/Noftz/*Stähr*, § 78g SGB VIII Rn. 18.
8 FK-SGB VIII/*Schindler/Münder*, § 78g Rn. 20; nach BVerwG, Urt. v. 28.2.2002, 5 C 25.01, BVerwGE 116,78 soll eine „isolierte" Anfechtungsklage nach § 42 Abs. 1 1. Alt. VwGO und nach VGH München, Urt. v. 6.4.2001, 12 B 00.2019 soll die Verpflichtungsklage nach § 42 Abs. 1 2. Alt. VwGO die statthafte Klageart sein. *Armborst*, NDV 1998, 192, hält die kombinierte Anfechtungs- und allgemeine Leistungsklage für die statthafte Klageart.
9 BVerwGE 116, 81; ebenso: *Zeitler*, RsDE 1999, 66.
10 BVerwGE 108, 49 und 116, 81.
11 *Stähr*, RdJB 2000, 175.
12 Dazu *von Boetticher/Tammen*, RsDE 2003, 59 f.
13 *Schütte*, NDV 2005, 247.
14 Hauck/Noftz/*Stähr*, § 78g SGB VIII Rn. 22; *ders.* RdJB 2000, 174.
15 BVerwG, Urt. v. 28.2.2002, 5 C 25.01, BVerwGE 116, 84.
16 GK-SGB VIII/ *Struck*, § 78g Rn. 11 ff., weshalb dort die vorläufige Festsetzung im einstweiligen Anordnungsverfahren empfohlen wird; gegen die Verfügbarkeit des einstweiligen Rechtsschutzverfahrens zur Erzwingung der Verhandlungsaufnahme: LSG Darmstadt, NDV-RD 2005, 124.
17 FK-SGB VIII/*Schindler/Münder*, § 78g Rn. 16.

folgende „**Entscheidungsprärogative**" der Schiedsstelle[18] beachten. Es hat mithin eine auf die Ermittlung der widerstreitenden Interessen und abwägungsrelevanten Tatsachen, die zutreffende Ausfüllung der unbestimmten Rechtsbegriffe sowie die Wahrung der Logik und der Freiheit von sachfremden Erwägungen begrenzte Befugnis[19] zur **Überprüfung der Schiedsstellenentscheidung**.

III. Träger der Schiedsstelle, Errichtung und Besetzung

1. Errichtung

Die **Errichtung** der Schiedsstellen „in den Ländern" ermöglicht auch die Errichtung durch die beteiligten Verbände. Die Rechtsverordnung nach **Abs. 4** muss nur das Nähere über die Errichtung der Schiedsstellen bestimmen, das heißt nicht, dass sie auch „durch" die Länder errichtet werden müssen, wie das z.B. in Niedersachsen und Hessen geschehen ist. 7

2. Besetzung

Abs. 1 Satz 2 bestimmt die **Besetzung** mit einem unparteiischen **Vorsitzenden** und mit Vertretern der Träger der öffentlichen Jugendhilfe und Vertretern der Träger der Einrichtungen in gleicher Zahl. Nur vom „unparteiischen" Vorsitzenden verlangt Abs. 1 Satz 2 Neutralität, die übrigen Schiedsstellenmitglieder, die aus beiden „Lagern", kommen, sind **Vertreter der Träger** der öffentlichen Jugendhilfe und der Einrichtungen. Sie sind in der Regel nach den Schiedsstellenverordnungen Träger**verbände**vertreter und handeln in der Schiedsstelle nicht als Einrichtungs- oder Kostenträgervertreter. Sie nehmen – gesetzlich akzeptiert – Gruppeninteressen wahr. Bei den vorangegangenen Vertragsverhandlungen sollten sie nicht beteiligt gewesen sein, um insoweit unbefangen die Schiedsstellenentscheidung mit herbeiführen zu können[20]. Dass die Stimme des Vorsitzenden bei Stimmengleichheit den Ausschlag gäbe, sieht § 78g SGB VIII nicht vor (anders als § 80 Abs. 3 Satz 3 SGB XII). Z.B. § 7 Abs. 1 Satz 2 der Nds. VO über die Schiedsstelle nach § 78g SGB VIII bestimmt das gleichwohl. Die Aufwandsentschädigung und der Auslagenersatz für die Schiedsstellenmitglieder (Abs. 1 Satz 3) werden ebenso wie die **Gebühren** für das Schiedsstellenverfahren aufgrund Abs. 4 Nr. 3 und 4 durch die Rechtsverordnung der jeweiligen Landesregierung geregelt. Eine Beteiligung von Vertretern privat-gewerblicher Leistungserbringerverbände und Vertretern öffentlicher Leistungsträger ist trotz Einbeziehung in das Vereinbarungsregime nicht ausdrücklich vorgeschrieben. Um die mit der Schiedsstelle angestrebte Konfliktbefriedung im gesamten Feld bewirken zu können, ist eine Schiedsstellenbesetzung auch mit Vertretern gewerblicher Leistungserbringer erforderlich. Eine zahlenmäßig gleichmäßige Repräsentanz privat-gewerblicher und frei-gemeinnütziger Trägerverbände ist wegen des Übergewichts der frei-gemeinnützigen Plätze in der freien Jugendhilfe nicht vorgeschrieben[21]. Die Beteiligung von Vertretern der öffentlichen Einrichtungsträger muss in einer Weise geschehen, welche die „Bank"-Parität nicht unterhöhlt. 8

18 BVerwGE 108, 52 für die sozialhilferechtliche Schiedsstelle; gegen eine Übertragbarkeit auf die jugendhilferechtliche Schiedsstelle: *Busch*, ZfJ 2000, 431.

19 Das VG Münster, Urt. v. 18.8.2020, 6 K 6218/17, juris, Rn. 37, online abrufbar unter https://www.justiz.nrw.de/nrwe/ovgs/vg_muenster/j2020/6_K_6218_17_Urteil_20200818.html, spricht von „eingeschränkter Kontrolldichte".

20 *Gottlieb*, NDV 2006, 302 ff.

21 OVG Lüneburg NdsVBl. 1998, 237 zu § 94 BSHG.

C. Abs. 3 – Das Schiedsstellenverfahren, Gegenstände, Verfahren, Entscheidung

I. Anrufung der Schiedsstelle

9 Nach **Abs. 2** kann die **Schiedsstelle** erst dann mittels eines Antrags **angerufen** werden, wenn nach Ablauf von (mindestens) sechs Wochen seit schriftlicher Aufforderung zu Verhandlungen keine Vereinbarung zustande gekommen ist. Die Schiedsstelle soll erst nach Ausschöpfung der Verhandlungspotenziale angerufen werden. Der für die Sechs-Wochen-**Fristberechnung** maßgebliche Zeitpunkt ist derjenige des Zugangs beim Vertragspartner. Das Nichtzustandekommen kann auch darauf beruhen, dass die andere **Vertragspartei gar nicht verhandlungsbereit** ist. Mit der Frist wird zwar einer Verfahrensverschleppung entgegengewirkt, dass bei erklärter Ablehnung von Verhandlungen die Schiedsstelle vor Fristablauf angerufen werden könnte[22], ist dem Gesetzeswortlaut aber nicht zu entnehmen. Innerhalb der Frist kann die Verhandlungsbereitschaft überlegt werden.[23] Die Schiedsstelle kann nicht nur über die Leistungs- und die Vergütungsvereinbarungen, sondern auch über die Qualitätsentwicklungsvereinbarungen entscheiden, weil § 78b Abs. 1 SGB VIII insgesamt in Bezug genommen wird. Damit ist der Marktzutritt oder -verbleib zu veränderten Bedingungen nicht bereits dadurch verhinderbar, dass eine (neue) Leistungsvereinbarung verweigert wird.[24]

II. Gegenstände des Schiedsstellenverfahrens

10 Die Schiedsstelle entscheidet über diejenigen Vertragsinhalte, über welche die Parteien sich nicht einigen konnten (**Abs. 2 Satz 1**). Damit wird grundsätzlich ein Einigungsversuch mit Teilerfolg vorausgesetzt. Nur bei völliger Verweigerung einer Partei muss die Schiedsstelle den gesamten **Vertragsinhalt** vorgeben. Voraussetzung ist aber auch dann, dass die antragstellende Partei einen Vertragstext vorgelegt hat. Anderer Ansicht nach darf die Schiedsstelle in diesem Fall nur über die Berechtigung des Ablehnungsgrunds entscheiden.[25] Es ist nicht Aufgabe der Schiedsstelle, unfertige und unausgereifte Vertragsangebote entwickeln zu helfen.[26]

III. Verfahren der Schiedsstelle

11 Eine **Verfahrensordnung** gibt das Gesetz nicht vor, das SGB X ist nicht unmittelbar anwendbar, weil die Schiedsstelle nicht Behörde ist. Die **Schiedsstellenverordnungen der Landesregierungen** [27] nach **Absatz 4** treffen Regelungen auch zum Verfahren vor der Schiedsstelle. Dies sind insbesondere die Regelungen zur verfahrenseinleitenden Antragstellung, Entscheidung nach mündlicher Verhandlung, Beschlussfähigkeit und Gebührenerhebung. Das Verfahren muss rechtsstaatlichen Verfahrensgrundsätzen genügen. Es gelten der

22 *Schellhorn*, § 78g SGB VIII Rn. 6.
23 *Busch*, ZfJ 2000, 388.
24 Anders im Sozialhilferecht, dazu: BayVGH, ZfSH/SGB 2006, 151 und *Möwisch*, Altenheim 2001, 49.
25 Hauck/Noftz/*Stähr*, § 78g SGB VIII Rn. 13.
26 *Armborst*, RsDE 1996, 10.
27 Die Landesregierungsverordnungen nach § 78g SGB VIII sind in den amtlichen Verkündungsblättern (Gesetz- und Verordnungsblättern) der Länder veröffentlicht, die i.d.R. auch über die Portale der Länder oder deren zuständige Behörden im Internet abrufbar sind.

Beibringungsgrundsatz[28] und der Mündlichkeitsgrundsatz. Der Amtsermittlungsgrundsatz würde die gebotene „unverzügliche" Entscheidung behindern. Das Gebot, „unverzüglich" zu entscheiden, bedingt reduzierte Anforderungen an die Begründung des Schiedsspruchs.[29] Die Schiedsstelle verletzt das Beschleunigungsgebot nicht, wenn sie zur Ermöglichung weiterer Verhandlungen das Verfahren befristet aussetzt.[30] Die Anträge der Parteien bestimmen den Verhandlungsgegenstand, in ihrer Entscheidung ist die Schiedsstelle daran aber nicht gebunden. Die z.B. von § 2 Abs. 1 Satz 1 Nds. VO über die Schiedsstelle nach § 78g SGB VIII[31] verlangte volljuristische Qualifikation des Vorsitzenden, die eine Befähigung zum höheren allgemeinen Verwaltungsdienst einschließt, ist deswegen nachvollziehbar[32], weil sie die erforderlichen Arbeitstechniken zur Vorbereitung der Entscheidung und ihrer Abfassung[33], Rechtsanwendung und Verhandlungsführung, Leitung eines streitentscheidenden Kollegialorgans und seiner Geschäftsstelle beinhaltet und wohl keine insoweit unerfahrene Person von den Verbänden zur Bestellung vorgeschlagen wird.

IV. Inkrafttreten der Schiedsstellenentscheidung

Die Schiedsstelle kann nach **Abs. 3 Satz 1** den **Zeitpunkt des Inkrafttretens** ihrer Entscheidung selbst bestimmen, tut sie das nicht, ist nach Satz 2 der Wirksamkeitszeitpunkt der jeweiligen Vereinbarung der Zeitpunkt des Antragseingangs bei der Schiedsstelle. Nur für die Festsetzung der „Vergütung" ist nach Satz 3 eine vor den Antragseingangszeitpunkt rückwirkende Entscheidung unzulässig. Insoweit kommt es also für den Einrichtungsträger auf die rechtzeitige Verfahrenseinleitung an, um Entgeltnachteile zu vermeiden. Die von Satz 4 angeordnete entsprechende Anwendung des § 78d Abs. 2 Satz 4 und Abs. 3 SGB VIII bedeutet, dass auch bei Entscheidung der Schiedsstelle über den von ihr erfassten Vereinbarungszeitraum hinaus (nur) die Vergütungen bis zur Neuvereinbarung weitergelten und (einseitig) die Neuverhandlung während des Vereinbarungszeitraums bei Wegfall der Geschäftsgrundlage verlangt werden kann. 12

D. Abs. 4 – Landesrecht

Der Erlass der Rechtsverordnungen über die Schiedsstelle liegt nach **Abs. 4** in der Zuständigkeit der **Landesregierungen**. In den Rechtsverordnungen sind zum Teil ausdrücklich (z.B. in § 2 Abs. 2 Nds. Schiedsstellenverordnung) die Selbstorganisationsbefugnis der Schiedsstelle durch eine **Geschäftsordnung** und die Zuordnung einer Geschäftsstelle geregelt. 13

28 *Riege*, ZfS 2001, 269 für die Schiedsstelle nach § 76 SGB XI.
29 LSG Celle, RsDE 2002, 98 zu § 76 SGB XI.
30 *Schellhorn*, ZfF 1999, 126.
31 Nds. GVBl. 6/2000, 54 f., letzte Fassung vom 20.6.2017, Nds. GVBl. 2017, 193.
32 A.A. GK-SGB VIII/*Struck*, § 78g Rn. 4.
33 Dazu *Riege*, ZfS 2001, 272 und *Gottlieb*, ZfF 2002, 8.

Vierter Abschnitt
Gesamtverantwortung, Jugendhilfeplanung

§ 79
Gesamtverantwortung, Grundausstattung

(1) Die Träger der öffentlichen Jugendhilfe haben für die Erfüllung der Aufgaben nach diesem Buch die Gesamtverantwortung einschließlich der Planungsverantwortung.

(2) [1]Die Träger der öffentlichen Jugendhilfe sollen gewährleisten, dass zur Erfüllung der Aufgaben nach diesem Buch

1. die erforderlichen und geeigneten Einrichtungen, Dienste und Veranstaltungen den verschiedenen Grundrichtungen der Erziehung entsprechend rechtzeitig und ausreichend zur Verfügung stehen; hierzu zählen insbesondere auch Pfleger, Vormünder und Pflegepersonen;

2. die nach Nummer 1 vorgehaltenen Einrichtungen, Dienste und Veranstaltungen dem nach § 80 Absatz 1 Nummer 2 ermittelten Bedarf entsprechend zusammenwirken und hierfür verbindliche Strukturen der Zusammenarbeit aufgebaut und weiterentwickelt werden;

3. eine kontinuierliche Qualitätsentwicklung nach Maßgabe von § 79a erfolgt.

[2]Von den für die Jugendhilfe bereitgestellten Mitteln haben sie einen angemessenen Anteil für die Jugendarbeit zu verwenden.

(3) [1]Die Träger der öffentlichen Jugendhilfe haben für eine ausreichende Ausstattung der Jugendämter und der Landesjugendämter einschließlich der Möglichkeit der Nutzung digitaler Geräte zu sorgen; hierzu gehört auch eine dem Bedarf entsprechende Zahl von Fachkräften. [2]Zur Planung und Bereitstellung einer bedarfsgerechten Personalausstattung ist ein Verfahren zur Personalbemessung zu nutzen.

Übersicht

A. Bedeutung der Norm und Überblick

1 Die Vorschrift hat für die Erfüllung der Rechtsansprüche und Leistungsverpflichtungen nach dem SGB VIII zentrale Bedeutung.[1] Für die Schaffung positiver Lebensbedingungen für junge Menschen und ihre Familien (§ 1 Abs. 3 Nr. 4) ist die in § 79 normierte Zuweisung der **Ge-**

1 GK-SGB VIII/*Fieseler*, § 79 Rn. 2.

samtverantwortung und der **Gewährleistungspflicht** für die Jugendhilfe-Infrastruktur zu den öffentlichen Trägern der Jugendhilfe wesentlich. Das von der Rspr. des Bundesverfassungsgerichts[2] erkannte Verhältnis öffentlicher und freier Träger der **Wohlfahrtspflege** findet hier seine Verantwortungszuordnung. Wohlfahrtspflege ist die planmäßig zum Wohl der Allgemeinheit und nicht des Erwerbs wegen ausgeübte Sorge für notleidende und gefährdete Mitmenschen (§ 66 Abs. 2 Satz 1 AO.) Die partnerschaftliche Zusammenarbeit der in ihrer Selbstständigkeit zu achtenden freien Träger mit den öffentlichen Trägern der Wohlfahrtspflege (§ 4 Abs. 1), d.h. deren Begegnung „auf gleicher Augenhöhe", wird im Sinne der Gesamtverantwortung der öffentlichen Hand für die „soziale Frage" der Jugendhilfe abgesichert. Die öffentliche ist der freien Jugendhilfe, die aus der gesellschaftlichen Sphäre in Erfüllung nicht gesetzlich vorgegebener, sondern autonom gesetzter Aufgaben tätig ist, „bedingt" nachrangig (Funktionsschutz der freien Jugendhilfe). Die öffentliche Jugendhilfe ist gleichwohl als Letztverantwortliche[3] zum „Überblick" über das Ganze verpflichtet. Denn nur sie trifft die gesetzliche Pflicht zur Erfüllung der jugendhilferechtlichen Leistungsansprüche (§ 3 Abs. 2 Satz 2). Sie hat für die nötige Infrastruktur an Einrichtungen, Diensten und Veranstaltungen zu sorgen.[4]

Kreisangehörige Gemeinden haben nur dann die Gesamtverantwortung, wenn sie selbst – durch Landesrecht – zum örtlichen öffentlichen Träger der Jugendhilfe bestimmt worden sind. Auch im Verhältnis zu den kreisangehörigen Gemeinden ohne eigenes Jugendamt (§ 69 Abs. 5) hat der Kreis die Gesamtverantwortung für die Aufgabenerfüllung (§ 69 Abs. 6 Satz 2). Selbst wenn Gemeindeordnungen die Gemeinden zur selbstständigen Schaffung bedarfsgerechter Angebote verpflichten, bewirkt das keine Gewährleistungspflicht der Gemeinden[5] und keine Einschränkung der Gesamtverantwortung des Kreises.

B. Regelungsgegenstände

I. Abs. 1 – Gesamtverantwortung

1. Pflichtaufgabe

Die in **Abs. 1** statuierte **Gesamtverantwortung** hat das *Bundesverfassungsgericht*[6] dergestalt umrissen, dass „Einrichtungen und Veranstaltungen in einer den jeweiligen örtlichen Gegebenheiten angepassten Weise und unter wirtschaftlich sinnvollem Einsatz öffentlicher und privater Mittel bereitgestellt werden". Aus dem Verb „haben" in Abs. 1 Satz 1 ergibt sich, dass die Wahrnehmung der Gesamtverantwortung eine **objektive Pflichtaufgabe** ist.[7] Die Einbeziehung der überörtlichen Träger nimmt neben den Kreisen und den kreisfreien Städten auch die Länder in die Gesamtverantwortung und die darin inhaltlich eingeschlossene Gewährleistungspflicht. Die öffentliche Hand muss vorhandene **Institutionen** („Einrichtungen, Dienste und Veranstaltungen") und **Personen** („Pfleger, Vormünder und Pflegepersonen") fördern sowie fehlende bedarfsgerecht initiieren (z.B. wegen der Vorschlagspflicht des Jugendamts aus § 53 Abs. 1 SGB VIII) und subsidiär selbst etablieren. 2

2 Urt. v. 18.7.1967, BVerfGE 22, 180.
3 *Fieseler*, ZfJ 1997, 272.
4 *Schindler*, in Münder/Wiesner/Meysen 2011, 215.
5 I.E. *Kunkel*, NDV 1992, 286.
6 BVerfGE 22, 180 (201), Urt. v. 18.7.1967.
7 FK-SGB VIII/*Münder*, § 79 Rn. 7.

2. Aufgabenwahrnehmung im Verhältnis zu freien Trägern

3 Freie Träger sind nicht nur bei der Setzung, sondern auch bei der Erfüllung ihrer Jugendhilfeaufgaben autonom (§ 4 Abs. 1 Satz 2). Aus der Gesamtverantwortung der öffentlichen Träger kann deshalb[8] **kein Direktionsrecht** in der konkreten Leistungserbringung hergeleitet werden. Die Gesamtverantwortung meint die Strukturverantwortung, nicht die Einzelfallverantwortung.[9] Die Gesamtverantwortung wird vielmehr bei der Ausgestaltung v.a. der vertraglichen Beziehungen der öffentlichen zu den freien Trägern wahrgenommen. Das geschieht in der Weise, dass die rechtlichen und fachlichen „Bedingungen" des Vorrangs der freien Träger (Subsidiaritätsprinzip) umgesetzt werden. Die Annahme, die Gesamtverantwortung des öffentlichen Trägers verpflichte ihn dazu, die **laufende Tätigkeit** freier Träger auf ihre Gesetzeskonformität hin zu überwachen,[10] nimmt deren eigene Verantwortung nicht ernst. Freie Träger müssen die Erfüllung der fachlichen Standards (der Sozialarbeit und Pädagogik) gewährleisten (§ 97 Abs. 1 SGB X). In ihren Vereinbarungen mit den öffentlichen Trägern verpflichten sie sich zur gesetzeskonformen und fachstandard-gemäßen Leistungserbringung. Über diese kooperationsvertraglichen Pflichten hat der öffentliche Träger keine obrigkeitliche „Rechtsaufsicht".[11] Eine solche aus der Gesamtverantwortung herzuleiten, widerspräche dem Partnerschaftsverhältnis und dem Gebot der Achtung der Selbstständigkeit der freien Träger (§ 4 Abs. 1). Der öffentliche Träger hat wie jeder andere Vertragsschließende auch die Obliegenheit zur Überprüfung der Pflichterfüllung des Vertragspartners. Die Nicht- und die Schlechterfüllung von Vertragspflichten ist aber nicht hoheitlich durch einseitiges Verwaltungshandeln sanktionierbar, vielmehr ist der verwaltungsgerichtliche Klageweg zu beschreiten. Dasselbe gilt für den Fall einer Verletzung der nach § 8a SGB VIII in die Vereinbarungen „entsprechend" mit aufzunehmende Wahrnehmung des Schutzauftrags bei Kindeswohlgefährdung. Mit einer solchermaßen begründeten Vertragspflicht wird eine Teilhabe am Schutzauftrag des Jugendamts, der im staatlichen Wächteramt fußt, (zwingend) vereinbart, obwohl der freie Träger eigenständig Kinderschutz bewirkt. Die für den freien Träger handelnden natürlichen Personen haben zudem (mit tatsächlicher Schutzübernahme) eine strafrechtlich relevante eigene Garantenstellung. In der zivilrechtlichen Vertragsbeziehung zwischen dem freien Träger und dem Leistungsberechtigten bestehen schließlich bereits Schutzpflichten zugunsten des Leistungsberechtigten bzw. des Leistungsbegünstigten. Dass der gesetzliche Kontrahierungszwang des § 8a Abs. 2 Freiheitsrechte der freien Träger missachtet, wirft zudem verfassungsrechtliche Fragen auf. Der jugendhilferechtlichen Gesamtverantwortung kann dieser „Schenkel" des jugendhilferechtlichen Dreiecksverhältnisses zwischen dem öffentlichen und dem freien Träger zum Zwecke „aufsichtlicher" Überwachung nicht zugeschlagen werden, er bleibt Gegenstand des Vertrags. Etwas anderes gilt jedoch dann, wenn der öffentliche Träger z.B. mit einem privat-gewerblichen Leistungserbringer ein **Auftragsverhältnis** (mit Weisungsabhängigkeit) vereinbart hat. Hier sind „begleitende Kontrollen"[12] dem Auftrag immanent.

4 ### 3. Planungsverantwortung

Teil der Gesamtverantwortung ist die **Planungsverantwortung**. Ohne eine qualifizierte Jugendhilfeplanung kann die Gesamtverantwortung nicht wahrgenommen werden. Weil die Planungsverantwortung in Abs. 1 auf die Erfüllung der Aufgaben nach dem SGB VIII bezogen ist, also nicht – wie die insoweit eingeschränkte Jugendhilfeplanung nach § 80 – nur die

8 Entgegen BAG, Urt. v. 6.5.1998, 5 AZR 347/97, NDV-RD 1999, 5 m.A. *Baltz*, ebd., 6 f.), ausdrücklich aufgegeben in BAG, Urt. v. 25.5.2005, 5 AZR 347/04, BAGE 115, 1.
9 *Stadelmann/Marquard*, NDV 2000, 235.
10 Ebenso Hauck/*Hilke*, SGB VIII, § 79, Rn. 23;
11 A.A. *Kunkel*, NDV 2001, 414 (Rechtsaufsicht).
12 VG Minden, Urt. v. 25.2.1997, 6 K 4474/95, DAV 1997, Spalte 812.

Einrichtungen und Dienste, sondern auch die Einzelpersonen (etwa Vormünder) und Veranstaltungen (§ 4 Abs. 1) erfasst, deckt sie sich inhaltlich nicht mit der Jugendhilfeplanung, sondern geht über sie hinaus. Für die Bedarfsermittlung und die Wege der Bedarfsdeckung ist das Verfahren nach § 80 deshalb zwar die wesentliche, aber nicht die vollständige Grundlage.

Teil der Planungsverantwortung ist wiederum die **Finanzverantwortung.** Sie beinhaltet, dass der öffentliche Träger für die Kosten der Erfüllung der Aufgaben nach dem SGB VIII aufkommen muss.[13] Zu seinen Aufgaben gehört auch die finanzielle Förderung der freien Träger (§ 74 SGB VIII), sodass die Förderpflichten in seiner Finanzverantwortung stehen.[14] Im Vertragsverhältnis mit den freien Trägern (nach § 77 bzw. §§ 78a ff. SGB VIII) bewirkt die Finanzverantwortung, dass der öffentliche Träger die Schnittmenge seiner gesetzlichen Aufgaben mit den selbstgesetzten Aufgaben des freien Trägers (vollständig) finanzieren muss. Der öffentliche Träger der Jugendhilfe ist unabhängig von seiner finanziellen Situation zur Gewährleistung eines bedarfsgerechten Angebots verpflichtet.[15] Die freien Träger haben auf die Wahrnehmung der Finanzverantwortung Einfluss über ihre Mitwirkung im Jugendhilfeausschuss (§ 71 SGB VIII) und ihre Beteiligung an der Jugendhilfeplanung (§ 81 Abs. 3 SGB VIII). Die Planungs- und die Finanzverantwortung des Trägers der öffentlichen Jugendhilfe „enden nicht an der Kreis- oder Stadtgrenze". Für die in seinem Gebiet Anspruchsberechtigten und Leistungsbegünstigten hat er diese Verantwortung auch dann, wenn diese eine Einrichtung jenseits seiner Gebietsgrenzen nutzen, etwa weil diese die örtlich nahegelegenste ist.[16] 5

Aus der Zusammenschau der Gewährleistungspflicht zur Verfügbarkeit geeigneter Einrichtungen nach Abs. 2 Nr. 1 mit § 79a SGB VIII ergibt sich, dass die Gesamtverantwortung auch die **Qualitätsverantwortung** einschließt. Auch sie bewirkt nicht, dass der öffentliche Träger die Autonomie freier Träger in ihrer Aufgabensetzung und -durchführung missachten dürfte.

II. Abs. 2 Satz 1 – Gewährleistungspflicht

1. Gewährleistung versus Bereitstellung

Die **öffentlichen Jugendhilfeträger**, und zwar sowohl die örtlichen als auch die überörtlichen, haben aus **Abs. 2** eine **Gewährleistungspflicht**, nur subsidiär eine Bereitstellungspflicht. Die Gewährleistungspflicht ist eine Amtspflicht.[17] Es handelt sich in Abs. 2 um eine fachgesetzliche Ausprägung der allgemeinen Gewährleistungspflicht aus § 17 Abs. 1 Nr. 2 SGB I. Diese Pflicht ist eine unbedingte, eine „Muss"-Regelung. Mit der Formulierung „sollen" wird berücksichtigt, dass auch bestes Bemühen des öffentlichen Trägers, etwa bei der Gewinnung von Pflegern und Vormündern, nicht den Erfolg garantiert, weil dieser nicht allein vom Willen des öffentlichen Trägers abhängt.[18] Die Gewährleistungspflicht zwingt ihn z. B. im Vormundschaftswesen zu Werbungsmaßnahmen und Fortbildungsangeboten. 6

Wenn ausreichende Kapazitäten der freien Träger vorhanden sind, die dem **Pluralitätsgebot** („den verschiedenen Grundrichtungen der Erziehung entsprechend" im Sinne einer Trägervielfalt nach § 3 Abs. 1) genügen, muss der öffentliche Träger weder neue fördern noch eigene schaffen, auch wenn etwa Personensorgeberechtigte ein zu dem frei-trägerschaftlichen zusätzliches Angebot des öffentlichen Trägers wünschen. Das liefe dem gebotenen 7

13 Schellhorn, SGB VIII, § 79, Rn. 6.
14 OVG Lüneburg, Beschl. v. 12.1.1999, 4 M 1528/98, NVwZ-RR 1999, 383.
15 Bay VGH, U. v. 22.7.17, 12 BV 15.719, FamRZ 2016, 1891.
16 VG Göttingen, Urt. v. 9.8.2018, 2 A 297/15 (Portal Nds. Justiz) „KiTa-Platz".
17 BGH, Urteile v. 20.10.16, III ZR 302/15 und 303/15, NJW 2017, 397.
18 GK-SGB VIII/*Fieseler*, § 79, Rn. 8.

wirtschaftlichen Einsatz öffentlicher und privater Mittel zuwider, sodass ein solcher Wunsch Personensorgeberechtigter[19] nur bei i.Ü. fehlendem Angebot zur Schaffung des Angebots durch den öffentlichen Träger führen muss.

2. Erfüllung der Gewährleistungspflicht (Recht und Politik)

8 Die **Erfüllung der Gewährleistungspflicht** ist nicht gerichtlich durchsetzbar. Die Vorschrift ist eine „Korrespondenznorm" zu den Rechtsansprüchen und Leistungsverpflichtungen[20] des Jugendhilferechts. Sie korrespondiert mit subjektiven öffentlichen Rechten, ist selbst aber eine objektiv-rechtliche Norm.[21]

Es handelt sich schon nach dem Wortlaut um eine **Gewährleistungsnorm**, die nicht den Schutz von Individualinteressen bezweckt. Sie ist vielmehr um besonderer öffentlicher Interessen willen gesetzt. Das öffentliche Interesse besteht an einer funktionsfähigen Jugendhilfe-Infrastruktur als notwendige Voraussetzung für die Erfüllbarkeit aller Jugendhilfeaufgaben. Eine mit der Gewährleistungspflicht einhergehende Begünstigung Jugendhilfe-Leistungsberechtigter und förderungsberechtigter freier Träger der Jugendhilfe ist ein sog. „Rechtsreflex". Gewährleistungsnormen werden prinzipiell als im öffentlichen Interesse erlassen angesehen.[22] Zu einer ausnahmsweise auch bei objektiv-rechtlichen Normen eröffneten Herleitung von Individualansprüchen besteht die Möglichkeit, wenn das zur Grundrechtsverwirklichung notwendig ist oder sonst ermessensfehlerhafte Entscheidungen getroffen würden. Dass mit der öffentlich-rechtlichen Verpflichtung grds. ein Rechtsanspruch des Einzelnen korrespondiert,[23] hängt seit frühester Rechtsprechung des Bundesverwaltungsgerichts[24] davon ab, dass „das Gesetz dem Träger der Fürsorge **zugunsten des Bedürftigen Pflichten** auferlegt". Die korrespondierenden Leistungspflichten enthalten (überwiegend) subjektive Rechte, die Gewährleistungsnorm selbst aber nicht. Ohne die Zuordnung subjektiver Rechte fehlt der Gewährleistungsnorm die Justiziabilität. Die fehlende gerichtliche Durchsetzbarkeit der Gewährleistungspflicht wird auch an ihrer Stellung im Normengefüge deutlich: Sie baut auf der Jugendhilfeplanung (§ 80 SGB VIII) auf und hat ihre Wurzeln in der **Sozialpolitik**. Dem – öffentlichkeitswirksamen – politischen (sozialanwaltlichen) Einfluss v.a. der Freien Wohlfahrtspflege kommt hier die entscheidende Bedeutung zu. Für das jugendhilfepolitisch verfolgte Ziel der Schaffung bedarfsgerechter Jugendhilfeverhältnisse haben Rechtsbehelfe „nur" die Funktion des Streitinstruments zur Durchsetzung konkreter Ansprüche im Einzelfall. Dabei ist das sozialpolitisch gestaltende Moment lediglich ein Nebeneffekt. Wird ein jugendhilferechtlicher Rechtsanspruch nicht erfüllt, wird im deswegen angestrengten verwaltungsgerichtlichen Verfahren schließlich inzident geprüft, ob die Vorgaben des § 79 Abs. 2 SGB VIII erfüllt sind.[25] Rechtspolitisch handlungsleitend im Sinne des Ziels positiver Lebensbedingungen (§ 1 Abs. 3 Nr. 4) kann gleichwohl nur die Schaffung bzw. in der Finanzmisere der öffentlichen Hand die Erhaltung notfalls gerichtlich durchsetzbarer subjektiver öffentlicher Rechte sein. Eine Gewährleistungsnorm gibt der darauf hinwirkenden rechtspolitischen Intervention den Raum, sie ersetzt die rechtspolitische Intervention nicht. Auch eine Konstruktion der Beanspruchbarkeit von Jugendhilfeleistungen aus der Zusammenschau des § 79 SGB VIII mit dem Programmsatz des § 1 SGB VIII kann deren gesetzgeberisch beabsichtigte Ausrichtung auf das Kollektivinteresse und gerade nicht auf das Individualinteresse nicht überwinden. Die polemische Etikettierung des objek-

19 Reg.-Begr. in BT-Drs. 11/5848, 100.
20 So ausdrücklich: BT-Drs. 11/5948, 100.
21 VGH München, Beschl. v. 17.11.2015, 12 ZB 15, 1191 (Rn. 22) (BeckRS 41519), ebenso *Wabnitz*, ZfJ 2005, 397, der i.Ü. zwischen subjektiven Rechten und Rechtsansprüchen differenziert.
22 Wolff/Bachof/*Stober*, Verwaltungsrecht Bd. I, § 45, Rn. 40.
23 *Preis/Steffan*, FuR 1993, 187.
24 BVerwGE 1, 159.
25 Kunkel, NDV 2001, 417.

tiv-rechtlichen Normverständnisses als „Erfindung"[26], der sich eine im Interesse Hilfebedürftiger parteinehmende Rechtsauslegung nicht bedienen dürfe, schrammt an der Erkenntnis vorbei, dass das Gesetz eben (noch) nicht alles zuspricht, was einer „sozialstaatsgemäßen Umsetzung des Kinder- und Jugendhilfegesetzes" dienlich ist. Eine gesetzliche „Zuteilungsentscheidung" ist erforderlich, um konkrete Sozialleistungen von der öffentlichen Hand verlangen zu können. Der Verweis auf eine frühe Entscheidung des Bundesverwaltungsgerichtes vom 24.6.1954, in der es wie folgt heißt: „Soweit das Gesetz dem Träger der Fürsorge zugunsten des Bedürftigen Pflichten auferlegt, hat der Bedürftige auch entsprechende Rechte"[27], verfängt nicht. Denn der Gesetzgeber ging von dieser auch in der Rechtsprechung überholten Dogmatik bei der Normsetzung gerade nicht aus.[28]

3. Erforderlichkeit und Eignung der Infrastruktur

Welche Infrastruktur „**erforderlich**" und „**geeignet**" ist, unterliegt einer pflichtgemäßen Einschätzung des öffentlichen Trägers (Jugendhilfeausschuss). Bei der Ausfüllung dieser unbestimmten Rechtsbegriffe ohne Beurteilungsspielraum[29] sind die jeweils berührten Einzelnormen und deren Verpflichtungsgrade sowie die Ziele der Jugendhilfe (§ 1 Abs. 3) einzubeziehen. Nicht pflichterfüllend ist eine Einschätzung, die sich auf die bloße Feststellung der **Nichtfinanzierbarkeit** beschränkt. Die für die Erfüllung der Gewährleistungspflicht erforderlichen Mittel sind (strikt) zur Verfügung zu stellen, nicht etwa nur dann, wenn die Haushaltslage das zulässt. Von der Finanzverantwortung sind auch die Ermessensleistungen nicht ausgenommen. Fehlen dafür Mittel, könnte gar keine Ermessensentscheidung erfolgen. Die erkennbar fiskalisch motivierten Konzepte der sog. Neuen Steuerung wie etwa die „**Sozialraumbudgets**" suchten aus der Haushaltsmisere wohl der meisten öffentlichen Träger Auswege. Sie wollten die freien Träger „zu einer kostengünstigeren Bearbeitung des Einzelfalls motivieren"[30]. Werden sie im „Closed-Shop-Verfahren" vereinbart, werden unter Verstoß gegen das Gebot der Trägervielfalt über gesetzlich nicht eingeräumte Bedarfssteuerungsinstrumente „Leistungserbringer" vom Markt verdrängt. Das ist ein verfassungswidriger Verstoß gegen die Berufsfreiheit nach Art. 12 Abs. 1 GG.[31] Die Kostensenkung darf nur mit legalen Mitteln betrieben werden, § 79 SGB VIII ist kein Gesetz, das eine solche Einschränkung der Berufsfreiheit gestattet.[32] Führt die Budgetierung zur Verkürzung von Rechtsansprüchen, sind die Rechtswidrigkeit dieses Steuerungsinstruments und die unzulässige exekutivische Ersetzung dem Gesetzgeber vorbehaltener Entscheidungen über die Reduzierung von Sozialleistungen evident. Darüber hinaus hinterlassen ausgeschöpfte Budgets Bereiche faktisch nicht mehr wahrnehmbarer Gesamtverantwortung. Eine – wenn auch nur partielle – Entledigung der Gesamtverantwortung ist den öffentlichen Jugendhilfeträgern untersagt. Seiner Gesamtverantwortung begibt sich in unzulässiger Weise ein öffentlicher Träger der Jugendhilfe auch dann, wenn er sie z.B. sozialraum-vertraglich auf freie Träger oder auf gemeinsam mit diesen vertraglich gebildete Gremien delegiert.[33] Selbst für delegierbare Aufgaben bleibt die Verantwortung der öffentlichen Träger für deren Erfüllung unangetastet (§ 76 Abs. 2 SGB VIII). 9

26 So *Fieseler* in der Vorauflage, § 79 Rn. 3.
27 BVerwGE 1, 159: Erstmalige Anerkennung eines einklagbaren Anspruchs auf Sozialhilfe.
28 BT-Drs. 11/5948, 100 („Korrespondenznorm zu den Rechtsansprüchen").
29 *Kunkel*, ZfJ 2000, 414.
30 KGSt B12/1998, 36.
31 VG Hamburg, ZfSH/SGB 2004, 618 bestätigt durch OVG Hamburg, JAmt 2004, 592.
32 OVG Hamburg a.a.O. ausdrücklich (s. Fn. 31).
33 Eine Übersicht zur betreffenden Rspr. gibt *Nickel*, NDV 2013, 303 ff. und 341 ff.

4. Rechtzeitigkeit ausreichender Verfügbarkeit

10 Dass die Elemente der Jugendhilfeinfrastruktur „**zur Verfügung stehen**", meint, dass ein plurales Leistungsangebot faktisch vorhanden sein muss, der öffentliche Träger sich also nicht darauf beschränken darf, Geldleistungen zur Selbstbeschaffung verfügbar zu halten.[34] Z.B. bei Kindern mit einem sog. Aufmerksamkeitsdefizitsyndrom (ADS) muss der öffentliche Träger der Jugendhilfe ergänzend zu den Leistungen der Schule, die diese nicht erbringen kann, die ergänzende Bedarfsdeckung als Gesamtverantwortlicher leisten, ggf. auch durch die Koordinierung des Zusammenwirkens (§ 81 SGB VIII).[35]

„**Rechtzeitig**" steht die Jugendhilfeinfrastruktur zur Verfügung, wenn sie den Hilfebedarf situationsadäquat, d.h. u.U. sofort decken kann. Das ist nur dann möglich, wenn auf den Bedarf nicht nur reagiert wird, sondern Leistungen vorgehalten werden, die auf die jugendhilferechtlichen Bedarfe zugeschnitten sind, die (allein) durch die Nachfrage bestimmt werden[36] und die im Wesentlichen mit der Jugendhilfeplanung nach § 80 SGB VIII erfasst werden. Der rechtzeitigen Deckung künftigen Bedarfs dienen Kooperationsverträge, z.B. über Belegungskontingente mit freien Trägern stationärer Hilfen. V.a. vorgehaltene Beratungskapazitäten können dem Gebot der Rechtzeitigkeit präventiver Hilfen genügen. Die Verfügbarkeitsmaßgaben des § 79 Abs. 2 Satz 1 Nr. 1 SGB VIII sind in der jüngeren Rechtsprechung v.a. im Zusammenhang mit dem Rechtsanspruch auf einen „Kindergartenplatz" näher konkretisiert worden. Ein nicht ortsnaher Kindergartenplatz ist nicht bedarfsgerecht, erfüllt deshalb die Gewährleistungspflicht nicht.[37] Die Gewährleistungspflicht aus Absatz 2 verpflichtet den öffentlichen Träger dazu, unabhängig von seiner finanziellen Situation ein bedarfsgerechtes Angebot vorzuhalten.[38] Das Angebot muss er zudem „bedürfnisgerecht" vorhalten.[39]

Ob Einrichtungen, Dienste und Veranstaltungen „**ausreichend**" zur Verfügung stehen, beurteilt sich in der Zusammenschau mit dem Gebot der Beachtung der „**verschiedenen Grundrichtungen der Erziehung**"[40], was die Trägerpluralität meint, danach, ob das Wunsch- und Wahlrecht der Leistungsberechtigten (§ 5) faktisch realisierbar ist, was aber nicht bedeutet, dass öffentliche Träger sich unverhältnismäßige Mehrkosten aufbürden müssten. Ausreichend ist nur, was den Bedarf tatsächlich decken kann, wobei das Gesetz z.T. selbst den Bedarf als Kriterium der ausreichenden Verfügbarkeit bestimmt (§ 24 SGB VIII). Der Gewährleistungsträger muss deshalb den Anspruchsberechtigten eines KiTa-Platzes gewährleisten, dass ihnen „tatsächlich" ein Platz (§ 24 Abs. 2 SGB VIII) zur Verfügung steht.[41]

5. Abgestimmtes Zusammenwirken

10a Das **KJSG** hat in § 79 Abs. 2 Satz 1 SGB VIII eine neue Nr. 2 eingefügt, der die bisherige Nr. 2 als Nr. 3 folgt. Für „die nach Nummer 1 vorgehaltenen Einrichtungen, Dienste und Veranstaltungen" ist festgelegt, dass sie „dem nach § 80 Absatz 1 Nummer 2 ermittelten Bedarf entsprechend zusammenwirken und hierfür verbindliche Strukturen der Zusammenarbeit aufgebaut und weiterentwickelt werden". Damit soll nach der Gesetzesentwurfsbegründung die bloße Zurverfügungstellung um die Sicherstellung des bedarfsausgerichteten abgestimmten Zusammenwirkens ergänzt werden. Die Abstimmung mit unterschiedlichen freien Trägern bzw. Leistungsanbietern soll über „verbindliche Kooperationsstrukturen" gesche-

34 Wiesner/Wapler/*Schön*, § 78 SGB VIII Rn. 9.
35 VG Augsburg, Urt. v. 1.1.2012, Au 3 K 10.1486, openJur 2012, 120966
36 OVG Lüneburg, Beschl. v. 12.1.1999, 4 M 1528/98, NVwZ-RR 1999, 384.
37 OVG Saarlouis, FEVS 48, 399.
38 VGH München, Urt. v. 22.7.2016, 12 BV 15.179 (BeckRS 49986).
39 OVG Rhld.-Pf., Beschl. v. 16.4.2020, 7 B 10222/20, openJur 2020, 24395.
40 BVerfG Urt. v. 21.11.2017, 2 BvR 2177/16, BVerfGE 147, 185 (nur LS in FamRZ 2018, 223).
41 OVG Schl.-Holst., Beschl. v. 9.8.2019 (Juris).

hen, deren Aufbau bzw. Weiterentwicklung in der Hand des öffentlichen Trägers der Jugendhilfe liegen soll. Dafür wird das Koordinierungsinstrument der Arbeitsgemeinschaft nach § 78 SGB VIII, ggf. um weitere Kooperationspartner nach § 81 ergänzt, erwähnt.[42] Politische Zielvorstellung ist insoweit offenbar eine weitergehende Steuerung der Angebote durch deren Koordinierung und gegenseitige Ergänzung. Der Träger der öffentlichen Jugendhilfe soll im Rahmen „verbindlicher Kooperationsstrukturen"(!) auch hier mehr Bedarfssteuerungsmacht erhalten, was natürlich sofort zu der Frage führt, inwieweit die Angebotsgestaltung der freien Träger dadurch von der Einflussnahme der öffentlichen Träger tatsächlich „frei" bleibt. Die Bemühungen der öffentlichen Träger, wettbewerbsbeeinflussend und in die Berufsausübungsfreiheit eingreifend,[43] z.B. bei der Inanspruchnahme von Schulassistenzleistungen u.U. aus Einspargründen wirtschaftend[44] aufzutreten, sollten im Interesse der Wahrung der Angebotsvielfalt nicht auch noch gesetzlich unterfüttert sein.

III. Abs. 2 Satz 2 – Mittelanteil für die Jugendarbeit

Dass von den für die Jugendhilfe bereitgestellten Mitteln ein angemessener Anteil für die **Jugendarbeit** zu verwenden ist (Abs. 2 Satz 2), hebt die Bedeutung der Jugendarbeit als pflichtig vorzuhaltenden Teil der Jugendhilfe hervor. Diese ausdrückliche Regelung des Anteils der Jugendarbeit hat eine Hinweisfunktion für die Haushaltsbeschlüsse, die nicht von der Fehlvorstellung ausgehen sollen, bei der Jugendarbeit handele es sich um (vermeintlich) verzichtbare „freiwillige Leistungen". Die Finanzzuteilung für diesen Bereich trifft die kommunale Selbstverwaltungskörperschaft innerhalb ihrer Finanzhoheit. Auch aus Abs. 2 ist kein subjektives öffentliches Recht herleitbar.[45] 11

IV. Abs. 3 – Ausstattungspflicht

Abs. 3 verlangt von den öffentlichen Jugendhilfeträgern die Sicherstellung der ausreichenden **Ausstattung** der Jugendämter und Landesjugendämter. Die öffentlichen Träger der Jugendhilfe erfüllen die Jugendhilfeaufgaben als Pflichtaufgaben, sie dürfen weder auf die Errichtung der Ämter (§ 69 Abs. 3 SGB VIII) noch auf deren „ausreichende" finanzielle, sächliche und personelle Ausstattung (§ 79 Abs. 3 SGB VIII) „verzichten". Zur finanziellen Ausstattung gehört auch die Verfügbarkeit von Mitteln für die Förderung freier Träger.[46] Hinsichtlich der personellen Ausstattung korrespondiert Abs. 3 mit § 72 SGB VIII (Fachkräfte). Können nicht sämtliche Leistungen erbracht und alle Aufgaben erfüllt werden, ist die Ausstattung schon quantitativ nicht ausreichend. Können sie nicht ordnungsgemäß erbracht bzw. erfüllt werden, ist die Ausstattung qualitativ defizitär. Wird z.B. einem Amtsvormund von seiner Anstellungskörperschaft eine Fallzahl zugemutet, die objektiv keine ordnungsgemäße Aufgabenerledigung ermöglicht, fehlt eine dem Bedarf gerechte Ausstattung mit Fachkräften. Das ist ein Verstoß gegen die objektiv-rechtlichen Pflichten aus Abs. 3,[47] der aber wegen deren objektiv-rechtlicher Qualität nicht von Privatpersonen und freien Trägern gerichtlich beanstandbar, sondern nur aufsichtlich verfolgbar ist. 12

Durch das KJSG ist in § 79 Abs. 3 SGB VIII die vom Bundesrat gewünschte[48] ausdrückliche Einbeziehung der **Digital-Ausstattung** der Jugendämter und Landesjugendämter („Mög-

42 Gesetzesbegründung, BT-Drs. 19/26107, 110.
43 VG Darmstadt, Beschl. v. 29.2.2016, 5 L 652 15.DA, ZKJ 2016, 316.
44 *Wiesner*, Anm. zum Beschl. des VG Darmstadt (s.o. Fn. 43).
45 VG Berlin, Urt. v. 14.6.1999, 20 A 23.99, ZfJ 2000, 194.
46 OVG Lüneburg, Beschl. v. 12.1.1999, 4 M 1528/98, NVwZ-RR 1999, 383.
47 Hierzu: *Wolf*, DAV 2000, 293.
48 BR-Drs. 5/21, 43.

lichkeit der Nutzung digitaler Geräte") in die Ausstattungspflicht erfolgt. Die konkrete Reichweite dieser Vorgabe ist allerdings unbestimmt, wohl auch, weil die ausreichende Digital-Ausstattung eine Gestaltungsaufgabe ist, die nicht zuletzt in Abhängigkeit von den jeweiligen finanziellen Ressourcen zeitlichen Vorlauf benötigt. Eine jugendsozialbehördliche Arbeit ohne die Möglichkeit der Nutzung digitaler Geräte ist aber nun bundesgesetzlich ausdrücklich unerwünscht. Für die Beseitigung einer mancherorts noch fehlenden Ausstattung der Jugendämter mit aufgabengerechter elektronischer Hard- und Software haben die öffentlichen Träger zu sorgen, um die politisch gewollte Digitalisierung der Verwaltungsleistungen zu erreichen. Papier- und Aktenarbeit soll von elektronischer Verwaltung abgelöst werden. Ob neben einem heute für die Verwaltungsaufgaben unverzichtbaren PC auch jeder und jedem Mitarbeitenden im Jugendamt ein Diensthandy verfügbar sein muss, wird sich nicht allgemein beantworten lassen, sondern muss innerbehördlich von den jeweiligen Aufgabenbereichen her beantwortet und entschieden werden. In der unmittelbaren Arbeit mit den Klienten tätige Bedienstete der Jugendämter können aber heute praktisch nicht mehr ohne dienstliche Mobiltelefone arbeiten.

Zudem hat das KJSG die vom 13. Bundestagsausschuss ergänzte Vorgabe umgesetzt, hinsichtlich der **Personalausstattung** ein Verfahren zur Personalbemessung zu nutzen.[49] Das wird der Erwartung des Deutschen Vereins gerecht, der eine strukturierte Personalbemessung als gesetzliche Vorgabe gefordert hatte.[50] Was als „Verfahren zur Personalbemessung" gesetzlich akzeptiert ist, lässt das Gesetz offen. Der Regelungssinn besteht darin, negativ abzugrenzen, nämlich die Personalbemessung zur Erreichung einer bedarfsgerechten Personalausstattung auf keinem anderen Weg als über ein (strukturiertes) Verfahren vorzunehmen. Individuelle „Kreationen" sind jedenfalls kein geordnetes „Verfahren zur Personalbemessung". Mit der Einführung der Pflegeversicherung begann in der Behindertenhilfe durch und für die Leistungsträger bzw. Leistungserbringer die Entwicklung von Personalbemessungssystemen. Nun hat die Kostenträgerseite der Jugendhilfe mit sozial-fachlichen Instrumenten Personalbemessungssysteme mit nachvollziehbaren Bemessungsfaktoren zu entwickeln bzw. weiterzuentwickeln, um dem Gebot der Nutzung eines (geordneten) „Verfahrens" zu entsprechen.

49 BT-Drs. 19/28870, 52.
50 DV, NDV 2021, 102.

§ 79a
Qualitätsentwicklung in der Kinder- und Jugendhilfe

[1]Um die Aufgaben der Kinder- und Jugendhilfe nach § 2 zu erfüllen, haben die Träger der öffentlichen Jugendhilfe Grundsätze und Maßstäbe für die Bewertung der Qualität sowie geeignete Maßnahmen zu ihrer Gewährleistung für

1. die Gewährung und Erbringung von Leistungen,

2. die Erfüllung anderer Aufgaben,

3. den Prozess der Gefährdungseinschätzung nach § 8a,

4. die Zusammenarbeit mit anderen Institutionen

weiterzuentwickeln, anzuwenden und regelmäßig zu überprüfen. [2]Dazu zählen auch Qualitätsmerkmale für die inklusive Ausrichtung der Aufgabenwahrnehmung und die Berücksichtigung der spezifischen Bedürfnisse von jungen Menschen mit Behinderungen sowie die Sicherung der Rechte von Kindern und Jugendlichen in Einrichtungen und in Familienpflege" und ihren Schutz vor Gewalt. [3]Die Träger der öffentlichen Jugendhilfe orientieren sich dabei an den fachlichen Empfehlungen der nach § 85 Absatz 2 zuständigen Behörden und an bereits angewandten Grundsätzen und Maßstäben für die Bewertung der Qualität sowie Maßnahmen zu ihrer Gewährleistung.

Übersicht Rn.

A. Entstehungshintergrund und Rechtsnatur

I. Entstehungshintergrund

1 Das Bundeskinderschutzgesetz (Art. 2 Nr. 21) hat § 79a SGB VIII eingefügt. Die Norm steht im Kontext der gesetzgeberischen Reaktion auf zahlreiche öffentlich gewordene gravierende Unzulänglichkeiten beim Schutz vor allem von Kindern in ihren Familien. Die Vorschrift soll die **Qualitätsentwicklung** voranbringen. Der Gesetzeswortlaut ist das Ergebnis einer intensiven und insbesondere zu den tatsächlichen Notwendigkeiten und Möglichkeiten einer Standardisierung der Sozialarbeit im Bereich der Kinder- und Jugendhilfe kontroversen Diskussion.[1] Der Bundesrat hatte die staatliche Definition arbeitsfeldspezifischer Standards für ungeeignet und die Gewährleistung des Kinderschutzes als bereits von § 79 SGB VIII umfasst gehalten.

II. Kein Rechtsanspruch

2 Die **objektiv-rechtliche Verpflichtung** des § 79a SGB VIII enthält keine Anspruchsgrundlage, mit der irgendein anderes Rechtssubjekt als die zuständige Aufsichtsbehörde die Maßnahmen der Qualitätsentwicklung durchsetzen könnte.

1 BT-Drs. 17/6256, 40.

B. Reichweite des Qualitätsentwicklungsgebots

3 Das SGB VIII enthält in mehreren Vorschriften Qualitätsregeln. In § 78b Abs. 1 Nr. 3 SGB VIII ist für das Einrichtungsfinanzierungsrecht die Vereinbarung der Qualitätsentwicklung Teil des Vereinbarungsregimes geblieben. Durch das KJSG wurde eine Erweiterung der Qualitätsmerkmale in § 79a Satz 2 SGB VIII vorgenommen. Der Antrag auf Erteilung der Betriebserlaubnis muss nach § 45 Abs. 3 Nr. 1 SGB VIII in der Einrichtungskonzeption neben den Maßnahmen der *„Qualitätsentwicklung"* auch Maßnahmen der *„Qualitätssicherung"* benennen. Dasselbe ist für die Förderfähigkeit von Maßnahmeträgern nach § 74 Abs. 1 Nr. 1 SGB VIII vorgegeben. In der letztgenannten Bestimmung wird die Beachtung dieser beiden (!) Qualitätsmerkmale der Entwicklung und der Sicherung der Qualität ausdrücklich zu § 79a SGB VIII in Beziehung gesetzt. § 79a SGB VIII erfasst die Aufgaben der Kinder- und Jugendhilfe nach § 2, also die Leistungen und die sog. anderen Aufgaben. Deshalb gilt dieses Qualitätsentwicklungsgebot einschließlich seiner den öffentlichen Trägern obliegenden Anwendung nach Satz 2 auch in Einrichtungen in der gesamten Kinder- und Jugendhilfe.[2] Mit den frei-gemeinnützigen Leistungsträgern wird der öffentliche Träger sowohl bei der generellen Konzeptionierung der Qualitätsentwicklung als auch bei der Anwendung der geeigneten Maßnahmen zu ihrer Gewährleistung partnerschaftlich (§ 4 Abs. 1 SGB VIII) zusammenarbeiten und privat-gewerbliche Leistungserbringer beteiligen. Anders als in der vertraglichen Gestaltung der Finanzierung (§ 77 und §§ 78a ff. SGB VIII) kann der öffentliche Träger der Jugendhilfe bei der Förderungsfinanzierung nach § 74 SGB VIII selbst dort, wo sie zuwendungsvertraglich ausgestaltet wird, die Maßnahmen zur Gewährleistung auch ohne Aushandlung vorgeben.

C. Verfahren der Qualitätsentwicklung

4 Zur weitergehenden Implementierung der Qualitätsentwicklung fordert die Vorschrift in **Satz 1** zunächst die Bestimmung der **Grundsätze** der Qualität (**Nr. 1**), der Maßstäbe für die **Bewertung** der Qualität (**Nr. 2**) sowie geeigneter Maßnahmen zur **Gewährleistung der Qualität** (**Nr. 3**).

5 Die Bestimmung dessen, was als **Qualitätsstandard** gilt, was zu seiner Bewertung dienen kann und was zu seiner Gewährleistung geeignet ist, muss der öffentliche Träger (**Nr. 4**) weiterentwickeln, anwenden und überprüfen. Das *Qualitätsmanagement* wird hier in seiner Bedeutung als Prozess der kontinuierlichen Verbesserung gesetzlich normiert. Es erinnert an einen „Dombau" als immerwährender Prozess. Auch die Hinweise auf Probleme der Messbarkeit von Wirkungen sozialer Arbeit sind ernst zu nehmen.[3]

D. Wirkungen der Standardisierung

6 Die Bestimmung der professionellen Standards betrifft auch die pädagogisch-fachlichen Arbeitsprozesse. Die Standardfixierung gewinnt deshalb als Substrat der „Regeln der fachlichen Kunst"[4] auch für die Erfassung des generellen **Sorgfaltsmaßstabs** im Haftungsfall Bedeutung. Die Definitionsmacht ist mit § 79a SGB VIII in die Hand des öffentlichen Jugendhilfeträgers gelegt, der dabei mit den freien Trägern kooperiert. Diese Definitionsmacht ist damit (erstaunlicherweise) Bestandteil einer Praxisentwicklung und nicht der *Sozialarbeits-*

2 *Merchel*, ZKJ 2015, 377, für alle Handlungsfelder.
3 *Weberling/Mellies*, NDV 2018, 110.
4 BT-Drs. 6256, 27.

wissenschaft zugewiesen. Die damit verbundene Gebietsbezogenheit der Standardisierung wird durch die nach Satz 3 bestimmte Orientierung an den fachlichen Empfehlungen der überörtlichen Träger der Jugendhilfe (§ 85 Abs. 2 SGB VIII) auszugleichen sein. Das Gesetz hat auch die bereits angewandten Grundsätze und Maßstäbe für die Bewertung der Qualität und die Maßnahmen zur Gewährleistung der Qualität (Qualitätssicherung) als Richtschnur für die gebietsbezogene Standardfixierung, mithin die bereits vorhandenen Instrumentarien der Qualitätsentwicklung, ernst genommen und akzeptiert. Das Risiko einer Flucht vor der Komplexität der Anforderungen des § 79a SGB VIII durch Umdefinieren bereits vorhandener Kooperationsformen[5] ist dabei allerdings nicht zu leugnen. Die Sozialarbeitswissenschaft wendet sich innerhalb ihrer „Sozialraumorientierung"[6] nach der Zieldiskussion über die Qualität zunehmend den Wirkungen der sozialen Arbeit zu. Messbare Qualität wird noch primär an Effizienz (Wirkung und Wirksamkeit[7]) festgemacht[8]. Der Bedeutung der menschlichen Energie und des menschlichen Willens wird bei der Zielorientierung aber zwischenzeitlich wachsendes Gewicht beigemessen und es wird einer am Klienten orientierten Prozessorientierung als Qualitätsmerkmal Raum gegeben.[9] Landesrahmenverträge (auch solche nach § 131 SGB IX) regeln bereits Maßstäbe für die Wirtschaftlichkeit und Qualität einschließlich der Wirksamkeit. Die Bezugnahme auf empirisch gesicherte Maßstäbe zur Struktur- und Prozessqualität der Leistung ist insoweit ein noch zu erfüllender Auftrag.[10] Auf die Klientenzentrierung rekurriert auch die in Satz 2 durch das Kinder- und Jugendstärkungsgesetz (KJSG) vorgenommene Ergänzung von § 79a SGB VIII: „die inklusive Ausrichtung der Aufgabenwahrnehmung und die Berücksichtigung der spezifischen Bedürfnisse von jungen Menschen mit Behinderungen". Das ist in der Gesetzesbegründung[11] auf das Inklusionsparadigma gestützt worden und steht selbstredend im Kontext des SGB IX. Die Sicherung der Kinderrechte in Einrichtungen ist mit dem KJSG ausdrücklich, auch zum Schutz der Kinder und Jugendlichen vor Gewalt, auf die Familienpflege erweitert worden. Sozialpolitischer Anlass dafür waren wohl insbesondere in 2020 die mit hoher Medienwahrnehmung verbundenen Fälle von Sexualkriminalität in Familienpflegestellen (Wuppertal und Lügde).

5 *Merchel*, ZKJ 2015, 378.
6 Eine Nutzenabwägung der Sozialraumorientierung nimmt *Luthe* in NDV 2017, 365 ff. vor.
7 Zur rechtlichen Bedeutung des Wirksamkeitsbegriffs: *Gerlach/Hinrichs*, NDV 2019, 413 ff. und 466 ff.
8 *Beyerlein*, NDV 2019, 251 ff.
9 *Reinhard*, NDV 2020, 415 ff. und 461 ff.
10 *Beyerlein*, NDV 2019, 258 unter Verweis auf entsprechende politische Forderungen zum Rehabilitationsrecht.
11 BT-Drs. 19/26107, 111.

§ 80
Jugendhilfeplanung

(1) Die Träger der öffentlichen Jugendhilfe haben im Rahmen ihrer Planungsverantwortung

1. den Bestand an Einrichtungen und Diensten festzustellen,

2. den Bedarf unter Berücksichtigung der Wünsche, Bedürfnisse und Interessen der jungen Menschen und der Erziehungsberechtigten für einen mittelfristigen Zeitraum zu ermitteln und

3. die zur Befriedigung des Bedarfs notwendigen Vorhaben rechtzeitig und ausreichend zu planen; dabei ist Vorsorge zu treffen, dass auch ein unvorhergesehener Bedarf befriedigt werden kann.

(2) Einrichtungen und Dienste sollen so geplant werden, dass insbesondere

1. Kontakte in der Familie und im sozialen Umfeld erhalten und gepflegt werden können,

2. ein möglichst wirksames, vielfältiges, inklusives und aufeinander abgestimmtes Angebot von Jugendhilfeleistungen gewährleistet ist,

3. ein dem nach Absatz 1 Nummer 2 ermittelten Bedarf entsprechendes Zusammenwirken der Angebote von Jugendhilfeleistungen in den Lebens- und Wohnbereichen von jungen Menschen und Familien sichergestellt ist,

4. junge Menschen mit Behinderungen oder von Behinderung bedrohte junge Menschen mit jungen Menschen ohne Behinderung gemeinsam unter Berücksichtigung spezifischer Bedarfslagen gefördert werden können,

5. junge Menschen und Familien in gefährdeten Lebens- und Wohnbereichen besonders gefördert werden,

6. Mütter und Väter Aufgaben in der Familie und Erwerbstätigkeit besser miteinander vereinbaren können.

(3) Die Planung insbesondere von Diensten zur Gewährung niedrigschwelliger ambulanter Hilfen nach Maßgabe von § 36a Absatz 2 umfasst auch Maßnahmen zur Qualitätsgewährleistung der Leistungserbringung.

(4) [1]Die Träger der öffentlichen Jugendhilfe haben die anerkannten Träger der freien Jugendhilfe in allen Phasen ihrer Planung frühzeitig zu beteiligen. [2]Zu diesem Zwecke sind sie vom Jugendhilfeausschuss, soweit sie überörtlich tätig sind, im Rahmen der Jugendhilfeplanung des überörtlichen Trägers vom Landesjugendhilfeausschuss zu hören. [3]Das Nähere regelt das Landesrecht.

(5) Die Träger der öffentlichen Jugendhilfe sollen darauf hinwirken, dass die Jugendhilfeplanung und andere örtliche und überörtliche Planungen aufeinander abgestimmt werden und die Planungen insgesamt den Bedürfnissen und Interessen der jungen Menschen und ihrer Familien Rechnung tragen.

Übersicht Rn.

A. Grundlagen der Jugendhilfeplanung

I. Planer

1 Die Jugendhilfeplanung ist das entscheidende sozial**politische** Instrument des örtlichen Trägers der öffentlichen Jugendhilfe zur Wahrnehmung seiner Planungsverantwortung nach § 79 Abs. 1 SGB VIII. Wegen der nach § 85 Abs. 2 SGB VIII nahezu vollständigen Zuständigkeit **der örtlichen Träger** und deren Gesamtverantwortung für die Erfüllung der Jugendhilfeaufgaben in ihrem Gebiet bleibt für die Jugendhilfeplanungspflicht der überörtlichen Träger faktisch kein Raum. Mit der pflichtig zu leistenden Jugendhilfeplanung ist dem (so in Niedersachsen nach § 1 Abs. 3 NdsAG/KJHG ausdrücklich) örtlichen öffentlichen Träger das entscheidende Steuerungsinstrument für die kommunale Jugendhilfeinfrastruktur[1] an die Hand gegeben. Akzeptanz und Wirksamkeit dieses jugendhilfepolitischen Instruments sind von der frühestmöglichen Beteiligung der anerkannten Träger der freien Jugendhilfe sowie laufender partnerschaftlicher Zusammenarbeit abhängig. Die Planung ermöglicht den öffentlichen Diskurs über die Jugendhilfeangebote und deren Ausstattungs- und Leistungsstandards. Sie dient der Koordinierung des wirtschaftlichen Mitteleinsatzes der öffentlichen Hand und der gesellschaftlichen Kräfte.[2] Der sozialpolitisch dynamische Prozess der Planung als Kommunikationsplattform bietet den Raum zur Realisierung veränderter Bedarfslagen und entsprechender „Umsteuerung" des Angebots[3], d.h. Verschiebungen zu Lasten des vorhandenen Bestands.

II. Planbetroffene

2 Die Jugendhilfeplanung erfasst **nur Einrichtungen und Dienste**. Veranstaltungen (§ 4 Abs. 2 SGB VIII) und Einzelpersonen (§ 79 Abs. 1 Satz 2 SGB VIII) können aber, soweit Planbarkeit besteht, einbezogen werden. Innerhalb des Planungsprozesses kann nach räumlichen und gegenständlichen Teilbereichen differenziert werden. Die Daten der Statistik nach §§ 98 ff. SGB VIII werden berücksichtigt.

III. Kein Anspruch auf Jugendhilfeplanung

3 Die Jugendhilfeplanungspflicht nach Abs. 1 verschafft als **objektiv-rechtliche Norm** Einzelpersonen und freien Trägern keinen Anspruch[4] auf deren Durchführung. Eine fehlende oder unzureichende Jugendhilfeplanung kann (nicht beanspruchbares und praktisch wohl nicht erwartbares) kommunalaufsichtliches Einschreiten bewirken.

1 Wiesner/Wapler/*Schön*, § 80 SGB VIII Rn. 3.
2 BVerfGE 22, 206.
3 *Preis/Baltz*, NDV 1996, 362.
4 S. hierzu die Kommentierung von § 79 Rn. 8; a.A. GK-SGB VIII/*Nüsken*, § 80 Rn. 22 m.w.N.

Ohne eine qualifizierte Jugendhilfeplanung kann der öffentliche Träger allerdings seiner Gesamtverantwortung (§ 79 Abs. 1 SGB VIII) nicht gerecht werden und setzt sich der Gefahr aus, ermessensfehlerhafte Entscheidungen zu treffen.[5]

IV. Zusammenhang von Jugendhilfeplanung und Förderung

4 Die Jugendhilfeplanung vermittelt grundsätzlich keinen Anspruch auf Förderung. Fehlt die Jugendhilfeplanung, schließt das aber eine Förderung (nach § 74 SGB VIII) auch nicht aus.[6]

5 Die Rechtsprechung hält das Bestehen eines Jugendhilfeplans nicht für eine Voraussetzung ermessensgerechter **Förderung**[7]. Ist eine Maßnahme in den Jugendhilfeplan aufgenommen, folgt daraus jedenfalls kein Anspruch auf Förderung[8] ,wenn die (für eine Förderung nach § 74 Abs. 3 SGB VIII) verfügbaren Haushaltsmittel nicht für alle im Plan vorgesehenen Maßnahmen ausreichen. Die Ermessensentscheidung nach § 74 Abs. 3 SGB VIII ist insoweit vom Planungsprozess und -ergebnis nach § 80 SGB VIII „entkoppelt"[9].

V. Jugendhilfeplan

6 Die Jugendhilfeplanung muss nicht zwingend in einen **Jugendhilfeplan** münden[10]. Die Dynamik des Prozesses und seine grundsätzliche Unabgeschlossenheit bewirken eben nicht zwangsläufig als Folge der Planungstätigkeit einen Jugendhilfeplan als „greifbaren" Abschluss[11]. Das Gesetz spricht an keiner Stelle von einem solchen Jugendhilfeplan, sondern stets von der Jugendhilfeplanung. Deren Bedeutung wird in ihrer Aufgabe gesehen, Beteiligungsprozesse zu organisieren[12]. Allerdings reicht ihre Wirkung über die soziologisch erfassbare Sphäre hinaus in den Rechtsraum hinein, wenn resultierend aus den von ihr hervorgebrachten Rahmenbedingungen rechtsverbindliche Entscheidungen mit Außenwirkung getroffen werden.

7 Wird vor diesem Hintergrund trotz fehlender Rechtspflicht ein Jugendhilfeplan **verabschiedet**, geschieht das durch Beschluss der kommunalen Vertretungskörperschaft (Ratsbeschluss nach Beschluss des Jugendhilfeausschusses – § 71 Abs. 2 Nr. 2 SGB VIII). Der Plan ist dann als hoheitliche Maßnahme eigener Art[13] ein Mittel der Selbstbindung der Verwaltung, das insbesondere bei Ermessensentscheidungen beachtet werden muss,[14] etwa bei ermessensabhängigen Förderungsentscheidungen (nach § 74 SGB VIII) das Ermessen auf Null reduziert und dadurch für die freien Träger Voraussehbarkeit und Planungssicherheit[15] schafft. Umgekehrt schränken weder die Jugendhilfeplanung noch Jugendhilfepläne die freien Träger in ihren Planungen ein. Im Regelfall benötigen die freien Träger jedoch für ihre Jugendhilfevorhaben auch öffentliche Mittel. Über die Förderungsentscheidung, die von der Beachtung der Jugendhilfeplanung abhängig gemacht werden kann, werden die freien Träger in der Regel dann aber im Verwaltungsvollzug eingeschränkt. Insbesondere im Bereich der Tageseinrichtungen für Kinder enthalten Jugendhilfepläne (z.B. § 13 Nds. KiTaG) solcherma-

5 *Preis/Steffan*, FuR 1993, 195.
6 *Neumann*, RsDE 55, 2003, 38; BVerwG, Urt. v. 17.7.2009, 5 C 28.08, Juris.
7 BVerwG, Beschl. v. 30.12.1996, 5 B 27.96, NDV-RD 1997, 33.
8 BVerwG, Urt. v. 17.7.2009, 5 C 28.08 unter 4.4 b), juris.
9 BVerwG, Fn. 6.
10 *Kunkel*, NDV 2001, 412.
11 A.A. *Preis/Steffan*, FuR 1993, 197.
12 GK-SGB VIII/*Nüsken*, § 80 Rn. 4.
13 *Preis/Steffan*, FuR 1993, 197.
14 BVerwG, Urt. v. 17.7.2009, 5 C 25/08, BVerwGE 134, 206.
15 OVG Lüneburg RsDE 38, 81.

ßen wirkende konkrete Fördervorgaben[16]. Einen Vertrauensschutz auf Planfortbestand gibt es nicht.

Die Ausrichtung der Jugendhilfeplanung auch an den Bedürfnissen der „Personensorgeberechtigten" in § 80 Abs. 1 Nr. 2 SGB VIII ist durch das KJSG zu einer Ausrichtung auf die „Erziehungsberechtigten" geworden, weil der Begriff der Erziehungsberechtigten denjenigen der Personensorgeberechtigten mitumfasse.[17] Das nimmt den gegenüber den Personensorgeberechtigten weiteren Kreis gegenüber Kindern und Jugendlichen zur Erziehung Berechtigter nach § 7 Abs. 1 Nr. 6 SGB VIII, mithin auch solche Personen in die Bedürfnisberücksichtigung auf, die vertraglich oder gesetzlich wie z.B. Verwandte, Stiefeltern oder Pflegeeltern[18] nicht nur vorübergehend und nicht nur für einzelne Verrichtungen Aufgaben der Personensorge wahrnehmen.

Ebenfalls durch das KJSG gesetzt ist, dass in dem neuen Absatz 2 Nr. 3 „ein dem nach Absatz 1 Nummer 2 ermittelten Bedarf entsprechendes Zusammenwirken der Angebote von Jugendhilfeleistungen" sicherzustellen ist. Durch die neue Nr. 4 ist die inklusive Ausrichtung bestimmt. Bei der Umsetzung der Vorgabe der neuen Nr. 3 wird darauf zu achten sein, dass diese Kooperationszielrichtung nicht zum Hebel einer Wettbewerbsreduzierung zwecks Kosteneinsparung genutzt wird.

Der durch das KJSG integrierte neue Absatz 3 bestimmt, dass Maßnahmen der Qualitätsgewährleistung Teil der Planung niedrigschwelliger ambulanter Hilfen nach § 36a Absatz 2 SGB VIII sein müssen, um für erforderlich gehaltene qualitative Verbesserungen zu erreichen.[19]

B. Einzelheiten

I. Abs. 1 – Verfahren der Jugendhilfeplanung

Abs. 1 umreißt die wesentlichen (verbindlichen) **Planungsschritte**, wie sie denknotwendig auch jeder sonstigen Planung inhärent sind. Mit der Bestandsfeststellung wird der quantitative und qualitative Ist-Stand der Einrichtungen und Dienste erfasst. Der Bedarf wird sodann unter „Berücksichtigung" der Bedürfnisse der Betroffenen (vermittelt z.B. durch die Kenntnisse der Jugendhilfeausschussmitglieder, Zusammenkünfte oder durch Befragung) als Soll-Zustand ermittelt. Damit ist eine unmittelbare **Betroffenenbeteiligung** nicht vorgesehen. Sie ist aber sinnvoll, wenn es gelingt, deutlich zu machen, dass der **Bedarf** das ist, was aus der Ermittlung der Bedürfnisse normativ als politisch gewollt und finanzierbar definiert wird[20] .Positionen einer subjektivierten, mithin nicht normativen, sondern z.B. in die Fachlichkeit verwiesenen Bedarfsbestimmung[21] akzeptieren die rechtliche Unterscheidung von Bedarf und Bedürfnissen nicht.[22] Sie übergehen die für den kollektiv akzeptierten individuellen Bedarf notwendige „Zuteilungsentscheidung" des dafür demokratisch legitimierten Organs. 8

Der Gesetzgeber hat – von der Rechtsprechung rezipiert – die Selbstwahrnehmung der Jugendämter nicht nur als Kostenträger („bloße Zahlstelle"), sondern als Leistungsträger be- 9

16 Vgl. OVG Lüneburg, Beschl. v. 12.1.1999, 4 M 1528/98, NVwZ-RR 1999, 383.
17 Gesetzesbegründung in BT-Drs. 19/26107, 111.
18 Näheres hierzu oben bei § 7 Rn. 4.
19 Gesetzesbegründung, BT-Drs. 19/26107, 111.
20 FK-SGB VIII/*Tammen*, § 80 Rn. 12.
21 *Jacobs*, NDV 2019, 275 und 278: „Bedarf ist …, was unter fachlichen Gesichtspunkten bei Kindern und Jugendlichen für die Entwicklung geeignet und notwendig erscheint" bzw. „das Resultat der direkten Inanspruchnahme durch die Leistungsberechtigten".
22 *Jacobs*, NDV 2019, 274.

fördert. Die **Selbstbeschaffung** von Leistungen der Hilfe nach § 36a Abs. 1 SGB VIII wird deshalb davon abhängig gemacht, dass die Eltern die Träger der Jugendhilfe von Anfang an in ihre Entscheidungen einbinden, auch um den Trägern der Jugendhilfe insoweit die Wahrnehmung ihrer Planungsverantwortung nach § 80 SGB VIII zu ermöglichen. Schon dabei soll er das Wunsch- und Wahlrecht der Eltern berücksichtigen können[23].

10 Ein „mittelfristiger **Zeitraum"** sind nach der ursprünglichen Gesetzesbegründung[24] mindestens vier Jahre ohne das laufende Haushaltsjahr. Die Mittelfristigkeit erteilt der bisweilen jugendhilfepolitisch angestrebten – eher auf den Effekt setzenden – kurzfristigen Erfolgsverwirklichung ebenso eine Absage wie einer mit langfristiger Planung oft einhergehender Statik wider die realen Verhältnisse. Der Weg zur Erreichung des Soll-Zustands, also zur Deckung des Bedarfs, ist die Durchführungsplanung notwendiger Vorhaben (Maßnahmen). Die „rechtzeitige" „Vorhaben"-Planung meint deren Bedarfsgerechtigkeit in zeitlicher Hinsicht, dass sie „ausreichend" sein muss, meint die Bedarfsgerechtigkeit in quantitativer und qualitativer Hinsicht. Knappe finanzielle Ressourcen zwingen dabei zur **Prioritätensetzung**[25].Für „unvorhergesehenen Bedarf" können logischerweise keine genau bezifferbaren Reserven vorgehalten werden, sodass die diesbezügliche Vorsorge in Abs. 1 Nr. 3 nur einen Hinweis auf eine Planungsflexibilität enthält[26]. Die Planfortschreibung als kontinuierlicher Prozess erfolgt z.B. in Unterausschüssen des Jugendhilfeausschusses und Arbeitsgemeinschaften nach § 78 SGB VIII. Eine fachliche Erfolgskontrolle[27] der Planung (nicht des Leistungsgeschehens selbst!) wird aus der Planungsverantwortung hergeleitet.

11 Bei der Planung im Bereich der Tageseinrichtungen für Kinder besteht nach § 24a Abs. 2 SGB VIII eine **Sonderregelung** für die Jugendhilfeplanung: Wenn der Bedarf an Plätzen in Tageseinrichtungen für Kinder nicht gedeckt werden kann, müssen die örtlichen Träger im Rahmen ihrer Jugendhilfeplanung jährliche Ausbaustufen zur Schaffung eines bedarfsgerechten Angebots beschließen sowie jährlich zum 15. März jeweils den aktuellen Bedarf ermitteln und den erreichten Ausbaustand feststellen. Diese Sonderregelung erfordert schon wegen der Jährlichkeitsvorgabe für diesen Teilbereich (als Bestandteil der Gesamtplanung) eine Teilplanung.

12 Die Jugendhilfeplanung kann nicht „nebenbei" erledigt werden. Sie erfordert die Verfügbarkeit qualifizierten Personals in ausreichender Anzahl, was der öffentliche Träger nach § 79 Abs. 3 SGB VIII sicherzustellen hat.

II. Abs. 2 – Kriterien der Jugendhilfeplanung

13 **Abs. 2** enthält den (nicht abschließenden) Katalog der **Planungskriterien**. Das sind die Betroffenen- und die Ortsnähe (**Nr. 1**), die Vielfältigkeit und Inklusivität des Leistungsangebots (**Nr. 2**), das am Bedarf ausgerichtete Zusammenwirken der Angebote von Jugendhilfeleistungen in den Lebens- und Wohnbereichen von jungen Menschen und Familien (**Nr. 3**), die Förderung von jungen Menschen mit Behinderungen oder von Behinderungen bedrohter Menschen gemeinsam mit nicht von Behinderungen betroffenen oder bedrohten jungen Menschen unter Berücksichtigung spezifischer Bedarfslagen (**Nr. 4**), die besondere Förderung junger Menschen und Familien in gefährdeten Lebens- und Wohnbereichen (**Nr. 5)**, z.B. sozialen Brennpunkten, und die Verbesserung der Vereinbarkeit von Familie und Beruf von Müttern und Vätern (**Nr. 6**).

---

23 BVerwG Urt. v. 12.9.2014, 5 C 35.12, Rn. 39, 40, JAmt 2014, 41.
24 BT-Drs. 11/5948, 101.
25 *Krause*, ZfJ 1992, 365.
26 BT-Drs. 11/5948, 101.
27 *Nikles*, TUP 1991, 75.

Die Landesjugendämter haben (nach § 85 Abs. 2 Nr. 1 SGB VIII) detaillierte Empfehlungen zur Jugendhilfeplanung erstellt.

III. Abs. 3 – Einbeziehung von Maßnahmen der Qualitätsgewährleistung

Abs. 3 bestimmt seit dem KJSG die Einbeziehung von Maßnahmen der Qualitätsgewährleistung der Leistungserbringung bei niedrigschwelligen ambulanten Hilfen nach § 36a Abs. 2 SGB VIII. Das dient ausdrücklich der qualitativen Verbesserung niedrigschwelliger Hilfezugänge,[28] enthält also nach der Gesetzesbegründung eine Reaktion auf die Planungseinbeziehung qualitativ nicht hinreichender Leistungsangebote.

IV. Abs. 4 – Beteiligung freier Träger an der Jugendhilfeplanung

1. Abs. 4 Satz 1 – Beteiligung freier Träger

Abs. 4 verpflichtet zur Beteiligung aller anerkannten freien Träger der Jugendhilfe an der Jugendhilfeplanung, er enthält einen Anspruch auf deren Beteiligung[29]. Die Beteiligung nicht anerkannter freier Träger ist möglich, aber nicht pflichtig. Die Praxis bezieht sie ein, sofern sie von der Planung berührt sind. Eine planerische Entscheidung in der Jugendhilfe ohne die Beteiligung der anerkannten freien Träger ist rechtswidrig[30]. Die Nichtbeteiligung würde dem jugendhilferechtlichen Strukturprinzip der partnerschaftlichen Zusammenarbeit mit den freien Trägern widersprechen. Nach der Gesetzesbegründung[31] soll die rechtzeitige Beteiligung der freien Träger die von einer verspäteten Beteiligung ausgehende Präjudizierungsgefahr mit der Folge eines Engagementverlustes entgegenwirken. Das Beteiligungsrecht ist deshalb deren Interessen zu dienen bestimmt. Um ihrer autonom übernommenen Mitverantwortung für positive Lebensbedingungen junger Menschen und ihrer Familien entsprechen und ihr Engagement verwirklichen zu können, muss die Freie Wohlfahrtspflege ihre Beteiligung notfalls auch gerichtlich durchsetzen können. Zu Recht wird darauf hingewiesen, dass sie nicht schlechter gestellt sein darf als Naturschutzverbände.[32] Es handelt sich um ein (formelles) Beteiligungsrecht, die Jugendhilfeplanung verantworten die öffentlichen Träger allein und ohne Veto-Recht der freien Träger.[33] Die anerkannten freien Träger wirken auch sozialanwaltlich an der Vermittlung der nach Abs. 1 Nr. 2 und Abs. 4 beachtlichen Bedürfnisse und Interessen der Betroffenen selbst mit. Die Beteiligung kann nicht auf die Anhörung im Jugendhilfeausschuss beschränkt werden, wenn die Jugendhilfeplanung Akzeptanz finden soll. Der Jugendhilfeausschuss bestimmt sowohl den Zeitpunkt als auch den Umfang der Anhörung, die auf die Beschlussfassung aber noch Einfluss haben können muss. 14

2. Abs. 4 Satz 2 – Landesrecht

Die nähere **landesrechtliche Ausgestaltung** der Jugendhilfeplanung aufgrund Abs. 3 Satz 3 ist in den Bundesländern mit formellen und materiellen Ansätzen erfolgt (z.B. durch verbindliche Unterausschüsse des Jugendhilfeausschusses für die Jugendhilfeplanung oder die Beachtung einer mädchengerechten Gestaltung der Planung). § 13 Abs. 3 Satz 2 Nds.AG SGB VIII verpflichtet z.B. die örtlichen Träger, die Gemeinden an der Jugendhilfeplanung zu beteiligen. 15

---

28 BT-Drs. 19/26107, 111.
29 *Mrozynski*, SGB VIII, § 80 Rn. 4; a.A. Schellhorn/Fischer/Mann//*Kern*, § 80 SGB VIII Rn. 22.
30 *Neumann* 1992, 376.
31 BT-Drs. 11/5948, 102.
32 *Preis/Steffan*, FuR 1993, 196.
33 DV, NDV 2001, 266.

V. Abs. 5 – Planungsabstimmung

16 **Abs. 5** enthält die Soll-Verpflichtung zur **Abstimmung** der Jugendhilfeplanung mit anderen örtlichen und überörtlichen Planungen (z.B. Stadtplanung und Verkehrsplanung). Erfolgversprechend – wenigstens im Sinne einer Sensibilisierung der Planungsakteure anderer Bereiche für die Belange der Jugendhilfe – ist die Abstimmung dann, wenn in anderen Planungsbereichen Mitwirkungsbefugnisse bestehen.

§ 81
Strukturelle Zusammenarbeit mit anderen Stellen und öffentlichen Einrichtungen

Die Träger der öffentlichen Jugendhilfe haben mit anderen Stellen und öffentlichen Einrichtungen, deren Tätigkeit sich auf die Lebenssituation junger Menschen und ihrer Familien auswirkt, insbesondere mit

1. **den Trägern von Sozialleistungen nach dem Zweiten, Dritten, Vierten, Fünften, Sechsten und dem Zwölften Buch sowie Trägern von Leistungen nach dem Bundesversorgungsgesetz,**
2. **Rehabilitationsträger nach § 6 Absatz 1 Nummer 7 des Neunten Buches,**
3. **den Familien- und Jugendgerichten, den Staatsanwaltschaften sowie den Justizvollzugsbehörden,**
4. **Schulen und Stellen der Schulverwaltung,**
5. **Einrichtungen und Stellen des öffentlichen Gesundheitsdienstes und sonstigen Einrichtungen und Diensten des Gesundheitswesens,**
6. **den Beratungsstellen nach den §§ 3 und 8 des Schwangerschaftskonfliktgesetzes und Suchtberatungsstellen,**
7. **Einrichtungen und Diensten zum Schutz gegen Gewalt in engen sozialen Beziehungen,**
8. **den Stellen der Bundesagentur für Arbeit,**
9. **Einrichtungen und Stellen der beruflichen Aus- und Weiterbildung,**
10. **den Polizei- und Ordnungsbehörden,**
11. **der Gewerbeaufsicht,**
12. **Einrichtungen der Ausbildung für Fachkräfte, der Weiterbildung und der Forschung und**
13. **Einrichtungen, die auf örtlicher Ebene Familien und den sozialen Zusammenhalt zwischen den Generationen stärken (Mehrgenerationenhäuser),**

im Rahmen ihrer Aufgaben und Befugnisse zusammenzuarbeiten.

Übersicht Rn.

A. Zusammenarbeitsgebot

Die Vorschrift verpflichtet („Muss") nur die Träger der öffentlichen Jugendhilfe. Sie sind zur **Zusammenarbeit** mit anderen Stellen und öffentlichen Einrichtungen verpflichtet, deren Tätigkeit sich auf die Lebenssituation junger Menschen und ihrer Familien auswirkt. Es handelt sich um eine objektiv-rechtliche Pflicht, die Norm gewährt keine Ansprüche. Mittelbar mitverpflichtet werden die Kooperationspartner. 1

B. Kooperationspartner

2 Die Aufzählung der Kooperationspartner wurde zunächst durch das Bundeskinderschutzgesetz vom 22.12.2011[1] neu gefasst und um die Nrn. 2, 5 und 6 (Familien- und Jugendgerichte, Schwangerschaftsberatungsstellen und Gewaltschutzeinrichtungen) erweitert, die nun die Nummern 3, 6 und 7 sind. Die Rehabilitationsträger nach § 6 Abs. 1 Nr. 7 SGB IX sind durch das Gesetz zur Änderung des Neunten und des Zwölften Buches Sozialgesetzbuch und anderer Rechtsvorschriften vom 30.11.2019[2] in die Nr. 2 des § 81 SGB VIII aufgenommen worden. Durch das Kinder- und Jugendstärkungsgesetzes (KJSG)[3] ist die strukturelle Zusammenarbeit der Träger der öffentlichen Jugendhilfe mit „Mehrgenerationenhäusern" in § 81 SGB VIII in eine neue Nr. 13 aufgenommen worden. Begründet wurde das lediglich mit der ganzheitlichen und lebensweltlichen Gestaltung der Kinder- und Jugendhilfe als Querschnittsaufgabe.[4]

Die Aufzählung ist nach wie vor **nicht abschließend** („insbesondere"). Die Zusammenarbeit ist ein Mittel zur Überwindung von Zuständigkeitsgrenzen.[5]

3 Das Zusammenarbeitsgebot steht nicht nur in der Gesetzesreihenfolge in der Nähe zur Jugendhilfeplanung nach § 80 SGB VIII, die eine Einbeziehung der Kooperationspartner mit ihren jeweiligen auf junge Menschen (nach § 7 Abs. 1 Nr. 4 SGB VIII sind das die noch nicht 27-Jährigen) bezogenen fachlichen und finanziellen Möglichkeiten erfordert.

C. Generelle Instrumente der Kooperation

I. Jugendhilfeausschuss

4 Eine Plattform der **generellen Zusammenarbeit** ist z.B. der Jugendhilfeausschuss. Daneben ist jugendhilferechtlich die Arbeitsgemeinschaft als Instrument der Zusammenarbeit gesetzlich vorgesehen (§ 78 SGB VIII). Die Kooperation geschieht im Übrigen durch und aufgrund von Vereinbarungen. In der Gewaltprävention wirken die Jugendhilfeträger etwa in sog. Präventionsräten mit. Andere Stellen können zur Zusammenarbeit nicht gezwungen werden. Sie sind ihrerseits nur z.T. ausdrücklich durch diejenigen Regelwerke, nach denen sie arbeiten, zur Zusammenarbeit mit der Jugendhilfe verpflichtet. Die sog. Lebenswelten junger Menschen werden ganz wesentlich durch Einrichtungen und Stellen außerhalb der Jugendhilfe beeinflusst. Besonders augenfällig ist das bei der **Schule** (Nr. 4), auf welche die öffentlichen Träger Einfluss nehmen bzw. in die sie sich einbringen müssen, um ihrer Gestaltungsaufgabe der Schaffung positiver Lebensbedingungen für junge Menschen und ihre Familien (§ 1 Abs. 3 Nr. 4 SGB VIII) gerecht werden zu können. Zur Zusammenarbeit im Rahmen der Schulsozialarbeit verpflichtet auch der durch das KJSG neu geschaffene § 13a Satz 2 SGB VIII.

II. Arbeitsgemeinschaft

5 In dem weiteren generellen Instrument der Kooperation, der **Arbeitsgemeinschaft** nach § 78 SGB VIII, kann die Zusammenarbeit anlass-, aufgaben- und strategiebezogen sein. Sie

1 BGBl. I S. 2975.
2 BGBl. I S. 1948.
3 BT-Drs. 19/26107, 30.
4 BT-Drs. 19/26107, 111.
5 GK-SGB VIII/*Wabnitz/Fieseler*, § 81 Rn. 1.

kann dauerhaft oder projektabhängig zeitlich begrenzt stattfinden. Sie wird immer sozialraumbezogen sein, weil sie sich in den räumlichen „Lebenswelten" der jungen Menschen auswirken muss. Die Sozialräumlichkeit darf aber auch hier – wie beim „Marktzugang" zur „Leistungserbringung" über das Einrichtungsfinanzierungsrecht der §§ 78a ff. SGB VIII – nicht gesetzeswidrig als Ausschlussinstrument genutzt werden, sondern muss einen alle Beteiligten einschließenden (inklusiven) Ansatz verfolgen. Das Funktionieren der Zusammenarbeit der Kooperationspartner im Sozialraum hängt von vielen Faktoren ab, sein Gelingen wird durch verlässliche Absprachen gesichert.

D. Kooperation mit freien Trägern

6 Die **freien Träger** werden aus dieser Vorschrift nicht verpflichtet, haben jedoch ein Eigeninteresse an der Kooperation mit den hier genannten Stellen und Einrichtungen, die Einfluss auf die Lebenssituation junger Menschen und ihrer Familien haben. Beispielhaft für nicht ausdrücklich im Gesetz erwähnte Kooperationen sei etwa die Zusammenarbeit freier Träger mit Rundfunkanstalten und anderen Medien zum Thema Kinderarmut und Kindergesundheit genannt. Eine Zusammenarbeit des Rehabilitationsträgers „Träger der öffentlichen Jugendhilfe" (§ 6 Abs. 1 Nr. 6 SGB IX) mit Trägern anderer Sozialleistungen (Nr. 1) erfolgt in den gemeinsamen Servicestellen (auf Kreis-Ebene) nach § 23 Abs. 1 SGB IX. Bezogen auf die Kooperation mit anderen **Sozialleistungsträgern** (Nr. 1) und Rehabilitationsträgern (Nr. 2) handelt es sich um eine (jugendhilfe-)bereichsspezifische Ausprägung des allgemeinen Zusammenarbeitsgebots des § 86 SGB X.

E. Einzelfall-Kooperation

7 **Im konkreten Einzelfall** kann die Zusammenarbeit mit Dritten datenschutzrechtlich problematisch sein. Zum einen darf die Zusammenarbeit der öffentlichen Träger der Jugendhilfe schon nach § 81 SGB VIII nur „im Rahmen ihrer Aufgaben und Befugnisse" stattfinden, zum anderen gelten für die Datenübermittlung und -nutzung das bereichsspezifische sowie das allgemeine Datenschutzrecht. Nach § 64 Abs. 2 SGB VIII ist etwa die Daten-Übermittlung für die Erfüllung sozialer Aufgaben (einschließlich Strafverfahren!) nach § 69 SGB X nur zulässig, soweit dadurch der Erfolg einer zu gewährenden Leistung nicht in Frage gestellt wird.

8 Der Zusammenarbeit mit der **Polizei** (Nr. 10) kann das Selbstverständnis der Jugendhilfe nicht entgegengehalten werden, wo ihre Klientel Opfer von Straftaten ist und wo die Polizei nicht repressiv handelt. Straftaten zum Nachteil junger Menschen muss kein Jugendhilfeträger den Strafverfolgungsbehörden anzeigen, solange die Wahrung des Kindeswohls nicht ausschließlich durch die Strafanzeige möglich ist. Eine Strafverfolgung Dritter kann den jungen Menschen unter Umständen mehr schaden als nützen.[6] Für Zwecke der Strafverfolgung darf die Jugendhilfe sich nicht „benutzen" lassen. Ist die Einschaltung der Polizei im konkreten Fall der Kindeswohlgefährdung (§ 8a Abs. 4 SGB VIII) „notwendig", hat das Jugendamt auf deren Inanspruchnahme durch die Personensorge- oder Erziehungsberechtigten hinzuwirken. Nur bei sofortigem Tätigkeitserfordernis und fehlender Mitwirkung der Personensorge- oder Erziehungsberechtigten schaltet das Jugendamt die Polizei selbst ein (§ 8a Abs. 4. Satz 2 SGB VIII).

9 Die Zusammenarbeit mit **Stellen des öffentlichen Gesundheitsdienstes** (Nr. 5) ist vor allem im Kinderschutz wichtig. Das Gesetz zur Kooperation und Information im Kinderschutz

6 GK-SGB VIII/*Wabnitz/Fieseler*, § 81 Rn. 34.

vom 22.12.2011 (KKG)[7] **befugt** (in dessen § 4 Abs. 3) Berufsgeheimnisträger wie Ärzte, Hebammen, Psychologen, Suchtberater, Schwangerschaftskonfliktberaterinnen und Sozialarbeiter zur Verbesserung der Netzwerkbildung im Kinderschutzinteresse ausdrücklich zur Datenübermittlung an das Jugendamt. Halten die genannten Berufsgeheimnisträger ein unmittelbares Gefahrenabwendungshandeln des Jugendamts für erforderlich, dürfen sie an das Jugendamt, notfalls auch ohne Hinweis an die Betroffenen, (nicht anonymisierte) Daten weitergeben. Die in Abs. 1 genannten Personen sollen abweichend davon das Jugendamt informieren, wenn nach ihrer Einschätzung eine dringende Gefahr für das Wohl des Kindes oder des Jugendlichen das Tätigwerden des Jugendamtes erfordert (vgl. dazu die Kommentierung zu § 4 KKG).

Die Zusammenarbeit mit Ausbildungs- und Weiterbildungseinrichtungen und der Forschung ist in Nr. 12 verankert. Das KJSG hat die Zusammenarbeit mit Mehrgenerationenhäusern, die von einigen Ländern besonders gefördert wurden und für die der Bund ein Bundesprogramm[8] aufgelegt hat, in Nr. 13 festgelegt.

7 BGBl. I, 2975.
8 Vgl. https://www.bmfsfj.de/bmfsfj/themen/engagement-und-gesellschaft/mehrgenerationenhaeuser/mehrgenerationenhaeuser-74018 (24.3.2022).

Sechstes Kapitel
Zentrale Aufgaben

§ 82
Aufgaben der Länder

(1) Die oberste Landesjugendbehörde hat die Tätigkeit der Träger der öffentlichen und der freien Jugendhilfe und die Weiterentwicklung der Jugendhilfe anzuregen und zu fördern.

(2) Die Länder haben auf einen gleichmäßigen Ausbau der Einrichtungen und Angebote hinzuwirken und die Jugendämter und Landesjugendämter bei der Wahrnehmung ihrer Aufgaben zu unterstützen.

Übersicht

A. Bedeutung der Landesebene in der Jugendhilfe

Die Landesebene ist in der Jugendhilfe nicht sehr gewichtig, weil die Kommunen das Bundesrecht des SGB VIII als pflichtige kommunale Selbstverwaltungsaufgabe ausführen, wobei die Länder im Gesetzesvollzug auf die Rechtsaufsicht beschränkt sind. Sie setzen die landesgesetzlichen Regeln (durch die Ausführungsgesetze zum SGB VIII) und haben nach § 82 SGB VIII assistierende Funktionen („anregen", „fördern" und „unterstützen"). 1

Die in **Abs. 1** verpflichtete oberste Landesjugendbehörde ist ein (nach Landesrecht zuständiges) Fachministerium, in einigen Ländern (z.B. Niedersachsen) auch mehrere Ministerien (Sozial- und/oder Kultusministerium). Die oberste Landesjugendbehörde **regt** die Weiterentwicklung der Jugendhilfe z.B. dadurch **an**, dass sie neue Entwicklungen über Projekte aufgreift, unterstützt und auswertet. 2

B. Förderung als Landesaufgabe

Die **Förderung** der Weiterentwicklung der Jugendhilfe ist eine eigene Aufgabe der obersten Landesjugendbehörde auf der ministeriellen Ebene. Sie ist abhängig von den Traditionen und politischen Programmen in den Bundesländern sehr unterschiedlich ausgeprägt. Die Finanzierung von Leistungsangeboten mit landesweiter Bedeutung bildet einen Schwerpunkt. Die Bereitstellung von Landesmitteln zur Ergänzung von Leistungsangeboten auf kommunaler Ebene richtet sich in den Ländern meist nach **Landesjugendplänen**, die Teil der Landeshaushaltspläne sind. Die Anregung und die Förderung beziehen sich ausdrücklich auch auf die freien Träger. Auch hier werden (wie etwa in §§ 79 Abs. 2, 80 Abs. 1 SGB VIII) keine Ansprüche zugestanden, es handelt sich um objektives Recht. 3

C. Ausfüllung des Landesrechtsvorbehalts und Standardisierungsauftrag

Die oberste Landesjugendbehörde nimmt ferner die nicht im SGB VIII, sondern im Landesorganisationsrecht normierte Aufgabe wahr, die Landesrechtsvorbehalte des SGB VIII auszufül- 4 len. Das geschieht durch die Vorbereitung entsprechender Landesgesetzgebung[1], vor allem der Ausführungsgesetze zum KJHG und der Gesetze zu den Kindertagesstätten. Die obersten Landesjugendbehörden haben zur Abstimmung und zur Vorbereitung der Jugendministerkonferenzen eine Arbeitsgemeinschaft gebildet, nämlich die „Arbeitsgemeinschaft der Obersten Landesjugend- und Familienbehörden" (AGJF).

5 Die Bundesländer selbst, nicht deren oberste Landesjugendbehörden, sind nach **Abs. 2** in der Pflicht, darauf hinzuwirken, dass die unterschiedliche Leistungsfähigkeit der Jugendämter im Sinne einer Angleichung beseitigt wird, damit die Chancengleichheit junger Menschen und ihrer Familien[2] nicht durch regional verschiedene Leistungsstandards der Jugendhilfe beeinträchtigt wird. Absatz 2 enthält eine landespolitische Aufgabenstellung, die unter Bezug auf § 1 Abs. 3 Nr. 4 SGB VIII auch als „querschnittspolitischer Einmischungsauftrag" der Länder bezeichnet wird.[3]

6 Ein **Ausgleich** kann durch landesweit gesetzte Standards erreicht werden, wenn zugleich finanzschwächeren Kommunen durch Fördermittel der Abbau strukturbedingter Defizite ermöglicht wird. Die Unterstützung der Jugendämter und Landesjugendämter durch die Länder besteht in ihrer Beratung, die im Rahmen der Rechtsaufsicht steht, und durch Beteiligung an ihrer angemessenen Ausstattung.

7 Einige Bundesländer haben eine Landes-, Kinder- und Jugendberichterstattung vorgeschrieben. Sie hat, wie der Jugendbericht des Bundes nach § 84 SGB VIII, die Funktion, politischen Handlungsbedarf offenzulegen und in der Kinder- und Jugendhilfe zur entsprechenden politischen Meinungs- und Willensbildung beizutragen.

1 *Klinkhardt*, SGB VIII, § 82 Rn. 6.
2 BT-Drs.11/5948, 103 zu § 73 des Entwurfs.
3 LPK-SGB VIII/*Wabnitz*, § 82 Rn. 11.

§ 83
Aufgaben des Bundes, Bundesjugendkuratorium

(1) [1]Die fachlich zuständige oberste Bundesbehörde soll die Tätigkeit der Jugendhilfe anregen und fördern, soweit sie von überregionaler Bedeutung ist und ihrer Art nach nicht durch ein Land allein wirksam gefördert werden kann. [2]Hierzu gehören auch die überregionalen Tätigkeiten der Jugendorganisationen der politischen Parteien auf dem Gebiet der Jugendarbeit.

(2) [1]Die Bundesregierung wird in grundsätzlichen Fragen der Jugendhilfe von einem Sachverständigengremium (Bundesjugendkuratorium) beraten. [2]Das Nähere regelt die Bundesregierung durch Verwaltungsvorschriften.

(3) Die fachlich zuständige oberste Bundesbehörde hat der Bundeselternvertretung der Kinder in Kindertageseinrichtungen und Kindertagespflege bei wesentlichen die Kindertagesbetreuung betreffenden Fragen die Möglichkeit der Beratung zu geben.

Übersicht Rn.

A. Abs. 1 – Bedeutung der Bundesebene in der Jugendhilfe

Die fachlich zuständige oberste Bundesbehörde (**Abs. 1**) ist das Bundesministerium für Familie, Senioren, Frauen und Jugend. Seine Anregungs- und Förderungsfunktion nimmt das Bundesministerium wahr, soweit die zu fördernden Bestrebungen überregionale Bedeutung haben und sie ihrer Art nach nicht durch ein Land allein wirksam gefördert werden können. Das betrifft z. B. Einrichtungen, deren Wirkungsbereich sich auf das ganze Bundesgebiet erstreckt, es betrifft ferner gesamtdeutsche und internationale Aufgaben. Bei europäischen Förderprogrammen hat der Bund solche eigenen Kompetenzen. Diese Zuständigkeitsbeschränkung trägt dem Subsidiaritätsgrundsatz Rechnung, wie ihn das Bundesverfassungsgericht[1] im Hinblick auf die Abgrenzung von Bundes- und Landeskompetenzen bei der Förderung ausgeformt hat. Gleichwohl hat der Bund (wie die Länder auch) einen „Einmischungsauftrag"[2], um wirksam positive Lebensverhältnisse für junge Menschen und ihre Familien zu bewirken. 1

Die Vorschrift ist als Soll-Regelung getroffen, was darauf Rücksicht nimmt, dass der Bund mit dem **Bundesjugendplan** („Kinder- und Jugendplan") als Teil des Bundeshaushaltsplans bereits über ein Förderungsinstrument verfügt. Ein Beispiel für die Wahrnehmung solcher übergreifenden Aufgaben durch den Bund ist das Modellprogramm „Qualifizierung der Hilfen zur Erziehung durch wirkungsorientierte Ausgestaltung der Leistungs-, Entgelt- und Qualitätsentwicklungsvereinbarungen nach §§ 78a bis g SGB VIII", dessen Abschlussbericht 2010 unter dem Thema „Wirkungsorientierte Jugendhilfe" vorgelegt wurde[3]. Einzelne Bereiche der Förderungs- und Anregungsaktivitäten des Bundes sind zusammengefasst dargestellt worden[4]. 2

1 BVerfGE 22, 220 ff.
2 LPK-SGB VIII/*Wabnitz*, § 82 Rn. 11.
3 ISA Planung und Entwicklung GmbH (Hrsg.).
4 GK-SGB VIII/*Wabnitz/Fieseler*, § 83 Rn. 12 ff.

B. Abs. 2 – „Sachverständige Beratung"/Bundesjugendkuratorium

3 **Abs. 2** bestimmt, dass die Bundesregierung in grundsätzlichen Fragen der Jugendhilfe von dem ständigen Beratungsorgan, das bisher in der Gesetzesüberschrift als **„Bundesjugendkuratorium"** (BJK) erwähnt war, beraten wird. Dieses Gremium hatte seit 1950 im Kuratorium für Jugendfragen einen Vorläufer, wurde 1961 im JWG verankert, durch Verwaltungsvorschrift errichtet und als Institution ins SGB VIII übernommen. Schwerpunkte seiner Beratung (ohne Entscheidungskompetenzen) bilden die Gesetzgebung und die Mittelverwendung im Rahmen des Bundesjugendplans. Nach Satz 2 werden die Bildung und das Verfahren des Bundesjugendkuratoriums durch **Verwaltungsvorschriften** der Bundesregierung geregelt. Die (im BAnz Nr. 109 vom 18.6.2002 veröffentlichte) „Allgemeine Verwaltungsvorschrift über das Bundesjugendkuratorium gemäß § 83 Abs. 2 Achtes Sozialgesetzbuch (SGB VIII) – Kinder- und Jugendhilfe vom 6. Juni 2002" ist seit dem 1.1.2003 in Kraft.

Das KJSG[5] hat die Überschrift der Vorschrift in „sachverständige Beratung" geändert, weil mit Absatz 3 ein weiteres Beratungsgremium dazugekommen und dadurch miterfasst ist. In Absatz 2 ist im Klammerzusatz (Legaldefinition) die Benennung dieses Sachverständigengremiums als „Bundesjugendkuratorium" unverändert geblieben.

4 Dieses Sachverständigengremium besteht gegenwärtig aus 15 Personen (und dem Direktor des Deutschen Jugendinstituts – DJI – als ständigem Gast). Der zuständige Fachminister (Bundesjugendministerin) beruft das Kuratorium für die Dauer der laufenden Legislaturperiode. Es gibt sich eine vom Bundesjugendministerium zu genehmigende Geschäftsordnung und tagt in nicht-öffentlichen Sitzungen. Das DJI stellt ihm Geschäftsstellenfunktionen bereit.

Zum Jugendbericht gibt das Sachverständigengremium eine Stellungnahme ab, erstellt wird er von der Jugendberichtskommission nach § 84 Abs. 2 SGB VIII. Das BJK hat im April 2015 eine Stellungnahme zum Thema „Gesellschaftliche Verantwortung für junge Flüchtlinge" abgegeben. Diese Positionierung befasst sich mit dem Regelungsbedarf der Inobhutnahme unbegleiteter Minderjähriger, die durch das Gesetz zur Verbesserung der Unterbringung, Versorgung und Betreuung ausländischer Kinder und Jugendlicher (UMG) vom 28.10.2015[6] in den §§ 42a ff. SGB VIII geregelt worden ist.

C. Abs. 3 – Bundeselternvertretung

5 § 83 SGB VIII ist durch die Hinzunahme eines neuen Absatzes 3 mit folgendem Text ergänzt worden: „Die fachlich zuständige oberste Bundesbehörde hat der Bundeselternvertretung der Kinder in Kindertageseinrichtungen und Kindertagespflege bei wesentlichen die Kindertagesbetreuung betreffenden Fragen die Möglichkeit der Beratung zu geben." Nach der Gesetzesbegründung dient dies der Sicherung der aktiven Mitbestimmung der Eltern nicht nur auf der Landes-, sondern auch auf der Bundesebene als wichtiger Baustein der Erziehungspartnerschaft mit den Eltern. Diese Beteiligung der Elternvertretung, die auf Landesebene in den Ausführungsgesetzen zum Teil bereits besteht, sollte damit auch auf Bundesebene (wie im Schulbereich) als „Baustein der Erziehungspartnerschaft"[7] gesetzlich verankert werden.

5 Die Gesetzesbegründung des Kinder- und Jugendstärkungsgesetzes, BT-Drs. 19/26107, 111, rekurriert insoweit auf den Anlass einer „erweiterten Sachverständigenberatung".

6 BGBl. I S. 1802 ff.

7 BT-Drs. 19/26107, 111 f.

§ 84
Jugendbericht

(1) [1]Die Bundesregierung legt dem Deutschen Bundestag und dem Bundesrat in jeder Legislaturperiode einen Bericht über die Lage junger Menschen und die Bestrebungen und Leistungen der Jugendhilfe vor. [2]Neben der Bestandsaufnahme und Analyse sollen die Berichte Vorschläge zur Weiterentwicklung der Jugendhilfe enthalten; jeder dritte Bericht soll einen Überblick über die Gesamtsituation der Jugendhilfe vermitteln.

(2) [1]Die Bundesregierung beauftragt mit der Ausarbeitung der Berichte jeweils eine Kommission, der mindestens sieben Sachverständige (Jugendberichtskommission) angehören. [2]Die Bundesregierung fügt eine Stellungnahme mit den von ihr für notwendig gehaltenen Folgerungen bei.

Übersicht

A. Bedeutung und Funktion des Jugendberichts

1 Die Bundesregierung muss dem Bundestag und dem Bundesrat in jeder Legislaturperiode einen Jugendbericht vorlegen. Schon das JWG (dort in § 25 Abs. 2 und 3) enthielt eine weitgehend inhaltsgleiche Bestimmung. Die Berichte betreffen **spezielle Themen** der Lage junger Menschen, die von der Bundesregierung vorgegeben werden, nicht nur die Jugendhilfe. Nur jeder dritte Bericht ist ein **Gesamtbericht** (Abs. 1 a.E.). Der Jugendbericht hat die Funktion, den Mitgliedern der Gesetzgebungsorgane die für ihre Tätigkeit in der Jugendpolitik und deren Verwirklichung erforderlichen Kenntnisse über die realen gesellschaftlichen Verhältnisse zu vermitteln. Er soll ferner regelmäßig wiederkehrender Anlass parlamentarischer Debatten zu diesem Themenfeld sowie jugendpolitischer Akzentsetzungen sein[1]. Er ist jedenfalls jeweils Anstoß für fachliche Diskussionen und Weiterentwicklungen.

2 Der Bericht ist kein politisch, sondern ein fachlich verantworteter. Die Stellungnahme der Bundesregierung ist demgegenüber die politische Positionsbeschreibung[2]. Veröffentlicht wird der Bericht mit der ihm vorangestellten Stellungnahme der Bundesregierung als Bundestagsdrucksache. Der zuletzt vorgelegte Gesamtbericht steht als 14. Kinder- und Jugendbericht über die Lebenssituation junger Menschen und die Leistungen der Kinder- und Jugendhilfe in Deutschland unter dem Leitmotiv „Kinder- und Jugendhilfe unter neuer Verantwortung"[3]. Der vorletzte Bericht zum Thema „Zwischen Freiräumen, Familie, Ganztagsschule und virtuellen Welten – Persönlichkeitsentwicklung und Bildungsanspruch im Jugendalter" datiert vom 1.2.2017[4]. Der 16. Jugendbericht mit dem Titel „Förderung demokratischer Bildung im Kindes und Jugendalter" wurde von dem Bundesministerium für Familie am 18.10.2018 in Auftrag gegeben und wurde ihm am 4.9.2020 übergeben. Er ist stattliche 669 Seiten lang und am 11.11.2020 als BT-Drs. 19/24200 zusammen mit der diesbezüglichen Stellungnahme der Bundesregierung veröffentlicht worden. Eine Übersicht über ältere Jugendberichte findet sich bei *Fieseler/Herborth*[5].

---

1 Schellhorn/*Kern*, § 84 SGB VIII Rn. 1.
2 GK-SGB VIII/*Wabnitz/Fieseler*, § 84 Rn. 28.
3 BT-Drs. 17/12200.
4 BT-Drs. 18/11050.
5 *Fieseler/Herborth* 2010, 201 f.

B. Die beauftragte Kommission

3 Der **Jugendberichtskommission** gehören heute „mindestens", nicht mehr „bis zu" sieben Sachverständige an. Die Kommission arbeitet den Bericht unter Berücksichtigung der Jugendhilfestatistik (§§ 98 ff. SGB VIII) aus. Die Bundesregierung beauftragt die Kommission jeweils unter Vorgabe des Berichtsthemas und fügt ihre Stellungnahme und Schlussfolgerungen bei. Das Deutsche Jugendinstitut (DJI) unterstützt die Kommission bei der Erstellung des Berichts als Geschäftsstelle.

Siebtes Kapitel
Zuständigkeit, Kostenerstattung

Erster Abschnitt
Sachliche Zuständigkeit

§ 85
Sachliche Zuständigkeit

(1) Für die Gewährung von Leistungen und die Erfüllung anderer Aufgaben nach diesem Buch ist der örtliche Träger sachlich zuständig, soweit nicht der überörtliche Träger sachlich zuständig ist.

(2) Der überörtliche Träger ist sachlich zuständig für

1. die Beratung der örtlichen Träger und die Entwicklung von Empfehlungen zur Erfüllung der Aufgaben nach diesem Buch,

2. die Förderung der Zusammenarbeit zwischen den örtlichen Trägern und den anerkannten Trägern der freien Jugendhilfe, insbesondere bei der Planung und Sicherstellung eines bedarfsgerechten Angebots an Hilfen zur Erziehung, Eingliederungshilfen für seelisch behinderte Kinder und Jugendliche und Hilfen für junge Volljährige,

3. die Anregung und Förderung von Einrichtungen, Diensten und Veranstaltungen sowie deren Schaffung und Betrieb, soweit sie den örtlichen Bedarf übersteigen; dazu gehören insbesondere Einrichtungen, die eine Schul- oder Berufsausbildung anbieten, sowie Jugendbildungsstätten,

4. die Planung, Anregung, Förderung und Durchführung von Modellvorhaben zur Weiterentwicklung der Jugendhilfe,

5. die Beratung der örtlichen Träger bei der Gewährung von Hilfe nach den §§ 32 bis 35a, insbesondere bei der Auswahl einer Einrichtung oder der Vermittlung einer Pflegeperson in schwierigen Einzelfällen,

6. die Wahrnehmung der Aufgaben zum Schutz von Kindern und Jugendlichen in Einrichtungen (§§ 45 bis 48a),

7. die Beratung der Träger von Einrichtungen während der Planung und Betriebsführung,

8. die Fortbildung von Mitarbeitern in der Jugendhilfe,

9. die Gewährung von Leistungen an Deutsche im Ausland (§ 6 Absatz 3), soweit es sich nicht um die Fortsetzung einer bereits im Inland gewährten Leistung handelt,

10. die Anerkennung als Vormundschaftsverein (§ 54).[1]

(3) Für den örtlichen Bereich können die Aufgaben nach Absatz 2 Nummer 3, 4, 7 und 8 auch vom örtlichen Träger wahrgenommen werden.

(4) Unberührt bleiben die am Tage des Inkrafttretens dieses Gesetzes geltenden landesrechtlichen Regelungen, die die in den §§ 45 bis 48a bestimmten Aufgaben einschließlich der damit verbundenen Aufgaben nach Absatz 2 Nummer 2 bis 5 und 7 mittleren Landesbehörden oder, soweit sie sich auf Kindergärten und andere Tageseinrichtungen für Kinder beziehen, unteren Landesbehörden zuweisen.

(5) Ist das Land überörtlicher Träger, so können durch Landesrecht bis zum 30. Juni 1993 einzelne seiner Aufgaben auf andere Körperschaften des öffentlichen Rechts, die nicht Träger der öffentlichen Jugendhilfe sind, übertragen werden.

1 Fassung von Ziffer 10. bis 31.12.2022: 10. die Erteilung der Erlaubnis zur Übernahme von Pflegschaften oder Vormundschaften durch einen rechtsfähigen Verein (§ 54).

Übersicht Rn.

A. Allgemeines

1 Entsprechend tradierten Organisationsregelungen unterscheidet das SGB VIII zwischen **sachlicher** und **örtlicher Zuständigkeit**. § 85 SGB VIII regelt die **sachliche Zuständigkeit** im Sinne einer gegenstandsbezogenen Verantwortlichkeit sowohl für die Gewährung von Leistungen (§ 2 Abs. 2 SGB VIII) als auch die Erfüllung anderer Aufgaben (§ 2 Abs. 3 SGB VIII), indem er eine Abgrenzung zwischen örtlichem und überörtlichem Träger vornimmt. **Örtliche** und **überörtliche Träger** in diesem Sinne sind nur **öffentliche Träger**. Der weitere für die Kinder- und Jugendhilfe prägende Dualismus von öffentlicher und freier Jugendhilfe (vgl. nur § 3 Abs. 1 SGB VIII) ist hinsichtlich der sachlichen Zuständigkeit ohne Bedeutung. Denn zum einen richten sich gemäß § 3 Abs. 2 Satz 2 SGB VIII Leistungsverpflichtungen an die Träger der öffentlichen Jugendhilfe. Insoweit kommt es also ausschließlich auf die von § 85 SGB VIII vorgenommene Abgrenzung zwischen örtlichem und überörtlichem Träger an.

2 Zum anderen werden andere Aufgaben der Jugendhilfe gemäß § 3 Abs. 3 Satz 1 SGB VIII von Trägern der öffentlichen Jugendhilfe wahrgenommen und können gemäß Satz 2 von Trägern der freien Jugendhilfe ohnehin nur wahrgenommen werden, wenn dies ausdrücklich gesetzlich bestimmt ist oder sie von den öffentlichen Trägern mit ihrer Ausführung betraut werden. Eine solche Ermächtigung zur **Übertragung** auf **anerkannte Träger** der freien Jugendhilfe enthält § 76 Abs. 1 SGB VIII hinsichtlich der dort genannten Aufgaben. Insoweit stellt Absatz 2 der Vorschrift aber auch klar, dass der öffentliche Träger für die Erfüllung verantwortlich bleibt.

B. Einzelheiten

I. Abs. 1 – Abgrenzung der sachlichen Zuständigkeit

3 Abs. 1 nimmt die Abgrenzung der **sachlichen Zuständigkeit** in der Weise vor, dass die **örtlichen Träger immer zuständig** sind, **soweit nicht** der **überörtliche** Träger **gemäß Abs. 2** sachlich zuständig ist. Die Vorschrift normiert nicht, wer örtlicher bzw. überörtlicher Träger ist. Dies zu bestimmen, obliegt gem. § 69 Abs. 1 SGB VIII dem **Landesrecht** (vgl. dazu § 69 Rn. 2).

II. Abs. 2 – Zuständigkeit des überörtlichen Trägers

4 Abs. 2 enthält in den Nr. 1 bis 10 den Katalog der Aufgaben, für die der überörtliche Träger sachlich zuständig ist. Er ist selbsterklärend. Fragen der Zuständigkeit werden überdies bei den einschlägigen Vorschriften erläutert.

III. Abs. 3 – Übernahme von Aufgaben durch den örtlichen Träger

Gem. Abs. 3 können die Aufgaben nach Abs. 2 Nr. 3, 4, 7 und 8 „auch vom örtlichen Träger wahrgenommen werden". Er schweigt allerdings dazu, ob dies an Voraussetzungen gebunden ist und ob insoweit Entscheidungen zu treffen sind oder die Träger auf diesen Gebieten dann unabhängig voneinander agieren. Dies führt zu Unklarheiten hinsichtlich der Zuständigkeit.[2] Die **Verpflichtung** zur Wahrnehmung der genannten Aufgaben bleibt jedenfalls beim überörtlichen Träger. 5

Die Übernahme von Aufgaben nach den Nr. 4, 7 und 8 macht eine Kooperation mit dem überörtlichen Träger sinnvoll, um sich widersprechende Maßnahmen oder Doppelungen zu vermeiden.

IV. Abs. 4 – Abweichende landesrechtliche Regelungen

Abs. 4 enthält eine der **bayerischen Rechtslage** Rechnung tragende Regelung. Nach Art. 45 Abs. 1 AGSG werden in Bayern die Aufgaben nach §§ 45 bis 48a SGB VIII sowie die Aufgaben des überörtlichen Trägers der Jugendhilfe nach § 85 Abs. 2 Nr. 2 bis 5 und 7 SGB VIII, soweit sie sich auf die Anregung, Planung und den Betrieb einzelner erlaubnispflichtiger Einrichtungen und die damit zusammenhängenden Beratungsaufgaben beziehen, von den Bezirksregierungen wahrgenommen. Für Kindertageseinrichtungen sind die Aufgaben nach §§ 45 bis 48a SGB VIII gemäß Art 24 Abs. 1 Satz 3 AGSG den Kreisverwaltungsbehörden, bei Trägerschaft durch kreisfreie Gemeinden den Bezirksregierungen übertragen. 6

Die Regelung des Abs. 4 greift nur in den Fällen, in denen die abweichende landesrechtliche Regelung am Tage des Inkrafttretens des Gesetzes bereits bestand. Stichtag ist der 1.4.1993, der Tag, an dem das 1. ÄndG SGB VIII, das die Stichtagsregelung eingeführt hat, in Kraft getreten ist.

V. Abs. 5 Übertragung auf andere Körperschaften

Abs. 5 enthält eine Ermächtigung zur landesrechtlichen Übertragung einzelner Aufgaben des überörtlichen Trägers an andere Körperschaften des öffentlichen Rechts, die nicht Träger der öffentlichen Jugendhilfe sind, die nur bis 30. Juni 1993 gegolten hat. Auch diese Vorschrift trägt der damals bestehenden bayerischen Rechtslage Rechnung. Dort sind in Art. 31, 32 AGSG bestimmte Aufgaben auf die Bezirke bzw. den Bayerischen Jugendring übertragen. 7

2 Kritisch insoweit auch Wiesner/Wapler/*Loos*, § 85 SGB VIII Rn. 30.

Zweiter Abschnitt
Örtliche Zuständigkeit

Erster Unterabschnitt
Örtliche Zuständigkeit für Leistungen

§ 86
Örtliche Zuständigkeit für Leistungen an Kinder, Jugendliche und ihre Eltern

(1) [1]Für die Gewährung von Leistungen nach diesem Buch ist der örtliche Träger zuständig, in dessen Bereich die Eltern ihren gewöhnlichen Aufenthalt haben. [2]An die Stelle der Eltern tritt die Mutter, wenn und solange die Vaterschaft nicht anerkannt oder gerichtlich festgestellt ist. [3]Lebt nur ein Elternteil, so ist dessen gewöhnlicher Aufenthalt maßgebend.

(2) [1]Haben die Elternteile verschiedene gewöhnliche Aufenthalte, so ist der örtliche Träger zuständig, in dessen Bereich der personensorgeberechtigte Elternteil seinen gewöhnlichen Aufenthalt hat; dies gilt auch dann, wenn ihm einzelne Angelegenheiten der Personensorge entzogen sind. [2]Steht die Personensorge im Fall des Satzes 1 den Eltern gemeinsam zu, so richtet sich die Zuständigkeit nach dem gewöhnlichen Aufenthalt des Elternteils, bei dem das Kind oder der Jugendliche vor Beginn der Leistung zuletzt seinen gewöhnlichen Aufenthalt hatte. [3]Hatte das Kind oder der Jugendliche im Fall des Satzes 2 zuletzt bei beiden Elternteilen seinen gewöhnlichen Aufenthalt, so richtet sich die Zuständigkeit nach dem gewöhnlichen Aufenthalt des Elternteils, bei dem das Kind oder der Jugendliche vor Beginn der Leistung zuletzt seinen tatsächlichen Aufenthalt hatte. [4]Hatte das Kind oder der Jugendliche im Fall des Satzes 2 während der letzten sechs Monate vor Beginn der Leistung bei keinem Elternteil einen gewöhnlichen Aufenthalt, so ist der örtliche Träger zuständig, in dessen Bereich das Kind oder der Jugendliche vor Beginn der Leistung zuletzt seinen gewöhnlichen Aufenthalt hatte; hatte das Kind oder der Jugendliche während der letzten sechs Monate keinen gewöhnlichen Aufenthalt, so richtet sich die Zuständigkeit nach dem tatsächlichen Aufenthalt des Kindes oder des Jugendlichen vor Beginn der Leistung.

(3) Haben die Elternteile verschiedene gewöhnliche Aufenthalte und steht die Personensorge keinem Elternteil zu, so gilt Absatz 2 Satz 2 und 4 entsprechend.

(4) [1]Haben die Eltern oder der nach den Absätzen 1 bis 3 maßgebliche Elternteil im Inland keinen gewöhnlichen Aufenthalt, oder ist ein gewöhnlicher Aufenthalt nicht feststellbar, oder sind sie verstorben, so richtet sich die Zuständigkeit nach dem gewöhnlichen Aufenthalt des Kindes oder des Jugendlichen vor Beginn der Leistung. [2]Hatte das Kind oder der Jugendliche während der letzten sechs Monate vor Beginn der Leistung keinen gewöhnlichen Aufenthalt, so ist der örtliche Träger zuständig, in dessen Bereich sich das Kind oder der Jugendliche vor Beginn der Leistung tatsächlich aufhält.

(5) [1]Begründen die Elternteile nach Beginn der Leistung verschiedene gewöhnliche Aufenthalte, so wird der örtliche Träger zuständig, in dessen Bereich der personensorgeberechtigte Elternteil seinen gewöhnlichen Aufenthalt hat; dies gilt auch dann, wenn ihm einzelne Angelegenheiten der Personensorge entzogen sind. [2]Solange in diesen Fällen die Personensorge beiden Elternteilen gemeinsam oder keinem Elternteil zusteht, bleibt die bisherige Zuständigkeit bestehen. Absatz 4 gilt entsprechend.

(6) [1]Lebt ein Kind oder ein Jugendlicher zwei Jahre bei einer Pflegeperson und ist sein Verbleib bei dieser Pflegeperson auf Dauer zu erwarten, so ist oder wird abweichend von den Absätzen 1 bis 5 der örtliche Träger zuständig, in dessen Bereich die Pflegeperson ihren gewöhnlichen Aufenthalt hat. [2]Er hat die Eltern und, falls den Eltern die Personensorge nicht oder nur teilweise zusteht, den Personensorgeberechtigten über den Wechsel der Zuständigkeit zu unterrichten. [3]Endet der Aufenthalt bei der Pflegeperson, so endet die Zuständigkeit nach Satz 1.

(7) [1]Für Leistungen an Kinder oder Jugendliche, die um Asyl nachsuchen oder einen Asylantrag gestellt haben, ist der örtliche Träger zuständig, in dessen Bereich sich die Person vor Beginn der Leistung tat-

sächlich aufhält; geht der Leistungsgewährung eine Inobhutnahme voraus, so bleibt die nach § 87 begründete Zuständigkeit bestehen. [2]Unterliegt die Person einem Verteilungsverfahren, so richtet sich die örtliche Zuständigkeit nach der Zuweisungsentscheidung der zuständigen Landesbehörde; bis zur Zuweisungsentscheidung gilt Satz 1 entsprechend. [3]Die nach Satz 1 oder 2 begründete örtliche Zuständigkeit bleibt auch nach Abschluss des Asylverfahrens so lange bestehen, bis die für die Bestimmung der örtlichen Zuständigkeit maßgebliche Person einen gewöhnlichen Aufenthalt im Bereich eines anderen Trägers der öffentlichen Jugendhilfe begründet. [4]Eine Unterbrechung der Leistung von bis zu drei Monaten bleibt außer Betracht.

Übersicht

A. Allgemeines

I. Bedeutung der Norm

1 Die umfangreiche Vorschrift stellt *die* zuständigkeitsrechtliche Grundnorm für Leistungen an Kinder, Jugendliche und ihre Eltern dar. Sie errichtet ein abgestuftes System örtlicher Zuständigkeit, das in erster Linie an den gewöhnlichen Aufenthalt (primär der Eltern, eines Elternteils oder sekundär des Kindes oder des Jugendlichen) anknüpft. Fehlt es daran, tritt an seine Stelle der tatsächliche Aufenthalt des Minderjährigen. Aufgrund dessen sowie der Auffangregelungen der §§ 86c und 86d SGB VIII kann es nie zu einem Zustand fehlender örtlicher Zuständigkeit kommen.

II. Zentrale Begriffe

1. „Leistung" – „Beginn der Leistung" – „Beendigung der Leistung" – „Unterbrechung der Leistung"

a) Leistung

2 § 86 SGB VIII gilt für die „Gewährung von **Leistungen** nach diesem Buch". Dem Begriff der **Leistung** kommt danach in dieser Vorschrift wie auch in den weiteren Vorschriften dieses Unterabschnitts eine zentrale Bedeutung zu.

Insoweit läge es nahe, als Leistungen die in § 2 Abs. 2 Nr. 1 bis 6 SGB VIII genannten anzusehen. Diesen Weg ist das BVerwG jedoch nicht gegangen; vielmehr nimmt es aufgrund systematischer Auslegung einen **zuständigkeitsrechtlichen Leistungsbegriff** an, der zwar an die in § 2 SGB VIII getroffene Unterscheidung von Leistungen und anderen Aufgaben anknüpft, sich von jenem Leistungsbegriff aber unterscheidet. Vom Begriff der Leistung her sei es nicht erforderlich, nach den in § 2 Abs. 2 SGB VIII genannten Angeboten und Hilfen zu unterscheiden. Auch der Gesetzgeber habe bei der Bestimmung der örtlichen Zuständigkeit nicht nach den dort genannten Hilfen unterschieden. Eine einheitliche Hilfemaßnahme werde zuständigkeitsrechtlich nicht bereits deshalb zu einer neuen oder anderen Leistung, weil sie im Verlauf ihrer Durchführung einer anderen in § 2 Abs. 2 SGB VIII genannten Nummer zuzuordnen und nach einer anderen Rechtsgrundlage innerhalb des SGB VIII zu gewähren sei. Das ergebe sich u.a. aus § 86a Abs. 4 SGB VIII, in dem Hilfen, die unterschiedlichen Nummern des § 2 Abs. 2 SGB VIII zuzuordnen seien, einheitlich als Leistung bezeichnet würden, sowie § 89a Abs. 1 SGB VIII, nach dessen Satz 2 unter § 2 Abs. 2 Nr. 4 und 5 SGB VIII zu rubrizierende Leistungen als Hilfe für junge Volljährige (§ 2 Abs. 2 Nr. 6 SGB VIII) „fortgesetzt" werden.[1] Die in ihrer Begründung durchaus überzeugende Auffassung führt jedoch zu unscharfen Ergebnissen. Denn sie bedeutet nicht, dass nunmehr jede beliebige Maßnahme der Jugendhilfe den Beginn einer Leistung darstellt, ebenso wenig, wie es alleine auf die erstmalige Gewährung ankommt. Auch der Rechtsgrundlage für die gewährte Leistung kommt konsequenterweise nur insoweit Bedeutung zu, als Zuständigkeitsvorschriften (wie etwa § 86b Abs. 1 SGB VIII) ausdrücklich auf eine bestimmte Norm Bezug nehmen. Für die Frage, ob eine Leistung fortgesetzt wird oder es sich um den Beginn einer (neuen) Leistung handelt, kommt es vielmehr darauf an, ob sich die Hilfegewährung ungeachtet aller Modifikationen (sogar in der Person des Anspruchsberechtigten), Ergänzungen und Änderungen noch als **Fortsetzung der ursprünglichen Leistung** darstellt (im entschiedenen Fall der Übergang von der Hilfe nach § 27 ff. SGB VIII zur Eingliederungshilfe nach § 35a SGB VIII)

1 Vgl. im einzelnen BVerwG JAmt 2004, 323 (324 f.).

oder der **Deckung eines andersartigen, neu entstandenen Bedarfs** dient.[2] Sie ist mithin nicht schematisch, sondern nur aufgrund einer qualitativen Bewertung im Einzelfall zu beantworten.

b) Beginn der Leistung

Die Regelungen über die örtliche Zuständigkeit machen darüber hinaus eine Bestimmung der ganz konkreten, im Einzelfall zu erbringenden oder erbrachten Leistung einschließlich ihres Beginns erforderlich, weil § 86 SGB VIII mehrfach die örtliche Zuständigkeit an den gewöhnlichen Aufenthalt „vor Beginn der Leistung" knüpft (vgl. § 86 Abs. 2 Satz 2, 3 und 4, Abs. 7 Satz 1 SGB VIII). 3

Unter einer **Leistung** sind nach der ständigen Rechtsprechung des BVerwG unabhängig von der Hilfeart und -form im Rahmen einer Gesamtbetrachtung **alle zur Deckung eines** qualitativ unveränderten, kontinuierliche Hilfe gebietenden **jugendhilferechtlichen Bedarfs** erforderlichen **Maßnahmen und Hilfen** zu verstehen, sofern sie ohne Unterbrechung gewährt worden sind. Daraus folge, dass es für die Bestimmung dessen, was als Beginn der Leistung anzusehen sei, auf das Beginnen bzw. tatsächliche Einsetzen der die Leistung ausmachenden Maßnahmen und Hilfen gegenüber dem Bedürftigen ankomme.[3] Der Begriff der Leistung und damit der ihres Beginns sei im Sinne einer zweckgerichteten Zuwendung auf die Erbringung einer Hilfe gegenüber einem Empfänger zugeschnitten. Hinsichtlich der Erbringung der Leistung sei maßgeblich auf den Leistungsempfänger, d.h. auf denjenigen abzustellen, der die Leistung erhalte und dessen Interesse sie nach der Konzeption des Sozialgesetzbuches Achtes Buch zu dienen bestimmt sei. Leistungs- oder Hilfeempfänger sei danach das Kind oder der Jugendliche. Denn die Leistungserbringung sei – unabhängig von der Anspruchsinhaberschaft – stets auf das Kind oder den Jugendlichen ausgerichtet, dessen Wohl Ausgangspunkt und Ziel jeder Jugendhilfemaßnahme sei. Diese beginne – insbesondere aus der Sicht des (potenziellen) Leistungsempfängers – noch nicht mit der Beantragung einer Leistung. Vielmehr werde damit regelmäßig nur die Prüfung durch das Jugendamt in Gang oder fortgesetzt, ob eine solche und – wenn ja – welche konkrete Leistung der Jugendhilfe zu gewähren sei. Gleiches gelte, wenn ein Jugendhilfeträger davon Kenntnis erlange, dass ein jugendhilferechtlicher Bedarf bestehe und infolgedessen seine Zuständigkeit und Leistungsverpflichtung prüfe. Auch in diesem Fall sei die Leistungsgewährung (oder -versagung) erst das Ergebnis der Prüfung durch das Jugendamt.[4]

In Konsequenz dessen ist als **„Beginn der Leistung"** im Sinne von § 86 SGB VIII das Einsetzen der Hilfegewährung und damit grundsätzlich der Zeitpunkt anzusehen, ab dem die konkrete Hilfeleistung tatsächlich gegenüber dem Hilfeempfänger erbracht wird.[5]

c) Beendigung der Leistung

Endet eine Leistungsgewährung und wird zu einem späteren Zeitpunkt erneut eine Leistung erbracht, ist stets die zuständigkeitsrechtliche Frage aufgeworfen, ob es sich bei dieser neuerlichen Gewährung um die Fortsetzung der ursprünglichen Leistung handelt mit der Folge, dass die für diese geltende Zuständigkeit weiterbesteht, oder um eine neue Jugendhilfeleis- 4

---

2 BVerwG JAmt 2004, 323 (326).

3 BVerwG, Urt. v. 15.12.2016, 5 C 35.15, Rn. 44 ff., JAmt 2017, 254; Urt. v. 19.10.2011, 5 C 25/10, Rn. 20, JAmt 2011, 661, jeweils m.w.N.; online abrufbar unter http://www.bverwg.de/entscheidungen.

4 BVerwG, Urt. v. 19.10.2011, 5 C 25/10, Rn. 21 f., JAmt 2011, 661, online abrufbar unter http://www.bverwg.de/entscheidungen.

5 BVerwG, Urt. v. 19.10.2011, 5 C 25/10, Rn. 18, a.a.O.; BVerwGE 120, 116 (119); BVerwGE 136, 185 (192); OVG Lüneburg FEVS 62, 110 ff. = juris Rn. 42; LPK-SGB VIII/*Kunkel*, § 86 Rn. 9; kritisch dazu FK-SGB VIII/*Eschelbach*, § 86 Rn. 13.

tung mit einem erneuten „Beginn der Leistung" mit möglicherweise veränderter Zuständigkeit. Letzteres ist stets der Fall, wenn die ursprüngliche Leistung **wirksam beendet** wurde.[6]

Unter welchen Voraussetzungen von einer wirksamen Beendigung einer Leistung auszugehen ist, hat das BVerwG in seiner ausführlich begründeten Grundsatzentscheidung vom 15.12.2016 geklärt.[7]

Danach liegt eine Beendigung einer Leistung im Sinne der §§ 86 ff. SGB VIII vor, wenn der Jugendhilfeträger die von ihm bisher gewährte Hilfeleistung aufgrund eines Verwaltungsakts **tatsächlich einstellt** und dies in belastbarer Weise auf der **Annahme** beruht, dass ein objektiv erkennbarer und qualitativ unveränderter, kontinuierliche Hilfe gebietender **jugendhilferechtlicher Bedarf nicht mehr fortbesteht**. Kennzeichnend für die Beendigung ist also die Entscheidung des Jugendhilfeträgers, den bisherigen Hilfeleistungsvorgang nicht nur zeitweise zu unterbrechen, sondern abzuschließen, sofern dies auf der durch Tatsachen hinreichend gerechtfertigten Einschätzung gründet, dass ein entsprechender Hilfebedarf entfallen ist oder eine neue Hilfemaßnahme erforderlich ist, die zur Deckung eines andersartigen, neu entstandenen Bedarfs dient.[8] Nur dieses Begriffsverständnis werde dem auf der Kontinuität des Hilfeprozesses beruhenden zuständigkeitsrechtlichen Leistungsbegriff gerecht, indem die Hilfe nur beendet werden könne, wenn der jugendhilferechtliche Bedarf entfallen sei oder sich grundlegend verändert habe.

Maßgeblicher Zeitpunkt für die Feststellung, **ob eine Beendigung** oder eine Unterbrechung der Leistung vorliegt, ist der, zu dem der Jugendhilfeträger eine im vorgenannten Sinne belastbare Entscheidung über die Einstellung der Leistungsgewährung trifft. Wegen der für den Berechtigten bzw. den Hilfeempfänger gegenüber der Unterbrechung schwerer wiegenden Folgen einer Beendigung der Jugendhilfeleistung bedarf es für die Beendigung auch aus Gründen der Rechtssicherheit überdies der Einstellung der Leistung durch einen gegenüber dem Betroffenen ergangenen Verwaltungsakt, wobei eine Einstellungsentscheidung in diesem Sinne auch vorliegt, wenn ein im letzten Bewilligungsbescheid festgelegter Leistungszeitraum abgelaufen ist und danach weitere Hilfe tatsächlich nicht mehr geleistet wird.[9]

d) Unterbrechung der Leistung

5 Abzugrenzen ist die Beendigung von der **Unterbrechung der Leistung**.

Im Gegensatz zur Beendigung ist der Begriff der Unterbrechung der Leistung nicht durch ein Entfallen oder eine maßgebliche Änderung, sondern durch ein Fortbestehen eines bisherigen jugendhilferechtlichen Bedarfs gekennzeichnet, dessen Deckung aus rechtlichen Gründen (zeitweise) nicht möglich oder geboten ist. Eine Unterbrechung einer Leistung im Sinne der §§ 86 ff. SGB VIII liegt daher vor, wenn die Erbringung der bisherigen Jugendhilfeleistung trotz qualitativ unverändert fortbestehenden jugendhilferechtlichen Bedarfs aufgrund einer Entscheidung des Jugendhilfeträgers eingestellt und tatsächlich nicht mehr erbracht wird, weil der Fortsetzung der an sich notwendigen Leistungsgewährung ein rechtlicher Grund entgegensteht. Solange nämlich ein objektiv erkennbarer jugendhilferechtlicher Bedarf fortbesteht, ist der Jugendhilfeträger gehalten, diesen fortwährend zu decken und die Leistungsgewährung fortzusetzen, es sei denn, dass er aufgrund einer Rechtsnorm berechtigt oder verpflichtet ist, die Leistung einzustellen.

---

6 BVerwG, Urt. v. 15.12.2016, 5 C 35.15, JAmt 2017, 254 (257), online abrufbar unter http://www.bverwg.de/entscheidungen.
7 BVerwG, Urt. v. 15.12.2016, 5 C 35.15, bverwg.de = JAmt 2017, 254 ff. m. Anm. *Braun*; vgl. zu dieser Entscheidung auch die instruktiven Ausführungen von *Seltmann*, JAmt 2017, 222 ff.
8 BVerwG, Urt. v. 15.12.2016, 5 C 35.15, bverwg.de = JAmt 2017, 254 (257) Rn. 31 ff.
9 BVerwG, Urt. v. 15.12.2016, 5 C 35.15, bverwg.de = JAmt 2017, 254 (257) Rn. 38. Vgl. zu den einzelnen Prüfungsschritten *Seltmann*, JAmt 2017, 222 (223).

Deshalb können **rein tatsächliche Hindernisse** einer rechtlich gebotenen Leistungsgewährung **nicht dazu führen**, dass eine Jugendhilfeleistung im Rechtssinne unterbrochen wird. Solche tatsächlichen Hinderungsgründe können etwa darin liegen, dass die bewilligte Leistung wegen Krankheit eines Hilfeerbringers oder des Hilfeempfängers zeitweise nicht erbracht werden kann. Eine Unterbrechung liegt demgemäß nicht bereits vor, wenn die Umsetzung der bewilligten Hilfeleistung (z.B. wegen Abwesenheit, Krankheit oder Urlaubs) nicht kontinuierlich möglich ist oder bei länger dauernden Beratungsprozessen oder Begutachtungen Termine nur in zeitlich großen Abständen vergeben werden.

Anders als bei den rein tatsächlichen Hindernissen oder Erschwernissen für die Leistungserbringung verhält es sich bei der Leistungseinstellung aus Rechtsgründen, d.h., wenn sich tatsächliche Umstände – etwa eine Verweigerungshaltung des Hilfeempfängers oder seiner Sorgeberechtigten – als jugendhilferechtlich erheblich darstellen. Ein solches rechtliches Hindernis für die Leistungserbringung kann etwa bestehen, wenn und solange die Eltern oder der maßgebliche Sorgeberechtigte die erforderliche Einwilligung zur Leistungsgewährung nicht erteilen. Der Jugendhilfeträger darf dann nicht leisten, obwohl gegebenenfalls ein entsprechender Hilfebedarf besteht. Soweit und solange einer an sich notwendigen Bedarfsdeckung rechtliche Gründe entgegenstehen und der Träger darauf gestützt die Entscheidung trifft, die Leistungsgewährung trotz objektiv erkennbaren Hilfebedarfs bis auf Weiteres einzustellen, liegt eine Unterbrechung der (an sich fortsetzungsbedürftigen) Leistung vor. Diese Einstellungsentscheidung muss nachweislich getroffen werden, aber nicht notwendig „förmlich" durch Bescheid ergehen. Maßgeblich ist, dass aufgrund einer belastbaren Entscheidung des Jugendhilfeträgers die Hilfe **wegen eines rechtlich bedeutsamen Umstandes tatsächlich nicht** mehr weiter **gewährt wird**.[10] 5a

Eine danach vorliegende Unterbrechung der Leistung ist allerdings zuständigkeitsrechtlich nur dann erheblich, wenn eine anhand einer Würdigung der bedeutsamen Umstände des Einzelfalles zu ermittelnde zeitliche Schwelle überschritten ist, welche die Aussetzung der Hilfeleistung einer Beendigung der Leistung gleichkommen lässt. Für die Bestimmung dieser Schwelle kann die in §§ 86 Abs. 7 Satz 4, 86a Abs. 4 Satz 2 und 3 sowie 86b Abs. 3 Satz 2 SGB VIII jeweils genannte Frist von bis zu drei Monaten als Anhaltspunkt zu nehmen, abgelehnt wird vom Gericht jedoch eine mechanische Übernahme und Anwendung dieser Fristenregelungen. Vielmehr gelte: Je länger der vorangegangene ununterbrochene Leistungszeitraum gewesen sei, desto länger werde im Einzelfall die Phase der Unterbrechung zu bemessen sein, bis sie die Schwelle der Erheblichkeit erreiche. Darüber hinaus sei bei der Gesamtabwägung zu berücksichtigen, ob und wann mit einem Wegfall des rechtlichen Hindernisses und einer dementsprechenden Wiederaufnahme der Leistung zu rechnen gewesen sei. Dabei müsse der Jugendhilfeträger im Falle der Unterbrechung grundsätzlich darauf bedacht sein, rechtliche Hindernisse für eine notwendige Hilfegewährung (wie insbesondere eine mangelnde Mitwirkung der Eltern oder gegebenenfalls des Hilfeempfängers selbst) auszuräumen. Soweit er in dieser Richtung keine zumutbaren Anstrengungen unternehme, könne dies im Hinblick auf die Frage des Abbruchs des Leistungszusammenhangs zu seinem Nachteil zu gewichten sein.[11]

2. Gewöhnlicher Aufenthalt

Während der Begriff des **gewöhnlichen Aufenthaltes** im Rahmen von § 6 Abs. 2 SGB VIII sich auf das Bundesgebiet insgesamt bezieht und ihm die Funktion einer **Anspruchsvoraussetzung** zukommt (vgl. dazu die Erläuterungen zu § 6 SGB VIII Rn. 19 ff.), ist hier, wie auch bei anderen Zuständigkeitsvorschriften, der gewöhnliche Aufenthalt in Bezug auf den räum- 6

10 BVerwG, Urt. v. 15.12.2016, 5 C 35.15, bverwg.de = JAmt 2017, 254 (257) Rn. 44 ff.
11 BVerwG, Urt. v. 15.12.2016, 5 C 35.15, bverwg.de = JAmt 2017, 254 (257) Rn. 48 ff.

lich weitaus enger begrenzten Zuständigkeitsbereich eines (meist örtlichen) Trägers festzustellen. Im Kontext der Zuständigkeitsvorschriften hat der Begriff eine schärfere Abgrenzung zu ermöglichen, sollen diese handhabbar sein und zu eindeutigen Ergebnissen führen.

7 Nach § 30 Abs. 3 Satz 2 SGB I hat jemand seinen **gewöhnlichen Aufenthalt** dort, wo er sich unter Umständen aufhält, die erkennen lassen, dass er an diesem Ort oder in diesem Gebiet nicht nur vorübergehend verweilt. **Unabdingbare**, wenn auch nicht ausreichende **Voraussetzung** für die Annahme eines gewöhnlichen Aufenthaltes ist zunächst ein **tatsächlicher Aufenthalt**.[12] Den tatsächlichen Aufenthalt hat eine Person dort, wo sie unabhängig von Meldeverhältnissen, Legalität, Zweck oder Dauer des Aufenthalts körperlich anwesend ist. Leisten etwa Personen, die einer asyl- oder ausländerrechtlichen Zuweisungsentscheidung unterliegen (vgl. §§ 50 AsylG, 15a AufenthG), ohne dass § 86 Abs. 7 SGB VIII auf sie anwendbar ist, keine Folge, begründen sie deshalb am Ort der Zuweisung mangels eines tatsächlichen Aufenthalts keinen gewöhnlichen Aufenthalt.[13]

Auf der Grundlage des § 30 Abs. 3 Satz 2 SGB I hat die Rechtsprechung des Bundesverwaltungsgerichts – auch auf das Gebiet des SGB VIII bezogen – entschieden, dass zur Begründung eines gewöhnlichen Aufenthalts ein dauerhafter oder längerer Aufenthalt nicht erforderlich ist; es genügt vielmehr, dass der Betreffende sich an dem Ort oder in dem Gebiet bis auf Weiteres im Sinne eines zukunftsoffenen Verbleibs aufhält und dort den Mittelpunkt seiner Lebensbeziehungen hat. Bei Minderjährigen kommt es für die Begründung des gewöhnlichen Aufenthalts maßgeblich auf den Willen des oder der Sorgeberechtigten an.[14]

3. Eltern, Mutter, Vater

8 Hinsichtlich der Begrifflichkeit knüpft § 86 SGB VIII an das Familienrecht des BGB an.

Eltern sind die **leibliche Mutter** (§ 1591 BGB) und der **Vater**. Vater ist der Mann, der zum Zeitpunkt der Geburt mit der Mutter des Kindes verheiratet war, der die Vaterschaft anerkannt oder dessen Vaterschaft gerichtlich festgestellt wurde (§ 1592 BGB). Eltern im Sinne dieser Vorschrift sind auch **Annehmende** i.S.d. §§ 1741 ff. BGB („Adoptiveltern"), nicht aber Stief- oder Pflegeeltern.

B. Einzelheiten

I. Abs. 1 – Zuständigkeit aufgrund des gewöhnlichen Aufenthalts der Eltern oder eines Elternteils

9 § 86 Abs. 1 SGB VIII enthält den Grundsatz für die örtliche Zuständigkeit: Zuständig für die Gewährung von Leistungen ist nach Satz 1 der örtliche Träger, in dessen Bereich die **Eltern** ihren **gewöhnlichen Aufenthalt** haben. Ohne Bedeutung ist demgegenüber im Rahmen von Abs. 1 der Aufenthalt des Kindes oder Jugendlichen (vgl. aber Abs. 2 Satz 2, Abs. 4).

Die grundlegende Zuständigkeitsregelung des § 86 Abs. 1 Satz 1 SGB VIII greift nicht nur dann ein, wenn die Eltern bei Beginn der Leistung ihren gewöhnlichen Aufenthalt im Zuständigkeitsbereich desselben Trägers haben, sondern auch dann, wenn die Eltern während der Jugendhilfeleistung diesen im Zuständigkeitsbereich desselben Trägers **begründen**.[15]

---

12 BVerwG NVwZ 2006, 97 (98).
13 So BVerwG NVwZ 2006, 97 (98).
14 BVerwG, Urt. v. 15.12.2016, 5 C 35.15, JAmt 2017, 254 (257 R. 26); Urt. v. 2.4.2009, 5 C 2.08, bverwg.de, Rn. 21 f., jeweils m.w.N.
15 OVG NRW, Urt. v. 15.12.2015, 12 A 2645/14, juris; BVerwG, Urt. v. 14.12.2013, 5 C 34.12, juris = BVerwGE 48, 242; BayVGH, Urt. v. 28.9.2006, 12 B 04.1266, juris.

Wenn und solange die Vaterschaft eines nichtehelichen Kindes nicht anerkannt oder gerichtlich festgestellt ist, tritt nach **Satz 2** die **Mutter** an die Stelle der Eltern. Erfolgt eine Anerkennung oder gerichtliche Feststellung, richtet sich die Zuständigkeit ohne weiteres Zutun der Beteiligten nach Satz 1. 10

Im Fall des **Versterbens eines Elternteils**, sei es vor Beginn oder während der Leistungsgewährung, ist nach **Satz 3** der gewöhnliche Aufenthalt des anderen Elternteils maßgebend. Elternteil i.S.d. Satzes ist nicht der Vater vor Anerkennung oder Feststellung der Vaterschaft.[16] 11

II. Abs. 2 – Zuständigkeit bei verschiedenen gewöhnliche Aufenthalten der Elternteile

Abs. 2 regelt die örtliche Zuständigkeit in den Fällen, in denen ein Elternteil personensorgeberechtigt ist oder die Personensorge den Eltern gemeinsam zusteht und die Elternteile **verschiedene gewöhnliche Aufenthalte** haben. Dabei differenziert die Regelung danach, ob ein Elternteil allein sorgeberechtigt ist (Satz 1) oder die Personensorge den Eltern gemeinsam zusteht (Satz 2 bis 4). 12

1. Abs. 2 Satz 1 – Gewöhnlicher Aufenthalt des personensorgeberechtigten Elternteils

Ist ein Elternteil alleinpersonensorgeberechtigt, führt das nach **Satz 1** Halbsatz 1 zunächst zur örtlichen Zuständigkeit des Trägers, in dessen Bereich der **personensorgeberechtigte Elternteil** seinen gewöhnlichen Aufenthalt hat. Anknüpfungspunkt ist in diesem Fall also die alleinige Personensorgeberechtigung. 13

„Personensorgeberechtigter Elternteil" i.S.d. § 86 Abs. 2 Satz 1 Hs. 1 SGB VIII ist nach der Rechtsprechung des BVerwG nur, wer ausschließlich die Personensorgeberechtigung innehat. Hat dagegen das Familiengericht von Beginn oder auch nachträglich die Personensorge zwischen den Eltern nach Sachbereichen aufgeteilt und damit jeden Elternteil zum jeweils „allein" Personensorgeberechtigten für seinen jeweiligen Aufgabenbereich bestimmt, sind beide personensorgeberechtigt. Das Differenzierungskriterium Personensorgeberechtigung für die Bestimmung des zuständigen Jugendhilfeträgers gibt dann nichts her, sodass die Vorschrift nur dann eingreift, wenn **ausschließlich ein Elternteil** personensorgeberechtigt ist.[17] Dies, so das BVerwG, ergibt sich gesetzeshistorisch auch daraus, dass eine Aufteilung der Personensorge unter den Elternteilen erst durch das Kindschaftsrechtsreformgesetz mit Wirkung vom 1. Juli 1998 eröffnet, mithin bei Inkrafttreten der heutigen Fassung des § 86 Abs. 2 Satz 1 SGB VIII am 1. April 1993 noch gar nicht möglich war.[18] Es kommt danach auch **nicht darauf an**, wie die dem jeweiligen Elternteil übertragenen Sachbereiche **zu gewichten** sind, zumal sich dafür weder den Vorschriften des BGB noch § 86 SGB VIII Maßstäbe entnehmen lassen.

Halbsatz 2 der Vorschrift steht dem nicht entgegen. Zwar sagt dieser Halbsatz nichts darüber aus, wem die dem Personensorgeberechtigten entzogenen „einzelnen Angelegenheiten der Personensorge" übertragen sind. Er knüpfe jedoch an den vorhergehenden Halbsatz 1 an und setze damit tatbestandlich voraus, dass nur ein Elternteil personensorgeberechtigt ist.[19]

16 Wiesner/Wapler/*Loos*, § 86 SGB VIII Rn. 10.
17 BVerwG, Urt. v. 30.5.2018, 5 C 2.17, bverwg.de, Rn. 12. = JAmt 2018, S. 540 ff.; die anderslautende Entscheidung der Vorinstanz, VGH Ba-Wü, Urt. v. 19.1.2017, 12 S 2682/15, JAmt 2017, 204 ff., wurde aufgehoben.
18 Vgl. im Einzelnen BVerwG, Urt. v. 30.5.2018, 5 C 2.17, bverwg.de, Rn. 9 ff.
19 Vgl. BVerwG, Urt. v. 30.5.2018, 5 C 2.17, bverwg.de, Rn. 13.

§ 86 SGB VIII weist danach in Fällen einer zwischen den Eltern aufgeteilten Personensorge eine **Regelungslücke** auf. Als analogiefähige Norm kommt insoweit § 86 Abs. 2 Satz 2 SGB VIII in Betracht.[20]

13a Hat dagegen das Familiengericht gem. § 1630 Abs. 3 BGB **alle Angelegenheiten** der elterlichen Sorge auf eine Pflegeperson **übertragen**, so ist der Elternteil nicht mehr als personensorgeberechtigt i.S.d. § 86 Abs. 2 Satz 1 SGB VIII anzusehen.[21] Das BVerwG begründet dies vor allem mit Wortlaut und Systematik der Norm, die an die Definition der Personensorgeberechtigung in § 7 Abs. 1 Nr. 5 SGB VIII und damit an die Vorschriften des BGB anknüpfe. Da die Eltern im Fall des § 1630 Abs. 3 BGB an der Ausübung der elterlichen Sorge bzw. an deren Wahrnehmung im Umfang der Übertragung gehindert seien, seien sie uneingeschränkt an der Ausübung der elterlichen Sorge gehindert, wenn sämtliche Angelegenheiten der elterlichen Sorge und damit die Personensorge in vollem Umfang übertragen wurde. Der Fall sei deshalb ebenso zu behandeln wie der des Ruhens der elterlichen Sorge gem. §§ 1674, 1675 BGB, der gerade die Personensorgeberechtigung i.S.d. § 86 Abs. 3 Satz 1 SGB VIII ausschließe.[22] Schließlich liege den Zuständigkeitsbestimmungen des § 86 Abs. 1 bis 5 SGB VIII die Einschätzung zugrunde, dass ein Kind oder Jugendlicher aus rechtlicher und pädagogischer Sicht grundsätzlich im Zusammenhang mit den Personen zu sehen sei, die für es oder ihn die Erziehungsverantwortung innehaben. Dieser Zweck könne aber im Fall der uneingeschränkten Übertragung nach § 1630 Abs. 3 Satz 1 BGB insgesamt nicht realisiert werden.[23]

2. Abs. 2 Satz 2 – Gemeinsame Personensorge, verschiedene gewöhnliche Aufenthalte der Elternteile

14 Steht die Personensorge den **Eltern gemeinsam** zu, richtet sich die örtliche Zuständigkeit des Trägers gemäß **Satz 2** nach dem gewöhnlichen Aufenthalt des Elternteils, bei dem der Minderjährige vor Beginn der Leistung zuletzt seinen gewöhnlichen Aufenthalt hatte. An dieser Stelle kommt also auch dem Aufenthalt des Kindes oder Jugendlichen Bedeutung zu. Die Vorschrift ist unmittelbar nicht auf die Konstellation anwendbar, in der die Personensorge unter beiden Elternteilen zur jeweils alleinigen Wahrnehmung aufgeteilt ist (siehe dazu oben Rn. 13a). In diesen Fällen kommt lediglich eine analoge Anwendung in Frage.

3. Abs. 2 Satz 3 – Gewöhnlicher Aufenthalt des Kindes bei beiden Personensorgeberechtigten

15 Abs. 2 Satz 3 regelt den Fall des Satzes 2, in dem die Personensorge den Eltern gemeinsam zusteht und das Kind oder der Jugendliche bei **beiden Elternteilen seinen gewöhnlichen Aufenthalt** hat, sodass das Kriterium des Satzes 2, der gewöhnliche Aufenthalt des Minderjährigen, für die Bestimmung der örtlichen Zuständigkeit nicht tauglich ist. Deshalb richtet sich in diesem Fall die örtliche Zuständigkeit gemäß **Satz 3** wiederum nach dem **gewöhnlichen Aufenthalt desjenigen Elternteils**, bei dem das **Kind** oder der **Jugendliche** vor Beginn der Leistung zuletzt seinen **tatsächlichen Aufenthalt** hatte.

4. Abs. 2 Satz 4 – Gewöhnlicher Aufenthalt bei keinem Elternteil

16 Hatte das Kind oder der Jugendliche während der letzten sechs Monate vor Beginn der Leistung **bei keinem Elternteil** seinen gewöhnlichen Aufenthalt, entscheidet der Aufenthalt

20 So BVerwG, Urt. v. 30.5.2018, 5 C 2.17, bverwg.de, Rn. 14 („naheliegend“), das die Frage, da nicht entscheidungserheblich, allerdings offengelassen hat.
21 BVerwG, Urt. v. 27.4.2017, 5 C 12.16, bverwg.de, Rn. 11.
22 BVerwG, Urt. v. 27.4.2017, 5 C 12.16, bverwg.de, Rn. 13 f. mit Verweis auf BVerwG, Beschl. v. 13.9.2004, 5 B 65.04.
23 BVerwG, Urt. v. 27.4.2017, 5 C 12.16, bverwg.de, Rn. 15.

des Minderjährigen: Zuständig ist dann gemäß **Satz 4 Hs. 1** der Träger, in dessen Bereich die oder der Minderjährige vor Beginn der Leistung zuletzt seinen **gewöhnlichen Aufenthalt** hatte. Mangelte es während der letzten sechs Monate an einem solchen, richtet sich gemäß **Satz 4 Hs. 2** die Zuständigkeit nach dem **tatsächlichen Aufenthalt** des Kindes oder Jugendlichen vor Beginn der Leistung.

III. Abs. 3 – Zuständigkeit bei verschiedenen gewöhnliche Aufenthalten, keine Personensorge

Die Vorschrift des Abs. 3 kommt zur **Anwendung**, wenn die Elternteile 17

- ihren jeweiligen gewöhnlichen Aufenthalt im Bereich verschiedener Träger haben **und**
- keinem von ihnen die Personensorge zusteht.

Die Personensorge steht den Elternteilen dann nicht zu, wenn keiner der beiden Elternteile nach den Vorschriften des BGB die Personensorge ganz oder teilweise ausüben darf. Dies ist der Fall, wenn einer Pflegeperson die elterliche Sorge für ein Kind gemäß § 1630 Abs. 3 BGB in vollem Umfang übertragen wird.[24]

Als **Rechtsfolge** gilt Abs. 2 Satz 2 und 4 entsprechend. Das bedeutet, dass die örtliche Zuständigkeit sich 18

- nach dem **gewöhnlichen Aufenthalt des Elternteils** richtet, bei dem der Minderjährige vor Beginn der Leistung seinen gewöhnlichen Aufenthalt hatte (entspr. Abs. 2 Satz 2), oder
- nach dem gewöhnlichen Aufenthalt des Elternteils richtet, bei dem der Minderjährige vor Beginn der Leistung seinen tatsächlichen Aufenthalt hatte (entspr. Abs. 2 Satz 3), oder
- nach dem **gewöhnlichen Aufenthalt des Kindes oder Jugendlichen** vor Beginn der Leistung (entspr. Abs. 2 Satz 4 Hs. 1) oder
- nach dem **tatsächlichen Aufenthalt des Kindes oder Jugendlichen** vor Beginn der Leistung (entspr. Abs. 2 Satz 4 Hs. 2) richtet.

Zu den Voraussetzungen der einzelnen Alternativen vgl. oben Rn. 13 ff.

IV. Abs. 4 – Zuständigkeit, wenn kein gewöhnlicher Aufenthalt feststellbar

Abs. 4 normiert die zuständigkeitsrechtlichen Folgen 19

- eines fehlenden oder
- eines nicht feststellbaren gewöhnlichen Aufenthaltes der Eltern oder des nach den Vorschriften der Abs. 1 bis 3 maßgeblichen Elternteils im Inland oder
- des Todes beider Elternteile.

Nicht feststellbar ist ein gewöhnlicher Aufenthalt (erst) dann, wenn das Jugendamt unter Anwendung der ihm nach den §§ 20, 21 SGB X zur Verfügung stehenden Untersuchungs- und Beweismittel (insbesondere der Einholung von Auskünften und Beiziehung von Urkunden und Akten) ein nicht nur vorübergehendes Verweilen im Inland nicht feststellen kann.

In allen Fällen entscheidet nach **Satz 1** der **gewöhnliche Aufenthalt des Kindes oder Jugendlichen** vor Beginn der Leistung über die örtliche Zuständigkeit. Fehlte es während der **letzten sechs Monate** durchgehend an einem solchen, ist nach **Satz 2** der örtliche Träger

24 BVerwG, Urt. v. 27.4.2017, 5 C 12.16, bverwg.de, Rn. 13; OVG SA, Urt. v. 9.6.2016, 4 L 140/15, juris, Rn. 23 ff.

zuständig, in dessen Bereich sich der Minderjährige vor Beginn der Leistung **tatsächlich aufgehalten** hat.

V. Abs. 5 – Zuständigkeit bei Trennung der Eltern

20 Der viel diskutierte § 86 Abs. 5 SGB VIII, Gegenstand zahlloser Erstattungsrechtsstreitigkeiten, regelt die Folgen der **Trennung der Eltern** und der Begründung verschiedener gewöhnlicher Aufenthalte durch die Elternteile **nach Beginn der Leistung**.

1. Abs. 5 Satz 1 – Ein personensorgeberechtigter Elternteil

20a **Steht** danach die **Personensorge einem Elternteil** zu, richtet sich nach **Satz 1** die örtliche Zuständigkeit nach dessen gewöhnlichem Aufenthalt. Die Regelung greift in Parallelität zur Regelung von Abs. 2 Satz 2 Hs. 2 gemäß Satz 1 Hs. 2 auch dann, wenn einzelne Angelegenheiten der Personensorge entzogen sind.

Rechtsfolge ist danach, dass die Zuständigkeit bestehen bleibt, wenn der personensorgeberechtigte Elternteil seinen gewöhnlichen Aufenthalt beibehält. Die Zuständigkeit wechselt, wenn dieser seinen gewöhnlichen Aufenthalt in den Zuständigkeitsbereich eines anderen Trägers verlegt.

2. Abs. 5 Satz 2 – Personensorge steht beiden Elternteilen oder keinem Elternteil zu

21 Die Regelung setzt voraus, dass die **Personensorge beiden Elternteilen** gemeinsam oder **keinem Elternteil** zusteht. Sie greift nach der Änderung durch das KJVVG (Einfügung „in diesen Fällen") nur dann ein, wenn zeitlich nach dem Eintritt der genannten Personensorge die Elternteile verschiedene gewöhnliche Aufenthalte begründet haben. Demgegenüber ging die frühere Rechtsprechung des BVerwG davon aus, dass die Vorschrift entsprechend ihrem Charakter als umfassende Regelung für verschiedene gewöhnliche Aufenthalte der Eltern nach Leistungsbeginn auch eingreife, wenn die Eltern bereits vor bzw. bei Leistungsbeginn verschiedene gewöhnliche Aufenthalte haben und solche während des Leistungsbezugs beibehielten.[25] Diese Rechtsprechung hat das BVerwG im Urteil vom 14.11.2013 partiell aufgegeben. Danach erfasst § 86 Abs. 5 Satz 1 Hs. 1 SGB VIII nur solche Fallgestaltungen, in denen Eltern **nach Leistungsbeginn erstmals verschiedene** gewöhnliche Aufenthalte **begründen** und in der Folge beibehalten. Dasselbe gelte im Fall des § 86 Abs. 5 Satz 2 Alt. 1 SGB VIII, wenn beiden Elternteilen das Sorgerecht zusteht. Sofern **keinem Elternteil das Sorgerecht** zusteht (§ 86 Abs. 5 Satz 2 Alt. 2 SGB VIII), finde die Vorschrift in allen Fallgestaltungen Anwendung, in denen die Elternteile nach Beginn der Leistung verschiedene gewöhnliche Aufenthalte besitzen.[26] Auch diese geänderte Rechtsprechung dürfte nach der erfolgten Gesetzesänderung nicht mehr aufrechtzuerhalten sein.[27]

Liegen die vorgenannten Voraussetzungen vor, bleibt es als **Rechtsfolge** gemäß **Satz 2** bei der bisherigen Zuständigkeit. Diese wurde im Regelfall ehedem nach Abs. 1 bestimmt, richtete sich also nach dem gewöhnlichen Aufenthalt der Eltern. Es kann aber auch jede andere zuvor begründete Zuständigkeit, also auch eine nach Abs. 5 Satz 1 bestimmte, sein.[28]

---

25 BVerwG, Urt. v. 30.9.2009, 5 C 18.08, BVerwGE 135, 58; v. 9.12.2010, 5 C 17.09, ZKJ 2011, 267; v. 12.5.2011, 5 C 4.10, BVerwGE 139, 378; v. 19.10.2011, 5 C 25.10, BVerwGE 141, 77.

26 BVerwG, Urt. v. 14.11.2013, 5 C 34.12, lexetius.com = BVerwGE 148, 242 = NVwZ-RR 2014, 306.

27 Vgl. zur Diskussion um die Vorschrift, die Kritik an der Rechtsprechung des BVerwG und zur Gesetzesänderung ausführlich Wiesner/Wapler/*Loos*, § 86 SGB VIII Rn. 29a, m.w.N.

28 Vgl. BVerwG JAmt 2010, 189.

3. Abs. 5 Satz 3 – Kein neuer gewöhnlicher Aufenthalt im Inland

Begründet **keiner der Elternteile** nach Aufgabe des bisherigen **einen gewöhnlichen Aufenthalt** im Inland, ist ein solcher nicht feststellbar oder versterben beide Elternteile, führt die durch **Satz 3** angeordnete entsprechende Anwendung von Absatz 4 dazu, dass der gewöhnliche, ersatzweise der tatsächliche Aufenthalt des Minderjährigen über die Zuständigkeit entscheidet (vgl. die Erläuterungen zu Abs. 4 bei Rn. 19). 22

VI. Abs. 6 – Zuständigkeit bei Dauerpflege

1. Allgemeines

Die Vorschrift enthält eine **Sonderregelung** für die **Zuständigkeit bei Dauerpflege**. Sowohl der Entwurf zum KEG als auch der zum KICK hatten die Aufhebung dieser Vorschrift vorgesehen und zur Begründung ausgeführt, die Sonderzuständigkeit in Absatz 6 für die Hilfe zur Erziehung in Vollzeitpflege habe sich in der Praxis nicht bewährt. Sie führe häufig zu einem Zuständigkeitswechsel und löse damit weitere Kostenerstattungsverfahren aus. Im Hinblick auf die unterschiedlichen fachlichen Konzepte der Pflegekindschaft in den einzelnen Jugendämtern sowie die örtlich unterschiedliche Bemessung des Pflegegelds führe jeder Zuständigkeitswechsel zu Irritationen für die Pflegeeltern und das Pflegekind und belaste damit den Hilfeprozess. Den Forderungen der Praxis entsprechend werde diese Regelung deshalb aufgehoben.[29] Warum die Vorschrift ungeachtet dieser Kritik beibehalten wurde, lässt sich den Gesetzesmaterialien nicht entnehmen. Auch zu der durch das BKiSchG beabsichtigten Aufhebung der Vorschrift – der Entwurf enthielt nur noch eine Übergangsregelung für Altfälle – kam es auf Empfehlung des zuständigen BT-Ausschusses nicht.[30] Das KJSG hat die Frage nicht einmal mehr aufgenommen. 23

Abs. 6 sieht abweichend von den Absätzen 1 bis 5 eine **Zuständigkeit** des örtlichen Trägers vor, in dessen Bereich die **Pflegeperson** ihren **gewöhnlichen Aufenthalt** (vgl. dazu oben Rn. 6 f.) hat. Sie gilt für die Vollzeitpflege nach § 33 SGB VIII ebenso wie für die Eingliederungshilfe für seelisch behinderte Kinder und Jugendliche gemäß § 35a Abs. 2 Nr. 3 SGB VIII.

2. Voraussetzungen

Die Zuständigkeit setzt voraus, dass die oder der Minderjährige **mindestens zwei Jahre bei der Pflegeperson gelebt** hat. Auf das Vorliegen einer Pflegeerlaubnis kommt es nicht an. Unerheblich ist auch, ob in diesem Zeitraum Leistungen der Jugendhilfe gewährt wurden.[31] Der Begriff der Pflegeperson ist mit dem in § 44 SGB VIII identisch (vgl. dort Rn. 4 f.). Die Zwei-Jahres-Frist muss bei derselben Pflegeperson zurückgelegt sein, wofür der Wortlaut („bei dieser Pflegeperson") spricht. 24

Weitere Voraussetzung ist, dass der **Verbleib** bei der Pflegeperson **auf Dauer zu erwarten** ist. Insoweit ist eine auf dem Hilfeplan basierende **Prognose** erforderlich, die alle in der Person des Minderjährigen, der Herkunfts- wie der Pflegeperson liegenden Umstände einzubeziehen hat. Sie kann nicht allein aus dem zweijährigen Bestehen des Pflegeverhältnisses geschlossen werden. Ein Verbleib auf Dauer ist zu erwarten, wenn nach den vorliegenden Erkenntnissen eine Rückkehr in die Herkunftsfamilie ausgeschlossen oder jedenfalls unwahrscheinlich ist, etwa weil sich die dortigen Verhältnisse nicht verändert haben und sich mutmaßlich auch nicht verändern werden. Ausreichend ist dies nicht, vielmehr muss auch die konkrete Pflegeperson geeignet und physisch wie psychisch in der Lage sein, den Min- 25

29 Vgl. BT-Drs. 15/3676, 40.
30 Vgl. BT-Drs. 18/6256, 12, 28.
31 Ebenso Wiesner/Wapler/*Loos*, § 86 SGB VIII Rn. 35.

derjährigen dauerhaft aufzunehmen. Schließlich muss eine dem Wohl des Pfleglings entsprechende Beziehungsstruktur vorliegen. Die **Erwartung des dauerhaften Verbleibs** ist ein gerichtlich in vollem Umfang überprüfbarer **unbestimmter Rechtsbegriff**.[32] Allerdings sollte die Frage der örtlichen Zuständigkeit, die ja regelmäßig in Kostenerstattungsstreitigkeiten zwischen zwei Trägern in Rede steht, nicht mit unter Umständen schwierigen Fragen der Entwicklung familiärer Beziehungen überfrachtet werden.

26 Die **Prognose** des dauerhaften Verbleibs **setzt nicht voraus**, dass der Aufenthalt bis zur Vollendung des 18. Lebensjahres oder gar darüber hinaus sicher gewährleistet ist. Solches würde die Prognostizierbarkeit, insbesondere bei jüngeren Kindern, erheblich überspannen und wäre nur spekulativ.[33]

Tritt bei Anwendung von Satz 1 ein Zuständigkeitswechsel ein, hat gemäß **Satz 2** der neue Träger die Eltern oder den sonstigen Personensorgeberechtigten über den Zuständigkeitswechsel zu unterrichten, um diesen insoweit Klarheit zu verschaffen. Das ist nach dem Wortlaut der Norm eindeutig.

3. Ende der Zuständigkeit, Kostenerstattung

27 Die **Zuständigkeit** nach Abs. 6 **endet** gemäß **Satz 3** mit der Beendigung des Aufenthaltes der oder des Minderjährigen bei der Pflegeperson. Dies ist sinnvoll und zweckmäßig, weil dann regelmäßig keine Bindung mehr zum Ort der Pflegestelle besteht. Da die Regelung in den Fällen des Abs. 5 Satz 2 zum Ort der Pflegeperson zurückführe, obwohl dort weder Eltern oder ein Elternteil noch der Minderjährige ihren gewöhnlichen Aufenthalt haben, hält *Loos* es für sachgerecht, in diesem Fall Abs. 2 Satz 2 bis 4 anzuwenden.[34]

Problematisch ist auch der Fall, in dem der Minderjährige vor Erreichen der Volljährigkeit am Pflegestellenort verselbstständigt wird. Satz 3 führt dann zum Wegfall der Zuständigkeit, obwohl deren Fortdauer angesichts der räumlichen Nähe sinnvoll wäre. Sofern nicht nach den Abs. 1 bis 5 auf den tatsächlichen Aufenthalt des Minderjährigen abzustellen ist, eröffnet die Vorschrift jedoch kein Fortbestehen der bisherigen Zuständigkeit.

Die **Zuständigkeit** nach Abs. 6 endet nicht, wenn die Hilfe nach § 41 SGB VIII fortgesetzt wird und der junge Mensch bei der **Pflegeperson verbleibt**.

Die Kostenerstattung in den Fällen des Abs. 6 regelt § 89a SGB VIII.

VII. Abs. 7 – Zuständigkeit für Leistungen an minderjährige Asylbewerber

1. Abs. 7 Satz 1 – Zuständigkeit während des Asylverfahrens

28 Abs. 7 regelt als den vorstehenden Absätzen vorgehende **lex specialis** die örtliche **Zuständigkeit** für **Leistungen an minderjährige Asylbewerber** während der Dauer des Asylverfahrens und lässt diese nach Maßgabe des Satzes 3 auch darüber hinaus fortbestehen. Dabei folgt die Vorschrift terminologisch dem AsylG, das zwischen dem **Nachsuchen** um Asyl und dem Stellen eines **Asylantrags** unterscheidet. Um **Asyl nachgesucht** werden kann bei der Grenzbehörde (§ 18 AsylG), der Ausländerbehörde oder der Polizei eines Landes (§ 19 AsylG). Beim **Bundesamt für Migration und Flüchtlinge** (BAMF) erfolgt dann die förmliche **Asylantragstellung** (§ 14 AsylG). Für den Bereich der Jugendhilfe ist diese asylverfahrensrechtliche Unterscheidung letztlich nicht von Bedeutung. Denn Satz 1 Alt. 1 stellt klar, dass Leistungen bereits ab dem Zeitpunkt der Asyl**nachsuche** einsetzen können. In welchem

32 Wiesner/Wapler/*Loos*, § 86 SGB VIII Rn. 36 unter Verweis auf OVG NW JAmt 2002, 200.
33 Vgl. auch Wiesner/Wapler/*Loos*, § 86 SGB VIII Rn. 36.
34 Wiesner/Wapler/*Loos*, § 86 SGB VIII Rn. 39.

Stadium sich das Asylverfahren befindet, ist unerheblich, entscheidend ist, dass das Verfahren bei Beginn der Leistung noch nicht unanfechtbar abgeschlossen ist.[35]

Die Vorschrift **gilt nicht** für unbegleitete ausländische Kinder oder Jugendliche, die **vorläufig** (§§ 42a ff. SGB VIII) oder **endgültig** (§ 42 Abs. 1 Nr. 3 SGB VIII) **in Obhut genommen** wurden. Für diesen Personenkreis richtet sich die örtliche Zuständigkeit nach den §§ 87, 88a SGB VIII. Der durch das UMG eingefügte § 87 Satz 2 SGB VIII stellt klar, dass § 88a SGB VIII lex specialis im Hinblick auf die örtliche Zuständigkeit für die Inobhutnahme unbegleiteter ausländischer Minderjähriger ist. Für die vorläufige Inobhutnahme gilt die Zuständigkeitsregelung des § 88a Abs. 1 SGB VIII ohnehin. Die Zuständigkeitsregelungen nach den §§ 87, 88a SGB VIII gelten **unabhängig** vom gegenwärtigen oder angestrebten **aufenthaltsrechtlichen Status** der Minderjährigen. 29

Damit gilt **§ 86 Abs. 7 SGB VIII** nur noch für **Leistungen** an ausländische Kinder und Jugendliche, die sich zusammen **mit Personensorge- oder Erziehungsberechtigten im Inland** aufhalten.[36] 30

a) Abs. 7 Satz 1 Hs. 1

Örtlich zuständig ist nach **Satz 1 Hs. 1** für beide Gruppen von Schutzsuchenden der örtliche Träger, in dessen Bereich sich die **Person** vor Beginn der Leistung (vgl. dazu die Erläuterungen bei Rn. 2 ff.) **tatsächlich aufhält** (vgl. dazu oben Rn. 7). „**Person**" i.S.d. Vorschrift ist **nicht** der **Anspruchsberechtigte, sondern** der **Leistungsadressat**. Das ist das Kind oder der Jugendliche, nicht aber der Personensorgeberechtigte. Diese Auslegung entspricht nicht nur dem Wortlaut, sondern auch der Zielsetzung einer am Aufenthaltsort des Minderjährigen orientierten Zuständigkeit.[37] 31

b) Abs. 7 Satz 1 Hs. 2

Vorrang vor der Regelung im Hs. 1 genießt gemäß **Hs. 2** eine nach **§ 87 SGB VIII begründete Zuständigkeit**, die im Interesse der Kontinuität des Hilfeprozesses in jedem Fall bestehen bleibt. Bedeutung hat dies vor allem für **unbegleitete Minderjährige**, die nach § 42 Abs. 1 Satz 1 Nr. 3 SGB VIII in Obhut zu nehmen sind. 32

2. Abs. 7 Satz 2 – Zuständigkeit bei Stattfinden eines Verteilungsverfahrens

Die Regelung des Satzes 1 greift nicht ein, wenn die Person einem **Verteilungsverfahren unterliegt**. Die Entscheidung darüber, ob eine Person einem Verteilungsverfahren unterliegt, knüpft das AsylG gemäß §§ 47, 50 AsylG daran, ob diese verpflichtet ist, sich in einer Aufnahmeeinrichtung i.S.d. § 44 AsylG aufzuhalten. Diese Verpflichtung hängt wiederum davon ab, ob der Asylantrag nach § 14 Abs. 1 AsylG bei einer dieser Aufnahmeeinrichtung zugeordneten Außenstelle des Bundesamtes gestellt werden muss. 33

Da die Zuständigkeitsregelung des § 86 Abs. 7 SGB VIII nur noch für Minderjährige gilt, die sich begleitet, also zusammen mit Personensorge- oder Erziehungsberechtigten in der Bundesrepublik aufhalten, ist der Aufenthalt sowohl für diese als auch für die Minderjährigen **regelmäßig** in einer Aufnahmeeinrichtung zu nehmen und der Asylantrag bei einer Außenstelle des Bundesamtes zu stellen, sodass sie **einem Verteilungsverfahren unterliegen**. Einzige realistische Ausnahme ist die des § 14 Abs. 2 Nr. 3 AsylG, dass nämlich der gesetzliche Vertreter nicht verpflichtet ist, etwa weil er einen langfristigen Aufenthaltstitel besitzt,

---

35 BVerwG, Urt. v. 2.4.2009, 5 C 2.08 = JAmt 2009, 322 = bverwg.de, Rn. 13 ff.
36 Vgl. BT-Drs. 18/5921, 29.
37 So überzeugend *Kunkel*, ZFJ 2001, 360 (369); BVerwG, Urt. v. 2.4.2009, 5 C 2.08 = JAmt 2009, 322 = http://lexetius.com/2009,1153, Rn. 16; a.A. Wiesner/Wapler/*Loos*, § 86 SGB VIII Rn. 45.

und deshalb der Asylantrag für den oder die Minderjährige bei der Zentrale des Bundesamtes zu stellen ist.

34 Unterliegt die Person einem Verteilungsverfahren, richtet sich gemäß **Satz 2 Hs. 1** die örtliche Zuständigkeit „nach der **Zuweisungsentscheidung**" der zuständigen Landesbehörde. Gemeint ist die Zuweisungsentscheidung nach **§ 50 Abs. 4 AsylG**. Dabei geht das Gesetz davon aus, dass sich der betroffene Flüchtling an diesem Ort auch tatsächlich aufhält. Hierzu ist er nach § 50 Abs. 6 AsylG verpflichtet. Dann ist auf diese Weise die Ortsnähe des Trägers hergestellt. Die **faktische Nichtbefolgung** der Zuweisungsentscheidung ist zuständigkeitsrechtlich unerheblich.

35 Setzen sich die Betroffenen gegen die Zuweisungsentscheidung zur Wehr, gilt Folgendes: Ein Widerspruch gegen die Zuweisungsentscheidung findet gemäß § 11 AsylG nicht statt. Eine Klage hat gemäß § 75 AsylG keine aufschiebende Wirkung. Sie muss also trotz einer erhobenen Klage befolgt werden. Nur dann, wenn die Betroffenen erfolgreich die Anordnung der aufschiebenden Wirkung bei dem Verwaltungsgericht beantragt haben, können sie an dem bisherigen Ort verbleiben. Die Zuständigkeit richtet sich dann gemäß Abs. 7 Satz 2 Hs. 2 nach Abs. 7 Satz 1. Das gilt auch in allen anderen Fällen, in denen vor Ergehen der Zuweisungsentscheidung Hilfe gewährt wurde. Mit Ergehen der Zuweisungsentscheidung bzw. deren Vollziehbarkeit tritt dann ein **Zuständigkeitswechsel** ein.

3. Abs. 7 Satz 3 – Zuständigkeitskontinuität

36 Die Zuständigkeitsregelung der Satz 1 und 2 bleibt gemäß **Satz 3** über die Dauer des Asylverfahrens hinaus unabhängig von seinem Ausgang bestehen, bis die maßgebliche Person, also der Minderjährige, im Bereich eines anderen Trägers seinen gewöhnlichen Aufenthalt begründet.

4. Abs. 7 Satz 4 – Unterbrechung der Leistung

37 Nach **Satz 4** bleiben **Unterbrechungen** von weniger als drei Monaten außer Betracht, lassen also eine bestehende Zuständigkeit unberührt. Das gilt auch dann, wenn die nach Unterbrechung gewährte Leistung mit der zuvor erbrachten nicht identisch ist.

§ 86a
Örtliche Zuständigkeit für Leistungen an junge Volljährige

(1) Für Leistungen an junge Volljährige ist der örtliche Träger zuständig, in dessen Bereich der junge Volljährige vor Beginn der Leistung seinen gewöhnlichen Aufenthalt hat.

(2) Hält sich der junge Volljährige in einer Einrichtung oder sonstigen Wohnform auf, die der Erziehung, Pflege, Betreuung, Behandlung oder dem Strafvollzug dient, so richtet sich die örtliche Zuständigkeit nach dem gewöhnlichen Aufenthalt vor der Aufnahme in eine Einrichtung oder sonstige Wohnform.

(3) Hat der junge Volljährige keinen gewöhnlichen Aufenthalt, so richtet sich die Zuständigkeit nach seinem tatsächlichen Aufenthalt zu dem in Absatz 1 genannten Zeitpunkt; Absatz 2 bleibt unberührt.

(4) [1]Wird eine Leistung nach § 13 Absatz 3 oder nach § 21 über die Vollendung des 18. Lebensjahres hinaus weitergeführt oder geht der Hilfe für junge Volljährige nach § 41 eine dieser Leistungen, eine Leistung nach § 19 oder eine Hilfe nach den §§ 27 bis 35a voraus, so bleibt der örtliche Träger zuständig, der bis zu diesem Zeitpunkt zuständig war. [2]Eine Unterbrechung der Hilfeleistung von bis zu drei Monaten bleibt dabei außer Betracht. [3]Die Sätze 1 und 2 gelten entsprechend, wenn eine Hilfe für junge Volljährige nach § 41 beendet war und innerhalb von drei Monaten erneut Hilfe für junge Volljährige nach § 41 erforderlich wird.

Übersicht Rn.

A. Allgemeines

Die durch das 1. ÄndG SGB VIII eingefügte Vorschrift regelt die **örtliche Zuständigkeit** für **Leistungen an junge Volljährige** (§ 7 Abs. 1 Nr. 3 SGB VIII). In ihren Anwendungsbereich fallen nicht nur die Hilfe nach § 41 SGB VIII, sondern alle Leistungen, die an diesen Personenkreis gewährt werden können, also auch die nach §§ 11, 13, 14, 16 und 21 Satz 3 SGB VIII. Soweit Leistungen an junge Volljährige als Eltern von Kindern oder Jugendlichen erbracht werden, richtet sich die örtliche Zuständigkeit nach der insoweit speziellen Norm des § 86 SGB VIII.[1] Hinsichtlich der Leistungen nach § 19 SGB VIII ist § 86b SGB VIII lex specialis und damit vorrangig.[2] 1

B. Einzelheiten

I. Abs. 1 – Gewöhnlicher Aufenthalt

Abs. 1 erklärt den örtlichen Träger für zuständig, in dessen Bereich der junge Volljährige **vor Beginn der Leistungen** seinen **gewöhnlichen Aufenthalt** hat. (Zum Begriff „vor Beginn der Leistungen" vgl. die Erläuterungen zu § 86 SGB VIII Rn. 2 ff.; zum „gewöhnlichen Auf- 2

1 Vgl. FK-SGB VIII/*Eschelbach/Schindler*, § 86a Rn. 1.
2 Ebenso Wiesner/Wapler/*Loos*, § 86a SGB VIII Rn. 1.

enthalt" die Erläuterungen zu § 86 Rn. 6 f.) Spätere Aufenthaltswechsel berühren die einmal begründete örtliche Zuständigkeit nicht. Daraus können sich im Einzelfall große Entfernungen zwischen dem zuständigen Träger und dem Aufenthaltsort des Leistungsempfängers ergeben.

II. Abs. 2 – Schutz der Einrichtungsorte

3 Abs. 2 bezweckt den **Schutz der Einrichtungsorte**. Erfasst werden nicht nur Einrichtungen und sonstige Wohnformen i.S.d. §§ 45, 48a SGB VIII, sondern auch solche, in denen keine Leistungen der Jugendhilfe gewährt werden. Am deutlichsten wird dies an der ausdrücklichen Einbeziehung auch der Strafvollzugsanstalten. Einrichtungen in diesem Sinne sind also Heime, Internate, Wohngruppen, Psychiatrien, Krankenhäuser, nicht aber Pflegefamilien.[3] Nicht dazu gehören dürften auch Frauenhäuser, da in ihnen keiner der genannten Zwecke verfolgt wird. Liegt eine der genannten Voraussetzungen vor, richtet sich die örtliche Zuständigkeit nach dem **gewöhnlichen Aufenthalt vor der Aufnahme**. Zu Recht wird darauf verwiesen, dass sich diese Rechtsfolge regelmäßig bereits aus Abs. 1 ergibt,[4] jedoch gewinnt die Vorschrift immer dann Bedeutung, wenn der Hilfebedarf erst nach der Aufnahme in die Einrichtung oder sonstige Wohnform eintritt. Auch dann ist hiernach der Träger örtlich zuständig, in dessen Bereich der junge Volljährige **vor seiner Aufnahme in die Einrichtung** seinen gewöhnlichen Aufenthalt hatte. Hat sich der junge Volljährige in verschiedenen Einrichtungen aufgehalten und schließen die Einrichtungsaufenthalte in einer ununterbrochenen Einrichtungskette nahtlos aneinander an, ist für den Beginn der Leistung auf den Zeitpunkt vor der **Aufnahme in die erste Einrichtung** abzustellen.[5]

III. Abs. 3 – Fehlender gewöhnlicher Aufenthalt

4 Hat der junge Volljährige **keinen gewöhnlichen Aufenthalt**, so knüpft Abs. 3 die örtliche Zuständigkeit an dessen **tatsächlichen Aufenthalt** vor Beginn der Leistung. Hs. 2, nach dem Abs. 2 „unberührt bleibt", bedeutet nach seinem Wortlaut eigentlich, dass Abs. 2 ungeachtet des Hs. 1 anzuwenden ist. Das ist allerdings eine nicht der Erwähnung werte Selbstverständlichkeit, weil in den Fällen des Abs. 2 ja ein gewöhnlicher Aufenthalt gegeben ist, mithin die Voraussetzung des Hs. 1 gar nicht vorliegt. Hs. 2 ist deshalb wohl so zu verstehen, dass auf den tatsächlichen Aufenthalt in einer Einrichtung oder sonstigen Wohnform bei Beginn der Leistung abzustellen ist.

IV. Abs. 4 – Kontinuität der Zuständigkeit

5 Abs. 4 **Satz 1** ordnet für bestimmte Leistungskonstellationen die **Kontinuität der örtlichen Zuständigkeit** an. Er erfasst die Fälle, in denen Leistungen nach § 13 Abs. 3 SGB VIII (Unterkunft in sozialpädagogisch begleiteten Wohnformen), § 21 SGB VIII (Übernahme der Kosten der Unterbringung in geeigneten Wohnformen zwecks Sicherstellung der Erfüllung der Schulpflicht) über die Vollendung des 18. Lebensjahres hinaus weitergeführt werden oder der Hilfe nach § 41 SGB VIII vorausgehen. Erfasst werden ferner Fälle, in denen der Hilfe nach § 41 SGB VIII eine Leistung nach § 19 (Betreuung in gemeinsamen Wohnformen für Mütter/Väter und Kinder) oder den §§ 27 bis 35a SGB VIII (Hilfen zur Erziehung oder Eingliederungs-

3 Wiesner/Wapler/*Loos*, § 86a SGB VIII Rn. 7; OVG Hamburg, FEVS 52, 162 (165).
4 Wiesner/Wapler/*Loos* § 86a SGB VIII Rn. 8.
5 BVerwG, Urt. v. 28.4.2016, 5 C 13.15, juris, Rn. 16, ZKJ 2016, 375, mit zahlreichen Nachweisen aus Literatur und Rspr.

hilfe für seelisch behinderte Kinder und Jugendliche) vorausgeht. **Nicht ausreichend** ist es, wenn vorausgehend Hilfe nach § 41 SGB VIII geleistet wurde. In allen diesen Fällen **bleibt die** durch die vorangegangene Leistungserbringung (in Anwendung des § 86 SGB VIII) begründete oder – bei Leistungen nach § 19 SGB VIII – die gemäß § 86b SGB VIII **begründete örtliche Zuständigkeit bestehen**. Sinn und Zweck dieser Regelung ist die Sicherung der Kontinuität des Hilfeprozesses.[6] Bei der Anwendung des Satzes 1 sind gemäß **Satz 2** Unterbrechungen, die drei Monate nicht überschreiten, unerheblich.

6 Die Sätze 1 und 2 sind nach **Satz 3** entsprechend anzuwenden, wenn die Hilfe nach § 41 SGB VIII **beendet** war, innerhalb von drei Monaten aber **erneut erforderlich** wird. Dafür, ob die Hilfe nach § 41 SGB VIII **beendet** war, kommt es nicht allein auf den Wegfall des jugendhilferechtlichen Bedarfs an. Vielmehr ist damit der Zeitpunkt gemeint, ab dem die zunächst geleistete Hilfe für junge Volljährige durch Bescheid **eingestellt** und tatsächlich **nicht mehr erbracht** worden ist.[7]

Für das Vorliegen des Merkmals „erneut erforderlich" kommt es nicht auf den Zeitpunkt des tatsächlichen Erbringens der (erneuten) Leistung an. Die Hilfe für junge Volljährige wird vielmehr schon dann im Sinne des § 86a Abs. 4 Satz 3 SGB VIII erneut erforderlich, wenn der Hilfebedarf an einen **Jugendhilfeträger herangetragen worden ist** und dieser sich zum **Tätigwerden veranlasst** sehen musste. Dafür reicht es aus, dass der Hilfebedürftige einen Antrag auf Gewährung von Hilfe durch schlüssiges Verhalten stellt. Unerheblich ist, ob der Wille, Hilfe in Anspruch nehmen zu wollen, unmittelbar an das örtlich zuständige Jugendamt herangetragen wird. Vielmehr genügt es, wenn der junge Volljährige ihn gegenüber einem anderen Träger der öffentlichen Jugendhilfe hinreichend deutlich zum Ausdruck bringt.[8]
Liegen die vorstehenden Voraussetzungen vor, bleibt auch in den Fällen des Satzes 3 die ursprünglich begründete Zuständigkeit bestehen.

6 Wiesner/Wapler/*Loos*, § 86a SGB VIII Rn. 11.
7 BVerwG, Urt. v. 28.4.2016, 5 C 13.15, juris, Rn. 22, ZKJ 2016, 375.
8 BVerwG, Urt. v. 28.4.2016, 5 C 13.15, http://www.bverwg.de/entscheidungen, Rn. 29, 39.

§ 86b
Örtliche Zuständigkeit für Leistungen in gemeinsamen Wohnformen für Mütter/Väter und Kinder

(1) [1]Für Leistungen in gemeinsamen Wohnformen für Mütter oder Väter und Kinder ist der örtliche Träger zuständig, in dessen Bereich der nach § 19 Leistungsberechtigte vor Beginn der Leistung seinen gewöhnlichen Aufenthalt hat. [2]§ 86a Absatz 2 gilt entsprechend.

(2) Hat der Leistungsberechtigte keinen gewöhnlichen Aufenthalt, so richtet sich die Zuständigkeit nach seinem tatsächlichen Aufenthalt zu dem in Absatz 1 genannten Zeitpunkt.

(3) [1]Geht der Leistung Hilfe nach den §§ 27 bis 35a oder eine Leistung nach § 13 Absatz 3, § 21 oder § 41 voraus, so bleibt der örtliche Träger zuständig, der bisher zuständig war. [2]Eine Unterbrechung der Hilfeleistung von bis zu drei Monaten bleibt dabei außer Betracht.

1 Die Vorschrift regelt die örtliche Zuständigkeit für Leistungen nach § 19 SGB VIII. Sie geht bei Vorliegen ihrer Voraussetzungen als lex specialis allen anderen Zuständigkeitsregelungen vor.

Örtlich zuständig ist nach **Abs. 1 Satz 1** der Träger, in dessen Bereich der **Leistungsberechtigte** vor Beginn der Leistung (vgl. dazu die Erläuterungen zu § 86 SGB VIII Rn. 2 ff.) seinen **gewöhnlichen Aufenthalt** (vgl. § 86 Rn. 6 f.) hat. Leistungsberechtigter ist der alleinerziehende Elternteil oder eine schwangere Frau.

Die durch **Satz 2** angeordnete entsprechende Anwendung von § 86a Abs. 2 SGB VIII dient auch hier dem Schutz der Einrichtungsorte. Sie führt dazu, dass der gewöhnliche Aufenthalt des Leistungsberechtigten vor Beginn der Leistung über die örtliche Zuständigkeit entscheidet, wenn es sich bei der Wohnform um eine Einrichtung i.S.d. § 86a Abs. 2 SGB VIII handelt (vgl. dazu § 86a SGB VIII Rn. 3).

2 **Abs. 2** enthält eine **Reserveregelung**. Hat der Leistungsberechtigte keinen gewöhnlichen Aufenthalt, tritt an dessen Stelle der **tatsächliche Aufenthalt** (vgl. § 86 SGB VIII Rn. 7). Maßgebend ist wiederum der Zeitpunkt **vor Beginn der Leistung**.

3 Parallel zur Regelung in § 86a Abs. 4 SGB VIII bleibt auch hier gemäß **Abs. 3** die durch eine vorausgegangene Hilfeleistung nach den §§ 27 bis 35a SGB VIII oder eine Leistung nach § 13 Abs. 3 SGB VIII, § 21 SGB VIII oder § 41 SGB VIII begründete Zuständigkeit zur Wahrung der Kontinuität der Hilfeleistung bestehen. Auch eine Unterbrechung von bis zu drei Monaten ist unschädlich.

Umgekehrt bleibt der nach § 86b SGB VIII zuständige örtliche Träger auch dann zuständig, wenn die Hilfe zu einer Hilfe zur Erziehung in Form der Vollzeitpflege (§§ 27, 33 SGB VIII) wechselt.[1]

---

1 Vgl. BayVGH, Beschl. v. 2.12.2019, 12 BV 19.1737, JAmt 2020, S. 275 ff.; VG Freiburg, Urt. v. 8.5.2019, 4 K 11343/17, JAmt 2020, S. 227 ff.

§ 86c
Fortdauernde Leistungsverpflichtung und Fallübergabe bei Zuständigkeitswechsel

(1) [1]Wechselt die örtliche Zuständigkeit für eine Leistung, so bleibt der bisher zuständige örtliche Träger so lange zur Gewährung der Leistung verpflichtet, bis der nunmehr zuständige örtliche Träger die Leistung fortsetzt. [2]Dieser hat dafür Sorge zu tragen, dass der Hilfeprozess und die im Rahmen der Hilfeplanung vereinbarten Hilfeziele durch den Zuständigkeitswechsel nicht gefährdet werden.

(2) [1]Der örtliche Träger, der von den Umständen Kenntnis erhält, die den Wechsel der Zuständigkeit begründen, hat den anderen davon unverzüglich zu unterrichten. [2]Der bisher zuständige örtliche Träger hat dem nunmehr zuständigen örtlichen Träger unverzüglich die für die Hilfegewährung sowie den Zuständigkeitswechsel maßgeblichen Sozialdaten zu übermitteln. [3]Bei der Fortsetzung von Leistungen, die der Hilfeplanung nach § 36 Absatz 2 unterliegen, ist die Fallverantwortung im Rahmen eines Gespräches zu übergeben. [4]Die Personensorgeberechtigten und das Kind oder der Jugendliche sowie der junge Volljährige oder der Leistungsberechtigte nach § 19 sind an der Übergabe angemessen zu beteiligen.

Übersicht

A. Allgemeines

§ 86c SGB VIII in seiner ursprünglichen Fassung wurde durch das 1. ÄndG SGB VIII in das Gesetz aufgenommen. Das BKiSchG hat die Norm neu gefasst und um Abs. 2 Satz 2 bis 4 ergänzt. Abs. 1 entspricht inhaltlich § 2 Abs. 3 SGB X. Die Vorschrift enthält keine Regelung über die örtliche Zuständigkeit und ordnet insbesondere keinen Zuständigkeitswechsel an, sondern **regelt die Folgen** eines aufgrund **anderer Vorschriften** erfolgten **Zuständigkeitswechsels** und soll die Kontinuität der Hilfeleistung sichern.[1] Darüber hinaus enthält Abs. 2 erstmals im SGB VIII Regelungen zum Verfahrensablauf bei Zuständigkeitswechseln, mit denen der Gesetzgeber auf festgestellte Informationsverzögerungen und -defizite angesichts nicht vorhandener Standards bei Zuständigkeitswechseln reagiert hat.[2] 1

B. Einzelheiten

I. Abs. 1 – Fortdauer der Leistungsverpflichtung

Abs. 1 Satz 1 normiert die **Leistungsverpflichtung** im Falle einer Änderung der örtlichen Zuständigkeit: Wechselt die örtliche Zuständigkeit für eine Leistung, so bleibt der bisher zuständige örtliche Träger so lange zur (Weiter-)Gewährung der Leistung verpflichtet, bis der nunmehr zuständige Träger die Leistung fortsetzt. 2

1 Vgl. etwa OVG NRW, Urt. v. 15.12.2015, 12 A 2645/14, openjur.de.
2 Vgl. dazu die Gesetzesbegründung BT-Drs. 17/6256, 28 f.

Voraussetzung dieser Verpflichtung ist also zunächst, dass der bisher zuständige Träger die Leistung zum Zeitpunkt des Zuständigkeitswechsels bereits gewährt.[3] Ist dies nicht der Fall, ist § 86c SGB VIII nicht anwendbar. In Betracht kommt dann eine Verpflichtung nach § 86d SGB VIII.

Entscheidend für die Beendigung der Leistungsverpflichtung des bisher zuständigen Trägers ist nach Satz 1 nicht das Entstehen der Verpflichtung des nunmehr zuständigen Trägers, sondern deren Erfüllung durch tatsächliches Erbringen der Leistung durch den neuen Träger. Nur so ist eine wirkliche Kontinuität zu sichern.

3 Abs. 1 Satz 1 kommt zunächst dann zur Anwendung, wenn die den **Zuständigkeitswechsel** begründenden Tatsachen nicht sofort bekannt werden. Das kann etwa dann der Fall sein, wenn ein anderer Träger durch den Umzug der Eltern oder des maßgeblichen Elternteils zuständig wird. Die Gefahr eines unbekannten Zuständigkeitswechsels ist immer dann gegeben, wenn die für die örtliche Zuständigkeit maßgeblichen Personen an der Leistungserbringung (etwa Geldzahlungen an einen Träger) nicht unmittelbar beteiligt sind. Sie ist dort geringer, wo die Leistungserbringung mit deren persönlicher Anwesenheit verbunden ist (etwa beim Besuch von Kindertagesstätten).

4 Die Regelung des Abs. 1 Satz 1 greift ferner dann, wenn der neu zuständig gewordene Träger sich weigert, seine Zuständigkeit anzuerkennen, und deshalb die Leistung nicht fortsetzt. Ob ein Zuständigkeitswechsel eingetreten ist, beurteilt sich nach objektiven Kriterien, bedarf also nicht der Zustimmung oder Anerkennung des zuständig werdenden Trägers. Bleibt er gleichwohl untätig, löst dies die Verpflichtung des bisher zuständigen Trägers aus. Daraus resultierende Belastungen sind nach § 89c SGB VIII auszugleichen.

5 Probleme ergeben sich, wenn der nunmehr zuständige Träger zwar seine Zuständigkeit nicht infrage stellt, aber das Vorliegen der Leistungsvoraussetzungen verneint und deshalb Leistungen nicht erbringt.

In dieser Konstellation ist fraglich, ob eine Fortsetzung der Leistung durch den nunmehr zuständigen Träger gegeben ist und deshalb die Leistungsverpflichtung des bisher zuständigen endet. Dies hat das BVerwG bejaht, obwohl ein solches Verständnis mit dem Wortlaut schwer vereinbar erscheint. Die Vorschrift bezwecke die Lückenlosigkeit der Hilfegewährung, biete aber keinen Schutz vor negativen materiell-rechtlichen Folgen eines Zuständigkeitswechsels. Auch die Leistungsablehnung könne mithin eine Fortsetzung der Leistung i.S.d. Vorschrift sein, sofern sie nicht tragend mit der fehlenden Zuständigkeit begründet werde.[4] Der Entscheidung ist zuzustimmen, da die Leistungsgewährung durch den neu zuständig gewordenen Träger den für diesen geltenden materiell-rechtlichen Voraussetzungen zu folgen hat und ein fehlender Leistungsanspruch nicht durch die Verlängerung der bisherigen Zuständigkeit korrigiert werden kann. Verweigert der neue Träger dagegen zu Unrecht die Leistung, stehen dem Anspruchsberechtigten dagegen Rechtsschutzmöglichkeiten zur Verfügung.

6 Durch Abs. 1 **Satz 2** wird der nunmehr zuständig gewordene Träger verpflichtet, dafür zu sorgen, dass der Hilfeprozess und die im Rahmen der Hilfeplanung vereinbarten Hilfeziele durch den Zuständigkeitswechsel nicht gefährdet werden. Die Vorschrift soll die **Hilfekontinuität**, die für das Wohl des betroffenen Kindes oder Jugendlichen von fundamentaler Bedeutung ist,[5] sichern. Hieraus wird die Forderung abgeleitet, dass eine Änderung der Hilfe

3 BVerwG, Urt. v. 14.11.2002, 5 C 57.01, juris, OVG NRW, Urt. v. 15.12.2015, 12 A 2645/14, openjur.de, jeweils m.w.N.; Wiesner/Loos, § 86c SGB VIII Rn. 4.
4 BVerwG FEVS 54 (2003), 307 (310).
5 Zum Bestehen eines Amtshaftungsanspruchs bei Pflichtverletzungen im Zusammenhang mit einem Zuständigkeitswechsel vgl. BGH JAmt 2005, 35 ff.

ohne Änderung des Hilfebedarfs einer besonderen Begründung bedürfe und nur im Einvernehmen mit den Hilfeempfängern möglich sei.[6]

II. Abs. 2 – Verfahren bei Zuständigkeitswechsel

7 Abs. 2 **Satz 1**, der Abs. 1 Satz 2 a.F. entspricht, normiert die Verpflichtung des örtlichen Trägers, einen anderen Träger unverzüglich über die den **Zuständigkeitswechsel** begründenden Umstände (etwa einen Umzug der Leistungsberechtigten) zu unterrichten. Damit soll baldmöglichst die tatsächliche Leistungsgewährung der Zuständigkeit angepasst werden. Zu den Folgen unterbliebener oder verspäteter Unterrichtung vgl. die Erläuterungen zu § 89 c Rn. 4 f.

8 Abs. 2 **Satz 2** SGB VIII verpflichtet den bisher zuständigen örtlichen Träger, dem nunmehr zuständigen örtlichen Träger die für den Zuständigkeitswechsel sowie die Hilfegewährung maßgeblichen Sozialdaten zu übermitteln. Die Übermittlung hat unverzüglich zu erfolgen. Die Befugnis dazu ergibt sich aus den §§ 64, 65 Abs. 1 Nr. 3 SGB VIII, § 69 SGB X.

9 Bei der Fortsetzung hilfeplangesteuerter Leistungen fordert **Satz 3** die **Übergabe der Fallverantwortung** im Rahmen eines Gesprächs zwischen den bisher und den künftig zuständigen Fachkräften. Dieses kann auch telefonisch erfolgen, ein schriftlicher „Dialog" genügt jedoch nicht. Die Betroffenen sind nach **Satz 4** an der Übergabe angemessen zu beteiligen, das heißt, sie sind zumindest anzuhören und mit der Tatsache, dem Grund und der Bedeutung des Zuständigkeitsübergangs vertraut zu machen. Eine Beteiligung an dem Übergabegespräch ist nicht zwingend erforderlich, aber auch nicht ausgeschlossen.

10 Die gelegentlich kritisierte „überflüssige Doppelregelung" durch § 86c Abs. 2 SGB VIII einerseits und § 8a Abs. 6 SGB VIII andererseits liegt nur dann vor, wenn § 8a Abs. 5 SGB VIII auch auf den Zuständigkeitswechsel im Sinne des § 86c SGB VIII Anwendung findet. Dagegen spricht allerdings, dass § 8a Abs. 6 SGB VIII einen Zuständigkeitswechsel mit keinem Wort erwähnt.[7] Vielmehr ist nur von „dem für die Leistung zuständigen örtlichen Träger" die Rede, während der Zuständigkeitswechsel stets zwei aufeinander folgende zuständige Träger voraussetzt. Zum anderen spricht die systematische Stellung dafür, dass § 8a Abs. 6 SGB VIII lediglich im Bereich des Kinderschutzes gelten soll. Schließlich wurden beide Vorschriften durch das BKiSchG neu eingefügt, sodass § 86c SGB VIII im Falle des Zuständigkeitswechsels als speziellere Regelung angesehen werden muss. Eine „Doppelregelung" besteht mithin nicht.

III. Kostenerstattung

11 Ein Ausgleich der dem zur weiteren Leistung verpflichteten örtlichen Träger entstehenden Belastungen erfolgt im Wege der **Kostenerstattung** nach § 89c SGB VIII.

---

6 So *Meysen/Eschelbach*, Bundeskinderschutzgesetz, Kap. 8 Rn. 72.

7 Aus der Gesetzesbegründung erschließt sich, dass die Einschaltung des ortsnahen Trägers gemäß § 8a Abs. 5 vom Gesetzgeber nicht als Zuständigkeitswechsel angesehen wird.

§ 86d
Verpflichtung zum vorläufigen Tätigwerden

Steht die örtliche Zuständigkeit nicht fest oder wird der zuständige örtliche Träger nicht tätig, so ist der örtliche Träger vorläufig zum Tätigwerden verpflichtet, in dessen Bereich sich das Kind oder der Jugendliche, der junge Volljährige oder bei Leistungen nach § 19 der Leistungsberechtigte vor Beginn der Leistung tatsächlich aufhält.

1 Am Ende des Unterabschnitts über die örtliche Zuständigkeit für Leistungen steht die Norm als **Auffangvorschrift** für die Fälle, in denen

- die zeitgerechte **Feststellung** des örtlich zuständigen Trägers **nicht möglich** ist oder
- der nach den vorangehenden Vorschriften eigentlich zuständige **Träger untätig bleibt**, etwa weil er seine Zuständigkeit (pflichtwidrig) in Abrede stellt.

Sie dient dem **Schutz der Leistungsberechtigten**, die nicht deshalb Nachteile erleiden sollen und dürfen, weil sich Träger – zumeist, um sich der damit verbundenen Kostenlast zu entledigen – über die Zuständigkeit streiten.

2 Gegenüber § 43 Abs. 1 SGB I geht die Vorschrift als **lex specialis** vor, **soweit** die **örtliche Zuständigkeit** eines Jugendhilfeträgers infrage steht. Besteht hingegen Streit hinsichtlich der Leistungsverpflichtung eines Leistungsträgers der Jugendhilfe im Verhältnis zu einem anderen Sozialleistungsträger, gilt insoweit § 43 Abs. 1 SGB I.

3 Für beide oben genannten Fallvarianten verpflichtet die Vorschrift denjenigen örtlichen Träger zum vorläufigen Tätigwerden, in dessen Bereich sich der junge Mensch oder bei Leistungen nach § 19 SGB VIII der Leistungsberechtigte vor Beginn der Leistung **tatsächlich aufhält**. Der Begriff des „vorläufigen Tätigwerdens" lässt nach seinem Wortlaut zwei Auslegungen zu: Ein Tätigwerden des Trägers im beschränkten Umfang vorläufiger, unabdingbar notwendiger Leistungen oder das Tätigwerden in vollem Umfang, zeitlich begrenzt bis zur endgültigen Feststellung des nach den §§ 86 bis 86c SGB VIII zuständigen Trägers.

Sowohl sprachliche als auch systematische sowie am Normzweck orientierte Erwägungen führen zur Richtigkeit der zweiten Auffassung. Bereits **der Wortlaut**, der anders als etwa § 43 SGB I nicht von „vorläufigen Leistungen", sondern davon spricht, dass der Träger „vorläufig zum Tätigwerden verpflichtet" ist, legt nahe, dass die Tätigkeit in ihrer Dauer, nicht aber die Leistung in ihrem Umfang eingeschränkt oder nach pflichtgemäßem Ermessen zu bestimmen ist. Nach ihrer **systematischen Stellung** sucht die Vorschrift ausschließlich Zweifel an der örtlichen Zuständigkeit, nicht aber sonstige Unklarheiten der Leistungsgewährung zu beseitigen. Deshalb sind auch **nur insoweit vorläufige** Regelungen erforderlich. Schließlich **bezweckt** die Norm, Nachteile für den Leistungsberechtigten, die sich aus dem Streit über die Zuständigkeit oder die Untätigkeit eines Trägers ergeben können, zu vermeiden. Dieser Zweck ist nur zu realisieren, wenn dem Berechtigten – für einen möglicherweise langen Zeitraum – nicht nur vorläufige oder in ihrem Umfang eingeschränkte Leistungen gewährt werden.[1]

Konsequenz der vorstehenden Auffassung ist, dass der nach § 86d SGB VIII zuständige Träger alle auch längerfristig angelegten Leistungen mit derselben Intensität und demselben Umfang zu erbringen hat wie ein nach §§ 86 bis 86c SGB VIII zuständiger Träger. Die **Zuständigkeit endet** erst mit der Fortsetzung der Leistungen durch den als zuständig festgestellten oder nunmehr leistungsbereiten Träger (vgl. den auch hier anwendbaren § 86c Abs. 1 Satz 1 SGB VIII). Eine Zuständigkeitslücke kann also nach der Systematik der Zuständigkeitsvorschriften nicht entstehen.

1 Im Ergebnis ebenso Wiesner/Wapler/*Loos*, § 86d SGB VIII Rn. 5.

Keine Einigkeit besteht darüber, wie der **Begriff der Leistung** in § 86d SGB VIII zu verstehen ist. Während nach einer Auffassung der übliche zuständigkeitsrechtliche Leistungsbegriff zugrunde zu legen ist,[2] fordert nach anderer Meinung der spezifische Zweck der Vorschrift eine Abweichung dahin, dass der Begriff der Leistung i.S.d § 86d SGB VIII sich lediglich auf diejenige Jugendhilfeleistung bezieht, die von dem vorläufig verpflichteten Träger erbracht werden soll, auch wenn bereits zuvor eine Hilfe erbracht worden war, die im Sinn des einheitlichen Leistungsbegriffs nach der Rechtsprechung des Bundesverwaltungsgerichts grundsätzlich in eine Gesamtbetrachtung einzubeziehen wäre. Zweck der Regelung sei es, jungen Menschen und ihren Familien in der Situation des § 86d SGB VIII sofort durch einen unschwer auszumachenden örtlichen Träger zu helfen. Nur dieses Verständnis der Vorschrift gewährleiste eine praktikable und schnelle Hilfe vor Ort.[3] 4

Letzterer Auffassung ist angesichts des **Schutzzwecks der Vorschrift** der Vorzug zu geben. Die Gegenauffassung kann nicht nur dazu führen, dass ggfs. für einen langen Zeitraum zurückverfolgt werden muss, wann Beginn der Gesamtleistung und welcher Träger infolgedessen zuständig war. Darüber hinaus müssten möglicherweise in dieser Eilsituation intrikate Fragen der möglichen Beendigung oder zuständigkeitsrechtlich relevanten Unterbrechung dieser Leistung geprüft und beantwortet werden.[4]

Die Frage des Leistungsbegriffs ist nicht nur für die Entscheidung darüber, welcher Träger nach § 86d SGB VIII verpflichtet ist, sondern hinsichtlich einer möglichen **Kostenerstattung** von Bedeutung. Sie gibt Auskunft darüber, welcher örtliche Träger nach § 89c SGB VIII Anspruch auf **Kostenerstattung** hat (vgl. dazu im Einzelnen die Erläuterungen dort). 5

Ob es dem nach § 86d SGB VIII zuständigen Träger auch obliegt, die **Feststellung des eigentlich zuständigen Trägers** zu betreiben,[5] erscheint zweifelhaft, jedoch wird er bereits aus Eigeninteresse dahingehende Anstrengungen unternehmen. 6

2 So BayVGH, Urt. v. 20.5.2009, 12 B 08.2007, juris, Rn. 32 m.w.N. Zum Begriff „vor Beginn der Leistung" im Allgemeinen vgl. die Erläuterungen zu § 86 SGB VIII Rn. 2 ff.

3 VGH Ba-Wü, Urt. v. 28.4.2015, 12 S 1274/14, juris, Rn. 54, JAmt 2016, 159; OVG Rhld.-Pfalz, Beschl. v. 31.7.2015, 7 B 10532/15, JAmt 2016, 155, online abrufbar unter http://www.landesrecht.rlp.de, unter Hinweis auch auf die Gesetzgebungsgeschichte; FK-SGB VIII/*Eschelbach*, § 86d Rn. 2.

4 Vgl. dazu zuletzt BVerwG, Urt. v. 15.12.2016, 5 C 35.15, JAmt 2017, 254 ff. mit Anm. *Braun*; *Seltmann*, JAmt 2017, 222 ff.

5 So Wiesner/Wapler/*Loos*, § 86d SGB VIII Rn. 6.

Zweiter Unterabschnitt
Örtliche Zuständigkeit für andere Aufgaben

§ 87
Örtliche Zuständigkeit für vorläufige Maßnahmen zum Schutz von Kindern und Jugendlichen

[1]Für die Inobhutnahme eines Kindes oder eines Jugendlichen (§ 42) ist der örtliche Träger zuständig, in dessen Bereich sich das Kind oder der Jugendliche vor Beginn der Maßnahme tatsächlich aufhält. [2]Die örtliche Zuständigkeit für die Inobhutnahme eines unbegleiteten ausländischen Kindes oder Jugendlichen richtet sich nach § 88a Absatz 2.

Übersicht Rn.

A. Allgemeines

1 § 87 Satz 1 SGB VIII regelt die örtliche Zuständigkeit für vorläufige Maßnahmen zum Schutz von Kindern und Jugendlichen, soweit nicht die Sonderregelung des Satzes 2 eingreift. Er entspricht inhaltlich § 86 Abs. 1 SGB VIII i.d.F. vom 26.6.1990. § 87 SGB VIII wurde durch das 1. SGB VIII-ÄndG eingefügt und durch das KICK redaktionell geändert. Durch das UMG wurde Satz 2 neu eingefügt. Zuständig ist immer der örtliche Träger.

Die Vorschrift wird durch die Kostenerstattungsregelung des § 89b SGB VIII ergänzt.

B. Einzelheiten

I. Satz 1 – Zuständigkeit für Inobhutnahme im Allgemeinen

2 Die regelmäßig gegebene Eilbedürftigkeit von Schutzmaßnahmen nach § 42 SGB VIII erfordert eine Regelung, die ohne zeitaufwändige Klärungsprozesse und langwierige Prüfungen die zweifelsfreie Bestimmung der örtlichen Zuständigkeit ermöglicht. Deshalb ist es richtig, dass nach § 87 SGB VIII derjenige örtliche Träger zuständig ist, in dessen Bereich sich das Kind oder der oder die Jugendliche vor Beginn der Maßnahme **tatsächlich aufhält**. Die Anknüpfung an den tatsächlichen Aufenthalt (zum Begriff vgl. § 86 SGB VIII Rn. 7) des Kindes oder Jugendlichen ist aber auch deshalb sinnvoll, weil der so örtlich zuständige Träger in räumlicher Nähe und mit den örtlichen Gegebenheiten (z. B. Kooperation mit anderen Behörden wie etwa der Polizei oder Einrichtungen des Gesundheitswesens) vertraut ist.

3 Entscheidend ist der tatsächliche Aufenthalt des Kindes oder Jugendlichen „**vor Beginn der Maßnahme**". Das ist der Zeitpunkt, in dem das Jugendamt erstmals von Umständen erfährt, die zur ernsthaften Prüfung einer Inobhutnahme Anlass geben, und deshalb in diese Prüfung eintritt.

Beispiele:

- *Jugendliche meldet sich beim Jugendamt XY und bittet um Inobhutnahme. Das Jugendamt klärt in einem persönlichen Gespräch die Situation.*
- *Jugendamt sucht nach Informationen über eine Kindeswohlgefährdung die Wohnung der Eltern auf.*

In den Fällen des **§ 42 Abs. 1 Nr. 1 SGB VIII** ist der Träger örtlich zuständig, bei dessen Jugendamt das Kind oder der Jugendliche um Obhut bittet. 4

Im Fall einer Inobhutnahme nach **§ 42 Abs. 1 Nr. 2 SGB VIII** kommt es auf den Ort an, an dem die für die Schutzmaßnahmen (vgl. dazu im Einzelnen § 42 Rn. 11 ff.) ursächliche Gefahr für das Kind oder den Jugendlichen besteht. Im Fall einer Inobhutnahme unmittelbar nach der Geburt ist das der Ort der Geburtsklinik.

Nach § 87 Satz 2 SGB VIII richtet sich die örtliche Zuständigkeit „für die Inobhutnahme eines unbegleiteten ausländischen Kindes oder Jugendlichen" nach § 88a Abs. 2 SGB VIII. Davon sind trotz eines voneinander abweichenden Wortlauts der beiden Vorschriften auch alle Fälle des **§ 42 Abs. 1 Nr. 3 SGB VIII** erfasst (vgl. dazu sogleich Rn. 7).

Die nach § 87 SGB VIII begründete örtliche **Zuständigkeit** bleibt **bis zur Beendigung der Inobhutnahme** bestehen. Die Inobhutnahme endet gem. § 42 Abs. 4 SGB VIII mit 5

- der Übergabe des Kindes oder Jugendlichen an die Personensorge- oder Erziehungsberechtigten oder
- der Entscheidung über die Gewährung von Hilfen nach dem Sozialgesetzbuch (zu Einzelheiten vgl. die Erläuterungen bei § 42 SGB VIII Rn. 53 f.).

Die örtliche Zuständigkeit erstreckt sich auch auf die **Rückführung** des Kindes oder Jugendlichen, da sie der Übergabe der oder des Minderjährigen an die Personensorge- oder Erziehungsberechtigten vorausgeht und damit Bestandteil der Inobhutnahme ist, die erst durch die Übergabe beendet wird. 6

II. Satz 2 – Sonderfall Inobhutnahme unbegleiteter ausländischer Minderjähriger

§ 87 Satz 2 SGB VIII verweist als gegenüber Satz 1 speziellere Vorschrift hinsichtlich der Regelung der örtlichen Zuständigkeit „für die Inobhutnahme eines unbegleiteten ausländischen Kindes oder Jugendlichen (§ 42)" auf § 88a SGB VIII. Zwar spricht § 42 Abs. 1 Nr. 3 SGB VIII davon abweichend von einem Minderjährigen, der „unbegleitet nach Deutschland kommt" und für den „sich weder Personensorge- noch Erziehungsberechtigte im Inland aufhalten". Diese Abweichung ist aber aus zwei Gründen unschädlich. Zum einen nimmt § 87 Satz 2 SGB VIII ausdrücklich Bezug auf den gesamten § 42 SGB VIII. Zum anderen geht jeder Inobhutnahme eines unbegleiteten ausländischen Minderjährigen nach § 42 Abs. 1 Nr. 3 SGB VIII eine vorläufige Inobhutnahme nach § 42a SGB VIII voraus, die lediglich voraussetzt, dass der oder die Betroffene unbegleitet ist. 7

§ 87a
Örtliche Zuständigkeit für Erlaubnis, Meldepflichten und Untersagung

(1) [1]Für die Erteilung der Pflegeerlaubnis sowie deren Rücknahme oder Widerruf (§§ 43, 44) ist der örtliche Träger zuständig, in dessen Bereich die Pflegeperson ihren gewöhnlichen Aufenthalt hat. [2]Für die Erteilung der Pflegeerlaubnis nach § 43 sowie für deren Rücknahme und Widerruf ist der örtliche Träger zuständig, in dessen Bereich die Kindertagespflegeperson ihre Tätigkeit ausübt. [3]Ist die Kindertagespflegeperson im Zuständigkeitsbereich mehrerer örtlicher Träger tätig, ist der örtliche Träger zuständig, in dessen Bereich die Kindertagespflegeperson ihren gewöhnlichen Aufenthalt hat. [4]Für die Erteilung der Pflegeerlaubnis nach § 44 sowie für deren Rücknahme und Widerruf ist der örtliche Träger zuständig, in dessen Bereich die Pflegeperson ihren gewöhnlichen Aufenthalt hat.

(2) [1]Für die Erteilung der Erlaubnis zum Betrieb einer Einrichtung oder einer selbständigen sonstigen Wohnform sowie für die Rücknahme oder den Widerruf dieser Erlaubnis (§ 45 Absatz 1 und 2, § 48a), die örtliche Prüfung (§§ 46, 48a), die Entgegennahme von Meldungen (§ 47 Absatz 1 und 2, § 48a) und die Ausnahme von der Meldepflicht (§ 47 Absatz 3, § 48a) sowie die Untersagung der weiteren Beschäftigung des Leiters oder eines Mitarbeiters (§§ 48, 48a) ist der überörtliche Träger oder die nach Landesrecht bestimmte Behörde zuständig, in dessen oder deren Bereich die Einrichtung oder die sonstige Wohnform gelegen ist.

(3) Für die Mitwirkung an der örtlichen Prüfung (§§ 46, 48a) ist der örtliche Träger zuständig, in dessen Bereich die Einrichtung oder die selbständige sonstige Wohnform gelegen ist.

Übersicht

A. Allgemeines

1 § 87a SGB VIII regelt die örtliche Zuständigkeit für die nach dem zweiten Abschnitt des dritten Kapitels (§§ 43 bis 49 SGB VIII) zum Schutz von Minderjährigen in Pflegestellen und Einrichtungen zu erfüllenden Aufgaben.

Die Vorschrift wurde durch das 1. ÄndG in das SGB VIII aufgenommen und zuletzt durch das KJSG geändert, das Abs. 1 neu gefasst hat. Soweit Absatz 2 auf § 47 Abs. 2 SGB VIII Bezug nimmt, ist diese Anknüpfung unpräzise, soweit er an § 47 Abs. 3 SGB VIII anknüpft, geht dies ins Leere. Zwar verfügt § 47 SGB VIII nach der durch das KJSG vorgenommenen Erweiterung wieder über einen Absatz 2, der jedoch keine Meldepflichten normiert, sodass es einer Zuständigkeit für „die Entgegennahme von Meldungen" insoweit nicht bedarf. Immerhin regelt er aber bestimmte Befugnisse der Betriebserlaubnisbehörde, sodass es diesbezüglich der Bestimmung der örtlichen Zuständigkeit bedarf. § 47 Abs. 3 SGB VIII regelt nicht mehr die Erteilung von Ausnahmen von einer Meldepflicht – diese Befugnis wurde durch das KICK gestrichen –, sondern die Pflicht von „zuständiger Behörde" und örtlichem Träger zu gegenseitiger Information.

B. Einzelheiten

I. Abs. 1 – Zuständigkeit für Erteilung und Aufhebung der Pflegeerlaubnis nach §§ 43, 44 SGB VIII

Absatz 1 regelt nunmehr die örtliche Zuständigkeit für die Erteilung von Pflegeerlaubnissen nach § 43 und § 44 SGB VIII in unterschiedlicher Weise. 2

Dabei knüpft nach Abs. 1 **Satz 1** die örtliche Zuständigkeit für die **Erteilung der Pflegeerlaubnis nach § 43 SGB VIII** sowie für deren **Rücknahme und Widerruf** zunächst an die Ausübung der Kindertagespflege an. Zuständig ist der örtliche Träger, in dessen Bereich die Kindertagespflegeperson ihre Tätigkeit ausübt. Wo diese Tätigkeit ausgeübt werden kann, regelt § 43 SGB VIII (vgl. dazu dort Rn. 5). Damit werde – so die Gesetzesbegründung – dem Umstand Rechnung getragen, dass bei Kindertagespflege in anderen geeigneten Räumlichkeiten diese Räume häufig im Zuständigkeitsbereich eines anderen als des örtlichen Trägers lägen, in dessen Bereich die Pflegeperson ihren gewöhnlichen Aufenthalt hat. Die bisherige Zuständigkeitsregelung werde daher von den örtlichen Trägern als unsachgemäß angesehen, da sie außerhalb ihres Zuständigkeitsbereichs gelegene Räumlichkeiten überprüfen müssten.[1]

Nur dann, wenn die Kindertagespflegeperson ihre Tätigkeit im Zuständigkeitsbereich mehrerer örtlicher Träger ausübt, ist gem. Abs. 1 **Satz** 2 der Träger örtlich zuständig, in dessen Bereich die Kindertagespflegeperson ihren gewöhnlichen Aufenthalt hat. Zum Begriff des gewöhnlichen Aufenthalts vgl. § 86 Rn. 6 f.

Dagegen wird gem. Abs. 1 **Satz 3** die bisherige Regelung der örtlichen Zuständigkeit für die Erteilung der **Pflegeerlaubnis nach § 44 SGB VIII** beibehalten, die an den gewöhnlichen Aufenthalt der Pflegeperson anknüpft.

Nach wie vor äußert sich Absatz 1 – anders als § 87a Abs. 2 SGB VIII – nicht zur örtlichen Zuständigkeit für die **Entgegennahme von Meldungen** nach §§ 43 Abs. 3 Satz 6, 44 Abs. 4 SGB VIII sowie die **Überprüfung** nach § 44 Abs. 3 S. 1 SGB VIII. Es handelt sich um eine planwidrige Lücke, die durch analoge Anwendung der Regelungen über die örtliche Zuständigkeit nach Abs. 1 Satz 1 bis 3 zu schließen ist (vgl. oben Rn. 2). 3

II. Abs. 2 – Zuständigkeit für Erteilung und Aufhebung einer Erlaubnis zum Betrieb einer Einrichtung und sonstige Aufsichtsmaßnahmen

Die in Abs. 2 genannten **Schutzmaßnahmen** sind sämtlich **einrichtungsbezogen**. Deshalb ist insoweit der überörtliche Träger oder die landesrechtlich bestimmte Stelle örtlich zuständig, in deren Bereich die Einrichtung oder die sonstige Wohnform gelegen ist. **Maßgeblich** ist der **Standort der Einrichtung**, nicht der Sitz des Trägers. Damit wird auch dem Umstand Rechnung getragen, dass insbesondere große Träger mehrere, z.T. weit vom Sitz entfernt liegende Einrichtungen betreiben.[2] 4

Die durch die Bezugnahme auf § 47 Abs. 2 und 3 SGB VIII (siehe dazu oben Rn. 1) entstehende planwidrige Regelungslücke ist durch eine **analoge Anwendung** der Zuständigkeitsregelung auf die Befugnisse nach § 47 Abs. 2 SGB VIII bzw. die Verpflichtungen nach § 47 Abs. 3 SGB VIII mit der Folge zu schließen, dass auch insoweit der überörtliche Träger

---

1 Vgl. BT-Drs. 19/26107, 112.
2 Vgl. Wiesner/Wapler/*Loos*, § 87a SGB VIII Rn. 8.

oder die nach Landesrecht bestimmte Behörde zuständig ist, in der die Einrichtung bzw. die sonstige Wohnform gelegen ist.

III. Abs. 3 – Zuständigkeit für Mitwirkung an der örtlichen Prüfung

5 § 46 SGB VIII, der gem. § 48a Abs. 1 SGB VIII für sonstige Wohnformen entsprechend gilt, sieht die Mitwirkung des Jugendamtes bei der örtlichen Prüfung von Einrichtungen vor. Es soll gem. § 46 Abs. 1 Satz 3 SGB VIII an der Prüfung beteiligt werden. Daher ist es nur konsequent, dass nach Abs. 3 der **Standort** der **Einrichtung** oder **sonstigen Wohnform** über die Zuständigkeit des örtlichen Trägers entscheidet.

§ 87b
Örtliche Zuständigkeit für die Mitwirkung in gerichtlichen Verfahren

(1) [1]Für die Zuständigkeit des Jugendamts zur Mitwirkung in gerichtlichen Verfahren (§§ 50 bis 52) gilt § 86 Absatz 1 bis 4 entsprechend. [2]Für die Mitwirkung im Verfahren nach dem Jugendgerichtsgesetz gegen einen jungen Menschen, der zu Beginn des Verfahrens das 18. Lebensjahr vollendet hat, gilt § 86a Absatz 1 und 3 entsprechend.

(2) [1]Die nach Absatz 1 begründete Zuständigkeit bleibt bis zum Abschluss des Verfahrens bestehen. [2]Hat ein Jugendlicher oder ein junger Volljähriger in einem Verfahren nach dem Jugendgerichtsgesetz die letzten sechs Monate vor Abschluss des Verfahrens in einer Justizvollzugsanstalt verbracht, so dauert die Zuständigkeit auch nach der Entlassung aus der Anstalt so lange fort, bis der Jugendliche oder junge Volljährige einen neuen gewöhnlichen Aufenthalt begründet hat, längstens aber bis zum Ablauf von sechs Monaten nach dem Entlassungszeitpunkt.

(3) Steht die örtliche Zuständigkeit nicht fest oder wird der zuständige örtliche Träger nicht tätig, so gilt § 86d entsprechend.

Übersicht

A. Allgemeines

1 Die Vorschrift regelt die örtliche **Zuständigkeit** für die in den §§ 50 bis 52 SGB VIII im Einzelnen normierte **Mitwirkung in gerichtlichen Verfahren** vor den Familiengerichten, in Adoptionsverfahren sowie in Verfahren nach dem Jugendgerichtsgesetz. Dabei wird in wesentlichem Umfang die entsprechende Anwendung der Vorschriften über die Zuständigkeit für Leistungen angeordnet.

B. Einzelheiten

I. Abs. 1 – Begründung der örtlichen Zuständigkeit für die Mitwirkung in gerichtlichen Verfahren

2 Grundsätzlich gilt nach Abs. 1 Satz 1 für die örtliche Zuständigkeit bei der Mitwirkung in gerichtlichen Verfahren § 86 Abs. 1 bis 4 SGB VIII entsprechend. Entscheidend ist also auch hier primär der **gewöhnliche Aufenthalt der Eltern** bzw. eines **Elternteils** (vgl. zu Einzelheiten § 86 SGB VIII Rn. 9 ff.).

3 Eine **Sonderregelung** für die örtliche Zuständigkeit bei der Mitwirkung im **Jugendstrafverfahren**[1] enthält Abs. 1 **Satz 2**: Wird das Verfahren gegen einen jungen Menschen geführt, der zu Beginn des Verfahrens das 18. Lebensjahr vollendet hat, gilt § 86a Abs. 1 und

1 Vgl. dazu auch *Eschelbach*, ZJJ 2021, S. 144 ff. mit instruktiven Fallbeispielen.

3 SGB VIII entsprechend. Nach Eintritt der Volljährigkeit scheidet eine Anknüpfung an den Aufenthalt der Eltern aus. Die Zuständigkeit richtet sich also primär nach dem **gewöhnlichen** Aufenthalt, bei dessen Fehlen nach dem **tatsächlichen Aufenthalt** des jungen Volljährigen (vgl. dazu § 86a SGB VIII Rn. 2, 4).[2]

Maßgeblicher Zeitpunkt für die Zuständigkeitsbestimmung ist nach dem Wortlaut der Vorschrift der „Beginn des Verfahrens". Abweichend davon wird verschiedentlich „der Zeitpunkt des fachlich erforderlichen Mitwirkungsbeginns im Einzelfall" genannt, also der Moment, in dem ein Jugendamt davon erfährt, dass die Aufgabe der Mitwirkung im jugendgerichtlichen Verfahren im Raum steht.[3] Nach anderer Ansicht ist der Zeitpunkt der Einleitung des Verfahrens i.S.d. § 43 Abs. 1 Satz 1 JGG maßgebend.[4]

Im Interesse der Klarheit und Rechtssicherheit sowie aus methodisch-systematischen Gründen ist auf den Zeitpunkt abzustellen, den das Gesetz hinsichtlich des Tätigwerdens der JGH bestimmt. Nach § 70 Abs. 1 Satz 1 JGG ist dies die Unterrichtung der Jugendgerichtshilfe durch die verfahrensführende Stelle von der Einleitung des Verfahrens. Diese hat gem. § 38 Abs. 6 Satz 1 JGG so früh wie möglich, nach dem durch das VerfRStärkG geschaffenen § 70 Abs. 2 Satz 1 JGG spätestens zum Zeitpunkt der Ladung des Jugendlichen zu seiner ersten Vernehmung als Beschuldigter zu erfolgen. Zu diesem Zeitpunkt muss die oder der Beschuldigte das 18. Lebensjahr vollendet haben, damit die Zuständigkeitsregelung des § 87b Abs. 1 Satz 2 SGB VIII eingreift.

4 Werden die **Vorschriften** über die **örtliche Zuständigkeit der Jugendgerichtshilfe** nicht beachtet und vom Jugendgericht eine örtlich unzuständige JGH herangezogen, dann – so wird vertreten – stelle dies eine revisionsrelevante Gesetzesverletzung i.S.d. § 337 StPO und zudem einen Verstoß gegen die richterliche Aufklärungspflicht nach § 244 Abs. 2 StPO dar, der bei Erhebung einer entsprechenden Verfahrensrüge zur Urteilsaufhebung im Rahmen der Revision führen müsse.[5]

Sofern die Zuständigkeitsvorschriften der §§ 87b, 86 Abs. 1 bis 4, 86a Abs. 1 und 3 SGB VIII nicht richtig angewendet werden, stellt dies zwar eine Gesetzesverletzung i.S.d. § 337 Abs. 2 StPO dar, es erscheint aber fraglich, ob das Urteil in einem solchen Fall auf der Verletzung des Gesetzes beruht. Das ist nur dann der Fall, wenn ein Kausalzusammenhang zwischen Verletzung des Gesetzes und Urteil dergestalt besteht, dass das Urteil ohne die Gesetzesverletzung **möglicherweise anders ausgefallen** wäre.[6] Dies ist vorzubringen und dürfte Schwierigkeiten bereiten, wenn die tätig gewordene JGH ungeachtet ihrer örtlichen Unzuständigkeit ihre Arbeit gut und richtig macht. Da es sich um einen **Verfahrensmangel** handeln würde, wird er nur berücksichtigt, wenn er gemäß § 344 Abs. 2 Satz 2 StPO **gerügt** wird.

Vergleichbares ist zur Verletzung der **richterlichen Aufklärungspflicht** nach § 244 Abs. 2 StPO zu sagen. Zwar verletzt nach der Rechtsprechung des BGH das Tatsachengericht in der Regel seine Aufklärungspflicht und kann das Urteil auf einem Verstoß gegen § 244 Abs. 2 StPO beruhen, dies allerdings nur dann, wenn es die **Jugendgerichtshilfe gar nicht heranzieht**.[7] Solches liegt in den hier in Rede stehenden Fällen ja gerade nicht vor. Ob dies im Fall der Heranziehung einer örtlich unzuständigen JGH zutrifft, erscheint aber dann zweifelhaft, wenn nicht dargelegt wird, was eine örtlich zuständige JGH zur Sachaufklärung hätte

2 Aus der Sonderregelung des Satzes 2 folgt im Umkehrschluss zugleich, dass für die örtliche Zuständigkeit für die Mitwirkung in einem Jugendstrafverfahren § 86 Abs. 1 bis 4 SGB VIII gilt, wenn die oder der Beschuldigte bei Einleitung des Verfahrens das 18. Lebensjahr noch nicht vollendet hatte.

3 So *Eschelbach*, ZJJ 2021, S. 143 (144).

4 So Wiesner/Wapler/*Loos*, § 87b SGB VIII Rn. 4.

5 So FK-SGB VIII/*Eschelbach*, § 87b Rn. 4.

6 Vgl. KK-StPO/*Pikart*, § 337 Rn. 33.

7 BGHSt 27, 250 (252).

weiter beitragen können. Die Rechtsprechung des BGH zu den revisionsrechtlichen Folgen der Nichtbeteiligung der JGH (oder der versehentlichen Beteiligung der Gerichtshilfe nach § 160 Abs. 3 StPO)[8] ist auf die vorliegende Konstellation also nicht übertragbar.

II. Abs. 2 – Fortbestehen der örtlichen Zuständigkeit nach Abs. 1

1. Grundsatz

Gem. Abs. 2 Satz 1 bleibt die nach Abs. 1 begründete Zuständigkeit bis zum **Abschluss des Verfahrens** bestehen. Darunter ist **im Allgemeinen** die Beendigung durch **rechtskräftiges Urteil** oder **rechtskräftigen Beschluss** zu verstehen. Anders als die örtliche Zuständigkeit für Leistungen, die nach § 86 SGB VIII sich verändern kann, bleibt diese für die Mitwirkung im gerichtlichen Verfahren bestehen, „wandert" also nicht. Nicht zuletzt Abs. 2 Satz 2 fordert, vom Abschluss des Verfahrens nach dem JGG – anders als in gerichtlichen Verfahren vor dem Familiengericht – erst zu dem Zeitpunkt auszugehen, zu dem das Jugendamt nach Maßgabe des JGG keine Aufgaben mehr wahrzunehmen hat. Das ist bei einem Freispruch, der Einstellung nach § 170 Abs. 2 StPO oder der sanktionslosen Diversion nach §§ 45, 47 JGG mit Unanfechtbarkeit der jeweiligen Entscheidung der Fall. Da der JGH gem. §§ 38 JGG auch Betreuungs-, Überwachungs- und Wiedereingliederungsaufgaben obliegen, ist das Verfahren bei entsprechender Verurteilung erst mit der Erfüllung von Weisungen oder Auflagen oder der Vollstreckung von Jugendarrest oder Jugendstrafe abgeschlossen. 5

2. Sonderfall: Verfahren nach dem JGG

Für das jugendgerichtliche Verfahren gilt nach Abs. 2 Satz 2 eine abweichende **Sonderregelung**: Hat ein Jugendlicher oder junger Volljähriger (§ 7 Abs. 1 Nr. 2 und 3 SGB VIII) die letzten sechs Monate vor Abschluss des Verfahrens in einer Justizvollzugsanstalt verbracht, so verlängert Abs. 2 Satz die Zuständigkeit über den Abschluss des Verfahrens hinaus: Sie bleibt auch nach der Entlassung aus der Anstalt so lange bestehen, bis der Jugendliche oder junge Volljährige einen neuen gewöhnlichen Aufenthalt begründet hat. Hierdurch soll die Kontinuität der Begleitung und Betreuung über die Entlassung aus der JVA hinaus gesichert und damit die Resozialisierung insgesamt gefördert werden. Die Zuständigkeit endet, sobald der oder die Betroffene einen neuen gewöhnlichen Aufenthalt (vgl. dazu § 86 SGB VIII Rn. 6 ff.) begründet hat, spätestens aber sechs Monate nach der Entlassung. 6

Da die §§ 87 ff. SGB VIII nur für „andere Aufgaben" i.S.d. § 2 Abs. 3 SGB VIII gelten, kommen als Tätigkeiten des Jugendamtes, für die § 87b Abs. 2 SGB VIII die Zuständigkeit regelt, vor allem die Überwachung der Einhaltung von Weisungen und Auflagen, ggfs. die Betreuung und Aufsicht sowie die Zusammenarbeit mit dem Bewährungshelfer nach § 38 Abs. 5 JGG in Frage.

III. Abs. 3 – Zuständigkeit in Zweifelsfällen

Für den Fall der **Unklarheit** über die örtliche Zuständigkeit oder die Untätigkeit des zuständigen Trägers normiert Abs. 3 durch Verweis auf § 86d SGB VIII die Verpflichtung des örtlichen Trägers zum vorläufigen Tätigwerden, in dessen Bereich der junge Mensch zu Beginn des Verfahrens seinen **tatsächlichen Aufenthalt** hat. Damit ist bei konsequenter Anwendung der Vorschrift eine Mitwirkung irgendeines Jugendamtes im jeweiligen Verfahren gesichert (vgl. im Übrigen die Erläuterungen zu § 86d SGB VIII Rn. 3 ff.). 7

8 BGH, Beschl. v. 29.6.2000, 1 StR 123/00, NStZ-RR 2001, 27; BGHSt 27, 250 (252).

§ 87c[1]
Örtliche Zuständigkeit für die Beistandschaft, die Pflegschaft, die Vormundschaft und die schriftliche Auskunft nach § 58

(1) ¹Für die Vormundschaft nach § 1786 des Bürgerlichen Gesetzbuchs ist das Jugendamt zuständig, in dessen Bereich die Mutter ihren gewöhnlichen Aufenthalt hat. ²Wurde die Vaterschaft nach § 1592 Nummer 1 oder 2 des Bürgerlichen Gesetzbuchs durch Anfechtung beseitigt, so ist der gewöhnliche Aufenthalt der Mutter zu dem Zeitpunkt maßgeblich, zu dem die Entscheidung rechtskräftig wird. ³Ist ein gewöhnlicher Aufenthalt der Mutter nicht festzustellen, so richtet sich die örtliche Zuständigkeit nach ihrem tatsächlichen Aufenthalt.

(2) ¹Sobald die Mutter ihren gewöhnlichen Aufenthalt im Bereich eines anderen Jugendamts nimmt, hat das die Amtsvormundschaft führende Jugendamt bei dem Jugendamt des anderen Bereichs die Weiterführung der Amtsvormundschaft zu beantragen; der Antrag kann auch von dem anderen Jugendamt, von jedem Elternteil und von jedem, der ein berechtigtes Interesse des Kindes oder des Jugendlichen geltend macht, bei dem die Amtsvormundschaft führenden Jugendamt gestellt werden. ²Die Vormundschaft geht mit der Erklärung des anderen Jugendamts auf dieses über. ³Das abgebende Jugendamt hat den Übergang dem Familiengericht und jedem Elternteil unverzüglich mitzuteilen. ⁴Gegen die Ablehnung des Antrags kann das Familiengericht angerufen werden.

(2a) Für die Vormundschaft nach § 1787 des Bürgerlichen Gesetzbuchs ist das Jugendamt zuständig, in dessen Bereich der Geburtsort des Kindes liegt.

(3) ¹Für die Pflegschaft oder Vormundschaft, die durch Bestellung des Familiengerichts eintritt, ist das Jugendamt zuständig, in dessen Bereich das Kind oder der Jugendliche zum Zeitpunkt der Bestellung seinen gewöhnlichen Aufenthalt hat. ²Hat das Kind oder der Jugendliche keinen gewöhnlichen Aufenthalt, so richtet sich die Zuständigkeit nach seinem tatsächlichen Aufenthalt zum Zeitpunkt der Bestellung. ³Sobald das Kind oder der Jugendliche seinen gewöhnlichen Aufenthalt nimmt oder wechselt, hat das Jugendamt beim Familiengericht einen Antrag auf Entlassung zu stellen.

(4) Für die Vormundschaft, die im Rahmen des Verfahrens zur Annahme als Kind eintritt, ist das Jugendamt zuständig, in dessen Bereich die annehmende Person ihren gewöhnlichen Aufenthalt hat.

(5) Für die Beratung und Unterstützung nach § 52a sowie für die Beistandschaft gilt Absatz 1 Satz 1 und 3 entsprechend. Sobald der allein sorgeberechtigte Elternteil seinen gewöhnlichen Aufenthalt im Bereich eines anderen Jugendamts nimmt, hat das die Beistandschaft führende Jugendamt bei dem Jugendamt des anderen Bereichs die Weiterführung der Beistandschaft zu beantragen; Absatz 2 Satz 2 und § 86c gelten entsprechend.

(6) ¹Für die Erteilung der schriftlichen Auskunft nach § 58 Absatz 2 gilt Absatz 1 entsprechend. ²Die Mitteilungen nach § 1626d Absatz 2 des Bürgerlichen Gesetzbuchs, die Mitteilungen nach § 155a Absatz 3 Satz 3 und Absatz 5 Satz 2 des Gesetzes über das Verfahren in Familiensachen und in den Angelegenheiten der freiwilligen Gerichtsbarkeit sowie die Mitteilungen nach § 50 Absatz 3 sind an das für den Geburtsort des Kindes oder des Jugendlichen zuständige Jugendamt zu richten; § 88 Absatz 1 Satz 2 gilt entsprechend. ³Das nach Satz 2 zuständige Jugendamt teilt dem nach Satz 1 zuständigen Jugendamt auf dessen Ersuchen mit, ob ihm Mitteilungen nach § 1626d Absatz 2 des Bürgerlichen Gesetzbuchs, Mitteilungen nach § 155a Absatz 3 Satz 3 oder Absatz 5 Satz 2 des Gesetzes über das Verfahren in Familiensachen und in den Angelegenheiten der freiwilligen Gerichtsbarkeit oder Mitteilungen nach § 50 Absatz 3 vorliegen. ⁴Betrifft die gerichtliche Entscheidung nur Teile der elterlichen Sorge, so enthalten die Mitteilungen auch die Angabe, in welchen Bereichen die elterliche Sorge der Mutter entzogen wurde, den Eltern gemeinsam übertragen wurde oder dem Vater allein übertragen wurde.

1 Gesetzestext und Kommentierung entsprechen der ab dem 1.1.2023 geltenden Fassung.

Übersicht

A. Allgemeines

Die durch das 1. ÄndG eingefügte, danach wiederholt, zuletzt durch das KJSG geänderte Vorschrift regelt die **örtliche Zuständigkeit** des Jugendamtes für die **Aufgabenerfüllung** nach den **§§ 52a und 55 bis 58** SGB VIII. Die ab dem 1.1.2023 geltende Fassung erhielt sie durch das Vormundschaftsreformgesetz,[1] das Abs. 2a eingefügt und in Abs. 1, 3 und 6 Änderungen vorgenommen hat. Entscheidendes Kriterium ist auch hier der gewöhnliche, ersatzweise der tatsächliche Aufenthalt der maßgeblichen Person. 1

B. Einzelheiten

I. Abs. 1 – Zuständigkeit für die Amtsvormundschaft nach § 1786 BGB

Gem. § 1786 Satz 1 BGB wird das Jugendamt von Gesetzes wegen mit der Geburt eines Kindes, dessen Eltern nicht miteinander verheiratet sind und das eines Vormunds bedarf, dessen Amtsvormund, wenn das Kind seinen gewöhnlichen Aufenthalt im Bundesgebiet hat. Örtlich zuständig ist gem. § 87c Abs. 1 **Satz 1** SGB VIII in diesem Fall das Jugendamt, in dessen Bereich die **Mutter** zum **Zeitpunkt der Geburt** ihren **gewöhnlichen Aufenthalt** (vgl. zum Begriff des gewöhnlichen Aufenthalts § 86 Rn. 6 ff.) hat. 2

Etwas anderes gilt gem. § 1786 Satz 2 BGB, wenn bereits vor der Geburt ein Vormund bestellt war, sowie gem. Satz 3 in den Fällen, in denen die Vaterschaft zunächst darauf beruhte, dass der Vater zum Zeitpunkt der Geburt mit der Mutter verheiratet war (§ 1592 Nr. 1 BGB) oder die Vaterschaft anerkannt hat (§ 1592 Nr. 2 BGB) und diese später **durch Anfechtung beseitigt** wurde. Dann wird das Jugendamt erst in dem Zeitpunkt Amtsvormund, in dem die gerichtliche Entscheidung über die Anfechtung rechtskräftig wird. Deshalb ist es nur konsequent, auch hinsichtlich der örtlichen Zuständigkeit des Jugendamtes auf diesen Zeitpunkt abzustellen. Daher ist nach § 87c Abs. 1 **Satz 2** SGB VIII das Jugendamt für die Amtsvormundschaft örtlich zuständig, in dessen Bereich die **Mutter** zum Zeitpunkt, in dem die gerichtliche Entscheidung rechtskräftig wird, ihren **gewöhnlichen Aufenthalt** hat. 3

Ist ein **gewöhnlicher Aufenthalt nicht feststellbar**, richtet sich die Zuständigkeit gem. **Satz 3** nach dem **tatsächlichen Aufenthalt** der Mutter. 4

---

1 Gesetz zur Reform des Vormundschafts- und Betreuungsrechts vom 4. Mai 2021, BGBl. I S. 882.

II. Abs. 2 – Zuständigkeitsübergang bei Änderung des gewöhnlichen Aufenthalts der Mutter

5 Abs. 2 regelt in materieller und verfahrensrechtlicher Hinsicht den **Übergang der örtlichen Zuständigkeit** für die Amtsvormundschaft in den Fällen, in denen die Mutter ihren gewöhnlichen Aufenthalt im Bereich eines anderen Jugendamts nimmt. Anders als in anderen Fällen wandernder Zuständigkeit erfolgt die Weiterführung der Amtsvormundschaft durch das andere Jugendamt hier nur aufgrund eines ebenso komplizierten wie überflüssigen Antragsverfahrens.

6 Der Antrag ist gem. **Satz 1** an das Jugendamt des anderen Bereichs zu stellen. Antragsberechtigt sind:

- das die Amtsvormundschaft führende Jugendamt,
- das andere Jugendamt,
- jeder Elternteil
- jeder, „der ein berechtigtes Interesse des Kindes oder des Jugendlichen geltend macht".

Da die letztgenannte Kategorie nicht darauf abstellt, dass ein berechtigtes Interesse **besteht** oder geltend gemacht werden **kann**, ist **jedermann berechtigt**, den Antrag zu stellen. Ungeachtet dessen hat die Vorschrift Pflegepersonen oder die Minderjährigen selbst im Blick.

7 Der Antrag ist zu stellen

- von dem die Amtsvormundschaft führenden bei dem anderen Jugendamt,
- von allen anderen Antragsberechtigten bei dem die Amtsvormundschaft führenden Jugendamt.

8 Erst mit Zugang der **Übernahmeerklärung** des **neuen Jugendamtes** als einseitiger Willenserklärung geht gem. **Satz 2** die Zuständigkeit auf dieses über. Das abgebende Jugendamt hat den Übergang gem. **Satz 3** dem Familiengericht und jedem Elternteil unverzüglich mitzuteilen.

9 Lehnt das angegangene Jugendamt die Übernahme ab, kann dagegen gem. **Satz 4** das Familiengericht angerufen werden. Berechtigt, das Familiengericht anzurufen, sind alle, die einen Antrag gestellt haben, dem nicht entsprochen wurde.

Das Gesetz schweigt sowohl hinsichtlich der Gründe, aus denen das angegangene Jugendamt berechtigt ist, die beantragte Übernahme abzulehnen, als auch hinsichtlich der Entscheidungskriterien des Familiengerichts. Ein Hinweis ist insoweit lediglich der Antragsberechtigung zu entnehmen: Wenn jedermann berechtigt sein soll, den Übernahmeantrag zu stellen, der ein berechtigtes Interesse des Minderjährigen geltend macht, ist offenbar dieses Interesse, üblicherweise als **Kindeswohl** bezeichnet, das **entscheidende Kriterium**.[2] Dass allerdings die Mutter und regelmäßig mit ihr das Kind einen Wechsel zu einem möglicherweise weit entfernten Ort vollzieht und es gleichwohl dem Interesse des Kindes dienen soll, die bisherige Zuständigkeit für die Amtsvormundschaft beizubehalten, erscheint eher fernliegend, mag aber nicht ausgeschlossen sein.

10 Auch hinsichtlich eines Zuständigkeitswechsels in den Fällen des Abs. 1 Satz 3 schweigt das Gesetz. Insoweit bleibt nur die entsprechende Anwendung der Regelungen des Abs. 2.

2 Ähnlich Wiesner/*Loos*, § 87c SGB VIII Rn. 10.

III. Abs. 2a – Zuständigkeit bei vertraulicher Geburt

Der durch das Vormundschaftsreformgesetz eingefügte Abs. 2a regelt die **örtliche Zuständigkeit** für die Amtsvormundschaft bei einer **vertraulichen Geburt** i.S.d. § 1787 BGB i.d.F. des Vormundschaftsreformgesetzes.[3] Vertrauliche Geburt ist gem. § 25 Abs. 1 Satz 2 SchKG eine Entbindung, bei der die Schwangere ihre Identität nicht offenlegt und stattdessen gegenüber der Beratungsstelle die Angaben nach § 26 Abs. 2 Satz 2 SchKG macht. Für die mit der Geburt von Gesetzes wegen eintretende Vormundschaft ist danach das **Jugendamt zuständig**, in dessen Bereich der **Geburtsort des Kindes** liegt. Diesem wurde durch die Beratungsstelle zuvor bereits gem. § 26 Abs. 5 SchKG das Pseudonym der Schwangeren, der voraussichtliche Geburtstermin sowie die Einrichtung oder die zur Leistung von Geburtshilfe berechtigte Person, bei der die Anmeldung zur Entbindung erfolgt ist, mitgeteilt. 10a

IV. Abs. 3 – Zuständigkeit bei gerichtlich bestellter Pflegschaft oder Vormundschaft

Die Vorschrift regelt die örtliche Zuständigkeit bei **gerichtlich bestellter** Pflegschaft oder Vormundschaft des Jugendamtes. Sie folgt gem. Satz 1 dem gewöhnlichen Aufenthalt des Minderjährigen, bei dessen Fehlen gem. Satz 2 dessen tatsächlichem Aufenthalt. Satz 2 ist entsprechend anzuwenden, wenn der gewöhnliche Aufenthalt nicht feststellbar ist. Hintergrund dieser (von Abs. 1 abweichenden) Regelung ist der der Bestellung regelmäßig zugrunde liegende Konflikt mit den Eltern, der ein Abstellen auf deren gewöhnlichen Aufenthalt untunlich macht. Die Regelung kann dazu führen, dass die Zuständigkeiten für die Amtsvormundschaft oder -pflegschaft und die für Leistungen auseinanderfallen. Dies wird indes angesichts von möglichen Interessenskonflikten als eher vorteilhaft angesehen.[4] 11

Wie die Bestellung hat auch die **Entlassung** aus Pflegschaft und Vormundschaft auf einer gerichtlichen Entscheidung zu beruhen. Diese ist im Fall des Wechsels des gewöhnlichen Aufenthaltes oder der Gefährdung des Wohls des Minderjährigen vom Jugendamt zu beantragen. 12

Unterschiedliche Auffassungen bestanden nach der alten Rechtslage in Literatur und Rechtsprechung darüber, ob das Familiengericht bei den von ihm zu treffenden Entscheidungen an die **Zuständigkeitsregelungen** des SGB VIII – hier also an die des Abs. 3[5] – **gebunden** ist[6] oder aus Gründen des Kindeswohls auch ein jugendhilferechtlich unzuständiges Jugendamt als Amtsvormund oder -pfleger bestellen kann.[7]

Zunächst kann gar kein Zweifel daran bestehen, dass nach Art. 20 Abs. 3 GG die Familiengerichte auch an die (Zuständigkeits-)Vorschriften des SGB VIII gebunden sind. Soweit diese also auf dem Gebiet der Amtsvormundschaft und -pflegschaft Regelungen treffen, sind sie

3 Die Vorschrift hat folgenden Wortlaut:
§ 1787 – Amtsvormundschaft bei vertraulicher Geburt
Wird ein Kind vertraulich geboren (§ 25 Absatz 1 Satz 2 des Schwangerschaftskonfliktgesetzes), wird das Jugendamt mit der Geburt des Kindes Vormund.

4 Wiesner/*Loos*, § 87c SGB VIII Rn. 14.

5 Eine vergleichbare Problematik stellt sich bei der Auslegung von § 88a Abs. 4 SGB VIII. Vgl. dazu dort Rn. 13.

6 So OLG Karlsruhe, Beschl. v. 22.12.2016, 5 WF 191/16, juris; OLG Celle, Beschl. v. 5.3.2018, 17 UF 16/18, JAmt 2018, S. 216 ff. mit Anm. *Hoffmann*; OLG Düsseldorf, Beschl. v. 30.1.2019, 3 WF 124/18, ZKJ 2020, 32; OLG Frankfurt, Beschl. v. 22.4.2020, 2 WF 97/20ZKJ 2020, 320; Wiesner/*Loos*, § 87c SGB VIII Rn. 15; zwischen erstmaliger Bestellung und Wechsel differenzierend *Hoffmann*, JAmt 2018, S. 218 f.

7 So OLG Schleswig-Holstein, Beschl. v. 18.2.2016, 14 UF 12/16, juris; OLG Dresden, Beschl. v. 21.6.2018, 18 WF 475/18, JAmt 2018, S. 463 ff.; Beschl. v. 12.2.2019, 18 WF 1304/18, juris; FK-SGB VIII/*Eschelbach*, § 87c Rn. 11; Palandt/*Götz*, § 1887 BGB Rn. 1.

auch bei familiengerichtlichen Entscheidungen verbindlich, soweit die Auslegung der entscheidungserheblichen Vorschriften nichts anderes ergibt.

Insoweit wurden die §§ 1887, 1889 BGB a.F. genannt, die durch die Generalverweisung des § 56 Abs. 1 SGB VIII a.F. (identisch mit § 56 Abs. 1 SGB VIII) für anwendbar erklärt und nach dessen Abs. 2 gerade nicht von der Anwendbarkeit ausgenommen worden seien. Damit beurteile sich die Frage des Amtsvormunds nach einem Umzug des Mündels nach §§ 1887, 1889 BGB a.F. und unterliege der Ermessensprüfung des Gerichts.[8]

Indes trafen die genannten BGB-Vorschriften **keine die Auswahl zwischen mehreren Jugendämtern** betreffenden Regelungen. Alle die Amtsvormundschaft betreffenden Vorschriften des BGB sprechen nur von dem Jugendamt als Institution, niemals aber von einem bestimmten lokalen Jugendamt. Sie enthalten keinerlei Regelungen der örtlichen Zuständigkeit. Ausgehend von der Vorschrift des § 1791b Abs. 1 BGB (Vorrang des Einzelvormunds und Nachrangigkeit der Bestellung Jugendamtes), die voraussetzt, dass eine geeignete Einzelperson nicht vorhanden ist, regeln die §§ 1887, 1889 BGB das Verhältnis des als Amtsvormund bestellten Jugendamtes zu diesen Einzelpersonen, nicht aber das mehrerer Jugendämter zueinander.

Das galt für § 1887 Abs. 1 BGB. Die Vorschrift ordnet die Entlassung „des Jugendamts" (nicht eines bestimmten Jugendamtes) und Bestellung eines anderen Vormunds an, „wenn … eine andere als Vormund geeignete Person vorhanden ist". Im Fall des § 87c Abs. 3 SGB VIII ist aber gerade keine *andere Person*, sondern ein *anderes Jugendamt* vorhanden, das bestellt werden soll.

Zu keinem anderen Ergebnis führte § 1889 Abs. 2 BGB, der die Entlassung des Jugendamtes nicht nur davon abhängig macht, dass das Wohl des Mündels nicht entgegensteht, sondern auch voraussetzt, dass „eine andere als Vormund geeignete Person vorhanden ist". Ein anderes Jugendamt ist aber keine andere Person.

Im Ergebnis war festzustellen, dass die Entscheidung des Familiengerichts im Fall des Wechsels des gewöhnlichen Aufenthalts des Mündels der Zuständigkeitsregelung des § 87c Abs. 3 Satz 3 SGB VIII zu folgen hatte und ein Ermessen des Gerichts nicht bestand.

12a Die Streitfrage glaubt indes der Gesetzgeber mit der durch das Vormundschaftsreformgesetz vorgenommenen Neufassung entschieden zu haben, durch die in Abs. 3 Satz 1 die Angabe „**zum Zeitpunkt der Bestellung**" eingefügt wurde. Damit solle klargestellt werden, so die Gesetzesbegründung,[9] dass bei einem Wechsel des gewöhnlichen Aufenthalts des Mündels das Familiengericht bei seiner Entscheidung über die Entlassung des Jugendamts des bisherigen gewöhnlichen Aufenthalts nach § 1804 Absatz 3 BGB nicht an die jugendhilferechtliche Zuständigkeit gebunden, sondern aus Gründen des Mündelwohls auch ein Verbleiben der Amtsvormundschaft bei dem bisherigen Jugendamt möglich sei.

Dies wäre allerdings nur dann der Fall, wenn der „Zeitpunkt der Bestellung", zu dem es (nur) auf den gewöhnlichen Aufenthalt des Kindes ankommt, nur der der **ersten Bestellung** ist. **Dagegen spricht** aber nicht nur der Wortlaut, nach dem allgemein von „der Bestellung" und nicht von der „ersten Bestellung" die Rede ist, sondern auch der systematische Zusammenhang mit den einschlägigen BGB-Vorschriften. Die sprechen nämlich in § 1805 Abs. 1 Satz 1 BGB davon, dass im Fall der Entlassung des Vormunds unverzüglich ein neuer Vormund „zu bestellen" ist. Und nach Satz 2 gelten die §§ 1778 bis 1785 BGB entsprechend. Bei diesen handelt es sich um die Vorschriften über die Auswahl und die Bestellung des Vormunds.

Will das Familiengericht also das **Jugendamt als Vormund** bestellen, hat es sowohl bei der ersten als auch bei einer Bestellung nach Begründung oder Wechsel des gewöhnlichen Aufenthalts das Jugendamt zu bestellen, in dessen Bereich der **gewöhnliche Aufenthalt** liegt.

---

8 So OLG Dresden, JAmt 2018, S. 463 (464). Es folgt dann allerdings die kryptische Ergänzung „…wobei das Ermessen durch die sozialrechtlichen Zuständigkeitsnormen der §§ 87c ff. SGB VIII begrenzt" werde und „im Einzelfall sogar auf null reduziert sein" könne.

9 Vgl. BT-Drs. 19/24445, 405.

V. Abs. 4 – Zuständigkeit für Adoptionsvormundschaft

Willigt ein Elternteil in die **Adoption** ein, wird das Jugendamt gem. § 1751 Abs. 1 BGB regelmäßig Vormund. Maßgeblich für die örtliche Zuständigkeit ist der gewöhnliche Aufenthalt der annehmenden Person. 13

VI. Abs. 5 – Zuständigkeit für die Beratung nach § 52a SGB VIII sowie die Beistandschaft

Sowohl für die Beratung und Unterstützung nach § 52a SGB VIII als auch für die Beistandschaft folgt gem. Abs. 5 **Satz 1** die örtliche Zuständigkeit der Regelung in Abs. 1 Satz 1 und 3. Entscheidend ist danach der **gewöhnliche** oder, sofern ein solcher nicht festgestellt werden kann, der **tatsächliche Aufenthalt** der Mutter. 14

Abs. 5 **Satz 2** trifft eine Regelung für den Fall, dass der allein sorgeberechtigte Elternteil seinen gewöhnlichen Aufenthalt im Bereich eines anderen Jugendamtes nimmt. Dann hat das die Beistandschaft führende Jugendamt bei dem Jugendamt des anderen Bereichs deren Weiterführung zu beantragen.

Darüber hinaus sind gem. Satz 2 letzter Hs. Abs. 2 Satz 2 sowie § 86c SGB VIII entsprechend anzuwenden. Das bedeutet:

- Di e Beistandschaft geht (erst) mit der Erklärung des anderen Jugendamtes, die Beistandschaft zu übernehmen, auf dieses über (Abs. 2 Satz 2). Zwar bedarf es also einer Übernahmeerklärung des anderen Jugendamtes, daraus folgt allerdings nicht, dass dieses berechtigt ist, die Übernahme abzulehnen. Dass es eines Antrags und einer Weiterführungserklärung bedarf, sichert einen lückenlosen Zuständigkeitsübergang, dieser wird dadurch allerdings nicht zu einem gewillkürten, der zur Disposition der beteiligten Jugendämter steht. Die Zuständigkeit geht deshalb mit Abgabe der Übernahmeerklärung unabhängig von dessen Wollen auf das andere Jugendamt über. Eine weitere Erklärung, (zu einem späteren Zeitpunkt) den „Fall in die Bearbeitung übernehmen" zu wollen,[10] ist deshalb weder erforderlich noch zulässig.
- Ungeachtet des Vorstehenden führt die entsprechende Anwendung von § 86c SGB VIII dazu, dass das bisher zuständige Jugendamt so lange zur Führung der Beistandschaft verpflichtet ist, bis das zuständig gewordene Jugendamt die Führung der Beistandschaft auch tatsächlich übernimmt (§ 86c Abs. 1 Satz 1 SGB VIII). Die Vorschrift soll eine lückenlos bestehende Beistandschaft sichern und dient damit nicht dem Schutz des übernehmenden Jugendamtes, sondern dem der Kinder und Jugendlichen.

Erlangt das bisher zuständige Jugendamt Kenntnis von der Verlegung des gewöhnlichen Aufenthalts, hat es das andere Jugendamt unverzüglich zu unterrichten und den Übernahmeantrag zu stellen sowie die relevanten Sozialdaten zu übermitteln. Der allein sorgeberechtigte Elternteil sowie das Kind oder der Jugendliche sind zu beteiligen, zumindest also über den Zuständigkeitswechsel zu informieren (§ 86c Abs. 2 Satz 1, 2 und 4 SGB VIII). Auch diese Regelung dient[11] nicht dem Schutz des übernehmenden Jugendamtes, sondern dem Ziel,

---

10 So mit Billigung des Gerichts geschehen in dem der Entscheidung des VG Köln (Urt. v. 30.11.2018, 26 L 2667/18, JAmt 2019, 583) zugrunde liegenden Fall. Die Entscheidung ist auch deshalb falsch, weil sie in § 86c Abs. 1 Satz 1 SGB VIII die Begründung einer „Bearbeitungszuständigkeit" sieht. Weder kennt das SGB VIII diesen Begriff noch regelt § 86c SGB VIII überhaupt eine Zuständigkeit. Die Vorschrift normiert vielmehr die Leistungsverpflichtung *trotz* fehlender Zuständigkeit, wie sich nicht zuletzt auch aus der Kostenerstattungsvorschrift des § 89c Abs. 1 Satz 1 SGB VIII ergibt.

11 Entgegen den dahin gehenden Überlegungen des VG Köln, Urt. v. 30.11.2018, 26 L 2667/18, JAmt 2019, 583.

möglichst schnell die Zuständigkeit des mutmaßlich ortsnäheren Jugendamtes zu begründen.

VII. Abs. 6 – Zuständigkeit für Erteilung der schriftlichen Auskunft nach § 58 Abs. 2 SGB VIII u.a.

15 Absatz 6 wurde durch das KJSG geändert und erweitert. Mit dem Begriff der schriftlichen Auskunft folgt die Vorschrift ohne inhaltliche Änderung redaktionell der Änderung des § 58 SGB VIII.

Der Inhalt der Vorschrift, die mehrere Regelungen zur Zuständigkeit enthält, erschließt sich erst in der Zusammenschau mit § 58a SGB VIII einerseits sowie § 1626d BGB bzw. Art. 224 § 2 Abs. 3 und 5 EGBGB andererseits. Im Einzelnen gilt Folgendes:

- Die Zuständigkeit für die **Erteilung** der **schriftlichen Auskunft** nach § 58 Abs. 2 SGB VIII richtet sich gem. **Satz 1** nach § 87c Abs. 1 SGB VIII. Mit dieser Auskunft wird der mit dem Kindsvater nicht verheirateten Mutter auf Antrag bescheinigt, dass keine Eintragungen in dem nach § 58a Abs. 1 SGB VIII geführten Sorgeregister vorliegen (zum Sinn und Zweck dieser Regelungen vgl. die Erläuterungen zu § 58a SGB VIII). Zuständig ist also das Jugendamt, in dessen Bereich die Mutter ihren gewöhnlichen Aufenthalt, ersatzweise ihren tatsächlichen Aufenthalt hat.
- Zuständig für die **Entgegennahme** der dort genannten **Mitteilungen** ist gem. **Satz 2** das Jugendamt, in dessen Bereich der Geburtsort des Kindes oder Jugendlichen liegt. Ist dieser im Ausland gelegen oder nicht zu ermitteln, ist gem. dem durch Halbsatz 2 für entsprechend anwendbar erklärten § 88 Abs. 1 Satz 2 SGB VIII das Land Berlin zuständig.

Absatz 6 Satz 3 wurde durch das KJSG durch die neuen Sätze 3 und 4 ersetzt. Dabei wurde nicht die Zuständigkeitsregelung, sondern vielmehr der Inhalt der zu übermittelnden Mitteilungen erweitert. Danach gilt Folgendes:

- Gem. **Satz 3** ist das nach Satz 2 zuständige, also das für den Geburtsort des Kindes oder Jugendlichen zuständige Jugendamt verpflichtet, dem nach Satz 1 zuständigen, also dem Jugendamt des gewöhnlichen oder tatsächlichen Aufenthaltes der Mutter auf Ersuchen **mitzuteilen**, ob ihm
  - Mitteilungen nach § 1626d Abs. 2 BGB,
  - Mitteilungen nach § 155a Abs. 3 Satz 3 und Abs. 5 FamFG oder
  - Mitteilungen nach § 50 Abs. 3 SGB VIII

  vorliegen.

  Mitteilungen nach § 1626d Abs. 2 BGB sind solche der jeweils beurkundenden Stelle über die Abgabe von Sorgeerklärungen gem. § 1626a Abs. 1 Nr. 1 BGB, nämlich die Erklärungen nicht miteinander verheirateter Eltern, die Sorge für das Kind gemeinsam übernehmen zu wollen, und Zustimmungen des gesetzlichen Vertreters eines beschränkt geschäftsfähigen Elternteils gem. § 1626c Abs. 2 BGB.

  Mitteilungen nach § 155a Abs. 3 Satz 3 und Abs. 5 FamFG sind solche des Familiengerichts über seine Entscheidungen, mit denen nicht miteinander verheirateten Eltern die elterliche Sorge gem. § 1626a Abs. 2 BGB gemeinsam übertragen wird, oder die vor dem Familiengericht abgegebenen Sorgeerklärungen und Zustimmungen.

  Mitteilungen nach § 50 Abs. 3 SGB VIII sind solche des in solchen familiengerichtlichen Verfahren angehörten Jugendamts, in denen über die gemeinsame Sorge oder die vollständige oder teilweise Entziehung der elterlichen Sorge entschieden wurde.

Sofern die gerichtliche Entscheidung nur Teile der elterlichen Sorge betrifft, ist gem. Satz 4 durch das Jugendamt auch mitzuteilen, in welchen Bereichen die elterliche Sorge der Mutter entzogen, den Eltern gemeinsam oder dem Vater allein übertragen wurde. Mit dieser Regelung, so die Gesetzesbegründung, soll der Beweiswert der schriftlichen Auskunft nach § 58a SGB VIII weiter verbessert werden.[12]

12 Vgl. BT-Drs. 19/26207, 112.

§ 87d[1]
Örtliche Zuständigkeit für weitere Aufgaben im Vormundschaftswesen

(1) Für die Wahrnehmung der Aufgaben nach §§ 53 und 53a ist der örtliche Träger zuständig, in dessen Bereich der Pfleger oder Vormund seinen gewöhnlichen Aufenthalt hat.

(2) Für die Anerkennung als Vormundschaftsverein (§ 54) ist der überörtliche Träger zuständig, in dessen Bereich der Verein seinen Sitz hat.

1 Die durch das 1. ÄndG SGB VIII eingefügte Vorschrift regelt die **örtliche Zuständigkeit** für die Wahrnehmung der **Aufgaben** nach den **§§ 53** bis **54 SGB VIII**.

2 Gem. **Abs. 1** ist der **örtliche Träger** zuständig, dem Familiengericht geeignete Pfleger oder Vormünder vorzuschlagen, in dessen Bereich der oder die Vorzuschlagende ihren **gewöhnlichen Aufenthalt** hat. Dasselbe gilt hinsichtlich der Zuständigkeit für die Beratung und Unterstützung von Vormündern und Pflegern nach § 53a SGB VIII.

3 Örtlich zuständig für die Anerkennung als Vormundschaftsverein nach § 54 SGB VIII (vgl. § 85 Abs. 2 Nr. 10 SGB VIII) ist gem. **Abs. 2** der **überörtliche Träger**, in dessen Bereich der **Verein seinen Sitz** hat. Dieser muss gem. § 57 Abs. 1 BGB in der Satzung des eingetragenen und dadurch rechtsfähigen (§ 21 BGB) Vereins enthalten und damit aus dieser ersichtlich sein.

1 Gesetzestext und Kommentierung beziehen sich auf den ab 1.1.2023 geltenden Rechtszustand.

§ 87e
Örtliche Zuständigkeit für Beurkundung und Beglaubigung

Für Beurkundungen und Beglaubigungen nach § 59 ist die Urkundsperson bei jedem Jugendamt zuständig.

Die Vorschrift regelt die **örtliche Zuständigkeit** für **Beurkundungen** und **Beglaubigungen** nach § 59 SGB VIII. Beglaubigungen werden allerdings seit dem KindRG 1998 nicht mehr vorgenommen, so dass die Zuständigkeitsregelung insoweit leerläuft. 1

Für Beurkundungen i.S.d. § 59 SGB VIII ist **jedes Jugendamt** unabhängig vom gewöhnlichen oder tatsächlichen Aufenthalt der Beteiligten **zuständig**. Bedeutung kann das insbesondere in Fällen des § 59 Abs. 1 Nr. 1 SGB VIII, also hinsichtlich der Beurkundung von Erklärungen über die **Anerkennung der Vaterschaft**, erlangen. Lehnt die zuständige Beurkundungsperson eines Jugendamtes etwa eine solche Beurkundung ab, weil sie Zweifel an deren Richtigkeit hat, können die Beteiligten ein anderes Jugendamt aufsuchen und die Beurkundung vornehmen lassen (vgl. zur Beurkundung § 59 SGB VIII Rn. 3 ff.). Da die Anerkennung der Vaterschaft positive Auswirkungen auf den aufenthaltsrechtlichen Status des Kindsvaters haben kann, kommt es durchaus nicht selten vor, dass sich die zuständigen Jugendamtsmitarbeiter zu Erfüllungsgehilfen der Ausländerbehörde machen und eine Beurkundung – rechtswidrig – ablehnen. 2

Dritter Unterabschnitt
Örtliche Zuständigkeit bei Aufenthalt im Ausland

§ 88
Örtliche Zuständigkeit bei Aufenthalt im Ausland

(1) [1]Für die Gewährung von Leistungen der Jugendhilfe im Ausland ist der überörtliche Träger zuständig, in dessen Bereich der junge Mensch geboren ist. [2]Liegt der Geburtsort im Ausland oder ist er nicht zu ermitteln, so ist das Land Berlin zuständig.

(2) Wurden bereits vor der Ausreise Leistungen der Jugendhilfe gewährt, so bleibt der örtliche Träger zuständig, der bisher tätig geworden ist; eine Unterbrechung der Hilfeleistung von bis zu drei Monaten bleibt dabei außer Betracht.

Übersicht

A. Allgemeines

1 Nach § 6 Abs. 3 SGB VIII können **Deutschen** Leistungen nach diesem Buch auch gewährt werden, wenn sie ihren **Aufenthalt im Ausland** haben und soweit sie nicht Hilfe vom Aufenthaltsland erhalten (vgl. zu den Leistungsvoraussetzungen im Einzelnen § 6 SGB VIII Rn. 26). Sachlich zuständig ist gem. § 85 Abs. 2 Nr. 9 SGB VIII grundsätzlich der überörtliche Träger.

§ 88 SGB VIII trifft für diese Fälle die notwendigen Regelungen über die örtliche Zuständigkeit. Die Vorschrift wurde durch das 1. SGB VIII-ÄndG in das Gesetz eingefügt und ersetzte den ursprünglichen § 86 Abs. 4 SGB VIII a.F.

B. Einzelheiten

I. Abs. 1 – Leistungen im Ausland

2 Nach **Abs. 1 Satz 1** ist für die Gewährung von Leistungen der Jugendhilfe im Ausland grundsätzlich der überörtliche Träger zuständig, in dessen **Bereich** der **junge Mensch** (§ 7 Abs. 1 Nr. 4 SGB VIII) **geboren** ist. Liegt der **Geburtsort** im **Ausland**, ist nach Abs. 1 Satz 2 das **Land Berlin** örtlich zuständig.

Da es sich in sachlicher Hinsicht um eine Aufgabe nach § 85 Abs. 2 Nr. 9 SGB VIII handelt, ist gem. § 33 Abs. 1 Satz 2 berlAG KJHG im Land Berlin das Landesjugendamt zuständig.

3 Die Vorschrift spricht in Übereinstimmung mit § 6 Abs. 3 SGB VIII von der Gewährung von Leistungen und differenziert nicht zwischen unterschiedlichen Leistungsberechtigten und -empfängern. **Maßgeblich** ist danach der Aufenthalt desjenigen, **dem die Leistung in diesem Sinne gewährt wird**. Der Begriff des Gewährens umfasst nach der Rechtsprechung des BVerwG sowohl die (rechtliche) Bewilligung als auch die (tatsächliche) Erbringung einer Leistung. Während die Bewilligung auf den Leistungsberechtigten als Inhaber des Rechts auf Gewährung einer Jugendhilfeleistung ausgerichtet sei, müsse hinsichtlich der Erbringung

der Leistung auf den Leistungsempfänger, d. h. auf denjenigen abgestellt werden, der die Leistung erhält und dessen Interesse sie nach der Konzeption des SGB VIII zu dienen bestimmt ist. Leistungsempfänger sei danach das Kind oder der Jugendliche. Die gleichzeitige Ausrichtung der Leistungsgewährung auf den **Leistungsberechtigten** und den **Leistungsempfänger** bedinge, dass für die Bestimmung des räumlichen Anwendungsbereichs nicht nur der Aufenthalt des Leistungsberechtigten, sondern auch der des Leistungsempfängers maßgeblich sei. Bei einem Auseinanderfallen von Leistungsberechtigtem und Leistungsempfänger liegt eine **Leistung der Jugendhilfe im Ausland** im Sinne des § 6 Abs. 3 SGB VIII nur dann vor, wenn **beide** im Zeitpunkt der Antragstellung ihren Aufenthalt im Ausland haben.[1] Das BVerwG leitet dieses Verständnis aus dem Begriff des „Gewährens" ab, der sowohl die rechtliche Bewilligung als auch die tatsächliche Erbringung der Leistung umfasse, weshalb die Leistungsgewährung im Sinne dieser Vorschriften zwei **Bezugssubjekte** aufweise: zum einen den **Leistungsberechtigten**, der Inhaber des Rechts auf Gewährung einer Jugendhilfeleistung sei und die Leistung beantragen und diese gegebenenfalls auch gerichtlich geltend machen könne. Zum anderen auf den **Leistungsempfänger**, also denjenigen, der die Leistung erhält und dessen Interesse diese zu dienen bestimmt ist, nämlich das Kind oder den Jugendlichen.[2]

Für die örtliche Zuständigkeit nach § 88 SGB VIII bedeutet das:[3]

- Halten sich Personensorgeberechtigte als Leistungsberechtigte und Kind oder Jugendlicher als Leistungsempfänger im Ausland auf, richtet sich die örtliche Zuständigkeit nach § 88 SGB VIII.
- Hält sich einer von beiden im Inland auf, richtet sich die örtliche Zuständigkeit nach den allgemeinen Zuständigkeitsvorschriften der §§ 86 bis 86d SGB VIII.
- Ist der Leistungsberechtigte zugleich Leistungsempfänger, wie etwa im Fall des § 35a SGB VIII, so kommt es allein auf dessen Aufenthalt an. § 88 SGB VIII findet Anwendung, wenn er sich im Ausland aufhält.

II. Abs. 2 – Fortsetzung der Leistung im Ausland

Abs. 2 normiert eine **Ausnahme** vom Grundsatz des Abs. 1. Erfolgt der **Wechsel** des **Aufenthalts** ins Ausland **während** der **Leistungsgewährung**, so bleibt nach Halbsatz 1 die Zuständigkeit des örtlichen Trägers bestehen. Eine **Identität der** gewährten Leistungen wird dabei **nicht gefordert**.[4] Eine Unterbrechung der Leistung von bis zu drei Monaten ist nach Halbsatz 2 unschädlich. 4

1 BVerwG, Urt. v. 31.5.2018, 5 C 1.17, juris, Rn. 20, JAmt 2018, 582, mit Nachweisen aus der zustimmenden Literatur; in gleichem Sinne bereits BVerwG, Urt. v. 12.5.2011, 5 C 4.10, juris, Rn 21, ZKJ 2011, 310.
2 BVerwG, Urt. v. 12.5.2011, 5 C 4.10, a.a.O.
3 Vgl. BVerwG, Urt. v. 12. 5. 2011, 5 C 4.10, a.a.O., Rn. 25, 416; ebenso inzwischen unter Aufgabe der früheren gegenteiligen Rspr. NdsOVG, Urt. v. 20.1.2016, 4 LB 14/13, juris, Rn. 55.
4 Ebenso Wiesner/Wapler/*Loos*, § 88 SGB VIII Rn. 8.

Vierter Unterabschnitt
Örtliche Zuständigkeit für vorläufige Maßnahmen, Leistungen und die Amtsvormundschaft für unbegleitete ausländische Kinder und Jugendliche

§ 88a
Örtliche Zuständigkeit für vorläufige Maßnahmen, Leistungen und die Amtsvormundschaft für unbegleitete ausländische Kinder und Jugendliche

(1) Für die vorläufige Inobhutnahme eines unbegleiteten ausländischen Kindes oder Jugendlichen (§ 42a) ist der örtliche Träger zuständig, in dessen Bereich sich das Kind oder der Jugendliche vor Beginn der Maßnahme tatsächlich aufhält, soweit Landesrecht nichts anderes regelt.

(2) [1]Die örtliche Zuständigkeit für die Inobhutnahme eines unbegleiteten ausländischen Kindes oder Jugendlichen (§ 42) richtet sich nach der Zuweisungsentscheidung gemäß § 42b Absatz 3 Satz 1 der nach Landesrecht für die Verteilung von unbegleiteten ausländischen Kindern oder Jugendlichen zuständigen Stelle. [2]Ist die Verteilung nach § 42b Absatz 4 ausgeschlossen, so bleibt die nach Absatz 1 begründete Zuständigkeit bestehen. [3]Ein anderer Träger kann aus Gründen des Kindeswohls oder aus sonstigen humanitären Gründen von vergleichbarem Gewicht die örtliche Zuständigkeit von dem zuständigen Träger übernehmen.

(3) [1]Für Leistungen an unbegleitete ausländische Kinder oder Jugendliche ist der örtliche Träger zuständig, in dessen Bereich sich die Person vor Beginn der Leistung tatsächlich aufhält. [2]Geht der Leistungsgewährung eine Inobhutnahme voraus, so bleibt die nach Absatz 2 begründete Zuständigkeit bestehen, soweit Landesrecht nichts anderes regelt.

(4) Die örtliche Zuständigkeit für die Vormundschaft oder Pflegschaft, die für unbegleitete ausländische Kinder oder Jugendliche durch Bestellung des Familiengerichts eintritt, richtet sich während

1. der vorläufigen Inobhutnahme (§ 42a) nach Absatz 1,

2. der Inobhutnahme (§ 42) nach Absatz 2 und

3. der Leistungsgewährung nach Absatz 3.

Übersicht Rn.

A. Allgemeines

1 § 88a SGB VIII wurde durch das UMG mit Wirkung vom 1. November 2015 eingefügt und regelt die örtliche Zuständigkeit für die vorläufige Inobhutnahme nach § 42a SGB VIII sowie die mit dieser verbundenen und ihr nachfolgenden Maßnahmen und Leistungen. Als speziellere Vorschrift **geht § 88a SGB VIII** der Zuständigkeitsregelung des **§ 87 SGB VIII** auch hinsichtlich der Inobhutnahme nach § 42 SGB VIII eines unbegleiteten ausländischen Kindes

oder Jugendlichen, gleich aus welchem Grund, **vor**. Das wird durch den ebenfalls durch das UMG eingefügten § 87 Satz 2 SGB VIII ausdrücklich klargestellt.

B. Einzelheiten

I. Abs. 1 – Örtliche Zuständigkeit für die vorläufige Inobhutnahme

Für die **vorläufige Inobhutnahme** eines unbegleiteten ausländischen Minderjährigen nach § 42a SGB VIII ist der örtliche Träger zuständig, in dessen Bereich sich das Kind oder der Jugendliche **vor Beginn** dieser Maßnahme **tatsächlich aufhält**. Der tatsächliche Aufenthalt soll dort sein, wo die unbegleitete Einreise erstmals festgestellt wird, also der Ort des „Aufgriffs" des Minderjährigen oder seiner Selbstmeldung.[1] Diesen zu bestimmen, kann im Einzelfall durchaus Probleme bereiten. Zum einen ist fraglich, auf wessen erstmalige Feststellung es ankommt. Insoweit wird unter Berufung auf eine Stellungnahme im Gesetzgebungsverfahren vertreten, jedwede staatliche Kenntnisnahme sei ein tauglicher Anknüpfungspunkt.[2] Tatsächlich hatten die beteiligten Ausschüsse des Bundesrates im Gesetzgebungsverfahren empfohlen, § 88a Abs. 1 SGB VIII um einen Satz 2 zu ergänzen, der lauten sollte: „Der Bereich des tatsächlichen Aufenthalts ist der Ort, an dem das Jugendamt oder eine andere Behörde die Feststellung der unbegleiteten Einreise erstmalig trifft."[3] Dieser Satz wurde aber gerade nicht in das Gesetz aufgenommen. 2

Deshalb stellt der BayVGH strikt auf den tatsächlichen Aufenthalt ab, worunter der Ort zu verstehen sei, „an dem sich das Kind oder der Jugendliche zu dem Zeitpunkt befindet, in dem ein Jugendamt eine vorläufige Schutzmaßnahme im Sinne einer jugendhilfefachlichen Krisenintervention gegenüber dem Kind oder Jugendlichen als Adressaten der Maßnahme tatsächlich ergreift".[4] Dem ist zuzugeben, dass der Gesetzeswortlaut auf den tatsächlichen Aufenthalt vor Beginn der Maßnahme abstellt. In einer ex post Betrachtung – vor allem hinsichtlich einer möglichen Kostenerstattung – liefert dieser Ansatz auch eindeutige Ergebnisse. Aufgabe von Zuständigkeitsvorschriften ist es allerdings auch festzulegen, wer zur Vornahme bestimmter Maßnahmen – hier zur vorläufigen Inobhutnahme – verpflichtet ist (vgl. § 42a Abs. 1 SGB VIII „Das Jugendamt ist berechtigt und *verpflichtet*, ein ausländisches Kind …"). Eine Zuständigkeitsregelung muss aber ebenso in der Lage sein, die Zuständigkeit ex ante zu bestimmen, um festzulegen, welcher Träger verpflichtet ist, die vorgesehene Maßnahme durchzuführen. Diese Leistung erbringt aber ein Ansatz nicht, der daran anknüpft, dass eine Maßnahme bereits ergriffen wurde. Denn wenn alle Träger ein Tätigwerden wegen angenommener fehlender Zuständigkeit ablehnen, würde niemals eine örtliche Zuständigkeit begründet.

Ausgehend von dem richtigen Ansatz des BayVGH, dass es auf den tatsächlichen Aufenthalt der oder des Betroffenen ankommt, kann die **Lösung nur im Begriff des „Beginns der Maßnahme"** liegen. Dieser kann nicht erst darin liegen, dass das Jugendamt Schutzmaßnahmen tatsächlich ergreift, er ist vielmehr bereits dann gegeben, wenn das Jugendamt Kenntnis von Umständen erlangt, die es zur Prüfung von Schutzmaßnahmen verpflichten.

1 Vgl. Gesetzesbegründung, BT-Drs. 18/5921, 29.
2 So *Kepert*, ZKJ 2016, 12 (14).
3 BR-Drs. 349/1/15, 17.
4 Vgl. BayVGH, JAmt 2018, 110; so wohl jetzt auch Wiesner/Wapler/*Loos*, § 88a SGB VIII Rn. 3.

Beispiel:

Das Jugendamt in Frankfurt erfährt durch dessen Freunde, dass ein 15-Jähriger ausländischer Staatsangehörigkeit unbegleitet in München angekommen ist und informiert das Jugendamt in München darüber. Dieses ist danach gem. § 88a Abs. 1 SGB VIII für die vorläufige Inobhutnahme örtlich zuständig. Zwar erlangt das Jugendamt in Frankfurt als erstes Kenntnis, wird aber mangels tatsächlichem Aufenthalt des Jugendlichen in seinem Bereich nicht zuständig.

3 Ein Zuständigkeitsproblem besteht auch dann, wenn das Kind oder der Jugendliche noch vor der vorläufigen Inobhutnahme weiterreist.

Beispiel:

Bevor der Jugendliche in vorgenanntem Beispiel vom Jugendamt vorläufig in Obhut genommen werden kann, reist dieser weiter zu seinen Freunden nach Frankfurt. Bleibt das Jugendamt München weiter örtlich zuständig oder wandert die Zuständigkeit mit dem Betroffenen nach Frankfurt?

Insoweit wird vertreten, dass es angesichts des Gesetzeswortlauts („vor Beginn der Maßnahme") bei einer einmal begründeten örtlichen Zuständigkeit bleiben müsse, selbst wenn diese auf einem nur kurzzeitigen Durchgangsaufenthalt beruhe.[5] Dem ist zuzustimmen. Es ist gerade Aufgabe des Verteilungsverfahrens, den dadurch verursachten Problemen und Beeinträchtigungen Rechnung zu tragen.

4 Da es aufgrund der Zuständigkeitsregelung des Abs. 1 auch künftig zur Mehrbelastung grenznaher Jugendämter kommen wird, kann nach dessen letztem Halbsatz **landesrechtlich** eine **abweichende Regelung** der örtlichen Zuständigkeit für die vorläufige Inobhutnahme getroffen werden.

II. Abs. 2 – Örtliche Zuständigkeit für die Inobhutnahme und Zuständigkeitsübernahme

1. Abs. 2 Satz 1 – Grundsatz

5 Gem. § 42a Abs. 6 SGB VIII endet die vorläufige Inobhutnahme u.a. mit der Übergabe des Kindes oder des Jugendlichen an das Jugendamt, dem der Minderjährige durch die zuständige Landesbehörde gem. § 42b Abs. 3 Satz 1 SGB VIII zur Inobhutnahme nach § 42 Abs. 1 Satz 1 Nr. 3 SGB VIII zugewiesen wurde. Für diese Fälle trifft Abs. 2 Satz 1 die nötige Zuständigkeitsregelung: **Örtlich zuständig** für die sich anschließende reguläre Inobhutnahme ist das Jugendamt, dem die oder der Minderjährige gem. § 42b Abs. 3 Satz 1 SGB VIII zugewiesen wurde.

2. Abs. 2 Satz 2 – Bei Ausschluss der Verteilung

6 Endet die vorläufige Inobhutnahme durch Anzeige an das Bundesverwaltungsamt nach § 42a Abs. 4 Satz 3 über den Ausschluss des Verteilungsverfahrens, so bleibt gem. § 88a Abs. 1 Satz 2 SGB VIII die Zuständigkeit nach Abs. 1 bestehen. Das bedeutet, dass das Jugendamt, das die vorläufige Inobhutnahme vorgenommen hat, auch für die sich anschließende Inobhutnahme nach § 42 Abs. 1 Nr. 3 SGB VIII örtlich zuständig ist.

5 So *Kepert*, ZKJ 2016, 12 (14); a.A. VG München, Beschl. v. 9.2.2015, M 18 E 14.5261, juris, zu § 87 SGB VIII.

3. Abs. 2 Satz 3 – Übernahme der Zuständigkeit

Schließlich kann ein anderer an sich **nicht zuständiger örtlicher Träger** nach § 88a Abs. 2 Satz 3 SGB VIII „aus Gründen des Kindeswohls oder aus sonstigen humanitären Gründen von vergleichbarem Gewicht" die **örtliche Zuständigkeit übernehmen**. Als solche sind etwa eine dem Wohl des Kindes dienende Familienzusammenführung oder gesundheitliche Gründe anzusehen. Dies gilt insbesondere bei notwendigen Behandlungen und/oder Therapien (z.B. bei posttraumatischen Belastungsstörungen) nach erlittener Verfolgung und Misshandlung oder Folter, die nur an bestimmten Orten fachkundig durchgeführt werden können.[6] Hierzu verpflichtet Art. 25 AufnRL ausdrücklich, in dem es heißt, dass Personen, die Folter, Vergewaltigung oder andere schwere Gewalttaten erlitten haben, die Behandlung – insbesondere Zugang zu einer adäquaten medizinischen und psychologischen Behandlung oder Betreuung – erhalten, die für den Schaden, welcher ihnen durch derartige Handlungen zugefügt wurde, erforderlich ist und wo das Betreuungspersonal für Opfer von Folter, Vergewaltigung und andere schwere Gewalttaten im Hinblick auf die Bedürfnisse der Opfer adäquat ausgebildet sein muss und sich angemessen fortbildet. Humanitäre Gründe von vergleichbarem Gewicht sind auch die in Art. 21 AufnRL genannten Umstände, die für die spezielle Situation von schutzbedürftigen Personen wie Opfer von Menschenhandel, Personen mit schweren körperlichen Erkrankungen, Personen mit psychischen Störungen und Personen, die Folter, Vergewaltigung oder sonstige schwere Formen psychischer, physischer oder sexueller Gewalt erlitten haben, wie z. B. Opfer der Verstümmelung weiblicher Genitalien, kennzeichnend sind.[7] Schließlich kann es einen humanitären Grund von einem dem Kindeswohl vergleichbaren Gewicht darstellen, wenn das Kind oder die/der Jugendliche einer Religionsgemeinschaft angehört, die besondere Regeln für die Religionsausübung vorschreibt, die nicht am Aufenthaltsort, aber an einem Ort im Bereich eines anderen Jugendamtes gelebt und eingehalten werden können, weil dort eine entsprechende Gemeinschaft besteht.[8] 7

Nicht ausdrücklich geregelt ist, in **welchem Zeitraum** die in Abs. 2 Satz 3 normierte Übernahmebefugnis gilt. Insoweit wird vertreten, sie bestehe nur „bis zur Leistungsgewährung".[9] Obwohl nach dem Wortlaut nicht ausgeschlossen, kommt eine Übernahme während eines laufenden Verteilungsverfahrens kaum in Betracht, weil die in der Vorschrift genannten Voraussetzungen einer Zuständigkeitsübernahme Belange darstellen, die im Verteilungsverfahren zwingend zu berücksichtigen sind und denen durch dessen Ausschluss oder die Zuweisungsentscheidung Rechnung zu tragen ist. Erst wenn dies nicht geschehen ist oder **Gründe** des Kindeswohls oder vergleichbare humanitäre Gründe **später entstehen**, eröffnet die Vorschrift die Möglichkeit der Berücksichtigung und Abhilfe. 8

Allerdings regelt Abs. 2 nach seinem Wortlaut lediglich die örtliche Zuständigkeit für die Inobhutnahme unbegleiteter ausländischer Minderjähriger nach § 42 SGB VIII, die gem. dessen Abs. 4 Nr. 2 mit der Gewährung von Leistungen nach dem SGB endet.

Das *OVG Bremen* geht demgegenüber davon aus, dass nach der Vorschrift auch für die Leistungsgewährung nach § 88a Abs. 3 SGB VIII in analoger Anwendung des § 88a Abs. 2 Satz 3 SGB VIII eine Fallübernahme erfolgen kann. § 88a Abs. 3 Satz 2 SGB VIII knüpfe an die Zuständigkeit nach Abs. 2 an und perpetuiere diese, ohne die in Abs. 2 Satz 3 selbst angelegte Möglichkeit einer Zuständigkeitsveränderung aus Gründen des Kindeswohls ausdrücklich zu wiederholen. Diese Lücke sei im Wege der Analogie zu schließen. Dem stehe auch die zwischenzeitlich eingetretene Volljährigkeit nicht entgegen, sofern der Antrag auf Übernahme

---

6 Vgl. dazu NK-AuslR/*Keßler*, § 50 AsylG Rn. 27 m.w.N. aus der Rechtsprechung zur vergleichbaren Norm des § 50 Abs. 4 Satz 5 AsylG.
7 Auch dazu NK-AuslR/*Keßler*, § 50 AsylG Rn. 27.
8 Dies gilt etwa für Angehörige der Religionsgemeinschaft der Jesiden. Vgl. NK-AuslR/*Keßler*, § 50 AsylG Rn. 29.
9 *Katzenstein* u.a., JAmt 2015, 530.

der Zuständigkeit vor Vollendung des 18. Lebensjahres gestellt worden sei.[10] Die Vorschrift ist konsequenterweise dann auch auf die Leistungsgewährung an junge Volljährige analog anzuwenden.

9 Bei der Übernahme der Zuständigkeit durch einen anderen örtlichen Träger handelt es sich um eine **Ermessensentscheidung**. Bei Vorliegen der in Abs. 2 Satz 3 genannten Gründe dürfte das grundsätzlich bestehende Ermessen allerdings regelmäßig dahingehend reduziert sein, dass die Zuständigkeit zu übernehmen ist.[11]

10 § 88a Abs. 2 Satz 3 SGB VIII normiert nicht nur eine Befugnis des anderen örtlichen Trägers zur Übernahme der örtlichen Zuständigkeit, sondern begründet für die Betroffenen, die eine Umverteilung wünschen – anders als das AsylG vermeidet das SGB VIII diesen Begriff und versteckt sich hinter dem der örtlichen Zuständigkeit, obwohl es in der Sache um nichts anderes geht[12] – ein **subjektives Recht** auf einen solchen Wechsel in den Zuständigkeitsbereich eines anderen Jugendamtes, das ggfs. auch im Wege der einstweiligen Anordnung gem. § 123 VwGO durchgesetzt werden kann (s. dazu unten Rn. 14). Der **Anspruch** richtet sich auf eine ermessensfehlerfreie Entscheidung, im Fall der Ermessensreduzierung „auf null" auf eine Übernahme der örtlichen Zuständigkeit.

Sofern Gründe vorliegen, die eine Übernahme der örtlichen Zuständigkeit durch einen anderen Träger notwendig machen, sollten die betroffenen ausländischen Minderjährigen bzw. ihre Vertreter an das gegenwärtig zuständige Jugendamt einen Antrag auf Umverteilung an einen anderen Ort stellen. Das Jugendamt ist dann im Rahmen des Untersuchungsgrundsatzes nach § 20 SGB X verpflichtet, das zuständige Jugendamt zu ermitteln und zu kontaktieren. Sofern das Jugendamt, in dessen Bereich die oder der Betroffene wechseln möchte, bekannt ist, kann der Antrag auch dort gestellt werden.

Der Antrag kann wie folgt formuliert werden:

Ich beantrage,

in den Bereich des Jugendamts … umverteilt zu werden.

Meinen Antrag begründe ich wie folgt: …

(hier sind dann die Gründe, die einen Wechsel der Zuständigkeit notwendig machen, auszuführen.)

11 Die Zahl der nach § 88a Abs. 2 Satz 3 übernommenen Minderjährigen wird gem. § 42c Abs. 2 Satz 2 SGB VIII auf die Aufnahmequote angerechnet.

III. Abs. 3 – Örtliche Zuständigkeit für Leistungen

12 **Abs. 3** gilt nur für Leistungen an **unbegleitete ausländische Kinder oder Jugendliche**. Örtlich zuständig ist nach **Satz 1** der örtliche Träger, in dessen Bereich sich die minderjährige Person vor Beginn der Leistung (vgl. zu diesem Begriff § 86 SGB VIII Rn. 3) **tatsächlich aufhält**. Solange dieselbe Leistung gewährt wird, bleibt es bei der einmal so begründeten örtlichen Zuständigkeit sie ist eine statische.

---

10 Vgl. OVG Bremen, Beschl. v.15.3.2021, 2 B 361/20, juris = JAmt 2022, 49 ff.
11 So auch *Katzenstein* u.a., JAmt 2015, 530 (531 f.).
12 Mit der Entscheidung über die örtliche Zuständigkeit ist zwar noch nicht rechtlich, aber faktisch über den Aufenthalt der oder des Minderjährigen entschieden.

Geht der Leistungsgewährung eine Inobhutnahme voraus, bleibt gem. **Satz 2** die nach § 88a Abs. 2 SGB VIII begründete Zuständigkeit vorbehaltlich einer abweichenden landesrechtlichen Regelung bestehen.

IV. Abs. 4 – Örtliche Zuständigkeit für Vormundschaft oder Pflegschaft

Abs. 4 regelt die örtliche **Zuständigkeit** für die **Amtsvormundschaft** und **Amtspflegschaft** in den verschiedenen in den Nr. 1 bis 3 genannten Zeitphasen. Während der vorläufigen Inobhutnahme kommt eine Amtsvormundschaft oder -pflegschaft regelmäßig nur in den Fällen in Betracht, in denen die Ausschlussfrist für das Verteilungsverfahren nach § 42d Abs. 3 Satz 1 SGB VIII um einen Monat verlängert wurde. Dann hat nämlich das Jugendamt nach Satz 2 jener Vorschrift die Bestellung eines Vormunds oder Pflegers zu veranlassen. 13

Um ein Auseinanderfallen der Zuständigkeiten für Schutzmaßnahmen und Leistungen einerseits und derjenigen für Amtsvormundschaft oder Amtspflegschaft zu vermeiden, folgt Letztere den in den Absätzen 1 bis 3 normierten Zuständigkeiten.

Auch bei § 88a Abs. 4 SGB VIII wird diskutiert, ob das Familiengericht im Interesse des Kindeswohls eine andere als die hier gesetzlich geregelte örtliche Zuständigkeit für die Vormundschaft und Pflegschaft bestimmen und die Vertretung auf ein danach unzuständiges Jugendamt übertragen kann. Dies ist abzulehnen.[13] Zur Begründung kann auf die Erläuterungen zu § 87c Abs. 3 SGB VIII (dort Rn. 12 m.w.N.) verwiesen werden.

C. Rechtsschutz

Lehnt ein Jugendamt die beantragte Übernahme der örtlichen Zuständigkeit nach § 88a Abs. 2 Satz 3 SGB VIII ab, kann dagegen – soweit landesrechtlich statthaft – Widerspruch oder/und bei dessen Nichtstatthaftigkeit oder Zurückweisung **Verpflichtungsklage** beim Verwaltungsgericht erhoben werden. Da eine Entscheidung im Klageverfahren angesichts der vorhersehbaren Dauer regelmäßig zu spät käme, kann beim Gericht ein Antrag auf Erlass einer **einstweiligen Anordnung** nach § 123 VwGO gestellt werden, mit dem die vorläufige Übernahme bis zu einer Entscheidung im Hauptsacheverfahren begehrt wird.[14] 14

Der Antrag würde wie folgt lauten:

Es wird beantragt,

das Jugendamt in … im Wege der einstweiligen Anordnung zu verpflichten, vorläufig bis zu einer Entscheidung in der Hauptsache die örtliche Zuständigkeit für jugendhilferechtliche Maßnahmen und Leistungen an die Antragstellerin/den Antragsteller zu übernehmen.

---

13 So jetzt auch BGH, Beschl. vom 15.9.2021, XII ZB 231/21, ZKJ 2021, 468, mit ausführlicher Auseinandersetzung mit der Gegenauffassung; ebenso OLG Frankfurt, Beschl. v. 22.4.2020, 2 WF 97/20, ZKJ 2020, 320, das nachdrücklich darauf hinweist, dass die Gerichte an Recht und Gesetz gebunden seien und diese Bindung sich nicht auf die im jeweiligen Fachbereich materiellrechtlich und verfahrensrechtlich anwendbaren Vorschriften beschränke. Sie seien nicht befugt, sich an die Stelle des demokratisch legitimierten Gesetzgebers zu setzen (Rn. 19); ebenso OLG Celle, Beschl. v. 15.3.2018, 517 UF 16/18, JAmt 2018, 2016 ff. mit Anm. *Hoffmann*, jeweils m.w.N.

14 Vgl. zu einem solchen Fall OVG Bremen, Beschl. v.15.3.2021, 2 B 361/20, JAmt 2022, 49.

Dritter Abschnitt
Kostenerstattung

§ 89
Kostenerstattung bei fehlendem gewöhnlichen Aufenthalt

Ist für die örtliche Zuständigkeit nach den §§ 86, 86a oder 86b der tatsächliche Aufenthalt maßgeblich, so sind die Kosten, die ein örtlicher Träger aufgewendet hat, von dem überörtlichen Träger zu erstatten, zu dessen Bereich der örtliche Träger gehört.

1 Das Gesetz betrachtet den **gewöhnlichen Aufenthalt** als den üblichen und auch erwünschten Anknüpfungspunkt für die örtliche Zuständigkeit eines Trägers. Fehlt ein solcher, entscheidet – subsidiär – der **tatsächliche Aufenthalt**, wer örtlich zuständiger Träger ist (so z. B. nach §§ 86 Abs. 2 Satz 4 Hs. 2; 86a Abs. 3; 86b Abs. 2 SGB VIII. Wegen der einzelnen Fallkonstellationen vgl. die Erläuterungen zu §§ 86 bis 86b).

2 Angesichts der Zufälligkeit eines solchen tatsächlichen Aufenthaltes und der daraus (möglicherweise) resultierenden ungleichmäßigen Belastungen ordnet die Vorschrift eine **Erstattung** der aufgewendeten Kosten an.

§ 89 SGB VIII ist **nur dann anwendbar**, wenn für die Bestimmung der örtlichen Zuständigkeit nach den §§ 86, 86a oder 86b SGB VIII der **tatsächliche Aufenthalt maßgeblich** war, nicht also etwa, wenn die Zuständigkeit des örtlichen Trägers auf § 86 Abs. 1 SGB VIII beruht, der ausschließlich auf den gewöhnlichen Aufenthalt der Eltern bzw. eines Elternteils abstellt.

Erfasst sind also die Fälle des

- des § 86 Abs. 2 Satz 4 Hs. 2 SGB VIII,
- des § 86 Abs. 3 i.V.m Abs. 2 Satz 4 Hs. 2 SGB VIII,
- des § 86 Abs. 4 Satz 2 SGB VIII
- des § 86 Abs. 5 Satz 2 i.V.m. Abs. 4 Satz 2 SGB VIII,
- des § 86 Abs. 7 Satz 1 SGB VIII,
- des § 86a Abs. 3 SGB VIII oder
- des § 86b Abs. 2, Abs. 3 Satz 1 i.V.m. § 86 Abs. 2, 3 oder 4 SGB VIII.

2a Nach dem Wortlaut der Vorschrift erfasst sie nicht die Fälle des § 86 Abs. 7 Satz 2 SGB VIII, nach dem sich die örtliche Zuständigkeit nach der in einem Verteilungsverfahren ergangenen **Zuweisungsentscheidung** richtet.[1] Hier will allerdings eine Auffassung die **Vorschrift analog** anwenden.[2]

Dagegen lehnen andere die analoge Anwendung ab. Die analoge Anwendung der Vorschrift auf die durch Zuweisung in einem Verteilungsverfahren begründete Zuständigkeit scheide bereits mangels einer planwidrigen ausfüllungsbedürftigen Regelungslücke aus. Weder die zeitgleich mit § 86 Abs. 7 SGB VIII erfolgte Einfügung des § 89 SGB VIII noch die zahlreichen Änderungen von Kostenerstattungserstattungsvorschriften, ohne § 89 SGB VIII anzutasten, ließen den Schluss zu, der Gesetzgeber habe die Erstattung unbeabsichtigt ausgeschlossen.[3]

---

1 Zu den Anwendungsvoraussetzungen dieser Vorschrift vgl. die Erläuterungen bei § 86 Rn. 28 ff.

2 So VG Stuttgart, Urt. v. 17.4.2019, 7 K 9080/16, juris; BayVGH, Urt.v.30.11.2007, 12 B 07.232, juris, aufgehoben durch BVerwG, Urt. v. 2.4.2009, 5 C 2.08, JAmt 2009, 322; FK-SGB VIII/*Eschelbach*, § 89 Rn. 2 m.w.N.

3 VGH Ba-Wü, Urt. v. 8.1.2021, 12 S 1407/19, openjur.de, Rn. 44 ff.; ebenso OVG Rhld-Pfalz, Urt. v. 7.11.2019, 7 A 10886/19, JAmt 2020, 323 ff.

Auch das mit § 89 SGB VIII verfolgte gesetzgeberische Ziel, unangemessene Belastungen eines örtlichen Trägers zu verhindern, die dadurch entstünden, dass über die Regelungen zur örtlichen Zuständigkeit nicht in allen Fällen eine befriedigende gleichmäßige Verteilung der Kosten zu erreichen sei, umfasse nicht die Fälle der örtlichen Zuständigkeit aufgrund einer Zuweisungsentscheidung. Gemeinschaftseinrichtungen nach § 53 AsylG dienten anders als Jugendhilfeeinrichtungen nicht der Deckung eines jugendhilferechtlichen Bedarfs, sondern der Unterbringung von Asylsuchenden.[4]

Darüber hinaus **spricht gegen eine analoge Anwendung**, dass anders als der tatsächliche Aufenthalt der Aufenthalt aufgrund einer Zuweisungsentscheidung durch die zuständige Landesbehörde nicht auf einer durch Kostenerstattung auszugleichenden „Zufälligkeit" beruht, sondern das Ergebnis einer gesteuerten Behördenentscheidung darstellt. Gem. § 50 Abs. 4 Satz 5 AsylG sind nämlich bei der Zuweisung im Wege der Ermessensausübung die Haushaltsgemeinschaft von Familienangehörigen, also vor allem die von Ehegatten sowie Eltern mit ihren minderjährigen Kindern, oder sonstige humanitäre Gründe von vergleichbarem Gewicht zu berücksichtigen. Die Trennung Minderjähriger von ihren Eltern ist also ausgeschlossen.

Erstattungspflichtig ist der **überörtliche Träger** (§ 69 Abs. 1 Satz 3 SGB VIII), zu dessen Bereich der örtliche Träger gehört. Eine Übertragung der Erstattungspflicht auf eine andere Körperschaft des öffentlichen Rechts ist gem. § 89g SGB VIII landesrechtlich möglich. **3**

Der **Umfang der Kostenerstattung** richtet sich nach § 89f SGB VIII. Es gilt die Bagatellgrenze von 1000 Euro. Kostenerstattungsansprüche nach § 89d SGB VIII gehen denen nach § 89 vor SGB VIII (§ 89d Abs. 5 SGB VIII).

---

4 OVG Rhld-Pfalz, Urt. v. 7.11.2019, 7 A 10886/19, JAmt 2020,323 (325), ihm folgend VGH Ba-Wü. Urt. v. 8.1.2021, 12 S 1407/19, juris, Rn. 62, JAmt 2021, 339.

§ 89a
Kostenerstattung bei fortdauernder Vollzeitpflege

(1) [1]Kosten, die ein örtlicher Träger auf Grund einer Zuständigkeit nach § 86 Absatz 6 aufgewendet hat, sind von dem örtlichen Träger zu erstatten, der zuvor zuständig war oder gewesen wäre. [2]Die Kostenerstattungspflicht bleibt bestehen, wenn die Pflegeperson ihren gewöhnlichen Aufenthalt ändert oder wenn die Leistung über die Volljährigkeit hinaus nach § 41 fortgesetzt wird.

(2) Hat oder hätte der nach Absatz 1 kostenerstattungspflichtig werdende örtliche Träger während der Gewährung einer Leistung selbst einen Kostenerstattungsanspruch gegen einen anderen örtlichen oder den überörtlichen Träger, so bleibt oder wird abweichend von Absatz 1 dieser Träger dem nunmehr nach § 86 Absatz 6 zuständig gewordenen örtlichen Träger kostenerstattungspflichtig.

(3) Ändert sich während der Gewährung der Leistung nach Absatz 1 der für die örtliche Zuständigkeit nach § 86 Absatz 1 bis 5 maßgebliche gewöhnliche Aufenthalt, so wird der örtliche Träger kostenerstattungspflichtig, der ohne Anwendung des § 86 Absatz 6 örtlich zuständig geworden wäre.

Übersicht Rn.

A. Allgemeines

1 Die Vorschrift regelt die Kostenerstattung für die Fälle, in denen sich die örtliche Zuständigkeit des Trägers nach § 86 Abs. 6 SGB VIII richtet (vgl. dazu § 86 SGB VIII Rn. 23 ff.). Sie dient dem Ausgleich der sich aus der Zuständigkeitsregelung ergebenden Belastungen des Jugendamtes am Ort der Vollzeitpflege. Dem liegt die Einschätzung zugrunde, dass sich Pflegestellen in größerer Zahl in Großstädten und Ballungsräumen finden lassen, wenn die dort zuständigen Träger nicht überproportional in Anspruch genommen werden. Die Vorschrift bezweckt also den Schutz der „Pflegestellenorte".[1] Während § 89a Abs. 1 SGB VIII regelt, welche Träger **erstattungsberechtigt** sind, bestimmen Abs. 2 und 3, welche Träger **erstattungspflichtig** sind.

§ 89a SGB VIII wurde durch das 1. ÄndG SGBVIII eingefügt und hat die geltende Fassung zuletzt durch das KJVVG erhalten.[2]

---

1 Vgl. dazu auch LPK-SGB VIII/*Kunkel/Pattar,* § 89a Rn. 1. Diese der Regelung zugrunde liegende Begründung erscheint in mehrfacher Hinsicht zweifelhaft. Zum einen hängt die Bereitschaft von Pflegeeltern, Pflegekinder aufzunehmen, nicht davon ab, welcher Träger letztendlich die Kosten trägt. Zum anderen ist es weder ungewöhnlich noch überraschend und deshalb nicht ausgleichsbedürftig, dass in Großstädten und Ballungsräumen mehr Menschen und damit auch mehr (Pflege-)Kinder leben, weshalb dort in größerem Umfang Jugendhilfeleistungen zu erbringen sind als in dünner besiedelten ländlichen Regionen. Mit derselben Berechtigung könnte man in Zeiten der Landflucht für jeden Umzug Leistungsberechtigter in eine (Groß-)Stadt einen Erstattungsanspruch installieren. Der Gedanke an eine Ausgleichsbedürftigkeit kann nur dann aufkommen, wenn man das Leben eines Kindes bei Pflegeeltern auch nach zwei Jahren für etwas so Abnormes hält, dass es jedenfalls auf der Kostenebene korrigiert werden muss.

2 Vgl. zur wechselvollen Gesetzgebungsgeschichte Wiesner/Wapler/*Loos,* § 89a SGB VIII Rn. 2.

B. Einzelheiten

I. Abs. 1 – Kostenerstattung durch früheren örtlichen Träger

Abs. **1 Satz 1** normiert einen Kostenerstattungsanspruch des nach § 86 Abs. 6 SGB VIII zuständigen **örtlichen Trägers** gegen den örtlichen Träger, der **zuvor**, also vor dem durch § 86 Abs. 6 Satz 1 SGB VIII bewirkten Zuständigkeitsübergang, nach den Vorschriften des § 86 Abs. 1 bis 5 und 7 SGB VIII **zuständig war**. Dessen Erstattungspflicht nach Absatz 1 Satz 1 setzt mit dem **Eintritt** der Zuständigkeit nach § 86 Abs. 6 SGB VIII, also frühestens nach zweijährigem Aufenthalt des Kindes oder Jugendlichen bei der Pflegeperson, ein. Erstattungspflichtig ist nach der ersten Alternative der örtliche Träger, der bis zu diesem Zeitpunkt zuständig **war**. Wurden vor dem Zuständigkeitsübergang nach § 86 Abs. 6 SGB VIII keine Jugendhilfeleistungen erbracht, sondern die Pflege aus privaten Mitteln bestritten oder aufgrund anderer Rechtsvorschriften finanziert, und gab es infolgedessen nur einen potenziell zuständigen Träger („der zuvor … zuständig gewesen **wäre**"), so ist dieser erstattungspflichtig. 2

Die nach Abs. 1 Satz 1 begründete Erstattungspflicht bleibt gem. **Abs. 1 Satz 2 Alt. 1** auch dann bestehen, wenn die Pflegeperson ihren gewöhnlichen Aufenthalt ändert und damit ein anderer Träger gem. § 86 Abs. 6 SGB VIII örtlich zuständig wird. Damit wird die Legitimationsgrundlage der Vorschrift gänzlich löchrig, da es bei der Änderung des gewöhnlichen Aufenthalts der Pflegeperson weder darum geht, die Suche nach einer Pflegestelle zu erleichtern, noch Großstädte und Ballungsräume geschützt werden, da die Regelung unabhängig davon gilt, wohin der gewöhnliche Aufenthalt verlagert wird. Es geht auch an dieser Stelle vielmehr darum, die Anknüpfung der Kostenträgerschaft an den gewöhnlichen Aufenthalt der Pflegeperson erstattungsrechtlich zu korrigieren.[3] 3

Mit der Verlegung des gewöhnlichen Aufenthalts durch die Pflegeperson in den Zuständigkeitsbereich eines anderen Trägers geht also die Anspruchsberechtigung hinsichtlich des Erstattungsanspruchs nach Abs. 1 Satz 1 auf diesen anderen Träger über. Dabei erfasst der Erstattungsanspruch nur die von diesem ab der Begründung seiner Zuständigkeit nach § 86 Abs. 6 SGB VIII aufgewendeten Kosten, was sich ohne Weiteres aus § 89a Abs. 1 Satz 1 SGB VIII („Kosten, … die *er* aufgewendet hat") ergibt. Der Erstattungsanspruch des zuvor nach § 86 Abs. 6 SGB VIII zuständigen Trägers wird dadurch weder berührt noch findet ein Anspruchsübergang auf den neu zuständig gewordenen Träger statt.[4]

Die Kostenerstattungspflicht nach Abs. 1 Satz 1 bleibt gem. **Abs. 1 Satz 2 Alt. 2** auch dann bestehen, wenn der Jugendliche volljährig wird und die Hilfe als solche für junge Volljährige nach § 41 SGB VIII fortgesetzt wird. In welcher Hilfeform sie fortgesetzt wird, ist unerheblich. 4

Welcher Träger ist in einem solchen Fall **erstattungspflichtig**, welcher **erstattungsberechtigt**?

Erstattungspflichtig ist gem. Abs. 1 Satz 1 der örtliche Träger, der „zuvor zuständig war oder gewesen wäre". Das ist der bis zum Zeitpunkt des Eintritts der Volljährigkeit tatsächlich oder fiktiv zuständige Träger, dessen Zuständigkeit durch § 86a Abs. 4 SGB VIII über diesen Zeitpunkt hinaus erstreckt wird. Damit wird auch eine zu diesem Zeitpunkt bestehende Zuständigkeit nach § 86 Abs. 6 SGB VIII festgeschrieben. Erstattungspflichtig ist also der bei Eintritt der Volljährigkeit gem. § 86 Abs. 6 SGB VIII zuständige örtliche Träger.

Erstattungsberechtigt ist gem. Abs. 1 Satz 1 der Träger, der die Kosten aufgrund einer Zuständigkeit nach § 86 Abs. 6 SGB VIII aufgewendet hat. Bestand bei Eintritt der Volljährigkeit

---

3 Siehe dazu oben Fn. 1.
4 In gleichem Sinne LPK-SGB VIII/*Kunkel/Pattar*, § 89a Rn. 8.

eine Zuständigkeit nach § 86 Abs. 6 SGB VIII, dauert diese gem. § 86a Abs. 4 SGB VIII fort. Die in diesem Fall nach Eintritt der Volljährigkeit fortgesetzten Leistungen sind solche „aufgrund einer Zuständigkeit nach § 86 Abs. 6 SGB VIII".

Beispiel:

Die Jugendliche J lebt seit dem 1.3.2018 bei den Pflegeeltern P, die im Zuständigkeitsbereich des Jugendamtes B wohnen. Das gem. § 86 Abs. 1 SGB VIII zuständige Jugendamt A gewährt den Eltern von J Hilfe nach § 33 SGB VIII. Mit dem 1.3.2020 geht die Zuständigkeit gem. § 86 Abs. 6 SGB VIII auf das Jugendamt B über, das die Leistung fortsetzt. Am 30.11.2020 vollendet J das 18. Lebensjahr und wird damit volljährig. Sie lebt weiterhin bei den Pflegeeltern P und erhält bis 30.9.2021 Leistungen nach § 33 SGB VIII. Seit dem 1.3.2018 und bis zum 29.2.2020 war Jugendamt A zuständig. Am 1.3.2020 ging die Zuständigkeit gem. § 86 Abs. 6 SGB VIII auf das Jugendamt B über.

Für den Zeitraum vom 1.3.2020 bis jedenfalls zum 29.11.2020 hat Jugendamt B gem. § 89a Abs. 1 Satz 1 SGB VIII einen Erstattungsanspruch hinsichtlich der in diesem Zeitraum aufgewendeten Kosten. Aufgrund der durch § 86a Abs. 4 SGB VIII angeordneten Fortdauer der Zuständigkeit bleibt Jugendamt B zuständig und hat auch nach dem 29.11.2020 einen Erstattungsanspruch gegen Jugendamt A.

5 Der Erstattungsanspruch nach § 89a Abs. 1 Satz 1 SGB VIII umfasst nach Nds.OVG nur die für „Leistungen", nicht aber die für die Erfüllung anderer Aufgaben i.S.d. § 2 Abs. 3 SGB VIII entstandenen Kosten.[5]

II. Abs. 2 – Durchgriffsanspruch gegen einen anderen Träger

6 **Absatz 2** eröffnet dem nach § 86 Abs. 6 SGB VIII zuständigen und deshalb nach Abs. 1 erstattungsberechtigten Träger einen Durchgriff gegen den Träger, der seinerseits gegenüber dem nach Abs. 1 erstattungspflichtigen Träger erstattungspflichtig ist.

Der Erstattungsanspruch des nach § 89a Abs. 1 SGB VIII verpflichteten Trägers gegen einen anderen **örtlichen Träger** kann seine Grundlage haben

- in § 89c Abs. 1 SGB VIII oder
- in § 89e Abs. 1 SGB VIII.[6]

Ein Erstattungsanspruch des nach § 89a Abs. 1 SGB VIII verpflichteten Trägers gegen einen überörtlichen Träger kann bestehen

- nach § 89 SGB VIII,
- nach § 89c Abs. 3 SGB VIII oder
- nach § 89e Abs. 2 SGB VIII.[7]

Die Regelung führt dazu, dass der nach Abs. 1 erstattungspflichtige Träger von der Verpflichtung frei wird und der erstattungsberechtigte Träger seine Ansprüche ausschließlich gegen den nach Abs. 2 Pflichtigen richten kann (sog. Sperrwirkung). Ein Wahlrecht, welchen der

5 NdsOVG, Beschl. v. 11.10.2019, 10 LA 57/18, JAmt 2019, 633 ff.; die Entscheidung betrifft geltend gemachte Rechtsanwaltskosten, die für einen Sorge- und Umgangsrechtsstreit entstanden waren.

6 Zur Anwendbarkeit des § 89e SGB VIII im Rahmen von § 89a Abs. 2 SGB VIII vgl. LPK-SGB VIII/*Kunkel/Pattar*, § 89a Rn. 15; BayVGH, Beschl. v. 30.1.2017, 12 ZB 14.1839, JAmt 2017, 396 (397).

7 Zu den Voraussetzungen dieser Kostenerstattungsansprüche vgl. die Erläuterungen der jeweiligen Vorschrift.

beiden Träger er in Anspruch nehmen will, besteht nach dem eindeutigen Wortlaut des Abs. 2 nicht.

Nach der Rechtsprechung des BVerwG ist Abs. 2 weder direkt noch analog anwendbar, wenn der erstattungsberechtigte Träger und der nach Abs. 1 erstattungspflichtige identisch sind. In Betracht kommt allenfalls eine analoge Anwendung von Abs. 3.[8]

III. Abs. 3 – Wechsel des erstattungspflichtigen Trägers

Während Abs. 1 Satz 2 die Folgen eines Wechsels des erstattungsberechtigten Trägers regelt, normiert **Absatz 3** die Folgen von **Veränderungen auf der Seite des erstattungspflichtigen Trägers**. Würde dieser ohne die Anwendung von § 86 Abs. 6 SGB VIII seine Zuständigkeit verlieren und ein anderer örtlicher Träger örtlich zuständig, weil sich der nach § 86 Abs. 1 bis 5 SGB VIII maßgebliche gewöhnliche Aufenthalt (etwa der Eltern oder eines Elternteils) ändert, so „**verliert**" er seine Erstattungspflicht, weil er nicht schlechter stehen soll, als er ohne die Existenz von § 86 Abs. 6 SGB VIII stünde. Erstattungspflichtig wird dann der andere Träger, der nach § 86 Abs. 1 bis 5 SGB VIII aufgrund des verlegten gewöhnlichen Aufenthalts der maßgeblichen Person zuständig geworden ist. 7

8 Vgl. BVerwG, Urt. v. 14.11.2013, 5 C 25.12, NVwZ-RR 2014, 310.

§ 89b
Kostenerstattung bei vorläufigen Maßnahmen zum Schutz von Kindern und Jugendlichen

(1) Kosten, die ein örtlicher Träger im Rahmen der Inobhutnahme von Kindern und Jugendlichen (§ 42) aufgewendet hat, sind von dem örtlichen Träger zu erstatten, dessen Zuständigkeit durch den gewöhnlichen Aufenthalt nach § 86 begründet wird.

(2) Ist ein kostenerstattungspflichtiger örtlicher Träger nicht vorhanden, so sind die Kosten von dem überörtlichen Träger zu erstatten, zu dessen Bereich der örtliche Träger gehört.

(3) Eine nach Absatz 1 oder 2 begründete Pflicht zur Kostenerstattung bleibt bestehen, wenn und solange nach der Inobhutnahme Leistungen auf Grund einer Zuständigkeit nach § 86 Absatz 7 Satz 1 Halbsatz 2 gewährt werden.

Übersicht Rn.

A. Allgemeines

1 Da nach § 87 SGB VIII die örtliche **Zuständigkeit für die Inobhutnahme** (§ 42 SGB VIII) an den tatsächlichen Aufenthalt des Minderjährigen vor Beginn der Maßnahme geknüpft ist, sucht § 89b SGB VIII durch die angeordnete Kostenerstattung einen Ausgleich für diejenigen Körperschaften zu schaffen, in denen der Bedarf für Interventionen nach § 42 SGB VIII am ausgeprägtesten ist, namentlich in den Großstädten. Die Vorschrift ist ein weiterer Ausdruck der Subsidiarität des tatsächlichen gegenüber dem gewöhnlichen Aufenthalt.

B. Einzelheiten

I. Abs. 1 – Erstattungspflicht durch den Träger des gewöhnlichen Aufenthalts

2 Erstattungspflichtig ist nach Absatz 1 der **örtliche Träger**, dessen Zuständigkeit durch den **gewöhnlichen Aufenthalt** nach § 86 SGB VIII begründet wird. Nach jener Vorschrift wird die örtliche Zuständigkeit durch den gewöhnlichen Aufenthalt

- der Eltern (§ 86 Abs. 1 SGB VIII),
- des personensorgeberechtigten oder maßgeblichen Elternteils (§ 86 Abs. 2 Satz 1, Abs. 2, Abs. 5 SGB VIII) oder
- des Minderjährigen (§ 86 Abs. 2 Satz 4 Hs. 1, Abs. 3 i.V.m. Abs. 2 Satz 4 Hs. 1, Abs. 4 SGB VIII)

begründet. Zur Kostenerstattung im Fall einer nach § 86 Abs. 6 SGB VIII begründeten örtlichen Zuständigkeit vgl. § 89a SGB VIII, zu der in den Fällen des § 86 Abs. 7 SGB VIII vgl. § 89d SGB VIII sowie die jeweiligen Erläuterungen dazu.

II. Abs. 2 – Erstattung bei fehlendem örtlichen Träger

Ist ein erstattungspflichtiger örtlicher Träger bei Anwendung von Absatz 1 **nicht vorhanden** oder nicht ermittelbar,[1] so ist nach Absatz 2 der **überörtliche Träger erstattungspflichtig**, zu dessen Bereich der nach Abs. 1 erstattungsberechtigte örtliche Träger gehört, sofern nicht das Landesrecht eine andere Körperschaft des öffentlichen Rechts bestimmt hat (§ 89g SGB VIII). 3

III. Abs. 3 – Fortbestand der Erstattungspflicht

Absatz 3 betrifft die Kostenerstattung für nach deren Inobhutnahme an minderjährige Asylbewerber erbrachte Leistungen. Nach § 86 Abs. 7 Satz 1 Hs. 2 SGB VIII bleibt die nach § 87 SGB VIII hinsichtlich der Inobhutnahme begründete, auf den **tatsächlichen Aufenthalt** abhebende örtliche Zuständigkeit auch für die nachfolgenden Leistungen bestehen. Daraus zieht Absatz 3 die kostenmäßigen Konsequenzen, indem er dem tätig werdenden Träger einen Erstattungsanspruch gegen den Träger des gewöhnlichen Aufenthaltes (§ 89b Abs. 1 SGB VIII) oder den überörtlichen Träger (§ 89b Abs. 2 SGB VIII) zuspricht. 4

IV. Umfang der Erstattungspflicht

Der Umfang der Kostenerstattung richtet sich nach § 89f SGB VIII. Zur Frage der Rechtmäßigkeit der Inobhutnahme als Erstattungsvoraussetzung vgl. die Erläuterungen zu § 89f SGB VIII Rn.2 ff. 5

Die Bagatellgrenze von 1.000 Euro gilt gem. § 89f Abs. 2 SGB VIII nicht. Zu Recht wird jedoch angemahnt, sorgfältig abzuwägen, ob der erforderliche Verwaltungsaufwand zur Feststellung des zuständigen örtlichen Trägers der Jugendhilfe und zur Durchsetzung des Erstattungsanspruchs mit den zu erwartenden Einnahmen in einem angemessenen Verhältnis steht.[2] Kostenerstattungsansprüche nach § 89d SGB VIII gehen denen nach § 89b SGB VIII vor (§ 89d Abs. 5 SGB VIII). 6

1 Vgl. zu Letzterem im Falle einer anonymen Geburt vgl. BayVGH, NDV 2005, 121.
2 Wiesner/*Mörsberger*, § 89b SGB VIII Rn. 6; LPK-SGBVIII/*Kunkel/Pattar*, § 89b Rn. 9. Vgl. als Beispiel OVG Rhld.-Pfalz JAmt 2016, 216 ff., wo um die Erstattung von 255,92 Euro gestritten wurde.

§ 89c
Kostenerstattung bei fortdauernder oder vorläufiger Leistungsverpflichtung

(1) [1]Kosten, die ein örtlicher Träger im Rahmen seiner Verpflichtung nach § 86c aufgewendet hat, sind von dem örtlichen Träger zu erstatten, der nach dem Wechsel der örtlichen Zuständigkeit zuständig geworden ist. [2]Kosten, die ein örtlicher Träger im Rahmen seiner Verpflichtung nach § 86d aufgewendet hat, sind von dem örtlichen Träger zu erstatten, dessen Zuständigkeit durch den gewöhnlichen Aufenthalt nach §§ 86, 86a und 86b begründet wird.

(2) Hat der örtliche Träger die Kosten deshalb aufgewendet, weil der zuständige örtliche Träger pflichtwidrig gehandelt hat, so hat dieser zusätzlich einen Betrag in Höhe eines Drittels der Kosten, mindestens jedoch 50 Euro, zu erstatten.

(3) Ist ein kostenerstattungspflichtiger örtlicher Träger nicht vorhanden, so sind die Kosten vom überörtlichen Träger zu erstatten, zu dessen Bereich der örtliche Träger gehört, der nach Absatz 1 tätig geworden ist.

Übersicht Rn.

A. Allgemeines

1 Die Vorschrift regelt die Kostenerstattung in Fällen, in denen ein örtlicher Träger entweder

- aufgrund seiner trotz Zuständigkeitswechsels gem. § 86c SGB VIII fortdauernden Leistungsverpflichtung oder
- aufgrund seiner gem. § 86d SGB VIII bestehenden Verpflichtung zum vorläufigen Tätigwerden

Kosten aufgewendet hat.

Sie bezweckt mithin den Ausgleich einer im Interesse der Sicherstellung der erstmaligen oder fortgesetzten Hilfeleistung entstandenen, aber als „irregulär" und deshalb als nicht endgültig hinnehmbar angesehenen Belastung eines Trägers. Darüber hinaus soll die Regelung den zuständig gewordenen örtlichen Träger davon abhalten, Leistungen aus fiskalischen Gründen nicht oder nur verzögert zu erbringen.[1]

B. Einzelheiten

I. Abs. 1 – Erstattungspflicht bei fortdauernder oder vorläufiger Leistungsverpflichtung

1. Bei fortdauernder Leistungspflicht trotz Zuständigkeitswechsels (§ 86c SGB VIII)

2 Hat ein Träger im Rahmen seiner Verpflichtung nach § 86c SGB VIII Kosten aufgewendet, indem er Leistungen gewährt, bis der zuständig gewordene örtliche Träger die Leistung fort-

1 Vgl. BVerwG, Urt. v. 22.6.2017, 5 C 3.16, juris, Rn. 30 m.w.N., JAmt 2017, 504.

setzt, ist gemäß Absatz 1 **Satz 1** der Träger erstattungspflichtig, der durch den Wechsel zuständig geworden ist. Der Erstattungsanspruch umfasst den **Zeitraum** des Eintritts der zuständigkeitsändernden Umstände bis zur tatsächlichen Übernahme oder Ablehnung der Leistungsgewährung durch den zuständig gewordenen Träger. Er besteht auch dann, wenn der zuständig gewordene Träger entgegen der Verpflichtung nach § 86c Satz 2 SGB VIII nicht unverzüglich unterrichtet wurde.[2] Hieran hat sich auch durch die Umgestaltung von § 86c Abs. 2 SGB VIII durch das BKiSchG nichts geändert.[3]

Gegenüber dem Erstattungsanspruch aus § 89c Abs. 1 Satz 1 SGB VIII kann auch grundsätzlich nicht eingewandt werden, der zur Weitergewährung verpflichtete Jugendhilfeträger habe die Interessen des nunmehr zuständigen Jugendhilfeträgers dadurch verletzt, dass er es unterlassen habe, die Durchsetzung von Erstattungsansprüchen gegenüber einem etwaig vorrangig zuständigen Sozialhilfeträger zu betreiben.[4]

2. Bei vorläufiger Leistungspflicht (§ 86d SGB VIII)

Satz 2 regelt die erstattungsrechtlichen Folgen der Verpflichtungen des Trägers am Ort des tatsächlichen Aufenthalts in den Fällen des § 86d SGB VIII.[5] Dem danach tätig gewordenen Träger steht ein Erstattungsanspruch (nur) gegen den Träger zu, dessen Zuständigkeit durch den **gewöhnlichen Aufenthalt** nach den §§ 86 bis 86b SGB VIII begründet wird. Als Anknüpfungspunkte kommen also in Frage der gewöhnliche Aufenthalt der Eltern, eines Elternteils, des Kindes oder Jugendlichen (§ 86 Abs. 1 bis 6 SGB VIII), einer oder eines jungen Volljährigen (§ 86a Abs. 1 oder 2 SGB VIII) oder der nach § 19 SGB VIII Leistungsberechtigten (§ 86b Abs. 1 SGB VIII). 3

Anderweitig begründete Zuständigkeiten führen nicht zu einer Erstattungspflicht nach dieser Vorschrift.

Der Erstattungsanspruch setzt nicht voraus, dass die Vorläufigkeit der Leistung bei ihrer Gewährung erkennbar wird.[6]

II. Abs. 2 – Zuschlag bei pflichtwidrigem Verhalten

Absatz 2 bezieht sich auf die Erstattungsregelung des Abs. 1 und normiert eine Sanktion für den **pflichtwidrig handelnden** örtlich zuständigen Träger. Er hat einen **zusätzlichen Betrag** in Höhe von **einem Drittel** der zu erstattenden Kosten, mindestens aber 50 Euro zu erstatten. 4

Der pauschale Zuschlag – auch als „Verwaltungskostenzuschlag", „Strafzuschlag" oder „Strafdrittel" bezeichnet – soll die durch die Pflichtwidrigkeit des zuständigen Trägers beim leistenden Träger entstandenen Verwaltungskosten abdecken und zugleich zu pflichtgemäßem Verhalten der Träger anhalten.[7]

Entscheidend für den Anspruch auf den Zusatzbetrag ist die **Pflichtwidrigkeit** des Handelns des zuständigen Trägers. 5

Pflichtwidrig handelt ein objektiv örtlich zuständiger Träger dann, wenn er durch inkorrektes Verwaltungshandeln die Wahrnehmung seiner Zuständigkeit ablehnt und dadurch die Leistungsverpflichtung des bisher zuständigen Trägers nach § 86c SGB VIII auslöst oder auf-

2 BVerwG, FEVS 54 (2003), 307, 308 f.
3 Vgl. Wiesner/Wapler/*Loos*, § 89c SGB VIII Rn. 3.
4 BVerwG, Urt. v. 22.6.2017, 5 C 3.16, JAmt 2017, 504.
5 Zu den Voraussetzungen der Leistungsverpflichtungen vgl. die Erläuterungen zu § 86d SGB VIII.
6 VG Göttingen, Urt. v. 22.6.2017, 2 A 270/15, juris.
7 Vgl. LPK-SGB VIII/*Kunkel*/*Pattar*, § 89c Rn. 10 m.w.N.

rechterhält.[8] Streitig ist, ob eine rechtlich begründete Verneinung der eigenen Zuständigkeit eine Pflichtwidrigkeit ausschließt.[9] Dies ist bei Vorliegen komplizierter und umstrittener Rechtsfragen anzunehmen,[10] jedoch dann zu verneinen, wenn die Rechtsfrage für die Praxis höchstrichterlich geklärt ist.[11]

Eine **pflichtwidrige Verzögerung** des Tätigwerdens ist dann zu verneinen, wenn für die Entscheidung über den Zuständigkeitswechsel erhebliche Unterlagen noch nicht vorliegen.[12]

Pflichtwidrigkeit liegt jedenfalls dann vor, wenn der erstattungspflichtige Träger seine **Zuständigkeit erkannt** hat oder bei Anwendung der ihm obliegenden Sorgfalt **hätte erkennen müssen** und dennoch die Hilfeleistung ablehnt, verzögert oder unzureichend gewährt.[13] Dies zu beurteilen, kann im Einzelfall schwierig sein. Hat nämlich der örtlich zuständige Träger seine Zuständigkeit bejaht, ist er allein deshalb noch nicht verpflichtet, die begehrte Hilfe in jedem Fall zu gewähren. Zu Recht weist deshalb das VG Regensburg[14] darauf hin, dass ein Tätigwerden i.S.d. § 86d SGB VIII auch in der Ablehnung einer begehrten Leistung bestehen kann, da die Vorschrift keine Grundlage dafür darstelle, eine Entscheidung des zuständigen Jugendamtes zu unterlaufen.

Die Pflichtwidrigkeit muss für die Kostentragung des erstattungsberechtigten Trägers **kausal** gewesen sein. Zwar wird das Erfordernis der Kausalität allenthalben betont, jedoch ist es schwer vorstellbar, dass gerade die Pflichtwidrigkeit Mehrkosten verursacht, die im Fall pflichtgemäßen Verhaltens nicht entstanden wären.[15]

Der Strafzuschlag ist gesondert geltend zu machen und unterliegt gesondert der Ausschlussfrist des § 111 Satz 1 SGB X.[16]

III. Abs. 3 – Erstattungspflicht des überörtlichen Trägers

6 **Absatz 3** ergänzt die Regelung des Abs. 1 Satz 2, der eine **Erstattungspflicht** des örtlichen Trägers nur dann vorsieht, wenn dessen Zuständigkeit durch den **gewöhnlichen Aufenthalt** begründet wird. Wird sie dagegen durch den **tatsächlichen Aufenthalt** nach §§ 86 bis 86b SGB VIII (also § 86 Abs. 2 Satz 4 letzter Hs., Abs. 4 Satz 2, Abs. 7, § 86a Abs. 3, § 86b Abs. 2 SGB VIII) begründet, ist ein kostenerstattungspflichtiger örtlicher Träger nicht vorhanden, sodass die Erstattungspflicht den **überörtlichen Träger** trifft, zu dem der nach Abs. 1 tätig gewordene örtliche Träger gehört.

7 Hinsichtlich des Umfangs der Erstattung gilt § 89f SGB VIII.

---

8 BayVGH, Beschl. v. 12.8.2014, 12 B 14.805, juris, Rn. 46.
9 Sächs. OVG, Urt. v. 14.11.2006, 5 B 810/04, juris, Rn. 33; OVG NW, Urt. v. 21.3.2014, 12 A 1211/12, JAmt 2014, 644.
10 Ebenso Wiesner/Wapler/*Loos*, § 89c Rn. 8; VGH Ba-Wü, Urt. v. 28.4.2015, 12 S 1274/14, JAmt 2016, 159.
11 So auch BayVGH, Beschl. v. 12.8.2014, 12 B 14.805, juris, Rn. 47.
12 OVG Greifswald, JAmt 2018, 167 (169).
13 Vgl. Wiesner/Wapler/*Loos*, § 89c SGB VIII Rn. 8.
14 VG Regensburg, Urt. v. 25.5.2021, RN 4 K 20.242, juris, Rn. 45.
15 Tatsächlich entfällt für Zeiträume, in denen etwa der zuständig gewordene Träger keine Kenntnis von seiner Zuständigkeit hatte, nicht erst die Kausalität, sondern bereits die Pflichtwidrigkeit des Handelns. Vgl. zu einem solchen Fall VG Karlsruhe, Urt. v. 26.4.2019, 8 K 1439/18, JAmt 2020, 108 (109).
16 VG Karlsruhe, Urt. v. 26.4.2019, 8 K 1439/18, JAmt 2020, 108 m.w.N.

§ 89d
Kostenerstattung bei Gewährung von Jugendhilfe nach der Einreise

(1) [1]Kosten, die ein örtlicher Träger aufwendet, sind vom Land zu erstatten, wenn

1. innerhalb eines Monats nach der Einreise eines jungen Menschen oder eines Leistungsberechtigten nach § 19 Jugendhilfe gewährt wird und

2. sich die örtliche Zuständigkeit nach dem tatsächlichen Aufenthalt dieser Person oder nach der Zuweisungsentscheidung der zuständigen Landesbehörde richtet.

[2]Als Tag der Einreise gilt der Tag des Grenzübertritts, sofern dieser amtlich festgestellt wurde, oder der Tag, an dem der Aufenthalt im Inland erstmals festgestellt wurde, andernfalls der Tag der ersten Vorsprache bei einem Jugendamt. [3]Die Erstattungspflicht nach Satz 1 bleibt unberührt, wenn die Person um Asyl nachsucht oder einen Asylantrag stellt.

(2) Ist die Person im Inland geboren, so ist das Land erstattungspflichtig, in dessen Bereich die Person geboren ist.

(3) *(weggefallen) Ist die Person im Ausland geboren, so wird das erstattungspflichtige Land auf der Grundlage eines Belastungsvergleichs vom Bundesverwaltungsamt bestimmt. Maßgeblich ist die Belastung, die sich durch die Erstattung von Kosten nach dieser Vorschrift ergeben hat.*

(4) Die Verpflichtung zur Erstattung der aufgewendeten Kosten entfällt, wenn inzwischen für einen zusammenhängenden Zeitraum von drei Monaten Jugendhilfe nicht zu gewähren war.

(5) Kostenerstattungsansprüche nach den Absätzen 1 bis 3 gehen Ansprüchen nach den §§ 89 bis 89c und § 89e vor.

Übersicht

A. Allgemeines

Die Vorschrift normiert die Pflicht des Landes zur Erstattung der vom örtlichen Träger aufgewendeten Kosten der gegenüber bestimmten in die Bundesrepublik eingereisten jungen Menschen oder Leistungsberechtigten nach § 19 SGB VIII erbrachten Jugendhilfe ohne Rücksicht auf deren Staatsangehörigkeit und dient der **Entlastung** von örtlichen Trägern, die durch einreisende Personen etwa aufgrund geografischer Lage in besonderem Maße beansprucht werden. Dabei differenziert sie zwischen im In- bzw. Ausland geborenen Personen. Hauptanwendungsfall ist die Gewährung von Jugendhilfe an unbegleitete Minderjährige in Form von vorläufiger und endgültiger Inobhutnahme (§§ 42a, 42 SGB VIII). 1

Die Erstattungspflicht ist zeitlich beschränkt und an bestimmte Voraussetzungen geknüpft, die kumulativ vorliegen müssen. Die Bagatellgrenze von 1000 Euro gilt gem. § 89f Abs. 2 SGB VIII für die Kostenerstattung nach dieser Vorschrift nicht. Hinsichtlich der Kostenerstattung für Maßnahmen, die vor dem 1. Juli 1998 begonnen haben, vgl. die Übergangsvorschrift des § 89h SGB VIII.

2 § 89d SGB VIII wurde seit Inkrafttreten des SGB VIII **mehrfach geändert**.[1] Die letzte Änderung erfolgte durch das UMG. Gem. Art. 5 Abs. 1 UMG wurde § 89d **Abs. 3** SGB VIII mit **Wirkung vom 1. Juli 2017 aufgehoben**. Durch die Einführung eines bundesweiten und landesinternen Verteilungsverfahrens, das sich nach einer Aufnahmequote auf der Grundlage des Königsteiner Schlüssels richtet, werde bundesweit ein gerechter Ausgleich des mit der Aufnahme unbegleiteter ausländischer Minderjähriger verbundenen Aufwands sichergestellt. Ein bundesweiter Ausgleich der Kosten sei daher nicht länger notwendig.

B. Einzelheiten

I. Voraussetzungen der Erstattungspflicht

1. Satz 1 Nr. 1 – Gewährung von Jugendhilfe

3 Nach Abs. 1 Satz 1 **Nr. 1** setzt die Erstattungspflicht voraus, dass **innerhalb eines Monats** nach deren Einreise (siehe dazu Rn. 4) an einen jungen Menschen (§ 7 Abs. 1 Nr. 4 SGB VIII) oder einen Leistungsberechtigten nach § 19 SGB VIII Jugendhilfe **gewährt wird**. Für die Fristberechnung gelten § 26 Abs. 1 SGB X i.V.m. §§ 187 Abs. 1, 188 Abs. 2 BGB. Die Jugendhilfe muss innerhalb dieses Zeitraums in dem Sinne **tatsächlich einsetzen**, dass das Jugendamt positiv über die Gewährung von Jugendhilfe entscheidet.

Um die Regelung auf die Fälle zu beschränken, in denen ein gewöhnlicher Aufenthalt als Anknüpfungspunkt nicht vorhanden ist, wird nach **Nr. 2** ferner vorausgesetzt, dass sich die örtliche Zuständigkeit des Trägers nach dem **tatsächlichen Aufenthalt** der Person **oder** der **Zuweisungsentscheidung** der zuständigen Landesbehörde richtet. An den **tatsächlichen Aufenthalt** ist die örtliche Zuständigkeit in den Fällen der §§ 86 Abs. 2 Satz 4, 86 Abs. 7, 86a Abs. 3, 86a Abs. 4, 86b Abs. 2, 87 SGB VIII geknüpft (vgl. dazu die dortigen Erläuterungen).

In den Fällen des § 86 Abs. 7 SGB VIII kann bei Asylbewerbern an die Stelle des tatsächlichen Aufenthaltes eine **Zuweisungsentscheidung** als Zuständigkeitskriterium treten. Diese wird von der zuständigen Landesbehörde nach **§ 50 Abs. 4 AsylG** erlassen und bestimmt den Ort des Aufenthaltes während der Dauer des Asylverfahrens (zu Einzelheiten betreffend die Zuweisungsentscheidung vgl. die Erläuterungen zu § 86 SGB VIII Rn. 33 ff.).

2. Satz 2 – Tag der Einreise

4 Da die Berechnung der Frist des Abs. 1 Satz 1 Nr. 1 eine genaue Bestimmung der Einreise erfordert, fingiert („gilt der Tag…") Satz 2 jedenfalls für die Frage der Kostenerstattung den Tag der Einreise in Form jeweils subsidiärer Alternativen. Dies erscheint sinnvoll, da das Ausländerrecht eine solche Bestimmung nicht zur Verfügung stellt, sondern seinerseits mit unterschiedlichen Einreisebegriffen und Fiktionen arbeitet (vgl. § 13 AufenthG; § 18a AsylG).

Nach der **ersten Alternative** gilt als **Tag der Einreise** der Tag des Grenzübertritts, sofern dieser amtlich festgestellt wurde. Damit wird indes mittelbar wiederum an ausländerrechtliche Tatbestände angeknüpft, da nach § 13 AufenthG eine solche amtliche Feststellung re-

1 Vgl. dazu Wiesner/*Loos*, § 89d SGB VIII Rn. 2.

gelmäßig nur bei Nutzung einer zugelassenen Grenzübergangsstelle möglich ist. Der Aufenthalt im Transitbereich eines Flughafens stellt noch keine Einreise in diesem Sinne dar. Die Einreise setzt in diesem Fall das physische Überschreiten der Grenzlinie sowie das Passieren der Grenzübergangsstelle voraus.[2]

Liegen diese Voraussetzungen nicht vor, gilt nach der **zweiten Alternative** die **erstmalige** Feststellung des Aufenthalts im Inland. Dies kann z.B. bei einer polizeilichen Kontrolle oder der Vorsprache bei einer Behörde sein.

Ist auch eine solche Feststellung nicht möglich, wird nach der **dritten Alternative** der Tag der ersten Vorsprache beim Jugendamt als Tag der Einreise fingiert. **Irgendein** „Tag der Einreise" ist also immer feststellbar.

3. Satz 3 – Asylgesuch und Asylantrag

Satz 3 lässt die nach Satz 1 entstandene Erstattungspflicht auch dann fortbestehen, wenn die betroffene Person um Asyl nachsucht oder einen förmlichen Asylantrag stellt. Es handelt sich um eine angesichts bestehender anderweitiger Regelungen über die Finanzierung von Leistungen an diesen Personenkreis (z.B. AsylG, AsylbLG, Aufnahmegesetze der Länder) notwendige Klarstellung. 5

Ein **Asylgesuch** liegt vor, wenn der Betroffene an der Grenze, bei der Ausländerbehörde oder der Polizei um Schutz vor Verfolgung nachsucht (§§ 18 bis 19 AsylG). Die **Asylantragstellung** erfolgt dagegen beim Bundesamt für Migration und Flüchtlinge oder einer seiner Außenstellen (§ 14 AsylG).

4. Erstattungsfähige Kosten

Da Abs. 1 Satz 1 Nr. 1 von der Gewährung von „Jugendhilfe" spricht, besteht Einigkeit, dass nicht nur die für die Erbringung von Leistungen, sondern auch die für die Erfüllung sonstiger Aufgaben der Jugendhilfe i.S.d. § 2 Abs. 3 SGB VIII aufgewendeten Kosten erstattungsfähig sind. Das gilt insbesondere die Kosten einer (vorläufigen) Inobhutnahme (§ 2 Abs. 3 Nr. 1 und 2 SGB VIII).[3]

Zu Inhalt und Umfang der erstattungsfähigen Kosten vgl. im Übrigen die Erläuterungen zu § 89f SGB VIII.

II. Abs. 2 – Geburt im Inland

Nach Abs. 2 ist für eine im **Inland geborene Person**, bei der die Voraussetzungen des Absatzes 1 vorliegen, das Land erstattungspflichtig, in dem der **Geburtsort** liegt. Dies ist aufgrund der Geburtsurkunde problemlos feststellbar. Durch die Anknüpfung an den Geburtsort kann auch ein anderes als das Land des Aufenthalts kostenerstattungspflichtig sein oder werden. 6

2 Vgl. NK-AuslR/*Fränkel*, § 13 AufenthG Rn. 14.

3 Nicht zu den erstattungsfähigen Kosten i.S.d. § 89d SGB VIII gehören nach VG Hannover, Urt. v. 7.12.2017, 3 A 7356/16, juris, online abrufbar unter http://www.rechtsprechung.niedersachsen.de, jene Kosten, die ein Träger aufwendet, um die Vereinsvormundschaft eines freien Trägers für einen unbegleiteten minderjährigen Ausländer zu unterstützen, da es sich dabei nicht um eine Aufgabe i.S.d. § 2 Abs. 3 SGB VIII handele und § 89d einer erweiternden Auslegung nicht zugänglich sei. A.A. insoweit VG Mainz, Urt. v. 10.8.2017, 1 K 1419/16.MZ juris.

III. Abs. 3 – Im Ausland Geborene

7 War die Person im Ausland geboren und fehlte damit ein geografischer Anknüpfungspunkt in der Bundesrepublik, wurde das erstattungspflichtige Land nach Abs. 3 durch das Bundesverwaltungsamt nach dem Vorbild des § 108 Abs. 1 SGB XII auf der Grundlage eines **Belastungsvergleichs** bestimmt. Maßgebend war dabei die sich pro Einwohner im vorausgegangenen Haushaltsjahr durch Erstattungen nach § 89d SGB VIII sowie die nach § 6 Abs. 3 SGB VIII durch die überörtlichen Träger gewährten Leistungen an Deutsche im Ausland ergebende Belastung.

8 Durch § 89d Abs. 3 SGB VIII a.F. sollte ein Ausgleich des mit der Aufnahme unbegleiteter ausländischer Minderjähriger verbundenen Aufwands ermöglicht werden. Die gerechte Verteilung des mit der Aufnahme verbundenen Aufwands wird durch die die Einführung eines landesinternen und bundesweiten Verteilungsverfahrens mit Inkrafttreten des UMG am 1.11.2015 sichergestellt. Der Gesetzgeber ging davon aus, dass der mit § 89d Abs. 3 SGB VIII bezweckte Ausgleich innerhalb von 18 Monaten durchgeführt werden konnte,[4] so dass die Regelung mit Wirkung vom **1.7.2017 aufgehoben** wurde.[5]

IV. Abs. 4 – Ende der Erstattungspflicht

9 Abs. 4 normiert die Voraussetzungen für die **Beendigung der Kostenerstattungspflicht**. Erforderlich ist ein zusammenhängender, also **ununterbrochener Zeitraum von drei Monaten**, in dem Jugendhilfe **nicht zu gewähren** war. Unschädlich für den Erstattungsanspruch des örtlichen Trägers sind (auch mehrere) Unterbrechungen für kürzere Zeiträume, selbst wenn sie sich insgesamt zu mehr als drei Monaten summieren. Weiter reicht es nach dem von dem der Nr. 1 deutlich abweichenden Wortlaut nicht aus, dass Jugendhilfe tatsächlich nicht gewährt wurde; entscheidend ist, dass für den genannten Zeitraum Jugendhilfe **nicht zu gewähren war**, d.h., die Voraussetzungen für einen Leistungsanspruch oder ein Tätigwerden nicht vorgelegen haben. Eine Unterbrechung soll also auch dann eintreten, wenn Jugendhilfe in diesem Zeitraum zu Unrecht gewährt wurde.[6]

10 „Jugendhilfe" im Sinne der Vorschrift umfasst nicht nur Leistungen, sondern auch die Erfüllung anderer Aufgaben, etwa die Inobhutnahme eines Betroffenen (§ 2 Abs. 1 SGB VIII).

11 Ob daneben die Erstattungspflicht auch dann endet, wenn ein **gewöhnlicher Aufenthalt begründet** wird, erscheint zweifelhaft. *Loos* bejaht dies für den Fall, dass die ursprünglich nach § 86 Abs. 7 SGB VIII begründete Zuständigkeit durch Begründung eines gewöhnlichen Aufenthaltes endet, weil dann die Tatbestandsvoraussetzung des Abs. 1 Satz 1 Nr. 2 entfalle, verhält sich aber zu anderen Konstellationen, in denen die örtliche Zuständigkeit auf dem tatsächlichen Aufenthalt beruht, nicht.[7] Für den genannten Fall erscheint die Beendigung der Erstattungspflicht plausibel, weil § 86 Abs. 7 Satz 3 SGB VIII ausdrücklich den Zuständigkeitsübergang zum Ort des gewöhnlichen Aufenthaltes vorsieht. In allen anderen Fällen, in denen auf den tatsächlichen Aufenthalt vor Beginn der Leistung oder Maßnahme abgestellt wird (z.B. §§ 86a Abs. 3, 86a Abs. 4, 86b Abs. 2, 87 SGB VIII), bleibt ein später begründeter gewöhnlicher Aufenthalt auch im Rahmen des § 89d SGB VIII **irrelevant**.

4 Vgl. BT-DRs. 18/5921, 31 f.
5 Art. 6 Abs. 1 des UMG vom 28.10.2015, BGBl. I S. 1802.
6 Vgl. LPK-SGB VIII/*Kunkel/Pattar*, § 89d Rn. 11; FK-SGB VIII/*Eschelbach*, § 89d Rn. 7.
7 Wiesner/Wapler/*Loos*, § 89d SGB VIII Rn. 10.

V. Abs. 5 – Rangverhältnis von Erstattungsansprüchen

Für diese Auslegung spricht auch Abs. 5, der einen **Vorrang** von Kostenerstattungsansprüchen nach § 89d Abs. 1 bis 3 SGB VIII vor Kostenerstattungsansprüchen nach den §§ 89, 89a, 89b, 89c und 89e SGB VIII anordnet, die ebenfalls an eine örtliche Zuständigkeit aufgrund tatsächlichen Aufenthaltes anknüpfen, aber die Kosten für Leistungen und Aufgaben gegenüber einem anderen Personenkreis betreffen. 12

§ 89e
Schutz der Einrichtungsorte

(1) [1]Richtet sich die Zuständigkeit nach dem gewöhnlichen Aufenthalt der Eltern, eines Elternteils, des Kindes oder des Jugendlichen und ist dieser in einer Einrichtung, einer anderen Familie oder sonstigen Wohnform begründet worden, die der Erziehung, Pflege, Betreuung, Behandlung oder dem Strafvollzug dient, so ist der örtliche Träger zur Erstattung der Kosten verpflichtet, in dessen Bereich die Person vor der Aufnahme in eine Einrichtung, eine andere Familie oder sonstige Wohnform den gewöhnlichen Aufenthalt hatte. [2]Eine nach Satz 1 begründete Erstattungspflicht bleibt bestehen, wenn und solange sich die örtliche Zuständigkeit nach § 86a Absatz 4 und § 86b Absatz 3 richtet.

(2) Ist ein kostenerstattungspflichtiger örtlicher Träger nicht vorhanden, so sind die Kosten von dem überörtlichen Träger zu erstatten, zu dessen Bereich der erstattungsberechtigte örtliche Träger gehört.

Übersicht

A. Allgemeines

1 Die Vorschrift bezweckt den **Schutz der örtlichen Träger**, in deren Gebiet sich in Abs. 1 genannte Einrichtungen befinden, vor übermäßiger Kostenbelastung. Mit der Normierung von Kostenerstattungspflichten soll verhindert werden, dass kommunale Gebietskörperschaften (Gemeinden, Landkreise) die Entstehung solcher Einrichtungen auf ihrem Gebiet abwehren.[1] Denselben Zweck verfolgen die für Leistungen an junge Volljährige bzw. in gemeinsamen Wohnformen für Mütter/Väter und Kinder geltenden Zuständigkeitsvorschriften der §§ 86a Abs. 2 und 86b Abs. 1 SGB VIII, sodass es insoweit einer Kostenerstattungsregelung nicht bedarf.

§ 89e SGB VIII wurde durch das 1. ÄndG SGB VIII eingefügt und durch das KICK um Abs. 1 Satz 2 ergänzt.

B. Einzelheiten

I. Abs. 1 – Voraussetzungen der Kostenerstattung

2 Voraussetzung einer Erstattungspflicht ist nach Absatz 1 **Satz 1** zunächst, dass sich die **örtliche Zuständigkeit** nach dem **gewöhnlichen Aufenthalt** (vgl. zum Begriff § 86 Rn. 6 ff.) der Eltern, eines Elternteils, des Kindes oder des Jugendlichen richtet. Damit werden die Fälle des § 86 Abs. 1 bis 5 SGB VIII, **nicht** aber die des § 86 Abs. 6 SGB VIII erfasst, da sich die Zuständigkeit dort nach dem gewöhnlichen Aufenthalt der Pflegeperson richtet. Insoweit richtet sich die Kostenerstattung nach § 89a SGB VIII.

---

1 Ebenso FK-SGB VIII/*Eschelbach/Schindler*, § 89e Rn. 1.

Eine Erstattungspflicht setzt weiter voraus, dass der gewöhnliche Aufenthalt in einer **Einrichtung**, einer **anderen Familie** oder einer **sonstigen Wohnform** begründet worden ist, die der Erziehung, Pflege, Betreuung, Behandlung oder dem Strafvollzug dient. Diese Voraussetzung erfüllen ohne Weiteres Einrichtungen und sonstige Wohnformen im Sinne der §§ 45a und 48a SGB VIII. Erfasst werden aber auch medizinische, therapeutische oder pflegerische Einrichtungen wie **Kliniken, Psychiatrien und Pflegeheime** sowie ausdrücklich **Strafvollzugsanstalten**.[2] Einbezogen sind darüber hinaus aber auch **„andere Familien"**, worunter nach herrschender Auffassung nur solche Pflegestellen erfasst werden, die nicht nur bestimmten Personen offenstehen. Damit scheiden solche Familien aus, in denen eine Aufnahme nur aus familiärer Verpflichtung heraus erfolgt.[3]

Ob **Frauenhäuser** Einrichtungen im Sinne der Vorschrift sind, ist **umstritten**. Bejaht wird dies mit der Begründung, das Kriterium der Betreuung werde dort jedenfalls inhaltlich ausgefüllt. Dem wird entgegengehalten, die bloße Beratung und Vermittlung lebenspraktischer Hilfen reiche für die Annahme eines Betreuungsverhältnisses nicht aus.[4] Entscheidend dürfte es allerdings auf das Konzept des jeweiligen Frauenhauses ankommen. Beschränkt sich dies auf die Gestellung geschützten Wohnraumes, handelt es sich nicht um eine Einrichtung. Sind dagegen weitergehende Angebote (Beratung, sozialpädagogische Prozessbegleitung, Rechtsberatung) vorhanden, liegt eine Einrichtung im Sinne der Vorschrift vor. 3

In allen Fällen ist das Vorliegen eines gewöhnlichen Aufenthaltes sorgfältig zu prüfen, zumal der Aufenthalt häufig kein freiwillig gewählter ist.

Rechtsfolge des Satzes 1 ist die Pflicht des örtlichen Trägers, in dessen Bereich die Person(en) vor dem Aufenthalt in der Einrichtung oder Wohnform ihren gewöhnlichen Aufenthalt hatte(n), zur Kostenerstattung. Abzustellen ist auf den **letzten ungeschützten** gewöhnlichen Aufenthalt.[5] Ein vorangegangener gewöhnlicher Aufenthalt in einer Einrichtung im Sinne des Abs. 1 bleibt also außer Betracht. 4

Hatten die Eltern verschiedene gewöhnliche Aufenthalte, ist der erstattungspflichtige Träger durch entsprechende Anwendung des § 86 Abs. 2 bis 4 SGB VIII zu bestimmen.[6] Weder handelt es sich hierbei um einen Fall des Abs. 2, da „ein" kostenerstattungspflichtiger Träger nicht im Sinne eines Zahlworts zu verstehen ist. Auch eine gesamtschuldnerische Verteilung auf beide Träger durch Anwendung von § 426 BGB ist abzulehnen. Es besteht kein Grund, das elaborierte System der §§ 86 ff. SGB VIII durch Rückgriff auf Vorschriften des BGB zu vereinfachen.

Satz 2 verlängert die nach Satz 1 entstandene Erstattungspflicht in den Fällen, in denen es sich bei der Hilfe für junge Volljährige (§ 86a Abs. 4 SGB VIII) oder bei der Hilfe in Wohnformen für Mütter/Väter und Kinder (§ 86b Abs. 3 SGB VIII) um fortgesetzte Hilfen handelt. 5

II. Abs. 2 – Fehlender erstattungspflichtiger örtlicher Träger

Ist ein erstattungspflichtiger örtlicher Träger bei Anwendung des Abs. 1 mangels gewöhnlichen Aufenthalts nicht vorhanden, erfolgt die Entlastung des Trägers gem. Absatz 2 durch die Erstattung der Kosten durch den überörtlichen Träger. 6

---

2 Nicht geschützt ist ein Aufenthalt in Untersuchungshaft, bei dem nach BVerwG, Urt. v. 29.9.2010, JAmt 2011, 279, ohnehin kein gewöhnlicher Aufenthalt begründet werden kann.
3 Vgl. Wiesner/Wapler/*Loos*, § 89e SGB VIII Rn. 7a; BVerwG ZfJ 2005, 363; Urt. v. 29.9.2010, JAmt 2011, 279.
4 Wiesner/Wapler/*Loos*, § 89e SGB VIII Rn. 7.
5 BVerwG, Urt. v. 29.9.2010, JAmt 2011, 279.
6 Ebenso Wiesner/*Loos*, § 89e SGB VIII Rn. 8; ebenso LPK-SGB VIII/*Kunkel/Pattar*, § 89e Rn. 10.

III. Verhältnis zu anderen Erstattungsregelungen

7 Soweit **Konkurrenzverhältnisse** entstehen können,[7] geht § 89e SGB VIII dem § 89 SGB VIII vor; gegenüber den §§ 89b, 89c und 89d SGB VIII ist § 89e SGB VIII nachrangig (§ 89d Abs. 5 SGB VIII).

7 Vgl. dazu LPK-SGB VIII/*Kunkel/Pattar*, § 89e Rn. 16.

§ 89f
Umfang der Kostenerstattung

(1) [1]Die aufgewendeten Kosten sind zu erstatten, soweit die Erfüllung der Aufgaben den Vorschriften dieses Buches entspricht. [2]Dabei gelten die Grundsätze, die im Bereich des tätig gewordenen örtlichen Trägers zur Zeit des Tätigwerdens angewandt werden.

(2) [1]Kosten unter 1 000 Euro werden nur bei vorläufigen Maßnahmen zum Schutz von Kindern und Jugendlichen (§ 89b), bei fortdauernder oder vorläufiger Leistungsverpflichtung (§ 89c) und bei Gewährung von Jugendhilfe nach der Einreise (§ 89d) erstattet. [2]Verzugszinsen können nicht verlangt werden.

Übersicht

A. Allgemeines

Die Vorschrift regelt entgegen der missverständlichen Überschrift nicht nur, **in welchem Umfang Kosten** zu erstatten sind, sondern auch, **ob** eine **Erstattungspflicht überhaupt besteht** oder der nicht selten vom in Anspruch genommenen Träger erhobene Einwand durchschlägt, dass die geltend gemachten Kosten in einer nicht rechtmäßigen Weise aufgewendet wurden und deshalb eine Erstattung nicht verlangt werden kann. 1
Die Vorschrift erfasst alle im dritten Abschnitt geregelten Kostenerstattungen. Darüber finden die §§ 108 und 109 sowie 111 bis 113 SGB X ergänzend Anwendung.

B. Einzelheiten

I. Abs. 1 – Voraussetzungen der Kostenerstattung

1. Aufgabenerfüllung entsprechend den „Vorschriften dieses Buches“

Ein Erstattungsanspruch besteht nach Absatz 1 **Satz 1** nur, soweit die Kosten verursachende Erfüllung der Aufgaben den „**Vorschriften dieses Buches**“ entspricht. Dabei wird die Formulierung in dem Sinne als zu eng angesehen, dass nicht nur Verstöße gegen Vorschriften des SGB VIII, sondern auch gegen solche des SGB I oder X[1] oder gesetzliche Vorschriften allgemein[2] diese Voraussetzung entfallen lassen. Hintergrund des Rechtmäßigkeitserfordernisses ist die von Art. 20 Abs. 3 GG geforderte Gesetzmäßigkeit der Verwaltungstätigkeit. Deshalb können Grundlage für deren Beurteilung nicht ein bestimmtes Gesetz oder (nur) bestimmte gesetzliche Vorschriften sein. 2

1 So Wiesner/Wapler/*Loos*, § 89f SGB VIII Rn. 3.
2 In diese Richtung GK-SGB VIII, § 89f Rn. 11.

3 Ungeachtet dessen ist die Beurteilung der Gesetzeskonformität nach der Rechtsprechung des BVerwG auf die Vorschriften des SGB VIII beschränkt.[3] Gesetzeskonformität i.S.d. § 89f SGB VIII und objektive Rechtmäßigkeit seien nicht durchweg identisch. Nach seinem Sinn und Zweck forme das Gebot der Gesetzeskonformität das allgemeine, aus dem Rechtsstaatsprinzip folgende Gebot der Gesetzmäßigkeit der Verwaltung für das Erstattungsrechtsverhältnis zwischen Jugendhilfeträgern aus. Es solle sicherstellen, dass der erstattungsberechtigte Jugendhilfeträger nicht in Erwartung einer Erstattungsleistung bei der Leistungsgewährung die durch das Gesetz gezogenen Grenzen überschreite, und den erstattungspflichtigen Jugendhilfeträger davor bewahren, die Aufwendungen für solche Leistungen zu erstatten, die bei ordnungsgemäßer Leistungsgewährung nach Art oder Umfang so nicht hätten erbracht werden müssen. Damit sei die Regelung zugleich Ausdruck des kostenerstattungsrechtlichen Interessenwahrungsgrundsatzes (dazu unten Rn. 7).[4] Insoweit kann man auch angesichts des Wortlauts der Vorschrift von einer **relativen Rechtmäßigkeit** sprechen.

Es geht also an dieser Stelle – unabhängig davon, ob man das SGB VIII oder die gesamte Rechtsordnung als Prüfungsmaßstab heranzieht – nicht um die Beseitigung rechtswidriger und die Herstellung rechtmäßiger Zustände, denn Konsequenz einer Qualifikation einer Leistungsgewährung als rechtswidrig ist ja nicht deren Aufhebung, sondern, gleichsam als Geldstrafe für rechtswidriges Verwaltungshandeln, der Wegfall des Erstattungsanspruchs.

4 Im Einzelnen wurden folgende **Rechtmäßigkeitskriterien** entwickelt[5]:

- Vorliegen der materiellen Hilfevoraussetzungen;
- Ausreichende Beteiligung von Eltern und jungen Menschen an der Hilfeplanung und -gestaltung, insbesondere also am Hilfeplanverfahren. Nicht erforderlich ist allerdings die Durchführung eines förmlichen Hilfeplanverfahrens.[6] Für eine Hilfe zur Erziehung ist das Einverständnis des oder der Personensorgeberechtigten notwendig.[7] Das notwendige Einverständnis eines Elternteils kann nachträglich mit Rückwirkung erteilt werden.[8]
- Erwägung alternativer Hilfeformen. Maßgeblich bleibt auch hier das Kriterium der Rechtmäßigkeit, nicht der Kostengünstigkeit. Eine Grenze, insbesondere im Bereich von Ermessensentscheidungen, setzt in jedem Fall Satz 2. Fehlt ein schriftlich fixierter Hilfeplan, so kann die Erstattung nur dann verweigert werden, wenn die Notwendigkeit und Geeignetheit der Hilfe nicht anderweitig festgestellt werden kann.[9]
- Ausreichende und nachvollziehbare Dokumentation für die Gewährung der Leistung.

Keine Rechtmäßigkeitsvoraussetzung ist die Erfüllung der Unterrichtungspflicht gegenüber dem neuen Träger nach § 86 Abs. 6 Satz 2 SGB VIII.[10] Zu Recht geht das Gericht davon aus, dass die Unterrichtungspflicht nicht der Ermittlung zuständigkeitsrelevanter Tatsachen dient und auch die Kostenerstattungspflicht nicht beeinflusst.

2. Sonderfall Inobhutnahme

5 Im Besonderen bei der Erstattung der Kosten einer **Inobhutnahme** spielt die Frage der Rechtmäßigkeit eine prominente Rolle.

3 BVerwG, Urt. v. 29.6.2006, 5 C 24/05, juris, Rn. 16; zuletzt Urt. v. 13.6.2013, 5 C /12, juris, Rn. 14, 19.
4 BVerwG, Urt. v. 29.6.2006, 5 C 24/05, juris, Rn. 16;
5 Vgl. dazu im Ganzen Wiesner/Wapler/*Loos*, § 89f SGB VIII Rn. 4 ff.
6 BVerwG, Urt. v. 24.6.1999, 5 C 24.98, juris, Rn. 40, ZfJ 2000, 31 = FEVS 51 (2000), 152, 161 f.; OVG NW, FEVS 54 (2003), 21, 27; OVG Schleswig, FEVS 53 (2002), 25 (30).
7 OVG Koblenz JAmt 2012, 606 (609).
8 VGH BaWü, JAmt 2007, 370.
9 BVerwG NVwZ 2000, 325.
10 OVG NW, FEVS 54 (2003), 21 (24 f.); ebenso Wiesner/Wapler/*Loos*, § 89f SGB VIII Rn. 4a.

Die Rechtmäßigkeit der Inobhutnahme setzt zunächst voraus, dass sie von einer dazu befugten Stelle vorgenommen wurde. Nicht zulässig ist die Inobhutnahme durch freie Träger.[11]

Die Pflicht zur Kostenerstattung soll die **unverzügliche Benachrichtigung** des Personensorge- oder Erziehungsberechtigten bzw. des Familiengerichts voraussetzen.[12] Zwar ist das Jugendamt nach § 42 Abs. 3 Satz 1 SGB VIII in den dort genannten Fällen – und nur dann kommt diese Voraussetzung überhaupt in Betracht – zu solcher Unterrichtung verpflichtet, allerdings zur Unterrichtung „von der Inobhutnahme", was nur im Sinne einer bereits erfolgten Inobhutnahme zu verstehen ist. Andernfalls hätte dies der Gesetzgeber etwa durch die Formulierung „von der beabsichtigten Inobhutnahme" zum Ausdruck bringen können und müssen. Zu fragen ist aber auch nach dem Schutzzweck dieser Verpflichtung.[13] Sie dient mit Sicherheit nicht den fiskalischen Interessen eines potenziell erstattungspflichtigen Trägers, sondern den Interessen der in Obhut genommenen Minderjährigen und ihrer Personensorge- oder Erziehungsberechtigten und kann deshalb nicht weiter reichen, als es der Zweck des Instituts der Inobhutnahme, nämlich der kurzfristige Schutz des Minderjährigen, erlaubt. Selbst wenn man die Unterrichtungsverpflichtung entgegen dem Wortlaut des § 42 Abs. 3 SGB VIII als Rechtmäßigkeitsvoraussetzung für die Inobhutnahme ansieht,[14] müsste der Schutzzweck der Norm nicht nur dem in Obhut nehmenden Jugendamt einen erheblichen Entscheidungsspielraum belassen, sondern eine verspätete Unterrichtung auch die Erstattungspflicht unberührt lassen.[15] Demgegenüber geht das BVerwG, das eine Unterrichtungsfrist von drei Tagen annimmt, auf diese Frage nicht ein.[16]

Nicht zweifelsfrei ist das Bestehen der Erstattungspflicht in den Fällen, in denen ein Asylsuchender infolge **fehlerhafter Altersbestimmung** in Obhut genommen wird. Hier will das VG Münster eine Kostenerstattung versagen, weil die Maßnahme objektiv rechtswidrig und es zwar grundsätzlich zulässig sei, eine Altersschätzung vorzunehmen, das Risiko, deshalb zu Unrecht Hilfe zu gewähren, liege jedoch bei dem, der die Schätzung vornehme.[17] Dem kann nicht gefolgt werden. Bei der Inobhutnahme handelt es sich materiell um eine Maßnahme der Gefahrenabwehr, der eine Prognose zugrunde liegt. Geht das Jugendamt davon aus, dass eine Sachlage vorliegt, die bei ungehindertem Ablauf mit Wahrscheinlichkeit zu einem Schaden für das zu schützende Rechtsgut – hier das Kindeswohl – führen wird, so ist das Eingreifen selbst dann rechtmäßig, wenn bei einer Ex-post-Betrachtung eine Gefahr objektiv nicht bestand. Auf diese Weise können im Übrigen gesundheitsschädliche Eingriffe zwecks Altersbestimmung vermieden werden. 6

3. Interessenwahrungsgrundsatz

Über das Rechtmäßigkeitserfordernis hinaus hat die Rechtsprechung einen kostenerstattungsrechtlichen **Interessenwahrungsgrundsatz** entwickelt, nach dem der Hilfe gewährende Jugendhilfeträger bei Strafe der Minderung oder des Verlusts des Erstattungsanspruchs **alles tun muss, um den erstattungsfähigen Aufwand so gering wie möglich** zu halten.[18] Der eine Leistung gewährende Träger habe mit Blick auf die kostenrechtliche Einstandspflicht eines anderen Trägers so zu handeln hat, als verbliebe die Kostenlast endgültig bei ihm selbst. 7

11 OVG Koblenz JAmt 2016, 216 ff. = EJ 2016, 122 ff. mit Anm. Möller; a.A. OVG Berlin-Brandenburg, Beschl. v. 12.5.2009, 6 S 8.09/6 M 10.09, JAmt 2009, 390 und v. 15.5.2009, 6 S 12.09/06 M 15.09.

12 So OVG Bremen, FEVS 55 (2004), 327).

13 So auch im Kontext des § 42 SGB VIII Wiesner/Wapler/*Dürbeck*, § 42 SGB VIII Rn. 36.

14 So Wiesner/Wapler/*Dürbeck*, § 42 SGB VIII Rn. 35a, der allerdings Mühe hat, die daraus resultierenden Konsequenzen in den Griff zu bekommen.

15 Vgl. dazu die überzeugenden Argumente des OVG NW, FEVS 54 (2003), 21, 24 f.

16 BVerwG, FEVS 51 (2000), 152, (163).

17 JAmt 2004, 326 f.

18 Vgl. BVerwG, FEVS 57 (2006), 1, 3; HessVGH NDV-RD 2005, 99.

Dementsprechend hat ein leistungsgewährender Träger die Obliegenheit, alle nach Lage des Einzelfalls zumutbaren Maßnahmen zu treffen, die erforderlich sind, um die (erstattungsfähigen) Kosten möglichst gering zu halten. Diese Obliegenheit des kostenerstattungsberechtigten Trägers kann die Heranziehung von Kostenersatzpflichtigen, die – auch gerichtliche – Geltendmachung anderer Kostenerstattungsansprüche, die Feststellung einer Leistung nach § 97 SGB VIII, die Bearbeitung entscheidungsreifer Anträge oder die Überführung der gewährten Hilfe in eine weniger kostenintensive Hilfeart oder -form umfassen.[19]

Dessen **Grundlage** wird zum einen im Grundsatz von **Treu und Glauben**, zum anderen auch im Erfordernis der **Gesetzeskonformität** in § 89f SGB VIII gesehen. Auch wenn man gegen den Interessenswahrungsgrundsatz – wie grundsätzlich gegen alle „ungeschriebenen Tatbestandsmerkmale" – kritische Einwände erheben kann, erscheint er so gefestigt, dass er als gegeben akzeptiert werden muss.

8 Die Konsequenzen unterschiedlicher Verwaltungspraxis der beteiligten Träger regelt **Satz 2**. Der auf Erstattung in Anspruch Genommene kann nicht einwenden, er halte eine andere **Ermessensausübung** für richtig oder zweckmäßig. Maßgebend sind insoweit die im Bereich des tätig gewordenen Trägers geltenden Grundsätze. Auch ein vorgängiges Konsultieren kann nicht verlangt werden.[20]

4. Gerichtliche Überprüfbarkeit

9 Auch wenn das BVerwG wiederholt betont, dass es sich bei der Entscheidung über die Notwendigkeit und Geeignetheit der Hilfe um das Ergebnis eines kooperativen pädagogischen Entscheidungsprozesses unter Mitwirkung des Kindes bzw. des Jugendlichen und mehrerer Fachkräfte handelt, welches nicht den Anspruch objektiver Richtigkeit erhebe, jedoch eine angemessene Lösung zur Bewältigung der festgestellten Belastungssituation enthalte, die fachlich vertretbar und nachvollziehbar sein müsse,[21] ist die **Gesetzeskonformität** der Aufgabenerfüllung **gerichtlich voll überprüfbar**.[22]

Festzuhalten bleibt, dass Erstattungsrechtsstreitigkeiten mit Unsicherheiten für die beteiligten Träger behaftet sind.

5. Aufgewendete Kosten

10 **Aufgewendete Kosten** sind die nach Abzug fallbezogen erzielter Einnahmen (z.B. aus Kostenheranziehung, Anspruchsüberleitung oder Erstattungen Dritter) verbleibenden **abgrenzbaren Aufwendungen**. Dazu gehören die erbrachten Geld-, Dienst- oder Sachleistungen, wobei die Erstattung in allen Fällen in Geld erfolgt (§ 108 Abs. 1 SGB X). Nicht zu erstatten sind die Sach- und Personalkosten der Verwaltung (§ 109 Satz 1 SGB X), die diese zur Erfüllung ihrer Aufgaben ständig vorhält, also die Kosten für Ge- und Verbrauchsgüter oder Gehälter.[23] Auslagen werden nur erstattet, soweit sie im Einzelfall 200 Euro übersteigen (§ 109 Satz 2 SGB X).

19 So etwa OVG NW, Urt. v. 19.2.2013, 12 A 1434/12, juris, mit zahlreichen Nachweisen aus Rspr. und Literatur.
20 Wiesner/Wapler/*Loos*, § 89f SGB VIII Rn. 8.
21 BVerwG, Urt. v. 24.6.1999, 5 C 24/98, ZfJ 2000, 31, ständige Rechtsprechung
22 Ebenso Wiesner/Wapler/*Loos*, § 89f SGB VIII Rn. 8a; VG Hannover, Urt. v. 3.2.2016, 3 A 10114/14, openJur Rn. 51 ff.
23 Vgl. zum Ganzen Wiesner/Wapler/*Loos*, § 89f SGB VIII Rn. 5 f.).

II. Abs. 2 – Bagatellgrenze

Absatz 2 **Satz 1** normiert aus Gründen der **Verwaltungsökonomie** eine **Bagatellgrenze** von 1.000 Euro, von der bestimmte **Ausnahmen** gelten. 11

Während im Fall des § 89c SGB VIII der untätig gebliebene Träger nicht entlastet werden soll, dient der Wegfall im Fall des § 89d SGB VIII der Entlastung häufig in Anspruch genommener Träger. Die Ausnahme des § 89b SGB VIII schließlich soll verhindern, dass vorläufige Maßnahmen allein aus erstattungsrechtlichen Gründen bis zum Überschreiten einer Bagatellgrenze ausgedehnt werden.

Satz 2 schließt **Verzugszinsen** von der Erstattung aus. Vom Ausschluss nicht erfasst werden **Prozesszinsen**. Diese können also gem. § 291 BGB verlangt werden.[24]

---

24 BVerwG FEVS 52, 433; Wiesner/Wapler/*Loos*, § 89f SGB VIII Rn. 12.

§ 89g
Landesrechtsvorbehalt

Durch Landesrecht können die Aufgaben des Landes und des überörtlichen Trägers nach diesem Abschnitt auf andere Körperschaften des öffentlichen Rechts übertragen werden.

1 § 89g SGB VIII wurde durch das 1. ÄndG SGB VIII in das Gesetz aufgenommen und durch das 2. SGB IX ÄndG geändert.

2 Vom Vorbehalt nach dieser Vorschrift werden die Kostenerstattungspflichten des Landes nach § 89d SGB VIII und der überörtlichen Träger nach §§ 89, 89b Abs. 2, 89c Abs. 3 und 89e Abs. 2 SGB VIII erfasst. Sie können durch Landesrecht auf andere Körperschaften des öffentlichen Rechts übertragen werden.

3 Beispiele sind Art. 52 BayAGSG, nach dem die Bezirke für die Kosterstattung zuständig sind, sowie § 15a 1. AGKJHG NW, mit dem die dem Land gem. § 89d SGB VIII obliegenden Aufgaben auf die Landschaftsverbände übertragen wurden.

§ 89h
Übergangsvorschrift

(1) Für die Erstattung von Kosten für Maßnahmen der Jugendhilfe nach der Einreise gemäß § 89d, die vor dem 1. Juli 1998 begonnen haben, gilt die nachfolgende Übergangsvorschrift.

(2) [1]Kosten, für deren Erstattung das Bundesverwaltungsamt vor dem 1. Juli 1998 einen erstattungspflichtigen überörtlichen Träger bestimmt hat, sind nach den bis zu diesem Zeitpunkt geltenden Vorschriften zu erstatten. [2]Erfolgt die Bestimmung nach dem 30. Juni 1998, so sind § 86 Absatz 7, § 89b Absatz 3, die §§ 89d und 89g in der ab dem 1. Juli 1998 geltenden Fassung anzuwenden.

Der Anwendungsbereich der in Abs. 2 enthaltenen Übergangsvorschrift ist gem. **Abs. 1** in zweifacher Hinsicht eingeschränkt: 1

- Sie gilt nur für die Kostenerstattung nach § 89d SGB VIII und
- nur für Maßnahmen, die vor dem 1. Juli 1998 begonnen haben.

Der Stichtag ist der Tag des Inkrafttretens der Neuregelung durch das SGB XI-Änderungsgesetz.[1]

Nach **Abs. 2** entscheidet der **Zeitpunkt der Bestimmung** des erstattungspflichtigen Trägers durch das Bundesverwaltungsamt über das anzuwendende Recht. Erfolgte sie vor dem 1. Juli 1998, sind die Kosten nach den bis dahin geltenden Vorschriften zu erstatten. Erfolgte die Bestimmung nach dem 30. Juni 1998, sind die genannten Vorschriften in der ab dem Stichtag geltenden Fassung anzuwenden. **Erfolgt** ist die Bestimmung, bei der es sich um einen Verwaltungsakt handelt, mit ihrem Wirksamwerden, also mit ihrer Bekanntgabe gegenüber dem erstattungspflichtigen Land (§ 43 Abs. 1 VwVfG). Die **Vorschrift** dürfte sich 23 Jahre nach ihrem Eingreifen durch Zeitablauf **erledigt** haben. 2

1 Vom 29.5.1998, BGBl. I S. 1188.

Achtes Kapitel
Kostenbeteiligung

Erster Abschnitt
Pauschalierte Kostenbeteiligung

§ 90
Pauschalierte Kostenbeteiligung

(1) Für die Inanspruchnahme von Angeboten

1. der Jugendarbeit nach § 11,

2. der allgemeinen Förderung der Erziehung in der Familie nach § 16 Absatz 1, Absatz 2 Nummer 1 und 3 und

3. der Förderung von Kindern in Tageseinrichtungen und Kindertagespflege nach den §§ 22 bis 24

können Kostenbeiträge festgesetzt werden.

(2) [1]In den Fällen des Absatzes 1 Nummer 1 und 2 kann der Kostenbeitrag auf Antrag ganz oder teilweise erlassen oder ein Teilnahmebeitrag auf Antrag ganz oder teilweise vom Träger der öffentlichen Jugendhilfe übernommen werden, wenn

1. die Belastung

a) dem Kind oder dem Jugendlichen und seinen Eltern oder

b) dem jungen Volljährigen

nicht zuzumuten ist und

2. die Förderung für die Entwicklung des jungen Menschen erforderlich ist.

[2]Lebt das Kind oder der Jugendliche nur mit einem Elternteil zusammen, so tritt dieser an die Stelle der Eltern. [3]Für die Feststellung der zumutbaren Belastung gelten die §§ 82 bis 85, 87, 88 und 92 Absatz 1 Satz 1 und Absatz 2 des Zwölften Buches entsprechend, soweit nicht Landesrecht eine andere Regelung trifft. [4]Bei der Einkommensberechnung bleiben das Baukindergeld des Bundes sowie die Eigenheimzulage nach dem Eigenheimzulagengesetz außer Betracht.

(3) [1]Im Fall des Absatzes 1 Nummer 3 sind Kostenbeiträge zu staffeln. [2]Als Kriterien für die Staffelung können insbesondere das Einkommen der Eltern, die Anzahl der kindergeldberechtigten Kinder in der Familie und die tägliche Betreuungszeit des Kindes berücksichtigt werden. [3]Werden die Kostenbeiträge nach dem Einkommen berechnet, bleibt das Baukindergeld des Bundes außer Betracht. [4]Darüber hinaus können weitere Kriterien berücksichtigt werden.

(4) [1]Im Fall des Absatzes 1 Nummer 3 wird der Kostenbeitrag auf Antrag erlassen oder auf Antrag ein Teilnahmebeitrag vom Träger der öffentlichen Jugendhilfe übernommen, wenn die Belastung durch Kostenbeiträge den Eltern und dem Kind nicht zuzumuten ist. [2]Nicht zuzumuten sind Kostenbeiträge immer dann, wenn Eltern oder Kinder Leistungen zur Sicherung des Lebensunterhalts nach dem Zweiten Buch, Leistungen nach dem dritten und vierten Kapitel des Zwölften Buches oder Leistungen nach den §§ 2 und 3 des Asylbewerberleistungsgesetzes beziehen oder wenn die Eltern des Kindes Kinderzuschlag gemäß § 6a des Bundeskindergeldgesetzes oder Wohngeld nach dem Wohngeldgesetz erhalten. [3]Der Träger der öffentlichen Jugendhilfe hat die Eltern über die Möglichkeit einer Antragstellung nach Satz 1 bei unzumutbarer Belastung durch Kostenbeiträge zu beraten. [4]Absatz 2 Satz 2 bis 4 gilt entsprechend.

Übersicht

A. Allgemeines

1 Die Vorschrift wurde seit Inkrafttreten des Gesetzes wiederholt geändert, u.a. durch das KICK, das KiFöG sowie das Gesetz zur Weiterentwicklung der Qualität und zur Teilhabe in der Kindertagesbetreuung („Gute-Kita-Gesetz"), das SozRAnpG 2020 sowie zuletzt, lediglich redaktionell, durch das KJSG.[1] Sie ist Bestandteil des im Gesetz enthaltenen Systems der Heranziehung zu den Kosten von geleisteter Jugendhilfe. Dieses sieht neben der in § 90 SGB VIII geregelten pauschalierten Kostenbeteiligung die Kostenerhebung (§§ 91 bis 94 SGB VIII) sowie die Geltendmachung übergeleiteter Ansprüche (§ 95 SGB VIII) vor.

2 Anlässlich der durch das KiFöG vorgenommenen Änderungen hat der Gesetzgeber auch eine begriffliche Bereinigung und Klarstellung vorgenommen. Der Begriff des „**Kostenbeitrags**" bezeichnet ausschließlich die **öffentlich-rechtliche Heranziehung** zu Kosten, die dem öffentlichen Träger der Jugendhilfe vorbehalten ist. Der „**Teilnahmebeitrag**" bezeichnet demgegenüber die durch **privatrechtliche Vereinbarung** begründete Verpflichtung zur Kostentragung.[2]

Mit dem Begriff des **Kosten*beitrags*** ist zunächst einmal eine Unterscheidung von dem der **Gebühr** im abgabenrechtlichen Sinne vorgenommen. Letztere zeichnet sich durch das Prinzip der Kostendeckung für eine konkret in Anspruch genommene Leistung aus. Demgegenüber stellen Beiträge abgabenrechtlich einen Ausgleich für die bloße Möglichkeit dar, eine Einrichtung o.ä. in Anspruch zu nehmen (z.B. der Straßenbeitrag). Danach handelt es sich bei dem Kostenbeitrag insoweit um einen Beitrag eigener Art. Die Pflicht zur Entrichtung setzt ein konkretes Rechtsverhältnis, nämlich den ausdrücklich oder konkludent erklärten Willen zur Inanspruchnahme einer der in Abs. 1 genannten Leistungen, voraus. Andererseits erfordert die Kostenbeitragspflicht nicht, dass diese Leistungen in der angebotenen Weise in Anspruch genommen werden. Die Beitragsregelung kann also etwa vorsehen, dass der Beitrag zur Förderung eines Kindes in einer Tageseinrichtung auch dann zu entrichten ist, wenn das Kind das Angebot nicht in vollem Umfang, also etwa nur zeitweise in Anspruch nimmt.[3]

---

1 Auf die jeweiligen Änderungen wird im Rahmen der Erläuterungen eingegangen.
2 Vgl. die Gesetzesbegründung BT-Drs. 16/9299, 18.
3 Vgl. zum Ganzen auch Wiesner/Wapler/*Loos*, § 90 SGB VIII Rn. 6.

B. Einzelheiten

I. Abs. 1 – Pauschalierte Kostenbeiträge

3 Abs. 1 der Vorschrift ermächtigt dazu, für die in Nr. 1 bis 3 genannten Leistungen **pauschalierte Kostenbeiträge** festzusetzen.[4] Dies gilt also auch für die Beiträge zur Kindertagespflege, die sich kostenbeitragsrechtlich nicht (mehr) von Förderung in Tageseinrichtungen unterscheiden. Die Regelung ist **abschließend**. Zu weiteren Leistungen können Kostenbeiträge nur unter den Voraussetzungen der §§ 91 ff. SGB VIII erhoben werden.[5]

4 **Adressaten der Vorschrift** sind die Träger der öffentlichen Jugendhilfe oder kommunale Gebietskörperschaften, die, ohne Jugendhilfeträger zu sein, etwa Kindertagesstätten unterhalten. Werden die Leistungen von freien Trägern erbracht, bedarf es einer privatrechtlichen Leistungsvereinbarung. Der Träger der öffentlichen Jugendhilfe ist nicht befugt, die an freie Träger zu entrichtenden Teilnahmebeiträge an deren Stelle einseitig festzusetzen.[6] Die Festsetzung des Kostenbeitrags erfolgt **im Einzelfall** entsprechend dem Charakter des Beitrags in öffentlich-rechtlicher Form, also in Form eines Verwaltungsakts, der jedoch einer **Grundlage** in Form einer kommunalen **Satzung** bedarf.

4a Abs. 1 enthält eine **Ermächtigung**, aber **keine Verpflichtung** zur Festsetzung von Kostenbeiträgen. Ob also Kostenbeiträge festgesetzt werden, steht im politischen Ermessen des jeweiligen Trägers der öffentlichen Verwaltung.

§ 90 SGB VIII sagt nicht, wer **Kostenschuldner** der Kostenbeiträge ist. Aus Abs. 2 wird jedoch zu Recht der Schluss gezogen, dass die **Eltern** oder ein **Elternteil** Kostenschuldner sind.[7]

II. Abs. 2 – Erlass oder Übernahme der Kosten

1. Absatz 2 Satz 1 und 2 – Voraussetzungen

5 Abs. 2 **Satz 1** regelt, unter welchen Voraussetzungen in den **Fällen** des Abs. 1 **Nr. 1 und 2**

- der Kostenbeitrag ganz oder teilweise erlassen oder
- der Teilnahmebeitrag ganz oder teilweise vom Träger der öffentlichen Jugendhilfe übernommen werden

kann. Gefordert wird hier also eine klassische **Ermessensentscheidung**.

Die Entscheidung des öffentlichen Trägers über den Erlass oder die Übernahme setzt in beiden Fällen einen entsprechenden **Antrag** der Kostenschuldner voraus. Voraussetzung ist dabei nicht, dass der Antrag vor Beginn der Leistung gestellt wird. § 36a SGB VIII ist nicht anwendbar.[8] Ungeachtet dessen sind die Betroffenen über die Möglichkeit der Antragstellung und die Voraussetzungen des Erlasses und der Übernahme gemäß § 14 Abs. 1 SGB I zu beraten.

6 **Voraussetzung** für Erlass oder Übernahme ist zum einen, dass die **Belastung** dem Minderjährigen und seinen Eltern oder dem jungen Volljährigen **nicht zuzumuten** (Abs. 2 Satz 1

4 Zu den einzelnen Leistungen vgl. die Erläuterungen zu den in Bezug genommenen Vorschriften.
5 Ebenso Wiesner/Wapler/*Loos*, § 90 SGB VIII Rn. 5.
6 Vgl. Wiesner/Wapler/*Loos*, § 90 SGB VIII Rn. 9.
7 Vgl. Wiesner/Wapler/*Loos*, § 90 SGB VIII Rn. 10.
8 Wiesner/*Loos*, § 90 SGB VIII Rn. 31 unter Verweis auf OVG Lüneburg, Beschl. v. 6.3.2014, 4 LC 45/12, openjur.de = JAmt 2014, 330 m.w.N.

Nr. 1) ist. Maßstab für die Zumutbarkeit der Belastung ist das **Einkommen** der genannten Personen. (Vgl. dazu sogleich die Erläuterungen zu Abs. 2 Satz 3.)

Des Weiteren erfordert ein Erlass des Kostenbeitrags oder eine Übernahme des Teilnahmebeitrags, dass die **Förderung** für die Entwicklung des jungen Menschen **erforderlich** ist (Abs. 2 Satz 1 **Nr. 2**).

Dabei verlangt diese Voraussetzung nicht, dass ein erzieherisches Defizit i.S.d. § 27 SGB VIII vorliegt, ausreichend ist vielmehr, dass die jeweilige in Rede stehende Leistung die allgemeine (Persönlichkeits-)Entwicklung oder die Sozialisationsbedingungen des jungen Menschen verbessert oder positiv beeinflusst.[9]

Liegen beide Voraussetzungen vor, hat der öffentliche Träger eine **Ermessensentscheidung** zu treffen. Insoweit ist bei Vorliegen der Voraussetzungen regelmäßig von einer Ermessensreduzierung auf null auszugehen, da kaum Fälle vorstellbar sind, in denen trotz Unzumutbarkeit der Belastung und erforderlicher Förderung eine Ablehnung ermessensfehlerfrei wäre.

Abs. 2 **Satz 2** stellt klar, dass in den Fällen, in denen das Kind oder der Jugendliche nur mit einem Elternteil zusammenlebt, hinsichtlich der Zumutbarkeit der Belastung nur auf diesen Elternteil abzustellen ist. 7

2. Absatz 2 Satz 3 – Zumutbarkeit der Belastung i.S.d. Abs. 1 Nr. 1

Absatz 1 Nr. 1 stellt mit Blick auf den Erlass des Kostenbeitrags oder die Übernahme des Teilnahmebeitrags auf die **Zumutbarkeit** der damit verbundenen Belastung ab. Hinsichtlich deren Feststellung erklärt Abs. 2 Satz 3 vorbehaltlich einer abweichenden landesrechtlichen Regelung die §§ 82 bis 85, 87, 88 und 92 Abs. 1 Satz 1 und Abs. 2 SGB XII für entsprechend anwendbar.[10] 8

Danach ergibt sich Folgendes:

- Es gilt der Einkommensbegriff der §§ 82 bis 84 SGB XII. Nach § 82 Abs. 1 SGB XII gehören zum **Einkommen** alle Einkünfte in Geld oder Geldeswert. Nicht zum Einkommen gehören Leistungen nach dem SGB XII sowie die in § 82 Abs. 1 SGB XII genannten Leistungen nach dem Bundesversorgungsgesetz und dem Bundesentschädigungsgesetz.
- Die Heranziehung ist bei Teilzeit- oder Ganztags-Betreuung in den Grenzen der häuslichen Ersparnis möglich (§ 92Abs. 1 Satz 1 und Abs. 2 SGB XII).
- Nicht anzurechnen sind die in § 10 Abs. 1 BEEG genannten Leistungen.
- Da es sich bei den in Rede stehenden Jugendhilfeleistungen um „Hilfe in besonderen Lebenslagen" handelt, ist die Einkommensgrenze nach § 85 Abs. 2 SGB XII zu bestimmen. Sie ergibt sich aus dem Grundbetrag nach § 85 Abs. 2 Nr. 1 SGB XII (zweifacher Regelsatz), den angemessenen Unterkunftskosten (§ 85 Abs. 2 Nr. 2 SGB XII) sowie dem Familienzuschlag nach § 85 Abs. 2 Nr. 3 SGB XII.
- Soweit das bereinigte Einkommen die Einkommensgrenze übersteigt, ist aus dem übersteigenden Betrag ein angemessener Teil aufzubringen (§ 87 Abs. 1 SGB VIII). Hierbei sind im Rahmen der entsprechenden Anwendung die spezifischen Besonderheiten der Leistungen der Jugendhilfe ebenso zu berücksichtigen wie bei einer Entscheidung, die Aufbringung bei einem unterhalb der Einkommensgrenze liegenden Einkommen (§ 88 SGB VIII) zu verlangen.
- Nicht einzusetzen ist **Vermögen**, da § 90 Abs. 4 SGB VIII nicht auf § 90 SGB XII verweist.

9 Ähnlich FK-SGB VIII/*Schindler*, § 90 Rn. 18.
10 Die Regelung war bis zum Inkrafttreten des KiQuTWG in Abs. 4 enthalten.

9 Gem. Abs. 2 Satz 3 letzter Hs. 2 kann **Landesrecht** eine „andere Regelung“ treffen. Diese kann die Berechnung und Anrechnung von **Einkommen**, aber auch den Einsatz von **Vermögen** betreffen. Abweichende Regelungen enthalten etwa § 9 Abs. 3 Satz 3 Hamburger Kinderbetreuungsgesetz, § 20 Abs. 2 NdsKiTaG.[11]

3. Absatz 2 Satz 4 – Baukindergeld und Eigenheimzulage

10 Gem. Abs. 2 Satz 4 werden bei der Einkommensberechnung das Baukindergeld des Bundes sowie die Eigenheimzulage nach dem Eigenheimzulagengesetz nicht berücksichtigt. Deren **Inanspruchnahme** ist also für die Beurteilung der Zumutbarkeit **unschädlich**.

III. Abs. 3 – Pflicht zur Staffelung der Kostenbeiträge nach Abs. 1 Nr. 3

11 § 90 Abs. 3 und 4 SGB VIII wurden durch das sog. Gute-Kita-Gesetz[12] mit Wirkung vom 1. August 2019 neu gefasst. Hintergrund der Neuregelung ist die Erkenntnis, dass Kostenbeiträge für die frühkindliche Förderung eine Hürde darstellen und Eltern davon abhalten können, diese in Anspruch zu nehmen. Daher stelle, so die Gesetzesbegründung, die Abschaffung der Kostenbeiträge für Kinder, die andernfalls keine Möglichkeit hätten, ein Angebot der frühkindlichen Bildung, Betreuung und Erziehung wahrzunehmen, eine Verbesserung der Teilhabe in der Kindertagesbetreuung dar und leiste einen konkreten Beitrag zur Chancengleichheit und Bildungsgerechtigkeit. Gerade für Familien mit geringem Einkommen stellten Kostenbeiträge für die Kindertagesbetreuung in Relation zu dem ihnen zu Verfügung stehenden Haushaltseinkommen eine besondere Belastung dar. Haushalte unterhalb der Armutsrisikogrenze müssten einen fast doppelt so hohen Anteil ihres Einkommens für den Elternbeitrag ihrer Kinder aufbringen wie wohlhabendere. Eltern, die über weniger als 60 Prozent des Median der Äquivalenzeinkommen verfügen, zahlten monatlich durchschnittlich 118 Euro und damit rund zehn Prozent ihres Einkommens für die frühkindliche Bildung, Betreuung und Erziehung ihres Kindes, während Eltern oberhalb dieser Armutsrisikogrenze nur rund fünf Prozent des Einkommens, im Durchschnitt 178 Euro, einsetzen müssten. Zudem gebe es zwischen und innerhalb der Länder erheblich voneinander abweichende Kostenbeiträge, sodass auch im Interesse der Herstellung gleichwertiger Lebensverhältnisse eine bundeseinheitliche Regelung geboten sei.[13]

12 Abs. 3 ist an die Stelle des bis zum Inkrafttreten des **„Gute-Kita-Gesetzes“** geltenden Abs. 1 Satz 2 bis 4 getreten.

Satz 1 der Vorschrift **verpflichtet** nunmehr bundeseinheitlich, die **Kostenbeiträge** nach Abs. 1 Nr. 3 für die Inanspruchnahme von Angeboten der Förderung von Kindern in Tageseinrichtungen und Kindertagespflege **zu staffeln**. Die bis dahin bestehende Möglichkeit, landesrechtlich von einer Staffelung abzusehen, entfällt. Eine Staffelung der Kostenbeiträge setzt voraus, dass solche überhaupt erhoben werden. Dennoch lässt sich aus der Pflicht zur Staffelung nicht eine solche entnehmen, überhaupt Kostenbeiträge zu erheben. Nach der Gesetzgebungsgeschichte wird deutlich, dass es sich um eine **Staffelung nach sozialen Kriterien** handeln, diese also der Entlastung einkommensschwacher Familien, nicht aber dem Ausschluss einer vollständigen Beitragsbefreiung dienen soll.[14]

---

11 Eine Übersicht über die KiTa-Gesetze der einzelnen Bundesländer und deren jeweilige Texte finden sich unter https://bage.de/service/links-zu-den-kita-gesetzen-der-einzelnen-bundeslaender/ (14.3.2022).

12 Gesetz zur Weiterentwicklung der Qualität und zur Teilhabe in der Kindertagesbetreuung v. 19.12.2018, BGBl. I S. 2696.

13 Vgl. BT-Drs. 19/4947, 30.

14 Ebenso OVG Bremen, Urt. v. 16.6.2021, 2 D 243/17, juris.

Satz 2 hebt als Staffelungskriterien das Einkommen der Eltern, die Anzahl der kindergeldberechtigten Kinder in der Familie sowie die tägliche Betreuungszeit des Kindes hervor. Zwar werden diese Kriterien als Regelbeispiele benannt („insbesondere"), schließen also, wie sich nicht zuletzt aus Satz 4 ergibt, weitere Kriterien nicht aus, sie sind aber ihrerseits **zwingend**. Die Formulierung „werden … berücksichtigt" hat keinen beschreibenden, sondern normativen Charakter. Die Empfehlung des Ausschusses für Familie, Senioren, Frauen und Jugend, dass sie berücksichtigt werden *können*,[15] ist nicht Gesetz geworden. Einkommen, Zahl der (kindergeldberechtigten) Kinder sowie die tägliche Betreuungszeit sind danach bei der Staffelung **zwingend** zu berücksichtigende **Kriterien**.

Hinsichtlich des Einkommens schreibt **Satz 3** vor, das **Baukindergeld** des Bundes außer Betracht zu lassen. Es darf also nicht als Einkommen berücksichtigt werden. Gem. **Satz 4** können weitere Kriterien berücksichtigt werden, was den nicht abschließenden Charakter der Aufzählung in Satz 1 ausdrücklich bestätigt.

In welcher Weise und mit welchem Ergebnis die in Satz 2 genannten Kriterien zu berücksichtigen sind, lässt sich Absatz 3 nicht entnehmen. Insoweit nehmen Abs. 4 sowie ggfs. landesrechtliche Regelungen[16] Konkretisierungen vor.

IV. Abs. 4 – Erlass oder Übernahme des Kosten- und Teilnahmebeitrags nach Abs. 1 Satz 1 Nr. 3

1. Materielle Voraussetzungen

Abs. 4 enthält eine Reihe zwingender Maßgaben hinsichtlich der zu berücksichtigenden Einkommenssituation. Sie sind **vorrangig zu prüfen**. 13

Abs. 4 **Satz 1** enthält den Grundsatz, wonach der Kostenbeitrag zwingend zu erlassen und ein Teilnahmebeitrag zwingend zu übernehmen ist, wenn die Belastung „durch Kostenbeiträge" den Eltern und dem Kind nicht zuzumuten ist. Dabei wird hier der Plural offensichtlich als Sammelbegriff für Kosten- und Teilnahmebeitrag verwendet wird. Sodann normiert Satz 2 die Fälle, in denen von Gesetzes wegen und ohne Prüfung im Einzelfall („Immer dann") Kostenbeiträge nicht zuzumuten sind. Ein solcher Fall liegt immer dann vor, wenn **Eltern oder Kinder**

- Leistungen zur Sicherung des Lebensunterhalts nach dem SGB II (1. Alt.),
- Leistungen nach dem dritten und vierten Kapitel des SGB XII (2. Alt.),
- nach den §§ 2 und 3 AsylbLG (3. Alt.)

gewährt werden

oder die **Eltern des Kindes**

- Kinderzuschlag nach § 6a BKG (4. Alt.) oder
- Wohngeld nach dem WoGG (5. Alt.)

erhalten.

Mit der letztgenannten Alternative soll verhindert werden, dass die durch das Wohngeld den Familien gewährten Gelder auf dem Weg der Heranziehung zu Kostenbeiträgen wieder entzogen werden.[17]

Die Einfügung der vorstehend genannten fünf zwingenden Befreiungsalternativen durch das Gute-Kita-Gesetz bezweckte eine Entlastung der Eltern sowie die Beseitigung von Zu-

15 BT-Drs. 19/6471 (neu), 13.
16 Vgl. etwa § 7 Schl.-H. Kindertagesförderungsgesetz KiTaG v. 12.12.2019;
17 So die Gesetzesbegründung, BT-Drs. 19/4947, 31.

gangshürden zu frühkindlicher Förderung. Keinesfalls sollte dadurch eine Verschlechterung des zuvor bestehenden Rechtszustandes verbunden sein. Deshalb ordnet nunmehr Abs. 4 Satz 4 die entsprechende Geltung von **Abs. 2 Satz 2 bis 4** und damit auch die entsprechende Geltung der §§ 82 bis 85, 87, 88 und 92 Absatz 1 Satz 1 und Absatz 2 SGB XII an. Die Vorschriften kommen dann zur Anwendung, wenn keine der fünf Befreiungsalternativen des Abs. 4 Satz 2 vorliegen. Hiervon betroffen können etwa. geringverdienende Familien sein, die keinen Antrag auf Kinderzuschlag gestellt haben, obwohl sie antragsberechtigt wären.[18]

Abs. 4 Satz 2 erklärt auch **Abs. 2 Satz 2** für entsprechend anwendbar, nach dem an die Stelle der Eltern ein Elternteil tritt, mit dem das Kind zusammenlebt.

Durch den Verweis auf **Abs. 2 Satz 3** kommt es zu einer inhaltlich übereinstimmenden und deshalb unschädlichen Doppelregelung hinsichtlich der Nichtberücksichtigung des Baukindergeldes des Bundes bei der Einkommensfeststellung.

Für einen Erlass des Kostenbeitrags oder die Übernahme des Teilnahmebeitrags ist unerheblich, ob auf die Förderung in Tageseinrichtungen oder in der Tagespflege nach den §§ 22 bis 24 SGB VIII ein Rechtsanspruch besteht.[19] Auch für eine solche Einschränkung gibt der Wortlaut nichts her.

14 Liegt die Voraussetzung der **Unzumutbarkeit der Belastung** vor – sei es aufgrund der Anwendung von Abs. 4 Satz 2, sei es durch die Verweisung auf Abs. 2 Satz 2 – besteht ein **Rechtsanspruch auf Erlass** des Kostenbeitrags bzw. die Übernahme eines Teilnahmebeitrags. Ein irgendwie geartetes Ermessen ist dem Träger bei der Entscheidung nicht eingeräumt und darf ihm hinsichtlich der bundesgesetzlichen Erlassvoraussetzungen auch weder landesrechtlich noch satzungsmäßig eingeräumt werden. Gewährt eine Gemeinde, die nicht örtlicher Träger der Jugendhilfe ist, im Wege einer freiwilligen Leistung den Eltern der Kinder, die kommunale Kindertagesstätten besuchen, Beitragsfreiheit, so ist sie unter dem Gesichtspunkt der Gleichbehandlung nach Art. 3 Abs. 1 GG verpflichtet, Eltern von Kindern, die Einrichtungen freier Träger besuchen, den Teilnahmebeitrag zu erstatten.[20]

2. Antragserfordernis und Beratung

15 Ebenso wie der Erlass oder die Übernahme von Beiträgen nach Abs. 2 erfolgt auch der nach Abs. 4 Satz 1 nur **auf Antrag**. Bei diesem Antrag handelt es ich um ein formelles Erfordernis i.S.d. § 18 Satz 2 Nr. 1 SGB X, um das Verwaltungsverfahren auf Erlass oder Übernahme von Kosten- bzw. Teilnahmebeiträgen in Gang zu setzen.[21] Er muss nicht vor Inanspruchnahme der Förderung in der Tageseinrichtung oder Tagespflege gestellt werden, für die Erlass oder Übernahme begehrt werden.[22]

Eine **Gegenauffassung** sieht im Antragserfordernis eine materiellrechtliche Voraussetzung des Erlass- bzw. Übernahmeanspruchs.[23] Diese ist aus folgenden Erwägungen **abzulehnen**:

Zunächst bietet der Wortlaut von § 90 Abs. 4 Satz 1 SGB VIII keinerlei Anhaltspunkt dafür, dem Antragserfordernis materiellrechtliche Wirkung beizumessen. Er stellt (lediglich) klar,

18 Vgl. die Gesetzesbegründung, BT-Drs. 19/11006, 35, zum Gesetz zur Änderung des Neunten und des Zwölften Buches Sozialgesetzbuch und anderer Rechtsvorschriften vom 30.11.2019 BGBl. I S. 1948, das diesen Verweis eingefügt hat.

19 Ebenso FK-SGB VIII/*Schindler*, § 90 Rn. 16, mit Nachweisen zur Gegenauffassung.

20 VGH Ba-Wü, Urt. v. 23.2.1016, 12 S 638/15, JAmt 2016, 558.

21 So überzeugend NdsOVG, Beschl. v. 6.3.2014, 4 LC 45/12, ZKJ 2014, 211; OVG LSA, Beschl. v. 20.2.2013, 3 L 339/11, juris; OVG Bremen, Urt. v. 23.1.2013, 2 A 288/10, juris; SächsOVG, Urt. v. 21.12.2006, 5 B 904/04, juris, jeweils m.w.N.; FK-SGB VIII/Schindler, § 90 Rn.16.

22 Ebenso Wiesner/*Loos*, § 90 SGB VIII Rn. 31.

23 So ThürOVG, Urt. v. 15.9.2016, 3 KO 411/14, ZKJ 2017, 83; OVG Berlin-Brbg., Beschl. v. 14.3.2006, OVG 6 M 6.06, FEVS 58, 58.

dass die Prüfung eines Beitragserlasses und die Entscheidung darüber nicht von Amts wegen zu erfolgen hat. Demgegenüber rekurriert die Gegenauffassung unausgesprochen auf die Grundsätze des § 36a SGB VIII, in dessen Abs. 3 Satz 1 Nr. 1 – anders als in § 90 Abs. 4 Satz 3 SGB VIII – die In-Kenntnis-Setzung des Jugendhilfeträgers *vor* der Selbstbeschaffung ausdrücklich normiert ist.

Des Weiteren ziehen, soweit ersichtlich, alle die Gegenauffassung vertretenden Entscheidungen Vorschriften (§ 40 SGB I, § 28 SGB X, §§ 22 ff., 36a SGB VIII) heran, die *Leistungen* betreffen. Demgegenüber handelt es sich bei dem Erlass oder der **Übernahme** des Kosten- oder Teilnahmebeitrags **nicht um eine Leistung**, wie sich bereits aus § 11 SGB I ergibt. Ob ein Anspruch auf Erlass des Kostenbeitrags oder die Übernahme des Teilnahmebeitrags besteht, ist vom Bestehen eines Förderungsanspruchs nach § 24 SGB VIII völlig unabhängig, sondern richtet sich **ausschließlich** danach, ob die Entrichtung von Kostenbeiträgen **zumutbar ist**.[24] Zu prüfen ist also nicht der Anspruch auf eine Leistung, sondern der auf die Befreiung von einer Kostenlast. Ob diese zu gewähren ist, ist nicht einer Steuerungs- oder Gesamtverantwortung des Jugendhilfeträgers anheimgegeben.

Schließlich ist auf die Rechtsprechung des BVerwG zu § 36a SGB VIII zu verweisen, in der das Gericht auf einer strikten Trennung der Prüfung der Voraussetzungen der sog. Selbstbeschaffung und der Frage einer Kostenbefreiung nach § 90 SGB VIII besteht.[25]

An den zu stellenden Antrag sind keine überspannten Anforderungen zu stellen. Es genügt, dass aus den Äußerungen der Betroffenen erkennbar wird, dass sie eine – wie auch immer geartete – Entlastung hinsichtlich der zu entrichtenden Beiträge begehren.[26]

Nach Abs. 4 Satz 3 hat der **öffentliche Träger** die Eltern über die Möglichkeit einer Antrag- 16
stellung bei unzumutbarer Belastung durch Kostenbeiträge **zu beraten**.

Die Beratungspflicht erschöpft sich nicht im Hinweis „auf die Möglichkeit einer Antragstellung" („Sie haben die Möglichkeit, den Erlass des Kostenbeitrags zu beantragen, wenn dieser für Sie unzumutbar ist."), sondern hat neben der Information, *dass* ein Antrag gestellt werden kann, zu umfassen:

- die Aufklärung über die im Fall einer Antragstellung einzuhaltenden Formalia sowie
- Beratung darüber, welche *Voraussetzungen für eine Beitragsbefreiung* gegeben sein und welche Unterlagen insoweit vorgelegt werden müssen.

Praxishinweis

! *Da den Betroffenen möglicherweise nicht nur die Möglichkeit der Antragstellung, sondern bereits die, Beratung in Anspruch zu nehmen, unbekannt ist, sollten Träger proaktiv allen Eltern geförderter Kinder eine kurze, ggfs. mehrsprachige Information zukommen lassen, in der auf die Möglichkeit der Antragstellung und der Beratung hingewiesen wird.*

24 NdsOVG, Beschl. v. 6.3.2014, 4 LC 45/12, ZKJ 2014, 211.

25 Vgl. BVerwG, Urt. v. 26.10,2017, 5 C 19.16, Rn. 78, ZKJ 2018, 155 (161): „Für die Prüfung der finanziellen Zumutbarkeit des Teilnahmebeitrages ist im Zusammenhang mit dem Anspruch auf Übernahme der Aufwendungen nach § 36a Abs. 3 Satz 1 SGB VIII analog kein Raum. Diese Frage ist – wie dargelegt – in dem Verfahren des § 90 Abs. 3 SGB VIII nach Maßgabe der aufgezeigten Maßstäbe zu beantworten."

26 Verfehlt auch insoweit die Entscheidung des OVG Berlin-Brb., Beschl. v. 14.3.2006, OVG 6 M 6.06, openjur.de, in der es – allerdings im Kontext eines möglichen sozialrechtlichen Herstellungsanspruchs – heißt: „Allein der Umstand, dass die Kläger im Rahmen der Gebührenfestsetzung Einkommensnachweise gegenüber der Stadt vorgelegt haben, die von dieser zur Gebührenfestsetzung geprüft werden mussten, führt noch nicht dazu, dass die Stadt einen deutlich erkennbaren Anlass gehabt hätte, von sich aus die Kläger über die Möglichkeit des Bestehens eines Übernahmeanspruchs nach § 90 Abs. 3 SGB VIII zu beraten." Aus welch anderem Grund sollten die Kläger der Stadt Einkommensnachweise vorlegen?

17 Mit der Verpflichtung des Trägers korrespondiert ein **Beratungsanspruch der Eltern** gegenüber dem öffentlichen Jugendhilfeträger. Der Beratungsanspruch konkretisiert den Anspruch nach § 14 SGB I. Wird er nicht erfüllt und scheitert deshalb der Erlass oder die Übernahme von Kostenbeiträgen, dürfte regelmäßig ein sozialrechtlicher Herstellungsanspruch bestehen.[27]

V. Verfahren und Rechtsschutz

18 Die Festsetzung eines Kostenbeitrags erfolgt durch Verwaltungsakt, der einer gesetzlichen oder satzungsmäßigen Grundlage bedarf. Gegen diesen kann **Widerspruch** eingelegt werden, soweit dieser statthaft ist. Ist dieser nicht statthaft oder wird er zurückgewiesen, ist **Anfechtungsklage** beim Verwaltungsgericht zu erheben. Widerspruch und Klage haben gem. § 80 Abs. 2 Nr. 1 VwGO abweichend vom Grundsatz des § 80 Abs. 1 VwGO **keine aufschiebende Wirkung**, da es sich um die Anforderung von Kosten i.S.d. Vorschrift handelt.

19 Wird der beantragte teilweise oder vollständige Erlass des Kostenbeitrags oder die begehrte vollständige oder teilweise Übernahme eines Teilnahmebeitrags abgelehnt, so ist dagegen, soweit statthaft, der **Widerspruch**, im Übrigen die **Verpflichtungsklage** gegeben.

20 Tritt in den tatsächlichen Verhältnissen, insbesondere also in den Einkommensverhältnissen, oder rechtlichen Verhältnissen eine wesentliche Änderung ein, ist eine Beitragsfestsetzung gemäß § 48 Abs. 1 Satz 1 SGB X mit Wirkung für die Zukunft bzw. gemäß § 48 Abs. 1 Satz 2 SGB X mit Wirkung vom Zeitpunkt der Änderung der Verhältnisse an aufzuheben.[28]

27 Wie nötig die Normierung eines Beratungsanspruchs war, belegt die Entscheidung des OVG Berlin-Brbg, Beschl. v. 14.3.2006, OVG 6 M 6.06, FEVS 58, 58, in der hinsichtlich der alten Rechtslage davon gesprochen wird, der gesetzliche Ausgangspunkt des Antragserfordernisses dürfe „nicht dadurch wieder in Frage gestellt werden, dass die behördliche Beratungspflicht ‚überspannt' wird".

28 Vgl. FK-SGB VIII/*Schindler*, § 90 Rn. 22; VG Bayreuth, Urt. v. 30.1.2012, B 3 K 11.166, juris.

Zweiter Abschnitt
Kostenbeiträge für stationäre und teilstationäre Leistungen sowie vorläufige Maßnahmen

§ 91
Anwendungsbereich

(1) Zu folgenden vollstationären Leistungen und vorläufigen Maßnahmen werden Kostenbeiträge erhoben:

1. der Unterkunft junger Menschen in einer sozialpädagogisch begleiteten Wohnform (§ 13 Absatz 3),

2. der Betreuung von Müttern oder Vätern und Kindern in gemeinsamen Wohnformen (§ 19),

3. der Betreuung und Versorgung von Kindern in Notsituationen (§ 20),

4. der Unterstützung bei notwendiger Unterbringung junger Menschen zur Erfüllung der Schulpflicht und zum Abschluss der Schulausbildung (§ 21),

5. der Hilfe zur Erziehung
   a) in Vollzeitpflege (§ 33),
   b) in einem Heim oder einer sonstigen betreuten Wohnform (§ 34),
   c) in intensiver sozialpädagogischer Einzelbetreuung (§ 35), sofern sie außerhalb des Elternhauses erfolgt,
   d) auf der Grundlage von § 27 in stationärer Form,

6. der Eingliederungshilfe für seelisch behinderte Kinder und Jugendliche durch geeignete Pflegepersonen sowie in Einrichtungen über Tag und Nacht und in sonstigen Wohnformen (§ 35a Absatz 2 Nummer 3 und 4),

7. der Inobhutnahme von Kindern und Jugendlichen (§ 42),

8. der Hilfe für junge Volljährige, soweit sie den in den Nummern 5 und 6 genannten Leistungen entspricht (§ 41).

(2) Zu folgenden teilstationären Leistungen werden Kostenbeiträge erhoben:

1. der Betreuung und Versorgung von Kindern in Notsituationen nach § 20,

2. Hilfe zur Erziehung in einer Tagesgruppe nach § 32 und anderen teilstationären Leistungen nach § 27,

3. Eingliederungshilfe für seelisch behinderte Kinder und Jugendliche in Tageseinrichtungen und anderen teilstationären Einrichtungen nach § 35a Absatz 2 Nummer 2 und

4. Hilfe für junge Volljährige, soweit sie den in den Nummern 2 und 3 genannten Leistungen entspricht (§ 41).

(3) Die Kosten umfassen auch die Aufwendungen für den notwendigen Unterhalt und die Krankenhilfe.

(4) Verwaltungskosten bleiben außer Betracht.

(5) Die Träger der öffentlichen Jugendhilfe tragen die Kosten der in den Absätzen 1 und 2 genannten Leistungen unabhängig von der Erhebung eines Kostenbeitrags.

Übersicht Rn.

A. Allgemeines

1 § 91 SGB VIII regelt **abschließend**, **zu welchen Leistungen** überhaupt individuelle Kostenbeiträge erhoben werden können (Abs. 1 und 2). Er bestimmt darüber hinaus, **zu welchen Kosten** die Pflichtigen herangezogen werden dürfen (Abs. 3 und 4). Schließlich stellt er klar, dass die Kosten der in den Abs. 1 und 2 genannten Hilfen **primär** vom **Träger der öffentlichen Jugendhilfe** zu tragen sind, der die Pflichtigen sodann zu den Kosten heranziehen kann (Abs. 5). **Wer** in **welcher Form** zu den Kosten herangezogen werden darf und unter welchen Voraussetzungen von einer Heranziehung abzusehen ist, bestimmt § 92 SGB VIII. In **welchem Umfang** die Pflichtigen herangezogen werden dürfen, richtet sich nach den §§ 93, 94 SGB VIII.

B. Einzelheiten

I. Abs. 1 – Kostenpflichtige Leistungen und vorläufige Maßnahmen

2 **Abs. 1** enthält einen **abschließenden Katalog** der vollstationären Leistungen und vorläufigen Maßnahmen, zu denen Kostenbeiträge erhoben werden dürfen. **Vollstationär** i.S.d. Vorschrift ist eine Hilfe dann, wenn der junge Mensch nicht mit den Eltern bzw. einem Elternteil zusammenlebt, sondern über **Tag und Nacht** in einer Einrichtung oder sonstigen Wohnform oder einer Pflegefamilie lebt.[1] Der Begriff bedarf keiner inhaltlichen Bestimmung, soweit die Vorschrift in Abs. 1 Nr. 1 bis 6 und 8 die Leistungen benennt, für die Kostenbeiträge erhoben werden dürfen, und diese damit **gesetzlich als vollstationäre qualifiziert**. Allerdings soll die Betreuung und Versorgung von Kindern in Notsituationen nach § 20 SGB VIII sowohl in stationärer (Abs. 1 Nr. 3) als auch in teilstationärer (Abs. 2 Nr. 1) Form erbracht werden können. Eine Abgrenzung ist ferner erforderlich in Fällen des Abs. 1 Nr. 5 Buchst. d, der die Heranziehung zu nicht benannter Hilfe („flexible Hilfen") in stationärer Form auf der Grundlage von § 27 SGB VIII zulässt. Dann kann etwa fraglich sein, ob die Unterbringung in einer betreuten Wohnform als stationäre i.S.d. § 34 SGB VIII, als sonstige stationäre Hilfe i.S.d. Vorschrift oder als kostenbeitragsfreie ambulante Hilfe zu qualifizieren ist.

3 Nach der Rechtsprechung des BayVGH kommt es für die erforderliche **Abgrenzung** entscheidend auf die Intensität der Betreuungsleistung für den Hilfeempfänger an. Das Vorliegen einer vollstationären Leistung beinhalte nämlich nicht allein die Unterbringung des Hilfeempfängers über Tag und Nacht außerhalb des Elternhauses, sondern – bei einer sonstigen betreuten Wohnform im Sinne von § 34 SGB VIII – zusätzlich die Erbringung einer Betreuungsleistung, die derjenigen einer Unterbringung in einer Einrichtung über Tag und Nacht

1 Wiesner/Wapler/*Loos*, § 91 SGB VIII Rn. 6.

(Heimerziehung) im Sinne der normativen Gleichstellung beider Unterbringungsformen in § 34 SGB VIII entspreche. Sonstige betreute Wohnformen müssten daher einen institutionalisierten Rahmen für die Betreuung bieten. Ferner müsse ungeachtet des Grades der Verselbstständigung des Hilfeempfängers beim betreuten Einzelwohnen die Letztverantwortung für seine Lebensführung beim Träger der Maßnahme bzw. der zuständigen Fachkraft liegen. Demnach stellt sich nur die Gewährleistung einer „Rund-um-die-Uhr-Betreuung" in einer sonstigen betreuten Wohnform als vollstationäre und damit kostenbeitragspflichtige Leistung dar. Demgegenüber liege in der **Zurverfügungstellung von Wohnraum** für den Hilfeempfänger verbunden mit einer **ambulanten Betreuung** durch eine sozialpädagogische Fachkraft **keine** kostenbeitragspflichtige **vollstationäre Leistung**. Deshalb handele es sich bei der Unterbringung in einem sog. betreuten Einzelwohnen mit einer Betreuungsleistung von rund einer Stunde täglich um eine ambulante Maßnahme.[2]

Ein Kostenbeitrag wird gem. Abs. 1 Nr. 7 auch zu einer **Inobhutnahme** nach § 42 SGB VIII erhoben (zum Umfang der Heranziehung vgl. § 94 und die Erläuterungen dazu. 4

Dagegen ist die Erhebung eines Kostenbeitrags zur **vorläufigen Inobhutnahme** nach § 42a SGB VIII mangels Aufnahme dieser Maßnahme in den Katalog **nicht zulässig**.

II. Abs. 2 – Teilstationäre Leistungen

Abs. 2 enthält den ebenfalls **abschließenden Katalog** der teilstationären Leistungen, zu denen Kostenbeiträge erhoben werden können. **Teilstationär** i.S.d. Vorschrift sind Hilfen dann, wenn der junge Mensch sich während des Tages über einen gewissen Zeitraum in einer Einrichtung aufhält, aber am Abend zu den Eltern bzw. einem Elternteil zurückkehrt.[3] Der Katalog ist insoweit offen, als er in Nr. 2 2. Alt. nicht benannte teilstationäre („flexible Hilfen") Hilfen nach § 27 SGB VIII erfasst. Eine teilstationäre Leistung setzt zunächst begrifflich voraus, dass sie für eine bestimmte Zeit des Tages, ohne dass es auf deren Lage im Tagesablauf ankommt, **außerhalb des elterlichen Haushalts** erbracht wird. Darüber hinaus ist auch hier auf den Umfang und die Intensität der Betreuung, also auch der Aufsicht und Versorgung, abzustellen. Eine Notbetreuung und -versorgung i.S.d. § 20 SGB VIII, die ausschließlich im elterlichen Haushalt stattfindet, ist deshalb weder eine voll- noch teilstationäre Leistung.[4] 5

III. Abs. 3 – Notwendiger Unterhalt und Krankenhilfe

Nach Abs. 3 umfassen die Kosten nicht nur die der sozialpädagogischen und therapeutischen Hilfen, sondern auch die Aufwendungen für den **notwendigen Unterhalt** und die Kosten der **Krankenhilfe**. Hinsichtlich deren Umfang wird auf die Erläuterungen zu den §§ 39, 40 SGB VIII verwiesen. 6

IV. Abs. 4 – Verwaltungskosten

Verwaltungskosten bleiben nach Abs. 4 außer Betracht. Als **Verwaltungskosten** sind alle Aufwendungen des öffentlichen Trägers der Jugendhilfe anzusehen, die für die behördliche Vorhaltung von Personal- und Sachmitteln zur Erfüllung der Aufgaben im Zusammenhang mit der Beantragung und Erbringung der in § 91 SGB VIII genannten Leistungen und vorläu- 7

2 BayVGH, Beschl. v. 28.5.2014, 12 ZB 14.154, JAmt 2014, 331.
3 Wiesner/Wapler/*Loos*, § 91 SGB VIII Rn. 6.
4 A.A. Wiesner/Wapler/*Loos*, § 91 SGB VIII Rn. 6.

figen Maßnahmen anfallen und die nicht zusätzlich und gesondert abgrenzbar für den Einzelfall entstehen.[5] Um solche gesondert abgrenzbar für den Einzelfall entstehende Kosten handelt es sich dann, wenn die Kostenbeitragspflichtigen in einem Heim nach § 34 SGB VIII untergebracht waren und sich die Kosten hierfür nach Pflegesätzen bemessen. Diese in den Pflegesätzen enthaltenen Verwaltungskostenanteile sind gesondert abgrenzbar und deshalb als Bestandteil der Hilfekosten für den zuständigen Träger Verwaltungskosten.[6]

V. Abs. 5 – Vorleistungspflicht des öffentlichen Trägers

8 Abs. 5 stellt klar, dass der Träger der öffentlichen Jugendhilfe für alle in Abs. 1 und 2 genannten Leistungen **vorleistungspflichtig** ist. Dies gilt auch dann, wenn der Kostenpflichtige aufgrund seines Einkommens die Kosten in vollem Umfang zu tragen hätte. Kostenbeitragspflichtige können in jedem Fall erst **nachträglich** zu den Kosten herangezogen werden.[7] Eine der genannten Leistungen kann also nicht unter Hinweis auf einen fehlenden Kostenbeitrag verweigert werden.

5 Wiesner/Wapler/*Loos*, § 91 SGB VIII Rn. 10.
6 VG Frankfurt/Main, Urt. v. 14.12.2006, 3 E 591/04, juris.
7 FK-SGB VIII/*Schindler*, § 91 Rn. 21.

§ 92
Ausgestaltung der Heranziehung

(1) Aus ihrem Einkommen nach Maßgabe der §§ 93 und 94 heranzuziehen sind:

1. Kinder und Jugendliche zu den Kosten der in § 91 Absatz 1 Nummer 1 bis 7 genannten Leistungen und vorläufigen Maßnahmen,

2. junge Volljährige zu den Kosten der in § 91 Absatz 1 Nummer 1, 4 und 8 genannten Leistungen,

3. Leistungsberechtigte nach § 19 zu den Kosten der in § 91 Absatz 1 Nummer 2 genannten Leistungen,

4. Ehegatten und Lebenspartner junger Menschen und Leistungsberechtigter nach § 19 zu den Kosten der in § 91 Absatz 1 und 2 genannten Leistungen und vorläufigen Maßnahmen,

5. Elternteile zu den Kosten der in § 91 Absatz 1 genannten Leistungen und vorläufigen Maßnahmen; leben sie mit dem jungen Menschen zusammen, so werden sie auch zu den Kosten der in § 91 Absatz 2 genannten Leistungen herangezogen.

(1a) Zu den Kosten vollstationärer Leistungen sind volljährige Leistungsberechtigte nach § 19 zusätzlich aus ihrem Vermögen nach Maßgabe der §§ 90 und 91 des Zwölften Buches heranzuziehen.

(2) Die Heranziehung erfolgt durch Erhebung eines Kostenbeitrags, der durch Leistungsbescheid festgesetzt wird; Elternteile werden getrennt herangezogen.

(3) [1]Ein Kostenbeitrag kann bei Eltern, Ehegatten und Lebenspartnern ab dem Zeitpunkt erhoben werden, ab welchem dem Pflichtigen die Gewährung der Leistung mitgeteilt und er über die Folgen für seine Unterhaltspflicht gegenüber dem jungen Menschen aufgeklärt wurde. [2]Ohne vorherige Mitteilung kann ein Kostenbeitrag für den Zeitraum erhoben werden, in welchem der Träger der öffentlichen Jugendhilfe aus rechtlichen oder tatsächlichen Gründen, die in den Verantwortungsbereich des Pflichtigen fallen, an der Geltendmachung gehindert war. [3]Entfallen diese Gründe, ist der Pflichtige unverzüglich zu unterrichten.

(4) [1]Ein Kostenbeitrag kann nur erhoben werden, soweit Unterhaltsansprüche vorrangig oder gleichrangig Berechtigter nicht geschmälert werden. [2]Von der Heranziehung der Eltern ist abzusehen, wenn das Kind, die Jugendliche, die junge Volljährige oder die Leistungsberechtigte nach § 19 schwanger ist oder der junge Mensch oder die nach § 19 leistungsberechtigte Person ein leibliches Kind bis zur Vollendung des sechsten Lebensjahres betreut.

(5) [1]Von der Heranziehung soll im Einzelfall ganz oder teilweise abgesehen werden, wenn sonst Ziel und Zweck der Leistung gefährdet würden oder sich aus der Heranziehung eine besondere Härte ergäbe. [2]Von der Heranziehung kann abgesehen werden, wenn anzunehmen ist, dass der damit verbundene Verwaltungsaufwand in keinem angemessenen Verhältnis zu dem Kostenbeitrag stehen wird.

Übersicht

A. Allgemeines

1 Die Vorschrift behandelt die **Ausgestaltung der Heranziehung**. In Verfolgung dessen regelt sie leistungsbezogen, **wer** als Kostenschuldner **worau**s für **welche Leistungen und Maßnahmen** herangezogen werden kann (Abs. 1, 1a), die Form der Heranziehung (Abs. 2), die Voraussetzungen einer Heranziehung (Abs. 3), das Verhältnis der Heranziehung zu Unterhaltsverpflichtungen von Kostenschuldnern (Abs. 4) sowie die Voraussetzungen, unter denen von der Heranziehung im Einzelfall abgesehen werden soll (Abs. 5). Sie wurde durch das KICK neu gefasst und durch das KiFöG sowie das KJVVG geändert. Die letzte Änderung erfolgte durch das KJSG, das die Heranziehung junger Volljähriger aus Abs. 1a gestrichen hat.

B. Einzelheiten

I. Abs. 1 – Kostenschuldner

2 Abs. 1 stellt zunächst klar, dass alle in den Nr. 1 bis 5 genannten Kostenpflichtigen nur **aus ihrem Einkommen** herangezogenen werden dürfen. Welches Einkommen zugrunde zu legen ist und in welchem Umfang es herangezogen werden darf, richtet sich nach §§ 93, 94 SGB VIII. Im Einzelnen gilt Folgendes:

1. Nr. 1 – Kinder und Jugendliche

3 Kinder und Jugendliche dürfen nur zu den Kosten der **vollstationären Leistungen** des § 91 Abs. 1 Nr. 1 bis 6 sowie zu denen der **Inobhutnahme** nach § 42 SGB VIII (§ 91 Abs. 1 Nr. 7 SGB VIII) herangezogen werden. Ausgeschlossen ist jegliche Heranziehung zu teilstationären Leistungen.

2. Nr. 2 – Junge Volljährige

4 Junge Volljährige, also alle, die 18, aber noch nicht 27 Jahre alt sind (§ 7 Abs. 1 Nr. 3 SGB VIII), dürfen zu den **vollstationären Leistungen** nach den §§ 13, 21 Abs. 3 SGB VIII sowie den Leistungen nach § 41 SGB VIII herangezogen werden, soweit diese den für Minderjährige geltenden in § 91 Abs. 1 Nr. 5 und 6 SGB VIII genannten Leistungen entsprechen. Erfasst sind also die Hilfe zur Erziehung

- in Vollzeitpflege (§ 33),
- in einem Heim oder einer sonstigen betreuten Wohnform (§ 34) oder
- in intensiver sozialpädagogischer Einzelbetreuung (§ 35), sofern sie außerhalb des Elternhauses erfolgt, sowie
- Hilfe zur Erziehung auf der Grundlage von § 27 in stationärer Form.

Erfasst ist ferner die Eingliederungshilfe durch geeignete Pflegepersonen sowie in Einrichtungen über Tag und Nacht und in sonstigen Wohnformen (§ 35a Abs. 2 Nr. 3 und 4).

3. Nr. 3 – Leistungsberechtigte nach § 19 SGB VIII

Leistungsberechtigte nach § 19 SGB VIII sind zu den von dieser Vorschrift umfassten Leistungen der Unterbringung und Betreuung in einer gemeinsamen Wohnform für Mütter/Väter und Kinder nebst Annexleistungen heranzuziehen. 5

4. Nr. 4 – Ehegatten und Lebenspartner junger Menschen

Nr. 4 erfasst die Heranziehung zu den Kosten von allen Leistungen und vorläufigen Maßnahmen nach § 91 Abs. 1 und 2 SGB VIII. Erfasst werden also sowohl **stationäre wie teilstationäre** Leistungen. Kostenpflichtig sind die **Ehegatten** und **Lebenspartner** junger Menschen, also aller, die noch nicht 27 Jahre alt sind (§ 7 Abs. 1 Nr. 4 SGB VIII), sowie die der Leistungsberechtigten nach § 19 SGB VIII. Lebenspartner sind nur solche i.S.d. Lebenspartnerschaftsgesetzes, nicht aber solche, die in ehe- oder partnerschaftsähnlichen Lebensgemeinschaften zusammenleben. 6

5. Nr. 5 – Elternteile

Beide Elternteile werden zu den Kosten aller (vollstationären) Leistungen und vorläufigen Maßnahmen nach § 91 Abs. 1 SGB VIII herangezogen. Sofern sie mit dem leistungsbegünstigten jungen Menschen zusammenleben, erfolgt die Heranziehung auch zu denen der (teilstationären) Leistungen nach § 91 Abs. 2 SGB VIII. **Eltern** sind die leiblichen Eltern und Adoptiveltern, nicht aber Pflegeeltern. Sie leben mit dem jungen Menschen zusammen, wenn eine Wohn- und Wirtschaftsgemeinschaft besteht.[1] Kurzfristige und in ihrer Dauer absehbare Unterbrechungen wie Krankenhaus-, Kur- oder längere Ferienaufenthalte beenden das Zusammenleben nicht. Dies gilt auch für eine gegenüber einem jungen Menschen angeordnete Untersuchungshaft.[2] Zu Recht wird darauf hingewiesen, dass die **Heranziehung der Eltern** zu den Kosten die **Gefahr der Leistungsvereitelung** durch Nichtinanspruchnahme oder Leistungsabbruch in sich birgt und deshalb zurückhaltender Gebrauch zu machen sei.[3] Der Weg dazu führt über § 92 Abs. 5 SGB VIII (siehe unten Rn. 16 f.). 7

II. Abs. 1a – Heranziehung volljähriger Leistungsberechtigter nach § 19 SGB VIII

Volljährige Leistungsberechtigte nach § 19 SGB VIII dürfen gem. Abs. 1a **zusätzlich** aus ihrem **Vermögen** – also nicht nur aus ihrem Einkommen – zu den Kosten **vollstationärer Leistungen** herangezogen werden. In diesen Fällen kann der Träger Zugriff also sowohl auf das Einkommen als auch auf das Vermögen nehmen. **Vermögen** ist – im Unterschied zum Einkommen, das nur zufließende Mittel umfasst – die Gesamtheit alle Mittel, die zu Beginn des Leistungszeitraums bereits vorhanden sind.[4] 8

Durch das KJSG **gestrichen** wurde die **Heranziehung junger Volljähriger** aus ihrem Vermögen. Die Kostenheranziehung junger Volljähriger stehe, so die Gesetzesbegründung, dem Auftrag der Kinder- und Jugendhilfe entgegen, junge Menschen zu einer selbstbestimmten, selbstständigen und eigenverantwortlichen Lebensführung zu befähigen. Jungen Volljährigen werde dadurch eine finanzielle Grundlage entzogen, die ihnen den Weg in die

1 Vgl. Wiesner/Wapler/*Loos*, § 92 SGB VIII Rn. 9.
2 Wiesner/Wapler/*Loos*, § 92 SGB VIII Rn. 9.
3 Wiesner/Wapler/*Loos*, § 92 SGB VIII Rn. 10.
4 Vgl. Wiesner/Wapler/*Loos*, § 92 SGB VIII Rn. 10a m.w.N.

Selbstständigkeit erleichtern könnte. Ihre Heranziehung aus dem Vermögen stehe damit im Widerspruch zu der mit der Hilfe nach § 41 SGB VIII verfolgten Zielsetzung.[5]

Mit der gesetzlich vorgenommenen Beschränkung des Kreises potenziell Verpflichteter ist auch eine Einschränkung der Kostenbeitragstatbestände verbunden. Während zuvor alle Kostenbeiträge vollstationärer Leistungen i.S.d. § 91 Abs. 1 SGB VIII einbezogen waren, sind nunmehr, da der Kreis der Verpflichteten auf „volljährige Leistungsberechtigte nach § 19" beschränkt wurde, nur noch Kosten für vollstationäre Leistungen nach § 19 SGB VIII (§ 91 Abs. 1 Nr. 2 SGB VIII) heranziehungsfähig.

Ebenfalls **nicht** aus ihrem Vermögen **herangezogen** werden dürfen die Eltern oder Elternteile.

8a Hinsichtlich des Umfangs der Heranziehung verweist die Vorschrift auf die §§ 90, 91 SGB XII. Der Verweis erfasst damit auch die zu § 90 Abs. 2 Nr. 9 SGB XII ergangene Durchführungsverordnung (DVO).[6] Danach gilt Folgendes:

- Einzusetzen ist das gesamte **verwertbare Vermögen** (§ 90 Abs. 1 SGB XII), sofern keiner der in § 90 Abs. 2 SGB XII genannten Ausnahmetatbestände eingreift. Hinsichtlich dieses Schonvermögens muss zunächst auf die Kommentarliteratur zum SGB XII verwiesen werden.[7]
- **Verwertbarkeit** im Sinne des § 90 Abs. 1 SGB XII ist ausschließlich in wirtschaftlicher Hinsicht zu verstehen und sowohl unter rechtlichen als auch tatsächlichen Gesichtspunkten zu beurteilen. Der Vermögensinhaber muss über das Vermögen (rechtlich) verfügen dürfen und auch (tatsächlich) verfügen können. Die Verwertung des Vermögens kann durch Verbrauch, Verkauf oder Belastung der Vermögensgegenstände erfolgen. Rechtliche Unverwertbarkeit liegt vor, wenn der Inhaber des Vermögens in der Verfügung beschränkt ist und die Aufhebung der Beschränkung nicht erreichen kann. Tatsächliche Unverwertbarkeit ist gegeben, wenn der Vermögensinhaber aus tatsächlichen Gründen gehindert ist, den wirtschaftlichen Wert des Vermögensgegenstandes zu realisieren. Verwertbarkeit im Sinne des § 90 Abs. 1 SGB XII verlangt darüber hinaus die Berücksichtigung einer zeitlichen Dimension in dem Sinn, dass das Vermögen zwar nicht sofort, aber in angemessener, also absehbarer Zeit verwertet werden darf und kann. Nur in diesem Fall stehen dem Kostenbeitragspflichtigen bereite Mittel zur Verfügung. Von einer generellen Unverwertbarkeit ist auszugehen, wenn völlig ungewiss ist, wann eine für die Verwertbarkeit notwendige Bedingung eintritt. Verwertbarkeit in angemessener, das heißt absehbarer Zeit ist grundsätzlich nur dann anzunehmen, wenn der Kostenbeitragspflichtige den wirtschaftlichen Wert des Vermögens innerhalb des Zeitraums realisieren kann, innerhalb dessen der jugendhilferechtliche Bedarf besteht. Für einen Einsatz gemäß § 90 Abs. 1 SGB XII kommt nur dasjenige Vermögen in Betracht, durch dessen Verwertung der Notlage oder dem Bedarf abgeholfen und das dafür rechtzeitig verwertet werden kann. Auch im Jugendhilferecht kann daher grundsätzlich nur auf das Vermögen zurückgegriffen werden, durch dessen Verwertung im Bewilligungszeitraum die Kosten der voll- und teilstationären Leistung refinanziert werden können. Von einer Verwertbarkeit ist danach unproblematisch auszugehen, wenn der Zeitpunkt, zu dem der Kostenbeitragspflichtige rechtlich und tatsächlich über das Vermögen verfügen darf und kann, konkret feststeht und innerhalb des Bewilligungszeitraums liegt. Ist der Eintritt der Verwertbarkeit ungewiss, muss der zuständige örtliche Träger der Jugendhilfe insoweit eine Prognose anstellen. Ergibt diese, dass die Verwertung des Vermögens innerhalb des Bewilligungszeit-

5 Vgl. BT-Drs. 19/26107, 112. Der Gesetzgeber folgt damit den Ergebnissen des Dialogprozesses (vgl. Abschlussbericht „Mitreden-Mitgestalten: Die Zukunft der Kinder- und Jugendhilfe", 33, 63, 106, 107).

6 Verordnung zur Durchführung des § 90 Abs. 2 Nr. 9 des Zwölften Buches Sozialgesetzbuch vom 11.2.1988 (BGBl. I S. 150), zuletzt geändert durch Artikel 1 V. v. 22.03.2017 (BGBl. I S. 519).

7 Vgl. etwa *Bieritz-Harder/Conradis/Thie*, Sozialgesetzbuch XII.

raums rechtlich zulässig und tatsächlich möglich sein wird, ist die Verwertbarkeit ebenfalls zu bejahen. Vermögen, über das der Kostenbeitragspflichtige erst nach dem Ende des Bewilligungszeitraums verfügen darf und kann, stellt nur ausnahmsweise verwertbares Vermögen im Sinne des § 90 Abs. 1 SGB XII dar. Voraussetzung dafür ist, dass der Zeitpunkt des Eintritts der Verwertbarkeit konkret feststeht und der Zeitraum bis zum Eintritt der Verwertbarkeit in angemessenem zeitlichen Verhältnis zum Bewilligungszeitraum steht.[8]

- Eine Verwertung darf gemäß § 90 Abs. 3 SGB XII nicht gefordert werden, wenn dies für die verwertungspflichtige Person und seine unterhaltsberechtigten Angehörigen eine Härte bedeuten würde.
- Sofern der sofortige Verbrauch oder die sofortige Verwertung des Vermögens nicht möglich sind oder für den jungen Volljährigen oder Leistungsberechtigten nach § 19 eine Härte bedeuten würde, kann der Kostenbeitrag gemäß § 91 SGB XII als bis zur Verwertbarkeit gewährtes Darlehen festgesetzt werden.
- Nach § 1 Satz 1 Nr. 1 DVO zu § 90 Abs. 2 Nr. 9 SGB XII ist für jede volljährige Person ein **Barvermögen** in Höhe von 5.000 Euro und gem. Nr. 2 für jede überwiegend unterhaltene Person ein Vermögen von 500 Euro nicht verwertbar.[9]

III. Abs. 2 – Form der Heranziehung

9 Der zu erhebende **Kostenbeitrag** wird gemäß Abs. 2 **Hs. 1** durch einen **Leistungsbescheid** festgesetzt. Bei diesem handelt es sich um einen Verwaltungsakt i.S.d. §§ 31 ff. SGB X, der nur dann inhaltlich hinreichend bestimmt ist, wenn der zu zahlende **Betrag genau beziffert** wird. Eine Verrechnung des zu erhebenden Kostenbetrags mit vom Träger zu erbringenden Geldleistungen ist unzulässig, weil damit die Vorleistungspflicht des Trägers (§ 91 Abs. 5 SGB VIII) ausgehebelt würde. Zudem wird darauf hingewiesen, dass mit einer solchen Verrechnung Trägern von Einrichtungen oder Pflegeeltern das Risiko nicht vollständig erbrachter Kostenbeiträge aufgebürdet würde.[10]

10 **Elternteile** werden gemäß Abs. 2 Hs. 2 **getrennt herangezogen**. Dies gilt unabhängig davon, ob sie zusammen oder (dauerhaft) getrennt leben. Die jeweiligen Kostenbeiträge sind unabhängig voneinander zu ermitteln und zu erbringen. Sie haben keinen Einfluss auf die Höhe des Kostenbeitrags des anderen Elternteils. Es findet also **keine gesamtschuldnerische Haftung** (§ 421 BGB) statt. Auch eine Bedarfs- oder Einstandsgemeinschaft, wie sie im Grundsicherungs- bzw. Sozialhilferecht vorgesehen ist, kennt das Kinder- und Jugendhilferecht nicht.

IV. Abs. 3 – Voraussetzungen der Erhebung

11 Die Erhebung eines Kostenbeitrags darf gemäß Abs. 3 **Satz 1** bei **Eltern, Ehegatten** und **Lebenspartnern** erst ab dem Zeitpunkt erfolgen, ab welchem dem Kostenpflichtigen die Gewährung der Leistung **mitgeteilt** und er über die Folgen für seine Unterhaltspflicht aufgeklärt wurde.

Die Mitteilung dient zum einen dem Zweck, die kostenbeitragspflichtige Person über die Heranziehung zum Kostenbeitrag in Kenntnis zu setzen und es damit dem zum Unterhalt Ver-

8 Vgl. dazu und zur Bestimmung des „angemessenen Zeitraums“ BVerwG, Urt. v. 25.6.2015, 5 C 12.14, NJW 2016, 584.
9 Vgl. zu Einzelheiten NK-SGB XII/*Geiger*, § 90 Rn. 67 ff.
10 So auch Wiesner/Wapler/*Loos*, § 92 SGB VIII Rn. 11b.

pflichteten zu ermöglichen, entsprechende Vermögensdispositionen im Hinblick auf die bevorstehende Beitragspflicht vorzunehmen.[11] Zum anderen soll eine kostenbeitrags- und zugleich unterhaltspflichtige Person davor geschützt werden, sowohl unterhaltsrechtlich als auch öffentlich-rechtlich in Anspruch genommen zu werden.[12] Da die jugendhilferechtliche Leistungserbringung den notwendigen Unterhalt einschließt, lässt sie regelmäßig die unterhaltsrechtliche Bedürftigkeit des jungen Menschen ganz oder teilweise entfallen, sodass der Anspruch auf Bar- oder Naturalunterhalt ausgeschlossen oder reduziert wird.

Daher[13] verpflichtet Abs. 3 Satz 1 den Träger der öffentlichen Jugendhilfe nicht nur zur **Mitteilung** über die **Gewährung der Leistung**, sondern auch zur Aufklärung über deren **Folgen für die Unterhaltspflicht**.

Zahlt die unterhaltspflichtige Person trotz der Mitteilung den Unterhalt, so lässt das den Anspruch des Trägers auf den Kostenbeitrag nicht entfallen.[14] Liegt hinsichtlich des Unterhalts ein zivilrechtlicher Vollstreckungstitel vor, lässt auch das die Kostenbeitragspflicht nicht entfallen. Vielmehr ist die unterhaltspflichtige Person gehalten, im Wege einer Vollstreckungsgegenklage nach § 767 ZPO der Vollstreckung entgegenzutreten.

In der **Mitteilung** ist die kostenbeitragspflichtige Person über die Leistungsgewährung zu informieren. Zugleich ist sie darauf hinzuweisen, dass mit der Erhebung eines Kostenbeitrags im Wege der Heranziehung aus dem Einkommen jedenfalls zu rechnen ist. Gleichzeitig soll sie unter Fristsetzung aufgefordert werden, ihre persönlichen und wirtschaftlichen Verhältnisse darzulegen, damit geprüft werden kann, ob und in welcher Höhe sie zur Zahlung eines Kostenbeitrags in der Lage ist.[15]

Zugleich ist die kostenbeitragspflichtige Person darüber **aufzuklären**, dass die Leistungsgewährung den Unterhaltsanspruch des jungen Menschen ganz oder teilweise entfallen lassen kann. Hierzu ist es notwendig, darüber aufzuklären, in welchem Umfang der Unterhalt des untergebrachten jungen Menschen durch die Jugendhilfeleistung gedeckt ist.[16] Jedenfalls muss die Gefahr von Doppelzahlungen deutlich werden, um der Schutzfunktion der Aufklärung gerecht zu werden.

12 Die Mitteilung stellt **keinen Verwaltungsakt** dar, da es an der Regelungswirkung fehlt.[17] Zwar ist auch eine Form nicht vorgeschrieben, jedoch ist angesichts ihrer erheblichen Bedeutung zu einer schriftlichen Mitteilung zu raten, die zudem zuzustellen ist, damit Tatsache und Zeitpunkt des Zugangs bewiesen werden können. Sofern der Kostenpflichtige zugleich Leistungsberechtigter ist, können Leistungsbewilligung und Mitteilung zusammengefasst werden.

13 Der Kostenbeitrag kann nach Abs. 3 **Satz 2** ohne vorherige Mitteilung für den Zeitraum erhoben werden, in dem der öffentliche Träger aus rechtlichen oder tatsächlichen Gründen, die in den Verantwortungsbereich des Pflichtigen fallen, an der Geltendmachung des Beitrags gehindert war. Ein **rechtlicher** Hinderungsgrund kann in der **späten Anerkennung** oder **Feststellung** der Vaterschaft, ein tatsächlicher darin liegen, dass der Aufenthalt des Pflichtigen nicht bekannt ist. Der Hinderungsgrund fällt dann in den Verantwortungsbereich des Pflichtigen, wenn sie dessen Lebensbereich zuzuordnen ist. Auf ein Verschulden kommt es nicht an.[18]

---

11 Vgl. BVerwG JAmt 2013, 38.
12 Wiesner/Wapler/*Loos*, § 92 Rn. 13 unter Hinweis auf die Gesetzesbegründung BT-Drs. 15/3676, 41.
13 Vgl. dazu BGH JAmt 2014, 475.
14 Vgl. Wiesner/Wapler/*Loos*, § 92 SGB V III Rn. 13.
15 So Wiesner/Wapler/*Loos*, § 92 SGB VIII Rn. 14.
16 Vgl. zu Nachweisen aus der Rspr. FK-SGB VIII/*Schindler*, § 92 Rn. 18.
17 Ebenso FK-SGB VIII/*Schindler*, § 92 Rn. 22.
18 Vgl. Wiesner/Wapler/*Loos*, § 92 SGB VIII Rn. 15.

Entfallen die Hinderungsgründe, ist die Mitteilung unverzüglich, d.h. ohne schuldhaftes Zögern, durch den Träger nachzuholen.

V. Abs. 4 – Einschränkungen der Kostenerhebung

Gemäß Abs. 4 **Satz 1** darf ein **Kostenbeitrag** nur erhoben werden, soweit dadurch **Unterhaltsansprüche** vorrangig oder gleichrangig Berechtigter **nicht geschmälert** werden. Die Vorschrift knüpft an die zivilrechtliche Regelung des § 1609 BGB an, der folgende Rangfolge vorsieht: 14

1. minderjährige unverheiratete Kinder und Kinder im Sinne des § 1603 Abs. 2 Satz 2 BGB,
2. Elternteile, die wegen der Betreuung eines Kindes unterhaltsberechtigt sind oder im Fall einer Scheidung wären, sowie Ehegatten und geschiedene Ehegatten bei einer Ehe von langer Dauer,
3. Ehegatten und geschiedene Ehegatten, die nicht unter Nummer 2 fallen,
4. Kinder, die nicht unter Nummer 1 fallen,
5. Enkelkinder und weitere Abkömmlinge,
6. Eltern,
7. weitere Verwandte der aufsteigenden Linie, wobei unter ihnen die näheren den entfernteren vorgehen.[19]

Von der **Heranziehung** von Eltern ist gemäß Abs. 4 **Satz 2** zwingend **abzusehen**, wenn 15

- das Kind, die Jugendliche, die junge Volljährige oder die Leistungsberechtige nach § 19 SGB VIII **schwanger** ist oder
- der junge Mensch oder die nach § 19 SGB VIII leistungsberechtigte Person ein **leibliches Kind** bis zur Vollendung des sechsten Lebensjahres **betreut**.

Das Absehen von der Heranziehung erstreckt sich auch auf den Mindestkostenbeitrag nach § 94 Abs. 3 Satz 1 SGB VIII.[20]

Die zweite Alternative wurde durch das KJVVG auf junge Väter ausgedehnt. Die Vorschrift soll verhindern, dass junge Menschen wegen drohender finanzieller Belastungen von ihren Eltern zum Schwangerschaftsabbruch gedrängt werden, und dient damit insgesamt dem Schutz des ungeborenen Lebens.[21]

VI. Abs. 5 – Absehen von der Heranziehung

1. Zweckgefährdung

Von der Heranziehung **soll** gemäß Abs. 5 **Satz 1** im Einzelfall ganz oder teilweise **abgesehen** werden, wenn sie zu einer **Gefährdung** von **Ziel** und **Zweck** der Leistung führen würde oder sich aus der Heranziehung eine **besondere Härte** ergeben würde. Die Vorschrift räumt damit jedenfalls in ihrer ersten Alternative dem Gelingen der Hilfe Vorrang vor fiskalischen Interessen ein. 16

Ziel und Zweck einer Leistung ergeben sich aus den speziellen Leistungsnormen sowie aus den allgemeinen Zielformulierungen des § 1 Abs. 1 und 3 SGB VIII. Eine Gefährdung des Ziels ist dann anzunehmen, wenn berechtigter Anlass zu der Befürchtung besteht, dass Ziel und

19 Vgl. dazu auch FK-SGB VIII/*Schindler*, § 92 Rn. 26 ff.
20 Wiesner/Wapler/*Loos*, § 92 Rn. 17.
21 Vgl. die Gesetzesbegründung BT-Drs. 17/13023, 14.

Zweck der Leistung bei der Erhebung eines (vollen) Beitrags nicht erreicht werden.[22] Allerdings kann nicht jegliche Drohung, im Fall der Heranziehung die Hilfeleistung zu verweigern oder begonnene Maßnahmen abzubrechen, zur Anwendung der Zweckgefährdungsklausel und zum Absehen von der Heranziehung führen. Wird ein solches Ansinnen geäußert, ist zunächst zu versuchen, etwa die Eltern als Beitragspflichtige über Sinn und Notwendigkeit einer Hilfe aufzuklären und davon zu überzeugen. Zeigen sich Eltern uneinsichtig und weigern sich, einen angemessenen Kostenbeitrag zu leisten, so muss nach *Loos* letztlich das Recht des jungen Menschen nach § 1 Abs. 1 SGB VIII den Vorrang vor fiskalischen Interessen haben. Soweit es allerdings darum geht, durch die Hilfeleistung eine Gefährdung des Kindeswohls abzuwenden oder zu beseitigen, ist bei fortgesetzter Verweigerung der Eltern gemäß § 8a SGB VIII das Familiengericht anzurufen.[23]

2. Besondere Härte

17 Mit dem unbestimmten Rechtsbegriff der **besonderen Härte** im Sinne von § 92 Abs. 5 Satz 1 SGB VIII will der Gesetzgeber atypischen Fällen Rechnung tragen, die mit den auf die individuelle Zumutbarkeit abstellenden, aber doch typisierenden und pauschalierenden Heranziehungsvorschriften nicht hinreichend erfasst werden. Die Erhebung eines Kostenbeitrags stellt regelmäßig nur dann eine besondere Härte dar, wenn sie im Einzelfall zu einem Ergebnis führt, das den Leitvorstellungen der §§ 91 ff. SGB VIII nicht entspricht.[24]

In Betracht kommt daher die Berücksichtigung atypischer Belastungen etwa finanzieller Art im Zusammenhang mit einer chronischen Erkrankung oder der Versorgung einer nicht unterhaltsberechtigten nahestehenden Person, wie es etwa bei Unterhaltsleistungen an Stiefkinder ohne korrespondierende zivilrechtliche Unterhaltspflicht der Fall sein kann.[25]

Soweit die Regelung des **§ 93 Abs. 4 Satz 4 SGB VIII** eingreift (vgl. dazu § 93 SGB VIII Rn. 20), geht diese als **Spezialregelung** der Härtefallregelung des Abs. 5 Satz 1 vor.[26]

VII. Verfahren und Rechtsschutz

18 Gegen die Erhebung des Kostenbeitrags durch einen **Leistungsbescheid** (§ 92 Abs. 3 SGB VIII) können die in Anspruch genommenen Beitragspflichtigen **Widerspruch** – soweit statthaft – einlegen und im Fall der Nichtstatthaftigkeit oder Zurückweisung des Widerspruchs Anfechtungsklage beim zuständigen Verwaltungsgericht erheben.

19 Wohl nach wie vor **umstritten** ist die Frage, ob einem eingelegten Rechtsbehelf aufschiebende Wirkung zukommt mit der Folge, dass der Leistungsbescheid nicht vollzogen werden kann und der festgesetzte Kostenbeitrag bis zur unanfechtbaren Entscheidung über Widerspruch und/oder Klage nicht zu entrichten ist.

Die Entscheidung darüber hängt im Kern davon ab, ob es sich bei dem Kostenbeitrag um eine **öffentliche Abgabe** i.S.d. § 80 Abs. 2 Nr. 1 VwGO, also eine Geldleistung zur Finanzierung eines funktionierenden Gemeinwesens – dann keine aufschiebende Wirkung –, oder um eine Geldleistung handelt, die den Nachrang der Jugendhilfe herstellen und sichern soll – dann aufschiebende Wirkung von Rechtsbehelfen.[27]

22 Wiesner/Wapler/*Loos*, § 92 SGB VIII Rn. 19.
23 Wiesner/Wapler/*Loos*, § 92 SGB VIII Rn. 19.
24 BVerwG, Urt. v. 21.10.2015, 5 C 21.14, NJW 2016, 1191 (verneint für die Erhebung eines Kostenbeitrags nach § 94 Abs. 3 Satz 1 SGB VIII).
25 OVG NRW, Beschl. v. 17.3.2009, 12 A 3019/08, juris.
26 So die Gesetzesbegründung BT-Drs. 17/13531, 9.
27 Vgl. Wiesner/Wapler/*Loos*, § 92 SGB VIII Rn. 11a sowie zum Sach- und Streitstand ausführlich FK-SGB VIII/*Schindler*, § 92 Rn. 17.

Unter Zugrundelegung des allgemeinen Begriffs der **öffentlichen Abgabe** – hoheitlich geltend gemachte öffentlich-rechtliche Geldforderungen, die von allen erhoben werden, die einen normativ bestimmten Tatbestand erfüllen, und die zur Deckung des Finanzbedarfs des Hoheitsträgers für die Erfüllung seiner öffentlichen Aufgaben dienen[28] – handelt es sich bei dem Kostenbeitrag um eine öffentliche Abgabe. Einem Rechtsbehelf gegen den Leistungsbescheid kommt demnach **keine aufschiebende Wirkung** zu.

Geht die heranziehende Behörde vom Ausschluss der aufschiebenden Wirkung aus, kann der in Anspruch genommene Kostenbeitragspflichtige vorläufigen Rechtsschutz durch einen Antrag gem. § 80 Abs. 5 VwGO auf Anordnung der aufschiebenden Wirkung des Widerspruchs oder der Klage an das Verwaltungsgericht erlangen.

Ist der **Kostenbescheid unanfechtbar oder vorläufig vollziehbar**, kann er im Wege der **Verwaltungsvollstreckung** durchgesetzt werden.

28 Vgl. Kopp/Schenke/*W.-R. Schenke*, VwGO, § 80 Rn. 57 ff., mit zahlreichen weiteren Nachweisen, ausdrücklich hinsichtlich der Beiträge für die Kindertagesbetreuung Rn. 59.

§ 93
Berechnung des Einkommens

(1) [1]Zum Einkommen gehören alle Einkünfte in Geld oder Geldeswert mit Ausnahme der Grundrente nach oder entsprechend dem Bundesversorgungsgesetz sowie der Renten und Beihilfen, die nach dem Bundesentschädigungsgesetz für einen Schaden an Leben sowie an Körper und Gesundheit gewährt werden bis zur Höhe der vergleichbaren Grundrente nach dem Bundesversorgungsgesetz. [2]Eine Entschädigung, die nach § 253 Absatz 2 des Bürgerlichen Gesetzbuchs wegen eines Schadens, der nicht Vermögensschaden ist, geleistet wird, ist nicht als Einkommen zu berücksichtigen. [3]Geldleistungen, die dem gleichen Zwecke wie die jeweilige Leistung der Jugendhilfe dienen, zählen nicht zum Einkommen und sind unabhängig von einem Kostenbeitrag einzusetzen. [4]Kindergeld und Leistungen, die auf Grund öffentlich-rechtlicher Vorschriften zu einem ausdrücklich genannten Zweck erbracht werden, sind nicht als Einkommen zu berücksichtigen.

(2) Von dem Einkommen sind abzusetzen

1. auf das Einkommen gezahlte Steuern und

2. Pflichtbeiträge zur Sozialversicherung einschließlich der Beiträge zur Arbeitsförderung sowie

3. nach Grund und Höhe angemessene Beiträge zu öffentlichen oder privaten Versicherungen oder ähnlichen Einrichtungen zur Absicherung der Risiken Alter, Krankheit, Pflegebedürftigkeit und Arbeitslosigkeit.

(3) [1]Von dem nach den Absätzen 1 und 2 errechneten Betrag sind Belastungen der kostenbeitragspflichtigen Person abzuziehen. [2]Der Abzug erfolgt durch eine Kürzung des nach den Absätzen 1 und 2 errechneten Betrages um pauschal 25 vom Hundert. [3]Sind die Belastungen höher als der pauschale Abzug, so können sie abgezogen werden, soweit sie nach Grund und Höhe angemessen sind und die Grundsätze einer wirtschaftlichen Lebensführung nicht verletzen. [4]In Betracht kommen insbesondere

1. Beiträge zu öffentlichen oder privaten Versicherungen oder ähnlichen Einrichtungen,

2. die mit der Erzielung des Einkommens verbundenen notwendigen Ausgaben,

3. Schuldverpflichtungen.

[5]Die kostenbeitragspflichtige Person muss die Belastungen nachweisen.

(4) [1]Maßgeblich ist das durchschnittliche Monatseinkommen, das die kostenbeitragspflichtige Person in dem Kalenderjahr erzielt hat, welches dem jeweiligen Kalenderjahr der Leistung oder Maßnahme vorangeht. [2]Auf Antrag der kostenbeitragspflichtigen Person wird dieses Einkommen nachträglich durch das durchschnittliche Monatseinkommen ersetzt, welches die Person in dem jeweiligen Kalenderjahr der Leistung oder Maßnahme erzielt hat. [3]Der Antrag kann innerhalb eines Jahres nach Ablauf dieses Kalenderjahres gestellt werden. [4]Macht die kostenbeitragspflichtige Person glaubhaft, dass die Heranziehung zu den Kosten aus dem Einkommen nach Satz 1 in einem bestimmten Zeitraum eine besondere Härte für sie ergäbe, wird vorläufig von den glaubhaft gemachten, dem Zeitraum entsprechenden Monatseinkommen ausgegangen; endgültig ist in diesem Fall das nach Ablauf des Kalenderjahres zu ermittelnde durchschnittliche Monatseinkommen dieses Jahres maßgeblich.

Übersicht Rn.

A. Allgemeines

1 Die Heranziehung zu einem Kostenbeitrag nach Maßgabe der §§ 91, 92 SGB VIII setzt unabdingbar die **Bestimmung** des zugrunde zu legenden **Einkommens** voraus. Diesem Zweck dient § 93 SGB VIII.

Die Vorschrift wurde durch das KICK völlig neu gefasst, das insbesondere den Verweis auf Vorschriften des SGB XII beseitigte und einen **eigenen** Einkommensbegriff normierte. Weitere Änderungen erfolgten durch das KiFöG sowie zuletzt durch das KJVVG, das Abs. 4 neu einfügte.

B. Einzelheiten

I. Abs. 1 – Einzusetzendes Einkommen

1. Abs. 1 Satz 1 – Einkommen

2 Abs. 1 Satz 1 normiert den maßgeblichen **Begriff des Einkommens** und bestimmt, welche Einkünfte einzubeziehen sind. Danach gehören zum Einkommen zunächst alle Einkünfte in Geld oder Geldeswert. **Geld** umfasst alle baren oder unbaren Zahlungen unabhängig davon, in welcher Währung sie erfolgen. **Geldeswert** haben alle sonstigen Sach- und Dienstleistungen, die einen in Geld ausdrückbaren Wert haben. Dazu gehören etwa Kostgeld, Gewährung von Unterkunft oder Nutzung eines Kraftfahrzeugs. Einkommen ist danach alles das, was jemand in der Bedarfs- oder Hilfezeit wertmäßig dazu erhält.[1]

3 Davon ausgenommen sind gemäß Satz 1 letzter Hs. bestimmte Einkünfte, die a priori nicht dem jugendhilferechtlichen Einkommensbegriff unterfallen. Dabei handelt es sich um

- die Grundrente nach dem Bundesversorgungsgesetz,
- die Grundrente nach einem Gesetz, das insoweit auf das Bundesversorgungsgesetz verweist. Dies sind insbesondere
  - §§ 80 bis 83a des Soldatenversorgungsgesetzes,
  - § 59 Abs. 1 des Bundesgrenzschutzgesetzes,
  - § 47 des Zivildienstgesetzes,
  - § 60 des Infektionsschutzgesetzes,
  - §§ 4 und 5 des Häftlingshilfegesetzes,
  - § 1 des Opferentschädigungsgesetzes,
  - §§ 21 und 22 des Strafrechtlichen Rehabilitierungsgesetzes,
  - §§ 3 und 4 des Verwaltungsrechtlichen Rehabilitierungsgesetzes.
- Renten und Beihilfen nach dem Bundesentschädigungsgesetz, die für einen Schaden an Leben, Körper und Gesundheit gewährt werden, bis zur Höhe einer vergleichbaren Grundrente nach dem Bundesversorgungsgesetz.

1 BVerwG, Urt. v. 18.4.2013, 5 C 18.12, ZKJ 2013, 372.

2. Abs. 1 Satz 2 – Schmerzensgeld

4 Ebenfalls nicht als Einkommen zu berücksichtigen ist gemäß Satz 2 ein **Schmerzensgeld** nach § 253 Abs. 2 BGB.

3. Abs. 1 Satz 3 – Zweckidentische Leistungen

5 Ob eine Geldleistung dem gleichen Zweck wie die jeweilige Leistung der Jugendhilfe dient und deshalb nach Satz 3 nicht zum Einkommen zählt, ist nach der Rechtsprechung des BVerwG bezogen auf die **konkrete Maßnahme der Jugendhilfe** zu ermitteln.

Dies hat das Gericht hinsichtlich des **Elterngeldes** nach dem BEEG (im entschiedenen Fall hinsichtlich Jugendhilfeleistungen nach § 19 SGB VIII) verneint, da es lediglich einkommensersetzende Funktion besitze und ihm deshalb keine bestimmte Zweckwidmung zukomme.[2]

6 Die Frage der Zweckgleichheit stellt sich nicht im Hinblick auf die pädagogischen und therapeutischen Leistungen, sondern im Hinblick auf die als Annex zu diesen Leistungen gewährten Leistungen zum Lebensunterhalt (§ 39, § 13 Abs. 3, § 19 Abs. 3, § 21 Satz 2, § 42 Abs. 1 Satz 2 SGB VIII).

7 **Zweckgleiche Leistungen** sind beispielsweise[3]

- Ausbildungsförderung nach dem BAföG
- Beihilfe nach den Beihilfevorschriften im Hinblick auf Leistungen der Krankenhilfe,
- Berufsausbildungsbeihilfe nach dem SGB III,
- Leistungen für den Unterhalt des Kindes nach dem Unterhaltssicherungsgesetz,
- Leistungen nach dem UVG (wegen § 1 Abs. 4 S. 2 UVG ist eine Doppelleistung insoweit allerdings schon dadurch ausgeschlossen, dass ein Anspruch auf Leistungen nach dem UVG nicht besteht, soweit der Bedarf des Kindes durch Leistungen nach dem SGB VIII gedeckt ist),
- sonstige Leistungen, die Unterhaltsersatzfunktion haben (z.B. Leistungen privater Versicherungen, die wegen des Todes des Unterhaltspflichtigen gewährt werden),
- Waisenrente nach dem SGB VI,
- Wohngeld nach dem WoGG bei vollstationären Hilfen.

8 **Keine zweckgleichen Leistungen** sind etwa

- Bildungskredite zur Beschleunigung der Ausbildung (OVG Lüneburg FEVS 58, 503),
- Elterngeld gemäß BEEG,[4]
- Pflegegeld gemäß § 37 SGB XI, das mit Unterhaltsleistungen gemäß § 39 im Rahmen einer Vollzeitpflege gemäß § 33 zusammentrifft,
- Waisengrundrente nach dem OEG, weitere einzelne Leistungen nach dem OEG.

9 Mit der jeweiligen Jugendhilfeleistung zweckidentische Leistungen zählen zwar nicht als Einkommen, dies bedeutet jedoch nicht, dass sie nicht verwertbar wären. Sie sind vielmehr **unabhängig** von einem **Kostenbeitrag einzusetzen**. Das bedeutet, dass der öffentliche Träger sie in vollem Umfang, nur begrenzt durch die Aufwendungen des Trägers, zur Refinanzierung der Kosten der Jugendhilfeleistung heranziehen kann. Die Heranziehung hat durch **Leistungsbescheid** zu erfolgen.[5]

2 BVerwG, Urt. v. 18.4.2013, 5 C 18.12, ZKJ 2013, 372.
3 Nach Wiesner/Wapler/*Loos*, § 93 SGB VIII Rn. 7 f.
4 BVerwG NDV-RD 2013, 93 mit ausführlicher Begründung, dass das Elterngeld lediglich einkommensersetzende Funktion ohne bestimmte Zweckwidmung besitzt.
5 Wiesner/Wapler/*Loos*, § 93 SGB VIII Rn. 10 m.w.N.

4. Abs. 1 Satz 4 – Kindergeld und zweckgebundene Leistungen

Nach dem durch das KJVVG geänderten Satz 4 ist das **Kindergeld** ausdrücklich **nicht als Einkommen** zu berücksichtigen. Dies gilt sowohl hinsichtlich des für das betreute Kind als auch hinsichtlich des für **Geschwisterkinder** gezahlten Kindergeldes. Diesbezügliche Streitigkeiten in der Vergangenheit über dessen Einordnung haben sich durch die Gesetzesänderung erledigt.[6] 10

Umstritten ist allerdings nach wie vor die Frage, ob das dem Kind selbst gewährte Kindergeld dann als zweckgleiche Leistung anzusehen ist, wenn bei vollstationärer Unterbringung der gesamte Unterhalt des Kindes sichergestellt wird.[7]

Die Nichtberücksichtigung auf öffentlich-rechtlicher Grundlage erbrachter **zweckgebundener Leistungen** soll vermeiden, dass der mit der Leistung verfolgte Zweck durch Berücksichtigung bei jugendhilferechtlichen Leistungen vereitelt wird. Da mit der Jugendhilfeleistung zweckidentische Leistungen bereits durch Abs. 1 Satz 3 erfasst werden, kann es hier nur um **zweckverschiedene Leistungen** gehen.[8] Eine Leistung ergeht auf **öffentlich-rechtlicher Grundlage**, wenn die zugrunde liegenden Rechtsnormen das Verhältnis der beteiligten Rechtssubjekte in einem Über-Unterordnungsverhältnis ausgestalten. Leistungen aufgrund privatrechtlicher Verträge gehören eindeutig nicht dazu. 11

Für die Annahme eines **ausdrücklich genannten Zwecks** ist es erforderlich, aber auch ausreichend, dass sich eine Zwecksetzung eindeutig aus dem Gesetz entnehmen lässt. Das Wort „Zweck" muss in dem jeweiligen Gesetz nicht verwendet werden.[9]

Als Leistungen mit ausdrücklicher Zweckbestimmung werden genannt

- Leistungen der Ausbildungsförderung,
- Leistungen der Pflegeversicherung,
- Leistungen der Conterganstiftung für Menschen mit Behinderung,
- Leistungen der Stiftung „Mutter und Kind – Schutz des ungeborenen Lebens",
- Haushaltshilfe nach § 38 SGB V.[10]

Keiner ausdrücklichen Zweckbestimmung unterliegt nach der Rechtsprechung des BVerwG das **Elterngeld** nach dem BEEG, da es lediglich einkommensersetzende Funktion besitze und ihm deshalb keine bestimmte Zweckwidmung zukomme.[11]

II. Abs. 2 – Abzugsfähige Beträge

Von dem nach Abs. 1 ermittelten Einkommen sind die in Abs. 2 genannten Beträge abzuziehen. 12

Dies gilt zunächst für die auf das Einkommen gezahlten **Steuern** (Abs. 2 Nr. 1).

Abzusetzen sind ferner **Pflichtbeiträge zur Sozialversicherung**, also die Beiträge zur Kranken-, Pflege-, Renten- und Arbeitslosenversicherung (Abs. 2 Nr. 2).

Abzuziehen sind die in Abs. 2 Nr. 3 genannten **Beiträge zur Absicherung** der dort genannten Risiken, sofern sie nach Grund und Höhe angemessen sind. Die Beiträge treten an die Stelle der in Nr. 2 genannten Beiträge, soweit eine Versicherungspflicht hinsichtlich eines

6 Ebenso Wiesner/Wapler/*Loos*, § 93 SGB VIII Rn. 14.
7 Bejahend VG München, Urt. v. 16.1.2019, M 18 K 17.3303, JAmt 2019, 279 f.; verneinend VG Freiburg, Urt. v. 27.2.2019, 4 K 1861/18, JAmt 2019, 281.
8 In gleichem Sinne Wiesner/Wapler/*Loos*, § 93 SGB VIII Rn. 15.
9 BVerwG, Urt. v. 18.4.2013, 5 C 18.12, juris, Rn. 17 = ZKJ 2013, 372.
10 Vgl. Wiesner/Wapler/*Loos*, § 93 SGB VIII Rn. 15; FK-SGB VIII/*Schindler*, § 93 Rn. 11.
11 BVerwG, Urt. v. 18.4.2013, 5 C 18.12, juris, Rn. 15 = ZKJ 2013, 372.

oder mehrerer der genannten Risiken nicht besteht. Dies gilt vor allem für nicht versicherungspflichtige Selbstständige. Soweit es sich um Versicherungen gegen Risiken handelt, die ansonsten durch die Sozialversicherung abgedeckt werden, ist ihre Angemessenheit dem Grunde nach immer anzuerkennen. Hinsichtlich der Höhe gilt dies dann immer, wenn sich die Beiträge im Rahmen derjenigen zur Sozialversicherung halten. Soweit sie diese übersteigen, sind die individuellen Verhältnisse, etwa eine besondere gesundheitliche Lage, zu berücksichtigen.

Die Aufzählung der versicherten Risiken in Nr. 3 ist **abschließend**. Weitere Beiträge, etwa zu einer Lebens-, Unfall- oder Berufsunfähigkeitsversicherung, sind nur nach Abs. 3 berücksichtigungsfähig.

III. Abs. 3 – Abzugsfähige Belastungen

13 Von dem nach Abs. 1 und 2 ermittelten Einkommen sind gemäß Abs. 3 Satz 1 **Belastungen** der kostenbeitragspflichtigen Person abzuziehen. Dies erfolgt zunächst durch einen **Pauschalabzug** nach Satz 2 **in Höhe von 25 Prozent** des nach den Absätzen 1 und 2 errechneten Betrags. Dieser erfolgt immer und unabhängig von den Verhältnissen im Einzelfall und bedarf keiner Geltendmachung und keiner Nachweise.

14 Werden darüber **hinausgehende Belastungen** geltend gemacht, so können diese nach Satz 3 abgezogen werden, soweit sie nach Grund und Höhe **angemessen** sind und die Grundsätze einer wirtschaftlichen Lebensführung nicht verletzen. Diese Belastungen sind gemäß Satz 5 von der kostenbeitragspflichtigen Person **nachzuweisen**.

15 Abs. 3 Satz 4 benennt **Regelbeispiele** für abzugsfähige Belastungen.

Nach **Nr. 1** sind **Beiträge** zu öffentlichen oder privaten **Versicherungen** oder ähnlichen Einrichtungen abzugsfähig, soweit sie nicht bereits Abs. 2 Nr. 2 oder 3 unterfallen. Darunter sind neben den in Rn. 10 genannten zu verstehen **Haftpflicht-, Hausrat- oder Gebäudeversicherungen**. Abzugsfähig sind auch Beiträge zu einer **Rechtsschutzversicherung** (umstritten).

16 Nach **Nr. 2** abzugsfähig sind die sog. **Werbungskosten**. Das sind alle mit der Erzielung des Einkommens aus selbstständiger oder nicht selbstständiger Arbeit oder Kapitalvermögen notwendigerweise verbundenen Kosten, also etwa Fahrtkosten zur Arbeit, Mitgliedsbeiträge in Gewerkschaften oder Berufsverbänden, Kosten der Kapitalverwaltung, Kosten für Kinderbetreuung während der Arbeitszeit. Ergänzend kann auf die VO zu § 82 SGB XII verwiesen werden.

17 Nach **Nr. 3** abzugsfähig sind **Schuldverpflichtungen**. Insoweit kommt der Angemessenheit besondere Bedeutung zu. Unerheblich ist, ob die Schuldverpflichtung vor oder während des jugendhilferechtlichen Bedarfszeitraums eingegangen wurde. Fraglich ist die Abzugsfähigkeit von Schuldverpflichtungen zum Erwerb von Wohneigentum. Nach OVG Niedersachsen stellen Schuldverpflichtungen, die zur Finanzierung selbst genutzten Wohnungseigentums eingegangen worden sind, nur insoweit berücksichtigungsfähige Belastungen im Sinne des § 93 Abs. 3 SGB VIII dar, als sie über den Betrag hinausgehen, der für den durch die Nutzung des Eigentums erzielten Wohnwert anzusetzen ist.[12] Mietkosten oder Mietschuldverpflichtungen sind nicht als Belastung absetzbar.

18 Ob die benannten oder unbenannte Belastungen nach Grund und Höhe **angemessen** sind und **nicht unwirtschaftlich** sind, ist aufgrund der Verhältnisse im Einzelfall zu beurteilen. Dabei sind u.a. die Einkommensverhältnisse und ihre Stabilität, das legitime Interesse, sich

12 NdsOVG, Beschl. v. 26.1.2010, 4 ME 2/10, FEVS 62, 95, für Absetzbarkeit von Schuldverpflichtungen wegen des Erwerbs einer Immobilie im Rahmen der Altersvorsorge FK-SGB VIII/*Schindler*, § 93 Rn. 25.

und Familienangehörige gegen Risiken abzusichern sowie eine vernünftige Daseinsvorsorge zu betreiben und dafür Schuldverpflichtungen einzugehen, von Bedeutung. Auch hinsichtlich des Vorhalts, Grundsätze einer wirtschaftlichen Lebensführung zu verletzen, ist Zurückhaltung geboten. Er kann allenfalls erhoben werden, wenn Schuldverpflichtungen für unnötige und in keinem Verhältnis zum verfügbaren Einkommen stehende Anschaffungen eingegangen wurden. Entscheidend ist nicht, ob Verpflichtungen dem gegebenen Lebensstandard entsprechen, sondern, ob sie finanziell zu bewältigen und kalkulierbar sind. Ob unter dem Gesichtspunkt unwirtschaftlichen Verhaltens ein Kostenschuldner auf die Nutzung des öffentlichen Personennahverkehrs als Alternative zur Nutzung eines PKW verwiesen werden kann, erscheint zweifelhaft.

IV. Abs. 4 – Berechnung des Einkommens

Nachdem die bis dahin geltende gesetzliche Regelung von verschiedenen Gerichten nicht als hinreichende Rechtsgrundlage für die Bestimmung des maßgeblichen Einkommens und damit für die Heranziehung zu einem Kostenbeitrag angesehen worden war,[13] hat der Gesetzgeber durch das KJVVG Abs. 4 eingefügt, der materielle und zeitliche Vorgaben für die Einkommensberechnung enthält. 19

Maßgeblich ist nach Abs. 4 **Satz 1** grundsätzlich das **durchschnittliche Monatseinkommen** der kostenbeitragspflichtigen Person in dem der Leistung oder Maßnahme vorangehenden Jahr. Wurden kostenbeitragspflichtige Leistungen beispielsweise 2016 erbracht, ist das im Jahr 2015 erzielte durchschnittliche Monatseinkommen zugrunde zu legen. Mit der Bildung des Durchschnittseinkommens soll eine Benachteiligung selbstständig erwerbstätiger Kostenbeitragsschuldner gegenüber unselbstständig Tätigen verhindert werden, weil selbstständige Tätigkeit häufig durch hohe Schwankungen beim Umsatz und damit bei den Einnahmen gekennzeichnet sei.[14] 20

Auf Antrag der kostenbeitragspflichtigen Person ist **abweichend** davon gemäß Satz 2 deren erzieltes durchschnittliches Monatseinkommen des jeweiligen Kalenderjahres der Leistung oder Maßnahme zugrunde zu legen.[15] Dieser Antrag ist gemäß **Satz 3** innerhalb eines Jahres nach Ablauf dieses Kalenderjahres, also des jeweiligen Jahres, in dem die Leistung erbracht oder die Maßnahme vorgenommen wurde, zu stellen. Die Person wird einen solchen Antrag dann stellen, wenn sich das aktuelle Einkommen gegenüber dem vorangegangenen Jahr verringert hat. Mit dieser Regelung soll für solche Fälle eine unangemessene Belastung verhindert werden. Wird ein solcher **Aktualisierungsantrag** gestellt, findet eine Neuberechnung des Einkommens auf der Grundlage der aktuellen Einkommensverhältnisse und ggf. eine Abänderung des ursprünglich ermittelten Kostenbeitrags statt. Überzahlte Beiträge sind dann zu erstatten.[16] 21

Auf Betreiben des Bundesrates und Empfehlung des zuständigen Bundestagsausschusses wurde im Gesetzgebungsverfahren **Satz 4** eingefügt. Damit sollen über die Verfahrensweise des Satzes 2 hinaus durch Ermöglichung **vorläufiger Kostenbeitragsbescheide** Veränderungen in den wirtschaftlichen Verhältnissen Beitragspflichtiger noch genauer berücksichtigt werden.[17] Die Regelung ermöglicht, den Kostenbeitrag umgehend an die veränderten Einkommensverhältnisse anzupassen. Der Betroffene hat das neue Monatseinkommen **glaubhaft zu machen**. Dies kann durch Vorlage entsprechender Belege, ggf. auch durch eine eidesstattliche Versicherung geschehen. Nachdem nach Ablauf des Jahres das durchschnittli- 22

13 Vgl. zur Vorgeschichte der Gesetzesänderung Wiesner/Wapler/*Loos*, § 93 SGB VIII Rn. 30.
14 Vgl. die Gesetzesbegründung BT-Drs. 17/13023, 14 f.
15 Vgl. die ähnliche Regelung in § 24 BAföG.
16 Vgl. BT-Drs. 17/13023, 15.
17 Vgl. Beschlussempfehlung und Bericht des 13. Ausschusses, BT-Drs. 17/13531, 9.

che Monatseinkommen festgestellt wurde, wird der Kostenbeitrag endgültig festgesetzt und die vorläufige Heranziehung erforderlichenfalls korrigiert. Die Regelung ist auf **Härtefälle** beschränkt. Ein solcher ist jedenfalls dann gegeben, wenn bei Zahlung des Kostenbeitrags der unterhaltsrechtliche Selbstbehalt oder der grundsicherungsrechtliche oder sozialhilferechtliche Bedarf nach SGB II und XII unterschritten würde. Satz 4 geht als **Spezialregelung** der allgemeinen Härteregelung des § 92 Abs. 5 Satz 1 SGB VIII vor.[18]

18 So die Gesetzesbegründung, BT-Drs. 17/13531, 9.

§ 94
Umfang der Heranziehung

(1) [1]Die Kostenbeitragspflichtigen sind aus ihrem Einkommen in angemessenem Umfang zu den Kosten heranzuziehen. [2]Die Kostenbeiträge dürfen die tatsächlichen Aufwendungen nicht überschreiten. Eltern sollen nachrangig zu den jungen Menschen herangezogen werden. Ehegatten und Lebenspartner sollen nachrangig zu den jungen Menschen, aber vorrangig vor deren Eltern herangezogen werden.

(2) Für die Bestimmung des Umfangs sind bei jedem Elternteil, Ehegatten oder Lebenspartner die Höhe des nach § 93 ermittelten Einkommens und die Anzahl der Personen, die mindestens im gleichen Range wie der untergebrachte junge Mensch oder Leistungsberechtigte nach § 19 unterhaltsberechtigt sind, angemessen zu berücksichtigen.

(3) [1]Werden Leistungen über Tag und Nacht außerhalb des Elternhauses erbracht und bezieht einer der Elternteile Kindergeld für den jungen Menschen, so hat dieser unabhängig von einer Heranziehung nach Absatz 1 Satz 1 und 2 und nach Maßgabe des Absatzes 1 Satz 3 und 4 einen Kostenbeitrag in Höhe des Kindergeldes zu zahlen. [2]Zahlt der Elternteil den Kostenbeitrag nach Satz 1 nicht, so sind die Träger der öffentlichen Jugendhilfe insoweit berechtigt, das auf dieses Kind entfallende Kindergeld durch Geltendmachung eines Erstattungsanspruchs nach § 74 Absatz 2 des Einkommensteuergesetzes in Anspruch zu nehmen. [3]Bezieht der Elternteil Kindergeld nach § 1 Absatz 1 des Bundeskindergeldgesetzes, gilt Satz 2 entsprechend. [4]Bezieht der junge Mensch das Kindergeld selbst, gelten die Sätze 1 und 2 entsprechend.

(4) Werden Leistungen über Tag und Nacht erbracht und hält sich der junge Mensch nicht nur im Rahmen von Umgangskontakten bei einem Kostenbeitragspflichtigen auf, so ist die tatsächliche Betreuungsleistung über Tag und Nacht auf den Kostenbeitrag anzurechnen.

(5) Für die Festsetzung der Kostenbeiträge von Eltern, Ehegatten und Lebenspartnern junger Menschen und Leistungsberechtigter nach § 19 werden nach Einkommensgruppen gestaffelte Pauschalbeträge durch Rechtsverordnung des zuständigen Bundesministeriums mit Zustimmung des Bundesrates bestimmt.

(6) [1]Bei vollstationären Leistungen haben junge Menschen und Leistungsberechtigte nach § 19 nach Abzug der in § 93 Absatz 2 genannten Beträge höchstens 25 Prozent ihres Einkommens als Kostenbeitrag einzusetzen. [2]Maßgeblich ist das Einkommen des Monats, in dem die Leistung oder die Maßnahme erbracht wird. [3]Folgendes Einkommen aus einer Erwerbstätigkeit innerhalb eines Monats bleibt für den Kostenbeitrag unberücksichtigt:

1. **Einkommen aus Schülerjobs oder Praktika mit einer Vergütung bis zur Höhe von 150 Euro monatlich,**
2. **Einkommen aus Ferienjobs,**
3. **Einkommen aus einer ehrenamtlichen Tätigkeit oder**
4. **150 Euro monatlich als Teil einer Ausbildungsvergütung.**

Übersicht

Verordnung zur Festsetzung der Kostenbeiträge für Leistungen und vorläufige Maßnahmen in der Kinder- und Jugendhilfe (Kostenbeitragsverordnung – KostenbeitragsV)

vom 1. Oktober 2005 (BGBl. I S. 2907), zuletzt geändert durch Verordnung vom 5. Dezember 2013 (BGBl. I S. 4040)

§ 1
Festsetzung des Kostenbeitrags

(1) Die Höhe des Kostenbeitrags, den Elternteile, Ehegatten oder Lebenspartner junger Menschen zu entrichten haben, richtet sich nach

a) der Einkommensgruppe in Spalte 1 der Anlage, der das nach § 93 des Achten Buches Sozialgesetzbuch zu ermittelnde Einkommen zuzuordnen ist, und

b) der Beitragsstufe in den Spalten 2 bis 5 der Anlage, die nach Maßgabe dieser Verordnung zu ermitteln ist.

(2) Für jede kostenbeitragspflichtige Person wird der jeweilige Kostenbeitrag getrennt ermittelt und erhoben.

§ 2
Wahl der Beitragsstufe bei vollstationären Leistungen

(1) Die Höhe des Beitrags zu den Kosten einer vollstationären Leistung nach § 91 Abs. 1 des Achten Buches Sozialgesetzbuch ergibt sich aus den Beitragsstufen zur jeweiligen Einkommensgruppe in den Spalten 2 bis 4 der Anlage.

(2) Wird die kostenbeitragspflichtige Person zu den Kosten vollstationärer Leistungen für eine Person nach dem Achten Buch Sozialgesetzbuch herangezogen, so ergibt sich die Höhe des Kostenbeitrags aus Spalte 2. Wird sie für mehrere Personen zu den Kosten herangezogen, so ergibt sich die Höhe des Kostenbeitrags für die zweite Person aus Spalte 3, für die dritte Person aus Spalte 4. Ab der vierten vollstationär untergebrachten Person wird nur noch ein Kostenbeitrag nach Maßgabe von § 7 erhoben.

§ 3
Wahl der Beitragsstufe bei teilstationären Leistungen

Die Höhe des Kostenbeitrags für teilstationäre Leistungen nach § 91 Absatz 2 des Achten Buches Sozialgesetzbuch ergibt sich aus der Beitragsstufe zur jeweiligen Einkommensgruppe in der Spalte fünf der Anlage.

§ 4
Berücksichtigung weiterer Unterhaltspflichten

(1) Ist die kostenbeitragspflichtige Person gegenüber anderen Personen nach § 1609 des Bürgerlichen Gesetzbuchs im mindestens gleichen Rang wie dem untergebrachten jungen Menschen oder Leistungsberechtigten nach § 19 des Achten Buches Sozialgesetzbuch zum

Unterhalt verpflichtet und lebt sie mit ihnen in einem gemeinsamen Haushalt oder weist sie nach, dass sie ihren Unterhaltspflichten regelmäßig nachkommt, so ist sie

1. bei einer Zuordnung des maßgeblichen Einkommens zu einer der Einkommensgruppen 2 bis 6 je Unterhaltspflicht einer um zwei Stufen niedrigeren Einkommensgruppe zuzuordnen,
2. bei einer Zuordnung des maßgeblichen Einkommens zu einer der Einkommensgruppen 7 bis 18 je Unterhaltspflicht einer um eine Stufe niedrigeren Einkommensgruppe zuzuordnen und zu einem entsprechend niedrigeren Kostenbeitrag heranzuziehen.

(2) Würden die Unterhaltsansprüche vorrangig oder gleichrangig Berechtigter trotz einer niedrigeren Einstufung nach Absatz 1 auf Grund der Höhe des Kostenbeitrags geschmälert, so ist der Kostenbeitrag entsprechend zu reduzieren. Lebt die kostenbeitragspflichtige Person nicht in einem Haushalt mit der Person, gegenüber der sie mindestens im gleichen Rang zum Unterhalt verpflichtet ist, findet eine Reduzierung nur statt, wenn die kostenbeitragspflichtige Person nachweist, dass sie ihren Unterhaltspflichten regelmäßig nachkommt.

§ 5
Behandlung hoher Einkommen

(1) Liegt das nach § 93 des Achten Buches Sozialgesetzbuch maßgebliche Einkommen eines Elternteils, Ehegatten oder Lebenspartners oberhalb der Einkommensgruppe 27 der Anlage, so ist der Kostenbeitrag nach den folgenden Grundsätzen zu errechnen.

(2) Die Höhe des Kostenbeitrags für vollstationäre Leistungen beträgt

1. 25 Prozent des maßgeblichen Einkommens, wenn der Kostenpflichtige zu den Kosten für eine Person herangezogen wird,
2. zusätzlich 15 Prozent des maßgeblichen Einkommens, wenn der Kostenpflichtige zu den Kosten für eine zweite Person herangezogen wird,
3. zusätzlich 10 Prozent des maßgeblichen Einkommens, wenn der Kostenpflichtige für eine dritte Person herangezogen wird.

Ab der vierten vollstationär untergebrachten Person wird nur noch ein Kostenbeitrag nach Maßgabe von § 7 erhoben. Liegt das nach § 93 des Achten Buches Sozialgesetzbuch maßgebende Einkommen eines Elternteils, Ehegatten oder Lebenspartners oberhalb der Einkommensgruppe 27 der Anlage, so kann eine Heranziehung bis zur vollen Höhe der Kosten für stationäre Leistungen erfolgen.

(3) Die Höhe des Kostenbeitrags für teilstationäre Leistungen beträgt 5 Prozent des maßgeblichen Einkommens.

(4) Die Kostenbeiträge dürfen die Höhe der tatsächlichen Aufwendungen nicht überschreiten.

§ 6
Heranziehung der Eltern bei Leistungen für junge Volljährige

Bei Leistungen für junge Volljährige ist ein kostenbeitragspflichtiger Elternteil höchstens zu einem Kostenbeitrag auf Grund der Einkommensgruppe 13 heranzuziehen. Der kostenbeitragspflichtige Elternteil ist bei einer Zuordnung des maßgeblichen Einkommens zu der Einkommensgruppe 2 oder 3 der Einkommensgruppe 1 zuzuordnen. Bei einer Zuordnung des maßgeblichen Einkommens zu der Einkommensgruppe 4 ist der kostenpflichtige Elternteil der Einkommensgruppe 2 zuzuordnen. Die Zuordnung nach den Sätzen 1 und 2 erfolgt nach Berücksichtigung der Zuordnung nach § 4 Absatz 1.

§ 7
Einsatz des Kindergelds

Ein Elternteil hat unabhängig von einer einkommensabhängigen Heranziehung nach den §§ 1 bis 6 einen Kostenbeitrag in Höhe des Kindergelds zu zahlen, wenn

1. **vollstationäre Leistungen erbracht werden,**
2. **er Kindergeld für den jungen Menschen bezieht und**
3. **seine Heranziehung nicht nachrangig nach § 94 Absatz 1 Satz 3 und 4 des Achten Buches Sozialgesetzbuch ist.**

Anlage

Maßgebliches Einkommen nach § 93 des Achten Buches Sozialgesetzbuch		Beitragsstufe 1 vollstationär erste Person	Beitragsstufe 2 vollstationär zweite Person	Beitragsstufe 3 vollstationär dritte Person	Beitragsstufe 4 teilstationär
Spalte 1		Spalte 2	Spalte 3	Spalte 4	Spalte 5
Einkommensgruppe	Euro	Euro	Euro	Euro	Euro
1	bis 1.100,99	0	0	0	0
2	1.101,00 bis 1.200,99	50	0	0	40
3	1.201,00 bis 1.300,99	130	0	0	50
4	1.301,00 bis 1.450,99	210	30	0	60
5	1.451,00 bis 1.600,99	259	60	30	70
6	1.601,00 bis 1.800,99	289	85	40	85
7	1.801,00 bis 2.000,99	342	105	50	95
8	2.001,00 bis 2.200,99	378	140	60	105
9	2.201,00 bis 2.400,99	437	175	80	115
10	2.401,00 bis 2.700,99	510	220	120	130
11	2.701,00 bis 3.000,99	570	275	165	145
12	3.001,00 bis 3.300,99	630	335	210	160
13	3.301,00 bis 3.600,99	725	410	260	175
14	3.601,00 bis 3.900,99	825	485	320	190
15	3.901,00 bis 4.200,99	932	560	380	205
16	4.201,00 bis 4.600,99	1.056	635	440	220
17	4.601,00 bis 5.000,99	1.152	715	500	240
18	5.001,00 bis 5.500,99	1.313	790	555	265

Maßgebliches Einkommen nach § 93 des Achten Buches Sozialgesetzbuch		Beitragsstufe 1 vollstationär erste Person	Beitragsstufe 2 vollstationär zweite Person	Beitragsstufe 3 vollstationär dritte Person	Beitragsstufe 4 teilstationär
Spalte 1		Spalte 2	Spalte 3	Spalte 4	Spalte 5
Einkommensgruppe	Euro	Euro	Euro	Euro	Euro
19	5.501,00 bis 6.000,99	1.438	865	605	290
20	6.001,00 bis 6.500,99	1.563	940	658	315
21	6.501,00 bis 7.000,99	1.688	1.015	710	340
22	7.001,00 bis 7.500,99	1.813	1.090	763	365
23	7.501,00 bis 8.000,99	1.938	1.165	815	390
24	8.001,00 bis 8.500,99	2.063	1.240	868	415
25	8.501,00 bis 9.000,99	2.188	1.315	920	440
26	9.001,00 bis 9.500,99	2.313	1.390	973	465
27	9.501,00 bis 10.000,99	2.438	1.465	1.025	490

A. Allgemeines

Die Vorschrift regelt den **Umfang der Heranziehung der Kostenbeitragspflichtigen** auf der Grundlage des nach § 93 SGB VIII bestimmten Einkommens. Die konkreten Zahlbeträge sind der KostenbeitragsV und deren Anlage zu entnehmen. 1

Sie wurde durch das KICK neu gefasst und durch das KiFöG und das KJVVG geändert, das die Möglichkeit eines Absehens von der Heranziehung der in Abs. 6 genannten Pflichtigen eröffnet hat.
Durch das **KJSG** wurde § 94 Abs. 3 Satz 3 und 4 SGB VIII eingefügt sowie Abs. 6 geändert.

B. Einzelheiten

I. Abs. 1 – Umfang und Rangfolge der Heranziehung

Nach Abs. 1 Satz 1 sind die Kostenbeitragspflichtigen aus ihrem Einkommen in **angemessenem Umfang** heranzuziehen. Damit gibt das Gesetz an dieser Stelle einen denkbar weichen Maßstab vor, aus dem kaum jemals ein Kostenbeitrag betragsmäßig festgelegt werden könnte. Allenfalls können aus systematischen Erwägungen und verfassungsrechtlichen Vorgaben Grenzen markiert werden, die bei der Heranziehung nicht unterschritten werden dürfen. So wäre es mit dem Sozialstaatsgebot und der Garantie der Menschenwürde nicht vereinbar, würde die Heranziehung dazu führen, dass dem Beitragspflichtigen nicht einmal das menschenwürdige Existenzminimum[1] verbliebe, das gegenwärtig durch den Grundsiche- 2

1 Dazu ausführlich BVerfG, Urt. v. 9.2.2010, 1 BvL 1/09, 1 BvL 3/09, 1 BvL 4/09, BVerfGE 125, 175 ff.

rungsanspruch nach dem SGB II markiert wird.[2] Darüber hinaus hat das BVerwG den unterhaltsrechtlichen Selbstbehalt als Grenze der Heranziehung angesehen, die nicht unterschritten werden darf.[3]

3 Welcher Kostenbeitrag konkret als angemessen anzusehen ist, wird indessen durch die auf der Grundlage von Abs. 5 ergangene **Kostenbeitragsverordnung** festgelegt, sodass es grundsätzlich einer **Bestimmung** des Kostenbeitrags in jedem **Einzelfall nicht bedarf**. Ungeachtet dieses Grundsatzes sind eine Einzelfallprüfung und die Geltendmachung einer Abweichung von den Sätzen der Kostenbeitragsverordnung dann angezeigt, wenn die vorstehend beschriebenen Grenzen der Heranziehung überschritten werden.

Darüber hinaus wird zu Recht darauf hingewiesen, dass ein festgesetzter Kostenbeitrag dann vollstreckungsrechtlich nicht beigetrieben werden kann, wenn dadurch **Pfändungsfreigrenzen** unterschritten würden.[4]

4 Abs. 1 Satz 2 stellt klar, was geradezu selbstverständlich erscheint, dass die Kostenbeiträge die tatsächlichen Aufwendungen des Trägers nicht überschreiten dürfen, dieser also aus den Kostenbeiträgen keine „Gewinne" schöpfen darf.

5 Abs. 1 Satz 3 und 4 legt eine **Rangfolge** der **heranzuziehenden Kostenschuldner** fest: Junge Menschen sind vorrangig vor ihren Eltern heranzuziehen. Ehegatten und Lebenspartner sollen nachrangig vor den jungen Menschen, aber vorrangig vor deren Eltern herangezogen werden.

II. Abs. 2 – Berücksichtigung anderer Unterhaltsverpflichteter

6 Abs. 4 schreibt die Berücksichtigung anderer vor- oder gleichrangig Unterhaltsberechtigter bei der Bestimmung des Umfangs der Heranziehung vor. In welcher Weise dies zu geschehen hat, regelt **§ 4 KostenbeitragsV**. Ob und ggf. in welcher Rangfolge eine Unterhaltspflicht besteht, ist ausschließlich nach zivilrechtlichen Vorschriften zu beurteilen.

III. Abs. 3 – Behandlung des Kindergelds

7 **Kindergeld** stellt gemäß § 93 Abs. 1 Satz 4 SGB VIII kein berücksichtigungsfähiges Einkommen dar (vgl. § 93 SGB VIII Rn. 10). Gleichwohl verpflichtet Abs. 3 Satz 1 einen Elternteil, der Kindergeld bezieht, unabhängig davon, ob er nach § 94 Abs. 1 Satz 1 und 2 SGB VIII aus seinem Einkommen herangezogen werden kann, einen **Kostenbeitrag in Höhe des Kindergeldes** zu zahlen, wenn **Leistungen** über **Tag und Nacht außerhalb des Elternhauses** erbracht werden. Das ist insbesondere bei Leistungen nach den §§ 33, 34 SGB VIII gegeben. Der Begriff der Leistung über Tag und Nacht im Sinne von § 94 Abs. 3 Satz 1 SGB VIII erfasst nach der Rechtsprechung des BVerwG auch die Inobhutnahme.[5]

8 Sofern der kindergeldberechtigte Elternteil diesen Kostenbeitrag nicht zahlt, ist der Träger der öffentlichen Jugendhilfe nach **Satz 2** berechtigt, das Kindergeld durch Geltendmachung eines Erstattungsanspruchs nach § 74 Abs. 2 EStG in Anspruch zu nehmen. Daneben besteht die Möglichkeit, die Auszahlung an den Jugendhilfeträger nach § 74 Abs. 1 Satz 4 EStG zu verlangen.

Die Sätze 3 und 4 wurden durch das **KJSG** eingefügt.

2 In gleichem Sinne FK-SGB VIII/*Schindler*, § 94 Rn. 3.
3 BVerwG, Urt. v. 19.8.2010, 5 C 10.09, JAmt 2011, 208 = NJW 2011, 97.
4 Vgl. FK-SGB VIII/*Schindler*, § 94 Rn. 4.
5 BVerwG, Urt. v. 21.10.2015, 5 C 21.14, NJW 2016, 1191 mit ausführlicher Begründung eines „kostenbeitragsrechtlichen Leistungsbegriffs".

Durch Abs. 3 **Satz 3** soll klargestellt werden, dass ein Erstattungsanspruch auch dann möglich ist, wenn die Eltern das Kindergeld nicht nach dem Einkommensteuergesetz, sondern nach dem Bundeskindergeldgesetz beziehen.[6]

Mit **Satz 4** wird nach der Gesetzesbegründung Rechtsklarheit dahin geschaffen, dass auch junge Menschen, die das Kindergeld selbst beziehen, zu einem Kostenbeitrag in dessen Höhe herangezogen werden können, sofern sie Leistungen über Tag und Nacht erhalten (Abs. 3 Satz 1 entsprechend).[7] Zahlen sie diesen Kostenbeitrag nicht, führt die entsprechende Anwendung von Abs. 3 Satz 2 dazu, dass die Träger der öffentlichen Jugendhilfe berechtigt sind, die Erstattung des Kindergeldes nach § 74 Abs. 2 EstG zu verlangen.
Da eine entsprechende Geltung von Abs. 3 Satz 3 nicht angeordnet wird, ist eine entsprechende Regelung dann nicht gegeben, wenn der junge Mensch Kindergeld nach dem BKiGG bezieht.

IV. Abs. 4 – Quotelung

Hält sich ein junger Mensch während seiner vollstationären Unterbringung auch bei einem Kostenbeitragspflichtigen auf und geht dieser Aufenthalt über **Umgangskontakte** hinaus, schreibt Abs. 4 vor, dass die durch diesen Aufenthalt entstehenden Kosten auf den Kostenbeitrag anzurechnen sind. 9

Der Aufenthalt geht dann über bloße Umgangskontakte hinaus, wenn der junge Mensch die Ferien oder regelmäßig mehrere Tage pro Woche (z.B. die Wochenenden) im Haushalt der Eltern verbringt oder aufgrund des Hilfeplanes eine probeweise Rückkehr in den elterlichen Haushalt vorgesehen ist.[8]

V. Abs. 5 – Verordnungsermächtigung

1. Ermächtigungsgrundlage

Abs. 5 enthält die nach Art. 80 Abs. 1 GG erforderliche Ermächtigungsgrundlage zum Erlass der **KostenbeitragsV** durch das Bundesministerium für Familie, Senioren, Frauen und Jugend. Die zu erlassende Verordnung muss im Einklang mit allen die Kostenbeiträge regelnden gesetzlichen Vorschriften stehen. 10

Die KostenbeitragsV nimmt Konkretisierungen der jeweiligen Beitragspflicht vor und setzt in ihrer Anlage für die Kostenbeiträge von Eltern, Ehegatten und Lebenspartnern junger Menschen die nach Einkommensgruppen gestaffelten Pauschalbeträge fest.

§ 94 Abs. 5 SGB VIII ermächtigt dazu, die Festsetzung der Kostenbeiträge von „Eltern, Ehegatten und Lebenspartnern junger Menschen und Leistungsberechtigter nach § 19" zu bestimmen. Diese Ermächtigung hat der Verordnungsgeber **nicht** in vollem Umfang **ausgeschöpft**.

Unschädlich ist dabei, dass in § 1 Abs. 1 KostenbeitragsV nicht von Eltern, sondern von Elternteilen die Rede ist, da nach § 1 Abs. 2 KostenbeitragsV ohnehin nur eine Person, nicht also Eltern herangezogen werden können.

6 Vgl. Gesetzesbegründung, BT-Drs. 19/26107, 113.
7 BT-Drs. 19/26107, 113.
8 Wiesner/Wapler/*Loos*, § 94 SGB VIII Rn. 25.

Die KostenbeitragsV regelt indes nicht die Festsetzung von Kostenbeiträgen der Angehörigen „Leistungsberechtigter nach § 19“, sodass diese **nicht zu einem Kostenbeitrag** herangezogen werden können, soweit es sich bei den Leistungsempfängern nach § 19 nicht zugleich um junge Menschen i.S.d. § 7 Abs. 1 Nr. 4 SGB VIII handelt.

2. Kostenbeitragsverordnung (KostenbeitragsV)

11 Die KostenbeitragsV regelt die Festsetzung der Kostenbeiträge von Elternteilen, Ehegatten und Lebenspartnern junger Menschen. Auf die Bestimmung und Festsetzung des Kostenbeitrags junger Menschen und Leistungsberechtigter nach § 19 SGB VIII selbst ist sie **nicht anwendbar**. Insoweit gilt ausschließlich die abschließende Regelung des § 94 Abs. 6 SGB VIII.

§ 1 KostenbeitragsV enthält die **Grundsätze** der Festsetzung des Kostenbeitrags. Zugrunde zu legen ist das nach § 93 SGB VIII ermittelte und bereinigte Einkommen der Beitragspflichtigen. Die Höhe des Kostenbeitrags richtet sich sodann nach der Zuordnung zu einer der Einkommensgruppen in Spalte 1 sowie der einschlägigen Beitragsstufen in den Spalten 2 bis 5 der Anlage zur KostenbeitragsV. Gem. Abs. 2 ist der jeweilige Kostenbeitrag für jede pflichtige Person getrennt zu ermitteln und festzusetzen. Es findet also keine gesamtschuldnerische Haftung statt.

§ 2 KostenbeitragsV regelt die Wahl der **Beitragsstufe bei vollstationären Leistungen** i.S.d. § 91 Abs. 1 SGB VIII und verweist insoweit auf die Spalten 2 bis 4 der Anlage (Abs. 1).

Wird die beitragspflichtige Person zu den Kosten der Leistungen für **nur eine Person** herangezogen, ist die Höhe des Kostenbeitrags der Spalte 2 zu entnehmen. Wird sie zu den Kosten für mehrere Personen herangezogen, gilt Abs. 2. Ab der vierten untergebrachten Person wird gem. Abs. 2 Satz 3 nur noch nach Maßgabe des § 7 KostenbeitragsV der Einsatz des Kindergeldes verlangt.

§ 3 KostenbeitragsV regelt die Höhe des Kostenbeitrags für teilstationäre Leistungen i.S.d. § 91 Abs. 2 SGB VIII. Sie ergibt sich aus Spalte 5 der Anlage.

§ 4 KostenbeitragsV unternimmt eine Harmonisierung des sozialrechtlichen Kostenbeitrags- mit dem privatrechtlichen Unterhaltsrecht durch Einstufung in niedrigere Einkommensgruppen (Abs. 1). Ist diese Absenkung nicht ausreichend, ermöglicht Abs. 2 unter den dort genannten Voraussetzungen eine weitere Reduzierung.

Sofern das maßgebliche Einkommen der oder des Kostenbeitragspflichtigen das der Einkommensgruppe 27 der Anlage übersteigt, trifft **§ 5 KostenbeitragsV** für diese hohen Einkommen eine Sonderregelung. Die Höhe des Kostenbeitrags richtet sich nicht mehr nach tabellenmäßig festgesetzten Pauschalbeträgen, sondern nach prozentual zu bestimmenden Einkommensanteilen. Ab der vierten vollstationär untergebrachten Person gilt auch hier § 7 KostenbeitragsV. § 5 Abs. 2 Satz 3 KostenbeitragsV stellt klar, dass der Kostenbeitrag nach Maßgabe des § 5 KostenbeitragsV **nicht auf** einen **Anteil der Kosten** beschränkt ist, sondern bis **zur vollen Höhe** herangezogen werden kann.

§ 6 KostenbeitragsV begrenzt die Heranziehung der Eltern zu den Kosten junger Volljähriger in **zweifacher** Weise. Zum einen wird dem Kostenbeitrag eines Elternteils höchstens die Einkommensgruppe 13 zugrunde gelegt (Satz 1). Zum anderen findet eine Herabstufung hinsichtlich der maßgeblichen Einkommensgruppe nach Maßgabe der Sätze 2 und 3 statt. Dabei erfolgt die Eingruppierung nach Berücksichtigung der Zuordnung nach Abs. 4 Satz 1 KostenbeitragsV.

§ 7 KostenbeitragsV normiert den Einsatz des Kindergeldes dahingehend, dass ein Kostenbeitrag in dessen Höhe unabhängig von einer Heranziehung nach den §§ 1 bis 6 KostenbeitragsV zu zahlen ist, wenn die Voraussetzungen der Nr. 1 bis 3 vorliegen. Danach ist der Kostenbeitrag von einem Elternteil nur zu zahlen

- bei voll-, nicht aber bei teilstationären Leistungen (Nr. 1),
- wenn er das Kindergeld für den jungen Menschen bezieht (Nr. 2) und
- seine Heranziehung nicht gegenüber dem jungen Menschen selbst oder dessen Ehegatten oder Lebenspartner nachrangig ist (Nr. 3).

VI. Abs. 6 – Besonderheiten bei der Heranziehung junger Menschen und Leistungsberechtigter nach § 19 SGB VIII

Absatz 6 enthält hinsichtlich der **Heranziehung** zu den Kosten bei **vollstationären Leistungen** eine abschließende **Sonderregelung** für junge Menschen (§ 7 Abs. 1 Nr. 4 SGB VIII) und Leistungsberechtigte nach § 19 SGB VIII. Die Vorschrift wurde durch das KJSG grundlegend umgestaltet. 12

Die erste Änderung besteht nach **Satz 1** darin, dass junge Menschen und Leistungsberechtigte nach § 19 SGB VIII bei **vollstationären Leistungen** nach Abzug der in § 93 Abs. 2 SGB VIII genannten Beträge nunmehr lediglich **25 %** (an Stelle der zuvor geltenden 75 %) **ihres Einkommens** als Kostenbeitrag einzusetzen haben. Die Neuregelung beruht auf der Erwägung, dass die nach bisherigem Recht vorgesehene Möglichkeit, die Betroffenen im Wege einer Ermessensentscheidung des Jugendamtes zu entlasten, wenn das Einkommen aus einer ehrenamtlichen oder vergleichbaren Tätigkeit stammte, nicht ausreicht, dem Auftrag der Kinder- und Jugendhilfe, junge Menschen in die Gesellschaft zu integrieren und sie zu einem eigenständigen, selbstverantwortlichen Leben zu erziehen und zu motivieren, umfassend gerecht zu werden. Diesem Auftrag widerspreche es, wenn jungen Menschen die (ggf. ohnehin geringe) finanzielle Anerkennung für ihr besonderes gesellschaftliches Engagement genommen werde. Diese Ausnahmeregelung zur Kostenheranziehung sei nicht ausreichend. Auch mit anderen Tätigkeiten lernten junge Menschen, Eigenverantwortung zu übernehmen. Dazu gehörten kleine Jobs wie Zeitungsaustragen oder Ferienjobs, um sich Geld für den Führerschein zu verdienen, aber auch der Beginn einer Ausbildung als wichtiger Schritt in die Selbstständigkeit. Die Kostenheranziehung dürfe der Motivation junger Menschen, eine solche Tätigkeit zu beginnen, nicht entgegenstehen. Mit der Reduzierung der Kostenheranziehung auf höchstens 25 % werde dem und zugleich auch den Ergebnissen des Dialogprozesses „Mitreden-Mitgestalten" Rechnung getragen.[9]

Nach dem Gesetzentwurf der Bundesregierung wurde damit zwar ein deutlich höherer Anteil des von jungen Menschen und Leistungsberechtigten nach § 19 SGB VIII erzielten Einkommens geschont, die Ermessensentscheidung des Jugendamtes aber unverändert gelassen. Diese Entlastung wurde auf Vorschlag des 13. Ausschusses im Gesetzgebungsverfahren dahin erweitert, dass gem. **Satz 3** bestimmtes Einkommen vollständig oder in bestimmter Höhe unberücksichtigt bleibt. Von der Kostenheranziehung ausgenommen bleibt 13

- Einkommen aus Schülerjobs oder Praktika mit einer Vergütung (Satz 3 Nr. 1) oder
- Einkommen aus Ausbildungsvergütung (Satz 3 Nr. 4)

jeweils bis zur Höhe von 150 Euro monatlich sowie

- Einkommen aus Ferienjobs (Satz 3 Nr. 2) oder
- Einkommen aus einer ehrenamtlichen Tätigkeit (Satz 3 Nr. 3)

jeweils in vollem Umfang.

Die Regelung ist nicht so klar, wie es die Aufzählung suggeriert.

---

9 Vgl. Gesetzesbegründung der Bundesregierung, BT-Drs. 19/26107, 113. Aus dem Abschlussbericht des Dialogprozesses „Mitreden-Mitgestalten" ergibt sich freilich, dass eine Mehrheit für die völlige Streichung der Kostenbeiträge plädierte. Vgl. dort. 106 f.

Zunächst ist festzustellen, dass das Gesetz in allen vier Nummern – was im Fall der Nr. 3 keineswegs naheliegend ist – von einem „Einkommen aus Erwerbstätigkeit" ausgeht („Folgendes Einkommen aus einer Erwerbstätigkeit ...").

14 Des Weiteren soll nach der Gesetzesbegründung das monatliche Einkommen „nur nach einer der Regelungen der Nummern 1 bis 4 unberücksichtigt bleiben" können. Das ist dann geradezu selbstverständlich, wenn sich die genannten Einkommensarten begrifflich eindeutig voneinander abgrenzen lassen, sodass sie sich gegenseitig ausschließen.

Beispiel:

Ein 17-jähriger Schüler in der 10. Klasse trägt regelmäßig einmal wöchentlich für zwei Stunden ein Anzeigenblatt aus, wofür er eine Vergütung von 70 Euro erhält. In den Sommerferien arbeitet er darüber hinaus im Juli auf dem Bau und erzielt dabei ein i.S.d. § 93 Abs. 2 SGB VIII bereinigtes Einkommen i.H.v. 1.600 Euro.

Unberücksichtigt bleibt die Vergütung von 70 Euro gem. Satz 3 Nr. 1, weil es sich beim Austragen des Anzeigenblattes um einen Schülerjob i.S.d. Vorschrift handelt.

Das Einkommen aus der Tätigkeit auf dem Bau bleibt gem. Satz 3 Nr. 2 in vollem Umfang unberücksichtigt. Es handelt sich dabei nämlich um einen Ferienjob, der sich durch ein kurzzeitiges und befristetes Arbeitsverhältnis auszeichnet.[10]

Eine Gleichzeitigkeit von Einkommen aus Schülerjob oder Praktikum und solchem als Ausbildungsvergütung dürfte sich praktisch wegen der Unvereinbarkeit dieser Tätigkeiten nicht stellen.

Soweit Einkommen aus einer ehrenamtlichen Tätigkeit gleichzeitig mit anderen Einkommen nach Nr. 1, 2 oder 4 erzielt wird, sind Konkurrenzen nicht zu besorgen, da es in voller Höhe unberücksichtigt bleibt.

Beseitigt wurde durch die Neuregelung **jegliche Ermessensentscheidung** bei der Kostenheranziehung, also auch in den Fällen der Nr. 3, in denen nach alter Rechtslage von der Erhebung des Kostenbeitrags nach Ermessen abgesehen werden konnte.

15 **Maßgeblich** für die Heranziehung zu einem Kostenbeitrag ist gem. Abs. 6 **Satz 2** das Einkommen des Monats, in dem die Leistung oder die Maßnahme erbracht wird. Mit dieser speziellen Regelung wird von der allgemeinen des § 93 Abs. 4 SGB VIII abgewichen, nach der das durchschnittliche Monatseinkommen des dem jeweiligen Kalenderjahr der Leistung vorangehenden Kalenderjahres oder, im Fall eines Aktualisierungsantrags, des durchschnittlichen Monatseinkommens im Jahr der Leistung maßgeblich ist (vgl. dazu im Einzelnen die Kommentierung zu § 93 SGB VIII bei Rn. 20 f.). Dessen „Sinn und Zweck" passten, so die Gesetzesbegründung, nicht bei der Kostenheranziehung von jungen Menschen, weil diese häufig nur zeitweise und auch wechselnden Tätigkeiten nachgingen und deshalb eher ein unregelmäßiges Einkommen hätten.[11]

Der Anwendungsbereich dürfte gering sein, da Einkommen nach Satz 3 Nr. 1 regelmäßig 150 Euro monatlich kaum übersteigen dürften und Einkommen nach Nr. 2 und 3 ohnehin in vollem Umfang unberücksichtigt bleiben. Die Regelung des Satzes 2 greift aber in den Fällen der Ausbildungsvergütung i.S.d. Satzes 3 Nr. 4, die sich aber gerade nicht durch Unregelmäßigkeit auszeichnet.

Die **Heranziehung** aus dem **Vermögen** ist in § 92 Abs. 1a SGB VIII geregelt (vgl. dort Rn. 8).

10 Vgl. BT-Drs. 19/28870, 110.
11 Vgl. BT-Drs. 19/26107, 113.

Dritter Abschnitt
Überleitung von Ansprüchen

§ 95
Überleitung von Ansprüchen

(1) Hat eine der in § 92 Absatz 1 genannten Personen für die Zeit, für die Jugendhilfe gewährt wird, einen Anspruch gegen einen anderen, der weder Leistungsträger im Sinne des § 12 des Ersten Buches noch Kostenbeitragspflichtiger ist, so kann der Träger der öffentlichen Jugendhilfe durch schriftliche Anzeige an den anderen bewirken, dass dieser Anspruch bis zur Höhe seiner Aufwendungen auf ihn übergeht.

(2) [1]Der Übergang darf nur insoweit bewirkt werden, als bei rechtzeitiger Leistung des anderen entweder Jugendhilfe nicht gewährt worden oder ein Kostenbeitrag zu leisten wäre. [2]Der Übergang ist nicht dadurch ausgeschlossen, dass der Anspruch nicht übertragen, verpfändet oder gepfändet werden kann.

(3) Die schriftliche Anzeige bewirkt den Übergang des Anspruchs für die Zeit, für die die Hilfe ohne Unterbrechung gewährt wird; als Unterbrechung gilt ein Zeitraum von mehr als zwei Monaten.

(4) Widerspruch und Anfechtungsklage gegen den Verwaltungsakt, der den Übergang des Anspruchs bewirkt, haben keine aufschiebende Wirkung.

Übersicht Rn.

A. Allgemeines

Die Überleitung von Ansprüchen ist ein Instrument, mit dem der Träger der öffentlichen Jugendhilfe die ihm entstehenden Kosten refinanzieren und zugleich den Nachrang der Jugendhilfe gegenüber Leistungen anderer durchsetzen kann. Sie tritt neben den Kostenbeitrag, die Kostenerstattung und die Feststellung von Sozialleistungen nach § 97 SGB VIII. 1

B. Einzelheiten

I. Abs. 1 – Voraussetzungen und Folgen der Überleitung

1. Voraussetzungen

Übergeleitet werden kann nur der **Anspruch** einer der in § 92 Abs. 1 SGB VIII genannten Personen (Anspruchsinhaber). Der Anspruch muss sich gegen **eine andere** natürliche oder juristische Person richten, die **nicht Leistungsträger i.S.d. § 12 SGB I** ist. Das sind die Körperschaften, Anstalten und Behörden, die für die Erbringung der in den §§ 18 bis 29 SGB I 2 genannten Leistungen zuständig sind. **Ausgeschlossen** ist auch die Überleitung von **Ansprüchen gegen Kostenbeitragspflichtige.**

3 Für die Frage der Überleitung **unerheblich** ist, auf welchem **Rechtsgrund** der überzuleitende Anspruch beruht. Übergeleitet werden können also privat- und öffentlich-rechtliche, gesetzliche oder vertragliche Ansprüche. In Betracht kommen danach Schadensersatzansprüche, Ansprüche auf Versicherungsleistungen, der Anspruch auf Herausgabe einer Schenkung nach § 528 BGB, Erbschafts-, Vermächtnis- und Pflichtteilsansprüche, Beihilfeansprüche gegen den Dienstherrn sowie Versorgungsansprüche.[1]

Nicht erforderlich ist auch die Gleichartigkeit des Anspruchs. Es ist also unschädlich, dass Jugendhilfe häufig als Dienst- oder Sachleistung erbracht wird, während sich die überzuleitenden Ansprüche regelmäßig auf eine Geldzahlung richten.

Der überzuleitende Anspruch muss für **die Zeit bestanden** haben, für die **Jugendhilfe gewährt** wurde.

2. Rechtsfolgen

4 Liegen die vorgenannten Voraussetzungen vor, kann der Träger der öffentlichen Jugendhilfe durch **schriftliche Anzeige** („Überleitungsanzeige") bewirken, dass der Anspruch auf ihn **übergeht**. Trotz der ungewöhnlichen Bezeichnung als „**Anzeige**" handelt es sich dabei sowohl gegenüber dem Anspruchsinhaber als auch dem Anspruchsgegner um einen **Verwaltungsakt**, wie sich nicht zuletzt aus Abs. 4 ergibt.

Da er schriftlich zu ergehen hat, ist er gemäß § 35 Abs. 1 Satz 1 SGB X auch schriftlich **zu begründen**. Die Begründung muss nach dessen Satz 3 auch die Gesichtspunkte erkennen lassen, von denen der Träger bei der Ausübung des ihm in § 95 Abs. 1 SGB VIII eingeräumten **Ermessens** ausgegangen ist. Bei der Ermessensausübung sind primär die Sicherung des Nachrangs und weitere öffentliche Belange gegen die Belange der kostenpflichtigen Person abzuwägen. Weniger relevant sind die Belange des Anspruchsgegners, da grundsätzlich niemand gegen einen Gläubigerwechsel geschützt ist.

Die Überleitungsanzeige muss gem. § 33 Abs. 1 SGB X inhaltlich hinreichend bestimmt sein. Aus ihr muss hervorgehen, **welcher Anspruch** übergeleitet wird und wer Gläubiger und Schuldner des Anspruchs sind. Zudem muss sie erkennen lassen, an wen der Schuldner künftig zu leisten hat.

5 Materiell bewirkt die Anzeige, dass der übergeleitete **Anspruch** auf den Träger der öffentlichen Jugendhilfe **übergeht**. Er wird Anspruchsinhaber mit der Folge, dass der Anspruchsgegner mit befreiender Wirkung nur noch an diesen leisten kann. Der Anspruch muss in der Überleitungsanzeige **nicht beziffert** werden.[2] Der Anspruchsübergang wird durch die Höhe der Aufwendungen des Trägers der öffentlichen Jugendhilfe begrenzt.

II. Abs. 2 – Grenzen der Überleitung

6 Eine weitere materielle Begrenzung der Überleitung enthält Abs. 2 Satz 1. Danach darf der Anspruchsübergang nur insoweit bewirkt werden, als bei rechtzeitiger Leistung des Anspruchsgegners entweder Jugendhilfe gar nicht gewährt worden wäre oder wegen der verbesserten Einkommensverhältnisse ein Kostenbeitrag durch den früheren Anspruchsinhaber zu leisten gewesen wäre. In diesem Fall ist der Anspruchsübergang auf die **Höhe des Kos-**

1 Vgl. FK-SGB VIII/*Schindler*, § 95 Rn. 4.
2 Vgl. Wiesner/Wapler/*Loos*, § 95 SGB VIII Rn. 9.

tenbeitrags begrenzt.[3] Im Übrigen steht der Anspruch weiter der kostenbeitragspflichtigen Person zu.

Nach Abs. 2 Satz 2 ist der Übergang nicht übertragbarer oder verpfändeter oder gepfändeter Ansprüche nicht ausgeschlossen. Ob der Anspruch besteht und ob er durchsetzbar ist, wird nicht bei der Überleitung, sondern erforderlichenfalls in einem Rechtsstreit zwischen Träger und Anspruchsschuldner entschieden.

III. Abs. 3 – Umfang des Anspruchsübergangs

Nach Abs. 3 bewirkt die Anzeige den Anspruchsübergang für den Zeitraum, in dem die Hilfe **ununterbrochen gewährt** wird. Dabei gilt nur ein Zeitraum von mehr als zwei Monaten als Unterbrechung in diesem Sinne. Kürzere Unterbrechungen sind unschädlich. 7

Die Frage der **Rechtmäßigkeit der Jugendhilfeleistung** ist für die Rechtmäßigkeit der Überleitungsanzeige unerheblich.

IV. Abs. 4 – Rechtsschutzfragen

Nach Abs. 4 haben **Widerspruch** – soweit überhaupt statthaft – und **Anfechtungsklage** gegen die Überleitungsanzeige keine **aufschiebende Wirkung**. Die Zahlungspflicht des Anspruchsgegners wird also durch die Einlegung eines solchen Rechtsbehelfs nicht suspendiert. Ihm steht der Antrag auf Anordnung der aufschiebenden Wirkung nach § 80 Abs. 5 VwGO als Rechtsschutzmöglichkeit offen. 8

Leistet der Anspruchsgegner nicht freiwillig, ist der Träger der öffentlichen Jugendhilfe darauf verwiesen, den **Anspruch** vor dem zuständigen Gericht **klageweise geltend zu machen**. In einem solchen Prozess werden sodann das Bestehen des Anspruchs sowie von Einwendungen geprüft. 9

3 Vgl. FK-SGB VIII/*Schindler*, § 95 Rn. 8.

§ 96
(weggefallen)

Vierter Abschnitt
Ergänzende Vorschriften

§ 97
Feststellung der Sozialleistungen

[1]Der erstattungsberechtigte Träger der öffentlichen Jugendhilfe kann die Feststellung einer Sozialleistung betreiben sowie Rechtsmittel einlegen. [2]Der Ablauf der Fristen, die ohne sein Verschulden verstrichen sind, wirkt nicht gegen ihn. [3]Dies gilt nicht für die Verfahrensfristen, soweit der Träger der öffentlichen Jugendhilfe das Verfahren selbst betreibt.

Übersicht

A. Allgemeines

1 § 97 SGB VIII ermächtigt einen Träger der öffentlichen Jugendhilfe, den Anspruch eines Leistungsberechtigten gegen einen anderen Sozialleistungsträger im eigenen Namen geltend zu machen. Die Regelung begründet mithin eine **gesetzliche Prozessstandschaft**, die dadurch charakterisiert ist, dass jemand ein **fremdes Recht im eigenen Namen** geltend machen darf.

Zweck der Vorschrift ist es, den Nachrang der Jugendhilfe gegenüber Leistungen anderer Sozialleistungsträger zu sichern und zu effektivieren.[1] Der Begriff der **Feststellung** ist im Sinne einer Geltendmachung und Durchsetzung zu verstehen. Auf welchem Wege und ggf. vor welchem Gericht mit welcher Klage dies zu erfolgen hat, hängt von der Art und der Rechtsgrundlage der jeweiligen Leistung ab.

Rechtsfolge der erfolgreich betriebenen Feststellung ist, dass der vorrangig verpflichtete Sozialleistungsträger die Sozialleistung erbringen muss und die Vorleistungspflicht des Trägers der öffentlichen Jugendhilfe entfällt.

Das Betreiben der Feststellung ist ebenso wie die Feststellung selbst **in die Zukunft gerichtet** und schließt Erstattungsansprüche und deren Geltendmachung nicht aus. Die Vorschrift tritt also neben die Geltendmachung von Erstattungsansprüchen nach §§ 102 ff. SGB X.

B. Einzelheiten

I. Erstattungsberechtigter Träger

2 Die Feststellung einer Sozialleistung kann nur der **Träger der öffentlichen Jugendhilfe** betreiben, dem im Fall der Feststellung ein **Erstattungsanspruch** gegen den anderen Sozialleistungsträger zustünde. Ist ein solcher unter allen Umständen ausgeschlossen, bliebe die

1 Vgl. dazu Wiesner/Wapler/*Loos*, § 97 SGB VIII Rn. 1.

Feststellung folgenlos und ginge ins Leere. Erstattungsberechtigt in diesem Sinne ist allerdings bereits der Träger, bei dem die Möglichkeit eines Erstattungsanspruchs besteht.

II. Sozialleistung

3 Die Feststellung kann hinsichtlich **aller Sozialleistungen** betrieben werden. Das sind zunächst alle nach dem SGB zu erbringenden Leistungen. Erfasst sind darüber hinaus aber nicht nur solche Leistungen nach Gesetzen, die nach § 68 SGB I als besondere Teile des SGB gelten, sondern alle Leistungen, die als Sozialleistungen qualifiziert werden können, etwa solche nach dem AsylbLG.

III. Betreiben der Feststellung

4 Was es bedeutet, die Feststellung einer Sozialleistung zu betreiben, lässt sich (dem Wortlaut) der Vorschrift nicht unmittelbar entnehmen. Ausdrücklich genannt ist lediglich die Befugnis, Rechtsmittel einzulegen. Hieraus ist jedoch zwingend zu schließen, dass der Träger der öffentlichen Jugendhilfe auch berechtigt ist, einen erforderlichen Antrag auf die fragliche Sozialleistung zu stellen und – wenn erforderlich und statthaft – Widerspruch gegen einen Ablehnungsbescheid zu erheben sowie Klage vor dem zuständigen Gericht zu erheben. Denn die Befugnis zur Einlegung von Rechtsmitteln wäre logisch ausgeschlossen, wenn die notwendigerweise vorausgehenden verwaltungsverfahrensrechtlichen und prozessualen Schritte nicht in der Befugnis des Trägers stünden.

5 Sind Fristen ohne Verschulden des Trägers verstrichen, wirkt dies gemäß **Satz 2** nicht gegen ihn. Hat der Träger allerdings das Verfahren in Gang gesetzt, ist er gemäß **Satz 3** verpflichtet, bestehende Verfahrensfristen zu wahren.

IV. Entscheidung über das Betreiben der Feststellung

6 Ob der Träger der öffentlichen Jugendhilfe von der Ermächtigung der Vorschrift Gebrauch macht, steht in seinem **Ermessen**. Die Befugnis soll sich allerdings zu einer Verpflichtung verdichten können, wenn der erstattungsberechtigte Träger seinerseits Erstattungsansprüchen ausgesetzt sein könnte oder solche geltend machen will.[2]

2 Vgl. FK-SGB-VIII/*Schindler*, § 97 Rn. 2.

§ 97a
Pflicht zur Auskunft

(1) [1]Soweit dies für die Berechnung oder den Erlass eines Kostenbeitrags oder die Übernahme eines Teilnahmebeitrags nach § 90 oder die Ermittlung eines Kostenbeitrags nach den §§ 92 bis 94 erforderlich ist, sind Eltern, Ehegatten und Lebenspartner junger Menschen sowie Leistungsberechtigter nach § 19 verpflichtet, dem örtlichen Träger über ihre Einkommensverhältnisse Auskunft zu geben. [2]Junge Volljährige und volljährige Leistungsberechtigte nach § 19 sind verpflichtet, dem örtlichen Träger über ihre Einkommens- und Vermögensverhältnisse Auskunft zu geben. [3]Eltern, denen die Sorge für das Vermögen des Kindes oder des Jugendlichen zusteht, sind auch zur Auskunft über dessen Einkommen verpflichtet. [4]Ist die Sorge über das Vermögen des Kindes oder des Jugendlichen anderen Personen übertragen, so treten diese an die Stelle der Eltern.

(2) [1]Soweit dies für die Berechnung der laufenden Leistung nach § 39 Absatz 6 erforderlich ist, sind Pflegepersonen verpflichtet, dem örtlichen Träger darüber Auskunft zu geben, ob der junge Mensch im Rahmen des Familienleistungsausgleichs nach § 31 des Einkommensteuergesetzes berücksichtigt wird oder berücksichtigt werden könnte und ob er ältestes Kind in der Pflegefamilie ist. [2]Pflegepersonen, die mit dem jungen Menschen in gerader Linie verwandt sind, sind verpflichtet, dem örtlichen Träger über ihre Einkommens- und Vermögensverhältnisse Auskunft zu geben.

(3) [1]Die Pflicht zur Auskunft nach den Absätzen 1 und 2 umfasst auch die Verpflichtung, Name und Anschrift des Arbeitgebers zu nennen, über die Art des Beschäftigungsverhältnisses Auskunft zu geben sowie auf Verlangen Beweisurkunden vorzulegen oder ihrer Vorlage zuzustimmen. [2]Sofern landesrechtliche Regelungen nach § 90 Absatz 1 Satz 2 bestehen, in denen nach Einkommensgruppen gestaffelte Pauschalbeträge vorgeschrieben oder festgesetzt sind, ist hinsichtlich der Höhe des Einkommens die Auskunftspflicht und die Pflicht zur Vorlage von Beweisurkunden für die Berechnung des Kostenbeitrags nach § 90 Absatz 1 Nummer 3 auf die Angabe der Zugehörigkeit zu einer bestimmten Einkommensgruppe beschränkt.

(4) [1]Kommt eine der nach den Absätzen 1 und 2 zur Auskunft verpflichteten Personen ihrer Pflicht nicht nach oder bestehen tatsächliche Anhaltspunkte für die Unrichtigkeit ihrer Auskunft, so ist der Arbeitgeber dieser Person verpflichtet, dem örtlichen Träger über die Art des Beschäftigungsverhältnisses und den Arbeitsverdienst dieser Person Auskunft zu geben; Absatz 3 Satz 2 gilt entsprechend. [2]Der zur Auskunft verpflichteten Person ist vor einer Nachfrage beim Arbeitgeber eine angemessene Frist zur Erteilung der Auskunft zu setzen. [3]Sie ist darauf hinzuweisen, dass nach Fristablauf die erforderlichen Auskünfte beim Arbeitgeber eingeholt werden.

(5) [1]Die nach den Absätzen 1 und 2 zur Erteilung einer Auskunft Verpflichteten können die Auskunft verweigern, soweit sie sich selbst oder einen der in § 383 Absatz 1 Nummer 1 bis 3 der Zivilprozessordnung bezeichneten Angehörigen der Gefahr aussetzen würden, wegen einer Straftat oder einer Ordnungswidrigkeit verfolgt zu werden. [2]Die Auskunftspflichtigen sind auf ihr Auskunftsverweigerungsrecht hinzuweisen.

Übersicht

A. Allgemeines

1 Um die nach den §§ 90 sowie 92 bis 94 SGB VIII zu treffende Entscheidung über eine Kostenbeteiligung sowie einen möglichen Erlass von Kostenbeiträgen oder die Übernahme von Teilnahmebeiträgen treffen zu können, benötigt der Träger der öffentlichen Jugendhilfe Informationen über die maßgeblichen Einkommens-, teilweise auch über die Vermögensverhältnisse der Kostenpflichtigen. Darüber hinaus benötigt er die zur Berechnung der laufenden Leistungen nach § 39 Abs. 6 SGB VIII erforderlichen Informationen. Zu deren Erschließung normiert § 97a SGB VIII eine entsprechende **Auskunftspflicht** der betroffenen Personen. Ausnahmsweise sind auch Dritte in die Auskunftspflicht einbezogen (Abs. 1 Satz 4). Darüber hinaus begründet die Vorschrift Auskunftspflichten des **Arbeitgebers** und regelt Art und Umfang der Auskunftserteilung.

B. Einzelheiten

I. Abs. 1 – Auskunftspflicht und Auskunftspflichtige

2 Abs. 1 normiert eine umfassende Auskunftspflicht der in der Vorschrift genannten Personen und stellt den Zweck der Regelung klar: Berechnung oder Erlass eines Kostenbeitrags, Übernahme eines Teilnahmebeitrags nach § 90 SGB VIII, Ermittlung eines Kostenbeitrags nach den §§ 92 bis 94 SGB VIII. Die Auskunftspflichten korrespondieren inhaltlich mit der Berechnungsgrundlage bzw. der Ausgestaltung der Heranziehung. Dort, wo das Einkommen erheblich ist, ist über dieses, dort, wo es (auch) auf das Vermögen ankommt, ist (auch) darüber Auskunft zu erteilen. Die Auskunftspflicht erstreckt sich auf alle Angaben, die zu dessen Berechnung nach § 93 SGB VIII erforderlich sind.

3 Die Auskunftspflicht besteht nach dem eindeutigen Wortlaut von Satz 1 auch, soweit die Einkommensverhältnisse für die Entscheidung über den Erlass eines Kostenbeitrags oder die Übernahme eines Teilnahmebeitrags erheblich sind. Eine andere Auffassung nimmt hingegen eine Mitwirkungspflicht nach §§ 60 ff. SGB I an, da es sich bei Erlass und Übernahme um eine Leistung des Trägers handle und die Mitwirkung im eigenen Interesse liege. Werde die Mitwirkungspflicht verletzt, könne diese Leistung versagt werden.[1]

4 In **zeitlicher Hinsicht** bezieht sich die Auskunftspflicht auf den Zeitraum, für den eine Kostenbeteiligung infrage kommt oder für die ein Erlass des Kostenbeitrags oder die Übernahme eines Teilnahmebeitrags begehrt wird.

5 Der Auskunftspflicht der vorgenannten Personen entspricht eine **datenschutzrechtliche Befugnis** des Trägers zur Erhebung der erforderlichen Daten. Diese ergibt sich, soweit die Erhebung bei den Betroffenen in Rede steht, aus § 62 Abs. 1 und 2 SGB VIII, da deren Kenntnis zur Erfüllung der Aufgaben nach den §§ 90 ff. SGB VIII erforderlich ist. Soweit Daten beim Arbeitgeber oder Dritten i.S.d. § 97a Abs. 1 Satz 4 SGB VIII erhoben werden, stellt § 97a SGB VIII eine gesetzliche Erlaubnis i.S.d. § 63 Abs. 3 Nr. 1 SGB VIII dar.

Soweit Daten bei **sonstigen Dritten** erhoben werden sollen, etwa weil die Auskunftspflichtigen ihrer Verpflichtung nicht nachkommen, ist dies unter den Voraussetzungen des § 62 Abs. 3 Nr. 3 SGB VIII zulässig. Als unverhältnismäßiger Aufwand i.S.d. Vorschrift ist die Durchsetzung der Auskunftspflicht gegenüber dem Betroffenen mittels eines Zwangsgeldes anzusehen. Schutzwürdige Belange werden angesichts der gesetzlichen Auskunftspflicht nicht verletzt.

---

1 FK-SGB VIII/*Schindler*, § 97a Rn. 2 unter Verweis auf VG Gera, 6 K 733/09 Ge und VG Ansbach, AN 14 K 04.02262, juris.

Im Einzelnen sind auskunftspflichtig 6

- Eltern hinsichtlich ihrer Einkommensverhältnisse (Satz 1),
- Ehegatten und Lebenspartner junger Menschen hinsichtlich ihrer Einkommensverhältnisse (Satz 1),
- Leistungsberechtigte nach § 19 SGB VIII hinsichtlich ihrer Einkommensverhältnisse (Satz 1),
- junge Volljährige und volljährige Leistungsberechtigte nach § 19 SGB VIII hinsichtlich ihrer Einkommens- und Vermögensverhältnisse (Satz 2),
- Eltern, denen die Vermögensorge für einen Minderjährigen zusteht, hinsichtlich seines Einkommens (Satz 3),
- Dritte, denen die Vermögensorge für einen Minderjährigen übertragen wurde, hinsichtlich seines Einkommens (Satz 4).

II. Abs. 2 Auskunftspflicht bei Pflegeverhältnis

Satz 1 verpflichtet **Pflegepersonen**, die einen jungen Menschen in ihrem Haushalt aufgenommen haben, dessen Unterhalt nach § 39 Abs. 1 SGB VIII durch den Träger der öffentlichen Jugendhilfe sichergestellt wird, zur Auskunft, soweit dies zur Berechnung der laufenden Leistungen nach § 39 Abs. 6 SGB VIII erforderlich ist. Gegenstand der Auskunft ist, 7

- ob der junge Mensch im Rahmen des Familienlastenausgleichs nach § 31 EStG berücksichtigt wird oder werden könnte und
- ob er ältestes Kind in der Pflegefamilie ist.

Satz 2 verpflichtet darüber hinausgehend **Pflegepersonen**, die **mit dem jungen Menschen in gerader Linie verwandt sind**, über ihre Einkommens- und Vermögensverhältnisse Auskunft zu geben. Deren Kenntnis ist für die Entscheidung darüber unerlässlich, ob eine Kürzung des Pflegegelds nach § 39 Abs. 4 Satz 4 SGB VIII möglich ist und der Unterhalt des Pflegekindes sichergestellt werden kann.[2] 8

III. Abs. 3 – Umfang der Auskunftspflicht

Abs. 3 erweitert die **Auskunftspflicht** nach Abs. 1 und 2 dahin, dass auch der **Arbeitgeber** namentlich und mit Anschrift zu nennen und Auskunft über die Art des Beschäftigungsverhältnisses zu geben ist. Darüber hinaus sind auf Verlangen Beweisurkunden vorzulegen oder ist ihrer Vorlage durch Dritte zuzustimmen. Als solche kommen Gehaltsabrechnungen, Einkommensteuerbescheide, Leistungsbescheide anderer Sozialleistungsträger oder Bankbescheinigungen in Betracht. 9

Hinsichtlich der **pauschalierten Kostenbeteiligung** in den Fällen des § 90 Abs. 1 Nr. 3 SGB VIII, also der Förderung in Tageseinrichtungen und Tagespflege, enthält Satz 2 eine Sonderregelung: Sofern Landesrecht nach Einkommensgruppen gestaffelte Pauschalbeträge vorsieht, beschränkt sich hinsichtlich der Höhe des Einkommens die Auskunftspflicht und die Pflicht zur Vorlage von Beweisurkunden auf die Angabe der Zugehörigkeit zu einer bestimmten Einkommensgruppe. Sieht die Staffelung also beispielsweise eine Einkommensgruppe von 1.801 bis 2.000 Euro vor, beschränkt sich Auskunfts- und Beweispflicht darauf, dass ein Einkommen in diesem Bereich erzielt wird. 10

2 Vgl. BT-Drs. 16/9299, 19.

IV. Abs. 4 – Auskunftspflicht des Arbeitgebers

11 Abs. 4 Satz 1 erstreckt die **Auskunftspflicht** hinsichtlich Art der Beschäftigung und den Arbeitsverdienst einer Person auf deren Arbeitgeber. Voraussetzung für dessen Auskunftspflicht ist, dass die auskunftspflichtige Person ihrer Verpflichtung nicht nachkommt oder tatsächliche Anhaltspunkte für die Unrichtigkeit einer erteilten Auskunft vorliegen. Bloße Mutmaßungen reichen im letztgenannten Fall also nicht aus. Die Einschränkung des Abs. 3 Satz 2 gilt gemäß Hs. 2 auch in diesem Fall. Der Arbeitgeber darf nach Satz 2 und 3 erst dann um Auskunft ersucht werden, wenn der auskunftspflichtigen Person vor einer Nachfrage eine angemessene Frist zur Erteilung einer (richtigen) Auskunft gesetzt und sie darauf hingewiesen wurde, dass nach deren Ablauf die erforderlichen Auskünfte beim Arbeitgeber eingeholt werden.[3]

V. Abs. 5 – Auskunftsverweigerungsrecht

12 Abs. 5 räumt den nach Abs. 1 und 2 verpflichteten Personen ein **Auskunftsverweigerungsrecht** ein. Sie können die Auskunft verweigern, soweit sie sich oder einen Angehörigen i.S.d. § 383 Abs. 1 Nr. 1 bis 3 ZPO der Gefahr aussetzen würden, wegen einer Straftat oder einer Ordnungswidrigkeit verfolgt zu werden. Angehörige in diesem Sinne sind Verlobte oder derjenige, mit dem die Partei ein Versprechen eingegangen ist, eine Lebenspartnerschaft zu begründen, der Ehegatte, auch wenn die Ehe nicht mehr besteht, Lebenspartner, auch wenn die Lebenspartnerschaft nicht mehr besteht, sowie diejenigen, die mit einer Partei in gerader Linie verwandt oder verschwägert, in der Seitenlinie bis zum dritten Grad verwandt oder bis zum zweiten Grad verschwägert sind oder waren. Zu den so verwandten Personen gehören Eltern und (Ur-)Großeltern, Kinder, Enkel und Großenkel sowie Geschwister, Neffen und Nichten, Onkel und Tanten, zu den verschwägerten in diesem Sinne Eltern, Großeltern, Kinder und Enkel. Eine **Gefahr der Verfolgung** besteht dann, wenn bei wahrheitsgemäßer Angabe bestimmter Tatsachen der Anfangsverdacht einer strafbaren oder bußgeldbedrohten Tat begründet würde. Die sichere Erwartung eines Verfahrens ist nicht erforderlich. Das Auskunftsverweigerungsrecht besteht nur hinsichtlich solcher Tatsachen.

Die Auskunftspflichtigen sind gem. Abs. 5 Satz 2 auf ihr Auskunftsverweigerungsrecht hinzuweisen.

VI. Auskunftsverlangen

13 Das Auskunftsverlangen stellt einen **Verwaltungsakt** dar, gegen den die statthaften Rechtsbehelfe (Widerspruch, Anfechtungsklage) ergriffen werden können. Widerspruch und Anfechtungsklage haben gem. § 80 Abs. 1 VwGO aufschiebende Wirkung, sofern nicht durch die Behörde im besonderen öffentlichen Interesse die sofortige Vollziehung gem. § 80 Abs. 2 Nr. 4 VwGO angeordnet wurde. Sofern das Verlangen unanfechtbar oder sofort vollziehbar ist, kann es im Wege der **Verwaltungsvollstreckung** durchgesetzt werden.

Die **Rechtmäßigkeit** der Aufforderung zur Auskunftserteilung setzt voraus, dass der Adressat Auskunftspflichtiger ist. Sie setzt grundsätzlich **nicht voraus**, dass die kostenbeitragspflichtige Maßnahme der Jugendhilfe ihrerseits rechtmäßig ist. Ausnahmen werden insoweit allenfalls dann anerkannt, wenn diese **offensichtlich rechtswidrig** oder deren Rechtswidrigkeit bereits festgestellt ist.[4]

3 Diese Regelung weist eine gewisse Parallelität zu der des § 66 Abs. 3 SGB I auf.
4 Vgl. OVG NW, Beschl. v. 19.5.2016, 12 A 1798/15, juris.

Wurden alle Aufklärungsmöglichkeiten ohne Ergebnis ausgeschöpft, kann die Behörde eine **Schätzung** der maßgebenden Verhältnisse vornehmen, die allerdings die Kriterien der Heranziehung nach § 94 SGB VIII zu beachten hat.[5]

VII. Ordnungswidrigkeit

Die vorsätzliche oder fahrlässige Nichterfüllung der Auskunftspflicht nach § 97a Abs. 4 SGB VIII durch den Arbeitgeber stellt gemäß § 104 Abs. 1 Nr. 4 eine Ordnungswidrigkeit dar. **14**

5 VG Aachen, Beschl. v. 14.4.2010, 2 K 2177/08, juris.

§ 97b
(weggefallen)

§ 97c
Erhebung von Gebühren und Auslagen

Landesrecht kann abweichend von § 64 des Zehnten Buches die Erhebung von Gebühren und Auslagen regeln.

Die durch das KICK eingefügte Vorschrift eröffnet den Ländern die Möglichkeit, die Erhebung von Gebühren und Auslagen abweichend von § 64 SGB X zu regeln und damit die dort normierte Kostenfreiheit zu beseitigen. Mit ihr soll den kommunalen Gebietskörperschaften die Erhebung von Gebühren und Auslagen im Zusammenhang mit der Erbringung bestimmter Dienstleistungen (z. B. Beurkundung und Beglaubigung) ermöglicht werden.[1] 1

Die Vorschrift hat folgenden Wortlaut:

§ 64 SGB X
Kostenfreiheit

(1) Für das Verfahren bei den Behörden nach diesem Gesetzbuch werden keine Gebühren und Auslagen erhoben. Abweichend von Satz 1 erhalten die Träger der gesetzlichen Rentenversicherung für jede auf der Grundlage des § 74a Abs. 2 Satz 1 erteilte Auskunft eine Gebühr von 10,20 Euro.

(2) Geschäfte und Verhandlungen, die aus Anlass der Beantragung, Erbringung oder der Erstattung einer Sozialleistung nötig werden, sind kostenfrei. Dies gilt auch für die im Gerichts- und Notarkostengesetz bestimmten Gerichtskosten. Von Beurkundungs- und Beglaubigungskosten sind befreit Urkunden, die

1. **in der Sozialversicherung bei den Versicherungsträgern und Versicherungsbehörden erforderlich werden, um die Rechtsverhältnisse zwischen den Versicherungsträgern einerseits und den Arbeitgebern, Versicherten oder ihren Hinterbliebenen andererseits abzuwickeln,**
2. **im Sozialhilferecht, im Recht der Eingliederungshilfe, im Recht der Grundsicherung für Arbeitsuchende, im Kinder- und Jugendhilferecht sowie im Recht der Kriegsopferfürsorge aus Anlass der Beantragung, Erbringung oder Erstattung einer nach dem Zwölften Buch, dem Neunten Buch, dem Zweiten und dem Achten Buch oder dem Bundesversorgungsgesetz vorgesehenen Leistung benötigt werden,**
3. **im Schwerbehindertenrecht von der zuständigen Stelle im Zusammenhang mit der Verwendung der Ausgleichsabgabe für erforderlich gehalten werden,**
4. **im Recht der sozialen Entschädigung bei Gesundheitsschäden für erforderlich gehalten werden,**
5. **im Kindergeldrecht für erforderlich gehalten werden.**

(3) Absatz 2 Satz 1 gilt auch für gerichtliche Verfahren, auf die das Gesetz über das Verfahren in Familiensachen und in den Angelegenheiten der freiwilligen Gerichtsbarkeit anzuwenden ist. Im Verfahren nach der Zivilprozessordnung, dem Gesetz über das Verfahren in Familiensachen und in den Angelegenheiten der freiwilligen Gerichtsbarkeit sowie im Verfahren vor Gerichten der Sozial- und Finanzgerichtsbarkeit sind die Träger der Eingliederungshilfe, der Sozialhilfe, der Grundsicherung für Arbeitsuchende, der Leistungen nach dem Asylbewerberleistungsgesetz, der Jugendhilfe und der Kriegsopferfürsorge von den Gerichtskosten befreit; § 197a des Sozialgerichtsgesetzes bleibt unberührt.

1 So die Gesetzesbegründung BT-Drs. 15/3676, 43.

2 Nach § 64 Abs. 1 Satz 1 SGB X werden für das **Verfahren bei den Behörden** nach dem SGB keine Gebühren und Auslagen erhoben. **Gebühren** sind die Gegenleistung für eine besondere Inanspruchnahme eines Trägers öffentlicher Verwaltung, **Auslagen** die tatsächlichen Aufwendungen wie Fotokopie-, Telegrammkosten, Porto, Schreibgebühren.[2]

§ 64 Abs. 2 SGB X dehnt die Kostenfreiheit auf die Inanspruchnahme von Behörden aus, die nicht dem SGB unterliegen und damit nicht unter Abs. 1 fallen. Danach sind **Geschäfte und Verhandlungen**, die aus Anlass der Beantragung, Erbringung oder der Erstattung einer Sozialleistung nötig werden, kostenfrei.[3] Wegen weiterer Einzelheiten und -fragen wird auf die Kommentierungen zu § 64 SGB X verwiesen.[4]

3 § 97c erlaubt landesrechtliche Abweichungen hinsichtlich der Befreiung von Gebühren und Auslagen.

Landesrechtliche Regelungen können in den **Ausführungsgesetzen** zum KJHG/SGB VIII, **Landesverwaltungskostengesetzen** oder **Kommunalabgabengesetzen** getroffen werden. Durch kommunale Satzungen kann eine Gebühren- oder Auslagenpflicht nur aufgrund landesrechtlicher Ermächtigung begründet werden. So weist § 25 Abs. 1 AGKJHG Brandenburg den örtlichen Trägern der Jugendhilfe die Regelung der Erhebung von Gebühren und Auslagen für Beurkundungen und Beglaubigungen durch Satzung zu.

---

2 Vgl. Wiesner/Wapler/*Loos*, § 97c SGB VIII Rn. 2 f.; Schütze/*Roos*, § 64 SGB X Rn. 4.
3 Vgl. dazu Schütze/*Roos*, § 64 SGB X Rn. 6.
4 Etwa von Schütze/*Roos*, § 64 SGB X.

Neuntes Kapitel
Kinder- und Jugendhilfestatistik

Übersicht

A. Bedeutung und Funktion der Statistik

Die Erhebungen für die **Kinder- und Jugendhilfestatistik** nach den Vorschriften der §§ 98 bis 103 SGB VIII werden von den statistischen Landesämtern durchgeführt. Das Statistische Bundesamt fasst die Statistiken zusammen und bereitet die Daten tabellarisch auf. Das Statistische Bundesamt veröffentlicht diese Bundesstatistik (i.S.v. § 5 BStatG), worauf die Landesstatistikgesetze, weil das Kinder- und Jugendhilfegesetz von den Ländern ausgeführt wird, ergänzend anzuwenden sind. In der Vergangenheit diente die Statistik der Rechenschaftslegung über eingreifende Maßnahmen, heute der **Beurteilung der Auswirkungen** des SGB VIII und dessen **Fortentwicklung** (§ 98 Abs. 1 SGB VIII). Sie hat auch Bedeutung für die Sozialberichterstattung, Jugendhilfeplanung und Forschung. Vor allem die Daten für den finanziellen Aufwand der öffentlichen Hand für die Jugendhilfe (§ 99 Abs. 10 SGB VIII) sind für die Sozialberichterstattung bedeutsam. 1

B. Statistikkritik

Statistik hat allgemein einen Informationsauftrag gegenüber der Gesellschaft. Sie ist auch für den Jugendbericht nach § 84 SGB VIII eine Grundlage. Statistik wird als eine Form der regelmäßigen, systematisierten und organisierten Beobachtung von sozialer Wirklichkeit verstanden;[1] dass sie ein „objektives Bild“ vermittelt, wird ihre Herausforderung bleiben. Die Kinder- und Jugendhilfestatistik teilt das Schicksal der meisten Statistiken: Ihr wird nicht ohne Weiteres Vertrauen entgegengebracht. Die Fachwelt, nicht nur soweit sie den aufwendigen Erhebungen selbst als Beitragende ausgesetzt ist, begegnet quantitativen Beschreibungen der Kinder- und Jugendhilferealität z. T. mit Skepsis. Die auch von den Statistikern nicht geleugneten „Schwächen und Tücken der Statistik“[2] sind offen zu diskutieren. Der kritischen Haltung gegenüber der Statistik wird deshalb weiterhin mit der Kommentierung der Erhebungsdaten durch die „Dortmunder Arbeitsstelle Kinder- und Jugendhilfestatistik“ entgegengewirkt. 2

1 Meiner-Teubner/*Pothmann*, ZKJ 2015, 385 (388).
2 Meiner-Teubner/*Pothmann*, ZKJ 2015, 385 (389).

3 Über die Lebenslagen und Lebensverhältnisse derjenigen Kinder und Jugendlichen, die mit der Jugendhilfe nicht in Berührung kommen, vermittelt die (Bundes-)Statistik kein Bild. Sie liefert zudem kein vollständiges Bild über die Leistungen und die anderen Aufgaben der Jugendhilfe, auch das, was die freien Träger selbst finanzieren, erfasst sie nicht[3]. Durch das Kinder- und Jugendstärkungsgesetz werden auch statistische Erhebungen über die Träger der Jugendhilfe sowie die dort tätigen Personen und deren Einrichtungen mit Ausnahme der Tageseinrichtungen erfasst. Die damit klare Differenzierung zwischen den Rechtsträgern der Jugendhilfeleistungen und deren Einrichtungen, also den Subjekten und den Objekten der Leistungserbringung, ist sachgerecht. Die Gesetzesbegründung benennt diese Neuausrichtung als Konsequenz aus dem Trägerprinzip.[4]

C. Gesetzliche Erweiterungen des Erhebungsfelds

4 Über die Verfolgung der gesellschaftlichen Entwicklung im Bereich der elterlichen Sorge hinaus, zu der das BVerfG[5] den Gesetzgeber verpflichtet hat, enthält die Bundesstatistik (nach § 98 Abs. 2 SGB VIII) heute auch Erhebungen über Sorgeerklärungen (nach § 1626a Abs. 1 Nr. 1 BGB). Nach der Erweiterung des Erhebungsbereichs auf Kinder in und Personal von Tageseinrichtungen und öffentlich geförderter Kindertagespflege (§ 98 Abs. 1 Nrn. 1 bis 3 SGB VIII) und Veränderung der Erhebungsmerkmale (§ 99 SGB VIII) durch das KICK ist auch Datenmaterial zu diesem großen und gesellschaftspolitisch besonders bedeutsamen Bereich der Kinderhilfe statistisch verfügbar. Das KJSG hat mit der Neufassung des § 99 Abs. 1 Nr. 1 SGB VIII nach der Art auch den Namen des die Hilfe durchführenden Dienstes und bei den freien Trägern deren **Verbandszugehörigkeit** als Erhebungsmerkmale hinzugenommen. In § 99 Abs. 1 Nr. 2d) SGB VIII ist die „ausländische Herkunft" mindestens eines Elternteils als den „Migrationshintergrund" ersetzendes Erhebungsmerkmal durch das KJSG aufgenommen worden. Auch ob „Deutsch" als Familiensprache fungiert, wird nun erfasst. Das KiFöG hat sprachliche Anpassungen (§ 99 Abs. 7, 7a und 7b SGB VIII) bewirkt und für die Datenerhebung in den Kindertagesstätten und in der Kindertagespflege den Erhebungszeitpunkt (§ 101 Abs. 2 Nr. 10 SGB VIII) vom 15. auf den 1. März verlegt. **Auslandsbezug bei Adoptionen** ist durch das KJSG mit Änderungen in § 99 Abs. 3 Nr. 1 e) und Nr. 3 SGB VIII durch eine breitere Datenerfassung Teil der Statistik geworden[6]. Durch das BKiSchG erfolgten weitere sprachliche Präzisierungen und begriffliche Änderungen, ferner wurden dadurch Erhebungen über Gefährdungseinschätzungen nach § 8a in die Statistik aufgenommen. Das KJVVG hat eine Gesamtüberarbeitung der SGB VIII-Regeln zur Kinder- und Jugendhilfestatistik gebracht. Damit wurde insbesondere die Periodizität der Einrichtungsstatistik halbiert (§ 99 Abs. 9 SGB VIII). Die Jugendhilfe-Statistik-Bestimmungen waren durch das Gesetz zur Verbesserung der Unterbringung, Versorgung und Betreuung ausländischer Kinder und Jugendlicher (UMG) vom 28.10.2015[7] geändert worden. Erhoben werden infolgedessen auch Daten zu vorläufigen Maßnahmen und Leistungen an unbegleitete ausländische Minderjährige, um die Situation dieses Personenkreises zu erfassen.

5 Die unzureichende Datenlage zum **Kinderschutz** hat

- die Statistik zu § 8a SGB VIII (§ 98 Abs. 1 Nr. 13; § 99 Abs. 6 SGB VIII),
- die Erhebungserweiterung bei den Hilfen zur Erziehung um das Merkmal der vorangegangenen Gefährdungseinschätzung nach § 8a Abs. 1 (§ 99 Abs. 1 und 2 SGB VIII) und

3 GK-SGB VIII/*Schilling*, § 98 Rn. 14.
4 BT-Drs. 19/26107, 118.
5 BVerfG FamRZ 2003, 291.
6 BT-Drs. 19/28870, 66 f.
7 BGBl. I S. 1802 ff.

- bei der Erfassung familiengerichtlicher Maßnahmen nach § 1666 BGB (§ 98 Abs. 1 Nr. 9, § 99 Abs. 6b SGB VIII) die Ergänzung der Datenerfassung um Ge- und Verbote gegenüber den Eltern

bewirkt.

Ein erster Bericht über die Evaluation des Bundeskinderschutzgesetzes[8] hat zu **Wirkungseinschätzungen** der insoweit erweiterten Datenbasis der Kinder- und Jugendhilfestatistik geführt, die auf Forschungen der Dortmunder Arbeitsstelle Kinder- und Jugendhilfestatistik (AKJStat) beruhen. Die Erfassung hat deutlich gemacht, dass „§ 8a-Verfahren" weniger als 1 % der minderjährigen Bevölkerung betrafen. Fast die Hälfte dieser Verfahren entfielen auf unter 6-Jährige, eine besonders hohe Bedeutung hat der Anstoß dieser Verfahren durch das Gesundheitswesen bei Säuglingen und die Zahl der Gefährdungseinschätzungen nimmt mit zunehmendem Alter ab. In einem Drittel der Verfahren wird eine Kindeswohlgefährdung festgestellt. 2013 wurden 115.700 dieser Verfahren erfasst und knapp 43 % davon betrafen Kinder und Jugendliche in Familien Alleinerziehender. Bei diesen wurden fünfmal mehr Kindeswohlgefährdungen als in Familien mit zwei Elternteilen festgestellt. Hilfen zur Erziehung folgen einer Gefährdungseinschätzung häufig, denn fast jede achte Hilfe zur Erziehung beruht auf einer solchen. Fast jede vierte Inobhutnahme geschieht aufgrund einer Gefährdungseinschätzung und familiengerichtliche Maßnahmen betreffen meistens Kinder unter 6 Jahren.

Die Statistik hat nach Einschätzung der Bundesregierung[9] die Wissensbasis im **Kinderschutz** erweitert und jedenfalls die Erkenntnisdefizite zu den Gefährdungseinschätzungen der Jugendämter kompensiert. Aus den Reihen der freien Träger sind hierzu mangels Erhebung keine Erkenntnisse gewonnen worden. Zu den Anschlusshilfen seien nun präzise Aussagen möglich, die auch die Lebenssituation der jungen Menschen und ihrer Familien, nämlich die Familienkonstellation, den Migrationshintergrund und den Transfergeldbezug betreffen. Die Bundesregierung sah im Kinderschutzbericht keinen weiteren Handlungsbedarf, aber immerhin die Notwendigkeit, bei der Umsetzung der Datenerhebungen an Verbesserungen zur Vollständigkeit und Vollzähligkeit zu arbeiten. Das trägt nicht dazu bei, Zweifel an der Verlässlichkeit der mithin unvollständigen und unvollzähligen Erhebungen restlos zu zerstreuen. Dass die neu gewonnenen statistischen Daten Erkenntnisse ermöglichten, um von der Politik angestrebte konkrete Handlungserfordernisse – zu einem verbesserten Kinderschutz – unmittelbar aus den Erhebungen ableiten zu können, gibt die Statistik-Erweiterung zu § 8a-Verfahren nicht her. Das wird Gegenstand fachwissenschaftlicher Forschung bleiben, die aber immerhin insoweit nun auch auf statistische Daten zurückgreifen kann. In § 99 Abs. 2 sind nun durch das KJSG immerhin unter Nr. 2 zur Dauer auch der Zeitpunkt des Beginns der Maßnahme und das Merkmal der Wiederholung der Inobhutnahme im Kalenderjahr hinzugekommen. 6

D. Statistik und informationelle Selbstbestimmung

Das vom BVerfG aus Art. 2 Abs. 1 und Art. 1 Abs. 1 GG hergeleitete **Grundrecht auf informationelle Selbstbestimmung**[10] gewährleistet die Befugnis des Einzelnen, grundsätzlich selbst über die Preisgabe und Verwendung seiner persönlichen Daten zu entscheiden. Dieses Grundrecht ist dadurch beschränkt, dass die Erhebung personenbezogener Daten (nur) aufgrund einer Rechtsvorschrift zulässig ist, die zudem den Erhebungszweck angeben muss. Bei der Datenerhebung für statistische Zwecke kann eine enge und konkrete Zweckbindung der 7

8 BT-Drs. 18/7100, 135 ff.
9 BT-Drs. 18/7100, 135 (144).
10 BVerfGE 65, 1 = NDV 1984, 155 (Volkszählung).

Daten nicht verlangt werden. Mit dem BStatG sind die BVerfG-Vorgaben gesetzlich umgesetzt worden. Nach § 9 Abs. 1 BStatG muss eine Rechtsvorschrift, die eine Bundestatistik anordnet, die Erhebungsmerkmale, die Hilfsmerkmale, die Art der Erhebung, den Berichtszeitraum, den Berichtszeitpunkt, die Periodizität und den Kreis der zu Befragenden, ferner (nach § 15 Abs. 1 S. 1 BStatG) der Auskunftspflichtigen bestimmen. Den verfassungsrechtlich veranlassten Vorgaben entspricht das SGB VIII mit seinem Neunten Kapitel (§§ 98 bis 103 SGB VIII): § 98 Abs. 1 SGB VIII enthält den Erhebungszweck und -umfang, § 99 SGB VIII die Erhebungsmerkmale, § 100 SGB VIII die Hilfsmerkmale, § 101 SGB VIII die Periodizität und § 102 SGB VIII die Auskunftspflichtigen.

E. Die einzelnen SGB VIII-Bestimmungen zur Statistik

I. § 98 – Zweck und Umfang der Erhebung

§ 98
Zweck und Umfang der Erhebung

(1) Zur Beurteilung der Auswirkungen der Bestimmungen dieses Buches und zu seiner Fortentwicklung sind laufende Erhebungen über

1. Kinder und tätige Personen in Tageseinrichtungen,

1a. Kinder in den Klassenstufen eins bis vier,

2. Kinder und tätige Personen in öffentlich geförderter Kindertagespflege,

3. Personen, die mit öffentlichen Mitteln geförderte Kindertagespflege gemeinsam oder auf Grund einer Erlaubnis nach § 43 Absatz 3 Satz 3 in Pflegestellen durchführen, und die von diesen betreuten Kinder,

4. die Empfänger

a) der Hilfe zur Erziehung,

b) der Hilfe für junge Volljährige und

c) der Eingliederungshilfe für seelisch behinderte Kinder und Jugendliche,

5. Kinder und Jugendliche, zu deren Schutz vorläufige Maßnahmen getroffen worden sind,

6. Kinder und Jugendliche, die als Kind angenommen worden sind,

7. Kinder und Jugendliche, die unter Amtspflegschaft, Amtsvormundschaft oder Beistandschaft des Jugendamts stehen,

8. Kinder und Jugendliche, für die eine Pflegeerlaubnis erteilt worden ist,

9. Maßnahmen des Familiengerichts,

10. Angebote der Jugendarbeit nach § 11 sowie Fortbildungsmaßnahmen für ehrenamtliche Mitarbeiter anerkannter Träger der Jugendhilfe nach § 74 Absatz 6,

11. die Träger der Jugendhilfe, die dort tätigen Personen und deren Einrichtungen mit Ausnahme der Tageseinrichtungen,

12. die Ausgaben und Einnahmen der öffentlichen Jugendhilfe

13. Gefährdungseinschätzungen nach § 8a

als Bundesstatistik durchzuführen.

(2) Zur Verfolgung der gesellschaftlichen Entwicklung im Bereich der elterlichen Sorge sind im Rahmen der Kinder- und Jugendhilfestatistik auch laufende Erhebungen über Sorgeerklärungen durchzuführen.

Die Vorschrift enthält die **Erhebungstatbestände**. Dies sind die Bereiche 8

- Tageseinrichtungen für Kinder und Kindertagespflege und (Nr. 1 bis 3),
- Hilfen zur Erziehung, Volljährigenhilfe und Eingliederungshilfe (Nr. 4),
- Schutzmaßnahmen (Nr. 5),
- Adoption (Nr. 6),
- Amtspflegschaft, Amtsvormundschaft und Beistandschaft (Nr. 7),
- Pflegeerlaubnis (Nr. 8),
- familiengerichtliche Maßnahmen (Nr. 9),
- öffentlich geförderte Jugendarbeit (Nr. 10),
- Einrichtungen (Nr. 11),
- Ausgaben und Einnahmen (Nr. 12) sowie
- Gefährdungseinschätzungen nach § 8a (Nr. 13).

Abs. 2 regelt die laufenden Erhebungen über Sorgeerklärungen.

Mit **§ 98 Abs. 2 SGB VIII** ist die Kinder- und Jugendhilfestatistik heute partiell auch **Informationsquelle** über soziale Strukturen, im Übrigen ist sie ein Instrument zur Beurteilung der Auswirkungen des SGB VIII und seiner Fortentwicklung (§ 98 Abs. 1 SGB VIII).

II. § 99 – Erhebungsmerkmale

§ 99
Erhebungsmerkmale

(1) Erhebungsmerkmale bei den Erhebungen über Hilfe zur Erziehung nach den §§ 27 bis 35, Eingliederungshilfe für seelisch behinderte Kinder und Jugendliche nach § 35a und Hilfe für junge Volljährige nach § 41 sind

1. im Hinblick auf die Hilfe

a) Art des Trägers des Hilfe durchführenden Dienstes oder der Hilfe durchführenden Einrichtung sowie bei Trägern der freien Jugendhilfe deren Verbandszugehörigkeit,

b) Art der Hilfe,

c) Ort der Durchführung der Hilfe,

d) Monat und Jahr des Beginns und Endes sowie Fortdauer der Hilfe,

e) familienrichterliche Entscheidungen zu Beginn der Hilfe,

f) Intensität der Hilfe,

g) Hilfe anregende Institutionen oder Personen,

h) Gründe für die Hilfegewährung,

i) Grund für die Beendigung der Hilfe,

j) vorangegangene Gefährdungseinschätzung nach § 8a Absatz 1,

k) Einleitung der Hilfe im Anschluss an eine vorläufige Maßnahme zum Schutz von Kindern und Jugendlichen im Fall des § 42 Absatz 1 Satz 1,

l) gleichzeitige Inanspruchnahme einer weiteren Hilfe zur Erziehung, Hilfe für junge Volljährige oder Eingliederungshilfe bei einer seelischen Behinderung oder einer drohenden seelischen Behinderung sowie

2. im Hinblick auf junge Menschen
   a) Geschlecht,
   b) Geburtsmonat und Geburtsjahr,
   c) Lebenssituation bei Beginn der Hilfe,
   d) ausländische Herkunft mindestens eines Elternteils,
   e) Deutsch als in der Familie vorrangig gesprochene Sprache,
   f) anschließender Aufenthalt,
   g) nachfolgende Hilfe;
3. bei sozialpädagogischer Familienhilfe nach § 31 und anderen familienorientierten Hilfen nach § 27 zusätzlich zu den unter den Nummern 1 und 2 genannten Merkmalen
   a) Geschlecht, Geburtsmonat und Geburtsjahr der in der Familie lebenden jungen Menschen sowie
   b) Zahl der außerhalb der Familie lebenden Kinder und Jugendlichen;
4. für Hilfen außerhalb des Elternhauses nach § 27 Absatz 1, 3 und 4, den §§ 29 und 30, 32 bis 35a und 41 zusätzlich zu den unter den Nummern 1 und 2 genannten Merkmalen der Schulbesuch sowie das Ausbildungsverhältnis.

(2) Erhebungsmerkmale bei den Erhebungen über vorläufige Maßnahmen zum Schutz von Kindern und Jugendlichen sind Kinder und Jugendliche, zu deren Schutz Maßnahmen nach § 42 oder § 42a getroffen worden sind, gegliedert nach

1. Art der Maßnahme, Art des Trägers der Maßnahme, Form der Unterbringung während der Maßnahme, hinweisgebender Institution oder Person, Zeitpunkt des Beginns und Dauer der Maßnahme, Durchführung aufgrund einer vorangegangenen Gefährdungseinschätzung nach § 8a Absatz 1, Maßnahmeanlass, im Kalenderjahr bereits wiederholt stattfindende Inobhutnahme, Widerspruch der Personensorge- oder Erziehungsberechtigten gegen die Maßnahme, im Fall des Widerspruchs gegen die Maßnahme Herbeiführung einer Entscheidung des Familiengerichts nach § 42 Absatz 3 Satz 2 Nummer 2, Grund für die Beendigung der Maßnahme, anschließendem Aufenthalt, Art der anschließenden Hilfe,
2. bei Kindern und Jugendlichen zusätzlich zu den unter Nummer 1 genannten Merkmalen nach Geschlecht, Altersgruppe zu Beginn der Maßnahme, ausländischer Herkunft mindestens eines Elternteils, Deutsch als in der Familie vorrangig gesprochene Sprache, Art des Aufenthalts vor Beginn der Maßnahme.

(3) Erhebungsmerkmale bei den Erhebungen über die Annahme als Kind sind

1. angenommene Kinder und Jugendliche, gegliedert
   a) nach nationaler Adoption und internationaler Adoption nach § 2a des Adoptionsvermittlungsgesetzes,
   b) nach Geschlecht, Geburtsdatum, Staatsangehörigkeit und Art des Trägers des Adoptionsvermittlungsdienstes, Datum des Adoptionsbeschlusses,
   c) nach Herkunft des angenommenen Kindes, Art der Unterbringung vor der Adoptionspflege, Geschlecht und Familienstand der Eltern oder des sorgeberechtigten Elternteils oder Tod der Eltern zu Beginn der Adoptionspflege sowie Ersetzung der Einwilligung zur Annahme als Kind,
   d) zusätzlich bei nationalen Adoptionen nach Datum des Beginns und Endes der Adoptionspflege und bei Unterbringung vor der Adoptionspflege in Pflegefamilien nach Datum des Beginns und Endes dieser Unterbringung sowie bei Annahme durch die vorherige Pflegefamilie nach Datum des Beginns und Endes dieser Unterbringung,
   e) zusätzlich bei der internationalen Adoption (§ 2a des Adoptionsvermittlungsgesetzes) nach Staatsangehörigkeit vor Ausspruch der Adoption, nach Herkunftsland und gewöhnlichem Aufenthalt vor der Adoption sowie nach Ausspruch der Adoption im Ausland oder Inland,

f) nach Staatsangehörigkeit, Geschlecht und Familienstand der oder des Annehmenden sowie nach dem Verwandtschaftsverhältnis zu dem Kind,

2. die Zahl der

a) ausgesprochenen und aufgehobenen Annahmen sowie der abgebrochenen Adoptionspflegen, gegliedert nach Art des Trägers des Adoptionsvermittlungsdienstes,

b) vorgemerkten Adoptionsbewerber, die zur Annahme als Kind vorgemerkten und in Adoptionspflege untergebrachten Kinder und Jugendlichen zusätzlich nach ihrem Geschlecht, gegliedert nach Art des Trägers des Adoptionsvermittlungsdienstes,

3. bei Anerkennungs- und Wirkungsfeststellung einer ausländischen Adoptionsentscheidung nach § 2 des Adoptionswirkungsgesetzes sowie eines Umwandlungsausspruchs nach § 3 des Adoptionswirkungsgesetzes die Zahl der

a) eingeleiteten Verfahren nach den §§ 2 und 3 des Adoptionswirkungsgesetzes,

b) beendeten Verfahren nach den §§ 2 und 3 des Adoptionswirkungsgesetzes, die ausländische Adoptionen nach § 2a des Adoptionsvermittlungsgesetzes zum Gegenstand haben, gegliedert nach

aa) dem Ergebnis des Verfahrens im Hinblick auf eine erfolgte und nicht erfolgte Vermittlung nach § 2a Absatz 2 des Adoptionsvermittlungsgesetzes,

bb) dem Vorliegen einer Bescheinigung nach Artikel 23 des Haager Übereinkommens vom 29. Mai 1993 über den Schutz von Kindern und die Zusammenarbeit auf dem Gebiet der internationalen Adoption und

cc) der Verfahrensdauer.

(4) Erhebungsmerkmal bei den Erhebungen über die Amtspflegschaft und die Amtsvormundschaft sowie die Beistandschaft ist die Zahl der Kinder und Jugendlichen unter

1. gesetzlicher Amtsvormundschaft,
2. bestellter Amtsvormundschaft,
3. bestellter Amtspflegschaft sowie
4. Beistandschaft,

gegliedert nach Geschlecht, Art des Tätigwerdens des Jugendamts sowie nach deutscher und ausländischer Staatsangehörigkeit (Deutsche/Ausländer).

(5) Erhebungsmerkmal bei den Erhebungen über

1. die Pflegeerlaubnis nach § 43 ist die Zahl der Tagespflegepersonen,
2. die Pflegeerlaubnis nach § 44 ist die Zahl der Kinder und Jugendlichen, gegliedert nach Geschlecht und Art der Pflege.

(6) Erhebungsmerkmale bei der Erhebung zum Schutzauftrag bei Kindeswohlgefährdung nach § 8a sind Kinder und Jugendliche, bei denen eine Gefährdungseinschätzung nach Absatz 1 vorgenommen worden ist, gegliedert

1. nach der hinweisgebenden Institution oder Person, der Art der Kindeswohlgefährdung, der Person, von der die Gefährdung ausgeht, dem Ergebnis der Gefährdungseinschätzung sowie wiederholter Meldung zu demselben Kind oder Jugendlichen im jeweiligen Kalenderjahr,
2. bei Kindern und Jugendlichen zusätzlich zu den in Nummer 1 genannten Merkmalen nach Geschlecht, Geburtsmonat, Geburtsjahr, ausländischer Herkunft mindestens eines Elternteils, Deutsch als in der Familie vorrangig gesprochene Sprache, Eingliederungshilfe und Aufenthaltsort des Kindes oder Jugendlichen zum Zeitpunkt der Meldung sowie den Altersgruppen der Eltern und der Inanspruchnahme einer Leistung gemäß den §§ 16 bis 19 sowie 27 bis 35a und der Durchführung einer Maßnahme nach § 42.

(6a) Erhebungsmerkmal bei den Erhebungen über Sorgeerklärungen und die gerichtliche Übertragung der gemeinsamen elterlichen Sorge nach § 1626a Absatz 1 Nummer 3 des Bürgerlichen Gesetzbuchs ist die gemeinsame elterliche Sorge nicht miteinander verheirateter Eltern, gegliedert danach, ob Sorgeerklärungen beider Eltern vorliegen oder den Eltern die elterliche Sorge aufgrund einer gerichtlichen Entscheidung ganz oder zum Teil gemeinsam übertragen worden ist.

(6b) [1]Erhebungsmerkmal bei den Erhebungen über Maßnahmen des Familiengerichts ist die Zahl der Kinder und Jugendlichen, bei denen wegen einer Gefährdung ihres Wohls das familiengerichtliche Verfahren auf Grund einer Anrufung durch das Jugendamt nach § 8a Absatz 2 Satz 1 oder § 42 Absatz 3 Satz 2 Nummer 2 oder auf andere Weise eingeleitet worden ist und

1. **den Personensorgeberechtigten auferlegt worden ist, Leistungen nach diesem Buch in Anspruch zu nehmen,**
2. **andere Gebote oder Verbote gegenüber den Personensorgeberechtigten oder Dritten ausgesprochen worden sind,**
3. **Erklärungen der Personensorgeberechtigten ersetzt worden sind,**
4. **die elterliche Sorge ganz oder teilweise entzogen und auf das Jugendamt oder einen Dritten als Vormund oder Pfleger übertragen worden ist,**

gegliedert nach Geschlecht, Altersgruppen und zusätzlich bei Nummer 4 nach dem Umfang der übertragenen Angelegenheit. [2]Zusätzlich sind die Fälle nach Geschlecht und Altersgruppen zu melden, in denen das Jugendamt insbesondere nach § 8a Absatz 2 Satz 1 oder § 42 Absatz 3 Satz 2 Nummer 2 das Familiengericht anruft, weil es dessen Tätigwerden für erforderlich hält.

(7) Erhebungsmerkmale bei den Erhebungen über Kinder und tätige Personen in Tageseinrichtungen sind

1. **die Einrichtungen, gegliedert nach**
   a) **der Art und Rechtsform des Trägers sowie bei Trägern der freien Jugendhilfe deren Verbandszugehörigkeit sowie besonderen Merkmalen,**
   b) **der Zahl der genehmigten Plätze,**
   c) **der Art und Anzahl der Gruppen,**
   d) **die Anzahl der Kinder insgesamt,**
   e) **Anzahl der Schließtage an regulären Öffnungstagen im vorangegangenen Jahr sowie**
   f) **Öffnungszeiten,**
2. **für jede dort tätige Person**
   a) **Geschlecht und Beschäftigungsumfang,**
   b) **für das pädagogisch und in der Verwaltung tätige Personal zusätzlich Geburtsmonat und Geburtsjahr, die Art des Berufsausbildungsabschlusses, Stellung im Beruf, Art der Beschäftigung und Arbeitsbereiche einschließlich Gruppenzugehörigkeit, Monat und Jahr des Beginns der Tätigkeit in der derzeitigen Einrichtung,**
3. **für die dort geförderten Kinder**
   a) **Geschlecht, Geburtsmonat und Geburtsjahr sowie Schulbesuch und Klassenstufe,**
   b) **ausländische Herkunft mindestens eines Elternteils,**
   c) **Deutsch als in der Familie vorrangig gesprochene Sprache,**
   d) **Betreuungszeit und Mittagsverpflegung,**
   e) **Eingliederungshilfe,**
   f) **Gruppenzugehörigkeit,**
   g) **Monat und Jahr der Aufnahme in der Tageseinrichtung.**

(7a) Erhebungsmerkmale bei den Erhebungen über Kinder in mit öffentlichen Mitteln geförderter Kindertagespflege sowie die die Kindertagespflege durchführenden Personen sind:

1. für jede tätige Person

a) Geschlecht, Geburtsmonat und Geburtsjahr,

b) Art und Umfang der Qualifikation, höchster allgemeinbildender Schulabschluss, höchster beruflicher Ausbildungs- und Hochschulabschluss, Anzahl der betreuten Kinder (Betreuungsverhältnisse am Stichtag) insgesamt und nach dem Ort der Betreuung,

2. für die dort geförderten Kinder

a) Geschlecht, Geburtsmonat und Geburtsjahr sowie Schulbesuch,

b) ausländische Herkunft mindestens eines Elternteils,

c) Deutsch als in der Familie vorrangig gesprochene Sprache,

d) Betreuungszeit und Mittagsverpflegung,

e) Art und Umfang der öffentlichen Finanzierung und Förderung,

f) Eingliederungshilfe,

g) Verwandtschaftsverhältnis zur Pflegeperson,

h) gleichzeitig bestehende andere Betreuungsarrangements,

i) Monat und Jahr der Aufnahme in Kindertagespflege.

(7b) Erhebungsmerkmale bei den Erhebungen über Personen, die mit öffentlichen Mitteln geförderte Kindertagespflege gemeinsam oder auf Grund einer Erlaubnis nach § 43 Absatz 3 Satz 3 durchführen und die von diesen betreuten Kinder sind die Zahl der Kindertagespflegepersonen und die Zahl der von diesen betreuten Kinder jeweils gegliedert nach Pflegestellen.

(7c) Erhebungsmerkmale bei den Erhebungen über Kinder in den Klassenstufen eins bis vier sind

1. Klassenstufe,

2. Anzahl der Wochenstunden, die das Kind in Angeboten nach § 24 Absatz 4 verbringt,

3. Art der Angebote nach § 24 Absatz 4.

(8) Erhebungsmerkmale bei den Erhebungen über die Angebote der Jugendarbeit nach § 11 sowie bei den Erhebungen über Fortbildungsmaßnahmen für ehrenamtliche Mitarbeiter anerkannter Träger der Jugendhilfe nach § 74 Absatz 6 sind offene und Gruppenangebote sowie Veranstaltungen und Projekte der Jugendarbeit, soweit diese mit öffentlichen Mitteln pauschal oder maßnahmenbezogen gefördert werden oder der Träger eine öffentliche Förderung erhält, gegliedert nach

1. Art und Rechtsform des Trägers sowie bei Trägern der freien Jugendhilfe deren Verbandszugehörigkeit,[1]

2. Dauer, Häufigkeit, Durchführungsort und Art des Angebots; zusätzlich bei schulbezogenen Angeboten die Art der kooperierenden Schule,

3. Art der Beschäftigung und Tätigkeit der bei der Durchführung des Angebots tätigen Personen sowie, mit Ausnahme der sonstigen pädagogisch tätigen Personen, deren Altersgruppe und Geschlecht,[2]

4. Zahl der Teilnehmenden und der Besucher sowie, mit Ausnahme von Festen, Feiern, Konzerten, Sportveranstaltungen und sonstigen Veranstaltungen, deren Geschlecht und Altersgruppe,[3]

---

1 Fassung von Abs. 8 Nr. 1 bis 31.12.2022: „1. Art, Name und Rechtsform des Trägers,".

2 Fassung von Abs. 8 Nr. 8 bis 31.12.2022: „3. Alter, Geschlecht sowie Art der Beschäftigung und Tätigkeit der bei der Durchführung des Angebots tätigen Personen,".

3 Fassung von Abs. 8 Nr. 4 bis 31.12.2022: „4. Zahl, Geschlecht und Alter der Teilnehmenden sowie der Besucher,".

5. Partnerländer und Veranstaltungen im In- oder Ausland bei Veranstaltungen und Projekten der internationalen Jugendarbeit.

(9) Erhebungsmerkmale bei den Erhebungen über die Träger der Jugendhilfe, die dort tätigen Personen und deren Einrichtungen, soweit diese nicht in Absatz 7 erfasst werden, sind

1. die Träger gegliedert nach

a) Art und Rechtsform des Trägers sowie bei Trägern der freien Jugendhilfe deren Verbandszugehörigkeit,

b) den Betätigungsfeldern nach Aufgabenbereichen,

c) deren Personalausstattung sowie

d) Anzahl der Einrichtungen,

2. die Einrichtungen des Trägers mit Betriebserlaubnis nach § 45 und Betreuungsformen nach diesem Gesetz, soweit diese nicht in Absatz 7 erfasst werden, gegliedert nach

a) Postleitzahl des Standorts,

b) für jede vorhandene Gruppe und jede sonstige Betreuungsform nach diesem Gesetz, die von der Betriebserlaubnis umfasst ist, Angaben über die Art der Unterbringung oder Betreuung, deren Rechtsgrundlagen, Anzahl der genehmigten und belegten Plätze, Anzahl der Sollstellen des Personals und Hauptstelle der Einrichtung,

3. für jede im Bereich der Jugendhilfe pädagogisch und in der Verwaltung tätige Person des Trägers

a) Geschlecht, Geburtsmonat und Geburtsjahr,

b) Art des höchsten Berufsausbildungsabschlusses, Stellung im Beruf, Art der Beschäftigung, Beschäftigungsumfang und Arbeitsbereiche,

c) Bundesland des überwiegenden Einsatzortes.

(10) Erhebungsmerkmale bei der Erhebung der Ausgaben und Einnahmen der öffentlichen Jugendhilfe sind

1. die Art des Trägers,

2. die Ausgaben für Einzel- und Gruppenhilfen, gegliedert nach Ausgabe- und Hilfeart sowie die Einnahmen nach Einnahmeart,

3. die Ausgaben und Einnahmen für Einrichtungen nach Arten gegliedert nach der Einrichtungsart,

4. die Ausgaben für das Personal, das bei den örtlichen und den überörtlichen Trägern sowie den kreisangehörigen Gemeinden und Gemeindeverbänden, die nicht örtliche Träger sind, Aufgaben der Jugendhilfe wahrnimmt.

9 § 99 SGB VIII regelt die Erhebungsmerkmale zu den Erhebungstatbeständen des § 98 SGB VIII, und zwar in der von § 9 BStatG vorgegebenen Differenziertheit. Danach müssen die Erhebungsmerkmale, die Hilfsmerkmale, die Art der Erhebung, der Berichtszeitraum oder Berichtszeitpunkt, die Periodizität und der Kreis der zu Befragenden bestimmt sein.

Insbesondere mit der Ergänzung der Erhebungstatbestände durch das KJSG um die Daten „Name des Dienstes", „Verbandszugehörigkeit" und „ausländische Herkunft der Eltern" in mehreren Absätzen des § 99 SGB VIII ist die Erhebungsbasis erweitert, um die sozialen Strukturen noch weitergehend erschließbar zu machen.

10 **Erhebungsmerkmale** sind Daten über persönliche und sachliche Verhältnisse, die zur statistischen Verwendung bestimmt sind (§ 10 Abs. 1 Satz 2 BStatG). Zur Situation unbegleiteter minderjähriger Flüchtlinge wird nach § 99 Abs. 1 SGB VIII insbesondere erfasst, ob der vorläufigen Inobhutnahme nach § 42a SGB VIII Leistungen der Hilfe zur Erziehung folgen. In § 99 Abs. 1 Nr. 2 d) und e) und Abs. 6 Nr. 2 SGB VIII sind durch das KJSG die „ausländische Herkunft" und die Familiensprache „Deutsch" als Erhebungsmerkmale aufgenommen wor-

den. Nach § 99 Abs. 2 SGB VIII wird die vorläufige Inobhutnahme an sich erfasst und dabei das Merkmal der Altersgruppe in Bezug zum Beginn der Maßnahme aufgenommen. Im Vormundschaftswesen wird nur die Tätigkeit des Jugendamts erfasst, nicht diejenige von Einzelpersonen und Vereinen (§ 99 Abs. 4 SGB VIII). § 99 Abs. 3 Nr. 1d) erfasst nun auch das Ende der Adoptionspflege bei nationaler Adoption. In Abs. 6 Nr. 1 ist durch das KJSG die „anzeigende" zur „hinweisgebenden" Institution oder Person sprachlich abgeschwächt worden. Mit den Erhebungen im Bereich der Tageseinrichtungen für Kinder (§ 99 Abs. 7 SGB VIII) und den Erhebungen über diejenigen Personen, welche die Kindertagespflege durchführen, sowie die Plätze in Tageseinrichtungen und Kindertagespflege (§ 99 Abs. 7a) und 7b) SGB VIII) werden zusätzlich zu den Erhebungen in der Einrichtungsstatistik (in § 99 Abs. 9 Nr. 2 i.V.m. § 99 Abs. 7 SGB VIII) der Träger der freien Jugendhilfe in begrenztem Umfang Daten aus der nicht-staatlichen bzw. nicht-kommunalen Sphäre gewonnen (zur Einbeziehung der freien Träger Näheres unter § 102 SGB VIII). Durch das KJSG sind die freien Träger auch hinsichtlich ihrer „Verbandszugehörigkeit" (§ 99 Abs. 7 Nr. 1 SGB VIII) erfasst. In der Einrichtungsstatistik werden ihre „Betätigungsfelder und Aufgabenbereiche" sowie die „Personalausstattung" und „Anzahl der Einrichtungen" notiert. Nach der KJHG-Begründung[4] sollen mit diesen Änderungen, die als „verbesserte Erhebungskonzeption" bezeichnet werden, belastbare Daten für eine empirische Dauerbeobachtung gewonnen werden. Er sollen damit auch Erkenntnisse über „Binnenstrukturen" der Einrichtungen erlangt werden. Das richtet den „staatlichen Blick" tiefer in die gesellschaftliche Sphäre, in der sich die freien Träger bewegen. Richtigerweise wird das Personal nun nicht mehr unter der Einrichtung (Objekt) erfasst, sondern dessen Träger (Subjekt). Das realisiert das sog. Trägerprinzip.

III. § 100 – Hilfsmerkmale

§ 100
Hilfsmerkmale

Hilfsmerkmale sind

1. **Name und Anschrift des Auskunftspflichtigen,**
2. **für die Erhebungen nach § 99 die Kenn-Nummer der hilfeleistenden Stelle oder der auskunftsgebenden Einrichtung; soweit eine Hilfe nach § 28 gebietsübergreifend erbracht wird, die Kenn-Nummer des Wohnsitzes des Hilfeempfängers,**
3. **für die Erhebungen nach § 99 Absatz 1, 2, 3 und 6 die Kenn-Nummer der betreffenden Person,**
4. **Name und Kontaktdaten der für eventuelle Rückfragen zur Verfügung stehenden Person.**

§ 100 SGB VIII regelt die **Hilfsmerkmale**. Das sind Angaben, die der technischen Durchführung der Bundesstatistik dienen (§ 10 Abs. 1 Satz 3 BStatG), nämlich Namen und Anschriften der Auskunftspflichtigen, Kenn-Nummern der Stellen, Einrichtungen und Personen sowie Kontaktdaten der mit der Datenerfassung und -übermittlung betrauten natürlichen Personen bei Auskunftspflichtigen. Seit dem KJSG sind in § 100 Abs. 4 SGB VIII die „Kontaktdaten" der betreffenden Person zusammengefasst benannt und es ist insoweit nicht mehr von den diesbezüglichen Einzelmerkmalen die Rede. 11

4 BT-Drs. 19/26107, 117.

IV. § 101 – Periodizität und Berichtszeitraum

§ 101
Periodizität und Berichtszeitraum

(1) [1]Die Erhebungen nach § 99 Absatz 1 bis 5, 6a bis 7c und 10 sind jährlich durchzuführen, die Erhebungen nach § 99 Absatz 3 Nummer 3 erstmalig für das Jahr 2022; die Erhebungen nach § 99 Absatz 1, soweit sie die Eingliederungshilfe für Kinder und Jugendliche mit seelischer Behinderung betreffen, sind 2007 beginnend jährlich durchzuführen. [2]Die Erhebung nach § 99 Absatz 6 erfolgt laufend. [3]Die übrigen Erhebungen nach § 99 sind alle zwei Jahre durchzuführen, die Erhebungen nach § 99 Absatz 8 erstmalig für das Jahr 2015 und die Erhebungen nach § 99 Absatz 9 erstmalig für das Jahr 2014.

(2) Die Angaben für die Erhebung nach

1. § 99 Absatz 1 sind zu dem Zeitpunkt, zu dem die Hilfe endet, bei fortdauernder Hilfe zum 31. Dezember,

2. bis 5. (weggefallen)

6. § 99 Absatz 2 sind zum Zeitpunkt des Endes einer vorläufigen Maßnahme,

7. § 99 Absatz 3 Nummer 1 sind zum Zeitpunkt der rechtskräftigen gerichtlichen Entscheidung über die Annahme als Kind,

8. § 99 Absatz 3 Nummer 2 Buchstabe a, Nummer 3 und Absatz 6a, 6b und 10 sind für das abgelaufene Kalenderjahr,

9. § 99 Absatz 3 Nummer 2 Buchstabe b und Absatz 4 und 5 sind zum 31. Dezember,

10. § 99 Absatz 7, 7a bis 7c sind zum 1. März,

11. § 99 Absatz 6 sind zum Zeitpunkt des Abschlusses der Gefährdungseinschätzung,

12. § 99 Absatz 8 sind für das abgelaufene Kalenderjahr,

13. § 99 Absatz 9 sind zum 15. Dezember

zu erteilen.

12 Die **Periodizität** der Erhebungen bestimmt § 101 Abs. 1 SGB VIII als **grundsätzlich jährliche**. Für die Eingliederungshilfe für seelisch behinderte Kinder und Jugendliche nach § 35a SGB VIII ist seit 2007 die jährliche Durchführung bestimmt, die Erhebung zum Schutzauftrag bei Kindeswohlgefährdung nach § 8a SGB VIII ist eine laufende. Die Erhebungen nach § 99 Abs. 3 Nr. 3 sind erstmalig für das Jahr 2022 zu erheben, hierbei handelt es sich um die Daten zu Auslandsadoptionen. Zweijährig ist die Erhebungsperiodizität bei den Erhebungen nach § 99 Abs. 8 und Abs. 9 SGB VIII. Das sind die Daten zu den Angeboten der Jugendarbeit. Die Daten zu Fortbildungsmaßnahmen für ehrenamtliche Mitarbeiter anerkannter Träger sowie die Einrichtungsstatistik werden durch das KJSG nach § 101 Abs. 9 SGB VIII jährlich erhoben. Der Beginn für die Erhebungen zu den Angeboten der Jugendarbeit ist das Jahr 2015, und zwar jährlich mit dem abgelaufenen Kalenderjahr (§ 101 Abs. 2 Nr. 8 SGB VIII), der Beginn für die Erhebung der Daten zur Einrichtungsstatistik ist das Jahr 2014, und zwar seit dem KJSG betreffend die Datenübermittlung nicht mehr zum 31. Dezember, sondern zum 15. Dezember (§ 101 Abs. 2 Nr. 13 SGB VIII). Die unterschiedlichen Startjahre dienen der Vermeidung von Belastungsspitzen.[1] Für die **Einrichtungsstatistik** (§ 99 Abs. 9 SGB VIII) ist der frühere Vier-Jahres-Rhythmus durch Art. 1 Nr. 14 KJVVG[2] zum zweijährigen gemacht worden. Die frühere fünfjährige Bestandserhebung ist durch die Streichung von § 101 Abs. 3 SGB VIII mit Wirkung vom 1.1.2007 entfallen.

1 Wiesner/Wapler/*Meiner-Teubner*, § 101 SGB VIII Rn. 4.
2 BGBl. 2013 I S. 3465.

V. § 102 – Auskunftspflicht

§ 102
Auskunftspflicht

(1) [1]Für die Erhebungen besteht Auskunftspflicht. [2]Die Angaben zu § 100 Nummer 4 sind freiwillig.

(2) [1]Auskunftspflichtig sind

1. **die örtlichen Träger der Jugendhilfe für die Erhebungen nach § 99 Absatz 1 bis 10, nach Absatz 8 nur, soweit eigene Angebote gemacht wurden,**
2. **die überörtlichen Träger der Jugendhilfe für die Erhebungen nach § 99 Absatz 3 und 7 und 8 bis 10, nach Absatz 8 nur, soweit eigene Angebote gemacht wurden,**
3. **die obersten Landesjugendbehörden für die Erhebungen nach § 99 Absatz 7 und 8 bis 10,**
4. **die fachlich zuständige oberste Bundesbehörde für die Erhebung nach § 99 Absatz 10,**
5. **die kreisangehörigen Gemeinden und die Gemeindeverbände, soweit sie Aufgaben der Jugendhilfe wahrnehmen, für die Erhebungen nach § 99 Absatz 7 bis 10,**
6. **die Träger der freien Jugendhilfe für Erhebungen nach § 99 Absatz 1, soweit sie eine Beratung nach § 28 oder § 41 betreffen, nach § 99 Absatz 8, soweit sie anerkannte Träger der freien Jugendhilfe nach § 75 Absatz 1 oder Absatz 3 sind, und nach § 99 Absatz 3, 7 und 9,**
7. **Adoptionsvermittlungsstellen nach § 2 Absatz 2 des Adoptionsvermittlungsgesetzes aufgrund ihrer Tätigkeit nach § 1 des Adoptionsvermittlungsgesetzes sowie anerkannte Auslandsvermittlungsstellen nach § 4 Absatz 2 Satz 3 des Adoptionsvermittlungsgesetzes aufgrund ihrer Tätigkeit nach § 2a Absatz 4 Nummer 2 des Adoptionsvermittlungsgesetzes gemäß § 99 Absatz 3 Nummer 1 sowie gemäß § 99 Absatz 3 Nummer 2a für die Zahl der ausgesprochenen Annahmen und gemäß § 99 Absatz 3 Nummer 2b für die Zahl der vorgemerkten Adoptionsbewerber,**
8. **die Leiter der Einrichtungen, Behörden und Geschäftsstellen in der Jugendhilfe für die Erhebungen nach § 99 Absatz 7.**

[2]Die Auskunftspflichtigen für Erhebungen nach § 99 Abs. 7c werden durch Landesrecht bestimmt.

(3) Zur Durchführung der Erhebungen nach § 99 Absatz 1, 3, 7, 8 und 9 übermitteln die Träger der öffentlichen Jugendhilfe den statistischen Ämtern der Länder auf Anforderung die erforderlichen Anschriften der übrigen Auskunftspflichtigen.

Die **Auskunftspflicht** (§ 102 Abs. 1 Satz 1 SGB VIII) gegenüber den Statistischen Landesämtern trifft (nach § 102 Abs. 2 SGB VIII) jeweils für die genannten Erhebungen die öffentlichen Träger der Jugendhilfe, die zuständigen Landesministerien und das Bundesministerium (als oberste Behörden), eingeschränkt kreisangehörige Gemeinden und Gemeindeverbände und freie Träger der Jugendhilfe. Vor dem KJSG waren die Leiterinnen und Leiter der Institutionen persönlich auskunftspflichtig, jetzt sind es die Träger selbst (§ 101 Abs. 2 Nr. 6 SGB VIII). Die freien Träger sind im Bereich des Kinderschutzes (§ 99 Abs. 2 SGB VIII) nicht mehr auskunftspflichtig, sie müssen deshalb auch keine Anschriften der Mitteilenden übermitteln. Durch das Gesetz zur Verbesserung der Unterbringung, Versorgung und Betreuung ausländischer Kinder und Jugendlicher (UMG) vom 28.10.2015 war die Auskunftspflicht auch über vorläufige Schutzmaßnahmen nach § 42 SGB VIII und § 42a SGB VIII bei den örtlichen Trägern der öffentlichen Jugendhilfe angesiedelt worden. 13

Die **Einbeziehung der freien Träger**, die nicht gesetzlich (durch das SGB VIII) zugewiesene, sondern selbst gesetzte Aufgaben wahrnehmen, die mit Jugendhilfeaufgaben der öffentlichen Hand „lediglich" Schnittmengen haben, wird im Grunde rechtspolitisch mit der Gesamtverantwortung einschließlich der Planungsverantwortung der öffentlichen Träger nach 14

§ 79 SGB VIII gerechtfertigt.[1] Die freien Träger der Jugendhilfe sind aber nicht Teil der „öffentlichen Fürsorge" i.S.v. Art. 74 Abs. 1 Nr. 7 GG, sondern wirken selbstständig aus eigenem Antrieb, d.h. ohne gesetzliche Verpflichtung zur Leistung, aus altruistischer Motivation mit eigenen Maßnahmen der Fürsorge an der Wohlfahrtspflege mit. Sie haben dabei Teil an der Erfüllung einer öffentlichen Aufgabe. Die Rechtsprechung des Bundesverfassungsgerichts ordnet der Gesetzgebungskompetenz des Bundes in der öffentlichen Fürsorge nicht nur die Regelungskompetenz für Leistungen und Leistungspflichten der öffentlichen Träger zu, sondern eine solche auch hinsichtlich organisatorischer Bestimmungen[2]. Dass die Tätigkeit der freien Träger nicht „geregelt" wird, hatte das Bundesverfassungsgericht in seiner „Subsidiaritäts"-Entscheidung[3] zur öffentlichen und freien (damals nur frei-gemeinnützigen) Wohlfahrtspflege als wesentliches Merkmal dafür genommen, die Bundesgesetzgebungskompetenz zu bestätigen. Zur Begründung hatte es darauf abgestellt, dass das Verhältnis von öffentlicher und freier Wohlfahrtspflege abzugrenzen war. Mit der Auskunftspflicht freier Träger der Jugendhilfe im Rahmen der Einrichtungsstatistik wird allerdings deren Tätigkeit immerhin im Hinblick auf deren statistische Erfassung „geregelt". Selbst wenn diese Tätigkeit deskriptiv ist und die Erbringung von Jugendhilfeleistungen nur abbildet, wird mit der Auskunftspflicht zur Einrichtungsstatistik die Grenze der Gesetzgebungskompetenz überschritten. Das wird zutreffend auch für die Verpflichtung privater Träger vertreten, die durch heimrechtliche Bestimmungen, insbesondere zu Meldepflichten im Rahmen der Überwachung des Heimbetriebs, gefordert sind[4]. Das Bundesverfassungsgericht hat zwar die weit verstandene Gesetzgebungskompetenz in der öffentlichen Fürsorge nicht mehr davon abhängig gemacht, dass das Handeln öffentlicher Träger oder Beliehener selbst geregelt wird. Es hat – etwa bei der Schwerbehindertenausgleichabgabe[5] – als von der Gesetzgebungskompetenz in der öffentlichen Fürsorge gedeckt angesehen, dass damit *auch* Private gebunden werden. Insbesondere kirchliche Wohlfahrtspflege (Diakonie) ist durch die grundrechtsgleichen Rechte aus Art. 140 GG i.V.m. Art 137 Abs. 3 WRV aber davor geschützt, dass der Staat sie gesetzlich reglementiert, sodass ihr eigenes Wirken nicht der staatlichen Gesetzgebungskompetenz aus Art. 74 Abs. 1 Nr. 7 GG unterfällt. Die bestehende gesetzliche Auskunftspflicht im Rahmen der Einrichtungsstatistik solcher frei-gemeinnütziger Träger, die kirchlich zugeordnet sind[6], müsste deshalb eigentlich durch eine Regelung auf Gleichordnungsebene, nämlich vertraglich, begründet werden. Das ist gesetzgeberisch aber nicht im Blick. Das KJVVG hat z.B. in § 102 Abs. 1 Nr. 6 SGB VIII die Auskunftspflicht über die von § 99 Abs. 8 SGB VIII erfasste mit öffentlichen Mitteln geförderte Jugendarbeit nach § 11 SGB VIII sogar auf anerkannte Träger der freien Jugendhilfe begrenzt.

15 Den Statistischen Landesämtern müssen die öffentlichen Träger der Jugendhilfe nach § 102 Abs. 3 SGB VIII (nur) auf Anforderung die erforderlichen Anschriften der übrigen Auskunftspflichtigen mitteilen. Das beschert ihnen Personalaufwand, die erforderlichen Informationen sind dort aber vorhanden oder zumindest schneller zu erlangen als durch die Landesämter für Statistik. Der Auskunftspflicht unterliegen nur die Angaben nach § 100 Nr. 4 SGB VIII nicht, das sind die heute sog. „Kontaktdaten" (bisher Name, Telefonnummer, Fax-Nummer und E-Mail-Adresse) des Auskunftspflichtigen.

---

1 Wiesner/Wapler/*Meiner-Teubner*, § 102 SGB VIII Rn. 6.
2 BVerfGE 22, 203 und BVerfGE 106, 62 (133 f.).
3 BVerfGE 22, 203.
4 *Bischoff*, DÖV 1978, 201.
5 BVerfGE 57, 139.
6 Zur Weiterentwicklung des verfassungsrechtlichen Merkmals kirchlicher Zuordnung privatrechtlich organisierter Rechtsträger: BAG, Beschl. v. 5.12.2007, 7 ABR 72/06; *Reichold*, NZA 2009, 1377 (1378); *Munsonis*, ZevKR 59 (2014), 257 (274 ff.) und Zuordnungsgesetz der EKD (ZuOG-EKD) vom 12.11.2014, ABl. EKD 2014, 340.

VI. § 103 – Übermittlung

§ 103
Übermittlung

(1) [1]An die fachlich zuständigen obersten Bundes- oder Landesbehörden dürfen für die Verwendung gegenüber den gesetzgebenden Körperschaften und für Zwecke der Planung, jedoch nicht für die Regelung von Einzelfällen, vom Statistischen Bundesamt und den statistischen Ämtern der Länder Tabellen mit statistischen Ergebnissen übermittelt werden, auch soweit Tabellenfelder nur einen einzigen Fall ausweisen. [2]Tabellen, deren Tabellenfelder nur einen einzigen Fall ausweisen, dürfen nur dann übermittelt werden, wenn sie nicht differenzierter als auf Regierungsbezirksebene, im Fall der Stadtstaaten auf Bezirksebene, aufbereitet sind.

(2) Für ausschließlich statistische Zwecke dürfen den zur Durchführung statistischer Aufgaben zuständigen Stellen der Gemeinden und Gemeindeverbände für ihren Zuständigkeitsbereich Einzelangaben aus der Erhebung nach § 99 mit Ausnahme der Hilfsmerkmale übermittelt werden, soweit die Voraussetzungen nach § 16 Absatz 5 des Bundesstatistikgesetzes gegeben sind.

(3) Die Ergebnisse der Kinder- und Jugendhilfestatistiken gemäß den §§ 98 und 99 dürfen auf der Ebene der einzelnen Gemeinde oder des einzelnen Jugendamtsbezirkes veröffentlicht werden.

(4) Die statistischen Landesämter übermitteln die erhobenen Einzeldaten auf Anforderung an das Statistische Bundesamt.

Die Bestimmung regelt die Datenübermittlungsbefugnis durch das Statistische Bundesamt **16**
und die Statistischen Landesämter. Die zu statistischen Zwecken erhobenen Daten sind nach § 16 BStatG strikt **geheim zu halten**, solange ein Personenbezug besteht oder herstellbar ist, d.h., solange die Betroffenen bestimmbar sind. Geboten ist eine frühzeitige (faktische) Anonymisierung, verbunden mit Vorkehrungen gegen eine Deanonymisierung. Eine **Übermittlung** kommt erst dann in Betracht, wenn die Daten keinen Personenbezug mehr aufweisen. Nur dann handelt es sich um Statistikdaten und nicht (mehr) um personenbezogene Sozial-Daten. Wegen der strikt einzuhaltenden Trennung von Statistik und Verwaltungsvollzug ist die Übermittlung nur zulässig, wenn das Statistikgeheimnis durch Organisation und Verfahren gewahrt ist. **Tabellen** mit statistischen Ergebnissen, die keine (wegen des Geheimhaltungsgebots nach § 16 BStatG unzulässigen) Rückschlüsse auf Einzelpersonen zulassen, dürfen den zuständigen obersten Bundes- und Landesbehörden zur Verwendung gegenüber den gesetzgebenden Körperschaften und für Planungszwecke, aber ausdrücklich nicht zur Regelung von Einzelfällen, übermittelt werden. Damit ist vor allem ihr Einsatz zur **Beantwortung parlamentarischer Anfragen** erfasst. Wenn sie nur einen einzigen Fall ausweisen, besteht die Gefahr der Re-Identifizierung. Der sog. „Tabelleneinser" darf deshalb grundsätzlich nicht weitergegeben werden, es sei denn, er ist nicht differenzierter aufbereitet als auf Regierungsbezirksebene.

Den zuständigen Stellen der Kommunen (nur bei deren Trennung von den anderen Stellen **17**
der Kommunalverwaltung – § 16 Abs. 5 Satz 2 BStatG) dürfen für ihren Zuständigkeitsbereich und ausschließlich für statistische Zwecke **Einzelangaben** (ohne die Hilfsmerkmale) aus der Erhebung nach § 99 SGB VIII (rück-)übermittelt werden. Einzelangaben sind personenbezogene Angaben, die besonders datenschutzbedürftig sind. Hier ist die Übermittlung zu Planungszwecken nicht gestattet. Die amtliche Erhebung wird gleichwohl als wichtiges Instrument der pflichtigen kommunalen **Jugendhilfeplanung** (§ 80 SGB VIII) begriffen. Sozialdaten dürfen vom Träger der öffentlichen Jugendhilfe zum Zweck der Jugendhilfeplanung (nach § 64 Abs. 3 SGB VIII) unverzüglich anonymisiert gespeichert und genutzt werden. Gegenüber der jugendamtsinternen Erhebung werden die Standardisierung, mit der interkommunale Vergleiche ermöglicht werden, die Kontinuität der Erhebung, die Verfüg-

barkeit der Daten der freien Träger und der entfallende eigene Datenerhebungsaufwand als **Vorteile der Statistik** genannt[1].

Mit dem neuen § 103 Abs. 4 SGB VIII hat das KJSG ausdrücklich festgelegt, dass die Statistischen Landesämter die erhobenen Einzeldaten auf Anforderung des Statistischen Bundesamts übermitteln. Damit sollen „Zusatzaufbereitungen" von Einzeldaten erleichtert werden. Bisher war nach Vorgabe des Statistischen Bundesamt die Einzeldatenaufbereitung von den Statistischen Landesämtern vorgenommen worden. Das Bundesamt hatte daraus die Ländergebnisse zusammengestellt. Nun müssen die Einzeldaten *aus* dem Bundesamt übermittelt werden, womit die Störanfälligkeit des bisherigen Verfahrens beseitigt werden soll[2].

1 GK-SGB VIII/*Schilling*, § 103 Rn. 14.
2 BT-Drs. 19/26107, 118.

§ 104
Bußgeldvorschriften

(1) Ordnungswidrig handelt, wer

1. **ohne Erlaubnis nach § 43 Absatz 1 oder § 44 Absatz 1 Satz 1 ein Kind oder einen Jugendlichen betreut oder ihm Unterkunft gewährt,**
2. **entgegen § 45 Absatz 1 Satz 1, auch in Verbindung mit § 48a Absatz 1, ohne Erlaubnis eine Einrichtung oder eine sonstige Wohnform betreibt oder**
3. **entgegen § 47 eine Anzeige nicht, nicht richtig, nicht vollständig oder nicht rechtzeitig erstattet oder eine Meldung nicht, nicht richtig, nicht vollständig oder nicht rechtzeitig macht oder vorsätzlich oder fahrlässig seiner Verpflichtung zur Dokumentation oder Aufbewahrung derselben oder zum Nachweis der ordnungsgemäßen Buchführung auf entsprechendes Verlangen nicht nachkommt oder**
4. **entgegen § 97a Absatz 4 vorsätzlich oder fahrlässig als Arbeitgeber eine Auskunft nicht, nicht richtig oder nicht vollständig erteilt.**

(2) Die Ordnungswidrigkeiten nach Absatz 1 Nummer 1, 3 und 4 können mit einer Geldbuße bis zu fünfhundert Euro, die Ordnungswidrigkeit nach Absatz 1 Nummer 2 kann mit einer Geldbuße bis zu fünfzehntausend Euro geahndet werden.

Übersicht Rn.

A. Allgemeines

Die deutsche Rechtsordnung unterscheidet je nach Unrechtsgehalt und Rechtsfolge zwischen Ordnungswidrigkeiten sowie Straftaten (Vergehen und Verbrechen). Während § 104 SGB VIII Ordnungswidrigkeiten ausformuliert, enthält § 105 SGB VIII Strafvorschriften, die mit einer Freiheitsstrafe bis zu einem Jahr oder mit Geldstrafe bestraft werden. § 12 StGB enthält die Begriffsdefinition, mithin haben wir es im SGB VIII nur mit Ordnungswidrigkeiten und Vergehen zu tun. 1

Über den Schutz durch Strafvorschriften im StGB, die besonders Kinder und Jugendliche im Blickfeld haben (§§ 174, 180, 235 StGB), hinaus will der Gesetzgeber mit den Vorschriften der §§ 104 f. SGB VIII die Einhaltung jugendhilferechtlicher Vorschriften sichern.

Eine **Ordnungswidrigkeit** liegt vor, wenn eine rechtswidrige und vorwerfbare Handlung den Tatbestand eines Gesetzes (§ 104 Abs. 1 Nr. 1 bis 4 SGB VIII) verwirklicht, das die Ahndung mit einer Geldbuße zulässt (§ 1 OWiG).

B. Einzelheiten

I. Abs. 1 – Die Bußgeldtatbestände

Abs. 1 enthält **vier** verschiedene **Tatbestände**.

Abs. 1 Nr. 1 stellt unter Geldbuße, wer ohne Pflegeerlaubnis ein Kind oder einen Jugendlichen betreut (§ 43 Abs. 1 SGB VIII) oder ihm Unterkunft gewährt. § 44 Abs. 1 Satz 2 SGB VIII 2 stellt in diesem Zusammenhang klar, wer keiner Erlaubnis bedarf. Hier dürfte insbesondere Nr. 4 von Bedeutung sein, sodass etwa Jugendwohngemeinschaften oder auch studentische Wohngemeinschaften, die eine(n) vom Elternhaus Geflüchtete(n) zeitweilig, also bis zur Dauer von acht Wochen, aufnehmen, nicht mit den Sanktionen des Ordnungswidrigkeitenrechts zu rechnen haben. Soweit ersichtlich, existiert zu diesem Komplex keinerlei Rechtsprechung.

3 **Abs. 1 Nr. 2** sanktioniert den unerlaubten Betrieb einer Einrichtung sowie einer sonstigen Wohnform. Eine Legaldefinition des Begriffs der „Einrichtung" enthält jetzt § 45a SGB VIII (vgl. dort Rn. 2 ff.). Dagegen fehlt nach wie vor eine solche hinsichtlich des Begriffs der „sonstigen Wohnform" (vgl. dazu § 48a Rn. 2 f.). § 104 SGB VIII knüpft als akzessorischer Tatbestand mit seiner Bezugnahme auf §§ 45, 48a SGB VIII an die dortige Begrifflichkeit an.

4 Unerlaubt ist der Betrieb, wenn von Anbeginn keine Erlaubnis im Sinne des § 45 SGB VIII vorlag oder wenn gegenüber einem erlaubten Betrieb die Erlaubnis widerrufen bzw. zurückgenommen wurde (§ 45 Abs. 2 Satz 4 SGB VIII). Das Institut einer „Verbots- oder Untersagungsverfügung" kennt das SGB VIII (im Gegensatz zur früheren Bestimmung des § 78 Abs. 1 JWG) nicht (vgl. dazu die Erläuterungen zu § 45 SGB VIII Rn. 65 ff.). *Fischer* vertritt die Auffassung, dass die Rechtswidrigkeit entfällt, wenn das Jugendamt eine vorläufige **Duldung** erteilt,[1] und beruft sich dabei auf *Mörsberger*.[2] Ob es ein solches Institut der „Duldung" überhaupt geben kann, sei hier dahingestellt. In jedem Fall ist aber der Bußgeldtatbestand erfüllt, sodass allenfalls ein **Irrtum** des Betreibers in Betracht kommt.

5 Da Rechtsmittel gegen die Rücknahme gem. § 45 Abs. 7 Satz 2 SGB VIII **keine aufschiebende Wirkung** haben, ist der Tatbestand mit Zugang der Verfügung erfüllt, es sei denn, der Adressat des Verbotes beantragt die Wiederherstellung der aufschiebenden Wirkung (§ 80 Abs. 5 VwGO). Sobald die aufschiebende Wirkung durch das VG angeordnet wird, entfällt die Möglichkeit zur Ahndung. Wird der Betrieb fortgesetzt, obwohl die aufschiebende Wirkung zwar beantragt, aber noch nicht angeordnet wurde, besteht das Risiko einer bußgeldrechtlichen Ahndung. Denn nach überwiegender Auffassung bleibt der Zuwiderhandelnde nur dann sanktionslos, wenn Rücknahme oder Widerruf der Erlaubnis aufgehoben werden.[3]

6 Als Täter kommen in Betracht: Die **Inhaber der Einrichtung** und solche, die die Einrichtung fortführen, ohne Inhaber zu sein. Bei **juristischen Personen** sind es die nach der jeweiligen gesetzlichen Grundlage haftenden Organvertreter wie z.B. die **Geschäftsführer** einer GmbH oder die **Vorstandsmitglieder** eines Vereins.

7 **Abs. 1 Nr. 3** sanktioniert **Verstöße** gegen die in **§ 47 SGB VIII normierten Pflichten**. Die durch das KICK und zuletzt durch das KJSG an die jeweilige Änderung des § 47 SGB VIII angepasste Vorschrift enthält hinsichtlich der **Anzeige- und Meldepflicht** jeweils vier Tatbestandsalternativen. Unproblematisch ist Nichtanzeige oder -meldung, also das vollständige Unterlassen. Unrichtig sind Anzeigen oder Meldungen, die nicht mit den tatsächlichen Verhältnissen übereinstimmen, unvollständig jene, die die von der Anzeige- oder Meldepflicht erfassten Umstände nicht in vollem Umfang wiedergeben. Problematischer erscheint die nicht rechtzeitige Mitteilung. Insoweit enthält nur § 47 Satz 2 Hs. 2 SGB VIII mit der jährlichen Meldepflicht eine eindeutige Vorgabe, im Übrigen verlangt die Vorschrift die „unverzügliche" Anzeige oder Meldung. Obwohl jede schuldhafte und damit auch eine fahrlässig verzögerte Mitteilung nach der Definition des § 121 BGB nicht mehr als unverzüglich anzusehen ist, erfüllt nur die vorsätzlich verzögerte Anzeige oder Meldung den Bußgeldtatbestand, da andernfalls entgegen dem Gesetzeswortlaut auch fahrlässiges Verhalten geahndet

1 GK-SGB VIII/*Fischer*, § 104 Rn. 4.
2 JAmt 2014, 294 ff.
3 Vgl. Kopp/*Schenke*, VwGO, § 80 Rn. 32. In dieser Strenge wohl auch *Kepert*, JAmt 2014, 186 ff. (188).

würde. Abs. 1 Nr. 3 setzt aber hinsichtlich der Verstöße gegen Anzeige- oder Meldepflichten Vorsatz voraus (vgl. dazu unten Rn. 9).

Abs. 1 Nr. 3 wurde durch das KJSG um weitere Bußgeldtatbestände ergänzt. Ordnungswidrig handelt danach, wer vorsätzlich oder fahrlässig seiner in § 47 Abs. 2 SGB VIII geregelten Verpflichtung zur Anfertigung, Aufbewahrung ordnungsgemäßer Geschäftsunterlagen oder zum Nachweis der ordnungsgemäßen Buchführung nicht nachkommt (vgl. zu diesen im Einzelnen § 47 Rn. 10 ff.). Nach der Erweiterung der Trägerpflichten in § 47 SGB VIII ist die Erweiterung des Bußgeldtatbestandes nur konsequent.

Die Vorschrift des **Abs. 1 Nr. 4** ist dem früheren § 116 Abs. 4 BSHG (vgl. jetzt § 117 Abs. 6 SGB XII) nachgebildet. Das Auskunftsverlangen des Jugendhilfeträgers stellt einen Verwaltungsakt dar, gegen den der betroffene Auskunftspflichtige mit den allgemeinen Mitteln des Verwaltungsrechts vorgehen kann, falls er einen Grund zur Verweigerung der Auskunft sieht. Als Täter kommen lediglich **Arbeitgeber** in Betracht, da nur diese in Abs. 1 Nr. 4 Erwähnung finden. 8

Die Tat erfordert grundsätzlich **Vorsatz**, da nach § 10 OWiG als Ordnungswidrigkeit nur vorsätzliches Handeln geahndet werden kann, wenn das Gesetz fahrlässiges Handeln nicht ausdrücklich mit Geldbuße bedroht. **Fahrlässiges Handeln** ist **nur** im Fall des Verstoßes gegen Dokumentations-, Aufbewahrungs- und Nachweispflichten nach Nr. 3 sowie im Fall der Verstöße nach Nr. 4 mit Geldbuße bedroht. Mangels einer entsprechenden gesetzlichen Bestimmung scheidet eine Ahndung des Versuchs aus (§ 13 Abs. 2 OWiG). 9

II. Abs. 2 – Ahndung

Für **Verfolgung und Ahndung** ist die **Verwaltungsbehörde** zuständig (§ 35 Abs. 1 OWiG). In den Fällen des § 104 Abs. 1 Nr. 2 und 3 SGB VIII ist das nach Landesrecht das Landesjugendamt, in den Fällen des § 104 Abs. 1 Nr. 1 und 4 SGB VIII das Jugendamt des zuständigen örtlichen Trägers. 10

Die Ordnungswidrigkeit wird im Wege eines **Bußgeldbescheids** geahndet, gegen den innerhalb von zwei Wochen nach Zustellung schriftlich oder zur Niederschrift **Einspruch** eingelegt werden kann (§§ 65 ff. OWiG). Über den Einspruch entscheidet das Amtsgericht durch Beschluss (§§ 68, 72 OWiG). Findet aber eine mündliche Hauptverhandlung statt, so endet das Verfahren mit Urteil.

Der Bußgeldrahmen ist im Fall des Abs. 1 Nr. 2 auf 15.000 Euro erweitert worden. Wegen der in § 17 Abs. 1 OWiG festgelegten Obergrenze bedurfte dies einer ausdrücklichen gesetzlichen Regelung.

§ 105
Strafvorschriften

Mit Freiheitsstrafe bis zu einem Jahr oder mit Geldstrafe wird bestraft, wer

1. **eine in § 104 Absatz 1 Nummer 1 oder 2 bezeichnete Handlung begeht und dadurch leichtfertig ein Kind oder einen Jugendlichen in seiner körperlichen, geistigen oder sittlichen Entwicklung schwer gefährdet oder**
2. **eine in § 104 Absatz 1 Nummer 1 oder 2 bezeichnete vorsätzliche Handlung beharrlich wiederholt.**

1 Die in § 104 Abs. 1 Nr. 1 und 2 SGB VIII normierten Bußgeldtatbestände werden unter den qualifizierenden Voraussetzungen des § 105 SGB VIII zu Straftaten.

A. Nummer 1

2 Es handelt sich unter Nr. 1 um **konkrete Gefährdungsdelikte**, die einen tatbestandlichen Erfolg nicht voraussetzen, aber eine konkrete vom Täter oder der Täterin herbeigeführte Gefährdungslage verlangen. Konkrete Gefährdungsdelikte beruhen auf der Erwägung, dass ein normwidriges Verhalten für das geschützte Objekt gefährlich sein kann und strafwürdig ist, sofern die Gefahr im Einzelfall konkret in Erscheinung getreten ist.[1] Bei den hier normierten Gefährdungsdelikten ist die Verursachung einer Gefahr objektives Tatbestandsmerkmal und damit Gegenstand von Vorsatz bzw. Fahrlässigkeit.[2]

Geschützt werden Kinder und Jugendliche in ihrem Entwicklungsprozess. Zwischen den Handlungen im Sinne des § 104 Abs. 1 Nr. 1 und 2 SGB VIII und dem Eintritt der konkreten Gefahr muss Kausalität bestehen.

3 Bei Nr. 1 handelt es sich um ein kombiniertes Vorsatz/Fahrlässigkeitsdelikt: Während die Handlung vorsätzlich begangen sein muss, genügt hinsichtlich der dadurch verursachten Gefährdung eine allerdings qualifizierte Form der („leichtfertig") Fahrlässigkeit.

Die Tathandlung ist in objektiver wie subjektiver Hinsicht dieselbe wie in § 104 Abs. 1 Nr. 1 und 2 SGB VIII. Insoweit kann auf die dortigen Erläuterungen (Rn. 2 bis 6) verwiesen werden. Allerdings ist schwer vorstellbar, wie allein das Fehlen einer Erlaubnis zur Betreuung oder Unterkunftsgewährung oder zum Betreiben einer Einrichtung zu einer schweren Gefährdung der betroffenen Kinder oder Jugendlichen sollte führen können.

4 Deshalb ist von Folgendem auszugehen:

Liegt eine **wirksame Erlaubnis** zur Betreuung, zur Unterkunftsgewährung oder zum Betreiben einer Einrichtung **vor**, ist der Tatbestand auch dann nicht erfüllt, wenn es zu einer Gefährdung der betreuten oder untergebrachten Kinder oder Jugendlichen kommt. Eine wirksame Erlaubnis liegt immer dann vor, wenn sie dem Adressaten **zugegangen** ist und **weder widerrufen** noch **zurückgenommen** wurde. Auf die Rechtmäßigkeit der Erlaubnis kommt es nicht an. Zur Frage, ob eine wirksame Erlaubnis zum Betreiben einer Einrichtung vorliegt, wenn der Adressat gegen deren Widerruf oder Rücknahme einen Rechtsbehelf einlegt, der gem. § 45 Abs. 7 Satz 2 SGB VIII keine aufschiebende Wirkung hat, vgl. § 104 Rn. 5 sowie die Erläuterungen zu § 45 SGB VIII Rn. 61, 67 ff. Jede andere Auslegung würde gegen den Wortlaut der Vorschrift und damit gegen den Grundsatz „Keine Strafe ohne Gesetz" (Art. 103 Abs. 2 GG) verstoßen. Dass das Anknüpfen der Strafbarkeit an das Vorliegen einer Erlaubnis ohne Rücksicht auf die tatsächlichen Verhältnisse rechtspolitisch sinnvoll und richtig ist, kann in Zweifel gezogen, aber nur durch den Gesetzgeber korrigiert werden.

---

1 Vgl. *Fischer*, StGB, vor § 13 Rn. 18.
2 *Fischer*, StGB, § 15 Rn. 10.

Liegt keine wirksame Erlaubnis vor, kommt eine Strafbarkeit (nur) dann in Betracht, wenn die Betreuung, die Unterkunftsgewährung oder das Betreiben nicht genehmigungsfähig sind und es **aufgrund** der **bestehenden Verhältnisse** zur Gefährdung der betroffenen Minderjährigen kommt. 5

Die Qualifikation setzt ein **leichtfertiges Handeln** voraus und verlangt eine schwere Gefährdung. Unter Leichtfertigkeit ist in Übereinstimmung mit Tatbeständen des StGB, die eine leichtfertige Begehung verlangen (§§ 97 Abs. 2, 138 Abs. 3, 345 Abs. 2 StGB), ein erhöhter Grad von bewusster oder unbewusster Fahrlässigkeit zu verstehen, der etwa der groben Fahrlässigkeit des bürgerlichen Rechts entspricht.[3] Ein Täter muss aus grober Achtlosigkeit nicht erkennen, dass er durch die Betreuung oder Unterkunftsgewährung ohne Erlaubnis nach § 44 Abs. 1 SGB VIII bzw. § 45 Abs. 1 SGB VIII ein Kind oder einen Jugendlichen in seiner Entwicklung schwer gefährdet. Diese Gefährdung hätte sich ihm nach seinen Kenntnissen und Fähigkeiten geradezu aufdrängen müssen.[4] 6

Problematischer ist die **Feststellung** einer **schweren Entwicklungsgefährdung**. Im Zweifel ist ein entwicklungs-pädagogischer bzw. entwicklungspsychologischer Befund zu erheben. Hier liegen die Grenzen strafrichterlicher Erkenntnisfähigkeit, wenn es nicht zu offensichtlichen im Zusammenhang mit anderen Delikten stehenden Handlungen gekommen ist. Es muss in der Regel ein **Sachverständigengutachten** eingeholt werden. 7

B. Nummer 2

Nr. 2 ist Vorsatzdelikt und verlangt die **beharrliche Wiederholung** einer erlaubniswidrigen Betreuung oder Unterkunftsgewährung bzw. das beharrlich wiederholte Betreiben einer Einrichtung oder sonstigen Wohnform. 8

Der Begriff der **Beharrlichkeit** wird vom Gesetz gelegentlich verwendet (§ 238 StGB, § 25 StVG). Er soll eine in der Tatbegehung zum Ausdruck kommende gesteigerte Hartnäckigkeit und damit eine besondere Gleichgültigkeit gegenüber einem gesetzlichen Verbot belegen. Das OLG Köln hat dieses Tatbestandsmerkmal zu einem Gesinnungsmerkmal aufgewertet und von einer erhöhten Missachtung staatlicher Anordnungen gesprochen.[5] Eine solche strafrechtliche Versubjektivierung ist abzulehnen. Zugrunde zu legen ist die Formel des BGH, dass Beharrlichkeit eine wiederholte Zuwiderhandlung in einer Haltung voraussetze, die eine gesteigerte Missachtung gegenüber dem Verbot beinhalten kann.[6] Diese Missachtung muss aber in erkennbaren objektiven Handlungsmodalitäten zutage treten.

Fraglich ist, welche Anforderungen an das Tatbestandsmerkmal der **Wiederholung** zu stellen sind. 9

Nach einer Ansicht wird nicht nur eine Vortat im materiellen Sinne vorausgesetzt, sondern auch deren Ahndung, die sich in einem rechtskräftig verhängten Bußgeld ausdrücken muss.[7] Das OLG Oldenburg hat als Ahndung „irgendeine staatliche Maßnahme“ (z. B. nach § 153 ff. StPO) genügen lassen.[8]

Die extensive Auslegung, die meint, sich auf den Wortlaut stützen zu können, will einen Verstoß im materiellen Sinne genügen lassen, ohne dass es auf eine seitherige staatliche Verfolgungs- oder Feststellungsmaßnahme ankäme.[9]

---

3 Vgl. *Fischer*, StGB, § 15 Rn. 20.
4 *Fischer*, StGB, § 15 Rn. 20.
5 OLG Köln GA 1984, 333.
6 BGHSt 23, 167 ff.
7 AG Bad Homburg, StV 1984, 217.
8 OLG Oldenburg, Beschl. v. 17.12.2014, 1 Ws 625/14, juris.
9 OLG Celle NStZ 1984, 324.

Diese Ansicht meint, sich auch auf ein Judikat des BGH[10] stützen zu können. Sie ist abzulehnen, denn die Feststellung, ob bereits materiell oder inhaltlich der Täter schon einmal den Tatbestand des § 104 SGB VIII erfüllt hat, darf nicht quasi im Nachhinein, möglicherweise Jahre nach der vorwerfbaren Handlung, jetzt erst inzident vom Strafrichter geprüft werden. Sie ist nur wiederholt, wenn staatlich schon einmal, sei es in einem Urteil, sei es in einem Bußgeld- oder Einstellungsbescheid rechtskräftig festgestellt wurde, dass sie vorlag.

10 *Kunkel* sieht eine strafrechtliche Regelungslücke für Einrichtungen zur Unterbringung junger Volljähriger insbesondere bei erlebnispädagogischen Projekten im Ausland.[11] Solche Einrichtungen und deren Betrieb lassen sich unter die Norm des § 105 SGB VIII nicht subsumieren, es greifen aber die allgemeinen strafrechtlichen Vorschriften, z.B. zum Schutz der körperlichen Unversehrtheit (§§ 223 bis 231 StGB), der persönlichen Freiheit (§§ 232 bis 241a StGB) und der sexuellen Selbstbestimmung (§§ 174 ff. StGB). Dieser Schutz mag nicht immer ausreichend sein. Allerdings muss das Ja bei der Erteilung der Erlaubnis und der Bewilligung der Hilfe nach § 35 SGB VIII darauf achten, wo Maßnahmen stattfinden sollen und ob dadurch spezifische Gefährdungen zu erwarten sind.

11 Beim Zusammentreffen von Straftat und Ordnungswidrigkeit verfolgt die Staatsanwaltschaft (§§ 40 bis 2 OWiG), zuständig ist das Amtsgericht (§§ 24 ff. GVG, § 26 GVG).

10 BGHSt 23, 172 f.
11 LPK-SGB VIII/*Kunkel*, § 105 Rn. 5.

§ 106
Einschränkung eines Grundrechts

Durch § 42 Absatz 5 und § 42a Absatz 1 Satz 2 wird das Grundrecht auf Freiheit der Person (Artikel 2 Absatz 2 Satz 3 des Grundgesetzes) eingeschränkt.

§ 106 SGB VIII wurde durch das UMG auf Beschlussempfehlung des Ausschusses für Familie, Senioren, Frauen und Jugend[1] in das SGB VIII eingefügt. Er stellt fest, dass durch die darin genannten Vorschriften das **Grundrecht** auf **Freiheit der Person** nach Art. 2 Abs. 2 Satz 3 GG **eingeschränkt** wird. Damit wird dem **Zitiergebot** des Art. 19 Abs. 1 Satz 2 GG Rechnung getragen, nach dem das einschränkende Gesetz das Grundrecht unter Angabe des Artikels nennen muss. Die Befugnis zur Durchführung freiheitsentziehender Maßnahmen nach § 42 Abs. 5 SGB VIII schränkt das Recht auf Freiheit der Person ein. 1

Die Vorschrift war nicht nur wegen der neu in das Gesetz aufgenommenen Befugnis zur Freiheitsentziehung gem. § 42a Abs. 1 Satz 2 SGB VIII i.V.m. § 42 Abs. 5 SGB VIII im Rahmen der vorläufigen Inobhutnahme erforderlich, sie beseitigte auch das hinsichtlich § 42 Abs. 5 SGB VIII in der Vergangenheit bestehende Regelungsdefizit. 2

1 Vgl. BT-Drs. 18/6392, 21.

§ 107
Übergangsregelung

(1) [1]Das Bundesministerium für Familie, Senioren, Frauen und Jugend begleitet und untersucht

1. bis zum Inkrafttreten von § 10b am 1. Januar 2024 sowie

2. bis zum Inkrafttreten von § 10 Absatz 4 Satz 1 und 2 am 1. Januar 2028

die Umsetzung der für die Ausführung dieser Regelungen jeweils notwendigen Maßnahmen in den Ländern. [2]Bei der Untersuchung nach Satz 1 Nummer 1 werden insbesondere auch die Erfahrungen der örtlichen Träger der öffentlichen Jugendhilfe einbezogen, die bereits vor dem 1. Januar 2024 Verfahrenslotsen entsprechend § 10b einsetzen. [3]Bei der Untersuchung nach Satz 1 Nummer 2 findet das Bundesgesetz nach § 10 Absatz 4 Satz 3 ab dem Zeitpunkt seiner Verkündung, die als Bedingung für das Inkrafttreten von § 10 Absatz 4 Satz 1 und 2 spätestens bis zum 1. Januar 2027 erfolgen muss, besondere Berücksichtigung.

(2) [1]Das Bundesministerium für Familie, Senioren, Frauen und Jugend untersucht in den Jahren 2022 bis 2024 die rechtlichen Wirkungen von § 10 Absatz 4 und legt dem Bundestag und dem Bundesrat bis zum 31. Dezember 2024 einen Bericht über das Ergebnis der Untersuchung vor. [2]Dabei sollen insbesondere die gesetzlichen Festlegungen des Achten und Neunten Buches

1. zur Bestimmung des leistungsberechtigten Personenkreises,

2. zur Bestimmung von Art und Umfang der Leistungen,

3. zur Ausgestaltung der Kostenbeteiligung bei diesen Leistungen und

4. zur Ausgestaltung des Verfahrens

untersucht werden mit dem Ziel, den leistungsberechtigten Personenkreis, Art und Umfang der Leistungen sowie den Umfang der Kostenbeteiligung für die hierzu Verpflichteten nach dem am 1. Januar 2023 für die Eingliederungshilfe geltenden Recht beizubehalten, insbesondere einerseits keine Verschlechterungen für leistungsberechtigte oder kostenbeitragspflichtige Personen und andererseits keine Ausweitung des Kreises der Leistungsberechtigten sowie des Leistungsumfangs im Vergleich zur Rechtslage am 1. Januar 2023 herbeizuführen, sowie Hinweise auf die zu bestimmenden Inhalte des Bundesgesetzes nach § 10 Absatz 4 Satz 3 zu geben. [3]In die Untersuchung werden auch mögliche finanzielle Auswirkungen gesetzlicher Gestaltungsoptionen einbezogen.

(3) Soweit das Bundesministerium für Familie, Senioren, Frauen und Jugend Dritte in die Durchführung der Untersuchungen nach den Absätzen 1 und 2 einbezieht, beteiligt es hierzu vorab die Länder.

(4) Das Bundesministerium für Familie, Senioren, Frauen und Jugend untersucht unter Beteiligung der Länder die Wirkungen dieses Gesetzes im Übrigen einschließlich seiner finanziellen Auswirkungen auf Länder und Kommunen und berichtet dem Deutschen Bundestag und dem Bundesrat über die Ergebnisse dieser Untersuchung.

Übersicht Rn.

A. Allgemeines

Die **Übergangsregelung** normiert einen umfassenden **Begleitungs- und Untersuchungsauftrag** an das Bundesministerium für Familie, Senioren, Frauen und Jugend (BMFSFJ), der die Übernahme der vorrangigen Zuständigkeit des Trägers der öffentlichen Jugendhilfe für Leistungen der Eingliederungshilfe auch an junge Menschen mit (drohenden) körperlichen oder geistigen Behinderungen im Jahr 2028 vorbereiten soll. Ein wichtiger Bezugspunkt ist dabei das Bundesgesetz nach § 10 Abs. 4 Satz 3 SGB VIII, für dessen Ausgestaltung die dabei gewonnenen Erkenntnisse von wesentlicher Bedeutung sein sollen. Auch wenn der Umsetzungsprozess mehrere zeitlich gestreckte Phasen umfasst und seinen Abschluss frühestens mit dem Inkrafttreten von § 10 Abs. 4 SGB VIII am 1.1.2028 findet,[1] war mit der Umsetzung des Begleitungs- und Untersuchungsauftrags unmittelbar mit Inkrafttreten des KJSG zu beginnen.[2] 1

B. Einzelheiten

I. Abs. 1 – Begleitung und Untersuchung von Umsetzungsmaßnahmen der Länder

Abs. 1 **Satz 1** verpflichtet zur Begleitung und Untersuchung der notwendigen Maßnahmen, die die Bundesländer zur Einführung eines **Verfahrenslotsen** nach § 10b SGB VIII am 1. Januar 2024 **(Nr. 1)** sowie der **vollständigen Umsetzung der sog. inklusiven Lösung** nach § 10 Abs. 4 Satz 1 und 2 SGB VIII am 1. Januar 2028 **(Nr. 2)** ergreifen. 2

Entsprechend den zeitlichen Umsetzungsvorgaben ist auch der Begleitungs- und Untersuchungsauftrag zeitlich begrenzt. Die Aufträge sind bis zum Inkrafttreten der jeweiligen Maßnahmen am 1. Januar 2024 bzw. 2028 zu erfüllen und mit diesem Zeitpunkt beendet.

Abs. 1 **Satz 2** konkretisiert den Auftrag hinsichtlich des **Verfahrenslotsen** dahin, dass nicht nur die vorbereitenden Maßnahmen zu dessen Einführung zu untersuchen, sondern auch Erfahrungen örtlicher Träger einzubeziehen und nutzbar zu machen sind, die bereits vor der obligatorischen Einführung am 1.1.2024 Verfahrenslotsen einsetzen. Der auf die Empfehlung des 13. Ausschusses eingefügte Satz 2 stellt nach dessen Begründung auch klar, dass diese Möglichkeit bereits vor dem 1. Januar 2024 besteht.[3]

Abs. 1 **Satz 3** gibt hinsichtlich der Untersuchung der Umsetzung der inklusiven Lösung als solcher vor, das Bundesgesetz nach § 10 Abs. 4 Satz 3 SGB VIII besonders zu berücksichtigen. Dieses Gesetz ist gem. Art. 10 Abs. 3 KJSG bis zum 1. Januar 2027 zu verkünden, andernfalls § 10 Abs. 4 Satz 1 und 2 SGB VIII in der Fassung durch das KJSG am 1. Januar 2028 **nicht in Kraft tritt**. Sowohl bei den inhaltlichen Vorgaben für dieses Bundesgesetz in § 10 Abs. 4 Satz 3 SGB VIII als auch bei der Regelung hinsichtlich seiner Verkündung bis zum 1.1.2027 handelt es sich um **Absichtserklärungen** des KJSG-Gesetzgebers, denen keinerlei normative Bindungs- oder Verpflichtungswirkung für den künftigen Gesetzgeber zukommt. Da es sich bei KJSG und SGB VIII um einfache Bundesgesetze handelt, kann sich der künftige Bundesgesetzgeber an deren Vorgaben halten oder auch nicht oder sie durch gänzlich andere

1 Vgl. zu dessen Inkrafttreten Art. 10 Abs. 3 KJSG.
2 Vgl. Gesetzesbegründung, BT-Drs. 19/26107, 119.
3 Vgl. BT-Drs. 19/28870, 112.

Regelungen ersetzen.[4] *Ob*, *wann* und *mit welchem Inhalt* ein solches Bundesgesetz verabschiedet werden wird, ist also **keine rechtliche**, sondern eine ausschließlich **politische Frage**. Dass eine konkrete Implementierung der sog. großen oder nunmehr **inklusiven Lösung** nicht durch das KJSG vorgenommen, vielmehr auf ein „Bundesgesetz auf Grundlage einer prospektiven Gesetzesevaluation" (§ 10 Abs. 4 Satz 3) **hinausgeschoben** wurde, ist ausschließlich der Kraftlosigkeit des KJSG-Gesetzgebers und dem Kompromisscharakter des Gesetzes geschuldet. Der offenbar gewünschte politische Druck wird ausschließlich dadurch entfaltet, dass ohne die Verkündung des Gesetzes auch die in § 10 Abs. 4 Satz 1 und 2, Abs. 5 SGB VIII versprochenen Regelungen, also die „inklusive Lösung" nach jetzigem Gesetzesstand, nicht in Kraft treten werden.

II. Abs. 2 – „Prospektive Gesetzesevaluation"

3 Abs. 2 verpflichtet das BMFSFJ dazu, in den Jahren 2022 bis 2024 „die rechtlichen Wirkungen von § 10 Abs. 4" zu untersuchen und den Gesetzgebungsorganen bis zum 31.12.2024[5] einen Ergebnisbericht vorzulegen. Mit dieser zeitlichen Vorgabe soll sichergestellt werden, dass dem Bundesgesetzgeber ausreichend Zeit verbleibt, um die Ergebnisse bei der Beratung des bis zum 1. Januar 2027 zu verkündenden Gesetzes nach § 10 Abs. 4 Satz 3 SGB VIII zu verarbeiten.

Nach dem Wortlaut der Vorschrift bezieht sie sich auf § 10 Abs. 4 SGB VIII in der am 10.6.2021 geltenden Fassung, denn eine andere tritt ja frühestens am 1. Januar 2028 in Kraft, ist also im rechtlichen Sinne noch gar nicht existent. Aus der Gesetzesbegründung ergibt sich indes, dass das Ministerium „prospektiv die Übernahme der vorrangigen Zuständigkeit des Trägers der öffentlichen Jugendhilfe für Leistungen der Eingliederungshilfe auch an junge Menschen mit (drohenden) körperlichen oder geistigen Behinderungen nach § 10 Absatz 4 Satz 1 und 2 SGB VIII-E"[6] untersuchen soll.

Da man allerdings Künftiges nicht untersuchen oder evaluieren, sondern allenfalls prognostizieren kann, sollen nach Abs. 2 Satz 2 die „gesetzlichen Festlegungen des Achten und Neunten Buches" hinsichtlich der Gegenstände (vgl. dort Nr. 1 bis 4) untersucht werden, die künftig (vgl. § 10 Abs. 4 Satz 3 Nr. 1 bis 4 SGB VIII) Inhalt des Bundesgesetzes nach § 10 Abs. 4 Satz 3 SGB VIII sein werden.

4 Allerdings beschränkt sich die Regelung nicht darauf, die Gegenstände der Untersuchung zu benennen, sie formuliert zugleich auch das **Ziel der Untersuchung**: Mit den Ergebnissen soll sichergestellt werden,

> „dass der leistungsberechtigte Personenkreis, Art und Umfang der Leistungen sowie der Umfang der Kostenbeteiligung für die hierzu Verpflichteten nach dem am 1. Januar 2023 für die Eingliederungshilfe nach SGB VIII und SGB IX geltenden Recht mit den noch zu bestimmenden Inhalten des Bundesgesetzes nach § 10 Absatz 4 Satz 3 SGB VIII-E beibehalten werden. Dies bedeutet, dass weder Verschlechterungen für die Leistungsberechtigten und Kostenbeitragspflichtigen eintreten werden noch Ausweitungen des Kreises der Leistungsberechtigten sowie des Leistungsumfangs im Vergleich zur Rechtslage am 1. Januar 2023 (vierte Stufe des Inkrafttretens des Bundesteilhabegesetzes) bewirkt werden".[7]

4 Dass § 10 Abs. 4 Satz 3 SGB VIII den künftigen Bundesgesetzgeber nicht zur Verkündung eines Gesetzes mit dem dort genannten Inhalt bis zum 1.1.2027 verpflichten kann, ist bereits der Tatsache geschuldet, dass diese Vorschrift – eine bemerkenswerte Pointe des Gesetzes – gem. Art. 10 Abs. 3 KJSG frühestens am 1. Januar 2028, also ein Jahr nach der prospektierten Verkündung des Bundesgesetzes, in Kraft treten wird.

5 Durch diese zeitliche Vorgabe soll Bundestag und Bundesrat, so die Gesetzesbegründung, ausreichend Zeit verbleiben, die Erkenntnisse bei der Ausgestaltung des bis zum 1.1.2027 zu verkündenden Bundesgesetzes zu berücksichtigen, vgl. BT-Drs. 19/26107, 120.

6 BT-Drs. 19/26107, 120.

7 BT-Drs. 19/26107, 120.

Einerseits soll also gegenüber den nach SGB VIII und SGB IX am 1. Januar 2023 geltenden Standards keine Einschränkung oder Verschlechterung eintreten, **andererseits** soll aber auch eine Ausweitung des Kreises der Leistungsberechtigten und des Leistungsumfangs ausgeschlossen werden. Es soll also so bleiben, wie es ich am 1. Januar 2023 darstellt. Letzterem dient auch der reichlich euphemistisch verklausulierte Abs. 2 Satz 3, nach dem „auch mögliche finanzielle Auswirkungen gesetzlicher Gestaltungsoptionen einbezogen" werden. Es soll mit anderen Worten hinsichtlich jeglicher Regelung in dem künftigen Bundesgesetz nach § 10 Abs. 4 Satz 3 SGB VIII untersucht werden, ob und ggfs. welche (Mehr-)Kosten sie verursacht. Gerade diese Regelung ist in der Fachöffentlichkeit scharf kritisiert worden, da sie die fachlich notwendigen Weiterentwicklungen im Feld der Kinder- und Jugendhilfe verhindere.[8]

III. Abs. 3 – Beteiligung der Länder

Hinsichtlich der **Art und Weise** der Begleitung und Untersuchung enthält das Gesetz keine Vorgaben. Aus Abs. 3 ergibt sich jedoch, dass das BMFSFJ Dritte in die Untersuchungen einbeziehen kann. Es dürfte der Regelfall sein, dass das Ministerium insoweit nicht mit eigenen Mitteln und Einrichtungen arbeitet, sondern Hochschulen, Forschungsinstitute oder sonstige wissenschaftliche Einrichtungen mit der Durchführung, wissenschaftlichen Begleitung und Evaluation der Maßnahmen beauftragt. Macht das BMFSFJ von dieser Möglichkeit Gebrauch, hat es vorab, also vor Erteilung von Untersuchungs- oder Gutachtenaufträgen, die Länder zu beteiligen. Es soll also ein Abstimmungsprozess hinsichtlich Art und Weise, Umfang der Untersuchungen und der zu beauftragenden Stellen stattfinden. Eines Einvernehmens bedarf es dagegen nicht. 5

IV. Abs. 4 – Weiterer Untersuchungsauftrag

Der auf Initiative des 13. Ausschusses in das Gesetz aufgenommene Abs. 4 enthält einen **weiteren Untersuchungsauftrag** an das BMFSFJ zu den Auswirkungen dieses Gesetzes in den nicht von Abs. 1 und 2 erfassten Regelungsbereichen einschließlich ihrer finanziellen Auswirkungen auf Länder und Kommunen. Auch hierbei sind die Länder zu beteiligen. Gegenstand der Evaluation sind also alle über bloße Konkretisierungen und Klarstellungen hinausgehenden Regelungen des KJSG,[9] etwa im Bereich der Leistungen, des Schutzes von Kindern und Jugendlichen oder hinsichtlich der Kostenbeteiligung. Die Verpflichtung ist weder zeitlich befristet noch gibt sie Untersuchungsintervalle vor. Über die Ergebnisse hat das Ministerium Bundestag und Bundesrat zu berichten, die erforderlichenfalls solche Untersuchungen anmahnen können. 6

---

8 Vgl. den „Zwischenruf aus dem Modellprojekt Inklusion jetzt!", www.projekt-inklusionjetzt.de/projekt/aktuelles-sgb-viii-reform/keine-exklusion-durch-die-hintertuer (30.1.2022): „Damit einher geht nicht weniger als die gesetzliche Festschreibung, dass die künftige Reform zwar die Zuständigkeit für bestimmte Eingliederungshilfeleistungen verlagern, aber an den bestehenden Leerstellen für junge Menschen und ihre Familien nichts ändern soll. Dem fachlichen Anspruch und Qualitätsmerkmal einer inklusiv ausgerichteten Kinder- und Jugendhilfe steht diese Festschreibung entschieden entgegen. Während Teilhabebarrieren damit in bestimmten Leistungsbereichen abgebaut werden, werden sie in anderen verschärft."

9 Vgl. BT-Drs. 19/28870, S. 112.

KKG

Gesetz zur Kooperation und Information im Kinderschutz

vom 22. Dezember 2011 (BGBl. I S. 2975),
zuletzt geändert durch das Gesetz vom 3. Juni 2021
(BGBl. I S. 1444)

Einführung zum KKG

Ein Kernstück des am 1. Januar 2012 in Kraft getretenen Bundeskinderschutzgesetzes (BKiSchG) bildet das am 22. Dezember 2011 beschlossene **Gesetz zur Kooperation und Information im Kinderschutz (KKG)**.[1] Mit dem KKG wurden neue Regelungen zur Kooperation und Information im Kinderschutz eingeführt, um den Kinderschutz im präventiven Bereich zu verbessern. **Unterstützungsangebote** auf Ebene der Familie im Einzelfall (§ 1 Abs. 3 KKG) werden ebenso als Aufgabe der staatlichen Gemeinschaft definiert wie auch die Informationspflicht gegenüber den Eltern über Unterstützungsmöglichkeiten (§ 2 KKG). Zudem umfasst das KKG den Ausbau **verbindlicher Netzwerkstrukturen** zwischen Einrichtungen und Diensten der Kinder- und Jugendhilfe, dem Gesundheitswesen und anderen Akteuren (§ 3 KKG). 1

Darüber hinaus bezweckt § 4 KKG eine bundesweite Vereinheitlichung zur **Beratung und Weitergabe von Informationen** bei Verdacht auf eine Kindeswohlgefährdung durch bestimmte Berufsgeheimnisträger.[2] Mit dem durch das **Kinder- und Jugendstärkungsgesetz** neu eingeführten § 5 KKG wurde dem Gesamtkonzept des Bundesministeriums für Familie, Senioren, Frauen und Jugend für den **Schutz von Kindern und Jugendlichen vor sexualisierter Gewalt** Rechnung getragen. Das Zusammenwirken von Strafverfolgungsbehörden und Jugendämtern beim Vorliegen gewichtiger Anhaltspunkte einer Kindeswohlgefährdung wurde durch das Kinder- und Jugendstärkungsgesetz (KJSG) verbindlich festgeschrieben. 2

Dem KKG liegt ein breites Begriffsverständnis vom Kinderschutz zu Grunde. Zum einen setzt Kinderschutz nicht erst dann an, wenn der wirksame Schutz von Kindern oder Jugendlichen gefährdet ist und eine Kindeswohlgefährdung vorliegt, sondern bereits deutlich vorher. Zum anderen wird Kinderschutz nicht einzig als Risikomanagement verstanden, sondern vielmehr als Aufgabe einer **multiprofessionellen Verantwortungsgemeinschaft** begriffen. 3

---

1 BGBl. I S. 2975 ff.
2 Vgl. FK-SGB VIII/*Meysen*, § 8b Anhang Rn. 1.

§ 1 KKG
Kinderschutz und staatliche Mitverantwortung

(1) Ziel des Gesetzes ist es, das Wohl von Kindern und Jugendlichen zu schützen und ihre körperliche, geistige und seelische Entwicklung zu fördern.

(2) [1]Pflege und Erziehung der Kinder und Jugendlichen sind das natürliche Recht der Eltern und die zuvörderst ihnen obliegende Pflicht. [2]Über ihre Betätigung wacht die staatliche Gemeinschaft.

(3) [1]Aufgabe der staatlichen Gemeinschaft ist es, soweit erforderlich, Eltern bei der Wahrnehmung ihres Erziehungsrechts und ihrer Erziehungsverantwortung zu unterstützen, damit

1. sie im Einzelfall dieser Verantwortung besser gerecht werden können,

2. im Einzelfall Risiken für die Entwicklung von Kindern und Jugendlichen frühzeitig erkannt werden und

3. im Einzelfall eine Gefährdung des Wohls eines Kindes oder eines Jugendlichen vermieden oder, falls dies im Einzelfall nicht mehr möglich ist, eine weitere Gefährdung oder Schädigung abgewendet werden kann.

[2]Zu diesem Zweck umfasst die Unterstützung der Eltern bei der Wahrnehmung ihres Erziehungsrechts und ihrer Erziehungsverantwortung durch die staatliche Gemeinschaft insbesondere auch Information, Beratung und Hilfe. [3]Kern ist die Vorhaltung eines möglichst frühzeitigen, koordinierten und multiprofessionellen Angebots im Hinblick auf die Entwicklung von Kindern vor allem in den ersten Lebensjahren für Mütter und Väter sowie schwangere Frauen und werdende Väter (Frühe Hilfen).

Übersicht

A. Allgemeines

1 Da die adäquate Wahrnehmung der elterlichen Verantwortung kein leichtes Unterfangen ist und Eltern vor (zu) große Herausforderungen stellen kann, kommt der staatlichen Gemeinschaft ggf. die Aufgabe zu, flankierend für den Kinderschutz tätig zu werden. Dabei haben alle die Maßnahmen Vorrang, die das Ziel des Schutzes des Kindes oder Jugendlichen durch Unterstützung der Eltern zu erreichen beabsichtigen,[1] z.B. durch möglichst frühzeitige Förderung und Stärkung vorhandener Ressourcen und Potenziale.

2 Erst wenn Eltern nicht gewillt oder in der Lage sind, ihre Kinder vor Gefahren zu schützen, greift das in Art. 6 Abs. 2 Satz 2 GG normierte staatliche Wächteramt, das in § 1 Abs. 2 Satz 2 KKG zwar wiederholt wird, für das sich aus dem KKG heraus jedoch keine Eingriffsbefugnis ergibt. Zur Erfüllung der in § 1 Abs. 3 KKG genannten Aufgaben sollen **Frühe Hilfen** als koordinierte und multiprofessionelle Angebote (werdende) Eltern bei der Wahrnehmung ihrer Erziehungsverantwortung, vor allem in den ersten drei Lebensjahren, unterstützen (§ 1 Abs. 4 KKG).

---

1 BT-Drs. 17/6256, 15.

B. Einzelheiten

I. Ziel (Abs. 1)

§ 1 Abs. 1 KKG normiert zwei Ziele in Bezug auf Kinder und Jugendliche: Erstens, ihr Wohl zu schützen, und zweitens, sie in ihrer körperlichen, geistigen und seelischen Entwicklung zu fördern.[2] Unter Heranziehung der Legaldefinition des § 7 Abs. 1 Nr. 1 u. 2 SGB VIII sind somit alle **Menschen ab der Geburt bis zur Vollendung des 18. Lebensjahres** inkludiert.[3] Der in der Überschrift zu § 1 KKG verwendete Begriff Kinderschutz ist von daher irreführend, da die Vorschrift nicht nur auf Kinder abzielt, sondern auch den wirksamen Schutz Jugendlicher vor Gefahren für ihr Wohl mit einschließt. Das Gesetz greift mit den zentralen Kategorien kindlicher Entwicklung (körperlich, geistig, seelisch) die Terminologie des § 1666 Abs. 1 BGB auf und konstatiert den Schutz von Kindern und Jugendlichen vor Gefahren für ihr Wohl als wesentliches Ziel. **Individuell einklagbare Rechtsansprüche** lassen sich indes aus Abs. 2 nicht herleiten. 3

II. Pflichtgebundenes Elternrecht und staatliches Wächteramt (Abs. 2)

§ 1 **Abs. 2** KKG enthält eine Wiederholung des Art. 6 Abs. 2 GG, der das Elternrecht, also das Recht der Eltern auf Pflege und Erziehung ihres Kindes, umfasst, welches lediglich durch das staatliche Wächteramt eingeschränkt werden darf. Durch die Wiederholung der Verfassungsnorm wird deren Bedeutung abermals verdeutlicht.[4] *Wabnitz* konstatiert richtigerweise, dass es sich bei dem Elternrecht um ein **pflichtgebundenes Elternrecht** handelt, da das Recht zur Pflege und Erziehung eines Kindes zugleich auch die Pflicht zu dieser Tätigkeit umfasst.[5] 4

Im Gegensatz zum SGB VIII ergibt sich aus Abs. 2 – ebenso wie aus den übrigen Bestimmungen des KKG wie z.B. § 4 – **keine Eingriffsbefugnis,** die staatliche Behörden legitimiert, bei Vorliegen einer Kindeswohlgefährdung in das Elternrecht einzugreifen. Von daher kann das den Hilfegedanken konsequent verfolgende **KKG als Hilfegesetz** verstanden werden, das im Gegensatz zu anderen Rechtsnormen einzig auf den Säulen der **Unterstützung und Kooperation** fußt und den Königsweg der Sozialen Arbeit, nämlich eine Zusammenarbeit auf Augenhöhe, zum Ziel hat.[6] Anders als bspw. im SGB VIII lässt sich im KKG folglich keine Dichotomie zwischen präventivem und intervenierendem Kinderschutz finden. 5

III. Aufgaben der staatlichen Gemeinschaft (Abs. 3)

Vor dem Hintergrund der §§ 3 und 4 KKG erscheint es folgerichtig, den in § 1 **Abs. 3** KKG genannten Begriff **„staatliche Gemeinschaft"** weit auszulegen und nicht einzig staatliche Behörden unter dem Begriff zu subsumieren. Es ist davon auszugehen, dass **alle gesellschaftlichen Akteure** gemeint sind, die für das Aufwachsen und die Entwicklung von Kindern und Jugendlichen eine besondere Verantwortung tragen, zumindest aber die in § 3 Abs. 2 KKG genannten Einrichtungen und Dienste. § 1 Abs. 3 KKG macht es der staatlichen 6

2 Vgl. *Möller* 2013, 19.
3 Vgl. FK-SGB VIII/*Meysen*, § 8b Anhang Rn. 6.
4 Die Wiederholung der Verfassungsnorm findet sich ebenso in § 1 Abs. 2 SGB VIII.
5 Vgl. *Wabnitz* 2015, 6.
6 Während § 1 KKG die Zusammenarbeit auf Augenhöhe zwischen staatlicher Gemeinschaft und Eltern in den Blick nimmt, liegt den folgenden Paragraphen die Kooperation zwischen Netzwerkpartnerinnen und -partnern auf Augenhöhe zugrunde.

Gemeinschaft zur Aufgabe, Eltern bei der Wahrnehmung ihrer Erziehungsverantwortung und ihres Erziehungsrechtes zu unterstützen. Dabei soll die staatliche Gemeinschaft durch die in Nr. 1 bis 3 festgelegten Aufgaben geleitet werden.[7]

7 § 1 Abs. 3 KKG zielt einzig auf die **Unterstützung von Familien im Einzelfall** ab. Diese Fokussierung auf den Einzelfall wird zwar mitunter kritisiert, da es über den Einzelfall hinausgehend auch Aufgabe der staatlichen Gemeinschaft sei, Strukturen für die Unterstützung von Eltern zu schaffen sowie Risikofaktoren abstrakt-generell zu bestimmen.[8] Dabei wird jedoch verkannt, dass eine (einzelfallunabhängige) Etablierung von Strukturen, die die Verbesserung der Unterstützungsmöglichkeiten und der Abstimmung von Verfahren im Kinderschutz zum Ziel haben, in § 3 KKG gesondert geregelt ist.

8 Das KKG unterscheidet somit **einzelfallbezogene Aufgaben und einzelfallunabhängige Aufgaben**, wobei die Erstgenannten in § 1 Abs. 3 KKG geregelt sind. Diese umfassen allesamt den **Bereich der Unterstützung** von Eltern bei der Wahrnehmung ihrer Erziehungsverantwortung. Dies erstaunt insbesondere vor dem Hintergrund, dass in Nr. 3 von einer **Gefährdung des Wohls eines Kindes oder eines Jugendlichen** die Rede ist. Für die staatliche Gemeinschaft ergibt sich angesichts dieses Umstandes die Herausforderung, Eltern – selbst beim Vorliegen gewichtiger Anhaltspunkte für eine Kindeswohlgefährdung – „nur" Unterstützung anbieten zu können. In der Praxis kann sich dieser **Königsweg in der Zusammenarbeit mit Eltern** allerdings als gefährlich erweisen, da er nicht in allen Fällen zum gewünschten Erfolg, nämlich zur Abwendung einer Kindeswohlgefährdung, führen dürfte. In diesen Fällen ergibt sich zwar aus Abs. 3 Nr. 3 keine Eingriffsbefugnis; es kann allerdings davon ausgegangen werden, dass, sofern die Akteure der staatlichen Gemeinschaft von ihrer in § 4 KKG normierten Befugnis der Informationsweitergabe an das Jugendamt Gebrauch machen, dieses im Sinne des § 8a SGB VIII tätig werden wird.

IV. Legaldefinition Frühe Hilfen (Abs. 4)

9 § 1 **Abs. 4** KKG liefert eine Legaldefinition des **Begriffes Frühe Hilfen** und weist diese **als ein frühzeitiges, koordiniertes und multiprofessionelles Angebot** für (werdende) Eltern aus. Bereits Anfang der 2000er Jahre entstanden erste Modellprojekte mit dem Ziel, die Zusammenarbeit zwischen Kinder- und Jugendhilfe einerseits und dem Gesundheitswesen andererseits zu verbessern, um Eltern frühzeitig in der Wahrnehmung ihres pflichtgebundenen Elternrechtes zu unterstützen und Kleinkinder durch die Etablierung von systemübergreifenden Frühwarnsystemen vor möglichen Risiken zu schützen.[9] Im Jahr 2009 wurde durch den wissenschaftlichen Beirat des Nationalen Zentrums Frühe Hilfen (NZFH) eine Begriffsbestimmung erarbeitet und veröffentlicht, die die Breite und Komplexität des sich **neu etablierenden Handlungsfeldes** abbildet und im Zuge des Inkrafttretens des BKiSchG im Rahmen des KKG und des § 16 Abs. 3 SGB VIII Eingang in die Sozialgesetzgebung gefunden hat.[10] Laut dem NZFH bilden Frühe Hilfen demnach „lokale und regionale Unterstützungssysteme mit koordinierten Hilfsangeboten für Eltern und Kinder ab Beginn der Schwangerschaft und in den ersten Lebensjahren mit einem Schwerpunkt auf der Altersgruppe der 0- bis 3-Jährigen. Sie zielen darauf ab, Entwicklungsmöglichkeiten von Kindern und Eltern in Familien und Gesellschaft frühzeitig und nachhaltig zu verbessern."[11]

Als typische Pfeiler der Frühen Hilfen lassen sich demnach zwei Aspekte besonders hervorheben:

7 Vgl. *Möller* 2013, 19.
8 So u.a. FK-SGB VIII/*Meysen*, § 8b Anhang Rn. 9.
9 Vgl. *Frese/Günther* 2013, 14.
10 Vgl. NZFH 2014, 5.
11 Vgl. NZFH 2014, 5.

Frühe Hilfen umfassen einzelfallbezogene Unterstützungsangebote für Eltern, um sie bei der Wahrnehmung ihrer Erziehungsverantwortung zu begleiten und Problemlagen frühzeitig entgegenzuwirken. Dabei setzen Frühe Hilfen im **doppelten Sinne frühzeitig** ein: bei Bedarf schon während der Schwangerschaft, also orientiert an der Lebensphase, und frühzeitig im Sinne eines frühen Hilfebeginns, also verstanden als primär- bzw. sekundärpräventives Angebot.[12] 10

Zum Zweck der Aufgabenerfüllung sollen verbindliche und **interdisziplinäre Netzwerke** mit Akteuren, die für das Aufwachsen und die Entwicklung von Kindern und Jugendlichen eine besondere Verantwortung tragen, ausgebaut und gepflegt werden, um einzelfallunabhängig Versorgungslücken hinsichtlich der multiprofessionellen Angebote zu erkennen und zu schließen sowie die Qualität der Versorgung zu verbessern. 11

Der Begriffsbestimmung des NZFH und des 2014 veröffentlichten Leitbildes liegt die Auffassung zugrunde, dass Frühe Hilfen als multiprofessionelles, lokales und regionales Unterstützungssystem sowohl ein primärpräventiv ausgerichtetes **Angebot für alle** umfasst als auch sekundärpräventiv **Familien in Problemlagen** besonders berücksichtigt werden. Vorhandene Ressourcen und Potenziale der Eltern sollen möglichst frühzeitig gefördert und gestärkt, Risikofaktoren reduziert werden. Dennoch können sich im Einzelfall trotz eines umfangreichen, niedrigschwelligen und interdisziplinären Unterstützungsangebotes Situationen ergeben, die die **Schwelle einer Kindeswohlgefährdung** erreichen. In diesen Fällen der Tertiärprävention sind die Akteure zur Übermittlung von Informationen an das Jugendamt gem. § 4 KKG befugt. Frühe Hilfen sorgen in diesen Fällen dafür, dass weitere Maßnahmen zum Schutz von Kindern und Jugendlichen ergriffen werden, wenn die vorangegangenen Hilfen nicht ausreichen.[13] 12

In der **kommunalen Praxis** zeigt sich vielerorts, dass Koordinierungsstellen Frühe Hilfen an unterschiedlichen Stellen verortet sind. Während in einigen Jugendämtern die Netzwerkkoordinierungsstelle Frühe Hilfen als Stabstelle unmittelbar unter der Amtsleitung steht, ist sie in anderen Kommunen eigenständige Fachstelle/Sachgebiet, angesiedelt im Bereich Familienförderung oder FamilienServiceBüro, oder untersteht den Sozialen Diensten. Darüber hinaus übernehmen auch freie Träger die Koordination des Netzwerkes Frühe Hilfen wie bspw. der Kinderschutzbund. 13

Die Angliederung an den Allgemeinen Sozialen Dienst (ASD) ist insofern problematisch, da eine strukturelle Anbindung der Frühen Hilfen an die Sozialen Dienste den Sinn der Frühen Hilfen konterkariert. Vorrangige Aufgabe der Frühen Hilfen bildet neben dem Unterstützungscharakter vor allem die **vertrauensvolle Zusammenarbeit** zwischen Helfersystem und Familie. Diese vertrauensvolle Basis wird durch die strukturelle Anbindung der Frühen Hilfen an den ASD und die der Aufgabe des ASD innewohnenden Kontrollabsichten massiv gefährdet. Wenngleich dem KKG ein breites Begriffsverständnis von Kinderschutz zugrunde liegt und Frühe Hilfen als ein Bestandteil des Kinderschutzsystems angesehen werden müssen, so ist dennoch eine Differenzierung zwischen intervenierendem und präventivem Kinderschutz unabdingbar.[14] Frühe Hilfen basieren grundsätzlich auf dem Verständnis, dass Vorbeugen besser ist als Heilen, wohingegen der ASD schon alleine von Gesetzes wegen zum Heilen, d.h. zum Eingriff in das Elternrecht verpflichtet ist, wenn eine Kindeswohlgefährdung offenbar wird. 14

12 So auch FK-SGB VIII/*Meysen*, § 8b Anhang Rn. 12.
13 Vgl. BT-Drs. 17/6256, 17.
14 Vgl. FK-SGB VIII/*Meysen*, § 8b Anhang Rn. 13.

§ 2 KKG
Information der Eltern über Unterstützungsangebote in Fragen der Kindesentwicklung

(1) Eltern sowie werdende Mütter und Väter sollen über Leistungsangebote im örtlichen Einzugsbereich zur Beratung und Hilfe in Fragen der Schwangerschaft, Geburt und der Entwicklung des Kindes in den ersten Lebensjahren informiert werden.

(2) [1]Zu diesem Zweck sind die nach Landesrecht für die Information der Eltern nach Absatz 1 zuständigen Stellen befugt, den Eltern ein persönliches Gespräch anzubieten. [2]Dieses kann auf Wunsch der Eltern in ihrer Wohnung stattfinden. [3]Sofern Landesrecht keine andere Regelung trifft, bezieht sich die in Satz 1 geregelte Befugnis auf die örtlichen Träger der Jugendhilfe.

Übersicht

A. Allgemeines

1 Der Vorschrift liegt die Erkenntnis zugrunde, dass eine wesentliche Voraussetzung für die Inanspruchnahme präventiver Leistungen zur Förderung der Entwicklung des Kindes und damit zur Vermeidung von Nachteilen, die einen schädigenden Einfluss auf die Entwicklung von Kindern und Jugendlichen entfalten können, die Kenntnis des örtlich verfügbaren Angebotsspektrums ist, das von den Trägern der öffentlichen und der freien Jugendhilfe, von Einrichtungen und Diensten des Gesundheitswesens, der Schwangerenkonfliktberatung, des Müttergenesungswerks und anderen Organisationen vorgehalten wird.[1] Da angesichts bestehender Vorbehalte gegenüber Behörden und staatlichen Einrichtungen nicht alle Eltern selbst aktiv würden, sei es Aufgabe der staatlichen Gemeinschaft, (werdende) Eltern über dieses Angebot zu informieren und für die Inanspruchnahme der Leistungen im Interesse und zum Wohl des Kindes zu werben.[2] Die Vorschrift knüpft an bereits bestehende kommunale Projekte (z.B. das Dormagener Modell) zur Erreichung dieses Ziels an.

B. Einzelheiten

I. Verpflichtung zur Information (Abs. 1)

2 § 2 Abs. 1 KKG enthält eine **Soll-Verpflichtung**, Eltern sowie werdende Mütter und Väter über Leistungsangebote zur Beratung und Hilfe in Fragen der Schwangerschaft, Geburt und der Entwicklung des Kindes in den ersten Lebensjahren **zu informieren**, von der nur in Ausnahmefällen abgewichen werden darf. Dabei umfasst die Informationspflicht nicht nur Angebote der Kinder- und Jugendhilfe nach dem SGB VIII, sondern schließt alle Angebote im örtlichen Einzugsbereich ein.[3] (Werdenden) Eltern soll ein **Potpourri an Angeboten und**

1 So die Gesetzesbegründung BT-Drs. 17/6256, 17.
2 So BT-Drs. 17/6256, 17 f.
3 So auch FK-SGB VIII/*Meysen*, § 8b Anhang Rn. 17.

Dienstleistungen vorgestellt werden, um sie frühzeitig über bestehende Angebote und Unterstützungsmöglichkeiten aufzuklären. § 2 Abs. 1 KKG wird dabei von § 3 KKG flankiert, wonach sich Netzwerkpartner innerhalb der Frühen Hilfen regelmäßig gegenseitig über ihr Angebots- und Aufgabenspektrum informieren sollen.[4] Ein regelmäßiger Austausch der am Netzwerk beteiligten Einrichtungen und Institutionen bietet die Grundlage dafür, dass Informationen, die den (werdenden) Eltern zur Verfügung gestellt werden, stets auf Aktualität geprüft sind.

3 **Fraglich** ist, ob mit dieser Verpflichtung des öffentlichen Trägers ein **individueller Rechtsanspruch** von Eltern sowie werdenden Müttern und Vätern korrespondiert. Die Formulierung der Vorschrift spricht eher gegen das Bestehen eines Anspruchs. In der Gesetzesbegründung heißt es lediglich kryptisch, die Vorschrift knüpfe hinsichtlich der Information der (werdenden) Eltern über Leistungsangebote im örtlichen Einzugsbereich an geltende bundes- und landesrechtliche Rechtsgrundlagen an, wie sie insbesondere das SGB VIII, das Schwangerschaftskonfliktberatungsgesetz sowie die Landesgesetze zum Kinderschutz und zum öffentlichen Gesundheitsdienst enthielten.[5] Zum Teil wird das Bestehen eines Anspruchs ohne Begründung bejaht.[6]

4 In **welcher Form** Eltern sowie werdende Mütter und Väter informiert werden sollen, ist in § 2 KKG **nicht geregelt**. In Betracht kommt eine Information in schriftlicher Form oder mündlicher Form, durch Einladung zu einem Gespräch, sei es bei der zuständigen Stelle, sei es bei den Betroffenen oder an einem dritten Ort.[7]

5 Aufgrund der Tatsache, dass die Digitalisierung, wenn auch in unterschiedlichem Ausmaß, längst zentraler Bestandteil des Familienlebens geworden ist, erscheint es im Sinne einer lebensweltorientierten Sozialen Arbeit sinnvoll und notwendig, für das Bereitstellen von Informationen auch auf **digitale Informationskanäle** wie bspw. Facebook und Instagram zurückzugreifen[8]. Zwar finden sich zahlreiche Informationen über die Angebotslandschaft der Frühen Hilfen bereits auf den Internetseiten der einzelnen Kommunen und des Bundes[9], der Nutzung von Social Media kommt jedoch mehr und mehr Bedeutung zu, weil sie dem Anspruch der **Niedrigschwelligkeit** und **Klientenorientierung** Rechnung trägt. Wenngleich – möglicherweise zu Recht – datenschutzrechtliche Bedenken bei der Nutzung von Social Media bestehen, gilt es konkrete **Konzepte** zu erarbeiten, die neben der pädagogischen Notwendigkeit rechtliche Grundlagen und verbindliche Regelungen für die Nutzung von Social Media beinhalten.

Beispiel:

Innerhalb eines Konzeptes, das die Nutzung von Social Media Plattformen für die Soziale Arbeit im Allgemeinen und die Frühen Hilfen im Besonderen umfasst, müssen pädagogische Notwendigkeit und datenschutzrechtliche Aspekte mitunter gegeneinander abgewogen oder – sofern möglich – in Beziehung gesetzt werden. Eine mögliche Gliederung für ein solches Konzept könnte folgende Aspekte berücksichtigen.

---

4 Vgl. FK-SGB VIII/*Meysen*, § 8b Anhang Rn. 29.

5 BT-Drs. 17/6256, 18.

6 Vgl. FK-SGB VIII/*Meysen*, § 8b Anhang Rn. 17; *Wiesner/Wiesner*, SGB VIII, § 2 KKG Rn. 3 („Regelrechtsanspruch"); einen Rechtsanspruch verneint *Kunkel*, EJ 2012, 140 (141), ebenso wie bei § 16 SGB VIII.

7 Zur Kontaktaufnahme und zu den melderechtlichen Implikationen vgl. *Götte*, JAmt 2012, 7 (9 f.).

8 So betreibt das Nationale Zentrum Frühe Hilfen bspw. seit November 2021 einen Instagram-Account unter dem Namen „elternsein_info".

9 So bspw. das Infotool Familie, mit dem Familien in wenigen Schritten ermitteln können, auf welche Familienleistungen oder -hilfen sie voraussichtlich Anspruch haben. Abrufbar unter: https://infotool-familie.de/

II. Befugnisse der zuständigen Stellen (Abs. 2 Satz 1 und 2)

6 Abs. **2 Satz 1** normiert – noch einmal – **keinen Anspruch** der betroffenen Personen auf Information, sondern die **Befugnis**, den Eltern „ein persönliches Gespräch anzubieten". Dieses kann nach Satz 2 auf deren Wunsch in ihrer Wohnung stattfinden. In den letzten Jahren haben sich vielerorts Willkommensbesuche etabliert, um die in Abs. 1 enthaltene Informationspflicht zu erfüllen. Familien werden durch die für den Willkommensbesuch zuständige Stelle (z.B. Jugendämter, Gesundheitsamt, Bürgermeister) angeschrieben. Der Begrüßungsbrief beinhaltet neben Glückwünschen zur Geburt oftmals bereits eine Terminierung eines Besuches von pädagogischen Fachkräften oder Ehrenamtlichen in der Wohnung der Familie. Wenn die Eltern mit dem Besuch nicht einverstanden sind oder den Termin – aus welchen Gründen auch immer - nicht wahrnehmen können oder wollen, müssen sie telefonisch oder schriftlich widersprechen. Diese Form des Willkommensbesuchs ist jedoch problematisch. Zwar ist es rechtlich zulässig, dass Verwaltungen zur Erfüllung ihrer Aufgaben mit den Bürgerinnen und Bürgern in Kontakt treten, die Grundidee, durch vertrauensbildende Angebote Hemmschwellen gegenüber Behörden abzubauen, kann jedoch durch die **Widerspruchslösung** konterkariert werden, wenn der Besuch bei den Familien ein Kontrollempfinden auslöst.

7 Innerhalb einiger Kommunen wird vor diesem Hintergrund von den Willkommensbesuchen abgesehen, um die tatsächliche Freiwilligkeit der Angebote zu wahren. So hat sich neben den Willkommensbesuchen folgendes Modell etabliert: Familien erhalten zur Geburt ihres Kindes ein Schreiben, welches neben Glückwünschen den Hinweis auf ein Begrüßungspaket beinhaltet. Das Begrüßungspaket, welches insbesondere Informationen über Angebote der Frühen Hilfen innerhalb der Kommune beinhaltet, können sich Eltern auf Wunsch und nach telefonischer Vereinbarung oder zu den Sprechzeiten bei der entsprechenden Stelle (z.B. im FamilienServiceBüro, beim Gesundheitsamt) abholen. Zwar wird durch diese Verfahrensweise das unter Rn. 6 beschriebene Problem der Widerspruchslösung bewältigt, allerdings wird zu Recht durch Praktikerinnen und Praktiker auf ein **Präventionsdilemma** hingewiesen, wonach durch dieses Modell hauptsächlich die Mittelschicht erreicht wird. Für Familien, deren Lebensumstände durch verschiedene Belastungsfaktoren gekennzeichnet sind und

die möglicherweise einen Präventionsbedarf haben, ist die Barriere oftmals zu groß, um das Angebot zu nutzen.

Bei beiden Varianten des Willkommensbesuchs taucht jedoch folgendes Problem auf: Aus Abs. 2 Satz 1 ergibt sich zwar die Befugnis, Eltern im Rahmen eines Willkommensbesuches über bestehende Angebote in der Kommune zu informieren, es gibt jedoch **keine Ermächtigungsgrundlage** für die Meldeämter, den zuständigen Stellen die Geburtenmitteilungen zu übermitteln.[10] Der Gesetzgeber hat es leider versäumt, für die Übermittlung von Daten für die Aufgabenerfüllung der Willkommensbesuche eine bundeseinheitliche Befugnisnorm wie bspw. analog zu § 52a SGB VIII einzuführen (siehe hierzu Rn. 25 zu § 52a SGB VIII). In vielen landesgesetzlichen Regelungen gibt es zwar eine entsprechende Befugnisnorm zur automatischen Datenübermittlung, nicht jedoch in Berlin, Hessen, Mecklenburg-Vorpommern, Rheinland-Pfalz, Sachsen und Schleswig-Holstein.[11] 8

Mit den Willkommensbesuchen im Sinne des KKG dürfen im Gegensatz zu Hausbesuchen, wie sie bspw. im § 8a SGB VIII vorgesehen sind, **keine Kontrollabsichten** verfolgt werden. Das KKG ist ausdrücklich als Hilfegesetz konzipiert und basiert auf einem vertrauensvollen Miteinander zwischen Eltern und Helfersystem, welches auf den Säulen Hilfe und Unterstützung fußt (siehe hierzu Rn. 5 zu § 1 KKG). Dieses Grundverständnis darf nicht durch geheime Aufträge im Rahmen von Willkommensbesuchen konterkariert werden, die zwar nach außen vorgeben, Familien unterstützen und beraten zu wollen, tatsächlich aber als „Elternkontrollpatrouille" gedacht sind.[12] Die Willkommensbesuche dürfen nicht als verlängerter Arm des Allgemeinen Sozialen Dienstes konzipiert sein. So dürfen auch keine negativen Konsequenzen für Familien erfolgen, die einen Willkommensbesuch ablehnen oder den Willkommensbesucherinnen oder -besuchern das Betreten der Wohnung verweigern. Vor diesem Hintergrund sind Willkommensbesuche, die als „Warnsysteme" konzipiert sind und eine Begutachtung der Wohnverhältnisse der Familie beabsichtigen, explizit als unzulässig zu bewerten. 9

Nach Abs. 2 **Satz 2** kann das **persönliche Gespräch auf Wunsch** der Eltern in **ihrer Wohnung** stattfinden. Der Behörde ist somit lediglich ein Ermessen eingeräumt, ob sie dem Wunsch der Eltern nachkommt. Insofern unterscheidet sich Abs. 2 Satz 2 in einem wesentlichen Punkt von § 52a Abs. 1 Satz 4 SGB VIII, wonach die Mutter nach der Geburt eines nichtehelichen Kindes einen Rechtsanspruch auf ein persönliches Gespräch in ihrer persönlichen Umgebung hat, wenn sie dieses wünscht (siehe hierzu auch § 52a SGB VIII Rn. 22). Angesichts der unter Rn. 6 und 7 geschilderten Probleme bei Willkommensbesuchen mit Terminvorgaben seitens des Jugendamtes und den Hemmschwellen bei der Wahrnehmung von persönlichen Gesprächsangeboten in der fremden Umgebung des Jugendamtes sollten die zuständigen Behörden dem Wunsch der Eltern möglichst nachkommen. Außerdem wäre es begrüßenswert, wenn der Gesetzgeber alsbald Satz 2 als einklagbares Wunschrecht wie in § 52 a Abs. 1 Satz 4 SGB VIII ausgestaltet; denn wenn Kinderschutz ernstgenommen wird, sollten alle Möglichkeiten ausgeschöpft werden, um Prävention zu verbessern, wozu auch der Abbau von Gesprächshemmnissen gehört. 10

III. Zuständigkeit (Abs. 2 Satz 3)

§ 2 KKG regelt nicht, wen die **Verpflichtung** nach Abs. 1 trifft. Vielmehr ergibt sich die **Zuständigkeit** aus der Befugnis zum Gesprächsangebot, die den nach Landesrecht für die In- 11

10 Vgl. FK-SGB VIII/*Meysen*, § 8b Anhang Rn. 19.

11 Eine stets aktualisierte Liste über die landesrechtlichen Regelungen findet sich auf der Internetseite des NZFH (https://www.fruehehilfen.de/service/antworten-auf-praxisfragen/datenschutz-bei-willkommensbesuchen-haeufige-fragen/).

12 *Meysen*, RdJB 2014, 502–512.

formation der Eltern nach Abs. 1 zuständigen Stellen zusteht. Bisher wurde – soweit ersichtlich – in keinem Bundesland eine spezifische auf § 2 Abs. 1 KKG zugeschnittene Zuständigkeit normiert.

Damit greift die Regelung des **Abs. 2 Satz 3** ein, nach der in diesem Fall die örtlichen Träger zuständig sind. Es handelt sich mithin um eine Aufgabe des **Jugendamtes**. Eine Aufgabenübertragung auf freie Träger oder andere Stellen wie bspw. das Gesundheitsamt ist rechtlich zulässig. Die Aufgabe selbst können neben pädagogischen Fachkräften auch Fachkräfte für Frühe Hilfen oder Ehrenamtliche erbringen.

§ 3 KKG
Rahmenbedingungen für verbindliche Netzwerkstrukturen im Kinderschutz

(1) In den Ländern werden insbesondere im Bereich Früher Hilfen flächendeckend verbindliche Strukturen der Zusammenarbeit der zuständigen Leistungsträger und Institutionen im Kinderschutz mit dem Ziel aufgebaut und weiterentwickelt, sich gegenseitig über das jeweilige Angebots- und Aufgabenspektrum zu informieren, strukturelle Fragen der Angebotsgestaltung und -entwicklung zu klären sowie Verfahren im Kinderschutz aufeinander abzustimmen.

(2) In das Netzwerk sollen insbesondere Einrichtungen und Dienste der öffentlichen und freien Jugendhilfe, Leistungserbringer, mit denen Verträge nach § 125 des Neunten Buches Sozialgesetzbuch bestehen, Gesundheitsämter, Sozialämter, Schulen, Polizei- und Ordnungsbehörden, Agenturen für Arbeit, Krankenhäuser, Sozialpädiatrische Zentren, Frühförderstellen, Beratungsstellen für soziale Problemlagen, Beratungsstellen nach den §§ 3 und 8 des Schwangerschaftskonfliktgesetzes, Einrichtungen und Dienste zur Müttergenesung sowie zum Schutz gegen Gewalt in engen sozialen Beziehungen, Mehrgenerationenhäuser, Familienbildungsstätten, Familiengerichte und Angehörige der Heilberufe einbezogen werden.

(3) [1]Sofern Landesrecht keine andere Regelung trifft, soll die verbindliche Zusammenarbeit im Kinderschutz als Netzwerk durch den örtlichen Träger der Jugendhilfe organisiert werden. [2]Die Beteiligten sollen die Grundsätze für eine verbindliche Zusammenarbeit in Vereinbarungen festlegen. Auf vorhandene Strukturen soll zurückgegriffen werden.

(4) [1]Dieses Netzwerk soll zur Beförderung Früher Hilfen durch den Einsatz von Familienhebammen gestärkt werden. [2]Das Bundesministerium für Familie, Senioren, Frauen und Jugend unterstützt den Aus- und Aufbau der Netzwerke Frühe Hilfen und des Einsatzes von Familienhebammen auch unter Einbeziehung ehrenamtlicher Strukturen durch eine zeitlich auf vier Jahre befristete Bundesinitiative, die im Jahr 2012 mit 30 Millionen Euro, im Jahr 2013 mit 45 Millionen Euro und in den Jahren 2014 und 2015 mit 51 Millionen Euro ausgestattet wird. [3]Nach Ablauf dieser Befristung wird der Bund einen Fonds zur Sicherstellung der Netzwerke Frühe Hilfen und der psychosozialen Unterstützung von Familien einrichten, für den er jährlich 51 Millionen Euro zur Verfügung stellen wird. [4]Die Ausgestaltung der Bundesinitiative und des Fonds wird in Verwaltungsvereinbarungen geregelt, die das Bundesministerium für Familie, Senioren, Frauen und Jugend im Einvernehmen mit dem Bundesministerium der Finanzen mit den Ländern schließt.

Übersicht Rn.

A. Allgemeines

1 **Kooperation und Vernetzung** sind in den letzten Jahren zu Schlüsselbegriffen der Sozialen Arbeit geworden. Beide manifestieren sich in verschiedenen Formen von Arbeitsgruppen, Runden Tischen und Netzwerken. Dabei findet Netzwerkarbeit nicht ausschließlich in natürlichen Netzwerken auf der Ebene der Familien mit dem Ziel, infrastrukturelle und sozialräumliche Ressourcen auszubauen, statt[1], sondern auch in künstlichen Netzwerken zwischen Institutionen, Einrichtungen und Akteuren, die sich über eigene professionelle Grenzen hinaus mit anderen multiprofessionellen Netzwerkpartnern austauschen.

2 § 3 KKG regelt als eines der **Kernstücke des BKiSchG** den flächendeckenden und verbindlichen Auf- und Ausbau lokaler und überregionaler **künstlicher Netzwerkstrukturen** insbesondere im Bereich Früher Hilfen (Abs. 1) und benennt eine Vielzahl verschiedener **Akteurstypen**, die einbezogen werden sollen (Abs. 2).[2] Durch das KJSG[3] ist in Abs. 2 der Kreis der Akteure um Mehrgenerationenhäuser ergänzt worden.

3 Darüber hinaus finden sich in der Rechtsnorm neben dem Auftrag zur Netzwerkbildung und den einzubeziehenden Akteuren auch **Regelungen zur Organisation** (Abs. 3) und gesetzliche Zusagen zur **finanziellen Sicherstellung** eben dieser Netzwerke (Abs. 4).

B. Einzelheiten

I. Ausbau verbindlicher Netzwerkstrukturen (Abs. 1)

4 Die Bedeutung von Netzwerkarbeit und interprofessionellem Dialog ist mit Einführung des BKiSchG gestärkt worden. Dem Netzwerkgedanken liegt die Annahme zugrunde, dass durch multiprofessionelle, verbindliche Strukturen **Synergieeffekte** ausfindig und nutzbar gemacht werden können, um Effektivität und Effizienz im Kinderschutz zu gewährleisten. Im Sinne des afrikanischen Sprichwortes „um ein Kind zu erziehen, braucht es ein ganzes Dorf", sollen flächendeckend verbindliche Strukturen der Zusammenarbeit etabliert und bestehende Netzwerke ausgebaut werden, um sich gegenseitig über bestehende Angebote zu informieren, neue, bedarfsgerechte Angebote für Familien zu entwickeln und Verfahren im Kinderschutz aufeinander abzustimmen. Während § 1 Abs. 3 KKG einzelfallbezogene Aufgaben und die Kooperation mit den Eltern im Blick hat (siehe hierzu Rn. 8 zu § 1 KKG), sollen die flächendeckenden und verbindlichen Netzwerkstrukturen die **einzelfallunabhängige Zusammenarbeit** von Institutionen fördern.

5 **Flächendeckend** meint in diesem Zusammenhang, dass in jedem Jugendamtsbezirk Netzwerke Früher Hilfen oder – orientiert an der Überschrift des § 3 KKG – Kinderschutznetzwerke entstehen und verstetigt werden sollen.[4] Kinderschutznetzwerke unter Beteiligung jugendhilfe-externer Akteure gibt es in 95 % der Jugendamtsbezirke.[5] Eine Vielzahl von Beteiligten an Netzwerken im Kinderschutz stammt aus dem medizinischen Sektor, wobei eine signifikante Anzahl beruflich mit der Zielgruppe der 0- bis 3-Jährigen zu tun hat. Hieraus lässt sich der Rückschluss ableiten, dass diese Netzwerke grundsätzlich immer auch als Netz-

---

1 Im Bereich der Gemeinwesenarbeit bilden bspw. Nachbarschaftstreffs und Quartiersmanagement wesentliche Bestandteile, die der Vernetzung der Klientel innerhalb des Sozialraums dienen.
2 Vgl. *Van Santen/Seckinger* 2018, 301.
3 BT-Drs. 19/26107.
4 Vgl. FK-SGB VIII/*Meysen*, § 8b Anhang Rn. 28.
5 Vgl. *van Santen/Seckinger* 2018, 301.

werke der Frühen Hilfen zu verstehen sind, auch wenn Erstere dem Namen nach keine bestimmte Altersgruppe im Fokus haben.[6]

Während sich aus § 81 SGB VIII eine Verpflichtung der Träger der öffentlichen Jugendhilfe zur Zusammenarbeit mit anderen Stellen ergibt, kann dem Begriff „verbindliche Strukturen" **keine Verpflichtung zur Kooperation** der in § 3 Abs. 2 KKG benannten Akteure entnommen werden. Dies wird zurecht kritisiert.[7] Im Rahmen der Einführung des BKiSchG fanden rechtliche Verpflichtungen zur Kooperation lediglich Einzug in § 3 Abs. 3 KKG sowie § 4 Abs. 2 SchKG, sodass sich eine rechtliche Verpflichtung zur Zusammenarbeit einzig für die öffentlichen Träger der Jugendhilfe und die Schwangerschafts(konflikt)beratungsstellen ergibt. 6

Für die **Umsetzungspraxis der Schaffung von Netzwerkstrukturen** besteht die Herausforderung, eine systematische und verbindliche Zusammenarbeit mit Akteuren des Gesundheitswesens und der Jugendhilfe auf Augenhöhe zu organisieren, da es für das Gesundheitswesen keine korrespondierenden Regelungen hinsichtlich einer verbindlichen Zusammenarbeit im Bereich Früher Hilfen gibt. So bleibt die Umsetzungsverantwortung von Netzwerken Früher Hilfen maßgeblich beim Träger der öffentlichen Jugendhilfe, da die Teilnahme an den Netzwerken für alle anderen Akteure – außer wie oben bereits genannt der Schwangerschafts(konflikt)beratungsstellen – freiwillig ist. Durch das Versäumnis des Gesetzgebers, auch Akteure des Gesundheitswesens zur Zusammenarbeit zu verpflichten, steht und fällt die Kooperation oftmals mit den am Netzwerk beteiligten Personen und der persönlichen Einschätzung zur Notwendigkeit an der Teilnahme. So wird seitens der Netzwerkkoordinierungsstellen Früher Hilfen oftmals bemängelt, dass bspw. Hebammen, Ärztinnen und Ärzte oder Einrichtungen der Erwachsenenpsychiatrie schwer für die verbindliche Netzwerkarbeit zu gewinnen sind. Der Mehrwert im Sinne einer Steigerung der Effektivität und Effizienz der eigenen Arbeit durch Kooperationsbeziehungen mit der Kinder- und Jugendhilfe wird nicht erkannt, wodurch vorhandene personelle und zeitliche Ressourcen nicht in die Netzwerkarbeit eingebracht werden. 7

Auch die in **§ 73c SGB V** geschaffene Soll-Vorschrift zum Abschluss von Kooperationsvereinbarungen auf Landesebene zwischen den Kassenärztlichen Vereinigungen und den Kommunalen Spitzenverbänden führt nicht unweigerlich zu einer verbesserten Kommunikationsstruktur zwischen den am Netzwerk beteiligten Akteuren, da aus ihr keine konkreten Inhalte entnommen werden können, welche Aspekte in die Kooperationsvereinbarung aufzunehmen sind. Zwar ist es durchaus zu begrüßen, dass der Gesetzgeber die **engere Verzahnung zwischen Gesundheitswesen und Jugendämtern** im Blick hat, eine verpflichtende Beteiligung an Netzwerkarbeit (und eine entsprechende Vergütung) hätte jedoch voraussichtlich zu einer Verbesserung der interdisziplinären Zusammenarbeit verschiedener Akteurstypen beigetragen. Weder in der Neuregelung des § 73c SGB V noch in der Begründung zum Gesetzestext wird die Teilnahme an Netzwerken Früher Hilfen explizit genannt. Vielmehr verlagert sich der Schwerpunkt der Kooperation auf klassische Aufgaben der Jugendämter wie die Einschätzung einer Kindeswohlgefährdung, interdisziplinäre Fallberatung im Kinderschutz und Hilfen zur Erziehung und sieht vor, die „vertragsärztliche Versorgung bei einer Gefährdung des Wohls von Kindern und Jugendlichen weiter zu verbessern."[8] Die Kooperationsstrukturen haben insofern im Wesentlichen Kinder und Jugendliche im Blick, bei denen Ärztinnen und Ärzte gewichtige Anhaltspunkte einer Kindeswohlgefährdung wahrnehmen, wodurch dem im KKG verankerten breiten Kinderschutzverständnis keine Rechnung getragen wird, wonach Kinderschutz auch primäre und sekundäre Prävention umfasst (siehe hierzu Rn. 12 zu § 1 KKG). 8

6 Vgl. *van Santen/Seckinger* 2018, 302.
7 Vgl. FK-SGB VIII/*Meysen*, § 8b Anhang Rn. 28.
8 BT-Drs. 19/26107, 124.

9 Zahnärztinnen und Zahnärzte sind in § 73c SGB V explizit ausgeschlossen, was insbesondere vor dem Hintergrund verwundert, dass sie durch die Neuregelungen des § 4 KKG zur Gruppe der Berufsgeheimnisträger*innen zählen. Dies wird zurecht kritisiert,[9] da eine starke Ausprägung und Nichtbehandlung von frühkindlicher Karies ein Hinweis auf eine Kindeswohlgefährdung sein kann. Darüber hinausgehend wäre die Beteiligung von zahnmedizinischen Fachkräften an bestehenden Netzwerken Früher Hilfen explizit zu begrüßen, da zahnmedizinische Prävention bei Kleinkindern einen wichtigen Beitrag zur Verbesserung der Kindergesundheit leisten kann.

II. Multiprofessionelle Netzwerkpartner (Abs. 2)

10 Bei der Vorschrift handelt es sich um eine unstrukturierte **Auflistung von multiprofessionellen Akteurstypen** der am Netzwerk zu beteiligenden Institutionen und Einrichtungen, die keiner ersichtlichen Logik inhaltlicher oder alphabetischer Art folgt.[10] Die Liste möglicher Netzwerkpartnerinnen und Netzwerkpartner ist hierbei nicht abschließend („insbesondere"), sodass eine größtmögliche Flexibilität bei der Zusammensetzung von Netzwerken Früher Hilfen oder Kinderschutznetzwerken besteht. Durch den **halboffenen Katalog**[11] können weitere Akteurstypen in regionale Netzwerke integriert werden und somit kann auf lokale Begebenheiten eingegangen werden. Hierdurch wird die Möglichkeit eröffnet, innerhalb der Zusammensetzung der Netzwerke den lokalen Kontext zu berücksichtigen und auf spezifische Problemlagen zu reagieren.[12]

11 Dabei gilt es in der Praxis zu beachten, dass **keine Doppelstrukturen** geschaffen werden, die lediglich dem Selbstzweck dienen, um den gesetzlich verbindlichen Netzwerkgedanken im Bereich Früher Hilfen zu genügen. So scheint es wenig sinnvoll, wenn innerhalb einer kleinen Kommune eine Vielzahl an Netzwerken nebeneinander besteht, an denen stets dieselben Akteure beteiligt sind (bspw. Runder Tisch gegen häusliche Gewalt, Netzwerk Alleinerziehende, Netzwerk Frühe Hilfen, Netzwerk Prävention). Innerhalb solcher Doppelstrukturen könnte sich eine gewisse „**Netzwerk-Müdigkeit**" etablieren, die in letzter Konsequenz das Ziel, die Kooperation und Information im Kinderschutz zu befördern, konterkariert und die Qualität im Kinderschutz gefährdet. Somit dürfte es sich bei der Auflistung von Netzwerkpartnerinnen und Netzwerkpartner in § 3 Abs. 2 KKG lediglich um eine Empfehlung zu beteiligender Akteurstypen handeln, die in ihrer Neufassung (siehe hierzu Rn. 2 zu § 3 KKG) um die Mehrgenerationenhäuser ergänzt wurde.

12 Die **Qualität von Netzwerken Früher Hilfen** ergibt sich jedoch nicht aus der Anzahl der beteiligten Akteure, sondern hängt von der Qualität der Zusammenarbeit und den „weichen" Faktoren wie Vertrauen, Kommunikation und Aushandlung ab.[13] Gelingensbedingungen für Netzwerke Früher Hilfen sind: die Kultur der Zusammenarbeit auf Augenhöhe,

9 So z.B. in der Gemeinsame Stellungnahme des Berufsverbandes der Kinder- und Jugendärzte (BVKJ e.V.), der Deutschen Gesellschaft für Kinder- und Jugendmedizin (DGKJ e.V.) mit ihrem Konvent-Mitglied Deutsche Gesellschaft für Kinderschutz in der Medizin (DGKiM), der Deutschen Gesellschaft für Sozialpädiatrie und Jugendmedizin (DGSPJ e.V.) und der Deutschen Akademie für Kinder- und Jugendmedizin (DAKJ e.V., Dachverband der Kinder- und Jugendmedizin) zum Entwurf eines Gesetzes zur Stärkung von Kindern und Jugendlichen (Kinder- und Jugendstärkungsgesetz – KJSG) , Online verfügbar unter: https://www.dakj.de/wp-content/uploads/2020/10/201026_KJSG_SN_KinderJugendMedizin.pdf (02.02.2021).

10 Vgl. FK-SGB VIII/*Meysen*, § 8b Anhang Rn. 31.

11 FK-SGB VIII/*Meysen*, § 8b Anhang Rn. 31.

12 Vgl. Deutscher Juristinnenbund e.V. 2011: Stellungnahme zum Entwurf eines Gesetzes zur Stärkung eines aktiven Schutzes von Kindern und Jugendlichen (Bundeskinderschutzgesetz – BKiSchG) – BT-Drs. 17/6256. Online verfügbar unter: https://www.djb.de/fileadmin/user_upload/presse/stellungnahmen/st11-09_Kinderschutz.pdf (02.02.2021).

13 Vgl. *Nüsken* o.J.

eine transparente Kommunikationsstruktur, Beteiligungsstrukturen, gemeinsames Wissensmanagement, Absprachen zu Arbeitsweisen und eine gelebte Streitkultur.[14]

Für die **Umsetzungspraxis** ergibt sich eine große Herausforderung insbesondere dahingehend, dass einzelne Mitglieder stellvertretend für ihren gesamten Berufsstand wahrgenommen werden, es jedoch an Verfahren, wie eine Vertretung eines Akteurstyps bestimmt werden soll, fehlt.[15] Eine Hebamme, die bspw. aus persönlicher Motivation heraus in das Netzwerk Früher Hilfen eingebunden ist, wird nicht stellvertretend für alle im Jugendamtsbezirk tätigen Hebammen sprechen. Außerdem wird durch ihre Teilnahme nicht sichergestellt, dass alle anderen Hebammen über die Netzwerkarbeit informiert werden und somit, wenn zwar nicht unmittelbar, so wenigstens mittelbar in das Netzwerk einbezogen werden. Insofern bedarf es innerhalb der lokalen Netzwerke einer Klärung über die Rolle der beteiligten Akteure. Weiterhin gilt es, das Wissens- und Informationsmanagement stets kritisch zu reflektieren und ggf. in Subarbeitsgruppen andere nicht am Netzwerk beteiligte Akteure zu informieren und zu beteiligen. 13

III. Organisation und Grundsätze der Zusammenarbeit von Netzwerken (Abs. 3)

1. Organisationsverantwortung und Rückgriff auf vorhandene Strukturen (Abs. 3 Satz 1 und 3)

In § 3 Abs. 3 **Satz 1** ist die **Organisationsverantwortung für Netzwerke Früher Hilfen** bzw. Kinderschutznetzwerke geregelt. Dabei haben landesrechtliche Regelungen Vorrang vor bundesrechtlichen Regelungen.[16] Innerhalb der meisten Landesgesetze werden – analog zur Soll-Regelung nach diesem Gesetz – die örtlichen Träger der Jugendhilfe mit der Organisationsverantwortung für Netzwerkstrukturen betraut. Diese stellen durch Netzwerkkoordinierungsstellen Frühe Hilfen die fachlich qualifizierte Koordination der Zusammenarbeit sicher, wobei eine Ausdifferenzierung innerhalb der Netzwerkstruktur in Arbeitsgruppen nach Altersgruppen (z.B. Schwangerschaft bis 3 Jahre, Kindergartenalter bis Schuleintritt) oder thematischen Aspekten (z.B. häusliche Gewalt, Kinder psychisch kranker Eltern) angebracht ist.[17] 14

Zwar dürfen die Jugendämter auch eine **Übertragung** der Organisation der Netzwerkstrukturen **auf freie Träger** vornehmen, sollten jedoch hiervon angesichts der Bedeutung der Aufgabe des Kinderschutzes und der Vielzahl der beteiligten Akteure möglichst keinen Gebrauch machen. Die Aufgabenübertragung auf freie Träger ändert jedoch nichts an der Letztverantwortlichkeit des Jugendamtes. 15

Durch Abs. 3 **Satz 3** hat der Gesetzgeber dem Umstand Rechnung getragen, dass schon bei Inkrafttreten des KKG in manchen Kommunen gute Netzwerke, Arbeitsgruppen, Runde Tische etc. zur Kooperation im Kinderschutz existierten. Auf diese soll „zurückgegriffen" werden, d.h. sie sollen aufrechterhalten und ggf. ausgebaut werden. 16

Das Nationale Zentrum Früher Hilfen benennt in seinem **„Kompetenzprofil Netzwerkkoordinatorinnen und Netzwerkkoordinatoren Frühe Hilfen"** verschiedene Handlungsanforderungen für die Koordinierenden, die durch fachliche und personale Kompetenzen 17

14 Vgl. *Nüsken* o.J., 11
15 Vgl. *van Santen/Seckinger* 2018, 307.
16 So auch FK-SGB VIII/*Meysen*, § 8b Anhang Rn. 59.
17 So auch FK-SGB VIII/*Meysen*, § 8b Anhang Rn. 62.

die Qualität der Netzwerkarbeit gewährleisten.[18] Vor dem Hintergrund eines umfangreichen Kompetenzprofils, das Netzwerkkoordinierenden einen hohen Stellenwert für das Gelingen intersektoraler Zusammenarbeit zuweist, ist es zwingend notwendig, dass für ihre Tätigkeit ausreichend zeitliche und personelle Ressourcen zur Verfügung gestellt werden.[19] Ferner müssen die Koordinierenden mit umfangreichen Befugnissen ausgestattet sein, um bürokratische Barrieren möglichst gering zu halten. Die Netzwerkarbeit würde erheblich erschwert, wenn die Netzwerkkoordinierenden innerhalb ihrer eigenen Organisationsstruktur stets hierarchische Vorgaben einhalten müssten. Sinnvoll könnte es für die Praxis daher sein, die Tätigkeit der **Netzwerkkoordinierungsstellen als Querschnittsaufgabe** des örtlichen Trägers zu begreifen und dies bei der institutionellen Verankerung zu berücksichtigen.

2. Vereinbarungen über Grundsätze der Zusammenarbeit (Abs. 3 Satz 2)

18 Die am Netzwerk beteiligten Einrichtungen und Institutionen sollen Grundsätze für eine verbindliche Zusammenarbeit in **Vereinbarungen** festlegen. Die Verschriftlichung von Standards in der Zusammenarbeit im Netzwerk ist dabei ebenso Förderkriterium der Verwaltungsvereinbarung nach § 3 Abs. 4 KKG wie die schriftliche Niederlegung einer einzelfallbezogenen Zusammenarbeit.[20] Unstrittig dürfte sein, dass wesentlicher Bestandteil von etwaigen Kooperationsvereinbarungen eine **gemeinsame Zielsetzung** oder Vision sein dürfte. Aufgrund der Tatsache, dass den vielfältigen Akteuren unterschiedliche Denkmodelle und Organisationsstrukturen zugrunde liegen, gilt es, eine gemeinsame Sprache zu entwickeln und sich bei der Zielsetzung auf den kleinsten gemeinsamen Nenner zu einigen, um Reibungsverluste zu minimieren. Da sich Papier jedoch in der Praxis oft als geduldig erweist, gilt es, die getroffenen Vereinbarungen zur Zusammenarbeit in regelmäßigen Abständen gemeinsam zu evaluieren und weiterzuentwickeln, um die Qualität der Netzwerkarbeit zu gewährleisten.

19 Welchen Grad der Formalisierung der Verfahrensabläufe die Netzwerkakteure wählen, müssen diese letztlich selbst entscheiden. Bei größeren Jugendamtsbezirken kann es angebracht sein, in den Kooperationsvereinbarungen auch eine Art **Geschäftsordnung** aufzunehmen, in der die wesentlichen Verfahrensabläufe geregelt sind.[21]

IV. Sicherstellung der Netzwerkarbeit (Abs. 4)

20 In Abs. 4 geht es im Wesentlichen um die Beteiligung des Bundes an den Kosten für den Auf- und Ausbau von Netzwerken Früher Hilfen und den Einsatz von Familienhebammen. Im Gegensatz zu den regulären Hebammenleistungen, die im SGB V geregelt sind, war die Finanzierung von Familienhebammen zunächst unklar. Durch Abs. 4 KKG ist sowohl ihre Finanzierung als auch die der Netzwerke nunmehr langfristig sichergestellt.

---

18 Nationales Zentrum Frühe Hilfen (Hrsg.) (2013): Kompetenzprofil Netzwerkkoordinatorinnen und Netzwerkkoordinatoren Frühe Hilfen. Köln. Online verfügbar unter: https://www.fruehehilfen.de/fileadmin/user_upload/fruehehilfen.de/pdf/Publikation_NZFH_Kompetenzprofil__Netzwerkkoordinatoren.pdf (02.02.2021)

19 Nationales Zentrum Frühe Hilfen (Hrsg.) (2013): Kompetenzprofil Netzwerkkoordinatorinnen und Netzwerkkoordinatoren Frühe Hilfen. Köln. Online verfügbar unter: https://www.fruehehilfen.de/fileadmin/user_upload/fruehehilfen.de/pdf/Publikation_NZFH_Kompetenzprofil__Netzwerkkoordinatoren.pdf (10.02.2021)

20 Vgl. FK-SGB VIII/*Meysen*, § 8b Anhang Rn. 64.

21 Vgl. FK-SGB VIII/*Meysen*, § 8b Anhang Rn. 64.

1. Stärkung Früher Hilfen durch Familienhebammen (Abs. 4 Satz 1)

Familienhebammen übernehmen im Rahmen der Netzwerke Frühe Hilfen wichtige **Lotsenfunktionen** für Eltern in belastenden Lebenslagen. Sie kommen insbesondere bei Säuglingen und Kleinkindern bis zur Vollendung des ersten Lebensjahres zum Einsatz, leisten im Wesentlichen eine wichtige psychosozialen Unterstützung der Eltern und begleiten diese im Bindungsaufbau. Familienhebammen sind berufserfahrene Hebammen, die eine Qualifizierungsmaßnahme, die den Mindestanforderungen der Steuerungsgruppe der Bundesinitiative Frühe Hilfen zur Qualifizierung von Familienhebammen und Familien-Gesundheits- und Kinderkrankenpflegerinnen und -pflegern genügt, absolviert haben. 21

Neben der Berufsgruppe der Hebammen können auch erfahrene Gesundheits- und Kinderkrankenpflegerinnen und -pfleger durch eine qualifizierte Weiterbildung zu **Familien-Gesundheits- und Kinderkrankenpflegerinnen und -pflegern** ausgebildet werden und ebenso als **Fachkräfte Frühe Hilfen** Familien im primärpräventiven und sekundärpräventiven Bereich unterstützen. Leider hat es der Gesetzgeber versäumt, im KJSG diese Berufsgruppe explizit in Abs. 4 Satz 1 aufzunehmen. Dies ist bedauerlich, weil Erfahrungsberichte aus der Praxis häufiger aufzeigen, dass Familien-, Gesundheits- und Kinderkrankenpflegerinnen und -pfleger sich „nur" als vergleichbare, aber nicht gleichwertige Berufsgruppe empfinden und sich von daher zurückgesetzt fühlen. 22

2. Zwei Phasen der Finanzierung durch den Bund (Abs. 4 Satz 2 und 3)

Der Gesetzgeber hat in § 3 Abs. 4 **Satz 2 und 3** eine auf Dauer angelegte Finanzierung zur Sicherstellung der Netzwerkarbeit im Bereich Frühe Hilfen und der psychosozialen Unterstützung von Familien mit Kindern zwischen 0 und 3 Jahren durch Bundesmittel festgelegt. Der Bund sicherte mit Einführung des BKischG den Ländern eine auf **zunächst vier Jahre befristete Förderung** für den Aufbau von Netzwerken und den Einsatz von Familienhebammen zu. Die vierjährige Modell-Phase wurde durch die Bundesinitiative Frühe Hilfen begleitet. Die **Bundesstiftung Frühe Hilfen** setzt seit 2018 auf Grundlage einer Verwaltungsvereinbarung zwischen Bund und Ländern den erfolgreichen Weg der Bundesinitiative Frühe Hilfen fort. Mittels eines auf Dauer angelegten **Bundesfonds** werden die Netzwerkarbeit und die psychosoziale Unterstützung von Familien in den Ländern und Kommunen gesichert und weiterentwickelt. 23

3. Verwaltungsvereinbarung Fonds Frühe Hilfen (Abs. 4 Satz 4)

Satz 4 sieht Verwaltungsvereinbarungen zwischen Bund und Ländern vor. Zunächst wurde mit Wirkung vom 1.7.2012 eine Verwaltungsvereinbarung Bundesinitiative Netzwerke Frühe Hilfen und Familienhebammen (VV) geschlossen, die längstens bis zum 31.12.2017 gelten sollte. Diese Vereinbarung wurde durch die Verwaltungsvereinbarung Fonds Frühe Hilfen vom 1.10.2017 abgelöst, und ist seit 1.1.2018 in Kraft (Art. 12 VV). 24

Nach Art. 1 VV ist das Bundesministerium für Familie, Senioren, Frauen und Jugend Träger der Stiftung, die zum Zweck hat, die Aufgaben des § 3 Abs. 4 KKG umzusetzen. Die Bundesstiftung Frühe Hilfen wird durch eine **Geschäftsstelle** vertreten, deren Aufgabe es ist, das Stiftungsvermögen zu verwalten und die Leistungen nach Maßgabe der Satzung, der Leistungsleitlinien sowie der Beschlüsse der **Steuerungsgruppe** auf der Grundlage des jährlichen Wirtschaftsplanes zu erbringen (Art. 6 VV). Eine Steuerungsgruppe nimmt die inhaltliche Steuerung und Kontrolle der Stiftung wahr (Art. 7 VV). Die Stiftung unterhält zur Unterstützung der Sicherstellung des Stiftungszweckes und zur Qualitätssicherung ein **Nationales Zentrum Frühe Hilfen** (NZFH) (Art. 8 VV). Zusätzlich tragen die **Koordinierungsstellen der Länder** neben ihrer zentralen Aufgabe, der Koordinierung und Begleitung der Umsetzung der Maßnahmen nach Art. 3 Abs. 1 Nr. 1. bis 4. VV, zur Sicherung und 25

Entwicklung der Qualität in den Frühen Hilfen bei (Art. 5 VV). Hierfür arbeiten sie verbindlich mit dem NZFH zusammen. Die Bundesstiftung sichert durch ihre Arbeit das Ziel, wonach Frühe Hilfen in ein auf Dauer angelegtes und integriertes Versorgungssystem eingebettet sind und durch Qualitätsentwicklungsprozesse stetig weiterentwickelt werden.

26 Ergänzt wird die Verwaltungsvereinbarung durch zusätzliche **Leistungsleitlinien**, die die inhaltliche Ausgestaltung des Fonds Frühe Hilfen näher beschreiben und förderfähige Maßnahmen und zu erfüllende Mindestanforderungen beinhalten. Gefördert werden **insbesondere Sach- und Personalkosten sowie Angebote** für folgende Bereiche:

I. Sicherstellung der Netzwerke Frühe Hilfen

II. Psychosoziale Unterstützung von Familien durch spezifische Angebote Früher Hilfen

1. Längerfristige Unterstützung von Familien in den Frühen Hilfen
   a) Fachkräfte
   b) Freiwillige
2. Angebote und Dienste an den Schnittstellen der unterschiedlichen Sozialleistungssysteme

III. Erprobung innovativer Maßnahmen und Implementierung erfolgreicher Modelle

27 Von dem in Art. 11 eingeräumten **Kündigungsrecht** binnen einer Kündigungsfrist von zwei Jahren hat bislang keines der 16 Bundesländer, die die Vereinbarung unterzeichnet haben, Gebrauch gemacht.

28 Leider hat es der Gesetzgeber versäumt, im Zusammenhang mit dem Kinder- und Jugendstärkungsgesetz den Bundeszuschuss zu erhöhen bzw. was noch besser wäre, eine Dynamisierung des Bundeszuschusses festzulegen. In Anbetracht steigender Personal- und Sachkosten wäre eine Beteiligung an den Mehrkosten seitens des Bundes ein entscheidendes Signal für den Ausbau und die Weiterentwicklung der Frühen Hilfen gewesen, die als relativ neues Handlungsfeld einen wesentlichen Beitrag zum Kinderschutz leisten.

§ 4 KKG
Beratung und Übermittlung von Informationen bei Kindeswohlgefährdung

(1) Werden

1. Ärztinnen oder Ärzten, Zahnärztinnen oder Zahnärzten, Hebammen oder Entbindungspflegern oder Angehörigen eines anderen Heilberufes, der für die Berufsausübung oder die Führung der Berufsbezeichnung eine staatlich geregelte Ausbildung erfordert,

2. Berufspsychologinnen oder -psychologen mit staatlich anerkannter wissenschaftlicher Abschlussprüfung,

3. Ehe-, Familien-, Erziehungs- oder Jugendberaterinnen oder -beratern sowie

4. Beraterinnen oder Beratern für Suchtfragen in einer Beratungsstelle, die von einer Behörde oder Körperschaft, Anstalt oder Stiftung des öffentlichen Rechts anerkannt ist,

5. Mitgliedern oder Beauftragten einer anerkannten Beratungsstelle nach den §§ 3 und 8 des Schwangerschaftskonfliktgesetzes,

6. staatlich anerkannten Sozialarbeiterinnen oder -arbeitern oder staatlich anerkannten Sozialpädagoginnen oder -pädagogen oder

7. Lehrerinnen oder Lehrern an öffentlichen Schulen

in Ausübung ihrer beruflichen Tätigkeit gewichtige Anhaltspunkte für die Gefährdung des Wohls eines Kindes oder eines Jugendlichen bekannt, so sollen sie mit dem Kind oder Jugendlichen und den Erziehungsberechtigten die Situation erörtern und, soweit erforderlich, bei den Personensorge- berechtigten auf die Inanspruchnahme von Hilfen hinwirken, soweit hierdurch der wirksame Schutz des Kindes oder des Jugendlichen nicht in Frage gestellt wird.

(2) [1]Die Personen nach Absatz 1 haben zur Einschätzung der Kindeswohlgefährdung gegenüber dem Träger der öffentlichen Jugendhilfe Anspruch auf Beratung durch eine insoweit erfahrene Fachkraft. [2]Sie sind zu diesem Zweck befugt, dieser Person die dafür erforderlichen Daten zu übermitteln; vor einer Übermittlung der Daten sind diese zu pseudonymisieren.

(3) [1]Scheidet eine Abwendung der Gefährdung nach Absatz 1 aus oder ist ein Vorgehen nach Absatz 1 erfolglos und halten die in Absatz 1 genannten Personen ein Tätigwerden des Jugendamtes für erforderlich, um eine Gefährdung des Wohls eines Kindes oder eines Jugendlichen abzuwenden, so sind sie befugt, das Jugendamt zu informieren; hierauf sind die Betroffenen vorab hinzuweisen, es sei denn, dass damit der wirksame Schutz des Kindes oder des Jugendlichen in Frage gestellt wird. [2]Zu diesem Zweck sind die Personen nach Satz 1 befugt, dem Jugendamt die erforderlichen Daten mitzuteilen. [3]Die Sätze 1 und 2 gelten für die in Absatz 1 Nummer 1 genannten Personen mit der Maßgabe, dass diese unverzüglich das Jugendamt informieren sollen, wenn nach deren Einschätzung eine dringende Gefahr für das Wohl des Kindes oder des Jugendlichen das Tätigwerden des Jugendamtes erfordert.

(4) [1]Wird das Jugendamt von einer in Absatz 1 genannten Person informiert, soll es dieser Person zeitnah eine Rückmeldung geben, ob es die gewichtigen Anhaltspunkte für die Gefährdung des Wohls des Kindes oder Jugendlichen bestätigt sieht und ob es zum Schutz des Kindes oder Jugendlichen tätig geworden ist und noch tätig ist. [2]Hierauf sind die Betroffenen vorab hinzuweisen, es sei denn, dass damit der wirksame Schutz des Kindes oder des Jugendlichen in Frage gestellt wird.

(5) Die Absätze 2 und 3 gelten entsprechend für Mitarbeiterinnen und Mitarbeiter von Zollbehörden.

(6) Zur praktischen Erprobung datenschutzrechtskonformer Umsetzungsformen und zur Evaluierung der Auswirkungen auf den Kinderschutz kann Landesrecht die Befugnis zu einem fallbezogenen interkollegialen Austausch von Ärztinnen und Ärzten regeln.

Übersicht

A. Allgemeines

I. Änderung und Struktur der Vorschrift

Die durch das BKiSchG geschaffene und am 1. Januar 2012 in Kraft getretene Vorschrift wurde durch das KJSG geringfügig geändert und um Abs. 3 Satz 3 sowie die Absätze 4 bis 6 ergänzt. Beibehalten wurde entgegen dem ursprünglichen Gesetzentwurf der Bundesregierung die Struktur der Vorschrift.[1] 1

In einem mehrstufigen Verfahren verpflichtet **Absatz 1** die dort genannten Personen, bei Bekanntwerden **gewichtiger Anhaltspunkte** für die Gefährdung des Wohls eines Kindes oder eines Jugendlichen die Situation mit den Betroffenen zu erörtern und, soweit erforderlich, bei den Personensorgeberechtigten auf die Inanspruchnahme von Hilfen hinzuwirken, soweit hierdurch der wirksame Schutz des Kindes oder des Jugendlichen nicht in Frage gestellt wird **(erste Stufe)**. **Absatz 2** gewährt den genannten Personen dazu einen **Anspruch** gegen den Träger der öffentlichen Jugendhilfe auf **Beratung** durch eine insoweit erfahrene Fachkraft und erlaubt zu diesem Zweck die Übermittlung von Daten, die allerdings zu pseudonymisieren sind. **Absatz 3** normiert die Voraussetzungen, unter denen die in Abs. 1 genannten Geheimnisträger zur Information des Jugendamtes und **zur Übermittlung** der erforderlichen Daten befugt bzw. – eine nicht unerhebliche Änderung durch das KJSG – verpflichtet sind **(zweite Stufe)**. Der in Absatz 3 eröffneten Befugnis bzw. Verpflichtung kommt neben ihrer jugendhilferechtlichen Funktion auch strafrechtliche Relevanz zu (vgl. dazu Rn. 45 f., 55), weshalb die Vorschrift durchaus zu Recht als „janusköpfig" bezeichnet worden ist.[2] Neu eingefügt wurden die Absätze 4 bis 6. **Absatz 4** verpflichtet das Jugendamt, einer Person nach Absatz 1 zeitnah eine **Rückmeldung** darüber zu geben, ob es die mitgeteilten gewichtigen Anhaltspunkte bestätigt sieht und ob es zum Schutz des oder der Minderjährigen tätig geworden und noch tätig ist.

Absatz 5 erstreckt den persönlichen Geltungsbereich der Absätze 1 bis 3 auf Mitarbeiter_innen von **Zollbehörden**. **Absatz 6** eröffnet landesrechtliche Regelungen zum interkollegialen Austausch von Ärztinnen und Ärzten.

§ 4 KKG gilt nur für **Einzelpersonen**, **nicht** für **Einrichtungen** als solche. Nur die genannten Berufsgeheimnisträger_innen, nicht aber die jeweiligen Anstellungsträger werden durch die Vorschrift berechtigt und verpflichtet. Bereits deshalb, weil jene nicht Normadressaten 2

1 Zu dieser völlig misslungenen Entwurfsfassung vgl. BT-Drs. 19/26107, 35 f., 120 ff. Sie wurde nach massiver Kritik des Bundesrates (vgl. BR-Drs. 5/21, 56 ff.) sowie der Fachöffentlichkeit (vgl. etwa *Goldberg/Radewagen*, JAmt 2020, 622 ff. m.w.N.) auf Empfehlung des 13. Ausschusses verworfen und unter Beibehaltung der ursprünglichen Struktur durch die jetzt Gesetz gewordene Fassung ersetzt.

2 So *Kunkel*, EJ 2012, 140 (143), wiederholt in LPK-SGB VIII/*Kunkel/Kemper*, Anhang 1 zu § 61 - § 4 KKG Rn. 1. Der Doppelcharakter einer Rechtsnorm ist indes nichts Ungewöhnliches, weshalb das Urteil, (ebd.), § 4 KKG nehme „in der Hitliste missglückter Gesetze … einen der vorderen Plätze" ein, nicht nachvollziehbar erscheint.

sind, kann keine Rede davon sein, § 4 KKG beschränke in verfassungsrechtlich unzulässiger Weise „die Autonomie freier, zumal kirchlicher Träger und ihrer Wohlfahrtsorganisationen".[3]

3 Die Vorschrift gilt **nicht** für die **Fachkräfte des Jugendamtes**. Deren Handeln wird ausschließlich durch die Regelungen des SGB VIII, insbesondere also die Verpflichtungen und Befugnisse nach §§ 8a Abs. 1 bis 3 und 5, 42 SGB VIII sowie die Datenschutzvorschriften der §§ 61 ff. SGB VIII, bestimmt.[4]

4 § 4 Abs. 1 bis 4 KKG gilt auch für im Katalog des Abs. 1 genannte **Personen** – in Betracht kommen insoweit vor allem staatlich anerkannte Sozialarbeiterinnen und Sozialarbeiter beziehungsweise -pädagoginnen und -pädagogen –, die bei **freien Trägern** von Einrichtungen und Diensten im Sinne von § 8a Abs. 4 SGB **tätig sind**.

Für sie gelten allerdings auch die nach dieser Vorschrift mit den Trägern zu schließenden Vereinbarungen. Nach den Vorgaben des § 8a Abs. 4 SGB VIII müssen diese Verpflichtungen enthalten, die im Wesentlichen mit denen des § 4 Abs. 1 KKG vergleichbar sind. Unterschiede bestehen jedoch in zweierlei Hinsicht:

Zum einen sieht § 8a Abs. 4 Satz 1 Nr. 2 SGB VIII zwingend die Hinzuziehung einer insoweit erfahrenen Fachkraft bei der Gefährdungseinschätzung vor, während diesbezüglich in § 4 Abs. 2 KKG lediglich ein **Beratungsanspruch** normiert ist, der wahrgenommen werden **kann**, aber **nicht** wahrgenommen werden **muss**. Vielmehr kann die betreffende Person die Gefährdungseinschätzung auch allein kraft eigener Sachkompetenz vornehmen.

Zum anderen sind Fachkräfte nach einer den Anforderungen des § 8a Abs. 4 Satz 2 SGB VIII entsprechenden Vereinbarung nicht nur befugt, sondern verpflichtet, das Jugendamt zu informieren, falls die Gefährdung nicht anders abgewendet werden kann. Insbesondere letztere Regelung spricht dafür, dass die Verpflichtungen aus den Vereinbarungen als speziellere Regelungen gegenüber denen nach § 4 KKG Vorrang genießen. Belegt wird dies auch durch die jüngere Gesetzgebungsgeschichte. In der Begründung des 13. Ausschusses zur Änderung von § 4 KKG durch das KJSG heißt es insoweit, dass die aus „aus nach § 8a Absatz 4 SGB VIII geschlossenen Vereinbarungen resultierenden Handlungspflichten für alle in Absatz 1 genannten Berufsgruppen" unberührt bleiben, also vorrangig gelten.[5]

II. Fortbestehende Probleme der Vorschrift

1. Fehlende Gesetzgebungskompetenz des Bundes?

5 Unter dem Gesichtspunkt fehlender **Gesetzgebungskompetenz** werden gegen die Vorschrift verfassungsrechtliche Bedenken erhoben.[6] Der Bund greife mit der Verpflichtung der Angehörigen der in Abs. 1 genannten außerhalb der Kinder- und Jugendhilfe stehenden Berufsgruppen in die den Ländern zustehende Kompetenz zur Regelung von deren Berufsrecht ein. Der richtige Standort für derartige berufsrechtliche Pflichten sei das jeweilige landesrechtliche Berufsrecht bzw. standesrechtliche Berufsordnungen.[7] Den datenschutzrechtlichen Befugnissen nach Abs. 2 und 3 würden Bedingungen ohne Bezug zur beruflichen oder dienstlichen Aufgabe der jeweils Betroffenen vorgeordnet. Zudem könnten mittels einer da-

3 So aber *Kunkel*, EJ 2012, 140 (143).
4 Ebenso FK-SGB VIII/*Meysen*, KKG, § 8b Anhang Rn. 90.
5 Vgl. BT-Drs. 19/28870, 113.
6 Wiesner/Wapler/*Walther*, § 4 KKG Rn. 7 f.; LPK-SGB VIII/*Kunkel/Kemper*, Anhang 1 zu § 61 – § 4 KKG Rn. 1.
7 So Wiesner/Wapler/*Walther*, § 4 KKG Rn. 8.

tenschutzrechtlichen Befugnisnorm keine neuen Handlungsverpflichtungen begründet werden.[8]

Diese Auffassung bleibt nicht ohne Konsequenzen hinsichtlich der den Berufsgeheimnisträger_innen nach § 4 Abs. 1 bzw. Abs. 3 Satz 3 KKG obliegenden Verpflichtungen. Vgl. dazu im Einzelnen die Kommentierung unten bei Rn. 26.

Diese Kritik vermag nicht zu überzeugen.

Bei der Vorschrift des § 4 KKG handelt es sich zunächst nicht um eine berufsrechtliche Regelung. Der in Abs. 1 umschriebene persönliche Anwendungsbereich der Vorschrift knüpft an die Berufsgruppen des § 203 StGB an. Dies ist dem vorgenannten Doppelcharakter der Vorschrift geschuldet, die eben nicht nur kinder- und jugendhilferechtliche Verpflichtungen und Befugnisse enthält, sondern mit der Befugnis nach Abs. 3 unter den dort genannten Voraussetzungen zugleich unmittelbar strafrechtliche Wirkung entfaltet, indem sie das in §§ 203 Abs. 1 StGB genannte Tatbestandsmerkmal „unbefugt" und damit die strafrechtliche Tatbestandsmäßigkeit des Handelns insgesamt entfallen lässt. Damit wurden im Übrigen auch für den betroffenen Personenkreis die von den Akteuren der Jugendhilfe beklagten mit der Anwendung des Rechtfertigungsgrundes des rechtfertigenden Notstands nach § 34 StGB verbundenen Unsicherheiten beseitigt. Ob der Adressatenkreis vom Gesetzgeber richtig ausgestaltet wurde oder etwa auch die in § 203 StGB genannten Rechtsanwälte in § 4 Abs. 1 KKG hätten aufgenommen werden müssen, ist durchaus diskussionswürdig, aber ohne Einfluss auf die Frage der Gesetzgebungskompetenz. 6

Dass der Gesetzgeber den in Abs. 1 genannten Personenkreis erfasst hat, ist der strafrechtlichen Komponente der Vorschrift, nicht aber dem Umstand geschuldet, die berufsrechtlichen Verpflichtungen regeln zu wollen. Unter den in § 203 StGB genannten Berufsgeheimnisträgern werden darüber hinaus diejenigen einbezogen, deren Tätigkeit eine Nähe zu kinderschutzrechtlich relevanten Sachverhalten aufweist. Die Regelung knüpft also an eine bestimmte berufliche Tätigkeit an, regelt diese aber nicht. 7

Ebenso wenig wie § 203 StGB eine berufsrechtliche Regelung für die dort genannten Berufsgruppen darstellt, ist dies bei § 4 KKG der Fall. Anknüpfend an ihre (sonstige) berufliche Tätigkeit werden den von Abs. 1 erfassten Personen vielmehr spezifisch jugendhilferechtliche Verpflichtungen auferlegt.[9] 8

Damit ist auch der Einwand entkräftet, das Vorgehen nach Abs. 1 hänge mangels einer „Verankerung im jeweils berufsspezifischen Handlungskontext" im „leeren Raum".[10] Die Verpflichtung des § 4 KKG Abs. 1 ist eine selbstständige, die einer solchen Verankerung nicht bedarf.

Der Bundesgesetzgeber leitet seine **Gesetzgebungskompetenz** zu Recht aus **Art. 74 Abs. 1 Nr. 7 (öffentliche Fürsorge) i.V.m. Art. 72 Abs. 2 GG** ab. Die Regelungen zur weiteren Verbesserung des Kinderschutzes seien zur Wahrung der Rechtseinheit erforderlich, da eine Gesetzesvielfalt auf Länderebene zu einer Rechtszersplitterung führen würde. Eine unterschiedliche rechtliche Behandlung desselben Lebenssachverhalts in den Ländern würde insbesondere bei der häufig auch länderüberschreitenden Kooperation in Kinderschutzfällen von Jugendämtern, Gerichten und Angehörigen von Berufen, die in Kontakt zu Kindern stehen, zu erheblichen Rechtsunsicherheiten führen. Gerade in den Grenzregionen, besonders im Umland der Stadtstaaten, komme es häufig vor, dass Erkenntnisse über eine Kindeswohlgefährdung bei Personen und Einrichtungen vorlägen, die sich nicht am Wohnort der Eltern befänden, sondern in dem benachbarten Land. Hier dürften nicht unterschiedliche Verfah- 8a

8 Wiesner/Wapler/*Walther*, § 4 KKG Rn. 9.

9 Auch eine strafrechtliche Garantenstellung kann an bestimmte berufliche Tätigkeiten anknüpfen, ohne dass § 13 StGB damit zu einer berufsrechtlichen Regelung würde.

10 So Wiesner/Wapler/*Walther*, § 4 KKG Rn. 9.

rensvorgaben zu Unsicherheiten und damit zu einer Schwächung des Schutzes von Kindern und Jugendlichen führen. Darüber hinaus dürften auch nicht durch unterschiedliches Recht Anreize für Eltern geschaffen werden, sich ihrer Verantwortung durch einen Umzug von Bundesland zu Bundesland zu entziehen.[11]

Verfassungsrechtliche Bedenken unter dem Gesichtspunkt fehlender Gesetzgebungskompetenz des Bundes **bestehen** nach allem **nicht**.

2. Verhältnis zu landesrechtlichen Regelungen

9 Nicht eindeutig erscheint das Verhältnis zu landesrechtlichen Regelungen. Einige Bundesländer hatten bereits vor Inkrafttreten des Bundeskinderschutzgesetzes eigene Kinderschutzgesetze erlassen, die in einem mit dem des § 4 KKG deckungsgleichen oder teilidentischen Anwendungsbereich abweichende Regelungen mit weitergehenden Befugnissen oder Verpflichtungen enthalten.[12]

Hinsichtlich des KKG ist von einer Gesetzgebungskompetenz des Bundes gem. Art. 74 Abs. 1 Nr. 7 GG auszugehen.[13] In diesem Bereich der konkurrierenden Gesetzgebung haben die Länder gem. Art. 72 Abs. 1 GG die Befugnis zur Gesetzgebung nur, solange und soweit der Bund von seiner Gesetzgebungszuständigkeit keinen Gebrauch gemacht hat.

Macht der Bund von der dieser Gesetzgebungskompetenz Gebrauch, verlieren die Länder gemäß Art. 72 Abs. 1 GG das Recht zur Gesetzgebung in dem Zeitpunkt („solange") und in dem Umfang („soweit"), in dem der Bund die Gesetzgebungskompetenz zulässigerweise in Anspruch nimmt; es tritt insoweit eine Sperrwirkung ein. Die Sperrwirkung im Sinne von Art. 72 Abs. 1 GG setzt voraus, dass bundes- und landesgesetzliche Regelung denselben Gegenstand betreffen. Diese Sperrwirkung verhindert zum einen für die Zukunft den Erlass neuer Landesgesetze und entzieht zum anderen in der Vergangenheit erlassenen Landesgesetzen die Kompetenzgrundlage, sodass sie nichtig sind oder werden, soweit bundes- und landesgesetzliche Regelung denselben Gegenstand betreffen.[14]

„Gebrauch" im Sinne von Art. 72 Abs. 1 GG macht der Bundesgesetzgeber nur, solange und soweit er für die betreffende Materie eine erschöpfende Regelung trifft oder treffen will. Je nach Reichweite der bundesgesetzlichen Regelung kann der Landesgesetzgeber von der Rechtsetzung also gänzlich ausgeschlossen oder auf bestimmte Teilmaterien und -gegenstände beschränkt werden. Hat der Bund einen Gegenstand abschließend geregelt, tritt die Sperrwirkung des Art. 72 Abs. 1 GG für eine Regelung der Länder in diesem Sachbereich unabhängig davon ein, ob diese den bundesrechtlichen Bestimmungen widerstreitet, sie ergänzt oder lediglich (deklaratorisch) wiederholt.

In sachlich-inhaltlicher Hinsicht reicht die Sperrwirkung so weit, wie der Bundesgesetzgeber eine erschöpfende, also lückenlose und abschließende Regelung getroffen hat beziehungsweise treffen wollte. Handelt es sich bei der bundesgesetzlichen Regelung lediglich um eine Mindestgarantie, bleibt es dem Landesgesetzgeber unbenommen, strengere Regelungen für denselben Sachverhalt zu erlassen. Entscheidend ist, ob und inwieweit den Ländern Raum zu eigener Rechtsetzung belassen wird oder werden soll. In diesem Zusammenhang

11 Vgl. BT-Drs. 19/26107, 53 f.

12 Vgl. zu dieser Problematik Wissenschaftliche Dienste des Deutschen Bundestages, Zur Diskussion über eine Mitteilungsbefugnis im Rahmen des Gesetzes zur Kooperation und Information im Kinderschutz vom 30.4.2019, WD 9 - 3000 - 027/19, 8 f., m.w.N. aus der Literatur, die naturgemäß die Entscheidung des BVerfG vom 25.3.2021, 2 BvF 1/20, www.bundesverfassungsgericht.de, noch nicht verarbeitet hat und empfiehlt, das Verhältnis des KKG zu landesrechtlichen Regelungen explizit zu regeln, was auch durch das KJSG nicht erfolgt, aber auch – vgl. dazu sogleich – nicht erforderlich ist.

13 Vgl. dazu oben Rn. 8a.

14 Vgl. zuletzt BVerfG, Beschl. v. 25.3.2021, 2 BvF 1/20, www.bundesverfassungsgericht.de, Rn. 87.

sind nicht nur der Wortlaut des Bundesgesetzes selbst zu würdigen, sondern auch der dahinterstehende Regelungszweck, die Gesetzgebungsgeschichte und die Gesetzesmaterialien.

Nach der Rechtsprechung des Bundesverfassungsgerichts besteht eine Vermutung für einen absichtsvollen Regelungsverzicht und damit eine abschließende bundesgesetzliche Regelung, soweit sich der Gesetzgeber im Gesetzgebungsverfahren mit einer bestimmten Frage auseinandergesetzt, diese aber in der Norm keinen Niederschlag gefunden hat. Eine abschließende Regelung liegt auch vor, wenn der Bundesgesetzgeber ergänzende Regelungen, die ein Landesgesetzgeber der Sache nach treffen könnte, als Bestandteil seiner inhaltlichen Konzeption im Sinne einer Teilsperre ausgeschlossen hat.[15]

Unter Anlegung dieser verfassungsrechtlichen Maßgaben ergibt sich für das Verhältnis von § 4 KKG in seiner ursprünglichen Fassung zu vergleichbaren oder (teil)identischen landesrechtlichen Regelungen Folgendes: **10**

Mit § 4 KKG hat der Bundesgesetzgeber eine Konkretisierung und Ergänzung der staatlichen Schutzmaßnahmen für Kinder und Jugendliche, wie sie insbesondere im SGB VIII enthalten sind, vorgenommen. Er hielt eine bundesgesetzliche Regelung zur Wahrung der Rechtseinheit im Bundesgebiet i.S.d. Art. 72 Abs. 2 GG für erforderlich, da eine Gesetzesvielfalt auf Länderebene zu einer Rechtszersplitterung mit problematischen Folgen für den Schutz von Kindern und Jugendlichen führen werde. Eine unterschiedliche rechtliche Behandlung desselben Lebenssachverhalts in den Ländern würde insbesondere bei der häufig auch länderüberschreitenden Kooperation in Kinderschutzfällen von Jugendämtern, Gerichten und Angehörigen von Berufen, die in Kontakt zu Kindern stehen, zu erheblichen Rechtsunsicherheiten führen. Darüber hinaus dürften nicht durch unterschiedliches Recht Anreize für Eltern geschaffen werden, sich ihrer Verantwortung durch einen Umzug von Bundesland zu Bundesland zu entziehen. Vor diesem Hintergrund seien unterschiedliche Regelungen in den einzelnen Bundesländern im Hinblick auf den Schutz der Kinder vor Gefährdungen nicht hinnehmbar.[16] Im Besonderen zu § 4 KKG heißt es, die Vorschrift enthalte eine bundeseinheitliche Regelung zur Beratung und Weitergabe von Informationen bei Kindeswohlgefährdung durch bestimmte Geheimnisträger an das Jugendamt.[17]

Nicht nur der eindeutige Wortlaut der Norm, sondern auch die Gesetzesmaterialien belegen danach, dass es sich bei § 4 KKG um eine einheitliche bundeseinheitliche Regelung handelt und handeln soll, die – soweit sie reicht – den Ländern keinen Raum für eigene Regelungen lassen sollte. Dieser allgemeine Befund wird hinsichtlich der Frage, ob für den in § 4 Abs. 1 KKG genannten Personenkreis landesrechtlich eine über Absatz 3 hinausgehende **Verpflichtung** normiert werden kann, das Jugendamt zu informieren, durch die Gesetzgebungsgeschichte noch deutlicher bestätigt.

In seiner Stellungnahme zum Regierungsentwurf für ein Bundeskinderschutzgesetz hatte der Bundesrat die Aufnahme eines Absatzes 4 („Weitergehendes Landesrecht bleibt unberührt") gefordert und dies damit begründet, dass in mehreren Ländern bereits eine gesetzliche Pflicht existiere, wonach die in § 4 Absatz 1 KKG genannten Personen nicht nur befugt, sondern verpflichtet seien, dem Jugendamt entsprechende Anhaltspunkte mitzuteilen. Nur eine solche Regelung werde dem in der Begründung des Gesetzentwurfs angesprochenen aktiven Kinderschutz gerecht und schaffe die dringend erforderliche Rechtssicherheit. Durch den angefügten Absatz 4 werde klargestellt, dass weitergehendes Landesrecht die entsprechenden bundesrechtlichen Regelungen insoweit ergänzen könne.[18]

---

15 Vgl. zum Vorstehenden BVerfG, Beschl. v. 25.3.2021, 2 BvF 1/20, www.bundesverfassungsgericht.de, Rn. 87–94 mit umfangreichen Nachweisen aus der verfassungsgerichtlichen Rechtsprechung und verfassungsrechtlichen Literatur.

16 So die Gesetzesbegründung zum BKiSchG, BT-Drs. 17/6256, 16.

17 BT-Drs. 17/6256, 19.

18 BT-Drs. 17/6256, 38.

Dem trat die Bundesregierung mit der Begründung entgegen, im Hinblick auf die Weitergabe von Informationen durch Berufsgeheimnisträger an das Jugendamt sei die Rechtslage in den einzelnen Bundesländern unterschiedlich. Das führe zu Verunsicherungen, insbesondere bei der Ärzteschaft. Die Bundesregierung halte daher eine klare bundeseinheitliche Regelung für notwendig, um Rechtssicherheit herzustellen. Eine Öffnungsklausel für weitergehendes Landesrecht, wie vom Bundesrat vorgeschlagen, würde diese Intention konterkarieren. Die schließlich Gesetz gewordene Fassung hat also bewusst darauf verzichtet, die landesrechtliche Einführung einer Informationsverpflichtung zu eröffnen und eine abschließende Regelung der Materie vorgenommen. Die damit eintretende **Sperrwirkung** verhindert zum einen für die Zukunft den Erlass neuer **Landesgesetze** und entzog zum anderen den vor Inkrafttreten des KKG erlassenen Landesgesetzen die Kompetenzgrundlage, sodass sie **nichtig** wurden, soweit sie denselben Gegenstand betrafen. Wegen fehlender Gesetzgebungskompetenz nichtig sind nach der oben referierten Rechtsprechung des Bundesverfassungsgerichts auch solche landesrechtlichen Regelungen, die die bundesrechtlichen Bestimmungen ergänzen oder lediglich wiederholen.

11 Vorstehende Ergebnisse hinsichtlich der ursprünglichen Fassung von § 4 KKG werden durch die Änderungen, die das **KJSG** vorgenommen hat, insbesondere also die Ergänzung von Abs. 3 um einen Satz 3, **nicht in Frage gestellt**. Zwar ändert sich durch Einführung einer Soll-Verpflichtung für die in Abs. 1 Nr. 1 genannten Personen[19] der **Inhalt**, nicht aber der umfassende und abschließende, landesrechtliche Regelungen ausschließende **Charakter** der bundesgesetzlichen Regelung.

Dies könnte nunmehr allerdings durch Äußerungen im **Gesetzgebungsverfahren zum KJSG** in Frage gestellt werden. Bereits der Bundesrat hatte in seiner Stellungnahme zum Regierungsentwurf die grundsätzliche Verpflichtung aller in Abs. 1 genannten Personen gefordert, unverzüglich das Jugendamt zu informieren und ihm die zur Abwendung der Gefährdung erforderlichen Daten übermitteln, wenn sie dessen Tätigkeit zur Abwendung einer Kindeswohlgefährdung für erforderlich halten.[20] Dem wollte der Bundestag jedoch nur bezüglich der Angehörigen von Heilberufen nach Abs. 1 Nr. 1 nachkommen. Zugleich betonte der federführende 13. Ausschuss, dass in Ausnahmefällen von einer Meldung an das Jugendamt abgesehen werden könne, und führt sodann aus: „Die aus anderen gesetzlichen Vorschriften (zum Beispiel aufgrund strafrechtlicher Garantenpflichten[21] oder landesrechtlicher Regelungen) […] resultierenden Handlungspflichten für alle in Absatz 1 genannten Berufsgruppen bleiben unberührt."[22]

Die Ansicht, im Sachbereich von § 4 KKG könnten landesrechtlich Handlungspflichten bestehen, steht indes im **Widerspruch** zur oben dargestellten **verfassungsrechtlichen Rechtslage** zum gesetzgeberischen Kompetenzgefüge.

3. Gefahr der „Abschiebung von Verantwortung" an das Jugendamt?

12 Bereits im Gesetzgebungsverfahren zum Bundeskinderschutzgesetz, aber auch in der Literatur wird die Befürchtung geäußert, die Vorschrift berge die Gefahr, die Befugnis zur Datenübermittlung im Sinne einer Meldung zu verstehen und die Verantwortung für den Kinderschutz an das Jugendamt abzuschieben.[23] Diese Kritik ist zunächst einmal widersprüchlich, soweit gleichzeitig beklagt wird, dass außerhalb der Jugendhilfe tätigen Akteuren über-

---

19 Vgl. dazu im Einzelnen unten Rn. 48 ff.
20 Vgl. BR-Drs. 5/21 (Beschluss), 57 f.; vgl. dazu im Einzelnen unten Rn. 48 ff.
21 Zur Frage der Begründung einer strafrechtlichen Garantenstellung vgl. unten Rn. 63 ff.
22 BT-Drs. 19/28870, 112 f.
23 Vgl. etwa FK-SGB VIII/Meysen, Anhang § 8b Rn. 108; Wiesner/Wapler/*Walther*, § 4 KKG Rn. 34. Eine Zusammenstellung der kritischen Stimmen findet sich in Wissenschaftliche Dienste des Deutschen Bundestages, WD 9 - 3000 - 027/19.

haupt Aufgaben des Kinderschutzes gesetzlich zugewiesen würden. Sollte es tatsächlich zu einem Abschieben von Verantwortung an das Jugendamt kommen, dann ist dies allerdings weniger der Norm des § 4 KKG, sondern eher der fehlenden Bereitschaft der von ihr adressierten Personen geschuldet, sich der Kinderschutzaufgabe zu stellen. Schließlich sind aber auch schlechtere Lösungen denkbar als die, die Verantwortung für den Kinderschutz an das Jugendamt als die Stelle zu bringen, zu deren prominenten Aufgaben der Kinderschutz gehört und die allein über die zu dessen Umsetzung auch erforderlichen hoheitlichen Befugnisse verfügt.

B. Einzelheiten

I. Absatz 1 – Kinderschutz durch Berufsgeheimnisträger_innen

1. Katalog der Normadressat_innen

Absatz 1 benennt in den Nummern 1 bis 7 diejenigen Personen, die durch die Vorschrift berechtigt oder verpflichtet werden, und umschreibt damit den **persönlichen Geltungsbereich** der Vorschrift. 13

Er bezieht solche sogenannten **Berufsgeheimnisträger_innen** in den Anwendungsbereich ein, die von ihrer beruflichen Tätigkeit her in einem unmittelbaren Kontakt zu Kindern und Jugendlichen stehen oder stehen können und von ihrer Ausbildung her zur Erörterung der einschlägigen Problemlagen mit den Eltern befähigt sind.[24] Die **Aufzählung** der einbezogenen Geheimnisträger ist – vorbehaltlich des Abs. 5 – **abschließend**, sodass die in der Vorschrift normierten Aufgaben, Ansprüche und Befugnisse weder auf weitere Berufsgruppen ausgedehnt werden dürfen noch sich umgekehrt Angehörige der aufgelisteten Berufsgruppen allgemein oder im Einzelfall davon lösen können.

Im Einzelnen werden folgende Berufsgruppen erfasst:

a) Ärztinnen und Ärzte, Zahnärztinnen und Zahnärzte (Nr. 1)

„**Ärztin**“ oder „**Arzt**“ ist die Berufsbezeichnung, unter der der ärztliche Beruf ausgeübt wird (vgl. § 2 Abs. 5 BÄO). Sie darf gemäß § 2a BÄO nur führen, wer als Arzt approbiert oder aufgrund ärztlicher Erlaubnis, europäischem Gemeinschaftsrecht oder zwischenstaatlicher Verträge zur Ausübung des ärztlichen Berufs befugt ist. Erfasst ist nur die Humanmedizin.[25] Während § 203 Abs. 1 Nr. 1 StGB zwischen Arzt und Zahnarzt differenziert, sprach § 4 KKG lediglich von „Ärztinnen oder Ärzten“. Auf Initiative des Bundesrats wurden auch Zahnärztinnen und Zahnärzte in den Katalog der Nr. 1 aufgenommen, weil auch sie im Rahmen der zahnärztlichen Früherkennungsuntersuchungen eine wichtige Rolle in der medizinischen Versorgung und damit auch für das Erkennen von Verdachtsmomenten bei möglichen Gefährdungen des Wohls von Kindern und Jugendlichen wahrnehmen.[26] 14

b) Hebammen und Entbindungspfleger (Nr. 1)

Anders als in § 203 Abs. 1 StGB werden Hebammen und Entbindungspfleger in § 4 Abs. 1 KKG besonders genannt, obwohl sie in beiden Vorschriften auch unter die Gruppe der „Angehörigen eines anderen Heilberufes, der für die Berufsausübung oder die Führung der Berufsbezeichnung eine staatlich geregelte Ausbildung erfordert“ zu subsumieren sind. Die 15

24 So die Gesetzesbegründung BT-Drs. 17/5662, 19, die von einer Begrenzung auf diese Geheimnisträger spricht.
25 Vgl. *Fischer*, StGB, § 132a Rn. 13.
26 Vgl. BR-Drs. 5/21 (Beschluss), 61; BT-Drs. 19/28870, 112.

Hervorhebung dürfte der prominenten Rolle, die das KKG (vgl. § 3 Abs. 4 KKG) den (Familien)Hebammen zuweist, geschuldet sein. **Hebamme** oder **Entbindungspfleger** ist nur, wer die Erlaubnis hat, diese Berufsbezeichnung zu führen, oder nach § 1 Abs. 2 HebG[27] aufgrund europäischen Gemeinschaftsrechts befugt ist, die Berufsbezeichnung ohne Erlaubnis zu führen.

c) Angehörige eines anderen Heilberufes, der für die Berufsausübung oder die Führung der Berufsbezeichnung eine staatlich geregelte Ausbildung erfordert (Nr. 1)

16 Am offensten ist die dritte in § 4 Abs. 1 KKG genannte Berufsgruppe. Ihre Umschreibung ist mit der in § 203 Abs. 1 Nr. 1 StGB identisch, sodass auf die dazu erfolgten Erläuterungen und Definitionen zurückgegriffen werden kann. Als solche werden dort angesehen:

- **Ergotherapeuten** (Ergotherapeutengesetz – ErgThG vom 25. Mai 1976 [BGBl. I S. 1246]);
- **Krankenschwestern, Krankenpfleger, Kinderkrankenschwestern, Gesundheits- und Krankenpflegerinnen, Gesundheits- und Krankenpfleger, Gesundheits- und Kinderkrankenpflegerinnen oder Gesundheits- und Kinderkrankenpfleger** (Gesetz über die Pflegeberufe – Pflegeberufegesetz – PflBG vom 17.07.2017 [BGBl. I S. 2581]);
- **Logopädinnen und Logopäden** (Gesetz über den Beruf des Logopäden vom 7. Mai 1980 [BGBl. I S. 529]);
- **Masseurin und medizinische Bademeisterin, Masseur und medizinischer Bademeister sowie Physiotherapeutin oder -therapeut** (Gesetz über die Berufe in der Physiotherapie – Masseur- und Physiotherapeutengesetz – MPhG vom 26. Mai 1994 [BGBl. I S. 1084]);
- **Medizinisch-technische Assistentinnen und Assistenten** (MTA-Gesetz – MTAG vom 2. August 1993 [BGBl. I S. 1402]);
- **Pharmazeutisch-technische Assistentinnen und Assistenten** (Gesetz über den Beruf des pharmazeutisch technischen Assistenten – PharmTAG in der Fassung der Bekanntmachung vom 23. September 1997 [BGBl. I S. 2349]);
- **Psychologische Psychotherapeutinnen und -therapeuten sowie Kinder- und Jugendlichenpsychotherapeutinnen und -therapeuten** (Gesetz über den Beruf der Psychotherapeutin und des Psychotherapeuten – Psychotherapeutengesetz – PsychThG vom 15. November 2019 [BGBl. I S. 1604]).

d) Berufspsychologinnen oder -psychologen mit staatlich anerkannter wissenschaftlicher Abschlussprüfung (Nr. 2)

17 Das sind Personen, die als **Psycholog_innen** auf einem der Hauptanwendungsgebiete der Psychologie beruflich tätig sind und eine wissenschaftliche Abschlussprüfung (Bachelor/Master, Diplom, Promotion) absolviert haben. Soweit sie psychotherapeutisch tätig sind, müssen sie die Voraussetzungen der §§ 15, 63 PsychThG erfüllen.[28] Neben Psychotherapeutinnen und -therapeuten sind Schul-, Arbeits- sowie Verkehrspsychologinnen und -psychologen erfasst.

---

27 Hebammengesetz vom 4. Juni 1985 (BGBl. I S. 902), zuletzt geändert durch VO vom 21.7.2014 (BGBl. I S. 1301).

28 Vgl. *Fischer,* StGB, § 203 Rn. 13.

e) Ehe-, Familien-, Erziehungs- und Jugendberaterinnen oder -berater (Nr. 3)

Absatz 1 Nr. 3 erfasst die dort genannten Personen, die ihre **Beratungstätigkeit in einer Beratungsstelle** ausüben, die von einer Behörde oder Körperschaft, Anstalt oder Stiftung des öffentlichen Rechts **anerkannt** ist. Diese Voraussetzung ist zwar nicht in Nr. 3, sondern nur in Nr. 4 genannt, ist aber durch die Konjunktion „sowie" auch in Nr. 3 einbezogen. 18

Eine Behörde ist gemäß § 1 Abs. 4 VwVfG (und der entsprechenden Vorschriften der Verwaltungsverfahrensgesetze der Länder) jede Stelle, die Aufgaben der öffentlichen Verwaltung wahrnimmt, seien es Bundes-, Landes- oder kommunale Behörden. Körperschaften des öffentlichen Rechts sind auch die Kirchen oder als solche anerkannte Religionsgemeinschaften.

Auf **selbständige Ehe-, Familien-, Erziehungs- und Jugendberaterinnen oder -berater** ist die Vorschrift nur anwendbar, wenn sie zugleich einer anderen Berufsgruppe, insbesondere nach Nr. 1, 2 oder 6 angehören.

f) Beraterinnen oder Berater für Suchtfragen in einer Beratungsstelle, die von einer Behörde oder Körperschaft, Anstalt oder Stiftung des öffentlichen Rechts anerkannt ist (Nr. 4)

Hier sind Beraterinnen und Berater etwa in Sucht- und Drogenberatungsstellen oder Fixerstuben usw. erfasst, sofern diese anerkannt sind. Zur Anerkennung gilt das vorstehend unter e) Gesagte entsprechend. 19

g) Mitglieder oder Beauftragte einer anerkannten Beratungsstelle nach dem Schwangerschaftskonfliktgesetz (Nr. 5)

Absatz 1 Nr. 5 erfasst die **Mitglieder** oder **Beauftragten** von **anerkannten Beratungsstellen** nach den §§ 3 und 8 SchKG.[29] Beratungsstellen nach § 3 SchKG führen allgemeine Beratung in Fragen der Sexualaufklärung, Verhütung und Familienplanung, solche nach § 8 SchKG die nach § 219 StGB notwendige Schwangerschaftskonfliktberatung durch. Die Vorschrift greift nach ihrem Wortlaut nur ein, wenn die Beratungsstelle staatlich anerkannt ist, eine solche Anerkennung sieht das SchKG jedoch nur in § 9 SchKG und damit nur für die Schwangerschaftskonfliktberatungsstellen vor. Staatlich anerkannt werden können auch Einrichtungen freier Träger oder Ärztinnen und Ärzte. Nähere Regelungen dazu enthalten die Ausführungsgesetze der Bundesländer. 20

Mitglieder sind die in den Beratungsstellen tätigen **Fachkräfte**. **Beauftragte** einer anerkannten Beratungsstelle sind **Externe**, die von der Beratungsstelle mit der Wahrnehmung von deren Aufgaben beauftragt wurden.

h) Staatlich anerkannte Sozialarbeiterinnen oder -arbeiter und staatlich anerkannte Sozialpädagoginnen oder -pädagogen (Nr. 6)

Unter welchen Voraussetzungen Sozialarbeiterinnen oder -arbeiter und anerkannte Sozialpädagoginnen oder -pädagogen **staatlich anerkannt** werden, obliegt **landesrechtlicher Regelung**. Die staatliche Anerkennung setzt den Abschluss eines Hochschulstudiums auf dem Gebiet der Sozialen Arbeit voraus, das bei gleicher Befähigung auch an einer ausländischen Hochschule absolviert und abgeschlossen worden sein kann.[30] Unerheblich ist, in wel- 21

29 Gesetz zur Vermeidung und Bewältigung von Schwangerschaftskonflikten (Schwangerschaftskonfliktgesetz – SchKG) vom 27.7.1992, BGBl. I S. 1398.

30 Vgl. etwa die niedersächsische Verordnung über die staatliche Anerkennung von Berufsqualifikationen auf dem Gebiet der Sozialen Arbeit, der Heilpädagogik und der Bildung und Erziehung in der Kindheit (SozHeilKindVO) vom 17. Mai 2017, Nds. GVBl. 2017, 155, 170, zuletzt geändert durch Verordnung vom 20.03.2018, Nds. GVBl. 2018, 42.

chem Arbeitsfeld die oder der Berufsangehörige tätig ist, entscheidend ist die staatliche Anerkennung.

i) Lehrerinnen und Lehrer an öffentlichen und an staatlich anerkannten privaten Schulen (Nr. 7)

22 Über den Katalog des § 203 Abs. 1 StGB hinausgehend erfasst Abs. 1 Satz 1 Nr. 7 ausdrücklich Lehrerinnen und Lehrer an öffentlichen Schulen. Die Frage, welche **Lehrpersonen** in den Kreis der Berufsgeheimnisträger einbezogen werden sollen, war im Gesetzgebungsverfahren umstritten. Der Gesetzentwurf der Bundesregierung nannte „Lehrerinnen oder Lehrer an öffentlichen Schulen".[31] Der Bundesrat verlangte in seiner Stellungnahme an ihrer Stelle die Formulierung „Lehrerinnen oder Lehrer an öffentlichen und privaten Schulen", da die bisherige Aufzählung der betroffenen Berufsgruppen unvollständig und die vorgenommenen Ergänzungen im Hinblick auf die in den Nummern 1 bis 7 ausgeblendeten relevanten Berufsgruppen sachlich unverzichtbar seien.[32] Dem stimmten die Bundesregierung in ihrer Gegenäußerung[33] und auch der zuständige Ausschuss für Familie, Senioren, Frauen und Jugend mit der Maßgabe zu[34], dass Lehrerinnen und Lehrer an **öffentlichen und staatlich anerkannten privaten Schulen** einbezogen werden. Zur Begründung wurde übereinstimmend darauf verwiesen, dass nach herrschender Auffassung auch Lehrerinnen und Lehrer an staatlich anerkannten Privatschulen als Amtsträger i.S.d. § 11 Abs. 1 Nr. 2 StGB angesehen würden und deshalb über § 203 Abs. 2 Satz 1 Nr. 1 StGB unter die strafbewehrte Schweigepflicht fielen. Mit der Ausweitung des Anwendungsbereichs der Befugnisnorm des § 4 KKG auf diese Berufsgruppe solle daher auch für diese Gruppe Rechtssicherheit geschaffen werden. Hingegen werde Lehrerinnen und Lehrern an staatlich nicht anerkannten **Privatschulen** keine Amtsträgereigenschaft beigemessen, sodass sie auch keine Berufsgeheimnisträger im Sinne von § 203 StGB seien.[35]

Die schließlich Gesetz gewordene Formulierung entspringt also einer rein **strafrechtlichen Betrachtungsweise**: In den Katalog des § 4 Abs. 1 KKG wurden nur diejenigen Berufsgruppen aufgenommen, die des strafrechtlichen Dispenses bedürfen. Irrelevant erscheint demgegenüber, dass es unter der Perspektive des Kinderschutzes, dem das Gesetz ja in erster Linie dienen soll, keinen Unterschied macht, ob Kinder oder Jugendliche eine staatlich anerkannte oder nicht anerkannte Privatschule besuchen. Auch hinsichtlich des Bedürfnisses nach Rechtssicherheit unterscheiden sich die Lehrkräfte an beiden Schulformen nicht.

2. Pflichten der Berufsgeheimnisträger_innen

23 Abs. 1 Satz 1 ist nach seinem Wortlaut und auch in seiner Struktur ersichtlich § 8a Abs. 1 SGB VIII nachgebildet, mit dem es tatsächlich eine Reihe von Übereinstimmungen gibt, demgegenüber aber auch wesentliche Unterschiede vorliegen.

a) Voraussetzungen

24 Erste Voraussetzung für ein Tätigwerden der Geheimnisträger ist, dass ihnen **„in Ausübung ihrer beruflichen Tätigkeit"** bestimmte Tatsachen bekannt werden. Es genügt also nicht, dass sie in ihrer Freizeit oder in sonstigen nichtberuflichen Zusammenhängen (zufällig) Kenntnis von kindeswohlgefährdenden Umständen erlangen. Umgekehrt können jegliche Tatsachen, die in Ausübung der beruflichen Tätigkeit bekannt werden, also nicht nur diejenigen, die in den professionellen Zuständigkeitsbereich fallen, zum Tätigwerden verpflichten.

31 Vgl. BT-Drs. 17/6256, 8.
32 Vgl. BT-Drs. 17/6256, 7 f.
33 Vgl. BT-Drs. 17/6256, 48.
34 Vgl. BT-Drs. 17/7522, 27.
35 Vgl. BT-Drs. 17/6256, 48; BT-Drs. 17/7522, 27.

Beispiele:

- *Die Grundschullehrerin stellt fest, dass ein Kind infolge fehlender Zahnhygiene und/oder mangelhafter Ernährung erhebliche Zahnschäden hat.*
- *Der Kinderarzt bemerkt, dass ein von ihm nicht behandeltes Geschwisterkind unterernährt oder ständig mangelhaft gekleidet ist.*

Allerdings ist nicht jede in diese Richtung deutende oder als solche möglich erscheinende Information erheblich, vielmehr sollen nur bekanntwerdende „gewichtige Anhaltspunkte für die Gefährdung des Wohls eines Kindes oder eines Jugendlichen" zu einem Tätigwerden führen.

Der Begriff der „Gefährdung des Wohls eines Kindes oder Jugendlichen" in § 4 KKG ist identisch mit dem in § 8a Abs. 1 SGB VIII und entspricht dem der Kindeswohlgefährdung in § 1666 Abs. 1 BGB. Bereits in einer frühen Entscheidung hat der BGH eine solche Gefährdung dann bejaht, wenn Umstände vorliegen, die bei weiterer Entwicklung mit hoher Wahrscheinlichkeit zu einer Schädigung des körperlichen, seelischen oder geistigen Wohls des Kindes führen werden (wegen Einzelheiten vgl. die Erläuterungen zu § 8a SGB VIII Rn. 14 ff.).

Auch der Begriff der „gewichtigen Anhaltspunkte" entspricht dem in § 8a SGB VIII. Auch insoweit kann auf die Erläuterungen zu § 8a SGB VIII Rn. 8 ff. verwiesen werden.

b) Folgen gewichtiger Anhaltspunkte für eine Kindeswohlgefährdung

Das Bekanntwerden gewichtiger Anhaltspunkte für eine Kindeswohlgefährdung **aktiviert** 25
das **Programm des § 4 KKG**. Insoweit ist durch das KJSG keinerlei Änderung eingetreten.

aa) Pflicht zur Erörterung der Situation

Bejaht eine Person nach Abs. 1 – gegebenenfalls nach fachkundiger Beratung gem. Abs. 2 – 26
das Vorliegen gewichtiger Anhaltspunkte für eine Kindeswohlgefährdung, so soll sie die **Situation** mit dem **Kind oder Jugendlichen** und den **Erziehungsberechtigten erörtern**. Der sachliche Anwendungsbereich des § 4 Abs. 1 KKG ist also nicht erst dann eröffnet, wenn die Geheimnisträgerin oder der Geheimnisträger eine Kindeswohlgefährdung bereits bejaht oder diese gar feststeht. Eine Soll-Verpflichtung begründet nach den allgemeinen Grundsätzen des Verwaltungsrechts im Regelfall eine strikte Verpflichtung, von der nur in atypischen Ausnahmefällen abgewichen werden darf.

Das KJSG hat auf Initiative des Bundesrates den zuvor enthaltenen Begriff der Personensorgeberechtigten durch den der Erziehungsberechtigten ersetzt. Damit sollte eine Angleichung an § 8a SGB VIII erreicht werden, der seit dem BKiSchG von Erziehungsberechtigten spricht. Auch in § 4 KKG würden damit nicht nur Personensorgeberechtigte, sondern entsprechend der Definition des § 7 Abs. 1 Nr. 6 SGB VIII alle Erziehungspersonen, also auch erwachsene Personen, die aufgrund einer Vereinbarung mit den Personensorgeberechtigten nicht nur vorübergehend und für Einzelaspekte für das Kind sorgten, etwa Stiefeltern, Partner_innen eines Elternteils, Großeltern oder Pflegepersonen, erfasst.[36]

Unter Hinweis auf verfassungsrechtliche Bedenken wird vertreten, die Vorschrift könne allenfalls verfassungskonform dahin ausgelegt werden, dass sie „als (unverbindliche) Aufforderung zu einem strukturierten und transparenten Vorgehen in Kindeswohlgefährdungsfällen zu verstehen" sei.[37]

---

36 Vgl. BR-Drs. 5/21 (B), 58.

37 So Wiesner/*Walther*, § 4 KKG Rn. 15; vgl. zur Problematik auch Wissenschaftliche Dienste des Deutschen Bundestages, Zur Diskussion über eine Mitteilungsbefugnis im Rahmen des Gesetzes zur Kooperation und Information im Kinderschutz vom 30.4.2019, WD 9 - 3000 - 027/19, 8 f., m.w.N. aus der Literatur.

Da verfassungsrechtliche Bedenken gegen die Norm weder unter dem der (fehlenden) Gesetzgebungskompetenz noch unter sonstigen Gesichtspunkten bestehen,[38] ergibt sich die Notwendigkeit einer Auflösung der bestehenden Verpflichtungen im Wege der verfassungskonformen Auslegung nicht. Es **bleibt also dabei**, dass **Berufsgeheimnisträger_innen** bei Vorliegen der in § 4 Abs. 1 genannten Voraussetzungen regelmäßig zu dem dort umschriebenen **Vorgehen verpflichtet** sind.

27 In welcher **Form** und an welchem **Ort** diese Erörterung stattfindet, ob sie mit allen Beteiligten gemeinsam oder zunächst nur mit dem Kind oder Jugendlichen oder den Personensorgeberechtigten stattfindet, wird vom Gesetz nicht vorgegeben. Hier den richtigen Weg zu finden, ist der fachlichen Beurteilung der jeweiligen Geheimnisträger anheimgegeben. Handlungsleitende Maxime ist insoweit, eine Vertrauensbeziehung zu bewahren oder aufzubauen, um eine offene Erörterung zu ermöglichen und eine Offenheit für mögliche oder notwendige Hilfen herzustellen.

bb) Hinwirken auf die Inanspruchnahme von Hilfen

28 Das Gesetz macht es den Geheimnisträgern auch zur Aufgabe, bei den Personensorgeberechtigten auf die Inanspruchnahme von Hilfen hinzuwirken. Damit sind nicht nur Hilfen zur Erziehung im Sinne der §§ 27 ff. SGB VIII, sondern jegliche Arten und Formen von Hilfen gemeint, die in privaten, verwandtschaftlichen oder freundschaftlichen Zusammenhängen, in den Netzwerkstrukturen nach § 3 KKG oder in anderen Sozialleistungsbereichen, etwa dem Gesundheitswesen, zur Verfügung stehen.

Beispiele:

- *Beantragung von Sozialpädagogischer Familienhilfe bei Vorliegen einer familiären Überforderungssituation*
- *Inanspruchnahme von Eltern- oder Erziehungsberatung bei Misshandlung wegen Überforderung in der Erziehung*
- *Inanspruchnahme von Ehe-/Partnerschaftsberatung bei Übertragung von Partnerschaftsproblemen auf Kinder*
- *Inanspruchnahme von Ernährungsberatung bei Mangel- oder Fehlernährung von Kindern*
- *Beantragung von Sozialleistungen bei besonderen Bedarfssituationen*
- *Aufsuchen von Allgemein-, Fachärzten oder (Spezial)kliniken bei besonderen oder unklaren Erkrankungen*
- *Inanspruchnahme der Einrichtungen des öffentlichen Gesundheitswesens, z.B. des Gesundheitsamtes*

Die Verpflichtung, auf die Inanspruchnahme von Hilfen hinzuwirken, besteht nur, soweit dies **erforderlich** ist: Erforderlich muss zunächst einmal die Inanspruchnahme von Hilfen überhaupt sein. Genügt bereits das Gespräch mit dem Geheimnisträger oder der Geheimnisträgerin, um eine Kindeswohlgefährdung abzuwenden, etwa weil die Eltern sowohl über ein Problembewusstsein als auch über die zur Abwendung erforderlichen Ressourcen verfügen, sind also Hilfen nicht erforderlich, erübrigt es sich selbstredend, auf deren Inanspruchnahme hinzuwirken. Ein Hinwirken ist aber auch dann nicht erforderlich, wenn zwar Hilfen nötig sind, die Personensorgeberechtigten aber bereits aus eigener Initiative diese in Anspruch genommen oder eingeleitet haben oder dies beabsichtigen. Eines Hinwirkens bedarf es bei-

38 Siehe dazu oben Rn. 5 ff.

spielsweise nicht, wenn sich die Eltern aufgrund einer Überforderungssituation bereits zur Unterstützung an das Jugendamt gewandt haben.

cc) Keine Infragestellung wirksamen Schutzes

Sowohl die Pflicht zur Erörterung der Situation als auch die zum Hinwirken auf die Inanspruchnahme von Hilfen stehen unter einem Vorbehalt: Der **wirksame Schutz des Kindes** oder des Jugendlichen darf dadurch **nicht in Frage gestellt** werden. 29

Eine solche Ausnahmesituation liegt etwa vor, wenn die Gefährdung so akut ist, dass eine zeitraubende Erörterung der Lage und möglicher Hilfen ausgeschlossen und ein sofortiges Einschreiten erforderlich ist. Sie liegt ferner vor, wenn die Erörterung, etwa in Fällen vermuteten sexuellen Missbrauchs, nur die Verschärfung der Gefährdungssituation oder die Gefahr der Verschleierung heraufbeschwören würde (zu weiteren Konstellationen vgl. § 8a SGB VIII Rn. 20 ff.).

II. Absatz 2 – Beratungsanspruch

1. Satz 1 – Beratung durch eine insoweit erfahrene Fachkraft

Im Gesetzgebungsverfahren zum BKiSchG war kritisiert worden, dass den in Abs. 1 Nr. 1 bis 7 genannten Geheimnisträger_innen keine gesetzlichen Leitlinien oder Definitionen hinsichtlich dessen, wann eine Kindeswohlgefährdung vorliege, an die Hand gegeben würden.[39] 30

In der Tat sind hier – anders als in § 8a SGB VIII – nicht die Fachkräfte des Jugendamtes, sondern Angehörige von Berufsgruppen Adressaten der Vorschrift, die zwar im Rahmen ihrer Tätigkeit in unmittelbarem Kontakt mit Kindern und Jugendlichen stehen, im Übrigen aber möglicherweise mit den hier an sie gestellten Anforderungen nicht vertraut sind. Gleichwohl wird von ihnen kaum weniger verlangt als von den Mitarbeiterinnen und Mitarbeitern des Jugendamtes. Dennoch ist die **Kritik** in zweifacher Hinsicht **nicht gerechtfertigt**:

Zum einen sperren sich die Begriffe der Kindeswohlgefährdung, aber auch der gewichtigen Anhaltspunkte gegen eine gesetzliche Definition, die sie so allgemein und abstrakt ausfüllen müsste, um allen möglichen Konstellationen gerecht zu werden, dass sie wenig brauchbar wäre.

Zum anderen sind die Angehörigen dieser Berufsgruppen gerade wegen ihrer Nähe zu Kindern und Jugendlichen jedenfalls in ihren jeweiligen professionellen Gebieten qualifiziert und erfahren, um die notwendige Einschätzung vornehmen zu können.

Darüber hinaus normiert § 4 Abs. 2 Satz 1 KKG einen Anspruch der betroffenen Geheimnisträgerinnen und Geheimnisträger, um bestehende Unsicherheiten und Unklarheiten im Einschätzungsprozess zu beseitigen. Es handelt sich dabei um ein **Recht** der Betroffenen, eine **Verpflichtung**, diese Beratung auch in Anspruch zu nehmen, besteht nicht. 31

Auf den ersten Blick erscheint es allerdings offen, ob es sich bei dem Anspruch nach § 4 Abs. 2 Satz 1 KKG gleichsam um einen solchen auf allgemeine Fort- oder Weiterbildung handelt. Aber Satz 2, der „zu diesem Zweck befugt, dieser Person die dafür erforderlichen Daten zu übermitteln", macht jedoch deutlich, dass es um einen Beratungsanspruch im Einzelfall geht. Dies wird auch durch die Gesetzesbegründung belegt, in der es heißt: 32

39 Vgl. etwa die Stellungnahme von Fegert an den Bundestagsausschuss für Familie, Senioren, Frauen und Jugend, Ausschussdrucksache 17(13)116d, 8 f.

> Da die Einschätzung einer Kindeswohlgefährdung im Einzelfall sehr schwierig und komplex sein kann und zudem nicht immer zu den typischen Aufgaben der unter die Norm fallenden Berufsgruppen zählt, räumt die Vorschrift den in Absatz 1 benannten Berufsgruppen das Recht ein, eine im Kinderschutz erfahrene Fachkraft (z. B. aus einer Beratungsstelle oder einem Kinderschutzzentrum) hinzuzuziehen. Es ist Aufgabe der Träger der öffentlichen Jugendhilfe im Rahmen ihrer Gesamtverantwortung dafür zu sorgen, dass in der jeweiligen Region ein Pool kompetenter Personen zur Verfügung steht."[40]

33 Der **Beratungsanspruch** besteht gegenüber dem Träger der öffentlichen Jugendhilfe, also dem Jugendamt. Er richtet sich auf Beratung durch eine insoweit erfahrene Fachkraft, die einer Person nach Absatz 1 Nr. 1 bis 7 Hilfestellung bei der Entscheidung darüber leisten soll, ob eine Kindeswohlgefährdung vorliegt oder nicht. Nach dem Wortlaut der Vorschrift setzt der Beratungsanspruch erst bei der Frage des Vorliegens einer Kindeswohlgefährdung ein. Die Verpflichtungen der Personen nach Abs. 1 beginnen aber bereits früher, nämlich dann, wenn (nur) gewichtige Anhaltspunkte für eine Kindeswohlgefährdung vorliegen. Deshalb ist davon auszugehen, dass auch der **Beratungsanspruch bereits hinsichtlich der Frage** besteht, ***ob*** denn gewichtige Anhaltspunkte für eine Gefährdung gegeben sind.

34 Die öffentlichen Jugendhilfeträger haben umgekehrt die Pflicht, die personellen Ressourcen vorzuhalten, um an sie herangetragene Beratungsansprüche erfüllen zu können. Auch das ergibt sich unzweideutig aus der Gesetzesbegründung. Insoweit ist fraglich, ob die Beratung auch durch Fachkräfte des Jugendamtes vorgenommen werden kann oder zwingend durch externe Fachkräfte erfolgen muss.[41] Eindeutig ist insofern lediglich, dass es sich bei den Beratungspersonen nicht um Fachkräfte des ASD handeln darf. Denn zum einen wären die Betroffenen ungeachtet der durch Abs. 2 Satz 2 vorgeschriebenen Pseudonymisierung häufig leicht zu erkennen, so dass die angestrebte Anonymität nicht gewährleistet wäre. Zum anderen müssten die Fachkräfte des ASD in diesem Fall ihrem eigenen Schutzauftrag nach § 8a SGB VIII nachkommen.[42] Nicht ausgeschlossen ist es dagegen, dass eine organisatorisch und personell vom ASD getrennte Stelle des Jugendamtes Beratungen nach § 4 Abs. 2 KKG anbietet. Im Interesse auch der Pluralität hat das Jugendamt darüber hinaus die Möglichkeit der Beratung bei externen Stellen sicherzustellen.

Die Verpflichtung des Trägers der öffentlichen Jugendhilfe, ein Beratungsangebot vorzuhalten, schließt auch die Pflicht ein, den von § 4 Abs. 1 KKG erfassten Personenkreis bestmöglich über den **Zugang zur Beratung** zu informieren.

Wendet sich eine Person nach Abs. 1 zwecks **Beratung** an das Jugendamt, muss diese **umgehend erfolgen**, da andernfalls das Modell „Bekanntwerden gewichtiger Anhaltspunkte > vorläufiges Einschätzen > Inanspruchnahme von Beratung > abschließende Einschätzung > Tätigwerden" bereits aus zeitlichen Gründen obsolet würde.

2. Satz 2 – Befugnis zur Übermittlung pseudonymisierter Daten

35 **Abs. 2 Satz 2 Hs. 1** befugt die Geheimnisträgerinnen und Geheimnisträger dazu, der insoweit erfahrenen Fachkraft die zum Zweck der Beratung erforderlichen Daten zu übermitteln. Die Übermittlungsbefugnis wird dadurch auf diesen Zweck begrenzt. Zwar ist mit der Erforderlichkeit ein objektives Kriterium benannt, jedoch kommt der Person, die die Beratung in Anspruch nimmt, insoweit ein Einschätzungsspielraum zu. Sie entscheidet letztendlich, welche Daten sie der Fachkraft zur Verfügung stellt, um eine fundierte und effektive Beratung zu ermöglichen. Maxime sollte dabei allerdings sein, so wenig Daten wie möglich zu übermitteln, um die Gefahr des Anonymitätsverlusts und der Identifizierung zu minimieren.

---

40 BT-Drs. 17/6256, 19.
41 Im letzteren Sinne wohl Wiesner/*Walther*, § 4 KKG Rn. 27.
42 Ebenso FK-SGB VIII/*Meysen*, § 8b Anhang Rn. 100.

Dies gilt ungeachtet der Tatsache, dass die Daten gem. **Satz 2 Hs. 2** vor der Übermittlung zu **pseudonymisieren** sind. Damit hat der Gesetzgeber die schwächere Form der Unkenntlichmachung gewählt. Während nämlich ein Anonymisieren bedeutet, Sozialdaten derart zu verändern, dass die Einzelangaben über persönliche oder sachliche Verhältnisse nicht mehr oder nur mit einem unverhältnismäßig großen Aufwand einer bestimmten oder bestimmbaren natürlichen Person zugeordnet werden können, (§ 67 Abs. 8 SGB X), liegt ein **Pseudonymisieren** bereits dann vor, wenn der **Name** und **andere Identifikationsmerkmale** durch ein **Kennzeichen ersetzt** wird, das die Bestimmung des Betroffenen wesentlich erschwert (§ 67 Abs. 8a SGB X). 36

III. Abs. 3 – Befugnis zur Übermittlung von Daten an das Jugendamt

Abs. 3 regelt die **zweite Stufe** des Schutzprogramms des § 4 KKG. Er normiert für die in Abs. 1 genannten Personen die Befugnis, 37

- unter bestimmten Voraussetzungen das Jugendamt zu informieren, sowie
- zu diesem Zweck die für dessen Tätigwerden erforderlichen Daten zu übermitteln.

Hier zeigt sich der Doppelcharakter der Vorschrift: Sie legitimiert zum einen die **Datenübermittlung** an das **Jugendamt**, sie hat zum anderen strafrechtliche Relevanz: Die genannten Geheimnisträger dürfen die ihnen durch § 203 StGB auferlegte **Schweigepflicht straflos durchbrechen**. Die Strafbarkeit nach dieser Vorschrift setzt nämlich voraus, dass das Geheimnis **„unbefugt"** offenbart wird; durch **Absatz 3** wird die Offenbarung aber zu einer „**befugten**", sodass bereits die Erfüllung des objektiven Tatbestandes des § 203 StGB entfällt. Die Befugnis zur Datenübermittlung ist allerdings nicht voraussetzungslos.

1. Satz 1 Hs. 1 – Voraussetzungen der Übermittlungsbefugnis

a) Ausscheiden einer Gefährdungsabwendung nach Abs. 1

Die Übermittlungsbefugnis nach Abs. 3 setzt grundsätzlich voraus, dass die Berufsgeheimnisträgerinnen und -träger den Verpflichtungen nach Abs. 1 nachgekommen sind. Abweichend davon besteht die Befugnis dann, wenn ein Vorgehen nach Abs. 1 ausscheidet. 38

Ein solches Vorgehen **scheidet** immer dann **aus**, wenn dadurch der wirksame Schutz des Kindes oder des Jugendlichen in Frage gestellt wird. Insoweit wird auf die Erläuterungen oben unter Rn. 29 verwiesen.

Darüber hinaus scheidet eine Gefährdungsabwendung auch dann aus, wenn von **Beginn an feststeht**, dass die Personensorgeberechtigten jegliche Kooperation verweigern oder es ablehnen, die notwendigen Maßnahmen zu ergreifen oder Hilfen anzunehmen. Davon kann allerdings nur bei Vorliegen entsprechender Erklärungen und damit nur in Ausnahmefällen ausgegangen werden.

b) Erfolglosigkeit des Vorgehens nach Abs. 1

Die Befugnis zur Information des Jugendamtes besteht nach einer **zweiten** – alternativ daneben stehenden – **Voraussetzung** dann, wenn das Vorgehen nach Abs. 1 erfolglos geblieben ist. 39

Besteht der Gefährdungszustand nach (dem Versuch) der Abwendung unverändert fort, haben sich die Abwendungsbemühungen als erfolglos erwiesen. Dies ist nicht immer einfach zu beurteilen, da es sich um dynamische Prozesse handelt, deren Stand und Ergebnis nicht gleichsam auf einer Skala abgelesen werden können.

40 Hinzu kommt die weitere Frage, **welche Zeit den Abwendungsbemühungen einzuräumen** ist. Sie kann nicht allgemein beantwortet werden. Insoweit kann nur eine allgemeine Leitlinie benannt werden, die lautet: Je gewichtiger das Rechtsgut und je größer die ihm drohende Gefahr, umso weniger Karenzzeit ist einzuräumen – bis hin zu jener Schwelle, in denen der Grad der Gefährdung keinerlei Aufschub duldet, also ein Fall der ersten Alternative vorliegt, dass nämlich eine Abwendung nach Abs. 1 ausscheidet. Im Übrigen sollte eine insoweit erfahrene Fachkraft, auf deren Rat die Geheimnisträger nach Abs. 2 Anspruch haben, alsbald erkennen, ob die Abwendungsbemühungen im Sinne des Abs. 1 letztendlich von Erfolg gekrönt sein werden oder nicht.

c) Erforderlichkeit eines Tätigwerdens des Jugendamtes

41 **Dritte Voraussetzung** für die Befugnis zur Information des Jugendamtes ist, dass die involvierte schweigeverpflichtete Person ein **Tätigwerden** des Jugendamtes für **erforderlich hält**, um eine Gefährdung des Kindes oder Jugendlichen abzuwenden.

Das Gesetz stellt nach seinem Wortlaut („… und halten die in Absatz 1 genannten Personen ein Tätigwerden des Jugendamtes für erforderlich, um…") bei der Beurteilung der Erforderlichkeit ausschließlich auf die Einschätzung durch die Personen nach Abs. 1 ab.

Dieser Befund wird durch die Gesetzgebungsgeschichte bestätigt. Die Formulierung wurde trotz der in der Sachverständigenanhörung daran geäußerten Kritik[43] beibehalten.

Die Regelung stellt also nicht auf die objektive Notwendigkeit des Tätigwerdens durch das Jugendamt, sondern darauf ab, dass die oder der Handelnde im Wege der **Prognose** davon ausgeht, dass ein Tätigwerden erforderlich ist.

42 Maßstab ist insoweit vielmehr, ob er in vertretbarer Weise, das heißt, nach sorgfältiger Erforschung und Würdigung des Sachverhalts, von einer Gefahr, also von einer Sachlage ausgehen durfte, die bei ungehindertem Geschehensablauf zu einer Schädigung eines geschützten Rechtsgutes führen wird.

Das bedeutet, dass der Geheimnisträger/die Geheimnisträgerin dann das Jugendamt **informieren darf**, wenn er in vertretbarer Weise, das heißt unter Berücksichtigung der ihm oder ihr vorliegenden Kenntnisse und Erkenntnisse hinsichtlich der Gefährdung und der Abwendungsbereitschaft und -fähigkeit der Personensorgeberechtigten, die Tätigkeit des Jugendamtes für erforderlich hält.

Beispiel:

Eine Ärztin hat die Unterernährung eines Kleinstkindes und damit gewichtige Anhaltspunkte für eine Kindeswohlgefährdung festgestellt, ein Vorgehen nach Absatz 1 scheidet aus, weil die Eltern keinerlei Problembewusstsein zeigen und auch jegliche Hilfe ablehnen.

2. Satz 1 Hs. 2 – Vorgängiger Hinweis an die Betroffenen

43 Neben den oben behandelten Voraussetzungen enthält **Abs. 3 Satz 1** mit **Hs. 2** eine weitere die Informationsbefugnis betreffende Regelung. Danach sind die Betroffenen „hierauf", d. h. auf die (bevorstehende) Information des Jugendamts, „vorab hinzuweisen". Die Betroffenen, d. h. das Kind oder der Jugendliche und die Personensorgeberechtigten, sind also

43 Vgl. *Meysen*, Hinweise, 8, der von einer Ausrichtung am „persönlichen Gusto" sprach, sowie *Fegert*, Stellungnahme, 9, der meinte, die Regelung stelle „allein auf das persönliche ‚Bauchgefühl' ab, mittels dessen sich die Geheimnisträger „schwieriger und konfliktträchtiger Fälle in Richtung Jugendamt entledigen" könnten.

vom Berufsgeheimnisträger darüber in Kenntnis zu setzen, dass er das Jugendamt informieren werde.

Fraglich ist, welche **Konsequenzen** eine Information des Jugendamts **ohne vorherigen Hinweis** an die Betroffenen und ohne Vorliegen eines Ausnahmefalls hat.

Bereits nach dem **Wortlaut** der Vorschrift ist die vorgängige Information der Betroffenen **nicht** als **Tatbestandsvoraussetzung** der Befugnis, das Jugendamt zu informieren, formuliert. Das sind nur die vor der Rechtsfolge („so sind sie befugt, das Jugendamt zu informieren") genannten Voraussetzungen.

Darüber hinaus ist ein Blick auf die **Funktion** zu werfen, die dem vorab zu gebenden Hinweis zukommt. Wurde nach § 4 Abs. 1 KKG vorgegangen und liegen die Voraussetzungen des Abs. 3 vor, dann darf die Information des Jugendamtes ohne Einwilligung oder sogar gegen den (erklärten) Willen der Betroffenen erfolgen. Dessen ungeachtet sollte sich die/der Berufsgeheimnisträger/in um ein Einverständnis bemühen. Ist dies nicht möglich, dient der vorgängige Hinweis der Herstellung von Transparenz, damit nicht durch Überraschungsmaßnahmen jegliche Kooperationsbereitschaft der Personensorgeberechtigten zerstört wird. Der vorab zu gebende Hinweis soll also dazu beitragen, ungeachtet der Information des Jugendamts den Hilfezugang des Geheimnisträgers, aber auch den des Jugendamtes selbst möglichst nicht zu verschütten. Die **Hinweispflicht** hat damit **nicht die Funktion**, eine subjektive **Rechtsposition** der **Betroffenen** im Sinne eines Rechts, die Datenübermittlung an das Jugendamt zu verhindern, **zu schaffen**, sondern objektivrechtlich den Kindesschutzprozess erfolgversprechend zu organisieren. Ein Unterlassen des Hinweises ohne Vorliegen eines Ausnahmefalls ist deshalb ein bloßer Ordnungsverstoß, der unter der Perspektive der Sozialen Arbeit problematisch sein mag, aber die Mitteilung an das Jugendamt **weder jugendhilferechtlich unzulässig noch zu** einer im Sinne des § 203 StGB **unbefugten** Offenbarung macht. Die **Mitteilung** bleibt also auch bei unterlassenem Hinweis an die Betroffenen **straflos**.[44] 44

3. Satz 1 – Rechtsfolge: Befugnis, das Jugendamt zu informieren

Liegen die vorgenannten Voraussetzungen vor, tritt die Befugnis ein, „das Jugendamt zu informieren". 45

Bis zum Inkrafttreten der Vorschrift erfüllte die Weitergabe von Informationen durch Geheimnisträger den Tatbestand des § 203 StGB und war nur dann straflos, wenn sich der Handelnde auf einen Rechtfertigungs- oder Entschuldigungsgrund berufen konnte. Als solcher kam insbesondere der rechtfertigende Notstand gem. § 34 StGB in Frage, nach dem nicht rechtswidrig handelt, wer eine Straftat begeht, um in einer gegenwärtigen nicht anders abwendbaren Gefahr für Leben, Leib, Freiheit, Ehre, Eigentum oder ein anderes Rechtsgut die Gefahr von sich oder einem anderen abzuwenden. Weitere Voraussetzung der Rechtfertigung ist, dass „bei Abwägung der widerstreitenden Interessen, namentlich der betroffenen Rechtsgüter und des Grades der ihnen drohenden Gefahren, das geschützte Interesse das beeinträchtigte wesentlich überwiegt"

Die Rechtfertigung nach dieser Vorschrift setzt also voraus, dass das geschützte Rechtsgut – nämlich das Wohl des Kindes – das beeinträchtigte – nämlich das durch § 203 StGB geschützte Vertrauensverhältnis zwischen Geheimnisträger und Patient, Klientin oder Adressatin – wesentlich übersteigt. Mochte dies in den Fällen, in denen eine strafbare Gefährdung oder Verletzung des Kindeswohls – etwa durch sexuellen Missbrauch (§ 176 StGB) – in Rede steht, durch Vergleich der Strafdrohungen nach § 203 StGB einerseits und dem jeweiligen Straftatbestand, also etwa nach § 176 StGB, relativ leicht zu entscheiden sein, war es in allen 46

44 Ebenso Wiesner/*Walther*, Anhang 1, § 4 KKG Rn. 36.

anderen Fällen eher problematisch. Da sich die Rechtmäßigkeit der Informationsweitergabe stets erst aus einer Interessen- und Güterabwägung ergab, führte der Weg über den Rechtfertigungsgrund in der Praxis zu Anwendungsschwierigkeiten und Unsicherheiten.[45] Diese Probleme sollen durch die Vorschrift beseitigt werden.

46a Gut neun Jahre nach Inkrafttreten von § 4 KKG am 1.1.2012 hielt es der Gesetzgeber für erforderlich, eine Vorschrift zu schaffen, mit der die Befugnisregelung des § 4 KKG für Mitarbeiterinnen und Mitarbeiter von Stellen, die dem Sozialgeheimnis nach § 35 SGB I unterliegen, im „Zehnten Buch Sozialgesetzbuch nachvollzogen und die Übermittlungsbefugnis sozialdatenschutzrechtlich sichergestellt" wird, „da es für die Übermittlung von Sozialdaten einer gesetzlichen Grundlage im Sozialgesetzbuch" bedürfe.[46] Deshalb wurde durch Art. 5 KJSG § 71 Abs. 1 SGB X folgender Satz 5 angefügt:

> „Eine Übermittlung von Sozialdaten ist auch zulässig, soweit sie zum Schutz des Kindeswohls nach § 4 Absatz 1 und 5 des Gesetzes zur Kooperation und Information im Kinderschutz erforderlich ist."

Die Vorschrift enthält damit die gesetzliche Grundlage im Sozialgesetzbuch. Die konkrete Formulierung beruht allerdings auf einem Redaktionsversehen. Die im Gesetzentwurf der Bundesregierung zum KJSG enthaltene Vorschrift bezog sich auf den darin enthaltenen Entwurf des § 4 KKG, in dem die Übermittlungsbefugnis nicht in Abs. 3, sondern noch in Abs. 1 enthalten war; auch Abs. 5 bezog sich auf Abs. 1. Da § 4 KKG in der Gesetz gewordenen Fassung jedoch im Wesentlichen der ursprünglichen Struktur entspricht, also nicht Abs. 1, sondern Abs. 3 die Übermittlungsbefugnis enthält, ist § 71 Abs. 1 Satz 5 SGB X **so zu lesen**, dass die Übermittlung von Sozialdaten auch zulässig ist, soweit sie … nach § 4 **Abs. 3** und 5 KKG erforderlich ist.

4. Satz 2 – Umfang der Übermittlungsbefugnis

47 Gegenüber der Befugnis nach Abs. 3 Satz 1, das Jugendamt „zu informieren", nimmt Satz 2 eine datenschutzrechtliche Präzisierung dahin vor, dass die Personen nach Absatz 1 befugt sind, die **erforderlichen Daten** mitzuteilen. Hier gilt grundsätzlich das zu Abs. 2 Satz 2 Gesagte entsprechend: Der Zweck, dem Jugendamt seinerseits eine Einschätzung der Gefährdung und ein daraus abgeleitetes Tätigwerden zu ermöglichen, markiert die Erforderlichkeit und begrenzt die Befugnis zur Übermittlung. Auch an dieser Stelle steht der Geheimnisträgerin oder dem Geheimnisträger ein **Einschätzungsspielraum** hinsichtlich der **Erforderlichkeit** der zu übermittelnden Daten zu. Ungeachtet dessen ist das Jugendamt im Fall einer Mitteilung nach § 4 Abs. 3 KKG in Wahrnehmung seines Schutzauftrags ohnehin befugt und verpflichtet, die zur Gefährdungseinschätzung erforderlichen Daten zu erheben.

5. Satz 3 – Pflicht der Personen nach Abs. 1 Nr. 1 zur Information des Jugendamtes

48 **Abs. 3 Satz 3** wurde durch das **KJSG eingefügt**. Danach sind die in Abs. 1 Nr. 1 genannten Personen – Angehörige von Heilberufen – unter bestimmten Voraussetzungen nicht nur befugt, sondern **verpflichtet**, unverzüglich das **Jugendamt zu informieren**. Mit der Änderung, so die Begründung des federführenden 13. Ausschusses, auf dessen Empfehlung die Vorschrift aufgenommen wurde, werde dem Anliegen des Bundesrates in Bezug auf Angehörige von Heilberufen, insbesondere Ärztinnen und Ärzten, Rechnung getragen und für diese Berufsgeheimnisträgerinnen und -träger (die Verpflichtung) eingeführt, bei einer aus deren Sicht dringenden Gefahr für das Kindeswohl im Regelfall („soll") unverzüglich das Jugendamt zu informieren, wenn sie dessen Tätigwerden zur Abwendung der Gefährdung für

45 So auch die Gesetzesbegründung BT-Drs. 17/6256, 20.
46 Vgl. BT-Drs. 19/26107, 127.

erforderlich halten.[47] Eigene inhaltliche Erwägungen sind der Beschlussempfehlung nicht zu entnehmen. Der Bundesrat hatte sein Anliegen damit begründet, dass eine bestehende Schutzlücke dringend geschlossen werden müsse.[48]

Dass die Sätze 1 und 2 für die in Absatz 1 Nummer 1 genannten Personen „mit der Maßgabe, dass…" gelten, legt nach dem Wortlaut den Schluss nahe, dass Satz 3 die Sätze 1 und 2 für die Angehörigen von Heilberufen vollständig modifiziert, also an deren Stelle tritt. Diese Auslegung ist allerdings so nicht intendiert und würde auch zu widersinnigen Ergebnissen, nämlich dazu führen, dass immer dann, wenn keine dringende Gefahr, sondern eine unterhalb dieser Schwelle liegende „normale" Gefährdung vorliegt, weder eine Verpflichtung nach Satz 3 noch eine Befugnis nach den Sätzen 1 und 2 bestünde. Richtigerweise ist von folgender **Struktur** der Vorschrift auszugehen: Liegen bei einer Person nach § 4 Abs. 1 Nr. 1 KKG die Voraussetzungen des § 4 Abs. 3 Satz 1 vor, ist diese Person befugt, das Jugendamt zu informieren und diesem die erforderlichen Daten zu übermitteln (Satz 2). Stellt sich die Gefahr für das Kindeswohl nach deren Einschätzung als *dringende* dar, **wandelt** sich die **Befugnis** in eine Soll-**Verpflichtung** zur Information. 48a

a) Voraussetzungen

Aus der Geltung von Abs. 3 Satz 1 folgt, dass die Verpflichtung nach Satz 3 nur entstehen kann, wenn Abwendungsversuche, zu denen Personen nach Abs. 1 Nr. 1 gem. Abs. 1 verpflichtet sind, entweder a priori ausgeschieden oder erfolglos geblieben sind. Insoweit kann auf das oben unter Rn. 38 f. Gesagte verwiesen werden. Diese Verpflichtung ergibt sich bereits aus dem Wortlaut der Vorschrift („Die Sätze 1 und 2 gelten für…"). Darüber hinaus wird sich die Dringlichkeit der Gefahr möglicherweise erst aus der Erörterung mit den Betroffenen ergeben. 48b

Weitere Voraussetzung für die Informationsverpflichtung ist also das Vorliegen einer **dringenden Gefahr** für das Wohl des Kindes oder der oder des Jugendlichen. Der Begriff der „dringenden Gefahr" entspricht dem in § 42 Abs. 1 Nr. 2 SGB VIII. Eine **Gefahr** ist gegeben, wenn im Rahmen einer prognostischen Betrachtung der Person nach § 4 Abs. 1 Nr. 1 KKG 48c

47 Vgl. BT-Drs. 19/28870, 112. Damit wird das Anliegen des Bundesrates freilich in zweifacher Weise verfälscht wiedergegeben: Zum einen wollte dieser eine Meldepflicht für *alle* in Abs. 1 genannten Personen normiert wissen, zum anderen sollte diese Verpflichtung *in allen Fällen* des Absatzes 3 Satz 1, also nicht nur bei Bestehen einer *dringenden* Gefahr, bestehen („Scheidet eine Abwendung der Gefährdung nach Absatz 1 aus oder ist ein Vorgehen nach Absatz 1 erfolglos und halten die in Absatz 1 genannten Personen ein Tätigwerden des Jugendamtes für erforderlich, um eine Gefährdung des Wohls eines Kindes oder eines Jugendlichen abzuwenden, sollen sie dieses unverzüglich informieren und ihm die zur Abwendung der Gefährdung erforderlichen Daten übermitteln; hierauf sind die Betroffenen vorab hinzuweisen, es sei denn, dass damit der wirksame Schutz des Kindes oder des Jugendlichen in Frage gestellt wird" BR-Drs. 5/21 [Beschluss], 53). Das Anliegen des Bundesrates war also sehr viel weitergehender. Dass selbst die Verpflichtung der Personen nach Abs. 1 Nr. 1 vom Ausschuss offenbar nur widerwillig aufgenommen wurde, zeigt sich auch daran, dass dessen Begründung hinsichtlich der Voraussetzungen der Verpflichtung nichts über die Wiederholung des Gesetzestextes Hinausgehendes, dagegen einiges hinsichtlich der Ausnahmen von der Verpflichtung zu entnehmen ist. Es darf darüber spekuliert werden, ob es sich bei der Aufnahme der Vorschrift um einen Teil des Preises für die Zustimmung des Bundesrates handelt.

48 Im Einzelnen ist ausgeführt: „Darüber hinaus muss die in § 4 Absatz 3 KKG bestehende Schutzlücke dringend geschlossen und die bestehende Handlungspflicht bei erkannter Kindeswohlgefährdung zur Sicherstellung des Kindeswohls ausdrücklich klargestellt werden – gerade auch vor dem Hintergrund der bekanntgewordenen Missbrauchsfälle von Staufen, Bergisch-Gladbach, Lügde und Münster. Für einen effektiven Schutz von Kindern und Jugendlichen vor körperlicher, sexualisierter und seelischer Gewalt sowie Vernachlässigung ist klarzustellen, dass nicht nur eine Befugnis, sondern eine Pflicht besteht, das Jugendamt zu informieren, wenn dies aus Sicht der in Absatz 1 genannten Berufsgruppen zur Abwendung der Gefährdung erforderlich ist (Kann- zu Soll-Regelung). Kinder und Jugendliche brauchen ein wirksames Hilfesystem, das sie tatsächlich vor Gefährdungen schützt. Keinesfalls darf bei den genannten Personen – mangels entsprechender Regelung in § 4 KKG – weiterhin die Einschätzung möglich sein, es läge allein in deren Ermessen, ob sie dem Kind oder Jugendlichen helfen oder nicht" (vgl. BT-Drs. 19/27481, 56).

Umstände vorliegen, die bei ungehindertem Ablauf des zu erwartenden Geschehens den Eintritt eines Schadens hinreichend wahrscheinlich erscheinen lassen. Sie ist **dringend**, wenn sie ein **sofortiges Einschreiten** erforderlich macht. Bezugspunkt ist dabei das Tätigwerden des Jugendamtes. Dessen Schutzmaßnahmen dürfen keinen Aufschub dulden.

Wie bereits in Satz 1 kommt es für die Beurteilung der Dringlichkeit der Gefahr auf die **Einschätzung der Person nach Abs. 1 Nr. 1** an. Diese Einschätzung hat sich nach dem Wortlaut auch auf die Frage zu erstrecken, ob sie das Tätigwerden des Jugendamtes erfordert. Diese ist allerdings mit der Bejahung einer dringenden Gefahr für das Wohl eines Kindes oder Jugendlichen gefallen: Es ist schlechterdings nicht vorstellbar, dass **trotz Vorliegens** einer solchen gesteigerten Gefahr ein Tätigwerden des Jugendamtes **nicht erforderlich** sein könnte. Vgl. zur Frage, ob trotz Vorliegen einer dringenden Gefahr eine Information des Jugendamtes unterbleiben darf, sogleich Rn. 48d.

Maßstab bei der Einschätzung des **Grades der Gefahr** ist, ob die Person nach Abs. 1 Nr. 1 in vertretbarer Weise, das heißt nach sorgfältiger Erforschung und Würdigung des Sachverhalts, von einer dringenden Gefahr, also von einer Sachlage ausgehen muss, die bei ungehindertem Geschehensablauf zu einer unmittelbar bevorstehenden Schädigung der zu schützenden Rechtsgüter (insbesondere Leben, Gesundheit, sexuelle und seelische Unversehrtheit) eines Kindes oder Jugendlichen führen wird, die ein sofortiges Eingreifen erforderlich macht. Auch hier gilt, dass an den Gefährdungsgrad umso geringere Anforderungen zu stellen sind, je höher das zu schützende Rechtsgut zu bewerten ist.

Hierbei können sich die betroffenen Berufsgeheimnisträger_innen beraten lassen. Der **Beratungsanspruch** nach Abs. 2 erstreckt sich auch auf die Einschätzung des Grades der Gefahr für das Kindeswohl. Wenn es in der Begründung des 13. Ausschusses dazu weiter heißt, die betroffene Person könne sich „insbesondere mit Blick auf die Pflicht zur Meldung an das Jugendamt" (…) durch eine insoweit erfahrene Fachkraft beraten lassen und sich auch an die medizinische Kinderschutzhotline wenden,[49] so legt das fälschlicherweise nahe, bereits bei der Beurteilung der Dringlichkeit der Gefahr – durch die Berufsgeheimnisträger_in oder durch die insoweit erfahrene Fachkraft – sei die im Bejahensfall daraus resultierende Meldepflicht einzubeziehen. Dies wäre eine unzulässige Vermischung von Tatbestandsvoraussetzung und Rechtsfolge. Ob eine dringende Gefahr für das Kindeswohl besteht, ist unabhängig (und eben nicht „mit Blick auf") davon zu beurteilen, dass daraus ggfs. die Pflicht zur Information des Jugendamtes resultiert.[50]

b) Rechtsfolge

48d Liegt eine dringende Gefahr für das Kindeswohl vor, ist Rechtsfolge die **Verpflichtung**, **unverzüglich** das **Jugendamt zu informieren** und ihm die erforderlichen Daten mitzuteilen. Insoweit gilt zunächst das oben bei Rn. 47 Gesagte.
Allerdings handelt es sich auch hier um eine **Soll-Verpflichtung** („informieren sollen"). Soll-Vorschriften beinhalten eine strikte Bindung für den Regelfall, gestatten aber eine Abweichung in atypischen Fällen, in denen überwiegende Gründe für ein Abgehen von der Norm sprechen. Ein solches Abweichen ist nur dann zulässig, wenn die Einhaltung der für den Normalfall geltenden Regelung vom Gesetzeszweck nicht mehr gefordert wird.[51] Die Begründungslast für die Zulässigkeit der Abweichung liegt bei der Behörde oder Person, die sich darauf beruft, hier also der Person nach Abs. 1 Nr. 1.

---

49 Vgl. BT-Drs. 19/28870, 113.

50 Bereits bei der Einschätzung des Grades der Gefahr die mögliche Pflicht zur Information des Jugendamtes in den Blick zu nehmen, kann daher nur als ein Versuch gesehen werden, die Verpflichtung zu relativieren.

51 Vgl. allgemein Kopp/Schenke/*Ruthig*, VwGO, § 114 Rn. 21 m.w.N.

Einen solchen Ausnahmefall, in dem von einer Meldung an das Jugendamt abgesehen werden könne, sieht die Gesetzesbegründung des Ausschusses insbesondere gegeben, „wenn der Berufsgeheimnisträger/die Berufsgeheimnisträgerin zur Sicherstellung eines wirksamen Schutzes des Kindes oder Jugendlichen ein anderes Vorgehen für notwendig und wirkungsvoller hält".[52] Die wohlfeile Formulierung, gleichsam der letzte Ausweg vor dem Eintritt der Meldepflicht, verkennt, dass an dieser Stelle über die Frage, ob „ein anderes Vorgehen für notwendig und wirkungsvoller" gehalten wird, längst entschieden ist. Dass nämlich ein Vorgehen nach Abs. 1 („anderes Vorgehen") ausscheidet oder erfolglos geblieben ist, stellt nach Abs. 3 **Satz 1** eine **zentrale Voraussetzung** dafür dar, dass eine Befugnis oder, im Fall des Satzes 3, eine Verpflichtung zur Information des Jugendamtes **überhaupt entsteht**. Mit anderen Worten: Ist die Abwendung der Gefährdung auf andere Weise möglich oder gar wirkungsvoller, bestehen weder Befugnis noch Verpflichtung zur Meldung an das Jugendamt.

Eine Konstellation, in der eine dringende Gefahr für das Kindeswohl besteht, anderweitige Abwendungsmöglichkeiten ausscheiden oder erfolglos geblieben sind und dennoch das Jugendamt nicht zu informieren sein soll, ist danach **kaum denkbar**, ohne den Gesetzeszweck, wie er in der Begründung des Bundesrates zum Ausdruck gebracht wurde,[53] in sein Gegenteil zu verkehren.

Die **Information des Jugendamtes** hat **unverzüglich**, d. h. ohne schuldhaftes Zögern (§ 121 BGB), zu erfolgen. Da es in einem ersten Schritt um die Information des Jugendamtes über das Bestehen einer Gefährdung geht, sind nur geringe zeitliche Toleranzen (maximal ein Arbeitstag) akzeptabel. Im Einzelfall kann auch die (telefonische) Information binnen Minuten notwendig sein.

Auch hinsichtlich der Verpflichtung nach Abs. 3 Satz 3 dürften Bedenken hinsichtlich der Verfassungsmäßigkeit geltend gemacht werden, die nicht durchschlagend sind. Vgl. dazu oben Rn. 8, 26. Ungeachtet dessen kann die danach bestehende Verpflichtung der Personen nach Abs. 1 Nr. 1 als bewusste Abkehr von der im Übrigen bestehenden bloßen Befugnis kaum im Wege der verfassungskonformen Auslegung in eine solche Befugnis umgedeutet werden. **48e**

IV. Absatz 4 – Rückmeldung des Jugendamtes an die informierende Person

Der neu eingefügte Abs. 4 korrespondiert mit dem ebenfalls neu gefassten § 8a Abs. 1 Satz 2 Nr. 2 SGB VIII, nach dem Personen, die gemäß § 4 Absatz 1 Satz 1 KKG dem Jugendamt Daten übermittelt haben, in geeigneter Weise an der Gefährdungseinschätzung zu beteiligen sind. Die Neuregelung wird in den bislang vorliegenden literarischen Äußerungen und Stellungnahmen grundsätzlich begrüßt, im Detail aber kritisch betrachtet.[54] **49**

1. Satz 1 – Rückmeldung durch das Jugendamt

Abs. 4 Satz 1 knüpft an die durch eine Person nach Abs. 1 erfolgte Information des Jugendamts an und verpflichtet dieses („soll"), der informierenden Person „**zeitnah eine Rückmeldung**" darüber zu geben, ob es die gewichtigen Anhaltspunkte bestätigt sieht und ob es zum Schutz des oder der Minderjährigen tätig geworden ist und noch tätig ist. Mit dieser **50**

52 BT-Drs. 19/28870, 113.
53 Vgl. oben bei Rn. 48.
54 Vgl. *Goldberg/Radewagen*, JAmt 2020, 622 (626 ff.) m.w.N.; AFET u.a., Stellungnahme zum Entwurf eines Gesetzes zur Stärkung von Kindern und Jugendlichen vom 20.11.2020, https://afet-ev.de/themenplattform/stellungnahme-zum-entwurf-eines-gesetzes-zur-staerkung-von-kindern-und-jugendlichen-kinder-und-jugendstaerkungsgesetz-kjsg-vom-20-11-2020, 4 (11.1.2022)

(und der korrespondierenden des § 8a Abs. 1 Satz 2 Nr. 2 SGB VIII) Vorschrift soll eine engere Einbindung der Berufsgeheimnisträger_innen in die „Verantwortungsgemeinschaft für den Kinderschutz" ermöglicht werden.[55] Die Evaluation des BKiSchG habe ergeben, so die Gesetzesbegründung, dass bereits das Wissen um den weiteren Fortgang des Verfahrens nach einer Meldung und nicht erst die Beteiligung als für eine vertrauensvolle Kooperationsbeziehung sehr förderlich eingeschätzt werde.[56] Dem ist beizupflichten. Eine Rückmeldung verschafft der informierenden Person nicht nur Klarheit darüber, ob die von ihr diagnostizierte Kindeswohlgefährdung tatsächlich gegeben war und ist und welche Maßnahmen das Jugendamt ggfs. ergriffen hat bzw. weiterhin trifft. Sie stärkt darüber hinaus die künftige Kooperationsbereitschaft der Berufsgeheimnisträger_in, indem diese davon ausgehen kann, dass die Meldung angemessen zur Kenntnis genommen und bearbeitet wird.

Die Rückmeldung durch das Jugendamt soll **zeitnah** erfolgen. Soweit ersichtlich zum ersten Mal, hat damit der alltagssprachlich inzwischen omnipräsente Begriff „zeitnah" Eingang in die Gesetzessprache gefunden. Anders als „unverzüglich" enthält er keine subjektive Komponente, sondern ist **objektiv als schnell oder umgehend** zu verstehen. „Zeitnah" kann aber nicht an die Benachrichtigung durch die meldende Person, sondern muss an die bereits erfolgte Einschätzung der Gefährdung und ggfs. Einleitung von Schutzmaßnahmen durch das Jugendamt anknüpfen. Erst wenn diese erfolgt bzw. darüber entschieden ist, kann rückgemeldet werden, ob es die gewichtigen Anhaltspunkte bestätigt sieht, ob es tätig geworden, und erst recht, ob es noch tätig ist.[57]

Nach der Gesetzesbegründung schafft die Vorschrift die verbindliche Grundlage für die Übermittlung von Daten durch das Jugendamt an die Person, die eine Meldung übermittelt hat. Dabei beschränkt sich die Übermittlung auf die im Gesetz ausdrücklich genannten Gegenstände, nämlich darauf,

- ob sich die mitgeteilten gewichtigen Anhaltspunkte für eine Gefährdung des Kindeswohls aus Sicht des Jugendamtes bestätigt haben,
- ob das Jugendamt zur Abwendung der Gefährdung tätig geworden ist und
- ob die ergriffenen Maßnahmen noch andauern.

Die Übermittlung weitergehender Informationen ist – jedenfalls auf der Grundlage von Abs. 4 – ausgeschlossen.[58]

51 Die Gesetzesbegründung legt nahe, dass es ich bei der Vorschrift nicht nur um eine **Aufgabenzuweisung**, sondern eine **Befugnisnorm** handelt, die unmittelbar zur Übermittlung der dort genannten Daten ermächtigt.[59] Demgegenüber gehen *Goldberg/Radewagen* davon aus, dass eine Übermittlung nur nach § 69 Abs. 1 Nr. 1 SGB X zulässig sei und der Einschränkung des § 64 Abs. 2 SGB VIII unterliege. Trotz der in § 4 Abs. 4 KKG aufgenommenen Regelung sei eine Rückmeldung nur möglich, wenn dadurch keine Leistung in Gefahr gerate. Eine „automatisierte Rückantwort" dürfe das Jugendamt den Melder_innen nicht ge-

---

55 So die Gesetzesbegründung, BT-Drs. 19/26107, 120.
56 Vgl. BT-Drs. 19/26107, 121.
57 Anders der Bundesrat, der eine Rückmeldung durch das Jugendamt erst nach erfolgtem Einschätzungsprozess nicht als „zeitnah" ansah und deshalb die Rückmeldung auf eine Eingangsbestätigung und die Mitteilung, ob das Jugendamt zum Schutz des Kindes oder Jugendlichen tätig geworden ist und noch tätig ist, beschränkt wissen wollte; vgl. BR-Drs. 5/21 (B), 58.
58 Vgl. BT-Drs. 19/26107, 121.
59 Davon geht offenbar auch die Stellungnahme der Kinderschutz-Verbände aus, andernfalls wäre die Forderung nach einer Rückmeldung nur mit Einwilligung der Betroffenen und die Kritik am Vorabhinweis nach Abs. 4 Satz 2 nicht verständlich. Vgl. AFET u.a., Stellungnahme zum Entwurf eines Gesetzes zur Stärkung von Kindern und Jugendlichen vom 20.11.2020 https://afet-ev.de/themenplattform/stellungnahme-zum-entwurf-eines-gesetzes-zur-staerkung-von-kindern-und-jugendlichen-kinder-und-jugendstaerkungsgesetz-kjsg-vom-20-11-2020, 4, (11.1.2022). Die Verbände fordern, dass eine Rückmeldung nur mit Einwilligung der Betroffenen erfolgen dürfe.

ben, vielmehr müsse es in einem Abwägungsprozess „zunächst einmal deren Folgen für den Erfolg einer zu gewährenden Leistung herausarbeiten".[60]

Unterdessen sprechen Wortlaut und systematische Stellung der Vorschrift sowie die Gesetzesbegründung dafür, dass Abs. 4 das Jugendamt – man mag das begrüßen oder kritisieren – ohne Weiteres zur Rückmeldung **befugt**. Zunächst einmal ordnet Satz 1 im Wege der Soll-**Verpflichtung die Rückmeldung** an die meldende Person unmittelbar an. Es wäre widersprüchlich, wenn eine Norm zu einer konkreten Handlung einschränkungslos verpflichten würde, zu der der Verpflichtete nicht oder nur unter Einschränkungen berechtigt ist. Des Weiteren steht, anders als die Beteiligung in § 8a Abs. 1 Satz 2 Nr. 2 SGB VIII, die Rückmeldung an die meldende Person nicht unter dem Vorbehalt, dass „dies nach fachlicher Einschätzung erforderlich ist". Und anders als in § 8a Abs. 1 Satz 2 SGB VIII bedarf es keiner fachlich inspirierten Entscheidung, in welcher Weise und in welchem Umfang die Person nach Abs. 1 zu beteiligen ist.[61] Was an die Berufgeheimnisträger_innen zurückgemeldet wird, ist durch Abs. 4 Satz 1 präzise und abschließend festgelegt. Zudem ist die Rückmeldung nicht nur hinsichtlich der Gegenstände, sondern auch im Übrigen inhaltlich begrenzt: Mitzuteilen ist, *ob* gewichtige Anhaltspunkte gesehen wurden, *ob* man tätig geworden und *ob* man noch tätig ist. 52

Die notwendige Übermittlungsbefugnis findet sich in dem ebenfalls durch das KJSG § 64 Abs. 4 SGB VIII.[62] Danach soll ein Träger der öffentlichen Jugendhilfe, der eine Mitteilung nach Maßgabe des § 4 Abs. 3 KKG erhält, gegenüber „der meldenden Person ausschließlich mitteilen, ob sich die von ihr mitgeteilten gewichtigen Anhaltspunkte für die Gefährdung des Wohls des Kindes oder Jugendlichen bestätigt haben und ob das Jugendamt zur Abwendung der Gefährdung tätig geworden ist und noch tätig ist". Über die Normierung der Befugnis zur Übermittlung hinaus enthält die Vorschrift die bereits in § 4 Abs. 4 KKG geregelte Beschränkung der übermittlungsfähigen Daten.

Das Jugendamt ist also nach allem gem. Abs. 4 Satz 1 **nicht nur verpflichtet**, sondern auch **befugt**, den Personen Abs. 1, die eine Meldung an das Jugendamt abgegeben haben, eine Rückmeldung hinsichtlich der in der Vorschrift genannten Gegenstände zu geben. Auch einer Einwilligung der betroffenen Kinder oder Jugendlichen und Eltern bedarf es nicht, sondern lediglich eines Vorabhinweises.

2. Satz 2 – Vorabhinweis an die Betroffenen

Satz 2 verpflichtet das Jugendamt, die Betroffenen – also Kinder oder Jugendliche sowie die Personensorgeberechtigten – vorab über eine beabsichtigte Rückmeldung zu informieren. Die Verpflichtung entfällt, sofern mit dem Hinweis der wirksame Schutz des Kindes oder Jugendlichen in Frage gestellt würde.[63] Sowohl die Funktion als auch die rechtliche Qualität des Vorabhinweises entspricht der des Vorabhinweises nach Abs. 1 Satz 2, sodass auf die dortige Kommentierung verwiesen werden kann (vgl. Rn. 43 f.). 53

60 *Goldberg/Radewagen*, JAmt 2020, 622 (627).

61 Im Kontext des § 8a SGB VIII weist auch die Gesetzesbegründung auf die Geltung der §§ 61 bis 68 SGB VIII hin; vgl. BT.-Drs. 19/26107, 75.

62 Vgl. dazu Wiesner/*Walther*, Anhang 1, § 4 KKG Rn. 39.

63 Kritisch dazu AFET u.a., Stellungnahme zum Entwurf eines Gesetzes zur Stärkung von Kindern und Jugendlichen vom 20.11.2020 https://afet-ev.de/themenplattform/stellungnahme-zum-entwurf-eines-gesetzes-zur-staerkung-von-kindern-und-jugendlichen-kinder-und-jugendstaerkungsgesetz-kjsg-vom-20-11-2020, 4, (19.1.2021): Die Betroffenen würden zu „Kenntnisnehmenden degradiert".

V. Absatz 5 – Erweiterung des persönlichen Geltungsbereichs

54 Absatz 5 erweitert den persönlichen Geltungsbereich von § 4 KKG, indem er die entsprechende Geltung der Absätze 2 und 3 für **Mitarbeiterinnen und Mitarbeiter von Zollbehörden** anordnet.

Normadressat_innen sind Mitarbeiterinnen und Mitarbeiter der Hauptzollämter, die gemäß § 66 SGB X i.V.m. §§ 4, 5 VwVfG die nichtsteuerlichen öffentlich-rechtlichen Geldforderungen der bundesunmittelbaren Körperschaften und Anstalten des öffentlichen Rechts wie der Bundesagentur für Arbeit und der gesetzlichen Krankenkassen, also etwa Beitrags- oder Erstattungsforderungen, vollstrecken. Im Rahmen der Durchführung solcher Vollstreckungsmaßnahmen könnten sich Hinweise auf mögliche Gefährdungen des Kindeswohls durch Vollstreckungsschuldner oder sonstige Personensorgeberechtigte ergeben. Da die Mitarbeiterinnen und Mitarbeiter bei der Vollstreckung auf der Grundlage des § 66 SGB X zur Wahrung des Sozialgeheimnisses nach § 35 SGB I verpflichtet sind und nach den geltenden §§ 68 bis 73 SGB X bisher die Übermittlung von Daten über die mögliche Gefährdung des Kindeswohls an das Jugendamt nicht zulässig ist, befugt § 4 Abs. 5 KKG durch den Verweis auf Abs. 3 die betroffenen Mitarbeiter_innen zur Datenübermittlung an das Jugendamt. Damit soll ein möglichst lückenloser Schutz von Kindern und Jugendlichen gewährleistet werden.[64]

55 Im Entwurf der Bundesregierung zum KJSG war die entsprechende Geltung der „Absätze 1 und 3“ vorgesehen,[65] was sich allerdings auf die gegenüber der früher geltenden völlig umstrukturierten Fassung des § 4 KKG bezog, sodass sie die Befugnis zur Information des Jugendamtes bei Vorliegen gewichtiger Anhaltspunkte für die Gefährdung des Kindeswohls (§ 4 Abs. 1 KKG-E) und den Anspruch auf Beratung durch eine insoweit erfahrene Fachkraft (§ 4 Abs. 3 KKG-E) umfasste.

In der Stellungnahme des Bundesrates und der Gegenäußerung der Bundesregierung spielte die Vorschrift keine Rolle. Der 13. Ausschuss empfahl entsprechend dem Wunsch u.a. des Bundesrates die Rückkehr zur ursprünglichen Struktur des § 4 KKG. An Abs. 5 nahm er lediglich die wohl als bloß redaktionelle verstandene Änderung vor, dass er die Angabe „Absätze 1 und 3“ durch „Absätze 2 und 3“ ersetzte.

Mit dem Verweis auf Abs. 2 wird damit die entsprechende Geltung des Beratungsanspruchs angeordnet, der Verweis auf Abs. 3 erfasst zwar die Rechtsfolge – die Befugnis zur Information des Jugendamtes – reißt allerdings hinsichtlich der Voraussetzungen eine Lücke auf: Ob eine Abwendung der Gefahr nach Absatz 1 ausscheidet oder ein Vorgehen nach Absatz 1 erfolglos ist, lässt sich durch die in Absatz 5 genannten Personen gar nicht feststellen, da sie mangels (entsprechender) Anwendbarkeit von Absatz 1 dazu nicht verpflichtet sind.

Die Vorschrift lässt sich systematisch-teleologisch sinnvoll nur dahin auslegen, dass die Mitarbeiter_innen von Zollbehörden dann zur Information des Jugendamtes befugt sind, wenn ihnen in Ausübung ihrer beruflichen Tätigkeit **gewichtige Anhaltspunkte** für die Gefährdung des Wohls eines Kindes oder eines Jugendlichen **bekannt werden**. Denn das war die auch durch die Umstrukturierung von § 4 KKG nicht veränderte Intention des Absatzes 5. Dass damit die Befugnis zur Information des Jugendamtes für Mitarbeiter_innen der Zollbehörden früher, nämlich allein durch das Bekanntwerden gewichtiger Anhaltspunkte und ohne vorgängige Abwendungsbemühungen eintritt, ist sachlich gerechtfertigt, da diese regelmäßig nicht über die dafür nötigen Kenntnisse und Fähigkeiten verfügen dürften.

Aufgrund der entsprechenden Anwendung von Abs. 3 setzt die Informationsbefugnis weiter voraus, dass die Mitarbeiter_innen ein Tätigwerden des Jugendamtes für erforderlich halten,

64 Vgl. zur Zielsetzung die Gesetzesbegründung, BT-Drs. 19/26107, 122.
65 Vgl. BT-Drs. 26107, 36.

um eine Gefährdung des Wohls eines Kindes oder Jugendlichen abzuwenden. Werden gewichtige Anhaltspunkte für eine Kindeswohlgefährdung bekannt, dürfte diese Voraussetzung stets zu bejahen sein, da den Mitarbeiter_innen andere Abwendungsmöglichkeiten nicht zur Verfügung stehen.

Schließlich sind auch in diesen Fällen die Betroffenen vorab auf die beabsichtigte Information des Jugendamtes hinzuweisen, soweit damit der wirksame Schutz der Minderjährigen nicht in Frage gestellt wird. Hierzu kann auf das oben bei Rn. 43 f. Gesagte verwiesen werden.[66]

Sinnvoll ist dagegen der auch in diesen Fällen gem. Abs. 3 bestehende **Beratungsanspruch**, da bei den Normadressat_innen regelmäßig keine professionellen Kenntnisse zu Fragen des Kindeswohls und des Kindesschutzes bestehen dürften.

VI. Absatz 6 – Interkollegialer Austausch von Ärztinnen und Ärzten

Abs. 6 wurde auf Empfehlung des 13. Ausschusses in das Gesetz aufgenommen, ohne zuvor jemals in einem Entwurf oder einer Stellungnahme vorgeschlagen worden zu sein. Die Begründung des Ausschusses besteht ausschließlich in der paraphrasierten Wiedergabe der Vorschrift.[67] **56**

Etwas deutlicher ist die in der Beschlussempfehlung wiedergegebene Position der CDU/CSU-Fraktion, dass nach den Vorkommnissen der Vergangenheit man „schon deutlich herausarbeiten" wolle, dass Ärztinnen und Ärzte aufgerufen seien, das Jugendamt zu informieren. Dazu gehöre auch, dass man die Möglichkeiten schaffe, den interkollegialen Ärzteaustausch zu verstärken, soweit es der Datenschutz zulasse. Es gebe viele Berichte zu dem Problem des Familien- beziehungsweise Kinderärzte-Hoppings. Auch in diesen Fällen müssten Fälle von Kindeswohlgefährdung identifiziert werden können.[68]

Die Vorschrift enthält daher eine Öffnungsklausel für das Landesrecht, das danach die Befugnis zu einem **interkollegialen Austausch** zwischen Ärztinnen und Ärzten regeln kann. Dieser Austausch kann nach dem Wortlaut der Vorschrift ausdrücklich **einzelfallbezogen** sein, sich also auf ganz konkrete Familien beziehen. Erfasst ist lediglich der Austausch zwischen Ärztinnen und Ärzten, nicht also das weitere medizinische Personal nach Abs. 1 Nr. 1, also auch nicht Zahnärztinnen und Zahnärzte, die nach der Ergänzung der Nr. 1 durch das KJSG von der Berufsgruppe der Ärztinnen und Ärzte unterschieden werden.

Die – allerdings kaum sicher feststellbare – Entstehungsgeschichte der Vorschrift legt nahe, dass diese der Identifizierung von Kindeswohlgefährdung insbesondere in Fällen des (häufigen) Wechsels der Arztpraxis dienen soll, wobei angenommen wird, dass der Wechsel dazu dient, sich der ärztlichen Kontrolle zu entziehen. Diesem Anliegen hätte der Gesetzgeber durch Schaffung einer Vorschrift Rechnung tragen können, in der die Voraussetzungen einer Befugnis zum interkollegialen ärztlichen Austausch und dessen Umfang geregelt werden.

Im Gegensatz dazu dient die Vorschrift nach dem kaum hintergehbaren Wortlaut der „praktischen **Erprobung datenschutzrechtskonformer Umsetzungsformen**" sowie der „**Evaluierung der Auswirkungen** auf den Kinderschutz". Es handelt sich also um nichts anderes als eine Experimentierklausel. Nimmt man den Wortlaut der Vorschrift ernst, so kann das Landesrecht die Befugnis zu einem interkollegialen Austausch lediglich zur Erprobung von Umsetzungsformen – nicht aber zum Zweck des Kinderschutzes selbst – sowie zur Evaluierung der Auswirkungen dieses Austauschs regeln dürfen. Ob es zu einer solchen Erprobung und deren Evaluierung kommt, ist der Entscheidung des Landesrechts anheimge-

---

66 Das ist aller Ehren wert. Ein zu schützendes Vertrauensverhältnis zwischen Vollstreckungsbeamt_innen und Eltern als Vollstreckungsschuldner_innen dürfte jedoch regelmäßig nicht bestehen.
67 Vgl. BT-Drs. 19/28870, 113.
68 Vgl. BT-Drs. 19/28870, 92.

stellt. Es bleibt also abzuwarten, ob und in welcher Weise die Länder davon Gebrauch machen.

VII. Erforderlichkeit einer Aussagegenehmigung?

57 § 4 Abs. 1 KKG umschreibt den persönlichen Geltungsbereich anhand der Zugehörigkeit zu bestimmten Berufen oder Berufsgruppen, nicht aber auf der Grundlage konkreter Beschäftigungsverhältnisse. Ärztinnen und Ärzte, Zahnärztinnen und Zahnärzte sind einbezogen, gleichgültig, ob sie freiberuflich, angestellt oder verbeamtet ihren Beruf ausüben. Gleiches gilt für alle anderen Geheimnisträger nach den Nummern 1 bis 7. Damit ist die Frage aufgeworfen, ob Geheimnisträger, die in einem Beamtenverhältnis stehen oder als Angestellte im öffentlichen Dienst oder bei einem privaten Arbeitgeber für die Information des Jugendamts im Sinne des Abs. 3 eine Aussagegenehmigung benötigen.[69]

1. Beamtinnen und Beamte

58 Nach § 67 Abs. 1 BBG beziehungsweise § 37 Abs. 1 BeamtStG haben Beamtinnen und Beamte „über die ihnen bei oder bei Gelegenheit ihrer amtlichen Tätigkeit bekannt gewordenen dienstlichen Angelegenheiten **Verschwiegenheit** zu bewahren".

Gemäß § 67 Abs. 3 Satz 1 BBG beziehungsweise § 37 Abs. 3 Satz 1 BeamtStG dürfen Beamtinnen und Beamte „ohne Genehmigung über Angelegenheiten, für die Absatz 1 gilt, weder vor Gericht noch außergerichtlich aussagen oder Erklärungen abgeben".

Bei den Informationen im Sinne des § 4 Abs. 3 KKG handelt es sich um dienstliche Angelegenheiten, die bei oder bei Gelegenheit der amtlichen Tätigkeit bekannt geworden sind und hinsichtlich derer Verschwiegenheit zu bewahren wäre und über die außergerichtlich, also gegenüber dem Jugendamt, keine Erklärungen abgegeben werden dürften.

Allerdings gilt die Verschwiegenheitsverpflichtung nicht ausnahmslos; vielmehr wird die Regel des Absatzes 1 durch §§ 67 Abs. 2 BBG, 37 Abs. 2 BeamtStG in mehrfacher Weise eingeschränkt. Unter den dort genannten Ausnahmen kommt hier allerdings nur die nach Abs. 3 Nr. 1 in Betracht, nach der die Verschwiegenheitspflicht des Abs. 1 (und infolge dessen auch die Genehmigungspflicht des Abs. 3) nicht gilt, „soweit Mitteilungen im dienstlichen Verkehr geboten sind".

Unter den dienstlichen Verkehr fällt die dienstliche Kommunikation innerhalb einer Behörde als auch die im Verkehr mit anderen Behörden. Aber auch Mitteilungen, die Beamtinnen oder Beamte in Wahrnehmung ihrer dienstlichen Aufgaben in Verfahren vor Gerichten vornehmen, sind darunter zu subsumieren.[70] Entscheidend soll sein, dass es sich um die Erfüllung einer Pflicht aus dem konkreten funktionellen Amt handelt. Da aber etwa die Aufgabe von Lehrerinnen und Lehrern die Bildung und Erziehung der ihnen im Unterricht anvertrauten Kinder und Jugendlichen, ihre Tätigkeit aber nicht auf Kinderschutz ausgerichtet sei, so wird daraus gefolgert, falle die Mitteilung an das Jugendamt nicht darunter, bedürfe also grundsätzlich einer Genehmigung.[71]

59 Diese Auffassung überzeugt nicht. Es ist nicht zu leugnen, dass die Schule und damit auch die dort tätigen Lehrkräfte nach den Schulgesetzen der Länder einen Bildungs- und Erziehungsauftrag haben. Eine wesentliche Funktion des § 4 KKG besteht aber darin, den Kinderschutz zu einer zusätzlichen Aufgabe der in Abs. 1 genannten Berufsgeheimnisträger und

69 Vgl. dazu DIJuF-Rechtsgutachten vom 21.3.2012, JAmt 2012, 266 ff.

70 DIJuF-Rechtsgutachten vom 21.3.2012, JAmt 2012, 266 (267); BayObLG, Beschl. v. 21.3.1990, BReg 1 a Z 1/90, NJW 1990, 1857 f. = FamRZ 1990, 1012 ff., zu Mitteilungen als Zeuge oder Auskunftsperson an das Vormundschaftsgericht im Rahmen eines Sorgerechtsverfahrens nach § 1666 BGB.

71 DIJuF-Rechtsgutachten vom 21.3.2012, JAmt 2012, 266 (267).

damit – man mag dies begrüßen oder kritisch sehen – zu einer dienstlichen Aufgabe beamteter Geheimnisträger zu machen. Sowohl die Ausübung der Befugnisse nach Abs. 1 als auch die Mitteilungen an das Jugendamt nach Abs. 3 erfolgen damit in Wahrnehmung des konkreten funktionellen Amtes. Sie sind Mitteilungen im dienstlichen Verkehr und bedürfen deshalb **keiner Genehmigung**.

2. Angestellte im öffentlichen Dienst oder einem sonstigen Beschäftigungsverhältnis

Den beamtenrechtlichen Regelungen vergleichbare Vorschriften enthalten § 3 Abs. 1 TVöD 60
bzw. § 3 Abs. 2 TV-H und § 3 Abs. 2 TV-L für die Angestellten des öffentlichen Dienstes des Bundes sowie der Länder und Kommunen, nach denen die Beschäftigten über Angelegenheiten, deren Geheimhaltung durch gesetzliche Vorschriften vorgesehen oder vom Arbeitgeber angeordnet ist, Verschwiegenheit zu wahren haben. Nach diesen trifft auch Angestellte bei Vorliegen der Voraussetzungen des § 4 Abs. 3 KKG keine Verschwiegenheitspflicht, da ja das Gesetz an dieser Stelle nicht die Geheimhaltung, sondern im Gegenteil die Befugnis zur Offenbarung beinhaltet.

3. Einzelvertragliche Einschränkung der Mitteilungsbefugnis?

Fraglich ist, ob Angestellte einzelvertraglich zur Verschwiegenheit gegenüber dem Jugend- 61
amt verpflichtet werden könnten.

Beispiel:

Durch Vereinbarung im Arbeitsvertrag oder Anordnung des (öffentlichen oder privaten) Arbeitgebers wird die oder der Beschäftigte verpflichtet, von den Befugnissen nach § 4 KKG unter keinen Umständen Gebrauch zu machen.

Eine solche Vereinbarung oder Anordnung wäre dazu bestimmt oder jedenfalls geeignet, eine gesetzlich bestimmte Befugnis, die ihrerseits Bestandteil einer Aufgabenzuweisung ist, außer Kraft zu setzen. Sie liefe damit der Rechtsordnung zuwider, indem er die Disposition über die Wahrnehmung der Befugnis in die Hand eines Dritten legt und wäre deshalb als gemeinschaftswidrig nach § 138 Abs. 1 BGB nichtig.[72]

VIII. Dokumentation

Angesichts der Bedeutung des gestuften Verfahrens nach § 4 KKG und der möglicherweise 62
am Ende stehenden Informationsübermittlung an das Jugendamt für die Betroffenen einerseits und der möglichen strafrechtlichen Relevanz der Informationsweitergabe (§ 203 StGB), aber auch der Nicht-Weitergabe der Information ist dringend zu empfehlen, die Vorgänge sorgfältig zu dokumentieren.

Die Dokumentation hat zu beinhalten:

- Wahrnehmungen zu den die Annahme einer Gefährdung begründenden Tatsachen („gewichtige Anhaltspunkte")
- Gefährdungseinschätzung
- Gegebenenfalls Inanspruchnahme von Beratung nach § 4 Abs. 2 KKG und deren Ergebnis
- Erörterung mit den Betroffenen einschließlich Zeitpunkt oder Gründe für ein Absehen

72 Vgl. zur Gemeinschaftswidrigkeit als Grund der Sittenwidrigkeit eines Rechtsgeschäfts *Palandt/Heinrichs*, BGB, § 138 Rn. 42 f.

- Hinwirken auf die Inanspruchnahme von Hilfen einschließlich Zeitpunkt oder Gründe für ein Absehen
- Gründe für ein Ausscheiden der Abwendung der Gefährdung
- Gründe für die Erfolglosigkeit des Vorgehens nach Absatz 1
- Gründe für die Information des Jugendamtes
- Zeitpunkt der Information sowie
- die dabei mitgeteilten Daten

IX. Strafrechtliche Garantenstellung aufgrund § 4 KKG?

63 **Fraglich** ist auch, ob die Regelung des § 4 KKG für die in Absatz 1 genannten Berufsgeheimnisträger eine **strafrechtliche Garantenstellung** hinsichtlich der Rechtsgüter der mit der Norm in den Schutz einbezogenen Kinder und Jugendlichen begründen kann. Literarische Äußerungen finden sich dazu kaum. Soweit ersichtlich, hat sich unter der bisherigen Rechtslage lediglich *Kunkel* dahingehend geäußert, aus der Offenbarungsbefugnis werde „eine Offenbarungspflicht, wenn der Berufsgeheimnisträger eine Garantenstellung nach § 13 StGB" habe. Diese bestehe aufgrund einer – rechtlichen oder auch nur tatsächlichen – Schutzübernahme für das Kind.[73] Auch wenn es nicht ganz deutlich wird, ist die Äußerung wohl dahin zu verstehen, dass die Garantenstellung nicht durch § 4 KKG, sondern anderweitig begründet sein muss.

Ein nicht unerheblicher Parameter bei der Beurteilung dieser Frage ist der Umstand, ob der betroffenen Person lediglich eine Offenbarungs*befugnis* oder eine solche *Pflicht* zukommt. Insoweit hat das KJSG mit § 4 Abs. 3 Satz 3 KKG eine **relevante Neuregelung** geschaffen, die es notwendig macht, zwischen den Personen nach § 4 Abs. 1 Nr. 1 KKG und denen nach Abs. 1 Nr. 2 bis 7 zu differenzieren.

1. Personen nach Abs. 1 Nr. 2 bis 7

64 In Literatur und Fachöffentlichkeit besteht Einigkeit darüber, dass nach § 4 Abs. 3 Satz 1 und 2 KKG bei Vorliegen der dort genannten Voraussetzungen eine **Befugnis**, aber **keine Verpflichtung** zur Information einschließlich Datenübermittlung besteht.[74] Der Wortlaut der Vorschrift ist insoweit sehr eindeutig („… so sind sie befugt…").

Gleichwohl ist mit dieser Feststellung noch keine Klärung der rechtlichen Qualität dieser Befugnis und erst recht nicht der rechtlichen Stellung der von § 4 KKG erfassten Personen verbunden.

Beispiel

Die Mitarbeiterin einer anerkannten Beratungsstelle nach dem Schwangerschaftskonfliktgesetz stellt anlässlich einer Beratung fest, dass das mitgebrachte Kleinkind der beratenen Schwangeren unterernährt, ungepflegt und unzureichend angezogen ist und damit gewichtige Anhaltspunkte für eine Kindeswohlgefährdung vorliegen. Ein Vorgehen nach Absatz 1 bleibt erfolglos, weil die Mutter keinerlei Problembewusstsein zeigt und auch jegliche Hilfe ablehnt. Sofern die Beraterin – wovon auszugehen

73 *Kunkel*, EJ 2012, 140 (145); auch bei *Wapler* (Wiesner/Wapler, Anhang 2 Rn. 24 ff.), finden sich mit Blick auf eine Garantenstellung keine Aussagen.
74 Vgl. FK-SGB VIII/*Meysen*, Anhang § 8b Rn. 104; Wiesner/Wapler/*Walther*, § 4 KKG Rn. 33.

ist – in diesem Fall ein Tätigwerden des Jugendamtes für erforderlich hält, ist sie gemäß § 4 Abs. 3 Satz 1 und 2 KKG befugt, das Jugendamt zu informieren und die erforderlichen Daten mitzuteilen. Aber ist sie dazu auch verpflichtet oder kann sie sich entschließen, von dieser Befugnis keinen Gebrauch zu machen?

Jugendhilferechtlich wandelt sich auch in einer solchen Situation die **Befugnis** nach § 4 Abs. 3 Satz 1 und 2 KKG **nicht** in eine **Verpflichtung** um. Aber auch **strafrechtlich** begründet § 4 KKG für die dort erfassten Personen keine Garantenstellung, da hierdurch die bewusst als solche ausgestaltete Befugnis auf dem Umweg über das Strafrecht zu einer Verpflichtung würde. Hat allerdings eine der in Abs. 1 Nr. 2 bis 7 genannten Personen aus sonstigen, außerhalb des § 4 KKG liegenden Gründen eine Garantenstellung inne und verlangt diese zum Schutz der Rechtsgüter der Kinder oder Jugendlichen ein Tätigwerden in Form der Information des Jugendamtes, so ist die Person verpflichtet, diese vorzunehmen. 65

Im vorstehenden Beispiel hat die Beraterin auch aufgrund ihrer Tätigkeit keine Schutzpflichten gegenüber dem begleitenden Kind einer zu beratenden Schwangeren, die eine Garantenstellung begründen würden. Sie hat also weder aus § 4 KKG noch aus sonstigen Gründen die (Garanten-)Pflicht, das Jugendamt zu informieren.

2. Personen nach Abs. 1 Nr. 1

Anders ist die Situation der **von § 4 Abs. 1 Nr. 1 KKG erfassten Personen** zu beurteilen. 66
Würde also im vorstehenden Beispiel eine **Ärztin** die genannten Umstände feststellen, wäre sie **verpflichtet**, das Jugendamt zu informieren, wenn dessen Tätigwerden keinen Aufschub duldet. Die Einfügung von § 4 Abs. 3 Satz 3 KKG hat also eine auch **strafrechtlich relevante Rechtsänderung** herbeigeführt. Dem steht nicht entgegen, dass es sich bei dieser Verpflichtung um eine Soll-Verpflichtung handelt. Ob im Einzelfall Umstände vorliegen, die ein Abweichen von der Regelverpflichtung, das Jugendamt zu informieren, rechtfertigen, hindert **nicht die Entstehung einer Garantenstellung**. Solche Umstände können allerdings dazu führen, dass eine (Garanten-)Pflicht zur Information des Jugendamtes und damit eine Sorgfaltspflichtverletzung nicht vorliegt, die für eine strafrechtliche Ahndung notwendig ist.

§ 5 KKG
Mitteilung an das Jugendamt

(1) [1]Werden in einem Strafverfahren gewichtige Anhaltspunkte für die Gefährdung des Wohls eines Kindes oder eines Jugendlichen bekannt, informiert die Strafverfolgungsbehörde oder das Gericht unverzüglich den zuständigen örtlichen Träger der öffentlichen Jugendhilfe sowie im Falle seiner Zuständigkeit den überörtlichen Träger der öffentlichen Jugendhilfe und übermittelt die aus ihrer Sicht zur Einschätzung des Gefährdungsrisikos erforderlichen Daten. [2]Die Mitteilung ordnen Richterinnen oder Richter, Staatsanwältinnen oder Staatsanwälte an. [3]§ 4 Absatz 2 gilt entsprechend.

(2) Gewichtige Anhaltspunkte für eine Gefährdung können insbesondere dann vorliegen, wenn gegen eine Person, die mit einem Kind oder Jugendlichen in häuslicher Gemeinschaft lebt oder die regelmäßig Umgang mit ihm hat oder haben wird, der Verdacht besteht, eine Straftat nach den §§ 171, 174, 176 bis 180, 182, 184b bis 184e, 225, 232 bis 233a, 234, 235 oder 236 des Strafgesetzbuchs begangen zu haben.

Übersicht Rn.

A. Allgemeines

1 Mit der Einführung des § 5 wird das KKG um eine neue Rechtsnorm erweitert. Ziel der Norm ist es, durch eine erweiterte **Mitteilungspflicht der Strafverfolgungsbehörden und Gerichte an das Jugendamt** den **Schutz von Kindern und Jugendlichen vor sexualisierter Gewalt** zu verbessern und zu einem umfassenden Kinderschutz beizutragen.[1] Die gesetzlich verankerte Informationspflicht der Strafverfolgungsbehörden ist eine Maßnahme aus dem **Gesamtkonzept** des Bundesministeriums für Familie, Senioren, Frauen und Jugend für den Schutz von Kindern und Jugendlichen vor sexualisierter Gewalt. Das Gesetz zur Bekämpfung sexualisierter Gewalt gegen Kinder und Jugendliche[2] gliedert sich im Wesentlichen in drei Kernpunkte: 1. Verschärfung des Strafrechts 2. Prävention und Qualifizierung der Justiz 3. Effektive Strafverfolgung. Im Rahmen der Einführung von § 5 KKG werden die drei wesentlichen Kernpunkte der Gesetzesinitiative der Bundesregierung um den Punkt der **Sicherstellung des Kindeswohls** erweitert. Mit Einführung der verpflichtenden Informationsweitergabe durch die Staatsanwaltschaft und Gerichte ist ein **Paradigmenwechsel** vollzogen: Neben dem berechtigten Interesse der Strafverfolgung wird erstmals der Schutz des Kindeswohls zu einer zentralen Handlungsmaxime der Strafverfolgungsbehörden bestimmt. Dies ist ausdrücklich zu begrüßen, haben doch in jüngster Vergangenheit mehrere Kinderschutzverläufe gezeigt, dass zwar alle Informationen, die gewichtige Anhaltspunkte für eine Kindeswohlgefährdung darstellten, auf dem Tisch lagen, nicht jedoch systematisch und umfänglich erfasst werden konnten, da sie auf mehreren Tischen verteilt waren, womit ein er-

1 Vgl. BT-Drs. 19/26107, 122.
2 Siehe hierzu BT-Drs. 19/23707.

heblicher Informationsverlust vonstattenging, der frühzeitige Interventionen im Sinne eines umfänglichen Kinderschutzes unmöglich machte.[3]

B. Einzelheiten

I. Mitteilungen der Strafjustiz (Abs. 1)

1. Informationspflicht und Datenübermittlung (Abs. 1 Satz 1)

Nach **Abs. 1 Satz 1** haben die Strafverfolgungsbehörden und die Gerichte zwei Pflichten, wenn ihnen in einem Strafverfahren gewichtige Anhaltspunkte für die Gefährdung des Wohls eines Kindes oder Jugendlichen bekannt werden: eine **Informationspflicht** sowie eine **Übermittlungspflicht** bezüglich der aus ihrer Sicht für die Einschätzung des Gefährdungsrisikos erforderlichen Daten. 2

Im Unterschied zu § 4 Abs. 3 Satz 1 und 2 KKG handelt es sich bei der Norm nicht um eine Mitteilungsbefugnis, von der die Strafverfolgungsbehörden und Gerichte nach eigenem Ermessen Gebrauch machen können, sondern um eine **Informationspflicht**. Durch die Regelung der **Mitverantwortung** der Strafverfolgungsbehörden und der Gerichte soll der Kinderschutz im Einzelfall verbessert werden. Deshalb sind Richterinnen und Richter sowie Staatsanwältinnen und Staatsanwälte verpflichtet, das Jugendamt zu informieren, wenn in einem Strafverfahren gewichtige Anhaltspunkte[4] für eine Kindeswohlgefährdung bekannt werden. Diese können auch auf sog. Zufallsfunden (vgl. § 108 StPO) beruhen. Auch strafprozessuale Verwertungsverbote stehen der Informationspflicht nach § 5 KKG nicht entgegen. Dabei beginnt ein Strafverfahren gem. §§ 160 StPO mit dem Erstatten einer Anzeige oder der Einleitung des Ermittlungsverfahrens von Amts wegen. 3

Die Bestimmung enthält in formaler Hinsicht lediglich eine Vorgabe zum **Zeitpunkt** der Information. Sie soll **unverzüglich**, das heißt ohne schuldhaftes Verzögern im Sinne des § 121 Abs. 1 Satz 1 BGB, an das zuständige Jugendamt weitergeleitet werden. Vorgaben bezüglich der **Form der Mitteilung** sind dem Gesetz jedoch nicht zu entnehmen. Nach der Gesetzesbegründung ist davon auszugehen, dass eine praxistaugliche Konkretisierung in der Anordnung über Mitteilungen in Strafsachen (MiStra) erfolgen wird. Sinnvoll dürfte es sein, wenn die Mitteilung analog zu Nummer 9 MiStra schriftlich erfolgt und ein Vordruck oder Muster gemeinsam mit dem örtlichen Träger der Jugendhilfe und bei seiner Zuständigkeit dem überörtlichen Träger der öffentlichen Jugendhilfe entwickelt wird. Von einer standardisierten Vorabinformation, die lediglich den Passus beinhaltet, dass gegen eine Person, die mit einem Kind oder Jugendlichen in häuslicher Gemeinschaft lebt oder die regelmäßigen Umgang mit ihm hat oder haben wird, strafrechtliche Ermittlungen eingeleitet wurden, sollte abgesehen werden. Vielmehr dürfte es angebracht sein, einen standardisierten Mitteilungsbogen zu gebrauchen, in dem die **für die Gefährdungseinschätzung erforderlichen Daten** erfasst sind, damit das Jugendamt ein Verfahren gem. § 8a SGB VIII einleiten kann. Dieser Mitteilungsbogen ist dem Jugendamt umgehend weiterzuleiten, wenn im Rahmen eines Strafverfahrens gewichtige Anhaltspunkte für eine Kindeswohlgefährdung bekannt werden, damit der wirksame Schutz des Kindes oder Jugendlichen sichergestellt werden kann.[5] Wenngleich der Gesetzgeber gleichsam in letzter Minute die Überschrift des § 5 KKG von „Zusammenwirken von Strafverfolgungsbehörden und Jugendamt" in „Mitteilung an das Jugendamt" 4

---

3 Genannt seien hier beispielhaft die Fälle aus Staufen, Lügde und Bergisch-Gladbach.

4 Der unbestimmte Rechtsbegriff „gewichtige Anhaltspunkte" lässt sich nicht allgemein definieren, vielmehr bedarf es einer einzelfallbezogenen Konkretisierung (siehe § 8a Rn. 9).

5 Siehe hierzu BT-Drs. 19/26107, 49.

geändert hat und auch durch die zeitgleich ergänzende Formulierung „(…) übermittelt die aus ihrer Sicht zur Einschätzung des Gefährdungsrisikos erforderlichen Daten" unmissverständlich klar stellt, dass es auf die Perspektive von Staatsanwaltschaft und Gericht ankommt, welche Daten für die Übermittlung erforderlich sind, erscheint die gemeinsame Erarbeitung eines Mitteilungsbogens sinnvoll, um dem wesentlichen Grundgedanken einer Kooperation im Kinderschutz Rechnung zu tragen.

5 Im Einzelfall, so die Gesetzesbegründung, kann es angebracht sein, dass das Jugendamt Rückfragen an die übermittelnde Stelle stellt. Diese sollten insbesondere in eiligen Fällen zeitnah beantwortet werden, damit das Jugendamt ggf. Maßnahmen zum Schutz des Kindes oder Jugendlichen treffen kann.[6] Neben Maßnahmen zum Schutz von Kindern und Jugendlichen hat das Jugendamt auch die Möglichkeit, Maßnahmen, die zur Stabilisierung des Kindes oder Jugendlichen beitragen, in die Wege zu leiten wie bspw. eine **psychosoziale Prozessbegleitung**, auf die besonders schutzbedürftige Verletzte seit dem 1.1.2017 durch das PsychPbG einen gesetzlichen Rechtsanspruch haben. Durch die Verankerung eines **Beschleunigungsgebotes in Strafverfahren mit minderjährigen Opferzeug*innen** gem. § 48a Abs. 2 StPO im Rahmen des Gesetzes zur Bekämpfung sexualisierter Gewalt gegen Kinder und Jugendliche wird es dem Jugendamt nunmehr auch möglich sein, zeitnah in therapeutische Hilfen zu vermitteln, um dem Kind wertvolle Hilfe zur Bewältigung des Erlebten zu gewähren.

6 Dem Vorschlag des Bundesrates[7], wonach eine mögliche Mitteilungspflicht der Jugendämter gegenüber den Strafverfolgungsbehörden geprüft werden soll, ist der Gesetzgeber glücklicherweise nicht gefolgt. Eine *„kategorische Einschaltung der Strafverfolgungsbehörden stellt die Interessen der Strafverfolgung vor das Kindeswohl und ist mit den Vorgaben der UN- Kinderrechtskonvention […] nicht vereinbar."*[8] Im Sinne des Art. 3 der UN-Kinderrechtskonvention ist bei allen Maßnahmen, die Kinder betreffen und durch öffentliche oder private Einrichtungen der sozialen Fürsorge, Gerichte, Verwaltungsbehörden oder Gesetzgebungsorgane getroffen werden, das Wohl des Kindes vorrangig zu berücksichtigen.[9] Die Stabilisierung von Kindern und Jugendlichen, die Opfer sexualisierter Gewalt geworden sind, hat gegenüber dem Interesse der Strafverfolgung demzufolge Priorität. Durch Maßnahmen der Kinder- und Jugendhilfe, therapeutische Angebote oder unter Umständen familiengerichtliche Maßnahmen gem. § 1666 BGB erhalten betroffene Kinder und Jugendliche umgehend Hilfe und Unterstützung, ohne – wie es bei einer Mitteilungspflicht der Jugendämter gegenüber den Strafverfolgungsbehörden und einem entsprechend eingeleiteten Strafverfahren möglicherweise der Fall wäre – eine Retraumatisierung zu erfahren.

2. Zur Anordnung der Mitteilung verpflichtete Personen (Abs. 1 Satz 2)

7 Erst durch die Beschlussempfehlung des 13. Ausschusses zum KJSG wurde gleichsam in letzter Minute **Abs. 1 Satz 2** in das Gesetz aufgenommen. Er dient der Klarstellung, dass ausschließlich Richterinnen oder Richter, Staatsanwältinnen oder Staatsanwälte, nicht jedoch sonstige Mitarbeitende oder die Polizei die Mitteilung an das Jugendamt nach Satz 1 anordnen. Dies bedeutet hingegen nicht, dass die Polizei zum Beispiel bei Vernehmung eines Zeugen gewichtige Anhaltspunkte für eine Kindeswohlgefährdung unter den Tisch fallen lassen kann. Vielmehr wäre diese verpflichtet, hiervon die Staatsanwaltschaft in Kenntnis zu set-

6 Siehe hierzu BT-Drs. 19/28870, 113.

7 BR-Drs. 5/21 Nr. 57.

8 *Wiesner 2021,* Stellungnahme zur BT-Drs. 19/26107 sowie BR-Drs. 5/21, 11. Online verfügbar unter: https://www.bundestag.de/resource/blob/822456/83fefd115fe79320e42792d92191d7a2/19-13-116m-data.pdf (2.4.2021).

9 Vgl. UN-Kinderrechtskonvention. Online verfügbar unter: https://www.bmfsfj.de/resource/blob/93140/78b9572c1bffdda3345d8d393acbbfe8/uebereinkommen-ueber-die-rechte-des-kindes-data.pdf (20.5.2021).

zen, damit diese ggf. nach eigenständiger Prüfung eine Mitteilung an das Jugendamt anordnen kann.

3. Beratungsanspruch (Abs. 1 Satz 3)

In **Abs. 1 Satz 3** verweist der Gesetzgeber auf § 4 Abs. 2 KKG, wonach auch Richterinnen und Richter, Staatsanwältinnen und Staatsanwälte einen Beratungsanspruch durch eine insoweit erfahrene Fachkraft haben. Vor dem Hintergrund, dass die Kooperation zwischen Staatsanwaltschaften und Gerichten einerseits und der Kinder- und Jugendhilfe andererseits oftmals von unterschiedlichen beruflichen Selbstverständnissen, institutionellen Aufträgen, anderen gesetzlichen Grundlagen und verschiedenen Sprachen[10], aber auch einem unterschiedlichen Verständnis darüber, wann gewichtige Anhaltspunkte für eine Kindeswohlgefährdung vorliegen, geprägt ist, ist ein Beratungsanspruch der Staatsanwaltschaft oder der Gerichte zwingend notwendig, um Unsicherheiten entgegenzuwirken und den wirksamen Schutz von Kindern und Jugendlichen sicherzustellen. 8

Die Staatsanwaltschaft und die Gerichte sind befugt, im Rahmen der Beratung die erforderlichen Daten zu übermitteln. Für die Übermittlung müssen diese Daten jedoch pseudonymisiert werden. 9

II. Strafrechtlich indizierte gewichtige Anhaltspunkte für eine mögliche Kindeswohlgefährdung (Abs. 2)

Abs. 2 stellt eine Konkretisierung dar, wann gewichtige Anhaltspunkte im Rahmen eines Strafverfahrens vorliegen können und enthält **zwei Voraussetzungen**: **Erstens** muss eine Person mit einem Kind oder Jugendlichen in häuslicher Gemeinschaft leben oder gegenwärtig bzw. zukünftig regelmäßig Umgang mit ihm haben und **zweitens** muss gegen diese Person der Verdacht bestehen, eine bestimmte Straftat begangen zu haben (siehe Rn. 14). Was unter „**häuslicher Gemeinschaft**" und „**Umgang**" zu verstehen ist, wird im Gesetz nicht weiter konkretisiert. 10

Der Begriff „**häusliche Gemeinschaft**" ist weit auszulegen. So beschränkt sich die häusliche Gemeinschaft nicht nur auf traditionelle Formen des familiären Zusammenlebens wie zum Beispiel das Zusammenleben von Vater, Mutter und Kind, vielmehr sind alle Familienformen gemeint, in denen eine „**gelebte Gemeinschaft**" aufgrund besonders enger persönlicher Beziehungen besteht.[11] Nur durch eine weite Auslegung des Begriffes kann der wirksame Schutz von Kindern und Jugendlichen vor sexualisierter Gewalt sichergestellt werden, da sexueller Missbrauch vor allem im nahen sozialen Umfeld der Kinder und innerfamiliär stattfindet. Auch der neue Lebenspartner der Mutter, der zwar eine eigene Wohnung hat, sich aber regelmäßig im Haushalt der Mutter aufhält und Teil des gelebten Familienlebens ist, zählt also zur häuslichen Gemeinschaft. Ebenso bilden Pflegeeltern und ihre Kinder mit einem Pflegekind eine häusliche Gemeinschaft. Eine gewisse Dauer des Zusammenlebens ist indes nicht erforderlich. So ist auch der 20-jährige Sohn, der nach einem Auslandsjahr wieder für drei Monate bei seiner Familie einzieht und im Anschluss ein Studium beginnen wird, Teil der häuslichen Gemeinschaft. Den unbestimmten Rechtsbegriff gilt es im Einzelfall auszulegen und zu prüfen, ob es sich um eine „gelebte Gemeinschaft" oder reine „Zweckge- 11

10 *van Santen/ Seckinger* 2019, 365.

11 Vgl. Deutscher Juristinnenbund e.V. 2009: Stellungnahme zum Verfahren 1 BvL 14/09 – Verfassungsrechtliche Prüfung, ob § 116 Abs. 6 Satz 1 SGB X insoweit mit dem Grundgesetz vereinbar ist, als er eine Haftungsprivilegierung des nicht in häuslicher Gemeinschaft lebenden, zum Unterhalt verpflichteten Kindesvaters im Gegensatz zu in häuslicher Gemeinschaft lebenden Familienangehörigen nicht vorsieht. Online verfügbar unter: https://www.djb.de/presse/stellungnahmen/detail/st09-12?actbackPid=68&cHash=4f336c56b794de21d22ec7a467bf8a3f (1.9.2022).

meinschaft" handelt, wie es zum Beispiel bei einer Studentin im Studentenwohnheim der Fall sein könnte, die an keinerlei Gemeinschaftsaktivitäten teilnimmt, sondern lediglich zum Zweck, kostengünstig zu wohnen, im Studentenwohnheim lebt.

12 Unter häuslicher Gemeinschaft ist allerdings nicht nur das Zusammenleben einer erwachsenen Person mit einem Kind in einer gemeinsamen Wohnung oder in einem gemeinsamen Haus, sondern auch in **alternativen Wohnformen** wie zum Beispiel einem Wohnwagen oder einer Gemeinschaftsunterkunft zu verstehen.

13 Es dürfte darüber Einigkeit bestehen, dass zu den in Abs. 2 in Betracht kommenden Personen in jedem Fall diejenigen gehören, denen ein Umgangsrecht gem. §§ 1684, 1685 BGB zusteht, also Elternteile, Großeltern, Geschwister und enge Bezugspersonen des Kindes, wenn diese für das Kind tatsächliche Verantwortung tragen oder getragen haben (sozial-familiäre-Beziehung). Eine Beschränkung auf diesen Personenkreis erscheint allerdings unangebracht. Zum einen stellt der Gesetzestext nur auf den **tatsächlichen Umgang** und nicht auf ein Umgangsrecht ab, zum anderen hat das Gesetz zum Ziel, einen möglichst umfassenden und lückenlosen Schutz von Kindern und Jugendlichen vor sexualisierter Gewalt sicherzustellen.[12] Deshalb ist der Begriff Umgang weit auszulegen. Umgang ist dabei jeder nicht zufällige, sondern beabsichtigte Kontakt mit einer anderen Person. Allerdings muss dieser Umgang einer gewissen Regelmäßigkeit unterliegen, also wiederholt stattfinden, wie beispielsweise der regelmäßige Besuch des neuen Lebensgefährten im Haushalt der Mutter, Übungsleitungen im Sportverein oder wöchentliche Nachhilfe. Auch das regelmäßige Treffen einer 13-Jährigen mit einer 40-jährigen Internetbekanntschaft wird somit von Abs. 2 umfasst. Gesetzlich umfasst sind auch Personen, die zwar gegenwärtig keinen Umgang zum Kind haben, die allerdings in Zukunft regelmäßigen Kontakt zu einem Kind oder Jugendlichen haben könnten, wie beispielsweise die neue Freundin des Vaters, die bisher noch keinen Kontakt zu dessen Sohn hatte, jedoch beabsichtigt, in dieselbe Stadt zu ziehen, um die Beziehung zu ihrem Partner und dessen Lebensumfeld zu intensivieren.

14 **Abs. 2** listet verschiedene **Straftatbestände auf**, bei denen gewichtige Anhaltspunkte für eine Kindeswohlgefährdung vorliegen können: §§ 171 (Verletzung der Fürsorge- oder Erziehungspflicht), 174 (sexueller Missbrauch von Schutzbefohlenen), 176 (sexueller Missbrauch von Kindern), 176a (schwerer sexueller Missbrauch von Kindern), 176b (sexueller Missbrauch von Kindern mit Todesfolge), 177 (sexueller Übergriff; sexuelle Nötigung; Vergewaltigung), 178 (sexueller Übergriff, sexuelle Nötigung und Vergewaltigung mit Todesfolge), 180 (Förderung sexueller Handlungen Minderjähriger), 182 (sexueller Missbrauch von Jugendlichen), 184b (Verbreitung, Erwerb und Besitz kinderpornographischer Inhalte), 184 c (Verbreitung, Erwerb und Besitz jugendpornographischer Inhalte), 184 e (Veranstaltung und Besuch kinder- und jugendpornographischer Darbietungen), 225 (Misshandlung von Schutzbefohlenen), 232 (Menschenhandel), 232a (Zwangsprostitution), 232b (Zwangsarbeit), 233 (Ausbeutung der Arbeitskraft), 233a (Ausbeutung unter Ausnutzung einer Freiheitsberaubung), 234 (Menschenraub), 235 (Entziehung Minderjähriger), 236 (Kinderhandel).

15 Die Aufzählung der Straftatbestände, die gewichtige Anhaltspunkte für eine mögliche Kindeswohlgefährdung indizieren, ist **nicht abschließend** („insbesondere"), sodass eine Informations- und Übermittlungspflicht auch dann bestehen kann, wenn gegen eine Person der Verdacht besteht, dass sie eine andere als die aufgezählten Straftaten begangen hat und in häuslicher Gemeinschaft mit dem Kind oder Jugendlichen lebt oder regelmäßig Umgang mit ihm hat oder haben wird. Der Staatsanwaltschaft und den Gerichten wird somit die Möglichkeit eingeräumt, auch in anderen als den in Abs. 2 genannten Straftaten eine Meldung an das Jugendamt zu tätigen, wenn nach ihrer Ansicht gewichtige Anhaltspunkte für eine Gefährdung des Wohls des Kindes oder Jugendlichen vorliegen. Dabei sind jedoch nur solche

12 BR-Drs. 5/21, 125.

anderen Straftaten umfasst, die hinsichtlich Art und Gewichtung den genannten vergleichbar sind. Nicht ausreichend wäre insoweit etwa der Verdacht eines Diebstahls oder eines Verkehrsdeliktes, da diese mit den aufgezählten Straftaten nichts gemein haben.

Ob tatsächlich eine Kindeswohlgefährdung besteht, muss durch die Fachkräfte des Jugend- 16
amtes im Rahmen einer **Risikoeinschätzung gem. § 8a SGB VIII im konkreten Einzelfall** geprüft werden. Im Zusammenwirken mehrerer Fachkräfte hat es das Gefährdungsrisiko fachlich einzuschätzen und entweder eine Gefährdung des Wohles des Kindes auszuschließen, Hilfsangebote zu unterbreiten oder zum Schutz der Kinder und Jugendlichen weiterführende Maßnahmen zu ergreifen, wobei der Grundsatz der Verhältnismäßigkeit gewahrt bleiben muss. So stellte der BGH in seinem Beschluss vom 6.2.2019 fest, dass das Zusammenleben mit einem verurteilten Sexualstraftäter nicht zwingend den Entzug der elterlichen Sorge und eine Fremdunterbringung des Kindes rechtfertigt, sondern im Einzelfall das „*Verhältnis zwischen der Schwere des Eingriffs in die elterliche Sorge und dem Grad der Wahrscheinlichkeit eines Schadenseintritts für das Kind zu beachten*" ist.[13]

13 BGH, Beschl. v. 6.2.2019, XII ZB 408/18. Online verfügbar unter: https://openjur.de/u/2136019.html (20.10.2.2022).

Stichwortverzeichnis

Bei den halbfetten Ziffern handelt es sich um den Paragrafen (soweit nicht anders bezeichnet, des SGB VIII). Die magere Ziffer gibt die Randnummer an.

A

B

F

G

H

I

J

K

U

V